Atlântico
SURINAME
GUIANA FRANCESA
GUIANA
Boa Vista
RORAIMA
AMAPÁ
Macapá
Equador
0º
-60º
-48º
ILHA DE MARAJÓ
Belém
São Luís
Fortaleza
Manaus
PARÁ
MARANHÃO
Teresina
CEARÁ
Natal
RN
João Pessoa
PARAÍBA
-8º
Recife
PIAUÍ
PERNAMBUCO
AL
Maceió
SE
Aracaju
Palmas
TOCANTINS
BAHIA
MATO GROSSO
Salvador
Cuiabá
DF
BRASÍLIA
-16º
GOIÁS
Goiânia
MINAS GERAIS
ES
MATO GROSSO DO SUL
Belo Horizonte
Vitória
Campo Grande
SÃO PAULO
PARAGUAI
RJ
Rio de Janeiro
São Paulo
-24º
PARANÁ
Curitiba
SANTA CATARINA
Florianópolis
NTINA
Porto Alegre
RIO GRANDE DO SUL
URUGUAI
Rio Branco
Rio Essequibo
Rio Oiapoque
Rio Jari
Rio Trombetas
RIO AMAZONAS
Rio Xingu
Rio Tocantins
Rio Capim
Rio Gurupi
Rio Pindaré
Rio Mearim
Rio Jaguaribe
Rio Tapajós
Rio Madeira
Rio Aripuanã
Rio Iriri
Rio Juruena
Rio Roosevelt
Rio Parnaíba
Rio Pajeú
Rio Vaza Barris
Rio Tocantins
Rio Teles Pires
Rio Culuene
Rio das Mortes
Rio Araguaia
Rio São Francisco
Rio de Contas
Rio Pardo
Rio Paraguai
Rio Jequitinhonha
Rio Taquari Novo
Rio Verde
Rio Grande
Rio Doce
Rio Ivinhema
Rio Paraná
Rio Paranapanema
Rio Tietê
Rio Iguaçu
Rio Uruguai
Rio Jacuí
Lagoa dos Patos
Instituto Socioambiental
100 0 100 km
dezembro de 2022

266

Povos Indígenas no Brasil

2017/2022

ISA

2ª Edição

O **Instituto Socioambiental (ISA)** é uma associação sem fins lucrativos, qualificada como organização da sociedade civil de interesse público (Oscip), fundada em 22 de abril de 1994, por pessoas com formação e experiência marcante na luta por direitos socioambientais no Brasil. O ISA trabalha lado a lado com comunidades extrativistas, quilombolas, ribeirinhas e indígenas, seus parceiros históricos. Atua apoiando e fortalecendo sua participação política, sua cultura, seus conhecimentos tradicionais e projetos de geração de renda como estratégias para a proteção e gestão territorial de Terras Indígenas e Áreas Protegidas. Com equipes locais e escritórios regionais, o ISA atua em três importantes territórios: Rio Negro (AM), Xingu (MT/PA) e Ribeira de Iguape (SP). Os programas Rio Negro, Xingu e Vale do Ribeira, desenvolvidos em parceria com associações de comunidades locais e organizações de outros parceiros – além de redes regionais e nacionais –, articulam-se com outros dois programas do ISA: Política e Direito Socioambiental e Povos Indígenas no Brasil, unindo equipes, projetos e ações.

SÃO PAULO (Sede)
Edifício Metropolitano
Praça Dom José Gaspar, 134, 12° andar, Centro Histórico, CEP 01047-912 – São Paulo/SP
Tel.: (11) 3515-8900 E-mail: isa@socioambiental.org

ALTAMIRA
Av. João Pessoa, 3.466, Jardim Independente II, CEP 68372-235 – Altamira/PA
Tel.: (93) 3515-5749 E-mail: isaterradomeio@socioambiental.org

BOA VISTA
R. Presidente Costa e Silva, 116, São Pedro, CEP 69390-670 – Boa Vista/RR
Tel.: (95) 3224-7068 E-mail: isabv@socioambiental.org

BRASÍLIA
SHIN, CA 05, Conj. J-1, salas 203 a 216, 1° Pavimento, Lago Norte, CEP 71503-505 – Brasília/DF
Tel.: (61) 3035-5114 E-mail: isadf@socioambiental.org

CANARANA
Av. São Paulo, 202, Centro, CEP 78640-000 – Canarana/MT
Tel.: (66) 3478-3491 E-mail: isaxingu@socioambiental.org

ELDORADO
R. Nove de Julho, 71, Centro, CEP 11960-000 – Eldorado/SP
Tel.: (13) 3871-1697 E-mail: isaribeira@socioambiental.org

MANAUS
R. Costa Azevedo, 272, 1° andar, Largo do Teatro, Centro, CEP 69010-230 – Manaus/AM
Tel.: (92) 3631-1244 E-mail: isamanaus@socioambiental.org

SÃO GABRIEL DA CACHOEIRA
R. Projetada, 70, Centro, CEP 69750-000 – São Gabriel da Cachoeira/AM
Tel.: (97) 3471-1156 E-mail: isasgc@socioambiental.org

Em Memória

As edições anteriores de Povos Indígenas no Brasil procuraram fazer memória às lideranças indígenas e aos aliados da causa falecidos no período. Na edição atual, este espaço é infinitamente menor que as perdas sofridas. Os efeitos da pandemia da covid-19 foram equivalentes àqueles das epidemias trazidas pelos invasores europeus para os povos indígenas e, apesar de os números oficiais informarem sobre a dinâmica de notificação, eles não refletem toda extensão da pandemia vivida pelos indígenas no Brasil, marcada pela subnotificação de casos e mortes. A omissão do Estado fez dos indígenas as principais vítimas da pandemia. A inação do Estado brasileiro e as políticas anti-indígenas levadas a cabo pelo governo de Jair Bolsonaro também resultaram no aumento da violência contra os povos indígenas e seus companheiros de luta. Os assassinatos de Ari Uru-Eu-Wau-Wau, Paulino Guajajara, Maxciel Pereira dos Santos, Bruno Pereira e Dom Phillips, que comoveram e mobilizaram a opinião pública são, infelizmente, apenas alguns dos que perderam suas vidas por seu ativismo.

• Alain Moreau (1930-2022) • Alex Ricarte (2004-2022) • Alexandrina dos Santos (?-2018) • Alfredo Gomes (?-2020) • Alvino • Andrade da Silva (1959-2020) • Amâncio Ikõ Munduruku (?-2020) • Angélico Yori (?-2020) • Ari Uru-Eu-Wau-Wau (1987-2020) • Aridamalu Juruna (1960-2019) • Aritana Yawalapiti (1951-2020) • Aruiavi Trumai (1946-2021) • Aruká Juma (?-2021) • Auwalukumã Waura (1950-2020) • Awapataku Waura (?-2022) • Bartomeu Melià (1932-2019) • Bekwyjka Metyktire (?-2020) • Benedito Karo (?-2020) • Benício Pitaguary (1993-2022) • Bep-djoti Xikrin (?-2021) • Bepkaroti Xikrin (?-2020) • Beptok Xikrin (?-2020) • Bernaldina José Pedro (1945-2020) • Bruno Pereira (1980-2022) • Cacique Luciano (?-2021) • Carlos Terena (1954-2021) • Cassio Beda (1985-2021) • Celso Aoki (1949-2020) • Chiquito (Jywayru) Kaiabi (1937-2017) • Cidaneri Xavante (1933-2020) • Daniela Teodózio Tabajara (1990-2020) • Demoni Tapayuna (1944-2018) • Dionito José de Souza Macuxi (1968-2020) • Djamiko Karukui (1943-2020) • Dom Aldo Mongiano (1919-2020) • Dom Phillips (1964-2022) • Domingos Santa Rosa (1961-2020) • Duyarizu Juruna (1990-2021) • Ely Macuxi (1961-2021) • Emyra Waiãpi (1950-2019) • Ermenegildo Medina (?-2020) • Estela Vera (?-2022) • Euzébio de Lima Marques (1961-2020) • Fausto Silva Mandulão (1962-2020) • Feliciano Lana (1937-2020) • Fernando Rosa Katukina (1965-2021) • Francidalva Saw Munduruku (?-2020) • Gabriella Contoli (1975-2020) • Geraldo Augusto Alkmin (Totori) (1964-2020) • Gerson Souza Melo (1962-2021) • Gregório Venega (1915-2020) • Heber Queiroz (1984-2021) • Honório Kaxuyana (?-2020) • Hwajty Suya (?-2022) • Irivadje Juca(1942-2020) • Isaias Pereira Fontes (1968-2021) • Jaider Esbell (1979-2021) • Jawariup Kaiabi (?-2020) • Jerônimo Manhuary (?-2020) • João Lira da Silva (1978-2020) • João Luís Nazareno Lima (1958-2020) • José Adalberto (1959-2020) • Kaipa Kaiabi (?-2020) • Kaiulu Trumai (1948-2019) • Kamitai Kaiabi (?-2020) • Karai Poty José Fernandes Soares (1940-2021) • Karapiru Awa Guajá (?-2021) • Karau'u Kaiabi (1953-2021) • Kasiripina Waiãpi (1960-2020) • Kuianap Kamayura (?-2018) • Kupei Kaiabi (1930-2021) • Kuxinalu Juruna (1956-2022) • Laureano Cordeiro (?-2020) • Leovone Dantas Magalhães (1979-2021) • Libório Diniz (1968-2021) • Lício Toriba (?-2019) • Lilo Clareto (1960-2021) • Luis Velário Borvão (?-2020) • Lusia dos Santos Lobato Borari (1933-2020) • Luzia Inácia (1948-2021) • Maiari Kaiabi (?-2020) • Malale Waura (?-2018) • Manuel Antônio dos Santos (Wet) (?-2018) • Márcio Moreira (?-2022) • Marcondes Namblá (?-2018) • Marcos Braga (1970-2021) • Maria Izabel da Silva (1971-2022) • Maria Joana (?-2020) • Mário Campo (?-2022) • Mário Puyawana (1943-2020) • Martinho Bõrõ Munduruku (?-2020) • Maxciel Pereira dos Santos (1985-2019) • Mbeni Suya (?-2021) • Messias Kokama (1967-2020) • Muri Waurá (1941-2022) • Nanblá Gakran (1962-2021) • Ndemuni Kisêdjê (?-2018) • Nelson Xangrê (1946-2020) • Ogota Txicão (?-2022) • Padre Nello Ruffaldi (1942-2019) • Paiê Kaiabi (1960-2020) • Paulinho Paiakan (1953-2020) • Paulino Guajajara (1993-2019) • Paulo Silva (?-2022) • Poani Higino Pimentel Tenório (?-2020) • Poit Kayabi (?-2020) • Porfírio Carvalho (1946-2017) • Raimundo Dace (?-2020) • Raimundo Surui (1966-2020) • Ricardo Gonçalves (?-2020) • Rieli Franciscato (1966-2020) • Rivelino Macuxi (1974-2017) • Rondinelle Fulni-ô (1978-2020) • Ropndó Suyá (?-2018) • Rosa Lopes (?-2022) • Rosiléa Gabriel Alves (1977-2022) • Rubem Thomaz de Almeida (1950-2018) • Sabino Dias (?-2020) • Sakamiramé Asurini (?-2020) • Salvadora Chamorro (?-2020) • Sr. Linhares (?-2021) • Suberalino Saw Munduruku (?-2021) • Teseia Panará (1945-2022) • Tona Kaiowá (?-2021) • Toribio Gomes (?-2022) • Tuim Kaiabi (?-2020) • Valério Gonçalves Vera (1948-2021) • Vanderleia de Jesus Cardoso (1982-2022) • Vicente Rios (?-2022) • Vicente Saw Munduruku (?-2020) • Victor Py-Daniel (1951-2021) • Vítor Aurape Peruare (1951-2021) • Vitor Braz de Souza (2000-2022) • Vitor Fernandez (1980-2022) • Vitorino Sanches (?-2022) • Walter Antônio Benjamin (?-2020) • Wetag Suya (1952-2022) • Yamoni Mehinako (1962-2021) • Yawaidu Juruna (1923-2017)

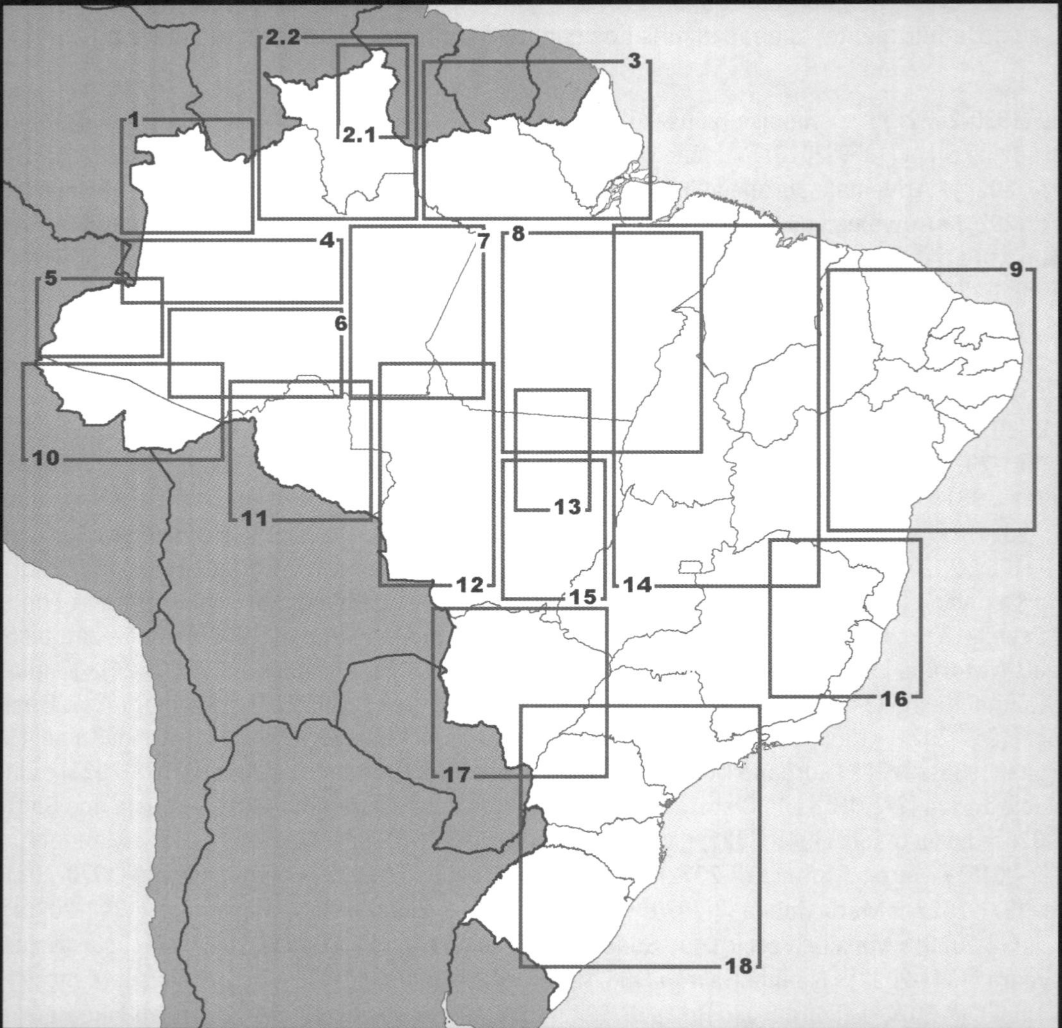
1
2.2
2.1
3
4
5
6
7
8
9
10
11
12
13
14
15
16
17
18

EDITORES RESPONSÁVEIS
Fany Ricardo, Tatiane Klein e Tiago Moreira dos Santos

Equipe de edição, redação e pesquisa: Beto Ricardo, Antonio Oviedo, Moreno Saraiva Martins, Frederico Sabanay, Tainá Aragão, Nina Kahn, Majoí Fávero Gongora, Joana Traldi Bonfim, Yasmin Kananda, Clara de Assis e Rafael Pacheco

Revisão: Laeticia Jensen Eble e Rhennan Felipe Siqueira Santos

IMAGENS
Edição: Beto Ricardo e Claudio Tavares

Pesquisa: Claudio Tavares, Majoí Fávero Gongora, Bruna Keese dos Santos e Adriana Miranda Martins

Tratamento: Maistype

ARTE
Design e Produção Gráfica: Roberto Strauss

Editoração eletrônica: Vera Feitosa/Duo Projetos Gráficos e Editoração

MAPAS
Alicia Rolla e William Pereira de Lima

Apoio: Cícero Augusto e Michele Araujo de Lira

Fontes dos dados cartográficos: Desmatamento na Amazônia, Cerrado e Pantanal – Programa de Monitoramento da Amazônia e Demais Biomas da Coordenação-Geral de Observação da Terra do Inpe | Povos indígenas isolados – Funai, 2017, adaptado por ISA, 2022 | Rodovias federais e estaduais – Departamento Nacional de Infraestrutura de Transportes (DNIT), 2021 | Terras Indígenas e Unidades de Conservação – ISA, 2022 | Hidrografia – rios principais das Cartas do Brasil ao Milionésimo do IBGE, digitação realizada por ISA, 1998 | Limites administrativos – Base Cartográfica do Brasil ao Milionésimo do IBGE, 2010 | Sedes de municípios e núcleos urbanos – Base Cartográfica do Brasil ao Milionésimo do IBGE, 2010.

DESENVOLVIMENTO WEB
Alex Plaz, William Marques, João Ricardo Rampinelli Alves, Silvio Carlos Pereira Lima Filho

DOCUMENTAÇÃO
Leila Maria Monteiro Silva, Claudio Tavares, Adriana Miranda e Brenda Okubo

ADMINISTRAÇÃO
Adriano Oliveira Faria Bonfim, Claudete de Aguiar Mesquita Gomes, Fábio Massami Endo, Francisco Cleunilton Moreira de Sousa, Francisco das Chagas Oliveira Nascimento, Giovana Amarante Amorim, Glauber Marques de Macedo, Guilherme Tadaci Ake, Kamila Rebouças Sena, Kauê Fillip Ferreira Silva, Luciana Andrade dos Santos, Marcos Ely Finotti, Margareth Yayoi Nishiyama Guilherme, Maria do Carmo Rebouças Sena, Maria Fernanda Parreira Barros, Maria Pereira dos Santos, Monialine Katrine Cavalcante Monteiro, Reulis Adriano de Jesus, Rosana Aparecida Lino André, Rosilene Dias de Moraes, Sandra Mara Ribeiro, Sara Andrade dos Santos da Silva, Sergio Marques, Simone Alves Pereira, Veronice Cardoso Matos e Waldemir Brolio

COMUNICAÇÃO
Roberto Almeida, Marina Terra, Tainá Aragão, Ariel Gajardo, Ana Amélia Hamdan, Cristian Wari'u, Carolina Fasolo, Clara Roman, Ester Cezar, Isabella Pilegis, Giovanna Costanti de Lima, Gilmar Terena, Luiz Adriano dos Santos, Silia Moan, Oswaldo Braga de Souza, Fabrício Araújo, Helder Rabelo de Araujo, Victória Martins e Vitor Simas Ribeiro da Costa

INFORMÁTICA
Antenor Morais, Luiz Carlos da Silva e David Acosta

PARCERIAS
João Pedro Azevedo Maldos, Maria Filomena Souza Dias, Mariana Barros e Patrícia Siqueira Yannaconi

CORTESIAS DE IMAGENS - Legendas e créditos (em ©)
Adelino de Lucena Mendes; Adi Spezia; Adriana Athila; Adriana Duarte; Adriano Gambarini; Adriano Maneo; Agentes Ambientais Matsés; Aislan Pankararu; Alan Azevedo; Alan Santos; Alberto César Araújo; Alejandro Zambrana; Alexandre Cruz Noronha; Aluísio Ladeira Azanha; Ana Amélia Hamdan; Ana Ionova; Ana Mendes; André Lopes; Andressa Zumpano; Arewana Juruna; Azul Serra; Bárbara M. Arisi; Benjamin Mast; Bernardo Silva; Bruno Jorge; Bruno Kelly; C. Macret; Caio Flavio; Caique Souza; Camila Santana; Carlos Cipriano; Carmézia Emiliano; Carol Quintanilha; Cassandra Mello; César David Martínez; Christian Braga; Clara Roman; Claudio Tavares; Cruupyhre Akroá Gamella; Daiara Tukano; Daniel Cangussu; Daniela Fonseca; Dante Novaes; Davi Marworno; Denilson Baniwa; Diana Gandara; Diogo Campos; Douglas Fróis; Duvan Escobar; Edgar Kanaykõ; Edilson Ovo Villegas Ramos; Egon Heck; Elisclésio da Silva; Eric Gomes; Erik Vesch; Estêvão Ciavatta; Evilene Paixão; Fabiano Maisonnave; Fábio Nascimento; Fabio Rodrigues Pozzebom; Felipe Beltrame; Felipe Werneck; Fellipe Abreu; Fernanda Ligabue; Fernando Martinho; Fiona Watson; Flavia de Freitas Berto; Flavio Forner; Flay Guajajara; Gabriel Uchida; Gabriela Portilho; Gasparini Kaingang; Géssica Tseremeywa; Gustavo Basso; Hoberdan Oliveira Flechiá Tuxá; Hugo Prudente; Igo Estrela; Isaac Amorim; Isabel Harari; Isael Maxakali; Jacy Santos; Jaider Esbell; Jean Nunes; Jerônimo Villas-Bôas; Joana Moncau; João Albuquerque; Joicilene Nascimento; José Medeiros; Joseca Yanomami; Josy Pinheiro; Juliana Lins; Juliana Radler; Kamikiá Kisêdjê; Karolin Obert; Karwai Tang; Katie Mähler; Kefas Matos; Kevin Eliel Gonzales; Kevin McElvaney; Lara Dias; Lara Erendira de Andrade; Leandro Lima; Lediane Fani Felzke; Lela Beltrão; Leonardo de Moura; Leuza Mesquita; Lídia Farias; Lilo Clareto; Lohanna Chaves; Luana Fowler; Lucas Bonolo; Lucas Landau; Lucas Lima; Luciana Scanoni; Luis Gustavo Prado; Luis Macedo; Luiz Alves; Luiza Calagian; Lux Vidal; Manoela Meyer; Marcelo Camargo; Marcelo Monzillo; Marcelo Salazar; Marcelo Soubhia; Marcos Amend; Maria Beatriz Nogueira Ribeiro; Maria Carolina Botinhon; Mariana Spagnuolo Furtado; Marília Garcia Senlle; Mario Brunoro; Mário Vilela; Marizilda Cruppe; Matheus Veloso; Melissa Mongé; Moreno Saraiva Martins; Natalia C. Pimenta; Ne-gatxa Patté; Odair Leal; Oiara Bonilla; Oliver Kornblihtt; Paulo Roberto Homem de Góes; Pedro Biava; Queops Melo; Rafael Nakamura; Raissa Azeredo; Ramon Aquim; Raquel Uendi; Renan Purificação Santini; Renato Cortez; Renato Santana; Ricardo Oliveira; Ricardo Stuckert; Richard Ladkani; Rinaldo Arruda; Roberto Almeida; Rogério Assis; Ronny Hansen; Rudja Santos; Sarah Shenker; Sebastião Salgado; Serge Guiraud; Silia Moan; Silvia de Melo Futada; Sônia Lorenz; Stephanie Vieira; Tatiane Klein; Thiago Arruda; Thiago da Costa Oliveira; Tiago Barros; Tiago Kirixi; Tiago Miotto; Todd Southgate; Tuane Fernandes; Valentina Ricardo Vanessa Pataxó; Victor Moriyama; Vincent Carelli; Vinícius Mendonça; Wilson Dias

Capa: Watatakalu Yawalapiti, liderança indígena do Território Indígena do Xingu (MT) durante a 1ª Marcha das Mulheres Indígenas em Brasília/DF, em agosto de 2019.
Foto: Alass Derivas/@derivajornalismo, 2019

Contracapa: Lideranças yanomami e ye'kwana se manifestam contra garimpo em suas terras durante o 1º Fórum de Lideranças da TI Yanomami, realizado entre 20 e 23 de novembro de 2019, na comunidade Watorikɨ, região do Rio Demini (AM). **Foto:** Victor Moriyama/ISA, 2019

Lombada: Indígenas participantes do 18º Acampamento Terra Livre (ATL) protestam em Brasília/DF contra projeto de lei que autoriza exploração de Terras Indígenas para mineração. **Foto:** Ricardo Stuckert, 2022

APOIO PARA PESQUISA E EDIÇÃO

NICFI Norway's International Climate and Forest Initiative

CAFOD Catholic Agency for Overseas Development

União Europeia

Regnskogfondet RAINFOREST FOUNDATION NORWAY

iCS Instituto Clima e Sociedade

Dados Internacionais de Catalogação na Publicação (CIP)
(Câmara Brasileira do Livro, SP, Brasil)

Povos indígenas no Brasil : 2017/2022 / editores responsáveis Fany Ricardo, Tatiane Klein, Tiago Moreira dos Santos. -- 2. ed. -- São Paulo, SP : ISA - Instituto Socioambiental, 2023.

Vários autores.
Vários colaboradores.
Bibliografia.
ISBN 978-65-88037-17-1

1. Comunidades indígenas - Brasil 2. Direitos indígenas 3. Políticas públicas 4. Povos indígenas - Brasil 5. Terras - Demarcação - Brasil I. Ricardo, Fany. II. Klein, Tatiane. III. Santos, Tiago Moreira dos.

23-159610 CDD-306.08998

Índices para catálogo sistemático:
1. Povos indígenas : Brasil : Sociologia 306.08998
Tábata Alves da Silva - Bibliotecária - CRB-8/9253

Este livro é parte de uma série cuja publicação teve início em 1980, produzido a partir de um esforço contínuo para apresentar um painel abrangente da situação atual dos povos indígenas no Brasil. São 42 anos registrando ininterruptamente informações sobre esses povos.

O quebra-cabeça que aqui se apresenta é uma contribuição para o entendimento da imensa sociodiversidade indígena, montado com a ajuda de uma extensa rede de colaboradores indígenas, indigenistas, antropólogos, linguistas, profissionais de saúde e educação, jornalistas, fotógrafos, entre outros. Esta é uma obra de referência que apresenta um resumo comentado da política indigenista, da política indígena, dos conflitos e da situação jurídica das Terras Indígenas. O volume atual compreende o período que vai de 2017 a 2022, um dos mais conturbados da história indígena pós-redemocratização.

Um fator importante para organização do livro é o trabalho cotidiano da equipe do programa Povos Indígenas no Brasil na consolidação de informações através do Sistema de Áreas Protegidas (SisArp), um banco de dados na web que permite a sistematização e armazenamento de informações de natureza heterogênea sob uma base georreferenciada, tais como: atos oficiais (Diário Oficial da União), obras de infraestrutura, invasões garimpeiras, desmatamento, degradação florestal, requerimentos minerários e notícias. O SisArp é fundamental para a organização das informações que são disponibilizadas neste livro.

Destaques da edição

A publicação é dividida em duas partes. A primeira conta com seis capítulos abordando temas como línguas e demografia, legislação, demarcação e proteção das Terras Indígenas, política indigenista, protagonismo indígena e projetos de desenvolvimento. Entre os destaques, podemos citar o balanço negativo da política de demarcações no período e, também, um detalhamento do maior ataque da história aos direitos indígenas. A situação de vulnerabilidade dos povos indígenas à covid-19 e a inação do Governo Federal frente à pandemia são abordados em um importante artigo que ilustra o modo como o Estado brasileiro se relacionou com essa população no período abarcado por este livro.

Ainda na primeira parte, dois artigos abordam a situação dos povos indígenas isolados e o desmonte da política de proteção aos seus territórios. O tema também está presente nos capítulos regionais, em que três textos tratam diretamente da situação dos isolados nas regiões Acre, Oeste do Mato Grosso e Médio Rio Purus.

A voz dos povos indígenas é destaque na seção "Palavras Indígenas", que apresenta depoimentos de lideranças indígenas sobre o tema Território e Pandemia. A edição atual também se destaca por um número inédito de indígenas autores e coautores de artigos, além de fotógrafos.

O livro apresenta ainda um encarte colorido, destacando as lutas de mulheres indígenas, o marcante movimento estético e político da Arte Indígena Contemporânea (AIC), juntamente com imagens da resistência dos povos indígenas em seus territórios e nas cidades durante o período de cobertura do livro.

Na segunda parte, os contextos regionais são desenhados por especialistas indígenas e não indígenas, com destaques para acontecimentos relevantes no período nas regiões. Em todos esses capítulos chama a atenção o desafio comum a diferentes povos indígenas de viver (e sobreviver) sob o governo de Jair Bolsonaro, que declarou explicitamente ser contra as Terras Indígenas e que não demarcaria mais nenhuma delas – justamente o que ocorreu entre janeiro de 2019 até dezembro de 2022. Os impactos desses retrocessos no campo dos direitos territoriais é testemunhado, por exemplo, nos artigos sobre os povos Munduruku (*capítulo Tapajós/Madeira, p. 439*), Mÿky/Manoki (*capítulo Oeste do Mato Grosso, p. 591*) e Timbira (*capítulo Goiás/Tocantins/Maranhão, p. 662 e p. 666*).

Apesar desse difícil contexto, muitos capítulos trazem notícia de resistências indígenas por se manter em seus territórios mesmo em contextos de extrema violência – como é o caso dos Tupinambá (*capítulo Leste, p. 711*) e dos Guarani Kaiowá e Ñandeva (*capítulo Mato Grosso do Sul, p. 741*) –, além de iniciativas inovadoras de gestão e ambiental territorial, mesmo com o desmonte da PNGATI. Vale destacar os PGTAs implementados no Alto Rio Negro (*capítulo Noroeste Amazônico, p. 209*) e no Maranhão (*capítulo Goiás/Tocantins/Maranhão, p. 671*), até em terras de povos de recente contato, como Yanomami (*capítulo Roraima/Mata, p. 289*) e Zo'é (*capítulo Amapá/Norte do Pará, p.329*).

O enfrentamento às grandes obras de infraestrutura também segue sendo um tema de grande importância, por exemplo, a partir das perspectivas críticas dos Mẽbengôkre Xikrin e Yudja (Juruna) sobre os impactos socioambientais da UHE Belo Monte (*capítulo Sudeste do Pará, p. 463*) e do ativismo societário do povo Guarani ante a duplicação de uma ferrovia (*capítulo Sul, p. 785*).

Por fim, a extensão do impacto da pandemia sobre os povos indígenas é demonstrada em diversos contextos específicos, como é o caso dos Ticuna (*capítulo Solimões, p. 374*), Kaingang (*capítulo Sul, p. 799*), Warao (*capítulo Roraima Lavrado, p. 265*), Xavante (*capítulo Leste do Mato Grosso, p. 696*) e entre os indígenas do Xingu (*capítulo PIX, p. 620*). Nas seções "Aconteceu" de cada um dos capítulos também são lembradas algumas das lideranças que faleceram no período, especialmente vítimas da covid-19.

Sobre a pandemia, importa lembrar que posição negacionista do governo e sua postura leniente frente às estratégias de enfrentamento ao novo coronavírus nos territórios indígenas fez com que Jair Bolsonaro fosse denunciado ao Tribunal Penal Internacional, em Haia, e foco de uma Ação de Descumprimento de Preceito Fundamental (ADPF) impetrada no STF pela Articulação dos Povos Indígenas do Brasil (Apib). Não fossem as medidas exigidas pela ADPF 709, a situação poderia ser pior, embora o governo tenha se recusado a cumprir boa parte das decisões do Supremo.

Mas se esse foi um período de retrocessos, ele também foi marcado pelo fortalecimento das lutas indígenas por seus direitos. Em 2022, foi realizada a 18ª edição dos Acampamentos Terra Livre (ATL), que reúne em Brasília (DF), a cada mês de abril, lideranças e organizações indígenas de todo o país. As mobilizações nacionais indígenas foram crescendo e se organizando para as reivindicações nos anos seguintes e, durante o início da pandemia de covid-19, continuaram em edições virtuais, sendo retomadas presencialmente em agosto de 2021, com o Acampamento Luta pela Vida – contra as ameaças do PL 490/07, no Legislativo, e do "marco temporal", no Judiciário.

As lutas das mulheres indígenas também ganharam maior destaque no último período, com um crescendo inédito no plano das mobilizações públicas e do associativismo. No ATL de 2015, as mulheres indígenas realizaram pela primeira vez sua própria plenária; já em agosto de 2018, seria realizada a 1ª Marcha Nacional das Mulheres Indígenas, organizada pela Articulação Nacional das Mulheres Indígenas Guerreiras da Ancestralidade – um fórum nacional de articulação de mulheres de diferentes povos, fundada nesse período.

A presença das mulheres indígenas nesta publicação é, assim, uma homenagem à pujança de seus movimentos e ao protagonismo de suas lideranças – como é o caso de Watatakalu Yawalapiti, que estampa a capa da publicação. Com seu gesto, a liderança do Parque Indígena do Xingu (PIX) ilustra o basta para todas as ameaças que o governo Bolsonaro alimentou contra os povos indígenas. Povos, que, acima de tudo, devem ter seus direitos à saúde e à vida respeitados – assim como suas terras e suas decisões pessoais e comunitárias.

O início do ano 2023 traz esperanças com o novo presidente eleito, Luiz Inácio Lula da Silva, que criou o Ministério dos Povos Indígenas, cuja ministra, Sonia Guajajara, é uma liderança indígena do Maranhão e foi eleita deputada federal por São Paulo, após anos à frente da Articulação dos Povos Indígenas do Brasil (Apib): uma ativista fundamental na luta pelos direitos indígenas.

O órgão indigenista oficial também passa por uma reconstrução, a começar pela alteração de seu nome para Fundação Nacional dos Povos Indígenas (Funai). Pela primeira vez em sua história, o órgão é presidido por uma indígena: Joênia Wapichana, que foi a primeira indígena eleita deputada federal, por Roraima e advogada do Conselho Indígena de Roraima (CIR), com um longo histórico de lutas em defesa dos direitos dos povos indígenas.

Uma herança para o novo governo é homologar as Terras Indígenas que já foram declaradas e declarar como de posse permanente indígena aquelas que já tiveram seus territórios delimitados e aprovados pela Funai. Assim como viabilizar os GTs para estudos de identificação das 124 TIs que tiveram portaria de criação de GT e não foram realizados.

Além da finalização dos processos de demarcação, a defesa da integridade das TIs, o apoio a saúde e educação indígena e o apoio para projetos de sustentabilidade são temas importantes para o próximo governo. (fevereiro, 2023)

A equipe de edição

LISTA DE POVOS INDÍGENAS NO BRASIL

(Fonte: Banco de Dados do Programa Povos Indígenas no Brasil - Instituto Socioambiental, dezembro, 2022)

#	Povo	Outros nomes ou grafias	Capítulo	Família linguística*	UF (Brasil) Países limítrofes	Censo/ estimativa	Ano	Fonte
1	Aikanã	Massacá, Tubarão, Columbiara, Mundé, Mondé, Huari	Rondônia	Aikaná	RO	350	2014	Siasi/Sesai
2	Aikewara	Suruí, Sororós	Sudeste do Pará	Tupi-Guarani	PA	470	2020	Siasi/Sesai
3	Akuntsu	Akunt'su	Rondônia	Tupari	RO	4	2020	Siasi/Sesai
4	Akuriyó**		Amapá/Norte do Pará	Karib	PA	-	-	-
5	Amanayé	Amanaié, Araradeua	Sudeste do Pará	Tupi-Guarani	PA	174	2017	Siasi/Sesai
6	Amondawa		Rondônia	Tupi-Guarani	RO	129	2020	Siasi/Sesai
7	Anacé		Nordeste		CE	2.018	2014	Siasi/Sesai
8	Anambé		Sudeste do Pará	Tupi-Guarani	PA	182	2020	Siasi/Sesai
9	Anapuru Muypurá		Goiás/Tocantins Maranhão		MA	150	2021	Agência Zagaia
10	Aparai**	Apalai, Apalay, Appirois, Aparathy, Apareilles	Amapá/Norte do Pará	Karib	PA, Guiana Francesa Suriname	647	2020	Siasi/Sesai
11	Apiaká	Apiacá	Oeste do Mato Grosso	Tupi-Guarani	MT, PA	1.050	2020	Siasi/Sesai
12	Apinayé	Apinaié, Apinajés, Timbira	Goiás/Tocantins/ Maranhão	Jê	TO	2.699	2020	Siasi/Sesai
13	Apurinã	Ipurina	Juruá/Jutaí/Purus e Rondônia	Aruak-maipure	AM, MT, RO	10.228	2020	Siasi/Sesai
14	Aranã		Leste		MG	362	2010	Funasa
15	Arapaso	Arapasso, Arapaço	Noroeste Amazônico	Tukano	AM	448	2014	Siasi/Sesai
16	Arapium		Tapajós/Madeira		PA	2.204	2012	Siasi/Sesai
17	Arara	Arara do Pará	Sudeste do Pará	Karib	PA	499	2020	Siasi/Sesai
18	Arara da Volta Grande do Xingu	Arara do Maia	Sudeste do Pará		PA	293	2019	Verthic
19	Arara do Rio Amônia	Apolima-Arara	Acre		AC	434	2014	Siasi/Sesai
20	Arara do Rio Branco	Arara do Beiradão	Rondônia		MT	249	2014	Siasi/Sesai
21	Arara Shawãdawa	Arara do Acre	Acre	Pano	AC	677	2014	Siasi/Sesai
22	Arara Vermelha		Tapajós/Madeira		PA	142	2014	Saúde e Alegria
23	Araweté	Araueté	Sudeste do Pará	Tupi-Guarani	PA	568	2020	Siasi/Sesai
24	Arikapú		Rondônia	Jabuti	RO	37	2014	Siasi/Sesai
25	Aruá		Rondônia	Mondé	RO	121	2020	Siasi/Sesai
26	Ashaninka**	Kampa	Acre	Aruak	AC, Peru	1.720	2020	Siasi/Sesai
27	Asurini do Tocantins	Akuawa	Sudeste do Pará	Tupi-Guarani	TO	671	2020	Siasi/Sesai
28	Asurini do Xingu	Assurini	Sudeste do Pará	Tupi-Guarani	PA	219	2020	Siasi/Sesai
29	Atikum	Aticum	Nordeste, Mato Grosso do Sul		PE, BA, MS	7.929	2012	Siasi/Sesai
30	Avá-Canoeiro	Canoeiro, Cara-Preta, Karijó, Ãwa	Goiás/Tocantins/ Maranhão	Tupi-Guarani	TO, GO	26	2020	Siasi/Sesai
31	Awa Guajá	Guajá, Awa	Goiás/Tocantins/ Maranhão	Tupi-Guarani	MA	520	2020	Siasi/Sesai
32	Aweti	Awytyza, Enumaniá, Anumaniá, Auetö	Parque Indígena do Xingu (PIX)	Aweti	MT	221	2020	Siasi/Sesai
33	Ayoreo**		Mato Grosso do Sul	Samuco	MS	-	-	-
34	Bakairi	Bacairi, Kurã, Kurâ	Leste do Mato Grosso	Karib	MT	982	2014	Siasi/Sesai
35	Banawá		Juruá/Jutaí/Purus	Arawá	AM	207	2014	Siasi/Sesai

#	Povo	Outros nomes ou grafias	Capítulo	Família linguística*	UF (Brasil) Países limítrofes	Censo/ estimativa	Ano	Fonte
36	Baniwa**	Baniva, Baniua, Curipaco, Walimanai	Noroeste Amazônico	Aruak	AM Colômbia Venezuela	7.145 7.000 3.501	2014 2000 2011	Siasi/Sesai XIV Censo Nacional de Poblacion y Viviendas
37	Bará**	Bara tukano, Waípinõmakã	Noroeste Amazônico	Tukano	AM Colômbia	44 296	2017 1988	Foirn/ISA 2017
38	Barasana**	Panenoá	Noroeste Amazônico	Tukano	AM Colômbia	55 939	2014 1998	Siasi/Sesai
39	Baré**	Hanera	Noroeste Amazônico	Aruak	AM Venezuela	11.472 5.044	2014 2011	Siasi/Sesai XIV Censo Nacional de Poblacion y Viviendas
40	Borari		Tapajós/Madeira		PA, AM	1.116	2014	ISA
41	(Boe) Bororo	Coxiponé, Araripoconé, Araés, Cuiabá, Coroados, Porrudos, Boe	Leste do Mato Grosso	Bororo	MT	1.817	2014	Siasi/Sesai
42	Canela Memortumré	Canela, Ramkokamekrá, Timbira	Goiás/Tocantins/ Maranhão	Jê	MA	2.175	2012	Siasi/Sesai
43	Canela Apanyekrá	Canela, Apãnjêkra, Timbira	Goiás/Tocantins/ Maranhão	Jê	MA	1.076	2012	Siasi/Sesai
44	Cara Preta	Matapu, Munduruku	Tapajós/Madeira		PA	-	-	-
45	Chamacoco**	Ishir	Mato Grosso do Sul	Samuko	MS Paraguai	40 1.515	1994 2002	G. Grunberg II Censo Nacional Indígena
46	Charrua**		Sul		Argentina RS	6.397 42	2010 2014	Indec Siasi/Sesai
47	Chiquitano**	Chiquito	Oeste do Mato Grosso	Chiquito	Bolívia MT	87.885 473	2012 2012	XIV Censo Nacional de Poblacion y Viviendas Siasi/Funasa
48	Cinta larga	Matetamãe	Rondônia	Mondé	MT, RO	1.954	2014	Siasi/Sesai
49	Dâw	Maku, Kamã	Noroeste Amazônico	Naduhup	AM	142	2020	Roberto Carlos Sanches, liderança da comunidade, 2020
50	Deni		Juruá/Jutaí/Purus	Arawá	AM	2.064	2020	Siasi/Sesai
51	Desana**	Desano, Dessano	Noroeste Amazônico	Tukano	Colômbia AM	2.036 1.699	1998 2017	 ISA/Foirn
52	Djeoromitxí	Jaboti	Rondônia	Jabuti	RO	230	2020	Siasi/Sesai
53	Enawenê-nawê	Enauenê nauê, Salumã	Oeste do Mato Grosso	Aruak	MT	951	2020	Siasi/Sesai
54	Fulkaxó		Nordeste		AL	-	-	-
55	Fulni-ô		Nordeste	Ia-tê	PE	4.689	2014	Siasi/Sesai
56	Galibi Ka'lina	Galibi do Oiapoque, Galibi, Kalinã	Amapá/Norte do Pará	Karib	AP Venezuela Guiana Francesa Suriname	89 33.824 3.000 3.000	2017 2011 2002 2002	Siasi/Sesai XIV Censo Nacional de Poblacion y Viviendas, OkaMag
57	Galibi-Marworno	Galibi do Uaçá, Aruá	Amapá/Norte do Pará	Creoulo	AP	2.822	2020	Siasi/Sesai
58	Gamela	Akroá Gamela, Gamella	Goiás/Tocantins/ Maranhão, Nordeste		MA, PI	-	-	-
59	Gavião Akrãtikatêjê		Sudeste do Pará	Jê	PA	-	-	-

#	Povo	Outros nomes ou grafias	Capítulo	Família linguística*	UF (Brasil) Países limítrofes	Censo/ estimativa	Ano	Fonte
60	Gavião Kykatejê	Gavião do Maranhão, Timbira	Goiás/Tocantins/ Maranhão	Jê	MA	362	2014	Siasi/Sesai
61	Gavião Parkatêjê	Gavião do Mãe Maria, Gavião do Oeste, Timbira	Sudeste do Pará	Jê	PA	646	2014	Siasi/Sesai
62	Gavião Pykopjê	Gavião do Maranhão, Gavião Pukobiê, Gavião do Leste, Timbira, Pykopcatejê	Goiás/Tocantins/ Maranhão	Jê	MA	769	2014	Siasi/Sesai
63	Guajajara	Guajajara, Tenetehara	Goiás/Tocantins/Maranhão	Tupi-Guarani	MA	28.858	2020	Siasi/Sesai
64	Guarani**	Kaiowá, Mbya, Ñandeva	Leste, Mato Grosso do Sul e Sul	Tupi-Guarani	Argentina Bolívia Paraguai MS, SP, PR, RS, RJ, ES, PA, SC, TO	54.825 83.019 61.701 85.255	2016	Mapa Guarani Continental
65	Guarasugwe		Rondônia	Tupi-Guarani	RO	-	-	-
66	Guató		Mato Grosso do Sul, Leste do Mato Grosso	Guató	MS, MT	419	2014	Siasi/Sesai
67	Guegûê do Sangue		Nordeste		PI	256	2020	Apisu
68	Hixkaryana	Hixkariana, Hexkaryana	Amapá/Norte do Pará	Karib	PA, AM	1.242	2012	Siasi/Sesai
69	Huni Kuin**	Kaxinawá, Cashinauá, Caxinauá	Acre	Pano	AC Peru	11.729 2.419	2020 2007	Siasi/Sesai Inei
70	Hupda**	Maku, Macu, Hupd'äh	Noroeste Amazônico	Naduhup	AM Colômbia	1.000 500	2012 2012	Patricia Patricia
71	Ikolen	Gavião de Rondônia, Gavião Ikolen, Digut	Rondônia	Mondé	RO	691	2020	Siasi/Sesai
72	Ikpeng	Txicão	Parque Indígena do Xingu (PIX)	Karib	MT	584	2020	Siasi/Sesai
73	Ingarikó**	Akawaio, Kapon	Roraima Lavrado	Karib	Guiana Venezuela RR	4.000 728 1.488	1990 1992 2014	Siasi/Sesai
74	Iny Karajá	Caraiauna, Iny	Goiás/Tocantins/ Maranhão	Karajá	GO, MT, PA, TO	4.373	2020	Siasi/Sesai
75	Iranxe Manoki	Irantxe, Manoki	Oeste do Mato Grosso	Iranxe	MT	413	2020	Siasi/Sesai
76	Jamamadi	Yamamadi, Kanamanti	Juruá/Jutaí/Purus	Arawá	AM	1.138	2020	Siasi/Sesai
77	Jaraqui		Tapajós/Madeira		PA	163	2020	Siasi/Sesai
78	Jarawara	Jarauara	Juruá/ Jutaí/ Purus	Arawá	AM	271	2014	Jarawara
79	Javaé	Karajá/Javaé, Itya Mahãdu	Goiás/Tocantins/ Maranhão	Karajá	GO, TO	1.510	2020	Siasi/Sesai
80	Jenipapo-Kanindé	Payaku	Nordeste		CE	328	2014	Siasi/Sesai
81	Jiahui	Jahoi, Diarroi, Djarroi, Parintintin, Diahoi, Diahui, Kagwaniwa	Tapajós/Madeira	Tupi-Guarani	AM	115	2014	Siasi/Sesai
82	Jiripancó	Jeripancó, Geripancó	Nordeste		AL	1.757	2014	Siasi/Sesai
83	Juma	Yuma	Juruá/Jutaí/Purus	Tupi-Guarani	AM	12	2020	Siasi/Sesai
84	Ka'apor	Urubu Kaapor, Kaapor	Sudeste do Pará	Tupi-Guarani	MA	1.914	2020	Siasi/Sesai
85	Kadiwéu	Kaduveo, Caduveo, Kadivéu, Kadiveo	Mato Grosso do Sul	Guaikuru	MS	1.413	2014	Siasi/Sesai
86	Kahyana		Amapá/Norte do Pará	Karib	PA	-	-	-
87	Kaimbé		Nordeste		BA	1.135	2020	Siasi/Sesai
88	Kaingang	Guayanás	Sul	Jê	PR, RS, SC, SP	51.500	2022	Veiga
89	Kaixana	Caixana	Solimões		AM	1.410	2020	Siasi/Sesai
90	Kalabaça		Nordeste		CE	227	2014	Siasi/Sesai
91	Kalankó	Cacalancó	Nordeste		AL	329	2014	Siasi/Sesai

#	Povo	Outros nomes ou grafias	Capítulo	Família linguística*	UF (Brasil) Países limítrofes	Censo/ estimativa	Ano	Fonte
92	Kalapalo		Parque Indígena do Xingu (PIX)	Karib	MT	855	2020	Siasi/Sesai
93	Kamaiurá	Kamayurá	Parque Indígena do Xingu (PIX)	Tupi-Guarani	MT	710	2020	Siasi/Sesai
94	Kamba**		Mato Grosso do Sul		MS	114	2014	Siasi/Sesai
95	Kambeba	Cambemba, Omaguá	Solimões	Tupi-Guarani	AM Peru	1.713	2020	Siasi/Sesai
96	Kambiwá	Cambiua	Nordeste		PE	3.105	2014	Siasi/Sesai
97	Kanamari	Canamari, Tukuna	Juruá/Jutaí/Purus	Katukina	AM	4.684	2020	Siasi/Sesai
98	Kanindé		Nordeste		CE	1.076	2014	Siasi/Sesai
99	Kanoê	Canoe, Kapixaná, Kapixanã	Rondônia	Kanoe	RO	319	2014	Siasi/Sesai
100	Kantaruré	Cantaruré, Pankararu	Nordeste		BA	401	2014	Siasi/Sesai
101	Kapinawa	Capinawa	Nordeste		PE	2.263	2020	Siasi/Sesai
102	Karajá do Norte	Xambioá, Ixybiowa, Iraru Mahãndu	Goiás/Tocantins/ Maranhão	Karajá	TO	287	2014	Siasi/Sesai
103	Karapanã**	Muteamasa, Ukopinõpõna	Noroeste Amazônico	Tukano	Colômbia AM	412 111	1988 2014	 Siasi/Sesai
104	Karapotó		Nordeste		AL	945	2020	Siasi/Sesai
105	Karipuna de Rondônia	Ahé, Karipuna	Rondônia	Tupi-Guarani	RO	349	2020	Siasi/Sesai
106	Karipuna do Amapá		Amapá/Norte do Pará	Creoulo	AP	3.030	2020	Siasi/Sesai
107	Kariri		Nordeste		CE, PI	159	2014	Siasi/Sesai
108	Kariri-Xokó	Cariri-xocó	Nordeste		AL	2.334	2020	Siasi/Sesai
109	Karitiana	Caritiana	Rondônia	Arikén	RO	333	2014	Siasi/Sesai
110	Karo	Arara de Rondônia, Arara Karo, Arara Tupi, Ntogapíd, Ramaráma, Urukú, Urumí	Rondônia	Ramarama	RO	414	2020	Siasi/Sesai
111	Karuazu		Nordeste		AL	1.013	2010	Funasa
112	Kassupá		Rondônia	Aikaná	RO	149	2013	Siasi/Sesai
113	Katukina do Rio Biá	Tukuna	Juruá/Jutaí/Purus	Katukina	AM	2.004	2020	Siasi/Sesai
114	Katukina Pano		Acre	Pano	AC	1.154	2014	Siasi/Sesai
115	Katwena	Katuenayana, Katuena	Amapá/Norte do Pará	Karib	AM, PA	140	2014	Siasi/Sesai
116	Katxuyana	Caxuiana, Kaxuyana	Amapá/Norte do Pará	Karib	AM, PA	540	2020	Siasi/Sesai
117	Kawaiwete (Kaiabi)	Kayabi, Caiabi, Kaiaby, Kajabi, Cajabi	Parque Indígena do Xingu (PIX)	Tupi-Guarani	MT	2.734	2020	Siasi/Sesai
118	Kaxarari	Caxarari	Juruá/Jutaí/Purus	Pano	AM, RO	522	2020	Siasi/Sesai
119	Kaxixó		Leste		MG	301	2014	Siasi/Sesai
120	Kinikinau	Kinikinao, Kinikinawa, Guaná	Mato Grosso do Sul	Aruak	MS	600	2016	Rosaldo A.de Sousa
121	Kiriri	Kariri	Nordeste		BA	2.806	2020	Siasi/Sesai
122	Kisêdjê	Suyá, Khisêtjê	Parque Indígena do Xingu (PIX)	Jê	MT	536	2020	Siasi/Sesai
123	Koiupanká		Nordeste		AL	627	2014	Siasi/Sesai
124	Kokama**	Cocama, Kocama	Solimões	Tupi-Guarani	Peru Colômbia AM	19.052	2020	Siasi/Sesai
125	Koripako**	Curipaco, Curripaco, Coripako	Noroeste Amazônico	Aruak	AM Colômbia Venezuela	1.674	2020	Siasi/Sesai
126	Korubo		Javari	Pano	AM	34	2014	Siasi/Sesai
127	Kotiria**	Wanana	Noroeste Amazônico	Tukano	Colômbia AM	1.113 735	1988 2005	Dsei/Foirn

#	Povo	Outros nomes ou grafias	Capítulo	Família linguística*	UF (Brasil) Países limítrofes	Censo/ estimativa	Ano	Fonte
128	Krahô	Craô, Kraô, Timbira	Goiás/Tocantins/ Maranhão	Jê	TO	3.571	2020	Siasi/Sesai
129	Krahô-Kanela		Goiás/Tocantins/ Maranhão	Jê	TO	122	2014	Siasi/Sesai
130	Krenak	Crenaque, Crenac, Krenac, Botocudos, Aimorés	Leste	Krenák	MG, MT, SP	494	2020	Siasi/Sesai
131	Krenyê	Timbira	Goiás/Tocantins/ Maranhão	Jê	MA	104	2016	Nascimento/30 RBA
132	Krikatí	Kricati, Kricatijê, Põcatêjê, Timbira	Goiás/Tocantins/Ma-ranhão	Jê	MA	1.031	2020	Siasi/Sesai
133	Kubeo**	Cubeo, Cobewa, Kubéwa, Pamíwa	Noroeste Amazônico	Tukano	Venezuela Colômbia AM	56 4.238 565	2011 1988 2014	XIV Censo Nacional de Poblacion y Viviendas Siasi/Sesai
134	Kuikuro	Ipatse ótomo, Ahukugi ótomo, Lahatuá ótomo	Parque Indígena do Xingu (PIX)	Karib	MT	802	2020	Siasi/Sesai
135	Kujubim	Towa Panka	Rondônia	Txapakura	RO	140	2014	Siasi/Sesai
136	Kulina Pano	Culina	Javari	Pano	AM	6.892	2020	Siasi/Sesai
137	Kulina**	Culina, Madiha	Juruá/Jutaí/Purus e Acre	Arawa	Peru AM	417 7.211	2007 2014	Inei Siasi/Sesai
138	Kumaruara		Tapajós/Madeira		PA	-	-	-
139	Kuntanawa	Kontanawa, Contanawa	Acre	Pano	AC	164	2014	Siasi/Sesai
140	Kuruaya	Xipáia-Kuruáia, Kuruaia	Sudeste do Pará	Munduruku	PA	283	2020	Siasi/Sesai
141	Kwazá	Coaiá, Koaiá	Rondônia	Koazá	RO	54	2014	Siasi/Sesai
142	Macuxi**	Makuxi, Macushi	Roraima Lavrado	Karib	RR Guiana Venezuela	37.250	2020	Siasi/Sesai
143	Makuna**	Yeba-masã	Noroeste Amazônico	Tukano	Colômbia AM	528 22	1988 2014	Colômbia Siasi/Sesai
144	Makurap	Macurap	Rondônia	Tupari	RO	579	2014	Siasi/Sesai
145	Manchineri**	Machineri	Acre	Aruak	AC Bolívia Peru	1.332	2020	Siasi/Sesai
146	Maraguá		Solimões		AM	74	2010	IBGE
147	Marubo		Javari	Pano	AM	2.008	2014	Siasi/Sesai
148	Matipu		Parque Indígena do Xingu (PIX)	Karib	MT	189	2020	Siasi/Sesai
149	Matis	Mushabo, Deshan Mikitbo	Javari	Pano	AM	529	2020	Siasi/Sesai
150	Matsés**	Mayoruna	Javari	Pano	AM Peru	1.700 2.500	2016 2016	CTI
151	Mawayana		Amapá/Norte do Pará	Aruak	PA	-	-	-
152	Maxakali	Tikmũ'ũn, Monacó, Kumanuxú, Tikmuún	Leste	Maxakali	MG	2.407	2020	Siasi/Sesai
153	Mebêngôkre Kayapó	Kaiapó, Caiapó, Gorotire, Mekrãgnoti, Kuben-Kran-Krên, Kôkraimôrô, Metyktire, Xikrin, Kararaô	Sudeste do Pará	Jê	MT, PA	11.675	2014	Siasi/Sesai
154	Mehinako	Meinaco, Meinacu, Meinaku	Parque Indígena do Xingu (PIX)	Aruak	MT	341	2020	Siasi/Sesai
155	Menky Manoki	Munku, Menku, Menky Manoki, Myky	Oeste do Mato Grosso	Iranxe	MT	131	2020	Siasi/Sesai
156	Migueleno	Miqueleno	Rondônia		RO	267	2014	Siasi/Sesai
157	Miranha**	Mirana	Solimões	Bora	Colômbia AM	1.685	2020	Siasi/Sesai

#	Povo	Outros nomes ou grafias	Capítulo	Família linguística*	UF (Brasil) Países limítrofes	Censo/ estimativa	Ano	Fonte
158	Mirity-tapuya	Buia-tapuya	Noroeste Amazônico	Tukano	AM	88	2014	Siasi/Sesai
159	Mukurin	Mokurin	Leste		MG	-	-	-
160	Munduruku	Mundurucu, Maytapu, Cara Preta, Wuyjuyu	Tapajós/Madeira	Munduruku	AM, PA	17.997	2020	Siasi/Sesai
161	Mura		Tapajós/Madeira	Mura	AM	18.511	2020	Siasi/Sesai
162	Nadöb	Macú Nadob; Maku Nadeb	Noroeste Amazônico	Naduhup	AM	483	2014	Siasi/Sesai
163	Nahukuá	Nafukwá, Nahkwá, Nafuquá, Nahukwá	Parque Indígena do Xingu (PIX)	Karib	MT	169	2020	Siasi/Sesai
164	Nambikwara	Nambiquara, Anunsu	Oeste do Mato Grosso	Nambikwára	MT, RO	2.332	2014	Siasi/Sesai
165	Naruvotu		Parque Indígena do Xingu (PIX)	Karib	MT	81	2003	Fiorini
166	Nawa	Náua	Acre		AC	535	2020	Siasi/Sesai
167	Nukini	Nuquini	Acre	Pano	AC	726	2020	Siasi/Sesai
168	Ofaié	Ofaié-Xavante	Mato Grosso do Sul	Ofayé	MS	69	2014	Siasi/Sesai
169	Oro Win	Oro Towati', Oroin, Uruin, Oro Towati'	Rondônia	Txapakura	RO	88	2014	Siasi/Sesai
170	Palikur**	Paricuria, Paricores, Palincur, Parikurene, Parinkur-Iéne, Païkwe-né, Palikur-Arukwayene	Amapá/Norte do Pará	Aruak	Guiana Francesa AP	1.935	2020	Siasi/Sesai
171	Panará	Kreen-Akarore, Krenhakore, Krenakore, Índios Gigantes	Sudeste do Pará	Jê	MT, PA	642	2020	Siasi/Sesai
172	Pankaiuká		Nordeste		PE	150	2011	UFPE/Nepe
173	Pankará		Nordeste		PE	3.080	2020	Siasi/Sesai
174	Pankararé		Nordeste		BA	1.648	2014	Siasi/Sesai
175	Pankararu		Nordeste e Leste		MG, PE, SP	8.184	2014	Siasi/Sesai
176	Pankaru	Pankararu-Salambaia	Nordeste		BA	123	2020	Siasi/Sesai
177	Parakanã		Sudeste do Pará	Tupi-Guarani	PA	2.042	2020	Siasi/Sesai
178	Paresí	Pareci, Halíti, Arití	Oeste do Mato Grosso	Aruak	MT	2.138	2014	Siasi/Sesai
179	Parintintin	Cabahyba	Tapajós/Madeira	Tupi-Guarani	AM	480	2014	Siasi/Sesai
180	Patamona**	Ingarikó, Kapon	Roraima Lavrado	Karib	RR Guiana	338 5.500	2020 1990	Siasi/Sesai
181	Pataxó	Patachó, Patashó, Pataso	Leste		BA	12.865	2020	Siasi/Sesai
182	Pataxó Hã-Hã-Hãe		Leste		BA	3.285	2020	Siasi/Sesai
183	Paumari	Pamoari	Juruá/Jutaí/Purus	Arawá	AM	1.804	2014	Siasi/Sesai
184	Payayá		Nordeste		BA	55	2020	Siasi/Sesai
185	Pipipã		Nordeste		PE	1.391	2013	Siasi/Sesai
186	Pira-tapuya**	Piratapuya, Piratapuyo, Piratuapuia, Pira--Tapuya, Waíkhana	Noroeste Amazônico	Tukano	AM Colômbia	756	2020	Siasi/Sesai
187	Pirahã	Mura Pirahã	Tapajós/Madeira	Mura	AM	592	2014	Siasi/Sesai
188	Pitaguary	Potiguara, Pitaguari	Nordeste		CE	3.623	2014	Siasi/Sesai
189	Potiguara		Nordeste		PA, CE, PE, RN	18.445	2014	Siasi/Sesai
190	Puri		Leste		MG, RJ	675	2010	IBGE
191	Puruborá		Rondônia	Puruborá	RO	243	2014	Siasi/Sesai
192	Puyanawa	Poianaua	Acre	Pano	AC	745	2014	Siasi/Sesai
193	Rikbaktsa	Erigbaktsa, Canoeiros, Orelhas de Pau	Oeste do Mato Grosso	Rikbaktsá	MT	1.600	2020	Siasi/Sesai
194	Sakurabiat	Sakiriabar, Mequéns	Rondônia	Tupari	RO	219	2014	Siasi/Sesai
195	Sapará		Roraima Lavrado	Karib	RR	-	-	-
196	Sateré Mawé	Sateré-Maué	Tapajós/Madeira	Mawé	AM	16.312	2020	Siasi/Sesai
197	Shanenawa	Katukina, Shanenawa	Acre	Pano	AC	769	2020	Siasi/Sesai

#	Povo	Outros nomes ou grafias	Capítulo	Família linguística*	UF (Brasil) Países limítrofes	Censo/ estimativa	Ano	Fonte
198	Siriano**		Noroeste Amazônico	Tukano	AM Colômbia	86 665	2014 1988	Siasi/Sesai
199	Surui Paiter	Paiter	Rondônia	Mondé	MT, RO	1.375	2014	Siasi/Sesai
200	Suruwaha	Zuruwahá, Índios do Coxodoá	Juruá/Jutaí/Purus	Arawá	AM	171	2014	Siasi/Sesai
201	Tabajara		Nordeste		CE, PI	3.279	2020	Siasi/Sesai
202	Tapajó		Tapajós/Madeira		PA	241	2020	Siasi/Sesai
203	Tapayuna	Beiço de pau, Suyá Novos, Suyá Ocidentais, Kajkwakratxi	Sudeste do Pará	Jê	MT	167	2020	Siasi/Sesai
204	Tapeba	Tapebano, Perna-de--pau	Nordeste		CE	7.038	2020	Siasi/Sesai
205	Tapirapé	Apyãwa	Goiás/Tocantins/ Maranhão	Tupi-Guarani	MT, TO	917	2020	Siasi/Sesai
206	Tapuia	Tapuio, Tapuya	Goiás/Tocantins/ Maranhão, Nordeste		GO, CE, RN, PI	369	2020	Siasi/Sesai
207	Tariana**		Noroeste Amazônico	Aruak	AM Colômbia	2.684 205	2014 1988	Siasi/Sesai
208	Taurepang**	Taulipang, Taurepangue, Taulipangue	Roraima Lavrado	Karib	RR Venezuela	849	2020	Siasi/Sesai
209	Tembé	Tenetehara	Goiás/Tocantins/ Maranhão	Tupi-Guarani	MA, PA	2.096	2020	Siasi/Sesai
210	Tenharim	Kagwahiva	Tapajós/Madeira	Tupi-Guarani	AM	828	2014	Siasi/Sesai
211	Terena		Mato Grosso do Sul	Aruak	MS, MT, SP	26.065	2014	Siasi/Sesai
212	Ticuna**	Tikuna, Tukuna, Magüta	Solimões	Tikuna	AM Peru Colômbia	57.571	2020	Siasi/Sesai
213	Tingui Botó		Nordeste		AL	407	2020	Siasi/Sesai
214	Tiriyó**	Tirió, Trio, Tarona, Yawi, Pianokoto, Piano, Wü tarëno, Txukuyana, Ewarhuyana, Akuriyó	Amapá/Norte do Pará	Karib	PA Suriname	2.076	2020	Siasi/Sesai
215	Torá		Tapajós/ Madeira	Txapakura	AM	330	2014	Siasi/Sesai
216	Tremembé		Nordeste		CE	3.837	2020	Siasi/Sesai
217	Truká		Nordeste		BA, PE	3.233	2020	Siasi/Sesai
218	Trumai		Parque Indígena do Xingu (PIX)	Trumái	MT	260	2020	Siasi/Sesai
219	Tsohom-dyapa	Tsohom-dyapa,Tukano, Tukún Djapá, Tukano Djapá, Txunhuân Djapá, Tsunhuam Djapa, Tyohom-dyapa	Javari	Katukina	AM	38	2016	CTI
220	Tukano**	Ye'pâ-masa, Dasea	Noroeste Amazônico	Tukano	AM Colômbia Venezuela	5.731 6.330 29	2014 1988 2011	Siasi/Sesai XIV Censo Nacional de Poblacion y Viviendas
221	Tumbalalá		Nordeste		BA	1.381	2020	Siasi/Sesai
222	Tunayana		Amapá/Norte do Pará	Karíb	PA, AM	107	2010	IBGE
223	Tupaiú		Tapajós/Madeira		PA	546	2014	Saúde e Alegria
224	Tupari		Rondônia	Tupari	RO	607	2014	Siasi/Sesai
225	Tupinambá	Tupinambá	Leste, Tapajós/Ma-deira		BA, PA	7.656	2020	Siasi/Sesai
226	Tupiniquim		Leste		ES	3.278	2020	Siasi/Sesai
227	Turiwara		Sudeste do Pará		PA	-	-	-
228	Tuxá		Nordeste		AL, BA, PE	1.703	2014	Siasi/Sesai

#	Povo	Outros nomes ou grafias	Capítulo	Família linguística*	UF (Brasil) Países limítrofes	Censo/ estimativa	Ano	Fonte
229	Tuxi		Nordeste		PE	189	2020	Siasi/Sesai
230	Tuyuka**	Tuiuca, Utapinopona	Noroeste Amazônico	Tukano	AM Colômbia	1.050 570	2014 1988	Siasi/Sesai
231	Txikiyana	Cikiyana	Amapá/Norte do Pará	Karib	PA	-	-	-
232	Umutina	Barbados, Omotina	Oeste do Mato Grosso	Bororo	MT	515	2014	Siasi/Sesai
233	Uru-Eu-Wau-Wau	Jupaú	Rondônia	Tupi Kawahib	RO	127	2020	Siasi/Sesai
234	Waimiri Atroari	Kinja, Kiña, Uaimiry, Crichaná	Roraima Mata	Karib	AM	2.394	2022	PWA
235	Waiwai**		Amapá/Norte do Pará e Roraima Lavrado	Karíb	AM, PA, RR Guiana	2.691	2020	Siasi/Sesai
236	Wajãpi**	Wayapi, Wajapi, Oiampi	Amapá/Norte do Pará	Tupi-Guarani	AP, PA Guiana Francesa	1.612	2020	Siasi/Sesai
237	Wajuru	Ajujru, Wayoro	Rondônia	Tupari	RO	248	2014	Siasi/Sesai
238	Wapichana**	Wapixana, Wapishana	Roraima Lavrado	Aruak	RR Guiana Venezuela	11.309	2020	Siasi/Sesai
239	Warao**		Roraima Lavrado	Warao	RR	-	-	-
240	Warekena**	Werekena	Noroeste Amazônico	Aruak	AM Venezuela	1.039 620	2014 2011	Siasi/Sesai XIV Censo Nacional de Poblacion y Viviendas
241	Wari'	Uari, Wari, Pakaá Nova	Rondônia	Txapakura	RO	4.461	2020	Siasi/Sesai
242	Wassu		Nordeste		AL	2.014	2014	Siasi/Sesai
243	Wauja	Waurá	Parque Indígena do Xingu (PIX)	Aruak	MT	672	2020	Siasi/Sesai
244	Wayana**	Upurui, Roucouyen, Orkokoyana, Urucuiana, Urukuyana, Alucuyana	Amapá/Norte do Pará	Karib	Guiana Francesa PA Suriname	374	2020	Siasi/Sesai
245	Witoto**	Uitoto	Noroeste Amazônico	Witoto	Colômbia AM Peru	5.939 84 1.864	1988 2014 2007	 Siasi/Sesai Inei
246	Xakriabá		Leste	Jê	MG	8.867	2014	Siasi/Sesai
247	Xavante	Akwe, A'uwe	Leste do Mato Grosso	Jê	MT	22.256	2020	Siasi/Sesai
248	Xerente	Acuen, Akwen, Akwê	Goiás/Tocantins/ Maranhão	Jê	TO	3.964	2020	Siasi/Sesai
249	Xetá	Héta, Chetá, Setá	Sul	Tupi-Guarani	PR	69	2020	Siasi/Sesai
250	Xerew		Amapá/ Norte do Pará	Karib	PA, RR	-	-	-
251	Xikrin Mebengôkre	Kayapó, Mebengôkre	Sudeste do Pará	Jê	PA	2.267	2020	Siasi/Sesai
252	Xinane	Sapanawa, Chitonawa, Xatanawa, Shapanawa, isolados do Xinane	Acre	Pano	AC	35	2014	Funai
253	Xipaya	Xipáya	Sudeste do Pará	Juruna	PA	241	2020	Siasi/Sesai
254	Xokleng	Aweikoma, Xokrén, Kaingang de Santa Catarina, Aweikoma--Kaingang, Laklanõ	Sul	Jê	SC	2.153	2020	Siasi/Sesai
255	Xokó	Chocó, Xocó	Nordeste		SE	340	2014	Siasi/Sesai
256	Xukuru	Xucuru	Nordeste		PE	8.481	2020	Siasi/Sesai
257	Xukuru-Kariri	Xucuru	Nordeste		AL, BA	1.700	2020	Siasi/Sesai
258	Yaminawá**	Iaminaua, Jaminawa	Acre	Pano	Peru AC Bolívia	600 1.454 630	2007 2014 1997	Inei Siasi/Sesai
259	Yanomami**	Yanomamɨ, Yãnoma, Sanöma, Ninam, Yãroa-më, Yanomam	Roraima Mata	Yanomami	RR, AM Venezuela	27.359	2020	Siasi/Sesai

#	Povo	Outros nomes ou grafias	Capítulo	Família linguística*	UF (Brasil) Países limítrofes	Censo/ estimativa	Ano	Fonte
260	Yawalapiti		Parque Indígena do Xingu (PIX)	Aruak	MT	309	2020	Siasi/Sesai
261	Yawanawá**	Iauanaua	Acre	Pano	AC Peru Bolívia	849	2020	Siasi/Sesai
262	Ye'kwana**	Soto, Maiongong	Roraima Mata	Karib	RR Venezuela	681	2020	Siasi/Sesai
263	Yudja	Yuruna, Juruna	Parque Indígena do Xingu (PIX) e Sudeste do Pará	Juruna	MT	950	2020	Siasi/Sesai
264	Yuhupde**	Macu; Maku Yuhúp, Yuhupde	Noroeste Amazônico	Naduhup	AM Colômbia	1.058	2020	Siasi/Sesai
265	Zo'é	Poturu	Amapá/Norte do Pará	Tupi-Guarani	PA	331	2022	Iepé
266	Zoró	Pangyjej	Rondônia	Mondé	MT	787	2020	Siasi/Sesai

* As famílias linguísticas Tupí Guaraní, Arikém, Awetí, Jurúna, Mawé, Mondé, Mundurukú, Puroborá, Ramaráma e Tuparí fazem parte do Tronco Tupí. As famílias linguísticas Jê, Maxakalí, Krenák, Yathê, Karajá, Ofayé, Guató, Rikbaktsá e (Boé) Boróro fazem parte do Tronco Macro-Jê.

** Povos que estão presentes em mais de um país.

QUANTOS SÃO?

Compilar a demografia dos povos indígenas no Brasil tem sido um desafio para as equipes do Programa Povos Indígenas no Brasil. A intenção do quadro acima é contribuir com o mosaico de etnias e seus totais populacionais. Junto com o odômetro no topo da capa, a intenção sempre foi registrar a presença em termos de número de etnias.

Nesse mosaico, o quadro de povos indígenas atual soma cerca de 790 mil pessoas e 266 etnias. Uma diferença de 700 mil pessoas em relação ao dado preliminar do Censo 2022, que é de 1.489.003 pessoas (IBGE, 2022), diferença dada principalmente por questões metodológicas. A compilação do quadro de povos indígenas do livro leva em conta principalmente pessoas vivendo em Terras Indígenas, isso porque há uma dificuldade imensa em acessar as informações sobre indígenas vivendo em outros contextos. Há que se considerar também a defasagem do número para muitas das etnias. Para a edição atual, pouco mais da metade dos povos tiveram seu número populacional atualizado consistentemente. O quadro também não leva em conta as 115 evidências de povos isolados, das quais pouco se sabe sobre pertencimento étnico e tamanho dos grupos.

Guarani, Ticuna e Kaingang são as etnias mais populosas, e juntas são responsáveis por quase um quarto do total da população indígena no Brasil. Guarani e Ticuna são ainda povos com presença em outros países, como é o caso de outras 47 etnias. No geral, os povos indígenas formam um mosaico de microssociedades, mais de 200 delas com população inferior a 3 mil pessoas.

Uma nova luz sobre a demografia indígena acendia há 22 anos, quando o Instituto Brasileiro de Geografia e Estatística (IBGE) divulgava os resultados do Censo 2010, o primeiro a trazer um olhar específico sobre estes povos. Naquele momento, o IBGE apontava para a existência de 896,9 mil pessoas autodeclaradas indígenas no Brasil. O Censo 2010 foi o primeiro a incluir o pertencimento étnico-racial e línguas indígenas no questionário básico. A autodeclaração coloriu o mosaico de etnias no Brasil: segundo o IBGE, no momento do levantamento, eram 305 etnias e 274 línguas.

A expectativa era a de que o novo levantamento censitário, previsto para 2020, pudesse trazer novas informações sobre as populações indígenas, principalmente a respeito daquelas vivendo fora de Terras Indígenas, melhorando a resposta à pergunta "quantos são?". O Censo passou por inúmeros obstáculos, entre eles a pandemia da covid-19, que impediu que os agentes censitários fossem à campo, mas o pior inimigo do levantamento se tornou o próprio governo, que desidratou seu orçamento, colocando em risco sua execução. A investida contra a contagem populacional brasileira foi uma entre muitas das iniciativas de confisco da transparência pública e da perda de credibilidade das informações públicas.

A incerteza em relação ao tamanho da população indígena atual é um grande desafio para se medir os impactos da pandemia. Após idas e vindas, o Censo começou a ser executado no segundo semestre de 2022, e até o fechamento desta edição não havia sido finalizado por completo. O número preliminar para a população indígena era de 1.489.003 pessoas em todo o Brasil. Apesar desse dado, as informações detalhadas para esse segmento populacional devem demorar a se tornar públicas. Essa condição nos levou a continuar mantendo o desafio de compilar informações por grupos étnicos, utilizando a mesma metodologia das edições anteriores.

As informações para a edição continuam tendo origem no banco de dados do ISA e são provenientes de diferentes fontes. Nessa compilação, os dados são agregados em coletivos étnicos maiores. O problema aqui é a disponibilidade de informações desagregadas. Os dados divulgados pela Sesai sempre foram uma fonte importante. Apesar de terem como fonte o censo vacinal das etnias, serviam como um panorama e uma das poucas fontes acessíveis para a maior parte das etnias. Não menos importantes são os dados de organizações indígenas e de pesquisadores. Em grande parte dos casos, opta-se por manter dados mesmo que desatualizados – uma escolha feita com base na consistência e confiança das informações anteriormente obtidas. Foi o que aconteceu com os dados recentes obtidos através do Siasi/Sesai, que sofreram com a perda de credibilidade e confiança, junto à deterioração dos serviços de saúde indígena.

PANDEMIA E TERRITÓRIO SOB O OLHAR INDÍGENA

FANY RICARDO – Antropóloga, ISA

TAINÁ ARAGÃO – Jornalista, ISA

Chegando a sua 13ª edição, a publicação Povos Indígenas no Brasil 2017-2022 é novamente aberta pelas palavras de lideranças indígenas, dessa vez em depoimentos guiados pelo tema "pandemia e território". Essas falas, carregadas de funduras de reflexões e denúncias, foram atravessadas por uma palavra-chave: resistência.

Ao longo dos últimos seis anos, quatro deles governados por Bolsonaro e dois sobrepostos a uma intensa crise pandêmica, os povos indígenas resistiram sistematicamente ao método genocida aplicado por um governo anti-indígena. O aparelho do Estado foi utilizado contra os territórios e os corpos originários em nome de uma ordem e um progresso assassinos.

Nesta edição, convidamos sete lideranças de diferentes regiões para ecoar suas vozes de resistência. Elas estiveram atuando na defesa de seus territórios durante um dos períodos mais cruéis para os Povos Indígenas no Brasil na contemporaneidade. Escolhemos o Acampamento Terra Livre (ATL) de 2022 para coletar os depoimentos que aqui estão impressos, por considerar um momento ímpar na história indígena do país e de grande efervescência política do movimento indígena – que demarcou a capital federal durante dez intensos dias de abril, com discussões a partir da provocação temática "Retomando o Brasil: demarcar territórios e aldear a política".

O ATL reuniu 8 mil lideranças de 200 povos indígenas de quase todas as partes do Brasil, que mostraram ao país e ao mundo que não vão ceder ao projeto de extermínio e tampouco aceitarão empreendimentos devastadores em seus territórios – como mineração, hidrelétricas, produção de monoculturas com uso ostensivo de veneno etc. Diante de tantas demandas e da necessidade urgente de reconstrução do Brasil, a Articulação dos Povos Indígenas do Brasil (Apib) anunciou durante o acampamento que, pela primeira vez na história, apoiaria candidaturas às eleições de 2022, a fim de eleger a primeira "Bancada do Cocar" no Congresso Nacional.

Entre as candidaturas federais lançadas pelo movimento estão: Vanda Witoto, pelo Amazonas; Eunice Kerexu, por Santa Catarina; e Maial Paiakan, pelo Pará. Seus depoimentos foram registrados nesta publicação, juntamente com os depoimentos de: Maurício Ye'kwana, atual diretor da Hutukara Associação Yanomami (AM); João Victor Pankararu, jovem liderança que vive no Sertão de Pernambuco; Angela Kaxuyana, vice-coordenadora da Coordenadoria das Organizações Indígenas da Bacia Amazônica (Coiab); Francy Baniwa, do Alto Rio Negro, doutoranda em Antropologia Social no Museu Nacional da Universidade Federal do Rio de Janeiro (UFRJ), parte da Federação das Organizações Indígenas do Rio Negro (Foirn); e Japira Pataxó, liderança e educadora pataxó, além de zeladora dos saberes tradicionais e pajé na aldeia Novos Guerreiros (BA). Os depoimentos que compõem esta edição mostram a força e resistência dos indígenas de ponta a ponta deste país.

Quem puxa a fila de depoimentos deste "Palavras Indígenas" é Vanda Witoto, a primeira mulher indígena a ser vacinada no Amazonas. Ela, que atuou na linha de frente do atendimento de saúde durante a pandemia de covid-19, decidiu nesse período que era preciso disputar o espaço político da criação de políticas públicas realmente democráticas e inclusivas. Apesar de estar cuidando da saúde de centenas de pessoas naquele momento, ela sabia que o Estado não cuidava devidamente dela e de seus parentes – por viverem fora de Terras Indígenas reconhecidas – e, por isso, suas palavras eram ouvidas somente em seu espaço caseiro: "Não me deixe morrer sem que saibam que eu sou Witoto", pedia.

Esperamos que as palavras indígenas desta edição, que mais se assemelham a palavras de sangue, possam ser mais uma lição do protagonismo indígena num país que, em nome do progresso, mais uma vez aplicou – se é que cessou – uma política de morte e dor aos povos originários. A resposta dos povos indígenas ao genocídio que se impôs a eles nesse período foi contundente: retomada de um futuro ancestral do Brasil, de aldeamento político, bem como de respeito à diversidade cultural e econômica.

Nesta edição, pela primeira vez, os depoimentos coletados também poderão ser acessados no formato de documentários, podcast e série de vídeos, que serão lançados ao longo de 2023. Sonhamos e queremos que estas e outras palavras indígenas sensibilizem mais pessoas e ocupem cada vez mais espaços. Como Kerexu nos ensinou aqui, as palavras indígenas semeiam o desejo de um país onde "sombra e água fresca sejam para todo mundo".

Para acessar o conteúdo complementar, acompanhe: https://www.socioambiental.org/

PALAVRAS INDÍGENAS

INDÍGENAS
PALAVRAS

PENSAMENTOS DE OITO LIDERANÇAS INDÍGENAS

DA CIÊNCIA INDÍGENA PARA O MUNDO OCIDENTAL

TAINÁ ARAGÃO
Jornalista, ISA

Francineia Bitencourt Fontes, mais conhecida como FRANCY BANIWA, é da TI Alto Rio Negro, no município de São Gabriel da Cachoeira, pertencente à comunidade de Assunção do Içana, do Rio Içana. Atualmente, é doutoranda em Antropologia Social no Museu Nacional da Universidade Federal do Rio de Janeiro (UFRJ). É liderança mulher do povo Baniwa e faz parte da Federação das Organizações Indígenas do Rio Negro (Foirn). Também é filiada ao Departamento de Mulheres do Rio Negro e da organização de base Organização das Comunidades Indígenas de Assunção do Içana (Ocidai). Além de seu papel como liderança mulher, também é mãe, filha e neta, carregando a ancestralidade em nome dos 23 povos que representa, mas principalmente em nome do povo Baniwa. Assim, leva os conhecimentos da ciência indígena para o mundo ocidental.

O depoimento de Francy Baniwa foi editado a partir de uma entrevista em vídeo concedida a Tainá Aragão, durante o 18º Acampamento Terra Livre (ATL), realizado em Brasília/DF, em abril de 2022.

"RIO NEGRO, NÓS CUIDAMOS"

© BENJAMIN MASTILA MOCHILA PRODUÇÕES/ISA, 2022

Francy Baniwa

Para meu povo Baniwa, território significa um lugar sagrado, porque o povo Baniwa se originou de um lugar sagrado chamado *Hipana*, que é o umbigo do mundo. É uma cachoeira e, segundo as nossas narrativas, as nossas metodologias, nós nascemos de uma vagina feita de pedra. Então, nossa conexão com o território é sagrada, porque a gente nasceu desse *Hipana*, dessa cachoeira, chamada atualmente uapuí, e a gente está ligada a esse lugar.

A gente tem uma origem e uma narrativa que remete a esse lugar em nossa vida inteira. Então a gente tem uma conexão sagrada entre o ser humano, que é o povo Baniwa, e esse lugar chamado *Hipana*, que é o umbigo do mundo.

Todo benzimento, todo ritual, toda regra que temos está associada a esse lugar de origem. Então o território é um coletivo de lugares sagrados, mas ligado diretamente a essa origem. O território é o que rege nossa vivência, nossa forma de vida, de que modo nossos corpos como mulheres, como homens, como jovens, como crianças, estão ligados a esse lugar de origem, que é o umbigo do mundo. Território é o lugar de origem do mundo, um lugar sagrado para o meu povo Baniwa.

...o povo Baniwa se originou de um lugar sagrado chamado *Hipana*, que é o umbigo do mundo.

Território é o lugar de origem do mundo, um lugar sagrado para o meu povo Baniwa.

RETROCESSOS

Os anos que se passaram foram muito desafiadores para cada um de nós, principalmente para o Alto Rio Negro.

No Alto Rio Negro, a gente acompanha o que está acontecendo através da mídia, quem nos informa é a televisão, é a internet, a que a gente tem acesso raramente. Mas temos acesso a informações através de professores ou de parceiros, e assim temos a real situação do que está acontecendo dentro do governo, com o governo, o que ele pensa.

É difícil traduzir para os mais velhos, em Baniwa, para minha avó, para os meus tios, para o meu avô, para o meu bisavô, o que está acontecendo. São situações que a gente, como indígena, consegue entender pelo contexto da linguagem do território, da natureza, do impacto que você sente diretamente dentro da comunidade.

Isso vai em direção às mudanças climáticas. Eles conseguem fazer uma análise do que está acontecendo e, com Bolsonaro no governo, a gente sentiu diretamente o retrocesso

A gente tem medo. Eu converso bastante com os mais velhos, e eles têm muito medo de acordar e saber que a gente perdeu nosso território.

GRAFISMOS BANIWA REPRODUZIDOS NA PUBLICAÇÃO CERÂMICA BANIWA (INSTITUTO SOCIOAMBIENTAL, 2020).

imediato! Ele ganhou e a gente já sentiu o impacto. A gente tem medo. Eu converso bastante com os mais velhos, e eles têm muito medo de acordar e saber que a gente perdeu nosso território.

PANDEMIA

Imagine chegar uma pandemia de covid-19 e afetar a comunidade toda. Eu particularmente senti muito medo pelos meus parentes – meus pais, parentes, porque a gente é parente do Rio Negro, mas todo mundo é parente! Foi quando houve também esse outro lado, em que, além da Federação das Organizações Indígenas do Rio Negro (Foirn) estar na linha de frente, criaram um comitê em que havia participação de instituições – o Instituto Socioambiental (ISA), a prefeitura, o Distrito Sanitário Especial Indígena (Dsei), o Exército, os Médicos Sem Fronteiras. Acho que isso fortaleceu também.

Se não temos remédio, a gente vai recorrer aos nossos conhecimentos, que era o uso de plantas, de chás, de casca de árvores, de folhas, plantas para banho.

O comitê interinstitucional abraçou essa causa para poder, de alguma forma, dar uma assistência de fato. Mesmo que não fosse 100%, mas estavam lá para contribuir. E quando [a doença], de fato, chegou às comunidades, quando disseram que não havia vacina, que não havia remédio, essa mobilização da Foirn, do Rio Negro, inspirou outras organizações em nível nacional a fazerem campanhas para arrecadar recursos para comprar álcool em gel, para divulgar informações, para dar uma assistência às comunidades.

Essa parceria entre pessoas que estavam prontas para contribuir também fez uma grande diferença na vida de cada pessoa indígena. Eu acho que foi muita coragem, porque eles deixaram as lideranças da Foirn e do Departamento de Mulheres do Rio Negro irem para as comunidades entregando cestas básicas. Cada um, quando soube que em algum momento não poderíamos mais descer para São Gabriel, foram para a cidade comprar o que a gente precisava: sal, sabão, coisas de higiene etc.

E cada um foi se organizando como pôde se organizar. E a Foirn teve uma estratégia muito rápida. Traduziu o que era covid-19 nas línguas indígenas: Tukano, Baniwa, Nheengatu, Yanomami e, se não me engano, Dâw também. Ela foi muito rápida na tradução do que se deve fazer para se prevenir. Nas redes de comunicação, criaram pequenos vídeos para enviar pelo WhatsApp. Então acho que a tecnologia também foi favorável na difusão dessas informações, considerando o distanciamento. E imediatamente a gente recorreu ao conhecimento indígena. O que era a covid-19? Era um pouco de febre, de tosse, dor no corpo, mal-estar, perda de paladar, não sei o que mais. Eles foram ficando atentos aos sintomas. Então, se é uma gripe, vamos recorrer aos outros. Se não temos remédio, a gente vai recorrer aos nossos conhecimentos, que era o uso de plantas, de chás, de casca de árvores, de folhas, plantas para banho. Havia o remédio que você usava para a produção de anticorpos para o seu corpo, e o que você usava também para a cura. E o banho era para ser o escudo, para proteger da doença. E, além disso, a gente recorreu ao benzimento.

É como se você estivesse dentro de uma bolha de sabão: o benzimento te protege.

Benzimento é outro mundo! É um cigarro, é um breu.., é caranha, que é parecido com o breu, que te dá outro contexto. É como se você estivesse dentro de uma bolha de sabão: o benzimento te protege. Então a doença chega, mas ela não consegue entrar, porque você está com a proteção, com vários escudos de animais também dentro do benzimento. Há filtros que, dentro do benzimento, o benzedor vai deixando como proteção.

Além da bolha, você também se protege com vários escudos indígenas que estão no mundo do benzimento. Acho que isso foi muito favorável também para a gente. A gente recorreu aos benzimentos, às plantas de banho, às plantas que são chás de cura e de proteção. Nesse momento, é como se você estivesse dentro de uma bolha de sabão: o benzimento te protege. Mas a gente está aqui para dizer que a gente está unido e fortalecido, e a gente está aqui para lutar não apenas pelos parentes do Rio Negro, mas outros parentes que precisam ter o território de volta, precisam estar em seu território.

A LUTA PELO CUIDADO INTEGRAL

TAINÁ ARAGÃO
Jornalista, ISA

VANDA WITOTO, indígena do estado do Amazonas, professora e técnica de enfermagem. Também é professora da língua Bue, língua do povo Witoto que está sendo resgatada. Tem um trabalho com as mulheres indígenas no Parque das Tribos, em um ateliê de costura, em Manaus. Foi a primeira mulher indígena vacinada no Amazonas, quando a vacina chegou ao estado. Esse ato de ter sido a primeira mulher indígena vacinada foi um ato de coragem, de resistência, porque os povos indígenas, naquele momento e em contexto de cidade, não tinham prioridade para a vacina. Vanda foi candidata à deputada federal pelo estado Amazonas nas eleições de 2022.

O depoimento de Vanda Witoto foi editado a partir de uma entrevista em vídeo concedida a Tainá Aragão, durante o 18º Acampamento Terra Livre (ATL), realizado em Brasília/DF, em abril de 2022.

"MÃE, SE EU MORRER, NÃO DEIXE QUE EU MORRA SEM SER WITOTO. GRITE QUE EU SOU WITOTO!"

© BENJAMIN MAST/LA MOCHILA PRODUÇÕES/ISA, 2022

Vanda Witoto

Para o meu povo, saúde é reflexo de abundância na roça. Se você tem um lugar para plantar, você consegue ter saúde mental, espiritual e física para continuar existindo. Ao ter um território seguro, garantimos a segurança e a saúde dessa população. Então, ela não pode estar separada. O rio precisa estar limpo para que se possa tomar água. O rio não pode estar contaminado com mercúrio, porque essa saúde vai ser afetada; então esse território precisa estar com saúde para que meu corpo esteja com saúde. Não se pode separar, não existe essa saúde sem a saúde do território para o nosso povo.

Eu sou uma profissional de saúde, formada dentro de uma academia, de um conhecimento que não é indígena, mas vivenciando e observando essas relações de território, de corpo, de comunidade, de saúde, a gente percebe que nossa saúde está diretamente ligada aos nossos territórios. Então pensar saúde indígena, pensar saúde para um corpo indígena, está ligado intrinsecamente a esse território.

Hoje vivo em Manaus, na grande capital do Amazonas, dentro de uma comunidade reconhecida como primeiro bairro indígena em contexto urbano do nosso país. Lá vivem setecentas famílias de trinta e cinco etnias, são faladas 14 línguas indígenas. Nós estamos lá há sete anos, tentando fazer com que o Estado reconheça nossos corpos nesses espaços. Não apenas reconhecer nosso corpo, mas garantir os direitos que essa população já conquistou ao longo desses cinco séculos de invasão dos nossos territórios.

O Parque das Tribos vem de uma luta de várias lideranças, como a cacica Lutana Kokama, a professora Claudia Baré, o cacique Joilson Karapana e o cacique Messias Kokama. Essas lideranças iniciaram essa retomada por entenderem a necessidade de termos um lugar digno para viver, para podermos nos reconhecer enquanto indígenas. Na área urbana nós não conseguimos nos reconhecer enquanto indígena, porque a violência e o preconceito são tão grandes que precisamos nos esconder de quem somos, do que somos. E essas lideranças, em 2014, se organizaram, porque nós, indígenas, quando estamos nesses espaços da cidade, nós vivemos literalmente à margem das políticas públicas, e à margem dos igarapés que cercam nossa Manaus.

GRAFISMO WITOTO DO RABO DO ESCORPIÃO, REDESENHADO A PARTIR DA PINTURA FACIAL DE VANDA WITOTO, PARA O SITE <HTTPS://VANDAWITOTO.COM.BR/PINTURA/>

Essa marginalidade faz com que essas populações vivam numa vulnerabilidade social, econômica e cultural gigantescas. Sem território, nós não conseguimos falar a nossa língua; não conseguimos dialogar na nossa língua, num apartamento, numa quitinete, numa periferia que nos invisibiliza. Dentro de uma quitinete, você não consegue dançar ou cantar. E os nossos parentes, essas lideranças, se organizaram para retomar o Território do Tarumã-Açu, porque ali são territórios ancestrais, onde viviam os nossos: o pai da Lutana, a mãe da Lutana, os avós da Lutana. E eles compreenderam que era necessário retomar ali para que nós tivéssemos dignidade.

Quando começamos a vivenciar o período caótico da pandemia, iniciei um trabalho a partir do conhecimento de técnica de enfermagem que tenho, diante da ausência do Estado, quando a gente começou a sentir os sintomas do vírus na nossa comunidade, quando a gente precisou. Teve um caso mais grave na nossa comunidade de uma parente Tuyuka. Ela não conseguia respirar. Eu fiquei com muito medo, porque eu estava cuidando de casos mais leves, de febre, de tosse, mas ainda não tinha recebido nenhum caso grave. Diante do meu desespero e do desespero da minha família, que não quis que eu fosse lá e a levasse para o hospital, meu pai, com medo também do risco de eu ser contaminada, não me deixou voltar para socorrê-la. Disse: "Não! Vamos ligar para o Samu. O Samu vai dar mais segurança para a gente levar ela para uma unidade". Porque eu não tinha nada ali, eu tinha apenas um oxímetro, um termômetro e um esfigmomanômetro para aferir pressão. Quando eu liguei para o Samu, o serviço identificou a paciente como indígena, identificou a idade, dei os parâmetros dela. Ao identificarem a comunidade como indígena para liberarem a ambulância, a atendente simplesmente falou: "Quem cuida de índio é a Sesai! Vocês têm que ir buscar a Sesai, porque a gente não atende indígena".

Nosso território é distante da cidade, não está cercado de shoppings. É a mata, é o rio que nos cerca. É uma ocupação, não aparece no mapa porque nós estamos fora dos mapas. Nossas comunidades indígenas estão fora do centro, estão à margem, então não aparece no mapa e não tinha um ponto de referência que aparecesse no mapa para que ela liberasse a ambulância para o território. Desde as sete horas da noite eu estava negociando. Deu oito horas da noite e não conseguiram liberar a ambulância, porque não tinha um ponto de referência.

Então eu desobedeci a meu pai, a meu marido, a minha mãe, que estavam com medo de que eu fosse levar a parente. "Eu não vou deixar minha parente morrer! Nós temos um carro, eu sei dirigir, se vocês não querem ir comigo eu vou sozinha." Minha mãe ficou desesperada com essa minha decisão. Eu estava apenas com uma máscara de TNT que minha mãe estava costurando. Mas eu falei: "Mãe, eu não vou deixar nossa parente morrer, a gente tem uma UPA bem aqui perto, eu vou levá-la, eu sei dirigir eu tenho uma carteira de motorista".

Apesar disso, diante de tudo o que o Parque das Tribos vivenciou, a gente avalia como algo positivo o fato de a tragédia não ter sido maior dentro do nosso território. Por conta dos cuidados, dos vídeos, das orientações, mas também do uso das nossas medicinas tradicionais, que a gente começou a mobilizar dentro da comunidade. Foram todas ações nossas.

O que mais me doía, ao pensar na minha morte, era morrer naquelas valas comuns, como parda, como muito dos nossos morreram, sabe? Eu falava para minha mãe: "Mãe, se eu morrer, não deixe que eu morra sem ser Witoto. Grite que eu sou Witoto!" Falei isso para ela, porque foi muito doloroso ver nossos parentes serem enterrados como pardos, sem nenhuma assistência, naquelas valas comuns. Nem na nossa morte a gente tem dignidade! Como os Yanomami, que foram do hospital direto para serem enterrados, sem suas mães poderem se despedir!
Isso me doía bastante!

ILUSTRAÇÃO DE JANUARI (1983), EXTRAÍDAS DE VIDAL, LUX (ORG). *GRAFISMO INDÍGENA*. SÃO PAULO: STUDIO NOBE, FAPESP, EDUSP, 1992.

DEMARCAÇÃO DE TERRAS, JÁ!

TAINÁ ARAGÃO
Jornalista, ISA

Eunice Antunes KEREXU YXAPYRY, da Aldeia Morro dos Cavalos, de Palhoça, é coordenadora-executiva da Articulação dos Povos Indígenas do Brasil (Apib). Kerexu foi cacique na aldeia em Palhoça de 2011 a 2016, período em que sofreu perseguições e recebeu várias ameaças de morte. Na luta pela garantia e busca de demarcação das Terras Indígenas, foi processada e levada à justiça. Em 2019, Kerexu fez parte de um grupo de 45 líderes indígenas catarinenses que buscou na Justiça Federal o direito de participar da ação legal no STF destinada a reduzir a TI Morro dos Cavalos e duplicar a rodovia BR-101 sem licenciamento. Em 2018 e 2022, ela concorreu a um assento no parlamento estadual e federal, respectivamente. Também atua na coordenação da Comissão Guarani Yvyrupa (CGY), que é a organização do povo Guarani nas regiões Sul e Sudeste do país.

O depoimento de Kerexu Yxapyry foi editado a partir de uma entrevista em vídeo concedida à Tainá Aragão, durante o 18º Acampamento Terra Livre (ATL), realizado em Brasília (DF), em abril de 2022.

"NOSSO TERRITÓRIO, NOSSA VIDA, É UM MOVIMENTO"

© BENJAMIN MAST/LA MOCHILA PRODUÇÕES/ISA, 2022

Kerexu Yxapyry

Eu, mulher guarani, estou aqui no meio da cidade hoje falando sobre leis, sobre garantias de território, sobre saúde. Fazendo esse enfrentamento, por um espaço digno, em um espaço que não é meu, dormindo num espaço que não é adequado para mim, falando uma língua que não é minha; estou me alimentando mal e já saí de toda a minha rotina. Mas isso também existe para nós e nós somos consagradas para viver isso quando sacrificamos nossas vidas pelo nosso povo.

As lideranças se entregam para fazer essa luta, para garantir um pouquinho de sossego para os mais velhos e para as crianças. Nós estamos vivendo agora esse momento presente de ação, mas a gente precisa valorizar os mais velhos. E as crianças receberão esse ensinamento para o futuro, então nós estamos aqui em sacrifício – estamos sendo sacrificados, ou estamos nos oferecendo em sacrifício – para conseguirmos manter nosso povo na luta.

Tem um discurso usado por pessoas anti-indígenas que diz que o indígena não gosta de trabalhar, que é vagabundo, que "é muita terra para pouco índio", que o índio "quer viver de sombra e água fresca". Então, quando a gente se reúne para falar sobre saúde, a gente fala que precisa de "sombra e água fresca", e é por essa luta que nós estamos aqui.

Por precisarmos de sombra e água fresca é que a gente luta pela demarcação das nossas terras, pela preservação da floresta, dos rios, e não o contrário: a exploração. Então, se há outro tipo de luta que não seja lutar por sombra e água fresca, a gente desconhece e nem quer. Essa sombra e água fresca que a gente busca é para o bem-estar, para o bem comum da comunidade, para que a comunidade seja saudável, viva uma vida muito saudável. E a gente consiga viver mais tempo, com mais conforto dentro dos nossos territórios, que é diferente do que existe aqui fora.

Nós estamos vivendo um processo de transição hoje, tanto dentro dos povos indígenas quanto fora, na sociedade que está fora. E nós temos uma resistência a que as pessoas larguem disso: nós, povos indígenas, falamos que nosso território, nossa vida, é um movimento.

Grafismos Guarani Mbya *ajaka* para redesenhados por Bruna Keese a partir dos padrões da jararaca e da mandíbula de peixe, para a publicação "O trançado das casas: um estudo sobre os grafismos indígenas aplicados às construções nas aldeias Guarani Mbya do município de São Paulo" (Revista Proa, 2019) e materiais do Programa Aldeias (CTI/SMC)

Nosso território é um corpo e ele precisa estar se movimentando o tempo todo. Um corpo que não se movimenta ou é um corpo doente ou é um corpo morto, isso para todos os seres vivos. E, quando esse sistema chega e coloca esse papel de capacitar as pessoas – que "você tem que ser alguém na vida" –, ele limita a pessoa, ele fecha a grade, e as pessoas têm que seguir só nessa função. Esse sistema é parado, é quadrado, é morto, não tem esse movimento.

Eu vejo que essa nova geração está vindo muito mais informada das coisas. A sociedade não indígena viveu um engano desde 1500, com a história do descobrimento do Brasil. Ela viveu e vive até hoje, pois em muitos lugares ainda insistem em falar que o Brasil foi descoberto em 1500. Mas hoje os povos indígenas vêm com essa informação real de como foi; hoje, a gente coloca a informação real: "Não! Foi muita morte, muito roubo, muita devastação!"

Marco temporal

Nossa terra, a Terra Indígena (TI) Morro dos Cavalos, fica no município de Palhoça, na região da grande Florianópolis. Em 2010, houve a demarcação física da terra, então hoje estamos num processo de esperar a homologação pelo presidente. E, em Santa Catarina, nós tivemos, ao longo do tempo, muita perseguição do Estado, em várias questões que estão colocadas diante da Justiça.

Uma delas é que Morro dos Cavalos não seria território guarani, e que os indígenas que moram ali são indígenas que foram trazidos pela Fundação Nacional do Índio (Funai), pelo Conselho Indigenista Missionário (Cimi), pelos órgãos do Paraguai. Então, nós fomos tratados – e somos ainda – como um povo paraguaio que está morando ali. Com isso, o que acontece? Aconteceram vários ataques, desde o corte de mangueiras que nos abastecem com água até incitação de violência em audiências públicas promovidas pela Câmara Municipal contra a TI.

Em 2014, o procurador do Estado entrou com uma ação no Supremo Tribunal Federal (STF), conhecida como Ação Cível Originária (ACO) nº 2.323, fazendo alguns questionamentos nessa ação. Uma das questões era relacionada ao marco temporal (segundo o qual nós, indígenas, não estávamos ali em 1988); outra era sobre a BR-101, em torno da ideia de que os índios que ali estão não deixam o progresso crescer, porque não aceitam a duplicação da BR-101 etc.

Outra questão era sobre a existência de uma sobreposição da TI com o Parque Estadual (PES) Serra do Tabuleiro. Então também foi usado como argumento no questionamento ao STF que havia conflito dos indígenas com o parque e que nós iríamos desmatar essa área.

Durante esse período, a gente conseguiu trazer para o STF todas as respostas. Mesmo eu, particularmente, achando que nem deveria responder, porque é um absurdo tudo isso que foi colocado. Todos esses questionamentos, para mim, são absurdos enormes, que a gente nem deveria estar respondendo. Mas, enfim, são documentos, são papéis, e é assim que eles entendem, então a gente trouxe todas as respostas.

Morro dos Cavalos é um território originário sagrado para o povo Guarani que mora ali e outras pessoas que passaram e que virão, porque, no passado, quando se fazia a mobilidade Guarani, ele era um ponto de encontro de quem vinha do Sul e do Norte. Ali era o lugar onde a gente se reunia e fazia nossos rituais.

Dentro da nossa cosmovisão, esse espaço é um dos lugares que nós, povos indígenas, povo Guarani principalmente, quando chegava nesse período do *ara pyau* (que é "o tempo novo", tempo de se renovar), era onde a gente conseguia alcançar a "terra sem males", que é a nossa mobilidade. Então é isso que colocamos em defesa do nosso território.

JOVEM NO FRONT DA RESISTÊNCIA

TAINÁ ARAGÃO
Jornalista, ISA

JOÃO VICTOR é do povo Pankararu, povo que fica localizado no sertão de Pernambuco. Tem 24 anos, é universitário e acadêmico do curso de Farmácia na Universidade Federal de Sergipe. Faz parte de várias organizações a nível local, estadual e regional. A nível local, atua como coordenador do grupo Movimento Jovem Indígena Pankararu. É um grupo que vem atuando há cerca de nove anos no Território Pankararu, lidando com a juventude, suas perspectivas e suas visões. A nível estadual, faz parte da Comissão de Juventude Indígena de Pernambuco (Cojipe), comissão que reúne 13 povos através dessa juventude, lidando com as diferentes realidades desses povos e conduzindo a pauta a nível estadual. A nível regional, participa da Articulação dos Povos e Organizações Indígenas do Nordeste, Minas Gerais e Espírito Santo (Apoinme), uma organização de base que compõe a Articulação dos Povos Indígenas do Brasil (Apib), junto com a Coordenação das Organizações Indígenas da Amazônia Brasileira (Coiab), Aty Guasu, Articulação dos Povos Indígenas da Região Sudeste (Arpinsudeste), Articulação dos Povos Indígenas da Região Sul (Arpinsul), Comissão Guarani Yvyrupa e Conselho Terena.

O depoimento de João Victor Pankararu foi editado a partir de uma entrevista em vídeo concedida a Tainá Aragão, durante o 18º Acampamento Terra Livre (ATL), realizado em Brasília/DF, em abril de 2022.

"O SIGNIFICADO DA TERRA É ALGO MAIS DE SENTIR"

© BENJAMIN MASTILA MOCHILA PRODUÇÕES/ISA, 2022

João Victor Pankararu

Terra é atemporal, espiritual, cultural e tradicional. A terra é tradicional dos povos indígenas, a gente surgiu da terra e a gente está na terra, assim como a terra está para nós, mas há esse processo também de cuidado com a terra, de defesa pela terra. A terra é nossa mãe! A gente não bate na nossa mãe, a gente não mata a nossa mãe, a gente não violenta a nossa mãe. E a gente luta, defendendo essa nossa mãe tanto para a gente quanto para outras pessoas, para outros agentes da sociedade e para que todos sejamos guardiães dessa Mãe Terra. Eu não consigo responder para você o que é a terra, mas consigo te passar o que sinto pela terra. É esse sentimento que a gente devolve para outras pessoas, para que elas possam internalizar também.

A gente começou essa luta – eu falo a gente enquanto indígena, enquanto Pankararu –, é uma luta que vem sendo construída ao longo do tempo e, na medida em que nossas gerações a conduzem, outras gerações vão usufruir do resultado dessa luta.

Minha geração já pegou um território demarcado, homologado, mas a geração dos meus avós não vivenciou isso. Pode parecer que a gente, jovem, não entende esse processo de luta pela terra, mas nossas lideranças são muito cuidadosas em repassar tudo o que acontece, como foi construído tudo aquilo, para a gente conseguir ter acesso ao nosso território. E isso não é um processo robotizado de uma sala de aula. Isso é naturalizado, é numa roda de conversa, é quando a gente vai acender o nosso campiô para fumar, para fazer nossa conexão com a natureza, com nossos encantados; aí é que eles vão relembrando as lutas, as histórias de como foi para conseguir aquele território. E ali a gente vai conseguindo sentir como foi aquela época, quão difícil foi, ao mesmo tempo que a gente também assume esse compromisso e essa responsabilidade de conduzir essa luta para outras gerações poderem usufruir também.

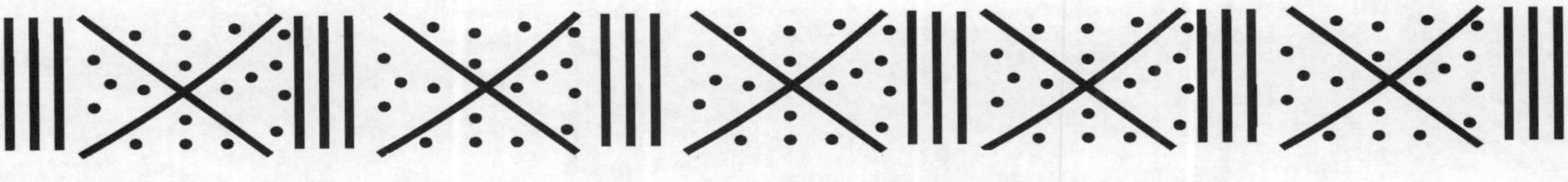

GRAFISMO PANKARARU LIGADO AO UNIVERSO MASCULINO REPRODUZIDO NA PUBLICAÇÃO DO PLANO DE GESTÃO TERRITORIAL E AMBIENTAL (PGTA) DA TERRA INDÍGENA PANKARARU (TRONCO VELHO PANKARARU, 2017).

Meu território foi parcialmente demarcado em 1987, antes do movimento da Constituinte. Em 2007, a gente conseguiu a ampliação do nosso território, que era o Território Pankararu, e com essa ampliação veio a ser o Território Entre Serras Pankararu, que fica na Região das Serras. A gente conseguiu 15 mil hectares, mas ainda há partes do nosso território que ficaram fora dessa demarcação. Os acessos aos rios São Francisco e Moxotó, por exemplo, não foram incluídos dentro da nossa geografia. E aí a gente tem o cuidado de conhecer todo o nosso território, de conhecer cada pedaço, cada serra que o compõe, para que a gente não sofra ameaças.

Agora a gente passou por um processo muito violento, que foi o processo de desintrusão. Por mais que o nosso território fosse demarcado e homologado, ele não havia sido desintrusado. Havia famílias não indígenas que moravam dentro do nosso território, e isso gerava um processo de ameaça às nossas vidas. Hoje eu entendo que em boa parte isso também foi promovido pelo Estado, em função da morosidade para conduzir esses processos demarcatórios, esses processos de regulação fundiária, que acirram os conflitos sociais e fundiários.

Todo mundo quer terra, todo mundo tem direito a viver, todo mundo tem direito a ter seu pedaço para viver, morar, plantar. E o Estado nos coloca em situações de disputa por território, coloca indígenas contra não indígenas, que eram famílias camponesas e que também queriam viver. E, assim, na disputa entre quem merece mais, quem vai ficar com qual parte, ocorriam as ameaças – principal e unicamente das famílias não indígenas para em relação às indígenas. E assim a gente não podia acessar determinados espaços do nosso território, que eram os melhores espaços para o plantio, para a criação, para a preservação inclusive de matas.

Nossas matas sagradas, que é como a gente chama as matas virgens, são espaços espirituais. Pessoas não indígenas não têm essa dimensão e esse entendimento, pois para eles tudo se resume a desmatar, plantar e produzir – produção de monocultura, agricultura de abastecimento e distribuição de grande porte, que não é a nossa agricultura indígena familiar. Então a gente lutou muito até conseguir essa parte do nosso território em 2018 e 2019, mas a muito custo, a custo de lideranças ameaçadas, lideranças entrando no Programa de Proteção aos Defensores de Direitos Humanos, as casas sendo monitoradas o tempo todo, e a Polícia Federal a todo instante no território para proteger essas famílias de lideranças que estavam sendo ameaçadas.

Quando uma liderança é ameaçada, todo o povo é ameaçado. A gente não tem como saber até onde vai a mente e o plano de alguém que quer atentar contra a vida do outro. A gente imagina de tudo, pensa que podem pegar uma jovem, uma mulher jovem, uma menina, e usá-la para se vingar de uma liderança etc. Então foi um processo muito extenso, muito difícil, muito tenso, mas a gente conseguiu, graças à nossa ancestralidade e às nossas antigas lideranças.

DEMARCAÇÃO POLÍTICA

TAINÁ ARAGÃO
Jornalista, ISA

MAIAL PAIAKAN é do povo Kaiapó, do estado do Pará, ativista de direitos humanos e de direitos indígenas, já atuou na saúde indígena, acompanhando as lideranças do seu povo e também a comunidade em todos os processos relativos à articulação. Ela disputou as eleições em 2022 como candidata à deputada federal pelo estado do Pará. É uma indígena mẽbengôkre fazendo parte de uma nova política, de um novo olhar sobre a inclusão e a diversidade, principalmente de mulheres indígenas.

O depoimento de Maial Paiakan foi editado a partir de uma entrevista em vídeo concedida a Tainá Aragão, durante o 18º Acampamento Terra Livre (ATL), realizado em Brasília/DF, em abril de 2022.

"O NOSSO TERRITÓRIO É O PONTO CENTRAL DESSA CONJUNTURA POLÍTICA"

© KAMIKIÁ KISÊDJÊ. 2020

Maial Paiakan

"Terra" significa *p'ká*. *P'ká* é o nosso pertencimento, onde está nossa cultura, onde estão nossos conhecimentos, nossa tradição; então nossa relação com a terra vem dos nossos ancestrais. Hoje em dia, a gente carrega essa luta pela continuidade da nossa terra, da floresta, por causa da luta dos antigos, por **uma conexão entre a nossa história e a terra a que pertencemos**, que é a Terra Indígena Kaiapó.

Nossa história baseia-se nesse pertencimento, no nosso lugar, que é sagrado, que tem locais por onde nossos antepassados passaram, então são locais com história, com valores não financeiros, mas valores de conhecimento e espirituais. Então, **nossa ligação com a terra é uma ligação espiritual**, uma conexão que a gente tem com nosso território de pertencimento.

É ali que estão nossas raízes, ali que está nosso conhecimento. Eu posso estar estudando na cidade, mas minha memória, minha língua, minha infância, tudo está ali, baseado ali, na aldeia, na nossa comunidade, no nosso povo. **Nossa história existe, está viva**, e é exatamente por isso que a gente defende tanto a nossa terra.

Nosso território é o ponto central dessa conjuntura política, que está ligada a retirar o direito que nossos antepassados conquistaram. **Meu pai, meus avós conquistaram a demarcação da Terra Indígena Kaiapó**, mas hoje em dia nossa terra está sofrendo muita invasão, principalmente de garimpeiros, atrás do lucro, da economia, do capitalismo, desse avanço acelerado de desmatar e destruir por lucro. Nos últimos anos tem aumentado muito, na verdade tem descontrolado bastante, pois tivemos um governo que não colaborou com a proteção das Terras Indígenas, pelo contrário, trabalhou contra as Terras Indígenas e seus povos.

GRAFISMOS KAYAPÓ REPRODUZIDOS NA PUBLICAÇÃO *MẼBÊNGÔKRE KABẼN MARI KADJY 'Ã PI'ÔK NẼ JA* – LIVRO DE ALFABETIZAÇÃO NA LÍNGUA MẼBÊNGÔKRE (ASSOCIAÇÃO FLORESTA PROTEGIDA, 2015).

Tanto os órgãos ambientais quanto os órgãos competentes para estar ao nosso lado, defendendo nossos direitos, como a Fundação Nacional do Índio (Funai), na proteção à nossa terra, proteção ao nosso território, estão totalmente sem braços, sem pernas. **A gente acaba tendo que lutar sozinho na aldeia** contra esse avanço do garimpo, contra as mineradoras, **contra todo tipo de destruição que existe hoje, que é um pacote de violências e de crimes.**

Hoje em dia a conjuntura política é esta: com as bancadas do agronegócio, dos evangélicos e outras, que se reuniram realmente para tentar destruir a nossa terra. Por outro lado, nós também estamos nos reunindo e criando alianças para defender nossa terra, então **também estamos articulados, estamos procurando estratégias para continuar lutando, para defender nossa terra como os antigos fizeram.**

Há o Projeto de Lei (PL) nº 191 tramitando, o PL nº 490 também, o Marco Temporal e tantos outros projetos que afetam nossas Terras Indígenas e não nos dão nenhuma boa opção. É cada um pior que o outro! Não tem um diálogo, não tem uma abertura para a gente falar isso que estou falando e ser compreendido, porque, se eu chegar para falar isso para uma pessoa que defende o garimpo, ela vai dizer: "Não, você é que não quer ganhar dinheiro." Mas nossa relação com a terra é diferente, é espiritual; não é uma ligação econômica, não é uma relação de ganhar dinheiro. **A gente não tem o conhecimento do capitalismo, esse capitalismo que corrói, que destrói.** A gente quer, sim, trabalhar nossas terras conforme nossa cultura, nossa tradição

Para mim, saúde é o território, é a terra indígena. Não existe saúde sem terra. Como vamos aplicar uma saúde de qualidade para um povo que está sofrendo violência para demarcar sua terra? Então as duas coisas estão interligadas. **A gente tem que ter terras demarcadas, saúde de qualidade e educação de qualidade.**

A **saúde passa por proteção à terra, perpassa a cultura, fala sobre a saúde mental dos povos indígenas, pois a gente tem um índice alto de suicídio.** A gente tem um índice alto de violência obstétrica, mas isso não é registrado. Então a saúde indígena perpassa por um longo caminho dentro da nossa sociedade, dentro da nossa terra, e isso precisa ser observado, mas isso não é muito dialogado com o povo. O que é saúde para o povo indígena?

Nesse momento a gente sente a dor de perder um ente querido, de perder uma pessoa especial. E aí a gente ouve que um ministro, durante uma reunião, falou: "Vamos aproveitar para passar a boiada". "Vamos aproveitar esse momento de morte!" Se aproveitar da morte de povos indígenas e de toda a sociedade por lucro? **A nossa vida vale dinheiro?** Como é? **A nossa vida é isso?**

PARA QUE OS ISOLADOS, SEUS PARENTES, CONTINUEM VIVOS

TAINÁ ARAGÃO
Jornalista, ISA

ANGELA KAXUYANA é do povo Kaxuyana, da Terra Indígena Kaxuyana-Tunayana, que fica no estado do Pará. Foi membra da coordenação-executiva da Coiab entre 2017 a 2022, e uma de suas principais pautas era os povos indígenas isolados, sendo porta-voz da campanha Isolados ou Dizimados, que procurava pressionar a Funai e sensibilizar a sociedade sobre os povos isolados. Hoje ela é vice-coordenadora da Coordenação das Organizações Indígenas da Amazônia Brasileira (Coiab).

Ela faz parte da primeira geração de indígenas Kahyana nascidos no Parque Indígena do Tumucumaque, após um deslocamento forçado, e sempre lutou para garantir a existência cultural e territorial do seu povo.

Angela sempre se posicionou em relação ao que acreditava e participou da vida política do povo. Foi ganhando protagonismo, com apoio de um importante aliado: seu professor, Juventino Kaxuyana.

Mais velha, mudou-se para Belém para estudar, mais ou menos na mesma época em que sua família decidia, por conta própria, retornar para seu território tradicional. Em 2003, os Kahyana, Katxuyana e Tunayana pediram oficialmente à Funai o reconhecimento da Terra Indígena Kaxuyana-Tunayana.

Em Belém, ajudou a fundar a Federação dos Povos Indígenas do Pará (Fepipa) e sua atuação no movimento local lhe rendeu um convite para compor a coordenação executiva da Coiab.

O depoimento de Angela Kaxuyana foi editado a partir de uma entrevista em vídeo concedida a Tainá Aragão, durante o 18º Acampamento Terra Livre (ATL), realizado em Brasília/DF, em abril de 2022.

SE VOCÊ NÃO TEM UM TERRITÓRIO GARANTIDO, VOCÊ ESTÁ SOB AMEAÇA

© BENJAMIN MASTI/LA MOCHILA PRODUÇÕES/ISA, 2022

Angela Kaxuyana

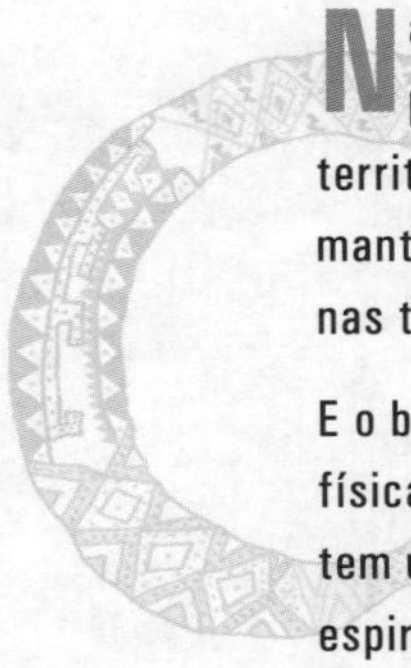

Não há separação entre saúde e território. A primeira coisa que a gente precisa pensar é que, para manter a saúde do povo, de uma comunidade, ela depende muito dessa garantia de ter território seguro. E o território seguro é garantir que as pessoas tenham uma qualidade de vida, mantendo uma alimentação de qualidade, o acesso aos recursos que sempre tivemos, às medicinas tradicionais.

E o bem-estar! A gente fala muito da necessidade da existência dos materiais, das questões físicas, mas não fala desse sentimento espiritual em relação ao território. Então, se você não tem um território garantido, você está sob ameaça. Não tendo uma Terra Indígena demarcada, espiritualmente você também fica enfraquecido, psicologicamente isso atinge sua família e a desestabiliza; se você não está bem espiritualmente, fisicamente você também não estará.

Então não há como separar o território da nossa existência enquanto povo. Eles estão interligados. Se você não garante o território, você não está garantido a vida das pessoas. Porque a gente fala de "povos indígenas" como se fosse uma questão ou uma coisa. A gente não está falando de uma coisa, a gente está falando de pessoas, da vida humana!

Eu não sei como se dá o nome em português, porque, nós, indígenas, temos várias línguas. E o ato de você negar a existência de uma pessoa, de um grupo, de um povo, para a gente é o genocídio. Para a gente, isso significa negar a vida, a existência das pessoas. Não conseguimos entender que outro nome se daria se não genocídio.

Não garantir a demarcação do Território Indígena e ter planos de atacar a vidas das pessoas não pode ter outro nome que não seja genocídio. E essa tentativa de nos apagar enquanto povo, essa tentativa de nos fazer desaparecer enquanto povo, qual seria a definição se não é o genocídio? Se não é essa tentativa de dizimar a existência das pessoas? A palavra genocídio é até muito fraca para o que a gente realmente vive nos territórios, de ser assassinado, de perseguição, de invasão dos nossos territórios, de contaminação dos nossos rios.

GRAFISMOS KAXUYANA EM DESENHO DA COBRA MARMARWIMË ELABORADO POR ADÃO MAKARAK'WA, EM 2005, REPRODUZIDO EM VERBETE DA ENCICLOPÉDIA POVOS INDÍGENAS NO BRASIL (ISA)

A atuação da Coiab

A atuação da Coordenação das Organizações Indígenas da Amazônia Brasileira (Coiab) foi mudando de estratégia, de uma linha foi passando para outra e a gente acabou chegando em outra. A primeira era, enquanto Coiab, levar essa resposta aos povos indígenas: o que é essa pandemia? O que acontece com essa pandemia?

Então, a primeira missão era buscar informações e saber a verdade sobre o que era essa doença para levar aos territórios indígenas. Então, o primeiro trabalho da Coiab foi intensificar a comunicação. A comunicação foi o ponto estratégico da Coiab, talvez muito mais do que enviar material, alimentação, por exemplo, porque, com as informações, você tinha os territórios munidos, preparados para fazer o enfrentamento lá na ponta.

Não adiantava a gente buscar o enfrentamento aqui, enquanto organização a nível regional, se você não tivesse nos territórios as comunidades preparadas para fazer de fato o enfrentamento. E qual era esse enfrentamento? Acho que era essa busca por respostas que a gente conseguiu ter de partida com nossa atuação enquanto Coiab. Com isso, a gente foi vendo a necessidade de manter as famílias e os territórios isolados, e a primeira informação que a gente passou a circular a partir dessa estratégia da comunicação era: vamos manter o isolamento.

Mas outra questão veio em seguida: como manter os territórios isolados, as comunidades isoladas, principalmente aqueles territórios que não conseguem viver ou que não têm condições de viver com a comida, com os rios garantidos, para que elas se mantenham isoladas de fato. Então, você tinha um cenário de pessoas passando fome, querendo fazer o isolamento, para se manter isoladas em relação à doença, mas você tinha o desafio de como fazer chegar alguns materiais essenciais. Uma das primeiras orientações era: lavem as mãos e se mantenham isolados. Mas lavar a mão com o quê, se você não tinha acesso a um material de higiene mínimo?

Assim, a atuação da Coiab, para além de fornecer cestas básicas, material de higiene, material de informação, foi muito no sentido de que a gente intensificasse, buscasse alternativas no próprio território. Mas, para buscar alternativas, você precisa conhecer, você precisa ter informações sobre aquilo que está te atacando. Como você vai se proteger de algo que você não conhece?

Então, o cenário da primeira atuação da Coiab foi esse. Mas, a partir disso, a gente trouxe uma grande mobilização das comunidades, dos territórios das organizações de base da Coiab para o enfrentamento, que era apresentar o plano emergencial: qual é a estratégia de enfrentamento da covid-19?

A Coiab elaborou um plano emergencial estruturado, foi a primeira organização indígena a ter um plano emergencial de combate à covid-19. Com isso, nós não só apresentamos aos nossos parceiros, mas também ao próprio Estado, que nós tínhamos uma alternativa, tínhamos o caminho de como enfrentar a covid-19 nos territórios indígenas, para além de termos atuado enviando materiais essenciais, que a gente chamou de ações humanitárias emergenciais – que era isso, mandar comida, materiais de higiene.

Isolados

Inclusive, a gente discorda muito sobre essa palavra isolamento. A gente costuma dizer que quem está isolado são os que vivem nos grandes centros urbanos, que precisam conviver, se adequar para aquilo a que foram limitados. Mas enfim, se hoje é esse o termo que se usa, a gente vai usar, mas, meus parentes sempre falam, tem um processo de desconstrução, de que eles não são isolados.

Mas a gente reflete muito sobre essa motivação de isolar. Em muitos dos casos, ela é ocasionada justamente por essa pressão, por essa violência, que não é de hoje, pois tem aí um rastro na história de violência contra os povos indígenas. E, em alguns territórios, você vai ter esse cenário, de que essa recuada desses povos é uma forma de proteção, de se manter distantes daquilo que representa ameaça ou não necessariamente, é o modo de vida que garante que eles tenham a liberdade, que eles não sejam limitados para praticar aquilo que eles sempre praticaram.

Se a gente fosse resumir o "isolar de quê?" e o "isolar de quem?", muitas vezes o "isolar de quê" é desse avanço, dessa violência; e o "de quem" é de quem causa esse impacto, não necessariamente de outro povo, de outro grupo indígena. Então há vários contextos aí das perspectivas de cada região sobre a motivação desse isolamento, mas eu defendo que é pela autonomia, pela escolha e pelo direito de viver como querem viver. Para mim esse é o princípio do entendimento do isolamento.

Eu tenho convicção de que o alerta dos povos indígenas, de que o modo de vida dos povos indígenas e a cura, como a gente sempre fala, são a única saída para salvar essa humanidade. Os conhecimentos trazidos por povos indígenas, que há muito tempo a gente tem externado e usado em muitos espaços, são a única forma de o mundo ter essa chance de mudar. Não é amanhã, é agora.

FORA GARIMPO!

TAINÁ ARAGÃO
Jornalista, ISA

MAURÍCIO YE'KWANA é um dos diretores da Hutukara Associação Yanomami (HAY) e também foi um dos porta-vozes da campanha #ForaGarimpoForaCovid. Vive com um pé na aldeia e outro na cidade, pois é uma liderança atuante na frente contra garimpo em TIs e compõe a aliança contra o garimpo, que reúne os povos Yanomami, Munduruku e Kayapó.

O depoimento de Maurício Ye'kwana foi editado a partir de uma entrevista em vídeo concedida a Tainá Aragão, durante o 18º Acampamento Terra Livre (ATL), realizado em Brasília/DF, em abril de 2022.

"O POVO BRASILEIRO ESQUECEU QUEM SÃO OS POVOS INDÍGENAS"

© BENJAMIN MASTILA MOCHILA PRODUÇÕES/ISA, 2022

Maurício Ye'kwana

Um pedacinho foi entregue para nós morarmos com tranquilidade, alegria e saúde. E esse pedacinho hoje está sendo afetado por essa grande invasão ilegal de garimpo dentro da Terra Indígena (TI) Yanomami. *Nosso território era para ser preservado*, era para ser moradia para todos nós, *não era para existir essa invasão ilegal à TI Yanomami*. O território é uma área que já está demarcada, já foi entregue para a gente, para que a gente possa viver tranquilo, para que outras pessoas não possam entrar.

E tem pontos que a *gente não consegue entender, por exemplo a questão dos quartéis*. São três locais que têm bases militares: na região de Auaris; tem no meio, que é Surucucu; e tem no Amazonas, que é Maturacá. São três bases militares próximas à fronteira com a Venezuela, mas a gente vê que eles não conseguem fazer o papel delas. *Não conseguem fazer fiscalização e impedir a entrada de invasores* nesse pedacinho que foi entregue para a gente dentro do nosso território. E a gente não entende o motivo de estarem lá naquela região. Que tipo de papel estão fazendo, sendo que há essa invasão ilegal dentro do território, dentro da TI Yanomami? Então, nossa questão é nesse sentido, porque quando a gente fala para eles "Olha, tem um garimpo ilegal aqui, vocês podem fazer algo?", a gente só escuta: "Não. Tem de haver ordem dos superiores em Brasília". E não conseguem fazer.

A TI Yanomami é o foco principal, porque tem uma riqueza muito grande dentro dela, então estão focando nisso. Tanto a TI Raposa Serra do Sol quanto a TI Yanomami têm riqueza em minérios. E tem muitos requerimentos minerários, que vão afetar muito isso. E é por isso que nós estamos em Brasília, para poder impedir. *A união da força dos povos indígenas* do Brasil *contra esse Projeto de Lei (PL) nº 191/2020*, que vai impactar a cultura dos povos indígenas, a vida dos povos indígenas, vai levar a doença para os povos indígenas.

GRAFISMOS YE'KWANA REDESENHADOS POR BRUNA KEESE A PARTIR DE FOTOGRAFIA DA CASA REDONDA ÄTTÄ DA ALDEIA FUDUUWAADUNNHA, TI YANOMAMI (RR), PARA A PUBLICAÇÃO TERRITÓRIO YE'KWANA: A VIDA EM AUARIS (ISA, 2017)

Isso cria um problema dentro da comunidade, especialmente para as mães. *Os jovens vão ser recrutados e retirados das mães, e elas vão sofrer grande impacto mental*, porque o filho saiu da comunidade e foi para a cidade com o garimpo. Então, isso é um grande impacto que vai haver, não só na TI Yanomami, mas também em outras Terras Indígenas. Eu acho que isso é um impacto que nós precisamos mostrar para reivindicar e tentar barrar esse PL, que está tentando ser votado com maior urgência, e quer criar um garimpo artesanal, garimpo indígena. Apesar de que há outros povos indígenas que são a favor, que são minoria, e querem fazer garimpo indígena dentro das Terras Indígenas. *Mas essas pessoas não pensam nas famílias*.

Pensam: "Ah, eu vou ser rico!". Mas qual é o ponto de vista de ser rico? Rico em dinheiro? Rico de você viver numa cidade luxuosa? Isso é você ser rico? Ou ser rico é ter saúde, com tranquilidade, com harmonia, sem doença, sem outros tipos de dependência? Qual realmente é rico? Então, *essas pessoas, os próprios indígenas que estão querendo garimpo dentro da Terra Indígena, têm uma ilusão*. É uma ilusão que eles têm. Eles nunca vão ficar ricos! Eles nunca vão enriquecer. Eles estão levando destruição para dentro das comunidades, dentro da Terra Indígena. Não vai ser benéfico para eles, e eles serão afetados com isso. Vai haver sofrimento para essas pessoas também.

Garimpo artesanal nunca vai haver. No meu entendimento, o garimpo artesanal seria o garimpo manual. Mas as pessoas viram hoje como é fácil usar máquina, máquina que estraga, máquina que chupa a terra. Então nunca vai ter esse garimpo artesanal, com os indígenas trabalhando. Sempre vai haver alguém não indígena, sempre vai haver influência de alguém da cidade, e esses indígenas vão ser enganados. Não vai beneficiar em nada, vai ser só destruição, porque aí ele vai comprar bebida alcoólica da cidade etc. O cara vai se transformar em outra pessoa, porque quando você tem dinheiro ou tem algo de valioso, a pessoa muda totalmente. Muda completamente. Então esse vai ser um impacto muito grande com esse negócio de garimpo artesanal ou garimpo indígena.

E aí os caras vão chegar lá e dizer: "Está liberado o garimpo para a gente". *Se o garimpo for liberado* realmente, vai ter uma invasão, como aconteceu nos anos 1970, nos anos 1980 e nos anos 1990 dentro da TI Yanomami. *Vai ter muita morte, uma doença muito grande dentro da TI*. Porque eles só estão esperando a liberação do garimpo, e então praticamente toda a cidade de Boa Vista vai entrar na TI Yanomami, como aconteceu antigamente. Vão chegar 40 ou 50 mil, até 80 mil garimpeiros dentro da terra yanomami.

Quem paga o preço dessa economia é a vida dos povos indígenas, por isso a gente fez essa campanha: *"Fora!"* Agora na Conferência das Partes (COP), também na Inglaterra, em Glasgow, na Escócia, *a gente está fazendo uma campanha para não comprarem minério exportado do Brasil, como joias. Não comprem, pois há sangue yanomami nisso daí*. Tem de investigar de onde estão vindo esses minérios, se tem autorização para vendê-los.

Eu acho que tem de buscar alguma estratégia também para poder impedir a venda. O estado de Roraima agora é um ponto de deslocamento dessa extração. Agora, o que está sendo extraído é o minério, não só o ouro. Tem ouro e minério, então está chamando ainda mais atenção das pessoas para invadirem.

E a TI Yanomami será invadida com certeza se esse PL nº 191/2020 for aprovado. *Mas estamos confiantes de que o Supremo Tribunal Federal (STF), o Poder Judiciário*, tentará barrar isso ou arquivar isso também. Porque eles estão ali, o Legislativo e o Judiciário também, para estudar essa questão e tentar barrar. *A gente confia muito na decisão desses 11 ministros que estão aí*.

Nesse ponto, a primeira coisa que eu vejo é a questão da educação. *Eu acho que o conhecimento indígena tem que ser aplicado nas universidades*. Há muitas pessoas que se especializaram em antropologia. *Tem muitos antropólogos que estudam a questão indígena e estão publicando livros. Mas para onde estão indo esses livros?*

Eu acho que esses livros teriam que se movimentar dentro das universidades, dentro desses grupos, e *com isso você consegue mostrar a riqueza da cultura dos povos indígenas, porque o povo brasileiro esqueceu quem são os povos indígenas*, a riqueza dos povos indígenas! Não sabem que há povos indígenas nem o grande valor que há nisso.

SABERES MEDICINAIS PATAXÓ

VICTOR ANDRÉ MARTINS DE MIRANDA
Especialista em saúde coletiva (UFSB)

ANTÔNIA BRAZ SANTANA, conhecida como Dona Japira, Dona Antonia e também como Tonia, é uma liderança pataxó, zeladora dos saberes tradicionais e importante educadora. Japira é pajé da Aldeia Novos Guerreiros, localizada entre Porto Seguro e Santa Cruz Cabrália, na Bahia, e exerce uma função singular para sua comunidade e seu povo: é conhecedora e educadora das histórias, tradições e tecnologias do povo Pataxó, dos rituais, da cura, das rezas e dos cuidados. Participou como professora convidada duas vezes na Universidade Federal do Sul da Bahia (UFSB). Em 2014, na primeira realização do Projeto Encontro de Saberes nessa instituição, ministrou o curso "A medicina social e ecológica dos povos Pataxó do Sul da Bahia", voltado para discentes das licenciaturas interdisciplinares. De 2017 a 2018, foi professora convidada a ministrar aulas aos alunos da Escola Indígena Pataxó de Coroa Vermelha, onde desempenhou importante papel, transmitindo suas sabedorias aos jovens pataxó. Em 2018, retorna à UFSB para ministrar o "Ateliê em Encontro de Saberes", direcionado aos alunos dos cursos de artes. Japira iniciou em 2017 a escrita de seu livro sobre os saberes medicinais pataxó, intitulado *Saberes dos Matos Pataxó (2022)*. O livro transmite seus conhecimentos medicinais imersos em sua biografia de vida, nos saberes cosmológicos e poéticos pataxó.

Editado a partir do artigo "O Sopro dos Velhos: o Mato Pataxó e as Vacinas", originalmente publicado na Plataforma de Antropologia e Respostas Indígenas à COVID-19, (vol. 1, n. 8, set. 2021), este depoimento surge a partir de conversas com Mestra Japira, que foram transcritas e novamente oralizadas, retornando várias vezes aos escrutínios da mestra.

©KEFAS MATO, 2021

"OS ANCIÃOS PATAXÓ SEMPRE TIVERAM A SABEDORIA DAS ERVAS"

Japira Pataxó

"Os anciãos pataxó sempre tiveram a sabedoria das ervas. Tinham os matos para cuidar da catapora, sarampo, caxumba, coqueluche, tuberculose e outras doenças, mas foi somente quando chegaram as vacinas que conseguimos frear de vez as mortes das crianças. O velho Tururim, cacique de Barra Velha [Porto Seguro/BA], e meu pai, Alfredo Braz, vice-cacique, juntamente com outras lideranças, como os finados Palmiro e Luís Ferreira e as velhas Jenerana e Josefa, lutaram para que nós, Pataxó, tivéssemos atenção médica. Lutaram por muito tempo, mas foi só na década de 1980 que conseguimos que viesse uma equipe de saúde com médico e enfermeira uma vez por mês. Foi a época em que abrimos um campo na Aldeia Pataxó de Barra Velha para o teco-teco pousar. Essa chegada dos médicos é uma conquista nossa, mas também veio com seus desafios. Quando chegaram, os médicos pensavam que nós não sabíamos de nada, como se fôssemos bicho. Chegavam colocando só o remédio deles, não se sentavam para conversar com os nossos velhos.

Quando essa covid-19 chegou, nossas lideranças entenderam que era uma doença perigosa, silenciosa e que passava facilmente de uma pessoa para outra. Os caciques reuniram com as comunidades e fecharam as aldeias. Na nossa aldeia mãe, Barra Velha, no início só entrava quem era da comunidade, e a aldeia se abria só na quinta-feira. Nosso cacique Roberto fez a mesma coisa aqui na Aldeia Novos Guerreiros, que ficou fechada para quem não era da comunidade. Uma doença braba, eu não tinha as ervas para ela e nem os brancos as vacinas.

QUANDO FUI VENDO AS PESSOAS E TENDO QUE CUIDAR DELAS, MINHA VISÃO FOI SE ABRINDO PARA SABER AS ERVAS.

DESENHOS "JAPIRA", "O BREJO I", "A MATA ATLÂNTICA I" E "O BREJO II" DE AUTORIA DE JAPIRA PATAXÓ, REPRODUZIDOS NA PUBLICAÇÃO *SABERES DOS MATOS PATAXÓ* (TEIA DOS POVOS/PISEAGRAMA, 2022) E NA EXPOSIÇÃO "FEITO DE FOLHAS E PENAS" (ESPAÇO DO CONHECIMENTO UFMG, 2022)

Aos poucos, comecei a buscar as ervas. Como nesse início não sabia como tratar, usava os banhos de proteção para afastar a doença; banho de raiz e cipó, fortes, que nós temos muito respeito. Ao longo do primeiro ano, essa doença foi aos poucos chegando na comunidade. Minha filha, que veio de Salvador, teve covid, assim como outros parentes da aldeia. Quando fui vendo as pessoas e tendo que cuidar delas, minha visão foi se abrindo para saber as ervas. O pajé tem essa força. Passa uma coisa em mim que sopra os saberes das ervas. Essa força quem passa são os espíritos dos velhos, que me mostram os matos. Os nossos conhecimentos também estão crescendo, nós pajés temos essa força para buscar a proteção nos matos. Fui vendo como cuidar da covid. Queria cuidar para que a pessoa melhorasse e não tivesse que chegar a ir para o hospital. Comecei a colher as ervas, fazia banho, chá e xarope com folhas, cascas e galhos. Na covid, tem que cuidar da febre, da dor de cabeça e do corpo. Cada pessoa recebe um cuidado diferente a depender de como está; o mais importante era usar as ervas que limpavam o catarro quando ele aumentava, para não deixar a doença ir para o pulmão. O povo vinha me pedindo para cuidar, eu via a situação e ensinava o que fazer.

> LEMBREI DA LUTA DOS VELHOS NO PASSADO PARA CONSEGUIR AS VACINAS E COMO ELAS FORAM IMPORTANTES PARA O NOSSO POVO. ESSA MESMA FORÇA DOS VELHOS, QUE ME AJUDAVA A COLHER AS ERVAS, ME AJUDAVA A ENTENDER NOSSA SITUAÇÃO. COM ISSO PERDI O MEDO DA VACINA. ASSIM COMO OUTRAS LIDERANÇAS, FALEI PARA O POVO VACINAR.

No fim do ano, tivemos notícia das vacinas, que demorou muito para nos alcançar. Bolsonaro não queria a vacina e deixou o povo à sorte da morte. Quando a vacina chegou, muita mentira foi espalhada. Tinha gente dizendo que iríamos virar cobra, jacaré, todo tipo de bicho. Nós indígenas somos cismados com os brancos, já passamos por muita tragédia. Os pastores passavam áudios para nós dizendo que a vacina era coisa da besta-fera, a médica dizia que a vacina ainda estava sendo experimentada. Vendo essa situação, nossas lideranças co-

MINHAS ERVAS SÃO FORTES E CONSEGUEM CUIDAR DA COVID, MAS ISSO NÃO SIGNIFICA QUE EU ACHE QUE A MEDICINA BRANCA NÃO SERVE, QUE AS VACINAS NÃO SERVEM

meçaram a se mover, entenderam que o povo estava sem vacinar e com medo. Lembrei da luta dos velhos no passado para conseguir as vacinas e como elas foram importantes para o nosso povo. Essa mesma força dos velhos, que me ajudava a colher as ervas, me ajudava a entender nossa situação. Com isso perdi o medo da vacina. Assim como outras lideranças, falei para o povo vacinar.

Minhas ervas são fortes e conseguem cuidar da covid, mas isso não significa que eu ache que a medicina branca não serve, que as vacinas não servem. Hoje mesmo já consigo ver como a covid tem vindo fraca em quem já tomou a vacina e acabou pegando, minhas ervas nesses casos são mais para ajudar a dar bem-estar para o corpo. Essas medicinas podem trabalhar juntas, mas isso não quer dizer que não haja conflitos entre elas. A medicina branca pensa que a nossa não é verdadeira. Eu penso que, na medicina branca, falta amor. Eu não duvido da verdade e força da medicina branca, mas os médicos, muitos deles, não cuidam com amor, principalmente de nós, que somos índios, eles não gostam. Quando eu cuido de alguém, eu sempre tenho que ter amor nisso que eu faço, isso faz parte do cuidado e também é importante para a força das ervas.

A força dos antepassados e dos espíritos da mata nos ajuda a sair dessas situações. Colher um mato, lutar pela nossa terra, tudo isso vai nos aproximando desses espíritos. Para sair desse momento difícil, é preciso ter essa sabedoria: olhar para trás e sentir nossos velhos, só assim podemos ter o conhecimento do que fazer"

A FORÇA DOS ANTEPASSADOS E DOS ESPÍRITOS DA MATA NOS AJUDA A SAIR DESSAS SITUAÇÕES

Quem, Quantos, Onde

Indianidade

Isolados

Diversidade

Demografia

DEMOGRAFIA

O Que o Censo 2022 Vai Poder Mostrar Sobre os Povos Indígenas

Entrevista à equipe de edição*

ANTROPÓLOGA E DEMÓGRAFA, MARTA MARIA AZEVEDO É PESQUISADORA DO NÚCLEO DE ESTUDOS DE POPULAÇÃO ELZA BERQUÓ (NEPO) DA UNICAMP E MEMBRA DA COMISSÃO CONSULTIVA DO CENSO 2022. NESTA ENTREVISTA, ELA FALA SOBRE OS POVOS INDÍGENAS NESTE CENSO

Marta Azevedo, que é a principal referência nos estudos demográficos dos povos indígenas na atualidade, conversou com a equipe de edição sobre a metodologia adotada pelo IBGE, dos resultados preliminares do Censo para a população como um todo e para a população auto declarada indígena e quilombola; das dificuldades da realização da pesquisa sob o governo Bolsonaro e depois; e da importância dos dados para calcular todos os indicadores sociodemográficos e epidemiológicos e para outras políticas públicas entre povos indígenas.

No dia 5 de dezembro de 2022, o IBGE apresentou um novo cômputo para a população indígena no Brasil, um total de 1.489.003 pessoas. Você poderia comentar esses dados preliminares?

Esses dados indicam quantas pessoas se autodeclararam indígenas até agora, porque o Censo não acabou e não vai acabar em 31 de dezembro, infelizmente. Porque não teve dotação orçamentária, porque não conseguimos contratar recenseadores etc. As Terras Indígenas (TIs) são setores censitários específicos, e além disso, foram criadas as chamadas "áreas de interesse", que são setores onde existe uma alta concentração de povos indígenas e populações quilombolas, tanto em áreas urbanas quanto em áreas rurais. O objetivo da criação dessas 'áreas de interesse' foi justamente dar conta de recensear também as TIs em processo de identificação ou comunidades indígenas que estão residindo fora de TIs. Nesses setores censitários específicos de povos indígenas e populações quilombolas, o Censo andou um pouco mais rápido, porque o IBGE criou um Grupo de Trabalho denominado Povos e Comunidades Tradicionais já em 2016. Essa equipe de excelência é coordenada pela antropóloga Marta Antunes e pelo geógrafo Fernando Damasco, e tem sido, desde então, competente e engajada em realmente fazer chegar o Censo nas mais longínquas e difíceis áreas, tem trabalhado e viajado incansavelmente pelo país todo, para que tenhamos de fato um retrato do Brasil socio-mega-diverso. Portanto, nesses dois tipos de territórios – ou tipos de setor censitário, para usar a linguagem técnica – o IBGE já chegou a 95% de cobertura. Estamos quase terminando.

> **"Nesses setores censitários específicos de povos indígenas e populações quilombolas, o Censo andou um pouco mais rápido, porque o IBGE criou um Grupo de Trabalho denominado Povos e Comunidades Tradicionais já em 2016. (...) Nesses dois tipos de territórios (...) o IBGE já chegou a 95% de cobertura"**

Esses dados preliminares divulgados não são projeções. Projeção é quando se faz uma estimativa de população baseada em informações anteriores e em vários pressupostos. Por exemplo, estima-se que a população total dos Yanomami esteja em torno de 30 mil pessoas. Baseado em quê? Estou pressupondo que a mortalidade infantil continuou a cair, continuou a diminuir para 40/1.000 mais ou menos – é o meu pressuposto. Embora eu saiba que, nos últimos dois anos, a mortalidade infantil dos Yanomami subiu de novo, porque a cobertura vacinal caiu, por causa da segurança alimentar, da falta do atendimento que deixou de ser feito desde 2021, e de outras doenças levadas pelos invasores garimpeiros.

> "a população dos povos indígenas é a que mais cresce no Brasil. (...) Isso está bastante descrito e analisado atualmente – era novidade somente nos anos 1990 quando 'descobrimos' esse fenômeno – inclusive na América Latina como um todo"

Outro pressuposto importante para fazer projeção é o número médio de filhos tidos nascidos vivos por mulher, ou seja, a taxa de fecundidade. As duas coisas que mais influenciam numa população não são a mortalidade de velhos, de adultos, são a mortalidade infantil e o número médio de filhos por mulher. No Brasil, nesse Censo de 2022, estima-se que a taxa de fecundidade dos não indígenas esteja em torno de 1,4, ou seja, a população [não indígena] vai começar a diminuir muito antes do que a gente imaginava que ia começar a diminuir. A gente imaginava que ia começar a diminuir em 2050; com esse dado, pode ser que a população brasileira comece a diminuir em números absolutos em 2030.

É muito bom você explicar isso, porque as pessoas podem ficar pensando: como é que cresceu tanto a população em relação ao último Censo, mesmo com a covid-19? Uma das suas grandes contribuições para o campo da demografia foi a descoberta do crescimento populacional indígena, a partir do caso do Alto Rio Negro. Essa tendência segue atualmente, mesmo com a mortalidade gerada pela covid-19?

Em todos os artigos que eu publiquei aqui no Pibão eu explico isso – é que as pessoas não leem. Mas em todos os artigos que a gente está escrevendo, nos livros que a gente publicou na Fiocruz, em todo lugar a gente escreve – inclusive está no site do Nepo, nas minhas falas e entrevistas: a população dos povos indígenas é a população que mais cresce no Brasil. É a população que está numa fase de recuperação populacional. Inclusive isso está bastante descrito e analisado atualmente – era novidade somente nos anos 1990 quando "descobrimos" esse fenômeno – inclusive na América Latina como um todo: os povos indígenas na América Latina estão com crescimento vegetativo mais alto do que a população não indígena.

Porque, até 1950, eles estavam com a população declinando; estavam morrendo; estavam sendo dizimados. Por conta de guerras, de epidemias, de falta de vontade de viver – como no caso dos Avá Canoeiro, de falta de perspectivas. Tinha todo um processo de extinção. A partir de 1950, essa população começa a crescer de novo. E, com a Constituição de 1988, com o reconhecimento de seus direitos, seus modos de viver específicos e com a demarcação de terras, aí muda: tem início a recuperação populacional.

Os xavante estavam no início dos anos 90 com nove filhos por mulher em média. Isso quer dizer que, de 15 em 15 anos, a população Xavante dobra. Em 1992, quando o [Fernando] Collor demarcou a TI Yanomami e, em 1993, quando soubemos do massacre de Haximu, nós não sabíamos ao certo calcular a proporção da população que tinha sido massacrada, estimou-se que nesses anos (1987 até a expulsão total dos garimpeiros, em 1994) 14% da população yanomami morreu. Foi uma estimativa porque a gente não sabia direito qual era a população total dos Yanomami. A gente estimou que eram 9 mil. Hoje em dia, são cerca de 30 mil. Para vocês terem uma ideia de qual é o crescimento vegetativo dessa população.

Eu calculava uma média de crescimento de 3,5% ao ano de cada povo indígena até 2010 – sendo que tinha, por exemplo, os Suruwahá, que não cresciam esse tanto por conta dos suicídios. Então varia esse crescimento, mas os povos indígenas continuam crescendo. Em 2010, a gente inferiu pelo perfil etário que a taxa de fecundidade dos povos residentes nas Terras Indígenas poderia cair, e eu já escrevi sobre isso no Pibão. Eu não estou falando dos autodeclarados indígenas que não conhecem suas etnias residentes em áreas urbanas, esses têm a fecundidade igual à fecundidade não indígena. Isso já foi comprovado.

Já nos últimos Censos, houve um número expressivo de autodeclarados vivendo fora de TIs e também da população indígena fora da Amazônia legal. Embora nos dados de 2022 tenham mais de 400 mil pessoas no estado do Amazonas, três das cinco UFs com maior população indígena são Bahia, Pernambuco e Mato Grosso do Sul. Você pode comentar um pouco das características dessa população autodeclarada que não vive em TIs e o que está aparecendo nesse novo Censo em relação a isso?

Na verdade, [nesse Censo] diminuiu. Em 1991, teve só autodeclaração, porque não tinha [a pergunta] de língua e etnia; não tinha setor censitário especial de TI. Em 2000 não tinha a pergunta de língua e etnia. Isso só entrou em 2010. Então, [nos Censos de 1990 e 2000] tinham muitos autodeclarados indígenas, que são pessoas que na pergunta raça/cor da pele se identificam com os indígenas, mas não sabem suas etnias, em geral dizem que é por parte da avó ou a bisavó que era indígena. São o que chamei de “índio-descendentes”, pessoas que não se acham pardos, nem pretos, nem amarelos, nem brancos, e são indígenas, mas não têm conhecimento de qual etnia, nem qual língua falavam.

No Censo de 2010, quando a gente perguntou língua e etnia, o número desses autodeclarados que desconhecem suas etnias diminuiu. Por isso eu falo que saber as perguntas é muito importante. O questionário do IBGE está no site: é só ir lá olhar, tanto o da amostra, quanto o do universo. No questionário de 2010, teve a pergunta no quesito raça-cor, que saiu do questionário da amostra e foi para o questionário do universo. No questionário do universo, do Censo 2010, tinha a pergunta: “a que raça-cor você pertence?”. Essas respostas eram fechadas, você tinha que escolher uma dessas. Se você respondesse que era indígena, imediatamente abriam duas perguntas: “a que etnia você pertence?” e “quais línguas você fala?”. Se o recenseador estivesse num setor censitário especial de TIs, além dessas perguntas, na pergunta de raça-cor, se a pessoa tinha se marcado lá “sou branco”, mas ela estava numa TI, abria a pergunta: “você se considera indígena?”. Aí a pessoa podia falar “sim” e, aí, “a que língua e a etnia você pertence”. Foi assim a metodologia de pesquisa.

O que mudou em 2022 é que a pergunta de raça e etnia continua no questionário do universo – todo mundo responde essa pergunta – mas quando o recenseador se encontra numa área urbana, e as análises feitas pela equipe técnica do IBGE e também por demógrafos, mostraram que nesse bairro residiam grupos de autodeclarados indígenas no Censo de 2010, a equipe técnica do IBGE definiu essas regiões ou bairros de “áreas de interesse estatístico”. Então, nessas “áreas de interesse estatístico”, neste ano de 2022, abriram (no DMC, dispositivo móvel de coleta, um tipo de *tablet* usado pelos recenseadores) as perguntas “você se considera indígena?” e “a que etnia/povo você pertence, e que línguas fala”.

Em 2010, o que aconteceu? Cresceu muito a presença dos autodeclarados indígenas com etnia e língua definidas em cidades perto de TIs. Cidades de pequeno e médio porte próximas de TIs. Caarapó (MS), por exemplo; Amambai (MS); lá no noroeste do Amazonas, nos municípios de São Gabriel da Cachoeira, Santa Isabel do Rio Negro, Barcelos; no Pará, em Altamira. Nessas cidades realmente os indígenas estão saindo das áreas indígenas e estão morando nas cidades perto das TIs.

© CHRISTIAN BRAGA/ISA, 2022

Crianças durante comemoração pelos 30 anos da homogação da TI Yanomami, na aldeia Xihopi (AM). Estima-se que a população total do povo Yanomami esteja em torno de 30 mil pessoas, mesmo com o aumento na mortalidade infantil nos últimos dois anos.

No último Censo, o IBGE apresentou justificativas de que tinha havido dificuldades operacionais na pesquisa em Terras Indígenas – e agora tem essa recomendação da DPU para que o Instituto realize o Censo 2022 em todas as comunidades yanomami e wajãpi. Neste Censo foi possível contornar as dificuldades operacionais para chegar nas áreas remotas?

Acho que teve dois fatores. Um fator foi o seguinte: no IBGE, em 2016, começou-se a preparar esse Censo. E aí a equipe técnica do Censo, especificamente o GT de Povos e Populações Tradicionais, teve apoio da ONU, especificamente do UNFPA, o Fundo de População. Isso ajudou muito. Toda a parte do questionário, do mapeamento, onde estão, etc. Essa malha cartográfica toda foi publicada no site do IBGE, já em 2019. Essa malha cartográfica incluiu todas as áreas quilombolas que foram sendo identificadas pela parceria do GT do IBGE e da Conaq, e isso fez com que os territórios quilombolas fossem identificados e estejam sendo recenseados enquanto tais, o que é a primeira vez que ocorre num censo demográfico.

"O Censo só foi feito porque a Defensoria Pública da União (DPU) entrou com uma ação no STF para mandar o IBGE fazer o Censo – mesmo com um orçamento bem menor que o orçamento original"

O Censo só foi feito porque a Defensoria Pública da União (DPU) entrou com uma ação no STF para mandar o IBGE fazer o Censo – mesmo com um orçamento bem menor que o orçamento original do Censo. Por isso o orçamento da operação censitária está muito apertado e isso causa muita dificuldade de terminar. Então nós estamos realmente com muito poucos recursos destinados ao Censo 2022.

A gente queria que você comentasse um pouco sobre a qualidade dos dados demográficos da Sesai. Temos acompanhado uma perda de qualidade muito grande desses dados e uma perda de transparência também, além de inconsistências novas que vão surgindo, por exemplo, aldeias que só têm crianças, só têm velhos, só têm adultos...

Só pra vocês saberem, a Sesai só passou os dados para o IBGE em 2022, e foi bem difícil; agora estão trabalhando e compartilhando dados, depois que mudou o governo. Durante o governo Bolsonaro, a Sesai foi diminuindo o atendimento médico e, em 2021 e 2022, em algumas Terras Indígenas nem entraram nos Pólos Base, portanto, os dados foram ficando ruins, escassos, não atualizados, e principalmente, fechados para quaisquer usuários de fora. Porque, vamos começar do começo: quem é que preenche? Cadê o questionário? Qual é a metodologia de coleta? Você não pode e nem sabe como analisar os dados se você não sabe a metodologia de coleta. Como é a coleta de dados da Sesai? Em geral é aquele censo vacinal – uma folha de papel – que quem preenche são os Agentes Indígenas de Saúde (AIS). Não são os técnicos de enfermagem, nem os enfermeiros, muito menos os médicos – que hoje em dia inexistem na saúde indígena. Esse censo da Sesai não é censo! Não se pergunta direito quem é, onde está essa população. Para servir de denominador para qualquer análise de taxa, de incidência de covid-19, de prevalência de malária, de qualquer proporção de cobertura vacinal, para qualquer análise, a gente não tem denominador – por sinal, os dados da Sesai, do Siasi (Sistema de Informação da Atenção à Saúde Indígena), o nome já define, não são feitos para ser denominador. Ele é uma lista de pessoas que a Sesai tem – porque o AIS faz – para serem vacinados e atendidos. A gente tem que tomar muito cuidado ao usar esses dados da Sesai, porque ele não é um censo. Ele não é feito para saber qual é a população total daquela aldeia; é feito para saber quem é para ser vacinado.

"Por que sempre nos dados da Sesai, quando a gente faz uma pirâmide etária, a faixa de 0 a 4 anos está sempre diminuída? (...) O que acontece é que tem uma subenumeração eterna por parte da Sesai das crianças menores"

Por que sempre nos dados da Sesai, quando a gente faz uma pirâmide etária, a faixa de 0 a 4 anos está sempre diminuída? Eu acho que é porque o AIS não consegue captar. Em geral é um menino ou um homem, pode ser mais velho ou mais novo, agora que estão tendo mais AISs mulheres, e eles ou elas não conseguem captar as crianças pequenininhas. Ele não pergunta, as mães não falam... O que acontece é que tem uma subenumeração eterna por parte da Sesai das crianças menores.

Em 2020, junto com dois técnicos do IBGE do GT dos Povos Indígenas e Populações Tradicionais, você se engajou na produção de dois estudos fundamentais, um que construía um índice de vulnerabilidade das TIs à covid-19 e outro que identificava os gargalos das redes de média e alta complexidade que atendem a saúde indígena. Gostaríamos que você falasse um pouco sobre essa atuação e como ela ajudou a informar ações de enfrentamento à pandemia entre povos indígenas.

A pandemia não acabou. Morre uma criança por dia de covid-19 no Brasil, e quando temos os picos dos surtos, como em novembro e dezembro de 2022, morriam 5 crianças por dia de covid-19. Nós estamos aceitando isso? Eu fico absolutamente indignada com a nossa atitude relativa à covid-19. Primeiro, vacinas: tem que fazer campanha de vacinação! Os indígenas não estão totalmente vacinados, têm uma cobertura vacinal muito ruim. Os indígenas estão morrendo de covid-19! A gente sabe quanto? Não! não sabemos, porque não tem dados. Mas eu tenho absoluta certeza de que tem muitos indígenas morrendo de covid-19 agora! Porque a cobertura vacinal está muito ruim e eles não têm como se internar. Agora, com a mudança de governo, teremos mais condições de saber direito qual a incidência e prevalência de doentes e de fatalidades por covid-19 e infecções respiratórias agudas.

Logo quando apareceu a pandemia, a gente estava preparando o Censo. Então o que a gente imaginou? Quando a covid-19 chegar aos territórios indígenas, não vai ter atendimento e vai ter que internar em UTI. Onde tem UTI no Brasil? Foi a primeira coisa que veio à minha cabeça. Eu falei: "Gente, não tem UTI suficiente na Amazônia!" Na época, início de 2020, só tinha em Manaus. Aí nós resolvemos primeiro fazer um cálculo de indicadores de vulnerabilidade, que usasse, primeiro, a população mais vulnerável que eram os idosos, os velhos. Então a gente pegou as projeções que a gente já estava usando, por Terra Indígena, pegamos a faixa etária de 50 anos e mais, que para os indígenas são os idosos (uma vez que a expectativa de vida deles é bem menor do que a dos não indígenas), pegamos essa população, pegamos o local da Terra Indígena, pegamos onde tinha UTI, fomos dando peso para cada uma dessas variáveis e calculamos um indicador de vulnerabilidade – que a gente chamou de IVDIC [Índice de Vulnerabilidade Demográfica e Infraestrutural à Covid-19]. Dividimos isso em duas partes e calculamos, por exemplo, quanto tempo demorava para chegar nessas áreas de UTI. E ainda queria dar um peso para o preconceito, porque eu fiquei pensando muito no Mato Grosso do Sul. Se tiver dez leitos de UTI em Caarapó, por exemplo, vão ser os dez para os não indígenas, entendeu? Os indígenas vão morrer. Tudo isso no início da pandemia.

Então a gente fez essas duas publicações; a gente imediatamente abriu, fizemos uma apresentação rápida, bem curtinha, para todas as lideranças, professores e AISs indígenas entenderem. E isso alertou toda uma turma que quis ajudar. Começou com os Expedicionários da Saúde e aquele médico que trabalha com os Zo'é, Erik Jennings. Conversamos com o Dr. Douglas Rodrigues e a Dra. Sofia Mendonça para trocar ideias e protocolos, organizamos um grupo com a Dra. Ana Lúcia Pontes, da Fiocruz do Rio de Janeiro, e montamos um grupo. Junto com o Sebastião Salgado, ficou organizada uma aliança de pessoas que queriam ajudar, denominada União Amazônia Viva [https://uniaoamazoniaviva.com].

"A pandemia não acabou. (...) Os indígenas estão morrendo de covid-19! A gente sabe quanto? Não! não sabemos, porque não tem dados. (...) Porque a cobertura vacinal está muito ruim e eles não têm como se internar"

A gente passou o ano inteiro de 2020 armando isso que os médicos inventaram, as Unidades de Atenção Primária Indígena (Uapi). Eu e Ana Lúcia Pontes ficamos na equipe técnica e os médicos foram pensando. No Rio Negro, por exemplo, a gente armou aqueles redários (uma construção com redes e em cada rede um pequeno concentrador de oxigênio) : na área do Bispo, outro que foi lá em cima. A gente armava aquele barracão enorme, armava as redes e instalava aquele aparelhinho de produzir oxigênio para tratar a covid-19, porque tinha que dar oxigênio para os doentes. E a premissa foi que, com isso, de 100 indígenas que teriam que ir pra UTI, só cinco precisariam. Essa era a nossa meta. Era armar redários com oxigênio no máximo de Terras Indígenas que conseguíssemos, para que eles não precisassem ir para UTI – porque a gente sabia que ia ser difícil eles chegarem, tanto por causa do preconceito quanto por causa da inexistência de UTIs. E a gente conseguiu! A gente trabalhava todo santo dia. Apesar de todas essas ações, antes da vacinação a letalidade da covid-19 entre os povos indígenas é calculada em torno de cinco vezes maior do que a letalidade entre os não indígenas.

Então foi isso: tentar mostrar a vulnerabilidade e ao mesmo tempo tentar atender os indígenas com a covid-19. Mesmo assim, nossa... quando morreu o Higino Tenório Tuyuka, um professor do Alto Rio Negro, eu chorei muito, foi muito difícil. Morreu muita gente e ainda está morrendo apesar da vacinação. É que a gente não sabe. Morre muita criança. Não tem testes, né? Então é SRAG, Síndrome Respiratória Aguda Grave. *(dezembro, 2022)*

* Entrevista realizada por Fany Ricardo, Tatiane Klein e Tiago Moreira dos Santos, da equipe de edição, em 16 de dezembro de 2022, via plataforma de videoconferência

Línguas dos Povos Originários: Emergências

Bruna Franchetto | Linguista, Museu Nacional/UFRJ

AS LÍNGUAS INDÍGENAS CONTINUAM AMEAÇADAS. POR OUTRO LADO, ESSES ÚLTIMOS ANOS TÊM SE CARACTERIZADO PELA EMERGÊNCIA DE MOVIMENTOS E PROCESSOS POLÍTICOS LINGUÍSTICOS EM QUE O PESSIMISMO É TEMPERADO PELA ESPERANÇA

O Censo de 2010, realizado pelo Instituto Brasileiro de Geografia e Estatística (IBGE), incluiu, pela primeira vez, uma questão específica sobre línguas indígenas e seus falantes. No balanço publicado em *Povos Indígenas no Brasil 2012-2016*, nós nos baseamos nos resultados daquele Censo para aferirmos dados quantitativos e esboçar a sua interpretação qualitativa. Infelizmente, aquele quadro não pode ser atualizado, já que um novo Censo só acontecerá neste ano de 2022 ou, mais provavelmente, em 2023. O recrudescimento das ameaças que assolam a vitalidade das línguas originárias já era nítido.

O IBGE promoveu discussões bastante proveitosas, nos anos seguintes, para discutir aprimoramentos da formulação das questões linguísticas e de metodologias de coleta de informações e sua sistematização, com pesquisadores e técnicos do próprio IBGE e de outras instituições, governamentais e não governamentais, e a participação essencial de representantes de associações indígenas, que contribuíram com outras visões do tema e dos problemas. Os dados do próximo Censo poderão nos mostrar um novo panorama, talvez ainda mais preocupante, apontando para um crescimento da interrupção da transmissão das línguas entre gerações, a diminuição dos seus domínios de uso, o abandono de artes verbais e de partes culturalmente cruciais do léxico, o uso do português como língua franca, o crescente bilinguismo língua(s) indígena(s)/português, até o deslocamento total para a língua dominante de muitos indivíduos, especialmente os mais jovens.

Cresce a população indígena escolarizada e as escolas "indígenas" não são, em sua maioria, indígenas. *Curricula*, calendários, conteúdos e pedagogias são pautados, em geral, pelo sistema nacional de ensino: o português domina na comunicação e no processo de ensino-aprendizagem, deixando frequentemente, às línguas locais, o tempo reduzido de algo marginal e secundário. As línguas indígenas continuam ameaçadas. Quantos de seus guardiões, às vezes seus últimos falantes, faleceram por covid-19?

Por outro lado, esses últimos anos têm se caracterizado pela emergência, diríamos até eclosão, de movimentos e processos políticos, autônomos e autodeterminados, nos quais a questão e o desafio linguísticos têm surgido com força e clareza. O pessimismo é temperado, agora, por esperança, e a palavra "emergência" assume seus dois sentidos possíveis: de um lado ocorrência de perigo, situação crítica, mudança que ameaça a tranquilidade e o bem-estar de uma população; do outro lado, ação ou estado daquilo que emerge, aparece, surge.

AS LÍNGUAS DOS POVOS ORIGINÁRIOS NO PALCO E NA AGENDA

O Ano (2019) e a Década das Línguas Indígenas (2022-2032), promulgados pela ONU e pela Unesco, têm sido, e continuam sendo, os gatilhos da visibilização, em âmbito nacional e internacional, do protagonismo e de um muito pouco conhecido ativismo indígena com relação às línguas maternas, ancestrais, originárias. O tema "línguas" está presente, finalmente e com força, em eventos, manifestações, propostas legislativas, associações indígenas: uma virada, uma mudança. Professores, lideranças, militantes, de diferentes gerações e com vozes femininas em primeiro plano, manifestam preocupação com o enfraquecimento de suas línguas, com a morte ou isolamento dos mais velhos, bem como denunciam a ausência ou inoperância do Estado, em suas várias instâncias, da federal à municipal, em oferecer recursos mínimos para a proteção das línguas existentes – tampouco uma política linguística, explícita e fundamentada, voltada às chamadas "minorias".

Fechando o Ano Internacional das Línguas Indígenas (2019), em evento realizado na Cidade do México, em 27 e 28 de fevereiro de 2019, foi lançado um documento que se tornou referência para um renovado ativismo linguístico: *La Declaración de Los Pinos [Chapoltepek]: Construyendo un decenio de acciones para las lenguas indígenas.* Foi uma resposta contundente à Resolução 74/135, aprovada pela Assembleia Geral das Nações Unidas em 2019 e que proclamava o período 2022-2023 como a Década Internacional das Línguas Indígenas. A finalidade foi a de chamar a atenção do mundo sobre a perda acelerada dessas línguas e a urgente necessidade de protegê-las e revitalizá-las através de medidas imediatas nos níveis nacionais e internacionais. A Unesco foi chamada para atuar como organismo coordenador das atividades da Década. Os Estados-membros foram instados a criar mecanismos nacionais, com recursos suficientes, trabalhando junto com os povos nativos; já e esses últimos foram convidados a protagonizar a elaboração e implementação de políticas linguísticas efetivas. "Nada para nós sem nós", a frase inicial da *Declaração de los Pinos*, refletiu a centralidade dos povos indígenas como guardiões de suas línguas e se tornou palavra de ordem, inclusive no Brasil.

A resposta brasileira aos apelos da ONU e da Unesco foi imediata e, diria, quase surpreendente, na total falta de apoio governamental – o que isola e qualifica, ao mesmo tempo, as iniciativas no Brasil, já que outros países da América Latina produziram documentos oficiais preliminares, extensos e extremamente ricos de informações atualizadas. No Brasil, uma forte mobilização foi possível tão somente pelo envolvimento de ativistas e professores indígenas, de universidades e representantes de alguns órgãos governamentais (Funai e Iphan), num movimento político que foi se ampliando e se fortalecendo.

Em agosto de 2021 foi lançado o Grupo Nacional de Trabalho da Década das Línguas Indígenas, liderado por indígenas, que elaborou um Plano de Ação, conforme as diretrizes da Unesco, e iniciou um novo levantamento das línguas para trazer informações diretamente das bases (aldeias, TIs e organizações indígenas). O GT Nacional se estruturou em GTs regionais (Nordeste, Norte, Centro-Oeste, Sudeste e Sul). A página web do Levante das Línguas Ancestrais contém o histórico dos principais eventos e iniciativas do movimento [https://isa.to/3g2ycM5]. Uma novidade se destaca: a criação do GT Português Indígena, resultado de uma discussão inédita sobre a existência de variedades da língua colonizadora apropriada por povos indígenas e a necessidade do seu reconhecimento como parte das "línguas indígenas".

Movimentos e mobilizações empenhados na (re)vitalização e retomada de línguas consideradas "extintas" destacam-se nessa atmosfera de efervescência, o que acompanha e reflete o protagonismo político dos povos originários, homens e, sobretudo, mulheres. São processos locais e autônomos que se iniciaram muito antes da sua recente divulgação.

GUARDIÕES DAS LÍNGUAS LEVADOS PELA COVID-19

Aldenor Félix – Tikuna
Higino Pimentel Tenório – Tuyuka
Laureano Cordeiro – Wa'ikhana
Enedina e Gumercindo –Karitiana.
Aritana, Mataryua e Nhapukalo –Yawalapiti
Hilário Ab Reta Awe Predzaw –Xavante
Bàytum e Bepkraxpo –Kayapó
Aracy Matchua – Kadiweu
Ixariri, Kuaxiru, Hawakati, Hureari, Wareni –Karajá
Eufrásia Ferreira – Guató
Kokama (dos dois lados da fronteira Brasil-Colômbia):
José Conceição de Souza Cajueiro
Augustinho Rodrigues Samias
Maria Gerônimo Souza
Domingos Sávio Corrêa Rubim

RETOMADA, VITALIZAÇÃO

Retomada de línguas está associada à retomada de territórios; (re)vitalização de línguas está associada a (re)vitalização de visões de mundo, cantos, narrativas, tradições. E tudo isso é o caminho para o bem viver, a integridade e a qualidade de vidas. Muitos eventos e iniciativas aconteceram a partir de 2019. Entre eles, destaco o primeiro seminário internacional Viva Língua Viva (VLV), em novembro de 2019, iniciativa da Associação Brasileira de Linguística (Abralin) que contou com o apoio de várias outras instituições no Brasil e no exterior. O tema dominante e transversal foi o da retomada das línguas adormecidas dos povos originários e, além disso, a preservação e fortalecimento das que existem e resistem. A riqueza e a diversidade das contribuições que vieram dos participantes foram divulgadas e publicadas.

Estiveram presentes, além de pesquisadores de diversas instituições acadêmicas, representantes dos povos Apyãwa, Baniwa-Koripako, Fulniô, Guarani, Kaingang, Karajá, Kariri-Xocó, Kiriri, Klamath, Kokama, Kotiria, Manoki, Maxakali, Pankararu, Paumari, Pataxó, Pataxo Hãhãhãe, Puruborá, Sakurabiat, Tikuna, Yawanawa, Wapichana, Xerente. Dos Estados Unidos veio um representante do povo Klamath; da Nova Zelândia veio uma delegação Māori. Todos convergiram numa afirmação forte e definitiva: as línguas dos povos originários são resilientes, se reinventam, contra toda violência e todo silenciamento. A segunda edição do Viva Língua Viva [http://vlv19.abralin.org] ocorreu em 2022, em Belém do Pará, agora organizado pelos linguistas do Museu Paraense Emílio Goeldi (MPEG) e da Universidade Federal do Pará (UFPA).

Entre os objetivos desses eventos, estão a valorização e o apoio às iniciativas conduzidas pelos povos originários, autonomamente e sob o princípio da autodeterminação, configurando políticas linguísticas locais que somente agora chegam ao conhecimento geral. Menciono apenas os processos de retomada e vitalização do Kokama, Wa'ikhana, Yawalapiti, Nheengatu, Patxohã (Pataxó), Kiriri da Bahia, Kariri-Xocó, Tuxá, Potiguara, Purí, Ofaié, Guató entre os Tupinambá de Olivença (BA), a experiência de "ninhos de língua" nos Kaingang de Nonoai, os Campeonatos da língua Paumarí (2014, 2015, 2016 e 2017).

PESQUISA E DOCUMENTAÇÃO

A pesquisa alimenta a documentação e vice-versa. Houve avanços importantes dos estudos e pesquisas nos últimos 20 anos, mas ainda muito aquém do necessário, diante das 160 línguas reconhecidas pelos linguistas e das novas línguas que entraram no mapa. Sabemos ainda pouco sobre elas. Os recursos humanos formados ou em formação para a investigação de línguas ameríndias – e seus campos de aplicação – continuam insuficientes, incluindo, em destaque, a formação de pesquisadores indígenas, que existem e lutam pelo acesso a cursos de pós-graduação. Entre esses últimos, a Unicamp e a UFRJ abriram suas portas para estudantes indígenas, com ou sem políticas de cotas. O Mestrado Profissional em Linguística e Línguas Indígenas (PROFLLIND), da UFRJ/Museu Nacional, e, em nível de graduação, as Licenciaturas Indígenas de diversas universidades têm contribuído para essa formação específica.

Ao longo da pandemia (2020 e 2021), a Abralin divulgou pesquisas, com a participação de indígenas. Apesar das enormes dificuldades para o financiamento de pesquisas, dissertações e teses foram defendidas em diversas universidades, artigos foram publicados em espaços abertos por revistas acadêmicas, textos foram divulgados nas redes indígenas na *web*. Faltam uma quantificação e qualificação dessa produção.

FALAS NO ENCERRAMENTO DO VLV 2019

"Quando se diz que uma língua está extinta, estamos matando com a nossa escrita... vamos descolonizar começando pela escrita" – Anari Pataxó

"Vou falar para meus parentes aqui, vamos falar para nossos filhos continuarem aprendendo a nossa língua" – Wendi Wapichana

"Cada vez que morre um parente, a língua morre, gradativamente; a língua fica viva quando tem falantes" – Adriana Karajá

"Meu sonho, meu pensamento, é que o povo Puruborá volte a falar nossa língua... os Puruborá resistiram para existir" – Mario Puruborá

"Este é o meu sonho, ver todo um povo Kariri-Xocó falando nossa língua de tradição" – Idiane Kariri-Xocó

© ANA AMÉLIA HAMDAN/ISA, 2022

Em pé, fala ao microfone Edson Cordeiro Gomes, do povo Baré (AM), durante lançamento de cartazes jurídicos traduzidos para as línguas Nheengatu, Tukano e Baniwa, em parceria entre ISA, Foirn e CNJ.

Dois centros de documentação continuaram suas atividades: o do Museu do Índio (Funai-RJ), em convênio com a Unesco, e o do MPEG. No âmbito do Projeto de Documentação do Museu do Índio/Unesco foram documentadas 13 línguas, bem como foram elaboradas cinco Gramáticas Pedagógicas; dicionários multimídia interativos de 11 línguas começaram a ser produzidos a partir de 2018. Entre os resultados, obtidos em projetos colaborativos, estão acervos digitais, publicações, vídeos, e exposições temporárias e itinerantes.

O pessimismo é quebrado pelo otimismo, diante do início de uma virada com uma nova agenda, que projeta as línguas dos povos originários no cenário nacional e internacional. *(julho, 1022)*

CARTA DENÚNCIA

Nós Povos Indígenas do Brasil, reunidos entre os dias 11 e 14 de novembro de 2019, na Biblioteca do Museu Nacional-UFRJ, no Rio de Janeiro, no Simpósio Internacional Viva Língua Viva, iniciativa da Associação Brasileira de Linguística, vimos denunciar e buscar apoio internacional quanto às seguintes pautas e proposições:

Antes da colonização éramos 5 milhões, todavia agora não passamos de 900 mil pessoas, 305 Povos Indígenas, falantes de 274 línguas. Estamos vivenciando um cenário político efetivo de estímulos à barbárie e às ameaças contra os Povos Indígenas do Brasil, em especial aqueles que ainda se encontram isolados que são 114, sendo apenas 28 reconhecidos pela Funai, o que pode acarretar a extinção de variadas línguas indígenas.

Denunciamos o avanço do garimpo, da mineração e do agronegócio em terras indígenas, levando conflitos que culminarão em genocídio da população indígena brasileira.

Consideramos um absurdo a existência de rapto de crianças indígenas de suas famílias, em especial dos Povos Indígenas Guarani Kaiowá, do Mato Grosso do Sul, que ao serem retiradas de seus territórios e encaminhadas para abrigos, deixam de viver o seu modo de ser indígena, perdendo sua língua e a possibilidade de preservação da mesma.

Entendemos que o discurso integracionista e assimilacionista, proferido pelo chefe do governo, defendendo que os Povos Indígenas devem viver o modo de ser do branco, e que "somos todos iguais" é, de fato, uma política deliberada de silenciamento, tentativa de fusão, apagamento e extermínio das línguas indígenas.

Outra questão é o enfraquecimento e o desmonte intencional, por parte do Governo Federal, das instituições indigenistas como a Funai e a Secretaria Especial de Saúde Indígena, e ainda das Instituições Públicas que atuam na preservação e conservação do Meio Ambiente, Patrimônio Cultural e da memória, como o Museu Nacional e o Museu do Índio. Agindo dessa forma, o Poder Público vem aniquilando a história e as narrativas oriundas do saber e da ancestralidade indígenas.

Defendemos a valorização dos anciões e das pessoas que são falantes das línguas indígenas, uma vez que os mesmos são a permanência e a única forma de ampliar e repassar esses conhecimentos para seus povos. Assim, sugerimos a concessão, pelas Instituições de Ensino Superior, de títulos de Notório Saber para os indígenas que vem atuando de forma relevante no resgate de suas línguas.

Por fim, entendemos que sem território não há vida e nem possibilidade de preservação da língua e que o genocídio vem sempre acompanhado do glotocídio, que é a morte completa de uma língua. Acreditamos também que quando morre um rio, uma árvore, também há a morte da língua. Portanto, ecoamos em nossas línguas "Demarcação Já!", "Nenhuma gota de sangue indígena a mais e nenhuma língua indígena a menos!". Mais, fortalecer as mulheres é garantir a existência de suas línguas maternas.

Como dizem os parentes Guarani, a manutenção de conhecimentos é garantir seus teko e tekoha, *territórios e todos os elementos que estão em torno. O* tekoha *é fundamental para nosso* teko, *mas não é qualquer* tekoha. *Para nós é importante ter no nosso* tekoha, yak yxyryã porã, *ter mata com variedades de árvores, plantas medicinais e diversos bichos, lugar para fazer nossa roça: plantar milho (*avaty ete*), melancia, amendoim, comandaí, banana, mandioca. Não pode faltar a* oga pysy, *referência do* arandu *(conhecimento) para os Guarani Kaiowá e Nhandewa – lugar onde discutimos saúde, educação, nossa vida. Aqui é o princípio da nossa forma de ser, é o lugar onde praticamos* nhandereko *– o jeito de ser e viver guarani. Isto é dar continuidades à existência guarani. É na* oga pysy *que as pessoas guarani, quando estão tristes e doentes, recuperam* wy'a, *alegria.*

Vivemos em um lugar omoexakã *por* Nhandesy ete *e* Nhanderu ete. *O* tekoa *é para nós Guarani* yvy porã *– alegria, que nos possibilita ter* teko porá rã *– boa vida, bom viver. Se nós Guarani não tivermos acesso a* yvy porã *– terra boa , perdemos* arandu rã *– sabedoria guarani. Por isso, permaneçamos fortes, falar é garantia de nossa língua materna porque ela é fundamental para acessar todos os conhecimentos.* (novembro, 2019)

POVOS ISOLADOS

Panorama dos Povos Indígenas Isolados na América do Sul

Antenor Vaz | Land is Life e GTI-Piaci

OS ÚLTIMOS CINCO ANOS MARCAM O QUE PARECE SER O FECHAMENTO DO CERCO AOS POVOS INDÍGENAS ISOLADOS DA MAIOR FLORESTA TROPICAL DO MUNDO, AGORA TRANSFORMADA NA ÚLTIMA FRONTEIRA E EPICENTRO DA DEGRADAÇÃO FLORESTAL

POVOS INDÍGENAS ISOLADOS NA AMÉRICA DO SUL –2005 A 2019

O reconhecimento da existência e a garantia de permanecerem em isolamento propiciou práticas protetivas aos povos indígenas isolados (PI),[1] que tiveram como fundamento o princípio da autodeterminação (ou livre determinação). Paralelo à tese de comprovação de suas existências, práticas protetivas, em defesa de seus territórios e pela condição de alta vulnerabilidade a que estão expostos, definiram a pauta reivindicativa junto aos Estados.

Em 2005 estimava-se, em toda a América do Sul, a existência de 84 registros de povos indígenas isolados (51 confirmados).[2] Em 2019, 15 anos após, a partir das informações sistematizadas pelo Informe Regional: Pueblos Indígenas en Aislamiento - Territorios y Desarrollo en la Amazonía y el Gran Chaco, constata-se um total de 185 registros de PIIRC (66 confirmados).[4] Este aumento de 45,4% no número de registros é decorrente do acréscimo considerável de práticas protetivas e sistematização de informações sobre os povos isolados, protagonizadas principalmente pela sociedade civil, o que derivou num maior controle social e impulsionou alguns Estados a iniciarem formulação de políticas públicas.

Destaco, com preocupação, a existência de 119 registros de povos indígenas isolados ainda não confirmados nos sete países com presença desses grupos. Isso nos leva a inferir a baixa efetividade dos Estados no que tange ao reconhecimento e regularização dos territórios ocupados por povos isolados na América do Sul.

É recorrente a argumentação da falta de recursos orçamentários e humanos para a implementação das políticas protetivas. Essa precariedade de recursos é utilizada pelos órgãos como justificativa para a ineficiência (em alguns casos a inexistência, como, por exemplo, no Paraguai e na Venezuela) dos serviços prestados na implementação das políticas protetivas. A falta de "vontade política" dos mandatários para implementação das políticas protetivas promove o avanço do desflorestamento, do extrativismo ilegal, das concessões florestais sem supervisão e da construção de infraestruturas que impactam os povos indígenas. Esse cenário reflete políticas anti-indígenas, que já resultaram em genocídios em toda a América do Sul.

PERSPECTIVAS PARA A PROTEÇÃO DOS POVOS INDÍGENAS ISOLADOS

Nos últimos anos observa-se uma mudança de eixo, um movimento pendular no espectro político ideológico, com possibilidades de revés no campo democrático. Essas mudanças acarretam consequências negativas para as políticas de proteção dos PIIRC. A exemplo citamos os casos do Brasil e Equador, em que o Poder Executivo promoveu reestruturação das esferas administrativas dos setores responsáveis pela proteção dos PIIRC (com tentativas na Fundação Nacional do Índio (Funai), no Brasil, e Dirección de Protección de Pueblos Indígenas en Aislamiento Voluntario (DPPIAV), no Equador), de forma autoritária e sem consultas.

Essas reestruturações criam uma perspectiva de insegurança, uma vez que reduzem a capacidade de operação do órgão. No caso do Equador, houve a transferência do DPPIAV, vinculado ao

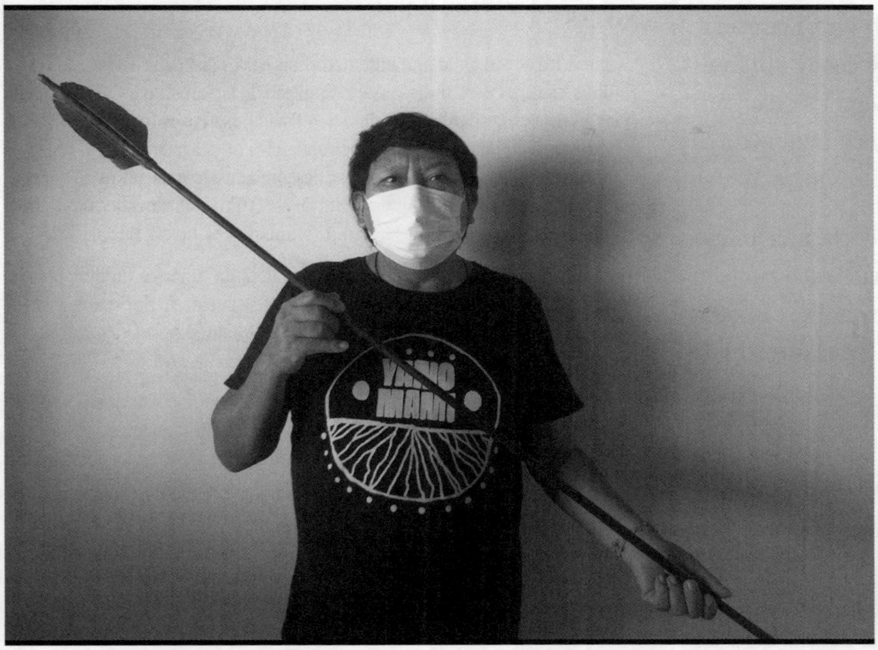

Davi Kopenawa, da Hutukara Associação Yanomami (HAY), mostra flecha que seria a comprovação de um massacre de garimpeiros contra indígenas Moxihatëtëma, que vivem isolados em uma comunidade na Serra da Estrutura, na TI Yanomami.

Ministério da Justiça, para a Secretaria de Direitos Humanos e, no Brasil, a tentativa de transferir a Funai, vinculada ao Ministério da Justiça, para o Ministério da Mulher, Família e Direitos Humanos e, também, a tentativa de transferência de responsabilidade sobre demarcação de terras indígenas da Funai para o Ministério da Agricultura e Abastecimento (Mapa), espaço dominado pelo agronegócio e historicamente anti-indígena. Casos semelhantes observam-se nos demais países. A Colômbia[3] enfrenta o desafio de implementar a política pública para PIIRC, aprovada no governo anterior. No Paraguai,[5] as políticas desenvolvimentistas que afetam a região do Chaco e a ausência de políticas de proteção promovem a fragmentação do território Ayoreo na região fronteiriça com a Bolívia. Na Bolívia, a não regulamentação e a consequente não implementação dos marcos jurídicos referentes aos PIIRC, bem como a ausência de iniciativas protetivas no âmbito da fronteira com o Paraguai, colocam em risco a sobrevivência dos Ayoreo em situação de isolamento. Por outro lado, a incidência da ação petroleira (Bloco Nova Esperança) por iniciativa do Estado, com recursos financeiros de empresas chinesas, na região TCO Tacana II, coloca em risco a sobrevivência do grupo indígena em situação de isolamento (possivelmente Taromona). No Peru, diversos setores, privados e estatais, vinculados à exploração hidrocarburífera, se articulam para a aprovação de uma nova lei de hidrocarbonetos. Na Venezuela, além da crise profunda que passa o país, o Estado não reconhece a presença de PIIRC em território nacional. Inexistem políticas protetivas para povos indígenas em situação de isolamento. Organizações indígenas e indigenistas têm realizado esforços para apresentar informações na perspectiva de conseguir reconhecimento oficial. Por fim, a situação é similar no Suriname, onde inexistem políticas de proteção para PIIRC e a regulamentação jurídica para os povos indígenas é escassa e antiga.

LACUNAS NA PROTEÇÃO DOS POVOS INDÍGENAS ISOLADOS NA AMÉRICA DO SUL

Apresentar um panorama da proteção dos PIIRC na América do Sul é sempre uma tarefa difícil. Apesar dos avanços, ainda existe muito por fazer. As ameaças, que perduram até os dias atuais, evidenciam o alto grau de vulnerabilidade a que esses grupos estão expostos. Destaco a poluição e contaminação das águas, colonização desregulada, corte legal e ilegal de espécies florestais e presença de madeireiros, turismo e presença de pessoas externas, implementação de obras de infraestrutura, doenças, caça e pesca ilegal, atividades de prospecção de petróleo e hidrocarbonetos, ação missionária por denominações proselitistas e fundamentalistas, ausência de políticas públicas e marcos legais, mineração e ação do agronegócio, tráfico de drogas, questões transfronteiriças, guerrilha e crime organizado.

A ausência de uma política pública dirigida especificamente aos PIIRC é uma das principais lacunas na proteção desses grupos. Nos oito países com registros de PIIRC, existem apenas algumas experiências localizadas e, na sua maioria, sem efetividade comprovada.

Outra lacuna se refere às condições de saúde mental dos PIIRC. No caso dos grupos que vivem em constante estado de fuga e perseguição, toda a produção acadêmica se dá nos âmbitos jurídico, político, administrativo, antropológico e etnográfico. Entretanto, não analisamos os aspectos afetivo e psíquico dos PIIRC. Esses povos exercitam, cotidianamente, há mais de um século, seus planos de contingência autônomos com vistas a minimizar os impactos que sofrem.

As metodologias de comprovação da existência e definição territorial de um determinado grupo indígena isolado também são um ponto de atenção para a proteção dos PIIRC. São utilizadas diferentes metodologias nos países, as quais carecem de maior aprofundamento, formulação de diretrizes e intercâmbio regional.

Por fim, ressalto a ausência de apoio das agências financiadoras para a proteção dos PIIRC. O atual cenário de degradação ambiental e violação dos direitos indígenas, associado às mudanças climáticas, demanda uma urgente reflexão sobre o destino desses povos e seus territórios na conservação da biodiversidade e do equilíbrio climático do planeta.

A resistência dos PIIRC nunca deixou de existir, e agora, com o protagonismo das organizações indígenas e da sociedade civil, incidindo junto aos poderes constituídos dos Estados, dias melhores virão. *(maio, 2022)*

NOTAS

[1] Na América do Sul, predominantemente nos países de língua hispânica, se usa a nomenclatura Povos Indígenas em Situação de Isolamento e Contato Inicial (Piaci) [sigla em espanhol]. No Brasil, o Estado usa Povos Indígenas Isolados e de Recente Contato (PIIRC). A sociedade civil organizada utiliza outras nomenclaturas: povos livres, autônomos, desconfiados, brabos, povos da floresta, etc. As organizações multilaterais (ONU, OEA e OTCA) utilizam o termo Pueblos Indígenas en Situación de Aislamiento Voluntario y Contacto Inicial – Piaci.

[2] Existem registros confirmados em sete países da América do Sul: Bolívia, Brasil, Equador, Colômbia, Paraguai, Peru e Venezuela. No Suriname existem indícios de povos isolados que estão em fase de estudo pela Organização dos Povos Indígenas do Suriname (OIS).

[3] A Colômbia enfrentou um período de governo que não estava em sintonia com as necessidades e demandas das comunidades indígenas. O governo colocou sobre a mesa um plano relacionado principalmente ao crescimento econômico, através do desenvolvimento mineiro-energético. Isso implica um trabalho exaustivo para as instituições que buscam o respeito aos direitos das comunidades étnicas, bem como para os povos indígenas que exigem o reconhecimento e proteção de seus territórios. Como os povos indígenas isolados são particularmente vulneráveis nesse sentido, os desafios que esse cenário implica exigem a perseverança e o fortalecimento das instituições indígenas e não indígenas que trabalham para sua proteção.

[4] Esses registros contam com um elaborado sistema de informação etnográfica, etnohistórica e todo um monitoramento espacial, inclusive, georreferenciadas em mapas.

[5] A fragmentação do território, particularmente no Paraguai em áreas de fronteira, está colocando em risco a movimentação dos grupos que vivem nos remanescentes da floresta, já que as rotas que costumam usar estão desaparecendo. Nesse sentido, deve-se notar que o inconveniente é que os isolados não podem utilizar nenhuma rota para se deslocar porque nem todos os lugares possuem recursos vitais que lhes permitam sobreviver.

Povos Indígenas Isolados e Ameaças Reeditadas

Tiago Moreira dos Santos | Antropólogo, ISA

SOBREVIVENTES DE SUCESSIVOS MASSACRES E AMEAÇADOS PELA PROPAGAÇÃO DE DOENÇAS E PELA EXPANSÃO DESORDENADA DAS FRONTEIRAS EXPLORATÓRIAS, POVOS INDÍGENAS ISOLADOS SOFREM COM REEDIÇÃO DE ANTIGAS AMEAÇAS E DESMONTE DA PROTEÇÃO DE SEUS TERRITÓRIOS

Oficialmente a designação "povos indígenas isolados" faz referência a grupos indígenas com ausência de relações permanentes com a sociedade nacional ou com pouca frequência de interação, seja com não índios, seja com outros povos indígenas. Sobreviventes de sucessivos massacres e ameaçados pela propagação de doenças e pela expansão desordenada das fronteiras exploratórias, essas populações adotaram diferentes estratégias de isolamento em resposta ao violento processo de expansão das fronteiras de colonização.

Em ruptura com uma política tutelar e integracionista da política indigenista, o final da década de 1980 marca a emergência de um redirecionamento na proteção aos povos indígenas isolados e de um recente contato pautado pelo respeito à autodeterminação, inclusive com respeito irrestrito à opção pelo isolamento a partir de 1987, com a criação de um setor específico, o "Sistema de Proteção aos Índios Isolados". A não intervenção se consolidou na Constituição Federal de 1988, que reconheceu aos povos indígenas "sua organização política, línguas, crenças e tradições, e os direitos originários sobre as terras que tradicionalmente ocupam". A partir dos anos 2000, os trabalhos de proteção aos isolados foram organizados pela Coordenação-Geral de Índios Isolados e de Recente Contato (CGIIRC), através das Frentes de Proteção Etnoambiental (FPE).

Oficialmente, hoje existem 114 registros de povos indígenas isolados na base da Funai, sendo 28 ocorrências confirmadas e 86 em diferentes fases de estudo e informação. Além destes, o ISA considera em seu registro outras 7 referências de isolados informadas por pesquisadores e indigenistas. Relatórios técnicos internos da Funai e uma recomendação do Ministério Público Federal no Amazonas (MPF-AM) ainda indicam uma outra referência numa região conhecida como Mamoriá-Grande, no município de Lábrea (AM). O presidente do órgão, contudo, não tomou nenhuma providência para interditar a área ou reconhecer formalmente a existência desses registros. Além dos isolados do Mamoriá-Grande, outras seis referências em estudo se encontram fora de áreas protegidas. Outros 17 registros de povos indígenas isolados estão dentro de Unidades de Conservação, incluindo um registro confirmado, o dos isolados Mashko do Rio Chandless, no Parque Estadual Chandless.

A proteção desses povos, contudo, está fortemente ameaçada por um processo acelerado de precarização da Funai, com pressão de deputados ruralistas pela nomeação de pessoal sem qualificação técnica para funções importantes, bem como pelo desmonte do orçamento do órgão. No contexto geral, a proteção aos indígenas isolados talvez tenha sido uma das que mais sofreram. Em abril de 2017, por falta de orçamento adequado, a Funai anunciou a suspensão das atividades de 5 das 19 bases de proteção a índios isolados e de recente contato, ameaçando fazer o mesmo com outras seis unidades.

Com a desidratação do orçamento da CGIIRC, manter as ações técnicas especializadas que sustentam a metodologia de proteção aos povos indígenas passou a ser um desafio. Ainda assim, em 2019, a Funai se viu obrigada a montar a maior expedição para contato com indígenas isolados dos últimos 20 anos. O contato com um grupo korubo isolado na Terra Indígena Vale do Javari se deu pela iminência de um conflito que poderia ter consequências maiores para o grupo. Um plano de contingência foi montado para evitar danos à saúde do grupo isolado. A referência para a elaboração do plano foi uma portaria conjunta publicada pela Funai e pelo Ministério da Saúde em dezembro de 2018, que regulamentou as ações de atenção à saúde dos povos indígenas isolados e de recente contato.

Após 2019, contudo, o cerco se fecha e a pressão sobre a divisão de isolados da Funai aumenta. Jair Bolsonaro e Sérgio Moro, seu Ministro da Justiça, nomeiam Marcelo Augusto Xavier da Silva, um polêmico delegado da Polícia Federal apoiado pela bancada ruralista. Em outubro, Xavier exonera Bruno Pereira, coordenador da CGIIRC e um dos principais especialistas do órgão, que vinha liderando, nos últimos anos, todas as iniciativas de proteção aos povos isolados. A exoneração aconteceu após ações de combate ao garimpo em áreas com povos isolados, com participação de Pereira.

Quatro meses após a exoneração de Bruno Pereira da coordenação de isolados, o ministro Sérgio Moro nomeou um pastor evangélico e missionário para chefiar o setor. O pastor evangélico Ricardo Lopes Dias trabalhou na entidade americana Missão Novas Tribos do Brasil (MNTB), que atua na evangelização de indígenas na Amazônia desde os anos 1950. A nomeação chegou a ser derrubada pelo Tribunal Regional Federal da 1ª Região (TRF-1), atendendo a um recurso feito pelo Ministério Público Federal (MPF), mas o STJ resolveu manter o pastor no cargo. Dias só foi exonerado nove meses depois, depois de muita pressão.

Durante o governo Bolsonaro, assistimos a um desmonte da estrutura de proteção dos territórios de povos indígenas isolados. Além disso, houve mudanças normativas, como a Instrução Normativa n° 09 de 16 de abril de 2020, assinada pelo presidente da Funai, que permitiu que propriedades privadas fossem declaradas no interior das terras que abrigam povos indígenas isolados. Essa instrução normativa fragilizou ainda mais a condição das terras indígenas com portaria de interdição, mecanismo utilizado para a proteção de territórios com povos isolados até a demarcação definitiva da área.

Uma das maiores consequências da falta de proteção aos povos isolados foi a escalada do desmatamento em seus territórios. Levando-se em conta a média dos dez anos anteriores ao governo Bolsonaro, o desmatamento nas Terras Indígenas com registros de grupos isolados cresceu 1.493% até 2021. Ou seja, entre 2009 a 2018, a média registrada pelo Inpe foi de 582 hectares por ano, e, durante o governo Bolsonaro, a média foi de 9.271,5 hectares por ano.

A situação de desmonte na estrutura de proteção aos povos isolados foi levada à Comissão de Direitos Humanos da Organização das Nações Unidas (ONU) no início de 2020, a partir de relatório elaborado pelo ISA, com apoio da Comissão de Defesa dos Direitos Humanos Dom Paulo Evaristo Arns, e da Conectas Direitos Humanos. A situação de invasões e desmatamento relatada no relatório apresentado à Comissão de Direitos Humanos só pioraria com a pandemia de covid-19.

A Articulação dos Povos Indígenas do Brasil (Apib), em uma iniciativa pioneira, propôs uma Ação de Descumprimento de Preceito Fundamental (ADPF), com o objetivo de garantir a proteção dos povos indígenas, população com maior vulnerabilidade socioepidemiológica ao novo vírus. A ação, proposta no dia 29 de junho de 2020 e distribuída ao ministro Luís Roberto Barroso, pediu a instalação de barreiras sanitárias em 31 terras indígenas com presença de indígenas isolados e de recente contato, além da extrusão dos invasores presentes em diferentes TIs. Embora a decisão importante tenha obrigado a instalação de barreiras sanitárias em favor de Povos Indígenas Isolados e de Recente Contato, o próprio ministro Barroso constatou a tentativa reiterada de esvaziamento das medidas de proteção determinadas pela corte. A Funai tentou usar atos administrativos para barrar a proteção territorial de terras indígenas não homologadas, colocando mais uma vez em risco os territórios com povos isolados sem demarcação concluída.

A medida afetou principalmente quatro Terras Indígenas com presença de povos isolados, Piripkura (MT), Pirititi (RR), Jacareúba/Katawixi (AM) e Ituna/Itatá (PA), com medidas de Restrição de Uso com vencimento entre setembro de 2021 e janeiro de 2022. As portarias de Restrição de Uso tem efeito limitado para a demarcação desses territórios, servindo de medida emergencial para proteção de povos isolados. Esses territórios devem passar por um processo de estudo, demarcação e homologação.

Diante da ameaça de que as portarias não fossem renovadas, a Coordenação das Organizações Indígenas da Amazônia Brasileira (Coiab), junto ao Observatório dos Direitos Humanos dos Povos Indígenas Isolados e de Recente Contato (OPI), em parceria com ISA, Opan e Survival International, iniciaram em 2021 a campanha "Isolados ou Dizimados", que tem como principal objetivo garantir a renovação das Portarias de Restrição de Uso. Apesar da pressão pública exercida através da campanha, e também da existência de Ações Civis do MPF para o reconhecimento destas

TIs, três das quatro portarias foram renovadas pelo prazo exíguo de seis meses, tempo insuficiente para a adoção de medidas de proteção, bem como de estudo e demarcação definitiva.

Um dos casos mais graves é o da TI Jacareúba/Katawixi, cuja portaria, que teve vencimento em dezembro de 2021, não foi renovada. Como resultado, em um período de um ano, houve aumento de mais de 200% nas taxas de desmatamento dessa área, segundo dados do sistema Prodes/Inpe. A TI Piripkura teve sua portaria publicada em setembro de 2021 em atenção à Ação Civil Pública 5409-02.2013.4.01.3600; a TI Pirititi teve sua portaria renovada até a conclusão dos trabalhos de delimitação e homologação, graças à Ação Civil Pública nº 1004027-19.2021.4.01.4200. Foi uma corrida contra o tempo, pois, até junho de 2022, a TI já tinha perdido o que equivale a cerca de 300 mil árvores, segundo dados do sistema Prodes/Inpe; e a TI Ituna/Itata foi renovada em janeiro de 2022, por seis meses, mas também sob o efeito de uma decisão judicial (Ação Civil Pública 1000157-47.2022.4.01.3903). Em junho de 2022, houve uma nova portaria, estendendo sua proteção até 2025.

Além da desestruturação da proteção dos povos indígenas isolados, promovida pela desidratação orçamentária do órgão, a prorrogação de portarias de interdição por períodos reduzidos tem sido uma outra estratégia para promover uma abertura dos territórios à exploração econômica. Foi o caso da TI Ituna/Itata, que, às vésperas do vencimento de sua portaria, viu o desmatamento dentro dela disparar. Não fosse a mobilização do Ministério Público Federal, os impactos de uma portaria insuficiente seriam maiores. Entre setembro e outubro de 2021, foram mais de 1.000 hectares desmatados, de acordo com o Sirad-X, sistema de monitoramento da Rede Xingu+.

Ainda, entre o primeiro e o segundo bimestre de 2022, segundo o sistema de monitoramento Sirad-I do ISA, que monitora Terras Indígenas com presença de povos isolados, o desmatamento cresceu 14%. Além do roubo de madeira, o crescimento do desmatamento também aconteceu com a presença cada vez mais frequente de garimpos ilegais nesses territórios. A presença de atividades ilegais nos territórios é cada vez maior e acompanhada de ameaças e assassinatos de indigenistas e defensores dos direitos humanos.

O assassinato de Bruno Pereira, ex-coordenador da CGIIRC, e de Dom Philips, repórter inglês especialista em Amazônia, em junho de 2022 talvez tenha sido um dos golpes mais duros para indígenas e indígenistas engajados na proteção dos direitos territoriais. Bruno e Dom foram vítimas da omissão sistêmica do Estado brasileiro, conduzida por uma política de ódio aos povos indígenas.

Foi a perda de efetividade da Funai em fazer cumprir a proteção dos povos indígenas isolados que fez Bruno Pereira se licenciar da Funai e a buscar a União dos Povos Indígenas do Vale do Javari (Univaja). Bruno realizou um trabalho importante para fortalecer a proteção territorial da TI e, junto com as lideranças da Univaja, para equipar e treinar indígenas de sete povos diferentes por meio de estratégias de monitoramento local e remoto de atividades ilegais e de formalização de denúncias. Seu trabalho teve um papel

© FELIPE WERNECK/ASCOM IBAMA, 2018

Ibama apreende 7.387 toras de desmatamento ilegal extraídas da TI Pirititi, habitada por um povo isolado na região sul de Roraima.

importante também na documentação do agravamento das invasões por pescadores, caçadores e garimpeiros no Vale do Javari.

Diante dessa situação de uma política antindígena, a Apib e a Coordenação das Organizações Indígenas da Amazônia Brasileira (Coiab) submeteram ao Supremo Tribunal Federal (STF) uma ADPF específica para tratar do risco concreto e iminente ao qual estão submetidos os povos indígenas isolados. A ADPF 911 foi acolhida pelo ministro-relator Edson Fachin ainda em junho, que destacou a "extrema gravidade" dos fatos relatados pelas organizações indígenas, indicando a possibilidade de omissões que fragilizam a proteção territorial e física desses povos. Em decisão liminar de novembro de 2022, considerando insuficientes e ineficientes as medidas tomadas pelo Estado, o ministro cobrou medidas necessárias à proteção integral dos territórios com presença de povos indígenas isolados e de recente contato.

Contudo, o ano de 2022 terminou com a situação em aberto. Um pedido de destaque feito pelo ministro Kassio Nunes no julgamento da liminar concedida por Fachin adiou uma decisão definitiva do Supremo – e também a adoção de medidas para garantir a proteção integral dos territórios com a presença de povos indígenas isolados e de recente contato pela União. É bom lembrar que Nunes foi indicado para o STF por Bolsonaro em setembro de 2020 e tem sido protagonista de diversas polêmicas e divergências em relação aos demais juízes do tribunal.

Ante a indefinição do STF e a postura omissa do Estado brasileiro, os territórios dos povos isolados e de recente contato seguem ameaçados, em um moto-perpétuo de violações de direitos que precisa ser urgentemente revertido. *(dezembro, 2022)*

Legislação

Conhecimentos Tradicionais

Direitos Indígenas

Aplicação da Convenção 169 OIT

Estatuto das Sociedades Indígenas

LEGISLATIVO

"Meu Mandato é Uma Resposta ao Que Falavam da Gente"

Entrevista à equipe de edição*

NESSA ENTREVISTA COM JOÊNIA WAPICHANA DESTACAMOS OS DESAFIOS E AS RESISTÊNCIAS DO MANDATO DA PRIMEIRA MULHER INDÍGENA NO CONGRESSO, MOSTRANDO AS PERSPECTIVAS DA PARLAMENTAR PARA A RECONSTRUÇÃO DO BRASIL PÓS- BOLSONARO E, AINDA, SUAS EXPECTATIVAS PARA O MINISTÉRIO DOS POVOS INDÍGENAS

Joênia Wapichana é da comunidade indígena Truaru da Cabeceira, região do Murupu da Terra Indígena (TI) Truaru, município de Boa Vista, e pertence ao povo indígena Wapichana, o segundo maior no estado de Roraima. Ela foi a primeira deputada indígena do Brasil, conhecida por defender as pautas dos povos indígenas sob um governo altamente anti-indígena.

©MÍDIA NINJA, 2019

Joênia Wapichana enquanto deputada federal pela REDE/RR.

A marca do mandato de Joênia é a coletividade, ao manter articulação direta com o movimento indígena nacional de base. No Congresso, ela coordenou a Frente Parlamentar Mista em Defesa dos Direitos dos Povos Indígenas, foi membra de comissões importantes, como as de Constituição, Justiça e Cidadania (CCJC), Meio Ambiente e Desenvolvimento Sustentável (CMADS), Minas e Energia (CME), Educação (CE), entre outras. Fez duas importantes relatorias, uma em Plenário e outra em comissão. Em 2022, apesar de ter concorrido à reeleição, não conseguiu garantir sua permanência no Congresso Nacional, mas foi uma das lideranças indicadas para assumir o Ministério dos Povos Originários no novo governo.

Joênia, em sua trajetória você é conhecida por abrir espaços para os povos indígenas. Foi a primeira advogada indígena, a primeira mulher indígena no Congresso. O que representa para você abrir esses caminhos?

Primeiro, é uma reafirmação de que os povos indígenas têm capacidade, têm sabedoria e sabem muito bem exercer qualquer cargo, em qualquer instância e em qualquer lugar. Isso é uma reação aos anos e anos de tutela pelos quais nós passamos desde antes da Constituição, quando nos consideravam cidadãos incapazes de nos representar. Meu mandato é uma resposta ao que falavam da gente. Em segundo, mostra que existe um protagonismo das mulheres indígenas, que é importante para o movimento, para os povos indígenas que muitas vezes são invisibilizados.

Também foi importante trazer a voz da Amazônia e de Roraima, principalmente porque foi um dos últimos a ser colonizado no Brasil e que sempre teve destaque nos jornais por essa questão de disputa sobre as terras. O fato de termos quase 50% do estado formado por Terras Indígenas oficialmente regularizadas mostra que os povos indígenas lutaram bastante, com todas as ferramentas possíveis, para sobreviver. Então, para mim, estar no Congresso é mais uma ferramenta para a luta pelos direitos, a luta pelos espaços de representatividade política.

Em sua sustentação, ao defender a demarcação da TI Raposa Serra do Sol, você disse que aquele momento era uma oportunidade de outros indígenas falarem através de você. Você acredita que, em seu mandato como deputada federal, os indígenas também puderam falar através de você? Que conquistas você destacaria dessa sua atuação no Congresso?

Ser uma advogada indígena com 22 anos e tendo a responsabilidade sozinha de uma causa como a demarcação da TI Raposa da Serra do Sol, na época, era um pouco difícil, né? Mas eu cresci um pouco nesse mundo, no mundo da dificuldade. Então, eu fui impulsionada a fazer as coisas, porque não tinha ninguém para nos representar nos espaços. Hoje há vários advogados indígenas, várias mulheres indígenas que eu admiro bastante, advogados indo para o Supremo – eu também fui a primeira mulher indígena a fazer uma sustentação oral no Supremo Tribunal Federal. Lá, ganhamos o caso, mas imagine o que era fazer *lobby* naquela época, onde os brancos achavam que falavam melhor que os indígenas. Mas a gente provou nossa capacidade e nossa força.

Naquele momento eu falei que estava ali representando a voz de várias comunidades indígenas, de vários povos que não podiam se manifestar, porque só advogados podiam falar, e eu, como profissional advogada indígena, pude representá-los. Eu recebi mais de 120 procurações para representar as comunidades. Da mesma forma, eu me coloquei aqui no Congresso. Quando eu me coloco para falar pelos povos indígenas é porque, até o momento, eu sou a única indígena aqui no Parlamento; mesmo que eu não represente toda a diversidade, através de mim eles têm visibilidade e voz. Eu trouxe a voz dos povos originários como compromisso no meu mandato, e acho que cumpri com esse combinado.

Você esteve como deputada em meio a um governo declaradamente anti-indígena e com um Congresso historicamente marcado por uma hegemonia da bancada ruralista. Em sua visão, quais foram os principais enfrentamentos e dificuldades nesse último período?

A gente enfrentou as boiadas e as tratoradas aqui durante esse tempo, e eles estavam muito estruturados, por isso, eu senti um pouco minha vulnerabilidade, talvez diante do desafio de ser a única e de ter uma bancada pequena. Por mais que a gente brigasse, nós éramos minoria. Foi um momento bastante triste, né? Porque vi o pessoal de Roraima – até mesmo parlamentar de Roraima – questionando a minha legitimidade. Se hoje eu sou parlamentar, não foi porque eu quis, eu não cheguei simplesmente agora para ser deputada federal. Tudo tem um preparo, foi uma assembleia indígena que me escolheu para concorrer às eleições e, depois dessa decisão coletiva, foi a vez de escolher um partido político e juntos entrarmos para a disputa. Isso significa que eu não estava sozinha – e não estou sozinha, né? Então, tirei uma lição de que é preciso fortalecer os povos indígenas em termos de representação política também, porque a gente tem que ter peso nessa tomada de decisão. E assim foi no início do debate sobre o Marco Temporal.

Uma das primeiras coisas que eu fiz como parlamentar foi barrar quando o Bolsonaro chegou desestruturando todos os ministérios, com a proposta de retirar a Funai do Ministério da Justiça e mandar lá para Damares [Ministério da Mulher, da Família e dos Direitos Humanos], e tirar da Funai a função de demarcação de Terras Indígenas. Além do desafio de ser a única indígena naquele momento, eu era a única da Rede [Rede Sustentabilidade] – a única de um partido político. Por isso, o maior desafio era convencer outros parlamentares. Quando vi isso, protocolei minha emenda para retirar isso do texto, tirar a Funai dessa proposta absurda.

Através da minha atuação parlamentar, a gente foi para a Plenária e tiramos da Medida Provisória [MP nº 870] essa reestruturação que o Bolsonaro apresentou em 2019. Esse foi um motivo para comemorar, porque resultou numa competência legislativa. Eu vi aí o quanto eu podia fazer nessas questões se eu não fosse uma parlamentar acomodada. Poderia só ficar olhando as coisas acontecerem e nem ir para a votação, mas eu gosto de fazer, eu gosto de escrever, eu gosto de ver o que é possível fazer usando esse mandato. Se eu tivesse visto antes o que a gente consegue fazer através de um mandato... Nossa! Isso aqui estaria cheio de indígenas! Eu vi que era possível fazer algo, mesmo com esse desgoverno, e mesmo a gente sendo minoria.

Outra questão que a gente mudou foi o dia 19 de Abril, que era Dia do Índio, para o Dia dos Povos Indígenas. Isso foi legal, porque a proposta foi passando silenciosamente, mas aí foi vetada na mão do Bolsonaro. Mas foi uma campanha muito boa, que veio de fora para dentro, do movimento indígena, dos povos indígenas.

Um dos momentos destacados da atuação parlamentar no último período foi a CPI da covid-19. Quais foram os ganhos específicos para conter os efeitos da pandemia entre os povos indígenas?

A partir do meu mandato, a partir da minha autoridade, pude reunir governo, sociedade civil, povos indígenas e parlamentares para discutir um projeto de lei que era necessário quando surgiu a pandemia. Se não me engano, em fevereiro eu já fiz a reunião para saber do governo qual era o plano de enfrentamento que tinha para os povos indígenas.

Eu tinha projetos de lei, mas eu tive que abrir mão dos meus projetos para ser relatora, pois a gente começou a trabalhar no projeto da Rosaneide que era o primeiro que tinha sido protocolado. Eu refiz o projeto, apresentei um substitutivo para discutir com o movimento indígena. Mas durante esse trajeto era difícil tratar de covid-19 vendo o povo morrendo todo dia; recebendo mensagens desesperadas de lideranças indígenas dizendo que estava faltando leito, remédio, UTI; que havia uma subnotificação muito grande; e vendo aquelas imagens dos indígenas em Manaus. Isso me abalou muito, mas ao mesmo tempo tive que ter calma naquele momento para escrever o que era necessário para os povos indígenas no enfrentamento da pandemia; e a gente conseguiu sensibilizar a maioria aqui no Congresso.

Conseguimos aprovar a lei de forma quase unânime no Congresso e no Senado. Então, hoje eu posso dizer que temos um plano, uma lei aprovada que vai valer agora, para pandemia da covid-19, mas também para futuras pandemias. Essa lei dá prioridade de vacina aos povos indígenas – que tem de ter, pois é uma questão de atenção específica –, e tem uma série de obrigações do Estado brasileiro para o governo atender. Apesar de não ter sido respeitada no governo Bolsonaro, que vetou 22 itens, a gente conseguiu derrubar a maioria dos vetos, e talvez até seja o momento de rever essa lei para incluir o que foi vetado.

Em meio a tudo isso, conseguir uma lei aprovada, na minha primeira legislação, em um momento crítico igual a esse que a gente viveu, para mim foi uma coisa muito boa.

Durante o seu mandato, uma de suas principais reivindicações foi a expulsão de garimpeiros das Terras Indígenas. Você vê algum avanço nessa pauta? Por que você vem defendendo que o garimpo ilegal seja considerado um crime hediondo?

Eu trabalhei muito nessa pauta, é uma questão que já enfrentava em Roraima, então para mim não é novo. Mas nos últimos anos surgiu uma série de violências e de abuso sexual de mulheres indígenas, então, foi um avanço poder trazer o tema e expor aqui essa questão absurda.

O que eu fiz foi paralisar essa discussão de mineração em Terras Indígenas. Talvez, se eu não tivesse colocado enfaticamente o prejuízo que o garimpo traz, desde o primeiro momento, trazendo à tona essa necessidade de rever essa forma de desenvolvimento que fez Brumadinho e Mariana se tornarem lama, muita coisa teria passado. Eu já colocava como exemplo esses dois casos para eles se questionarem: e se isso acontece numa área indígena? Seria uma catástrofe, né? Porque aquela mineração ali já era regulamentada, então é inadmissível permitir isso dentro de TIs.

O garimpo ilegal traz uma grande problemática, porque o Brasil não desenvolveu qualquer capacidade de fazer uma fiscalização das mineradoras que já existem, imagina das que ainda vão vir? Para mim foi uma oportunidade de mostrar essa incoerência, essa noção do perigo que é o garimpo para os povos indígenas e também para os outros. Em resumo, posso afirmar que não avançou nenhuma PL sobre mineração enquanto eu estive aqui, porque a gente rebateu, trabalhou muito e fez toda a providência necessária. A última vez que tentaram avançar foi com o PL nº 191/2020, para colocar em urgência, e com o código de mineração, nos grupos de discussão. Nesses dois momentos, eu trabalhei porque, como eu sou líder de partido, eu tinha a informação logo de primeira, então, em todas as vezes, eu estava no meio das reuniões, onde a gente tem oportunidade de se manifestar e articular com outros líderes. Eu posso até não ter conseguido aprovar todos os meus projetos, mas barrar os outros eu consegui.

Talvez o povo que esteja lá não sinta, né? Porque continua cheio de invasores. Agora imagina se a situação piorasse? A cada projeto, a cada manifestação através dos atos administrativos do Bolsonaro, quando ele queria liberar pesquisa de lavra garimpeira, quando teve alguma coisa de portaria da Funai para flexibilizar o licenciamento ambiental, eu estava lá e barrei, falei, conversei e articulei. Isso é uma vitória dos povos indígenas.

Eu tive alguns projetos de minha iniciativa protocolados e são uma questão para considerar com outros parlamentares. Destaquei a questão do mercúrio, do rastro do ouro, e o relatório vai vir agora, e proponho uma série de recomendações. Tive várias audiências em diferentes comissões para fazer com que os indígenas tivessem oportunidade de falar, não só os povos indígenas, mas também os órgãos.

Nesse caso, quando falei que garimpo deveria ser encarado como crime hediondo, quis dizer que o garimpo para os povos indígenas representa a própria morte, como se fosse uma tortura. Imagina: você está dentro de sua terra, que já é homologada há 30 anos e a lei já protege, e você tem usufruto exclusivo; mas de repente entram pessoas lá para garimpar, e essas pessoas levam armas para lá, fazem com que as famílias briguem, abusam sexualmente de meninas e mulheres, derramam mercúrio no seu rio e destroem sua mata. Isso é um crime comparável à você estar sequestrando, torturando, ameaçando e levando à morte os indígenas. Então foi mais ou menos nessa linha que eu falei que deveria ser considerado hediondo: porque ele atenta à vida das pessoas e de uma coletividade.

O seu gabinete é 231, número do artigo que versa sobre a demarcação de TIs na Constituição de 1988. O que foi vivenciar um período em que, propositalmente, nenhuma TI foi demarcada?

Ele fez campanha com essa promessa de não demarcar nenhum milímetro de Terra Indígena, então não esperava um posicionamento distinto. Mas é surpresa que ele ainda esteja cumprindo sua promessa de campanha, porque é obrigação do Estado fazer demarcação. Lógico que ele está sendo omisso e irresponsável, então é mais uma prova de que ele descumpriu uma obrigação do Estado. Esperamos que ele seja preso em algum momento, por isso e pelos outros crimes que cometeu.

Você participou do gabinete de transição do governo Lula e teve seu nome aventado como possível indicação para o Ministério dos Povos Originários – ou Ministério dos Povos Indígenas. Que pautas têm sido prioritárias nesse movimento de construção e reconstrução das políticas indigenistas e qual sua avaliação sobre as potencialidades desse ministério para a efetivação dessas políticas?

Primeiro, essa questão do ministério para nós é uma oportunidade dos povos indígenas terem seu próprio organismo. Segundo, é preciso que haja condições, porque o ministério para mim não é só Estado; a gente tem que ter estrutura para que as políticas públicas sejam implementadas. Eu sei que vai ser difícil nesse primeiro ano, estou consciente disso. Agora, na comissão de transição, inclusive fui responsável por estudar o orçamento, e tenho certeza de que a gente não vai conseguir fazer tudo que quer, até porque, em termos de orçamento, o país todo está num buraco que o Bolsonaro deixou. Ele sai deixando um rombo gigante. Vai ser difícil deixar o país totalmente funcionando, mas aos poucos vai funcionar.

O mais importante desse ministério é ter um direcionamento das políticas públicas, pois envolve diferentes instâncias. A discussão se amplia, pois não é somente sobre demarcação de Terras Indígenas: a gente tem que demarcar e proteger; tem que viabilizar uma forma, um modelo de desenvolvimento condizente com os povos indígenas, com a questão da sustentabilidade, da gestão da terra. Agora precisa implementar, isso é o principal. Porque já existem vários PGTAs [Planos de Gestão Territorial e Ambiental], mas a gente está cansado de fazer planos, a gente quer é implementação. Então o ministério vai dar a condição de articular recursos com outros ministérios, como o do Meio Ambiente, da Cultura ou dos Direitos Humanos. Esse ministério vai dar condição de ter um espaço de articulação, fortalecimento e execução, porque não basta só articular, tem que executar. Vai ser oportunidade, inclusive, de buscar fundos.

Hoje, que o mundo está discutindo carbono, sociobiodiversidade, fundo de perdas e danos etc., as comunidades indígenas têm interesse em fazer parte desse recurso, pois com certeza foram as mais prejudicadas com o desmatamento, com a queimada e com as inundações. Esse efeito todo que as mudanças climáticas estão trazendo é um pouco do que os povos indígenas vivem, e eles precisam ser reparados por isso. Eu acho que é uma oportunidade de levantar fundos internacionais, contar com o orçamento – que está sendo uma disputa – e talvez buscar outros fundos para implementar e trazer garantia de investimento nas Terras Indígenas. *(novembro, 2022)*

* Entrevista realizada por Tainá Aragão, Carolina Fasolo e Cristian Wari'u, da equipe de comunicação do ISA, no então gabinete da deputada Joênia Wapichana, em Brasília (DF).

LEGISLATIVO

O Maior Ataque Legislativo aos Direitos Indígenas da História

Juliana de Paula Batista Assessora jurídica, ISA

Kenzo Jucá Consultor legislativo, ISA

Mauricio Guetta Consultor jurídico, ISA

NO CONGRESSO NACIONAL, A LEGISLATURA INICIADA EM 2019 PODE SER CONSIDERADA RESPONSÁVEL PELO MAIOR VOLUME E VARIEDADE DE PROPOSTAS LEGISLATIVAS QUE AMEAÇAM OS DIREITOS DOS POVOS INDÍGENAS

Não é de hoje que os direitos dos povos indígenas vêm sendo alvo de graves ameaças no Congresso Nacional. Um dos momentos de maior preocupação ocorreu em 2015, quando uma Comissão Especial da Câmara dos Deputados aprovou o parecer da Proposta de Emenda à Constituição (PEC) nº 215,[1] que pretendia desconstituir os direitos fundamentais previstos no art. 231 da Constituição Federal, objetivando, em síntese: que a demarcação de Terras Indígenas (TI) passasse a ser feita por lei editada pelo Poder Legislativo, e não mais pelo Poder Executivo; a paralisação das demarcações dessas áreas; a abertura desses territórios a diversos empreendimentos de grande impacto socioambiental; e a inserção da tese do "marco temporal"[2] no texto constitucional. Naquele momento, a maioria dos senadores manifestou-se contra a proposta por meio de uma nota pública,[3] enterrando a matéria.

Depois disso não cessaram as ameaças. Pelo contrário, a atual legislatura (2019-2023) pode ser considerada responsável, historicamente, pelo maior volume e variedade de matérias legislativas com alto grau de ameaça aos direitos territoriais e aos modos de vida e de produção dos povos originários do Brasil. Mobilizações sociais, manifestações técnicas e jurídicas de especialistas, da sociedade, de órgãos públicos e de setores privados, somadas a ações de incidência político-institucional da Articulação dos Povos Indígenas do Brasil (Apib) e de organizações parceiras, vêm buscando impedir o avanço de tais projetos. Até agora, o êxito é significativo, mesmo diante do cenário adverso.

Em todas as pautas legislativas prioritárias apresentadas pela Frente Parlamentar da Agropecuária (FPA) – mais conhecida como "bancada ruralista" – e por parlamentares governistas, apoiadas por setores econômicos ligados a atividades criminosas e ilegais realizadas em TIs, constam matérias que flexibilizam, revogam ou desvirtuam a legislação pertinente a tais direitos constitucionais. Em geral, as proposições afrontam e tentam subjugar os povos indígenas, procurando romper o pacto constitucional que garantiu o respeito à sua autonomia, organização social, costumes, línguas, crenças e tradições. O objetivo da ofensiva é espoliar essas populações de seus direitos originários sobre as terras tradicionais.

Existe em tramitação uma profusão de projetos do gênero, em diversas comissões e nos plenários da Câmara e do Senado, alguns deles com requerimentos de urgência apresentados ou aprovados. Seu avanço nas casas legislativas vem ocorrendo por meio de algum tipo de manobra indevida, com violações ao devido processo legislativo.

Essas violações também se fazem presentes ante a inexistência do procedimento de consulta livre, prévia e informada aos povos originários, que deve ser realizada todas as vezes que sejam previstas medidas legislativas ou de outra natureza suscetíveis de afetá-los diretamente. A consulta é uma obrigação inarredável do Estado brasileiro e também do parlamento, pois está estabelecida em diversos tratados internacionais ratificados pelo Brasil. Por isso, compõe etapa formal e material do processo legislativo que não deve ser ignorada, sob pena de nulidade.

Além disso, muitos projetos sequer receberam um despacho inicial regimentalmente adequado das mesas diretoras quanto à sua tramitação, o que tem resultado na supressão de análise pelas comissões temáticas pertinentes, acelerando indevidamente o processo legislativo. Noutros casos, relatores invertem o mérito das propostas para transformá-las em ameaças aos direitos indígenas. Em todos os casos, as justificativas para defender a aprovação desses retrocessos têm por base dados imprecisos, inverdades, desinformação, preconceito, racismo ou distorções da interpretação constitucional.

Os projetos são baseados em teses jurídicas "terraplanistas" da FPA, como o "marco temporal", presente no Projeto de Lei (PL) nº 490/2007. O mesmo caso de justificativas economicistas estapafúrdias, como a suposta necessidade de exploração de potássio em TIs devido à guerra na Ucrânia, argumento falacioso utilizado para justificar a aprovação de requerimento de urgência ao PL nº 191/2020. A proposta prevê a liberação da mineração nos territórios indígenas, entre outras atividades de alto impacto ambiental.

Na verdade, todas essas proposições atendem a interesses privados específicos de setores que defendem a violação do regime constitucional aplicado às TIs, bens de propriedade da União, mas de posse permanente e usufruto exclusivo dos povos indígenas. Tenta-se romper, portanto, com um direito consolidado, pacificado e pactuado no Brasil, além de gerar retrocesso socioambiental a padrões civilizatórios já conquistados.

Nem mesmo legislações e reformas constitucionais promulgadas em períodos de ditaduras militares e de esgarçamento do estado democrático de direito, como a Constituição de 1967 e a Emenda Constitucional de 1969, questionaram a inalienabilidade das TIs. Considerados os ataques realizados pelos poderes Executivo e Legislativo, pode-se afirmar que a violação dos direitos dos povos indígenas e a violência que enfrentam, com invasões de suas terras e depauperamento dos recursos naturais nelas existentes, conformam verdadeiro "estado de coisas inconstitucional".

O conteúdo desse pacote de proposições legislativas pode ser classificado em quatro dimensões temáticas principais: territorial, econômica, socioambiental e institucional.

Na *dimensão territorial*, estão PLs que alteram as regras de identificação, demarcação e homologação das TIs, podendo impactar tanto territórios já demarcados como os ainda pendentes de reconhecimento estatal. Aqui ainda se encontram os PLs que incentivam e regularizam o roubo de terras públicas, a grilagem, geralmente associada aos crimes de desmatamento, garimpo, exploração ilegal de madeira, pesca e outras atividades ilícitas.

A principal ameaça nessa temática é o PL nº 490/2007,[4] que pretende paralisar e inviabilizar novas demarcações. Entre suas absurdas previsões, constam a aplicação do "marco temporal", com a determinação de que as TIs sejam demarcadas pelo Congresso, e, ainda, a possibilidade de retomada dessas áreas pela União, em desfavor dos povos indígenas, quando ocorrer a "alteração dos traços culturais da comunidade ou por outros fatores ocasionados pelo decurso do tempo." Todas essas previsões burlam a Constituição sob a justificativa de regulamentá-la por meio de lei ordinária.

Outros projetos da mesma dimensão são o PL nº 2.633/2020 e o PL nº 510/2021, que incentivam a grilagem de terras públicas, uma ameaça às TIs com processos de demarcação pendentes.

O PL nº 2.633, conhecido como "PL da Grilagem", determina que a Fundação Nacional do Índio (Funai) apresente, em até 180 dias, estudos técnicos conclusivos que comprovem seu interesse em uma área, caso contrário, a gleba poderá ser destinada à regularização fundiária de posses e invasões de não indígenas. A exigência subverte a lógica constitucional dos direitos indígenas, que são originários, ou seja, precedem qualquer outro direito de posse ou de propriedade. Além disso, o processo de demarcação é meramente declaratório: havendo indígenas, a terra é indígena e qualquer ato que tenha por objeto sua ocupação, seu domínio e sua posse é nulo por força do art. 231, § 6º, da Constituição.

A *dimensão econômica* do ataque legislativo visa abrir as TIs a diversas modalidades de atividades de exploração de recursos naturais e implantação de grandes empreendimentos de infraestrutura.

O PL nº 191/2020 é o "carro-chefe" nessa modalidade, ao atender a interesses diretamente relacionados ao garimpo, à mineração, à geração hidrelétrica, à exploração de petróleo e gás e à produção de *commodities* agrícolas. Pretende viabilizar ainda grandes obras governamentais, também vinculadas a interesses de mercado. Segundo a proposta, essas atividades poderiam ser realizadas independentemente da concordância dos povos detentores dos direitos territoriais, em violação a seu direito ao consentimento. O projeto é chamado por especialistas de "X-Tudo", pois permite a realização de um grande leque de atividades impactantes atualmente proibidas. Por uma série de razões elencadas em nota técnica elaborada pelo ISA,[5] o PL padece de inconstitucionalidades e violações a tratados internacionais.

Outra proposição particularmente perigosa dessa dimensão temática é o PL nº 1.443/2021, que "dispõe sobre a liberdade econômica indígena, garantindo a autonomia das comunidades na gestão e uso de suas terras e patrimônio". Seu objetivo é regular a inserção do modelo agrícola e agrário do agronegócio predatório dentro de TIs, sob a justificativa do que denomina de "autonomia" e "liberdade" dos povos para escolher seus meios de vida. Entre outros aspectos, o projeto tenta desconstruir a complexa gama sociocultural de produção da economia da sociobiodiversidade, desenvolvida por povos originários, agricultores familiares e comunidades tradicionais, respeitando seus modos de vida e de produção, seus conhecimentos altamente especializados, elaborados em equilíbrio com a natureza. Também procura inaugurar a possibilidade de terceiros realizarem atividades dentro de TIs por intermédio de "parcerias" com as organizações indígenas, o que pode ferir o usufruto exclusivo aos recursos dos rios, dos lagos e dos solos.

A *dimensão socioambiental* dos projetos legislativos está relacionada aos ataques à autonomia dos povos indígenas na gestão

© MÍDIA NINJA, 2022

Mulheres indígenas participam de marcha da 18ª edição do Acampamento Terra Livre (ATL), em Brasília (DF). O evento foi marcado por protestos contra as ameaças legislativas que violam os direitos dos povos originários, como o PL 191/2020, que abre as TIs para a mineração, e o PL 490/07, que prevê novas regras para a demarcação de TIs.

e no uso de suas terras e à adequada avaliação de impactos ambientais de atividades e empreendimentos causadores de degradação ambiental.

Nesse aspecto, o PL nº 3.729/2004 torna o licenciamento ambiental exceção, rompendo-se sua aplicação a qualquer atividade impactante, representando a desconstituição de um dos mais relevantes pilares da Política Nacional do Meio Ambiente (Lei nº 6.938, de 31 de agosto de 1981).

Em síntese, esse PL prevê, inicialmente, extensa lista com 13 dispensas de licenciamento para atividades impactantes, o que já foi declarado inconstitucional pelo Supremo Tribunal Federal, inclusive para atividades agrossilvipastoris. O projeto ainda estabelece que a licença autodeclaratória ("licença por adesão e compromisso"), emitida automaticamente sem qualquer análise prévia pelo órgão ambiental, passe a ser a regra no país, pois aplicável a qualquer empreendimento não qualificado como de significativo potencial de impacto, o que representa a absoluta maioria dos licenciamentos no Brasil. Isso pode abarcar todo tipo de empreendimento, incluindo barragens de rejeitos minerais, como as que se romperam em Mariana e em Brumadinho, em Minas Gerais.

Mesmo para empreendimentos qualificados como de significativo impacto, o PL exclui a adoção de medidas para prevenir, mitigar e compensar os chamados impactos indiretos,[6] o que pode repercutir negativa e amplamente sobre os povos indígenas. Quanto à análise do processo pela autoridade envolvida (no caso, a Funai), o projeto retira a necessidade da avaliação de impacto e da adoção de medidas para prevenir danos sobre TIs que ainda não tenham sido demarcadas, como se inexistentes fossem. Ainda se permite a expedição de licença ambiental sem a aferição dos efeitos sobre as TIs quando o órgão indigenista deixar de se manifestar dentro do prazo. Trata-se de proposta com alto potencial de prejuízo sobre os direitos indígenas.

Por fim, a *dimensão institucional* desse pacote legislativo reúne as matérias que visam ao enfraquecimento da estrutura estatal e da capacidade governamental de garantir o cumprimento dos direitos dos povos originários, inclusive com a aniquilação dos instrumentos jurídicos para a adequada relação do poder público com essas populações, como a reforma administrativa do serviço público e a tentativa de desobrigação no cumprimento das normas da Organização Internacional do Trabalho (OIT).

O principal exemplo dessa dimensão é o Projeto de Decreto Legislativo nº 177/2021, que pretende autorizar o presidente da República a denunciar a Convenção nº 169 da OIT, na tentativa de suprimir o direito à consulta livre, prévia e informada no Brasil. É importante ressaltar que, além de previsto em diversos tratados ratificados pelo Brasil, esse instrumento decorre da aplicação do art. 21 da Convenção Americana sobre Direitos Humanos, sendo um verdadeiro princípio de direito internacional, segundo a jurisprudência da Corte Interamericana.

CONCLUSÕES E PERSPECTIVAS

Pode-se concluir, sinteticamente, que a atual legislatura do Congresso Nacional caracteriza-se como a de mais alto risco para os direitos dos povos indígenas na história. Os ataques legislativos ocorrem em conjunto com o grave cenário de ilegalidades e todo tipo de violência, com invasões de TIs, garimpo, assassinatos de indígenas, agentes do estado e jornalistas, ameaças e crimes ambientais gravíssimos, inclusive contra comunidades em condição de isolamento. O desmonte da estrutura dos órgãos responsáveis pela gestão, fiscalização e controle, como Funai e Instituto Brasileiro do Meio Ambiente e dos Recursos Naturais Renováveis (Ibama), agrava a problemática. A paralisação das demarcações e das políticas públicas do setor foi anunciada previamente pelo atual chefe do Poder Executivo.

Entretanto, o cenário de mudanças climáticas e de reação de importantes mercados consumidores internacionais, associado à intensidade e à amplitude das ações do movimento indígena e das organizações socioambientalistas, bem como a perspectiva de mudança da gestão federal para um perfil democrático e de garantia de direitos, trazem a esperança de que os direitos fundamentais dos povos indígenas possam ser, de fato, respeitados em cenários futuros de curto a médio prazo.

Portanto, diante dessa etapa gravíssima da vida brasileira e do Legislativo, ainda em curso, o saldo do enfrentamento aos ataques aos direitos indígenas, até aqui, no Congresso, pode ser considerado relativamente positivo. Apesar da profusão de projetos de lei ameaçadores, do estágio de tramitação avançado que alguns alcançaram e da hegemonia da bancada ruralista no Congresso, nenhum deles foi aprovado terminativamente e tornou-se lei.

O momento é de reforçar o engajamento social, a união entre setores diversos, a comunicação, a sensibilização da sociedade para a pauta ambiental e indígena, bem como a mobilização que vem sendo realizada pelo movimento indígena, visando impedir a aprovação de retrocessos e, numa eventual nova etapa da história nacional, mais democrática e inclusiva, garantir o cumprimento efetivo da Constituição no que se refere aos direitos dos povos indígenas. (outubro, 2022)

NOTAS

[1] Ver a "Análise do substitutivo à Proposta de Emenda Constitucional n.º 215-A e propostas apensas", de Mauricio Guetta. Disponível em: https://bit.ly/3PLwQDo. Acesso em: 31 out. 2022.

[2] A tese do marco temporal considera que uma terra só poderia ser demarcada se comprovada a presença física dos indígenas na área no dia 5 de outubro de 1988, data da promulgação da Constituição Federal.

[3] Ver: SOUZA, O. B. Número de senadores contra a Proposta de Emenda Constitucional 215 já chega a 48. *Notícias Socioambientais*, 28 maio 2015. Disponível em: https://bit.ly/3VzhFi1. Acesso em: 31 out. 2022.

[4] Ver a "Nota técnico-jurídica sobre o substitutivo ao PL n.º 490/2017, apresentado em 12.05.2021 à Comissão de Constituição e Justiça e de Cidadania (CCJC), da Câmara dos Deputados", de Juliana de Paula Batista, Márcio Santilli e Mauricio Guetta. Disponível em: https://bit.ly/3jmZbDO. Acesso em: 31 out. 2022.

[5] Ver a "Nota Técnica: Projeto de Lei n. 191/2020", de Juliana de Paula Batista e Márcio Santilli. Disponível em: https://bit.ly/3FSsuG5. Acesso em: 31 out. 2022.

[6] "Trata-se de causa ou fonte do impacto, direto ou indireto; impactos diretos são aqueles que decorrem das atividades ou ações realizadas pelo empreendedor, por empresas por ele contratadas, ou que por eles possam ser controladas; impactos indiretos podem ter duas origens: (i) decorrerem de um impacto direto (impactos de segunda ou terceira ordem) ou (ii) decorrem de ações de terceiros facilitadas pela presença do empreendimento; os impactos indiretos são mais difusos que os diretos e se manifestam em áreas geográficas maiores (onde os processos naturais ou sociais ou os recursos afetados indiretamente pelo empreendimento também sofrem influência de outros fatores)." *In*: SÁNCHEZ, Luis Enrique. Avaliação de impacto ambiental: conceitos e métodos. 3. ed. São Paulo: Oficina de Textos, 2020. p. 253.

PL n.º 191/2020

PL do Governo Atropela Constituição para Liberar Mineração em TIs

Juliana de Paula Batista | Assessora jurídica, ISA
Márcio Santilli | Assessor político, ISA

PL N.º 191/2020 PODE REDUZIR DRASTICAMENTE O GRAU DE PROTEÇÃO INSTITUCIONAL AOS DIREITOS FUNDAMENTAIS DOS POVOS INDÍGENAS, ATINGINDO O NÚCLEO ESSENCIAL DE SEUS DIREITOS FUNDAMENTAIS À VIDA, ORGANIZAÇÃO SOCIAL, USOS E COSTUMES, BEM COMO O USUFRUTO EXCLUSIVO DAS RIQUEZAS DOS SOLOS, RIOS E LAGOS

O PL n.º 191/2020 pretende regulamentar o § 1º do art. 176 e o § 3º do art. 231 da Constituição da República Federativa do Brasil (CRFB) de 1988 a fim de estabelecer as condições específicas para a realização da pesquisa e da lavra de recursos minerais e hidrocarbonetos, bem como para o aproveitamento de recursos hídricos na geração de energia elétrica em Terras Indígenas (TIs).

Diversas iniciativas legislativas já foram propostas com esses objetivos. O tema é complexo e carece de consenso entre os setores envolvidos com a produção mineral, os indígenas, os ambientalistas e a sociedade de modo geral.

Sob o ponto de vista constitucional, aspectos que devem reger a lei vêm sendo vilipendiados, tanto no debate público, como nas proposições que tramitam no Legislativo, notadamente no PL n.º 191/2020. Comentaremos alguns destes aspectos.

A Constituição estabeleceu regras gerais para as atividades minerárias ou o aproveitamento de potenciais energéticos em todo o território nacional. Entretanto, criou regras específicas e mais restritivas para a possibilidade de sua prática em TIs.

De acordo com o art. 231, § 7º, "não se aplica às Terras Indígenas o disposto no art. 174, § 3º e § 4º". O citado § 3º do art. 174 estabelece que: "O Estado favorecerá a organização da atividade garimpeira em cooperativas, levando em conta a proteção do meio ambiente e a promoção econômico-social dos garimpeiros". Já o § 4º estatui que "As cooperativas a que se refere o parágrafo anterior

© CASSANDRA MELLOISA, 2021

Da esquerda para a direita, Alessandra Munduruku, Tuíre Kayapó e Maria Leusa Munduruku reunidas em Brasília (DF) para a reunião inaugural da Aliança em Defesa dos Territórios, em dezembro de 2021. Desde então, essa articulação tem buscado fortalecer a luta dos povos Kayapó, Munduruku e Yanomami, os mais impactados pela exploração ilegal do ouro, pela proteção dos seus territórios e comunidades, inclusive em mobilizações para barrar o PL 191/2020.

terão prioridade na autorização ou concessão para pesquisa e lavra dos recursos e jazidas de minerais garimpáveis, nas áreas onde estejam atuando, e naquelas fixadas de acordo com o art. 21, XXV, na forma da lei.".

O artigo 174, § 4º, faz referência, ainda, ao artigo 21, XXV, o qual confere à União a competência para estabelecer as áreas (ou zonas de garimpagem) e as condições para as atividades de garimpagem.

Infere-se da leitura do art. 231, § 7º, portanto, que, em razão da inaplicabilidade dos arts. 174, §§ 3º e 4º, e do art. 21, XXV, às Terras Indígenas, inexiste possibilidade de "favorecer a atividade garimpeira" ou conferir prioridade às cooperativas garimpeiras nessas terras. Além disso, falece competência à União ou qualquer outro Poder da República, para estabelecer ou definir áreas (zonas de garimpagem) e condições para o exercício da atividade de garimpagem em TIs. O garimpo em Terras Indígenas, portanto, não está sujeito à regulamentação prevista no art. 231, § 3º, da Constituição, seja na forma da lei ou de outros atos normativos.

O PL n.º 191/2020 ignora a questão e pretende regulamentar não apenas a mineração como também o garimpo.

Outro ponto ignorado pela proposição se refere à necessidade de autorização do Congresso Nacional para a exploração e o aproveitamento de recursos hídricos e para a pesquisa e lavra de riquezas minerais, prevista no art. 49, XVI, e art. 231, § 3º, da Constituição. De acordo com o PL, a autorização só seria necessária para terras cujo processo de demarcação já conta com decreto de homologação do presidente da República.

Para se ter uma ideia, existem hoje 237 processos de demarcação de Terras Indígenas pendentes de homologação por decreto, que consiste na penúltima fase de um complexo processo administrativo, que passa por estudos técnicos elaborados por equipe multidisciplinar, aprovação do presidente da Funai, contestação administrativa, análise e aprovação dos estudos pelo Ministro da Justiça. Superadas todas essas etapas, o processo segue para a homologação presidencial e, então, para registro em cartório e na Secretaria do Patrimônio da União (SPU). Esse trâmite é longo e demorado. Há processos iniciados na década de 1980 que ainda não foram finalizados, e casos em que o processo de demarcação até hoje não foi aberto.

De acordo com o PL n.º 191/2020, nas terras não homologadas, as atividades poderiam ser liberadas por intermédio de uma "autorização provisória", sem qualquer manifestação do Congresso, tal como a Constituição exige. Após a homologação por decreto, o Congresso teria quatro anos para autorizar a atividade.

Nas terras que já contam com o decreto de homologação, o Congresso também teria que autorizar em quatro anos a pesquisa e lavra mineral, assim como o aproveitamento de recursos hídricos. Caso não autorize a atividade nesse prazo, considerar-se-ia que houve aprovação tácita ou por decurso de prazo. Nesse ponto, o PL afronta o pacto federativo e retira competência exclusiva do Congresso Nacional, exercitável mediante decreto legislativo.

Importante deixar bem vincado que a inexistência de deliberação do Congresso Nacional, em todos os âmbitos de sua competência, é tida como ausência de prioridade ou recusa, jamais como autorização tácita ou ficta. Vide o que acontece com as medidas provisórias quando não são apreciadas no prazo constitucional.

Enfatize-se, ainda, que a Constituição não tergiversou sobre o estágio do processo de demarcação das Terras Indígenas para a necessária autorização do Congresso e a oitiva das comunidades afetadas. Tampouco criou regimes jurídicos diferentes entre TIs homologadas ou não homologadas.

A valer a possibilidade de autorização provisória, até mesmo terras com a presença de indígenas isolados, que são aqueles que não possuem contato com a sociedade envolvente, poderiam ser afetadas, já que muitas delas possuem apenas uma portaria de interdição de área, sem a conclusão formal do processo de demarcação e o decreto de homologação.

O Brasil é o país com o maior número de indígenas isolados no mundo. São povos extremamente vulneráveis socioepidemiologicamente, já que a ausência de convívio com outros povos e com a sociedade de modo geral faz com que não tenham memória imunológica para doenças comuns, como a gripe. Também são indígenas totalmente dependentes do meio ambiente que os circunda, de modo que qualquer alteração ambiental poderia ameaçar a sobrevivência do grupo. O PL, no entanto, não se preocupou com essas questões.

Sob o argumento de "criar a lei prevista na Constituição", o PL pretende instituir verdadeira desregulamentação de empreendimentos altamente impactantes, a promover um "libera geral" de inúmeras atividades que hoje são vedadas.

Além de pretender legalizar garimpos e conceder direitos minerários atropelando os direitos constitucionais dos povos indígenas, o PL n.º 191/2020 também promoverá a instalação de hidrelétricas, a abertura de estradas e o plantio de espécies transgênicas nas Terras Indígenas. Um esbulho múltiplo!

É importante relembrar que as TIs são a base material onde os indígenas vivenciam sua organização social, seus costumes, suas línguas, crenças e tradições. Nelas, exercem suas atividades produtivas e encontram os recursos ambientais necessários para seu bem-estar. Tais garantias constitucionais devem compor o núcleo essencial de qualquer lei que vise "regulamentar" o tema, sob pena de esfacelamento do próprio conceito de "Terra Indígena".

Como está, o PL reduzirá drasticamente o grau de proteção institucional aos povos indígenas, atingindo seus direitos fundamentais à vida, organização social, usos e costumes, bem como o usufruto exclusivo das riquezas dos solos, rios e lagos, direitos assegurados de forma permanente no art. 231 da Constituição. *(agosto, 2022)*

A Responsabilidade Intransferível do STF na Afirmação dos Direitos Indígenas

Juliana de Paula Batista | Assessora jurídica, ISA

ESTÁ PRONTO PARA SER JULGADO O RECURSO EXTRAORDINÁRIO QUE TRATA DAS DEMARCAÇÕES DE TERRAS INDÍGENAS E TEM REPERCUSSÃO GERAL RECONHECIDA PELA CORTE. ISSO SIGNIFICA QUE A DECISÃO TOMADA NESSE JULGAMENTO TERÁ CONSEQUÊNCIAS PARA TODOS OS POVOS INDÍGENAS DO BRASIL

No dia 26 de agosto de 2021, o STF retomou o julgamento que deve decidir questões importantes sobre as demarcações de Terras Indígenas (TI) no país. Trata-se do Recurso Extraordinário (RE) n.º 1.017.365, com repercussão geral reconhecida (Tema n.º 1.031). O que ficar decidido neste caso vinculará todos os tribunais brasileiros, assim como a administração pública, e passará a constituir a jurisprudência sobre o assunto.

Após seis sessões de julgamento, oportunidade em que o Tribunal ouviu todas as partes envolvidas, assim como diversos *amicus curiae*, inclusive o Instituto Socioambiental, o julgamento foi suspenso devido ao pedido de vistas do ministro Alexandre de Moraes.

Até a suspensão do julgamento, já haviam proferido voto o ministro Edson Fachin, relator do caso, rejeitando a tese do marco temporal, e o ministro recém-indicado ao Tribunal pelo governo Bolsonaro, Kassio Nunes, defendendo a aplicabilidade da teoria do marco temporal. Especialistas que analisam o STF esperam que o ministro Alexandre de Moraes apresente um voto que represente um "caminho do meio" entre os dois votos já proferidos, o que poderá enfraquecer a amplitude dos direitos indígenas previstos na Constituição, logo, a proteção jurídica das Terras Indígenas e de seus habitantes.

O julgamento do caso também deve definir o destino do Parecer Vinculante n.º 001/2017/GAB/CGU/AGU, editado pela Advocacia-Geral da União (AGU) e subscrito pelo então presidente da República, Michel Temer, em 2017. O parecer normativo obrigava toda a administração pública federal a observar a teoria do marco temporal, bem como as 19 condicionantes fixadas no julgamento do caso Raposa Serra do Sol.[1]

Em decisão de 2020, o ministro Edson Fachin suspendeu os efeitos do referido parecer, assim como determinou a suspensão nacional dos processos judiciais que visem anular demarcações com fundamento na teoria do marco temporal ou nas condicionantes fixadas no caso Raposa Serra do Sol, haja vista que essas questões estão em debate no RE. Esta última determinação vale até o término da pandemia da covid-19 ou até o julgamento final do RE, o que ocorrer por último. Ambas as decisões ainda estão vigentes.

No julgamento do caso Raposa Serra do Sol, em 2009, o ministro Ayres Britto explicitou no acórdão que "a Constituição Federal trabalhou com data certa – a data da promulgação dela própria (5 de outubro de 1988) – como insubstituível referencial para o dado da ocupação de um determinado espaço geográfico por essa ou aquela etnia aborígene; ou seja, para o reconhecimento, aos índios, dos direitos originários sobre as terras que tradicionalmente ocupam".

Na sequência, explicou que "a tradicionalidade da posse nativa, no entanto, não se perde onde, ao tempo da promulgação da Lei Maior de 1988, a reocupação apenas não ocorreu por efeito de renitente esbulho por parte de não-índios. Caso das 'fazendas' situadas na Terra Indígena Raposa Serra do Sol".[2]

O julgamento também fixou 19 condicionantes para nortear a demarcação da TI Raposa Serra do Sol. Para certa corrente, em especial de advogados e juristas comprometidos com a defesa de setores historicamente contrários aos direitos dos povos indígenas, o Tribunal teria, nesse caso, fixado uma "jurisprudência" e não haveria motivos para modificá-la, sob pena de "insegurança jurídica".

A afirmação não resiste aos fatos e aos precedentes do próprio STF que, já há alguns anos, apontam em sentido contrário.

Logo após o julgamento do caso, em 2010, a Confederação Nacional da Agricultura e Pecuária do Brasil (CNA) propôs à Suprema Corte a edição da Súmula Vinculante n.º 49, com o objetivo de "afirmar que as terras ocupadas por indígenas em passado remoto a que se refere a Súmula nº 650 são, especialmente, aquelas que, em 5 de outubro de 1988, não apresentam mais ocupação por índios e que o processo de demarcação deve atentar para a necessidade de comprovação da posse da área nesta data".

A Comissão de Jurisprudência do STF manifestou-se pelo arquivamento da proposta, porque "a deliberação sobre a edição de enunciado de súmula a respeito do assunto dependeria da existência de uma inequívoca consolidação jurisprudencial da matéria no exato sentido pretendido pela CNA". Assim, entendeu que "falta o requisito formal da existência de reiteradas decisões do Supremo 'sobre essa complexa e delicada questão constitucional, que se encontra, felizmente, em franco processo de definição'".

O tema sobre os efeitos vinculantes do caso Raposa Serra do Sol foi também objeto de embargos de declaração, cujo julgamento confirmou se tratar de decisão desprovida de efeito vinculante, de forma que suas balizas não podem ser aplicadas automaticamente em outros casos pelo Poder Judiciário ou por qualquer autoridade pública brasileira. Confira-se o trecho da referida decisão: "a decisão proferida em ação popular é desprovida de força vinculante, em sentido técnico. Nesses termos, os fundamentos adotados pela Corte não se estendem, de forma automática, a outros processos em que se discuta matéria similar. Sem prejuízo disso, o acórdão embargado ostenta a força moral e persuasiva de uma decisão da mais alta Corte do País, do que decorre um elevado ônus argumentativo nos casos em se cogite da superação de suas razões".[3]

Outros precedentes apontam no mesmo sentido. Em 2012, ao julgar a Reclamação n.º 13.769, o ministro Ricardo Lewandowski reafirmou o posicionamento segundo o qual a Petição n.º 3.388 refere-se apenas ao procedimento de demarcação da TI Raposa Serra do Sol e não poderia ser invocada contra atos e decisões que digam respeito a qualquer outra área indígena, "porque não houve no acórdão que se alega descumprido o expresso estabelecimento de enunciado vinculante em relação aos demais órgãos do Poder Judiciário, atributo próprio dos procedimentos de controle abstrato de constitucionalidade das normas, bem como súmulas vinculantes, do qual não são dotadas, ordinariamente, as ações populares".

Em fevereiro de 2017, a Primeira Turma do STF reiterou esse posicionamento ao julgar a Reclamação n.º 14.473. Na oportunidade, o ministro Marco Aurélio enfatizou que as condicionantes fixadas no caso Raposa Serra do Sol não permitem a conclusão de vinculação daquele processo "relativamente à demarcação de outras Terras Indígenas". A ministra Rosa Weber adotou entendimento semelhante no MS n.º 31.901/MC/DF, de 11 de março de 2014.

Como visto, jamais houve qualquer consolidação do precedente, bem como expectativa na sociedade ou no Judiciário de que o entendimento estava sedimentado.

A discussão é legítima, visto que, mesmo que pudéssemos falar na consolidação do precedente do caso Raposa do Sol, até mesmo as Cortes Constitucionais mais conservadoras admitem a superação de precedentes.

Argumentos que se valem do princípio da segurança jurídica não podem viabilizar a proteção de apenas um dos interesses envolvidos na discussão. O marco temporal e as condicionantes fixadas no caso Raposa do Sol são hoje usados para tentar a anulação de todos os processos de demarcação que estão judicializados, inclusive naqueles em que os indígenas estavam na posse da terra em 5/10/1988. Exigir prova de fatos que ocorreram há mais de 32 anos, quando a prova sequer era pensada, também é motivo de insegurança jurídica para todo e qualquer cidadão.

Para os indígenas, a necessidade de segurança jurídica tem ainda um fator existencial, já que, como o próprio ministro Menezes Direito, idealizador das condicionantes do caso Raposa do Sol, vaticinou: "não há índio sem terra. A relação com o solo é marca característica da essência indígena, pois tudo o que ele é, é na terra e com a terra. Daí a importância do solo para a garantia dos seus direitos, todos ligados de uma maneira ou de outra à terra. É o que se extrai do corpo do art. 231 da Constituição".[4]

Mas é possível afirmar que o STF tem alguma jurisprudência sobre o marco temporal? Ora, se há jurisprudência a ser mencionada é aquela que ficou firmada na Ação Direta de Inconstitucionalidade (Adin n.º 3.239), julgada em 8 de fevereiro de 2018, esta, sim, com induvidoso efeito vinculante. Na assentada, o Tribunal decidiu, por oito votos, que a tese do "marco temporal de ocupação" não se aplica às titulações das terras ocupadas pelos remanescentes das comunidades quilombolas.

Os precedentes não podem ser analisados sob ótica seletiva. Existe um conjunto de decisões que vão no sentido oposto do que é dito por aqueles que defendem o "marco temporal".

O RE voltou a ser pautado para julgamento em 23 de junho de 2022, mas foi retirado da pauta pelo então presidente do STF, ministro Luiz Fux. Durante todo o ano de 2021, e também de 2022, o presidente da República, Jair Bolsonaro, disse explicitamente que não iria cumprir a decisão caso o Tribunal rejeitasse o marco temporal,[5] em nítida tentativa de intimidação e ingerência no Poder Judiciário.

O tensionamento institucional provocado pelo presidente vem atingindo as instituições e criando crises e tensões políticas permanentes, principalmente com o STF. Essa conjuntura desfavoreceu um ambiente político de normalidade democrática para o julgamento do RE. Com isso, perdem os indígenas, que ficam sujeitos à insegurança jurídica e à violência crescente pela indefinição de seus direitos territoriais.

© KAMIKIÁ KISÊDJÊ/AIK, 2021

Placas em alusão àquelas que sinalizam a demarcação de TIs são levadas ao Congresso Nacional, em Brasília (DF), durante protesto indígena contra a tese do "marco temporal".

É essencial que o Tribunal consiga dar uma resposta forte e contundente em favor dos direitos indígenas, o que poderá inaugurar um novo capítulo na relação entre o Estado brasileiro e os povos indígenas, a contribuir para que direitos secularmente válidos possam passar, finalmente, ao plano da eficácia. Ainda, é no STF que estão depositadas as esperanças de reconhecimento dos direitos fundamentais dos povos indígenas brasileiros. Para os próximos anos, espera-se que o Tribunal esteja atento e forte. *(outubro, 2022)*

NOTAS

[1] Supremo Tribunal Federal. Pleno. Petição n.º 3.388/RR. Relator: Ministro Ayres Britto. DJ: 19.03.2009.

[2] BRASIL. Supremo Tribunal Federal. Tribunal Pleno. Petição n.º 3.388/RR. Relator: Ministro Carlos Ayres Britto. *Diário da Justiça Eletrônico*, Brasília, n. 610, 1º jul. 2010.

[3] BRASIL. Supremo Tribunal Federal. Tribunal Pleno. Petição n.º 3.388 ED/RR. Relator: Ministro Roberto Barroso. *Diário da Justiça Eletrônico*, Brasília, n. 1.450, 4 fev.2014. DJe 04.02.2014.

[4] BRASIL. Supremo Tribunal Federal. Tribunal Pleno. Petição n.º 3.388/RR. Trecho do voto-vista: Ministro Carlos Alberto Menezes Direito. *Diário da Justiça Eletrônico*, Brasília, n. 610, 1º jul. 2010.

[5] NORBERTO, C. Bolsonaro ameaça não cumprir decisão do STF sobre marco temporal. *Correio Braziliense*, 27 maio 2022. Disponível em: https://bit.ly/3WEsvnH. Acesso em: 31 out. 2022.

CONSULTA PRÉVIA

É a Hora de Ouvir: Protocolos Autônomos de Consulta e Consentimento

Biviany Rojas Garzón | Advogada, ISA

Luís Donisete Benzi Grupioni | Antropólogo, coordenador do Iepé e secretário-executivo da RCA

A CONSULTA E O CONSENTIMENTO LIVRE, PRÉVIO E INFORMADO SÃO IMPORTANTES SALVAGUARDAS DOS DIREITOS FUNDAMENTAIS DOS POVOS INDÍGENAS E ELEMENTOS ESSENCIAIS PARA O ESTABELECIMENTO DE UMA RELAÇÃO DE BOA-FÉ E RESPEITO ENTRE OS POVOS INDÍGENAS E OS ESTADOS

Depois de anos de críticas e reivindicações, povos indígenas e tribais de diversas regiões do mundo conseguiram que, em 1989, a Organização Internacional do Trabalho (OIT) abandonasse explicitamente o projeto de integração social e assimilacionismo cultural que promovia, com sua Convenção 107, para reconhecer o direito coletivo destes povos de existir, garantindo por meio de uma nova Convenção, a 169, entre outros, os direitos fundamentais à autodeterminação, à terra e à manutenção e reprodução de suas estruturas de organização social, política, cultural e econômica.

Primeiro instrumento internacional a tratar especificamente dos direitos dos povos indígenas e tribais, a Convenção 107, de 1957, preocupava-se com as condições de trabalho, saúde, educação e direito à terra, estipulando um conjunto de direitos de natureza individual e transitória, cujo principal objetivo era garantir a pacífica e progressiva transição que massas de trabalhadores indígenas e tribais deveriam percorrer para superar seu estado primitivo. Dessa forma, integrando-se aos Estados nacionais, alcançariam a categoria homogênea de não indígena, que daria a estes indivíduos condições de se beneficiar dos direitos e vantagens que sua condição étnica marginal não lhes permitia acessar.

A Convenção 107 fundamentava-se, assim, na convicção de que os povos indígenas e tribais, ainda existentes para a época, eram manifestações primitivas, ou não evoluídas, de sociedades humanas que estavam destinadas "naturalmente" a desaparecer, e no pressuposto de que era a condição social e cultural de "atraso" o principal motivo pelo qual os indivíduos destes coletivos estavam marginalizados do "progresso econômico" dos Estados-nações aos quais pertenciam.

Em outras palavras, para a OIT, a pobreza enxergada em coletivos indígenas e tribais era entendida como uma consequência de sua condição étnica, e cabia aos Estados-membros promover a integração social de povos indígenas e tribais de forma pacífica e progressiva. Consolidava-se, assim, o entendimento tanto do processo de assimilação como do conteúdo das características políticas, econômicas e sociais que dele deveriam resultar. Dessa forma, para a OIT, politicamente, os povos indígenas deveriam estabelecer sistemas baseados no desenvolvimento de liberdades cívicas e no estabelecimento de órgãos eletivos ou na participação em entidades dessa natureza (art. 5º), com os Estados se limitando a apoiar iniciativas de empreendedorismo individual e a auxiliar tais populações a elevar seu padrão de vida e se adaptar aos modernos métodos de produção e de colocação das mercadorias (arts. 2º, 5º e 18). As terras tradicionalmente por eles ocupadas teriam sua posse condicionada ao interesse do desenvolvimento econômico do país (art. 12). Com relação às regras de organização social, a Convenção subordinava a legitimidade de sua manutenção e reprodução na medida em que fosse compatível com os interesses da comunidade nacional e com o sistema jurídico nacional (art. 8º).

Esse paradigma que subordina a existência dos povos indígenas e tribais a condições decididas por especialistas, peritos, governos e tantos outros que se atribuem a legitimidade para definir as condições de sua existência presente e futura foi explicitamente abandonado em 1989, quando a 76ª Conferência Internacional do Trabalho da OIT aprovou a Convenção 169, em substituição à Convenção 107.

A CONVENÇÃO 169 E A OBRIGAÇÃO DA CONSULTA PRÉVIA

A nova Convenção, entre várias inovações ao direito internacional, tratou o sujeito desses direitos como povos com identidades, organizações sociais e cosmovisão próprias, estabelecendo a autoidentificação como critério fundamental para a definição dos grupos aos quais se aplicavam os dispositivos da Convenção. E fez mais. Ao abandonar a visão de transitoriedade desses povos, reconheceu o direito de posse e propriedade das terras em que viviam, estabelecendo a responsabilidade dos governos em desenvolver, com a participação dos povos interessados, uma ação coordenada e sistemática para proteger seus direitos e garantir o respeito à sua integridade (art. 1º). A Convenção 169 reconheceu as aspirações destes povos em assumir o controle de suas instituições e formas de vida e de seu desenvolvimento econômico, bem como de manter e fortalecer suas identidades, línguas e religiões no âmbito dos Estados nos quais vivem. Também impôs aos governos a obrigação de consultar os povos sempre que medidas legislativas ou administrativas sejam suscetíveis de afetá-los diretamente, por meio de procedimentos adequados e, em particular, de suas instituições representativas (art. 6).

A compreensão sobre os direitos coletivos de povos indígenas e tribais consagrada inicialmente na Convenção 169 tem sido ratificada por outros instrumentos jurídicos internacionais posteriormente assinados e ratificados pelo Brasil, entre os quais se destacam a Convenção das Nações Unidas para a Eliminação de Todas as Formas de Discriminação Racial, a Declaração das Nações Unidas sobre os Direitos dos Povos Indígenas (Dnudpi) e a Declaração Americana sobre os Direitos dos Povos Indígenas (Dadpi). Em todos esses instrumentos, é reiterado o direito à consulta e o consentimento livre, prévio e informado como princípio estruturante da relação entre os Estados-nações e os povos indígenas ou tribais.

Nesse contexto, os mecanismos de consulta e consentimento de decisões administrativas e legislativas que tratam sobre direitos e interesses de povos indígenas e comunidades tradicionais passaram a ser procedimento vinculante para a legalidade de decisões públicas. Em outras palavras, juízes de diferentes países e de instâncias multilaterais passaram a decidir no sentido de que não é mais possível para governos e legisladores tomar decisões que tratam sobre direitos coletivos de povos indígenas e tribais de forma unilateral, sem que antes estas tenham sido discutidas adequadamente com os povos interessados.[1]

O mecanismo de consulta, entendido como concretização do direito fundamental de participação, constitui norma jurídica especial que qualifica os elementos mínimos necessários para garantir que povos indígenas e comunidades tradicionais consigam influenciar efetivamente o processo de tomada de decisões públicas de seu interesse.

A definição dessa norma especial justifica-se no reconhecimento de que as diferentes organizações sociais e representações políticas dos povos indígenas e comunidades tradicionais são legítimas perante o Estado, o que traz consigo a obrigação de adaptar os processos de tomada de decisões administrativas e legislativas para conseguir escutar, entender e incorporar as considerações dos povos nas decisões públicas a seu respeito.

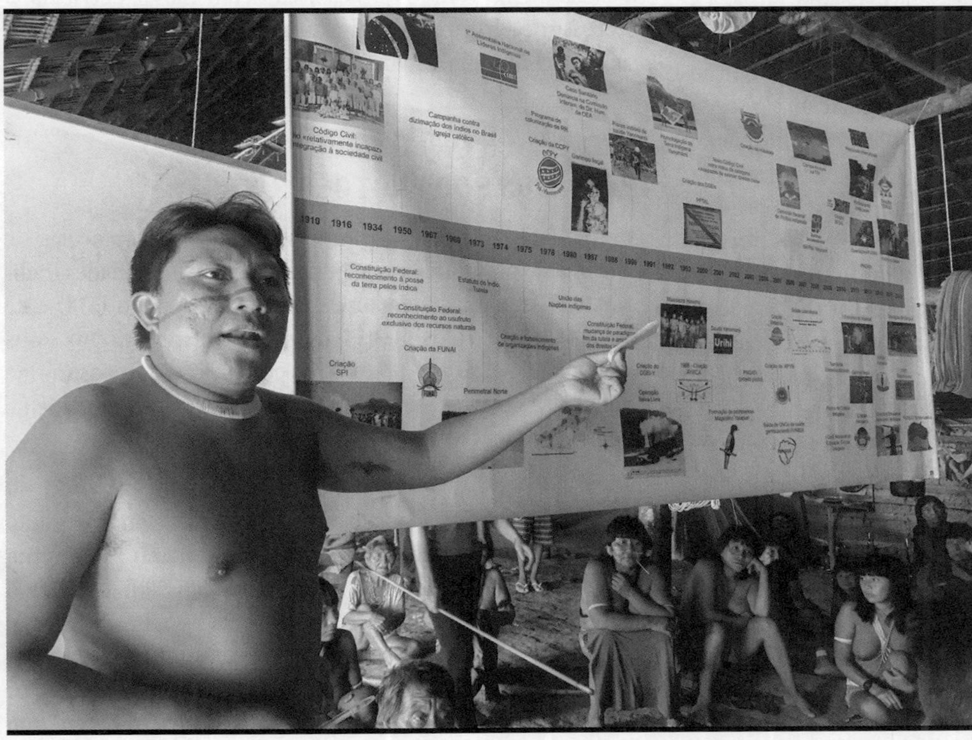

© LUCAS LIMA/ISA, 2018

Dário Yanomami, da Hutukara Associação Yanomami (HAY), durante uma das oficinas-regionais do PGTA da TI Yanomami; o processo de construção do plano contemplou a elaboração do Protocolo de Consulta dos Povos Yanomami e Ye'kwana, publicado em 2019.

O mecanismo de consulta especializa-se em descrever as características que devem ser observadas pelos Estados no processo de adaptação de procedimentos, tais como:

1) Garantir que a participação seja prévia a qualquer decisão e não apenas um processo de notificação, informação ou legitimação de decisões públicas que já foram adotadas ou sobre as quais não há nenhuma abertura para mudança. A consulta deve acontecer sobre iniciativas e processos de tomada decisões e não sobre fatos consumados.

2) Excluir todo tipo de constrangimento físico ou moral da participação de povos indígenas e comunidades tradicionais em decisões de governo ou de instâncias legislativas das quais não participaram historicamente. A liberdade para o exercício do direito à consulta passa pela adaptação aos tempos, às línguas e aos espaços físicos em que o processo acontece.

3) Oferecer, produzir e receber informação oportuna, confiável e clara num processo de troca de conhecimentos que reconhece e valoriza o conhecimento dos povos como parte dos subsídios que motivam as decisões públicas.

4) Reconhecer as formas internas de tomada de decisão (tempo, local, método e resultado), assim como as instituições representativas de cada povo, sem impor interlocutores ou procedimentos e prazos externos àqueles por eles decididos.

5) O objetivo dos processos de consulta é chegar a um acordo ou obter o consentimento dos povos interessados sobre a medida consultada. Trata-se de processos juridicamente vinculantes, que devem ser conduzidos de boa-fé por todas as partes.

Apesar de as formulações normativas e do desenvolvimento de jurisprudências serem explícitas sobre a forma como o direito à consulta e ao consentimento livre, prévio e informado deve ser implementado, passados 33 anos da aprovação da Convenção 169, verifica-se, porém, que o paradigma assimilacionista segue orientando governos que se negam a reconhecer o princípio de autodeterminação dos povos, seu direito a escolher livremente suas prioridades de desenvolvimento, e a se organizar e representar por meio de suas próprias instituições, entre outros direitos derivados do reconhecimento da legitimidade de sua existência como coletivos sociais com tradições e regras sociais, políticas, econômicas e culturais diferentes das respectivas sociedades nacionais em que estão inseridos.

PROTOCOLOS AUTÔNOMOS DE CONSULTA E CONSENTIMENTO

É na disputa política, de autoafirmação dos povos indígenas e tradicionais enquanto coletivos sociais e culturais que buscam o exercício de seus direitos fundamentais e que rechaçam práticas integradoras e assimilacionistas, que vimos surgir no Brasil e em outros países, os protocolos autônomos de consulta e consentimento prévio. Instrumento para efetivar o direito de serem objetiva e legitimamente consultados sobre iniciativas dos governos que possam afetar seus direitos e seus territórios, os protocolos de consulta são o próprio exercício da autodeterminação expressada na sistemática que comunica ao Estado e a demais terceiros a forma como esses povos se organizam para tomar decisões que lhes interessam e para se autorrepresentar em processos de deliberação sobre seus direitos e interesses e sobre decisões públicas, como medidas administrativas e legislativas, ou sobre relações privadas e contratuais com terceiros.

Os protocolos de consulta são um passo à frente na reivindicação da aplicação do princípio de consulta e consentimento livre, prévio e informado, descrevendo detalhadamente, e em cada contexto cultural, as implicações de cada uma das características do exercício deste direito. Dessa forma, os protocolos de consulta superam o argumento amplamente alegado por governos de não saber como implementar processos de participação com povos indígenas e comunidades tradicionais diante da ausência de regulamentações nacionais que descrevessem a adaptação de procedimentos na esfera administrativa e legislativa do poder público.

Os protocolos de consulta são os instrumentos legítimos para definir os contornos do sujeito coletivo que se manifesta, alguns organizados por povos, clãs, territórios ou alianças, por meio de critérios que definem suas autoafirmação e caracterização como sujeitos coletivos de direitos. Também são os instrumentos em que estão descritas as características que as decisões coletivas devem ter para garantir sua legitimidade interna e, portanto, sua legalidade à luz de terceiros.

Hoje os protocolos e consulta são reconhecidos nacional[2] e internacionalmente[3] como os principais instrumentos para orientar o processo de participação efetiva de povos indígenas e tradicionais sobre decisões públicas que lhes interessam e afetam.

PROCESSOS DE CONSULTA PAUTADOS POR PROTOCOLOS

Atualmente, no Brasil já foram publicados 65 protocolos de consulta de povos indígenas, quilombolas e comunidades tradicionais.[4] Os povos do territórios indígenas do Xingu (TIX) e de Wajãpi estão entre os povos indígenas pioneiros em processos de implementação de protocolos, por meio da proposição de planos de consulta a serem discutidos e aprovados juntamente com o governo.

Desde 2017, os Wajãpi do Amapá protagonizam um processo inédito de consulta orientado por seu protocolo, com o Instituto Nacional de Colonização e Reforma Agrária (Incra) e o Governo do Estado do Amapá, sobre a redefinição dos limites entre o Assentamento Perimetral Norte e a Floresta Estadual do Amapá, e as regras de ocupação de áreas contíguas aos limites da Terra Indígena (TI) Wajãpi, sob supervisão do MPF. Há muitos anos os Wajãpi demonstram preocupação com a ocupação do entorno

© MIDIA NINJA, 2019

À esquerda, Ianukula Kaiabi Suia, presidente da Atix, apresenta o plano de consulta da BR-242 e da Ferrovia de Integração do Centro Oeste (Fico) durante audiência pública convocada pela deputada federal Joênia Wapichana, na Câmara dos Deputados. Na audiência, 20 lideranças xinguanas exigiram o direito à consulta prévia, livre e informada e o respeito ao Protocolo de Consulta dos povos do Território Indígena do Xingu (TIX), no planejamento das duas obras que impactam a região das Cabeceiras do Rio Xingu (MT).

de seu território, tendo proposto o estabelecimento de uma faixa de amortecimento, depois denominada de faixa de gestão compartilhada, que evitasse uma ocupação desordenada da região e pressões sobre recursos naturais

O Assentamento Perimetral Norte foi criado pelo Incra em 1987. Com o correr dos anos, muitas ocupações não indígenas, fora do perímetro original e próximas à TI, foram reconhecidas e em certa medida até estimuladas pelo Incra, que homologou as famílias como assentados da reforma agrária, demarcou seus lotes, entregou títulos de domínio, disponibilizou linhas de crédito e implantou infraestrutura com ramais e energia elétrica. Em 2006, o Governo do Amapá criou a Floresta Estadual do Amapá, com a área original excluída do perímetro do assentamento, mas sobreposta à gleba ocupada por essas famílias. Diante da intenção do Incra de ampliar as áreas para o assentamento no entorno da TI Wajãpi, incorporando as áreas ocupadas fora do perímetro original ao novo perímetro do assentamento, os Wajãpi manifestaram sua preocupação com os impactos que a decisão poderia causar a seu território, diante da exploração de recursos naturais nos limites de sua Terra Indígena. O Ministério Público Federal (MPF), atendendo à solicitação dos Wajãpi, recomendou que os órgãos públicos (Incra e Governo do Amapá) envolvidos na regularização da situação do projeto de assentamento e da Floresta Estadual do Amapá procedessem à consulta aos Wajãpi, observando seu protocolo de consulta, antes de decidirem sobre as medidas que seriam adotadas no entorno da TI.

Mesmo que ainda não tenha sido concluída e venha passando por percalços tanto administrativos quanto em função da pandemia da covid-19, a consulta sobre o ordenamento territorial no entorno da TI Wajãpi, que já foi objeto de várias reuniões entre todos esses atores, com apresentação de propostas, discussões internas e externas, como estabelecido no Protocolo de Consulta Wajãpi é um processo que tem garantido a participação e a possibilidade dos Wajãpi influenciarem uma decisão do governo que lhes afeta diretamente, salvaguardando seus direitos.

No caso do Xingu, a Associação Terra Indígena Xingu (Atix), a partir do protocolo de consulta aprovado pelos 16 povos indígenas que compartilham a TI, construiu e apresentou ao governo federal proposta de plano de consulta sobre trecho da estrada federal BR-242 e da Ferrovia de Integração Centro-Oeste (Fico),ambas obras planejadas em região próxima do limite sul do território indígena, precisamente onde estão localizadas as principais nascentes da bacia do Xingu e parte dos mais importantes sítios arqueológicos do complexo cultural dos povos indígenas da região do Alto Xingu.

O plano de consulta construído pelos xinguanos trouxe a reivindicação para o governo federal de discutir a instalação da rodovia e da ferrovia a partir do território onde se pretendia instalar as obras e não das particularidades de cada empreendimento individualmente considerado. Isso significa, na prática, privilegiar as análises de impactos sinérgicos e acumulativos que os dois empreendimentos, instalados simultaneamente, poderiam ocasionar sobre os rios, as florestas, os sítios sagrados, os peixes, os animais de caça e a organização social, econômica e cultural dos povos do Xingu. O ineditismo da proposta do TIX muda por completo o objeto do processo de consulta, as informações que precisam ser nele disponibilizadas e o tipo de acordos que precisam ser alcançados. O processo de implementação do protocolo de consulta do TIX ilustra muito bem de que forma os protocolos conseguem influenciar e direcionar o processo de diálogo como um todo e não apenas garantir a participação passiva dos povos indígenas e comunidades tradicionais sobre cronogramas, metodologias e escopos definidos por governos e empresas.

A apresentação do plano de consulta para o governo federal foi realizada em junho de 2019, por meio de audiência pública na Câmara dos Deputados, convocada pela deputada Joenia Wapichana (Rede/RR). Além dos indígenas, participaram da audiência representantes do Ministério de Infraestrutura, Departamento Nacional de Infraestrutura de Transportes (Dnit), Valec Engenharia, Fundação Nacional do Índio (Funai), Instituto Brasileiro do Meio Ambiente e dos Recursos Naturais Renováveis (Ibama), MPF, Instituto do Patrimônio Histórico e Artístico Nacional (Iphan) e prefeitos da região. Na ocasião, o governo federal reconheceu a obrigatoriedade da consulta prévia aos povos indígenas e populações tradicionais impactadas. A partir desse momento, inicia se um processo de consulta que ficou suspenso por mais de dois anos em virtude da pandemia de covid-19, e até julho de 2022 permanecia em aberto. A extensão do tempo de suspenção do processo, assim como as mudanças no território e nos próprios projetos de infraestrutura, obrigou o governo a renegociar as condições da consulta junto com Atix para atualizar o plano de consulta, objeto do cronograma de trabalho para o segundo semestre de 2022.

PERCALÇOS A SUPERAR

O processo de elaboração de protocolos de consulta tem um valor em si para o fortalecimento organizativo dos povos. A qualidade desses processos depende muito da capacidade de implementação dos protocolos, assim como da qualificação do diálogo com empresas e governos. Cada povo e cada território tem um tempo certo para chegar à acordos internos que permitam a aprovação e publicação de seu próprio protocolo de consulta, os quais precisam ser respeitados.

Para implementar protocolos de consulta, não é suficiente ter um protocolo aprovado e publicado, pois cada caso demanda um processo de elaboração de um plano de consulta concreto, que exige tempo, apoio técnico, informação e muita articulação, tanto interna como externa. Portanto, a implementação de protocolos demanda recursos para investimentos prévios visando apoiar as articulações internas e externas necessárias para construir planos de consulta pautados pelos protocolos elaborados, em que decisões sobre representação política e etapas da consulta foram pensadas e acordadas coletivamente. Nesse sentido, é fundamental apoiar os processos que antecedem o início da aplicação dos protocolos.

Instâncias de planejamento e agências reguladoras são espaços timidamente provocados para promover processos de consulta. É muito importante investir em promover consultas com povos indígenas e comunidades tradicionais nas fases iniciais de planejamento e formulação de projetos. Os processos de participação durante o licenciamento ambiental de projetos de infraestrutura e mineração estão limitados à discussão sobre medidas de mitigação e compensação de impactos negativos de empreendimentos que já são considerados como viáveis. Discutir a viabilidade de projetos de infraestrutura se faz nos espaços de planejamento setorial e regional, assim como nas agências de regulamentação e controle interno, como o Tribunal de Contas da União (TCU), para empreendimentos federais, por exemplo.

Não obstante os avanços na consolidação da jurisprudência internacional sobre o direito de os povos indígenas e tradicionais serem devidamente consultados sobre decisões públicas que possam lhes afetar e o protagonismo desses povos e comunidades em formularem um instrumento efetivo para viabilizar tais processos de consulta, seguimos assistindo manifestações de agentes públicos e empresas que tratam tais iniciativas como um estorvo ao desenvolvimento. É isso que explica iniciativas legislativas inconstitucionais como a que pretende que o Brasil denuncie a Convenção 169, proposta por representantes do agronegócio no Congresso Nacional, recentemente apoiada por entidades empresariais do Pará, que consideram a Convenção nefasta ao desenvolvimento nacional e responsável por perpetuar nossos indígenas à situação de miséria.

O desafio para a efetivação do direito à consulta prévia no Brasil passa não somente pelo cumprimento da legislação e pelo reconhecimento de instrumentos que possibilitem um diálogo menos assimétrico em termos políticos, econômicos, técnicos e simbólicos entre governo, empresas e povos indígenas, mas pela superação de visões arcaicas e racistas da elite econômica e política, que insiste na promoção do atraso civilizacional do Brasil. *(agosto, 2022)*

NOTAS

[1] A Corte Interamericana de Direitos Humanos tem desenvolvido a mais ampla jurisprudência sobre o tema, compilando e discutindo inclusive jurisprudência nacional produzida pelas cortes constitucionais da Colômbia, Equador e Bolívia sobre o tema.

[2] Em 2017 foi promulgada a primeira decisão judicial que reconhece os protocolos de consulta como instrumentos legítimos para a implementação do direito à consulta de povos indígenas e comunidades tradicionais.

[3] No documento "Derecho a la libre determinación de los pueblos indígenas y tribales", aprovado pela Comissão Interamericana de Direitos Humanos (CIDH) da Organização dos Estados Americanos (OEA), em 28 de dezembro de 2021, a Comissão afirma que os protocolos de consulta ajudam a reforçar as instituições e instrumentos de autogovernança e de tomada de decisões desses povos e a consolidar suas posições quanto às medidas necessárias para respeitar seus direitos. Já a OIT, no documento "Addendum to the 2020 Report of the Committee of Experts on the Application of Conventions and Recommendations" elogia a elaboração de protocolos de consulta e solicita ao governo brasileiro mais informações sobre o *status* desses protocolos e sua utilização em processos de consulta.

[4] O registro e a contabilidade dos protocolos de consulta publicados no Brasil têm sido acompanhados pelo Observatório de Protocolos Autónomos (http://observatorio.direitosocioambiental.org/) do Centro de Pesquisa e Extensão em Direito Socioambiental (Cepedis) e do Grupo de Pesquisa Meio Ambiente: Sociedades Tradicionais e Sociedade Hegemônica, vinculado ao Programa de Pós-Graduação em Direito da Pontifícia Universidade Católica do Paraná (PUC-PR).

CONHECIMENTOS TRADICIONAIS

A Dança do Acesso ao Conhecimento dos Povos Indígenas

Nurit Bensusan | Bióloga, ISA

É URGENTE RECONHECER OS SABERES TRADICIONAIS COMO UM CORPO AUTÔNOMO DE CONHECIMENTO, EM DIÁLOGO EQUITATIVO COM A CIÊNCIA OCIDENTAL E A GERAÇÃO DE INOVAÇÃO A PARTIR DA SOCIOBIODIVERSIDADE

A Convenção sobre Diversidade Biológica (CDB), uma das grandes convenções assinadas na Rio-92,[1] inaugurou uma nova fase no reconhecimento do papel dos povos indígenas e das comunidades locais na conservação e no uso racional da biodiversidade. Ao acolher explicitamente esse papel e elencar, entre seus pilares, a repartição de benefícios oriundos do uso da biodiversidade, esta Convenção deu um importante passo. Ao ressaltar que o conhecimento e as práticas de povos indígenas e comunidades locais podem ajudar no uso mais racional da biodiversidade e encorajar o consentimento prévio informado e a repartição de benefícios com quem detêm tais saberes, a Convenção consolidou esse passo. Não foi, porém, um passo adiante e sim um passo para o lado.

O reconhecimento da CDB reposicionou a questão do conhecimento de povos indígenas e comunidades locais, deslocando as perspectivas. Faltou, porém, à Convenção, um movimento descolonizador. Os instrumentos descritos pela CDB, como o consentimento prévio informado e a repartição de benefícios, revelaram-se difíceis de serem colocados em prática em um mundo onde o protagonismo de povos indígenas e comunidades locais cresce e seus conhecimentos não cabem numa posição de subalternidade em relação à ciência ocidental.

A repartição de benefícios parece seguir uma lógica onde aqueles que possuem a parte mais valiosa do conhecimento recebem como pagamento miçangas e espelhinhos, enquanto os que se apossam desses saberes e com eles desenvolvem produtos rentáveis abocanham muito dinheiro. Não é uma lógica nova, assim se deu a colonização. O conhecimento dos povos indígenas indicou caminhos, recursos, plantas, animais e formas de sobreviver nesse território. Possibilitou que os colonizadores comessem,

© ANA AMÉLIA HAMDAN/ISA, 2020

Músicos tocam flautas durante cerimônia no 1º Encontro de Conhecedores Tradicionais do Rio Tiquié, promovido pela Foirn com apoio do ISA, na comunidade Serra de Mucura, em São Gabriel da Cachoeira (AM).

tratassem suas doenças, explorassem novas substâncias e se estabelecessem por aqui. O que receberam em troca?

Assim, o passo dado pela CDB trouxe a possibilidade de uma transformação, abrindo espaço para o reposicionamento do conhecimento de povos indígenas e comunidades locais, mas não foi completo, criando mecanismos, de fato, passíveis de serem implementados e de estabelecerem uma relação equitativa entre esses conhecimentos e a ciência ocidental. O resultado é que hoje poucos países possuem marcos legais que regulam o acesso ao conhecimento tradicional,[2] e aqueles que têm se debatem com dilemas aparentemente instransponíveis. Esse é o caso do Brasil.

Desde 2001, o país possui uma legislação para regular o acesso ao patrimônio genético[3] e ao conhecimento tradicional. Tratava-se de uma medida provisória, que se tornou permanente e regeu o tema até 2015, quando a Lei nº 13.123, de 20 de maio de 2015, foi aprovada. A ela se juntou o Decreto nº 8.772, de 11 de maio de 2016, formando o marco legal vigente no país. Apesar de sua intenção de facilitar o acesso e de criar segurança jurídica em torno do tema, a nova legislação ainda não mostrou de fato a que veio. A rastreabilidade do acesso e do uso dos conhecimentos tradicionais segue sendo um problema, os procedimentos de consentimento prévio informado continuam falhos e a repartição de benefícios não se traduz nem em respeito a esses saberes, nem em estratégia de conservação da biodiversidade.

Ao contrário do que se previa, o acesso ao conhecimento tradicional se tornou um tabu. Reza a lenda que tudo é complicado e que não se consegue passar pelo fluxo de acesso sem traumas, acusações e até mesmo processos judiciais. O desestímulo ao acesso a esses saberes e à construção de parcerias equitativas entre os pesquisadores, as empresas e os detentores de conhecimentos tradicionais reduz significativamente a possibilidade de geração de inovação a partir da biodiversidade. Também anula a ideia original da CDB, que trata a repartição de benefícios como uma das estratégias de conservação, alimentando um ciclo virtuoso, onde quem conserva e gera inovação, ao receber por isso, sente-se estimulado a seguir conservando. No caso do conhecimento tradicional, trata-se de seguir mantendo não apenas a integridade física dos territórios de onde saem os componentes do patrimônio genético, mas também modos de vida, geradores e mantenedores desses saberes.

Os números do Portal da Transparência do Sistema Nacional de Gestão do Patrimônio Genético e do Conhecimento Tradicional Associado (SisGen) – sistema em que as atividades de acesso ao patrimônio genético e ao conhecimento tradicional são cadastradas – não deixam dúvidas. A Tabela 1 ilustra como o acesso ao conhecimento tradicional tornou-se marginal, e a Tabela 2 mostra como, no caso do acesso junto aos povos indígenas, a situação é ainda mais aguda.

Verifica-se que a imensa maioria (89,1%) dos cadastros de acesso ao conhecimento tradicional é feita aproveitando uma brecha que a lei criou ao afirmar que os conhecimentos que não podem ter sua origem comprovada podem ser acessados sem consentimento prévio. Apesar de o Decreto nº 8.772/2016 explicitamente reconhecer que qualquer povo ou comunidade que detenha ou maneje um determinado conhecimento possa ser considerado como origem do conhecimento, o acesso ao conhecimento tradicional de origem não identificável, sem consentimento prévio informado e com eventual repartição de benefícios apenas com o Fundo Nacional de Repartição de Benefícios tornou-se a regra. Pouco são os casos de acesso onde há um processo que se desenrola junto ao provedor e menos ainda quando os provedores são povos indígenas.

Além dessa situação, como já mencionado – comprometer o potencial da geração de inovação a partir da biodiversidade e a possibilidade de criar condições para a manutenção dos modos de vida que levam à persistência dos conhecimentos tradicionais –, o tabu que se estabeleceu em torno da questão impede que novos arranjos sejam engendrados. Tais arranjos poderiam ser parte de um processo de construção coletiva de parcerias equitativas entre povos indígenas, comunidades tradicionais, pesquisadores e empresas. Dessa forma os passos da dança do acesso poderiam ser completos com um giro decolonial, assumindo a perspectiva da colonialidade do saber[4] e reconhecendo como a retórica eurocêntrica coloca a ciência ocidental numa posição de neutralidade que lhe dá ainda o direito de chancelar a validade dos outros corpos de conhecimento, que passam a ocupar uma posição de obrigatória subalternidade. Só assim, com o reconhecimento dos saberes tradicionais como um corpo autônomo de conhecimento, em diálogo equitativo com a ciência ocidental, a geração de

TABELA 1. CADASTROS REALIZADOS NO SISGEN

Alvo	Cadastros realizados
Patrimônio genético	85.689
Conhecimento tradicional	3.179
Patrimônio genético e conhecimento tradicional	8.619

Fonte: SisGen. Dados extraídos em: 06/06/2022.

TABELA 2. CADASTROS DE ACESSO AO CONHECIMENTO TRADICIONAL REALIZADOS NO SISGEN, POR FONTES

Alvo	Total de cadastros	CT com origem não identificável*	CT com OI em fontes secundárias	CT com OI direto com o provedor	CT com OI direto com povos indígenas
CT e PG	8.619	7.939	72	618	33
CT	3.179	2.577	34	568	83

Fonte: SisGen. Dados extraídos em: 06/06/2022.

Observação: PG = patrimônio genético, CT = conhecimento tradicional, OI = origem identificável.

Nota: * Origem não identificável é uma figura criada pela lei, que, quando não for possível identificar a origem do conhecimento, permite acessá-lo sem o pedido de consentimento prévio informado e repartindo benefícios apenas por meio do Fundo Nacional de Repartição de Benefícios.

© CLÁUDIO TAVARES/ISA, 2019

Produtos da floresta, como o Cogumelo Yanomami, a Farinha de Babaçu, a Pimenta Jiquitaia Baniwa, entre outros, revelam possibilidades de inovação econômica a partir do reconhecimento dos saberes tradicionais e da sociobiodiversidade.

inovação a partir de nossa sociobiodiversidade poderia revelar-se uma possibilidade econômica, mas também uma estratégia de conservação, tanto da biodiversidade como de territórios e modos de viver de povos indígenas e comunidades locais.

Nesse momento, quando a bioeconomia emerge como uma panaceia para todas as questões que circundam o uso dos componentes da biodiversidade, torna-se urgente mostrar que, se a aposta não for na autonomia e no protagonismo dos povos indígenas e das comunidades tradicionais, a festejada bioeconomia será apenas a necroeconomia nossa de cada dia, como tem sido nos últimos 522 anos. *(junho, 2022)*

NOTAS

[1] Conferência das Nações Unidas para o Meio Ambiente e Desenvolvimento, que aconteceu no Rio de Janeiro em 1992 e onde foram assinadas, além da Convenção sobre Diversidade Biológica, também a Convenção do Clima e a Convenção de Combate à Desertificação.

[2] Conhecimento tradicional é o termo consolidado pela CDB para se referir ao conhecimento de povos indígenas e comunidades locais. Apesar desses povos terem adotado o termo, ele carrega muitas vezes uma acepção de atrasado, primitivo e subsidiário.

[3] Termo utilizado na Constituição Federal de 1988, usado no Brasil como equivalente ao termo "recursos genéticos" usado na CDB. Na prática quer dizer biodiversidade.

[4] Ver: QUIJANO, A. Colonialidade do poder, eurocentrismo e América Latina. *In*: LANDER, E. (org.). *A colonialidade do saber*: eurocentrismo e ciências sociais. Perspectivas Latino-americanas. Buenos Aires: Clacso, 2005. p. 107-128; e SEGATO, R. Anibal Quijano e a perspectiva da colonialidade do poder. *In*: SEGATO, R. Crítica da colonialidade em oito ensaios. Rio de janeiro: Bazar do Tempo, 2021. p. 43-83.

Política Indigenista

Funai
Balanço
Saúde
Educação Escolar

GALERIA DA CRISE PERMANENTE

43 PRESIDENTES EM 53 ANOS (DEZ. 1967 A DEZ. 2022)

A história do controvertido órgão indigenista oficial, a Fundação Nacional dos Povos Indígenas (Funai), pode ser contada através da sucessão de seus 43 presidentes (incluindo Artur Nobre e Franklimberg Ribeiro duas vezes cada) ao longo de 53 anos, de 1967 a 2022.

Nos seis anos abarcados por esta edição do livro, seis presidentes da Funai ocuparam o cargo de direção do órgão indigenista.

ANTONIO FERNANDES TONINHO COSTA [JAN. 2017 A MAI. 2017]

© MÁRIO VILELA/FUNAI, 2017

Antônio Fernandes Toninho Costa é dentista e pastor evangélico de Luziânia/GO, e já atuou como assessor parlamentar. Interessante notar o contexto da decisão de sua nomeação como novo presidente da Funai. Segundo a reportagem da *Globo News*, o presidente da República, Michel Temer, em reunião com ministros sobre obras de infraestrutura, foi informado sobre impasses e conflitos com indígenas, que estariam impedindo a continuidade das obras, e que a Funai estava com um presidente interino. Ele então solicitou ao ministro da Justiça que resolvesse a questão – provavelmente com a expectativa de conseguir a aprovação da Funai para as obras paralisadas. Dentro da lógica de loteamento à base aliada, Temer aceitou a indicação do Partido Social Cristão (PSC), cujo presidente é o Pastor Everaldo, e que era integrado também por Jair Bolsonaro e Marcos Feliciano. Costa já trabalhou com povos indígenas na Sesai e na Missão Evangélica Caiuá [https://caiua.org.br] – antiga missão que prestava assistência aos Guarani em Mato Grosso do Sul e hoje atua em diversos Distritos Sanitários Especiais de Saúde Indígena (Dseis), através de convênio com a Sesai.

FRANKLIMBERG RIBEIRO DE FREITAS [MAI. DE 2017 A ABR. 2018]

© WILSON DIAS/AGÊNCIA BRASIL, 2017

O general do Exército Franklimberg Ribeiro de Freitas assumiu interinamente a presidência da Funai após a exoneração de Antônio Costa. Em julho de 2017, foi plenamente empossado. Franklimberg é militar da reserva, tendo ingressado nas Forças Armadas em 1976, e antes de ser nomeado para a Funai exercia o cargo de assessor de relações institucionais do CMA (Comando Militar da Amazônia), sediado em Manaus/AM. Assumiu a presidência da Funai poucos dias após um massacre realizado contra índios Gamela, no Maranhão, e em meio a uma intensa crise política desencadeada por investigações de corrupção no governo Temer. Sua gestão não agradou à Frente Parlamentar Agropecuária (FPA), composta por 252 parlamentares, entre deputados e senadores, que esperavam ações que atendessem os interesses dos ruralistas. A FPA enviou um ofício ao presidente Temer com a assinatura de mais de 170 lideranças indígenas que não queriam a permanência de Franklimberg, e

1. José de Queiróz Campos, jornalista, dez. 67 a jun. 70
2. Oscar Jeronymo Bandeira de Mello, militar, jun. 70 a mar. 74
3. Ismarth Araújo de Oliveira, militar, mar. 74 a mar. 79
4. Ademar Ribeiro da Silva, engenheiro, mar. 79 a nov. 79
5. João Carlos da Veiga, militar, nov. 79 a out. 81
6. Paulo Moreira Leal, militar, out. 81 a jul. 83
7. Otávio Ferreira Lima, economista, jul. 83 a abr. 84
8. Jurandy Marcos da Fonseca, advogado, mai. 84 a set. 84
9. Nelson Marabuto, policial, set. 84 a abr. 85
10. Ayrton Carneiro de Almeida, indicado pelo ministro Costa Couto, foi impedido, por um conjunto de índios, de assumir o cargo no dia 18 de abril de 1985. Sua nomeação ficou no papel.
11. Gérson da Silva Alves, militar, abr. 85 a set. 85
12. Álvaro Villas-Bôas, indigenista, set. 85 a nov. 85
13. Apoena Meirelles, sertanista, nov. 85 a mai. 86
14. Romero Jucá Filho, economista, mai. 86 a set. 88
15. Íris Pedro de Oliveira, advogado, set. 88 a mar. 90
16. Airton Alcântara, militar, mar. 90 a ago. 90
17. Cantídio Guerreiro Guimarães, militar, ago. 90 a jul. 91
18. Sidney Possuelo, sertanista, jun. 91 a mai. 93
19. Cláudio dos Santos Romero, mai. 93 a set. 93
20. Dinarte Nobre de Madeiro, set. 93 a set. 95
21. Márcio José Brando Santilli, filósofo, set. 95 a mar. 96
22. Júlio Marcos Germany Gaiger, advogado, mar. 96 a jul. 97
23. Sulivan Silvestre, advogado, ago. 97 a fev. 99
24. Márcio Lacerda, político, fev. 99 a nov. 99
25. Carlos Frederico Marés, advogado, nov. 99 a abr. 2000
26. Roque Barros Laraia, antropólogo, abr. 00 a mai. 00
27. Glênio Alvarez, geólogo, mai. 00 a jun. 02
28. Otacílio Antunes Reis Filho, jun. 02 a jul. 02
29. Artur Nobre Mendes, antropólogo, ago. 02 a jan. 03
30. Eduardo Aguiar de Almeida, jornalista, fev. 03 a ago. 03
31. Mércio Pereira Gomes, antropólogo, set. 03 a mar. 07
32. Márcio Augusto Freitas de Meira, antropólogo, abr. 2007 a abr. 2012
33. Marta Maria Azevedo, antropóloga, abr. 2012 a jun. 2013
34. Maria Augusta Boulitreau Assirati, advogada, un. 2013 a out. 2014
34. Flávio Chiarelli Vicente de Azevedo, advogado, out. 2014 a jun. 2015
36. João Pedro Gonçalves da Costa, político, jun. 2015 a jun. 2016
37. Artur Nobre Mendes, antropólogo, jun. 2016 a set. 2016
38. Agostinho do Nascimento Netto, advogado, set. 2016 a jan. 2017
39. Antonio Fernandes Toninho Costa, dentista, jan. 2017 a mai. 2017
40. Franklimberg Ribeiro de Freitas, militar (mai. de 2017 a abr. 2018)
41. Wallace Moreira Bastos, economista (abr. de 2018 a jan. 2019)
42. Franklimberg Ribeiro de Freitas, militar (jan.2019 a jun.2019]
43. Marcelo Augusto Xavier da Silva, delegado de polícia (jul. 2019 a dez. 2022)

pediram sua demissão. Permaneceu no cargo por pouco mais de dez meses. Ele foi o segundo presidente que o PSC indicou (o anterior, Antonio Fernandes Toninho Costa, também fora indicação do partido), e foi demitido por não atender interesses contrários aos direitos indígenas. Franklimberg, antes de deixar o cargo, aprovou os estudos da TI Pankará da Serra do Arapuá, do povo Pankará, com 15.114 hectares, em Carnaubeira da Penha/PE.

WALLACE MOREIRA BASTOS [ABR. 2018 A JAN. 2019]

© MÁRIO VILELA/FUNAI, 2018

Wallace Moreira Bastos foi nomeado para exercer o cargo de Presidente da Funai no mesmo Diário Oficial da União (DOU), de 24 de abril, em que foi publicado o pedido de demissão de Franklimberg, que alegou estar sofrendo forte pressão dos ruralistas para deixar o cargo. No dia 16 de janeiro de 2019, foi publicado o pedido de exoneração de Wallace Moreira Bastos da presidência da Funai, após nove meses de ocupação no cargo. Em nota da Funai, Wallace disse que conseguiu trazer para a Fundação mais 203 servidores concursados, que já estão atuando em todas as regiões do país, e que conseguiu junto ao Governo Federal que o orçamento da Funai passasse de R$ 109 milhões para R$ 175 milhões, o que permitiria ao órgão avançar ainda mais no que diz respeito às demandas das comunidades indígenas. Mas no período em que esteve na presidência da Funai, não aprovou nenhum estudo de identificação de TI. Essa indicação não foi vista com bons olhos no meio indígena e indigenista porque Wallace não tem, em seu currículo, qualquer experiência relacionada aos povos indígenas. Foi sócio-proprietário e gestor, entre 2002 e 2008, das empresas Giraffas, Casa do Pão De Queijo, Montana Grill e Café Cancun e, antes, foi analista de vendas da Ambev. Concursado na Anac, é membro do Conselho de Administração da Companhia Docas do Maranhão (Codomar), e antes da indicação para a Funai ocupava o cargo de subsecretário do Ministério de Transportes, Portos e Aviação Civil. Foi a terceira indicação do PSC para a Fundação em pouco mais de um ano.

FRANKLIMBERG RIBEIRO DE FREITAS [JAN. 2019 A JUN. 2019]

O militar da reserva Franklimberg Ribeiro de Freitas retornou à Presidência da Funai após a exoneração de Wallace Moreira Bastos, publicada no DOU em 16 de janeiro de 2019. Prestes a completar cinco meses em sua segunda passagem pelo cargo, Franklimberg foi demitido pelo mesmo motivo de sua gestão anterior: os ruralistas não concordaram com sua atuação a favor dos direitos indígenas

MARCELO AUGUSTO XAVIER DA SILVA [JUL. 2019 A DEZ. 2022]

© MÁRIO VILELA/FUNAI, 2019

O delegado da Polícia Federal Marcelo Augusto Xavier da Silva foi nomeado, no dia 19 de julho, presidente da Funai. Ele assume após a saída do general da reserva Franklimberg Ribeiro de Freitas, exonerado por pressão da bancada ruralista, em junho. Durante um mês, a Funai teve como presidente substituto Fernando Maurício Duarte Melo. Silva atuou na CPI da Funai, em 2016, como assessor da mesma frente parlamentar. A CPI foi criada para apurar supostas irregularidades cometidas pelo Incra e pela Funai em processos de titulação de quilombos e de demarcação de TIs, respectivamente. O relatório final propôs a revisão de demarcações – uma bandeira do governo Bolsonaro. Afinal, o objetivo da comissão acabou sendo tentar criminalizar lideranças e organizações indígenas, organizações das sociedade civil aliadas dos povos indígenas, antropólogos e servidores públicos O delegado federal já passou pela Funai na ouvidoria do órgão. Nessa época, chegou a solicitar que policiais investigassem supostas "invasões" de indígenas em áreas por eles reivindicadas no Mato Grosso do Sul. As denúncias mostraram-se sem fundamento. Pouco depois, em abril de 2018, Silva acabou demitido. Na sequência, foi nomeado como assessor para assuntos fundiários do braço-direito de Michel Temer, o então ministro da Secretaria de Governo da Presidência, deputado Carlos Marun (MDB-MS). Em 24 de janeiro de 2019, já no governo Bolsonaro, o policial ganhou mais um cargo em Brasília: o de assessor especial de Nabhan Garcia, presidente licenciado da União Democrática Ruralista (UDR) e secretário especial de Assuntos Fundiários do Ministério da Agricultura. Nabhan foi um dos maiores inimigos das demarcações de TIs dentro do governo. A nomeação do delegado à fez parte do plano de Bolsonaro de dar o controle total do órgão indigenista aos ruralistas e, assim, cumprir seu compromisso de campanha de paralisar e rever as demarcações.

MINISTROS DA JUSTIÇA

JOSÉ LEVI MELLO DO AMARAL JÚNIOR [FEV. 2017 A MAR. 2017]

© ALAN SANTOS/PR, 2020

Foi secretário-executivo do Ministério da Justiça entre maio de 2016 e novembro de 2017, durante a gestão do ministro Alexandre de Moraes. Com a saída de Moraes do Ministério, em 7 de fevereiro de 2017, Amaral Júnior assumiu interinamente a titularidade da pasta, até a posse de Osmar Serraglio, em 7 de março de 2017.

OSMAR SERRAGLIO [MAR. 2017 A MAI. 2017]

© IGO ESTRELA/PMDB, 2017

Ex-deputado federal pelo PP-PR, foi um dos relatores da PEC 215/2000 na Comissão de Constituição e Justiça (CCJ) da Câmara e também na Comissão Especial da PEC – o que lhe dava grandes poderes sobre a formulação final da proposta. Engajou-se na mudança do procedimento de demarcação de TIs e fez inúmeras declarações públicas contrárias à atuação da Funai. Enquanto ministro da Justiça, ao longo de apenas três meses (de 7 de março a 31 de maio de 2017), divulgou uma nota a respeito de um ataque de fazendeiros contra indígenas, no Maranhão, referindo-se ao povo Gamela como "supostos índios".

TORQUATO JARDIM [MAI. 2017 A JAN. 2019]

© FABIO RODRIGUES POZZEBOM/AG. BRASIL, 2017

Em junho de 2016, foi nomeado pelo presidente Michel Temer para o cargo de ministro da Transparência, Fiscalização e Controladoria-Geral da União, cargo que ocupou até 31 de maio de 2017, quando foi nomeado ministro da Justiça e Segurança Pública, permanecendo até o término do governo Temer. Foi o único ministro que declarou Terras Indígenas no período, as TIs Tapeba (5.294 ha, no Ceará), Jurubaxi-Tea (1.208.155 ha, no Amazonas) e Kaxuyana-Tunayana (2.284.20 ha, no Pará).

SÉRGIO MORO [JAN. 2019 A ABR. 2020]

© ISAAC AMORIM/MJSP, 2019

Ex-magistrado e político, além de não declarar nenhuma TI, devolveu para a Funai 17 processos de demarcação de TIs encaminhadas a ele. Na ocasião, o ministro justificou a devolução com base na tese do "marco temporal".

ANDRÉ MENDONÇA [ABR. 2020 A MAR. 2021]

É pastor evangélico da Igreja Presbiteriana Esperança, em Brasília, e não tomou nenhuma medida para a continuidade do reconhecimento das TIs que estavam em processo de demarcação. Atualmente é ministro do STF.

ANDERSON TORRES [MAR. 2021 A DEZ. 2022]

© ISAAC AMORIM/MJSP, 2022

Delegado da Polícia Federal, Anderson Torres tomou posse no dia 30 de março de 2021. Em seu perfil divulgado no site do ministério, Anderson Torres sempre teve uma atuação focada na repressão e no combate ao crime organizado. Não declarou nenhuma TI, bem como prestou apoio limitado aos esforços para o combate às invasões e atividades ilegais nas TIs.

Retomar e Fortalecer a Funai

Fernando Vianna (Fedola) | Indigenista, Funai e INA
Luana Almeida | Indigenista, Funai e INA
Mitia Antunha | Indigenista, Funai e INA

APÓS DESMANDOS DO PERÍODO BOLSONARO, É HORA DE DOTAR A FUNDAÇÃO DE ESTRUTURA PARA FAZER O QUE DELA SE ESPERA

O período Bolsonaro exigiu muitos esforços de preservação dos fundamentos da política indigenista brasileira. Para a Funai, órgão que nunca terminou de se equipar adequadamente no pós-1988, o quadriênio 2019-2022 trouxe como novidade um sistemático ataque à sua própria missão institucional. Movimento indígena à frente, vários atores buscaram contribuir para ações de denúncia, defesa e também contra-ataque. A experiência específica de servidores da Funai, que nesse sentido tivemos, segue brevemente reconstituída.

FUNAI INTEIRA

As falas agressivas da época da campanha eleitoral de 2018 não tinham sido meras bravatas – isto Bolsonaro evidenciou logo em 1o de janeiro de 2019, com a Medida Provisória (MP) 870, de estruturação de seu governo. Para a política indigenista, as propostas eram arrasadoras: Funai extirpada de competências essenciais e separada do Ministério da Justiça (MJSP). A promessa de "dar uma foiçada no pescoço da Funai" cumpria-se de imediato, e não havia dúvida de que se ligava ao anunciado projeto de "não demarcar nem um centímetro" de Terra Indígena (TI).

Demarcação de TIs e participação no licenciamento ambiental de empreendimentos que as impactam sairiam da Funai para o Ministério da Agricultura, Pecuária e Abastecimento (Mapa). Cairiam no colo do ruralista Nabhan Garcia, declarado opositor das TIs que se tornava responsável por assuntos fundiários no novo governo. Junto com as atribuições que mais incomodam o poder econômico privado, a Funai perderia para o Mapa pedaços de orçamento, patrimônio, acervo documental e inclusive servidores. Enfraquecida, deixaria o MJSP, que possui atribuições importantes no processo demarcatório e na proteção das TIs, passando ao novo Ministério da Mulher, Família e Direitos Humanos, a ser comandado por Damares Alves, advogada evangélica e mãe adotiva de uma indígena xinguana. Até mesmo no plano discursivo e simbólico, em que Damares se afirmava "mamãe" da matéria, tentava-se preterir o direito à terra e enfatizar a dimensão assistencial do indigenismo de Estado.

A fim de reverter essas medidas, movimento indígena, instituições e organizações de apoio atuaram com rapidez e firmeza. Nós, da Indigenistas Associados (INA), nos somamos, lançando, ainda em janeiro de 2019, a campanha *Funai inteira e não pela metade*. No Congresso Nacional, emendas à MP 870 recuperaram o desenho institucional anterior. O governo esperneou, o tema chegou ao STF e, finalmente, em agosto do primeiro ano de governo Bolsonaro, veio a decisão: a Funai ficaria com todas suas competências, vinculada ao MJSP.

Derrotado, o governo inverteu seu plano original. Em vez de levar as galinhas até a raposa, no Mapa, enviou um correligionário de Nabhan para cuidar do galinheiro. Marcelo Xavier, delegado de Polícia Federal que chegara a ser nomeado assessor de Nabhan no Mapa, seria agora presidente da Funai. Seu currículo de serviços prestados aos ruralistas era extenso: atuações na desintrusão de Marãiwatsede (2012-2014), na Comissão Parlamentar de Inquérito Funai/Incra (2016) e em cargos no governo Temer (ouvidoria da própria Funai e assessoria da Secretaria de Governo – 2017-2018).

A gestão de Xavier iniciou-se em julho de 2019 e durou enquanto durou o governo Bolsonaro. Ficará marcada como a mais decidida tentativa de subverter os princípios orientadores da política indigenista brasileira no pós-1988, e de fazê-lo a partir do comando da própria Funai, órgão que, como se sabe, deveria proteger e promover os direitos indígenas.

MONITORAMENTO DE DENTRO

Não demoramos a perceber que o que se iniciava merecia um acompanhamento atento. Para ocupar cargos de confiança e chefia, Xavier trouxe policiais, militares e profissionais de formações diversas, sempre com pouca familiaridade com o indigenismo. Paralisias, silenciamentos, orientações e procedimentos incomuns se rotinizavam. Era preciso, então, monitorar, documentar e atribuir sentido às atitudes dos novos dirigentes. Não caberia aceitar um projeto de corrosão por dentro do órgão em que fomos admitidos por concurso público para trabalhar. Ali, como em qualquer órgão de Estado, o trabalho se submete a princípios constitucionais e legais, o que coloca limites à possibilidade de que seja transformado ao bel-prazer de um projeto político, apenas porque vitorioso nas urnas.

A gestão Xavier se implementou alimentando distância dos servidores da casa, o que implicou duas dificuldades para monitorar seus passos. Primeiro, que o acesso a informações e documentos deixou de ser algo trivial, restringido que foi a seletos grupos de confiança. A segunda dificuldade foi o clima de constrangimento, ameaça e perseguição que aos poucos se generalizou nos ambientes laborais. O delegado interventor chegou ao ponto de armar a abertura de inquéritos policiais contra servidores, a exemplo do que também fez contra lideranças indígenas. O medo de ser identificado como "opositor" é capaz de calar.

Mesmo com essas dificuldades, avançamos na troca de impressões e informações entre nós mesmos e com parceiros externos, juntando documentação interna sempre que possível. Parceria particularmente relevante nesse sentido estabeleceu-se com o Instituto de Estudos Socioeconômicos (Inesc). O material pouco a pouco reunido foi amadurecendo uma visão crítica sobre as ações e omissões do governo e da própria Funai. A INA passou a externar essa visão em notas públicas; ofícios de provocação ou denúncia sobre determinadas situações; conversas e debates mais amplos sobre os desmandos em curso na política indigenista do país.

A ESFERA JUDICIAL E A DENÚNCIA PÚBLICA

As investidas governamentais na desconstrução dos direitos indígenas têm tido respostas judiciais às quais a INA se juntou. Caso paradigmático é o do Recurso Extraordinário 1.017.365, o chamado "julgamento do marco temporal", ainda hoje pendente no STF. Em torno dele se definiram dois lados bem marcados. Governos estaduais, sindicatos e associações de proprietários e produtores rurais e, de modo vergonhoso, a autointitulada "nova Funai" de Xavier alinharam-se contra os direitos territoriais indígenas. Em defesa desses direitos, todo o movimento indígena organizado e entidades de apoio, a INA incluída. Admitidos como *amicus curiae* no caso, protocolamos no STF nossa contribuição argumentativa contra a tese do marco temporal em outubro de 2020.

No mesmo contexto de embate, a Articulação dos Povos Indígenas do Brasil (Apib) e a Defensoria Pública da União (DPU) ingressaram com uma ação na primeira instância, pedindo, entre outras coisas, a saída de Xavier da presidência da Funai. Também nesse caso (Ação Civil Pública 1070916-27.2021.4.01.3400), a INA pleiteou admissão como *amicus curiae*. A peça apresentada à 9ª Vara Federal Cível/DF, em fevereiro de 2022, decorreu do monitoramento desenvolvido em parceria com o Inesc.

Partiu do Inesc a proposta de organizar conjuntamente um balanço da Funai nos anos Bolsonaro. A base para isso seria o texto encaminhado à Justiça, uma vez atualizado, desenvolvido e retrabalhado em linguagem mais adequada. Assim chegamos, INA e Inesc, ao documento Fundação Anti-indígena: um retrato da Funai sob o governo Bolsonaro, lançado em formato digital em junho de 2022. O dossiê apresenta um detalhado registro dos mecanismos mediante os quais a Funai foi capturada e colocada para funcionar em atenção a interesses contrários aos dos indígenas.

A denúncia pública contida no dossiê também subsidiou a ação movida pela Apib contra o governo Bolsonaro no Tribunal Penal Internacional. Chamada a contribuir, a INA sumarizou os temas do documento numa breve nota técnica, encaminhada à Apib em julho de 2022. Presentemente, avaliamos junto a parceiros a possibilidade de que a situação de abandono da Funai em face de suas obrigações institucionais fosse enfrentada mediante nova ação na Justiça Federal, agora de caráter estruturante.

MAXCIEL, BRUNO E DOM

O dossiê Fundação anti-indígena seria lançado no momento de retomada do julgamento do marco temporal, em junho, mas fomos duplamente surpreendidos. O STF voltou a postergar o julgamento e veio a comoção envolvendo nosso colega Bruno Pereira e o jornalista britânico Dom Phillips. Desaparecidos nas imediações da TI Vale do Javari, no extremo oeste amazônico, seu brutal assassinato logo se confirmou, no início de junho de 2022.

© PEDRO BIAVA, 2022

Protesto em São Paulo pediu justiça pelos assassinatos de Bruno Pereira e Dom Phillips. Os cartazes também lembraram de Maxciel Pereira dos Santos, indigenista assassinado em 2019.

O dossiê acabou, portanto, vindo à luz nesse contexto, em que o mundo teve a atenção chamada para a tragédia humana e a grave situação de ilícitos em remotas regiões amazônicas. No Vale do Javari, a situação já havia levado à execução de outro colega, Maxciel Pereira dos Santos, em setembro de 2019, precedida de seguidos ataques a tiros a bases de proteção etnoambiental da Funai na região.

Para além da situação específica do Javari, os assassinatos de Bruno e Dom expuseram o incremento sem precedentes do avanço criminoso sobre os recursos naturais das TIs ocorrido durante o governo Bolsonaro, assim como o aumento da violência e da sensação de insegurança entre indígenas, agentes públicos e outros profissionais que atuam em defesa dos territórios e da floresta. Tudo isso acompanhado pelo discurso de incentivo de altas autoridades do país a práticas como o garimpo, pelo afrouxamento da fiscalização ambiental e pela elevação nas taxas de desmatamento.

Anunciado o desaparecimento, passamos a realizar vigílias diárias em frente à sede da Funai em Brasília, cobrando providências para agilizar a busca pelo nosso colega licenciado e seu companheiro de missão. A resposta do presidente da Funai não foi de solidariedade, mas de culpabilização de Bruno e Dom. Ao sugerir publicamente, por meio de falsidades, que eles não deveriam estar onde estavam ao desaparecer, Xavier deu vazão a um generalizado sentimento de indignação que se vinha acumulando ao longo de três anos de sua gestão anti-indigenista.

Sob forte carga de emoção, e apesar de muitas dificuldades, nos encaminhamos para uma mobilização poucas vezes vista na história da Fundação. Com o apoio e a orientação das entidades sindicais, entramos em greve – por respeito a Bruno e Dom; por atenção aos colegas que seguiam expostos em regiões como o Vale do Javari; por um "Fora Xavier" de caráter muito mais simbólico, tendo em vista que quem o poderia retirar do cargo tinha a mesma visão insensível e truculenta sobre todo o contexto.

A FUNAI QUE QUEREMOS

A mobilização daquele momento gerou uma atuação coordenada da INA não apenas com as instâncias sindicais, como também com a outra associação de servidores da Funai, a Associação Nacional dos Servidores da Funai (Ansef), além de colegas que se juntaram independentemente de qualquer vínculo representativo. Assim, nos organizamos para dialogar junto às comissões criadas no Senado e na Câmara, em conexão com o caso Bruno e Dom, e a um grupo de trabalho correlato no âmbito do Conselho Nacional de Justiça (CNJ). Também levamos a pauta de reivindicações para interlocução junto ao Ministério da Justiça e ao setor de pessoal da própria Funai, buscando melhorias em nossas condições de trabalho.

Passados os meses, chegamos à transição de governo e à possibilidade de vislumbrar o realinhamento da Funai à sua missão institucional. Uma Funai que demarque TIs, implemente efetivamente a gestão territorial e ambiental desses espaços territoriais e garanta todos os demais direitos sociais dos povos

FUNDAÇÃO ANTI-INDÍGENA

INA/Inesc registram o estrago operado nas entranhas da Funai entre 2019 e 2022 partindo da análise de documentos oficiais – linkados ao texto base. Ao falar da política indigenista, o dossiê detalha um modus operandi *destrutivo que o bolsonarismo aplicou.*

Marcelo Xavier, o "Ricardo Salles do indigenismo", virou do avesso a missão da instituição Funai. Em vez de proteger e promover os direitos indígenas, priorizou defender interesses rivais. Xavier e o chefe da Procuradoria do órgão empreenderam modificações infralegais claramente vinculadas à agenda ruralista de combate à política indigenista nas últimas décadas. A documentada atuação da dupla de gestores leva a indagar se não teriam chegado a cometer ilegalidades do ponto de vista da administração pública.

O dossiê apresenta uma Funai marcada por:

- *Assédio e perseguição a indígenas e servidores – Cargos de chefia ocupados por muitos militares, policiais e outros profissionais sem experiência com política indigenista. Enfrentamento ideológico e perseguição, inclusive policial, a lideranças e organizações indígenas de renome. Tratamento similar a servidores.*

- *Decisões administrativas que travam a atividade indigenista nas TIs – Centralização em Brasília das autorizações de viagens de servidores de todo o país e restrição ao pagamento de diárias quando da ida a TIs.*

- *Desfiguração da política de demarcação de TIs – Colaboração decidida para a inconstitucional promessa de "nem um centímetro" a mais de TI. Exclusão da delimitação do planejamento do órgão. Atuação residual e apenas sob pressão judicial. Adesão a formas variadas de bloqueios, resistências e retrocessos processuais. Ameaça desprotetiva a áreas onde vivem indígenas isolados.*

- *Desproteção de TIs não homologadas – Atendendo a uma pauta ruralista, a Funai de Xavier passou a não se pronunciar quando áreas de interesse de particulares incidem sobre TIs não homologadas, abrindo essas terras para o uso, fracionamento e até comercialização por não indígenas (IN 09/2020).*

- *Tentativa de cercear acesso a políticas – Em adesão a outra pauta ruralista, a Resolução 04/2021 pretendeu instituir critérios para o Estado arbitrar quem é ou não indígena, em desacordo com o princípio da autoidentificação (Convenção 169/ OIT).*

- *Apoio à exploração econômica das TIs por terceiros – A vedada forma de arrendamento ganha disfarce em experimentos de promoção da agropecuária em TIs (IN conjunta Funai/Ibama 01/2021 e projeto "Independência Indígena", com os Xavante). Incentivo à mineração e à exploração de madeira em TIs.*

Omissões na esfera judicial – Documentam-se vários casos, ligados à tentativa de oficializar mais ampla diretriz, segundo a qual a Funai só precisaria ingressar na Justiça quando se tratasse de defender TI homologada.

- *Resistência a atuar em TIs não homologadas – O descaso com TIs nessa condição se estende à própria definição de prioridades por parte dos gestores. Apesar de oficialmente negada, o dossiê colhe várias manifestações da referida resistência.* (novembro, 2022)

indígenas. É preciso, contudo, sublinhar que o enfrentamento dos principais desafios para recolocar a Fundação em pé depende não apenas de "revogaços", reforço orçamentário e estruturas de governança renovadas, como um efetivo Conselho Nacional de Política Indigenista (CNPI) e o anunciado ministério específico. Enquanto servidores, cabe-nos chamar a atenção para o quadro de enfraquecimento crônico da força de trabalho da Funai.

Apontamos, aqui, para a necessidade de novos concursos públicos, tendo em vista que o quadro de indigenistas de Estado é reduzido, com muita gente às portas da aposentadoria. Novos concursos para a Funai, porém, serão uma forma de "enxugar gelo", se não vierem acompanhados do enfrentamento a fatores que contribuem para altas taxas de evasão funcional. Falamos de precárias condições de trabalho Brasil afora e de remuneração abaixo, por exemplo, dos colegas da área ambiental do governo federal; de ausência de instrumentos adequados de capacitação e de valorização da formação profissional; da falta de incentivo ao desempenho de funções bastante específicas, como no caso do trabalho com povos indígenas isolados e de lotação em regiões remotas ou com altos níveis de conflito.

Os aspectos acima merecem espaço na pauta do novo governo Lula. Por atender a interesses fundamentais do poder público, o trabalho exercido na Funai deve ser valorizado: os cargos indigenistas, dotados de um plano de carreira, e a Fundação, reconhecida como órgão típico de Estado. *(novembro, 2022)*

A Inversão do Papel do Estado Frente aos Direitos Indígenas

Marcio Santilli | Assessor político, ISA

OS TERRITÓRIOS E AS FORMAS INDÍGENAS DE VIVER NÃO SÃO RESQUÍCIOS DO PASSADO, MAS ATIVOS ESSENCIAIS PARA UM PROJETO DE FUTURO, ALICERÇADO NA DIVERSIDADE DO PAÍS

Se tomarmos a demarcação das terras indígenas como parâmetro, há uma relação de continuidade entre os governos de Collor a Lula, passando por Itamar Franco e Fernando Henrique. Sarney havia ignorado a Constituição de 1988 e Dilma reduziu o ritmo do reconhecimento das terras indígenas, anunciando o retrocesso, que é a marca do período 2017/22, abrangido por essa publicação.

No caso da demarcação das Terras Indígenas, o nome próprio do retrocesso é "marco temporal", que significa limitar o reconhecimento de direitos territoriais aos grupos indígenas que estavam na posse efetiva das suas terras quando a Constituição foi promulgada, em 5 de outubro de 1988. A origem dessa interpretação restritiva foi no voto do então ministro do Supremo Tribunal Federal (STF), Teori Zavascki, durante o julgamento, em 2009, sobre a constitucionalidade da demarcação da TI Raposa-Serra do Sol, de Roraima.

A Constituição estabelece que as terras tradicionalmente ocupadas por indígenas são bens da União e se destinam à posse permanente e ao usufruto exclusivo dos povos indígenas, reconhece que são originários os direitos que eles têm sobre elas e determina que a União as demarque e as proteja. Os direitos territoriais indígenas são permanentes, imprescritíveis e inalienáveis. O caráter tradicional da ocupação indígena refere-se às formas tradicionais de ocupação coletiva das terras e não há no texto constitucional datas que limitem essa ocupação. O que há, nas disposições constitucionais transitórias, é um prazo – não cumprido – de cinco anos para a União concluir a demarcação das terras, mas que não prejudica o direito efetivo de ocupação e de uso enquanto não estejam demarcadas.

No julgamento de 2009, marcado por pressões políticas, Zavascki votou pela constitucionalidade daquela demarcação, mas, além de defender o tal marco temporal, propôs 19 condicionantes, de várias ordens, à demarcação de Terras Indígenas. O relator, ministro Ayres Britto, acolheu as condicionantes propostas, sem falar em marco temporal, para garantir a unanimidade naquela decisão. Posteriormente, o STF decidiu que as condicionantes acolhidas não se aplicavam às demais demarcações. Inconformada com a continuidade do processo, a Confederação Nacional da Agricultura (CNA) recorreu ao STF para tentar consolidar, como definitiva, a tese do marco temporal.

TEMERIDADES

Foi nesse ambiente de ambiguidade que Michel Temer assumiu a presidência, em 31/08/2016, beneficiado pelo impeachment de Dilma Rousseff. Até o final de 2018, Temer demarcou apenas uma terra indígena. Mas já no início de 2017, a Advocacia-Geral da União (AGU) editou um parecer adotando o marco temporal como vinculante às demarcações pendentes, antecipando-se à decisão do STF. Posteriormente, mas sem que tenha chegado a uma decisão final, o STF suspendeu a vigência deste parecer. O governo Temer promoveu retrocesso também na Funai, ao entregar a sua presidência, primeiro, a um general e, depois, a um pastor evangélico, sempre acolhendo pressões da bancada ruralista.

Temer foi eleito e reeleito vice-presidente, mas a sua chegada ao poder derivou da maioria parlamentar que derrubou Dilma. Sua postura em relação aos direitos indígenas foi, basicamente, a de um Pôncio Pilatos. E, no Congresso, se avolumavam pressões e iniciativas para cercear os direitos constitucionais indígenas, movidas a partir da bancada ruralista. Primeiro, foi a PEC 215/2000, que pretendia transferir para o Congresso a competência de demarcar terras indígenas, entre outras aberrações, cuja aprovação foi inviabilizada pela oposição do Senado. Depois, foi através do PL 490/2007, que é uma tentativa de instituir o marco temporal através de lei e que continua pendente de decisão.

Se as demarcações vinham se reduzindo desde o governo Dilma, quando Temer era o vice, chegaram perto da nulidade sob o seu governo.[1] Temer se acovardou diante das pressões e se antecipou ao Congresso e ao STF, ao tentar instituir o marco temporal por portaria da AGU, dissimulando o caráter político da sua decisão. Sua ambiguidade pusilânime foi superada pela atitude claramente anti-indígena e anticonstitucional do seu sucessor, Jair Bolsonaro.

DESCONSTITUIÇÃO

Bolsonaro jurou cumprir a Constituição, como se exige, mas não perdeu um minuto sequer para promover a desconstrução, na prática, dos direitos indígenas. Já havia prometido não demarcar um centímetro sequer de terra indígena, o que vem cumprindo, a despeito do que diz a Constituição. Além de paralisar demarcações pendentes, o seu governo tentou desassistir povos e comunidades que vivem nas áreas sem demarcação concluída, como se deixassem de ser indígenas, desprovendo-os de quaisquer outros direitos. O STF rejeitou esse entendimento, reafirmando que os direitos constitucionais dos povos indígenas, inclusive territoriais, independem do andamento do processo administrativo de demarcação.

Bolsonaro ameaça o STF de forma sistemática, pressionando-o a acolher a tese do marco temporal. Esta tem sido uma das vertentes do ataque do presidente contra o STF e o Tribunal Superior Eleitoral (TSE), na sua estratégia de golpear as instituições democráticas. Bolsonaro alega que a rejeição do marco temporal pelo STF resultaria no reconhecimento como terra indígena de extensão equivalente à das regiões Sul e Sudeste somadas. Na verdade, as terras em processo de demarcação representam um terço do total, e grande parte delas está fora da Amazônia, com extensão provavelmente muito menor do que a média das terras que já têm demarcação concluída. Porém, Bolsonaro quer disseminar o pânico na população rural.

Bolsonaro gostaria de anular as demarcações já concluídas, mas sabe que será derrotado nesse intento. Promove, então, a invasão das terras, inclusive as já homologadas por garimpeiros, madeireiros, grileiros e por quaisquer terceiros que se disponham a ocupá-las e a extrair as suas riquezas naturais, de forma ilegal e predatória.[2] A extensão em TIs invadidas e devastadas no seu governo é três vezes maior do que a historicamente acumulada.

PREDAÇÃO MINERAL

Bolsonaro se empenha, em especial, na promoção da mineração predatória em terras indígenas. Visitou pessoalmente áreas invadidas por garimpos, defendendo a sua legalização, apesar da

© LABLUXZ/MOBILIZAÇÃO NACIONAL INDÍGENA, 2018

Acampamento Terra Livre (ATL) 2018 projetou no Congresso o lema "Demarcação Já".

vedação constitucional. Recebeu em palácio e realizou *lives* com empresários do garimpo predatório. E enviou ao Congresso o PL-191 que, a pretexto de regulamentar a Constituição, libera todo tipo de atividade econômica em terras indígenas: construção de estradas e de hidrelétricas, plantio de sementes transgênicas, mineração formal e, sobretudo, o garimpo predatório, vedado pela Constituição.

Apesar do empenho do governo, do presidente da Câmara, Arthur Lira, e do líder do governo, Ricardo Barros, a tramitação do PL continua enroscada. À forte oposição do movimento indígena e da opinião pública em geral, somaram-se as objeções expressas da Federação Brasileira de Geólogos (Febrageo) e do Instituto Brasileiro de Mineração (Ibram), que representam as maiores instituições formais do setor. Essa quase unanimidade contrária mantém suspensa a sua votação.

Mesmo assim, à revelia da lei, a promoção do garimpo predatório pelo governo avança, favorecida pelo aumento do preço internacional do ouro e do contingente de desempregados gerado pela crise econômica e pela pandemia. Com isso, também cresceu a destruição, a disseminação de doenças e a contaminação dos cursos d'água, comprometendo as fontes de alimentos e desestruturando as formas tradicionais de vida das comunidades indígenas afetadas.[3]

COOPTAÇÃO E VIOLÊNCIA

A desconstrução da política indigenista foi muito além das demarcações de terra sob o governo Bolsonaro. A Funai foi entregue a um delegado da Polícia Federal, mas que fez carreira como assessor da bancada ruralista. Sua gestão tem sido marcada pela desestruturação administrativa e orçamentária do órgão, pela desassistência combinada com a promoção de atividades predatórias, com a perseguição a funcionários e processos judiciais movidos contra lideranças indígenas. A finalidade legal do órgão foi subvertida.

Bolsonaro também se empenhou pessoalmente em ignorar o movimento indígena e em tentar desconstruir lideranças legítimas. Chegou ao ponto de levar uma *YouTuber* indígena a uma reunião da ONU, em 2019, para deslegitimar o simbolismo político natural do Raoni, líder do povo Kayapó. O governo se empenha na produção política de uma organização dos "agricultores indígenas", que reúne uma dezena de indígenas de algumas etnias, dependentes de frentes predatórias que operam nos seus territórios.

Conforme se aproxima o final do mandato de Bolsonaro, a espiral da violência contra lideranças indígenas e seus aliados se intensifica. Assassinatos, estupros, invasões de aldeias, incêndios criminosos nas sedes de organizações indígenas se multiplicam, em diversos estados. A execução e o esquartejamento do indigenista Bruno Pereira e do jornalista Dom Phillips chocaram o mundo todo, mas não foram as primeiras, nem as últimas vítimas fatais da sua política anti-indígena.

CONTRADIÇÕES

Talvez seja querer demais que um país como o Brasil, com 0,5% da sua população sendo indígena, tenha governos indigenistas. A política de todos os governos pós-1988, mesmo nos seus melhores momentos, padeceram de vacilações e de contradições. O sonho de muitos indígenas e indigenistas, com um governo persistentemente ocupado em implementar o espírito da Constituição, realizou-se – às avessas – com Bolsonaro.

Nunca antes na história desse país um presidente falou tanto sobre a questão indígena, e de forma tão persistente, quanto Bolsonaro, só que ele o faz para atentar, de todas as formas possíveis, contra os direitos e as vidas indígenas.

É preciso reconhecer que Bolsonaro tem conseguido insuflar o preconceito contra os povos indígenas em boa parte dos 25 a 30% da população que o apoiam. Tem logrado, sobretudo, fortalecer, política e militarmente, segmentos empresariais predatórios que o apoiam, especialmente na Amazônia. Por outro lado, a insistência de Bolsonaro no tema, associada à forte rejeição da maioria da população a ele, tem levado muitos segmentos, que nunca se importaram e se informaram a respeito, a perceberem a situação de violência a que os povos indígenas estão submetidos e a se solidarizarem com eles.

Além disso, a emergência climática mundial, que tem se traduzido, no Brasil, em secas e enchentes cada vez mais letais, também vem permitindo que muita gente perceba a importância dos territórios e das formas indígenas de viver como elementos estratégicos para o seu enfrentamento. Não são resquícios do passado, mas ativos essenciais para um projeto de futuro, alicerçado na diversidade do país.

Nunca o movimento indígena esteve tão forte. As edições pós-pandemia do Acampamento Terra Livre (ATL) levaram milhares de representantes das várias regiões do país à Esplanada dos Ministérios. A Articulação dos Povos Indígenas do Brasil (Apib) conquistou o reconhecimento, pelo STF, da prerrogativa de mover ações diretas de inconstitucionalidade, além de obter vitórias expressivas, como obrigar o governo a estruturar um plano específico de combate à pandemia entre os indígenas.

Também aumenta de forma consistente a participação indígena no processo político formal. Cresceu em 20% o número de candidatos indígenas e de vereadores, prefeitos e vices vitoriosos nas últimas eleições municipais. O excelente mandato de Joênia Wapichana como deputada federal, por Roraima, está estimulando grande número de candidatos indígenas para as eleições de 2022. O movimento indígena vem construindo relações de parceria com muitas instituições que nunca se importaram antes com os seus direitos e interesses.

É de se esperar que a grande maioria dos eleitores indígenas vote contra Bolsonaro nas próximas eleições. A provável vitória de um opositor representará alívio e esperança para os povos indígenas. Mas contradições e preconceitos persistirão no seio da sociedade. Também estarão ativas as resistências às demarcações, assim como o risco de violência. Será preciso construir novas políticas de convivência. Apesar de tudo, podemos dizer, a essa altura, como pano de fundo histórico, que foi sob a égide dessa Constituição que não pretende forçar a integração dos povos indígenas à sociedade nacional que se deu a maior aproximação efetiva entre eles. *(agosto, 2022)*

NOTAS

1 Disponível em: https://pib.socioambiental.org/pt/Situa%C3%A7%C3%A3o_jur%C3%ADdica_das_TIs_no_Brasil_hoje

2 Para saber mais:

Invasão de terras indígenas dispara sob governo Bolsonaro .https://www.dw.com/pt-br/invas%C3%A3o-de-terras-ind%C3%ADgenas-dispara-sob-governo-bolsonaro/a-50585803

Desmatamento em Terras Indígenas cresceu 138% nos três anos de governo Bolsonaro. https://www.brasildefato.com.br/2021/12/22/desmatamento-em-terras-indigenas-cresceu-138-nos-tres-anos-de-governo-bolsonaro

Com Bolsonaro, fazendas foram certificadas de maneira irregular em terras indígenas na Amazônia. https://apublica.org/2020/05/com-bolsonaro-fazendas-foram-certificadas-de-maneira-irregular-em-terras-indigenas-na-amazonia/

Destruição de áreas protegidas na Amazônia explode com Bolsonaro. https://site-antigo.socioambiental.org/pt-br/noticias-socioambientais/destruicao-de-areas-protegidas-na-amazonia-explode-com-bolsonaro

3 Para saber mais:

Contaminação por mercúrio se alastra na população Yanomami. https://informe.ensp.fiocruz.br/noticias/46979

Rios na Terra Yanomami têm 8600% de contaminação por mercúrio, revela laudo da PF. https://g1.globo.com/rr/roraima/noticia/2022/06/06/rios-na-terra-yanomami-tem-8600percent-de-contaminacao-por-mercurio-revela-laudo-da-pf.ghtml

Impacto do mercúrio na saúde do povo indígena Munduruku, na bacia do Tapajós. https://www.greenpeace.org/static/planet4-brasil-stateless/9ec86ba8-wwf-br_2020_nt_impacto-merc%C3%BArio-sa%C3%BAde-povo-ind%C3%ADgena-munduruku_v2.pdf

COVID-19

Desafios no Enfrentamento da Pandemia em Povos Indígenas no Brasil

Ana Lucia de Moura Pontes | Fiocruz
Mariana Maleronka Ferron | Faculdade Israelita de Ciências da Saúde Albert Einstein
Andrey Moreira Cardoso | Fiocruz

A PANDEMIA TORNOU AINDA MAIS EVIDENTES AS DEFICIÊNCIAS QUE PERMANECEM NA ATENÇÃO À SAÚDE INDÍGENA E A SUA FRÁGIL ARTICULAÇÃO COM OS DEMAIS NÍVEIS DE COMPLEXIDADE DA REDE SUS. DEMANDAS LIGADAS À PROTEÇÃO TERRITORIAL, ATENDIMENTO À SAÚDE INDÍGENA E FORMULAÇÃO DE POLÍTICAS PÚBLICAS IDENTITÁRIAS ACABARAM DESAGUANDO NO JUDICIÁRIO

Quando, no início de 2020, o mundo e o Brasil foram afetados pela crise sanitária deflagrada pela pandemia da covid-19, diversos organismos internacionais, pesquisadores e organizações indígenas alertaram para o particular estado de vulnerabilidade dos povos indígenas à nova doença, e para a necessidade de elaboração de estratégias urgentes e efetivas para sua proteção.

Diante das memórias sobre os devastadores impactos de epidemias provocadas pelo contato com não indígenas, rapidamente, os povos e organizações indígenas organizaram, de maneira autônoma, barreiras sanitárias nos territórios indígenas para controle da circulação de pessoas. A Articulação dos Povos Indígenas do Brasil (Apib), em 12 de março de 2020, lança um comunicado no qual suspende o Acampamento Terra Livre (ATL) presencial e reforça a necessidade de fortalecimento do sistema público de saúde e, particularmente, do Subsistema de Atenção à Saúde Indígena (SasiSUS).

O SasiSUS, criado em 1999, no âmbito do Sistema Único de Saúde (SUS), tem como objetivos ofertar atenção primária nos territórios indígenas, a partir dos Distritos Sanitários Especiais Indígenas (Dsei), e coordenar a articulação com as redes de assistência secundárias e terciárias do SUS, considerando as diversidades socioculturais e linguísticas, os modos de vida e formas de ocupação dos territórios, o perfil epidemiológico, e a articulação com os sistemas médicos tradicionais indígenas. Ressalta-se que a Lei 9.836/1999, que criou o SasiSUS, estabeleceu que a responsabilidade gestora desse Subsistema é do Governo Federal. Desde 2010, a condução do SasiSUS está a cargo da Secretaria Especial de Saúde Indígena (Sesai), sem desconsiderar que estados e municípios devam atuar de forma complementar, a fim de garantir a integralidade da atenção à saúde indígena, cabendo, portanto, a este órgão a coordenação da resposta frente à pandemia no contexto dos povos indígenas.

Em 19 de março de 2020, a Sesai divulgou a primeira versão do *Plano de Contingência Nacional para Infecção Humana pelo Novo Coronavírus (covid-19) em Povos Indígenas*,[1] bem como o primeiro Informe Técnico para a organização das ações nos Dseis para enfrentamento da pandemia, mas com orientações bastante genéricas, reproduzindo aquelas recomendadas pelo Ministério da Saúde para a população geral, portanto, não adequadas à diversidade e especificidades do contexto indígenas. Também não se identificava um plano de ações concretas com metas, prazos, previsão orçamentária e responsabilidades.

A partir de abril de 2020, houve um acelerado incremento no número de casos e óbitos por covid-19 em indígenas, particularmente na região Norte, muitos deles não contabilizados pela Sesai, situação que culminou com o alerta, por parte das lideranças indígenas, de que o monitoramento da Sesai[2] não considerava

©KAMIKIÁ KISÊDJÊ, 2021

O enfermeiro Igor Vinicius aplica vacina em Kamani Trumai, pai do cineasta Kamikiá Kisêdjê. Quase metade da população do Território Indígena do Xingu (MT) recebeu a vacina contra a covid-19 em 2021.

os casos ocorridos em indígenas que estavam em áreas urbanas, resultando em subestimação dos impactos da pandemia nessa população.[3] Como resposta, a Apib e suas entidades de base criaram, em maio de 2020, o Comitê Nacional de Vida e Memória Indígena[4] para, a partir de um monitoramento participativo e autônomo, consolidar os dados de todos os indígenas.

Há que se destacar as rápidas evidências que surgiram sobre o estado de acentuada vulnerabilidade dos indígenas em contexto urbano à covid-19. Estudos mostraram que a prevalência de anticorpos contra o novo vírus foi 87% maior entre indivíduos autodeclarados indígenas do que brancos em cidades brasileiras,[5] ou que 60,5% dos indígenas residentes em áreas urbanas já estavam em municípios de alto risco imediato para a pandemia, enquanto somente 17,7% da população em área rural e Terras Indígenas (TI) estavam nessa condição no mesmo período. Os autores apontam a rápida interiorização da pandemia, sendo que a população indígena em áreas rurais e TI foram as que tiveram maior incremento relativo do risco de exposição, de 154,8%, ao longo das 4,5 semanas do monitoramento.[6]

Ao longo do primeiro semestre de 2020, diante da lenta resposta governamental, com uma execução orçamentária menor que em 2019,[7] a Frente Parlamentar Mista em Defesa dos Povos Indígenas, coordenada pela deputada federal Jôenia Wapichana, encaminha e aprova a Lei 14.021/2020, e a Apib aciona o Supremo Tribunal Federal (STF) por meio de uma Arguição de Descumprimento de Preceito Fundamental (ADPF) 709.[8] Em 8 de julho de 2020, o Ministro do STF Luís Roberto Barroso determina pela ADPF 709, entre outras medidas, a extensão imediata das ações do SasiSUS aos indígenas em territórios não homologados e em contexto urbano com barreira de acesso ao SUS, e a criação de um grupo de trabalho coordenado pela União para elaboração do *Plano de Enfrentamento e Monitoramento da COVID-19 para Povos Indígenas Brasileiros*, com participação de representantes indígenas e especialistas da Associação Brasileira de Saúde Coletiva (Abrasco) e da Fundação Oswaldo Cruz (Fiocruz). Após 8 meses, em março de 2021, a quarta versão do foi parcialmente homologada pelo STF. Durante o acompanhamento da ADPF 709, pode-se dizer que diversas medidas indicadas no plano não foram plenamente atingidas apesar de, neste processo, ter se observado a ampliação de ações tomadas pela União, incluindo a priorização dos indígenas em TIs na campanha de vacinação contra a covid-19.

DESIGUALDADES NOS IMPACTOS DA PANDEMIA NOS POVOS INDÍGENAS

Passados pouco mais de dois anos da introdução da covid-19 no Brasil, diversas análises evidenciam os graves e desiguais impactos da pandemia nos povos indígenas, particularmente durante o ano de 2020. A análise das razões entre taxas (RT) de mortalidade acumuladas por covid-19 segundo grupos etários em indígenas e não indígenas, até final de agosto de 2020, demonstra um excesso de pelo menos 50% na mortalidade indígena em praticamente todas as faixas etárias, com destaque para os mais jovens (RT0-9a: 7,1; RT10-19a: 3,6; RT50-59a: 2,3; RT ≥80a: 2,1).[9]

No mesmo período, a letalidade hospitalar indígena por covid-19 confirmada laboratorialmente (SRAG-covid-19) excedeu em 19% a de não indígenas, sendo esse diferencial maior nas regiões Norte e Centro-Oeste, onde há maior concentração de populações indígenas.[10] A letalidade hospitalar nos primeiros meses da pandemia mostrou-se mais elevada em indígenas do que nas das demais categorias de raça/cor em praticamente todas as faixas etárias, com exceção da faixa etária entre 60 e 69 anos.[11]

Quando da atualização das taxas de mortalidade por covid-19 para os primeiros 12 meses da pandemia, estudos observaram um incremento das taxas de mortalidade tanto para indígenas quanto não indígenas.[12] Apesar da diminuição das disparidades entre as taxas de mortalidade de indígenas e não indígenas em comparação ao período inicial da pandemia, manteve-se o padrão de maior mortalidade entre indígenas, principalmente nos extremos de idade. Outro estudo[13] analisou temporalmente, no ano de 2020, o excesso de mortalidade em relação ao esperado[14] para indígenas e não indígenas, e verificou um incremento de 34,8% da mortalidade esperada entre indígenas, superior ao incremento de 18,1% verificado em não indígenas. Houve importante diferença regional e temporal no excesso de mortes entre indígenas, tendo sido este mais precoce e de maior magnitude na região Norte, seguida das regiões Nordeste e Centro-Oeste.

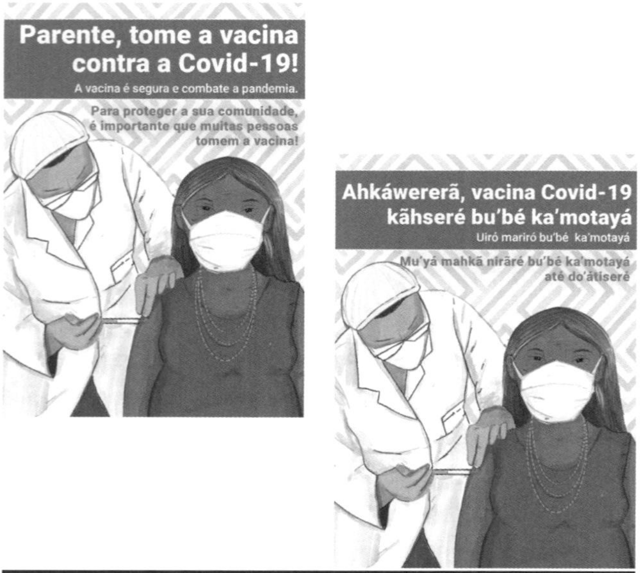

Cartilha sobre a covid-19 para os povos indígenas no Rio Negro teve versões em nheengatu, baniwa e tukano, além do português.

FRAGILIDADES DA RESPOSTA GOVERNAMENTAL: CONTRIBUIÇÕES DA ABRASCO PARA A CPI DA COVID-19

Em abril de 2021 foi instalada, pelo Senado Federal, a Comissão Parlamentar de Inquérito (CPI) da covid-19 com o objetivo de investigar omissões do Governo Federal, irregularidades no uso de recursos pela União, estados, Distrito Federal e municípios, e a crise de falta de oxigênio em Manaus. Suas atividades foram encerradas com a entrega do relatório final em 26 de outubro de 2021, no qual consta o enquadramento dos atos e omissões do governo federal com relação aos povos indígenas. A Abrasco enviou à CPI da covid-19 contribuições por meio de uma Nota Técnica,[15] apontando evidências da frágil resposta governamental ao enfrentamento da pandemia no contexto dos povos indígenas, sendo que destacaremos alguns aspectos a seguir.

© RAQUEL UENDJISA, 2020

Benzedor e pajé Ercolino Jorge Araújo Alves, da etnia Desano, e sua esposa Carmem FigueiredoAlves, da etnia Wanano, trabalham em conjunto: ela prepara o chá e ele faz os benzimentos. A Associação dos Artesãos Indígenas de São Gabriel da Cachoeira (Assai) realiza oficina sobre benzimentos, chás, banhos e defumações contra o novo coronavírus.

A análise dos informes técnicos e das estratégias de vigilância adotadas pela Sesai indicaram que a tomada de decisões institucionais eram pouco embasadas pelas evidências sobre a rápida evolução da pandemia e as constantes mudanças e diversidades de cenários epidemiológicos nas diferentes regiões do país; que houve reconhecimento tardio da situação de transmissão comunitária em muitas localidades; e que houve grande fragilidade das estratégias de vigilância, tais como falta de busca ativa de casos sintomáticos e rastreamento de contatos, e ausência de estratégia eficiente de testagem laboratorial (limitando o acesso e dando pouco incentivo ao uso do RT-PCR e adoção tardia e limitada da alternativa de testes rápidos de antígeno).

Apontam-se fragilidades no planejamento e implementação de estratégias de qualificação dos trabalhadores da saúde indígena, pois adotando a modalidade autoinstrucional, coube aos profissionais realizarem por sua própria conta os cursos disponíveis *online*, mesmo sem garantir as condições de acesso ao ambiente virtual e conteúdo disponível, dadas as precárias condições de infraestrutura em diversos municípios sede e nos territórios indígenas.[16]

Destaca-se a organização tardia do *Protocolo Sanitário de Entrada em territórios indígenas dos trabalhadores da saúde*, em agosto de 2020, sendo que diante da falta de acesso ao diagnóstico por RT-PCR e da parca distribuição de testes rápidos de antígeno, pode-se deduzir que não se fez um bloqueio efetivo da introdução do SARS-CoV-2 em comunidades indígenas. Além disso, os dados mostram que não houve substituição de trabalhadores afastados por motivo de doença ou morte, sendo que os mais impactados foram justamente aqueles diretamente envolvidos na assistência nos territórios, bem como as categorias com maior proporção de trabalhadores indígenas.[17] Deve-se destacar que, no âmbito da ADPF 709, a União indicou que não existiria a necessidade de novas contratações, desconsiderando os afastamentos e a emergência sanitária.

Como estratégias para reforço da força de trabalho e da assistência no território, a Abrasco apontou a insuficiência das Equipes de Resposta Rápida (ERR), criadas pela Portaria 55 de 2020 da Sesai, e a ênfase em estratégias de missões de curta duração, de alguns dias ou semanas, e nem sempre nos períodos de maior agravamento da covid-19. A implementação das Unidades de Atenção Primária Indígena (Uapi) para ampliar o apoio a assistência nos territórios foram importantes, mas apesar de estipulados estrutura e insumos mínimos, não foram localizados os critérios para implementação, estimativa e previsão orçamentária para instalação das 289 Uapi implantadas, nem para sua manutenção. Observou-se insuficiência na disponibilização de Equipamentos de Proteção Individual (EPI), como máscaras cirúrgicas, máscaras N95, luvas, aventais, touca e óculos de proteção, e de testes rápidos, tanto sorológicos quanto de antígenos. Quando houve o agravamento da pandemia, em 2021, houve redução na distribuição de EPI para os Dsei. Os dados também sugerem a falta de critério para compra e distribuição desses equipamentos e testes nos diferentes distritos.[18] Os pesquisadores analisaram a distribuição de Cloroquina nos Dseis, apontando que em 17 houve uma distribuição superior à demanda para controle da malária, de mais de 100 mil comprimidos, indicando seu uso sem embasamento científico.

Apesar da priorização dos povos indígenas no início da campanha de vacinação para covid-19, o incremento na cobertura vacinal de primeira e segunda doses da vacina contra covid-19 nas populações indígenas foi lenta, com sucessivas estagnações, resultando em grande heterogeneidade nas coberturas vacinais entre os Dseis.[19] Até maio de 2022, cinco Dseis ainda apresentavam cobertura de segunda dose menor que 70%; apenas 63% da população com mais de 18 anos foi vacinada com a terceira dose; apenas 15% das crianças indígenas de 5 a 11 anos haviam completado o esquema vacinal; e 58% dos adolescentes de 12 a 17 anos possuíam duas doses da vacina contra covid-19.[20]

Destaca-se que a análise geral do orçamento da Sesai de 2020/2021[21] demonstrou redução na dotação orçamentária se comparada aos anos anteriores, apesar das demandas extraordinárias da pandemia. Além disso, chama a atenção o pequeno montante dispendido para a compra de materiais de consumo, na qual se enquadram medicamentos, equipamentos de proteção individual e testes laboratoriais.[22]

Esse conjunto de documentos, registros e análises caracterizam uma ação governamental lenta e aquém da desejável para as autoridades governamentais e sanitárias que deveriam liderar as ações de controle da pandemia em povos indígenas, caracterizando uma situação de desrespeito aos direitos constitucionais desses povos, ampliando as iniquidades étnico-raciais em saúde no país. *(maio, 2022)*

NOTAS

[1] SECRETARIA ESPECIAL DE SAÚDE INDÍGENA (SESAI). MINISTÉRIO DA SAÚDE. *Plano de Contingência Nacional para Infecção Humana pelo novo Coronavírus (COVID-19) em Povos Indígenas – versão preliminar*. Brasília: SESAI, 2020.

[2] Para saber mais: http://www.saudeindigena.net.br/coronavirus/mapaEp.php

[3] Fellows, M. *et al*. *Não são número, são vidas!* A ameaça da covid-19 aos povos indígenas na Amazônia Brasileira. Manaus: COIAB: IPAM, 19 jun. 2020.

[4] Para saber mais: http://emergenciaindigena.apiboficial.org/dados_covid19/

[5] Hallal, P. C. *et al*. SARS-CoV-2 antibody prevalence in Brazil: results from two successive nationwide serological household surveys. *Lancet Glob Health*. 8(11):e1390-e1398, 2020. doi: 10.1016/S2214-109X(20)30387-9.

[6] Lana, R. M *et al*. Vulnerabilidade das Populações Indígenas à Pandemia de covid-19 no Brasil e os Desafios para o seu Monitoramento. *In*: Freitas, C. M.; Barcellos, C.; Villela, D. A.(Orgs.) *Covid-19 no Brasil: cenários epidemiológicos e vigilância em saúde*. Rio de Janeiro: Observatório covid-19 Fiocruz; Editora Fiocruz, p. 127-142, 2021.

[7] Saraiva, L; Cardoso, A. *Nota técnica: Execução Orçamentária da Saúde Indígena diante da pandemia do novo coronavírus*. Brasília: INESC, 2020.

[8] Terena, L. E. Povos Indígenas e o Judiciário no Contexto Pandêmico: A ADPF 709 proposta pela Articulação dos Povos Indígenas do Brasil, 2022 (mimeo).

[9, 10] Pontes, A. L. M. *et al*. Pandemia de covid-19 e os povos indígenas no Brasil: cenários sociopolíticos e epidemiológicos. *In*: Matta, G. C; Rego, S.; Paiva, E. S. *et al*. (Orgs.). *Os Impactos Sociais da covid-19 no Brasil*. Rio de Janeiro: Editora Fiocruz, p. 123-136, 2021.

[11] Ranzani et al. Characterisation of the first 250000 hospital admissions for COVID-19 in Brazil: a retrospective analysis of nationwide data. *Lancet Respir Med 9*, p. 407–18, January 15, 2021.

[12] Pontes, A. L. M. *et al*. Os impactos da pandemia de covid-19 entre povos indígenas no Brasil. *In*: Conselho Indigenista Missionário (Cimi) (Org.). *Relatório Violência contra os povos indígenas no Brasil – dados de 2020*. Cimi, p. 49-53, 2021.

[13] Soares, G. H.; Jamieson, L.; Biazevic, M. G. H.; Michel-Crosato, E. Disparities in excess mortality between indigenous and non-indigenous Brazilians in 2020: Measuring the effects of the COVID-19 pandemic. Journal of Racial and Ethnic Health Disparities, 2021, https://doi.org/10.1007/s40615-021-01162-w.

[14] Corresponde à diferença entre o número de mortes observadas e o número de mortes esperada num mesmo período.

[15, 16, 17, 18, 19] ABRASCO – ASSOCIAÇÃO BRASILEIRA DE SAÚDE COLETIVA. Nota técnica: *O enfrentamento da pandemia no contexto dos povos indígenas: aspectos da resposta governamental - Versão preliminar encaminhada para a CPI da covid-19*. Rio de Janeiro, 2021.

[20] SESAI – SECRETARIA ESPECIAL DE SAÚDE INDÍGENA. *Informe Epidemiológico 105 – Doença por Coronavírus (covid-19) em populações indígenas. Semana Epidemiológica (SE) 18 de 2022*. Brasília: Secretaria Especial de Saúde Indígena (SESAI), 2022.

[21] Para saber mais: http://www.saudeindigena.net.br/coronavirus/transparencia.php

[22] ABRASCO – ASSOCIAÇÃO BRASILEIRA DE SAÚDE COLETIVA. Nota técnica: *O enfrentamento da pandemia no contexto dos povos indígenas: aspectos da resposta governamental – Versão preliminar encaminhada para a CPI da covid-19*. Rio de Janeiro, 2021.

Terras Indígenas: Demarcação e Exploração de Recursos Naturais

Demarcação

Arrendamento Mineração

Conservação

DEMARCAÇÕES

Terras Indígenas no Período de 2017 a 2022

Fany Ricardo | ISA

BOLSONARO AVISOU, ANTES DE TOMAR POSSE EM 2019, QUE NÃO IRIA DEMARCAR NENHUMA TERRA INDÍGENA (TI). SEM DÚVIDA ELE CUMPRIU O QUE PROMETEU DE CABO A RABO. NÃO HOMOLOGOU NENHUMA TI, SEU GOVERNO NÃO DECLAROU E NEM DEMARCOU NENHUMA TERRA. ASSIM COMO A FUNAI NÃO APROVOU ESTUDOS DE NENHUMA NOVA ÁREA

Durante o período que cobre esta publicação (2017 a 2022), tivemos dois presidentes da República: Michel Temer, entre 31 de agosto de 2016 e 31 de dezembro de 2018, e Jair Bolsonaro, a partir de 1º de janeiro de 2019. Ao todo, nesse período, foram sete ministros da Justiça e cinco presidentes da Fundação Nacional do Índio (Funai).

Nos quase dois anos e meio em que esteve à frente do governo, Temer homologou apenas a Terra Indígena (TI) Baía dos Guató, em abril de 2018, com 19.216 hectares. Nesse mesmo período foram nomeados quatro ministros da Justiça. Desses, apenas Torquato Jardim declarou TIs, quais sejam: Tapeba (5.294 ha), no Ceará; Jurubaxi-Tea (1.208.155 ha), no Amazonas; e Kaxuyana--Tunayana (2.284.20 ha) no Pará.

No governo Bolsonaro, iniciado em janeiro de 2019, foram nomeados três ministros da Justiça e Segurança Pública. O primeiro foi Sérgio Moro, que atuou do início de janeiro de 2019 até 24 de abril de 2020. Além de não declarar nenhuma TI, Moro devolveu 17 processos de TIs que foram encaminhadas a ele para dar sequência aos processos demarcatórios. Na ocasião, o ministro justificou a devolução com base na tese do "marco temporal" – mesmo o Supremo Tribunal Federal (STF) não tendo consolidado um entendimento sobre a aplicação da tese no âmbito do julgamento do Recurso Extraordinário (RE) 1017365, ainda não finalizado.

O segundo ministro foi André Mendonça, entre abril de 2020 a março de 2021, que é pastor evangélico da Igreja Presbiteriana Esperança, em Brasília/DF. Muito afinado com Bolsonaro, não tomou nenhuma medida para a continuidade do reconhecimento das TIs que estavam em processo de demarcação. André Mendonça foi indicado por Bolsonaro a ministro do STF.

O terceiro ministro é o delegado da Polícia Federal Anderson Torres, que tomou posse no dia 30 de março de 2021. Em seu perfil divulgado no site do Ministério da Justiça, Anderson Torres sempre teve uma atuação focada na repressão e no combate ao crime organizado. Ele também não declarou nenhuma TI, bem como prestou apoio limitado aos esforços de combate às invasões e atividades ilegais nas TIs.

A FUNAI APROVOU OS ESTUDOS DE IDENTIFICAÇÃO DE APENAS UMA TI

De 2017 até dezembro de 2022, a Funai teve quatro presidentes, mas cinco gestões, pois Franklinberg Ribeiro de Freitas teve duas passagens na presidência do órgão. A primeira antes de Wallace Moreira Bastos, e a segunda, após a demissão de Wallace.

Quando Bolsonaro tomou posse, o presidente da Funai era o general do Exército Franklimberg (em sua segunda gestão), que permaneceu na direção do órgão por cinco meses (janeiro a junho de 2019).

O antecessor do general Franklimberg foi Antônio Fernandes Costa, presidente do órgão indigenista por apenas quatro meses, entre janeiro e maio de 2017. Dentista e pastor evangélico de Luiziânia/GO, Antonio Costa já atuou como assessor parlamentar e em trabalhos com povos indígenas na Secretaria Especial de Saúde Indígena (Sesai) e na Missão Evangélica Caiuá – antiga missão que presta assistência ao povo Guarani no estado de Mato Grosso do Sul.

Na primeira gestão, o general Franklimberg assumiu interinamente a presidência da Funai após a exoneração de Antônio Costa. Ele ficou no cargo no período de maio de 2017 a abril de 2018. Franklimberg é militar da reserva, ingressou nas Forças Armadas em 1976. Antes de ser nomeado para a Funai, exercia o cargo de assessor de relações institucionais do Comando Militar da Amazônia em Manaus (CMA). Sua gestão na Funai não agradou a Frente Parlamentar da Agropecuária (FPA), que era composta por 252 parlamentares, entre deputados e senadores, que esperavam ações que atendessem aos interesses dos ruralistas. A FPA enviou um ofício ao presidente Temer, com a assinatura de mais de 170 lideranças indígenas, pedindo sua demissão.

Em abril de 2018, Franklimberg pediu demissão alegando forte pressão política dos ruralistas para deixar o cargo. No Dia dos Povos Indígenas, 19 de abril de 2018, Franklimberg, antes de deixar a Funai, aprovou os estudos da TI Pankará da Serra do Arapuá, do povo Pankará, com 15.114 hectares no município de Carnaubeira da Penha, estado de Pernambuco.

A nomeação de Wallace Moreira Bastos para exercer o cargo de presidente da Funai foi publicada em 24 de abril de 2018, no mesmo Diário Oficial da União em que foi publicada a demissão de Franklinberg. Após nove meses, no dia 16 de janeiro de 2019, Wallace Moreira Bastos pediu demissão da presidência da Funai sem nenhum ato significativo sobre a demarcação territorial.

Franklimberg assumiu novamente a presidência do órgão em janeiro, até ser exonerado, em junho, por pressão da bancada ruralista. Durante um mês a Funai teve Fernando Maurício Duarte Melo como presidente substituto. Em seguida, no dia 19 de julho de 2019, o delegado da Polícia Federal Marcelo Augusto Xavier da Silva foi nomeado presidente da Funai.

Marcelo Augusto Xavier da Silva atuou como assessor na Comissão Parlamentar de Inquérito (CPI) da Funai, em 2016. A CPI foi criada para apurar supostas irregularidades cometidas pelo Instituto Nacional de Colonização e Reforma Agrária (Incra) e pela Funai em processos de titulação de quilombos e de demarcação de TIs, respectivamente. O relatório final propôs a revisão de demarcações – uma bandeira do governo Bolsonaro. O objetivo dessa Comissão acabou sendo criminalizar lideranças e organizações indígenas, organizações da sociedade civil aliadas dos povos indígenas, antropólogos e servidores públicos – os mesmos setores considerados inimigos pela administração federal. Xavier da Silva já tinha passado pela Funai, trabalhando na ouvidoria do órgão. Nessa época, chegou a solicitar que policiais investigassem supostas "invasões" de indígenas em áreas por eles reivindicadas no Mato Grosso do Sul. As denúncias mostraram-se sem fundamento. Na sequência, foi nomeado como assessor para assuntos fundiários do então ministro da Secretaria de Governo da Presidência, deputado Carlos Marun (MDB-MS) e braço-direito de Michel Temer.

Em 24 de janeiro de 2019, já no governo Bolsonaro, o policial ganhou mais um cargo em Brasília: o de assessor especial de Nabhan Garcia, presidente licenciado da União Democrática Ruralista (UDR) e secretário especial de Assuntos Fundiários do Ministério da Agricultura. Nabhan foi um dos maiores inimigos das demarcações de TIs dentro do governo.

A nomeação do delegado para a Presidência da Funai fez parte do plano de Bolsonaro de dar o controle total do órgão indigenista aos ruralistas e, assim, cumprir seu compromisso de campanha de paralisar de vez e rever as demarcações de TIs. Marcelo Augusto, então presidente da Funai, por força de decisões judiciais, foi obrigado a assinar 19 portarias de criação de GTs para iniciar estudos de identificação de novas TIs. Mas não aprovou nenhum desses estudos, nem sabemos se eles chegaram a ser realizados. Ele não deu continuidade aos processos, já que nenhum deles teve a publicação do despacho de aprovação da TI com o relatório circunstanciado, as coordenadas e o mapa da área, no Diário Oficial da União.

PORTARIAS DA FUNAI DE CRIAÇÃO DE GTS PARA IDENTIFICAÇÃO DE NOVAS TIS

Expedidas por Franklimberg Ribeiro de Freitas		
	Data	**TI**
1	08/03/2019	Gamela
2	02/05/2019	Karuguá (Araçá'i)
3	02/05/2019	Tekoa Porã
4	02/05/2019	Karugwá e Pyhaú
5	05/06/2019	Tekoa Gwyra Pepo
6	05/06/2019	Ocoí
Expedidas por Marcelo Augusto Xavier		
	Data	**TI**
1	24/07/2019	Sawré Bap'in (Apompu) (KM 43)
2	24/07/2019	Sawré Juyubu (São Luiz do Tapajós)
3	21/08/2019	Tuxá de Surubabel
4	01/11/2019	Ilhas da Varge, Caxoi e Canabrava
5	02/08/2019	Aracá do Rio Padauari
6	05/04/2020	Pindó Poty
7	08/04/2020	Munduruku e Apiaká do Planalto Santareno
8	28/07/2020	Rio Cautário
9	17/06/2021	Pankará Serrote dos Campos
10	26/10/2021	Serra do Cachimbo
11	08/10/2021	Cambirela
12	25/11/2021	Apinajé II
13	03/12/2021	Migueleno
14	24/02/2022	Terra do Moia ou do Jaguari Cocalinho
15	31/01/2022	Puroborá
16	25/02/2022	Carazinho
17	25/02/2022	Jaminawa do Rio Caeté
18	25/02/2022	Lageado do Bugre
19	28/03/2022	Kaingang de Vitorino

CÔMPUTO DE TERRAS INDÍGENAS COM DEMARCAÇÃO INCONCLUSA (ATÉ NOV. 2022)

Situação	Quantidade
Em estudos de identificação	118
Com restrição de uso	6
Identificadas e aprovadas	43
Declaradas	74
Total	**241**

CÔMPUTO DA SITUAÇÃO JURÍDICA DAS TERRAS INDÍGENAS NO BRASIL (DEZ. 2022)

Situação	Quant.	(Ha)
Em Identificação	118	0
Com restrição de uso a não índios	6	1.084.049
Identificada	43	2.179.316
Declarada	74	7.305.641
Reservada	38	120.216
Homologada	12	1.397.737
Reservada ou homologada com registro no CRI e/ou SPU	440	105.290.594
Total	490	106.808.547
Total geral	**731**	**117.377.553**

TERRAS INDÍGENAS DE POVOS ISOLADOS COM RESTRIÇÃO DE USO

TI Pirititi: a Portaria nº 585, de 18 de novembro de 2022, estabeleceu a restrição de ingresso, locomoção e permanência de pessoas estranhas aos quadros da Funai na área de 40.095 ha da TI Pirititi, no município de Rorainópolis/RR, até a conclusão do procedimento administrativo de demarcação e homologação, garantindo a continuidade dos trabalhos de monitoramento e proteção territorial e física do povo indígena Pirititi.

TI Piripkura: em 17 de junho de 2021, a Funai criou um GT para estudos de identificação da Terra Indígena. Entretanto, em 25 de outubro de 2021, a Funai teve que alterar o coordenador do GT por decisão judicial e, em 29 de novembro de 2021, excluiu os outros componentes do GT. Todas alterações foram por decisão judicial.

A primeira restrição de uso da TI Piripkura é de 30 de setembro de 2008, determinando que somente poderão ingressar, locomover-se e permanecer na área descrita na portaria, por tempo determinado, pessoas autorizadas pela Coordenação-Geral de Índios Isolados (CGII) da Funai. A restrição da TI foi continuada por outras portarias, até a Portaria nº 572, de 22 de setembro de 2022.

TI Ituna/Itata: por decisão judicial, a Portaria nº 471, de 28 de janeiro de 2022, prorrogou por mais seis meses a restrição de uso estabelecida na Portaria nº 17, de 9 de janeiro de 2019. A continuidade da restrição de uso foi assegurada com a Portaria nº 529, de 21 de junho de 2022, que prorrogou por mais três anos a restrição de uso na TI localizada nos municípios de Altamira e Senador José Porfírio, no Pará, com objetivo de dar continuidade aos trabalhos de localização, monitoramento e proteção da referência de grupo indígena em isolamento voluntário designada "Igarapé Ipiaçava".

© MARCELO CAMARGO/AGÊNCIA BRASIL, 2017

O então presidente da Funai, Franklinberg Ribeiro de Freitas, entrega a Medalha de Honra ao Mérito Indigenista ao cacique Raoni Metuktire.

TI Jacareúba/Katawixi: a Portaria nº 1.234, de 1º de dezembro de 2017, prorrogou por quatro anos a restrição de uso. Essa Portaria foi publicada no Boletim da Funai, e não no DOU. A restrição de uso findou no dia 14 de dezembro de 2021 e até o momento a Funai não renovou o prazo, deixando esse grupo de indígenas isolados sem nenhuma medida de proteção.

TI Tanaru: a Portaria nº 1.040, de 26 de outubro de 2015, prorroga por dez anos a restrição de uso dessa área. Essa terra era habitada por apenas um sobrevivente, o chamado "índio do buraco". No dia 23 de agosto de 2022, a Funai informou que o encontrou morto "dentro da sua rede de dormir, em sua palhoça localizada na Terra Indígena Tanaru".

TI Igarapé Taboca do Alto Tarauacá: a Portaria nº 17, de 11 de janeiro de 2008, garantiu a restrição de uso até a homologação da TI. A TI Igarapé Taboca do Alto Tarauacá tem apenas 287 hectares, sendo contínua a TI Alto Tarauacá de indígenas isolados. O objetivo da portaria de restrição de uso nessa TI é fechar um ponto de entrada de invasores. *(dezembro, 2022)*

DEMARCAÇÕES

Preconceito e Desinformação Impedem Demarcações de Terras Indígenas

Antonio Oviedo | Pesquisador, ISA
Juliana de Paula Batista | Assessora jurídica, ISA
Tiago Moreira dos Santos | Antropólogo, ISA

EMBORA AS DEMARCAÇÕES TENHAM AVANÇADO APÓS CONSTITUIÇÃO DE 1988, O BORDÃO "MUITA TERRA PARA POUCO ÍNDIO" VOLTOU À TONA MESMO SENDO ABUNDANTES AS ALTERNATIVAS PARA EXPANSÃO DAS ÁREAS DE AGROPECUÁRIA

Existem hoje no país um total de 728 Terras Indígenas (TIs) com processo administrativo de demarcação aberto ou encerrado. Enquanto 67% das áreas já se encontram reservadas ou homologadas, pouco mais de 20% ainda estão em alguma das fases do longo processo de demarcação.[1]

A demarcação das terras ainda é um dos maiores *fronts* de luta do movimento indígena e de seus aliados. Passados 34 anos da promulgação da Constituição da República Federativa do Brasil de 1988, deveríamos crer que os direitos territoriais dos indígenas estariam garantidos. Infelizmente, não estão. Ainda é comum ouvir integrantes da bancada ruralista dizerem com naturalidade que existe "muita terra para pouco índio". O bordão, impregnado de preconceito e de racismo, além de refletir uma mentalidade colonial e genocida, não condiz com a realidade.

Estudos populacionais recentes demonstram que as Terras Indígenas apresentam densidade demográfica acima da média de seu entorno. Utilizando dados do Censo 2010, para 587 TIs fisicamente demarcadas no Brasil, Begotti e Peres mostraram que a densidade populacional humana é mais alta dentro do que fora em 50% das TIs.[2] De acordo com o estudo, em todos os biomas, a densidade geral da população indígena era maior dentro das TIs do que nas áreas imediatamente vizinhas.[3] Os casos mais típicos de baixa densidade demográfica ficaram restritos às maiores TIs, as quais também têm melhores taxas conservação ambiental.

A título de exemplo, mencione-se que hoje existem 225 mil hectares oficialmente reconhecidos para os Guarani em Mato Grosso do Sul. A densidade habitacional das TIs, que é de 27,2 hab/km^2, é quatro vezes maior que a do estado, que possui 6,8 hab/km^2, de acordo com os dados do Censo 2010 do IBGE. Segundo dados do Sistema Nacional de Cadastro Rural (SNCR) de 2018, o estado do Mato Grosso do Sul possui 97.370 imóveis rurais, ocupando um total de 39.603.266,70 hectares. A área ocupada por imóveis rurais é 40 vezes a de Terras Indígenas, independentemente da etapa de reconhecimento em que estas se encontrem.

Atualmente, 45% da população indígena vive fora da Amazônia Legal, enquanto suas terras representam somente 1,6% da extensão das Terras Indígenas no Brasil. Juntos, Bahia, Mato Grosso do Sul, Paraná, Rio Grande do Sul e Santa Catarina reúnem um quarto da população indígena brasileira. Esses estados acumulam um passivo quanto ao reconhecimento dos direitos territoriais dos indígenas, com um número muito grande de terras com o processo de demarcação pendente de finalização.

E não há falta de terras no Brasil. De acordo com a exposição de motivos da Medida Provisória nº 759/2016, que alterou a Lei nº 11.952/2009, há cerca de 40 milhões de hectares de terras da União a serem destinados.[4] Recentemente, o Instituto de Pesquisa Ambiental da Amazônia (Ipam) destacou que há na Amazônia cerca de 51 milhões de hectares de florestas públicas não destinadas[5] (entre áreas federais e estaduais), uma área que corresponde a duas vezes o tamanho do estado de São Paulo ou o tamanho da Espanha. Ou seja, há terras disponíveis para múltiplos usos, inclusive para a expansão do agronegócio, e as demarcações não inviabilizariam a equitativa distribuição de terras para outras necessidades e contingentes da população brasileira.

Noutro giro, o Brasil possui áreas de pastagens que ocupam 21,2% do território nacional, ou 180.890.097 hectares, constituindo a maior classe de uso e cobertura da terra no país, segundo o Atlas Digital das Pastagens Brasileiras,[6] plataforma que consolida dados e informações sobre pastagens. No Brasil, são 94.851.837 hectares de pastagens com indícios de degradação (11,1% do território nacional). Somente na Amazônia legal, são 63.465.881,96 hectares (7,4% do país) em pastagens com indícios de degradação. Dimensões muito próximas ao conjunto de TIs no Brasil, que totaliza 117.377.021 hectares ou 13,8% do território nacional.

Os dados sobre a cobertura de pastagens no Brasil mostram que existe uma parcela significativa do território nacional a ser priorizada para a melhoria da produtividade agropecuária e que dispensa a abertura de novas áreas, como a conversão de áreas florestadas para uso agropecuário no interior das TIs. Essas florestas geram benefícios superiores àqueles oferecidos por uma economia baseada na substituição da floresta para produção de carne. É possível, sim, o Brasil continuar a ser uma potência na produção de alimentos utilizando os cerca de 270 milhões de hectares já em atividade agropecuária e de silvicultura. Basta, para isso, investir na recuperação de pastagens degradas, a fim de promover o uso racional e mais produtivo de tais áreas.

Essa intensificação sustentável da agropecuária por meio da recuperação de pastagens e contenção dos desmatamentos causados pela expansão da fronteira agropecuária é uma das alternativas tecnológicas que compõem os compromissos voluntários assumidos pelo Brasil para a redução das emissões de gases de efeito estufa, projetadas para 2020, entre 36% e 38,9%, o equivalente a 1 bilhão de toneladas de CO_2. Esses compromissos foram ratificados na Política Nacional sobre Mudanças do Clima (Lei nº 12.187/2009) e regulamentados pelo Decreto nº 7.390/2010.

Mesmo com o aumento das demarcações de Terras Indígenas no período pós-Constituinte, a produção e a produtividade agrícola no país cresceram. Entre 2000 e 2014, a produtividade agrícola no país aumentou 41%, ao mesmo tempo que 129 TIs foram homologadas, 152 declaradas e 162 identificadas. A reflexão se afasta aqui da máxima preconceituosa de que há "muita terra para pouco índio" ou de que as Terras Indígenas prejudicam a produção de alimentos e *commodities*.

Além disso, no Brasil, cerca de 98% da área total das Terras Indígenas está conservada. Essas terras são responsáveis por serviços ambientais essenciais à sociedade e à economia, como a regulação climática e do regime de chuvas, a manutenção dos mananciais de água, o controle de pragas e doenças e a polinização.

A economia da floresta movimentada pelas comunidades indígenas e locais não pode mais ser vista unicamente por um paradigma econômico extrativista,[7] com o simples fornecimento de matéria-prima. Essa economia precisa ser vista como um paradigma econômico do conhecimento e de serviços, os quais devem e podem ser potencializados em conjunto com as dinâmicas tradicionais de uso e manejo dos territórios indígenas, que proporcionam a biodiversidade e os serviços ecossistêmicos[8] que toda a sociedade faz uso hoje e dependerá ainda mais no futuro.

Por exemplo, as plantas utilizadas nos roçados dos indígenas Kaiabi, no Xingu, exibem uma diversidade notável, com 141 variedades de cultivares, entre carás (16), mandiocas (12), bananas (7), amendoins (22), milho (8) e batatas-doces (8). É provável que parte dessas variedades originais kaiabi não existam em outros locais nem estejam conservadas em bancos de germoplasma. Sim, os povos indígenas também são um setor produtivo da

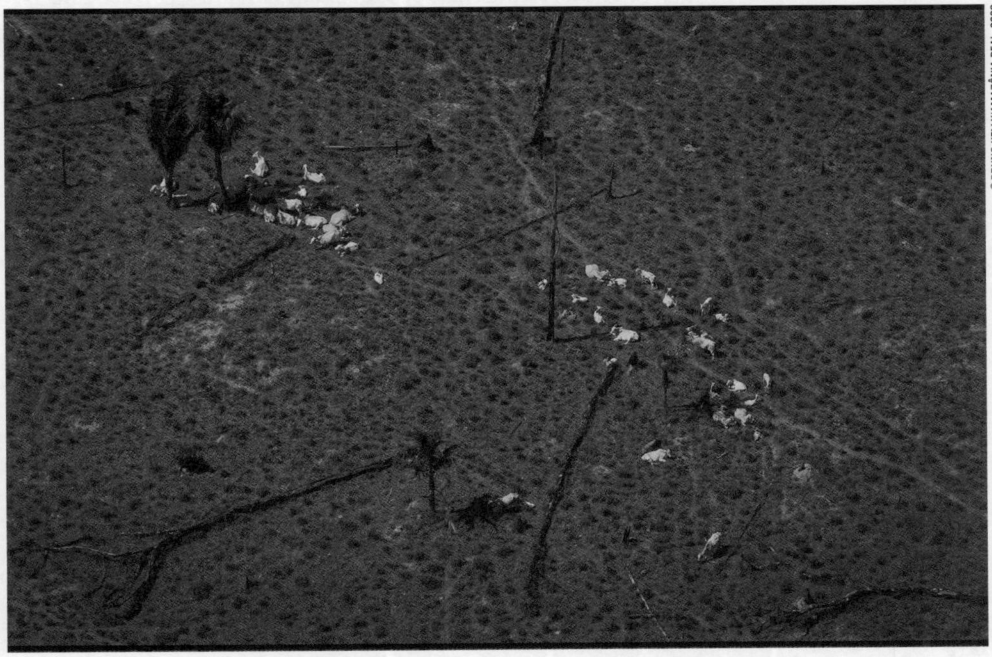

© BRUNO KELLY/AMAZÔNIA REAL, 2020

Criação de gado em área desmatada de floresta próximo a Porto Velho, Rondônia.

sociedade brasileira e guardam incontáveis sementes e espécies nativas e crioulas, que constituem riquíssima e inestimável agrobiodiversidade.

Além disso, um estudo científico recente[9] estimou que a região amazônica armazena quase 38% (86.121 MtC) dos 228.700 MtC encontrados acima do solo na vegetação lenhosa da América tropical, África e Ásia. Sozinhas, as Terras Indígenas do bioma Amazônia são responsáveis por armazenar quase um terço (32,8%) do carbono acima da superfície da região (28.247 MtC). Mais carbono é armazenado nas Terras Indígenas amazônicas do que o encontrado em todas as florestas da República Democrática do Congo (22.128 MtC) ou na República da Indonésia (18.851 MtC), dois outros países com grandes porções de floresta tropical. Notavelmente, trata-se de uma quantidade de carbono suficiente para alterar irreversivelmente os regimes climáticos e de chuvas em escala continental.

A completa regularização das terras ainda não demarcadas, além de não comprometer o agronegócio e outros setores econômicos no Brasil, atenderá a uma demanda de investimentos e de mercado consumidor que, cada vez mais, tem solicitado que o país respeite e fortaleça os instrumentos de proteção ambiental e de garantia de direitos aos povos indígenas.

Nesse sentido, em junho de 2020, um grupo de 29 investidores globais assinou uma carta aberta ao Brasil, expressando preocupação sobre a política ambiental no país e sobre os direitos humanos, como noticiado no jornal *Folha de S. Paulo* em 23 de junho de 2020. O grupo, que detêm cerca de US$ 3,7 trilhões em ativos administrados ao redor do mundo, solicita ainda na carta que o governo brasileiro demonstre um compromisso claro com a eliminação do desmatamento e a proteção dos direitos dos povos indígenas, as quais representam soluções-chave para gerenciar os riscos e contribuir para mercados financeiros eficientes e sustentáveis no longo prazo.

Os povos indígenas e a riquíssima biodiversidade que conservam em suas terras estarão ameaçadas por teorias restritivas, como a ideia de condicionar demarcações à presença física dos indígenas na terra no dia 5 de outubro de 1988 (teoria do marco temporal de ocupação), que tem como fim último anular processos de demarcação ou inviabilizar sua continuidade. Não há, no país, muita terra para pouco índio. Há espaço para todos, inclusive para as justas demarcações de terras. *(outubro, 2022)*

NOTAS

[1] Esse número está baseado no acompanhamento que o Instituto Socioambiental (ISA) faz de publicações no *Diário Oficial da União* (DOU) e se refere aos processos administrativos abertos ou finalizados pela administração pública.

[2] BEGOTTI, R. A.; PERES, C. A. Rapidly escalating threats to the biodiversity and ethnocultural capital of Brazilian Indigenous Lands. *Land Use Policy*, v. 96, jul. 2020. Disponível em: https://doi.org/10.1016/j.landusepol.2020.104694. Acesso em: 10 out. 2022.

[3] *Ibid*.

[4] MP nº 759/2016. Exposição de Motivos. Disponível em: https://bit.ly/3kgeIWP. Acesso em: 13 out. 2022.

[5] IPAM – INSTITUTO DE PESQUISA AMBIENTAL DA AMAZÔNIA. *Florestas públicas não destinadas & grilagem*. Brasília: Ipam, [s.d.]. Disponível em: https://ipam.org.br/florestas-publicas-nao-destinadas-e-grilagem/. Acesso em: 17 out. 2022.

[6] UFG – UNIVERSIDADE FEDERAL DE GOÍAS. Laboratório de Processamento de Imagens e Geoprocessamento – Lapig. *Atlas das pastagens brasileiras*. Goiânia: UFG, Disponível em: https://atlasdaspastagens.ufg.br/. Acesso em: 17 out. 2022.

[7] RIBEIRO, S. M. C. *et al*. Can recreational multifunctional livelihoods including recreational Ecosystem Services and NTFPs keep biodiverse forest standing in Brazilian amazon? *Ecosystem Services*, v. 31, part. C, p. 517-526, jun. 2018. Disponível em: https://doi.org/10.1016/j.ecoser.2018.03.016. Acesso em: 17 out. 2022.

[8] STRAND, J. *et al*. Spatially explicit valuation of the Brazilian Amazon Forest's Ecosystem Services. *Nature Sustainability*, v. 1, p. 657-664, nov. 2018. Disponível em: https://www.nature.com/articles/s41893-018-0175-0. Acesso em: 17 out. 2022.

[9] BACCINI, A. *et al*. Estimated carbon dioxide emissions from tropical deforestation improved by carbon-density maps. *Nature Climate Change*, v. 2, n. 3, p. 182-185, jan. 2012.

MINERAÇÃO

Persistência do *Lobby* sobre os Interesses Minerários em TIs

Tiago Moreira dos Santos | Antropólogo, ISA

PROJETOS DE LEI TENTAM LIBERAR MINERAÇÃO EM TERRAS INDÍGENAS E AGÊNCIA NACIONAL DE MINERAÇÃO DEMONSTRA MOROSIDADE PARA CANCELAR PEDIDOS ILEGAIS DE PESQUISA INCIDENTES NESSES TERRITÓRIOS

A pesquisa e a lavra de recursos minerais, assim como o aproveitamento de potenciais energéticos estão condicionados por uma restritividade constitucional em relação às Terras Indígenas (TIs). O § 6º do art. 231 da Constituição Federal de 1988 (CF/88) condicionou a exploração das riquezas naturais do solo, dos rios e dos lagos das TIs ao relevante interesse público da União. Apesar dessa restrição, o lobby para permitir a mineração em Terras Indígenas tem aumentado, principalmente através da atuação de parlamentares que possuem conexões com o garimpo e pequenas mineradoras.

Durante anos, o Projeto de Lei nº 1.610/1996, de autoria do ex-senador Romero Jucá (MDB-RR), flutuou pelo Congresso Nacional como uma sombra do lobby da mineração em Terras Indígenas. A iniciativa de regulamentação da mineração é defendida tanto pela Frente Parlamentar em Defesa da Amazônia, como pela Frente Parlamentar da Agropecuária (FPA). As duas, inclusive, se confundem: cerca de 105 deputados da Frente Parlamentar em Defesa da Amazônia, que conta com 215 deputados, também são membros da FPA.[1]

Em 2018, as ações no Congresso somaram-se à eleição do presidente Jair Bolsonaro, que fez da abertura das Terras Indígenas para a exploração minerária uma de suas promessas de campanha. No início de 2019, o almirante Bento Albuquerque, ministro de Minas e Energia, anunciou em evento do setor minerário no Canadá que o governo pretendia abrir as TIs para exploração por empresas estrangeiras. E somente em fevereiro de 2020, o governo apresentou ao Congresso Nacional o Projeto de Lei (PL) nº 191/2020, com o objetivo de regulamentar o § 1º do art. 176 e o § 3º do art. 231 da CF/88 para estabelecer as condições específicas para a realização de pesquisa e lavra de recursos minerais em TIs. O projeto visa também abarcar os temas de hidrocarbonetos e de aproveitamento de recursos hídricos para geração de energia elétrica em TIs, além de transgênicos. A elaboração do projeto não contou com consulta aos indígenas nem participação destes e, ainda, ignorou a discussão sobre um novo Código de Mineração, aberta em 2015 pelo governo Dilma Rousseff. Algumas das propostas de 2015 acabaram entrando em um pacote de decretos assinados pelo presidente Temer em 2017, entre eles a criação da Agência Nacional de Mineração. Uma das promessas aguardadas pelo setor minerário eram mudanças relacionadas ao andamento dos requerimentos minerários, com uma consequente revisão do regime de prioridade que vigora no regime atual, fato que não aconteceu.

Apesar da disposição do governo Bolsonaro de iniciar uma corrida por requerimentos minerários no interior de TIs, ações civis públicas impetradas por diferentes regionais do Ministério Público Federal (MPF) pediram à Justiça Federal a nulidade dos processos existentes. Para o MPF, o simples registro, cadastramento e sobrestamento desses processos incidentes em TIs, mesmo que não deferidos ou apreciados, contraria a Constituição Federal e a Convenção 169 da Organização Internacional do Trabalho (OIT), que é lei no Brasil e garante o direito à consulta prévia, livre e informada. Em 2019, o MPF no Amazonas conseguiu uma liminar suspendendo todos os requerimentos minerários em TIs, a decisão foi confirmada pela Justiça Federal em agosto de 2021. Outras decisões importantes foram conseguidas em 2020, a partir de ações movidas pelo MPF no Pará.

Enquanto isso, mesmo o PL 191/2020 sendo uma das prioridades do governo, não houve formação de comissões ou grupos de trabalho para garantir sua tramitação. Ao que tudo indica, a discussão sobre o novo Código de Mineração pode se tornar

Canteiro de garimpo ilegal na região do Rio Uraricoera, Terra Indígena Yanomami.

uma nova prioridade na Câmara, podendo reacender o tema da mineração em TIs.

Além dos projetos de lei que buscam liberar a exploração minerária em TIs, tem-se a presença contínua de requerimentos incidentes nesses territórios. Em 2018, existiam na base de dados da Agência Nacional de Mineração (ANM) 4.332 requerimentos minerários afetando ao menos 215 TIs no Brasil. Já em 2019, o número de áreas afetadas caiu para 180, assim como o número total de requerimentos: foram identificados 3.200 requerimentos sobrepostos a territórios indígenas. No ano seguinte, foram identificados em torno de 1.500 processos, afetando 193 TIs.

No balanço final para o ano de 2021, foram identificados um total de 1.377 requerimentos minerários incidentes em 180 TIs. No total havia 439 requerentes com pedidos para pesquisa de 64 substâncias minerais diferentes, sendo que o ouro era o que possuía maior número de requisições, com 31% do total. Dez empresas concentram mais de 80% dos desses pedidos. Do lado dos territórios, a TI Yanomami é a mais afetada pelos requerimentos, concentrando 32% dos processos e 67% da área existente de pedidos sobre TIs. Vale ressaltar que 98% dos requerimentos nessa TI encontram-se em sua porção no estado de Roraima, somente seis estão do lado do Amazonas. Roraima concentra o maior número de requerimentos incidentes em TIs. Das 25 TIs com requerimentos, 15 podem ter quase a totalidade de seu território afetado pela mineração. Essa também é a situação de outros 10 territórios em outros estados do Brasil.

No Amazonas, mesmo com o cancelamento dos pedidos de pesquisa minerária promovidos pela Ação Civil Pública (ACP) 1000580-84.2019.4.01.3200, interposta pelo MPF, ainda existem 142 requerimentos minerários em sobreposição com TIs nesse estado. Seis requerimentos foram protocolados em data posterior

QUANTIDADE DE REQUERIMENTOS MINERÁRIOS POR UF

UF	Nº de requerimentos
RR	655
PA	197
AM	142
MT	52
BA	45
RO	41
MG	35
SC	33
PR	31
SP	29
MS	23
PB	19
PE	15
GO	12
Dado não cadastrado	9
AP	8
CE	8
AL	7
RS	4
TO	4
AC	2
ES	2
MA	2
RJ	2
Total	**1.377**

à ACP, e a grande maioria permaneceu na base da ANM mesmo após a decisão favorável da Justiça Federal.

A persistência de requerimentos minerários em regiões com decisão judicial favorável é um retrato da falta de transparência

TIS COM MAIOR QUANTIDADE DE REQUERIMENTOS MINERÁRIOS

Terra Indígena	Nº de Processos
TI Yanomami	448
TI Raposa Serra do Sol	102
TI Alto Rio Negro	42
TI Kayapó	40
TI Waimiri Atroari	40
TI Pindoty	23
TI Sawré Muybu	22
TI Médio Rio Negro I	21
TI Tekohá Guasu Guavira	21
TI Rio Paru d'Este	20

EMPRESAS DE MINERAÇÃO QUE MAIS CONCENTRAM REQUERIMENTOS SOBREPOSTOS A TIS

Nome	Nº de processos	% do total
Mineração Serra Morena Ltda	72	16,40
Iguape Sociedade de Mineração Iguape Ltda	53	12,07
Mineração Silvana Industria e Comércio Ltda	37	8,43
Rio Grande Mineração S.A	36	8,20
Mineração Novo Astro SA	35	7,97
Mineração Montes Roraima Ltda	33	7,52
Cia de Desenv de Roraima Codesaima	29	6,61
Mineração Barauna Ltda	29	6,61
Mineração da Amazônia Ltda	29	6,61
Brasil Lithium Comércio e Indústria de Minérios Ltda	17	3,87
Total	**370**	**84,29**

TIS COM MAIOR PROPORÇÃO DE SEU TERRITÓRIO AFETADO POR REQUERIMENTOS

Terra Indígena	Nº de Processos	% da TI afetada
TI Morro Branco	1	100
TI Capivara	2	100
TI Ponta da Serra	3	99,85
TI Cajueiro	1	99,43
TI Araçá	10	99,26
TI Guapenu	3	99,20
TI Boqueirão	4	98,50
TI Aningal	2	98,18
TI Truaru	3	96,44
TI Barata/Livramento	4	96,38

da ANM. As bases do órgão são fragmentadas e muitas vezes apresentam disparidades; é comum que processos nulos, inválidos ou suspensos continuem a figurar no Sistema de Informação Geográfica da Mineração (Sigmine), sua plataforma on-line de informações de requerimentos.

Além da ameaça histórica do PL 1.610/1996 e agora do PL 191/2020, o PL 3.729/2004 provoca o desmonte do sistema de licenciamento existente no país hoje, ao prever a criação do licenciamento autodeclaratório e a flexibilização das exigências ambientais em todo país. Esse fato deve trazer um agravamento dos impactos de projetos de mineração incidentes em TIs.

Há ainda um avanço sem precedentes do garimpo. Segundo levantamento realizado pelo MapBiomas, a área ocupada pelo garimpo dentro de Terras Indígenas cresceu 495%, entre 2010 e 2020, sendo que os maiores saltos foram registrados nos últimos quatro anos, um prenúncio do que seriam regras ambientais mais flexíveis, como a facilitação de acesso de empresas ao desenvolvimento de processos minerários.[2] De outro lado, as tragédias recentes envolvendo as grandes mineradoras – do rompimento das barragens de Mariana e Brumadinho à contaminação do rio Cateté, afetando duramente a vida do povo indígena Xikrin –[3] dão o tom dos caminhos que o avanço da atividade minerária pode representar para o meio ambiente e para as populações vivendo no entorno desses empreendimentos em um cenário de baixa performance das regulações socioambientais. *(agosto, 2022)*

NOTAS

[1] BASSI, B. S. Frente "em defesa" da Amazônia quer mineração em terras indígenas e tem deputado envolvido em conflitos. *De Olho nos Ruralistas*, 17 maio 2019. Disponível em: https://isa.to/2kelrS9. Acesso em: 19 out. 2022.

[2] MODELLI, L. Garimpo cresce quase 500% em Terras Indígenas em dez anos. *Mongabay*, 28 abr. 2022. Disponível em: https://bit.ly/3k6Pzhn. Acesso em: 19 out. 2022.

[3] HOFMEISTER, N.; CÍCERO, J. Quanto vale um rio? *Pública*, 5 dez. 2017. Disponível em: https://isa.to/2Y3nSZx. Acesso em: 19 out. 2022.

Dez Anos de PNGATI

Documento final do Seminário Nacional 10 Anos de PNGATI

A PNGATI SOFREU UM PROFUNDO ENFRAQUECIMENTO E DESMONTE, SOBRETUDO DESDE 2019, SOB O GOVERNO BOLSONARO. ALÉM DOS SUCESSIVOS CORTES ORÇAMENTÁRIOS, SEU COMITÊ GESTOR FOI EXTINTO JUNTAMENTE COM OUTROS ESPAÇOS DE PARTICIPAÇÃO SOCIAL. MESMO ASSIM, EM JUNHO 2022, ORGANIZAÇÕES INDÍGENAS E INDIGENISTAS REUNIRAM-SE PARA AVALIAR OS ÚLTIMOS DEZ ANOS DA POLÍTICA

Somos mais de 50 organizações indígenas e indigenistas reunidas em Brasília, nos dias 7 e 8 de junho de 2022, para avaliar a implementação da Política Nacional de Gestão Territorial e Ambiental de Terras Indígenas (PNGATI) ao longo dos últimos dez anos, desde a sua instituição, e propor iniciativas para a retomada de sua implementação pelo Estado brasileiro.

A PNGATI foi instituída em 5 de junho de 2012, no dia Mundial do Meio Ambiente, e completa dez anos de existência num momento extremamente difícil, não apenas para ela e demais políticas ambientais e indigenistas no Brasil, mas para a democracia do país de uma forma geral. A sistemática ação do Executivo e da maioria do Parlamento no sentido de desconstituir direitos historicamente conquistados pelos povos indígenas, aliado ao projeto do governo de Bolsonaro de transformar as terras públicas em mercadoria, abrindo-as ao agronegócio, a grandes empreendimentos, ao avanço da extração de recursos naturais e à ampliação da infraestrutura de forma predatória, tem sido a tônica desses últimos anos.

No entanto, os povos indígenas e suas organizações continuaram dando exemplos de resistência e resiliência, implementando seus projetos e ações de gestão territorial e ambiental em seus territórios. Nesse processo, fortaleceram suas autonomias e mantiveram acesa a chama primordial da PNGATI. O Seminário Nacional 10 Anos da PNGATI busca reforçar esses princípios fundamentais da Política, especialmente o protagonismo dos povos indígenas e de suas organizações representativas. Representa um ato político em defesa de seus territórios e em protesto à inoperância e má-fé do atual governo.

O Seminário Nacional 10 Anos da PNGATI realizou um balanço da sua implementação e discutiu propostas para sua continuidade. Durante o evento, foram evidenciadas e reafirmadas a urgência e a necessidade de retomar a implementação da PNGATI em todos os níveis, por esta ser uma conquista dos povos indígenas do Brasil. A PNGATI foi a primeira política indigenista construída de modo participativo e representa um dos maiores avanços na perspectiva da gestão autônoma e sustentável de territórios tradicionalmente ocupados por povos indígenas em todo o país.

Em que pese o cenário de grandes retrocessos na política indigenista e ambiental que vivenciamos neste momento, a PNGATI afirma a autonomia dos povos indígenas e o direito ao usufruto exclusivo e à posse plena de seus territórios, sendo um instrumento de proteção e enfrentamento das pressões, ameaças e violações que incidem sobre os territórios indígenas e suas populações. Essa política deve ser fortalecida pelos órgãos públicos, como meio de garantir o bem viver dos povos originários.

Mesmo nesse contexto adverso, os povos indígenas seguiram protegendo seus territórios e implementando iniciativas de gestão territorial e ambiental. Mais de 150 TIs contam com planos de gestão territorial e ambiental de terras indígenas e estão sendo implementados. Eles organizam acordos internos e coletivos, pactuam atividades com uma visão de futuro sustentável e de bem viver nos territórios indígenas e devem pautar as políticas públicas.

As TIs são reconhecidas mundialmente por seu papel na conservação ambiental, colocando o Brasil em lugar de importância estratégica também no enfrentamento às mudanças climáticas. As TIs asseguram serviços ecossistêmicos essenciais para a regulação climática e o regime de chuvas, bem como fonte hídrica para o Brasil e para o restante do planeta. A PNGATI é, portanto, instrumento da maior importância também nesse tema.

Entretanto, a PNGATI vem sofrendo, sobretudo desde 2019, sob o governo Bolsonaro, um profundo enfraquecimento e desmonte. Além dos sucessivos cortes orçamentários, o Comitê Gestor da PNGATI foi extinto, juntamente com diversos outros colegiados de participação social. A extinção do Comitê Gestor da PNGATI não permite a participação indígena no monitoramento e na

© TIAGO KIRIXI/ACERVO CTI, 2022

Entre os dias 07 a 08 de junho, 50 organizações indígenas e indigenistas estiveram reunidas em Brasília (DF), no "Seminário Nacional 10 anos de PNGATI: Balanço da implementação e propostas para o futuro". Os participantes realizaram uma avaliação sobre os dez anos de implementação da Política Nacional de Gestão Territorial e Ambiental de Terras Indígenas (PNGATI), evidenciando e reafirmando que é urgente e necessário retomar a implementação desta política em todos os níveis, por ser uma conquista dos povos indígenas do Brasil.

execução dessa política pública, além de ser uma postura autoritária e não condizente com o dispositivo constitucional da participação social, com o estado democrático de direito e nem mesmo com a própria história de construção da PNGATI, que envolveu mais de 1.200 indígenas em todo o Brasil. A PNGATI precisa ser prioridade na retomada da política indigenista brasileira no próximo governo.

Repudiamos o fato de que nem mesmo o Plano Integrado de Implementação da PNGATI, construído com a participação de diversos órgãos governamentais visando impulsionar essa Política, tem sido utilizado como um instrumento de sua implementação. É fundamental assegurar as condições para a continuidade da PNGATI, inclusive nas terras não demarcadas e nos territórios de povos isolados, garantindo os recursos orçamentários e humanos, bem como as condições políticas e administrativas necessárias à sua execução.

Apresentamos a seguir as principais recomendações do Seminário Nacional 10 Anos da PNGATI, que contou com a presença de lideranças e representantes indígenas e indigenistas de mais de 50 organizações para garantir a sua imediata retomada e implementação pelo novo governo do Brasil.

1. É urgente a retomada do cumprimento do dever constitucional do Estado brasileiro com o reconhecimento e a demarcação dos territórios indígenas

A paralisação dos procedimentos de demarcação das TIs no Brasil coloca os territórios e seus povos em situação de extrema insegurança, expondo as comunidades a todo tipo de violência e discriminação, além de facilitar a exploração predatória dos recursos naturais presentes nesses territórios. É necessário que se retome a demarcação de TIs para assegurar o direito originário e a ampla implementação da PNGATI, assim rejeitando de uma vez a tese do marco temporal e iniciativas do Legislativo, entre elas o PL 490/2007 e o PL 191/2020, que buscam paralisar as demarcações e atacar os direitos indígenas duramente conquistados na Constituição Federal de 1988, em seus arts. 231 e 232.

2. É necessário retomar a implementação da PNGATI e dar a ela um caráter de longo prazo

Atualmente, a PNGATI está totalmente desarticulada e encontra-se engavetada pelo governo federal. A Fundação Nacional do Índio (Funai), sob controle dos militares e do agronegócio, vem se distanciando cada vez mais de sua missão institucional, abandonando a pauta de demarcação das TIs e suas agendas de gestão territorial e ambiental voltadas ao desenvolvimento sustentável dos territórios. No contexto atual, o órgão indigenista oficial tem priorizado as "parcerias agrícolas" e propostas de exploração de recursos do subsolo das TIs, seguindo as orientações do atual presidente da República, defensor da liberação do garimpo e da mineração nos territórios indígenas.

O Ministério do Meio Ambiente (MMA) e o Instituto Chico Mendes de Conservação da Biodiversidade (ICMBio), que haviam consolidado agendas de trabalho indigenistas e criado canais de comunicação com os próprios povos indígenas e suas organizações para apoiar diferentes aspectos da implementação da PNGATI, voltaram à estaca zero. Tiveram seus orçamentos reduzidos com programas e planos de trabalho desmantelados.

Propomos:

- Retomada, atualização e definição de ações prioritárias do Plano de Implementação da PNGATI (PII-PNGATI) nos primeiros 100 dias do novo governo.

- Alocação de recursos específicos no Plano Plurianual (PPA) para a implementação da PNGATI, com linhas orçamentárias definidas e em volume suficiente para atender às necessidades de sua implementação.

- Aprovação pelo Congresso Nacional do Projeto de Lei (PL) 4.347/2021, que institui a PNGATI.

- Reconhecimento e regulamentação do papel dos agentes ambientais indígenas.

- Articulação da PNGATI com as políticas de educação escolar indígena e de atendimento à saúde indígena, fortalecendo princípios de sustentabilidade e com recursos orçamentários compatíveis com as necessidades das comunidades indígenas.

- Ampliação da implementação do Programa Nacional de Alimentação Escolar (PNAE) nas comunidades indígenas, com procedimentos adequados.

3. Para retomar a PNGATI é necessário reformular e fortalecer suas instâncias de governança

Uma das primeiras tarefas será avaliar e reorganizar o Comitê Gestor da PNGATI, instância de participação e de controle social, desarticulado pelo governo Bolsonaro. E nesse processo, incorporar a representação da sociedade civil, bem como realizar a redefinição de representações governamentais, muitas das quais têm uma relação mais distante com a implementação da Política. Da mesma forma, é importante investir no apoio às representações indígenas, permitindo que os representantes possam articular as diferentes regiões do país e serem expoentes de suas demandas e expectativas.

É preciso reinstalar o Conselho Nacional de Política Indigenista (CNPI), fortalecendo seu papel na implementação da PNGATI, incluindo o monitoramento do processo de implementação das propostas apresentadas na Conferência Nacional de Política Indigenista, realizada pelo governo federal em 2015, cujas propostas não chegaram a ser executadas. Importante também realizar a I Conferência Nacional da PNGATI, que teve sua data de realização adiada sucessivamente e não aconteceu até hoje.

Lembramos e cobramos a obrigação do Estado brasileiro de consultar os povos indígenas quando medidas administrativas e legislativas possam afetar seus direitos e territórios e que sejam respeitados os protocolos autônomos de consulta e consentimento dos povos indígenas.

É urgente instituir mecanismos de monitoramento e avaliação da implementação da PNGATI, com mecanismos claros de controle social, tanto dos aspectos financeiros quanto do monitoramento qualitativo das ações realizadas.

É necessário apoiar o fortalecimento institucional das organizações indígenas para o efetivo controle social da PNGATI, bem como para a implementação dos PGTAs nos territórios indígenas, potencializando o acesso direto a recursos financeiros.

4. A PNGATI precisa de recursos para sua implementação

A perenidade de uma política pública exige financiamento governamental consistente e previsto no PPA. Para tanto, propomos destinação de recursos específicos no PPA para a PNGATI e para o funcionamento de suas instâncias de governança.

Além disso, também propomos:

- Retomar a implementação do Fundo Amazônia, com a recomposição do Comitê Orientador do Fundo Amazônia (Cofa), e definição de editais imediatos e específicos para o fortalecimento da gestão territorial e ambiental de TIs, criando mecanismos que facilitem o acesso de organizações indígenas aos recursos, por meio do apoio a fundos indígenas, que possam descentralizar o acesso e a execução dos recursos financeiros.

- Retomada da parceria governamental com diversas iniciativas da cooperação internacional para implementação da PNGATI, com seus editais e apoios voltados para a gestão territorial e ambiental de Terras Indígenas.

- Incorporar de modo consistente nas políticas, ações e financiamentos as terras indígenas não amazônicas.

- Buscar sinergias com iniciativas locais e governos estaduais para financiar atividades voltadas à gestão das Terras Indígenas.

- Estimular que os ICMS Ecológicos sejam regulamentados em todos os estados e contemplem como beneficiárias as iniciativas indígenas locais de gestão territorial.

6. Apoiar iniciativas consistentes de formação intercultural para a gestão territorial e ambiental das Terras Indígenas, tanto de técnicos e gestores governamentais quanto de agentes ambientais indígenas, envolvendo as lideranças tradicionais dasTIs.

- Garantir condições de participação paritária das mulheres em todas as instâncias de governança e processos formativos da PNGATI.

- As políticas estaduais de mudanças climáticas, os programas e projetos de pagamento de serviços ambientais e os financiamentos para conservação da biodiversidade devem necessariamente garantir a repartição de benefícios com as comunidades indígenas, com salvaguardas elaboradas com participação indígena, financiando a gestão territorial das TIs. *(junho, 2022)*

Assinam:

Apoinme – Articulação dos Povos e Organizações Indígenas do Nordeste, Minas Gerais e Espírito Santo

Abex – Associação Bebô Xikrin do Bacajá

Acibra – Associação Comunitária Indígena Bracuí

AFP – Associação Floresta Protegida

Agamin – Agentes Ambientais Indígenas do Oiapoque

Aikatuk – Associação Indígena Kaxuyana, Tunayana e Kahyana

Amaaiac – Associação do Movimento dos Agentes Agroflorestais Indígenas do Acre

Amim – Associação Mulheres Indígenas em Mutirão do Oiapoque

Apib – Articulação dos Povos Indígenas do Brasil

Apina – Conselho das Aldeias Wajãpi

Apoianp – Articulação dos Povos Indígenas do Amapá e Norte do Pará

Aproab – Associação dos Produtores Indígenas da Aldeia Água Branca

Arpinsudeste – Articulação dos Povos Indígenas do Sudeste

Arpinsul – Articulação dos Povos Indígenas da Região Sul

Apim – Associação dos Povos Indígenas do Mapuera

Apiw – Associação do Povo Indígena Wai Wai

Ascuri – Associação Cultural de Realizadores Indígenas

Atix – Associação Terra Indígena Xingu

Awatac – Associação Wajãpi Terra Ambiente e Cultura

Caianas – Coletivo Ambientalista Indígena de Ação para Natureza, Agroecologia e Sustentabilidade Casa de Cultura Karajá

CCPIO – Conselho dos Caciques dos Povos Indígenas do Oiapoque

CGY – Comissão Guarani Yvyrupa

CIR – Conselho Indígena de Roraima

Coapima – Coordenação das Organizações e Articulações dos Povos Indígenas do Maranhão

Coiab – Coordenação das Organizações Indígenas da Amazônia Brasileira

Conselho da Atyguasu Guarani Kaiowá

Conselho do Povo Terena

CGPH - Conselho Geral dos Povos Hexkaryana

CPI-Acre – Comissão Pró-Índio do Acre

CTI – Centro de Trabalho Indigenista

Fepipa – Federação dos Povos Indígenas do Pará

Fepoimt – Federação dos Povos e Organizações Indígenas do Mato Grosso

Focimp – Federação das Organizações e Comunidades Indígenas do Médio Purus

Foirn - Federação das Organizações Indígenas do Rio Negro

AHY - Associação Hanaiti Yomomo

IEB – Instituto Internacional de Educação do Brasil

Iepé – Instituto de Pesquisa e Formação Indígena

Inesc – Instituto de Estudos Socioeconômicos

ISA – Instituto Socioambiental

ISPN – Instituto Sociedade, População e Natureza

Kabu – Instituto Kabu

Lideranças da TI Marãiwatsédé

Opan – Operação Amazônia Nativa

Opiaj – Organização dos Povos Indígenas Apurinã e Jamamadi

Opiam – Organização dos Povos Indígenas do Alto Madeira

Opipam – Organização do Povo Indígena Parintintin do Amazonas

Associação Waymaré Paresi

RCA – Rede de Cooperação Amazônica

Rais – Rede de Apoio e Incentivo Socioambiental

Sitoakore – Organização das Mulheres Indígenas do Acre e Sul do Amazonas e Noroeste de Rondônia

Tato'a – Associação Indígena Tato'a

TNC – The Nature Conservancy

Univaja – União dos Povos Indígenas do Vale do Javari

Warã – Associação Xavante Warã

WWF-Brasil

Wyty Cate – Associação Wyty Cate das Comunidades Timbira do Maranhão e Tocantins

Protagonismo Indígena

Projetos Indígenas

Literatura Vídeo

Fortalecimento da Identidade

"A Terra Cansa"[1]

Entrevista à equipe de edição*

AILTON KRENAK PENSADOR E ATIVISTA INDÍGENA, AUTOR DE IDEIAS PARA ADIAR O FIM DO MUNDO E A VIDA NÃO É ÚTIL, PUBLICADOS EM MAIS DE DEZ PAÍSES, COMENTA OS DESAFIOS PARA SUPERAÇÃO DO PARADIGMA COLONIALISTA

Nos últimos cinco anos, os crimes socioambientais ganharam as principais manchetes dos jornais brasileiros, como nunca antes. O que mais te chamou atenção nesse período?

É uma experiência radical. Em cinco anos, a gente viu essa pobreza se expandir e deixar cerca de 32 milhões de brasileiros nessa condição de passar fome. Só em São Paulo já foram registrados mais de 6,2 milhões de pessoas que correm risco de ficar sem comer amanhã. Até em São Paulo, onde as pessoas geralmente não se alimentam do rio ou da terra, mas consomem produtos processados do mercado, as pessoas estão ficando sem comida. Nós estamos em meio a um desastre social amplo, onde a questão ambiental entra só como motor.

O desastre social socioeconômico acontece quando milhões de famílias perdem o contato com as fontes de produção de alimento e passam a depender de cesta básica, passam a esmolar. É uma tragédia. A gente piorou de uma maneira inimaginável nesses cinco anos, em especial com a perda desses recursos que estavam disponíveis para milhares de pessoas, principalmente para aqueles que vivem na Floresta, para aqueles que vivem na Mata Atlântica ou no Cerrado e que tinham sua economia baseada no acesso à terra.

A gente diminuiu muito o atendimento à demanda de terra de assentamento. A gente não tem mais assentamentos, a gente tem assentamentos estragados e uma política deliberada de produção de pobreza. A questão ambiental aparece de maneira mais gritante, porque, talvez, ela consiga articular o campo e a cidade; as pessoas que vivem na cidade já estão sentindo a perda ambiental como uma coisa que atinge diretamente seu cotidiano. A fumaça que vem das queimadas na Amazônia e paira sobre São Paulo aproxima as realidades de pessoas que vivem no ambiente urbano e de pessoas que vivem na floresta, algo que nenhum de nós imaginava, é como se fosse uma ficção.

© CHRISTIAN BRAGA/ISA, 2022

Pela primeira vez na história do país, a Constituição de 1988 possibilitou que indígenas e outros povos tradicionais tivessem seu direito desenhado. Mas, nesses últimos anos, esses direitos retrocederam. Como você percebe esses retrocessos?

Eu olho essa linha do tempo e percebo que a ideia de tomar uma Constituição como guia geral para a vida política de um país, elencando questões sociais e ambientais – que foi o que a gente fez na Constituinte de 1988 –, pode também criar uma espécie de barreira. Algumas cláusulas podem ficar, como dizem os juristas, pétreas, mas muitas comunidades podem perder direitos em vez de acessá-los. A Constituição dizia que o Estado brasileiro deveria, em cinco anos, concluir o reconhecimento de todas as Terras Indígenas e, nesse ínterim, fizeram manipulações jurídicas e políticas para cravar o marco temporal no meio do caminho – temos 15 anos de marco temporal. Esse jogo de empurra-empurra serve para a gente despertar um pouco nossa percepção de que uma constituição não é um livro sagrado, não é uma bíblia. Alguns constitucionalistas querem dar esse peso à Constituição, de que ela é esse documento fundador, mas isso contraria a própria dinâmica das sociedades modernas, as quais estamos integrando, querendo ou não.

O evento da globalização alterou tanto essas ideias do século XX, que a gente deveria considerar uma negociação objetiva em torno da realidade política que estamos vivendo no país e os compromissos que são possíveis extrair dessa negociação. Não seria fora do tempo. Uma constituição é um compromisso, é um contrato social e, como contrato social, deve refletir as mudanças que a sociedade experimenta, mesmo que involuntariamente.

Nós estamos passando por uma situação em que a questão da terra se agravou de uma maneira semelhante a um genocídio. Então, nós precisamos ter sabedoria, discernimento. A questão ambiental não vai mudar porque alguns princípios fundamentais estão escritos na Constituição; ela vai mudar se a gente mudar nossa maneira de ser sociedade. Enquanto formos uma sociedade racista, que reproduz o colonialismo dentro de casa, sem dúvida, estaremos incentivando diretamente o tipo de progresso e desenvolvimento posta em curso no governo federal por essa legenda [bolsonarista].

Antes de projetar desenvolvimento, seria necessário pensar em envolvimento. Envolvimento maior com a questão ambiental, com a questão territorial, a gestão do território amplo do país, a questão das bacias hidrográficas que estão sendo privatizadas, destruídas, depredadas. Enfim, aquilo que os conservadores chamam de "patrimônio comum".

Parece que eles não sabem conjugar meio ambiente e sociedade. Eles continuam achando que são coisas separadas, como sempre acharam: cultura versus natureza, essas ideias. Tomara que a gente consiga sair desse momento péssimo da vida política brasileira, e vamos ter que fazer isso com a Constituição que nós já temos. Mas não custaria nada, depois disso, fazer como estão fazendo no Chile e botar em questão o molde do Estado colonial.

É preciso perguntar se queremos reproduzir o Estado colonial infinitamente, eternamente. Será que esse é o único jeito de se organizar em sociedade? Eu já disse que esse Estado colonial que temos aqui foi deixado aqui por Dom Pedro: um príncipe português deu no pé e largou a carcaça do Estado português em cima das nossas vidas. A maior parte da burocracia estatal transferiu-se direto de Lisboa para cá, veio junto com a família real, e deveria ter ido embora com eles.

Quais debates são necessários para decolonizar a política?

Agora, com o debate sobre o novo constitucionalismo latino-americano, sobre as possibilidades da Colômbia, do Chile, e mesmo da Bolívia, do Equador. A questão é estender o debate para além da ideia de direitos humanos: os direitos da natureza. O que está se discutindo agora é o direito da natureza, não porque já se conseguiu atender toda a lista de demandas dos direitos humanos, mas porque é impossível atender aos direitos humanos sem atender ao direito da natureza, da Terra. Não é em outro lugar que vamos tirar esses recursos para a gente continuar vivendo.

O discurso do progresso e do desenvolvimento é burro, porque se você perguntar de onde eles vão tirar água e comida para todo mundo, eles vão te responder que é da terra, pois não tem jeito de tirar de outro lugar. Mas, por outro lado, eles insistem em ignorar uma política adequada para a questão do acesso à terra. Vivemos um crescimento escandaloso da propriedade privada, do latifúndio privado, porque a sociedade deixou de se configurar como uma sociedade agrícola, agora nós passamos a nos articular em termos corporativos; são corporações que estão comprando terra no Brasil. São grandes empresas, grandes bancos e grandes conglomerados que estão se apropriando de grandes extensões de terra, numa escala de milhões de hectares. Assim, estamos privatizando a infraestrutura natural do país.

A primeira infraestrutura que uma nação deve considerar é seu território; depois você vai pensar em estrada, hidrelétrica etc. No Brasil, já faz muito tempo que ninguém pensa que o território é o que institui a possibilidade de identidade cultural desses povos; por isso a gente corre o risco de ter uma diversidade de povos sem lugar para pousar.

Enquanto o Brasil insiste em querer imitar países ricos, nós vamos continuar sendo essa pobre imitação de país rico. Temos um território imenso, uma biodiversidade escandalosa, uma riqueza natural de dar inveja aos estrangeiros. Mas os brasileiros, principalmente aqueles que têm poder político, que têm capacidade de se articular politicamente, são tão medíocres que não têm conhecimento sobre esse mundo que eles habitam.

É uma tragédia, é um desencontro entre, de um lado, esse território, essa pachamama, essa terra rica e, de outro, a mediocridade das autoridades, dos políticos, que insistem em estragar o melhor que nós temos e produzir pobreza.

Você acredita na possibilidade de uma vida pós-colonial, pós-extrativista?

Eu acho escandaloso que alguém continue pensando na fronteira do Brasil em termos geopolíticos, de um lado o Oceano Atlântico e de outro o resto da América Latina. Essa espécie de enclave, encaixado no resto da América Latina, mas que não consegue pensar no continente americano.

É impossível imaginar que o Brasil vá surfar na riqueza enquanto os países vizinhos estão se debatendo, com suas economias quebrando e suas sociedades explodindo em revoltas. Só mesmo um idiota pode imaginar que o Brasil tem como sair dessa sozinho, sem um amplo diálogo com os vizinhos, com os povos da América Latina, principalmente da América do Sul, sem a Amazônia. Ela [Amazônia] é formada por nove países, incluindo o Brasil, mas os brasileiros preferem discutir sobre a Amazônia como se a Amazônia fosse um sítio particular de brasileiros. Ignoram, inclusive, o tanto de povos indígenas e não indígenas que vivem na Amazônia e que constituem comunidades urbanas complexas.

Esse contexto é ignorado também pelo pessoal do Sudeste [do Brasil], que acha que pode planejar a Amazônia sem nenhuma vergonha na cara. Parece que eles não enxergam que há 1.200 anos ou há 800 anos havia comunidades complexas, com 46 mil pessoas vivendo numa situação cosmopolita, sem esses problemas de ordem social. Eles não viviam esse inferno social que a colonialidade implantou aqui. As pessoas reproduzem isso como se fosse um único mundo possível, e não se abrem para outras perspectivas.

O mundo vai continuar existindo, é claro! O combate contra o colonialismo – que se chama debate decolonial – vai se ampliar cada vez mais. Mas o que a gente precisa pensar é como será a vida das pessoas nas comunidades, porque, se a gente desmantelar a base natural da vida de milhares de comunidades, a gente pode até resolver a questão epistemológica, mas depois pronto, acabou, não temos mais colonialidade aqui, só que está todo mundo morto.

Claro, haverá vida depois dessa desgraça toda, mas não é como dizem os fundamentalistas evangélicos, "que nós vamos todos para o céu" – essa profecia celestina desgraçada, que sugere que a gente possa acabar com tudo aqui na terra, porque tem um banquete celestial nos esperando em outro lugar. É uma narrativa terrível, a narrativa do necrocapitalismo mesmo. Ela fica impregnada no cotidiano na mentalidade das pessoas. Nós estamos passando por um momento muito crítico da nossa história comum.

Desperto para isso, pois alguns modos de operar precisam ser superados. A gente não pode continuar repetindo as mesmas coisas que a gente fazia na década de 1980 e 1990, como se a gente tivesse constituído uma espécie de direito adquirido; não tem essa de direito adquirido. Nós vamos ter que pensar nossa própria fundação de identidade nacional. Nós estamos vivendo uma humanidade mais do que perversa, desvalorizando a vida, o cotidiano que nós temos, e fazendo essa espécie de culto à morte.

Nós estamos vivos, nós vamos continuar vivos. Talvez seja difícil a gente imaginar a qual custo ambiental.

Então é obsoleto pensarmos em desenvolvimento nos dias de hoje?

Quando a gente vê algum idiota prometendo progresso e desenvolvimento, a gente deveria incluí-lo na lista de *serial killers*, pois um cara que promete progresso e desenvolvimento está dizendo: "bota fogo na sua própria roupa". A legenda dele podia ser: "fogo no rabo". Falta coragem para pensar. Se uma pessoa se apresentasse, num momento crítico como esse [do Brasil], em um debate político, e dissesse: "quero pôr em debate um novo paradigma de vida, onde nós vamos poder tirar da terra somente o que a gente puder devolver para ela nas mesmas condições". Será que esse cara sairia vivo depois de propor algo assim?

Como essa lógica de desenvolvimento ainda opera o senso comum global, você acredita que estamos longe de entender como adiar o fim do mundo?

Eu acho que não é só sobre entender, mas sobre agir. Já há povos que fazem isso, já há populações que fazem isso e, cada vez mais, essa pressão chega aos territórios. Essas pessoas são desapropriadas do próprio território. É um tema a que me refiro como a materialidade da vida.

A gente poderia pensar o que quisesse se não estivéssemos condicionados ou limitados a esta equação: para saber o que é possível daqui para frente, a gente precisa se perguntar por quanto tempo a terra vai permitir. Por exemplo, o clima e todas as imprevisíveis mudanças que podem acontecer a partir daí, como o microclima.

Há um setor muito importante da economia do Brasil que, se a resposta climática alterar muito a atividade deles, eles terão de comprar milhões de hectares de terras na África para continuar fazendo o que sempre fizeram: celulose. A indústria da celulose no Brasil tem milhões de hectares de terras imobilizados só para plantar eucalipto. A partir de 2010, o Brasil passou a ocupar o primeiro lugar do mundo no *ranking* de produtores de celulose, concorrendo com a China, que também tem milhões de hectares de terra imobilizados para monocultura.

A gente sabe falar da monocultura da soja, né? Mas se somar a monocultura da soja, do eucalipto, da cana etc., você vai ver que o solo brasileiro está todo sendo vendido a preço de banana. Estão exportando água e solo. Mas a terra cansa. Vai chegar uma hora que aquela terra não vai responder mais; você pode enchê-la com todo tipo de veneno, mas ela não vai mais responder. Ela será uma terra morta.

Aquela poeira fedorenta e feia que se ergueu em São Paulo no começo do ano [2022], uma poeira preta, é só uma amostra grátis do que pode acontecer. Temos uma devastação do Cerrado e, quando ele tiver cansado de responder ao agronegócio, à monocultura, ele vai levantar uma poeira que cobrirá o Sudeste outra vez.

Isso parece filme de terror, mas é uma previsão a partir da hipótese de não se diminuir o aquecimento global. E se não mudarmos a forma como tratamos a terra, a porrada vai ser maior. É como aquela música que diz: "A vaca mansa dá leite, a braba dá quando quer". Só tem uma diferença: a terra não é uma vaca leiteira. A terra cansa. *(setembro, 2022)*

NOTA

* Entrevista realizada em 19 de setembro de 2022, por Tainá Aragão, jornalista do ISA, via plataforma de videoconferência.

COVID-19

A ADPF 709 no STF e o Enfrentamento da Pandemia

Luiz Eloy Terena | Advogado indígena, Apib

POR MEIO DE SEU DEPARTAMENTO JURÍDICO, A ARTICULAÇÃO DOS POVOS INDÍGENAS DO BRASIL (APIB) LEVOU UM CASO DE LITIGÂNCIA ESTRATÉGICA PERANTE O SUPREMO TRIBUNAL FEDERAL (STF), NO PRIMEIRO SEMESTRE DE 2020, NO CONTEXTO DA PANDEMIA DE COVID-19

No dia 29 de junho de 2020, a Articulação dos Povos Indígenas do Brasil (Apib), em conjunto com seis partidos políticos que compõem a oposição (PT, PDT, PSB, PSOL, Rede e PCdoB), ingressou com uma Arguição de Descumprimento de Preceito Fundamental (ADPF) no Supremo Tribunal Federal (STF). A medida tinha como objetivo buscar determinações para que o governo brasileiro adotasse medidas de proteção diante da situação de extrema vulnerabilidade dos povos indígenas diante do vírus da covid-19. Esse caso será detalhado em seus aspectos técnicos e processuais neste texto.

Entre as inovações engendradas pelo movimento indígena, quero destacar a prática da advocacia indígena, ainda que de forma preliminar, visto que refletir sobre essa categoria analítica exigiria um espaço maior e essa não é a finalidade deste texto. Contudo, tal dimensão de atuação deve ser levada em consideração neste momento, em que os povos indígenas demandam cada vez mais o direito de participação.

Para falar da advocacia indígena, é necessário remeter ao processo de chegada dos indígenas ao ensino superior, extremamente relacionado à decisão política das lideranças de enviar seus jovens para as universidades.[1] Eles foram visionários ao estabelecer, como costumam dizer, a "luta com a caneta, não mais apenas com o arco e flecha." O trabalho da pesquisadora Simone Eloy Amado (2018) ajuda-nos a entender essa dimensão a partir da experiência do Mato Grosso do Sul. Atualmente, existe um número considerável de advogados e advogadas indígenas atuando nos departamentos jurídicos da Apib, da Coordenação das Organizações Indígenas da Amazônia Brasileira (Coiab) e do Conselho Terena, sob minha coordenação e orientação.[2] A prática da advocacia indígena é executada de forma alinhada com as orientações das lideranças indígenas. Tais orientações podem ser de ordem política e até mesmo espiritual, por meio de nossos ancestrais. O local dessa prática vai desde o chão batido da aldeia ou retomada, até os mais variados tribunais. Suas ações nem sempre são compatíveis com os procedimentos positivistas da ciência jurídica ou da ortodoxia dos tribunais. Por isso, em muitos aspectos, a prática se aperfeiçoa como método contra-hegemônico. E seu sentido só é perceptível ao final, quando os encantados proclamam a vitória indígena, nem sempre compreensível pela tradicional prática jurídica.

A estratégia inicial ao ingressar com a ADPF nº 709 foi pensar no prosseguimento da ação, tendo em vista que seria a primeira vez que uma organização indígena acionaria o STF no âmbito da jurisdição constitucional. Cumpre lembrar que a jurisdição constitucional brasileira é exercida através do controle de constitucionalidade das leis. Nas palavras de Hanz Kelsen (2007, p. 123), jurisdição constitucional é "um elemento do sistema de medidas técnicas que têm por fim garantir o exercício regular das funções estatais", ou seja, ser a outorga de poder a um órgão jurisdicional para se verificar a compatibilidade das leis ao texto constitucional. Portanto, ter legitimidade para atuar na jurisdição constitucional significa poder acessar diretamente a Suprema Corte. No caso dos povos e comunidades indígenas, esse é um aspecto desafiador, haja vista o regime tutelar que perdurou até 1988 no Brasil, sendo que decisões recentes do próprio STF já negaram o próprio direito de petição, como no caso da comunidade Guyraroká, dos Guarani Kaiowá de Mato Grosso do Sul, julgado em 2014.[3] A estratégia desenhada foi convidar os partidos políticos (que são legitimados expressamente pela Constituição Federal para propor ADPF) a integrar o polo ativo da demanda, como uma espécie de "caução" à petição. Assim, caso a presença da Apib fosse indeferida, a ação prosseguiria por meio dos partidos políticos.

A presença dos partidos políticos na ADPF nº 709 foi muito questionada, tanto por representantes do governo, como por alguns parentes indígenas, que, fazendo uma leitura equivocada, chegaram a afirmar que a Apib estava sendo usada pela "esquerda para fazer oposição." Nas redes sociais, apoiadores bolsonaristas afirmavam que os indígenas estavam sendo "massa de manobra" para prejudicar o governo Bolsonaro. Nenhuma dessas afirmações é verídica, pois, como se vê, o convite aos partidos foi feito apenas no momento do protocolo, visando dar suporte jurídico numa petição de adesão. Ou seja, após a redação da ação, não foi oportunizado aos advogados dos partidos contribuir na petição, fazendo eventual modificação. A petição refletia aquilo que foi discutido e aprovado pela Apib.

Protocolada um dia antes do recesso judicial, a ação foi distribuída ao eminente ministro Luís Roberto Barroso. No dia 2 de julho, o ministro relator determinou "intimação do Exmo. Sr. Presidente da República, do Exmo. Procurador-Geral da República e do Exmo. Advogado Geral da União para manifestação no prazo comum e impostergável de 48 horas (independentemente do recesso) sobre o pedido de cautelar. Após o transcurso do prazo, com ou sem manifestação, os autos devem retornar à conclusão, para decisão" (STF, ADPF 709).

Após a manifestação do governo federal, no dia 8 de julho, o ministro deferiu parcialmente a liminar, para determinar:

1) Criação de barreiras sanitárias, que impeçam o ingresso de terceiros em seus territórios, conforme plano a ser apresentado pela União, ouvidos os membros da sala de situação (infra), no prazo de 10 dias, contados da ciência da decisão;

2) Criação de sala de situação, para gestão de ações de combate à pandemia quanto aos povos indígenas em isolamento e de contato recente;

3) Inclusão, no Plano de Enfrentamento e Monitoramento da Covid-19 para os Povos Indígenas (infra), de medida emergencial de contenção e isolamento dos invasores em relação às comunidades indígenas ou providência alternativa, apta a evitar o contato;

4) Imediata extensão dos serviços do Subsistema Indígena de Saúde aos povos aldeados situados em terras não homologadas;

5) Extensão dos serviços do Subsistema Indígena de Saúde aos povos indígenas não aldeados, exclusivamente, por ora, quando verificada barreira de acesso ao SUS geral; e

6) Elaboração e monitoramento de um Plano de Enfrentamento da covid-19 para os povos indígenas brasileiros pela União, no prazo de 30 dias contados da ciência da decisão, com a participação do Conselho Nacional de Direitos Humanos e dos representantes das comunidades indígenas.

O primeiro aspecto ao qual chamamos atenção diz respeito ao conceito de ADPF. Essa é uma ação constitucional que tem por objeto evitar ou reparar lesão a preceito fundamental decorrente da Constituição, resultante de qualquer ato ou omissão do poder público. Ou seja, trata-se de um importante mecanismo de aferição abstrata pelo STF. As decisões proferidas em sede de ADPF têm eficácia *erga omnes* (para todos) e efeito vinculante.

No caso da ADPF nº 709, ela foi proposta tendo em vista a omissão do governo brasileiro em implementar medidas para proteger os povos indígenas no contexto da pandemia. O STF reconheceu que os direitos à vida, à saúde integral e à identidade cultural estavam sendo violados. O direito à vida, tendo em vista a taxa de mortalidade entre os povos indígenas; à saúde, por conta da ineficiência do subsistema de saúde indígena em implementar os planos de enfrentamento e monitoramento da covid-19 nas Terras Indígenas (TIs); e o direito à identidade cultural, pela negativa de atendimento aos indígenas que estão nas TIs não homologadas e/ou no contexto urbano.

Outro aspecto diz respeito à legitimidade para propor a ADPF. O artigo 2º da lei afirma que podem propor ADPF os legitimados para a ADI, previstos no art. 103 da Constituição Federal: o presidente da República; a Mesa do Senado Federal; a Mesa da Câmara dos Deputados; a Mesa de Assembleia Legislativa ou da Câmara Legislativa do Distrito Federal; o governador de Estado ou do Distrito Federal; o procurador-geral da República; o Conselho Federal da Ordem dos Advogados do Brasil; partido político com representação no Congresso Nacional e confederação sindical ou entidade de classe de âmbito nacional.

O professor Luís Roberto Barroso, em sua obra *O controle de constitucionalidade no direito brasileiro*,[4] aponta que, na concepção original da lei, prevista no Projeto de Lei (PL) nº 2.872/1997, a ADPF tinha dupla função institucional: a primeira, de instrumento de governo, já que permitia que o rol de legitimados do artigo 103 da Constituição levasse discussões sensíveis, envolvendo risco ou lesão a preceitos fundamentais ou relevante controvérsia judicial ao conhecimento do STF; a segunda, de instrumento de cidadania, ao admitir que qualquer cidadão lesado por ato do poder público poderia propor ADPF. Esse dispositivo estava previsto no inciso II do art. 2º da Lei nº 9.882/1999, porém foi vetado pelo presidente da República, impedindo que fosse estabelecida uma legitimidade aberta para a propositura da ADPF por qualquer pessoa lesada ou ameaçada por ato do poder público.

Nota-se que o rol para propor esse tipo de ação é restrito. Entretanto, nessa ação histórica, o STF reconheceu à Apib a possibilidade para propor ação diretamente nesta Corte. Vejamos o que diz o trecho da decisão:

"Reconheço a legitimidade ativa da Articulação dos Povos Indígenas do Brasil – Apib para propor a presente ação, na condição de entidade de classe de âmbito nacional (CF, art. 103, IX).

[...]

Vale observar, ademais, que a Constituição assegurou aos indígenas a representação judicial e direta de seus interesses (CF, art. 232), bem como o respeito a sua organização social, crenças e tradições (CF, art. 231). Por essa razão, entendo, ainda, que o fato de a APIB não estar constituída como pessoa jurídica não é impeditivo ao reconhecimento da sua representatividade. Não se pode pretender que tais povos se organizem do mesmo modo que nos organizamos. Assegurar o respeito a seus costumes e instituições significa respeitar os meios pelos quais articulam a sua representação à luz da sua cultura".

© RAQUEL UENDI/ISA, 2020

Entrega de máscaras e suprimentos durante ação de prevenção à covid-19 em São Gabriel da Cachoeira/AM; além do protagonismo na construção da ADPF nº 709, em diferentes regiões do Brasil os povos indígenas e suas organizações também se responsabilizaram por implementar medidas de enfrentamento à pandemia nas TIs.

Ainda sobre essa questão, importa reafirmar que, no direito brasileiro, temos, nos arts. 231 e 232 da Constituição Federal, o reconhecimento das formas de organizações tradicionais indígenas. A Constituição de 1988 inovou ao reconhecer o Estado pluriétnico, reconhecendo os indígenas, comunidades e povos enquanto sujeitos de direitos. O *caput* do art. 231 é categórico ao reconhecer as organizações sociais dos povos indígenas. Assim, a organização social indígena é a estrutura política de determinado povo e/ou comunidade, que tem na identidade cultural a sua fonte normativa para regular as relações intra e extracomunitárias. Seguindo os ditames da Constituição, tal reconhecimento eleva as comunidades indígenas ao patamar de entes com personalidade jurídica, que se irradia do próprio texto constitucional. Ou seja, as comunidades indígenas não necessitam de contrato social e demais formalidades legais para passarem a existir. Não obstante, elas também existem de fato e de direito no plano válido do direito a partir da dimensão constitucional, embora a sua existência enquanto tais seja inclusive anterior ao ordenamento jurídico do Estado em que atualmente se encontram. Por sua vez, o art. 232 da Constituição Federal aponta três categorias jurídicas que merecem nossa atenção. Ao estabelecer que "os índios, suas comunidades e organizações são partes legítimas para ingressar em juízo em defesa de seus direitos e interesses", o constituinte rompe com a tutela jurídica que antes vigorava sobre os povos indígenas e lhes outorga a capacidade de fato e de direito perante o direito brasileiro.

Por fim, ao cabo desta análise preliminar, e tendo em vista que o processo ainda está em trâmite, resta destacar que a omissão deliberada do governo em operacionalizar o cumprimento das determinações judiciais continua a expor os povos indígenas aos desdobramentos de uma pandemia cujo término ainda não podemos vislumbrar. Citamos dois exemplos (sala de situação e grupo de trabalho), mas há outras dimensões, como o caso de ampliação do atendimento de indígenas que vivem em áreas ainda não homologadas, a eliminação de barreiras para o acesso ao SUS no caso dos indígenas em contexto urbano; e a retirada de invasões das TIs Yanomami, Karipuna, Uru-Eu-Wau-Wau, Kayapó, Araribóia, Munduruku e Trincheira Bacajá. Essas dimensões processuais deverão ser analisadas em profundidade em outros momentos.

Esperamos que os apontamentos lançados aqui sejam capazes de contribuir para a compreensão dos desafios postos, mas, sobretudo, para que se possa aprender com os povos indígenas através da pedagogia da resistência. Nessa dimensão, chamamos atenção para a prática da advocacia indígena, suscitada no início do texto e que abarca a análise da condução da atuação nesse processo, seja na instrumentalização técnica das peças judiciais ou na articulação política junto aos agentes que cooperam com subsídios e informações. *(agosto, 2022)*

NOTAS

[1] Sobre educação superior indígena, ver os trabalhos de Antonio Carlos de Souza Lima, Luiz Henrique Eloy Amado e Marta Regina Brostolin, entre outros.

[2] Na Apib, cito expressamente Samara Pataxó e Maurício Terena. Na Coiab, Cristiane Baré, Judite Guajajara, Tito Meneses e Rogério Xerente.

[3] Para saber mais sobre esse caso, ver: TERENA, L. E. *Violências, expulsões e subjugação jurídica*: no STF o destino dos Kaiowá de Guyraroká. Brasília: Apib, 29 mar. 2021. Disponível em: https://bit.ly/3m9PCpe. Acesso em: 10 abr. 2021.

[4] BARROSO, L. R. *O controle de constitucionalidade no direito brasileiro*. 7. ed. São Paulo: Saraiva, 2016.

Arte para Fazer Acordar a Memória

Entrevista à equipe de edição*

PRIMEIRA CURADORA INDÍGENA DO MUSEU DE ARTE DE SÃO PAULO (MASP), SANDRA BENITES NOS FAZ UM CONVITE: ACORDAR A MEMÓRIA ATRAVÉS DA ARTE ATUALIZANDO A ARTE CONTEMPORÂNEA INDÍGENA ATRAVÉS DESSA MEMÓRIA ANCESTRAL

© GABRIELA PORTILHO/NYT, 2020

Como começou sua carreira de curadoria na arte?

Eu sou professora. Minha luta e minha curadoria começaram antes, a partir da minha infância, da minha luta como mulher, enquanto mãe e também enquanto indígena. Tudo isso faz parte da minha formação curatorial. Acho que muitas vezes essas questões não são levadas em consideração nesses espaços curatoriais.

Minha entrada como curadora mesmo começou em 2017. Eu fui convidada a fazer parte da equipe curatorial da exposição "Dja Guata Porã | Rio de Janeiro indígena",[1] para fazer um projeto dessa exposição sobre indígenas, muito focado na visão dos indígenas sobre a própria história do Rio de Janeiro.

Para isso, primeiramente, tivemos que nos escutar, entre nós curadores, e pensar como é que a gente ia apresentar o projeto para os parentes do Rio de Janeiro. Juntamo-nos à equipe, visitamos duas vezes as aldeias e também nos reunimos com os parentes urbanos.

Então, tudo partiu de um processo de encontro, de conversa. Eu gosto de falar a partir desse ponto de conversa. Nessa primeira experiência, apareceram muitas coisas. A primeira questão que apareceu desse processo histórico foi a violência que toma vários corpos. Digamos: o processo que foi capturando os corpos de nós indígenas. Esse entendimento influencia vários aspectos em relação às informações que são passadas sobre a gente e os espaços onde a gente pode, de fato, colocar nosso campo de vista.

> "Aí eu fui entender o papel que a arte tem para acordar a memória: é uma forma da gente resistir, é o nosso jeito de cada dia"

A verdade é que ainda somos tratados com distância por várias instituições e pela própria sociedade.

Fui até os Puri [indígenas de São Paulo] e com eles entendi que deveria trabalhar aspectos da memória, algo importante para todos nós indígenas. Os parentes falam em "acordar memórias". Quando nós começamos a refletir sobre alguns silenciamentos, apagamentos da fala, de nossas vozes, de nossos ancestrais, eles falaram que a gente precisa sempre acordar a memória.

Aí eu fui entender o papel que a arte tem para acordar a memória: é uma forma da gente resistir, é o nosso jeito de cada dia. Como eu sou Guarani, acordar a memória para a gente é sempre acordar pela memória – e a gente entende aquela memória como patrimônio, que são nossos saberes, nossa forma de não perder as coisas que nos fazem.

Este é um aspecto que comecei a discutir enquanto curadora: nossa memória continua nos mantendo e nos movimentando. Outra parte que a gente não pode esquecer é que essa questão é uma forma de entendermos o processo da colonização, que fez com que a gente se anulasse em várias formas de ser. Isso faz parte do modo de ser Guarani. Isso ficou muito forte para mim: a questão da ocupação, de retomar os seus e nossos territórios ancestrais. Esse impedimento é da própria colonização, desse sistema colonial que nos impede de ocupar nosso lugar de origem. É o lugar para o qual a gente tem que retornar, inclusive para a arte.

Em 2020, você se tornou a curadora adjunta do Masp e foi a primeira mulher indígena a ocupar esse espaço, que é um dos mais importantes da arte no Brasil. A partir dessa experiência, você considera que os espaços realmente estão se abrindo para os povos indígenas, para os artistas indígenas, ou é mais um caminho de espetáculo da diferença?

Quando eu entrei [no Masp], logo começou a pandemia e tudo fechou. Na verdade, a exposição para a qual eu fui chamada para fazer a curadoria era sobre história indígena brasileira, que ia acontecer em 2021. Mas, como veio a pandemia, ela foi adiada para 2023.

Acho que fiquei isolada, de certa forma – eu entrei, mas fiquei isolada. E eu achava que era em função da pandemia, mas aí vi que realmente não havia muita preocupação em me acolher. Por isso, acho que foi um lugar só para dizer que, para mostrar a minha competência, tinha que ser da forma que eles querem e não da forma que eu sou enquanto indígena. Por isso, acabei pedindo para sair. Até porque, quando nós começamos a fazer a exposição "Histórias Brasileiras", fomos chamadas para fazer parte do núcleo da "Retomadas", que eu e a Clarissa [Diniz] dirigimos. Nós começamos a fazer o trabalho e aí veio o veto às fotografias do Movimento Sem Terra (MST), e isso me frustrou ainda mais.

Eu expliquei diversas como é meu jeito de trabalhar e também me coloquei enquanto indígena, nesse lugar que não é só o de produzir e estar ali só para atender à demanda. Mas quando cobrei, não fui escutada. Eu fiquei muito chocada com isso e fiquei muito mal, porque me senti violentada, silenciada, de várias formas.

Quando eu entrei, me perguntaram o que é que eu iria mudar [no Masp]. Aí eu falei que não gostaria de mudar nada, mas faria o possível para me sentir como soma, como parte. Quando a gente soma, a gente amplia a coisa, né? E como eu não me sentia confortável para poder ampliar, eu saí pelo mesmo motivo que eu entrei: para ampliar.

Você considera que a arte contemporânea, em si, está preparada para receber essas outras narrativas e o corpo indígena?

Já existem muitos parentes fazendo isso, não somente como artistas, mas como intelectuais, como acadêmicos, como lideranças entre outros. A arte contemporânea aparece como resultado em uma obra, mas é muito mais que isso: artes contemporâneas existem dentro da comunidade e fora da comunidade.

O artista, nesse caso, faz a ponte. Nem todos os artistas que estão ali fazem resistência, mas mulheres, homens, os mais velhos estão ali resistindo. Tem muita gente que vai, mas, enquanto isso, tem muita gente que fica também em suas aldeias resistindo. Principalmente as mulheres, as mães, que estão ali praticando suas rezas para aqueles que estão lá fora.

"Essa é outra questão, que eu chamo de memória ancestral e que também é um patrimônio para gente. Por exemplo, os saberes das parteiras; elas têm sua sabedoria para fazer parto, isso é dela e em nenhum outro lugar é assim. Isso também é arte contemporânea"

O que é arte contemporânea para nós? É muito mais do que pode ser visto, porque tem coisas que não são para serem vistas, não são para serem faladas, e são importantes só para nós. Então, como a gente nomeia isso? Essa é outra questão, que eu chamo de memória ancestral e que também é um patrimônio para gente. Por exemplo, os saberes das parteiras; elas têm sua sabedoria para fazer parto, isso é dela e em nenhum outro lugar é assim. Isso também é arte contemporânea.

Não dá para apenas chamar de artista quem está na galeria, no museu. Porque, com isso, a gente pode reproduzir essa visão colonial e silenciar a outra parte da versão. A obra é muito maior do que aquilo que está ali, do que o objeto, a pintura. O que aparece ali é muito maior. Mas tem muita gente segurando a arte.

Quais são os outros espaços para além do museu que poderiam comportar a arte indígena?

Eu acho que esse espaço que está sendo reivindicado [da arte fora do museu] é importante, porque há essa ideia de que o museu só recebe. O museu também é a forma da cidade preservar o acervo, o conhecimento, mas essa ideia de ficar fixo para conservar, de que para ser preservado é importante manter na cidade, é limitadora.

O que é importante para nós, indígenas, talvez não caiba dentro do Museu. Por exemplo, a dança não vai caber no museu. Quando fui para o Masp, eu tive essa sensação também. Eu lembro de muitos parentes falarem assim: "Olha, como é que a gente vai fazer fogueira [aqui]?" Por exemplo, quando queremos fazer uma roda de conversa, nós indígenas [Guarani], utilizamos a fogueira. Será que o museu deixa a gente fazer fogueira? Uma roda de conversa em torno da fogueira? Não, não tem estrutura para isso. Então o que é que o museu pode fazer? A gente pode questionar isso. O museu pode se ampliar e se estender a partir dessa demanda. E eu acho que esse é o desafio: pensar nesses espaços em que caibam as necessidades reais dos indígenas.

Então a arte indígena não é essa coisa delimitada, mas ao mesmo tempo precisa de uma demarcação? Qual é a importância política dessa demarcação?

A importância é de dizer que estamos ali também para disputar de igual para igual, com os artistas jurua [não indígenas], que têm esse conhecimento, que têm nome. Acho que os jovens artistas indígenas começaram a atravessar essas fronteiras com mais força. As fronteiras do mundo da arte não foram colocadas por nós indígenas, mas pelo próprio pensamento ocidental, que entende a arte dessa forma, de uma única forma.

Enquanto indígenas, nós temos nossa essência também na arte. Mas também temos consciência de que, se essa não é uma forma importante para a gente, a gente precisa dialogar, estar no mesmo lugar, até para poder discutir essas questões.

Você entende que a arte indígena pode ser uma ferramenta possível para fazer com que esse país acorde sua memória e desperte para outros imaginários e realidades possíveis?

Para pensar o futuro, a gente precisa fazer como se fosse uma "peneirada" da memória, para seguir com aquilo que é importante para gente, mas, claro, sem deixar o que foi ruim, pois isso serve para criar outros caminhos. Não é que a gente tenha que deixar para trás, esquecer tudo; não é isso. Na verdade, a gente precisa, a partir da memória, criar outros caminhos para o futuro, e não renegar, não repreender nosso sentimento.

A sociedade brasileira tem muito disso: ela se constituiu e se transformou já com essa violência, com essa distorção das coisas. Nós somos isso e a gente precisa aceitar que somos diversos, que o Brasil foi de fato invadido e roubado, deturpado e violentado.

O que é preciso, hoje, é entrar em acordo com nossa memória. Como é que a gente pode caminhar dentro dessa nossa diversidade? Os artistas indígenas estão fazendo a sua parte. *(outubro, 2022)*

NOTAS

* Entrevista realizada em 7 de outubro de 2022, por Tainá Aragão, jornalista do ISA, e Tiago Moreira via plataforma de videoconferência.

[1] Realizada pelo Museu de Arte do Rio de Janeiro (MAR), de maio de 2017 a março de 2018, sob curadoria de Sandra Benites, José Ribamar Bessa, Pablo Lafuente e Clarissa Diniz.

COMUNICAÇÃO

Coletivos de Comunicadores Indígenas no Brasil

Raimundo Miguel Benjamim Baniwa	Comunicador da Rede Wayuri, mestrando na UFRJ
Jéssica Cristina Lozovel	Geógrafa, mestranda na UFRJ
Juliana Radler	Jornalista, ISA
Lucas Milhomens	Professor na Ufam e UFRR

EM TODAS AS REGIÕES DO BRASIL, O CONTEXTO POLÍTICO NACIONAL LEVOU A FORMAÇÃO DE VÁRIOS COLETIVOS E REDES DE COMUNICADORES INDÍGENAS, DIVERSOS E PLURAIS, ORGANIZADOS PRINCIPALMENTE POR JOVENS E COM GRANDE PARTICIPAÇÃO DE MULHERES. ESSES COLETIVOS CONFORMAM NOVAS ESTRATÉGIAS PARA VELHAS LUTAS

A luta dos povos indígenas no país é antiga. Data, em termos cronológicos, de mais de cinco séculos atrás, quando os primeiros portugueses pisaram oficialmente nas terras do chamado "Novo Mundo", marco inaugural da colonização, que legou os povos nativos a uma miríade de sofrimento, morte e destruição. Milhões morreram nesse processo, gerando a extinção de culturas inteiras, uma perda de valor incalculável. A violência dos colonizadores, munidos de ganância, arcabuzes e doenças, nunca tinha sido vista antes pelos povos que aqui viviam. Traziam consigo o oposto do que a cosmologia Tupi-Guarani denominava de "terra sem males", eram verdadeiramente os "emissários da morte".

Lutar sempre foi um verbo praticado por essas populações desde o primeiro momento de contato com o mundo ocidental. Segundo dados do Instituto Brasileiro de Geografia e Estatística (IBGE), existem mais de 900 mil indígenas resistindo no Brasil atualmente, divididos em 305 povos, que falam 274 línguas, a maioria residente em territórios demarcados, mas também em áreas urbanas e rurais, principalmente na região amazônica. Com o tempo, diante de diversas mobilizações para garantir direitos constitucionais, as formas de protesto, resistência e resiliência saíram do embate corpo a corpo e ganharam telas e meios de comunicação.

Historicamente, os povos originários vêm sendo silenciados das mais diversas formas, de modo que as ferramentas de comunicação se tornaram essenciais para a auto-organização, informação e trocas de saberes entre eles, com o uso de rádios, *podcasts*, radiofonia, audiovisual e redes comunitárias de internet. O uso de tais instrumentos auxilia na construção de um espaço de representação indígena através do que é chamado etnomídia: a comunicação produzida pelos – e para – os próprios indígenas.

Apesar do quantitativo de povos no país, demorou a haver uma mobilização em relação aos meios de comunicação para tentar garantir uma maior representatividade indígena na mídia. Em meados dos anos 1990, ainda não havia um planejamento, a partir do movimento indígena, em que se pautasse a formação de espaços coletivos e redes de comunicação; essa mudança teve início com a chegada dos anos 2000. A tentativa não é de competir com os meios de massa, mas, sim, criar um espaço simbólico e seguro para a divulgação de temáticas que sejam tratadas a partir da ótica indígena e não somente através do foco indigenista, como acontecia em outros tempos.

REDES E COLETIVOS DE COMUNICADORES INDÍGENAS NO BRASIL

Na última década, em todas as regiões do Brasil, o contexto político nacional compeliu a formação de vários coletivos e redes de comunicadores indígenas, diversos e plurais, organizados principalmente por jovens, e com grande participação de mulheres.

Temas como retirada de direitos, garimpo ilegal, demarcação de terras, gênero, cultura, fortalecimento das línguas originárias, modos de vida e território são tratados por essas pessoas em seus contextos de vida. Assim, a etnomídia indígena surge para descolonizar os espaços amplamente ocupados pela "mídia branca e colonial", com o objetivo de narrar suas próprias histórias, falar em suas línguas e informar a população sem intermediários. São comunicadores indígenas que vêm se apropriando cada vez mais das novas tecnologias de informação e comunicação (TICs), como computadores, câmeras fotográficas e celulares.

A chegada da internet nos territórios indígenas, ainda que com uma qualidade precária e insuficiente, também tem ajudado a geração de uma maior produção de conteúdos compartilhados entre os diversos povos, seja por grupos, por influenciadores indígenas nas redes sociais ou quaisquer outros meios usados para contar aspectos de suas culturas para as pessoas. Essa prática de resistência cultural e divulgação não é nova, mas a produção de conteúdo, apropriação tecnológica e a construção de outras narrativas autônomas, sim. A formação de redes comunicacionais é uma estratégia para o enfrentamento de novos desafios em seus territórios e muito além deles; um dos exemplos, é a desinformação gerada a partir da produção de *fake news* (mentiras) sobre os povos indígenas.

Não é possível estimar a quantidade exata desses grupos no momento, nem esse é o nosso propósito, no entanto, sabemos que muitos deles atuam em contextos diferentes, grande parte em áreas de risco e repleta de conflitos socioterritoriais. Nesse sentido, em 2017, nasceu na região do Alto Rio Negro, extremo noroeste do estado do Amazonas, a Rede de Comunicadores Indígenas do Rio Negro, a Rede Wayuri, que abrange o território onde vivem 23 povos originários, projeto que fortalece a luta dessas populações na garantia de direitos. O trabalho pioneiro da Rede Wayuri nasceu por iniciativa da Federação das Organizações Indígenas do Rio Negro (Foirn), em parceria com o Instituto Socioambiental (ISA) e com apoio da União Europeia. Outro exemplo é a Rede Wakywai de comunicação indígena, projeto e iniciativa do Conselho Indígena de Roraima (CIR). *Wakywai* significa "nossa notícia" ou "nossa história" na língua do povo Wapichana. Criada em 2020 e coordenada pelo departamento de comunicação do CIR, a Rede Wakywai mobiliza mais de 30 jovens comunicadores e sete etnorregiões, onde vivem os povos Macuxi, Wapichana, Taurepang e Sapará.

No estado do Pará, outros coletivos e redes vêm se formando nos últimos anos incentivados pela Federação dos Povos Indígenas do Estado do Pará (Fepipa). Um exemplo é o Coletivo Audiovisual de Mulheres Munduruku Daje Kapap Eypi, em que mulheres Munduruku usam tecnologias de comunicação para lutar pela demarcação de suas terras e denunciar crimes ambientais contra seu povo e território. Outro é o Coletivo Jovem Tapajônico (CJT), que vem promovendo debates e formação política sobre temas como meio ambiente, gênero, sexualidade, território e cultura nas comunidades indígenas e ribeirinhas. O Coletivo Beture, do movimento de jovens cineastas Mebêngôkre/Kayapó, localizado na região sul do estado, usa as redes digitais para dar visibilidade à cultura e à luta de seu povo. E o Coletivo de Mulheres do Xingu, destaca-se pela participação de mulheres indígenas e não indígenas que usam a comunicação para combater o feminicídio e lutar por uma saúde universal para todos, principalmente para as mulheres que vivem no entorno da Transamazônica, na região do Médio e Baixo Xingu.

No Nordeste é possível identificar algumas iniciativas de coletivos de jovens comunicadores que vêm atuando de forma intensa nos últimos anos. Destacam-se o Coletivo Fulni-ô de Cinema, na produção audiovisual sobre a temática indígena, e o grupo Juventude Indígena Conectada, que faz comunicação para a valorização cultural e defesa de direitos e territórios. No Centro-Oeste destacamos o Coletivo de Mulheres do Xingu, o Coletivo Maravaia e a Rede de Comunicadores Indígenas do Xingu+.

Na Região Sul, as primeiras notícias sobre a formação de uma rede de comunicadores indígenas data de 2022. Promovida pela Articulação dos Povos Indígenas da Região Sul (Arpinsul) em parceria com a Articulação dos Povos Indígenas do Brasil (Apib), que recentemente organizaram o I Encontro de Comunicadoras e Comunicadores da região Sul, mobilizando cerca de 30 jovens dos povos Kaingang, Avá-Guarani, Guarani-Mbya, Guarani-Nhandeva e Laklãnõ-Xokleng.

Outra importante iniciativa vem sendo desenvolvida pela Apib, reunindo comunicadores indígenas de vários lugares do país, como é o caso do Mídia Nativa On (MNO), criada em 2021 durante o 1º Levante Pela Terra em Brasília/DF. Desde então vem realizando, por meio de seus (etno)comunicadores – dos povos Guarani-Nhandewa, Kaingang, Tukano, Xokleng, Pataxó Hã Hã, Guarani-Mbyá e Kra-ô –, atividades de mobilização relacionadas às lutas dos povos indígenas em todo o Brasil. Em junho de 2022, ao comemorar seu primeiro ano de existência, a Apib destacou algumas das principais coberturas midiáticas realizadas pela rede de indígenas, como o próprio Levante Pela Terra (junho de 2021), Levante Pela Vida (agosto de 2021), Marcha das Mulheres Indígenas (setembro de 2021) e Levante Pela Democracia (dezembro de 2021). O MNO vem transmitindo as retomadas de territórios nos estados do Paraná, Santa Catarina e Minas Gerais, como também a luta do movimento das mulheres kaingang em Curitiba/PR e uma série de ações em todo o território nacional.

Nessa perspectiva, a organização não governamental Projeto Saúde e Alegria vem promovendo a Escola de Redes Comunitárias da Amazônia, organizando um intercâmbio de comunicadores oriundos de povos e comunidades tradicionais dos estados do Acre, Pará e Amazonas. O projeto integra uma articulação internacional conjunta entre a Association for Progressive Communications (APC) e Rhizomatica, interconectando redes da Europa, Ásia, África e América Latina, que puderam recentemente

© ANA TUIJSA, 2019

Comunicadores indígenas de 10 etnias do Rio Negro participam da III Oficina de Comunicadores da Rede Wayuri, na Ilha de Duraka, Terra Indígena Médio Rio Negro I, São Gabriel da Cachoeira/AM.

trocar experiências durante o 10º Fórum Social Pan-Amazônico, realizado em julho de 2022 em Belém/PA.

REDES INDÍGENAS CONTRA A PANDEMIA DE COVID-19 NA AMAZÔNIA

A comunicação indígena foi uma das principais frentes de mobilização para o enfrentamento da pandemia de covid-19. Os e as protagonistas dessa mobilização foram as redes e coletivos de comunicadores indígenas em todo o Brasil, como é o caso das redes Wayuri e Wakywai, com grande destaque em seus estados e territórios durante toda a pandemia. As redes locais foram responsáveis diretamente pelo combate à desinformação e à difusão de notícias falsas sobre a doença. Atuaram na conscientização dos povos indígenas quanto aos cuidados e às orientações sanitárias, à valorização da medicina tradicional e à importância da vacinação. Também foram responsáveis, juntamente com outras organizações (indígenas e não indígenas), pela promoção de campanhas de arrecadação de recursos para garantir alimentos e *kits* de higiene a diversas comunidades indígenas no período mais crítico da pandemia.

Pelo trabalho de combate às *fake news* e à "infodemia" – que mais confunde e aterroriza do que educa e informa –, a Rede Wayuri teve duplo reconhecimento internacional. Em 2021 foi eleita pela Repórteres Sem Fronteiras (RSF), organização mundial de defesa da liberdade de imprensa sediada na França, como um dos 30 Heróis Globais da informação mundial, junto com profissionais da imprensa global, como o correspondente do New York Times na China, Chris Buckley. Já em 2022, a rede de comunicação indígena do Rio Negro foi eleita pelo World Justice Project, de Washington, como o vencedor do prêmio Estado de Direito (Rule of Law), do World Justice Forum ocorrido em Haia, na Holanda, prestigioso prêmio, que já foi dado ao ex-presidente norte-americano Jimmy Carter e a Shirin Ebadi, Nobel da Paz de 2003.

Já a Coordenação das Organizações Indígenas na Amazônia Brasileira (Coiab) foi uma das principais entidades responsáveis por ações em defesa dos indígenas ameaçados pela covid-19. Entre elas, destaca-se o incentivo à mobilização de jovens comunicadores indígenas, orientados pelas organizações de base a dar início ao projeto da Rede de Comunicadores da Amazônia Brasileira. Projeto este assim resumido pela então coordenadora da Coiab, Ângela Kaxuyana: "a rede de jovens comunicadores indígenas é uma rede extremamente importante, porque ela transmite o olhar dos povos indígenas, através do olhar dos jovens. É o narrar dos povos indígenas que sempre temos defendido, ou seja, que aquela história precisa ser feita e narrada por nós. Por isso ela é muito importante, como uma ponte para as populações indígenas em seus territórios. Temos defendido nosso espaço da fala, nosso espaço do contar da história, que deve ser protagonizado pela juventude. Ela não apenas fortalece e garante o espaço da fala, da participação da juventude, mas também interliga essa rede com o olhar e opinião dos mais velhos. A rede é um porta-voz das nossas próprias histórias".

A comunicação indígena, que se fortaleceu na pandemia por conta da necessidade de informar para salvar vidas, acabou dando um impulso e uma força ainda maior para esse movimento, que não para de crescer e revelar talentos. O interesse das comunidades em consumir informações, o maior acesso à internet e a celulares motiva jovens e também adultos a buscarem formações, cursos e parcerias que lhes possibilitem atuar como repórteres em suas comunidades. Como ocorre na região do Rio Negro, os comunicadores indígenas são correspondentes em suas calhas de rios, gerando informação para a área urbana do município, assim como transmitindo em sua própria comunidade a partir de rádios comunitárias locais, chamadas de rádio-poste, muitas delas utilizadas para circular informações nas línguas indígenas e em sinergia com outras tecnologias, como áudios enviados pelo WhatsApp e transmitidos via rádio-poste.

TECENDO REDES E OCUPANDO AS TELAS

As experiências de coletivos e redes indígenas são as mais diversas e plurais, espraiadas em todo o território nacional. O cenário ameaçador em que essas populações se encontram (agravados nos últimos anos em decorrência da política genocida empreendida pelo governo Bolsonaro) evidencia a emergência da valorização de suas ações estratégicas, como a apropriação do debate comunicacional. O futuro dos povos originários de todo o país dependerá da resistência, fortalecimento e consolidação de suas organizações e movimentos. Há mais de 500 anos, quando o território que chamamos Brasil foi invadido e suas populações dizimadas, as principais armas eram o arco e a flecha. Hoje, com o advento de novas ferramentas tecnológicas informacionais, a comunicação tornou-se um dos principais campos de batalha do século XXI, possibilitando a construção de narrativas autônomas e emancipatórias feitas pelos próprios indígenas.

Lembrando a jornalista filipina, Maria Ressa, ganhadora do Prêmio Nobel da Paz de 2021, quando perguntada pela *Folha de S. Paulo*, em entrevista publicada no dia 22 de junho de 2022, sobre como uma campanha de informação pode ser capaz de apagar o passado, como ocorreu em relação à ditadura nas Filipinas. Questionada sobre se as pessoas simplesmente esqueceram ou nunca souberam que houve uma ditadura, Ressa respondeu: "Eu adoro uma frase do [escritor tcheco] Milan Kundera, que usei muito no dia das eleições nas Filipinas: 'A luta do homem contra o poder é a luta da memória contra o esquecimento'. Eu me tornei jornalista porque acredito que informação é poder, mas éramos responsáveis por esse poder e as coisas avançavam muito mais devagar. Hoje, não. Criaram uma ferramenta de inteligência artificial que redige 30 mil artigos de ódio em menos de 24 horas. Uma máquina de ódio."

Nesse contexto mencionado por Ressa, dos robôs e das milícias digitais, torna-se urgente que as minorias possam ser capazes de atuar em rede nas redes, de unirem suas vozes em defesa de seus direitos, e que disputem também a narrativa nos territórios digitais, onde cada vez mais existe concentração de dados, poder e dinheiro, na chamada plataformização da internet. Combater o racismo, o preconceito e a violação de direitos também passou a ser necessário nos bastidores das programações de sistemas e de inteligências artificiais, assim como estar atento e forte para não deixar que notícias falsas geradas a partir de interesses econômicos e políticos sejam capazes de manipular as cabeças, a realidade e os fatos. ***(setembro, 2022)***

#ELASQUELUTAM

"A Luta pela Mãe Terra é a Mãe de Todas as Lutas"

Victoria Martins | Jornalista, ISA

QUEM MELHOR PARA ENCARNAR ESSA BANDEIRA DO QUE AS MULHERES INDÍGENAS, AQUELAS QUE PRIMEIRO E MAIS SENTEM OS IMPACTOS DA DESTRUIÇÃO DOS TERRITÓRIOS TRADICIONAIS E DAS NOSSAS FLORESTAS?

Elas são benzedeiras, advogadas, médicas, políticas, parteiras, professoras, ativistas, comunicadoras, lideranças dentro e fora de seus territórios. Levam consigo, onde quer que seja, a força, a resistência e o protagonismo dos povos originários, colorindo o movimento indígena com cuidado, afeto, poesia e ancestralidade.

Conheça a seguir algumas dessas mulheres da terra, das águas e das matas, que nos ensinam e nos guiam em um percurso pela cura do mundo. Os perfis são fruto de série permanente do Instituto Socioambiental (ISA) intitulada #ElasQueLutam, que, desde março de 2021, procura destacar mulheres indígenas, ribeirinhas e quilombolas e o que as move.

ALESSANDRA MUNDURUKU

Quem vê Alessandra Munduruku hoje mal consegue imaginar que ela um dia já foi tímida. Sempre em movimento pela sobrevivência de seu povo, ela parece não recuar jamais. Mas foi vendo seu território ser invadido e destruído por grandes empreendimentos que ela começou a tomar a palavra e a despontar como uma das protagonistas da resistência indígena no Brasil.

© CASSANDRA MELLO/TERRA FLORESTA FILMES/ISA, 2022

Alessandra Munduruku

"Muitas vezes nos falavam que nós não éramos capazes. Mas de repente dissemos: 'as mulheres têm coragem'", conta ao *InfoAmazonia*.

Alessandra foi a primeira mulher a presidir a Associação Indígena Pariri, que representa mais de dez aldeias do Médio Tapajós. Em 2019, discursou para mais de 270 mil pessoas no Portão de Brandenburgo, em Berlim. Em 2020, recebeu o Prêmio Robert F. Kennedy de Direitos Humanos, um reconhecimento de sua força e bravura.

Sob os holofotes, acabou atraindo atenção indesejada: em 2019, invadiram sua casa e levaram documentos, pastas e um cartão de memória. Mas ela garante que não vai desistir. "Não conseguiram me matar naquele tempo, não é agora que vão me calar", afirma ao *Portal Catarinas*.

MAYALÚ TXUCARRAMÃE

Neta do cacique Raoni Metuktire, Mayalú Txucarramãe cresceu junto a uma referência de luta e conexão com o território. Ainda assim, foi apenas em 2011 que "seu ativismo" começou, conta.

Naquele ano, seu pai foi exonerado da Funai de Colíder e decidiu voltar para a Terra Indígena Capoto Jarina. E ela, que na época cursava Geografia na Unemat, viu-se sozinha. "Pensei: 'eu tenho que conduzir [essa situação] como meu pai conduziria'". Foi então que ela uniu os mais jovens e fundou o Movimento Mebêngokrê Nyre.

Mayalú enfrentou a discriminação contra indígenas da cidade e a falta de oportunidades e entrou para o Distrito Sanitário Especial Indígena (Dsei) Kayapó (MT). Começou na limpeza, tornou-se assistente administrativa e chegou a Secretaria-Executiva do Conselhos Distritais de Saúde Indígena (Condisi) Kayapó (MT). "Eu mostrei que essa instituição é um espaço nosso, que nós devemos acessar".

Quando a pandemia de covid-19 chegou, ela arregaçou as mangas para cuidar dos seus. Compartilhou informações qualificadas, sensibilizou os parentes a se protegerem e conquistou sua confiança diante de tantas mentiras. Funcionou: em março de 2021, os Mebêngokrê aceitaram a vacinação. "Eu acredito na ciência, assim como acredito nos nossos costumes e tradições".

SÔNIA GUAJAJARA

© VALENTINA RICARDO/ISA, 2022

Sônia Guajajara

"Eu já nasci militando", conta Sônia Guajajara ao *Brasil de Fato*. "Todo o tempo eu queria trazer a história dos povos indígenas para o conhecimento da sociedade".

É justamente esse tipo de garra e compromisso que dão o tom de sua trajetória. Soninha, como é carinhosamente conhecida, formou-se em Letras e Enfermagem. Mas, em 2001, participou do primeiro encontro nacional indígena e percebeu que sua missão era se dedicar à luta coletiva dos povos originários.

Começou na Coordenação das Organizações e Articulações dos Povos Indígenas do Maranhão (Coapima), organização de base do Maranhão. Migrou então para a Vice-Coordenação da Coordenação dos Povos Indígenas da Amazônia Brasileira (Coiab) e, quatro anos depois, foi eleita para a Coordenação da Articulação dos Povos Indígenas do Brasil (Apib).

Hoje, talvez seja a liderança feminina de maior projeção no Brasil e internacionalmente, tendo recebido, em 2022, um lugar na lista das 100 personalidades mais influentes do ano pela revista *Time*. Em quase duas décadas, ela inspirou outras mulheres a assumirem a frente de associações indígenas e entrarem para a política partidária e, sempre ao lado de suas companheiras, ajudou a fundar a Articulação Nacional das Mulheres Indígenas – Guerreiras da Ancestralidade (Anmiga), que une saberes, tradições e resistências das indígenas de todo o país.

"Não há outro jeito de a gente continuar vivo, de a gente continuar existindo, se não for por meio da luta", afirma à *Agência Pública*.

O-É KAIAPÓ PAIAKAN

© KAMIKIÁ KISÊDJÊ, 2020

O-é Kaiapó Paiakan

Quando era pequena, gostava de se infiltrar nas discussões dos homens de seu povo, um "atrevimento", como ela mesma descreve, que continua até hoje. Frequentemente, ela é a única mulher no meio das lideranças. E, em 2021, tornou-se a mais nova cacique da Aldeia Krenhyedjá, na TI Kayapó.

"É com muita responsabilidade, força de vontade e de forma transparente e honesta que assumo mais essa função junto ao meu povo", disse O-é Kaiapó Paiakan, à época.

Seu trabalho é fortemente inspirado pelo pai, Paulinho Paiakan, que faleceu de covid-19. Além de melhorar a estrutura da aldeia, ela pretende executar projetos sonhados por ele, como a criação da Universidade Kayapó, onde os jovens poderão conhecer a história do povo e ter suas identidades fortalecidas.

Mestranda em Sociologia e Antropologia, O-é sempre viu a educação como ferramenta de luta e empoderamento feminino. "Não é normal as mulheres estudarem na cidade, e meu pai quebrou essa barreira conosco", conta. Ela defende que a mulher tem um olhar mais coletivo, que complementa a postura dos homens, e deve assumir cada vez mais papéis de liderança.

"A sociedade tenta nos apagar de tudo quanto é forma. Mas nós somos indígenas, somos Mebêngokrê. Quem tem que se acostumar com a gente e aprender quem somos é o não indígena. Gestão passa, governo passa, mas nós ficamos".

JOENIA WAPICHANA

© LOHANNA CHAVES, 2021

Joenia Wapichana

Primeira representante indígena feminina na Câmara dos Deputados, Joenia Wapichana deu corpo e voz à resistência indígena entre 2018 e 2022, época de flagrante desrespeito aos seus direitos por parte do Congresso Nacional e do Governo Federal.

Nos últimos quatro anos, ela se manteve firme em um ambiente que lhe era hostil, de modo a garantir, além dos direitos indígenas, a integridade ambiental, o empoderamento feminino e acesso à educação, saúde e energia limpa para todos.

Sua chegada ao Congresso, porém, é apenas o mais recente passo de uma longa jornada de pioneirismo. Foi a primeira indígena a se formar em Direito no Brasil, em 1997. Em 2008, foi a primeira advogada indígena a fazer uma sustentação oral diante do STF, no histórico julgamento que garantiu a homologação da TI Raposa Serra do Sol. Em 2018, recebeu o principal prêmio de Direitos Humanos da Organização das Nações Unidas, que divide com nomes como Malala Yousafzai e Nelson Mandela.

No gabinete 231, escolhido a dedo em homenagem ao principal artigo da Constituição para os povos originários, Joenia consolida a marca de seu mandato: coletividade e partilha. "Se por um lado há meia dúzia de ruralistas, por outro há uma população de minorias que se sente representada por mim ali", diz à BBC Brasil.

EHUANA YANOMAMI

Crescendo na mesma comunidade do xamã Davi Kopenawa, Ehuana Yanomami sempre acompanhou as discussões sobre

© STEPHANIE VIEIRA/PLATÔ FILMES/ISA, 2021

Ehuana Yanomami

o impacto do garimpo, que ameaça e viola meninas e mulheres na Terra Yanomami, e sobre a luta em defesa da floresta e da vida do seu povo.

Sempre muito atenta, curiosa e comunicativa, Ehuana virou uma liderança dentro e fora de sua comunidade. Em 2010, tornou-se a primeira professora mulher da aldeia e, desde então, é uma inspiração para outras Yanomami.

Também em 2010, pesquisou sobre as mudanças geracionais dos rituais da primeira menstruação, que publicou como livro em 2017. Pouco depois, contribuiu com uma investigação sobre plantas medicinais, um conhecimento de domínio feminino em vias de desaparecimento.

Foi nesse período que ela descobriu outro talento: a ilustração. Hoje, seus traços retratam seu cotidiano e também situações às quais só as mulheres têm acesso, como a reclusão da primeira menstruação. Seus desenhos singulares já foram expostos em Paris e Xangai.

Ao mesmo tempo, leva uma rotina típica que envolve cozinhar, tecer cestos e redes, trabalhar na roça, criando os quatro filhos sozinha, após um divórcio. "E toca com destreza todas essas frentes, sempre muito animada. É uma mulher incrível", sublinha Ana Maria Machado, sua amiga e pesquisadora da Rede Pró-Yanomami e Ye'kwana.

NARA BARÉ

"[Estamos] na linha de frente, defendendo a nossa Mãe Terra," afirma. "O que me move é saber que eu estou preservando a memória dos meus ancestrais e o que temos de povos indígenas hoje".

Nascida em São Gabriel da Cachoeira/AM, Nara Baré sempre acompanhou o movimento indígena local com muita curiosidade em relação à participação das mulheres. Poucas falavam, mas, quando o faziam, era com voz firme e iniciativa, buscando protagonismo.

© FELIPE BELTRAME/BRIGADA AMAZÔNIA, 2019

Nara Baré

"Hoje nossa voz vai muito mais longe", diz à *Amazônia Real*. Observando-as, fortaleceu-se e foi se dedicando, cada vez mais, à luta indígena.

De 2017 a 2022, Nara foi a primeira mulher a assumir a Coordenação-Geral da Coiab. Antes disso, havia sido tesoureira da organização e participado também do Movimento dos Estudantes Indígenas do Amazonas, na época em que cursava Administração. Eleita por uma assembleia majoritariamente masculina, ela se alegra em saber que sua postura e força foram reconhecidos.

Nos últimos anos, ela apoiou o fortalecimento institucional e político da Coiab, potencializou a união com as associações de base e parceiros, esteve na Europa para denunciar os ataques do governo brasileiro e mostrou como a floresta amazônica não existe sem seus povos. Sua atuação lhe rendeu em 2020 o Prêmio Franco-Alemão de Direitos Humanos e do Estado de Direito.

Enquanto a devastação do bioma e a violência nos territórios não derem trégua, porém, sua luta continua. "Somos como o bambu, que enfrenta inúmeros vendavais, enverga, mas nunca se curva ou se quebra", comenta à Brigada Amazônia.

CHIRLEY PANKARÁ

É com esse espírito que ela atuou, de 2018 a 2022, como co-deputada do Estado de São Paulo, junto à Bancada Ativista. "É ali onde se efetivam as políticas públicas e onde estaremos rebatendo retrocessos". No mandato coletivo, reforçou a existência indígena e levou as pautas territoriais, de saúde, educação e geração de renda ao Legislativo. Em 2021, um projeto de sua autoria passou a incluir o Agosto Indígena no calendário oficial do Estado.

© CAMILA SANTANA, 2022

Chirley Pankará

Nascida em Pernambuco, Chirley migrou para São Paulo, no fim dos anos 1990, para estudar, formando-se como pedagoga e mestre em Educação. Promoveu projetos de valorização das culturas indígenas nas escolas municipais de Mauá e pesquisas sobre as vivências de alunos indígenas em escolas não indígenas. Por oito anos, atuou como coordenadora do Centro de Educação e Cultura Indígena, junto aos Guarani Mbya. Em 2009, começou a participar da Rede Grumin de Mulheres Indígenas e a se envolver com grande entusiasmo no movimento indígena.

ANGELA KAXUYANA

A palavra "resistir" nunca foi estranha à Angela Kaxuyana. Da primeira geração de indígenas Kahyana nascidos no Parque Indígena do Tumucumaque, após um deslocamento forçado, ela sempre lutou para garantir a existência cultural e territorial de seu povo. "Eu nasci mulher, indígena, em um território que não era originalmente meu, filha de mãe solteira. Isso já me tornou ativista".

Desde pequena, Angela procurou participar da vida política de seu povo. Mais velha, mudou-se para Belém para estudar, mais ou menos no mesmo período em que sua família decidia retornar para o território tradicional. "[É quando] começam a perceber o que eu represento dentro do povo".

© BENJAMIN MAST/LA MOCHILA PRODUÇÕES/ISA, 2022

Angela Kaxuyana

Ela, que já integrava a Associação Indígena Kaxuyana, Kahyana e Tunayana, aproximou-se do movimento indígena estadual e, junto a outras lideranças, ajudou a fundar a Federação dos Povos Indígenas do Pará. Sua atuação lhe rendeu um convite para compor a coordenação-executiva da Coiab, a qual ajudou a gerir durante uma pandemia que afetou profundamente os povos indígenas, atuando também como uma das porta-vozes para a campanha Isolados ou Dizimados.

"Por mais que você tenha a mesma potência, você precisa provar três vezes mais do que os homens que você também lidera", refletiu. "Mas nós temos mostrado o quanto nosso papel na luta pelos nossos territórios tem sido fundamental", diz à *Revista Sur*.

TXAI SURUÍ

© GABRIEL UCHIDA

Txai Suruí

Txai Suruí tinha 6 anos quando seu avô disse, diante de todo o povo Paiter-Suruí, que ela ainda seria uma grande líder. Dezoito anos depois, ela desponta como uma das vozes mais relevantes na defesa da floresta e na luta contra a crise climática. "Não tinha outro caminho para mim. É aquilo com que me identifico na vida".

Inspirada pelos pais, o cacique Almir Suruí e a indigenista Ivaneide Bandeira, Txai sempre frequentou encontros e protestos e ajudou a monitorar invasões aos territórios tradicionais. Em 2018, entrou para a Associação de Defesa Etnoambiental Kanindé, onde contribui com a luta dos Uru-Eu-Wau-Wau e outras etnias.

Descobriu-se ativista climática na COP25, quando foi falar a outros jovens sobre as ameaças a seu território. "Consegui ver no olhar das pessoas que o que eu dizia tinha tudo a ver com as coisas pelas quais elas estavam lutando". Atua hoje no Engajamundo para garantir o protagonismo dos jovens em espaços de poder.

Junto a outros jovens, ela processou o governo Bolsonaro por pedalada climática. Em 2020, fundou o Movimento da Juventude Indígena de Rondônia, para unir, organizar e fortalecer aqueles que, como ela, estão na linha de frente da defesa da floresta. E em 2021, foi a única brasileira a discursar na abertura COP26.

"É um levante, de uma juventude realmente empoderada. A gente consegue ter um pouco de esperança de um futuro melhor".

SAMARA PATAXÓ

Foi após um período como Jovem Aprendiz no escritório da Funai que Samara Pataxó decidiu se tornar advogada. "Eu vi que não só a minha aldeia, mas outras, enfrentavam problemas parecidos: falta de políticas públicas, falta de demarcação. Escolhi um curso em que eu pudesse ajudar o meu povo".

© VANESSA PATAXÓ, 2022

Samara Pataxó

Mas a dedicação com a luta pelos direitos dos seus começou bem antes. Desde cedo, observou a atuação do avô, liderança fundamental na organização social da comunidade indígena de Coroa Vermelha. Mas é à escola básica que ela atribui sua formação para o movimento indígena: foi lá onde conheceu as discussões sobre o território, a cultura do povo, educação, saúde e língua.

Antes mesmo de se formar, Samara já participava de reuniões da comunidade, auxiliava as lideranças a elaborarem documentos e denúncias e atuava na assessoria jurídica de organizações de base. "Meu estágio foi na luta".

Atuou junto ao Movimento Unido dos Povos e Organizações Indígenas da Bahia (Mupoiba), à Articulação dos Povos Indígenas do Nordeste, Minas Gerais e Espírito Santo (Apoinme) e à Articulação dos Povos Indígenas do Brasil (Apib). Em 2022, assessorou e ajudou a implementar um núcleo de diversidade no Tribunal Superior Eleitoral (TSE).

"É uma grande responsabilidade ocupar esses espaços", diz. "O que me move é valorizar aqueles que lutaram para que eu estivesse aqui, mas também saber que o que eu faço tem importância e representatividade para pessoas que querem fazer a diferença".

MAIAL PAIAKAN KAIAPÓ

"Uma linha do tempo". É assim que Maial Paiakan Kaiapó enxerga a luta pelos direitos indígenas. Ela nota que muito do que aprendeu sobre luta foi com os que vieram antes, e que seu trabalho hoje vem para dar seguimento ao que começou com eles. "Se a gente está no movimento indígena, é porque a gente tem uma base forte, porque a gente vem da aldeia e conhece a nossa realidade".

© ADRIANO MANEO/ISA, 2019

Maial Paiakan Kaiapó

Aos 7 anos, Maial mudou-se para Redenção/PA para frequentar a escola não indígena, e essa decisão, "pelo coletivo, em defesa do território", culminou em uma conquista inédita: ela foi a primeira pessoa do seu povo a concluir uma graduação, formando-se em Direito. "Se não fosse isso, talvez hoje tivéssemos poucos estudantes indígenas ainda".

Depois de formada, atuou com temas de proteção territorial na Funai e com saúde indígena na Secretaria Especial de Saúde Indígena (Sesai). Mas um dos momentos mais emocionantes foi quando começou a trabalhar com a deputada Joenia Wapichana e pôde entrar pela primeira vez na Câmara dos Deputados sem ser barrada.

Hoje, ela desponta como um exemplo do momento de transformação pelo qual passa o movimento indígena, cada vez mais jovem e feminino. Em 2022, saiu candidata à deputada federal pelo estado do Pará.

"O território significa muito: nosso corpo, nossos valores, nossa cultura", diz. "Se a gente tem território hoje, foi porque meu pai, meus avós, lutaram. Então agora está nas minhas mãos garantir isso".

SAMELA SATERÉ-MAWÉ

A mais jovem de uma linha familiar feminina, Samela Sateré-Mawé sempre teve em mulheres suas principais referências de vida e luta, a começar pela mãe e pela avó. "São elas que abriram caminho para mim".

Ela cresceu dentro da Associação de Mulheres Indígenas Sateré Mawé (Amism) e desde pequena frequenta reuniões e marchas do movimento indígena. Quando a Amism começou a confeccionar máscaras de tecido, Samela virou porta-voz e passou a fazer vídeos divulgando os produtos e fortalecendo a presença digital da entidade.

"Foi como se você passasse a vida toda escutando e chegasse um momento que você colocasse para fora tudo o que você aprendeu".

Hoje, Samela desponta como uma importante ativista, comunicadora e influencer digital. Em seu perfil, @sam_sateremawé, explica pautas da política indigenista e dos costumes dos povos originários com carisma e criatividade. A desenvoltura chamou a atenção de outros perfis, como o do Canal Reload e da Apib, para onde ela também produz conteúdo.

Samela contribui ainda com a Fridays For Future Brasil. Para ela, participar das discussões sobre as mudanças climáticas é também conseguir aliar o conhecimento tradicional e o científico, um dos desafios que ela, como estudante de Biologia, busca solucionar.

"Os desafios são justamente minhas fortalezas: ser jovem, mulher, indígena", aponta. "Mas eu gosto de ter conhecimento para combater tudo isso". ***(setembro, 2022)***

ORGANIZAÇÕES INDÍGENAS

Onde Estão as Organizações de Mulheres Indígenas no Brasil?

Beatriz Moraes Murer | ISA

Silvia de Melo Futada | Ecóloga, ISA

EM TODO O PAÍS, MULHERES INDÍGENAS SE ORGANIZAM E CRIAM SUAS PRÓPRIAS ASSOCIAÇÕES; LEVANTAMENTO INÉDITO FAZ UM PANORAMA DA DISTRIBUIÇÃO DAS ORGANIZAÇÕES DAS MULHERES INDÍGENAS NO BRASIL

Este texto traz um retrato do trabalho realizado para mapear onde estariam as organizações das mulheres indígenas no Brasil, a partir de uma pesquisa sistemática e permanente, realizada pelo ISA e publicada no Mapa das Organizações de Mulheres Indígenas no Brasil em 2020.

Nos últimos anos, fase mais desafiadora da história para as conquistas socioambientais após a Constituinte, o movimento indígena, na luta por seus direitos, com a beleza, complexidade e força de suas (r)existências, intensificou sua repercussão no contexto nacional e internacional. E as mulheres indígenas, com sua sensibilidade, força, organização, perspectivas e entendimento prático da coletividade, foram imprescindíveis para esse reconhecimento.

No Acampamento Terra Livre 2022, enquanto mulheres de todas as regiões do país compartilharam vivências e conhecimentos na plenária "Retomando o Brasil: Vozes Diversas das Primeiras Brasileiras", Sônia Guajajara, coordenadora-executiva da Articulação dos Povos Indígenas do Brasil (Apib), defendia: "Já passou o tempo de as mulheres indígenas ainda estarem em papéis secundários. Hoje, nós mulheres, estamos presentes em muitos espaços, de participação, de controle social, nas universidades, mulheres profissionais, mulheres cacicas e mulheres parlamentares. Hoje podemos, sim, participar e construir um Brasil em que caiba todas nós. Somos muitas e diversas. Estamos aqui em nome das que nos antecederam e daquelas que ainda virão". Tamanha força e poder já havia sido visto na 1ª Marcha Nacional das Mulheres Indígenas, realizada em 2019, com o lema "Território: Nosso Corpo, Nosso Espírito", um marco histórico que agregou mais de 2.500 mulheres indígenas de mais de 130 povos para debater, compartilhar experiências e reivindicar seus direitos.

No Brasil, organizações articuladas e dirigidas por povos indígenas emergem numa conjuntura marcada por transformações políticas ligadas à Constituinte que impactaram a sociedade brasileira e que influenciaram a forma como muitos indígenas passaram a perceber sua relação com o Estado. Tais formas de organização e representação política simbolizam a incorporação de formas de lidar com o mundo institucional da sociedade não indígena nacional e internacional adotadas por alguns povos indígenas. Essas organizações passaram a ser protagonistas nos processos de luta pela conquista e garantia de direitos dos povos indígenas e na execução de projetos comunitários diversos.

Conhecidas como as décadas da resistência, surgimento e fortalecimento das organizações indígenas, 1980 e 1990 foram marcadas pelo amplo protagonismo masculino, e foi também nesse período que esse movimento associativo das mulheres indígenas inspirou-se,[1] pois caminhavam juntos para apoiar a luta de seus povos e assim começaram a reivindicar mais espaço e protagonismo nas discussões políticas, pautando necessidades específicas. Temas como violência, geração de renda, saúde reprodutiva, soberania alimentar e participação das mulheres nas decisões políticas passaram a ser inseridos pelas mulheres indígenas no movimento indígena e nos espaços de debate e decisão de políticas públicas. É importante destacar que essa perspectiva se refere ao movimento associativo ocidentalizado, pois as mulheres sempre tiveram formas próprias – expressadas de maneira específica nos diversos povos – de exercer sua influência, ainda que nem sempre ocupassem os espaços decisórios oficiais.

Assim, cada vez mais as mulheres indígenas passam de um contexto em que não tinham espaço para apresentar suas demandas e reivindicar seus interesses publicamente[2] para um contexto de participação cada vez mais marcante.[3] Nas últimas décadas, as lutas e reivindicações das mulheres indígenas no Brasil têm conquistado visibilidade dentro de movimentos sociais, da política e da mídia, além de elas cada vez mais protagonizarem liderança nesses espaços.[4]

Dessa forma, a participação de mulheres indígenas tem sido cada vez maior em encontros, oficinas e conferências nacionais e internacionais promovidos por organizações indígenas, instâncias estatais e não governamentais. Nesses novos espaços de discussão, mulheres de diferentes povos se articulam, viabilizando o fortalecimento de suas organizações e a troca de experiências, assim como a gradativa capacitação para o exercício na esfera pública. Isso impulsionou que mulheres indígenas em todo o país criassem suas próprias organizações ou departamentos em entidades históricas do movimento indígena,[5] o que também abriu espaço para o processo de ressignificação de sua posição nas relações familiares, matrimoniais, comunitárias e no espaço público, rompendo com estruturas patriarcais existentes na sociedade.[6]

Atualmente, existem mais de mil organizações indígenas, das quais cerca de 10% são organizações de mulheres. O pioneirismo de organizações indígenas femininas se deu ainda na década de 1980, com as Associações de Mulheres Indígenas do Alto Rio Negro (Amarn) e do Distrito de Taracuá, Rio Uaupés e Tiquié (Amitrut) na região Amazônica.[7] Mas a ampliação de organizações ou departamentos de mulheres dentro de organizações indígenas já estabelecidas se deu especialmente a partir da década de 1990. As organizações apresentam características variadas – congregando desde mulheres de diversos povos de uma mesma região (caso do Departamento de Mulheres Indígenas do Rio Negro da Federação das Organizações Indígenas do Rio Negro – Foirn); de um mesmo estado (situação da Organização das Mulheres Indígenas de Roraima – Omir), de caráter pluriétnico; de diversos estados (caso do Departamento de Mulheres Indígenas da Amazônia Brasileira da Coordenação das Organizações Indígenas da Amazônia Brasileira – Coiab), de residentes no espaço urbano de um mesmo povo (Associação das Mulheres Indígenas Sateré Mawé – Amism), até diferentes povos (Associação das Mulheres Indígenas do Alto Rio Negro – Amarn) –, o que influi tanto no tipo de abrangência de suas ações e nos objetivos propostos, quanto na detecção de dificuldades diversas na concretização de seus projetos.[8]

PROCESSO DE MAPEAMENTO DE ORGANIZAÇÕES DE MULHERES INDÍGENAS

O levantamento de tais organizações, publicado em 2020 lançou mão de dados do Sistema de Informações de Áreas Protegidas (SisArp), do Programa Monitoramento de Áreas Protegidas do Instituto Socioambiental (ISA), que contempla informações sobre Terras Indígenas e Unidades de Conservação federais e estaduais no Brasil. Essas informações sobre organizações de mulheres indígenas ou organizações indígenas com departamentos ou subsetores de mulheres foram sistematizadas e analisadas, validadas e complementadas por uma equipe de campo[9] junto às mulheres indígenas presentes no Acampamento Terra Livre, em abril de 2019, e na 1ª Marcha Nacional das Mulheres Indígenas, em agosto do mesmo ano, ambos em Brasília.

O levantamento de organizações foi finalizado em novembro de 2019 e o mapa foi consolidado e publicado no primeiro semestre de 2020.[10] Vale ressaltar que as informações aqui apresentadas estão temporalizadas, mas defendemos que o processo de le-

© MARIANA SPAGNUOLO FURTADO/ISA, 2019

Ato realizado durante a 1ª Marcha das Mulheres Indígenas, em Brasília, ocupou o prédio da Secretaria Especial de Saúde Indígena, contra a privatizacao, a municipalizacao ou estadualizacao da saúde indígena, e por melhores condições de atendimento. A semana de mobilização, de 9 a 14 de agosto de 2019, contou com a presença de 1.500 representantes de 130 povos, pedindo respeito aos seus territórios, corpos e espíritos.

vantamento dessas informações deva ser contínuo – de modo a manter o mapeamento atualizado, visto que a cada ano são criadas novas organizações.

Em janeiro de 2020, o SisArp/ISA registrava 1.029 organizações indígenas no Brasil, das quais 85 eram organizações de mulheres e sete organizações indígenas com departamentos de mulheres, totalizando 92 (8,94%) organizações de mulheres.

As organizações de mulheres indígenas estão presentes em todas as regiões do país, em 21 unidades federativas (UFs). As seis UFs onde não foi possível mapear organizações indígenas de mulheres foram: Espírito Santo, Rio Grande do Sul, Goiás, Piauí, Rio Grande do Norte e Distrito Federal – o que não significa que elas não existam em tais estados, mas apenas que seu mapeamento não foi concretizado.

A maioria das organizações está localizada na Amazônia. O Amazonas é o estado com o maior número, com 32 organizações (35% do total); seguido por Mato Grosso, com 7; Pará e Mato Grosso do Sul, com 6; Ceará, com 5; e Acre, com 4. Nos demais estados, o número de organizações varia entre 3 e 1.

A maioria das organizações de mulheres indígenas apresenta-se como sendo de abrangência local; são 66 organizações nessa categoria, das quais 16 são regionais e 10 são estaduais. Entre as organizações de abrangência regional, está a União das Mulheres Indígenas da Amazônia Brasileira (Umiab), fundada em 2009, 20 anos após a criação da Coiab. A Umiab foi criada durante o III Encontro de Mulheres Indígenas da Amazônia, no Maranhão, realizado pelo Departamento de Mulheres da Coiab.

Excluídos os departamentos de mulheres indígenas, o período de fundação das organizações de mulheres varia de 1987 a 2019, e o período de 2000 a 2009 foi o que teve o maior número, com 33 organizações de mulheres criadas. Das 92 organizações de mulheres indígenas levantadas, pouco mais da metade estava associada ao Cadastro Nacional de Pessoa Jurídica (CNPJ). *(novembro, 2022)*

NOTAS

[1] SILVA, A. O.; COSTA, J. D. S. A.; ESTEVES, V. S. A organização política das mulheres indígenas do Amapá. *In*: ENCONTRO DE DISCENTES DE HISTÓRIA DA UNIFAP, 3., 22 a 25 ago. 2017. Macapá. Anais... Macapá: Unifap, 2017.

[2] SILVA, M. G. S. N. *et al*. Organizações de mulheres indígenas da Amazônia. *Ciência Geográfica*, v. 25, n. 3, p. 928-940, jan./dez. 2021.

[3] FONSECA, L. G. D. *Despatriarcalizar e decolonizar o Estado brasileiro*: um olhar pelas políticas públicas para mulheres indígenas. Tese (Doutorado em Direito) – Universidade de Brasília, Brasília, 2016.

[4] SILVA, J. R. Protagonismo feminino nos movimentos indígenas no Brasil. *Espirales*, ed. Especial, p. 97-114, jan. 2021.

[5] GOMES, S. *Organizações de mulheres indígenas no Brasil*: resistência e protagonismo. São Paulo: ISA, 5 ago. 2020. Disponível em: https://bit.ly/3maM1uR. Acesso em: 19 nov. 2022.

6 SACCHI, Ângela. *União, luta, liberdade e resistência*: as organizações de mulheres indígenas na Amazônia Brasileira. Tese (Doutorado em Antropologia) – Universidade Federal de Pernambuco, Recife, 2006.

[7] VERDUM, R. *Mulheres indígenas, direitos e políticas públicas*. Brasília, DF: Instituto de Estudos Socioeconômicos, 2008.

[8] SACCHI, A. Mulheres indígenas e participação política: A discussão de gênero nas organizações de mulheres indígenas. *Revista Anthropológicas*, v. 14, n. 1-2, p. 95-110, 2003.

[9] Composta por Selma Gomes, Beatriz Murer, Silvia Futada, Mariana Furtado e Daniele Araújo, pesquisadoras do ISA.

[10] GOMES, S. *et al*. *Mapa das organizações de mulheres indígenas no Brasil*. São Paulo: ISA, 2020. Disponível em: https://isa.to/37kCBGr. Acesso em: 19 nov. 2022.

LITERATURA INDÍGENA

A Autoria Originária em Relevo na Literatura Indígena

Trudruá Dorrico | Doutora em Teoria da Literatura, PUC/RS

A LITERATURA POR AUTORES ORIGINÁRIOS, EM ESPECIAL AQUELA FEITA POR MULHERES, TEM A MISSÃO DE SEMEAR A PALAVRA INDÍGENA PELO TERRITÓRIO DA LITERATURA BRASILEIRA, DEVASTADA PELA MONOCULTURA, PELO EXTRATIVISMO E PELO GARIMPO DA REPRESENTAÇÃO

A literatura indígena assim é denominada porque é escrita e publicada por um conjunto de autores originários. Estes representam os valores da terra, reafirmando o pertencimento coletivo dos povos que a consagram. É um movimento de autoria que utiliza o dispositivo do livro, em caráter didático-coletivo e editorial individual, para mobilizar as vozes nativas na pele de papel, desafiando a escrita alfabética e o regime de representação indígena na literatura nacional. Por meio do livro indígena, os escritores noticiam a existência pluriétnica e linguística no país. No projeto da palavra exibem a autoridade da oralidade na manutenção das subjetividades ancestrais e milenares e, ainda, exortam os enfrentamentos políticos nos quais estamos imersos há cinco séculos.

Emprega-se o termo "contemporânea" para indicar a produção de literatura feita por sujeitos indígenas no dispositivo do livro, em caráter coletivo e individual. O livro é uma consequência das conquistas políticas do Movimento Indígena que culminaram na promulgação da Constituição Federal de 1988, que reorientou juridicamente a forma do Estado brasileiro relacionar-se com os povos originários.

O livro indígena de autoria coletiva é o didático-coletivo e refere-se à produção de professores e estudantes em parceria com não indígenas, na confecção de livros pedagógicos com subsídios do governo federal ou agências não governamentais, com a finalidade de alfabetizar as comunidades. Atualmente, existem outros modelos de cooperação, que igualmente mantêm o compromisso de fortalecer a cultura específica e diferenciada dos contextos socioculturais nativos.

A autoria individual, por sua vez, refere-se à produção de sujeitos indígenas inseridos no mercado editorial, a partir da década de 1990, paralelamente à produção coletiva que até então circulava quase que exclusivamente no contexto das comunidades. Esta atua no contexto da cidade e anuncia o indígena como sujeito de direito à expressão literária, teórica e epistemológica via livro. Por suspeição da identidade indígena e do direito ao livre trânsito na cidade, essa modalidade demorou a ser reconhecida como um legítimo movimento literário nos circuitos universitários e culturais. Hoje, porém, destaca-se em festivais, exposições, dissertações e teses acadêmicas brasileiras como um sistema existente e crescente no território (pluri)nacional.

As mulheres indígenas constituem essa conjuntura literária. E é um pouco dessa história que vou contar neste texto.

No Wikilivro *Bibliografia das publicações indígenas do Brasil*,[1] uma bibliografia colaborativa virtual ensejada por Aline Franca e Thúlio Dias Gomes, coordenada por Daniel Munduruku, há um mapeamento que visa reunir e listar as publicações de escritores indígenas do Brasil. Listados por origem, isto é, de acordo com o povo ao qual os escritores pertencem, essa organização permite vislumbrar a quantidade de autores existentes e atuantes no território nacional. Até o momento, são 26 povos indígenas listados com representatividade autoral de 59 autores, entre os quais há 16 mulheres.

Com intenção de fomentar a leitura dessas obras de autoria feminina, inaugurei o perfil "Leia Mulheres Indígenas" (@leiamulheresindigenas), na rede social Instagram, com a finalidade de inserir nos clubes de leitura emergentes "Leia Mulheres" a produção literária indígena. Para tornar o acesso didático e impulsionar a procura, preocupei-me com as características visuais, com a foto das autoras, pois os rostos indígenas foram historicamente silenciados ou tiveram seus corpos hipersexualizados, de modo que conhecer os rostos seria uma forma também de desmistificar o estereótipo da "cara de índio", homogeneizadora e silenciadora da nossa diversidade sociocultural.

Outra preocupação foi informar o nome próprio do povo e a área de atuação na legenda da postagem. O nome próprio do povo invoca a região ou a distribuição do povo por outros territórios. Esse tópico foi considerado importante, uma vez que os clubes de leitura se organizam por municípios. Outro ponto a ser destacado foi a preocupação com a área de atuação, em quais gêneros as escritoras transitavam: poesia ou narrativa (cosmológica ou ficcional), além de gêneros que ainda não conseguimos nomear, que nascem da intersecção entre saberes ancestrais e a adoção da escrita alfabética e de gêneros ocidentalizados.

Como os clubes e educadores da rede básica e universitária manifestaram interesse nas obras, foram selecionadas obras que circulavam no mercado editorial ou que pudessem ser adquiridas pelos leitores. Para facilitar o reconhecimento visual, foram publicadas as capas dos livros das autoras, com o intuito de que não indígenas e também indígenas pudessem conhecer quantas e quais obras a respectiva escritora já havia publicado.

Listar e elencar a produção autoral das mulheres indígenas significa mapear, não no sentido colonial, mas no sentido indígena que assumimos hoje, de demarcar a terra simbólica para proteção de nossas representações e promoção de nossas subjetividades. Nesse sentido, o subtítulo que invoco, a autoria originária em relevo, busca fomentar a necessidade de sermos reconhecidas enquanto autoras, escritoras, poetas e teóricas indígenas nas terras literárias. Tal como a luta pela terra, pelo pertencimento, pelas políticas da identidade indígena, simbolicamente partimos de nossas nacionalidades para afirmarmos nosso direito às sociedades e culturas plurinacionais. A seguir listo algumas autoras e suas respectivas obras publicadas.

Eliane Potiguara nasceu no Rio de Janeiro e pertence ao povo Potiguara (PB). É professora, escritora, ativista e empreendedora indígena brasileira, além de fundadora da Rede Grumin de Mulheres Indígenas. Foi uma das 52 brasileiras indicadas para o projeto internacional “Mil Mulheres para o Prêmio Nobel da Paz”. Em 2021, recebeu o título de Doutor Honoris Causa pela Universidade Federal do Rio de Janeiro (UFRJ).

Obras:

A terra é a mãe do índio. Rio de Janeiro: Grumin, 1989.

Metade cara, metade máscara. São Paulo: Editora Global, 2004.

O coco que guardava a noite. Ilustrações de Suryara Bernardi. São Paulo: Mundo Mirim, 2012.

O pássaro encantado. São Paulo: Jujuba Editora, 2014.

A cura da terra. Ilustrações de Soud. São Paulo: Ed. do Brasil, 2015.

Márcia Wayna Kambeba é escritora indígena do povo Omágua/Kambeba. Também é cantora, compositora, atriz, palestrante, poeta e locutora. Formou-se em 2012 no mestrado na Universidade Federal do Amazonas (Ufam). Em 2021, foi aprovada em 1º lugar no Doutorado em Estudos Linguísticos da Universidade Federal do Pará (Ufpa). É a 1ª indígena a ocupar o cargo de Ouvidora-Geral da Prefeitura Municipal de Belém.

Obras:

Ay Kakyrytama: eu moro na cidade. 2. ed. São Paulo: Editora Pólen, 2018.

O lugar do saber. Lorena: Uk’a Editorial, 2021.

Saberes da floresta. São Paulo: Editora Jandaíra, 2020.

Kumiça Jenó: narrativas poéticas dos seres da floresta. Flórida, EUA: Underline Publishing LLC, 2021.

O povo Kambeba e a gota d’água. Ilustrações de Cris Eich. Brasília: Edebê Brasil, 2022. (Coleção Motyrõ)

Auritha Tabajara pertence ao povo Tabajara. É escritora, cordelista, contadora de histórias e terapeuta holística. Recebeu o selo da Fundação Nacional do Livro Infantil e Juvenil (FNLIJ) em 2019 pela obra Coração na aldeia, pés no mundo (2018). Protagonizou o filme inédito Mulher sem chão, no qual compartilhou a direção com Débora MecDwell.

Obra:

Coração na aldeia, pés no mundo. Xilografia de Regina Drozina. Lorena, SP: UK’A Editorial, 2018.

Aline Pachamama - Churiah Puri é originária do Povo Puri da Mantiqueira. Historiadora, escritora e ilustradora, é doutora em História Cultural pela Universidade Federal Rural do Rio de Janeiro (UFRRJ), mestre em História Social pela Universidade Federal Fluminense (UFF) e idealizadora da Pachamama Editora.

Obras:

Pachamama: a poesia é a alma de quem escreve. Rio de Janeiro: Pachamama, 2015.

Taynôh: o menino que tinha cem anos. (Churiah Puri). Tradução de Heron Wa’râwi Abtsiré, Mbyä’i Silvä Xünü e Laura Brito Guerra. 3. ed. Rio de Janeiro: Pachamama, 2019.

Boacé Uchô: a história está na terra. Rio de Janeiro: Editora Pachamama, 2020.

Vãngri Kaingáng pertence ao povo Kaingang. Nasceu em 1980 na Terra Indígena de Ligeiro na região norte do Rio Grande do Sul e se formou em Ciências Biológicas pela Universidade de Passo Fundo (UPF). É escritora, educadora, ilustradora e artesã.

Obras:

Jóty, o tamanduá: reconto Kaingáng. Em coautoria com Mauricio Negro. Ilustrações dos autores. São Paulo: Global, 2010. (Coleção Muiraquitãs)

Estrela Kaingang: a lenda do primeiro pajé. Ilustrações de Catarina Bessel. São Paulo: Biruta, 2016.

Graça Graúna pertence ao povo Potiguara. Escritora, poeta e crítica literária, é graduada, mestre e doutora em Letras pela Universidade Federal de Pernambuco (UFPE) e pós-doutora em Literatura, Educação e Direitos Indígenas pela Universidade Metodista de São Paulo (Umesp). Publicou Canto mestizo (1999), Tessituras da terra (2000), Tear da palavra (2001), livros já considerados raros e de difícil acesso. Participa de várias antologias poéticas no Brasil e no exterior e é responsável pelo blog Tecido de Vozes (http://tecidodevozes.blogspot.com/).

Obras:

Criaturas de Ñanderu. Ilustrações de José Carlos Lollo. Barueri: Manole, 2010.

Contrapontos da literatura indígena contemporânea no Brasil. Belo Horizonte: Mazza Edições, 2013.

Flor da mata. Ilustração de Carmen Barbi. Belo Horizonte: Penninha Edições, 2014.

Fios do tempo (quase haikais). São Paulo: Editora Baleia Cartonera, 2021.

Gleycielli Nonato nasceu em Coxim/MS, em 1987, onde vive até hoje. Originária Guató do Pantanal (MS), é acadêmica de Letras na Universidade Federal de Mato Grosso do Sul (UFMS), escritora, comunicadora, atriz e produtora cultural. Publicou Índia do rio: poesias (2013), edição da autora. Também publicou o manifesto "Há sangue de índio em seu prato" e quatro poesias autorais de ênfase em literatura indígena e literatura feminista na revista Ruídos Manifestos.

Obra:

Vila Pequena, causos contos e lorotas. Coxim: Edição do autor, 2017.

Sony Ferseck pertence ao povo Macuxi. É doutoranda em Literatura na UFF, mestre em Letras e graduada em Letras/Inglês pela Universidade Federal de Roraima (UFRR). Além de sua pesquisa, ela se dedica às suas próprias produções literárias.

Obras:

Movejo. Boa Vista: Wei Editora, 2020.

Weiyama: mulheres que fazem sol. Boa Vista: Wei Editora, 2022.

Julie Dorrico, agora Trudruá Dorrico, quem assina este texto, pertence ao povo Macuxi. Doutora em Teoria da Literatura na Pontifícia Universidade Católica do Rio Grande do Sul (PUC/RS). Premiada com o 1º lugar no concurso Tamoios/FNLIJ/UKA de novos escritores indígenas em 2019. Administradora coletiva do perfil @leiamulheresindigenas no Instagram e do canal "Literatura Indígena Contemporânea" no YouTube. Curadora da I Mostra de Literatura Indígena no Museu do Índio da Universidade Federal de Uberlândia (UFU). Também é colunista do Portal Ecoa/UOL.

Obra:

Eu sou macuxi e outras histórias. Ilustrações de Gustavo Caboco. Nova Lima: Editora Caos e Letras, 2019.

As obras de autoria feminina exibidas nessa brevíssima lista incluem epopeia, conto, poesia, autobiografias e ficções com representações positivas dos sujeitos originários, que falam dos encantados, narram os conflitos que nunca cessaram e as interseções dos espaços da floresta e da cidade, celebram os tempos originários, entre outros temas. Todas as obras, porém, tocam a ferida de existirmos como mulher indígena num espaço-tempo colonizado.[2]

No fim de 2021, inspirada em nossa agenda central, que é a terra, fiz a curadoria da I Mostra de Literatura Indígena para o Museu do Índio (UFU).[3] Essa mostra traz outras autoras pertencentes aos respectivos biomas de seus povos. Aqui é possível consultar uma lista que perpassa vários territórios, mas não esgota o que elas já realizaram. Sendo assim, indico, como condição de possibilidade para conhecer mais obras de autoria feminina, fazer uma pesquisa pelo perfil conhecido ou buscar obras com temas requisitados.

A diversidade de temas e obras é expressiva. Na Mostra argumentei que nossas obras, as obras de autoria indígena, o objeto livro, rememoram as fundações do mundo, narram os eventos que nos trouxeram até aqui, as aventuras de nossos guerreiros e avôs ancestrais e contemporâneos. E, ainda, que a literatura revela como aprendemos a curar, a celebrar, a reverenciar todos os seres, humanos e não humanos; que nossas histórias são imemoriais legadas por nossos antepassados: de árvore, de gente, de rio, de animais, de plantas, de constelações. Continuadas por nossos avós, pais, mães, tios e tias, a literatura de autoria indígena hoje possui a missão de semear a palavra indígena pelo território da literatura brasileira, devastada pela monocultura, pelo extrativismo e pelo garimpo da representação.

Nós mulheres, constituímos essa história, desde a fundação de nossa existência. Por isso reitero a crença no feminino, na terra, no relevo, em nós. Somos muitas florestas inscrevendo, escrevendo e contando, enfim, nossas histórias. ***(novembro, 2022)***

NOTAS

[1] FRANCA, A. S.; MUNDURUKU, D.; GOMES, T. D. *Bibliografia das publicações indígenas do Brasil*. Wikilivro. Disponível em: https://pt.wikibooks.org/wiki/Bibliografia_das_publicações_indígenas_do_Brasil. Acesso em: 21 nov. 2022.

[2] Ver o artigo: MANDAGARÁ, P. Uma forma de ver as literaturas das mulheres indígenas. *Suplemento Pernambuco*, Recife, 31 maio 2018. Disponível em: http://www.suplementopernambuco.com.br/artigos/2100-uma-forma-de-ver-as-literaturas-das-mulheres-indígenas.html. Acesso em: 21 nov. 2022.

[3] DORRICO, J. *I Mostra de Literatura Indígena: território de palavras ancestrais*. Uberlândia: Museu do Índio, 2021. Disponível em: https://www.musindioufu.org. Acesso em: 21 nov. 2022.

LITERATURA INDÍGENA

Literatura Indígena Entrando pelo Cânone

Daniel Munduruku | Escritor

A LITERATURA INDÍGENA É UM FENÔMENO QUE SE INSCREVE NA HISTÓRIA RECENTE DO BRASIL. DIGO ISSO COM A CERTEZA DE NÃO ESTAR EXAGERANDO, CONSIDERANDO QUE SÓ HÁ POUCO TEMPO ELA SE APRESENTOU PARA O PAÍS

© J. F. DIORIO/ESTADÃO CONTEÚDO/AE, 2019

Antes dos anos 1980, quase nada se conhecia sobre uma literatura com o adjetivo indígena. Quando muito, tinha-se notícias sobre projetos de alfabetização, traduções de material ou mesmo a vinda de estudantes indígenas para o contexto urbano. Textos mesmo, havia poucos e, em sua maioria, eram escritos por pesquisadores, missionários e apoiadores da causa, quase sempre com a anuência e a colaboração de indígenas. Fora isso, nada.

Quem talvez tenha iniciado essa empreitada, pensando didaticamente para alertar sobre os problemas por que passavam os indígenas, foi Eliane Potiguara. Também se sabe de artigos, relatórios, atas e outros documentos redigidos durante eventos, seminários, reuniões, assembleias. Outras notícias vinham através de cartilhas escritas nas línguas originárias, como material de alfabetização. Todo esse material é importante registro da história do movimento indígena. No entanto, não podem ser chamados, ainda, de literatura, de acordo com o conceito delimitado pelas universidades. Não à toa, tais escritos não eram reconhecidos, a não ser pela ciência antropológica, que os considerava material de pesquisa.

O fato é que, a partir dos anos 1990, começa a ganhar corpo uma escrita que só iria crescer nos anos seguintes, revelando competência e qualidade, sendo reconhecida pela sociedade brasileira por adoções escolares, prêmios nacionais e internacionais, participações em feiras e eventos literários, presença efetiva em escolas e a criação de um concurso exclusivo para descobrir talentos indígenas e incentivar a leitura de livros de autores indígenas em sala de aula.

Motivado também pela aprovação da Lei nº. 11.645/2008, o mercado editorial viu aí um importante nicho econômico e dele se aproveitou para produzir outros materiais e fazer surgir novos nomes no cenário literário.

Hoje são mais de 60 autores produzindo permanentemente e que se tornaram nomes conhecidos, participando de maneira efetiva dos rumos da educação escolar brasileira. Cabe lembrar que o reconhecimento pela academia da existência de uma literatura indígena fez com que a sociedade se voltasse para essa produção e, agora, nenhum evento literário é pensado sem levar em consideração a presença de autores e autoras indígenas nesses espaços. Para isso, muito contribuiu o apoio da Fundação Nacional do Livro Infantil e Juvenil (FNLIJ), que, desde a primeira hora, abriu as portas para a realização do Encontro Nacional dos Escritores e Artistas Indígenas – que em 2022 realiza sua 19ª edição. O reconhecimento dessa instituição foi fundamental para que nossa literatura tivesse mais visibilidade e pudesse chegar a tantos lugares.

Atualmente, apesar da crise do setor trazida pela pandemia e pelo desastroso governo – que já definha –, a literatura continua produzindo resultados positivos. Ela se faz presente em concursos públicos e vestibulares, livros didáticos, bibliotecas, centros culturais e principais clubes de leitura do país. Também vem ganhando notoriedade o surgimento de um verdadeiro movimento literário, que se espalha por todo país e revela talentos entre os irmãos indígenas do contexto urbano e das florestas. Certamente, muitos talentos ainda hão de surgir para mostrar que nossa literatura é indígena, é brasileira, é originária. *(julho, 2022)*

Desenvolvimento Regional

Modelo de Desenvolvimento

Hidrelétricas Sivam

Militares e Índios

PRESSÕES E AMEAÇAS

Panorama das Pressões e Ameaças e do Desmatamento em TIs no Brasil

Antonio Oviedo | Pesquisador, ISA

O DESMANTELAMENTO DAS POLÍTICAS AMBIENTAL E INDIGENISTA E A DESESTRUTURAÇÃO DA FUNAI E DOS ÓRGÃOS DE FISCALIZAÇÃO REPRESENTAM O DESCONTROLE SOBRE AS ATIVIDADES ILEGAIS E O ABANDONO QUE O ATUAL GOVERNO OFERECE AOS TERRITÓRIOS INDÍGENAS E, CONSEQUENTEMENTE, A CADA UM DOS BRASILEIROS

INTRODUÇÃO

A demarcação de Terras Indígenas (TIs) tem sido uma das estratégias mais eficazes para proteger a floresta e seus ecossistemas sensíveis.[1] A análise das trajetórias de desmatamento mostra uma tendência de aumento maior da conversão de cobertura vegetal no entorno das TIs do que no interior delas.[2] As TIs sozinhas são responsáveis pela proteção de 20,3% das florestas no Brasil.[3] Na Amazônia, que concentra 98% da extensão das TIs do Brasil, esses territórios são os que mais preservam a cobertura vegetal, ou seja, apenas 1,2% do território perdeu sua cobertura vegetal natural. Um total de 1,04 milhão de km² mantém a cobertura vegetal natural preservada.[4]

Entretanto, nos últimos anos, esse importante papel das TIs tem sido ameaçado. As políticas de ordenamento territorial e propostas legislativas estão transformando as TIs em "ilhas de conservação e diversidade cultural" cercadas por pastagens, agricultura, áreas urbanas e áreas degradadas por uso industrial.[5] A perda de eficácia na conservação ambiental tem sido registrada em alguns territórios. É relevante o fato de que, pela primeira vez na série histórica do MapBiomas (1985 a 2020), em 2017 a taxa de desmatamento no interior de algumas TIs e em seu entorno foi maior do que no bioma Amazônia, o que sinaliza a chegada das frentes de pressão no interior dos territórios.

Este artigo visa apresentar o panorama de pressões e ameaças sobre as TIs nos últimos cinco anos, especialmente pela degradação florestal e por obras de infraestrutura planejadas.

© MANOELA MEYER/ISA, 2019

Divisa entre Território Indígena do Xingu e entorno mostra contraste entre a floresta e a plantação.

O DESMATAMENTO E A DEGRADAÇÃO FLORESTAL NAS TERRAS INDÍGENAS

Das 400 TIs da Amazônia legal consideradas neste levantamento, 276 registraram desmatamento de corte raso nos últimos cinco anos, totalizando 197.242,8 hectares. Esse desmatamento representa mais de 113 milhões de árvores adultas derrubadas. Quinze TIs[6] concentram 75% do desmatamento registrado, e quase metade deste desmatamento ocorreu em cinco TIs localizadas na bacia do Rio Xingu. Segundo dados oficiais do Projeto de Monitoramento do Desmatamento da Floresta Amazônica Brasileira por Satélite (Prodes) do Instituto Nacional de Pesquisas Espaciais (Inpe), entre 2017 e 2021, o aumento do desmatamento nas TIs foi de 154% (*Figura 1*).

Os resultados mostram que, durante a pandemia da covid-19, as taxas de desmatamento continuaram altas, o que aumentou a vulnerabilidade dos povos indígenas. Um estudo realizado pelo Centro de Pesquisa em Economia e Políticas Públicas de Genebra examinou o efeito do desmatamento na contaminação da covid-19 pelos povos indígenas e seus mecanismos de transmissão. Utilizando dados municipais sobre a covid-19 e dados do Sistema de Detecção do Desmatamento em Tempo Real (Deter) do Inpe, o estudo mostrou que o aumento de uma unidade no desmatamento por 100 km^2 está associado, em média, à confirmação de 2,4 a 5,5 novos casos diários da covid-19 em povos indígenas 14 dias após o registro dos alertas. Um km^2 desmatado resultou em 9,5% a mais de novos casos de covid-19 duas semanas após a detecção dos alertas de desmatamento. Em termos acumulados, o desmatamento foi responsável por pelo menos 22% de todos os casos de covid-19 confirmados em indígenas até 31 de agosto de 2020.[7]

A degradação ou o corte seletivo de madeira nas TIs é outro ponto importante de atenção. A degradação, estágio anterior à derrubada total da floresta, também é um indicador importante para identificar as invasões ou atividades ilegais nas TIs. Os alertas de degradação florestal registrados pelo sistema Deter, entre 2017 e 2021, somam 76.078 hectares de florestas degradadas.

As TIs com registros de povos indígenas isolados foram os territórios mais devastados nos últimos cinco anos. Entre 2017 e 2021, o desmatamento nas 33 TIs com registros de povos isolados e de recente contato, listadas na ADPF 709/2020,[8] representou 33% do total desmatado nas TIs. Foram 64.909 hectares desmatados nos territórios de grupos isolados e de recente contato, que representou um aumento de 273% durante o período estudado (*Figura 2*). Este aumento é 77% maior do que o registrado para todas as TIs da Amazônia legal.

Cerca de 6% do desmatamento detectado pelo sistema Prodes, entre 2017 a 2021, foi classificado pelo sistema Deter como advindo da mineração, atividade ilegal e de alto impacto socioambiental. Entre 2017 e 2021, a degradação por mineração ou garimpo nas TIs aumentou 183% (*Figura 3*), totalizando 9.298,4 hectares. Há de se ressaltar que, com a emergência da pandemia da covid-19, a presença de garimpeiros nas TIs representou um fator gravíssimo de risco à exposição das populações indígenas ao novo coronavírus.

FIGURA 1. DESMATAMENTO NAS TERRAS INDÍGENAS DA AMAZÔNIA LEGAL (2009 A 2021)

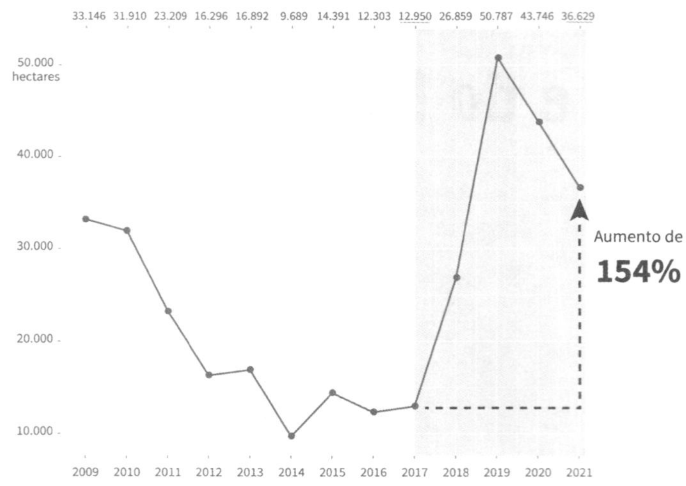

Fonte: Prodes/Inpe. Elaboração própria.

FIGURA 2. DESMATAMENTO NAS TERRAS INDÍGENAS COM REGISTROS DE POVOS INDÍGENAS ISOLADOS E DE RECENTE CONTATO DA AMAZÔNIA LEGAL (2009 A 2021)

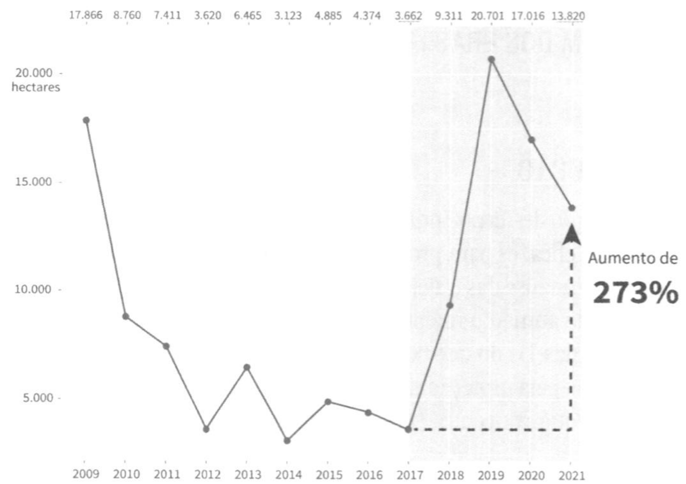

Fonte: Prodes/Inpe. Elaboração própria.

A AMEAÇA DAS OBRAS DE INFRAESTRUTURA PLANEJADAS

A análise da incidência de obras de infraestrutura planejadas mostra que 66% das TIs consideradas neste levantamento estão ameaçadas por esse tipo de obras (*Figura 4*). São 397 TIs ameaçadas por 648 obras planejadas (7 dutos, 12 ferrovias, 9 linhas de transmissão, 419 Pequenas Centrais Hidrelétricas – PCHs, 44 portos, 72 rodovias e 85 Usinas Hidrelétricas – UHEs) que incidem sobre seus territórios. As linhas de transmissão não apresentam nomes nas bases da Agência Nacional de Energia Elétrica (Aneel), o que impede indicar com precisão o número de trechos. Entretanto, os registros de linhas de transmissão incidem sobre 33 TIs. Mais da metade das TIs (67%) estão ameaçadas por mais de uma obra. A *Tabela 1* apresenta o número de TIs ameaçadas pelos diferentes tipos de obras planejadas consideradas neste estudo.

Observa-se o número elevado de obras que ameaça um único território. A construção de uma rodovia, por exemplo, pode ter seu impacto social e ambiental ampliado se houver a construção, na mesma área de influência, de uma usina hidrelétrica ou de um porto destinado à exportação de grãos. Alguns exemplos de efeitos cumulativos e sinérgicos de impacto socioambiental são: i) integração da BR-163 com a Ferrogrão e hidrovia do Rio Amazonas; ii) integração da BR-319 com a hidrovia do Rio Amazonas; e iii) integração entre a hidrovia do Rio Tapajós/Juruena/Teles Pires com o conjunto de hidrelétricas planejadas nesses rios. Os resultados deste estudo mostram que, em média, as TIs são ameaçadas simultaneamente por quatro obras de infraestrutura planejadas.

AMEAÇA AOS POVOS INDÍGENAS ISOLADOS

Ao se analisar a pressão de obras de infraestrutura planejadas sobre as áreas protegidas (Terras Indígenas e Unidades de Conservação) com presença de povos indígenas isolados, os resultados mostram que 133 obras planejadas (35 UHEs, 49 PCHs, 20 rodovias, 14 trechos de linhas de transmissão, 7 portos, 7 ferrovias e 1 duto) impactam 52 áreas protegidas (36 TIs, 11 UCs federais, 5 UCs estaduais) com presença de povos indígenas isolados. Essas áreas protegidas somam 92 registros de grupos isolados (23 confirmados, 19 em estudo e 50 com informações). Tais obras necessitam de um cuidadoso estudo de impacto ambiental, garantindo principalmente a consulta prévia aos povos indígenas contatados e populações tradicionais da região.

Para 23 registros confirmados, incidem 25 obras de infraestrutura planejadas (11 rodovias, oito UHEs, três portos, duas linhas de transmissão e uma ferrovia). Para os 19 registros em estudo, 55 obras de infraestrutura pressionam seus territórios (20 UHEs, 7 PCHs, quatro linhas de transmissão, 18 rodovias, quatro ferrovias e dois portos). E para os 50 registros de informação, 90 obras de infraestrutura pressionam seus territórios (28 UHEs, 20 PCHs, 10 linhas de transmissão, 24 rodovias, seis ferrovias e dois portos).

FIGURA 3. ALERTAS DE MINERAÇÃO NAS TERRAS INDÍGENAS DA AMAZÔNIA LEGAL (2017 A 2021)

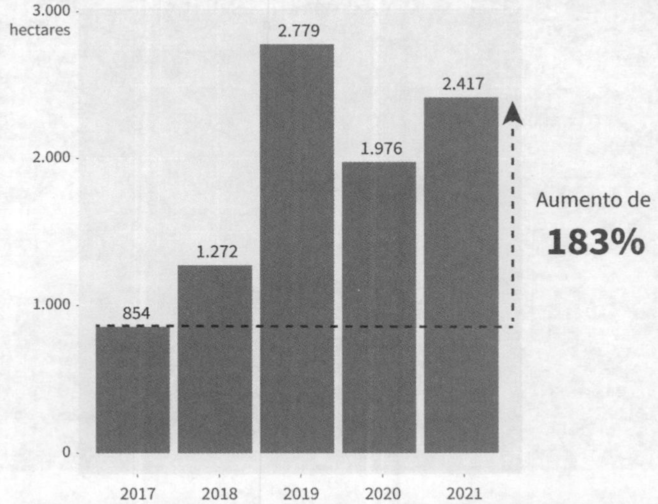

Fonte: Deter/Inpe. Elaboração própria.

FIGURA 4. TERRAS INDÍGENAS AMEAÇADAS POR OBRAS DE INFRAESTRUTURA PLANEJADAS

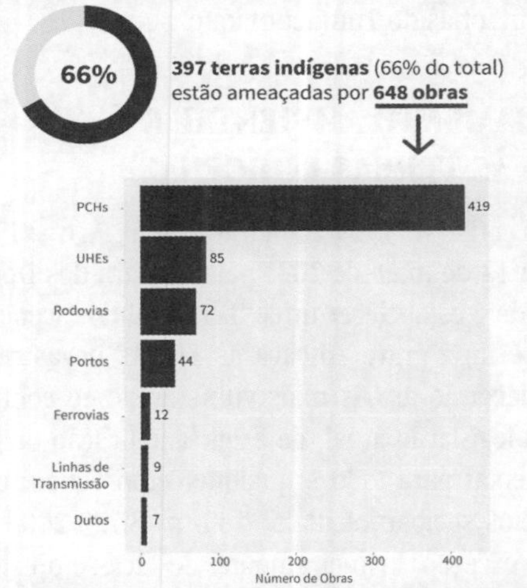

Fonte: ANEEL (2019), DNIT (2019), EPL (2018), (ANTAQ (2013) e EPE (2015). Elaboração própria.

TABELA 1. TERRAS INDÍGENAS AMEAÇADAS POR OBRAS DE INFRAESTRUTURA PLANEJADAS

TIs ameaçadas	Obras planejadas	Número de obras
10	Dutos	7
76	Ferrovias	12
258	Rodovias	72
56	Portos	44
143	PCHs	419
87	UHEs	85
33	Linhas de transmissão	9

Fonte: ANEEL (2019), DNIT (2019), EPL (2018), (ANTAQ (2013) e EPE (2015). Elaboração própria.

© CHRISTIAN BRAGA/GREENPEACE/ISA, 2021

Garimpo no rio Uraricuera, TI Yanomami, RR.

Um total de 22 áreas protegidas com presença de povos indígenas isolados (14 TIs, seis UCs federais, duas UCs estaduais) são ameaçadas por 70% das obras planejadas. Destacam-se os três registros em estudo ameaçados por 34 obras planejadas: Parque Indígena Aripuanã, Parque Nacional Campos Amazônicos, Parque Nacional Montanhas do Tumucumaque.

O LICENCIAMENTO AMBIENTAL E A AMEAÇA ÀS TERRAS INDÍGENAS

O Projeto de Lei (PL) nº 3.729/2004 (no Senado, PL nº 2.159/2021), aprovado em 12 de maio de 2021 pela Câmara dos Deputados, cuja finalidade é estabelecer uma "Lei Geral do Licenciamento Ambiental", é uma grave ameaça às TIs. As novas regras, se aprovadas, deixarão as TIs mais vulneráveis. Ao contrário do previsto pela legislação atual, de exigir a aplicação do licenciamento ambiental para todo e qualquer empreendimento que cause impactos socioambientais, o PL nº 3.729/2004 torna o instrumento exceção. Primeiramente, destaca-se o extenso rol de treze dispensas de licenciamento para atividades impactantes, previstas pelos arts. 8º e 9º do Projeto, entre as quais, sobressai a não exigência de licenciamento para todas as atividades agrossilvipastoris (ressalvadas as pecuárias intensivas de médio ou grande porte), com relevantes impactos sobre o desmatamento, bem como a possibilidade de estados e municípios incluírem outras atividades nessa lista federal.

Além das dispensas, a grande maioria dos empreendimentos hoje licenciáveis no país passarão a ser objeto de uma modalidade de licença por adesão e compromisso, de natureza autodeclaratória e automática, em que não há qualquer avaliação prévia por parte do órgão ambiental.

Ao contrário do previsto pela legislação atual, de exigir a avaliação prévia dos impactos ambientais dos empreendimentos sobre as TIs, o PL nº 3.729/2004 considera apenas algumas TIs em situações específicas e despreza uma enorme quantidade de territórios indígenas. Em primeiro lugar, destaca-se a ausência da participação da Fundação Nacional do Índio na análise de impactos sobre TIs afetadas por obras que estejam localizadas além das distâncias máximas fixadas no Anexo da Lei, as quais são basicamente a área diretamente afetada (ADA) pelo empreendimento, o que não é suficiente para uma avaliação integral dos impactos socioambientais. Segundo, as TIs não homologadas, ou seja, as TIs que ainda se encontram em processo de demarcação, são igualmente desconsideradas na avaliação dos impactos ambientais. Com isso, verifica-se que um total de 236 TIs se tornam completamente desprotegidas de medidas de mitigação de impactos ambientais ou de controle do desmatamento.

CONCLUSÕES

O presente artigo demonstra que, durante os últimos cinco anos, especialmente durante o período da pandemia de covid-19, as invasões e o desmatamento nas TIs não paralisaram ou reduziram. A presença de invasores e atividades ilegais no interior das TIs oferece um risco real às populações indígenas e inviabiliza a adoção de condicionantes ambientais para prevenir o desmatamento e as mudanças climáticas, resultando no aumento da degradação ambiental em níveis que impedirão o Brasil de cumprir suas metas assumidas em acordos internacionais sobre clima, biodiversidade e direitos humanos. Essa realidade exige, como medida preventiva, ações de fiscalização e controle que sejam capazes de fazer cessar os ilícitos e, assim, resguardar os povos indígenas.

As obras de infraestrutura consideradas neste estudo podem gerar impactos socioambientais irreversíveis sobre as TIs e os modos de vida das populações indígenas e grupos isolados, tais como aumento de pressão por desmatamentos, exploração ilegal de recursos naturais, grilagem de terra e degradação de recursos hídricos. Para os povos indígenas isolados, soma-se a estes impactos a maior probabilidade de contato com madeireiros, garimpeiros e funcionários das obras.

Uma possível flexibilização do licenciamento ambiental poderá ameaçar ainda mais as TIs com pendências no processo de demarcação. Ao todo são 236 TIs: 113 em identificação, 43 identificadas, 74 declaradas e seis com restrição de uso. Nessas TIs já se observam inúmeras violações ao patrimônio da União e aos direitos dos povos indígenas. Por exemplo, em ao menos 65 destas TIs já ocorrem ocupações por fazendeiros, posseiros e grileiros.

NOTA METODOLÓGICA

O estudo considerou dados dos sistemas Prodes e Deter, das obras de infraestrutura planejadas pelos órgãos governamentais[9] e das áreas protegidas organizadas pelo Instituto Socioambiental (ISA), que consistem em 400 TIs na Amazônia legal e 599 TIs no Brasil). Para a avaliação da incidência das obras de infraestrutura planejadas sobre as TIs, adotou-se o conceito de área de influência direta (AID) do empreendimento, conforme Portaria Interministerial nº 60/2015 (Quadro 1). O impacto potencial das obras de infraestrutura considerou a ocorrência de sobreposição entre as TIs e a AID. *(agosto, 2022)*

QUADRO 1. MÉTRICAS PARA A DELIMITAÇÃO DO *BUFFER* (AID) DAS OBRAS DE INFRAESTRUTURA

Variáveis	Referência	*Buffer*
Dutos	MME/EPE, 2012	5 km
Linha de transmissão	PNLT, 2010	8 km
Portos	ANTAQ, 2013	10 km
Ferrovias	DNIT, 2015	10 km
Rodovias	DNIT, 2015	40 km
PCH	ANEEL, 2016	40 km
UHE	ANEEL, 2016	40 km

NOTAS

1 RICKETTS, T. H. *et al*. Indigenous lands, protected areas, and slowing climate change. *PLoS Biology*, v. 8, n. 3, e1000331, 2010.

2 DOBLAS, J.; OVIEDO, A. F. P. Os territórios indígenas e tradicionais protegem a biodiversidade? *In*: CUNHA, M. C.; MAGALHÃES, S. B.; ADAMS, C. *Povos tradicionais e biodiversidade*: contribuições dos povos indígenas, quilombolas e comunidades tradicionais para a biodiversidade, políticas e ameaças. São Paulo: Sociedade Brasileira para o Progresso da Ciência, 2021. v. 2, p. 14-58.

3 OVIEDO, A. F. P.; DOBLAS, J. *As florestas precisam das pessoas*. Nota Técnica. Brasília: Instituto Socioambiental, 2022.

4 DOBLAS, J.; OVIEDO, A. F. P. *loc. cit*.

5 BRONDÍZIO, E. S.; LE TOURNEAU, F. M. Environmental governance for all. *Science*, v. 352, n. 6.291, p. 1.272-1.273, 2016.

6 Terras Indígenas Apyterewa, Areões, Cachoeira Seca, Ituna/Itatá, Trincheira/Bacajá, Kayapó, Munduruku, Yanomami, Zoró, Karipuna, Marãiwatsédé, Uru-Eu-Wau-Wau, Sete de Setembro, Manoki e Piripkura.

7 LAUDARES, H. Is deforestation spreading covid-19 to the indigenous peoples? *Covid Economics*, v. 53, n. 23, p. 33-71, 2020. Disponível em: https://acervo.socioambiental.org/sites/default/files/documents/i1d00040.pdf. Acesso em: 2 jul. 2022.

8 Terras Indígenas Alto Rio Negro, Alto Tarauacá, Alto Turiaçu, Apyterewa, Araribóia, Araweté/Igarapé Ipixuna, Avá-Canoeiro, Awá, Cachoeira Seca, Caru, Enawenê Nawê, Hi-Merimã, Igarapé Taboca do Alto Tarauacá, Juma, Kampa e Isolados do Rio Envira, Kawahiva do Rio Pardo, Kaxinawa do Rio Humaitá, Kulina do Rio Envira, Mamoadate, Massaco, Pirahã, Piripkura, Pirititi, Rio Branco, Rio Omerê, Riozinho do Alto Envira, Tanaru, Uru-Eu-Wau-Wau, Vale do Javari, Waimiri Atroari, Yanomami, Zo´é e Zuruahã.

9 Agência Nacional de Energia Elétrica (Aneel), Departamento Nacional de Infraestrutura de Transportes (Dnit), Empresa de Planejamento e Logística (EPL), Agência Nacional de Transportes Aquaviários (Antaq), Empresa de Pesquisa Energética (EPE)

PROJETOS DE DESENVOLVIMENTO

A Ferrogrão (EF170) e o Corredor Logístico Tapajós-Xingu

Biviany Rojas Garzón | ISA
Mariel Nakane | ISA

PROJETOS DE INFRAESTRUTURA USAM TERRITÓRIOS SEM NECESSARIAMENTE CONSULTAR OS MORADORES SOBRE A OBRA QUE SERÁ REALIZADA. MAS ESTES PROJETOS CAUSAM IMPACTOS POSITIVOS E NEGATIVOS PARA O TERRITÓRIO E SUA POPULAÇÃO. A APLICAÇÃO DO DIREITO À CONSULTA LIVRE, PRÉVIA E INFORMADA DE POVOS INDÍGENAS, QUILOMBOLAS E COMUNIDADES TRADICIONAIS CUMPRE OBJETIVOS DISTINTOS

Há 50 anos, o interflúvio dos rios Tapajós e Xingu foi palco da abertura do trecho final da rodovia BR-163, entre o norte do estado de Mato Grosso e o sudoeste do estado do Pará. A rodovia Cuiabá-Santarém fez parte do Plano de Integração Nacional (PIN), por meio do qual a Ditadura Militar promoveu a abertura de rodovias na Amazônia, provocando enormes danos aos povos indígenas, resultantes do contato forçado e da espoliação de seus territórios originários.

Desde então, a região se tornou palco de intensos conflitos fundiários e socioambientais associados às atividades ilegais de garimpo, extração de madeira e grilagem de terras públicas, bem como à expansão da fronteira agropecuária, o que lhe confere protagonismo no arco de desmatamento da Amazônia. As queimadas coordenadas no chamado "Dia do Fogo", em agosto de 2019, concentraram-se nos municípios na área de influência da BR-163 no Pará e exemplificam o elevado nível de conflito que perdura na região.

Além da pressão exercida pelas atividades criminosas, Terras Indígenas (TIs) e Unidades de Conservação (UCs) também têm sido fortemente pressionadas pelos impactos dos vultosos investimentos em infraestrutura do corredor logístico de exportação no interflúvio Tapajós-Xingu, um dos três corredores logísticos estratégicos identificados pelo Ministério da Infraestrutura para escoamento de soja e milho produzidos no Centro-Oeste do país pelos portos do Arco Norte, localizados acima do paralelo 16º S: Porto Velho/RO, Itacoatiara/AM, Santarém/PA, Itaqui/MA, Santana/AP e Barcarena/PA. Nesse contexto importantes investimentos públicos e privados em logística têm sido realizados na região do interflúvio Tapajós-Xingu desde os anos 2000, como a pavimentação da BR-163 e a construção do terminal graneleiro da Cargill, em Santarém.

Mas foi a partir de 2014 que o corredor Tapajós-Xingu despontou, após a inauguração do complexo portuário de Miritituba, no município de Itaituba/PA, com a construção da primeira Estação de Transbordo de Carga (ETC) pela Bunge.

A proliferação de ETCs em Miritituba e Santarenzinho, distrito de Rurópolis/PA, e de empresas de logística em navegação interior, como a Unitapajós (*joint venture* entre Amaggi e Bunge), viabilizou uma nova rota logística de exportação de *commodities* agrícolas por meio da utilização do trecho do Baixo Rio Tapajós, entre Miritituba e Santarém (parte do projeto da hidrovia Tapajós-Teles Pires), em direção aos terminais graneleiros privados de Barcarena.

Desde então, as rotas pelo Tapajós têm respondido cada vez mais pelas exportações de soja de Mato Grosso, crescendo a uma taxa média anual de 19,9%. Dados da ComexStat mostram que, em 2013, o Porto de Santarém correspondia a apenas 5,37% das exportações de soja do estado quando os terminais de Barcarena ainda não haviam sido instalados. Já em 2021, o Porto de Santarém e o Porto de Barcarena responderam juntos por mais de 37% das exportações do estado. O Observatório Nacional de Transporte e Logística (ONTL) afirma que, com a inauguração da nova rota logística por Miritituba, o Pará despontou como segundo estado com maior volume de transporte de *commodities* agrícolas na navegação de interior no Brasil.

Região da balsa na Terra Indígena Capoto-Jarina. Com Ferrogrão, estrada dentro de Terras Indígenas pode virar rota de caminhões de soja.

Em 2014, de olho nesse "giro logístico", as principais *tradings* de *commodities* agrícolas – ADM, Amaggi, Bunge, Cargill, Louis-Dreyfus – articularam um consórcio para manifestar o interesse na construção de uma ferrovia conectora do polo de produção de soja e milho no centro-norte de Mato Grosso ao complexo portuário no Tapajós, a chamada Ferrogrão (EF-170). O consórcio realizou e entregou ao governo os estudos de viabilidade do projeto por meio do procedimento de manifestação de interesse (PMI). Desde então o projeto ganhou protagonismo nos planos de logística e foi rapidamente priorizado no planejamento público.

O Plano Nacional de Logística 2035 avalia que a Ferrogrão terá capacidade para capturar granéis sólidos agrícolas, antes escoados pelo corredor logístico do Madeira, pela própria BR-163, pelo corredor Sudeste/Santos e pelo corredor logístico da bacia do Tocantins, alçando o corredor logístico Tapajós-Xingu como principal complexo de escoamento de grãos pelo Norte e convertendo-o em uma das principais rotas de escoamento dessas commodities agrícolas no Brasil.

Além disso, espera-se que a consolidação do corredor logístico Tapajós-Xingu com a construção da Ferrogrão viabilize a ampliação da produção agroexportadora em direção a áreas de Mato Grosso onde os custos de logística ainda são demasiadamente altos. É o que indicam as pesquisas realizadas em 2020 pelo Climate Policy Iniciative (CPI)1 e pelo Centro de Sensoriamento Remoto da Universidade Federal de Minas Gerais (CSR/UFMG),2 cujas análises convergiram na verificação do potencial da ferrovia em reduzir os custos de logística em diversos municípios do estado, induzindo, consequentemente, o desmatamento de áreas de vegetação nativa ao promover a conversão para a produção de *commodities* agrícolas. As projeções do agronegócio do Ministério de Agricultura, Pecuária e Abastecimento assinalam a disponibilidade de inclusão de 3,3 milhões de hectares de soja na área plantada no estado entre as safras de 2020/21 e 2030/21.

As transformações socioeconômicas e espaciais na região do interflúvio Tapajós-Xingu resultantes da implantação e operação do corredor logístico têm gerado impactos negativos para os povos indígenas da região. Desde 2019, os Munduruku do Médio Tapajós denunciam o aumento dos conflitos fundiários em Itaituba e a monopolização da navegação do Rio Tapajós para o transporte das commodities, prejudicando atividades como a pesca tradicional.[3] Por parte dos Kayapó e Panará, na região da bacia do Xingu, a preocupação é com o avanço da soja e pecuária, além do aumento de conflitos fundiários e atividades ilícitas nas Terras Indígenas, facilitadas tanto pela desafetação de Unidades de Conservação para o traçado da Ferrogrão, em maio de 2017, quanto pela finalização da pavimentação da BR-163, em novembro de 2019.

Com o projeto da Ferrogrão, povos indígenas em Mato Grosso também aumentaram seu nível de alerta sobre o corredor logístico de exportação Tapajós-Xingu. Este empreendimento, além de impulsionar a produção de *commodities* agrícolas no estado, também estimulará a realização de outros investimentos em infraestrutura de logística, ampliando impactos sinérgicos e cumulativos sobre terras indígenas. É o caso da MT-322, antiga BR-080, rodovia que entrecorta o Território Indígena do Xingu

© ISABEL HARARI/ISA, 2021

Doto Takak Ire e Mydgjere Menkragnotire, do povo Kayapó, e Alessandra Korap e Luciene Saw, do povo Munduruku, protocolam carta aos ministros do TCU reiterando pedidos da Representação, em Brasília/DF.

(TIX) e a Terra Indígena Capoto Jarina. A pavimentação dessa rodovia já tem sido planejada pelo Governo de Mato Grosso, uma vez que ela funciona como canal de ligação entre a região nordeste de Mato Grosso e o corredor logístico Tapajós-Xingu, bem como é esperado um grande volume de carregamentos na MT-322 com a implantação do terminal intermediário da Ferrogrão em Matupá/MT.

Diante disso, desde 2017, povos indígenas do Tapajós e do Xingu reivindicam formalmente ao governo que este realize processos de consulta livre, prévia e informada aos povos indígenas sobre o projeto da Ferrogrão, ainda em sua fase de planejamento. Apesar do compromisso firmado em dezembro de 2017 pela Agência Nacional de Transportes Terrestres (ANTT) de realizar a consulta ao povo Kayapó das TIs Baú e Menkragnoti, a agência aprovou os estudos de viabilidade do projeto e o governo encaminhou o plano de outorga ao Tribunal de Contas da União (TCU) em julho de 2020. A posição defendida pelo governo é de que, por estarem a uma distância inferior a 10 km, somente seriam impactados pela ferrovia os territórios do povo Munduruku, Praia do Índio e Praia do Mangue, os quais seriam consultados no licenciamento ambiental da ferrovia.

Por essa razão, em conjunto do Ministério Público da União, povos indígenas da bacia do Xingu encaminharam Representação ao TCU, solicitando que o tribunal devolvesse o plano de outorga da Ferrogrão à ANTT até que esta realize a consulta livre, prévia e informada aos povos indígenas das 16 TIs indicadas como potencialmente impactadas pelo empreendimento, de acordo com os estudos de viabilidade técnica, econômica e financeira.[4] A reivindicação da consulta ainda durante a etapa de planejamento do empreendimento, antes do licenciamento ambiental, é considerada de extrema importância para que povos indígenas tenham capacidade efetiva de influenciar as decisões sobre o projeto e o modelo de concessão que impactarão seus territórios e modos de vida.

Em março de 2021, o Supremo Tribunal Federal (STF) suspendeu todos os processos relacionados à concessão da Ferrogrão, acatando pedido liminar da Ação Direta de Inconstitucionalidade (ADI) nº 6.553, que trata da ilegalidade da conversão da Medida Provisória (MP) nº 758/2016 sobre a desafetação de 832 hectares do Parque Nacional do Jamanxim para o traçado da Ferrogrão. A expectativa era que o julgamento da ADI ocorresse em 2022.

Independentemente da suspensão do projeto ferroviário, o corredor logístico de exportação no interflúvio Tapajós -Xingu tem avançado em sua consolidação, com a finalização do asfaltamento da BR-163, o que mudou a sazonalidade do trânsito de carga na rodovia, que agora mantém altos fluxos o ano todo. Essa mudança já provocou efeitos sobre o valor da terra no entorno da rodovia, o aumento do desmatamento e a pressão sobre TIs e UCs. Entre 2000 a 2020, a zona de influência da BR-163 já acumulou um desmatamento de 104.503,78 km^2, de acordo com o Projeto de Monitoramento do Desmatamento na Amazônia Legal por Satélite (Prodes) do Instituto Nacional de Pesquisas Espaciais (Inpe). Ao mesmo tempo, o Departamento Nacional de Infraestrutura de Transportes (Dnit) paralisou os programas de mitigação e compensação de impactos sobre os povos indígenas em 2020, e a rodovia foi concessionada em 2021 sem a retomada dessas condicionantes.[5] *(maio, 2022)*

NOTAS

[1] ARAÚJO, R.; ASSUNÇÃO, J.; BRAGANÇA, A. *Resumo para política pública*: os impactos ambientais da Ferrogrão – Uma avaliação ex-ante dos riscos de desmatamento. Rio de Janeiro: Climate Policy Initiative, 2020.

BRAGANÇA, A. *et al*. *Governança, área de influência e riscos ambientais de investimentos de infraestrutura de transportes*: estudos de caso no estado do Pará. Rio de Janeiro: Climate Policy Initiative, 2021. Disponível em: https://www.climatepolicyinitiative.org/pt-br/publication/governanca-area-de-influencia-e-riscos-ambientais-de-investimentos-de-infraestrutura-de-transportes-estudos-de-caso-no-estado-do-para/. Acesso em: 30 ago. 2022.

[2] COSTA, W. *et al*. *Amazônia do futuro*: o que esperar dos impactos socioambientais da Ferrogrão? Belo Horizonte: Centro de Sensoriamento Remoto da Universidade Federal de Minas Gerais, 2020. *Policy Brief*. Disponível em: https://csr.ufmg.br/csr/policybriefs/. Acesso em: 30 ago. 2022.

[3] O detalhamento dos impactos sobre povos indígenas e comunidades locais em Itaituba/PA pode ser acessado nos seguintes estudos produzidos pelo Instituto de Estudos Socioeconômicos (Inesc) em 2021: *Enquanto a soja passa: impactos da empresa Hidrovias do Brasil em Itaituba, Pará*, disponível em: https://bit.ly/3PzC3hr; e *Logística no Médio Tapajós: o caso de Itaituba-Miritituba*, disponível em: https://bit.ly/3PyVvuN

[4] GARZÓN, B. R. *et al*. *Recomendações para aplicação do direito de consulta livre, prévia e informada sobre concessões e obras públicas federais de rodovias e ferrovias no estado do Pará*. Brasília: Instituto Socioambiental, 2021.

[5] O histórico recente sobre impactos e processos relacionados à BR-163 e os povos Kayapó e Panará está disponível na plataforma “De Olho no Xingu”, da Rede Xingu+, Radar de Obras: BR-163. Disponível em: https://xingumais.org.br/obra/br-163-trecho-div-mtpa-santarem-pa. Acesso em: 30 ago. 2022.

ECONOMIA DA FLORESTA

Economias da Sociobiodiversidade, suas Contribuições e seus Serviços

Grupo de Trabalho sobre Serviços Socioambientais do ISA

A NATUREZA É A BASE PARA A EXISTÊNCIA DAS SOCIEDADES HUMANAS. NÃO HÁ SOCIEDADES HUMANAS SE NÃO HOUVER CLIMA ADEQUADO, SOLOS FÉRTEIS, OCEANOS LIMPOS E ASSIM POR DIANTE

A economia hegemônica foi moldada em uma guerra contra a natureza. Desde a revolução científica, no século XVII, parte da humanidade busca a qualquer custo tornar-se mestra e senhora da natureza da qual fundamentalmente depende para sobreviver.[1] Essa economia se baseia na degeneração de pessoas e ecossistemas, no despejo de resíduos e na baixa ou nenhuma circularidade dos recursos utilizados.

Chegou-se a um ponto de inflexão em que as ruínas dessa guerra foram transformadas em terra arrasada por um governo negacionista, que levou ao limite a ideia de que áreas protegidas e os povos que nelas vivem são entraves para o desenvolvimento econômico do país.

Enquanto o Estado brasileiro insufla atividades ilegais, o mercado supõe que as formas de existir e produzir de povos indígenas, quilombolas e comunidades tradicionais deveriam obedecer às suas premissas. Quanto maiores os avanços nas experiências práticas na relação entre esses povos e os mercados (públicos, privados, nacionais, internacionais), mais evidente fica que é impossível competir com a economia hegemônica, baseada em monoculturas subsidiadas, atividades predatórias e ilegais e produtos sintéticos.

A promessa inicial de participação equitativa de povos indígenas, quilombolas e comunidades tradicionais nessa economia dificilmente se realiza. Quando acontece, é algo muito específico, muitas vezes em nichos de mercado, insuficientes para contemplar a diversidade produzida e as demandas comunitárias.

Nesse caldo de terra arrasada e competição impossível, formas apresentadas para uma economia do futuro seguem num território em disputa. O termo mais utilizado hoje, bioeconomia, continua em discussão. A mera inclusão do prefixo "bio" parece manter em suspenso uma definição de quem é o agente *de facto* dessa economia do futuro.[2]

O fato é que movimentos como esse parecem reproduzir a mesma disputa desigual de sempre e prescindir de reconhecer que povos indígenas, quilombolas e comunidades tradicionais praticam há milênios economias que, para além do resultado monetário, cuidam ao mesmo tempo das pessoas e da natureza.

Essas economias, sucessivamente menosprezadas pelo Estado brasileiro e pela sociedade como um todo, têm um enorme potencial a ser desenvolvido, e uma enorme capacidade didática de transformar o futuro, ao colocar em primeiro lugar as pessoas, a vida e a diversidade.

ECONOMIAS DA SOCIOBIODIVERSIDADE

Fortalecer, reconhecer e valorizar as economias da sociobiodiversidade passa por uma importante transformação no entendimento de que essas populações e seus territórios são produtores de conhecimento, contribuições e serviços fundamentais para a vida no planeta.

Os estudos de arqueologia e ecologia da paisagem mostram que os manejos da paisagem, baseados nos modos de vida e na cultura de povos indígenas e comunidades tradicionais, foram e são responsáveis pela formação de ambientes de diferentes biomas brasileiros, com destaque para o bioma Amazônico. Esse manejo da paisagem, que fundamenta os sistemas agrícolas tradicionais dos povos indígenas e comunidades tradicionais, tem transformado a floresta em floresta por milênios, garantindo a reprodução dos ecossistemas.

O Instituto Socioambiental (ISA) reuniu, nos últimos cinco anos, experiências na promoção de produtos e serviços da sociobiodiversidade em mercados públicos e privados, entre eles o mercado de carbono. Essas experiências caminharam juntas com a promoção dos modos de vida, práticas e sistemas agrícolas tradicionais das comunidades nas bacias dos rios Xingu (MT e PA), Rio Negro (AM e RR) e Ribeira de Iguape (SP).

O entendimento de que os modos de vida dos povos indígenas e comunidades tradicionais são responsáveis pela reprodução dos ecossistemas traz uma perspectiva específica sobre suas contribuições para a sociedade e para a natureza. Com isso, fica evidente a necessidade de avançar sobre a compreensão acerca do pagamento por serviços ambientais (PSA), instituído pela Lei nº 14.119, de 13 de janeiro de 2021.

Com base na interpretação da lei e no entendimento da relevância das contribuições e serviços ambientais gerados pelos modos de vida de povos indígenas, quilombolas e comunidades tradicionais, propõe-se uma definição complementar e específica para contribuições e serviços socioambientais.

As contribuições e serviços socioambientais são atividades/práticas individuais ou coletivas associadas aos modos de vida, ao conhecimento, à cultura e ao manejo da paisagem de povos indígenas e comunidades tradicionais em seus territórios, que assim favorecem a reprodução, a recuperação ou a melhoria dos serviços ecossistêmicos, atualizam e produzem a diversidade cultural. Vale destacar algumas atividades e práticas associadas aos modos de vida e seus impactos positivos para elucidar as relações de causa e efeito entre as contribuições geradas pelos modos de vida.

As práticas tradicionais de coleta e extrativismo são modos de produzir que, no geral, mantêm as paisagens com baixíssimo impacto ambiental, especialmente quando comparado a outros modos, como a monocultura. Práticas humanas de baixíssimo impacto ambiental não só possibilitam maior diversificação de parcelas de floresta como a própria manutenção da paisagem, também garantindo a continuidade dos serviços ecossistêmicos gerados para a sociedade, tais como: biodiversidade, manutenção do estoque de CO_2, água, polinização etc.

Além disso, práticas tradicionais de manejo podem fornecer outras contribuições complementares, como de monitoramento e proteção territorial, mapeamento e monitoramento da biodiversidade, monitoramento da água, entre outros. É o que ocorre, por exemplo, em atividades de coleta e extrativismo realizadas por povos indígenas e comunidades tradicionais. Tais atividades envolvem grandes deslocamentos e estadias temporárias na floresta, ocasiões em que é possível realizar ações de monitoramento e de proteção territorial, mapear e aprofundar os conhecimentos sobre a biodiversidade, além de permitir uma observação aprimorada sobre as mudanças ambientais em curso. Nesse caso, a gestão territorial está intimamente ligada à economia, à manutenção dos serviços ecossistêmicos e à reprodução social e cultural do grupo.

Os roçados tradicionais, muito associados à coivara, são modos de trabalhar a terra que geram um impacto ambiental controlado e que contribuíram para a estruturação das diferentes paisagens brasileiras. O processo de derrubada e queima, feito sob o devido controle, gera pequenos distúrbios na paisagem, promovendo o ressurgimento da biodiversidade presente de forma adaptada às condições climáticas atuais, aumentando sua resiliência. Assim como na coleta e no extrativismo, a prática tradicional do roçado promove diferentes serviços ecossistêmicos associados a essas paisagens.

© ROGÉRIO ASSIS/ISA, 2022

Produção de castanha-do-Pará waiwai, TI WaiWái, RR.

© FERNANDA LIGABUE/ISA, 2018

Nazária Trindade Monte Negro carrega uma muda de pimenta no caminho de volta da roça de dona Nazária Mandú Lopes. Rio Ayari, próximo à comunidade Canadá, Terra Indígena Alto Rio Negro (AM).

Esses roçados são verdadeiros acervos de diversidade, compondo um imenso inventário de espécies que podem trazer soluções presentes e futuras para questões de segurança e soberania alimentar. As comunidades já contribuem para a promoção in situ de agrobiodiversidade (banco de germoplasma *in situ*), garantindo segurança alimentar para as populações locais e para toda a sociedade, na medida em que se estruturem políticas e práticas de reconhecimento e valorização desses "bancos tradicionais de germoplasma".

Além das contribuições já realizadas pelas práticas tradicionais associadas aos roçados, outros serviços complementares podem ser associados, como o manejo especializado do fogo, o mapeamento e a catalogação de espécies, a pesquisa e o desenvolvimento de alimentos e produtos com protagonismo das comunidades e suas práticas etc.

Essas práticas, que promovem a abundância e têm produzido uma diversidade de paisagens, estão ancoradas em cosmologias que as sustentam e as reproduzem. Perspectivas de povos e comunidades tradicionais, em grande parte, enxergam entes da natureza como agentes dotados de intencionalidades e com os quais é preciso estabelecer relações para alcançar uma boa gestão do território e da própria vida social.

Nesses casos, a diversidade cultural forma a base das contribuições socioambientais, não apenas pelas técnicas de manejo empregadas, mas também pela produção de perspectivas alternativas sobre o estabelecimento das relações nos territórios. E a vivência dos jovens junto aos mais velhos nas diferentes atividades de manejo, nas festividades, nos rituais e no cotidiano proporcionam a promoção das práticas, dos costumes e das línguas que transformaram a floresta em floresta por milênios e, com isso, promovem todos os serviços associados a esse manejo.

Complementarmente às contribuições geradas pelas práticas tradicionais de ensino e aprendizado, outros serviços poderiam potencializá-las: pesquisas para sistematização e divulgação do conhecimento tradicional, estruturação de materiais didáticos com base no conhecimento tradicional, integração entre escola e vida comunitária, alimentação escolar pautada nos alimentos tradicionais etc.

Dessa forma, trabalhar a noção de contribuições e serviços socioambientais vai além da ideia de que ações humanas ajudam a proteger e incrementar a natureza. Ela reconhece e evidencia que, para além de atividades pontuais e específicas, as culturas, os modos de vida e as formas de manejar a paisagem foram e são responsáveis pela geração, reprodução, recuperação ou melhoria dos ecossistemas e seus serviços em vastos territórios coletivos.

O reconhecimento dessas contribuições e serviços por políticas públicas adequadas é fundamental para fortalecer as economias da sociobiodiversidade e conter o avanço do modelo econômico hegemônico sobre os territórios tradicionais, criando mecanismos de promoção dos modos de vida locais. *(agosto, 2022)*

NOTAS

[1] ABRAMOVAY, R. *Muito além da economia verde*. São Paulo: Abril, 2012.

[2] BENSUSAN, N. Bioeconomia ou necroeconomia? *Blog do ISA*, 21 dez. 2021. Disponível em: https://site-antigo.socioambiental.org/pt-br/blog/blog-do-isa/bioeconomia-ou-necroeconomia. Acesso em: 30 ago. 2022.

PARA ONDE VAI O PAGAMENTO POR SERVIÇOS AMBIENTAIS?

A Política Nacional de Pagamento por Serviços Ambientais (PNPSA), instituída pela Lei nº 14.119, de 13 de janeiro de 2021, foi objeto de debates por anos no legislativo e só pôde ser convertida em legislação devido ao esforço de diferentes e importantes setores da sociedade em busca de consensos – tanto que o projeto de lei contou com a aprovação unânime tanto na Câmara como no Senado.

Rompendo esses consensos e mantendo sua sanha de radicalização, o presidente da República, Jair Bolsonaro, em decisão unilateral, resolveu vetar 23 dispositivos da nova lei, excluindo temas centrais para o sucesso na nova PNPSA.

A lei aprovada cria, em tese, um arcabouço para que o poder público – e também as relações entre particulares – incentivem ações positivas de proteção ao meio ambiente, por meio do pagamento pelos chamados serviços ambientais, ou seja: pagar por atividades individuais ou coletivas que favoreçam a manutenção, recuperação ou melhoria dos serviços ecossistêmicos, conforme define a própria lei.

A nova legislação, porém, também prevê a possibilidade de pagamento por serviços ambientais para a manutenção de reserva legal (RL) ou área de preservação permanente (APP) das propriedades, mas não sem critérios e sem o respeito à ordem de prioridades prevista.

Em primeiro lugar, antes de qualquer pagamento para essas modalidades de áreas protegidas, deve ser observada a prioridade prevista no § 2º do art. 6º, que diz: "a contratação do pagamento por serviços ambientais no âmbito da PNPSA, observada a importância ecológica da área, terá como prioridade os serviços providos por comunidades tradicionais, povos indígenas, agricultores familiares e empreendedores familiares rurais definidos nos termos da Lei nº 11.326, de 24 de julho de 2006."

Assim, embora a norma permita o pagamento por serviços ambientais em áreas cujos proprietários já têm a obrigação de conservar segundo o Código Florestal, como RLs ou APPs, isso só poderia ocorrer se esgotadas as possibilidades de pagamento pelos serviços providos por comunidades tradicionais, povos indígenas, agricultores familiares e empreendedores familiares rurais. Afinal, sem isso, o pagamento por serviços ambientais não traria qualquer adicionalidade à proteção ambiental e poderia se resumir a pagar para que particulares simplesmente cumpram suas obrigações legais.

Por certo, a nova PNPSA tem muito a contribuir para a proteção ambiental no Brasil, mas a sociedade deve ficar atenta para cobrar do Congresso a derrubada dos vetos presidenciais, medida essencial para manter a coerência da deliberação unânime nas duas casas legislativas. Da mesma forma, deve exercer seu controle social para impedir que interesses escusos venham a desvirtuar a aplicação da nova legislação. (Nurit Bensusan e Mauricio Guetta, ISA, agosto 2022)

DESTAQUES DO PERÍODO 2017-2022

ARTE INDÍGENA CONTEMPORÂNEA
FOTOS DO PERÍODO
SEBASTIÃO SALGADO NA AMAZÔNIA
POVOS
FAMÍLIAS LINGUÍSTICAS
MULHERES INDÍGENAS EM LUTA

Para fazer frente aos ataques sem precedentes contra seus direitos, os movimentos indígenas multiplicaram-se e fortaleceram-se nos últimos anos, com iniciativas nos mais diferentes âmbitos.

Neste caderno de 32 páginas, reunimos alguns destaques recentes desse período, a começar por obras de autoria indígena que emergiram em meio ao marcante movimento estético e político da Arte Indígena Contemporânea (AIC).

Também foi tempo de reconhecimento das lutas das mulheres indígenas,

266 Povos

• Aikanã • Aikewara • Akuntsu • Akuriyó • Amanayé • Amondawa • Anacé • Anambé • Anapuru Muypurá
• Aparai • Apiaká • Apinayé • Apurinã • Aranã • Arapaso • Arapium • Arara • Arara da Volta Grande do Xingu
• Arara do Rio Amônia • Arara do Rio Branco • Arara Shawãdawa • Arara Vermelha • Araweté • Arikapú
• Aruá • Ashaninka • Asurini do Tocantins • Asurini do Xingu • Atikum • Avá-Canoeiro • Awa Guajá • Aweti
• Ayoreo • Bakairi • Banawá • Baniwa • Bará • Barasana • Baré • Borari • Boe (Bororo) • Canela Apanyekrá
• Canela Memortumré • Cara Preta • Chamacoco • Charrua • Chiquitano • Cinta larga • Dâw • Deni
• Desana • Djeoromitxí • Enawenê-nawê • Fulni-ô • Galibi Ka'lina • Galibi-Marworno • Gamela
• Gavião Parkatêjê • Gavião Akrãtikatejê • Gavião Kykatejê • Gavião Pykopjê • Guajajara • Guarani Kaiowá
• Guarani Mbya • Guarani Ñandeva • Guarasugwe • Guató • Guegue do Sangue • Hixkaryana • Huni Kuin
• Hupda • Ikolen • Ikpeng • Ingarikó • Inỹ (Karajá) • Iranxe Manoki • Jamamadi • Jaraqui • Jarawara • Javaé
• Jenipapo-Kanindé • Jiahui • Jiripancó • Juma • Ka'apor • Kadiwéu • Kahyana • Kaimbé • Kaingang
• Kaixana • Kalabaça • Kalankó • Kalapalo • Kamaiurá • Kamba • Kambeba • Kambiwá • Kanamari • Kanindé
• Kanoê • Kantaruré • Kapinawa • Karajá do Norte • Karapanã • Karapotó • Karipuna de Rondônia
• Karipuna do Amapá • Kariri • Kariri-Xokó • Karitiana • Karo • Karuazu • Kassupá • Katwena
• Katukina do Rio Biá • Katukina Pano • Kaxarari • Kaxixó • Katxuyana • Kawaiwete (Kaiabi)
• Mẽbengôkre Kayapó • Kinikinau • Kiriri • Kĩsêdjê • Koiupanká • Kokama • Koripako • Korubo • Kotiria
• Krahô • Krahô-Kanela • Krenak • Krenyê • Krikati • Kubeo • Kuikuro • Kujubim • Kulina Pano • Kumaruara
• Kuntanawa • Kuruaya • Kwazá • Madiha (Kulina) • Makuna • Makurap • Macuxi • Manchineri • Maraguá
• Marubo • Matipu • Matis • Matsés • Mawayana • Maytapu • Mehinako • Mỹky • Migueleno • Miranha
• Mirity-tapuya • Mucurim • Munduruku • Mura • Nadöb • Nahukuá • Nambikwara • Naruvotu • Nawa
• Nukini • Ofaié • Oro Win • Palikur • Panará • Pankaiuká • Pankará • Pankararé • Pankararu • Pankaru
• Parakanã • Paresí • Parintintin • Patamona • Pataxó • Pataxó Hã-Hã-Hãe • Paumari • Payayá • Pipipã
• Pira-tapuya • Pirahã • Pitaguary • Potiguara • Puri • Puruborá • Puyanawa • Rikbaktsa • Sakurabiat
• Sapará • Sateré Mawé • Shanenawa • Siriano • Surui Paiter • Suruwaha • Tabajara • Tapajó
• Tapayuna • Tapeba • Tapirapé • Tapuia • Tariana • Taurepang • Tembé • Tenharim • Terena • Ticuna
• Tikmũ'ũn (Maxacali) • Tingui Botó • Tiriyó • Torá • Tremembé • Truká • Trumai • Tsohom-dyapa • Tukano
• Tumbalalá • Tunayana • Tupaiú • Tupari • Tupinambá • Tupiniquim • Turiwara • Tuxá • Tuxi • Tuyuka
• Txikiyana • Umutina • Uru-Eu-Wau-Wau • Waimiri Atroari • Waiwai • Wajãpi • Wajuru • Wapichana
• Warao • Warekena • Wari' • Wassu • Wauja • Wayana • Witoto • Xakriabá • Xavante • Xerente • Xetá
• Xerew • Xikrin Mẽbengôkre • Xinane • Xipaya • Xokleng • Xokó • Xukuru • Xukuru-Kariri • Yaminawá
• Yanomami • Yawalapiti • Yawanawá • Ye'kwana • Yudja • Yuhupdëh • Zo'é • Zoró

Existem hoje no Brasil 266 povos indígenas, que falam mais de 160 línguas e somam uma população de 1.489.003 pessoas, de acordo com os dados do IBGE de 2022. Embora alguns povos estejam ameaçados, a população indígena no Brasil está crescendo, assim como o número de etnias. Trata-se de um mosaico de microssociedades: 143 povos têm uma população de até 1.000 pessoas, 29 têm mais de 5.000 e 49 etnias têm parte de sua população habitando países vizinhos, como os Guarani, que vivem na Argentina, Bolívia, Brasil e Paraguai e somam cerca de 280 mil pessoas, das quais 85 mil estão no território brasileiro. Há ainda 115 evidências de povos isolados, das quais 29 estão confirmadas e 86 em estudo pela Funai.

Tronco Tupi

Tupi-Guarani: Aikewara, Amanayé, Amondawa, Anambé, Apiaká, Araweté, Asurini do Tocantins, Asurini do Xingu, Avá-Canoeiro, Awa Guajá, Guajajara, Guarani, Guarasugwe, Jiahui, Juma, Ka'apor, Kamaiurá, Kambeba, Karipuna de Rondônia, Kawaiwete (Kaiabi), Kokama, Parakanã, Parintintin, Tapirapé, Tembé, Tenharim, Wajãpi, Xetá, Zo'é

Arikém: Karitiana

Awetí: Awetí

Jurúna: Xipaya, Yudja

Mondé: Aruá, Cinta larga, Ikolen, Surui Paiter, Zoró

Tuparí: Akuntsu, Makurap, Sakurabiat, Tupari, Wajuru

Mundurukú: Kuruaya, Munduruku

Ramaráma: Karo

Mawé: Sateré Mawé

Puruborá: Puruborá

Tronco Macro-Jê

Jê: Apinayé, Canela Memortumré, Canela Apanyekrá, Gavião Akrãtikatêjê, Gavião Kykatejê, Gavião Parkatêjê, Gavião Pykopjê, Kaingang, Kisêdjê, Krahô, Krahô-Kanela, Kreñyê, Krikatí, Mẽbengôkre Kayapó, Panará, Tapayuna, Xakriabá, Xavante, Xerente, Xikrin Mẽbengôkre, Xokleng

Karajá: Iny Karajá, Javaé, Karajá do Norte

Bororo: Boe (Bororo), Umutina

Maxakalí: Pataxó, Pataxó Hã-Hã-Hãe, Tikmũ'ün (Maxakali)

Krenák: Krenak

Guató: Guató

Ofayé: Ofaié

Rikbaktsá: Rikbaktsa

Yaathê: Fulni-ô

Kariri: Dzubukuá, Kipeá

Outras Famílias

Karib: Akuriyó, Aparai, Arara, Bakairi, Galibi Ka'lina, Hixkaryana, Ikpeng, Ingarikó, Kahyana, Kalapalo, Katwena, Katxuyana, Kuikuro, Macuxi, Matipu, Nahukuá, Naruvotu, Patamona, Sapará, Taurepang, Tiriyó, Tunayana, Txikiyana, Waimiri Atroari, Waiwai, Wayana, Xerew, Ye'kwana

Aruak: Ashaninka, Baniwa, Baré, Enawenê-nawê, Kinikinau, Koripako, Manchineri, Mawayana, Mehinako, Palikur, Paresí, Tariana, Terena, Wapichana, Warekena, Wauja, Yawalapiti

Pano: Arara Shawãdawa, Huni Kuin, Katukina Pano, Kaxarari, Korubo, Kulina Pano, Kuntanawa, Marubo, Matis, Matsés, Nukini, Puyanawa, Shanenawa, Xinane, Yaminawá, Yawanawá

Tukano: Arapaso, Bará, Barasana, Desana, Karapanã, Kotiria, Kubeo, Makuna, Mirity-tapuya, Pira-tapuya, Siriano, Tukano, Tuyuka

Arawá: Banawá, Deni, Jamamadi, Jarawara, Madiha (Kulina), Paumari, Suruwaha

Naduhup: Dâw, Hupda, Nadöb, Yuhupdëh

Katukina: Kanamari, Katukina do Rio Biá, Tsohom-dyapa

Txapacura: Kujubim, Oro Win, Torá, Wari'

Irántxe: Iranxe Manoki, Myky

Jabuti: Arikapú, Djeoromitxí

Mura: Mura, Pirahã

Aikaná: Aikanã, Kassupá

Bora: Miranha

Chiquito: Chiquitano

Creoulo: Galibi-Marworno, Karipuna do Amapá

Guaikuru: Kadiwéu

Kanoe: Kanoê

Koazá: Kwazá

Nambikwára: Nambikwara

Samuko: Ayoreo, Chamacoco

Tikuna: Ticuna

Trumái: Trumai

Yanomami: Yanomamɨ, Yãnoma, Sanöma, Ninam, Yãroamë, Yanomam

Warao: Warao

Witoto: Witoto

Língua Portuguesa

Anacé, Anapuru Muypurá, Aranã, Arapium, Arara da Volta Grande do Xingu, Arara do Rio Amônia, Arara do Rio Branco, Arara Vermelha, Atikum, Borari, Cara Preta, Charrua, Fulkaxó, Gamela, Gueguê do Sangue, Jaraqui, Jenipapo-Kanindé, Jiripancó, Kaimbé, Kaixana, Kalabaça, Kalankó, Kamba, Kambiwá, Kanindé, Kantaruré, Kapinawa, Karapotó, Kariri, Kariri-Xokó, Karuazu, Kaxixó, Kiriri, Koiupanká, Kumaruara, Maraguá, Migueleno, Mukurin, Nawa, Pankaiuká, Pankará, Pankararé, Pankararu, Pankaru, Payayá, Pipipã, Pitaguary, Potiguara, Puri, Tabajara, Tapajó, Tapeba, Tapuia, Tingui Botó, Tremembé, Truká, Tumbalalá, Tupaiú, Tupinambá, Tupiniquim, Turiwara, Tuxá, Tuxi, Wassu, Xokó, Xukuru, Xukuru-Kariri

ARTE IN
EM

Jaider Esbell (1979 – 2022).
Carta ao velho mundo, 2018-2019
Livro com 400 páginas sobre a história da arte ressignificada e sobreposta pela arte indígena contemporânea nas obras de Jaider Esbell.
Desenhos e textos produzidos com caneta acrílica, 27 cm x 35 cm x 4 cm

DÍGENA
P

Denilson Baniwa (1984 –).
Gioconda Kunhã, 2019
Infogravura, tamanhos variáveis

Daiara Tukano (1982 –).

Selva Mãe do Rio Menino, 2020

Primeira pintura empena feita por uma mulher indígena no Brasil, durante o Circuito Urbano de Arte (Cura), na fachada cega do Edifício Levy, na Avenida Amazonas, em Belo Horizonte (MG).

Tinta acrílica sobre mural de 1006 m²

ARTE INDÍGENA CONTEMPORÂNEA

Daiara Tukano (1982 –).
Mahá Só'ag – Arara Vermelha, 2021
Obra comissionada para a Bienal São Paulo, integra a obra "Dabucuri no Céu".
Tinta acrílica e prata metálica sobre tela, 300 cm x 160 cm

ARTE I
CONTE

Edilene Yaka Huni Kuin (1996 –).
Yube Bau Dauti, 2017
Acrílica sobre tela, 160 cm x 170 cm

Carmézia Emiliano (1960 –).
Moqueando peixe, 2022
Óleo sobre tela, 60 cm x 70 cm
(Coleção Augusto Luitgards)

IDÍGENA
MPORÂNEA

Elisclésio da Silva (1982 –).
Embelezando a melodia do dia do ser humano, 2022
Acrílica sobre tela, 43 cm x 34 cm

Aislan Pankararu (1990 –).
Sem título, 2021
Tinta acrílica e caneta posca sobre papel, 42 cm x 59 cm

ARTE I
CONTE

Elisclésio da Silva (1982 –).
Mostrando o nosso respeito e cuidando um do outro, (s.d.)
Acrílica sobre papel canson, 42 cm x 29,7 cm

Joseca Yanomami (1971 –).
Sem título, 2011
Ainda que os garimpeiros espalhem muita sujeira na floresta, os espíritos as limpam, voltando assim a aparecer ali suas clareiras, suas braçadeiras de pena de arara, suas penugens brancas e seus ornamentos feitos com pequenos pássaros coloridos.

Abril 2022 – Representantes das organizações de base da Apib – Apoinme, Coiab, CGY, Aty Guasu, Conselho Terena, Arpinsul, Arpinsudeste – após plenária com o então candidato à Presidência da República, Luiz Inácio Lula da Silva, na 18ª edição do Acampamento Terra Livre (ATL), que reuniu mais de 8 mil indígenas de 200 povos diferentes em Brasília (DF).

Abril 2022 – A então deputada federal Joênia Wapichana (Rede/RR) no plenário do 18º Acampamento Terra Livre (ATL) em Brasília (DF). Em 2018, Joênia foi a primeira indígena eleita para a Câmara dos Deputados, onde fez frente às ameaças aos povos indígenas e a seus territórios.

Abril 2017 – Nara Baré, então coordenadora-executiva da Coiab, discursa em Brasília (DF) durante uma das marchas do 14º Acampamento Terra Livre, edição marcada pela resistência às violências contra os povos indígenas após o golpe parlamentar que tirou Dilma Rousseff da Presidência da República.

Agosto 2019 – Mulheres participantes da 1ª Marcha das Mulheres Indígenas fazem ato público em Brasília (DF) contra a privatização da saúde indígena e reivindicam melhores condições de saúde nas TIs. A mobilização reuniu cerca de 130 povos e chegou a ocupar o prédio da Sesai.
© Mariana Spagnuolo Furtado/ISA, 2019

Abril 2019 – Amjimãpeire Jotumre Kokaproti, do povo Gavião Kyikatejê (PA), carrega seu irmão, Krowakatiti Jotumre Kokaproti, em passeata no terceiro dia de mobilizações do 15º Acampamento Terra Livre em Brasília (DF). O evento reuniu mais de 4 mil indígenas, de cerca de 170 povos diferentes.
© Jacy Santos/MNI, 2019

Outubro 2019 – As lideranças Sônia Guajajara, Angela Kaxuyana e Célia Xakriabá (da esq. para a dir.) durante marcha em Berlim (Alemanha), exigindo o fim da destruição de florestas na Amazônia pelas multinacionais. A ação fez parte da jornada "Sangue Indígena: Nenhuma Gota a Mais" da Apib, que passou por 12 países da Europa.
© Kevin McElvaney/Greenpeace, 2019

Junho 2021 – Priscila Tapajowara, Dinamam Tuxá e Tukumã Pataxó (da esq. para a dir.) frente a frente com os policiais durante a marcha do Levante Pela Terra, realizada em Brasília (DF), em 2021. O movimento reuniu indígenas contra a aprovação do PL 490/2007 e da tese ruralista do "marco temporal".
(cc) Oliver Kornblihtt/Mídia Ninja, 2021

Abril 2017 – Tuíre, liderança histórica do povo Kayapó e cacica da aldeia Irã-Amraire, participa do 14º Acampamento Terra Livre em Brasília (DF). Em marcha rumo ao Congresso Nacional, ela e outras mulheres kayapó protestavam contra os retrocessos legislativos que afetam seus direitos.
© Tatiane Klein/ISA, 2017

Abril 2017 – A liderança Leila Lopes durante a 14º edição do Acampamento Terra Livre em Brasília (DF). Leila liderou mais de 5.000 pessoas na retomada da TI Yvy Katu, do povo Guarani Ñandeva, em Mato Grosso do Sul.
© Luiza Calagian/ISA, 2017

Setembro 2021 – Mais de 4 mil mulheres indígenas se reuniram em Brasília (DF) para a II Marcha Nacional das Mulheres Indígenas. A mobilização se pautou pela defesa dos direitos territoriais e articulação de aldeamento político, que culminou na "Bancada do Cocar" em 2022.
Alass Derivas/ ©derivajornalismo, 2021

Agosto 2019 – Anna Terra Yawalapiti, Célia Xakriabá, Watatakalu Yawalapiti e Sônia Guajajara (da esq. para a dir.) durante a I Marcha das Mulheres Indígenas. Na foto, elas protestam contra as políticas genocidas adotadas pelo governo Bolsonaro.
© Katie Mähler/Apib, 2019

Agosto 2019 – Mulheres alto-xinguanas marcham rumo ao Congresso Nacional durante a I Marcha das Mulheres Indígenas, uma mobilização inédita de lideranças mulheres de diversas partes do país em Brasília (DF).
© Silvia de Melo Futada/ISA, 2019

O-é Paiakan Kayapó
© Cassandra Mello/ISA, 2021

Elizabeth Aikanã
© Marizilda Cruppe/
Amazônia Real, 2021

Akuani Huni Kuin
© Marizilda Cruppe/
Amazônia Real, 2021

Puyr Tembé
© Marizilda Cruppe/
Amazônia Real, 2021

Roziane Ivan
Dos Santos Tuxi
© Marizilda Cruppe/
Amazônia Real, 2021

Samela Sateré Mawé
© César David Martínez /
@cesardavidmar, 2022

Micelene Galdino Guajajara
© Marizilda Cruppe/
Amazônia Real, 2021

Txai Suruí
© Lucas Landau/ISA, 2022

Celiana Cypcwyk Krikati
© Fernando Martinho/ISA, 2018

Sandi Sateré Mawé
© Marizilda Cruppe/
Amazônia Real, 2021

Ariene Susui Wapichana
© Marizilda Cruppe/
Amazônia Real, 2021

Kunhã Yvoty Kaiowa
© Lucas Landau, 2018

Alessandra Munduruku
© Luiza Calagian/ISA, 2017

Alawero Mehinako
© Marizilda Cruppe/
Amazônia Real, 2017

MULHERES EM LUTA

Sonia Bone Guajajara
© Mídia Ninja, 2022

Sabrina Lima Pereira Huni Kuin
© Marizilda Cruppe/ Amazônia Real, 2021

Maria de Nazaré Tupari
© Marizilda Cruppe/ Amazônia Real, 2021

Fausta Mendonsa Kaiowa
© Lucas Landau, 2018

Ira Maragua
© Marizilda Cruppe/ Amazônia Real, 2021

Célia Xakriabá
© Alass Derivas/ Deriva Jornalismo, 2019

Krĩg Sĩ Kaingang
© Marizilda Cruppe/ Amazônia Real, 2021

Mareva Sakirabiar
© Marizilda Cruppe/ Amazônia Real, 2021

Glicéria Tupinambá
© Marizilda Cruppe/ Amazônia Real, 2021

Bernaldina José Pedro
© Jaider Esbell, 2018

Sônia Barbosa Ara Mirim
© Mídia Ninja, 2022

INDIGENAS

Maio 2022 – Lideranças mulheres do Xingu durante o 5º encontro da Rede Xingu+, que aconteceu na aldeia Khikatxi, do povo Kĩsêdjê, no TIX (MT), e reuniu representantes dos 25 povos indígenas e comunidades tradicionais da Bacia do Xingu para defender seus direitos e territórios.
© Lucas Landau/ISA, 2022

Setembro 2022 – Ducila Oliveira Álvares, do povo Baniwa, colhendo pimentas em roça. Após uma rápida colheita, Ducila volta para casa carregando uma grande variedade de pimentas em seu aturá – na região há pelo menos 78 variedades catalogadas, que compõem a base da alimentação dos povos no Rio Negro (AM).
© Fellipe Abreu/National Geographic, 2022

Abril 2018 – Mulheres indígenas na maloca da Foirn, que foi tomada pela força e coragem feminina durante o XI Encontro de Mulheres Indígenas do Rio Negro, evento que reuniu 200 mulheres de 18 etnias para discutir pautas desafiadoras, como a violência e a participação das mulheres nos espaços de decisão.
© Edilson Ovo Villegas Ramos/Rede de Comunicadores Indígenas do Rio Negro, 2018

Maio 2019 – Coletoras yarang, do povo Ikpeng, trançando inajá durante a coleta de sementes na aldeia Arayó, no TIX (MT), durante a festa de comemoração dos dez anos do Movimento das Mulheres Yarang (MMY), que produz e coleta sementes nativas para o reflorestamento de nascentes e matas ciliares da Bacia do Xingu.
© Carol Quintanilha/ISA, 2019

Setembro 2019 – Mulheres kayapó fazem sua festa anual na aldeia Pykany, da TI Menkragnoti (PA), que marca a nominação das meninas e durou oito dias, reunindo mais de 400 pessoas. Na imagem à direita, o destaque para Irekaoro (9), uma das meninas que recebeu seu nome na ocasião.
© Lucas Landau/Instituto Kabu, 2019

Abril 2018 – Djuena Tikuna cantando no primeiro dia do Acampamento Terra Livre (ATL), realizado em Brasília (DF). Ela, que é cantora e jornalista, foi a primeira indígena a realizar um espetáculo no Teatro Amazonas (AM).
(cc) Mídia Ninja, 2018

Novembro 2019 – Daniela Yanomami dança na cerimônia de recepção aos visitantes durante o 1º Fórum de Lideranças Yanomami e Ye'kwana, em que os indígenas se manifestaram contra o garimpo em suas terras, na comunidade Watorikɨ, região do Demini, TI Yanomami (AM).
© Victor Moriyama/ISA, 2019

Agosto 2018 – Ao centro, Ehuana Yanomami, a primeira mulher yanomami a escrever um livro na língua yanomami, no XI Encontro de Mulheres Yanomami, evento anual que tem por objetivo discutir e compartilhar experiências e conhecimentos do universo feminino, realizado na comunidade Watorikɨ, TI Yanomami (AM).
© Alan Azevedo/ISA, 2018

Setembro 2022 – Dona Maria Célia, do povo Baré, prepara farinha de mandioca no Sítio São Lázaro, em Santa Isabel do Rio Negro (AM).
© Fellipe Abreu/National Geographic, 2022

Janeiro 2019 – O xamã Davi Kopenawa Yanomami, principal porta-voz dos Yanomami e um dos maiores líderes indígenas do Brasil, em visita à comunidade de Piaú, na TI Yanomami (AM).
© Sebastião Salgado, 2019

UMA PARCERIA VIRTUOSA

Leão Serva
Do Conselho Diretor do ISA

Em outubro de 2017, Sebastião Salgado procurou Beto Ricardo, membro fundador do ISA. Queria uma sugestão de um repórter que pudesse acompanhá-lo na pioneira expedição que faria em poucos dias à terra dos Korubo, conhecidos como "índios casseteiros", por usarem borduna como arma de ataque a grandes animais (inclusive gente). O fotógrafo produzia as fotos para seu projeto "Amazônia", lançado em 2021/22.

Beto indicou meu nome. Salgado ligou e logo acertamos os detalhes da viagem, feita ao final daquele mês. Ele se preocupava com a mudança do ambiente político em relação aos povos indígenas, mais atacados do que em muitos anos anteriores. Queria produzir algumas reportagens projetando na imprensa brasileira a imagem dos povos indígenas que vinha retratando em suas viagens desde o início da década. Ele faria as fotos e eu produziria reportagens sobre a cultura e a situação atual daquelas comunidades que ele retrataria.

Por isso, fizemos um acordo com a *Folha de S.Paulo* para publicar cadernos a cada quatro meses. Seriam sempre cadernos de dez páginas e uma chamada destacada na primeira página.

De dezembro de 2017 a dezembro de 2021, foram dez cadernos, com 100 páginas e mais 10 lindas fotos publicadas na capa da Folha em domingos. Korubo, Ashaninka, Marubo, Yawanawá, Yanomami, Zoé, Suruwahá e Xingu, além de um especial sobre Serra Pelada e outro sobre paisagens aéreas da floresta.

Ao longo dos anos posteriores àquela primeira viagem sob administração Temer, o clima político azedou ainda mais sob o racismo explícito do governo Bolsonaro. As publicações na *Folha* ajudavam a contrapor os ataques sistemáticos.

Foi o maior espaço já dedicado pela imprensa brasileira a povos indígenas no Brasil. Depois, quando Salgado lançou a exposição e o livro "Amazônia", todos os mapas que ajudaram o visitante a localizar as expedições no país foram feitos pela equipe do Monitoramento do ISA. Foi uma parceria virtuosa sob tempos bicudos.

SEBASTIÃO SALG NA AMAZÔNIA

Maio 2018 – *Fac-símile* de caderno especial da *Folha de S. Paulo* sobre o povo Ashaninka (AC), com fotos de Sebastião Salgado e textos de Leão Serva. Na foto, à esquerda, Tchari, ou Davizinho, e à direita, seu pai, Manitzi, nome que significa “onça”.
© Sebastião Salgado, 2018

FOLHA DE S.PAULO
★★★
DOMINGO, 20 DE MAIO DE 2018

SEBASTIÃO SALGADO NA AMAZÔNIA

Tchari, ou Davizinho, à esquerda, e seu pai, Manitzi, nome que significa "onça"

Vencedores de várias lutas, índios guerreiros do Acre encaram novos invasores

Reportagem acompanha nova expedição do fotógrafo brasileiro à floresta amazônica, desta vez para documentar a valente etnia **ashaninka**, que depois de sobreviver a meio século de batalhas se vê agora diante da ameaça de caçadores, traficantes, madeireiros e mudanças climáticas, que interferem no rio, nas plantas e nos animais dos quais depende a sua vida

Leão Serva

MARECHAL THAUMATURGO (AC) Após mais de 500 anos de luta por sua independência e cultura tradicional, nos quais sobreviveram ao império inca, aos espanhóis, que destruíram os incas, aos empresários da borracha, que os escravizaram, e a outros ataques, os índios ashaninkas, no Acre, enfrentam nova onda de ameaças.

Atualmente, elas são materializadas por invasores ilegais —caçadores e traficantes de drogas— e madeireiras, incentivadas por leis recentemente aprovadas no Peru, que autorizam a abertura de estradas em áreas de preservação da floresta amazônica junto às suas terras.

Os índios assistem ainda ao avanço de uma ameaça global que os assusta: mudanças climáticas têm alterado de forma dramática o ambiente onde vivem e o comportamento das plantas e dos animais de que dependem para viver.

Para os ashaninkas, os brancos enlouqueceram a natureza. "Antes tinha calendário, as coisas aconteciam em seu tempo. Agora está tudo bagunçado", diz Moisés Piyãko, xamã na aldeia Apiwtxa, principal comunidade da etnia no país.

Ele aponta o exemplo do rio Amônia, que passa poucos metros abaixo de sua casa: "Antigamente, o rio subia em novembro e ficava cheio até março. Neste ano, a primeira chuva forte caiu em fevereiro, e só aí o rio começou a subir. Com isso, os peixes maiores desapareceram".

Moisés descreve muitas outras mudanças que a natureza está sofrendo, inclusive o aumento da temperatura nessa área da selva que parece um santuário inalterado.

Também chamados de campas, os ashaninkas se espalham por terras no extremo oeste do Acre, onde são cerca de 1.700, e no Peru, com cerca de 100 mil pessoas.

A terra indígena fica às margens do rio Amônia, no município de Marechal Thaumaturgo (560 km a oeste de Rio Branco e 2.800 km a noroeste de São Paulo, em linha reta).

A cidade é a única do estado do Acre que tem um índio como prefeito: Isaac Piyãko, ashaninka, venceu a eleição de 2016 com 56% dos votos. A etnia compõe apenas cerca de 5% da população, de 18 mil pessoas.

A vitória de Piyãko é atribuída à sua profissão: professor da rede pública, a mesma ocupação do vice-prefeito e de 2 dos 9 vereadores.

Os ashaninkas são um dos grupos indígenas cuja história é conhecida há mais tempo: há registros de seu relacionamento econômico e cultural com o império inca, que das montanhas do Peru dominou grande parte da América do Sul até a chegada dos espanhóis.

A antropóloga francesa France-Marie Renard-Casevitz resume o intercâmbio entre ashaninkas e incas na época: "Penas, peles, algodão, tecidos e plantas (grãos, madeira) sobem a serra, enquanto o metal (machado de cobre, joia de ouro), talvez pedras semipreciosas, lã e outros tecidos descem para a floresta". A própria autodenominação da tribo contém o nome dos antigos parceiros.

Nas histórias contadas pelos europeus que dominaram o Peru a partir da década de 1530, os ashaninkas eram descritos como guerreiros da floresta quente que, por sua valentia e lealdade, serviam de guarda-costas para os últimos nobres. Estes, depois de perderem a capital, Cusco, se refugiaram em uma área próxima à floresta amazônica.

Ali, protegida por seus soldados, acostumados à vida na montanha, e pelos índios naturais da Amazônia, a corte inca sobreviveu 40 anos na cidade escondida de Vilcabamba. Ao ser capturado pelos espanhóis, em 1572, o último inca estava cercado de guerreiros ashaninkas.

Chamados pelos incas de "antis" ou "andes" (dependendo da pronúncia na língua quechua), o nome do grupo também sobrevive na geografia do continente como uma memória do tempo pré-colombiano. A área onde moravam os ashaninkas, nas encostas da cordilheira, ao norte de Cusco, era nomeada Antisuyo, terra dos antis.

Os espanhóis entenderam a palavra como se fosse a designação das montanhas e passaram a chamar assim toda a cordilheira, da Patagônia à Colômbia. Os Andes são, portanto, um registro da antiguidade da presença ashaninka.

O jornalista **Leão Serva** viajou à Terra Indígena Kampa do Rio Amônia a convite da Associação Ashaninka Apiwtxa

Maio 2018 – Na aldeia Kumãya, do povo Marubo, na TI Vale do Javari (AM), as cunhadas Kôro-Ainvo (esq.) e Manichi sentadas no trocador (instrumento de percussão), com as crianças Máya (à dir.) e Mashë.
© Sebastião Salgado, 2018

SEBASTIÃO
NA AMAZÔNIA

Setembro 2017 – A família Pinu Korubo, contatada em 2014, em acampamento de caça na região do Rio Ituí, TI Vale do Javari (AM). Da esq. para a dir.: Naylo, a mãe; seu filho Vali, em pé, atrás; seu filho Wanka Vakwë, sentado ao centro; Pinu, o pai, sentado; seu filho Kanikit, em pé à direita.
© Sebastião Salgado, 2017

Agosto 2019 – Homens do povo Wauja durante pescaria no lago Piyulaga, no Território Indígena do Xingu (MT).
© Sebastião Salgado, 2019

SALGADO

Setembro 2017 – Kwakway, do povo Suruwaha, trabalha na construção de sua maloca, que será usada por toda a comunidade, na TI Zuruahã (AM). As casas coletivas têm cerca de 20 metros de altura e trazem prestígio ao dono.
© Sebastião Salgado, 2017

NI

Maio 2022 – O xamã Davi Kopenawa Yanomami recebe o pensador Ailton Krenak durante encontro em comemoração pelos 30 anos da homologação da TI Yanomami, que reuniu lideranças indígenas, representantes de governos e organizações parceiras durante quatro dias na aldeia yanomami Xihopi (AM).
© Christian Braga/ISA, 2022

FOTOS D

Julho 2021 – Em protesto do Acampamento Luta pela Vida, contra o marco temporal e o PL nº 490/2007, povos indígenas marcham em direção ao Palácio do Planalto, em Brasília (DF), carregando caixão com lista dos "PLs da morte", que afetam os direitos indígenas.
© Matheus Veloso/Metrópoles, 2021

Abril 2021 – As frases "Nossa luta é pela vida"; "Vidas indígenas importam"; "Emergência indígena"; e "A mãe do Brasil é indígena", além de grafismos, foram projetados no Congresso Nacional, em ação promovida por Joênia Wapichana (Rede/RR) e pedido da Apib. As projeções aconteceram durante o 17º ATL, que, pelo segundo ano consecutivo, foi realizado em formato virtual.
© Renato Cortez, 2021

Fevereiro 2020 – Da esq. para a dir., Joênia Wapichana, Sonia Guajajara, Celia Xakriabá, Dinaman Tuxá e outras lideranças entregam ao presidente da Câmara dos Deputados, Rodrigo Maia, o Manifesto do Piaraçu, elaborado por mais de 600 lideranças indígenas, que se reuniram na TI Capoto-Jarina (MT) para denunciar a política etnocida, genocida e ecocida do governo Bolsonaro.
© Luis Macedo/Câmara dos Deputados, 2020

Janeiro 2019 – Guerreiros do povo Guarani cantam e dançam durante manifestação na Av. Paulista, em São Paulo (SP), como parte da campanha "Sangue Indígena: Nenhuma Gota a Mais", organizada pela Apib e apoiada pela Mobilização Nacional Indígena (MNI), para mobilizar a sociedade em defesa dos direitos indígenas.
© Claudio Tavares/ISA, 2019

FOTO

Abril 2017 – Anna Terra Yawalapiti coloca-se à frente de uma barreira da Polícia Legislativa Federal durante marcha do 14º Acampamento Terra Livre ao Congresso Nacional (DF). Em 2013, seu pai, o cacique Piracumã Yawalapiti, falecido em 2014, foi agredido e pediu calma a policiais militares nesse mesmo local.
(cc) Mídia Ninja, 2017

Agosto 2021 – Durante o Acampamento Luta Pela Vida, lideranças indígenas utilizaram 1.296 placas de Terra Indígena para demarcar Brasília (DF) e protestar contra a paralisação das demarcações pelo governo Bolsonaro. Dispostas em frente ao Congresso Nacional, as placas traziam os nomes de todas as TIs do país, além de mais de 500 terras que ainda não tiveram seus processos demarcatórios iniciados.
© Tuane Fernandes/Greenpeace, 2021

Novembro 2022 – Da esq. para a dir., Sônia Guajajara, deputada federal eleita (PSOL/SP); Lula, presidente da República eleito; Joênia Wapichana, deputada federal (Rede/RR); e Célia Xakriabá, deputada federal eleita (PSOL/MG) participam juntos do Fórum Internacional dos Povos Indígenas, durante a Conferência da ONU sobre as Mudanças Climáticas (COP-27), no Egito.
© Ricardo Stuckert, 2022

Abril 2017 – Durante o 14º Acampamento Terra Livre, os povos indígenas marcharam levando caixões até o espelho d'água do Congresso Nacional (DF) em protesto contra os ataques da bancada ruralista a seus direitos originários. O ato, que pedia demarcações, foi reprimido com bombas de efeito moral e gás lacrimogêneo pela Polícia Legislativa.

FOTO

S DO PERÍODO

Abril 2018 – Liderança indígena encara cavalaria da polícia no quarto dia do Acampamento Terra Livre, quando os povos indígenas saíram em marcha até a Praça dos Três Poderes, em Brasília (DF).
© Christian Braga/MNI, 2018

Junho 2021 – Kretã Kaingang, liderança da Articulação dos Povos Indígenas da Região Sul (Arpinsul), participa do Levante Pela Terra, acampamento realizado pela Apib, que reuniu mais de 850 pessoas de 43 povos diferentes na Capital Federal para pressionar os órgãos federais e legislativos e impedir mais retrocessos a seus direitos.
(cc) Oliver Kornblihtt/Mídia Ninja, 2021

FOTOS DO PERÍODO

1. Noroeste Amazônico

Desana
Dow
Hupd'äh
Karapanã
Kotiria
Koripako
Kubeo
Makuna
Mirity-Tapuya
Nadöb
Pira-Tapuya
Siriano
Tariana
Tukano
Tuyuka
Warekena
Yuhupdëh
Isolados

1. NOROESTE AMAZÔNICO

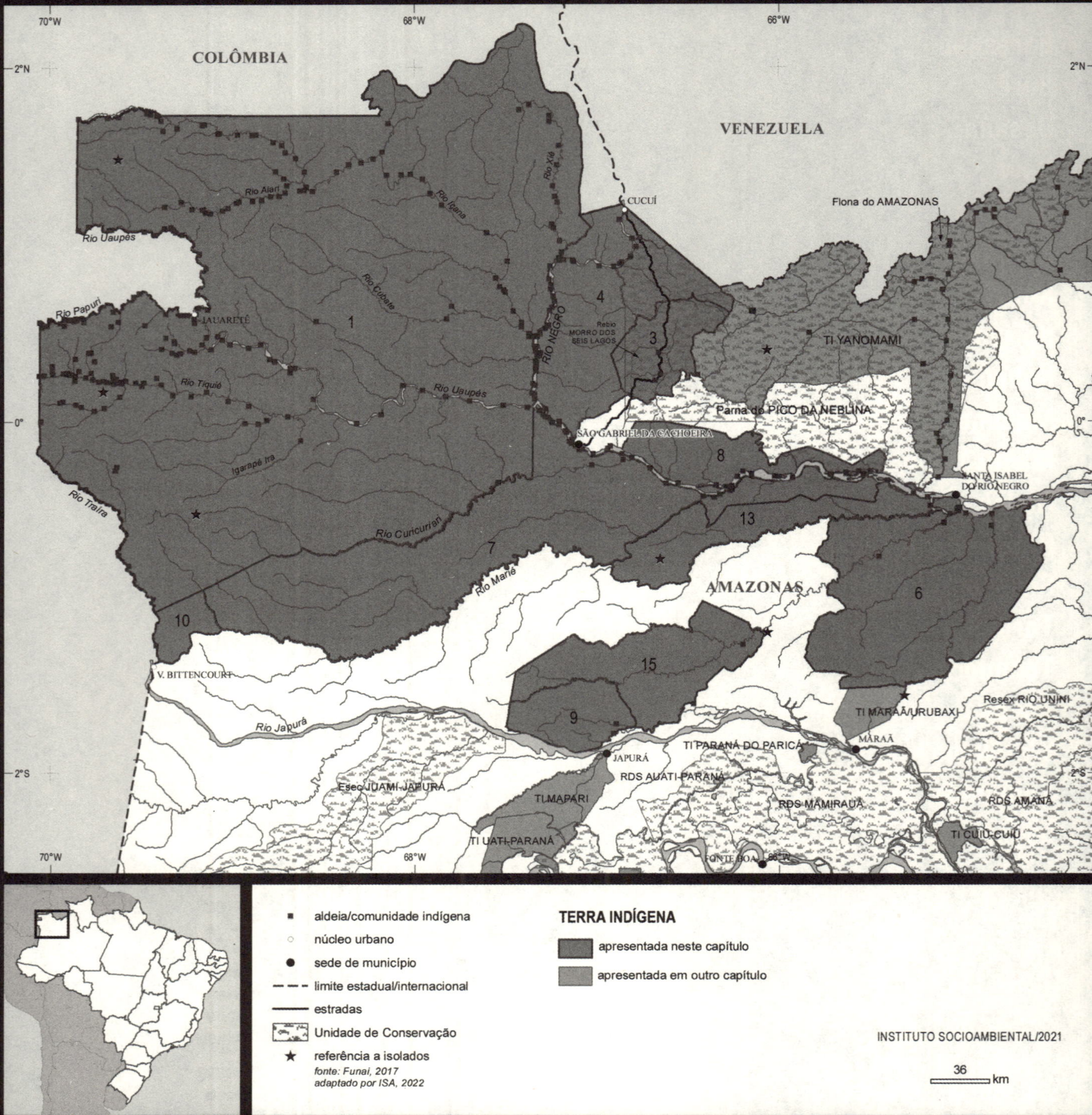

NOROESTE AMAZÔNICO
Terras Indígenas
Instituto Socioambiental - 30/11/2022

Nº mapa	Terra Indígena	Povo	População (nº, fonte, ano)	Situação jurídica	Extensão (ha)	Município	UF
1	Alto Rio Negro	Arapaso Baré Barasana Bará Baniwa Makuna Karapanã Yuhupde Desana Hupda Mirity-tapuya Pira-tapuya Kubeo Koripako Siriano Tuyuka Tukano Tariana Kotiria Warekena Isolados do Igarapé Waranaçu Isolados do Rio Uaupés Isolados do Rio Cuririari	26.046 - Siasi/Sesai: 2013	Homologada. Decreto - s/n - 14/04/1998, publicado em 15/04/1998. Reg. SPU certidão n. 010 em 13/07/2000. Reg. CRI na comarca de Japurá (633.279,2773 ha) Matr.14 Lv 01 Fl.14. em 22/06/99. Reg. CRI na comarca de SGC (7.366.101,8910 ha) Matr. 1.503 Lv.2-8 Fl.242. em 12/04/99.	7.999.380	Japurá São Gabriel da Cachoeira	AM
s/l	Aracá-Rio Padauari (Baixo Rio Negro)	Baré Makurap Tukano		Em Identificação. Portaria - 1.309 - 30/10/2009, publicado em 03/11/2009.		Barcelos Santa Isabel do Rio Negro	AM
3	Balaio	Baré Baniwa Desana Pira-tapuya Kubeo Koripako Tuyuka Tukano Tariana	328 - Siasi/Sesai: 2013	Homologada. Decreto - s.n. - 21/12/2009, publicado em 22/12/2009. Reg SPU, no site da Funai de 8-1-19 diz que a TI está regularizadaReg.CRI matr.1823, L.2-10, Fl.74 Cartorio do Primeiro Ofício de S.G.da Cachoeira, 257.281 ha	257.281	São Gabriel da Cachoeira	AM
4	Cué-Cué/Marabitanas	Arapaso Baré Baniwa Desana Pira-tapuya Koripako Tukano Tariana Warekena	1.864 - GT/Funai: 2010	Declarada. Portaria - 1.703 - 19/04/2013, publicado em 22/04/2013.	808.645	São Gabriel da Cachoeira	AM
6	Jurubaxi-Téa	Arapaso Baré Baniwa Desana Dâw Pira-tapuya Koripako Ticuna Tukano Tariana	904 - GT Funai: 2013	Declarada. Portaria - 782 - 06/09/2017, publicado em 11/09/2017.	1.208.155	Barcelos Santa Isabel do Rio Negro	AM
7	Médio Rio Negro I	Arapaso Baré Baniwa Yuhupde Desana Dâw Mirity-tapuya Pira-tapuya Koripako Tukano Tariana	1.989 - IBGE: 2010	Homologada. Decreto - s/n - 14/04/1998, publicado em 15/04/1998. Reg. SPU Certidão n. 6 de 02/06/00.Reg. CRI no município e comarca de Sta. Isabel do R. Negro (117.013 ha) Matr. 182 Lv 2-C FL 01 em 03/11/99. Reg. CRI no município e comarca de Japurá (654.086 ha) matr.n. 13 Lv.01 Fl 13 em 22/06/99. Reg. CRI no município e comarca de São Gabriel da Cachoeira (1.766.139 ha sic.lista Funai) matr.1.504 Lv 2-B Fl.245 em 12/04/99.	1.776.140	Japurá Santa Isabel do Rio Negro São Gabriel da Cachoeira	AM
8	Médio Rio Negro II	Arapaso Baré Baniwa Desana Mirity-tapuya Pira-tapuya Koripako Tukano Tariana	1.367 - IBGE: 2010	Homologada. Decreto - s/n - 14/04/1998, publicado em 15/04/1998. Reg. SPU Certidão n. 13 de 01/08/00.Reg. CRI no município e comarca de Sta. Isabel do Rio Negro (49.566 ha) Matr.183 Lv 2-C Fl 1 em 03/11/99. Reg. CRI no município e comarca de São Gabriel da Cachoeira (266.628 ha) Matr. n. 1.505 Lv. 208 Fl 244 em 12/04/99.	316.194	Santa Isabel do Rio Negro São Gabriel da Cachoeira	AM
9	Paraná do Boá-Boá	Nadöb	347 - Cimi-Tefé: 2013	Homologada. Decreto - s/n - 03/11/1997, publicado em 04/11/1997. Reg. SPU Certidão n. 1 de 20/02/02.Reg. CRI no município e comarca de Japurá (240.545 ha) Matr. n. 51 Lv. 2-RG Fl. 1 em 21/05/01.	240.545	Japurá Santa Isabel do Rio Negro	AM
10	Rio Apapóris	Yuhupde Desana Tuyuka Tukano	349 - IBGE: 2010	Homologada. Decreto - s/n - 14/04/1998, publicado em 15/04/1998. Reg. SPU Certidão n. 4 de 11/02/00.Reg. CRI no município e comarca de Japurá (106.960 ha) Matr. 12 Lv. 01 Fl. 12 em 22/06/99.	106.960	Japurá	AM

NOROESTE AMAZÔNICO
Terras Indígenas (continuação)
Instituto Socioambiental - 30/11/2022

Nº mapa	Terra Indígena	Povo	População (nº, fonte, ano)	Situação jurídica	Extensão (ha)	Município	UF
13	Rio Tea	Baré Desana Nadöb Pira-tapuya Tukano	323 - IBGE: 2010	Homologada. Decreto - s/n - 14/04/1998, publicado em 15/04/1998. Reg. SPU Certidão n. 12 de 27/07/00. Reg. CRI no município e comarca de Santa Isabel do Rio Negro (333.036 ha) Matr. 184 Liv. 2-C Fl. 01 em 03/11/99. Reg. CRI no município e comarca de São Gabriel da Cachoeira (78.795 ha) Matr. 1.502 Liv. 2-8 Fl. 241 em 12/04/99.	411.865	Santa Isabel do Rio Negro São Gabriel da Cachoeira	AM
15	Uneiuxi	Nadöb Isolados do Igarapé do Natal	249 - IBGE: 2010	Declarada. Portaria - 2.360 - 15/12/2006, publicado em 18/12/2006.	554.332	Japurá Santa Isabel do Rio Negro	AM

Gestão Territorial e Ambiental

Planejando o Bem Viver Indígena nos Territórios do Alto e Médio Rio Negro

Carla Dias | Antropóloga, ISA

Marivelton Barroso | Liderança baré, presidente da Foirn

Renato Martelli Soares | Antropólogo, ISA

"NOSSOS ANCESTRAIS SEMPRE NOS ENSINARAM COMO DEVEMOS VIVER BEM, EM PLENA HARMONIA COM OUTROS SERES VIVENTES DESSA TERRA MÃE. É PRECISO ALIAR ISSO ÀS FERRAMENTAS ATUAIS SEM DEIXAR QUE ESTAS DESCONSIDEREM ESSES ENSINAMENTOS. O TEMPO PASSA E O MUNDO SE TRANSFORMA, A SOCIEDADE SE MODERNIZA. TEMOS QUE ACOMPANHAR ESSES CICLOS DA EVOLUÇÃO. POR CONTA DESSAS SITUAÇÕES É QUE EXISTEM ESSAS POLÍTICAS, ESSES PGTAS."[1]

O extenso território banhado pelo Rio Negro e seus tributários é dos mais diversos e preservados da Amazônia. Desde os seus cursos mais baixos até as regiões de cabeceiras, o Rio Negro e seus inúmeros afluentes são habitados por uma diversidade de povos indígenas que, há pelo menos três mil anos, vêm desenvolvendo práticas e atualizando saberes sobre adaptação a esse território e manejo das florestas e rios.

São 22 povos indígenas que falam idiomas pertencentes a três famílias linguísticas distintas: Tukano Oriental, Arawak e Naduhupy. E há ainda os Yanomami das áreas de Maturacá e Marauiá/AM, que embora façam parte de outro complexo cultural, são vizinhos e se relacionam com os povos do Rio Negro. Convivendo com tamanha diversidade étnica e linguística, esses povos articulam-se desde tempos muito antigos em um grande sistema regional de trocas, por onde circulam pessoas, objetos, cultivos agrícolas, narrativas, línguas, saberes, fazeres e elementos cosmológicos.

A região do Alto e Médio Rio Negro abrange um total de 23 milhões de hectares de rios e florestas, 65% constituído por Terras Indígenas (TIs) reconhecidas e Unidades de Conservação (UCs). São nove Terras Indígenas, sendo oito delas contíguas. Duas, apesar de declaradas, aguardam ainda a conclusão do processo de demarcação física e homologação, caso das TIs Cué-Cué Marabitanas e Jurubaxi-Téa. A TI Uneiuxi, que teve o seu território ampliado e foi declarada em 2006 pelo Ministério da Justiça, precisa ainda ser homologada. E há os territórios indígenas dos cursos Médio e Baixo Rio Negro que estão em um vagaroso processo de identificação pela Funai há duas décadas. É nesse recorte territorial que está situada a região de abrangência e atuação da Federação das Organizações Indígenas do Rio Negro (Foirn).

TABELA 1: TERRAS INDÍGENAS DO RIO NEGRO

Terra Indígena (TI)	Extensão (ha)	Situação jurídica
Alto Rio Negro	8.026.994,80	Homologada em 1998
Médio Rio Negro I	1.808.390,85	Homologada em 1998
Médio Rio Negro II	317.610,47	Homologada em 1998
Rio Apapóris	108.258,82	Homologada em 1998
Rio Téa	415.433,93	Homologada em 1998
Balaio	261.400,24	Homologada em 2009
Uneiuxi (com ampliação)	553.125,69	Declarada em 2006
Cué-Cué Marabitanas	788.826,94	Declarada em 2013
Jurubaxi-Téa	1.212.199,98	Declarada em 2017

Por sua relevância, os territórios indígenas e a diversidade socioambiental dessa região para a conservação ambiental foram recentemente reconhecidos com o título internacional de Sítio

Ramsar.[2] Trata-se do maior Sítio Ramsar do mundo, com extensão territorial de 11,2 milhões de hectares, e o primeiro a incluir Terras Indígenas. Anos antes, o Instituto do Patrimônio Histórico e Artístico Nacional (Iphan) já havia reconhecido a Cachoeira de Iauaretê (2006) e o Sistema Agrícola Tradicional do Rio Negro (2010) como patrimônios culturais do Brasil, reforçando a importância dos saberes e das práticas indígenas rionegrinas nos cuidados integrais com o ambiente e com a soberania alimentar.

É nesse ambiente de grande diversidade socioambiental, troca de saberes e desenvolvimento de técnicas de manejo, que a Foirn e sua rede de mais de 90 associações filiadas vêm praticando uma forma de governança baseada em representações políticas, étnicas e regionais. Além das instâncias deliberativas e consultivas da Foirn (diretoria, Assembleia Geral, Conselhos Diretor e Fiscal), existem as Coordenadorias Regionais. Elas foram estabelecidas para aumentar o alcance e acompanhamento da federação, promovendo uma ponte de diálogo entre a direção da Foirn e as associações e comunidades indígenas de base. Ao total são cinco Coordenadorias Regionais: Coordenadoria das Organizações Indígenas do Distrito de Iauaretê (Coidi); Coordenadoria das Organizações Indígenas do Tiquié, Uaupés e Afluentes (Diawi'i, antiga Coitua); Organização Baniwa e Koripako (Nadzoeri, antiga CABC); Coordenadoria das Associações Indígenas do Alto Rio Negro e Xié (Caiarnx); e Coordenadoria das Associações Indígenas do Médio e Baixo Rio Negro (Caimbrn).

Os Planos de Gestão Territorial e Ambiental (PGTAs) das Terras Indígenas do Alto e Médio Rio Negro são resultado de um longo processo de construção coletiva em que participaram lideranças, jovens, homens e mulheres das diferentes sub-regiões. Tratou-se de uma iniciativa liderada pela rede de associações e Coordenadorias Regionais da Foirn, em cooperação com o Instituto Socioambiental (ISA), a Coordenação Regional do Rio Negro - Fundação Nacional do Índio (Funai) e o Instituto Chico Mendes para a Conservação e Biodiversidade (ICMBio). Estas instituições formaram a Comissão de Governança do processo de elaboração dos PGTAs das Terras Indígenas do Alto e Médio Rio Negro. A cooperação entre Foirn, ISA e Funai foi formalizada em 2016 em um Acordo de Cooperação Técnica.

No período de 2015 a 2018 a Foirn mobilizou mais de duas mil pessoas, entre lideranças e representantes das comunidades indígenas, para a realização de mais de 50 encontros, oficinas inaugurais, oficinas do Grupo de Trabalho PGTA, consultas nas comunidades e validações em assembleias regionais, Assembleia Geral e Conselho Diretor da Foirn. Assim, seguindo várias etapas de participação e em diálogo com a estrutura de governança

COORDENADORIAS REGIONAIS DA FOIRN NO ALTO E MÉDIO RIO NEGRO

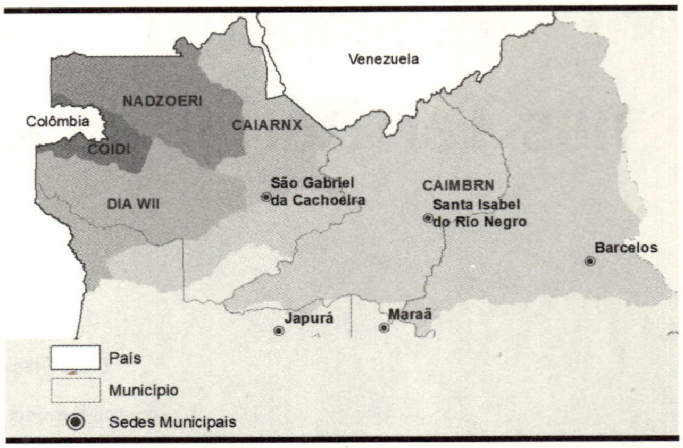

da Foirn, foram elaborados PGTAs ancorados nos limites geográficos das Terras Indígenas, por Coordenadorias Regionais e um documento de PGTA – o *Wasu* (que significa "grande" em língua *nheengatu*) – considerando toda a extensão de atuação da Foirn. Durante o processo de construção dos PGTAs, foi acordado um propósito comum aos vários povos e participantes indígenas fundado nas ideias de que os PGTAs são: registros que reforçam a importância e o significado das relações ancestrais e cosmológicas com os recursos naturais e territórios; uma valiosa ferramenta de planejamento e diálogo interno entre os diversos povos indígenas e comunidades que vivem no rio Negro; e por fim, instrumentos de interlocução com o Estado e parceiros da sociedade civil organizada.

Como destacou-se no texto de apresentação do PGTA *Wasu*, Plano de Gestão Indígena do Alto e Médio Rio Negro:

"Dentre os desafios, propostas e demandas levantados pelas comunidades, há coisas que dependem especialmente de nossa organização e esforço coletivo; outras dependem também da cooperação e apoio de instituições parceiras; mas há as que dependem, antes de tudo, do comprometimento do poder público e de ações e políticas orientadas e coordenadas nas esferas municipal, estadual e federal. O que queremos é que essas ações e políticas sejam construídas e implementadas com diálogo, com a participação efetiva de nossos povos e organizações representativas. Elaborar um Plano de Gestão é como (re)construir nossas malocas, hoje também chamadas Casas do Saber. A maloca é a casa comum, em sua arquitetura, as quatro colunas simbolizam cada um dos pilares do bem viver – saúde, conhecimento, território e organização indígena. Cuidar e proteger uma maloca significa também a proteção de toda a comunidade e território. E vivenciá-la a partir dos ensinamentos de nossos ancestrais é nos afastar de doenças e saber lidar com conflitos e desavenças."

Um ponto alto no processo de elaboração dos PGTAs foi a realização do levantamento socioambiental, que percorreu todas as comunidades e sítios das Terras Indígenas do Alto e Médio Rio Negro com o intuito de realizar um diagnóstico participativo com base em entrevistas comunitárias e domiciliares (por casa ou núcleo familiar). Um grupo de 45 pesquisadores indígenas ligados à rede da Foirn e colaboradores do ISA e de universidades formaram subgrupos e visitaram as diversas regiões, entrevistando 393 localidades (entre comunidades e sítios) e 3.638 famílias indígenas.

Com os resultados do levantamento, as instituições envolvidas, a rede de pesquisadores e as Coordenadorias da Foirn formaram um Grupo de Trabalho (GT), o qual oganizou uma série de encontros nas comunidades estratégicas das sub-regiões do Alto e Médio Rio Negro para compartilhar as informações registradas, discutir e validar demandas e prioridades de gestão, garantido um processo transparente, abrangente e inclusivo. Foi possível chegar em locais bastante remotos e promover um diálogo com os moradores das diferentes comunidades, realidades e etnias.

As informações reveladas pelo levantamento socioambiental – perfil populacional das comunidades, aspectos socioeconômicos, questões sobre mobilidade, religião e rituais, educação escolar, comunicação, lixo, energia, saúde, benefícios sociais e associações indígenas – tornaram-se ferramenta importante para a orientação de ações locais, via projetos e parcerias da rede da Foirn, como também para o dimensionamento e implementação de políticas públicas.

A terceira edição do boletim Governança e Bem Viver Indígena[3] divulgou, antes da publicação dos PGTAs, boa parte dos resultados do levantamento socioambiental, favorecendo, desde então, a incidência nas políticas públicas e ações de bem viver nas comunidades, dinamizando o próprio processo de elaboração dos planos e os documentos de PGTAs em si.

Passado um tempo do encerramento do ciclo colaborativo de elaboração dos PGTAs, nota-se que a agenda promoveu importantes resultados e processos:

1. construção de acordos entre comunidades em diálogo com a rede de governança indígena;

2. definição das necessidades prioritárias para políticas públicas e projetos com a sociedade civil;

3. valorização cultural e dos sistemas locais de conhecimentos e práticas de saúde e manejo;

4. valorização da governança da rede da Foirn, com o fortalecimento e a ampliação de alianças e parcerias voltadas à gestão sustentável e ao bem viver;

5. aprendizados e contribuições para maior alcance da iniciativa, a partir da cooperação e do diálogo entre sociedade civil e órgãos públicos, neste caso, a Funai e o ICMBio;

6. captação de apoio e recursos para o Fundo Indígena do Rio Negro (Firn), fundo este pensado e gerido pela Foirn, com apoio do ISA, que tem por objetivo fortalecer as associações indígenas da rede da Federação e os saberes e as práticas dos povos rionegrinos;[4]

7. fundamentação das etapas regionais para a construção do Protocolo de Consulta da Foirn, com destaque para as informações sobre as formas de governança e as prioridades regionais.

© JULIANA RADLER/ISA, 2017

Dança do Cariçu no encerramento da segunda oficina do grupo de trabalho do PGTA das Terras Indígenas do Rio Negro.

PLANOS DE GESTÃO TERRITORIAL E AMBIENTAL DAS TERRAS INDÍGENAS DO ALTO E MÉDIO RIO NEGRO

Até o final de 2021, dez PGTAs foram publicados por meio da parceria entre Foirn e ISA. Estes documentos organizam os desafios de gestão territorial e priorizam ações de políticas públicas para sete das Terras Indígenas reconhecidas e demarcadas e em quatro das Coordenadorias Regionais da Foirn, valorizando as formas de organização local e considerando que algumas das Coordenadorias se estendem por mais de uma Terra Indígena e que há Terras Indígenas onde mais de uma Coordenadoria atuam.

Entre os dez documentos destaca-se o PGTA Wasu: Plano de Gestão Indígena do Alto e Médio Rio Negro, *que compila em um único documento o plano de gestão e bem viver de toda a região de abrangência da Foirn, onde convivem 23 povos indígenas.*

PGTA Wasu Plano de Gestão Indígena do Alto e Médio Rio Negro

A primeira parte do PGTA Wasu *traz uma apresentação e contextualização sobre o território de abrangência da Foirn, a partir de uma visão socioambiental. Em seguida, um resumo do histórico do movimento indígena rionegrino e o passo a passo da elaboração dos PGTAs são contados. Essa primeira parte é finalizada com o diagnóstico resultante do levantamento socioambiental e o perfil demográfico e de mobilidade da população na região. A segunda parte apresenta recomendações de gestão sobre alguns temas centrais e regiões específicas, tais como: economia e renda; educação; saúde; povos de recém-contato; comunidades indígenas nas proximidades de São Gabriel da Cachoeira; o Médio Rio Negro, região em processo de reconhecimento das Terras Indígenas pela Funai; e mineração em territórios indígenas, histórico e perspectivas de médio e longo prazo. Por fim, a última parte traz a matriz estratégica para a gestão do bem viver no Alto e Médio Rio Negro. Trata-se de um painel que organiza em nove temas os principais desafios e demandas que as comunidades indígenas vêm enfrentando, bem como apontamentos propositivos direcionados aos diversos órgãos do poder público, aos parceiros da sociedade civil e às próprias comunidades e associações indígenas locais.*

Dentre os temas apontados como prioritários para o bem viver das comunidades indígenas do Rio Negro estão:

1. Território e direitos indígenas

2. Governança e associações indígenas

3. Cultura e conhecimento

4. Educação escolar diferenciada e intercultural

5. Saúde indígena

6. Lixo e saneamento

7. Sustentabilidade e economia da floresta

8. Direitos sociais

9. Infraestrutura: energia, comunicação, mobilidade

Essa matriz constitui um instrumento de diálogo interno entre as comunidades e associações indígenas do Rio Negro, além de servir como base de interlocução com a sociedade civil organizada e com as esferas do poder público para a implementação de políticas públicas adequadas às especificadades da região. Ademais, a matriz tem sido utilizada como diretriz para a elaboração e implementação de projetos de fortalecimento das associações, valorização de práticas e saberes nas comunidades indígenas, desenvolvimento sustentável e proteção aos direitos e ao bem viver dos povos indígenas dessa que é uma das regiões mais preservadas e socioambientalmente diversas da Amazônia.

Vale ressaltar a ampla participação indígena durante a elaboração do PGTA Wasu, *bem como a colaboração dedicada de pesquisadores indígenas e não indígenas, parceiros da Foirn em iniciativas de gestão e produção de conhecimento intercultural, e especialistas nos temas e nas sub-regiões abordadas, sobretudo na redação e sistematização dos capítulos da segunda parte do documento.*

Os outros planos de gestão territorial e ambiental elaborados no âmbito desse processo liderado pela rede da Foirn estão destacados neste quadro.

PGTA da TI Alto Rio Negro

PGTA da TI Balaio

PGTA da TI Cué Cué Marabitanas

Recomendações para a gestão territorial e ambiental da TI Rio Apapóris e entorno – Região do Rio Traíra

PGTA das Terras Indígenas Médio Rio Negro I, Médio Rio Negro II e Rio Téa

PGTA da Coordenadoria das Organizações Indígenas do Distrito de Iauaretê (Coidi)

PGTA da Coordenadoria das Organizações Indígenas do Tiquié, Uaupés e Afluentes (Dia Wii)

PGTA da Coordenadoria das Organizações Indígenas do Alto Rio Negro e Xié (Caiarnx)

PGTA da Organização Baniwa e Koripako (Nadzoeri)

Na página dos PGTAs no site da Foirn[5] *e no acervo digital do ISA os dez documentos estão disponíveis para leitura e* download*. A rede da Foirn, com o apoio do ISA e de pesquisadores colaboradores, está finalizando mais dois PGTAs, o da TI Uneiuxi e o da TI Jurubaxi-Téa.*

O planejamento do bem viver e os processos deflagrados dialogam com uma política pública bastante inovadora na agenda da conservação socioambiental – a Política Nacional de Gestão Ambiental de Terras Indígenas (PNGATI). A PNGATI reconhece e legitima a importância dos sistemas locais e indígenas de conservação territorial e ambiental e responsabiliza os povos, em diálogo com o Estado e a sociedade civil, a desenvolverem ações para a gestão sustentável de territórios indígenas. Ainda, ela estimula articulações entre setores do governo entre si e com a sociedade civil. A despeito da descontinuidade da PNGATI por parte do governo atual, a Foirn, com apoio do ISA e outros parceiros, captou recursos, estruturou e está implementando um dos primeiros fundos de projetos para indígenas, gerido por indígenas, no Brasil – o Firn. No entanto, esta descontinuidade da PNGATI e de suas formas de participação da sociedade civil organizada representam uma ameaça às políticas públicas adaptadas às realidades dos territórios indígenas e ao bem viver segundo seus modos de vida, reconhecidos pela Constituição Federal de 1988. *(setembro, 2022)*

NOTAS

[1] Braz França, liderança baré, ex-diretor da Foirn.

[2] A Lista de Zonas Úmidas de Importância Internacional (ou Lista de Ramsar) é o instrumento adotado pela Convenção Ramsar, tratado intergovernamental aprovado em encontro realizado na cidade iraniana de Ramsar, para atingir o seu objetivo de promover a cooperação entre países para a conservação e no uso racional das zonas úmidas no mundo. Ao aderir à Convenção, os países signatários devem designar ao menos uma zona úmida de seus territórios para ser integrada à Lista, que, uma vez aprovada por um corpo técnico especializado, receberá o título de Sítio Ramsar. As zonas úmidas reconhecidas como sítios Ramsar beneficiam-se de prioridade no acesso à cooperação técnica internacional e apoio financeiro para promover projetos que visem à sua proteção e à utilização sustentável de seus recursos naturais, favorecendo a implantação, em tais áreas, de um modelo de desenvolvimento que proporcione qualidade de vida aos seus habitantes.

[3] As quatro edições do boletim *Governança e Bem viver Indígena: Planos de Gestão Territorial e Ambiental das Terras Indígenas do Alto e Médio Rio Negro* contam como foi o processo de elaboração dos PGTAs. As edições foram produzidas conforme as fases de elaboração dos planos avançavam. O principal objetivo da série de boletins foi manter a mobilização de parceiros institucionais e das comunidades indígenas rionegrinas em torno da elaboração dos planos por meio da comunicação sobre o processo e pactuação para os próximos passos. Os boletins estão disponíveis em: Volume 1: https://isa.to/2BYaLit; Volume 2: https://isa.to/2N4VyRm; Volume 3: https://isa.to/2C6A1DA; Volume 4: https://isa.to/2PLJDpP

[4] Por meio do Firn, a Foirn destina recursos para as associações implementarem ações locais previstas nos PGTAs. A iniciativa também conta com um esforço criativo e dinâmico de formação das associações e lideranças indígenas em gestão de projetos, contemplando assim mais uma das demandas visibilizadas durante a elaboração dos PGTAs.

[5] Para saber mais: https://pgtas.foirn.org.br/

Protocolo de Consulta e Fortalecimento do Movimento Indígena no Rio Negro

Renata Carolina Corrêa Vieira | Advogada, ISA
Renato Martelli Soares | Antropólogo, ISA

O DIREITO À CONSULTA E AO CONSENTIMENTO PRÉVIO, LIVRE E INFORMADO TEM COMO FUNDAMENTO OS DIREITOS HUMANOS DOS POVOS INDÍGENAS E COMUNIDADES TRADICIONAIS E A GARANTIA DA SUA LIVRE DETERMINAÇÃO PARA DECIDIREM SOBRE SEU PRESENTE E FUTURO. OS ESTADOS DEVEM OBSERVAR A OBRIGATORIEDADE DE CONSULTAR POVOS AFETADOS POR MEDIDAS ADMINISTRATIVAS E LEGISLATIVAS CAPAZES DE ALTERAR SEUS DIREITOS

INTRODUÇÃO

O direito à consulta prévia, livre e informada passa a ser garantido, primeiramente no cenário internacional, a partir da Convenção nº 169 da Organização Internacional do Trabalho (OIT), que reconhece de modo expresso a autonomia dos povos indígenas e tribais em controlar suas próprias instituições sociais, políticas e culturais, bem como seu desenvolvimento econômico. Essa Convenção representa, dentro da trajetória histórica das políticas indigenistas, uma ruptura com os projetos assimilacionistas e integracionistas, que vigoraram desde o "encobrimento" europeu até meados do século XX na América Latina.

Um novo "horizonte pluralista" é inaugurado no final do século XX e início do século XXI,[1] tendo dois marcos históricos como pilares deste novo cenário: as reformas constitucionais realizadas por diferentes países na América do Sul; e a ratificação da Convenção nº 169 da OIT. Nesse cenário, a consulta prévia se torna um dos principais direitos garantidos a partir desta virada paradigmática no novo marco legal, sobretudo no ciclo de espoliação e mercantilização dos territórios, povos e meio ambiente, inaugurado no final da década de 1980 e que perdurou ao longo da década seguinte, quando inúmeras empresas transnacionais se deslocam para o sul-global com a finalidade de extração e comercialização de recursos naturais, em parceria com os governos locais, mediante a implantação de megaprojetos, que expropriam os territórios, os modos de vida e os diversos direitos humanos de povos indígenas e comunidades tradicionais.[2]

Embora o Brasil tenha ratificado a Convenção nº 169 da OIT – a qual tardou 13 anos para ser promulgada pelo Estado brasileiro, com a aprovação do Decreto Legislativo nº 143/2002 e a promulgação via Decreto Presidencial nº 5.501/2004 –, o país continua sendo um violador contumaz no que concerne ao direito da consulta prévia de povos indígenas. Um dos pontos mais sensíveis do direito à consulta prévia se dá em relação aos procedimentos de planejamento e autorização dos empreendimentos implantados em áreas circunscritas a territórios indígenas, que ameaçam diretamente o modo de vida dos povos originários. Segundo a Convenção internacional, este procedimento de consulta deve ser culturalmente adequado e realizado antes de o projeto ser implantado, permitindo, inclusive, a possibilidade de veto da comunidade.

A Convenção nº 169 estabelece no artigo 6º que os governos deverão "consultar os povos interessados, mediante procedimentos apropriados e, particularmente, através de suas instituições representativas, cada vez que sejam previstas medidas legislativas ou administrativas suscetíveis de afetá-los diretamente", bem como que as consultas devem ser "efetuadas com boa fé e de maneira apropriada às circunstâncias, com o objetivo de se chegar a um acordo e conseguir o consentimento acerca das medidas propostas".[3] Além disso, a Declaração das Nações Unidas sobre os Direitos dos Povos Indígenas estabelece no artigo 19 prescrição equivalente ao da Convenção nº 169 da OIT, e a Declaração Americana sobre os Direitos dos Povos indígenas, no artigo XXIII, define medidas semelhantes para pensar os direitos à participação e à consulta.

No plano interno, a Constituição Federal estabelece no parágrafo 3° do artigo 231 a exigência de autorização do Congresso Nacional, com oitiva das comunidades afetadas, em relação ao aproveitamento dos recursos hídricos, incluídos os potenciais energéticos, à pesquisa e à lavra de minérios em terras indígenas. Se, de um lado, temos o avanço normativo para garantir o direito à consulta prévia e a livre determinação dos povos indígenas, por outro, continuamos tendo um Estado que insiste em negar outros modos de vida e de saberes que não se inserem dentro do modo de vida hegemônico. É nesse contexto que passam a ser construídos os protocolos de consulta, como um desdobramento do direito à consulta prévia.

Os protocolos de consulta representam um "grito de re-existência" diante do silenciamento imposto pelo Estado aos povos originários nos processos de tomada de decisão que envolvem a implantação de empreendimentos econômicos na Amazônia.[4] Diante da sistemática violação dos direitos humanos dos povos indígenas, estes articulam formas de assumir o protagonismo de como querem ser consultados nos assuntos que afetem os seus interesses, legitimado pelo direito à autodeterminação.

Nas raras vezes em que o Estado apresentou a intenção de realizar a consulta prévia, as tentativas de diálogo foram frustradas pela imposição de um modelo que não condiz com as lógicas de participação e deliberação dos povos, pautados em procedimentos burocráticos e pelo imediatismo de atender às demandas do capital.[5] Desse modo, começaram a surgir no Brasil práticas de construção de protocolos comunitários em que os povos indígenas e tradicionais apresentam as suas próprias regras e expressam a sua potência enquanto sujeitos coletivos de direito para instituírem como querem ser consultados e com quais sujeitos, tempos e formatos de deliberação.

Nos protocolos de consulta, as regras mínimas e fundamentais que os povos e comunidades entendem como necessárias são apresentadas para o Estado, demonstrando como se deve respeitar suas jurisdições próprias e suas formas de organização social em um processo de consulta prévia.[6] É, portanto, uma estratégia de resistência e de auto-organização contra a espoliação e a opressão, sendo materializado num instrumento juridicamente vinculante, pois "só um povo pode dizer que é um povo, só ele pode dizer como forma sua vontade coletiva, só ele conhece suas prioridades, seus direitos intangíveis, sua forma de ser e seu sonho de futuro".[7]

O protagonismo assumido pelos povos indígenas a respeito dos protocolos de consulta, de caráter comunitário e autônomo, parece ser formado pelos longos anos de invasão dos territórios étnicos em nome, inicialmente, da "conquista", posteriormente do "progresso" e, hoje, em razão do "desenvolvimento" e da suposta "modernidade".[8] É nesse sentido que atualmente, no Brasil, temos: 32 protocolos de consulta de povos indígenas; 15 de comunidades quilombolas; 17 de povos e comunidades tradicionais; três protocolos em conjunto de povos indígenas, quilombolas e comunidades tradicionais; e quatro protocolos comunitários da sociobiodiversidade, estes mais voltados especificamente sobre serviços ambientais e acesso ao conhecimento tradicional associado à biodiversidade (protocolos bioculturais), totalizando 71 protocolos de consulta autônomos.[9]

A elaboração de protocolos de consulta representa a oportunidade para que povos indígenas e comunidades se preparem para exercer o direito de serem consultados, decidindo livremente e de modo consensuado quem poderá falar por cada povo ou comunidade envolvida, qual a melhor maneira de se manter um diálogo com os representantes do Estado, bem como refletir sobre quando e como será possível construir consensos internos e como garantir que sejam cumpridos e tenham legitimidade.[10] Uma vez formalizados, os protocolos de consulta representam uma definição explícita e pública de regras de representação, organização e acompanhamento de processos de tomada de decisões de cada povo, organização ou comunidade. Consistem em uma expressão da autonomia dos povos indígenas e de sua abertura para o diálogo de boa-fé com agentes do Estado.[11] Os protocolos de consulta possuem, portanto, dupla finalidade: publicizar regras internas que devem ser respeitadas no processo de consulta e fortalecer a governança interna, evitando conflitos diante de um projeto a ser implementado que afetem as comunidades.

HISTÓRICO E CONSTRUÇÃO DO PROTOCOLO DE CONSULTA DOS POVOS DO RIO NEGRO

A Federação das Organizações Indígenas do Rio Negro (Foirn) e seus parceiros reconhecem, a partir de uma estratégia de fortalecer direitos coletivos e a governança indígena do território, o Protocolo de Consulta como uma ferramenta importante, assim como os processos envolvidos em sua construção. Assim, em agosto de 2019, foi iniciado um trabalho de elaboração do Protocolo de Consulta dos Povos Indígenas do Rio Negro. Nesse ano, cerca de 100 lideranças indígenas das cinco regionais da Foirn – Baixo e Médio Rio Negro; Alto Rio Negro e Xié; Içana; Baixo Uaupés e Tiquié; e Médio e Alto Uaupés – reuniram-se para debater sobre protocolos de consulta e traçar um plano de trabalho para a elaboração de um documento para os povos indígenas do Rio Negro.

Desde a abertura do evento, evidenciou-se que o ato de consultar tradicionalmente faz parte do manejo do território, como as pescarias ou migrações entre comunidades, e é também parte central no modo pelo qual o movimento indígena constrói sua representatividade. "Consultar as bases" é praxe e orienta as atividades da Foirn e de seus parceiros. Como lembrado por Justino Sarmento, liderança tuyuka, "desde que a Foirn surgiu, a gente vem fazendo diferentes formas de consulta". O evento levantou discussões sobre o direito à consulta prévia, livre, informada e de boa-fé. Na ocasião, verificou-se que são diversas as circunstâncias em que hoje se faz necessário procedimentos de consulta, com destaque para possíveis empreendimentos nas Terras Indígenas, presença de missionários, parcerias com pesquisadores, projetos comunitários e ingresso de não indígenas nos territórios. Segundo André Fernando, liderança Baniwa, "estas consultas devem contribuir para o nosso bem viver, proteger nossos interesses e nossa decisão na consulta tem que ser vinculante".

O desafio para a elaboração de um protocolo de consulta que contemple a diversidade de povos, línguas e extensão territorial foi lavrado a partir do reconhecimento da Foirn, suas coordenadorias regionais e associações de base, como instância representativa dos 23 povos que vivem na região em nove Terras Indígenas que somam mais de 13 milhões de hectares. Com 40 anos de movimento indígena organizado, a região do Rio Negro conta com cerca de 90 associações de base e a Foirn é uma referência de união representativa dos 23 povos que habitam a região. No entanto, apesar da considerável estrutura e histórico institucional, há debates e aproximações necessárias com outras formas de organização, com as lideranças tradicionais e com os povos de recente contato, além do próprio fortalecimento das associações e coordenadorias. Nesse evento inicial, a plenária assinou uma carta que atesta o longo trabalho de representatividade da Foirn e alerta para os riscos de lideranças autoproclamadas que não discutem suas intenções nas instâncias de deliberação do movimento indígena: "por isso, exigimos que qualquer diálogo, demanda, projetos, programas, políticas públicas e/ou qualquer medida que venha afetar nossas vidas e territórios, deve passar por processo de consulta e consentimento prévio, livre e informado aos povos indígenas do Rio Negro, no âmbito dessa instituição representativa, ouvidas as lideranças locais, sítios, comunidades, associações, conselhos comunitários e coordenadorias diretamente afetados e respeitadas nossas formas próprias de organização e tomada de decisão".[12]

Inicialmente, o Protocolo de Consulta dos Povos Indígenas do Rio Negro foi considerado um grande "guarda-chuva", de amplo alcance, para toda sua região de abrangência, sem impedir a construção de protocolos comunitários ou sub-regionais e sim incentivando-os. A metodologia escolhida para a elaboração seguiu então a governança da Foirn e considera as cinco Coordenadorias Regionais como atores-chave.[13]

Após o seminário inaugural, o primeiro seminário regional foi realizado na comunidade de Taracuá, no Rio Uaupés, ainda em 2019. Entretanto, com a pandemia, o processo de elaboração dos protocolos de consulta foi interrompido, tendo sido retomado em 2022, durante as Assembleias Regionais da Foirn. Desse modo, foram realizadas, no ano de 2022, cinco etapas de elaboração dos protocolos de consulta. Cada uma dessas etapas, que corresponderam às cinco coordenadorias da Foirn, elaborou seus próprios protocolos de consulta, a fim de preservar aspectos locais de cada região, como formas de organização social, línguas faladas, ameaças e pressões externas que cada região sofre.

As etapas regionais, realizadas entre maio e agosto de 2022, contaram com a assessoria do Instituto Socioambiental, do Conselho Indigenista Missionário (Cimi) e da rede de Observatório dos Protocolos Autônomos de Consulta. Nas assembleias, reservou-se um período para exposições sobre legislação, movimento indígena e associativismo, planos de gestão territorial e ambiental. Também foram apresentados de materiais audiovisuais sobre o direito à consulta prévia e experiências de protocolos de consulta de outros povos. As lideranças representativas das associações de base e de categoria,juntamente com moradores das comunidades, jovens, lideranças comunitárias e mulheres, dividiram-se em grupos de trabalho para refletir e indicar suas formas de organização e representatividade e suas maneiras de tomada de decisão. Os grupos foram divididos por calhas de rio e microrregiões seguindo a divisão territorial correspondente a cada coordenadoria. Em algumas regiões houve também divisão de grupos por categoria de jovens e mulheres, ou de povo, para considerar algumas especificidades, como foi o caso dos Hupd'äh (Diawii e Coidi) e Yanomami (Caimbrn). Cada grupo tinha como objetivo responder a questões orientadoras, a serem complementadas com assuntos de interesse da região. As perguntas norteadoras contemplavam o conteúdo básico de um protocolo de consulta. São elas: i) Sobre o que devemos ser consultados?; ii) Quando devemos ser consultados?; iii) Quem deve ser consultado?; iv) Como queremos ser consultados e quais as etapas do processo de consulta?; e v) Como nós tomamos as nossas decisões?

Após a reflexão e o debate, cada grupo apresentou suas propostas, as quais foram reunidas em um documento inicial, para, em seguida, serem debatidas em plenária visando consolidação em um documento final. Nesse momento, a proposta de cada grupo foi contemplada e buscou-se o consenso acerca das divergências em relação aos processos de tomada de decisão, às etapas do processo de consulta, entre outros temas. O processo de elaboração do protocolo de consulta mostrou-se uma ferramenta valiosa tanto para o fortalecimento da governança interna, ao permitir a discussão, pactuação e construção de acordos sobre quem os representa, como para a definição do papel do movimento indígena dentro do processo de consulta (associações, coordenadorias e Foirn), além de evitar futuras situações de tensão, conflito e tentativas de divisão da comunidade diante de um novo empreendimento ou projeto do Estado. Nesse sentido, é que os "os protocolos de consulta elaborados, discutidos e pactuados de forma autônoma por cada comunidade ou povo são instrumentos que explicitam a governança interna de cada um deles, inclusive suas instituições representativas, materializando e traduzindo em regras concretas os princípios orientadores do direito de consulta".[14]

Somente no ano de 2022, cerca de mil pessoas (média de 200 lideranças por assembleia regional) estiveram debatendo e discutindo sobre a sua governança interna e elaborando os seus protocolos autônomos de consulta.A Assembleia Geral da Foirn pretende consolidar ainda em 2022 a última etapa de elaboração do protocolo de consulta geral dos povos indígenas do Rio Negro. E que, assim como em suas etapas regionais, traga ampla participação e importantes discussões que fortaleçam a governança indígena e o direito à consulta prévia. *(outubro, 2022)*

NOTAS

[1] YRIGOYEN FAJARDO, R. Hitos del reconocimiento del pluralismo jurídico y el derecho indígena en las politicas indigenistas y el constitucionalismo andino. In: BERRAONDO, M. (org). *Pueblos indígenas y derechos humanos*. Bilbao: Universidad de Deusto, 2006. p. 537-567.

[2] YRIGOYEN FAJARDO, R. ¿Cuáles son los ciclos históricos de invasión de los territorios indígenas? Revista Alertanet, Lima, v. 1, n. 1, p. 25-33, 2016. Disponível em: https://issuu.com/iids/docs/revista__alertanet__2016 Acesso em: 3 out. 2022.

3 BRASIL. *Decreto-Lei nº 5.051, de 5 de abril de 2004*. Promulga a Convenção nº 169 da Organização Internacional do Trabalho - OIT sobre Povos Indígenas e Tribais. Brasília: Presidência da República, 20 abr. 2004. Disponível em: http://www.planalto.gov.br/ccivil_03/_ato2004-2006/2004/decreto/d5051.htm Acesso em: 3 out. 2022.

[4] GOMES. E. B. *Sombras, brechas e gritos*: vozes silenciadas, consulta prévia e re-existência nas margens do rio Tapajós. Dissertação (Mestrado em Direitos Humanos e Cidadania) – Universidade de Brasília, Brasília, 2018

[5 e 6] SILVA, L. A. L. Sujeitos da Convenção n. 169 da Organização Internacional do Trabalho (OIT) e o direito à consulta e ao consentimento prévio, livre e informado (CCPLI). In: GLASS, V. *Protocolos de consulta prévia e o direito à livre determinação*. São Paulo: Fundação Rosa de Luxemburgo; CEPEDIS, 2019. p. 47-107.

[7] SOUZA FILHO, C. F. M. A força vinculante do protocolo de consulta. In: GLASS, V. *Protocolos de consulta prévia e o direito à livre determinação*. São Paulo: Fundação Rosa de Luxemburgo; CEPEDIS, 2019. p. 19-45.

[8] OLIVEIRA, A. C.; BELTRÃO, J. F.; VIEIRA, R. C. C. Constituição do Pará, povos indígenas e protocolos de consulta. *In*: VELOSO, Z. *et al. 30 anos da Constituição do Estado do Pará*: histórico, análise e perspectiva. Rio de Janeiro: Lumen Juris, 2020. E-book.

[9] OBSERVATÓRIO DE PROTOCOLOS AUTÔNOMOS. Curitiba: PUC-PR, 2022. Disponível em: https://observatorio.direitosocioambiental.org/Acesso em: 3 out. 2022.

[10 e 11] YAMADA, E. M.; GRUPIONI, L. D. B.; GARZÓN, B. R. Protocolos autônomos de consulta e consentimento: guia de orientações. São Paulo: RCA, 2019.

[12] FOIRN – FEDERAÇÃO DAS ORGANIZAÇÕES INDÍGENAS DO RIO NEGRO. *Carta Pública do I Seminário do Protocolo de Consulta dos Povos Indígenas do Rio Negro*. São Gabriel da Cachoeira: Foirn, 2019. Disponível em: https://site-antigo.socioambiental.org/sites/blog.socioambiental.org/files/blog/pdfs/foirn_-_carta_publica_do_seminario_de_protocolo_de_consulta.doc_.pdf Acesso em: 3 out. 2022.

[13] São elas: Coordenadoria das Associações Indígenas do Médio e Baixo Rio Negro (Caimbrn), Coordenadoria das Associações Indígenas do Alto Rio Negro e Xié (Caiarnx), Coordenadoria das Organizações Indígenas do Distrito de Iauaretê (Coidi), Coordenadoria das Organizações Indígenas do Tiquié, Uaupés e Afluentes (Diawi'i) e Organização Baniwa e Koripako Nadzoeri.

[14] YAMADA, E. M.; GRUPIONI, L. D. B.; GARZÓN, B. R. Protocolos autônomos de consulta e consentimento: guia de orientações. São Paulo: RCA, 2019.

MINERAÇÃO

Requerimentos de Lavra Garimpeira Loteiam Até o Rio Negro

Márcio Santilli | Assessor político, ISA
Marivelton Barroso | Liderança baré, presidente da Foirn
Renata Aparecida Alves | Ecóloga, ISA
Renata Carolina Corrêa Vieira | Assessora jurídica, ISA

A REGIÃO DO NOROESTE AMAZÔNICO SEMPRE FOI ALVO DE COBIÇA DE INTERESSES DE GRUPOS ECONÔMICOS VOLTADOS À EXTRAÇÃO MINERÁRIA, SOBRETUDO, A EXTRAÇÃO DO OURO. ATUALMENTE, A REGIÃO SOFRE UMA INTENSIFICAÇÃO DE GRUPOS DE GARIMPEIROS QUE ATUAM ILEGALMENTE E AMEAÇAM O MODO DE VIDA DAS COMUNIDADES INDÍGENAS E A INTEGRIDADE DO RIO NEGRO

Em abril de 1998 foram homologadas cinco Terras Indígenas (TIs) contínuas no Rio Negro (TI Alto Rio Negro, Médio Rio Negro I, Médio Rio Negro II, Téa e Apáporis), após longos anos de batalhas jurídicas e políticas, contemplando a reivindicação dos 23 povos que habitam a região há pelo menos três mil anos. Naquela época, os indígenas conseguiram derrubar um veto do Conselho de Defesa Nacional que recaía contra a demarcação das Terras Indígenas. Passados quase 30 anos da demarcação das Terras Indígenas, o Rio Negro volta a estar na mira do Gabinete de Segurança Institucional (GSI). O ministro do GSI, general Augusto Heleno, que também é secretário-executivo do Conselho de Defesa Nacional (CDN), concedeu anuência prévia para pelo menos sete requerimentos de pesquisa minerária de ouro, nióbio e tântalo, entre abril a dezembro de 2021, no leito do Rio Negro.[1]

Desde que a Constituição Federal foi promulgada, o antigo Departamento Nacional de Produção Mineral (DNPM), substituído pela Agência Nacional de Mineração (ANM), passou a processar os requerimentos minerários determinando o sobrestamento dos pedidos de pesquisa ou lavra garimpeira até que a matéria passe a ser regulamentada nos termos da Constituição Federal. Isto porque, segundo o Código de Mineração, a pessoa jurídica ou física que possui a autorização de pesquisa possui preferência para a concessão posterior da lavra. A prática adotada pela ANM carece de previsão legal, tendo em vista que a matéria é tratada a nível constitucional, sendo a lavra garimpeira proibida em Terra Indígena. Além disso, a Constituição Federal remete à criação de uma lei, que até hoje não foi feita, para regulamentar a atividade de mineração dentro de Terra Indígena, que somente pode se dar mediante prévia autorização do Congresso Nacional e com oitiva das comunidades afetadas.

Uma decisão liminar da Justiça Federal do Amazonas de junho de 2019 determinou o indeferimento de todos os requerimentos minerários incidentes sobre Terras Indígenas no estado do Amazonas por meio de um pedido feito pelo Ministério Público Federal em Ação Civil Pública.[2] Em julho de 2021, a sentença de primeira instância confirmou a liminar concedida, determinando o indeferimento de plano de qualquer requerimento minerário que tenha sobreposição à Terra Indígena. A decisão e a ação do Ministério Público Federal (MPF) é louvável, e mais de três mil requerimentos minerários caíram diante da decisão judicial. Segundo o MPF, verificou-se no Amazonas que as Terras Indígenas mais afetadas são a TI Alto Rio Negro, com requerimentos incidentes sobre área superior a 174 mil hectares, e a TI Médio Rio Negro I, com requerimentos incidentes em área superior a cem mil hectares, sobretudo de ouro e tantalita.

© JULIANA RADLER/ISA, 2017

Professores indígenas da Ufam protestam contra a mineração em audiência pública em São Gabriel da Cachoeira.

Em que pese a decisão judicial determinando o cancelamento dos requerimentos minerários incidentes sobre terras indígenas, o leito do Rio Negro, na porção média entre Santa Isabel e São Gabriel (que banha as TIs Médio Rio Negro I, Médio Rio Negro II e Rio Téa), ficou de fora. Vale dizer, ficou sem a proteção constitucional que lhe é devida. No processo de demarcação, o canal navegável do Rio Negro fora excluído sumariamente da área a ser demarcada. Muito embora o laudo antropológico, realizado pelos antropólogos Márcio Meira, Ana Gita e Jorge Pozzobon,[3] tenha considerado as TIs Médio Rio Negro I, Médio Rio Negro II e Rio Téa como uma grande área contígua incluindo o curso do Rio Negro, o processo de demarcação retornou do gabinete do ministro Nelson Jobim, então ministro da Justiça, para a homologação com a exclusão do leito navegável do rio. É compreensível que um rio de águas internacionais e de grande porte, como o Rio Negro, fosse palco de disputa de muitos interesses, sobretudo da Marinha, que teria de pedir autorização aos indígenas sempre que fosse necessário navegar o rio.

O fato é que o ato de exclusão do Rio Negro da área demarcada realizado há trinta anos tem gerado consequências atuais, uma vez que tanto a ANM quanto o CDN se sentem autorizados a processar e deferir requerimentos de pesquisa e lavra de minérios no rio que banha pelo menos quatro importantes TIs do Rio Negro. Some-se ao fato que não existem apenas sete requerimentos minerários incidentes no curso do Rio Negro, são pelo menos 77 requerimentos minerários no curso do rio entre as TIs Médio Rio Negro I, Médio Rio Negro II, Rio Téa e Jurubaxi-Téa.[4] Este número aumenta se considerarmos toda a extensão do Rio Negro até Barcelos e Manaus.

Dentre os requerimentos minerários, alguns incidem sobre as ilhas que pertencem à TI Médio Rio Negro I, conforme decreto de homologação. E outros são limítrofes às comunidades de Maçarabi, Maniarí, Ilha de Cutia, Carixino, Plano, Aruti, Arauacá, Nova Esperança, Vila Nova, São José, Ilha do Pinto e Bacabal, as quais foram tomadas por garimpeiros na década de 1990. São cerca de 61 comunidades indígenas, abrangendo o total de 3.800 pessoas,[5] sem considerar todas as demais comunidades que seriam afetadas situadas às margens dos afluentes do Rio Negro, desde o Alto e Médio Rio Negro, cujo impacto da mineração afetaria cerca de 45 mil indígenas.

CONSELHO DE DEFESA NACIONAL AUTORIZA LAVRA, MAS RECUA DIANTE DAS REAÇÕES

A publicação da matéria da *Folha de S. Paulo*, em dezembro de 2021,[6] denunciando os assentimentos prévios pelo CDN gerou uma grande repercussão nacional. Os partidos políticos pulverizaram reações contra o ato do CDN, com ações no Supremo Tribunal Federal e representações ao MPF. Alguns dias depois, o general Heleno voltou atrás e revogou o ato publicado no Diário Oficial da União que concedia as anuências prévias, em 27/12/2021. Frise-se que o assentimento prévio do CDN ainda não é o ato que concede alvará para pesquisa ou lavra minerária, trata-se de procedimento previsto em lei quando se refere a pedidos que se inserem dentro da faixa de fronteira. A ANM é obrigada a enviar os autos do processo para o CDN dar o aval ou não. Depois, o processo retorna para a ANM, que irá processar e analisar o pleito.

Em dezembro de 2021, os requerimentos minerários foram também contestados por uma ação popular[7] ajuizada pelos parlamentares Elias Vaz de Andrade (PSB-GO) e Jorge Kajuru Reis da Costa Nasser (Podemos-GO) na Justiça Federal do Amazonas, tendo como pedido que sejam cassados todos os assentimentos prévios concedidos, bem como sejam sumariamente indeferidos todos os processos que vierem a ser protocolizados no futuro que incidam sobre leitos de rio que atravessam Terras Indígenas.

Em julho de 2022, os diretores da Federação das Organizações Indígenas do Rio Negro, como legítimos representantes dos 23 povos do Rio Negro, ingressaram com pedido de litisconsorte ativo na ação, ampliando o pedido inicial para o indeferimento dos 77 requerimentos minerários ativos e que estão entrepostos a todas as TIs do Médio Rio Negro, sob o fundamento de que o Rio Negro deve gozar do mesmo tratamento constitucional que as TIs.

LEITO DO RIO NEGRO ENTRE TIS ESTÁ PROTEGIDO PELA CONSTITUIÇÃO

Requerem os indígenas, nos autos da ação popular, que o Rio Negro receba tratamento constitucional do artigo 231, ou seja, que seja considerado como território tradicionalmente ocupado, uma vez que habitam a região há pelo menos três mil anos. O fundamento do pedido é que o rio constitui elemento vital e indissociável para a cultura, modo de vida e reprodução social dos povos indígenas do Rio Negro.

Conforme elucida o art. 231, § 1º e § 2º, a Constituição Federal reconheceu o direito originário aos indígenas das terras que tradicionalmente ocupam, devendo a União proteger e fazer respeitar seus bens. Nesse sentido, o artigo primeiro definiu o conceito de terra tradicionalmente ocupada como sendo aquela habitada pelos indígenas em caráter permanente e que é utilizada para as suas atividades produtivas, bem como imprescindíveis à preservação dos recursos naturais, a seu bem-estar e necessárias a sua reprodução física e cultural, segundo seus usos, costumes e tradições. Além disso, a Constituição Federal conferiu especial proteção às terras tradicionais, reconhecendo o usufruto exclusivo das riquezas do solo, dos rios e lagos nela existentes.

O próprio laudo antropólogico que foi fundamento da demarcação das Terras Indígenas (TI Médio Rio Negro I, Médio Rio Negro II e Rio Téa) atestou que os povos indígenas habitam as calhas do Rio Negro há cerca de três mil anos, concluindo que o rio é fundamental para a sua reprodução física e cultural e utilizado segundo seus usos, costumes e tradições, para a pesca, alimentação, consumo da água e demais práticas culturais relacionadas a sua cosmovisão.

Uma vez reconhecida a proteção constitucional do artigo 231 ao leito do Rio Negro, ou seja, de que o Rio Negro consiste em terra tradicionalmente ocupada pelos povos indígenas, deve-se também estender o preceito acerca da exploração mineral em Terra Indígena, previstos no art, 176, §1º, e art. 231, §7º, da Constituição Federal.

Segundo as lideranças que foram a juízo, deve ser aplicado o regime constitucional do art. 231 ao leito do Rio Negro que compreende as TIs Médio Rio Negro I, Médio Rio Negro II, Rio Téa e Jurubaxi-Téa, para fins de proteção especial desta área essencial à sobrevivência dos povos indígenas que a habitam. Frise-se que o reconhecimento da proteção constitucional do rio como terra tradicionalmente ocupada não o descaracteriza como um rio navegável, tendo em vista a possibilidade de um regime de dupla afetação das TIs, que permitirá, excepcionalmente, que o rio conte com a proteção constitucional do art. 231, mas possibilitará que continue sendo um rio navegável, tal qual acontece nos dias atuais.

GARIMPO PREDATÓRIO AMEAÇA RIO NEGRO

A região do noroeste amazônico sempre foi alvo de cobiça de interesses de grupos econômicos voltados à extração minerária, sobretudo, a extração do ouro. A demarcação das TIs no final dos anos 1990 conseguiu frear as forças hegemônicas que dominavam a região. Resquícios da época da mineradora Paranapanema permaneceram na região, principalmente na Serra do Traíra e do Alto Rio Içana (Alto Rio Negro). No entanto, nos últimos dois anos, sobretudo no ano de 2021 e 2022, verificou-se um recrudescimento das atividades de garimpo ilegal na região do Médio Rio Negro, sobretudo no Rio Cauburis, Rio Téa, Rio Curicuriari, Uneuixi, entre outros.

O laudo antropológico realizado em 1994 chega a demonstrar que existiam mais de 300 dragas de garimpo no Rio Negro e seus afluentes antes da demarcação, constatando a presença de cerca de três mil homens trabalhando no garimpo no leito do Rio Negro e seus afluentes, no ano de 1993. O estágio atual de sucateamento das instituições de fiscalização – Ibama, Funai e Polícia Federal – tem possibilitado a invasão e a permanência desses grupos de garimpeiros, que voltam a habitar a mesma região. Os discursos do atual presidente da República sobre a liberação do garimpo dentro de TIs e a impunidade das práticas ilegais do garimpo, sem dúvida, servem de estímulo para os garimpeiros atuarem ilegalmente dentro das TIs, pois sabem que não haverá repressão por parte do Estado, que, muito pelo contrário, tem incentivado a atuação ilegal desses grupos.

Some-se a isso, o fato de que a própria ANM tem processado os requerimentos minerários ativos no leito do Rio Negro, sob o fundamento de que não incidem sobre TIs, desconsiderando a territorialidade ancestral dos povos indígenas que vivem nas TIs limítrofes ao rio. Ainda, para corroborar e legitimar a atuação dos garimpeiros na região, revelam-se verdadeiro estímulo à atuação ilícita, as últimas anuências dadas aos requerimentos minerários na região concedidas pelo presidente do CDN, que foram amplamente divulgadas na imprensa e tiveram grande repercussão nacional. Trata-se da mesma política obscurantista da Ditadura Militar, que imperou na década de 1970 e 1980, que tinha e tem como objetivo integrar os indígenas à sociedade nacional, lotear a Amazônia para empresas de mineração e estimular o garimpo ilegal dentro de TIs.

Em 2021, foram muitas as denúncias de comunidades que chegaram até a Foirn e que foram encaminhadas aos órgãos de fiscalização, inclusive ao MPF. Operações recentes realizadas pelo Exército Brasileiro, pelo Ibama e pela Funai comprovam que o cenário de garimpo ilegal volta a ser uma triste realidade na região. O garimpo ilegal traz, além da degradação ambiental, impactos sociais expressivos à região. Casos de estupros, brigas e assassinatos voltaram a fazer parte do cotidiano dos moradores do Médio Rio Negro, que se encontram ameaçados também pelo aumento da atuação de narcotraficantes.

Não é coincidência que a região que está tomada por requerimentos minerários ativos na ANM já vem sendo alvo de grupos de garimpeiros que atuam ilegalmente e ameaçam o modo de vida das comunidades indígenas. As mesmas comunidades que eram palco de um cenário tenebroso na década de 1990, hoje voltam a viver esta assombrosa realidade, como por exemplo a comunidade de Massarabi, Bacabal, entre outras. Não é demais dizer que esta realidade tem como lastro fático os requerimentos minerários deferidos pela ANM, assim como assentimentos prévios do CDN, que geram a expectativa de regularização de atividades ilegais. Está nas mãos do Judiciário a resposta sobre os requerimentos minerários e o futuro do leito do Rio Negro. A mobilização indígena continua na defesa de seu território diante das novas e velhas ameaças. *(setembro, 2022)*

NOTAS

[1] SASSINE, V. General Heleno autoriza avanço de garimpo em áreas preservadas da Amazônia. *Folha de S. Paulo*, São Paulo, 5 dez. 2021. Disponível: https://folha.com/eqa2rwlh Acesso em: 16 set. 2022.

[2] ACP nº 1000580-84.2019.4.01.3200 SJAM.

[3] OLIVEIRA, A. G.; POZZOBON, J.; MEIRA, M. Relatório antropológico. Área Indígena Médio Rio Negro, Área Indígena Rio Apapóris, Área Indígena Rio Téa. Brasília: Funai, 1994.

[4] Dados sistematizados em maio de 2021.

[5] FOIRN – FEDERAÇÃO DAS ORGANIZAÇÕES INDÍGENAS DO RIO NEGRO. *PGTA Wasu*: Plano de gestão indígena do alto e médio Rio Negro. São Gabriel da Cachoeira: Foirn, 2021.

[6] Para saber mais: https://folha.com/eqa2rwlh

[7] Ação Popular nº 1032399-68.2021.4.01.3200.

A Base da Foirn: Associações Indígenas e seus Atuais Desafios

Renata Carolina Corrêa Vieira | Advogada, ISA
Renato Martelli Soares | Antropólogo, ISA

O ASSOCIATIVISMO ANDA JUNTO AO MOVIMENTO INDÍGENA E DESDE A CONSTITUINTE TEM SIDO A PRINCIPAL ALTERNATIVA PARA COLETIVOS QUE DESEJAM SE ORGANIZAR INSTITUCIONALMENTE. A ESTRUTURA JURÍDICA DO TIPO ASSOCIAÇÃO CIVIL É ATUALMENTE UMA DAS PRINCIPAIS FORMAS ORGANIZATIVAS UTILIZADAS PELOS POVOS INDÍGENAS PARA BUSCAR DIÁLOGOS COM ORGANIZAÇÕES PÚBLICAS OU PRIVADAS

AS ASSOCIAÇÕES NO MÉDIO E ALTO RIO NEGRO

No Médio e Alto Rio Negro, há registros de associações indígenas desde o final da década de 1970 e, ao passar dos anos, estas se tornaram referências da governança indígena e sua luta pela efetivação dos direitos coletivos dos povos indígenas, principalmente os relacionados ao território, à organização social, à cultura e à economia. De forma simplificada, uma associação indígena é um agrupamento ou coletivo de pessoas organizado com uma finalidade comum, que se estabelece numa intersecção entre a forma jurídica e as práticas políticas de apropriação pelos grupos indígenas da região.

Hoje no Rio Negro há 91 associações de base filiadas à Federação das Organizações Indígenas do Rio Negro (Foirn), uma das mais atuantes associações indígenas no Brasil. Na trajetória da Foirn, vemos por suas atas de assembleia geral que em 1992 havia 16 associações filiadas, número que em 1995 passou para 23. Já em 2000, havia 46 associações filiadas, metade do que se tem hoje. Importante considerar que esse número é um recorte na região e varia, para mais e para menos, uma vez que no movimento indígena associações surgem, são substituídas, juntam-se, separam-se, têm momentos de maior e menor atividade e assim se reinventam constantemente.

Com uma ampla área de abrangência de mais de 13 milhões de hectares de Terras Indígenas, a Foirn é uma associação indígena organizada em uma estrutura representativa alicerçada por comunidades, associações e coordenadorias regionais. Ou seja, estrutura pela qual um coletivo determina lideranças, que são responsáveis por mobilizar as pessoas, articular reivindicações, executar propostas, monitorar políticas indigenistas e apreender desafios e ameaças relacionando diferentes atores. Organizada por eleições e tempos de mandato, a representação das associações é referendada mais comumente por eleições, mas também por indicações coletivas via consenso. As instâncias básicas de governança destas associações são: a assembleia, órgão máximo deliberativo; o conselho, que fiscaliza, analisa, planeja e propõe formas de trabalhar; e a diretoria-executiva, que está à frente no dia a dia da associação e é responsável por elaborar e gerir projetos e propostas da associação, representá-la diante de instituições, buscar parcerias, elaborar relatórios e prestações de contas. Esta última é usualmente organizada em: presidente, vice-presidente, secretário(a) e tesoureira(o).

No Rio Negro, dentre as conquistas das associações estão: a demarcação de nove terras indígenas; a implementação de um sistema de saúde diferenciado para os povos indígenas; a educação escolar indígena, com metodologias e conteúdos próprios, desde escolas comunitárias até parcerias com universidades; a rede de radiofonia, que segue sendo o principal meio de comunicação da maior parte das comunidades; o aumento considerável nos últimos anos dos pontos de acesso à internet, que já são mais de 50 nas comunidades; a execução de projetos-piloto de valorização cultural e produção indígena; a patrimonialização da Cachoeira das Onças, em Iauaretê, e do Sistema Agrícola do Rio Negro; a co-oficialização das línguas indígenas Nheengatu, Tukano e Baniwa em São Gabriel da Cachoeira; a elaboração de 10 planos de gestão ambiental e territorial das Terras Indígenas (PGTAs);[1] e o Fundo Indígena do Rio Negro. De acordo com o levantamento socioambiental para os PGTAs, realizado em 2017, das 300 comunidades visitadas, 247 participam de associações ligadas à Foirn, ou seja, 82% das comunidades. Quase um terço das comunidades entrevistadas participaram de alguma iniciativa nos dois anos anteriores ao levantamento. Foram registradas 19 parcerias institucionais nestas iniciativas. Isto aponta que as associações indígenas são figuras atuantes na região, o que não as isenta de dificuldades e problemas como falta de recursos para atuação, falta de disponibilidade da diretoria e pendências institucionais.

Em um esforço conjunto da Foirn e do ISA, nos últimos cinco anos. as associações de base da Foirn têm realizado atividades voltadas ao seu fortalecimento institucional que resultaram na sistematização de informações, atualização de documentos, mobilização política e execução de projetos. A reivindicação das comunidades por ações locais, o alto número de associações de base filiadas, as exigências e possibilidades trazidas pelo Marco Regulatório das Organizações da Sociedade Civil de 2014 (Lei nº 13.019)[2] e o reconhecimento das associações como figura chave na governança do território indígena pelos PGTAs foram alguns dos fatores que fortaleceram as ações e os projetos voltados para o fortalecimento das associações indígenas.

Um eixo de trabalho diretamente relacionado a esse fortalecimento foi a assessoria jurídica em São Gabriel da Cachoeira, que desde 2019 trabalha com diversas demandas das associações, tais como a revisão de estatutos e etapas para a regularização das associações, bem como na mediação entre as reivindicações das associações em diferentes campos: saúde, educação, gênero, proteção territorial e órgãos do Poder Público. Assim, foram atualizados dados sobre as associações de base da Foirn, estatuto e Cadastro Nacional de Pessoa Jurídica (CNPJ), os projetos realizados e outras informações. Em 2020, a Foirn criou a Secretaria Administrativa, setor que é diretamente responsável por acompanhar e ser a referência para as associações de base. Foram realizadas oficinas com as associações mais atuantes em cada sub-região e com lideranças das cinco coordenadorias regionais, que são pivôs entre a diretoria da Foirn e as associações de base. Nestas oficinas foram tratados o histórico dos direitos e do movimento indígena, a legislação atual sobre associações, as estruturas básicas de projeto e as ferramentas de gestão. Simultaneamente, em cada oficina acontecia um mutirão de regularização e organização de documentos institucionais.

Foi nesse contexto que o Fundo Indígena do Rio Negro logrou uma ampla participação das associações em seu primeiro edital, que está em execução, com 15 projetos aprovados por 20 associações comunitárias. Este fortalecimento da base da Foirn foi responsável também por um aumento no número de projetos, ampliando e fortalecendo parcerias que têm como objetivo atuar pelo bem viver em territórios indígenas.

© ANA AMÉLIA HAMDAN/ISA, 2022

André Baniwa (à dir.), liderança indígena e autor do livro 25 anos de gestão e de associativismo da OIBI para o bem viver Baniwa e Koripako *(2018), participou I Encontro Geral de Produtores Indígenas do Rio Negro e Intercâmbio de Cadeia de Valores da RCA, realizado na Maloca Casa do Saber, da Foirn, em São Gabriel da Cachoeira, em outubro de 2022.*

Como próximos objetivos, o trabalho com as associações de base da Foirn busca dar continuidade na regularização de associações, na formação e complementação técnica entre equipes da Foirn e do ISA, no fortalecimento do Fundo Indígena do Rio Negro como instância de formação, estruturando rotinas de acompanhamento das associações indígenas. Quanto à sistematização de informações das associações, a meta é desenvolver um sistema que relacione dados das associações aos bancos de dados do ISA e da Foirn com uma interface apropriada para a região.

DESAFIOS DAS ASSOCIAÇÕES DO RIO NEGRO

As dificuldades para manter uma associação regularizada e ativa são de várias ordens. De um lado, a estrutura de governança do movimento indígena do Rio Negro com sua multiplicidade étnica, a transição geracional da diretoria eleita, as relações interétnicas, bem como o desafio de conciliar as atividades políticas, o controle social e a gestão de projetos. Por outro lado, os desafios para atender a uma série de burocracias exigidas na lei para manter uma associação regularizada e funcionando ativamente no mercado de projetos são de dimensões abissais e acabam colocando as associações indígenas num emaranhado de obrigações e infindáveis trâmites.

Isso porque a lógica que impera nos códigos e legislações que regulam a atividade de uma associação, basicamente, o Código Civil[3] e o Marco Regulatório das Organizações da Sociedade Civil, reproduzem o conceito da propriedade privada como fonte principal das regras. Não há uma abertura na legislação a outros possíveis direitos, como direitos coletivos, ou sujeitos, como os sujeitos coletivos de direito,[4] cuja lógica subverte a da propriedade privada. Tampouco outras formas de organização social são pensadas senão as que classicamente figuram nos estatutos das associações, como presidente, vice-presidente, secretário (a), tesoureiro (a) e conselho fiscal. O descompasso entre a lei e os povos indígenas evidencia uma reprodução colonial do direito moderno que acaba reproduzindo padrões sociais de poder hegemônicos. Assim encontramos nas associações indígenas representantes eleitos, lideranças tradicionais, arranjos normativos e contextos orientados por diversas formas de organização social indígena.

Para além dos aspectos jurídicos, do conhecimento da legislação vigente, da elaboração e revisão de documentos institucionais, que exigem conhecimentos técnicos, as exigências no campo das ciências contábeis podem tornar o dia a dia de uma associação árduo e dificultoso, além de caro financeiramente. Com isso, é comum o elevado número de inadimplência das associações indígenas no campo fiscal e contábil. Se uma associação decidir se inscrever no Cadastro Nacional de Pessoas Jurídicas (CNPJ) e abrir uma conta corrente – o que geralmente é exigido para o acesso ao mercado de projetos –, a complexidade da gestão das contas das associações vai para outro patamar, uma vez que se inicia uma série de obrigações tributárias e acessórias, como a emissão de declarações com periodicidade anual e mensal: declaração de imposto de renda da pessoa jurídica (IRPJ), declaração de débitos e créditos tributários federais (DCTF), escrituração fiscal digital de contribuições (relacionadas ao recolhimento de PIS/Pasep), escrituração contábil digital (ECD), declaração de imposto de renda retido na fonte (Dirf), entre outras exigências (art. 33, IV, da Lei nº 13.019, de 2014). Some-se ao fato que tais declarações agora passam a ser transmitidas via internet por programas e *softwares* específicos dos sítios eletrônicos do governo, o que demanda que a associação possua um certificado digital correspondente ao seu CNPJ, – que além de ter prazo de validade é um instrumento caro e de difícil acesso –, sobretudo em São Gabriel da Cachoeira. Ainda, o acesso a uma internet de boa qualidade representa outra limitação, sobretudo para as associações baseadas nas comunidades mais remotas.

Transições entre as diretorias também têm sido um desafio enfrentado pelas associações do Rio Negro. A experiência de uma diretoria atual sobre o funcionamento de uma associação – seja em relação aos seus aspectos jurídico-contábil e financeiro, seja em relação à execução e gestão de projetos – muitas vezes é perdida ou interrompida com a eleição e posse de uma nova diretoria. Ainda, é comum que a diretoria de uma associação seja composta por pessoas com trajetórias que envolvem atividades do dia a dia e rotina da associação. A previsão de pagamento como ajuda de custo para cargos da diretoria busca amenizar isso, mas depende muito de acordos prévios, do porte da associação e da movimentação financeira.

Manejar a representação política, demandas e reivindicações para instâncias do poder público e realizar atividades de gestão de projetos são complexas exigências. No artigo "Associações indígenas e desenvolvimento sustentável na amazônia brasileira",[5] Bruce Albert alertava sobre a tergiversação entre as associações da década de 1980 – mais informais e com atuação mais política, voltadas essencialmente a reivindicações territoriais, culturais e assistenciais – para as associações que emergiram na década de 2000, marcadas por uma institucionalização burocrática, voltadas muito mais às funções de serviço, geração de renda e social, cujo principal interlocutor passa a ser não mais o Estado, mas agências de fomento nacional e internacional. Nos últimos anos, o movimento indígena tem assumindo diversos papéis, como a condução de projetos-piloto nas áreas de educação e saúde, que são funções do Estado, a reivindicação de direitos e o monitoramento da atuação de instituições. Equacionar essas funções exige formações, habilidades, qualificações e tempos diferentes, configurando um forte desafio e, ao mesmo tempo, uma potencialidade do movimento indígena do Rio Negro.

Mais recentemente, um dos desafios para as associações de base do Rio Negro tem sido a demanda pela mediação e solução de conflitos internos dentro das Terras Indígenas, seja de uma ou entre algumas comunidades. Há desavenças em relação a áreas de manejo de pesca, sobre descarte de lixo bem como falta de respeito aos limites territoriais para caça, pesca e extração de recursos entre as comunidades. A sucessão de áreas para roças e terrenos para construir casas em razão da migração entre as comunidades também tem sido fator de conflitos, além da ocorrência de crimes mais graves como lesões corporais, homicídios, violências sexuais, geralmente ocasionados pelo consumo excessivo de bebida alcoólica. Neste cenário, as associações têm sido demandadas para mobilizar e encontrar mecanismos internos de soluções de conflitos, a exemplo dos "acordos de convivência", que vêm sendo realizados em regiões pertencentes às coordenadorias da Foirn. É o caso da região da Coordenadoria Regional do Tiquié, Uaupés e Afluentes (Diawi'i), em que foi celebrado um acordo de convivência intercomunitário para a região do Baixo Uaupés e Tiquié, e na região da Coordenadoria das Associações Indígenas do Alto Rio Negro e Xié (Caiarnx), onde vem sendo construído um acordo de convivência entre as associações que atuam na região de Cucuí (Terra Indígena Cué Cué Marabitanas) e na Terra Indígena Balaio.

Se, por um lado, as dificuldades para implementação dos acordos de convivência ainda são muitas, por outro, seu processo de construção e elaboração, por meio de oficinas e assembleias, com apoio do ISA e da Foirn, tem sido importante como espaço de discussão, aprofundamento, reflexão e articulação entre as comunidades, que se encontram para discutir e refletir sobre as causas e buscar soluções para os conflitos. Assim, o movimento da governança indígena no Rio Negro nos próximos anos deverá enfrentar desafios para agregar cada vez mais elementos distintos. *(setembro, 2022)*

NOTAS

[1] Disponível em: https://pgtas.foirn.org.br. Para mais sobre as associações e a Foirn ver "Governança e movimento indígena", em: FOIRN – FEDERAÇÃO DAS ORGANIZAÇÕES INDÍGENAS DO RIO NEGRO. *PGTA Wasu*: Plano de gestão indígena do alto e médio Rio Negro. São Gabriel da Cachoeira: Foirn, 2021..

[2] Lei nº 13.019, de 31 de julho de 2014, que estabelece o regime jurídico das parcerias entre a administração pública e as organizações da sociedade civil. Disponível em: http://www.planalto.gov.br/ccivil_03/_ato2011-2014/2014/lei/l13019.htm

[3] Lei nº 10.406, de 10 de janeiro de 2002, que institui o Código Civil. Disponível em: http://www.planalto.gov.br/ccivil_03/leis/2002/l10406compilada.htm

[4] SOUSA JUNIOR, J. G. Movimentos sociais: a emergência de novos sujeitos – O sujeito coletivo de direitos. *In*: CONFERÊNCIA NACIONAL DA OAB, 13., 23 a 27 set. 1990, Belo Horizonte. *Anais* [...] Brasília: OAB, 1990.

[5] ALBERT, B. Associações indígenas e desenvolvimento sustentável na Amazônia Brasileira. *In*: RICARDO, C. A. *Povos Indígenas do Brasil*: 1996-2000. São Paulo: Instituto Socioambiental, 2000.

Os Dâw e seus Caminhos para o Bem Viver

João Vitor Fontanelli Santos | Antropólogo, USP
Karolin Obert | Linguista, Lunds Universitet

NOS ÚLTIMOS ANOS, OS DÂW TÊM FIRMADO ACORDOS COM DIFERENTES ATORES SOCIAIS PARA O ACESSO A POLÍTICAS PÚBLICAS QUE VISAM INCIDIR POSITIVAMENTE SOBRE O DESENVOLVIMENTO COMUNITÁRIO E SUAS ESTRATÉGIAS POR VISIBILIDADE, PARTICIPAÇÃO E PROTAGONISMO

O povo indígena Dâw, pertencente à família linguística Naduhup, é composto por cerca de 150 pessoas que vivem entre as margens e interfluvios do Médio Rio Negro e seus afluentes, entre eles o Curicuriari, e que habitam atualmente uma única comunidade, Waruá, localizada próximo à cidade de São Gabriel da Cachoeira/AM. Desde o século XVIII, quando teriam ocorrido os primeiros contatos com a população não indígena, sua população foi sendo reduzida drasticamente por epidemias e violências, especialmente durante o tempo dos patrões, bastante presente nas memórias de pessoas mais velhas e adultas do coletivo, e que remonta à primeira metade do século XX. O engajamento com os patrões culminou em um alto índice de mortalidade infantil e de adultos entre os Dâw. Em 1984, sua população contabilizava apenas 56 indivíduos.

Os anciões dâw localizam suas origens no Igarapé *Wiç*, provavelmente um braço do Rio Marié, na região do Médio Rio Negro. Os relatos narram que, devido a muitas rivalidades internas e com outros grupos indígenas, os Dâw foram se deslocando, até chegar na área localizada entre os Rios Curicuriari e Negro. É neste interflúvio que se encontram seus cemitérios e sítios antigos. Nessa região os Dâw também trabalhavam para grupos de outras etnias (provavelmente Tukano), em suas roças e em outros serviços, trocando o trabalho e os produtos da mata por parte da colheita de mandioca e por produtos industrializados, como redes e ferramentas. As histórias desse tempo são marcadas por diversos conflitos. Já por volta de 1940, existem referências sobre a vida dos Dâw como fregueses de comerciantes do Alto e Médio Rio Negro, especificamente no extrativismo da piaçaba e dos cipós. Esse sistema, em sua forma "tradicional", permanecerá ativo para os Dâw até a década de 1980, período em que as relações com a cidade passam a se intensificar, e a população Dâw a decrescer. A partir de então, os Dâw estabelecem alianças com uma série de outros atores, chamando atenção para as violências históricas cometidas contra seu povo, para as melhorias conquistadas e os desafios que atualmente vêm enfrentando. Com um amplo espectro das alianças, que vão de missões evangélicas, de agentes governamentais, comunidades vizinhas, pesquisadores/as de diferentes áreas, movimentos e associações indígenas, os Dâw obtiveram paulatinamente um melhor acesso a tratamentos de saúde, à escolarização e à renda, superando o alto índice de mortalidade e estigmas contra seu povo. Após quatro décadas de vida coletiva, sua população encontra-se triplicada, sendo esse um índice de melhoria das condições de vida para os Dâw.

Entretanto, considerando a área da comunidade, o crescimento populacional é acompanhado com atenção. Desde a fundação de Waruá, sua área é tida como pequena e pouco fértil para a abertura de roçados. Atualmente, embora haja algumas poucas roças cultivadas ao redor da comunidade – consonante ao manejo tradicional dos Dâw, mais focado no alimento procurado na floresta –, o coletivo também investe esforços na abertura de roças localizadas em lugares mais distantes, presentes no território ancestral. Nesses lugares, a dinâmica de ocupação e a relação com a ancestralidade é acompanhada por um senso de retomada de caminhos, lugares de manejo, de ocupação e memória, elementos intrínsecos à vida social do coletivo, mas que vêm sendo ameaçados por pressões diversas e que os Dâw, enquanto povo originário, buscam assegurar.

PROJETOS RECENTES E FUTUROS

Esses processos de retomada acontecem no bojo de uma série de projetos de registro de lugares de ocupação, memória e circulação dos antigos, e vêm contribuindo com o coletivo em direção a discussões sobre seu bem viver, tanto na floresta quanto na cidade. Um possível início desse processo são os projetos de documentação da língua e cultura Dâw, iniciados em 2013. Com o apoio de linguistas e agências de fomento a pesquisas brasileiras[1] e internacionais,[2] os Dâw começaram a participar de atividades de registro da língua e da cultura, como por exemplo, gravação, transcrição e tradução de histórias orais (narrativas e histórias tradicionais), conversas, eventos e práticas tradicionais.[3] Especialmente a coleta das histórias de vida dos anciãos dâw revelou muitos nomes de lugares no território antigo, localizado no interflúvio dos Rios Negro e Curicuriari, que muitos membros da comunidade mostraram interesse em visitar, marcar e fixar em mapas, por vários motivos: entre os quais desejo de manter viva a memória coletiva desses lugares para as gerações futuras, bem como a vontade de visitar sempre essas áreas para valorizar as práticas tradicionais de circulação, subsistência, manejo e convívio. Segundo alguns membros da comunidade, esse desejo nasceu após mudanças espaciais drásticas pelas quais passaram os Dâw, além das pressões atuais sobre seu território tradicional, um conjunto de fatores que desafiam práticas e memórias coletivas e as conexões com os lugares tradicionais.

Os projetos comentados a seguir giraram em torno da documentação e de medidas para a restituição, autodemarcação e (re)ocupação de territórios tradicionais. Em maio de 2020, os Dâw começaram o projeto "Entre os rios Negro e Curicuriari – A retomada do território ancestral do povo Dâw", financiado pelo Fundo Casa Socioambiental, com o principal foco na reabertura de caminhos cerrados que levam até o Sítio *Pâad Xaa*, uma antiga capoeira, onde foi construída uma casa coletiva para os membros da comunidade. Hoje, quase dois anos após a construção dessa casa comunal, o sítio conta com várias roças produzindo mandioca e frutas, sendo considerado um lugar de manejo de caça e pesca, bem como um local de viver, sendo visitado com alta frequência pelas famílias dâw.

Dadas as melhorias que esses projetos trouxeram, os Dâw buscam dar continuidade à elaboração e à execução de novos projetos voltados à proteção de seu território. A ocupação de lugares tradicionais, construção de casas comunais e (re)abertura de caminhos antigos, além da elaboração de planos de manejo de plantas e animais em pontos estratégicos entre a comunidade Waruá e o Sítio *Pâad Xaa*, traduzem preocupações mais amplas dos Dâw voltadas à vigilância de seu território, à segurança alimentar de seu povo e à proteção da floresta, aspectos que compõem o bem viver do coletivo.

Além dos projetos voltados ao território, os Dâw vêm recentemente discutindo melhorias na escola indígena de Waruá, com foco específico no ensino superior voltado à formação intercultural de professores e à pedagogia de alternância, medidas criadas para assegurar o espaço de transmissão da língua e cultura dos Dâw na escola. O protagonismo do povo Dâw nesses diversos projetos têm mostrado a forma proativa como buscam manter seus territórios tradicionais protegidos, seus direitos garantidos e sua autodeterminação ativa em tempos de mudanças.

VISIBILIDADE

Nos últimos anos, os Dâw tiveram uma série de interlocuções com organismos governamentais e organizações não governamentais, associações indígenas e não indígenas, acompanhando uma mobilização contínua dos povos da família linguística Naduhup no sentido de reivindicar políticas públicas mais adequadas e de se ter acesso a projetos de saúde, educação, renda e segurança alimentar específicos.

Mesmo em meio às dificuldades impostas pela conjuntura atual, os Dâw obtiveram alguns avanços. A Escola Municipal Indígena Waruá, que cobre o ensino fundamental e médio, teve sua estrutura predial reconstruída. Porém, isso se deu somente após dois anos de cobranças dos Dâw ao poder público. Ao longo da pandemia, a escola tem funcionado precariamente, contando com a presença dos funcionários, mas com falta de merendas e outros insumos. A escola de Waruá atende, atualmente, cerca de 80 estudantes. A maioria dos/as estudantes e dos/as professores/as são provenientes da cidade, de comunidades e sítios vizinhos, pertencentes a diferentes etnias e falantes de diferentes línguas além do português. Esta configuração aponta para a importância da escola no nível comunitário e intercomunitário, e para a complexidade de sua estruturação, bem como para os desafios de se esboçar diretrizes sensíveis aos anseios da comunidade dâw e às particularidades socioculturais e linguísticas da escola.

Por outro lado, a reivindicação histórica dos Dâw e demais povos Naduhup por mais espaço para professores/as de suas etnias nas salas de aula e nas próprias comunidades é algo que ainda não foi plenamente atendido pelas secretarias de educação pública, e que continua sendo reivindicado pelos povos Naduhup.

Em 2022, lideranças Dâw e Hupd'äh estiveram em Manaus para firmar apoio com instituições federais de ensino e de patrimônio, visando ampliar o acesso ao ensino superior, à formação continuada dos/as professores/as Naduhup e à valorização desses povos e seus modos de vida, sua floresta e cultura. Juntamente com a Universidade Federal do Amazonas (Ufam), as lideranças pactuaram a criação de um Polo Naduhup para o curso de licenciatura intercultural indígena, ofertado pela Ufam. No Museu Amazônico, localizado em Manaus, foram firmados projetos de exposição e pesquisa de materiais naduhup nas coleções do museu. Os acordos com diferentes atores para o acesso ao ensino superior público, à educação intercultural, à valorização da educação e cultura indígenas, e às políticas patrimoniais visam incidir positivamente sobre a educação de base comunitária, como também dão sequência às lutas dos povos Naduhup por visibilidade, participação e protagonismo na formulação de políticas públicas mais sensíveis a suas realidades. ***(setembro, 2022)***

NOTAS

[1] Tais como a Coordenação de Aperfeiçoamento de Pessoal de Nível Superior (Capes), o Conselho Nacional de Desenvolvimento Científico e Tecnológico (CNPq), a Fundação de Amparo à Pesquisa do Estado de São Paulo (Fapesp) e o Museu do Índio, da Fundação Nacional do Índio (Funai).

[2] Entre elas a Organização das Nações Unidas para a Educação, a Ciência e a Cultura (Unesco), a University of Texas at Austin, US National Science Foundation, Firebird Foundation e Gesellschaft für bedrohte Sprachen – Universität zu Köln.

[3] Esses projetos de documentação resultaram em uma coleção audiovisual e textual acessível no: https://ailla.utexas.org/islandora/object/ailla%3A254973e https://www.elararchive.org/dk0362.

Indígenas no Rio Negro Relatam Impactos dos Extremos Climáticos na Amazônia

Aloisio Cabalzar | Antropólogo, ISA
Juliana Radler | Jornalista, ISA
Ana Amélia Hamdan | Jornalista, ISA

DESDE GRANDES CHEIAS ATÉ MUDANÇA NO CICLO DAS MINHOCAS E BESOUROS, PESQUISADORES INDÍGENAS QUE VIVEM NA BACIA DO RIO NEGRO, NO AMAZONAS, ESTÃO RELATANDO OS IMPACTOS DOS EVENTOS CLIMÁTICOS EXTREMOS E RISCOS PARA A SEGURANÇA ALIMENTAR

INTRODUÇÃO

Algumas bromélias no alto de árvores na Amazônia, na região do Rio Negro, guardam uma preciosidade para os pescadores. No período da enchente, as minhocas daracubis, usadas como isca especial para pesca, podem ser encontradas ali, alojadas em meio à folhagem. Mas, segundo relatos dos indígenas que vivem nas comunidades dessa região, está ficando mais difícil encontrar as minhocas, sendo que a causa apontada é imprevisibilidade dos ciclos ambientais, que já sofrem os impactos dos eventos climáticos extremos.

"Percebemos que este ano o rio não fez a enchente correta para as minhocas se reproduzirem corretamente, conforme o seu ciclo de vida ambiental, e acreditamos que foi esse o motivo, pois o rio fez várias subidas e descidas este ano durante os meses passados. Então por esse motivo estamos tendo um grande impacto na pescaria por falta de minhocas na região do Baixo Uaupés e nas comunidades vizinhas", descreve o agente indígena de manejo ambiental (Aima) e comunicador Rosivaldo Miranda, do povo Piratapuya, morador de Açaí-Paraná, no Baixo Rio Uaupés.

Observações como essa vêm sendo feitas pelos integrantes da Rede de Aimas,[1] por agricultores indígenas e também por comunicadores indígenas da Rede Wayuri. Em suas pesquisas, os Aimas monitoram os ciclos ambientais e socioeconômicos indígenas a partir das constelações. Muitos deles relatam as alterações climáticas que acentuam a insegurança alimentar, as quais coincidem com o registro oficial de extremos climáticos no Amazonas.

O ano de 2021 ficou marcado pela cheia histórica do Rio Negro em Manaus. Em 20 de junho daquele ano, o rio atingiu a marca de 30,02 metros, sendo a maior desde o início dos registros, em 1902. Em entrevista ao *site* do Instituto Socioambiental (ISA), em 2021, a pesquisadora do Serviço Geológico do Brasil (SGB-CPRM), Luna Gripp, informou que os eventos extremos estão aumentando em frequência e magnitude.

Em Manaus, seis das dez maiores cheias aconteceram depois de 2012. A medição das cheias na capital do Amazonas começou em 1902, sendo que em 1953 foi registrada a maior enchente. Esse recorde foi batido apenas em 2009, indicando que as grandes cheias aconteceriam no prazo aproximado de 50 anos. Entretanto, o recorde foi batido em 2012 e, novamente, em 2021. Em 2022, em Manaus, o Rio Negro atingiu a quarta maior cota da história, 29,76 metros, em uma de suas grandes cheias. "Isso prejudica muito a capacidade de resiliência das comunidades. Uma coisa é acontecer um evento catastrófico a cada 50 anos. Outra é o evento ocorrer praticamente todo ano", alertou Gripp.

Em Manaus, o recorde de cheia do Rio Negro em 2021 não foi batido em 2022, mas em outras regiões do Amazonas a situação não foi a mesma. Em Barcelos, município do Médio Rio Negro, o nível do rio superou a máxima histórica do ano anterior. Em 27 de junho de 2021, o Rio Negro nessa região atingiu o recorde histórico com a cota máxima de 10,46 metros. Em 19 de junho de 2022, esse índice foi ultrapassado, chegando a 10,52 metros.

Essa situação, com duas cheias recordes consecutivas, surpreendeu quem vive na região. "Quando encheu em 2021, eu vi um homem na ponte dizendo: Quando teve essa enchente eu tinha 15 anos. Ele estava com quase 70 anos. Então todos os moradores de Barcelos tinham essa noção que encheu, pronto, então uma nova enchente grande só daqui a 50 ou 60 anos. Não foi isso que aconteceu. Este ano (2022) encheu novamente, só que passou um palmo a mais. Ninguém se preocupou em mudar sua casa, em fazer a roça em terra mais alta. E aí veio essa surpresa para nós, as casas foram novamente para o fundo", disse Clarindo Chagas, do povo Tariano, morador de Barcelos.

O município de Barcelos apresenta uma situação especialmente preocupante quanto a eventos climáticos, porque, antes do período de cheias, a população já havia enfrentado uma seca severa, com incêndios em longas extensões de igapós (florestas alagadas) registrados em 2016. Atualmente, na região, ainda é possível ver o rastro de destruição: restos de árvores queimadas em áreas que agora estão inundadas.

Subindo o rio, o próximo município é Santa Isabel do Rio Negro, onde a maior cheia aconteceu em 1976, com o rio atingindo 8,90 metros. Em São Gabriel da Cachoeira, município também na bacia do Rio Negro, o recorde do nível do Rio Negro foi atingido em 11 de junho de 2021, quando o índice chegou a 12,68 metros.[2] Mas indígenas da região também relatam que, em algumas áreas, a cheia de 2022 ultrapassou os níveis de 2021 na Bacia do Rio Negro.

MUDANÇA NOS CICLOS

Durante o mês de maio de 2022, ainda no início da estação chuvosa na região, Juvêncio Cardoso, liderança indígena conhecido como Dzoodzo Baniwa, divulgou em suas redes sociais um vídeo mostrando mulheres mergulhando para salvar parte da plantação de mandioca em roças inundadas. Segundo o relato de Dzoodzo, neste ano, o nível do Rio Ayari, na Bacia do Rio Negro, ultrapassou a marca de 2021, quando havia sido registrada cheia recorde: "as famílias enfrentaram eventos extremos por dois anos seguidos. Aldeia Canadá, Rio Ayari, TI Alto Rio Negro. Estamos vivendo novamente uma onda de extrema cheia nesta região. O ano passado vivemos essa mesma situação, porém o que registramos hoje é que o nível já ultrapassou cerca de 50 centímetros acima do que foi no ano passado", relata Dzoodzo no vídeo.

Para garantir que parte da plantação não se perca, resultando em insegurança alimentar, mulheres chegam a mergulhar para colher a mandioca, que é a base alimentar da região e dá origem a uma série de produtos como farinha, beiju, tapioca e tucupi. As roças dos povos indígenas no Rio Negro fazem parte do sistema agrícola tradicional do Rio Negro, reconhecido em 2010 como patrimônio imaterial do Brasil pelo Instituto do Patrimônio Histórico e Artístico Nacional (Iphan).[3]

Toda estação do ano, todo nível de água dos rios, exige um manejo especial. Assim explicam os Aimas, que sistematizam nos estudos dos ciclos anuais os conhecimentos práticos indígenas passados oralmente de geração para geração. Esse manejo inclui práticas da agricultura, da pesca, da coleta de frutos, dentre outras atividades. "Tudo é um ciclo e o que estamos percebendo atualmente é que esse ciclo está mudando de padrão", explica Dzoodzo, que integra também o programa de mestrado profissional em rede nacional para o ensino das ciências ambientais na Universidade Federal do Amazonas (Ufam).

No Baixo Rio Uaupés, Rosivaldo Piratapuya também registrou grandes cheias em sua região durante dois anos seguidos. Em

Rosivaldo Miranda, Pira-Tapuya, aponta a grande quantidade de areia acumulada no Rio Uaupés em 2018. O início do ano foi marcado por uma grande seca no Alto Rio Negro e seus afluentes.

2021, ele gravou vídeos sobre as inundações de roças na comunidade, com perdas que colocaram as famílias em insegurança alimentar. Em maio de 2022, as roças voltaram a inundar e ele fez um vídeo mostrando a situação da roça da agricultora Amélia Matos Lopes, da etnia Baniwa. "Eu trabalhei sozinha. Essa roça que eu tenho aqui, perdi tudo. Era novo plantado. Ele tinha água bem assim aqui em mim (coloca a mão acima da cintura para mostrar onde o nível da água chegou). Quando eu cheguei aqui eu chorei, quando eu cheguei nessa parte e olhei o que era novo plantado, eu chorei, que era meu trabalho perdido. É com isso que eu vivo. Com mandioca, fazendo farinhas, sustentando, criando meus filhos. Eu chorei mesmo, olhando minhas plantas, minha maniva na água, dentro da água", relatou a agricultora.

Outra observação de alterações de ciclos na região de Açaí-Paraná vem de Luís da Silva Miranda, de 60 anos, também Piratapuya, pai do Aima Rosivaldo. Em julho de 2022, ele guardava num pequeno recipiente de plástico os besouros conhecidos como Ukaciá. Ele conta que na região as pessoas falam que quem come esse besouro só vai vê-los de novo depois de morrer. Isso porque o intervalo de tempo para eles aparecerem é longo. Entretanto, os besouros, muito usados como iscas, apareceram em 2021 e, novamente, em 2022.

A comunidade de Açaí-Paraná está numa região de caatingas e igapós extensos, onde as áreas propícias para colocação de roças são poucas. Por outro lado, a região é farta em peixe. A comunidade cultiva roças em áreas relativamente próximas – cerca de uma hora de distância entre trecho de rio e caminhadas – e ainda promove troca com outros grupos do Tiquié e Uaupés, recebendo farinha e outros produtos e oferecendo peixe.

CHUVAS EXTREMAS

Nas comunidades indígenas do Médio e Alto Rio Negro, os primeiros meses do ano são muito importantes para as atividades produtivas e de manejo das roças. Após a enchente de Boiuaçu (que significa Jararaca entre os povos Tukano), que acontece entre os meses de novembro e dezembro, períodos chuvosos se alternam nos quatro primeiros meses, com repiquete (mudança súbita) do rio, quando acontecem o ajuntamento e a reprodução de várias espécies de peixes, como os aracus, e períodos de estiagem, que podem durar até duas ou três semanas, como aqueles denominados pelos povos do rio Negro de 'Verão de Pupunha', 'Abiu' e 'Umari'.

Os veranicos são os principais períodos do ciclo anual da agricultura. Muitas famílias se programam para queimar pequenas clareiras de mata primária, derrubadas algum tempo antes, para colocar seus roçados. As roças feitas em derrubada de mata primária são mais diversas e podem ser usadas por mais tempo do que aquelas feitas do corte de capoeiras (matas rasteiras). Mas o excesso de chuvas está perturbando o calendário econômico das comunidades, inviabilizando essa importante etapa do manejo agrícola. Para piorar a situação, além de não

MUDANÇAS CLIMÁTICAS VÃO ACENTUAR EVENTOS EXTREMOS NA AMAZÔNIA

O pesquisador titular do Instituto Nacional de Pesquisas da Amazônia (Inpa), Philip Fearnside, Prêmio Nobel da Paz junto com outros cientistas integrantes do Painel Intergovernamental para Mudanças Climáticas (IPCC), afirmou ao ISA que essa cheia recorde do Rio Negro está diretamente ligada às mudanças climáticas.

Podemos afirmar que a cheia recorde do Rio Negro em 2021 foi um evento extremo relacionado com as mudanças climáticas?

Podemos afirmar que este evento é relativo às mudanças climáticas, e que teremos cheias mais frequentes desse tamanho ou maiores no futuro.

Como os povos da região amazônica serão afetados por esses eventos extremos nos próximos anos? É possível prever cenários?

A frequência de cheias e vazantes extremas está aumentando há algum tempo, e essa tendência deve continuar. Esses eventos dificultam o uso da várzea para agricultura. Cheias muito grandes podem invadir a floresta e matar árvores de terra firme, como a mortandade de castanheiras que ocorreu no caso da grande enchente do Rio Madeira em 2014.

Quais medidas precisam ser tomadas para reduzir o impacto desses eventos extremos na Amazônia?

Mudar residências para locais suficientemente altos é uma medida óbvia. Em termos de segurança alimentar, é importante ter o máximo possível de diferentes fontes de alimentos, para que sempre haja alternativas se uma fonte for eliminada. A maior parte dos impactos não tem como evitar.

Podemos afirmar que eventos extremos climáticos na Amazônia podem transformar os povos tradicionais da região em refugiados ambientais nos próximos anos?

As grandes secas, por exemplo, têm esse potencial devido a sua capacidade de provocar grandes incêndios florestais. Por exemplo, durante o El Niño de 2015/16, foi queimada uma área de um milhão de hectares em um único incêndio na região de Santarém. É importante lembrar que a exploração madeireira facilita muito a ocorrência e o espalhamento de incêndios florestais, e que há uma presença crescente de atividade madeireira dentro de terras indígenas. Vale lembrar, por exemplo, o incêndio florestal durante a seca de 2010 em área explorada na Terra Indígena Sete de Setembro, dos Suruí.

poderem queimar as áreas novas para agricultura, as famílias perderam roças já formadas.

Em toda a região, o excesso de chuvas é um problema. No Alto Tiquié, próximo à fronteira do Brasil com a Colômbia, Gabriel Barbosa, professor e pesquisador Makuna, relatou em 2021 o excesso de chuvas: "Aqui no alto Tiquié não teve nenhum verão no ano passado, e nesse ano também não. De janeiro até agora em maio não teve verão, só chuva, não dá pra queimar roça, está ficando cerrado de novo, as roças derrubadas não deram pra queimar mesmo, é muito difícil plantar maniva", afirma. Segundo Gabriel Barbosa, antigamente, a enchente acontecia de acordo com a constelação. "Mas agora já mudou. Hoje em dia, enche e, quando está secando, depois de dois dias já enche de novo. Os velhos conhecedores estão dizendo que atualmente mudou muito. As florações, frutificações, enchentes, piracemas, revoadas de saúvas e maniuaras,[4] não estão acontecendo no tempo determinado. As pessoas, as gerações, mudam, por isso também muda o clima".

Em 2021, quando a cheia do Rio Negro bateu recorde histórico em Manaus, a Defesa Civil do Amazonas alertou que 58 dos 62 municípios do estado enfrentaram problemas socioambientais com a inundação e cerca de 450 mil pessoas foram diretamente afetadas, o que representa em torno de 10% da população amazonense. "Estamos vivendo realmente um momento muito atípico. Neste ano, o desastre da inundação ocorreu de forma generalizada. Praticamente todos os municípios ou boa parte dos municípios que compõem nossas calhas estão sendo afetados", relatou o secretário-executivo da Defesa Civil do Amazonas, Francisco Ferreira Máximo.

O balanço divulgado pelo Instituto de Desenvolvimento Agropecuário e Florestal Sustentável do Estado do Amazonas (Idam) indicou que, em 2021, 16,6 mil famílias amazonenses sofreram perdas na produção agrícola devido às enchentes e entre as culturas mais afetadas estão as de bananas, hortaliças, mamão e mandioca. O prejuízo soma mais de R$ 189 milhões. O governo estadual cadastrou famílias afetadas para o pagamento de um auxílio.

Maria Assunção Faus da Silva Dias, do Instituto de Astronomia, Geofísica e Ciências Atmosféricas da Universidade de São Paulo (USP), explica que os ventos que vão de nordeste a oeste, do Atlântico até a cordilheira dos Andes na Colômbia, estão mais fortes e persistentes. Por isso, as chuvas estão acima da média nos últimos anos.

O fenômeno tem relação com o aquecimento das águas do oceano Atlântico, na região da costa do Norte do Brasil, e com outra perturbação, muito intrigante, dos padrões das oscilações intra-sazonais. Provenientes da Indonésia, as oscilações geram, a cada 15 ou 30 dias, pulsos que influenciam substancialmente a dinâmica atmosférica, inclusive numa certa variação das chuvas, que se deslocam para a região mais central do continente, levando mais umidade para o Centro e Sudeste do Brasil.

Segundo Assunção, as oscilações intra-sazonais não acontecem mais desde o ano passado, em razão de outras mudanças na estratosfera (situada entre 20 e 30 quilômetros de altura), provavelmente relacionadas às mudanças climáticas. Foco de pesquisas e discussões, o fato é que o excesso de chuvas na região amazônica está associado à escassez no Centro e Sul do país. Em 2014, essa mesma sequência de eventos provocou grandes inundações no Acre.

Conforme o relato dos Aimas, os impactos das cheias na agricultura familiar levam anos para serem recuperados, considerando o tempo para preparação das áreas, plantio e crescimento dos cultivos. A pesquisa e o monitoramento ambiental e climático feito pelos agentes indígens no Médio e Alto Rio Negro já vêm demonstrando há anos que uma das maiores vulnerabilidades trazidas pelas mudanças climáticas, em termos de segurança alimentar, é justamente o excesso de umidade nos meses do calendário econômico-ecológico, em que se faz a queima de novas áreas para roças. Agravando essa situação, eventos mais extremos levam à perda de roças já maduras pela inundação. Essas mudanças climáticas impactam diretamente no calendário de manejo das comunidades e indicam a necessidade de adaptações. *(setembro, 2022)*

NOTAS

[1] Para saber mais:
"Pesquisadores indígenas discutem a grande seca que atingiu o Rio Negro", no *Blog* do Rio Negro (https://bit.ly/3Hptl3o); e "Conhecedores da Amazônia", em *Notícias Socioambientais* do ISA (https://bit.ly/3UNjc3r).

[2] Dados da Companhia de Pesquisa de Recursos Minerais (CPRM).

[3] Estão catalogadas, ao todo, mais de 300 variedades de plantas cultivadas pelos 23 povos indígenas que vivem na região há milênios, além de 32 espécies de peixes comestíveis.

[4] Maniuara é uma das espécies de formiga utilizadas como alimento em comunidades da região do Alto Rio Negro.

COMUNICAÇÃO

Wayuri: Comunicação Indígena Inovadora Reconhecida Internacionalmente

Claudia Ferraz Wanano | Comunicadora indígena e coordenadora da Rede Wayuri

Juliana Radler | Jornalista, ISA

JORNALISMO LOCAL EM DEFESA DA DEMOCRACIA E DOS DIREITOS HUMANOS NA AMAZÔNIA REÚNE 55 COMUNICADORES DE 15 POVOS DO RIO NEGRO

A REDE WAYURI

Wayuri em nheengatu, uma das quatro línguas indígenas co-oficiais em São Gabriel da Cachoeira/AM, significa mutirão, trabalho coletivo. Nesse espírito comunitário atua a Rede Wayuri de Comunicadores Indígenas do Rio Negro, criada em 2017, para produzir e distribuir notícias numa região de 11 milhões de hectares no noroeste Amazônico, onde vivem 23 povos indígenas em 750 comunidades dos municípios de Barcelos, Santa Isabel do Rio Negro e São Gabriel da Cachoeira, no Amazonas.

Em maio de 2022, cinco anos depois de sua criação, a Rede Wayuri recebeu em Haia, na Holanda, o prêmio Estado de Direito (Rule of Law), oferecido pela organização norte-americana World Justice Project (WJP) pelo trabalho realizado em defesa da floresta amazônica e dos povos indígenas e no combate à desinformação e às *fake news*, sobretudo, no período da pandemia de covid-19. O prêmio reconhece realizações extraordinárias de indivíduos e organizações para fortalecer a democracia no mundo. Entre os laureados anteriores estão o ex-presidente norte-americano Jimmy Carter (2017) e a advogada iraniana de direitos humanos e Prêmio Nobel da Paz, Shirin Ebadi (2013).

Considerando que a produção de notícias falsas é hoje uma das principais ameaças à estabilidade democrática global, a Rede Wayuri foi reconhecida, em uma pesquisa internacional, por sua produção de jornalismo local indígena e amazônico, justamente em um período de graves violações aos direitos indígenas, ambientais e humanos, durante o governo de extrema direita de Bolsonaro. Lideranças indígenas, ambientalistas, jornalistas e outros defensores de direitos humanos tornaram-se alvos de garimpeiros, madeireiros, narcotraficantes e outros contravento-

© DIANA GANDARA/ISA, 2022

Ao centro, Marivelton Barroso, da Foirn, e Juliana Radler, assessora do ISA, recebem em Haia, na Holanda, reconhecimento à Rede Wayuri.

res que se fortaleceram na Amazônia graças à proposital política de desmonte dos órgãos de fiscalização e controle, incluindo a Fundação Nacional do Índio (Funai) e o Instituto Brasileiro do Meio Ambiente e dos Recursos Naturais Renováveis (Ibama).

Dias após a Rede Wayuri ser premiada e aplaudida em Haia por uma plateia global de defensores de direitos humanos de 22 países, incluindo Michelle Bachelet, alta comissária para os Direitos Humanos da ONU, foi anunciado o assassinato brutal do jornalista britânico Dom Phillips e do indigenista Bruno Pereira, no Vale do Javari/AM. O fato bárbaro deixou a todos nós que vivemos e trabalhamos na (e pela) Amazônia sem chão e indignados. Lembramos da visita de Dom Philips a São Gabriel da Cachoeira, em 2021, onde esteve justamente para conhecer a atuação da sociedade civil durante a pandemia de covid-19, incluindo a Rede Wayuri, a qual teria destaque em seu livro intitulado *Como salvar a Amazônia*, que estava sendo produzido com uma bolsa da Alicia Patterson Foundation.

PRODUÇÃO CONTÍNUA E INOVAÇÃO

Num contexto adverso de crescimento da criminalidade, violação de direitos e de destruição acelerada da floresta, os comunicadores indígenas da Rede Wayuri produzem toda semana o *podcast* Wayuri, distribuído via WhatsApp e outras redes (Soundcloud, Spotify, Facebook), e também o programa ao vivo Papo da Maloca, que vai ao ar toda quarta-feira na rádio FM local de São Gabriel. O conteúdo original produzido privilegia temas relevantes para os povos e seus territórios, ligados à saúde, educação, direitos, mulheres, juventude, cultura, políticas públicas e também assuntos relacionados à política nacional. A Rede é o único grupo de mídia a produzir e veicular notícias locais na região, conhecida também como Cabeça do Cachorro, na fronteira com a Colômbia e a Venezuela.

Toda a produção é feita pelos comunicadores da Rede Wayuri que, hoje, soma um total de 55 comunicadores distribuídos pela região de atuação da Federação das Organizações Indígenas do Rio Negro (Foirn), com o apoio e a parceria do Instituto Socioambiental (ISA). Parte dos comunicadores atua como correspondentes diretamente de suas comunidades em calhas de rios, e os cinco comunicadores bolsistas, que estão na cidade de São Gabriel, recebem as informações para a produção das pautas e das notícias que serão veiculadas.

Aliando cultura tradicional, novas tecnologias e adaptação à realidade local, a Rede Wayuri dribla a precária infraestrutura de comunicação utilizando, de forma integrada, diversas ferramentas para produção e distribuição do conteúdo. Uma das estratégias para fomentar a distribuição e veiculação local tem sido a instalação de rádios-poste comunitárias. Nestas rádios locais também apelidadas de "boca de ferro", além de serem veiculados os conteúdos produzidos em São Gabriel, também são produzidas informações diárias nas línguas indígenas, como na rádio de Taracuá, no Baixo Uaupés, na comunidade de São Pedro, dos Tuyuka do Alto Tiquié, e na rádio de Canadá, dos Baniwa do Rio Ayari, todas na Terra Indígena (TI) Alto Rio Negro.

COMUNICAÇÃO NA CIDADE E NA FLORESTA

Para a comunicação de emergências, como na pandemia de covid-19, a Rede utilizou carros de som para chegar nas periferias de São Gabriel, nas divisas entre cidade e floresta. O telefone celular tem um papel fundamental nessa produção. É pelo celular que são gravadas as entrevistas, eventos, apresentações e também compartilhados os áudios pelo WhatsApp e por aplicativos como ShareIT, que não necessitam de internet. As edições dos áudios são feitas pelo *software* livre Audacity utilizando *laptops*, e o desafio é formar mais editores indígenas que possam editar em suas próprias comunidades.

Conteúdos em vídeo também são captados e editados com o celular, como boa parte da reportagem denúncia da Rede Wayuri feita em 2018 sobre o lixão a céu aberto de São Gabriel, que foi selecionado pelo Profissão Repórter, da TV Globo, para ser exibido em canal aberto para uma audiência nacional. O cinegrafista Moisés Baniwa e a repórter Claudia Wanano foram convidados pelo repórter Caco Barcelos, referência nacional em jornalismo investigativo, para irem a São Paulo e participarem de um laboratório e intercâmbio junto com outros jovens jornalistas e talentos da comunicação de todo o Brasil.

Pela inovação e coragem diante do desafio de comunicar durante a pandemia de covid-19, a Rede Wayuri também foi selecionada pela organização não governamental (ONG) francesa Repórteres Sem Fronteiras, que atua em defesa do jornalismo e da liberdade de imprensa no mundo, como um dos 30 Heróis Globais da Informação Mundial. O prêmio, que destacou a atuação de jornalistas e coletivos de mídia durante a pandemia, como o correspondente do New York Times em Pequim, Chris Bukley, reconheceu a produção de notícias da Rede Wayuri, como informação fundamental para salvar vidas.

A contextualização da pandemia para as culturas indígenas, com a produção de cartilhas, áudios e informes de carro de som e radiofonia em suas línguas, assim como o combate às *fake news*,

SABEDORIA E CONHECIMENTO INDÍGENA VALORIZADOS

Eu me chamo Álvaro Socot, nome de benzimento B'ó, e tenho 25 anos. Faço parte da Rede Wayuri desde 2019, quando participei de oficina de formação em comunicação na Ilha de Duraka, Camanaus, em São Gabriel da Cachoeira. Eu gosto de trabalhar na Rede Wayuri para aprender as coisas dos brancos, como usar celular, tirar fotos, escrever as notícias, falar na rádio e poder compartilhar com os parentes as informações na minha língua. Na Rede Wayuri a gente se anima mais a valorizar a sabedoria dos antigos e da nossa cultura. Fazemos entrevistas e registramos a nossa história. Assim posso ajudar um pouquinho o meu povo e isso me deixa feliz. Agora também pela Rede Wayuri eu trabalho um dia na Defensoria Pública para poder informar meu povo e outros parentes de quais são os seus direitos. Como comunicador, faço esse atendimento pela parceria da Rede Wayuri com a Defensoria Pública. Isso é muito importante para o meu povo, que é de recente contato, e precisa de orientações sobre os seus direitos e sobre emissão dos documentos que eles querem tirar. A gente precisava que a Funai ajudasse mais a gente, mas eles não têm recurso. Também é bom fazer traduções para o português e para minha língua. A gente conta para os parentes quais são as notícias falsas para eles não acreditarem em qualquer fofoca. Assim usamos bem a internet e vamos levando o nosso trabalho, sempre para a frente na Rede Wayuri, que é nossa, dos indígenas. (Álvaro Brasil Socot Hupd'äh, comunicador bolsista da Rede Wayuri desde 2019)

foram aliados das equipes de saúde na linha de frente de combate e prevenção da doença.

ECOSSISTEMA DE APRENDIZADO E INOVAÇÃO

A Rede Wayuri tem o objetivo de fortalecer seu trabalho como mídia indígena local, comprometida e mobilizada com a pauta do movimento indígena do rio Negro e seus parceiros, tornando-se referência em produção audiovisual no Noroeste Amazônico. Através de articulações e parcerias, a Rede Wayuri já produziu conteúdo para diversas mídias independentes, como Amazônia Real, Artigo 19, InfoAmazônia entre outras. Inspirou o surgimento de outras diversas redes e coletivos de comunicadores indígenas em Roraima, Amazonas, Pará e Mato Grosso, participou de uma série de intercâmbios e coberturas colaborativas, e integra o Programa de Apoio ao Jornalismo (Pajor) dos Repórteres Sem Fronteiras.

A criação da Rede Wayuri tem recebido apoio de instituições como a União Europeia, Embaixada Real da Noruega, Fundação Rainforest, Tamalpais Trust e do cantor Bera, onde os recursos viabilizam a compra de equipamentos (em especial celulares), oficinas de formação e pagamento de bolsas para os comunicadores que produzem e distribuem semanalmente o podcast Wayuri e o programa de rádio Papo da Maloca. Após cinco anos de trabalho ininterrupto, a Rede Wayuri vem sendo chamada a participar de produções em parceria, já tendo colaborado com reportagens feitas pela National Geographic, TV Globo (Profissão Repórter e Fantástico), Repórter Brasil, entre outros.

Além de ser um coletivo de mídia indígena, a Rede Wayuri mantém um ecossistema de aprendizado, formação política e inovação, com constante realização de eventos e produção de informações e materiais didáticos, que são trocados pelo grupo de WhatsAPP da Rede Wayuri. Oportunidades de oficinas, intercâmbios, cursos e bolsas que possam contribuir na formação dos comunicadores e do coletivo também são sempre divulgados e apoiados. Anualmente a Rede ainda produz, juntamente com o ISA e a Foirn, uma grande oficina de formação em comunicação, com duração de 10 dias, reunindo todos os integrantes e recebendo novos interessados em ingressar na Wayuri.

Em 2022, a oficina teve o recorde de participantes, com 55 comunicadores de 15 etnias do Rio Negro. O evento contou com a participação da jornalista Letícia Leite, da produtora Vem de Áudio, que acompanha o coletivo desde sua criação; da jornalista Paula Scarpim, da rádio Novelo, principal produtora de *podcasts* no Brasil, realizadora dos *podcasts* Retrato Narrado e Praia dos Ossos; da jornalista Tainã Mansani, do Instituto de Democracia e Mídia da Alemanha (Idem) e da agência de notícias alemã, Deutch Welle; além da documentarista Diana Gandara, que está finalizando um vídeo documentário colaborativo com a Rede Wayuri sobre os primeiros cinco anos de existência do coletivo.

Esses anos iniciais de trabalho trouxeram angústias, medos e dificuldades, mas também muito aprendizado, superação e reconhecimento. Com a valorização por parte da opinião pública, o coletivo tornou-se uma referência em comunicação indígena no Brasil, sendo também reconhecido internacionalmente, ampliando assim o espaço para as vozes indígenas no Brasil e no mundo. A Rede integra a Comissão de Igualdade Étnico Racial da Associação Brasileira de Imprensa (ABI) e já promoveu aula sobre jornalismo local na Associação Brasileira de Jornalismo Investigativo (Abraji), com apoio do Facebook. A vitória desses primeiros anos, portanto, foi consolidar a Wayuri e a necessidade de termos vozes indígenas narrando suas próprias histórias e compartilhando suas visões de mundo, com um arranjo de jornalismo local inovador, autêntico, coletivo e amazônico, que com certeza fortalece a nossa diversidade cultural e a democracia no Brasil. ***(setembro, 2022)***

TURISMO INDÍGENA

Nasce a Rede de Turismo Indígena do Rio Negro[1]

Juliana Radler | Jornalista, ISA

DEZESSEIS INICIATIVAS DE TURISMO FORAM APRESENTADAS EM ENCONTRO COM LIDERANÇAS DAS TERRAS INDÍGENAS DO BAIXO, MÉDIO E ALTO RIO NEGRO, NO AMAZONAS

TURISMO DE BASE COMUNITÁRIA CONTRA OS "NÃO LUGARES"

Devido à instrução normativa da Fundação Nacional do Índio (Funai) que regulamenta o turismo em Terra Indígena no Brasil, nos últimos cinco anos têm crescido o interesse das comunidades em implementar projetos que sejam geridos pelos próprios indígenas em parceria com empresas turísticas e instituições.

O turismo de base comunitária pode servir de ferramenta para fazer a gestão do território, para a conservação ambiental, fortalecimento da cultura e dos laços comunitários. Por isso esse modelo é o mais indicado tanto para conter as pressões que a Amazônia sofre, como o desmatamento e o garimpo ilegal, quanto para evitar projetos de turismo de massa.

Os povos indígenas e as populações tradicionais, ao refletirem sobre as oportunidades do turismo de base comunitária, iniciam a construção de medidas de proteção contra iniciativas turísticas de alto impacto, criadoras de problemas e efeitos adversos, como o de se transformar no "não lugar", ou seja, um espaço sem sentido, sem história e sem identidade.

A formação da uma rede de turismo indígena de base comunitária do rio Negro é uma iniciativa que abre caminhos para uma economia sustentável no Amazonas, bem como para a formulação de políticas públicas que fortalecem a gestão territorial na região.

Em um evento pioneiro no estado do Amazonas, representantes de instituições, especialistas do setor de turismo de base comunitária e lideranças indígenas envolvidas em projetos turísticos, ou que desejam implementar iniciativas de turismo de base comunitária nos municípios de Barcelos, Santa Isabel do Rio Negro e São Gabriel da Cachoeira, reuniram-se entre 10 e 12 de dezembro de 2021 para um intercâmbio de conhecimentos.

Promovido pelo Instituto Socioambiental (ISA) e pela Federação das Organizações Indígenas do Rio Negro (Foirn), o I Encontro de Turismo Indígena de Base Comunitária do Rio Negro juntou cerca de 50 pessoas na ilha de Duraka, na Terra Indígena (TI) Médio Rio Negro I, em São Gabriel da Cachoeira. O encontro levantou uma diversidade de propostas das comunidades, que incluem roteiros voltados à história de origem dos povos, turismo de observação de aves, trilhas e canoadas pelas florestas e igapós, e experiências para conhecer da cultura local, com ênfase em culinária, danças, músicas e práticas agrícolas dos 23 povos indígenas do Rio Negro.

POTENCIALIDADES, DIVERSIDADE E CARDÁPIO INDÍGENA

"Temos serras, praias, trilhas, igarapés, lagos, fauna, flora e histórias tangíveis e intangíveis em nosso território. Acredito que o turismo de base comunitária pode nos apoiar na geração de renda e também a valorizar mais nossa cultura", diz Odilson Almeida, do povo Tukano, vice-presidente da Associação das Comunidades Indígenas do Baixo Uaupés (Acibu), na Terra Indígena Alto Rio Negro, região onde ainda não existe nenhum projeto de turismo em andamento.

© MARCOS AMEND, 2017

Aldeia Ariabu com Serra das Cachoeiras ao fundo, TI Yanomami.

Junto com o professor Moisés Castilho, também Tukano, Odilson apresentou uma das propostas durante o diagnóstico participativo: "Precisamos descolonizar nosso jeito de pensar para valorizar nossa história e vermos que os nossos conhecedores são como mestres e professores, que sabem as histórias contidas em nosso território. Estamos refletindo que o turismo indígena de base comunitária pode ser como uma nova escola. Assim como a escola faz o seu plano político pedagógico, a comunidade também precisa conversar, dialogar e pensar junto para fazer o seu plano de visitação", comenta Castilho Tukano.

Subindo o Uaupés, na fronteira com a Colômbia, Domingos Sávio e Adilma Sodré, ambos do povo Tukano, compartilharam a vontade de receber visitantes na região de Iauaretê para apresentar os lugares sagrados dos povos da família Tukano Oriental: "Onde nós surgimos está lá na paisagem. Queremos promover um turismo de origem mitológica", ressalta Domingos.

Já na região da bacia do Içana, onde vivem os Baniwa e Koripako, também na TI Alto Rio Negro, a dupla Gracilene e Estevão, da Associação Indígena do Rio Cubate (Airc), relatou sobre o potencial de receber visitantes para observação de aves, em especial o galo da serra: "Queremos fazer turismo indígena ecológico, pois sabemos os locais onde é bom para observar as aves", conta Gracilene.

Saindo da TI Alto Rio Negro, os representantes da TI do Balaio falaram sobre a Reserva do Morro dos Seis Lagos, que faz sobreposição com o território indígena. A comunidade já realizou alguns passeios com visitantes para visitação dos lagos e da flora endêmica da reserva, porém sem ordenamento e planejamento. A intenção é conseguir apoio para estruturar um projeto que tenha o protagonismo da comunidade. Alguns empresários já demonstraram interesse em investir, porém, com propostas que não incluíam a participação efetiva da comunidade indígena.

Eufélia Gonçalves, do povo Tariana, enfermeira com especialização em saúde indígena e ex-secretária de Saúde de São Gabriel da Cachoeira, enfatizou a importância dos projetos de turismo trabalharem cardápios com os alimentos da região, com receitas indígenas e ingredientes naturais. Integrante do projeto Mukaturu de autocuidado da mulher indígena, realizado pelas organizações Foirn, ISA e Instituto Aleema, Eufélia motivou as lideranças das associações a privilegiarem a alimentação natural, que, além de saudável, reflete a cultura e o conhecimento dos povos originários da Amazônia.

INICIATIVAS INDÍGENAS PRÓXIMAS À CIDADE

Por ser a cidade mais indígena do Brasil, São Gabriel da Cachoeira possui comunidades indígenas fora dos limites das terras demarcadas que habitam áreas periurbanas e urbanas de São Gabriel. Entre elas está Itacoatiara Mirim, comunidade liderada pelo mestre Baniwa, Luiz Laureano, que toca flauta japurutu, além de ser um conhecido construtor de malocas (habitação tradicional dos povos indígenas do Rio Negro) e benzedor. Na comunidade está situada uma das duas únicas malocas existentes na cidade de São Gabriel – a outra está na sede da Foirn.

Moisés Baniwa, comunicador e cineasta indígena, filho do mestre Luiz, apresentou sua proposta de turismo indígena de base comunitária durante o encontro. Ressaltou o imenso potencial da comunidade, que já recebe semanalmente visitantes: "Nosso forte é a cultura, com a maloca, a música das flautas e os rituais de *dabukuri*. Mas, também temos uma floresta na comunidade com trilhas e igarapés. Também fazemos observação noturna de cogumelos bioluminescentes", conta Moisés.

Florinda Lima Orjuela, do povo Tuyuka, também compartilhou sua experiência na Associação Indígena da Etnia Tuyuka Moradores de São Gabriel da Cachoeira (Aietum), que todo domingo promove uma feira alimentícia e cultural na cidade. A iniciativa consolidou-se como a principal atividade cultural indígena na área urbana de São Gabriel, recebendo visitantes do Brasil e do mundo. Além da venda de pratos típicos como a *quinhampira* e a *mujeca*, e alimentos do Sistema Agrícola Tradicional do Rio Negro, a hospitalidade Tuyuka também inclui música tradicional indígena e contemporânea da tríplice fronteira com a Colômbia e a Venezuela, dança e cuias de *caxiri* (bebida alcoólica fermentada tradicional indígena).

Os anfitriões do evento, moradores da comunidade multiétnica de Duraka, também comentaram sobre as vantagens de serem uma comunidade indígena dentro da terra demarcada, mas muito próxima da cidade, logo em frente ao porto principal de São Gabriel, Camanaus. Duraka é uma ilha no Rio Negro, onde moram 48 famílias falantes de tukano, nheengatu e português.

"Queremos montar em Duraka uma trilha ecológica como existe na reserva Adolpho Duke, em Manaus, para mostrar aos visitantes a imensa biodiversidade que temos no Alto Rio Negro. Além disso, temos nossas roças, culinária, artesanato, danças tradicionais e nossa organização comunitária, que sempre chama atenção dos visitantes, porque tudo aqui em Duraka nós fazemos com mutirão. Cerca de 80% dos recursos para as melhorias comunitárias da ilha nós fazemos com recursos da roça da comunidade", diz a professora Rosane Fontes de Souza, do povo Tukano.

PESCA ESPORTIVA, SERRAS GUERREIRAS E YARIPO

Representantes de projetos indígenas de turismo de base comunitária já estruturados tiveram a oportunidade de mostrar sua experiência para as comunidades que estão planejando iniciar suas atividades. As lideranças puderam compartilhar desafios, dificuldades e benefícios do turismo comunitário. Nesse rico intercâmbio, estavam presentes representantes do projeto Yaripo Ecoturismo Yanomami, no Parque Nacional do Pico da Neblina, da pesca esportiva nos rios Marié e Jurubaxi, e do roteiro Serras Guerreiras de Tapuruquara, ambos na região do MédioRio Negro.

Alessandro Baré, coordenador do projeto Serras Guerreiras, comenta que, atualmente, cinco das 12 comunidades Associação das Comunidades Indígenas e Ribeirinhas (Acir), de Santa Isabel do Rio Negro, participam do projeto de turismo de base comunitária, que conta com parceria da organização Garupa e apoio da Foirn e do ISA: "Quando começamos a debater esse projeto, em 2015, nossa motivação era inibir as entradas ilegais de turistas que estavam acontecendo na nossa região. A gente queria fazer um ordenamento e garantir que as comunidades realmente tivessem benefício dessa atividade de visitação. Hoje, a gente percebe que não precisa abandonar a roça ou mudar nosso jeito de viver para trabalhar também com o turismo comunitário", comenta.

O presidente da Foirn, Marivelton Barroso, do povo Baré, ressalta a importância da criação da rede de turismo na região, para que as iniciativas locais possam se apoiar, fazer intercâmbios e consolidar um roteiro turístico indígena na região do Rio Negro, considerada uma das áreas mais preservadas da Amazônia: "Essa rede é importante porque pode promover um tipo de salvaguarda para as comunidades se ancorarem. As experiências somadas podem se apoiar e trocar, inclusive para poderem saber se relacionar com os parceiros comerciais e com os visitantes".

Marcos Wesley, coordenador do Programa Rio Negro do ISA, que acompanha desde o início o projeto de turismo Yanomami ao Pico da Neblina, comenta que a rede será importante também para produzir conteúdo, formações e diálogo entre os projetos de turismo em aspectos prioritários, tais como segurança territorial, gestão de projetos, comunicação e publicidade dos roteiros, e relação com agências e operadoras de turismo: "Essa iniciativa vem para fortalecer a ideia de construir um circuito de turismo indígena de base comunitária no Rio Negro", conclui.

TURISMO COMO FERRAMENTA DE GOVERNANÇA E DE SEGURANÇA

O I Encontro de Turismo Indígena de Base Comunitária do Rio Negro representou um importante marco na gestão territorial e ambiental do Rio Negro. O evento também debateu o papel do turismo como ferramenta de governança e de segurança nos territórios indígenas, onde o protagonismo comunitário fortalece a articulação de ações de governança territorial.

Um exemplo é o projeto de pesca Marié, que compartilhou seu aprendizado no evento. Ernesto Estevão, representante do projeto, contou como o turismo de pesca no rio Marié fortaleceu a governança: "Antes, as empresas entravam e saiam sem dar a menor satisfação. Levavam o nosso peixe, ganhavam muito dinheiro com os turistas, e ainda promoviam a desunião entre nós", afirma. Após o início do projeto de pesca, a segurança na região melhorou e a oferta de peixes também, além da criação de um fundo que é revertido para investimentos em infraestrutura. Apesar disso, nos últimos dois anos, o rio Marié começou a ser usado como rota pelo narcotráfico e o projeto alerta para a necessidade de respostas rápidas e efetivas dos órgãos responsáveis.

A 2ª Brigada de Infantaria de Selva também participou do Encontro e relatou as medidas implementadas para coibir os ilícitos. Ainda, lembrou que a definição das fronteiras brasileiras no noroeste amazônico contou com o apoio fundamental dos povos indígenas e enfatizou: "O turismo tem um potencial excepcional para contribuir com a segurança na região".

As comunidades indígenas do Rio Negro e suas associações de base têm somado esforços para o desenvolvimento de um novo negócio. Diante das pressões como a mineração e outras atividades predatórias, o turismo de base comunitária é uma alternativa para a geração de renda nas comunidades, sobretudo, para os jovens. O envolvimento comunitário, sem interferir em sua rotina, devido a um calendário organizado para receber os viajantes, permite que o turismo gere benefícios para as comunidades, tanto materiais, quanto em termos de autoestima, visibilidade e oportunidades de intercâmbio. *(dezembro, 2021)*

NOTA

[1] Editado a partir de notícia publicada originalmente no *site* do Instituto Socioambiental, em dezembro de 2021: https://isa.to/3F8TGRV

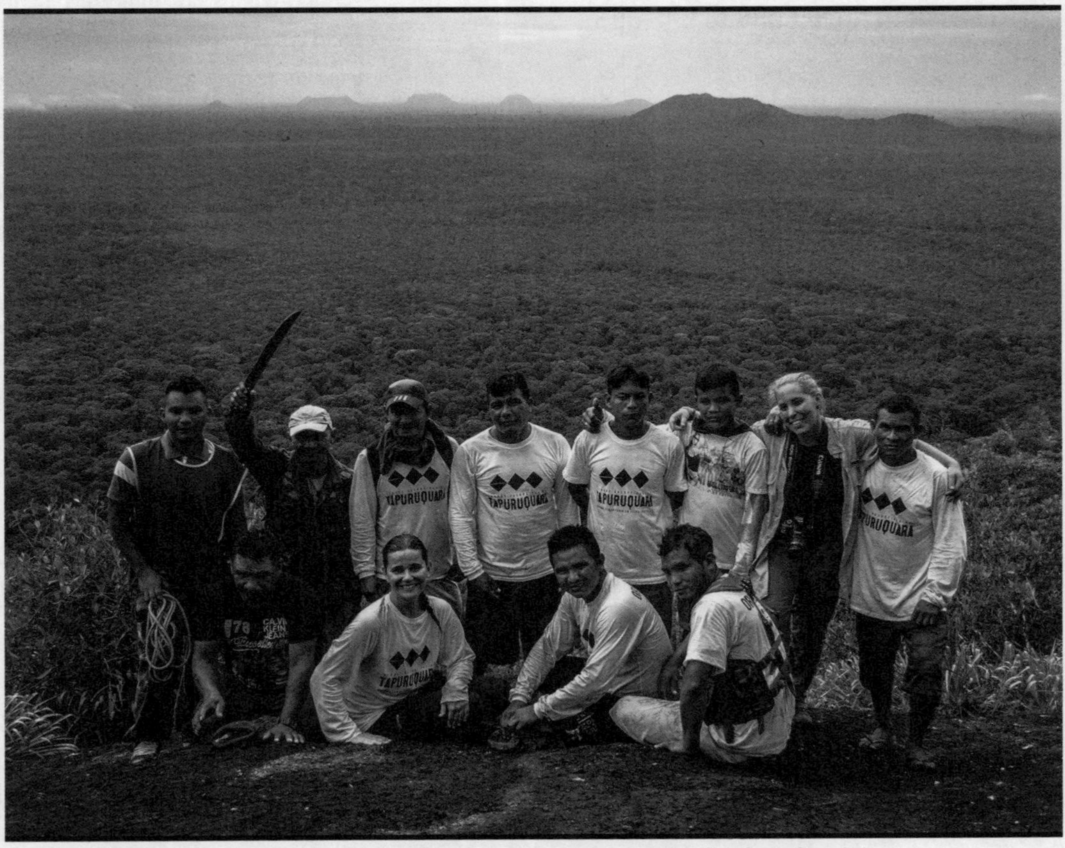

© MARCELO MONZILLO/ISA, 2017

Gabi (Garupa) e Paloma (ISA) se juntam como guias da Uábada II durante roteiro Iwitera da Expedição Serras Guerreiras. Na foto, a equipe aparece no topo da primeira Serra Guerreira, em novembro de 2017.

COVID-19

Mobilização Indígena Fortalece Saberes Ancestrais e Autonomia

Ana Amélia Hamdan | Jornalista, ISA

Dagoberto Azevedo | Filósofo, doutor em Antropologia, ISA

DIANTE DO CENÁRIO DE INCERTEZA E SEM TER RESPOSTAS DA CIÊNCIA OCIDENTAL, POVOS INDÍGENAS REAVIVARAM CONHECIMENTOS E UTILIZARAM REMÉDIOS DOS QUINTAIS E DA FLORESTA NO ENFRENTAMENTO À COVID-19, E A MOBILIZAÇÃO INTERINSTITUCIONAL DO COMITÊ GARANTIU RECURSOS BÁSICOS

As estratégias de enfrentamento da pandemia da covid-19 na região do Alto e Médio Rio Negro, no Amazonas, envolveram práticas indígenas e não indígenas de prevenção e proteção. Diante do cenário mundial de incertezas sobre como agir no combate ao novo coronavírus e sem terem as respostas da ciência ocidental, os indígenas que vivem nessa região da Amazônia, em comunidades no interior da floresta ou em áreas urbanas, manifestaram expressivamente conhecimentos de sua própria medicina indígena e fortaleceram esses saberes com o uso de plantas medicinais para chás, defumações, banhos, além de realizarem seus *basese* (fórmulas de curas e terapêuticas). Isso sem abrir mão – quando possível, devido às limitações e realidades locais – das medidas preventivas como o uso de máscara e higienização das mãos.

Práticas utilizadas por esses povos no enfrentamento a epidemias ocorridas em décadas anteriores – as de sarampo e coqueluche, por exemplo –, como a de se abrigarem em áreas mais remotas da floresta, também foram adotadas. O resultado, segundo relato dos próprios indígenas, é que esse protocolo indígena evitou que a situação da pandemia fosse pior.

Principal município dessa região, São Gabriel da Cachoeira, teve os dois primeiros casos de covid-19 registrados oficialmente em 26 de abril de 2020, sendo um deles o do professor indígena Walter Antônio Benjamin, do povo Baniwa, que acabou falecendo, e o de uma profissional de saúde não indígena, que se recuperou. Segundo relatos dos indígenas, o vírus começou a circular na região em fevereiro, quando algumas pessoas começaram a ter sintomas de uma "gripe estranha", que levava à perda de paladar. Para combater essa gripe, os indígenas fizeram uso dos remédios próprios. E, quando perceberam que esse "resfriado" poderia ser a covid-19, ampliaram e intensificaram o uso da medicina própria, com ativa troca de informações sobre as receitas e práticas utilizadas.

Em março de 2020, logo após a Organização Mundial de Saúde (OMS) alertar sobre a pandemia e o primeiro caso ser registrado no Brasil, a administração municipal de São Gabriel da Cachoeira criou o Comitê de Enfrentamento e Combate à Covid-19, que atuou reunindo atores interinstitucionais, como órgãos públicos – Secretaria Municipal de Saúde, Distrito Sanitário Especial Indígena (Dsei), Exército – e sociedade civil organizada, como a Federação das Organizações Indígenas do Rio Negro (Foirn), Instituto Socioambiental (ISA), além de parceiros, como Médicos Sem Fronteiras (MSF), Expedicionários da Saúde (EDS), Fundação Oswaldo Cruz (Fiocruz), entre outros.

Essa atuação interinstitucional – inclusive diante das lacunas de ação dos órgãos oficiais e da precariedade do serviço de saúde – foi um dos grandes diferenciais no enfrentamento à pandemia no município, sendo que a coordenação dos trabalhos foi assumida pelo diretor-presidente da Foirn, Marivelton Barroso, do povo Baré, indicando a organização e relevância do movimento indígena no contexto da região.

Segundo informações do Governo do Amazonas, até 14 de setembro de 2022, o número de casos da covid-19 no estado chegava a 615.181 casos confirmados, com 14.307 óbitos, o que equivale a uma taxa de 2,3%. Em São Gabriel da Cachoeira, até essa data, eram 11.033 casos e 113 óbitos (taxa de letalidade de 1%). O município de Santa Isabel do Rio Negro registrava 3.194 casos e 57 óbitos (taxa de letalidade 1,8%), enquanto em Barcelos eram 5.359 confirmações e 60 mortes (1,1%). Esses três municípios, no Médio e Alto Rio Negro, estão na área de abrangência da Foirn.

Conforme dados da Secretaria Especial de Saúde Indígena (Sesai), até 16 de setembro foram registrados 2.475 casos confirmados de covid-19 e 26 mortes em comunidades atendidas pelo Dsei-ARN nos municípios de São Gabriel, Santa Isabel e Barcelos. Já na área do Dsei-Yanomami, foram 2.615 casos e 23 mortes. Aqui é importante ressaltar que o Dsei-Yanomami atende a áreas nos estados do Amazonas e Roraima.

Assim como apontado por pesquisadores e especialistas da área de saúde, em todo o país, incluindo o território indígena, o registro de casos não acompanhou a realidade das ocorrências, havendo subnotificação.

O tamanho do território e as dificuldades de comunicação foram desafios durante o combate à pandemia. Por outro lado, as próprias comunidades se mobilizaram, algumas fechando o acesso a quem chegava de fora e cancelando festividades. Foram criadas barreiras sanitárias, mas não foram suficientes para evitar a circulação dos indígenas. Filas extensas nas casas lotéricas formadas por pessoas em busca de seus benefícios sociais ocorreram durante toda a pandemia. O Ministério Público Federal (MPF) e a Justiça atuaram e a prefeitura decretou o fechamento de comércios e serviços em alguns períodos, mas nem mesmo essas ações foram suficientes para barrar o problema, que foi fator de risco para o aumento das contaminações.

Entre as conquistas da mobilização interinstitucional do Comitê de Enfrentamento e Combate à Covid-19 está a estruturação das unidades de atendimento primário indígena (Uapis), pequenas enfermarias com oferta de oxigênio dentro do território indígena, o que evitou remoções de pacientes. Essa ação foi garantida pela parceria entre o Dsei-ARN, Dsei Yanomami, EDS, Foirn e ISA.

Para garantir o recurso tão necessário no tratamento da covid-19 mesmo nas comunidades mais remotas e de difícil acesso, uma alternativa foi trabalhar com os concentradores de oxigênio (microusinas que funcionam ligadas a tomadas). O transporte de cilindros de oxigênio foi outro desafio: em São Gabriel da Cachoeira só se chega de avião ou barco, não havendo acesso rodoviário. Dessa forma, a logística para o fornecimento dos cilindros era dispendiosa e difícil.

Em São Gabriel da Cachoeira há um hospital – o Hospital de Guarnição do Exército (HGuSGC) –, que não tem Centro de Tratamento Intensivo (CTI). No início da crise sanitária, a unidade contava apenas com uma usina de oxigênio, com funcionamento precário. Em caso de agravamento de quadro, o paciente precisa estar estabilizado para ser transferido em unidade aeromédica em viagem de aproximadamente duas horas até a capital, Manaus.

Diante da precariedade da estrutura de saúde, o Médicos Sem Fronteiras (MSF) chegou a atuar em São Gabriel, estruturando uma enfermaria para atender os indígenas que precisavam de atendimento. O espaço foi adaptado à realidade local, recebendo redes de dormir, permitindo a presença de acompanhantes e aceitando a atuação dos conhecedores indígenas.

As articulações interinstitucionais foram diversas e amplas. Na linha de frente, além dos profissionais de saúde, estavam as lideranças indígenas. As mulheres se mobilizaram com a criação da "Campanha Rio Negro, Nós Cuidamos", uma parceria do ISA e da Foirn para arrecadação de recursos principalmente para aquisição de cestas básicas, máscaras e itens de higiene. Equipes da Foirn entraram para o território fazendo essas entregas e levando informação. O Departamento de Mulheres Indígenas da Foirn (Dmirn), coordenador por Elizângela Silva, do povo Baré, e Janete Alves, do povo Desana –, e o Departamento de Adolescentes e Jovens Indígenas (Dajirn), coordenado por Adelina Sampaio, povo Tukano, estiveram à frente das mobilizações.

Durante o período foram produzidos informes em línguas indígenas sobre o vírus e a vacinação. Também foi produzida uma cartilha para alertar sobre o aumento da violência doméstica e orientar sobre as formas de prevenção e denúncia. Os dados oficiais e as ações do Comitê foram registradas por meio do Boletim covid-19 desen-

© ANA AMÉLIA HAMDAN/ISA, 2020

Mulheres indígenas fazem a leitura da cartilha de prevenção à violência doméstica no contexto de pandemia durante entrega na Feira Tuyuka.

volvido em parceria pelo ISA e pela Foirn e distribuído por WhatsApp.

Ainda na área de comunicação, a radiofonia da Foirn foi forte aliada dos povos indígenas. No início da pandemia, a comunicadora Edneia Teles, do povo Arapaso, era a responsável por enviar e receber as mensagens do território indígena. Ela convidou profissionais da saúde para repassar informações. Um desses profissionais foi o médico Guilherme Monção, do Dsei-ARN, que informou sobre o vírus e, depois, repassou esclarecimentos sobre a vacinação, também combatendo *fake news*.

Em geral, houve a adesão à vacina entre os indígenas, mas em determinadas sub-regiões, com mais influência de grupos evangélicos, ocorreu maior resistência. A vacinação em São Gabriel teve início em 20 de janeiro de 2021, sob responsabilidade da Secretaria Municipal de Saúde. A imunização no território indígena, a cargo dos Dseis, começou um dia após essa data, em Itacoatiara Mirim, comunidade predominantemente Baniwa, bem próxima ao centro urbano. Em meados de 2022, os índices de cobertura vacinal, ainda estavam aquém dos indicados pelos órgãos de saúde, que é de no mínimo 80%.

Em São Gabriel da Cachoeira, até 16 de setembro de 2022, considerando a população como de 46.303 habitantes e que 29.493 pessoas tomaram duas doses ou dose única, o índice vacinal primário (segunda dose ou dose única) estava em 63,7%. Esses dados são da Fundação de Vigilância em Saúde Amazonas (FVS). Considerando somente indígenas vivendo em Terras Indígenas, 14.369 pessoas tomaram a segunda dose ou dose única, com cobertura vacinal de 89,9%. A FVS considera que o número dessa população é de 15.985.

Em Santa Isabel do Rio Negro, 10.312 pessoas tomaram a segunda dose ou dose única, o que é uma cobertura vacinal primária de 39,9%, levando em conta a população de 25.865 pessoas. Em indígenas vivendo em Terras Indígenas, 2.641 pessoas tomaram a segunda dose ou dose única, com cobertura vacinal de 96,5%. A FVS considera que o número de pessoas vivendo em território indígena é de 2.736.

Já em Barcelos, há 11.503 pessoas que tomaram a segunda dose ou dose única. Cobertura vacinal de 42,6%, levando em conta a população de 27.638 pessoas. Em indígenas vivendo em Terras Indígenas, 2.329 pessoas tomaram a segunda dose ou dose única, com cobertura vacinal de 67,9%. A FVS considera que o número dessa população é de 3.390 pessoas.

PRÁTICAS ANCESTRAIS

Para trocar saberes e conhecimentos sobre os remédios das roças, quintais e floresta utilizados no enfrentamento à covid-19, logo após a primeira e mais grave fase da pandemia abrandar, em setembro de 2020, a Associação dos Artesãos Indígenas de São Gabriel da Cachoeira (Assai) promoveu uma oficina.

O encontro teve a participação de todos os membros da Assai – a maioria mulheres. Entre as plantas e substâncias citadas e apresentadas no encontro estão carapanaúba, cipó saracura, jambu, limão, mel, casa da formiga taxi, boldo, entre outras plantas foram citadas como tendo sido usadas. O encontro foi registrado com o apoio do ISA e deu origem à cartilha *Conhecimento indígena: plantas medicinais e receitas usadas contra a covid-19 no Rio Negro.*

Professora e uma das fundadoras da Assai, Cecília Barbosa Albuquerque, da etnia Piratapuya, organizou a oficina e explica que cada povo tem seus modos próprios de preparo. "Não importa se a planta é a mesma em cada quintal. Cada um faz o preparo de um jeito diferente", disse.

O conhecedor Ercolino Jorge Araújo Alves, do povo Desana, e sua esposa Carmem Figueiredo Alves, da etnia Wanano, também participaram desse encontro. Ele conta que que trabalhou muito durante a pandemia As pessoas fizeram fila em frente à sua casa para receber o benzimento – ele benze o chá preparado por Carmem, levando para a bebida os elementos de cura.

Ercolino Desana chegou a praticar suas sabedorias na Uapi Cachoeirinha dos Padres, em São Gabriel, unindo seus conhecimentos aos de médicos do Dsei-ARN.

"Meus filhos queriam que eu ficasse no isolamento, mas eu tinha que ajudar. Essa é nossa riqueza das causas indígenas, dos nossos antepassados. Por isso não estão morrendo muito. Esse chá é muito valioso, é muito rico. A mãe natureza nos oferece. Somos ricos da natureza, que está cheia de remédios", afirmou. E ressalta que é diferente dos não indígenas: "a riqueza deles, eles cobram. A nossa é de graça, a natureza oferece".

Ele conta que, "folheando em sua cabeça", lembrou-se do pai contando que em casa de morcego não se mexe, pois vem doença que ataca a região do pescoço e do nariz. "Logo que vi na televisão falando dessa doença que vinha da China, de morcego, fui folheando na minha cabeça e lembrei do meu pai falando disso. Ninguém mexe em casa de morcego".

BASESE

Já em outubro de 2020, o agente indígena de manejo ambiental (Aima) e conhecedor Damião Barbosa, do povo Yepamasã, chegou a São Gabriel, vindo da distante comunidade de São Filipe – ou *Piroperi*, Buraco de Cobra, na língua Tukano –, na divisa do Brasil com a Colômbia, na região do Rio Tiquié. Trouxe notícias da floresta, onde foram realizados rituais de proteção.

Da sede do município de São Gabriel até lá são cerca de cinco dias de viagem de barco, dependendo das condições do rio, mas a covid-19 chegou até lá e atingiu todos os 48 moradores. "Todo mundo pegou", contou Damião.

Ele relata que os remédios e práticas tradicionais impediram que os casos da covid-19 se agravassem. Em meio à floresta, com a comunicação escassa, os indígenas se guiaram mesmo pelos saberes dos *kumû* – como o pajé é chamado na região – e conhecedores. Damião relata que o *kumû* da comunidade já havia recebido sinais da doença. Também chegaram notícias da pandemia via sistema de radiofonia da Foirn e por meio de equipes de saúde. Com essas informações, os indígenas de São Felipe se anteciparam e providenciaram o ritual de proteção ainda em fevereiro, antes mesmo que a doença chegasse à cidade.

Na cerimônia tradicional, o *kumû* faz uso do *ipadu* e tabaco para expandir o pensamento e conduzir a cerimônia, quando será feito o benzimento de substâncias para proteção, como o rapé, a pintura de carajiru e o breu branco para defumação. Damião explica que esse ritual é realizado na maloca para proteção no cotidiano da aldeia, mas nessa ocasião tinha como objetivo conter a covid-19.

Quando os casos da doença apareceram na aldeia, os indígenas, observando os sintomas, utilizaram os remédios da mata, principalmente carapanaúba, saracura, casa de tachi e cipó de trepadeira – todos encontrados nas proximidades de casa, onde o quintal é a floresta. "Funcionou sim, funcionou. Não temos posto de saúde ou hospital e curamos por meio dessa proteção", disse.

Essas práticas descritas por Damião Barbosa estão vivas e presentes em comunidades da região dos rios Uaupés e Tiquié, no Alto Rio Negro. Para possibilitar a troca de experiências e o registro das práticas rituais utilizadas no enfrentamento à Covid-19 nessa região, especialmente entre os povos Tukano, Desano, Tuyuka e Yebamasã, foram promovidos dois encontros: um deles em Serra de Mucura, em dezembro de 2020, pouco antes da segunda onda da covid-19, e o outro em Caruru Cachoeira, ocorrido em outubro de 2021, quando a vacinação contra a doença já estava avançada.

A demanda para a realização dos intercâmbios partiu dos próprios indígenas, com os encontros sendo realizados em parceria pelo ISA e Foirn, tendo a presença do Dsei-ARN.

Em Serra de Mucura, a reunião aconteceu em dezembro de 2020, com intensa troca de saberes. A reunião contou com a presença de conhecedores e, ainda, com um *kumû* (ou pajé), Yaí Jairo Lodoño, da Colômbia.

"Os conhecedores fizeram os contos, as narrativas sobre as prevenções e tratamentos. Avançamos com a criação de uma coordenação interna para conduzir estratégias para combate e prevenção da covid-19 e para articular outros eventos desse tipo, agregando mais conhecedores", informou o vice-presidente da Foirn, Nildo Fontes, também diretor de referência da Coordenadoria Regional do Tiquié, Uaupés e Afluentes (Diawi'i) – uma das cinco coordenadorias regionais da Federação.

Na comunidade Caruru Cachoeira, na TI Alto Rio Negro, o encontro foi realizado em outubro de 2021, dando continuidade ao fortalecimento dos domínios e práticas de *basese* (benzimento/xamanismo) e dos *kiti ukũse* (narrativas míticas).

O Yaí Jairo Lodoño, também participou dessa reunião, colaborando e compartilhando as fórmulas de *basese* aos *kumûa* (plural de *kumû*) presentes. Entre os conhecedores presentes nos encontros em Serra de Mucura e Caruru estavam: Nazareno Marques, Avelino e Luiz Neri, Mario Marques (Tukano); Januário Alves, Raimundo Rezende, Feliciano Tenório, Guilherme Tenório (Tuyuka); Higino Fernandes (Baré); Jairo Lodoño (Idemasa); Teodoro Amaral Barbosa, Jaime e Bernardo Lima Barbosa (Yebamasã).

CRISE DO OXIGÊNIO

Em janeiro de 2021, a crise sanitária extrema em Manaus, com falta de oxigênio inclusive dentro de hospitais e mortes em Manaus, bateu às portas de São Gabriel. No município, os estoques do insumo chegaram no limite.

Mas a mobilização interinstitucional e indígena permaneceu. Os concentradores de oxigênio providenciados desde o início da pandemia foram de grande importância. Além disso, o HGuSGC já estava mais estruturado. E os parceiros, como Greenpeace e EDS, apoiados pela Foirn e ISA, continuaram encaminhando cilindros para a cidade, mesmo com a dificuldade de encontrar o insumo. Em abril, o Greenpeace doou para a Foirn uma usina de oxigênio para abastecimento de cilindros na região do Rio Negro.

Em fevereiro de 2021, a conhecedora Jacinta Sampaio, de 55 anos, do povo Tukano, saiu de sua casa, na comunidade Balaio, na BR-307, e passou cerca de uma semana preparando chás com plantas do quintal e da floresta utilizados no combate à covid-19. "Vim para doar o chá, trazer ajuda para não deixar morrer".

© THIAGO DA COSTA OLIVEIRA, 2018

Feliciano Lana, artista, exibe desenho de sua autoria.

Dona Jacinta ficou muito abalada com a morte, em 1º de fevereiro, do diretor da Foirn, Isaías Fontes, da etnia Baniwa, coordenador da Organização dos Povos Baniwa e Koripako (Nadzoeri).

Isaías foi uma das grandes perdas da covid-19 para o município, sendo importante liderança indígena da Foirn e do seu povo Baniwa. A despedida foi emocionante. No auge da segunda onda da covid-19 e com a emergência da falta de oxigênio em Manaus, a crise sanitária estava em alta e o acompanhamento de velórios estava proibido. Ainda assim, muitos parentes e amigos foram se despedir de Isaías, aguardando em frente ao cemitério da cidade durante o enterro.

Outras lideranças e grandes conhecedores morreram vítimas da covid-19. Essas mortes foram equiparadas por pesquisadores e indígenas como perda de bibliotecas vivas, já que boa parte dos conhecimentos dessas pessoas é passada por meio de narrativas orais, na vivência da floresta, não havendo registro escritos.

Indígenas como o artista Feliciano Lana, Desana, ou o conhecedor Higyno Tenório, do povo Tuyuka, foram vítimas da covid-19. Parte da história dessas grandes bibliotecas do Rio Negro – além de pessoas comuns, mas igualmente importantes – estão registradas no *site* Memoráveis [https://memoraveis.foirn.org.br]. ***(setembro, 2022)***

GERAL

DIRETOR DA FOIRN ENTREGA DOCUMENTO SOBRE A SITUAÇÃO DA SAÚDE

Diretor Presidente da Foirn, Marivelton Rodrigues Barroso se reuniu com o novo secretário da Secretaria Especial de Saúde Indígena/MS, Marco Antonio Taccolini na sede da instituição em Brasília. Nomeado em fevereiro deste ano (21/02), no lugar de Rodrigo Rodrigues, foi a primeira vez que o secretário recebeu a Foirn para um diálogo, na qual lhes foi apresentado a situação do atendimento a Saúde Indígena no Rio Negro, no âmbito do três municípios Santa Isabel do Rio Negro e Barcelos, problema que se arrasta há vários anos. *(Foirn, 07/03/2017)*

LIDERANÇAS INDÍGENAS PARTICIPAM DE MÊS COMEMORATIVO

Membros da liderança indígena do Amazonas divulgaram na manhã desta terça-feira (11), em coletiva de imprensa, o lançamento do "Mês indígena", que terá como grande destaque uma manifestação nos dias 19 e 20 que deve reunir indígenas na capital amazonense. O antropólogo e coordenador do Fórum de Educação Escolar Indígena do Amazonas (Foreeira), Gersem Luciano dos Santos Baniwa, destacou que as ações irão mobilizar as comunidades indígenas para lutar e exigir que seus direitos cumpridos. "Estamos vivendo um momento político difícil com relação aos direitos dos indígenas e temos que mostrar que estamos aqui e vamos lutar pelos nossos direitos", disse. O coordenador revelou ainda que esse ano a 3ª Marcha da Resistência Indígena do Amazonas vai reunir mais de 1.5 e será a maior marcha de todos os tempos. "Será a maior marcha de todos os tempos e vamos mostrar a nossa força", disse. *(A. Menezes, A Crítica, 11/04/2017)*

MULHERES INDÍGENAS DO ALTO RIO NEGRO PROMOVEM ENCONTRO

Na manhã deste sábado (13), Deolinda de Freitas Machado, 67, irá encarnar o livro vivo para ser aberto, lido, escutado. Caberá a ela contar às outras mulheres e aos convidados a história de criação e de resistência da Associação de Mulheres Indígenas do Alto Rio Negro (AMARN). O relato é parte da programação de aniversário dos 30 anos da AMARN, uma das mais antigas organizações indígenas do Amazonas e do Brasil. Nasceu em tempos duros e de muita agitação no País, ajudou nos primeiros passos da criação da Coordenação das Organizações Indígenas da Amazônia Brasileira, que viria a se tornar o maior e mais forte canal de lutas e interlocução dos indígenas brasileiros nacional e internacionalmente. *(I. Vieira, A Crítica, 13/05/2017)*

ASSOCIATIVISMO INDÍGENA EM DESTAQUE NO RIO NEGRO

Fortalecer as associações de base para aumentar a autonomia dos povos indígenas através da autogestão dos seus territórios foi o tema central do encontro de lideranças e representantes das associações da região da Coordenadoria das Organizações Indígenas do Tiquié, Uaupés e Afluentes (Coitua). Com a presença de nomes de referência para o movimento indígena do Rio Negro, como Benedito Machado, Álvaro Tukano, Sebastião Duarte, Luís Lana e Severiano Sampaio, o encontro teve como objetivo motivar os líderes e jovens das associações de base a expor suas dificuldades e pensar novas propostas de autogestão. O encontro teve o apoio da Funai e do ISA. *(ISA, 24/05/2017)*

INDÍGENAS INICIAM PESQUISAS PARA MONITORAR CLIMA E MEIO AMBIENTE

Uma rodada de oficinas sobre monitoramento ambiental e climático mobilizou pesquisadores e conhecedores indígenas e pesquisadores-assessores do Instituto Socioambiental (ISA) na Bacia do Rio Negro, entre março e abril passados. As oficinas são parte do projeto colaborativo de pesquisa e monitoramento dos ciclos ecológicos, socioeconômicos e climáticos no noroeste amazônico. O objetivo da pesquisa é incentivar espaços de produção colaborativa de conhecimentos, conectando as comunidades ao desenvolvimento de pesquisas (e políticas) sobre as mudanças ambientais e climáticas em curso. *(F. Storch, ISA, 31/05/2017)*

FOIRN E ISA SUGEREM PRIORIDADES AO PLANO PLURIANUAL

Como previsto pela Constituição Federal (art.165), o governo municipal de São Gabriel da Cachoeira, no noroeste amazônico, está elaborando seu Plano Plurianual (PPA) para o período de 2018-2021. Para participar e colaborar com o processo de formulação do plano, a Federação das Organizações Indígenas do Rio Negro (Foirn), com a colaboração do ISA (Instituto Socioambiental), entregou um documento listando as prioridades para o PPA, conforme as demandas do movimento indígena rionegrino, em audiência pública na Maloca da Foirn, em São Gabriel, no último dia 7 de julho. *(J. Radler, ISA, 10/07/2017)*

MULHERES, ADOLESCENTES E HOMENS DIVIDEM DELEGACIA NO AMAZONAS

A única porta da delegacia de São Gabriel da Cachoeira que dá acesso à carceragem está destrancada. Tão pesada quanto o ferro que a compõe é o que ela esconde. Além das condições insalubres e da superlotação, homens, mulheres e adolescentes, a maioria indígena, dividem o mesmo teto. "Nenhum direito nesta prisão é respeitado", diz o delegado Rafael Wagner Soares, responsável pelo local.
A situação na cidade com mais indígenas no país descumpre uma série de artigos da Lei de Execução Penal. Presos provisórios deveriam ir para cadeias públicas; condenados, para presídios; adolescentes, para unidades socioeducativas. Mulheres e homens não poderiam dividir o mesmo ambiente. *(T. Lazzeri, Repórter Brasil, 15/07/2017)*

100 ANOS DE SERVIDÃO

A vida dos piaçabeiros se repete em ciclos e tem toques de realismo fantástico. Estão presos a um modo de exploração em que o trabalho se confunde com pagamento de dívida. A relação se baseia em um sistema de empréstimos fornecidos pelos patrões, nome dado aos comerciantes que controlam a produção. "O objetivo é manter o piaçabeiro endividado e subordinado a vida inteira", afirmou o pesquisador Márcio Meira, ex-presidente da Fundação Nacional do Índio, que estudou o ciclo da servidão amazonense. Os habitantes do Rio Negro chamam esse sistema de aviamento. Servidão por dívida é o nome oficial, segundo o Código Penal Brasileiro, uma das formas de trabalho escravo contemporâneo. *(T. Lazzeri, Repórter Brasil, 19/10/2017)*

NASCE A REDE DE COMUNICADORES INDÍGENAS DO RIO NEGRO

Dezessete jovens de oito diferentes etnias integram a iniciativa e lançam o boletim de áudio Wayuri, que será distribuído via radiofonia,internet, whatsapp e rádios AM e FM. Para produzir o programa, correspondentes indígenas das calhas dos rios Uaupés, Içana e Jurubaxi gravam notícias em áudio e enviam por whatsapp e radiofonia para os editores do boletim Lucas Tairano e Claudia Wanano, que vivem em São Gabriel da Cachoeira. *(J. Radler, ISA, 10/11/2017)*

COMUNIDADES MAPEIAM FORTALEZAS E AMEAÇAS NA TI ALTO RIO NEGRO

O Rio Apapóris vai se desenhando pela floresta densa em uma das regiões mais remotas do Noroeste Amazônico, entre os municípios de São Gabriel da Cachoeira e Japurá. A mata intocada é um alento para a equipe que está dentro do pequeno avião rumo à Cachoeira do Machado, comunidade a margem do rio Traíra, na Terra Indígena (TI) Alto Rio Negro. Missão: realizar uma oficina do Plano de Gestão Territorial e Ambiental (PGTA) das TIs do Médio e Alto Rio Negro. *(ISA, 08/05/2018)*

SÃO GABRIEL DA CACHOEIRA É Nº 1 EM MALÁRIA NO BRASIL EM 2018

Uma equipe de 13 especialistas da Fundação de Vigilância em Saúde do Amazonas chegou essa semana a São Gabriel da Cachoeira para criar um plano emergencial de controle e combate à epidemia de malária que assola o município. A região registra 5.072 casos da doença nos primeiros quatro meses deste ano, o que representa um aumento de 49% em relação ao mesmo período de 2017. *(J. Radler, ISA 19/05/2018)*

JUSTIÇA DO AM CONDENA ACUSADOS POR ABUSO SEXUAL DE INDÍGENAS

Três comerciantes e um empresário foram condenados pela Justiça do Amazonas a penas que somam 151 anos de reclusão em regime fechado por crimes de exploração sexual contra meninas indígenas em São Gabriel da Cachoeira, na região do Alto Rio Negro, no norte do Amazonas. Segundo as primeiras denúncias contra os réus, eles ofereciam às vítimas, com idades entre nove e 14 anos, em troca da virgindade, aparelhos celulares, roupas, maçãs e bombons. *(E. Farias, Amazônia Real 18/09/2018)*

TROCA INDIGENISTA NA FUNAI

Lideranças indígenas do Rio Negro estiveram reunidas ontem, em São Gabriel da Cachoeira, para discutir a nomeação do novo coordenador da Fundação Nacional do Índio para a região. A troca de comando aconteceu na terça-feira da semana passada (4) e, segundo os indígenas, sem a consulta deles. *(A Crítica, 11/09/2018)*

© JULIANA RADLER/ISA, 2021

Participantes do I Encontro de Turismo Indígena de Base Comunitária.

PROJETO DE TURISMO É PREMIADO

O projeto de turismo de base comunitária Serras Guerreiras de Tapuruquara foi premiado com menção honrosa na categoria "Nacional Sociocultural" do 7º Prêmio Braztoa de Sustentabilidade 2018/2019, da Associação Brasileira das Operadoras de Turismo (Braztoa). A parceria para o trabalho de turismo comunitário, desenvolvido no Amazonas, iniciada em 2013 entre a Associação Garupa, a Associação das Comunidades Indígenas e Ribeirinhas e o Instituto Socioambiental renderam em 2017 as primeiras expedições para as terras indígenas do Médio Rio Negro I e II, a partir de Santa Isabel do Rio Negro. *(A Crítica, 31/10/2018)*

INTERCÂMBIO ENTRE POVOS INDÍGENAS WAIWAI E BANIWA

Produtoras indígenas da etnia Wai Wai que habitam as cabeceiras do Rio Mapuera, no extremo norte do Pará, desde sempre produzem e usam a pimenta em pó (chamada na língua Wai Wai de "assissi") em suas alimentações, havendo inclusive uma forte relação cultural. Porém, elas enfrentam problemas que limitam sua comercialização.
O encontro, financiado via Agência dos Estados Unidos para o Desenvolvimento Internacional (Usaid) e Swedish, aconteceu em São Gabriel da Cachoeira, onde visitaram o escritório do Instituto Socioambiental (ISA) e a aldeia Yamado do povo Baniwa. *(Ecam,09/11/2018)*

POVOS INDÍGENAS DO RIO NEGRO VALIDAM PGTAS DAS TIS

Encerrou neste sábado, 01/12, a Assembleia dos Povos Indígenas do Rio Negro em Santa Isabel do Rio Negro.O evento reuniu aproximadamente 200 participantes, do baixo, médio e alto Rio Negro. Ao longo dos cinco dias, foram realizados intensos debates sobre as ameaças e ataques aos direitos dos povos indígenas e também sobre as perspectivas para os povos indígenas através de suas organizações representativas e o movimento indígena. *(Foirn,01/12/2018)*

JOVENS INDÍGENAS ORGANIZAM REDE DE COMUNICADORES

A Rede de Comunicadores do Alto Rio Negro existe há um pouco mais de um ano. Os jovens têm um programa semanal, aos sábados, numa rádio comunitária, onde difundem informações que julgam importantes de chegar às aldeias mais longínquas. Foi por este meio que a informação do primeiro vestibular indígena da Unicamp, que teve 350 inscritos na cidade de São Gabriel, chegou para muitos moradores. *(L. Torres, G1, 03/12/2018)*

FUNAI TEM 2 ANOS PARA CONCLUIR DEMARCAÇÃO DE TIS

O Tribunal Regional Federal da 1ª Região (TRF1) estabeleceu o prazo de dois anos para que a Fundação Nacional do Índio (Funai) conclua a demarcação das terras indígenas ocupadas pelos povos do Médio e Baixo Rio Negro, no estado de Amazonas. *(MPF, 01/04/2019)*

CORREIO RETORNA A SÃO GABRIEL DA CACHOEIRA

Distante 2,7 mil km da capital federal em linha reta e acessível somente por barco ou avião, São Gabriel da Cachoeira (AM) é um caldeirão de forças políticas em disputa fervendo a fogo brando. De um lado, grupos formados por lideranças de diversas etnias defendem o

© JULIANA RADLER/ISA, 2022

Lideranças indígenas do Rio Negro que organizaram o ato do dia 8 de março de 2020, promovido Foirn, na orla da praia de São Gabriel da Cachoeira/AM.

direito às terras indígenas e o uso tradicional desses espaços. De outro, cooperativas desses mesmos povos rejeitam o *modus operandi* de relação com o governo, e afirmam que a demarcação de terras lhes dá direito à exploração mineral, embora não haja legislação para a atividade. A mistura borbulha há 25 anos. Mais especificamente, desde a implementação do Plano Real, decisivo para a transformação da região já nos primeiros passos. *(L. Calcagno, Correio Braziliense, 29/06/2019)*

EXÉRCITO IMPEDE ENTRADA DE INDÍGENAS NA PRÓPRIA TERRA

O Exército barrou um líder e cinco estudantes indígenas de entrar em seu próprio território. O caso ocorreu na TI Alto Rio Negro, no município de São Gabriel da Cachoeira (AM). A explicação para esse veto ainda é divergente. A Funai diz que a decisão de proibir indígenas não partiu dela – afirma que orientou barrar apenas convidados não indígenas. O Exército, por sua vez, diz que a ordem veio do órgão indigenista. *(FSP, 20/07/2019)*

DEFENSOR DE CAUSAS INDÍGENAS, CATEQUISTA DE ETNIA TUYUCA MORRE

Agredido a pauladas, o indígena da etnia Tuyuca, Humberto Peixoto Lemos, de 37 anos, morreu na tarde deste sábado. Segundo a Coordenação dos Povos Indígenas de Manaus e Entorno (COPIME), o catequista era defensor dos índios e foi agredido por criminosos, atrás de uma feira no bairro Coroado, Zona Leste de Manaus. *(E. Nascimento, G1, 08/12/2019)*

MULHERES INDÍGENAS SE REÚNEM NA LUTA CONTRA A VIOLÊNCIA DE GÊNERO

Pintadas e de mãos dadas, mulheres indígenas de todas as idades se juntaram na orla da praia de São Gabriel da Cachoeira, às margens do Rio Negro, para pedir por dias de paz. Os dados mostram que, entre 1º de janeiro de 2010 e 31 de dezembro de 2019, foram registrados na delegacia do município 4.681 casos de violência contra mulheres. Isso revela uma média de 1,28 casos notificados por dia. "Em 10 anos a gente não teve um dia de paz. Isso sem falar nos casos que não são denunciados, pois sabemos que muita mulher tem medo de denunciar seus agressores – em sua maioria maridos ou ex-companheiros", alerta Elizângela da Silva, do povo Baré, coordenadora do Departamento de Mulheres da Foirn. *(J.Radler, ISA, 10/03/2020)*

SAÚDE DE "CIDADE INDÍGENA" ENTRA EM COLAPSO

A pandemia da Covid-19 colapsou o sistema de saúde de São Gabriel da Cachoeira, considerado o município "mais indígena do Brasil" com cerca de 45 mil habitantes. São quatro indígenas mortos e 41 contaminados em um município que não possui UTI e agora clama pela criação urgente de um hospital de campanha. Autoridades municipais, organizações indígenas como a Foirn e organizações não governamentais que atuam na região, como o ISA, estão agora mobilizados para obter um hospital de campanha. Os casos da Covid-19 explodiram na cidade, com registros já em comunidades mais distantes da área central. Os casos cresceram 583% de 1 a 7 de maio. *(R. Valente, UOL,09/05/2020)*

PANDEMIA ZERA ESTOQUE DE OXIGÊNIO E EXPÕE INDÍGENAS A INFECTADOS

Segundo os profissionais entrevistados, já houve ocasiões em que praticamente todos os membros da comunidade – dos mais jovens aos mais velhos – apresentavam sintomas da doença. Segundo a Secretaria Especial de Saúde Indígena (Sesai) do Ministério da Saúde, já houve 16 confirmações da doença em aldeias no Distrito Sanitário Especial Indígena do Alto Rio Negro – região administrativa que engloba a maioria das aldeias no município de São Gabriel da Cachoeira –, das quais duas resultaram em morte. *(J. Fellet, BBC, 22/05/2020)*

SEM SANEAMENTO, "MUNICÍPIO MAIS INDÍGENA" SOFRE COM PANDEMIA E SEGUNDA ONDA

Dois a cada três habitantes testados em São Gabriel da Cachoeira, no noroeste do Amazonas, estão com Covid-19; porcentagens de população indígena e de falta de acesso à água são similares, em torno de 90%, e ajudam a explicar a matança na região. *(P. Dallabrida, De Olho nos Ruralistas, 10/06/2020)*

A PANDEMIA DA COVID 19 NO ALTO RIO NEGRO

No Distrito de Iauareté, o alcance do Covid 19 foi por meio da equipe de do Polo Básico no mês de Abril de 2020. A equipe que deveria proteger a saúde indígena, foi a protagonista pela disseminação do Covid 19, além do mais omitiu com a verdade sobre a doença, alegando que o profissional estava com uma forte gripe. Isso ocorreu no início do mês de abril. Tanto que a doença intensificou no mês de maio. Reconhecendo a intensificação da doença, a equipe de saúde fez visitas domiciliares, orientando a recomendação do Ministério da Saúde (de lavar as mãos com água e sabão, uso de máscara, evitar aglomeração e praticar o distanciamento social), para o acompanhamento dos suspeitos. *(G. Maia, InfoAmazônia, 05/08/2020)*

POANI, UM TRIBUTO AO RIO NEGRO

"Os estudos que fazemos devem gerar a vida. Por isso, nós estudamos o que vai trazer a vida para as pessoas". Poani Higino Pimentel Tenório faleceu na noite dessa quinta-feira (18) em Manaus, depois de ter contraído coronavírus na comunidade onde residia, Curica, na foz do Curicuriari no Rio Negro, abaixo da cidade de São Gabriel da Cachoeira. Higino foi o principal líder dos Tuyuka na virada do milênio, e por quase vinte anos seguiu contribuindo decisivamente para a retomada de sua língua, e da própria autoestima de seu povo, que estavam sendo sufocadas até meados da década de 1990. *(A. Cabalzar, ISA, 20/06/2020)*

© CLAUDIO TAVARES/ISA, 2019

Higino Pimentel Tenório.

REDE FORMADA POR INDÍGENAS É ELEITA HERÓI DA INFORMAÇÃO MUNDIAL

A Rede Wayuri, formada por comunicadores indígenas, foi eleita pela organização Repórteres Sem Fronteiras (RSF) como um dos 30 heróis da informação em nível mundial. A lista, divulgada semana passada, contemplou pessoas e meios de comunicação que contribuíram para salvar vidas durante a pandemia do novo coronavírus. Segundo a nota divulgada pela organização, os comunicadores da Rede Wayuri não mediram esforços para manter 750 comunidades indígenas da Região Amazônica informados durante a crise mundial de saúde. *(L. Melo, A Crítica, 21/06/2020)*

© ANA AMÉLIA HAMDAN/FOIRN, 2021

Luiz Laureano Baniwa, na primeira reunião realizada na Casa do Saber após a reforma que ele mesmo conduziu no espaço, sede da Foirn, em São Gabriel da Cachoeira.

MULHERES INDÍGENAS LANÇAM CARTILHA SOBRE PLANTAS USADAS CONTRA COVID-19

Mulheres indígenas de várias etnias do Rio Negro lançaram na manhã deste sábado, 20/03, a Cartilha Conhecimento Indígena: Plantas medicinais e receitas usadas contra a Covid-19 no Rio Negro, em iniciativa conjunta da Associação dos Artesãos Indígenas de São Gabriel da Cachoeira (ASSAI) e Instituto Socioambiental (ISA), apoiada pela Foirn. A cartilha chega para fortalecer ainda mais a luta contra Covid-19 no Rio Negro. Apesar da chegada da vacina na região, os cuidados como uso de máscaras, lavagem das mãos com sabão e principalmente o uso da medicina tradicional é necessário e deve continuar. *(Foirn, 20/03/2021)*

REINAUGURAÇÃO DA CASA DO SABER DA FOIRN REFORÇA ESPAÇO PARA LUTA E CULTURA

A abertura da solenidade foi conduzida pelo presidente da Foirn, Marivelton Barroso, da etnia Baré, e contou com danças tradicionais indígenas e com a presença de representantes das instituições e sociedade civil organizada. Mas, antes, o principal elemento dentro da cultura tradicional: o indígena Mário Tenório, da etnia Tuyuka, fez o benzimento da estrutura. Também como parte das comemorações do 19 de Abril, nesta segunda-feira foi inaugurada a usina de oxigênio do Rio Negro, doada pelo Greenpeace à Foirn. *(A. Hamdan, Foirn, 19/04/2021)*

COM ATRASO DE SEIS MESES, SESAI VACINA ADOLESCENTES ALDEADOS

Jovens indígenas brasileiros com idades de 12 a 17 anos e que vivem em aldeias de terras indígenas atendidas pela Sesai, do Ministério da Saúde, estão esperando mais tempo para receber a primeira dose do imunizante contra a Covid-19. Entre a liberação da vacina da Pfizer para essa faixa etária, em junho pela Anvisa, a distribuição em outubro e a aplicação das doses, que começou apenas no final de novembro e início de dezembro, já são seis meses de atraso no calendário nacional. *(A. Hamdan, Amazônia Real, 06/12/2021)*

FOIRN REALIZA ENCONTRO PELO FIM DA VIOLÊNCIA CONTRA A MULHER INDÍGENA

Compartilhar as experiências da II Marcha das Mulheres Indígenas realizada no último mês de setembro, em Brasília, e construir plano de ação para o enfrentamento da violência de gênero e criar redes de apoio no Rio Negro são os objetivos do encontro. *(Foirn, 10/12/2021)*

HELENO AUTORIZOU AVANÇO DE GARIMPO EM RIO QUE DIVIDE TIS INTOCADAS

Cinco das sete frentes de exploração de ouro em uma das áreas mais preservadas da Amazônia, autorizadas pelo general Augusto Heleno, estão dentro de trecho do rio Negro que corta duas terras indígenas, onde vivem 11 etnias. As áreas liberadas estão em ilhas ou nas próprias águas do rio, margeado de lado a lado por territórios demarcados. A pedido da Folha, o Ipam (Instituto de Pesquisa Ambiental da Amazônia) analisou as coordenadas geográficas dos projetos autorizados por Heleno, ministro do GSI (Gabinete de Segurança Institucional) da Presidência e secretário-executivo do Conselho de Defesa Nacional. Os dados analisados são públicos e integram os processos na Agência Nacional de Mineração. *(V. Sassine, FSP, 18/12/2021)*

COM NOVA VARIANTE, CASOS DE COVID-19 DISPARAM EM SGC

O município de São Gabriel da Cachoeira registrou nos últimos dias uma disparada de casos da Covid-19. Em janeiro, até o dia 26, foram 1.081 casos confirmados, com alta de 2.988% no comparativo com dezembro, que teve 35 casos. Esse cenário de alta contaminação já provocou uma série de impactos na cidade e no território indígena. Mesmo antes que decretos municipais restringissem o protocolo, instituições se mobilizaram e reduziram ou adiaram suas atividades. *(A. Hamdam, ISA, 27/01/2022)*

INDÍGENAS DO RIO NEGRO APOSTAM EM COMUNICAÇÃO POPULAR

A Rede Wayuri de Comunicação Indígena completa cinco anos de trabalho em 2022. Para marcar essa trajetória, que conta com mais de 100 podcasts produzidos pelos comunicadores indígenas, a Rede realizou sua quarta oficina de formação em comunicação com objetivo de produzir um podcast narrativo sobre a pandemia de Covid-19 na Amazônia, além de refletir sobre novos formatos e linguagens para narrar histórias com uso de tecnologias. Encontro recebeu 55 comunicadores de 15 etnias para discutir novos formatos em podcast e vídeo. *(ISA, 23/02/2022)*

CNJ VAI LANÇAR MATERIAIS EM NHEENGATU, BANIWA E TUKANO

O Conselho Nacional de Justiça (CNJ) vai lançar, na próxima sexta-feira (29), materiais informativos sobre audiências de custódia nas línguas Nheengatu, Baniwa e Tukano. Oito cartazes foram traduzidos em parceria com a Foirn e com o ISA a partir das versões em português lançadas em 2021. A ampliação da tradução para outras línguas já está em debate. Além de informações sobre os passos desde o momento da prisão até a audiência de custódia, os cartazes abordam temas como direitos das pessoas presas, medidas cautelares, monitoração eletrônica, trabalho, renda e educação, saúde, moradia e benefícios socioassistenciais e prevenção a maus-tratos e a violência. *(G1 Amazonas, 25/04/2022)*

LIVROS APRESENTAM A ARTE FEMININA E ANCESTRAL DAS CERÂMICAS TUKANO E BANIWA

As cerâmicas produzidas pelos povos Tukano e Baniwa, da TI Alto Rio Negro (AM), são uma arte feminina milenar. Da escolha da argila à modelagem, polimento, secagem, queima e acabamento, o caminho realizado das artesãs é de uma relação profunda com o sagrado e a floresta. O leitor agora pode se sentir mais próximo a essa experiência com o lançamento dos livros de bolso Cerâmica Tukano e Cerâmica Baniwa, realizados em parceria entre a Foirn e o ISA, e com apoio de União Europeia e Nia Tero. Organizados por Thiago Oliveira e Juliana Lins, as obras fazem parte de uma coleção mais ampla. O conjunto apresenta de forma condensada e plena de informações as riquezas do Sistema Agrícola Tradicional do Rio Negro, reconhecido como patrimônio cultural imaterial do Brasil pelo Iphan. *(R. Almeida, ISA, 09/05/2022)*

MPF PEDE SUSPENSÃO DE ATIVIDADES DE GARIMPO EM TIS LIBERADO PELO GSI

Através de uma ação popular, o MPF pediu a suspensão da autorização de garimpo em TIs banhadas pelo Rio Negro, no Amazonas. A ação foi protocolada na 1ª Vara Federal do estado. O MPF pede que a Agência Nacional de Mineração (ANM), faça a "imediata suspensão de todos os requerimentos ativos de pesquisa ou lavra minerária" em TIs em São Gabriel da Cachoeira. A ação também pede a interdição de novas autorizações. O documento aponta que existem 32 requerimentos minerários e permissão de licenciamento na área, a maioria deles solicita exploração de ouro. *(G1 Amazonas, 10/05/2022)*

CRISE CLIMÁTICA AMEAÇA CIÊNCIA ANCESTRAL

Com os ciclos naturais desordenados pelas mudanças climáticas, povos do noroeste do Amazonas buscam na ciência maneiras de manter vivos saberes e práticas seculares. Um incêndio sem precedentes destruiu um igapó importante para os baniwas, sinal das mudanças climáticas. *(L. Silva, F. Abreu, National Geographic Brasil, 03/10/2022)*

COMUNIDADES INDÍGENAS REIVINDICAM TRANSPORTE PARA VOTAR NO SEGUNDO TURNO

Com índices de abstenção acima da média nacional que é de 20,9%, comunidades indígenas do Amazonas de São Gabriel da Cachoeira, Barcelos e Santa Isabel do Rio Negro, foram incluídas em ofício encaminhado pela Apib ao Tribunal Superior Eleitoral (TSE) e ao Tribunal Regional Eleitoral (TRE-AM), requerendo transporte amplo e denunciando crimes eleitorais. De acordo com dados do TRE-AM, em São Gabriel da Cachoeira, município de

© CLÁUDIO TAVARES/ISA, 2022

maior concentração de indígenas no Brasil, 10.273 eleitores deixaram de votar - uma abstenção de 32,5%. Nos vizinhos Barcelos e Santa Isabel do Rio Negro, as taxas foram ainda mais altas, atingindo 35,9% e 37,4%, respectivamente. Vários indígenas apontaram que um dos principais desafios para chegar aos locais de votação são as longas distâncias que muitos têm que percorrer. *(Portal do Holanda, 28/10/2022)*

BANIWA

MPF EXIGE ESCLARECIMENTOS SOBRE MINERADORES NA TI ALTO RIO NEGRO

No Rio Ayari, na fronteira do Brasil com a Colômbia, na TI Alto Rio Negro, indígenas Baniwa e Koripaco vem denunciando a entrada de empresários ligados aos interesses minerários, assim como de funcionários do Serviço Geológico do Brasil (CPRM) sem o consentimento da Funai e das instituições representativas dos índios, como a Foirn (Federação das Organizações Indígenas do Rio Negro). O objetivo destas incursões, segundo as cartas de manifesto das lideranças indígenas, é promover mineração na terra indígena demarcada, não regulamentada pela legislação brasileira. *(ISA, 16/07/2018)*

O PASSADO E O FUTURO POR MEIO DA CERÂMICA BANIWA

De 5 a 11 de novembro, a comunidade São Joaquim do Rio Ayari, na TI Alto Rio Negro, em São Gabriel da Cachoeira, sediou o II Encontro de Ceramistas da União das Mulheres Indígenas do Rio Ayari (Umira). O objetivo do evento foi compartilhar o conhecimento da arte de produção da cerâmica branca feita pelas mulheres baniwa do Alto Rio Negro entre mestres ceramistas e jovens aprendizes, valorizando os grafismos tradicionais baniwa empregados nos artefatos cerâmicos. Além da coloração clara, a cerâmica produzida pelas mulheres da região possui uma grande diversidade de padrões gráficos de coloração vermelho-alaranjado, que enfeitam cada uma das peças, confeccionadas para as mais distintas finalidades. Entretanto, muitas das jovens baniwa relatam não conhecer as pinturas tradicionais. Muitas sequer dominam as etapas do longo processo de obtenção de materiais e confecção das peças. *(N. Pimenta, ISA, 17/12/2018)*

BANIWA APOSTAM NA EDUCAÇÃO AMBIENTAL PARA CONSERVAR AMAZÔNIA

Há duas décadas, indígenas formam novas gerações conscientes de como assegurar a preservação de seu território, cobiçado por mineradores e já impactado pela crise climática. As comunidades do território baniwa passaram "a se preocupar fortemente" com as mudanças no início dos anos 2000, em face das "primeiras cheias acima do normal". "Isso é muito preocupante, porque as florestas, para nós, são nossos parentes", diz André Baniwa, que é co-autor de um relatório de 1,3 mil páginas lançado pelo Painel Científico para a Amazônia (SPA, na sigla em inglês). Com mais de 200 pesquisadores, é o documento mais abrangente sobre a história, o presente e o futuro da Amazônia, além de apontar caminhos para um horizonte de floresta em pé. *(K. Damasio, National Geographic Brasil, 23/02/2022)*

BARÉ

ÍNDIO É BALEADO AO TENTAR IMPEDIR EMPRESA DE PESCAR EM TI

Um índio da etnia Baré foi baleado, nesta sexta-feira (16), dentro de uma Terra Indígena no município de Santa Isabel do Rio Negro. O caso aconteceu após um grupo de moradores da região confrontar integrantes de uma excursão de pesca esportiva por adentrar a área sem autorização. O disparo que atingiu Arlindo Nogueira partiu de um policial do município. O caso aconteceu na Terra Jurubaxi-Téa, área protegida por recomendação do Ministério Público Federal e foi reconhecida como território indígena em setembro do ano passado. Nesta sexta-feira, uma embarcação da empresa Amazon Sport Fishing levou turistas para pescar no local. Ao notar a presença dos pescadores, índios abordaram o barco para conversar com os tripulantes. Segundo Marivelton Barroso, presidente da Foirn, policiais que acompanhavam tripulantes da embarcação dispararam tiros contra os índios. *(G1, 17/11/2018)*

COMUNIDADE APOSTA EM BANHOS, CHÁS E RAÍZES PARA CURAR COVID-19

Como no passado, mais uma vez foi na medicina tradicional que os povos indígenas foram buscar o lenitivo e a cura para um novo mal: a covid-19. Elizângela trabalha na campanha Rio Negro, Nós Cuidamos, uma iniciativa da Federação das Organizações Indígenas do Rio Negro. Seu trabalho lhe permite, em tempo de pandemia contatar as mais diversas comunidades da região. E testemunhar o interesse renovado dos índios de lascas da carapanaúba, com a qual se faz o banho e uma infusão, com propriedades anti-inflamatórias, ou ainda a saracura-mirá, cujo chá é tão conhecido como o do jambu ou o de mangarataia, misturado ao mel das abelhas e ao limão. Há ainda a folha de capeba. "Tudo isso tem funcionado. A medicina tradicional é como as comunidades estão tratando os doentes. E com sucesso", disse. *(M. Godoy, OESP, 24/05/2020)*

Dona Nazária (Baniwa) ensina padrões gráficos de pintura em cerâmica no II Encontro de Ceramistas da Umira.

DÂW

POVO DÂW INAUGURA CASA DE REFERÊNCIA CULTURAL

Os indígenas da etnia Dâw, que vivem na comunidade Waruá, às margens do Rio Negro, em São Gabriel da Cachoeira, têm agora um novo espaço de referência para fortalecimento de suas tradições.No domingo, 14/3, foi inaugurada a Casa de Referência Cultural. Localizado no rio Curicuriari, no Sítio Belém, pertencente à Associação Ahkoiwi - CAIMBRN (Coordenadoria das Associações Indígenas do Médio e Baixo Rio Negro), o novo centro está em área tradicional do povo Dâw e está mais resguardado das interferências da cidade. *(Foirn, 25/03/2021)*

CONTRA A COVID-19, POVO DÂW REFORÇA RESGATE DE ANTIGOS CAMINHOS

O povo Dâw, da comunidade Waruá, em frente à principal orla de São Gabriel da Cachoeira, próximo ao ambiente urbano, buscou proteção na mata. Com a pandemia, os indígenas reforçaram um movimento que já tinha sido iniciado antes da crise em saúde: a reabertura de caminhos dos antepassados, utilizando o território para fortalecimento da cultura e como proteção. Dos 157 moradores, ao menos 13 (seis da etnia Dâw e os demais de outras etnias) tiveram Covid-19 confirmada por teste rápido, conforme informações do Dsei-ARN. O antropólogo João Vitor Fontanelli ressalta a importância do território para o fortalecimento da saúde dos povos indígenas. "É fundamental, pois articular práticas de cuidado, de bem-estar, de alimentação e organização essenciais para a reprodução física e cultural desses povos", elencou. *(A. Hamdam, ISA, 16/07/2020)*

MELHOR TESE DO PAÍS É DE INDÍGENA DO RIO NEGRO: "SOU FRUTO DE UMA LUTA COLETIVA"

A tese "Kumuã na kahtiroti-ukuse: uma 'teoria' sobre o corpo e o conhecimento-prático dos especialistas indígenas do Alto Rio Negro", do doutor em Antropologia João Paulo Lima Barreto, indígena do povo Yebamasã *(Tukano) acaba de ser escolhida como melhor tese de Antropologia e Arqueologia de 2022 pela Capes. Na tese, Barreto explora a forma como os indígenas, sobretudo do Alto Rio Negro, entendem o corpo e por qual razão esse conhecimento é importante para a construção da relação com o entorno. Egresso do PPGAS/Ufam, ele fez sua defesa em fevereiro de 2021 e foi o primeiro indígena a obter doutorado nessa instituição. Em entrevista, o pesquisador conversou sobre a premiação:*

Sua tese acaba de ser premiada na 17ª edição do Prêmio Capes de Tese. Você pode falar sobre a premiação?

A minha tese é fruto de uma luta de longos anos. Não é só a minha parte, mas uma luta coletiva. Eu digo isso porque eu sou fruto da política de ações afirmativas. A gente sabe que as políticas afirmativas estão sendo implementadas como uma conquista da luta do movimento indígena. Essa luta acontece há mais de 30 anos, mas as ações começaram a ser implementadas pelo governo somente nos últimos anos. Eu sempre falo com os jovens que nossa presença na universidade é de grande responsabilidade, porque vem também de uma luta do movimento. O governo e o sistema olham a política afirmativa como um favor. Mas o movimento indígena sempre colocou que a gente reivindica um espaço nas universidades, nas instituições de graduação do ponto de vista das diferenças. O nosso sistema de conhecimento é diferente do sistema de conhecimento científico. Portanto, não dá para a gente discutir um conhecimento homogêneo, o que a gente chama de monocultura. Estamos discutindo a pluricultura.

E como essa questão das diferenças entre os conhecimentos está presente na sua tese?

O conhecimento indígena não é melhor nem pior: é diferente. Mas nas universidades há uma relação assimétrica. Daí vem todo um palavreado que é criado para o nosso modelo de conhecimento. Por exemplo, é muito triste ver meu pai, que é Kumu, e meus tios Kumuã serem chamados de benzedores, de curandeiros. Primeiro, que não tem essas categorias dentro do nosso conhecimento. Não tem noção de espírito, de sagrado. Não são nossos conceitos. São conceitos religiosos, dentro da lógica ocidental. E quando você pega essas categorias ou esses conceitos e aplica pra entender nossa cultura, você distancia, traduz de forma equivocada. Daí vêm essas palavrinhas: sagrado, espírito, rezador, benzedor. Meu pai não é padre, não é freira, não é pastor, ele não está benzendo. No Núcleo de Estudo da Amazônia Indígena (Neai), eu e outros pesquisadores como o Dagoberto Azevedo, povo Tukano, Justino Sarmento, Tuyuka, Gabriel Sodré Maia, Tukano, Sílvio Sanches, Bará e Jaime Moura Fernandes, Desano, buscamos juntos definir palavras, termos que possam expressar aquele sentido que a gente quer falar. Portanto, minha tese vem também desse fruto de compartilhamento coletivo. (A. Hamdam, ISA, 25/08/2022)

TUKANO

ANTROPÓLOGOS INDÍGENAS LANÇAM LIVROS SOBRE CONHECIMENTO TUKANO

No meio científico no qual ingressaram a partir de 2010, os indígenas João Paulo Barreto, Gabriel Sodré Maia, Dagoberto Azevedo e João Rivelino Barreto, da etnia Tukano, precisaram lidar com os inúmeros conceitos acadêmicos do mundo do "branco" durante sua passagem pelo mestrado e pelo doutorado no Programa de Pós-Graduação em Antropologia Social da Universidade Federal do Amazonas (PPGAS-UGAM). Eles não foram alheios ao rigor acadêmico, mas decidiram criar seus próprios conceitos, com base nos ensinamentos dos ancestrais de seu povo e nas suas histórias de vida. Deste engenho intelectual, surgiu a tríade: Bahsese, Bahsamari e Kihti-ukũse. Os fundamentos destes conceitos estão nas dissertações de mestrado dos quatro indígenas Tukano (autodenominados Yepamahsã), naturais da região do Alto Rio Negro, que acabam de ser publicadas pela Editora da Ufam e pelo Núcleo de Estudos da Amazônia Indígena (Neai), grupo ligado ao PPGAS. *(E. Farias, Amazônia Real, 25/06/2019)*

MISSÃO SALESIANA SE TRANSFORMA EM "CIDADE DOS ÍNDIOS"

Na procissão de Nossa Senhora Aparecida, na tarde do último dia 11, o ministro falou em tucano, a língua franca dos povos do Alto Rio Negro, antes de levar a imagem até a igreja matriz. As missas, onde os indígenas chegaram a cantar em latim, atualmente incorporam músicas tradicionais. Segundo o censo mais recente, de 2017, o distrito tinha 2.570 moradores. É a maior comunidade da TI Alto Rio Negro e a única com luz elétrica por 24 horas, graças a uma usina termelétrica. Além disso, conta com a via principal pavimentada, caminhão de lixo, sinal de TV, ambulância, mercados, restaurante, pista de pouso e até 3G -graças a uma torre de celular do lado colombiano. *(F. Maisonnave, L. Almeida, FSP, 04/11/2019)*

WARAO

MPF APRESENTA PARECER ANTROPOLÓGICO SOBRE WARAO EM MANAUS

O MPF/AM apresentou, em coletiva de imprensa na tarde dessa segunda-feira (29), o parecer técnico elaborado por um perito em antropologia do órgão sobre o povo indígena venezuelano

Warao, que vive uma onda migratória de seu território de origem para o Brasil em busca de melhores condições de vida. O autor do relatório, antropólogo Pedro Moutinho, explicou as principais características culturais dos Warao e a contextualização da crise enfrentada pela Venezuela, que levou à onda migratória das famílias Warao para o Brasil, tendo como principais destinos Boa Vista e Manaus. As informações e análises apresentadas no parecer estão embasadas em pesquisas documentais e bibliográficas, participação em reuniões e trabalho de campo etnográfico realizado entre março e maio de 2017, em diversos pontos da cidade. *(MPF, 30/05/2017)*

DOS 500 WARAO REFUGIADOS, METADE VIVE EMBAIXO DE VIADUTOS EM MANAUS

Dos cerca de 500 índios Warao que migraram nos últimos cinco meses da Venezuela para Manaus, metade mora em barracas de lona em ruas e embaixo dos viadutos que ficam no entorno do Terminal Rodoviário. A falta de acolhimento humanitário, como prevê a nova Lei da Migração, criou um drama sem precedentes na cidade. "A situação lá só tem piorado. Tem muita violência, matança. Passamos muita fome. Somos um povo pesqueiro, não temos mais peixe. E não tem sido fácil encontrar trabalho. Aqui no Brasil eu gostaria de trabalhar. Na minha comunidade, eu era professor de escola para criança. Era do governo. Agora não posso mais. O governo não tem recurso. Nosso trabalho não tem valor. E não sabemos quanto tempo vai durar essa crise", disse Aníbal Cardona, que diz que é formado por uma universidade indígena localizada no estado de Delta Amacuro. *(Amazônia Real, 29/05/2017)*

2.1. Roraima Serra e Lavrado

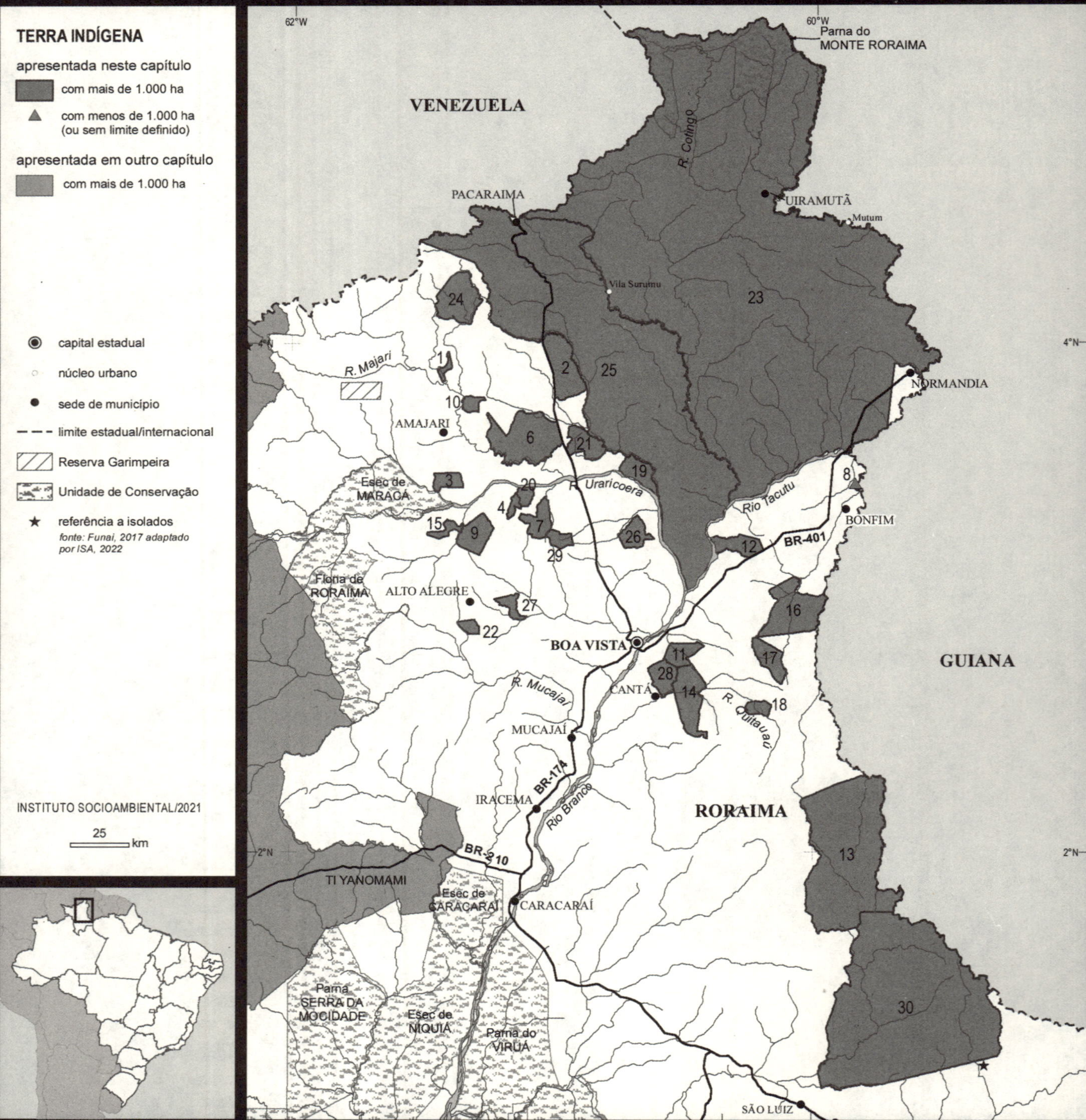

TERRA INDÍGENA
apresentada neste capítulo
com mais de 1.000 ha
com menos de 1.000 ha
(ou sem limite definido)
apresentada em outro capítulo
com mais de 1.000 ha
capital estadual
núcleo urbano
sede de município
limite estadual/internacional
Reserva Garimpeira
Unidade de Conservação
referência a isolados
fonte: Funai, 2017 adaptado por ISA, 2022
INSTITUTO SOCIOAMBIENTAL/2021
25
km
62°W
60°W
4°N
2°N
Parna do MONTE RORAIMA
VENEZUELA
GUIANA
RORAIMA
R. Cotingo
PACARAIMA
UIRAMUTÃ
Mutum
Vila Surumu
NORMANDIA
R. Majari
AMAJARI
R. Uraricoera
Rio Tacutu
BONFIM
BR-401
Esec de MARACÁ
Flona de RORAIMA
ALTO ALEGRE
BOA VISTA
CANTÁ
R. Mucajaí
R. Quitauaú
MUCAJAÍ
IRACEMA
BR-174
Rio Branco
BR-210
TI YANOMAMI
Esec de CARACARAÍ
CARACARAÍ
Parna SERRA DA MOCIDADE
Esec de NIQUIÁ
Parna do VIRUÁ
SÃO LUIZ
1
2
3
4
6
7
8
9
10
11
12
13
14
15
16
17
18
19
20
21
22
23
24
25
26
27
28
29
30

RORAIMA SERRA E LAVRADO
Terras Indígenas
Instituto Socioambiental - 30/11/2022

Nº mapa	Terra Indígena	Povo	População (nº, fonte, ano)	Situação jurídica	Extensão (ha)	Município	UF
1	Ananás	Macuxi Wapichana	9 - CIR:2016	Homologada. Decreto - 86.920 - 16/02/1982, publicado em 17/02/1982. Reg. SPU Certidão n. 021 em 05/12/95.Reg. CRI do município e comarca de Boa Vista (1.769 ha) Matr. 9340 Liv 2-RG Fl 01 em 22.11.88.	1.769	Amajari	RR
2	Anaro	Wapichana	42 - CIR:2015	Homologada. Decreto - s.n. - 21/12/2009, publicado em 22/12/2009. Reg SPU, segundo o site da Funai em 8/1/19 essa TI está regularizadaReg.CRI matr.45443, Liv.2-RG, Fol.1 Comarca de Boa Vista	30.473	Amajari	RR
3	Aningal	Macuxi	245 - CIR:2015	Homologada. Decreto - 86.933 - 17/02/1982, publicado em 18/02/1982. Reg. SPU Certidão 018 em 01/12/95.Reg. CRI do município e comarca de Boa Vista (7.627 ha) Matr. 9.343 Liv 2/RG Fl 01 em 22.11.88.	7.627	Amajari	RR
4	Anta	Macuxi Wapichana	183 - CIR:2015	Homologada. Decreto - 376 - 24/12/1991, publicado em 26/12/1991. Reg. SPU Certidão n. 3 de 20/11/95.Reg. CRI do município e comarca de Boa Vista (3.174 ha) Matr. 12.483 Liv. 2 RG Fl 01 em 24/03/92.	3.173	Alto Alegre	RR
6	Araçá	Macuxi Wapichana	2.016 - CIR:2015	Homologada. Decreto - 86.934 - 17/02/1982, publicado em 18/02/1982. Reg. SPU Certidão n. 013 em 28/11/95.Reg. CRI no município e comarca de Boa Vista (50.018 ha) Matr. 9341 Liv 2-RG Fl 01 em 22.11.88.	50.018	Amajari	RR
7	Barata/Livramento	Macuxi Wapichana	710 - CIR:2010	Homologada. Decreto - s/n - 10/12/2001, publicado em 11/12/2001. Reg. SPU Certidão n. 11 de 03/06/02.Reg CRI no municipio Alto Alegre, Comarca de Boa Vista (12.883 ha) Matr. 23.734, livr. 2-RG Fls 001 em 21/03/2002	12.883	Alto Alegre	RR
8	Bom Jesus	Macuxi Wapichana	58 - Protocolo de consulta, 2019:2019	Homologada. Decreto - 257 - 29/10/1991, publicado em 30/10/1991. Reg. SPU n.011 em 02/12/96.Reg. CRI do município e comarca de Boa Vista (859 ha) Matr.9.176 Liv. 2RG, Fl 01V em 23/8/88.	859	Bonfim	RR
9	Boqueirão	Macuxi Wapichana	464 - CIR:2015	Homologada. Decreto - s/n - 06/06/2003, publicado em 06/06/2003. Reg.SPU Certidão n. 01 de 28/02/2008Reg.CRI no municipio de Alto Alegre, Comarca de Boa Vista (16.354 ha) Matr.n. 28.247 Lv2-RG. Fl. 001 em 08/03/05.	16.354	Alto Alegre	RR
10	Cajueiro	Macuxi	168 - CIR:2015	Homologada. Decreto - 86.932 - 17/02/1982, publicado em 18/02/1982. Reg. SPU Certidão 020 em 04/12/95.Reg. CRI no município e comarca de Boa Vista (4.304 ha) Matr. 9.345 Liv R/RG Fl 01 em 22/11/88.	4.304	Amajari	RR
11	Canauanim	Macuxi Wapichana	1.338 - Protocolo de consulta, 2019:2019	Homologada. Decreto - s/n - 15/02/1996, publicado em 16/02/1996. Reg. SPU. Certidão n. 28 em 11/10/2004.Reg. CRI no município de Bonfim, comarca de Boa Vista (11.182 ha) Matr. n. 23.751 Liv 2-RG Fl.001 em 01/04/02.	11.182	Cantá	RR
12	Jaboti	Macuxi Wapichana	405 - Protocolo de consulta, 2019:2019	Homologada. Decreto - s/n - 15/02/1996, publicado em 16/02/1996. Reg. SPU Certidão n. 19 de 19/09/02.Reg. CRI no município de Bonfim e comarca de Boa Vista (14.210 ha) matr.23.993 Lv 2-RG Fl. 01 em 25/06/02.	14.210	Bonfim	RR
13	Jacamim	Wapichana	1.538 - Protocolo de consulta, 2019:2019	Homologada. Decreto - s/n. - 11/10/2005, publicado em 13/10/2005. Reg SPU Certidão n. 003 em 06/10/2006.Reg CRI no municipio de Bonfim e comarca de Boa Vista (94.341 ha) Matr.26.237, Liv. 2-RG. Fl 001 em 22/09/2003. Reg CRI no municipio e Comarca de Caracaraí (99,151 ha) Matr.2.776 Liv. 2-J Fl 168 em 05/09/2003.	193.493	Bonfim Caracaraí	RR
14	Malacacheta	Wapichana	1.013 - Protocolo de consulta, 2019:2019	Homologada. Decreto - s/n - 05/01/1996, publicado em 08/01/1996. Reg. SPU Certidão n. 9 de 14/05/99.Reg. CRI no município de Bonfim, comarca de Boa Vista (28.831 ha) Matr. 17.305 Liv.2/RG, Fl. 01/02 em 19/01/98.	28.631	Cantá	RR
15	Mangueira	Macuxi Wapichana	93 - CIR:2015	Homologada. Decreto - 86.923 - 16/02/1982, publicado em 17/02/1982. Reg. SPU Cert. n.019 de 01/12/95.Reg. CRI no município de Alto Alegre, comarca de Boa Vista, (4.063 ha) (Matr. 9.339, Liv 2-RG, Fl. 01 em 22.11.88.	4.063	Alto Alegre	RR
16	Manoá/Pium	Macuxi Wapichana	2.741 - Protocolo de Consulta, 2019:2019	Homologada. Decreto - 86.924 - 16/02/1982, publicado em 17/02/1982. Reg. SPU Cert. n. 14 de 29/11/95.Reg. CRI no municipio de Bonfim comarca de Boa Vista (43.336 ha) Matr. 9336 Liv 2RG Fl. 1v/2v em 22/11/88.	43.337	Bonfim	RR
17	Moskow	Macuxi Wapichana	712 - Protocolo de Consulta, 2019:2019	Homologada. Decreto - s/n - 30/05/2003, publicado em 02/06/2003. Reg SPU Certidão 43 em 26/09/2005Reg CRI no municipio de Bonfim, comarca de Boa Vista (14.212 ha) Matr.27.865 Liv.2-RG Fl 001/v 24/11/2004	14.212	Bonfim	RR
18	Muriru	Wapichana	156 - Protocolo de consulta, 2019:2019	Homologada. Decreto - s/n - 23/06/2003, publicado em 24/06/2003. reg SPU eg SPU O site da Funai em 8-1-19 diz que essa TI é regularizadaReg CRI no municipio de Bom Fim, comarca de Boa Vista (3.332 ha) Matr.34.851, Liv 2 RG., Fls 001 em 13/09/2007 Reg CRI no municipio de Canta, na comarca de Boa Vista (2.223 ha) Matr.34.849, Liv. 2-RG, Fls001 em 13/09/2007	5.555	Bonfim Cantá	RR
19	Ouro	Macuxi	189 - CIR:2015	Homologada. Decreto - 86.931 - 17/02/1982, publicado em 18/02/1982. Reg. SPU RR-43 Liv 382 em 29/07/88.Reg. CRI no municipio e comarca de Boa Vista (13.572 ha) de Matr. 9.338 Liv 2-RG Fl. 01 em 22/11/88.	13.573	Amajari	RR
20	Pium	Macuxi Wapichana	325 - CIR:2015	Homologada. Decreto - 271 - 29/10/1991, publicado em 30/10/1991. Reg. SPU Cert. n.009 de 24/11/95.Reg. CRI no municipio e comarca de Boa Vista (4.607 ha) Matr. 12.335 Liv. 2RG Fl. 01 em 02/01/92.	4.607	Alto Alegre	RR
21	Ponta da Serra	Macuxi Wapichana	315 - CIR:2015	Homologada. Decreto - 86.935 - 17/02/1982, publicado em 18/02/1982. Reg. SPU Cert. n. 017 de 30/11/95.Reg. CRI no municipio e comarca de Boa Vista (15.597 ha) Matr. 9.337 Liv. 2-RG Fl. 01 em 22/11/88.	15.597	Amajari	RR
22	Raimundão	Macuxi Wapichana	385 - CIR:2015	Homologada. Decreto - s/n - 03/11/1997, publicado em 04/11/1997. Reg. SPU Certidão n. 3 de 29/05/98.Reg. CRI no município de Alto Alegre, comarca de Boa Vista (4.276 ha) Matr. 17.301 Liv. 2-RG Fl. 01 em 19/01/98.	4.276	Alto Alegre	RR
23	Raposa Serra do Sol	Ingarikó Macuxi Patamona Taurepang Wapichana	26.048 - DSEI Leste–RR:2019	Homologada. Decreto - s/n - 15/04/2005, publicado em 18/04/2005. Reg SPU Certidão n. 002 em 12/09/2006Reg CRI no municipio de Normandia, comarca de Boa Vista (673.971 ha) Matr.28.897 liv.2-RG Fl 01 em 12/08/2005 Reg CRI no municipio de Pacaraima, comarca de Boa Vista (261.709 ha) Matr.28.896 Liv 2-RG Fol 01 em 12/08/2005 Reg CRI no municipio de Uiramutã, comarca de Boa Vista (811.783 ha) Matr. 28.895 Liv2-RG, Fl 01 em 12/08/2005	1.747.464	Normandia Pacaraima Uiramutã	RR
24	Santa Inês	Macuxi	195 - CIR:2015	Homologada. Decreto - 86.922 - 16/02/1982, publicado em 17/02/1982. Reg. SPU Cert. n. 016 de 30/11/95.Reg. CRI no municipio e comarca de Boa Vista (29.698 ha) Matr. 9.345 Liv. 2-RG Fl. 01/02 em 22/11/88.	29.698	Amajari	RR

RORAIMA SERRA E LAVRADO
Terras Indígenas (continuação)
Instituto Socioambiental - 30/11/2022

Nº mapa	Terra Indígena	Povo	População (nº, fonte, ano)	Situação jurídica	Extensão (ha)	Município	UF
25	São Marcos	Macuxi Taurepang Wapichana	5.838 - CIR:2015	Homologada. Decreto - 312 - 29/10/1991, publicado em 30/10/1991. Reg. SPU Certidão n. 21 de 27/09/02.Reg. CRI no municipio e comarca de Boa Vista (654.110 ha) Matr. 23.752 Liv. 2-RG Fl. 001 em 01/04/02.	654.110	Boa Vista Pacaraima	RR
26	Serra da Moça	Wapichana	697 - CIR:2015	Homologada. Decreto - 258 - 29/10/1991, publicado em 30/10/1991. Reg. SPU n. 012 em 06/12/96.Reg. CRI no municipio e comarca de Boa Vista (11.626 ha) Matr. 6.691 Liv. 2-ZRG Fl. 192 em 10/01/86.	11.626	Boa Vista	RR
27	Sucuba	Macuxi Wapichana	343 - CIR:2015	Homologada. Decreto - 86.921 - 16/02/1982, publicado em 17/02/1982. Reg. SPU-Certidão . n. 014 em 04/09/2000.Reg. CRI no municipio de Alto Alegre comarca de Boa Vista (5.983 ha) Matr. 9.444 Liv. 2-RG Fl. 01 em 22/11/88.	5.983	Alto Alegre	RR
28	Tabalascada	Macuxi Wapichana	810 - Protocolo de consulta, 2019:2019	Homologada. Decreto - s.n. - 19/04/2005, publicado em 20/04/2005. Reg SPU certidão n; 001 em 25/05/2006Reg CRI no municipio de Cantá comarca de Boa Vista (13.014 ha) Matr. 28;589 Liv 2-RG Fl 001 em 02/06/2005	13.014	Cantá	RR
29	Truaru	Wapichana	413 - CIR:2015	Homologada. Decreto - 387 - 24/12/1991, publicado em 26/12/1991. Reg. SPU Cert. n. 009 em 30/05/97.Reg. CRI no municipio e comarca de Boa Vista (5.562 ha) Matr. 12.482 Liv. 2 RG Fl. 01 em 24/03/92.	5.653	Alto Alegre Boa Vista	RR
30	WaiWai	Waiwai	365 - Siasi/Sesai:2013	Homologada. Decreto - s/n - 23/06/2003, publicado em 24/06/2003. reg SPU O site da Funai em 8-1-19 diz que essa TI é regularizadaReg CRI no municipio e comarca de Caracaraí (112.698 ha) Matr.2,777 Liv 2 -J/RG, Fl 169 em 05/09/2003 Reg CRI no municipio de Caroebe e comarca de São Luiz (258.275 ha) Matr. 1.647, Liv. 2-F/RG Fl 147 em 02/09/2003 Reg CRI no municipio de São João da Baliza, comarca de São Luiz (34.724 ha) Matr.1.646 Liv. 2-F Fl 148 em 02/09/2003	405.698	Caracaraí Caroebe São João da Baliza	RR

MUDANÇAS CLIMÁTICAS

"Nossa Resistência Indígena é Maior que as Políticas que Vão e Vêm"

Sineia do Vale | Gestora ambiental, CIR

Thiago Mota Cardoso | Antropólogo, professor na Ufam

O ENFRENTAMENTO NÃO PODE PARAR, POIS, O AQUECIMENTO ESTÁ SE AGRAVANDO, COM O AUMENTO DOS DESMATAMENTOS NA AMAZÔNIA E EM OUTROS LUGARES, AGRAVANDO TAMBÉM ESSAS PANDEMIAS, COMO A DO NOVO CORONAVÍRUS

Sineia do Vale, da etnia Wapichana, liderança ativa no movimento indígena de Roraima e da Amazônia, há 30 anos vem se dedicando às questões ambientais e, atualmente, coordena o Departamento Ambiental do Conselho Indígena de Roraima (CIR). Entre os lavrados, matas e aldeias de Roraima, passando pela a cidade de Boa Vista até a capital federal, e de lá para os fóruns internacionais, Sineia transita atuando nos entremeios da política indígena, indigenista e ambiental relacionada às mudanças climáticas.

Sineia Wapichana articula como ninguém as conexões sempre tensas, mas necessárias, entre os conhecimentos indígenas e o conhecimento científico nos projetos desenvolvidos pelo CIR junto aos povos indígenas de Roraima e, em outras escalas, nacional e internacional, dedica-se ao enfrentamento do aquecimento global. Sua trajetória como mulher indígena e liderança demonstra os desafios que permeiam os caminhos dos povos indígenas no enfrentamento da devastação ambiental de seus territórios e na ocupação dos espaços políticos para terem suas vozes ouvidas e respeitadas como protagonistas de alternativas viáveis à construção do bem viver.

Sineia concedeu de forma virtual esta entrevista,[1] que reflete de forma breve, em plena pandemia da covid-19, sua trajetória e os esforços dos povos indígenas no enfrentamento da mudança climática.

© U.S. EMBASSY BRASILIA, 2022

Gostaria de começar nossa conversa perguntando sobre sua trajetória no Conselho Indígena de Roraima (CIR). Como chegou a se tornar liderança e a atuar no tema das mudanças climáticas?

Trabalho no CIR (Conselho Indígena de Roraima) há quase 30 anos; eu tinha 17 anos quando comecei a atuar na organização. O CIR, além de ser um trabalho é um movimento de que participo há bastante tempo, atuando na questão do bem viver das comunidades indígenas. Quando eu era jovem, comecei a trabalhar no CIR e foi lá, em 1998, que tive a primeira experiência com o Projeto Secas e Queimadas, em que a gente trabalhava bastante nas comunidades, levando água e alimento, e trocando sementes entre uma comunidade e outra que tinha perdido todas as suas sementes. Então, a gente já começou a trabalhar nessa linha. Em 2008, depois de trabalhar em outros projetos na área de saúde, eu me formei em gestão ambiental na universidade e comecei a trabalhar na organização. Na época a gente não tinha nenhum projeto e começamos a trabalhar na questão ambiental por necessidade. Às vezes as lideranças faziam fiscalização do território, mas não conseguiam ter muito êxito e, em vez dos invasores serem presos, as lideranças é que eram presas por fiscalizar.

Minha trajetória no CIR é essa. Sempre trabalhei lá, sempre participei das assembleias. Em 2021 o CIR fará 50 anos. Estou há bastante tempo nessa caminhada, e o que eu mais gostava e sonhava em fazer sempre foi trabalhar na área ambiental, era realmente o que eu gostaria de fazer como pessoa. Era o que eu queria: me formar nessa área e poder atuar. Quanto tive essa oportunidade de trabalhar com a questão ambiental no CIR, juntou o que eu gostava de fazer com o trabalho nas comunidades.

Qual a importância que o CIR dá à questão climática em sua atuação? Poderia elencar quais seriam as estratégias da organização e que projetos vem realizando para tratar dos efeitos do aquecimento do clima nos territórios indígenas?

Em 2008, comecei a trabalhar um pouco com a formação de agentes ambientais indígenas. No início procuramos dentro dos órgãos ambientais alguma forma de regularizar a atuação dos indígenas para que pudessem fazer essas ações com algum amparo legal. Buscamos o Ibama na época, e fizemos uma parceria para trabalhar com a ideia de agentes ambientais, foi quando descobrimos que dentro do Ibama existia um programa para indígenas. Conseguimos fazer uma versão desse programa com material e tudo. Daí começamos a formar pessoas como agentes ambientais voluntários, e a primeira formação foi numa Terra Indígena aqui em Roraima, onde formamos mais de 30 agentes. Logo depois os agentes passaram a fazer monitoramento e orientação das pessoas e, quando o Ibama emitiu uma carteira de agente ambiental, nós conseguimos lavrar autos de constatação. Dentro do CIR lidamos com toda essa informação. Depois que isso chegava dos agentes, passava primeiro pela assessoria jurídica e depois era encaminhado aos órgãos competentes. Ficamos até 2010 com esse programa do Ibama e, logo em seguida, o programa foi extinto e as carteiras recolhidas. Assim, o CIR resolveu assumir o programa, que deixou de ser agente ambiental voluntário do Ibama para se chamar agente ambiental e territorial do CIR. Assim começamos. Claro, existia muitas questões ambientais que a organização já discutia, mas enfatizamos ainda mais a importância de trabalhar na área ambiental.

Ampliamos a formação de agentes em todos territórios. Hoje, temos mais de 200 agentes ambientais em formação continuada e estamos trabalhando, em Roraima, de forma bem eficiente nas comunidades para formar os agentes nesses novos temas, como mudanças climáticas, monitoramento ambiental, queimadas e cheias. Assim, começamos a ter outros conhecimentos, que, somados aos conhecimentos tradicionais, nos deram mais informações para assessorar as lideranças nas comunidades em que atuamos. E todo esse trabalho de base que vínhamos fazendo nas comunidades nos deu impulso para atuar em nível estadual, nacional e internacional, com todas as informações que vínhamos trabalhando, desde o levantamento socioambiental, os estudos de caso de mudanças climáticas, os planos de gestão territorial. Nos próprios planos de gestão, começamos a colocar uma linha das mudanças climáticas. Então veja, é um conjunto de ações que estamos fazendo com os agentes ambientais e brigadistas indígenas.

Hoje temos cinco brigadas indígenas atuando contra os incêndios nos territórios indígenas, com o suporte do Ibama. Eles atuam na prevenção mais do que no combate ao incêndio. Isso não é suficiente, pois sabemos que sempre pode ter um grande incêndio numa área como a nossa, que é ambiente de lavrado, onde no período de verão é muito propício para queimadas. Mas tem várias ações nessa linha.

Na linha das mudanças climáticas, nós começamos a trabalhar o mapeamento climático com os agentes ambientais, obtendo muitas informações em diversos temas. Criamos um grupo de monitoramento em parceria com o Ipam (Instituto de Pesquisa Ambiental da Amazônia), para o projeto chamado Somai (Sistema de Observação e Monitoramento da Amazônia Indígena) e o aplicativo Alerta Clima Indígena. Nossos agentes trabalham nesse monitoramento por meio do uso de um celular, e o CIR tem um laboratório de elaboração de mapas, em que todos os dados coletados na base são reunidos e um técnico em Sistema de Informações Geográficas, que é indígena Macuxi, faz todo trabalho de análise e produz mapas temáticos de clima. Esse sistema tem alerta queimada, alerta de garimpo, e tem nos ajudado muito aqui nas TIs de Roraima. Os dados também podem ser baixados nos postos de saúde das aldeias que possuem internet, assim como as comunidades podem receber informações do laboratório aqui do CIR. Estamos trabalhando aliando essas tecnologias com os conhecimentos tradicionais, que não deixam de ser nossa fonte principal. E com tudo isso criamos subsídios para participar de várias instâncias.

É importante também o trabalho conjunto com pesquisadores das universidades, como o professor Alessandro Oliveira, da

UnB (Universidade de Brasília), que nos ajuda estudando a percepção dos indígenas sobre o clima nos últimos anos e como tais mudanças vêm transformando a vida das comunidades, na caça, na pesca, na agricultura e na cultura. Reunimos muitas informações consistentes e, com esse material, juntamente com as lideranças, publicamos um livro sobre mudanças climáticas e seu enfrentamento. Um livro que não foi publicado na internet e nem em canto nenhum, porque na época as comunidades preferiram que não fosse colocado para o público, como livro aberto, mas, sim, mantê-lo como um plano interno de enfrentamento ao aquecimento local e global.

Tem várias questões no livro. Ele trata das sementes mais resistentes no verão, fala sobre os igarapés que estão esquentando mais e os vários peixes regionais que estão desaparecendo como consequência. Tem a questão dos cantos dos pássaros, que eles acompanharam durante três anos, as mudanças dos tempos da plantação e as mudanças de épocas. São coisas que muitas vezes não se consegue medir com a ciência, mas, com a percepção, experiência e vivência dos povos indígenas, conseguimos identificar como esses eventos estão mudando nossa vida e como estamos acompanhando seus efeitos nas plantações e nas criações. O tempo já não é o mesmo, e isso foi levantado por eles, pelos agentes e pesquisadores, durante esse estudo.

Esse foi o primeiro plano de enfrentamento das mudanças climáticas em todo Brasil, produzido por povos indígenas da Serra da Lua, pelo povo Wapichana. Na época o levamos para o Ministério do Meio Ambiente, em Brasília, e ele ficou como referência no Plano Nacional de Adaptação. Este subsídio nos levou a esses espaços nacionais, como na criação da PNGATI (Política Nacional de Gestão Territorial e Ambiental Terras Indígenas). Tivemos a criação de câmaras técnicas e uma delas foi a de mudança climática. Fazíamos parte do comitê indígena de mudança climática, criado pela Apib (Associação dos Povos Indígenas do Brasil) e formado só por indígenas. Esse comitê nos dava amplo conhecimento, e criava espaço para que organizações governamentais e não governamentais pudessem levar e trazer informações à nossa base. Nesse período surgiu essa questão da câmara técnica de mudanças climáticas, e acabei me tornando sua próxima coordenadora, devido a minha experiência no CIR. Comecei a coordenar a câmara técnica, eram reuniões com governo, indígenas, organizações da sociedade. A ideia era também subsidiar o Ministério das Relações Exteriores em suas propostas para negociar nas COP (Conferências das Partes) das Nações Unidas sobre o tema povos indígenas e clima. Eu já vinha participando das conferências representando a CIR, não com apoio do governo, mas, sim, dos parceiros. Mesmo com tradução tínhamos espaço formal e neles conseguíamos fazer incidências políticas em torno do clima, levando as vozes indígenas dos povos de Roraima e de todo Brasil. Assim começamos a fazer um trabalho a nível nacional e internacional, criando espaços para a representação indígena, tanto do CIR como de outras organizações regionais e de articulação dessas organizações, para influenciar as políticas, informar as bases, escrever projetos e criar fundos para os povos indígenas.

Nesse caminho começamos a ocupar vários espaços, levando nossas experiências e trazendo aprendizados. E esse era o ponto mais importante, o caminho de volta da informação. Como fazíamos e fazemos nas comunidades, pois as pessoas precisam saber o que está acontecendo e começar a pensar sobre como ser resiliente em suas comunidades. É um trabalho que a gente vinha fazendo para que as comunidades indígenas pudessem ser vistas pela potencialidade de seus conhecimentos tradicionais, ou seja, como tais conhecimentos poderiam ajudar na questão das mudanças climáticas, justamente por nós termos a experiência de lidar diretamente com a floresta, com os rios, com os igarapés, com os animais.

Não nos esquecemos de um ponto bem importante, a questão das mulheres. As mulheres têm papel importante nessa percepção de mudança do clima. Tem outros exemplos Brasil afora, como as mulheres indígenas do Nordeste, por exemplo, como as mulheres Kiriri, que já percebiam a importância dessa questão climática, principalmente na saúde. Num encontro que tive com elas, elas diziam que o aquecimento influenciava a vida no ambiente e nos corpos delas.

Como percebem a mudança climática e os impactos no território em que vivem? Li uma entrevista em que você fala de aquecimento local e aquecimento global. Como vê a percepção das comunidades indígenas sobre isto?

Aqui em Roraima são seis meses de inverno e seis meses de verão e, quando isso muda, como podemos ter a consistência das sementes que plantávamos? Como isso vai mudar a vida das comunidades que esperam para plantar? E quando toda parte de biodiversidade e das águas fica de fora da demarcação, o que fazer se é maior a dependência do inverno para plantar? Agora estamos fazendo novas experiências para trabalhar com a água, para saber como colocar a água na produção, mas em algumas comunidades indígenas isso fica mais difícil com as mudanças dos ciclos da chuva e do verão, que a cada dia se intensificam mais. As mudanças climáticas estão afetando muito o ciclo das chuvas e do verão, então continuamos nesse trabalho. Recentemente criamos o projeto Bem Viver, implementado por meio do consórcio formado pelo CIR, o Instituto Internacional da Educação do Brasil (IEB) e Natureza e Cultura Internacional (NCI), que atua no monitoramento ambiental e na pecuária sustentável, justamente para trabalharmos a sustentabilidade e não deixar que os problemas se intensifiquem, trazendo prejuízos e sofrimento para nós. Isso soma-se aos projetos que já estamos desenvolvendo. E continua o nosso esforço de ocupar os espaços.

Muitas comunidades não sabem o que é esse termo "mudanças climáticas". Se você chegar e falar em "mudança climática", não vão saber o que é ou o que fazer com isso; mas se você chegar e falar que "o tempo está mudando", perceberá algumas questões de entendimento. Nosso estudo, por exemplo, registrava o que as pessoas falavam sobre a transformação do tempo e não sobre mudança climática; era o entendimento e a percepção de que o clima está mudando, o sol está mais quente, no inverno começou a ter inundação onde não tinha, como na área da Serra, onde tivemos uma inundação que desabrigou mais de 300 famílias e alagou as plantações, algo que nunca tinha acontecido. Então, algumas coisas estão acontecendo que já trazem a percepção deles sobre o aquecimento, mas não nos termos da mudança climática. Quando começamos a perceber isso, da mudança climática local, ficávamos observando essas transformações. Já sabíamos do aquecimento global, mas para a gente era algo mais geral, pois sabíamos pelos gráficos, por exemplo, que a temperatura "subiu tantos graus". Mas se formos olhar para comunidades indígenas que vivem na biodiversidade do lavrado, estas vêm o impacto muito grande com a retirada do lavrado para plantação da soja, já sabem que isso vai impactar as comunidades do entorno. Veja também o desmatamento. As áreas desmatadas afetam as comunidades indígenas que ficam mais quentes e começam a ter mais pragas nas roças, que antes era totalmente orgânica. As pragas saíram da plantação da soja, cheia de agrotóxico, e passaram para nossas roças. Isso é um impacto.

Quando falo de aquecimento local, digo que isso é perceptível, pois, quando a mata é retirada, há todo um aquecimento local que é maior do que na escala contabilizada pelo aquecimento global. Um aquecimento que não tinha, a comunidade era mais fria e fresca, mas, com a retirada da mata, aumentaram os impactos e o aquecimento, inclusive secando e aquecendo os igarapés. O impacto da água para as comunidades é preocupante e ligado ao aquecimento local e global. Essa relação do aquecimento local e global foi confirmada para mim em uma ocasião pelo Paulo Moutinho, do Ipam, um importante cientista que estuda clima e que me deu uma resposta científica, assinando embaixo nosso conhecimento.

Hoje, quando converso com outros pesquisadores, eu falo que é importante aliar seus conhecimentos aos conhecimentos indígenas e tradicionais, pois nós somos pesquisadores natos e nosso conhecimento pode fornecer informações aos cientistas. Os povos indígenas conservam até mais que uma unidade de conservação intocada, e isso já está comprovado. E todo esse esforço é para termos, no futuro, políticas públicas que olhem para esses povos como protagonistas, não só oferecendo Bolsa Verde, mas políticas que fortaleçam o que eles estão fazendo para manter o clima local, nacional e mundial. E isso é para o bem viver de todas as comunidades indígenas que mantêm essa floresta em pé. Toda floresta de pé parte de um conhecimento que mantêm ela de pé.

Esta "transformação do tempo" é percebida com preocupação pelas comunidades com que você trabalha como algo catastrófico?

Em nosso trabalho com os agentes ambientais, na percepção dos mais idosos, eles sempre falam assim: "Tá tudo mudado, até as estrelas estão mudando, nem as estrelas são as mesmas para a gente plantar". E sempre falam que, mesmo nessa mudança eles estão conseguindo se organizar. Eles não gostam dessa palavra adaptar, pois adaptar parece que eles estão se adaptando a algo que não é deles, que é do outro. Eles gostam da palavra enfrentar, de enfrentar as transformações de nossa maneira.

Mas tem algumas questões que são preocupantes. Como podemos enfrentar a seca com sementes que não são resistentes a essa seca? Por isso estamos trabalhando com os bancos de sementes, como o da Terra Indígena Raimundão, que já está pronto e monitorado com variedades de sementes de milho, de pimenta e, principalmente, de mandioca. Um direcionamento desse estudo é trabalhar a questão da rede de bancos de sementes, sementes locais, nativas. São bancos vivos de sementes, para experimentar as mais resistentes ao inverno e ao verão. A ideia é guardar as sementes para que todas as comunidades tenham sementes que ajudem a lidar com as mudanças do tempo e ajudem a plantar no inverno ou no verão, mesmo com transformações e tempos adversos.

Como estão as políticas públicas a respeito das mudanças climáticas no Brasil hoje? Ainda há espaços para a participação indígena?

Hoje temos a PNGATI, que ainda existe, o decreto ainda existe, ela não foi extinta. Temos ela como política nossa. Continuamos a fazer políticas nas bases. O Ministério do Meio Ambiente está totalmente parado, o comitê gestor e câmara técnica não estão mais funcionando. O comitê indígena de mudanças climáticas continua funcionando. Estivemos na Costa Rica recentemente. Temos que pensar que essa questão do clima é uma emergência e temos que atuar mesmo que o governo pare; é uma necessidade das comunidades indígenas e de nossas organizações, no Brasil e em outros lugares do mundo. Nosso enfrentamento às mudanças climáticas não para quando os governos param, quando as câmaras técnicas deixam de funcionar, continuamos a fazer nosso trabalho. No nível internacional, continuamos a atuar na plataforma de comunidades indígenas e povos tradicionais dentro da COP. Um espaço já instituído, com grupo de trabalho consistente, reconhecido pela UNFCC (Convenção-Quadro das Nações Unidas sobre a Mudança do Clima). Eu sou membro desse grupo de trabalho e todo ano nós estamos indo para participar ou trabalhamos à distância.

O enfrentamento não pode parar, pois o aquecimento está se agravando, com o aumento dos desmatamentos na Amazônia e em outros lugares, agravando também essas pandemias, como a do novo coronavírus, que estamos vivendo. Nossa resistência indígena é maior que as políticas que vão e vêm. Quando olhamos as esferas internacionais, vemos que está aumentando a ênfase em nossos conhecimentos, no reconhecimento e valorização dos povos indígenas, de nossos direitos conquistados e nossas contribuições ao trilhar caminhos junto a todos os povos para enfrentar o aquecimento da terra. Há um avanço inegável dos povos indígenas como protagonistas nos espaços voltados ao enfrentamento das mudanças climáticas, um avanço fruto de nossas lutas e conquistas. *(abril, 2020)*

Nota

[1] Editado a partir de entrevista originalmente publicada no Dossiê Emergência Climática, no n. 27 da revista *A Coletiva*, da Fundação Joaquim Nabuco (Fundaj). Disponível em: https://www.coletiva.org/dossie-emergencia-climatica-n27-entrevista-com-sineia-wapichana

50 Anos do Conselho Indígena de Roraima[1]

Nailson Almeida | Comunicador indígena da Rede Wakywai, CIR

EM 2021, O CIR FEZ 50 ANOS DE UMA TRAJETÓRIA DE LUTA E RESISTÊNCIA PELOS DIREITOS DOS POVOS INDÍGENAS EM RORAIMA

Em 2021, o Conselho Indígena de Roraima (CIR) celebrou seus 50 anos de existência. De lá para cá foram cinco décadas de conquistas, mas, acima de tudo, de muitas lutas e resistência. Toda essa história teve início na década de 1970. Naquela época, os povos indígenas viviam – e ainda vivem até hoje – uma forte opressão de fazendeiros e garimpeiros, que continuam invadindo nossas terras.

Foi uma época muito dura, na qual as comunidades se sentiram hostilizadas, pois eram proibidas de caçar e pescar dentro de suas próprias terras, além de ter suas roças destruídas. Muitas crianças foram tiradas de suas famílias e obrigadas a trabalhar em fazendas e garimpos. Outro mal levado pelos não indígenas para dentro das comunidades foi a bebida alcóolica, que ainda hoje gera muitos conflitos e violência.

A área de atuação do CIR abrange as 35 Terras Indígenas (TIs) de Roraima, com uma extensão de mais de 10 milhões de hectares, onde vive uma população de 58.000 indígenas, em 465 comunidades, das etnias Macuxi, Wapichana, Ingarikó, Patamona, Sapará, Taurepang, Waiwai, Yanomami, Yekuana e Pirititi. A atuação direta do CIR se desenvolve por meio de dez conselhos regionais, que formam sua base de atuação, envolvendo as etnorregiões das Serras, Surumú, Baixo Cotingo, Raposa, Amajarí, Wai-Wai, Tabaio, Serra da Lua, Murupú e Alto Cauamé e uma população em torno de 30.000 habitantes, distribuídos em 255 comunidades indígenas associadas.

Atualmente, o CIR é organizado em departamentos: Administrativo-Financeiro, Gestão Territorial e Ambiental, Jurídico, Comunicação, Projetos, Núcleo da Juventude e Secretaria-Geral das Mulheres Indígenas.

FORMAÇÃO DOS CONSELHEIROS E A DECISÃO DO "VAI OU RACHA"

Após muitos anos de sofrimento, em janeiro de 1971, as lideranças das comunidades e regiões decidiram se unir e realizaram

© FERNANDA LIGABUE/ISA, 2018

Comunidade Maturuca, TI Raposa Serra do Sol.

um grande encontro: essa foi a primeira Assembleia dos Tuxauas. A reunião ocorreu na comunidade Barro, região Surumú, local onde tudo começou. Todos os anos os Tuxauas se reuniam para debater e tentar resolver algumas situações. Porém, os problemas permaneciam e os conflitos pelo território ficavam cada dia mais violentos e sangrentos. Muitos parentes foram expulsos de suas casas; outros perderam a vida lutando e defendendo aquilo que lhes pertencia por direito: a terra.

Em 26 de abril de 1977, na comunidade indígena Maturuca, região Serras, TI Raposa Serra do Sol, veio a principal decisão que marcou o recomeço para as comunidades indígenas. Foi a assembleia do "Vai ou Racha". Foi nesse encontro que os indígenas se uniram para dizer não à bebida alcóolica e sim à comunidade. Dessa decisão surgiram os conselhos regionais, que ajudavam a resolver os problemas e fortaleciam a organização entre as comunidades.

Importante lembrar que, de 1971 a 1989, havia importantes articulações com um pequeno grupo de indígenas, que eram chamados de conselheiros – e cada região tinha o seu conselheiro. Um dos primeiros foi o tuxaua Gabriel Macuxi, da região Raposa. O tuxaua Gabriel buscava parceiros para apoiar as comunidades indígenas conforme suas necessidades.

No ano de 1980, a chegada do projeto "Uma vaca para o índio", de criação comunitária de gado, possibilitou a reconquista da terra e fortaleceu a autonomia das comunidades. Já em 1986, os conselhos regionais passaram a ter uma sede em Boa Vista/RR para facilitar a articulação por políticas públicas e direitos indígenas, principalmente nas áreas de saúde e educação. Foi então criada uma organização de abrangência estadual, o Conselho Indígena do Território de Roraima (Cinterr). Já a criação formal do CIR ocorreu em 30 de agosto de 1990, devido à emancipação do Território e a criação do Estado de Roraima com a Constituição Federal de 1988.

Desde o início, a principal bandeira do movimento foi a luta pelos territórios. A demarcação da TI Raposa Serra do Sol foi uma luta travada pelas lideranças por mais de 30 anos, se tornando o símbolo dessas conquistas. A demarcação e homologação foi um marco legal e político para os direitos indígenas no Brasil. Atualmente, o CIR representa 255 comunidades e também defende os direitos de mais de 70 mil indígenas de dez povos.

Vale destacar que, além de grandes lutas, há também importantes conquistas: na educação, com a formação de professores indígenas através do magistério e a criação do Instituto Insikiran; e na saúde, com a formação de agentes indígenas de saúde (AIS).

LISTA DOS COORDENADORES NOS ÚLTIMOS 30 ANOS

***1ª Coordenação** – 1989 a 1990*

Coordenador-geral: Terêncio Luiz Silva – Macuxi – região Surumú

Vice-coordenador: Jacir José de Souza – Macuxi – região Serras

***2ª Coordenação** – 1990 a 1992*

Coordenador-geral: Clóvis Ambrósio – Wapichana – região Serra da Lua

Vice-coordenador: Valdir Tobias

***3ª Coordenação** – 1993 a 1994*

Coordenador-geral: Euclides Pereira – Macuxi – região Surumú

Vice-coordenador: Clóvis Ambrósio – Wapichana – região Serra da Lua

***4ª Coordenação** – 1995 a 1996*

Coordenador-geral: Nelino Galé – Macuxi – região Baixo Cotingo

Vice-coordenador: José Adalberto – Macuxi

***5ª Coordenação** – 1997 a 2000*

Coordenador-geral: Jerônimo Pereira – Macuxi – região Tabaio

Vice-coordenador: Desmano de Souza – Macuxi – região Raposa

***6ª Coordenação** – 2001 a 2005 – dois mandatos*

Coordenador-geral: Jacir José de Souza – Macuxi – região Serras

Vice-coordenador: Noberto Cruz – Wapichana – região Serra da Lua

***7ª Coordenação** – 2005 a 2006*

Coordenador-geral: Marinaldo Trajano – Macuxi – região Baixo Cotingo

Vice-coordenador: Jairo da Silva – Macuxi – região Murupú

***8ª Coordenação** – 2007 a 2009*

Coordenador-geral: Dionito José de Souza – Macuxi – região Serras

Vice-coordenador: Terêncio Salomão – Wapichana – região Serra da Lua

Secretaria: Marizete de Souza- Macuxi – Região Serras

***9ª Coordenação** – 2011 a 2017 – três mandatos*

Coordenador-geral: Mário Nicácio – Wapichana – região Serra da Lua

Vice-coordenador: Ivaldo André – Macuxi – região Serras

Secretária: Telma Marques- Taurepang – região Amajarí

***10ª Coordenação** – 2017 a 2019*

Coordenador-geral: Enock Tenente – Taurepang –região Amajarí

Vice-coordenador: Edinho Batista – Macuxi – região Serras

Secretária: Maria Bethânia Mota de Jesus – Macuxi – Região Amajarí

***11ª Coordenação** – 2021 – mandato em vigência*

Coordenador-geral: Edinho Batista – Macuxi – região Serras

Vice-coordenador: Enock Tenente – Taurepang – região Amajarí

Secretaria: Maria Bethânia Mota de Jesus – Macuxi – região Amajarí.

Houve também a implantação do Grupo de Proteção e Vigilância Territorial (GPVIT) nas comunidades.

Para atingir esses objetivos, no decorrer dos anos, o CIR vem desenvolvendo diversas atividades nas áreas de saúde, educação, cultura, gestão ambiental, promoção social, desenvolvimento sustentável e políticas públicas, respeitando a organização social e cultural dos diversos povos indígenas do estado. O CIR é uma das organizações indígenas mais ativas no Brasil, com atuação local, regional, nacional e internacional. *(dezembro, 2021)*

NOTA

1 Editado a partir de reportagem originalmente publicada no *site* do Conselho Indígena de Roraima (CIR), em dezembro de 2021. Disponível em: https://cir.org.br/site/2021/12/30/em-2021-cir-fez-50-anos-e-uma-trajetoria-de-luta-e-e-resistencia-pelos-direitos-dos-povos-indigenas-de-roraima

WARAO

Deslocamentos Warao em Meio ao Perigo da Covid-19[1]

Fernando Augusto Fileno | Antropólogo e pesquisador, CEstA/USP

HOJE OS WARAO ESTÃO NO BRASIL, SOMANDO MILHARES DE PESSOAS QUE SOBREVIVEM COM O APOIO DE AGÊNCIAS INTERNACIONAIS, ORGANIZAÇÕES NÃO GOVERNAMENTAIS E ÓRGÃOS PÚBLICOS DE ASSISTÊNCIA SOCIAL. UMA POPULAÇÃO QUE SE ENCONTRA EM UM CONTEXTO DE DUPLA VULNERABILIDADE E EXCLUSÃO: COMO ESTRANGEIRA E COMO INDÍGENA

Os Warao, gente dos *caños* do delta do Orinoco, são o segundo maior grupo étnico da Venezuela, totalizando cerca de 49 mil pessoas. Muitos deles hoje são refugiados em outros países, principalmente no Brasil, por onde cruzam a fronteira a partir de Roraima em busca de melhores condições de vida. Habitando o vácuo legal entre a condição de indígenas estrangeiros e migrantes refugiados, eles vão aos poucos adentrando o território e infiltrando-se em diferentes circuitos, ocupando espaços e consolidando sua pauta. Desde os primeiros Warao que cruzaram a fronteira brasileira em 2016, inaugurando o fluxo migratório impulsionado pela crise política e econômica do país vizinho, milhares fizeram esse mesmo trajeto. O povo da *curiara*, como se traduz o etnônimo pelo qual se reconhecem, falantes de uma língua isolada, já marcaram presença em todos os estados da Federação, alimentando um circuito que movimenta recursos, objetos, alimentos e pessoas.

Os Warao saíram de sua terra natal na esperança de dias melhores, fugindo da inflação, que corrompia o preço dos alimentos, da ausência de remédios e atendimento médico e da falta de trabalho. O fim das políticas assistenciais que ofereciam amparo para essa população desferiu-se como um golpe e impulso para se deslocar. Para onde os Warao vão, buscam meios para se sustentar: preenchem postos informais de trabalho, esperam por doações ou simplesmente pedem donativos (*ebukitane*) nos faróis de maior movimentação. Ocupam primeiro as rodoviárias e terminais de passageiros das cidades que alcançam, estendendo lonas e criando barracas improvisadas até chamarem a atenção das autoridades públicas e da sociedade civil, sendo então encaminhados para lugares com melhores condições, quando têm sorte.

Por dois anos esse fluxo permaneceu parcialmente interrompido – parcialmente apenas, visto que os Warao continuaram viajando, apesar das contraindicações. A crise criada pela pandemia de covid-19 isolou as pessoas em suas casas, fechou estabelecimentos e cortou rotas de trânsito nacionais e internacionais; mas também paralisou inúmeros setores econômicos, comprometendo a produção, o consumo, os investimentos – e interrompeu algo que os Warao faziam desde tempos imemoriais: deslocamentos.

Deslocamentos traçados inicialmente e sazonalmente em seu território tradicional – os rios e igarapés do delta do Orinoco –, entre os buritizais de onde retiravam matéria importante para sua subsistência e suas comunidades. Deslocamentos que, a partir da década de 1960, desencadeados por projetos de desenvolvimento que afetaram sensivelmente o equilíbrio ambiental de sua zona, abarcaram os grandes centros urbanos venezuelanos, incluindo a capital, Caracas. Hoje os Warao estão no Brasil, somando milhares de pessoas que sobrevivem com o apoio de agências internacionais, organizações não governamentais e órgãos públicos de assistência social, muitas vezes encontrando-se em situações precárias, garantindo-se apenas com doações oferecidas pela sociedade civil. Ainda assim, contudo, sua presença e estabelecimento é uma incógnita para os agentes do poder público, uma população igualmente pouco conhecida pela academia brasileira

Indígenas venezuelanos, do povo Warao, são acolhidos no abrigo Janokoida, em Pacaraima/RR.

e cujos atores políticos estão ainda iniciando o diálogo com o movimento indígena nacional.

A pandemia de covid-19 expôs ao mundo o equívoco das políticas econômicas e sociais neoliberais, materializando-se na incapacidade dos sistemas de saúde locais de lidar com uma crise dessa proporção, assim como a validade de discursos de cunho nacionalista, xenofóbico e raciais enraizados em senso comum ao redor do mundo. O que pode prefigurar-se como mais um golpe para o capitalismo global, foi resultado de uma exploração desenfreada do meio ambiente, índice de uma relação, como explica a antropóloga Els Lagrou, mal estabelecida entre humanos e não humanos. Como aponta o filósofo Ailton Krenak, o vírus soa como uma vingança e tem uma única direção: volta-se para os humanos e são eles quem têm de se preocupar. E a solução para a crise social, econômica e sanitária presente encontrada pelos estados nacionais modernos, a resposta, como expõe o filósofo Giorgio Agamben, é um estado de exceção, expressão da liberdade cada vez mais limitada.

Para os Warao, a pandemia de covid-19 é *jebu*, termo pelo qual chamam as doenças, mas assim também nomeiam o que seriam espíritos, entidades capazes de assustar e enfermar. Dão esse nome às doenças que conjugam grande capacidade de transmissão e também morte. Uma conciliação que marcou outros episódios de sua história, como a epidemia de cólera que assolou essa população entre 1992 e 1993 e que até hoje é uma chaga viva na memória dos mais velhos. Como um ciclo, a história se repete e os Warao se encontram novamente diante de uma epidemia de grandes proporções. Dezenas de casos registrados em diferentes estados e oito mortes haviam sido confirmadas até agosto de 2020.

Os Warao nunca estão sozinhos: viajam em grupos numerosos, compostos por familiares – famílias nucleares que formam extensas famílias baseadas em laços de convívio e compartilhamento. Como sabemos, esses tipos de aglomerações oferecem a condição ideal para a proliferação do vírus, alcançando uma população que se encontra em um contexto de dupla vulnerabilidade e exclusão: como estrangeira e como indígena. A barreira linguística soma-se então à precariedade dos sistemas de saúde, que não estão preparados para atender populações com esse perfil, ainda mais em uma situação de crise pandêmica. É a má experiência nos atendimentos, nos espaços de isolamento e nas internações que inibem os Warao de procurarem amparo clínico; muitas vezes preferindo ocultar sintomas, buscando como alternativa métodos tradicionais, que vão do conhecimento fitoterápico até às instituições xamânicas. Os Warao manipulam todo um acervo profilático para se resguardarem de um mal que é invisível e vem pelo ar. Falam da eficácia da defumação produzida com urubu, ossos de sucuri ou casco de tartaruga, produzindo uma barreira invisível capaz de afugentar qualquer agente patogênico. Os Warao também praticam seu próprio tipo de isolamento social, buscando isolar-se entre os seus, receosos da aproximação de qualquer estranho.

Trabalhando junto dessa população há mais de dois anos, aprendi um *ethos* expansivo, que contrasta com a desconfiança que denota o estabelecimento de novas relações. Conheci um povo que cobra, no interior de uma relação de intimidade, que aprendamos seu idioma e que, ao mesmo tempo, ri de nossa ignorância.

São eles mesmo que enxergam no outro – seja desconhecido, seja vindo de uma localidade distante ou simplesmente o não indígena (*jotarao*) – uma condição de perigo latente. Afinal, são os desconhecidos que portam o mal, muitas vezes trazendo-o de modo voluntário, escondendo intenções que colocam em causa a segurança que os Warao anseiam alcançar. Como comentou uma senhora, os feiticeiros são maus, aproveitam-se da situação para enviar malefícios aos outros. Sem ignorar o contexto de enunciação dessa máxima, poderíamos pensar na sua validade para a macropolítica nacional, cujos efeitos práticos se manifestam como uma necropolítica, por meio de discursos negacionistas e de flexibilização das recomendações de isolamento social.

Talvez o isolamento que os Warao queiram promover tenha algo do que o antropólogo Pedro de Niemeyer Cesarino chamou de um deslocamento virtual para outras temporalidades e formas de existência. A tranquilidade, a segurança e o gozo de viver entre aqueles com quem se criou e cresceu é a principal garantia de saúde para um povo que, há décadas, está em contato com estranhos. *(junho, 2020)*

NOTA

[1] Editado a partir de artigo originalmente publicado na página "Povos indígenas frente à covid-19", do Centro de Estudos Ameríndios da USP (CEstA-USP). Disponível em: https://cestauspcovid19.fflch.usp.br/artigos-e-textos

AGRONEGÓCIO

A Expansão da Soja em Roraima e seus Impactos nas TIs

Ludivine Eloy | Pesquisadora, CNRS/França
Estevão Senra | Geógrafo, assessor no ISA
Andrea Leme da Silva | Pesquisadora, PPG-Mader/UnB

RORAIMA SE CONFIGURA COMO A "ÚLTIMA FRONTEIRA AGRÍCOLA DA AMAZÔNIA", IMPULSIONADA PELA AÇÃO GOVERNAMENTAL E DE EMPRESAS DO SETOR QUE PONDERA A LEGITIMIDADE DESSA ATIVIDADE E DE SEUS IMPACTOS SOCIOAMBIENTAIS

Em Roraima, a expansão do garimpo ilegal nos últimos anos tem sido amplamente divulgada na mídia, destacando, inclusive, o apoio do atual governo federal à atividade. Neste mesmo estado, ainda que mais discretamente, o agronegócio também tem progredido. À frente deste processo está o cultivo da soja, que, apesar de não ser algo novo, ganhou novo fôlego no último quadriênio, atraindo investidores e redefinindo a dinâmica fundiária da região. Entre 2018 e 2020, por exemplo, houve um aumento de 155% da superfície dedicada à soja, ocupando cerca de 33 mil hectares.[1] Segundo dados da Conab,[2] essa superfície atingiu 70 mil ha em 2020.

Diante desse cenário, busca-se identificar os espaços e os atores envolvidos na estruturação da cadeia e na expansão do cultivo da soja no estado, assim como seus impactos em algumas Terras Indígenas (TIs).[3]

O cultivo de soja em Roraima é recente: começou em 2000. Depois de uma queda de produção entre 2008 e 2012, a cadeia se consolidou com investimentos da *trader* Amaggi e de empresas intermediárias e, desde então, a produção segue crescendo. O escoamento da produção é feito pela BR-174 até o porto de Itacoatiara/AM, que permite acessar o mercado internacional pelo Rio Amazonas. A baixa proporção da soja processada localmente em relação à produção (15% do total) se explica por lógicas de mercado voltadas para exportação da soja *in natura*.

Roraima apresenta vantagens comparativas em relação ao Centro-Oeste e ao Sul do país: valor da terra, proximidade com a capital, produtividade e produção na entressafra. Atualmente, cerca de 60 produtores plantam soja no estado, a maioria deles de origem gaúcha. Entre eles, pode-se distinguir dois perfis: o grupo de "pioneiros" no cultivo da soja, que fizeram experimentos em assentamentos nos anos 1990 e 2000; e o dos "convertidos", fazendeiros instalados há décadas em Roraima, seja pecuaristas ou arrozeiros, que foram adotando a soja paulatinamente. Uma terceira categoria são os investidores recentes (instalados depois de 2010), que incluem pequenos produtores do Sul e produtores capitalizados do Mato Grosso, que procuram expandir sua produção "desdobrando" o empreendimento familiar em dois locais (MT e RR).

A soja se concentra num raio de 100 km ao redor de Boa Vista, principalmente no Lavrado. Entretanto, as áreas de transição entre o Lavrado e a floresta têm atraído investidores, pois apresentam regime de chuva e solos mais propícios, como é possível observar no mapa de localização das áreas de produção de soja e milho no estado. Além das propriedades dedicadas ao plantio de soja, a maioria dos produtores capitalizados possuem outras fazendas localizadas nas franjas da fronteira agropecuária de Roraima, que permitem diversificar a produção e criar condições para a expansão da soja no futuro.

Contudo, esse crescimento esconde gargalos que explicam uma variabilidade interanual da produção: condições ambientais (regimes de chuva, alagamentos), falta de sementes, de infraestruturas e de capacidades de armazenamento. Além disso, a falta de regularização fundiária, devido principalmente ao fato de se situar em zona de fronteira, traz insegurança jurídica aos investimentos. O poder público estadual tem investido para contornar esses gargalos: isenções fiscais, subsídios para compra de máquinas, pesquisa agronômica e organização de eventos para atrair investidores. Desde 2009, um sistema estadual de licenciamento ambiental simplificado permite que as empresas possam contornar a questão da regularização fundiária mediante a subdivisão do empreendimento em diferentes fazendas, por exemplo.

A ascensão de Bolsonaro ao poder marca uma nova fase de expansão do agronegócio no Estado. O governador eleito em 2018, aliado do presidente, é um pecuarista que promove a integração da soja com a pecuária nas áreas florestais. Como ele, investidores compram antigas fazendas com pastagens "degradadas", e plantam soja ao mesmo tempo que aumentam a produção de carne. Assim, onde não existe risco de alagamento, cultivar a soja em antigas pastagens de áreas florestais pode ser mais vantajoso do que no Lavrado. Até 2019, esse novo processo de concentração e de valorização fundiária era limitado, em função de restrições impostas pelo código florestal (reserva legal de 80% contra 35% no Lavrado) e da falta de perspectivas em termos de regularização fundiária, limites que vêm sendo redefinidos por ações do governo federal.

Nos últimos anos, o governo federal transferiu mais de 4 milhões de hectares de terras da União para o controle do estado e por meio da Lei nº 14.004, de 26 de maio de 2020,[4] simplificou o processo de regularização fundiária e de autorização de atividades agropecuárias na faixa de fronteira. Essas medidas coincidem com um desmantelamento maior e mais recente da política ambiental estadual, no sentido de reduzir a porcentagem de reserva legal (RL) nas áreas florestais de 80% para 50%. Primeiramente, o governo conseguiu que fosse aprovada a Lei nº 1.704, de 15 de julho de 2022, que prevê a recategorização da Área de Proteção Ambiental do Baixo Rio Branco para Parque Estadual e Reserva de Desenvolvimento Sustentável. Isso permite que o estado tenha no mínimo 65% de sua superfície em Unidades de Conservação de domínio público e Terras Indígenas. E por meio da Lei Complementar n° 323, de 2 de agosto de 2022, o governo estadual de Denarium também conseguiu aprovar a criação do zoneamento ecológico-econômico (ZEE), a última condição legal que faltava para diminuir a RL nas propriedades privadas das áreas florestais do estado.[5]

Essas reformas representam um incremento de 1,6 milhão de hectares de floresta passível de desmatamento legal no estado. Além disso, a área de expansão provável da soja é estimada em 400 mil ha. A consolidação desse cenário estimula a abertura de novas áreas por meio de desmatamento: áreas de pastagens degradadas serão convertidas em lavouras de soja, e a fronteira pecuária será "empurrada" para áreas de vegetação natural.

O discurso de legitimação econômica e ambiental da soja dominante no estado consiste em apresentar a cadeia como "propulsora de desenvolvimento" (incluindo a agricultura familiar e indígena) e sustentável (desmatamento evitado). Enquanto os efeitos da poluição são silenciados ou negados,[6] o plantio da soja é considerado por muitos de seus entusiastas como uma prática ambiental benéfica ao ecossistema como um todo.

Plantação de soja nas margens da rodovia RR-205.

Colheita da soja numa fazenda do município de Bonfim (RR).

Entretanto, os dados do IBGE e de campo contradizem essas narrativas. A soja contribui por apenas 0,6% do produto interno bruto (PIB) do estado, representando 12% do valor da produção agrícola em 2017, contra 39% referentes à produção de mandioca e banana. As grandes fazendas de Roraima empregam entre 0,005 e 0,01 pessoas por hectare, contra 0,16 pessoas/ha nas propriedades menores que 100 ha. A concentração fundiária em Roraima é maior nos municípios com maior produção de soja.

Nas Terras Indígenas a expansão da soja acirra os conflitos entre as lideranças e famílias que se posicionam a favor do agronegócio e da mineração e as que são contra. Foram relatadas, por exemplo, propostas de arrendamento de terras por não indígenas. Lideranças indígenas entrevistadas apontaram para o caráter limitado, informal, sazonal e pouco qualificado desses empregos, com diárias de cerca de 50 reais. Ademais, os moradores das TIs percebem vários impactos decorrentes do cultivo da soja, como aceleração de processos erosivos, assoreamento dos igarapés e, sobretudo, a contaminação da água e dos peixes por pesticidas.

Roraima configura-se como a "última fronteira agrícola da Amazônia", consolidando uma sociedade do agronegócio com poder político em diferentes escalas e esferas setoriais. Essa parceria entre o governo federal, o governo estadual e empresas do setor procura resolver os diferentes gargalos da cadeia, implicando reformas profundas dos quadros institucionais, legislativos e da estrutura fundiária do estado. Tudo indica o início de uma nova fase de expansão agroextrativa no norte da Amazônia brasileira, situada no coração da bacia Amazônica, e não apenas nas suas bordas, como no passado.

Há fortes contradições entre os discursos de legitimação dessa atividade e seus impactos reais, tanto do ponto de vista econômico como socioambiental. Por isso, é necessário reforçar as capacidades das organizações indígenas para monitorar e alertar a opinião pública sobre os efeitos deletérios da cultura soja no entorno e dentro de seus territórios. *(novembro, 2022)*

NOTAS

[1] MAPBIOMAS. *Coleção 6.0 da série anual de mapas de cobertura e uso de solo do Brasil*. São Paulo: MapBiomas, 2021. Disponível em: https://plataforma.brasil.mapbiomas.org/.

[2] CONAB – COMPANHIA NACIONAL DE ABASTECIMENTO. *Série histórica da soja*. Brasília: Conab, 2021.

[3] Por meio de um projeto em parceria com o Instituto Socioambiental (ISA) e a Rainforest Foundation, uma equipe pluridisciplinar (geografia, agronomia, ciências ambientais) realizou três viagens de pesquisas de campo entre julho e setembro de 2018. Foram visitadas dez propriedades e foram levantadas informações sobre a origem dos produtores, as estruturas da fazenda (maquinário, silos, secadores etc.), o itinerário técnico de produção, os resultados e os desafios que os produtores enfrentam. A pesquisa entrevistou 21 empresários e representantes de instituições públicas locais (Embrapa, secretarias do estado, Serviço Nacional de Aprendizagem Rural etc.). O estudo de campo incluiu a observação direta nos eventos da abertura oficial da 6ª Colheita da Soja no Cerrado de Roraima, realizada em Boa Vista, entre 30 de agosto e 4 de setembro de 2018. Também foram entrevistados dois representantes do Conselho Indígena de Roraima (CIR) e três lideranças de TIs vizinhas a plantações de soja: Jabuti (Bonfim), Truaru da Cabeceira (Boa Vista), Barata/Livramento (Alto Alegre). Dados complementares da pesquisa incluem análises espaciais e dados secundários recentes (notícias, censos, propostas legislativas etc.).

[4] FREITAS, L. *1.000 dias de governo*. Boa Vista: Governo do Estado, 2021.

[5] De acordo com a Lei nº 12.651/2012 (Código Florestal), art. 12, § 5°, o poder público estadual, ouvido o Conselho Estadual de Meio Ambiente, poderá reduzir a reserva legal para até 50% quando o Estado tiver zoneamento ecológico-econômico aprovado e mais de 65% do seu território ocupado por Unidades de Conservação (UC) da natureza de domínio público, devidamente regularizadas, e por TIs homologadas. No entanto, as áreas de proteção ambiental (APAs) não são consideradas de domínio público, nos termos do art. 15 da Lei nº 9.985/2000 (Sistema Nacional de Unidades de Conservação – Snuc). Com a recategorização da APA Baixo Rio Branco e a criação de outra UC na região do Xeriuini, esse percentual será de 65,2%, possibilitando a redução da área de reserva legal. Ver: CORREIA, C. Deputados aprovam Recategorização do Baixo Rio Branco, *Folha BV*, Boa Vista, 5 jul. 2022.

[6] Na pesquisa de campo, os produtores citaram 36 tipos de agrotóxicos utilizados (herbicidas, fungicidas e inseticidas), com média de 7,5 pulverizações/ano. As três maiores fazendas visitadas pelo projeto usam aproximadamente 8.800 litros de glifosato por ano.

Hidrelétrica Bem Querer

Ciro Campos | Biólogo, assessor no ISA

OS GRANDES PROJETOS DE INFRAESTRUTURA CONSTRUÍDOS "NA" AMAZÔNIA NÃO SÃO PROJETOS "PARA" A AMAZÔNIA. NO CASO DAS HIDRELÉTRICAS, A MAIOR PARTE DA ENERGIA PRODUZIDA É CONSUMIDA EM OUTRAS REGIÕES DO PAÍS, ENQUANTO A POPULAÇÃO LOCAL SEGUE SEM ENERGIA NAS COMUNIDADES DO INTERIOR

O Rio Branco é maior rio de Roraima, cruza o estado de norte a sul e tem 1.300 km da nascente à foz. Sua bacia cobre 80% do estado, fornece água para a maioria das cidades e para a agropecuária, fornece peixe, transporte, lazer, além de ser um monumento na paisagem e referencial de história, cultura e identidade para a região. Pela sua importância, desde que foi lançado o inventário hidrelétrico da bacia do Rio Branco, em 2011, existe a percepção na sociedade local de que o risco seria alto demais.

O barramento do Rio Branco teria impactos, diretos ou indiretos, em áreas urbanas, vilas, fazendas, sítios, Terras Indígenas (TIs), assentamentos, Unidades de Conservação (UCs), na pesca, turismo, praias, áreas de lazer, estradas, na biodiversidade e na vida de centenas de milhares de pessoas. Embora o relatório final dos estudos de viabilidade ainda não esteja concluído, as informações já disponíveis mostram que os impactos seriam enormes para o Rio Branco e para a sociedade de Roraima. Com o agravante de que a usina não foi planejada exatamente "para" Roraima.

Segundo a Empresa de Pesquisa Energética (EPE) do governo federal, a hidrelétrica de Bem Querer é importante porque o pico de sua geração (que coincide com o período de cheia do Rio Branco) aconteceria quando as hidrelétricas do centro-sul do país estão no período seco. Então Bem Querer poderia exportar energia para Manaus e outras regiões, ajudando o país no momento de maior escassez. Entretanto, seria uma ajuda singela para o Brasil, porque, na média, a usina injetaria menos de 1% da geração hidrelétrica do Sistema Interligado Nacional (SIN), sem contar as perdas de energia em sua transmissão a longas distâncias.[1]

UMA DAS PIORES HIDRELÉTRICAS DO SÉCULO XXI

A usina foi projetada em uma planície, onde se percorre quase 10 km para obter cada metro de desnível. Por isso o tamanho do reservatório seria desproporcional à sua geração de energia: um lago de 519 km^2 para uma potência máxima de 650MW.[2] Bem Querer seria, em termos de eficiência, uma das piores usinas de grande porte do século XXI, alagando 80 hectares para cada Megawatt gerado ($520km^2$/ 650 MW = 0,80 km^2/MW). Para efeito de comparação, seria um desempenho oito vezes pior que o da hidrelétrica de Jirau ($362km^2$/3.750MW = 0,10Km^2/MW), no Rio Madeira.

O alagamento de áreas produtivas em fazendas e sítios, mesmo que indenizadas, representa uma perda de área de uso para a agropecuária. O fim das corredeiras do Bem Querer e de um trecho de 140 km de praias seria a perda de um importante atrativo para o setor do turismo, um valioso ponto de pesca e um importante sítio arqueológico. O alagamento de igarapés de águas claras acabaria com áreas de lazer tradicionais conhecidas localmente como "banhos". A área urbana da capital ainda teria o prejuízo do alagamento do Rio Cauamé e o risco de elevação permanente do lençol freático na área alagável ao sul da cidade. Perdas semelhantes também seriam sentidas em outros rios e igarapés, como, Mucajaí, Quitauau, Cachorro e Água Boa de Baixo.

Os pescadores, de todas as modalidades, seriam muito prejudicados, principalmente os que vivem da pesca, assim como a população que se alimenta de peixe. O estado tem cerca de 5 mil pescadores profissionais e um grande número de pescadores amadores e esportivos. O impacto na pesca será enorme e definitivo, apesar da construção de um sistema de transposição de peixes – algo que já foi feito em outras barragens e não conseguiu evitar o problema. O rio estaria bloqueado, tanto para a migração dos peixes quanto para a passagem de embarcações. As eclusas não seriam construídas, mas apenas um sistema de espera para sua eventual construção em futuro incerto.

O reservatório com 140 km de comprimento causaria impacto direto em seis municípios que teriam áreas alagadas: Boa Vista, Caracaraí, Bonfim, Cantá, Mucajaí e Iracema. O projeto considera o impacto como "indireto" em nove TIs, porque estas não seriam alagadas, embora afetadas pela proximidade do empreendimento: São Marcos, Serra da Moça, Jaboti, Canauanim, Tabalascada, Malacacheta, Moskow, Manoá Pium e Yanomami.[3] Entretanto, o impacto será sentido, de modo direto e visível, em todas as TIs onde as pessoas pescam, bem como em UCs, cidades, vilas, assentamentos, sítios, fazendas e outras áreas privadas. Até rodovias e estradas vicinais poderiam ser prejudicadas.

Transformar um rio em lago significa quase acabar com sua correnteza, diminuindo sua capacidade de depuração. Nessa água quase parada, aumenta a poluição e o risco de doenças transmitidas pela água, bem como de doenças como a malária, transmitidas por mosquitos que se reproduzem na vegetação aquática da margem dos lagos. Também há impactos pontuais ou intermitentes, como a redução do volume de água nas várzeas do baixo Rio Branco quando o reservatório estiver enchendo, e o risco para a segurança de banhistas e embarcações em Caracaraí, devido à liberação de água pelo vertedouro.

Para a região a jusante da barragem, um dos maiores problemas é a retenção de sedimentos pelo reservatório. Com a redução da correnteza, milhares de toneladas de sedimentos ficariam depositados no fundo do lago. Esses sedimentos fariam muita falta rio abaixo, afetando as propriedades da água e a quantidade de nutrientes, com impacto em toda a cadeia alimentar. Ainda, os impactos envolvem a alteração da dinâmica de formação de ilhas e praias, desde a barragem até o arquipélago de Anavilhanas, no Rio Negro, prejudicando várias UCs em Roraima e no Amazonas.[4]

A usina de Bem Querer pode falhar, inclusive, no propósito de reduzir as emissões de carbono e ajudar a combater as mudanças climáticas, porque a emissão de gás metano pela decomposição da matéria orgânica no fundo do lago poderia ser equivalente à emissão de carbono por uma usina termelétrica a diesel.[5] A isso ainda é preciso somar o prejuízo com a perda da floresta que vai ser removida (ou inundada) na área do reservatório, e o aumento do desmatamento indireto, que sempre acontece na área de influência das hidrelétricas construídas na Amazônia.

CARACARAÍ SOB PRESSÃO

Durante o pico das obras, os cinco mil trabalhadores da hidrelétrica representariam cerca de 30% da população urbana de Caracaraí, onde ficariam os alojamentos e canteiros de obra.[6] Para minimizar o impacto na vida das pessoas e nos indicadores de saúde, segurança, educação, saneamento e custo de vida, seria necessário um reforço antecipado e coordenado nas ações do poder público em Caracaraí e cidades vizinhas. Em Altamira/PA, durante as obras de Belo Monte, o atraso e a insuficiência nas ações do poder público agravaram a tragédia social, com a piora de vários indicadores sociais, como o aumento da violência contra crianças e adolescentes, que mais do que dobrou nos primeiros seis meses da obra. Em várias reuniões e eventos, tem sido solicitado da EPE, responsável pelo empreendimento, e do consórcio Walm-Biota, responsável pelo estudo de impacto ambiental e relatório de impacto ambiental (EIA-Rima), que forneçam informações sobre a evolução dos indicadores sociais nas cidades onde foram construídas hidrelétricas na Amazônia, antes, durante e depois das obras. Um pedido que ainda não foi atendido.

A HIDRELÉTRICA SOB O OLHAR DA SOCIEDADE LOCAL

A ameaça de Bem Querer ganhou mais concretude em 2012, quando a usina passou a ser listada no Plano Decenal de Expansão, com previsão inicial de operação em 2020. O Movimento Puraké, um coletivo criado em 2012, contribuiu para ampliar o debate sobre a usina, bem como a Frente em Defesa do Rio Branco, criada no ano seguinte. Os estudos de viabilidade foram iniciados em 2013, e a EPE solicitou ao Ibama a abertura do licenciamento ambiental em 2015. A partir de então, a hidrelétrica foi tema de debate em diversas instituições locais, com participação expressiva do público e ampla cobertura da imprensa.

Em julho de 2018, o presidente da EPE defendeu o projeto no evento de lançamento do estudo de impacto ambiental em Boa Vista. Em resposta às preocupações do público, ele pontuou que o governo federal já está ajudando Roraima com a instalação de termelétricas e da linha de transmissão (em andamento), bem como que a hidrelétrica de Bem Querer é importante para o país apesar dos impactos no estado. Ainda, pediu o apoio da sociedade local, dizendo que "o Brasil já fez muito por Roraima, e agora é hora de Roraima fazer pelo Brasil".

O debate continuou intenso em 2018, com uma grande audiência pública na orla da cidade, promovida pela Prefeitura de

Caracaraí, Ministério Público Federal, pescadores e movimentos sociais. E ganhou força no final do ano, no seminário "Roraima: transição energética", que discutiu alternativas energéticas, com participação de diferentes atores da sociedade local e empresas nacionais de energia térmica, hídrica, solar, eólica, de armazenamento e distribuição. Nesse evento foram feitas as primeiras articulações para a criação do Fórum de Energias Renováveis de Roraima, lançado em 2019. O fórum conseguiu reunir mais de 20 organizações, entre empresas privadas, organizações ambientais, indígenas, profissionais, representantes da indústria, comércio, agropecuária, estudantes e pesquisadores, entre outros.

A partir de 2020, o fórum amplificou e qualificou o debate, realizando ou participando de uma série de eventos técnicos e ações de comunicação, envolvendo especialistas e agentes do setor e avaliando os pontos de maior controvérsia. Uma síntese desses resultados foi apresentada na publicação Bem Querer: uma usina de riscos e dúvidas, lançada em 2022, em que o fórum manifesta sua preocupação com o alto risco de Bem Querer para a sociedade local e sugere outros caminhos para uma necessária transição energética. O assunto tende a esquentar em 2023, após a apresentação do estudo de impacto ambiental. Se o estudo for aprovado pelo Ibama, a usina estará apta para ir à leilão.

RORAIMA EM TRANSIÇÃO ENERGÉTICA

Roraima continua sendo um estado isolado de qualquer sistema elétrico. Os antigos motores a diesel foram substituídos em 2001 pela linha de transmissão de Guri/Venezuela, que, entretanto, parou de operar antes do previsto, em 2018. E o Linhão Manaus-Boa Vista, planejado para operar em 2015, se ainda for concluído, não deve ficar pronto antes de 2026. Termelétricas a diesel foram instaladas em regime de urgência e, em 2019, foi realizado um leilão, que contratou, principalmente, usinas a gás natural, diesel e biomassa. Essa é a energia que abastece hoje a capital e os demais municípios conectados na rede de distribuição de Boa Vista.

Mesmo que fosse construída, a hidrelétrica não teria o perfil para substituir as termelétricas. Dessa forma, para reduzir a dependência da queima de combustível, Roraima precisa buscar alternativas para uma transição energética. O custo estimado de Bem Querer seria R$ 3,9 bilhões ao final de 2010, ou R$ 8,5 bilhões em valores atualizados, valor que ainda vai aumentar após a conclusão dos estudos. Com investimento semelhante, seria possível avaliar outro modelo, com o aproveitamento de fontes locais como sol, vento ou biomassa, integradas com usinas térmicas, armazenamento e linhas de transmissão, criando um sistema mais limpo, diversificado e seguro, e gerando mais empregos e negócios no estado.

O potencial solar e eólico de Roraima é elevado e já foi avaliado de forma bastante positiva pelo Projeto Cruviana[6] e pela própria EPE.[8] No leilão de potência e energia de 2019, os projetos de energia solar tentaram oferecer mais de 1 GW, mas, infelizmente, o leilão não foi realizado até o fim. Empresas de armazenamento de energia também tentaram participar com sistemas híbridos do leilão de 2021, mas as regras da disputa não eram favoráveis. Entretanto, alguns ajustes nas regras, prometidos pela Agência Nacional de Energia Elétrica (Aneel), podem equilibrar melhor a disputa nos próximos leilões.

A energia solar já poderia ocupar uma fatia grande da matriz de Roraima, reduzindo a queima de combustível. A energia eólica, entretanto, ainda precisaria de alguns anos para medições certificadas e desenvolvimento de projetos. A biomassa, comprada no leilão de 2019, já atende a cerca de 15% do consumo e tem potencial para crescer. Seu crescimento, entretanto, demanda cuidados para minimizar o risco de problemas ambientais e tensões fundiárias.

O futuro para Roraima, estado que gera eletricidade ao custo mais alto do país, pode estar em soluções inovadoras, integração de diferentes fontes, usando sistemas híbridos, armazenamento, redes inteligentes, eficiência e conexão ao sistema elétrico nacional. Isso tudo sem precisar de uma grande hidrelétrica. E Bem Querer continuaria sendo apenas o nome das belas corredeiras do Rio Branco, um rio que corre livre e sem barragens. (julho, 2022)

NOTAS

[1] FÓRUM DE ENERGIAS RENOVÁVEIS DE RORAIMA. *Bem Querer*: uma usina de riscos e dúvidas. Boa Vista: Fórum de Energias Renováveis de Roraima, 2022.

[2] EPE – EMPRESA DE PESQUISA ENERGÉTICA. *Usina Hidrelétrica de Bem Querer*: estudos de viabilidade técnica e econômica. Brasília: EPE, 2019.

[3] EPE – EMPRESA DE PESQUISA ENERGÉTICA. *Edital de Concorrência* – Estudo do Componente Indígena (ECI) da UHE Bem Querer. Concorrência nº CO.EPE.002/2017. Brasília: EPE, 2017.

[4] ICMBIO – INSTITUTO CHICO MENDES DE CONSERVAÇÃO DA BIODIVERSIDADE. *Projetos de usinas hidrelétricas na bacia do Rio Branco e suas implicações para as unidades de conservação federais em Roraima e Amazonas*. Brasília: ICMBio, 2013. Relatório Técnico.

[5] FARIA, F. A. M *et al.* Estimating greenhouse gas emissions from future Amazonian hydroelectric reservoirs. *Environmental Research Letters*, n. 10, 2015.

[6] IBGE. *Caracaraí*. Cidades@. Rio de Janeiro: IBGE, 2021.

[7] EPE – EMPRESA DE PESQUISA ENERGÉTICA. *Nota Técnica EPE-DEE-NT-032/2017-r0*. Sistemas Isolados: GT Roraima – Subgrupo IV. Identificação de alternativas de atendimento – Médio e longo prazo. Brasília: EPE, 2017.

GERAL

MACUXI SILVESTRE LEOCÁDIO DEVE ASSUMIR SECRETARIA DO ÍNDIO

O governador em exercício Paulo Quartiero (DEM) deu hoje a primeira coletiva à imprensa falando sobre a semana em que ficará comandando os rumos do Estado. Na coletiva, ele afirmou que demitiu o secretário estadual do índio Dilson Ingarikó e o adjunto Hugo Cabral pelo que ele considera 'traição' ao estado. "Ele traiu o governo apoiando uma demarcação que prejudica o Estado e isso não tem como tolerar". No lugar de Ingarikó será nomeado o índio macuxi Silvestre Leocádio, 66, que foi presidente da Sodiur (Sociedade de Defesa dos Índios Unidos de Roraima). *(Folha BV, 17/04/2017)*

GOVERNADORA DE RORAIMA RECONDUZ DILSON INGARIKÓ À SECRETARIA DO ÍNDIO

A governadora de Roraima, Suely Campos (PP), reconduziu Dilson Ingarikó à Secretaria do Índio nesta quarta-feira (26). Ele havia sido exonerado pelo vice-governador Paulo Cesar Quartiero (DEM) na semana passada, quando o democrata assumiu o governo. O retorno de Ingarikó ao cargo foi anunciado durante a 3ª Assembléia dos Tuxauas, que ocorreu no Palácio da Cultura, Centro de Boa Vista. *(G1, 26/04/2017)*

FAMÍLIAS SÃO RETIRADAS DE 7 COMUNIDADES ISOLADAS POR CHEIA DE RIO

Famílias de sete comunidades indígenas no Uiramutã, região Norte de Roraima, foram retiradas das localidades pelo Exército nesta quinta-feira (18). Devido à cheia do rio Maú a região ficou isolada e muitas casas estão submersas. As comunidades atendidas foram Kumapai, Nova Esperança, Monte Moriá 1, Sítio São Mateus, Prof Totó, Canã, Ximaral e Lage, informou o Exército. *(G1, 18/05/2017)*

CIR PEDE AJUDA HUMANITÁRIA ÀS COMUNIDADES INDÍGENAS

No final da tarde de ontem, 18, o CIR tomou conhecimento da enchente que atinge comunidades indígenas nas regiões das Serras, TI Raposa Serra do Sol, município de Uiramutã e na comunidade indígena Jacamim, TI Jacamim, região da Serra da Lua, município de Bonfim/RR. 17 comunidades indígenas que ficam próximas aos rios Uailã e Maú, na TI Raposa Serra do Sol, tanto no lado brasileiro quanto da Guyana, estão submersas. *(ISA, 19/05/2017)*

UIRAMUTÃ DECRETA EMERGÊNCIA APÓS ENXURRADA AFETAR MAIS DE 900 ÍNDIOS

O prefeito de Uiramutã, Dedel Araújo (PP), decretou nesta segunda-feira (22) situação de emergência no município. A cheia súbita dos rios Uailã e Maú afetou 936 índios na localidade que é circunscrição da Raposa Serra do Sol. *(V. Oliveira, G1, 22/05/2017)*

LÍDERES COBRAM DEMARCAÇÃO DE MAIS 4 TERRAS INDÍGENAS

Em visita a Roraima, o Ministro da Justiça e Segurança Pública, Torquato Jardim, e o presidente da Funai se reuniram com lideranças na sede do CIR para ouvir as demandas da população indígena em Roraima. Durante o encontro, foi cobrada a demarcação de mais quatro TIS – do Anzol, Arapuá, Lago da Pedra e Pirititi – , que já teriam sido determinadas pelo poder Judiciário. Índios de diversas etnias estiveram presentes na reunião e exigiram a demarcação das áreas. O ministro Torquato Jardim informou que está há pouco mais de 40 dias à frente da pasta e que dará andamento a todas as demandas. *(Folha BV, 10/07/2017)*

INDÍGENAS OCUPAM SEDE DA FUNAI E PEDEM A SAÍDA DE COORDENADOR

Organizações indígenas realizaram uma mobilização, na manhã de ontem, 12, e ocuparam a sede da Coordenação Estadual da Funai em Roraima. Eles pedem a saída do novo coordenador da entidade indigenista, Armando do Carmo Araújo. Representantes de pelo menos dez povos indígenas estiveram presentes na manifestação. Os índios bloquearam o acesso à entrada da sede da Funai e carregavam faixas e cartazes pedindo a renúncia do representante do órgão, que é conhecido como "Neto", e foi nomeado por meio da Portaria 1.032, de 6 de julho de 2017. Segundo o vice-coordenador do CIR, Edinho Batista, a nomeação de Armando ocorreu contra a vontade dos índios. "Estamos muito revoltados com essa situação. Foi indicação política e puro interesse de terceiro", disse. *(L. Correia, Folha BV, 13/07/2017)*

EM MARCHA, INDÍGENAS DE REIVINDICAM DIREITOS

Indígenas de Roraima fazem nesta quarta-feira (9) a VI Marcha dos Povos Indígenas em alusão ao Dia Internacional dos Povos Indígenas. Durante a caminhada, os índios reivindicam direitos e entregam uma carta aberta a cinco órgãos. "Nossa história deve ser respeita", disse o Conselho Indígena de Roraima (CIR). Além do CIR e da Hutukara, participaram da marcha a Associação dos Povos Wai Wai, das TIs de São Marcos, Ye'kuana do Brasil, das Mulheres Indígenas de Roraima, dos Professores Indígenas, Organização dos Índios da Cidade e o Conselho do Povo Indígena Ingaricó. *(G1, 09/08/2017)*

LIDERANÇAS DA REGIÃO SERRAS APROVAM RODÍZIO DE PROJETO DO GADO EM ASSEMBLEIA

Um dos principais objetivos da Assembleia foi o repasse do projeto de gado às comunidades indígenas que, a partir da decisão coletiva, assumiram o compromisso de permanecer com o projeto por cinco anos. As comunidades atendidas pelo projeto são: Urucá, Pedra Preta, Maturuca, Prototo, Lage, Makukem, Santa Liberdade, Sol Nascente, São Gabriel, Manaparu, Salvador e Pedra Branca. Como resultado da Assembleia, foram repassados 12 lotes do projeto de gado, correspondendo uma quantidade de 624 reses e um total de R$ 624 mil, segundo a contabilidade das lideranças indígenas. Outra deliberação da Assembleia foi o repasse de gado ao povo Wai Wai em 2019, conforme reivindicado pelas lideranças Wai Wai e firmado na segunda reunião ampliada do CIR. *(CIR, 22/02/2018)*

INDÍGENAS ENTRAM COM AÇÃO NO STF PARA FECHAMENTO DA FRONTEIRA COM VENEZUELA

Entidades representantes de 13 mil indígenas do estado de Roraima moveram uma ação no STF, onde pedem que a ministra Rosa Weber determine o fechamento da fronteira do Brasil com a Venezuela. Diariamente, cerca de 800 venezuelanos atravessam para o lado brasileiro fugindo do caos no país de Nicolás Maduro. A ação foi movida por etnias como Macuxi, Taurepang, Wapichana e Sapará, e definida durante uma Assembleia Extraordinária realizada nos dias 3 e 4 de maio. Na ação, os indígenas afirmam que têm sentido diretamente os impactos sociais da imigração desordenada de venezuelanos para o Brasil. *(P. Camporez, O Globo, 10/05/2018)*

PROFISSIONAIS INDÍGENAS AJUDAM NO COMBATE AO CORONAVÍRUS

São cerca de 50 mensagens diárias trocadas entre a enfermeira Letícia Monteiro e os indígenas das etnias Wai Wai, Macuxi, Taurepag,

Wapixana que vivem nas regiões Murupú, Wai Wai e Surumú, em Roraima, sobre o novo coronavírus (covid-19). Ela é responsável pelo monitoramento dessas comunidades e, além de checar se há alguém com algum dos sintomas da doença nas regiões, ela tira dúvidas e transmite orientações. *(M. Tokarnia, Agência Brasil, 24/04/2020)*

INDÍGENAS EM RR ANUNCIAM "*LOCKDOWN*"

Para evitar a disseminação do coronavírus na TI Manoá-Pium, líderes de comunidades anunciaram o isolamento total a fim de evitar a contaminação dos povos que vivem na região. O "lockdown indígena", como foi chamada a medida, deve durar 15 dias. *(V. Oliveira, G1, 01/06/2020)*

ÍNDIOS DE RR RECEBEM FOLHETOS SOBRE CORONAVÍRUS EM LÍNGUAS INDÍGENAS

Folhetos com informações sobre o novo coronavírus foram produzidos em seis línguas indígenas e serão distribuídos em diversas comunidades, informou o Conselho Indígena de Roraima nesta quarta-feira (10). O advogado Ivo Cípio, que fez a tradução de um dos folhetos para a língua Macuxi, disse que a ação com cartazes em línguas nativas é importante para ajudar a salvar vidas com informação. "Através da língua, a compreensão da doença se torna mais clara e isso ajuda a evitar a propagação do vírus, além de conscientizar o nosso povo", disse. O material será distribuído para dez regiões do estado, sendo eles: Amajarí, Auto Cuamé, Baixo Cotingo, Murupú, Raposa Serra do Sol, Serras, Serra da lua, Surumu, Tabaió e Wai-wai. *(G1 Roraima, 11/06/2020)*

LIDERANÇAS DE RORAIMA REPUDIAM PL QUE LEGALIZA GARIMPO EM TIS

Mais de mil lideranças dos povos Wapichana, Macuxi, Taurepang, Wai Wai, Sapará, Yanomami, Patamona e Warao estiveram reunidas na 51ª Assembleia Geral dos Povos Indígenas de Roraima, realizada no Centro Regional Lago Caracaranã, na Terra Indígena Raposa Serra do Sol. No centro das discussões estiveram as ameaças aos povos indígenas da região, sobretudo o PL 191, que regulamenta o garimpo e outras atividades predatórias em TIs. Segundo o coordenador do CIR, Edinho Batista, os povos indígenas precisam se aliar para fazer frente a retrocessos como o PL 191. Durante o evento, conselheiros, tuxauas e presidentes de associações indígenas tiveram a oportunidade de debater e denunciar as ameaças em outras regiões como nos territórios Wai Wai, no sul do Estado. *(E. Paixão, ISA, 21/03/2022)*

TI ANZOL

JUSTIÇA FEDERAL DETERMINA PROCEDIMENTO DE DEMARCAÇÃO

Indígenas da comunidade Anzol podem comemorar o resultado favorável da ação civil pública ajuizada pelo MPF, que requereu o efetivo procedimento administrativo demarcatório da comunidade. O pedido foi aceito pela Justiça Federal de Roraima que deu parecer favorável determinando que a União Federal e a Funai efetive o procedimento administrativo de demarcação em prazo de cinco anos, conforme decisão da juíza federal do TRF da 1ª Região, Luzia Farias da Silva Mendonça, emitida dia 31 de março. *(CIR, 03/04/2017)*

FAZENDEIROS NÃO QUEREM AMPLIAÇÃO DAS TERRAS DA COMUNIDADE ANZOL

O anúncio da demarcação da Comunidade Indígena Anzol por determinação da Justiça Federal, ainda não causou ações judiciais contra a medida por não índios, entre eles, madeireiros, fazendeiros e pequenos agricultores, que alegam serem proprietários das terras dentro do limite de 30 mil hectares reivindicadas como território tradicional por índios Macuxi e Wapichana. Atualmente os indígenas do Anzol vivem confinados em 2 hectares e não podem plantar nem ter criações. As terras estão cercadas pelas fazendas e pela empresa madeireira FIT Manejo Florestal, que produz acácias. *(E. Farias, Amazônia Real, 12/05/2017)*

TI RAPOSA SERRA DO SOL

CIR E MPF VÃO RECORRER CONTRA DECISÃO DE TEMER

Após o presidente Michel Teme aprovar parecer para estipular que as novas demarcações de TIs deverão seguir as regras validadas pelo STF na demarcação da TI Raposa Serra do Sol, o CIR afirmou que encaminhará representação à Procuradoria-Geral da República pedindo providências contra o governo. *(Folha BV, 21/07/2017)*

LIDERANÇAS DE TI ENTREGAM DOSSIÊ AO STF

Na última semana, uma comitiva de lideranças indígenas da TI Raposa Serra do Sol e do CIR estiveram em Brasília para cumprir uma agenda de apresentação dos avanços e conquistas após a homologação de sua terra. As lideranças indígenas elaboraram um dossiê que apresenta os avanços e conquistas após a homologação de um dos casos de demarcação e homologação mais simbólico e histórico já visto no Brasil. *(Cimi, 07/10/2017)*

CRIAÇÃO DE RESERVA RAPOSA SERRA DO SOL DEVE SER REVISTA

A equipe do presidente eleito Jair Bolsonaro prepara um decreto que irá rever a criação da reserva indígena Raposa Serra do Sol. A área estende-se por uma área de 1,7 milhão de hectares no Estado de Roraima e foi homologada em 2005. O decreto faz parte de um pacote de medidas de impacto que o futuro governo anunciará nos primeiros dias após a posse do presidente e que inclui também outras ações imediatas na área ambiental. "Temos que desatar esse nó que entrava o desenvolvimento do Brasil", afirmou ao Valor um assessor do presidente eleito. *(M. Gugliano, Valor Econômico, 17/12/2018)*

ACORDOS DE CONCILIAÇÃO SÃO ESCRITOS EM LÍNGUA INDÍGENA

O Tribunal de Justiça de Roraima (TJRR) determinou que os termos de conciliação homologados no Polo Indígena de Conciliação Maturacá devem ser redigidos na língua materna das partes. Portaria expedida pelo juiz Aluízio Ferreira, coordenador da unidade, regulamentou a prática, que antes era feita informalmente. "Desta forma, ficam termos claros e o idioma deles é valorizado", diz o magistrado. Uma segunda via do documento é escrita em português. O polo conta atualmente com a atuação de 16 conciliadores: professores, agentes de saúde e lideranças que pertencem a diversas etnias, como macuxi, taurepang e ingaricó. *(CNJ, 16/02/2018)*

RSS REGISTRA PRIMEIRA INVASÃO DESDE DEMARCAÇÃO

Pela primeira vez desde a demarcação, há 11 anos, a TI Raposa Serra do Sol enfrenta um garimpo ilegal de larga escala. Para lideranças da região, o motivo é a expectativa gerada pela proposta do presidente Jair Bolsonaro para legalizar a atividade. Desde dezembro, algumas centenas de garimpeiros buscam ouro em uma área da TI em Normandia, na fronteira com a Guiana. A estrutura ilegal conta com maquinário, como escavadeiras e moinho trituradores de pedra, pertencentes a não indígenas, segundo as lideranças. *(F. Maisonnave, FSP, 29/02/2020)*

INDÍGENAS REATIVAM BARREIRA DE VIGILÂNCIA PARA IMPEDIR ENTRADA DE GARIMPEIROS

O Movimento Indígena da Etnoregião Serras, da TI Raposa Serra do Sol reativou por tempo indeterminado o posto de vigilância e monitoramento, próximo à ponte do Urucuri, que dá acesso ao município de Uiramutã. Segundo o movimento, a intenção é impedir a entrada de bebidas alcoólicas e de garimpeiros na região. *(G1, 04/03/2021)*

CASA DE LIDERANÇA INDÍGENA É INCENDIADA NA COMUNIDADE MUTUM NA TI RSS

A casa da tuxaua Santília Merequio Macuxi, da comunidade indígena Mutum, região Serras, foi incendiada por criminosos. A Tuxaua relatou que a ação criminosa aconteceu na madrugada de sábado (24). Redes, material e utensílios de cozinha, motor, fogão, botijão de gás, as telhas da casa, foram danificadas, as paredes e possivelmente a estrutura da casa. Também foram queimados todos os documentos pessoais e comunitários, já que ali eram guardados os documentos da comunidade indígena Mutum. O ataque criminoso, conforme a denúncia da Tuxaua, se devem às atividades de vigilância e monitoramento na região, que têm buscado frear a entrada de não indígenas sem autorização, garimpeiros ilegais, maquinário de garimpo, bebidas alcoólicas e drogas ilícitas. A assessoria Jurídica do CIR encaminhou a denúncia para o MPF, PF e Funai para apuração do ocorrido e que os culpados paguem pelos danos causados à liderança. *(CIR, 26/09/2022)*

LIDERANÇAS REALIZARAM VIGILÂNCIA DO TERRITÓRIO CONTRA O GARIMPO ILEGAL

Diante do desmonte e da omissão dos órgãos de fiscalização, as lideranças se organizaram para proteger os territórios por conta própria. Uma das ações de monitoramento foi realizado na TI Raposa Serra do Sol, que resultou na apreensão de centenas de materiais de garimpo e destruição de uma balsa no Rio Maú, que estava sendo utilizado para extrair minérios. Os povos indígenas continuarão com as ações e combate ao garimpo ilegal. No mês de abril de 2020 lideranças indígenas também realizam uma ação e apreenderam materiais de garimpo indígenas da TIRSS. *(CIR, 13/06/2022)*

RAPOSA RESISTE À INVASÃO DE QUATRO MIL GARIMPEIROS

Povos indígenas que vivem na TI Raposa Serra do Sol, em Roraima, estão combatendo sozinhos o garimpo ilegal em suas terras. Sem apoio da Funai (Fundação Nacional do Índio) ou da Polícia Federal, lideranças indígenas locais têm organizado o enfrentamento contra a extração de ouro queimando balsas de garimpeiros, apreendendo material de mineração e fechando barracos ligados à ação criminosa. Mesmo desprotegidos e ameaçados, novas ações estão sendo planejadas pela guarda indígena em defesa do território. *(J. Pereira, InfoAmazonia, 07/07/2022)*

CAIQUE SOUZA/ASCOM CIR, 2021

Garimpo do Atola, na comunidade Raposa 1, TI Raposa Serra do Sol.

JUSTIÇA FEDERAL EXTINGUE AÇÃO CONTRA MONITORAMENTO TERRITORIAL DA TI RSS

Em sentença proferida pela 2ª Vara Federal, foi extinta sem resolução de mérito a 2ª ação da Sodiurr contra as atividades de proteção, vigilância e monitoramento territorial na TI Raposa Serra do Sol. Além de extinguir o processo, o juízo considerou que as atividades são realizadas por conta da omissão do Estado em promover a proteção dos povos e TIs contra a invasão territorial, do garimpo ilegal. Pelos danos sofridos, em especial pela atuação da PMRR, o juiz determinou multa à Sodiurr, investigação sobre atuação do seu advogado e recomendou ao MPF ajuizamento de ação cobrando indenização. *(CIR, 01/08/2022)*

LIDERANÇAS CONCLUEM A REVISÃO DO PROTOCOLO DE CONSULTA DOS POVOS DA TIRSS

Comissão de Lideranças da TI Raposa Serra do Sol, formado por representantes das regiões Surumu, Baixo Cotingo, Raposa e Serras, estiveram durante os dias 19 a 21 de julho, na sede do CIR realizando a revisão do Protocolo de Consulta dos Povos Indígenas da TI Raposa Serra do Sol. O documento vem sendo construído desde 2017, através de oficinas e assembleias. E para ajustes finais, formou-se uma comissão para escolha de fotos, construção de mapas e história da Raposa Serra do Sol. Todo processo de construção e discussão vem sendo acompanhado pela assessoria jurídica do CIR. *(CIR, 22/07/2022)*

LIDERANÇAS DENUNCIAM FALTA DE ESTRUTURA EM ESCOLA NA COMUNIDADE HOMOLOGAÇÃO

O estado precário da edificação da escola municipal e estadual da Comunidade Indígena Homologação, TI Raposa Serra do Sol, demonstra o absoluto descaso do poder público com os povos indígenas. A maioria das escolas foram construídas pelos próprios moradores da comunidade. Nesse período chuvoso, a única casa que atende alunos da rede municipal e estadual, a parede desabou, prejudicando ainda mais o andamento das aulas. Os alunos foram transferidos para uma sala do posto de saúde, que atenderá alunos da rede municipal de 1º período ao 5º ano e da rede estadual de 7º ano ao ensino médio. *(CIR, 22/07/2022)*

LIDERANÇAS COBRAM RESPOSTA SOBRE VIOLÊNCIA POLICIAL CONTRA COMUNIDADE

Lideranças indígenas em assembleia realizada no dia 16 de novembro, manifestaram preocupação pela falta de resposta dos órgãos sobre a violência policial ocorrida contra a Comunidade Tabatinga em novembro de 2021, no qual várias lideranças foram feridas. Diz a carta que foi protocolada ao CIR: "Nós, comunidades indígenas Tabatinga, Sol Nascente, Deus Nos Ama e Camararém reunidos no dia 16 novembro de 2022 no posto de vigilância Tabatinga para refletirmos sobre um ano que as lideranças indígenas foram baleadas pela polícia militar do estado de Roraima, e até hoje não esquecemos e não tivermos respostas." Uma liderança que foi alvejada no peito sofre as sequelas do tiro. *(CIR, 21/11/2022)*

TI SÃO MARCOS

COMUNIDADE RECEBE PAINÉIS PARA GERAÇÃO DE ENERGIA

A comunidade indígena Darora, localizada no Baixo São Marcos, zona rural do Município de Boa Vista, é a primeira região a receber energia pública limpa por meio de painéis solares, baterias e equipamentos de última geração. A iniciativa é da Prefeitura de Boa Vista e vai beneficiar cerca de 50 famílias que antes conviviam com energia elétrica por meio de geradores. *(Folha BV, 10/03/2017)*

MPF E INDÍGENAS CONDENAM FRAGMENTAÇÃO DE TERRITÓRIOS

Lideranças indígenas de Roraima condenaram o PDL 28/2019. A proposta prevê a exclusão da sede do município de Pacaraima (RR), da TI São Marcos e abre caminho para a fragmentação de territórios indígenas em todo o país. Representantes da Associação dos Povos Indígenas da Terra de São Marcos (APITSM) e do CIR manifestaram-se contra o projeto numa audiência da Comissão de Integração Nacional, Desenvolvimento Regional e Amazônia (Cindra) da Câmara. O MPF em Roraima posicionou-se no mesmo sentido. A Funai foi convidada a participar do evento, mas não enviou representantes. O projeto passou pelo Senado em 2019, está na pauta do plenário da Câmara e pode ser votado na semana que vem. *(I. Costa, ISA, 08/07/2022)*

COMUNIDADES DAS TIS SÃO MARCOS E AMAJARÍ CONSTROEM VIVEIROS DE MUDAS

As comunidades do Campo Alegre, etnorregião Baixo São Marcos, e Mangueira, TI Araçá, região Amajarí estiveram trabalhando na construção de viveiros para mudas de plantas nativas e exóticas. As atividades contaram com o acompanhamento técnico do Engenheiro Agrônomo, Renan Rodrigues Macuxi, do Departamento de Gestão Territorial e Ambiental (DGTA) do CIR. *(CIR, 17/06/2022)*

SENADO APROVA PROJETO QUE EXCLUI CIDADE DA TI SÃO MARCOS

O plenário do Senado aprovou, na quarta (16), o Projeto de Decreto Legislativo (PDL) 28/2019, que exclui a sede do município de Pacaraima (RR), na fronteira com a Venezuela, da Terra Indígena (TI) São Marcos. A proposta retira 1,6 mil hectares da TI, a qual soma 654 mil hectares. O projeto ainda precisa passar pelas comissões e o plenário da Câmara. O autor, senador Mecias de Jesus (Republicanos-RR), e o relator do projeto, senador Telmário Mota (Pros-RR), argumentam que o decreto que homologou a TI, de 1991, dificulta investimentos e obras de infraestrutura e impede a regularização de atividades econômicas e moradias na área urbana. De acordo com Jesus, a situação criou um "município virtual" que estaria impedido de emitir licenças para a construção de postos de saúde, escolas e outros estabelecimentos. "Pacaraima se encontra numa situação difícil. É fronteira com a Venezuela. É a porta de entrada da imigração venezuelana", observou. A sede de Pacaraima tem 4,5 mil moradores, segundo o censo do IBGE de 2010. "Nossa posição é contrária. Nós não fomos consultados sobre esse projeto", denuncia Paulo Pereira da Silva, coordenador-geral da Associação dos Povos Indígenas da Terra de São Marcos (APITSM). Ele afirma que as comunidades indígenas aceitam discutir o assunto para tentar resolver os problemas apontados pelos parlamentares, mas não concordam com a mudança na demarcação. Silva explica que o lixão da cidade está instalado sobre as nascentes de um dos principais rios da TI, o Miang, usado para pesca e abastecimento das populações indígenas - cerca de seis mil índios das etnias Macuxi, Taurepang e Wapichana. Informa também que vários dos imigrantes venezuelanos que ingressaram no Brasil, após a crise no país vizinho, estão ocupando irregularmente a TI a partir de Pacaraima. No início de julho, Jesus e Mota organizaram uma audiência pública na sede do município para ouvir os moradores. O procedimento não pode ser confundido com uma consulta formal às populações indígenas, conforme definido na Convenção 169 da Organização Internacional do Trabalho (OIT), ratificada pelo Brasil e incorporada à legislação nacional. O tratado prevê que qualquer obra, atividade, projeto, medida administrativa ou legislativa que afete essas comunidades precisa ser alvo de consulta. Na época da audiência, Jesus afirmou ao jornal Folha de Boa Vista que já teria "o compromisso do presidente [da Câmara] Rodrigo Maia (DEM) e demais deputados de Roraima, para aprovarmos o projeto ainda este ano". "As lideranças precisam ser ouvidas. Não é apenas meia dúzia de lideranças. Pela forma legal, em momento algum audiência pública é lugar de decisão. É de esclarecimento, de discussão, até que se chegue a um consenso", defende o vice-coordenador-geral do Conselho Indígena de Roraima (CIR), Edinho Batista. "Estamos aí para dialogar e prestar informações. Mas isso tem de ser debatido. Não é de qualquer forma que se aprova esse projeto, só com o interesse do município, do estado e do parlamentar", reforça. Na verdade, Pacaraima foi criado em 1995, após a homologação de São Marcos. "O Estado não poderia ter criado um novo município, com sua sede, na área porque isso fere o § 6º do artigo 231 da Constituição, que determina que são nulos e extintos, não produzindo efeitos jurídicos, os atos que tenham por objeto a ocupação, o domínio e a posse das terras indígenas os índios têm direitos originários e isso precisa ser respeitado", contrapõe a advogada do ISA Juliana de Paula Batista. "A demarcação da TI já foi definitivamente concluída. Portanto é ato jurídico perfeito e direito adquirido dos índios, nenhum deles passível de deliberação legislativa posterior e com efeitos retroativos. Trata-se de uma dupla violação da Constituição", complementa. "Juridicamente, o PDL não é instrumento para sustar atos do Executivo de efeito concreto, sob pena do instrumento ser convertido em medida de perseguição a pessoas e grupos cujos direitos estão resguardados de forma permanente na Constituição", ressalta. Ela lembra que há parecer da Câmara dos Deputados sobre PDLs que tentaram anular a homologação de TIs confirmando essa interpretação. Uma decisão do Supremo Tribunal Federal (STF) também reforça a tese. Na votação, senadores como Randolfe Rodrigues (Rede-AP) e Humberto Costa (PT-PE) questionaram a constitucionalidade proposta. Rodrigues reforçou que o tema não poderia ser tratado por um PDL. (O. de Braga de Souza, ISA, 21/10/2019)

MACUXI

"A ARTE FAZ O ÍNDIO ENTRAR NO UNIVERSO DE PENSADOR", DIZ JAIDER ESBELL

Ancestralidade, tradição, contemporaneidade, política e sobrevivência são o mote da exposição de arte indígena It Was Amazon/Era uma vez Amazônia, de Jaider Esbell, do povo Makuxi, de Roraima. O artista, escritor e produtor cultural, que tem uma galeria de arte indígena contemporânea em Boa Vista e vive profissionalmente da arte desde 2010, está percorrendo o Brasil com a mostra desde 2016 e SC é o primeiro estado da região Sul a recebê-la. A exposição, com 16 obras, abre nesta terça-feira (11), na Capital. Nascido onde hoje é a TI Raposa Serra do Sol, Jaider descobriu habilidades artísticas na infância, mas trabalhou na Eletrobras e formou-se em Geografia antes de se dedicar exclusivamente às artes. Em 2016, foi indicado ao Prêmio PIPA de arte contemporânea brasileira e ganhou na categoria online, com votos do público. Já foi convidado para expor e dar aulas na Pitzer College, nos Estados Unidos, e é realizador do Encontro de Todos os Povos, evento em Roraima que promove o protagonismo dos índios. *(Y. Fiorini, Diário Catarinense, 11/04/2017)*

MORRE LÍDER INDÍGENA QUE ATUOU PELA DEMARCAÇÃO

Morreu nessa segunda-feira (15) o líder indígena Dionito José de Souza Macuxi, aos 52 anos. Conhecido em Roraima pela defesa dos povos indígenas, Dionito atuou na defesa pela demarcação da TI Raposa Serra do Sol e retirada de não-índios da região, no Norte do estado. *(G1 Roraima, 16/06/2020)*

MORRE VOVÓ BERNALDINA, MESTRE DOS SABERES DO POVO MACUXI

Bernaldina José Pedro, conhecida como Vovó Bernaldina, da comunidade indígena Maturuca, era quem iniciava os cantos e danças tradicionais nas rodas de Parixara, uma das mais tradicionais manifestações artísticas dos povos indígenas em Roraima. Ela faleceu aos 75 anos na noite de terça -feira (23/06), no Hospital Geral de Roraima (HGR), com diagnóstico de Covid-19. *(E. Paixão, ISA, 26/06/2020)*

JAIDER ESBELL EXIGIU MAIS ARTISTAS INDÍGENAS NA BIENAL

O neto de Makunaimã pede para não ser chamado de artista plástico. Prefere a alcunha de artivista, termo que une a arte e a militância no movimento indígena. Ele é um articulador: provoca outros artistas indígenas a criarem e se posicionarem. É esse o trabalho de Jaider Esbell, artista macuxi que assina obras expostas na 34ª Bienal de São Paulo, aberta ao público de setembro a dezembro de 2021, assim como a curadoria da mostra de arte indígena contemporânea "Moquém_Surarî", em cartaz até 28 de novembro no MAM. Muito por reivindicação de Esbell, outros oito artistas indígenas compõem a curadoria da Bienal este ano, entre eles Daiara Tukano, Sueli Maxakali e Gustavo Caboco. *(J. Domingos de Lima, UOL, 27/09/2021)*

ESBELL NA COLEÇÃO DO POMPIDOU

Carta ao Velho Mundo (2018-2019) e Na Terra Sem Males (2021), do artista indígena contemporâneo Jaider Esbell, de origem Macuxi, são as duas novíssimas aquisições do Centre Georges Pompidou, em Paris. As obras indicadas foram inicialmente aprovadas pelo comitê curatorial do museu e, na sexta feira 22/10, pelo Círculo de Patronos da América Latina, que é responsável pelo fundo anual que viabiliza a aquisição. *(P. Alzugaray, Select, 24/10/2021)*

MORRE JAIDER ESBELL, ARTISTA PLÁSTICO INDÍGENA RORAIMENSE

Morreu nessa terça-feira (2), aos 41 anos, o artista plástico roraimense Jaider Esbell. Ele era um dos destaques da 34ª Bienal de São Paulo. O Governo de Roraima lamentou a perda em nota, relatando que o artista "deixa um legado pelos valores culturais e artísticos dos povos indígenas". Jaider era filho adotivo de Vovó Bernaldina, mestra indígena da cultura Macuxi, que morreu em junho de 2020 por Covid-19. *(G1 Roraima, 02/11/2021)*

Jaider Esbell.

WAPICHANA

JUSTIÇA NEGA PEDIDO DE NULIDADE DA DEMARCAÇÃO DA TI ANARO

O MPF/RR se manifestou pela improcedência integral da ação que pedia a nulidade do processo administrativo de demarcação da TI Anaro, localizada no município de Amajarí, e, ainda, o reconhecimento da legalidade do domínio privado do imóvel denominado Fazenda Topografia. A Justiça reconheceu a posse imemorial indígena sobre a área, comprovada por laudo pericial, e seguiu o entendimento do órgão. Os autores da ação alegaram não terem sido notificados a acompanhar a confecção dos laudos antropológicos, à época da demarcação. *(MPF, 19/04/2017)*

JOENIA WAPICHANA: A PRIMEIRA MULHER INDÍGENA ELEITA DEPUTADA FEDERAL

Pela primeira vez, em 190 anos de Parlamento, uma mulher indígena tem assento no legislativo brasileiro. No domingo (7), Joênia Wapichana (Rede) recebeu 8.491 votos e foi eleita Deputada Federal pelo estado de Roraima. A decisão de concorrer ao pleito eleitoral, segundo Joenia, ocorreu durante a 47ª Assembleia Geral dos Povos Indígenas de Roraima, após análise política sobre a situação dos povos indígenas no Brasil. Os indígenas presentes na assembleia consideraram importante a participação de lideranças na disputa institucional. Joenia Wapichana foi indicada pelo movimento indígena de Roraima e hoje une-se ao feito histórico de Mario Juruna, primeiro indígena a conquistar uma vaga na Câmara dos Deputados (1983-1987). Desde a saída do Xavante do Congresso, em 1986, nenhum indígena havia ocupado vaga no legislativo. Em sua trajetória, Joenia Wapichana também foi a primeira mulher indígena a se formar em direito no Brasil, em 1997, pela UFRR. *(C. Cavalli, M. Calazans e M. Wapichana, Cimi, 10/10/2018)*

STF VETA AMPLIAÇÃO DE ÁREA INDÍGENA

A decisão respalda o governo de Roraima para retirada de indígenas do assentamento Bamerindus e impede ampliação de mais de 20 TIs em Roraima. O STF concedeu decisão favorável ao Governo do Estado na Ação Cível (ACO 1.522), que pedia a retirada de indígenas oriundos da reserva indígena Serra da Moça na área do assentamento rural Nova Amazônia, localizada nas glebas Truaru e Murupu, na zona rural de Boa Vista. O ministro relator da ação, Gilmar Mendes, também determinou, na decisão, que a União, o Incra e a Funai se abstenham de proceder o aumento da reserva indígena Serra da Moça ou qualquer comunidade indígena em Roraima. *(Folha BV, 21/11/2019)*

COSTUREIRAS WAPICHANA DOAM 800 MÁSCARAS PARA COMBATE AO CORONAVÍRUS

Costureiras indígenas da etnia Wapichana produziram e doaram 800 máscaras para ajudar moradores da comunidade da Malacacheta a se proteger do novo coronavírus, informou o CIR nesta segunda-feira (1ª). A comunidade indígena tem 1,4 mil moradores e fica localizada no município do Cantá. Entre as cidades do interior de Roraima, Cantá tem o maior número de pessoas infectadas. Até esse domingo (31), foram confirmados 156 casos e três mortes no município. *(G1 Roraima, 01/06/2020)*

HELENO AUTORIZOU EXPLORAÇÃO DE DIAMANTES EM TERRA DE REFORMA AGRÁRIA

O general Augusto Heleno, ministro do GSI (Gabinete de Segurança Institucional), autorizou um empresário a explorar diamantes em uma área de 9.999,63 hectares em Roraima, na fronteira com a Guiana. Os documentos referentes à decisão de Heleno validando a pesquisa de diamantes mostram que o pedido de exploração do minério incluiu uma parcela do assentamento Jacamim. O assentamento tem uma área sobreposta com a TI Malacacheta, conforme os mesmos documentos. Na terra vivem mais de mil indígenas wapichana. Os wapichana também estão na TI Jacamim, na mesma região. *(V. Sassine, FSP, 23/12/2021)*

TI SERRA DA MOÇA RECEBE O ENCONTRO DE COMUNICADORES DA REDE WAKYWAI

O CIR realizou o Encontro da Rede de Comunicadores da Rede Wakywai nos dias 26, 27 e 28 de outubro, na Comunidade indígena, Serra da Moça, região Murupú, município de Boa Vista. O encontro contou com a participação de cerca de 30 comunicadores das regiões: Serra da Lua, Tabaio, Murupú, Serras, Raposa, Baixo Cotingo, Surumú, Amajarí e São Marcos. Além do Centro Indígena de Formação e Cultura Raposa Serra do Sol (CIFCRSS), dos povos: Macuxi, Wapichana, Taurepang e Yekuana. *(CIR, 01/11/2022)*

WAIWAI

INDÍGENAS WAI WAI CONQUISTAM MAIS AUTONOMIA PARA ESCOAR CASTANHAS

Maquinário adquirido com apoio do mandato da deputada Joênia Wapichana (Rede-RR) vai ajudar a transportar a produção e cumprir contratos com empresas que investem na economia da floresta em pé. Neste sábado (02/10), a parlamentar se encontrou nas comunidades de Xaary e Anauá com lideranças Wai Wai e de outros povos para celebrar a entrega de um trator e outros itens essenciais, conquistados via emenda parlamentar. A Associação dos Povos Indígenas Wai Wai do Xaary (APIWX), que apoia os coletores na organização da cadeia da castanha, negocia e contrata empresas para o escoamento e comercialização do produto. Um dos contratos da APIWX é com a Wickbold, maior fabricante de pães do Brasil. “Essa máquina é de todos. É de vocês [indígenas]. Vamos nos organizar para cuidar e fazer a manutenção”, comemorou o presidente da APIWX, Valdeci Noro Wai Wai. *(E. Paixão, ISA, 5/10/2021)*

Colheita, quebra, embalagem e transporte de castanha feita pelos WaiWai, na mata próxima ao acampamento Japim, um dos vários instalados às margens do rio Anauá.

COMUNIDADES INICIAM CONSTRUÇÃO DO PGTA DA TI WAI WAI

Lideranças e jovens das comunidades Xaary e Anauá, do povo Wai Wai, estão se reunindo para discutir a gestão e o uso sustentável do território e de seus recursos naturais durante as oficinas do PGTA da TI Wai Wai, em Roraima. A segunda oficina realizada pelo projeto Bem Viver (CIR, NCI e IEB) contou com a colaboração de parceiros do ISAl e Iepé. O PGTA é um documento formal que serve para registrar o plano de vida das comunidades indígenas, além de nortear políticas públicas, com ênfase no bem estar coletivo e na gestão de recursos naturais para as futuras gerações. *(CIR, 03/05/2022)*

CASTANHA-DO-PARÁ É PRINCIPAL FONTE DE RENDA E SUSTENTO DE WAIWAI NO INTERIOR

No meio da floresta Amazônica, imponentes castanheiras dão frutos que sustentam dezenas de famílias do povo Wai Wai. São indígenas que trabalham com o extrativismo da castanha-do-pará de forma sustentável nas Terras Indígenas Wai Wai e Trombetas Mapuera, localizadas em São João da Baliza, região Sul de Roraima, distante cerca de 350 Km da capital Boa Vista. Na comunidade Xaary, famílias inteiras encaram cerca de uma hora de caminhada na mata até chegar aos pés das castanheiras. Atualmente, a venda das castanha é feita pelos próprios indígenas, por meio de três associações: Associação dos Povos Indígenas Wai Wai (APIW), Associação do Povo Indígena Wai Wai Xaary (APIWX) e Associação Indígena Wai Wai da Amazônia (AIWA). Em Xaary, são 140 indígenas associados. Na comunidade Anauá, na mesma região, a venda da castanha envolve 318 pessoas. *(R. Moreira, G1, 23/05/2022)*

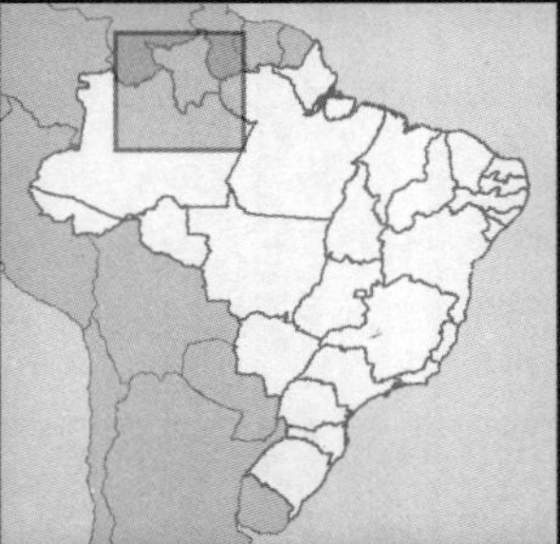

2.2. Roraima Mata

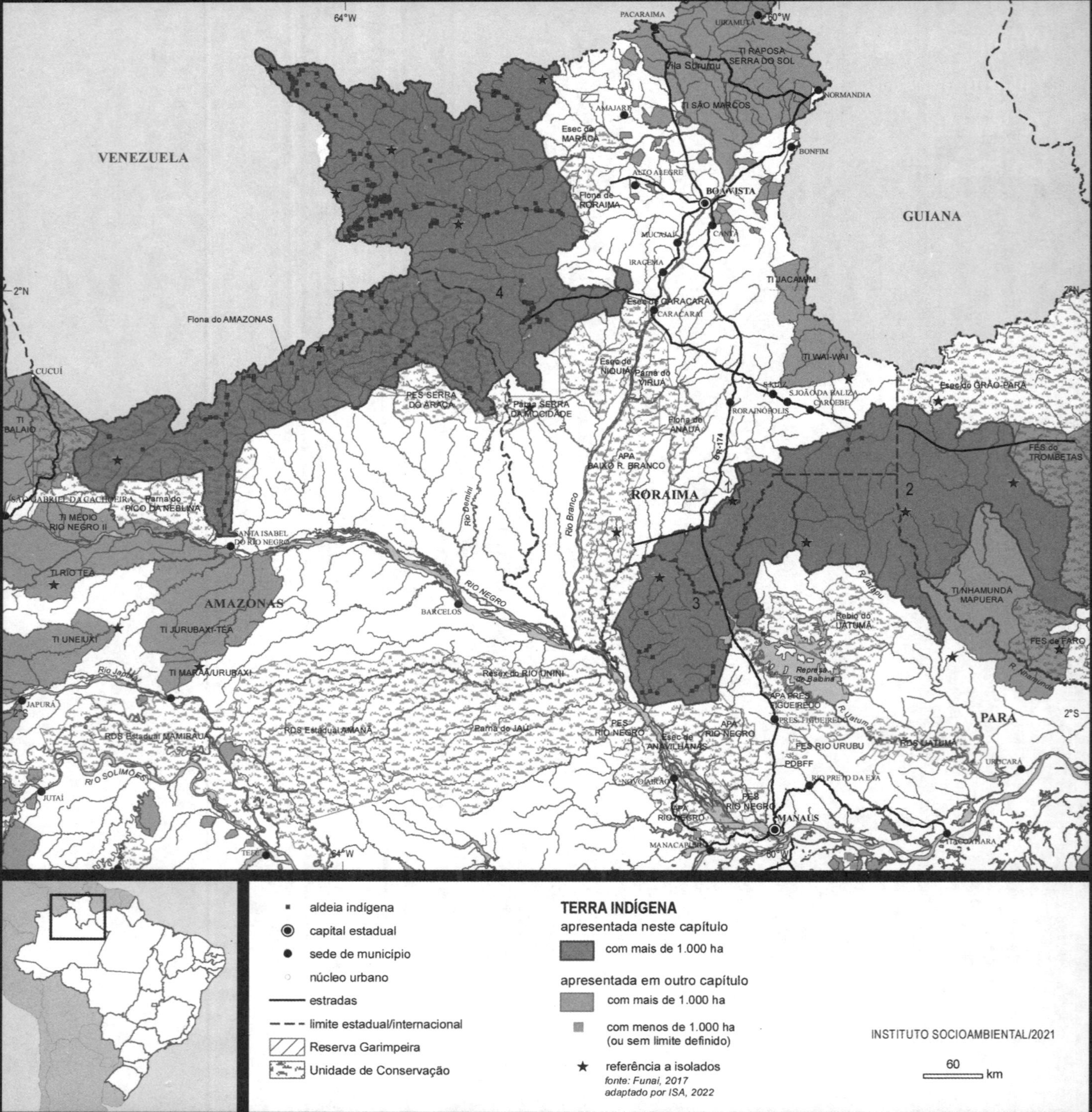

VENEZUELA
GUIANA
RORAIMA
AMAZONAS
PARÁ
BOA VISTA
MANAUS
TI RAPOSA SERRA DO SOL
TI SÃO MARCOS
TI JACAMIM
TI WAI-WAI
TI NHAMUNDÁ MAPUERA
TI BALAIO
TI MÉDIO RIO NEGRO II
TI RIO TEA
TI UNEIUXI
TI JURUBAXI-TEA
TI MARAÃ/URUBAXI
Flona do AMAZONAS
Rio Negro
Rio Branco
Rio Demini
RIO SOLIMÕES
64°W
60°W
2°N
2°S
1
2
3
4
aldeia indígena
capital estadual
sede de município
núcleo urbano
estradas
limite estadual/internacional
Reserva Garimpeira
Unidade de Conservação
TERRA INDÍGENA
apresentada neste capítulo
com mais de 1.000 ha
apresentada em outro capítulo
com mais de 1.000 ha
com menos de 1.000 ha (ou sem limite definido)
referência a isolados
fonte: Funai, 2017
adaptado por ISA, 2022
INSTITUTO SOCIOAMBIENTAL/2021
60 km

RORAIMA MATA
Terras Indígenas
Instituto Socioambiental - 30/11/2022

Nº mapa	Terra Indígena	Povo	População (no, fonte, ano)	Situação jurídica	Extensão (ha)	Município	UF
1	Pirititi	Isolados Pirititi		Com Restrição de Uso. Portaria - 440 - 01/12/2021, publicado em 09/12/2021.	43.404	Rorainópolis	RR
2	Trombetas/Mapuera	Hixkaryana Katuenayana Waiwai Isolados Karapawyana Isolados do Médio Jatapu Isolados do Rio Cachorro/ Cachorrinho	811 - Iepé e Sesai: 2019	Homologada. Decreto - s.n. - 21/12/2009, publicado em 22/12/2009. Reg SPU, no site da Funai de 8-1-19 diz que a TI está regularizadaReg.CRI matr.1,140, Liv.2-E, Fl.74v Nhamundá/AM Reg.CRI matr.2.108 Liv.2-H, Fl 18 Cartório Félix da Comarca de S.Luiz Reg.CR matr.2109, Liv.2-H, Fl 19 Cartorio Félix da Comarca de S.Luiz Reg.CRi matr.1.773, liv.2-I, Fl.173 Unico Oficio da comarca de Oriximiná/PA Reg.CRI mat.52, Liv. 2-A, Fl.52 Unico Oficio de Faro Reg.CRI matr.640, Liv. 2-RG, Fol.001 Urucará/AM	3.970.898	Nhamundá Urucará Faro Oriximiná Caroebe São João da Baliza	AM PA RR
3	Waimiri Atroari	Waimiri Atroari Isolados Cabeceira do Rio Camanaú	2.009 - Programa Waimiri-Atroari: 2018	Homologada. Decreto - 97.837 - 16/06/1989, publicado em . Reg. SPU Cert. n. 292 de 22/11/88. Reg SPU Certidão n. 016 em 01/10/1999Reg. CRI no município de Presidente Figueiredo, comarca de Itapiranga (889.400 ha) Matr. 459, Liv. 2-RG Fl. 225 em 17/4/89. Reg. CRI no município e comarca de Novo Airão, (1.030.200 ha) Matr. 755 Liv. 2-B, Fl. 368 em 17/6/89. Reg. CRI no município e comarca de São Luiz,(539,000) Matr. 1.225 Liv.2-E, Fl 26 em 18/02/1999 Reg. CRI no município deSão João da Baliza, comarca de São Luiz (127.311 ha) Matr. 1.226 , Liv. 2 -E, Fl. 26 em 17/02/1999.	2.585.910	Novo Airão Presidente Figueiredo Urucará Rorainópolis São João da Baliza	AM RR
4	Yanomami	Yanomami Ye'kwana Isolados da Serra da Estrutura Isolados do Baixo Rio Cauaburis Isolados Surucucu/Kataroa Isolados Parawa u Isolados do Auaris/ Fronteira Isolados do Amajari	26.780 - Sesai/DSEI Yanomami: 2019	Homologada. Decreto - s/n - 25/05/1992, publicado em 26/05/1992. Ofício ao SPU 113 e 114 em 11/08/93.Reg. CRI no município de São Gabriel da Cachoeira (73.932 ha) Matr. 1.209, Liv. 2/7 Fl. 43 em 10/10/92. Reg. CRI no município de Santa Izabel do Rio Negro (1.575.072 ha) Matr. 102, Liv. 2-B, Fl. 37/49 em 16/11/92. Reg. CRI no município de Barcelos (2.223.302 ha) Matr. 296 Liv. 2-A1, Fl. 113 em 15/09/92. Reg. CRI no município de Boa Vista (1.562.718 ha) Matr.12.687 Liv. 2/RG Fl. 01/08 em 24/06/92. Reg. CRI no município de Alto Alegre (1.942.082 ha) Matr. 12.086 Liv. 2-RG, Fl. 01/02 em 24/6/92. Reg. CRI no município de Caracaraí (838.328 ha) Matr. 2.185 Liv. R-HRG, Fl. 68 em 16/2/93 Reg. CRI no município de Mucajaí (1.449.541 ha) Matr. 552 Liv. 2-B Fl. 252/253 em 1/10/93.	9.664.980	Barcelos Santa Isabel do Rio Negro São Gabriel da Cachoeira Alto Alegre Amajari Caracaraí Iracema Mucajaí	AM RR

Mulheres Yanomami e a Nova Invasão Garimpeira

Marília Garcia Senlle | Antropóloga
Ana Maria Machado | Antropóloga e pedagoga, ISA
Lídia Montanha Castro | Antropóloga e pedagoga, ISA

NOS ÚLTIMOS ANOS, AS MULHERES YANOMAMI VÊM CONQUISTANDO NOVOS ESPAÇOS DE REPRESENTAÇÃO PARA PROMOVER AÇÕES VOLTADAS A SEUS INTERESSES

"Nós jamais desistiremos do que é nosso".
"Onde iremos buscar alimentos para nossos filhos?"
"Estamos todos perto de morrer abandonados nesta floresta vazia de assistência." (Mulheres yanomami)

No atual contexto de agravamento das condições sanitárias e de intensa invasão garimpeira na Terra Indígena Yanomami (TIY), enquanto, por um lado, algumas mulheres yanomami têm sido vítimas de violência sexual praticada pelos invasores, por outro, elas também vêm se destacando como porta-vozes do drama coletivo de seu povo, denunciando de forma contundente as terríveis condições de vida em suas comunidades. "Queremos que venham pessoas para queimar as canoas e maquinários [dos garimpeiros]. Quero ainda poder voltar a correr em minha terra limpa. Não quero ter estas minhas águas sempre poluídas! O lugar onde moramos, o lugar onde pesco peixes, foi transformado em prostíbulo e onde os garimpeiros se matam e jogam seus mortos. Eu não quero essas pessoas sujando minha terra!" Essa fala de uma mulher yanomami moradora da região Palimiu, ocorreu logo após um dos episódios recentes mais emblemáticos do agravamento da invasão garimpeira na TI Yanomami.

Desde fevereiro de 2021, houve uma escalada de tensão nas relações entre garimpeiros e os Yanomami do Palimiu, envolvendo episódios de ameaças a lideranças indígenas, trocas de tiros e a morte de um garimpeiro. A situação se agravou ainda mais depois que jovens yanomami da região confiscaram grande quantidade de combustível dos garimpeiros em resposta ao afogamento de uma criança, levada pela correnteza do rio depois de ser derrubada pelas ondas de um barco de garimpeiros que passava em alta velocidade em frente a uma comunidade.

O ápice da tensão ocorreu no dia 10 de maio de 2021, quando a comunidade Yakepraopë foi surpreendida por sete embarcações de garimpeiros, que atacaram os moradores a tiros em um conflito aberto. Um indígena foi ferido de raspão e o ataque motivou a dispersão de todos pela mata, resultando em cinco crianças perdidas. Após dois dias de buscas, duas delas foram encontradas mortas na beira do Rio Uraricoera, com sinais de afogamento. A este episódio sucederam-se diversos ataques dos garimpeiros, situação que perdurou por cerca de dois meses. Em uma das ocasiões a própria Polícia Federal (PF) foi recebida a tiros pelos invasores que transitavam pelo rio. O ataque escancarou para os Yanomami a presença de um grupo novo e particularmente perigoso, que transita pela região fortemente armado e encapuzado. Investigações da PF confirmaram tratar-se de membros de uma facção criminosa. Diante desses ataques dos invasores, a equipe responsável pela saúde dos indígenas retornou a Boa Vista e os Yanomami viram-se entregues à própria sorte, valendo-se de estratégias de proteção, realizando vigílias e juntando-se em uma única grande casa coletiva para evitar ataques noturnos às casas pequenas. Após um ano da escalada de ameaças aos Yanomami de Palimiu, a tensão diminuiu, mas o conflito ainda está longe de acabar. Atualmente, ainda que a presença da Força Nacional seja maior, os garimpeiros seguem transitando impunes pelo Rio Uraricoera e pela floresta, nos locais tradicionalmente usados pelos Yanomami dessa região para caçar, pescar e plantar suas roças.

VOZES FEMININAS NAS DENÚNCIAS CONTRA O GARIMPO

Em meio aos diversos ataques que aconteceram em Palimiu, as mulheres da região se destacaram em contextos de representatividade política, aproveitando as oportunidades de diálogo e denúncia para fazer discursos potentes na língua Yanomami e ocupar novos contextos políticos de interlocução com não indígenas. Logo após o primeiro ataque, em maio de 2021, um grupo de três lideranças femininas participou de uma reunião com o Ministério Público Federal (MPF) de Boa Vista. Além disso, durante o 2º Fórum de Lideranças Yanomami e Ye'kwana, a comitiva dos representantes de Palimiu constituiu-se de duas mulheres e um homem. Durante algumas visitas de equipes de jornalistas à região, mais uma vez as mulheres tomaram a frente das denúncias, chamando a atenção com falas expressivas. Suas denúncias e reivindicações concentravam-se em temas como: a preocupação com a preservação da floresta, da qual dependem para se alimentar e viver; o temor com a qualidade da água que usam para beber, tomar banho e pescar; o medo de terem que fugir e abandonarem suas casas; a preocupação com a partida da equipe de saúde em meio aos ataques e a mais um surto de malária; o pedido para que seja feita uma barreira física que impeça a passagem de garimpeiros na região; e para que o Estado garanta a efetiva proteção de todo o território. A preocupação com as crianças é notável e, embora também apareça nos discursos políticos de alguns homens do Palimiu, a menção às crianças está presente na maioria das falas femininas:

"Bolsonaro, eu não estou aqui para falar para você à toa! Por que motivo você permite a entrada dessas pessoas em nossas terras? Essa aqui não é a terra de vocês! [...] Por que vocês estão sempre perturbando o sono das nossas crianças?"

"Estamos sem apoio. Meu discurso não é em vão. Eu não quero falar à toa, eu não quero viver insegura dentro da minha floresta, fazendo meus filhos sofrerem! [...] Sinto que estamos todos perto de morrer abandonados nesta floresta vazia de assistência."

"Hoje a equipe de saúde que trabalha aqui fugiu com medo dos garimpeiros, nossos filhos estão morrendo. Nós estamos morrendo de malária e diarreia! Por que é que vivíamos tranquilos tendo o apoio da equipe de saúde aqui, mas agora sofremos com o posto de saúde vazio e abandonado? Quem irá nos fazer viver em paz? Quem irá recuperar essa floresta?"

"Meus filhos estão sofrendo! Isso é muito triste para nós. Eu tive que fugir com meus filhos da minha própria casa! Isso é terrível! Eu estou muito revoltada com tudo isto! Muito mesmo!"

"Eles tomam e destroem as nossas terras, afugentam as caças. Onde iremos buscar alimento para nossos filhos?"

As mulheres yanomami, como principais cuidadoras de bebês e crianças, costumam realizar todas suas atividades sociais nos arredores da comunidade, pelas matas, roças ou rios, quase sempre acompanhadas de crianças, sejam filhos, netos, sobrinhos ou irmãos mais novos. Entende-se, portanto, porque as crianças estão tão presentes nos apelos das mulheres do Palimiu contra o garimpo. A mesma preocupação dessas mulheres se traduz no discurso de preservação da floresta, já que é nela e nas roças que conseguem o alimento diário, essencial para o bem viver das crianças e de todos da comunidade. A presença garimpeira é sempre acompanhada de impactos socioambientais e desestruturação social: assoreamento dos rios; diminuição da caça ocasionada pelo desmatamento e pela pressão dos garimpeiros sobre a caça e a pesca para seu próprio consumo; contaminação das águas e dos peixes por mercúrio; aliciamento de jovens como mão de obra no garimpo; oferta de bebidas alcóolicas e cocaína; violência sexual contra mulheres e crianças; introdução de armas de fogo; aumento de diversas doenças infectocontagiosas, em especial a malária, o que afeta diretamente a capacidade das pessoas saírem para caçar, pescar ou trabalhar nas roças.

O caso do Palimiu ilustra parte do caos e da desestruturação consequentes da atual invasão garimpeira na TIY, que vive o pior momento desde sua homologação (1992). A calha do Rio Uraricoera, onde se situa o Palimiu, umas das regiões mais impactadas pelo garimpo, concentra mais de 45% do total de desmatamento acumulado no território no último ano. Todavia, diversas outras regiões têm sofrido com os garimpos ilegais, que seguem avançando para novas áreas. Estima-se que 273 comunidades estejam afetadas diretamente, abrangendo mais de 16.000 pessoas, isto é, 56% da população da TIY.

VIOLÊNCIA SEXUAL E ALICIAMENTO DE JOVENS

Destacamos duas questões que afetam de forma mais específica as mulheres yanomami: a violência sexual contra meninas e mulheres e o medo das mães de terem seus filhos aliciados pelo

PROTAGONISMO DAS MULHERES YANOMAMI

Desde a intensificação do contato com os não indígenas, a partir da década de 1970, as imagens do povo yanomami correm o mundo, exibidas em jornais, revistas, livros, e seguem sendo multiplicadas de maneira vertiginosa em mídias digitais. Grande parte são belos retratos do povo da floresta, quase sempre com as mulheres exotizadas e objetificadas, sem que seus pensamentos e histórias estejam presentes.

Em 2008, um grupo de mulheres yanomami da Missão Catrimani, a partir de intercâmbios com mulheres indígenas de Roraima, sentiu a necessidade de discutirem questões específicas que lhes eram próprias. Assim, realizaram o primeiro Encontro das Mulheres Yanomami, um espaço onde puderam compartilhar experiências e se fortalecer.

A partir de 2014, os encontros passaram a ter o apoio da Hutukara Associação Yanomami e do Instituto Socioambiental, incluindo a participação de mulheres yanomami de diversas regiões. Desde então, doze encontros foram realizados, acolhendo temas como: as doenças sexualmente transmissíveis; os problemas enfrentados no atendimento à saúde em Boa Vista; a proteção territorial diante do garimpo; as dificuldades em controlar os jovens que vão para a cidade; o controle de natalidade e a adoção de recém-nascidos yanomami em Boa Vista; a transmissão de conhecimentos para as crianças; as migrações; o conhecimento das mulheres sobre plantas medicinais; a diversidade e a vitalidade linguística; e a comercialização da cestaria Yanomami.

Em 2015, um grupo de mulheres da região de Maturacá fundou a Associação das Mulheres Yanomami Kumirayoma (Amyk), a primeira organização de mulheres do povo yanomami. Constam entre suas reivindicações fortalecer o conhecimento do artesanato como possibilidade de geração de renda, além de maior protagonismo nos espaços políticos. Em 2016, durante o 9º Encontro, elas redigiram uma carta de recomendação com suas propostas para serem incluídas no Plano de Gestão Territorial e Ambiental (PGTA) da TI Yanomami. Mulheres das diferentes regiões do território também participaram ativamente, com importantes propostas para a elaboração do documento final desse PGTA. Como consequência do fortalecimento político das mulheres yanomami, hoje elas compõem o Fórum de Lideranças da TI Yanomami, a principal instância deliberativa na TIY.

Os caminhos que essas mulheres vêm abrindo na última década vão além da participação política em reuniões. Elas se destacaram na produção de pesquisas que vêm sendo publicadas, abordando temáticas como: as plantas medicinais; a menstruação e as mudanças geracionais; o fungo Marasmius yanomami, *utilizado por elas em sua cestaria; e as entidades femininas que compõem o universo mítico Yanomami.* (maio, 2022)

© LUCAS LIMA/ISA, 2018

Mulheres participantes do XI Encontro de MulheresYanomami, Comunidade Watoriki, TI Yanomami.

garimpo. Embora no Palimiu pouco se saiba sobre a ocorrência de violência sexual ou do aliciamento de mulheres para prostituição, alguns depoimentos de mulheres de outras regiões da TIY evidenciam uma situação ainda mais dramática. É o caso de comunidades situadas na calha do Rio Mucajaí, como Kayanau, onde se concentra cerca de 20% da área degradada pelo garimpo. Algumas Yanomami relatam: “Os garimpeiros fazem perguntas para os jovens que levam junto suas irmãs: ‘Aquela moça que você levou consigo, é sua irmã?’ Então os Yanomami respondem: ‘É minha irmã!’ Depois dos Yanomami dizerem assim, deixam os garimpeiros informados. Por isso [continuam pedindo]: ‘O que você pensa da sua irmã? Se você fizer deitar sua irmã comigo, sendo que você é o irmão dela, eu vou pagar para você 5 gramas [de ouro]. Faça o que eu digo! Se você quiser cachaça, eu vou dar também cachaça. Você vai ficar bêbado na sua casa!'. Falam assim para os Yanomami, por isso, têm relações com as mulheres. Induzem os Yanomami a fazer isso."

A presença dos garimpeiros, inicialmente entendida como aproximação amigável pelo oferecimento de bens industrializados, vai paulatinamente pressionando todo o grupo Yanomami, com a redução de sua mobilidade pelo território, a consequente diminuição da capacidade produtiva de alimentos e o aumento de doenças, encurralando as famílias num sistema de dependência e extrema vulnerabilidade. "Anteriormente, as mulheres Yanomami não tinham a doença do abdômen, não sofriam de sangramentos. De fato, os homens tampouco ficavam doentes, por isso as pessoas estavam com saúde. Portanto, nós, Yanomami, não conhecíamos essas doenças *warasi* que deixam lesões na pele. Agora, depois que os garimpeiros catadores de ouro, por causa do veneno da cachaça, começaram a ter relações com as mulheres, aprendemos o nome desta doença. De fato, as pessoas agora pensam: 'Depois que os garimpeiros que cobiçam o ouro estragaram as vaginas das mulheres, fizeram elas adoecer. Por isso, agora, as mulheres estão acabando, por causa da letalidade dessa doença. Estão transando muito com as mulheres'. É tanto assim que, em 2020, três moças, que tinham apenas por volta de 13 anos, morreram. Os garimpeiros estupraram muito essas moças, embriagadas de cachaça. Elas eram novas, tendo tido apenas a primeira menstruação."

Como se vê, as estratégias usadas pelos garimpeiros são complexas, e uma delas é atrair os jovens yanomami como aliados no garimpo, dando-lhes celulares, espingardas, bebidas alcoólicas, acesso à internet e outros bens. Tudo isso os empodera localmente, passam a questionar e a enfrentar as lideranças tradicionais, o que acarreta graves conflitos internos, bem como alteração de dinâmicas familiares e do fluxo comum das vidas na aldeia. As mães yanomami temem perder seus filhos para o aliciamento de garimpeiros, da mesma forma como mães de periferias das cidades temem perder seus filhos para o tráfico de drogas.

Relata uma liderança feminina da região de Maturacá: "No fundo dos ranchos, eles levam também drogas. Quando os meus jovens começaram a fumar, começou a estragar também. Então o que eu vejo lá, eu estou contando para vocês. Eu penso no futuro. Se os jovens não pensam no futuro, como é que vai ficar? Eu me preocupo completamente. Então, antes a fiscalização da Funai existia, mas também parou. Eu quero que continue a fiscalização da Funai para poder acalmar de novo os garimpeiros."

Noemia Yanomami discursa durante comemoração dos 30 anos da homologação da TI Yanomami, na aldeia Xihopi. As mulheres yanomami vêm se tornando protagonistas na defesa de seu território, ocupando lugares de fala e de relação com os não indígenas e mostrando força, sabedoria e coragem na luta por seus direitos.

Dessa forma é que mulheres e meninas yanomami vêm sendo vítimas da violência sexual por parte dos garimpeiros, tendo suas vidas impactadas pela fome e perdendo o controle sobre seus filhos, aliciados pelo garimpo. Imersas em um cenário apocalíptico, as mulheres yanomami abriram espaço e se tornaram importantes protagonistas na defesa de seu território, ocupando um lugar político de fala e de relação com os não indígenas, mostrando força, sabedoria e coragem na luta por seus direitos. "Este é o meu desejo, eu, falando como mulher. Quero que venham [proteção do Estado] para que possamos ter tranquilidade! Para que a minha terra volte a ser limpa, para que o rio volte a ter vida" – expressa uma mulher do Palimiu. (*maio, 2022*)

"Nós Estamos Cuidando da Nossa Terra com o Nosso PGTA"[1]

Marina A. R. de Mattos Vieira[2]

Bióloga e doutoranda em Ciência Política, Unicamp

DE 2015 A 2018, A CONSTRUÇÃO DO PLANO DE GESTÃO TERRITORIAL E AMBIENTAL (PGTA) DA TI YANOMAMI ARTICULOU LIDERANÇAS YANOMAMI E YE'KWANA, ASSOCIAÇÕES DE DIFERENTES REGIÕES E PARCEIROS NA CONSOLIDAÇÃO DE UM SISTEMA DE GOVERNANÇA PARA ENFRENTAR AS AMEAÇAS À INTEGRIDADE DE *URIHI A*, A TERRA-FLORESTA

"Antigamente nosso pai brigava com flecha e o napë *[não indígena] com bala. Hoje não. Hoje a briga é com documento, é com a palavra. Nós estamos cuidando da nossa terra com o nosso PGTA."* (Davi Kopenawa, na Oficina de Consolidação do PGTA, novembro, 2018)

A TI Yanomami (TIY) é a maior do Brasil e forma uma das mais importantes áreas de floresta contínua do país. Segundo Davi Kopenawa, xamã e renomado líder yanomami, a terra-floresta, ou *Uhiri a*, é uma entidade viva, que possui seu próprio sopro vital e fertilidade. Mas a integridade da TIY vem sendo ameaçada há décadas pelos projetos desenvolvimentistas nacionais para a Amazônia e as constantes invasões. Estima-se que, em 2019, as invasões tenham chegado a 20 mil garimpeiros, o maior registro desde a homologação.

O DESAFIO DA GOVERNANÇA NA MAIOR TI DO PAÍS

"Meus cunhados, nós temos a nossa governança. Quando tem problema, chamamos atenção, convencemos os outros, advertimos os jovens. Nos reunimos quando fazemos as festas *reahu* [ritual funerário yanomami]. Na escrita parece duvidoso, mas o que já sabemos fazer é governança. Nós conseguimos estabelecer boas conversas entre nós, por isso temos governança." (Geraldo Kuisiteri, na Oficina de Consolidação do PGTA, novembro, 2018)

A extensão territorial abarcada pelo PGTA é toda a TI Yanomami, com seus mais de 9,6 milhões de hectares. Essa foi uma proposta da Hutukara Associação Yanomami (HAY), principal articuladora da elaboração do PGTA, para reforçar a unidade política confirmada em 1992 com a homologação.

Durante a elaboração do PGTA, havia sete associações formalmente reconhecidas na TIY, as quais participaram do processo como articuladoras de suas regiões de abrangência: Associação Yanomami do Rio Cauaburis e Afluentes (Ayrca), primeira associação yanomami criada em 1998; Hutukara Associação Yanomami (HAY), fundada em 2004 por Davi Kopenawa, é a mais reconhecida nacional e internacionalmente na luta dos Yanomami por seus direitos; Associação Wanaseduume Ye'kwana (Seduume), que representa o povo Ye'kwana no Brasil desde 2006; Associação Yanomami do Rio Marauiá e do Rio Preto (Kurikama), fundada em 2013; Texoli Associação Ninam do Estado de Roraima (Taner), criada em 2015 representa as comunidades do Rio Mucajaí, principalmente; Associação das Mulheres Kumirãyõma (Amyk), fundada em 2015 na região Maturacá, sendo a primeira associação de mulheres yanomami; e Hwenama Associação dos Povos Yanomami de Roraima (Hwenama), criada em 2016 na região Surucucus.

"A maloca é redonda e dentro dela tem lideranças, pajés, que ajudam como secretários, deputados federais etc. Há muito tempo fazemos governança. Agora estamos nos preparando para quando tivermos que dialogar com governo." *Samuel Kohito, presidente da Kurikama, na Oficina de Consolidação do PGTA, novembro, 2018.*

A organização política yanomami e ye'kwana funciona como uma malha, em que as comunidades são nós e se interconectam diretamente apenas com os nós mais próximos. A percepção local sobre toda a extensão dessa malha só se faz necessária na relação com os não indígenas, de onde surge o desafio de ampliar a unidade de governança do nível local para toda a TIY. Para tanto, foi inaugurado em 2015 o Fórum de Lideranças Yanomami e Ye'kwana, hoje a principal arena de tomadas de decisões no nível de toda a TIY, na qual lideranças comunitárias, xamãs e as associações se articulam para orientar ações comuns a todas as comunidades.

A ELABORAÇÃO DO PGTA DA TI YANOMAMI

Cada reunião de elaboração do PGTA teve cerca de 100 participantes indígenas, entre lideranças das comunidades (homens e mulheres mais velhos, xamãs yanomami, donos de canto ye'kwana), membros das associações e "assessores indígenas" interessados, que, de alguma forma, já mantinham relação com órgãos do governo, como professores, agentes indígenas de saúde (AIS) e universitários.

Todo o processo contou com a assessoria do Instituto Socioambiental (ISA) e, mais pontualmente, com outros parceiros da sociedade civil organizada: a Diocese de Roraima (Missão Catrimani), os Rios Profundos e a Secoya. A Fundação Nacional do Índio (Funai), sobretudo por meio da Frente de Proteção Etnoambiental Yanomami e Ye'kwana (FPE-YY) e da Coordenação-Geral de Índios Isolados e de Recente Contato (CGIIRC), e o Instituto Chico Mendes de Conservação da Biodiversidade (ICMBio), principalmente a chefia do Parque Nacional do Pico da Neblina, também foram importantes assessores ao longo do processo, que contou ainda com especialistas, como Douglas Rodrigues (Unifesp) e José Ribamar Bessa Freire (Uerj), além de representantes de outros povos e organizações indígenas, como os Yudjá, os Wajãpi e a Associação Terra Indígena Xingu (Atix).

A elaboração das diretrizes e propostas do PGTA da TIY quase sempre partiu de iniciativas que já existiam e a sistematização das propostas em um único documento foi uma oportunidade para fortalecer tais iniciativas, por meio da revisão de ações prioritárias e da criação de arranjos institucionais para sua implementação.

Durante a elaboração do PGTA, buscou-se também agregar as iniciativas prévias desenvolvidas na TIY, atualizando-as sempre que cabível, como as estratégias de saúde e educação escolar específica e diferenciada construídas nos anos 1990.

A elaboração do Plano de Visitação do Yaripo, por exemplo, apoiada pelo ICMBio, Funai e ISA, concomitante à elaboração do PGTA, fortaleceu a governança regional, que, por sua vez, refletiu na participação mais engajada da Ayrca e da Amyk no Fórum de Lideranças e alimentou o PGTA com um exemplo concreto de gestão compartilhada local. Dessa forma, uma série de experiências positivas dispersas, passadas ou atuais, foram agregadas em um mesmo documento para orientar ações presentes e futuras.

Ao longo de quatro anos, foram realizadas 15 oficinas para elaboração do PGTA da TIY, sendo cinco grandes reuniões e dez oficinas regionais, as quais reuniram comunidades afins dentro de uma mesma macrorregião. Os eventos contaram sempre com participantes das seis línguas indígenas faladas na TIY e representantes de órgãos do governo, o que demandou um enorme esforço de tradução, realizado por professores yanomami e ye'kwana, por membros das associações e por assessores do ISA e da Diocese de Roraima. Os conceitos burocráticos, como Plano de Gestão, ganhavam sentido próprio nas línguas indígenas e depois eram retraduzidos ao português, ao mesmo tempo que as demandas yanomami e ye'kwana eram traduzidas de maneira a facilitar o diálogo com o Estado.

"*Kami samakö ulipö naba ai tiko sätänapi töpö lisipo tåbä sama tökö wabeta möma läa talo sinomo piasalo* [Esse plano é para mostrarmos para aquelas pessoas que trabalham no nosso território, para mostrar para eles como trabalhar bem]." (Grupo Sanöma, Oficina Inaugural do PGTA, outubro, 2015)

A oficina inaugural foi realizada em outubro de 2015, quando foi formado o Fórum de Lideranças e foram definidos os sete temas prioritários do PGTA: 1) Proteção Territorial, 2) Renda, 3) Conhecimentos Tradicionais, 4) Recursos Naturais, 5) Saúde, 6) Educação e 7) Governança. Esses temas foram desenvolvidos com grupos de trabalho em três oficinas temáticas, para discutir os principais problemas e elaborar propostas: em setembro de 2016, sobre os temas 1 e 2; em março de 2017, sobre os temas 3 e 4; e em novembro de 2017, sobre os temas 5, 6 e 7.

Os Yanomami e os Ye'kwana demonstraram sua apropriação dos espaços não apenas nos momentos de formulação das propostas. A cada início de dia, xamãs yanomami e o "dono de canto" ye'kwana Vicente Castro evocavam força e disposição para clarear os pensamentos de forma que as discussões transcorressem em harmonia. Muitas vezes as discussões continuavam à noite, no formato das discussões tradicionais yanomami *hereamu* ou nas rodas de conversa ye'kwana, momento em que tensões do dia voltavam à tona para serem debatidas ou preocupações subjacentes a situações específicas de conflito eram retomadas para serem resolvidas às suas próprias maneiras. Às vezes as propostas elaboradas durante o dia eram rediscutidas a fundo durante a noite, sem tradução, para chegarem à sua formulação final no dia seguinte.

Todos os temas foram aprofundados nas oficinas regionais, organizadas por macrorregião da TIY, com o objetivo de fazer as informações circularem no maior número possível de comunidades ao longo dos quatro anos de elaboração do PGTA. Por fim, em novembro de 2018, foi realizada a oficina de consolidação, na qual todas as propostas elaboradas nas oficinas temáticas foram revisadas para validação e aprovação e foi elaborado o Protocolo de Consulta Yanomami e Ye'kwana.

O combate ao garimpo ilegal na TIY e o aumento da monetarização por comunidades yanomami e ye'kwana foram destacados como as principais preocupações e, portanto, temas da primeira oficina temática. A invasão garimpeira continua sendo a principal ameaça à TIY e foi alvo de inúmeras denúncias das associações e comunidades ao longo da elaboração do PGTA.

O aumento do fluxo entre as comunidades e as cidades também gerou discussões nas oficinas temáticas. A preocupação é ainda maior entre os professores indígenas, os quais perceberam que, por meio da escolarização no molde não indígena, o interesse dos jovens tem se voltado cada vez mais para a cidade. Por isso, as propostas sobre educação reforçam a valorização dos saberes tradicionais, direcionadas para a criação de práticas educativas indígenas, reconhecidas na estrutura de educação escolar. No tema da saúde, o enfoque continua sendo no tratamento preventivo, com qualidade no atendimento nas aldeias de forma a diminuir as remoções e a permanência na cidade.

"Unidos podemos virar uma coisa só. De onde viemos, tem muitos caminhos. Tem o caminho do Surucucus, Awaris tem outro caminho, venezuelanos tem outro caminho, e tem os brancos. Nos reunimos e assim fazemos a governança. Vira um. Esse papel virou um. Seguindo um único caminho nós chegamos em Brasília, com as decisões tomadas em conjunto no PGTA." *Geraldo Kuisiteri, Oficina de Consolidação do PGTA, novembro, 2018*

O principal resultado do processo de elaboração do PGTA da TIY foi a articulação entre lideranças e associações de diferentes regiões da TIY, consolidando um sistema de governança e uma arena de decisões com foco em toda a extensão territorial da TIY, o Fórum de Lideranças.

Nesse processo, as associações assumiram importante papel como mediadoras entre as comunidades e o Estado. Em julho de 2019, por exemplo, foi formada uma comissão com representantes das sete associações yanomami e ye'kwana para entregar o plano impresso para os órgãos do governo de maior interlocução com a TIY, como Fundação Nacional do Índio (Funai), Ministério Público Federal (MPF), Ministério da Defesa, Ministério da Educação e Secretaria Especial de Saúde Indígena (Sesai). A ocasião celebrou a articulação entre as associações, o que ficou evidente nas falas de Davi Kopenawa, que repetiu em diversos momentos que agora sua luta tem frutos, que sente que não está mais lutando sozinho.

O PGTA foi lançado oficialmente na primeira edição do Fórum de Lideranças Yanomami e Ye'kwana, em novembro de 2019,

ELABORAÇÃO DO PROTOCOLO DE CONSULTA YANOMAMI E YE'KWANA

Na terceira oficina temática, os Yanomami e Ye'kwana começaram a discutir como manteriam a articulação entre as lideranças e associações depois que o PGTA estivesse concluído. Com foco nas grandes ameaças externas que enfrentam, como as intensas invasões garimpeiras, a proposta de legalização da mineração em TIs e a iminente construção da Usina Hidrelétrica (UHE) Bem-Querer, os Yanomami e Ye'kwana definiram sua estrutura de governança interna e reconheceram o Fórum de Lideranças como espaço legítimo de tomada de decisão em questões que afetam todo o seu território. Os Yanomami e Ye'kwana compararam o Fórum com um escudo, pois seria responsável por absorver o "primeiro impacto" das ameaças externas, informar e mobilizar as bases, articular os parceiros e órgãos governamentais responsáveis pelo assunto e comunicar a deliberação final. A partir da definição da estrutura de governança, uma comissão de representantes da HAY, da Seduume e do ISA elaboraram um esboço do Protocolo de Consulta Yanomami e Ye'kwana em um ciclo de três reuniões em Boa Vista ao longo de 2018. O esboço foi apresentado na Oficina de Consolidação, em novembro de 2018, na qual foram formados grupos de trabalho para revisar as regras propostas no Protocolo e refinar o roteiro da consulta. Nessa ocasião, lideranças Krenak relataram os crimes cometidos pelas mineradoras em seu território, reforçando a importância do Protocolo de Consulta para o Fórum. As revisões foram aprovadas na oficina de consolidação, no entanto a redação final ainda precisou de ajustes. Então, em abril de 2019, foi realizado um seminário em Boa Vista com representantes das sete associações e algumas lideranças comunitárias para validar o texto final do Protocolo de Consulta Yanomami e Ye'kwana. A opção por imprimir o PGTA e o Protocolo de Consulta na mesma publicação foi para reforçar a complementariedade entre os dois documentos: toda proposta, trabalho ou projeto na TIY deve seguir as diretrizes escritas no PGTA, que estão subordinadas a uma estrutura de governança interna com suas regras próprias. (janeiro, 2022)

na comunidade Watorikɨ, para discutir sobre as duas questões que mais preocupam esses povos atualmente: a intensa invasão garimpeira e a piora no atendimento à saúde indígena. Foi um importante momento para marcar a continuidade da articulação nesse nível de governança, reunindo realidades distintas para planejarem juntas o presente e o futuro da TIY. O documento foi impresso em três versões bilíngues: yanomam/português, yanomami/português e ye'kwana/português. *(janeiro, 2022)*

NOTAS

[1] Editado a partir do artigo original "Plano de Gestão e Governança da Terra Indígena Yanomami", de Marina Vieira, publicado em 2020 no livro Em busca do bem viver: experiências de elaboração de planos de gestão territorial e ambiental de terras indígenas, da Rede de Cooperação Amazônica (RCA).

[2] Assessorou a construção do PGTA-TIY pelo ISA.

O que Você Precisa Saber Sobre o Garimpo na TI Yanomami

Estevão Senra | Geógrafo, assessor do ISA

AS COISAS ESTÃO ASSIM. AGORA OS BRANCOS NÃO VIVEM LONGE DE NÓS. ELES NÃO PARAM DE SE APROXIMAR. ELES ABRIRAM PORTAS DE ENTRADA PELOS RIOS E PELO AR, DESMATARAM PARA FAZER PISTAS DE ATERRISSAGEM POR TODA PARTE. ASSIM, OS BRANCOS NÃO PARAM DE FIXAR SEU OLHAR SOBRE A NOSSA FLORESTA[1]

O QUE É

Quando se fala em garimpo, o que vem à mente de boa parte da população brasileira é a imagem de aventureiros em busca de sua própria sorte nos grotões do país, munidos apenas de sua bateia e de uma coragem admirável.

De fato, essa ideia é condizente com a figura histórica do garimpeiro, alguém que no século XVII se viu obrigado a se refugiar nas cristas das serras ("grimpas") para buscar ouro e pedras preciosas fora do controle do poder colonial.[2] No entanto, a realidade da atividade deixou de ser assim já há muito tempo. Pelo menos desde a década de 1970, quando houve a introdução de novas técnicas de extração baseadas em motores à combustão, o garimpo assumiu um caráter muito mais industrial do que "artesanal", ganhando em potencial de produção e impactos socioambientais.

Oura transformação importante, foi a redefinição das formas de organização do trabalho. Como o custo dos equipamentos e de sua manutenção tornaram-se significativamente altos (estima-se um investimento inicial da ordem de R$ 100 mil), houve uma separação entre aqueles que de fato trabalham nos canteiros e os "donos de maquinário", vulgo patrões, responsáveis também pela logística e pelo abastecimento dos acampamentos. Nesse novo modelo, o produto da lavra é dividido na razão setenta-trinta, sendo que o patrão fica com a maior parte dos rendimentos e os trabalhadores dividem o restante. O efeito desse arranjo é a produção de um pequeno grupo excepcionalmente rico, em detrimento de uma massa de trabalhadores que se mantém pobre e exposta aos riscos que a atividade encerra.

Hoje, portanto, há uma grande dificuldade de se diferenciar o garimpo semimecanizado, tal como ocorre na Amazônia, de outras formas de mineração de médio e pequeno porte. Considerando seu impacto e o volume de capital envolvido, talvez a única coisa que separe uma forma da outra seja o grau de formalização de cada uma delas e as responsabilidades que os empresários de cada modalidade possuem ante o Estado.

COMO ACONTECE NA TI YANOMAMI?

Na Terra Indígena Yanomami (TIY), via de regra, o garimpo se realiza de duas maneiras: i) em balsas, localizadas nos leitos de grandes rios; e ii) em terra firme, no modelo conhecido localmente como "tatuzão". Em ambos os casos, o processo é semelhante. No "tatuzão", um motor é responsável por bombear água para uma mangueira que realiza o desmonte hidráulico do barranco, formando um lamaçal que é tragado por outro sistema. Este drena os sedimentos para uma comporta e uma máquina resumidora que separa o material. O rejeito líquido é despejado em um pequeno lago e o material com o ouro segue para outra etapa de separação, onde o metal é extraído manualmente e, após, amalgamado com o auxílio do mercúrio. No caso das balsas, a única diferença é que em vez de realizar o desmonte hidráulico, a bomba suga o sedimento direto do leito do rio.

Em uma balsa costumam trabalhar 14 pessoas, sendo 12 operadores, que revezam em dois turnos de seis pessoas, mais uma cozinheira e um gerente. Nos garimpos de barranco, o número de trabalhadores depende da potência do equipamento. Junto a um "par de máquinas" de baixa potência, trabalham até cinco pessoas por turno, e em um motor de maior potência, oito.

Os canteiros ou as zonas de atuação das balsas normalmente estão organizados em torno de um acampamento que, dependendo da intensidade da exploração local, pode conter dezenas ou milhares de pessoas. Há acampamentos mais simples, compostos apenas por barracões de lonas, com cozinha, "banheiro" e área de descanso. Mas existem também as "corrutelas", que são algo como vilas, que, além de acampamentos, reúnem uma série de estabelecimentos de serviços, que vão de mercearias a prostíbulos.

Em março de 2021, por exemplo, a Polícia Federal, em parceria com outros órgãos de fiscalização, realizou uma operação na TIY no garimpo conhecido como "Fofoca de Cavalo", localizado no Rio Uraricoera. Os policiais estimaram a presença de mais de duas mil pessoas no local, que oferecia serviços como bares, *lan house*, mercado e até consultório odontológico.

Como a TIY está situada em uma zona de floresta remota, o acesso a essas áreas é feito majoritariamente por via aérea, o que torna este garimpo especialmente caro. Para se ter uma ideia, em 2021, o valor de uma "perna" para as principais pistas clandestinas da TIY (Rangel, Cascalho, Jeremias, Espadim, Malária, Pau Grosso etc.) custava algo em torno de R$ 11 mil, com direito a 500 kg de carga e transporte terrestre até o aeródromo da decolagem. Não por acaso, na TIY a figura dos "empresários do garimpo", que investem não apenas no maquinário, mas também na logística e no abastecimento dessas zonas, é ainda mais evidente.

Com o afrouxamento das políticas de proteção territorial por parte do governo Bolsonaro, novas rotas logísticas estão começando a se consolidar nos rios da TIY, principalmente no Rio Uraricoera. Apesar da difícil navegação, em especial nos trechos encachoeirados, a leniência dos órgãos de fiscalização tem permitido o desenvolvimento na floresta de portos e trilhas, que facilitam a transposição de obstáculos naturais, assim como a formação de barqueiros especialistas em se localizar nos meandros locais, possibilitando assim uma importante redução nos custos de operação dos criminosos.

QUANTOS SÃO?

Não é simples calcular o número de garimpeiros que atuam ilegalmente dentro da TIY. Uma estimativa poderia ser feita a partir de uma média da área destruída por "pares de máquinas" por dia, dividindo o valor da área total destruída nos últimos anos pelo valor médio da área destruída, mas a conta seria tão impressionista que há dúvidas se o esforço valeria a pena.

Além do mais, sabe-se que, nas zonas de garimpo, a população envolvida com a atividade vai muito além dos trabalhadores nos canteiros. Um levantamento realizado nos garimpos da Guiana Francesa indica que quase metade das pessoas envolvidas na atividade não são exatamente operadores de máquinas. De um total de 246 profissionais identificados, 128 (52%) trabalhavam no maquinário, e o restante exercia outras funções, como marreteiros, prostitutas, barqueiros, carregadores e pilotos de quadriciclo.[3]

Outra dificuldade em calcular esse número está relacionada ao fato de que não se tem sequer uma medida aproximada da quantidade de balsas atuando na TIY. Por serem móveis e não deixarem o mesmo rastro que os "tatuzões", contabilizar as balsas por sensoriamento remoto é praticamente impossível.

Assim, o número que circula na mídia sobre a invasão na TIY, de 20 mil ga-

BRUNO KELLY/ISA, 2022

Corrutela de garimpo no Rio Uraricoera, TI Yanomami.

rimpeiros, é uma estimativa feita pelas lideranças indígenas a partir da sua percepção, fruto da comparação entre a experiência passada, quando seu território foi tomado por cerca de 40 mil invasores,[4] e sua observação da movimentação atual.

ONDE ESTÁ?

A Hutukara Associação Yanomami possui um sistema de monitoramento que vem computando a área degradada pelo garimpo em seu território desde 2018. Segundo o último boletim, publicado em maio de 2022, a área total destruída já supera a marca de 4 mil hectares. Desse total, praticamente todas as cicatrizes encontram-se situadas na porção da TIY que faz parte do estado de Roraima. Sendo que as bacias dos rios mais impactados são respectivamente: Uraricoera, Mucajaí, Catrimani, Couto Magalhães, Parima e Apiaú.

Utilizando o recorte dos polos-base, verifica-se que o garimpo de barranco ocorre em 18 dos 37 polos existentes. E, caso se incluam os polos-base que não têm registro de desmatamento observável no satélite, mas que possuem informações sobre a atuação de balsas ou de pequenos grupos de garimpeiros, esse conjunto se amplia para 24. O que significa dizer que 56% da população está direta ou indiretamente impactada pela exploração do garimpo.

QUAIS OS IMPACTOS?

Os indígenas vêm há anos denunciando a invasão garimpeira por uma simples razão: ela traz uma série de impactos negativos a sua saúde e a seu modo de vida, e tem transformado a vida de algumas comunidades em uma verdadeira penúria.

Os impactos mais evidentes são aqueles associados ao meio biofísico, isto é, à destruição da mata, do solo e dos rios, que são muitas vezes a única fonte de água das comunidades. Ademais, a destruição dos *habitats* tem um impacto direto na disponibilidade de animais de caça e peixes, principais fontes de proteína para as famílias. Uma fala recorrente das lideranças é que nas cercanias das comunidades vizinhas ao garimpo, a caça está escassa e a pescaria e a coleta de caranguejos tornaram-se impossíveis, levando a um quadro grave de fome.

Além disso, a circulação das pessoas pelo território também pode ficar comprometida, devido às ameaças e violências por parte dos garimpeiros. Com isso, certas comunidades ficam impedidas de realizar expedições de coleta, circular pelo rio ou praticar o *hwenimou*, um tipo de caça que pressupõe o uso de casas secundárias e a permanência prolongada em acampamentos longe das aldeias.

Há também situações de impacto na atividade agrícola. Isso ocorre basicamente de duas formas: i) situações em que os alimentos da roça (banana, macaxeira, batata-doce etc.) são levados para serem trocados nos garimpos, visando à obtenção de objetos manufaturados, o que pode derivar em uma diminuição abrupta da alimentação disponível nos roçados; ou ii) quando se cria uma situação de dependência da alimentação trazida de fora pelos garimpeiros. Isso sem contar quando as pessoas simplesmente estão doentes demais para trabalhar na roça e acabam perdendo o período de abertura de uma nova parcela. Casos seguidos de malária podem levar famílias inteiras à completa falência.

Isso nos leva a um dos mais importantes efeitos deletérios do garimpo: sua estreita relação com o aumento de casos de doenças infecciosas. Em algumas regiões, como o Arathau, a taxa de incidência de malária cresceu 1.127% de 2018 a 2020 devido à influência do garimpo. No Palimiu, em 2020, foram registrados 1.800 casos positivos de malária para uma população de 900 pessoas.

A lista de impactos é enorme e não há medida para o sofrimento de algumas comunidades. Assassinatos, ataques à bomba, ame-

©MARÍLIA GARCIA SENLLE/ISA, 2019

Garimpo do Tatuzão, Rio Uraricoera.

aças permanentes, aumento de conflitos internos, introdução de drogas, exploração sexual de mulheres e crianças indígenas etc. – uma infinidade de tragédias.

O quadro final é de desestabilização econômica, sanitária e política, vetores que se retroalimentam em um ciclo vicioso perverso e perigoso. Em 2021, um episódio particularmente macabro da invasão garimpeira na TIY ocorreu na região do Palimiu. Quando grupos armados ligados a facções criminosas, a mando de garimpeiros, deferiram uma série de ataques às comunidades durante quase três meses. Em um deles duas crianças morreram afogadas ao tentarem fugir de um tiroteio. Os Yanomami do Palimiu não apenas permaneceram sob a mira de fuzis e bombas de gás, como também se mantiveram quase todo esse período sem receber nenhum atendimento de saúde, uma vez que a equipe do Distrito Sanitário abandonou o posto com medo das investidas. Até hoje o clima na região é de total insegurança.

EXISTE SOLUÇÃO PARA O PROBLEMA?

Uma das estratégias daqueles que não querem acabar com a invasão garimpeira na TIY é dizer que este é um problema sem solução, o que não é verdade. Assim como foi possível retirar mais de 40 mil invasores na época da demarcação da Terra Indígena, na década de 1990, hoje a desintrusão também é algo factível. Para realizá-la, é necessária uma ação coordenada dos órgãos públicos, especialmente no estrangulamento logístico do garimpo. Ou seja, instalar bases de proteção efetivas nas calhas dos rios, controlar o espaço aéreo, fiscalizar a venda de combustíveis para aviação e aeródromos privados, destruir pistas clandestinas e ocupar as pistas de atendimento de saúde que hoje estão sob o controle do garimpo, entre outras ações estratégicas.

Infelizmente, somente ações para o controle do garimpo não serão suficientes para superar a atual crise sanitária e social que a exploração ilegal de ouro trouxe à TIY. Os impactos acumulados depois de anos de abandono do poder público e abusos dos garimpeiros deixaram marcas profundas nessas comunidades, que precisam ser seriamente tratadas. Assim, a retomada das escolas, o apoio a projetos comunitários e, principalmente, a recuperação do Distrito Sanitário, são ações fundamentais para garantir a superação de mais um triste capítulo da história da relação dos Yanomami com os *napë* e o Brasil.

NOTAS

[1] Testemunho de Davi Kopenawa sobre a invasão do território Yanomami na Comissão de Direitos Humanos da ONU, em 4 de março de 2020.

[2] PÓVOA-NETO, H. Migrantes, garimpeiros e seu "lugar" no território nacional: itinerância e mobilidade espacial do trabalho. *Geo UERJ*, n. 2, p. 43-49, dez. 1997.

[3] LE TOURNEAU, F. M. Chercheurs d'or: l'orpaillage clandestin en Guyane Française. Paris: CNRS Editions, 2020.

[4] MACMILLIAN, G. At the end of the rainbow?: Gold, land and people in the Brazilian Amazon. London: Earthscan Publications Limited, 1995.

SOCIOBIODIVERSIDADE

A Economia da Sociobiodiversidade Yanomami

Jose Ignacio Gomeza Gómez | Historiador, assessor do ISA

CONSTANTEMENTE AMEAÇADOS POR UM POVO QUE NÃO RECONHECE OS VALORES DA FLORESTA, OS YANOMAMI VÊM DESENVOLVENDO UMA NOVA ECONOMIA BASEADA NO CONHECIMENTO TRADICIONAL, NA APROPRIAÇÃO E ADAPTAÇÃO DE PROCESSOS E TECNOLOGIAS PARA A FLORESTA, NA ORGANIZAÇÃO SOCIAL E NA AGREGAÇÃO DE VALOR PELA QUALIDADE E ORIGINALIDADE DE SEUS PRODUTOS

A mobilidade territorial, somada à diversidade ambiental e ecológica de seu território, faz dos Yanomami exímios conhecedores da floresta. A etnobotânica yanomami destaca-se pelo conhecimento de uma ampla variedade de espécies vegetais e das formas como essas espécies podem ser aproveitadas, com múltiplas aplicações: construção, alimentação, ritual, medicinal, cosmológicas etc. A esse profundo conhecimento, alia-se à diversidade de ambientes onde os Yanomami se desenvolvem, manejando e identificando espécies diversas.

Com o apoio das associações e seus parceiros, as comunidades começaram a desenvolver projetos-piloto de produção e comercialização em algumas regiões da Terra Indígena Yanomami (TIY). Vêm desenvolvendo uma nova economia baseada no conhecimento tradicional, na apropriação e adaptação de processos e tecnologias para a floresta, na organização social e na agregação de valor pela qualidade e originalidade de seus produtos, instaurando outras formas de relação com o mercado para atender suas necessidades de bens industrializados. Por meio de produtos e serviços da floresta, os Yanomami veiculam seus saberes, seus jeitos de fazer, começam a criar barreiras diante do avanço da conduta e do desejo predador dos *napëpë*.

Atualmente, os Yanomami estão comercializando quatro produtos: cacau, castanha-do-brasil, cestaria e cogumelos, além de desenvolver o turismo de base comunitária no Pico da Neblina.

© MORENO SARAIVA MARTINS/ISA, 2019

Da esquerda para a direita, Nivaldo; Ismael; Kasisi e Nemias participam de oficina de processamento das sementes de cacau na comunidade Waikás, TI Yanomami.

As cadeias se articulam a partir de conjuntos multicomunitários por regiões e calhas dos rios. No momento, participam as regiões de Demeni, Missão Catrimani, Toototopi, Novo Demeni e Palawaú (na parte centro-sul das terras baixas da Terra Indígena), Awaris (ao norte na região das serras), Palimiu e Waikás (ao este do território) e Maturacá (no extremo oeste). De acordo com a Secretaria Especial de Saúde Indígena (Sesai), a população total das comunidades que participaram dos projetos em 2021 era de aproximadamente de 6.200 pessoas.

Desde 2013, as comunidades yanomami da calha do Rio Demeni vêm construindo uma alternativa para que a comercialização da castanha-do-brasil (*Bertolletia excelsa*) na região do Médio Rio Negro, que eles praticam há décadas, resulte num maior benefício para os coletores. Ao incorporar boas práticas de produção, que melhoram a qualidade das castanhas, promover a organização intercomunitária para definir acordos de uso dos castanhais e minimizar os custos logísticos, além de estabelecer parcerias que valorizem o trabalho realizado pelos coletores, os Yanomami conseguiram, em 2018, um retorno 15 vezes maior ao de 2016, alcançando o aumento da produção com acordos entre as comunidades, uma organização coletiva do escoamento e transporte da produção, bem como o estabelecimento de relações de preço mais justas e transparentes com os compradores.

Em 2015, os Yanomami que habitam o extremo oeste da Terra Indígena, local do ponto mais alto do Brasil, o Pico da Neblina (2.995 metros), começaram a desenvolver o projeto de turismo de base comunitária, o *Yaripo*, em que os guias, os gestores e os anfitriões, são os Yanomami. Após sete anos de elaboração da proposta de turismo e do plano de visitação em articulação com a Fundação Nacional do Índio (Funai), Instituto Chico Mendes de Conservação da Biodiversidade (ICMBio) e a Associação Yanonami do Rio Cauaburis e Afluentes (Ayrca), juntamente com os moradores da região, inauguraram em 2022 a temporada de visitas.

Os Sanöma, subgrupo linguístico yanomami, habitam uma região serrana do norte da TIY, na fronteira com a Venezuela, de difícil acesso e com recursos naturais menos abundantes. A partir da pesquisa, os Sanöma iniciaram em 2016 a produção e comercialização de cogumelos comestíveis desidratados, com boa parte do processamento na área, o que significa um impacto direto em mais de 20 comunidades, somando quase duas mil pessoas. Em 2017, os pesquisadores sanöma da região de Awaris foram reconhecidos com o prêmio Jabuti de melhor livro na categoria "gastronomia", por seu livro *Ana amopö*, sobre cogumelos comestíveis.[1] A partir de uma estratégia de parcerias construídas cuidadosamente, os Sanöma de Awaris conseguem comercializar toda sua produção orientada ao mercado.

Em 2019 foi lançado o Chocolate Yanomami e Ye'kwana, primeiro chocolate produzido com amêndoas provenientes da maior TI do país e processadas nas próprias comunidades. Como ferramenta para atrair os jovens yanomami e ye'kwana para atividades não predatórias, as lideranças das comunidades da calha do Rio Toototopi e Uraricoera trabalham para desenvolver a produção de amêndoas com cacau nativo retirado da floresta. O indicativo dos especialistas é que os Yanomami e Ye'kwana estão apresentando uma nova variedade de cacau desconhecida até então pelos produtores de chocolate.

Nesse mesmo ano, as mulheres yanomami da região de Maturacá, apresentavam para os não indígenas, e para os cientistas em particular, uma nova espécie de fungo, o *përisi* (*Marasmius yanomami*), uma estrutura de fungo que se assemelha a uma raiz. A ciência e os *napëpë* desconheciam a existência dessa espécie, empregada na confecção de cestos *wii a* e *xotehe a*, tradicionalmente usados para carregar produtos da roça, lenha ou colocar alimentos como beiju. Desde 2017, as mulheres yanomami vêm aumentando sua participação nos projetos de geração de renda promovidos pelas associações yanomami e seus parceiros. Hoje, mais de 450 mulheres de cinco regiões da TI Yanomami participam diretamente da comercialização da cestaria.

Embora seja uma economia ainda incipiente, implica o manejo e a gestão de recursos de uma área aproximada de 3,2 milhões de hectares e gerou até metade de 2022 um valor em vendas de R$ 1 milhão entre 2017 e 2021. Em 2017, 22 comunidades participaram do projeto, e em 2021, 76. Nesse período, a vendas passaram da casa dos R$ 60 mil aos R$ 300 mil e o número de produtores, artesãs e coletores quadruplicou, chegando a 900 pessoas.

O CONHECIMENTO TRADICIONAL NA BASE DA ECONOMIA DA SOCIOBIODIVERSIDADE

Os produtos da floresta yanomami valorizam a diversidade cultural e são provenientes de formas de produção sustentáveis, que prestam serviços de interesse coletivo. Ao se basear no conhecimento tradicional yanomami e nos modos de produção nativos, esses produtos garantem a conservação das paisagens, uma vez que estão sujeitos às regras de uso dos recursos fundamentados nas relações reguladas pela sociabilidade entre seres humanos e não humanos, da qual é palco a *urihi a*. O fomento à biodiversidade e o manejo dos recursos naturais realizado pelos

© ROBERTO ALMEIDA/ISA, 2019

Luiza Lima Góes Yanomami carrega dois motorohima, *feitos por ela na comunidade Maturacá, Terra Indígena Yanomami.*

povos indígenas se materializam nesses produtos caracterizados pela sua originalidade – em sabor, aroma, procedência, valor artístico – e pelos seus efeitos positivos sobre as condições de existência no planeta.

De acordo com o livro *Ana amopö*, os Sanöma são capazes de identificar mais de uma dezena de espécies de cogumelos comestíveis sem passar por processos laboratoriais, prática possível graças ao acúmulo de séculos de observação. Apostando no diferencial de sabores, texturas e procedência, os Sanöma junto da Hutukara Associação Yanomami (HAY) e parceiros iniciaram o projeto de comercialização dos primeiros cogumelos comestíveis da Amazônia.

Desde 2017 o projeto vem se estruturando e se consolidando como uma alternativa estável e duradoura de geração de renda. Os cogumelos são coletados pelos Sanöma nas roças (*hikilia*), capoeiras (*hikanönö*) e na floresta (*uli tö*) e passam por um processo de desidratação tradicional. No período das chuvas, entre abril e agosto, os cogumelos são desidratados no fogo, mediante a técnica do moquém, forma tradicional para conservação de alimentos dos Yanomami; e no tempo da seca, são desidratados ao sol. Os coletores transportam sua produção até a *Ana amo sai* (Casa de Cogumelos), sediada na comunidade de Kolulu, à beira do Rio Awaris (*Asikamau*). Nessa unidade de processamento, os cogumelos passam por um novo processo de limpeza e classificação por espécies, e os coletores definem seu pagamento, em dinheiro ou em produtos. Toda essa gestão local é feita pelos próprios Sanöma, que criaram uma estrutura de governança e gestão da cadeia de valor do cogumelo para garantir transparência, qualidade e participação ativa na tomada de decisões dos coletores e lideranças locais.

A abundante existência de cogumelos comestíveis, assim como o amplo conhecimento dos Sanöma sobre as espécies, resulta do manejo territorial, do cultivo incidental ou acidental, relacionado com fatores climáticos e culturais.

No caso do artesanato yanomami, são as mulheres as responsáveis pela confecção dos cestos *wɨɨ a* e *xotehe a*, feitos com fibras naturais extraídas da floresta, principalmente o *masi kɨkɨ* (*Heteropsis flexuosa*). A cestaria é comum aos povos ameríndios das terras baixas da Amazônia, mas para os Yanomami, é um saber feminino, caso particular no contexto amazônico, onde geralmente são os homens que tecem os cestos. As mulheres yanomami realizam uma extração rotativa das fibras naturais utilizadas na cestaria, de forma de não pressionar e esgotar sua disponibilidade. A racionalidade no uso dos recursos, que permite seu aproveitamento ao tempo de sua reprodução, ancorada em cosmologias em que as relações entre humanos e não humanos devem ser respeitadas, compõem um conjunto de saberes que, aplicados à economia, garantem a perenidade da riqueza e a preservação dos ambientes. As mulheres yanomami de Maturacá, no livro *Përisi* (2019)[2] relatam: como identificam os locais de coleta; quais são os cuidados e restrições no uso dos recursos vinculados à observância das interdependências ecológicas dos ambientes em que os recursos ocorrem; e as relações invisíveis entre humanos e não humanos, "donos" e "dependentes" daqueles recursos.

Para os Yanomami, o pé de cacau, o *poroa hi* (*Theobroma cacau*), segurou o céu quando este desabou pela primeira vez, aplanando os habitantes da floresta. A copa larga e achatada do pé de cacau é resultado da pressão do primeiro céu sobre ele. Enquanto este segurava o céu despencado, alguns Yanomami conseguiram sair e se salvar, após um papagaio-moleiro rasgar a superfície do céu desabado. Isso possibilitou a existência atual do povo da floresta. Antes de conhecer o fósforo, fazia-se fogo utilizando o *porohi*, instrumento feito de madeira de cacau.

Em 2018 começou o desenvolvimento da cadeia de cacau nas comunidades da calha dos rios Tootopi e Uraricoera. O cacau é abundante nas regiões ao pé das serras do maciço das Guianas. As rotas de dispersão do cacau coincidem com as rotas de migração dos grupos locais do Tootopi, ao tempo que o aproveitamento dos frutos de cacau tem um papel importante nos períodos de permanência no mato, no tempo das chuvas. A partir de uma estreita parceria com especialistas na produção de cacau na Amazônia, os Yanomami, principalmente os jovens, começaram a aprender os processos para produção de amêndoas. Desde 2019 até hoje, a produção se quadruplicou, ampliando o impacto positivo da renda e a participação das comunidades. O projeto funciona numa das regiões mais afetadas pelo garimpo em Palimiú e Waikás, operando como alternativa diante da invasão.

Para promover uma maior incidência e participação das comunidades nas cadeias de valor dos produtos da floresta, a estratégia é desenvolver uma cesta de produtos em cada região, garantindo um amplo envolvimento de homens, mulheres e jovens, assim como uma melhor distribuição da renda entre as famílias. A articulação intercomunitária que as cadeias promovem opera como fomento da governança regional, potenciando a proteção e gestão territorial.

Com o produto, busca-se veicular os saberes e valores associados, mediante execução de pesquisas interculturais que permitam registrar, sistematizar e difundir o conhecimento tradicional yanomami para os não indígenas, mas, sobretudo, para aproximar esse conhecimento das novas gerações. Hoje, 70% da população yanomami tem menos de 29 anos, e 60% menos de 18 anos. Isso revela um enorme desafio para o repasse intergeracional do conhecimento tradicional, num contexto de intensificação do contato. Promover a interação entre os *pata thëpë* (anciões) e as novas gerações é central para a reprodução cultural do povo. Essa nova economia da transformação potencializa os modelos de produção sustentáveis, com alta participação das comunidades na inovação das formas de aproveitamento dos recursos da floresta.

DESAFIOS PARA UMA ECONOMIA DA SOCIOBIODIVERSIDADE

Para que as economias da sociobiodiversidade possam emergir, o Estado deve cumprir seu mandato constitucional: proteger a integridade do território homologado, prestar serviços de saúde e educação de boa qualidade, e permitir que os Yanomami desenvolvam seus planos de futuro. Investimentos públicos em saúde e educação de qualidade, que permitam o fortalecimento das comunidades e a manutenção das condições de reprodução dos modos de vida é central para o fomento dessa nova economia.

As atividades criminosas que se multiplicam Amazônia adentro são entraves para essas economias. Hoje um dos principais desafios para a economia da sociobiodiversidade yanomami é a invasão garimpeira na TI. Além do impacto ambiental, os impactos sociais e sanitários, assim como o efeito desagregador que tem sobre as comunidades, impedem que o povo desenvolva seus modos de vida em seu território. As cadeias de valor dos produtos da floresta, que mobilizam essa economia, operam como contraponto dessa economia da devastação.

NOTAS

[1] SANUMA, O. I. *et al.* (org.). *Ana amopö.* Sanöma samakönö sama tökö nii pewö oa wi tökö waheta [Cogumelos. Enciclopédia dos alimentos yanomami (sanöma)]. São Paulo: Instituto Socioambiental, 2016. (Série uli tä uli naha tökö kupai ï tökö pewö taö wi: saberes da floresta, n. 4).

[2] PINTO YANOMAMI, F. C.; VIEIRA, M. A. R. M.; ISHIKAWA, N. K. (org.). *Përisi*: përisiyoma pë wãha oni [Marasmius yano mami: o fungo que as mulheres yanomami usam na cestaria]. São Paulo: Instituto Socioambiental; São Gabriel da Cachoeira: Associação de Mulheres Yanomami Kumirãyõma, 2019. (Saberes da Floresta Yanomami, v. 18).

COVID-19

Pandemia na TI Yanomami: Entre a Invasão e a Calamidade Sanitária

Corrado Dalmonego | Indigenista missionário, doutorando em Ciências Sociais, Unifesp
Luiz Henrique Reggi Pecora | Advogado, assessor jurídico do ISA
Manuela Otero Sturlini | Geógrafa, assessora do ISA

"VIVEMOS DE NOVO UMA GRANDE INVASÃO GARIMPEIRA E, COM ELA, CHEGAM AS EPIDEMIAS, COMO ACONTECEU NO PASSADO. É O GARIMPO ILEGAL QUE ESTÁ LEVANDO ESSA NOVA *XAWARA* [EPIDEMIA] PARA DENTRO DA FLORESTA. CADA VEZ MAIS A COVID-19 ESTÁ NOS INFECTANDO"[1]

PANDEMIA E GARIMPO

A emergência da pandemia da covid-19 aprofundou a fragilização da proteção das Terras Indígenas (TIs), não só pela disseminação do vírus entre os indígenas, mas também por coincidir com o desmonte dos órgãos do Estado responsáveis pela proteção dos povos indígenas e pela fiscalização das áreas protegidas.

No caso da TI Yanomami (TIY), a aproximação da doença ocorre num momento histórico de avanço exponencial do garimpo, gerando temores de que se repetisse o trauma geracional, dessa vez com o agravante de uma pandemia de virulência inédita no mundo. A isso, somava-se a expressa resistência do governo em estabelecer políticas para conter o avanço da doença, em desacordo com orientações da Organização Mundial da Saúde, ao mesmo tempo que expressava seu apoio à atividade garimpeira em áreas protegidas.[2]

De 2010 a 2020, a área de garimpo dentro de TIs no Brasil cresceu 495%,[3] acumulando taxas sempre maiores de destruição. Nos cálculos da plataforma do projeto MapBiomas, entre 2016 e 2020, o garimpo na TIY teve um incremento de 3.350%. Dados mais precisos indicam que, em outubro de 2018, a área total destruída pelo garimpo na TIY somava pouco mais de 1.200 hectares, estando a maior parte dela concentrada nas calhas dos rios Uraricoera e Mucajaí. Em dezembro de 2021, contabilizava-se o total de 3.272 hectares de floresta destruída, com crescimento acentuado a partir do segundo semestre de 2020, segundo relatório da Hutukara (2022).[4] Até abril de 2022, o monitoramento realizado por imagens de satélite evidenciava que 4.000 ha de floresta já tinham sido impactados pelo garimpo ilegal na TI, onde há mais de 40 pistas clandestinas a serviço de garimpeiros e narcotraficantes.[5] Atualmente, novas dinâmicas e características do garimpo (presença do crime organizado, maior capacidade de investimento, novas tecnologias) tornam seus impactos ainda maiores, com graves consequências para a saúde dos indígenas; explosão de casos de malária e de outras doenças infectocontagiosas; impacto sobre a economia das comunidades; além de um recrudescimento da violência contra os Yanomami e Ye'kwana (estupros de vulneráveis, ataques com arma de fogo, assassinatos, entre outras).

É preciso levar em conta, portanto, que o agravamento da questão sanitária tem relação com o aumento da presença garimpeira, embora não seja o único fator – como também foi descrito no contexto da invasão garimpeira nos anos 1980 e 1990.[6] A atividade ilegal também resulta em contaminação por mercúrio, como resultado do descarte do metal nos rios da TIY: estudos realizados pela Fiocruz[7] diagnosticaram que, nas aldeias yanomami pesquisadas, 92% dos habitantes têm índices da substância no corpo acima do máximo seguro à saúde humana.

A EVOLUÇÃO DA PANDEMIA

Como estratégia para lidar com a disseminação do novo coronavírus, várias comunidades decidiram se refugiar na floresta, em pequenos grupos, afastando-se dos locais de possível contato com não indígenas. A estratégia, conhecida como *wayumuhuu* (ou *waimi huu*), é recorrente entre os Yanomami e foi adotada em epidemias anteriores que os assolaram com a intensificação do contato. As equipes de saúde do Distrito Sanitário Especial Indígena Yanomami (Dsei-Y), por sua vez, foram orientadas a realizar os atendimentos apenas nos postos de saúde, limitando as visitas às aldeias para casos emergenciais. Contudo, parte dos grupos que tinham se afastado dos locais de moradia e estruturas de saúde, tiveram que retornar às comunidades para buscar tratamento de malária, devido à alta incidência da doença nos acampamentos.

Apesar da tentativa de evitar o contato com o vírus, o primeiro indígena aldeado morto por covid-19 foi um jovem xirixana (designação dos Ninam, subgrupo yanomami) de 15 anos, nascido na comunidade de Helepe, à beira do Rio Uraricoera, extremamente impactado pelo garimpo. Ele faleceu no Hospital Geral de Roraima (HGR), em Boa Vista, após sucessivas buscas por atendimento médico. Seu corpo foi enterrado num cemitério da cidade sem explicações a seus familiares, desrespeitando as práticas do longo ritual funerário yanomami, que implica a realização das cerimônias intercomunitárias (*reahu*). Poucos meses depois, três bebês sanöma (subgrupo yanomami, falante da língua sanöma, habitante da região noroeste da TIY) morreram no hospital da criança ou maternidade, em Boa Vista, com suspeita de covid-19. Seus corpos foram retirados de suas mães para serem sepultados e desapareceram num labirinto de informações da burocracia estatal, inacessíveis para as mães sanöma.

O sepultamento dos corpos merece uma observação à parte, pelo flagrante caráter discriminatório das ações praticadas contra as famílias indígenas. Os funcionários ignoraram as particularidades yanomami e falharam em adotar protocolos sanitários adequados, que previssem explicações razoáveis às famílias das vítimas da covid-19 sobre a necessidade de cuidados específicos com os corpos de falecidos ou que permitissem a adequação a suas práticas rituais. Com a intermediação do Ministério Público Federal (MPF), foi possível negociar uma adequação dos protocolos às práticas indígenas, porém ainda hoje famílias yanomami aguardam que os corpos enterrados na cidade sejam exumados para que possam realizar o ritual funerário, como pede sua cultura, a ponto de a demanda ter sido judicializada.[8]

O primeiro grande surto conhecido entre os Yanomami aconteceu na própria Casa de Saúde Indígena (Casai) em Boa Vista: poucas semanas após o primeiro caso, praticamente todos os pacientes e acompanhantes estavam confirmados para covid-19. Os que não estavam confirmados, ou eram suspeitos ou receberam alta após a infecção. Anunciava-se um cenário onde muitos Yanomami ficariam ainda mais vulneráveis, em função da falta de preparo dos funcionários do Dsei-Y em prover a assistência adequada para a contingência da doença, ao lado da desestruturação mais ampla da saúde.

Ante o elevado risco de altíssima letalidade da doença sobre os povos indígenas, buscou-se garantir, no Poder Judiciário, a implementação de políticas emergenciais para responder à emergência sanitária da covid-19. No STF, a Arguição de Descumprimento de Preceito Fundamental (ADPF) nº 709, proposta pela Articulação dos Povos Indígenas do Brasil (Apib), resultou em decisões determinando a implementação de medidas sanitárias emergenciais aos povos indígenas e planos de contenção de invasores a sete TIs onde há povos em isolamento, entre elas a TIY. Já no Tribunal Regional Federal da 1ª Região (TRF1), o MPF propôs a Ação Civil Pública 1001973-17.2020.4.01.4200 – na qual a Hutukara Associação Yanomami (HAY) ingressou como litisconsorte –, cobrando da União um plano emergencial de extrusão de garimpeiros da TIY diante da continuada invasão de suas terras.

Em nível internacional, por sua vez, a Comissão Interamericana de Direitos Humanos (CIDH) outorgou medidas cautelares em favor dos Yanomami e Ye'kwana, orientando a adoção pelo Estado brasileiro de medidas capazes de impedir a invasão garimpeira e garantir a saúde, a vida e a integridade pessoal dos indígenas. Mais recentemente, uma resolução da CIDH reafirmou a situação de grave e iminente risco de dano irreparável vivida por esses povos, concedendo medidas provisórias em seu favor.

O conjunto dessas decisões tem sido fundamental para constranger o Estado brasileiro a adotar ações mínimas, ainda que largamente insuficientes, para impedir não só o alastramento do garimpo na TIY, mas também da covid-19.

HEWË A WAI, A "DOENÇA DO MORCEGO"

Durante o intercurso da pandemia, os Yanomami foram tomando conhecimento de diversos casos de covid-19 entre eles, e receberam informações da situação da pandemia em outras regiões do país. Em relação a seus parentes e corresidentes, acumularam suspeitas de que várias pessoas haviam se contagiado (tendo manifestado alguns sintomas), sem poder comprovar a doença pela escassez de testes de detecção. Os Yanomami constataram que não estavam adoecendo da mesma forma que os não indígenas, os *napëpë* (rapidez do contágio, gravidade dos casos, número de mortes e confusões derivantes do abalo do sistema de saúde) e

© PIETER VAN ECKE

Conselheiros indígenas do Condisi denunciam o alto índice de malária, a escassez de medicamentos e de equipamentos de saúde na TIY. Frame do Holding Up The Sky, um filme de Pieter Van Eecke, produced by Clin d'oeil films', 2020.

vitória conseguida pelos dois xamãs contra o ser maléfico fizeram-no retroceder em vez de se espalhar sobre a *yanomae urihi*. A partir desse momento, o *Yai thë* "deu as costas" para o território dos Yanomami, continuando a assolar a terra dos *napëpë*.

Poderíamos supor, a partir dessa interpretação, que os Yanomami responderiam bem à infecção da covid-19 e que poucos indivíduos desenvolveriam algum tipo de agravamento pela doença. No entanto, os dados epidemiológicos gerais na TIY demonstram o contrário. Por isso, preferimos compreender a interpretação yanomami sobre a *hewë a wai* como manifestação do esforço para enfrentar inúmeras ameaças e como um alerta, em sintonia com o que é afirmado por Davi Kopenawa: "*Urihi a rããkae*, [quando] a floresta, nossa mãe, está doente, nós não podemos viver com saúde!"

que esta *xawara* (epidemia) estava afetando suas comunidades de formas diferentes daquelas decorrentes do contato com as frentes de exploração.

Por isso, difundiu-se entre muitos Yanomami a ideia de que a covid-19 atacaria apenas os *napëpë* ou que essa doença poderia estar se alastrando na *Urihi* (terra/floresta yanomami), mas em uma forma enfraquecida. Diziam: "*a okeprarioma*", ou seja, "enfraqueceu sua virulência", e a diminuição da letalidade do vírus era atribuída à luta travada contra ele pelos *xapuri thëpë*, os xamãs.

A esse respeito, é ilustrativa a interpretação dada, em maio de 2020, por um xamã que será aqui identificado como M. Y. Quando M. Y. recebeu o resultado do teste antígeno que comprovava sua contaminação pela covid-19 (contradizendo o resultado do teste rápido imunocromatográfico realizado no mesmo dia), não manifestou surpresa nem maiores preocupações. Em seu relato, disse ter contraído o vírus quando interveio para socorrer seu pai, A. Y., ancião e xamã muito estimado e influente, que estava travando um combate xamânico contra o ser maléfico, *Yai thë*, da última *xawara* identificada pelos *napëpë*: a *hewë a wai*, ou "doença do morcego", a covid-19. A. Y. – que nunca foi diagnosticado com covid-19, apesar de ter apresentado alguns sintomas – ficou enfermo por ter sido agredido por esse ser maléfico, durante o duro combate. O filho maior, M. Y., seguiu os passos do pai para desarmar e afugentar o ser maléfico que ameaçava atacar os Yanomami e que, antes de ser derrotado, conseguiu, contudo, morder M. Y., deixando-o enfermo.

Assim, o adoecimento e a morte de alguns Yanomami foi interpretada como decorrente do fato desse *Yai thë* ter experimentado (*wapai*) e devorado (*wai*) alguns Yanomami, mas não ter apreciado suas vítimas, preferindo os não indígenas. O combate e a

CRISE SANITÁRIA

Em 2020, uma análise do Instituto Socioambiental (ISA)[9] demonstrou a vulnerabilidade de saúde da TIY ao apontar o Dsei-Y como o segundo mais crítico dos 34 Dseis no Brasil. Ao longo desse mesmo ano, a Rede Pró-Yanomami e Ye'kwana[10] realizou um monitoramento independente dos casos de covid-19, a partir dos relatos dos yanomami, e contabilizou 23 óbitos (suspeitos e confirmados) pela doença. Em julho de 2022, os dados divulgados pela Secretaria Especial de Saúde Indígena (Sesai) contabilizavam apenas 22 óbitos confirmados.

O desafio do acompanhamento da evolução da covid-19 na TIY é enorme. A falta de aplicação de testes, a ausência de equipes de saúde atendendo nas comunidades, a carência de capacidade técnica para a coleta e a pouca transparência na divulgação dos dados sobre a saúde da população atendida são alguns dos obstáculos que impediram que o impacto da covid-19 pudesse ser mensurado no território.

O caso de C. Yanomami, do Baixo Catrimani, é ilustrativo do que pode ter ocorrido com muitos indígenas. O paciente foi levado até um posto de saúde na TIY com suspeita de contaminação por covid-19. Foi removido e internado no HGR, recebendo o tratamento contra a covid-19 e não apresentando comorbidades. Veio a falecer em julho de 2020, e seu corpo foi enterrado em Boa Vista segundo o protocolo de biossegurança. No entanto, seu óbito não foi computado entre as mortes por covid-19 notificadas pelo

Dsei-Y. Sua família está entre as que, em dezembro de 2022, ainda procuram os rastros de seu sepultamento e exigem a devolução dos restos mortais para a comunidade.

Ao passo que a precarização no atendimento à saúde se intensifica durante o período pandêmico, outras doenças já conhecidas também se alastraram entre os Yanomami. De acordo com dados do Sistema de Informação da Atenção à Saúde Indígena (Siasi), em 2020 e 2021, foram notificados, respectivamente, 20.745 e 19.975 casos confirmados de malária na TIY. O plano trienal do Dsei-Y identifica certas regiões com Índice Parasitário Anual (IPA) de até 500, dez vezes maior que o índice da Organização Mundial da Saúde (OMS) para disseminação crítica da malária.

Diante desses dados, a comorbidade surgiu como um grave fator de preocupação ante os dados da pandemia. Entre os 23 óbitos registrados até o final de outubro de 2020, nove pessoas haviam contraído malária recentemente, como demonstrou o relatório da Rede Pró-Yanomami e Ye'kwana. É possível que muitos óbitos relacionados à covid-19 tenham passado desapercebidos, tendo outras enfermidades indicadas como causa de morte.

CONCLUSÃO

A pandemia encontrou os Yanomami em um estado de aumentada vulnerabilidade. A atual invasão da TIY pelo garimpo coincide com uma grave desassistência sanitária, com a piora nos índices gerais de saúde da população e com uma elevada incidência de malária.

Ao final de 2021, o MPF emitiu a Recomendação nº 1/2021/MPF/AM e RR compilando uma série de irregularidades identificadas no funcionamento do atendimento à saúde na TIY e seus efeitos sobre a saúde indígena. O documento recomenda uma completa reestruturação do Dsei-Y para solucionar a questão sanitária entre os Yanomami e Ye'kwana. A recomendação vai ao encontro das insistentes denúncias de lideranças indígenas sobre a precarização no atendimento à saúde.

Em 2021, o Fórum de Lideranças Yanomami e Ye'kwana declarou que a saúde na TIY colapsou. Lideranças em protesto na cidade de Boa Vista tentaram entregar uma carta ao coordenador do Dsei-Y para chamar a atenção à situação da saúde, mas não foram recebidos. Ao contrário, sofreram intimidações com boletins de ocorrência (sem demonstrada materialidade de crime) por terem se manifestado. Ao final de 2021, a Hutukara enviou um ofício à deputada federal Joênia Wapichana (Rede/RR) com uma lista de reivindicações urgentes para a reestruturação da saúde yanomami. Em julho de 2022, novamente, lideranças de diversas regiões da TIY foram à cidade para cobrar melhorias no atendimento ao Dsei-Y, nos mesmos termos do ofício.

Sem menosprezar a gravidade da covid-19, a saúde entre os Yanomami está se revelando um campo de enorme preocupação. É urgente a retomada de políticas eficientes, eficazes, e bem informadas, com sensibilidade para as particularidades locais, que sejam capazes de reverter esse quadro. *(dezembro, 2022)*

NOTAS

[1] Carta do Fórum de Lideranças Yanomami sobre a saúde na Terra Indígena Yanomami, 2021.

[2] Sobre o apoio oficial do governo federal ao garimpo em terras protegidas, consultar: BETIM, F. O inédito respaldo do Planalto a garimpeiros de áreas protegidas na Amazônia. *El País*, São Paulo, 17 set. 2019.

[3] MAPBIOMAS. *A expansão da mineração e do garimpo no brasil nos últimos 36 anos*. Mapeamento da superfície de mineração industrial e garimpo no Brasil – Coleção 6. São Paulo: MapBiomas, 2021.

[4] HUTUKARA ASSOCIAÇÃO YANOMAMI; ASSOCIAÇÃO WANASSEDUUME YE'KWANA. *Yanomami sob ataque*: garimpo ilegal na Terra Indígena Yanomami e propostas para combatê-lo. Boa Vista: HAY; Seduume, 2022.

[5] OLIVEIRA, J. C. Terra Yanomami é palco de "tragédia humanitária", dizem especialistas. *Notícias – Portal da Câmara dos Deputados*. 15 jul. 2022.

[6] RAMOS, A. R. O papel político das epidemias: o caso Yanomami. Brasília: DAN/UnB, 1993. (Série Antropologia, n. 153). Disponível em: http://biblioteca.funai.gov.br/media/pdf/Folheto26/FO-CX-26-1528-1994.PDF. Acesso em: 8 set. 2022.

[7] FUNDAÇÃO OSWALDO CRUZ *et al*. *Avaliação da exposição ambiental ao mercúrio proveniente de atividade garimpeira de ouro na terra indígena yanomami, Roraima, Amazônia, Brasil*. Rio de Janeiro: Fiocruz, 2016. .

[8] Ação Civil Pública 1000931-59.2022.4.01.4200

[9] OVIEDO, A.; SENRA, E.; OLIVEIRA, U. *Modelagem da vulnerabilidade da Terra Indígena Yanomami ao covid-19*. Nota Técnica. Brasília: Instituto Socioambiental, 2020.

[10] MACHADO, A. M. *et al.* (org.). *Xawara*: rastros da covid-19 na Terra Indígena Yanomami e a omissão do Estado. São Paulo: Instituto Socioambiental, 2020.

YE'KWANA

No Caminho do Conhecimento Tradicional

Julio David Rodrigues | Liderança ye'kwana, presidente da Associação Wanasseduume Ye'kwana (Seduume)

HÁ ALGUM TEMPO A GENTE VEM DISCUTINDO SOBRE O CAMINHO DO CONHECIMENTO TRADICIONAL, UM ASSUNTO MUITO IMPORTANTE PARA O POVO YE'KWANA. QUEREMOS APROVEITAR OS MAIS VELHOS QUE AGORA QUEREM REPASSAR O CONHECIMENTO PARA NÓS, SEUS FILHOS E NETOS

Antigamente não era assim, eram os jovens que deviam procurar o sábio e dizer que queriam aprender. A pessoa interessada aprendia durante as danças tradicionais e os rituais da roça. O interessado ficava perto do sábio e assim aprendia. Antigamente era difícil, o conhecimento ficava na cabeça, não tinha anotações. Existia também um ritual para os interessados aprenderem mais facilmente. Aí tinha que fazer resguardo, não podia namorar, para tudo tinha regra. Era assim que se aprendia. O aprendizado acontecia durante a noite, ninguém dormia. Durante o dia, ia trabalhar, fazer canoa, trançados etc. Quando chegava à noite, o aprendiz não ia dormir, ele procurava o sábio para perguntar tudo o que não sabia até aprender. Hoje não é mais assim, os jovens não procuram mais os sábios. Agora eles querem nos ensinar.

Nós, da nova geração, não estamos mais valorizando nosso conhecimento por conta da escola e do modo de vida dos *yadanawiichomo* (não indígenas). Os *inchonkomo*, sábios, falam que o dinheiro faz a gente se perder e que o papel atrapalhou nosso aprendizado. Antigamente, não tinha dinheiro e ninguém tinha conhecimento sobre o papel. As tecnologias dos *yadanawiichomo* chegaram e também a necessidade de roupas e brinquedos para as crianças. Atualmente, as famílias incentivam seus filhos a irem à escola para ter acesso a essas coisas. A gente conversa muito sobre isso. Nas comunidades, as famílias também querem fortalecer o aprendizado do conhecimento tradicional, mas os jovens que estão estudando na cidade não conseguem aprender coisas importantes como os cantos *acchudi* e as rezas *yacchuumadö*. Vicente Castro, o maior sábio de todos, nos incentiva muito e orienta os jovens a buscar o conhecimento tradicional. Muitos velhos têm esse conhecimento. Mas o que está faltando? Por que a gente não aprende? Essa é a pergunta que todo mundo tem na cabeça. Eles estão prontos para ensinar as pessoas, mas falta a nós, jovens, dizer que vamos aprender, que queremos aprender.

A Associação Wanasseduume Ye'kwana (Seduume) tem realizado muitos projetos. Esse trabalho com "oficinas" é novidade para nós. Fizemos muitas oficinas para a construção de livros, mas isso não é aprender, é uma forma de registrar. Essa é a forma do nosso trabalho agora e está dando certo. Precisamos fazer isso. Também é uma forma de reunir as pessoas de várias comunidades. Muitas vezes, nossas oficinas reúnem pessoas das três comunidades no Brasil – Wacchannha, Kudaatannha e Fuduuwaadunnha – e até o pessoal da Venezuela. Tem sido um jeito de nos reunir para trocar ideias e pensar em caminhos para o conhecimento tradicional. Antigamente, o pessoal convidava outras comunidades para fazer a festa *tänöökö*. Era uma forma de se encontrar e então os sábios aprofundavam seus conhecimentos fazendo o ritual.

Hoje, quando fazemos oficinas para registro de conhecimento tradicional, juntamos mulheres e homens e reunimos os sábios

Livro que apresenta levantamento socioambiental participativo realizado na comunidade ye'kwana de Fuduuwaadunnha, TI Yanomami, 2017.

que conhecem muitos temas. Foi assim que fizemos livros didáticos e filmes no projeto *Yadewwanaadi – Saberes indígenas nas escolas ye'kwana*,[1] a publicação *Território ye'kwana: a vida em Auaris*, elaborada juntamente com o Instituto Socioambiental (ISA) em 2017, e o livro *Kuyuujaani*, de 2020. Também estamos produzindo novos materiais a partir do trabalho de pesquisa e registro de nossas plantas medicinais, em parceria com a Kew Gardens, e de nossos cantos, com o Programa de Documentação de Línguas e Culturas Indígenas (ProgDoc) do Museu do Índio, da Fundação Nacional do Índio (Funai).

Mesmo com todas essas iniciativas, sigo me perguntando: o que está faltando para realmente aprendermos? Sempre falo com o pessoal, principalmente com os professores: é preciso colocar em prática os aprendizados que estão nos livros. Acho que é isso que está faltando nas escolas ye'kwana. Atualmente, os mais velhos percebem a escola como o único meio de transmissão dos conhecimentos para as crianças. Então, os professores devem aprender o conhecimento tradicional e repassá-los às crianças.

Os livros que fizemos são muito importantes. A história fala muito bem. O livro do *Kuyuujaani* traz uma história que os mais velhos vêm contando há muito tempo. Como dizem os sábios, nós não mudamos as nossas *wätunnä* (histórias de origem). Elas são antigas, surgiram com o povo Ye'kwana desde a origem do mundo, e continuamos a contá-las. Os cantos também não mudam, continuam os mesmos desde sempre. Sem esses conhecimentos, a gente não vive muito tempo. Sem eles, ficamos inseguros e corremos o risco, principalmente as crianças, de sofrer com maus espíritos.

Para nossas comunidades, é importante que estamos fazendo essas oficinas de registro de saberes através da associação. Ela está ajudando a construir o caminho para o conhecimento tradicional. O que mais a gente quer? Queremos aprender mesmo! Quando a gente construiu a *ättä* (casa comunal) na comunidade Fuduuwaadunnha, na região de Auaris, TI Yanomami, havia muitas crianças acompanhando o processo. Elas estavam muito interessadas e também queriam ajudar a fazer. As crianças têm muita curiosidade em aprender o que os mais velhos fazem e aprendem facilmente.

Algo difícil para nós é cantar na forma de *acchudi* (canto). A gente sabe falar a nossa língua, mas *achuudi* tem outra forma de fala. É complicado, mas a gente consegue aprender. Nós devíamos discutir sobre isso nos encontros, mas ninguém fala, nem os professores. "Estamos usando os conhecimentos que registramos, estamos ensinando as crianças". Ninguém fala isso. Precisamos conversar sobre como podemos usar os livros que estamos construindo.

Certa vez, pedi para meu amigo ler um trecho do livro sobre *Kuyuujaani* durante o ritual da roça – e o livro fala sobre a história da roça. À noite, quando os mais velhos e as lideranças estavam reunidos, ele leu. Eu disse: "Pessoal, vamos ouvir essa história que nós construímos no livro. Nós temos que ler esse livro. É importante todo mundo ouvir". Eles escutaram e gostaram. Acho que tem que fazer assim. Também produzimos filmes sobre a história de *Wanaadi* e *Kaaju* e a construção da canoa tradicional. Os professores devem usar esses materiais em sala de aula e mostrar os conhecimentos aos alunos. É isso que está faltando. Em 2003, fizemos a festa *tänöökö*, que não era praticada há tempos, e conseguimos registrá-la em vídeo. Todos gostam de assistir quando a gente projeta o filme na grande casa de reunião. Gostam de relembrar. Muita gente falecida aparece ali na imagem. Eles gostam de assistir a esses eventos e festas que aconteceram no passado. O pessoal gosta de voltar a praticar.

O conhecimento tradicional é muito importante e, ao mesmo tempo, estou aqui cuidando da associação na cidade. Nós temos que lutar pelo nosso povo e pela nossa terra. Isso também é importante. Se eu não estiver aqui, quem vai lutar? Como o pessoal me escolheu, tenho que ficar aqui e fazer aquilo que as comunidades pediram: "Vocês têm que ficar lá para lutar pela terra, pelo povo e pelo nosso conhecimento". Se a gente quer manter a natureza em pé, temos que lutar. Sem natureza a gente não vive – ela cuida da gente. Os povos indígenas no Brasil inteiro sempre dizem que sem maracá, sem canto, sem pinturas, não dá para se comunicar com a natureza. As nossas pinturas não são à toa. A gente não fica inventando coisas. Elas fazem sentido, têm significado. Sempre digo que não é somente festa que fazemos, também temos nossos rituais. Nós cantamos durante o ritual da roça para fortalecer a mandioca e trazer de volta sua alma, e assim ela poderá crescer bem forte, nutritiva.

Nós temos que pensar muito de que forma a Associação pode se posicionar diante dos estragos que temos sofrido aqui. A Seduume não é para mudar o pensamento das pessoas, mas, sim, ajudar a defender os interesses dos povos indígenas. Nós a criamos para isso. Hoje, os jovens que estão estudando nas escolas públicas da cidade não aprendem sobre os direitos dos povos indígenas. Estudei na escola da cidade e nunca ouvi falar sobre isso. O professor só ensina matemática, química, português, mas não fala dos nossos direitos. Quando vou à comunidade aproveito para falar: "Nós temos que aprender nosso conhecimento tradicional". Falo isso porque eu estou na cidade.

Como a gente pode revitalizar os conhecimentos? Vemos que é difícil reunir os jovens que estão na cidade. Eles não vieram em busca do conhecimento tradicional, vieram em busca de outra cultura. Então, a gente ficou sem aprender o que deveríamos, é como se os jovens não quisessem mais aprender os conhecimentos que os mais velhos têm. O que nos atrapalhou foi a escola. Agora, a gente quer estudar, porque queremos trabalhar como enfermeiro, técnico de enfermagem e professor.

Nós, da Associação, estamos ajudando os jovens que estão estudando no município de Amajari/RR e os alunos que estão no Centro Indígena de Formação Raposa Serra do Sol,[2] na região do Surumu. A gente conseguiu inscrevê-los lá. Temos procurado pensar mais nos jovens, mas eles não estão interessados. De que forma a gente pode ensinar nossos jovens que não foram para a cidade estudar? É preciso estar na comunidade para aprender os conhecimentos: fazer *tipiti*, balaio, trançados, canoas. Ainda existe tudo isso. As mulheres fazem *caxiri*. Há o ritual específico para o resguardo das meninas que menstruam pela primeira vez. Acho que as meninas que estão vindo para a cidade e não conseguem estudar, precisam voltar à comunidade e aprender todo o processo de fabricação do *caxiri*. Isso também é importante. Sem *caxiri*, a mandioca fica enfraquecida e prejudica nossas roças.

Os conhecedores hoje são pessoas idosas. Se eles partirem um dia, quem serão os próximos? Temos muitos desafios pela frente e precisamos reforçar nossos pensamentos. Como me disse um sábio da comunidade: "Vocês têm que aprender e nós temos que ensinar vocês, porque vocês não aprendem sozinhos. A gente aprendeu sozinho, porque tinha ritual para aprender com facilidade. Hoje em dia não tem mais". Antigamente, o pessoal aprendia gravando tudo na cabeça. Agora, a gente anota no caderno e canta em nossos rituais olhando para as anotações. Muitos sábios também usam o caderno, mas alguns cantos sabem de cabeça.

Nós queremos trabalhar para manter nosso conhecimento; não vamos deixar que acabe. Talvez daqui a um tempo, uns cem anos, não sei. Os antigos pajés contavam que, assim que os conhecimentos do povo Ye'kwana desaparecerem, o mundo vai acabar. Eles falaram isso para as gerações futuras. Quando o povo Ye'kwana deixar de fazer beiju, aí acabou o mundo. Nosso criador, *Wanaadi*, disse isso antes de partir. Ele deixou aqui na terra todos os elementos importantes para vivermos bem: a natureza, nossos remédios sagrados, nossos cantos *acchudi*. Todos os elementos que existem no mundo têm sua importância. É preciso cuidar das coisas; por isso, quando uma criança nasce, fazemos resguardo. Meu avô Peri sempre diz assim: "Vocês precisam aprender as histórias, ouvir as orientações e conhecer as regras tradicionais. É isso que devem aprender, somente o básico: o que não se deve fazer durante os resguardos ou quando alguém faz uso de remédio tradicional e de plantas medicinais mais sagradas. Vocês têm que aprender isso pelo menos!"

Sempre falo para as nossas comunidades que a gente está conseguindo fazer bons projetos. Recentemente fizemos em Wacchannha uma grande oficina de trançado do projeto *Mökaajä*, em parceria com o Museu Etnográfico de Berlim. O pessoal gostou muito. Através dessa oficina, algumas mulheres viram que é possível incentivar os jovens a aprender a fazer os nossos cestos. E eles fizeram! Em Fuduuwaadunnha, o pessoal quer aprender a fazer canoa. Também quero aprender. Meu pai sabe fazer canoa. Faz parte da história do povo Ye'kwana. Antigamente, éramos conhecidos como grandes viajantes e construtores de canoa. O pessoal gostava de navegar. Eu gosto também de subir e descer o rio, andar no mato. Gosto demais. Apesar de estar faltando na região de Auaris a madeira certa para fabricar canoa, dá para começar a ensinar nas escolas. Nossos professores podem incentivar. Esse é o nosso desejo. *(agosto, 2022)*

NOTAS

[1] A ação *Yadewaanaadi – Saberes indígenas nas escolas ye'kwana* (Siey) integra o Programa Nacional dos Territórios Etnoeducacionais promovido pela Secretaria de Educação Continuada, Alfabetização, Diversidade e Inclusão (Secadi) do Ministério da Educação e é uma iniciativa conjunta do povo Ye'kwana e seus parceiros. O programa coordenado pela Faculdade de Educação da Universidade Federal de Minas Gerais (UFMG) buscou fortalecer as línguas indígenas e a circulação da escrita nas aldeias por meio da produção de materiais didáticos. Foram feitas três publicações: *Kaweesadu* (2017), *Sejje Woowanoomatoojo* (2017) e *Nhe'kudu* (2018). E três filmes: *Wanaadi Kaaju – Wennejenka'jäkoomo* (62'), *Kudiiyada Tödöödö* (64') e *Weinhä Woowanoomanä Jäkä Ekammajäätödö* (36').

[2] O Centro Indígena de Formação e Cultura Raposa Serra do Sol localiza-se na comunidade Barro, na região do Surumu da TI Raposa Serra do Sol. Em 2005, foi reconhecido pelo Conselho Estadual de Educação de Roraima como curso de ensino médio integrado nas áreas de agronomia, pecuária, gestão e manejo ambiental. O Centro promove a educação diferenciada indígena, com gestão realizada pelo Conselho Indígena de Roraima (CIR).

WAIMIRI ATROARI

Os Kinja Seguem Erguendo e Cantando seus *Mydy Taha*

Vários autores*

ENTRE DESPEDIDAS, DESAFIOS E CONQUISTAS, DE 2017 A 2022, OS KINJA SEGUIRAM UNIDOS, LUTANDO POR SEUS DIREITOS, HABITANDO E CANTANDO SEUS *MYDY TAHA* E SENDO REFERÊNCIA EM GOVERNANÇA TERRITORIAL, O QUE LHES GARANTE SEU BEM VIVER

O indigenista José Porfírio Fontenele de Carvalho dizia que o *mydy taha*, a casa coletiva dos Kinja, era um dos exemplos de materialização da organização social dos Kinja, também conhecidos por Waimiri Atroari, povo indígena de língua karib, cujo território estende-se por Amazonas e Roraima. O feito coletivo de erguer um novo *mydy taha* demanda de todos um pouco: *wykyry* (homens) cortam, carregam e preparam as madeiras; *weri* (mulheres) preparam as palhas e fibras e, juntamente com os *wykyry*, cobrem a casa. As crianças, *bahinja*, ajudam aqui e acolá e aprendem, para seguirem fazendo. E depois todos festejam em cantoria e trocas.

Carvalho contava que, quando conheceu os Kinja, muitos já não habitavam o *mydy taha*: acossados em seu próprio território pela predatória "civilização ocidental", eles fugiam, sobreviviam e moravam improvisados em outras habitações. Entre muitos feitos, Carvalho estabeleceu uma relação com os Waimiri Atroari desde o contato e depois na concepção e implementação do Programa de Apoio aos Waimiri Atroari (PWA), criado como indenização pelos impactos da Usina Hidrelétrica (UHE) Balbina no território kinja.

José Porfírio F. de Carvalho, indigenista, com lawyraky, o milésimo Waimiri Atroari, cujo nascimento foi comemorado com grande festa.

© RICARDO OLIVEIRA/AMAZONIAIMAGEM, 2008

Txamyry Carvalho, como os Kinja o chamam até hoje, faleceu em maio de 2017, aos 70 anos, em virtude de um câncer. Esse foi um importante e doloroso acontecimento para os Waimiri Atroari nos últimos cinco anos, entre os muitos outros desafios que enfrentaram.

O Programa Waimiri Atroari, criado em 1988 e com prazo de 25 anos, posteriormente estendido para mais dez, segue enfrentando desafios de sustentabilidade financeira. A partir de 2020, seu recurso anual sofreu uma redução de 30% sobre o valor estabelecido para o ano anterior, levando a um estrangulamento das previsões orçamentárias do programa. Assim, a manutenção do padrão de serviços prestados aos Kinja exige cada vez mais da equipe, e o desrespeito aos direitos territoriais e modos de viver kinja tem feito aumentar os custos operacionais de suas atividades.

TERRITÓRIO KINJA: DESMATAMENTO, LINHÃO E RESERVA EXTRATIVISTA BAIXO RIO BRANCO JAUAPERI

Após dez anos de taxas mais controladas, desde 2019, o desmatamento na Amazônia brasileira segue drasticamente crescente, e mesmo a TI Waimiri Atroari apresentou em 2019 e 2020 suas maiores taxas de desmatamento desde 2003. Todavia, em virtude das ações de fiscalização constantes por parte dos Kinja e do PWA, o desmatamento na TI Waimiri Atroari segue quase insignificante quando comparado às demais TIs, tendo representado apenas 0,2% do desmatamento ocorrido nas TIs na Amazônia em 2020,

© ACERVO ACWA, 2018

Aldeia Mynawa, na BR-174 com o Rio Alalaú, na divisa dos estados do Amazonas e Roraima.

de acordo com dados do projeto Prodes do Instituto Nacional de Pesquisas Espaciais (Inpe).

Mesmo durante a pandemia de covid-19, o governo federal seguiu pressionando pelo avanço do licenciamento ambiental da linha de transmissão Manaus-Boa Vista ao longo da BR-174, que corta 125 km do território indígena. No fim de junho de 2020, a Funai comunicou à Associação Comunitária Waimiri Atroari (ACWA) que buscaria alternativas para dar continuidade aos trabalhos, ferindo o Protocolo de Consulta Waimiri Atroari – *Ie'xime Arynatypy Nypykwatypy Waimiri Atroari Behe Taka*, publicado em 2018, e os protocolos sanitários relativos à covid-19.

Em 2018, a Justiça Federal no Amazonas reconheceu as violações praticadas contra os Kinja quando da abertura da BR-174 nos anos 1960 e determinou que novos empreendimentos capazes de causar grande impacto à TI sem consentimento prévio dos Kinja não sejam aprovados.[1] Mas o tráfego na estrada segue causando impacto à soberania alimentar dos Kinja: de 1997 até março de 2022, foram registradas mais de 16 mil mortes diretas de dezenas de espécies. Ainda assim, no início de 2019, com a Resolução nº 1 do Conselho de Defesa Nacional (CDN), o projeto foi enquadrado como estratégico para a soberania e a segurança nacional.

Em novembro de 2020, o presidente da Funai chegou a acionar a Polícia Federal contra Mário Parwe Atroari, liderança kinja, a organização Waimiri Atroari, seus advogados além de servidores da própria Funai, alegando que contribuíam para "entraves e óbices" ao linhão Manaus-Boa Vista. Mas a denúncia foi arquivada. Já em dezembro de 2021, a Justiça Federal do Amazonas proferiu liminar em favor dos Kinja, condicionando a continuidade do licenciamento da estrada ao acolhimento da proposta de compensação de R$ 133 milhões pelos prejuízos irreversíveis que o linhão causará ao povo.

Ainda em 2018, foi criada, contígua à TI Waimiri Atroari, a Reserva Extrativista (Resex) Baixo Rio Branco Jauaperi, com 581.173 hectares, destacando-se três áreas especiais em trechos do território dos Kinja.[2] A criação da Resex só foi possível após intenso diálogo entre os órgãos ambientais federais (Instituto Chico Mendes de Conservação da Biodiversidade – ICMBio e Ministério do Meio

Ambiente – MMA), as comunidades beneficiárias, bem como a ACWA e o PWA. Essas áreas são demandadas pelos Kinja como seu território tradicional, e em 2014 a Funai constituiu um GT para subsidiar reestudo de limites da TI, mas, desde então, esse processo ainda não foi concluído.

© LALO DE ALMEIDA/FOLHAPRESS, 2022

Waimiri-Atroari fazem cerimônia na aldeia Mynawa durante encontro para discutir ameaças a seu território, impactado pela BR-174, pela hidrelétrica de Balbina e pela mineração.

PIRITITI

O povo indígena isolado Pirititi, cujo território e vidas os Kinja defendem acirradamente, enfrentando madeireiros e garimpeiros invasores,[3] finalmente teve um avanço positivo para a proteção de seu território. Em fevereiro de 2022, foi publicada a portaria que constituiu o GT de identificação da área Pirititi, concedendo prazos para deslocamento de campo e relatoria. A primeira interdição da TI Pirititi, com 43,4 mil hectares em 2012,[4] no município de Rorainópolis, tinha duração de três anos e foi seguida por outras três, em 2015,[5] 2018[6] e 2021,[7] esta última por apenas seis meses. Em junho de 2021, o MPF ajuizou uma Ação Civil Pública visando à demarcação da TI e exigindo que a Funai e a União concluíssem o processo administrativo de reconhecimento da área em até três anos. A TI Pirititi é contígua à TI Waimiri Atroari e sofre invasões constantes por estar próxima à BR-174 e por ser constituída por espécies florestais de alto valor madeireiro.

A PANDEMIA DE COVID-19

Em setembro de 2020, a covid-19 se espalhava por TIs em todo o Brasil, mas ainda inexistia na TI Waimiri Atroari, sendo contabilizados até então apenas seis casos entre os Kinja, todos entre os que estavam na cidade para tratar de outros problemas de saúde e foram contaminados em um hospital de Manaus.[8]

O subprograma de saúde do PWA concebeu e implementou um rigoroso protocolo sanitário para evitar a contaminação: isolamento antes do retorno para as comunidades no caso de circulação na cidade; suspensão dos deslocamentos às cidades, salvo emergências e urgências de saúde; testagem frequente dos funcionários do PWA, entre outros. O fato de as equipes de atendimento primário de saúde serem constituídas pelos próprios Kinja – sendo 72 auxiliares de saúde e 42 microscopistas – evitou que profissionais de saúde externos entrassem ou circulassem nas aldeias.[9]

Os Kinja só puderam permanecer em suas aldeias em segurança em virtude de sua soberania alimentar, fruto do modo de vida que adotam em seu território, onde plantam, caçam e festejam conforme seus usos e costumes. Em 2021 houve cobertura vacinal completa contra a covid-19, incluindo a dose de reforço e, até março de 2022, 1.575 Kinja acima de cinco anos já haviam sido imunizados.

O POVO KINJA

Em 2016, os Kinja totalizavam 41 aldeias e 1.907 pessoas, com uma idade média populacional aproximada de 18 anos e um crescimento anual médio de 5% desde 2014.[10] Em 2022 a população total era de 2.394 pessoas distribuídas em 74 aldeias.

Em 2020 estavam em funcionamento 62 escolas na TI Waimiri Atroari, que atendiam a 1.705 alunos, um acréscimo de 17,54% quando comparado a 2019. Desses alunos, 38% eram considerados pós-alfabetizados e 30% pré-alfabetizados. Em 2010, 26% dos alunos eram pós-alfabetizados, e em 2000, 24%, o que evidencia uma progressão constante e a eficácia do sistema de ensino do PWA. Em 2020, duas professoras *kaminja* (não indígenas), pedagogas, prestaram serviços ao Subprograma de Educação, mas o corpo docente era majoritariamente formado pelos próprios Kinja, um total de 75 professores em 2019.

No sistema de ensino dos Kinja, as turmas podem ser modificadas durante o ano letivo conforme a necessidade de cada escola ou comunidade, visando melhorar o aproveitamento dos educandos e a transmissão do conteúdo, bem como adequar a escola aos aspectos culturais waimiri atroari. Os trabalhos comunitários e as festas tradicionais, por exemplo, são registradas como aulas da cultura kinja, envolvendo geralmente um *txamyry* (ancião). O sistema agroflorestal – *Iery behe* –, altamente complexo e interligado com sua cosmovisão mítica e ritual, também compõe os conhecimentos repassados aos jovens.

Em 2019, com base em um acordo de cooperação técnica, a ACWA e o Instituto de Antropologia da Universidade Federal de Roraima (UFRR) lançaram o Programa de Capacitação, para aprofundamento nos eixos temáticos de Ciências Humanas, Ciências da Natureza, Matemática e suas Tecnologias, Linguagem e Artes. O acordo está em renovação para mais três anos de vigência. *(abril, 2022)*

* OS AUTORES

SILVIA DE MELO FUTADA, bióloga, doutoranda em Ecologia Interdisciplinar, Universidade da Flórida.

MARCELO DE SOUSA CAVALCANTE, coordenador da FPE Waimiri Atroari/Funai e gerente do PWA.

ANTÔNIO CARLOS ANDRADE DO NASCIMENTO, coordenador da CTL de Presidente Figueiredo/Funai e coordenador do Meio Ambiente do PWA.

WALTER NICANOR FONTOURA BLOS, coordenador de Educação do PWA.

IRINEIDE ASSUMPÇÃO ANTUNES, coordenadora de Saúde do PWA.

KÁTIA MARIA SILVA NUNES, coordenadora de Documentação e Memória do PWA.

DENICE S. LIMA, coordenadora de Apoio à Produção do PWA.

SELMA APARECIDA GOMES, ecóloga, coordenadora de Justiça Climática e Amazônia, Oxfam Brasil.

ASSOCIAÇÃO COMUNITÁRIA WAIMIRI ATROARI.

NOTAS

[1] MPF – MINISTÉRIO PÚBLICO FEDERAL. Decisão da Justiça reconhece violações contra povo Waimiri-Atroari na abertura da BR-174. *Notícias* – Procuradoria da República no Amazonas, Manaus, 31 jan. 2018.

[2] FUTADA, S. M. Após 17 anos de luta, extrativistas do Rio Jauaperi obtêm vitória com criação de Resex. *Instituto Socioambiental*, 6 jun. 2018.

[3] EWEPE, Marcelo (Maryda) *et al*. Nós vamos lutar por esse índio isolado mesmo que o governo não dê valor. [Entrevista a Silvia de Melo Futada e Glenn Shepard]. *In*: RICARDO, F.; GONGORA, M. F. (org.). *Cercos e resistências*: povos indígenas isolados na Amazônia brasileira. São Paulo: Instituto Socioambiental, 2019. p. 86-89.

[4] Portaria Funai nº 1.672, de 14 de dezembro de 2012.

[5] Portaria Funai nº 1.271, de 22 de dezembro de 2015.

[6] Portaria Funai nº 1.549, de 5 de dezembro de 2018.

[7] Portaria Funai nº 440, de 1º de dezembro de 2021.

[8] FUTADA, S. M. Isolamento é cuidado: no território dos Waimiri Atroari, a covid-19 ficou do lado de fora. *Instituto Socioambiental*, 18 set. 2020.

[9] PWA – PROGRAMA WAIMIRI ATROARI. *Relatório de Atividades 2020*: Subprograma de Saúde. Manaus: PWA, 2019.

CONTAMINAÇÃO DA TI WAIMIRI ATROARI PELA MINERAÇÃO TABOCA[11]

Em março de 2021, os Kinja perceberam mudanças no Rio Alalaú e seus afluentes: a coloração da água estava amarronzada e com um gosto estranho. Aqueles que vivem nas aldeias próximas do Rio Tiaraju encontraram peixes e tartarugas mortas. Com receio, os Kinja deixaram de consumir peixes, beber água e de usar as águas do rio para higiene, preparação de alimentos e lazer. Os Kinja decidiram fazer expedições de fiscalização no Rio Tiaraju e constataram que a origem da contaminação dos rios Alalaú e Tiaraju era o transbordamento de seis barragens de retenção de rejeitos da Mineração Taboca.

A ACWA encaminhou ao MPF informações com fotos e coordenadas da poluição dos rios Alalaú e Tiaraju, solicitando fiscalização do Instituto de Proteção Ambiental do Amazonas (Ipaam) na mineradora. Algumas demandas foram apresentadas em caráter de urgência à Mineração Taboca para providências, como a construção de poços artesianos em todas as aldeias localizadas abaixo do Rio Tiaraju e projetos por meio dos quais os Kinja tenham alimentos. As demandas foram atendidas de imediato e foram implantados projetos de avicultura, piscicultura e gado no caso de aldeias em que já havia pastos. No entanto as águas continuam barrentas e isso tem incomodado bastante os Kinja, uma vez que o rio e suas águas são a vida desse povo. Por meio de uma bióloga, a ACWA conseguiu que fosse realizada a análise da água dos rios em um laboratório idôneo e independente.

A Mineração Taboca foi adquirida em 2008 do grupo brasileiro Paranapanema pelo grupo peruano Minsur, principal explorador de estanho no mundo. Em 1981, sua implantação já havia ocasionado a retirada de mais de 700 mil hectares do território kinja e, atualmente, um dos riscos à integridade da TI Waimiri Atroari e dos Kinja é a principal barragem em operação, com mais de 50 milhões de metros cúbicos de rejeitos, quantidade quatro vezes maior que a barragem que se rompeu em Brumadinho/MG. (abril, 2022)

[10] ACWA – ASSOCIAÇÃO COMUNITÁRIA WAIMIRI ATROARI *et al*. Waimiri Atroari: divulgando nossa história. [Waimiri Atroari:a'a ikaa ineptypy]. São Paulo: Instituto Socioambiental, 2017. v. 1.

[11] Fontes: FUNAI. Frente de Proteção Etnoambiental Waimiri Atroari (FPEWA). *Relatório Circunstanciado*. Manaus: Funai, mar. 2022; _______. *Ofício e relatório circunstanciado dirigido Ministério Público Federal do Amazonas*. Manaus: Funai, 17 maio 2021.; ANGELO, M. Mineradora brasileiro-peruana contamina rios na Terra Indígena Waimiri-Atroari. *Mongabay*, 28 maio 2021. ANGELO, M. Rejeitos da mineradora Taboca, do grupo peruano Minsur, contaminam rios do povo Waimiri-Atroari no Amazonas. *Observatório da Mineração*, 25 maio 2021.

Os Wai Wai em Roraima: PGTAs para Duas TIs

Ruben Caixeta de Queiroz | Antropólogo, UFMG

NAS TERRAS INDÍGENAS WAIWÁI E TROMBETAS-MAPUERA, OS POVOS WAI WAI ENFRENTAM AS PRESSÕES E AMEAÇAS A SEUS TERRITÓRIOS POR MEIO DA CONSTRUÇÃO E IMPLEMENTAÇÃO DE PLANOS DE GESTÃO TERRITORIAL E AMBIENTAL E AÇÕES DE PROTEÇÃO E VIGILÂNCIA TERRITORIAL, ALÉM DO PROJETO DE EXTRATIVISMO SUSTENTÁVEL DA CASTANHA-DO-PARÁ

Os Planos de Gestão Territorial e Ambiental (PGTAs) estão em gestação e implementação em duas Terras Indígenas (TIs) situadas em sua totalidade ou em parte no estado de Roraima, quais sejam: TI WaiWái e TI Trombetas-Mapuera. Ambas as TIs estão localizadas a leste do estado e abrigam uma vegetação exclusiva de floresta ombrófila densa.

Essas duas TIs são habitadas por povos conhecidos como Wai Wai (ou Waiwai). Trata-se de um grande coletivo, que abarca outros grupos tais como os Katuena, Xereu, Mawayana, Hixkaryana, os quais se aglomeraram ao longo de um processo histórico de intercasamentos e ação missionária (a partir da década de 1950) no entorno de grandes aldeias.

OS WAI WAI NA TI WAIWÁI

Os habitantes da Terra Indígena WaiWái vieram, ainda no início dos anos 1970, de aldeias situadas no Sul da Guiana para as cabeceiras do Rio Anauá, em Roraima. A TI WaiWái foi declarada em 1982, identificada pela Fundação Nacional do Índio (Funai) em 27 de abril de 1999 e, finalmente, homologada por meio do Decreto de 23 de junho de 2003 da Presidência da República. A TI WaiWái possui uma população estimada em 410 pessoas, distribuídas em três aldeias: Anauá, Xaari e Serra Talhada.

Para a elaboração do PGTA da TI WaiWái, a partir de um projeto denominado "Bem Viver", foi formada uma parceria entre o Conselho Indígena de Roraima (CIR), o Instituto Internacional de Educação do Brasil (IEB) e a Nature & Culture Internacional (NCI). Uma primeira reunião de sensibilização foi realizada na comunidade de Anauá em janeiro de 2020. Porém, as atividades foram interrompidas em função da pandemia de covid-19, tendo sido retomadas, com uma segunda reunião, em fevereiro de 2022, novamente na comunidade de Anauá, e uma terceira reunião, em abril de 2022, na comunidade Xaari.

Na TI, a principal fonte de renda da população vem da coleta e comercialização da castanha-do-pará, encontrada em muita abundância no seu interior. Por isso mesmo, esse foi um tema de destaque nas oficinas de elaboração do PGTA. A Funai, em associação com o Sebrae, já vinha há mais de uma década acompanhando as iniciativas voltadas para essa atividade. Porém, nos últimos anos, a parceria dos indígenas com o Instituto Socioambiental (ISA) ganhou maior fôlego, no sentido de uma maior valorização e promoção da qualidade da castanha-do-pará, associada ao nome Wai Wai, na busca de um preço mais justo, por meio de sua inserção numa cadeia de valor. Tudo isso acabou contribuindo para uma maior proteção territorial e da cultura do povo Wai Wai.

Nessas oficinas, foram identificadas, ainda, as principais ameaças contra o território wai wai, entre as quais destacam-se: garimpagem, exploração dos castanhais por não indígenas, invasão por madeireiras e fazendas de gado, pesca e caça ilegal e, por fim, assédio por atividades de turismo – envolvendo, inclusive, o uso de bebida alcoólica e abuso sexual.

© ROGÉRIO ASSIS/ISA, 2022

Vista aérea da Aldeia Anauá, TI WaiWái.

Conforme veremos a seguir, a TI WaiWái vem sofrendo uma pressão muito grande dos centros urbanos vizinhos (notadamente Caroebe, São João da Baliza e São Luiz do Anauá) e dos projetos de assentamento do entorno, concebidos e implantados pelo Instituto Nacional de Colonização e Reforma Agrária (Incra) no modelo "espinha de peixe", que recortam o território por meio de estradas e facilitam o desmatamento, bem como a invasão das TIs.

OS WAI WAI NA TI TROMBETAS/MAPUERA (PARTE RORAIMENSE)

Os habitantes da TI Trombetas/Mapuera são parentes e falam a mesma língua dos habitantes da TI WaiWái: eles têm uma longa história de interação através de realização de rituais, de aliança matrimonial ou, ainda, de contato com a sociedade ocidental, sobretudo com as frentes missionárias evangélicas. As aldeias hoje situadas na porção noroeste da TI Trombetas/Mapuera, em sua parte roraimense, foram ali constituídas a partir de famílias waiwai que moravam anteriormente (até metade da década de 1980) na TI WaiWái (RR) ou na TI Nhamundá/Mapuera (PA). No ano de 1981, os Karapawayana, indígenas isolados que ocupavam as cabeceiras dos rios Jatapuzinho e Baracuxi, foram contatados pelos Wai Wai, sendo que parte deles permaneceu isolada, e parte foi levada para a aldeia Mapuera, no Pará. Por volta de 1984, essa fração contatada voltou para as cabeceiras do Rio Jatapuzinho, juntamente com algumas famílias wai wai, e ali fundaram a aldeia homônima, que existe até hoje.

Em função dos índios isolados na região, a Funai interditou a TI Trombetas/Mapuera em 1987. Porém, ela só foi identificada e delimitada em 2004, e homologada em 2009. Essa TI está situada numa área de fronteira entre três estados da Federação: RR, PA e AM. Na porção roraimense da TI Trombetas/Mapuera,[1] hoje temos um total de 11 aldeias, com uma população estimada em 606 pessoas, assim distribuída:

Aldeia (nome)	População (nº de pessoas)	Localização (rio ou local aproximado)
Cobra	59	Cobra
Soma	60	Jatapu
Angelim Ferro	15	Vicinal 14
Laranjinha	38	Jatapu
Makará	84	Jatapu
Catual	36	Jatapu
Samaúma	40	Jatapu
Jatapuzinho	240	Jatapuzinho
You	16	Vicinal 20
Açai	12	Vicinal 08
Kwarikwara	6	Vicinal 12
Total de aldeias = 11	**606**	

Há, ainda, em virtude das ações de vigilância e proteção territorial em curso, novas aldeias em implantação em locais estratégicos, como duas nos limites mais ao sul e no Médio Rio Jatapu, e duas nas vicinais 16 e 18 do Projeto de Assentamento (PA) Jatapu. Essas vicinais são aquelas que partem da BR-210 e vão em direção sul, até os limites da TI. Nos últimos anos, inclusive, elas têm ultrapassado esse limite, entrando no interior da TI, numa invasão que traz atividades ilegais por parte dos não indígenas, sobretudo a extração de recursos madeireiros. Por isso mesmo, os Wai Wai têm se mobilizado para aumentar a fiscalização da área, implantando ali postos de vigilância e/ou aldeias.

A elaboração do PGTA da porção roraimense da TI Trombetas/Mapuera (em conjunto com suas porções do Pará e do Amazonas) foi feita de forma integrada aos das TIs Nhamundá/Mapuera e Kaxuyana/Tunayana, pelo fato de serem três TIs contínuas e abrigarem populações indígenas com uma grande afinidade linguística e cultural, além de uma trajetória histórica similar nos processos de concentração ou dispersão territorial. Iniciado em 2012, esse processo teve seu ápice em 2019, com a proposta a criação da União do Território Wayamu.[2]

Importante lembrar que, durante todo o percurso de elaboração do PGTA Wayamu, lideranças de TIs adjacentes (contínuas ou não ao território Wayamu) participaram ativamente das discussões e formulações de propostas para proteção territorial desse plano, quais sejam: TI WaiWái, TI Waimiri Atroari e TI Parque do Tumucumaque. Por isso mesmo, essas três TIs foram consideradas parceiras ou amigas do Território Wayamu e foram consideradas e/ou convidadas a participar de reuniões regulares de implementação e funcionamento da União do Território Wayamu.

Os desafios para a proteção desse grande território, de um pouco mais de 7 milhões de hectares, são enormes, por várias razões, entre as quais destacamos: i) as invasões que acontecem na sua fronteira noroeste, em virtude das pressões advindas das ocupações ilegais no contexto do PA Jatapu e/ou de novas fazendas; e ii) a proteção dos grupos indígenas isolados, entre os quais citamos a presença confirmada dos Karapawayana na região do Alto Rio Jatapuzinho. Sobre este último evento, devemos destacar que uma família de indígenas da aldeia Jatapuzinho, numa expedição de coleta de castanha no Alto Igarapé Girão em julho de 2022, constatou a presença de um grupo de índios isolados e avistou, inclusive, vestígios irrefutáveis na beira do igarapé, como vasilhas de cerâmica de uso recente.

A implantação do PGTA Wayamu, em sua porção roraimense, está em curso, por meio de expedições de vigilância no território, da implantação de postos de vigilância, principalmente nos limites das vicinais do PA Jatapu que incidem sobre a TI. Outra ação muito importante na região, indiretamente ligada à proteção territorial, é a coordenada pelo ISA, que tem como foco o apoio ao fortalecimento das cadeias de valor, sobretudo o projeto de extrativismo sustentável da castanha-do-pará nas terras wai wai no leste de Roraima (TI WaiWái e TI Trombetas/Mapuera). Destaca-se, nesse sentido, a recente criação pelo Estado de Roraima de um galpão, nas margens do Rio Jatapu, na entrada da TI Trombetas/Mapuera, que funcionará não só como local de armazenamento da castanha-do-pará, mas também como posto de vigilância e, por fim, como local para sediar reuniões e encontros culturais. *(julho, 2022)*

NOTAS

[1] Ver no capítulo Amapá/Norte do Pará mais detalhes sobre demais aldeias e povos nessa TI.

[2] Sobre o tema, ver o artigo "Uma unidade territorial e ambiental numa diversidade de povos", no capítulo Amapá/Norte do Pará.

WAIMIRI ATROARI/KINJA

ASSOCIAÇÃO INGRESSA EM AÇÃO DO MPF CONTRA GENOCÍDIO NA DITADURA MILITAR

A Associação Comunidade Waimiri Atroari (ACWA) pediu à Justiça para ingressar como interessada na ação movida pelo MPF no Amazonas, na qual o órgão exige o reconhecimento de violações a direitos fundamentais e reparação de danos causados ao povo indígena durante a construção da BR-174, no período da ditadura militar no Brasil. A ação, apresentada à Justiça em agosto deste ano, exige a reparação dos danos causados ao povo indígena, por meio de indenização no valor de R$ 50 milhões, pedido oficial de desculpas e inclusão do estudo das violações sofridas pelos indígenas nos conteúdos programáticos escolares, e requer também garantias de direitos para que tais episódios não se repitam. *(MPF, 09/10/2017)*

ÍNDIOS E FUNAI FAZEM ACORDO PARA ESTUDOS SOBRE LINHA DE ENERGIA

Líderes dos índios Waimiri Atroari firmaram nesta semana um acordo com a Funai para realização de estudos na área indígena, localizada no Amazonas. Pelo acordo, uma equipe multidisciplinar poderá trabalhar no Plano Básico Ambiental do projeto do Linhão (de energia) Tucuruí, que liga Manaus a Boa Vista. "A construção dessa linha de transmissão é uma das prioridades do presidente Michel Temer, que está preocupado com a grave crise energética do Estado de Roraima", diz o presidente da Funai, Franklimberg de Freitas. *(IstoÉ, 16/03/2018)*

GOVERNO E POLÍTICOS TENTAM IMPLANTAR NA MARRA OBRA

Um ofensiva em várias frentes está tentando viabilizar uma linha de transmissão de energia através das terras dos índios Waimiri Atroari (RR/AM), atropelando o direito à consulta "livre, prévia e informada". Os Waimiri Atroari sofreram um massacre durante a ditadura militar (1964-1985). Segundo relatório da CNV, entre os anos 1960 e 1980 pelo menos 90% da população indígena de cerca de três mil pessoas morreu em consequência da ação direta das Forças Armadas, da construção da BR-174 (Manaus-Boa Vista) e da hidrelétrica de Balbina e da política do governo da época de abrir a área a mineradoras e produtores rurais. A construção do linhão que pretende conectar Roraima ao Sistema Interligado Nacional (SIN) é uma bandeira eleitoral dos políticos de Roraima, inclusive do líder do governo no Senado, Romero Jucá (MDB). *(O de Souza e C. Roman, ISA, 23/05/2018)*

JUÍZA DE MANAUS MANDA ELETRONORTE PARAR DE PRESSIONAR ÍNDIOS

A juíza federal de Manaus (AM) Raffaela Cássia de Sousa determinou que a Eletronorte pare de fazer pressões sobre os waimiri-atroari para manter um programa de compensação por danos ambientais provocados à etnia. A Eletronorte ameaçou cortar uma verba anual que alcançaria R$ 18 milhões em quatro anos caso os indígenas não autorizassem as obras de construção de uma linha de alta tensão de transmissão de energia elétrica que ligaria Manaus (AM) a Boa Vista (RR). Em ofício enviado em 16 de agosto de 2018 à Funai, o diretor de engenharia da Eletronorte, Roberto Parucker, escreveu que "a continuidade dos pagamentos fica condicionada ao cumprimento pela comunidade indígena" de ações para permitir o licenciamento ambiental da linha de energia elétrica *(R. Valente, FSP, 18/02/2019)*.

DEPUTADOS ASSINAM CARTA A BOLSONARO PEDINDO URGÊNCIA

Durante audiência pública realizada na Assembleia Legislativa do Amazonas, deputados de Roraima e do Amazonas resolveram unir forças e enviaram uma carta ao presidente Jair Bolsonaro (PSL), na qual se pede urgência na extensão do Linhão de Tucuruí até Boa Vista. A audiência contou ainda com a participação de deputados federais, lideranças indígenas e representantes da Funai. *(Folha de BV, 12/03/2019)*

BOLSONARO: LINHÃO SERÁ CONSTRUÍDO 'INDEPENDENTE DE MANIFESTAÇÃO DOS ÍNDIOS'

O presidente Jair Bolsonaro afirmou nesta terça-feira, 30, que a linha de transmissão entre Manaus (AM) e Boa Vista (RR) será construída "independente da manifestação dos índios". Em entrevista à TV Band, o presidente afirmou que a solução para essa questão será dada em 15 de maio. O objetivo do linhão é resolver o problema energético de Roraima, já que parte do Estado depende de energia vinda da Venezuela. "Gastamos por dia um milhão de litros de óleo diesel para sustentar as termoelétricas que abastecem Roraima por questão ambiental. Não conseguimos fazer o linhão de Manaus para Boa Vista porque tangencia uma reserva indígena, estamos com problema indígena ainda", afirmou. *(Oesp, 30/04/2019)*

CONTRA RELATOR, TRF AUTORIZA OBRA DE GOVERNO BOLSONARO SOBRE TI

Uma turma de três desembargadores do TRF da 1ª Região, em Brasília, decidiu por maioria na noite desta quarta-feira (19) manter a obra de construção da linha de transmissão de energia elétrica que o governo federal pretende erguer por 123 km na terra indígena waimiri-atroari, de Manaus (AM) a Boa Vista (RR). Por dois votos a um, a 5ª Turma derrubou a decisão de primeira instância do Amazonas que determinava que os indígenas fossem consultados de forma "prévia, livre e informada" sobre o empreendimento. *(R. Valente, FSP, 19/06/2019)*

GOVERNO QUER ISOLAR ÁREA INDÍGENA PARA ACELERAR LINHA DE TRANSMISSÃO

O governo quer fracionar o licenciamento ambiental, e isolar território indígena, para dar celeridade à construção de uma obra de energia elétrica no Norte do país. A informação foi divulgada pelo Ibama, após reunião no Palácio do Planalto sobre o tema. De acordo com a presidente do Ibama, Suely Araújo, o licenciamento será feito em três partes, isolando o território indígena. A ideia é que as obras sejam começadas nas duas pontas. "São cerca de 700 km de linha de transmissão. E 120 km estão em terra indígena, então, cerca de 600 km a obra estaria liberada", afirmou. *(T. Fernandes, FSP, 20/08/2019)*

ANEEL APROVA RECEITA MAIOR PARA LINHÃO, MAS ABAIXO DO PLEITO DE EMPRESAS

A Aneel decidiu nesta terça-feira aprovar reequilíbrio financeiro do contrato para a construção de um linhão de transmissão de energia que irá conectar ao sistema elétrico interligado do Brasil o Estado de Roraima, que já chegou a ser abastecido com importações da Venezuela e hoje depende de termelétricas a diesel. O empreendimento teve a concessão licitada em 2011 e arrematada pela Transnorte, associação da privada Alupar com a estatal Eletronorte, da Eletrobras. Mas as obras sequer foram iniciadas até hoje pela falta de licença ambiental, o que levou as empresas a pleitearem aumento na receita anual que receberão após a entrega da estrutura. *(L. Costa, Reuters, 10/09/2019)*

WAIMIRI ATROARI DENUNCIAM AGRESSÃO DE DEPUTADO QUE ARREBENTOU CORRENTE

Os Waimiri Atroari manifestaram seu repúdio contra o deputado estadual Jeferson Alves (PTB-RR), que arrebentou a corrente na entrada da TI Waimiri Atroari. A ação foi gravada em vídeo, e mostra o momento em que Jeferson, acompanhado de outras pessoas, corta a corrente utilizada pelos Waimiri Atroari para restringir o acesso à TI durante a noite com o intuito de proteger a fauna. Segundo o documento, o deputado coagiu e manteve em cárcere privado dois indígenas. A corrente é usada pelos indígenas para controlar o acesso de carros entre às 18h e 5h. Até às 22h, são permitidos veículos transportando alimentos perecíveis. Ambulâncias, carros de autoridades públicas, ônibus de passageiros e outros veículos de emergência tem passagem liberada durante a noite inteira. *(ISA, 28/02/2020)*

WAIMIRI-ATROARI QUEREM DIREITO DE RESPOSTA NOS SITES DO PLANALTO

O MPF no Amazonas quer a publicação imediata em sites do governo da carta de resposta dos Waimiri Atroari contra ofensas proferidas pelo presidente Jair Bolsonaro. A 3º Vara Federal do Amazonas já havia decidido favoravelmente aos Waimiri, mas faltava a redação final da carta, o que aconteceu nesta quarta. Segundo o texto dos Waimiri-Atroari, que precisa estar posicionado em ícone de tela inicial em sites do governo por 30 dias, a "incitação ao desprezo pelos povos indígenas realizados pelo Presidente da República e por vários de seus ministros e assessores tem acarretado o aumento de atos de violência contra indígenas incluindo a prática de homicídios". Bolsonaro, em vários de seus pronunciamentos, se referiu ao povo indígena como "ser menor", "desintegrado da sociedade", "que precisa evoluir", "que necessitaria deixar de ser indígena" para que pudesse ser considerado digno de respeito. *(M. Leitão, O Globo, 29/04/2020)*

INDÍGENAS LOCALIZAM GARIMPO QUE AMEAÇA GRUPO DE ISOLADOS NA AMAZÔNIA

Uma fiscalização feita por indígenas waimiri-atroari, em Roraima, detectou uma invasão de garimpeiros durante a pandemia do novo coronavírus. Segundo os indígenas, o ataque ao ecossistema da região ameaça um dos grupos isolados que já tiveram sua presença confirmada pela Funai na Amazônia, os Pirititi. Imagens de satélite confirmaram a abertura de um ramal dentro da terra dos isolados. Além disso, fotografias tiradas pelos índios, obtidas pela coluna, mostram os barracos dos invasores e a derrubada na mata. Segundo a Associação Comunidade Waimiri-Atroari, a invasão se intensificou nos últimos dois meses, já durante a pandemia. *(R. Valente, UOL, 26/05/2020)*

FUNAI TENTA ENTRAR EM TI PARA LIBERAR LINHÃO, MAS É IMPEDIDA POR ÍNDIOS

No dia 29 de junho, quando o Brasil se aproximava de 60 mil mortos pela covid-19, o presidente da Funai, Marcelo Xavier, mandou uma carta para os índios Waimiri Atroari, de Roraima, em que afirmou que compreendia a necessidade de isolamento imposta pela doença, mas que não dava mais para esperar o surto passar e que sua equipe tinha de entrar na TI, para dar continuidade ao licenciamento ambiental da linha de energia que pretende ligar Manaus (AM) a Boa Vista (RR). Seu objetivo era enviar tradutores do estudo de impacto ambiental para dentro da TI, para que o material fosse traduzido para o "kinja iara" (língua de gente), a língua dos Waimiri. *(A. Borges, Oesp, 06/08/2020)*

WAIMIRI DIZEM NÃO ACEITAR MUDANÇAS EM COMPROMISSOS FIRMADOS SOBRE LINHÃO

Por meio de um de seus advogados, o povo indígena Waimiri Atroari avisou que não aceitará alterações nos compromissos firmados com a Transnorte Energia S.A, responsável pela construção da linha de transmissão de energia Manaus-Boa Vista, que vai atravessar a TI Waimiri Atroari (RR-AM). O acordo entre a empresa e a comunidade para o pagamento das compensações pelos danos socioambientais da obra foi anunciado na terça (3), depois de mais de dez anos de negociações, disputas judiciais e polêmicas. *(O. de Souza, ISA, 05/05/2022)*

WAIWAI

EMPREENDEDORISMO SUSTENTÁVEL WAIWAI: UM BELO EXEMPLO!

Nos territórios WaiWai, demarcados e protegidos, a castanheira prospera e os indígenas aproveitam a floresta em pé para melhorarem sua qualidade de vida. Esses povos utilizam essa espécie há muito tempo. Comem a semente, retiram o óleo, produzem alimentos, e constroem artefatos, como o arco de caça. O extrativismo realizado pelos indígenas foi crescendo e chamou atenção. Em 2017, os indígenas passaram a receber apoio e assessoria do ISA

© ROGÉRIO ASSIS/ISA, 2022

Tarcizio Yakima Wai Wai, presidente da Aiwa, no galpão de castanha do Anauá, Terra Indígena Wai Wai.

para fortalecer a produção e a comercialização de castanhas, parceria que acontece até hoje com as associações WaiWai e a Funai. *(F. Guimarães Reis, Folha BV, 11/09/2020)*

YANOMAMI E YE'KWANA

LIVRO SOBRE O COGUMELO YANOMAMI VENCE O PRÊMIO JABUTI

Elaborado em pesquisa indígena e colaborativa intercultural, o livro Ana Amopö: Cogumelos Yanomami é o vencedor da 59a. edição do Prêmio Jabuti, a principal premiação literária do país, na categoria Gastronomia. Escrito em sanöma, uma das línguas da família linguística Yanomami, e traduzido para o português, o livro resulta do trabalho de pesquisadores indígenas da região do Awaris, na TI Yanomami, em parceria com pesquisadores do ISA, do INPA, do Instituto de Botânica de São Paulo, do Instituto Federal de São Paulo, do Instituto de Micologia de Tottori, no Japão e da UFMG. O Cogumelo Yanomami é o 1º cogumelo comestível nativo da Amazônia a ser comercializado. São mais de 15 espécies diferentes de cogumelos. *(R. Almeida, ISA, 31/10/2017)*

EXÉRCITO APREENDE MAIS DE 3 MIL M³ DE MADEIRA

Em doze dias de operação, 1ª Brigada de Infantaria de Selva foram apreendidos 3.359m³ de madeira proveniente de extração ilegal, na região sul de Roraima. A operação também encontrou material de garimpagem ilegal no interior da TI Yanomami. *(Folha BV, 04/04/2017)*

AÇÃO TIRA 1.900 GARIMPEIROS DE TERRA IANOMÂMI

Depois de cerca de 25 anos enxugando gelo, a atual ação de combate ao garimpo em Roraima já acumula três meses de aparente sucesso. Nesse período, o Exército já registrou 1.900 garimpeiros que deixaram a Terra Ianomâmi, apreendeu 750 quilos de ouro, junto com diversos veículos, motores, armas e víveres, provocando a redução visível na mineração ilegal. A operação militar, denominada Curare 9, envolve mais de mil soldados atuando na área. Agindo nas cidades da região, a Polícia Federal apreendeu aeronaves e prendeu vários empresários ligados a atividades ilegais da cadeia de produção do ouro ilícito, como Pedro Emiliano Garcia, condenado por genocídio no "Massacre de Haximu", em 1993, hoje dono de aviões que voam clandestinamente para a área indígena. *(Leão Serva, FSP, 18/11/2018)*

EXPOSIÇÃO NO IMS APRESENTA OBRA DE CLAUDIA ANDUJAR DEDICADA AOS YANOMAMI

A mostra reúne mais de 300 fotografias, desenhos, uma instalação e documentos da fotógrafa, que dedicou boa parte de sua vida ao estudo e proteção de um povo indígena ameaçado de extinção. O conjunto traça um panorama do trabalho de Andujar dedicado aos Yanomami, retomando aspectos pouco conhecidos de sua trajetória e da sua luta pela demarcação de Terras Indígenas, numa união entre arte e política. *(ISA, 12/12/2018)*

'NÓS YANOMAMI APRESENTAMOS UMA GRANDE DESCOBERTA PARA OS CIENTISTAS'

Resistente, brilhante e inédito para a ciência convencional, o fungo përisi, usado como adorno na cestaria tradicional yanomami, é a estrela de um livro lançado pela Associação de Mulheres Yanomami Kumirãyõma. O fungo, após extenso processo de identificação e catalogação, recebeu seu nome científico. "Junto com os cientistas, concluímos que përisi é uma espécie de Marasmius [gênero de fungo] nova para a ciência, e decidimos batizá-la com o nome yanomami, assim seu nome em latim será Marasmius yanomami. É um nome que valoriza o conhecimento yanomami sobre a floresta", afirmam as mulheres da associação no livro. *(R. Almeida, ISA, 01/07/2019)*

FIOCRUZ: 56% DOS IANOMÂMIS TÊM MERCÚRIO ACIMA DO LIMITE

Uma pesquisa ainda inédita da Fundação Oswaldo Cruz constatou contaminação por mercúrio entre indígenas ianomâmi. De acordo com o estudo, 56% apresentaram índice do metal acima do limite estabelecido pela Organização Mundial da Saúde. Há suspeitas de relação desse fato com o aumento dos garimpos ilegais na região que usam mercúrio no processo de extração do ouro. *(L. Prazeres, O Globo, 03/08/2019)*

YANOMAMI E YE'KWANA ENTREGAM AO GOVERNO PLANO DE GESTÃO

Davi Kopenawa, principal porta voz do povo Yanomami, e outros sete diretores das principais associações da TI Yanomami (RR e AM) percorreram 13 órgãos federais em Brasília e Manaus para dizer em cada gabinete que estão prontos para qualquer conversa que diga respeito à maior TI do Brasil. As lideranças Yanomami e Ye'kwana levaram, em mãos, o Plano de Gestão Territorial e Ambiental (PGTA), documento construído com a participação de pelo menos 100 indígenas e considerado por eles o acordo coletivo mais importante para o futuro das 26 mil pessoas que vivem na TI. Junto ao PGTA, eles entregaram o Protocolo de Consulta Yanomami. *(ISA, 30/07/2019)*

OITO EM CADA 10 CRIANÇAS YANOMAMI TÊM DESNUTRIÇÃO CRÔNICA, DIZ ESTUDO

Em aldeias dos índios yanomami, oito em cada dez crianças menores de cinco anos padecem de desnutrição crônica, o que pode comprometer, de modo irreversível, o desenvolvimento mental, motor e cognitivo ou mesmo levá-las a óbito. Sabe-se, ainda, que 67,8% delas estão anêmicas. As conclusões constam de um estudo encomendado pelo Fundo das Nações Unidas para a Infância (Unicef), que está sendo discutido hoje (29), no Seminário Nacional sobre os Determinantes Sociais da Desnutrição de Crianças Yanomami, em Brasília. *(L. Bond, Agência Brasil, 29/10/2019)*

DEBATEDORES APONTAM RISCO DE GENOCÍDIO DOS YANOMAMI

Garimpo ilegal, violência, doenças e infraestrutura precária marcam a TI Yanomami, em Roraima, segundo especialistas ouvidos nesta terça-feira (26) em audiência pública conjunta de três comissões da Câmara dos Deputados. Além do dano ambiental, a pesquisadora da Fiocruz Ana Vasconcellos listou o impacto do uso contínuo de mercúrio do garimpo sobre a saúde da população indígena, que vive da pesca nesses mesmos rios contaminados.

"As aldeias não têm água potável, não têm plano de manejo de resíduos sólidos nem esgotamento sanitário. Existem estudos que mostram altos níveis de desnutrição infantil e alta prevalência de doenças respiratórias, como pneumonia e tuberculose; e outras doenças, como malária e tungíase. Todo esse cenário pode sim promover o desaparecimento do povo Yanomami", explicou a pesquisadora. *(Câmara dos Deputados, 26/11/2019)*

IANOMÂMIS RECHAÇAM PROPOSTA QUE PREVÊ GARIMPO EM TI

Cerca de 120 indígenas formaram com seus corpos a expressão "Fora Garimpo". Reunidos na TI Ianomâmi, em Roraima, no último fim de semana, dezenas de lideranças ianomâmis e iecuanas rechaçaram a proposta em estudo no governo de Jair Bolsonaro que prevê permitir a mineração em terras indígenas. O projeto deverá ser encaminhado em breve ao Congresso Nacional. *(R. Valente, FSP, 27/11/2019)*

DAVI YANOMAMI RECEBE O "NOBEL ALTERNATIVO"

O renomado xamã Yanomami Davi Kopenawa, o "Dalai Lama da Floresta", recebeu o prêmio Right Livelihood, conhecido como o "Nobel Alternativo" nesta quarta-feira, 04 de dezembro. A cerimônia ocorreu em Estocolmo e foi o último evento de uma programação de 10 dias de celebrações na Alemanha, Suíça e Suécia. *(Survival International, 05/12/2019)*

CASOS DE MALÁRIA AUMENTAM 70% NA TI YANOMAMI APÓS INVASÃO DE GARIMPEIROS

Os casos de malária na TI Yanomami aumentaram 70% em 2019 em relação ao ano anterior, segundo dados do Ministério da Saúde. A pasta também confirmou que, no ano passado, pelo menos quatro indígenas da etnia, uma das mais vulneráveis do país, morreram em decorrência da doença. O avanço da doença na região vem sendo acompanhado pelo MPF. De acordo com o Ministério, os casos de malária na região habitada pelos yanomami saltaram de 9.674 em 2018 para 16.613 em 2019. Os dados mostram que, pelo menos desde 2015, os casos de malária entre os yanomami vêm subindo. Naquele ano, foram registrados 4.559. *(L. Prazeres, O Globo, 04/02/2020)*

'CHOCOLATE YANOMAMI' PARA EVITAR QUE GARIMPEIROS RECRUTEM JOVENS INDÍGENAS

Para evitar que jovens indígenas sejam recrutados para garimpos ilegais, os povos que da Terra Yanomami passaram a investir na produção de chocolate. O cacau usado é nativo dos municípios de Amajarí e Barcelos, em Roraima e Amazonas. Com a produção do chocolate, feito apenas com cacau e rapadura orgânica, os índios pretendem criar um impacto econômico na região nos próximos cinco anos e, assim, mostrar aos mais jovens que existem possibilidades para geração de renda fora dos garimpos.O produto é desenvolvido pelas comunidades indígenas Yanomami e Ye'kuana com apoio do ISA e supervisão do especialista em chocolate César de Jesus Mendes, o De Mendes. *(F. Araújo, G1 Roraima, 03/03/2020)*

ADOLESCENTE É PRIMEIRO IANOMÂMI A CONTRAIR COVID-19

Um adolescente de 15 anos é o primeiro ianomâmi a contrair o novo coronavírus, informou a Sesai. Ele está internado na UTI de um hospital de Boa Vista (RR) desde a última sexta-feira (3). O jovem é natural da aldeia Rehebe, às margens do rio Uraricoera, região que serve de porta de entrada para alguns milhares de garimpeiros ilegais que exploram ouro dentro da TI Yanomami. "A nossa maior preocupação com o Covid-19 é que irá contaminar os ianomâmis por meio dos garimpeiros", disse à Folha Dário Kopenawa Yanomami, 36, vice-presidente associação Hutukara. "Muitos garimpeiros estão entrando sem exame médico. Isso vai espalhar a pandemia na terra indígena." *(F. Maisonnave, FSP, 09/04/2020)*

40% DE IANOMÂMI PODE CONTRAIR COVID-19 POR CAUSA DO GARIMPO

Um estudo realizado na Terra Indígena Ianomâmi mostra que quase 40% dos indígenas que vivem em áreas próximas ao garimpo ilegal podem contrair Covid-19. Nessa projeção, o grupo de 13.889 pessoas poderia perder até 6,5% dos seus integrantes. A presença de cerca de 20 mil garimpeiros no território é uma das principais causas. *(C. Costa, O Globo, 03/06/2020)*

MÃES YANOMAMI IMPLORAM PELOS CORPOS DE SEUS BEBÊS

Três mulheres vivem um horror para o qual será preciso inventar um nome. Elas são Sanöma, um grupo da etnia Yanomami, e sua aldeia, Auaris, fica no que os brancos chamam de Roraima. Elas não falam português, elas falam a sua língua. Em maio, essas mulheres e seus bebês foram levados para Boa Vista com suspeitas de pneumonia. Nos hospitais, as crianças teriam sido contaminadas por covid-19. E lá morreram. E então seus corpos desapareceram, possivelmente enterrados no cemitério da cidade. Duas das mães estão com covid-19, amontoadas na Casai, abarrotada de doentes. Lá, corroídas pelo vírus, elas imploram pelos seus bebês. Com a ajuda de várias pessoas, uma delas conseguiu me enviar uma mensagem, gravada, em Sanöma. Ela conta o que vive: "Sofri para ter essa criança. E estou sofrendo. Meu povo está sofrendo. Preciso levar o corpo do meu filho para a aldeia. Não posso voltar sem o corpo do meu filho". *(E. Brum, El País, 24/06/2020)*

TRÊS CORPOS DE BEBÊS ESTÃO EM CEMITÉRIO E UM NO IML DE BOA VISTA

A Amazônia Real localizou, entre sexta-feira (26) e este domingo (29), os túmulos de três bebês, todos do sexo masculino, da etnia Yanomami, sendo dois do subgrupo Sanöma. As crianças recém-nascidas morreram entre os dias 29 de abril e 25 maio em hospitais públicos de Roraima por Covid-19 ou suspeita do coronavírus. Para as mães das crianças, os filhos estão desaparecidos. Elas não foram informadas pelas autoridades de saúde que os corpos dos bebês estão enterrados em sepulturas comuns no Parque Cemitério Campo da Saudade, em Boa Vista, na capital de Roraima. *(K. Brasil e E. Costa, Amazônia Real, 28/06/2020)*

APÓS MOBILIZAÇÃO DE MÃES POR CORPOS DE BEBÊS, AGENTES DO GOVERNO VÃO À ALDEIA

Mães ficaram quase um mês sem saber onde eles estavam. O caso repercutiu, e na última sexta-feira (26) a hashtag #CriançasYanomami ficou por horas entre os assuntos mais comentados do Twitter, onde usuários cobravam que o Estado brasileiro as localizasse. Após a pressão, uma força tarefa do Governo foi destacada para o local para dialogar com os indígenas em busca de uma solução. Elayne Maciel, coordenadora regional da Funai em Roraima, afirma que as mães dos bebês "entendem a situação mas não aceitam", embora seja um risco para todos os indígenas se um corpo com covid-19 voltar para a aldeia. *(B. Jucá e N. Gortázar, El País, 30/06/2020)*

MÃE YANOMAMI RECEBE CORPO DE BEBÊ QUE FICOU DOIS MESES NO IML DE RORAIMA

Uma das quatro mães da etnia Yanomami que pedem o direito de fazer o ritual funerário dos corpos de seus filhos nas aldeias, conforme a tradição da etnia, recebeu o cadáver da criança – uma menina -, na aldeia Onkopiu, na região de Auaris, no território em Roraima, nesta quarta-feira (1º). O Instituto Médico Legal (IML) de Roraima informou à agência Amazônia Real que o corpo do bebê recém-nascido, pertencente ao subgrupo Sanöma, ficou por dois meses na câmara frigorífica, em Boa Vista, aguardando uma posição de traslado da Sesai. *(E. Costa e K. Brasil, Amazônia Real, 02/07/2020)*

CIDH INCITA BOLSONARO A PROTEGER YANOMAMIS E YE'KWANA

A Comissão Interamericana de Direitos Humanos (CIDH) concedeu medidas cautelares de proteção a favor dos indígenas yanomamis e ye'kwana devido ao risco que representa para estes povos a pandemia da Covid-19 no Brasil, segundo país do mundo em número de mortes na pandemia. *(RFI, 21/07/2020)*

"A GENTE TEM QUE SABER QUAL É A DOENÇA QUE ESTÁ NOS MATANDO"

A falta de testes para o novo coronavírus na população Yanomami causa subnotificação e condena a morte dos indígenas à invisibilidade. Os Yanomami estão totalmente desamparados e sem saber do que estão morrendo, como relata um agente indígena de saúde, em mensagem à Rede Pró-Yanomami e Ye'kwana: "No rio Marauiá, aqui embaixo, tá tendo muito virose que é forte e até hoje tá apresentando também coisa de covid-19, essas coisas aí. Eu estou maior preocupado por causa disso, porque já foi 3 óbitos das pessoas né, em três comunidades". Enquanto a Sesai registra em seu site apenas 6 mortes entre os Yanomami por Covid-19, a Rede Pró-YY apresenta 08 óbitos confirmados e 09 suspeitos (sem investigação oficial), ou seja, um total de 17 mortes. *(M. Gongora, D. Jabra, A. M. Machado, El País, 08/09/2020)*

MALÁRIA POTENCIALIZA RISCO DE MORTE POR COVID-19 ENTRE OS YANOMAMI

A TI Yanomami enfrenta alta incidência de malária, o que tornou a doença, endêmica na Amazônia, uma comorbidade que potencializa o risco de morte pelo novo coronavírus entre os indígenas. A Rede Pró-Yanomami e Ye'kwana divulgou nesta terça-feira (8) que notificou, nos últimos cinco meses, 17 mortes no território, sendo oito confirmados por Covid-19 e nove com suspeitas. Dos casos confirmados, quatro pessoas tinham comorbidade (doença preexistente) conhecida, sendo três pacientes em tratamento de malária. *(I. Santos, Amazônia Real, 08/09/2020)*

ABAIXO-ASSINADO CONTRA O GENOCÍDIO SERÁ ENTREGUE AO CONGRESSO

Uma petição com mais de 439.000 assinaturas pedindo ao governo que pare o genocídio dos povos Yanomami e Ye'kwana será entregue ao Congresso nesta quinta-feira, 3. A petição "Fora Garimpo, Fora Covid" pede a expulsão imediata de 20 mil garimpeiros ilegais da TI Yanomami (RR). Os garimpeiros trazem doenças, como o Covid-19 e a malária, e a atividade ilegal de extração de ouro está poluindo os rios. *(Roraima em Foco, 02/12/2020)*

CORONAVÍRUS AVANÇA 250% EM TRÊS MESES NA TERRA YANOMAMI

Dados levantados por lideranças Yanomami e Ye'kwana e rede de pesquisadores estimam que 10 mil indígenas podem ter sido expostos ao vírus. Entre agosto e outubro, número de infectados saltou de 335 para 1.202, conforme o documento. *(V. Oliveira, G1 Roraima, 19/11/2020)*

CONGRESSO NACIONAL RECEBE PROJEÇÕES EM DEFESA DE TIS E CONTRA GARIMPO ILEGAL

Congresso Nacional recebe projeções em defesa de terras indígenas e contra garimpo ilegal Iniciativa faz parte de campanha do Fórum de Lideranças Yanomami e Ye'kwana. Nesta quinta-feira (3), grupo entregou petição pela saída da exploração irregular de terras indígenas em Roraima e no Amazonas. *(G1, 03/12/2020)*

DAVI KOPENAWA É ELEITO MEMBRO DA ACADEMIA BRASILEIRA DE CIÊNCIAS

O anúncio da Academia Brasileira de Ciências (ABC) não poderia vir em melhor momento para os povos indígenas, em especial para os Yanomami. A diretoria da instituição divulgou o resultado das eleições para membros titulares (43% são mulheres), correspondentes, colaboradores e afiliados (46,7% são mulheres). E, entre os eleitos, está uma das maiores e mais influentes lideranças indígenas do Brasil e do povo Yanomami: o xamã Davi Kopenawa. Agora, ele faz parte do quadro da Academia, como um dos membros colaboradores que, de acordo com a instituição, são "personalidades que tenham prestado relevantes serviços à instituição ou ao desenvolvimento científico nacional". *(M. Nunes, Conexão Planeta, 07/12/2020)*

VACINAÇÃO COMEÇA NA TERRA YANOMAMI EM MEIO A DENÚNCIA DA MORTE DE 9 BEBÊS

A vacinação contra a Covid-19 começou esta semana na TI Yanomami, a maior do Brasil e a mais vulnerável à Covid-19 na Amazônia. Segundo a Hutukara Associação Yanomami, agentes de saúde nas comunidades de Kudatanha e Waikás, na região de Auaris, já estão aplicando a CoronaVac – vacina do laboratório chinês Sinovac em parceria com o Instituto Butantan, de São Paulo. De acordo com documento repassado pelo Condisi-YY, 20 polos-base na Terra Yanomami receberam doses da vacina e estão aptos a vacinar a população local. O documento não traz detalhes sobre o número de vacinados, impedindo o acompanhamento da situação da vacinação. *(E. Paixão, ISA, 29/01/2021)*

ASSOCIAÇÃO IANOMÂMI ALERTA SAÚDE QUE GARIMPOS TÊM TROCADO OURO POR VACINA

A principal organização ianomâmi, em Roraima, denunciou ao Ministério da Saúde e ao MPF suposto desvio de vacinas contra a covid-19, em troca de ouro, para garimpeiros que operam ilegalmente dentro da terra indígena A Hutukara Associação Yanomami apontou que 26 mil doses da vacina chegaram em janeiro a Roraima para os indígenas da terra indígena ianomâmi, mas ainda há diversas aldeias não vacinadas e apenas dois polos de saúde, dos 37 existentes, alcançaram a meta de 100% de vacinação. Segundo a associação, até o dia 22 de março apenas 29% dos indígenas haviam recebido as duas doses da vacina. *(R. Valente, UOL, 13/04/2021)*

FOTO DE CRIANÇA EXPÕE CRISE NA ASSISTÊNCIA À SAÚDE DOS YANOMAMI

Na aldeia Maimasi, em Roraima, uma criança yanomami jaz sobre a rede. Com as costelas expostas pela desnutrição, ela foi diagnosticada com malária e verminose. Mas a primeira equipe médica no local em seis meses não dispunha de medicamentos suficientes para tratar toda a aldeia. A foto dessa criança e a história por trás dela foram obtidas pelo missionário católico Carlo Zacquini, 84. O território yanomami sofre com o aumento da malária e com a desnutrição infantil crônica. Os indígenas também enfrentam uma grande invasão de garimpeiros. Procurado, o Dsei

Yanomami, do Ministério da Saúde, informou que a criança, do sexo feminino, foi transferida a Boa Vista (RR) dois dias após a visita médica, acompanhada dos pais e dos irmãos. Ela tem 8 anos e pesa 12,5 kg. Internada desde 23 de abril, está em tratamento para pneumonia, anemia e desnutrição grave —a malária foi curada. Segundo o órgão, trata-se de um caso isolado. *(F. Maisonnave, FSP, 09/05/2021)*

GARIMPO ILEGAL DEGRADA 200 CAMPOS DE FUTEBOL NA TERRA YANOMAMI EM TRÊS MESES

Levantamento feito pela Hutukara Associação Yanomami foi apresentado nesta terça-feira (25). Relatório nomeou resultado da exploração ilegal na área indígena como a nova "Serra Pelada", no Pará, conhecido como maior garimpo a céu aberto do mundo. *(S. Oliveira, G1, 25/05/2021)*

'COMPRO TUDO': OURO YANOMAMI É VENDIDO LIVREMENTE NA RUA DO OURO

Na capital de Roraima, Boa Vista, parte do ouro extraído ilegalmente na TI Yanomami circula livremente por entre dezenas de joalherias. Um tradicional centro desses pequenos comércios é a chamada Rua do Ouro, onde muitos garimpeiros vão vender o que extraíram. O clima é de poucos amigos e escassos clientes. Mas bastaram três dias para a reportagem da Amazônia Real flagrar a compra e a venda de ouro ilegal proveniente do garimpo. Entre os clientes, tem até uma funcionária da saúde indígena. *(M. F. Ribeiro e C, Britto, Amazônia Real, 24/06/2021)*

PCC SE APROXIMA DE GARIMPEIROS PARA LAVAGEM DE RECURSOS

A espiral de violência que acompanha o garimpo ilegal na TIY atingiu um novo patamar. Em 10 de maio, a aldeia Palimiu, às margens do rio Uraricoera, foi atacada a tiros. No dia seguinte, seis policiais federais foram enviados à aldeia e recebidos a balas pelos criminosos. Mesmo com a presença do Exército e da Polícia Federal à TIY, houve ao menos 11 novos ataques a diferentes aldeias. As suspeitas recaem sobre garimpeiros ligados a uma das maiores organizações criminosas do país, o PCC (Primeiro Comando da Capital), que vem se aproximando do garimpo ilegal no Estado pelo menos desde 2018. Escutas telefônicas realizadas durante a operação da PF, em 2018, flagraram diálogos de um integrante do PCC morador de Iracema, no interior de Roraima, em que ele tratava da expansão da facção para as áreas de garimpos, onde há presença maciça de ex-presidiários e foragidos da Justiça. *(C. Britto, Amazônia Real, 24/06/2021)*

COMUNIDADE YANOMAMI REFÉM DE GARIMPEIROS HÁ MAIS DE UM MÊS

"Eles nos atacaram", disse um homem. "Quase nos mataram". "Eles": garimpeiros ilegais que chegaram em sete barcos a motor, alguns carregando armas automáticas, e atiraram indiscriminadamente. Segundo o ISA, as ameaças e violências contra a região de Palimiú, na TI Yanomami, já dura mais de um mês. Desde 10 de maio, já houve sucessivos ataques com tiros e bombas de gás. A organização sem fins lucrativos denuncia que, até agora, "as comunidades não receberam qualquer proteção do Estado". *(H. Bachega, BBC-Brasil, 28/06/2021)*

CONSELHO RELATA QUE SERVIDORES TROCARAM 106 DOSES DE VACINA POR OURO

Lideranças indígenas denunciam que ao menos 106 doses da Coronavac destinadas a Terra Yanomami foram vendidas a garimpeiros em troca de ouro por servidores da Sesai, ligada ao Ministério da Saúde. A denúncia foi divulgada pelo Conselho Distrital de Saúde Indígena Yanomami e Ye'kuana (Condisi-YY). O ofício, assinado por Júnior Hekurari Yanomami, presidente do Condisi-YY, menciona cinco servidores como responsáveis pelo esquema de vendas das vacinas na comunidade Komamassipi, na região do Parafuri. Lá, 45 garimpeiros foram vacinados pagando 15 gramas em cada dose. Já nas regiões do Parima foram 23 e em Homoxi 38 invasores imunizados. Este é o segundo caso de denúncia de troca de vacina por ouro. A primeira, também em Terra Yanomami, foi feita pela Associação Hutukara nas regiões de Humuxi e Uxiu. *(V. Fernandes, G1 Roraima, 28/07/2021)*

OBRAS DE ARTISTAS YANOMAMI SÃO EXIBIDAS EM XANGAI, NA CHINA

Mostra "Árvores", exposta pela primeira vez em Paris, apresenta mais de 200 obras de quase 30 artistas internacionais, dentre eles Kalepi Sanöma, Joseca e Ehuana Yaira Yanomami *(E. Paixão, ISA, 19/07/2021)*

DAVI KOPENAWA DIZ QUE MARCO TEMPORAL VAI PERMITIR 'ROUBO DE TERRAS'

Davi Kopenawa ajuda a dar peso à mobilização de milhares de índios de diferentes etnias na capital federal para pressionar o STF a votar contra a tese do marco temporal para demarcação de TIs. A tese é defendida por ruralistas, mas criticada por ativistas, como Kopenawa. Segundo eles, se a tese for aceita, indígenas que foram expulsos de suas áreas durante a colonização do país não poderiam retornar às suas terras originárias. O julgamento começou na semana passada, mas deve ser retomado nos próximos dias. Em entrevista ao Globo, Kopenawa sintetiza em poucas palavras como ele vê o impacto que o julgamento pode ter. "O marco temporal vai permitir que continuem roubando nossas terras", afirma. *(L. Prazeres, O Globo, 30/08/2021)*

© CHRISTIAN BRAGA/GREENPEACE , 2021

Pista de pouso utilizada por garimpeiros na Terra Indígena Yanomami, próximo ao Rio Catrimani, 2021

FILME SOBRE LUTA YANOMAMI CONTRA GARIMPEIROS TEM ROTEIRO DE DAVI KOPENAWA

O líder indígena e xamã Davi Kopenawa Yanomami assina o roteiro do documentário "A Última Floresta" ao lado do diretor Luiz Bolognesi. O longa-metragem acompanha a luta de um grupo Yanomami contra os garimpeiros que ocupam o seu território legalmente demarcado. *(L. Nogueira, Ecoa/UOL, 01/09/2021)*

YANOMAMI DENUNCIAM, EM BOA VISTA, INVASÃO GARIMPEIRA

Lideranças dos povos Yanomami e Ye'kwana realizaram uma manifestação pelas ruas de Boa Vista, dia 8 de setembro. O protesto, que incluiu uma intervenção no Monumento ao Garimpeiro, no centro da cidade, incluiu a entrega de cartas às autoridades e órgãos públicos denunciando a escalada da invasão garimpeira na TI Yanomami e o colapso no atendimento à saúde da população indígena do território. A mobilização é resultado do II Fórum de Lideranças da TI Yanomami, realizado na região da Tabalascada, município do Cantá, ao norte de Roraima. *(E. Paixao, ISA, 15/09/2021)*

DUAS CRIANÇAS SÃO MORTAS APÓS SEREM SUGADAS POR DRAGA DO GARIMPO ILEGAL

A Hutukara Associação Yanomami denunciou nesta quarta-feira (13/10) a morte de duas crianças na comunidade Makuxi Yano, região do Parima, TI Yanomami. De acordo com relatos de lideranças locais colhidos pela organização, dois meninos, de 5 e 7 anos, se afogaram no rio que banha a comunidade no final da tarde de terça, vítimas das ações do garimpo ilegal. As crianças foram sugadas e cuspidas por uma draga para o meio do rio, que tem fortes correntezas. Uma das crianças, de 5 anos, foi localizada sem vida na quarta pela própria comunidade. A outra segue desaparecida. *(E. Paixão, ISA, 14/10/2021)*

© ADRIANA DUARTE/ISA, 2021

Yanomami e Ye'kwana durante protesto contra o garimpo ilegal em suas terras, Boa Vista/RR.

© EVILENE PAIXÃO/ISA, 2021

Davi Kopenawa entrega ao procurador da República Alisson Marugal, em Roraima, flecha dos Moxihatëtë, comunidade isolada na Terra Yanomami. A flecha pode ser utilizada como evidência na investigação de três vítimas do garimpo na região do Alto Mucajaí.

CRIANÇAS YANOMAMI SOFREM COM DESNUTRIÇÃO E FALTA DE ATENDIMENTO MÉDICO

Crianças yanomami sofrem com desnutrição e falta de atendimento médico. Garimpeiros destroem a Floresta Amazônica, contaminam suas águas e espantam a caça e a pesca, principal fonte de alimentação dos povos tradicionais. 'Quanto mais desnutrida a criança, maior a chance de ela ter infecção por qualquer causa', diz especialista. *(G1, 14/11/2021)*

FLECHA DE INDÍGENAS ISOLADOS É ENTREGUE AO MPF-RR COMO INDÍCIO DE MASSACRE

Em audiência em Boa Vista (RR) com o Procurador do Ministério Público Federal de Roraima (MPF-RR), Alisson Marugal, o xamã e presidente da Hutukara Associação Yanomami, Davi Kopenawa, entregou uma flecha que seria a comprovação de um massacre de garimpeiros contra indígenas Moxihatëtëma, que vivem isolados em uma comunidade na Serra da Estrutura. *(E. Paixão, 17/11/2021)*

IANOMÂMIS ESTÃO CONTANDO COM A AJUDA DE GARIMPEIROS ILEGAIS, DIZ LIDERANÇA

Fome, morte, abandono. Esses têm sido elementos presentes na realidade dos ianomâmis, em Roraima e Amazonas. Uma crise que começa a ganhar contornos cada vez mais dramáticos à medida que um novo surto de malária tem resultado na morte sobretudo de crianças. Em meio a um cenário onde a Funai não permitiu ajuda humanitária de médicos e profissionais de saúde da Fiocruz, sob a alegação de que as tribos precisam ser preservadas de contato externo por conta da Covid-19. Mas há relatos de que alguns indígenas, em desespero, têm rompido a "barreira" e pedido ajuda aos garimpeiros ilegais - que sequer deveriam estar ali - devido à ausência do governo federal. *(A. Leal, O Globo, 23/11/2021)*

GARIMPO ILEGAL CRESCE 46% NA MAIOR DESTRUIÇÃO EM 30 ANOS DE DEMARCAÇÃO

Em apenas um ano, a destruição provocada pelos invasores cresceu 46% em relação a 2020, um incremento de 1.038 hectares, atingindo um total acumulado de mais de 3 mil campos de futebol devastados, a maior taxa anual desde a demarcação da área, em 1992. *(D. Biasetto e B. Martins, O Globo, 11/04/2022)*

GARIMPEIROS EXIGEM SEXO COM MENINAS E MULHERES IANOMÂMI EM TROCA DE COMIDA

Garimpeiros exigem sexo com meninas e mulheres indígenas como moeda de troca por comida na Terra Yanomami. É o que aponta o relatório da Hutukara Associação Yanomami. O documento traz relatos de indígenas, pesquisadores e antropólogos, e mostra que ao menos três adolescentes, de até 13 anos, ficaram doentes e morreram em 2020 após os abusos praticados pelos garimpeiros. Na região do Rio Apiaú, os moradores relataram à Hutukara que um garimpeiro ofereceu drogas e bebidas aos indígenas e, quando todos já estavam bêbados, estuprou uma das crianças da comunidade. Há também a denúncia de um "casamento" arranjado de uma adolescente ianomâmi com um garimpeiro, com a promessa de pagamento de mercadoria, que nunca foi cumprida. *(V. Fernandes, G1 Roraima, 11/04/2022)*

GARIMPO FAZ MALÁRIA E DESNUTRIÇÃO INFANTIL EXPLODIREM

O desmatamento causado pelo garimpo e as piscinas de resíduos deixadas pela atividade alteram o ecossistema das regiões favorecendo o aumento do número de mosquitos. A própria presença de garimpeiros adoecidos na TIY também colabora a disseminação da doença. *(J. Dolce, InfoAmazonia, 11/04/2022)*

CONFLITO PROVOCA DUAS MORTES NA TI YANOMAMI

Dois indígenas morreram e outros cinco ficaram feridos em um conflito entre duas comunidades na TI Yanomami, em Roraima, na tarde desta segunda-feira (11). O Ministério Público Federal afirma que região vive tragédia humanitária por causa da ocupação pelo garimpo. *(FSP, 12/04/2022)*

GARIMPO ILEGAL TOMA PISTAS E POSTOS DE SAÚDE PARA GUARDAR MÁQUINAS E GASOLINA

O Globo apurou que a pista do Jeremias, como é conhecida, se tornou um centro logístico do garimpo, com indígenas aliciados em troca de espingardas, cachaça e outras drogas, além de celulares e gramas de ouro. Eles seriam manipulados para não permitir pousos e decolagens não autorizados pelo garimpo. Há relatos de que os ianomâmis ganham bebida alcoólica para colocarem sacos de pedra na pista e com isso prejudicam os atendimentos à saúde local. *(D. Biasetto e B.Martins, O Globo, 14/04/2022)*

'CADÊ OS YANOMAMI': O QUE SE SABE SOBRE O CASO

No dia 25 de abril, o líder indígena Júnior Hekurari Yanomami, presidente do Condisi-YY, publicou um vídeo em que denunciava o estupro e morte de uma adolescente de 12 anos na comunidade Arakaça, na região do Waikás, em Roraima. Uma segunda criança estaria desaparecida, após cair de um barco. Garimpeiros teriam sido os responsáveis pelo estupro e pelo desaparecimento, segundo o líder indígena. Há uma grande e crescente presença de garimpo ilegal na terra indígena yanomami. A denúncia levou a ações da PF, do MPF, da Funai e da Sesai. As equipes estiveram na aldeia Arakaça nos dias 27 e 28 de abril. *(P. Watanabe, FSP, 04/05/2022)*

IBAMA NÃO FISCALIZA TERRA IANOMÂMI DESDE DEZEMBRO DE 2021, DIZ ASSOCIAÇÃO

A Ascema (Associação Nacional dos Servidores de Meio Ambiente) divulgou uma nota afirmando que servidores do Ibama não são enviados à TI Ianomâmi desde dezembro de 2021, há cinco meses. Na nota, a associação, composta por entidades representativas dos servidores da carreira de especialista em meio ambiente repudia "os sucessivos ataques promovidos por garimpeiros e solidariza-se aos povos indígenas". *(UOL, 09/05/2022)*

CÂMARA INSTALA COMISSÃO PARA ACOMPANHAR DENÚNCIAS

A Câmara dos Deputados instalou uma comissão externa criada na semana passada para acompanhar as denúncias de violações de direitos contra indígenas na Terra Yanomami. A comissão terá 13 membros e será coordenada pela deputada Joenia Wapichana (Rede-RR). O Congresso decidiu acompanhar o assunto após relatos de que uma menina yanomami, de 12 anos, teria morrido após ter sido estuprada por garimpeiros na comunidade de Aracaçá, em Roraima. *(G1, 10/05/2022)*

CIDH COBRA MEDIDAS PARA PROTEGER POVO YANOMAMI

A Comissão Interamericana da Direitos Humanos (CIDH) solicitou à Corte Interamericana de Direitos Humanos (Corte IDH) uma intervenção de medidas provisórias para proteger os direitos à vida do povo Yanomami. A solicitação leva em consideração os danos à saúde Yanomami causados pela invasão de garimpeiros ilegais na reserva. *(C. Rodrigues, G1 Roraima, 18/05/2022)*

POVO YANOMAMI DENUNCIA AGRAVAMENTO DO CAOS SANITÁRIO NA TI

Em carta endereçada ao coordenador do Dsei-YY e ao presidente do Condisi-YY, a Hutukara Associação Yanomami denuncia um quadro de agravamento do caos sanitário na TI Yanomami. Segundo a Hutukara, relatos recentes de indígenas descrevem "situações dramáticas e parecidas" em diferentes regiões do território. Além da explosão de malária, a Hutukara também chama a atenção para o crescimento de registros de doenças facilmente tratáveis, como verminoses. "A obstrução intestinal por bolo de áscaris em nossas crianças, [chegando] ao ponto de expelir vermes pela boca, não pode estar acontecendo. É inadmissível e mostra que há muito tempo não está sendo feito o tratamento com regularidade", denunciam as lideranças yanomami. Imagem publicada pela associação yanomami no Facebook mostra vermes expelidos por crianças de 1 a 5 anos. "Nesses últimos 9 meses, nos postos de saúde que estão em nossa terra, não vimos Albendazol, um medicamento barato e básico para tratamento de verminoses", diz a Hutukara. *(ISA, 14/07/2022)*

O FUTURO É INDÍGENA NA TERRA-FLORESTA YANOMAMI

Davi Kopenawa, xamã e grande liderança Yanomami, conduziu comemoração dos 30 anos da homologação da TI Yanomami, que contou com 500 participantes, entre lideranças de outras regiões do território e aliados históricos. Os 30 anos foram comemorados em meio a uma nova onda de invasão garimpeira, que avançou 46% em 2021, segundo o relatório Yanomami sob ataque, da HAY. Dario Kopenawa, filho de Davi e vice-presidente da Hutukara, é atualmente um dos principais porta-vozes dos Yanomami na defesa dos seus direitos. "É muito importante denunciarmos o que está acontecendo", afirma. *(M. Terra, ISA, 03/10/2022)*

OBRAS DE JOSECA YANOMAMI SÃO EXIBIDAS NO MASP, EM SÃO PAULO

Sonhos, espíritos-xapiri, animais, o cotidiano do povo que segura o céu: cenas singulares da Urihi-A, a terra-floresta yanomami, vão ocupar o Museu de Arte de São Paulo (Masp), sob os olhos do artista Joseca Yanomami. Joseca Yanomami: nossa terra-floresta é a exposição do artista que estará em cartaz entre os dias 29 de julho e 30 de outubro. Ela reúne 93 desenhos, que expressam de forma sensível os detalhes da cosmovisão yanomami, os seres visíveis e invisíveis com quem os indígenas dividem a floresta e a luta cotidiana desse povo para preservar sua identidade diante das ameaças do garimpo ilegal. *(V. Martins, ISA, 28/07/2022)*

KOPENAWA RECEBE TÍTULO DE DOUTOR HONORIS CAUSA DA UFRR

Davi Kopenawa foi o primeiro indígena a receber a maior honraria concedida pela UFRR. Líder é conhecido nacionalmente pela luta em defesa e proteção do povo Yanomami. Reitor da universidade, José Geraldo Ticianeli, classificou momento como "histórico". *(Y. Ramalho e S. Rufino, G1 Roraima, 26/09/2022)*

HUTUKARA PEDE INVESTIGAÇÃO PARA CRIME DE ÓDIO CONTRA YANOMAMI EM BOA VISTA

A HAY divulgou um comunicado na tarde deste sábado (12) classificando como "a sangue frio" e "crime de ódio" o ataque a tiros contra um grupo de indígenas yanomami acampados na avenida Venezuela próximo a Feira do Produtor, no bairro São Vicente, na zona sul de Boa Vista (RR). Segundo testemunhas, por volta das 19h (20h em Brasília) de sexta-feira (11), dois homens em uma bicicleta passaram pelos indígenas atirando. Uma mulher yanomami, mãe de um bebê, morreu após ser atingida por dois disparos de arma de fogo na cabeça. Um indígena, não identificado, foi ferido nos braços e está internado no Hospital Geral de Roraima. O estado de saúde dele é estável. *(K. Brasil e F. Medeiros, Amazônia Real, 12/11/2022)*

DISTRITO RESPONSÁVEL PELA SAÚDE YANOMAMI É O QUE MAIS GASTA NO PAÍS

O DSEI-Y foi o que mais gastou entre os distritos do país. O total de gastos somam R$ 130 milhões de 2020 a julho deste ano. Os valores foram divulgados pelo MPF em documento que pede a intervenção federal no DSEI-Y. O órgão menciona que apesar do volume de gastos, o Distrito é apenas o 10º mais populoso do país entre os 34 divididos nos territórios indígenas. Os recursos gastos pelo Dsei, no entanto, ocorrem em meio a falta de medicamentos enfrentada pelos yanomami. A Polícia Federal deflagrou a operação Yoasi, contra fraude na compra dos remédios destinados aos indígenas. As investigações apontaram que o esquema implementado no DSEI-Y teria deixado 10.193 crianças desassistidas, resultando no aumento de infecções e manifestações de formas graves da doença, com crianças expelindo vermes pela boca. *(S. Rufino, G1 Roraima, 01/12/2022)*

MULHERES YANOMAMI PEDEM FIM DO GARIMPO: 'ESTAMOS COM MEDO E MUITO PREOCUPADAS'

Em carta ao presidente eleito, Luiz Inácio Lula da Silva, lideranças femininas reunidas no XIII Encontro Anual de Mulheres Yanomami pedem que o pesadelo provocado pela ação do garimpo ilegal na Terra Yanomami chegue ao fim. No documento, enviado nesta segunda-feira (12/12), elas indicam a urgência da desintrusão do território, cuja invasão por dezenas de milhares de garimpeiros gera extrema violência – como ataques, estupros e o aliciamento de mulheres – e danos ao meio ambiente que comprometem a caça, a pesca e fazem proliferar doenças como a malária. As mulheres pedem também melhor estrutura de saúde e educação para as crianças. "Queremos viver na floresta viva e bonita. Nós Yanomami queremos viver novamente na terra sadia, que é a verdadeira terra-floresta Yanomami. Nós queremos que nossas crianças continuem nascendo bem e fortes. Precisamos de sua ajuda para curar a floresta e também os animais que aqui vivem", diz trecho da carta. *(F. Araújo, ISA, 12/12/2022)*

JUSTIÇA OBRIGA QUE UNIÃO FORNEÇA ALIMENTAÇÃO A POSTOS DE SAÚDE NA TIY

A Justiça Federal emitiu uma decisão em que obriga a União a fornecer alimentação saudável e adequada aos pacientes que estejam em tratamento médico e acompanhamento nutricional nos postos de saúde da TIY. A medida ocorre a pedido do MPF, que em 2021 abriu uma ação para investigar o desabastecimento de alimentos nos polos bases e Unidades Básicas de Saúde (UBSIs), localizadas na TIY. À época, o órgão apurou que a Sesai havia deixado de fornecer alimentação para os pacientes no início de 2020, levando muitos deles a abandonarem o tratamento médico ou sequer a procurá-lo. O MPF afirmou estar fiscalizando as ações do poder público no enfrentamento da situação de insegurança alimentar dos Yanomami, após a divulgação de imagens que mostram crianças sofrendo com desnutrição grave na comunidade Kataroa. O flagrante mostra ao menos 17 crianças com desnutrição aguda, além de outras doenças infecciosas, segundo divulgado pelo presidente da Urihi, Júnior Hekurari Yanomami, que também é chefe do Condisi-YY. *(G1 Roraima, 16/12/2022)*

© LEANDRO LIMA, 2015

Grande sábio do povo Ye'kwana, Waseejinheedu, também conhecido como Vicente Castro Yuuduwaana, faleceu em 5 de dezembro de 2022, com mais de 90 anos. Sua saúde estava debilitada devido às inúmeras infecções por covid-19 e malária que teve nos últimos anos, doenças estas que aumentaram consideravelmente com a invasão garimpeira na TI Yanomami. Na imagem ao lado, Vicente, que foi um dos maiores mestres de canto ye'kwana, participa do encontro de xamãs realizado em abril de 2012, na comunidade Watoriki (AM). Ao fundo, está o xamã Davi Kopenawa, anfitrião do encontro.

3. Amapá / Norte do Pará

Aparai
Galibi Ka'lina
Galibi Marworno
Hixkaryana
Kahyana
Karipuna do Amapá
Katwena
Katxuyana
Palikur
Tiriyó
Tunayana
Txikiyana
Wajãpi
Wayana
Waiwai
Xerew
Zo'é
Isolados

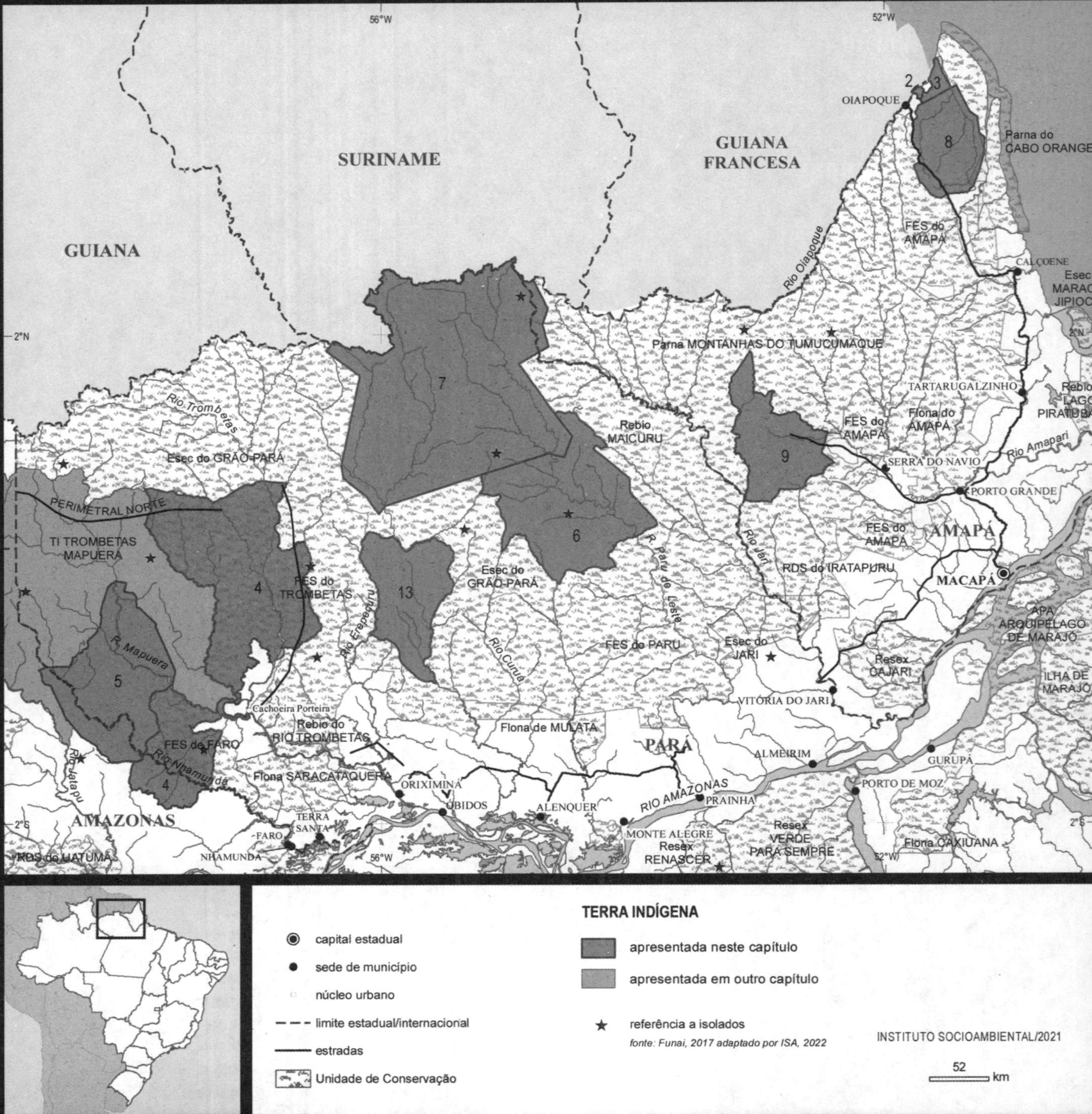
56°W
52°W
SURINAME
GUIANA FRANCESA
GUIANA
OIAPOQUE
Parna do CABO ORANGE
FES do AMAPÁ
CALÇOENE
Esec MARACÁ JIPIOCA
Rio Oiapoque
Parna MONTANHAS DO TUMUCUMAQUE
TARTARUGALZINHO
Flona do AMAPÁ
Rebio LAGO PIRATUBA
Rio Amapari
SERRA DO NAVIO
PORTO GRANDE
AMAPÁ
MACAPÁ
RDS do IRATAPURU
APA ARQUIPÉLAGO DE MARAJÓ
ILHA DE MARAJÓ
Resex CAJARI
Esec do JARI
VITÓRIA DO JARI
Rio Jari
Rebio MAICURU
R. Paru de Leste
FES do PARU
Esec do GRÃO-PARÁ
Rio Curuá
Rio Erepecuru
FES do TROMBETAS
Rio Trombetas
PERIMETRAL NORTE
TI TROMBETAS MAPUERA
R. Mapuera
Rio Nhamundá
Rio Jatapu
FES de FARO
Cachoeira Porteira
Rebio do RIO TROMBETAS
Flona SARACATAQUERA
Flona de MULATA
PARÁ
ALMEIRIM
GURUPÁ
PORTO DE MOZ
RIO AMAZONAS
PRAINHA
MONTE ALEGRE
ALENQUER
ÓBIDOS
ORIXIMINÁ
TERRA SANTA
FARO
NHAMUNDÁ
AMAZONAS
RDS do UATUMÃ
Resex RENASCER
Resex VERDE PARA SEMPRE
Flona CAXIUANA
2°N
2°S
1
2
3
4
5
6
7
8
9
13
TERRA INDÍGENA
capital estadual
sede de município
núcleo urbano
limite estadual/internacional
estradas
Unidade de Conservação
apresentada neste capítulo
apresentada em outro capítulo
referência a isolados
fonte: Funai, 2017 adaptado por ISA, 2022
INSTITUTO SOCIOAMBIENTAL/2021
52
km

AMAPÁ / NORTE DO PARÁ
Terras Indígenas
Instituto Socioambiental - 30/11/2022

Nº mapa	Terra Indígena	Povo	População (nº, fonte, ano)	Situação jurídica	Extensão (ha)	Município	UF
2	Galibi	Galibi do Oiapoque Karipuna do Amapá		Homologada. Decreto - 87.844 - 22/11/1982, publicado em 24/11/1982. Reg. SPU PA-71 em 12/12/83.Reg. CRI no município e comarca de Oiapoque (6.689 ha) Matr 01 Liv 02 Fl 01 em 10/10/83.	6.689	Oiapoque	AP
3	Juminá	Galibi-Marworno Karipuna do Amapá	291 - Iepé: 2019	Homologada. Decreto - s/n - 21/05/1992, publicado em 22/05/1992. Reg. SPU Certidão 02 de 20/03/95.Reg. CRI no municipio e comarca de Oiapoque (41.601 ha) Matr. 16, Liv.2 FIL.17F em 15/09/92.	41.601	Oiapoque	AP
4	Kaxuyana-Tunayana	Katxuyana Tunayana Isolados do Pitinga/ Nhamunda-Mapuera Isolados do Rio Kaxpakuru/ Igarapé Água Fria Kahiana	841 - Iepé: 2019	Declarada. Portaria - 1510 - 19/09/2018, publicado em 20/09/2018.	2.184.120	Nhamundá Faro Oriximiná	AM PA
5	Nhamundá-Mapuera	Katxuyana Hixkaryana Katuenayana Waiwai	2.293 - Iepé e Sesai: 2019	Homologada. Decreto - 98.063 - 17/08/1989, publicado em 18/08/1989. Reg. SPU Cert. 11 de 21/09/90.Reg. CRI no município de Nhamundá - AM (191.520 ha), Matr. 556 Liv. 2-C, Fl.v176. Reg. CRI no município de Faro -PA (322.000 ha), Matr.1.030, Liv. 2-A, Fl.v230 em 15/06/90, Reg. CRI no município de Oriximiná -PA (536.000 ha) Matr. 1029, Liv. 2-A, Fl. .229 em 15/06/90.	1.049.520	Nhamundá Urucará Faro Oriximiná	AM PA
6	Rio Paru d'Este	Aparai Wayana Isolados do alto Rio Ipitinga	392 - Iepé: 2019	Homologada. Decreto - s/n - 03/11/1997, publicado em 04/11/1997. Reg. SPU Certidão s/n de 17/11/98.Reg. CRI no município e comarca de Monte Alegre,(53.663 ha) Matr. 4.548 Lv.2-R Fl. 50 em 03/04/98. Reg. CRI no município e comarca de Alenquer,(85.619 ha) Matr. 2.855 Liv. 2-J, Fl. 166 em 03/06/98. Reg CRI no municipio e comarca de Almeirim (1.056.502 ha) Matr. 100 Liv 2-A Fl 100 em 18/08/1998	1.195.790	Alenquer Almeirim Monte Alegre	PA
7	Tumucumaque	Aparai Isolados Akurio Katxuyana Tiriyó Wayana Isolados do Rio Citaré	2.828 - Iepé: 2019	Homologada. Decreto - s/n - 03/11/1997, publicado em 04/11/1997. Reg. SPU Certidão s/n de 30/06/80.Reg. CRI no município de Laranjal do Jari, Matr. 13, Liv. 2-A Fl. 19 em 21/11/97. Reg. CRI no município de Alenquer. Matr. 2.854 Liv. 2-J em 03/06/98. Reg. CRI no município de Óbidos, Matr. R1-2100 Liv. 2/RG Fl.2100 em 18/11/97. Reg. CRI no município de Oriximiná, Matr. R1/338 Liv. 2-G Fl. 185 em 21/07/98.	3.071.070	Laranjal do Jari Alenquer Almeirim Óbidos Oriximiná	AP PA
8	Uaçá I e II	Galibi-Marworno Karipuna do Amapá Palikur	4.462 - Funai/Macapá: 2011	Homologada. Decreto - 298 - 29/10/1991, publicado em 30/10/1991. Reg. SPU Cert. 01 de 17/02/95.Reg. CRI no município e comarca de Oiapoque (470.164 ha) Matr. 16, Liv. 2, Fl.16 em 06/03/92.	470.164	Oiapoque	AP
9	Waiãpi	Wajãpi	1.454 - Dsei/AP: 2018	Homologada. Decreto - s/n - 23/05/1996, publicado em 24/05/1996. Reg. SPU Cert. s/n de 25/04/97.Reg. CRI no município de Pedra Branca do Amapari (262.243 ha) , Matr. 001 Liv. 2-RG Fl. 01 em 31/03/97. Reg. CRI no município e comarca de Laranjal do Jari (344.773 ha), Matr. 004 Liv.2-A Fl. 006 em 20/12/96.	607.017	Laranjal do Jari Mazagão Pedra Branca do Amapari	AP
s/l	Yanwaka			Em Identificação. Portaria - 1.189 - 06/12/2007, publicado em 13/12/2007.		Oiapoque	AP
13	Zo´é	Zo'é	315 - Iepé: 2020	Homologada. Decreto - s.n. - 21/12/2009, publicado em 22/12/2009. reg SPU O site da Funai em 8-1-19 diz que essa TI é regularizadaReg. CRI matr.2.972, Liv.2-D, Fls 005-005v Primeiro Oficio da Comarca de Óbidos/PA	668.565	Óbidos	PA

PGTA da TI Zo'é: "Como Vamos Continuar Vivendo Bem no Futuro"

Dominique Tilkin Gallois | Antropóloga, professora da USP e coordenadora do Programa Zo'é, Iepé

DEZ ANOS APÓS O EPISÓDIO QUE TRANSFORMOU A POLÍTICA DE PROTEÇÃO AOS ZO'É, ESSE POVO DE RECENTE CONTATO AGORA CONSOLIDA DIRETRIZES PARA A PROTEÇÃO DE SEU TERRITÓRIO E DE SEU MODO DE VIDA – QUE INCLUEM, ENTRE OUTROS, A PROLIFERAÇÃO DE NOVOS ASSENTAMENTOS, ATIVIDADES DE LETRAMENTO E A GESTÃO DE UM FUNDO DE ARTESANATO

NOVOS RUMOS NA PROTEÇÃO DO TERRITÓRIO ZO'É

Há pouco mais de dez anos, em 2010, os Zo'é tomavam a iniciativa de romper a aliança que mantinham com a equipe da Frente de Proteção Etnoambiental (FPE) da Fundação Nacional do Índio (Funai) e, às escondidas, saíam da terra demarcada para buscar mercadorias que lhes eram recusadas no posto. Um grupo se dirigiu ao norte, ao encontro dos Tiriyó, no Rio Marapi, e outro grupo se dirigiu aos campos gerais, situados além do limite sul da Terra Indígena, trabalhando por algum tempo com coletores de castanha.[1] Quando voltaram para suas aldeias, traziam espingardas velhas, redes de *nylon*, roupas usadas e alguns gêneros alimentícios, além de várias pessoas doentes. A experiência, contudo, rendeu importantes aprendizados no que toca aos modos de relação com seus vizinhos, indígenas e não indígenas e, sobretudo, motivou a revisão da política de proteção a esse povo de recente contato – até então fundada na manutenção de um rígido "isolamento" e na contenção de seus pedidos de acesso não só às mercadorias como aos conhecimentos sobre o modo de vida dos não indígenas.

Foi nesse contexto que o Instituto de Pesquisa e Formação Indígena (Iepé) estabeleceu, em 2016, uma parceria com a nova gestão da FPE Cuminapanema (FPEC/Funai), com o objetivo de criar alternativas para que os Zo'é acessem informações e experiências que lhes permitam compreender e se posicionar diante dos interesses dos diferentes setores da sociedade brasileira.[2] Por meio do projeto "Bem Viver Sustentável", financiado pelo Fundo Amazônia (BNDES), iniciou-se um processo de formação visando à construção do Plano de Gestão Territorial e Ambiental (PGTA) dessa Terra Indígena (TI), concluído em 2019. "*Jo'e rekoha bokitute ram*" [Planejando como vamos continuar vivendo bem no futuro] foi o título escolhido pelos Zo'é para esse plano de gestão, onde explicitam as diretrizes para a proteção de seu território e de seu modo de vida.

Rekoha é uma noção fundamental nos modos de organização sociopolítica e territorial dos Zo'é. Pode ser traduzida como "território", no sentido de lugares ocupados e percorridos por alguma pessoa ou grupo que construiu uma relação de domínio sobre essa área. Assim, um *rekoha* é normalmente referido a determinado líder de grupo local, como por exemplo: *Hun rekoha, Boj rekoha* etc. Desde o processo de delimitação da TI no final dos anos 1990 e ao longo dos últimos 20 anos, os Zo'é vêm consolidando uma noção de terra coletiva, identificada agora como *Jo'e rekoha*, "nosso território".

PROLIFERAÇÃO DE ALDEIAS

As ações realizadas para a construção do PGTA confirmaram uma mudança de foco nos interesses dos Zo'é. Menos interessados em garantir abastecimento de objetos dos *kirahi*, dos não indígenas, eles se mobilizaram para ampliar sua circulação pelo território,

© HUGO PRUDENTE, 2020

Saindo para expedição de vigilância no limite sul da TI Zo'é.

não só reconhecendo áreas ocupadas pelos antigos, como abrindo novos percursos para avaliar as reservas de caça e pesca e as possibilidades de abertura de novos assentamentos. A dispersão redunda em vigilância e essa promove incursões em áreas onde há fartura de recursos, como nas margens de rios maiores, que os antigos Zo'é não ocupavam tão intensamente.

Nesse movimento, os grupos territoriais se reestruturam, mantendo suas diferenças. Hoje, existem 52 pequenas aldeias, ocupadas intermitentemente por 18 grupos locais que circulam entre aldeias, roças e acampamentos, em função da fartura de recursos e dos cuidados das roças. Essa proliferação de aldeias se relaciona a vários fatores. Em 2011, os Zo'é eram 261 pessoas distribuídas entre 12 aldeias, e em 2022 são 331, circulando entre 52 assentamentos. Essa intensa mobilidade está relacionada ao apoio logístico que receberam da FPE/Funai e do Iepé, que instalaram uma rede de radiofonia em praticamente todas as aldeias e disponibilizaram canoas motorizadas e combustíveis. Merece destaque o fato de que, nos últimos anos, os Zo'é têm optado por fabricar suas próprias canoas em madeira de aroeira, preferidas – por enquanto – às voadeiras de alumínio, que são difíceis de transportar até a TI e de manutenção custosa. Aprenderam a fabricar canoas num intercâmbio que levou especialistas do povo Wai Wai para a TI Zo'é em 2017 e, desde então, cada família procura construir sua própria embarcação, na qual são instalados os motores rabeta adquiridos, em sua maior parte, através da parceria entre o Iepé e a Nia Tero.

Em 26 de setembro de 2022, os Zo'é fundaram a Tekohara – Organização Zo'é, composta por 198 associados e dividida em três instâncias: a Assembleia, o Conselho de Chefes e a Diretoria. O Conselho de Chefes é composto pelos principais líderes zo'é que são reconhecidos pelos chefes de todos os 18 subgrupos do povo Zo'é.

LER E ESCREVER NA PRÓPRIA LÍNGUA

Entre as ações educativas construídas com os Zo'é para promover a discussão do PGTA[3] e depois, em sua implementação, foram realizados levantamentos participativos detalhados dos modos de ocupação do território. Os dados socioambientais foram discutidos em oficinas, com participação de representantes de todos os grupos locais, para avaliar a situação em cada região e acordar prioridades de futuro, tanto na ocupação como no uso dos recursos. Logo a equipe do Iepé constatou que, para a formulação adequada das medidas de proteção e, sobretudo, para a apropriação duradoura desse plano, seria imprescindível que os próprios Zo'é pudessem redigir e atualizar as diretrizes de gestão. Atividades de letramento não estavam previstas no projeto acordado inicialmente e nem constam das recomendações oficiais de atuação com povos de recente contato. A partir de 2017, criamos e testamos procedimentos pedagógicos que visavam não apenas promover a escrita das diretrizes do PGTA pelos Zo'é, como aperfeiçoar um programa de letramento em várias etapas, fora do padrão escolar convencional. Nesse modelo, os formadores circulam entre as aldeias, trabalham com aprendizes disponíveis em sucessivas etapas de campo, criando materiais a partir do que é produzido nesses movimentos. Entendemos letramento não só como apropriação da leitura e escrita – por enquanto, apenas na língua zo'é – e a iniciação às operações matemáticas, mas, principalmente, como um veículo para tratar de conceitos relacionados aos direitos assegurados aos povos indígenas pela Constituição brasileira de 1988.

Pouco a pouco foi consolidada uma turma de 28 jovens oriundos de todos os grupos locais, os quais aprendiam com os assessores do Iepé que visitavam suas aldeias e, duas a três vezes por ano, reuniam-se para "encontros de letramento" no posto da Funai. Nessas oficinas e encontros, os materiais foram construídos com essa turma de rapazes e com a intensa colaboração dos chefes de aldeia, que também são jovens e muito empenhados em consolidar aprendizados novos.[4] Desde a construção do PGTA, seguimos articulando letramento com as ações práticas de gestão territorial delineadas no Plano. Esses aprendizados mútuos – as equipes do Iepé e da FPEC aprendendo as categorias importantes no pensamento zo'é e eles se apropriando de nossos modos de registro – renderam um conjunto expressivo de materiais didáticos. Entre eles, os cadernos da série *Rekoha*, que sempre iniciam com a elaboração de um mapa por um líder de grupo local, complementado por pequenos textos extraídos das conversas sobre suas iniciativas de abertura de caminhos, roças, acampamentos de caça e pesca etc. Todos os materiais produzidos procuram registrar as reflexões dos Zo'é sobre as mudanças recentes que interferem em seus modos de ocupação, sobre seu entendimento do que são as Terras Indígenas e seu entorno.

Em 2020, a pandemia veio interromper esse processo, com a suspensão total dos trabalhos em campo. O protocolo rigoroso observado por todos que vivem e atuam na TI foi bem-sucedido, pois apenas um casal foi contaminado, em outubro de 2022, durante a estadia em um hospital de Santarém. Diante dessa prioridade de proteção, foi necessário encontrar novas soluções para atender ao imenso interesse e empenho da turma de jovens aprendizes. Foi com a radiofonia que Hugo Prudente, assessor do Iepé, seguiu dialogando com os rapazes da turma de letramento, sugerindo pequenas pesquisas e comentando seus escritos. No período, eles produziram mais de 30 cadernos, muitos em forma de diários, em que relatam suas andanças e suas atividades. Um material riquíssimo que foi e continuará sendo circulado entre eles, fomentando o interesse em fazer novos registros.

A GESTÃO COLETIVA DE UM FUNDO DE ARTESANATO

Até recentemente, as ações do órgão indigenista visavam manter esse povo em seu isolamento, afastados das relações com os não indígenas e suas tecnologias. Nas últimas décadas, a Coordenação-Geral de Índios Isolados e de Recente Contato (CGIIRC) da

© HUGO PRUDENTE, 2019

Jovens zo'é participam de um dos "encontros de letramento".

Funai tem revisto sua política de proteção, garantindo aos indígenas em situação de recém-contato novas experiências e formas de participação. É nesse contexto que, desde 2016, a equipe da FPE vem consolidando o Fundo de Artesanato Zo'é (FAZ), com apoio do Iepé e com acompanhamento crescente dos Zo'é.

O fundo consiste num sistema de trocas que envolve todas as famílias zo'é, atendendo suas demandas por objetos industrializados, que inclui cerca de 30 itens, todos eles incorporados ao seu modo de vida há várias décadas. A lista compreende itens de uso pessoal e aqueles necessários às atividades produtivas do cotidiano, como lanternas, pilhas, material de pesca, sacos para armazenar farinha e ferramentas diversas. As famílias entregam peças de artesanato e recebem itens que foram prévia e cuidadosamente selecionados em reuniões com os chefes de todas as aldeias. Ou seja, a um certo conjunto de artesanato vendido corresponde um certo número de itens industrializados adquiridos com o recurso da comercialização das peças. Nos últimos dois anos, a venda dos livros da série "Saberes zo'é" vem contribuir significativamente para o FAZ. Seguindo a expressa preferência dos Zo'é, os itens são sempre comprados na quantidade que atenderá rigorosamente a todas as famílias e as entregas realizadas três a quatro vezes por ano, com itens que atendem às necessidades do momento.

Os artefatos comercializados incluem trançados, recipientes em cerâmica, colheres, pentes, brincos e pulseiras. Tal seleção, entre os muitos itens da cultura material zo'é, obedece a critérios de sustentabilidade. A legislação vigente não permite a venda de plumária ou de flechas com ponta de osso, ou qualquer objeto fabricado com partes de animais. Arcos de madeira e redes feitas de fibras de castanheira tampouco são vendidos, para garantir aos Zo'é exclusividade no acesso a esses materiais essenciais em seu modo de vida. Apesar dessas restrições, os resultados do FAZ são muito promissores, não apenas por incentivar a continuidade dos saberes e práticas artesanais dos Zo'é, como por viabilizar a formação em gestão dos jovens e dos chefes. Assim, ao se apropriar deste fundo, os Zo'é souberam declarar e garantir critérios próprios na distribuição adequada dos bens adquiridos, em acordo com seus valores e considerações quanto às diferenças de gênero, idade e processos de aprendizado, bem como à isonomia entre os grupos locais. *(dezembro, 2022)*

EXPOSIÇÃO "ZO'É REKOHA: *CONSTRUINDO O FUTURO NA TERRA INDÍGENA ZO'É*"

Em dezembro de 2019, foi inaugurada a exposição "Zo'é rekoha: *construindo o futuro na Terra Indígena Zo'é" no espaço da Rocinha do Museu Paraense Emílio Goeldi (MPEG), em Belém/PA. A mostra ficou aberta ao público até abril de 2020 e resultou de uma parceria entre a comunidade Zo'é, o Iepé e a FPEC/Funai e o MPEG, com apoio do Projeto Bem Viver Sustentável do Fundo Amazônia e da Rainforest Foundation.*

Pela primeira vez, dez Zo'é viajaram até Belém, onde participaram da montagem final de instalações, como tocaias para caçadas e um conjunto de cestos cargueiros. Eles também se apresentaram ao público, falando do PGTA de sua terra e, finalmente, aceitaram o convite do público, ensaiando uma dança e entoando cantos.

Fotografias, vídeos, mapas e desenhos contextualizavam uma coleção com 130 artefatos, pela primeira vez reunidos numa mostra etnográfica, ilustrando aspectos importantes de suas formas de ocupação e gestão territorial. A exposição ofereceu um percurso para o visitante adentrar nos modos próprios da gestão territorial desse povo, iniciando com as atividades realizadas na floresta, como caçadas e pescarias, e destacando os variados usos dos castanhais. Seguia para as aldeias, onde é feita produção de alimentos e a fabricação de utensílios e adornos utilizados em festas que reúnem todos os grupos locais. O percurso terminava com a apresentação da experiência de construção do seu Plano de Gestão Territorial e Ambiental, por meio do qual os Zo'é buscam consolidar parcerias para a defesa de seu território. (dezembro, 2022)

NOTAS

[1] Ver o texto "Ameaças e desafios da construção de uma política indigenista", de Fabio Ribeiro, publicado em *Povos Indígenas no Brasil 2011-2016*.

[2] A equipe do Iepé que desenvolve essas ações educativas é coordenada por Dominique Tilkin Gallois e composta por Hugo Prudente da Silva Pereira e Leonardo Viana Braga, além da consultora Flora Dias Cabalzar. Depois do término do projeto do Fundo Amazônia, seguimos nosso trabalho com apoio da Fundação Ford e da Nia Tero.

[3] GALLOIS, D. T.; PRUDENTE, H.; BRAVA. L. V. Construindo um plano de gestão territorial e ambiental com os Zo'é. *In*: GRUPIONI, L. D. B. (org.). *Em busca do bem viver*: experiências de elaboração de planos de gestão territorial e ambiental de terras indígenas. São Paulo: Rede de Cooperação Amazônica, 2020. p. 108-131.

[4] GALLOIS, D. T. Alguns modos zo'é de fazer coletivos e lideranças. *In*: FAJARDO. D.; ANDRADE, L. (org.). *Entre águas mansas e bravas*: índios e quilombolas em Oriximiná. São Paulo: Comissão Pro-Índio; Iepé, 2015. p. 284-296.

WAJÃPI

Como o Contato com a Natureza Ajuda os Wajãpi a Defender sua Terra[1]

Felipe Milanez | Jornalista

A SENSIBILIDADE PARA SE RELACIONAR COM A NATUREZA VEM AJUDANDO O POVO WAJÃPI A PROTEGER A SUA TERRA

A floresta debruça-se sobre vales e montanhas a perder de vista, entrecortada por rios caudalosos, tortuosos, encachoeirados. É uma Amazônia idílica, que fascinou os primeiros exploradores e agora deslumbra naturalistas e ambientalistas – é, no entanto, apenas uma das dimensões da vida no território do povo Wajãpi. Entre os rios Oiapoque, Jari e Araguari, no Amapá, no sopé das serras junto do Parque Nacional (Parna) das Montanhas do Tumucumaque, esses indígenas entendem viver no "centro do mundo", segundo a sua origem e o lugar em que se estabeleceram. Os Wajãpi creem ter uma missão: cuidar das matas, do subsolo e do céu para que todos os outros seres possam igualmente conviver neste planeta.

A floresta delimita o universo ancestral dos Wajãpi. E eles estavam felizes em seus mundos natural e espiritual, dançando para o herói mítico Janejarã não destruir a humanidade, quando começou a se espalhar pelos rádios a notícia perturbadora: o fantasma da

© VICTOR MORIYAMA, 2022

A aldeia Aramirã é o ponto central de encontro das 93 aldeias espalhadas por todo o território indígena. O lugar conta com placas de energia solar, posto de saúde, centro comunitário e escola.

© VICTOR MORIYAMA, 2022

Homens trabalham com tratores na rodovia Perimetral Norte, que cruza a terra dos Wajãpis. Os impactos do possível asfaltamento da estrada – como a proliferação de madeireiros – já preocupam a população indígena da área.

mineração voltava a assombrar. Um decreto assinado pelo presidente Michel Temer, em agosto de 2017, permitiria a abertura de áreas adjacentes ao território deles para que grandes empresas pudessem explorar legalmente cobre e outros minérios – ou, como dizem os Wajãpi, "desequilibrar o mundo", provocando a destruição da mata e da vida. A memória trágica de epidemias espalhadas por garimpeiros nos anos 1970 e 1980 estava de volta.

Na teoria, o que o governo federal fez foi abolir a Reserva Nacional do Cobre e Associados (Renca), criada pelos militares em 1984. Mais de 30 anos depois, a reserva, de 46.500 quilômetros quadrados – o tamanho de uma Dinamarca –, nunca recebeu grandes grupos mineradores, mas os Wajãpi, ainda assim, têm traumas por causa de invasões passadas de garimpeiros clandestinos. "A mineração não vem sozinha. No passado, veio garimpeiro, e com eles, muita doença", diz o professor e cineasta Kasiripina, um líder intelectual dos Wajãpi. "O sarampo quase acabou com a nossa população."

A Renca, entre o Amapá e o Pará, foi criada para reservar minérios para exploração futura. O efeito ao longo do tempo, contudo, foi inverso. Na prática, a luta indígena e ambientalista nos anos seguintes à ditadura consolidou no interior da Renca um mosaico de unidades de conservação, capazes de, até agora, garantir o equilíbrio do ambiente: o Parque Nacional das Montanhas do Tumucumaque, as Florestas Estaduais do Paru e do Amapá, a Reserva Biológica de Maicuru, a Estação Ecológica do Jari, a Reserva Extrativista do Rio Cajari, a Reserva de Desenvolvimento Sustentável do Rio Iratapuru e as Terras Indígenas Waiãpi e do Rio Paru d'Este.

No ano passado, agredidos por uma canetada, os Wajãpi recorreram às forças de seu mundo espiritual – que, para eles, não está separado das bases materiais de subsistência – para reagir. Uma mobilização articulou amplos setores da sociedade em defesa da Amazônia. Não era apenas a floresta: nas imagens que circularam em favor do mosaico de áreas protegidas, havia a presença de indígenas vestidos com saias vermelhas, de cabelos longos e com brilhantes discursos a favor da relação entre a sociedade e a natureza.

"A mineração destrói a terra e a água", reclama Kasiripina. "Não queremos isso. Nós cuidamos do rio e da floresta." Nada mais justo: a luta veio de um povo que não suja a água, não constrói barragem e não destrói a mata para viver.

Para compreender esse fenômeno de resistência, é preciso olhar para a história recente dos Wajãpi – ou seja, como eles conseguiram se fortalecer nas últimas décadas, conhecer o mundo dos brancos, construir instrumentos legais de luta, reconquistar e reviver em seu território. Também é importante a perspectiva multidimensional do conhecimento wajãpi, que explica o mundo de forma bem mais ampla que o conhecimento científico ocidentalizado.

Contatados em 1973 pela Fundação Nacional do Índio (Funai), em meio aos trabalhos de abertura da BR-210, a Perimetral Norte, os

Wajãpi enfrentaram o avanço violento das frentes de expansão. Com a abertura da floresta pelos tratores, vieram caçadores, garimpeiros e madeireiros. E também missionários evangélicos.

Responsável pelo contato com os Wajãpi em 1973, o sertanista Fiorello Parisi conta que foi guiado por garimpeiros até as aldeias. "Chegamos seguindo os rastros dos índios. Naquele tempo, o conceito da Funai era o de estabelecer contato com grupos isolados. Depois é que se viu o estrago que essa estratégia causa", recorda o sertanista, nascido na Itália e radicado no Pará. "Eu levei na expedição um dos garimpeiros que já tinham invadido a aldeia deles. E os Wajãpi não eram hostis. Não faziam a ligação entre as pessoas de fora e as doenças que transmitem." Quando Parisi tentou expulsar os garimpeiros, nos anos seguintes, foi vítima de uma tentativa de homicídio: levou cinco tiros em uma emboscada em Macapá, e sobreviveu por milagre.

Após quase desaparecerem nos anos pós-contato, os Wajãpi começaram a se posicionar contra a ideia de desenvolvimento como algo linear. Para seus líderes, cresceu nos últimos anos, com o atual governo brasileiro, a tendência de que a floresta deva abrir espaço à agropecuária e à mineração. "Nossa preocupação é com as próximas gerações. E não é um problema para os povos indígenas, mas para o mundo", diz o professor Viseni, que ensina nas escolas das aldeias.

Percebendo que o "centro do mundo" estava cada vez mais cercado, os Wajãpi passaram a buscar alianças e a treinar pessoas não indígenas para reconhecer o mundo como eles. Nessa batalha pela sobrevivência, utilizaram sua melhor arma: o conhecimento adquirido.

Anos depois do contato, os indígenas passaram a treinar para lutar como sua aliada uma antropóloga belga, Dominique Tilkin Gallois, que se tornou professora de antropologia na Universidade de São Paulo (USP). "Minhas pesquisas seguiam o caminho que eles precisavam", diz Gallois. Inicialmente, ela trabalhou o território e a história, a mobilidade e a forma de vida – informações que vieram a embasar o laudo da demarcação da Terra Indígena, uma luta de 16 anos para garantir a integridade territorial. Aos poucos, os Wajãpi a levaram a trabalhar sobre cura e xamanismo para, então, pesquisar temas da educação e o desafio de implantar escolas nas aldeias.

A aliança com a antropóloga foi parte da estratégia de conhecer os não indígenas, ensiná-los a respeitar a floresta e criar novas redes de apoio. Juntamente com o Instituto de Pesquisa e Formação Indígena (Iepé), fundado por Gallois e colegas da USP, os Wajãpi conseguiram proteger a arte kusiwa, o sistema de representação gráfico em suas pinturas corporais. A arte kusiwa foi o primeiro bem imaterial a ser considerado Patrimônio Cultural do Brasil pelo Instituto do Patrimônio Histórico e Artístico Nacional (Iphan) – em 2008, seria reconhecida como Patrimônio Cultural Imaterial da Humanidade pela Unesco.

Ainda em uma batalha por reconhecimento no espaço da política institucional, com o apoio da Rede de Cooperação Amazônica (RCA) e da Fundação Rainforest da Noruega, através do Iepé, os Wajãpi elaboraram o primeiro Protocolo de Consulta e Consentimento de um povo indígena no Brasil, seguindo a Convenção 169 da Organização Internacional do Trabalho (OIT), ratificada pelo Brasil em 2004. A partir de então, os indígenas conquistaram o direito de serem informados e consultados sobre projetos econômicos que afetem suas vidas e seus territórios – um direito fundamental, que visa estabelecer um novo modelo de diálogo com o Estado.

No documento, os Wajãpi pedem que o governo escute suas preocupações sobre o que pode afetar diretamente sua vida: "os lugares importantes da história de criação do mundo, a vida dos animais, os rios, os peixes e a floresta". "Eles têm que chegar a acordos internos de como é que tomam decisões coletivas e dão legitimidade a essas decisões. E também decidir quem pode falar por eles", diz Luis Donisete Grupioni, antropólogo que auxiliou os Wajãpi no processo.

Os Wajãpi, hoje, estão divididos em três associações: o Conselho das Aldeias Wajãpi (Apina), a Associação dos Povos Indígenas Wajãpi do Triângulo do Amapari (Apiwata) e a Associação Wajãpi Terra, Ambiente e Cultura (Awatac). Segundo explicam no documento, "não existe cacique-geral de todos os Wajãpi. Cada grupo familiar tem um chefe, e um chefe não manda no outro chefe". Portanto, sustentam, nenhum chefe representa todos, as coisas externas que os afetam devem ser conversadas pelo conjunto dos representantes. Foi por isso também que ficaram tão irritados com a decisão do governo federal de extinguir a Renca sem consultá-los.

A batalha da Renca foi parcialmente vencida: o decreto de extinção da reserva foi revogado tempos depois em função da grande mobilização. Mas o fantasma ainda assusta em tempos de incertezas políticas no país. Os Wajãpi insistem: estão preparados para resistir com sabedoria.

Hoje, os indígenas não deixam entrar garimpeiros na floresta protegida e fazem rondas de fiscalização do parque nacional com agentes florestais. Conseguiram acesso à universidade em Macapá e, assim, aprendem com a sabedoria dos mais velhos nas aldeias ao mesmo tempo que acessam livros, filmes e tecnologias da pedagogia moderna. Por outro lado, enfrentam a onda crescente de evangelização e contraditórias políticas de inclusão que incentivam o deslocamento para as cidades próximas.

Viseni, que é estudante da licenciatura intercultural indígena na Universidade Federal do Amapá (Unifap), conta que seu povo "não é de ficar no mesmo lugar por mais que 20, 30 anos. Por isso a gente não acaba com os recursos naturais". Nas andanças dos Wajãpi por seu território, assentados em pequenas comunidades, o conceito de bem viver é pleno de simplicidade: ter boa saúde, alimentação, preservar a cultura tradicional. "Isso, para nós, é viver bem."

Trafegando entre outras dimensões da existência, os Wajãpi enxergam a mata ancestral como um ser vivo, uma extensão de suas vidas. "A terra também sente dor", conta Kasiripina. "Nossa vida é com o espírito da floresta. É lá que está a nossa alma", completa Viseni.

Na crise que se instaurou na hipótese de uma nova área de mineração na Amazônia, em 2017, novos ambientalistas entraram em cena. Elegantemente trajando saias vermelhas, com o dorso despido e pintado de urucum, cabelos longos, gestos suaves, vozes quase nunca ouvidas por poucos dominarem o português, sem portar armas, mas sempre unidos, os Wajãpi emergiram como intelectuais da floresta, que se insurgiram contra a ameaça da destruição. *(agosto, 2018)*

NOTA

[1] Editado a partir de reportagem originalmente publicada na edição de agosto de 2018 da revista *National Geographic Brasil*.

TUMUCUMAQUE E WAYAMU

O Que se Passa com os "Caciques Gerais"?

Denise Fajardo | Antropóloga, coordenadora do Programa Tumucumaque, Iepé

UMA SÉRIE DE ACONTECIMENTOS NOS ÚLTIMOS ANOS AJUDAM A ENTENDER O ESVAZIAMENTO DE SENTIDO DOS CHAMADOS "CACIQUES GERAIS" PARA OS POVOS INDÍGENAS DESSA REGIÃO – PARALELAMENTE À RETOMADA DO PADRÃO DE OCUPAÇÃO DESCENTRALIZADO EM PEQUENAS ALDEIAS E AO GRADUAL DESFAZIMENTO DOS AMÁLGAMAS ÉTNICOS

"Não existe a figura do "cacique geral", como uma pessoa que manda nos outros. Isso foi inventado pelos *karaiwa*, quando nos tiraram de nossas áreas para vivermos todos juntos na Missão Tiriyó. Era uma maneira de tentar tirar nossa autonomia e de tentar apagar nossas identidades indígenas, porque nas nossas histórias sempre tivemos lideranças muito fortes e respeitadas (Protocolo Autônomo de Consulta e Consentimento dos Povos Indígenas do Tumucumaque e Rio Paru d'Este, 2020)".

"Todas as lideranças são autoridades, não apenas os caciques gerais, e precisam ser procuradas sempre e estar informadas das coisas que acontecem no nosso território (Protocolos Próprios de Consulta e Consentimento Prévio dos Povos Indígenas do Território Wayamu, 2020)".

Há cerca de 60 anos, toda a população indígena da faixa de fronteira entre Brasil, Suriname e sudeste da Guiana movia-se em direção a seis grandes aldeamentos estabelecidos por missionários, autorizados pelos respectivos governos de cada país a assim se estabelecerem e a atraírem o máximo possível da população indígena daquela ampla região em uma de suas bases: Kanashen, na Guiana; e Tepu e Paloemeu, no Suriname. No lado de cá dessa tríplice fronteira, iniciavam-se, na década de 1960/1970, os primeiros passos de um ordenamento territorial com vistas à criação de áreas reduzidas, no interior das quais a população indígena da região mais ampla pudesse ser concentrada e para que as áreas "esvaziadas" pudessem entrar nos planos desenvolvimentistas do governo brasileiro. Assim, foram incentivadas as bases missionárias de Missão Tiriyó e Bona, no Parque Indígena do Tumucumaque, bem como de Mapuera e Kassawa, na Terra Indígena (TI) Nhamundá-Mapuera.

Antes desse processo de concentração populacional ocorrido nos anos 1960/1980, mais de 300 pequenas aldeias (com em média de 6 a 26 pessoas cada) espalhavam-se por toda região, cada uma liderada por seu respectivo fundador, que respondia por sua aldeia, na posição de "cacique" ou "dono do lugar". Quase tão numerosa era a lista de nomes de povos a que os moradores dessas aldeias diziam pertencer (cerca de 155, segundo Frikel, 1958),[1] com seus nomes, em sua maioria terminados em *-yana*, *-yó*, ou *-so*. Como exemplos aleatórios citamos: *Okomoyana*, *Akuriyó*, *Aramiso*. Assim se compunha um cenário de centenas de aldeias, centenas de "caciques" e mais de uma centena de povos ou "*yana*(s)", falando igual número de sotaques ou dialetos pertencentes a um significativo número de línguas, em sua maioria da família Karib.

Não obstante, nas décadas de 1960/1980 os povos indígenas dessa região transfronteiriça tiveram de enfrentar o desafio de viverem concentrados em poucas grandes aldeias, reconhecidos como pertencentes a não mais de seis etnias (Hixkaryana, Wai Wai, Kaxuyana, Tiriyó/Trio, Aparai e Wayana), cujas línguas de uso dominante não passavam de quatro (Hixkaryana, Wai Wai, Tiriyó/Trio e Aparai), o que coincidia com as línguas eleitas pelos missionários da região para a tradução da Bíblia. Dessa forma é que as missões religiosas mobilizavam esforços para que esses povos mudassem sua forma de pensar e de se organizar – territorialmente, socialmente, culturalmente, linguisticamente e politicamente. Assim contribuíram para dar origem aos chamados "caciques gerais", figuras políticas legitimadas, também por outros atores externos, a assumirem o papel de supralideranças em cada uma das grandes aldeias acima mencionadas, tanto no Brasil, quanto nos países vizinhos, neste último caso, obviamente, sob outras denominações, como *granman* ou *capitein*, no Suriname.

© DIOGO CAMPOS/IEPÉ, 2018

Lideranças durante V Assembleia dos Povos Karib na aldeia Tawanã, Território Wayamu.

Focando especificamente no lado de cá dessa fronteira, esse ator, tratado como "cacique geral", naturalizou-se de tal forma na política indígena local que, nos dias de hoje, quando não existem mais apenas duas "áreas indígenas" no norte do Pará, e sim seis TIs povoadas por mais de 100 aldeias, lideradas por igual número de caciques locais, a figura do "cacique geral", ainda que anacrônica, persiste, principalmente como referência para atores não indígenas, que, conscientes ou não disso, preferem acreditar que, falando apenas com um "cacique geral", terão cumprido sua parte no que diz respeito ao direito dos povos de serem consultados, quando, no entanto, apenas contribuem para alimentar conflitos, na medida em que os inúmeros novos "caciques locais" não aceitam mais que um único "cacique geral" decida em nome de todos que se encontram, não apenas no interior de uma única grande aldeia, mas espalhados em um conjunto de novas aldeias com seus próprios "caciques locais".

Esse tipo de reflexão tem vindo à tona para os povos do Tumucumaque e Wayamu só mais recentemente. Porém, podemos destacar a gradual conquista de direitos territoriais, desde a homologação das TIs Parque do Tumucumaque e Rio Paru d'Este em 1997; da TI Trombetas-Mapuera, em 2002; e da Portaria Declaratória da TI Kaxuyana-Tunayana em 2018, como pano de fundo para que a paisagem das populosas aldeias (com entre 500 e mais de 1.000 pessoas cada uma), situadas apenas na TI Nhamundá-Mapuera (Kassawa e Mapuera) e no Parque Indígena do Tumucumaque (Missão Tiriyó e Bona), paulatinamente, desse lugar às mais de 100 aldeias que hoje povoam esses dois complexos de TIs.

Passada a segunda metade do século XX (1960-2000), em que aquela imensa diversidade de povos ou *yana*(s) manteve-se invisibilizada no interior dos amálgamas étnicos (e linguísticos), conforme descrito anteriormente, nas últimas décadas, mais e mais *yana*(s) têm ido em busca de retomar seus lugares de origem, onde novamente volta a fazer sentido o pertencimento a este ou aquele povo, ou *yana*, específico (*ver box sobre os Kahyana*). O auge desse processo de redispersão territorial, descentralização de poder, e reaparecimento da sociodiversidade de *yana*(s) deu-se com o avanço do reconhecimento da TI Kaxuyana-Tunayana, que culminou na criação da "União do Território Wayamu", em 2020, pelos próprios habitantes daquele conjunto de três TIs, que, para além das divisões geoadministrativas existentes entre elas, conformam um amplo e único território.

Esse processo se deu de 2014 a 2020, no bojo das discussões de validação do Plano de Gestão Territorial e Ambiental (PGTA) das TIs Nhamundá-Mapuera, Trombetas-Mapuera e Kaxuyana-Tunayana (*ver artigo de Ruben Caixeta neste capítulo*). Também foi reforçado de 2018 a 2020, no bojo das discussões voltadas para a elaboração dos protocolos de consulta dos povos das duas TIs que compõem o Complexo Tumucumaque e das três que compõem o Território Wayamu.

As incongruências geradas pela permanência da figura dos "caciques gerais" nesse contexto da redispersão das aldeias, bem como na descentralização de poder implícita nisso, já traziam para esses povos indígenas a urgência e a importância de se reunirem, dialogarem e repactuarem suas formas de organização política e de tomada de decisões. Assim foi que elaboraram seus próprios protocolos de consulta e consentimento, não apenas em função do direito – garantido na Convenção 169 da Organização Internacional do Trabalho (OIT) – de serem consultados por atores externos, mas, sobretudo, em função da garantia de que uma parcela significativa de caciques, ou fundadores de novas aldeias, tenham em mãos um papel escrito que lhes ajude a questionar a pertinência dos "caciques gerais" nos tempos atuais. Um dos maiores desafios políticos para os "caciques locais" do Tumucumaque e do Wayamu nesse novo tempo de retomada da dispersão das aldeias vem sendo o de recuperarem sua autonomia política perante os caciques gerais das grandes aldeias nas quais residiam antes de se redispersarem. *(outubro, 2022)*

NOTAS

[1] FRIKEL, P. Classificação lingüístico-etnológica das tribos indígenas do Pará setentrional e zonas adjacentes. *Revista de Antropologia*, v. 6, n. 2, p. 13-89, 1958.

[2] FRIKEL, P. Os últimos Kahyana. *Revista do Instituto de Estudos Brasileiros*, n. 1, p. 7-34, 1966.

"AINDA EXISTIMOS, NÃO DESISTIMOS, SOMOS KAHYANA"

O caso Kahyana é emblemático dos novos desafios trazidos com as conquistas dos direitos territoriais dos povos do Wayamu, em particular no caso da TI Kaxuyana-Tunayana. A história do povo Kahyana demonstra sua ocupação imemorial na região dos rios Kahu e Kaspakuru, local onde sempre tiveram suas moradias, roças, sítios de caça e pesca, lugares sagrados, mitologia, enfim, onde construíram sua especificidade étnica e cultural. Seu território não se confunde com a área de ocupação tradicional de outros povos no interior desta TI, como os Kaxuyana, Yaskuriyana, Xerew, Katuena e Tunayana. Os Kahyana são moradores tradicionais do Rio Kaspakuru e do Rio Kahu (ou Rio Velho) no Médio Rio Trombetas; foram descritos por inúmeras etnografias e estudos de antropólogos, inclusive por Protásio Frikel, que visitou a região entre 1940 e 1960 e registrou em fotos e textos o modo de vida desse povo e de sua terra tradicional. A partir do final dos anos de 1960, os Kahyana foram alcançados por segmentos de população não indígena, enfrentaram conflitos, foram vítimas de doenças e quase desapareceram, como o próprio título de um trabalho de Frikel anuncia: "Os últimos Kahyana".[2] E, com efeito, os Kahyana sobreviventes viram-se forçados a abandonar seu território de origem e migraram, ou para a Missão Tiriyó, no Tumucumaque, ou para as aldeias de outros povos, no sul da Guiana e do Suriname. Em todos esses lugares, ficaram mais conhecidos genericamente como Kaxuyana, porém como os próprios nomes dizem, Kaxuyana é o povo, ou yana do Rio Katxuru ou Cachorro; assim como Kahyana é o povo ou yana do Rio Kahu ou Trombetas. Portanto, o povo Kahyana não desapareceu, conforme pareceu a Frikel (apenas estiveram invisibilizados em meio a outros povos/yana da região, que, em seu conjunto, foram e continuam sendo desconsiderados em seus direitos, em função da insistência dos governos estadual e federal em mantê-los assim, invisibilizados). Desde a década de 1970, vem sendo ameaçados por projetos de grandes empreendimentos (hidrelétricas) e, mais recentemente (2006), também pela criação das Unidades de Conservação sobrepostas a seus territórios de origem, além da titulação do Território Quilombola de Cachoeira Porteira também incidir exatamente sobre o território tradicional do povo Kahyana, juntamente com o povo Ingarïyana – também invisibilizado durante décadas, mas vivo nas atuais gerações e nos registros sobre os povos que ainda vivem em isolamento voluntário nessa região. Assim, sem nunca abandonar totalmente sua área de perambulação no interior da TI Kaxuyana-Tunayana, os Kahyana voltaram a retomar seu território tradicional nos rios Kahu e Kaspakuro, e ali, hoje, resistem esperançosos de terem seus direitos territoriais reconhecidos ao lado de seus vizinhos quilombolas. (Denise Fajardo e Ruben Caixeta de Queiroz, outubro, 2022)

© KEVIN ELIEL GONZALES, 2022

Mulheres lideranças do Território Wayamu celebram o Plano de Gestão Territorial e Ambiental (PGTA) e o Protocolo de Consulta e Consentimento Prévio feitos coletivamente pelos povos das TIs Nhamundá-Mapuera, Trombetas-Mapuera, Kaxuyana-Tunayana e Arara; essa última fica no baixo curso do Rio Jatapu e está sendo reivindicada.

WAYAMU

Uma Unidade Territorial e Ambiental, numa Diversidade de Povos

Ruben Caixeta de Queiroz | Antropólogo, professor da UFMG

DA ARTICULAÇÃO ENTRE INÚMERAS ORGANIZAÇÕES INDÍGENAS EMERGE O TERRITÓRIO WAYAMU, QUE EM 2019 PASSOU A UNIR AS TIS NHAMUNDÁ-MAPUERA, TROMBETAS-MAPUERA E KAXUYANA-TUNAYANA PARA FORTALECER AS INICIATIVAS DE PROTEÇÃO TERRITORIAL DOS POVOS INDÍGENAS NA REGIÃO

BREVE HISTÓRIA DE OCUPAÇÃO

Na data de 10 de outubro de 2015, a Fundação Nacional do Índio (Funai) publicou o Relatório Circunstanciado de Identificação e Delimitação da Terra Indígena (TI) Kaxuyana/Tunayana, a partir dos estudos que vinham sendo realizado pelo grupo de trabalho desde 2008. O reconhecimento desse território indígena de habitação tradicional foi fortalecido a partir da Portaria Declaratória do Ministério da Justiça, de 19 de agosto de 2018, mas essa TI ainda aguarda a fase de demarcação física e homologação.

A TI Kaxuyana-Tunayana é habitada por uma diversidade de povos, que foram deslocados a partir do final dos anos de 1960 pelo Estado brasileiro ou por missões religiosas para o sul da Guiana (Missão Kanashen), o sul do Suriname (Aldeias Kuwamala e Alalaparu) ou, ainda, para o norte do Pará (Missão Tiriyó). A TI tinha sido bastante esvaziada, restando ali apenas algumas famílias Katxuyana, além dos grupos que se mantiveram em isolamento voluntário. Porém, a partir do início do ano de 2000, as famílias levadas para aquelas missões começaram a retornar para o território, sobretudo os Katxuyana, que se dirigiram para o Rio Cachorro (vindos do Rio Nhamundá e da Missão Tiriyó); os Kahyana, para o médio curso do Rio Trombetas (vindos da Missão Tiriyó e da aldeia Kuwamala); e, finalmente, os Tunayana, para o Rio Turuni e o Alto Rio Trombetas (vindos da aldeia Kwamará). Delimitada e declarada numa área contígua a duas outras TIs que tinham sido regularizadas num período anterior – a TI Nhamundá-Mapuera (declarada em 1984 e homologada em 1989) e a TI Trombetas-Mapuera (declarada em 2007 e homologada em 2009) –, a TI Kaxuyana-Tunayana forma com elas uma grande unidade ambiental (composta na totalidade por floresta ombrófila densa) e territorial de mais de 7 milhões de hectares. A área abriga uma população total de entre 3.945 e 4.116 pessoas e 52 aldeias, segundo dados do Plano de Gestão Territorial e Ambiental (PGTA) Wayamu, de fevereiro de 2020. Os povos que a habitam são na maioria falantes da família linguística Karib (Hexkaryana, Xereu, Wai Wai, Katwena, Tunayana, Karapawyana, Katxuyana, Kahyana, Txikyana ou Cikyana, Parukwoto, Xowyana e Inkarïyana), mas há também falantes da família Arawak (Mawayana) e de uma língua isolada (Caruma).

Além dessa população residente em mais de 50 aldeias e dispersa ao longo das principais calhas dos rios na região (Mapuera, Trombetas, Cachorro, Turuni, Nhamundá e Jatapú), há registros de vários grupos isolados habitantes de interflúvios: ao todo, são listadas 26 localidades próximas dessas referências no interior do território wayamu. A Frente de Proteção Etnoambiental Cuminapanema da Funai (FPEC/Funai), responsável pela atuação na região, tem feito várias expedições para levantar mais dados e organizar a proteção desses povos isolados. Pelos menos dois desses registros estão praticamente confirmados, pois, em 2022, depois de várias informações, os indígenas tiveram contatos visuais próximos (a cerca de 10 metros) com pessoas desses grupos ou instrumentos usados recentemente por elas, como vasilhas de cerâmica deixadas na beira do igarapé. Num primeiro caso, trata-se de um grupo desconhecido que habita o interflúvio do Nhamundá-Mapuera (citado como Isolados do Igarapé Pitinga);

Vista aérea da aldeia Jatapuzinho, Terra Indígena Trombetas-Mapuera.

no segundo caso, trata-se muito provavelmente dos remanescentes do grupo Karapawyana, encontrados nas cabeceiras do Rio Jatapuzinho e do Igarapé Girão.

O PGTA WAYAMU

De 2014 até o início de 2020, o Instituto de Pesquisa e Formação Indígena (Iepé), com apoio financeiro da Fundação Betty e Gordon Moore, em parceria com a Funai e com diversas associações indígenas atuantes na região,[1] elaborou e publicou o PGTA Wayamu referente às TIs Trombetas-Mapuera, Nhamundá-Mapuera e Kaxuyana-Tunayana, além de uma quarta TI ainda não reconhecida pelo Estado brasileiro (localizada no Baixo Rio Jatapu). Ao mesmo tempo, nesse mesmo período e de forma paralela, com apoio do Iepé, foram elaborados os protocolos próprios de consulta e consentimento prévio dos povos indígenas do território wayamu.

O nome Wayamu foi criado durante uma das oficinas de PGTA, que ocorreu por ocasião de uma assembleia, realizada no período de 16 a 20 de setembro de 2019, na aldeia de Jatapuzinho, que contou com a presença de lideranças indígenas de todas as aldeias do território wayamu, além das lideranças waimiri-atroari. A palavra *wayamu*, nas várias línguas karib da região, significa "jabuti", um animal tido como resiliente e que, mesmo em condições difíceis (por exemplo, falta prolongada de água e comida), é capaz de resistir e caminhar autonomamente em direção a seu próprio destino. Naquela assembleia, além da união das três TIs contíguas (TI Nhamundá-Mapuera, TI Trombetas-Mapuera, TI Kaxuyana-Tunayana) em torno de um mesmo PGTA, os participantes acharam por bem abrigar as associações e lideranças de outras três terras vizinhas (TI Waimiri-Atroari, TI WaiWái e TI Parque do Tumucumaque) como parceiras ou amigas do PGTA Wayamu, com direito a participar de seu futuro conselho e em sua implementação.

O formato final do PGTA foi consolidado e aprovado numa assembleia geral, ocorrida na cidade de Santarém/PA, entre os dias 29 de fevereiro e 5 de março de 2020. O território wayamu foi dividido em quatro unidades territoriais, de acordo com a localização das aldeias nas calhas dos rios, que correspondem também às áreas de atuação das associações indígenas: 1) Alto

Jatapu-Jatapuzinho; 2) Mapuera; 3) Nhamundá-baixo Jatapu; e 4) Trombetas-Cachorro-Turuni. A primeira unidade é formada pela porção roraimense da TI Trombetas-Mapuera, abriga uma população total de 582 pessoas (dados para fevereiro de 2020), distribuídas em oito aldeias, sob a atuação da Apiw. A segunda unidade é formada pela calha do Rio Mapuera (compreende aldeias situadas nas TIs Nhamundá-Mapuera, Trombetas-Mapuera e Kaxuyana-Tunayana), abriga entre 1.706 e 1.877 pessoas, distribuídas em 15 aldeias, sob a atuação da Apim, da Apitma e da Amirmo. Já a terceira unidade é formada pela calha do Rio Nhamundá-Baixo Jatapu (compreende aldeias situadas nas TIs Nhamundá-Mapuera, Kaxuyana-Tunayana, além de duas aldeias num território reivindicado e sem regularização fundiária), abriga uma população de 1.253 pessoas, num total de 15 aldeias, sob a atuação da CGPH e da Associação Aymara. Por sua vez, a quarta unidade é formada pelas calhas dos rios Cachorro, Turuni e Trombetas (compreende aldeias situadas nas TIs Kaxuyana--Tunayana e Trombetas-Mapuera), abriga uma população de 403 pessoas, em 14 aldeias, sob a atuação da Aikatuk.

De forma geral, cada uma dessas unidades territoriais entende-se como pertencente de forma predominante a um povo, muito embora haja uma rede de intercasamentos e de residência que não obedece a um recorte de etnia por território. Assim, a unidade Alto Jatapu-Jatapuzinho (1) é composta majoritariamente pelo grupo Wai Wai (e outros que também se veem como Katwena, Xereu, Mawayana); igualmente, a unidade Mapuera (2) é composta majoritariamente pelo grupo Wai Wai (e outros que também se veem como Katwena, Xereu, Mawayana); a unidade Nhamundá-Baixo Jatapu (3) é composta majoritariamente pelo grupo Hexkaryana (além dos grupos Xowyana, Kamarayana, Okoimoyana, entre outros); e a unidade Trombetas-Cachorro-Turuni (4) é composta principalmente pelos grupos Katxuyana, Kahyana e Tunayana.

Essas unidades territoriais organizam-se também de acordo com um formato de assistência dado pelo serviço público, diverso de acordo com as administrações do Estado. Todas essas unidades estão sob a jurisdição da Coordenação Regional da Funai de Manaus, porém, enquanto as unidades 2 e 4 encontram-se balizadas pelas políticas educacionais do município de Oriximiná e do Estado do Pará, e sob a jurisdição do Distrito Sanitário Especial Indígena (Dsei) Guamá-Tocantins; a unidade 3 orienta-se pelas políticas educacionais do município de Nhamundá e do Estado do Amazonas, estando sob a jurisdição do Dsei Parintins; e a unidade 1 está na órbita das políticas educacionais do município de Caroebe e do Estado de Roraima, sob a jurisdição do Dsei Leste de Roraima.

Uma especificidade do PGTA Wayamu frente a outros PGTAs é a previsão de áreas reservadas para a proteção ambiental, ou áreas de poupança, pensadas por cada unidade territorial como importantes para os povos indígenas não só do ponto de vista histórico e cultural, mas também do ponto de vista da conservação dos recursos naturais. Nessas áreas não há a previsão de abertura de aldeias ou de roças, pelo menos num futuro próximo. Não por acaso, em quase todas essas áreas de poupança há informações ou registros da presença de índios isolados. Aliás, um capítulo especial do PGTA trata destes últimos e das estratégias necessárias para sua proteção.

Como dizem os indígenas do Wayamu, nos últimos tempos, quando a fundação de novas aldeias e a dispersão territorial tornaram-se mais frequentes, voltaram a aparecer as informações e pistas desses índios isolados ("povos não vistos", *enîhnî komo*, *xenyhànà ro komo*, e *txenehïn tomu*, como são chamados nas línguas wai wai, hexkaryana e katxuyana; ou *txetxa wahan komo*, "povos que habitam a floresta", outro modo pelo qual os Hexkaryana os chamam): só em 2022, foram avistados um grupo próximo à aldeia Paraíso (Rio Mapuera) e um grupo nas cabeceiras do Rio Jatapuzinho (incluindo vários e grandes vasos de cerâmica de recente uso e deixados na beira de um igarapé).

As principais ameaças ao território levantadas pelo PGTA são: atividades de turismo de pesca esportiva nos rios Trombetas, Mapuera e Baixo Rio Jatapu; garimpo nas cabeceiras do Rio Trombetas; invasão de posseiros e fazendeiros nas proximidades do assentamento Jatapu e no limite noroeste da TI Trombetas--Mapuera. Justamente por isso, a implementação do PGTA Wayamu, coordenada pelas associações indígenas em parceria com o Iepé, começou pela realização de expedições de vigilância nas principais calhas de rio e nos pontos mais vulneráveis a invasões. Além disso, foram feitas instalações de internet via satélite (com energia fotovoltaica) em todas as unidades territoriais do Wayamu; ações para o fortalecimento das associações indígenas e governança do PGTA (incluindo os preparativos para a implantação e consolidação do Conselho Político e de Gestão do Wayamu); e, ainda, estava previsto o início da formação de agentes ambientais indígenas em 2022.

Por fim, estão em curso em todo território ações indiretas de proteção territorial e de fortalecimento das associações indígenas, com incentivo às "cadeias de valor" ou atividades de geração de renda, tais como a extração e comercialização de cumaru e de castanha-do-pará e/ou a produção de artesanato. Nessa linha de ação, o Instituto Socioambiental (ISA) passou a assessorar diretamente as comunidades da porção roraimense do Wayamu (ou seja, a Unidade Territorial I – Alto Jatapu-Jatapuzinho), enquanto o Iepé, além de atuar em outros temas no Wayamu como um todo, incluindo o Alto Jatapu-Jatapuzinho, nas outras três unidades territoriais (Mapuera, Nhamundá-baixo Jatapu, Trombetas-Cachorro-Turuni), também passou a assessorar as comunidades locais na linha de cadeias produtivas. *(julho, 2022)*

NOTA

[1] Associação dos Povos Indígenas do Mapuera (Apim), Associação dos Povos Indígenas Trombetas-Mapuera (Apitma), Conselho Geral dos Povos Hexkaryana (CGPH), Associação do Povo Indígena Wai-Wai (Apiw), Associação Indígena Kaxuyana, Tunayana e Kahyana (Aikatuk), Associação das Mulheres Indígenas da Região do Município de Oriximiná (Amirmo), Associação dos Povos Indígenas Tiriyó, Kaxuyana e Txikuyana (Apitikatxi) e Associação dos Povos Indígenas Waiana e Aparay (Apiwa).

GESTÃO TERRITORIAL E AMBIENTAL

Experiências e Desafios dos Povos Indígenas do Oiapoque

Rita Becker Lewkowicz | Antropóloga, coordenadora do Programa Oiapoque, Iepé

A IMPLEMENTAÇÃO DOS ACORDOS DE GESTÃO TERRITORIAL E AMBIENTAL E A ARTICULAÇÃO DOS GALIBI KALI'NA, PALIKUR, GALIBI MARWORNO E KARIPUNA EM TORNO DA CONSTRUÇÃO DE SEU PROTOCOLO DE CONSULTA E DE INICIATIVAS DE VIGILÂNCIA TERRITORIAL, MANEJO DE RECURSOS NATURAIS, FORMAÇÃO DE AGENTES AMBIENTAIS E FORTALECIMENTO DAS MULHERES

Os povos Galibi Kali'na, Palikur Arukwayene, Galibi Marworno e Karipuna, que hoje somam aproximadamente 9 mil pessoas, vivem em 67 aldeias distribuídas em três Terras Indígenas (TIs) homologadas no Oiapoque/AP: Uaçá, Galibi e Juminã. Desde os anos 1970, lideranças desses quatro povos articulam-se politicamente, formando um coletivo autodesignado como "povos indígenas do Oiapoque" e, juntos, fazem a gestão compartilhada de uma área contínua de 518.454 ha, na fronteira com a Guiana Francesa.

A paisagem é bastante diversa, com campos alagados, ilhas, montanhas, áreas de floresta densa, de cerrado e de mangues. O histórico do contato remete ao século XVI, passando por diferentes investidas coloniais e projetos de desenvolvimento para a região.[1] As aldeias têm dimensões diferentes, algumas com apenas duas ou três famílias, e outras que ultrapassam 2 mil pessoas. Articular essa diversidade e chegar a prioridades e acordos coletivos comuns para a gestão do território é um desafio que os povos indígenas do Oiapoque têm mostrado experiência em lidar.

"TIRAR O PGTA DO PAPEL"

O período de 2016 a 2020 foi marcado pelo processo de implementação dos acordos e estratégias pactuadas no Plano de Gestão Territorial e Ambiental (PGTA) das TIs do Oiapoque, em seus três eixos temáticos: proteção territorial; formação para a gestão territorial indígena; e manejo e uso sustentável dos recursos naturais.

Um primeiro desafio foi o fortalecimento de um mecanismo de governança que pudesse articular a realização dessas ações, garantindo a representatividade dos quatro povos indígenas, das três TIs e das cinco regiões nas quais estão subdivididas as aldeias. Foi criado, então, o Núcleo Técnico do PGTA, como um fórum de planejamento, execução e monitoramento da gestão socioambiental, coordenado pelo Conselho dos Caciques dos Povos Indígenas do Oiapoque (CCPIO), com a participação das organizações indígenas e dos parceiros.

Um segundo desafio para esse processo foi garantir uma fonte de financiamento para a implementação das ações previstas, a partir das decisões tomadas. Em 2015 foi possível iniciar esse processo por meio da articulação de uma rede de parceiros governamentais e da sociedade civil, além do apoio do Fundo Amazônia. Contudo, a conjuntura política atual, com a paralisação da implementação da Política Nacional de Gestão Territorial e Ambiental das Terras Indígenas (PNGATI) e do Fundo Amazônia, colocou um alerta sobre o desafio da manutenção da implementação dos PGTAs a longo prazo.

EXPEDIÇÕES DE VIGILÂNCIA PARA PROTEÇÃO DOS TERRITÓRIOS

Ainda que no estado do Amapá não haja tantos conflitos territoriais quando comparado a outros estados da Amazônia, a proteção territorial vem sendo uma prioridade das organizações indígenas no Oiapoque, especialmente em virtude das ameaças presentes no entorno de suas terras: a Rodovia BR-156, que corta o limite sul da TI Uaçá; as invasões para pesca e caça ilegal; os focos de garimpo; os projetos de desenvolvimento; a proximidade das fazendas; os roubos de voadeiras; entre outros. Diante dessa situação, uma prioridade elencada no PGTA foi a realização das expedições indígenas de vigilância territorial.

Anualmente, as lideranças dos quatro povos se organizam autonomamente para a realização de expedições de vigilância que contemplem todo o limite do território. Dividem-se em grupos para a limpeza dos picos da demarcação e para a sinalização, bem como para fazer a vigilância, identificando vestígios de invasão ou outras ocorrências de ilícitos. Nos últimos cinco anos, realizaram uma média de 20 expedições por ano, a partir das quais apresentam relatórios com os registros e as ocorrências encontradas para denunciar aos órgãos competentes. Além de se mostrar uma estratégia importante para a manutenção da integridade do território, as expedições de vigilância fortalecem a articulação entre os quatro povos e promovem trocas de conhecimento intergeracionais.

MANEJO E USO SUSTENTÁVEL DOS RECURSOS NATURAIS

As atividades produtivas sustentáveis que possam gerar renda, conservando a floresta e valorizando os conhecimentos dos povos indígenas, é uma das prioridades desse eixo do PGTA. Os povos indígenas do Oiapoque são conhecidos na região como grandes produtores de farinha e seus derivados, historicamente comercializando seus produtos no município de Oiapoque e em Saint Georges, na Guiana Francesa. Desde 2019, a partir de uma iniciativa dos agentes ambientais indígenas (Agamin), iniciou-se a "Feira itinerante de produtos indígenas", na qual mensalmente os indígenas comercializam seus produtos diretamente para o consumidor final, sem atravessadores, no centro da cidade de Oiapoque. Essa iniciativa vem agregando valor aos produtos e dando maior visibilidade para a produção indígena local.

Além da farinha, o açaí tem um papel importante na economia das famílias indígenas e, portanto, aprimorar sua cadeia produtiva também foi uma prioridade dos últimos anos. Ainda em 2012, iniciou-se o trabalho para aperfeiçoar a produção, por meio da técnica de manejo de baixo impacto de açaizais nativos, fruto do Projeto Açaí, Banana e Citros – ABC, da Fruticultura Familiar das Comunidades Indígenas de Oiapoque.[2]

MANEJO DOS TRACAJÁS NAS TIS DO OIAPOQUE

O Projeto Kamahad Tauahu – Nukagmada Mewka *("Amigos dos Tracajás") iniciou-se em 2005 nas TIs do Oiapoque, mas foi com a nova turma de agentes ambientais indígenas, a partir de 2016, que ele ganhou mais força. O projeto de manejo e conservação do tracajá (*Podocnemis unifilis*) vem registrando um recorde crescente a cada ano no número de tracajás soltos nos rios e lagos das TIs.*

O manejo consiste em coletar os ovos e transportá-los para locais seguros nas aldeias, onde são replantados em incubadoras até que eclodam. A coleta dos ovos é realizada pelos Agamin nos meses de setembro e outubro, na estação seca. Após o nascimento, os tracajás são cuidados e alimentados pelos agentes ambientais e, quando já estão maiores, são soltos em seus locais de origem. Em 2016, foram soltos 350 filhotes, já em 2019, foram 885, e, em 2022, aproximadamente 2.900.

A iniciativa partiu dos indígenas, que há tempos percebiam o desaparecimento desses animais na região. "Se não fizermos esse trabalho do manejo do tracajá, no futuro, nossas crianças não vão nem conhecer o que é o tracajá, pois já vai ter acabado tudo", disse o cacique Bayzinho, da Aldeia Aruatu.

A soltura é um grande evento nas aldeias, envolvendo especialmente as crianças. São também espaços de conversa com as lideranças mais velhas e uma oportunidade para que elas relatem como era antigamente, quando havia muito mais tracajás do que agora. Graças ao projeto que eles estão reaparecendo na região do Oiapoque.

Nos últimos anos, contudo, os agentes ambientais têm percebido mudanças nos regimes das chuvas que estão afetando o comportamento dos tracajás e também os resultados do manejo. Essas transformações podem estar relacionadas às mudanças climáticas e têm gerado preocupação nas aldeias. (julho, 2022)

Já a partir de 2019, passou-se para a estruturação de uma unidade de processamento de açaí dentro da TI Uaçá, visando à comercialização da polpa de açaí. A partir dessa experiência, surgiu a marca "Uasei" e foi criada uma organização indígena focada na comercialização de produtos da sociobiodiversidade. O açaí "Uasei" já conta com um ponto de venda na cidade de Oiapoque e vem envolvendo os/as jovens nessa atividade, contribuindo para evitar que deixem seus territórios em busca de oportunidades de trabalho. O "Uasei" vem sendo um exemplo de protagonismo indígena em todos os elos da cadeia produtiva.

FORMAÇÃO DOS AGENTES AMBIENTAIS INDÍGENAS

Concretizando outro eixo proposto no PGTA, o Curso de Formação dos Agentes Ambientais Indígenas do Oiapoque foi realizado entre 2016 e 2019, em parceria entre o Iepé, o CCPIO e a Funai, formando 38 indígenas, que foram certificados pelo Instituto Federal do

© DAVI MARWORNO, 2022

À esquerda, os novos técnicos em meio ambiente da Agamin.

Amapá (Ifap) como técnicos em meio ambiente. A formação foi ofertada no modelo da pedagogia da alternância, com módulos presenciais e atividades práticas nas aldeias, promovendo e fortalecendo iniciativas sustentáveis nas comunidades. A proposta curricular multidisciplinar incluiu temáticas diversas, com uma abordagem metodológica intercultural, no sentido de valorizar e sistematizar os conhecimentos indígenas, assim como promover o diálogo com outros conhecimentos e tecnologias, de forma simétrica e a partir de uma perspectiva histórica e comparativa.

Os estudantes indígenas do Oiapoque ficaram conhecidos como Agamin – que além de ser uma abreviatura das iniciais de agentes ambientais indígenas, é o nome de um pássaro que cuida e limpa a floresta. A turma é bastante diversa, com representantes dos diferentes povos (15 Galibi Marworno, 14 Karipuna e 9 Palikur), com formação escolar, familiaridade com o português, aptidões e interesses diferentes. Alguns deles participaram das primeiras oficinas de capacitação para agentes ambientais realizadas em 2003.

A formação teve diferentes desdobramentos. A partir do curso, os Agamin se fortaleceram como uma nova categoria dentro das TIs, participando de espaços de tomada de decisão junto às lideranças e como figuras-chave para mobilizar as comunidades nas discussões e ações relacionadas à gestão socioambiental das TIs. Muitos deles seguiram a formação em novos cursos, como também ingressaram em cursos de ensino superior. Um dos desafios, nesses casos, é o reconhecimento da categoria do agente ambiental indígena e a possibilidade de garantir sua atuação e permanência nas aldeias.[3]

PROTOCOLO DE CONSULTA

Outro processo marcante que ocorreu no período foi a elaboração do Protocolo de Consulta dos Povos Indígenas do Oiapoque. Diferentemente do PGTA, que tem um foco para os acordos internos, o protocolo foca na discussão de projetos e empreendimentos que vêm de fora e que podem causar impactos sobre os territórios e modos de vida. Para elaborar o documento, as lideranças discutiram coletivamente sobre as regras para tomada de decisão em face desses projetos e sobre a forma adequada de estabelecer um diálogo respeitoso entre indígenas e governo, diferente do histórico acumulado de projetos malsucedidos e acordos não cumpridos.

A elaboração do Protocolo de Consulta foi realizada por meio de uma primeira reunião geral, cinco oficinas regionais e uma discussão em assembleia, entre dezembro de 2017 e fevereiro de 2019, contando com a participação de cerca de 300 indígenas dos quatro povos. O processo foi coordenado pelo CCPIO, apoiado pelo Iepé e pela Rede de Cooperação Amazônica (RCA), e acompanhado pela Funai e pelo Ministério Público Federal (MPF). Além da discussão sobre a consulta, as oficinas promoveram espaços de formação em direitos indígenas e políticas indigenistas. Por fim, foi montada uma comissão indígena de redação e tradução do documento final, aprovado em assembleia.

Ao longo do processo de elaboração do documento, as regras sobre as formas de organização e decisão coletiva foram pautadas e atualizadas, foi discutido o papel das organizações indígenas e dos caciques, como também as formas de participação dos jovens, mulheres e demais lideranças. Foi discutido o fluxo para os processos de tomada de decisão, considerando a complexidade do contexto do Oiapoque: quatro povos vivendo em três TIs, subdivididas em cinco regiões.

Além disso, relataram sobre o histórico de direitos violados na construção da Rodovia BR-156, nos projetos da época do Serviço de Proteção aos Índios (SPI), e outros empreendimentos que os afetaram mais recentemente. Também levantaram questões sobre as ameaças atuais e os processos vigentes de licenciamento em que estão envolvidos e sobre as dificuldades de realmente serem ouvidos: a pavimentação da Rodovia BR-156; a construção da Pequena Central Hidrelétrica Salto Cafesoca; o projeto de prospecção de petróleo na foz do Amazonas; garimpo; entre outros. Destacaram, ainda, a importância de explicitar a relação que estabelecem com os *karuanas* ou "donos", seres com os quais compartilham o território e que, portanto, também devem ser levados em consideração em processos de consulta.

IMPACTOS DA PANDEMIA NA GESTÃO SOCIOAMBIENTAL

O impacto da pandemia da covid-19 foi bastante significativo nas TIs do Oiapoque, tanto na saúde da população quanto em suas formas de organização comunitária e gestão territorial. Em 2020, foram registrados aproximadamente 20 óbitos e mais de mil casos positivos para covid-19 entre os indígenas do Oiapoque. Mas o vírus não foi a única ameaça. Atividades ilícitas (especialmente o garimpo) intensificaram-se no período da pandemia, especialmente a partir da conjuntura política, da fragilização da atuação dos órgãos governamentais de fiscalização e da redução dos espaços de governança interna (principalmente a suspensão das reuniões gerais e assembleias), devido aos protocolos sanitários de não aglomeração. O aumento dos focos de extração ilegal de ouro dentro das TIs durante a pandemia tornou-se um problema que as comunidades indígenas vêm enfrentando, trazendo novos desafios à proteção territorial na região.

Outra adversidade enfrentada foi a tentativa de realizar processos de consulta de forma virtual, desrespeitando o Protocolo de Consulta e violando o princípio do direito à participação. Em junho de 2020, sem que houvesse uma tratativa oficial e conhecimento prévio das lideranças indígenas envolvidas, o Departamento Nacional de Infraestrutura de Transportes (Dnit) realizou uma reunião via *Web* com o objetivo de solicitar a nulidade de condicionante para a obra de pavimentação da Rodovia BR-156, que cruza a TI Uaçá. Sem internet nas aldeias, os representantes indígenas tiveram que se deslocar a outros locais para participarem, inclusive se expondo à contaminação pelo novo coronavírus. Sob pressão, a representante indígena consentiu com o pedido, mas a repercussão da decisão foi recebida de maneira negativa pelas lideranças indígenas, gerando conflitos internos e a solicitação ao MPF da revogação do acordo.

A morte, em anos recentes, de lideranças que tiveram papel central na organização política interna e na condução de processos de gestão territorial no Oiapoque levou jovens lideranças a assumirem o protagonismo de enfrentar os desafios atuais e crescentes, num contexto político nacional fortemente negativo para os povos indígenas e seus territórios. *(julho, 2022)*

ASSOCIAÇÃO DAS MULHERES INDÍGENAS EM MUTIRÃO

A Associação das Mulheres Indígenas em Mutirão (Amim) foi fundada em 2006, a partir do fortalecimento da organização coletiva das mulheres indígenas Karipuna, Palikur, Galibi Marworno e Galibi Kali'nã em Oiapoque (AP). Desde o princípio, a Amim funcionou como uma articulação política, representando as mulheres indígenas e mantendo assembleias periódicas de reunião das associadas.

O caráter administrativo que atualmente caracteriza a Amim se consolidou no ano de 2016, a partir da reestruturação que ocorreu na associação. Desde então, a Amim passou a gerir projetos próprios, com foco na valorização dos conhecimentos tradicionais, no fortalecimento do protagonismo das mulheres indígenas e no apoio a iniciativas sustentáveis de geração de renda.

Desde 2018, a Amim participa da Rede de Cooperação Amazônica (RCA) e participa do coletivo de organizações indígenas do Oiapoque, atuando junto ao Conselho dos Caciques dos Povos Indígenas do Oiapoque (CCPIO). Em 2019, realizou um grande encontro de mulheres indígenas da Amazônia, reunindo 200 mulheres de mais de 20 povos indígenas. Entre 2020 e 2021, a Amim apoiou as comunidades no enfrentamento à pandemia, com ações nas aldeias voltadas à segurança alimentar, melhoria da saúde e fortalecimento da autonomia econômica das mulheres indígenas.

Além de fortalecer o protagonismo das mulheres indígenas local e regionalmente, a Amim tem sido um exemplo na gestão administrativa e execução de projetos próprios. (julho, 2022)

NOTAS

[1] Sobre a atuação do SPI na região do Oiapoque, ver: ALMEIDA, C. S.; OLIVEIRA, L. R.; OLIVEIRA, L. R. "No tempo do SPI": proteção e indianidade entre os povos indígenas de Oiapoque. *Tellus*, v. 19, n. 38, p. 79-102, 2019.

[2] Fruto de parceria entre CCPIO, Empresa Brasileira de Pesquisa Agropecuária (Embrapa), Instituto de Extensão, Assistência e Desenvolvimento Rural do Amapá (Rurap), Fundação Nacional do Índio (Funai), The Nature Conservancy (TNC) e Instituto de Pesquisa e Formação Indígena (Iepé).

[3] A deputada federal Joenia Wapichana tem promovido reuniões com representantes indígenas com o objetivo de propor um projeto de lei na Câmara dos Deputados para o reconhecimento do trabalho desenvolvido pelos agentes ambientais indígenas.

COVID-19

Enfrentamento à Pandemia no Amapá e Norte do Pará

Juliana Rosalen | Antropóloga, Coordenadora do Programa Wajãpi/Iepé

Mariana Maleronka Ferron | Médica, FICSAE, sócia e consultora do Iepé

QUANDO OS PRIMEIROS CASOS DE COVID-19 COMEÇARAM A OCORRER NO BRASIL, OS POVOS INDÍGENAS NÃO TINHAM DIMENSÃO DA GRAVIDADE DA SITUAÇÃO QUE ESTAVA POR VIR. O AUMENTO DA MORTALIDADE, SOMADO AO DESCONHECIMENTO A RESPEITO DA DOENÇA, PRODUZIU COMO EFEITO A REMEMORAÇÃO DAS GRANDES EPIDEMIAS QUE HISTORICAMENTE ASSOLARAM ESTES POVOS

Diante desta situação e da inércia do governo em reconhecer e delinear políticas específicas voltadas ao enfrentamento da pandemia, diversos povos construíram estratégias locais para o controle da Covid-19, buscando apoio e informações junto a suas instituições parceiras. A ausência de uma política pública clara, a falta de dados disponíveis e os problemas de comunicação foram marcantes durante toda a pandemia e impactaram as ações dos povos indígenas e seus parceiros, quanto à elaboração de planos de enfrentamento adequados (Abrasco, 2021). Outros desafios se somam a estes: a dimensão territorial da ação e a heterogeneidade dos territórios. Na região vivem cerca de 12 povos, em seis Terras Indígenas (TIs) diferentes, com realidades distintas que vão desde áreas urbanizadas até locais remotos de difícil acesso.

Apesar dessas dificuldades, e com a transmissão comunitária da Covid-19 se alastrando no interior das Terras Indígenas, as organizações Apina, Awatac, CCPIO, Apiwa e Apitxikati, no início de 2020, solicitaram suporte ao Instituto de Pesquisa e Formação Indígena (Iepé), para construção conjunta de um plano emergencial de enfrentamento à covid-19. O Iepé intensificou diferentes articulações interinstitucionais para elaborar e implementar um plano de enfrentamento e apoiar os povos indígenas da região nas ações de prevenção, formação técnica dos profissionais e assistência, bem como em relação a segurança alimentar e repasses atualizados de informações. Estas ações exigiram abordagens específicas e culturalmente adequadas frente a diversidade de povos indígenas, históricos de contato e contextos distintos.

As ações do Plano Emergencial foram discutidas e pactuadas com as organizações indígenas e com o Distrito Sanitário Especial Indígena (Dsei) do Amapá e Norte do Pará. Também foram realizadas pactuações pontuais com a Secretaria Especial de Saúde Indígena (Sesai) do Ministério da Saúde (MS) e com as Coordenações Regionais da Funai do Amapá e Norte do Pará e de Oiapoque.

O plano de enfrentamento implementado nesta região teve três etapas. A primeira diz respeito ao início da pandemia, onde pouco se sabia sobre a doença e seus efeitos. A segunda fase foi o momento de explosão dos casos, aumento dos óbitos e superlotação do sistema de saúde. Já a terceira fase foi caracterizada a partir do início das ações de vacinação. As ações de comunicação efetuadas foram transversais e ocorreram no decorrer das três fases.

Para a execução do Plano, o Iepé contou, inicialmente, com financiamento proveniente de remanejamento de recursos de diversos projetos, mas a partir da segunda etapa, dispôs de apoio financeiro emergencial da Embaixada da França.

PRIMEIRA ETAPA

Retorno de indígenas para TIs, estratégias locais de isolamento e instalação de Barreiras Sanitárias

Os primeiros óbitos indígenas confirmados no Brasil foram notificados em março de 2020 (Sesai, 2020). No estado do Amapá, o primeiro caso confirmado de covid-19 aconteceu em abril de 2020, sendo que a pandemia se alastrou rapidamente em Macapá, Oiapoque e regiões do entorno das Terras Indígenas. Em maio de 2020 houve a primeira morte indígena, notificada pela Associação dos Povos Indígenas do Brasil (Apib) (Ministério da Saúde, 2022; Abrasco, 2021).[1]

Neste contexto, a demanda inicial apresentada pelos diferentes povos da região foi a de apoio ao retorno, em segurança, das pessoas que estavam nas cidades para as Terras Indígenas.

ESTRATÉGIAS LOCAIS DE ENFRENTAMENTO À PANDEMIA

Em março de 2020, a pandemia trouxe para os Wajãpi e outros povos da região a rememoração das grandes epidemias e o medo de novas perdas de parentes. Os diferentes povos revisitaram então estratégias de enfrentamento das epidemias em suas memórias e muitas famílias optaram por se refugiar em aldeias distantes ou em regiões de difícil acesso. Em março de 2020, os Wajãpi construíram um portão na BR 156 para controlar a entrada e saída da Terra Indígena Wajãpi, a fim de evitar a disseminação da Covid-19. No Oiapoque, o Conselho dos Caciques dos Povos Indígenas do Oiapoque (CCPIO) também instalou uma barreira sanitária no km18, na aldeia Manga. Além disso, durante toda a pandemia, os povos indígenas mobilizaram conhecimentos e práticas locais tanto para amenizar os sintomas de quem adquiriu a doença, quanto para fortalecimento dos corpos.

© ACERVO PW/IEPÉ

Portão na BR 156 construído pelos Wajãpi para servir como barreira sanitária.

Além de viabilizar o transporte (terrestre, aéreo e fluvial), o Iepé – com apoio de consultoras médicas – elaborou um protocolo de isolamento para diminuir a possibilidade de transmissão da Covid-19 dentro das comunidades. Concomitante a essa medida, era importante diminuir a circulação de pessoas nos Postos de Saúde e Polos Base, locais com maior probabilidade de contaminação. Foram então distribuídos kits com medicamentos básicos, oxímetros e orientações para cuidados iniciais de saúde para os Agentes Indígenas de Saúde (AIS).

Neste momento ainda não havia disponibilidade de testes e a conduta estava centrada na avaliação de pessoas sintomáticas, no acompanhamento e nas orientações sobre isolamento, divulgadas para as equipes de saúde, AISs e internamente às equipes dos programas do Iepé. A disseminação de informações foi realizada por meio da elaboração de protocolo físico, reuniões virtuais, áudios de WhatsApp, cards e radiofonia, de forma a fornecer maior agilidade e alcance da transmissão.

Outra parte fundamental desta etapa foi tentar garantir a segurança alimentar das pessoas com a distribuição de cestas básicas ou farinha, uma vez que, muitas comunidades, surpreendidas pela pandemia, se isolaram em regiões nas quais não haviam feito roças ainda. Também foram garantidos itens básicos de higiene, como sabão e álcool gel.

Nesta etapa as comunidades também instalaram, por conta própria, barreiras sanitárias (*ver box*) para restringir a circulação de pessoas nas TIs.

SEGUNDA ETAPA

Aprimoramento dos Protocolos Sanitários com estratégia de testagem, aumento da capacidade instalada para atendimento à saúde, reforço das atividades de comunicação, reforma da Casai Oiapoque

Em maio de 2020, com um quadro de avanço da pandemia, os casos acumulados no estado Amapá já passavam de 10.000 e os óbitos eram mais de 150 (Ministério da Saúde, 2022). A rede de assistência à saúde no Amapá, já precária antes da pandemia,[2] entrou em colapso. A baixa capacidade assistencial, somada ao preconceito e à invisibilidade dos povos indígenas nas políticas de saúde tornaram o cenário ainda mais grave.

Outra preocupação marcante neste momento foi a disseminação de notícias falsas (*fake news*), incluindo informações veiculadas por parte dos órgãos governamentais e pelo próprio Presidente da República, gerando o que foi classificado por diversos autores como uma "*infodemia*" (Ferreira e col., 2020). Esta situação reforçou ainda mais a necessidade de um plano de comunicação contínuo e voltado a cada um dos povos indígenas.

Para a estruturação desta nova etapa, era fundamental um financiamento específico, já que os recursos remanejados não seriam suficientes para a dimensão e necessidade das demandas. Com o pré-projeto delineado, o Iepé conseguiu suporte da Embaixada da França para o aprimoramento de um Plano de Enfrentamento à covid-19 nas Terras Indígenas do Amapá e Norte do Pará.

As ações foram desenvolvidas nas TIs Uaçá, Juminã, Galibi, Wajãpi, Rio Paru D'Este e Parque Indígena do Tumucumaque no Amapá e norte do Pará, onde vivem os povos Aparai, Galibi Ka'lina, Galibi Marworno, Karipuna, Kahyana, Akuriyo, Txikiyana, Katxuyana, Palikur, Tiriyó, Wajãpi e Wayana. Nesta etapa também foi fornecido um suporte para reforma da Casai Oiapoque,[3] que sem estrutura, viu um aumento no fluxo de pacientes e agravamentos.

A ausência de uma política de testagem e rastreamento de contatos foi, sem dúvida, um dos fatores responsáveis pela disseminação da epidemia. Até agosto de 2021, o país adotava apenas a testagem de sintomáticos respiratórios como estratégia de monitoramento da covid-19 (Ritchie e col, 2020). A baixa capacidade instalada dos laboratórios públicos e a falta de investimentos neste sentido, mesmo em locais como São Paulo e Rio de Janeiro, tornaram a realização de testes de RT-PCR uma política inviável, dificultando ainda mais a detecção da doença em suas fases iniciais, bem como o fornecimento de orientações adequadas de isolamento e prevenção (Fiocruz, 2020).

Neste momento, os únicos testes disponibilizados pelo Dsei Amapá para profissionais de saúde e pacientes, ainda assim em quantidade insuficiente, eram os testes de anticorpos. Em junho de 2020, chegaram ao Brasil os primeiros testes rápidos de antígeno, que foram prontamente adotados pelo Iepé para a avaliação de sintomáticos nas TIs, retorno de indígenas às suas aldeias e entrada de profissionais de saúde e de suporte. Para a implementação da estratégia de testagem, foram realizadas ações de capacitação e treinamento de profissionais de saúde, incluindo os AIS, além da elaboração de protocolos de vigilância e testagem.

Com o colapso dos sistemas de saúde locais, tornou-se evidente que seria necessária a implementação de iniciativas para ampliar a capacidade dos Polos Base e Postos de Saúde nas TIs para o atendimento de casos leves e moderados de covid-19 e outras patologias. Com o suporte do Iepé e da ONG Expedicionários da Saúde, foi pactuado com as associações indígenas locais e com o Dsei Amapá e Norte do Pará a instalação de cinco Unidades de Atenção Primária à Saúde Indígena (Uapi), respeitando a distribuição populacional e de equipes de saúde nas diferentes regiões.[4]

Além da instalação das Uapis, foi elaborado um novo protocolo de atendimento, incorporando as novas evidências sobre o manejo de casos. Para o treinamento das equipes locais para o uso da Uapis e manejo de casos, foram realizadas ações de capacitação presencial nos territórios indígenas com a participação de consultores médicos do Iepé.

TERCEIRA ETAPA

Reforma da Casai Macapá e de postos de saúde, intensificação das ações de comunicação e suporte para vacinação

Reforma e doação de equipamentos à Casai Macapá e postos de saúde nas TIs, capacitação de profissionais de saúde

Na terceira fase do projeto, foi possível avançar na reforma e adequação da Casai Macapá, que por suas condições precárias e deficiências na assistência, foi alvo de questionamento das organizações indígenas junto ao MPF do Amapá. A Casai foi equipada com colchões napados, bebedouros, pedais de álcool gel, redes, mosquiteiros, cobertas, lençóis, mesas, cadeiras, materiais de higiene e de escritório, etc. Além disso, foram realizadas reformas e instalações de equipamentos em Postos de Saúde nas Terras Indígenas do Oiapoque, do Tumucumaque e Wajãpi. Houve também apoio para obtenção de insumos, EPIs, testes rápidos e medicamentos para o Dsei. Também foram reforçadas as ações de capacitação local em todos os territórios indígenas.

Suporte às ações de vacinação

A prioridade dos povos indígenas em relação à vacinação para à covid-19, fruto da pressão realizada pelas organizações indígenas por meio da Arguição por Descumprimento de Preceito Fundamental (ADPF) 709, foi sem dúvida um avanço significativo para o enfrentamento da pandemia. Apesar de serem incluídos nos grupos iniciais, a inexistência de um plano estruturado e de uma política de comunicação adequada para o combate à disseminação de notícias falsas ameaçaram a estratégia em todo o território nacional, não sendo diferente no caso dos povos indígenas do Amapá e Norte do Pará. (Abrasco, 2021)

Com o objetivo de minimizar este impacto, diversos materiais sobre vacinação foram produzidos para os diferentes contextos culturais, além de visitas de consultores médicos à campo para a discussão diretamente com as comunidades.

Material sobre Covid-19 na língua tiriyó. Acervo Programa Tumucumaque/Iepé.

A cobertura vacinal do Dsei Amapá e Norte do Pará foi relativamente alta para maiores de 18 anos (82% de pessoas com duas doses), apesar de alguns grupos terem continuado a recusar a vacina. Infelizmente, a vacinação com a terceira dose ou dose adicional não caminhou na mesma velocidade, sendo que em maio de 2022 pouco mais de 50% da população havia sido vacinada. Além disso, em maio de 2022, só 25% das pessoas entre 11 e 17 anos haviam tomado as duas doses de vacina e 0% das crianças entre 5 e 11 anos (Sesai, 2022).[5]

AÇÕES TRANSVERSAIS DE COMUNICAÇÃO

As ações de comunicação sobre o projeto, seu alcance e resultados foram focadas em duas estratégias: primeiramente, com foco nas comunidades indígenas e, em segundo lugar, com foco ampliado para a sociedade regional como um todo.

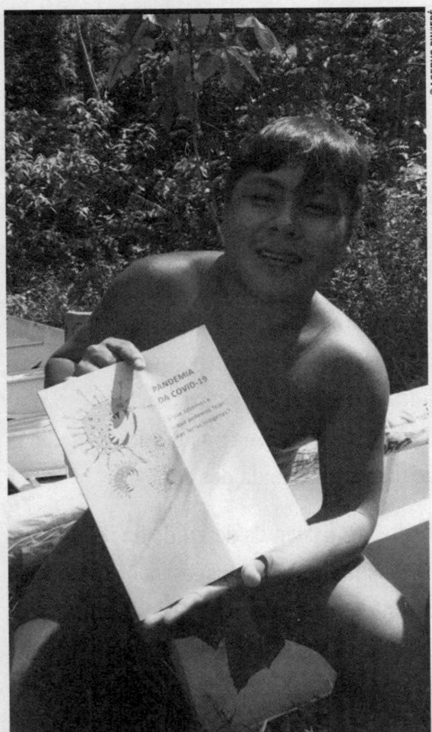

Distribuição de cartilha sobre a Covid-19 produzida pelo Iepé para os povos do Amapá e Norte do Pará.

Para a comunicação com foco nos povos indígenas, o Iepé investiu na divulgação de informações qualificadas sobre as medidas de enfrentamento, prevenção e combate ao novo coronavírus, por meio da elaboração de materiais informativos específicos para os povos indígenas do Amapá e Norte do Pará. Foram elaborados cartazes, cartilhas, cards para redes sociais, na língua portuguesa e nas línguas indígenas, e também foram elaborados vídeos, áudios e também uma animação audiovisual bilíngue, para difusão nas redes sociais e nas Terras Indígenas.

Esses materiais foram distribuídos juntamente com outros insumos para serem divulgados nas aldeias por representantes das organizações, lideranças, agentes de saúde e professores indígenas. Os materiais impressos e virtuais circularam amplamente pelas aldeias da região, bem como para comunidades indígenas de outras regiões da Amazônia. Além disso, reuniões virtuais sistemáticas foram realizadas com os AIS e lideranças locais, para transmissão de informações atualizadas sobre o estado da pandemia, cuidados, etc.

Para a comunicação com foco ampliado, o Iepé adotou a publicação de boletins epidemiológicos periódicos com as informações sobre os dados das infecções e óbitos nas Terras Indígenas, visando promover uma divulgação ampliada sobre a situação da

©HENRIQUE S. PASSOS

Capacitação dos agentes de saúde wajãpi para realização de teste de Covid-19.

pandemia nesses territórios. Além disso, a comunicação sobre as ações realizadas e estratégias dos povos indígenas foram divulgadas por meio de matérias no site do Iepé e nas demais redes sociais (facebook, instagram e whatsapp).

REFLEXÕES SOBRE OS ACONTECIMENTOS

As ações empreendidas para mitigar os efeitos da pandemia para os povos indígenas do Amapá e Norte do Pará certamente tiveram impacto na redução da incidência de casos, aumento da cobertura vacinal e consequentemente diminuição da mortalidade, embora a sua magnitude seja de difícil mensuração. De acordo com os dados da Sesai, houve 15 óbitos de indígenas no Dsei Amapá e Norte do Pará, embora estes dados sejam questionados pelas organizações indígenas locais. Segundo os dados oficiais – tardios e subnotificados –, a mortalidade e a incidência de casos nas populações indígenas destas regiões não foram tão impactantes em comparação a outras TIs (Sesai, 2022).

Porém não é possível pensar a pandemia como um processo linear, pois além de ser marcada por incertezas, dúvidas, conflitos e angústias, houve intensificações e retraimentos, rememorações e experimentações. Porém o diálogo permanente e a relação de confiança entre as comunidades indígenas e o Iepé, possibilitaram que as ações de apoio pudessem ser negociadas e implementadas.

Destacamos aqui alguns pontos que merecem uma maior reflexão. Apesar da atuação fundamental de toda a sociedade civil em situações extraordinárias, como certamente foi a pandemia de covid-19, as Organizações Não Governamentais (ONGs) têm um papel limitado. A ausência de uma estratégia de comunicação contínua da Sesai direcionada aos diferentes povos, somada à disseminação de notícias falsas pelos próprios órgãos governamentais, contribuiu fortemente para a recusa à vacinação em várias comunidades. A demora na divulgação de dados, a desconfiança em relação a sua confiabilidade e a dificuldade quanto ao uso efetivo dos testes, mesmo quando disponíveis - já que não se tornaram uma política de Estado - foi outro ponto que tornou complexo o monitoramento da pandemia e a adoção de medidas eficazes de controle de disseminação da doença.

Apesar do treinamento dos profissionais de saúde do Dsei para o uso dos equipamentos instalados nas Uapis, estes parecem não ter sido empregados a contento e sua manutenção contínua não é garantida no orçamento do Dsei. A divergência de orientações do Dsei e da Secretaria Estadual de Saúde quanto ao manejo dos casos fez com que as ações não fossem uniformes, havendo, de acordo com as informações das organizações indígenas, a adoção de práticas não recomendadas como o tratamento precoce com Ivermectina.

Outra reflexão a ser realizada é o quanto a implementação deste e outros projetos da sociedade civil produziram invisibilidade da omissão e das faltas do Estado no enfrentamento à pandemia junto aos povos indígenas. Podemos afirmar que sem o apoio do terceiro setor, a situação teria sido muito mais trágica e crítica para muitos povos indígenas no Brasil, porém não parece ter ficado claro para a sociedade que o Estado não cumpriu o seu papel.

As contribuições das ONGs e das organizações indígenas durante a pandemia explicitaram o descaso e o descompromisso do atual do governo com a saúde indígena, bem como a relevância do envolvimento dos povos indígenas nos processos de construção de políticas voltadas às suas comunidades. Se isto já está previsto na Política Nacional de Atenção à Saúde dos Povos Indígenas (PNASPI), é preciso recuperar o espaço fundamental para o exercício autônomo do controle social. *(julho, 2022)*

NOTAS

[1] Abrasco - Associação Brasileira De Saúde Coletiva. Nota técnica: O enfrentamento da pandemia no contexto dos povos indígenas: aspectos da resposta governamental - Versão preliminar encaminhada para a CPI da covid-19. Rio de janeiro, 31 de agosto de 2021.Disponível em: https://www.abrasco.org.br/site/gtsaudeindigena/wp-content/uploads/sites/12/2021/12/FINAL_nota-tecnica--GT-saude-indigena-CPI-31-08.pdf.

[2] SESAI. Boletim Epidemiológico de covid-19. Brasília, 24 de março de 2020. Disponível em: http://www.saudeindigena.net.br/coronavirus/pdf/24_03_20_Boletim%20epidemiol%C3%B3gico%20SESAI%20sobre%20COVID19.pdf

[3] As Casas de Apoio à Saúde Indígena (Casai) são locais administrados pelos Dsei onde permanecem pacientes e familiares quando é necessário sair das aldeias para realizar tratamentos na cidade. Durante a pandemia, o alto fluxo de pacientes e a inadequação dos espaços para o manejo e isolamento dos casos fez com que estes equipamentos se tornassem locais sensíveis para a disseminação do vírus.

[4] As Unidades de Atenção Primária à Saúde constituíram uma estratégia elaborada em parceria pela Organização Expedicionários da Saúde, Projeto Xingu e Projeto Zo´e, sendo posteriormente adotadas pela Sesai como estratégia de enfrentamento da pandemia. Foram montadas em equipamentos locais, como postos de saúde e escolas, e contavam com concentradores de oxigênio, redários, local para isolamento de pacientes, medicamentos e insumos para o manejo de casos leves e moderados de Covid-19.

[5] É importante destacar que, de acordo com os dados da Sesai, houve 15 óbitos no Dsei Amapá e Norte do Pará, sendo que 8 deles em 2022, o que pode ter relação com a baixa cobertura de dose de reforço e dose adicional para a população indígena da região (Sesai, 2022).

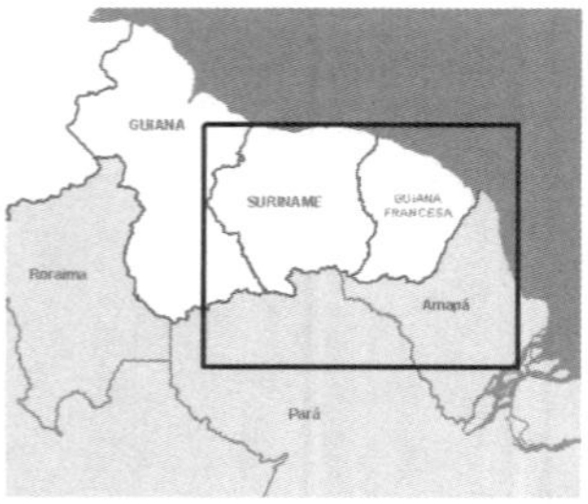

SURINAME

Através da Fronteira Brasil-Suriname

Max Ooft | Oficial de políticas, Vids

COM UMA POPULAÇÃO DE CERCA DE 22.000 PESSOAS, OS POVOS INDÍGENAS NO SURINAME SEGUEM SUA BATALHA POR AUTODETERMINAÇÃO E DIGNIDADE, MESMO EM UM CONTEXTO DE COMPLETA FALTA DE RECONHECIMENTO DE SEUS DIREITOS COLETIVOS

"**O**s povos indígenas não conhecem fronteiras". Esta é uma afirmação ouvida em várias partes do mundo. A história colonial fez fronteiras. Para os povos indígenas, as fronteiras estatais dividiram artificialmente seu território ancestral único e comum. Para além disso, os povos indígenas podem ter perspectivas diferentes de tempo e espaço. Por exemplo, alguém que está habituado a viver confinado aos limites de uma porção de terra de poucos metros quadrados na área urbana pode classificar o modo de vida indígena como nômade ou não sedentário, mas, em uma extensa área geográfica bem conhecida intergeracionalmente, esse modo de vida pode também ser descrito como uma vida coletiva. Um povo ou comunidade indígena pode se estabelecer por determinado período, conforme as circunstâncias assim exigirem, em diferentes localidades, sempre nesse mesmo e bem conhecido território ancestral. Como tal, o território é também uma grande "porção de terra", não definida pelos humanos, ao abrigo da legislação do direito à propriedade privada, mas determinada, regulada e transformada pelas leis da natureza. Do mesmo modo, o conceito de tempo relaciona-se com a natureza: quando as árvores *mopé* florescem, as pessoas de um lado da montanha sabem que logo podem esperar seus familiares vindos do outro lado da montanha, então começam a caçar e a colher mais para terem alimento suficiente para receber seus parentes.

O desenho artificial das fronteiras fez com que esses mesmos povos indígenas vivam atualmente em estados diferentes e circunstâncias distintas. Estilos de vida, governos, legislação mudaram ao longo do tempo, e os povos indígenas também tiveram de se adaptar a essas mudanças. Nem sempre essas alterações foram bem-vindas ou benéficas. Vários povos indígenas foram extintos ou foram obrigados a se deslocar e, em todos os casos, discriminados e marginalizados da formulação de políticas e da tomada de decisões, além de terem de viver em padrões inferiores aos das sociedades convencionais. Isso, infelizmente, não tem sido diferente para além das fronteiras.

Os povos indígenas no Suriname, também estão presentes no Brasil, sendo os mais populosos os Trio (Tiriyo/Tareno), Wayana, Kali'na (Karib) e Lokono (Arawak). Entre os menos populosos, temos os Akoerio, Warao, Apalai, Wai-Wai, Okomoyana, Mawayana, Tunayana e Sikiiyana. Há também descendentes dos Piyanakoto, Katuena, Pireuyana, Alamayana, Maraso, Awayakule, Sirewu, Upuruy, Sarayana, Kasjoeyana, Murumuruyo, Kukuyana e Sakëta.

Os tempos modernos afetaram fortemente o estilo de vida dos povos indígenas. Hoje em dia, os Kali'na e Lokono vivem principalmente na zona costeira da planície do Suriname, em aldeias espalhadas de leste a oeste. Os Trio e os Wayana vivem nas Terras Altas do Sul do Suriname, também em aldeias espalhadas de leste a oeste. Entre essas regiões, vivem os Maroon, povos tribais descendentes de escravizados africanos que conseguiram escapar da escravidão e estabelecer comunidades no interior, em regiões habitadas por outros povos indígenas e tribais, que muitas vezes os ajudavam e ensinavam a sobreviver, adotando suas ferramentas e técnicas. No extremo sul do Suriname não existem estradas, e essas regiões só são acessíveis por transporte aéreo ou fluvial, o que torna as aldeias trio e wayana bastante isoladas em comparação às aldeias costeiras, situação que impõe dificuldades ainda maiores em termos de educação, cuidados de saúde, energia, telecomunicações e serviços financeiros. A falta de infraestrutura nessas regiões, por outro lado, também impediu invasões como as que aldeias da planície sofreram por causa do desmatamento ilegal, da exploração mineral, da grilagem de terras, de empreendimentos imobiliários

© FERNANDA LIGABUE/INTERCEPT BRASIL, 2019

Região do extremo Norte do Pará, na fronteira com o Suriname.

e de indústrias extrativistas, evitando também as influências socioculturais decorrentes dessas ações.

Os povos indígenas correspondem a cerca de 22.000 pessoas, ou aproximadamente 4% da população total do Suriname, que possui algo em torno de 600.000 no total. O Suriname é um país multiétnico, em que os *hindustâni* (descendentes de trabalhadores contratados da Índia, que foram trazidos para o Suriname no século XIX, após a abolição da escravatura) formam o maior grupo populacional (27,4% da população). De acordo com o censo realizado em 2012, os Maroons são o segundo maior grupo étnico (21,7%); os crioulos, que são afrodescendentes miscigenados, formam 16% da população; os javaneses (descendentes de trabalhadores contratados indonésios) são 14%; os mestiços, que não se identificam com qualquer grupo étnico específico, representam 13%; os povos indígenas ("ameríndios") somam 3,8%; e os chineses, 1,5%. O Suriname tem um sistema de governo democrático e semipresidencial, com eleições parlamentares realizadas de cinco em cinco anos. É o parlamento unicameral (De Nationale Assemblee, em holandês, língua oficial do Suriname) que elege o presidente e o vice-presidente, e não o voto direto da população. O sistema jurídico é em grande parte herdado do período colonial, isto é um sistema jurídico de direito civil holandês-romano.

Após sua independência da Holanda, em 1975, o Suriname sofreu dois golpes militares: em 1980 e em 1990, depois de um curto período com um governo civil eleito em 1987, após a adoção de uma nova Constituição. Um governo civil foi eleito em 1991, constituído por uma coligação dos "velhos" partidos políticos anteriores aos golpes, que se uniram contra o recém-estabelecido NDP, do ex-líder militar Desiré Bouterse. A Constituição foi revista novamente em 1992 – pela última vez até a presente data. Um acontecimento importante foi a "Guerra Interior", entre 1986 e 1992, com lutas armadas entre o regime militar e grupos armados do interior, incluindo o Comando da Selva, dos Maroons, e o Tucajana Amazones, dos povos indígenas. Durante esse período, muitas das já escassas infraestruturas e serviços públicos foram destruídos, levando a períodos prolongados de ausência de educação, cuidados de saúde e outros serviços públicos no interior.

Para os povos indígenas e tribais (Maroon), a guerra também levou à perturbação da vida em muitas aldeias, especialmente nas Terras Baixas do Suriname. As autoridades tradicionais eram frequentemente marginalizadas pelos comandantes militares; os aldeões fugiram para outras aldeias em áreas seguras, inclusive na Guiana Francesa e em áreas urbanas como Paramaribo e Wanica. A Guerra Interior terminou com um acordo de paz entre o governo e os principais grupos armados do interior, sob a supervisão da Organização dos Estados Americanos (OEA).

Após a assinatura do acordo de paz, o conselho consultivo indígena da Tucajana Amazones tornou-se a Organisatie van Inheemsen in Suriname (OIS, Organização dos Indígenas do Suriname) e, quase simultaneamente, em 1992, a Vereniging van Inheemse Dorpshoofden in Suriname (Vids, Associação dos Líderes das Aldeias Indígenas do Suriname) foi criada para restaurar as estruturas tradicionais de governança e normalizar a vida das aldeias. Esse objetivo foi alcançado e, atualmente, a Vids é o órgão representativo e coordenador dos povos indígenas no Suriname, incorporando as autoridades tradicionais de todas as 52 aldeias indígenas dos povos Kali'na, Lokono, Trio e Wayana.

Embora o nome sugira se tratar de uma "associação" que opera como organização não governamental (ONG), a Vids salienta que não é uma ONG, mas, sim, compreende a totalidade, o instituto das autoridades tradicionais de todas as aldeias indígenas no Suriname. Por isso, a Vids nunca se registrou como "associação", conforme a legislação das ONGs, explicando que isto a sujeitaria a decisões governamentais e legislativas, como a dissolução por ordem do presidente, o que seria contrário ao direito à autodeterminação. As autoridades tradicionais indígenas não são legitimadas pela legislação surinamesa, que não reconhece os povos indígenas e seus direitos coletivos. A Constituição sequer menciona os povos indígenas. Legalmente falando, os povos indígenas e as autoridades tradicionais "não existem" ao abrigo da lei. Devido à necessidade de ter algo em termos de uma entidade legal, a Vids criou em 2002 um "Bureau Vids", sob a forma de uma fundação, com personalidade jurídica e que pode, portanto, agir em nome da Vids quando se trata de assinar contratos e fazer transações bancárias, por exemplo. O Bureau Vids não funciona, na prática, como uma entidade separada: ele é gerido pelo mesmo Conselho Vids e funciona como seu secretariado técnico e administrativo.

O reconhecimento legal dos direitos dos povos indígenas é o principal objetivo da Vids. O Suriname não tem legislação sobre os direitos dos povos indígenas; os direitos territoriais indígenas não são reconhecidos e todas as terras sem título de propriedade individual comprovado são consideradas de domínio estatal. Isso permite que grandes áreas sejam arrendadas por longo prazo pelo governo a indivíduos (ricos) e empresas ou, ainda, concedidas para mineração, exploração madeireira e outras indústrias extrativistas, independentemente de serem de territórios indígenas ou territórios tribais ancestrais – sem qualquer obrigação formal de consulta ou consentimento das comunidades afetadas. Resta às aldeias protestar e sofrer com a destruição de seu território e seus meios de subsistência, enquanto assistem à expropriação de seus recursos naturais e à poluição e devastação de seu ambiente – sem qualquer possibilidade de impedimento legal no país.

O Suriname votou a favor da Declaração das Nações Unidas sobre os Direitos dos Povos Indígenas (Undrip) em 2007, além de ter recebido várias sentenças da Corte Interamericana de Direitos Humanos – inclusive nos casos do povo Saramaka vs. Suriname (2007) e dos povos Kaliña & Lokono vs. Suriname (2015) –, que obrigaram o país a reconhecer legalmente os direitos dos povos indígenas e tribais, incluindo seu direito à terra, à personalidade jurídica e à proteção jurídica de seus direitos coletivos de propriedade. Nada disso foi efetivado desde então, e os povos indígenas e tribais seguem desprotegidos por lei. Também não existe legislação ambiental abrangente; somente em 2020 foi aprovada pela Assembleia Nacional uma Lei Ambiental Geral, com artigos focados principalmente na criação de uma agência ambiental nacional, substituindo o atual Nimos. Os requisitos existentes para estudos de avaliação de impacto ambiental e social são bastante frágeis, com critérios vagos e sem objetividade. A legislação sobre áreas protegidas remonta a 1954. A Lei Florestal também não oferece proteção, embora mencione as "florestas comunitárias", que não se refere a um título de propriedade ou posse, mas à regulação da exploração madeireira pelas comunidades, por meio da qual o governo pode controlar e monitorar seu rendimento monetário. Em suma, a situação legal dos povos indígenas e tribais no Suriname é muito pobre e totalmente inadequada diante das normas relativas aos direitos humanos de povos indígenas.

Ao longo dos anos, várias aldeias indígenas apoiadas pela Vids empreenderam seus próprios projetos de demarcação, em sua grande maioria por territórios e não por aldeias, porque é assim que as terras e territórios são tradicionalmente utilizados. Os mapas resultantes desses processos, juntamente com os relatórios narrativos sobre a pertença histórica e atual a esses territórios, têm sido utilizados, entre outros, em reclames e processos judiciais contra o Estado do Suriname perante a CIDH. A Vids também tem trabalhado bastante no fortalecimento do sistema de governança tradicional, inclusive por meio do apoio ao desenvolvimento da regulamentação da governança das aldeias, das transições pacíficas de liderança e, mais recentemente, dos protocolos regionais de consulta prévia, livre e informada; todos desenvolvidos pelas próprias aldeias e regiões. A Vids também tem defendido incansavelmente e trabalhado ativamente em propostas legislativas, que resultaram num Projeto de Lei sobre os Direitos Coletivos dos Povos Indígenas e Povos Tribais, aprovado pelo governo e submetido à Assembleia Nacional. A Assembleia Nacional, entretanto, ainda não pautou esse projeto de lei em discussão pública.

Há ainda muitos entraves, inclusive causados pelo governo, que vem tentando promover eleições nas aldeias – que causam divisões e são facilmente manipuláveis pelos políticos – no lugar do modelo consensual de governança tradicional indígena. Some-se a isso as organizações ambientais, que perseguem suas próprias agendas com financiamentos pouco transparentes; as agências e instituições governamentais, bilaterais e multilaterais de desenvolvimento, que financiam projetos insustentáveis de cima para baixo, beneficiando apenas alguns; as pessoas que criam fundações com personalidade jurídica própria governadas por dois ou três indivíduos e procuram financiamento usando o nome de povos indígenas etc. Mas os povos indígenas no Suriname não desanimam e seguem sua batalha por autodeterminação e dignidade. *(março, 2022)*

GERAL

TRF1 DETERMINA PRORROGAÇÃO DE CONTRATOS QUE GARANTEM SAÚDE EM ALDEIAS

O TRF1 acatou pedido urgente de tutela provisória do MPF e determinou a prorrogação da vigência dos contratos temporários da União, referente aos funcionários do DSEI/AP. O pedido permitirá que mais de 11.300 indígenas continuem a ter acesso a serviços de saúde. O prazo foi prorrogado por até 12 meses, a partir de 9 de julho de 2017. Para o procurador regional da República Felício Pontes, responsável pelo pedido, a prorrogação dos contratos temporários era inevitável para evitar a interrupção do serviço de saúde indígena, pois não há tempo hábil para a realização de contratações mediante convênios até a data que se encerra a vigência do atual contrato. *(MPF, 06/07/2017)*

SESAI E DSEI DEVEM GARANTIR TRATAMENTO DE ÁGUA

A Justiça Federal determinou à União que, por meio da Sesai e do DSEI, distribua produto eficaz para o tratamento de água às aldeias das TIs do Amapá e Norte do Pará. Os órgãos têm prazo de 90 dias para adotar providências. Em 120 dias, os sistemas de abastecimento de água devem passar por manutenção ou reforma para entrar em funcionamento. A decisão, em caráter liminar, atende a pedido do Ministério MPF/AP em ação civil pública ajuizada em agosto. *(MPF, 21/10/2017)*

POLÍTICAS DE FLORESTA SERÃO AMPLIADAS PARA EXTRATIVISTAS, INDÍGENAS E QUILOMBOLAS

Produtores extrativistas, quilombolas e indígenas poderão ter acesso às políticas públicas de investimento em área de floresta no Amapá. O Instituto Estadual de Florestas (IEF) realiza, desde maio, cadastros para o Convênio n° 787826/2013, com o Ministério de Desenvolvimento Social e Agrário (MDSA), que ampliará os atendimentos da demanda para as comunidades. Com isso, o financiamento de projetos individuais ou coletivos será permitido aos produtores que vão poder emitir a Declaração de Aptidão (DAP) e fazer serviços que gerem renda aos agricultores. Os técnicos do IEF percorreram diversas comunidades para fazer atendimentos, entre eles as TIs de Uaçá, Juminã e Galibi Kalinã, que abrange as etnias Galibi Marworno, Karipuna Galibi do Oiapoque e Palikur. *(J. Alves, G1 Amapá, 13/12/2017)*

COTA INDÍGENA: UEAP ACATA RECOMENDAÇÃO DO MPF

Após recomendação do MPF, encaminhada em abril, a Universidade do Estado do Amapá (Ueap) informou que adotará o procedimento de autodeclaração como comprovação documental aos candidatos que optarem por concorrer às vagas destinadas a indígenas. Também será dispensada a exigência de certidão de nascimento emitida pela Funai como documento obrigatório para matrícula nas vagas reservadas. As mudanças valem tanto para as seleções em andamento quanto para os próximos processos seletivos. *(MPF, 21/05/2018)*

TROCA DE CONHECIMENTOS E FORTALECIMENTO MARCAM INTERCÂMBIO DE MULHERES

Cantando e de mãos dadas, 66 mulheres indígenas, de diferentes gerações, caminhavam na estrada de terra que liga a aldeia Kwapoy'wyry ao Centro de Formação e Documentação Wajãpi (CFDW), na TI Wajãpi, no Amapá. o intercâmbio reuniu, entre os dias 22 e 24 de novembro, mulheres dos povos Aparai, Tiriyó, Txikiyana, Wayana e Katxuyana, da TI Parque do Tumucumaque, Karipuna, Palikur e Galibi-Marworno, do Oiapoque, Shanenawa e Katukina, do Acre, Sapará e Wapichana, de Roraima, Baré, do Amazonas, e Kaiabi, do Xingu, além das anfitriãs wajãpi. *(Iepé, 19/12/2018)*

PEIXES NO AMAPÁ CONTAMINADOS POR MERCÚRIO

Um novo estudo realizado no Amapá confirma a grave contaminação pelo mercúrio usado nos garimpos. Todos os peixes analisados na pesquisa apresentaram níveis detectáveis de mercúrio e 28,7% excederam o limiar de mercúrio da OMS para consumo humano. Pirapucu, tucunaré e trairão, espécies mais consumidas na região, são também as mais contaminadas. As coletas foram realizadas pelo Iepé, ICMBio, Instituto de Pesquisas Científicas e Tecnológicas do Amapá (IEPA) e WWF e analisada com ajuda da Fundação Oswaldo Cruz (Fiocruz). O estudo foi publicado na Revista Internacional de Pesquisa Ambiental e Saúde Pública. *(Iepé, 30/07/2020)*

MOSAICO DA AMAZÔNIA ORIENTAL RETOMA ENCONTROS PRESENCIAIS

Foi com entusiasmo que os encontros do Mosaico da Amazônia Oriental foram retomados. A última vez que os representantes das organizações que compõem o Mosaico se reuniram presencialmente havia sido em 2019, antes da pandemia da Covid-19. Mais de 50 pessoas estiveram presentes em Macapá (AP), em um espaço de diálogo e troca de atualizações de suas regiões e iniciativas. Fazem parte do Mosaico povos indígenas do Parque Indígena do Tumucumaque, Rio Paru D'Este, Wajãpi, agricultores familiares da Perimetral Norte, extrativistas, órgãos públicos, gestores de unidades de conservação e organizações da sociedade civil, como o Iepé. *(T. Herrero, Iepé, 14/06/2022)*

OIAPOQUE

EXPLORAÇÃO DE PETRÓLEO NA COSTA DO AP VAI AFETAR ROTINA DE QUATRO ETNIAS

Indígenas temem a exploração de petróleo na costa do Amapá prevista para acontecer a partir de 2018. A atividade deve provocar impactos ambientais em pelo menos quatro etnias que ficam ao norte do estado, acredita o professor Jacson Santos, de 42 anos, da tribo Karipuna. "No futuro vai ter um impacto muito grande para nossa aldeia porque a nossa terra fica bem na costa do Amapá, onde vai ser centralizada a plataforma de exploração do petróleo. A gente já está ficando preocupado com alguns impactos, como vazamento de petróleo, na vazante do oceano que entra na terra indígena impactando quatro etnias", disse o professor. Outra preocupação é a movimentação constante de aeronaves na região. Segundo o indígena, o barulho pode causar transtornos nas aldeias, que não estão acostumadas com sobrevoos. *(F. Figueiredo, G1 Amapá, 12/05/2017)*

APÓS TRÊS ANOS, MUSEU INDÍGENA TEM OBRAS RETOMADAS

Após três anos de serviços paralisados, a reforma do Museu Kuahí, localizado no município de Oiapoque, foi retomada. A Secretaria de Estado de Infraestrutura (Seinf) diz que a empresa contratada está atuando no local e que o prédio será entregue no início de 2018. *(Rita Torrinha, G1 Amapá, 03/10/2017)*

MORRE GERALDO LOD, PATRIARCA DOS GALIBI KALI'NA

É com grande pesar que o Iepé comunica o falecimento do Sr. Geraldo Lod, patriarca da aldeia São José, na última quarta-feira de cinzas, 14 de fevereiro de 2018. Sr. Geraldo coordenou na metade do século passado a expedição marítima que trouxe os Galibi Kali'na para o Brasil, fixando residência às margens do rio Oiapoque, conforme retratado na exposição "Eles Partiram para o País dos Brancos" (Museu Kuahí / Iepé, 2010). Fez parte de um pequeno grupo de grandes lideranças indígenas da região, intitulado, nos idos de 1970, "Conselho dos Caciques", responsáveis pelo início da luta política organizada dos Povos Indígenas de Oiapoque. Com sua partida encerra-se toda a memória viva de uma geração de grandes caciques que lutaram e asseguraram aos quatro povos indígenas da região – Karipuna, Galibi Marworno, Palikur e Galibi Kali'na – o usufruto exclusivo das terras indígenas que habitam e o respeito aos seus direitos. *(Iepé, 20/02/2018)*

© LUX VIDAL, 1998

Senhor Geraldo Lod tecendo uma cesta de arumã.

PROTOCOLO DE CONSULTA DOS POVOS INDÍGENAS DO OIAPOQUE É LANÇADO

No dia 23 de agosto de 2019, durante o VI Encontro dos Jovens Indígenas do Oiapoque, na Aldeia Santa Isabel, TI Uaçá, foram lançados a publicação e o vídeo do Protocolo de Consulta dos Povos Indígenas do Oiapoque. A elaboração do documento teve início em dezembro de 2017, em uma primeira reunião com a participação de representantes dos quatro povos, Karipuna, Palikur, Galibi Marworno e Galibi Kali'na, seguida por cinco oficinas regionais (Rio Oiapoque, Rio Uaçá, Rio Urukawá, Rio Curipi e BR156). A partir dessas oficinas, o texto foi trabalhado em uma comissão de redação e revisão do documento e, em fevereiro de 2019, o Protocolo foi aprovado em Assembleia. *(Iepé, 28/08/2019)*

UNIDADES DE ATENÇÃO PRIMÁRIA INDÍGENA NAS TIS DO OIAPOQUE

Entre julho e agosto, as UAPIs foram instaladas nas Aldeias Kumarumã, Kumenê, Manga e Kunanã e os profissionais de saúde estão capacitados para utilização dos equipamentos de oxigenoterapia. A instalação do Oiapoque é uma ação que integra o Plano Emergencial do Iepé de enfrentamento à Covid 19 na região do Amapá e norte do Pará, que vem sendo implementado em parceria com o DSEI Amapá e Norte do Pará, CR Macapá da Funai, CCPIO, organizações indígenas da região, Expedicionários da Saúde, Coiab e Greenpeace, com apoio da Embaixada da França, Embaixada da Noruega e Rainforest Foundation Norway. *(Iepé, 09/09/2020)*

PESQUISA COLABORATIVA RECEBE PRÊMIO RODRIGO MELO DO IPHAN

A pesquisa colaborativa "Peixes e pesca: Conhecimentos e práticas entre os Povos Indígenas do Baixo Oiapoque, Amapá" recebeu o Prêmio Rodrigo Melo Franco de Andrade, na categoria de Patrimônio Imaterial, do IPHAN, conforme divulgado neste dia 15 de dezembro. A equipe dos 19 pesquisadores indígenas do Museu Indígena Kuahí, com a participação da etnoecóloga Pauline Laval (do Museu de História Natural de Paris) e orientação da antropóloga Lux Vidal (USP e Iepé) realizou a pesquisa de campo, o processo de registro, transcrição e sistematização dos dados da pesquisa. *(Iepé, 16/12/2020)*

CONHEÇA O UASEI, A MARCA DO AÇAÍ DOS POVOS DO OIAPOQUE

O açaí produzido pelos indígenas do Oiapoque, conhecido pela sua boa qualidade, agora ganhou uma marca própria: o Uasei – O açaí dos povos indígenas do Oiapoque, que está sendo produzido por meio de uma batedeira instalada no Centro de Formação dos Povos Indígenas do Oiapoque, TI Uaçá. Seu lançamento aconteceu no dia 8 de maio em um evento no Museu Kuahi, quando os primeiros cem litros foram colocados à venda. Estiveram presentes na ocasião o cacique da Aldeia Manga José Elito, Gilberto Iaparrá, é coordenador do Conselho de Caciques dos Povos Indígenas do Oiapoque (CCPIO), o Presidente da Câmara dos Vereadores Marcelo Martins, o Secretário de Urbanismo e o Vereador Fernando Karipuna. *(T. Herrero, Iepé, 13/05/2021)*

FEIRA DE PRODUTOS INDÍGENAS RETORNA A OIAPOQUE

Parada desde o início da pandemia, a Feira de Produtos Indígenas voltou a oferecer alimentos e artesanatos dos quatro povos da região do Oiapoque e será mensal. A feira traz produtos

COM ALTA DO OURO, GARIMPEIROS AMEAÇAM ÁREA INDÍGENA

Na TI Tumucumaque, no Pará, o garimpo já é uma ameaça. A área de mineração ilegal, que explora ouro, foi descoberta há algumas semanas no Suriname e está levando pânico a uma comunidade acostumada a acompanhar à distância o avanço dos crimes ambientais em outras partes do Brasil. "A gente acreditava que não chegaria aqui e estamos vendo que está chegando e que está afetando os parentes tanto aqui do Brasil quando do Suriname. Estão fazendo garimpo, e a gente acredita que é ilegal, porque o rio está sujo e o pessoal está armado, estão se escondendo e agora eles têm trazido quadriciclos e motosserras", me disse Mitore Cristiana Tiriyó Kaxuyana. Ela mora na missão Tiriyó, maior aldeia da terra indígena, com 3 milhões de hectares ocupados por cerca de 1.700 pessoas das etnias tiriyó, katxuyana e txikyana. Apesar de estar no país vizinho, o garimpo fica muito próximo da fronteira e em uma área central das comunidades. Das 34 aldeias, instaladas às margens dos rios Paru de Oeste e Marapi, 23 estão em um raio de até 40 km da mina. Para piorar, os garimpeiros estão invadindo o território brasileiro com frequência para caçar, de acordo com os indígenas. O relato consta em uma carta do Conselho de Caciques e Lideranças Indígenas Tiriyó, Kaxuyana e Txikuyana, com data de 1° de outubro. No documento, foram anexadas imagens aéreas registradas por indígenas do Suriname no dia 30 de setembro. As fotos mostram o acampamento dos garimpeiros ao lado de uma pista de pouso. Também é possível ver o leito do rio que está sendo explorado, manchado com uma cor escura. As aldeias mais próximas, a apenas 8 km da mina, são Turunkane e Mesepituru, onde vivem cerca de dez famílias. Segundo o cacique de Mesepituru, Zaqueu Tiriyó, aviões sobrevoam com frequência a região. "De sua aldeia dá até para ver a iluminação durante a noite. Viram estruturas de barracas, motores, roçadeiras, água, no acampamento montado próximo à pista de pouso", o conselho registrou na carta. Na terça-feira, dia 6, a Organização Indígena de Suriname, a OIS, acompanhou uma comitiva do governo surinamês ao local. Segundo a OIS, dois homens foram presos e levados à capital Paramaribo para prestarem depoimento. A comitiva ficou pouco mais de uma hora no local e não encontrou evidências da atividade garimpeira. Já o Exército brasileiro afirma que foi ao local e não encontrou invasores, enquanto a Funai não respondeu à reportagem. (F. Wenzel, The Intercept Brasil, 08/10/2020)

dos sistemas agrícolas tradicionais, como frutas, verduras, legumes, tucupi e diversos tipos de farinha e óleos medicinais produzidos por quatro povos indígenas. E passa a acontecer de forma regular em toda primeira quinta e sexta-feira de cada mês. Uma das novidades é que artistas também estarão expondo seus trabalhos, como já aconteceu na primeira edição de setembro. *(M. Jeanjacques e M. Domingues, Iepé, 13/09/2021)*

JOVENS DO OIAPOQUE LANÇAM *PODCAST* SOBRE DESINFORMAÇÃO E *FAKE NEWS*

Mauhi Mayuka significa "mutirão" em kheuol e palikur, respectivamente – ambas são línguas faladas pelos povos indígenas do Oiapoque (AP). E é assim que os Jovens Comunicadores do Oiapoque nomearam o seu podcast, no qual debatem desinformação e fake news e dão dicas de como combatê-las. Como parte da formação de comunicadores, coube a esses jovens a pesquisa, roteiro, narração e edição. O resultado é uma série de episódios com suas perspectivas, principalmente a partir de suas experiências nas aldeias durante a pandemia de Covid-19. Ao longo da pandemia, muitas notícias falsas circularam, gerando rumores sobre a Covid-19 e a vacinação. Em junho deste ano, o Instituto Iepé, com apoio da Internews e Rainforest da Noruega, realizou uma oficina sobre desinformação voltada a esses jovens e o podcast é um dos resultados práticos do encontro. *(T. Herrero/Iepé, 29/09/2022)*

ARTISTAS INDÍGENAS FAZEM SUA PRIMEIRA EXPOSIÇÃO

O coletivo de artistas indígenas do Oiapoque, chamado Waçá-wara, realizou sua primeira exposição durante a assembleia da COIAB. O evento ocorreu na Aldeia Manga na TI Uaçá, em Oiapoque (AP), no mês de agosto de 2022. A exposição, preparada e montada pelo coletivo, trouxe ao público a produção da arte indígena criada nos dois últimos anos na região do Oiapoque, com pinturas em tela, desenhos, cuias, esculturas, artesanatos e banners. A partir da pesquisa expográfica feita pelo coletivo, foram construídos expositores em painéis de madeira, pintados com os grafismos dos quatro povos indígenas da região. As obras foram suspensas na estrutura do painel, pensadas e arquitetadas para irem de encontro ao público. A proposta da exposição, foi valorizar os conhecimentos e práticas culturais indígenas da região, a partir de uma diversidade de artefatos e produções artísticas. *(M. Domingues, Iepé, 04/10/2022)*

ALDEIA KUMARUMÃ GANHA RÁDIO COMUNITÁRIA

Entre 11 e 13 de setembro aconteceu a instalação da Rádio Comunitária da Aldeia Kumarumã, na TI Uaçá. O projeto visa melhorar a infraestrutura de comunicação na aldeia, que é a mais populosa da região, com mais de 2 mil indígenas. Com a rádio comunitária serão divulgadas informações sobre temas variados, especialmente sobre medidas de prevenção à Covid-19 e combate à desinformação. O projeto foi elaborado pela Articulação Indígena do Povo Galibi Marworno (AIPGM) e submetido ao Fundo Socioambiental Casa, com apoio e assessoria do Instituto Iepé. *(Iepé, 04/11/2022)*

TUMUCUMAQUE E WAYAMU

INDÍGENAS PLANEJAM DISCUSSÃO DA PROPOSTA DE CRIAÇÃO DO MOSAICO DA CALHA NORTE

Tão logo surgiu a notícia, em agosto de 2016, de que o Instituto de Desenvolvimento Florestal e da Biodiversidade do Estado do Pará (IDEFLORBio/PA) estaria encabeçando a proposta de criação de um Mosaico de Unidades de Conservação Estaduais e Federais situadas na região conhecida como Calha Norte do Pará, representantes indígenas, quilombolas e ribeirinhos desta região manifestaram o seu interesse em participar do debate sobre a criação desse novo Mosaico, e de poderem considerar a possibilidade de terem incluídas suas terras e territórios na composição do mesmo. *(Iepé, 07/02/2017)*

APRENDENDO A VIVER BEM DENTRO DA TERRA DEMARCADA

Aconteceu entre abril e maio deste ano a 2ª Etapa de Formação Indígena em Gestão Territorial e Ambiental nas Terras Indígenas Parque do Tumucumaque e Rio Paru d'Este. Esta formação ocorre no âmbito do Projeto "Bem Viver Sustentável" de Implementação de Plano de Gestão Territorial e Ambiental (PGTA) de ambas TIs, com apoio do Fundo Amazônia/BNDES. No lado leste do Complexo do Tumucumaque, a 2ª etapa aconteceu entre 17 e 29 de abril, na aldeia Bona; no lado oeste, de 1 a 19 de maio, na aldeia Missão Tiriyó. Após os módulos, aconteceu também a I Feira de Sementes no Tumucumaque. *(Iepé, 30/05/2017)*

"MÉDICO BRASILEIRO NÃO QUER FICAR NEM 10 DIAS NA ALDEIA"

A aldeia Urunai fica no município de Oiapoque (AP). Cercada pelas montanhas do Parque Nacional do Tumucumaque, fronteira com o Suriname, o acesso é difícil. Só de avião. As cerca de 30 famílias da etnia Tiriyó que vivem na aldeia eram atendidas pelo Programa Mais Médicos. Com a saída dos cubanos no final do

© PEDRO BIAVA, 2018

O médico cubano Arnaldo Cedeño em sua última visita a aldeia indígena Apalaí e Wayana, na fronteira com o Suriname, após o fim do convênio do Programa Mais Médicos com o governo cubano.

ano passado, eles ficaram sem atendimento. Neto e sobrinho de pajés, Demétrio Tiriyó é enfermeiro e sabe que sem médicos para atender no local, o acesso à saúde para os indígenas de Tumucumaque está rarefeito. "O médico brasileiro não quer ficar nem 10 dias na aldeia. Cubano tinha já amizade com povo indígena. Eles também, os cubanos, eles estudaram nossa planta medicinal, não apenas farmácia [remédios alopáticos]". *(M. Cordão, Brasil de Fato, 19/04/2019)*

UMA FESTA KAHYANA ÀS MARGENS DO RIO KAHU

Em uma dia de céu ensolarado na região norte do Pará, duas voadeiras cortavam as águas do Trombetas levando os Kahyana e seus parentes Katxuyana, Txikiyana, Tiriyó, Yaskuriyana, dentre outros tantos yanas que vivem de longa data na região, que, reunidos, cantavam animadamente, com seus maracás, celebrando a sua estreita e antiga relação com este rio, para eles chamado Kahu. Assim teve início a festa Kahyana, principal celebração do primeiro Encontro Kahyana, que reuniu, entre os dias 4 e 7 de julho, nas aldeias kahyana do médio rio Trombetas, cerca de 70 representantes deste e demais povos aparentados, para celebrar o seu modo de vida e reivindicar a demarcação de seu território tradicional. *(Iepé, 22/08/2018)*

AERONAVE DESAPARECE COM AO MENOS SETE ÍNDIOS EM REGIÃO DE DIFÍCIL ACESSO

Uma aeronave de pequeno porte que transportava pelo menos sete índios e o piloto desapareceu enquanto voava por área de mata de difícil acesso no Amapá, no último domingo (2). O desaparecimento foi informado pela Funai hoje. O avião faria o trajeto entre a aldeia Mataware, no Parque Nacional Montanhas do Tumucumaque, e o município de Laranjal do Jari, região sul do estado, mas não chegou ao destino. Até agora, não se sabe se o piloto realizou um pouso de emergência ou se o avião caiu no meio da mata. *(UOL, 03/12/2018)*

SUMIÇO DE AVIÃO COM SETE INDÍGENAS EXPÕE DESCONTROLE AÉREO NA AMAZÔNIA

A aeronave transportava uma família de cinco integrantes - Pantia Tiriyó, professor indígena de 31 anos, a esposa Pansina Tiriyó, 28, e os três filhos deles Crisciane, 14 anos, Cristiano, 5 anos, e Carlos, de 3 - e outras duas pessoas da mesma aldeia, Sepi Akuriyó, de 55 anos, e seu genro Jesaraja Tiriyó, de 30 anos. Uma das desaparecidas, Sepi Akuriyó se dirigia a Laranjal do Jari para provar ao INSS que estava viva. Ela é a única falante da língua nativa dos Akuriyó, cerca de dez pessoas oriundas do Suriname que vivem em Mataware, oeste do Amapá. Ali formaram família com os Tiriyó, cuja língua passou a ser falada por todos os habitantes. As buscas aos oito desaparecidos começaram em 2 de dezembro de 2018, mas foram suspensas após duas semanas pela FAB, sob protestos de povos da região. O desaparecimento joga luz sobre uma das principais demandas das aldeias no Amapá e Pará: a regulamentação das pistas de pouso no Parque Nacional Montanhas do Tumucumaque, onde as 58 aldeias são acessíveis somente por meio de transporte aéreo. De acordo com o MPF no Amapá, há ao menos 249 pistas de pouso em territórios indígenas no país não regularizadas pela Agência Nacional de Aviação Civil. Do total, 17 estão no Tumucumaque. Mesmo sem controle das autoridades, esses voos clandestinos praticados há três décadas são a única alternativa de transporte para grande parte dos habitantes da região. *(J. Cruz e T. Whewell, BBC Brasil, 25/03/2019)*

WAYANA DO SURINAME REALIZAM INTERCÂMBIO NA TI PARQUE DO TUMUCUMAQUE

Entre os dias 20 e 29 de junho de 2019, um grupo formado por cinco indígenas Wayana do Suriname esteve na aldeia Bona, na TI Parque do Tumucumaque, a convite da Associação dos Povos Indígenas Wayana e Apalai (APIWA). O principal objetivo dessa visita foi conhecer o que os Wayana e demais povos que habitam as TIs Parque do Tumucumaque e Rio Paru d'Este estão fazendo, no Brasil, para proteger e assegurar seus direitos territoriais. Jupta Itoewaki, presidente da Fundação Mulokot (aldeia Kewemhakam), Ipomadi Pelenapin (aldeia Lawa), Johan Neni e Gilbert Koemaja (Apetina) e Brayen Pakome Huwa (aldeia Palumeu), primeiramente estiveram em Macapá onde fizeram visitas às sedes do Iepé e da APIWA. *(Iepé, 31/07/2019)*

INDÍGENAS DO RIO NHAMUNDÁ VENDEM CASTANHAS-DO-BRASIL COM MANEJO SUSTENTÁVEL

"A castanha-do-brasil é uma potência em nossa região. Todo ano a gente trabalha com a castanha para sustentar as nossas famílias. Ela traz os recursos para nosso sustento", diz Jeremias Amotxo. Ele é presidente do Conselho Geral do Povo Hexkaryana e um dos responsáveis pela coleta de castanhas-do-brasil na região de Nhamundá, na divisa entre o norte do Pará e o Amazonas. Este ano, 110 famílias de 13 aldeias se beneficiaram com a venda das castanhas-do-brasil, feita de modo sustentável. Cerca de 14 toneladas foram comercializadas pela Coopaflora, a cooperativa criada para organizar e apoiar os produtores nas vendas. São também parte da Coopaflora indígenas do povo Waiwai, quilombolas e assentados da região. Todos são representados na diretoria da cooperativa. *(T. Herrero, Iepé, 05/07/2021)*

MULHERES DO TUMUCUMAQUE SE REÚNEM PARA TROCAR SABERES SOBRE O ALGODÃO

Para trocar experiências e conhecimentos sobre o algodão, mais de 120 mulheres indígenas se reuniram entre 8 e 12 de novembro, na aldeia Bona, no Tumucumaque Leste. Elas representaram as 25 aldeias da região leste da TI Parque do Tumucumaque e da TI Rio Paru d'Este. Foi o primeiro encontro de Articulação de Mulheres Indígenas Wayana e Aparai após pararem por dois anos, devido à pandemia da Covid-19. *(N. Mahmud, Iepé, 07/12/2021)*

ENCONTRO WAYAMU REÚNE LIDERANÇAS PARA CRIAR GOVERNANÇA

Nesta reunião o Conselho Wayamu foi criado para ser uma instância de gestão de terras indígenas. A iniciativa é inédita no Brasil. Cerca de 400 lideranças de mais de 60 aldeias do território estiveram reunidas. Entre elas, caciques homens e mulheres, jovens e representantes de sete associações locais das três TIs: Kaxuyana-Tunayana, Trombetas-Mapuera, Nhamundá-Mapuera, e das aldeias na região do baixo curso do rio Jatapu, área reivindicada como TI Ararà. Também estiveram presentes, como parte dos vizinhos e parceiros do Wayamu, lideranças das TIs Waimiri-Atroari, WaiWai, Parque do Tumucumaque e Rio Paru D'Este, e cinco de suas associações representativas, além de representantes da Funai, OIS do Suriname, da Universidade Federal do Oeste do Pará (UFOPA), representantes da Nia Tero e assessores do Iepé. *(T. Herrero, Iepé, 25/11/2022)*

WAJÃPI

CONSELHO DECIDIRÁ SE ARTE WAJÃPI AINDA É REPRESENTATIVA DO PATRIMÔNIO BRASILEIRO

Os membros do Conselho Consultivo do Patrimônio Cultural do Iphan se reúnem nesta quinta-feira (27), em Brasília, para, entre

Lideranças de aldeias do Rio Mapuera, no Território Wayamu, durante o II Encontro da União do Território Wayamu, em novembro de 2022. Da esq. para a dir., Nivaldo Cuusa Wai Wai (povo Mawayana), da aldeia Mapuera; Raimundo Ihtori Wai Wai (povo Parukwoto), da aldeia Bateria; e Lelicio Kawaña Wai Wai (povo Katwena), da aldeia Tamyuru.

outros temas, avaliar a manutenção da arte kusiwa, dos índios Wajãpi do Amapá, entre as formas de expressão reconhecidas como patrimônio cultural imaterial do Brasil. Junto com o ofício das paneleiras de Goiabeiras (ES), a arte kusiwa foi um dos primeiros bens imateriais registrados no país, em 2002. O complexo sistema de representação gráfica é a forma com que os Wajãpi do Amapá costumam retratar e perpetuar seus saberes, modo de vida, mitologia e tradições e será o primeiro dos bens imateriais nacionais a ter o processo de revalidação analisado. Os membros do conselho consultivo Iphan irão avaliar se, ao longo dos últimos 15 anos, as pinturas com que os Wajãpi do Amapá decoram seus corpos e objetos mantiveram o sentido que lhes rendeu a inscrição no Livro de Registro das Formas de Expressão. *(A. Rodrigues, Agência Brasil, 26/04/2017)*

INDÍGENAS DISCUTEM POSSÍVEIS MUDANÇAS NA ÁREA DA FLOTA DO AMAPÁ

Um encontro entre indígenas e técnicos do governo do Amapá foi realizado com o propósito de discutir prováveis mudanças nas áreas da Floresta Estadual do Amapá (Flota) e Assentamento Perimetral Norte II, localizados no entorno de terras da aldeia Wajãpi, em Pedra Branca do Amapari, a 283 quilômetros de Macapá. O protocolo de Consulta Prévia ocorreu entre o período de 1º a 21 de maio. De acordo com o governo, a discussão teve como base o protocolo de consentimento pioneiro no Brasil elaborado pelos próprios índios. O Estado informou que a Consulta Prévia está garantida na Convenção 169 sobre Povos Indígenas e Tribais, da Organização Internacional do Trabalho (OIT), que é lei no Brasil desde 2004 (Decreto Presidencial nº 5051). *(J. Abreu, G1 Amapá, 23/05/2017)*

GARIMPO ILEGAL É DESCOBERTO EM ÁREA PRÓXIMA DE ALDEIA INDÍGENA

Uma vistoria de órgãos ambientais identificou um garimpo clandestino na comunidade do Tucano II, próximo à aldeia Indígena Wajãpi, no município de Pedra Branca do Amapari. Gerador de energia, britadeiras eletrônicas, retroescavadeiras e bombas d'água foram apreendidos no local. Segundo o Instituto Estadual de Florestas (IEF), o responsável pela atividade irregular tinha autorização do Departamento Nacional de Produção Mineral (DNPM) para realizar apenas pesquisas de viabilidade mineral na região. O documento, que venceu em 2016, foi concedido como pessoa física e não permitia a exploração na área. *(G1 Amapá, 25/05/017)*

EXTINÇÃO DE RESERVA PARA MINERAÇÃO PODE IMPACTAR ÁREAS PRESERVADAS E TIS

Um relatório divulgado pela ONG WWF-Brasil alertou para o perigo da atividade mineradora próxima de áreas protegidas e aldeias indígenas no Sul do Amapá e Norte do Pará. O território é onde fica a Reserva Nacional do Cobre e Associados (Renca) que pode ser aberta para exploração a partir de decreto do Governo Federal. A reserva, criada na época da ditadura militar, em 1984, tem alto potencial para extração de ouro e exploração de outros minerais, como ferro, manganês e tântalo. A proposta foi feita pelo Ministério de Minas e Energia e aguarda assinatura do presidente Michel Temer. A extinção da Renca integra o novo pacote de mudanças nas regras para mineração no Brasil proposto pelo Governo. *(J. Pacheco, G1 Amapá, 08/08/2017)*

"MATARAM NOSSA LIDERANÇA A FACADAS", CONTA ÍNDIO WAIÃPI

"Não queremos mais morrer". É o que disse Viceni Waiãpi, coordenador das aldeias dos Waiãpi, ao relatar o ataque de 50 garimpeiros à terra indígena no Amapá na tarde da última sexta-feira 26. Pelo menos uma liderança foi morta: o cacique Emyra Waiãpi, de 68 anos. "Ele foi morto a facadas. Várias facadas no corpo dele, inclusive no pênis. Foi muito feio", contou Viceni em áudio enviado ao fotógrafo Apu Gomes. *(B. Libório, Época, 28/07/2019)*

PRESENÇA DE INVASORES É REAL, DIZ MEMORANDO DA FUNAI SOBRE TI

A Coordenação Regional da Funai no Amapá afirmou em memorando enviado à presidência do órgão que "com base nas informações coletadas pela equipe em campo, podemos concluir que a presença de invasores é real e que o clima de tensão e exaltação na região é alto". O documento trata sobre as terras indígenas da etnia Waiãpi. De acordo com a equipe da fundação, a invasão começou na última terça-feira, quando foi confirmada a morte do cacique Emyra Wajãpi, encontrado com sinais de facadas. O grupo de cerca de 15 invasores está armado e ocupou as imediações da aldeia Yvytotõ. Os moradores da região tiveram que se abrigar em outra aldeia vizinha, chamada Mariry. Também há relatos de ameaças contra outros moradores nos últimos dias. *(Veja, 28/07/2019)*

ONU CONDENA ASSASSINATO DE CHEFE INDÍGENA NO BRASIL

Emrya Wajãpi, líder da tribo Wajãpi, foi morto na última sexta-feira (27/7) no decorrer da invasão de garimpeiros à aldeia Mariry. A alta comissária das Nações Unidas para os Direitos Humanos, Michelle Bachelet, condenou nesta segunda-feira (29) o assassinato do líder indígena Emrya Wajãpi no norte do Brasil. Segundo ela, o crime teria acontecido por causa do desenvolvimento da exploração da mineração na Amazônia, apoiada pelo presidente Jair Bolsonaro. "Este assassinato (...) é um sintoma preocupante do problema crescente da intrusão em terras indígenas - sobretudo nas selvas - por parte de mineiros, madeireiros e agricultores, no Brasil", escreveu Bachelet, em um comunicado. *(AFP, 28/07/2019)*

BOLSONARO PÕE EM DÚVIDA ASSASSINATO DE LÍDER INDÍGENA WAIÃPI

Ao comentar pela primeira vez o caso da morte de um líder da etnia waiãpi no Amapá, o presidente Jair Bolsonaro (PSL) disse que "não tem nenhum indício forte" de que ele tenha sido assassinado. *(T. Fernandes, FSP, 29/07/2019)*

CONSELHO DAS ALDEIAS WAJÃPI FAZ RELATO SOBRE TRABALHO DA FUNAI EM TERRITÓRIO

O Conselho das Aldeias Wajãpi divulgou nesta sexta-feira (2/8) uma quarta nota com as últimas informações sobre a invasão à TI Waiãpi. Segundo o documento, representantes da Funai foram até a região para escutar os indígenas sobre as constantes invasões dentro do seu território. Indígenas acompanharam órgão em apurações sobre assassinato de cacique Emyra Wajãpi e invasores não indígenas na TI Waiãpi. *(ISA, 02/08/2019)*

"NÃO SOMOS MENTIROSOS", DIZ LIDERANÇA WAJÃPI, EM RESPOSTA A BOLSONARO

Desde a notícia da morte brutal do cacique Emyra Waiãpi, que segundo o povo Wajãpi foi assassinado por garimpeiros no dia 22 de julho – com várias perfurações de faca pelo corpo, na aldeia Waseity – a etnia continua se manifestando, por meio de notas oficiais, pela internet e em coletivas à imprensa, cobrando por justiça e a intensificação das investigações pela Polícia Federal e o Exército no território, localizado no oeste do Amapá. Em entrevista à agência Amazônia Real, uma das lideranças da etnia, Makreiton Wajãpi, disse que os indígenas estão muito preocupados com a falta de segurança nas aldeias, diante das declarações feitas por Bolsonaro. "Porque temos nossas famílias, mulheres e crianças. Então, a nossa preocupação é muito grande e precisamos de apoio e segurança. Como os policiais foram lá, disseram que não tinham invasores. Não somos mentirosos, nunca inventamos antes essa história. Se a gente tivesse inventado, ou acontecido com a própria família, ninguém tinha divulgado isso", disse Makreiton. *(B. Andrade e K. Brasil, Amazônia Real, 05/08/2019)*

CONFLITOS WAJÃPI: AINDA HÁ INVASORES NAS TIS

O governo diz que não há mais invasores no local. Mas os indígenas têm provas do contrário. Imagens inéditas mostram rastros dos invasores na terra dos indígenas que tiveram seu cacique, Emyra Wajãpi, assassinado há duas semanas. *(The Intercept Brasil, 06/08/2019)*

ORGANIZAÇÃO INDÍGENA QUESTIONA LAUDO SOBRE MORTE DE CACIQUE

A Apib, entidade que defende direitos dos índios no país, questionou a conclusão de peritos da Polícia Técnica do Amapá (Politec-AP) de que foi afogamento a causa da morte do cacique Emyra Waiãpi, cujo corpo foi encontrado no dia 23 de julho, na TI Waiãpi. A entidade pede que "as investigações sejam realizadas de maneira séria e responsável para que uma guerra e mais derramamento de sangue seja evitado". *(A. Rodrigues, Agência Brasil, 19/08/2019)*

MULHERES REALIZAM OFICINAS DE TECELAGEM NA TI WAJÃPI

Ao longo de julho e agosto, as mulheres wajãpi estão organizando e ministrando uma série

© RUDJA SANTOS/AMAZÔNIA REAL, 2019

Ao microfone o líder Makreiton Wajãpi, que rebate as declarações do Presidente da República sobre a morte do cacique Emyra e a invasão de garimpeiros no território.

de oficinas de tecelagem nas aldeias da TI Wajãpi. O objetivo é fortalecer a transmissão de saberes relacionados à tecelagem de algodão para meninas e moças, gerando o interesse pela prática principalmente das mais jovens. No total, serão 13 oficinas com a participação de 140 alunas entre 12 e 25 anos, além de 13 coordenadoras e 23 professoras. As alunas wajãpi estão aprendendo a tecer vários padrões da arte gráfica kusiwa na confecção de bolsas e de tipoias utilizadas para carregar bebês. Em algumas aldeias, também estão se exercitando na produção de redes de trama aberta e de trama fechada, que não são decoradas com os padrões kusiwa. Na produção das redes, os punhos são feitos pelos homens, com fibras da bromélia curauá, que utilizam para a confecção de vários tipos de cordas. *(Iepé, 20/08/2021)*

ENCONTRO DE MULHERES WAJÃPI ACONTECE PELO QUINTO ANO CONSECUTIVO

Entre os dias 21 e 23 de julho aconteceu o 6º encontro de mulheres Wajãpi no Centro de Formação e Documentação Wajãpi, com a participação de 58 mulheres e de 24 aldeias da TIW. Representantes das organizações Wajãpi e mulheres contaram sobre sua participação em reuniões, no movimento indígena e sobre a conjuntura política recente. Durante o encontro, as mulheres falaram sobre como ensinam seus filhos a respeitar os resguardos e donos e sobre como tem sido feita a mobilidade territorial em cada região. Também discutiram sobre os conhecimentos tradicionais de saúde que as mulheres têm, especialmente das parteiras, e sobre como resolver, junto com os homens e lideranças, alguns assuntos que têm preocupado as mulheres. *(Iepé, 28/08/2019)*

© FIONA WATSON/SURVIVAL, 2008

Kasiripina Wajãpi.

DEFENDEU A CULTURA, A EDUCAÇÃO E AS TERRAS INDÍGENAS

O jeito doce e tranquilo de Kasiripina Wajãpi conviveu harmonicamente com o seu espírito guerreiro e protetor. Liderança importante, lutou incansavelmente para defender seu povo e território. Segundo o estudante Jawaruwa Wajãpi, 35, um de seus sobrinhos, ele nasceu em 1960, na aldeia Paruema, na TI Wajãpi, no Amapá. Fundou e presidiu duas vezes o Conselho das Aldeias Wajãpi, criado em 1994, para lutar pela demarcação da TI Wajãpi. Kasiripina morreu no dia 16 de janeiro, por complicações de insuficiência respiratória aguda e pneumonia. Ele havia sido infectado pelo coronavírus. O cacique deixa a atual esposa, os filhos, netos, irmãos, sobrinhos e uma bisneta. *(P. Pasquini, FSP, 19/01/2022)*

ZO'É

JUSTIÇA CONDENA CASTANHEIRO POR SUBMETER ZO'É À CONDIÇÃO DE ESCRAVOS

A Justiça Federal condenou o castanheiro Manoel Ferreira Oliveira por ter submetido indígenas da etnia Zo'é a condições semelhantes às de escravos em Óbidos, no oeste do Pará. A condenação é de 3 anos, um mês e 10 dias de prisão, além do pagamento de multa. O cumprimento inicial do réu é em regime aberto. Ainda cabe recurso. A sentença acatou pedidos do Ministério Público Federal (MPF). Os crimes aconteceram no período de 2010 a 2012. Segundo a denúncia do MPF, os índios eram levados por um missionário para a região dos Campos Gerais de Óbidos, próximo a Santarém, onde eram convencidos a coletar castanha em troca de panelas, roupas velhas, redes e outras mercadorias industrializadas. Na sentença, o juiz federal Felipe Gontijo Lopes destacou que os "indígenas foram cooptados de dentro de suas terras, por conta do pouco conhecimento que tinham das atrações 'materiais' do 'mundo civilizado', para que, em trabalho que durava de dois a três meses, coletarem grande quantidade de castanhas, sem receberem contraprestação quase nenhuma (somente roupas e utensílios velhos), em condições evidentemente degradantes." O missionário Luiz Carlos Ferreira, que também era réu no caso, foi absolvido por falta de provas. *(G. Brito, G1, 22/11/2018)*

VACINAÇÃO CONTRA A COVID-19 CHEGA AOS ZO'É

Depois de um plano de contingência rigoroso e eficaz, isolamento total e cuidados desde março do ano passado, o povo Zo'é, que vive no Norte do Pará, recebeu as duas doses da vacina contra a Covid-19 e comemorou que nenhum deles contraiu o novo coronavírus até hoje. As primeiras e segundas doses da Coronavac foram aplicadas nos dias 18 de janeiro e 13 de fevereiro, administradas pelos profissionais da Sesai que atuam diretamente com esse povo. Foram vacinados 178 zo'é, o correspondente à população maior de 18 anos, excetuando-se as gestantes. O processo foi realizado cuidadosamente, evitando aproximação entre grupos familiares mais distantes. Mesmo após a vacinação, o plano de contingência será mantido e todos continuam afastados da Base da Funai, dispersos entre muitas aldeias. *(H. Prudente, Iepé, 24/02/2021)*

JUSTIÇA SUSPENDE REABERTURA DE FLORESTA PARA EVITAR SURTO DE COVID-19 ENTRE ZO'É

A Justiça Federal determinou nesta quarta-feira (16) a suspensão da reabertura da Floresta Estadual (Flota) do Trombetas, no oeste do Pará, prevista para ocorrer na próxima sexta-feira. A decisão acolhe pedidos do MPF e do Ministério Público do Estado do Pará (MPPA). A floresta faz limite com a TI Zo'é, povo de recente contato com não indígenas e que por isso é extremamente mais vulnerável aos impactos da covid-19 e corre risco de genocídio na pandemia, alertaram o MPF e o MP/PA a partir de estudos de especialistas. Na decisão o juiz federal Felipe Gontijo Lopes registra que embora o Instituto de Desenvolvimento Florestal e da Biodiversidade do Estado do Pará (Ideflor-bio) tenha solicitado à Funai o reforço das medidas de prevenção contra a contaminação dos Zo'é pela covid-19, em uma análise inicial essas medidas são insuficientes. Medidas de prevenção estão previstas no plano apresentado pela União após decisão do STF que determinou a instalação de barreiras sanitárias em mais de 30 territórios onde vivem povos indígenas em isolamento voluntário ou de recente contato, como são os indígenas Zo'é. *(MPF, 16/06/2021)*

PGR ALERTA BARROSO SOBRE GARIMPO PRÓXIMO A POVOS DE RECENTE CONTATO

A PGR enviou ao STF uma série de documentos para alertar o ministro Luis Roberto Barroso sobre o alto risco sanitário de um garimpo em plena atividade no Pará, próximo à TI Zo'é, que abriga o povo indígena de recente contato. Segundo a petição assinada pela subprocuradora-Geral da República Eliana Torelly, as atividades do garimpo continuam normalmente mesmo após o MPF enviar uma recomendação ao Ibama para fiscalizar e coibir a atividade ilegal na região. Os documentos foram anexados na ação que corre no STF sobre o combate ao coronavírus em terras indígenas que está prestes a completar um ano. Apesar de decisões favoráveis para a proteção dos povos indígenas, a avaliação geral é de que as medidas não ainda têm eficácia. *(L. Jardim, O Globo, 26/06/2021)*

IEPÉ LANÇA O LIVRO EREMI'U RUPA. ABRINDO ROÇAS

Lançado no mês de julho em parceria com a FPEC/Funai, o livro está centrado nas concepções e práticas das e dos Zo'é relativas às suas roças, destacando a importância da diversidade vegetal em seus modos de vida e como a ocupação do território implica na promoção dessa diversidade. Esse é o segundo volume da série Saberes Zo'é e, tal como o primeiro livro, Potuwa pora kõ. O que se guarda no potuwa, visa valorizar os conhecimentos desse povo e, ao mesmo tempo, fortalecer o Fundo de Artesanato Zo'é (FAZ). *(Iepé, 22/07/2021)*

4. Solimões

Kaixana
Kambeba
Kanamari
Karapanã
Katukina
Kulina
Kokama
Matsés (Mayoruna)
Miranha
Mura
Ticuna
Witoto

4. SOLIMÕES

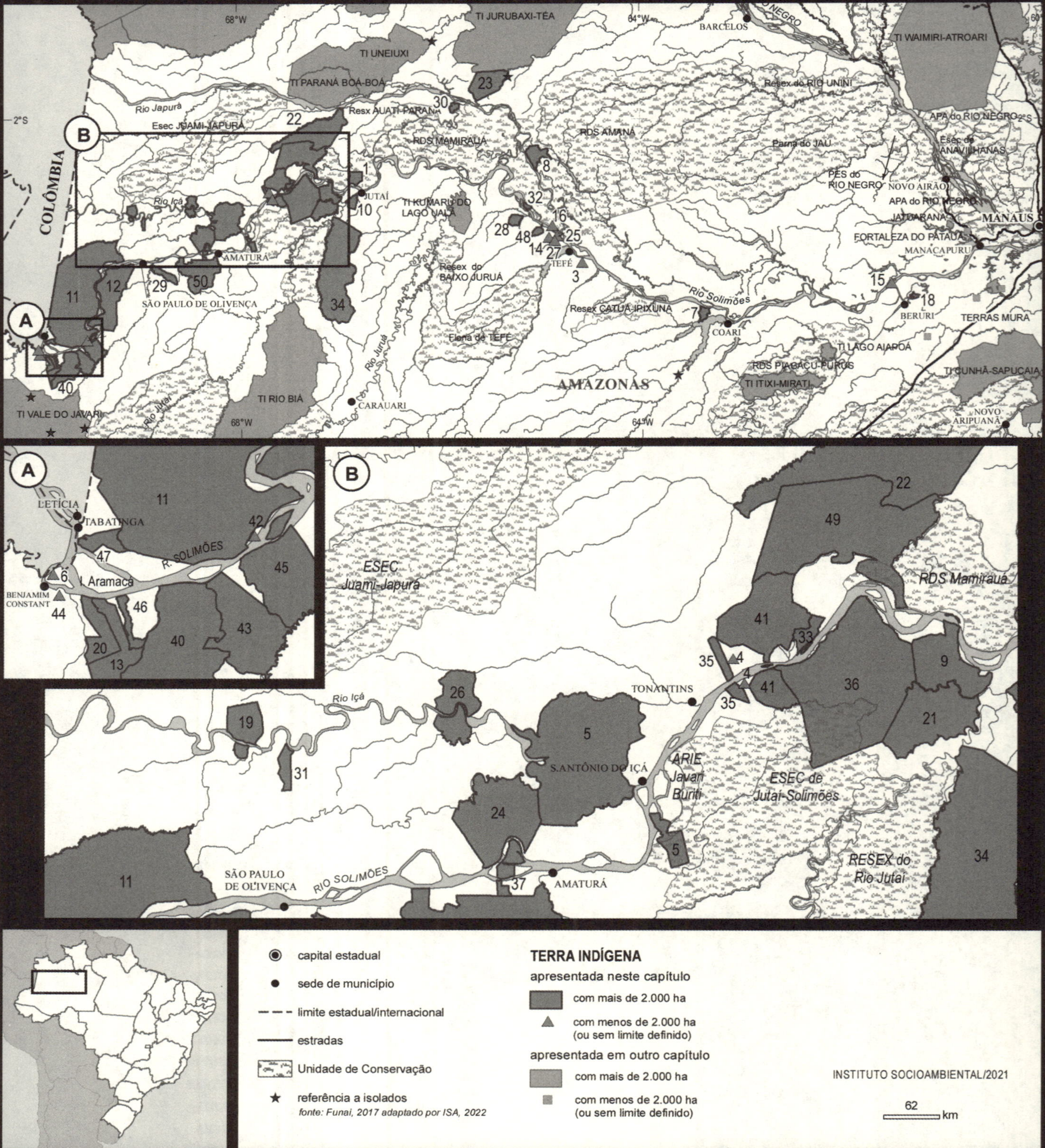

TI JURUBAXI-TÉA
BARCELOS
TI WAIMIRI-ATROARI
TI UNEIUXI
TI PARANÁ BOÁ-BOÁ
Resex do RIO UNINI
Rio Japurá
Resx AUATI-PARANÁ
APA do RIO NEGRO
Esec JUAMI-JAPURÁ
RDS AMANÃ
RDS MAMIRAUÁ
Parna do JAÚ
Esec de ANAVILHANAS
PES do RIO NEGRO
NOVO AIRÃO
APA do RIO NEGRO
JUTAÍ
TI KUMARU DO LAGO UALÁ
Rio Içá
MANAUS
COLÔMBIA
FORTALEZA DO PATAUÁ
MANACAPURU
AMATURÁ
TEFÉ
Resex do BAIXO JURUÁ
SÃO PAULO DE OLIVENÇA
Rio Solimões
BERURI
TERRAS MURA
Resex CATUÁ-IPIXUNA
COARI
Flona de TEFÉ
TI LAGO AIAPUÁ
RDS PIAGAÇU-PURUS
TI CUNHÃ-SAPUCAIA
TI ITIXI-MITARI
AMAZONAS
TI RIO BIÁ
CARAUARI
TI VALE DO JAVARI
Rio Juruá
Rio Jutaí
NOVO ARIPUANÃ
LETÍCIA
TABATINGA
R. SOLIMÕES
I. Aramaçá
BENJAMIM CONSTANT
ESEC Juami-Japurá
RDS Mamirauá
TONANTINS
S.ANTÔNIO DO IÇÁ
ARIE Javari Buriti
ESEC de Jutaí-Solimões
RESEX do Rio Jutaí
SÃO PAULO DE OLIVENÇA
RIO SOLIMÕES
AMATURÁ
capital estadual
sede de município
limite estadual/internacional
estradas
Unidade de Conservação
referência a isolados
fonte: Funai, 2017 adaptado por ISA, 2022
TERRA INDÍGENA
apresentada neste capítulo
com mais de 2.000 ha
com menos de 2.000 ha (ou sem limite definido)
apresentada em outro capítulo
com mais de 2.000 ha
com menos de 2.000 ha (ou sem limite definido)
INSTITUTO SOCIOAMBIENTAL/2021
62 km

SOLIMÕES
Terras Indígenas
Instituto Socioambiental - 30/11/2022

Nº mapa	Terra Indígena	Povo	População (nº, fonte, ano)	Situação jurídica	Extensão (ha)	Município	UF
1	Acapuri de CimaNo Mapa	Kokama	237 - Siasi/Sesai: 2013	Declarada. Portaria - 287 - 13/04/2000, publicado em 17/04/2000.	19.400	Fonte Boa Jutaí	AM
s/l	Auati Paraná (Santa União)	Ticuna		Em Identificação. Portaria - 59 - 23/01/2015, publicado em 02/02/2015.		Fonte Boa	AM
3	Barreira da Missão	Kambeba Kaixana Miranha Ticuna Witoto	788 - Funai/Alto Solimões: 2011	Homologada. Decreto - 303 - 29/10/1991, publicado em 30/10/1991. Reg. CRI do município e comarca de Tefé (1.772 ha) Matr. 2.178, Lv 2 I, Fl. 230V em 20/11/91.	1.772	Tefé	AM
4	Barro Alto	Kokama	62 - Funai/Alto Solimões: 2011	Homologada. Decreto - s/n. - 19/04/2011, publicado em 20/04/2011. reg SPU. Reg.CRI matr.n.1.165, Liv.2-G, Fl.65, Comarca Sto Antonio do Içá, 1937 ha. Site da Funai de 8-1-19 diz que está regularizada.	1.937	Tonantins	AM
5	Betânia	Ticuna	5.341 - Funai/Alto Solimões: 2011	Homologada. Decreto - s/n - 03/07/1995, publicado em 04/07/1995. Reg. SPU Certidão n. 002 em 19/03/96.Reg. CRI no município e comarca de Santo Antonio do Içá (122.769 ha) Matr.107, Liv. 2-B, Fl.107 de 10/10/95.	122.769	Amaturá Jutaí Santo Antônio do Içá Tonantins	AM
6	Bom Intento	Ticuna	378 - Funai/Alto Solimões: 2011	Homologada. Decreto - s/n - 05/01/1996, publicado em 08/01/1996. Reg SPU Certidão n.35 em 05/11/2004Reg. CRI no município e comarca de Benjamim Constant (1.613 ha) Matr. n. 586, Liv. 2-3, Fl 8V em 12/01/96.	1.693	Benjamin Constant	AM
7	Cajuhiri Atravessado	Kambeba Miranha Ticuna	51 - Funai/Manaus: 2010	Homologada. Decreto - s.n. - 17/12/2015, publicado em 18/12/2015. Reg SPUNo site da Funai em 8-01-19 a TI estava regularizada	12.455	Coari	AM
8	Cuiú-Cuiú	Miranha	721 - Funai/Alto Solimões: 2011	Homologada. Decreto - s/n - 23/06/2003, publicado em 24/06/2003. Reg. SPU Certidão n. 26 de 16/06/04.Reg CRI no município e comarca de Autazes (36.450 ha) Matr. 181, Liv 2-A/RG Fl 172 em 11/03/04.	36.450	Maraã	AM
9	Espírito Santo	Kokama	425 - Funai/Alto Solimões: 2011	Homologada. Decreto - s/n - 19/04/2005, publicado em 20/04/2005. Reg SPU Certidão n. 008 3m 13/09/06.Reg CRI no município e comarca de Jutaí (33.849 ha) Matr. 599 , Liv.2-2, Fl 169 em 25/05/05.	33.849	Jutaí	AM
10	Estrela da Paz	Ticuna	645 - Funai/Alto Solimões: 2011	Homologada. Decreto - s/n - 03/07/1995, publicado em 04/07/1995. Reg. SPU certidão n. 14 de 31/07/1997Reg. CRI no município e comarca de Jutaí (12.876 ha) Matr. 252 Liv. 2/RG, Fl 52 em 25/08/95.	12.876	Jutaí	AM
11	Évare I	Ticuna	18.086 - Funai/Alto Solimões: 2011	Homologada. Decreto - s/n - 05/01/1996, publicado em 08/01/1996. Reg. SPU. Certidão n. 007 de 24/02/2010. Reg. CRI no município e comarca de São Paulo de Olivença (57.205 ha), Matr.541, Liv 2-C-I, Fl 61 em 20/06/96. Reg. CRI no município e comarca de Tabatinga (307.173 ha) Matric. n.242, Liv. 2-B, Fl 97 em 01/03/96. Reg. CRI no município e comarca de Santo Antonio do Içá, Mat. 138 Liv.2-B, Fl 138 em 15/04/96.	548.177	Santo Antônio do Içá São Paulo de Olivença Tabatinga	AM
12	Évare II	Ticuna	2.347 - Funai/Alto Solimões: 2011	Homologada. Decreto - s/n - 05/01/1996, publicado em 08/01/1996. Reg. SPU Cert. s/n em 18/02/97.Reg. CRI no município de São Paulo de Olivença, Matr. 542, Liv 2C-1, Fl.62 em 20/06/96.	176.205	São Paulo de Olivença	AM
13	Guanabara	Kokama	382 - Funai/Alto Solimões: 2011	Declarada. Portaria - 1.704 - 19/04/2013, publicado em 22/04/2013.	15.600	Benjamin Constant	AM
14	Igarapé Grande	Kambeba	52 - Funai/Alto Solimões: 2011	Homologada. Decreto - s/n - 19/04/2004, publicado em 20/04/2004. Reg. SPU certidão n. 29 de 19/01/2004.Reg CRI no e comarca de Alvarães (1.539 ha) Matr.171, Liv 2-A, Fl 171 em 14/05/2004.	1.539	Alvarães	AM
15	Ilha do Camaleão	Kokama Ticuna	565 - Siasi/Sesai: 2014	Homologada. Decreto - s/n - 03/07/1995, publicado em 04/07/1995. Reg. SPU Cert. s/n em 02/04/97.Reg. CRI no município de Anamã, Matr. n. 01 Liv 1-RG, Fl. 01V em 30/09/96.	236	Anamã	AM
16	Jaquiri	Kambeba	82 - IBGE: 2010	Homologada. Decreto - 264 - 29/10/1991, publicado em 30/10/1991. Reg. SPU Cert. n. 002 em 20/11/95.Reg. CRI no município e comarca de Maraã, (1.819 ha) Matr. 081, Liv. 2-A, Fl. 77 em 27/11/91.	1.820	Uarini	AM
18	Lago Beruri	Ticuna	26 - IBGE: 2010	Homologada. Decreto - s/n - 03/07/1995, publicado em 04/07/1995. Reg. SPU Cert. n.001 de 11/03/96.Reg. CRI no município e comarca de Beruri, (4.080 ha) matr. 79 Liv. 2/RG, Fl. 41 em 22/09/95.	4.080	Beruri	AM
19	Lago do Correio	Kokama Ticuna	50 - Funai/Alto Solimões: 2011	Homologada. Decreto - s.n. - 21/12/2009, publicado em 22/12/2009. Reg SPU, no site da Funai de 8-1-19 diz que a TI está regularizadaReg.CRI matr.n.1.166, liv.2-G, Fl. 65, Comarca Sto Antonio do Içá, 13.209 ha	13.209	Santo Antônio do Içá	AM
20	Lauro Sodré	Ticuna	667 - Funai/Alto Solimões: 2011	Homologada. Decreto - s/n - 27/10/2004, publicado em 28/10/2004. Reg SPU Certidão n.002 em 08/06/2006.Reg CRI no município e comarca de Benjamim Constant (9.478 ha) Matr. n. 764 liv. 2/3-B Fl.92 em 11/05/2006.	9.478	Benjamin Constant	AM
21	Macarrão	Ticuna	721 - Funai/Alto Solimões: 2011	Homologada. Decreto - 260 - 29/10/1991, publicado em 30/10/1991. Reg. SPU Certidão n. 3 de 11/03/02.Reg. CRI no município e comarca de Jutaí, (44.267 ha) Matr. 62, Liv. 2 Fl. 62 em 25/11/91.	44.267	Jutaí	AM
22	Mapari	Kaixana	36 - Funai/Alto Solimões: 2011	Homologada. Decreto - s.n. - 17/04/2015, publicado em 20/04/2015. No site da Funai em 08/01/18 está regularizada não temos os números dos registros	157.246	Fonte Boa Japurá	
23	Maraã/Urubaxi	Kanamari Isolados do Igarapé Bafuanã	185 - GT/Funai: 1993	Homologada. Decreto - s/n - 11/12/1998, publicado em 14/12/1998. Reg. SPU Certidão n. 9 de 11/07/00.Reg. CRI no município e comarca de Maraã (94.405 ha) Matr. 150 Lv 2-A Fl. 140 em 29/01/99.	94.405	Maraã Santa Isabel do Rio Negro	AM
24	Maraitá	Ticuna	181 - Funai/Alto Solimões: 2011	Homologada. Decreto - s/n - 01/11/2006, publicado em 03/11/2006. eg SPU O site da Funai em 8-1-19 diz que essa TI é regularizadaReg.CRI matr.675, liv.2-D, Fls96 na Comarca de S.Paulo de Olivença	53.038	Amaturá	AM
25	Marajaí	Matsés	543 - Funai/Alto Solimões: 2011	Homologada. Decreto - 288 - 29/10/1991, publicado em 30/10/1991. Reg. SPU Cert. n.005 em 14/05/97. Reg. CRI no município e comarca de Alvarães,(1.196 ha) Matr. 001, Liv. 2-A, Fl. 32 em 05/12/91.	1.196	Alvarães	AM

SOLIMÕES
Terras Indígenas (continuação)
Instituto Socioambiental - 30/11/2022

Nº mapa	Terra Indígena	Povo	População (nº, fonte, ano)	Situação jurídica	Extensão (ha)	Município	UF
26	Matintin	Ticuna	274 - Funai/Alto Solimões: 2011	Homologada. Decreto - s.n. - 05/06/2012, publicado em 06/06/2012. Reg SPU eg SPU O site da Funai em 8-1-19 diz que essa TI é regularizadaregistrada. Matr. 1.270, Lv. 2-G, Fl. 170; Matr. 1.269, Lv. 2-G, Fl. 169; Matr. 1.268, Lv. 2-G, Fl.68 Site da Funai em 7-1-2019 regularizada	21.760	Santo Antônio do Içá Tonantins	AM
27	Méria	Karapanã Mura Miranha Witoto	68 - Funai/Alto Solimões: 2011	Homologada. Decreto - s/n - 04/10/1993, publicado em 05/10/1993. Reg. SPU. Cert. n.11 em 27/11/95.Reg. CRI no município e comarca de Alvarães,(585 ha) Matr. 018 , Liv. 2-A, Fl. 018 em 10/11/93.	585	Alvarães	AM
28	Miratu	Karapanã Mura Miranha Witoto	126 - Funai/Alto Solimões: 2011	Homologada. Decreto - 390 - 24/12/1991, publicado em 26/12/1991. Reg SPU Certidão n. 37 em 12/11/2004Reg. CRI no município de Uarini, comarca de Tefé (13.198 ha) , Matr. 2.183, Liv. 2-I, Fl.208 em 14/01/92.	13.199	Uarini	AM
29	Nova Esperança do Rio Jandiatuba	Ticuna	275 - Funai/Alto Solimões: 2011	Homologada. Decreto - s/n - 27/10/2004, publicado em 28/10/2004. eg SPU O site da Funai em 8-1-19 diz que essa TI é regularizadaReg CRI no municipio de Amaturá, comarca de São Paulo de Olivença (482 ha) Matr.658 Li v.2-D Fl 78 em 26/06/2006 Reg CRI no municipio e comarca de S.Paulo de Olivença (19.521 ha) Matr. 657 Liv 2-D Fl 77 em 26/06/2006	20.003	Amaturá São Paulo de Olivença	AM
30	Paraná do Paricá	Kanamari	34 - Funai/Alto Solimões: 2011	Homologada. Decreto - s/n - 08/09/1998, publicado em 09/09/1998. Reg. SPU Certidão n. 2 de 25/04/01.Reg. CRI no município e comarca de Maraã (7.866 ha) Matr. 160 Lv. 2-A Fl. 151 em 25/09/00.	7.866	Maraã	AM
31	Porto Limoeiro	Ticuna	31 - Funai/Alto Solimões: 2011	Homologada. Decreto - s.n. - 05/06/2012, publicado em 06/06/2012. reg SPUMatr. 1.267, Lv. G, Fl. 167	4.587	Santo Antônio do Içá	AM
32	Porto Praia	Ticuna	420 - Funai/Alto Solimões: 2011	Homologada. Decreto - s/n - 19/04/2004, publicado em 20/04/2004. Registro SPU certidão n. 32 de 26/01/2004.Reg CRI no municipio de Uarini, comarca de Alvarães (4.769 ha) Matr.172, Liv2-A Fl 172 em 14/05/2004	4.769	Uarini	AM
33	Prosperidade	Kokama	156 - Funai/Alto Solimões: 2011	Homologada. Decreto - s.n. - 21/12/2009, publicado em 22/12/2009. reg SPU O site da Funai em 8-1-19 diz que essa TI é regularizadaReg.CRI Matr. n.1.164 liv.2-G, Fl.64 Comarca de Sto Antonio do Içá 5.572 ha	5.572	Tonantins	AM
34	Riozinho	Kokama Ticuna	196 - GT de Identificaçao -Funai: 2012	Declarada. Portaria - 485 - 22/04/2016, publicado em 25/04/2016.	362.495	Juruá Jutaí	AM
35	Santa Cruz da Nova Aliança	Kokama	339 - Funai/Alto Solimões: 2011	Homologada. Decreto - s.n - 05/06/2012, publicado em 06/06/2012. SPU Reg SPU O site da Funai em 8-1-19 diz que essa TI é regularizada. Matr.1.266, Lv. 2-G, Fl. 166.	5.969	Tonantins	AM
36	São Domingos do Jacapari e Estação	Kokama	604 - Funai/Alto Solimões: 2011	Homologada. Decreto - s.n. - 21/12/2009, publicado em 22/12/2009. eg SPU O site da Funai em 8-1-19 diz que essa TI é regularizadaReg.CRI matr.1.163, Liv.2-G, Fl 63 Comarca de Sto Antonio do Içá Reg.CRI matr.1.041 Liv.2-5/RG, Fl.52 Comarca de Jutaí	134.781	Jutaí Tonantins	AM
37	São Francisco do Canimari	Ticuna	130 - Funai/Alto Solimões: 2011	Homologada. Decreto - s/n - 01/11/2006, publicado em 03/11/2006. reg SPU O site da Funai em 8-1-19 diz que essa TI é regularizadaReg.CRI matr.674, Liv.2-D, fol.95 Comarca de S.Paulo de Olivença	3.331	Amaturá	AM
s/l	São Gabriel/São Salvador	Kokama		Em Identificação. Portaria - 962 - 25/08/2005, publicado em 29/08/2005.		Santo Antônio do Içá	AM
40	São Leopoldo	Ticuna	1.062 - Funai/Alto Solimões: 2011	Homologada. Decreto - s/n - 12/08/1993, publicado em 13/08/1993. Reg. SPU Certidão n. 22 de 02/01/02.Reg. CRI no município e comarca de Benjamim constant,(69.270 ha) Matr. 401, Liv.2-B Fl.164 em 26/05/89.	69.270	Benjamin Constant São Paulo de Olivença	AM
41	São Sebastião	Kaixana Kokama	494 - Funai/Alto Solimões: 2011	Homologada. Decreto - s/n - 19/04/2005, publicado em 20/04/2005. Reg SPU, no site da Funai de 8-1-19 diz que a TI está regularizadaReg.CRI Matr.1.167, Liv.2-G, fl.67 Comarca de Sto Antonio do Içá 61.058 ha	61.058	Tonantins	AM
42	Sapotal	Kokama	524 - Funai/Alto Solimões: 2011	Homologada. Decreto - s/n. - 19/04/2011, publicado em 20/04/2011. reg. SPU reg SPU O site da Funai em 8-1-19 diz que essa TI é regularizadaMatr. 1.365, Lv. 2-G, Fls. 70 Reg SPU site da Funai em 8-01-19 como regularizada	1.264	Tabatinga	AM
43	Sururuá	Kokama Ticuna	197 - Funai/Alto Solimões: 2011	Declarada. Portaria - 3.077 - 27/09/2010, publicado em 28/09/2010.	36.125	Benjamin Constant São Paulo de Olivença	AM
44	Tikuna de Santo Antônio	Ticuna	1.961 - Funai/Alto Solimões: 2011	Homologada. Decreto - 311 - 29/10/1991, publicado em 30/10/1991. Reg. SPU Certidão n. 20 de 24/09/02.Reg. CRI no município e comarca de Benjamim Constant (1.065 ha)Matr. 546, Liv. 2-2 Fl. 109 em 18/06/95.	1.065	Benjamin Constant	AM
45	Tikuna Feijoal	Ticuna	4.510 - Funai/Alto Solimões: 2011	Homologada. Decreto - s/n - 05/01/1996, publicado em 08/01/1996. Reg SPU Certidão n. 41 em 25/11/2004Reg. CRI no município de Benjamim Constant, Matr. 585, Liv. 2-3 Fl. 08V em 06/11/95.	40.948	Benjamin Constant São Paulo de Olivença	AM
46	Tikuna Porto Espiritual	Ticuna	410 - Funai/Alto Solimões: 2011	Homologada. Decreto - s/n - 05/01/1996, publicado em 08/01/1996. Reg. SPU Cert n. 008 de 22/04/96.Reg. CRI no município e comarca de Benjamim Constant,(2.839 ha) Matr. 587 Liv. 2-3 Fl. 09 em 29/01/96.	2.839	Benjamin Constant	AM
47	Tukuna Umariaçu	Ticuna	7.219 - Funai/Alto Solimões: 2011	Homologada. Decreto - s/n - 11/12/1998, publicado em 14/12/1998. Reg. SPU Certidão n. 1 de 09/02/01.Reg. CRI no município e comarca de Tabatinga (4.855 ha) Matr. 1.498 Lv. 2-C Fl. 98 em 20/11/00.	4.854	Tabatinga	AM
48	Tupã-Supé	Ticuna	11 - Sesai: 2017	Homologada. Decreto - s/n - 19/04/2004, publicado em 20/04/2004. Reg SPU Certidão n. 007 mem 12/09/2006Reg CRI no municipio e comarca de Alvarães (4.324 ha) Matr.173 Liv 2-A Fl 173 em 14/05/2004 Reg CRI no municipio de Uarani, comarca de Alvarães (4.264 ha) Liv. 2-A Fl 174 em 14/05/2004	8.589	Alvarães Uarini	AM
49	Uati-Paraná	Ticuna	772 - Funai/Alto Solimões: 2011	Homologada. Decreto - 284 - 29/10/1991, publicado em 30/10/1991. Reg. SPU Cert. n. 007 de 22/11/95.Reg. CRI no município e comarca de Fonte Boa,(127.199 ha) Matr. 743 Liv. 2-RG, Fl. 001/005 em 03/05/93.	127.199	Fonte Boa Japurá Tonantins	AM

SOLIMÕES
Terras Indígenas (continuação)
Instituto Socioambiental - 30/11/2022

Nº mapa	Terra Indígena	Povo	População (nº, fonte, ano)	Situação jurídica	Extensão (ha)	Município	UF
50	Vui-Uata-In	Ticuna	1.898 - Funai/Alto Solimões: 2011	Homologada. Decreto - s/n - 03/07/1995, publicado em 04/07/1995. Reg. SPU Cert. n. 002 de 21/01/98.Reg. CRI no município de Amaturá,comarca de S.Paulo de Olivença (121.198 ha) Matr. 534 Liv. 2C-1 Fl. 54 em 02/05/96.	121.198	Amaturá	AM

MÉDIO SOLIMÕES

Comunidades Indígenas Engajam-se na Autodemarcação

José Cândido Ferreira | Antropólogo, doutorando na Unicamp

Patrícia Carvalho Rosa | Antropóloga, IDSM

AS REIVINDICAÇÕES POR DEMARCAÇÃO DE NOVAS TERRAS INDÍGENAS SE AVOLUMAM E A POLÍTICA INDIGENISTA TORNA-SE PROGRAMATICAMENTE PRECARIZADA

Em abril de 2021, os moradores da aldeia Porto Praia, no município de Tefé, fizeram uma manifestação em defesa do reconhecimento de seu território. Reunidos na frente da comunidade, às margens do Rio Solimões, eles anunciaram o início do processo de autodemarcação da Terra Indígena (TI) Porto Praia de Baixo, onde habitam cerca de 400 pessoas dos povos Kokama e Ticuna. Após duas décadas de reivindicações à Funai da realização de estudos para identificação e demarcação da terra, eles decidiram iniciar o processo de forma autônoma. A demanda pela demarcação da terra foi oficialmente registrada em 2014, mas, desde então, nenhuma providência foi tomada.

A manifestação foi filmada por um membro da comunidade e divulgada em uma matéria no *site* do Conselho Indigenista Missionário (Cimi). No vídeo, o tuxaua Anílton Braz reforça o que uma grande faixa exibe com o seguinte mote do protesto:

> Terra Indígena Porto Praia – Tefé/AM: Nós indígenas da aldeia Porto Praia de Baixo faremos nossa própria autodemarcação, tendo em vista que o atual presidente declarou "não haverá mais Terras Indígenas demarcadas". Mesmo assim, não desistiremos da luta para garantir o território para nossas futuras gerações. Não queremos conflitos com ninguém, mas continuaremos resistindo, não iremos nos calar diante daqueles que querem tirar nossos direitos.

A morosidade dos processos de identificação e demarcação de novas TIs é uma constante na vida dos povos que habitam a região. A história de Porto Praia de Baixo espelha a de outras comunidades da região, como a da Vila Alencar, do povo Mayoruna, localizada na Reserva de Desenvolvimento Sustentável (RDS) Mamirauá, e Jubará, do povo Miranha, na RDS Amanã, que esperam há mais de 20 anos alguma providência da Fundação Nacional do Índio (Funai).

A região do Médio Rio Solimões abriga uma população indígena multiétnica, composta por 16 etnias, com aproximadamente 25 mil pessoas, de acordo com dados do Distrito Sanitário Especial Indígena – Médio Rio Solimões e Afluentes (Dsei-MRSA). Essa população está dispersa por uma área que abrange 14 municípios, onde estão 27 TIs em diferentes estágios de regularização fundiária, das quais, 24 estão homologadas, duas estão declaradas e uma está em fase de identificação. Para além dessas, constam 43 reivindicações por identificação e demarcação de novas terras registradas na Funai até 2019. A estas, somam-se outras 16 reivindicações recebidas até 2009 no âmbito da Coordenação Técnica Local, em Tefé, totalizando 59 registros com alguma entrada no sistema da Funai, mas sem qualquer providência de encaminhamento de processo. Os dados de procedimentos demarcatórios obtidos pelo monitoramento anual do Cimi apontam a existência de mais de 70 territórios com reivindicações para identificação e demarcação, mais que o dobro das TIs regularizadas na região.

A expressiva quantidade de grupos indígenas com demandas por demarcação de terras reflete o engajamento das comunidades no processo de "passar para indígena", já relatado nas edições de 2011 e 2017 da publicação *Povos Indígenas no Brasil*. *Comunidades* "passam para indígena" quando se reconhecem coletivamente como indígenas e iniciam a luta por direitos sociais e territoriais, garantidos pela Constituição de 1988. Em sua luta, os povos indígenas acionam seu direito à autoidentificação étnica, seguindo os princípios da Convenção 169 da Organização Internacional do Trabalho, e buscam estabelecer espaços de reconhecimento étnico em relação àqueles que não habitam Terras Indígenas demarcadas, como é o caso de Porto Praia de Baixo. Assim, os moradores se mobilizaram para o processo de autodemarcação de seu território, o que se intensificou nos últimos anos.

As estruturas de apoio à gestão territorial e ambiental na região vêm sendo sucateadas há muito tempo. A Coordenação Técnica Local de Tefé foi fechada e conta com somente um servidor, que atua como chefe substituto, sem escritório. As demandas das comunidades precisam seguir diretamente para a Coordenação Regional do Alto e Médio Solimões, em Tabatinga, a mais de 600 km de distância. Além do desmonte de infraestrutura e pessoal, os territórios carentes de qualquer estudo ou em processo de regularização (declarados e em identificação) foram excluídos das ações de proteção ambiental e territorial da Funai, por orientação expedida em 2021.

Nesse contexto, os povos indígenas do Médio Solimões têm se engajado em ações políticas para lutar por sua autonomia e participar de espaços de tomada de decisão, fortalecendo redes locais de apoio entre organizações de representação, como a Articulação dos Povos Indígenas do Distrito do Caiambé (Apic), Articulação dos Povos Indígenas na Cidade de Tefé (Ainct), Associação das Mulheres Indígenas do Médio Solimões e Afluentes (Amimsa), União dos Povos Indígenas do Médio Solimões e Afluentes (Unipi-MSA), entre outras. As organizações indígenas firmam parcerias com organizações não governamentais e com diferentes setores do poder público, por meio dos quais procuram se aproximar das instâncias de planejamento e execução de políticas públicas, a fim de se fazerem ouvidas em suas demandas.

A pauta dos direitos fundiários foi abordada na região em uma oficina sobre a Política Nacional de Gestão Ambiental e Territorial de Terras Indígenas (PNGATI), realizada em 2017, pela Coordenação Regional da Funai do Alto Solimões. Nessa reunião foram levantadas informações a respeito de sobreposições entre TIs e Unidades de Conservação (UCs), além de relatos sobre conflitos entre indígenas e ribeirinhos. Após o encontro, foi criado um grupo de trabalho dedicado à questão da gestão compartilhada de áreas protegidas, envolvendo TIs e UCs.

Aldeias e organizações indígenas participaram ativamente de ações com o Cimi, no âmbito do projeto "Garantindo a Defesa de Direitos e a Cidadania dos Povos Indígenas do Médio Rio Solimões e Afluentes", apoiado pela Agência Católica para o Desenvolvimento no Exterior (Cafod-Brasil) e finalizado em 2019, que possibilitou a criação de espaços para o exercício de debate crítico sobre organização coletiva, direitos e políticas indígenas. Em 2017, uma delegação de representantes indígenas realizou uma ação de incidência política em Brasília, quando levou denúncias sobre violações sofridas pelos povos da região no campo da saúde e da educação escolar.

Redes de apoio locais, intercomunitárias, ligadas a governos municipais e outras instituições, tiveram papel importante durante os momentos mais críticos da pandemia de covid-19. Diante da inação do órgão de saúde indígena, aldeias estabeleceram isolamento comunitário e barreiras sanitárias a fim de controlar a contaminação. A atuação das redes locais possibilitou a entrega de doações nas aldeias, minimizando os efeitos do isolamento e da falta de recursos imposta pela emergência sanitária.

EXPERIÊNCIAS INDÍGENAS DE GESTÃO TERRITORIAL

Povos indígenas que vivem em terras já demarcadas provam que a segurança territorial oferece melhores condições para atividades sustentáveis de produção e de defesa do território em que habitam, pela realização de projetos de vida nos termos de suas próprias visões de mundo. Selecionamos dois exemplos, apresentados a seguir.

A TI Jaquiri, do povo Kambeba, está localizada no município de Uarini, às margens do Rio Solimões, sobreposta à RDS Mamirauá. Parte de seus habitantes integra as atividades de turismo de base comunitária na Pousada Uacari, uma iniciativa criada há mais de 20 anos, em que a gestão é compartilhada entre o Instituto Mamirauá, comunidades do setor Mamirauá, onde está localizada a pousada, e a Associação de Auxiliares e Guias de Ecoturismo do Mamirauá, que congrega as e os prestadores de serviços para o empreendimento. Os Kambeba, juntamente com outros ribeirinhos, compõem a equipe de ecoturismo e realizam o trabalho de guiar visitantes, zelar pelas instalações, cuidar da camararia e atuar na cozinha.

Em 2018, a aldeia começou a elaborar o Plano de Visitação "Turismo Uika Omagua", que previa roteiros turísticos na TI Jaquiri, com foco na cultura kambeba. O plano derivou das discussões sobre um pacote de turismo da Pousada Uacari, voltado para a observação de onças, com passeios na área da TI seguindo os caminhos dos felinos. Com esse projeto, os Kambeba de Jaquiri pretendiam proporcionar aos turistas experiências na aldeia, para

© JOICILENE NASCIMENTO, 2021

Os povos Kokama e Ticuna iniciaram no dia 20 de abril a autodemarcação da Terra Indígena reivindicada Porto Praia de Baixo, no Amazonas. Sem providências da Funai e pressionados por invasores, indígenas decidiram iniciar processo de autodemarcação da TI Porto Praia de Baixo.

que conheçam de perto sua história, sua língua e seu modo de vida. A efetivação de tal plano contribuiu com o maior controle sobre o território, uma vez que a visitação e a manutenção de trilhas levam os moradores a ocupar e monitorar sua extensão. O projeto acompanhou o momento de fortalecimento cultural da comunidade, em que a escola bilíngue e a afirmação de sua história eram bandeiras prioritárias. Ainda assim, a iniciativa turística precisa receber o aval da Funai, para quem o plano foi enviado em fevereiro de 2020. Resta saber quanto tempo levará até que a aldeia receba uma resposta.

Mais acima, no curso do Rio Solimões, aldeias kokama e ticuna das TI Acapuri de Cima, Espírito Santo, Macarrão, São Domingos de Jacapari e Estação, integrantes do Conselho dos Povos Indígenas de Jutaí (Copiju), têm se dedicado ao manejo participativo do pirarucu, um modelo de ordenamento pesqueiro que levou à recuperação da população de peixes e à geração de renda para as comunidades. A estrutura do manejo é pautada na organização coletiva e na proteção territorial, direcionada para a vigilância de lagos, feita pelos pescadores. As equipes de pescadores indígenas desenvolveram planos de proteção territorial para orientar a vigilância de lagos, realizados durante o ano todo. Essa organização tem colaborado com o controle dos lagos, minimizado invasões e a sobrepesca de espécies valorizadas no mercado regional, como o pirarucu e o tambaqui.

Essas ações se consolidaram no âmbito do projeto "Arapaima: Redes Produtivas", executado pela Operação Amazônia Nativa (Opan) com recursos do Fundo Amazônia, entre 2015 e 2020. O Copiju foi uma das organizações apoiadas pelo projeto, que contemplou organizações indígenas e ribeirinhas, focado na estruturação de cadeias produtivas de pirarucu manejado e de produtos florestais não madeireiros. Os grupos de manejadores indígenas trabalharam com a assessoria técnica da Associação dos Comunitários que Trabalham com Desenvolvimento Sustentável no Município de Jutaí (ACJ), que reúne comunidades ribeirinhas do município. Todos receberam suporte da Opan para a elaboração do plano de proteção territorial. Parte dos recursos foi utilizada para reformar uma casa da associação utilizada para dar apoio à produção, bem como um barco utilizado no transporte de pescado e produtos florestais não madeireiros.

Os exemplos do turismo kambeba e do manejo de pirarucu kokama e ticuna realçam um momento atual de engajamento de coletivos indígenas com instituições ambientalistas e projetos de conservação, minimizando a oposição historicamente construída na região do Médio Solimões entre indígenas e ribeirinhos, entre indigenismo e conservação. Essas alianças têm permitido alcançar resultados valiosos para as aldeias, como o fortalecimento político e cultural, o controle territorial, a conservação ambiental e a geração de renda. *(janeiro, 2022)*

Subir e Descer o Rio: Caminhos da Covid-19 entre os Ticuna

João Bento Ramos | Antropólogo ticuna, Museu Nacional/UFRJ

A RÁPIDA EXPANSÃO DA COVID-19 NA TRÍPLICE FRONTEIRA, NO ALTO SOLIMÕES, COLOCOU DIVERSOS DESAFIOS PARA OS TICUNA, HABITUADOS AO TRÂNSITO PELAS ALDEIAS DA REGIÃO, ENCONTRARAM NA FLORESTA UM DOS CAMINHOS MAIS IMPORTANTES PARA ENFRENTAR ESSE TRAJETO

Como na maioria das aldeias Ticuna do Peru, Yahuma também é uma comunidade totalmente desassistida pelos órgãos do Estado. Sem quaisquer meios de comunicação nem uma área urbana mais próximos, seus moradores sofreram com todas as pressões e perigos da covid-19 em seu meio durante a primeira onda, que se alastrou não somente em uma, mas em todas as comunidades Ticuna.

Logo no início, quando começou a pandemia, eu e minha família ficamos bastante preocupados com a vovó, pois ela já tem certa idade e não resistiria à doença caso viesse a ser contagiada. Procuramos buscar informações com todas as pessoas que vinham daquele lado de lá a fim de saber se todos ali estavam passando bem.

Certo dia, ao ir fazer compras necessárias, encontrei com um senhor conhecido, o qual tinha acabado de descer de Yahuma e me comunicou que meu tio havia ido a óbito por causa do novo coronavírus e que todos os outros tinham sido contaminados. Também comunicou que já estavam se tratando e melhorando, graças aos remédios caseiros que tinham ali à sua disposição na floresta e plantados em seus quintais, e que, entre defumações e chás de plantas e ervas, estavam aos poucos se levantando novamente.

No dia 21 de julho, recebemos a visita da vovó em casa juntamente com minha tia caçula, que tinham vindo até aqui vender alguns produtos de suas roças. Como ela, a vovó já estava querendo verificar com seus próprios olhos o que estava se passando conosco dos lados daqui. Mesmo que aquilo representasse perigo pra vida dela, resolveu se deslocar de sua aldeia para ir ver sua filha e netos.

Durante a primeira onda da pandemia, tiveram sua fé testada diante da covid-19, primeiro por não saberem com o que de fato estavam lidando e, segundo, por muitos boatos que iam surgindo em meio a todo o caos que estavam vivendo. Exemplo disso foi a inusitada história, que se ouvia entre todos os Ticuna, principalmente entre os Ticuna evangélicos, de uma cura encontrada dentro da Bíblia, cujo objeto é um fio de cabelo que, utilizando o mesmo material encontrado na Bíblia, podia fazer alguém ser curado dos sintomas do novo coronavírus.

Assim, aqueles que continuaram a utilizar o rio mesmo com as barreiras aquáticas, uma doença como a covid-19 não os assustava, porque haviam se medicado com o cabelo, que, segundo relatos, já estavam espalhando antes mesmo da chegada da doença, como um sinal de aviso de que um mal estava a caminho.

Aqueles que tiveram o grande privilégio de encontrar um fio de cabelo dentro da Bíblia podiam ter certeza de que não iriam ser infectados pela doença, pois tinham em mãos um dos mecanismos de cura, que também foi bastante utilizado entre meu povo durante a primeira onda da pandemia. Em uma de minhas conversas com a esposa de meu tio Wilder, resolvi parar para prestar mais atenção a esse detalhe, visto que era com quem eu passava boa parte do tempo conversando sobre diversos assuntos, e me chamou atenção quando ela estava explicando como teria se dado esse fato:

"Primeiro espalharam o cabelo, né? Espalharam primeiro, muito antes de tudo mesmo, muito antes da doença. Apareceu primeiro em Puerto Alegria e acho que depois em todo lugar. [...] Não se pode deixar em qualquer lugar, tem que guardar bem, se deixar cair ele desaparece de você [...]. Apareceu primeiro em Puerto Alegria e acho que depois em todo lugar". *Tia Ova*

Já para o marido da minha tia Josefina, a origem de tal fenômeno pode ter se dado primeiramente em comunidades Ticuna da Colômbia, por ele ter escutado, durante suas idas para Leticia, dos comunitários que pertenciam aos lugares aos quais ele se refere em sua fala, que teria sido lá que avistaram os primeiros fios de cabelo e que somente depois o fenômeno se seguiu para o outro lado, quando já estavam todos infectados:

"Foi em Triunfo primeiro que apareceu, depois em Puerto Alegria, e logo depois em Arara também, e mais tarde lá no Km 6. [...] Onde tão falando que lá apareceu enorme, assim tão dizendo, bem comprido mesmo, chegando a dar volta, cabelo de verdade mesmo, que vinha direto de um carro. Apareceu lá desse jeito porque tinha que aparecer assim mesmo. [...] Se alguma pessoa falar mal, ou dizer alguma coisa sobre o cabelo, ele desaparece, se alguém falar coisa errada". *Tio Tchoma*

As igrejas evangélicas utilizaram-se desse fato para continuar a manter os cultos em diversas aldeias, alegando que, se alguém da aldeia encontrou algum cabelo na Bíblia, podia ficar tranquilo de que nada iria acontecer a quem fosse da congregação.

Em função disso, as infecções tiveram um aumento radical em poucos dias, apesar de afirmarem que o cabelo era um meio de se salvar da doença, caso uma pessoa viesse a se contaminar com a covid-19. Os mais religiosos diziam que isso se dava quando alguém na aldeia não tivesse fé naquilo como eficaz e preterisse pensamentos acerca de tal elemento de proteção. E como em Yahuma a maioria das pessoas não tinha encontrado nenhum cabelo dentro da Bíblia, acreditaram por um momento que não iriam se salvar da doença, mas que, graças às plantas, evitou-se o pior entre minha família.

Quando conversávamos sobre os perigos dessa doença, assim como as demais pessoas, percebi que minha avó também não tinha noção da dimensão que a doença já tinha alcançado e os estragos que já tinha causado em algumas comunidades das proximidades, e que na verdade estava pior dentro dos centros urbanos.

Já tinha decidido, antes mesmo da vinda de minha avó, que iria fazer minha pesquisa sobre essa nova conjuntura que meu povo estava vivendo. E me pareceu muito oportuno então falar um pouco sobre as plantas que foram bastante utilizadas para curar as pessoas que tinham contraído a covid-19 em Yahuma, já que ali mesmo, sem saber ao certo como combater tal doença, buscaram a cura através das plantas.

De forma inédita, a doença fez com que a maioria das populações originárias que habitam o trapézio amazônico retornasse aos usos de suas próprias medicinas e colocasse os conhecimentos ancestrais em prática para manusear os elementos curativos de um conjunto de folhagens de certas árvores, plantas, ervas, entrecascas e até alguns elementos ocidentais.

Foi durante o período da doença, que quase tirou minha vida, que decidi que iria trabalhar mais diretamente com as plantas, visto que nossa cura em casa foi também graças ao uso delas. Assim teve origem a busca pelas primeiras informações a respeito de quatro ingredientes, que foram os mais usados pela população amazônica: a *mangarataia* (gengibre); o limão; o alho; e o principal deles, o jambu.

Já que o determinado pelas autoridades sanitárias era ficar em casa cumprindo isolamento social, eu não poderia ir de qualquer modo. Mas como a situação dos surtos e mortes que não paravam de acontecer já estava mais controlada, decidi aproveitar que a família iria a Yahuma e pegar uma carona com eles, já na intenção de ficar alguns dias na comunidade para fazer as primeiras observações de campo.

E também, somente depois de tomar conhecimento de que já haviam adotado medidas menos restritivas em relação à passagem de pessoas pela tríplice fronteira, meus pais, juntamente com meus irmãos e meu cunhado, decidiram que iriam para Yahuma ver a vovó e os demais, ficando eu como responsável por conseguir nosso meio de transporte, já que também tinha interesse em chegar até a aldeia. Fui então para a comunidade de Bom Intento para emprestar a canoa e o motor de um primo meu e, como tínhamos que sair logo ao amanhecer, tinha que pernoitar na comunidade para no dia seguinte, já com tudo pronto, sair bem cedo.

No dia seguinte, quando comecei a organizar o necessário para a viagem, verifiquei que o motor estava muito avariado e precisava de alguns reparos e uma boa manutenção. Então já sabia que não sairia tão logo como tínhamos planejado a nossa viagem. Com o reparo do motor iríamos demorar algumas horas e, do dinheiro que tinha levado para qualquer emergência enquanto estivesse na comunidade, uma boa parte já fora utilizada para fazer o reparo do nosso único meio de transporte disponível naquele momento.

Por ser um acontecimento totalmente inédito para eles – como também estava sendo para mim –, não se ouvia falar de outra coisa a não ser sobre a doença que até então ainda desconheciam, mas que já estava sendo identificada por eles como *tomagü arü nguane* ou dos *tcho'güü* (doença dos outros ou dos brancos). Tanto que esse foi um dos motivos que fez com que os moradores de lá sequer pensassem em manter isolamento social ou proibir a entrada dos outros que vinham de outros lugares, como no caso dos visitantes que nunca pararam de chegar lá durante o período mais duro da pandemia.

Não se sabe ao certo quem foi a primeira pessoa infectada com covid-19 em Yahuma, pois todos os comunitários que ali residem ignoraram totalmente as medidas sanitárias adotadas pelas autoridades. Em nenhum momento deixaram de ir e vir dos lugares onde o surto estava incontrolável, como nos municípios de Leticia, na Colômbia, Tabatinga e Benjamin Constant, no Brasil, além das áreas urbanas que ficam rio acima, como os municípios de Caballo Cocha e Iquitos, no Peru. Isso também é claro nas aldeias de maior porte, onde se localizam as grandes áreas dedicadas ao cultivo da coca, como II de Maio, Erené e Bella Vista.

Outro fator que os fez serem atingidos pela doença foi o fato de eles não terem proibido a subida de pessoas dentro da aldeia. Um tio meu, que antes era de Yahuma e atualmente mora em Bom Intento, foi o que mais foi e voltou de lá várias vezes e, assim como meu cunhado, estava indo para lá no período mais duro da pandemia para comercializar mercadorias de todos os tipos, como máscaras, que ele levava para Yahuma e estava vendendo aos comunitários.

Ao contrário de Yahuma e outras aldeias do lado peruano, as comunidades Ticuna da Colômbia obedeciam mais às normas de isolamento social decretada pelo município de Leticia Os comunitários de tais aldeias não permitiam a entrada nem dos próprios parentes Ticuna vizinhos. Tal situação incomodava a maioria dos comunitários de Yahuma, que mantinham bastante troca com eles antes da pandemia.

COMO A DOENÇA CHEGOU ATÉ NÓS

Ninguém sabia ao certo quem levou a doença para a comunidade de Yahuma, já que somente a vovó e minha tia caçula, Betti, mantiveram-se isoladas do resto das pessoas, pois, coincidentemente, estiveram ocupadas limpando o solo de suas roças. Isso possibilitou que elas não fossem infectadas, como descrito mais acima na fala de minha avó. Retomando mais uma vez sua fala, e a de minha tia, acompanharemos um pouco quem elas acham que foram as pessoas que tiveram os primeiros sintomas de uma doença que estava deixando muitos de cama.

Para elas, segundo suas observações, pode ter sido o tio Tchoma quem fez com que se espalhasse a doença por toda Yahuma. Ele estava indo com frequência para a cidade de Leticia e começou a apresentar os sintomas da doença, que o fez ficar fraco e de cama. Logo após, seus filhos também ficaram. Diante do relato de minha avó e minha tia, é possível ter uma ideia exata de como a doença chegou a se espalhar nessa minúscula aldeia.

Todos os que chegavam até Yahuma vindos de outro lugar sempre reclamavam de muitos sintomas, aos quais no início não deram importância. O trabalho nos campos de cultivo da coca foi o que fez os outros adoecerem também, além das visitas frequentes que a comunidade recebia de visitantes da fronteira colombiana, além daqueles que moram mais abaixo da referida localidade, bem como os que vinham da fronteira brasileira, como seu filho José e companhia.

Ela relata também que a maioria de seus filhos e demais pessoas que viviam na comunidade subiam mesmo estando doentes, subiam em sua casa para ir visitá-la ou até para tomar café ou almoçar, como acontecia de costume. Pude observar o sobe e desce todos os dias enquanto estive na aldeia com ela, pois para ela todos são sempre bem-vindos.

Para o tio Wilder, podem ter sido os moradores que estão mais acima, pois eram os que mais se deslocavam para Leticia e que também tinham estado com eles as várias vezes em que passavam para voltar para suas casas, visto que são moradores da última casa da comunidade, na parte de cima – os mesmos que eu encontrei em Tabatinga no dia em que cheguei ao Amazonas

ADAPTANDO-SE A UMA NOVA REALIDADE

Assim como o uso de máscaras e o distanciamento social estava sendo aplicado de forma rígida nas cidades, nas aldeias também eles sentiram as mudanças toda vez que tinham que se reunir para receber as cestas básicas que todos os meses a Igreja Católica enviava para a aldeia, para ajudar os comunitários a se manterem alimentados durante o período inicial e até a metade do ano, quando estive pela aldeia iniciando a pesquisa.

Pude acompanhar a entrega dessas cestas básicas por algumas vezes e, somente nesse momento, o uso da máscara acontecia, já que os responsáveis pela entrega obrigavam-nos a usar a máscara para poder receber os mantimentos, a fim de evitar o contágio novamente, visto que eram pessoas que vinham de Iquitos e Caballo Cocha.

Isso gerava total rebuliço na hora, pois, para quem não tem costume de ter que entrar em filas e ainda colocar uma máscara no rosto, era terrível. Isso também de nada adiantava para eles, como diz minha avó em uma de suas falas, e era mais complicado quando iam até os centros urbanos como Leticia e Tabatinga, ou até áreas próximas onde costumavam fazer trocas também. Vejamos a seguir um pouco dos relatos de meus tios sobre suas experiências com o "novo normal", algo que o tio Tchoma compreendia que era necessário:

Tio Tchoma: "Em Porto Alegria não estavam mais deixando subir, os policiais não estavam mais deixando entrar. Estavam proibindo, e mesmo se viesse daqui, não estavam mais recebendo".

"Sim, é porque nós podemos trazer pra cá. Não, o que falaram é que, se não tiver no nosso meio, a gente pode acabar trazendo pra cá, aqui pra nossa comunidade. Por isso".

"Isso foi logo no inicio, né? Agora não tá mais tanto assim". "Alguns senhores já nem estão usando mais em Tabatinga, só aqueles que têm tendas, aqueles que ainda vendem assim mesmo".

Tia Owa: "Eles ficavam colocando barreiras na frente pra gente não passar".

Tio Tchoma: "Isso aí cai na gente, assim que cai em cima da gente já começa o calafrio; aí que ele já entrou em você, sim".

"Como se estivéssemos falando aqui agora, um com o outro, entra pela nossa respiração e já era! Por isso tem que usar a máscara". *(agosto, 2022)*

KOKAMA

Santo Antônio, uma Comunidade Esquecida em Meio à Pandemia[1]

Greiciane dos Santos Melo | Antropóloga kokama, Ufam

COMO A COMUNIDADE KOKAMA DE SANTO ANTÔNIO/AM LIDOU COM OS DESAFIOS DA COVID-19

Santo Antônio é uma comunidade indígena kokama pertencente ao município de Benjamin Constant, Amazonas, composta por 280 famílias e seus pequenos patrimônios. Entre eles estão a casa de reunião, para tratar de assuntos da vida comunitária; o "postinho" de saúde, construído com ajuda de missionários norte-americanos, que, devido à carência de profissionais de saúde, passa a maior parte do tempo fechado; e a Escola Municipal Capitão Avelino Nogueira, onde as crianças estudam e aprendem a ler e a escrever. Também estudei nessa escola e, por isso, sou muito agradecida e quero poder retribuir à minha comunidade. Há também na comunidade o templo religioso da Igreja Evangélica Assembleia de Deus, de grande importância para nosso povo, onde muitos se reúnem para fazer seus rituais – uma forma de estarem bem com Deus. Por fim, está sendo construída, em regime de mutirão comunitário, uma pequena casa de artesanato, na qual cada morador que souber fazer algum artesanato identificado como sendo do povo Kokama vai poder trabalhar e comercializar seus produtos para "ganhar um dinheirinho".

Quando nos encontramos na casa de reunião, o assunto mais tratado pelo cacique Romário – indígena kokama de 37 anos, casado com uma mulher também kokama – foi o de como nosso povo vive sempre a depender de outros. Não temos terras demarcadas para plantar em segurança banana, mandioca, milho e feijão, que são nossas únicas fontes de renda, porque não tivemos o reconhecimento das autoridades, e isso nos deixa mais aflitos.

Vivemos nas proximidades do povo Ticuna de Filadélfia (pertencente à TI Tikuna de Santo Antônio), comunidade da qual somos totalmente dependentes, tanto na área da saúde como na da educação. Nessa comunidade, funciona o posto de saúde que atende à maioria dos indígenas kokama da comunidade a que pertenço. Porém, por sermos de outra etnia, nunca somos tratados adequadamente pelos profissionais de saúde e sempre somos os últimos a receber atendimento, pois os funcionários dizem que temos que esperar os moradores de Filadélfia serem atendidos primeiro. Isso faz com que muitos Kokama deixem de procurar atendimento. Já fizemos várias reclamações, mas no final nós é que somos prejudicados. Por sermos de outra etnia e não falarmos mais a nossa língua materna, nunca somos tratados de uma boa forma, e os profissionais de saúde alegam que não somos índios. Infelizmente, tudo isso já acontecia antes da pandemia, mas, com ela, tudo piorou e as pessoas se refugiaram nas igrejas.

O PRIMEIRO CASO A CHEGAR EM NOSSA ALDEIA

No início, sentíamos estar muito distantes dessa doença mortal, ouvíamos falar, mas parecia que isso não nos afetaria. Nosso maior medo era que chegasse em Manaus, pois, caso isso ocorresse, nos alcançaria. Isso porque os barcos que trazem mercadorias para os municípios da região em geral têm contato com os moradores de Benjamin Constant.

Porém, a verdade foi muito diferente do que pensávamos. Alguns dias após as primeiras notícias, ouvimos falar que havia uma senhora, de aproximadamente 45 anos, que estava muito mal e com muita febre. Logo a transferiram para o Hospital de

Guarnição de Tabatinga, e lá ela foi a óbito sem que soubéssemos que estava com covid-19. Esse foi um dos primeiros casos que ocorreram aqui na região, e foi assim que ficamos sabendo do primeiro contágio. Logo soubemos de vários outros em cidades próximas. Cada vez chegava mais perto de nós.

Mesmo na aldeia, tínhamos que ir à cidade, para comprar itens essenciais, como remédios, produtos de higiene e limpeza, e alimentos, como açúcar e café, entre outros. Além disso, era preciso buscar o auxílio do Programa Bolsa Família (PBF) na data estipulada pelo governo federal. Contudo, no início da pandemia, a prefeitura adotou medidas que restringiam nossa circulação: colocou barreiras no rio e os guardas municipais impediam, a todo custo, nossa ida à cidade. Se desobedecêssemos às suas ordens, tínhamos nossas canoas e motores apreendidos.

Aconteceu então de as autoridades pedirem para os caciques tomarem as devidas providências. Na nossa comunidade, o povo estava com muito medo, tanto que acatou a ordem dada pelo cacique Romário e não saiu mais. Lembro-me que as autoridades disseram que os índios poderiam sobreviver comendo apenas banana e peixe – e isso sem dúvida foi verdade, pois conseguimos viver por vários meses assim. Mas as autoridades perderam todo o controle conforme se prolongava o período de pandemia. Por mais que as aldeias não permitissem a saída de seus moradores, chegavam pessoas de fora na comunidade, a exemplo das prestamistas, que vendiam suas mercadorias e tinham acesso livre para circular, realizando a cobrança dos pagamentos das dívidas dos moradores. Elas foram as que mais infectaram a população.

Com o passar do tempo, com tantas perdas e sem saber o que fazer, as pessoas recorreram aos remédios caseiros, e isso foi o que realmente ajudou. Pois, em meio a uma pandemia, com pessoas morrendo, ainda éramos humilhados quando procurávamos ajuda e atendimento.

COMIDAS E FESTAS QUE NOS FAZIAM SORRIR

Escrevo aqui algumas lembranças dos momentos felizes da época anterior à pandemia, e nossas festas culturais são uma delas. A comunidade esperava por esses momentos. Por exemplo, em 19 de abril, dia dos povos indígenas, aproveitávamos para pensar e refletir sobre a nossa luta e resistência. O povo Kokama se reunia para dançar, preparar e consumir comidas típicas, como peixe assado, banana madura assada, açaí, pororoca (mingau preparado a partir de banana madura, em que são necessários dois dias para seu cozimento à lenha) e a caiçuma (bebida fermentada de macaxeira), pois esses são nossos pratos preferidos. Também gostamos muito de jacaré assado na brasa, peixe bodó. E assim vamos comendo e jogando conversa fora. Enfim, é um momento muito bom e alegre, em que os moradores se divertem também com banhos no rio e diversas brincadeiras.

Com o avanço da pandemia, acabou nossa felicidade, pois não vivemos mais como antes. Não podemos mais sorrir sem sentir medo. Quando vamos à cidade, as pernas chegam a tremer com medo de infectar alguém da comunidade, da minha querida comunidade.

Assim, fomos nos adaptando a esse novo método de vida que começou de uma hora para outra. Tivemos que mudar nossos hábitos e costumes, aprender como viver isoladamente no meio das pessoas, de nossos parentes, os quais amamos. Já imaginou você estar acostumada a correr, brincar, a ter um sorriso no rosto e, de repente, esses sorrisos se transformarem em gotas de sangue? Porque começamos a ter perdas e mais perdas, já não sabíamos em quem confiar, pois tínhamos medo de chegar perto, medo de sair na rua, medo de tudo. O povo, que vivia feliz, agora achava que estava no fundo do poço.

EM MEIO AO CHORO, RECORREMOS ÀS CRENÇAS

Nossa comunidade vive hoje um momento muito difícil. Seus moradores foram bastante infectados, principalmente os mais idosos de nossa aldeia, aqueles que têm algum tipo de doença ou que têm a imunidade muito baixa. Esses sofreram muito na minha aldeia e, quando a doença começou a se alastrar, vieram os óbitos – e foram vários óbitos, tanto na minha comunidade como na vizinha, Filadélfia. No início, não sabíamos o que de fato acontecia, os moradores achavam ser uma gripe normal, mas na verdade não era. Os moradores procuraram atendimento, mas nos foi negado. Imagine um povo que tenta se reerguer tanto em comunidade como no meio social, em meio ao choro, ao desespero de se sentir em um beco sem saída, porque eles nos negavam atendimento num momento em que eles eram os únicos que poderiam nos ajudar? Falar não é o suficiente para quem está sentindo a dor.

Eram muitos os infectados: adultos e jovens, além de crianças com febre alta. Quando paro para pensar a que ponto o ser humano chega quando se encontra sem as condições necessárias... Mas não precisamos de muito, sabemos que temos o bastante: as folhas e as cascas das madeiras podem nos ajudar a cuidar de toda uma aldeia. Mas, cabe questionar: como cuidar da saúde em uma comunidade que está na luta pelo reconhecimento de suas terras e, enquanto isso não acontece, a população sofre por não ter as condições necessárias de infraestrutura? E devido à pandemia, aconteceu de muitas vidas serem ceifadas pelo difícil acesso a hospitais e postos de saúde, pela falta de leitos e de oxigênio.

A comunidade toda estava sofrendo com a dor de enterrar seus mortos, e foi nesse momento que a velha sabedoria dos remédios naturais veio como um método para poder salvar vidas. Foi nesse meio-tempo que voltamos ao aprendizado das pessoas mais idosas da comunidade: as plantas medicinais. Nesse tempo de pandemia, voltamos ao nosso saber cultural, à sua preocupação de mãe e ao cuidar de outros.

UMA VACINA DESCONHECIDA E A POPULAÇÃO TOMADA PELO MEDO

Os moradores já estavam controlando a situação com os remédios caseiros, que tinham um grande efeito, e, de repente, chegou uma vacina desconhecida, da qual a população sentiu medo. Informações veiculadas em grupos de aplicativos de mensagens e na "boca de ferro" (alto falante utilizado para transmissão de mensagens na comunidade), especialmente por pessoas ligadas às igrejas evangélicas, diziam que, se os índios se vacinassem, iriam se transformar em animais ou morrer. E isso deixou as pessoas com medo.

No dia marcado para tomar a vacina, cadê o povo? Ninguém estava em suas casas; inventaram que foram para a roça ou pescar somente para não tomar a vacina. O medo estava matando a todos, e isso gerou uma grande polêmica. Com isso, perdemos alguns dos direitos dados no posto. Muitos profissionais chegaram a usar seu poder para intimidar quem não tinha nenhum conhecimento. Somos esquecidos por tudo e por todos, quando queremos alguma coisa que beneficie nossa comunidade, não sabemos a quem recorrer. Só de saber que você é um indígena, pensam que vive no meio do mato da selva amazônica. Mas quando se trata de buscar ajuda, nos sentimos amarrados, talvez por não saber a quem procurar.

Na comunidade, esse vírus mortal, causador de problemas respiratórios graves, infectou e levou a óbito muitos indígenas. De imediato, os sintomas são bem parecidos com os de uma gripe, porém, por ser mais agressivo e mortal, eles são bem mais fortes. Entre seus sintomas estão a tosse seca, febre, falta de ar, dor de cabeça, falta de paladar e diarreia. E foi nesse histórico que os indígenas da Amazônia voltaram às suas raízes, lembraram de seus conhecimentos, que estariam na cura das ervas medicinais. Em uma região formada por povos indígenas, o saber e a cultura nesses momentos são fundamentais. Saberes que, por imposições de outras pessoas ou instituições, acabam muitas vezes sendo deixados de lado, em um esquecimento de como é importante ter o pleno conhecimento de cada árvore, de cada semente, de cada folha e de cada planta que temos aqui, que, com certeza, já nos ajudaram a salvar vidas e vidas. Muitas famílias entraram em desespero por achar que não teria mais jeito, afinal estamos em uma pandemia global em que a ciência ainda não conseguiu achar a cura. Mas o saber, o conhecimento indígena, fez as pessoas tomarem a decisão de procurar a melhor forma de se prevenir. Por isso, devemos sempre considerar nosso conhecimento sobre as ervas medicinais como um grande saber dos índios, seja ele qual for e onde for. *(julho, 2021)*

NOTA

[1] Publicado originalmente na *Plataforma de Antropologia e Respostas Indígenas à Covid-19* (Pari-C), v. 1, n. 6, jul. 2021. Versão revisada e editorada por Daniela Perutti. O artigo contou com a colaboração de Flavia Melo e Rodrigo Reis.

ALTO SOLIMÕES/GERAL

ALTO SOLIMÕES REGISTRA QUEDA NO ÍNDICE DE MORTALIDADE INFANTIL

Na região do Alto Solimões, no Amazonas, em três anos, caiu pela metade o índice de mortalidade infantil indígena. Dados do DSEI mostram que em 2013 o índice era de quase 58 mortes para mil crianças indígenas nascidas. Em 2016, a média foi 26. Apesar da queda, ainda representa mais que o dobro da média geral do país. Uma campanha lançada pelo Ministério da Saúde no ano passado prevê redução de 20% no número de mortes até 2019. De acordo com o Ministério, metade das mortes ocorre antes de elas completarem um ano. A maioria dos casos são por doenças e causas que poderiam ser evitadas, como problemas respiratórios, nutricionais e parasitários. *(Agência Brasil, 23/01/2017)*

© ALEJANDRO ZAMBRANA/SESAI, 2018

Oficina de Vigilância Alimentar e Nutricional na comunidade Madja Kulina – DSEI Médio Rio Solimões e Afluentes.

ASSOCIAÇÃO DAS MULHERES INDÍGENAS ARTESÃS TEM NOVA PRESIDENTE

O Reporter Solimões desta terça-feira (20) falou sobre a eleição da nova presidente da Associação das Mulheres Indígenas Artesãs, da comunidade indígena de Bom Caminho, em Benjamim Constant. Indígena Ticuna, Elizabeth Peres de Souza, ficará à frente da entidade por 4 anos. Elizabeth de Souza informa que, em setembro, haverá uma exposição de artesanato, para mostrar o trabalho da comunidade. Fundada há mais de 15 anos, a AMATU de Bom Caminho agora buscará parcerias. *(Repórter Solimões, Agência Brasil, 23/10/2022)*

INDÍGENAS DO SOLIMÕES FAZEM AUTODEMARCAÇÃO

Kokamas, tikunas e mayorunas da terra indígena Porto Praia de Baixo, na margem do rio Solimões, adentraram a mata e marcaram 20 árvores com uma mensagem escrita com tinta vermelha. “Terra indígena Porto Praia. Proibida a entrada de pessoas não autorizadas, a derrubada de madeira e a caça ilegal”. A mensagem é seguida de referências a dois dispositivos legais: a lei no 6.001, de 1973, ou seja, o Estatuto do Índio, e o artigo 231 da Constituição Federal de 1988. Os dois dispositivos tratam da demarcação de terras indígenas. Com aquele gesto, em 2021, os indígenas faziam uma autodemarcação do território, inspirados por lideranças de outras regiões na Amazônia. *(V. Sassine, FSP, 10/10/2022)*

KAMBEBA

A POETA INDÍGENA QUE LUTA PELOS DIREITOS DA MULHER NAS ALDEIAS

Identidade dos povos indígenas, territorialidade e a questão da mulher nas aldeias são os principais temas abordados pela poeta Márcia Wayna Kambeba, da etnia Omágua Kambeba, em sua luta na literatura e na música. Nascida em 1979 na aldeia Belém dos Solimões, pertencente ao povo Tikuna, no Alto Solimões (AM), a escritora viveu na região até os oito anos de idade. “Eu nasci de parto difícil e fiquei muito doente durante a infância. Peguei pneumonia forte e quase morri, mas fui curada pelas indígenas”, conta.

Qual a principal luta de seu povo Omágua Kambeba? E das demais aldeias?

Em certo momento, o povo Kambeba foi dado como extinto por alguns pesquisadores, mas ele apenas se refugiou. A princípio, os indígenas desse povo negaram sua identidade para, depois, quando o tempo ficou propício, voltarem e reafirmarem sua luta, que é ancestral. O território não é só físico, também está na memória daqueles que o vivenciaram. Por isso, hoje, nós lutamos por um território em que podemos conviver livremente, mantendo nossos rituais, conservando a nossa biodiversidade e tendo essa relação de reciprocidade com a natureza.

Para você, quais os maiores preconceitos e dificuldades que os indígenas sofrem no Brasil?

As dificuldades enfrentadas na minha aldeia, assim como nas outras, são as mesmas: educação e saúde precárias, saneamento básico, territórios invadidos, hidrelétricas, desmatamento, poluição dos rios, entre outras muitas questões. Pensar na questão indígena não é só refletir sobre um povo diferenciado, que fala uma língua diferente, anda nu e vive no meio da mata. Não. Os povos indígenas dominam um conhecimento que universidade nenhuma vai dar para um estudante. (Catraca Livre, 18/04/2017)

© LILO CLARETO/ISA, 2019

Marcia Kambeba discursa durante o evento na UFPA “Amazônia Centro do Mundo”, encontro de indígenas, ribeirinhos, jovens ativistas pelo clima,movimentos sociais e cientistas em uma aliança global pela Amazônia.

KOKAMA

KOKAMA FALA DOS AVANÇOS E LUTAS PARA AS FAMÍLIAS QUE VIVEM NO LOCAL

Em entrevista ao programa Boa Noite Solimões, da Rádio Nacional do Alto Solimões, o fundador da Comunidade Indígena Kokama "Luis Ferreira", na zona rural de Tabatinga, Zeca Kokama, fala das lutas e avanços para melhoria da comunidade, que possui cerca de 45 famílias. O fundador da comunidade indígena ressalta que hoje a comunidade tem energia elétrica e acesso a área urbana. Além disso, as famílias estão cadastradas no Sistema de Informação da Atenção à Saúde Indígena e recebem a equipe médica duas vezes por semana. *(Agência Brasil, 12/07/2018)*

© LALO DE ALMEIDA/FOLHAPRESS, 2022

Casas abandonadas na TI Boca do Mucura, próximo a Fonte Boa (AM), na região do Médio Solimões.

MESSIAS KOKAMA: UM CACIQUE DE MUITOS POVOS

A criação de um bairro indígena em uma metrópole cravada no meio da floresta amazônica era o sonho de Messias Kokama, 53 anos, que morreu no dia 13 de maio, vítima da Covid-19. Moradia digna para todos os povos que desejassem viver em Manaus, cidade de 1,7 milhão de habitantes, foi a grande luta do cacique, que não deixou apenas uma ideia como legado, mas uma comunidade onde vivem 700 famílias de 35 etnias do Amazonas, o Parque das Tribos. Messias Kokama não só idealizou o primeiro bairro indígena, mas fez disso sua grande jornada. *(M. F. Ribeiro, De Olho nos Ruralistas, 27/05/2020)*

TI GANHA ARES DE LUGAR FANTASMA APÓS ABANDONO E NORMALIZAÇÃO DE INVASORES

A Boca do Mucura é um dos territórios na fila por demarcação. O MPF instaurou um inquérito civil público para investigar conflitos fundiários entre os kokamas do lugar e um criador de gado, que reivindicava a propriedade do espaço. Uma ação pediu a demarcação do território, a favor dos indígenas, e a Justiça Federal no Amazonas concordou. A Funai foi condenada, em novembro de 2016, a finalizar o processo em até três anos. Passados quase seis, a fase não é nem de estudos por um grupo técnico. A Boca do Mucura passou a ser cada vez mais alvo de invasores: pescadores, caçadores e madeireiros ilegais. As ameaças às famílias são frequentes. "Vou pegar a espingarda e atirar em você", dizem a quem resiste ficar ali. A terra não tem energia nem água potável. Os indígenas buscam água, com lata na cabeça, em Fonte Boa, mais especificamente na torneira do porto. Ou represam água da chuva. *(V. Sassine e L. de Almeida, FSP, 23/10/2022)*

INDÍGENAS EXPULSOS LUTAM PARA RETOMAR SUA COMUNIDADE

Cerca de 2.260 famílias, muitas delas indígenas, foram deslocadas em março de 2020, quando as autoridades desmantelaram o assentamento informal Monte Horebe, nos arredores de Manaus, no estado brasileiro do Amazonas. Dois anos depois, muitos continuam lutando com moradias precárias, aprofundando a pobreza e a atual crise do COVID-19, dizem os líderes indígenas. A comunidade indígena agora luta para recuperar o assentamento Monte Horebe, pedindo a um tribunal

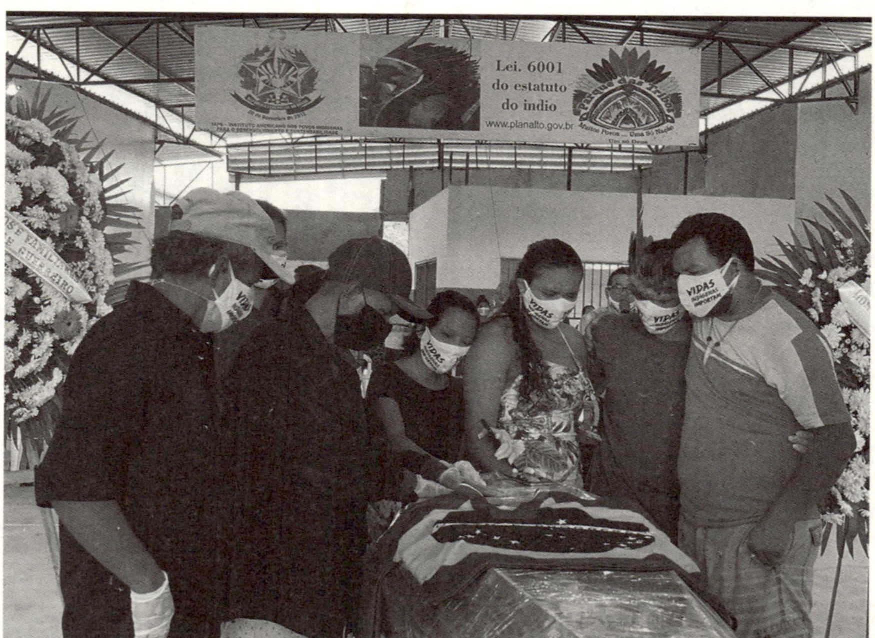

© FABIANO MAISONNAVE, 2020

Velório do Cacique Messias Kokama no Parque das Tribos, em Manaus/AM.

© LALO DE ALMEIDA/FOLHAPRESS, 2022

Membros da guarda indígena fazem uma patrulha pela comunidade na TI Porto Praia, localizada às margens do Rio Solimões, próximo a Tefé (AM).

que ordene às autoridades que indenizem os moradores e permitam que retornem à área. *(A. Ionova, Mongabay, 01/03/2022)*

TICUNA

MORADORES DA COMUNIDADE INDÍGENA DE UMARIAÇÚ COBRAM PRESENÇA DA PM

Moradores da comunidade de Umariaçú II procuraram a rádio do Alto Solimões para denunciar os constantes casos de assaltos com violência que tem ocorrido na aldeia. Motivo pelo qual os moradores cobram a presença da Polícia Militar de Tabatinga. O local mais vulnerável para a ação dos criminosos é a ponte que liga as comunidades de Umariaçú I e II. A noite é o período em que mais acontecem os assaltos, segundo a moradora de Umariaçú II, Lidinilza da Costa. O comandante do 8º Batalhão de Polícia Militar em Tabatinga, major Herlon Gomes, explica aos moradores que a presença da polícia na comunidade está reduzida devido a falta de infraestrutura de pavimentação das vias. *(Agência Brasil, 02/04/2017)*

EM NOVA GAFE, PRESIDENTE FALA DE APLAUSOS A INDÍGENA

Criticado por ter nomeado um ministério sem pluralidade, o presidente Michel Temer fez nesta terça-feira (17) um discurso em que reverenciou as "várias categorias" da classe médica homenageadas no Palácio do Planalto, mas cometeu um deslize ao dizer que o representante indígena "foi até muito aplaudido, como um integrante do Ministério da Saúde", ao ser anunciado na cerimônia em comemoração ao Dia do Médico. Em um discurso de pouco mais de cinco minutos, Temer disse que via na condecoração aos 12 profissionais "uma amálgama, uma mistura de médicas, médicos e até médico indígena, que foi até muito aplaudido, assim como a senhora representante do Ministério da Saúde". O presidente falava de Sildo Gonzaga Tomaz, que pertence à etnia Ticuna e é profissional do programa Mais Médicos. Hoje, após estudar medicina em Cuba, Tomaz atende a famílias indígenas no Amazonas. *(M. Dias e N. Cancian, FSP, 18/10/2017)*

INDÍGENA É CONFUNDIDO COM TRAFICANTE E É MORTO POR 'PIRATAS DO RIO'

Um indígena da etnia Ticuna, de identidade até o momento não informada, foi encontrado morto nesta terça-feira (30), nas proximidades da comunidade indígena do Umariaçu, em Tabatinga (a 1.108 km de Manaus). Conforme a polícia, o homem foi morto com 3 tiros por suspeitos conhecidos como "Piratas do Rio" ao ser confundido com narcotraficantes que atuam no rio Solimões. "O corpo foi encontrado por moradores que acionaram a Polícia Militar (PM). O nome do indígena ainda não foi informado, mas sabemos que ele seguia pela embarcação a caminho da comunidade Umariaçu", disse a soldado Silvana, do 8o Batalhão da Polícia Militar (BPM) de Tabatinga. A rota Solimões é um dos principais corredores de entrada de drogas no Brasil, uma vez que fica nas proximidades da tríplice fronteira, e a Reserva Indígena do Umariaçu, da etnia ticuna, fica ao sul da cidade de Tabatinga. Ela inicia depois do bairro Comara e se divide em duas, sendo a Umariaçu 1 e Umariaçu 2, separadas por um igarapé. *(Em Tempo, 30/01/2018)*

A VOLTA DA POLÍCIA INDÍGENA TICUNA NO ALTO SOLIMÕES

Índios Ticuna voltaram a patrulhar por conta própria as ruas das aldeias Umariaçu 1 e 2, na zona urbana de Tabatinga, a 1.105 quilômetros de Manaus, no oeste do Amazonas, região do Alto Solimões. A polícia indígena, que estava desativada há oito anos, foi reorganizada há pouco mais de nove meses, segundo os índios, para combater o consumo de bebidas alcoólicas, tráfico de drogas e homicídios na comunidade. Eles dizem que o retorno da polícia indígena, chamada de Segurança Comunitária Umariaçu (SEGCUM), acontece diante do descumprimento de um Termo de Ajustamento de Conduta (TAC) realizado pela Justiça Federal de Tabatinga em que a Polícia Militar seria a responsável pela ronda ostensiva nas noites de finais-de-semana nas aldeias. Devido à recusa da Polícia Militar em cumprir o TAC, os índios organizaram a segurança com cerca de 50 voluntários, diz o cacique João Cruz, da aldeia Umariaçu 2. Os policias usam calças e camisetas pretas, cassetete na cintura e patrulham as ruas de quinta-feira a domingo, entre as 10 horas da noite até às 3 horas da madrugada. A polícia indígena foi criada pela, primeira vez, em 2008 pelos indígenas Ticuna com o propósito de dar segurança às comunidades Umariaçu 1 e 2. Chamada de Polícia Indígena do Alto Solimões (Piasol) ou Serviço de Proteção ao Índio (SPI - nome em referência a antiga Fundação Nacional do Índio), chegou a ter um efetivo de 1.500 homens e atuar em oito comunidades, espalhadas por cinco municípios da região do Alto Solimões, na tríplice fronteira entre o Brasil, Colômbia e Peru. *(V. Fonseca, Amazônia Real, 06/02/2018)*

MORRE LIDERANÇA DO MOVIMENTO INDÍGENA DO ALTO SOLIMÕES

O povo Ticuna do Alto Solimões, no Amazonas, perdeu nesta terça-feira, 6, uma de suas principais lideranças: Nino Fernandes faleceu aos 63 anos em decorrência de um infarto. Servidor da Funai desde 1986 e diretor do primeiro museu indígena do país, o Museu Magüta. Nino dedicou sua vida à causa indígena, lutando pela preservação da sua cultura e demarcação das terras. *(Alô Fronteira, Agência Brasil, 08/02/2018)*

AUMENTO DE SUICÍDIO ENTRE JOVENS INDÍGENAS PREOCUPA PROFESSOR EM TABATINGA

Em entrevista ao programa Recados da Rádio Nacional do Alto Solimões, o professor indígena da comunidade de Umariaçu no Alto Solimões, Genário da Silva, falou do índice de suicídio entre os indígenas, assim como também o consumo de álcool. Genário da Silva pede mais fiscalização das autoridades para a comercialização de bebidas alcoólicas para indígenas na zona urbana. Outra denúncia feita por ele diz respeito à falta de segurança, com assaltos na região do rio. O indígena pede mais segurança para os ribeirinhos. *(Agência Brasil, 23/02/2018)*

MÉDIO SOLIMÕES

PERSPECTIVAS DE MUDANÇAS DE CENÁRIOS NO MÉDIO SOLIMÕES

A região do médio rio Solimões e afluentes apresenta uma conjuntura de ameaças aos povos indígenas que ali vivem. Vistas como potencial para exploração de minérios, extração de madeira e outros recursos naturais, as terras indígenas sofrem constantemente a ação de invasores. Um dos exemplos é o garimpo ilegal que avança na região de Jutaí. a terra indígena do povo Katukina está diretamente afetada. Tal situação deixa a região vulnerável ao tráfico de drogas, contrabando, violência, exploração sexual, entre outras ameaças. Segundo os dados levantados pelo Cimi, em 2014 houve 681 conflitos envolvendo populações indígenas, principalmente o conflito pela terra, gerando 75 assassinatos de lideranças indígenas, com 181 pessoas feridas. Em 2015, houve 725 conflitos em todo país, com 54 assassinatos, 187 feridos e 12 ameaças de morte. De acordo com o levantamento de conflitos do Cimi Tefé, no Amazonas, houve duas mortes e centenas de indígenas foram ameaçadas. *(Cimi, 05/01/2017)*

DELEGAÇÃO INDÍGENA REALIZA INCIDÊNCIA POLÍTICA NA SESAI

Representantes das etnias Kokama, Deni, Maku Nedëb, Miranha e Kanamari estão em Brasília durante esta semana para levar aos órgãos públicos federais as violações dos direitos sofridas pelos povos da região. Querem soluções imediatas para os problemas e querem saber o que estes órgãos têm planejado para resolvê-los. As violações sofridas pelos povos são diversas, vão desde a ausência de postos de saúde nas aldeias e falta de transporte para encaminhar os pacientes a hospitais, passando por episódios de desrespeito e discriminação por parte dos profissionais da saúde que não são indígenas. "É preciso que a Sesai assuma suas responsabilidades de atender a população indígena como deve ser, como garante a nossa legislação", reforçam os indígenas. *(Cimi, 08/06/2017)*

CACICA MIRANHA DIZ QUE FUNAI FOI ALERTADA SOBRE CONFLITO EM COARI

O Corpo de Bombeiros Militar do Amazonas iniciou nesta quarta-feira (15) no rio Solimões as buscas aos corpos dos indígenas Francisco Cardoso da Cruz, 63 anos, e Mateus Marins da Cruz, 41 anos, da etnia Miranha, que foram jogados por posseiros nas águas na manhã do dia 7 de janeiro, no município de Coari (a 363 quilômetros de Manaus) e morreram afogados. Três homens foram presos, segundo a Polícia Civil, e confessaram a autoria dos crimes. Eles também confessaram o envolvimento no assassinato de Joabe Marins da Cruz, que foi morto com um tiro de espingarda, na noite do dia 6 de janeiro, na casa da família, que fica na Terra Indígena Cajuhiri Atravessado. Francisco era marido da cacica Eunerina Marins da Cruz e Mateus e Joabe eram os filhos do casal. Eunerina disse em entrevista à agência Amazônia Real que o motivo dos assassinatos é a coleta de castanha pelos posseiros dentro do território, que foi homologado em 2015. Ela contou que alertou a Funai sobre a invasão dos não-indígenas nas áreas dos castanhais e sobre o aumento do conflito com eles, que vivem dentro da terra indígena ilegalmente. "Eu já vinha alertando, pedindo para tomarem providências, dizendo que a gente não queria mais essas pessoas aqui, a não ser que fossem autorizadas por nós. Também fui na rádio, falei que este ano a coleta da castanha seria da nossa família, que ninguém poderia dividir o castanhal", afirmou Eunerina Marins da Cruz. O conflito não é de "índio contra índio", completou a cacica, se referindo a comentários na cidade , segundo ela, de que seria uma contenda interna entre indígenas do território. *(E. Farias, Amazônia Real, 15/01/2020)*

5.

5. JAVARI

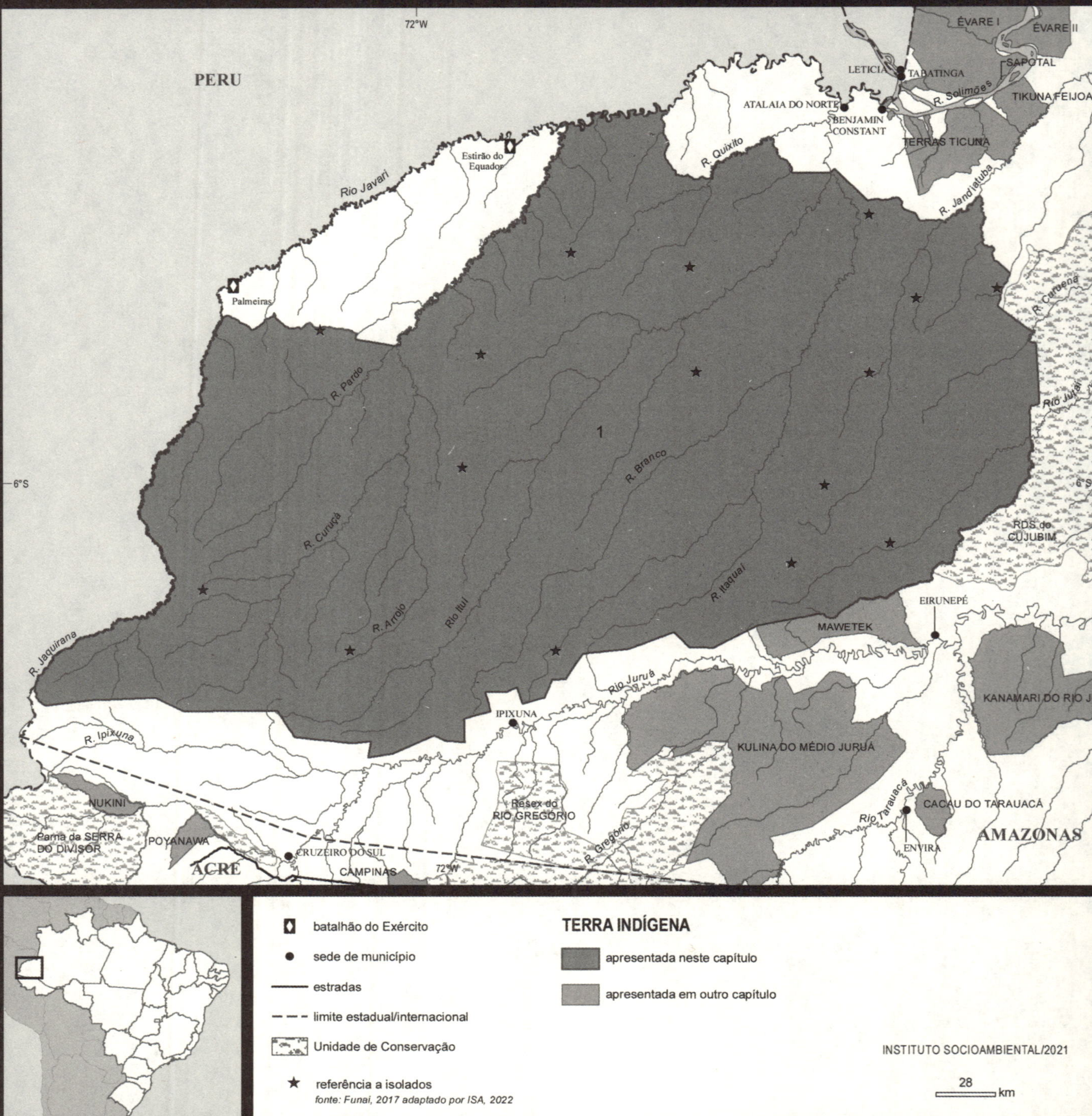
72°W
PERU
ÉVARE I
ÉVARE II
LETICIA
TABATINGA
SAPOTAL
ATALAIA DO NORTE
R. Solimões
TIKUNA FEIJOAL
BENJAMIN CONSTANT
TERRAS TICUNA
Estirão do Equador
R. Quixito
Rio Javari
R. Jandiatuba
Palmeiras
R. Curuena
R. Pardo
Rio Jutaí
1
R. Branco
6°S
RDS do CUJUBIM
R. Curuçá
R. Itaquaí
R. Arrojo
Rio Itui
R. Jaquirana
EIRUNEPÉ
MAWETEK
Rio Juruá
KANAMARI DO RIO JU
IPIXUNA
R. Ipixuna
KULINA DO MÉDIO JURUÁ
NUKINI
Resex do RIO GREGÓRIO
Rio Tarauacá
CACAU DO TARAUACÁ
Parna da SERRA DO DIVISOR
POYANAWA
R. Gregório
AMAZONAS
ENVIRA
CRUZEIRO DO SUL
ACRE
CAMPINAS
batalhão do Exército
sede de município
estradas
limite estadual/internacional
Unidade de Conservação
referência a isolados
fonte: Funai, 2017 adaptado por ISA, 2022
TERRA INDÍGENA
apresentada neste capítulo
apresentada em outro capítulo
INSTITUTO SOCIOAMBIENTAL/2021
28 km

JAVARI
Terras Indígenas
Instituto Socioambiental - 30/11/2022

Nº mapa	Terra Indígena	Povo	População (nº, fonte, ano)	Situação jurídica	Extensão (ha)	Município	UF
27	Vale do Javari	Kanamari Tsohom-dyapa Isolados do Jandiatuba Isolados do Alto Jutaí Kulina Pano Marubo Matsés Matis Isolados do Rio Quixito Korubo Isolados Korubo Isolados do Igarapé Nauá Isolados do Rio Itaquaí Isolados do Igarapé Alerta Isolados do Igarapé Inferno Isolados do Rio Bóia/Curuena Isolados do Igarapé Lambança Isolados do Rio Coari Isolados do Rio Esquerdo Isolados do Igarapé São José Isolados do Igarapé Cravo Isolados do Igarapé Amburus Isolados do Igarapé Flecheira Isolados do Rio Pedra Isolados do Igarapé São Salvador Isolados do Igarapé Pedro Lopes	6.317 - Disei Vale do Javari: 2020	Homologada. Decreto - s/n - 30/04/2001, publicado em 02/05/2001. Reg. SPU Certidão n. 013, 014, 015 e 016 de 31/07/02.Reg. CRI no município de Atalaia do Norte (6.504.456 ha) Matr. 362 Lv. 2-A Fl. 385-387 em 29/05/02. Reg. CRI no município de Benjamim Constant (610.690 ha) Matr. 678 Lv. 2/3-B Fl. 46/v em 27/05/02. Reg. CRI no município de Jutaí (810.951 ha) Matr. 458 Liv. 2-B Fl. 58 em 23/05/02. Reg. CRI no município de São Paulo de Olivença (618.383 ha) Matr. 621 Liv. 2-D Fl. 141 em 10/06/02.	8.544.480	Atalaia do Norte Benjamin Constant Jutaí São Paulo de Olivença	AM

TI VALE DO JAVARI

Adeus, Bruno, Seguiremos seus Sonhos e Lutas para Sempre

Observatório dos Direitos Humanos dos Povos Indígenas Isolados e de Recente Contato (OPI)

EM NOTA DE TRISTEZA E REVOLTA, MEMBROS DO OPI FAZEM MEMÓRIA DA ATUAÇÃO DO INDIGENISTA BRUNO PEREIRA, ASSASSINADO NO JAVARI JUNTAMENTE COM O JORNALISTA DOM PHILLIPS EM 2022. BRUNO ERA UM DOS FUNDADORES DA ORGANIZAÇÃO

Nós, ativistas do Observatório dos Direitos Humanos dos Povos Indígenas Isolados e de Recente Contato, hoje enterramos Bruno, nosso irmão mais velho. Hoje, a terra onde ele nasceu o recebe, seu corpo reencontra o barro, as raízes das plantas, a água e o calor do solo. Seu corpo carrega o perfume salgado do mar e o aroma denso da mata que ele defendeu até que os destruidores da floresta o mataram de forma traiçoeira. Nossos olhos misturam lágrimas de tristeza profunda e de revolta intensa. Mataram Bruno e seu amigo Dom à beira do Rio Itacoaí, numa manhã de domingo de fim de inverno, quando ele voltava de uma temporada com seus melhores amigos, seus melhores mestres, com os quais ele aprendeu a entoar os cantos da festa.

No Itacoaí, quando Bruno e Dom foram mortos, os frutos da munguba pontilhavam a margem do rio com sua cor de urucum. Como cacau magenta, os frutos se abriam de repente e espalhavam pontinhos de algodão branco no igapó. Flutuavam vagarosamente no ar e caíam sobre a superfície da água, formando constelações. Os pontinhos de algodão são sementes, geram vida. De um fruto que abre, centenas, milhares, milhões de sementes vestidas de algodão se espalham pelo mundo do igapó e além. O mundo é um igapó, e Bruno é um fruto de munguba que se espalhou.

Com os povos indígenas do Javari, Bruno passou urucum no corpo para ficar mais bonito à luz do sol e à luz da lua. Com eles assou matrinxã nos moquéns da aldeia, alegrou-se com a chegada das antas capturadas pelos bons caçadores, deu risadas alegres e sentiu o prazer da fartura e da dança. Com seus amigos indígenas tomou banho no igarapé, inalou o tabaco que abre os olhos do coração e escutou histórias antigas e novas. Foi nas matas, rios e lagos da Amazônia onde Bruno sentiu o gosto agradável da bacaba e do buriti, ouviu o grito atrevido do gavião-real e o grasnar das araras-vermelhas, aprendeu a reconhecer a trilha que os queixadas abrem na floresta e que os cardumes de piaus traçam no leito do igarapé.

© DANIEL MARENCO, 2018

Bruno Pereira.

Bruno era grande e forte de corpo e de alma, sua voz era firme para estar junto na defesa da terra e suave para encantar-se com a beleza dos povos da floresta. Era incapaz de permanecer em silêncio quando a avidez e a violência do Estado e dos predadores da mata arrancavam a vida das Terras Indígenas. Ao mesmo tempo, ouvia calado a voz dos mais velhos nas aldeias, e aprendia deles outras maneiras de resistir no mundo.

Bruno teve uma paixão imensa, uma emoção que ele fez transbordar a tantas pessoas de tantos lugares: soube que no coração da mata os povos indígenas isolados lançavam seu grito de recusa contra a violência invasora. A voz dos povos indígenas isolados, daqueles que duramente sobreviveram a massacres e pestilências nossas, ecoou pelo mundo afora porque Bruno espalhou seu desejo: o desejo de deixá-los em paz, sem os burocratas do Estado, sem as fardas de militares que empunham armas, sem as cruzes sagradas das missões da morte, sem o brilho de ouro falso do capital insaciável.

Nossa tristeza é imensa como o dossel da floresta, nossa raiva é forte como a raiz da castanheira. Nossa ternura é limpa e abraça a Bia, aos filhos de Bruno, a toda a sua família, a aldeia infinita dos seus amigos espalhados pelo mundo. De nossa parte, continuaremos a luta, estamos em guerra, não vamos parar! Onde cai um, surgirão muitos outros, tenham certeza. "Simbora", como diria Bruno. Não vamos esquecer quem verdadeiramente matou nosso irmão mais velho, jamais!

Adeus para sempre, Bruno. Seguirá havendo cantos nos terreiros, seguirá havendo flechas nos arcos, seguirá havendo espíritos que habitam nas florestas. Os inimigos dos povos do Javari vão fracassar. Com todos os sonhos indígenas, estás também nos nossos sonhos. Plantado hoje na terra como maniva, vai fazer germinar mais florestas, vai inspirar mais vida nas aldeias que te acolheram. E vai ter milhares de centímetros a mais de terra indígena na Amazônia. *(junho, 2022)*

A Univaja no Combate à Pandemia

Beto Marubo | Univaja
Lucas Albertoni | OPI
Juliana Oliveira | Univaja e OPI

COMO O FORTALECIMENTO DO MOVIMENTO E DAS ORGANIZAÇÕES INDÍGENAS DOS POVOS NO VALE DO JAVARI/AM PERMITIRAM COMBATER A COVID-19 E FAZER FRENTE À MOROSIDADE DAS AÇÕES ESTATAIS NA SEGUNDA MAIOR TI DO BRASIL

No dia 3 de fevereiro de 2020, o Ministério da Saúde (MS) do Brasil declarou situação de emergência em saúde pública. Em 26 de fevereiro, o Brasil identificou o primeiro caso de coronavírus em São Paulo/SP. Em 11 de março, a Organização Mundial da Saúde (OMS) declarou a pandemia da covid-19. Dois dias depois, o primeiro caso foi identificado no estado do Amazonas. O primeiro caso confirmado de contaminação pela doença entre indígenas foi o de uma jovem kokama, com 20 anos, em Santo Antônio do Içá/AM. Em abril de 2020, foram então notificados os primeiros casos nos municípios do entorno da Terra Indígena (TI) Vale do Javari: Tabatinga, em 8 abril de 2020; Benjamin Constant, em 9 de abril de 2020 e Atalaia do Norte, em 29 de abril de 2020.[1]

No Brasil, a posição negacionista e anti-indígena do governo federal e de seus apoiadores diante da pandemia se expressou em morosidade para a aquisição das vacinas, dispersão das *fake news* e nos discursos públicos de incentivo ao uso de medicamentos sem eficácia comprovada. Tal posição trouxe grandes dificuldades ao enfrentamento adequado da pandemia. Desde

© BRUNO KELLY/AMAZÔNIA REAL, 2018

Aldeia Massapê, localizada no Rio Itacoaí, Terra Indígena Vale do Javari/AM.

seu início, a doença cresceu atingindo todos os estados brasileiros e apresentou números alarmantes comparados ao contexto mundial. Até julho de 2022, o Brasil havia registrado 22.287.521 casos confirmados e 618.056 óbitos.[2]

O controle da pandemia só foi possível após o aumento considerável da imunização, que ocorreu apesar da morosidade do governo para a compra de vacinas, das denúncias de corrupção nos contratos, e do discurso desqualificador das vacinas aplicadas. Os povos indígenas foram considerados grupos prioritários para receber a imunização, principalmente, graças à pressão da Articulação dos Povos Indígenas do Brasil (Apib) no Supremo Tribunal Federal (STF) por meio da Arguição de Descumprimento de Preceito Fundamental (ADPF) nº 709.[3]

O MOVIMENTO INDÍGENA NO VALE DO JAVARI

Nesse contexto, a União dos Povos Indígenas do Vale do Javari (Univaja) se fortaleceu na luta e garantia dos direitos indígenas, previstos na Constituição Federal de 1988. O movimento indígena do Vale do Javari emergiu como uma frente de resistência às forças socioeconômicas locais e regionais que têm se posicionado historicamente contrárias aos interesses e direitos indígenas. A criação do Conselho Indígena do Vale do Javari (Civaja) nos anos 1990 pressionou os órgãos governamentais com reivindicações relativas à terra, saúde, educação e projetos econômicos alternativos, sendo a sua principal pauta e bandeira de luta a demarcação da TI Vale do Javari. Entre os anos 1990 e 2000, o Civaja denunciou o contexto das epidemias, sobretudo as de hepatites virais, que assolaram a região.

O Civaja foi extinto em 2007 e, em 2010, foi criada a Univaja. A Univaja possui oito organizações de base, representativas dos povos que residem no Vale do Javari – configuração que ampliou a estrutura de interlocução e conferiu maior mobilização coletiva.

As organizações de base são: Organização das Aldeias Marubo do Rio Ituí (Oami); Associação de Desenvolvimento Comunitário do Alto Rio Curuçá (Asdec); Associação Marubo de São Sebastião (Amas); Associação Mayoruna do Alto Jaquirana (Amaja); Organização Geral dos Mayoruna (OGM); Associação Kanamary do Vale do Javari (Akavaja); Associação Indígena Matis (Aima); Associação Indígena Kulina do Vale do Javari (Aikuvaja). A atual coordenação da Univaja, reeleita em assembleia geral em março de 2020, é composta por um colegiado: o coordenador-geral, Paulo Marubo; o vice-coordenador Varney Thoda Kanamary; o representante em Brasília/DF, Beto Marubo; e o procurador jurídico, Eliesio Marubo. Cada colegiado cumpre um mandato de três anos.

A TI VALE DO JAVARI

Localizada no oeste do Estado do Amazonas, com 8.544.482 hectares, a TI Vale do Javari é a segunda maior Terra Indígena do Brasil. Abriga os povos Kanamari, Korubo, Kulina-Pano, Marubo, Matis, Matsés (também conhecidos como Mayoruna) e Tsohom-Dyapa. Os Korubo e Tyohom-Dyapa são considerados pela Funai como povos de "recente contato". Além destes, a TI Vale do Javari abriga 16 registros da presença de indígenas isolados, dez deles confirmados – o que corresponde a 36% dos registros de indígenas isolados confirmados no Brasil.

A população de pouco mais de 6 mil indígenas conta com o atendimento de saúde realizado pela Secretaria Especial de Saúde Indígena (Sesai) através do Distrito Sanitário Especial Indígena Vale do Javari (Dsei-VJ). A estrutura de serviços do Dsei-VJ, cuja sede encontra-se na cidade de Atalaia do Norte/AM, está organizada em torno de oito polos base, vinculados às unidades básicas de saúde indígena (UBSI), conforme box ao lado.

A COVID-19 NA TI VALE DO JAVARI

Em 18 de março de 2020, o município de Atalaia do Norte/AM declarou situação de emergência em saúde pública por meio do Decreto Municipal nº 05/2020. No dia seguinte, a Sesai lançou o "Plano de Contingência Nacional para Infecção Humana pelo novo Coronavírus (Covid-19) em Povos Indígenas". Em 17 de março de 2020, através da Portaria n° 419, a Funai suspendeu a concessão de autorizações de entrada nas TIs, exceto àquelas voltadas para a prestação de serviços essenciais às comunidades, como os atendimentos das equipes de saúde.

Com a morosidade das ações de enfrentamento à covid-19 por parte das instituições estatais, a articulação institucional para o fortalecimento do movimento indígena do Vale do Javari contou com a colaboração de um consultor técnico, o indigenista Bruno Pereira, assassinado cruelmente em junho de 2022 ao realizar atividades de vigilância territorial no Vale do Javari.

Os primeiros casos de coronavírus dentro da TI Vale do Javari ocorreram na primeira semana de junho de 2020, entre os Kanamari da aldeia São Luiz, no Médio Rio Javari. Houve controvérsia entre a Sesai e as associações indígenas em relação à entrada do vírus nessa aldeia e o início das contaminações. O MS informou, em 4 de junho de 2020, quatro casos confirmados para covid-19 em profissionais da saúde não indígenas nessa aldeia. O documento sugere que a "disseminação" da doença na área do Polo Base Médio Javari teria sido em decorrência do "fluxo de transeuntes naquela localidade", intensificado

ESTRUTURA DE SERVIÇOS DO DSEI VALE DO JAVARI

1) Polo Base Alto Curuçá: sediado na aldeia Maronal, atende às comunidades marubo Jaburu, Kumãya, Maronal, Matxi Keya Wai e Morada Nova.

2) Polo Base Alto Ituí: sediado na aldeia Vida Nova, atende às comunidades marubo Alegria, Carneiro, Fazenda, Kapiwanaway, Liberdade, Mâncio Lima, Nazaré, Pakavanaway, Paraná, Paulinho, Pentiaquinho, Praia, Samaúma, Santa Luzia e Vida Nova.

3) Polo Base Itaquaí: sediado na aldeia Massapê, atende às comunidades kanamari e a comunidade Jarinal, onde vivem os Kanamari e os Tsohom-Dyapa Bananeira, Cajueiro, Hobanã, Jarinal Novo, Kawiah, Kumaru, Massapê, Remansinho, Terra Nova e Tracoá.

4) Polo Base Jaquirana: sediado na aldeia Trinta e Um, atende às comunidades matsés Trinta e Um, Cruzeirinho, Lobo, Soles e São Meireles.

5) Polo Base Médio Curuçá: sediado na aldeia São Sebastião, atende às comunidades das etnias Marubo, Matsés e Kulina-Pano: Lar Feliz, Nova Esperança, São Salvador, São Sebastião, Terrinha, Txonawaia e Volta Grande.

6) Polo Base Médio Ituí: sediado na aldeia Boa Vista, atende às comunidades das etnias Marubo e Korubo. Atende as aldeias Boa Vista, Rio Novo e São Joaquim dos Marubo; e uma equipe específica lotada na Base de Proteção Etnoambiental (Bape) da Frente de Proteção Etnoambiental (FPE) Vale do Javari atende aos Korubos das aldeias Sentele Maë, Tapalaya, Tankala Maë e Vuku Maë.

7) Polo Base Rio Branco: sediado na aldeia Tawaya, atende às comunidades matis Tawaya, Kudaya e Paraíso.

8) Polo Base Médio Javari, sediado na aldeia São Luiz, atende às comunidades das etnias Kanamari, Kulina-Pano e Matsés: Caxias, Flores, Fruta Pão, Irari, Lago Tambaqui, Lago Grande, Nuntewa, Pedro Lopes, Santo Eusébio e São Luiz.

Além dos polos base mencionados, o Dsei também possui uma Casa de Saúde Indígena (Casai), localizada na cidade de Atalaia do Norte/AM, e uma Casa de Apoio, na cidade de Tabatinga/AM.

pela fronteira com o Peru e a relativa proximidade com Atalaia do Norte/AM.

No dia 5 de junho de 2020, a Akavaja e a Amaja encaminharam ao Ministério Público Federal (MPF) um documento (Ofício nº 10/Akavaja/ATN/2020) demandando a investigação sobre a chegada do novo coronavírus nas aldeias do Médio Javari e apresentando sua versão sobre a entrada do vírus no território. De acordo com essas organizações, não houve contato de indígenas com não indígenas na região, e apenas os contatos com os profissionais de saúde foram mantidos. No mês de maio, uma equipe havia passado nas comunidades para ações de vacinação, "provavelmente os profissionais da saúde já estavam contaminados, sendo esta, uma possível via de contágio nas comunidades".

Durante o mês de junho, a covid-19 se disseminou por outras aldeias no Médio Javari, afetando comunidades kanamari, matsés e kulina-pano. Em 29 de junho de 2020, já eram mais de 100 casos confirmados. Em 7 de junho do mesmo mês, a Univaja já havia publicado uma nota à sociedade brasileira e à comunidade internacional sobre o avanço do coronavírus no Vale do Javari, exigindo medidas do governo federal para o controle da doença no território e destacando o enfraquecimento e o descaso dos órgãos públicos, potencializados pela política anti-indígena do governo bolsonarista.[4] Segundo a organização, as ações da Sesai eram insuficientes para abranger a complexidade geográfica e sociocultural da TI Vale do Javari, sobretudo no atendimento específico aos indígenas de recente contato: Tsohom-Dyapa da aldeia Jarinal, no Rio Jutaí, e aos Korubo dos Rios Ituí e Coari.

Nessa nota, a Univaja exigiu medidas para aumentar a capacidade de enfrentamento da pandemia na TI, tais como instalação de barreiras sanitárias e realização de quarentena, entre outras. O MPF acatou as reivindicações por meio da Recomendação nº 05/2020/PRM/Tabatinga direcionada à Funai e à Sesai. Os Boletins Epidemiológicos do Dsei Vale do Javari apontavam 353 casos confirmados até o final de julho. A covid-19 já havia atingido 13 aldeias indígenas espalhadas pela bacia dos principais rios do Vale do Javari, afetando os Kanamari, Marubo e Matsés.

Ainda na última semana de abril de 2020, com o apoio da Univaja, famílias e estudantes indígenas dos povos Marubo (48 pessoas), Matis (44 pessoas) e Matsés (67 pessoas) retornaram às suas aldeias. A Univaja apoiou a construção de tapiris próximos das aldeias para o isolamento comunitário, o aumento dos roçados, o bloqueio da cabeceira do Rio Ituí – interrompendo o trânsito para o município de Guajará – e a confecção de 2.000 máscaras de tecido, que foram distribuídas à Sesai e aos indígenas que estavam na cidade.

A Univaja se articulou com outras entidades, como Apib, Coordenação das Organizações Indígenas da Amazônia Brasileira (Coiab), União Amazônia Viva e o Observatório dos Direitos Humanos dos Povos Indígenas Isolados e de Recente Contato (OPI). Tais articulações possibilitaram a discussão do Plano de Contingência e da instalação de barreiras sanitárias na TI. Foram realizadas audiências com a Justiça Federal e com o MPF, abordando temas, como a mineração em TIs em tramitação no Congresso Nacional, além de reuniões com a Frente Parlamentar Indígena, coordenada pela deputada federal Joênia Wapichana (Rede/RR).

Por meio do seu procurador jurídico, Eliesio Marubo, a Univaja atuou com outras organizações indígenas na construção da supramencionada ADPF nº 709 para denunciar no STF a inação do governo federal em combater a covid-19 entre os indígenas. A Procuradoria Jurídica da Univaja também entrou com duas ações civis: uma na Justiça Federal de Brasília/DF contra a nomeação de um missionário, Ricardo Lopes Dias, vinculado à Missão Novas Tribos do Brasil (MNTB), para a Coordenação-Geral de Índios Isolados e de Recente Contato (CGIIRC/Funai);[5] a outra, em março de 2020, na Justiça Federal em Tabatinga/AM, para impedir o missionário Andrew Tonkin, da Frontier Intenational, que tentava ingressar ilegalmente na TI Vale do Javari para fazer contato com indígenas isolados. Foi a primeira vez que a Univaja entrou com um pedido de liminar de interesse coletivo perante o Poder Judiciário sem intermediações.

No mês de maio de 2020, foram notificados os primeiros casos de contaminação pelo coronavírus em indígenas do Vale do Javari. Os primeiros sete casos foram em indígenas que estavam fora da TI, para tratamentos de saúde em Manaus, Tabatinga e Atalaia do Norte. Nesse contexto, em maio de 2020, a Univaja produziu o "Plano de Ação para o Enfrentamento do Covid-19" e em parceria com técnicos e especialistas. O documento preconiza práticas e estratégias utilizadas em diversas regiões indígenas, elabora as ações a serem tomadas em diversas instâncias e estipula protocolos a serem seguidos: desde quarentena e isolamento de casos suspeitos até rituais fúnebres em casos dos óbitos por covid-19. Dois pontos importantes abordados no documento da Univaja, desconsiderados nos planos propostos pelo Estado, são a segurança alimentar nas aldeias durante o período de pandemia e os procedimentos de luto, velório e enterro para indígenas mortos pela covid-19.

Em 26 de maio de 2020, em Manaus, foi notificado por covid-19 o óbito de Maria Matsés, habitante da aldeia Lago Grande, TI Vale do Javari. Neste mesmo dia, a Univaja publicou o "Plano Emergencial para o Combate e Gestão dos Riscos da Covid-19nas Comunidades da Terra Indígena Vale do Javari - TI/VJ", contextualizando dados sobre o território e prevendo objetivos, como evitar a propagação do vírus e promover iniciativas de autonomia, fortalecimento da medicina tradicional e soberania alimentar das comunidades indígenas. Esse documento denunciou as invasões na TI, locais de frágil controle e fiscalização descreveu os problemas encontrados pelos indígenas em cada área vulnerável.

As articulações da Univaja em âmbito local e nacional se refletiram no recebimento de doações de insumos para a prevenção e o combate da Covid-19, proporcionando práticas de isolamento comunitário, através da colaboração de parceiros, como a Coiab e a Universidade Federal do Amazonas (Ufam). A Univaja doou para a Sesai equipamentos de proteção individual (EPIs), rádios de comunicação, artigos de higiene, limpeza e alimentos industrializados para as comunidades indígenas, inclusive, para os indígenas residentes em Atalaia do Norte/AM; promoveu atividades dos parceiros, disponibilizando combustível, embarcações e equipes auxiliares em campo; instalou um posto de quarentena no Rio Quixito e dez unidades de atenção primária à saúde indígena (Uapi) em aldeias da TI Vale do Javari.

As Uapis contaram com a instalação de concentradores e balões de oxigênio, suporte de energia elétrica e leitos culturalmente adaptados: redes mantendo a distância mínima entre os pacientes. Os equipamentos necessários foram adquiridos pela organização Expedicionários da Saúde (EDS), com recursos obtidos por meio da articulação realizada pela Univaja. A instalação dessas unidades contou com a articulação da Univaja, da Sesai, do Conselho Nacional de Justiça (CNJ) e do Exército Brasileiro (EB).

Em julho de 2020, os casos aumentaram nas aldeias dos rios Ituí e Itaquaí, inclusive, na aldeia kanamari Hobanã, distante somente 15 km de referências de indígenas isolados. No dia 5 desse mês, houve o primeiro óbito por covid-19 de um ancião marubo dentro da TI Vale do Javari. Nesse contexto, o Dsei-VJ não garantiu protocolos de segurança no manejo do corpo, velamento e enterro da vítima. No caso do Rio Itaquaí, lideranças da Akavaja e Univaja realizaram palestras educativas em saúde nas comunidades, o que deveria ter sido feito pela Sesai. Os próprios indígenas foram responsáveis pela criação de barreiras sanitárias e locais de isolamento para os doentes em suas aldeias, interrompendo fluxo das pessoas para as cidades.

No segundo semestre de 2020, a equipe da Univaja sobrevoou a TI Vale do Javari e verificou a presença de balsas de garimpo ilegal, que também estavam descartando material poluente nos rios, ameaçando a vida dos povos indígenas aldeados e isolados. As informações coletadas nesse sobrevoo embasaram denúncias protocoladas na Promotoria de Justiça, no Ministério Público Federal (MPF) e na Polícia Federal (PF).

Ao longo de 2020, a Univaja e suas organizações de base fizeram uma série de denúncias sobre a atuação das instituições estatais em relação ao agravamento da pandemia na TI Vale do Javari. Em outubro do mesmo ano, a Univaja e a Akavaja publicaram nota criticando o governo federal por descumprir as determinações do STF no âmbito da ADPF nº 709. Ainda no mesmo mês, a Univaja encaminhou ofício à Sesai e à Funai, solicitando o cronograma de instalação das barreiras sanitárias ordenadas pelo STF. Em novembro de 2020, em nota, a Aima relatou que recebeu doações dos equipamentos para a instalação de uma Uapi nas aldeias matis, mas os equipamentos ainda estavam armazenados, inutilizados, e as barreiras sanitárias foram instaladas e mantidas por iniciativa dos Matis.

Na primeira metade de 2021, outro problema ganhou força: o aparecimento de isolados em aldeias da TI Vale do Javari e a falta de medidas eficientes por parte do Estado brasileiro. Em 31 de dezembro desse mesmo ano,havia 892 casos confirmados e três óbitos na TI. Esse número não inclui os óbitos ocorridos fora da TI Vale do Javari, não notificados nos boletins da Sesai. Durante o segundo semestre de 2021, foi criada a Equipe de Vigilância da Univaja (EVU), um antigo anseio das lideranças do Vale do Javari, para a produção de informações qualificadas sobre as invasões na TI e o fornecimento dessas informações às autoridades competentes – Funai, MPF e PF – para que estas realizem a fiscalização territorial na TI Vale do Javari.[6] *(julho, 2022)*

NOTAS

[1] Ver nota das organizações indígenas no contexto pandêmico: https://bit.ly/3W2PcSC. Acesso em: 28 abr. 2020.

[2] Fonte: https://www.conass.org.br/painelconasscovid19/. Acesso em: 17 jul. 2022.

[3] A ADPF nº 709 foi a primeira ação peticionada diretamente ao STF por advogados indígenas via Apib. Como efeitos da ADPF, por ordem do STF, tivemos a criação de Salas de Situação, a elaboração de um plano de enfrentamento à covid-19, a ordem para a instalação de barreiras sanitárias e o uso de forças armadas para o isolamento dos invasores em seis Terras Indígenas. Na ADPF, a TI Vale do Javari figurava como área de prioridade 1. Em 19 de agosto de 2020, a Univaja encaminhou uma carta à Apib sobre o Plano de Enfrentamento e Monitoramento da covid-19. Na carta, descreveu em quais locais as barreiras sanitárias deveriam ser implementadas no Vale do Javari e indicou os pontos em que ações urgentes deveriam ser tomadas para evitar a entrada do coronavírus.

[4] Disponível em: https://bit.ly/3HG8qZL. Acesso em: 7 jun. 2020.

[5] Em 9 de setembro de 2020, a Univaja encaminhou ofício ao MPF para denunciar Dias por tentativa de quebra de protocolo sanitário na TI Vale do Javari. O então coordenador manifestava abertamente interesses e estratégias político-religiosas para evangelização de índios isolados e de recente contato no Vale do Javari, afrontando os direitos constitucionais desses povos e as atribuições de seu cargo. Após denúncia ao MPF feita pela Univaja, o coordenador desistiu da ideia, pois o MPF recomendou que ele realizasse quarentena. Disponível em: http://glo.bo/3PxYbsz. Acesso em 29 ago. 2020.

[6] A EVU realizou a sua primeira missão na TI Vale do Javari entre os dias 26 de agosto e 20 de setembro de 2021, seguindo todos os protocolos sanitários referentes ao ingresso em Terra Indígena no contexto da pandemia da covid-19.

TI VALE DO JAVARI

O Fortalecimento da Univaja e a Gestão Territorial e Ambiental

Paulo Marubo | Coordenador da Univaja

Helena Ladeira | Jornalista, coordenadora do Programa Javari, CTI

Victor Gil | Geógrafo e antropólogo, CTI

Thiago Arruda Ribeiro dos Santos | Antropólogo, CTI

COM SUA GOVERNANÇA APRIMORADA, NO ÚLTIMO PERÍODO, A UNIVAJA AMPLIOU SUAS AÇÕES E COMPARTILHOU OBJETIVOS, RECURSOS E CONHECIMENTOS COM SUAS ORGANIZAÇÕES DE BASE, FATORES DETERMINANTES PARA A CONSOLIDAÇÃO DO PGTA DA TI VALE DO JAVARI E PARA ENFRENTAR OS MUITOS DESAFIOS À INTEGRIDADE DOS TERRITÓRIOS DOS POVOS KANAMARI, KULINA PANO, MARUBO, MATIS E MATSÉS

Os povos que habitam a Terra Indígena (TI) Vale do Javari enfrentam o desafio de garantir a sustentabilidade de seus conhecimentos e territórios diante das transformações na forma de ocupá-los e da pressão cada vez maior que sofrem do entorno não indígena. A crescente demanda externa pelos recursos naturais tem tornado o controle das invasões dos não indígenas uma tarefa cada vez mais difícil. O aumento e a concentração populacional em determinadas aldeias em função do acesso a serviços e a políticas públicas, têm provocado a diminuição da mobilidade e a alteração da qualidade e disponibilidade de recursos naturais no entorno das aldeias. Novos hábitos de consumo, a introdução de novas tecnologias e as alterações ambientais provocadas pelas mudanças climáticas têm exigido a elaboração de novas estratégias de manejo.

A esses desafios, em larga medida também comuns a outros povos indígenas na Amazônia, somam-se outros, particulares à TI Vale do Javari. As grandes dimensões territoriais da TI impõem obstáculos ao controle efetivo das ameaças e pressões e à comunicação entre as aldeias. O compartilhamento da TI por diferentes povos requer o investimento em articulações políticas para a manutenção de alianças para a sua gestão. A presença de povos isolados – a maior concentração em uma mesma TI – implica o constante ajustamento das áreas de ocupação e o estabelecimento de complexos arranjos de compartilhamento territorial, considerando que consideram as diversas políticas que pautam as relações entre os diferentes povos indígenas na TI Vale do Javari.

Diante desses desafios à proteção e gestão compartilhada da TI Vale do Javari, os povos Kanamari, Kulina Pano, Marubo, Matis e Matsés vêm colocando em prática estratégias conjuntas para assegurar a integridade de seus territórios, o manejo sustentável dos recursos naturais, e o seu direito a um desenvolvimento autodeterminado. Dentre essas estratégias destacam-se a consolidação e implementação do Plano de Gestão Territorial e Ambiental (PGTA) da TI Vale do Javari e a reorganização dos arranjos de governança da TI, no qual a União dos Povos Indígenas do Vale do Javari (Univaja) – organização representativa de todos os povos indígenas que vivem na TI Vale do Javari – cumpre papel-chave.

O PLANO DE GESTÃO TERRITORIAL E AMBIENTAL DA TI VALE DO JAVARI

A consolidação e a implementação do PGTA da TI Vale do Javari têm sido instrumentos centrais para a construção conjunta das diretrizes de gestão compartilhada da TI. Uma primeira versão do PGTA foi consolidada e acordada em 2014 de a partir de um levantamento de informações socioambientais e de reuniões e oficinas promovidas pelo Centro de Trabalho Indigenista (CTI) em conjunto com as organizações indígenas do Vale do Javari. O documento consolidou as ações prioritárias para a gestão e proteção da TI Vale do Javari que haviam sido identificadas e discutidas pelas lideranças indígenas durante os levantamentos, as oficinas e as reuniões.

Pouco depois, entre 2017 e 2020, a Univaja capitaneou um processo de atualização e complementação dessa primeira versão do PGTA. Ao longo de 2017 e 2018, os dirigentes da Univaja e das demais organizações indígenas empreenderam um conjunto de viagens às aldeias para discutir e atualizar as diretrizes prioritárias para a gestão territorial e ambiental da TI com as lideranças tradicionais de cada povo. Posteriormente, em 2019, na aldeia São Luiz, do povo Kanamari, um grande encontro foi realizado, com a presença de lideranças dos povos Kanamari, Kulina Pano, Matis, Matsés e Marubo, para a pactuação dessas diretrizes. Ao final do encontro, um documento consolidando essas diretrizes foi elaborado, com o propósito de orientar a atuação da Univaja, de suas organizações de base e de organizações governamentais e não governamentais que atuam ou pretendem atuar na região. O documento final desse encontro foi transformado em uma publicação para ampla divulgação nas aldeias da TI Vale do Javari e organizações não indígenas.

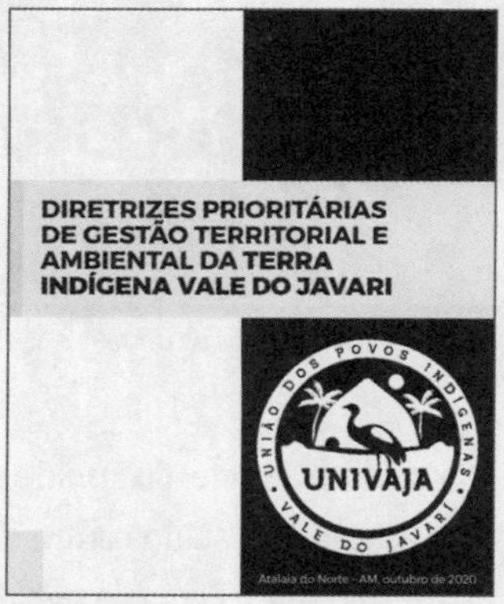

A GOVERNANÇA DA TI VALE DO JAVARI

A consolidação e a implementação do PGTA da TI Vale do Javari integram um processo mais amplo de reorganização dos arranjos locais de governança da TI, para o qual o fortalecimento da Univaja é fundamental. Desde a criação da Univaja, em 2010, os povos indígenas do Vale do Javari vêm discutindo e amadurecendo modos de reorganizar esses arranjos de governança da TI. Dada a complexidade sociocultural e as dimensões territoriais da TI Vale do Javari, eles implicam, necessariamente, uma atuação articulada entre os diferentes povos, suas organizações e lideranças das aldeias, o que torna sua sustentação extremamente desafiadora.

Durante assembleia da Univaja realizada em abril de 2017, as lideranças indígenas reunidas na aldeia Nova Esperança, do povo Matsés, pactuaram essa reorganização, na qual a Univaja atuaria de forma articulada às demais organizações indígenas da TI Vale do Javari e, por meio delas, com as aldeias. Com isso, pretendeu-se fazer com que a Univaja ganhasse capilaridade em sua articulação política com as mais das 60 aldeias da TI e integrasse sua agenda de trabalho às das demais organizações indígenas. Além disso, decidiu-se que a Univaja deveria investir em seu fortalecimento institucional, para garantir sua autonomia financeira, técnica e política, potencializando assim suas ações de proteção e gestão da TI e sua incidência junto a órgãos públicos relevantes e entidades não governamentais.

O processo de consolidação e implementação do PGTA contribuiu para que esse novo arranjo pudesse ser colocado em prática, já que a mobilização e articulação necessária para esse processo exigiu a atuação integrada entre a Univaja, as organizações indígenas e as aldeias. A revisão e pactuação das diretrizes, por sua vez, representa uma importante conquista sociopolítica dos povos indígenas do Vale do Javari, e além disso, a consolidação do PGTA conferiu à Univaja um instrumento para orientar o planejamento e a implementação de políticas públicas e de apoios de entidades parceiras.

FORTALECIMENTO INSTITUCIONAL E AUTONOMIA POLÍTICA, TÉCNICA E FINANCEIRA

O fortalecimento institucional da Univaja se organizou em várias frentes: da reorganização de seus quadros técnicos e do organograma da associação ao desenvolvimento de capacidades para a gestão própria de projetos e recursos financeiros. Em 2017, pela primeira vez, a Univaja passou a gerir projetos de forma independente. Seu primeiro projeto, financiado pela Embaixada Real da Noruega (ERN), viabilizou o desenvolvimento inicial de seu novo modelo de governança e a liderança do processo de atualização e complementação do PGTA da TI Vale do Javari. No ano seguinte, a Univaja ampliou seu portfólio de projetos e financiadores, permitindo que a organização avançasse no desenvolvimento de suas capacidades institucionais, apoiasse técnica e financeiramente as demais organizações indígenas, e atuasse na implementação de algumas das diretrizes previstas no PGTA da TI Vale do Javari.

A gestão de recursos próprios permitiu com que a Univaja estabelecesse um quadro técnico remunerado, composto por assessoria técnica, administrativa e jurídica, distribuídos entre as cidades de Atalaia do Norte, sede da Univaja, Brasília, Manaus e Tabatinga, estratégicas para o diálogo com órgãos de Estado, imprensa e atores da sociedade civil. Além disso, possibilitou à Univaja adquirir equipamentos e embarcações próprias para desempenhar suas atividades e das demais organizações indígenas – o que antes só era possível por meio do apoio de parceiros. Esse cenário vem permitindo à Univaja romper sua dependência de órgãos governamentais e não governamentais para a obtenção dos recursos necessários para suas atividades, o que, consequentemente, tem impulsionado a consolidação de sua autonomia política na região – uma demanda antiga das lideranças das aldeias.

© THIAGO ARRUDA, ACERVO CTI, 2022

Contadores do Manejo de Pirarucu com seus certificados da Oficina de Metodologia de Contagem, aldeia São Luís, povo Kanamari.

Adicionalmente, a sede da Univaja passou por um processo de ampliação e reestruturação, para poder abrigar o escritório de boa parte das organizações indígenas de base que não dispunham de sede própria. Além de garantir condições de trabalho para as organizações indígenas, a reestruturação de sua sede passou a permitir uma melhor articulação cotidiana e um maior diálogo entre seus dirigentes, o que resultou no aumento da eficiência no planejamento de ações conjuntas e no encaminhamento de denúncias.

INICIATIVAS FORTALECIDAS E INOVADORAS

O fortalecimento institucional da Univaja tem tido reflexos diretos na implementação de ações de gestão territorial e ambiental da TI Vale do Javari. Ele permitiu, por exemplo, uma rápida resposta da Univaja à pandemia de covid-19 por meio da elaboração de um plano emergencial próprio para o combate e a gestão dos riscos da pandemia na TI Vale do Javari, além de uma eficaz articulação com organizações parceiras e órgãos de Estado para garantir a implementação desse plano. Também por meio de sua assessoria jurídica, a Univaja teve atuação fundamental para conter o avanço da pandemia na TI, colaborando com a Arguição de Descumprimento de Preceito Fundamental (ADPF) nº 709, peticionada pela Articulação dos Povos Indígenas do Brasil (Apib) no Supremo Tribunal Federal (STF), na qualidade de *amicus curiae*. Além disso, a organização também ingressou com uma ação civil pública na Vara Federal de Tabatinga para que fossem retirados, com apoio de força policial, religiosos americanos vinculados à Missão Novas Tribos do Brasil (MNTB).

Diante do desmonte da Funai e do enfraquecimento das ações de fiscalização do Estado contra ilícitos praticados na TI, a Univaja estruturou um sistema de vigilância próprio, organizando equipes indígenas de vigilância responsáveis pelo monitoramento do território e pelo levantamento de informações sobre as invasões,que vêm sendo sistematizadas e apresentadas aos órgãos de governo competentes.

Por meio do aporte de recursos financeiros, técnicos ou logísticos, a Univaja vem apoiando o fortalecimento de suas organizações de base e suas ações de articulação política nas aldeias. Além disso, tem apoiado iniciativas de gestão promissoras, como a de manejo de lagos pirarucu (*arapaima gigas*), que vem sendo implementada pelas aldeias matses e kanamari do Médio Rio Javari e Baixo Rio Curuçá – uma das áreas mais vulneráveis de toda a TI Vale do Javari. A iniciativa tem sido considerada um potencial ponto de inflexão para a região, pois pode, pela primeira vez, desenvolver uma economia local baseada em produtos florestais sustentáveis, que ajude na proteção e conservação ambiental, valorize a sociobiodiversidade local e, ao mesmo tempo, atenda à demanda das aldeias por geração de renda.

Desse modo, a Univaja tem desempenhado um papel fundamental na articulação de parcerias e na execução de projetos e ações estratégicas para a gestão e proteção da TI Vale do Javari e a garantia dos direitos dos povos que nela vivem. *(julho, 2022)*

Desmonte da Política Indigenista Acirra Invasões e Conflitos

Hilton S. Nascimento | Ecólogo e indigenista, CTI

Conrado Rodrigo Octávio | Geógrafo e antropólogo, CTI

NOS ÚLTIMOS ANOS, OS AVANÇOS NA PROTEÇÃO TERRITORIAL OBTIDOS PELOS POVOS INDÍGENAS DO VALE DO JAVARI APÓS A LUTA PELA DEMARCAÇÃO TÊM SE DETERIORADO RAPIDAMENTE. DISPUTAS POR RECURSOS NATURAIS E A ATUAÇÃO DE ORGANIZAÇÕES CRIMINOSAS TÊM RESULTADO EM CONFLITOS, MORTES, GRAVES PRESSÕES E AMEAÇAS

A TI Vale do Javari é território dos povos Kanamari, Korubo, Kulina-Pano, Marubo, Matis, Matsés, Tsohom-Dyapa e do conjunto mais expressivo de indígenas isolados de que se tem conhecimento em uma mesma Terra Indígena no Brasil e no mundo. Além da diversidade e complexidade sociocultural, é uma área de especial relevância biológica, com altas taxas de biodiversidade e populações saudáveis de várias espécies ameaçadas de extinção. Nos últimos anos, os avanços na proteção territorial obtidos pelos povos indígenas do Vale do Javari após a luta pela demarcação, concluída no início dos anos 2000, têm se deteriorado rapidamente, na esteira do processo de desconstrução de direitos e políticas públicas que marca a atual conjuntura do país. Conflitos deflagrados pelas disputas por recursos naturais e a atuação de organizações criminosas têm resultado em mortes, graves pressões e ameaças à vida e à integridade territorial dos povos indígenas da região.

Sucessivos cortes orçamentários e a captura da Funai por interesses contrários a sua missão institucional debilitaram a política de proteção aos povos indígenas isolados e de recente contato e as ações de fiscalização, facilitando a invasão da TI Vale do Javari por pescadores, caçadores, madeireiros e garimpeiros. A expansão do narcotráfico e a ação proselitista de organizações neopentecostais completam o quadro de violações de direitos.

INVASÕES DE CAÇADORES E PESCADORES

Como reflexo do enfraquecimento das ações de vigilância e fiscalização, as invasões de caçadores e pescadores na TI Vale do Javari se intensificaram nos últimos anos, e também se tornaram mais violentas. A carne de caça é uma importante fonte de proteína na tríplice fronteira Brasil-Peru-Colômbia, com estimativas de comercialização de 278 toneladas/ano.[1] O Brasil é responsável por mais de 60% de toda a caça comercializada nessa região fronteiriça, e a cidade de Benjamin Constant/AM é o principal centro desse comércio. Uma parte significativa dessa carne de caça é obtida dentro da TI Vale do Javari.

A captura de peixes é outra atividade importante para os mercados locais, e é utilizada em esquemas de lavagem de dinheiro do narcotráfico na tríplice fronteira. Apesar de ilegal, a captura de pirarucu não manejado (o peixe mais lucrativo desse comércio) atende à alta demanda de restaurantes da região, de cidades do Peru, onde os estoques populacionais dessa espécie já foram esgotados, bem como de cidades no interior da Colômbia.

Bichos de casco como a tartaruga-da-amazônia e o tracajá são outros recursos naturais muito cobiçados na região, principalmente pelos brasileiros. No Amazonas, são iguarias desejadas e presentes em festas de aniversário, batizados e outras celebrações especiais. Nos últimos anos, apreensões de canoas provenientes de rios no interior da TI Vale do Javari com 300 a 400 bichos de casco têm sido recorrentes. Estas invasões podem resultar em um ganho bruto de mais de 40 mil reais – valor atrativo em uma região com poucas oportunidades de trabalho e baixa remuneração. A crescente urbanização de parte da população indígena da TI Vale do Javari, principalmente de jovens que se deslocam para a cidade para estudar, torna-os alvo de cooptação por essa rede de captura e comércio ilegal, que busca facilitar as invasões à TI.

A grande quantidade de invasões na TI Vale do Javari, inclusive em áreas ocupadas por indígenas isolados, tem exposto esses povos ao contágio por doenças infectocontagiosas, contatos e conflitos. Diante dessa situação, moradores de aldeias mais próximas às áreas com presença de isolados temem inclusive possíveis ataques desses grupos em revide às invasões.

A agressividade e violência dos invasores aumentaram expressivamente a partir de 2018, estimuladas pelo discurso contrário aos direitos indígenas de Jair Bolsonaro e pelo desmonte das políticas indigenista e ambiental promovido ao longo de seu mandato à frente da Presidência da República. Na véspera de Natal daquele ano, a Base Ituí-Itaquaí, da Funai, sofreu pela primeira vez um ataque a tiros. Nos meses seguintes a base foi atacada da mesma forma pelo menos oito vezes. Em setembro de 2019, o servidor Maxciel dos Santos Pereira, que atuava na fiscalização da TI Vale do Javari, foi assassinado a tiros na cidade de Tabatinga.

Mesmo com o envio da Força Nacional para apoiar as ações da Funai e com sucessivos apelos da União dos Povos Indígenas do Vale do Javari (Univaja) às autoridades –, incluindo o repasse de informações qualificadas sobre a rede que atua ilegalmente na TI Vale do Javari –, a escalada de violência não foi contida. O mundo tomou conhecimento da grave situação de disputa pelos recursos naturais da TI Vale do Javari de forma trágica, em 5 de junho de 2022, com o brutal assassinato de Bruno Pereira e Dominic Phillips.

GARIMPO

Estima-se que, em 2018, pelo menos 300 balsas e 45 dragas de garimpo de ouro operavam na região nordeste da TI Vale do Javari, ao longo do Rio Jutaí e de dois de seus tributários, os rios Boia e Mutum. O garimpo ilegal na região movimenta a economia dos municípios de Jutaí e de São Paulo de Olivença/AM, e conta com apoio da elite e de políticos locais, além de articulações em âmbito estadual. A atividade tem causado destruição e contaminação ambiental, aumento da violência na região e constitui sério risco à vida de indígenas isolados.

Com a exaustão do potencial aurífero dos rios mencionados, o interesse dos garimpeiros tem se voltado cada vez mais para o interior da Reserva de Desenvolvimento Sustentável (RDS) Cujubim, Unidade de Conservação estadual que faz limite com a TI Vale do Javari. A partir de 2017-2018, balsas de garimpo têm atuado no Rio Curuena, dentro da RDS Cujubim e onde há presença confirmada pela Funai de um grupo isolado do povo Korubo. Em 2019, pelo menos dez balsas operaram nessa região do alto curso da Bacia do Rio Jutaí, com a presença de cerca de 30 homens que tentaram aliciar indígenas kanamari e cometeram violência sexual contra mulheres na aldeia Jarinal.

Além do Jutaí, a partir da década de 1990 o garimpo se expandiu para outro afluente do Rio Solimões, o Rio Jandiatuba. Após a desativação da Base Jandiatuba em 2012, devido a dificuldades orçamentárias e de recursos humanos da Funai, garimpeiros passaram a atuar no alto curso deste rio, dentro dos limites da TI Vale do Javari. Nesta área estão localizados quatro registros confirmados da presença de indígenas isolados. Em 2017 a suspeita de um massacre de 20 indígenas isolados nessa região levou o governo federal a reativar a Base Jandiatuba. Embora o massacre não tenha sido confirmado, a constatação de que garimpeiros atuavam livremente em território de isolados é por si só extremamente grave.

© AGENTES AMBIENTAIS MATSÉS/ACERVO CTI, 2020

Após o enfraquecimento da Funai, várias casas de apoio à vigilância foram construídas pelos próprios indígenas, em pontos estratégicos da TI Vale do Javari, como esta, no Rio Pardo, para garantir a proteção dos seus territórios.

Inúmeras operações conduzidas pelos órgãos governamentais competentes têm sido feitas tanto no Jutaí como no Jandiatuba, com a destruição e queima de dezenas de balsas e dragas – uma delas teria sido, inclusive, o estopim para que o alto escalão do governo federal determinasse a exoneração de Bruno Pereira do cargo de coordenador-geral de Índios Isolados e de Recente Contato da Funai. Tais ações paralisaram as atividades por certo período de tempo, mas sem impedir que seus operadores voltassem a se estruturar e retomassem suas operações ilegais. Nos últimos anos, a alta valorização do ouro tem contribuído para o aumento da pressão do garimpo ilegal sobre a TI Vale do Javari, atividade cada vez mais envolvida com a rede de garimpo ilegal que atua na Amazônia colombiana, e se articula ao crime organizado na tríplice fronteira.

EXPLORAÇÃO MADEIREIRA

Praticamente cessada na TI Vale do Javari após a sua demarcação, a exploração madeireira tem se concentrado no lado peruano do Rio Javari, alavancada por uma agressiva política de concessões florestais promovida pelo governo daquele país desde a década de 2000. Aproveitando-se de autorizações obtidas legalmente para explorar esse recurso, madeireiros peruanos invadem ou aliciam brasileiros para a extração de madeira no lado brasileiro, dentro e fora da TI Vale do Javari – algumas vezes em áreas ocupadas por povos indígenas isolados.

NARCOTRÁFICO E CRIME ORGANIZADO

Nas últimas décadas, a rede de narcotráfico que opera na região tem procurado diversificar suas fontes de receita,[2] articulando-se a outras atividades ilegais, como caça, pesca e garimpo. A tríplice fronteira é uma das principais rotas de entrada de cocaína da Colômbia e do Peru para o Brasil, e a região do Baixo Amazonas peruano, fronteiriça com o Baixo Rio Javari, tem se firmado também como zona de cultivo de coca e seu refino. De acordo com dados da Comissão Nacional para o Desenvolvimento e Vida sem Drogas do Peru (Devida), o aumento da área com plantio de coca no Baixo Amazonas peruano de 2019 a 2020 foi de praticamente 60%, passando de 2,5 mil para 4,2 mil hectares de área cultivada – 2,5% da área total cultivada no país, com uma produção total de 3,7 mil toneladas/ano.

A abertura da Estrada Jenaro Herrera – Colonia Angamos, no Peru, conectará zonas de produção de coca no Rio Ucayali com o povoado de Angamos, no Alto Rio Javari, com potencial para impulsionar uma nova rota de tráfico internacional que trará violência, destruição ambiental e aliciamento da juventude indígena da TI Vale do Javari.

MISSIONÁRIOS

Nos últimos anos, com o enfraquecimento das bases de controle da Funai e das políticas públicas voltadas à promoção dos direitos indígenas, lideranças afirmam que está havendo um novo avanço de missionários na TI Vale do Javari. Nas áreas onde a fiscalização da Funai não permite sua entrada, a estratégia desses grupos religiosos fundamentalistas para atingir os isolados "não alcançados" tem sido a formação de jovens pastores indígenas e a conversão de outros indígenas na cidade de Atalaia do Norte/AM. A Univaja tem promovido uma batalha jurídica contra o avanço do proselitismo religioso, com alguns êxitos. Mas a ausência do Estado brasileiro tem contribuído para que diversas aldeias da região acabem aceitando estabelecer alianças com entidades missionárias.

Diante dessa grave situação de total inoperância e ausência do Estado brasileiro, os indígenas da TI Vale do Javari intensificaram suas ações de monitoramento e vigilância, bem como ações legais, para garantir algum nível de proteção aos seus territórios. Situação que eleva o clima de enfrentamento e tensão na região, expondo muitos indígenas a um nível crescente de violência por parte dos invasores. *(julho, 2022)*

NOTAS

[1] VAN VLIET, N. *et al. Carne de caça e segurança alimentar na zona da tríplice fronteira amazônica* (Colômbia, Peru e Brasil). Bogotá: Cifor.

[2] RAPOZO, P.; SILVA, R. C.; RADAELLI, A. À margem das margens: conflitos socioambientais, territorialidades e as lutas pelo reconhecimento identitário das comunidades rurais da tríplice fronteira amazônica Brasil, Colômbia e Peru. In: ENCONTRO ANUAL DA ANPOCS, 41., 23 a 27 out. 2017, Caxambu. *Anais* [...]. São Paulo: Anpocs, 2017.

GERAL

ROUBO DE MADEIRA DE TERRAS INDÍGENAS É OUTRO CRIME EM ASCENSÃO

Além do narcotráfico, o contrabando de madeira é outro crime em ascensão na tríplice fronteira amazônica. Nas últimas semanas, houve duas grandes apreensões, num total de 1.632 toras, que geraram atrito entre autoridades brasileiras e peruanas. No rumo contrário ao da cocaína, a madeira tem sido roubada da TI Vale do Javari e levada ao Peru, segundo o Ibama, com base em informações de inteligência da Funai e do Exército. O potencial é imenso: com 8,5 milhões de hectares, é o segundo maior território indígena do Brasil. A Amazônia peruana tem sofrido com o aumento da atividade madeireira ilegal: 78% da madeira inspecionada durante uma megaoperação em 2015 tinha origem ilícita, segundo o Osinfor (Organismo de Supervisão de Recursos Florestais do Peru). *(FSP, 12/03/2017)*

INDÍGENAS OCUPAM COORDENAÇÃO REGIONAL DA FUNAI EM ATALAIA DO NORTE

Um grupo de indígenas dos povos Matis e Matsés (Mayoruna) ocupa a sede da CR da Funai da cidade de Atalaia do Norte (AM) desde as primeiras horas da manhã de ontem (12). A ocupação é um protesto dos indígenas daquela região contra a nomeação de Daniele Moreira Brasileiro como coordenador regional em substituição a Gilmar Jóia de Figueiredo Costa, sem consulta às lideranças indígenas. Os indígenas foram surpreendidos com a nomeação de Daniele Moreira na noite de quarta-feira, passada, dia 7. Nós encaminhamos documento à Funai pedindo a substituição do Gilmar, mas não fomos consultados sobre o nome do substituto, explica Paulo Marubo, coordenador da Univaja. *(J. Rosha, Cimi, 13/11/2018)*

INDIGENISTA COLABORADOR DA FUNAI É ASSASSINADO EM REGIÃO REMOTA DA AMAZÔNIA

O indigenista Maxciel Pereira dos Santos foi assassinado na frente de seus familiares na cidade de Tabatinga, no Amazonas, informou no domingo a Indigenistas Associados (INA), associação de servidores da Funai. Em nota, a INA mencionou evidências de que o assassinato ocorrera em represália ao papel de Santos no combate a invasões ilegais por caçadores, madeireiros e mineradores na reserva do Vale do Javari, local que abriga a maior concentração de tribos indígenas não contactadas do mundo. Santos atuava há mais de 12 anos junto à Funai, sendo cinco deles como chefe do Serviço de Gestão Ambiental e Territorial do Vale do Javari, disse a INA. *(Reuters, 09/09/2019)*

MAIS MORTES PODEM ACONTECER, DIZEM INVASORES A INDÍGENAS APÓS ASSASSINATO

O problema mais grave que nós enfrentamos aqui no Vale do Javari, agora, não são nem as invasões. São as ameaças de morte, diz Adelson Korá Kanamary, coordenador da Associação Kanamary do Vale do Javari (Akavaja), e também vereador do município de Atalaia do Norte (AM). Após o assassinato de Maxciel Pereira dos Santos, colaborador da Funai, em Tabatinga, no dia 6 deste mês, alguns servidores do órgão, que atuam nas frentes de proteção localizadas no interior da TI Vale do Javari, estão pedindo para sair. A situação mais grave, que deixa a gente com medo, inclusive os servidores da Funai, os colaboradores indígenas, pois estes correm mais perigo, e até quem trafega pelos rios, é o medo de ser assassinado, destacou Adelson Korá. Os invasores já deram recado que não vão parar, disse ele, acrescentando: os caras da Funai já correram. Quem quer morrer de graça?. *(Cimi, 27/09/2019)*

DSEI CONFIRMA A MORTE DE SEIS CRIANÇAS INDÍGENAS NA REGIÃO DO VALE DO JAVARI

A maioria dos óbitos ocorreu na cidade de Atalaia do Norte, localizada a cerca de 1.100 quilômetros, em linha reta, de Manaus Seis crianças indígenas com menos de um ano de idade morreram nos últimos dias na região da TI Vale do Javari (AM) de acordo com informações do coordenador do Distrito Sanitário Especial Indígena (DSEI) do Vale do Javari, Jorge Duarth Comapa. A maioria dos óbitos ocorreu na cidade de Atalaia do Norte, localizada a cerca de 1.100 quilômetros, em linha reta, de Manaus. *(J. Rosha, Cimi, 08/01/2020)*

CRISE SANITÁRIA E A SITUAÇÃO DOS POVOS DE RECENTE CONTATO DIANTE DA COVID-19

O novo coronavírus, que já assolava diversas regiões do país, chegou à TI Vale do Javari, no sudoeste do Estado do Amazonas, fronteira entre Brasil e Peru. Território compartilhado pelos povos Matis, Matsés, Marubo, Kanamari, Korubo, Kulina-pano, Tyohom-dyapá e povos isolados. Com um histórico epidemiológico alarmante, a TI Vale do Javari é considerada uma das regiões mais vulneráveis diante da covid-19 devido a fatores como a distância em relação às unidades hospitalares de média-alta complexidade, o elevado contingente de povos isolados, o reduzido contingente de pessoas com mais de 60 anos e a persistente presença de invasores. *(OPI, 21/06/2020)*

INDÍGENAS DENUNCIAM INVASÃO DE GARIMPEIROS E RELATAM ABUSOS SEXUAIS

A TI Vale do Javari, no extremo oeste do Amazonas, está sendo invadida por garimpeiros ilegais. Organizações indígenas afirmam que os invasores levaram bebidas alcoólicas com produtos tóxicos e praticaram abuso sexual, colocando em risco vidas de indígenas isolados e de recente contato. Garimpeiros invadiram a comunidade para realizar festa regada a gasolina com água e álcool etílico com suco, oferecido aos indígenas. Além disso, há relatos de crimes sexuais cometidos contra as mulheres indígenas, informou a Univaja, nesta quarta-feira (20) por uma rede social. Essa é a segunda invasão de garimpeiros ilegais denunciada por indígenas em menos de uma semana. *(M. Pajolla, Brasil de Fato, 20/04/2022)*

SAIBA QUEM SÃO O JORNALISTA E O INDIGENISTA DESAPARECIDOS NA AMAZÔNIA

Dom Phillips é colaborador do The Guardian e cobre meio ambiente; Bruno Araújo Pereira um exímio conhecedor da região do Vale do Javari. O jornalista Dom Phillips e o indigenista Bruno Araújo Pereira desapareceram na manhã de domingo, 5, enquanto faziam o trajeto entre a comunidade Ribeirinha São Rafael até o município de Atalaia do Norte (AM). De acordo com a Univaja, Dom Phillips e Bruno Pereira visitavam a equipe de vigilância indígena na localidade do Lago do Jaburu, próxima a uma base da Funai, no Amazonas. Bruno Pereira, que acompanhava Dom Phillips, sofria ameaças de invasores e garimpeiros. Após o atraso na chegada dos dois, prevista para acontecer por volta das 9h da manhã em Atalaia do Norte, uma equipe saiu do município em busca do jornalista e do indigenista, percorrendo o mesmo caminho feito por ambos, mas não obteve sucesso. *(M. Bonaldo, Oesp, 06/06/2022)*

TRÁFICO E GARIMPO MARCAM REGIÃO ONDE JORNALISTA E INDIGENISTA SUMIRAM

A TI Vale do Javari, no Amazonas, passou a ganhar destaque em manchetes de jornais ao redor do mundo após o desaparecimento do jornalista inglês Dom Phillips e do indigenista

© ALBERTO CÉSAR ARAÚJO/AMAZÔNIA REAL, 2022

Manifestação em frente à sede da Funai, em Manaus, após a notícia da confirmação dos homicídios de Bruno Pereira e Dom Phillips.

Bruno Araújo Pereira, comunicado no domingo (5/6). A região, segunda maior área indígena demarcada do país, é rota de tráfico de drogas, roubo de madeira e garimpo ilegal. Entre os riscos potenciais e problemas do Vale do Javari, estão a exploração ilegal de recursos naturais e conflitos fundiários. Segundo informações do ISA, a ação de caçadores, madeireiros, pescadores e fazendeiros é constante na região. Segundo a Univaja, são constantes ameaças de madeireiros, garimpeiros e pescadores às terras.Os traficantes cruzam a TI por acreditarem ser a área mais segura para transportar drogas, sobretudo cocaína oriunda do Peru e da Colômbia. *(O. Augusto, Metrópoles, 07/06/2022)*

LAÇOS ENTRE TRAFICANTES, CAÇADORES E PESCADORES ACIRRAM VIOLÊNCIA

O desaparecimento do jornalista britânico Dom Phillips e do servidor da Funai Bruno Araújo Pereira ocorreu num momento de crescentes invasões da TI Vale do Javari por quadrilhas de caçadores e pescadores. A dupla desapareceu no domingo (05/06) quando transitava por uma região frequentada pelas quadrilhas, nos arredores da cidade de Atalaia do Norte (AM). A atividade movimenta recursos vultosos e abastece as principais cidades da região, onde a carne de caça e de peixes como o pirarucu é vendida em feiras e restaurantes. Estudos apontam que a atividade é ainda associada ao narcotráfico, presente na região desde ao menos a década de 1970. As invasões do território indígena são um problema antigo, mas se intensificaram nos últimos anos diante do enfraquecimento da Funai, segundo pesquisadores. *(J. Fellet, BBC, 08/06/2022)*

DOM PHILLIPS E INDIGENISTA FORAM ACHADOS MORTOS, DIZ ESPOSA DO JORNALISTA

Alessandra Sampaio, mulher do jornalista inglês Dom Phillips, que desapareceu no dia 5 de junho juntamente com indigenista Bruno Araújo Pereira, na Terra Indígena Vale do Javari, no Amazonas, disse que os dois foram encontrados mortos. A informação foi divulgada no G1, nesta segunda-feira (13), mas ainda não foi confirmada pelas autoridades brasileiras. De acordo com o G1, a Polícia Federal disse para Alessandra que os corpos precisam ser periciados. A Embaixada Britânica já havia comunicado aos irmãos de Dom Phillips que os corpos eram do jornalista e do indigenista. *(W. Gommes, G1, 13/06/2022)*

MORTES DE BRUNO E DOM SÃO MAIS DO QUE UMA TRAGÉDIA. A PALAVRA CERTA É CRIME

Os assassinatos do indigenista Bruno Pereira e Dom Phillips são as primeiras mortes com repercussão internacional na Amazônia desde os tiros de escopeta que mataram o líder seringueiro Chico Mendes, em sua casa, no Acre, em dezembro de 1988, e as seis balas que derrubaram covardemente a missionária Dorothy Stang, aos 73 anos, à luz do dia, em uma estradinha de terra em Anapu, no Pará, 17 anos atrás. Chico e Dorothy morreram por conflitos ligados à terra. Ao que tudo indica, Bruno e Dom morreram pelo mesmo motivo - tentar salvar a Amazônia e seus povos. E pela impunidade das centenas de outros conflitos e mortes que acontecem na Amazônia há décadas, mas nunca como agora. É uma tragédia, sem dúvida. Mas a palavra certa é crime. Bruno e Dom foram mortos, jogados em uma vala, corpos esquartejados e incinerados, segundo o que se noticia até agora. A barbárie lembra o assassinato do jornalista Tim Lopes, há 20 anos, no Complexo do Alemão, no Rio. Ele foi sequestrado e morto por traficantes. Seu corpo foi incinerado. Sua morte é considerada um atentado à democracia. *(D. Chiaretti, Valor Econômico, 15/06/2022)*

CASO BRUNO E DOM EXPÕE COMO O GOVERNO FACILITA AÇÕES ILEGAIS NA AMAZÔNIA

Na prática, em vez de tomar conta da floresta, o atual governo promoveu a política da terra de ninguém. Problemas antigos como a expansão da rede de ilegalidades que se vale dos controles frouxos ganharam uma dimensão inédita. A atividade criminosa se diversificou e se espalhou, em parte pelo vácuo deixado pelo Estado, em parte pelo próprio discurso do presidente, legitimando a ação de grupos que agem à margem da lei. O chocante caso dos assassinatos do indigenista Bruno Araújo Pereira e do jornalista inglês Dom Phillips, além de comprovar a força do crime organizado na região, expôs mais uma vez o país ao vexame internacional. Os assassinatos terão ampla repercussão negativa e ajudarão a manter o Brasil no banco dos réus da opinião pública mundial, o que significa o fechamento de mercados, produzindo um efeito contrário ao que o presidente esperava ao abrir a floresta para exploração. E, com certeza, a Amazônia sairá de tema lateral para central da campanha eleitoral ajudando a desgastar ainda mais o governo. No aspecto criminal, é preciso que se faça justiça à morte de Dom e Bruno, com as punições aos executores e eventuais mandantes. *(T. Kruse, J. da Silva,R. Turollo Jr, V. Bechara, Veja, 17/06/2022)*

ISOLADOS

VIDAS EM RISCO NO VALE DO JAVARI

A decadência que aos poucos corrói cada lasca de madeira da Base do Quixito, unidade de fiscalização controlada pela Funai, é um exemplo de como tem sido a condução de ações de proteção dos povos do Vale do Javari, terra indígena que concentra o maior número de índios isolados e de recente contato em todo o mundo. Equipes formadas por indígenas e agentes da Funai procuram, num misto de resistência, ideologia e compromisso com os povos tradicionais, proteger a terra indígena na Amazônia, uma área que abrange 84.570 km^2, o equivalente a dois Estados do Rio. Essa imensidão de floresta contava, até pouco tempo atrás, com quatro bases da Funai em funcionamento para proteger cerca de 5 mil índios isolados e de recente contato que vivem no Javari. Cabia aos postos do Ituí-Itaquaí, Quixito, Curuçá e Jandiatuba barrarem a ação predatória que avança sobre a terra demarcada. Hoje esse trabalho está perto de ser inviabilizado. *(A. Borges e W. Santana, Oesp, 30/04/2017)*

PF INVESTIGA MASSACRE DE ISOLADOS ENQUANTO RURALISTAS AVANÇAM

Um genocídio pode estar em curso no país, sem que a maioria dos brasileiros sequer tome conhecimento. Desde terça-feira (29), a Polícia Federal, a pedido do Ministério Público do Amazonas, está investigando o massacre de cerca de 20 índios isolados, pertencentes a um grupo conhecido como Warikama Djapar. Atualmente uma expedição da Funai está na TI Vale do Javari e vai tentar confirmar as mortes. Elas teriam acontecido no começo do ano e há indícios de que não tenham sido as primeiras. Segundo o coordenador técnico da Funai em Eirunepé, Arquimimo do Amaral Silva, há cerca de dois anos índios encontraram ossadas humanas perto da área do suposto massacre. A instituição começou a investigar, mas o processo não foi adiante, por falta de recursos. Ainda segundo Silva, a suspeita é de que esses grupos tenham sido vítimas de um bando de caçadores que vive e atua na região. *(T. Chiaverini, The Intercept, 01/09/2017)*

SENADO BRASILEIRO VAI INVESTIGAR MASSACRE DE ISOLADOS NO AMAZONAS

Além da averiguação da denúncia do massacre de indígenas na região do Vale do Javari, os senadores vão verificar a suspensão das atividades das bases de proteção a índios isolados na Amazônia por parte da Funai. De acordo com o Portal Vermelho, o Senado brasileiro aprovou a realização de uma diligência nos municípios amazonenses de Tabatinga e São Paulo de Olivença, tendo como objetivo averiguar a denúncia do alegado massacre de indígenas na região. *(AbrilAbril, 14/09/2017)*

ÍNDIOS ISOLADOS FICAM À MERCÊ NA AMAZÔNIA

Uma das reportagens de capa do site do jornal britânico The Guardian de ontem é sobre a investigação de um massacre que teria acontecido contra indígenas de uma tribo isolada na Amazônia. Dez deles estariam mortos e os assassinos seriam garimpeiros de ouro da região, na Terra Indígena do Vale do Javari, próximo à fronteira com o Peru. Leila Sotto-Maior, coordenadora de índios isolados da Funai, contou ao jornalista britânico que soube que alguns garimpeiros estavam num bar se gabando de terem matado os indígenas. Alguém decidiu gravar a conversa entre os homens e entregar aos técnicos da Funai, que começaram uma investigação. Os envolvidos foram detidos. Eles trabalhavam numa exploração ilegal de ouro na Amazônia. *(A. González, G1, 13/09/2017)*

KANAMARI APONTAM MASSACRE NA SEGUNDA MAIOR TI DO BRASIL

Em fevereiro de 2017 mais uma chacina pode ter passado despercebida aos olhos das autoridades. Indígenas Kanamari denunciaram, durante um encontro da etnia em junho, um ataque à tribo isolada dos Warikama Djapar, como são chamados pelos Kanamari. O massacre teria vitimado entre 9 e 18 pessoas. O número ainda está sendo apurado, e pode ter um grande proprietário de terras da região como mandante. Os Kanamari descrevem um cenário de caos. Quem relata a situação da reserva é Adelson Kanamari, uma das lideranças Kanamari na TErra Indígena. O ataque, segundo ele, ocorreu em fevereiro, na região sul da TI, e vitimou nove indígenas de contato recente. Ele declara que um proprietário de terras que está invadindo a TI é o mandante. Conhecido na região como Louro, o proprietário ameaça as comunidades indígenas há algum tempo, segundo Adelson. Além de invadir a TI com a propriedade, ele entra para extrair madeira, caçar e pescar. O local onde a chacina teria ocorrido fica próximo de Eirunepé. O indígena conta que foi um dos colegas do proprietário que relatou o massacre. A Funai está à procura da pessoa, que teria fugido da região. *(I. Sanchez, De Olho nos Ruralistas, 26/07/2017*

MPF PEDE INVESTIGAÇÃO DE DENÚNCIA DE MASSACRE DE ISOLADOS DO VALE DO JAVARI

O Ministério Público Federal(MPF) no Amazonas solicitou investigação da Polícia Federal (PF) para apurar a denúncia de um suposto massacre contra índios isolados denominados Warikama Djapar na TI Vale do Javari, no extremo oeste do Amazonas. Os índios Kanamari denunciaram as mortes de 18 a 21 isolados em um ataque a mando de um produtor agrícola. A Funai não confirma a informação e diz que aguarda o resultado de uma expedição no território, que faz fronteira com o Peru. Segundo a assessoria de imprensa do MPF, o despacho com a solicitação de investigação do suposto massacre foi enviado nesta terça-feira (29) e pede que a apuração do caso seja conduzida pela unidade da PF de Manaus. O massacre teria ocorrido, conforme as informações dos Kanamari, na parte sul da TI Vale do Javari, na região dos rios Jutaí e Jutaizinho. *(E. Farias, Amazônia Real, 29/08/2017)*

GARIMPEIROS SÃO SUSPEITOS DE MATAR ÍNDIOS FLECHEIROS NO VALE DO JAVARI, DIZ MPF

O Ministério Público Federal(MPF) do Amazonas, que havia confirmado no dia 8 de setembro à agência Amazônia Real as mortes de índios isolados na TI Vale do Javari, no extremo oeste do Amazonas, recuou da informação. Garimpeiros seriam os suspeitos das mortes de índios conhecidos como flecheiros. O caso teria acontecido no mês de agosto no rio Jandiatuba, afluente do rio Solimões, no município de São Paulo de Olivença, na fronteira com Peru e Colômbia. A PF abriu um inquérito para investigar a denúncia da Funai, que está sem conclusão até o momento. No dia 11 de setembro, o MPF enviou uma nota oficial à agência afirmando que errou ao confirmar as mortes de índios isolados denominados flecheiros. *(E. Farias, Amazônia Real, 08/09/2017)*

MASSACRE DE ISOLADOS EXPÕE O ESTRANGULAMENTO DA FUNAI

A suspeita de um massacre de índios isolados perpetrado por garimpeiros ilegais no interior na TI Vale do Javari, em agosto, ganhou as manchetes do Brasil e do mundo, e gerou manifestações de repúdio de organizações indígenas, indigenistas e servidores da Funai. Eles exigem que o governo federal apoie as investigações e reverta políticas que violam os direitos dos povos indígenas no país. O massacre, que provavelmente vitimou índios conhecidos como flecheiros, teria ocorrido na região do rio Jandiatuba no Alto Solimões (AM), onde garimpeiros vêm expandindo atividades ilegais nos últimos anos, apesar das seguidas denúncias feitas pelos índios. O crime teria ocorrido na zona de atuação da base da FPE da Funai do Jandiatuba, desativada nos últimos meses por falta de recursos. O MPF mantém as investigações sob sigilo, mas o genocídio é dado como certo por Paulo Marubo, coordenador da Univaja, que lançou a denúncia no final de agosto e a encaminhou à Procuradoria. *(L. Mahalem e R. Almeida, ISA, 14/09/2017)*

ISOLADOS E DESPROTEGIDOS

Se neste ano, com orçamento estrangulado, o sistema de proteção da Funai aos indígenas isolados não pode prevenir o provável massacre do rio Jandiatuba, na Terra Indígena Vale do Javari (AM), a expectativa para o ano que vem é ainda pior. Os servidores da Funai que atuam nas frentes e bases terão à disposição, em 2018, um orçamento 23% menor que o de 2017, o que não garante o funcionamento das 11 Frentes de Proteção Etnoambiental. Uma queda que pode levar o sistema ao colapso. *(L. Mahalem e R. Almeida, ISA, 28/09/2017)*

BASE DE PROTEÇÃO A ISOLADOS VOLTA A SER ATACADA A TIROS

A principal base da Funai de proteção a indígenas isolados em um santuário ecológico na Amazônia, o Vale do Javari, voltou a ser atacada a tiros neste sábado (21). Os indígenas já falam em perda de controle e situação insustentável. Um grupo estimado em cinco invasores foi surpreendido quando tentava invadir a terra indígena e respondeu com disparos na direção da base no rio Ituí, no Amazonas. Eles conseguiram fugir pelo rio e ninguém ficou ferido na base, onde estavam indígenas e servidores da Funai. Foi o quinto ataque do gênero à mesma base desde o ano passado. Ela funciona como guardiã de uma das principais entradas por rio no Vale do Javari. *(R. Valente, FSP, 23/09/2019)*

PRINCIPAL BASE DE PROTEÇÃO PARA ÍNDIOS ISOLADOS DO PAÍS É ATACADA POR CAÇADORES

A base de vigilância do Ituí, da Funai, fincada na TI do Vale do Javari, no Amazonas, foi atacada na noite desta quinta-feira (31) por caçadores armados. É o que informam indígenas da região ao blog. Quando infratores saiam da terra indígena numa embarcação, foram percebidos pela guarita da base. Ao serem flagrados e iluminados no rio Ituí, começaram a atirar contra a guarita, afirma o indígena Beto Marubo, da Univaja. *(M. Leitão, G1, 02/11/2019)*

BASE DA FUNAI PARA PROTEÇÃO DE ÍNDIOS ISOLADOS SOFRE OITAVO ATAQUE EM 12 MESES

A base de vigilância do Ituí, principal posto da Funai para proteção de índios isolados do país, sofreu o oitavo ataque de caçadores no período de um ano. A base atacada fica na foz do rio Ituí, dentro da TI Vale do Javari, localizada no oeste do estado do Amazonas. A nova ofensiva à base de Ituí ocorreu por volta das 2 da manhã deste domingo (3). Foram cinco tiros na direção do farol da Funai, que havia sido ligado junto com o alarme no momento em que servidores avistaram os caçadores descendo o rio. O número de tiros, contudo, foi menor do que no ataque ocorrido da noite da última quinta (31). *(M. Leitão, G1, 04/11/2019)*

APÓS ATAQUES, SERVIDORES DA FUNAI ABANDONAM BASE E ISOLADOS FICAM SEM PROTEÇÃO

Índios isolados da TI do Vale do Javari , no extremo Oeste do Amazonas , estão sem a proteção de funcionários da Funai desde a manhã da última quinta-feira. O último servidor da Funai que atuava na base de proteção etnoambiental localizada no rio Ituí deixou o local após uma série de ataques com disparos à instalação. Sem proteção, os funcionários da Funai estão se recusando a ir à base. Há duas semanas, a Justiça Federal do Amazonas determinou que a União desse proteção à Funai, mas Polícia Federal, Exército e Força Nacional de Segurança não responderam aos ofícios enviados pelo MPF solicitando ajuda. *(L. Prazeres, O Globo, 22/11/2019)*

UNIÃO É MULTADA PELA JUSTIÇA POR NÃO PRESTAR APOIO A FRENTES DE PROTEÇÃO

A Justiça Federal determinou a aplicação de multa diária de R$ 10 mil à União por não prestar apoio operacional, por meio das forças de segurança, para garantir a integridade física e moral dos povos indígenas isolados e de recente contato do Vale do Javari e dos servidores da Funai que atuam nas Frentes de Proteção Etnoambiental localizadas na região. A União deve ainda comprovar, no prazo de dez dias, que cumpriu decisão liminar proferida pela Justiça Federal, em dezembro de 2018, para reestruturação física e contratação de pessoal para as FPE no Amazonas. Caso não apresentem os documentos comprobatórios, será aplicada outra pena de multa diária de R$ 10 mil. *(MPF, 29/11/2019)*

© BRUNO KELLY / AMAZÔNIA REAL, 2018

Base de proteção da Funai, Ituí-Itacoaí, dos povos isolados, localizada na Terra Indígena Vale do Javari/AM.

INDÍGENAS DO JAVARI DENUNCIAM AMEAÇA DE MISSIONÁRIOS A ISOLADOS

Paulo Kenampa Marubo, coordenador geral da União dos Povos Indígenas do Vale do Javari (Univaja), alertou para ameaças de missionários e pastores à TI Vale do Javari. Nesta quarta-feira (25/03), denúncias indicaram que o pastor Josiash Mcintyre, dos EUA, acompanhado de um jovem Marubo que reside na BR 307, invadiu a sede da Unijava. O objetivo era intimidar os indígenas para arrancarem de Kenampa uma recomendação para entrar na TI – uma exigência da Funai. Josiah teria dito que iria atear fogo na sede da Univaja, conforme depoimento de Moaci Shãkõpa, coordenador geral da Associação de Desenvolvimento Comunitário do Alto Curuçá (ASDEC). Estamos tomando as providências pela invasão ao prédio e as ameaças, afirmou Eliesio Marubo, da procuradoria jurídica da Unijava. *(S. Moan, ISA, 27/03/2020)*

MISSIONÁRIOS FIZERAM VOOS DE HELICÓPTERO PARA TI COM ISOLADOS SEM AUTORIZAÇÃO

Comprado pela Missão Novas Tribos do Brasil para alcançar e evangelizar índios em locais remotos e de difícil acesso, o helicóptero R66, fez pousos e decolagens em aldeias do Vale do Javari sem pedir permissão à Funai, responsável pelas autorizações de ingresso a TIs. Além de realizar os voos em plena pandemia de covid-19, a entidade religiosa ainda desrespeitou ao menos duas regras de operações para aeronaves estabelecidas pela Agência Nacional de Aviação Civil (Anac). *(D. Biasetto, O Globo, 13/04/2020)*

MATIS

A MORTE DO PAJÉ TËPI MATIS E A FORÇA DESINCORPORADA DA COBRA

© BÁRBARA M. ARISI, AMAZÔNIA REAL, 2099

Tëpi Matis.

Tëpi Pajé é o nome de um forte xamã do povo Matis. Na língua matis, Tëpi era chamado de xó'xókit, *palavra que nomeia aquele que cozinha o* xó, *aquele que carrega, porta, possui ou trabalha com muito* xó. *O Xó é a substância xamânica e de poder para os matis. Tëpi era o único em seu povo a ser chamado* xó'xókit, *um curador poderoso a quem muitos índios de outras etnias também recorriam para se tratar. Nesta terça-feira, 7 de março, o* xó'xókit *matis morreu e passou a ser* tsussin *(uma força desincorporada). Tëpi estava pescando com sua família quando a cobra o picou, próximo a sua aldeia Bokwat Paraíso, no rio Branco, coração da TI Vale do Javari. Tëpi Pajé chegou ainda com vida na aldeia Bokwat Paraíso, mas não havia soro anti-ofídico e não tinha enfermeiro. Não havia helicóptero ou barco para que pudesse ser removido e aumentar a chance de ser salvo. O atendimento de saúde no Vale do Javari é muito precário, faltam medicamentos, os agentes de saúde e enfermeiros trabalham em condições péssimas. Também não havia barco para fazer a remoção de Tëpi para o hospital em Atalaia, cidade que fica na beira do rio Javari. Tëpi sempre respeitou os jovens, sempre lutou pela gente, era nosso vice-cacique na aldeia Paraíso, estou triste demais, escreveu Markë, que é sobrinho do pajé. A sua morte é uma perda imensa para o povo Matis e para todos nós que tivemos o prazer de aprender e conviver com esse homem que trazia sempre comida, cuidados e ensinamentos da floresta para casa.* (B. Arisi, Amazônia Real, 08/03/2017)

KORUBO

OS KORUBO QUEREM FALAR

É a primeira vez que uma equipe de documentação se hospeda com os korubos, conhecidos como violentos e chamados de caceteiros, em razão de usarem bordunas, em vez de arco e flecha. Ameaçados hoje pela exploração clandestina das riquezas do seu território, os korubos estão tensos, temem pelo futuro de sua etnia e querem falar. Os korubos são cerca de 80 índios que mantêm contato regular com funcionários do Estado brasileiro e outros tantos que ainda vivem na floresta, sem convívio com outros grupos, indígenas ou não. Os contatados estão divididos em duas aldeias às margens do rio Ituí, na TI Vale do Javari, no oeste do Amazonas, junto à fronteira com o Peru, a 3,5 mil km de São Paulo e 1,2 mil km de Manaus. A área foi palco de duas denúncias recentes de supostos ataques a índios isolados. Expedições da Funai encontraram garimpeiros atuando ilegalmente, mas não detectaram sinais de massacre. Os índios temem que seus parentes isolados sejam vítimas desses ou outros ataques. Eles querem falar. *(L. Serva, FSP, 17/12/2017)*

© BRUNO KELLY/AMAZÔNIA REAL, 2018

Moradores kanamari da aldeia Massapê, localizada no Rio Itacoaí, Terra Indígena Vale do Javari (AM).

© BERNARDO SILVA/FUNAI, 2019

Um grupo de 34 índios isolados da etnia Klorubo foi contatado em uma expedição realizada pela Funai, o que reduziu as tensões na TI Vale do Javari, na fronteira com o Peru, informou o órgão indigenista. O grupo de17 mulheres e 17 homens, entre adultos e crianças, corria risco de um conflito com os Matís

FUNAI REALIZA EXPEDIÇÃO PARA PROTEÇÃO DE INDÍGENAS KORUBO NO VALE DO JAVARI

No início de março, a Funai promoveu a Expedição para Proteção e Monitoramento da Situação de Indígenas Isolados Korubo do rio Coari, no Amazonas. Uma ação interagências, com a participação direta da Sesai e a cooperação do Exército Brasileiro, da Polícia Federal e da Secretaria de Segurança Pública do Amazonas, através da Polícia Militar, além do acompanhamento do Ministério Público. O principal objetivo da expedição era o de proteger a integridade física dos isolados Korubo do rio Coari e do povo Matis. Primeiro, promovendo a dissolução de uma tensão entre os dois grupos. Os Korubo isolados do Coari, após o conflito de 2014 com o Matis, voltaram a se deslocar pelas proximidades das aldeias Matis no rio Branco, local que habitam desde 2012, trazendo preocupação pela possibilidade de mais um contato conflituoso. *(C. Amaro, Funai, 05/04/2019)*

FUNAI INSTITUI PROGRAMA KORUBO, PIONEIRO PARA POVOS DE RECENTE CONTATO

A Funai publicou, na última segunda-feira (27), a Portaria no 693/PRES/2019, que institui oficialmente o Programa Korubo. O documento assinado pelo presidente Franklimberg de Freitas é resultado de anos de discussões e construção coletiva entre unidades da Funai e grupos de Korubo já contatados, representando grande avanço na política indigenista por definir diretrizes de trabalho, de forma integrada, para povos indígenas de recente contato, a partir de suas especificidades. De iniciativa da Coordenação-Geral de Índios Isolados e de Recente Contato, o Programa Korubo começou a ser oficialmente articulado em 2009, no intuito de somar esforços e otimizar recursos no atendimento ao povo. *(Funai, 29/05/2019)*

KORUBO: SURTO DE COVID ATINGE 70% DOS INDÍGENAS EM ALDEIAS DE RECENTE CONTATO

Um surto de Covid-19 entre os indígenas korubo, no Vale do Javari (AM) acendeu o alerta para o risco iminente de contaminação de outros grupos de recente contato existentes na região, onde há maior concentração de povos isolados do mundo. O Globo apurou que mais de 70% dessa etnia (75 de 103 indivíduos) que vive entre os rios Coari e Ituí, em de Atalaia do Norte, testaram positivo para a doença nas duas últimas semanas. A contaminação dos korubo põe em xeque o plano do governo federal de combate à Covid nas aldeias e comprova que a Funai e a Sesai falharam diante da determinação dada há cerca de dois anos pelo STF de instalar barreiras sanitárias em locais estratégicos. *(D. Biasetto, O Globo, 28/02/2022)*

KANAMARI

IV ENCONTRO KANAMARI DENUNCIA VIOLAÇÕES DE DIREITOS

O Conselho Indígena dos Kanamari do Juruá e Jutaí (Cikaju) e a Associação do Povo Kanamari do Vale do Javari (Akavaja), em parceria com o Centro de Trabalho Indigenista e a Funai, por meio do Projeto de Proteção Etnoambiental de Povos Indígenas Isolados e de Recente Contato na Amazônia Brasileira, realizaram, entre os dias 07 e 09 de junho, o IV Encontro Kanamari. Realizado na Aldeia Paraíso, TI Kanamari do rio Juruá, o evento contou com a presença de lideranças e representantes do povo Kanamari de aldeias localizadas nas bacias dos rios Jutaí, Juruá e Itacoaí, nas TIs Kanamari do Rio Juruá, Mawetek e Vale do Javari, e também representantes do povo de recente contato Tyohom-dyapa, e dos povos Madiha (Kulina) e Deni, vizinhos aos Kanamari. *(CTI, 19/07/2017)*

MARUBO

MILITAR QUE COORDENA A FUNAI AMEAÇA METER FOGO EM INDÍGENAS

O tenente de reserva do exército, Henry Charles Lima da Silva, atual coordenador da Funai no Vale do Javari (AM), ameaçou meter fogo em povos isolados, durante uma reunião que ocorreu em 23 de junho. É o que revela um áudio gravado em meio a reunião na aldeia Vida Nova com o povo Marubos, e vazado pelo jornal monopolista Estado de S. Paulo. Eu vou entrar em contato com o pessoal da Frente [de Proteção Etnoambiental] e pressionar: 'Vocês têm de cuidar dos índios isolados, porque senão eu vou, junto com os marubos, meter fogo nos isolados', afirmou o tenente Henry. *(T. Souza, A Nova Democracia, 23/07/2021)*

FUNAI JÁ SABIA SOBRE DECLARAÇÃO ESTIMULANDO METER FOGO EM INDÍGENAS

A sede da Funai tem conhecimento desde o dia 7 de julho do áudio em que seu coordenador regional do Vale do Javari (AM), o tenente reformado do Exército Henry Charlles Lima da Silva, aparece estimulando líderes do povo marubo a disparar contra indígenas isolados. O funcionário, no entanto, não foi punido ou exonerado até agora. Em relatório sobre o episódio, a CGIIRC informou ter recebido o áudio de líderes marubos contrários à posição do coordenador. *(F. Maisonnave, FSP, 27/07/2021)*

MORTE DE ANCIÃOS POR COVID-19 AMEAÇA PATRIMÔNIO CULTURAL DE INDÍGENAS

De novembro de 2021 para cá, o povo Marubo - no oeste do Amazonas - perdeu três de suas 15 lideranças mais velhas e experientes. As mortes são de pacientes com suspeita de covid-19, segundo a Associação de Desenvolvimento Comunitário do Povo Marubo do alto rio Curuçá (Asdec). O presidente da Adesc, Manoel Barbosa da Silva, afirmou ao Brasil de Fato que o clima é de luto e de preocupação na aldeia Maronal, localizada na TI Vale do Javari, onde viviam os anciãos vítimas da covid-19. Na avaliação dele, uma das perdas irreparáveis é a do ancião Alfredo Marubo, principal líder da comunidade. Junto com eles [os anciãos], vão os conhecimentos, as nossas práticas culturais. E principalmente da parte do trabalho em saúde que Alfredo liderava, fazendo sessão de xamanismo. São os nossos principais curadores. Então são universos de conhecimento que a gente perde, considera Silva. *(M. Pajolla, Brasil de Fato, 20/02/2022)*

MATSÉS (MAYORUNA)

GOVERNO PERUANO RECONHECE ISOLADOS NAS RESERVAS YAVARÍ TAPICHE E YAVARÍ MIRIM

Após 14 anos de espera, nesta segunda-feira (11), a Comissão Multisetorial do Ministério da Cultura do Peru aprovou os estudos prévios de reconhecimento dos povos indígenas isolados que habitam as áreas das Reservas Indígenas Yavarí Tapiche e Yavarí Mirim, na região de Loreto. No Peru, o povo Matsés compartilha território com esses povos isolados agora reconhecidos pelo Estado peruano. Como parte do fortalecimento das articulações do povo Matsés no Brasil e no Peru, o CTI fomentou o processo que levou ao reconhecimento dos estudos prévios que constatam a presença de povos indígenas isolados nas áreas. *(CTI, 12/12/2017)*

LÍDER CONFIRMA TENTATIVA DE EVANGELIZAÇÃO POR CHEFE DA ÁREA DE ISOLADOS DA FUNAI

Indigenistas da Funai relataram diversas vezes ao blog que o chefe da CGIIRC, o missionário Ricardo Lopes Dias, evangelizou indígenas da etnia Matses, da TI do Vale do Javari. A informação foi confirmada agora ao blog pelo indígena Marcos Dunu Mayoruna, da etnia Matses (também conhecida como Mayoruna). Segundo informado por Marcos Pepe, as reuniões evangelísticas aconteciam em Cruzeirinho, ao lado do Pelotão do Exército de Palamerias do Javari, na área ao norte da terra indígena. Sim, o Ricardo trabalhou em 'cruzeirinho' com o nosso povo Matses. Fez igreja lá com americanos. A Bíblia não é problema, mas a forma como eles agiam. Ele não é bem aceito lá até hoje. Ele fundou a 'igreja' lá [perto do quartel]. Até hoje os líderes da etnia estão chateados com o Ricardo, afirma Marcos Dunu, irmão de um cacique da região. *(M. Leitão, G1, 20/02/2020)*

FAMÍLIAS INDÍGENAS NA TI VALE DO JAVARI SAEM REMANDO, EM FUGA DA PANDEMIA

A comunidade Nova Esperança, na TI Vale do Javari, está vazia após a confirmação de quatro agentes de saúde do Distrito Sanitário Especial Indígena (Dsei) contaminados pelo coronavírus dentro do território. Das 23 famílias da etnia Matsés (Mayoruna) que vivem no local, 20 delas foram se isolar no meio da floresta por medo de contágio. Segundo o líder Edmilson Mayoruna, não há remédios, testes ou profissionais de saúde disponíveis caso a pandemia se alastre. Estamos muito preocupados porque não temos medicamentos e ainda não conseguimos descobrir nossos próprios remédios para salvar o nosso povo, diz Edmilson. *(M. F. Ribeiro, De Olho nos Ruralistas, 09/06/2020)*

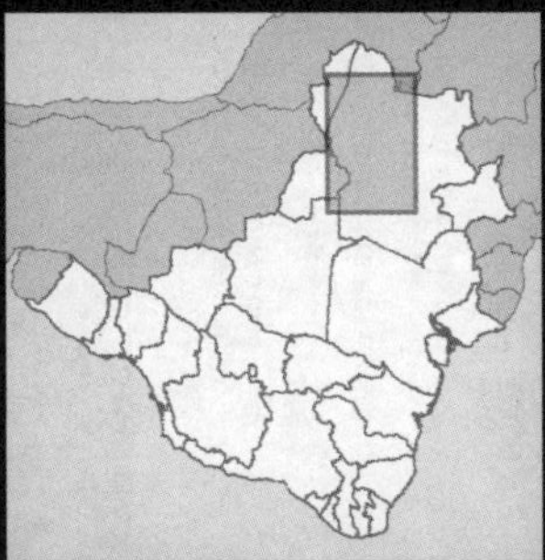

6. Juruá / Jutaí / Pur

6. JURUÁ JUTAÍ PURUS

- ◉ capital estadual
- ● sede de município
- - - - limite estadual/internacional
- —— estradas
- Unidade de Conservação
- ★ referência a isolados

fonte: Funai, 2017 adaptado por ISA, 2022

TERRA INDÍGENA

apresentada neste capítulo

- com mais de 1.000 ha
- ▲ com menos de 1.000 ha (ou sem limite definido)

apresentada em outro capítulo

- com mais de 1.000 ha
- ■ com menos de 1.000 ha (ou sem limite definido)

INSTITUTO SOCIOAMBIENTAL/2021

65 km

JURUÁ / JUTAÍ / PURUS
Terras Indígenas
Instituto Socioambiental - 30/11/2022

Nº mapa	Terra Indígena	Povo	População (nº, fonte, ano)	Situação jurídica	Extensão (ha)	Município	UF
1	Acimã	Apurinã	89 - IBGE: 2010	Homologada. Decreto - s/n - 03/11/1997, publicado em 04/11/1997. Reg. SPU certidão 008 em 19/04/99Reg. CRI na comarca de Lábrea, Matr.RI-1963, livro 2-H, Fl 25 em 15/12/97. Ofício n. 33 abre processo no SPU em 19/01/98	40.686	Lábrea	AM
2	Água Preta/Inari	Apurinã	349 - IBGE: 2010	Homologada. Decreto - s/n - 03/11/1997, publicado em 04/11/1997. Reg. SPU certidão 011 em 17/07/2000Reg. no CRI da Comarca de Pauini (139.763 ha), Mat. 276, Lv.2-A Fl.83/83V em 17/05/99.	139.763	Pauini	AM
3	Alto Sepatini	Apurinã	75 - Siasi/Sesai: 2013	Homologada. Decreto - s/n - 03/11/1997, publicado em 04/11/1997. Reg. SPU Certidão n. 2 em 31/03/99Reg CRI no município e comarca de Lábrea (26.095 ha) Matr. R1-1962, Lv 2-H, Fl 24 em 15/12/97.	26.095	Lábrea	AM
4	Apurinã do Igarapé Mucuim	Apurinã	93 - Siasi/Sesai: 2014	Homologada. Decreto - s.n. - 31/12/2010, publicado em 31/12/2010. Reg SPU, no site da Funai de 8-1-19 diz que a TI está regularizadaReg. CRI Matr.2.738, Lv. 2-N. Fl.37 Comarca de Lábrea73.350 ha	73.350	Lábrea	AM
5	Apurinã do Igarapé São João	Apurinã	142 - Funai/Purus: 2010	Homologada. Decreto - s/n. - 12/03/2007, publicado em 13/03/2007. Reg.SPU Certidao n.004 em 18/06/2009Reg CRI no municipio e comarca de Tapauá (18.232 ha) Matr.$-1-1 143, Liv 2 -F, Fls.133 em 04/05/2007.	18.232	Tapauá	AM
6	Apurinã do Igarapé Tauamirim	Apurinã	295 - Funai/Purus: 2010	Homologada. Decreto - 253 - 29/10/1991, publicado em 30/10/1991. Reg. SPU Certidão 006 em 16/04/96.Reg. CRI no município e comarca de Tapauá (96.456 ha) Matr. RI-613 Liv. 2-D, Fl 15 em 31/05/90.	96.456	Tapauá	AM
7	Apurinã km-124 BR-317	Apurinã	209 - Funai/Rio Branco: 2002	Homologada. Decreto - 251 - 29/10/1991, publicado em 30/10/1991. Reg. SPU Certidão n. 17 de 14/12/99.Reg. CRI no município e comarca de Boca do Acre (8.900 ha) Matr.n.1758, Liv2, FIL 79 em 09/12/91. Reg. CRI no município e comarca de Lábrea (33.297 ha) Mat.n.1642, Liv 2F, Fl 386 em 28/11/91.	42.198	Boca do Acre Lábrea	AM
s/l	Baixo Seruini/Baixo Tumiã	Apurinã		Em Identificação. Portaria - 425 - 20/04/2012, publicado em 23/04/2012.		Lábrea Pauini	AM
10	Banawá	Banawá	207 - Siasi/Sesai: 2014	Homologada. Decreto - s.n. - 17/12/2015, publicado em 18/12/2015. Reg.SPUNo site da Funai de 8-01-19 diz que a TI está regularizada	192.659	Canutama Lábrea Tapauá	AM
11	Boca do Acre	Apurinã	248 - Funai/Rio Branco: 2002	Homologada. Decreto - 263 - 29/10/1991, publicado em 30/10/1991. Reg. SPU Certidão n. 30 de 15/06/99.Reg. CRI do município e comarca de Boca do Acre (8.772 ha) Matr. 1.716, Liv. 2-D, Fl 30 em 21/12/90. Reg. CRI do município e comarca de Lábrea (17.512 ha) Matr. n. 1.508, Liv.2-F, Fl 209 em 02/05/89.	26.240	Boca do Acre Lábrea	AM
12	Cacau do Tarauacá	Kulina	230 - Funai: 2003	Homologada. Decreto - 272 - 29/10/1991, publicado em 30/10/1991. Reg. SPU Certidão n. 015 em 15/08/97.Reg. CRI no município e comarca de Envira (28.367 ha) Matr. n. R-1-171, Liv. 2-A, Fl 171 em 22/10/91.	28.367	Envira	AM
13	Caititu	Apurinã Jamamadi Paumari	1022 - Funai/Purus: 2010	Homologada. Decreto - 282 - 29/10/1991, publicado em 30/10/1991. Reg. SPU AM-173/378 em 29/07/88.Reg. CRI no municipio de Lábrea, comarca de Labrea (308.062 ha) Matr. 1.503 Liv 2-F Fl 192-195 em 31/03/89.	308.062	Lábrea	AM
14	Camadeni	Jamamadi	148 - Funai/Purus: 2010	Homologada. Decreto - s/n - 03/11/1997, publicado em 04/11/1997. Reg. SPU Certidão n. 2 de 07/01/00.Reg. CRI no município e comarca de Pauini (150.930 ha) Matr. 280 liv. 2-A fl.89 em 17/05/99.	150.930	Pauini	AM
15	Camicuã	Apurinã	454 - Funai/Rio Branco: 2002	Homologada. Decreto - 381 - 24/12/1991, publicado em 26/12/1991. Reg. SPU Certidão 10 em 24/11/95.Reg. CRI no município e comarca de Boca do Acre (58.519 ha) Matr. n. 1.766, Livro 2 G, Fl.87/88 em 22/01/92.	58.519	Boca do Acre	AM
16	Catipari/Mamoriá	Apurinã	197 - Funai/Rio Branco: 2002	Homologada. Decreto - s/n - 03/11/1997, publicado em 04/11/1997. Reg. SPU Certidão n. 3 de 14/01/00.Reg. CRI no município e comarca de Pauini (115.044 ha) Matr. n. 279 Lv 2-A Fl 88/88V em 17/05/99.	115.044	Pauini	AM
17	Deni	Deni Kulina Isolados do Rio Cuniuá	1470 - Siasi/Sesai: 2013	Homologada. Decreto - s/n - 27/10/2004, publicado em 28/10/2004. Reg.SPU certidão n. 006 de 19/07/2007Reg CRI no município e comarca de Itamarati (1.132.323) Matr.045 Liv 2-A, FL 23v em 19/04/05. Reg CRI no município e comarca de Lábrea (75.223 ha) Matr.2.397, Liv 2-J FL 126 em 28/07/06. Reg CRI no município e comarca de Tapauá (316.076 ha) Matr. 1.091, Lv 2-F, FL 81 em 02/03/05.	1.531.300	Itamarati Lábrea Pauini Tapauá	AM
18	Fortaleza do Patauá	Apurinã	22 - Funai/Manaus: 2010	Homologada. Decreto - s/n - 19/04/2004, publicado em 20/04/2004. Reg SPU Certidão n. 009 em 21/09/06.Reg CRI no municipio e comarca de Manacapuru Matr. n. 572 Liv 2-RG Ficha 1 em 14/10/04.	743	Manacapuru	AM
19	Guajahã	Apurinã	65 - Funai: 2002	Homologada. Decreto - s/n - 11/12/1998, publicado em 14/12/1998. Reg. SPU Certidão n. 8 de 19/06/2000.Reg. CRI no município e comarca de Pauini (5.038 ha) Matr. 282 Lv 2-A Fl. 91/91V em 17/05/99.	5.036	Pauini	AM
20	Hi-Merimã	Isolados Hi-Merimã		Homologada. Decreto - s/n - 22/09/2005, publicado em 23/09/2005. Reg.SPU certidão n. 002 de 17/01/2008Reg CRI no município e comarca de Lábrea (81.960) Matr.2.543, Liv 2-L, Fls 117 em 09/07/2007. Reg CRI no município e comarca de Tapauá (595.880) Matr.R-1-1.142,, Liv 2-F, Fls 132 em 04/05/2007.	677.840	Lábrea Tapauá	AM
21	Igarapé Capanã	Jamamadi	85 - IBGE: 2010	Homologada. Decreto - s/n - 03/11/1997, publicado em 04/11/1997. Reg SPU Certidão n. 36 em 10/11/2004.Reg. CRI no município e comarca de Boca do Acre (122.555 ha) Matr. 2.030 Livr 2-H, Fl. 75/76 em 29/12/97.	122.555	Boca do Acre	AM
s/l	Igarapé Paiol	Apurinã		Em Identificação. Portaria - 763 - 21/06/2004, publicado em 22/06/2004.		Manaquiri	AM
23	Inauini/Teuini	Jamamadi Isolados do Igarapé Maburrã	246 - IBGE: 2010	Homologada. Decreto - s/n - 03/11/1997, publicado em 04/11/1997. Reg. SPU Certidão n. 7 de 14/06/2000.Reg. CRI no município e comarca de Boca do Acre (9.345 ha), Matr. n. 2.029, Livr.2-H, Fl. 74 em 29/12/97. Reg. CRI no município e comarca de Pauini (459.650 ha), Matr.278 Liv. 2-A, Fl 86/87V em 17/05/99.	468.996	Boca do Acre Pauini	AM

Terras Indígenas (continuação)
Instituto Socioambiental - 30/11/2022

Nº mapa	Terra Indígena	Povo	População (nº, fonte, ano)	Situação jurídica	Extensão (ha)	Município	UF
s/l	Isolados na Cabeceira do Rio Cuniá	Isolados da Cabeceira do Rio Cuniuá		Em Identificação. Portaria - 736 - 02/07/2013, publicado em 18/07/2013.		Canutama	AM
25	Itixi Mitari	Apurinã	311 - IBGE: 2010	Homologada. Decreto - s/n. - 19/04/2007, publicado em 20/04/2007. Reg SPU Certidão n. 4 em 13/05/97(6.928 ha). eg SPU O site da Funai em 8-1-19 diz que essa TI é regularizadaReg CRI no municipio e comarca de Beruri (6.928 ha) Matr. 27 liv 2/RG Fl 15v em 13/04/92. Reg.CRI matr.732, Liv.2, Fl 01/v Cartorio Judicial e Anexos da Comarca de Anori Reg.CRI matr.1.148, Liv.2-F, Fl. 140 Cartorio Judicial e Anexos de Tapauá	182.134	Anori Beruri Coari Tapauá	AM
26	Jacareúba/Katawixi	Isolados Katawixi		Com Restrição de Uso. Portaria - 215 - 03/03/2010, publicado em 08/03/2010.	647.386	Canutama Lábrea	AM
s/l	Jamamadi do Lourdes	Jamamadi		Em Identificação. Portaria - 617 - 02/05/2004, publicado em 01/06/2004.		Boca do Acre	AM
s/l	Jaminawa da Colocação São Paulino	Yaminawá		Em Identificação. Portaria - 829 - 01/07/2004, publicado em 01/07/2004.		Boca do Acre	AM
29	Jarawara/Jamamadi/ Kanamanti	Jamamadi Jarawara	527 - IBGE: 2010	Homologada. Decreto - s/n - 14/04/1998, publicado em 15/04/1998. Reg. SPU Certidão n. 12 de 22/07/02.Reg. CRI no município e comarca de Lábrea (390.233 ha), Matr. R1-2007 Lv 2-H Fl. 89 em 04/02/99.	390.233	Lábrea Tapauá	AM
30	Jatuarana	Apurinã	65 - Funai: 1996	Homologada. Decreto - 273 - 29/10/1991, publicado em 30/10/1991. Reg. SPU Certidão n. 23 de 17/04/03.Reg CRI no município e comarca de Manacapuru (5.251 ha) Matr.4.023, ficha 1 em 24/02/2003.	5.251	Manacapuru	AM
31	Juma	Juma	15 - Uchida, Gabriel: 2016	Homologada. Decreto - s/n -			
32	Kanamari do Rio Juruá	Kanamari	806 - IBGE: 2010	Homologada. Decreto - s/n - 03/11/1997, publicado em . Reg. SPU Certidão n. 9 de 03/04/02.Reg. CRI no municipio e comarca de Eirunepé (179.849 ha), Matr.1.371 Lv 2-AF Fl. 266 em 26/03/01. Reg. CRI no municipio e comarca de Itamarati (401.318 ha), Matr. 12 Lv 2-RG Fl.06 em 21/02/01. Reg. CRI no municipio e comarca de Pauini (15.265 ha), Matr. 277 Lv. 2-A Fl.84/84 V em 17/05/99.	596.433	Eirunepé Itamarati Pauini	AM
33	Kaxarari	Kaxarari	445 - Siasi/Sesai: 2014	Homologada. Decreto - s/n - 13/08/1992, publicado em 14/08/1992. Reg. SPU Certidão n. 90 de 20/09/99.Reg. CRI no município de Lábrea (97.204 ha), Matr. 1.441, LIV. 2-F, Fl. 113/114 em 13/07/88. Reg. CRI no município de Porto Velho (48.647 ha), Matr. 4.909 Liv.2-RG, Fl. 01 de 23/12/88.	145.889	Lábrea Porto Velho	AM RO
34	Kulina do Médio Juruá	Kulina	2.458 - IBGE: 2010	Homologada. Decreto - s/n - 11/12/1998, publicado em 14/12/1998. Reg. SPU Certidão n. 6 de 25/03/02.Reg. CRI no município e comarca de Eirunepé (501.922 ha) Matr.1.370 Lv 2-AF Fl. 265 em 22/03/01. Reg. CRI no município e comarca de Envira (46.211 ha) Matr. 276 Lv 2-A Fl. 276 em 25/07/01. Reg. CRI no município e comarca de Ipixuna (182.009 ha) Matr. 175 Lv 2-A Fl. 175 em 08/05/00.	730.142	Tarauacá Eirunepé Envira Ipixuna	AC AM
6	Kumaru do Lago Ualá	Kulina	802 - Funai/Alto Solimões: 2011	Homologada. Decreto - s/n - 27/10/2004, publicado em 28/10/2004. Reg. SPU certidão n. 42 de 29/03/2005.Reg CRI no municipio e comarca de Juruá (80.035 ha) Matr. n 183, Lv 2-B Fl 183 em 0312/2004.	80.036	Juruá Uarini	AM
s/l	Lago do Barrigudo	Apurinã		Em Identificação. Portaria - 763 - 21/06/2004, publicado em 22/06/2004.		Beruri	AM
38	Mawetek	Kanamari	151 - IBGE: 2010	Homologada. Decreto - s/n - 30/04/2001, publicado em 02/05/2001. Reg. SPU Certidão n. 25 de 29/04/04.Reg. CRI no município e comarca de Eirunepé (115.492 ha) Matr. n.1.384 LV 2-A-F Fl 279 em 05/06/02.	115.492	Eirunepé Ipixuna Jutaí	AM
39	Paumari do Cuniuá	Apurinã Paumari	96 - Funai/Purus: 2010	Homologada. Decreto - s/n - 03/11/1997, publicado em 04/11/1997. Reg. SPU Certidão n. 5 de 06/04/99.Reg. CRI no município e comarca de Tapauá,(42.828 ha) Matr.1.755 Liv. 2-E, Fl. 45 em 31/12/97.	42.828	Tapauá	AM
40	Paumari do Lago Manissuã	Paumari	67 - Siasi/Sesai: 2017	Homologada. Decreto - s/n - 05/05/2003, publicado em 06/05/2003. Ofício ao SPU n. 1.077/DAF em 26/01/99.Reg. CRI no município e comarca de Tapauá (11.229 ha) Matr. n. R1-792 Lv. 2-E Fl. 82 em 13/01/99.	22.970	Tapauá	AM
41	Paumari do Lago Marahã	Apurinã Paumari	1.076 - Funai/Purus: 2010	Homologada. Decreto - s/n - 10/02/2003, publicado em 11/02/2003. Reg. SPU-AP Certidão n. 5 de 29/08/03.Reg. CRI no município e comarca de Lábrea (79.140 ha) Matr. 2.032 Lv. 2-H Fl. 125 em 19/10/99. Reg CRI no muncipio e comarca de Lábrea (118.766 ha) Matr. Av. 3-2 032 Liv 2-H, Fl 125 em 15/04/2003	118.766	Lábrea	AM
42	Paumari do Lago Paricá	Apurinã Paumari	159 - Funai/Purus: 2010	Homologada. Decreto - s/n - 08/09/1998, publicado em 09/09/1998. Reg. SPU Certidão n. 4 de 05/04/99.Reg. CRI no município e comarca de Tapauá (15.792 ha) Matr. R1-800 Lv. 2E-RG Fl. 90 em 18/01/99.	15.792	Tapauá	AM
43	Paumari do Rio Ituxi	Paumari	235 - Funai/Purus: 2010	Homologada. Decreto - s/n - 11/12/1998, publicado em 14/12/1998. Reg. SPU Certidão n. 6 de 07/04/99.Reg. CRI no município e comarca de Lábrea (7.572 ha) Matr. 2.008 Lv. 2-H Fl. 90 em 04/02/99.	7.572	Lábrea	AM
44	Peneri/Tacaquiri	Apurinã	791 - IBGE: 2010	Homologada. Decreto - s/n - 03/11/1997, publicado em 04/11/1997. Reg. SPU Certidão n. 1 de 04/01/00.Reg. CRI no município e comarca de Pauini (189.870 ha) Matr. 281 Lv. 2-A Fl. 90 em 17/05/99.	189.870	Pauini	AM
45	Rio Biá	Katukina do Rio Biá	488 - Siasi/Sesai: 2014	Homologada. Decreto - s/n - 03/11/1997, publicado em 04/11/1997. Reg SPU Certidão n. 006 em 11/09/2006Reg. CRI no município e comarca de Carauari, (701.378 ha) Matr. 1.233 Liv. 2-E Fl. 248 em 12/01/98. Reg CRI no municipio e comarca de Jutaí (484.413 ha) Matr.323 Liv 2-RG Fl 1123 08/12/1997	1.185.790	Carauari Jutaí	AM
46	São Pedro do Sepatini	Apurinã	123 - IBGE: 2010	Homologada. Decreto - s/n - 03/11/1997, publicado em 04/11/1997. Reg. SPU Certidão n. 3 de 31/03/99.Reg. CRI no município e comarca de Lábrea,(27.644 ha) Matr. R-1964 Liv. 2-H Fl. 26 em 15/12/97.	27.644	Lábrea	AM

JURUÁ / JUTAÍ / PURUS
Terras Indígenas (continuação)
Instituto Socioambiental - 30/11/2022

Nº mapa	Terra Indígena	Povo	População (nº, fonte, ano)	Situação jurídica	Extensão (ha)	Município	UF
47	Seruini/Marienê	Apurinã	159 - IBGE: 2010	Homologada. Decreto - s/n - 12/09/2000, publicado em 13/09/2000. Reg SPU Certidão n. 39 e n. 40 em 23/11/2004Reg. CRI no município e comarca de Lábrea (96.859 ha) Matr. R1/2.060 Lv. 2-H Fl. 175 em 16/11/00.	144.971	Lábrea Pauini	AM
49	Tumiã	Apurinã	66 - IBGE: 2010	Homologada. Decreto - s/n - 03/11/1997, publicado em 04/11/1997. Reg. SPU Certidão n. 7 de 09/04/99.Reg. CRI no município e comarca de Lábrea,(124.357 ha) Matr. R1-1965 Liv. 2-H Fl. 27 em 15/12/97.	124.357	Lábrea	AM
51	Zuruahã	Suruwaha	156 - Siasi/Sesai: 2017	Homologada. Decreto - 266 - 29/10/1991, publicado em 30/10/1991. Reg. SPU Cert. n. 004 de 12/04/96.Reg. CRI no municipio e comarca de Tapauá (239.069 ha) Matr. 614, Liv. 2-D, Fl. 17 em 13/06/90.	239.070	Tapauá	AM

Movimentos da Vida Coletiva Paumari

Oiara Bonilla | Antropóloga, professora da Universidade Federal Fluminense

COM INICIATIVAS DE REVITALIZAÇÃO LINGUÍSTICA, CRIAÇÃO DE ORGANIZAÇÕES INDÍGENAS E O FORTALECIMENTO DE PROJETOS ECONÔMICOS SUSTENTÁVEIS, O POVO PAUMARI VIVE UM INTENSO MOVIMENTO DE RECOMPOSIÇÃO POLÍTICA E CULTURAL

Desde 2014, o povo Paumari vive um intenso movimento de recomposição política e cultural impulsionado por iniciativas organizadas para revitalizar a língua indígena e para buscar alternativas econômicas sustentáveis em suas terras já demarcadas – terras que estão ficando estreitas para uma população em crescimento constante. Na região das Terras Indígenas (TIs) do Lago Marahã e do Rio Ituxi, situadas a montante da cidade de Lábrea/AM, a realização anual dos Campeonatos da Língua (de 2014 até 2017) estimularam uma dinâmica coletiva que resultou na criação recente da Organização de Articulação do Desenvolvimento dos Paumari e Apurinã do Marahã (OADPAM), e na intensificação da atividade ritual e das trocas de conhecimentos e saberes entre as comunidades das duas TIs.

Em 2018, o ritual de puberdade da moça (*amamajo*), organizado pela Comunidade do Uidá, reuniu pessoas de quase todas as aldeias das duas TIs, assim como convidados de outros povos da região. Na última década, os rituais sempre continuaram a ser organizados, mas algumas partes não eram mais realizadas, ou eram simplificadas, por falta de recursos, e muitas vezes de interesse dos mais jovens. Em 2018, o engajamento de todos os participantes nas atividades, inclusive de algumas famílias evangélicas, foi notável. Todas as etapas do ritual foram realizadas com esmero, um cuidado redobrado com os detalhes, e uma preocupação afirmada por todos pela retomada de cantos, danças e pinturas corporais, e pela confecção de instrumentos e objetos rituais que eram considerados como sendo apenas de conhecimento dos "antigos". É o caso, por exemplo, do *kajamari* masculino e feminino – um tipo de cocar que, até pouco tempo atrás, os Paumari afirmavam não saber mais fabricar. Assim, parece que a experiência coletiva vivida ao longo dos últimos anos, nos Campeonatos da Língua, revigorou a dinâmica dos encontros interaldeões e afetou positivamente outros campos da vida cotidiana e coletiva dos Paumari.

A última edição do Campeonato da Língua Paumari foi realizada em 2017, com apoio da Coordenação Regional da Funai do Médio Purus (CR Funai Médio Purus), mesmo com a escassez de recursos e do contexto cada vez mais deteriorado da política indigenista. Foi com muita força de vontade que a comissão organizadora paumari, os moradores da Comunidade Morada Nova, e funcionários da CR e da organização indígena Federação das Organizações Indígenas e Comunidades Indígenas do Médio Purus (Focimp) tornaram possível a concretização do evento. Após essa 4ª edição, os Campeonatos não foram mais realizados por falta de verba e de apoio logístico.

Por outro lado, os Campeonatos continuaram se desdobrando em experiências frutíferas e instigantes. Assim, os Paumari participaram de duas oficinas de realização de animações gráficas. Um dos objetivos do Campeonato da Língua é transformar as histórias vencedoras em animações digitais, desenhadas e editadas pelos Paumari, faladas em língua paumari e legendadas em português. A intenção com isso é produzir material audiovisual acessível e que chame a atenção das gerações mais novas, combatendo a desvalorização e o desinteresse crescente pela língua paumari, demonstrado por muitos jovens e crianças.

A primeira oficina foi realizada em setembro de 2017, no Museu do Índio (Funai) do Rio de Janeiro. O Museu, com apoio financeiro da Unesco, acolheu dois jovens estudantes paumari para a Oficina de Desenho Digital nas línguas Desano e Paumari. A iniciativa surgiu do encontro entre o projeto de animação em

© DIARA BONILLA, 2019

Renildo e Zedequias Paumari com personagens confeccionados durante a segunda oficina de animação.

língua Desano – coordenado pelo Prof. Wilson Silva, linguista do Rochester Institute of Technology (RIT) dos Estados Unidos –, que já vem produzindo desenhos e animações digitais em língua desano, e o projeto do Campeonato dos Paumari. A atividade foi ministrada pela estudante em animação 3D Isabel Marte, também do RIT, e teve como objetivo iniciar os rapazes às ferramentas e à metodologia do desenho digital e da edição de vídeo. Ao longo de cinco dias de trabalho, a história vencedora do segundo Campeonato da Língua Paumari, de 2015 – *A história do boto cor-de-rosa e a origem das plantas cultivadas* –[1] foi decupada, ilustrada e editada pelos dois alunos escolhidos pela comissão organizadora do Campeonato: Zedequias Joro Marques de Souza Paumari, de 16 anos, morador da aldeia Crispim (TI Paumari do Lago Marahã) e Renildo Viko Lopes da Silva Paumari, de 22 anos, morador da cidade de Lábrea.

O ano seguinte, 2018, também foi marcante para a juventude paumari, pois foi quando a primeira estudante ingressou em um curso superior universitário. Ingrid Paumari ingressou na graduação em Direito através do vestibular indígena da Universidade de Brasília (UnB), organizado no ano anterior na cidade de Lábrea. Hoje, mais de 15 estudantes paumari e apurinã cursam faculdade em universidades do país: na UnB e na Universidade Federal do Amazonas (Ufam), assim como na Universidade Estadual do Amazonas (UEA) e na UniFAEL, ambas com campus em Lábrea.

A segunda oficina de animação foi realizada em novembro de 2019, ainda no Museu do Índio, e em colaboração com o animador gráfico e professor Alexandre Juruena. Nesta ocasião, os dois jovens desenhistas paumari confeccionaram um cenário, personagens e acessórios para a realização de um filme em *stop motion*, a partir da história vencedora do primeiro Campeonato da Língua Paumari – *A história da mulher que vivia agarrada no pescoço do marido*.[2] Infelizmente, a segunda fase da oficina, que consiste em fotografar um por um os planos de cada cena, editar e realizar a mixagem do som, não pode ser realizada por causa da pandemia de covid-19. Essas experiências incentivaram os Paumari a realizar materiais impressos e audiovisuais, a partir de suas histórias e mitos. É o caso do livro Povo Paumari: Saberes Indígenas na Escola, publicado em 2019 pelo Instituto Federal do Amazonas (Ifam), que reúne trabalhos produzidos pelos professores indígenas paumari do município de Lábrea.

Outro processo coletivo importante teve início em 2009 nas TIs Paumari do Lago Manissuã, do Rio Cuniuã e do Lago Paricá, situadas na região dos Rios Tapauá e Cuniuá/AM. Trata-se do Projeto de Manejo do Pirarucu, implementado pela Operação Amazônia Nativa (Opan), com o apoio de diversos financiadores ao longo de suas diferentes etapas – entre os quais, a Usaid, o Programa Petrobras Socioambiental, o Serviço Florestal Americano e a Funai.

O MANEJO DO PIRARUCU EM TERRAS PAUMARI: DA EXPERIÊNCIA AO MODELO

Em 2009, ainda no início do projeto de manejo participativo do pirarucu implementado pela Opan nas TIs Paumari do Lago Manissuã, do Lago Paricá e do Rio Cuniá, foi realizada a primeira contagem de pirarucus, contabilizando-se 76 espécimes adultos (acima de 1,5 metros) e 174 jovens (abaixo de 1,5m), somando 250 pirarucus. Em 2015, a contagem total já atingia 6.119 pirarucus jovens e adultos, para chegar, em 2021, a 8.931 pirarucus. Em paralelo, a quantidade de lagos monitorados pelos Paumari também aumentou consideravelmente, passando de 21 lagos em 2009 para 61 lagos em 2021.

O projeto ainda enfrenta desafios importantes, tais como a pressão da pesca ilegal sobre os territórios, a comercialização ilegal do pirarucu na região, mas também diversas questões logísticas – como a dificuldade de acesso a gelo; as longas distâncias que separam os locais de pesca dos grandes centros comerciais (como Manaus ou Porto Velho) e encarecem o transporte do produto; o cumprimento das exigências sanitárias, o que exige capacitações técnicas e recursos financeiros; e, por fim, um acesso a um mercado justo. (Oiara Bonilla, com dados da Aipa e da Opan, setembro, 2022)

Os cinco primeiros anos de projeto foram dedicados à vigilância das terras e dos lagos, à reserva de determinados lagos, onde passou a ser proibido pescar para possibilitar a reprodução do peixe. Em 2013, o Ibama outorgou a autorização de pesca e a primeira pesca coletiva do pirarucu foi realizada. A cada ano, o órgão ambiental outorga uma "cota de pesca", que é calculada a partir da relação entre a quantidade de peixes jovens e adultos (idealmente 2 jovens para 1 velho) e a quantidade de peixes adultos – cota que nunca pode ultrapassar 30% do total de peixes adultos. No primeiro ano foram retirados 50 pescados que geraram uma receita bruta de 26.423 reais. Em 2017, foram pescados 300 pirarucus, gerando 79.629 reais de renda bruta. E, em 2021, foram 594 peixes pescados, resultando em 235.466 reais de receita bruta.

Manejo do pirarucu pelos Paumari.

Os frutos do manejo participativo do pirarucu projetaram os Paumari nacional e internacionalmente, tanto pela sua atuação em prol da proteção da biodiversidade de suas terras, quanto por sua produção de pirarucu, que conquistou espaço no cenário gastronômico nacional.

Em 2019, após dez anos de implementação do projeto, o manejo sustentável paumari ganhou visibilidade quando a produção de pirarucu chegou até alguns restaurantes das capitais do país. Em junho do mesmo ano, uma viagem foi organizada pela Opan para as TIs paumari do Rio Tapauá, onde renomados chefs de cozinha do Rio de Janeiro encontraram os Paumari, trocando conhecimentos e práticas culinárias sobre o pirarucu. Alguns meses depois, os Paumari foram, por sua vez, convidados ao Rio de Janeiro para a edição de 2019 do Festival Rio Gastronomia, onde puderam falar de sua prática do manejo e encontrar outros manejadores de pirarucu da região amazônica – como a Associação dos Produtores Rurais de Carauari (Asproc) do Médio Juruá e o Instituto Mamirauá. Na ocasião, o pirarucu e suas qualidades gastronômicas foram apresentados pelos chefs e pelos próprios Paumari ao público *gourmet* do festival.

Hoje, os Paumari integram o Coletivo do Pirarucu: uma rede de associações que reúne aproximadamente 4000 pescadores manejadores de pirarucu, indígenas e ribeirinhos, de Reservas Extrativistas (Resex), Reservas de Desenvolvimento Sustentável (RDS) e Terras Indígenas (TIs) das bacias dos Rios Negro, Solimões, Juruá e Purus. As ações do Coletivo visam o desenvolvimento de estratégias comuns para a valorizar e fortalecer o manejo participativo e a biodiversidade das terras onde este é desenvolvido, e para a garantia da comercialização do pescado a preços justos. Em 2018, o Coletivo fechou um arranjo comercial que garante até hoje o pagamento de um valor quase 60% maior do que a média paga aos manejadores da região pelo quilo de pirarucu. Esse acordo é liderado pela Asproc, que compra anualmente o pirarucu de manejo das demais comunidades e associações do Coletivo do Pirarucu, centralizando assim a produção para sua distribuição.

Em 2019, o Coletivo criou a marca "Gosto da Amazônia",[3] como parte da estratégia comercial para promover o pirarucu para além das fronteiras do mercado regional amazônico. Diversos restaurantes e frigoríficos do país tornaram-se clientes da marca, apoiando as diversas iniciativas amazônicas de manejo da espécie. Hoje, a "Gosto da Amazônia" atende frigoríficos que distribuem o pirarucu em São Paulo, Rio de Janeiro, Recife, Brasília, Niterói e Belo Horizonte, assim como para vários restaurantes de renome nessas cidades.

Além do sucesso do projeto em relação ao aumento da produção de pirarucu manejado para a comercialização, seus resultados têm impactado muitas outras esferas da vida e do cotidiano do povo Paumari. Observa-se um aumento da biodiversidade nas três TIs (Paumari do Lago Manissuã, Paumari do Rio Cuniuá e Paumari do Lago Paricá). Por um lado, a vigilância dos lagos garante um monitoramento regular, reduzindo e inibindo as invasões. Por outro lado, considerando que o pirarucu está no topo da cadeia alimentar e que os lagos não são mais arrendados para pescadores comerciais, todas as demais espécies estão se multiplicando. Outro fator importante, fruto da e[illegible]ência coletiva do manejo, foi a criação, em 2019, da Associa[illegible] Indígena do Povo das Águas (Aipa), cuja coordenadora é hoje Ana Paula Paumari, e que promove a organização comunitária, a construção de acordos coletivos e de sistemas de vigilância que protegem as três terras paumari da região e a sua biodiversidade. *(setembro, 2022)*

NOTAS

[1] Disponível em: https://www.youtube.com/watch?v=I_4NjF3LrEA

[2] Disponível em: https://amazoniareal.com.br/a-historia-da-mulher-que-vivia--agarrada-no-pescoco-do-marido

[3] Saiba mais em: https://gostodaamazonia.com.br

Povo Isolado no Sul do Amazonas se Refugia em Áreas Oficiais de (Des)proteção Federal

Karen Shiratori | Antropóloga, Universidade de Coimbra
Daniel Cangussu | Indigenista, Funai e ICB/UFMG

FUNAI NÃO RECONHECE A EXISTÊNCIA DO NOVO REGISTRO DOS ISOLADOS DO MAMORIÁ GRANDE E GRUPO VIVE DESPROTEGIDO EM RESEX

Em janeiro de 2022, a imprensa brasileira noticiou que um novo grupo de indígenas isolados havia sido localizado no sul do Amazonas por uma equipe de indigenistas da Funai. Em comum, as notícias tinham um tom paradoxal: se por um lado celebravam o trabalho técnico meticuloso de indigenistas e antropólogos que possibilitou localizar mais um pequeno grupo no vasto território da Amazônia, algo a ser celebrado; por outro, apontavam a morosidade do Estado brasileiro em implementar, de forma efetiva, as medidas imprescindíveis e urgentes destinadas à proteção do grupo, cuja existência havia sido oficialmente confirmada em agosto de 2021, quase seis meses antes.

Segundo dados de campo da equipe responsável pela localização, o grupo indígena seria composto por cerca de 25 pessoas. Este número é estimado por meio da quantidade de armadores das maqueiras – as redes indígenas –, assim como da quantidade de fogueiras encontradas no acampamento, feitas no interior dos tapiris – um abrigo temporário construído com folhas de palmeira. Cabe ressaltar que a cultura material desse grupo apresenta evidente similaridade com a de outros povos de língua arawá das terras firmes do interflúvio do médio curso dos rios Juruá e Purus, como os Jamamadi, os Banawá, os Deni, os Suruwaha e os Hi-Merimã, outro povo indígena isolado.

ENGAVETAR DOCUMENTOS

Embora pairasse inicialmente a dúvida de que o novo grupo indígena, que passou a ser chamado de Isolados do Mamoriá Grande, pudesse ser uma parte do grupo Hi-Merimã, logo essa possibilidade foi descartada em virtude de suas distintas territorialidade e formas de mobilidade. Os "isolados do Mamoriá Grande", à época, estavam acampados em quatro tapiris diferentes, distantes cerca de 300 metros um do outro, ao longo das margens de um igarapé localizado no interior da Resex Médio Purus, uma Unidade de Conservação sob gestão do ICMBio. A datação dos vestígios revelou que este grupo isolado vem ocupando de forma cíclica a região, informação reiterada por moradores da área que relatam a presença de vestígios desse grupo indígena desde a época em que se mudaram para lá, há mais de 40 anos.

A inação do governo com a situação dos isolados do Mamoriá Grande deixa evidente sua postura anti-indígena, conforme foi amplamente documentado no dossiê Fundação Anti-indígena: um retrato da Funai sob o governo Bolsonaro (2022), produzido pelo Inesc e pela INA, a associação que representa servidores e indigenistas da Funai. No caso dos povos em isolamento, ademais

Panacos dos isolados do Mamoriá Grande na Resex Médio Purus.

dos retrocessos e ameaças constantes às bases da política do não contato, desenvolvida e adotada pelo órgão desde os anos 1987, o que se viu foi a adoção de uma clara política de engavetamento de relatórios e documentos que se somaram ao descrédito e perseguição dos servidores.

Se a imprensa tornou explícita a relevância dos documentos e dados obtidos em campo, a Funai, por seu turno, seguiu questionando a substancialidade dos documentos e, com isso, a existência de um novo registro de povo indígena isolado. Aqui, usamos o termo "novo" não no sentido de descoberta ou novidade, mas do reconhecimento de nova demanda de proteção territorial relativa a grupos em isolamento no Brasil, o que, do ponto de vista jurídico, implica na criação de um novo registro – ou seja, a atribuição de um "novo número" com a confirmação de uma nova referência, nos termos burocráticos da Funai.

Por meio da burocracia negligente, o Estado brasileiro tem se furtado a sua responsabilidade de proteger o território deste povo indígena. Ao rejeitar a existência de um grupo anteriormente desconhecido pelo órgão indigenista, rejeita-se igualmente reconhecer qualquer nova demanda fundiária, de proteção territorial e, mais importante, de demarcação de TIs.

AINDA POR CIMA, A COVID-19

Acompanhando os dados relativos à localização dos Isolados do Mamoriá Grande, os relatórios também alertavam sobre os riscos aos quais estavam expostos, sobretudo, por conta da grande proximidade entre seus acampamentos e uma das muitas comunidades ribeirinhas localizadas no interior da Resex Médio Purus. Num contexto de pandemia, tal proximidade aumentava sobremaneira o risco de contágio por Covid-19, ainda mais porque as comunidades extrativistas da região apresentavam, na época, menos de 30% de cobertura vacinal.

Seguiram-se às matérias jornalísticas uma série de medidas articuladas pelos movimentos indígenas estadual e nacional, instituições indigenistas e Ministério Público Federal (MPF), a fim de pressionar a Funai e a Sesai a adotarem medidas protecionistas concretas, tais como: a instalação de um posto de controle de acesso na região e a criação de um "cordão sanitário" a partir da vacinação em massa dos moradores da unidade de conservação vizinha. Medidas que, até o momento, não foram implementadas.

Contribui para o cenário turbulento a ausência de coordenação entre a Funai e o ICMBio. A postura anti-indígena de ambas as instituições acirrou os conflitos no contexto do médio Purus, conforme se ouve em comentários frequentes: "A Resex foi demarcada para os ribeirinhos, e não para indígenas"; "A Funai não tem gerência sobre Unidades de Conservação"; "Não é preciso se preocupar com esses índios. Eles foram parar na Resex, mas logo devem seguir para alguma terra indígena da região". Esses exemplos, apesar de sumários, demonstram o tamanho do desafio de articular os órgãos de controle ambiental e indigenista a fim de proteger os territórios dos povos indígenas isolados na Amazônia brasileira.

No sul do estado do Amazonas, em especial, a grande maioria dos registros de povos indígenas isolados estão no interior de UCs, estaduais e/ou federais, ou de terras públicas ainda sem destinação específica, as conhecidas "áreas devolutas". Os Katawixi, por exemplo, vivem nas matas de palhal com grande concentração de babaçu (*Attalea speciosa*) presentes nas cabeceiras dos igarapés que drenam áreas do Parna Mapinguari, Resex do Ituxi e TI Caititu; os grupos Juma isolados estão na Flona Balata-Tufari;[1] os grupos tupi kagwahiva isolados vivem no Parna Campos Amazônicos e na Flona de Humaitá.

REORGANIZAÇÃO POLÍTICA

O acelerado processo de destruição da floresta e a interrupção dos processos de demarcação dos territórios dos povos indígenas tornaram, no presente, as UCs áreas de refúgio para muitos dos grupos isolados. Dados preliminares de pesquisadores do Laboratório Sistemas Socioecológicos da UFMG apontam que mais de 50% dos registros relacionados à presença de povos indígenas isolados no Brasil estão localizados no interior de UCs. Não obstante, os técnicos do ICMBio não recebem treinamento para lidar com estas demandas recentes e sequer há legislação específica que permita conduzir esta política de modo interinstitucional. Tal cenário coloca em xeque a própria cultura institucional de um dos principais órgãos de controle ambiental do país que se verá responsável por também garantir a proteção de populações humanas que requerem políticas bastante diferentes das destinadas às populações extrativistas das unidades de uso sustentável.

Conforme mostramos para o sul do Amazonas, pensado aqui como uma situação exemplar, estamos diante de uma importante questão para a política de gestão de áreas protegidas no Brasil, e que implica repensar profundamente a lógica protetiva e o papel das Frentes de Proteção Etnoambiental (FPE) da Funai. Diante deste cenário, urge pensar modelos mais integrados de proteção territorial – a exemplo do que acontece em outros países da América do Sul que consideram a relevância dos mosaicos e dos corredores ecológicos – a fim de proteger, de forma articulada, a biodiversidade, as comunidades extrativistas e indígenas.

Se há algo que aprendemos nos últimos quatro anos é o quanto pode ser perigoso deixar toda uma política indigenista centralizada no governo e, pior, em um único departamento, sem abertura ou interlocução com os movimentos indígenas e instituições organizadas da sociedade civil; e que os governos brasileiros são historicamente anti-indígenas, embora uns mais do que outros. Até o momento, a Funai não reconhece a existência do novo registro dos isolados do Mamoriá Grande, o grupo continua desprotegido e os servidores locais da Funai, sendo ameaçados por invasores dos territórios indígenas e por dirigentes do próprio governo.

A vitalidade política da Apib e Coiab e protagonismo destas na proteção dos direitos dos povos isolados, sobretudo nos recentes embates judiciais para a definição das medidas de isolamento e segurança devido à pandemia causada pelo Covid-19, dão sinais de uma mudança drástica e necessária dos principais atores que atuarão nas tomadas de decisões acerca desta política indígena/indigenista no Brasil. *(julho, 2022)*

NOTA

[1] É no interior desta Flona que estão as capoeiras das malocas onde aconteceram algumas das chacinas mais recentes dos grupos juma. Até pouco tempo antes da sua morte, Arucá Juma costumava visitar esta região para coletar tabocas para produzir suas flechas.

APURINÃ

Diplomacia Cósmica: Transformações Ambientais a Partir do Olhar Apurinã

Francisco Apurinã[1] | Pós-Doutor em Assuntos Indígenas, Universidade de Helsinque

FRENTE A UM CONTEXTO DE ATAQUES AOS TERRITÓRIOS INDÍGENAS E DE INTENSAS MUDANÇAS AMBIENTAIS E CLIMÁTICAS, A APOSTA DO POVO APURINÃ NOS CONHECIMENTOS DE SEUS *KUSANATY*, DIPLOMATAS DO COSMOS QUE SÃO RESPONSÁVEIS PELO MANEJO, PROTEÇÃO E EQUILÍBRIO DO PLANETA

Katãwiry.

"Nós, Apurinã, estamos na terra desde o começo do mundo, como meu pai me contou, como meu avô contou para ele, como meu bisavô contou para meu avô [...]. *Tsura*, nosso criador, deu vida aos diferentes seres que existem na natureza: aqueles que vivem na terra, aqueles que vivem na água, aqueles que vivem no ar e ainda aqueles que moram no céu, no mundo dos encantados e mundo debaixo da terra. Desde então, aprendemos a cuidar das coisas que ele deixou desde o primeiro dia, retirando da natureza somente o necessário como ele nos ensinou; respeitando sua criação, porque até os animais falam conosco e merecem respeito. Muitos desses animais são nossos próprios parentes. *Tsura* também deu para os Apurinã o conhecimento que permite saber quando eles são animais que podemos matar para comer, e quando nós devemos respeitar como nosso parente. Por isso tudo que faz mal a natureza, também faz mal aos ensinamentos de *Tsura*. (Katãwiry,[2] Aldeia Camicuã, agosto de 2018).

Antes de entrar no âmago da questão, devo à primeira vista informar que este, assim como outros assuntos, são pesquisados e debatidos substancialmente por diferentes pesquisadores, incluindo aqueles expoentes da Antropologia, de outras ciências e linhas de pesquisa, fato que coloca o tema em relevo. Nesse sentido, farei uso dos conhecimentos antropológicos adquiridos na academia, mas também daqueles conhecimentos aprendidos com meu pai, com outros sábios do meu e de outros povos indígenas, com os quais tive a satisfação de dialogar e trabalhar.

As reflexões aqui alinhavadas buscam tornar elucidativa a relevância dos territórios indígenas para os seus diferentes moradores, já que é impossível falar ou tratar de qualquer outro assunto neste contexto, sem falar de território e de seus valores. Nesse sentido, nós, Apurinã, e muito possivelmente os povos indígenas de modo geral, não tratam o território como algo separado de nós; pelo contrário, entendemos que esse espaço com seus diferentes ambientes, paisagens e vidas – humanas e não-humanas – formam nosso mundo particular, tornando-se vital para a proteção, manejo e equilíbrio da natureza.[3]

Assim, iniciaremos o diálogo partindo da relação assimétrica entre humanos e não humanos e da dicotomia entre duas formas de conhecimentos: a do indígena e a do não indígena, os quais estão no cerne daquilo que busco tematizar neste texto – reflexões situadas no cruzamento entre diferentes pontos de vistas acerca da criação do universo, do pensamento e das diferentes vidas que nele habitam. A Antropologia por sua vez, tem como um de seus principais campos de estudo os povos indígenas, de modo que suas sociedades e grupos são tidos como parâmetros de investigação e análise dessa disciplina, possuindo, como ponto fundante, a ideia de natureza e cultura a partir de uma concepção ocidental, usada para situar o homem em relação com o meio em que vive.

Nos últimos anos, tem aumentado descontroladamente a destruição da natureza e de seus habitantes, causando sérias mudanças ambientais e climáticas no mundo, algumas delas, de natureza irreversíveis. Essas mudanças têm origem diversas, mas acreditamos que as principais delas, estão relacionadas à economia, política e globalização, cujos efeitos se manifestam por meio terrestre, aquático e pelo ar. No Brasil, o último governo tentou introduzir novas leis, que ferem e enfraquecem os direitos constitucionais que protegem os povos indígenas. Essas leis promovem a exploração ilegal de seus recursos naturais, sobretudo, ocasionada pelas instalações de grandes empreendimentos, agroindústria e outras ações que resultam em sérios impactos e prejuízos à natureza.

Algumas dessas leis já foram sancionadas e estão em execução, outras encontram-se em análise, porém, se aprovadas, aumentarão o retrocesso na política indigenista e na violação dos direitos originários e constitucionais dos povos indígenas.

De acordo com Francisco Apurinã,[4] diante de um contexto político desfavorável aos povos indígenas, causado pela violação de direitos e desmonte de órgãos ambientais e indigenistas, esse cenário ficou pior com o atual governo, cujos efeitos provocaram inúmeros impactos negativos, entre eles: paralisação de regularização fundiária e ausência das instituições responsáveis pela fiscalização em Terras Indígenas (TIs). Isso automaticamente deixou os territórios indígenas – sobretudo, aqueles que ainda não estão homologados – ainda mais vulneráveis e suscetíveis às invasões e à exploração ilegal de seus recursos naturais.

Para os Apurinã, as mudanças ambientais e climáticas são provocadas por agências de níveis cósmicas e espirituais – guardiãs controladoras de diferentes espaços na natureza –, como forma de reagir contra a invasão e exploração ilegal de recursos naturais e de lugares sagrados. Desse modo entendemos que, para a existência e o bem viver de humanos e não humanos – desde os primórdios às gerações futuras –, é necessário que haja manejo, cuidado e equilíbrio para os diferentes mundos sociais, ambientes, humanos e não humanos.

Acima, aprendemos no depoimento de Katãwiry, que os Apurinã mantêm relações com diversos seres da natureza – humanos e não humanos – sociedades terrenas, aquáticas, cósmicas, subterrâneas e encantadas, as quais se organizam em coletivos, assim como as sociedades humanas. Partindo dessa perspectiva, entendemos que a dimensão, denominada pela lente ocidental de "meio ambiente", é constituída por diferentes espaços e ecossistemas: aquático, subterrâneo, terrestre, ar e camadas celestes. Esses lugares são habitações de diferentes seres, com os quais mantemos relações de alteridade, respeito e confiança, e que são vitais para a existência, manutenção e continuidade do planeta.

Por falar em espaços, nós, Apurinã, destacamos um deles, como sendo nosso bem maior e que representa o coração de nossos territórios. Estou me referindo ao ***kymyrury*** ou "campo de natureza", lugar sagrado e moradia dos espíritos. É de lá que vem o alimento que nutre nossos corpos físico, cognição e espírito, além do conhecimento e sabedoria fornecida pelas agências controladoras desses espaços. Sobre esse lugar, vejamos o que disse Katãwiry:

"O espírito de ***kusanaty***[5] mora onde tem ***kỹnhary*** (buriti), porque onde tem ***kỹnhary*** tem espírito do encantado. O espírito dele vai buscar na terra aquele que ele gosta para ir morar com ele debaixo d'água, mas ele também encanta aquela pessoa que ele não gosta e lá eles se transformam em ***ymỹny*** (cobra). O ***kymyrury*** é um lugar de encantado, mas os espíritos dos ***kusanaty*** também moram em outros lugares, eles gostam de lagos, rios e igarapés. Quando eles estavam perto de ir embora, eles pediam para serem enterrados em buraco raso para facilitar sua saída, aqueles lugares que eles vão morar, logo vira um lago com vitória-régia em cima. Meu pai contava que, dias antes do meu bisavô ir, ele tinha malhas da cobra no seu corpo. Cada ***kusanaty*** é dono de um lago, volta de rio e igarapé, lá sempre tem muito peixe e nunca falta, mas, caso o ***kusanaty*** vão embora, os peixes vão junto." (Katãwiry, julho de 2017, Rio Branco/AC)

Dessa forma, entendemos que para cada ecossistema ou espaço há um ou mais guardiões controladores, que cuidam daquele lugar e das vidas que ali habitam. Esses seres controladores são agências espirituais dos ***kusanaty***, que, ao viajar para outros mundos – movimento que o senso comum chama de morte –, se transformam em animais para construírem novas moradias. É dito pelos sábios do meu povo que eles não morrem. Todavia, transformar-se em animais, não é uma regra para esse diplomata do cosmos dotado de faculdades especiais e de múltiplas capacidades, porque ele também pode continuar em seu próprio corpo de *kãkyty* (gente) ou mesmo atuar em espírito, ou em forma de vento, trovão, ou ainda apenas com sua sombra, vai depender unicamente do contexto, objetivo e de sua intencionalidade.

Partindo dessa ótica, notemos que o *kusanaty* é um ser plural, com diferentes faces e identidades, além de contar com conhecimentos e habilidades transcendentes, capazes de transformá-lo no ser que ele quiser, inclusive nele mesmo. São agentes responsáveis por transformações cíclicas do devir humano, fato que lhes permite transitar livremente pelos espaços cósmico, terrestre, aquático, aéreo, subterrâneo e dos encantados. Ele possui os códigos e técnicas para se comunicar e interagir com os espíritos, com os humanos e com não humanos, o qual também é responsável pelas relações diplomáticas e socialidade entre os diferentes mundos, espaços e seres vivos. Fazem isso, em vida ou em espírito, visto ou invisível, acordado ou em sonho. Seus poderes são ilimitados, o que faz dele o ser mais importante de nossos territórios.

Sua atuação se dá, principalmente, em função do manejo, proteção e equilíbrio do planeta. Se por acaso, algum desses aspectos não estiver alinhado com os diferentes mundos e ambientes, humanos e não humanos, o mundo poderá sofrer sérias consequências, como vem acontecendo na contemporaneidade. A despeito disso, temos vistos, a natureza e suas agências controladoras serem insultadas constantemente (resultado das ações antrópicas), resultando em sua reação por meio de terremoto, *tsunami*, enchente, seca, deslizamento de terra, rompimento de barragem, escassez de recursos naturais, assim como outros acontecimentos dessa e de outra natureza, que os cientistas classificam como mudanças climáticas, aquecimento global e, mais recentemente, Antropoceno.

Trilhando as últimas linhas deste texto, também é importante salientar que nossos territórios, assim como os recursos naturais e as vidas que neles existem, são muito mais que um meio de vida: aqui está nossa essência originária, nossas histórias e nosso jeito de ser e de enxergar o mundo. Terra, para os Apurinã, não é pensada pela ótica consumista ou capitalista, que visa, sobretudo a lucros financeiros e econômicos; tampouco está condicionada a valores materiais. O material e o imaterial, aqui, têm valores iguais, porque são realidades simbólicas e essenciais para nossa vida, ainda que sejamos, muitas vezes, ameaçados e forçados a desistir de nossos territórios. *(maio, 2022)*

NOTAS

[1] O apelido de Francisco, foi dado pelo cartório do município de Boca do Acre/AM, porém meu nome verdadeiro é Ywmuniry, que significa "aquele que se alimenta de humanos", nome herdado dentro dos princípios culturais do meu povo Apurinã. Pertenço ao território Valparaíso, sou filho de Katãwiry, neto de Yũkãwa e bisneto de Yakama, do clã *meetymanety*. Sou também administrador de formação, mestre em Desenvolvimento Sustentável, doutor em Antropologia Social pela Universidade de Brasília (UnB) e Pós-doutor pela Universidade de Helsinque, na Finlândia.

[2] Katãwiry (*in memoriam*), é pai de Francisco Apurinã (autor deste texto), além disso, foi seu melhor amigo e maior interlocutor para suas produções profissionais e acadêmicas. Detentor de conhecimentos especiais, em 2019 atravessou para o outro lado rio, encantou-se e atualmente habita outros mundos, inclusive este.

[3] Neste texto usarei o termo natureza para me referir ao meio ambiente (termo utilizado pela lente ocidental) e, possivelmente, ao planeta.

[4] APURINÃ, Francisco. "Do licenciamento ambiental à licença dos espíritos os 'limites' da rodovia federal BR 317 e os povos indígenas". Tese de doutoramento entregue Programa de Pós-Graduação em Antropologia Social da Universidade de Brasília / Francisco Apurinã. Brasília-DF, 2019.

[5] O *kusanaty* ou *myyty*, ou genericamente pajé, atua em duas frentes: um trabalha somente com as plantas medicinais, encontradas na floresta e utilizadas para banhos, chá e rezas durante rituais de cura; enquanto o outro, opera com poderes materializados em pedras introduzidas no próprio corpo, denominadas *arapany*.

JARAWARA

Breve Reflexão sobre Registro Civil e Parentalidade Jarawara

Fabiana Maizza | Antropóloga, UFPE

NOS ÚLTIMOS ANOS, SOBRETUDO DEVIDO A PROGRAMAS SOCIAIS E POLÍTICAS DE EDUCAÇÃO, OS JARAWARA PASSARAM A PRECISAR DE DOCUMENTOS OFICIAIS DO ESTADO BRASILEIRO. MAS O PROCESSO DE OBTENÇÃO DOS DOCUMENTOS E AS TENSÕES SUBJACENTES A TAL PROCEDIMENTO ABREM UMA REFLEXÃO SOBRE AS RELAÇÕES ENTRE POVOS INDÍGENAS, ESPECIALMENTE MULHERES INDÍGENAS, E O ESTADO

O conceito de parentesco aceito pelo Estado brasileiro se forma a partir da aparente centralidade do ideal da "família monogâmica heterossexual reprodutora" – em contraste às concepções de coletivos indígenas amazônicos contemporâneos. Não é de hoje que estudos feministas vêm fazendo críticas contundentes aos conceitos de "família", "parentesco", "gênero" e "filiação" que são normalizados, nos termos de Foucault, pelos ocidentais – e refletidos na jurisdição do Estado brasileiro. Categorias tais como "pai", "mãe", "avós paternos" e "avós maternos" quererem dizer algo muito limitado e específico na concepção ocidental, baseado, na ideia de reprodução sexual, como evidenciou David Schneider para a Antropologia.

Neste texto a ideia é "fazer aparecer" os tensionamentos aos arranjos estatais de registro de crianças através de problemas colocados pelo parentesco jarawara, onde conceitos como multiparentalidade, relações com seres não humanos (como plantas), casamentos "poligâmicos", uma sistemática criação por "adoção" das crianças, dentre outras formas, coloca questões que, podem, não só problematizar, mas conseguem desestabilizar o parentesco tal como proposto nos modelos do Estado brasileiro.

Em 2016, em uma visita aos Jarawara, saí da aldeia para a cidade de Lábrea/AM alguns dias antes do meu previsto para ajudar a filha de uma amiga a fazer o registro de sua bebê que acabara de nascer. Essa moça se chama Maria[1] e, por opção, resolveu registrar a "filha sem pai", devido ao fato do pai da criança não estar totalmente disposto a colocar seu nome no registro. Pelo que entendi, em meio a um emaranhado de fofocas, visto que este assunto é extremamente delicado para minhas amigas, o pai tinha dois motivos para se esquivar do registro. O primeiro é que ele acusava a mulher de ter tido relações com outro homem – um branco da cidade, nos meses em que ela lá viveu para acompanhar uma parente às consultas no hospital –; na visão dele, jamais confirmada por ela, ele compartilhava a paternidade com outro homem e não queria assumir a filha sozinho. O segundo motivo seria porque suas mães (entende-se a mãe biológica e a mãe de criação), argumentavam que Maria era "sobrinha" (*bitimi*) desse homem, e os Jarawara não aceitam de prontidão o casamento (a união) entre gerações e graus descendentes distintos.

Antes de sairmos do cartório, João, irmão de Maria que estava conosco, me pediu para ajudá-lo também em seu próprio registro. Seu primeiro Registro Administrativo de Nascimento de Indígena (Rani) tinha sido feito por um "tio" (*abise*: irmão do pai) e uma "tia" (*amise*: esposa do irmão do pai), pois na época sua mãe não tinha documentos e achou que não poderia fazer o Rani. Ou seja, ele estava registrado como filho de seus "tios".

Agora, dez anos depois, sua mãe já tinha algum documento e seu pai consentira em colocar o nome dele no registro do jovem. A Fundação Nacional do Índio (Funai) havia feito um novo Rani, onde constava o nome da mãe e do pai, e João queria "oficializar" essa mudança no cartório. Quando eu disse ao funcionário do cartório que a minha amiga (mãe de João e Maria, que estava lá pois Maria não havia completado 16 anos e não poderia registrar a filha sem ela) queria registrar também aquele jovem, ele me respondeu que precisaria de dois dias para verificar se João já não tinha um registro e estava tentando fazer outro – o que seria ilegal. Por isso, tivemos que deixar o documento lá para o cartório realizar a verificação.

Dois dias depois, quando voltamos, o funcionário do cartório disse que poderia fazer o registro, mas que tanto a mãe como o pai do João precisariam assinar o livro. O pai de João não é mais casado com sua mãe e hoje vive com outra mulher, criando outros filhos com ela. Mesmo autorizando João colocar seu nome como "pai" no registro, é improvável que ele fosse até o cartório assinar o livro, sobretudo porque sua esposa atual ficaria com muito ciúmes.

A mãe poderia ir sozinha, mas para isso precisaria de uma procuração do pai "com firma reconhecida", e tal procuração parece ainda mais complicada de se conseguir do que convencer o pai a ir ao cartório. Ao que parece, João, que precisa de sua carteira de identidade sobretudo para estudar. ficará sem um novo registro, tendo que continuar sendo filho dos seus tios, a não ser que sua mãe ache outra solução – como por exemplo o registro "sem pai". No entanto, nem a Funai, nem as ONGs que dialogam com os Jarawara concordam com a solução "sem pai", argumentando que politicamente isso enfraqueceria a imagem dos povos indígenas, além de não corresponder a suas realidades.

Conheço e trabalho com os Jarawara há mais de 15 anos e desde então, sempre fui solicitada a acompanhar alguém ao cartório em minhas estadias na cidade de Lábrea, a cidade mais próxima da TI Jarawara. Os registros civis sempre significaram problemas para os meus amigos e amigas. No entanto, nos últimos cinco a dez anos, sobretudo devido a programas sociais e à preocupação dos jovens em frequentar a escola municipal, os Jarawara, especialmente as pessoas jovens, de fato passaram a precisar de documentos oficiais do Estado brasileiro e isso vem se tornando um tema crucial para todos.

A manhã no cartório que descrevi acima, reflete alguns dos problemas que emergem, sobretudo para as mulheres, quando tentam registrar seus filhos. Problemas que podemos entender como um desencontro, um confronto, uma "equivocação" – nos termos de Eduardo Viveiros de Castro –, entre pessoas que concebem o parentesco e as relações familiares de uma certa maneira e as leis e exigências do Estado brasileiro, baseadas em um modelo de parentesco muito específico, apesar de ser declarado aqui como "universal".

Lidando com esse modelo (no caso, o brasileiro) em minhas idas ao cartório para auxiliar minhas amigas, vejo despontar inúmeras impossibilidades fornecidas às mulheres durante a efetuação dos registros de suas crianças. Também fica evidente a forma criativa através das quais elas superam os obstáculos e impossibilidades que confrontam diretamente as formas jarawara de criação de parentes.

A Lei de Registro Público (nº 6015/1973) estabelece, entre outros que: "O assento do nascimento deverá conter: 7º os nomes e prenomes, a naturalidade, a profissão dos pais, o lugar e cartório onde se casaram e a sua residência atual". Antes de tudo, essas questões, falam sobre nossas próprias autodescrições,[2] que, de modo algum são as formas e autodescrições que os Jarawara produzem para si, muito menos sobre parentesco. Nesse sentido, categorias tais como "pai", "mãe", "filho/a", "casamento", "família"– presentes, direta ou indiretamente, na legislação e nos registros de crianças, nos levam a pensar a forma como são construídas as autodescrições não indígenas sobre o parentesco, e as descrições feitas sobre outras parentalidades – como a dos Jarawara.

Importante notar que os indígenas, embora tenham esse direito, não têm a obrigação de fazerem o registro de nascimento e a documentação civil – mas por outro lado, quando querem se inscrever em escolas, cursos e outros/as, não há, nos regimentos internos das instituições, qualquer abertura a essa possibilidade. Aos indígenas, mesmo quando falam pouco o português, exige-se toda a documentação oficial como se exige das pessoas não indígenas, "brasileiros/as", o que faz com que os/as jovens jarawara procurem suas "mães" para registrá-los/as, inicialmente, no cartório local.

Em 2016, depois de uma batalha judicial, o povo Jarawara conseguiu que a Secretaria de Educação (Seduc) ofertasse o curso de ensino médio à distância, o mesmo ofertado para o resto todo o estado do Amazonas, na aldeia Casa Nova. Como nos contam Claudina Maximiano, Alessandra Fonseca e Marcos Mitidieri (2020), que acompanharam de perto todo o processo, para realizar as matrículas, foi exigido dos Jarawara, CPF, RG, Registro de Nascimento e Rani –; foi nessa situação que muitas pessoas jarawara passaram a procurar ter sua documentação civil brasileira completa. Em 2017 e 2018, algumas pessoas jarawara participaram de um curso técnico, ofertado pelo Ifam/Campus Lábrea, onde de novo, exigiu-se a documentação civil – e foi apenas através de uma grande aliança entre os Jarawara, a Funai e o Ifam/Campus Lábrea, em uma luta contra o tempo, que foi possível obterem a documentação para fazer o curso.[3]

Os Jarawara precisam fazer um esforço de tradução do parentesco tal como concebido pelo Estado, para seu próprio parentesco, para então encaixar nos termos "oficiais" aquelas pessoas que consideram mais próximas da figura exigida no registro (como "mãe", por exemplo). Essa escolha nunca é feita aleatoriamente: existem pessoas, normalmente aquelas mais próximas do mundo dos brancos (como os professores indígenas e os agentes de saúde indígenas) que ajudam nesse processo. Mas se uma criança tem dois homens como "pais" (algo que aparece em diversos povos na Amazônia Indígena), e é criada por um terceiro homem, ela será registrada por quem?

Temos que pensar que as pessoas que constam nos registros civis dos Jarawara – aquelas que os não indígenas chamamos de pais "biológicos" das crianças – nem sempre são os pais que criam aquela criança ou com quem ela está criando parentalidade. O registro civil acaba sendo uma tradução jarawara do mundo não indígena e os problemas que os Jarawara enfrentam depois, com a rigidez dos documentos, são diversos.

Isso porque os registros acabam sendo completamente desconectados da parentalidade jarawara, que tem como um de seus aspectos centrais, o conceito de *nayana*, algo que poderia ser traduzido por "criação". Aproximadamente um terço das crianças jarawara são criadas por pessoas que não são seus pais biológicos. Esta "criação" ocorre não porque a criança foi abandonada pelos pais, mas sim porque a criança foi seduzida por outros pais, que desejavam criá-la. A criança, assim, "escolhe" se quer ficar com seus pais ou ser criada por outras pessoas, com quem fará seus vínculos, que se transformarão naquilo que pode ser chamado de parentesco. A "adoção" de crianças gera um fenômeno que poderíamos entender como uma "multiparentalidade", pois, por um lado, os "pais biológicos", continuam a observar ela de longe, apesar de não mais criá-la; e por outro, a concepção não é tida como o resultado de uma única relação sexual, mas de várias: a formação de vida seria um trabalho contínuo no ventre de uma mulher. Se, por acaso, a mulher tiver mais de um namorado com quem mantém relações sexuais no período de gestação, todos eles serão pais da criança. A ideia de multiplicidade aparece igualmente nas relações interespécies. Os Jarawara possuem, além de seus filhos humanos, diversos/as filhos/as plantas – por quem serão cuidados quando morrerem e forem para a camada superior (*neme*), onde essa gente-planta vive.[4]

Enfim, o parentesco sempre quis dizer "cuidar", e hoje, lideranças indígenas, como Ailton Krenak, Sonia Guajajara, Davi Kopenawa, enfatizam em seus discursos políticos a necessidade de cuidarmos desse organismo vivo chamado Terra. Isto pode estar indicando que o primeiro passo para compreendermos a urgência do que essas e outras lideranças estão nos dizendo seja mudar nossa própria concepção de parentesco para que ela se desprenda do Estado. O Plano de Gestão Territorial Jarawara foi intitulado por eles/as *Yawita Abono: Ota taboro te kakatomahi* (Maximiamo, Fonseca & Mitidieri, 2020), algo como: "Gente--pupunha: eles/as irão cuidar de nossa Terra". O que mostra que o parentesco indígena está dentro de uma rede de relações interespecíficas, que coloca em evidência nossa coexistência e nosso co-cuidado com outros seres. *(setembro, 2022)*

NOTAS

[1] O nomes reais foram substituídos.

[2] Strathern, Marilyn. 1988. *The gender of the gift: problems with women, problems with society in elanesia*, California: University of California Press.

[3] Maximiano, Claudina Azevedo, Alessandra de Souza Fonseca & Marco Antônio Cordeiro Mitidieri. 020. "Aprender o nome das árvores na língua dos yara: relato de experiência do curso técnico em forestas para o povo Jarawara". Abatirá – Revista de Ciências Humanas e Linguagens 6(2): 616-648.

[4] Maizza, Fabiana. 2014. "Sobre as crianças-planta: o cuidar e o seduzir no parentesco Jarawara". *Mana*, v.20: 491-518.

GERAL

INCIDÊNCIA POLÍTICA: A FORÇA INDÍGENA NA DEFESA DOS DIREITOS

O diálogo precisa acontecer e ser permanente. Os órgãos públicos precisam ouvir o povo indígena, conhecer as necessidades e assumir sua responsabilidade de criar e implementar políticas públicas específicas para nós. Essa foi a principal reivindicação das lideranças dos povos Deni e Kanamari na reunião de incidência política que aconteceu na sede do Cimi, no município de Itamarati (AM), no dia 29 de março de 2017. A reunião foi convocada pelas parceiras Associação do Povo Deni do rio Xeruã (Aspodex) e Associação do Povo Tâkuna do Rio Xeruã (Aspotax), do povo Kanamari. Os indígenas das comunidades Terra Nova, Boiador, Morada Nova e Itaúba, da TI Deni, e Flechal, Santa Luzia e São João do Curabi, da TI, escreveram e protocolaram junto aos representantes, um Documento de Incidência Política, no qual constam as demandas referentes à economia indígena. (*Ligia Kloster Apel, Cimi, 06/04/2017*)

IBAMA APREENDE 500 M³ DE MADEIRA E VEÍCULOS EM TI

O Ibama apreendeu 500 m³ de madeira em uma TI na divisa entre os estados do Acre e Amazonas. A ação faz parte da Operação Onda Verde, deflagrada no dia 6 de outubro. Na operação, foram destruídos um trator e três acampamentos utilizados na exploração ilegal de madeira. A área onde houve o flagrante do desmatamento é de ao menos 50 hectares. No entanto, a exploração da terra indígena pode chegar a 300 hectares. A ação ocorreu em Rondônia nas regiões de Ponta do Abunã, Vista Alegre, Extrema e Nova Califórnia. No Amazonas, as equipes fizeram uma varredura em Sul de Lábrea, Boca do Acre, Pauini e nas terras indígenas de Kaxararí. (*Q. Melo, G1 Acre, 12/10/2017*)

NA LUTA PELA PRESERVAÇÃO, INDÍGENAS DO PURUS EXIGEM DEMARCAÇÃO DAS TERRAS

Entre os dias 27 a 30 de maio, mais de 550 indígenas reuniram-se na aldeia indígena de São Benedito, na TI Kapyra-Kanakury, município de Pauini (AM), para reivindicar a demarcação de suas terras e afirmar seus planos de vida. Eles eram dos povos Jamamadi, Apurinã, Desano, Deni, Jarawara, Kamadeni, Karipuna, Katukina e Paumari, todos habitantes da Bacia do Rio Purus. O encontro foi articulado pela Federação de Organizações e Comunidades Indígenas do Médio Purus (Focimp). Na ocasião, os indígenas exigiram a retomada ou criação dos Grupos de Trabalho para a demarcação dos mais de 25 territórios. O próprio local onde aconteceu o encontro, a TI Kapyra-Kanakury, lugar onde estão enterrados dois dos pajés mais significativos na memória recente do povo Apurinã, ainda não foi demarcada. (*J. Rosha, Cimi, 06/06/2018*)

AÇÃO IMPEDE CONTRABANDO DE ANIMAIS CAPTURADOS EM TIS DO AM

Nos últimos 50 dias, em percurso de mais de 1800 km pelo eixo fluvial do Rio Purus, equipes conduzidas pela CR Médio Purus e integradas pelo Ibama e Batalhão de Policiamento Ambiental da Polícia Militar do Amazonas apreenderam diversos ilícitos ambientais: pirarucus, quelônios, caça, madeira e materiais de uso proibido, principalmente apetrechos e ferramentas de pesca predatória. A ação faz parte de um plano de trabalho estruturado pela CR Médio Purus e CTLs de Lábrea, Tapauá e Pauini, que visa coibir ameaças ambientais e territoriais configuradas pela prática de ilícitos comuns nas TIs da região, não só caça e pesca mas também de extração ilegal de madeira. (*Funai, 20/08/2019*)

JARAWARA E APURINÃ DEFINEM PLANO DE GESTÃO AMBIENTAL E TERRITORIAL DE TI

Um processo de diálogo e discussão entre os habitantes da TI Jarawara/Jamamadi/Kanamati para a construção do Plano de Gestão Ambiental e Territorial (PGTA) Jarawara e Apurinã foi concluído no mês de outubro. Na aldeia Água Branca, município de Lábrea /AM, uma oficina apoiada e financiada pela Coordenação-Geral de Gestão Ambiental (CGGAM), Coordenação Regional Médio Purus e Coordenação Técnica Local em Lábrea arrematou os quase sete anos do processo de definição para o uso dos recursos naturais da TI. Esse instrumento de gestão tem dentre seus objetivos a expressão da territorialidade do povo Jarawara das aldeias Água Branca, Canta Galo, Saubinha, Casa Nova e Nascente, e do povo Apurinã da aldeia Escondido. (*Funai, 06/11/2019*)

ISOLADOS

A ASFIXIA DA FUNAI E O GENOCÍDIO ANUNCIADO

A crise na Funai está impondo a suspensão das atividades de 5 das 19 bases de proteção do órgão a povos indígenas isolados e de recente contato. A região do médio rio Purus, no sul do Amazonas, sofre igualmente os efeitos dos cortes e do não repasse dos recursos em âmbito local. Sem quaisquer condições logísticas e operacionais, a Base de Proteção (Bape) Piranha foi fechada na última leva de cortes enquanto as bases Canuaru e Suruwaha operam de forma precária e estão ameaçadas de ter o mesmo destino nos próximos dias, colocando em risco A sobrevivência dos povos isolados e de recente contato da região. Hoje a CGIIRC ostenta o menor orçamento da Funai. (*K. Shiratori, El País, 08/05/2017*)

GOVERNO DEIXA DE PROTEGER TERRA COM VESTÍGIOS DE ISOLADOS NA AMAZÔNIA

O prazo para o governo federal estabelecer a proteção legal de uma terra habitada, segundo levantamentos do próprio órgão, por indígenas isolados entre Lábrea e Canutama, no Amazonas, terminou no último dia 12 de dezembro. A portaria que deveria manter a restrição de acesso à área, contudo, não foi editada nem reeditada pela Funai, apesar de inúmeras

© QUEOPS MELO/CIMI REGIONAL NORTE 1, 2018

Encontro reuniu mais de 550 indígenas na aldeia São Benedito, TI Kapyra-Kanakury, município de Pauini/AM.

DESMATAMENTO, FOGO E GRILAGEM IMPÕEM MEDO A INDÍGENAS E CERCAM GRUPOS ISOLADOS

Nos seis primeiros dias de setembro, os satélites do Inpe registram 1.142 focos de calor em Lábrea. A cidade do Amazonas responde por uma em dez queimadas em curso no país naqueles dias. O avanço do desmatamento, da degradação e das queimadas – empreendidos por fazendeiros que estendem seus domínios e por grileiros habituados a agir em terras públicas – vem cercando também indígenas isolados do sul do Amazonas, além de aldeias da terra indígena mais próxima de Lábrea, a Caititu, e de assentamentos ao lado da Transamazônica. A região como um todo tem seis incidências de povos isolados, segundo a Focimp. O avanço do desmatamento por fazendeiros e grileiros, com fogo descontrolado, deixa esses indígenas em situação de extrema vulnerabilidade, conforme a Focimp. É o caso da terra indígena Jacareúba/Katawixi, na região de Lábrea e Canutama/AM. O território está colado na Terra Caititu e sobreposto em parte ao Parque Nacional Mapinguari. Antes, ribeirinhos e outras pessoas avisavam sobre avistamento de isolados. Agora, nestes últimos anos, não avisam, já com o propósito de que a área não fique restrita nem seja demarcada, afirma o cacique Zé Bajaga, 60, que preside a Focimp. Esses 'gaúchos' estão na beira da terra indígena, são perigosos. Eles estão com mapas nas mãos, em áreas que dizem ser devolutas, derrubando e colocando gado, diz um indígena de uma aldeia da terra Caititu, que pede para não ser identificado. A Caititu tem 1.100 apurinãs, jamamadis e paumaris vivendo em 24 aldeias, das quais 18 são mais próximas de Lábrea. O fogo chega até mesmo nas bordas das aldeias mais próximas à cidade. É o caso de uma área que vem sendo queimada para a construção de casas de um loteamento. Diante do descontrole das labaredas e da incapacidade da Força Nacional – acionada duas vezes – em controlar as chamas, indígenas precisaram agir para debelar o fogo, que quase atingiu postes de madeira da comunidade. (V. Sassine, FSP, 16/10/2022)

advertências do MPF de organizações não governamentais. Na prática, a ausência de uma Portaria de Restrição de Uso deixa a área de mais de 647 mil hectares, a Jacareúba/Katawixi, ainda mais escancarada para desmatamento e roubo de madeira, grilagem de lotes, caça clandestina e garimpo. Uma portaria desse tipo permite que a Funai controle a entrada e saída de não indígenas no território e realize ações de fiscalização e expedições com o objetivo de identificar qualquer tipo de ameaça à segurança desse grupo isolado, conhecido como Katawixi. (*R. Valente, UOL, 22/01/2022*)

MPF RECOMENDA QUE FUNAI PUBLIQUE RESTRIÇÃO DE USO PARA PROTEÇÃO DE ISOLADOS

O MPF recomendou à presidência da Funai e à chefia da Diretoria de Proteção Territorial da fundação que publiquem, imediatamente, portaria de restrição de uso da TI Jacareúba-Katawixi, com mais de 647 mil ha, entre os municípios de Lábrea e Canutama, sul do Amazonas. Em 2017, foi publicada a última portaria de prorrogação de vigência da restrição de uso na TI por um período de quatro anos, que venceu em dezembro de 2021 e até o momento não foi renovada. O MPF destaca dados da nota técnica do GT Demarcação da Câmara de Populações Indígenas e Comunidades Tradicionais (6CCR). A nota aponta que a renovação da portaria é medida urgente para as terras indígenas Piripkura (MT), Jacareúba-Katawixi (AM), Piriti (RR) e Ituna-Itatá (PA), com risco de genocídio, o que acarretaria eventuais responsabilizações do Brasil no âmbito das jurisdições nacionais e internacionais de proteção aos direitos humanos. (*MPF, 24/03/2022*)

TERRA INDÍGENA COM ISOLADOS ESTÁ HÁ QUASE SEIS MESES DESPROTEGIDA

A TI Jacareúba-Katawixi, está há quase seis meses sem a renovação da portaria de restrição de uso, mecanismo administrativo necessário para evitar o risco de mortes dos indígenas. Há 78 dias, o MPF-AM está sem resposta para a recomendação feita à Funai de renovação do documento sob pena de responder pelo genocídio dos isolados na região. Na última sexta-feira (20), a Coiab, o OPI, o ISA, a Opan e a Survival International encaminharam ao procurador que atua no caso, Fernando Merloto Soave, uma carta. Sem medidas imediatas, poderemos assistir ao desaparecimento silencioso dos Katawixi, sob condições violentas e dramaticamente invisíveis, diz trecho da nota. (*R. Carvalho, FSP, 23/05/2022*)

A VEZ DAS EXPEDICIONÁRIAS

No geral, as expedições para localizar povos isolados são formadas pelos indigenistas da Funai e por indígenas expedicionários, que conhecem a região. Ao longo dos anos, poucas e bravas mulheres integraram trabalhos indigenistas, mas os indígenas expedicionários sempre foram homens. Até agora. De boca em boca, a notícia do primeiro curso para Mulheres Indígenas Expedicionárias cortou rios e terras. Juntou em sala de aula 15 alunas de etnias diversas. Cleire saiu da aldeia Paumari para voltar ao banco da escola. Gostei muito de ter participado. Nunca tinha ouvido falar que mulheres indígenas podiam estar nas expedições. É muito emocionante saber que na nossa região há índios isolados que eu não conheci, conta ela. (*L. Duarte, Elástica, 30/05/2022*)

APURINÃ

COMUNIDADES INDÍGENAS ENFRENTAM DIFICULDADES PARA COMBATER MADEIREIROS

Dentro da Reserva Indígena 124, no estado do Amazonas, o cacique Geraldo Apurinã caminha ao longo de uma trilha lamacenta, passando por árvores imponentes ainda intocadas por madeireiros amazônicos. Grande parte da terra ao redor da reserva teve suas árvores derrubadas. Áreas de pastagem de gado agora ocupam espaços a perder de vista da estrada, destruindo o que costumava ser a imponente floresta amazônica. Trinta anos atrás, toda essa área era floresta intocada, afirma Cosme da Silva, ativista local da Comissão Pastoral da Terra (CPT) em Boca do Acre. Hoje, tudo isso foi tomado por 'grileiros' que destruíram a floresta para criar gado, disse Silva. Ambientalistas afirmam que áreas como a Reserva 124, onde o território é propriedade formal de comunidades indígenas, representam a melhor maneira de salvar florestas ameaçadas de extinção. (*C. Arsenault e K. Mendes, Reuters, 07/07/2017*)

PAVIMENTAÇÃO DA BR-317 PREOCUPA LIDERANÇAS APURINÃ DO RIO PURUS

Dois trechos dos 180 quilômetros da rodovia federal BR-317, que liga Rio Branco, no Acre, a Boca do Acre, no sul do Amazonas, permanecem sem asfalto, enquanto aguardam a aprovação dos estudos de impactos sobre populações indígenas da etnia Apurinã. O asfaltamento da rodovia da BR-317, que começou a ser aberta nos anos 1950 pelo governo federal, pode aumentar os desmatamentos e os conflitos fundiários na região do Purus, uma das mais protegidas do Sul do Amazonas. É o que dizem lideranças indígenas e extrativistas. Muitas vezes, as pessoas não acreditam no grande impacto que foi causado pela BR, lamenta Geraldo Amazonas, liderança da TI Apurinã Km 124, cortada pela rodovia. De acordo com o indígena, um dos impactos mais sentidos pelas comunidades é contaminação e diminuição das fontes de água potável. A BR-317 atravessa também 16,5 quilômetros a TI Boca do Acre e a TI Camicuã está na Área de Influência Indireta da BR-317, a menos de 25 quilômetros da rodovia. (*V. Fonseca, Amazônia Real, 10/08/2018*)

INDÍGENAS MANTÊM FLORESTA EM PÉ, PRODUZINDO COMIDA EM REGIÃO AMEAÇADA

Lábrea é uma cidade do sul do Amazonas e ocupa a quarta colocação no ranking de cidades brasileiras que mais emitem gases de efeito estufa. É nesta região que fica a TI Caititu, território do povo Apurinã, uma área de 308 mil ha que é cercada pelo desmatamento, mas que segue conservada graças a iniciativas protagonizadas pelos povos indígenas, como a implementação de Sistemas Agroflorestais (SAFs) e o manejo sustentável de castanha-do-Brasil. Os Apurinã estão reflorestando uma área equivalente a 13 campos de futebol. Até o final do projeto Raízes do Purus, em 2024, a previsão é que os que estarão manejando 18 hectares de SAFs, contribuindo para a remoção de 4.366 toneladas de carbono e outros gases de efeito estufa anualmente. (*CicloVivo, 06/07/2022*)

DENI

MPF INVESTIGA INSTALAÇÃO DO 'LUZ PARA TODOS' EM TI NO AMAZONAS

O Ministério Público Federal investiga instalação do programa 'Luz Para Todos' na Terra Indígena Deni, no Estado do Amazonas. Lideranças indígenas encaminharam ao MPF, no dia 10 de maio de 2017, a Carta Aberta dos Povos Indígenas de Itamarati, na qual se colocam contra a instalação de linhas de transmissão de energia em suas terras. (*H. Martins, Amazonas Atual, 04/09/2017*)

JAMAMADI

EPIDEMIA DE *FAKE NEWS* AMEAÇA VACINAÇÃO EM TIS

Um helicóptero da Força Aérea Brasileira carregado de agentes de saúde e doses de vacina contra o coronavírus levanta voo em Lábrea rumo à TI dos Jamamadi. Povo de contato recente, os Jamamadi fazem parte, como todos os 410 mil indígenas adultos em aldeias do Brasil, do grupo prioritário para receber o imunizante. Ao pousar, às margens do rio Purus, o helicóptero é recebido por homens e mulheres com arcos e flechas pedindo a retirada da equipe. Eles dizem temer pela própria vida se tomarem a vacina e exigem o retorno de um missionário americano proibido de entrar na região pela Funai. A aeronave tem de levantar voo com o carregamento de vacinas intacto. O incidente, no dia 2 de fevereiro, foi descrito por testemunhas que pediram para não serem identificadas. Esse nível de tensão é incomum, mas cada vez mais frequente. E ilustra um fenômeno grave. Em meio à pandemia, indígenas estão vulneráveis a outro tipo de vírus, as chamadas fake news, que se espalham principalmente pelo WhatsApp nas comunidades indígenas. (*J. Gragnani, BBC Brasil, 22/03/2021*)

JUMA

MADEIREIROS INVADEM A TERRA DOS ÍNDIOS JUMA

A terra do povo Juma, que fica no entorno da rodovia BR 210, a Transamazônica, em Canutama, no sudoeste do Amazonas, está sendo invadida por madeireiros e caçadores. Os Juma são indígenas em risco de extinção. Há apenas quatro deles (um homem e suas três filhas), que lutam para sobreviver através dos laços de casamento e parentesco com os índios Uru-Eu-Wau-Wau, de Rondônia. Entre os dias 30 de novembro e 2 de dezembro, Erowaque e outras lideranças Uru-Eu-Wau--Wau fizeram uma expedição para investigar os danos ambientais causados pela frente de extração de madeira ilegal a TI Juma. Os índios encontraram clareiras abertas, acampamentos, animais silvestres mortos, além de assoreamento nas margens do rio Assuã, um afluente do rio Purus. (*K. Brasil, Amazônia Real, 07/12/2017*)

INDÍGENAS FORAM ATACADOS A TIROS, NO SUL DO AMAZONAS

Em quem acertou: no meu filho ou no pai dele?. Essas foram as palavras da indígena Borehá Juma, ao ouvir os dois disparos de arma

© ADRIANO GAMBARINI, 2015

Manejo da sustentável da castanha-do-Brasil, TI Caititu, São Sebastião, Lábrea/AM.

COVID-19 MATA ARUKÁ JUMA, ÚLTIMO ANCIÃO DE SEU POVO

Morreu, nesta quarta-feira (17/2), o último ancião do povo Juma. Aruká Juma estava internado há cerca de um mês devido ao agravamento do quadro de Covid-19. Aruká deixa três filhas, Mandeí, Maitá e Borehá, além dos netos Bitaté, Puré, Kunhãvé, Kuaimbu, Kajubi, Thiago Tembu, Mborep, Morangüi, Tejuvi, Anaíndia, Poteí; bisnetos, parentes e amigos. Aruká começou a apresentar sintomas ainda em janeiro e ficou alguns dias internado em Humaitá (AM). Em 26 de janeiro foi hospitalizado novamente e, no dia 2 de fevereiro, foi transferido para o Hospital de Campanha de Porto Velho (RO). Aruká foi um dos sete sobreviventes do massacre no rio Assuã, no sul do Amazonas, em 1964. O ataque foi perpetrado por comerciantes de Tapauá interessados na sorva e na castanha do território Juma. Mais de 60 pessoas foram assassinadas, em mais um triste capítulo na história de sucessivos massacres que atingiram o povo Juma ao longo dos séculos. No fim dos anos 1990, Aruká conquistou o reconhecimento de seu território e virou um símbolo de luta e resistência dos povos indígenas da Amazônia. Estima-se que no século XVIII existiam 15 mil indivíduos do povo Juma. A expansão das frentes extrativistas trouxe consigo a violência, e os Juma se viram reduzidos a poucas dezenas na década de 1960. Em 2002 restavam apenas cinco indivíduos: um pai com suas três filhas e uma neta. Os Juma são falantes de uma língua Tupi-Kagwahiva, a mesma dos povos Uru-eu-Wau-Wau, Amondawa, Tenharim e Parintitim. O antropólogo Edmundo Peggion, que trabalhou com os Kagwahiva durante anos e esteve com os Juma em 1998, descreveu Aruká como um homem respeitado. Um homem que detinha muito respeito. Uma pessoa séria, que carregava no semblante toda a experiência de sofrimento, e que trazia com ela a tradição Tupi-Kagwahiva, afirmou. Em 1998, os Juma foram transferidos para a Terra Indígena Uru-Eu-Wau-Wau, onde as filhas de Aruká, Mandeí, Maitá e Borehá, se casaram com indígenas Uru-Eu. Anos depois, a família retornou à Terra Indígena Juma. Dois parentes de Aruká faleceram na TI Uru-Eu-Wau-Wau depois da mudança. Hoje, cerca de 17 indígenas habitam a TI Juma. Além de Aruká, outros sete Juma foram contaminados, mas estão em recuperação. Para Jordeanes do Nascimento Araujo, Professor de Antropologia da Universidade Federal do Amazonas (Ufam), a morte de Aruká deve entrar na conta da Fundação Nacional do Índio (Funai). Essa contaminação é fruto de total negligência da Funai, que não tem até agora um plano de contigência, disse. Ele critica o fato de o órgão não ter feito nada para impedir a contaminação de um grupo pequeno, de 17 pessoas. É a continuidade do extermínio do povo Juma, lamentou. A Articulação dos Povos Indígenas do Brasil (Apib) e o Observatório dos Povos Indígenas Isolados emitiram uma nota sobre o episódio. (Clara Roman, jornalista do ISA, 18/02/2021)

©ODAIR LEAL/AMAZÔNIA REAL, 2014

Aruká Juma, o último homem de seu povo, morto pelo coronavírus, junto a suas três filhas e netos.

de fogo contra o caminhão em que viajava pela rodovia Transamazônica, na região do município de Humaitá. Era dia 21 de novembro e, segundo a Funai, duas balas atingiram um pneu do caminhão. Não houve feridos. O caso está sendo investigado pela Polícia Federal. Borehá Juma contou que nesse dia estavam na cabine do caminhão o motorista e um funcionário, ambos da CR Madeira da Funai, e ela. Enquanto isso, seu marido, Erowak Uru-Eu-Wau-Wau e o filho adolescente, estavam na carroceria. Os indígenas trafegavam pelo quilômetro 110 da Transamazônica, quando foram surpreendidos pelos tiros. Ela também disse que o marido Erowak Uru-Eu-Wau-Wau foi intimidado por uma pessoa e relata: O povo da Funai disse que não era pra eu passar na ponte que vai para a cidade porque queriam me matar. (*G. Uchida, Amazônia Real, 14/12/2018*)

JAMINAWA

JAMINAWA SOFREM À ESPERA DA DEMARCAÇÃO NO AMAZONAS

Aos 98 anos, a indígena Jaminawa Severina Nunes costuma acordar cedo, pegar o facão ou o machado e se pôr a derrubar as árvores frutíferas que nascem ao redor da casa onde vive, na aldeia São Paulino. Agora eu vou morrer. Mas antes vou derrubar tudo, porque não vou deixar pros brancos não. A revolta de Severina é reflexo da situação em que vivem os indígenas Jaminawa, espremidos numa área de 8 hectares. Além de minúscula diante dos cerca de 25 mil hectares que os índios reivindicam, a terra é uma faixa estreita entre o rio Purus e uma área alagadiça. A maior parte fica em área que não pode plantar, diz o cacique. Apesar dos indígenas já habitarem o local, marcado com placas da Funai, fazendeiros se instalaram no entorno da aldeia São Paulino em 2010, reivindicando para si a posse das terras. Desde então, os indígenas passaram a viver um cotidiano de insegurança e ameaças: roçados amanheciam cercados, plantações eram envenenadas, placas de sinalização eram arrancadas e jogadas no rio, grupos de capangas zanzavam pela região exibindo armas de fogo. (*T. Chiaverini, Repórter Brasil, 23/08/2017*)

JUSTIÇA DETERMINA RETIRADA DE INVASORES DE TI NO INTERIOR DO AMAZONAS

A Justiça Federal determinou a retirada de invasores da região da Aldeia São Paulino, ocupada pela etnia Jaminawa, às margens do Rio Purus, no município de Boca do Acre. A medida foi resultado de uma ação civil pública de autoria da Funai, acompanhada pelo MPF. Na sentença, a Justiça ressaltou a necessidade de assegurar o livre acesso do povo Jaminawa à área, que atualmente está em processo de demarcação. A Funai, com o apoio da Polícia Federal, deverá garantir o estabelecimento de marcos e delimitação da área. Parecer da Funai aponta que a TI Jaminawa na Colocação São Paulino é tradicionalmente ocupada pelos indígenas Jaminawa e, por isso, deveria manter seu processo de regularização fundiária. *(A Crítica, 27/02/2018)*

SURUWAHA

FORTES, LIVRES E SUICIDAS

Eles são 154 pessoas e sua população segue crescendo (eram cem nos anos 1980). Com a saúde exuberante, produzem todos os alimentos que consomem e têm grande orgulho de suas técnicas de agricultura, particularmente apuradas. Para caçar, usam armas tradicionais, o arco e a zarabatana, com que atiram setas de ponta envenenada. Não têm caciques, mas os grandes caçadores são prestigiados, considerados madi iri karuji, ou pessoas de valor. O relacionamento dos suruwahas com a sociedade é marcado por ambiguidade, como fica claro no depoimento de Adriana Huber Azevedo: Não passa pela cabeça dos suruwahas viver como nós, mas querem ter coisas nossas. E o sentido que veem em se relacionar com a nossa sociedade está em que podemos lhes fornecer facas, machados, lanternas, roupas para caçar em meio aos piuns e linha para fazer tangas, diz a especialista. Quase todos os membros do grupo já passaram meses em cidades como Lábrea ou Manaus, no estado do Amazonas, para fazer tratamento de saúde, segundo Adriana. Todos dizem que odeiam cidades e jamais viveriam nelas. A Funai mantém apenas um posto que fica a mais de sete horas de viagem, por barco, da aldeia. Quando autorizado pela Funai, um visitante precisa, antes de ir até lá, fazer uma quarentena de 12 dias no posto da entidade para comprovar que não possui doença que possa contaminar os índios. *(L. Serva, FSP, 02/09/2018)*

ÍNDIOS ISOLADOS RECEBEM PRÓTESES DENTÁRIAS FEITAS POR IMPRESSORAS 3D

Uma técnica nova de produção de próteses dentárias com impressora 3D acaba de ser usada para beneficiar índios da etnia suruwahá, habitantes do sul do Amazonas, que vivem em estado de quase isolamento. A ação para resolver problemas odontológicos do grupo foi promovida pela Sesai (Secretaria de Saúde Indígena) e pela ONG Doutores Sem Fronteiras. Até o último dia 29, quando a Folha chegou à área indígena, foram beneficiadas 32 pessoas com próteses e 19 com tratamentos de canal. Um dentista permanece na comunidade até o dia 20 de dezembro para monitorar a evolução do tratamento e realizar ajustes de oclusão que forem necessários. Os suruwahá tendem a ter grande desgaste dentário porque usam intensamente os dentes em diversas atividades: na caça, quando preparam os dardos de suas zarabatanas; e no artesanato, ao amolecer fibras vegetais de confeccionar redes, flechas e arcos, etc. *(L. Serva, FSP, 12/12/2018)*

GOVERNO INCLUI ONG MISSIONÁRIA PRÓXIMA A DAMARES EM VIAGEM

Membros de uma organização missionária cristã próxima à ministra Damares Alves participarão nesta semana de uma viagem organizada pelo governo federal ao território de um dos povos indígenas com menos laços com a sociedade brasileira majoritária: os suruwahás, do Amazonas. O governo diz que a viagem busca sanar uma crise de saúde mental que teria causado cinco suicídios entre os indígenas em 2019. A etnia, também conhecida como zuruahã, soma pouco menos de 200 integrantes. Procuradores da República, uma doutora em Psicologia e antropólogos criticaram a presença das integrantes da Jocum na expedição, alertando que a entidade pode deturpar os objetivos da viagem e lhe dar um caráter religioso. Antropólogos questionam ainda a existência de uma crise de saúde mental entre o povo. *(J. Fellet, BBC Brasil, 11/02/2020)*

GOVERNO CANCELA EXPEDIÇÃO A ALDEIA COM INDÍGENAS CONTATADOS RECENTEMENTE

A Secretaria Especial de Saúde Indígena do Ministério da Saúde cancelou uma expedição para a aldeia Suruwahás, do Amazonas, um dos povos indígenas que tiveram contato apenas recentemente com sociedade brasileira majoritária. A decisão foi tomada pelo novo chefe da Sesai, Robson Santos da Silva, que assumiu o cargo nesta quarta-feira (12). A expedição vinha sendo criticada por indigenistas porque tornou-se público que participariam integrantes Indígenas de uma organização missionária cristã próxima à ministra dos Direitos Humanos, Damares Alves, e também por falta de planejamento, respeito às normas legais e objetivos científicos. *(M. Leitão, G1, 13/02/2020)*

7. Tapajós / Madeira

Mura
Parintintin
Pirahã
Sateré Mawé
Tapajó
Tapuia
Tenharim
Torá
Tupinambá
Tupaiú
Isolados

7. TAPAJÓS/MADEIRA

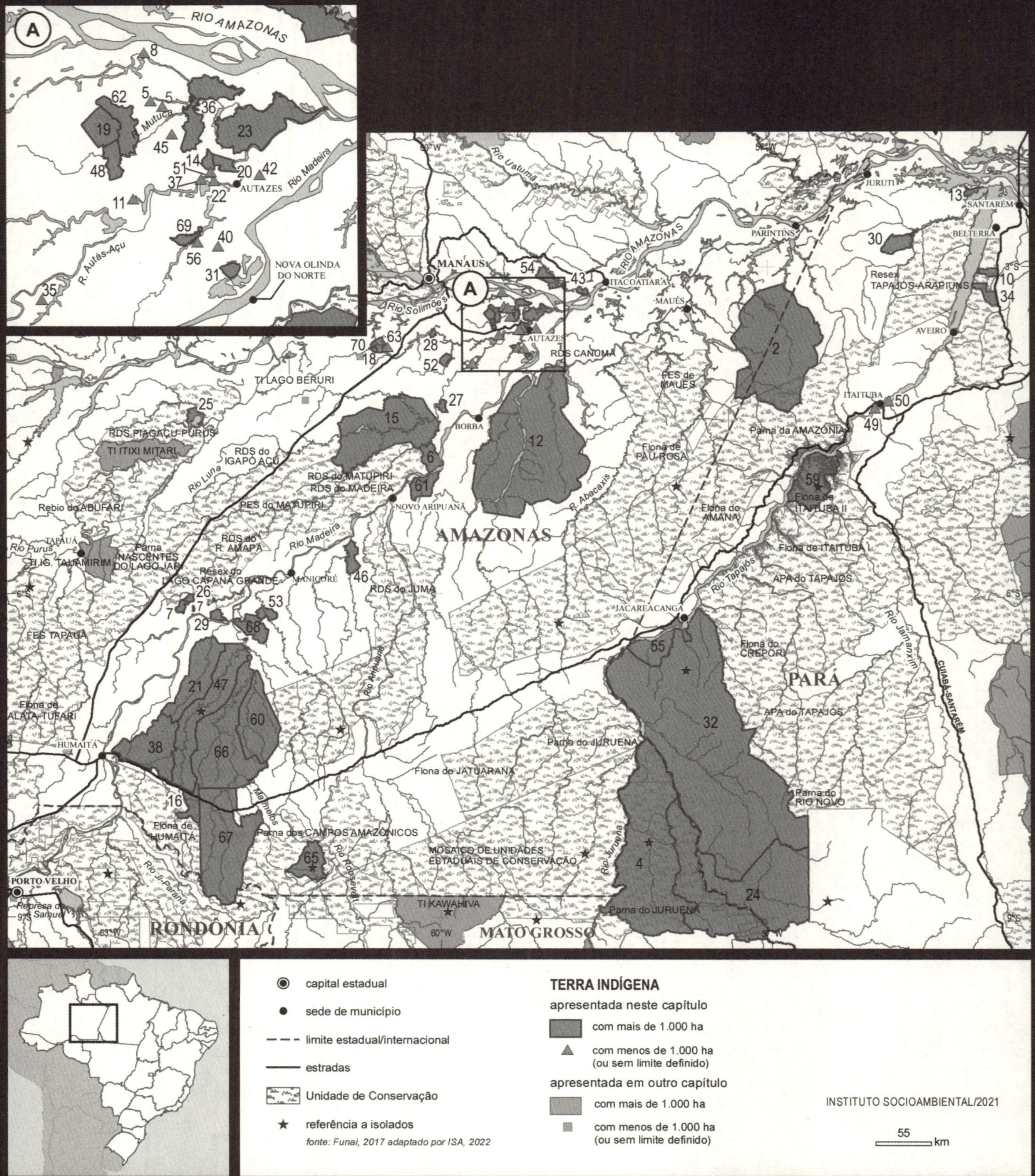

TAPAJÓS / MADEIRA
Terras Indígenas
Instituto Socioambiental - 30/11/2022

Nº mapa	Terra Indígena	Povo	População (nº, fonte, ano)	Situação jurídica	Extensão (ha)	Município	UF
1	Aldeia Beija Flor	Baré Kambeba Desana Marubo Mura Munduruku Sateré Mawé Tuyuka Tukano Borari	574 - Siasi/Sesai: 2014	Reservada. Lei - 302 - 25/08/2008, publicado em 29/11/2008.	41	Rio Preto da Eva	AM
2	Andirá-Marau	Sateré Mawé	13.350 - CGTSM: 2014	Homologada. Decreto - 93.069 - 06/08/1986, publicado em 07/08/1986. Reg SPU PA-07 em 07/05/87. Reg SPU RR-160 Fl 359 em 01/05/87.Reg. CRI do município e comarca de Parintins (30.994 ha) Mat.1.888, Liv.2 G Fl 141 em 10/02/87. Reg. CRI do município e comarca de Barreirinha (143.044 ha) Mat. 266, Liv. 2-B, Fl 89 em 16/02/87. Reg. CRI do município de Aveiro e comarca de Itaituba (115.253 ha) Mat. 3.060, Liv.2-G, Fl 29 em 26/02/87. Reg. CRI do município e comarca de Itaituba (350.615 ha) Mat. 3.059, Liv. 2-G, Fl 28 em 26/02/87.	788.528	Barreirinha Maués Parintins Aveiro Itaituba Juruti	AM PA
s/l	Aningalzinho			Em Identificação. Portaria - 777 - 04/07/2008, publicado em 09/07/2008.		Santarém	PA
4	Apiaká do Pontal e Isolados	Apiaká Munduruku Isolados do Pontal	262 - Siasi/Sesai: 2013	Identificada. Despacho - 14 - 19/04/2011, publicado em 20/04/2011.	982.324	Apiacás	MT
5	Apipica	Mura	86 - IBGE: 2010	Homologada. Decreto - s/n - 05/05/2003, publicado em 06/05/2003. Registrada SPU, certidão n. 33, de 26/01/2004.Reg CRI mun icipio Careiro da Várzea, Comarca idem (63.358 ha) Mat.957 Lv.2 em 30/06/2003.	652	Careiro da Várzea	AM
6	Arary	Mura	200 - GT/Funai: 2002	Homologada. Decreto - s.n. - 17/12/2015, publicado em 18/12/2015. reg SPUMatr. 28.618, Lv. 2-AAAV/RG, Fls. 55 no site da Funai em 8/01/19 está regularizada	40.548	Borba	AM
7	Ariramba	Mura	73 - Funai: 1996	Homologada. Decreto - s/n - 11/12/2001, publicado em 12/12/2001. Reg SPU certidão n. 010 em 26/09/06Reg. CRI no município de Manicoré, matr. 335, Lv. 2-B, fl. 35 em 05/10/2004.	10.357	Manicoré	AM
8	Boa Vista	Mura	54 - Funai/Manaus: 2010	Homologada. Decreto - s/n - 10/02/2003, publicado em 11/02/2003. Reg. SPU Certidão n. 3 de 13/03/02.Reg. CRI no municipio de Careiro, Comarca ide Careiro (133 ha) Matr.249 Lv 2-RG Fl 01 em 10/01/2001. Reg CRI no municipio de Careiro da Várzea , Comarca de Careiro (337 ha) Matr. 249 , Lv 2, em 09/09/2004.	337	Careiro da Várzea	AM
s/l	Borari/Alter do Chão	Borari		Em Identificação. Portaria - 776 - 04/07/2008, publicado em 09/07/2008.		Santarém	PA
10	Bragança/Marituba	Munduruku	231 - GT/Funai: 2008	Declarada. Portaria - 567 - 11/05/2016, publicado em 12/05/2016.	13.515	Belterra	PA
s/l	Capivara	Mura	247 - Funai/Manaus: 2010	Em Identificação. Portaria - 680 - 24/06/2008, publicado em 25/06/2008.		Autazes	AM
12	Coatá-Laranjal	Munduruku Sateré Mawé	2.484 - Funai/Manaus: 2010	Homologada. Decreto - s/n - 19/04/2004, publicado em 20/04/2004. Reg. SPU Certidão n. 31 de 20/01/2004.Reg CRI no municipio de Borba, comarca de Borba (1.153.210 ha) Matr. n. 1.424, Liv 2-G Fl 59 em 26/05/04	1.153.210	Borba	AM
13	Cobra Grande	Arapium Tapajó Jaraqui	583 - GT Funai: 2008	Identificada. Despacho - 55 - 25/09/2015, publicado em 29/09/2015.	8.906	Santarém	PA
14	Cuia	Mura	77 - Funai/Manaus: 2010	Homologada. Decreto - 309 - 29/10/1991, publicado em 30/10/1991. Reg. SPU Certidão n. 010 E de 03/06/97.Reg. CRI no município e comarca de Autazes (1.322 ha) Matr. N. 531, Liv.2 B, Fl 191 em 26/02/92.	1.322	Autazes	AM
15	Cunhã-Sapucaia	Mura	587 - Funai/Manaus: 2010	Homologada. Decreto - s/n - 01/11/2006, publicado em 03/11/2006. Reg SPUReg CRI no município e comarca de Borba (431.410 ha) Matr.1.561, Liv.2-G, ficha 001 em 19/03/2007 Reg CRI Matr.n.1.171, Liv.2-F-RG, Fl 04 na comarca de Autazes Site da Funai em 8/1/19 como regularizada	471.450	Autazes Borba	AM
16	Diahui	Jiahui	115 - Siasi/Sesai: 2014	Homologada. Decreto - s/n - 27/10/2004, publicado em 28/10/2004. Reg. SPU Certidão n. 003 em 09/06/06Reg CRI no municipio e comarca de Humaitá (47.354 ha) Matr. 1.618 . Liv 2-H, FL 180 em 25/04/05.	47.354	Humaitá	AM
s/l	Escrivão			Em Identificação. Portaria - 773 - 04/07/2008, publicado em 09/07/2008.		Aveiro	PA
18	Fortaleza do Castanho	Mura	83 - Funai/Manaus: 2010	Homologada. Decreto - s/n - 05/05/2003, publicado em 06/05/2003. Reg. SPU Certidão n. 24 de 25/09/03.Reg CRI no municipio e comarca de Manaquiri (2.756 ha) Matr.2,756 Liv2-RG, ficha 13 em 10/07/03.	2.756	Manaquiri	AM
19	Gavião	Mura	115 - Funai/Manaus: 2010	Homologada. Decreto - 305 - 29/10/1991, publicado em 30/10/1991. Reg. SPU Certidão n. 17 de 09/08/02.Reg. CRI no município e comarca de Careiro (8.611 ha) Matr. 29 Lv 2 RG Fl 01 em 06/05/97.	8.611	Careiro da Várzea	AM

Nº mapa	Terra Indígena	Povo	População (nº, fonte, ano)	Situação jurídica	Extensão (ha)	Município	UF
s/l	Guapenu	Mura	527 - Funai/Manaus: 2010	Em Identificação. Portaria - 681 - 24/06/2008, publicado em 25/06/2008.		Autazes	AM
21	Ipixuna	Parintintin	64 - IBGE: 2010	Homologada. Decreto - s/n - 03/11/1997, publicado em 04/11/1997. Reg. SPU Certidão n. 5 de 24/08/01.Reg. CRI no município e comarca de Humaitá (215.362 ha), Matr. 2.527 Kv 2-I Fl. 272 em 28/07/98.	215.362	Humaitá	AM
22	Itaitinga	Mura	25 - Funai/Manaus: 2000	Homologada. Decreto - s/n - 05/05/2003, publicado em 06/05/2003. Ofício ao SPU n. 884/DAF de 05/12/03. eg SFU O site da Funai em 8-1-19 diz que essa TI é regularizadaReg CRI no municipio e comarca de Autazes (135 ha) Matr.n . 882, Liv . 2 -D, Fl 182 em 17/09/2003.	135	Autazes	AM
23	Jauary	Mura	337 - Siasi/Sesai: 2014	Identificada. Despacho - 746 - 05/10/2012, publicado em 10/10/2012.	24.831	Autazes	AM
24	Kayabi	Apiaká Kawaiwete Munduruku	768 - Siasi/Sesai: 2013	Homologada. Decreto - s.n. - 24/04/2013, publicado em 25/04/2013.	1.053.257	Apiacás Jacareacanga	MT PA
25	Lago Aiapuá	Mura	623 - IBGE: 2010	Homologada. Decreto - s/n - 12/08/1993, publicado em 13/08/1993. Reg. SPU Cert. n.001 em 17/11/1995.Reg. CRI no município e comarca de Beruri (24.866 ha) , Matr. 075, Liv. 2-RG, Fl. 40V em 09/12/94.	24.866	Anori Beruri	AM
26	Lago Capanã	Mura	197 - IBGE: 2010	Homologada. Decreto - s/n - 11/12/2001, publicado em 12/12/2001. Reg. SPU-AM Certidão n. 30 de 19/10/2004Reg. CRI no municipio e comarca de Manicoré (6.321 ha) Matr. n. 326, Lv. 2-B/RG, fl. 16 em 10/11/2003.	6.321	Manicoré	AM
27	Lago do Limão	Mura	115 - Siasi/Sesai: 2014	Declarada. Portaria - 563 - 10/05/2016, publicado em 12/05/2016.	8.210	Borba	AM
28	Lago do Marinheiro	Mura	75 - Funai/Manaus: 2010	Homologada. Decreto - s.n. - 05/06/2012, publicado em 06/06/2012. reg SPUMatr. 5.548, Lv. 2-RG, Ficha 01 e verso site da Funai de 8 de jan. 2019 diz que é regularizada	3.586	Careiro	AM
29	Lago Jauari	Mura	187 - IBGE: 2010	Homologada. Decreto - s/n - 27/10/2004, publicado em 28/10/2004. Reg SPU, no site da Funai de 8-1-19 diz que a TI está regularizada nacional. (por meio do ofício 147/GRPU/AM, foi solicitado a correção do nome de um igarapé que faz parte do memorial descritivo, enquanto isso a GRPU não pode realizar o cadastro da TI.)Reg. CRI no municipio e comarca de Manicoré (12.023 ha) matr. 1.614, lv. 2-2, fl. 284 em 29/11/2004.	12.023	Manicoré	AM
30	Maró	Arapium Borari	239 - GT/Funai: 2008	Identificada. Despacho - 107 - 07/10/2011, publicado em 10/10/2011.	42.373	Santarém	PA
31	Miguel/Josefa	Mura	448 - IBGE: 2010	Homologada. Decreto - s/n - 20/04/2001, publicado em 23/04/2001. Reg. SPU Certidão n. 10 de 20/05/02.Reg. CRI no município e comarca de Autazes (1.628 ha) Matr. 856 Lv 2-RG Fl 154 em 19/03/02.	1.628	Autazes	AM
32	Mundurucu	Apiaká Munduruku Isolados do Alto Tapajós	6.518 - Siasi/Sesai: 2012	Homologada. Decreto - s/n - 25/02/2004, publicado em 26/02/2004. Reg. SPU Certidão n. 10 de 04/06/04.Reg CRI no municipio de Jacareacanga, comarca de Itaituba (2.381.795 ha) Matr. n. 5.480 Liv 2-RG , Fl 01/02 em 28/04/2004	2.381.800	Itaituba Jacareacanga	PA
s/l	Munduruku e Apiaká do Planalto Santareno	Apiaká Munduruku		Em Identificação. Portaria - 1.387 - 24/10/2018, publicado em 09/11/2018.		Santarém	PA
34	Munduruku-Taquara	Munduruku	171 - GT/Funai: 2008	Declarada. Portaria - 568 - 11/05/2016, publicado em 12/05/2016.	25.323	Aveiro Belterra	PA
s/l	Muratuba	Mura		Em Identificação. Portaria - 680 - 24/06/2008, publicado em 25/06/2008.		Autazes	AM
36	Murutinga/Tracajá	Mura	1.534 - Siasi/Sesai: 2014	Declarada. Portaria - 483 - 20/04/2016, publicado em 22/04/2016.	13.286	Autazes Careiro da Várzea	AM
37	Natal/Felicidade	Mura	118 - IBGE: 2010	Homologada. Decreto - 296 - 29/10/1991, publicado em 30/10/1991. Reg.SPU Cert.n.012 de 16/06/97.Reg. CRI no município e comarca de Autazes (313 ha), Matr. 533, Livro 2B, Folha 191 em 25/02/92.	313	Autazes	AM
38	Nove de Janeiro	Parintintin	206 - Funai/Madeira: 2010	Homologada. Decreto - s/n - 03/11/1997, publicado em 04/11/1997. Reg. SPU Certidão n. 4 de 14/08/01.Reg. CRI no município e comarca de Humaitá (228.777 ha), Matr. 2.528 Lv 2-I Fl 274 em 28/07/98.	228.777	Humaitá	AM
s/l	Pacovão			Em Identificação. Portaria - 1.039 - 04/11/1999, publicado em 09/11/1999.		Borba	AM
40	Padre	Mura	22 - Funai: 2003	Homologada. Decreto - s/n - 05/05/2003, publicado em 06/05/2003. Reg. SPU Cert. n. 13 em 19/06/97. (ref. área de 391 ha) Reg. SPU Cert. n. 27 de 21/06/04.Reg CRI no municipio e comarca de Autazes (391 HA) Matr.747 liv 2-RG Fl 48 em 22/01/1997 Reg. CRI no município e comarca de Autazes (797 ha) Av 1.0747 Lv. 2-D Fl. 48 em 17/09/2003.	797	Autazes	AM
s/l	Pantaleão	Mura		Em Identificação. Portaria - 471 - 06/04/2010, publicado em 07/04/2010.		Autazes	AM
42	Paracuhuba	Mura	134 - IBGE: 2010	Homologada. Decreto - 310 - 29/10/1991, publicado em 30/10/1991. Reg. SPU Cert. n. 011 de 06/06/97.Reg. CRI no município e comarca de Autazes(927 ha) , Matr. 530, Liv. 2-B, Fl. 191 em 25/02/92.	927	Autazes	AM
43	Paraná do Arauató	Mura	103 - Funai/Manaus: 2010	Homologada. Decreto - s/n - 27/10/2004, publicado em 28/10/2004. Reg SPU Certidão n. 44 em 26/09/2005Reg CRI no municipio e comarca de Itacoara (5.915 ha) Matr. 13.370, Lv 2/RG Fl 01 em 15/03/2005	5.915	Itacoatiara	AM
45	Patauá	Kanamari Mura	47 - GT/Funai: 1998	Homologada. Decreto - s/n - 05/05/2003, publicado em 06/05/2003. Registro SPU certidão n. 34 de 29/01/2004.Reg CRI no municipio e comarca de Autazes (615 ha) Matr. 881 Liv 2-D Fl 181 em 17/09/2003	615	Autazes	AM

TAPAJÓS / MADEIRA
Terras Indígenas (continuação)
Instituto Socioambiental - 30/11/2022

Nº mapa	Terra Indígena	Povo	População (nº, fonte, ano)	Situação jurídica	Extensão (ha)	Município	UF
46	Pinatuba	Mura	608 - IBGE: 2010	Homologada. Decreto - s/n - 10/12/2001, publicado em 11/12/2001. Reg SPU Certidão n. 005 17/07/2006Reg. CRI do 2o. Ofício no municipio e comarca de Manicoré,(29.564) Matr. 351, lv. 2-B, fl. 51 em 25/07/2005.	29.564	Manicoré	AM
47	Pirahã	Pirahã Isolados do Rio Maici	592 - Siasi/Sesai: 2014	Homologada. Decreto - s/n - 03/11/1997, publicado em 04/11/1997. Reg. SPU Certidão n. 6 de 11/09/01.Reg. CRI no município e comarca de Humaitá (229.777 ha) Matr. 2.528 Liv. 2-I Fl. 274 em 28/07/98.	346.910	Humaitá	AM
48	Ponciano	Mura	225 - Siasi/Sesai: 2014	Declarada. Portaria - 2084 - 11/12/2015, publicado em 14/12/2015.	4.329	Autazes Careiro da Várzea	AM
49	Praia do Índio	Munduruku	125 - Funasa: 2010	Reservada. Outros - 0 - 31/12/1986, publicado em 31/12/1986.	28	Itaituba	PA
50	Praia do Mangue	Munduruku	168 - Funasa: 2010	Reservada. Outros - 0 - 31/12/1986, publicado em 31/12/1986.	30	Itaituba	PA
51	Recreio/São Félix	Mura	172 - IBGE: 2010	Homologada. Decreto - 295 - 29/10/1991, publicado em 30/10/1991. Reg. SPU Cert. n. 006 de 22/11/95.Reg. CRI no município e comarca de Autazes,(251 ha) Matr. 532, Liv. 2-B, Fl. 191 em 25/02/92.	251	Autazes	AM
52	Rio Jumas	Mura	211 - IBGE: 2010	Homologada. Decreto - s/n - 27/10/2004, publicado em 28/10/2004. reg SPU O site da Funai em 8-1-19 diz que essa TI é regularizadaReg CRI no municipio e comarca de Careiro (9.462 ha) Matr. n. 522 Liv 2 Fl 01 em 07/12/2004	9.482	Careiro	AM
53	Rio Manicoré	Mura	221 - IBGE: 2010	Homologada. Decreto - s/n - 10/12/2001, publicado em 11/12/2001. Reg SPU Certidão n. 001 em 08/01/2007Reg CRI no municipio e comarca de Manicoré (19.481 ha) Matr.356 Liv 2-B Fl 56 dm 12/12/2005	19.481	Manicoré	AM
54	Rio Urubu	Mura	378 - Funai/Manaus: 2010	Homologada. Decreto - s/n - 27/10/2004, publicado em 28/10/2004. Reg SPU Certidão n. 45 em 26/09/2005Reg. CRI no município e comarca de Itacoatiara, (27.354 ha) matr. 13.369, Lv. 2/RG, fl. 01 em 15/03/2005.	27.354	Itacoatiara	AM
55	Sai Cinza	Munduruku	1739 - Siasi/Sesai: 2013	Homologada. Decreto - 393 - 24/12/1991, publicado em 26/12/1991. Reg. SPU Certidão n. 06 em 07/03/1989Reg. CRI no municipio e comarca de Itaituba (125.552 ha) Matr. 4.155 Liv. 2 Fl. 275 em 10/01/90.	125.552	Jacareacanga	PA
56	São Pedro	Mura	93 - IBGE: 2010	Homologada. Decreto - s/n - 05/01/1996, publicado em 08/01/1996. Reg. SPU Certidão n. 175, Livro 380 em 29/07/88.Reg. CRI no município e comarca de Autazes,(726 ha) Matr. 314 Liv. 2-A Fl. 314 em 14/12/87.	726	Autazes	AM
s/l	Sawré Bap'in (Apompu) (KM 43)	Munduruku		Em Identificação. Portaria - 1.096 - 23/09/2014, publicado em 24/09/2014.		Itaituba	PA
s/l	Sawré Juyubu (São Luiz do Tapajós)	Munduruku		Em Identificação. Portaria - 1.390 - 30/10/2012, publicado em 31/10/2012.		Itaituba	PA
59	Sawré Muybu (Pimental)	Munduruku	168 - Siasi/Sesai: 2014	Identificada. Despacho - 28 - 14/04/2016, publicado em 19/04/2016.	178.173	Itaituba Trairão	PA
60	Sepoti	Tenharim	110 - IBGE: 2010	Homologada. Decreto - s/n - 27/10/2004, publicado em 28/10/2004. reg SPU O site da Funai em 8-1-19 diz que essa TI é regularizadaReg CRI no municipio e comarca de Humaitá (289 ha) Matr. n. 1.619 Liv 2-H Fl 182 em 25/04/2005 Reg CRI no municipio e comarca de Manicoré (251.059 ha) Matr. 398 Liv 2-A Fl 98 em 17/01/2007	251.349	Manicoré	AM
61	Setemã	Mura	198 - IBGE: 2010	Homologada. Decreto - s.n. - 17/04/2015, publicado em 20/04/2015. Matrícula no 6.162 - Lv. 2 - Ficha 01	49.772	Borba Novo Aripuanã	AM
62	Sissaíma	Mura	296 - Siasi/Sesai: 2014	Declarada. Outros - 482 - 20/04/2016, publicado em 22/04/2016.	8.780	Careiro da Várzea	AM
63	Tabocal	Mura	16 - Funai/Manaus: 2010	Homologada. Decreto - s.n. - 17/12/2015, publicado em 18/12/2015. Reg SPUMatrícula no 6.162 - Lv. 2 - Ficha 01 site da Funai em 8-01-19 diz que está regularizada	907	Careiro	AM
65	Tenharim do Igarapé Preto	Tenharim Isolados Kaidjuwa Isolados do Igarapé Preto	100 - Peggion: 2011	Homologada. Decreto - s/n - 19/04/2004, publicado em 20/04/2004. Reg SPU Certidão n. 004 em 17/07/2006Reg. CRI no municipio e comarca de Novo Aripuanã (87.413 ha) Matr. 1.644, Lv.2-A, Fl. 245 em 30/09/04.	87.413	Novo Aripuanã	AM
66	Tenharim Marmelos (Gleba B)	Tenharim	393 - GT/Funai: 2002	Homologada. Decreto - s.n. - 05/06/2012, publicado em 06/06/2012. Reg SPUMatr. 4.150, Lv. 2-T, Fl. 112; Matr. 4.151, Lv. 2-T, Fl. 155; Matr. no 2.146, Lv. 2, Fls. 16 site da Funai 7-1-2019 regularizada	474.741	Humaitá Manicoré	AM
67	Tenharim/Marmelos	Tenharim	535 - Funai/Madeira: 2010	Homologada. Decreto - s/n - 05/01/1996, publicado em 08/01/1996. reg SPU O site da Funai em 8-1-19 diz que essa TI é regularizadaReg. CRI no município de Manicoré (257.662 ha), Matr. 1.295, Liv. 2-4, Fl. 264 em 31/01/96. Reg. CRI no município de Humaitá, Matr. 2.458 Liv. 2-I Fl. 178 em 19/03/96.	497.521	Humaitá Manicoré	AM
68	Torá	Apurinã Torá	326 - Siasi/Sesai: 2013	Homologada. Decreto - s/n - 27/10/2004, publicado em 28/10/2004. reg SPU O site da Funai em 8-1-19 diz que essa TI é regularizadaReg CRI O site da Funai em 8-1-19 diz que essa TI é regularizada	54.961	Humaitá Manicoré	AM
69	Trincheira	Mura	251 - Funai/Manaus: 2010	Homologada. Decreto - 378 - 24/12/1991, publicado em 26/12/1991. Reg. SPU AM-174 em 29/07/88.Reg. CRI no município e comarca de Autazes, (1.624 ha) Matr. 288 Liv. 2-A, Fl. 313 em 14/12/87.	1.624	Autazes	AM
70	Vista Alegre	Mura	117 - Siasi/Sesai: 2014	Identificada. Portaria - 424 - 30/07/2012, publicado em 01/08/2012.	13.206	Careiro Manaquiri	AM

ALTO E MÉDIO TAPAJÓS

As Terras dos Munduruku e a Direita no Poder

Luísa Pontes Molina | Antropóloga, doutoranda no PPGAS/UnB

LUTANDO CONTRA O AVANÇO DO GARIMPO ILEGAL E PELO RECONHECIMENTO OFICIAL DE SUAS TERRAS NO PARÁ, O POVO MUNDURUKU ATRAVESSA UM PERÍODO DE OFENSIVAS E RESISTÊNCIAS

MÉDIO TAPAJÓS: DEMARCAÇÃO PARALISADA E CRESCENTES AMEAÇAS

O cacique Juarez Saw Munduruku até hoje se lembra de onde estava quando chegou, pelo rádio, a notícia de que o Relatório Circunstanciado de Identificação e Delimitação (RCID) de sua terra fora finalmente publicado no Diário Oficial da União (DOU). Era abril de 2016, e há quase um ano as expedições autônomas de autodemarcação da Terra Indígena (TI) Sawré Muybu, lideradas por ele, tinham sido concluídas com sucesso.

Naquela época, os Munduruku levavam adiante a resistência tenaz ao Complexo Hidrelétrico do Tapajós[1]: e, embora essa ameaça tenha arrefecido quando se arquivou o licenciamento da Usina Hidrelétrica São Luiz do Tapajós, em agosto do mesmo ano, o projeto de barramento do rio não foi de todo descartado. Ou seja: não há sossego no horizonte dos indígenas que habitam aquela TI; principalmente enquanto o processo de demarcação dela estiver preso nos meandros inatingíveis da burocracia estatal.

A regularização fundiária da TI Sawré Muybu – chamada pelos Munduruku de *Daje Kapap Eipi*, em referência a um lugar considerado sagrado por eles[2] – evidencia a suscetibilidade desse tipo de processo a arranjos políticos que atravessam governos dos mais variados matizes. Diante da proeminência dada ao Programa de Aceleração do Crescimento (PAC), pelas gestões petistas, a identificação formal da TI foi objeto de intensa negociação, conforme noticiado entre 2014 e 2016[3].

Com a tomada do poder político pela direita, a situação se agravou ainda mais. Da institucionalização de empecilhos para a demarcação, como o Parecer 001/2017 da Advocacia-Geral da União (AGU), ao sistemático emparelhamento da Fundação Nacional

© ANDERSON BARBOSA, 2019

Cacique da aldeia Sawré Muybu, Juarez Saw, mostra para guerreiros mapa do território e os principais pontos onde há invasão madeireira e garimpeira.

do Índio (Funai) no governo Bolsonaro, o contexto brasileiro a partir de 2017 foi implacável para TIs ainda não homologadas e registradas – e Sawré Muybu sofreu diretamente com isso.

Embora tenha sido devidamente instruído, em 2019, para ser encaminhado ao Ministério da Justiça e Segurança Pública (MJSP), o processo da TI Sawré Muybu sequer saiu da Funai. Esteve, desde então, no bloco dos casos que foram devolvidos à Diretoria de Proteção Territorial (DPT) da autarquia pela Presidência, para "reanálise técnica" –, sem que fosse apresentada qualquer informação que justificasse a restituição.

O dossiê *Fundação Anti-indígena* (2022), divulgado pela Indigenistas Associados (INA) e pelo Instituto de Estudos Socioeconômicos (Inesc), mostra que, assim como o da a TI Sawré Muybu, todos os outros processos devolvidos estavam prontos para a expedição da Portaria Declaratória pelo MJSP. Os retrocessos processuais, diz ainda o documento, foram "feitos em bloco e a toque de caixa, com indícios de arbitrariedade".

Nada mudou no processo da TI Sawré Muybu desde a sua restituição à DPT. Já dentro do território, o contraste não poderia ser mais acentuado. Ainda em 2019, as invasões de terra aumentaram de tal forma – e as respostas do poder público diminuíram de tal maneira – que os próprios indígenas precisaram expulsar madeireiros ilegais de uma área onde a TI e a Flona de Itaituba II se sobrepõem.

Com o início da pandemia de covid-19, em meio ao luto pelas perdas que os Munduruku enfrentaram e ao isolamento nas aldeias – e concomitante ao desmonte em curso da fiscalização ambiental –, o que já era grave tornou-se crítico. As cercas dos grileiros chegaram mais perto do que nunca das comunidades em Sawré Muybu; dragas e balsas de garimpo ocuparam sem pudor o porto que dá acesso ao território e intensificaram a exploração em seu interior; e, em meio a tudo isso, em 2019 e 2021, dois ataques foram feitos à casa de Alessandra Korap, em Santarém.

ALTO TAPAJÓS: ESCALADA INÉDITA DO GARIMPO PREDATÓRIO

Como no caso dos ataques à casa de Alessandra, os acontecimentos que marcaram o período de 2019 a 2021 no Alto Tapajós não passaram despercebidos. Pelo contrário: neste período, a cidade de Jacareacanga e as TIs Munduruku e Sai Cinza – onde habita a maior parte da população munduruku – estiveram em evidência. E não apenas nas manchetes a respeito do sucessivo aumento nos índices de desmatamento por garimpo nesses territórios[4], mas também em função dos eventos que provaram a ligação inequívoca entre o aumento das invasões garimpeiras e a intensificação das tensões na região.

Uma aldeia indígena incendiada por garimpeiros em maio de 2021; um motim na cidade de Jacareacanga contra operação de combate a crime ambiental no mesmo mês; representantes dos mais altos cargos do Poder Executivo manifestando apoio ao garimpo ilegal em agosto de 2020 e abrindo as portas dos gabinetes de Brasília para o *lobby* do ouro – como denunciou a *Repórter Brasil* em julho 2021. Esses foram alguns dos episódios marcantes de um período que, embora evidencie a escalada sem precedentes do garimpo ilegal no Alto Tapajós, não resume o histórico desse problema na região.

Há evidências, desde pelo menos 1987, de que os Munduruku se opõem à exploração mineral em suas terras. Ao longo de décadas, eles vêm denunciando a presença de garimpeiros nelas – tendo realizado, em diferentes momentos, ações autônomas para expulsar os invasores [5].Um desses momentos foi o primeiro semestre de 2018, depois de decidirem, em assembleia geral, que todos os garimpos existentes nas TIs Munduruku e Sai Cinza deveriam ser fechados. No documento em que expõem essa decisão, os indígenas também narram a situação de descontrole com a proliferação de garimpos em determinadas áreas do seu território.

Em janeiro de 2018 anunciaram, "com muita dor e vergonha", que uma das aldeias desse território "não existe mais": "lá tudo é controlado pelos *pariwat* [não indígenas]", contam os indígenas; "a pista de pouso que existia para que o atendimento à saúde pudesse chegar até os moradores, foi mudada de lugar, porque atrapalhava o garimpo". E complementam: "Os *pariwat* estão armados e deram armas para os parentes defenderem eles"[6].

A exemplo do que se passou naquela aldeia – que ironicamente foi criada para ser um Posto de Vigilância e batizada de "PV" –, a investida do garimpo predatório na região fez com que grandes lideranças se tornassem o seu avesso: alguns homens, que outrora tiveram papel decisivo à frente de organizações de referência como o Movimento Munduruku Ipereğ Ayũ (MMIA)[7], deixaram a luta do seu povo e se envolveram justamente com a exploração predatória dos territórios, cedendo à intensa pressão de donos de garimpos e garimpeiros[8].

Há uma analogia nítida (e no entanto pouco falada) entre a devastação promovida pelo extrativismo predatório em florestas e rios, e os impactos sobre as pessoas, as comunidades e as organizações indígenas. Além daquilo que os Munduruku chamam de *aliciamento*, com os garimpos proliferam-se também problemas como circulação de drogas e armas no território, exploração sexual e do trabalho, e ameaças a lideranças e suas famílias e tanto mais. O ano de 2021 foi particularmente crítico nesse sentido. Tendo iniciado mais uma jornada de vigilância autônoma das TIs Munduruku e Sai Cinza, os indígenas – organizados em cinco associações e no MMIA – conseguiram impedir a invasão de máquinas pesadas a uma área ainda livre de garimpo[9].

A represália não tardou e, em Jacareacanga, garimpeiros depredaram a sede daquelas mesmas associações em março de 2021. Dois meses depois, e em meio a uma turbulenta operação de combate ao garimpo no Alto Tapajós, promovida pelas forças federais – e rapidamente vazadas para os garimpeiros, como aconteceu em outras ocasiões[10] –, a aldeia de Maria Leusa Kaba, uma das principais lideranças à frente da proteção das terras munduruku, sofreu o já citado incêndio criminoso.

SAWRÉ BA'PIM: INTERROMPIDA EM MEIO AO LUTO

As TIs Munduruku e Sai Cinza foram homologadas em 2004 e 1991, respectivamente. A situação em que se encontram, de proliferação descontrolada do garimpo, impõe uma indagação desconcertante aos Munduruku que habitam TIs rio abaixo; se áreas já formalmente reconhecidas pelo Estado estão enfrentando esse tipo e esse grau de problema, o que acontecerá às terras ainda não demarcadas? E esse não é apenas o caso da TI Sawré Muybu, já mencionado, localizada abaixo dela e também no município de Itaituba/PA, a TI Sawré Ba'pim sequer teve seu Relatório Circunstanciado de Identificação e Delimitação (RCID) apreciado pela Coordenação-Geral de Identificação e Delimitação (CGID) da Funai.

"Quantas lideranças que lutaram por essa Terra vão falecer antes de a Funai concluir essa demarcação?" Essa pergunta, publicada na Carta da 17ª Assembleia Geral Munduruku do Médio Tapajós[11],expressa bem a incongruência entre o tempo dos processos administrativos e o tempo das pessoas diretamente implicadas nele.

Em abril de 2021– oito meses antes da assembleia –, os Munduruku perderam o cacique Suberalino Saw, uma das maiores lideranças indígenas na região, em um acidente no rio. Bebé, como era conhecido pelos parentes, nasceu na área identificada como Sawré Ba'pim e lutou, em todas as instâncias às quais teve acesso, pela demarcação dessa TI. Em 2019 até enfrentou, com as demais lideranças e organizações munduruku no Médio Tapajós, a ofensiva de fazendeiros e políticos locais à realização dos estudos de identificação e delimitação da terra. Embora ele não possa mais ver os resultados de todos esses esforços, a luta dos Munduruku segue, também, por ele. *(julho, 2022)*

NOTAS

[1] Cf. ALARCON, D. F.; MILLIKAN, B.; TORRES, M.. *Ocekadi*: hidrelétricas, conflitos socioambientais e resistência na Bacia do Tapajós. Brasília, DF: International Rivers Brasil, 2016.

[2] Ver "O mapa da vida Munduruku", desenvolvido pelo Greenpeace Brasil no Médio Tapajós e disponível em: https://www.greenpeace.org/brasil/publicacoes/o-mapa-da-vida-2/.

[3] Cf. MOLINA, L. P. As encruzilhadas das demarcações de TIs: interesse nacional, etnocídio e genocídio. In: ALCÂNTARA, G.; TINÔCO, L.; MAIA, L. (org.). *Índios, direitos originários e territorialidade*. Brasília: ANPR, 2018.

[4] Em 2021, o monitoramento do ISA identificou 1.096 hectares devastados na TI Munduruku. No mesmo ano, o Greenpeace Brasil divulgou que 630 km de cursos d'água foram destruídos pelo garimpo ilegal nessa mesma TI e de que havia pelo menos 12 pistas de pouso clandestinas em seu interior.

[5] Cf. MOLINA, L.; WANDERLEY, L. (org.). *O cerco do ouro*: garimpo ilegal, destruição e luta em terras Munduruku. Brasília: Comitê Nacional em Defesa dos Territórios Frente à Mineração, 2021.

[6] Ver Comunicado para autoridades ambientais e MPF, FUNAI, do Movimento Munduruku Ipereg Ayũ,em: https://tinyurl.com/ComunicadoMDK.

[7] Cf. LOURES, R. S. P. *Governo Karodaybi*: o movimento Ipereğ Ayũ e a resistência Munduruku. 2017. Dissertação (Mestrado em Ciências Ambientais) – Universidade Federal do Oeste do Pará, Santarém, 2017.

[8] Ver o comentário de Maria Leusa Cosme Kaba Munduruku a esse respeito em: https://tinyurl.com/MariaLeusaMDK

[9] Ver II Carta Fiscalização Igarapé Baunilha, do Movimento Munduruku Ipereg Ayũ, em: https://tinyurl.com/FiscalizacaoMDK

[10] Em 2019, 2020 e 2021, operações de combate ao garimpo ilegal no Tapajós foram vazadas para os infratores, que contaram com a vantagem da notícia para ocultar o maquinário utilizado no crime ambiental e, assim, evitar que fossem destruídos. O Ministério Público Federal (MPF) do Pará investiga os casos.

[11] Ver Carta da 17ª Assembleia Geral Munduruku do Médio Tapajós em: https://tinyurl.com/CartaMDKMedioTapajos.

BAIXO TAPAJÓS

"Autodemarcação é Ato Político. É a Nossa Forma de Dizer que Essa Terra é Nossa"

Entrevista concedida à equipe de edição*

AOS 30 ANOS, RAQUEL TUPINAMBÁ É A PRIMEIRA JOVEM INDÍGENA A ASSUMIR O CACICADO DE SEU POVO E A PRESIDÊNCIA DO CONSELHO INDÍGENA TUPINAMBÁ DO BAIXO TAPAJÓS AMAZÔNIA (CITUPI). CURSANDO O DOUTORADO EM ANTROPOLOGIA SOCIAL, RAQUEL PERTENCE A UMA GERAÇÃO QUE RESISTE NO TRÂNSITO ENTRE CIDADE E ALDEIA PARA ARTICULAR NOVAS ARQUITETURAS E ESPAÇOS POSSÍVEIS EM DEFESA DE SEU POVO

A região conhecida como Baixo Tapajós localiza-se no Oeste do Pará e concentra 13 povos, 72 aldeias e 19 territórios indígenas. Esses povos viveram por anos sem reivindicar sua identidade como indígenas, como forma de se proteger do genocídio; foi a partir dos anos 1980, que vários povos iniciaram um processo de retomada, da autodeclaração que mais força, nos anos 2000. Os Tupinambá do Baixo Tapajós se encaixam nesse contexto.

"Se fala muito de retomada... Parece que a gente estava parado no tempo, né? Mas era o Estado que não nos reconhecia enquanto indígena. A gente sempre esteve lutando, sempre fomos indígenas", introduz a cacica Raquel Tupinambá.

O processo de autodemarcação do território Tupinambá é uma construção de mais de cinco anos e pretende demarcar uma área total de 350 mil hectares, abrangendo todas as aldeias desse povo no estado do Pará. São elas: Tucumã, Jacarezinho, Jaca, Paraná-Pixuna, Jatequara, Santo Amaro, Jauarituba, Mirixituba, Muratuba, Paricatuba, Surucuá, São Pedro, São Francisco, Papagaio, São Caetano, Enseada do Amorim, Marabaixo, Amorim, Uquena, Boa Sorte, Pajurá, Castanhal, Limãotuba, Iwipixuna e Brinco das Moças.

© ESTÊVÃO CIAVATTA, 2022

Raquel Tupinambá.

O território dos Tupinambá do Baixo Tapajós tem uma abrangência de aproximadamente 50 km de extensão frontal, onde vivem cerca de 3.500 indígenas. A decisão de autodemarcar o território foi tomada coletivamente, motivada pela defesa da existência e cosmovisão indígena que vive sobreposta a uma

Reserva Extrativista (Resex) sob ameaça constante da expansão do agronegócio, das madeireiras, da mineração na região e do apagamento histórico de sua identidade.

A primeira fase dessa grande abertura dos ramais ocorreu em 2017, ao norte do território. Em 2020 foram retomadas as atividades, ao sul do território. Naquele ano, um caminho com extensão de 17 km foi aberto em 15 dias, com a participação direta de 30 guerreiros e guerreiras – como eles denominam os indígenas que participaram desse processo. Em outubro de 2021, com uma participação mais ativa, os indígenas deram continuidade a esse ato, abrindo com as próprias mãos o limite de 30 km de seu território.

A omissão e desestruturação da Funai nos últimos anos é um dos argumentos centrais para a continuidade desse movimento. Em 1998, quando a Resex Tapajós-Arapiuns foi criada, nenhuma aldeia indígena nessa região constava do censo do Instituto Brasileiro de Geografia e Estatística (IBGE). Diante desse cenário, a possibilidade de criação de uma Unidade de Conservação (UC), no caso, a Resex, foi a maneira mais estratégica para proteger e defender o direito aos modos de vida e a permanência dos povos nessa área do Tapajós, constantemente ameaçada pelo agronegócio.

Raquel argumenta que todos os moradores compactuaram com a luta pela criação de uma Resex sobre os seus territórios, pois naquele momento era a alternativa mais estratégica. O mais importante era assegurar a terra, que já estava sendo ocupada por madeireiras e fazendeiros, mas essa luta não estava paralisada, como dizem "foi uma estratégia da que aderimos. Agora, o cenário é outro: queremos demarcação de nossos territórios".

Com o fortalecimento do movimento indígena e a criação do Conselho Indígena Tapajós-Arapiuns (Cita) no ano 2000, várias aldeias indígenas passaram a lutar para fazer valer seus direitos originários perante o Estado brasileiro. A retomada de consciência diante do colonialismo é um dos grandes desafios para o movimento indígena na região, e essa tensão tem endossado conflitos entre aqueles que se declaram e aqueles que não se declaram indígenas nos territórios do Baixo Tapajós nos últimos 20 anos. O que se afirma nas entrelinhas desse conflito é que a demarcação de Terras Indígenas é a garantia mais segura para a proteção e autonomia territorial.

A área da Resex Tapajós-Arapiuns é habitada, além dos Tupinambá, pelos povos Kumuaruara, Munduruku Cara-Preta, Maytapu, Arapiuns, Tupaiu e Arara Vermelha. O Cita estima que, atualmente, cerca de 10 mil indígenas vivam na Resex.

A entrevista que segue, com a cacica Raquel Tupinambá, demonstra como esse processo contribuiu para fomentar o surgimento dea novas lideranças e a criação de outras estratégias de resistência em defesa do território em face da política anti-indígena praticada no último período. "As políticas dos governos são atualizadas muitas vezes para nos matar, e as estratégias de luta precisam também estar se atualizando para que a gente consiga sobreviver", afirma Raquel.

Como se deu seu processo de assunção como cacica? Como você percebe a participação de mulheres nesse lugar?

Eu tenho entendido que as mulheres da minha região sempre tiveram um papel muito central nas decisões, na organização do território, das aldeias, e como lideranças. Tenho como referência minha bisavó, que definia as decisões internas e dividia as funções dentro da aldeia. Era ela quem definia quem era o caçador, o pescador, o agricultor e quem cuidava da casa. As mulheres cuidavam da casa e dos filhos, mas, quando a gente começou a se organizar politicamente para fora, os homens passaram a assumir também essas funções. Parece que é mais fácil para o homem sair e deixar a família. Isso teve questões negativas, porque a família pode ficar um pouco vulnerável.

Minha mãe foi presidente da comunidade nos anos 1990, quando eram sempre homens que assumiam a função. A estratégia de colocar uma mulher nessa função envolveu a organização de vários grupos familiares.

Por ter tido essas referências, para mim sempre foi uma posição possível, porque não era tão distante. Sempre senti ser possível. Mas, como movimento, sabemos que temos que estar cada vez mais organizados, discutindo, tanto dentro do território quanto fora.

Essa escolha teve muito a ver com a minha formação, com essa entrada no mundo de fora, de ter entrado na academia, mas, claro, tenho certeza de que vir de uma família de lideranças contou para essa escolha.

Tem homens que com 20 anos já são caciques; para as mulheres não. É tardio para as mulheres, porque você tem que provar que tem capacidade, que você consegue. É muito mais difícil.

Isso se deu, na minha percepção, por ter participado do movimento desde cedo. Eu tinha muito medo de falar e, quando enfrentei a universidade, tive que apresentar trabalhos, falar em público, organizar minha fala e ser notada. Foi ali que consegui dialogar dentro e fora. Acredito ser por essas facilidades com a fala que fui indicada para assumir o Conselho (Citupi).

Enquanto mulher, não sei se é porque somos vistas socialmente diferente dos homens, a gente precisa ter o apoio coletivo. A pressão sobre as mulheres é maior e, por isso, buscamos apoio no coletivo e também aprendemos a articular em coletivo para [nos] manter nos espaços.

Qual é o histórico de sua aldeia, que é sobreposta pela Resex Tapajós-Arapiuns?

Para falar da atualidade, não podemos ignorar a história passada. História recente, eu diria. Foi no período da Cabanagem. Meus antepassados estavam fugindo da margem do rio para dentro da mata para conseguir sobreviver. Nesse período, eles tiveram, com a pressão da Igreja, com a cristianização, um aldeamento em Boim [aldeamento histórico dos Tupinambá]. [Eles] ficaram lá e depois retornaram para onde estamos hoje.

O que eu sei da minha família é que meus bisavós, tanto da parte de pai, quanto de mãe, viviam até muito recentemente a cultura indígena, essa forte relação com a floresta. Tenho relatos que dizem que minha bisavó andava só de saia com os peitos de fora e meu bisavô apenas com um pano na parte da frente, e que por isto eram considerados inferiores a outras pessoas que já estavam mais imersas nas culturas do colonizador.

Nós sofremos por muitos anos os processos de negação da identidade, em que o Estado e a academia diziam que ali não tinha indígena. Importante ressaltar que essa retomada do movimento indígena aqui no Baixo Tapajós, esse reconhecimento, está atrelado a própria retomada do movimento indígena no Brasil, entre 1970 e 1980.

O processo de reconhecimento da identidade é parte da luta do movimento indígena organizado. Com esse avanço da tomada de consciência, as pessoas começam reivindicar seu reconhecimento como indígenas, como aconteceu no Nordeste e também aqui no Baixo Tapajós. Esse não é um processo tão rápido e fácil. Mesmo passados mais de 20 anos, ainda está acontecendo essa retomada, que é a gente retomar a nossa consciência de quem somos de verdade, qual é a nossa identidade.

Esse ano, lá no território [tupinambá], estamos com três localidades que não se reconheciam, mas agora estão se reconhecendo e reivindicando sua identidade indígena. A retomada é um processo contínuo, assim como a luta.

Como vocês se inserem politicamente na disputa pelo território?

Pela retomada, pela autodemarcação. Quando a gente fala em retomada, parece que estamos parados no tempo, né? No entanto, era o Estado que não nos reconhecia enquanto indígena, mas a gente sempre viveu da mesma forma. E sempre estivemos lutando por nossos territórios e nossas vidas. Estivemos sempre organizados para conseguir resistir. Digamos que a autodeclaração é recente, mas a luta é organizada há tempos. Autodemarcação e autodeclaração é ato político. É a nossa forma de dizer que essa terra é nossa, na contramão do que o Estado nos nega: o território.

No Baixo Tapajós, nessa região da margem esquerda, foi no período de 1980 e 1990 que começamos a nos organizar em retomada pela terra. Somente a partir dos anos 2000 a gente passa a ser reconhecido pelo Estado como indígena. Mas indígena sempre fomos e vivemos ali do mesmo modo, desde sempre.

Foi nos anos 1980 e 1990, quando nosso território estava sob ameaças, que estava sendo severamente invadido, que retomamos a luta organizada, fortalecendo a própria criação da Resex Tapajós-Arapiuns. Posteriormente, veio a retomada da consciência indígena.

A minha tomada de consciência veio em 2014, quando eu estava iniciando o mestrado e fui para a caravana em defesa do Tapajós e contra a construção da hidrelétrica em São Luís do Tapajós. Lá eu tive contato com os Munduruku do Alto e Médio Tapajós e algumas lideranças daqui e, a partir de então, comecei a me inserir no movimento daqui do Baixo [Tapajós].

Em 2015, quando já estava no mestrado, fiz a pesquisa no território, daí fui me inserindo mais e me aproximando do movimento. Em 2014, minha família materna já tinha se reconhecido indígena, aldeia São Pedro do Tapajós, e em 2016 eu me reconheço, ou melhor, sou reconhecida pelo Estado como indígena por São Pedro – pois minha aldeia Surucuá não se reconhecia. A partir de então, comecei a puxar o movimento de autodeclaração na minha aldeia. Esse reconhecimento só se deu em 2020.

Quais são as principais pressões que os povos do Baixo Tapajós sofreram nos últimos cinco anos?

A pressão voltou a ser da exploração madeireira na minha região, mas a gente vivencia várias pressões. No Planalto Santareno, há o monocultivo dos grãos, que ocasiona o desmatamento e a contaminação do solo, das águas e dos parentes. Ali o perigo maior para a vida humana são os agrotóxicos, então, a pressão é a disputa pela terra com os grandes empresários, os grandes monocultores que adquirem a terra, muitas vezes ilegalmente, para fazer o plantio e monoculturas. Em Alter do Chão, território Borari, é a pressão imobiliária, devido ao turismo.

Aqui na Resex e em outras regiões, a maior pressão é das madeireiras, já nas concessões florestais na área da Gleba Nova Olinda, na região do Assentamento PAE Lago Grande, a pressão é pela exploração mineral, exploração de bauxita principalmente. A empresa que já opera na região de Juruti está requerendo hoje 55% do território do PAE Lago Grande para exploração do minério. Ainda sobre a pressão da exploração madeireira, a estratégia do Estado é o Manejo Madeireiro Florestal Comunitário. Ou seja, mudou até de nome e de estrutura também para que isso aconteça. A mesma pressão pela madeira na Flona (Floresta Nacional do Tapajós].

Destaco aqui a exploração garimpeira na região do Alto e Médio Tapajós, nos territórios do povo Munduruku, que, para além da destruição de seus territórios, vivem uma situação alarmante de exposição mercurial, que afeta diretamente as nossas vidas. Ressalto aqui que os povos do Baixo Tapajós também estão expostos ao mercúrio. Estudos recentes têm mostrado os altos índices do metal tóxico no sangue da população.

Como você avalia esses últimos anos, principalmente os do governo de Bolsonaro, em termos de retrocesso da política indigenista?

Não tivemos pior governo para os indígenas desde a Constituinte de 1988. Foi tudo liberado, né? O governo liberou e apoiou as atrocidades dentro dos nossos territórios. Esse avanço das políticas genocidas, da invasão das terras, do grande capital que chegou para corroer nossos territórios, realmente querem acabar com tudo que temos. Um exemplo mais concreto são os garimpos ilegais, como se favoreceu a entrada do grande empresariado para exploração desses recursos, assim como da madeira. Houve uma facilidade para que eles operassem, para que o grande capital e o empresariado chegassem com força nos territórios.

Você considera que o crescimento da autodemarcação é uma ação à política anti-indígena?

A estratégia do Estado, do Governo Federal, de fazer acontecer essa exploração, essa destruição, que impacta diretamente nas nossas vidas, sim, incide [na] nossa estratégia específica pela autodemarcação, já que a gente teve um governo que se negou a iniciar processos determinantes de demarcação de territórios.

Eu acho que o Território Tupinambá também se enquadra dentro desse contexto de "nenhum centímetro de terra indígena demarcada nesse governo", como afirmou Bolsonaro. Mas a gente, o povo se organiza, né? Mesmo sob pressão. Então a gente precisa reagir, nos organizando de alguma forma, assim como aconteceu na década de 1960 a 1980, no período do governo militar, que também adentrou na Amazônia com seus planos de "desenvolvimento".

Também é nossa estratégia a formação das lideranças, da juventude e das mulheres. Então a gente continua nesse processo de demarcação. Nossa ideia é que a gente faça isso para pressionar a Funai a iniciar o processo de demarcação, né? A estratégia é um pouco nesse sentido, da gente se organizar para fazer essa pressão e, no ATL do ano que vem, exigir que esse processo comece o quanto antes.

Como você percebe um futuro digno para os povos do Baixo Tapajós? Quais são os principais desafios que vocês enfrentarão nesses próximos cinco anos?

A gente tem se organizado para ter nossa autonomia em várias frentes. A gente entende a importância de produzir nosso próprio alimento, para realmente ser cada vez menos dependentes dos industrializados comercializados nas cidades, nos mercados. A gente está fazendo também essa defesa do nosso território, que é [o] principal, pois se faltar território, vai faltar qualidade de vida, acesso à renda, empoderamento feminino, juventude, o fortalecimento da nossa medicina. Saúde, para a gente, vai muito pela questão da espiritualidade, e espírito vive no território, é o nosso sagrado, os encantados.

Sabemos que essa pressão do grande capital cada vez mais vai aumentar sobre as áreas florestadas, ele funciona assim. Os exploradores precisam ir para outras áreas para poder continuar aumentando seu capital, isso acontece com a cadeia do minério e da madeira

Essa mesma consciência, de exploração sem fim, acontece com a monocultura, com pressão que vem do estado de Mato Grosso e vai ser cada vez maior aqui na nossa região, pois tem projetos de morte pensados para cá, como as hidrovias, o Ferrogrão etc., então a gente entende que as pressões vão aumentar cada vez mais e a gente só vai conseguir resistir, se a gente tiver organizado, autônomo e fortalecido. É nesse sentido que a gente precisa fortalecer organizações de base, fortalecer nossos modos de produção, fortalecer nossa educação, nossos modos de cuidado da saúde.

Hoje, por exemplo, uma das nossas preocupações é a exposição mercurial, que afeta os povos do Alto e Médio Tapajós (Munduruku) e os povos do Baixo Tapajós. Essa contaminação que se dá pelo consumo de peixe. A gente sempre comeu peixe durante a vida inteira, mas a gente não quer morrer.

Eu pergunto: é a gente que tem de parar de comer peixe? Ou o Estado deveria ter entendido que a raiz do problema são os garimpos ilegais, o desmatamento e todas essas atividades ligadas à exploração garimpeira.

Mas quem acaba pagando? As populações menos favorecidas, evidenciando o racismo ambiental em que as vidas humanas, infelizmente, são contabilizadas, dessa forma: algumas valem mais que as outras. E as nossas valem cada vez menos.

O Baixo Tapajós é um lugar de muito conflito, mas também de muita resistência histórica. A resistência também persegue esse território. A gente tem orgulho do nosso modo de vida e por isso não vamos vender nossos territórios, porque a mãe não se vende. *(agosto, 2022)*

NOTA

* Entrevista conduzida por Tainá Aragão, jornalista do ISA.

SATERÉ-MAWÉ

Pressões Aumentam na Terra Indígena Andirá-Marau

Sônia Lorenz | Antropóloga, CTI

ENQUANTO CRESCEM AS AMEAÇAS DA EXTRAÇÃO ILEGAL DE MADEIRA, GARIMPO E INCÊNDIOS SOBRE A TI ANDIRÁ-MARAU, OS SATERÉ-MAWÉ SEGUEM FORTALECENDO A CULTURA DO GUARANÁ, SUAS ORGANIZAÇÕES INDÍGENAS E SUAS PRÓPRIAS MEDIDAS PARA O ENFRENTAMENTO DA COVID-19

Este texto traz informações sobre os Sateré-Mawé da Terra Indígena (TI) Andirá-Marau, situada entre os rios Madeira e Tapajós, tendo ao norte o rio Amazonas e ao sul a Transamazônica.[1] Os Sateré-Mawé habitam esta região desde tempos imemoriais e um aumento expressivo de aldeias nos cursos baixos dos rios Marau e Andirá vem ocorrendo desde a segunda metade do século XX. Apesar do primeiro contato com os não indígenas ter sido em 1669, quando jesuítas fundaram a Missão São Miguel dos Tupinambaranas (hoje a cidade de Parintins), os Sateré-Mawé que vivem nas aldeias mantêm vivo o uso de sua própria língua.

Os Sateré-Mawé se ressentem com o desrespeito dos não indígenas (*caraiwa*) por sua cultura. No atendimento à saúde, avaliam que a Secretaria Especial de Saúde Indígena (Sesai) não respeita os conhecimentos tradicionais. Do mesmo modo, representantes de algumas igrejas desvalorizam o conhecimento dos *paini* (pajés), puxadores, cantadores e parteiras(os), e não mais permitem a realização de rituais como o *womat*,[2] de iniciação dos jovens.

Entre as igrejas presentes na TI, além da Católica, estão as protestantes Metodista, Adventista e Batista, e as pentecostais Assembleia de Deus, Deus é Amor, Igreja do Brasil, Igreja da Paz, Nazareno e Manancial, entre outras, cada qual com seu jeito de funcionar, de buscar fiéis, de impor regras e proibições, causando conflitos entre parentes e prejudicando a transmissão dos conhecimentos tradicionais. Em 2019 foram contabilizadas 59 igrejas católicas e 71 igrejas evangélicas no interior da TI, sendo que em algumas comunidades há mais de uma, como é o caso da Ponta Alegre, no Rio Andirá, com oito igrejas diferentes.

Outra interferência externa que vem trazendo problemas crescentes para as famílias Sateré-Mawé é o consumo de bebidas alcoólicas e de drogas, principalmente entre os mais jovens, gerando violência, roubos e abusos. Este problema é facilitado pela entrada regular de regatões e dos barcos de passageiros (recreios), mas também pelos próprios indígenas. As famílias, os *tuxauas* (chefes políticos), professores e agentes indígenas de saúde vêm tentando enfrentar a questão, buscando soluções para a prevenção e o para o tratamento do vício. Por se tratar de um problema de saúde pública, o povo Sateré-Mawé demanda que o Distrito Sanitário Especial Indígena (Dsei) assuma também sua responsabilidade, esperando que os profissionais da área atuem junto aos jovens para enfrentarem o assunto.

O comércio com os regatões se dá em todos os rios da TI Andirá-Marau, sendo uma relação comercial antiga que foi se transformando com o tempo. Se de um lado as famílias indígenas consideram-na vantajosa porque podem comprar os produtos que precisam na porta de casa sem gastar combustível para ir à cidade, de outro, são conscientes de que sobram problemas: os regatões vendem os produtos por valores muito acima da média; pagam pouco pelos produtos indígenas; vendem mercadorias vencidas; alguns trazem bebidas alcoólicas e drogas para as comunidades; alguns incentivam a prostituição e o roubo; e jogam lixo nos rios. Os Sateré-Mawé avaliam que precisam de apoio da Funai, da Capitania dos Portos, da Marinha, da Polícia, do Ibama e do ICMBio, para melhorar o relacionamento com os regatões.

A política partidária também vem causando a desunião entre parentes e lideranças, acentuando-se nos períodos pré-eleitorais. A política regional interfere no sistema político tradicional dos *tuxauas* e nas organizações indígenas, repercute negativamente na educação escolar indígena e no atendimento a saúde, influenciando na admissão e demissão de professores e profissionais de saúde (indígenas e não indígenas) e no relacionamento com os conselheiros de saúde indígena.

A TI Andirá-Marau se sobrepõe aos estados do Amazonas e do Pará, assim a oferta de educação escolar nas comunidades fica suscetível à divisão entre quatro municípios: Maués/AM, Barreirinha/AM, Parintins/AM e Aveiro/PA. Essa divisão dificulta o alinhamento dos Sateré-Mawé na criação de uma escola unificada, específica para a realidade do povo e de qualidade, que valorize a cultura, os saberes específicos e o calendário sazonal.

Um bom exemplo de educação intercultural é o curso de graduação em Licenciatura Indígena – Políticas Educacionais e Desenvolvimento Sustentável, criado pelo Ministério da Educação (MEC), em 2009. Batizado pelos Sateré-Mawé como Livre Academia do Wará (LAW), essa licenciatura é muito valorizada pelo povo Sateré-Mawé, que a vê como uma conquista das lideranças e do Conselho Geral da Tribo Sateré-Mawé (CGTSM). A turma iniciou sua formação em janeiro de 2015, pela Universidade Federal do Amazonas (Ufam), sendo realizada em quatro etapas presenciais anuais. O currículo do curso foi sendo construído juntamente com os estudantes, de acordo com seus interesses. A língua sateré foi valorizada, assim como as áreas de pesquisa, práticas investigativas, prática profissional e projetos especiais. Trinta e oito alunos receberam o título de "licenciados em educação indígena" em março de 2019, e os Sateré-Mawé aspiram a continuidade dessa graduação dentro da TI.

A PANDEMIA DE COVID-19 NA TI ANDIRÁ-MARAU

O povo Sateré-Mawé resiste há 353 anos de contato com os não indígenas, tendo passado pela Cabanagem, por invasões em seu território e epidemias. Ainda estão vivas na memória dos mais velhos as histórias de aldeias que desapareceram nos tempos da epidemia de sarampo, quando não havia vacina, na primeira metade do século XX.

No início da pandemia da covid-19, foram instauradas barreiras de proteção nas entradas da TI nos Rios Marau e Andirá, formadas por lideranças indígenas e profissionais da Sesai, com monitoramento de funcionários da Funai. A presença da Sesai durou poucos meses, quando então as lideranças indígenas passaram a manter sozinhas essas barreiras. Inicialmente, elas tiveram o objetivo de controlar a entrada e a saída das embarcações da TI e de passageiros potencialmente portadores de covid-19. Ampliaram, porém, essa atuação para ações de proteção territorial, que já vinham sendo discutidas no processo de elaboração do Plano de Gestão Territorial e Ambiental desde 2017. A barreira do Rio Andirá funcionou até a metade de 2021, e a barreira do Rio Marau prossegue funcionando até hoje, com apoio do Centro de Trabalho Indigenista (CTI) e do Conselho Indigenista Missionário (Cimi).

O enfrentamento da covid-19 na TI Andirá-Marau contou com uma força-tarefa de parcerias para aquisição e doação de máscaras faciais, itens de higienização, kits de radiofonia e insumos para estruturação e atuação das barreiras sanitárias. Em agosto de 2020, a associação Expedicionários da Saúde doou sete Unidades de Atuação Primária Indígena (UAPIs) para os Polos Base de Saúde nos Rios Marau, Andirá e Waicurapá.

A dra. Cristina Alvarez, que trabalhou durante toda a década de 1990 com a saúde indígena na TI Andirá-Marau através da Amerindia Cooperación, elaborou uma cartilha de combate à covid-19 específica para os Sateré-Mawé, com assessoria do CTI, traduzida para a língua sateré por Jessiel Wasa'i, Franciel Wasa'i Gap e Naldicy Batista Sateré. Além das medidas de controle sanitário e territorial, os Sateré-Mawé combateram a covid-19 por meio de sua medicina tradicional.

Outra medida importante para o enfrentamento da Covid-19 foi a vacinação dos indígenas. Infelizmente, muitos Sateré-Mawé não tomaram a 1ª dose da vacina, e alguns não completaram as duas doses de vacinação devido à desinformação e à disseminação de informações falsas pelas redes sociais. De abril de 2020 ao mês de maio de 2021, foram confirmados óbitos de 16 pessoas do povo Sateré-Mawé, entre elas cinco tuxauas, inclusive o Tuxaua Geral do Andirá Amado Menezes (10/2020), da comunidade Ponta Alegre, Baixo Andirá.

Até junho de 2021 não foi possível saber o número de indígenas que adoeceram e se recuperaram da covid-19, assim como não há nenhuma informação da cobertura vacinal na TI Andirá-Marau.

AS ORGANIZAÇÕES INDÍGENAS

Atualmente, além do Conselho Geral da Tribo Sateré-Mawé (CGTSM), que é o mais representativo, os Sateré-Mawé estão reunidos em várias organizações:

- Amism: Associação das Mulheres Indígenas Sateré-Mawé
- Apcisme: Associação dos Produtores e Cultura Indígena Sateré-Mawé
- Asamav: Associação de Apoio ao Desenvolvimento Sustentável Social e à Preservação da Cultura Sateré-Mawé do Rio Andirá
- CPSM: Consórcio de Produtores Sateré-Mawé
- Momupe: Associação dos Agentes de Saúde dos Rios Marau e Urupadi
- Opisma: Organização dos Professores Indígenas Sateré-Mawé dos Rios Andirá e Waikurapá
- Tumupe: Associação dos Tuxauas dos Rios Marau, Urupadi, Miriti e Manjuru

• Womupe: Associação dos Professores Sateré-Mawé dos Rios Marau e Urupadi

• Wepainuğ: Associação dos Indígenas Sateré-Mawé da Ilha Michiles e do Baixo Marau

• Associação dos Kapi e Lideranças Tradicionais Sateré-Mawé do Rio Andirá/AM

O MERCADO DO GUARANÁ

Os Sateré-Mawé são inventores da cultura do guaraná: transformaram uma trepadeira silvestre da família das Sapindáceas – a *Paullinia cupana* –, nativa das terras altas da Bacia do Rio Maués –, em arbusto cultivado, introduzindo seu plantio e beneficiamento. O evento da domesticação da planta pelo advento da agricultura tem sua autoimagem sustentada no mito da origem, segundo o qual os Sateré-Mawé são filhos do guaraná, o *waranã*. Hoje o *waranã* é também o produto comercial por excelência desse povo, uma fonte de renda com o melhor preço no mercado. É possível pensar que a vocação para o comércio demonstrada pelos Sateré-Mawé se relaciona com a grande importância do *waranã* em sua organização socioeconômica e política.

O Consórcio de Produtores Sateré-Mawé (CPSM), fundado em dezembro de 2009, faz parte do Conselho Geral da Tribo Sateré-Mawé (CGTSM), tendo como objetivo fundamental a compra de guaraná dos produtores Sateré-Mawé para revenda e exportação, pagando preço superior aos dos comerciantes não indígenas. Além do guaraná, o CPSM compra urucum, mel de abelhas nativas, mirantã (*Ptychopetalum olacoides*), cumaru e copaíba.

Em março de 2010, o CPSM obteve senha no Sistema de Comércio Exterior, transformando-se na primeira organização indígena brasileira a exportar produtos de agrosilvicultura, especialmente o *waranã*. No mesmo ano, foi publicado com apoio da Fundação Slow Food para a Biodiversidade e da Regione del Veneto, o "Protocolo de Produção do Pão de Waranã Sateré-Mawé – denominação de Origem Protegida", que descreve as características tradicionais da produção do *waranã*.

Em maio de 2012, o CPSM depositou a marca *Nusoken* para início da comercialização do *waranã* em território nacional. No mesmo mês, foi inaugurada em Parintins a unidade de beneficiamento do *waranã* dos Sateré-Mawé.

Nos anos de 2018 e 2019, do total de 117 comunidades da TI Andirá-Marau, havia 21 comunidades do Rio Andirá e 14 comunidades da calha do Rio Marau com produtores trabalhando com o CPSM. Atualmente o CPSM compra guaraná tanto dos produtores Sateré-Mawé quanto dos produtores ribeirinhos que moram nas proximidades da TI Andirá-Marau, e exporta em torno de 3 a 4 toneladas de guaraná por ano.

Em outubro de 2020, após nove anos de estudo, o Instituto Nacional da Propriedade Industrial (Inpi) finalmente reconheceu a TI Andirá-Marau como indicação geográfica para o guaraná e o pão de guaraná, a primeira concedida a um povo indígena no Brasil. É uma grande vitória do povo Sateré-Mawé para conservar seu território ancestral como guardião do guaraná original.

PRESSÃO SOBRE O TERRITÓRIO

Em 1978 foi iniciado o processo de demarcação da TI Andirá-Marau pelas lideranças indígenas, sendo concluído com a homologação da TI em 1986, com 788.528 ha, contendo áreas de sobreposição com o Parque Nacional da Amazônia (11%) e a Floresta Nacional do Pau Rosa (3%).

É de conhecimento na região que o município de Aveiro tem forte tradição na exploração madeireira e o município de Itaituba naa atividade garimpeira, e na última década isso significa uma pressão constante na TI Andirá-Marau. Atualmente, madeireiras e serrarias invadem a região do Rio Waicurapá e estão pressionando

© SÔNIA LORENZ, 2018

O tuxaua Donato Lopes da Paz é do clã Açaí, tem 90 anos, nasceu no rio Marau, mas mora no rio Andirá, na comunidade Simão. Em 1977 viajou para Brasília para exigir do presidente da Funai Ismart de Oliveira a demarcação do território dos Sateré-Mawé, invadido pelos brancos para explorar pau-rosa, sorva etc. Donato junto com tuxaua Emílio Tibúrcio, tuxaua Manoelzinho Michiles e o capitão Dico lutaram incansavelmente pela demarcação da TI Andirá-Marau até sua homologação em 1986.

para entrar na região do Igarapé Tigre. No Waicurapá, limite norte da Terra Indígena, existe uma serraria na frente da comunidade Monte Carmelo, e uma estrada aberta no Igarapé Seringal, que provavelmente é usada para a retirada de madeira. Os indígenas relatam que, do outro lado do rio, fora da Terra Indígena, situam-se serrarias que eles denominam "serrarias portáteis" devido a seu *modus operandi*: "cruzam o rio a noite, levam motosserra escondida, e vão tirando a madeira aos poucos, às vezes até com a ajuda de algum indígena".

Itakaué é uma pequena comunidade no limite noroeste da TI, aberta com o objetivo de defender o território em região de forte pressão das serrarias do Rio Maués-Mirim. O *tuxaua* da comunidade já foi ameaçado e os moradores temem uma invasão.

Há relatos de barulho de aviões e helicópteros pousando na região da cabeceira do Igarapé Miriti, sem que os comunitários do Campo do Miriti saibam o motivo.

No Alto Andirá a maior ameaça é o garimpo. Havia garimpeiros fazendo buracos nessa região, perto das comunidades Fortaleza e Bom Jardim, tirando material prospectado de avião pela pista de pouso da comunidade Vila Nova I. Em 2019, os *tuxauas* reunidos denunciaram essas atividades para o Ministério Público, a Funai e a Polícia Federal, e em 2020 os garimpeiros foram retirados. A procura de minério nas cabeceiras dos Rios Andirá, Marau, Miriti e Manjuru traz grande preocupação para os Sateré-Mawé, porque toda a água dos rios que banham a TI vem desta região.

O Ministério de Minas e Energia tem requerimentos para exploração ou prospecção dentro da TI, o que é proibido pelo art. 231 da Constituição Federal de 1988.

A pressão para construção de estrada na TI data do final da década de 1970. Atualmente, é possível visualizar uma estrada saindo de Itaituba e chegando até o Igarapé Ipiranga, ligando a Transamazônica à região próxima do limite leste da TI Andirá-Marau. O projeto "Ponte de Safena" propõe a construção de uma estrada ligando Itaituba a Maués.

PRESSÃO POPULACIONAL E IMPACTOS AMBIENTAIS

Paralelamente às pressões sobre a soberania territorial, a proliferação de comunidades às margens dos Rios Marau, Andirá e Urupadi ocasiona problemas ambientais e escassez de alimentos. Nos últimos 30 anos, a população da TI Andirá-Marau triplicou. Atualmente existem 117 comunidades, com uma população estimada de 16 mil pessoas. Esse sensível crescimento demográfico desencadeou desmatamento, devido à abertura de novas comunidades e novas roças, causando pressão sobre os estoques de caça, pesca e extrativismo.

Há relatos de grandes incêndios em 2015 e 2016 nas regiões do Rio Waicurapá, no Médio Andirá e Baixo Marau, devido à seca extrema na Amazônia. Fenômenos naturais que fazem variar o

Pescador com filho no igarapé Juma, próximo da comunidade Terra Nova; com o crescimento populacional na TI Andirá-Marau, aumentou a pressão sobre os estoques de pesca, caça e extrativismo.

COMUNIDADES SATERÉ-MAWÉ PRÓXIMAS DOS LIMITES DA TI ANDIRÁ-MARAU

Existem nove comunidades do povo Sateré-Mawé localizadas fora da TI Andirá--Marau, que são atendidas pela Funai, pelo DSEI e pela Educação Indígena. Essas comunidades também se situam noMédio Amazonas e, segundo seus moradores, localizam-se em territórios tradicionais de seu povo, o que pode ser comprovado por relatos dos viajantes europeus (século XVIII) que mantiveram contato com os Sateré-Mawé na área compreendida pelos rios Marmelos, Sucunduri, Abacaxis, Parauari, Amana, Mariacuã e Mamuru. Muito provavelmente essas comunidades vêm sofrendo o mesmo tipo de pressão que a TI Andirá-Marau vem enfrentando.

Comunidade	*Localização*	*Município/Estado*	*População*
Sagrada Família do Aninga	*Rio Maçauari*	*Boa Vista do Ramos*	*269*
Babaçutuba	*Rio Massauari*	*Barreirinha/AM*	*53*
Monte Salém	*Rio Atuca, próximo da cidade de Maués*	*Maués/AM*	-
Menino Deus	*Rio Urupadi*	*Maués/AM*	-
São Raimundo	*Rio Urupadi*	*Maués/AM*	-
São Benedito	*Rio Urupadi*	*Maués/AM*	-
Campo Branco	*Rio Maraicoã*	*Aveiro/PA*	-
Ipiranga	*Igarapé Ipiranga*	*Juruti/PA*	-
Nossa Senhora Aparecida	*Rio Mamuru*	*Juruti/PA*	-

Fonte: CTI (2019) e CTL; Funai Parintins (2022).

clima, e a ação humana com os desmatamentos e a formação de pastagens, estão diretamente associados ao aumento da frequência de queimadas na Amazônia.

O fogo é usado tradicionalmente pelos Sateré-Mawé, e seus antepassados conheciam os cuidados e praticavam regras básicas para evitar incêndios, como as vigias e os aceiros realizados nos puxiruns. Atualmente, os riscos aumentaram devido às mudanças climáticas, sendo necessário retomar as técnicas tradicionais de manejo do fogo, assim como tomar cuidados especiais com as vegetações dos igapós e das margens dos rios, de importância estratégica tanto para a conservação da floresta como para alimentar a caça e os peixes.

A disponibilidade de caça também está comprometida seja pelas invasões de caçadores e madeireiros, seja pela pressão dos não indígenas para que os Sateré-Mawé participem de atividades ilegais de garimpo e extração de madeira dentro de seu próprio território, desmatando áreas de reprodução e perambulação dos animais.

Na última década, a escassez dos peixes aumentou e está diretamente relacionada a vários fatores: queimadas nos igapós; desmatamento das beiras dos rios, lagos e igarapés; uso crescente de apetrechos como malhadeiras, tarrafas, anzóis, arpões; aumento da população e, por consequência, aumento de pescadores e da demanda por peixes; trânsito intenso de embarcações, gerando poluição nos cursos Médios e Baixos dos Rios Marau e Andirá, tanto pelo combustível e o lixo jogados na água, como pelo ruído dos motores. *(junho, 2022)*

NOTAS

[1] Grande parte das informações presentes neste texto resultaram da elaboração do Plano de Gestão Territorial e Ambiental (PGTA) desta TI, realizado pelos agentes ambientais indígenas juntamente com a equipe do CTI, de 2017 a 2021, no projeto Consolidando a Gestão Territorial e Ambiental em Terras Indígenas na Amazônia, do Fundo Amazônia (FAM), que está sendo traduzido para a língua sateré.

[2] O *Womat*, conhecido também como Festa da Tucandeira, é o ritual de passagem de meninos para homens, quando eles são picados pelas formigas. Nos cantos do *Womat* são contados mitos e histórias de guerra, como a Cabanagem. Os Sateré-Mawé entendem que esse ritual funciona como uma vacina, formando homens valentes, guerreiros e bons caçadores.

MURA

Criação de Búfalos Ameaça TIs no Amazonas[1]

Ana Ionova | Repórter da Mongabay

O DESMATAMENTO ESTÁ AUMENTANDO EM AUTAZES/AM. LIDERANÇAS INDÍGENAS AFIRMAM QUE A PERDA DE FLORESTA ESTÁ ATINGINDO AS 18 TIS DO MUNICÍPIO, ALGUMAS DAS QUAIS AINDA ESPERAM PELA DEMARCAÇÃO. A MAIOR PARTE DAS TERRAS DESMATADAS FOI TRANSFORMADA EM PASTOS PARA REBANHOS DE BÚFALOS – O QUE, ALÉM DE DESMATAR A FLORESTA, POLUI AS FONTES DE ÁGUA E AS LAVOURAS INDÍGENAS

Nas profundezas da TI Trincheira, alguns quilômetros ao sul de Manaus, nosso barco a motor serpenteia por um labirinto de igarapés, deslizando sobre as águas da densa floresta tropical submersa. Ele atraca na margem do rio, à sombra das grandes árvores. No entanto, a poucos metros dali, no meio da floresta, o dossel verde dá lugar a um vasto trecho de floresta derrubada e arbustos carbonizados.

"Desde que me lembro, esta floresta permaneceu intocada", diz Souza Dias Alvez, morador da aldeia indígena de Trincheira, a 15 minutos de barco a jusante pelo Rio Preto Pantaleão. "Isso aqui é uma tragédia; me dá uma tristeza profunda".

Essa área junto do limite sul da Terra Indígena, com cerca de 20 hectares, foi desmatada há alguns meses, conta ele. Alertados pelos indígenas, agentes da Polícia Federal embargaram a área e proibiram sua queima no final de setembro, poucas semanas antes de a visitarmos. Ainda assim, os invasores retornaram, incendiando-a.

No calor escaldante do meio da manhã, Alvez recolhe um saco de 20 kg usado para guardar sementes de capim, vazio, descartado entre as cinzas e galhos quebrados. "Eles já plantaram o capim. E tudo isso aqui será transformado em pasto, será transformado em capim para alimentar os búfalos".

A TI Trincheira se estende por 1.834 hectares no município de Autazes/AM. Ali, rios e igarapés cruzam a paisagem da floresta, enchendo-se durante a estação chuvosa para formar um labirinto de várzeas. Cerca de 34 aldeias indígenas pontilham as margens do rio, onde o povo Mura sobrevive da caça, da pesca e da agricultura de subsistência.

Mas o desmatamento na região está disparando, e a floresta vem rapidamente dando lugar a pastagens. Em 2021, mais de 48.600 alertas de desmatamento foram confirmados na floresta primária de Autazes, de acordo com dados de satélite da Universidade de Maryland visualizados pela Global Forest Watch. Isso representa um salto de mais de 72% em relação ao mesmo período de 2020.

Líderes indígenas dizem que o desmatamento agora está invadindo as 18 Terras Indígenas (TIs) espalhadas por Autazes, algumas das quais ainda esperam pela conclusão do processo de demarcação. A maior parte das terras desmatadas está sendo transformadas em pastos para rebanhos de búfalos-d'água, adaptados às regiões de várzea.

Isso representou mais um golpe para os povos indígenas: à medida que os animais invadem os rios e igarapés, poluem as águas das quais esses povos dependem. Os indígenas alertam que, com a proximidade da criação de búfalos de seus territórios, as invasões ameaçam a sobrevivência dos 18 mil indígenas Mura que chamam a região de lar.

"Estamos virando uma ilha no meio de fazendas", diz Josiane Tavares dos Santos, *tuxaua* (líder) da aldeia Trincheira. "No futuro, não teremos mais água, não teremos mais floresta, não teremos mais terra para plantar. É uma grande perda para nós".

© ANA IONOVA/MONGABAY, 2021

Josiane dos Santos, tuxaua (líder) da aldeia de Trincheira em sua casa na Terra Indígena homônima. "No futuro, não teremos mais água, não teremos mais floresta, não teremos mais terras para plantar. É uma grande perda para nós."

A FEBRE DO BÚFALO

Em Autazes, os rastros da pecuária estão por toda parte. No alto do porto da cidade, uma placa anuncia a chegada de nossa balsa à "Terra do Leite". Ao longo da margem do rio, barcos para o transporte de gado esperam para levar os animais até a outra margem. No centro da cidade, açougues com nomes como "Gado Manso" exibem pedaços enormes de carne pendurados em ganchos.

A indústria da carne no Amazonas permanece modesta se comparada à do vizinho Mato Grosso, o coração da pecuária brasileira. Mas, à medida que a febre do búfalo se espalha pela região, a produção aumenta em lugares como Autazes. O município abriga cerca de 80 mil cabeças de gado – quase o dobro do número de pessoas. As autoridades locais também abraçaram a pecuária, expressando abertamente seus sonhos de expandir a produção de leite, queijo e carne.

E, na última década, os pecuaristas de Autazes têm apostado nos búfalos, que são mais adaptáveis do que o gado convencional e podem fornecer um melhor retorno para o investimento. Maiores, esses animais também prosperam na paisagem composta de florestas de várzea, onde podem atravessar os trechos pantanosos a nado para encontrar novas áreas para pastar.

Ao dirigir por Autazes, é possível ver a mudança. Vastas pastagens ladeiam a estrada principal que corta o município, mas poucas vacas são vistas pastando. Na maior parte do tempo, manadas de búfalos mastigam arbustos, com seus corpos robustos submersos nos campos alagados.

Para Raimundo Aldo Gomes França, presidente do Sindicato dos Trabalhadores Rurais e Agricultores Familiares de Autazes, o búfalo representa o futuro. França possui 185 hectares de terras e 240 hectares de várzeas na parte sul de Autazes, não muito distantes da aldeia da Trincheira. Ele cria 31 búfalos num pequeno lote de suas terras e planeja expandir seu rebanho, mas insiste que usa métodos sustentáveis e preserva a maior parte de suas terras, como é exigido por lei.

"Há muitas acusações falsas, demonizando o búfalo", disse em entrevista na sede do sindicato. Nós também sentimos essas acusações – como se fôssemos agressores contra a natureza. Mas essa expansão vai acontecer. É um processo natural, é uma questão de progresso".

Contudo, as comunidades indígenas alertam que suas aldeias estão sendo cercadas por fazendas de búfalos, o que causa estragos sociais e ambientais. Elas alegam que, em alguns casos, os pecuaristas estão até mesmo invadindo os territórios indígenas, enquanto o gado destrói as lavouras de subsistência e polui as águas.

"O búfalo é um animal selvagem, não respeita cercas", diz Santos. "Se ele não tiver pasto, vai para a água e começa a procurar. Se ele não tem comida, invade nossas lavouras. E estamos com dificuldades para nos alimentar".

DISPUTA DE TERRAS

A expansão da pecuária de búfalos só aprofundou a luta de décadas dos Mura pelos direitos à terra. O território mura, que antes ocupava grandes áreas do labirinto de florestas, várzeas e igarapés da região, acabou dividido em dezenas de Terras Indígenas no processo de demarcação – algumas com apenas alguns hectares.

"Como ocupavam uma região muito extensa, os Mura acabaram se espalhando, formando pequenas aldeias", diz Luiza Machado, do Conselho Indigenista Missionário (Cimi), ligado à Igreja Católica, que luta pelos direitos dos povos indígenas. "Isso os deixou menos unidos e mais vulneráveis quando veio a demarcação".

Agricultores e pecuaristas logo se mudaram para as terras entre os territórios dos Mura, derrubando a floresta e transformando as terras em pastagens, de acordo com Tato Mura, vice-presidente do Conselho Indígena Mura (CIM) e *tuxaua* da comunidade de

São Félix, que fica na margem oposta ao porto da cidade. "Eles entraram comprando terras, e suas propriedades continuaram se expandindo", conta ele. "É por isso que, hoje, nossas aldeias são ilhas rodeadas de fazendas e pastagens".

À medida que as aldeias dos Mura cresciam – de um punhado de famílias para centenas de pessoas –, tornou-se cada vez mais difícil caçar e sobreviver nas pequenas áreas de floresta fragmentada que lhes foram destinadas. Os territórios dispersos dos Mura agora também estão particularmente vulneráveis à medida que a criação de búfalos explode no entorno, alertam ativistas dos direitos indígenas.

Recentemente, a disputa por terras em Autazes se intensificou devido aos planos de abrir uma mina de potássio na cidade, que abasteceria os produtores de soja com fertilizante brasileiro. Os planos impulsionaram a especulação de terras, embora o projeto tenha sido paralisado depois que um tribunal decidiu que a mineradora não havia consultado o povo Mura.

Os planos federais para abrir grandes extensões da Bacia Amazônica à exploração de gás natural também geraram especulação imobiliária, embora o projeto tenha sido marcado por polêmicas, já que promotores públicos argumentam que alguns dos blocos destinados à exploração se sobrepõem a territórios indígenas que aguardam demarcação.

Ainda assim, a expectativa de que grandes áreas – inclusive de TIs – sejam logo abertas para a exploração levou muitos pecuaristas a vender terrenos perto dos locais propostos para o projeto e a buscar novas áreas para transformar em pastagens, de acordo com líderes indígenas. "Há muitos fazendeiros entrando em nossos territórios, vindos de outros lugares onde não há mais terras", diz a tuxaua Josiane. "Eles dizem que compraram essa terra, que têm os documentos. Mas nunca vimos esses documentos".

França reconheceu que os fazendeiros estão avançando nas terras indígenas, mas rejeitou a ideia de que eles estejam invadindo as TIs, culpando os próprios indígenas pelo avanço dos búfalos em seus territórios. "Mesmo que um índio reclame para você, foi o parente dele que levou o fazendeiro para lá", diz França. "Eles vendem terra, eles vendem áreas que não são deles. Eles são os verdadeiros bandidos".

"Mas essas negociações de terras não são legítimas, uma vez que o território indígena não pertence a nenhum indivíduo e não pode ser vendido legalmente", diz Luiza Machado.

"À medida que a agricultura avança, alguns povos indígenas de fato permitiram fazendeiros em suas terras", afirma. "Mas isso apenas reforça o desespero que assola as aldeias indígenas, onde a criação de búfalo já ameaça as formas tradicionais de sobrevivência", observa Machado. "Os peixes estão acabando, a caça está ficando mais difícil. Eles não conseguem plantar mais porque o búfalo destrói suas lavouras. Então não é uma questão de escolha – é uma questão de necessidade. É uma questão de desespero".

ÁGUAS CONTAMINADAS

Na vizinha TI Padre, os moradores já sentem os impactos da criação de búfalos. Lá, o igarapé que usam para tomar banho, cozinhar e pescar ficou marrom escuro. É a única fonte de água potável da aldeia. Agora, os moradores precisam tratar a água com gotas de água sanitária para poderem bebê-la com segurança.

"Estamos quase bebendo lama em nossa aldeia", desabafa Edson de Sá Barbosa, morador e ex-*tuxaua*. "Bebemos porque não temos outra alternativa. É tudo o que temos".

Barbosa culpa as três grandes fazendas que cercam a TI de 770 hectares. "Eles estão criando búfalos. E isso está trazendo o caos para nossa aldeia. Nem a vaca comum contamina e causa devastação desse jeito".

Na aldeia vizinha de São Félix, indígenas relatam ver regularmente búfalos, fezes de animais e até mesmo cercas elétricas para o gado no rio. No ano passado, um búfalo morto passou flutuando em frente à escola da aldeia, de acordo com Everton Mura, professor e vice-*tuxaua* da aldeia.

"Foi uma cena muito triste", contou ele em entrevista, às margens do rio. "Porque nós, indígenas, do povo Mura – nós temos muita preocupação com a água. Nós cuidamos da nossa água... Nosso rio está sendo usado agora como se fosse uma lixeira".

Na aldeia de Taquara, fazendeiros também estão invadindo as terras indígenas, e o esterco do búfalo deixou a água inutilizável. Líderes e ativistas indígenas relatam que os fazendeiros insultam os moradores e trazem balsas cheias de búfalos, derramando fezes e palha no rio cujas águas os indígenas usam para cozinhar, lavar e beber.

"É uma aldeia que hoje é dominada pelo búfalo", diz Tato Mura. "A aldeia está sendo atropelada por invasores, por posseiros. Não há água para beber. Hoje, nosso povo está sofrendo as consequências".

"A comunidade de Taquara tentou impedir o avanço da pecuária de búfalos em seu território por meios legais", diz Machado. "Mas, apesar de ganharem uma moção para expulsar os fazendeiros do território, o desmatamento continuou implacável", diz ela.

O conflito entre os moradores de Taquara e os criadores de búfalo escalou recentemente, quando os fazendeiros agrediram e ameaçaram o *tuxaua* da comunidade, conta Machado. O líder foi obrigado a sair da aldeia e ir para um esconderijo nas últimas semanas.

"Em Taquara, os fazendeiros estão constantemente testando os limites", diz ela. "Eles continuam avançando, passo a passo. E chegou a um ponto crítico".

O Ministério Público Federal (MPF) abriu um inquérito público sobre "medidas adotadas para garantir o acesso à água potável em Taquara", solicitando informações do órgão federal de serviços de saúde e saneamento indígena. Em junho de 2021, o MPF também pediu ao órgão indígena do estado para instalar um poço de água potável em Taquara, mas o pedido foi negado pelas autoridades, que alegaram restrições orçamentárias, acrescentou o MPF.

O MPF também informou que, em 2018, conduziu um "procedimento extrajudicial para investigar a denúncia de danos ambientais causados pela criação de búfalos" em várias fazendas de Autazes. As conclusões da investigação foram então enviadas à Polícia Federal, que não respondeu às perguntas da reportagem sobre eventuais medidas tomadas.

Para Santos, o medo é que a TI Trincheira esteja se transformando na próxima fronteira pecuarista, à medida que os fazendeiros de búfalo avançam sobre as florestas verdes do território. "Ainda não estamos sentindo os impactos. Mas sabemos que, se não pararmos essas pessoas, enfrentaremos o mesmo destino".

AVANÇO DA DESTRUIÇÃO

A apenas alguns quilômetros do centro da cidade, uma estrada de terra leva à rodovia principal que corta Autazes. Enquanto nosso veículo 4X4 serpenteia ao longo do terreno acidentado, a densa floresta virgem dá lugar a trechos carbonizados de floresta destruída. A fumaça escura sobe além do dossel. Em um trecho, um incêndio ainda queima uma área recém-desmatada que flanqueia a estrada.

Passamos por pelo menos meia dúzia de cabanas de madeira que, segundo fontes locais, servem de abrigo para madeireiros ilegais que passam dias na floresta, derrubando árvores centenárias. Em determinado ponto, tropeçamos numa pilha organizada de madeira cortada ao lado de uma árvore derrubada, pronta para ser transportada pela abertura recente na floresta.

A destruição chegou à porta de várias TIs, incluindo as TIs Padre e Miguel/Josefa. Seguimos por mais alguns quilômetros até a estrada ser interrompida abruptamente pelo Lago Sampaio, onde uma comunidade improvisada surgiu e engoliu uma aldeia indígena.

Há sinais de que uma nova fronteira de desmatamento está surgindo aqui, à medida que invasores chegam a esse trecho de Autazes. Líderes indígenas dizem que a área agora está infestada pela extração ilegal de madeira, pelo tráfico de drogas e a grilagem de terras. Uma vez que a floresta foi aberta, eles dizem que provavelmente virá a agricultura.

"A cada dia que passa, a destruição se expande cada vez mais", diz Tato Mura. "Eles estão nos encurralando num pedaço estreito de terra".

Como em grande parte da Amazônia, os invasores de Autazes tornaram-se mais ousados nos últimos anos. Muitos foram encorajados pela retórica do presidente Jair Bolsonaro, que pressionou pela abertura dos territórios protegidos à mineração e à agricultura e prometeu não demarcar "mais nenhum centímetro de TIs".

Com suas terras sob pressão, a única forma de garantir a sobrevivência da cultura mura é criar uma TI unificada, de acordo com Tato Mura. Mas, com um Governo Federal que ele caracteriza "como hostil às demarcações de Terras Indígenas", os Mura estão, em vez disso, depositando suas esperanças nas autoridades estaduais para criarem um território contínuo protegido para seu povo.

"Hoje, nosso povo está sendo forçado a deixar nossas aldeias", diz Tato Mura. "Quando recuperarmos nosso território, teremos uma forma de sobreviver em nossas próprias terras". *(novembro, 2021)*

NOTA

[1] Editado a partir de artigo original publicado no site Mongabay, com tradução de Eloise de Vylder: https://brasil.mongabay.com

GERAL

A AUTODEMARCAÇÃO DA TI TUPINAMBÁ NO BAIXO TAPAJÓS

Criada entre o final dos anos 90 e início dos anos 2000, a Resex (com mais de 677 mil hectares) passou a incluir uma série de territórios indígenas cujos povos estavam em intensa luta por seus direitos. Tal processo ficou conhecido por ser uma reorganização do movimento indígena na região, que inclusive lutou pela própria constituição da Resex como forma de defender seus territórios e modos de vida. Quase 20 anos depois, entretanto, a realidade local, marcada pelo fortalecimento do movimento indígena e pela recusa das insistentes e violentas propostas de uso extrativista da terra pelo ICMBio, motivaram o início do embate pela delimitação de uma Terra Indígena única no local onde hoje se encontra a Resex. *(Fábio Zuker, 25/01/2017)*

ALDEIA SOLIMÕES INAUGURA SISTEMA DE ÁGUA MOVIDA A ENERGIA SOLAR

Um projeto implantado em forma de mutirões na aldeia indígena de Solimões, às margens do rio Tapajós, em Santarém, no oeste do Pará, inaugurou um sistema de abastecimento de água potável para uso doméstico que vai beneficiar quarenta e quatro famílias. Há 31 anos que a aldeia não possuía serviço de abastecimento de água encanada e coleta de esgoto e lixo. *(G1 Santarém, 13/02/2017)*

JUSTIÇA CONDENA DNIT A INDENIZAR TENHARIM E JIAHUI EM R$ 10 MILHÕES

Em ação do Ministério Público Federal no Amazonas (MPF/AM), a Justiça Federal condenou o Departamento Nacional de Infraestrutura de Transportes (Dnit) ao pagamento de indenização por danos morais coletivos no valor de R$ 10 milhões aos índios Tenharim e Jiahui, habitantes de terras indígenas situadas no sul do Amazonas, sendo R$ 5 milhões para cada povo. A sentença reconheceu os graves danos ambientais causados ao território e ao modo de vida tradicional das etnias por obras na rodovia Transamazônica (BR-230). *(MPF, 07/04/2017)*

NA LUTA POR DEMARCAÇÃO NO PARÁ, INDÍGENAS ENFRENTAM NOVAS AMEAÇAS

Terra Indígena Maró é reivindicada pelos povos borari e arapium há 20 anos, mas esse e outros 16 processos que esperam por homologação do Ministério da Justiça estão travados. Enquanto isso, pressão de madeireiros e invasores continua. Em volta do nosso território tem muitos pretendentes, madeireiras, aí os caras entraram com contestação e agora com uma ação na Justiça pedindo para o Governo Federal, a Funai e o Ministério da Justiça diminuirem a terra indígena, para ver se conseguem uma parte para manejo florestal madeireiro, relata Dadá. O que está faltando agora é a Justiça pressionar a própria Funai e o Ministério da Justiça, que faz a demarcação oficial. *(K. Damasio, National Geographic Brasil, 02/03/2021)*

MUNDURUKU

INDÍGENAS E BEIRADEIROS IMPEDEM AUDIÊNCIA

Na tarde desta quarta (5), Munduruku, indígenas da comunidade de Pimental e beiradeiros de Montanha e Mangabal realizaram um ato na Câmara de Vereadores de Itaituba (PA), onde ocorreria uma audiência pública para discutir o leilão de 295 mil ha de floresta à exploração madeireira. Pela pressão dos indígenas e ribeirinhos, a audiência acabou sendo cancelada. A área na qual o Serviço Florestal Brasileiro e o Instituto Chico Mendes de Preservação da Biodiversidade pretendem legalizar a exploração de madeira contém sítios arqueológicos e é onde indígenas e ribeirinhos do Projeto de Assentamento Agroextrativista (PAE) Montanha e Mangabal caçam, fazem seus roçados e pescam de maneira tradicional. Foi aberto o edital da concessão e não fomos consultados, nem os ribeirinhos e nenhum dos povos indígenas afetados, explica Irleuza Robertinho, liderança indígena de Pimental. *(Cimi, 05/04/2017)*

INDÍGENAS OCUPAM PREFEITURA DE SANTARÉM CONTRA PORTO

Cerca de cem indígenas da etnia Tapajós ocuparam o prédio da Prefeitura de Santarém, no estado do Pará, nesta quarta-feira (7), em protesto contra o projeto de construção de um porto no Lago do Maicá. De acordo com os manifestantes, o empreendimento tem como objetivo atender apenas aos interesses do setor do agronegócio na região. Eles também bloquearam, por algumas horas, a BR-163, mais conhecida como Santarém Cuiabá, principal corredor de exportação da soja na região do baixo Amazonas. *(L. Campelo e S. Pereira, Brasil de Fato, 08/06/2017)*

MPF RECOMENDA AO IBAMA QUE PROMOVA FISCALIZAÇÕES NA TI KAYABI

O MPF enviou recomendação à Superintendência do Instituto Brasileiro do Meio Ambiente

© EDMAR BARROS/FUTURA PRESS, 2017

Diversas etnias participaram da Marcha da Resistência Indígena no Amazonas, em 19 de abril de 2017, em Manaus. Na ocasião, cerca de 300 pessoas dos povos Sateré Mawé, Mura, Baniwa, entre outros, caminharam até a Assembleia Legislativa do Amazonas em protesto pela consolidação de políticas públicas voltadas aos povos indígenas.

(Ibama) no Pará para que sejam planejadas e executadas ações de fiscalização ambiental no interior da TI Kayabi, localizada entre os municípios de Jacareacanga (PA) e Apiacás (MT). Investigações apontam que a ausência do órgão ambiental favorece a ação de grileiros e de madeireiros na área. Questionada pelo MPF, a superintendência do Ibama no Pará não apresentou nenhuma previsão de novas fiscalizações na área. Agora, o MPF enviou uma recomendação para que sejam adotadas medidas para: planejar e elaborar cronograma de fiscalizações ambientais contínuas na terra indígena; e identificar ações que ferem a proteção ambiental dentro da terra, incluindo desmatamento e garimpo ilegais. O planejamento e o cronograma devem ser informados ao MPF em Itaituba e o Ibama tem dez dias para responder. *(MPF, 17/10/2019)*

DECISÃO DE ARAS FORTALECE INVASORES DE TI EM MATO GROSSO

Uma tragédia assombra os indígenas no Mato Grosso. A pandemia explodiu em todo o estado desde maio, e o cenário é tão grave que, ironicamente, pela primeira vez em 50 anos não haverá Kuarup, o ritual em homenagem aos mortos realizado pelos povos do Xingu. Mas a Covid-19 não é a única ameaça no horizonte. Uma decisão recente do procurador-geral da República sinaliza uma tempestade perfeita sobre suas terras. Em junho, Augusto Aras ignorou recomendações contrárias do próprio MPF e convocou todos os envolvidos para discutir o caso da TI Kayabi. O estado de Mato Grosso quer de volta ao menos 80 mil hectares das terras Kayabi, na bacia do combalido rio Teles Pires, fronteira com o Pará. O governo estadual se colocou contra a demarcação assim que a ex-presidente Dilma Rousseff (PT) a assinou, em abril de 2013. O governo paraense, por outro lado, não a contesta. A TI Kayabi se espalha por mais de 1 milhão de hectares entre Apiacás, no extremo norte mato-grossense, e Jacareanga, no Pará. *(C. de Freitas Paes, A Pública, 22/07/2020)*

STF ABRE CONCILIAÇÃO EM CASO DE TI PRESSIONADA EM MATO GROSSO

Os não indígenas da TI Kayabi conseguiram uma vitória judicial no último dia 26 de maio, quando o ministro do STF Dias Toffoli intimou a PGR a se manifestar sobre a possibilidade de conciliação no processo movido pelo estado do Mato Grosso contra a demarcação do território homologado em 2013. O registro da área em cartório está suspenso desde novembro de 2013, quando o ministro Luiz Fux deu decisão liminar favorável ao Mato Grosso com base na tese do marco temporal. Na decisão de maio, Toffoli se refere a um ambiente favorável às tratativas de conciliação, o que foi negado por fontes ouvidas pela Agência Pública – a maioria contrária a qualquer possibilidade de conciliação, havendo apenas uma divisão minoritária entre os Kayabi, segundo a apuração. Caso a conciliação prospere, grileiros, madeireiros, garimpeiros e agropecuaristas podem ser beneficiados, em detrimento dos Kayabi, Munduruku e Apiaká que habitam o território e foram historicamente esbulhados de seu território – há, ainda, evidências de povos isolados no local. *(R. Oliveira, A Pública, 15/06/2022)*

ÍNDIOS FECHAM TRANSAMAZÔNICA COM APOIO DE CAMINHONEIROS

Diante da onda impetuosa de políticas anti-indígenas implementadas a toque de caixa pelo Congresso, com ampla complacência do governo Temer, o presidente da Funai, Antônio Fernandes Toninho Costa, foi exonerado nesta sexta-feira (5). Enquanto em Brasília se davam as movimentações para que ele deixasse o cargo por ser defensor da causa indígena diante de um ministro ruralista, segundo definiu, no Pará, guerreiros do povo Munduruku, armados com bordunas e arcos e flechas, interditavam uma ponte na rodovia Transamazônica em um ponto-chave para o escoamento da produção de soja para os portos no rio Tapajós. O protesto gerou uma fila de mais de 40 km de caminhões por mais de uma semana e só terminou na tarde de quinta-feira (4), com o desbloqueio da rodovia. *(M. Torres e S. Branford, The Intercept, 05/05/2017)*

ÍNDIOS OCUPAM CANTEIRO DE OBRAS DA USINA DE S. MANOEL

Índios da etnia munduruku ocupam, desde a madrugada de domingo (16), o canteiro de obras da Usina Hidrelétrica São Manoel, obra do Programa de Aceleração do Crescimento (PAC) em construção no Rio Teles Pires, na divisa dos estados do Mato Grosso e do Pará, a cerca de 125 km de Paranaíta (MT). Entre as demandas indígenas está a devolução de urnas funerárias que os mundurukus afirmam ter enterrado em um local onde a hidrelétrica está sendo construída. Os índios reclamam que as urnas com os ossos de seus antepassados foram roubadas de solo considerado sagrado. Além da devolução, os índios também exigem que as empresas se encarreguem de depositar as urnas em um novo local, indicado pelos próprios mundurukus, em território indígena onde não índios não tenham acesso, e na presença de pajés. *(A. Rodrigues, Agência Brasil, 17/07/2017)*

MUNDURUKU OCUPAM FUNAI EXIGINDO DEMISSÃO DE NOMEADO PARA COORDENAÇÃO

Lideranças Munduruku do Alto e do Médio Tapajós ocuparam o prédio da Funai em Itaituba (PA), na manhã desta segunda (25). Os indígenas, que exigem uma audiência com o presidente da Funai e a exoneração de um político do PSC nomeado na semana passada para um cargo de chefia na Coordenação Regional da Funai na região do Tapajós, afirmam que só deixarão a sede do órgão depois de terem suas reivindicações atendidas.Os Munduruku denunciam a nomeação política do ex-prefeito de Aveiro, Olinaldo Barbosa da Silva para a Divisão Técnica da Coordenação Regional Tapajós, segundo mais importante cargo na hierarquia da coordenação. A nomeação é uma indicação do PSC, o mesmo partido responsável por indicar os últimos presidentes da Funai, incluindo o atual, general Franklinberg Ribeiro de Freitas. *(R. Santana e T. Miotto, Cimi, 25/09/2017)*

ÍNDIOS DIZEM QUE LOCAL É SAGRADO E PEDEM SUSPENSÃO DE LICENÇA

Indígenas da etnia Munduruku divulgaram uma carta reclamando da construção da Usina Hidrelétrica São Manoel, entre Mato Grosso e Pará. Na carta, as lideranças alegam que os representantes da usina não cumpriram um acordo feito em julho deste ano com o povo indígena e dizem que querem negociar com pessoas sérias. Por causa do clima de tensão e de suposta ameaça de invasão ao canteiro de obras, a Justiça determinou que a Força Nacional fizessem a segurança no local. Em cumprimento à decisão da Justiça Federal, equipes desembarcaram em Alta Floresta, na semana passada. *(G1 Mato Grosso, 16/10/2017)*

MPF/MT PEDE QUE JUSTIÇA RECONSIDERE DECISÃO QUE RESTRINGE DOS MUNDURUKU

O MPF/MT, por meio da unidade em Sinop, requereu que a decisão liminar proferida pelo juiz federal da 2ª Vara da Subseção Judiciária no município, Marcel Queiroz Linhares, seja reconsiderada. A intenção do MPF/MT é que o texto seja alterado e, que na decisão, conste expressamente que o fato dos indígenas da etnia Munduruku estarem impedidos de acessar tanto as obras da Usina Hidrelétrica São Manoel quanto seus funcionários, não os restrinja de se manifestarem e realizarem ações cívico-políticas de protestos no entorno dos locais, assim como na cidade. *(MPF, 19/10/2017)*

MUNDURUKU BARRAM AUDIÊNCIA SOBRE FERROVIA QUE PODE IMPACTAR SEU TERRITÓRIO

Cerca de 90 indígenas do povo Munduruku bloquearam as entradas da Faculdade de Itaituba nesta manhã (4), em Itaituba, no Pará, para impedir a audiência pública que discutiria a implementação da Ferrovia EF-170, conhecida como Ferrogrão. O empreendimento impacta seus territórios e eles não foram previamente consultados. A audiência proposta pela Agência Nacional de Transporte Terrestre (ANTT) estava marcada para iniciar às nove horas de hoje em um dos auditórios da faculdade particular. Antes do início do expediente, às seis horas, os indígenas bloquearam todas as entradas da instituição e afirmam que só liberarão as entradas quando tiverem a confirmação de que a audiência está definitivamente cancelada – como já recomendou o próprio Ministério Público Federal (MPF). Em função da ocupação, as aulas na instituição foram canceladas. *(B. Dias e T. Miotto, Cimi, 04/12/2017)*

POVO MUNDURUKU COMUNICA FIM DE ALDEIA DEVASTADA POR GARIMPO E DOENÇAS

A aldeia PV que ficava localizada dentro da Terra Indígena Munduruku, no Pará, não existe mais. Foi devastada pelo garimpo, doenças e corrupção segundo um comunicado divulgado pelo Movimento Ipereg ayu. Direcionado às autoridades ambientais, o relato diz que o garimpo invadiu tudo corrompeu com doenças nossos parentes e matou a floresta e as roças, trazendo doenças, prostituição, uso de álcool entre os homens e mulheres e drogas entre os mais jovens. Os garimpeiros estariam cooptando indígenas para atuarem como segurança dos equipamentos, entregando, inclusive, armas de fogo. O documento chama a atenção das autoridades, que teriam sido avisadas das atividades ilegais, mas não se posicionaram. Os indígenas Munduruku decidiram criar uma equipe de fiscalização própria para destruir as máquinas e expulsar os garimpeiros da região do rio das Tropas. *(Amazonia.org, 23/01/2018)*

MULHERES MUNDURUKU DIVULGAM NOTA DIRETO DE UM GARIMPO LOCALIZADO NA TI

Mulheres Munduruku emitiram nesta terça-feira, dia 3, um comunicado direto de mais um garimpo fechado por elas junto a caciques e organizações políticas do povo. Estamos muito bravas e tristes e desapontadas com as autoridades como Funai, Ibama, Icmbio que deveriam ajudar a proteger nossas terras mas deixaram cair nas mãos dos garimpeiros pariwats, diz trecho do comunicado veiculado na página do Movimento Iperegayu. Há cinco anos o Movimento Ipereg Ayu e mulheres que agora se organizam na associação Wakoborun estão denunciando os males do garimpo que está causando para o nosso povo. Como não recebemos apoio de nenhum órgão, nós mesmos decidimos fiscalizar e proteger nossa terra. Já fizemos ação na aldeia PV e no rio Caburuá aonde queimamos máquina de garimpeiro. *(Cimi, 04/04/2018)*

MUNDURUKU FAZEM PROTESTO EM BRASÍLIA POR SAWRÉ MUYBU

Um grupo de indígenas Munduruku, que participa do 15º Acampamento Terra Livre (ATL), fez um protesto na manhã desta terça-feira (24) na sede do Ministério da Justiça pela demarcação da Terra Indígena Sawré Muybu, localizada nos municípios de Itaituba e Trairão, na bacia do Rio Tapajós, no Pará. De acordo com a liderança Ana Poxo Munduruku, a proposta do grupo era de permanecer em frente ao Ministério da Justiça até que fosse recebido pelo ministro Torquato Jardim, com uma posição definitiva quanto à demarcação da Terra Indígena. O ministro encontra-se em Paris. Assim, os indígenas foram recebidos por Gilson Libório, secretário executivo da pasta. Ele se comprometeu a dar uma resposta aos indígenas na tarde de quinta-feira (26). *(F. Zuker, Amazônia Real, 24/04/2018)*

MUNDURUKU EXPULSAM MADEIREIROS ILEGAIS NO PARÁ

Sem apoio dos órgãos de fiscalização, guerreiros munduruku realizaram nos últimos dias uma expedição a pé de cerca de 100 km expulsar madeireiros e palmiteiros da TI Sawré Muybu, no sudoeste do Pará. Segundo comunicado dos Munduruku, a expedição encontrou diversos madeireiros, a quem deram um prazo de três dias para saírem do território. Ficamos muito revoltados por ver as nossas árvores derrubadas e as nossas castanheiras como tora de madeira em cima de um caminhão. E sabemos que, quando retiram madeira, vão querer transformar nossa terra em um grande pasto para criar gado. Nós estávamos armados com nossos cânticos, nossa pintura, nossas flechas e a sabedoria dos nossos antepassados. E, com muita pressão, eles passaram a madrugada toda retirando 11 máquinas pesadas, 2 caminhões, 1 quadriciclo, 1 balsa e 8 motos. Todos sem placa. Na retomada, andamos 26 km vigiando os ramais [estradas] que os madeireiros fizeram no nosso território e bebendo água suja do rio Jamanxim, que está poluída pelo garimpo, afirma o texto. *(F. Maisonnave, FSP, 29/07/2019)*

© ANDERSON BARBOSA, 2019

Guerreiros Munduruku durante expedição de fiscalização da TI Sawré Muybu (Daje Kapap Eypi), nos limites do território banhado pelo rio Jamanxim, afluente do Tapajós.

© MARIZILDA CRUPPE/AMAZÔNIA REAL/AMAZON WATCH, 2020

Garimpo ilegal na TI Munduruku, município de Jacareacanga/PA.

ALESSANDRA KORAP MUNDURUKU TEM CASA INVADIDA NO PARÁ

Dias após denunciar mineradores ilegais e madeireiros em Brasília, a líder indígena Alessandra Korap, 35, do povo mundurucu, teve a sua casa invadida em Santarém (PA). Os criminosos levaram documentos, tablet, celular e o cartão de memória de sua câmera fotográfica. Segundo relatou Korap à Folha, a invasão ocorreu entre o final da tarde e o início da noite deste sábado (30), período em que ela saiu de casa junto com o marido e os dois filhos. Na volta, encontraram a casa arrombada. Os invasores levaram uma mochila onde Korap guardava diversos documentos e outros materiais impressos. Já a câmera fotográfica foi deixada aberta sobre a cama. A TV também foi furtada, mas o botijão de gás, um dos itens mais roubados na região, ficou para trás. *(F. Maisonnave, FSP, 01/12/2019)*

SALLES DEFENDE POSSIBILIDADE DE INDÍGENAS VIVEREM DE GARIMPO

O ministro do Meio Ambiente, Ricardo Salles, defendeu a possibilidade indígenas viverem de garimpo. A declaração foi em Jacareacanga (PA). Antes, Salles havia sobrevoado investida do Ibama contra garimpo ilegal na terra Munduruku. Ele foi cobrado por um indígena pró-garimpo. Não foi o que conversamos, disse ao ministro. *(Poder360, 06/08/2020)*

POVO MUNDURUKU VIVE LUTO PERMANENTE POR COVID-19, NO PARÁ

Os indígenas Munduruku (autodenominados Wuyjuyu) têm enfrentado o lado mais devastador da pandemia do coronavírus nas regiões do Alto e Médio Tapajós, no sudoeste do Pará. O luto e a dor têm sido constantes desde o mês de abril. São dez mortes registradas pelas organizações da etnia até o momento: nove homens e uma mulher. A indígena Francidalva Saw Munduruku, filha do cacique Suberalino Saw Munduruku, da Aldeia Sawre, no Alto Tapajós, que estava internada no Hospital Regional Público da Transamazônica desde o dia 29 de maio, morreu na quarta-feira (4) de parada cardiorrespiratória por consequência da Covid-19, em Altamira. Ao saber da morte de Francidalva, Alessandra Korap Mundukuru, uma das grandes lideranças da etnia, desabafou em sua rede social: Mais uma (morte), ninguém aguenta mais. Ela também perdeu no dia 2 de junho o tio, Amâncio Ikô Munduruku, 59 anos, umas lideranças históricas pela luta da demarcação dos territórios. A Associação Indígena Pariri, que representa os Munduruku do Médio Rio Tapajós, divulgou nota informando os outros falecimentos de lideranças e anciões por complicações da infecção da Covid-19, entre eles,: o cacique Vicente Saw, 71 anos, dia 1º de junho; Jerônimo Manhuary, de 86 anos; Angélico Yori, 76 anos, Raimundo Dace (70 anos), os dois últimos no mês de maio. *(V. Matos, Amazônia Real, 05/06/2020)*

PESQUISA REVELA CONTAMINAÇÃO POR MERCÚRIO EM TI DO PARÁ

Uma pesquisa da Fiocruz revelou uma consequência alarmante do garimpo ilegal em uma terra indígena no Pará. A pesquisa durou um ano. Cientistas da Fiocruz, com apoio da organização ambiental WWF-Brasil, estiveram em três aldeias da Terra Indígena Sawré Muybu, do povo Munduruku, no sudoeste do Pará. A equipe realizou entrevistas e exames em 200 indígenas. Em todos, os pesquisadores detectaram mercúrio nas amostras de cabelo. De cada dez indígenas, seis apresentaram níveis acima do limite considerado seguro por agências internacionais. Apenas na aldeia que fica às margens do rio Jamanxim, nove em cada dez indígenas tinham altas taxas de mercúrio. A intoxicação por mercúrio pode provocar problemas respiratórios, renais e atacar principalmente o sistema nervoso. *(Jornal Nacional, 07/12/2020)*

GARIMPEIROS ATACAM ASSOCIAÇÃO DE INDÍGENAS CONTRÁRIA À MINERAÇÃO ILEGAL

Garimpeiros ilegais e representantes de uma minoria indígena aliciada pelos criminosos atacaram nesta quinta-feira (25) a sede de uma associação de mulheres indígenas contrárias à mineração ilegal, em Jacareacanga/PA. Os vândalos destruíram a fachada e móveis do prédio, e colocaram fogo em documentos e outros materiais da associação, segundo indígenas relataram ao Ministério Público Federal (MPF), que abriu apuração sobre o caso. Desde o último dia 14 a tensão causada pela invasão garimpeira já vinha aumentando, com a chegada de grande número de pás carregadeiras à região do igarapé Baunilha, próxima a uma das principais bacias que garantem a vida Munduruku. Helicóptero filmado na área é suspeito de dar escolta aos criminosos, e grupo armado impediu indígenas de desembarcar no local. Desde 2020 o MPF pede atuação urgente de forças federais, sem sucesso. *(MPF, 25/03/2021)*

QUEM ESTÁ POR TRÁS DO LOBBY *PELO GARIMPO ILEGAL DE OURO NAS TERRAS DOS MUNDURUKU*

É do legislativo de Itaituba, cujo apelido é cidade pepita (em referência ao ouro abundante), que a Repórter Brasil parte para entender como funciona o lobby *que quer legalizar o garimpo nas terras indígenas dos Munduruku. Políticos locais selam alianças com deputados, senadores e empresários em uma articulação que conta com apoio de um corpo técnico formado por pelo menos um advogado, um antropólogo e um engenheiro. Numa ponta desse* lobby *estão indígenas cooptados pelo garimpo, que ganham poder em associações e em cargos executivos, como o de vice-prefeito da vizinha Jacareacanga — que viveu dias de terror, em maio, com garimpeiros incendiando casas e fazendo um cerco à cidade. No outro extremo do esquema, estão ministros do governo Bolsonaro e até o vice-presidente, general Hamilton Mourão, que abrem as portas de seus gabinetes em Brasília para receberem os lobistas. Tudo isso com a benção do presidente Jair Bolsonaro, defensor declarado do garimpo em terras indígenas. Há uma articulação inédita de garimpeiros que atuam junto aos indígenas aliciados nas terras dos Munduruku, explica a antropóloga Luisa Molina, que coordenou o estudo "O cerco do Ouro: garimpo ilegal, destruição e luta em terras Munduruku", do Comitê Nacional em Defesa dos Territórios Frente à Mineração, usado como base para a Repórter Brasil investigar o lobby. Esse grupo, segundo a antropóloga, quer passar um aspecto de pseudo legalidade com o argumento de que os indígenas concordam com o garimpo. Mas não é bem assim. Investigações mostram que alguns indígenas são 'comprados' para darem esse apoio à atividade ilegal, gerando divisões internas nas comunidades. Outra estratégia dos lobistas é uma antecipação ao projeto de lei que regulamenta o garimpo em áreas de reserva e terras indígenas. Ao arregimentar indígenas, esse grupo quer passar para a sociedade a ideia de que o garimpo é um desejo dos Munduruku e não de empresários que faturam com a atividade, deixando o rastro de lama e destruição para os próprios indígenas. A pressão dos lobistas é justamente para aprovação do Projeto de Lei 191 de 2020, de autoria do Executivo. A aprovação do PL está entre as 35 prioridades do governo federal, entregues por Bolsonaro ao Congresso Nacional em fevereiro.* (D. Camargo, Repórter Brasil, 13/07/21)

INDÍGENAS SOFREM COM EXPLOSÃO DE GARIMPOS, DESMATAMENTO E COVID

Comunidades Munduruku e Sai Cinza, no Pará, tiveram perda de mais de 2 mil campos de futebol de floresta; além do coronavírus, malária e contaminação por mercúrio são problemas. A escalada de violência em terras indígenas tem ganhado força pelo País, com o avanço do desmatamento, grilagem terras e garimpo ilegal. Os episódios ocorridos nesta semana em Roraima, onde garimpeiros armados dispararam balas de fuzil contra o povo Yanomami, se somam às evidências do recrudescimento das invasões em áreas demarcadas. Nas margens do Rio Tapajós, no Pará, onde vivem mais de 14 mil indígenas das etnias munduruku e apiaká, os crimes na floresta têm acelerado a contaminação das águas e a proliferação de doenças entre os indígenas, como malária e covid-19. *(André Borges, OESP, 15/05/2021)*

DESTRUIÇÃO DA TI MUNDURUKU EQUIVALE A TABOÃO DA SERRA (SP), APONTA ESTUDO

A destruição da TI Munduruku foi de 2.045,2 hectares em 2020, o equivalente ao município de Taboão da Serra (SP). Trata-se do maior índice de desmatamento na região em 13 anos, de acordo com o ISA. O local está inserido na bacia do Tapajós, epicentro da exploração ilegal de ouro na Amazônia. A entidade compilou em uma nota técnica dados do projeto Prodes e do Inpe (Instituto Nacional de Pesquisas Espaciais). A Articulação dos Povos Indígenas do Brasil atribui a devastação ao desmatamento e ao garimpo. *(M. Bergamo, FSP, 20/05/2021)*

GARIMPEIROS BLOQUEIAM CIDADE NO PARÁ E INCENDEIAM CASAS DE INDÍGENAS

Garimpeiros queimaram casas de moradores da terra indígena Munduruku, no município de Jacareacanga, no Pará. A região vive uma série de conflitos desde o início da semana, quando foi deflagrada uma operação da Polícia Federal e do Ibama contra o avanço do garimpo ilegal. Na aldeia Fazenda Tapajós, dentro da terra indígena Munduruku, em um local conhecido como a entrada do Rio das Tropas, casas foram incendiadas. Na cidade, centenas de garimpeiros, apoiados pela prefeitura local, organizaram atos para fechar todo o comércio nesta quarta-feira, 26, como revelou ontem o Estadão. *(A. Borges, OESP, 26/05/2021)*

PF É ATACADA POR GARIMPEIROS DURANTE OPERAÇÃO EM JACAREACANGA

As forças de segurança da Polícia Federal (PF) também foram surpreendidas pelo bando, que iniciou um protesto contra a operação de proteção das terras indígenas. A ação aconteceu após a Polícia Federal ter deflagrado, nessa terça-feira (25/5), a Operação Mundurukânia, que tem o objetivo de combater a prática clandestina de garimpos nas terras indígenas Munduruku e Sai Cinza. A PF informa que os garimpeiros tentaram invadir a base montada pela corporação e incendiar carros. O grupo é investigado por associação criminosa, exploração ilegal de matéria-prima pertencente à União e delito contra o meio ambiente. *(N. Kuhl, Metrópoles, 26/05/2021)*

CASA DE LÍDER INDÍGENA AMEAÇADA SOFRE NOVA INVASÃO NO PARÁ

Dias após retornar da COP26, em Glasgow, no Reino Unido, a líder indígena Alessandra Munduruku teve novamente a casa invadida em Santarém (PA) na madrugada deste sábado (13/11). Alessandra e a família não estavam no local no momento da nova invasão. Os criminosos roubaram documentos, cartões de memória das câmeras de segurança e R$ 4 mil que ajudariam a custear uma assembleia do povo munduruku marcada para dezembro. Segundo a advogada que acompanha Alessandra, Luisa Câmara Rocha, um boletim de ocorrência foi registrado junto à Polícia Federal. Uma perícia foi feita a pedido da delegada de plantão. A decisão sobre a instauração de um inquérito ficará a cargo do delegado titular. *(N. Pontes, Deutsche Welle, 13/11/2021)*

AS ARMAS DAS JOVENS MUNDURUKU PARA RESISTIR À ESCALADA DE INVASÕES

Câmera, drone, celular e redes sociais são as armas usadas por Aldira Akai, de 30 anos, Beka Saw Munduruku, de 19, e Rilcelia Akai, de 23, para lidar com essas crescentes ameaças. Elas integram o Coletivo Audiovisual Munduruku Daje Kapap Eypi, que divulga as denúncias dos indígenas para além das margens do rio

Tapajós. [O vídeo] é uma ferramenta muito importante, que fortalece a luta do povo Munduruku. Muitas pessoas não acreditam mais só na fala da gente, eles acreditam vendo, conta Aldira. A Repórter Brasil acompanhou as jovens durante uma semana na TI Sawré Muybu, em novembro de 2021, quando elas produziram vídeos - divulgados via Facebook, Instagram – que chegaram até ativistas e autoridades mundiais que participavam da COP26. *(J. Moncau, E. Nikou, Repórter Brasil, 02/02/2022)*

CEMITÉRIO MUNDURUKU ESTÁ AMEAÇADO POR CONSTRUÇÃO DE PORTO

Sítio arqueológico com ossadas humanas pode ser destruído com a construção de terminal de carga pela empresa Bertolini em Rurópolis (PA), mas Iphan ignora indígenas e contraria recomendações do MPF, sinalizando retirada do material para que obras possam seguir. Para os Munduruku, a descoberta marcava um local sagrado, que deve ser preservado. O lugar foi escolhido pela empresa Transportes Bertolini para a construção de um porto. Se concluída, a Estação de Transbordo de Cargas Rurópolis vai conectar a BR-163 à hidrovia Tapajós-Amazonas. Mesmo sabendo da existência dos sepultamentos, a Bertolini solicitou a licença de instalação no dia seguinte à entrega de um relatório detalhando os achados arqueológicos. A licença está em análise na Secretaria de Meio Ambiente e Sustentabilidade do Pará (Semas). *(I. Harari, Repórter Brasil, 31/03/2022)*

INDÍGENAS DENUNCIAM A PRESENÇA DE DRAGAS NA ALDEIA MUNDURUKU

Imagens que circulam nas redes sociais desde domingo (1º/5) denunciam a presença de embarcações utilizadas para o garimpo ilegal dentro da TI Sawre Muybu, em Itaituba, Pará. De acordo com os indígenas da aldeia Munduruku, as autoridades responsáveis, como ICMBio, foram avisadas. Contudo, não houve nenhuma ação contra a presença dos garimpeiros. *(M. E. Portela, Metrópoles, 02/05/2022)*

MURA

MINERADORA TEM 30 DIAS PARA EXPLICAR IMPACTO EM TERRAS MURA

Até o dia 18 de novembro, a empresa Potássio do Brasil deverá apresentar projeto de empreendimento que envolve atividades de extração mineral detalhando os possíveis impactos aos modos de vida do povo indígena Mura, em Autazes e Careiro da Várzea, em cumprimento ao protocolo de consulta construído pelos indígenas como parte de acordo judicial. As tratativas são conduzidas no âmbito de ação civil pública ajuizada pelo Ministério Público Federal (MPF). *(Amazonas Atual, 22/10/2019)*

POVO MURA ESCREVE A PRÓPRIA HISTÓRIA EM CARTILHA

Cansados do descaso por parte das autoridades, os Mura decidiram romper o cerco da pressão e expor as ameaças a que estão submetidos nos últimos tempos. Durante a ocupação do DSEI, em abril do ano passado, propuseram a realização de uma campanha para denunciar a falta de ação governamental e a violação de direitos; as invasões aos territórios, ameaças de morte, poluição das águas e o temor de que a exploração de Silvinita pode levar a crimes ambientais como os causados por mineradoras em Mariana e Brumadinho, em Minas Gerais. Uma das atividades da Campanha foi a produção de uma cartilha, feita por professores, alunos e lideranças das aldeias Trincheira, Josefa e Sissaíma com um breve resgate da História do povo Mura e os objetivos da Campanha. Nosso povo sempre foi guerreiro, sempre defendeu seu território e sua cultura. Alguns parentes já se esqueceram disso. Mas nós precisamos lembrar para dar continuidade às gerações futuras, diz Mariomar Moreira de Souza, professor da aldeia Trincheira. Ele coordenou a elaboração do subsídio. *(Cimi, 08/01/2020)*

MARAGUÁ

INDÍGENAS FICAM SEM ATENDIMENTO DE SAÚDE POR FALTA DO RANI

Há cerca de um ano, o tuxaua da aldeia Cacoal, Carlos Barbosa Freire, perdeu esposa e a filha. A primeira, vítima de doença grave. A segunda, de complicações no parto. Se elas tivessem sido removidas a tempo, teriam chance de sobreviver!, diz o tuxaua. Os moradores de Cacoal são indígenas do povo Maraguá. Esse povo vive em aldeias nos rios Abacaxis e Paracuni, na região do rio Madeira, município de Nova Olinda do Norte – situado a 134 quilômetros em linha reta de Manaus, a capital do Amazonas. Daquela aldeia até a sede de Nova Olinda do Norte, em barco de 22 hp, a viagem demora até 16 horas. Todos os Maraguá do rio Paracuni padecem da falta de atendimento por parte do Distrito Sanitário Especial Indígena (Dsei). O órgão não reconhece os Maraguá daquela localidade como indígenas por falta do Registro Administrativo de Nascimento Indígena (Rani). *(J. Rosha, Cimi, 31/05/2017)*

ARAPIUM

UEPA SANTARÉM FORMA 1ª TURMA DE LICENCIATURA INTERCULTURAL INDÍGENA

Após quatro anos em processo de formação e aprendizagem em sala de aula, a Universidade do Estado do Pará (Uepa) realiza nesta sexta-feira (9), às 18h, a solenidade de outorga de grau em Licenciatura Intercultural Indígena a 22 formandos da turma Tapajós Arapiuns. O curso integra o Plano Nacional de Formação dos Professores da Educação Básica (Parfor). Desde 2012, a Uepa passou a ofertar o curso de Licenciatura Intercultural Indígena, e é a única instituição do Estado a investir nessa formação. Atualmente a graduação é destinada às etnias Tembé, Gavião, Suruí Aikewara, no território étnico-educacional Tapajós Arapiuns, Wai-Wai e Kaiapó, vinculadas aos campi e municípios de São Miguel do Guamá, Marabá, Santarém, Oriximiná e São Félix do Xingu. *(F. Cadete, G1 Santarém, 09/06/2017)*

APIAKÁ

PESQUISADORES DESCOBREM 6 SÍTIOS ARQUEOLÓGICOS EM TERRITÓRIO INDÍGENA EM MT

Seis sítios arqueológicos foram descobertos no município de Apiacás, a 1.005 km de Cuiabá, durante uma expedição realizada por pesquisadores no mês passado. A viagem foi organizada pelo Instituto Ecuman e pelo Museu Vale do Arinos após índios da aldeia indígena Matrinxã, e moradores informarem sobre a existência de cavernas com gravuras rupestres naquela região. A pesquisa ainda está em fase preliminar, mas, de acordo com o coordenador do Museu, Saulo Augusto de Moraes, são áreas de alta relevância para a arqueologia de Mato Grosso. *(G1 Mato Grosso, 05/09/2017)*

COMUNIDADES DO TAPAJÓS LANÇAM PROTOCOLO DE CONSULTA

O lançamento aconteceu no dia 13 de janeiro na Comunidade de Pimental, em Trairão, no

Pará, e contou com cerca de 200 participantes, entre eles, povos indígenas da etnia Apiaka, ribeirinhos e agricultores e agricultoras de assentamentos próximo da Comunidade. Também estiveram presentes representantes do Ministério Público Federal-MPF e Ministério Público Estadual-MPE. O Protocolo foi elaborado pelos moradores das Comunidades de Pimental e São Francisco em parceria com a Comissão Pastoral da Terra/Prelazia de Itaituba, Movimento dos Atingidos por Barragens (MAB) e Terra de Direitos, e se baseia na Convenção 169 da Organização Internacional do Trabalho (OIT), que lhes garante o direito à Consulta prévia, livre e informada, que servirá como instrumento de enfrentamento às violações aos direitos das comunidades ribeirinhas tradicionais na região do Tapajós. *(CPT, 16/01/2018)*

CONSELHO INDÍGENA CONTESTA PORTARIA DA FUNAI

Portaria publicada pelo órgão, em 30 de dezembro de 2019, exclui membros qualificados de Grupo de Trabalho de identificação e delimitação de território Indígena Munduruku e Apiaká do Planalto, região de Santarém (PA), e nomeia engenheiro agrônomo. Conselho Indígena Munduruku e Apiaká do Planalto Santareno publicou nota em repúdio a ação que seria uma manobra para fragilizar reconhecimento da terra indígena em questão. Os membros do membros do Grupo de Trabalho (GT) trabalhavam desde 2012 na identificação e delimitação do território indígena, mas foram substituídos no penúltimo dia do ano. O conselho apontou que o GT, formado por membros qualificados, foi substituído por um engenheiro agrônomo após pressão do Sindicato Rural de Santarém (SIRSAN) e de vereadores do município. *(CPT, 20/01/2020)*

© EDMAR BARROS/FUTURA PRESS, 2020

Indígenas do povo Sateré-Mawé protestam em frente ao Hospital de Campanha Nilton Lins, em Manaus/AM. Eles reclamam que seus familiares e parentes de outras etnias não estão recebendo atendimento diferenciado na ala inaugurada no hospital para atender exclusivamente os indígenas com covid-19, que, segundo os números oficiais, já são 626 casos com 34 mortes em 2020.

MPF RECOMENDA MEDIDAS PARA ENFRENTAMENTO À PANDEMIA NO BAIXO TAPAJÓS E ARAPIUNS

A recomendação foi expedida pelo MPF e recebida pela Secretaria Especial de Saúde Indígena nesta segunda-feira (27). O Ministério Público Federal (MPF) recomendou a contratação de equipes de saúde e de barqueiros para o atendimento de indígenas com sintomas da covid-19 entre povos indígenas do baixo Tapajós e Arapiuns (PA). A sentença proferida nos autos da Ação Civil Pública no. 2096-29.2015.4.01.3902 determinou que a Sesai promovesse o atendimento regular das aldeias do baixo Tapajós e Arapiuns através de Equipes Multidisciplinares de Saúde Indígena (EMSI). A recomendação busca o cumprimento da sentença citada em https://bit.ly/3jIebYB. *(MPF, 28/07/2020)*

SATERÉ MAWÉ

TI É RECONHECIDA COMO INDICAÇÃO GEOGRÁFICA PARA GUARANÁ NATIVO

A Terra Indígena Andirá-Marau na divisa do Pará com o Amazonas foi reconhecida pelo Instituto Nacional da Propriedade Industrial (INPI) como indicação geográfica para waraná, que é o guaraná nativo, e o pão de waraná, que é o bastão de guaraná. Segundo o INPI, esta é a primeira indicação geográfica da espécie denominada de origem no Brasil a ser utilizada por um povo indígena. A concessão foi publicada nesta terça (20). *(G1 Pará, 20/10/2020)*

8. Sudeste do Pará

Aikewara
Amanayé
Anambé
Arara
Arara da Volta Grande do Xingu
Araweté
Asurini do Tocantins
Asurini do Xingu
Guarani Mbyá
Gavião Parkatejê
Gavião Akrãtikatejê
Gavião Kykatejê
Yudja (Juruna)
Mẽbengôkre (Kayapó)
Kuruaya
Munduruku
Panará
Parakanã
Tapayuna
Tembé
Terena
Turiwara
Mẽbengôkre (Xikrin)
Xipaya
Isolados

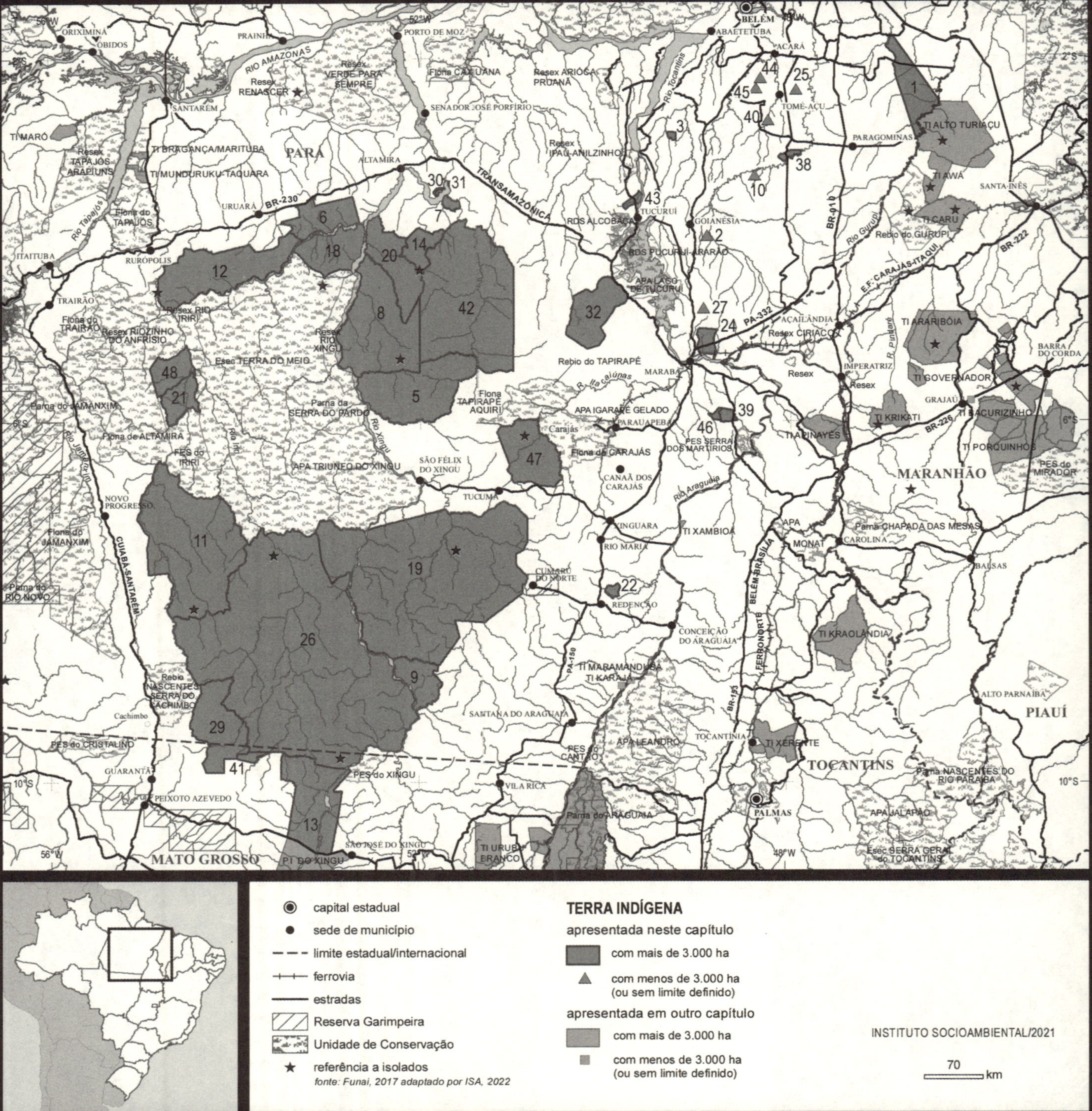

BELÉM
ABAETETUBA
ORIXIMINÁ
ÓBIDOS
PRAINHA
PORTO DE MOZ
RIO AMAZONAS
Resex VERDE PARA SEMPRE
Resex RENASCER
Flona CAXIUANÃ
Resex ARIÓCA PRUANÃ
ACARÁ
TOMÉ-AÇU
SANTARÉM
SENADOR JOSÉ PORFÍRIO
TI MARÓ
Resex TAPAJÓS ARAPIUNS
TI BRAGANÇA/MARITUBA
TI MUNDURUKU-TAQUARA
PARÁ
ALTAMIRA
Resex IPAÚ-ANILZINHO
PARAGOMINAS
TI ALTO TURIAÇU
TI AWÁ
TI CARU
Rebio do GURUPI
SANTA INÊS
TRANSAMAZÔNICA
BR-230
URUARÁ
Flona do TAPAJÓS
Rio Tapajós
RDS ALCOBAÇA
TUCURUÍ
GOIANÉSIA
BR-010
Rio Gurupi
BR-222
ITAITUBA
RURÓPOLIS
RDS PUCURUÍ-ARARÃO
APA LAGO DE TUCURUÍ
E.F. CARAJÁS-ITAQUI
TRAIRÃO
Flona do TRAIRÃO
Resex RIO IRIRI
Resex RIOZINHO DO ANFRÍSIO
Resex RIO XINGU
Esec TERRA DO MEIO
PA-332
AÇAILÂNDIA
Resex CIRIACO
TI ARARIBÓIA
BARRA DO CORDA
Rebio do TAPIRAPÉ
MARABÁ
R. Itacaiúnas
IMPERATRIZ
Resex
TI GOVERNADOR
GRAJAÚ
Parna do JAMANXIM
Parna da SERRA DO PARDO
Flona TAPIRAPÉ AQUIRI
APA IGARAPÉ GELADO
PARAUAPEBAS
Carajás
TI KRIKATI
BR-226
TI CACURIZINHO
TI APINAYÉS
Flona de ALTAMIRA
FES do IRIRI
Rio Iriri
Rio Xingu
Flona de CARAJÁS
PES SERRA DOS MARTÍRIOS
TI PORQUINHOS
PES do MIRADOR
MARANHÃO
APA TRIUNFO DO XINGU
SÃO FÉLIX DO XINGU
CANAÃ DOS CARAJÁS
Rio Araguaia
TUCUMÃ
NOVO PROGRESSO
XINGUARA
TI XAMBIOÁ
APA
MONAT
CAROLINA
Parna CHAPADA DAS MESAS
Flona do JAMANXIM
RIO MARIA
BALSAS
CUIABÁ-SANTARÉM
CUMARU DO NORTE
REDENÇÃO
BELÉM-BRASÍLIA
Parna do RIO NOVO
CONCEIÇÃO DO ARAGUAIA
TI KRAOLÂNDIA
FERRONORTE
PA-150
TI MARAMANDUBA
TI KARAJÁ
Rebio NASCENTES SERRA DO CACHIMBO
Cachimbo
ALTO PARNAÍBA
PIAUÍ
SANTANA DO ARAGUAIA
BR-153
PES do CRISTALINO
TOCANTINIA
TI XERENTE
PES do CANTÃO
APA LEANDRO
GUARANTÃ
PES do XINGU
TOCANTINS
Parna NASCENTES DO RIO PARAÍBA
VILA RICA
PEIXOTO AZEVEDO
Parna do ARAGUAIA
PALMAS
APA JALAPÃO
TI URUBU BRANCO
SÃO JOSÉ DO XINGU
Esec SERRA GERAL do TOCANTINS
MATO GROSSO
PI DO XINGU
56°W
52°W
48°W
2°S
6°S
10°S
1
2
3
5
6
7
8
9
10
11
12
13
14
18
19
20
21
22
24
25
26
27
29
30
31
32
38
39
40
41
42
43
44
45
46
47
48
capital estadual
sede de município
limite estadual/internacional
ferrovia
estradas
Reserva Garimpeira
Unidade de Conservação
referência a isolados
fonte: Funai, 2017 adaptado por ISA, 2022
TERRA INDÍGENA
apresentada neste capítulo
com mais de 3.000 ha
com menos de 3.000 ha (ou sem limite definido)
apresentada em outro capítulo
com mais de 3.000 ha
com menos de 3.000 ha (ou sem limite definido)
INSTITUTO SOCIOAMBIENTAL/2021
70 km

SUDESTE DO PARÁ
Terras Indígenas
Instituto Socioambiental - 30/11/2022

Nº mapa	Terra Indígena	Povo	População (nº, fonte, ano)	Situação jurídica	Extensão (ha)	Município	UF
1	Alto Rio Guamá	Awa Guajá Tembé Ka'apor	1.727 - Siasi/Sesai: 2014	Homologada. Decreto - s/n - 04/10/1993, publicado em 05/10/1993. Reg. SPU Certidão n. 07 de 29/07/94. Reg. CRI no município de Nova Esperança do Piriá, Comarca de Vizeu, Mat.1.518 Liv. 2-E Fl 18 em 13/09/94. Reg. CRI no município de Santa Luzia do Pará, Comarca de Ourém, Mat. 5.410 Liv. 2-L Fl.79 em 14/09/94. Reg. CRI no município de Paragominas, Mat. 4.849 Liv.2-P Fl.189 em 17/10/94.	279.897	Nova Esperança do Piriá Paragominas Santa Luzia do Pará	PA
3	Anambé	Anambé	161 - Siasi/Sesai: 2014	Homologada. Decreto - 380 - 24/12/1991, publicado em 26/12/1991. Reg. SPU Certidão n.09 em 05/08/94Reg. CRI do município e comarca de Moju (7.883 ha), Matr. 4.024, Lv. AT, Fl 124v em 20/03/92.	7.883	Moju	PA
s/l	Apinajé II	Apinayé		Em Identificação. Portaria - 1.183 - 04/12/2007, publicado em 20/12/2007.		São Bento do Tocantins Tocantinópolis	TO
5	Apyterewa	Parakanã	729 - Siasi/Sesai: 2020	Homologada. Decreto - s/n. - 19/04/2007, publicado em 20/04/2007. Reg. no SPU ceertidão s/n. em 14/10/2008Reg CRI no municipio de S.Felix do Xingu Comarca idem (773.470 ha) Matr.n.3.291, Lv 2-R, Fls 094v em 08/05/07.	773.470	São Félix do Xingu	PA
6	Arara	Arara	298 - Siasi/Sesai: 2014	Homologada. Decreto - 399 - 24/12/1991, publicado em 26/12/1991. Reg. SPU Certidão 04 de 22/06/94.Reg. CRI no município e comarca de Altamira (206.862 ha) Mat. 21.084, Liv 2 ACC, Fl 255 em 15/07/92. Reg. CRI no município e comarca de Uruará (35.530 ha) Mat. n.103, Liv 2-A, Fl 103 em 06/02/06.	274.010	Altamira Brasil Novo Medicilândia Uruará	PA
7	Arara da Volta Grande do Xingu	Arara da Volta Grande do Xingu	143 - Siasi/Sesai: 2014	Homologada. Decreto - s.n. - 17/04/2015, publicado em 20/04/2015. Reg SPUMatrícula 1.039 - Livro 2 -F Folha 23, de 18/07/2016, área de 25.524,5931 ha, município de Senador José Porfírio /PA. no site da Funai em 8/01/19 diz que está regularizada	25.524	Senador José Porfírio	PA
8	Araweté/Igarapé Ipixuna	Araweté Isolados do Igarapé Bom Jardim	467 - Siasi/Sesai: 2014	Homologada. Decreto - s/n - 05/01/1996, publicado em 08/01/1996. Reg. SPU Certidão s/n em 20/05/97.Reg. CRI do município e comarca de São Félix do Xingu (175.126 ha) Mat. 1.485, Liv. 2-H, Fl 76 em 09/02/96. Reg. CRI do município e comarca de Senador José Porfírio Matr. n.522 , Liv.2-C, Fl 29 em 09/02/96. Reg. CRI no município e comarca de Altamira (721.149 ha) Matr. n. 22.357, Liv.2-AAQ, Fl 220 em 04/03/96.	940.901	Altamira São Félix do Xingu Senador José Porfírio	PA
9	Badjônkôre	Mebêngôkre Kayapó Kuben Kran Krên Mebêngôkre Kayapó	230 - Funasa: 2006	Homologada. Decreto - s/n - 23/06/2003, publicado em 24/06/2003. Reg. SPU Certidão n. 6 de 10/02/04.Reg. CRI no município de Cumaru do Norte, comarca de Redenção, matr. 10.681, Lv.-, fl.- em 28/08/2003 Reg. CRI no município e comarca de São Félix do Xingu, matr. 2.707, Lv. 2-O, fl. 31, em 02/09/2003.	221.981	Cumaru do Norte São Félix do Xingu	PA
10	Barreirinha	Amanayé	86 - Funasa: 2010	Homologada. Decreto - s.n. - 18/04/2006, publicado em 19/04/2006. Reg. SPU certidão s/n. em 14/10/2008Reg CRI no municipio de Paragominas, Comarca idem (2.373 ha) Matr.6.637 Liv 2-V Fl 196 em 06/07/2006.	2.374	Paragominas	PA
11	Baú	Mebêngôkre Kayapó Mebêngôkre Kayapó Mekrãgnoti Isolados Pu´rô	188 - Funasa: 2010	Homologada. Decreto - s.n. - 19/06/2008, publicado em 20/06/2008. Reg. SPU certidão s/n. de 14/10/2008Reg CRI no municipio e comarca de Altamira (1.540.930 ha) Matr 25.602, Lv. 2-AAAD, Fl 197 em 25/07/2008	1.540.930	Altamira	PA
12	Cachoeira Seca	Arara	88 - Siasi/Sesai: 2014	Homologada. Decreto - s.n. - 04/04/2016, publicado em 05/04/2016. Reg no SPUMatrícula 33.077 - Livro 2-CA - Ficha 001- data de 06/01/2017, área de 554.557 ha, No site da Funai a TI está regularizada em 8-01-19 município de Altamira/PA. Matrícula 1.607-Livro 2/J - data de 09/01/2017, área de 128.111 ha, município de Placas/PA. Matrícula 4.686-Livro 2-Ficha 01, data de 11/01/2017, área de 51.019,5762 ha, município de Uruará/PA.	733.688	Altamira Placas Uruará	PA
13	Capoto/Jarina	Mebêngôkre Kayapó Mebêngôkre Kayapó Metyktire Tapayuna	1.388 - Funai/Colíder: 2010	Homologada. Decreto - s/n - 25/01/1991, publicado em 28/01/1991. Reg. SPU Certidão s/n em 18/05/87. Reg. SPU Certidão n. 94 de 23/09/99.Reg. CRI no município de Luciara, comarca de São Félix do Araguaia (139.000 ha), Matr. 6.162 Liv. 2, Fl 01/02 em 16/04/86. Reg. CRI no município e comarca de Colíder (495.915 ha) Matr.1.790 Liv.2, em 7/07/87.	634.915	Peixoto de Azevedo Santa Cruz do Xingu São José do Xingu	MT
14	Ituna/Itatá	Isolados do Igarapé Ipiaçava		Com Restrição de Uso. Portaria - 17 - 09/01/2019, publicado em 25/01/2019.	142.402	Altamira Senador José Porfírio	PA
s/l	Jeju e Areal	Tembé		Em Identificação. Portaria - 959 - 07/08/2013, publicado em 08/08/2013.		Santa Maria do Pará	PA
16	Juruna do Km 17	Yudja	87 - Siasi/Sesai: 2013	Reservada. Portaria - s.n. - 30/04/2015, publicado em 30/04/2015.	2.292	Altamira	PA
s/l	Kapôt Nhinore	Yudja Mebêngôkre Kayapó Mebêngôkre Kayapó Mekrãgnoti Mebêngôkre Kayapó Metyktire Isolados Capot/ Nhinore		Em Identificação. Portaria - 1.249 - 27/09/2004, publicado em 29/09/2004.		Santa Cruz do Xingu Vila Rica São Félix do Xingu	MT PA
18	Kararaô	Mebêngôkre Kayapó Kararaô Mebêngôkre Kayapó	58 - Sesai: 2014	Homologada. Decreto - s/n - 14/04/1998, publicado em 15/04/1998. Reg. SPU Certidão n. 2 de 06/01/99.Reg. CRI no município e comarca de Altamira (330.837 ha), Matr. 22.890 Lv.2-AAQ Fl. 284 em 04/03/99.	330.838	Altamira	PA

Nº mapa	Terra Indígena	Povo	População (nº, fonte, ano)	Situação jurídica	Extensão (ha)	Município	UF
19	Kayapó	Mebêngôkre Kayapó Gorotire Mebêngôkre Kayapó Kuben Kran Krên Mebêngôkre Kayapó Kôkraimôrô Mebêngôkre Kayapó Isolados do Rio Fresco	4.548 - Siasi/Sesai: 2014	Homologada. Decreto - 316 - 29/10/1991, publicado em 30/10/1991. Reg. SPU n.3 em 27/10/87.Reg. CRI Matr.18.807, Liv. 2-AAD, Fl.129 em 21/12/87.	3.284.005	Bannach Cumaru do Norte Ourilândia do Norte São Félix do Xingu	PA
20	Koatinemo	Asurini do Xingu	182 - Siasi/Sesai: 2014	Homologada. Decreto - s/n - 05/01/1996, publicado em 08/01/1996. Reg. SPU Certidão n. 9 de 23/09/03.Reg. CRI no município e comarca de Altamira (387.834 ha) , Matr. 22.341 Liv. 2-AAQ, FL 197 em 05/02/96.	387.834	Altamira Senador José Porfírio	PA
21	Kuruáya	Kuruaya	163 - Siasi/Sesai: 2014	Homologada. Decreto - s.n. - 18/04/2006, publicado em 19/04/2006. Reg SPU, no site da Funai de 8-1-19 diz que a TI está regularizadaReg CRI no municipio e comarca de Altamira I(166.784 ha) Matr. n. 25.206 , Lv 2-AAAB, Fls 125 em 29/08/2006.	166.784	Altamira	PA
22	Las Casas	Mebêngôkre Kayapó Gorotire Mebêngôkre Kayapó	409 - Siasi/Sesai: 2014	Homologada. Decreto - s.n. - 21/12/2009, publicado em 22/12/2009. Reg SPU, no site da Funai de 8-1-19 diz que a TI está regularizadaReg.CRI matr. 16.216 Liv.2-V, Fl 162 Comarca de Redenção Reg CRI matr.26.894 Liv.2-CS, fol.30 Floresta do Araguaia Reg.CRI matr.15.590, Liv.2-S, Fl. 133 Redençao/PA	21.344	Floresta do Araguaia Pau D'Arco Redenção	PA
24	Mãe Maria	Gavião Parkatêjê Gavião Kykatejê Gavião Akrãtikatêjê	760 - Siasi/Sesai: 2014	Homologada. Decreto - 93.148 - 20/08/1986, publicado em 21/08/1986. Reg. SPU PA-04 Liv 2 Fl. 484/485 de 08.09.86. Reg SPU Certidão n. 4 em 07/03/89.Reg. CRI no municipio de S.João do Araguaia ,comarca de Marabá(62.488 ha) Matr. 6.587 Liv. 2-Z Fl. 01 em 17.07.85.	62.488	Bom Jesus do Tocantins	PA
s/l	Mãnkratejê	Gavião Akrãtikatêjê		Reservada. Decisão Judicial - 14/04/2022, publicado em 14/04/2022.		Novo Ipixuna	PA
25	Marakaxi	Tembé	32 - Siasi/Sesai: 2013	Declarada. Portaria - 595 - 11/04/2012, publicado em 12/04/2012.	720	Aurora do Pará	PA
26	Menkragnoti	Mebêngôkre Kayapó Mekrãgnoti Isolados Mengra Mrari Isolados do Iriri Novo	1.264 - IBGE: 2010	Homologada. Decreto - s/n - 19/08/1993, publicado em 20/08/1993. Reg. SPU-MT 26 em 03/05/94. Reg. SPU-PA 05 em 05/07/94.Reg. CRI no município de São Félix do Xingu (1.432.481 ha), Matr.1.209, Liv. 2-F, Fl. 195 em 26/6/95. Reg. CRI no município de Altamira (3.336.390 ha), Matr. 22.341 Liv. 2-AAQ, Fl. 197 em 9/2/96. Reg. CRI no município de Peixoto Azevedo (128.305 ha) Liv. 2-RG Fl. 01V em 27/09/93. Reg. CRI no município de Matupá, comarca de Peixoto Azevedo (17.078 ha), Matr. 1.742 Liv. 2-RG Fl. 01 em 12/12/93.	4.914.255	Matupá Peixoto de Azevedo Altamira São Félix do Xingu	MT PA
27	Nova Jacundá	Guarani Guarani Mbya	110 - IBGE: 2010	Dominial Indígena. - - 29/02/1996, publicado em . Reg. CRI no município e comarca de Jacundá (424,8140 ha) Matr. Escrit. Liv.006 FL 53v54 em 14/02/96.	424	Rondon do Pará	PA
s/l	Pacajá	Asurini do Tocantins		Em Identificação. Portaria - 519 - 04/06/2003, publicado em 10/06/2003.		Portel	PA
29	Panará	Panará	542 - Siasi/Sesai: 2014	Homologada. Decreto - s.n. - 18/04/2008, publicado em 22/04/2008. Reg. SPU Certidão n. 14 de 09/09/02.Reg. CRI no município e comarca de Altamira (375.296 ha) Matr. 24.220 Liv. 2-AAQX Fl. 248 em 03/07/02. Reg. CRI no município e comarca de Guarantã do Norte (3.747 ha) Matr. 5.796 Lv. 2-RG Fl 01 em 29/05/02 Reg. CRI no município e comarca de Matupá (114.974 ha) Matr. 5.795 Lv. 2-RG Fl. 01 em 29/05/02.	499.740	Guarantã do Norte Matupá Altamira	MT PA
30	Paquiçamba	Yudja	95 - Funai/Altamira: 2011	Homologada. Decreto - 388 - 24/12/1991, publicado em 26/12/1991. Reg. SPU Cert. 10 de 05/08/94.Reg. CRI no municipio e comarca de Senador José Porfirio (4.348 ha) Matr.103 Liv. 2 A Fl. 108 em 12/11/90.	4.348	Vitória do Xingu	PA
31	Paquiçamba (reestudo)	Yudja	83 - GT/Funai: 2008	Declarada. Portaria - 904 - 30/05/2014, publicado em 02/06/2014.	15.733	Anapu Senador José Porfírio Vitória do Xingu	PA
32	Parakanã	Parakanã	1.000 - Programa Parakanã: 2014	Homologada. Decreto - 248 - 29/10/1991, publicado em 30/10/1991. Reg. SPU Cert. 02 de 27/10/87.Reg. CRI no município de Itupiranga, comarca de Marabá, (229.497 ha) Matr. 9.681 Liv. 2-AM Fl. 1V/02 em 29/05/87. Reg. CRI no município e comarca de Jacundá, (122.200 ha) Matr. 004 Liv. 2-A, Fl. 002. em 18/05/1987	351.697	Itupiranga Novo Repartimento	PA
38	Sarauá	Amanayé	184 - IBGE: 2010	Homologada. Decreto - s/n. - 19/04/2011, publicado em 20/04/2011. reg SPU eg SPU O site da Funai em 8-1-19 diz que essa TI é regularizadaReg.CRI matr.n.3.627, Liv.2-K/RG, Fl. 75 Comarca de São Domingos do Capim 18.610 ha Reg SPU site da Funai de 08/01/19 como regularizada	18.610	Ipixuna do Pará	PA
39	Sororó	Aikewara	385 - Siasi/Sesai: 2014	Homologada. Decreto - 88.648 - 30/08/1983, publicado em 31/08/1983. Reg. SPU Cert. n. 05 de 07/03/89.Reg. CRI no município de São João do Araguaia, comarca de Marabá (26.257 ha), Matr. 4.857, Liv. 2 RG, Fl. 001 em 07/03/89.	26.258	Brejo Grande do Araguaia Marabá São Domingos do Araguaia São Geraldo do Araguaia	PA
40	Tembé	Tembé Turiwara	148 - IBGE: 2010	Homologada. Decreto - 389 - 24/12/1991, publicado em 26/12/1991. Reg. SPU Cert. n. 03 de 15/06/94.Reg. CRI no municipio e comarca de Tomé Açu (1.075 ha) Matr. 2.970, Liv. 2 em 29/01/92.	1.075	Tomé-Açu	PA
41	Terena Gleba Iriri	Terena	680 - Funai/Colíder: 2010	Reservada. Portaria - 867 - 02/07/2004, publicado em 07/07/2004. Reg SPU certidão n. 109 de 18/10/2005	30.479	Matupá	MT

SUDESTE DO PARÁ
Terras Indígenas (continuação)
Instituto Socioambiental - 30/11/2022

Nº mapa	Terra Indígena	Povo	População (nº, fonte, ano)	Situação jurídica	Extensão (ha)	Município	UF
42	Trincheira/Bacajá	Mebêngôkre Kayapó Kararaô Mebêngôkre Kayapó Xikrin (Mebengôkre)	746 - Funai/Altamira: 2011	Homologada. Decreto - s/n - 02/10/1996, publicado em 04/10/1996. Reg. SPU Certidão s/n de 01/09/98.Reg. CRI no município e comarca de Senador José Porfírio,(1.451 203 ha) Matr. 535 Liv. 2-C Fl. 42. Reg. CRI no município e comarca de Altamira,(63.940 ha) Matr. 22.552 Liv. 2-AAQ Fl. 167 em 02/04/976. Reg. CRI no município de Pacajá, comarca de Portel (25.482 ha) Matr. 1.075 Liv. 2-I, Fl. 142 em 04/05/98. Reg. CRI no município e comarca de S.Félix do Xingu, (17.458 ha) Matr. 1.742 Liv. 2-I, Fl. 141 em 04/05/98. Reg. CRI no município e comarca de S.Félix do Xingu, área II,(91.833 ha) Matr.1.743 Liv. 2-I, Fl. 142 em 04/05/98.	1.650.939	Altamira Anapu São Félix do Xingu Senador José Porfírio	PA
43	Trocará	Asurini do Tocantins	565 - Siasi/Sesai: 2014	Homologada. Decreto - 87.845 - 22/11/1982, publicado em 24/11/1982. Reg. SPU/PA Cert. n. 72 de 12/12/83.Reg. CRI no município de Baião, Matr. 1.066 Liv. 2-F Fl. 292 em 22/09/83. Reg. CRI no município de Tucuruí, Matr. 3.092 Liv. 2-N Fl. 269 em 24/05/90.	21.722	Baião Tucuruí	PA
44	Turé Mariquita II	Tembé		Reservada. Outros - 0 - 20/03/1996, publicado em 20/03/1996.	587	Tomé-Açu	PA
45	Turé-Mariquita	Tembé	38 - IBGE: 2010	Homologada. Decreto - 304 - 29/10/1991, publicado em 30/10/1991. Reg. SPU Cert. n. 01 em 21/06/94.Reg. CRI no municipio e comarca de Tomé Açu (148 ha) Matri. 2.964, Liv. 2-I, Fl. sem/inform., em 16/12/91.	147	Tomé-Açu	PA
46	Tuwa Apekuokawera	Aikewara	404 - GT/Funai: 2011	Identificada. Despacho - 24 - 24/01/2012, publicado em 25/01/2012.	11.764	Marabá São Geraldo do Araguaia	PA
47	Xikrin do Cateté	Mebêngôkre Kayapó Xikrin (Mebengôkre) Isolados na TI Xikrin do Cateté	1183 - Siasi/Sesai: 2014	Homologada. Decreto - 384 - 24/12/1991, publicado em 26/12/1991. Reg. SPU Cert. n. 02 de 21/06/94.Reg. CRI no municipio ecomarca de Parauapebas,(439.150 ha) Matr. 98, Liv. 2 RG, Fl. 98 em 17/08/92.	439.151	Água Azul do Norte Marabá Parauapebas	PA
48	Xipaya	Xipaya	173 - Siasi/Sesai: 2014	Homologada. Decreto - s.n. - 05/06/2012, publicado em 06/06/2012. reg SPU Lavratura do Termo de Incorporação: 06/08/2020, nas folhas 148 a 150, do Livro 29, da Superintendência do Patrimônio da União no Pará. (DOU de 19/05/2021) É a primeira vez que vejo isso SPU do estado)Matr. 28.618, Lv. 2-AAAV/RG, Fls. 55 em 23/10/2012 site da Funai em 8 de janeiro 2019 diz que esta regularizada, então teria que ter registro na SPU da União	178.724	Altamira	PA

MẼBENGÔKRE KAYAPÓ

Mulheres Mẽbengôkre Kayapó: Conquistando Novos Espaços

Maria Beatriz N. Ribeiro | Bióloga, assessora técnica do ISA e da Rede Xingu+

O-é Paiakan Kayapó | Cacica da aldeia Krenhyedja, assistente social e mestranda pela UFPA

Maial Paiakan Kayapó | Bacharel em Direito e mestranda pela UFPA

A TERRA É O NOSSO CORPO, OS RIOS SÃO NOSSO SANGUE, AS RAÍZES DAS ÁRVORES SÃO NOSSAS VEIAS, E AS FOLHAS SÃO O NOSSO CABELO. DEFENDER NOSSO TERRITÓRIO É DEFENDER NOSSA CULTURA, NOSSA PRÓPRIA VIDA E A VIDA DAS NOSSAS FUTURAS GERAÇÕES

Em 1989, rodou o mundo a imagem de uma mulher indígena tocando com um facão o rosto do então diretor de engenharia da Eletronorte, durante o Encontro dos Povos Indígenas em Altamira, mobilização indígena histórica contra um Complexo de Hidrelétricas que afetaria de forma irreversível o Rio Xingu. Essa mulher é Tuíre Kayapó, uma Mẽbengôkre que, em uma plenária formada quase que exclusivamente por homens, teve a coragem de se levantar para defender o seu território e mostrar a força do Povo Kayapó. Tuíre inspirou e inspira ainda hoje muitas mulheres indígenas na busca por maior protagonismo na luta por seus direitos e na defesa de seus povos, territórios, culturas e modos de vida.

A construção do complexo hidrelétrico do Xingu foi adiada por mais de 20 anos, até que, em 2016, foi finalmente inaugurada a polêmica Usina Hidrelétrica (UHE) de Belo Monte, na região da volta grande do Xingu, em Altamira. Apesar dos impactos socioambientais irreversíveis desse gigantesco empreendimento para o Rio Xingu e suas populações, os barramentos previstos que afetariam diretamente os territórios Kayapó, as UHEs Jarina e Kokraimoro, foram retirados do projeto. Isto, no entanto, não impediu que as ameaças a essas áreas aumentassem de forma significativa nas últimas décadas, com a intensificação da ocupação e degradação das áreas do entorno dos territórios Kayapó. A exploração de madeira, a contaminação dos rios por agrotóxicos

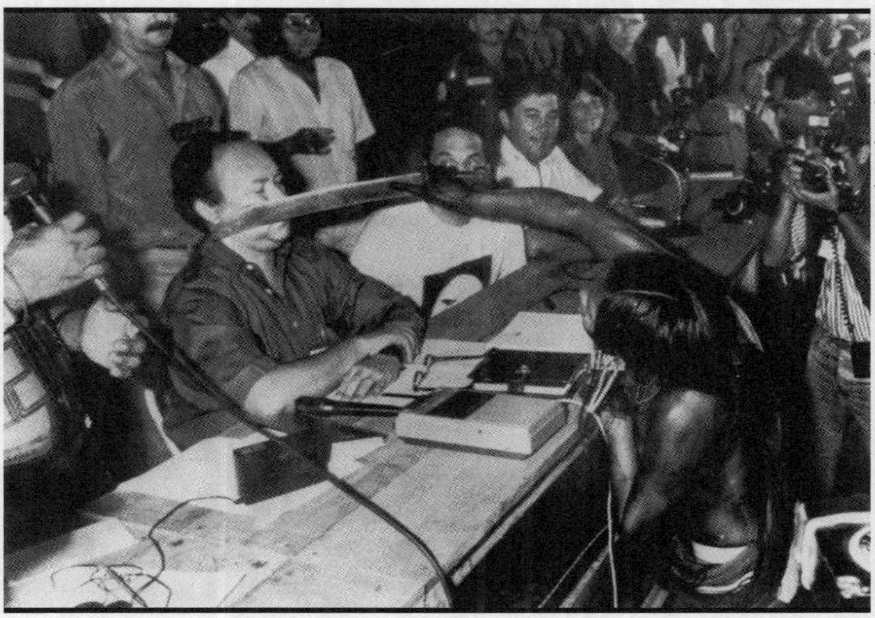

Tuíre Kayapó adverte diretor da Eletronorte, no I Encontro dos Povos Indígenas contra as hidrelétricas no Rio Xingu, Altamira, Pará.

© MARIA BEATRIZ NOGUEIRA RIBEIRO/ISA, 2021

Mulheres kayapó durante a II Marcha Nacional das Mulheres Indígenas, em Brasília, em setembro de 2021.

e, principalmente, o garimpo vêm trazendo enormes impactos para os territórios e as comunidades kayapó. Nos últimos anos, ameaças legislativas, como o PL 191 que pretende legalizar a mineração e outros empreendimentos em Terras Indígenas (TIs), somadas ao enfraquecimento dos órgãos de controle e fiscalização de atividades ilícitas e ao discurso do atual governo a favor da mineração e do garimpo, resultaram na explosão de atividades ilegais nessas áreas. O desmatamento no Corredor de Áreas Protegidas do Xingu entre os anos 2019 e 2021 representou cerca de 30% do total desmatado nessa região nos últimos 20 anos. Em 2021, as quatro TIs mais desmatadas da Amazônia estavam localizadas na bacia do Xingu, entre elas a TI Kayapó, território que concentra quase 95% das áreas de garimpo de todos os territórios indígenas do Corredor Xingu e está entre as TIs mais impactadas por essa atividade na Amazônia. A luta pela proteção dos territórios e dos povos indígenas se faz mais urgente do que nunca.

A luta do movimento indígena brasileiro é histórica e tem sido fundamental para a defesa e garantia de seus direitos. Nos últimos anos, frente ao governo Bolsonaro, organizações indígenas que atuam no âmbito nacional, regional e local, como a Articulação dos Povos Indígenas do Brasil (Apib), coordenações / federações regionais e associações locais, como aquelas que representam as comunidades kayapó – Associação Floresta Protegida (AFP), Instituto Kabu (IK) e Instituto Raoni (IR) – têm tomado a frente de ações e mobilizações contra as ameaças aos seus direitos e territórios originários. Antes liderado principalmente por homens, hoje o movimento indígena tem muitas mulheres como protagonistas, as quais estão ocupando lugares que antes eram ocupados majoritariamente por homens. Espaços políticos passaram a ser ocupados por lideranças mulheres, como a deputada federal Joênia Wapichana, primeira e única mulher indígena a ocupar uma cadeira no Congresso Nacional, Sônia Guajajara, coordenadora da Apib, candidata a vice-presidente do Brasil nas eleições de 2018 e eleita deputada federal pelo Estado de São Paulo nas eleições de 2022, e várias outras mulheres que estão à frente da resistência indígena. Mas, para além das lideranças mais evidentes, o movimento de mulheres indígenas no Brasil tem suas raízes nas bases, nos movimentos locais de mulheres, que crescem e se fortalecem a cada ano entre diferentes povos indígenas do Brasil. E não tem sido diferente entre as mulheres mẽbengôkre kayapó.

Tradicionalmente, as questões importantes relativas às comunidades kayapó eram debatidas pelos homens nas chamadas casas dos homens ou *ngobe*, localizadas no centro das aldeias. Apesar de não participarem destas reuniões, as mulheres, a partir de seus núcleos familiares, exerciam, de forma indireta, influência nas decisões tomadas. No entanto, o papel das mulheres era limitado quando se tratava da participação política externa às aldeias, especialmente na relação com os não indígenas. As dificuldades enfrentadas pelas mulheres para se ausentarem de atividades cotidianas das aldeias, a necessidade de cuidado com as crianças, o ciúme por parte dos homens, assim como a limitação imposta pela língua portuguesa, restringiram a participação das mulheres nos espaços políticos fora de seus territórios. Mas isso não impediu que as mulheres mẽbengôkre , cientes de sua força, seu conhecimento sobre a realidade e as necessidades de suas comunidades e sua responsabilidade pela proteção de seus filhos e netos, tomassem a frente das lutas.

Nos últimos anos, tem sido cada vez mais frequente o surgimento de lideranças mulheres nas aldeias mẽbengôkre kayapó, assim como dos parentes mẽbengôkre xikrin. Muitas dessas mulheres descendem de linhagens de lideranças tradicionais e assumiram o lugar de seus pais e avôs. Entre as aldeias da TI Kayapó, há pelo menos quatro cacicas mulheres: Nrehnkãmôro Kayapó, na aldeia A'Ukre; Bekwoynhô Kayapó, na aldeia Mejkare; Pãnh-ô Kayapó, na aldeia Ngôjamrôti; e O-é Paiakan, na aldeia Krenhyedja. Na TI Las Casas, há três cacicas: Tuíre Kayapó, da aldeia Irã-Amraire; Ôyprã Kayapó, na aldeia Tekrejarotire; e Ôkamrek Kayapó, na aldeia Ronekôre. Na TI Menkragnoti, a aldeia Mekragnotire velha é liderada pela cacica Kokoba Mekragnotire. Na TI Capoto/Jarina, Mayalu Txukarramãe está à frente de diversas iniciativas do Instituto Raoni, e Kokonã Metuktire foi recentemente indicada por seu pai, o Cacique Raoni Metuktire, como uma nova liderança entre mulheres daquela região. Entre as parentes xikrin, a cacica Kokoti Xikrin foi empossada recentemente para liderar a aldeia Krimej, na TI Xikrin do Cateté, enquanto, na TI Xikrin do Bacajá, Ngrenhkarati Xikrin está à frente das iniciativas relacionadas às mulheres da Organização Indígena do Povo Xikrin da Terra Indígena Trincheira Bacajá (Abex).

As mulheres kayapó também têm se destacado na luta do movimento indígena brasileiro, para além de seus territórios. Tuíre Kayapó continua, ainda hoje, na linha de frente da luta pelos direitos originários dos povos indígenas, participando de mobilizações e articulações em nível nacional, tanto junto aos homens quanto junto às lideranças kayapó mulheres dos territórios. A participação das mulheres kayapó em reuniões externas, encontros e mobilizações têm aumentado gradativamente, embora a grande maioria dos representantes dos territórios kayapó ainda sejam homens. A Marcha das Mulheres, organizada pela Articulação Nacional das Mulheres Guerreiras da Ancestralidade (Anmiga), tem representado uma oportunidade das lideranças kayapó mulheres se reunirem, se articularem com mulheres de outros territórios, se empoderarem e se manifestarem pela defesa de seus direitos. A última marcha das mulheres, que aconteceu em Brasília em 2021, contou com a presença de mais de 100 mulheres das diferentes Terras Indígenas do povo Kayapó.

Recentemente, algumas lideranças mulheres jovens estão tomando a frente na luta pelos direitos, em especial aquelas que dominam a língua portuguesa e tiveram a oportunidade de estudar fora das aldeias, ingressando em faculdades e em cursos de pós-graduação. Essas mulheres enfrentaram o choque cultural de viverem suas infâncias e/ou adolescências na cidade, longe do convívio cultural de suas famílias e de sua aldeia, o preconceito e as barreiras impostas por serem mulheres, pela sua língua materna e por serem indígenas em cidades com históricos de conflitos com seu povo. Porém, hoje, têm assumido um importante papel de interlocução do povo Kayapó com a sociedade não indígena, levando as preocupações e reivindicações de seu povo para a sociedade brasileira e internacional e trazendo de volta às suas bases informações essenciais sobre as ameaças e oportunidades para seus territórios e comunidades.

Entre as jovens lideranças mulheres, destacam-se as filhas da liderança Paulinho Paiakan e de sua esposa Irekran: O-é, Tânia e Maial Paiakan Kayapó, que desde meninas estudaram na cidade, contra a vontade de seus familiares, porém com o incentivo de seu pai – segundo o qual o estudo era uma ferramenta de luta e respeito na sociedade *kuben*. O-é se formou em Serviço Social, atuou na saúde indígena pelo Dsei Kayapó do Pará e na Associação Floresta Protegida (AFP) e, hoje é mestranda em Sociologia e Antropologia e cacica da aldeia Krenhyedja, sendo uma respeitada

© MARIA BEATRIZ NOGUEIRA RIBEIRO/ISA, 2022

I Encontro de Mulheres Mẽbengôkre da Associação Floresta Protegida – Mẽnire Týj. AldeiaTekrejarotire, Terra Indígena Las Casas.

liderança entre os Kayapó. Tânia se formou em Biomedicina, trabalhou na área de saúde indígena e hoje atua no Instituto Paiakan. E Maial estudou Direito e hoje é mestranda na mesma área, sendo a primeira Kayapó a se candidatar a deputada federal.

Mayalu Txukarramãe é também uma voz feminina poderosa entre os Kayapó. Filha de Megaron Txukarramãe e de Kamirrã Waura, e neta de Raoni Metuktire, é uma mulher atuante e respeitada entre seu povo. Criada na cidade quando seu pai era administrador regional da Funai em Colíder (MT), é formada em Geografia, fundadora do Movimento Mẽbengôkre Nyre e hoje atua como técnica do Instituto Raoni. Além das lideranças, outras mulheres jovens estão assumindo papeis importantes, como é o caso das cineastas Nhakmô Kayapó e Paikako Panhprin, que fazem parte da Rede de Comunicadores Indígenas e Ribeirinhos da Rede Xingu+, e de jovens mulheres kayapó que têm atuado na área da saúde indígena, como Irepoiti Metuktire e Kokoté Kayapó.

Nos últimos anos, algumas dessas lideranças mulheres Kayapó têm participado de reuniões e encontros de coletivos de mulheres de outros povos ou organizações indígenas, em âmbito nacional e internacional. O conhecimento que têm adquirido através destes intercâmbios tem contribuído para a constituição de um coletivo de mulheres mẽbengôkre.

Em julho de 2022, as mulheres mẽbengôkre das TIs Kayapó, Menkragnoti e Las Casas, assim como das TIs Xikrin do Cateté e Xikrin do Bacajá, se reuniram no I Encontro de Mulheres Mẽbengôkre (*Mẽnire Tỳj*), apoiado pela AFP. Durante o encontro, as mulheres reafirmaram a importância de se unirem para ocupar os espaços de decisões antes ocupados predominantemente pelos homens e superar os conflitos e diferenças entre as aldeias kayapó, para juntas, cuidarem de seus territórios, sua cultura e de seus filhos e netos. O próximo encontro de mulheres kayapó reunirá, além de representantes das aldeias associadas à AFP, representantes das aldeias das TIs Baú, Menkragnoti e Capoto/Jarina, associadas aos Institutos Raoni e Kabu, assim como de mulheres do povo Panará. Assim como em outros territórios do Xingu, da Amazônia e do Brasil, o movimento das menire mẽbengôkre veio para ficar e se fortalece a cada dia. *(agosto, 2022)*

MẼBENGÔKRE KAYAPÓ

Bases de Vigilância e Monitoramento nos Territórios Kayapó

Vários autores*

A INTENSIFICAÇÃO DA PRESSÃO SOBRE OS TERRITÓRIOS KAYAPÓ TEM EXIGIDO DAS ORGANIZAÇÕES DESTE POVO O DESENVOLVIMENTO DE NOVAS ESTRATÉGIAS DE LUTA QUE ALIEM PROTEÇÃO E MONITORAMENTO TERRITORIAL À GERAÇÃO DE RENDA

Em meados das décadas de 1950 e 1960, algumas comunidades Kayapó começaram a desenvolver relações de troca com a sociedade envolvente por meio do eventual comércio de produtos do agroextrativismo, como peles de animais silvestres, seringa, caucho e castanha. No entanto, foi entre o final da década de 1970 e o início dos anos 1980 que os territórios kayapó e suas comunidades passaram pelo primeiro período de grandes transformações, desencadeadas pela abertura de grandes fazendas no Norte do Mato Grosso e no Sul do Pará, seguida pela expansão dos garimpos de ouro em seus territórios.

O primeiro período de expansão de garimpos nos territórios kayapó coincidiu com o momento em que o preço do ouro no mercado internacional atingiu seu maior valor na história, alcançando US$ 2.547,13/oz (1 oz = 28,3495 gramas), em janeiro de 1980. Após esse pico, o valor do ouro passou por quase duas décadas de quedas sucessivas, atingindo, em abril de 2001, seu menor valor de mercado dos últimos 30 anos, quando uma onça deste metal passou a valer US$ 430,31. Com a desvalorização do ouro, em meados dos anos 1990, os garimpos perderam importância e ficaram restritos a algumas pequenas áreas mais próximas da região leste da TI Kayapó. Enquanto isso, a exploração madeireira seletiva, essencialmente de mogno (*Swietenia macrophylla*), se expandiu nos territórios kayapó, alcançando as áreas mais

© RENAN PURIFICAÇÃO SANTINI/INSTITUTO RAONI, 2022

Base de vigilância e monitoramento territorial kayapó.

isoladas, se tornando o principal meio de acesso ao dinheiro para muitas comunidades.

Durante a década de 1990, os Kayapó, com a habilidade política de suas lideranças, conquistaram o reconhecimento oficial pelo governo federal de três de seus territórios tradicionais: as TIs Kayapó e Capoto/Jarina, em 1991, e a TI Menkragnoti, em 1993. Na década seguinte, com a homologação da TI Badjonkôkre, em 2003, e da TI Baú, em 2008, consolidou-se um bloco de cinco terras contínuas, com 10,6 milhões de hectares de extensão – um dos maiores territórios indígenas em posse de um único povo no Brasil e no mundo.

Ainda nos anos 1990, a Funai, como forma de contribuir para o maior controle e proteção dos territórios kayapó recém-reconhecidos, promoveu a instalação e apoiou o funcionamento do diversos Postos de Vigilância (PVs) ao longo de seus limites, os quais ficaram sob a responsabilidade de indivíduos ou famílias kayapó específicas. Entretanto, ao longo dos anos que se sucederam, muitas dessas famílias, distantes do controle social exercido por suas comunidades e lideranças, identificaram nos PVs uma forma de alcançar maior autonomia política e econômica e, em vez de contribuir para a proteção de seus territórios, passaram a facilitar o acesso de terceiros aos seus recursos naturais.

Enquanto o início dos anos 2000 foi caracterizado pela progressiva fragmentação da interlocução com o *kubẽ* (não indígenas), não mais restrita à decisão centralizada nas lideranças das comunidades kayapó, a intensificação de restrições governamentais às atividades garimpeira e madeireira em territórios indígenas, associada a embargos comerciais, criou as condições necessárias para o fortalecimento da atuação de algumas organizações do povo Kayapó com foco em projetos de desenvolvimento sustentável – apoiados tanto por políticas públicas ainda em constituição, quanto por parcerias com organizações ambientalistas internacionais.

Infelizmente, esse período de redução das pressões sob os territórios kayapó e seus recursos naturais não durou muito. Logo no início dos anos 2000, o preço do ouro voltou a subir e, em 2009, já havia atingido os patamares mais altos alcançados entre o final de década de 1970 e início da década de 1980, acima de US$ 1.300,00/oz, valores que se mantiveram ao longo da última década. Paralelamente, os órgãos federais responsáveis pela proteção dos territórios indígenas passaram a sofrer com desmontes sucessivos resultando na presença cada vez menor de agências fiscalizatórias para controlar efetivamente o avanço de atividades ilícitas nos territórios kayapó. Assim, entre 2013 e 2014, inicia-se um novo ciclo de garimpo de ouro nos territórios kayapó, de forma mais intensa nas TIs Kayapó e Baú, também associado, como sempre, à exploração de outros minerais e de madeira. Neste mesmo período também houve a expansão da pesca ilegal em importantes rios destes territórios.

Em poucos anos, tornou-se evidente que esse segundo ciclo do ouro nos territórios kayapó seria de magnitude sem precedentes, com impactos incomparavelmente maiores que os do primeiro ciclo. A análise de um dos principais indicadores do impacto ambiental desta atividade – a área desmatada associada –, evidencia um rápido crescimento da atividade garimpeira a partir de 2015 e, de forma ainda mais intensa, na gestão do presidente Jair Bolsonaro. Como resultado, a área desmatada acumulada nos últimos sete anos (2015- 2021) na TI Kayapó, associada à

© FELIPE WERNECK/ASCOM/IBAMA, 2017

Grupo Especializado de Fiscalização (GEF) do Ibama realiza operação de combate a garimpo ilegal de ouro na Terra Indígena Kayapó, no estado do Pará, Brasil.

atividade garimpeira (10.271 ha), foi quatro vezes maior que a área total desmatada acumulada neste território ao longo das três décadas anteriores.

A mudança de escala dessa atividade e de seus impactos ambientais e sociais nos territórios e comunidades kayapó tem como fatores determinantes: (i) o uso de tecnologias com maior poder de impacto, incluindo maquinários pesados, como retroescavadeiras e tratores esteira, com alta capacidade de remoção da vegetação e de movimentação do solo; (ii) o maior poder financeiro das organizações criminosas envolvidas na atividade; (iii) a ausência de mecanismos efetivos de regulação da cadeia de produção do ouro, o que favorece o processo de "esquentamento" desse mineral, tornando possível a inserção no mercado de ouro extraído ilegalmente de terras indígenas; e (iv) especialmente nos últimos quatro anos, um contexto político favorável ao garimpo, caracterizado por uma atuação direta do poder Executivo, em articulação com importantes grupos políticos do poder Legislativo, na promoção e fortalecimento do setor garimpeiro e de sua atuação em territórios indígenas e na tentativa de afrouxamento da legislação vigente.

A NECESSIDADE DE NOVAS ESTRATÉGIAS DE PROTEÇÃO TERRITORIAL

Neste contexto desafiador, entre 2016 e 2017, as três principais organizações representativas do povo Kayapó, Associação Floresta Protegida (AFP), Instituto Kabu (IK) e Instituto Raoni (IR), identificaram a necessidade de adotar novas e mais efetivas estratégias de proteção territorial autônomas para contrapor às crescentes pressões sobre seus territórios e comunidades. O monitoramento remoto de mudanças na cobertura vegetal associado à realização de sobrevoos de verificação e o apoio esporádico à realização de expedições de monitoramento territorial vinham se mostrando insuficientes para garantir a proteção dos territórios kayapó. Era necessário pensar em estratégias de proteção territorial permanentes que contribuíssem de forma mais efetiva, tanto para a proteção direta dos territórios quanto para a geração de renda a suas comunidades, utilizando o aprendizado acumulado na adoção de distintas estratégias de proteção territorial, incluindo a implementação dos PVs na década de 1990 e início dos anos 2000.

A implementação de Bases de Vigilância e Monitoramento Territorial em locais estratégicos de acesso aos territórios kayapó, que promovessem uma ocupação mais permanente destas regiões e uma maior circulação de kayapó pelo território, ao mesmo tempo em que contribuíssem para a geração sustentável de renda às comunidades envolvidas, surgiu como uma promissora estratégia. Para garantir o necessário controle social (ausente nos antigos PVs), as bases foram concebidas de forma a envolver o conjunto de comunidades das proximidades de cada localidade elencada, em um esquema de rodízio semanal de grupos compostos por cinco a seis indígenas, utilizando-se o critério populacional para a definição da frequência de participação (número de semanas/ano) de cada aldeia. Portanto, a renda gerada pelas bases é distribuída de forma equitativa, tanto dentro quanto entre comunidades, e beneficia um grande número de indígenas e de comunidades garantindo, assim, amplo apoio político local.

Foi necessário buscar, junto aos principais parceiros das organizações kayapó, os recursos necessários para a adequada remuneração dos indígenas diretamente envolvidos nesta estratégia, como mecanismo legítimo de compensação pelo tempo privado a outras atividades de subsistência, e de valorização pela proteção de suas florestas e pelo conjunto de serviços ambientais por elas prestado.

A primeira base de vigilância e monitoramento territorial implementada foi a do Rio Xingu, em junho de 2017, próxima ao limite norte da TI Kayapó. Além de contribuir para a proteção desta região da TI Kayapó, em menos de dois anos de funcionamento já eram claros os sinais de recuperação dos estoques pesqueiros nesta região do Xingu, antes ameaçados pelo ingresso descontrolado de pescadores comerciais e esportivos. Assim, além de proteger uma das principais fontes de alimentos das comunidades, o funcionamento dessa base ainda garantiu as condições necessárias para o desenvolvimento de uma iniciativa de turismo de base comunitária junto às 12 comunidades kayapó desta região, que recebeu anuência da Funai em abril de 2019.

A partir desta primeira experiência piloto, outras bases começaram a ser instaladas em pontos estratégicos dos territórios kayapó. Atualmente existem 15 bases de vigilância e monitoramento territorial no bloco de TIs Kayapó: cinco geridas pela AFP, seis pelo IK e quatro pelo IR – das quais quatro estão localizadas na TI Kayapó, oito na TI Menkragnoti, duas na TI Baú e uma na TI Capoto/Jarina. As 12 bases apoiadas pela AFP, IR e IK geraram, em 2021, cerca de R$ 1.150.000,00, em pagamentos diretos a cerca de 1.150 indígenas de 50 comunidades desses quatro territórios kayapó.

Durante a pandemia da covid-19, as bases de vigilância e monitoramento territorial se tornaram ainda mais importantes em função das restrições impostas, tanto pela Portaria nº 419/2020 MJSP-Funai quanto por financiadores e parceiros. Enquanto neste período AFP, IR e IK, assim como a grande maioria das organizações indígenas e indigenistas, tiveram suas atividades de campo severamente impactadas, indivíduos e organizações que atuam com ilícitos em TIs, em especial com o garimpo de ouro, foram empoderados e suas atividades seguiram em forte crescimento. Apesar do crescimento do garimpo nas TIs Kayapó e Baú registrado durante o governo Bolsonaro, o funcionamento das bases de vigilância e monitoramento territorial foi fundamental para garantir a contenção desta atividade a áreas restritas destes dois territórios. A simples presença das bases parece indicar, para invasores, que os Kayapó estão organizados para a defesa de seus territórios, inibindo a ocorrência de atividades ilícitas.

A atuação das Bases de Vigilância e Monitoramento Territorial tem contribuído, inquestionavelmente, para evitar a expansão de atividade ilícitas para grande parte do bloco de TIs Kayapó e se constituído como elemento central dos PGTAs desses territórios. As análises de desmatamento realizadas pelas equipes técnicas das organizações têm mostrado, por exemplo, que o desmatamento nas regiões onde existe a presença das bases é muito inferior ao observado em áreas sem controle.

Entretanto, os altos custos de instalação e manutenção das bases trazem às organizações kayapó um desafio na captação de recursos junto a parceiros nacionais e internacionais, assim como no fortalecimento do diálogo com o Estado brasileiro para que ele também contribua para o fortalecimento desta estratégia, garantindo apoio financeiro e maior presença das agências de fiscalização, de modo a tornar as bases ainda mais efetivas na proteção dos territórios kayapó. *(setembro, 2022)*

* OS AUTORES

PAULO ROBERTO DE AZEVEDO JÚNIOR, consultor, Associação Floresta Protegida (AFP), Instituto Kabu (IK) e Instituto Raoni (IR)

PATKORE KAYAPÓ, Associação Floresta Protegida (AFP)

THIAGO SCHINAIDER, Associação Floresta Protegida (AFP)

EDILSON GONDIM, Associação Floresta Protegida (AFP)

ADRIANO JEROZOLIMSKI, Associação Floresta Protegida (AFP)

ALUÍSIO AZANHA, Associação Floresta Protegida (AFP)

DOTO TAKA IRE E JÚNIO ESLLEI MARTINS DE OLIVEIRA, Instituto Kabu (IK)

ROITI METUKTIRE, Instituto Raoni

RENAN PURIFICAÇÃO SANTINI, Instituto Raoni

IGOR RICHWIN FERREIRA, consultor, Associação Floresta Protegida (AFP) e Instituto Raoni (IR)

BARBARA ZIMMERMAN, International Conservation Fund of Canada

TI TRINCHEIRA-BACAJÁ

O Povo Mẽbengôkre-Xikrin e a Floresta-Vida

Thais Mantovanelli | Antropóloga, assessora no ISA e pesquisadora na UFSCar

COM O AVANÇO SEM PRECEDENTES DAS INVASÕES E DO DESMATAMENTO NO ÚLTIMO PERÍODO, A DEFESA DA TI TRINCHEIRA-BACAJÁ E DA FLORESTA SE TORNOU URGENTE PARA OS MẼBENGÔKRE-XIKRIN: "PRECISAMOS TIRAR A INVASÃO DE NOSSA TERRA"

Em agosto de 2019, a TI Trincheira-Bacajá do povo Mẽbengôkre-Xikrin foi alvo de ações continuadas de invasão e desmatamento antes nunca vistas ou registradas, desde sua homologação em 1996. A ação dos invasores tinha como justificativa, segundo os próprios relataram, as promessas feitas pelo candidato à presidência Jair Bolsonaro em sua campanha eleitoral de 2018 para redução territorial de TIs demarcadas em todo território nacional. O aumento das ações de invasão e desmatamento em TIs e UCs atingiu porções preocupantes na região amazônica, conforme dados de monitoramento do Inpe apresentados no 14º Boletim Sirad-X da Rede Xingu+.[1]

Esse aumento de invasões e desmatamento foi descrito por vários defensores da preservação ambiental e dos territórios tradicionais como "efeito Bolsonaro". O contexto do aumento significativo das invasões em territórios tradicionais foi discutido no 4º Encontro Xingu Mais, em agosto de 2019, realizado na aldeia Kubenkokre da TI Menkragnoti. A mensagem síntese do encontro foi: "Somos muitos e o Xingu é um só". Preocupados com ameaças sobre suas terras e perda de direitos, povos indígenas e comunidades ribeirinhas e tradicionais de todo o corredor da Bacia do Xingu estiveram juntos para falar sobre os problemas que vêm enfrentando e estabelecer estratégias de ação. O encontro teve como propósito ser uma resposta uníssona de muitas vozes indígenas contra as ameaças à suas vidas. Uma sinfonia de tons

© LUCAS LANDAU/REDE XINGU+, 2019

O-é Kayapó Paiakan e participantes do 4º encontro da Rede Xingu + gravam o vídeo "Uma flecha do Xingu para o mundo, pela #Amazônia", um manifesto em defesa de seu território e modos de vida. O encontro reuniu 130 lideranças de 14 povos indígenas e ribeirinhos para firmar uma aliança pelo futuro da floresta e discutir estratégias de defesa dos seus direitos, Aldeia Kubenkokre, TI Menkragnoti, Pará.

e entonações de vozes heterogêneas que gritam pela vida contra a "ganância de governos de destruição".

Um dos invasores da TI Trincheira-Bacajá disse que, junto com mais trezentos homens armados, entrariam no mato para "caçar os índios". Esse áudio foi circulado pelos guerreiros indígenas das aldeias Rapkô, Mrotidjãm, Bacajá e Kenkro, em denúncias para o MPF. Ações conjuntas de fiscalização e monitoramento foram realizadas com o intuito de conter as invasões e práticas de desmatamento ainda em 2019. Nessa época, homens e mulheres Xikrin da aldeia Rapkô viram desde sua aldeia a fumaça das queimadas ilegais e ouviram, em diversas situações, o barulho das motosserras e tratores. Os invasores estavam próximos.

A TI Trincheira-Bacajá vem sofrendo um processo intenso e sistemático de invasão em suas porções nordeste, sudoeste e sudeste. Em 2019, a Rede Xingu+ fez duas denúncias ao MPF em Redenção sobre essas invasões e ressaltou um aumento de cerca de 32 km de estrada na frente de invasão sudoeste, que consiste numa estrada que se origina a partir de uma área invadida com grandes desmatamentos dentro da TI Apyterewa. Essa estrada cruza de forma ilegal três TIs, partindo de dentro da TI Apyterewa segue em linha reta pela TI Araweté/Igarapé Ipixuna até adentrar a TI Trincheira/Bacajá. O desmatamento acelerado nessa frente de invasão revela a determinação dos invasores em ocupar e explorar ilegalmente os recursos florestais da TI.

Os invasores, de fato, não desistiram de seu objetivo. Em fevereiro de 2020, antes da irrupção da pandemia de covid-19, caciques, guerreiros e mulheres da Trincheira-Bacajá, reunidos na aldeia Krimex, denunciaram a retomada das invasões, principalmente na porção sudoeste de seu território. O cacique antigo Tedjere Xikrin, da aldeia RapKô, iniciou o encontro dizendo:

> "Os invasores que não respeitam nada, estão queimando nossa floresta.
>
> Os bichos da floresta estão queimando com ela.
>
> Quantos jabutis já foram queimados?
>
> Quantas antas já foram queimadas?
>
> Quantos tatus já foram queimados?
>
> Precisamos fazer isso parar.
>
> Precisamos tirar a invasão de nossa terra.
>
> Ela é nossa e nós sabemos cuidar dela
>
> Ela é de nossas crianças
>
> Nós sabemos respeitar ela".

Em seguida, a fala de Tedjere assumiu como foco de interlocução os *kuben*, os estrangeiros, os não indígenas ou os brancos. Numa sequência conectiva para chamar atenção sobre os problemas das invasões e suas consequências, Tedjere assumiu a postura de chefe guerreiro:

> "Invasores vão embora, deixem disso.
>
> Eu sou chefe antigo.
>
> Nós, povo Mẽbengôkre, temos nossos netos, nossas crianças.
>
> Nós gostamos da floresta bonita, boa, viva.
>
> Agora os *kuben* estão invadindo nossas terras, roubando a floresta.
>
> Nós precisamos ficar de olho, fiscalizar e monitorar essa terra.
>
> Nós não somos poucos e estamos bravos, muito bravos.
>
> Por que estamos bravos?
>
> Estão roubando a floresta, esse nosso conhecimento.
>
> Por que fazem isso?
>
> Deixem disso!
>
> Já expulsamos os *kuben* de nossas terras antes.
>
> Eles tiveram que sair correndo, às pressas.
>
> Os *kuben* só sabem querer dinheiro.
>
> Parem com isso. Não roubem mais a floresta.
>
> Nós precisamos fazer os *kuben* nos respeitar e respeitar nossa terra.
>
> Hoje não existe esse respeito.
>
> Antigamente conseguimos garantir nossa terra.
>
> Hoje em dia coisas horríveis estão aparecendo.
>
> Hoje em dia precisamos mostrar nosso pensamento,
>
> Nosso conhecimento, o pensamento da floresta para os *kuben*.
>
> A floresta é boa para todas as pessoas que estão vivas.
>
> Se derrubarem a floresta meu neto irá me perguntar:
>
> Onde estão as árvores e o mato, avô?
>
> O que vou dizer para ele?
>
> Sem a floresta não existe vento nem chuva.
>
> Eu queria saber onde estão as pessoas que irão nos ajudar.
>
> Esses invasores estão roubando nossas castanheiras, nossas castanhas.
>
> Eu sei disso.
>
> Para terminar minha fala, eu digo:

> Invasores, saiam de nossas terras,
>
> Parem de roubar nossa floresta,
>
> Parem de roubar a madeira da floresta
>
> Essa terra é dos meus netos, dos netos deles e de todas as pessoas vivas.
>
> Fora de nossa terra só existe pastagem e desmatamento.
>
> Não tem árvore fora de nossa terra, tudo já foi derrubado".

Para mostrar o pensamento, a cultura de seu povo, Tedjere Xikrin evidencia suas importantes conexões: "a floresta, esse nosso conhecimento", associando o conhecimento mẽbengôkre com o pensamento da floresta e a floresta como de fundamental importância para as pessoas vivas e para a vida das crianças mẽbengôkre. A floresta, como afirma Tedjere, não ocupa a posição de um recurso a ser explorado, mas como uma entidade viva que compartilha seu pensamento e seu conhecimento com os humanos. A floresta é cultura ao mesmo tempo que a cultura da floresta precisa ser respeitada para a manutenção da vida.

Com o início da pandemia do novo coronavírus, em março de 2020, e com a diminuição das ações de fiscalização e monitoramento territorial na região amazônica, a invasão na porção sul da TI Trincheira-Bacajá aumentou sua proporção. De março a junho, uma estrada ilegal foi aberta próxima à aldeia Kenkro e os invasores, mais uma vez, aproximam-se das aldeias. Uma aproximação estratégica para ampliação e continuação da invasão, segundo os caciques e guerreiros mẽbengôkre-xikrin. Além da perda de biodiversidade em decorrência da ação de desmatamento dos grupos invasores, o problema assume ainda um nível de urgência humanitária e de saúde, devido ao risco de contaminação por covid-19 nas aldeias. Da mesma maneira que no ano anterior, as pessoas da aldeia Kenkro relatam estarem ouvindo, desde a metade deste mês, o barulho das motosserras dos agentes da invasão.

A proximidade dos invasores e a ausência das ações de fiscalização, levaram mulheres, caciques e guerreiros a uma incursão para a expulsão dos invasores na região sudoeste da invasão. Além do risco de conflitos territoriais, a consequência dessa ação conjunta foi uma rápida disseminação de covid-19 pelas aldeias da TI Trincheira-Bacajá num contexto em que campanhas de vacinação não estavam disponíveis. O Onça, cacique Bep Tok Xikrin, perdeu sua vida para a doença e na defesa de seu território, que segue ameaçado pela presença massiva de frentes de invasão.

Muitas pessoas não sabem respeitar a floresta, dizem os Mẽbengôkre-Xikrin. Elas não sabem ver o pensamento e a cultura da floresta. É urgente que as pessoas aprendam como respeitar a floresta que fomenta a vida em sua condição e possibilidade. Esse aprendizado precisa passar por um problema familiar entre os brancos e o capitalismo: a questão da posse no sentido de propriedade e objetificação para exploração de recursos. Enfrentar esse problema é justamente um ponto importante para uma teoria da mudança, considerada urgente pelos Mẽbengôkre-Xikrin: transformar relações de exploração pautadas pelo idioma da posse e da propriedade em relações de corresponsabilização e cuidado, de capacidade para circulação do pensamento da floresta e da cultura das coisas vivas.

Essa transformação de relações pautadas exclusivamente pela objetificação de pessoas, produtos, cadeias produtivas, paisagens, florestas em relações de cuidado e responsabilização é um importante paradigma de mudança para o enfrentamento do roubo da floresta que vivem os Mẽbengôkre-Xikrin. Eles nos dizem que

© DUVAN ESCOBAR, 2017

Bep Tok Xikrin, o cacique Onça.

precisam encontrar coisas boas para o seu povo e para a floresta, precisam trazer essas coisas boas para seu povo e para a floresta, fortalecer o pensamento e defender a floresta essa terra que é verdadeira. Nós, que nos colocamos ao lado desse povo-multidão na sua luta para continuarem onde estão e para que exista chuva para as crianças de hoje e das próximas gerações, precisamos aprender a operar esse paradigma de mudança e respeitar a floresta, essa vida, essa cultura. *(agosto, 2022)*

NOTA

[1] Acesso em https://ox.socioambiental.org/sites/default/files/2019-10/isa_jul_ago%2019_web_0.pdf

TI PANARÁ

Povo Panará Comemora 25 anos de Retorno ao seu Território

Clara Roman | Jornalista, ISA

COM FESTA E RETOMADA DE TRADIÇÕES NA ALDEIA NÃSEPOTITI, TERRA INDÍGENA PANARÁ (PA), INDÍGENAS CELEBRARAM VOLTA POR CIMA DO CONTATO TRÁGICO

Dois grupos de homens descem o estradão de terra numa corrida embalada. Sob o intenso sol do meio-dia, cada um dos grupos carrega um tronco de palmeira buriti, de no mínimo 100 kg e três metros de altura.

Um homem sustenta o tronco por alguns metros, logo outro chega para substituí-lo. Eles se revezam em uma velocidade impressionante em busca do objetivo principal: ultrapassar o grupo adversário. É a corrida de tora, uma tradição do povo Panará.

Conforme a estrada se aproxima da aldeia, a velocidade aumenta, até que um dos grupos se desgarra e dispara, chegando na frente e encerrando a corrida na Casa dos Homens, uma construção de madeira e palha no centro da aldeia. Depois, com as toras no chão, todos se reúnem para dançar e cantar. As mulheres, com pinturas, adornos de pena nos braços, chocalhos de sementes de pequi amarrados nas pernas e saia de miçangas, seguem em fila e se reúnem aos homens na dança circular.

A comemoração dos 25 anos do retorno dos Panará ao seu território tradicional foi promovida pela Associação Iakiô Panará, que os representa. Aconteceu nos dias 15, 16 e 17 de outubro, com dança e cantos tradicionais, corrida de tora, disputa de arco e flecha, moitará (troca de objetos entre os participantes do evento), encontro das mulheres e falas importantes dos Panará e de seus convidados.

Durante o período da ditadura militar, impactados pela construção da BR-163, os Panará foram transferidos contra sua vontade para o Parque Indígena do Xingu – onde viveram um exílio dentro do próprio país.

© KAMIKIÁ KISÊDJÊ/ISA, 2022

Corrida de tora, uma tradição dos Panará.

© KAMIKIÁ KISÊDJÊ/ISA, 2022

Festa dos 25 anos do retorno dos Panará a uma parte de suas terras tradicionais no Rio Iriri, aldeia Nasepotiti.

Há 25 anos, eles retornaram ao seu território de origem, encerrando um ciclo de perdas e muita dor. Os Panará são guerreiros e têm muitas conquistas a comemorar.

"Eu fui corajoso. Eu fui forte. Eu fui guerreiro para poder tomar esse pedaço de terra. Se não fosse eu, a gente não 'tava' aqui. Por isso que eu lutei. Eu não tinha medo dos brancos. Eu tinha coragem. Estou feliz ouvindo e celebrando a nossa história", afirma Akâ Panará, na mesa de abertura da festa.

Akâ é ancião do seu povo e vivenciou o contato com os não indígenas na década de 1970. É um dos poucos dessa época que ainda estão vivos. Durante a mesa de abertura, além de Akâ, falaram também o parceiro de décadas Steve Schwartzman, antropólogo que atuou junto aos Panará e atual coordenador da organização EDF, André Villas-Bôas, sócio fundador do ISA, Sofia Mendonça, coordenadora do projeto Xingu da Unifesp, Douglas Rodrigues, médico da Unifesp que atua com os Panará desde o tempo que moravam no Xingu, Kanse Panará, Pasyma Panará e outros parceiros, como a enfermeira Marisa, que atuou durante anos no território.

Durante as comemorações, os Panará também se manifestaram contra o governo do presidente Jair Bolsonaro (PL).

O CONTATO

"Vamos começar pelo começo", diz Akâ, sentado em um banco de madeira em frente à sua casa. "Onde 'tá' Matupá [cidade do Mato Grosso] hoje, foi lá que eu nasci, na aldeia grande Inkasã", continua. Akâ viveu sua infância em um tempo anterior ao contato com os brancos. Os Panará viviam espalhados em dezenas de aldeias em uma região que se estende por todo o norte do Mato Grosso e Sul do Pará, e hoje abrange cidades como Colíder, Matupá, Peixoto de Azevedo, Guarantã do Norte e o sul de Altamira. São falantes da língua Panará, do tronco linguístico jê.

"Antes de o branco chegar, eu era feliz, eu caçava, eu brincava sem ter que pensar nos inimigos. Eu tinha liberdade, era só alegria", conta. Os Panará faziam corrida de tora, festejavam, caçavam e pescavam muito.

Nessa época, porém, povos indígenas ao sul do Mato Grosso já haviam sido contatados pelos irmãos Villas-Bôas (Cláudio, Leonardo e Orlando).

Em 1961, o Parque Indígena do Xingu (hoje Território Indígena do Xingu) havia sido demarcado para abrigar e proteger todos esses povos, alguns deles trazidos de outras regiões, como os

Ikpeng e os Kawaiwete. Essa história é relatada no filme "Xingu", disponível na plataforma de *streaming* Netflix.

Os Panará não haviam sido alcançados pelo movimento dos Villas-Bôas. Até que entraram no caminho dos generais. Em 1973, o governo militar ordenou que Cláudio e Orlando Villas-Bôas empreendessem uma expedição para contatar este povo e retirá-lo da rota da rodovia BR-163 (Cuiabá/Santarém).

"A gente tinha saído para caçar e ouviu o barulho do avião", conta Akâ. Os Panará foram pegar seus arcos e flechas. "Foi um tumulto na aldeia, ficaram assustados com o avião rasante". No dia seguinte, o avião voltou e os Panará tentaram flechá-lo. Provavelmente, eram voos de aviões militares indo até a base militar na Serra do Cachimbo.

"Ficamos muito preocupados. Pessoas de outras aldeias vieram e se juntaram para enfrentar esse inimigo", relata. Em uma ocasião, os Panará encontraram com um branco e mataram ele com uma flechada. Por dias, os Panará continuaram a ouvir o barulho dos aviões. Então, começaram a encontrar objetos no mato, deixados pelos sertanistas no processo de contato.

Kreton Panará, que também viveu essa época, conta que se cortou com a faca que encontrou na floresta, porque não sabia para que servia. Depois de um encontro com um branco na mata, Kreton conta que os Panará se juntaram e discutiram o que fariam. "Vamos esperar ou vamos matar eles?".

Nessa época, os Panará migraram para uma aldeia mais distante com o intuito de fugir dos brancos. Contudo, os irmãos Villas-Bôas seguiram nas tentativas de aproximação. Um dia, eles se depararam com os sertanistas descendo o rio em duas canoas grandes e resolveram falar com eles. Cláudio se aproximou e um Panará pegou o facão da mão dele. Estava feito o contato.

"O pessoal 'desesquentou', pararam de brigar e começaram a aceitar as coisas. Os jovens falaram: 'eles vieram aqui para amansar a gente, não é para matar'. E o resto do pessoal concordou", conta Akâ.

O contato, porém, trouxe a morte. "Era morte de manhã, de tarde e de noite", lembra Kreton. A gripe e o sarampo assolaram os Panará. "Sobrou pouca gente", lamenta Akâ.

Ao menos 176 Panará morreram em decorrência de doenças contraídas após o contato, entre 1973 e 1975. Quando a rodovia começou a ser construída e centenas de trabalhadores se deslocaram para a região, as consequências foram ainda piores. Kreton conta como foi a primeira vez em que os brancos deram cachaça para ele e para outros Panará. "Os Panará não sabiam da bebida e começaram a passar mal de bêbado", lembra.

Nesse cenário, em 1974, os irmãos Villas-Bôas decidiram transferir os Panará para o Parque Indígena do Xingu. Segundo Akâ, eles foram enganados, pois achavam que teriam outros Panará vivendo lá. Foi um tempo de exílio. A floresta ali era muito diferente da que estavam acostumados. O Parque era pior para a caça e para encontrar os frutos que eram base de sua alimentação.

Sofia Mendonça conta de um episódio em que os Panará quase morreram intoxicados pelo consumo de mandioca brava, uma variedade consumida pelos indígenas do Parque, mas cujo veneno os Panará não sabiam como neutralizar antes do consumo. Essa é só uma das muitas histórias de desamparo.

Nos 20 anos que ficaram no Parque Indígena do Xingu, os Panará viveram primeiro com os Kawaiwete. Depois, com os Kaiapó, e depois, ainda, com os Kisêdjê. Nos últimos anos de morada no Parque, foram viver em aldeias próprias. Mas nunca se sentiram em casa.

No início da década de 1990, eles tomaram a decisão de lutar para retornar ao seu território. Toda essa saga está descrita em detalhes no livro "Panará".

O BRANCO COMEU NOSSA TERRA

Lideranças Panará como Akâ e Kreton se articularam para empreender a jornada de retorno. A Funai, segundo eles, não ajudava. Então encontraram os parceiros Steve Schwartzman, que já havia feito seu doutorado junto aos Panará e falava a língua, e o indigenista André Villas-Bôas, que alguns anos depois ajudaria a fundar o ISA.

O primeiro passo foi fazer uma missão de reconhecimento. Seis Panará juntamente com Steve e André viajaram de ônibus para o município de Peixoto de Azevedo (MT). Onde antes era aldeia e floresta agora era cidade, pasto, soja e campos de terra arrasada pelo garimpo. "Os brancos comeram nossa terra", denúncia Akâ.

Ali mesmo manifestaram o desejo de se encontrar com as autoridades responsáveis. Ficaram indignados e exigiram satisfação. Então Akâ, Kreton e Kokè resolveram sobrevoar o território. Das oito principais aldeias antigas dos Panará, seis haviam sido destruídas. Mas uma porção de floresta mais ao norte ainda estava preservada.

"Eu fiquei muito feliz", diz Akâ. A partir daí, começou uma intensa luta pela demarcação de uma parcela ainda preservada da Terra Indígena Panará e um longo processo dentro da Funai.

Entre 1994 e 1997, os Panará começaram a jornada de retorno. Em 1997, eles comemoraram na aldeia Nãsepotiti a sua volta

© KAMIKIÁ KISÊDJÊ/ISA, 2022

Festa dos 25 anos do retorno dos Panará a uma parte de suas terras tradicionais no Rio Iriri, aldeia Nasepotiti.

definitiva e o fim dos dias de exílio, de doenças e de sofrimento. Em 2001, o território foi demarcado fisicamente e finalmente homologado pelo presidente da República.

FUTURO: BONANÇA, DESAFIOS E AMEAÇAS

Quando saíram de seu território e foram para o Parque Indígena do Xingu, os Panará eram apenas 74, dos mais de 700 de antes do contato. Chegaram no Parque combalidos. Durante os anos da transferência, a população cresceu pouco. Chegou a pouco mais de 170 em 1994. Desde que voltaram, a população ressurgiu: hoje são 704, número similar à população antes do contato.

Kunity Panará, uma liderança de 38 anos que cresceu junto aos Kayapó e chegou na TI Panará aos 16 anos, fala da bonança do retorno. "A pescaria é fácil. A caça é fácil. Muita fruta comestível que é nossa alimentação tradicional. Tem muito açaí, cacau, *yapanitu*, *sotiv*, *pakÿ*. Os mais velhos falam que lá no Xingu a terra e o mato eram diferentes, muito fraco para alimentação. Pessoal morreu muito no Xingu", conta.

Além de liderança, Kunity é comunicador da Rede Xingu+. Ele conversou com a reportagem do ISA em uma das salas da escola da aldeia Nãsepotiti, um dos locais onde a conexão do *wi-fi* é melhor. Sobretudo os mais jovens se reúnem ali para se conectarem à internet.

Nos últimos 25 anos, os Panará conseguiram retomar várias tradições perdidas na época do exílio. Entre elas, as tradicionais roças, que são redondas e estão entre as mais belas da região. Em 2015, os Panará organizaram um concurso de roças tradicionais, descritas no livro *Kâprepa puu popoti hã kia* – Livro da Roça Redonda dos Panará, material didático fornecido para as escolas nas aldeias.

"Todo mundo trabalhando junto na roça. Pessoal se reúne para caçar, pescar, mulheres bem organizadas com a alimentação. Todo mundo trabalhando junto. Gostava muito dessa organização", conta o comunicador.

Ele descreve um pouco os principais alimentos: a mandioca é a base da alimentação, para não faltar beiju nem farinha. O amendoim é para guardar no tempo da chuva, para colocar no beiju e no mingau. "Com amendoim seu corpo fica mais forte para fazer movimento". Tem também cará, milho, melancia, banana, mamão e abacaxi.

Ainda assim, a soberania alimentar é uma preocupação. A TI Panará fica próxima de cidades como Guarantã do Norte e Peixoto de Azevedo. "A alimentação dos brancos está enfraquecendo a gente. Estamos preocupados com isso. Estamos conversando para trazer alimentação tradicional mais forte", afirma Kunity.

Kreton Panará também se ressente da influência cultural dos brancos do entorno. "Hoje, todos tem corte de cabelo de branco", reclama. Depois de tudo que seu povo passou, ele teme que, sem a cultura, eles percam também seu território.

Durante os dias de festa, Kreton fez apelos aos mais jovens para que valorizem a cultura tradicional. A questão é que, com o crescimento populacional expressivo após o retorno ao território tradicional, a maioria dos Panará hoje tem menos de 25 anos. São poucos os anciãos que sobreviveram e a manutenção das tradições tem sido um desafio.

A preocupação foi partilhada sobretudo pelas mulheres. Durante os festejos, elas tiveram um espaço de fala garantido na programação. No centro da aldeia, no local conhecido como "Casa dos Homens", as mulheres panará e suas convidadas manifestaram seu desejo de sair mais da aldeia, ampliar a atuação política e a representação em espaços de luta. E também a necessidade de segurar a cultura tradicional.

"Os homens precisam de nós", defende Kwatum, uma das principais lideranças femininas. "Vamos fazer as coisas certas. Tenho parentes que não querem mais se pintar ou estar na cultura. Mas é só assim, com a nossa cultura, que vamos conseguir ter força. Precisamos nos unir", segue. "Vamos fazer festa, ensinar os jovens a cantar". Ela lembra que seu pai a ensinou como festejar na cultura. "Meu pai trazia alegria. Eu vou continuar do jeito que meu pai me ensinou".

Pakiaprin, outra importante voz feminina panará, manifesta seu desejo de que as mulheres ocupem os espaços de representação política na luta indígena e em eventos fora da aldeia.

"Nós, mulheres, temos força, temos muito o que falar. Nós temos que começar a sair e os homens também têm que cuidar da casa para isso", afirma. "A festa foi um pouco triste, porque não tem mais velho, os mais velhos se foram, que tinham força para animar. Agora, nós vamos ter que segurar", anuncia.

Sãso Panará também abordou a questão das tradições. Segundo ela, a mudança de fora está chegando nas aldeias, e o povo Panará precisa se unir para impedir isso. "Eu quero a minha cultura na nossa festa. A mulherada tem que ter força para segurar a cultura. Com a força das mulheres, vamos continuar", afirma Sowakriti.

Mesmo em um contexto adverso como o dos últimos quatro anos, os limites da TI Panará foram resguardados. Não há sinal de invasão de garimpeiros, grileiros e madeireiros, como ocorre em outros territórios. Mesmo assim, os Panará temem pelo seu pedaço de floresta.

Kunity fala da aproximação das fazendas do agronegócio e da contaminação das cabeceiras dos rios pelos agrotóxicos. "Estamos preocupados com os animais do mato e os peixes do rio. Vamos continuar lutando para manter a nossa vida do jeito que está, para que nenhum garimpeiro ou madeireiro entre na nossa terra", explica.

"Esse tipo de *kuben* (não indígena, em Kayapó) estraga a nossa natureza. Seres humanos que vivem na cidade e precisam de natureza. O mundo precisa de natureza para sobreviver", conclui. *(novembro, 2022)*

NOTA

[1] Editado a partir de reportagem originalmente publicada em novembro de 2022 no *site* do ISA.

TI PAQUIÇAMBA

Respeite a Volta Grande do Xingu

Thais Mantovanelli | Antropóloga, assessora no ISA e pesquisadora na UFSCar

OS JURUNA YUDJÁ NA TERRA INDÍGENA PAQUIÇAMBA NA LUTA PELA DEFESA DA VIDA E DAS ÁGUAS DO RIO XINGU CONTRA OS IMPACTOS DA USINA HIDRELÉTRICA DE BELO MONTE

UHE BELO MONTE: ESCRAVIZAÇÃO E ROUBO DAS ÁGUAS DO RIO XINGU

"Foi por um sopro. Assim se criou a Volta Grande do Xingu, as cachoeiras do Jericoá e o próprio povo Juruna (Yudjá), fruto da ação do demiurgo Senã'ã, no início dos tempos. Das pegadas dos primeiros humanos, outros sopros fizeram surgir mais e mais pessoas, que povoaram aquela região do Xingu".[1]

A Volta Grande do Xingu representa um ecossistema muito particular, que conta com a presença de diversas espécies endêmicas de animais e plantas, ao mesmo tempo em que abriga duas Terras Indígenas e centenas de famílias ribeirinhas. Com o processo de licenciamento e construção da Usina Hidrelétrica (UHE) Belo Monte, a região tornou-se o epicentro das cadeias de impactos ocasionadas pelo desvio da água para geração de energia. A construção e a operação da UHE Belo Monte constituem o que homens e mulheres juruna yudjá da Volta Grande do Xingu chamam de "o roubo das águas do rio". A escravização e expropriação das águas do Rio Xingu para o funcionamento das turbinas do empreendimento hidrelétrico geram impactos dramáticos na vida de povos indígenas e ribeirinhos, cujos modos de vida se associam diretamente com as relações ecossistêmicas da região, num idioma pautado pela simbiose socioambiental.

"A Norte Energia, com essa barragem de Belo Monte, escravizou as águas do Xingu. As águas do rio, na Volta Grande, estão escravizadas pelas comportas de Belo Monte para geração de energia. Escravizar águas. Vale a pena isso? Isso é desenvolvimento?" *Sara Rodrigues Lima (pesquisadora local da comunidade ribeirinha Rio das Pedras, maio de 2022).*

Com a instalação da última turbina, em 2019, a hidrelétrica passou a defender a implementação do chamado "hidrograma de consenso", uma engenharia operacional para maior geração de energia através da retenção de aproximadamente 80% do fluxo da água da Volta Grande do Xingu, que passa a viver numa seca perene. Os Juruna Yudjá da TI Paquiçamba e as pessoas de comunidades ribeirinhas denunciam a insuficiência desses volumes de água para a manutenção da vida na região e das condições para sua reprodução.

"Ter de se adaptar a viver no seco", nas palavras de Belo Juruna, figura um movimento de desconexão dos Juruna com o Xingu. Os Juruna Yudjá, povo canoeiro que "tem canoas no lugar dos pés", não se submetem a essa mudança passivamente: lutam pelas águas do rio, pelo fluxo adequado de sua vazão, pela permanência no seu território de origem. Gente da água, cujos corpos negam-se a ter de se adaptar a viver no seco.

OS POVOS CANOEIROS DA VOLTA GRANDE DO XINGU: GENTE PARECIDA COM OS PEIXES

"Nós e os peixes somos parecidos. Precisamos de água para viver. Precisamos de qualidade e quantidade adequada de água para sobreviver, assim como os peixes, assim como o pacu". *Jailson Jacinto Pereira Juruna, mais conhecido como Caboko Juruna (Seminário fluvial na Canoada Xingu, 2017)*

Ter canoas no lugar dos pés, ter o rio como seu pai e sua mãe, um rio que pulsa em nós, são as marcas do modo de vida desses coletivos indígenas e ribeirinhos, pautados por relações ecossistêmicas de respeito e cuidado com a Volta Grande do Xingu. Gente criada ao mesmo tempo em que as águas do rio Xingu pelo sopro do demiurgo Sena'ã, os Juruna Yudjá na TI Paquiçamba engajam-se na defesa de seu território mítico e tradicional. Essa relação de pertença com as águas da Volta Grande do Xingu é a base do modo de vida desses coletivos, que os técnicos responsáveis pela identificação dos cálculos socioambientais da UHE Belo Monte não conseguem e não querem mensurar.

Os Juruna Yudjá e as comunidades ribeirinhas da Volta Grande do Xingu compartilham uma matriz cultural distinta que tem na relação consubstancial com o rio e seus regimes hidrológicos de cheia, vazão, seca e enchente sua principal característica. Assim como as espécies aquáticas de peixes e quelônios, esses coletivos humanos dependem do fluxo das águas para sua existência e sobrevivência. Sem a sincronia dos regimes hidrológicos do Xingu, não ocorre o alagamento das ilhas e florestas aluviais e dos igapós, áreas da reprodução dos peixes, chamada piracema. Sem as piracemas, as comunidades ribeirinhas e indígenas perdem sua principal fonte de alimentação e renda, passando a ocupar um quadro de fragilização social e falta de soberania alimentar.

Em novembro de 2020, ano em que se figurou uma das mais trágicas secas na região, em meio à pandemia e cinco anos após a liberação da licença de instalação da hidrelétrica de Belo Monte, povos indígenas e ribeirinhos da Volta Grande do Xingu ocuparam e paralisaram a BR-230, mais conhecida como Transamazônica, por cinco dias. "Viemos aqui defender a piracema dos peixes do Xingu", declararam em uma de suas cartas-manifesto da ocupação: "Estamos aqui com as nossas vidas para defender a vida do Xingu. Belo Monte quer nos matar devagar, como está fazendo com o Xingu, com as plantas, os animais, os peixes. Mas não vamos morrer sem gritar. Estamos aqui mostrando esse nosso grito pela água e pela vida. Parem de nos matar! Parem de roubar as águas do Xingu!"

MONITORAMENTO AMBIENTAL TERRITORIAL INDEPENDENTE DA VOLTA GRANDE DO XINGU

Em 2013, os Juruna iniciaram as atividades de monitoramento independente junto a pesquisadoras e pesquisadores da Universidade Federal do Pará (UFPA), com apoio do ISA. Através de oficinas preparatórias, foram definidos o escopo e os procedimentos metodológicos a serem adotados a partir de esforços colaborativos. O objetivo foi a construção de uma base de dados confiável capaz de mapear as alterações na vida dos Juruna Yudjá da Volta Grande do Xingu após a construção e a operação da UHE Belo Monte.

A relação entre soberania alimentar e qualidade ecossistêmica da fauna aquática é um ponto crucial do monitoramento. A vazão reduzida provocada por Belo Monte acarretou a diminuição do pescado e a ausência das piracemas, reprodução dos peixes que é realizada em canais alagados das ilhas aluviais. Essa diminuição e a perda da qualidade dos peixes pescados têm levado a um grave contexto de insegurança alimentar na Volta Grande do Xingu, como mostram as análises juruna.

Nos anos de 2017 e 2018, os Juruna Yudjá convidaram cientistas de diversas áreas do conhecimento para a Canoada Xingu, evento de turismo de experiência de base comunitária, realizado em parceria com o ISA. A Canoada tem sido uma ação fundamental de visibilização e fortalecimento da relação de pertença dos Juruna

Em defesa da piracema, manifestantes pedem água para abastecer o Rio Xingu, barrado pela hidrelétrica de Belo Monte.

© LILO CLARETO, 2020

com o Rio Xingu e suas corredeiras, bem como um importante instrumento de afirmação de seus conhecimentos tradicionais sobre o rio, a dinâmica de seus fluxos, os modos de vidas de espécies de peixes, a importância das florestas aluviais e a dinâmica da vida na Volta Grande. A Canoada cria espaços de conexão com os participantes que vivem a experiência de remar pelos canais rochosos da Volta Grande do Xingu e tornou-se um seminário fluvial para discussão sobre os impactos de Belo Monte, a partir dos dados e das análises do monitoramento independente.

Daí nasceu o Observatório da Volta Grande do Xingu, uma rede de pesquisadoras e pesquisadores indígenas e não indígenas dedicada a monitorar os impactos de Belo Monte, negligenciados nos relatórios e documentos produzidos pela empresa concessionária Norte Energia, maior acionista do empreendimento hidrelétrico.[2] Os dados e as análises colaborativas foram publicados em 2018 com o título *Xingu, o rio que pulsa em nós. Monitoramento independente para registro de impactos da UHE Belo Monte no território e no modo de vida do povo Juruna (Yudjá) da Volta Grande do Xingu*. Além da publicação, uma animação baseada no monitoramento independente foi produzida e premiada na 27ª edição do festival de animação Anima Mundi, em 2019.

A composição dos Juruna com pesquisadores e pesquisadoras através do Observatório do Xingu tornou evidente, por meio de um procedimento metodológico de pesquisa colaborativa, a incapacidade de aplicação dos volumes previstos pelos hidrogramas de consenso pelo ponto de vista da manutenção das condições da reprodução da vida na Volta Grande do Xingu. Os Juruna provocaram também questões político-epistemológicas sobre como levar a sério – no sentido de levar às últimas consequências – a afirmação de serem um povo canoeiro ter canoas no lugar dos pés, ter o Xingu como seu pai e sua mãe, ter o Xingu correndo no seu sangue, "um rio que pulsa em nós".

Em 2019, os pesquisadores e pesquisadoras que compõem o Observatório publicaram um artigo acadêmico na revista do Núcleo de Altos Estudos Amazônicos da UFPA, questionando a viabilidade ambiental, social e ecossistêmica dos volumes defendidos pelos hidrogramas de consenso. O artigo, inspirado nas análises do monitoramento independente juruna, tornou-se um importante instrumento para avaliação técnica do Ibama, órgão licenciador da hidrelétrica, sobre essa questão.

"Não há qualquer estudo demonstrando a extensão ou a proporção de pedrais e florestas aluviais que serão de fato alagados com os respectivos hidrogramas A e B. Não há, ainda, qualquer estudo específico do Estudo de Impacto Ambiental, ou posterior ao mesmo, que indique ou demonstre que a manutenção de médias mensais de 4.000 m³/s e de 8.000 m³/s apenas no mês de abril, durante o período chuvoso ('inverno'), vão garantir a vigência dos processos ecológicos associados aos pulsos anuais de inundação na Volta Grande. Em outras palavras, não há nenhum estudo ou evidência de que os hidrogramas vão possibilitar as migrações tróficas e reprodutivas da fauna aquática para as áreas inundáveis, nem tampouco a manutenção dos padrões e processos ecológicos que caracterizam as comunidades dos ambientes aluviais".[3]

Em seu Parecer técnico nº 133, de 2019,[4] o órgão ambiental determinou à Norte Energia que adotasse volumes mais adequados, capazes de garantir as condições de reprodução da vida na Volta Grande do Xingu.

Além disso, as previsões de volume do hidrograma de consenso não são adequadas ao atual contexto de emergência climática e de intensificação do desmatamento na Amazônia, como ressalta André Sawakuchi, do Instituto de Geociências da Universidade de São Paulo (IGc/USP), que compõe o Observatório do Xingu: "O hidrograma de consenso leva ao conflito pela água do Xingu. A restrição hídrica na Volta Grande prevista pelo chamado hidrograma de consenso é muito severa, pois mais de 70% da água da Volta Grande do Xingu será desviada para produção de energia. Em alguns meses, o volume de água desviada pode chegar próximo a 90%. Isto causa uma condição de seca nunca antes vista ou vivida na região". (*comunicação pessoal, 2021*).

Os povos da Volta Grande seguem denunciando os graves impactos de Belo Monte associados à redução da vazão do Rio Xingu para geração de energia. Esses povos recusam a morte do Rio Xingu e lutam pelo seu direito de existir. A existência desses povos está diretamente relacionada à existência dos regimes de fluxo do rio, que promovem delicadas relações ecossistêmicas geradoras da vida. Eduardo Viveiros de Castro,[5] num esforço de tipificação antropológica da sustentação jurídica do conceito de etnocídio, afirma que:

"Ações etnocidas podem ser cometidas como 'resultado não intencional' ou 'dano colateral' de decisões, projetos e iniciativas de governo cujo objetivo precípuo não é a extinção sociocultural e desfiguração étnica de uma coletividade, mas antes a realização de 'projetos de desenvolvimento' (grandes obras de infraestrutura como barragens, estradas, plantas industriais, extração minerária e petroleira) que visariam ostensivamente beneficiar toda uma população nacional"

"QUANDO É MESMO QUE VALE A VIDA?"

Ao dependerem de relações ecossistêmicas sincrônicas junto à dinâmica de fluxos de água do Rio Xingu, em sua Volta Grande, as comunidades ribeirinhas e indígenas, as florestas e ilhas aluviais, as espécies aquáticas e terrestres, tendem a entrar em colapso se submetidas a uma condição de seca permanente, como quer a operação da UHE Belo Monte ao escravizar as águas do Rio Xingu para geração de energia elétrica.

Algumas dessas espécies aquáticas estão correndo risco de extinção, como o acari-zebra (*Hupancistrus* zebra), alertou Jansen Juanon, ecólogo associado ao Instituto Nacional de Pesquisas da Amazônia (Inpa), que compõe o Observatório da Volta Grande do Xingu. "A perda de 80% de água na Volta Grande do Xingu significa perda equivalente nas populações das espécies de peixes. Estamos diante de um enorme risco de extinção de diversas espécies da fauna aquática, muitas delas endógenas da região".

Em julho de 2018, na cidade de Altamira/PA, homens e mulheres juruna reuniram-se na sede do ISA para realização dos preparativos da 5ª Canoada Xingu. Durante a reunião, o cacique Gilliarde Juruna, da aldeia Miratu da TI Paquiçamba, solicitou que as camisetas do evento trouxessem a foto do zebrinha, nome regional do peixe ornamental acima referido. O cacique explicou sua solicitação: "Esse ano nossa camiseta terá a foto do zebrinha. Porque somos como o zebra, sabe? Precisamos da cheia do Rio Xingu. Se acabarem com o inverno, com a cheia do rio, corremos o risco de entrar em extinção, como está acontecendo com esse peixe ornamental. Isso precisa ser mostrado. O zebra deve estar na parte da frente das camisetas dessa Canoada.

Dona Graça Juruna, da TI Paquiçamba, decidiu criar tracajás em tonéis e tinas d'água em sua casa. Em buscas cotidianas pela Volta Grande do Xingu, seu marido, Pedim, em sua rabeta, recolhe as espécies que encontra em situação de fome e doença ocasionada pela UHE de Belo Monte, o roubo das águas do Xingu. Enquanto isso, ela alimenta e troca a água de seus tonéis cheios desses animais, que orgulhosa mostra como já estão gordinhos e fortes. Muitas pessoas disseram para Dona Graça que essa era uma atitude impossível, criar tracajás no quintal da casa. Dona Graça não titubeou; não estava disposta a ser uma simples testemunha da morte das tracajás. Ela se recusou a ficar passiva frente ao impossível e pôs sua atitude em prática. No fim de uma tarde, após uma reunião com o corpo técnico-burocrático da Norte Energia, ela disse:

"Quando é mesmo que vale a vida? Essa barragem não se importa com a vida. Não se importa se as tracajás estão morrendo. Agora, eu mesma, nós daqui, que nascemos e nos criamos aqui, a gente se importa e muito como toda a vida daqui. A gente se importa com a vida. A vida dos bichos todos, das plantas, das frutas, da água que é vida para nós e para tudo aqui. Nunca achei que estaria viva para ver isso que está acontecendo com a gente, com o que está acontecendo com as tracajás, com os pacus, com os peixes ornamentais. Mas te digo que não desistimos, lutamos. Nossa vida não tem preço não, sabe. Vida nenhuma pode ter preço. A vida não se compra, não é produto, não está à venda. Não quero que a vida das tracajás se acabe, por isso estou criando algumas aqui. Não aceitamos o fim das tracajás, não aceitamos nosso fim".
Dona Graça Juruna, TI Paquiçamba

O Monitoramento Ambiental Territorial Independente da Volta Grande e a Canoada Xingu estão engajados na defesa da vida. Vida na e da Volta Grande do Xingu. É fundamental garantir a real participação indígena e de comunidades ribeirinhas e tradicionais nas avaliações de impacto de empreendimentos e obras de infraestrutura, como a hidrelétrica de Belo Monte. Sem essa garantia, as análises de impacto tornam-se meras etapas burocráticas do licenciamento ambiental em favor do empreendedor.

Além disso, a prática de contratação de empresas terceirizadas para realização dos estudos e monitoramentos de impacto por parte das empresas e/ou consórcios interessados no projeto do licenciamento auxilia um perverso processo de subdimensionamento de impactos. É fundamental que essa seja uma discussão pública, com a participação de instituições de pesquisa que não têm interesse direto no empreendimento e que não sejam pagas pelo próprio empreendedor – que almeja uma redução dos seus custos de investimento para uma amplificação de seu lucro. Isso causa não apenas impactos negativos na vida de povos e comunidades afetadas, como também agravamento dos problemas ambientais decorrentes desse subdimensionamento, e diminui o real custo das propostas desses projetos de obras de infraestrutura. Como advertiu Biviany Rojas, advogada do ISA, no seminário fluvial da Canoada Xingu em 2018 na TI Paquiçamba: Belo Monte não é um fato consumado. Precisamos considerar os usos múltiplos da água e sua premissa como direito e não como recurso.

Se o monitoramento independente juruna não é um ato em si mesmo e o modo de vida desse povo é pautado pela conectividade com o Xingu, estamos aqui com a tarefa de criar composições. Composições com a Volta Grande do Xingu. O levante juruna e ribeirinho contra a imposição do fim do fluxo das águas do Xingu é uma ação de composição. Composições com os parentes juruna yudjá que moram no Território Indígena do Xingu (TIX);

com cientistas de universidades públicas que não assinam os relatórios técnicos que negligenciam os impactos de Belo Monte; e com organizações não governamentais e sociedade civil. As ações de composições dos Juruna contra o hidrograma de consenso podem ser narradas com uma imagem descrita por Bel Juruna:

"Estamos fazendo isso de juntar as pedras da Volta Grande com as cerâmicas fabricadas pelas parentes da TIX e juntar os gráficos do nosso monitoramento com os gráficos dos pesquisadores e das pesquisadoras que convidamos para estarem conosco nessa guerra pela água da Volta Grande. Juntar nosso conhecimento e nossa vida no Xingu com os conhecimentos dos cientistas contra os argumentos do empreendedor, interessado no lucro de sua empresa e desinteressado pela vida ou pela Volta Grande. Ao contrário do que eles dizem, a Volta Grande é uma questão de todo esse planeta. Ela deve ser uma preocupação de todo o planeta." *Bel Juruna*

A vida, uma composição sincrética e heterogênea de muitos tipos de vida, do modo como os regimes de existência juruna e ribeirinhos expressam, não quer monitorar sua própria morte, um testemunho do fim. Essa ética de negação ao testemunho do fim marca a própria história de permanência desse povo na região da Volta Grande. *(agosto, 2022)*

NOTAS

[1] PEZZUTI, Juarez; CARNEIRO, Cristiane; MANTOVANELLI, Thais; GARZÓN, Biviany Rojas. *Xingu, o rio que pulsa em nós: monitoramento independente para registro de impactos da UHE Belo Monte no território e no modo de vida do povo Juruna (Yudjá) da Volta Grande do Xingu*. São Paulo: Instituto Socioambiental (ISA), 2018.

[2] A rede é composta pelos professores: Juarez Pezzuti, Cristiane Carneiro, Jansen Zuanon, André Sawakuchi, Eder de Paula, Camila Ribas, Ingo Wahnfried, Fernando D'Horta, Marcelo Camargo, Priscilla Lopes, Tânia Stolze Lima, Alberto Akama, Biviany Rojas, Carolina Reis, Thais Mantovanelli.

[3] ZUANON, Jansen *et al*. "Condições para a manutenção da dinâmica sazonal de inundação, a conservação do ecossistema aquático e manutenção dos modos de vida dos povos da volta grande do Xingu". Belém, Universidade Federal do Pará:UFPA. *Paper do NAEA*, v. 28, n. 2, 2019.

[4] BRASIL. Ministério do Meio Ambiente. Instituto Brasileiro de Meio Ambiente e dos Recursos Naturais Renováveis. *Parecer técnico*, n.133, 2019.

[5] VIVEIROS DE CASTRO, Eduardo. "Sobre a noção de etnocídio, com especial atenção ao caso brasileiro". *Mimeo*, 2017.

Apyterewa e a Luta pela Posse Plena do Território

Juliana de Almeida | Antropóloga
Fabian Kurten | Indigenista

UMA EXPLOSÃO DE INVASÕES E ESBULHOS MARCOU OS ÚLTIMOS ANOS DA TI APYTEREWA (PA), A MAIS DESMATADA DO PAÍS. HÁ ANOS OS PARAKANÃ LUTAM PELA DESINTRUSÃO E POSSE PLENA DA ÁREA, MAS O PROCESSO SEGUE INACABADO, IMPEDIDO PELA ALEGAÇÃO DE JUDICIALIZAÇÃO

A garantia da posse plena de uma Terra Indígena só se concretiza mediante a retirada dos eventuais ocupantes não indígenas que, por distintos motivos, acabaram ocupando estes territórios cujo reconhecimento enquanto área tradicional indígena acabou ocorrendo de forma extemporânea.

Esse é o caso do povo Awaeté/Parakanã na Terra Indígena Apyterewa, localizada no município de São Félix do Xingu/PA. Apesar dos 15 anos de homologação presidencial da área, ainda seguem pendentes sua desocupação e destinação, por completo. E pior. Diante da demora na desintrusão, a TI Apyterewa, alvo de intenso processo de grilagem, segue sendo invadida por terceiros.

Foram várias as tentativas de realizar a desintrusão da TI Apyterewa. Na última delas, ocorrida em 2016, foram alcançados avanços bastante significativos. Os posseiros foram notificados a saírem da área e boa parte do gado irregularmente criado na TI foi retirado. Mas a desintrusão não chegou a ser concluída.

Em 2017, durante um encontro com representantes dos ocupantes não indígenas, o atual governador do Estado do Pará, Helder Barbalho, à época ministro da Integração do governo Michel Temer, alegou que seria "prematura qualquer iniciativa de desintrusão no momento" e que ele buscava uma forma de "conciliação" entre indígenas e não indígenas.

Seguindo este mesmo caminho, o então secretário nacional de Segurança Pública, o general da reserva, Carlos Santos Cruz, entendeu como "inoportuno o desencadeamento das operações de desintrusão de imediato", recomendando que a ação fosse deflagrada somente em 2018, o que não chegou a acontecer.

Ao longo dos últimos anos, a judicialização do processo foi reiteradamente alegada como o fator de impedimento à conclusão do procedimento de desintrusão da TI Apyterewa.

A despeito da inconclusão da desintrusão da TI Apyterewa, até 2017 a área vinha apresentando uma tendência de declínio nos índices de desmatamento. Todavia, os dados do Prodes/Inpe não deixam dúvida quanto à inversão dessa tendência a partir de 2018, com um cenário de explosão do desmatamento a partir de 2019.

Segundo dados do Inpe, a TI Apyterewa foi, em 2021 e 2022, a TI mais desmatada da Amazônia Legal. Fatos recentes demonstram que o esbulho da área vem sendo fomentado por grupos econômicos locais, apoiados por lideranças políticas do Estado do Pará.

O aumento do desmatamento na TI Apyterewa é sintoma do aumento das invasões nesta área, as quais se consolidam principalmente na forma de pastagens. Com a indefinição sobre a desintrusão, a Terra Indígena tornou-se alvo de inúmeras transações de compra e venda de terras. São contratos de gaveta, nos quais o comprador não detém nenhuma garantia, a não ser a possibilidade de explorar uma área que, por lei, deveria estar sendo protegida pelo Estado.

Outro dado bastante representativo do retrocesso vivenciado na TI Apyterewa, nos últimos anos, foi a formação de um núcleo habitacional composto por parte dos posseiros retirados da

Terra Indígena em 2016. A hoje denominada "Vila Renascer" opera no suporte logístico aos crimes ambientais em curso na Terra Indígena. Abastecida por uma rede clandestina de energia elétrica, nela existem comércios como oficinas de motosserra e de conserto de motores utilizados em garimpos. Há registro também do funcionamento de um açougue irregular que comercializa carne produzida ilegalmente no território indígena.

Em 2019, a explosão do esbulho na TI Apyterewa se expande para as Terras Indígenas limítrofes (Araweté do Igarapé Ipixuna e Trincheira Bacajá). Um antigo ramal utilizado para exploração ilegal do mogno é reativado, desta vez como fomento à ocupação destas áreas com pastagens. Evidenciando-se tratar de um processo organizado de esbulho na região, verifica-se que os cerca de 40 km de extensão de estradas foram abertos em apenas em poucos meses. Até hoje não há informações sobre os responsáveis por custear a reabertura do ramal.

Esse processo de "apyterewização" de outras TIs da região tem como um dos principais motores a crença de que o presidente da República, Jair Messias Bolsonaro, não apenas cumpriria a promessa de campanha de não demarcar nenhuma Terra Indígena, como também reduziria as áreas já regularizadas.

Se, por um lado, a expansão do esbulho da TI Apyterewa fica bastante evidente por meio da elevação dos índices de desmatamento, por outro, o registro de disputas de áreas na Terra Indígena demonstra o acirramento dos conflitos locais.

Em 11 de junho de 2019, ocorreu o assassinato do ex-presidente do Sindicato dos Trabalhadores Rurais de Rio Maria (STRR), Carlos Cabral, que à época presidia a Associação de Pequenos e Médios Produtores Rurais da Vicinal Bom Jardim e Região (APMPRVBJR), entidade representativa de um grupo de invasores que permanecem de forma irregular na TI Apyterewa.

Três fazendeiros, ocupantes da TI Apyterewa, foram acusados de serem os mandantes do assassinato. Eles chegaram a ter prisão temporária decretada a pedido da Delegacia Especializada de Crimes Agrários, mas posteriormente foram soltos. A principal linha de investigação do homicídio, ainda sem um desfecho, é a disputa de terras na Terra Indígena.

Com a indefinição sobre a retomada da desintrusão, os interesses econômicos pelo domínio de terras localizadas no município que possui o maior rebanho bovino do Brasil se voltam para a Terra Indígena. A grilagem é impulsionada pelo aumento dos preços

© ROGÉRIO ASSIS/ISA, 2022

Sobrevoo na Terra Indígena (TI) Apyterewa, onde está localizado o maior garimpo da TI.

na comercialização ilegal de lotes na TI Apyterewa, associada à rentabilidade do aluguel de pastagens para engorda de gado, que posteriormente é esquentado por meio de propriedades rurais localizadas no entorno da Terra Indígena.

Por outro lado, ressurgem antigos núcleos de exploração garimpeira de ouro, tanto que, em abril de 2020, é realizada uma grande operação de combate aos garimpos ilegais na TI Apyterewa. Mas aquela que deveria ter sido uma ação de combate a ilícitos ambientais resultou na exoneração de parte da equipe da Diretoria de Proteção Ambiental do Ibama.

Apenas um mês após a interrupção da ação de coibição de crimes ambientais na TI Apyterewa, uma decisão monocrática do ministro Gilmar Mendes, no Mandado de Segurança 26.853/DF, abriu a possibilidade de "conciliação" para resolução do conflito entre indígenas e não indígenas residentes na Terra Indígena. A decisão, que não definia o que poderia ser conciliado, parecia seguir o tom da proposição realizada, anos atrás, por Helder Barbalho.

Na esteira dessa decisão, a então prefeita do município de São Félix do Xingu, Minervina Maria de Barros Silva, constituiu um Grupo de Trabalho para realizar um levantamento socioeconômico, cujo objetivo era subsidiar os autos do Mandado de Segurança 26.853/DF. A decisão do Supremo Tribunal Federal (STF) foi entendida, pelos posseiros, como a abertura de uma possibilidade de redução da TI ou até mesmo da anulação do ato homologatório da área.

Ainda que o próprio ministro Gilmar Mendes tivesse reconhecido em sua decisão que não há nenhum indício de vício no processo administrativo de demarcação da TI Apyterewa, no âmbito do Mandado de Segurança 26.853/DF, o município de São Félix do Xingu passou a defender a necessidade de revisão do laudo antropológico que definiu a extensão da Terra Indígena. Extensão, aliás, é o nome com o qual eles se referem à Apyterewa: "Extensão Apyterewa". A tese de vício de processo embasou ainda o Projeto de Lei 170/2020, proposto pelo senador Zequinha Marinho (PSC/PA).

Poucos meses depois da decisão do ministro Gilmar Mendes, em novembro de 2020, os invasores promoveram uma manifestação na tentativa de obstruir uma nova operação de fiscalização ambiental realizada na área, com foco na contenção do desmatamento ilegal. Os fiscais do Ibama e servidores da Funai foram surpreendidos com barricadas, armadilhas e sofreram uma série de ameaças por parte dos invasores. Cinco lideranças foram denunciadas pelo Ministério Público Federal (MPF) com base no Artigo 69 da Lei nº 9.605, de 12 de fevereiro de 1998, mas até o momento ninguém foi responsabilizado.

Ainda que a operação de fiscalização ambiental contasse com órgãos ligados ao Ministério do Meio Ambiental (Ibama) e ao Ministério da Justiça e Segurança Pública (Funai e Força Nacional), o Ministério da Mulher, Família e Direitos Humanos foi o principal mediador do conflito deflagrado a partir das ações de combate ao desmatamento na TI Apyterewa. À época, o secretário nacional de Políticas de Promoção da Igualdade Racial, Ezequiel Roque do Espírito Santo, havia acabado de retornar de uma missão na TI Apyterewa, em atendimento a um requerimento da Prefeitura Municipal de São Félix do Xingu. O relatório final da viagem havia aderido à tese de vício de processo e à proposição de "conciliação" entre indígenas e não indígenas.

Em junho de 2021, amparado na decisão do ministro Gilmar Mendes, no âmbito do Processo nº 0002570-42.2011.4.01.3901, em tramitação no Tribunal Regional Federal da 1ª Região (TRF1), o juiz Carlos Augusto Pires Brandão emitiu uma decisão que suspendia "todo e qualquer ato ou ação relativo à desintrusão na denominada TERRA INDÍGINA APYTEREWA, até ulterior deliberação judicial". Um ano antes, por decisão da desembargadora federal Gilda Sigmaringa Seixas, a desintrusão já havia sido paralisada por 30 dias "a fim de viabilizar as tratativas pendentes a um possível acordo entre as partes".

Na esteira da paralisação da desintrusão, o município de São Félix do Xingu ingressou na Funai com um pedido de autorização para recuperação das estradas e vicinais da TI Apyterewa que prestam suporte à ocupação irregular por parte dos posseiros, medida que claramente objetivava consolidar a permanência dos posseiros na Terra Indígena.

Ainda no bojo da decisão tomada em 2020 pelo ministro Gilmar Mendes, em 2021 os posseiros residentes na Terra Indígena, supostamente com o apoio do poder público local, deram início à abertura ilegal de uma picada, cujo objetivo era demarcar fisicamente os limites da TI Apyterewa, que deveria ser reduzida do decreto homologatório. A abertura do chamado "picadão" foi registrada por um canal de jornal local.

Como observado, a proposta de uma "conciliação", incluindo a possível redução da Terra Indígena, já vinha sendo aventada pelo menos desde 2017, mas foi somente no final de 2021 que o caso ganhou notoriedade nacional, com a publicação de uma reportagem publicada por Rubens Valente no portal UOL: "Caciques cedem à invasão e aceitam abrir mão de 392 mil hectares no Pará".

A abertura do "picadão", sem nenhum amparo legal, ensejou, em março de 2022, uma nova decisão do Ministro Gilmar Mendes no Mandado de Segurança 26.853/DF, desta vez suspendendo definitivamente qualquer tentativa de conciliação entre as partes. A decisão foi referendada pela 2ª Turma do STF.

Na sequência, em 7 de abril de 2022, a decisão de outro ministro do Supremo Tribunal Federal, Luiz Fux, na Suspensão de Tutela Antecipada 780, derrubou a decisão do juiz Carlos Augusto Pires Brandão que impedia a desintrusão da TI Apyterewa.

Desse modo, no momento atual, depende apenas da iniciativa do Estado brasileiro o cumprimento do dispositivo constitucional que garante ao povo Awaeté/Parakanã o direito ao usufruto exclusivo dos recursos do seu território.

Símbolo do contrassenso em curso na TI Apyterewa, a invasão denominada Vila Renascer, localizada na porção leste da Terra Indígena, começou a se formar justamente durante a última tentativa do Estado em proceder a desintrusão da área. A "vila", que não para de se expandir, promove o suporte ao conjunto de ilegalidades em curso na TI Apyterewa.

Enquanto os invasores se instalam com tranquilidade na Terra Indígena, os Awaeté/Parakanã têm sofrido sérias dificuldades para ocupar o seu território tradicional. As tentativas de abertura de novas aldeias têm sido frequentemente acompanhadas de episódios de ameaça e violência contra os indígenas.

Uma frase incluída na última edição do livro *Povos Indígenas no Brasil 2011/2016* preconizava o contexto que verificamos hoje na TI Apyterewa: "A situação de vulnerabilidade tende a se agravar devido ao acirramento das disputas por terra, à dilapidação dos recursos naturais e à presença de novos invasores". O prognóstico do texto lançado há cinco anos foi certeiro e a desintrusão, infelizmente, segue sendo um capítulo inacabado. *(julho, 2022)*

Um Exemplo da Pressão Ruralista na Atual Política Indigenista Brasileira

Luciano Pohl | Gerência de Proteção dos Direitos dos Povos Indígenas Isolados e Recente Contato da Coiab

AS PRESSÕES E AMEAÇAS AVANÇARAM DURANTE A PANDEMIA, COINCIDINDO TAMBÉM COM O PERÍODO DE TÉRMINO DA VIGÊNCIA DA PORTARIA DE RESTRIÇÃO DE USO, QUE DEVERIA PROTEGER O TERRITÓRIO E O REGISTRO DE POVO INDÍGENA ISOLADO

A Terra Indígena (TI) Ituna/Itatá está localizada na região do Médio Rio Xingu, no Estado do Pará, municípios de Altamira e Senador José Porfírio. Situada no interflúvio entre os rios Xingu e Bacajá, faz limite com as TIs Koatinemo (do povo Assuriní do Xingu) e Trincheira-Bacajá (do povo Xikrin), e com o Projeto de Assentamento (PA) Itatá. Em conjunto com outras terras indígenas, Ituna/Itatá faz parte de um dos grandes blocos de TIs da Amazônia Oriental (aproximadamente 5,2 milhões de hectares), formado pelas seguintes terras: Ituna/Itatá, Koatinemo, Trincheira-Bacajá, Araweté/Igarapé Ipixuna, Apyterewa, Kararaô, Arara e Cachoeira Seca. Somada às Unidades de Conservação da Terra do Meio, esta região compreende o maior bloco de florestas contínuas bem preservadas a leste da Amazônia brasileira.[1]

A partir de uma série de informações sobre a história da ocupação indígena da região do interflúvio Xingu-Bacajá, reunidas desde a década de 1980, e considerando as recomendações constantes no Parecer Técnico nº 21/CMAM/CGPIMA/Funai - Análise do Componente Indígena dos Estudos de Impacto Ambiental do Aproveitamento Hidroelétrico Belo Monte, de setembro de 2009, a TI Ituna/Itatá foi reconhecida pelo Estado por meio da Portaria nº 38/PRES/Funai, de 11 de janeiro de 2011 (publicada no Diário Oficial da União - DOU de 12/01/2011), com uma área de 137.765 hectares. O objetivo da portaria era resguardar, por meio da restrição de acesso e uso, o território de indígenas isolados (Registro de Povos Indígenas Isolados da CGIIRC/Funai nº 110/Igarapé Ipiaçava) e garantir que a Funai pudesse realizar pesquisas e expedições para reunir informações em campo, a fim de subsidiar a identificação do grupo indígena isolado e a demarcação e proteção do território.[2]

As informações produzidas pela Funai evidenciam a presença dos indígenas isolados em diversos pontos do interflúvio Xingu--Bacajá, em todas as cinco terras indígenas. Especificamente, foram encontrados indícios nos igarapés: Bom Jardim (TI Apyterewa), Canafístula e Ipixuna (TI Araweté/Ig. Ipixuna), Piranhaquara e Ipiaçava (TI Koatinemo), Ituna e Bacajaí (TI Ituna/Itatá), e Queirós, Dois Irmãos e Branco (TI Trincheira/Bacajá). A região de ocorrência desses indícios configura um grande corredor protegido, relativamente distante de outros povos indígenas já contatados da região e da pressão econômica que busca explorar madeiras, expandir as áreas de pastagens, abrir estradas ou especular terras.

A TI Ituna/Itatá é o limite norte desse corredor de áreas protegidas, rico em madeiras e terras para plantio e, por isso, muito cobiçado.[3] A região representa uma "zona livre", ocupada pelos isolados e formada por florestas ainda bem preservadas e cabeceiras dos igarapés que correm para os rios Xingu e Bacajá. Entretanto, esta zona não está isenta da pressão econômica e fundiária, e dos vetores de degradação florestal, uma vez que a proteção do território não é efetiva.

Baseado no princípio da precaução, a interdição da área que caracteriza a TI Ituna/Itatá é um instrumento legal consolidado há décadas no ordenamento jurídico brasileiro, através do artigo

Gado em áreas atingidas pelo fogo na região do Médio Xingu, entre a Volta Grande e a TI Ituna/Itatá.

231 da Constituição Federal, do artigo 25 e do inciso I do Artigo 4º da Lei 6001, de 17/12/1973, e através do artigo 7° do decreto n° 1775 de 08/01/1996. A Portaria de Interdição, publicada no DOU, deixa clara a proibição da presença de pessoas estranhas aos quadros da Funai, bem como a impossibilidade de exploração de qualquer recurso natural no interior da área interditada. A proteção do território é imprescindível para a conservação dos recursos naturais que, por sua vez, são a base da subsistência dos grupos indígenas isolados, protegendo e possibilitando a vida destes povos.[4]

Considerando que as Portarias de Restrição de Uso de Terras Indígenas ocupadas por grupos indígenas isolados são de caráter temporário, novas Portarias da Funai foram publicadas em anos subsequentes. São elas:

- Portaria nº 17/PRES/FUNAI, de 10 de janeiro de 2013, publicada no DOU de 11.01.2013, que prorroga a restrição de uso da Terra Indígena Ituna/Itatá, com 142.402 hectares. É preciso observar, neste caso, que em função de vestígios dos grupos isolados em área fora da TI Ituna/Itatá, encontrados pela FPEMX em expedição realizada em 2012, a área de restrição foi ampliada em aproximadamente 5.000 hectares;

- Portaria nº 50/PRES/FUNAI, de 21 de janeiro de 2016, publicado no DOU de 22.01.2016, que prorroga a restrição de uso da Terra Indígena Ituna/Itatá por três anos, com 142.402 hectares;

- Portaria nº 17/PRES/FUNAI de 9 de janeiro de 2019, publicada no DOU de 25.01.2019, que prorroga a restrição de uso da Terra Indígena Ituna/Itatá, por mais três anos;

- Portaria n° 471/PRES/FUNAI de 28 de janeiro de 2022, publicada no DOU de 01.02.2022 por decisão da justiça, mas que prorroga a restrição de uso do território por apenas seis meses;

- Portaria n° 529/PRES/FUNAI de 21 de junho de 2022, publicada no DOU de 23.06.2022 que prorroga a vigência da restrição de uso por mais três anos, por força da decisão da Ação Civil Pública nº 1000157-47.2022.4.01.3903, nos termos do Parecer de Força Executória nº 00016/2022/CTR/PRIO/ER-FDIN-PRF1/PGF/AGU.

Ainda assim, a forte pressão de invasores, por meio da grilagem – apropriação ilegal de terras públicas – vem impulsionando fortemente o desmatamento da área e dificultando os trabalhos dos técnicos da Funai para a localização de vestígios e outras evidências sobre a presença de grupos isolados. A partir de 2016, ocorre um aumento vertiginoso de degradação das florestas dentro de Ituna/Itatá. Em 2020, de acordo com dados oficiais do Instituto Nacional de Pesquisas Espaciais (Inpe), Ituna/Itatá foi a TI mais desmatada do país. Foram cerca de 120 km² desflorestados em apenas um ano.[5] Na área de influência da UHE de Belo Monte temos outras três TIs entre as mais desmatadas daquele ano, evidenciando a forte influência do empreendimento. Os dados de desmatamento de 2021 indicam uma desaceleração; entretanto, dados de sistemas autônomos de monitoramento evidenciam mais de 4,5 km² desmatados nesse período.6

Outro fator que pressiona a TI Ituna/Itatá é a abertura de mais de 280 km de estradas ilegais no interior do território, a grande maioria aberta no ano de 2019. A rapidez com que as estradas foram abertas comprova um elevado nível de investimento na região, expondo que tratamos de uma população invasora que não está em situação vulnerável. Este cenário de expansão do acesso aos recursos florestais, manutenção de taxas elevadas de desmatamento e ocupação irregular de 223 registros de cadastros ambientais rurais (CAR) incidentes dentro da TI, evidencia uma corrida especulativa para garantir posse no interior da TI. Ressaltamos que mais de 70 desses cadastros possuem área superior a 1.000 hectares.[7]

A Funai, alinhada com os interesses ruralistas durante o governo Bolsonaro, renegou as informações técnicas sobre a presença do grupo indígena isolado na TI Ituna/Itatá. A pedido do senador paraense Zequinha Marinho, em 2020 a Funai organizou uma expedição para definir a situação da TI, num dos piores momentos da pandemia, com o território invadido e com a intenção de atuar em uma área 50% menor que a descrita pelas portarias.[8] Mesmo sob péssimas condições de trabalho, a equipe que participou da expedição, num período um pouco mais propício (em setembro de 2021), trouxe informações novas que indicavam a ocupação do território pelo grupo indígena isolado. Desta vez, um despacho do diretor de proteção territorial da Funai descartou o relatório sob o argumento de que "não tem nenhuma técnica ou critérios científicos, com várias interpretações de cunho pessoal". Tal despacho, coincidentemente, ocorreu dois dias após uma reunião entre a presidência da Funai e o senador paraense.[9] Diante disso, fica muito claro que os interesses ruralistas se sobrepuseram aos direitos estabelecidos para povos indígenas isolados. O caso da TI Ituna/Itatá é um exemplo evidente da força com que o agronegócio influenciou a política estatal indigenista.

Felizmente, outros setores da sociedade se envolveram nas discussões e, ainda que a Funai não esteja realizando sua missão institucional, Ministério Público Federal (MPF), Conselho Nacional de Direitos Humanos (CNDH) e organizações da sociedade civil vêm expondo as violações de direito e conseguiram, sob decisão da Justiça Federal, que a interdição da área fosse renovada por duas vezes, a última delas com validade até 21 de junho de 2025. Além desta pequena vitória, também existem algumas recomendações no relatório do CNDH e na ACP do MPF de Altamira para que se realize a manutenção da interdição do território; que se desocupe a região para continuidade dos estudos; que as ações de fiscalização territorial e ambiental sejam consideradas prioridades, entre outras ações que visam à integridade do território e à sobrevivência do povo indígena isolado do Igarapé Ipiaçava. *(agosto, 2022)*

NOTAS

[1, 2, 3] OBSERVATÓRIO DOS DIREITOS HUMANOS DOS POVOS INDÍGENAS ISOLADOS E DE RECENTE CONTATO (OPI). Relatório em defesa dos povos indígenas isolados no interflúvio Xingu. Bacajá (Médio Rio Xingu, Estado do Pará), 2020.

[4] INDIGENISTAS ASSOCIADOS (INA). Nota pública de apoio às ações do IBAMA na Terra Indígena Ituna/Itatá, 2020.

[5] OBSERVATÓRIO DOS DIREITOS HUMANOS DOS POVOS INDÍGENAS ISOLADOS E DE RECENTE CONTATO (OPI). Relatório em defesa dos povos indígenas isolados no interflúvio Xingu. Bacajá (Médio Rio Xingu, Estado do Pará), 2020.

[6] COORDENAÇÃO DAS ORGANIZAÇÕES INDÍGENAS DA AMAZÔNIA BRASILEIRA (COIAB), OBSERVATÓRIO DOS DIREITOS HUMANOS DOS POVOS INDÍGENAS ISOLADOS E DE RECENTE CONTATO (OPI). Relatório Técnico sobre desmatamento e invasões na Terra Indígena Ituna/Itatá, 2022.

[7] CONSELHO NACIONAL DE DIREITOS HUMANOS (CNDH). Relatório direitos humanos e direito territorial de indígenas isolados na Terra Indígena Ituna/Itatá, 2021.

[8] OBSERVATÓRIO DOS DIREITOS HUMANOS DOS POVOS INDÍGENAS ISOLADOS E DE RECENTE CONTATO (OPI). Relatório em defesa dos povos indígenas isolados no interflúvio Xingu. Bacajá (Médio Rio Xingu, Estado do Pará), 2020.

[9] Disponível em: <https://racismoambiental.net.br/2022/07/24/novo-coordenador-de-indigenas-isolados-da-funai-boicotou-provas-para-registro-de-povo-no-para>

AKRÃTIKATÊJÊ

A Longa Caminhada dos Akrãtikatêjê em Busca do Direito à Terra

Ribamar Ribeiro Junior | Sociólogo, professor do Instituto Federal do Pará

"SEGUIR O SOL ONDE ESTÁ NASCENDO PARA CHEGAR À TERRA DA MONTANHA". ARTIGO NARRA A SAGA JURÍDICA DOS AKRÃTIKATÊJÊ E SEU LÍDER PAIARÉ CONTRA A ELETRONORTE PELA COMPENSAÇÃO DE SEU TERRITÓRIO, EXPROPRIADO PARA CONSTRUÇÃO DA USINA DE TUCURUÍ, NO PARÁ

O efeito devastador do deslocamento compulsório marca a vida dos "Gavião da Montanha", como os Akrãtikatêjê eram conhecidos nos anos 1960. A luta dos Akrãtikatêjê pelo seu antigo território entra na esfera jurídica com um processo judicial contra a Eletronorte, para obrigá-la a comprar terras equivalentes às que foram expropriadas em Tucuruí; este processo judicial foi iniciado em 1989, quando eles já habitavam a Terra Indígena Mãe Maria com os outros dois grupos: Parkatêjê e Kyikatêjê.

Para entender o processo judicial se faz necessário ressaltar que o território tradicional dos Akrãtikatêjê era uma vasta extensão de terras, aproximadamente 3.600 hectares, que foi reconhecida pelo Estado em 1945, através do Decreto nº 252 de 09/03/1945; posteriormente essa terra foi desapropriada para a construção da Hidrelétrica de Tucuruí, pelo Decreto nº 78.659 de 01/11/1976, sem considerar os direitos que os indígenas tinham sobre o seu território. Após o decreto a Funai providenciou a retirada dos Akrãtikatêjê. Mesmo sendo "esvaziada" desde 1970, com a remoção de muitos de seus integrantes, Paiaré, liderança dos Akrãtikatêjê, resiste a essa ação do Estado violenta e decide permanecer em Tucuruí e negociar com a Eletronorte.

Essa posição o coloca no meio de um complexo jogo de disputas internas, pois o líder dos Parkatêjê (outro grupo "Gavião") havia concordado com o deslocamento e continuava negociando com a Eletronorte em nome de todos os "Gavião". A pressão da empresa era para obrigá-los a aceitar as condições impostas pelos decretos. A Eletronorte, não reconhecendo os direitos indígenas argumentados por Paiaré sobre suas terras, se impôe de forma legítima e autoritária em relação a esse líder indígena. Essa legitimidade estará fundamentada tanto na concordância de Krôhôkrenhum Parkatêjê, quanto na ação da Funai. Paiaré estava só! Mesmo assim buscou negociar, em meio à pressão e ameaças da Eletronorte, sem muito sucesso. A empresa investe suas estratégias para que Paiaré desista da ação de compras de novas terras.

Essa medida extremamente violenta por parte da empresa constitui o poder exercido pela instituição sobre a autoridade dos Akrãtikatêjê, utilizada pelo advogado da Funai para induzir Paiaré a assinar um "contrato de compra venda" da área pela Eletronorte, onde eram outorgados todos os direitos inerentes a benfeitorias existentes sobre o imóvel, cujo valor da operação, na época, foi de 72.770 cruzeiros, pagos em cheque que se justificava com o recebimento de um lote urbano, já que a ação não considerava o grupo, mas apenas Paiaré.

Esse procedimento jurídico violento é revelado na "Escritura Pública de Cessão de Direitos de Transferência", onde aparece de um lado, como outorgante cedente, a "comunidade indígena parkatêjê", também conhecida como comunidade indígena dos "Gaviões da Montanha", e, de outro lado, outorgada cessionária, Eletronorte, reforçando a disputa interna entre os dois grupos, Parkatêjê e Akrãtikatêjê. Nesse jogo da Eletronorte de provocar as contendas entre lideranças parkatêjê e akrãtikatêjê, a empresa deslegitima a autoridade do Paiaré e a identidade de seu grupo frente aos Parkatêjê, que já haviam aceitado ser "confinados" na Terra Indígena Mãe Maria desde meados dos anos 1960.

Segundo Ana Valéria Araújo, "em 1984, funcionários da Funai e Eletronorte forjaram um acordo, do qual excluíram o líder

Paiaré".[1] Essa exclusão se caracteriza com o acordo assinado nesta escritura pública por três indígenas parkatêjê. Esse procedimento foi uma estratégia utilizada pela Funai na negociação com os indígenas, não levando em conta a principal liderança da "Montanha", fato que será questionado na Ação Ordinária proposta pelos Akrãtikatêjê em 1989, cujo objetivo é o de anular o contrato assinado pelos Parkatêjê onde a Eletronorte reconhece legalmente o território da "Montanha" vendido pelos Parkatêjê aos indígenas, como se de fato representasse os Akrãtikatêjê.

No Relatório "Entendimentos mantidos com Krôhôkrenhum, Jopaipare e Paiaré Gavião sobre as Terras dos Gavião da Montanha", enviado à Eletronorte em 7 de outubro de 1988 por um consultor indigenista da própria Eletronorte, há o relato das reclamações feitas por Paiaré na ocasião do primeiro ciclo de debates sobre Hidrelétricas na Amazônia realizado em Belém, em 1988.

Uma reflexão sobre o documento é que há uma interpretação dos autores desconsiderando a posição pública de Paiaré, e, ainda, reforçando o reconhecimento e a legitimidade da liderança de Krôhôkrenhum em detrimento de Paiaré. O relatório diz:

"Como Paiaré se recusou a comparecer na reunião e ele fora a pessoa que em público, em Belém, levantou a questão da indenização da área Gavião da Montanha, voltaríamos a Brasília, com a posição firmada pelo Krôhôkrenhum e Krua, legítimos representantes da Comunidade Gavião Parkatêjê".[2]

Acontece que o território em questão é o da "Montanha". Entretanto, para a Eletronorte, as negociações teriam que ser sempre feitas com a participação de Krôhôkrenhum, liderança dos "Gavião Parkatêjê". Na verdade a empresa sempre desconheceu a estrutura de organização social dos "Gavião", seus grupos e subgrupos, e suas formas de vida no e pelo território. O não reconhecimento dessas características indígenas está em consonância com seus objetivos de "desenvolvimento" da região, e, assim, suas estratégias para atingir seus objetivos se voltavam inclusive para alimentar as rivalidades entre os "Gavião", a começar pelo reconhecimento da liderança Krôhôkrenhum e não de Paiaré, pois esse representava um empecilho aos objetivos da Eletronorte.

O relatório insiste no fato de que a Eletronorte havia indenizado os Akrãtikatêjê, a partir de duas hipóteses que foram transformadas em propostas da empresa:

Primeira Hipótese: A Eletronorte reabriria a questão para reavaliação do valor da indenização pago à Comunidade Indígena Gavião pelas terras da antiga área Gavião da Montanha. Segunda Hipótese: A Eletronorte, sem reabrir a questão, adquire uma gleba de terra vizinha ou próxima à área Mãe Maria, com dimensão igual à antiga área Gavião da Montanha e doa à Comunidade Gavião.[3]

No final do documento, os consultores se apresentam contrários à reabertura do caso:

Como ficou demonstrado, caso seja reaberta a questão da forma proposta por Paiaré Gavião, fatalmente surgirão problemas sérios no sistema político da população Gavião habitante da Aldeia Kaikoturé Mae Maria, colocando em risco a unidade obtida arduamente e heroicamente pelo líder Krôhôkrenhum. Por isto, somos contrários à reabertura da questão como foi proposta. E só podíamos atender o requestionamento se fosse feito pelo líder Krôhôkrenhum. E isto não aconteceu. Sugerimos, entretanto que a Eletronorte torne públicos estes fatos reafirmando a sua posição de ter feito um acordo com a Comunidade Parakatêjê Gavião sobre as terras "Gavião da Montanha", através de representantes legítimos e assistidos por seus advogados e a Fundação Nacional do Índio.[4]

Uma nova luta se inicia a partir de 1989 com o ingresso de uma ação judicial; essa luta entra em cena no âmbito da justiça, e acelerada pela nova Constituição Federal (1988), que pela primeira vez admitia os direitos indígenas coletivos e concedia o direito de postular em juízo.

Com esta ação judicial, o líder Paiaré se impõe enquanto líder, adota uma defesa de seu grupo, e se articula com os advogados do Núcleo de Direitos Indígenas (NDI), instituição de defesa dos povos indígenas, com a Comissão Pro-Índio de São Paulo, o Centro de Trabalho Indigenista (CTI), e também pela Sociedade Paraense de Defesa dos Direitos Humanos (SPDDH), que tinha escritório em Marabá.

O documento da ação judicial proposta pelos Akrãtikatêjê contra a Eletronorte, em setembro de 1989, apresenta uma "Ação Ordinária de anulação de ato jurídico".

O primeiro ato foi o Decreto Federal nº 78.659 de 1º novembro de 1976, que declarou utilidade pública para fins de desapropriação da área que seria inundada pelo lago de Tucuruí, incluindo a "terra da Montanha", antiga aldeia da turma dos Akrãtikatêjê. Por este ato perderam todo o seu território, tudo que foi construído de forma coletiva pelo grupo, sua relação com o rio e com a floresta, seu lugar de produção de cultura e suas cosmologias.

O segundo ato foi adquirir as benfeitorias do Paiaré, depois de estar ciente de que na terra "desapropriada" havia indígenas, e aproveitando o momento em que Paiaré estava internado em um hospital em Tucuruí.

O terceiro ato foi uma escritura pública de transferência de direitos, um negócio jurídico realizado entre alguns indígenas e a Eletronorte, sem a presença de Paiaré.

No âmbito jurídico, a luta por um território tem sido através da Ação que tramitou pela 4ª Vara Federal, em Belém/PA em 25 de outubro de 1994, e após cinco anos foi julgada improcedente. Segundo Araújo,[5] "o juiz entendeu que o Procurador da Funai tinha poderes para assinar a escritura pública que transferiu a posse dos índios sobre suas terras imemoriais". Assim, reconheceu a legitimidade da tutela exercida pelo Estado através da Funaipara representar o interesse estatal. Este não considerou os argumentos da petição inicial, que apontava que o procurador foi o mesmo advogado que transferiu a posse dos Akrãtikatêjê à Eletronorte quando Paiaré estava hospitalizado, pois esse fato, para este procurador, não teve relevância no julgamento da Ação.

Em 01/02/1994, houve o primeiro recurso de apelação ao TRF da 1ª Região, em Brasília, apresentado pelos Akrãtikatêjê em face da ação de 1989. O documento destaca o direito de reformar a sentença que julgou improcedente o pedido dos Akrãtikatêjê, sob a alegação de que o domínio das terras indígenas pertence à União.

Na apelação são usados novos argumentos que remetem a um aprofundamento do caso, como a violação ao Estatuto do Índio (Lei nº 6.001/1973) em seu artigo 18: "As terras indígenas não poderão ser objeto de arrendamento ou de qualquer ato ou negócio jurídico que restrinja o pleno exercício da posse direta pela comunidade indígena ou pelos silvícolas". E, ainda, "acordo feito sob pressão de forma injusta e prejudicial aos interesses dos indígenas".

Essa sentença de 1994, que julgou improcedente a petição inicial de 1989, foi favorável à Eletronorte, e também contrariava os dispositivos constitucionais, e afrontava, segundo o documento, o artigo 231 em seu parágrafo segundo e artigo sexto da Constituição Federal: "As terras tradicionalmente ocupadas pelos índios destinam-se a sua posse permanente [...], são nulos e extintos, não produzindo efeitos jurídicos, os atos que tenham por objeto a ocupação, o domínio e a posse das terras (...)".[6]

Deste modo, os advogados do CTI e SPDDH pediram novamente o ressarcimento dos Akrãtikatêjê de terras de igual tamanho e indenização pelos prejuízos causados durante todo o período em que o grupo fora privado de seu território, de sua história, de sua organização social.

Em fevereiro de 2002, foi proferida a sentença final do processo judicial, favorável aos Akrãtikatêjê, sendo que após essa decisão a Eletronorte entrou com embargo declaratório, protelando o cumprimento da sentença.

Em 2011, o Ministério Público Federal[7] informava que a Eletronorte havia ingressado com recurso protelatório, alegando que não tinha os dados para comprar as terras indicadas pela Justiça. A estratégia de protelar o cumprimento da sentença demonstra que a Eletronorte, mesmo condenada, tenta de todas as formas manobrar para não comprar a área para os Akrãtikatêjê. O MPF enviou manifestação à Justiça, solicitando que a empresa fosse obrigada a comprar terras para compensar a área que os Akrãtikatêjê estavam reivindicando: "A ordem judicial data de junho de 2010, mas, em vez de cumpri-la, a Eletronorte interpôs no mês passado Embargos de Declaração, tipo de recurso cabível apenas para esclarecer dúvidas quanto a uma sentença. A leitura dos embargos revela o intuito meramente protelatório, como forma de adiar o efetivo cumprimento da ordem judicial emanada", afirma o procurador da República Felício Pontes Jr na manifestação à Justiça.[8]

A Eletronorte chegou a alegar que desconhecia os elementos básicos de um contrato de venda imobiliária e seu difícil cumprimento com relação à entrega da área, pois questionou qual pessoa jurídica ou física receberia a tal indenização. Isso revela a forma de adiar o cumprimento da sentença. O procurador federal, Felício Pontes Jr, que tem se destacado como ativo integrante do MPF e acompanha o caso, disse à época que:

Durante todas as fases processuais, por inúmeras vezes, a ré Eletronorte manifestou-se nos autos quanto à área indicada pela comunidade indígena, e emitiu até um parecer em que pedia apoio da Funai para trabalhos de melhoria da qualidade ambiental [...] É o típico comportamento do setor elétrico com as populações indígenas na Amazônia. Causam impactos irreversíveis no modo de vida dos índios e depois empurram com a barriga por décadas as indenizações, compensações e mitigações.[9]

Na análise desse procurador, observa-se que a Eletronorte utilizou de todas as formas para tentar impedir o cumprimento da pena com a "devolução" do território, fato que não é isolado apenas desta empresa, mas uma característica de todos os empreendimentos econômicos que violam os direitos das populações tradicionais na Amazônia, como os projetos de mineração, construção de ferrovias e hidrelétricas.

A decisão jurídica permite o reparo ao esbulho, à expulsão e remoção dos indígenas de suas terras tradicionais, porém, na visão do líder Paiaré, há outras perdas que não foram compensadas e que a terra que vão "ganhar" não repõe o que perderam. Para Paiaré:

"A terra nossa era maior, por isso que nós estamos precisando saber o que vai acontecer, eu estava conversando com o Juiz em Belém, – Olha, eu quero o seguinte: que a terra não vai compensar, quando nós formos receber isso eu quero fazer outro processo, já contra a Funai, contra o Governo do Estado, contra Eletronorte, eu quero processar os três pra gente ficar brigando pra desapropriar o resto da nossa terra. Eu sei que demora, mas nós não estamos nem aí! Tem que processar esses três. O juiz concorda que sim!" *Paiaré, 21 de janeiro de 2014*

O relato requer uma atenção com esta inconformidade que Paiaré expõe sobre as perdas sofridas com a terra inundada. Isto reflete não apenas no tamanho do território, mas, na prática, a luta pelo profundo reconhecimento da diversidade cultural do território perdido e do sentido que aquele território tinha para eles, pois a luta jurídica que eles passam a desenvolver não repõe as perdas sofridas. As perdas pelas quais eles entram em ações são formas políticas de afirmação, enquanto grupo que permanentemente está sob ameaça.

Para isso, Paiaré propõe continuar reivindicando seus direitos de outras instituições do Estado. Sendo assim, podemos afirmar que os artifícios jurídicos que a Eletronorte usou com o intuito de protelar a execução da sentença de 2002 provocaram ainda mais os Akrãtikatêjê a continuarem na luta por seu território. Pois, mesmo compreendendo que a terra a ser comprada não iria "compensar nada", os indígenas se apropriaram de um capital cultural, de um saber jurídico baseado naquilo que lutam, e que é revelado nos momentos de disputa com a empresa estatal, seja pelo processo jurídico, ou pelas decisões que a comunidade toma e que vão contra os desejos da empresa, como o ato de não fazer nenhum acordo até que seja resolvida a compra da terra para ali se reproduzirem.

Inúmeras reuniões ocorreram no sentido de viabilizar a aquisição de uma área entre representantes da Eletronorte e os Akrãtikatêjê. Foi um período de intensas idas e vindas, momentos de esperança e outros de perdas, sob a liderança da filha de Paiaré, a primeira cacique na Terra Indígena Mãe Maria, Katia Silene (Tonkyire) que assumiu a luta desde 2014, e não desistiu do sonho do seu povo e de seu pai.

Apenas em 29/08/2019 a juíza Hind Ghassan Kayath, do Tribunal Regional Federal da 1ª Região, expediu cumprimento da sentença, determinando que a Eletronorte fizesse a aquisição do imóvel. O trâmite foi seguido até maio de 2021, quando houve a necessidade de um novo documento para que se cumprisse de imediato a entrega da terra aos "Gavião da Montanha".

A entrega ocorreu em 18 de maio de 2021, com a presença de representantes da Funai e convidados da comunidade. E assim, o sonho de Paiaré, do povo Akrãtikatêjê, se realizou.

A Fazenda Mabel, de propriedade de Raimundo Bandeira Aguiar, é um complexo de 21 fazendas e, de acordo com o quadro abaixo, tem uma área de 3.426 hectares.

Antes de morrer, em março de 2014, Paiaré já havia escolhido a terra e tinha ciência dos problemas:

"Nós estamos encontrando a terra toda devastada, pra gente não perder tudo, a gente aceitou! (pausa) Não compensa nada, só que a gente tem que ter pra geração futura, né, porque só nós sabemos que Mãe Maria briga muito porque acha que a terra é dele, tá brigando com o povo de lá [...] Mas a gente ganhando isso, a gente vai fazer projeto com a Eletronorte, investimento lá! Plantar onde tá mais... onde não tiver, *cupu*, como açaí, como castanha, plantar madeira de lei, porque semente tem muito!" *(abril, 2022)*

NOTAS

[1] ARAÚJO, Ana Valéria (Org.). *A defesa dos direitos indígenas no Judiciário: ações propostas pelo Núcleo de Direitos Indígenas*. São Paulo: Instituto Socioambiental (ISA), 1995. p. 13.

[2] ELETRONORTE. Relatório sobre visita a Ideia Kaikoturé e entendimentos mantidos com Krôhôkrenhum Jopaipare e Paiare Gavião sobre as terras do Gavião da Montanha. Brasília, 1998, p.05.

[3] Idem, p.06.

[4] Idem, p.09.

[5] ARAÚJO, Ana Valéria (org) *A defesa dos Direitos indígenas no Judiciário - Ações propostas pelo Núcleo de Direitos Indígenas*. São Paulo: Instituto Socioambiental- ISA, 1995, p. 14.

[6] BRASIL. Constituição Federal. 1988.

[7] Cf. matéria publicada no *site* do MPF.

[8] (MINISTÉRIO PÚBLICO FEDERAL, 2011).

[9] (MINISTÉRIO PÚBLICO FEDERAL, 2011).

GERAL

EM PROTESTO, ÍNDIOS OCUPAM SEDE DO DSEI EM ALTAMIRA

Cerca de 250 índios ocupam a sede do Dsei em Altamira, no Pará, nesta quinta-feira (19). Os manifestantes querem a saída do chefe do Dsei na região, o que já havia sido reivindicado na carta dos Povos Indígenas do Médio Xingu endereçada ao secretário da Sesai, Ministério da Saúde e Ministério Público Federal (MPF). *(G1, 19/01/2017)*

FEIRA REÚNE CULTURA DE INDÍGENAS E EXTRATIVISTAS EM ALTAMIRA, NO PARÁ

Uma feira realizada pela Funai e Instituto Chico Mendes de Conservação reuniu no último final de semana 180 indígenas e extrativistas da área do Xingu em Altamira, no sudoeste do Pará. Foi uma oportunidade de conhecimento e intercâmbio entre os povos tradicionais da floresta e os visitantes. *(G1, 12/06/2017)*

ÍNDIOS MANIFESTAM PREOCUPAÇÃO COM *FAKE NEWS* SOBRE INVASÃO ÀS TIS

O cacique Raoni Metuktire e lideranças dos povos Kayapó e Panará, de Mato Grosso e do Pará, foram a Brasília e participaram de uma reunião com o presidente da Funai, Franklimberg de Freitas. O cacique pediu o apoio da Funai para que a saúde indígena não seja municipalizada, questionou a reestruturação do órgão e manifestou preocupação com as "fake news" de que o presidente Jair Bolsonaro (PSL) liberou invasões em terras indígenas. *(G1, 25/02/2019)*

VISTORIA REVELA ABANDONO DE COMUNIDADES QUE SOFREM OS DANOS DE BELO MONTE

Durante os dias 25 e 26, equipes com representantes de nove instituições nacionais e internacionais, acompanhadas de pesquisadores da UFPA, percorreram o trecho que sofre os impactos ambientais mais severos de Belo Monte e visitaram um total de 25 comunidades. Em toda a Volta Grande do Xingu, os relatos são de abandono, penúria, incerteza e medo. No retorno da vistoria, em Altamira, as autoridades presentes convocaram prefeitos da região e a empresa Norte Energia S.A., responsável pela usina, apresentaram suas constatações e relataram perplexidade e indignação com o que viram. A usina de Belo Monte, descobriram as autoridades que visitaram a região, está funcionando sem um plano de emergência, sem apresentar os monitoramentos semestrais exigidos pelo licenciamento ambiental e cometendo violações sistemáticas de direitos humanos. Como encaminhamentos urgentes, o MPF deu um prazo de 24 horas para que a Norte Energia envie o plano de emergência da barragem e os relatórios de monitoramento sobre os impactos da hidrelétrica. *(MPF, 29/02/2019)*

CHEFE DO IBAMA É DEMITIDO

O governo Jair Bolsonaro demitiu na tarde desta terça-feira (10) o novo superintendente regional do Ibama no Pará, o coronel da PM Evandro Cunha dos Santos. A exoneração, assinada pelo ministro Ricardo Salles, será publicada na edição de quarta-feira (11) do Diário Oficial da União. O servidor público foi afastado por ter feito a declaração sem respaldo do governo federal. Em audiência pública, na segunda-feira (9), ele havia dito que recebeu ordem para interromper a queima de veículos que são flagrados pela fiscalização do órgão federal cometendo crimes ambientais na Amazônia. *(G. Uribe e R. Valente, FSP, 10/09/2019)*

INDÍGENAS EXIGEM SER CONSULTADOS SOBRE OBRAS DE INFRAESTRUTURA NO XINGU

Uma delegação de 70 indígenas da bacia do Xingu entrou na Comissão de Direitos Humanos do Senado no último dia 11 para a primeira de uma série de reuniões sobre os impactos de obras de infraestrutura sobre seus territórios. A comitiva veio a Brasília na semana passada para debater com o governo um plano de consulta sobre obras de infraestrutura que impactam as TIs e UCs da bacia do Xingu. "Viemos até aqui para lutar pelos nossos direitos e pela defesa do nosso território que está ameaçado. Não estamos pedindo nenhum favor, o governo precisa nos respeitar e fazer a consulta", resumiu Mydjere Kayapó. *(I. Harari, ISA, 20/03/2020)*

JUSTIÇA FEDERAL SUSPENDE EFEITOS DA IN 9/20 DA FUNAI

A Justiça Federal em Altamira concedeu liminar parcial em ação do MPF suspendendo os efeitos da Instrução Normativa n. 9/2020 da Funai, que liberou a grilagem em terras indígenas não homologadas pelo governo brasileiro. Com a decisão, as terras indígenas ainda não homologadas na região abrangida pela Subseção Judiciária de Altamira voltam a integrar o Sistema de Gestão Fundiária (Sigef) e o Sistema de Cadastro Ambiental Rural (Sicar) e ficam impedidos registros de propriedades rurais dentro dos seus limites. *(MPF, 17/08/2020)*

KAYAPÓ E PANARÁ GANHAM RENOVAÇÃO DE PLANO QUE MINIMIZA IMPACTOS DA BR-163

Uma semana após o fim do protesto que bloqueou a BR-163 por saúde e proteção territorial, os Kayapó Menkragnoti receberam uma boa notícia: a Justiça Federal de Altamira determinou que o Programa de Apoio às Comunidades

© TODD SOUTHGATE, 2018

O canteiro de obras da UHE Belo Monte ampliou o desmatamento na região e sua construção afeta 11 TIs.

Ibama apreende carregamento de ipê extraído ilegalmente da TI Cachoeira Seca do Iriri, no Pará.

Indígenas, interrompido desde o final de 2019, seja renovado. A decisão também garante que as ações em curso devem continuar. O programa foi criado para compensar e mitigar os impactos da estrada nas TIs Panará, Menkragnoti e Baú. *(I. Harari, ISA, 04/09/2020)*

ARARA

PF FAZ OPERAÇÃO CONTRA ROUBO DE MADEIRA DE TI

A Polícia Federal no Pará deflagrou na manhã deste dia 4 a Operação Anhangá Arara, de combate à extração ilegal de madeira nobre na TI Cachoeira Seca. De acordo com a PF, um grupo empresarial composto por familiares fazia a extração em áreas protegidas e exportava para outros continentes. O dano ambiental estimado é de cerca de R$ 900 milhões. *(G1, 04/10/2017)*

POVO ARARA SOFRE VIOLAÇÕES DE DIREITOS E PEDE AJUDA A FRENTE PARLAMENTAR INDÍGENA

Povo que habita a TI Cachoeira Seca, no oeste do Pará, os Arara sofrem com a constante violação de direitos em seu território e pedem ajuda a Frente Parlamentar Mista em Defesa dos Direitos dos Povos Indígenas para proteger a terra indígena mais desmatada do Brasil. O território tem mais de 730 mil hectares e faz parte de uma área que abriga uma das maiores biodiversidades da Amazônia, mas está constantemente ameaçado. Segundo dados do Instituto de Pesquisas Espaciais, em 2020, Cachoeira Seca continuou sendo a terra indígena mais desmatada do Brasil pelo 60 ano consecutivo. *(Frente Parlamentar Indígena, 09/03/2021)*

AIKEWARA

TRF1 ORDENA QUE FUNAI CONCLUA DEMARCAÇÃO DA TI DO POVO SURUÍ AIKEWARA

O Tribunal Regional Federal da 1ª Região (TRF1) ordenou que a Funai conclua, em até 30 dias, a demarcação da TI Tuwa Apekuokawera, do povo Suruí Aikewara, no Pará. Segundo o Ministério Público Federal, o reconhecimento do território "se arrasta" desde 2004. *(G1, 27/08/2021)*

PRIMEIRO ENCONTRO DAS MULHERES INDÍGENAS DA TI SORORÓ

"O território é vida, nossos corpos formam o nosso território, que forma nossa identidade cultural", as palavras de Matania Surui, moradora da Aldeia Sororó, também é da primeira e única mulher do seu povo a cursar um mestrado, realizado através do Programa de Pós-graduação em Educação Escolar Indígena. Matania e outras mulheres participaram do I Encontro das Mulheres Indígenas do Povo Suruí-Aikewara, realizado na Aldeia Yetá da TI Sororó. Fruto do Protocolo de Consulta Prévia e Comunitária que acontece na TI, o encontro pôde ouvir mulheres que, em sua grande maioria, ainda eram "invisíveis" ou não opinavam. "Foi muito importante para nós, kusso (mulher), pois precisamos de mais encontros desses para nos fortalecer enquanto comunidades, as mulheres Aikewara precisam expor suas opiniões sobre o nosso território que é algo muito importante para ser discutido em nossas reuniões", ressalta Matania. Estavam presentes 25 mulheres entre crianças e adolescentes de 4 aldeias (Yetá, Akamassyron, Tukapehy e Aldeia Sororó). *(Projeto Àwúre, 28/12/2022)*

ARAWETÉ

'ARAWETÉ: UM POVO TUPI DA AMAZÔNIA'

Estima-se que antes do contato havia uma população de pelo menos 200 índios que hoje identificamos como araweté. Em julho de 2005, a pesquisadora Renata Faria contou 326 indivíduos; em novembro do mesmo ano,

O QUE O VELHO ARAWETÉ PENSA ENQUANTO SEU MUNDO É DESTRUÍDO?

Ele era um ancião. Seu povo, Araweté. Tinha o corpo vermelho de urucum. O cabelo num corte arredondado. E estava sentado ereto, as mãos abraçando o arco e as flechas à sua frente. Ficou assim por quase 12 horas. Não comeu. Diante dele, lideranças indígenas dos vários povos atingidos por Belo Monte se revezavam no microfone exigindo o cumprimento dos acordos pela Norte Energia, a empresa concessionária da hidrelétrica, e o fortalecimento da Funai. Ele, como outros, não entendia o português. Estava ali, sentado numa cadeira de plástico vermelho, no centro de convenções de Altamira, no Pará. Há 40 anos, ele e seu povo nem mesmo sabiam que existia algo chamado Brasil. Possivelmente isso siga não fazendo nenhum sentido, mas agora ele está ali, debaixo de luminárias, sentado numa cadeira de plástico vermelho, aguardando seu destino ser decidido em português. Aquele Araweté que agora está ali, no centro de convenções de Altamira, agarrado ao seu arco e às suas flechas, viveu junto com todos a certeza que o fim do mundo havia chegado. O rio Xingu e seus afluentes já não são os mesmos. Seu povo, às margens do Ipixuna, sente isso dia após dia. Outros povos, estes da Volta Grande do Xingu, pegam o microfone para contar que Belo Monte mudou radicalmente o rio, ameaçando seu presente e interditando seu futuro. E avisam que, se o projeto de mineração de Belo Sun for liberado, acabará com tudo. Belo Sun está longe dos Araweté, mas está bem perto das aldeias de outros povos, como os Juruna e os Arara. Longe e perto são categorias relativas num ambiente em que um acontecimento desencadeia inúmeros outros em cadeia. (E. Brum, El País, 06/02/2017)

havia 336, "um crescimento de 3% em apenas quatro meses". Em 2005, 31 pessoas deixaram a aldeia Ipixuna e fixaram residência na localidade onde haviam aberto suas roças, já com o objetivo de mudar-se. Criava-se então a aldeia Pakãñã, mais a montante no igarapé Ipixuna. Em 2008, cerca de 100 pessoas deixaram a aldeia Ipixuna e criaram o Juruãti, localizado na boca do igarapé. Após negociações, em 2010 criou-se uma nova aldeia, agora nas margens do rio Xingu, e não mais do Ipixuna. Era o Paratatsi. Em 2011, fundou-se a aldeia Araditi, também na margem do Xingu, perto dos limites com a TI Koatinemo. Em 2012, parte da população de uma das novas aldeias, o Juruãti, resolveu separar-se e criar a aldeia Ta'akati, também no Xingu, mais a montante, em direção ao limite com a TI Apyterewa. Atualmente, está em processo a criação de mais uma localidade, Ajuruti, a partir de uma cisão do Araditi. De uma única aldeia, em 2005, temos hoje sete, e potencialmente mais. *(C. de Caux, Nexo Jornal, 27/04/2017)*

ASURINI DO XINGU

INDÍGENA LUTA PELA SOBREVIVÊNCIA DO SEU POVO

Entre dois mundos. É assim que Timei Assurini, de 22 anos, vive. Preocupado com seu povo e sem apoio no estado do Pará, Timei e a esposa iniciaram a organização de sua família e rumaram para o Rio de Janeiro, onde criaram o coletivo Marytykwawara. Para trabalhar as atividades na aldeia, foi criado Agenda Awaete. A ideia era buscar formações e depois transmitir no idioma do seu povo e no tempo deles o que foi aprendido. Timei participou de encontros, oficinas e palestras sobre agroecologia, permacultura, saneamento ecológico e outras formações e crê que será a aliança de conhecimento entre os dois mundos que permitirá a resistência dos Assurini do Xingu. *(L. Campelo, Brasil de Fato, 05/04/2017)*

ASURINI CAPTURAM CINCO GARIMPEIROS NA TI, MAS PF LIBERA ACUSADOS

Indígenas do povo Asurini do Xingu capturaram, no mês de fevereiro passado, cinco garimpeiros na TI Koatinemo, que vem sendo alvo de invasores, desde o fim do ano passado. Cansados de esperar por uma ação dos órgãos oficiais para coibir invasões, eles decidiram agir por conta própria. Após identificarem áreas desmatadas recentemente, realizaram "operações" para destruir a estrutura montada pelos invasores. "Esses são os garimpeiros que a gente conseguiu pegar, só que tem outros lá dentro ainda", contou um indígena que preferiu ser identificado, com temor das represálias. Procurado pela reportagem, o delegado Carlos Castelo, da Polícia Federal em Altamira (PA), disse que a delegacia recebeu os cinco garimpeiros apreendidos pelos Asurini, mas eles estão em liberdade por falta de provas. *(M. Sarraf, Amazônia Real, 21/03/2019)*

MISSIONÁRIO ALERTA PARA RISCO DE GENOCÍDIO NO MÉDIO XINGU

De acordo com as denúncias, ao menos cinco invasores teriam sido capturados após entrar sem permissão nas terras de Ituna/Itata e Koatinemo, localizadas na região do Médio Xingu, circundada pela hidrelétrica Belo Monte. Com o avanço da mineração ilegal e dos interesses de fazendeiros e madeireiros, os Assurini temem um possível extermínio dos povos isolados naquela área. Cléber Buzatto, secretário executivo do Cimi, afirma que os relatos recebidos dos indígenas dão conta de uma grande onda de invasão em seus territórios, acarretando a morte generalizada de indivíduos pertencentes a grupos isolados. *(Sputnik Brasil, 23/03/2019)*

IBAMA FLAGRA 76 HECTARES DE DESMATAMENTO ILEGAL NA TI KOATINEMO

Equipes de fiscalização do Ibama flagraram nova área de desmatamento em terras indígenas, no sudeste do Pará. Sobrevoos feitos nesta segunda (27) comprovaram, ao menos, 76 hectares de floresta derrubada somente neste mês, na TI Koatinemo. A área desmatada equivale a aproximadamente 71 campos de futebol. *(T. Carneiro, G1, 27/01/2020)*

AÇÕES DA FUNAI AMEAÇAM POVOS ISOLADOS

A TI Koatinemo, onde mora o cacique Okara Asurini, faz divisa com a TI Ituna Itatá, região do Médio Rio Xingu, no Pará. O que Asurini vem presenciando de perto é o resultado das violentas invasões no território vizinho, onde vivem os 'isolados do Igarapé Ipiaçava'. O território, marcado pelo avanço de desmatamento sem precedentes, tem até instalações de ramais e estradas. "A Ituna Itatá é uma terra de indígenas isolados bem conhecidos e já foi bastante invadida por grileiros e fazendeiros. Ano passado eu estive lá. Estamos preocupados porque o desmatamento está avançando para a nossa terra", diz Okara Asurini em entrevista à Amazônia Real. Para a Funai, contudo, não existem povos isolados na TI Ituna Itatá, conforme informou em nota divulgada na semana passada, para justificar que não iria mais renovar a portaria de restrição de uso. Nesta semana, após repercussão provocada pelas organizações indígenas, a Funai reeditou a portaria e publicou no Diário Oficial da União, mas por apenas seis meses. *(J. Pereira, Amazônia Real, 04/02/2022)*

ASURINI DO TOCANTINS

AUDIÊNCIA DISCUTIRÁ IMPACTO DE TUCURUÍ SOBRE TERRITÓRIO INDÍGENA

Na próxima sexta-feira (04), a Justiça Federal vai realizar audiência judicial na TI Trocará, no Pará. O objetivo é avaliar a adequação e o cumprimento de medidas emergenciais que a Eletronorte se comprometeu a implementar para reduzir e compensar impactos causados pela construção da hidrelétrica de Tucuruí ao povo Assurini. Na audiência judicial a empresa deverá apresentar proposta final de programa de atendimento aos indígenas. *(Folha do Progresso, 02/05/2018)*

ELETRONORTE DEVE INVESTIR R$ 10 MI EM COMPENSAÇÃO POR DANOS DE TUCURUÍ

A Justiça Federal homologou nesta quinta-feira (9) acordo entre a Eletronorte e o MPF que prevê investimento de R$ 10 milhões, ao longo de cinco anos, na execução de projeto de reparação de danos causados aos Assuriní pela construção da usina hidrelétrica de Tucuruí, no Pará. Apesar de a Eletronorte ter se comprometido a reparar os impactos aos indígenas, desde 2011, o MPF cobra na Justiça o cumprimento dessas obrigações. *(MPF, 09/08/2018)*

MẼBENGÔKRE KAYAPÓ

SÃO FÉLIX DO XINGU SEDIA PROGRAMAÇÃO DA SEMANA DOS POVOS INDÍGENAS

O município de São Félix do Xingu, sedia a partir deste domingo (16) a programação da Semana dos Povos Indígenas. Durante o evento serão realizadas competições esportivas, como atletismo masculino, jogos e futsal feminino e provas de arco e flecha. "Nosso direito ainda existe. Os parlamentares nos colocam como se todos fôssemos iguais. Não é isso. O indígena continua sendo indígena com toda sua identidade e culturas próprias. E a presença da nossa cultura aqui na Semana dos Povos Indígenas é uma prova disso", comentou Amaury Kayapó da aldeia Ngômejti, coordenador indígena pela Associação Floresta Protegida. *(G1, 16/04/2017)*

TRF1 RECEBE INDÍGENAS PARA TRATAR DE PROCESSO ENVOLVENDO BELO MONTE

O MPF intermediou um encontro entre os desembargadores do Tribunal Regional Federal da 1ª Região Souza Prudente e Jirair Menguerian e líderes da etnia Kaiapó. O objetivo da reunião, que aconteceu em 27 de abril, foi esclarecer os desembargadores responsáveis pelos processos envolvendo a UHE Belo Monte, no Pará, e outros empreendimentos. *(MPF, 04/05/2017)*

IBAMA DESATIVA 29 BALSAS E MÁQUINAS DE GARIMPO NA TI KAYAPÓ

Agentes do Grupo Especializado de Fiscalização do Ibama realizaram operação de combate a garimpos de ouro na TI Kayapó. Em três dias, com apoio de três aeronaves, foram destruídas 12 balsas de mergulho, 1 balsa escariante, 12 escavadeiras hidráulicas, 4 motobombas e 1 caminhão carregado de toras. Os agentes ambientais também apreenderam em acampamentos de garimpeiros uma arma, uma mira de precisão para espingarda e aproximadamente 700g de mercúrio. *(Ibama, 24/10/2017)*

KAIAPÓ VOLTAM A OCUPAR SEDE DA DSEI EM REDENÇÃO, NO PARÁ

Índios Kaiapó voltaram a ocupar nesta segunda-feira (13) a frente do Distrito Sanitário Especial Indígena em Redenção, no sudeste do Pará. Na última segunda-feira, os indígenas ocuparam o espaço do órgão. Eles são contra a nomeação do novo coordenador do Dsei. *(G1, 13/11/2017)*

KAYAPÓ PROMETEM REGULARIZAR OPERAÇÃO DE BALSA

A operação da balsa sobre o rio Xingu, no município de São José do Xingu, passará a ter preço fixo e horários regulares. A garantia foi dada a representantes da Secretaria de Estado de Infraestrutura e Logística por cerca de 20 lideranças indígenas da etnia Kayapó, que operam a embarcação, durante reunião realizada nesta segunda-feira, no auditório da pasta, em Cuiabá. O encontro contou com a presença do cacique Raoni Metuktire, líder maior dos Kayapó no país. *(24 Horas News, 03/06/2019)*

ÍNDIOS SE ALIAM A ANTIGOS INIMIGOS CONTRA PLANOS DE BOLSONARO

Quem visse na semana passada um grupo de indígenas dividindo peixes assados em folhas de bananeira numa aldeia à beira do rio Iriri, não poderia imaginar que, há algumas décadas, vários dos povos ali presentes viviam em guerra. As rixas do passado – que quase levaram um desses grupos ao extermínio – foram abandonadas em nome de um objetivo maior: lutar contra o que eles consideram ameaças do governo Jair Bolsonaro à Amazônia. O encontro que ocorreu na última semana na aldeia Kubenkokre, da TI Menkragnoti, dos kayapós, reuniu representantes de 14 etnias indígenas e de quatro reservas ribeirinhas da bacia do Xingu. "Hoje nós temos um só inimigo, que é o governo do Brasil, o presidente do Brasil, e as invasões de não indígenas", diz à BBC News Brasil Mudjire Kayapó, um dos líderes presentes. "Temos brigas internas, mas, para lutar contra este governo, a gente se junta", ele afirma. *(J. Fellet, BBC Brasil, 02/09/2019)*

INDÍGENAS DIZEM TEMER GENOCÍDIO E APOIAM RAONI, ATACADO POR BOLSONARO

Nesta semana, o cacique reuniu por cinco dias cerca de 600 indígenas de 45 etnias diferentes na aldeia caiapó, perto do rio Xingu, para defender a união do movimento indígena contra as políticas de Bolsonaro. Em manifesto lido nesta sexta-feira (17) ao final do evento, os indígenas afirmaram que está em curso "um projeto político do governo brasileiro de genocídio, etnocídio e ecocídio" e rechaçaram projeto de lei formatado pelo governo para permitir mineração e outros empreendimentos mesmo sem a aprovação dos indígenas – o texto ainda será enviado ao Congresso Nacional. *(R. Valente; B. Santos, FSP, 18/01/2020)*

LIDERANÇA INDÍGENA HISTÓRICA, PAULINHO PAIAKAN MORRE VÍTIMA DE COVID-19

Paulinho Paiakan foi a vítima mais recente da Covid-19 entre os povos indígenas. Liderança do povo Kayapó, ele faleceu na manhã desta quarta-feira (17) após lutar contra a doença por sete dias em uma UTI, no Hospital Regional do Araguaia, município de Redenção, no Pará. Bep'kororoti Payakan, seu nome na língua do povo Kayapó, ficou famoso nas décadas de 1980 e 1990 ao lutar pela inclusão dos direitos indígenas na Constituição Federal de 1988, pelo cancelamento do primeiro projeto da Hidrelétrica de Belo Monte (denominada de Kararô em 1989) e pela demarcação da TI Kayapó (1991). *(J. Arini, Amazônia Real, 18/06/2020)*

IMPASSE NO XINGU APÓS MPF E GOVERNO PEDIREM APREENSÃO DE BALSA

Um impasse foi criado depois que o MPF e o governo estadual conseguiram da Justiça Federal uma ordem de apreensão da balsa que faz a travessia de veículos no rio Xingu. O equipamento é operado, há décadas, pelos indígenas Kayapó da TI Capoto Jarina, onde vive o líder indígena Raoni. A balsa é uma importante fonte de renda dos indígenas, que agora corre o

© DIVULGAÇÃO, 2016

Garimpo no limite nordeste da TI Kayapó.

risco de ser interrompida em plena pandemia do coronavírus. *(R. Valente, UOL, 22/04/2021)*

MPF INVESTIGA COOPERATIVA QUE SÉRGIO REIS AJUDOU A CRIAR

O MPF no Pará investiga uma cooperativa criada em 2019 com a ajuda do ex-deputado federal e cantor Sérgio Reis e que tem entre os seus principais objetivos viabilizar a exploração mineral na TI Kaiapó. A apuração tramita em sigilo. Em março deste ano, indígenas divulgaram um manifesto contra a atuação da cooperativa na região alegando que ela não se encaixa no "contexto do modo como a comunidade sobrevive". Ao Globo, Sérgio Reis admitiu ter ajudado a criar a entidade, mas nega ter vínculo com ela atualmente. A Cooperativa Kaiapó foi criada em fevereiro de 2019 no município de Tucumã. *(L. Prazeres, O Globo, 19/08/2021)*

DEMANDA INTERNACIONAL POR MANGANÊS AMEAÇA INDÍGENAS KAYAPÓ

Povos Kayapó que habitam terras indígenas no sudeste do Pará estão sofrendo o impacto da alta demanda da China por manganês, um metal indispensável para a fabricação do aço que abastece obras de infraestrutura bancadas pelo governo do país asiático. Enquanto historicamente esse minério respondeu por pouco mais de 1% das requisições em terras indígenas brasileiras, no ano passado ele representou 15% do total de pedidos – a grande maioria concentrada na área dos Kayapó. Na TI Kayapó, a mais cobiçada nos pedidos de manganês protocolados no ano passado, os habitantes já convivem com o garimpo desta substância. "A gente vê os rastros de pessoas que estiveram lá dentro, cavando", revela um indígena da etnia, que pede para não ser identificado. *(N. Hofmeister e P. Papini, Mongabay, 09/06/2021)*

PANARÁ

ÍNDIOS MOSTRAM QUE SAÚDE VAI ALÉM DE CURAR DOENÇAS

Retorno do povo Panará à terra original depois de duas décadas trouxe resgate dos hábitos tradicionais, felicidade e muitos - muitos! - bebês. Os anciãos fazem coro para reafirmar que é da terra boa para plantar, dos rios ricos em peixes e da mata abundante para a caça que vem a saúde dos Panará. E a fertilidade. A comunidade que retornou com 178 indígenas tem, duas décadas depois, mais de 600 pessoas. Nãsepotiti tem um posto de saúde com remédios e médico e enfermeira, que podem chamar resgate aéreo em casos graves. Mas a fórmula de saúde e bem-estar dos Panará engloba outros fatores. Enquanto amamenta a filha de poucos meses e chama atenção do filho que faz graça para a câmera, a jovem Tutiti revela um dos segredos do crescimento de seu povo: a alimentação das grávidas. "Nas duas vezes em que fiquei grávida, comia muito peixe pequeno, que são os que o cheiro é mais fraco e por isso não dão enjoo", afirma. Para a parteira Kreenpy, as grávidas têm de comer muito mel e frutas nativas. "Lá no Xingu tinha pouca. Mas aqui, como a terra é boa, a roça dá muita coisa." *(M. Della Barba e M. Fernanda Ribeiro/Believe Earth, 18/04/2018)*

PANARÁ COMEÇAM A CONSTRUIR SEU PROTOCOLO DE CONSULTA

A aldeia Nãnsêpotiti, na TI Panará, localizada entre os estados do Pará e Mato Grosso, é a última das três visitadas por Kunity na primeira oficina para elaboração do Protocolo de Consulta, realizada entre os dias 25 e 30 de junho. Já existem 11 Protocolos feitos por povos indígenas no Brasil, e agora é a vez dos Panará. "Povos indígenas têm a autonomia e o direito de decidir seu futuro. O Protocolo é uma ferramenta, uma arma para defender esse direito", explica Biviany Rojas, advogada do ISA. "Vamos fazer o Protocolo para que o governo nos respeite. Eu não posso decidir sozinho, nem o governo. Ele tem que consultar a gente primeiro, com respeito", reitera Paturï Panará, cacique da aldeia Sankuê. *(I. Harari, ISA, 03/06/2019)*

ÍNDIOS PROTESTAM CONTRA A FALTA DE ESTRUTURA NO HOSPITAL REGIONAL DE COLÍDER

Índios Panará fizeram um protesto em frente ao Hospital Regional de Colíder, a 648 km de Cuiabá. Eles cobraram mais estrutura no local e o reabilitação da UTI Neo Natal. Os indígenas também reclamaram do atendimento precário e acusaram negligência por parte do hospital, após um índio ter morrido, logo depois de ter recebido alta da unidade. *(G1, 25/02/2019)*

PARAKANÃ

PARAKANÃ IMPLEMENTAM PLANO DE GESTÃO TERRITORIAL E AMBIENTAL DE APYTEREWA

A implementação do Plano teve início em 2016 e, entre as atividades atualmente realizadas destacam-se a implementação do núcleo técnico do PGTA, o início do curso de formação em gestão territorial e ambiental, a realização de curso de capacitação em Política Nacional de Gestão Territorial e Ambiental de Terras Indígenas (PNGATI) para gestores governamentais que atuam no âmbito do PGTA, entre outras. *(Funai, 08/02/2017)*

MINISTRO HELDER FAZ REUNIÃO SOBRE FAMÍLIAS EM RESERVA INDÍGENA

O ministro da Integração Nacional, Helder Barbalho, se reuniu com a ministra da Advocacia-Geral da União (AGU), Grace Mendonça, para tentar conciliar a situação das famílias que vivem no terreno da antiga fazenda Belauto, em São Félix do Xingu, sul do Pará, onde está localizada a reserva indígena Apyterewa. No encontro, foi concluído que é "prematuro qualquer iniciativa de desintrusão no momento", segundo Helder Barbalho. *(DOL, 19/09/2017)*

GOVERNO TEMER ABANDONA PLANO DE RETIRADA DE POSSEIROS EM TI

Sob pressão de políticos da região, o governo Temer adiou por tempo indeterminado uma operação que deveria retirar mais de 400 famílias de invasores posseiros e garimpeiros de uma terra indígena no Pará. A saída dos posseiros é criticada por parlamentares da bancada ruralista e políticos do Pará, que procuram postergar a medida. O plano de "desintrusão", nome pelo qual são conhecidas as operações de retirada de invasores, da terra indígena Apyterewa ficou pronto no ano passado. *(R. Valente, FSP, 09/07/2018)*

ALERTA NO XINGU! AGOSTO REGISTROU PIOR DESMATAMENTO DESDE 2018

A destruição no Xingu não dá trégua. O monitoramento de julho e agosto do Sirad X, o sistema de monitoramento da Rede Xingu+, alertou para um aumento acelerado do desmatamento na região, principalmente em áreas protegidas legalmente. Em agosto foram destruídos 28,7 mil hectares na bacia – o maior valor desde janeiro de 2018, data de início do monitoramento do Sirad X. O bimestre somou um crescimento de 39%, em comparação com o mesmo período do ano passado. No período entre janeiro e agosto de 2021, o desmatamento na Apyterewa chegou a mais do que dobrar (123%). Além da grilagem de terras, a terra indígena sofre com o forte avanço do garimpo. *(S. Silva, ISA, 18/10/2021)*

EX-PT, SINDICALISTA BOLSONARISTA É MORTO EM MEIO A DISPUTA POR TI

O presidente do Sindicato dos Trabalhadores Rurais de Rio Maria, Carlos Cabral, 58, foi assassinado a tiros nesta terça-feira (11). A principal suspeita é que a morte esteja ligada a uma disputa fundiária na TI Apyterewa, cuja ordem de retirada de homens brancos, dada em última instância pelo STF em 2015, até hoje não foi cumprida pelo governo federal. *(F. Maisonnave, FSP, 13/06/2019)*

INDÍGENAS REAGEM À TENTATIVA DE REDUÇÃO DE SEU TERRITÓRIO

Os indígenas parakanã reuniram-se em assembleia para manifestar repúdio à hipótese de redução da Apyterewa. O ministro Gilmar Mendes acolheu pedido da prefeitura de São Félix do Xingu, protocolado em um mandado de segurança, e autorizou o envio do processo para um certo "núcleo de conciliação". Em carta aberta, os parakanãs repudiaram a decisão do STF e disseram que "atos de conciliação" são "redução da terra indígena, atendendo os interesses de não indígenas que vêm invadindo, desmatando e garimpando ilegalmente nosso território". *(R. Valente, UOL, 04/06/2020)*

CACIQUES CEDEM À INVASÃO E ACEITAM ABRIR MÃO DE 392 MIL HECTARES

Lideranças indígenas disseram ao STF, por ofício, que aceitam redução de mais da metade da TI Apyterewa, invadida por centenas de pessoas. Líder indígena ao STF que foi enganado, mas depois recuou; afirmou à coluna que teve "medo" e não queria conflito entre os próprios indígenas. Proposta de "acordo" foi apresentada porque o STF abriu espaço para "conciliação" em um processo ajuizado pela Prefeitura de São Felix do Xingu (PA). *(R. Valente, UOL, 02/12/2021)*

ESTRADA NA TI APYTEREWA SÓ PODE SER AUTORIZADA APÓS CONSULTA AOS INDÍGENAS

A Prefeitura de São Félix do Xingu, o governo do Pará, o governo federal e a Funai não podem autorizar ou realizar qualquer obra dentro da TI Apyterewa sem consultar previamente o povo Parakanã, a quem pertence o usufruto exclusivo do território. Esse é o entendimento do MPF que advertiu as autoridades públicas sobre a legislação que protege os direitos da comunidade indígena. *(MPF, 27/07/2021)*

PF CONFIRMA INVASÃO DE FAZENDEIROS PERTO DE ALDEIAS DA TI APYTEREWA

A Polícia Federal e o MPF acompanham, desde o último domingo (15), situação de potencial conflito entre fazendeiros e indígenas dentro da TI Apyterewa, em São Félix do Xingu. Nesta terça-feira (17), agentes da PF estiveram no local e constataram que houve mesmo invasão por parte de fazendeiros na área onde estão duas aldeias novas do povo Parakanã, mas eles se retiraram do local antes da chegada dos policiais. *(MPF, 17/05/2022)*

GADO CRIADO ILEGALMENTE ABASTECE JBS E FRIGOL

Na TI Apyterewa, em São Félix do Xingu, é mais fácil encontrar um invasor do que um Parakanã, povo tradicional que possui por lei o direito ao usufruto daquela área de 773.000 ha. Lá, a população não indígena supera amplamente o número de nativos: segundo a prefeitura, cerca de 3.000 famílias não indígenas se dedicam, ilegalmente, à pecuária dentro dos limites da TI. Eles fornecem indiretamente gado para grandes frigoríficos como JBS e Frigol, segundo levantamento feito pela Repórter Brasil. *(G. Alessi, Repórter Brasil, 15/09/2022)*

MPF INVESTIGA DENÚNCIA DE ATAQUES POR GRILEIROS

O MPF investiga denúncias de invasão de grileiros que tentam destruir duas aldeias na TI Apyterewa. O local é de difícil acesso. Com isso, o MPF e órgãos de segurança paraenses tentam viabilizar medidas provisórias para garantir a segurança na região. As denúncias são do povo Parakanã. *(M. Portela, Metrópoles, 17/05/2022)*

XIKRIN MEBÊNGÔKRE

MPF PEDE QUE RECURSOS ÀS ALDEIAS XIKRIN ATINGIDAS PELA MINERAÇÃO SEJAM LIBERADOS

Decisão monocrática da ministra Cármen Lúcia determinou suspensão de repasse financeiro decorrente dos impactos causados à etnia. O coordenador da Câmara de Populações Indígenas e Povos Tradicionais do Ministério Público Federal, subprocurador-geral da República Luciano Mariz Maia, foi recebido pela presidente do STF, ministra Cármen Lúcia, nessa terça-feira, 17 de janeiro, para tratar de questão envolvendo comunidade indígena Xikrin, atingida por atividade da Mineração Onça Puma – subsidiária da Vale do Rio Doce. *(MPF, 20/01/2017)*

MAIS DE 150 INDÍGENAS DA ETNIA XIKRIN PARTICIPAM DE ATO PÚBLICO NO MPF

"Este é um momento decisivo para os Xikrin", avaliou o procurador regional da República Felício Pontes Jr ao receber mais de 150 indígenas de todas as idades na Procuradoria Regional da República da 1ª Região. Representantes da comunidade manifestaram preocupação com três empreendimentos da mineradora Vale que causam impacto aos Xikrin no Pará: a estrada de ferro Carajás, o projeto S11D e Onça Puma. Todos eles são discutidos em processos junto ao Tribunal Regional Federal da 1ª Região *(TRF1)*. *(MPF, 10/04/2018)*

ÓLEO DE BABAÇU MENIRE, PRODUZIDO POR MULHERES XIKRIN, É PREMIADO PELA ONU

O Óleo de Babaçu Menire, produzido por mulheres Xikrin da aldeia Pot-Krô, TI Trincheira Bacajá (PA), recebeu menção honrosa na categoria Empreendimentos Rurais do prêmio "Saberes e Sabores 2018", oferecido pela Organização das Nações Unidas para Agricultura e Alimentação (FAO). *(R. Almeida, ISA, 27/02/2019)*

ABANDONADOS PELO GOVERNO FEDERAL, XIKRIN RETOMAM ÁREA DE GRILEIROS

Povo de tradição guerreira, os xikrins cansaram de esperar. Armados de espingardas e bordunas, dezenas deles retomaram uma grande invasão de grileiros que estão desmatando e queimando a TI Trincheira Bacajá, no município de São Félix do Xingu (PA). *(F. Maisonnave, FSP, 26/08/2019)*

UMA MORTE A CADA QUATRO DIAS: POVO XIKRIN É O MAIS AFETADO PELA COVID-19

Desde o dia 22 de maio, sete indígenas morreram na TI Xikrin do Cateté, onde há 270 casos positivos em uma população com menos de 2 mil pessoas, uma letalidade 40 vezes maior que a do Brasil. "Nas aldeias tem choro dia e noite e as pessoas estão desesperadas." É assim que o jovem Yan Xikrin, filho de um dos caciques da TI Xikrin do Cateté, descreve a situação. Desde o dia 22 de maio, quando o guerreiro Bemok Xikrin morreu sem ar em um leito de hospital em Marabá, os Xikrin não passaram mais de sete dias sem lamentar a perda de algum parente, como eles costumam chamar os seus. A morte mais recente aconteceu na manhã do dia 10 de junho, quando o velho Topan Xikrin entrou para as estatísticas. *(N. Hofmeister e F. Wenzel, Agência Pública, 17/06/2020)*

JUSTIÇA ADIA AUDIÊNCIA SOBRE IMPACTOS DA MINERADORA ONÇA-PUMA

A empresa Vale pediu a suspensão da primeira audiência que tenta conciliação com representantes das sete associações de comunidades indígenas Xicrin e Kayapó, mineradoras, MPF, Funai e Estado do Pará, segundo a Justiça Federal. A audiência ocorreu na última quarta (12), para discutir ação em tramitação na Justiça Federal em Redenção. Em nota, a Vale disse que pediu a suspensão da audiência para que possa esclarecer dúvidas dos indígenas sobre a proposta apresentada. Ajuizada há oito anos pelo MPF, a ação discute impactos ambientais da atuação da mineradora Onça-Puma, subsidiária da Vale, em áreas indígenas e pede pagamento de indenização por danos materiais e morais às comunidades que teriam sido afetadas. *(G1 Pará, 22/10/2020)*

SIDERÚRGICA DIZ QUE VAI APURAR SUPOSTA AGRESSÃO AMBIENTAL DA VALE

A siderúrgica estatal finlandesa Outokumpu anunciou que vai investigar se houve falha de responsabilidade ambiental da Vale, acusada em relatório da ONG ambiental Finnwatch de agredir o ambiente e prejudicar populações indígenas na região da mina de Onça Puma. De acordo com a Finnwatch, as atividades da mina contaminaram o rio Cateté, que corta a área indígena xikrin, e provocaram aumento da concentração de metais pesados nos moradores da região, causando câncer, hipertensão e doenças do estômago e do fígado. A mineradora afirmou que "refuta veementemente as alegações" do relatório e que Onça Puma está fora dos limites do território xikrin. *(A. Estela Souza Pinto, FSP, 24/02/2021)*

© LEONARDO DE MOURAISA, 2019

À direita, Kokoté Xikrin, gestora da miniusina de produção do óleo de babaçu e sua avó, Nhakrin Xikrin, aldeia Potkrô, TI Trincheira/Bacajá.

POVOS INDÍGENAS BRASILEIROS VENCEM PRÊMIO EQUATORIAL

Nesta terça-feira (9), o Programa das Nações Unidas para o Desenvolvimento anuncia os vencedores do décimo terceiro ciclo do Prêmio Equatorial, que reconhece dez povos indígenas e comunidades locais de nove países, incluindo Brasil. A Associação Bebô Xikrin do Bacajá e a Associação Rede de Sementes do Xingu são duas das 10 organizações vencedoras do Prêmio selecionadas entre mais de 500 indicações de 109 países. *(CicloVivo, 09/08/2022)*

XIPAYA

XIPAYA GARANTEM SEGURANÇA ALIMENTAR E SUBSISTÊNCIA POR MEIO DE MANEJO FLORESTAL

Nativos da região há mais de 70 anos, os indígenas Xipaya da aldeia Tukamã estão na contramão da violência social, cultural e ambiental pela qual vêm passando após a invasão dos chamados "grandes projetos" na Amazônia. Eles são diretamente impactados pelo empre-

© LALO DE ALMEIDA/FOLHAPRESS, 2019

Um grupo de 300 invasores ameaça "caçar" indígenas na TI Trincheira Bacajá (PA). Três frentes de ocupação ilegal colocam em risco a segurança dos Xikrin.

endedorismo governamental, mas apesar de todos os problemas enfrentados passaram a desenvolver um projeto de amplo alcance social e tomaram a iniciativa de garantir o acesso a uma alimentação saudável, mantendo uma harmoniosa relação com a natureza. *(E. Galvão, Fase, 23/06/2017)*

LEONARDO DI CAPRIO VAI APOIAR INSTITUTO DA PRIMEIRA INDÍGENA A VIRAR CACICA

Leonardo Di Caprio vai se tornar um dos apoiadores do Instituto Juma, criado por Juma Xipaia, cacica da aldeia Kaarimã, no Pará, para lutar pelos direitos dos povos indígenas da Amazônia. Juma é a primeira mulher cacica de uma aldeia do Médio Xingu. Em 2017, após descobrir um esquema de corrupção envolvendo empresas de assistência a indígenas, passou a receber ameaças de morte e foi alvo de cinco atentados. *(L. Jardim, O Globo, 04/11/2021)*

"QUEM FINANCIA HIDRELÉTRICAS, NÃO FINANCIA DESENVOLVIMENTO"

A cacica Juma Xipaia, do povo Xipaia, participou da Conferência da ONU sobre Mudanças Climáticas, a COP26. Ela chamou a atenção para a responsabilidade dos financiadores de diversos países do mundo na destruição ambiental e nas ameaças aos povos originários, que investem em empreendimentos na Amazônia, como a hidrelétrica de Belo Monte, financiada não só pelo governo e empresários brasileiros, como também por grupos internacionais. *(M. Nunes, Conexão Planeta, 05/11/2021)*

GARIMPEIROS ARMADOS INVADEM ALDEIA XIPAYA

A cacica Juma Xipaya denunciou que a aldeia Karimaa, na Terra Indígena Xipaya, foi invadida por garimpeiros armados. Segundo a liderança, uma balsa de grande porte, com maquinários para a extração de ouro, desceu o Rio Iriri em direção ao território. Seu pai, Francisco Kuruaya, foi agredido com socos e empurrões. *(C. Neto, Amazônia Real, 15/04/2022)*

TEMBÉ

A LUTA DOS TEMBÉ CONTRA INVASORES, QUEIMADAS E COVID-19

Na TI Alto Rio Guamá, as lideranças do povo Tembé Tenetehara convidaram a reportagem para visitar a região e documentar o cenário de destruição. Valdeci Tembé, de 53 anos, liderança da comunidade Cajueiro, gravou em setembro um vídeo com as primeiras cenas da devastação pelo fogo e clamou por socorro aos órgãos de fiscalização. A equipe de brigadistas militares e do Prevfogo do Ibama combateram os incêndios. Antes da descoberta do fogo, os 40 homens de diferentes comunidades revezavam-se para tentar impedir a entrada da Covid-19. As queimadas mudaram os planos. Desde que os primeiros focos de queimadas foram identificados, já a partir de julho deste ano, vários ofícios clamando por ajuda para conter o fogo foram enviados ao Ibama, MPF, Corpo de Bombeiros, à Funai e aos governos estadual e federal. Os primeiros resultados demoraram muito para chegar e, quando vieram, não foram suficientes. O apoio imediato que chegou às aldeias veio dos Guardiões da Floresta do povo Ka'apor, do Maranhão. Eles passaram cerca de uma semana combatendo o fogo com os Tembé. *(C. Neto, Amazônia Real, 19/04/2021)*

MPF QUER QUE PREFEITURAS PAREM APOIO A NÃO INDÍGENAS NO PARÁ

O MPF solicitou que as prefeituras encerrem o apoio dado a famílias não indígenas que residem dentro do território Alto Rio Guamá, no nordeste do Pará. O objetivo do Ministério Público é facilitar a retirada das famílias de não indígenas que residem dentro do território. A decisão de desocupação da terra indígena Alto Rio Guamá é da Justiça Federal. *(M. Portela, Metrópoles, 20/12/2022)*

MULHER MORRE EM CONFLITO ENTRE INVASORES E INDÍGENAS

Uma mulher morreu em um conflito entre indígenas e invasores dentro da Terra Indígena Alto Rio Guamá. Um caminhão e um trator foram incendiados, depois que várias toras de madeira foram encontradas pelos indígenas dentro da reserva, localizada no nordeste do Pará. De acordo com a Federação dos Povos Indígenas do Pará (Fepipa), a mulher estava acompanhando um homem em um barco na noite de segunda (13), quando foram abordado por cerca de 30 indígenas da etnia Tembé-Tenetehara, que fazem a proteção do território. Ao perceberem que o piloto estava com uma espingarda, houve confusão e tiros foram disparados. A mulher atingida morreu no local. Em nota, o povo Tembé disse que "área indígena, devidamente homologada e demarcada, vem sofrendo invasões há décadas". *(T. Carneiro e J. Bittencourt, TV Liberal, G1 PA, 14/09/2021)*

TERRA INDÍGENA VAI RECEBER APOIO DA FORÇA NACIONAL

O Ministério da Justiça e Segurança Pública (MJSP) autorizou, nesta quinta-feira (30), o emprego de agentes da Força Nacional de Segurança Pública na TI Alto Rio Guamá. Os agentes atuarão por 90 dias na área em apoio à Funai. A portaria foi publicada no Diário Oficial da União. Os militares atuarão nas atividades de preservação da ordem pública e segurança das pessoas e do patrimônio público. *(C. Guimarães, O Liberal, 30/06/2022)*

© RICHARD LADKANI, 2021

Juma Xipaya com Leonardo Di Caprio.

YUDJA

AVANÇA DESTRUIÇÃO DO RIO XINGU

A empresa canadense Belo Sun anunciou, ontem (2/2), a concessão da licença de instalação do projeto Volta Grande de Mineração, vizinho à hidrelétrica de Belo Monte, em Senador José Porfírio (PA), antes do governo paraense formalizar a medida. A mineradora publicou um release em inglês com a notícia antes do fim da reunião da equipe da Secretaria de Meio Ambiente Estadual (Semas) que discutiria a autorização. A mineradora tem a pretensão de se instalar a 9,5 km de distância da Terra Indígena (TI) Paquiçamba, a 13,7 km da TI Arara da Volta Grande do Xingu e também próxima à TI Ituna/Itatá, habitada por indígenas isolados. *(O. Braga de Souza e I. Harari, ISA, 03/02/2017)*

O CÉU PODE CAIR, MAS OS YUDJÁ RESISTEM

A Canoada Xingu é uma iniciativa das três associações das aldeias da TI Paquiçamba (PA) e do ISA. A atividade pretende alertar sobre os impactos da UHE Belo Monte no fluxo das águas, nas florestas e na vida das populações que dependem do rio para viver. Os Yudjá, durante quatro anos, reuniram dados e reflexões sobre os atuais e os futuros impactos do barramento do rio. Desde 2013, realizam um rigoroso monitoramento dos recursos pesqueiros e da segurança alimentar. Bel Juruna explica que a iniciativa surgiu da necessidade de se contrapor aos dados fornecidos pela Norte Energia: "Um monitoramento que nós não temos acesso e, quando temos, não entendemos. A Norte Energia sempre relatava que não estava havendo impacto na Volta Grande, mas a gente já sabia o que estava acontecendo com nossas vidas". O trabalho dos Yudjá, realizado em parceria com a UFPA e o ISA, virou livro e foi apresentado nesta edição da Canoada. O MPF acompanhou a Canoada deste ano e produzirá um relatório sobre as denúncias feitas pelos indígenas. Outras ameaças, como a instalação da mineradora canadense Belo Sun, ainda pairam sobre o Xingu. A mina de ouro quer se instalar a apenas 9,5 km da TI Paquiçamba. Bel critica: "O nosso ouro é a nossa floresta, é o nosso rio, é a nossa cultura, é o nosso modo de vida, é a nossa segurança". *(V. Franco, ISA, 26/08/2018)*

9. Nordeste

Atikum
Fulni-ô
Jenipapo-Kanindé
Jiripancó
Kaimbé
Kalankó
Kambiwá
Kantaruré
Kapinawá
Karapotó
Kariri
Kariri-Xokó
Karuazu
Kiriri
Pankararé
Pankararu
Pankaru
Payayá
Pipipã
Pitaguary
Potiguara
Tabajara
Tapeba
Tapuia
Tingui Botó
Tremembé
Truká
Tumbalalá
Tuxá
Xokó
Xukuru
Xukuru-Kariri
Wassu

9. NORDESTE

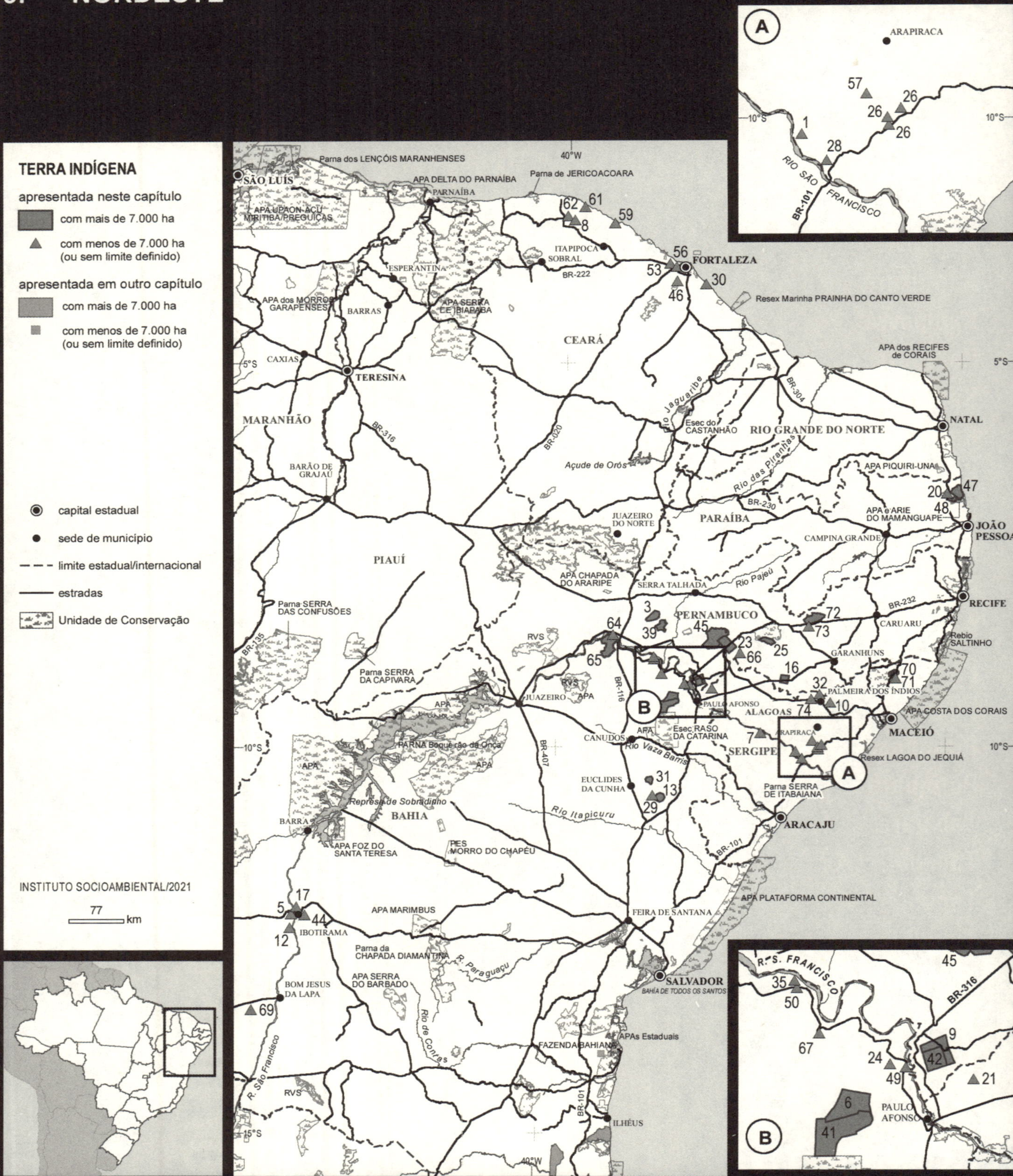
TERRA INDÍGENA
apresentada neste capítulo
com mais de 7.000 ha
com menos de 7.000 ha (ou sem limite definido)
apresentada em outro capítulo
com mais de 7.000 ha
com menos de 7.000 ha (ou sem limite definido)
capital estadual
sede de município
limite estadual/internacional
estradas
Unidade de Conservação
INSTITUTO SOCIOAMBIENTAL/2021
77 km
A
ARAPIRACA
RIO SÃO FRANCISCO
BR-101
B
R. S. FRANCISCO
BR-316
PAULO AFONSO
SÃO LUÍS
FORTALEZA
TERESINA
NATAL
JOÃO PESSOA
RECIFE
MACEIÓ
ARACAJU
SALVADOR
MARANHÃO
CEARÁ
PIAUÍ
RIO GRANDE DO NORTE
PARAÍBA
PERNAMBUCO
ALAGOAS
SERGIPE
BAHIA
Parna dos LENÇÓIS MARANHENSES
Parna de JERICOACOARA
APA DELTA DO PARNAÍBA
Resex Marinha PRAINHA DO CANTO VERDE
APA dos RECIFES de CORAIS
APA CHAPADA DO ARARIPE
Parna SERRA DAS CONFUSÕES
Parna SERRA DA CAPIVARA
APA COSTA DOS CORAIS
Resex LAGOA DO JEQUIÁ
Parna SERRA DE ITABAIANA
APA PLATAFORMA CONTINENTAL
Parna da CHAPADA DIAMANTINA
APA MARIMBUS
FEIRA DE SANTANA
BAHIA DE TODOS OS SANTOS
ILHÉUS
40°W
5°S
10°S
15°S

NORDESTE
Terras Indígenas
Instituto Socioambiental - 30/11/2022

Nº mapa	Terra Indígena	Povo	População (nº, fonte, ano)	Situação jurídica	Extensão (ha)	Município	UF
1	Aconã	Tingui Botó	78 - Siasi/Sesai: 2014	Reservada. Portaria - 500 - 30/05/2003, publicado em 09/06/2003. Reg R-1 1.020 Liv 2F/RG, FL 155 27/10/2003	268	Traipu	AL
3	Atikum	Atikum	4.404 - Funasa: 2010	Homologada. Decreto - s/n - 05/01/1996, publicado em 08/01/1996. Reg. SPU Certidão n. 005 em 27/08/96.Reg. CRI no município de Carnaubeira da Penha, Comarca de Floresta (16.290 ha) Mat. n. 1.099 Liv 2-I, Fl.26 em 18/01/96.	16.290	Belém do São Francisco Carnaubeira da Penha Mirandiba Salgueiro	PE
s/l	Atikun Bahia	Atikum	39 - Siasi/Sesai: 2014	Em Identificação. Portaria - 1.086 - 22/08/2006, publicado em 25/08/2006.		Santa Rita de Cássia	BA
5	Barra	Atikum Kiriri	183 - Funai/SEII: 2010	Reservada. Outros - - 31/12/1986, publicado em . Reg SPU Certidão n. 110 em 15/10/2002.Reg. CRI do município de Muquém de São Francisco, comarca de Barra (62 ha) Matr. Av.1-2.963 Lv 2-L Fl13 em 15/04/02.	62	Muquém Do São Francisco	BA
6	Brejo do Burgo	Pankararé	1.309 - Funasa: 2011	Homologada. Decreto - s/n - 30/04/2001, publicado em 02/05/2001. Reg. SPU Certidão n. 112 de 15/01/02.Reg. CRI no município de Glória, comarca de Paulo Afonso (5.544 ha) Matr. R-1-9938 Lv 2-BA Fl 53 em 21/05/02. Reg. CRI no município e comarca de Paulo Afonso (794 ha) Matr.R-1-9.937 Lv 2-BA Fl. 52 em 21/05/02. Reg. CRI no município de Rodelas, comarca de Paulo Afonso (11.585 ha) Matr. R-1.9939 Lv 2 BA Fl.54 em 21/05/02.	17.924	Glória Paulo Afonso	
7	Caiçara/Ilha de São Pedro	Xokó	340 - Siasi/Sesai: 2014	Homologada. Decreto - 401 - 24/12/1991, publicado em 26/12/1991. Reg. SPU certidão n. 1 de 13/07/04.Reg. CRI no município e comarca de Porto da Folha (4.316 ha) Mat.1-4-685 Liv 2-U Fl. 14 em 31/08/92. Doação averbada 3.211 em 19/08/85.	4.316	Porto da Folha	SE
8	Córrego João Pereira	Tremembé	478 - Funasa/Estêvão Palitot: 2009	Homologada. Decreto - s/n - 05/05/2003, publicado em 06/05/2003. Reg. SPU Certidão 148 em 04/08/06Reg CRI no municipio de Acaraú , comarca de Acaraú (431 ha) Matr, 3.384 liv 2-N FL 153 EM 24/02/06 Reg CRI no municipio de Itarema, comarca de Acaraú (2.730 ha) Matr.3.385 Liv 2-N, Fil 154 em 24/02/06	3.162	Acaraú Itarema	CE
9	Entre Serras	Pankararu	1.072 - GT/Funai: 2001	Homologada. Decreto - s/n. - 19/12/2006, publicado em 20/12/2006. Reg SPU O site da Funai em 8/1/19 diz que a TI é regularizadaReg CRI no municipio de Jatobá, comarca de Petrolândia (172,9285) Matr 10.600, Liv. 2-RGI, ficha 01/04 em 08/05/07. Reg CRI no municipio de Jatobá, comarca de Tacaratu (172,9185) Matr.806, Liv. 2-F, ficha- em 24/05/07. Reg CRI no município e comarca de Petrolândia (2..289,8226) Matr.10.600, Liv. 2-RGI, ficha 01/04 em 08/05/07. Reg CRI no município de Petrolândia e comarca de Tacaratu (2.289,8226)Matr.806, Liv.2-F em 24/05/07. Reg CRI no municipio de Tacaratu e comarca de Petrolândia (5.087,3364) Matr.10.600, Liv.2-RGI ficha 01/04 em 08/05/07.	7.550	Jatobá Petrolândia Tacaratu	PE
10	Fazenda Canto	Xukuru-Kariri	1.294 - Siasi/Funasa: 2010	Reservada. Outros - - 21/10/1965, publicado em 21/10/1965. Reg. 20 CRI do município e comarca de Palmeira dos Índios, Matr. 5.410 Liv 3-H Fl 188/189 em 21/10/65.	372	Palmeira dos Índios	AL
s/l	Fazenda Cristo Rei	Pankararu		Em Identificação. Portaria - 977 - 14/10/2003, publicado em 20/10/2003.		Jatobá	PE
12	Fazenda Remanso	Tuxá		Reservada. Outros - s.n. - 27/11/2008, publicado em 27/11/2008. R-1-2.676, Lv. 2-L, fls. 169 em 25/11/2008	327	Muquém Do São Francisco	BA
13	Fazenda Sitio	Tuxá		Reservada. Contrato - 333/2010 - 29/12/2010, publicado em 03/01/2011. R-1-4.897, Lv. 2-X, fls. 55 em 25/11/2008	414	Banzaê	BA
s/l	Fazenda Tapera	Truká		Em Identificação. Portaria - 287 - 30/03/2012, publicado em 23/04/2012.		Orocó	PE
s/l	Fulkaxó	Fulkaxó		Em Identificação. Portaria - 1.104 - 27/08/2018, publicado em 03/09/2018.		Pacatuba	SE
16	Fulni-ô	Fulni-ô	4.689 - Siasi/Sesai: 2014	Reservada. Outros - 00 - 30/11/1926, publicado em 31/12/1926.	11.506	Águas Belas Itaíba	PE
17	Ibotirama	Tuxá	792 - Siasi/Sesai: 2013	Reservada. Decreto - 379 - 24/12/1991, publicado em 26/12/1991. Matr. 5.548, Lv. 2-RG, Ficha 01 e verso	2.019	Ibotirama	BA
s/l	Ilha da Tapera/São Felix	Truká	250 - Funai/SEII: 2011	Reservada. Portaria - 426 - 20/04/2012, publicado em 25/04/2012.		Orocó	PE
s/l	Ilhas da Varge, Caxoi e Canabrava	Tuxi		Em Identificação. Portaria - 1.977 - 15/08/2019, publicado em 22/08/2019.		Belém do São Francisco	PE
20	Jacaré de São Domingos	Potiguara	438 - IBGE: 2010	Homologada. Decreto - s/n - 01/10/1993, publicado em 04/10/1993. Reg. SPU Cert.01 em 03/01/95.2G/RG Fl. 225 em 17/11/93.	5.032	Marcação Rio Tinto	PB
s/l	Jeripancó	Jiripancó	1.757 - Siasi/Sesai: 2014	Em Identificação. Portaria - 1.407 - 16/11/2006, publicado em 17/11/2006.		Pariconha	AL
s/l	Kalancó	Kalankó	329 - Siasi/Sesai: 2014	Em Identificação. Portaria - 924 - 16/06/2011, publicado em 17/06/2011.		Água Branca	AL

Nº mapa	Terra Indígena	Povo	População (nº, fonte, ano)	Situação jurídica	Extensão (ha)	Município	UF
23	Kambiwá	Kambiwá	3.105 - Siasi/Sesai: 2014	Homologada. Decreto - s/n - 11/12/1998, publicado em 14/12/1998. Reg. SPU Certidão n. 1 de 18/02/02.Reg. CRI no município e comarca de Floresta, Matr. 4.188 Lv. 2-U Fl. 211 em 22/08/01. Reg. CRI no município e comarca de Ibimirim (6.934 ha), Matr. 571 Lv 2-D Fl.74 em 22/10/99. Reg. CRI no município e comarca de Inajá (17.849 ha), Matr. 1.539 Lv 2-I Fl. 58V em 11/05/99.	31.495	Floresta Ibimirim Inajá	PE
24	Kantaruré	Kantaruré	401 - Siasi/Sesai: 2014	Homologada. Decreto - s/n - 12/09/2000, publicado em 13/09/2000. Reg. SPU Certidão n. 7 de 15/02/01.Reg. CRI no município de Glória, comarca de Paulo Afonso (1.811 ha), Matr. R-1 8.902 Lv.2-AS Fl.121 em 31/10/00.	1.811	Glória	BA
25	Kapinawá	Kapinawa	2.065 - Siasi/Sesai: 2014	Homologada. Decreto - s/n - 11/12/1998, publicado em 14/12/1998. Reg. SPU Certidão n. 2 de 18/02/02.Reg. CRI no município e comarca de Buíque (12.0403 ha), Matr.4.377 Lv 2-W Fl. 19/V em 27/08/01.	12.403	Buíque Ibimirim Tupanatinga	PE
26	Karapotó	Karapotó	900 - Siasi/Sesai: 2014	Reservada. Decreto - s/n - 11/08/1992, publicado em 12/08/1992. Reg. CRI Matr. R-5-525 Liv. 2-D Fl. 54v em 31/07/03.	1.810	São Sebastião	AL
28	Kariri-Xokó	Kariri-Xokó	2.300 - Siasi/Sesai: 2013	Declarada. Portaria - 2.358 - 15/12/2006, publicado em 18/12/2006. Reg. SPU certidão n. 13 de 19/09/02.Reg. CRI no município de Porto Real do Colégio (301 ha) matr.1.358 Lv. FL. 1.358 em 17/03/99. Reg. CRI no município e comarca de São Brás, (397 ha) matr. 1.52 Lv.2G/RG Fl 007 em 03/03/99.	4.419	Porto Real do Colégio São Brás	AL
29	Kiriri	Kiriri	2.498 - Siasi/Sesai: 2014	Homologada. Decreto - 98.828 - 15/01/1990, publicado em 16/01/1990. Reg. SPU. Cert. n. 28 em 14/06/96.Reg. CRI no municipio e comarca Ribeira do Pombal (12.299 ha) Matr. 2969 LIV 2-M, FL 83 em 22/03/90.	12.300	Banzaê Quijingue Ribeira do Pombal	BA
30	Lagoa Encantada	Jenipapo-Kanindé	328 - Siasi/Sesai: 2014	Declarada. Portaria - 184 - 23/02/2011, publicado em 24/02/2011.	1.731	Aquiraz	CE
31	Massacará	Kaimbé	1.002 - Funai/SEII: 2011	Homologada. Decreto - 395 - 24/12/1991, publicado em 26/12/1991. Reg. SPU Cert. n.066 de 16/10/96.Reg .CRI no município e comarca de Euclides da Cunha (8.020 ha), Matr. 2813 Liv 2-H, Fl. 577 em 23/12/88.	8.020	Euclides da Cunha	BA
32	Mata da Cafurna	Xukuru-Kariri	391 - IBGE: 2010	Reservada. Portaria - 959/E - 16/07/1981, publicado em 16/07/1981. Reg. CRI no município de Palmeira dos Índios, Matr. 3.149 Liv. 2-N Fl. 117 em 23/02/81.	117	Palmeira dos Índios	AL
s/I	Mundo Novo/Viração	Potiguara Tabajara Tapuia		Em Identificação. Portaria - 1.138 - 29/09/2005, publicado em 30/09/2005.		Monsenhor Tabosa Tamboril	CE
35	Nova Rodelas (área urbana)	Tuxá	409 - Funasa: 1999	Reservada. Outros - - 31/12/1987, publicado em .	104	Rodelas	BA
s/I	Pankaiuká	Pankaiuká	150 - UFPE/NEPE: 2011	Em Identificação. Portaria - 1.299 - 29/10/2008, publicado em 31/10/2008.		Jatobá	PE
39	Pankará da Serra do Arapuá	Pankará	2.836 - Siasi/Sesai: 2014	Identificada. Despacho - 1 - 19/04/2018, publicado em 20/04/2018.	15.114	Carnaubeira da Penha	PE
s/I	Pankará Serrote dos Campos	Pankará		Em Identificação. Portaria - 1.392 - 10/10/2019, publicado em 11/10/2019.		Itacuruba	PE
41	Pankararé	Pankararé	1.562 - Funasa: 2006	Homologada. Decreto - s/n - 05/01/1996, publicado em 08/01/1996. Reg. SPU Cert. n. 31 em 14/06/96.Reg. CRI no miunicípio de Glória, comarca de Paulo Afonso (29.597 ha) Matr. 5.888, Liv. 2 AB-RG, Fl. 44 em 16/01/96.	29.597	Glória Paulo Afonso Rodelas	BA
42	Pankararu	Pankararu	5.365 - IBGE: 2010	Homologada. Decreto - s/n. - 19/04/2007, publicado em 20/04/2007. Reg. SPU Certidão n. 3 de 31/08/99.Reg. CRI no município de Petrolândia (8.051 ha) Matr. 1.557 Liv. 2-I , Fl. 91 em 18/09/89. Reg. CRI no município de Taracatu (49 ha) Matr. 666 Liv. 2-F, Fl. 09 em 12/10/89. Reg.CRI matr.10.617, liv.2-RGI, ficha 01 Comarca de Petrolândia Reg.CRI matr.1.557, liv. 2RGI Comarca de Petrolândia Reg.CRI matr.AV-2-666, Liv.,2-F, Fl.9 Comarca de Tacaratu Reg.CRI matr.	8.376	Jatobá Petrolândia Tacaratu	PE
43	Pankararu (BA)	Pankararu		Reservada. Outros - s.n. - 15/10/2015, publicado em 18/11/2015.	1.000	Muquém do São Francisco	BA
44	Pankaru	Pankaru		Reservada. Portaria - 462 - 18/12/2014, publicado em 19/12/2014.	1.000	Muquém Do São Francisco	BA
45	Pipipã	Pipipã	1.378 - Relatorio Funai: 2012	Identificada. Despacho - 03 - 20/04/2017, publicado em 25/04/2017.	63.322	Floresta Inajá Petrolândia Tacaratu	PE
46	Pitaguary	Pitaguary	3.623 - Siasi/Sesai: 2014	Declarada. Portaria - 2.366 - 15/12/2006, publicado em 18/12/2006.	1.735	Maracanaú Pacatuba	CE
47	Potiguara	Potiguara	14.831 - Siasi/Funasa: 2010	Homologada. Decreto - 267 - 29/10/1991, publicado em 30/10/1991. Reg. SPU Cert. 002 de 07/02/95.Reg. CRI no município Baia da Traição e comarca de Rio Tinto (5.740 ha) Matr. 901 Liv. 2-F Fl. 69 em 10/06/87. Reg. CRI no município e comarca de Rio Tinto, (15.498 ha) Matr. 900 Liv 2-F Fl. 69 em 10/06/87.	21.238	Baía da Traição Marcação Rio Tinto	PB

NORDESTE
Terras Indígenas (continuação)
Instituto Socioambiental - 30/11/2022

Nº mapa	Terra Indígena	Povo	População (nº, fonte, ano)	Situação jurídica	Extensão (ha)	Município	UF
48	Potiguara de Monte-Mor	Potiguara	9.143 - IBGE: 2010	Declarada. Portaria - 2.135 - 14/12/2007, publicado em 17/12/2007.	7.487	Marcação Rio Tinto	PB
49	Quixabá	Xukuru-Kariri	126 - Funai: 2003	Reservada. - - 31/12/1989, publicado em . Registro mat.3.753, Lv.2N Fl.126	16	Glória	BA
50	Riacho do Bento	Tuxá	708 - Funai: 1994	Reservada. - - 31/12/1989, publicado em .	4.032	Rodelas	BA
s/I	Sagi/Trabanda			Em Identificação. Portaria - 428 - 28/05/2015, publicado em 29/05/2015.		Baía Formosa	RN
53	Taba dos Anaces	Anacé	2.018 - Siasi/Sesai: 2014	Reservada. Outros - s/n. - 11/12/2013, publicado em 11/12/2013.	543	Caucaia São Gonçalo do Amarante	CE
s/I	Tabajara	Tabajara		Em Identificação. Portaria - 882 - 10/09/2015, publicado em 11/09/2015.		Alhandra Conde Pitimbu	PB
56	Tapeba	Tapeba	6.651 - Siasi/Sesai: 2014	Declarada. Portaria - 734 - 31/08/2017, publicado em 04/09/2017.	5.294	Caucaia	CE
57	Tingui Botó	Tingui Botó	326 - Funasa: 2010	Reservada. Portaria - 1.406 - 16/11/2006, publicado em 17/11/2006. Reg. CRI no município de Arapiraca, Matr. R3-308 e R3-532 Liv. 2-B, Fl. 8V e 232V em 04/09/84. Reg. CRI no município de Girau do Ponciano, Matr. 2144, Liv.2-I, Fl. 142 em 15/03/89.	535	Campo Grande Feira Grande	AL
59	Tremembé da Barra do Mundaú	Tremembé	580 - Siasi/Sesai: 2014	Declarada. Portaria - 1.318 - 07/08/2015, publicado em 11/08/2015.	3.580	Itapipoca	CE
s/I	Tremembé de Acaraú	Tremembé		Em Identificação. Contrato - CLT01809 - 18/09/2009, publicado em 16/10/2009.		Acaraú	CE
61	Tremembé de Almofala	Tremembé	2.113 - Funai/Fortaleza: 2011	Identificada. Despacho - 37 - 08/07/1993, publicado em 27/07/1993.	4.900	Itarema	CE
62	Tremembé de Queimadas	Tremembé	282 - Funai/Fortaleza: 2011	Declarada. Portaria - 1.702 - 19/04/2013, publicado em 22/04/2013.	767	Acaraú	CE
s/I	Tremembé Mundo Novo/ Viração	Tremembé		Em Identificação. Contrato - 1267/2009 - 13/07/2009, publicado em 29/07/2009.		Boa Viagem Monsenhor Tabosa Tamboril	CE
64	Truká	Truká	5.899 - Funasa: 2010	Declarada. Portaria - 26 - 15/01/2002, publicado em 28/01/2002.	5.769	Cabrobó	PE
65	Tumbalalá	Tumbalalá	1195 - Siasi/Sesai: 2014	Identificada. Despacho - 33 - 01/06/2009, publicado em 02/06/2009.	44.978	Abaré Curaçá	BA
s/I	Tuxá de Inajá/Fazenda Funil	Tuxá		Reservada. Outros - - 31/12/1989, publicado em 31/12/1989.		Mata Grande Inajá	AL PE
67	Tuxá de rodelas	Tuxá	1.141 - Funai/SEII: 2011	Reservada. Decreto - s/n. - 13/03/2014, publicado em 14/03/2014.	4.392	Rodelas	BA
s/I	Tuxá de Surubabel	Tuxá		Em Identificação. Portaria - 1166 - 11/09/2018, publicado em 28/09/2018.		Rodelas	BA
69	Vargem Alegre	Pankaru	138 - Siasi/Sesai: 2014	Reservada. Decreto - 247 - 29/10/1991, publicado em 30/10/1991. Reg. CRI no município de Bom Jesus da Lapa, Matr. 8.205, Liv. 2 E, Fl. 153 em 11/12/91.	981	Serra do Ramalho	BA
70	Wassu Cocal (reestudo)	Wassu		Identificada. Despacho - 652 - 11/07/2012, publicado em 13/07/2012.	6.354	Colônia Leopoldina Joaquim Gomes Matriz de Camaragibe Novo Lino	AL
71	Wassu-Cocal	Wassu	2.018 - Siasi/Sesai: 2014	Homologada. Decreto - s/n. - 19/04/2007, publicado em 20/04/2007. Reg. SPU Cert. n. .042 de 08/06/88.Reg. CRI no municipio de Joaquim Gomes comarca de Passo do Camaragibe, (2.758 ha) Matr. 855 Liv 2-G Fl. 65 em 05/07/1988	2.744	Colônia Leopoldina Joaquim Gomes Matriz de Camaragibe Novo Lino	AL
72	Xucuru	Xukuru	7.672 - IBGE: 2010	Homologada. Portaria - 374 - 14/04/2007, publicado em 15/05/2007. reg SPU O site da Funai em 8-1-19 diz que essa TI é regularizadaReg. CRI no municipio e comarca de Pesqueira (27.555 ha) Matr. 9.447, Liv.2/CF Fl.167 em 18/11/2005	27.555	Pesqueira Poção	PE
73	Xukuru de Cimbres	Xukuru	12.006 - Funasa: 2010	Reservada. Decreto - s.n. - 04/06/2009, publicado em 05/06/2009.	1.666	Alagoinha Pedra Pesqueira Venturosa	PE
74	Xukuru-Kariri	Xukuru-Kariri	1.318 - Siasi/Sesai: 2014	Declarada. Portaria - 4.033 - 14/12/2010, publicado em 15/12/2010.	7.033	Palmeira dos Índios	AL

PIAUÍ

Organização e Resistência Indígena Contra a Invisibilização

Vários autores*

OS POVOS INDÍGENAS NO PIAUÍ VIRAM SEUS PROCESSOS DE AUTODETERMINAÇÃO GANHAREM FORÇA NO ÚLTIMO PERÍODO E CONQUISTARAM A APROVAÇÃO DE UMA LEI ESTADUAL QUE RECONHECE SUA EXISTÊNCIA E A DE SEUS TERRITÓRIOS. MAS A PERSISTÊNCIA DO RACISMO AINDA IMPEDE O RECONHECIMENTO, POR MUITAS COMUNIDADES, DE QUE SER INDÍGENA É UMA POSSIBILIDADE NO FUTURO

LUTAS POR EXISTÊNCIA PERANTE O ESTADO

Ao longo do século XX, as presenças indígenas no estado do Piauí foram invisibilizadas nas produções de historiadores que criaram narrativas de extermínio, tratando os indígenas como pertencentes ao passado piauiense. Baseando-se em visões estanques de identidade e cultura, esses autores foram incapazes de reconhecer as transformações indígenas e as presenças que existiam e existem no estado. Desde a década de 1990, porém, diversas comunidades rurais e urbanas no Piauí reivindicam seu reconhecimento como indígenas perante o Estado brasileiro. Esses processos de autodeterminação se fortaleceram na última década, culminando na sanção da Lei Estadual nº 7.389, de 27 de agosto de 2020, que "reconhece formal e expressamente a existência de Povos Indígenas nos limites territoriais do Estado do Piauí".

Fruto da demanda dos povos indígenas organizados no estado, essa lei prevê a regularização fundiária de terras devolutas que sejam usadas coletivamente pelos povos indígenas no Piauí. Assim, o governo estadual sustenta uma narrativa de que driblou a política anti-indígena do governo federal, ao regularizar dois territórios indígenas no estado: o do povo Kariri de Serra Grande (2021) e o dos Tabajara de Piripiri (2022). Mesmo comemorada pelos povos indígenas, nota-se que não se trata de Terras Indígenas (TIs) demarcadas. Além disso, a Lei Estadual nº 7.389/2020 não menciona em seu texto políticas públicas específicas para a saúde e a educação indígena. Embora desde 2014 haja um plano de ação de desenvolvimento e institucionalização da educação escolar indígena para o Território Etnoeducacional Potyrõ (estados do Ceará e Piauí), ele nunca foi implementado no Piauí.

Atualmente, diversos povos indígenas no Piauí organizam-se em associações e articulam-se ao movimento indígena nacional, por meio da Articulação dos Povos e Organizações Indígenas do Nordeste, Minas Gerais e Espírito Santo (Apoinme), participando de encontros e intercâmbios. A Fundação Nacional do Índio (Funai), por meio da Coordenação Regional Nordeste II, atende aos povos indígenas que vivem em nove municípios piauienses.

POVOS INDÍGENAS NO PIAUÍ HOJE

Em Nazaré, município de Lagoa de São Francisco, moram 140 famílias (452 pessoas) que se reconhecem como Tabajara e Tapuio desde 2016. Contam descender de duas jovens indígenas, cuja mãe habitava a região desde 1795. A identidade indígena manteve-se silenciada ao longo do tempo em função do preconceito, até as décadas de 1980 e 1990, quando alguns pesquisadores levantaram o interesse para certos elementos que manifestavam sinais de uma descendência indígena. Desde então, iniciou-se o processo de emergência étnica. A escolha do etnônimo Tabajara deve-se ao fato de o território de Nazaré localizar-se num corredor histórico dos Tabajara. Apenas algumas famílias identificam-se como Tapuio. Em 2016, os Tabajara e os Tapuio apresentaram pela primeira vez suas demandas à Funai e, a partir das demandas fundiárias desses povos, em 2017 um grupo de trabalho (GT) iniciou as atividades de identificação da Terra Indígena (TI) Morro Belo. Em janeiro de 2017, foi fundada a Associação dos Povos Indígenas Tabajara e Tapuio-Itamaraty de Nazaré (Apin). Em Nazaré situa-se o primeiro museu indígena do estado do Piauí, o "Museu Indígena Anízia Maria".

O povo Tabajara compreende atualmente mais de 240 famílias (1.200 pessoas), que habitam a zona rural e urbana do município de Piripiri. Na cidade, vivem nas comunidades Itacoatiara, Novo Jenipapeiro, Colher de Pau, Tucuns e Fonte dos Matos. Na zona rural, habitam as comunidades Oiticica e Canto da Várzea. Os Tabajara que vivem no Canto da Várzea optaram por se autoafirmar Tabajara Ypy. Os Tabajara de Piripiri reivindicam sua identidade indígena e seus territórios há mais de duas décadas, e se organizam por meio de uma associação desde 2005. Foi um dos primeiros povos no estado a ter sua luta por reconhecimento tornada visível. Em 2022, o governo do estado do Piauí regularizou terras a serem doadas a algumas dessas comunidades.

Os Kariri são compostos por 30 famílias (103 pessoas) que habitam a Serra Dois Irmãos ou Serra Grande, município de Queimada Nova, e afirmam descender dos indígenas que migraram de Pernambuco durante o período colonial. O processo de emergência étnica, iniciado a partir de 1992, caracterizou-se pela defesa do território contra os empreendimentos eólicos e as invasões das regiões fronteiriças, contou com o apoio das Comunidades Eclesiásticas de Base (CEBs), de agentes da Comissão Pastoral da Terra (CPT), e a articulação com as comunidades quilombolas, o Sindicato dos Trabalhadores Rurais (STR), além do contato com povos indígenas do Ceará. Em 2001 foi criada a Associação Indígena Cariri da Comunidade Serra Grande. Em 2016 o Instituto de Terras do Piauí (InTerPi) iniciou o processo de arrecadação de terras públicas na região correspondente à parte do território indígena. Em 2018 a Funai iniciou o estudo de qualificação da demanda territorial desse grupo étnico e, em 2021, os Kariri receberam a titulação coletiva de 2.114,6769 hectares de terra, tornando-se a primeira comunidade indígena com território titulado em âmbito estadual.

Os Guegue do Sangue correspondem a 56 famílias (245 pessoas), que habitam sobretudo o município de Uruçuí, residindo em sua sede e na zona rural, inclusive no povoado Sangue, lugar de origem da comunidade. Descendem de uma mulher indígena que sobreviveu a um massacre promovido por colonizadores no período colonial. Nos anos 1970 suas terras foram tomadas por membros da elite política da cidade, e eles foram submetidos a trabalho escravo, violências físicas e abusos sexuais, até a maioria deles ser expulsa dali. Em 2016, após serem impedidos por um fazendeiro de acessar a localidade Sangue, entraram na justiça para reaver o território que reivindicavam, alegando possuir a documentação de delimitação da Data Sangue, que ocupavam há séculos. Projetos de cartografia social promovidos por pesquisadores acadêmicos possibilitaram a visita de alguns Guegue aos Gamela de municípios vizinhos em 2019. A partir de então, assumem mais publicamente a identidade indígena. Fundaram em 2020 a Associação dos Povos Pró-Índio do Sangue de Uruçuí (Apisu). Manoel Pereira Borges, o Nésio, indígena do povo Guegue do Sangue, é presidente da câmara do município e o único vereador indígena em exercício no Piauí.

Os Gamela são constituídos por 359 famílias (987 pessoas) e encontram-se presentes nos municípios de Bom Jesus (nas comunidades Barra do Correntim, Assentamento Rio Preto), Currais (nas comunidades Pirajá e Laranjeiras), Baixa Grande do Ribeiro (nas comunidades Morro D'água e Prata) e Santa Filomena (na comunidade Vão do Vico). Os laços de consanguinidade entre os Gamela no Piauí e os Akroá Gamella do Maranhão corroboram o sentimento de pertencimento a um mesmo povo e à constituição de um território multilocado entre esses estados. A mobilização étnica dos Gamela, a partir de 2006, é marcada por um contexto de expropriação territorial e de violação de direitos humanos, devido ao acúmulo de capital associado às atividades do agronegócio desenvolvidas no Matopiba. Os estudos de qualificação da demanda fundiária do povo Gamela no Piauí iniciaram-se em 2018, o relatório já foi produzido, e aguarda aprovação da Funai em Brasília. A criação de associações indígenas gamela no Piauí das comunidades Laranjeiras, Pirajá, Rio Preto e Barra do Correntim (2021) insere-se em um conjunto de estratégias de sobrevivência diante de desapropriações, ameaças e grilagem de seus territórios tradicionais.

Os Caboclos Gamela da Baixa Funda vivem atualmente em comunidades nas zonas rurais e urbanas dos municípios de Uruçuí e Baixa Grande do Ribeiro. São mais de 100 famílias (297 pessoas) distribuídas por toda a região do Vale do Rio Uruçuí-Preto. O processo de espoliação de suas terras iniciou-se em 1974, quando latifundiários e grileiros invadiram seus territórios e os expulsaram, iniciando a expansão daquela fronteira agrícola, fortemente marcada pelo agronegócio. A mobilização organizada dos Caboclos Gamela da Baixa Funda iniciou-se no ano de 2005, sob a liderança de Maria da Conceição (Dan), ao requerer junto à Funai assistência a suas demandas por direitos específicos, como demarcação de seus territórios. Em 2019 enviaram um ofício à Funai solicitando a visita do órgão e a identificação da TI. No contexto das campanhas para a vacinação dos povos indígenas no Piauí, foram inicialmente excluídos, só conseguindo sua inclusão após muita pressão. Os Caboclos Gamela seguem se articulando pela demarcação de suas terras, constantemente ameaçadas pelo avanço do agronegócio na região.

Entre os dias 18 e 20 de novembro de 2022, aconteceu o I Encontro dos Povos Indígenas Gamela, no Território Laranjeiras, em Currais/Piauí. Na oportunidade, estiveram lideranças e representantes dos cinco municípios do Piauí onde a etnia Gamela está presente, além de lideranças e representantes do povo Akroá Gamela do Maranhão. Tem-se construído um entendimento de que todos esses povos possuem relações de parentesco, tendo se afastado historicamente por pressão da colonização. Na contemporaneidade, reencontraram-se a partir de seus processos de emergência étnica. Nessa assembleia ficou decidido que, devido a esse parentesco, todos os povos Gamela e os Caboclos Gamela do Piauí passariam a se autodenominar Akroá-Gamela, estabelecendo assim o vínculo com os Akroá-Gamela do Maranhão.

Também se registra a presença do povo Guajajara no Piauí. Em 1976, Alípio Matias, descendente de um povo indígena timbira do Piauí, técnico indigenista e técnico de enfermagem da Funai no Maranhão, trouxe a indígena Marina Guajajara para morar no estado. Alípio e Marina começaram sua história familiar dentro da TI Araribóia, no Maranhão e tiveram cinco filhos, que mantêm suas tradições culturais. Atualmente, Marina Guajajara tem 73 anos e é cacica da Aldeia Ukair, em Teresina/PI, onde habitam cerca de 30 indígenas Guajajara.

Vivem ainda no Piauí indígenas Warao, originários dos canais do Delta Orinoco e de áreas próximas da Guayana Esequiba, estados Bolívar, Monagas y Sucre, região oriental da Venezuela. Em Teresina, chegaram em maio de 2019, em decorrência de um processo de diáspora, resultante dos impactos de grandes projetos e da crise política, social e econômica que assola a Venezuela. Considerados migrantes refugiados pelo poder público, na capital piauiense, eles constituem um contingente populacional de 310 indígenas, que se encontram distribuídos em três espaços de abrigamento: o Clube Social Piratinga, no bairro Poti Velho; o Centro Social Urbano, no bairro Buenos Aires; e o Centro de Formação da Emater, na BR-343. Todos são falantes de warao, alguns falam espanhol e poucos falam o português, mesmo assim com dificuldade.

EXISTÊNCIAS FUTURAS

Além dos povos indígenas apresentados anteriormente, em todo o Piauí, existem diversas outras comunidades nas quais parte dos habitantes se reconhecem como descendentes de indígenas. Desse modo, é possível que nos próximos anos outros processos de autodeterminação de povos indígenas ocorram. Algumas dessas realidades são apresentadas a seguir.

A comunidade Canto, localizada no antigo aldeamento de São Gonçalo do Amarante, atual município de Santo Antônio dos Milagres/PI, foi alvo de pesquisas antropológicas e linguísticas nas décadas de 1970 e 1980. Os moradores desse lugar possuíam

© CRUUPYHRE AKROÁ GAMELLA, 2022

Encontro Cultural e Ancestral do Povo Akroá Gamella, realizado na Aldeia Laranjeiras, município de Currais (PI).

linguagem e outras práticas sociais bastante particulares, e se afirmavam caboclos, cujos antepassados foram os indígenas de São Gonçalo. Após perderem suas terras para a Câmara, com a ascensão do aldeamento a vila em 1835, teriam migrado para uma região no entorno. Atualmente, parte da população segue se identificando como descendente indígena.

A história não indígena afirma que os Tacariju tinham desaparecido no início do século XVII. Após sucessivas tentativas de apagamento e silenciamento, os Tacariju começam a se reconhecer como indígenas. Atualmente, são cerca de oito famílias entre os municípios de Piripiri e Piracuruca. Contudo, não necessariamente todos os familiares se autoidentificam como indígenas presentemente. Nas narrativas familiares, os Encantados de Luz que os orientam provêm da região onde se localiza o Parque Nacional (Parna) de Sete Cidades, território onde se encontram os vestígios de sua presença nas pedras sagradas de Itacoatiara, cuja importância os guia para o presente e o futuro da retomada.

No município de Caracol/PI, a família conhecida como Dias Marreca também se reconhece e é reconhecida como descendente de indígenas. O reconhecimento dessa descendência aparece de modo racista em escritos de William Palha Dias sobre a história do município. Mais recentemente, pesquisas em história e antropologia têm evidenciado o ponto de vista de membros dessas famílias, que contam descender do relacionamento de uma mulher indígena Pimenteira, chamada Marreca, com o branco chamado Manoel Dias Soares, filho de membros da elite local que havia sido raptado e criado pelos indígenas.

No Povoado Saquim, em Ilha Grande do Piauí, reside Pedro Manoel de Sousa Costa, 81 anos de idade, conhecido como Pedro Militão. Ele se autodeclara descendente de indígena em função de sua tia-bisavó, que utilizava adornos grandes de madeira nas orelhas e era conhecida no povoado e na região por "índia velha". Sua família foi do Ceará para São Bernardo/MA, mas fugiu com os conflitos causados pela Balaiada, formando assim o que é hoje o povoado Saquim. Esse povoado se localiza na Área de Proteção Ambiental (APA) do Delta do Parnaíba e na Reserva Extrativista (Resex) Marinha do Delta do Parnaíba, e atualmente sofre ameaças de desalojamento com a possibilidade de implementação de um grande resort.

Essas são apenas algumas das comunidades que reconhecem seus ascendentes indígenas. A persistência do racismo e da visão de que povos indígenas pertencem ao passado do Piauí ainda impede o reconhecimento, por parte de muitas comunidades, de que ser indígena é uma possibilidade para o futuro. As lutas atuais dos povos indígenas no estado, somadas à renovação dos estudos em história e antropologia indígena no Piauí, poderão contribuir para novos entendimentos sobre as possibilidades de futuros indígenas para o estado. *(novembro, 2022)*

*** OS AUTORES**

ALIÃ WAMIRI GUAJAJARA, arte-educadora, Ufpi

ANA SUELLE DE OLIVEIRA GOMES, historiadora, mestranda pela UFC

ANNA BOTTESI, antropóloga e doutoranda pela Università degli Studi di Torino

CAMILA GALAN DE PAULA, antropóloga e professora na Univasf

CARMEN LÚCIA SILVA LIMA, antropóloga e professora na Ufpi

CÍCERO EVANGELISTA DIAS, presidente da Associação do Povo Indígena Tabajara de Piripiri

HELANE KAROLINE TAVARES GOMES, arqueóloga, historiadora e antropóloga, mestre pela Ufpi

HÉLDER TACARIJU, indígena antropólogo e professor na UFDPar

IANAELY INGRID ALVES E SILVA, indígena do povo Gueguê, estudante de Ciências Biológicas pelo Ifpi

JOÃO PAULO PEIXOTO COSTA, historiador e professor no Ifpi e na Uespi

REBECA FREITAS LOPES, estudante de História na Uespi

TATIANA GONÇALVES DE OLIVEIRA, historiadora e professora na Uespi

POTIGUARA

Gestão e Proteção Territorial e Práticas Educativas Interculturais

José Glebson Vieira | Antropólogo, UFRN

Daniel Santana Neto | Potiguara e antropólogo indígena

NO TERRITÓRIO POTIGUARA, ENQUANTO MUITOS INDÍGENAS VEEM A CANA-DE-AÇÚCAR COMO O "OURO" DO MOMENTO, OUTROS APOSTAM NAS ESCOLAS INDÍGENAS PARA PROMOVER A PRESERVAÇÃO E VALORIZAÇÃO DAS PRÁTICAS E SABERES AMBIENTAIS DE SEU POVO

O povo Potiguara é sinônimo de luta e resistência. Já o habitavam em seu território muito antes de o colonizador chegar, e hoje permanecem nesse mesmo território, vivendo sua cultura, fazendo história e lutando para que seus direitos sejam garantidos, como o direito à educação escolar indígena e ao usufruto exclusivo de seu território. O território potiguara está situado nos municípios de Baía da Traição, Marcação e Rio Tinto, litoral norte da Paraíba. De acordo com dados da Funai e do Dsei Potiguara, o território dos Potiguara é formado por 32 aldeias, possui 33.757 hectares e conta com uma população estimada de 20 mil indígenas, incluindo aqueles que habitam as cidades e aldeias dos três municípios.

A presença sempre marcante e a resistência dos Potiguara na Costa Atlântica demonstram diferentes estratégias e modos de resistir e de conexão a seu território. O "apego ao território", muito presente na tradição oral e nas práticas políticas e experiências de territorialidade, sinaliza os diferentes e impactantes processos históricos e as elaborações, apropriações e transformações de categorias coloniais, como a de caboclo, e de instituições, como a escola. Isso implica considerar não apenas o que seriam estruturas e equipamentos essencialmente ameríndios, mas também aqueles que, em sua origem, podem até ter sido criados para subjugação dos indígenas. É no sentido de reforçar o direito das sociedades indígenas em recuperar sua própria história em seus próprios termos que a escola indígena tem sido pensada e experienciada pelos Potiguara na Paraíba – já que possuir uma identidade é ter uma memória própria.

Nos últimos 15 anos, as escolas indígenas têm se mostrado efetivas no debate acerca da centralidade do território para o bem viver dos povos indígenas e de seus processos formativos. O território é concebido como lugar de pertencimento e espaço de afirmação sociocultural que possibilita a produção, atualização e transmissão dos conhecimentos indígenas, incluindo as técnicas de manejo de recursos naturais, os conhecimentos sobre ecossistemas, entre outros aspectos.

As escolas indígenas localizadas nas aldeias potiguara, como as escolas estaduais Cacique Iniguaçú (Aldeia Tramataia), Pedro Poti (Aldeia São Francisco), Cacique Domingos Barbosa dos Santos (Aldeia Jaraguá) e Guilherme da Silveira (Aldeia Monte Mór), e as escolas municipais Manoel Ferreira Padilha (Aldeia Silva da Estrada), Maria das Dores Borges (Aldeia Alto do Tambá), Paulo Eufrásio Rodrigues (Aldeia São Miguel) e Carlos Rodrigues (Aldeia Lagoa do Mato), entre outras, vêm desenvolvendo iniciativas importantes no contexto da política e da gestão territorial, bem como na construção e reiteração dos vínculos com a terra, cujas ações têm como foco a transmissão de conhecimentos e as formas de habitar e manejar os ambientes e as paisagens. Durante eventos como a semana de consciência ambiental e outros da mesma natureza, identificam-se professores, estudantes, funcionários, lideranças indígenas engajadas e comprometidas com as problemáticas ambientais, bem como com a preservação e conservação da natureza e seus elementos. Assim, as escolas indígenas têm se configurado como espaço político de fortalecimento da luta pelo território, e sua atuação mantém-se associada às diversas pautas, tais como a autonomia na gestão territorial e cultural, a sustentabilidade e as práticas econômicas desenvolvidas no território indígena.

A pauta da sustentabilidade tem sido desafiadora nas mobilizações das escolas indígenas. Os desafios apresentam-se em função de desmatamentos causados pela prática da monocultura da cana-de-açúcar; de dificuldades na destinação do lixo produzido nas aldeias; da degradação do solo devido à contaminação dos rios e solos por agrotóxicos, ao assoreamento e à erosão; e da exploração de madeira por invasores, entre outros.

A presença de monocultura canavieira no território potiguara foi marcante nos anos de 1970 e 1980, quando o Estado brasileiro estimulou a produção de etanol, por meio do Programa Nacional do Álcool (Proálcool). Desde então, o território indígena tem despertado o interesse de usineiros para o plantio de cana por dispor de faixas de terras que possuem boas condições de solo, de acesso à água e infraestrutura rodoviária, entre outros fatores. Isso gera maior pressão pelo território e tensiona o demorado processo de conclusão da demarcação da Terra Indígena (TI) Potiguara de Monte-Mór, que se arrasta desde os anos 1990, sendo a única TI potiguara não declarada e homologada. A demora na conclusão da demarcação tem contribuído para a utilização das TIs para plantios de cana-de-açúcar por parte de usineiros. Por outro lado, temos acompanhado desde 2007 diversas ações de "retomada" de extensas faixas de terra onde havia, sobretudo, plantações de cana-de-açúcar, as quais passaram a ser ocupadas pelos Potiguara com residências, roçados para a produção agrícola e áreas de preservação ambiental.

Nas áreas demarcadas e homologadas, a plantação de cana-de-açúcar também tem se tornado frequente nos últimos anos. Ao adentrar e percorrer o território potiguara, é possível avistar uma paisagem diversa, com presença significativa de plantações de cana-de-açúcar. A intensificação desses plantios guarda estreita relação com os incentivos governamentais a projetos de geração de renda e de desenvolvimento, que estimulam os indígenas a se engajar numa atividade econômica que gera renda tanto pela comercialização da própria cana-de-açúcar quanto pela disponibilidade de mão de obra para as usinas.

Entre os anos de 1980 e 2006, as plantações de cana eram desenvolvidas por meio do arrendamento das terras, que teve seu fim após a atuação conjunta da Procuradoria da República na Paraíba com a então Administração Regional da Funai em João Pessoa/PB. As áreas ocupadas com cana foram então distribuídas para grupos de famílias indígenas, que nos últimos anos passaram a gerir o plantio e a própria produção. Todavia, observa-se a manutenção da histórica dependência de tais famílias em relação aos usineiros, que continuaram como fornecedores de insumos, tais como sementes, adubos, fertilizantes, herbicidas, inseticidas, maquinário, com intermediários da mão de obra para o plantio, a colheita e, especialmente, na aquisição de toda a produção de cana-de-açúcar – ocasião em que são descontados do valor final os custos dos insumos.

A produção da cana-de-açúcar em TIs é um assunto enfrentado nas escolas indígenas e nas assembleias, reuniões, e demais eventos que tratam das questões ambientais, da terra e do território do povo Potiguara. Muitos indígenas veem a cana-de-açúcar como o "ouro" do momento, devido ao retorno financeiro obtido com a comercialização para as usinas sucroalcooleiras. Desse modo, agricultura de subsistência tem sido muito afetada, com significativos impactos na produção agrícola desenvolvida ao longo de gerações pelas famílias indígenas.

As questões sobre ambiente, preservação e sustentabilidade e atingem a todos, por isso, as reflexões sobre esses problemas são realizadas no contexto escolar e direcionadas aos diversos atores sociais, que buscam compreender e apontar os benefícios e os malefícios que a monocultura traz para toda a população. Por ser um assunto muito delicado para ser abordado em profundidade no espaço escolar, uma vez que alguns professores, funcionários e pessoas da comunidade escolar estão engajados na produção da cana-de-açúcar, algumas escolas têm adotado uma postura cautelosa e sutil, procurando trazer o tema da preservação ambiental por meio de palestras, seminários, aulas de campo, oficinas, semana de conscientização ambiental e projetos pedagógicos.

A despeito dos tensionamentos e do cuidado em tratar a temática do meio ambiente relacionada à cana-de-açúcar e, mais recentemente, ao plantio de eucaliptos, as atividades de educação ambiental e de sustentabilidade têm-se tornado relevantes nas escolas indígenas. As atividades são propostas, planejadas e desenvolvidas pelo coletivo escolar e em parceria com a comunidade indígena local.

Ao se tratar da educação ambiental no contexto escolar, é importante trabalhar com as diferentes concepções indígenas sobre o ambiente, as formas de manejo, os conhecimentos sobre as paisagens e as práticas sustentáveis, relacionando-as à territorialidade, à organização e à gestão territoriais, as quais devem ser compreendidas a partir de lógicas espaciais específicas. As relações com os lugares, o território, a natureza e as práticas territoriais são tematizadas com a discussão sobre o direito constitucional

© MARIO BRUNORO/ISA, 2017

Ao centro, Isaias Potiguara acompanhado pela delegação potiguara, da Paraíba, no Acampamento Terra Livre. A temática do meio ambiente relacionada à cana-de-açúcar tem-se tornado relevantes nas escolas indígenas.

de usufruto exclusivo da terra, das riquezas do solo, dos rios e dos lagos existentes nas terras tradicionalmente ocupadas pelos indígenas, destinados a assegurar a reprodução física e cultural e a preservação dos recursos ambientais necessários ao bem-estar do povo indígena, segundo seus usos, costumes e tradições.

Sabendo que a escola tem o papel de formar e informar, bem como promover uma consciência cidadã mais comprometida com as questões ambientais existentes, os debates indicam a necessidade de reconhecer que as práticas curriculares de cada escola devem levar em consideração a realidade territorial e cultural do local em que cada escola está inserida, isto é, em cada aldeia, como forma de assegurar sua especificidade e diferenciação e, assim, produzir um entendimento das relações com a paisagem e com o ambiente.

As diversas atividades formativas das escolas indígenas articulam os conhecimentos e as práticas indígenas sobre a terra com as concepções de habitar, ressaltando as conexões da terra com a história, com a memória e com as estratégias de preservação do ambiente. O desenvolvimento de práticas tidas como sustentáveis são abordados a partir da autonomia do grupo em usufruir de seu território da forma mais adequada, que permita a subsistência, a permanência e a existência de um povo.

A atuação da escola no campo da preservação ambiental enfrenta, portanto, o desafio de, por meio da interculturalidade enquanto princípio educativo, contribuir para a adoção de práticas sustentáveis que garantam, de modo autônomo, as condições de sobrevivência e de bem viver diante das novas relações e condições promovidas pelo Estado brasileiro e pela multiplicidade de atores e interesses envolvidos no contexto intersocietário. A interculturalidade pode promover um diálogo que garanta o respeito e a valorização dos saberes e conhecimentos indígenas, como também assegurar aos indígenas a tomada de decisão própria de seus projetos de futuro e a proteção dos seus territórios. *(julho, 2022)*

PANKARARU

Desintrusão da TI Pankararu (PE) e Covid-19 no Real Parque (SP)

Arianne Rayis Lovo | Antropóloga, doutoranda pela Unicamp

NO ÚLTIMO PERÍODO, OS PANKARARU SEGUIRAM LUTANDO PELA DESINTRUSÃO DE SUAS TERRAS EM PERNAMBUCO E, EM MEIO À PANDEMIA DE COVID-19, ENFRENTARAM O DESMONTE DA PIONEIRA ESTRATÉGIA DE SAÚDE DA FAMÍLIA INDÍGENA (ESFI) QUE OS ATENDE EM SÃO PAULO

Os conflitos por terra no Brasil não podem ser compreendidos sem o entendimento do processo histórico que acompanha o país a partir da invasão da América pelos europeus e seus desdobramentos desde então. Em relação aos povos indígenas, do Império à República, a política estatal promoveu uma série de empreendimentos para colonizá-los, como a guerra justa, a conversão e a mistura, numa tentativa de transformá-los em trabalhadores rurais e "integrá-los" à sociedade brasileira.[1] Tais embates, no entanto, não se deram sem resistência indígena, entre alianças, revoltas e rebeliões. No que se refere aos povos que habitavam a região Nordeste, nos séculos XVII e XVIII, a história dos conflitos remonta à época das frentes pastoris e dos aldeamentos missionários de jesuítas e capuchinhos.[2] Ao longo dos anos, os diferentes grupos étnicos ali presentes, como os Kariri, Fulni-ô, Pankararu, Xucuru etc., assim como os "caboclos" e pessoas escravizadas, foram forçados a conviver num intenso controle físico, territorial e mental – num processo de miscigenação forçada e posterior espoliação de suas terras.

É desse período que remonta uma memória compartilhada pelo povo Pankararu, quando da "doação imperial de uma sesmaria à missão religiosa que aldeou seus antepassados durante os séculos XVIII e XIX",[3] correspondente a uma área total de 14.294 ha, bem como a época das "linhas", referência à demarcação física dos lotes de terras que foram delimitadas pelos órgãos estatais na aldeia Brejo dos Padres, em Pernambuco, e que remete a um tempo de expulsões de suas terras, do avanço do gado e da invasão da aldeia por não indígenas.[4] A primeira medida oficial da expulsão de posseiros dessa região ocorreu em 1950, com a nomeação de um agente do Exército, Castelo Branco, como chefe do Posto Indígena no antigo aldeamento em Brejo dos Padres.[5] Na época, os não indígenas reivindicavam esta parte do território, com base na ancestralidade e descendência da aristocracia portuguesa da Casa da Torre, e autodenominavam-se "condôminos". Mas, a partir da década de 1970, passaram a adotar a identidade política de "trabalhadores rurais", negando sua genealogia nobiliárquica e assumindo uma identidade social relacionada ao campo político e regional.[6] Nesse aspecto, enquanto os ocupantes não indígenas possuem uma memória ancestral de descendência aristocrática com os portugueses, os Pankararu possuem uma memória que é narrada como resistência à colonização portuguesa.

Desde então, o povo Pankararu acompanha a longa jornada da ação judicial para a retirada dos posseiros da região, concentrados nas aldeias Caldeirão e Bem Querer de Baixo da TI Pankararu, área de grande potencial agrícola. O processo de demarcação e homologação da TI Pankararu durou mais de meio século, tendo sido iniciado em 1940 e finalizado em 1987. Posteriormente, em 2007, foi realizada a homologação da TI Entre Serras, área contígua à TI Pankararu. Nessas duas TIs, localizadas entre os municípios de Jatobá, Petrolândia e Tacaratu, vivem atualmente cerca de 9 mil pessoas divididas em 25 aldeias. Em Minas Gerais os Pankararu habitam também a TI Dominial Indígena Pankararu de Araçuaí, na região de Coronel Murta, com uma população de cerca de 258 pessoas, e na Bahia vivem na Reserva Indígena

(RI) Pankararu, no município de Muquém de São Francisco. Em São Paulo moram na comunidade do Real Parque e bairros da região metropolitana, somando cerca de 2.000 pessoas.

Em 1993, uma decisão judicial determinou que a União retirasse os ocupantes não indígenas das terras, não cabendo mais recursos da decisão. O percurso dessa ação judicial, que perdura até os dias de hoje, foi narrado e documentado pela Organização Indígena Tronco Velho Pankararu, em 2014, no Plano de Gestão Territorial e Ambiental (PGTA) da TI Pankararu, criado no contexto das ações do Projeto Gestão Ambiental e Territorial Indígena (Gati). Trata-se de um importante documento elaborado pelas lideranças pankararu, que informa as situações históricas, políticas, sociais e jurídicas desse longo processo pela desintrusão dos posseiros de suas terras.

Em 2003, a Justiça Federal determinou que a União e a Funai fizessem a retirada dos posseiros da TI Pankararu, indenizando as famílias e as reassentando em outro lugar. De 2005 a 2012, a Funai e o Incra estiveram articulados para a realização de benfeitorias aos posseiros, com a criação de um grupo de trabalho GT para escutar as partes envolvidas e averiguar a situação, bem como para o reassentamento das famílias não indígenas em áreas próximas à TI Pankararu. O referido GT foi criado em 2011 e, segundo o relatório, "chegou a levantar 870 ocupações pertencentes a 346 pessoas não indígenas, a partir da realização de vistoria e avaliação das benfeitorias implantadas na terra indígena, bem como a alocação dos recursos para as indenizações dos posseiros de boa fé".[7] Em 2013, foi realizado o pagamento das indenizações, convocando os posseiros envolvidos durante um período de 30 dias, mas apenas cinco atenderam a esse chamado.

Entre 2016 e 2018, o Ministério Público Federal recepcionou várias audiências com indígenas e posseiros buscando uma resolução amigável. Na ocasião, o juiz federal Felipe Mota Pimentel de Oliveira emitiu uma sentença favorável aos indígenas, estabelecendo um prazo de 12 meses para que as famílias de posseiros saíssem das terras ocupadas na TI Pankararu. O Incra deu apoio aos posseiros para a realização do cadastro para o assentamento num local em Tacaratu, chamado Abreu e Lima: uma área de 18.500 ha para 93 famílias, porção territorial maior que as TIs dos Pankararu juntas.[8] No entanto, tal medida não foi atendida pela maior parte dos posseiros e se intensificaram uma

© PEDRO BIAVA, 2022

Apresentação do toré, dança-ritual do povo Pankararu, no Museu das Culturas Indígenas, em São Paulo/SP. Na capital paulista, os Pankararu vivem na comunidade do Real Parque e em bairros da região metropolitana, somando cerca de 2.000 pessoas; já em Pernambuco, nas TIs Pankararu e Entre Serras, sua população gira em torno de 9.000 pessoas, em 25 aldeias.

série de ameaças e situações de constrangimento às lideranças indígenas que moram nas aldeias de Caldeirão e Bem-Querer de Baixo. Entre elas, o fechamento de Postos de Saúde, incêndios em escolas e ameaças de morte, fatos que levaram as lideranças indígenas a ingressarem com pedido no Programa de Proteção de Direitos Humanos.[9] Em 2020, o MPF foi informado da ocorrência de novas invasões nas áreas; derrubadas de árvores sagradas; quebra de cercas e destruição de hortas; além da incineração de uma escola, um posto de saúde e da capela de Nossa Senhora da Conceição na aldeia Bem Querer de Baixo.

Nos últimos cinco anos, os povos indígenas do país sentiram os agravamentos dos conflitos por terras impulsionados pela agenda anti-indígena e inconstitucional de Jair Bolsonaro. Com a pandemia do novo coronavírus, os problemas se acirraram. Na TI Pankararu, as estratégias para conter o coronavírus, num primeiro momento, consistiram na construção de barreiras sanitárias feitas pelo próprio grupo, iniciadas em abril de 2020, com o auxílio do Distrito Sanitário Especial Indígena (Dsei) de Pernambuco e da Articulação dos Povos e de organizações indígenas do Nordeste (Apoinme), como relatou Bia Pankararu, liderança e técnica de enfermagem na Equipe Multidisciplinar de Saúde Indígena Pankararu.[10] As barreiras foram mantidas em período integral, com revezamento entre o grupo local. Num segundo momento, com a chegada da vacina, em abril de 2021, foram feitas campanhas de conscientização da população sobre a imunização, não havendo registro de mortes por covid-19 no território.

Em São Paulo, o povo Pankararu encontra-se concentrado em maior número no Real Parque, local em que há uma administração política mais centralizada, com a atuação da Associação Indígena SOS Comunidade Indígena Pankararu. Eles moram em prédios construídos pelo Programa de Verticalização de Favelas (Prover/Cingapura), iniciadas em 1990, e que continuados entre 2000 e 2010 pela Secretaria Municipal de Habitação. À época, o grupo reivindicou que as famílias indígenas pudessem morar no mesmo bloco de prédios, facilitando as redes de trocas, convivialidade e seus rituais, como o Toré e as "mesas de cura".

O grupo possui um histórico de mobilidade à capital paulista desde a década de 1940, período em que algumas famílias começaram a se deslocar para trabalhar na área de construção civil.[11] A partir dos anos 2000, esse número diminuiu com os "retornados" à aldeia.[12] Atualmente, pessoas viajam entre aldeia e cidade para visitar amigos e parentes, bem como buscar atendimento médico na Unidade Básica de Saúde (UBS) do Real Parque. Tal fato nos permite pensar na circulação como uma dinâmica territorial dos Pankararu e um "modo de produção de vida", pois coloca em relação humanos e não humanos que mobilizam cura, bens, encantados, ervas medicinais, "roupões" (máscaras rituais) e objetos.[13]

Em 2004, foi criada a Estratégia de Saúde da Família Indígena (Esfi) na UBS do Real Parque, a única no país que atua em contexto urbano a partir de um recorte étnico e não territorial. O atendimento médico com uma equipe de saúde diferenciada só foi possível por conta das reivindicações históricas do povo Pankararu que vive na cidade de São Paulo. Ao longo desses 18 anos, muitos profissionais passaram pela gestão administrativa da UBS e da Esfi, valorizando ou negando a identidade étnica dos Pankararu.[14] Em 2016, profissionais com formação e experiência em saúde indígena passaram a compor a equipe, que possui, atualmente, duas agentes indígena de saúde (AIS) – sendo uma delas a principal liderança espiritual do grupo, Lídia Pankararu. A permanência de Lídia na equipe é fundamental para estabelecer um vínculo de confiança com o grupo.

As políticas públicas voltadas aos povos indígenas que vivem em contexto urbano ainda são incipientes e, em momentos de retrocesso, podem ser revogadas a qualquer momento. No dia 23 de maio de 2022, numa decisão visivelmente política, ocorreu a demissão repentina do médico da Esfi, Marco Antônio dos Santos, rompendo com uma atuação de dedicação e reconhecimento pelo povo Pankararu, que se soma ao agravamento do desmonte do Sistema Único de Saúde (SUS). O que vemos acontecer nessa longa jornada pela desintrusão das terras pelos posseiros na TI Pankararu, que acompanha uma configuração histórica marcada por conflitos e ações judiciais, é o mesmo que ocorre com o atual desmonte das políticas públicas de saúde de um modo geral e, mais especificamente, com a Esfi que atende aos Pankararu no Real Parque: um processo antigo e contínuo de recusa a outros mundos possíveis que não sejam os hegemônicos. *(maio, 2022)*

NOTAS

[1] MONTEIRO, J. Negros da terra. Índios e bandeirantes na formação de São Paulo. São Paulo: Companhia das Letras, 1994.

[2] DANTAS, B. G.; SAMPAIO, J. A. L.; CARVALHO, M. do R. G. Os povos indígenas no Nordeste brasileiro: um esboço histórico. In: CUNHA, M. C. (org.). História dos índios no Brasil. São Paulo: Companhia das Letras, 1992. p. 431-456.

[3] ARRUTI, J. M. P. An. O reencantamento do mundo: Trama histórica e arranjos territoriais pankararu. Tese (Mestrado em Antropologia Social) – Universidade Federal do Rio de Janeiro, Rio de Janeiro, 1996. p. 117.

[4] Ibidem, p. 32.

[5] Ibidem, p. 70-76.

[6] Ibidem, p. 186.

[7] JULIÃO, C. G. et al. (org.). PGTA – TI Pankararu: Plano de Gestão Territorial e Ambiental da Terra Indígena Pankararu. Tacaratu: a Tronco Velho Pankararu, 2017. p. 49

[8] CIMI – CONSELHO INDIGENISTA MISSIONÁRIO. Regional Nordeste. Violência contra posseiros ocupantes da TI Pankararu é inaceitável e coloca indígenas em risco. Recife: Cimi, 14 set. 2018. Disponível em: https://cimi.org.br/2018/09/violencia-contra-posseiros-ocupantes-da-ti-pankararu-e--inaceitavel-e-coloca-indigenas-em-risco/. Acesso em: 30 maio 2022.

[9] BARRETO, N. Marcados para morrer: invasores sobem tom de ameaça ao povo Pankararu. Brasília: Cimi, 10 ago. 2020. Disponível em: https://cimi.org.br/2020/08/marcados-para-morrer-invasores-sobem-tom-de-ameaca-ao-povo--pankararu/. Acesso em: 25 maio 2022.

[10] LOVO, A. R.; ASSUMPÇÃO, K. Apresentação: Dossiê "Pandemia de covid-19 e outros mundos possíveis". Maloca: Revista de Estudos Indígenas, Campinas, v. 4, p. 01-10, e021005, 2021.

[11] ARRUTI, J. M. P. A. op. cit., p. 117.

[12] ESTANISLAU, B. A eterna volta: a migração indígena e pankararu no Brasil. Dissertação (Mestrado em Demografia) – Universidade Estadual de Campinas, Campinas, 2014.

[13] LOVO, A. R. Lá, sendo o lugar deles, é também o meu lugar: pessoa, memória e mobilidade entre os Pankararu. Dissertação (Mestrado em Antropologia Social) – Universidade Estadual de Campinas, Campinas, 2017.

[14] LOPES, R. C. Cura encantada: medicina tradicional e biomedicina entre os Pankararu do Real Parque em São Paulo. Tese (Mestrado em Enfermagem) – Universidade de São Paulo, São Paulo, 2011.

COVID-19

Plantando Água: uma Experiência de Autonomia Hídrica no Semiárido[1]

Várias autoras*

EM TEMPOS DE CRISE SOCIOSSANITÁRIA, POVOS E ORGANIZAÇÕES INDÍGENAS DESENVOLVERAM INICIATIVAS EM NÍVEL LOCAL E NACIONAL PARA COMBATER, COM AUTONOMIA, A VULNERABILIDADE HÍDRICA DAS COMUNIDADES QUE VIVEM NO SEMIÁRIDO

Desde o início da pandemia da covid-19, frutíferos debates surgiram, evidenciando a ideia de que a doença atinge as pessoas e os grupos sociais de formas diferentes. Tais debates vêm mostrando como as desigualdades sociais e econômicas fazem com que os impactos da pandemia sejam ainda mais graves entre aqueles grupos que historicamente estão em situação de vulnerabilidade.

Este texto chama a atenção para as desigualdades regionais do Brasil, lançando um olhar específico para o acesso à água no Semiárido. Região que soma 11% do território e 12% da população nacional, o Semiárido está situado, em quase sua totalidade, no Nordeste brasileiro e caracteriza-se justamente pela vulnerabilidade hídrica: regime irregular de chuvas, alto índice de aridez e ocorrência frequente de secas.

No que se refere à população indígena, somam-se outros elementos de vulnerabilidade. A Região Nordeste é marcada por um longo processo de genocídio e expropriação territorial, ao qual os povos nativos foram submetidos desde as primeiras invasões europeias, há 500 anos. Entretanto, apesar disso, ainda é encontrada ali uma significativa parcela da população indígena nacional. De acordo com boletim da Articulação dos Povos e Organizações Indígenas do Nordeste, Minas Gerais e Espírito Santo (Apoinme), em 2020, havia 86 povos e mais de 200 Terras Indígenas (TIs). Em 2010, data do último Censo brasileiro, eram 230 mil indígenas, que correspondem a 25% da população nacional, representando a segunda maior população indígena do país. Um contingente expressivo desse total habita o Semiárido: 93.400 pessoas, 10% da população indígena nacional.

Ao longo de 2020, surgiram, por todo o território nacional, iniciativas autônomas dos povos e organizações indígenas, que, diante da inação dos governos, buscaram proteger-se. Destacam-se aqui duas ações relativas à centralidade da água nesses tempos de crise sociossanitária. Uma nacional, figurada como ação judicial promovida pelo movimento indígena, e outra que operou em nível local, mesclando ações de autonomia hídrica com tecnologias de convivência com o Semiárido.

"ÁGUA É VIDA E É DIGNIDADE"

Uma primeira estratégia de enfrentamento acionada pelas organizações indígenas foi a judicialização, sendo o melhor exemplo a Arguição de Descumprimento de Preceito Fundamental (ADPF) nº 709, feita pela Articulação dos Povos Indígenas do Brasil (Apib).

Cristiane Julião, coautora deste texto, é indígena Pankararu, moradora do Semiárido e faz parte do Comitê do Boletim da Apib na Pandemia. No trecho a seguir, ela compartilha um pouco do que é essa batalha no campo jurídico.

"Considerando a ausência estatal, a Articulação dos Povos Indígenas do Brasil (Apib), em associação com a bancada indígena da Câmara dos Deputados, apresentou o PL 1142/2020 (27/3/2020) dispondo sobre medidas urgentíssimas de apoio aos povos indígenas em razão da covid-19. Aprovado na Câmara em 21 de maio, e no Senado em 16 de junho, este PL foi encaminhado ao presidente da República, que, sob muita pressão, sancionou-o como Lei Ordinária nº 14.021, em 7 de julho de 2020. Quando a lei foi publicada, ela continha 22 vetos, sendo o primeiro deles o acesso à água potável. A indignação foi geral, porque nesses vetos estavam justamente as maiores necessidades de assistência imediata – não somente aos povos indígenas, mas a outros povos e comunidades. No dia seguinte à publicação da lei, o ministro do Supremo Tribunal Federal (STF) Luís Roberto Barroso julgou de forma favorável a ADPF nº 709, apresentada pela Apib no fim de junho com o objetivo, justamente, de obrigar o governo a cumprir a responsabilidade constitucional de proteger os povos indígenas. O veto presidencial que mais chocou foi, de fato, negar água. Inclusive, é interessante pensar: 'Como formalizar a negação de água, se a água já nos é negada?'. E aqui eu falo não só de água potável. Cada vez mais os rios privatizados, represados, explorados, poluídos, assoreados, a biodiversidade aquática assassinada, afluentes e nascentes secando. A destruição ambiental está a cada dia mais acelerada, isso inclusive muda toda a dinâmica natural do ciclo de chuvas e provoca mudanças climáticas. A água é central por vários motivos: como pensar na soberania alimentar e nutricional? Na manutenção da medicina tradicional? Na dessedentação humana e animal? Na higienização, seja por rito natural ou orientação para evitar o contágio do coronavírus? Negar água é de uma covardia e perversidade imensurável! Água é vida e é dignidade também. E o movimento indígena vai continuar na luta e em defesa dos direitos humanos e ambientais fundamentais, não só para os povos indígenas, mas para todo o planeta, porque são esforços que se retroalimentam favoravelmente à preservação e à conservação da natureza, bem como da disponibilidade de água, uma vez que esse bem não é um recurso renovável". (Cristiane Julião, TI Pankararu/PE)

PLANTANDO ÁGUA, CONSTRUINDO AUTONOMIA

A fala de Cristiane é interessante por apresentar situações que são do contexto da pandemia, mas que também a transcendem. Nesse sentido, a experiência que Socorro Kapinawá narra a seguir é complementar para entender como elementos da conjuntura nacional operam e impactam a vida das pessoas no cotidiano.

O território do povo Kapinawá está localizado entre os municípios de Buíque, Tupanatinga e Ibimirim, no Semiárido pernambucano. De acordo com o Distrito Sanitário Especial Indígena (Dsei) de Pernambuco, dos 891 casos de covid-19 registrados no estado até o dia 5 de maio, felizmente, apenas 15 deles atingiram esse povo, e nenhum óbito foi contabilizado. A aldeia de Socorro tem uma série de dificuldades de acesso à água, e o período de pandemia permitiu pensar e desenvolver estratégias para lidar com essa questão a partir do projeto Plantando Água.

"Eu moro na aldeia Malhador, fui professora por 32 anos, hoje estou aposentada. Sou liderança de minha comunidade, sou mãe, avó, dona de casa, agricultora. Na pandemia, fiz o parto de dois netos meus na aldeia, sou parteira. Agora, durante a pandemia, também me formei como técnica em agroecologia. A aldeia Malhador está localizada em uma serra [Serra do Malhador], são 800 metros de altitude. Por conta disso, o acesso à água é muito difícil. Eu criei meus filhos carregando água na cabeça, da aldeia Ponta da Várzea, que é nossa vizinha, para cá. Toda a comunidade passou por esse mesmo sofrimento. De lá para cá, são 6 quilômetros de distância, antes a gente fazia a pé, não tinha estrada, não tinha outro transporte. Quando construíram a estrada, melhorou, e hoje vem o carro-pipa. Hoje, o abastecimento de água na minha aldeia é feito com água do poço ou carro-pipa. O poço artesiano tem 246 metros, e essa profundidade demanda recursos para seu perfeito funcionamento, que até hoje o Estado não resolveu. Assim, a água aqui na nossa aldeia nunca é suficiente. Hoje ela [a bomba] funciona movida a combustível, mas a ideia é que funcione com energia elétrica. Quem fornece o óleo diesel, uma vez por mês, é a Secretaria Especial de Saúde

© LARA ERENDIRA DE ANDRADE, 2021

Socorro Siqueira Kapinawá, Aldeia Malhador, Território Kapinawá, município de Buíque, Pernambuco.

Indígena (Sesai). É preciso colocar energia e um transformador potente para que ela tenha capacidade de puxar e bombear essa água. Nós já fizemos vários ofícios, tanto para a Sesai como para a Prefeitura, para ver se esse problema é solucionado, mas ninguém faz nada. A avaliação dos técnicos que vieram é que a energia monofásica não dava conta da profundidade do poço, e que precisava ser uma energia trifásica. Para isso, é preciso fazer uma instalação da Vila do Catimbau para cá. Eu não sei se isso simplesmente foi mal pensado ou se realmente essa é a verdade. O fato é que para funcionar está com gerador a diesel. Nós inclusive já pedimos para aumentar a quantidade de diesel. Acontece que nessa pandemia o preço dos combustíveis está sempre subindo. Com isso, a quantidade de litros que vem diminui. Isso porque o valor que vem é sempre o mesmo, então não dá para comprar a mesma quantidade de óleo. Assim, nesse último ano de pandemia, as coisas ficaram ainda piores. Imagine, aqui na aldeia são 42 famílias, 152 pessoas, a água que vai para cada casa varia muito de acordo com a vazão do poço, tem semana que são mil litros, tem semana que pega somente 500 litros de água, mas tem semana que não pega nada. E isso se repete, é um sufoco. Isso faz com que a gente dependa da água de chuva ou de caminhão-pipa. Quando chove bastante, enchem as cisternas, as barragens e os barreiros. Quando não tem chuva, a gente tem que comprar caminhão-pipa. Mas o caminhão-pipa tem várias questões. A primeira é o valor alto. Além disso, a comunidade muitas vezes fica à mercê de políticos. Aquela velha política, os políticos vêm trazer um caminhão-pipa de água para as casas e depois vêm cobrar em forma de voto. Uma forma de manter o 'voto de cabresto'. Além disso, a gente não sabe de onde vem a água. Ainda bem que na última eleição ganhou um vereador indígena, que tem ajudado com esses custos. Mas, mesmo assim, pensando nesse momento da pandemia, a pessoa que hoje transporta a água no caminhão-pipa não é da aldeia, não temos segurança, pois ele pode estar com o vírus. É por isso que a gente quer plantar água, para ter autonomia. Por exemplo, se a gente tivesse água suficiente para irrigar nossos quintais, para transformá-los em quintais produtivos, com certeza a gente evitaria ir à cidade, local de contágio da covid-19. Só teria que ir para lá para comprar o básico, ia se expor menos. Mas hoje a gente não pode: se plantamos um canteiro, falta água, vai morrer. Nem todo mundo tem condições de fazer um reservatório e comprar um caminhão-pipa toda semana. Como é que as pessoas que sobrevivem apenas com o Bolsa Família vão ter recurso para comprar água? E mais: quem planta, colhe, sabe de onde vem, o que está comendo, o que está alimentando seus filhos, o que está colocando, levando para sua mesa. Quando a gente compra lá fora, a gente não sabe bem o que está comprando, o que está trazendo para casa. Por isso que nosso lema é sempre esse: plantar água em todos os locais em que a gente puder plantar. O Plantando Água surgiu no contexto da pandemia. Eu e Romildo, meu filho, precisávamos planejar um 'projeto de vida' como atividade final do curso técnico em agroecologia que estávamos fazendo no Serviço de Tecnologia Alternativa (Serta). E isso aconteceu justamente nos primeiros meses da pandemia, entre março e abril de 2020. Foi aí que pensamos que seria importante um projeto no qual pudéssemos armazenar água de chuvas, então surgiu a ideia do projeto, de plantar água na Serra, na roça. Porque na cisterna normalmente a gente usa as calhas dos telhados das nossas casas, que podem encher as cisternas. Mas a Serra é um local que tem muito 'lajeiro' [afloramentos de pedras], e quando chove desce muita água, que pode ser canalizada para reservatórios. A gente não estava querendo essa aproximação com todo mundo, porque era o início da pandemia, as pessoas não estavam acreditando que seria uma coisa tão perigosa. Muita gente não estava se cuidando. Em casa, a gente estava com medo. Então a primeira cisterna foi construída nesse contexto. Nesse tempo, a gente ficou um mês na roça. Todo mundo passou para lá, ficamos morando lá. Acampamos realmente, nos refugiamos na Serra. Era eu, meu esposo, quatro filhos, duas filhas, quatro noras, dois genros, e 16 netos: 30 pessoas, né? Hoje já chegaram mais dois netos. Então a gente estava todo mundo lá na roça, morando lá, se refugiando da covid-19; a gente tinha a expectativa de que iria passar. Infelizmente não foi como a gente pensou, e aí a gente retomou nossa vida, voltamos da roça para casa, mas mantivemos os cuidados. A roça fica a quase 2 quilômetros do local onde nós residimos, onde ficam as casas da aldeia. Ela fica em uma serra, a Serra do Malhador. É um local fora do espaço cotidiano. Só vamos lá para trabalhar na roça, plantar, colher, capinar, só isso. E para fazer nosso ritual de retiro. Chamamos lá de Espaço Coroá. Lá também é o local em que fazemos um retiro. Todo ano, as famílias da aldeia Malhador vão se refugiar na Serra, para ter um momento de se dedicar mais à natureza, à força sagrada, buscar a força dos Encantados. Então a gente se retira, fica sete dias sem vir em casa. Lá tem uma casa de roça, tem um galpão de madeira e palha, também tem uma furna (caverna). Esse mutirão da família para construir foi um aprendizado para a gente e para a criançada. Compramos o material, vimos o local ideal lá na Serra e marcamos, fomos lá e construímos a primeira cisterna de 25 mil litros de água. Meus filhos foram à cidade e compraram o material: ferro, brita, cimento e canos para encanar do tanque de decantação até a cisterna. Construímos um tanque de decan-

Cisterna em construção, que dá suporte para a roça, aldeia Malhador, Território Kapinawá, município de Buíque, Pernambuco.

tação para juntar a água e enviar para a cisterna. No final de março [de 2020], veio a primeira trovoada [chuva forte] e encheu a cisterna. Então soubemos que nosso projeto de experimento tinha dado certo. A partir daí começamos a pensar: 'O que é que a gente vai fazer para conseguir recursos para outras cisternas? Para plantar mais água na Serra?' Daí veio a ideia da 'vaquinha' on-line, para ver se a gente conseguia recursos para construir outras cisternas. Essa primeira experiência a gente construiu com recursos próprios. Ao longo da pandemia, todo o material também subiu de preço. Não tinha condição, pensamos: 'então, vamos lançar essa vaquinha'. Conseguimos metade da meta, o que já foi maravilhoso. A gente comprou o material, o cimento, a ferragem, e estamos agora na correria para construir as cisternas. Agora está chovendo e precisamos construir a cisterna e plantar na roça para aproveitar a terra molhada. Então a gente está nessa correria agora, de fazer e terminar essas cisternas. Queremos lançar a segunda etapa do Plantando Água, para ver se a gente consegue mais recursos para dar continuidade ao nosso projeto, pois nosso projeto não está finalizado, vai ser um projeto contínuo, já pensamos nisso. Queremos um projeto contínuo, que possamos mexer nele, para que ele só cresça; então, a gente não sabe quando nosso projeto vai ter fim. Enquanto tiver ideia na cabeça, a gente vai testar: barreiro de lona, barragem, cisternas, contenções no riacho. O que puder fazer para plantar água a gente vai plantar. Vimos que deu certo, e agora a gente já construiu mais três cisternas, do mesmo tipo, do mesmo jeito, do mesmo tamanho, e tem duas para construir. Essas duas que a gente construiu agora foi uma aqui em casa e outra na casa de Edvaldo, mas é com recursos próprios. Com o recurso do Plantando Água tem duas cisternas de 45 mil litros que a gente vai construir". *Socorro Kapinawá, TI Kapinawá (maio, 2021)*

* AS AUTORAS

CRISTIANE JULIÃO PANKARARU, antropóloga, doutoranda no Museu Nacional/UFRJ

LARA ERENDIRA ALMEIDA DE ANDRADE, antropóloga, doutora pela Ufpe

PAULIDAYANE CAVALCANTI DE LIMA, antropóloga, doutoranda na Ufpe

SOCORRO SIQUEIRA KAPINAWÁ, liderança kapinawá

THAYNÁ DONATO GOMES POTIGUARA, antropóloga, UFPB

NOTA

[1] Publicado originalmente na Plataforma de Antropologia e Respostas Indígenas à Covid-19, v. 1, n. 4, maio 2021, revisada e editorada por Spensy Pimentel.

BAHIA

O Levante do Povo Tuxá de Rodelas[1]

Renato Santana | Jornalista, Cimi

NO SERTÃO BAIANO DO RIO SÃO FRANCISCO, POVO TUXÁ DE RODELAS FAZ LEVANTE EM DEFESA DE SEU TERRITÓRIO TRADICIONAL. HISTÓRIA DE RESISTÊNCIA COM MAIS DE 100 ANOS QUE GANHA NOVOS CAPÍTULOS

O Sertão está em tudo. A sentença de Guimarães Rosa, estabelecida logo no início de Grande Sertão: Veredas, vem sendo cumprida pelo povo Tuxá de Rodelas, na Bahia, há quase um século. Seja sob o calor e a luz, ou à noite fresca com o silêncio rabiscado pelo vento nos galhos secos, o Sertão é a casa invadida desses indígenas – e de tantos e tantos outros. Melhor dizendo, se o Sertão está em tudo, está também naquilo em que a colonialidade tenta convertê-lo, para além das imagens estereotipadas de miséria e atraso: um espaço definitivo de concentração de injustiças, desmandos estatais e resistência. Os povos indígenas do Sertão são, antes de tudo, fortes. E se é verdade que o Sertão está em tudo, a prova está no fato de que o povo Tuxá de Rodelas nunca quis outro destino a não ser o de viver em sua terra tradicional sertaneja, às margens do Rio São Francisco, tendo no fundo dessas águas o que hoje é um conjunto de ilhas submersas pela barragem da Usina Hidrelétrica (UHE) de Itaparica, chamada de Gonzagão, na divisa fluvial com Pernambuco.

Antes da chegada da Companhia Hidrelétrica do São Francisco (Chesf) à região de Rodelas/BA e Itacuruba/PE, cidades que tiveram as antigas sedes também inundadas na tortuosa reta final da ditadura militar, no começo da década de 1980, os Tuxá viviam na Ilha da Viúva e no continente. Viviam, ocupavam e transitavam pelas ilhas e por um amplo raio de pertencimento naquilo que por vezes chamam de terra firme. No decorrer do processo de colonização do Sertão, foram perdendo seus espaços, incluindo as ilhas. Por volta de 1914, o capitão João Gomes Apako Caramuru Tuxá caminhou até o Rio de Janeiro, junto com uma delegação do povo, para encontrar com o marechal Cândido Rondon, fundador do Serviço de Proteção ao Índio (SPI).

Os indígenas levaram a Rondon a situação de esbulho de suas terras e reivindicaram o retorno imediato à Ilha da Viúva, que compunha um arquipélago de ilhas, 32 no total. Rondon os atendeu e os Tuxá retornaram para a Ilha da Viúva com moradias, plantações, criações de animais e para as práticas rituais e religiosas do povo. "Tinha quem morava nas ilhas e quem só fazia trabalhar nelas, plantando e colhendo. Parte da minha família morava na Ilha da Viúva, meu avô, capitão João Gomes Apako, vivia nela", lembra o pajé Armando Apako Caramuru Tuxá. Entre essas ilhas estava a de Zorobabel. "Era a aldeia antiga nossa, ficava lá. Meus tios, meu avô, falavam muito dela e dessa aldeia. Zorobabé era um local sagrado pra gente. Tinha terreiro nela, a nossa ciência", diz o pajé.

Quando, em 1987, as ilhas foram evacuadas para dali a um ano serem engolidas pela barragem, 89 famílias tuxá que viviam na Ilha da Viúva fixaram-se no continente. A elas a Chesf destinou uma área de 33 hectares. Dezenas de outras partiram para longe da desolação apocalíptica, em busca de um destino insondável. Mas as promessas da Chesf iam além: uma nova terra seria adquirida para os Tuxá e um recurso mensal seria destinado a essas famílias até dois anos após o reassentamento nas terras compradas, que se converteriam em uma reserva indígena de proteção federal e usufruto exclusivo. Tais terras nunca foram entregues aos Tuxá e, quando os recursos compensatórios passaram a ser pagos, as famílias tinham aumentado para 200, dado o considerável atraso de quase dez anos. "A luta era pelas terras que a Chesf tinha que adquirir e pelos recursos, porque a Chesf queria pagar só para 89, sem considerar que o atraso fez a quantidade de famílias aumentar. Então desde Sarney chegando até a Dilma lutamos por essas demandas", explica Sandro Tuxá, uma das mais destacadas lideranças indígenas do país, que, recém-

Povo Tuxá, que sofre ameaças de remoção de seu território tradicional Dzorobabé, em Rodelas/BA.

-saído da adolescência, na década de 1990, passou a conviver com ícones indígenas do Nordeste, como Xikão Xukuru, Girleno Xocó, Maninha Xukuru-Kariri e Nailton Pataxó Hã-hã-hãe, nas caminhadas da Articulação dos Povos e Organizações Indígenas do Nordeste, Minas Gerais e Espírito Santo (Apoinme).

Sandro Tuxá explica que, apesar de toda luta para que a Chesf cumprisse as mitigações, houve certa acomodação do povo. O que se mostra como um paradoxo, porque os Tuxá conseguiram aumentar em mais de 70 hectares a Aldeia Mãe, na cidade de Rodelas, lugar de reafirmação do povo após a diáspora da Ilha da Viúva, além do acréscimo de um dispositivo na Lei Orgânica de Rodelas determinando que o município respeitaria a territorialidade e as demandas tuxá, afinal a cidade foi reerguida na parte continental do território tradicional. "Na verdade, o que eu quero dizer é que não fomos brigar pelo território tradicional tuxá junto à Funai. Exigir um grupo de trabalho para a demarcação física da nossa terra, não apenas essas terras que a Chesf nunca comprou", explica Sandro. Na primeira década do século XXI, porém, os Tuxá passaram a exigir a demarcação do território, além da terra a ser adquirida como mitigação pela inundação causada pela barragem. "Passamos a reivindicar um GT, não apenas as terras da compensação pela usina. Em 2003, quando fomos reivindicar a devolução do acervo arqueológico tuxá, recolhido pela Chesf antes da inundação, e que estava espalhado na Universidade Estadual da Bahia (Uneb) e Universidade Federal de Pernambuco (UFPE), veio a realidade pra gente e então pensamos: por que não reivindicamos o território todo?".

A partir de então, os Tuxá passaram por um período "de pensar como íamos fazer isso, quais estratégias, animar internamente o povo, porque não adianta as lideranças irem sozinhas para um processo de luta pela terra", explica Sandro Tuxá, que também já fez parte das coordenações da Apoinme e da Articulação dos Povos Indígenas do Brasil (Apib). Então, até aqui temos a seguinte situação: os Tuxá ocupam a aldeia Mãe há pouco mais de duas décadas, lutam pela reserva como mitigação por consequência da barragem e passam a reivindicar a demarcação do território de ocupação tradicional. O levante tuxá despertou a atenção de opositores à demarcação, que decidiram, entre 2009 e 2010, agir na Câmara Municipal de Rodelas para derrubar a parte da Lei Orgânica que define as demandas territoriais dos Tuxá como de atenção e apoio da administração pública.

O povo ocupou o Legislativo da cidade e com vereadores aliados conseguiu impedir tal mudança. "Sabíamos o seguinte: o gestor municipal de Rodelas queria, na verdade, tombar a terra de Zorobabel como terra pública do município. Alegava que era de interesse para o turismo, depois disse que era uma área produtiva, que sem ela seria ruim para a economia da cidade. Os Tuxá então se ergueram contra. Queriam negar essa história e essa existência nossa. Em 2010 mesmo a gente retomou Zorobabel. Não era aqui onde está a retomada agora, mas do outro lado", conta Sandro.

A retomada é também o marco da requisição oficial do povo à Fundação Nacional do Índio (Funai) para atender à demanda administrativa da demarcação. Em 2012, o Ministério Público Federal (MPF) ajuízou uma Ação Civil Pública exigindo que o órgão indigenista criasse o grupo de trabalho (GT) para identificação e delimitação da Terra Indígena (TI). A morosidade, porém, só trouxe uma decisão favorável da Justiça Federal aos Tuxá em 2014. A Funai não atendeu. Até que em 2017 o caso foi parar na subseção judiciária de Paulo Afonso/BA, do Tribunal Regional Federal, e a decisão era pela publicação imediata da portaria com a formação do GT, sob prejuízo de multa diária à União caso a Funai descumprisse a determinação. Mesmo assim, apenas em agosto de 2018 o GT foi formado, e a primeira e única ida a campo da equipe aconteceu em novembro. “Em 2017 ainda decidimos autodemarcar. A decisão da Justiça não serviu para a Funai se mexer e, quando tomamos essa iniciativa, viemos para esse lado aqui da retomada, às margens do rio, e posicionamos a aldeia da retomada bem na reta onde ficava a Ilha de Zorobabel”, aponta Sandro para o Rio São Francisco, cujas águas das coordenadas do indígena são como o túmulo da ilha submersa.

DEMARCAÇÃO EM CURSO

A reportagem consultou uma fonte da Funai, que pediu anonimato, sobre o GT Tuxá. Ela informa que os trabalhos do GT mal começaram e que uma segunda ida a campo, de pelo menos parte do grupo, estava prevista para dezembro de 2018, mas não pôde ser realizada por indisponibilidade de recursos e de logística por parte da Funai, que já estava sob o jugo do Governo de Transição entre o governo de Michel Temer e o do recém-eleito Jair Bolsonaro. A bagunça que se tornou a política indigenista desde então levou a Funai e o departamento de demarcações do órgão ao Supremo Tribunal Federal (STF), em função da controvérsia no âmbito das mudanças administrativas almejadas por Bolsonaro, logo no primeiro dia do mandato, entregando as demarcações ao Ministério da Agricultura, órgão controlado pela bancada ruralista. A Corte Suprema determinou as demarcações como de responsabilidade da Funai e que o órgão permanecesse vinculado ao Ministério da Justiça, assim como o Congresso Nacional já havia definido.

Depois de todas essas idas e vindas, num jogo de disputas que atendeu aos objetivos do governo federal de não demarcar nenhum centímetro de TI, apenas no segundo semestre de 2019, ficou definido para o final de setembro e início de outubro uma nova etapa de trabalhos em campo do GT. “Como não é possível projetar com que regularidade esses trabalhos poderão ser realizados, também não é possível estipular um cronograma para sua conclusão. Mas certamente, por força do retardo no início e da inconstância dos trabalhos até aqui, o prazo determinado judicialmente não poderá ser cumprido”, conta ao Porantim a fonte consultada.

Sobre os desmandos cometidos por Bolsonaro na política indigenista estatal, a fonte afirma que até aqui são evidentes os efeitos decorrentes da indisponibilidade orçamentária e das dificuldades de logística. “Mas se os trabalhos do GT de identificação e delimitação, que estão ora em curso apenas por força de determinações judiciais, puderem de fato ser concluídos, então estaremos diante de um desafio político muito maior, que será o da continuidade dos procedimentos demarcatórios em etapas que estarão a cargo de ministérios e do titular do Executivo, que, já desde sua campanha, promete não demarcar um centímetro sequer de Terra Indígena. Como se sabe, todos os processos que já se encontram nessas etapas estão inapelavelmente paralisados”, explica.

Já a aquisição das terras como compensação ao povo Tuxá pela barragem seguem penduradas. O presidente Luís Inácio Lula da Silva decretou terras nas redondezas de Rodelas como de aquisição, de interesse da União, para que enfim o Estado pagasse a dívida histórica aos Tuxá. O decreto não saiu do papel. A presidente Dilma Rousseff reeditou o decreto. Os ocupantes das terras toparam a indenização e, quando dessa vez parecia que a reserva seria criada, alguns ocupantes da chamada Volta do Penedo entraram com um pedido de efeito suspensivo por liminar no STF e foram atendidos pelo ministro Gilmar Mendes. São 222 famílias cadastradas para essa área que aguardam a retomada de Zorobabel, em situação de confinamento na Aldeia Mãe, espalhadas pela periferia de Rodelas, um desfecho que se arrasta há mais de três décadas.

AMEAÇAS E TENTATIVAS DE REINTEGRAÇÃO

A Justiça Estadual da Bahia decidiu pela reintegração de posse e o despejo dos Tuxá da retomada de Zorobabel. “Fomos surpreendidos, mas permanecemos na terra tradicional. Decidimos não sair e tomar as medidas cabíveis”, afirma o advogado Izaraty Tuxá. No despacho da Justiça, publicada no dia 22 de novembro de 2018, o juiz José Carlos Rodrigues do Nascimento deu um prazo de 15 dias para que os Tuxá se manifestassem; do contrário, o despejo deveria ocorrer à revelia. Nessa ação, o grupo de impetrantes não indígenas reivindicam que estão na terra há 200 anos. Um completo despautério sem nenhum registro histórico confiável.

Para os indígenas, a Justiça Estadual também “não tinha competência para atuar num caso que é de exclusividade da Justiça Federal. Comunicamos o Ministério Público Federal, à Defensoria Pública da União e à Advocacia-Geral da União”, diz Dinamã Tuxá, da coordenação da Apib. Izaraty explica que, conforme a decisão, a área precisava ser desocupada imediatamente, com multa de R$ 1 mil por dia de permanência e uso de força policial autorizado. “O juiz alegou que a área é altamente produtiva, com pastos e plantações, o que é mentira”.

Para Izaraty Tuxá, a decisão tentou se aproveitar da conjuntura com a eleição de Jair Bolsonaro à Presidência e a posse de um governo desfavorável aos direitos dos povos indígenas. “Sempre aqui na cidade os Tuxá eram mal vistos pelos não indígenas. Tinha sempre umas confusões. Eu mesmo já parei na delegacia me pegando na porrada pra defender meu povo. Então sempre tentaram nos negar, dizer que não tínhamos direitos a nada. Hoje em dia os tempos são outros. Fui estudar Direito pra justamente trazer pro meu povo esse entendimento", diz.

O indígena pertence a um dos 11 clãs do povo. Essas famílias construíram um roteiro de ocupação da retomada que a mantém em pleno funcionamento e organização para o estabelecimento de uma aldeia do povo. Às margens do São Francisco, o acesso à retomada se dá em meio às dunas, usadas por bugueiros e outras atividades que degradam o meio ambiente e os vestígios abundantes da ocupação ancestral daquelas terras pelos troncos velhos tuxá. A aldeia é um corredor de casas feitas de madeira e palha.

Essa espécie de rua chega até uma maloca maior, onde acontecem as reuniões e rituais. À direita está a cozinha comunitária. Toda a aldeia é contornada pelo rio e suas margens pedregosas. Ao fundo, do outro lado do rio, é possível avistar a cidade de Itacuruba, já em Pernambuco, que também teve sua sede anterior inundada pela barragem. Nessa cidade estão os Pankará de Itacuruba, que também lutam pela demarcação de seu território.

Um dos indígenas que permanentemente ficam na retomada é o pajé Armando Apako Caramuru Tuxá. Na frente de sua casa na Zorobabel ele olha a tarde cair devagar. Seus olhos convidam ao mergulho numa memória rica em detalhes de uma vida de abundância nas ilhas. "Quando íamos a Recife tratar de qualquer coisa na Funai, logo diziam quando avistavam nossa chegada: lá vem os índios ricos". A Ilha da Viúva era de fato sinônimo de autonomia. "Quando saímos da Viúva, tinha uma senhora com 70 cabeças de gado. Vendia leite. Terminou a vida tendo que juntar dinheiro pra comprar leite na venda. Também recordo de uma cena que ainda me dói. Um pai estava com os filhos na rua. Passou um vendedor de bananas. As crianças pediram 'pai, compra pra gente banana', e o homem só fez olhar pro lado, não tinha dinheiro. Na Viúva a gente alimentava até os porcos com banana, porque fruta lá era de monte".

O pajé explica que, com a Ilha da Viúva, o povo tinha renda com o comércio de produtos agrícolas, água boa, comida em abundância, e não dependiam do Estado. Depois que saíram, a situação se inverteu: não havia mais renda, tampouco terra ou comida em abundância, e passaram então a depender do Estado. Não só isso. "A terra que a gente tinha era uma terra sagrada. A gente só fazia a cova e tudo brotava. Pra eu comer uma macaxeira ou um caroço de feijão hoje sou obrigado a tirar pedra pra plantar. Isso é uma coisa que tem hora que eu fico imaginando e me dói no coração... de como a gente era e como está nossa situação hoje. Vivia tudo bem de saúde. Fico pensando muitas e muitas horas nessa criação nossa que está aí. Tanta criança que os pais não têm nada pra dar. Não tem terra pra plantar cebola, coco, macaxeira, banana. O que vai acontecer com essa criançada? Daqui a pouco estão adultos e vão estar sem nada. O que é que vai acontecer com esse povo?", questiona o pajé. ***(setembro, 2019)***

NOTA

[1] Editado a partir de reportagem originalmente publicada em setembro de 2019 no nº 418 do jornal Porantim, do Conselho Indigenista Missionário (Cimi).

GERAL

DEFENSORIA ENTRA COM AÇÃO PARA SUSPENDER EXTINÇÃO DE CARGOS DA FUNAI

As unidades da Defensoria Pública da União (DPU) no Ceará e na Bahia entraram com ação na Justiça com pedido de liminar para suspender os efeitos do decreto que remanejou e extinguiu cargos da Fundação Nacional do Índio (Funai). *(E. Nogueira, Agência Brasil, 22/06/2017)*

CEARÁ

ETNIA PITAGUARY RECEBE FORMAÇÃO DE CINEASTAS INDÍGENAS

A Associação de Mulheres Indígenas Jenipapo-Kanindé realizou entre os dias 16 e 18 de junho, o Módulo Pitaguary da Formação de Cineastas Indígenas - Um olhar etnográfico. As atividades aconteceram na Escola Indígena Itá-ara, da aldeia Olho D'água, em Maracanaú e Pacatuba, Região Metropolitana de Fortaleza. Este foi o quarto módulo do projeto, que também contemplou as etnias Jenipapo-Kanindé, Kanindé de Aratuba e Tapeba, promovendo a capacitação de jovens indígenas e o intercâmbio cultural entre diversas aldeias do Ceará. A programação incluiu rodas de conversa, vivências na mata, rituais indígenas e uma mostra de filmes etnográficos. *(Portal Vermelho, 20/06/2017)*

PRIMEIRA RESERVA INDÍGENA DO CEARÁ É ENTREGUE AO POVO ANACÉ

Cento e sessenta e três famílias indígenas da etnia Anacé receberam do Governo do Ceará, nesta terça-feira (6), uma área de 543 hectares no município de Caucaia, região metropolitana de Fortaleza. Eles viviam na área onde está situado o Complexo Industrial e Portuário do Pecém (CIPP), em São Gonçalo do Amarante. A partir de agora eles passam a habitar a primeira reserva indígena do estado, a Taba dos Anacé, localizada no quilômetro 13 da CE-085. *(Ministério da Justiça, 07/02/2018)*

14 POVOS INDÍGENAS CEARENSES FAZEM PARTE DA 15ª EDIÇÃO DO ACAMPAMENTO TERRA LIVRE

Cerca de 60 representantes de 14 povos indígenas cearenses estão presentes na 15ª edição do ATL, em Brasília. A mobilização teve início nesta segunda-feira, 23, e seguirá até o dia 27 deste mês. O evento pretende reunir, aproximadamente, 3 mil indígenas. Estão presentes no ATL, líderes das delegações dos Tapebas, Pitaguary, Kariri, Tapuia-Kariri, Tremembé, Potyguara, Tabajara, Tupinambá, Anacé, Kalabaça, Jenipapo-Kanindé, Gavião, Tubiba-Tapuia e Kanindé de Aratuba. *(O Povo, 23/04/2018)*

© RENATO SANTANA / CIMI, 2017

Povo Tapeba decide retomar suas áreas tradicionais. Hoje 67 famílias vivem na área retomada, na comunidade Caminho do Trilho, TI Tapeba.

TAPEBA

ÍNDIOS TAPEBA BUSCAM A DPU NO CEARÁ DIANTE DE AMEAÇA DE DESPEJO

Lideranças indígenas da etnia Tapeba procuraram a Defensoria Pública da União no Ceará para discutir medidas que objetivem garantir a permanência dessa população no território indígena Tapeba, em Caucaia. Embora a área tenha sido identificada e delimitada pela Funai, em 2013, como pertencente à etnia, decisão da Quarta Turma do Tribunal Regional Federal da 5ª Região determinou a sua desocupação. Os indígenas poderão ser despejados a partir do dia 13 de fevereiro. *(DPU, 20/01/2017)*

ÍNDIOS TAPEBA REALIZAM MANIFESTAÇÃO E BLOQUEIAM BR-222 NO CEARÁ

Índios da tribo Tapepa realizam um protesto e bloqueiam dois trechos da BR-222, nos quilômetros 12 e 15, localizados no município de Caucaia, Região Metropolitana de Fortaleza, na manhã desta sexta-feira (10). Segundo o representante da Articulação dos Povos Indígenas do Ceará e do Espírito Santo (Atoine), Dourado Tapeba, a manifestação é contra uma medida de reintegração de posse de uma área localizada próxima a Comunidade do Trilho, em Caucaia, onde moram mais de 60 famílias da tribo. *(G1, 10/02/2017)*

POVO TAPEBA RESISTE A DESPEJO DE RETOMADA

Acolá é terra de branco. Deste lado é a retomada Caminho do Trilho, TI Tapeba, município de Caucaia (CE). O Caminho do Trilho é um símbolo. Localizada na Gleba Palmirinho, que ao lado da Gleba Tapeba compõe a terra indígena, as famílias que ali vivem decidiram não mais viver entre a linha de trem da Transnordestina, a pouco desativada, e as cercas dos posseiros. Ao longo dos anos, retomaram cinco áreas. A última, 400 ha de mata usados para a reprodução física e cultural. Não era o que planejava para o local a STG Construções Imobiliárias. Com licenças ambientais do Governo do Ceará e da Prefeitura de Caucaia, a empresa queria - e quer - construir no lugar. Os Tapeba não aceitaram. Hoje 67 famílias vivem nessa parte da comunidade Caminho do Trilho e na segunda-feira, 13, comunicaram à Funai que seguirão resilientes mesmo com o fim do prazo concedido pelo TRF da 5ª Região para a saída das famílias, parte de uma decisão de reintegração de posse favorável à STG Construções. *(R. Santana, Cimi, 16/02/2017)*

PORTARIA DECLARA POSSE DE 5,8 MIL HECTARES DE TI AO POVO TAPEBA

Portaria publicada nesta segunda-feira (4) e assinada pelo ministro da Justiça e Segurança Pública, Torquato Jardim, declarou a posse permanente do povo Tapeba a Terra Indígena que leva o mesmo nome da etnia. A área, de 5.838 ha, está localizada no município de Caucaia, próximo a capital Fortaleza. Os indígenas que habitam a região agora têm segurança jurídica em relação à titularidade e à posse da terra. *(Ministério da Justiça, 04/09/2017)*

PIAUÍ

ÍNDIOS PROVOCAM MPF PARA ENTRAR COM AÇÃO CONTRA FECHAMENTO DA FUNAI NO PIAUÍ

Povos indígenas reuniram-se na manhã de hoje (03) no prédio do Ministério Público Federal para solicitar que o órgão ingresse com ação judicial contra o fechamento da Funai do Piauí. O decreto do presidente Michel Temer (PMDB) decretando o fim da única unidade no Estado ocorreu na última quinta-feira (30). *(L. Santos, Portal O Dia, 03/04/2017)*

COMUNIDADE KARIRI RECEBE PRIMEIRO TÍTULO DE TERRAS INDÍGENAS NO PIAUÍ

Em 2016, o Instituto de Terras do Piauí iniciou o processo de arrecadação das terras públicas na região da Queimada Nova, onde fica localizado o território da comunidade indígena Kariri. Nesta segunda-feira (19), a comunidade recebe a titulação coletiva de 2.114,6769 ha de terra, tornando-se a primeira do Estado a ter seu território demarcado. *(Governo do Estado do Piauí, 19/04/2021)*

RIO GRANDE DO NORTE

MPF/RN INGRESSA COM AÇÕES CONTRA FUNAI E UNIÃO

O MPF/RN ajuizou nesta quarta-feira (19), duas ações civis públicas contra a Funai e a União. As ações, com pedido de urgência, foram interpostas tendo em vista a morosidade dos órgãos em iniciar e concluir os procedimentos necessários à regularização fundiária das comunidades Tapuia Tapará, em Macaíba, e Eleotérios do Catu, nos municípios de Goianinha e Canguaretama. Em relação à comunidade Sagi Trabanda, o MPF enviou uma recomendação ao órgão. De acordo com o MPF/RN, mesmo tendo conhecimento da existência das referidas comunidades, a Funai não deu início ao procedimento de regularização fundiária. *(MPF, 19/04/2017)*

MPF/RN VAI INVESTIGAR FECHAMENTO DA REPRESENTAÇÃO DA FUNAI

O MPF abriu procedimento para apurar as razões do fechamento da Coordenação Técnica Local da Funai, que funcionava em Natal. A decisão do MPF é fruto de uma reunião ocorrida dia 5, na qual o procurador Victor Mariz recebeu lideranças indígenas e representantes da Funai. Para os participantes, como Francisco Ismael de Souza, da comunidade do Amarelão em João Câmara, a medida foi particularmente prejudicial pelo fato de ser um estado que "historicamente é colocado na situação de não mais existência dos povos indígenas e onde elementos como a invisibilidade e o preconceito institucional são intensificados cotidianamente". *(MPF, 06/04/2017)*

MULHERES INDÍGENAS DISCUTEM SOBRE TIPOS DE VIOLÊNCIA CONTRA A MULHER

As mulheres indígenas do Rio Grande do Norte e refletiram sobre os tipos de violência e como protegerem a si e a outras mulheres, durante seis oficinas sobre o tema promovidas pela CTL da Funai em Natal, no mês de agosto. Participaram dessas oficinas mais de 170 pessoas, entre mulheres, homens e estudantes em atividade extraclasse, acompanhados de professores. Uma das facilitadoras foi a indígena potiguara dos Mendonça do Amarelão, Tayse Michele Campos da Silva, historiadora e mestranda em antropologia. Foram as primeiras oficinas sobre violência contra a mulher indígena realizadas no estado. Os encontros ocorreram nas aldeias indígenas Tapará, nos municípios de Macaíba e São Gonçalo do Amarante; Catu, nos municípios de Canguaretama e Goianinha; Amarelão e povoado de Açucena, no território Mendonça, município de João Câmara; Tapuia-Paiacu da Lagoa do Apodi, em Apodi; e caboclos do Assu, no município de Assu. *(Funai, 17/09/2019)*

PARAÍBA

POTIGUARAS FAZEM MANIFESTAÇÃO PARA MUDANÇAS NA COORDENAÇÃO DA SAÚDE

Potiguaras de 32 aldeias espalhadas por três municípios paraibanos elegeram por voto democraticamente um novo coordenador para o Distrito de Saúde indígena. Com a pauta de retomar em suas mãos o direito de definir os rumos da saúde dos seus, que desde terça-feira, 22 de maio, índios potiguaras ocupam a sede do DSEI e fecharam a principal avenida de João Pessoa, a Epitácio Pessoa. Ao som do toré, Tawã Clóvis Teixeira dos Santos, o representante eleito pelos índios para o cargo, nos explica que "Aqui na Paraíba o responsável por fazer essa indicação é o deputado federal Wilson Filho. Ele fez a indicação de um apadrinhado dele, Igor Moraes, que tem feito uma série de irregularidades e nosso povo está sofrendo na base". *(Brasil de Fato, 24/05/2018)*

AS LUTAS DO ÍNDIO MODERNO DA PB PARA MANTER RAÍZES

"Quando eu fiquei sabendo que eu era descendente dos caciques piragibes, na Paraíba, me senti não inferior a governador, a senador, rico ou pobre, olhando para qualquer um deles que eu tenho o mesmo direito territorial e político". As palavras são do Cacique Ednaldo, que há 13 anos assumiu a luta do povo Tabajara. Espalhados pelo litoral sul, cerca de 1.200 índios estão redescobrindo o modo de viver e se reconectando com a cultura. A ajuda neste processo partiu da UFPB que abriu as portas para receber o povo. A professora de Antropologia da instituição, Kelly Oliveira, lembrou que, os cariris são os únicos sem reconhecimento federal por não haver uma reivindicação formal. Na contramão, seguem os potiguaras, únicos que não perderam parte do espaço que ocupavam. Ocupando o litoral norte, 32 tribos são lideradas pelo Cacique Geral Sandro, que relembra as lutas para manter o povo potiguara unido. "A gente tem lutado para manter nosso direito, nosso território", enfatizou o líder da comunidade. *(T. Cirino, MaisPB, 03/11/2019)*

MPF PEDE QUE UNIÃO E FUNAI DEMARQUEM ALDEIA EXCLUÍDA DO TERRITÓRIO POTIGUARA

O MPF ajuizou, na terça-feira (14), ação civil pública, com pedido de liminar, para que a Justiça determine à União e à Funai que iniciem imediatamente os estudos de revisão dos limites da terra indígena Potiguara, na Paraíba. O objetivo é corrigir a exclusão indevida de considerável área indígena, feita pelo setor de Engenharia do Exército Brasileiro, em 1983, durante a demarcação da linha norte do território Potiguara, que desviou a linha divisória dos marcos antigos, deixando a aldeia Taepe fora do território demarcado. Documentos históricos,

Potiguara cantam e dançam durante ato realizado na Esplanada dos Ministérios e em frente ao Congresso Nacional contra o genocídio indígena e pela retomada das demarcações, na manhã do 4º dia do Acampamento Terra Livre de 2018, que ocorreu em Brasília/DF.

obtidos pelo MPF e anexados à ação judicial, revelam que essa manobra da Engenharia do Exército causou um prejuízo de mais de mil hectares ao território Potiguara. Por causa do desvio da linha divisória, os indígenas da aldeia Taepe tiveram seus terrenos "apossados por particulares da vizinhança da margem sul do rio Camaratuba", registra um dos documentos obtidos. *(MPF, 15/12/2021)*

PERNAMBUCO

15 MIL INDÍGENAS ESTÃO FORA DA PRIORIDADE DE VACINAÇÃO CONTRA COVID-19 EM PE

A professora Laísa Railane da Silva, 23 anos, vive na aldeia Pankararú Opará, em Jatobá, sertão de Pernambuco. A área às margens do rio São Francisco há séculos é ocupada pelos antepassados da educadora e de outras 21 famílias que ainda moram no território. Embora esteja entre os grupos mais vulneráveis à Covid-19 e seja reconhecidamente dona da terra, essa população indígena não está incluída entre os grupos prioritários para receber a vacina. Assim como com Laísa e seus parentes Pankararú Opará, o mesmo ocorre com cerca de 15 mil indígenas de outros sete territórios no estado, segundo dados do Dsei. Por ainda não terem a terra demarcada, nenhum está sendo imunizado contra a Covid-19 nessa primeira fase. No estado, as terras que ainda estão em processo de titularização são: Atikum; Ilhas da Varge, Caxoí e Cana Brava (Tuxi); Pankará da Serra do Arapuá; Pipipã; Serrote dos Campos (Pankará) e Truká. Os povos com territórios homologados são: Pankararu; Fulni-ô; Truká; Kambiwá; Kapinawá; Tuxá; e Xukuru. *(K. Nunes, Marco Zero, 24/02/2021)*

PIPIPÃ

MPF/PE QUESTIONA EXCLUSÃO DE FAZENDAS EM DEMARCAÇÃO DE TERRITÓRIO PIPIPÃ

O MPF em Pernambuco interpôs recursos de apelação para anular sentenças que excluíram as fazendas Serra Negra e Caraíbas, em Floresta e Betânia de áreas passíveis de demarcação como terras tradicionalmente ocupadas pela comunidade indígena Pipipã. Os recursos, de responsabilidade das procuradoras da República Carolina de Gusmão Furtado e Mona Lisa Ismail, foram interpostos em ações ordinárias ajuizadas pelos proprietários das fazendas contra a União e a Funai. *(MPF, 04/04/2018)*

DESLOCAMENTOS, FALTA D'ÁGUA E DESMATE: IMPACTOS DA TRANSPOSIÇÃO

A transposição das águas do Rio São Francisco é a maior obra de infraestrutura do Brasil, mas depois de 12 anos de trabalho, sendo 7 de atraso, a esperança de abastecimento deixou cicatrizes na caatinga e em comunidades rurais e territórios indígenas. O povo indígena Pipipã ocupa um território no município de Floresta, onde começa o canal de transposição do eixo leste do Rio São Francisco. A terra está identificada, mas o processo de demarcação ainda não foi concluído. Para os Pipipã, a maior perda se deu no desmatamento de árvores consideradas sagradas. Em depoimento a André Monteiro Costa, o caboclo Pipipã da aldeia Caraíbas, conta que foram derrubadas árvores como imburana, baraúna, pau-ferro, caatinga branca, mororó. *(E. Oliveira, G1, 21/12/2019)*

FULNI-Ô

MPF QUER DEMARCAÇÃO IMEDIATA DAS TERRAS INDÍGENAS FULNI-Ô

O MPF na 5ª Região recorreu ao Superior Tribunal de Justiça e ao STF para que seja determinada a demarcação imediata das TIs Fulni-ô em Pernambuco. Há mais de 20 anos, o grupo indígena aguarda, sem resposta, a identificação, delimitação e demarcação do território tradicionalmente ocupado por ele, no município de Águas Belas. Os recursos foram ajuizados pelo procurador regional da República Marcos Antônio da Silva Costa. *(MPF, 13/03/2018)*

ÍNDIO FULNI-Ô QUEIMADO VIVO NO INTERIOR DE PERNAMBUCO

Um índio identificado como Ubirajara Zeferino da Cruz, foi encontrado morto carbonizado na cidade de Águas Belas. Segundo relatos, a vítima teve os pés e as mãos amarrados antes de ser queimado vivo. No corpo não haviam marcas de perfurações feitas por faca ou disparos de arma de fogo. O corpo foi encaminhado ao IML e até agora não se sabe a motivação e autoria do crime. *(C. Amsterdam, Pernambuco Notícias, 26/02/2019)*

YAATHE, A LÍNGUA DO MISTERIOSO MUNDO FULNI-Ô

O Yaathe enfrentou pelo menos 500 anos de repressão, tendo sido até mesmo proibido durante a década de 20. A língua, além de sagrada, é também considerada entre os Fulni-ô como instrumento ou arma de proteção contra as opressões que sofreram por séculos, já que era uma maneira de não serem entendidos pelos não-índios. O ensino da língua, assim como as informações sobre o Ouricuri, são terminantemente proibidos às pessoas de fora da comunidade. A doutora em linguística, Fábia Fulni-ô, revela que o hermetismo cultural tem alto grau de contribuição para vitalidade da língua. "O segredo sobre a cultura, principalmente a religião, faz toda a diferença. Atualmente, muitos são os instrumentos que corroboram para a manutenção do Yaathé entre os Fulni-ô: cantos, festas, a imersão no período do Ouricuri, ninhos de língua e até mesmo uma rádio comunitária toda apresentada na língua. Mas uma ferramenta de peso cada vez mais se destaca: o cinema. *(Funai, 26/04/2019)*

PANKARÁ

TERMO VAI OFICIALIZAR ABASTECIMENTO D'ÁGUA EM ALDEIA NO SERTÃO DE ITAPARICA

Estão praticamente concluídos os últimos acertos para dar início ao projeto de construção, operação e manutenção do sistema de captação, adução, reservação, tratamento e distribuição de água para consumo humano dos habitantes da comunidade indígena Pankará (Aldeia Serrote dos Campos), estabelecida na cidade de Itacuruba (PE), no Sertão de Itaparica. *(C. Britto, 29/01/2017)*

"NATUREZA ME ESCOLHEU PARA CACIQUE", DIZ 1ª MULHER A LIDERAR ÍNDIOS PANKARÁ

Dorinha, 55, deixou a Serra do Arapuá, no sertão de Pernambuco, há poucos dias em direção a Brasília. Ela participa da Marcha de Mulheres Indígenas. Há 16 anos à frente do povo Pankará, ela conta que não é apenas a primeira cacique mulher do seu povo, mas a primeira chefe política com essa denominação. "Antes o meu povo não tinha cacique. Eu sou a primeira cacique do povo Pankará. Antes nos organizávamos de outra forma. Sempre teve pajé, tinha contramestre, tinha dona do terreiro, mas até então não tinha cacique". O papel de Dorinha é representar politicamente e cuidar da organização do seu povo, que inclui cerca de 5.000 pessoas, distribuídas por 50 aldeias. "O cacique não tem poder sozinho. Ele só existe se tiver um povo. Não existe cacique sem povo." *(F. Maranhão, UOL, 10/08/2019)*

PANKARARU

TRF DETERMINA QUE POSSEIROS DEIXEM TERRAS PERTENCENTES AO POVO PANKARARU

Num embate judicial que durou mais de 30 anos, a 4ª turma do Tribunal Regional Federal, no Recife, ratificou decisão de 2010 e determinou que os posseiros deixem as terras do povo Pankararu, uma área de 8.100 hectares nos municípios de Tacaratu, Petrolândia e Jatobá, no Sertão de Pernambuco. *(Folha de Pernambuco, 19/06/2018)*

XUKURU

ESTADO BRASILEIRO É JULGADO POR VIOLAÇÕES DOS DIREITOS HUMANOS DO POVO XUKURU

O Estado brasileiro será julgado pela Corte Interamericana de Direitos Humanos pela violação aos direitos humanos do povo Xukuru – cujo território fica em Pernambuco – nesta terça-feira (21). É a primeira vez em que o Brasil estará no banco dos réus numa corte internacional por violações de direitos de povos indígenas. A audiência de julgamento, na qual serão apresentadas as alegações dos representantes das vítimas e do Estado, acontece na Cidade da Guatemaladia. *(Cimi, 20/03/2017)*

© ERIC GOMES, 2017

Dorinha, cacique Pankará.

ORORUBÁ FILMES, REALIZAÇÃO DO POVO INDÍGENA XUKURU

Sob o lema "utilizando o que tem de moderno, para fortalecer o que tem de ancestral" surge a Ororubá Filmes, realização da juventude do povo indígena Xukuru de Ororubá, em Pesqueira (PE). A ideia é fazer uma comunicação própria que transmita a perspectiva do povo Xukuru sobre fatos, atividades e cultura. É possível assistir, através da página da Ororubá Filmes, transmissões ao vivo de atividades como a Assembleia do Povo Xukuru e vídeos realizados a partir de mobilizações, atos culturais e outras atividades ligadas à luta e à vida dos povos originários. *(A. Sampaio, Brasil de Fato, 07/06/2017)*

19ª ASSEMBLEIA XUKURU: A LUTA CONTRA O DESMONTE DAS POLÍTICAS INDIGENISTAS

Vinte e um anos após o assassinato do cacique Xikão, a 19ª Assembleia Xukuru do Ororubá mostra toda a potência da mobilização dos povos originários para que nenhuma gota de sangue a mais seja derramada. Lideranças e indígenas de todo o Brasil reuniram-se para pedir forças aos encantados, discutir os recentes retrocessos e traçar ações de enfrentamento ao desmonte da política indigenista do governo Jair Bolsonaro. Com o tema "Limolaigo toype: em defesa da vida, eu sou Xikão", o evento reuniu mais de 2 mil pessoas entre os dias 17 e 20 na Aldeia Pedra D'água, em Pesqueira, no Agreste, numa demonstração de memória, coragem e resistência da luta mais antiga do Brasil. *(R. Ebrahim, Marco Zero, 22/05/2019)*

COMO UMA "TRANSIÇÃO DE COCAR PARA CAMISA" FEZ CACIQUE VIRAR PREFEITO EM PE

Na noite do último domingo (15), índios xukurus dançaram e cantaram nas ruas de Pesqueira, cidade fincada no semiárido pernambucano. O Cacique Marcos (Republicanos), líder do povo há 20 anos, venceu a acirrada eleição no município, que pela primeira vez deve ter um índio como prefeito. Outros nove indígenas, ao menos, foram eleitos pelo país. O cacique venceu com 51,6% ou 17.654 votos. Foi a primeira vez que ele se candidatou a um cargo eletivo. Ciente de que a cidade tem uma minoria indígena, o cacique que, para alcançar a vitória, iniciou um processo simbólico para trocar o cocar e as pinturas no corpo por uma camisa polo, calça social e sapato. "Nós fizemos aqui um processo de transição. O nosso Instagram mostra bem essa trajetória para trazer esse líder, o cacique, para a cidade", conta o líder indígena. *(C. Madeiro, UOL, 24/11/2020)*

BAHIA

REINTEGRAÇÃO DE ÁREA OCUPADA POR ÍNDIOS HÁ 7 MESES NA BA É SUSPENSA

A Defensoria Pública da União na Bahia (DPU) informou que o Tribunal Regional Federal da 1ª Região (TRF1) suspendeu por 45 dias a reintegração de posse de uma área ocupada por índios no município de Paulo Afonso, na região norte da Bahia. A reintegração, segundo o órgão, era favorável a uma construtura e estava programada para ser executada nesta quinta-feira (30), pela Polícia Rodoviária Federal (PRF). Cerca de 170 índios da comunidade Kariri Chocó ocuparam a área em agosto de 2016 e começaram a construir casas e plantar alimentos para a subsistência no terreno. A decisão pela reintegração da posse foi proferida em novembro pela Justiça e tinha sido mantida pelo juiz federal João Paulo Pirôpo, na última semana. *(G1, 30/03/2017)*

1º ACAMPAMENTO DOS POVOS INDÍGENAS DA BAHIA EM DEFESA DE DIREITOS

Se encerrou na tarde desta quarta-feira, 31, o 1o Acampamento dos Povos Indígenas da Bahia, com um ato público no Largo do Campo Grande, na capital Salvador, dando início a um novo momento para o movimento no estado: uma frente de ação em defesa dos direitos indígenas. "Foi importante para a nossa unidade diante do que consideramos uma das piores conjunturas para a gente. Vamos numa frente de luta travar essa batalha por nossos direitos", explica Aguinaldo Pataxó Hã-hã-hãe. A mobilização teve início na segunda, 29, e reuniu cerca de 600 indígenas de 23 povos de todo o estado organizados pelo Movimento dos Povos e Organizações Indígenas da Bahia (Mupoiba). *(R. Santana, Cimi, 31/05/2017)*

ÍNDIOS OCUPAM SEDE DO PMDB E DO DSEI E PEDEM EXONERAÇÃO DE COORDENADORA

Cerca de 180 índios estão ocupando nesta quinta-feira, a sede do PMDB que fica no bairro do Costa Azul, em Salvador. Os outros 180 estão na sede dos Distritos Sanitários Especiais Indígenas (Dsei), na Graça. Eles pedem a desoneração de Mônica Correa Marapará, atual coordenadora do órgão. *(N. Melo, A Tarde, 01/06/2017)*

UNIÃO DEVE INDENIZAR ÍNDIOS EM R$ 1 MILHÃO POR ATRASAR DEMARCAÇÕES

O atraso em demarcar terras indígenas gera danos morais coletivos, pois impede que comunidades exerçam plenamente seus direitos originários sobre as áreas que tradicionalmente lhes pertencem. Assim entendeu o juiz João Paulo de Abreu, da Justiça Federal em Paulo Afonso (BA), ao determinar que a União e a Funai paguem indenização de R$ 1 milhão pela demora na demarcação de dois territórios. Ele atendeu duas ações civis públicas movidas pelo MPF, envolvendo as terras indígenas Brejo do Burgo (município de Glória) e Surubabel (em Rodelas). Os valores estipulados foram de R$ 500 mil, em cada decisão, e devem ser revertidos em forma de políticas públicas para as comunidades indígenas das etnias Pankararé e Tuxá. *(Conjur, 29/07/2017)*

INDÍGENAS OCUPAM CR DO BAIXO SÃO FRANCISCO

A ingerência partidária na Funai levou perto de 200 indígenas a ocupar nesta segunda-feira, 3, por tempo indeterminado, a sede da Coordenação Regional do Baixo São Francisco, em Paulo Afonso. "Somos contra indicação para o cargo de coordenador. Se trata de uma interferência prejudicial aos povos que esta coordenação atende", declara um dos porta-vozes da mobilização, Ishô Truká. O responsável pela indicação é o deputado federal Mário Negromonte Júnior, do PP/BA. O parlamentar indicou Edson Oliveira Maciel: quatro vezes vereador de Paulo Afonso, filiado ao PP e da base política de Negromonte Júnior. Ambos, deputado e ex-vereador, a não ser de maneira fortuita, por força de seus mandatos, nunca trataram da questão indígena. *(R. Santana, Cimi, 04/10/2017)*

MPF INVESTIGA TIROS EM COMUNIDADE INDÍGENA TRUKÁ TUPÃ DE PAULO AFONSO

O MPF instaurou, no último dia 4, procedimento preparatório para apurar denúncia de que a comunidade indígena Truká Tupã de Paulo Afonso teria sido invadida por desconhecidos, que teriam disparado tiros e lançado pedras nos telhados dos moradores. Segundo informações passadas pela cacique da comunidade Maria Erineide Rodrigues da Silva, os fatos ocorreram nos dias 26 e 27 de setembro. A partir de conflitos internos que forçaram sua dissidência, indígenas da etnia Truká Tupã - originária do município de Cabrobó (PE) - vivem em peregrinação em busca de terras. Em 2003, formou-se efetivamente a aldeia Truká Tupã em Paulo Afonso que, devido ao alto índice de violência no bairro Tancredo Neves, migrou para o local denominado Alto do Aratikum, próximo ao Povoado Caiçara I, na mesma cidade. Desde 2008, vivem lá cerca de 30 famílias indígenas. *(MPF, 11/10/2017)*

© TIAGO MIOTTO/CIMI, 2017

Indígenas Xukuru participaram do ato no CCBB em Brasília, sede da equipe de transição do governo Jair Bolsonaro. Zenilda Xukuru, esposa de Xikão, à frente do toré.

ALAGOAS

GRUPOS INDÍGENAS FAZEM PROTESTO SECRETARIA

Índios de diversas tribos de Alagoas realizaram um protesto na sede da Secretaria de Estado da Educação, no bairro do Farol, em Maceió. Eles alegam que a secretaria vai retirar os professores de origem indígena das escolas nas tribos, e colocar outros no lugar. O órgão estadual nega a informação. *(D. Gustavo, G1, 24/01/2017)*

KARIRI-XOCÓ DESENVOLVEM PROJETO EDUCACIONAL PARA PRESERVAR HISTÓRIA E CULTURA

Estudantes da Escola Estadual Indígena Pajé Francisco Queiroz Suira, no município de Porto Real do Colégio, estado de Alagoas, desenvolveram o projeto "A resistência do povo Kariri-Xocó" com o intuito de resgatar a história da comunidade e valorizar as tradições de seu povo. O projeto reuniu exposição de livros com histórias indígenas, mostra de cerâmicas, comidas típicas, artesanato, cantos e danças. Foram trabalhados ainda temas como a importância das ervas medicinais e a valorização das tradições dos Kariri-Xocó, como o escambo, que é a troca de mercadorias. *(Funai, 08/05/2017)*

COVID-19: MPF CONSEGUE LIBERAÇÃO DE RECURSOS PARA COMUNIDADES INDÍGENAS

O Ministério Público Federal (MPF) conseguiu judicialmente a liberação de mais de R$ 58 mil voltados ao enfrentamento da covid-19 nas comunidades indígenas de Alagoas. A decisão prevê que os recursos sejam utilizados exclusivamente na aquisição de materiais e equipamentos médicos necessários para garantir atendimento e mais segurança a essas famílias. *(MPF, 15/07/2020)*

COMO A VITÓRIA DO POVO XUKURU FORTALECE A LUTA INDÍGENA NO BRASIL

Há quase 30 anos lutando para demarcar seu território no estado de Pernambuco, o povo indígena Xukuru de Ororubá conquistou uma vitória histórica sobre o governo brasileiro na Corte Interamericana de Direitos Humanos (CIDH), instância máxima da Organização dos Estados Americanos (OEA). A Corte condenou, pela primeira vez, o Brasil por violações aos direitos dos povos indígenas. A decisão reconhece como legítima a demarcação da TI Xukuru, o direito coletivo e originário do povo à sua terra tradicional e condena o Estado brasileiro pela demora excessiva em fazer o procedimento de reconhecimento desse direito. O governo federal tem o prazo máximo de 18 meses para cumprir as determinações da Corte, incluindo a indenização de 1 milhão de dólares ao povo Xukuru. O valor será destinado a um fundo, a ser gerido pelos próprios Xukuru. Durante o processo, o grupo foi assessorado pelo CIMI, pelo Gabinete de Assessoria Jurídica às Organizações Populares e a Justiça Global. "A decisão da Corte nos traz um alívio muito grande, porque nós passamos por um momento muito difícil no nosso território desde o assassinato do cacique Xikão", comemorou o atual cacique da tribo, Marcos Xukuru. Foi seu pai, Xicão, que liderou o povo no início do processo de retomada das terras, em 1989. O assassinato foi encomendado por fazendeiros locais e completará 20 anos em maio deste ano. "Nossa avaliação é que essa decisão recompõe a justiça para com os Xukuru e traz uma série de elementos políticos e jurídicos, que certamente vão incluir nos processos atuais de disputa em curso envolvendo o Estado brasileiro e povos de outras regiões do país", afirmou Cleber Buzatto, secretário do Cimi. Uma das consequências da decisão da Corte, segundo Buzatto, é a de "colocar por terra de forma cabal" uma das teses consideradas mais prejudiciais para os povos indígenas, a do marco temporal. Segundo essa tese, que está presente na PEC 215, do deputado federal Almir Sá (PPB-RR), só teriam direito à demarcação os povos indígenas e quilombolas que ocupassem seus territórios em 5 de outubro de 1988, data em que a Constituição foi promulgada. A ideia do marco temporal desconsidera os povos que não ocupavam terras em 1988 por terem sido expulsos de seus territórios de origem. "A jurisprudência da Corte é no sentido de: o que legitima o direito de uma população indígena a uma determinada terra não é um título de posse, mas a ocupação tradicional que aquela comunidade faz. E isso é absolutamente incompatível com a ideia do marco temporal", explica Raphaela Lopes, advogada da ONG Justiça Global que acompanhou o povo Xukuru na audiência na Guatemala. Antes disso, o marco temporal já havia sido rejeitado por uma decisão do STF que considerou constitucional a demarcação de terras quilombolas. Para a advogada, essa decisão vai fortalecer ainda mais as demandas do movimento indígena na luta pelas demarcações e "é um forte argumento contra os retrocessos propostos pelo marco temporal, o esvaziamento da Funai e a PEC 215". Na visão do cacique Marcos, a condenação do Estado brasileiro neste caso é um exemplo de como a propriedade coletiva dos povos indígenas à terra é ultrajada. "Os indígenas vivem sob ameaças, detenções arbitrárias em ocasiões de luta pela terra e assassinatos". Ele ressalta ainda que essa decisão não vai ajudar apenas os povos brasileiros, mas de toda América Latina, considerando a abrangência da Corte. Outro ponto importante é que a decisão reafirma o princípio legal (já previsto no decreto federal 1775/1996) que determina o pagamento de indenização e reassentamento dos ocupantes não-indígenas do território demarcado.
(M. V. Ramos, Ponte Jornalismo, 14/03/2018)

XUKURU-KARIRI

POVO XUKURU-KARIRI SOFRE NOVO ATO DE VIOLÊNCIA E JOVEM INDÍGENA ACABA MORTO

O jovem Xukuru-Kariri Damião Lima da Silva, de 28 anos, mais conhecido como Dão, foi assassinado na última quarta-feira, 08, em uma área sobreposta à terra indígena ocupada por posseiros, no município de Palmeira dos Índios (AL). Os autores do crime, executado com requintes de crueldade, ainda não foram identificados. *(R. Santana, CIMI, 14/03/2017)*

NOTA PÚBLICA: CIMI REGIONAL NORDESTE LAMENTA A MORTE DE RAQUEL XUKURU KARIRI

Com profunda tristeza e pesar o Conselho Indigenista Missionário (Cimi) Regional Nordeste lamenta a morte da liderança indígena Raquel Santana da Silva Xukuru Kariri, às 18h30 desta terça-feira, dia 12 de junho, no hospital Santa Casa de Misericórdia, em Maceió (AL). Ela tinha 46 anos e era da Mata da Cafurna, Terra Indígena Xukuru Kariri. *(Cimi, 12/06/2018)*

SERGIPE

MORRE APOLÔNIO XOCÓ, EX-CACIQUE DA ÚNICA TRIBO INDÍGENA DE SERGIPE

Morreu aos 58 anos, nesta terça-feira, 28, José Apolônio dos Santos, ex-cacique da única tribo indígena de Sergipe. Estava internado no Hospital Regional de Nossa Senhora da Glória, onde morreu na companhia de familiares. Fazia tratamento para problemas decorrentes do diabetes e do coração. Morreu por volta das 15h. *(NE Notícias, 28/05/2019)*

ÍNDIOS XOKÓ COMEMORAM A 'FESTA DA RETOMADA'

Nesta sexta-feira, 9, os indígenas sergipanos comemoram a Festa da Retomada, recordando a data em que o seu povo viveu por anos embaixo de árvores e retomou a sua terra, no ano de 1979. O Povo Xokó é o único grupo étnico indígena de Sergipe reconhecido pelo estado brasileiro. Seu território localiza-se na região do Alto Sertão, município de Porto da Folha, às margens do Rio São Francisco, a 155 km de Aracaju. Cerca de 400 pessoas vivem nas Ilhas de São Pedro e Caiçara, segundo dados do ISA. "É um momento de celebração e manifestação da nossa cultura. Tivemos uma grande matança, ameaças e perseguição a grupos indígenas. Fomos impedidos de dançar e cantar o nosso Toré. Um tempo difícil para os nossos parentes", recorda o indígena da etnia Xokó, Lindomar Santos Rodrigues, mais conhecido como Lindomar Xokó, que foi o primeiro indígena a ocupar um cargo político no Estado, atuando como vereador na Câmara de Porto da Folha, em abril de 2019. *(FAN F1, 08/09/2022)*

Arara do Rio Amônia
Arara Shawãdawa
Ashaninka
Huni Kuin (Kaxinawá)
Katukina Pano
Kulina Pano
Kuntanawa
Madiha (Kulina)
Manchineri
Nawa
Nukini
Puyanawa
Shanenawa
Xinane
Yaminawá
Yawanawá
Isolados

10. Acre

10. ACRE

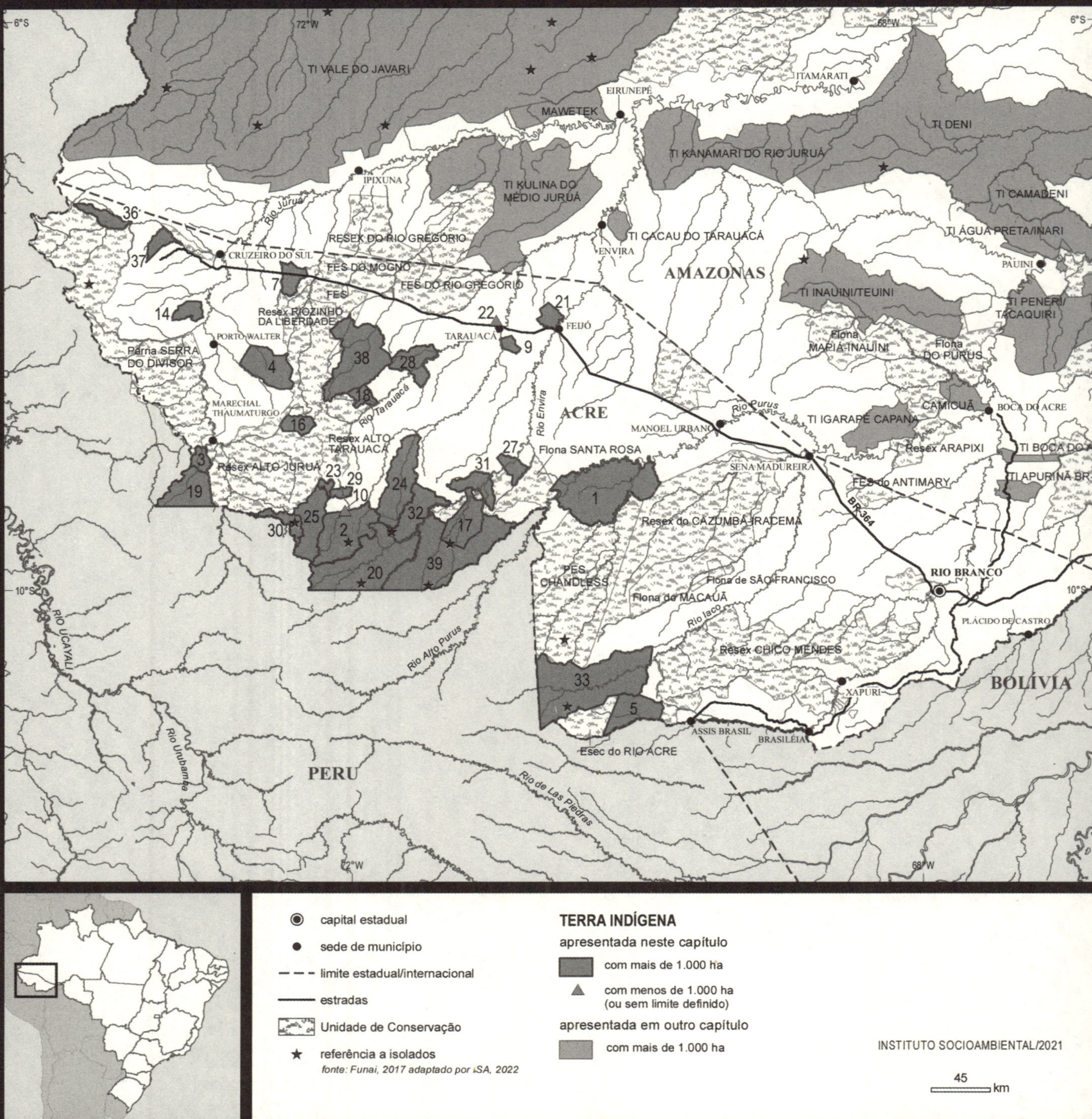
TI VALE DO JAVARI
MAWETEK
EIRUNEPÉ
ITAMARATI
TI DENI
TI KANAMARI DO RIO JURUÁ
TI CAMADENI
TI ÁGUA PRETA/INARI
PAUINI
TI KULINA DO MÉDIO JURUÁ
IPIXUNA
Rio Juruá
TI CACAU DO TARAUACÁ
ENVIRA
RESEX DO RIO GREGÓRIO
CRUZEIRO DO SUL
FES DO MOGNO
FES DO RIO GREGÓRIO
FES
AMAZONAS
TI INAUINI/TEUINI
TI PENERI/TACAQUIRI
Resex RIOZINHO DA LIBERDADE
TARAUACÁ
FEIJÓ
PORTO WALTER
Parna SERRA DO DIVISOR
Flona MAPIÁ-INAUINI
Flona DO PURUS
MARECHAL THAUMATURGO
Rio Tarauacá
Rio Envira
ACRE
Rio Purus
MANOEL URBANO
CAMICUÃ
BOCA DO ACRE
TI IGARAPÉ CAPANA
Resex ALTO TARAUACÁ
Flona SANTA ROSA
Resex ARAPIXI
TI BOCA DO ACRE
Resex ALTO JURUÁ
SENA MADUREIRA
FES do ANTIMARY
TI APURINÃ BR-317
BR-364
Resex do CAZUMBÁ-IRACEMA
PES CHANDLESS
Flona de SÃO FRANCISCO
Flona do MACAUÃ
RIO BRANCO
Rio Iaco
PLÁCIDO DE CASTRO
Resex CHICO MENDES
RIO UCAYALI
Rio Alto Purus
XAPURI
BOLÍVIA
ASSIS BRASIL
BRASILÉIA
Esec do RIO ACRE
Rio Urubamba
PERU
Rio de Las Piedras
6°S
72°W
68°W
10°S
1
2
3
4
5
7
9
10
14
16
17
18
19
20
21
22
23
24
25
27
28
29
30
31
32
33
36
37
38
39
capital estadual
sede de município
limite estadual/internacional
estradas
Unidade de Conservação
referência a isolados
fonte: Funai, 2017 adaptado por ISA, 2022
TERRA INDÍGENA
apresentada neste capítulo
com mais de 1.000 ha
com menos de 1.000 ha (ou sem limite definido)
apresentada em outro capítulo
com mais de 1.000 ha
INSTITUTO SOCIOAMBIENTAL/2021
45 km

ACRE
Terras Indígenas
Instituto Socioambiental - 30/11/2022

Nº mapa	Terra Indígena	Povo	População (nº, fonte, ano)	Situação jurídica	Extensão (ha)	Município	UF
1	Alto Rio Purus	Yaminawá Kulina Huni Kuin	1.871 - Siasi/Sesai: 2014	Homologada. Decreto - s/n - 05/01/1996, publicado em 08/01/1996. Reg. SPU certidão n.10 em 30/08/2002. Reg. CRI na Comarca de Sena Madureira, município de Manuel Urbano (43.419 ha), Matr.2.061 Liv. 2-RG, Fl.130 em 17/01/96. Reg. CRI na Comarca e município de Sena Madureira (219.710 ha), Matr. 2.062, Liv.2-RG, Fl.131 em 17/01/96.	263.129	Manoel Urbano Santa Rosa do Purus	AC
2	Alto Tarauacá	Isolados do Alto Tarauacá		Homologada. Decreto - s/n - 27/10/2004, publicado em 28/10/2004. Reg. SPU Certidão n. 11 em 29/09/2009. Reg CRI no município e Comarca de Feijó/AC (56.426 ha). Matr. 756 Lv 2-D, Fl 204 em 15/02/05. Reg CRI município de Jordão/AC em andamento	142.619	Feijó Jordão	AC
3	Arara do Rio Amônia	Arara do Rio Amônia	434 - Siasi/Sesai: 2014	Declarada. Portaria - 2.986 - 08/09/2009, publicado em 10/09/2009.	20.764	Marechal Thaumaturgo	AC
4	Arara/Igarapé Humaitá	Arara Shawãdawa	419 - Siasi/Sesai: 2014	Homologada. Decreto - s.n. - 18/04/2006, publicado em 19/04/2006. REG SPU Certidão n. 001 em 29/11/06.Reg CRI no municipio de Porto Walter, Comarca de Cruzeiro do Sul (86.805 ha) Matr.4.831 , Lv.2-P, Fl 187 em 16/05/06 Reg CRI no municipio de Tarauacá , Comarca idem (766 ha) Matr.1.085, Lv.2-E, Fl 48 em 02/08/06.	87.572	Porto Walter Tarauacá	AC
5	Cabeceira do Rio Acre	Isolados da cabeceira do Rio Acre Yaminawá	238 - Iglesias e Aquino: 2005	Homologada. Decreto - s/n - 14/04/1998, publicado em 15/04/1998. Reg. SPU Certidão n. 64 de 15/09/99.Reg. CRI no município de Assis Brasil, comarca de Brasiléia (78.512 ha) Matt. n. 2.464 Liv. 2-E Fl.429 em 05/06/98.	78.512	Assis Brasil Sena Madureira	AC
s/l	Cabeceiras dos rios Muru e Iboiaçu	Isolados das Cabeceiras dos Rios Muru e Boiaçu		Em Identificação. Portaria - 1.243 - 07/10/2009, publicado em 08/10/2009.		Tarauacá	AC
7	Campinas/Katukina	Katukina Pano	700 - Ruth Beirigo: 2016	Homologada. Decreto - s/n - 12/08/1993, publicado em 13/08/1993. Reg. SPU Certidão n. 11 de 21/06/99.Reg. CRI no município e comarca de Ipixuna (6.762 ha) Matr. n. 76 Liv. 2-A Fl.76 Reg. CRI no município e camarca de Tarauacá (25.861 ha) Matr. 758, Liv 2-B Fl. 03 em 12/01/95.	32.623	Cruzeiro do Sul Tarauacá	AC
9	Igarapé do Caucho	Huni Kuin	386 - IBGE: 2010	Homologada. Decreto - 278 - 29/10/1991, publicado em 30/10/1991. Reg. SPU Cert. n. 004 em 25/06/98.Reg. CRI no município e comarca de Tarauacá (12.317,89 ha) Matr. 583 Liv.2-C Fl. 119 em 12/12/91.	12.318	Feijó Tarauacá	AC
10	Igarapé Taboca do Alto Tarauacá	Isolados do Igarapé Taboca do Alto Tarauacá		Com Restrição de Uso. Portaria - 17 - 11/01/2008, publicado em 19/02/2008.	287	Jordão	AC
s/l	Jaminawa do Caiapucá	Yaminawá		Em Identificação. Portaria - 964 - 05/10/2007, publicado em 08/10/2007.	-	Boca do Acre	AM
14	Jaminawa do Igarapé Preto	Yaminawá	171 - IBGE: 2010	Homologada. Decreto - s/n - 11/12/1998, publicado em 14/12/1998. Reg. SPU Certidão n. 35 de 22/04/99.Reg. CRI no município de Rodrigues Alves, comarca de Mâncio Lima (25.651 ha), matr.89 Liv. 2-A Fl, 90 em 25/01/99.	25.651	Cruzeiro do Sul	AC
s/l	Jaminawa do Rio Caeté	Yaminawá		Em Identificação. Portaria - 964 - 05/10/2007, publicado em 08/10/2007.		Sena Madureira	AC
16	Jaminawa/Arara do Rio Bagé	Arara Shawãdawa Yaminawá	195 - IBGE: 2010	Homologada. Decreto - s/n - 11/12/1998, publicado em 14/12/1998. Reg. SPU Certidão n. 82 de 08/09/99.Reg. CRI no município de Marechal Thaumaturgo, comarca de Cruzeiro do Sul (28.926 ha) matr.4.319 Lv 2-N Fl.209 em 15/03/99.	28.926	Jordão Marechal Thaumaturgo Tarauacá	AC
17	Jaminawa/Envira	Ashaninka Kulina	77 - IBGE: 2010	Homologada. Decreto - s/n - 10/02/2003, publicado em 11/02/2003. Reg. SPU Certidão n. 60 de 05/08/03.Reg CRI no municipio e comarca de Feijó (80.618 ha) Matr.707, Liv. 2-D, Fl 144 em 09/06/92.	80.618	Feijó Santa Rosa do Purus	AC
18	Kampa do Igarapé Primavera	Ashaninka	26 - IBGE: 2010	Homologada. Decreto - s/n - 23/04/2001, publicado em 24/04/2001. Reg. SPU Certidão n. 2 de 01/04/02.Reg. CRI no municipio e comarca de Tarauacá (21.987 ha), Matr. 950 Lv 2-D Fl 207 em 02/01/02.	21.987	Tarauacá	AC
19	Kampa do Rio Amônea	Ashaninka	940 - Siasi/Sesai: 2014	Homologada. Decreto - s/n - 23/11/1992, publicado em 24/11/1992. Reg. SPU Cert. n. 008 de 23/11/95.Reg. CRI no municipio de Marechal Taumaturgo, comarca de Cruzeiro do Sul (87.205 ha) Matr. 3.764 Liv 2L/RG, Fl. 202 em 29/12/92.	87.205	Marechal Thaumaturgo	AC
20	Kampa e Isolados do Rio Envira	Ashaninka Xinane Mashko Isolados do Rio Envira	283 - Iglesias e Aquino: 2005	Homologada. Decreto - s/n - 11/12/1998, publicado em 14/12/1998. Reg. SPU Certidão n. 85 de 13/09/99.Reg. CRI no municipio e comarca de Feijó (232.795 ha), Matr. 603 Liv.2-D Fl.13/V em 09/02/99.	232.795	Feijó Jordão	AC
21	Katukina/Kaxinawa	Huni Kuin Shanenawa	1259 - IBGE: 2010	Homologada. Decreto - 283 - 29/10/1991, publicado em 30/10/1991. Reg. SPU Certidão n. 12 de 06/07/99.Reg. CRI no município e comarca de Feijó (2.830 ha), Matr.430 Liv.2-C, FL.93 em 04/10/89. Reg. CRI no município e comarca de Envira, Matr. R-1-223, Liv.2, FL 223 em 06/05/97.	23.474	Feijó	AC
22	Kaxinawa da Colônia Vinte e Sete	Huni Kuin	114 - IBGE: 2010	Homologada. Decreto - 268 - 29/10/1991, publicado em 30/10/1991. Reg. SPU Cert. n. 005 em 15/04/96.Reg. CRI no município de Feijó, Matr. 321, Liv. 2- B 141 em 04/09/85.	105	Tarauacá	AC
23	Kaxinawa do Baixo Jordão	Huni Kuin	172 - IBGE: 2010	Homologada. Decreto - s/n - 30/04/2001, publicado em 02/05/2001. Reg. SPU Certidão n. 1 de 14/03/02.Reg. CRI no município de Jordão, comarca de Tarauacá (8.726 ha), matr. 948 Lv. 2-D Fl. 205 em 02/01/02.	8.726	Jordão	AC
24	Kaxinawa do Rio Humaitá	Ashaninka Kulina Huni Kuin Isolados do Alto Rio Humaitá	331 - IBGE: 2015	Homologada. Decreto - 279 - 29/10/1991, publicado em 30/10/1991. Reg. SPU RO-54 em 23/09/87.Reg. CRI no municipio e comarca de Feijó (127.383 ha) Matr. 313, Liv.2-B, Fl. 252 em 08/10/86.	127.383	Feijó	AC

Nº mapa	Terra Indígena	Povo	População (nº, fonte, ano)	Situação jurídica	Extensão (ha)	Município	UF
25	Kaxinawa do Rio Jordão	Huni Kuin	1.470 - IBGE: 2010	Homologada. Decreto - 255 - 29/10/1991, publicado em 30/10/1991. Reg. SPU AC-55 em 28/04/88.Reg. CRI no município de Tarauacá, (87.293 ha) Matr. 392, Liv.2-B, Fl.219 em 04/07/88.	87.293	Jordão Marechal Thaumaturgo	AC
s/l	Kaxinawa do Seringal Curralinho	Huni Kuin		Em Identificação. Portaria - 832 - 10/10/2001, publicado em 11/10/2001.		Feijó	AC
27	Kaxinawa Nova Olinda	Huni Kuin	406 - IBGE: 2010	Homologada. Decreto - 294 - 29/10/1991, publicado em 30/10/1991. Reg. SPU Certidão n. 11 de 30/08/02.Reg. CRI no município e comarca de Feijó,(27.533 ha) Matr. 439, Liv. 2-C, Fl. 105V em 01/08/90.	27.533	Feijó	AC
28	Kaxinawa Praia do Carapanã	Huni Kuin	571 - IBGE: 2010	Homologada. Decreto - s/n - 30/04/2001, publicado em 02/05/2001. Reg. SPU Certidão n. 1 de 14/03/02.Reg. CRI no município e comarca de Tarauacá (60.698 ha), matr .949 Lv 2-D Fl. 206 em 02/01/02.	60.698	Tarauacá	AC
29	Kaxinawa Seringal Independência	Huni Kuin	209 - IBGE: 2010	Dominial Indígena. - - 30/11/2000, publicado em . Registro de domínio no CRI.	14.750	Jordão	AC
30	Kaxinawa/Ashaninka do Rio Breu	Ashaninka Huni Kuin Isolados do Igarapé Papavo	503 - IBGE: 2010	Homologada. Decreto - s/n - 30/04/2001, publicado em 02/05/2001. Reg. SPU Certidão n. 8 de 19/07/02.Reg. CRI no município de Jordão, comarca de Tarauacá (20.464 ha), Matr. 961 Lv/ 2-D Fl.218 em 17/06/02. Reg. CRI no município de Marechal Thaumaturgo, comarca de Cruzeiro do Sul (10.814 ha), Matr. 4.541 Liv. 2-0 Fl. 169 em 15/04/02.	31.277	Jordão Marechal Thaumaturgo	AC
31	Kulina do Igarapé do Pau	Kulina	270 - IBGE: 2010	Homologada. Decreto - s/n - 18/04/2001, publicado em 19/04/2001. Reg. SPU Certidão n. 2 de 31/01/01.Reg. CRI no município e comarca de Feijó(45.590 ha), Matr. 664 Liv. 2-D Fl. 87 em 06/06/01.	45.590	Feijó	AC
32	Kulina do Rio Envira	Kulina	166 - IBGE: 2010	Homologada. Decreto - 280 - 29/10/1991, publicado em 30/10/1991. Reg. SPU Cert. n.013 em 11/12/96.Reg. CRI do município e comarca de Feijó,(84.364 ha) Matr. 405, Liv. 2-C em 04/08/88.	84.365	Feijó	AC
33	Mamoadate	Yaminawá Manchineri Mashko Isolados do Rio Iaco	1.105 - Iglesias e Aquino: 2005	Homologada. Decreto - 254 - 29/10/1991, publicado em 30/10/1991. Reg. SPU Certidão n. 061 em 02/07/1999.Reg.CRI no município e comarca de Sena Madureira,(152.846 ha) Matr. 1.518 , Liv. 2-E, Fl.148 em 09/04/87. Reg.CRI no município de Assis Brasil, comarca de Brasiléia (160.800 ha), Matr. 946 Liv. 2-C Fl.167 em 08/10/87.	313.647	Assis Brasil Sena Madureira	AC
s/l	Manchineri do Seringal Guanabara	Manchineri		Em Identificação. Portaria - 1.073 - 14/11/2003, publicado em 19/11/2003.		Assis Brasil Sena Madureira	AC
s/l	Nawa	Nawa	519 - Siasi/Sesai: 2014	Em Identificação. Portaria - 1.071 - 14/11/2003, publicado em 19/11/2003.		Mâncio Lima	AC
36	Nukini	Nukini	622 - Siasi/Sesai: 2014	Homologada. Decreto - 400 - 24/12/1991, publicado em 26/12/1991. Reg. SPU Cert.s/n de 12/05/97.Reg. CRI no município e comarca de Mâncio Lima,(27.263 ha) Matr. 3.620, Liv. 2-L, Fl. 49 em 15/01/92.	27.263	Mâncio Lima	AC
37	Poyanawa	Puyanawa	745 - Siasi/Sesai: 2014	Homologada. Decreto - s/n - 30/04/2001, publicado em 02/05/2001. Reg. SPU Certidão n. 18 de 14/08/02.Reg. CRI no município e comarca de Mâncio Lima (23.353 ha) Matr.165 Lv 2-A Fl. 166 em 29/05/02. Reg. CRI no município de Rodrigues Alves, comarca de Mâncio Lima (1.126 ha) Matr. n. 166 Lv 2-A Fl. 167 em 29/05/02. Reg. CRI no município de Guajará, comarca de Ipixuna (19.425 ha) Matr. 219 Lv 2-B/RG Fl. 19 em 04/06/02.	24.499	Mâncio Lima Rodrigues Alves	AC
38	Rio Gregório	Yawanawá Katukina Pano	560 - Siasi/Sesai: 2013	Declarada. Portaria - 1.388 - 14/08/2007, publicado em 15/08/2007. Reg. SPU Certidão n. 6 de 04/07/02.Reg. CRI no município e comarca de Tarauacá (92.859 ha) Matr.320, Liv.2-B Fl. 142 em 03/09/85. Ainda não tem registro da área ampliada em 2006.	187.400	Tarauacá	AC
39	Riozinho do Alto Envira	Ashaninka Isolados do Riozinho do Alto Envira Isolados do Rio Jaminawá	101 - IBGE: 2010	Homologada. Decreto - s.n. - 05/06/2012, publicado em 06/06/2012.	260.972	Feijó Santa Rosa do Purus	AC

ISOLADOS

Mobilizados pela Proteção dos Parentes "Desconfiados"

Maria Emília Coelho | Jornalista e indigenista, Coiab e OPI

NO ACRE, MANXINERU E HUNI KUIN PROTAGONIZAM A LUTA EM DEFESA DA VIDA E DOS TERRITÓRIOS DOS POVOS INDÍGENAS ISOLADOS NA PANDEMIA DE COVID-19

No dia 12 de julho de 2022, os Manxineru que vivem no Alto Rio Iaco, na Amazônia brasileira, foram surpreendidos com a chegada de um grupo de "isolados" em sua comunidade. Por volta das 16 horas, Mateus Manchineri, que reside no Tabocal, moradia localizada à frente da sede da aldeia Extrema, ouviu sinais feitos com as mãos e assobios característicos dos seus "parentes desconfiados". No dia seguinte, os assobios foram ouvidos novamente, porém, desta vez acompanhados pelos "arremedos" de sons de macaco-prego, e cada vez mais fortes e próximos das casas. Apreensivos, os moradores iniciaram uma força-tarefa para trasladar toda a população do local para a sede, no outro lado do rio, e assim hospedar de forma improvisada as famílias na escola, que recentemente conta com sinal de internet. Enquanto isso, Mateus e mais outros indígenas voltaram para o Tabocal para monitorar a situação e a reportar via rádio para o resto dos moradores que estavam na sede. Dessa forma, os Manxineru da TI a Mamoadate, no Acre, conseguiram comunicar a situação de emergência aos órgãos governamentais e às organizações indígenas e da sociedade civil. Temerários, reivindicaram ajuda e providências imediatas do Estado para garantir a segurança e a integridade física de suas famílias e dos *Yine Hosha Hajene*, os seus "parentes que vivem na mata".[1]

Hoje, na Amazônia, existem diversas iniciativas indígenas voltadas à defesa dos direitos territoriais e da autodeterminação dos povos indígenas isolados. Diversos povos e comunidades que vivem em áreas compartilhadas com esses povos vêm buscando seus próprios acordos e alianças para evitar invasões em seus territórios e situações que possam resultar em encontros e conflitos trágicos entre indígenas. Suas estratégias, baseadas nos conhecimentos que detêm sobre o modo de vida na floresta e nas relações históricas que mantêm com esses grupos, constituem-se em importantes contribuições para a garantia das políticas públicas para a proteção dos povos isolados e de recente contato no Brasil.[2]

No estado do Acre, as experiências de mais de dez anos de coletivos indígenas que trabalham com o monitoramento e a vigilância territorial são exemplos dessas iniciativas. Os Manxineru, da TI Mamoadate, e os Huni Kuin, da TI Kaxinawá do Rio Humaitá, que vivem em aldeias próximas da fronteira com o Peru, reivindicam o reconhecimento das suas atuações como protagonistas, fundamentalmente estratégicos na garantia dos direitos dos "isolados", pois suas ações afetam diretamente seus territórios e modos de vida. As relações entre os grupos "isolados" e seus vizinhos "contatados" revelam um tipo de conhecimento específico sobre as estratégias dessas populações que se negam a interagir com as sociedades nacionais. Algumas lideranças indígenas se tornaram porta-vozes e interlocutores desses povos em processos de negociação entre estratégias indígenas, políticas estatais e práticas de intervenção não governamental.[3]

O conhecimento profundo que os povos indígenas têm sobre a floresta e o uso dos seus recursos, e sobre o comportamento de outros povos em suas atividades culturais e de subsistência, é o que torna possível a identificação de grupos de "isolados" na floresta. São inúmeras histórias dos moradores das comunidades vizinhas aos seus territórios sobre seus caminhos e vestígios, avistamentos e encontros com esses grupos nas cabeceiras dos rios do Acre na fronteira com o Peru.[4]

ALTO RIO IACO

Desde 2011, os Manxineru do Alto Iaco, em acordo com os Jaminawa que também vivem na TI Mamoadate, destinaram a área acima do Igarapé Abismo para uso exclusivo dos grupos isolados que habitam a região fronteiriça. Neste mesmo ano, em julho, os Manxineru haviam realizado um intercâmbio com seus parentes Yine da Comunidade Nativa Monte Salvado, no Peru, que marcou o início de um diálogo mais sistemático voltado para troca de experiências e desafios encontrados ao compartilharem seus territórios com grupos isolados conhecidos como Mashco ou Mashco-Piro.[5]

A organização indígena peruana Federação do Rio Madre de Dios e Afluentes (Fenamad), que tem uma experiência de mais de duas décadas no trabalho em defesa dos direitos dos povos isolados, em articulação com as organizações governamentais, indígenas e indigenistas do Brasil, como a Funai e a Comissão Pró-Índio do Acre (CPI-Acre), apostou em ações interinstitucionais e transfronteiriças para o intercâmbio e o monitoramento das ameaças a esses povos na região.[6]

Nessa época, os indígenas brasileiros e peruanos alertaram aos governos de Brasil e Peru sobre os impactos do projeto de estrada Iñapari-Puerto Esperanza, a dez quilômetros da divisa brasileira-peruana, cortando ao meio o território Mashco. Reivindicaram ainda a cooperação binacional para a fiscalização da exploração madeireira e do crescente narcotráfico na região, e um posto de controle na aldeia Extrema, com objetivo de controlar possíveis atividades ilícitas na TI Mamoadate.[7]

Neste processo, a liderança Lucas Artur Brasil Manchineri iniciou um trabalho de pesquisa sobre os "parentes desconfiados"[8] e seus caminhos na fronteira: "No verão [amazônico], tem uma rota que eles [isolados] vêm do Tahuamanu, baixam o [igarapé] Abismo e sobem o rio Iaco, entram em um afluente do Iaco à direita, o Moa, e vão para o rio Chandless. Todos os anos eles fazem isso, seguindo esse ciclo, esse calendário" (*comunicação pessoal, Lucas Manxineru, 2017*).

No entanto, nos últimos três anos, e em plena pandemia da covid-19, os moradores da Extrema vêm relatando muita preocupação ao encontrarem vestígios dos isolados cada vez mais próximos da aldeia. "Eles estão andando agora mais no Igarapé Sipal e Bonitinho, abaixo da casa do Seu Epitácio, e no seu pique de caçada. Já viram a casa dele com certeza. A gente analisou os vestígios e achamos que eles vieram das cabeceiras do Rio Acre", afirmou Mila Manchineri, em janeiro de 2021, mostrando o mapa das suas andanças em volta da Extrema. "Estamos preocupados, pois estamos cercados pelos nossos parentes desconfiados!".[9]

Para monitorar essa situação, em outubro de 2020, foi criado um coletivo de vigilância formado por dez indígenas que vivem na aldeia Extrema para monitorar e registrar suas evidências e aproximações da comunidade. Os indígenas fazem registros em imagens, relatórios de campo e etnomapas identificando os vestígios dos "isolados" na área. Também construíram um posto de vigilância na aldeia, feito de madeira e palha, denominado Pantshi Hoshahajane Yine Hislahikolwaka. "É a casa onde a gente trabalha para os parentes desconfiados", explicou Mateus, líder do grupo de monitoramento, sobre o local que tem o propósito de concentrar a organização do trabalho, como também impedir que os parentes das outras aldeias subam o rio e encontrem com os "isolados".[10]

Em uma expedição de monitoramento realizada no Igarapé Paulo Ramos, em janeiro de 2021, os Manxineru perceberam que a situação tinha se agravado. Em uma entrevista, logo após a expedição, Mateus relatou: "Agora, encontramos os seus tapiris quando vamos caçar. Não é que a gente queira topar com eles, mas é onde buscamos o alimento de cada dia. Esse igarapé é nosso território de caçada. Depois que vimos os seus vestígios, avisamos aos parentes das aldeias para não caçarem mais para esse lado. A gente tem um varadouro de quatro horas da aldeia até o Paulo Ramos e por isso estamos aperreados. Não sabemos o que eles [isolados] pensam. A gente tem medo deles, e eles têm medo da gente. Eles podem pensar que a gente quer fazer mal a eles. Então, para não acontecer um conflito, estamos mostrando o nosso trabalho para os órgãos públicos e parceiros apoiarem a gente nessa situação difícil" (*ibid*).

ALTO RIO HUMAITÁ

Desde 2009, os Huni Kuin da TI Kaxinawá do Rio Humaitá estão realizando ações de vigilância e monitoramento territorial levando em consideração medidas de proteção aos indígenas conhecidos como "Isolados do Humaitá" com quem compartilham seus territórios. Esse grupo foi identificado pela primeira vez pela Funai, em 1989, e suas malocas e roçados se encontram nas terras firmes e altas nos divisores de água entre os Rios Humaitá e Muru.[11] Os "brabos", como são conhecidos os isolados regionalmente, começaram a se aproximar cada vez mais das aldeias São Vicente e Novo Futuro em busca de ferramentas e utensílios.

Pensando em uma solução, os Huni Kuin se organizaram em um coletivo para realizar um trabalho de registro de informações sobre os seus vestígios, encontros e saques nas aldeias. Apoiados

© JOSY PINHEIRO/CPI-ACRE, 2016

Aldeia Novo Futuro na TI Kaxinawá do Rio Humaitá.

pela Funai e CPI-Acre, começaram a identificar os deslocamentos dos isolados na terra indígena. Também entraram em um acordo, assim como os Manxineru e os Jaminawa da TI Mamoadate, e decidiram não utilizar mais os recursos nas áreas onde eles habitam, o que representa quase um terço do seu território na cabeceira do rio.

"Decidimos reservar um pedaço da nossa terra somente para os isolados, para eles viverem tranquilos. Foi uma decisão do nosso povo para solucionar o problema dos saques que os isolados faziam nas casas das famílias Huni Kuin e dos ribeirinhos que moram no entorno da TI. (...) Nós sonhamos em trabalhar assim com os isolados. Nós, sem mexer com eles e eles sem mexer com a gente. Mas estamos conectados espiritualmente. Nós aqui falamos com os isolados através da espiritualidade, através da comunicação com a natureza, com os pássaros – é de outra forma. (...) Temos que protegê-los para eles viverem a vida deles em paz, viverem tranquilos. Viverem na floresta e usarem a floresta com sabedoria", explicou a liderança da aldeia São Vicente, Manoel Jocemir de Paula Sabóia, em um depoimento publicado em 2019.[12]

Os Huni Kuin também construíram uma Casa de Monitoramento no Alto Humaitá para deixar alguns utensílios como panelas e terçados, e plantaram um roçado no local, com o objetivo de minimizar a circulação e os saques dos "brabos" nas aldeias e possíveis encontros e conflitos com eles. A princípio, a estratégia deu certo, e os isolados pararam de saquear as casas por alguns anos. Iniciaram ainda conversas de conscientização com as comunidades não indígenas dos Rios Muru e Iboiaçu, também saqueadas pelos isolados. Em reuniões, debateram sobre como devem lidar com a sua presença na região,[13] respeitando sobretudo a sua escolha de se manterem isolados.[14]

No entanto, nos últimos anos os Huni Kuin perceberam que os vestígios dos isolados têm aumentado novamente nas proximidades das aldeias. Também escutam com mais frequência os sons de "arremedos" deles imitando os cantos de pássaros. Em entrevista recente, Jocemir Sabóia, coordenador do grupo de monitoramento formado por 23 pessoas entre jovens estudantes e agentes agroflorestais, explicou como está a situação hoje, após vários momentos de paralisação das atividades de monitoramento por conta da pandemia da covid-19: "Está com dois anos que a Casa de Monitoramento está fechada, e os brabos continuam andando e tirando mamão e banana do roçado que fizemos para eles. Estamos preocupados com essa questão do monitoramento, fiscalização, e da proteção dos isolados, pois eles estão chegando mais perto da gente, perto da aldeia, perto das nossas famílias".

(DES)GOVERNO E PANDEMIA

Em julho de 2020, ao mesmo tempo em que Jocemir Sabóia Kaxinawá alertava para as organizações indígenas e indigenistas, como a Coordenação das Organizações Indígenas da Amazônia Brasileira (Coiab), a CPI-Acre e a Funai, sobre a sua preocupação com a chegada do coronavírus nas aldeias do Rio Humaitá, afetando fortemente o seu povo e trazendo sérios riscos para os isolados, o movimento indígena brasileiro, liderado pela Apib, acionava o Supremo Tribunal Federal (STF), para determinar que o governo adotasse medidas imediatas para conter o avanço da pandemia da covid-19 entre os povos indígenas do Brasil. Através da ADPF 709, foi instaurada a Medida Cautelar que garante parcialmente a proteção do direito à saúde dos povos indígenas isolados e de recente contato.[15]

Como resposta à omissão sistemática do Governo Federal, declaradamente anti-indígena, a ação pediu a intervenção do Poder Judiciário para implementar medidas, como a instalação de barreiras sanitárias em mais de 30 Terras Indígenas onde vivem povos isolados e de recente contato, e a retirada de invasores em TIs compartilhadas com esses povos. Além disso, determinou a criação de Sala de Situação para a gestão de ações e a elaboração de Planos de Contingência para Situações de Contato com Povos Indígenas Isolados, de forma coordenada entre Sesai e Funai.

Assim, foram criadas as barreiras sanitárias nas TIs Mamoadate e Kaxinawá do Rio Humaitá. No final de 2021, alguns dos indígenas dos coletivos de vigilância participaram de um processo seletivo e foram contratados como colaboradores temporários da Frente de Proteção Etnoambiental Envira da Funai, conforme determinou a ADPF 709. A organização e o trabalho já desenvolvidos pelos indígenas nas aldeias foi fundamental para a implantação das barreiras nos Altos Rios Iaco e Humaitá, regiões que não contam com uma Base de Proteção (Bape) do órgão indigenista.

Ainda que com uma estrutura precária, o posto de vigilância construído pelos Manxineru impediu o trânsito de pessoas no território dos "isolados". "Se alguém contaminado com o coronavírus subir o rio e deixar alguma coisa lá pra cima, os desconfiados podem pegar e se contaminar e morrer de uma doença que eles nem conhecem", alertou Mila Manchineri, no início de 2021, explicando que os casos da covid-19 na aldeia foram tratados com a medicina tradicional.

Mesmo sem condições técnicas adequadas para as ações de monitoramento (falta equipamentos de segurança, barcos, motores, aparelhos de GPS, e mais capacitações em metodologias e o uso de novas tecnologias), resultado do desmonte da política indigenista, os Manxineru e os Huni Kuin estão hoje realizando um trabalho qualificado de registro de informações sobre presença de indígenas isolados nas duas TIs. Diante da inoperância do Estado, também estão criando seus próprios planos de contingência, através de acordos e estratégias construídas nas comunidades.

Não por coincidência, um mês e meio antes da situação de emergência na Extrema, relatada no início do texto, aconteceu na mesma aldeia mais um intercâmbio entre os Yine, do Peru, e os Manxineru, do Brasil. O objetivo do encontro, realizado com o apoio da Coiab e da Fenamad, foi promover a troca de experiências e o debate sobre protocolos de ação e segurança para lidar com possíveis situações de contato com os grupos isolados, iniciando assim um processo de construção de um plano de contingência na própria da comunidade. Os agentes de proteção Yine, contratados pela Fenamad, possuem larga experiência nessas situações de contato, pois há mais de dez anos os Mashco-Piro estão aparecendo em suas comunidades. Durante o intercâmbio, foi feita uma simulação da chegada dos isolados na aldeia.

Ao final da reunião, que aconteceu entre 24 e 26 de maio de 2022, foi feita uma carta-manifesto com algumas reivindicações dos Manxineru: "Exigimos que o governo federal apoie o trabalho realizado pelos indígenas na vigilância e no monitoramento dos parentes desconfiados, que vem sendo executado desde 2011. Ressaltamos que a equipe contratada pela própria Funai para trabalhar na barreira sanitária não tem as mínimas condições para a execução do seu trabalho. Também exigimos que as promessas de uma base de proteção (posto de controle) sejam tiradas do papel".

Hoje, tanto os Manxineru, do Alto Iaco, quanto os Huni Kuin, do Rio Humaitá, estão mobilizados em busca da efetivação das políticas públicas de proteção aos povos isolados em seus territórios, bem como do reconhecimento e do fortalecimento do trabalho que realizam de forma organizada em suas comunidades. *(julho, 2022)*

NOTAS

[1] O helicóptero com as equipes da Funai e da Sesai chegou quatro dias depois do ocorrido. Essa situação aconteceu durante a produção deste texto, por isso seus desdobramentos não foram registrados aqui.

[2] OLIVEIRA, Maria Emília Machado Coelho de. Os Mashco e seus vizinhos: políticas indígenas e povos "isolados" na fronteira Brasil-Peru. 2021, p. 15 e OCTAVIO, Conrado R.; COELHO, Maria Emília e; SILVA, Victor Alcântara e (org). *Proteção e Isolamento em Perspectiva – Experiências do Projeto de Proteção Etnoambiental de Povos Indígenas Isolados e de Recente Contato na Amazônia*. Brasília: Centro de Trabalho Indigenista. 2020

[3] OLIVEIRA, Maria Emília Machado Coelho de. *Os Mashco e seus vizinhos: políticas indígenas e povos "isolados" na fronteira Brasil-Peru*. 2021, p. 93

[4] Idem, p. 56.

[5] Os Manxineru e os Jaminawa reafirmaram o acordo para que ninguém ultrapasse o Igarapé Abismo, diminuindo a pressão sobre o uso dos recursos naturais na área utilizada pelos isolados no Plano de Gestão da Terra Indígena Mamoadate, publicado pela Comissão Pró-Índio do Acre, em 2016.

[6] Em 2005, aconteceu um primeiro intercâmbio entre os Manxineru do Brasil e os Yine moradores da Comunidade Nativa Diamante, no Peru (comunicação pessoal Lucas Artur Brasil Manchineri, 2017). PALÁCIOS, Julio Cusurichi. Pelos direitos dos povos indígenas na fronteira Brasil- Peru. *In*: *Cercos e Resistências: povos indígenas isolados na Amazônia brasileira* (Org. Fany Ricardo e Majoí Fávero Gongora). São Paulo: Instituto Socioambiental. 2019, pp. 190-191.

[7] COELHO, Maria Emília. O povo isolado Mashco no Brasil e os desafios de uma proteção integrada na fronteira com o Peru. *In*: RICARDO, Fany & GONGORA, Majoí (Orgs.). *Cercos e Resistências: povos indígenas isolados na Amazônia brasileira*. São Paulo. Instituto Socioambiental. 2019, pp. 174-179.

[8] BRASIL MANCHINERI, Lucas Artur. O povo "desconfiado" na Terra Indígena Mamoadate. *In*: RICARDO, Fany & GONGORA, Majoí. *Cercos e Resistências: povos indígenas isolados na Amazônia brasileira*. São Paulo. Instituto Socioambiental, 2019, pp. 170-173.

[9] COELHO, Maria Emilia."Estamos cercados pelos nossos parentes desconfiados!". Publicada no *site* do Observatório dos Direitos Humanos dos Povos Indígenas Isolados e de Recente Contato, em 5 de fevereiro de 2021.

[10] Idem.

[11] OCHOA, Malu; SENA, Vera Olinda. Na TI Kaxinawá do Rio Humaitá, Huni Kuĩ e povos isolados enfrentam riscos da pandemia do coronavírus. Publicado em 16 de julho de 2020, no *site* da Comissão Pró-Indio do Acre (CPI-AC).

[12] SABÓIA, Manoel Jocemir de Paula. Temos que protegê-los para eles viverem a vida deles em paz! Depoimento. *In*: *Cercos e Resistências: povos indígenas isolados na Amazônia brasileira* (Org. Fany Ricardo e Majoí Fávero Gongora). São Paulo: Instituto Socioambiental. 2019, pp. 162-163

[13] Estas ações se iniciaram com as Oficinas de Informação e Sensibilização promovidas em parceria com a Frente de Proteção Etnoambiental Envira da Funai e a CPI-Acre.

[14] OLIVEIRA, Maria Emília Machado Coelho de. *Os Mashco e seus vizinhos: políticas indígenas e povos "isolados" na fronteira Brasil-Peru*. 2021. 153 pp.; CPI-ACRE. Comissão Pró-Índio do Acre. Informativo Dinâmicas Transfronteiriças Brasil-Peru. Ano III, edição 4, 2015.; e CPI-ACRE. Comissão Pró-Índio do Acre. A situação dos direitos humanos dos povos indígenas na fronteira Acre- Peru. Revisão Periódica Universal do Conselho de Direitos Humanos das Nações Unidas (ONU). Maria Emília Coelho e Maria Luiza Penedo Ochoa (Orgs.). 2016, 53 pp.

[15] OPI.Observatório dos Direitos Humanos dos Povos Indígenas Isolados e de Recente Contato. Nota Pública sobre a decisão na ADPF 709. Publicada em 10 de julho de 2020.

FARM + Rautihu Yawanawá: Uma Parceria Contemporânea

Marcelo Piedrafita Iglesias | Antropólogo

NOS ÚLTIMOS ANOS, OS PRODUTOS FARM + RAUTIHU YAWANAWÁ TÊM ABERTO RELEVANTE ALTERNATIVA PARA AS MULHERES YAWANAWÁ FAZEREM A PRODUÇÃO E A VENDA DE PEÇAS DE MIÇANGAS, COM EVIDENTES BENEFÍCIOS FINANCEIROS PARA SUAS FAMÍLIAS, A VALORIZAÇÃO DO TRABALHO DAS ARTESÃS E O EMPODERAMENTO FEMININO

Em 2018, a Associação Sociocultural Yawanawá (Ascy) e a marca brasileira FARM iniciaram uma parceria que tem por objeto as peças artesanais em miçanga (pulseiras, brincos, colares e tiaras) tecidas pelas mulheres artesãs com desenhos (*kenê*), vendidas em lojas e no *site* da empresa, bem como o licenciamento de uso de expressões da cultura dos Yawanawá em campanhas e materiais de comunicação e divulgação da FARM.

© LARA DIAS/FARM, 2018

Maria Júlia Luiza Kenemani Yawanawá, professora bilingue, artesã e coordenadora local do Projeto FARM + Rautihu.

A parceria tem por base um modelo de desenvolvimento socioeconômico, ambiental e cultural idealizado pelas lideranças e organizações yawanawá nas últimas três décadas, hoje sob o formato do Plano de Vida Yawanawá, implementado pela Ascy. Além disso, permite, em tempos atuais, apontar, de forma mais ampla, para oportunidades, desafios e aprendizados inerentes às parcerias comerciais entre povos indígenas e corporações.

TERRITÓRIO, ECONOMIA, CULTURA E ESPIRITUALIDADE

As primeiras iniciativas dos Yawanawá de estabelecer parcerias comerciais com empresas datam de 1992: a Aveda Corporation Inc., empresa americana de cosméticos, para a comercialização de sementes de urucu, e a Couro Vegetal da Amazônia S.A., para a produção de tecidos emborrachados usados em acessórios de moda. Para lidar com esses desafios, em 1993, criaram a Organização de Agricultores e Extrativistas Yawanawá do Rio Gregório (OAEYRG), instância formal de representação e de defesa dos interesses coletivos. Com a ampliação das atividades comerciais, fundaram a Cooperativa Agroextrativista Yawanawá (Coopyawa) em 2003 e a Associação Sociocultural Yawanawá (Ascy) em 2008.

Após anos de discussão, em 2015, a Ascy e as lideranças decidiram pela criação do Conselho Geral Yawanawá, instância de governança composta por uma liderança feminina e outra masculina de cada aldeia. Fruto também de discussões entre as lideranças, sob a coordenação da Ascy, o Conselho Geral aprovou o "Plano de Vida Yawanawá" (*Yawanawahãu Xinãshu Raiá*), que rememora 40 anos de mobilizações e conquistas, e estabelece prioridades e projetos de futuro para o uso sustentável do território, a melhoria da vida das famílias, o fortalecimento da governança e a valorização da cultura e da espiritualidade.

Desde sua criação, a Ascy tem promovido iniciativas de gestão ambiental, vigilância territorial, plantios agroflorestais, piscicultura, valorização de serviços ambientais, etnoturismo e valorização cultural em 11 aldeias da TI Rio Gregório, com respaldo de programas públicos, bancos multilaterais e da cooperação internacional, e de parcerias com organizações da sociedade civil, empresas privadas e indivíduos, do Acre, do Brasil e do exterior.

Nos últimos anos, os festivais de cultura, bem como as "vivências", retiros espirituais e experiências de imersão, têm se tornado os principais formatos pelos quais os Yawanawá têm recebido visitantes, estrangeiros e brasileiros. Alianças assim construídas têm também levado lideranças, xamãs e artistas Yawanawá, homens e mulheres, a conferências, rituais espirituais e apresentações musicais em todos os continentes, instaurado novos fluxos de recursos para as aldeias, suas lideranças e esses mensageiros e viajantes.

ARTES E MIÇANGAS

O enraizamento do processo de valorização das tradições culturais, rituais, artísticas e espirituais implicou também na produção de uma renovada estética yawanawá, que incluiu indumentárias, pinturas faciais e corporais, cocares e outros adereços. Os colares, tiaras e pulseiras faziam parte desses adereços, cuja confecção tradicionalmente cabe às mulheres. Sementes de plantas da mata e dos terreiros das casas estavam à disposição e eram usadas na produção dessas peças. As miçangas, bem conhecidas e desejadas pelas mulheres, ainda não. Segundo depoimento das artesãs, a técnica de tecer (montar) as pulseiras de miçanga, para a aplicação de desenhos, foi aprendida por Nedina Luiza Yawanawá com mulheres Ashaninka, na TI Kampa do Rio Amônia, durante os anos em que lá morou. Quando retornou a Tarauacá, ensinou a técnica a suas irmãs e primas, que, nas aldeias, a repassaram adiante a outras parentes e afins.

© LARA DIAS/FARM, 2018

Artesãs do povo Yawanawá durante oficina para cocriação de coleção.

As primeiras pulseiras de miçanga produzidas nas aldeias do Gregório, segundo as mulheres, tinham "desenhos universais", dégradé, ainda sem *kenês* próprios da tradição yawanawá. Começaram a ser usadas em cerimônias e festivais, e a atrair atenção e desejo dos parentes e dos visitantes. Os primeiros *kenês* (*awavena*, a borboleta azul, e *runuã mapu*, cabeça de jiboia) que passaram a ser aplicados nos artesanatos de miçangas foram fruto de mirações e sonhos recebidos por Hushahu durante sua iniciação xamânica, e depois também inspiraram pinturas, telas e estampas de roupas.

Em meados dos anos 2010, a principal dificuldade para a expansão da produção artesanal nas aldeias era o acesso às miçangas. O desafio também vislumbrado pelas lideranças femininas da aldeia Mutum era o de viabilizar a organização coletiva da produção, incluindo o acesso às miçangas, a inclusão de mulheres das várias aldeias, bem sua comercialização em mercados que melhor valorizassem e pagassem as peças.

O apoio inicial para enfrentar esses desafios veio de parceria da Ascy com a organização não governamental Forest Trends, como parte da implementação das ações do Plano de Vida Yawanawá. A parceria viabilizou oficinas com as artesãs de todas as aldeias, a compra de miçangas, a organização da produção e o seu acompanhamento, a discussão de estratégias de comercialização, com a prospecção de nichos de mercado e clientes, e ajudou a idealizar estratégias e eventos promocionais. Importantes frutos dessas primeiras mobilizações foram a criação da marca Rautihu e a pactuação coletiva de sua logomarca (a partir de um desenho da Hushahu, fundindo os *kenês awavena* e *runuã mapu*) além da realização da Semana Yawa, que promoveu o lançamento da Rautihu e de uma coleção de peças numa loja *pop-up* montada no Shopping Via Verde, em Rio Branco (AC) .

Já em 2015, um levantamento das vendas realizadas indicava um leque variado de clientes. À parte das eventuais encomendas, e da contínua venda a estrangeiros nos festivais e vivências, a Indigenous Celebration foi o cliente de maior relevância no biênio 2015-2016, um "mercado seguro" para a venda de peças com miçangas. Essa parceria também canalizou recursos para projetos na aldeia Mutum, com apoio para a promoção do Festival Mariri, visitas de estrangeiros, uma viagem de comitiva yawanawá a cidades dos EUA e uma exposição da arte yawanawá em galerias. Em 2017, após quase três anos de encomendas, as mulheres receberam a notícia de que novos pedidos não ocorreriam, pondo fim a um período de vendas com quantidades maiores e melhores preços, de animação das artesãs, de uma maior disponibilidade de miçangas, do crescimento da produção e da melhoria de sua qualidade.

FARM + RAUTIHU YAWANAWÁ

A FARM apareceu no horizonte dos Yawanawá exatamente nesse momento de incerteza e de ativa busca por mercados de maior monta. Mulheres yawanawá, portadoras de pulseiras e mensageiras da espiritualidade yawanawá, em visita ao Rio de Janeiro, chamaram a atenção de outras mulheres, membros da direção da empresa. Os contatos resultaram nas primeiras conversas de alinhamento, viagens ao Rio Gregório para saber do interesse das mulheres yawanawá e, por fim, numa primeira vista de Maria Júlia, que nos anos anteriores coordenara a produção e a venda, e de sua sobrinha Janete, à sede e a lojas da FARM no Rio de Janeiro.

O ano de 2017 foi dedicado à construção de entendimento sobre os objetivos e termos da possível parceria, à definição de peças-piloto e dos primeiros pedidos, à distribuição das miçangas e à entrega das primeiras peças (pulseiras e brincos). O seu lançamento pela FARM ocorreu em 2018, junto com a Coleção "O Coração é o Norte". Nesse mesmo ano, ocorreu a primeira viagem de equipe da FARM à aldeia Mutum para reunião presencial com as artesãs, a captação de imagens para a produção de material de comunicação e divulgação, seguida de visita das Yawanawá ao Rio de Janeiro para a produção de um lookbook. A nova coleção, "Natureza Feminina", além das peças com miçanga, incluiu roupas idealizadas pela cacique Mariazinha, com desenhos, de sua autoria, da pajé Hushahu e de artistas yawanawá, representando visões da espiritualidade, transformados em estampas. O lançamento ocorreu no Rio e contou com a presença de grande comitiva de mulheres yawanawá.

Datam de final de 2017 também as primeiras discussões da Ascy, por meio de Joaquim Tashkã e de sua esposa, Laura Soriano, representantes legais da Associação, com a FARM, visando à formalização da parceria. Os entendimentos, que estabeleceram as bases para a parceria, se estenderam ao longo dwe 2018, em reuniões que contaram com a assessoria jurídica de ambas as partes, ativa participação da Ascy, e definiram o modelo de negócio e os termos da continuidade da parceria nos anos vindouros, incluindo o apoio a "projetos sociais e ambientais" definidos pela Ascy, com base no Plano de Vida.

O evidente sucesso da parceria firmada entre a FARM e os Yawanawá nos últimos quatro anos pode ser atribuído a um conjunto convergente de fatores. Importa destacar, desde o início, o ambiente de diálogo aberto e franco que tem marcado entendimentos e negociações entre as partes, com vistas à construção conjunta de um projeto ajustado aos interesses mútuos e de ambas, conciliando visões e realidades distintas, em termos culturais e de negócios. Parte do sucesso deve-se ao reconhecimento pela FARM da legitimidade e do protagonismo da Ascy, enquanto instância de representação e responsável pela coordenação de várias iniciativas nas aldeias, em sinergia com as lideranças e famílias locais.

Outro fator crucial no modelo de negócios delineado pela FARM e a Ascy foi saber aproveitar o trabalho empreendedor que há vários anos era conduzido por Maria Júlia na coordenação local da produção das peças com miçangas e na articulação de uma extensa rede de artesãs. A manutenção desse protagonismo na organização, dando-lhe condições para fazer frente face às novas oportunidades propostas pela FARM, em termos das quantidades e qualidade das peças, e a mobilização de um número maior de artesãs e lideranças femininas em todas as aldeias e das relações institucionais mobilizadas no curso do trabalho, é parte fundamental da parceria e uma evidência do respeito e escuta que a FARM exerceu pelas formas, ao mesmo tempo tradicionais e contemporâneas, de organização do povo Yawanawá.

FORTALECIMENTO DE COSTUMES E TRADIÇÕES

A oportunidade de trabalhar em casa, perto da sua família e dos demais afazeres domésticos, em uma atividade que gera renda, é importante fonte de satisfação para as mulheres artesãs. O "trabalho da miçanga", dizem, é considerado tarefa individual da mulher, ainda que a artesã seja muitas vezes ajudada por filhas solteiras e noras que habitam na mesma casa. E que por ventura reúna parentes, afins e vizinhas numa mesma casa, geralmente quando estão começando as primeiras peças de um novo pedido, ou quando se ajudam para entregar pedidos no prazo acordado.

"Tirar um tempo" para o trabalho na miçanga exige, portanto, o planejamento das mulheres em relação ao conjunto de tarefas que pretendem desempenhar, ao longo do dia e do tempo, e a cooperação dos demais membros da família, dos filhos e do próprio marido. Esse planejamento, pessoal e familiar, envolve tanto as tarefas domésticas cotidianas, como as demais atividades, nos roçados, na produção de farinha, nas mobilizações coletivas (adjuntos, festas, reuniões) e nas viagens a outras aldeias ou à cidade de Tarauacá.

Foram unânimes os depoimentos das mulheres de que, para isso, é importante que os pedidos, o planejamento da produção e a disponibilidade de miçangas sejam sempre compatíveis com o ritmo dos trabalhos na aldeia, e não ao contrário. "Trabalhar para ter fartura, para gerar autonomia, e não para gerar dependência". Dado o considerável crescimento das quantidades de peças solicitadas pela FARM nos últimos três anos, e dada a necessidade de manter uma produção acontecendo, pactuada em pedidos anuais, para atender duas coleções (inverno e verão), importantes ajustes foram feitos no planejamento anual pela empresa, pela coordenação local e pela Ascy, atendendo as recomendações das artesãs. Esse planejamento – de forma a evitar pedidos com quantidades excessivas, encomendas em cima da hora, pedidos extras, demora na chegada das miçangas e a falta de certas cores necessárias de miçangas – foram pontos de aprendizado importantes para garantir fluxos adequados de trabalho das mulheres, permitindo-lhes conciliar, com tranquilidade e compromisso, os ritmos de suas tarefas com o trabalho da miçanga e a sua entrega nos prazos combinados.

Para essa conciliação, por exemplo, ficou pactuado que prazos da produção passariam a contar após concluídos o pagamento do adiantamento de recursos pela FARM à Ascy, a compra das miçangas em São Paulo e a sua chegada às aldeias. Os pedidos só devem ser distribuídos nas aldeias, com as respectivas quantidades por artesã, e a definição dos prazos de entrega, após as miçangas estarem efetivamente disponíveis, em todas as cores e quantidades necessárias.

Desde 2020, a chegada do sinal de internet em todas as aldeias ajudou muito na comunicação e nas discussões entre as artesãs, e na organização da produção, para distribuir os modelos das peças, explicar suas especificações, tirar dúvidas, pactuar prazos de entrega, checar o andamento da produção, e agilizar a reunião e escoamento da produção, além dos pagamentos das artesãs. Visitas das coordenadoras às aldeias têm sido mantidas, contudo não só para a distribuição das miçangas e o recebimento das peças, dizem, mas para que estejam sempre a par da situação e das necessidades de cada mulher – para assegurar uma justa distribuição dos pedidos de peças entre as aldeias e entre as artesãs em cada uma delas.

PRIORIDADES E PREMISSAS DO TRABALHO

Desde o início da produção coletiva das peças, segundo Maria Júlia, um critério central na distribuição das miçangas e na compra das peças artesanais foi o de priorizar as mulheres "mais necessitadas", de forma a contemplar aquelas que não tinham outras fontes de renda; oportunidade de vender a sua produção nos festivais e vivências; ou contatos, de parentes ou amigos, para vender seu produto fora das aldeias.

Essa postura continua a embasar a pactuação entre a Ascy, a coordenação local e a FARM nos acordos estabelecidos, reforçando, ainda, a importância de distribuir a produção por todas as aldeias e por um número amplo de artesãs: um total de 170 artesãs, que varia e ano a ano. E de que a prioridade na distribuição dos pedidos continue sendo dada a mulheres, chefes de família, que efetivamente moram na aldeia, e àquelas que, sem alternativas outras, têm na produção de peças importante, ou principal, fonte de renda. Ficou ressalvado que a distribuição de parte das peças pode também contemplar mulheres e jovens que estejam temporariamente na cidade, desde que com "um propósito": por exemplo, estudantes, em Tarauacá e Rio Branco, como forma de apoiá-las a custear parte de seus estudos.

MELHORIAS NA RENDA, VALORIZAÇÃO DO TRABALHO E EMPODERAMENTO DAS MULHERES

A valorização do trabalho das mulheres como artesãs não foi imediato, contudo. Muitas relatam a forte resistência inicial dos homens à dedicação das mulheres a um "novo" trabalho, que exigia tempo e dedicação. Nesse início, o tempo despendido no trabalho da miçanga era muitas vezes visto pelos maridos como "perda de tempo" em relação ao cumprimento das atribuições costumeiras das mulheres. Hoje, achando graça, as mulheres relatam episódios dos maridos que jogaram miçangas e peças fora, davam apelidos às mulheres e ameaçavam arrumar outra mulher que pudesse dar conta das tarefas da casa.

O gradual empoderamento das mulheres em suas casas e nas aldeias foi em boa parte resultado da renda e do poder de compra gerados pelo "trabalho" no artesanato. Hoje, os homens valorizam a atividade artesanal das mulheres, cooperam, engajam-se mais no cuidado das crianças e nas atividades domésticas, abrindo espaço para que elas se dediquem ao seu trabalho.

Nos últimos anos, a parceria das artesãs com a FARM, pelo retorno financeiro que tem gerado, contribuiu para relevantes transformações nas relações entre homens e mulheres e um real empoderamento feminino, processo que guarda similitude com o protagonismo por elas assumido na espiritualidade, nas artes, na música e até mesmo na organização política nas aldeias em períodos anteriores. Além do retorno financeiro, a valorização da produção artesanal como "trabalho" motivou transformações e uma maior igualdade de gênero no ambiente doméstico.

Como fato social, o trabalho na miçanga está ligado ao fazer compartilhado entre mulheres e pela afetuosa socialização de conhecimentos e um saber fazer às gerações mais novas. Transmissão de conhecimentos, portanto, que faz parte hoje da transformação dessas meninas em mulheres adultas, futuras chefes de suas próprias famílias e artesãs. Ofício e "trabalho" que são próprios das duas últimas gerações de mulheres, e que têm contribuído de forma pujante na renovação das expressões artísticas e da cultura yawanawá.

Há quase uma década, o sonho de encontrar alternativas para a organização coletiva da produção e comercialização dos artesanatos com miçangas mobilizou as mulheres yawanawá, e acabou gerando um novo coletivo: o das "artesãs", mulheres com sonhos, anseios e necessidades comuns, na busca de melhorias para suas famílias e aldeias, orgulhosas pela valorização conquistada e por fazer parte dessa organização e força feminina. Nos últimos anos, a parceria com a FARM tem contribuído, na visão das artesãs, para fortalecer essa união entre as mulheres e esse sonho compartilhado, também viabilizado pelo trabalho com as miçangas. O sentimento de orgulho das mulheres como artesãs passa também por saber que esse trabalho está sendo valorizado por sua beleza, apreciado por públicos amplos, por outras mulheres, "lá fora", no Brasil e em outros lugares, no mundo da moda, em meio a roupas também bonitas e belas.

A parceria com a FARM está ancorada em um fluído e construtivo ambiente de diálogo, negociações e a construção de consensos, com papel ativo da Ascy, da coordenação local e da empresa, que tem garantido a governança do projeto, a gestão de visões e interesses e o concreto equacionamento de desafios comuns de distintas ordens.

É de se destacar a postura de abertura e de escuta da FARM desde os primeiros entendimentos, sua flexibilidade nas negociações e seu respeito com as visões e demandas dos Yawanawá e da Ascy, sua organização de representação. Postura essa que tem incluído temas relacionados aos padrões e desenhos de estampas e peças e ao uso e tratamento de desenhos, imagens, cantos e marcas em materiais de comunicação e *marketing*, num contínuo processo de cocriação, respeitoso aos direitos Yawanawá e atento a obrigações com a empresa estabelecidas em contrato.

Os depoimentos das mulheres yawanawá são enfáticos em ressaltar os benefícios econômicos trazidos às suas famílias nos últimos anos, como fruto do "mercado seguro", mas também a valorização de uma atividade, pessoal e familiar, que exige dedicação, responsabilidade, qualidade e pontualidade. A parceria com a FARM e seus resultados artísticos e estéticos têm contribuído para dar expressiva divulgação à marca Rautihu e ao trabalho das artesãs, bem como visibilidade adicional à identidade, à cultura e às inovadoras iniciativas do povo Yawanawá, no Brasil e no exterior. ***(dezembro, 2022)***

A Autodemarcação do Povo Nawa[1]

Fabio Pontes | Jornalista, Amazônia Real

Alexandre Noronha | Fotógrafo, Amazônia Real

A ESPERA DE 22 ANOS PELO RECONHECIMENTO DE SEU TERRITÓRIO, AGRAVADA PELA POLÍTICA ANTI-INDÍGENA DO PRESIDENTE JAIR BOLSONARO (PL), MAIS OS IMPACTOS CAUSADOS PELO PROJETO DA CONSTRUÇÃO DE UMA RODOVIA NA FRONTEIRA BRASIL-PERU, LEVARAM O POVO NAWA A FAZER A AUTODEMARCAÇÃO DE SUA TERRA

A convite do cacique Railson Nawa e de outras lideranças indígenas, os repórteres Fabio Pontes e Alexandre Noronha navegaram, em julho de 2021, pelo Rio Moa e pelo Igarapé Novo Recreio, além de percorrer mais de 20 quilômetros numa trilha de mata fechada, vivenciando aquilo que pode ser considerado a saga do povo Nawa pela autodemarcação.

É uma saga protagonizada por homens, mulheres e crianças conscientes das ameaças a que estão sujeitos. Eles não se recusam a embarcar em bajolas em dias inteiros dentro da água ou da mata, abrindo trilhas de uma margem de igarapé a outra para proteger a terra indígena. Sem recursos, constroem tapiris nos limites do território reivindicado para sinalizar que, daquele ponto em diante, a área é de domínio de um povo que quer o direito de posse das terras ocupadas por seus antepassados.

Após quase serem extintos, expulsos das terras originárias no início do século passado, os sobreviventes agem por conta própria para evitar que os 53 mil hectares reivindicados sejam destruídos por novos invasores.

A JORNADA (DIA 1)

A TI Nawa fica à margem direita do Rio Moa, um dos mais importantes afluentes do Rio Juruá. O território fica em frente a outra Terra Indígena, a dos Nukini. Ao contrário dos vizinhos, os Nukini já estão com os seus 27.263 hectares demarcados e homologados desde o início dos anos 1990. Para chegar a ambos os territórios é necessário um dia inteiro de viagem subindo os rios Japiim e Moa, indo em direção ao ponto norte do Parque Nacional (Parna) da Serra do Divisor.

A região é uma das mais cobiçadas pela classe política acreana para o avanço de projetos na área de infraestrutura e prospecção de petróleo e minérios. O Parna da Serra do Divisor pode ser rebaixado para a categoria de Área de Proteção Ambiental (APA) caso o projeto de lei 6024, de autoria da deputada federal Mara Rocha (PL-AC) e do senador Márcio Bittar (MDB-AC), seja aprovado pelo Congresso. Caso isso aconteça, todas as atividades econômicas proibidas hoje estariam liberadas, entre elas a extração de madeira numa das regiões mais preservadas da Amazônia, com 837 mil hectares.

"Essa estrada pode ser acesso para uma mineração de ouro, ela pode acessar o petróleo também, que está aí nessa fronteira. Nós estamos aqui na boca dos igarapés. Então, caso isso venha a acontecer, acaba com as nossas vidas. Vamos morrer tudo intoxicado porque a água que bebemos é do rio e dos igarapés. Se explode um poço de petróleo aí, vamos todos morrer envenenados", diz o cacique Railson Nawa, que desde 1999 lidera o povo Nawa pela demarcação do território.

Pouco depois das 7h do dia 2 de julho de 2021, embarcamos numa bajola (lancha de pequeno porte) ancorada no porto Japiim, na cidade de Mâncio Lima, localizada no ponto mais ocidental do Brasil.

O movimento de embarcações subindo e descendo o Rio Moa é intenso. Neste caminho estão as aldeias Nawa e Nukini, que, além das margens do rio principal, espalham-se pelos igarapés. A casa do cacique Railson Nawa é o ponto de chegada da repor-

Dificuldades na navegação no Igarapé Novo Recreio.

tagem após dez horas de viagem subindo os rios Japiim e Moa. A jornada é feita na bajola impulsionada por um motor rabeta de 13HP, chamado apenas de motor 13.

A vegetação densa às margens do Moa formada por majestosas árvores – com destaque para a sumaúma – só é interrompida pelas casas solitárias dos ribeirinhos. Com o rio seco, formam-se praias de uma areia branca. São nelas que, ao fim da tarde, crianças e adultos mergulham no rio para o banho do dia. Em tábuas improvisadas ou dentro de canoas, as donas de casa lavam a louça e a roupa aos olhos de quem navega pelo Moa.

No começo de 2021, o cenário ali era bem diferente. Se naquele começo de "verão amazônico" as praias predominavam, entre janeiro e março tudo estava tomado pelas águas. As casas nas partes mais baixas ficaram quase encobertas pela cheia do Moa, provocada por um período de chuva que transbordou mananciais, deixando milhares de desabrigados no Acre.

"A água chegou até aqui", mostra o cacique Railson Nawa ao levar a reportagem até a entrada da escola da aldeia Novo Recreio, localizada a 300 metros de distância da margem do Moa. A casa de Railson, de frente para o rio, ficou com água quase no teto. A aprazível varanda onde a reportagem armou as redes para passar a primeira noite na Terra Indígena Nawa não estaria à vista no começo do ano.

Não fosse o frio intenso da noite, o sono teria sido perfeito. A madrugada gelada é compensada por um belo acordar, tendo como paisagem o Moa e um paredão de floresta virgem na outra margem. Ar puro, o cheiro da floresta.

Não há muito tempo para apreciar o visual da varanda do cacique. É só o tempo de fazer a higiene na água gelada do Moa, tomar café com bolacha, desarmar as redes e colocar tudo nas mochilas e nas bajolas – de novo. Os *txai* – que quer dizer "amigo" no tronco linguístico pano e é usado entre os indígenas acreanos em suas saudações – já haviam colocado toda a bagagem nas embarcações. O dia seria longo e era preciso aproveitar cada minuto com a luz do sol. O Igarapé Novo Recreio nos esperava.

CUIDADO QUE TEM PORAQUÊ AQUI – (DIA 2)

Antes das 7h30, a bajola desancorou da praia em frente à casa do cacique Railson Nawa, rumo ao ponto limite da TI Nawa com o Parna da Serra do Divisor. O local é conhecido como Pão de Açúcar, nome de uma das colocações que formavam o antigo seringal Novo Recreio.

Os Nawa têm um modo diferenciado de ocupar a terra. Apesar das áreas serem identificadas como aldeias, eles não vivem em aldeamentos, reunidos num mesmo ponto. As casas estão localizadas ao longo do Novo Recreio, distantes umas das outras. Quando há um número maior de casas, são pessoas da mesma família: o filho ou filha que se casou e construiu um imóvel no mesmo terreiro, por exemplo.

As casas dos Nawa são construídas às margens dos barrancos. No silêncio da floresta, o ronco da rabeta se ouve desde muito longe. Nas janelas das casas ou sentados em bancos às margens do igarapé, os parentes veem a "flotilha" da autodemarcação subir o Novo Recreio.

Até o encontro com o Igarapé Tapada, a navegação flui bem. Apesar do baixo volume de água, é possível navegar sem riscos de "topar" com um banco de areia ou um tronco de árvore submerso. As cabeceiras do Igarapé Tapada, dizem os Nawa, são passagens dos "parentes brabos" – como se referem aos indígenas isolados.

Ao pegar o remo e sentar na primeira banqueta da bajola, Paulo deixou evidente que o caminho até o destino seria difícil. Fosse apenas o nível muito baixo do igarapé, a viagem poderia fluir sem tantos percalços, pois bastava toda a "tripulação" desembarcar da bajola e empurrá-la. O problema está em "quase" uma Floresta Amazônica inteira caída de uma margem à outra do estreito Novo Recreio. Toras gigantescas cruzam o igarapé. Quando não são os troncos, são as copas de sumaúmas, apuís, gameleiras, entre outras. Quando galhos e troncos se amontoam nos rios e igarapés, formam-se os balseiros.

E, até chegar ao destino, há dezenas, centenas deles. Ao contrário da viagem pelo Moa, onde foi possível descansar as costas deitando nos estrados da embarcação, no Novo Recreio isso não acontece. Quando não é possível o barco passar por cima dos troncos ou entre o balseiro, a única solução é todo mundo cair na água para reduzir o peso.

Com a bajola encalhada em cima de um tronco, o repórter-fotográfico Alexandre Noronha se preparava para sair quando foi avisado: "Cuidado que tem poraquê aqui". Voltou rapidinho. Ninguém quer tomar um choque dentro d'água do peixe-elétrico. Quando a árvore cai numa posição em que não é possível seguir destino, só há um jeito: cortá-la com a motosserra. A reportagem conseguiu contar as 15 vezes em que o ronco das rabetas foi substituído pelo da motosserra.

À medida que o dia avançava, o calor se intensificava e a fadiga chegava, a contagem foi perdida. Ficou incontável a necessidade de cortar uma tora no meio do caminho. Perto das 11h, mais uma parada para outra merenda – agora é o almoço.

Cacique Railson Nawa lidera picada na floresta.

Numa prainha de areia molhada e gelada, o povo se reuniu para comer a farofa de calabresa com arroz e peito de frango frito. Logo de cara foi possível ver o rastro da onça que passara ali no dia anterior. O tamanho das patas do felino impressionam. A mão fechada de um adulto se encaixa perfeitamente no rastro. Ainda bem que aportamos ali bem depois da hora da onça beber água. Em outras praias há rastro da anta, o animal que na tradição oral dos Nawa explica a origem do povo.

Na etimologia dos povos indígenas da Amazônia, suas origens estão relacionadas com os diferentes seres vivos da floresta. O *awa* ("anta" na língua pano) está na tradição dos Nawa como o animal de onde foram concebidas as duas mulheres que deram origem ao povo. O nome Nawa refere-se ao outro, à gente, ao povo. Nawa passou a ser forma genérica como os brancos se referiam aos povos indígenas do Juruá, após o encontro do explorador inglês William Chandless com os Noke Ko'i (Katukina), numa expedição liderada por ele no fim do século XIX.

Ao se depararem com os forasteiros, os indígenas os chamavam de Nawa. De fácil assimilação, a palavra, então, foi incorporada ao vocabulário dos brancos para fazer referência aos povos nativos. Não por acaso, a região que forma o Vale do Juruá é conhecida como a terra dos Nawa, ganhando diferentes grafias: naua, nahua, náuas. Após o contato com os invasores, os indígenas passaram a sofrer perseguições e eram mortos ao desenvolverem doenças às quais seus corpos não tinham defesa.

Os que hoje fazem a autodemarcação do território afirmam ser descendentes da última indígena nawa. Ela escapou de ataque às malocas na região conhecida como estirão dos Nawa, localizada no encontro do Rio Moa com o Juruá. Com seus filhos e o marido seringueiro, a ancestral entrou pela mata e subiu o Moa até chegar à região hoje habitada por seus descendentes. O cacique Railson, por exemplo, é bisneto da "última Nawa", cujo nome indígena é Mary Kuni (pronuncia-se mariruni), depois aportuguesado para "Mariana".

"O motivo de fazer esta autodemarcação, junto com o povo, é por conta de muitas invasões dentro de nossa terra. Eu, conversando com o povo, falei que estamos com

22 anos de luta. E esperar mais 22 anos, quando não tiver mais nada dentro das terras, aí não tem mais importância. Então vamos cuidar enquanto é tempo", diz o cacique.

A primeira ação de autodemarcação aconteceu no dia 22 de maio, quando eles abriram as trilhas que separam a terra indígena do Parna da Serra do Divisor.

Refeição feita, era preciso seguir viagem. Às 17h30, chegamos ao Pão de Açúcar. É uma área pequena, recém-aberta pelos Nawa, durante a primeira viagem da autodemarcação. As casas de madeira e de telhas brasilite são substituídas por tapiris cobertos com lonas.

MAIS DUAS TERRAS E ESTAMOS LÁ – (DIA 3)

Para os Nawa, aquela epopeia foi apenas mais um deslocamento rotineiro. Eles já estão acostumados a passar dias inteiros dentro da mata para caçar, andando distâncias e mais distâncias.

Logo cedo, ainda sem os raios de sol, eles já estão de pé se preparando para o trabalho de checar como está a trilha que separa o território tradicional da Unidade de Conservação. São essas trilhas que funcionam como a autodemarcação da TI Nawa. Ao abrir esses caminhos – fazendo apenas o corte de galhos e troncos – eles têm melhores condições de fiscalizar a área, facilitando o deslocamento no interior da mata para saber se a TI vem sendo invadida por caçadores ou impactada pela expansão das fazendas no entorno.

Naquele 3 de julho, a meta era chegar ao limite oeste da TI, saindo da margem esquerda do igarapé Novo Recreio e indo até a margem direita do Jesumira. Os cursos d'água são os limites naturais que definem a TI Nawa. A oeste está o Igarapé Jesumira, e a leste, o Jordão. Ao norte, há o rio Moa, e ao sul, o divisor de águas com o Parna da Serra do Divisor.

Assim, ficou delimitado o território em audiência de conciliação realizada no dia 15 de outubro de 2003, na sede da Justiça Federal em Rio Branco/AC. Nesta mesma audiência também ficou definido que o governo brasileiro, por meio da Funai, reconheceria a existência de mais um povo indígena: os Nawa. Além da Funai, estavam à mesa o Ibama, o Incra e o Ministério Público Federal. O cacique Railson Nawa representava a comunidade.

Ao final, o juiz federal David Wilson de Abreu Pardo estabeleceu o prazo de três meses para que a Funai fizesse a identificação e delimitação da TI Nawa. Em 19 de novembro daquele ano, a fundação baixou a Portaria 1.071 para iniciar o processo de identificação do território. Os três meses já se transformaram em 18 anos e até hoje os Nawa não tiveram o processo de demarcação concluído, cabendo a eles fazer a autodemarcação.

Como o território não está oficialmente demarcado, não há as coordenadas geográficas dos limites. Na sabedoria tradicional dos Nawa, os igarapés são os marcos naturais do território. Eles definiram esses limites a partir dos relatos de seus pais e avós sobre por onde costumavam andar quando os primeiros Nawa chegaram à região.

A criação do Parna da Serra do Divisor, em junho de 1989, colocou os Nawa, e todos os moradores ribeirinhos cujas propriedades ficaram dentro dos 837 mil hectares da unidade de conservação, num impasse jurídico. Por se tratar de um parque, categoria de proteção integral, a presença de moradores não era permitida.

A partir daí, o Ibama, então responsável pela gestão das unidades de conservação no país, iniciou o processo para reassentar as famílias que ficaram dentro do parque, incluindo os Nawa. Em 1999, o Ibama iniciou o cadastramento das famílias para saber quem era quem dentro do parque, e levá-las para outra área.

Foi a partir disso que foi descoberta a presença de outro grupo indígena morando no entorno do Parna, além dos Nukini, que já estavam com seus 23 mil hectares, na margem esquerda do Moa, homologados desde 1992. Até 1999, a presença do povo Nawa era oficialmente desconhecida.

Vítimas de um processo de extermínio ao longo do século passado, os próprios Nawa não se identificavam como indígenas. Assim eles foram orientados pelos antepassados, afirmam, para não sofrerem com as perseguições e preconceitos.

Contudo, estudos antropológicos feitos pela Funai nas décadas de 1970 e 1980 já apontavam a presença de um grupo indígena vivendo à margem direita do Moa. Para os responsáveis pelos estudos, tratava-se de misturas de Nukini com caboclos ou de Nukini com os Puyanawa, outro povo cujas aldeias estão no município de Mâncio Lima.

Foi a partir da visita dos agentes do Ibama que eles passaram a se auto identificar como Nawa. "Eles não acreditaram na gente. Disseram que não podia ser verdade porque os Nawa já tinham sido extintos, não havia mais Nawa", diz o cacique Railson Nawa.

Foi a visita à casa de dona Chica, a anciã do povo, com 88 anos, que levantou a suspeita de que eles realmente formavam um grupo indígena. A descoberta de um cemitério no quintal de dona

© ALEXANDRE CRUZ NORONHA/AMAZÔNIA REAL, 2021

Pausa para descanso dentro da floresta.

Chica chamou a atenção, pois não é tradição das comunidades ribeirinhas enterrar os familiares perto de casa.

Além dos cemitérios, malocas, cerâmicas e artefatos foram descobertos à medida que se avançava pelo Igarapé Novo Recreio. Diante de tantas evidências, não havia mais como deixar de reconhecer a presença de mais um povo indígena dentro do Parna da Serra do Divisor.

Daí em diante, a Funai assumiu a questão para fazer os estudos de reconhecimento oficial da nova etnia e iniciar o processo de demarcação das terras. A queda de braço entre Funai e Ibama é vista como uma das causas para tanta espera.

Francisca Nazaré da Costa Nawa, a dona Chica do Celso, morreu no dia 27 de janeiro deste ano, vítima de uma infecção generalizada. Ela era a memória vida dos Nawa. Foi a partir dos relatos da anciã e dos conhecimentos tradicionais dela que os Nawa foram reconhecidos como povo indígena e que foi iniciado o longo processo de demarcação do território. Dona Chica morreu sem ver as terras de seu povo reconhecidas pelo governo.

Procurada, a Funai respondeu que "em relação à previsão para continuidade do processo de estudos da área reivindicada", consta no planejamento anual a "realização de etapa de campo complementar no âmbito do procedimento".

"Contudo, a Funai esclarece que, devido à pandemia de covid-19, foi editada a portaria 419/PRES/2020, prorrogada pela Portaria 183/PRES/2021, que restringe o contato entre agentes da Funai e indígenas ao essencial, o que impactou o planejamento das etapas de trabalho de campo do órgão", diz a nota enviada pela assessoria de imprensa. O processo de demarcação está na fase de identificação do território.

DA AUTOIDENTIFICAÇÃO À AUTODEMARCAÇÃO (DIA 4)

Tiramos a segunda-feira, 3 de julho, para conhecer ainda mais sobre a história Nawa, seus cantos, artesanatos, danças e o esforço para recuperar a identidade cultural. Negar as raízes indígenas foi a forma encontrada pelos Nawa – e outros povos da região – para escapar dos efeitos devastadores da discriminação – presente até hoje.

"Nossos parentes tinham medo de falar na língua deles para não serem denunciados, para não ficarem identificados como índios e sofrerem perseguição", explica a professora e liderança feminina Anália Nawa. Ela é uma das responsáveis por conduzir os Nawa neste processo de recuperação cultural. Um de seus trabalhos principais é recuperar a língua. Os Nawa pertencem ao tronco linguístico pano.

Conforme os estudos antropológicos feitos a partir da auto identificação, os Nawa são descendentes de outra população indígena que habita a Bacia do Rio Juruá: os Shawãnawa, também chamados de Shawãdawa, ou simplesmente os Arara. O sertanista txai Marcelo Macedo foi um dos estudiosos que participaram, no início dos anos 2000, das pesquisas antropológicas feitas pela Funai para descobrir a origem daquela população que exigia a identidade Nawa.

Segundo ele, os Yawanawa fizeram ataques às aldeias Shawãdawa em busca de mulheres para assegurar a posteridade. Conforme Macedo, ao ficar sob ataque dos Yawanawa, duas meninas shawãdawa conseguiram escapar embarcando num casco de paxiúba (paxiubão), descendo o Rio Juruá à deriva.

Após dias navegando perdidas, as meninas passaram em frente a um dos maiores seringais da época, que se transformaria na cidade de Cruzeiro do Sul. Elas foram resgatadas e passaram a trabalhar para a esposa do seringalista. Os nomes das duas shawãdawa eram Mary Kuni e Xikaka. Passado um tempo, elas foram dadas em casamento para dois funcionários do seringal: um seringueiro e um marceneiro.

Mary Kuni, que é a matriarca dos Nawa, hoje moradores do Novo Recreio, casou-se com o seringueiro José Vicente, o Vicente Peba. Conforme os estudos, os agora autoidentificados Nawa são descendentes da união entre a shawãdawa Mary Kuni e o seringueiro Vicente Peba.

A outra Arara, Xikaka, passou a ser chamada de Francisca Borges de Paiva e permaneceu na região que é hoje a cidade de Cruzeiro do Sul. Sua descendência também é denominada Nawa, mas nem todos reivindicam a identidade indígena.

Neste século de história, os casamentos entre indígenas e caboclos passaram a ser mais do que comuns, além da união de pessoas dos mais diferentes povos indígenas. No Rio Moa, como exemplo, é bastante comum o casamento dos Nawa com os Nukini, cujos filhos são chamados nas brincadeiras entre eles de "nukinawa".

Estima-se que Mary Kuni tenha tido ao menos 11 filhos. Seus netos, bisnetos e tataranetos permaneceram habitando as margens dos igarapés do território, agora reivindicado e autodemarcado. Aos poucos, eles recuperam a identidade cultural que foram obrigados a renegar para sobreviver aos macabros tempos das correrias, em que, como costumam dizer, "os parentes eram caçados a dente de cachorro".

Os dias de ficar ali no limite entre a TI Nawa e o Parna da Serra do Divisor chegaram ao fim. E, assim, cada Nawa segue de volta para casa, com a sensação de dever cumprido ao demarcar e proteger a terra. *(fevereiro, 2022)*

NOTA

[1] Editado a partir da reportagem "A autodemarcação do povo Nawa", publicada originalmente em novembro de 2020 pela Amazônia Real.

GERAL

ACRE ANUNCIA INVESTIMENTO DE R$ 75 MILHÕES PARA BENEFICIAR POVOS INDÍGENAS

O governo do Acre anunciou que deve investir R$ 75 milhões em políticas públicas voltadas aos povos indígenas até o final da gestão, no próximo ano. Segundo o assessor especial da área, Zezinho Kaxinawa, os recursos devem atender principalmente a produção rural, educação e incrementar o artesanato. Na área produtiva, o investimento vai atender as 34 terras indígenas do estado. "São diferentes fontes de financiamento. Alguns serão feitos por meio de convênios com organizações indígenas através de editais. Nas terras sem associações, vai ser executado pelo próprio governo, de acordo com a demanda e necessidades", explica. Em relação à educação, Kaxinawa afirma que o recurso inclui a reforma das seis escolas de ensino médio que atendem o estado. Além disso, um concurso público - para "professores indígenas, principalmente os com magistério e superior" deve ser realizado no próximo ano. O assessor acrescenta que deve ser readequado o espaço destinado à venda do artesanato e ainda incrementado o apoio à produção da arte indígena. *(C. Fugêncio, G1 08/06/2017)*

RELATOS REVELAM DESCASO COM A POPULAÇÃO INDÍGENA

Embora tenham ocorrido avanços nos direitos dos povos indígenas, as condições de saúde vividas por eles ainda são bastante precárias no Norte do País. É o que mostram os resultados de uma pesquisa realizada na Faculdade de Saúde Pública da USP, que traz depoimentos de lideranças indígenas do Estado do Acre. A coleta de dados foi realizada em 2012 e revelou a situação de negligência das autoridades públicas ante a situação vivida pelos povos indígenas naquela região. Quatro caciques das etnias Huni Kuin, Katukina do Acre e Kuntanawa – esta última quase extinta durante os massacres do ciclo da borracha na região – gravaram seus relatos, alguns destes, inclusive, envolvendo a morte de seus próprios familiares. O resgate da etnia Kuntanawa se deu a partir de memórias das mulheres indígenas que escaparam do genocídio e se casaram com seringueiros. *(I. Ferreira, Jornal da USP, 18/07/2017)*

CULINÁRIA, ARTESANATO, DANÇA E TROCA DE SEMENTES

Uma mostra da culinária indígena, artesanato, dança e troca de sementes marcou o encerramento do Encontro de Mulheres Indígenas, na última quinta-feira, 31, no Centro de Formação dos Povos da Floresta, na Transacreana. Mais de 100 mulheres, de 25 povos, debateram durante três dias temas para o fortalecimento de sua participação na vida produtiva, cultural, espiritual e política das aldeias e dos povos indígenas. Na mostra de culinária os pratos foram elaborados pelas mulheres das etnias Kichuw-Runa, Yine e Shibiro, no Peru, Arara Shawãdawa e Jaminawa Arara (Acre), Wajãpi (Amapá), Wayana (Pará) e Kawaiwete (Xingu). *(R. Farias, Notícias Acre, 02/09/2017)*

© DANTE NOVAES / CPI-ACRE, 2017

Encontro de Mulheres Indígenas no Acre.

INDÍGENAS FAZEM PROTESTO E EXIGEM SAÍDA DE COORDENADOR DO DSEI

Cerca de 60 indígenas se reuniram em frente do Distrito Sanitário Especial Indígena, na Rua Rio de Janeiro, em Rio Branco, para pedir a saída do coordenador do órgão, Sérgio Oliveira. Os indígenas são das etnias Jamamadi, Apurinã, Jaminawá e Kaxarari. De acordo com o representante do conselho da organização do Dsei, José Souza, mais conhecido como Zezinho Kaxarari, as lideranças estão insatisfeitas com o trabalho do atual gestor. *(A. Nascimento, G1, 28/03/2017)*

INDÍGENAS E GOVERNO AVALIAM RESULTADOS O PROGRAMA REM

Durante dois dias de atividades, o Seminário de Avaliação do Programa REDD Early Movers (REM) discutiu os resultados do investimento do governo do Acre, em parceria com o Banco Alemão de Desenvolvimento KfW, em políticas de baixa emissão de carbono. Ao todo, foram oito painéis de debates que avaliaram os números dos projetos de conservação florestal e melhorias nas comunidades tradicionais. Com o investimento do REM, ainda foi possível consolidar o Plano de Gestão Territorial e Ambiental de Terras Indígenas e a formação de 199 agentes agroflorestais indígenas, que agora atuam nas aldeias no manejo sustentável dos recursos naturais e na preservação de sementes. "Lutar pela conservação de terras indígenas é contribuir para a contenção do desmatamento na Amazônia", analisa Malu Ochoa, da Comissão Pró-Índio (CPI) do Acre, instituição responsável pela formação dos agentes agroflorestais. *(B. Caleb, Notícias do Acre, 18/07/2017)*

MULHERES INDÍGENAS FORTALECEM CULTURA E EMPODERAMENTO POLÍTICO

Celebrando a cultura e a certeza da força feminina na construção das políticas nas aldeias do estado foi realizado ontem, 31, o encerramento do Encontro de Mulheres Indígenas no Acre. A vice-governadora, Nazareth Araújo, esteve no evento e levou a mensagem da luta contra o preconceito que o Estado faz quando trabalha as políticas públicas voltadas para a comunidade indígena. Francisca explica que, como resultado do encontro, sairá um documento com decisões conjuntas, construídas a partir da troca de experiência entre as mais de 100 participantes, de 25 povos, do Acre, Roraima, Amapá, Amazonas, Mato Grosso e da região de Madre de Dios (Peru). Esse sentimento de empoderamento na tomada de decisões já pôde ser sentido entre as participantes do encontro. Muitas delas, já trabalham a liderança e a busca de melhorias nas aldeias de todo o estado, entre os rios e varadouros. *(Notícias do Acre, 31/08/2017)*

ESTUDANTE INDÍGENA VAI À POLÍCIA APÓS RECEBER CARTA COM OFENSAS NA UFAC

A Polícia Federal do Acre investiga um caso de racismo registrado na Universidade Federal do Acre (Ufac), campus Floresta, em Cruzeiro do Sul. Na última quarta-feira (18), a estudante de pedagogia Kethyla Taiane Shawanava de Almeida, de 18 anos, foi surpreendida com uma carta deixada para ela com ofensas racistas. "Não sei quem teve a brilhante ideia de misturar pessoas normais com índios", diz trecho. De acordo com o delegado Fabrício Silva, o objetivo é identificar o autor da carta. "Estamos tomando todas as medidas necessárias para tentar chegar ao autor desse suposto crime o quanto antes. Por enquanto não temos nenhuma suspeita", finaliza. *(A. Carvalho e T. Muniz , G1 Acre, 21/10/2017)*

POVO XINANE ENFRENTA RISCOS E CHOQUE CULTURAL NA PERIFERIA DE RIO BRANCO

Há oito meses Shirimaku e Hainuno, indígenas de recente contato com a sociedade nacional denominados de "povo do igarapé Xinane" pela Funai, decidiram por conta própria viajar de barco com mais três parentes, Purus, Hamistar e Kada, da Terra Indígena Kampa e dos Isolados do Alto Envira, na fronteira do estado do Acre com o Peru, até a cidade de Feijó. A viagem de 519 quilômetros de distância do território tradicional foi monitorada por servidores da Frente de Proteção Etnoambiental (FPE) Envira, subordinada à Coordenação-Geral de Povos Isolados e Recém Contatados (CGIIRC), e se estendeu à Sena Madureira, mas os jovens decidiram seguir posteriormente até a capital do estado. A Funai afirma na nota que conscientizou e esclareceu aos indígenas do Xinane "sobre os riscos da cidade, sobretudo, os epidemiológicos, mas os índios tinham muito curiosidade e viajaram por conta própria." "O povo indígena do Xinane, por sua condição de contato recente, possui reduzido conhecimento dos códigos e valores, ou incorporação dos usos e costumes da sociedade envolvente, embora mantenha significativa autonomia sociocultural e econômica", explicou a fundação na mesma nota. O órgão explicou na nota de agosto de 2017 que a viagem do grupo era guiada por servidores. "O fato de eles terem tomado a iniciativa própria de conhecer a cidade, já revela um passo adiante na qualificação de diálogos com eles. Essa visita guiada pela equipe poderá, também, contribuir rumo à garantia de um maior grau de autonomia do povo indígena do Xinane." *(F. Antunes, Amazonia.org, 28/03/2018)*

GEOGLIFO INDÍGENA É O PRIMEIRO A SER TOMBADO NO BRASIL

Com um formato que lembra a bandeira do Brasil, o geoglifo do Sítio Arqueológico Jacó Sá, em Rio Branco (AC), foi tombado nesta sexta-feira, 9, pelo Iphan. O registro, escavado no solo há cerca de 2,5 mil anos, segundo estimativas, é o primeiro do tipo a ser reconhecido pelo órgão de patrimônio, embora o País tenha mais de 500 na região amazônica, na área próxima da Bolívia. Chamados também de "tatuagens da terra", os geoglifos são formados por escavações no solo, valetas e muretas, criando figuras geométricas. *(P. Mengue, Terra, 10/11/2018)*

CORPO DE BOMBEIROS RESGATA CRIANÇAS INDÍGENAS COM SINAIS DE DESNUTRIÇÃO

Na semana passada, cinco crianças se perderam ao adentrarem numa floresta, localizada no km 55, da BR-364, dependências da comunidade Katukina. A busca pelo Corpo de Bombeiros durou dois dias e teve o apoio de homens do Exército Brasileiro, Funai, Polícia Federal e moradores locais. Todos receberam atendimento médico de imediato e foram encaminhados em seguida ao Hospital do Jurua para a realização de exames e outros cuidados médicos necessários. Após a alta as crianças foram encaminhadas junto com os pais à Funai. *(News Rondônia, 21/04/2019)*

ASHANINKA

A FLAUTA DO PREFEITO ÍNDIO

O primeiro prefeito indígena eleito no Acre, o ashaninka Isaac da Silva Piyãko, de 44 anos, só tomou posse no dia 1o de janeiro de 2017 porque arrombou a porta do gabinete da Prefeitura do município de Marechal Thaumaturgo. É que seu antecessor fugiu com as chaves. "Um índio governar um município habitado por muitos não indígenas é uma alegria e um privilégio" - disse Isaac, resumindo o sentimento de seus colegas que estão conscientes de que se não realizarem boa administração, o preconceito aumentará. Os prefeitos contarão com o apoio de vereadores indígenas entre os 167 índios eleitos para câmaras municipais em todo o país. *(J. R. Bessa Freire, 16/01/2017)*

ASHANINKA E EUROPEUS INAUGURAM O 1º ECOMERCADO INDÍGENA DO BRASIL

A partir do dia 31 de março, em Marechal Thaumaturgo, no coração da Floresta Amazônica, detritos plásticos e latas de alumínio

ODAIR LEAL/AMAZÔNIA REAL, 2018

Há oito meses Shirimaku e Hainuno, indígenas de recente contato com a sociedade nacional denominados de "povo do igarapé Xinane" pela F(Funai,decidiram por conta própria viajar de barco com mais três parentes, Purus, Hamistar e Kada, da Terra Indígena Kampa e dos Isolados do Alto Envira, na fronteira do estado do Acre com o Peru, até acidade de Feijó.

poderão ser trocados por alimentos cultivados localmente. O primeiro ecomercado indígena do Brasil será inaugurado, por meio de uma parceria entre a Fundação House of Indians, instituição holandesa com sede em Bruxelas (Bélgica), e a tribo Ashaninka do Rio Amônia, no Vale do Juruá. O projeto, que nasceu em 2014, é uma resposta ao excesso de detritos na região. O princípio é simples: permitir aos clientes de pagar a suas compras com plástico e alumínio. O ecomercado oferecerá alimentos e artesanato originário da cultura local, reforçando a economia indígena, favorecendo uma agricultura ecologicamente durável e garantindo às comunidades os meios de permanecerem proprietários de suas terras e simultaneamente protegendo a floresta. Para Benki Pyãko, líder ashaninka: "Hoje, as comunidades indígenas das florestas tropicais tornam-se atores essenciais na proteção da Amazônia. Vivemos a consequência direta do crescimento do contato entre as populações e a consumo industrial (garrafas, sacos e embalagens plásticas, latas de alumínio). Infelizmente as políticas de reciclagem são raras nas regiões rurais da floresta, por isso temos de agir", enfatiza. A gestão do empreendimento será da tribo Ashaninka, que irá cuidar do estoque de alimentos, da negociação com os fornecedores e da manutenção do estabelecimento. *(Terra, 17/03/2017)*

NA COP23, ASHANINKA APRESENTAM EXPERIÊNCIA DE SUCESSO DO FUNDO AMAZÔNIA

Dentro da programação do Amazon Bonn, dia dedicado aos estados que compõem a Amazônia Legal na COP23, foram apresentadas experiências de sucesso feitas com recursos do Fundo Amazônia, programa do governo federal com apoio de países parceiros. Uma dessas histórias foi o trabalho realizado pela Associação Ashaninka do Rio Amônia Apiwtxa (termo que significa união), situada no município de Marechal Thaumaturgo, no Acre, na fronteira com o Peru. Um dos líderes da comunidade, Isaac Pianko, falou da importância dos investimentos para a gestão territorial e ambiental em terras indígenas situadas na região do Alto Juruá. *(R. Moreira, Notícias do Acre, 15/11/2017)*

BENKI PIYÃCO PODE SER CONDENADO POR PROCURAR A PF E RELATAR AMEAÇAS

Após conflitos por ocupação de terra na cidade de Marechal Thaumaturgo/AC, em abril de 2015, Benki Piyãco, líder Ashaninka (comunidade indígena localizada na região conhecida como Alto Juruá, Estado do Acre), fez denúncia à Polícia Federal para relatar os riscos de violência que estava sofrendo, em razão de sua atuação como agente agroflorestal e líder da Associação dos Ashaninkas do Rio Amônia - Apiwtxa. Os responsáveis pela investigação do caso foram até a sede do município e, após ouvir apenas os acusados, decidiram por arquivar a denúncia. Sem ouvir Benki Piyãnco ou qualquer uma das pessoas da Associação dos Ashaninkas do Rio Amônia - Apiwtxa, a autoridade policial indiciou Beki e pediu a abertura de ação penal, contra o próprio indígena, pelo crime de denunciação caluniosa. O MPF do Acre aceitou o indiciamento e propôs ação penal contra Benki Piyãnco e, agora, o líder Ashaninka pode ser condenado à pena de até oito anos de prisão. O processo tramita na 1ª Vara Criminal da Comarca de Cruzeiro do Sul/AC, está em fase de alegações finais para defesa e acusação e será julgado em breve na 1ª Vara Criminal da Comarca de Cruzeiro do Sul/AC. O advogado responsável pela defesa de Benki é Antonio Rodrigo Machado, também atuante na defesa do Povo Ashaninka em outras causas contra madeireiros. Nas palavras do advogado, "Benki Piyãnco procurou o Estado brasileiro para receber proteção das forças policiais e, em sentido oposto, está sentado no banco dos réus, acusado de um crime que não cometeu. Ao ser escolhido pela seletividade do sistema criminal brasileiro, não é apenas a liberdade de Benki que está em risco, mas sim o próprio respeito desse país aos Povos da Floresta e toda sua cultura". *(I. C. Trajber, Combate ao Racismo Ambiental, 16/03/2018)*

FOTOS FEITAS POR ASHANINKA DE UMA ALDEIA NA FRONTEIRA DO ACRE COM O PERU

Isolada em uma área remota entre Acre e Peru, a tribo ashaninka do Rio Amônia quer, justamente, aparecer mais. Suas lideranças veem na produção e difusão de fotos pela própria tribo uma ferramenta de comunicação, defesa de direitos e preservação de sua cultura . Com este pensamento, os ashaninka buscaram o fotógrafo Pedro Kuperman para aprender seu ofício. Em parceria com o Instituto-E e a Unesco, ele tem desenvolvido oficinas de fotografia na tribo. A terceira delas, bancada com crowdfunding e participação de Jaqueline Todescato, foi em setembro. *(E. Urbim, O Globo, 10/11/2018)*

STF JULGARÁ PRESCRIÇÃO DE DANO AMBIENTAL CONTRA FAMÍLIA DO GOVERNADOR DO AC

O STF deverá definir no próximo dia 11 de setembro, se dano ambiental é passível de prescrição e se sim, qual seria este prazo. O caso em questão diz respeito a uma disputa que dura mais de 20 anos, entre a família do governador do Acre, Gladson Cameli (PP) e os povos indígenas Ashaninka. Os índios acusam as madeireiras da família do governador de invadir suas terras para explorar madeiras nobres. Segundo os indígenas, as invasões ocorreram em três ocasiões: 1981, 1985 e 1987. Em 1996, a Associação Ashaninka do Rio Amônia (Apiwtxa), denunciou os donos das empresas madeireiras à justiça. A Ação Civil Pública de indenização se arrasta há mais de trinta anos no sistema judiciário brasileiro. *(E. Mota, Congresso em Foco, 08/09/2019)*

HUNI KUIN

LÍNGUA INDÍGENA COMEÇA A SER ENSINADA NO CENTRO DE LÍNGUAS DO ACRE

Como parte do planejamento para as aulas de línguas indígenas no estado, o Centro de Estudo de Línguas (CEL) realizou nesta segunda-feira, 26, uma oficina sobre a Hãtxa kui, língua matriz do povo Huni Kui. Cerca de 30 professores do CEL participaram da aula, ministrada pelo professor-doutor em linguística Joaquim Mana Kaxinawa. Para o professor e pesquisador, "a escrita surge para fixar todo o conhecimento da convivência de um povo", por isso é tão importante a organização e propagação de sua língua. Entusiasta da ideia de fortalecer a educação e cultura indígena do Acre, o governador Tião Viana está garantindo todo o apoio para a produção dos livros didáticos e para o ensino da língua, como está ocorrendo no CEL. *(A. Jardim, Agência Acre, 27/02/2018)*

AMAZÔNIA EM CHAMAS: HUNI KUIN PERDEM ANIMAIS E ÁRVORES EM INCÊNDIO

Há seis dias, um incêndio florestal consumiu por três horas 50% da área de dez hectares da comunidade indígena do povo Huni Kuin, denominada de Centro Huwã Karu Yuxibu (em português "o dom das medicinas"), que fica dentro da APA do Igarapé São Francisco, na zona rural de Rio Branco, capital do Acre. Na quinta-feira (22), o fogo começou por um ramal da unidade de conservação e avançou sob a vegetação da comunidade, onde vivem 25 pessoas da família do cacique Mapu Huni Kuin, uma das lideranças mais importantes do estado. Os indígenas perderam os roçados, mudas de plantas medicinais, árvores de espécies nativas da Amazônia, madeira beneficiada para construções de moradias e 500 metros de mangueiras do sistema de abastecimento de água do poço artesiano. Animais como tatu, tamanduá, macaco, jabuti morreram queimados. Não houve feridos entre os indígenas, mas muitos deles inalaram fumaça, inclusive os idosos e as crianças. Segundo o Corpo de Bombeiros, a área de floresta destruída da comunidade corresponde a cinco campos de futebol. O sargento André Silva disse que um grupo de indígenas, que forma uma brigada ambiental treinada, tentou apagar as chamas, mas depois buscou o apoio dos bombeiros, que agiram rápido e evitaram que o fogo chegasse às casas. Por isso os moradores da comunidade Huni Kuin não ficaram desabrigados. Os bombeiros suspeitam de crime ambiental para a ocorrência. *(F. Antunes e E. Farias, Amazônia Real, 27/08/2019)*

CRIME ORGANIZADO IMPÕE MEDO EM ALDEIAS INDÍGENAS DO RIO ENVIRA

Povos Huni Kuin (chamados também de Kaxinawá) denunciaram à Polícia Civil e à Funai que jovens da etnia, com idades entre 13 e 18 anos, estão sendo aliciados pelo tráfico de drogas realizado por organizações como Comando Vermelho e Bonde dos 13, uma facção local. As aldeias ficam na TI Katukina/Kaxinawá, no município de Feijó, na fronteira do estado Acre com o sul do Peru. A agência Amazônia Real procurou a polícia, mas a instituição diz que tem dificuldade de investigar o caso devido ao deslocamento só possível pela via fluvial. Faltam embarcações e combustível. Conforme as denúncias, pessoas ligadas às facções estão se infiltrando entre os indígenas. O perfil dos jovens é selecionado: os aliciamentos acontecem com aqueles que têm problemas com bebidas alcoólicas ou drogas ilícitas para torná-los "soldados do crime". Esses jovens estão sendo usados para cometer crimes ou usados como "mulas" para transportar por terras ou pelo rio pacotes de maconha e cocaína até os centros urbanos do estado do Acre. *(F. Antunes, Amazônia Real, 29/03/2019)*

POVO INDÍGENA TENTA RECONSTRUIR ÁREA DESTRUÍDA POR QUEIMADAS

O povo Huni Kuin tenta reconstruir plantações e hortaliças após o incêndio que destruiu cinco hectares de terra no último dia 22, na Rodovia Transacreana, em Rio Branco. O povo Huni Kuin está se mobilizando para arrecadar doações de alimentos, produtos de higiene pessoal e água potável. O cacique Mapu Huni Kui começou a mobilização após o incêndio. Ele está na Áustria em busca de recursos. O centro destruído foi criado em 2015, por Mirna e Mapu. A cofundadora explicou também que o povo Huni Kuin tem calendários de plantios, onde cada mês é plantada uma quantidade de árvores para reflorestar a área. Com a queimada, o projeto de reflorestamento foi adiado para outubro, quando as chuvas devem começar na Amazônia. "Com essa situação, agora vamos ter que reflorestar esses cinco hectares que foram perdidos. Vamos começar esse processo em outubro, porque essa questão da água está sendo um grande empecilho, então, se começarmos a plantar agora, mesmo em setembro, ainda tem verão e quase não tem chuva. Então, não adianta plantar agora e as plantas morreram por causa do sol", ressaltou. *(A. Nascimento, G1, 31/08/2019)*

COM MAIS DE 350 CASOS DE COVID-19 EM TIS, CPI TEME CONTAMINAÇÃO DE ISOLADOS

Com o registro de pelo menos 352 casos de Covid-19 dentro de 15, das 36 TIsdo Acre, a Comissão Pró-Índio teme a contaminação dos povos isolados que vivem próximo da terra indígena Kaxinawá do Rio Humaitá, no município de Feijó. Entre os Huni Kui, da terra indígena Kaxinawá, que têm território em comum como os isolados, foram registrados pelo menos 36 casos da doença que já chegou na maioria das aldeias da região, conforme dados da comissão. *(A. Gadelha, G1 Acre, 17/07/2020)*

'SÓ UMA FAMÍLIA NA MINHA ALDEIA NÃO FOI INFECTADA'

Em meados de maio, o tio de Ninawa Inu Huni Kui, líder dos Huni Kuin, comunidade indígena espalhada pelo Estado do Acre, começou a sentir sintomas de gripe. Quando a tosse e a febre evoluíram para "dor no pulmão" e falta de ar, veio a desconfiança de que ele poderia ter sido infectado com a doença nova que circulava "na cidade". Maná duá Bakê foi o primeiro caso de covid-19 da aldeia, que, em algumas semanas, viu praticamente todos os seus 200 habitantes, distribuídos em 40 famílias, caírem doentes. "Só uma família não foi infectada", conta Ninawa. A localização remota explica, em parte, por que apenas duas pessoas chegaram a ser atendidas no hospital — uma mulher grávida e uma adolescente de 12 anos. A maioria foi tratada na aldeia pelos pajés, com plantas medicinais, utilizadas em chás e defumações. "Até mesmo porque, no período da pandemia mesmo na aldeia, quando estava todo mundo acamado, bem complicada a situação, não apareceu ninguém da Saúde", diz o cacique. *(C. Veras Mota, F. Crispim e J. Monteiro, BBC News Brasil, 24/10/2020)*

PESQUISA AVALIA PRODUÇÃO AGRÍCOLA DE INDÍGENAS PASSADA DE GERAÇÃO A GERAÇÃO

Após pouco mais de três anos de levantamento de dados e experiências na prática dentro Terra Indígena Kaxinawá de Nova Olinda, em Feijó, no interior do Acre, o pesquisador Tomaz Lanza afirma que o modo de produção agrícola dos indígenas contribui para a conservação da biodiversidade no estado. A pesquisa foi uma parceria entre a Universidade Estadual Paulista (Unesp), Universidade Federal do Acre (Ufac) e Empresa Brasileira de Pesquisa Agropecuária (Embrapa), desenvolvida entre os anos de

© RAMON AQUIM, 2019

Parque Huni Kuin, Acre.

2016 e 2020 e foi apresentada como tese de doutorado de Tomaz Lanza. "Sem dúvida essa forma de cultivo, de fazer agricultura, cultura de relação com as plantas alimentícias, é muito importante para a conservação da biodiversidade no Acre. É uma agricultura resiliente que vem sendo utilizada e praticada há várias gerações, é altamente produtiva e não observei problemas significativos com pragas e doenças. São sistemas diversificados, dificilmente eles plantam uma cultura só", contou o pesquisador sobre a conclusão do estudo. *(A. Gadelha, G1 Acre, 24/07/2020)*

JAMINAWA

REPAM LEVA CASOS DE VIOLAÇÕES DOS DIREITOS HUMANOS À CIDH

Nesta sexta-feira, 17 de março, junto à Comissão Interamericana de Direitos Humanos (CIDH), em Washington, nos Estados Unidos, será realizada uma audiência sobre o Direito do Território de Comunidades Indígenas e Comunidades Rurais da Pan-Amazônia. A audiência foi solicitada pela Rede Eclesial Pan-Amazônica (Repam), Conselho Episcopal Latino-Americano (CELAM), Confederação Latino-Americana de Religiosos (CLAR), Caritas da América Latina e do Caribe, Conferência Episcopal dos Estados Unidos, lideranças indígenas e campesinas. À Comissão Interamericana de Direitos Humanos serão apresentados dois casos brasileiros: O "caso mineração" da comunidade Rural de Vila União, município de Buriticupu, no Maranhão, que vem sofrendo impactos pela concessão de suas terras à atividade ferroviária e à extração de minerais. E o "caso Acre", do povo indígena Jaminawa Arara, que vem sendo impactados pela não demarcação de suas terras, invasões e exploração de madeira, projetos de exploração de petróleo e gás natural e constante presença de narcotraficantes na fronteira com o Peru. *(O. Lima, Cimi, 16/03/2017)*

JAMINAWA SOFREM À ESPERA DA DEMARCAÇÃO NO AMAZONAS

Apesar dos indígenas já habitarem o local, marcado com placas da Funai, fazendeiros se instalaram no entorno da aldeia São Paulino em 2010, reivindicando para si a posse das terras. "Os fazendeiros não moram aqui, mas permitem que caseiros fiquem na área e criem os bois", afirma Lindomar. "Essas pessoas, que não tinham onde morar, terminam extremamente gratas ao fazendeiro, que não paga nada para esse caseiro. Essa é a relação mais complexa aqui. O fazendeiro grila, o posseiro vem e bate de frente com o indígena. É uma luta de pobre contra pobre". Desde então, os indígenas Jaminawa passaram a viver um cotidiano de insegurança e ameaças: roçados amanheciam cercados, plantações eram envenenadas, placas de sinalização eram arrancadas e jogadas no rio, grupos de capangas zanzavam pela região exibindo armas de fogo. Diante disso, indígenas começaram a deixar a aldeia e migraram para Sena Madureira, cidade onde muitos passaram a viver na miséria, como pedintes. "Com medo de morrer, meu irmão caçula foi embora", diz o cacique. No auge da debandada, restaram apenas 13 das 27 famílias, mas a aldeia resistiu. A despeito das ameaças, eles dificilmente deixariam de vez a região, principalmente porque há toda uma geração indígena enterrada em um cemitério local. "Para os Jaminawa, quando a pessoa morre, ela é como que semeada, passa a fazer parte da terra," explicou o agente Padilha. *(T. Chiaverini, Repórter Brasil, 23/08/2017)*

DESLOCAMENTOS DOS JAMINAWA ENTRE ALDEIAS E CIDADES PREOCUPAM LIDERANÇA

O isolamento social dentro das aldeias para prevenir o novo coronavírus em indígenas do Acre é motivo de preocupação do líder do povo Jaminawa, José Correia da Silva, de 65 anos. Ele diz que muitas pessoas estão saindo e voltando das comunidades de rabetas (canoa com motor de popa) para receber benefícios como o Bolsa Família em bancos dos municípios de Assis Brasil, Sena Madureira e à capital Rio Branco. No início de abril, um grupo de 100 indígenas, segundo Zé Correia, viajou para receber recursos em bancos de Sena Madureira. Com medo do contágio da Covid-19, esse grupo retornou às pressas à comunidade sem fazer uma quarentena de 14 dias, como é recomendado pelas organizações de saúde e atendida por outros povos como os Huni Kuin, do Acre. As aldeias Jaminawa estão localizadas às margens dos rios Yaco, Purus e Caeté. De Sena Madureira, pessoas do grupo viajaram também para a capital Rio Branco, um percurso de 143 quilômetros feito em embarcação. No Acre, o Ministério da Saúde registrou 115 casos confirmados de Covid-19 e cinco mortes até essa sexta-feira (17 de abril). A capital concentra 86 casos e quatro mortes da doença. Não há registro de casos entre indígenas. *(Amazônia Real, 17/04/2020)*

SEM DEMARCAÇÃO, TIS SOFREM COM INVASÕES E PRESENÇA DE FACÇÕES

Uma história cheia de curvas. Assim, indigenistas da Funai definiram a trajetória dos jaminawas, habituados a conflitos internos e a longas peregrinações na Amazônia.

A situação da terra Jaminawa do Rio Caeté evidencia as consequências da política de Bolsonaro de barrar toda e qualquer demarcação. A homologação desse processo passa pela caneta do presidente, que cumpriu a promessa e a renovou, em caso de reeleição: "Não terá um centímetro quadrado demarcado".

A redução de demarcações é progressiva ao longo dos últimos mandatos presidenciais, mas Bolsonaro é o primeiro a zerar tanto as declarações de posse -atos que antecedem as

© TIAGO MIOTTO/CIMI, 2016

Rosildo da Silva, indígena Jaminawa Arara, vai à CIDH denunciar a demora nas demarcações de terras no Acre.

homologações- quanto às demarcações definitivas, segundo consultas ao Diário Oficial da União e dados levantados por Cimi e ISA. Os indígenas vivem com medo das facções. Relatam ameaças, casas queimadas e trocas de tiros nos outros territórios onde há jaminawas em Sena Madureira, também sem demarcação,São Paulino e Caiapucá. O medo se estende às casas de palafitas nas franjas do município, mantidas pelos indígenas. *(V. Sassine e L. de Almeida, FSP, 18/09/2022)*

YAWANAWA

CACIQUE, FEMINISTA E, AGORA, ESTILISTA

Durante a preparação para se tornar a primeira cacique mulher do Brasil, Mariazinha, do grupo indígena Yawanawá (Acre), ficou isolada na mata e encarou uma rígida dieta. Só podia ingerir ayahuasca, bebida sagrada dos índios, que permitiria a expansão da consciência e, assim, o contato com o divino. "Tive mirações ligadas à espiritualidade e à natureza", diz. As visões de Mariazinha e também as de sua irmã, a pajé Hushahu, foram parar numa coleção da Farm. A grife, que fez uma imersão na aldeia Yawanawá na coleção passada, agora fechou parceria para que em todas as peças da nova linha haja estampas com desenhos delas. *(M. Caruso, O Globo, 13/07/2018)*

O POVO RESSUSCITOU, CRESCEU E GANHOU A ALDEIA GLOBAL

Na contramão do que se costuma ouvir sobre índios brasileiros, os yawanawás, habitantes da Terra Indígena Rio Gregório, no Acre, são hoje um exemplo de exuberância cultural e populacional. Reduzidos a 120 indivíduos no auge da ditadura militar, no início da década de 1970, esquecidos de suas tradições e sofrendo com um altíssimo índice de alcoolismo e uma grave desagregação social, eles estavam virtualmente extintos. Agora, meio século após a quase extinção, os yawanawás já estão reacostumados aos seus mais antigos rituais, falam a língua ancestral e, além disso, se conectam ao mundo contemporâneo usando smartphones e computadores por meio de uma antena de wi-fi instalada na aldeia. A população atual, de cerca de 1.200 pessoas, é dez vezes a registrada nos anos 1970. Um dos maiores sinais de sua degradação cultural era o desaparecimento da língua. Eles eram pressionados a não usá-la diante de não índios, principalmente por dois agentes externos que controlavam de forma férrea a região em que moram. Em primeiro lugar, os donos dos seringais, que dominaram as florestas do Acre desde o final do século 19. Eles empregavam os indígenas em condições de escravidão e não queriam que a língua pudesse revelar a existência de índios capazes de reivindicar a propriedade da terra. *(L. Serva e S. Salgado, FSP, 16/12/2018)*

DA ESCRAVIDÃO À AUTONOMIA EM 50 ANOS: A HISTÓRIA DE RENASCIMENTO DOS YAWANAWÁ

Há menos de meio século, indígenas do povo Yawanawá viviam praticamente escravizados em seringais do Acre. Homens trabalhavam alcoolizados, jovens fugiam das aldeias, velhos e crianças morriam de malária, tuberculose e sarampo. Pressionados por missionários evangélicos, muitos abandonaram tradições e a língua materna. Hoje os Yawanawa são conhecidos por parcerias que mantêm com grandes marcas, por sua presença em fóruns internacionais e por festivais xamânicos em que recebem centenas de visitantes brasileiros e estrangeiros - muitos deles interessados em consumir ayahuasca, bebida sagrada para o grupo. "Hoje os Yawanawá estão nessa tão sonhada jornada da nossa autonomia", diz Tashka. Ele reconhece que, para chegar onde chegaram, contaram com o apoio de ONGs, sertanistas e parcerias que lhes permitiram capacitar seus integrantes. Hoje, porém, diz que o grupo não depende de ninguém — nem de instituições privadas, nem de órgãos públicos. "Se a Funai acabar, seria o fim do mundo para muitos povos. Para nós, não faria a mínima diferença." *(J. Fellet, BBC, 16/11/2019)*

Kassupá

Kujubim

Kwazá

Makurap

Migueleno

Nambikwara

Oro Win

Puroborá

Sakurabiat

Suruí Paiter

Tupari

Jupari (Uru-eu-wau-wau)

Wajuru

Wari'

Zoró

Isolados

11. Rondônia

11. RONDÔNIA

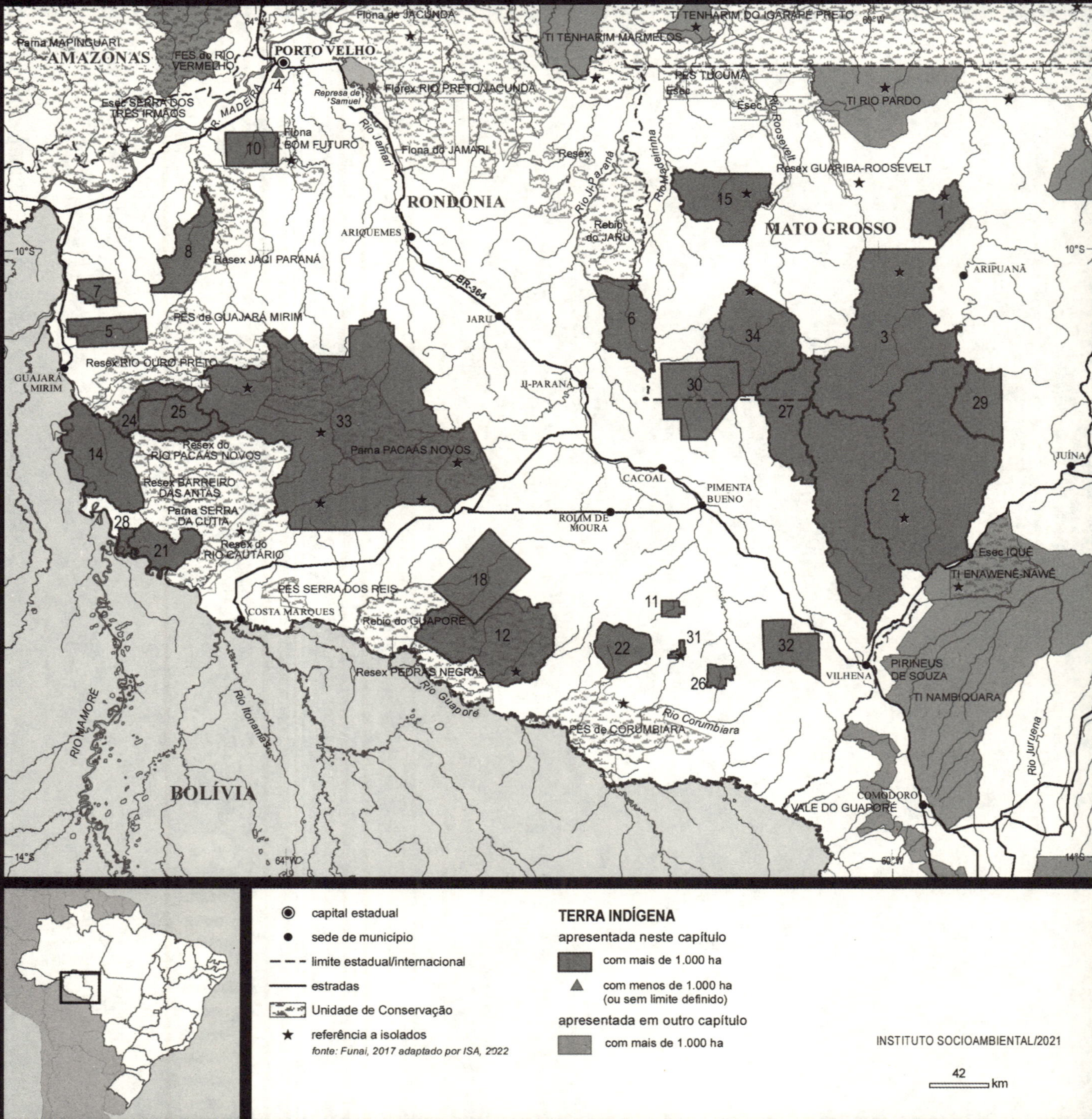
Parna MAPINGUARI
AMAZONAS
FES do RIO VERMELHO
PORTO VELHO
4
Flona de JACUNDÁ
TI TENHARIM MARMELOS
TI TENHARIM DO IGARAPÉ PRETO
60°W
64°W
Esec SERRA DOS TRÊS IRMÃOS
R. MADEIRA
Represa de Samuel
Florex RIO PRETO/JACUNDÁ
PES TUCUMÃ
Esec
Esec
Rio Roosevelt
TI RIO PARDO
Flona BOM FUTURO
10
Rio Jamari
Flona do JAMARI
Resex
Rio Ji-Paraná
Rio Madeirinha
Resex GUARIBA-ROOSEVELT
15
1
RONDÔNIA
ARIQUEMES
Rebio do JARU
MATO GROSSO
10°S
8
Resex JACI PARANÁ
ARIPUANÃ
7
BR-364
6
34
3
5
PES de GUAJARÁ MIRIM
JARU
Resex RIO OURO PRETO
GUAJARÁ MIRIM
30
JI-PARANÁ
27
29
24
25
33
14
Resex do RIO PACAÁS NOVOS
Parna PACAÁS NOVOS
JUÍNA
Resex BARREIRO DAS ANTAS
CACOAL
PIMENTA BUENO
2
Parna SERRA DA CUTIA
28
ROLIM DE MOURA
21
Resex do RIO CAUTÁRIO
Esec IQUÊ
TI ENAWENÊ-NAWÊ
18
PES SERRA DOS REIS
COSTA MARQUES
11
Rebio do GUAPORÉ
12
22
31
32
PIRINEUS DE SOUZA
Resex PEDRAS NEGRAS
VILHENA
26
TI NAMBIQUARA
Rio Guaporé
Rio Itonamas
Rio Corumbiara
PES de CORUMBIARA
RIO MAMORÉ
Rio Juruena
BOLÍVIA
COMODORO
VALE DO GUAPORÉ
14°S
64°W
60°W
14°S
capital estadual
sede de município
limite estadual/internacional
estradas
Unidade de Conservação
referência a isolados
fonte: Funai, 2017 adaptado por ISA, 2022
TERRA INDÍGENA
apresentada neste capítulo
com mais de 1.000 ha
com menos de 1.000 ha (ou sem limite definido)
apresentada em outro capítulo
com mais de 1.000 ha
INSTITUTO SOCIOAMBIENTAL/2021
42 km

RONDÔNIA
Terras Indígenas
Instituto Socioambiental - 30/11/2022

Nº mapa	Terra Indígena	Povo	População (nº, fonte, ano)	Situação jurídica	Extensão (ha)	Município	UF
1	Arara do Rio Branco	Arara do Rio Branco Isolados na TI Arara do Rio Branco	249 - Siasi/Sesai: 2014	Homologada. Decreto - s/n - 26/12/1996, publicado em 27/12/1996. Reg. SPU Certidão n. 011 em 26/02/98.Reg. CRI no município de Aripuanã e comarca de Cuiabá (114.842 ha) Mat. n.54.317. Liv.2-IS, Fl.191 em 01/04/97.	114.842	Aripuanã Colniza	MT
2	Aripuanã	Cinta larga Isolados na TI Aripuanã	352 - Siasi/Sesai: 2014	Homologada. Decreto - 375 - 24/12/1991, publicado em 26/12/1991. Reg. SPU Certidão 12 em 25/01/94.Reg. CRI município de Juína, comarca de Cuiabá (140.725 ha) Mat.46.633, Liv. 2-GS, Fl 159 Verso em 22/01/92. Reg. CRI município de Aripuanã, comarca de Cuiabá (609.924 ha) Mat. 46.634, Liv. 46.634, Liv. 2/GS, Fl 160 em 22/01/92.	750.649	Aripuanã Juína	MT
3	Aripuanã	Cinta larga Isolados do Rio Tenente Marques	394 - IBGE: 2010	Homologada. Decreto - 98.417 - 20/11/1989, publicado em 21/11/1989. Reg. SPU MT Certidão s/n de 06/11/87. Reg. SPU RO Certidão n. 101/389 de 29/07/88.Reg. CRI do município de Juína (938.200 ha) Matr. 31.351 Liv 2-DH Fl 160 em 05.11.87. Reg. CRI do município de Vilhena (671.500 ha) Matr. 4146 Liv 2-RG Fl 01 em 21.11.88.	1.603.250	Juína Vilhena	MT RO
4	Cassupá	Kassupá	149 - Siasi/Sesai: 2013	Reservada. Portaria - 298 - 17/10/2013, publicado em 21/10/2013. matrícula no 1225, no Cartório do 1o Ofício Registro de Imóveis da Comarca de Porto Velho/RO	5	Porto Velho	RO
5	Igarapé Lage	Wari'	783 - Funai/Guajará-Mirim: 2010	Homologada. Decreto - 86.347 - 09/09/1981, publicado em 10/09/1981. Reg. SPU s.n. em 09/10/81.Reg. CRI no município e comarca de Guajará-Mirim, (107.321 Ha) Matr. 2.059 Liv 2-I Fl 265 de 23/09/81.	107.321	Guajará-Mirim Nova Mamoré	RO
6	Igarapé Lourdes	Karo Ikolen Isolados na Serra da Previdência	984 - Siasi/Sesai: 2013	Homologada. Decreto - 88.609 - 09/08/1983, publicado em 11/08/1983. (Reg. SPU DG-RO-90/293 em 18/12/86 antigo) Reg SPU Certidão n.09 30/08/2002.Reg. CRI no municipio e comarca de Ji-Paraná (185.533 ha) Matr. 5339 Liv 2-R FL 259 em 18/01/84.	185.534	Ji-Paraná	RO
7	Igarapé Ribeirão	Wari'	289 - Funai/Guajará-Mirim: 2010	Homologada. Decreto - 86.347 - 09/09/1981, publicado em 10/09/1981. Reg. SPU AM/RO-69 Certidão s.n. em 09/10/81.Reg. CRI no municipio e comarca de Guajará-Mirim, (47.863 ha) Matr. 2.060 Liv 2-I Fl. 266 em 23/09/81.	47.863	Nova Mamoré	RO
8	Karipuna	Karipuna de Rondônia	55 - Siasi/Sesai: 2014	Homologada. Decreto - s/n - 08/09/1998, publicado em 09/09/1998. Reg. SPU Certidão n. 50 de 24/06/99.Reg. CRI no município e comarca de Porto Velho (73.073 ha), Matr.13.871 Lv 2-RG Fl. 01 em 22/10/98. Reg. CRI no município de Nova Mamore, comarca de Guajará Mirim (79.856 ha), Matr. 5.163 Lv 2-AB Fl. 07 em 20/10/98.	152.930	Nova Mamoré Porto Velho	RO
10	Karitiana	Karitiana	333 - Siasi/Sesai: 2014	Homologada. Decreto - 93.068 - 06/08/1986, publicado em 07/08/1986. Reg. SPU RO/95 em 23/09/87.Reg. CRI no municipio e comarca de Porto Velho (89.682 ha) Matric. 2677 LIV 1-A FL. 01 em 02/12/87.	89.682	Porto Velho	RO
11	Kwazá do Rio São Pedro	Aikanã Kwazá	25 - Paca: 2001	Homologada. Decreto - s/n - 10/02/2003, publicado em 11/02/2003. Reg. SPU Certidão n. 81 de 24/09/03.Reg CRI no municipio de Parecis e comarca de Santa Luzia d´Oeste (16.799 ha) Matr.n. 1.222, Liv 2-RG, Ficha 03 em 04/06/2003.	16.799	Parecis	RO
12	Massaco	Massaco Isolados		Homologada. Decreto - s/n - 11/12/1998, publicado em 14/12/1998. Reg. SPU Certidão n. 86 de 15/09/99.Reg. CRI no município e comarca de Alta Floresta dOeste (112.401 ha) Matr. 3.706 Lv. 2-S Fl 107 em 15/03/99 Reg. CRI no município e comarca de Costa Marques (309.493 ha) Matr. R1-625 Lv2-D Fl 30/31 em 15/04/99.	421.895	Alta Floresta D'Oeste São Francisco do Guaporé	RO
s/l	Migueleno	Migueleno		Em Identificação. Portaria - 1.567 - 20/10/2010, publicado em 21/10/2010.		Ariquemes Costa Marques Guajará-Mirim São Francisco do Guaporé	RO
14	Pacaás-Novas	Wari'	1.312 - IBGE: 2010	Homologada. Decreto - 256 - 29/10/1991, publicado em 30/10/1991. Reg. SPU Cert. n. 004 em 21/11/95Reg. CRI no municipio e comarca de Guajará Mirim (279.906 ha) Matr. 4.046, Liv. T, Fl. 80 em 03/04/92.	279.906	Guajará-Mirim	RO
15	Piripkura	Isolados Piripkura		Com Restrição de Uso. Portaria - 491 - 17/03/2022, publicado em 04/04/2022.	242.500	Colniza Rondolândia	MT
s/l	Puruborá	Puruborá	243 - Siasi/Sesai: 2014	Em Identificação. Portaria - 1.582 - 26/10/2010, publicado em 27/10/2010.		Costa Marques Guajará-Mirim Porto Velho Seringueiras	RO
18	Rio Branco	Arikapú Aikanã Aruá Kanoê Djeoromitxí Makurap Tupari	679 - Funai/Ji-Paraná: 2008	Homologada. Decreto - 93.074 - 06/08/1986, publicado em 07/08/1986. Reg. SPU Certidão n. 13 edm 19/09/2002em 23/09/87.Reg. CRI no municipiio e comarca de Costa Marques (236.137 ha) Matr. 366, Liv. 2-B, Fl. 167/168 em 10/11/86.	236.137	Alta Floresta D'Oeste São Francisco do Guaporé São Miguel do Guaporé	RO
s/l	Rio Cautário	Kanoê Kujubim Djeoromitxí		Em Identificação. Portaria - 273 - 22/03/2013, publicado em 25/03/2013.		Costa Marques Guajará-Mirim	RO
21	Rio Guaporé	Arikapú Aikanã Wajuru Aruá Kanoê Kujubim Djeoromitxí Makurap Wari' Tupari	911 - IBGE: 2010	Homologada. Decreto - s/n - 23/05/1996, publicado em 24/05/1996. Reg. SPU Cert. s/n em 22/05/97.Reg. CRI no município e comarca de Guajará Mirim, (115.788 ha) Matr. 4.759 Liv.2-Z Fl. 001 em 20/06/96.	115.788	Guajará-Mirim	RO

RONDÔNIA
Terras Indígenas (continuação)
Instituto Socioambiental - 30/11/2022

Nº mapa	Terra Indígena	Povo	População (nº, fonte, ano)	Situação jurídica	Extensão (ha)	Município	UF
22	Rio Mequéns	Makurap Sakurabiat	95 - Siasi/Sesai: 2014	Homologada. Decreto - s/n - 23/05/1996, publicado em 24/05/1996. Reg. SPU Cert. s/n em 26/05/97.Reg. CRI no município e comarca de Alta Floresta do Oeste, (107.553 ha) Matr. 3.285 Liv. 2-RG Fl. 01/v em 12/07/96.	107.553	Alto Alegre dos Parecis	RO
24	Rio Negro Ocaia (reestudo)	Wari'	51 - Siasi/Sesai: 2016	Declarada. Portaria - 185 - 23/02/2011, publicado em 24/02/2011.	131.006	Guajará-Mirim	RO
25	Rio Negro/Ocaia	Wari'	764 - Siasi/Sesai: 2014	Homologada. Decreto - 86.347 - 09/09/1981, publicado em 10/09/1981. Reg. SPU Certidão s/;n. em 09/10/1981Reg. CRI no municipio e comarca de Guajara Mirim (104.063 ha) Matr. 2.058 Liv 2-I Fl. 264 em 23/09/81.	104.064	Guajará-Mirim	RO
26	Rio Omerê	Akuntsu Kanoê	3 - xinamãty Kanoé (mulher de cerca de 45 anos), seu irmão Purá (40 anos) e seu filho Bukwá (17 anos) Frente de Proteção Etnoambiental Guaporé: 2019*	Homologada. Decreto - s.n - 18/04/2006, publicado em 19/04/2006. eg SPU O site da Funai em 8-1-19 diz que essa TI é regularizadaReg CRI no municipio de Chupinguaia , na comarca de Vilhena (822,9463) Matr.13.304, Liv.2-RG, Fls 01 em 18/07/07 Reg CRI no municipio de Corumbiara em andamento	26.177	Chupinguaia Corumbiara	RO
27	Roosevelt	Apurinã Cinta larga	1.817 - Siasi/Sesai: 2014	Homologada. Decreto - 262 - 29/10/1991, publicado em 30/10/1991. Reg. SPU-MT Cert. n. 13 de 25/01/94.Reg. CRI no município de Aripuanã, comarca de Cuiabá (86.410 ha), Matr. 46.635 Liv. 2 GS Fl. 161 em 22/01/92. Reg. CRI no município de Pimenta Bueno (6.320 ha), Matr. 2.816 Liv. 2 RG, Fl. 01 em 24/01/92. Reg. CRI no município de Espigão do Oeste (138.096 ha), Matr. 1.480 Liv. 2-RG Fl. 01 em 15/01/92.	230.826	Rondolândia Espigão D'Oeste Pimenta Bueno	MT RO
28	Sagarana	Wari'	342 - Siasi/Sesai: 2014	Homologada. Decreto - s/n - 23/05/1996, publicado em 24/05/1996. Reg. SPU Cert. s/n de 23/05/97.Reg. CRI no município e comarca de Guajará Mirim,(18.120 ha) Matr. 4.757 Liv. 2-X Fl. 198 em 07/06/96.	18.120	Guajará-Mirim	RO
29	Serra Morena	Cinta larga	131 - IBGE: 2010	Homologada. Decreto - 98.824 - 15/01/1990, publicado em 16/01/1990. Reg. SPU MT-001 em 11/03/90.Reg. CRI Matr. 41.255 Liv. 2-FO Fl. 11 em 08/03/90.	147.836	Juína	MT
30	Sete de Setembro	Surui Paiter	1.375 - Siasi/Sesai: 2014	Homologada. Decreto - 88.867 - 17/10/1983, publicado em 18/10/1983. Reg. SPU- Certidão 087 em 16/06/1996 (MT 147;401 ha) Reg SPU - Certidão 087 em 16/09/1999 (RO 100.468 ha)Reg. CRI no município e comarca de de Cacoal (100.468 ha) Matr. 544 Liv. 2-C Fl. 144 em 18/01/84. Reg. CRI no município de Aripuanã comarca de Cuiabá (147.401 ha) Matr. 24.215 Liv. 2-CC em 11/04/86.	247.870	Rondolândia Cacoal Espigão D'Oeste	MT RO
31	Tanaru	Isolado do Tanaru		Com Restrição de Uso. Portaria - 1.392 - 31/10/2012, publicado em 01/11/2012.	8.070	Chupinguaia Corumbiara Parecis Pimenteiras do Oeste	RO
32	Tubarão/Latundê	Aikanã Nambikwara Nambikwara Sabanê Nambikwara Latundê Kwazá	195 - IBGE: 2010	Homologada. Decreto - 259 - 29/10/1991, publicado em 30/10/1991. Reg. SPU Cert. 005 em 21/11/95.Reg. CRI no município e comarca de Vilhena,(116.613 ha) Matr. 5.299, Liv. 2 RG, Fl. 01 em 02/12/91.	116.613	Chupinguaia	RO
33	Uru-Eu-Wau-Wau	Juma Oro Win Uru-Eu-Wau-Wau Amondawa Isolados do Cautário Isolados Bananeira Kawahiva Isolado do Rio Muqui Isolados no Igarapé Oriente Isolados no Igarapé Tiradentes	209 - Siasi/Sesai: 2014	Homologada. Decreto - 275 - 29/10/1991, publicado em 30/10/1991. Reg. SPU-RO 131 em 14/09/88. Reg SPU Certidão n.01 em 06/02/2001Reg. CRI no muncípio de Jaru (351.117 ha) Matr. 1.571 Liv. 2-H Fl. 172 em 30/01/87. Reg. CRI no muncípio de Ouro Preto do Oeste (46.000 ha) Matr. 1.892 Liv. 2-J, Fl. 111 em 09/03/87. Reg. CRI no muncípio de Presidente Médici (117.000 ha) Matr. 2.231 Liv. 2-L Fl. 312 em 23/02/87. Reg. CRI no muncípio de Porto Velho (64.000 ha) Matr. 2.903 Liv. 1-A Fl. 001 em 23/01/87. Reg. CRI no muncípio de Guajará Mirim (606.000 ha) Matr. 3.304 Liv. 2-P Fl. 119 em 20/03/87. Reg. CRI no muncípio de Costa Marques (661.000 ha) Matr. 422 Liv. 2-C Fl. 24 em 27/02/87. Falta registrar em Ariquemes c/ 15.303 ha.	1.867.120	Alvorada D'Oeste Cacaulândia Campo Novo de Rondônia Costa Marques Governador Jorge Teixeira Guajará-Mirim Jaru Mirante da Serra Monte Negro Nova Mamoré São Miguel do Guaporé Seringueiras	RO
34	Zoró	Zoró Isolados no norte da TI Zoró	711 - Siasi/Sesai: 2014	Homologada. Decreto - 265 - 29/10/1991, publicado em 30/10/1991. Reg. SPU Cert. s/n de 06/11/87.Reg. CRI no município de Aripuanã,comarca de Cuiabá (352.600 ha) Matr. 31.352, Liv. 2-DH, Fl.161 em 05/11/87.	355.789	Rondolândia	MT

* Notícia site Funai . http://www.funai.gov.br/index.php/comunicacao/noticias/5626-em-rondonia-intercambio-dos-recem-contatados-kanoe-fortalece-a-sobrevivencia-da-etnia: 2019.

TIS URU-EU-WAU-WAU/SETE DE SETEMBRO

Territórios Indígenas Ameaçados em Rondônia

Walelasoetxeige Paiter Bandeira Suruí (Txai Suruí) | Movimento da Juventude Indígena de Rondônia, Associação de Defesa Etnoambiental Kanindé

Ivaneide Bandeira Cardozo | Associação de Defesa Etnoambiental Kanindé

UM OLHAR SOBRE AS PRESSÕES SOFRIDAS PELAS TIS URU-EU-WAU-WAU E SETE DE SETEMBRO, EM RONDÔNIA, A PARTIR DO TRABALHO EXECUTADO PELA KANINDÉ E PELAS ASSOCIAÇÕES INDÍGENAS

O estado de Rondônia possui 22 Terras Indígenas (TIs). Dessas, 20 estão regularizadas, uma em estudo e uma com Termo de Concessão de Uso pelo Serviço de Patrimônio da União (SPU), sofrendo diversos tipos de pressão antrópica. Quatro dessas áreas estão sob intenso ataque de madeireiros, garimpeiros, grileiros, caçadores, pescadores, de pecuaristas e sojeiros para arrendamento: as TIs Uru-Eu-Wau-Wau, Sete de Setembro, Karipuna e Roosevelt.

Neste artigo abordaremos brevemente as pressões sofridas por duas dessas terras: Uru-Eu-Wau-Wau e Sete de Setembro, em Rondônia, baseadas no trabalho executado pela Kanindé e das associações indígenas.

TERRA INDÍGENA URU-EU-WAU-WAU

A TI Uru-Eu-Wau-Wau (TIUEWW) possui uma extensão de 1.867.117,80 hectares. Os povos que vivem na TIUEWW são os Jupaú (Uru-Eu-Wau-Wau), Amondawa, Oro Towati (Oro Win), Cabixi distribuídos em dez aldeias, sendo sete jupaú, uma amondawa, uma cabixi e três oro towati (oro win).

Existem quatro grupos de indígenas isolados que vêm tendo sua área de ocupação estudada pela Funai. Desses, três estão confirmados e um ainda sem confirmação. Não há como precisar quais as etnias, mas duas delas têm sido denominadas pelos Jupaú como sendo os Vyraparakwara e Jjurureí. Segundo o relato dos Jupaú, eles já teriam tido contato com esses povos em tempos anteriores ao contato.

A RESISTÊNCIA DOS JUPAÚ NA DEFESA DO TERRITÓRIO

A TIUEWW está entre as 20 TIs que foram mais impactadas pelo desmatamento em 2021, segundo o Inpe. A presença de grileiros, garimpeiros e madeireiros e a falta de devida fiscalização têm proporcionado a devastação da parte sul e norte da TI.

Vale ressaltar que, no período de 2018 a 2022, houve um aumento da grilagem no território com uma característica diferente de anos anteriores. Com a eleição do presidente Jair Bolsonaro, muitas associações de ruralistas passaram a coordenar invasões no interior e entorno da TI, motivadas pelo discurso de não demarcação, de possível revisão dos territórios demarcados e de incentivo à degradação ambiental pelo então governo.

Outro incentivo às invasões foi a redução drástica das fiscalizações tanto pela Funai quanto pelo ICMBio e Ibama, bem como as ordens para devolução de maquinários e afastamento dos agentes de fiscalização. A falta de investigação e a impunidade também são fatores que contribuem para o aumento da pressão na TI.

Diante da omissão dos órgãos no enfrentamento aos invasores e na proteção da TIEUWW, os Jupaú formaram um grupo de monitores que foram preparados para uso de drones, máquinas fotográficas e filmadoras, GPS, técnicas para apagar fogo, legislação ambiental e indigenista, elaboração de denúncias, o uso de imagens satélites e passaram a atuar no monitoramento, utilizando o WhatsApp e a internet como meio de comunicação para informar o que ocorria e acionar a Funai e outros órgãos para que procedesse com a fiscalização na TI.

Esta articulação surgiu devido a Funai frequentemente argumentar a falta de provas para ir ao local. A falta de verba e de estrutura foi um argumento que também surgiu depois. Diante disso, hoje os indígenas monitoram, apreendem os invasores e acionam a Funai.

Um dos principais locais por onde entravam os invasores era o Posto de Vigilância Monte Negro, conhecido como Barreira II, que fica localizado na área de conflito conhecida como Projeto de Assentamento Dirigido (PAD) Burareiro.

As invasões e o desmatamento foram quase 100% no Burareiro, onde a Funai afirma haver um litígio, ainda que a TI seja demarcada e homologada. A pergunta é: Por que até hoje não houve a desintrusão dos invasores?

Mesmo no auge da pandemia de covid-19 (2020-2021), as invasões ao território continuaram e a Associação do Povo Indígena Uru-Eu-Wau-Wau/Jupaú, com a Kanindé, tomaram como procedimento fazer barreiras com avisos impedindo a entrada de estranhos e orientações sobre lavagem das mãos e uso de máscaras – o que garantiu que o povo fosse um dos poucos não infectados pelo vírus durante esse período.

A situações de pressão na TI se agravaram nos últimos três anos (2018 a 2022) e tiveram seu ápice em 2020, com o assassinato do líder Ari Uru-Eu-Wau-Wau, que fazia parte do grupo de monitoramento da associação, era professor, esposo e pai.

No período de 1º de janeiro de 2022 à primeira semana de fevereiro, os grileiros aumentaram a área desmatada na região da Cachoeira Sete Tombos, no Rio Jamari, chegando próximo à aldeia indígena Jamari, o que deixou a comunidade preocupada e em alerta.

Diante da trágica situação, os Jupaú decidiram reativar o Posto de Vigilância Monte Negro (Barreira II), aqui já citado como um vetor das invasões que está abandonado pela Funai desde 2017.

No dia 17 de junho de 2022, a Barreira foi reativada pelos Jupaú, liderados pela Associação do Povo Indígena Uru-Eu-Wau-Wau/Jupaú, em parceria com a Kanindé e a Frente de Proteção Etnoambiental Uru-Eu-Wau-Wau (FPEU).

A proposta é manter uma equipe permanente, que possa inclusive ter policiais, mas a Funai já vem sinalizando dificuldades para pagar as diárias desses profissionais.

Manter o funcionamento da Barreira pode estancar um dos principais locais utilizados para invasões. Além da necessária e urgente ação de retirada de todos os invasores do Burareiro.

Essas invasões podem ser impedidas ou dificultadas com a interrupção de financiamentos dos bancos públicos (Basa e Brasil) e privados em empreendimentos ligados ao desmatamento ilegal e à invasão de terras públicas e UCs. Por parte do Governo do Estado, deveriam ser cancelados todos os Cadastros Ambientais Rurais (CAR) que estejam sobrepostos às TIs.

TERRA INDÍGENA SETE DE SETEMBRO

A TI Sete de Setembro (TISS) é demarcada e homologada. Nela vive o povo Paiter Suruí, que se auto-organiza em quatro clãs distintos: Gamebey, Gamirey, Makorey e Kabaney.

O povo Paiter Suruí se distribui em 30 aldeias dentro de um território de aproximadamente 247.845 hectares, entre a região dos municípios de Cacoal e Espigão D'Oeste (RO) e o município de Rondolândia (MT).

Inserida no chamado "arco do desmatamento" na Amazônia legal brasileira, a TI é cercada por propriedades rurais consolidadas, que demandam novas áreas de floresta para suas atividades agrícolas, e que operam o aliciamento de indígenas para aluguel de pastagens e plantio agrícola. Ademais, há invasões de garimpeiros e madeireiros em seu interior.

Em 1988 foi fundada a Associação Metareilá do Povo Indígena Suruí para combater o desmatamento, retirar os madeireiros e tentar romper com o aliciamento de lideranças.

O roubo de madeira ocorre desde os primeiros contatos na TI. Desde a época quando o ex-presidente da Funai, Romero Jucá, fez os primeiros contratos ilegais, impactando a TISS e gerando conflito entre líderes aliciados por garimpeiros e lideranças que defendem o território e não aceitam essas atividades ilegais.

O garimpo no território perdura por mais de dez anos e conta com a omissão dos órgãos de proteção e, ocasionalmente, com a participação da Funai. A conjuntura é acontinuidade do garimpo no interior da TI Aripuanã, que é conhecido como Roosevelt. O envolvimento de alguns líderes indígenas vem agravando a situação, e, nos últimos quatro anos (2018-2022), tem se acentuado os danos socioambientais e ampliado a área garimpeira com o uso de mercúrio.

O arrendamento de terras para a criação de gado é um grande problema vivido no território. Atualmente, a maioria do gado presentes na TI não é propriedade dos indígenas, mas de fazendeiros dos arredores.

A falta de fiscalização e a omissão dos órgãos de proteção e do Idaron em investigar profundamente a quem pertence o gado

© BRUNO KELLY/AMAZÔNIA REAL, 2020

Sítio do agricultor Devair Monteiro onde os indígenas isolados foram vistos. O local fica na linha 06 do município de Seringueiras, a metros de distância da TI Uru-Eu-Wau-Wau.

favorece os fazendeiros, que deixam de tirar licença ambiental para desmatar e queimar. Quando o solo fica exaurido, eles retiram o gado e alugam outra parte, fazendo com que os danos ambientais se estendam pelo território.

Segundo denúncia dos indígenas, existem duas advogadas do Mato Grosso que estão percorrendo a TISS e aliciando os indígenas para que arrendem o território e liberem o plantio de soja e a criação de gado. Isso sob o argumento de que o governo Bolsonaro liberaria essas atividades e que, para forçar que a ação ocorresse logo, seria melhor ir realizando esses arrendamentos.

Esses conflitos têm colocado em risco os indígenas que lutam para impedir a entrada dos madeireiros, garimpeiros e fazendeiros.

REFLETINDO OS PRÓXIMOS CAMINHOS

O colapso climático é iminente. As consequências das ações práticas pelo homem contra a natureza já estão sendo sentidas em todos lugares do mundo. A Amazônia é central nesta discussão e a proteção dos territórios indígenas também.

Assegurar a proteção dos territórios indígenas e apoiar a luta dos povos da floresta são ações necessárias para mitigar a crise do clima e garantir um futuro justo e habitável para as próximas gerações. Assegurar que os povos indígenas vivam em paz em seus territórios é direito constitucional e um compromisso humanitário.

A situação das TIs Uru-Eu-Wau-Wau e Sete de Setembro, infelizmente, é um reflexo das áreas de proteção ambiental em todo o Brasil e escancara ainda a violação dos direitos humanos sofridas pelos povos originários do país.

É fundamental que o Estado brasileiro salvaguarde esses povos e territórios, mas é preciso que a sociedade, as instituições e fundações apoiem os projetos que visam à sustentabilidade econômica-ambiental-cultural propostas pelos indígenas, suas organizações e aliados.

O fortalecimento das organizações indígenas e não indígenas que atuam na defesa dos direitos humanos e da natureza, bem como na proteção da vida dos ativistas, é essencial para que a situação não piore ainda mais e para a garantia de uma floresta em pé.

Além disso, o fortalecimento e as mudanças na Funai, Ibama, ICMBio são fundamentais para mudar o atual sistema de grilagem e roubo de recursos naturais das TIs. *(julho, 2022)*

Os Puruborá entre Rondon e Rondônia: Uma História de Traição e Injustiça

Felipe Vander Velden | Antropólogo, professor na UFSCar

HOJE EM DIA, NA REGIÃO, O BOI SUBSTITUIU OS CACHORROS, E RONDON DEU LUGAR À RONDÔNIA. MAS JÁ FAZ UM SÉCULO QUE OS RESISTENTES PURUBORÁ CONTINUAM SEM TER MUITO QUE CELEBRAR E SEGUEM AGUARDANDO O DEFINITIVO RECONHECIMENTO DE SEU TERRITÓRIO TRADICIONALMENTE OCUPADO

Celebrado pai do indigenismo brasileiro, reconhecido dono de coragem, de bravura e de notórios princípios humanistas – todos igualmente imortalizados na sua conhecida abordagem indigenista através do "morrer se preciso for, matar, nunca" –, Cândido Mariano da Silva Rondon figura de modo um tanto ambivalente na história e na cosmologia do povo Puruborá, que vive na porção centro-sul do atual estado de Rondônia, cujo nome homenageia o ilustre militar defensor dos povos indígenas.

Documentos históricos escritos informam que o primeiro contato dos Puruborá aconteceu em 1909, quando o então major percorria a bacia do Rio Manoel Correia, afluente da margem direita do Guaporé. De acordo com os Puruborá, Rondon teria permanecido em um acampamento na região em virtude da perda de um de seus "cachorros de estimação". Segundo contam, na procura pelo cão extraviado, Rondon e seus soldados soltaram fogos de artifício e dispararam tiros, o que acabou por fazer o animal voltar para seu dono. Ao mesmo tempo, os Puruborá, curiosos e com medo do ensurdecedor barulho, depararam com o inevitável: encontraram Rondon e, com ele, um novo destino. Depois disso, dizem, "o velho ficou gostando dos índios e começou a agradá-los, ele amansou os índios Puruborá". Outra narrativa puruborá dos tempos dos primeiros contatos rememora a ocasião em que Rondon preferiu salvar um de seus cães e deixar morrer afogado um de seus subordinados, quando ambos ficaram presos em uma pequena ilha de um caudaloso curso d'água. Desmitificando, em certo sentido, a popular imagem oficial de Rondon, a história conclui que o militar gostava mais dos seus cachorros do que das pessoas que trabalhavam com ele.

Mas as críticas ao indigenismo rondoniano decorrem, sobretudo, do modo como ele encaminhou a acomodação dos Puruborá ao contato permanente, o que conduziu o grupo a sua rápida desagregação e quase completo desaparecimento. De acordo com uma carta do Marechal Rondon de 23 de junho de 1921, uma área de terra para uso dos "índios do Rio São Miguel" foi delimitada na margem direita do Rio Manuel Correia, abaixo da foz do Igarapé da Cigana – o que os Puruborá hoje chamam de "primeira demarcação". A área abrangia um raio de duas léguas, com centro no Posto Indígena Três de Maio, fundado por Rondou em 1919 e deixado aos cuidados do servidor José Félix do Nascimento, "que por minha ordem vai se estabelecer definitivamente n'aquelle lugar [e] leva amplos poderes para exercer sua função", nas palavras do então General de Brigada. Este foi o lance fatal.

TRABALHO 'CIVILIZATÓRIO'

Num primeiro momento, o Posto Três de Maio teria abrigado, de acordo com os velhos Puruborá, cerca de 600 pessoas, que teriam sido rapidamente reduzidas a apenas 150 em função das epidemias que assolaram a região logo após o contato. O mecanismo adotado por José Félix na administração do Posto parece ter sido decisivo para a desarticulação social dos Puruborá e para o quase súbito definhar de sua língua. Com efeito, José Félix atuou como um patrão de seringal, obrigando os índios a cortarem seringa e coletarem castanha em troca de mercadorias. Além disso, instituiu a prática de ceder uma mulher indígena em casamento como prêmio aos homens não índios que mais se destacavam na produção do látex. Com isso, praticamente todas as mulheres Puruborá ao longo dos anos de 1919 a 1949 (ano da morte de José Félix) foram forçadamente casadas com seringueiros adventícios. Além disso, nas famílias pluriétnicas que se formaram – com mãe puruborá e pai seringueiro – foi proibido o uso da língua indígena. Ademais, boa parte das práticas e conhecimentos indígenas foram paulatinamente deixando de ser repassadas intergeracionalmente.

Algumas famílias, entretanto, resistiram aos impactos da desarticulação social e étnica trazidos desde o Posto Indígena e foram (e vêm sendo ainda) fundamentais para a reorganização dos Puruborá como coletividade etnicamente diferenciada aos olhos do Estado nos últimos anos. Note-se que os Puruborá sempre se reconheceram como coletividade singular frente a outros grupos indígenas e não indígenas na região, e só deixaram, em algum momento, de serem assim reconhecidos pelo Estado. Um dos mais importantes desses núcleos familiares, constituído em torno de dona Emília (falecida em 2013) e que deu origem à atual aldeia Aperoi – única aldeia hoje existente, fundada na mesma área tradicionalmente ocupada pelos Puruborá –, condensa a história dos Puruborá antes de sua "extinção" como etnia indígena durante aquele período de invisibilidade, e após sua reorganização étnica.

Para o período compreendido entre 1920 a 1940 há outras informações sobre os Puruborá. O *Mapa Etno-histórico*, de Curt Nimuendajú, localiza os Puruborá no Alto Rio São Miguel, embora não forneça a data desta localização. Credita esta situação às informações de Emil Snethlage e a uma publicação de Theodor Koch-Grümberg (de 1932) que traz uma das listas de palavras que permitem o estudo atual da língua puruborá. O próprio Koch-Grümberg afirmou ter recolhido a lista de verbetes em agosto de 1924, em Manaus, com um rapaz Puruborá de nome Atekáte, de cerca de 10-12 anos, que tinha um pequeno furo no lábio superior e que "vinha do Rio Manuel Corrêa, afluente do Rio Guaporé".

Em 1949, com a morte de José Félix do Nascimento, o Serviço de Proteção aos Índios (SPI) extinguiu o Posto Três de Maio – ao se recusar a enviar novo encarregado – com a alegação de que ali não havia mais índios, e que "o povo já era mestiçado". Nessa ocasião, a maioria das famílias deixou a região de origem, passando a residir em Limoeiro (na época, um seringal), no Rio São Miguel, ao sul, passando a trabalhar para outros seringalistas. Apenas as famílias de Paulo Aporety Filho e Dona Emília permaneceram no território tradicional por mais tempo.

A família de Dona Emília retornou à região conhecida como Cigana, no Alto Rio Manuel Correia, em 1955, e desta época os Puruborá recordam-se de um conjunto de colocações que habitaram ao longo do Rio Manuel Correia, antes de sua expulsão definitiva em 1994. Da confluência do Rio Manuel Correia com o Rio Caio Espíndola (ao sul, colocação Porto Olga), até a colocação Vai-Quem-Quer, no Alto Manuel Correia, os Puruborá nomeiam 25 dos locais de habitação e exploração de seringa, castanha e poaia; entre elas estão as colocações chamadas Colônia (onde funcionava a sede do Posto Três de Maio), Cigana (que os Puruborá ocupavam antes de sua expulsão em 1994) e Bicentenário, onde se localizava o Porto Bicentenário, que servia ao comércio de borracha e castanha do seringal administrado por José Felix do Nascimento. Em 1957, Darcy Ribeiro localizou entre 50 e 100 Puruborá vivendo nas cabeceiras do Rio São Miguel em 1957, caracterizando-os como "grupo indígena com contato intermitente" com a sociedade nacional. Provavelmente Ribeiro fazia referência, com base em documentos do SPI, ao grupo de Dona Emília no Rio Manuel Correia, um dos formadores do Rio São Miguel.

ÁREAS PROTEGIDAS CONFUNDEM O QUE É INTRUSÃO

Em 1982, os Puruborá que ainda por lá viviam foram expulsos do Limoeiro pelo Ibama em função da criação da Reserva Biológica (Rebio) do Guaporé.

Com a demarcação da TI Uru-Eu-Wau-Wau, em 1994, a família de Dona Emília foi expulsa desta área, uma vez que grande parte dela – incluindo as da foz do igarapé da Cigana, na baía da Cigana, local de grande importância simbólica para os Puruborá – foi incluída na referida terra indígena, e os técnicos da Funai não viram ali índios, apenas um grupo de seringueiros.

Os muitos anos de perambulação pela região, a perda da língua nativa e os muitos casamentos interétnicos tornaram os Puruborá de certo modo "invisíveis" aos olhos do órgão indigenista. No entanto, os Puruborá são unânimes em recusar sua caracterização como povo indígena "ressurgido", mas como "resistente". Dali, da Cigana, os Puruborá desceram o Rio Manuel Correia, passando a viver nas margens da BR-429, próximo do ponto em que os rios Manuel Correia e Caio Espíndola se juntam para formar o Rio São Francisco, afluente do Rio São Miguel, local em que se situa a aldeia Aperoi, reivindicada como parte de suas terras tradicionalmente ocupadas.

O marco da revitalização contemporânea do povo indígena Puruborá ocorreu em 17 de outubro de 2001, quando, com o patrocínio da regional rondoniense do Conselho Indigenista Missionário (Cimi), realizou-se o "Encontro de Parentes Puruborá", que reuniu cerca de 40 pessoas em Aperoi. Na ocasião, os Puruborá deram início à luta por seus direitos, produzindo um documento de reivindicação às autoridades competentes de uma área no território original Puruborá; desde então eles vêm se reunindo anualmente no mesmo local. Arregimentando cada vez mais parentes provenientes de diversas partes do estado de Rondônia, as reuniões agora seguem organizadas pela cacique Hozana Puruborá, uma das importantes lideranças do grupo. Em todas essas assembleias os Puruborá produzem documentos reafirmando suas reivindicações territoriais e seus direitos específicos como mais um povo indígena em Rondônia.

DECEPÇÃO PERDURA

Se o que chamam de "segunda demarcação" teve seu processo iniciado pela Funai em 2011, após mais de dez anos de luta, a euforia com o definitivo reconhecimento de um território tradicionalmente ocupado lamentavelmente durou pouco, pois os estudos para identificação e delimitação da TI Puruborá foram paralisados em 2013. Neste cenário, vem pesando sobre o grupo o vínculo, perversamente articulado pelos órgãos indigenistas tanto federais quanto estaduais, entre etnicidade e território: se não possuem sua Terra Indígena própria e demarcada, os Puruborá não seriam indígenas. Este nexo atingiu duramente o povo com o advento da pandemia da covid-19, em 2020, quando tiveram seu direito à vacinação como grupo prioritário negada porque não se encontravam em território demarcado, mesmo estando no seu território historicamente reconhecido e reivindicado. Eles seriam, conforme lhes foi comunicado pela Sesai, "indígenas desaldeados", não tendo, assim, prioridade no calendário vacinal oficial. Na ocasião, lideranças de vários povos que, em Rondônia, enfrentaram o mesmo descaso se reuniram e encaminharam ao Ministério Público um documento questionando o fato de que, se eram indígenas, por que não seriam grupo prioritário, mesmo não tendo suas terras formalmente demarcadas? A mobilização foi exitosa, e as vacinas finalmente chegaram.

Esta foi, entretanto, uma vitória amarga e tardia, assim como ocorreu em muitas partes do Brasil. Quatro Puruborá foram vítimas do novo coronavírus, entre eles Seu Eliezer Tolentino, falecido em 8 de junho de 2020. Ancião importante que vivia na cidade de Guajará-Mirim, Seu Eliezer era dono de uma prodigiosa memória, sendo uma das referências fundamentais no processo de difusão da cultura tradicional e de fragmentos da língua indígena para as gerações mais novas e no fortalecimento das lutas puruborá por terras e reconhecimento. Outros dois importantes personagens da história Puruborá, Seu Nilo (que também morava em Guajará-Mirim) e Dona Marta também faleceram em 2020, deixando um enorme sentimento de luto porque nenhum deles pode desfrutar do retorno ao seu território ancestral como Terra Indígena demarcada. Entre ameaças de morte e o franco desrespeito à sua história e à sua condição de indígenas, o que mais esperam os Puruborá hoje em dia é a segunda demarcação, definitiva, de seu território no vale do Rio Manuel Correia.

Camila Puruborá, ativista, jovem liderança e autora de um rico livro recente sobre seu povo (lançado em 2021 pela Editora Pachamama) assevera que a história puruborá pode ser caracterizada como "uma história de traição e injustiça". Hoje em dia, na região, o boi substituiu os cachorros, e Rondon deu lugar à Rondônia. Mas já faz um século que estes resistentes Puruborá continuam sem ter muito que celebrar no que diz respeito às ações e conquistas do indigenismo no Brasil. *(janeiro, 2022)*

INDIGENISMO

Rieli Franciscato, Vá em Paz! Seguiremos sua Luta!

Articulação dos Povos Indígenas do Brasil (Apib)

Coordenação das Organizações Indígenas da Amazônia Brasileira (Coiab)

Observatório dos Direitos Humanos dos Povos Isolados e de Recente Contato (OPI)

A APIB, A COIAB E O OPI VÊM A PÚBLICO MANIFESTAR O MAIS PROFUNDO PESAR PELO FALECIMENTO DO GRANDE INDIGENISTA RIELI FRANCISCATO, COORDENADOR DA FRENTE DE PROTEÇÃO ETNOAMBIENTAL URU-EU-WAU-WAU, DA FUNDAÇÃO NACIONAL DO ÍNDIO, NO ESTADO DE RONDÔNIA

Segundo informações veiculadas na mídia, nesta quarta-feira (9), Rieli teria sido flechado no peito, pelo grupo de índios conhecido como "isolados do Cautário", ou Yrapararriquara, (como são conhecidos pelos indígenas Amondawa, que compartilham essa terra com eles) durante uma vistoria para verificação de informações sobre o avistamento de índios isolados em uma propriedade rural, próxima aos limites da TI Uru- Eu- Wau-Wau. Desde o último mês de junho, quando os índios isolados apareceram fora dos limites da TI, Rieli intensificou sua atuação para evitar um conflito entre esses indígenas isolados e a população não indígena da zona rural do município de Seringueiras, em Rondônia.

O ocorrido surpreende a todos, visto que o grupo isolado em questão, o qual Rieli conhecia há mais de duas décadas e trabalhava diretamente nos últimos dez anos, nunca apresentou esse tipo de comportamento. Assim, é preciso considerar, imediatamente, que algo alterou o comportamento dessa população a ponto de impeli-la a reagir com violência.

Em 2019, a TI Uru- Eu- Wau- Wau ocupou o *ranking* das dez mais desmatadas do Brasil, com pressões constantes em todos os seus limites. A parte sul, que era protegida pela equipe coordenada por Rieli, é a porção mais preservada e protegida, em função da sua dedicação em proteger esses territórios com ocupação comprovada de povos isolados. Sem sombra de dúvida, esse povo não sabia que estava atacando um aliado.

© ARQUIVO PESSOAL

Rieli Franciscato.

Os "isolados do Cautário", ou Yrapararriquara, são sobreviventes dos inúmeros massacres ocorridos em Rondônia desde os anos 1980, quando o governo militar encampou um processo de colonização na região com a construção de estradas, forçando o contato que acarretou o extermínio de inúmeros povos indígenas da região. Apesar desse histórico, sempre tiveram um comportamento pacífico, sem registro de situações de violência.

Não à toa a Articulação dos povos indígenas do Brasil incluiu essa TI em sua "Prioridade 1" para a instalação de Barreiras Sanitárias na ADPF 709, impetrada no STF, ocasião em que também fora pedida a extrusão dessa terra, infestada de invasores não indígenas. A cautelar, embora já concedida há mais de dois meses, nada garantiu de efetivo nessa terra indígena e, agora, vemos nosso amigo, professor e grande indigenista partir. A extrusão, por sua vez, não foi concedida pelo ministro relator. Apenas o ministro Edson Fachin posicionou-se a favor da extrusão no Referendo da cautelar, os demais acharam inoportuno. Assim, seguimos esperando que isso possa ser considerado pelos demais ministros e que não percamos mais vidas indígenas nem de indigenistas.

A precoce partida de um dos mais experientes sertanistas da atualidade representa uma perda irreparável para o indigenismo brasileiro, como também para todos aqueles que militam em prol dos direitos humanos e da conservação da floresta Amazônica. Sua morte revela ainda a urgente necessidade de implementação de medidas efetivas de proteção dessas populações e de seus territórios cada vez mais invadidos por posseiros, e madeireiros, em uma das áreas mais vulneráveis no país.

Rieli iniciou sua dedicação aos povos indígenas na década de 1980 e revolucionou, com outros indigenistas, a política de proteção aos povos isolados, ao elaborar metodologia inédita garantista da autonomia desses povos de assim permanecerem, conforme suas expressões de vontade, de vida e de bem-estar. Contribuiu para a demarcação de ao menos três terras indígenas com a presença de povos indígenas isolados, além de ter feito inúmeras expedições para monitorar e localizar esses povos em outras regiões da Amazônia, como a Terra Indígena Ituna-Itatá, hoje considerada a mais desmatada do Brasil.

Nos últimos anos, Rieli vinha denunciando e cobrando melhorias nas condições de atuação das Frentes de Proteção Etnoambiental, que são unidades descentralizadas da Funai. Quem o conhece, sabe que Rieli profetizava grandes tragédias, tal como a que com ele aconteceu, devido ao avanço do desmatamento da região e a paulatina destruição do órgão indigenista do Estado, atualmente nas mãos de ruralistas retrógrados e missionários extremistas.

Assim, pelos motivos expostos, exigimos uma investigação severa dos fatos e reforçamos a necessidade imediata da retirada de invasores, posseiros e grileiros da TI Uru- Eu- Wau- Wau. Rogamos ao STF que não aguarde mais tragédias para elaborar grandes planos de trabalho. Os invasores estão pressionando os indígenas dia após dia! Além disso, alertamos para a necessidade urgente para a estruturação da FPE Uru Eu Wau Wau e a permanente vigilância dos territórios dos povos isolados da região. A morte de Rieli não pode deixar um flanco aberto para os invasores que ele sempre combateu.

Juntos, povos indígenas e indigenistas, seguiremos a luta de Rieli! Que seu legado continue inspirando esta e futuras gerações daqueles que atuam em defesa dos povos indígenas isolados e de recente contato. *(setembro, 2020)*

TI TANARU

Tanaru, o "Índio do Buraco" que Viveu Protegendo a Floresta

Tiago Moreira dos Santos | Antropólogo, ISA

COM A MORTE DO INDÍGENA, O DESTINO DE SUA TERRA É INCERTO. INDIGENISTAS TEMEM QUE ELA SEJA ENTREGUE AOS ALGOZES DE SEU POVO

Em 2018, cenas inéditas da Funai comprovaram novamente a existência de Tanaru, indígena que ficou conhecido como o "índio do buraco". O nome fazia referência ao refúgio que o último sobrevivente de seu povo cavava na terra para fugir da expansão das frentes de colonização no interior de Rondônia.

No dia 24 de agosto de 2022, ele foi encontrado em seu tapiri, "deitado na rede e paramentado com penas de arara como se esperasse a morte", conforme relatos.

Documentos oficiais mostram que, desde 1973, quando o Incra iniciou o trabalho de colonização do Vale do rio Corumbiara, no sul de Rondônia, já se sabia da existência de diferentes povos indígenas não contatados ou isolados na região. Ao longo dos anos 1970 e 1980, foram dezenas de relatos de massacres e fugas, enquanto avançavam o desmatamento e a abertura de fazendas.

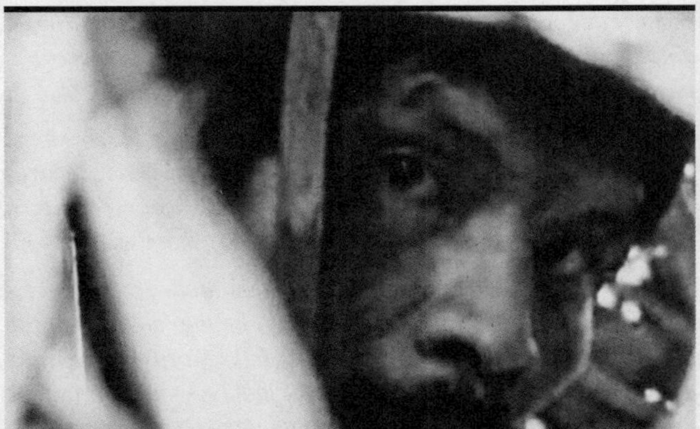

VINCENT CARELLI / VÍDEO NAS ALDEIAS, 1988

A equipe de Índios Isolados da Funai em Rondônia cercou, durante seis horas, um índio "isolado" (conhecido como o índio do buraco) acuado na fazenda Socel, Gleba Corumbiara, no sul de Rondônia. De tribo desconhecida, ele é o último sobrevivente de seu povo e reage negativamenteàs tentativas de aproximação.

Os indigenistas Marcelo dos Santos e Altair Algayer insistiram na identificação desses povos. Ambos faziam parte da Frente de Contato Guaporé, hoje convertida em Frente de Proteção Etnoambiental Guaporé e, além de sofrerem ameaças, eram acusados de forjar a presença dos indígenas na área.

Um dos responsáveis por abrir a porteira foi Romero Jucá, na época presidente da Funai (1986-1988). Ele suspendeu as restrições que protegiam os territórios da gleba Corumbiara e distribuiu a terra onde os indígenas viviam a fazendeiros e madeireiros.

Buscando documentar a situação, os indigenistas organizaram em 1995 uma expedição e, além da imprensa, contaram com o antropólogo e cinegrafista do Centro de Trabalho Indigenista (CTI), Vincent Carelli.

A equipe encontrou ainda uma família com cinco indígenas Kanoê, na região do Rio Omerê, que indicaram a existência de outro grupo de isolados na mesma área, os "Akuntsu". Os 20 anos de filmagens deram origem ao documentário *Corumbiara* (2009), que denuncia o massacre de indígenas em 1985.

Corumbiara trouxe o primeiro registro do "índio do buraco", feito em 1996. Nele, a câmera expõe o rosto assustado de Tanaru e registra para o mundo a solidão do sobrevivente de genocídio.

Desde então, a opção do indígena pelo isolamento passou a ser respaldada por uma restrição de uso, estabelecida pela primeira vez em 1997. A Portaria nº 1.040/2015 foi prorrogada por mais dez anos e estava interditada até 2025.

"Acho que ele vai ficar lá sozinho mesmo e vai ter suas dificuldades para sobreviver lá dentro (...) A gente acha que, talvez, nesse momento, ele vai pedir ajuda e espero que a gente esteja ali perto para ajudá-lo nesse final de vida", disse Altair em depoimento ao livro *Cercos e Resistências: Povos Indígenas Isolados na Amazônia Brasileira* (2019), do Instituto Socioambiental (ISA).

Com a morte de Tanaru, o destino de sua terra é incerto. Indigenistas temem que a floresta protegida pelo isolado possa ser entregue aos algozes de seu povo. Para eles, a área deveria se tornar um monumento à resistência dos povos indígenas e de Tanaru, semeado na floresta que ele viveu para proteger. Até o final. *(setembro, 2022)*

QUEM TEM DIREITOS SOBRE O CADÁVER DE UM INDÍGENA ISOLADO?

O último indígena sobrevivente ao genocídio de seu povo inteiro foi encontrado morto na floresta amazônica, no estado de Rondônia, em agosto deste ano. Vivia solitário, fugindo de nós. Eu também não confiaria em quem tivesse matado todas as pessoas que eu conhecesse e amasse no mundo.

Graças à Fundação Nacional do Índio, esse órgão tão esculhambado pelos ruralistas, o homem da Terra Indígena Tanaru pôde parar de fugir e viveu os seus últimos 25 anos em um território protegido. Mesmo sendo o único sobrevivente de seu povo, preferiu a solidão a conosco conviver. Sabendo de nossa existência ao seu redor, evitou, deliberadamente, por décadas, contatar-nos. Nunca se soube o seu nome, nem o nome de seu povo. A política pública de não forçar o contato garantiu a proteção de seu segredo. Passou a ser conhecido por Tanaru, nome de um rio de sua terra, ou "índio do buraco", por conta de um de seus costumes, o de cavar um buraco em sua casa. Mesmo sem um nome conhecido por nós, mesmo sem RG ou CPF, o direito à autonomia de sua decisão de permanecer em isolamento foi respeitado. Ao menos até o dia de sua morte.

Tanaru foi encontrado deitado em sua rede, ornamentado com penas que não eram de seu costume cotidiano. Vestiu-se ritualisticamente e, ao que tudo indica, cumpriu, em solidão, o rito funerário de si mesmo.

O Estado brasileiro então chegou com seus aparatos. Papéis, canetas, agentes, normas, aeronaves. Levou o corpo de Tanaru para a cidade de Brasília, na intenção de descobrir se houve morte violenta. Por 55 dias nada se soube sobre Tanaru. Cinquenta e cinco dias. Demandamos, por vezes, explicações à Funai, que se limitou a responder que "o corpo estava sob perícia".

Eis que agora rumores dão conta de que duas caixas de ossos foram enviadas à Delegacia da Polícia Federal da cidade de Vilbena, em Rondônia. O Estado brasileiro retirou do leito de morte um corpo indígena ornamentado com plumas e devolveu duas caixas de ossos.

Aquele homem que lutou para viver livre de nós por décadas, em sua morte não escapou da ânsia colonizadora do Estado. Tanaru, para ter regressado dentro de duas caixas, deve ter sido cortado, testado, examinado, esquartejado. Sua carne onde estará? Faltam-lhe as plumas de seus adornos nos ofícios de além vida? Pergunto-me com que autoridade o Estado tratou-o como indigente. Com que autorização realizou testes em seu cadáver?

Duas caixas de ossos repousam na prateleira de uma delegacia de polícia em uma pequena cidade do interior do Brasil. Inerte, entre copos de café, protocolos e carimbos, jaz Tanaru.

A memória, o corpo e o direito a um sepultamento o Estado tratou de violar em suas melhores intenções de investigar se houve morte violenta. Não houve, constatou. Nada parece ter sido violento. Ao menos, não até a chegada do Estado.

Ao cadáver negaram integridade até mesmo em sua condição mais mundana que é a de objeto, de coisa submetida à proteção jurídica. À despedida negaram a possibilidade. Por ser último, por ser derradeiro, pressupôs o Estado que ninguém havia de querer dar-lhe adeus ou passar pelos ritos de resignar-se com a partida. Equivocou-se.

Duas caixas de ossos repousam na prateleira de uma delegacia de polícia em uma pequena cidade do interior do Brasil. Inerte, entre copos de café, protocolos e carimbos, jaz Tanaru.

Àquele que morreu negaram a dignidade de um último desejo, considerando, sob a ótica da compreensão jurídica, de que é dado ao indivíduo que está morrendo o controle do processo de sua morte. Com o corpo, pouco resta a fazer, vilipendiado que foi. Da história de Tanaru, contudo, há muito que se cuidar. Sepultá-lo dignamente não significa apenas dar abrigo aos seus restos mortais, mas também concretizar imaterialmente a dignidade, cuidando do registro e da preservação da memória.

Nossos cultos aos mortos e nossos rituais fúnebres, tanto os dos indígenas quanto os dos não indígenas, relacionam-se com a perpetuação ou a renovação da vida. São um momento de ressignificação daquele que se vai e também de nós, sobreviventes. Quando permitimos que o Estado persiga e mate um povo inteiro e de seu último sobrevivente viole a memória e o cadáver, impeça o sepulcro, é porque perdemos nossa capacidade de empatia, de ressignificação e de compaixão. Que tipo de sociedade nos tornamos quando autorizamos que o Estado, no século 21, pratique esse tipo de destruição ainda maior do que a própria morte física, fazendo desaparecer a identidade de um povo inteiro?

Se há uma dignidade em vida, há de haver uma dignidade em morte. Garantir essa dignidade a Tanaru é respeitar a memória de todos os povos indígenas do Brasil. Àqueles cujo genocídio fez desaparecer, bem como àqueles que a ele sobreviveram e seguem resistindo.

Nenhum indígena habita mais o solo em que Tanaru viveu. Foi sobre essa terra que ele cavou seus buracos, plantou suas roças, tirou envira para tecer seus cestos e redes, caçou as araras que depenou para emplumar-se para a morte. É ali, junto de seus mortos, que ele deve ser sepultado, e não há nenhum argumento capaz de justificar o contrário. O contrário disso, caso ocorra, somente poderá ser justificado pela desumanidade e pelo horror, com os quais, infelizmente, já estamos quase acostumados. (Carolina Santana, Sumaúma, outubro de 2022)

GERAL

INSTITUTO A ABRE ANO LETIVO COM INCLUSÃO DE INDÍGENAS DO VALE DO GUAPORÉ

A aula inaugural do Instituto Abaitará, em Ouro Preto do Oeste, reuniu 300 alunos com seus sonhos ousados, além das autoridades. Um exemplo é a indígena Arlinda Macurap Canoé, que veio da aldeia Ricardo Franco, na região de Guajará- Mirim, e está decidida a criar gado para ajudar sua comunidade. Os estudantes ficarão, durante três anos, estudando e morando em Abaitará. Por pelo menos 90 dias, as aulas acontecerão no Centro de Treinamento da Emater (Centrer), em Ouro Preto do Oeste, que passou por algumas adaptações para comportar o entusiasmo e o conteúdo da grade escolar. *(Governo de Rondônia, 21/03/2017)*

MPF/RO DIALOGA COM LIDERANÇAS DE SEIS ETNIAS SOBRE SAÚDE INDÍGENA

A saúde indígena foi tema de uma reunião ocorrida na última quinta-feira, 16, em Alta Floresta D'Oeste, entre representantes do MPF/RO, da Funai e da Sesai. Durante a reunião, lideranças das etnias Wajuru, Tupari, Sakurabiat, Aruá, Kampé e Arikapu da TI Rio Branco e da Comunidade Porto Rolim de Moura reclamaram de falta de medicamentos e de pouca estrutura de atendimento à saúde indígena na região. O procurador da República Alexandre Ismail Miguel ressaltou que o MPF tem como uma de suas atuações a defesa dos direitos dos povos indígenas. Nesta atuação, o órgão participa e promove articulação entre as instituições públicas, bem como fiscalização e monitoramento das ações, para que os serviços públicos (no caso, a saúde indígena) sejam prestados de forma satisfatória *(MPF, 22/03/2017)*

ASSEMBLEIA DISCUTE SITUAÇÃO DE INDÍGENAS

Analisar e discutir as políticas indígenas no âmbito do Estado de Rondônia, com vistas a chamar a atenção das autoridades públicas para a precariedade desses povos em todos os setores de políticas públicas. Foi com essa proposta que a Assembleia Legislativa realizou ontem audiência pública com a presença de autoridades, representantes de entidades de defesa e dos próprios indígenas. Autor da sugestão para o debate, o deputado Ezequiel Júnior (sem partido), explicou que hoje os povos nativos não sofrem apenas com a invasão das terras, mas também a falta de educação e saúde básica nas aldeias. *(Diário da Amazônia, 13/06/2017)*

INDÍGENAS PURUBORÁ TEMEM PERDER A TERRA

Os índios Puruborá, nome que significa "aquele que se transforma em onça para curar", numa referência aos antigos xamãs, no início do século 20 foram expulsos de seu território tradicional pelas frentes de exploração de borracha e madeira, sendo obrigados ao trabalho forçado nos seringais no Vale do rio Guaporé, em Rondônia, na fronteira com a Bolívia. Chegaram a ser considerados extintos por causa de epidemias de sarampo e catapora contraídas durante o contato com o "branco". Há 16 anos, o grupo começou a se revitalizar. Hoje, eles somam mais de 600 pessoas e lutam pelo reconhecimento de suas terras.Por causa da falta de demarcação da terra, o cacique Antonio Puruborá disse que muitos Puruborá vivem hoje "espalhados" pelos municípios de Costa Marques, Guajará-Mirim, Seringueiras e no Manoel Corrêa, em Rondônia. *(A. Aranda, Amazônia Real, 18/09/2017)*

INCÊNDIO CRIMINOSO DESTRÓI TRÊS CASAS

Incêndio criminoso destruiu três casas na aldeia Anderé, TI Rio Branco, Alta Floresta do Oeste (RO). Indígenas do povo Makurap acreditam que o fogo tenha sido provocado por madeireiros que moram próximo à área. Para liderança da TI, o ato demonstra hostilidade contra as populações tradicionais que vivem no norte do Estado. "Já existiram alguns conflitos entre indígenas e não indígenas. Eles querem explorar em nossas aldeias. Tem muitos madeireiros e pescadores que rondam por aqui. Reclamamos que não queríamos mais eles em nossas terras. Não devem ter gostado e se vingaram", comenta. A terra tradicional é habitada pelos povos Aikanã, Arikapú, Aruá, Djeoromitxí, Kanoê, Makurap e Tupari. *(G. Cavalli, CIMI, 02/02/2018)*

DISPARA DESMATAMENTO EM TERRAS INDÍGENAS NO SUL DA AMAZÔNIA

O corredor Tupi-Mondé, formado por sete TIs na divisa entre Rondônia e Mato Grosso, perdeu mais de 1,2 mil hectares de florestas ao longo do primeiro semestre do ano passado. Os dados são resultado do monitoramento realizado por organizações indígenas e não governamentais, com base no aplicativo Global Forest Watch, utilizando para acompanhar a perda de florestas em todo o mundo. O desmatamento vem crescendo na região devido à pressão da exploração ilegal de madeira, avanço da pecuária e mineração. *(V. Fonseca, O Eco, 14/01/2018)*

INDÍGENAS ENFRENTAM MUITO MAIS QUE O AVANÇO DA COVID-19

Se de um lado o avanço do novo coronavírus tem deixado as comunidades indígenas em pé de alerta, por outro, as invasões dos territórios tradicionais têm preocupado as lideranças e organizações indígenas e indigenistas em Rondônia. Com um largo histórico de invasões nos territórios por posseiros, grileiros, pescadores, garimpeiros e madeireiros, a pandemia torna essa ameaça à vida ainda mais grave, pois estes invasores se tornaram também agentes disseminadores da covid-19 entre os povos. *(A. Spezia, Cimi, 14/08/2020)*

SURUÍ E CINTA LARGA SÃO MAIS ATINGIDAS PELA COVID-19

Casos de Covid-19 já foram registrados em 38 etnias indígenas em Rondônia até a última quarta-feira (17), segundo dados do Distrito Sanitário Especial Indígena (Dsei) de Porto Velho divulgados pelo Governo do Estado. Os Suruí e os Cinta Larga são os mais afetados. Ao todo, a doença infectou pelo menos 1.977 indígenas. O painel do governo não informa o número de óbitos. *(G1, 24/09/2020)*

CORPO DO 'ÍNDIO DO BURACO' DEVE SER SEPULTADO NA TI ONDE ELE VIVIA ISOLADO

O corpo do indígena isolado, conhecido como "Índio do Buraco", deve passar por perícia em Brasília (DF) e voltar para ser sepultado "no mesmo local onde foi encontrado", em Rondônia. A informação foi confirmada por uma fonte da Funai à Rede Amazônica. Segundo as informações que a equipe de reportagem teve acesso, o corpo do indígena foi transportado de Vilhena (RO) para o Instituto Nacional de Criminalística de Brasília. Os peritos responsáveis são os mesmos que atuaram no caso do indigenista Bruno Pereira e do jornalista inglês Dom Phillips. *(G1, 29/08/2022)*

OITO RURALISTAS QUEREM A TERRA DO "ÍNDIO DO BURACO"

A TI Tanaru, onde se isolou, morou e morreu o "Índio do Buraco", está sob ataque. Na semana passada, o MPF notificou fazendeiros vizinhos da TI para que não entrem nela. As notificações, entregues em mãos, foram uma nova tentativa para impedir o ingresso de pessoas no território, como vem ocorrendo desde que o indígena foi encontrado morto. E na Justiça, em outra frente, pecuaristas que afirmam ter antigos títulos de propriedade na TI, afetados juridicamente pela criação da área de proteção, já entraram com uma petição de retomada das terras. Oito proprietários rurais requerem agora parte da TI Tanaru, sendo seis de São Paulo e dois de Rondônia. São eles: Edson Ribeiro de Mendonça Neto (médico veterinário); Fernanda Louro Ribeiro de Mendonça (psicóloga); Helena Louro Ribeiro de Mendonça (advogada), moradores de Barretos (SP); Rodrigo Maia Jacinto, de São Paulo (SP); os irmãos Porthos Pádua Maia e Garon Maia (pecuaristas), ambos de Araçatuba (SP); Iolanda de Andrade Bertholasce, de Cacoal (RO), e Gutemberg Ermita, de Pimenta Bueno (RO). Cercada por cinco fazendas com áreas desmatadas para a pecuária e plantação de grãos, a TI Tanaru sempre foi alvo de ameaças de invasão por grileiros e fazendeiros. *(J. Gonçalves, Amazônia Real, 20/12/2022)*

VÍDEOS DESINFORMAM SOBRE DEMARCAÇÃO DE TIS PARA VIRAR VOTO PARA BOLSONARO

Ibama, Exército e Polícia Militar de Rondônia fiscalizam em julho de 2018 a cadeia de custódia da madeira e desmatamento ilegal em Espigão do Oeste-RO, município com duas TI's regularizadas. Em podcast e mensagens de WhatsApp, bolsonaristas afirmam, sem provas, que um governo de esquerda vai demarcar terras indígenas do Vale do Guaporé e prejudicar agricultores, na tentativa de ganhar votos para Jair Bolsonaro (PL). *(F. Pontes, InfoAmazonia, 29/10/2022)*

CINTA LARGA

GARIMPO ILEGAL AFETA CINTA LARGA

Os novos investimentos na área de diamantes têm certificação, mas o garimpo ilegal continua no Brasil e afeta diretamente o povo Cinta Larga, etnia indígena com quase 2 mil habitantes, cujas terras ficam entre Rondônia e Mato Grosso. Desde o auge do conflito entre garimpeiros e índios em 2004, nada mudou, segundo o procurador Reginaldo Trindade, que fica em Rondônia e é responsável por acompanhar as questões envolvendo a etnia. No garimpo de Lajes, principal foco, há uma cratera de 11 quilômetros próxima a uma área de igarapé. Somam-se ao dano ambiental os prejuízos à cultura e à saúde dos índios, que, ao entrarem em contato com o homem branco, são contaminados por doenças antes inexistentes na região. *(O Globo, 19/02/2017)*

ÍNDIO É ABSOLVIDO POR ASSASSINATO DE FAMÍLIA

O índio da etnia Cinta Larga, Ricardo Vieira Cinta Larga, atualmente cacique da Aldeia Capivara, foi absolvido da acusação de homicídio contra cinco pessoas de uma mesma família. O crime ocorreu em fevereiro de 1991 em loteamento localizado nas proximidades do município de Juína. A absolvição do indígena foi resultado do júri popular. *(Folha Max, 03/04/2017)*

PROJETO AUXILIA A RETOMADA DA IDENTIDADE INDÍGENA

Mais do que permitir o acesso aos serviços essenciais de cidadania, os documentos básicos proporcionam a identificação como pertencente a um grupo ou etnia. Essa oportunidade é realizada pelo projeto Cidadania Indígena em Mato Grosso. A primeira capital do Estado é também a pioneira na realização do projeto que tem o objetivo de diminuir a sub documentação indígena. *(Folha Max, 27/05/2017)*

IBAMA DOA MADEIRA APREENDIDA PARA COMUNIDADES INDÍGENAS

Mais de 800 metros cúbicos de madeira foram doados nos últimos dias à comunidades indígenas de Mato Grosso. O material foi apreendido em fiscalizações do Ibama. A Associação do povo indígena Cinta Larga recebeu o equivalente a 26 caminhões carregados de madeira. O material será utilizado para a construção e reforma de casas na região da TI Serra Morena. As toras foram apreendidas na semana passada durante operação de fiscalização do Ibama, que identificou irregularidades em uma madeireira de Juína. *(Radioagência Nacional, 01/06/2017)*

CINTA LARGA SEDIA SEMINÁRIO DE EDUCAÇÃO ESCOLAR INDÍGENA

O seminário tem como finalidade promover um debate, dar esclarecimentos e informações a respeito dos novos encaminhamentos da política de educação escolar indígena, territorialidade no contexto nacional com seus avanços e desafios, construções hidrelétricas e mineração em áreas indígenas, direitos humanos e ICMS Ecológico. *(Top News, 24/11/2017)*

POVO CINTA LARGA INCREMENTA RENDA COM COLETA DE CASTANHA

A coleta de castanha feita pelos Cinta Larga prova que desenvolvimento sustentável e atividade econômica podem seguir de mãos dadas quando o assunto é extrativismo em território indígena. No estado de Rondônia, surge um exemplo de progresso comunitário por meio de atividades que garantem geração de renda para muitas famílias indígenas. *(Tudo Rondônia, 02/05/2019)*

OPERAÇÃO MIRA EXPLORAÇÃO ILEGAL DE DIAMANTES EM TERRAS INDÍGENAS

A Polícia Federal deflagrou a Operação Crassa, contra a exploração ilegal de diamantes na Reserva Roosevelt, em Rondônia.Entre os alvos da operação estão indígenas, garimpeiros, intermediadores responsáveis por avaliar o valor das pedras preciosas e também por fazer a ponte com os compradores, e empresários. De acordo com a investigação da PF, indígenas autorizavam a entrada de garimpeiros na reserva. *(G1, 24/09/2020)*

IKOLEN

VEREADOR É CASSADO APÓS PAGAR CHURRASCO PARA ALDEIA

Marcelo Lemos, vereador da cidade de Ji-Paraná (Rondônia) pelo Partido Social Democrático (PSD), teve o mandato cassado pelo Tribunal Regional Eleitoral do Estado (TRE-RO) por suposta compra de votos e abuso de poder econômico. A ação de investigação judicial eleitoral foi ajuizada por Cristiano Mattos, candidato derrotado na eleição e atual primeiro suplente, depois de Marcelo Lemos ter obtido mais de 70% dos votos nominais em uma seção instalada na aldeia indígena Ikolen, da etnia Gavião. *(Rondônia ao Vivo, 21/06/2017)*

MORTE DE CACIQUE REPERCUTE ENTRE ENTIDADES E PESQUISADORES

O cacique do povo Ikolen Gavião de Rondônia, Catarino Sebirop, de 68 anos, que morreu nem Ji-Paraná (RO) vítima de uma doença crônica no pulmão, levou consigo parte da memória de um povo. Para familiares ele será lembrado como exemplo de força. Ele deixa 13 filhos. Josias, um dos filhos, contou que o pai era "uma biblioteca", por ter vivido muitos fatos históricos do povo."Ele aprendia e guardava tudo na memória. Aprendeu tudo com meu avô, que era uma lenda do povo Gavião, muito respeitado. Sabia de tudo da nossa cultura e meu pai herdou esse dom. Ele transmitia isso para os filhos e netos", disse. *(A. Gomes, G1, 02/10/2021)*

KAXARARI

ÍNDIO KAXARARI É MORTO POR PISTOLEIROS

Um índio da etnia Kaxarari foi assassinado com vários disparos de arma de fogo na região da Ponta do Abunã em Rondônia. A vítima Manoel Quintino da Silva Kaxarari foi morto na Vila Marmelo, entre Extrema de Rondônia e Vista Alegre do Abunã. O indígena era uma das antigas lideranças da aldeia Pedreira e atualmente estava agregado na aldeia Buriti. A extração ilegal de madeiras da T.I. Kaxarari por uma máfia de madeireiros pode ser o motivador do crime. *(Rondônia ao Vivo, 27/06/2017)*

ÍNDIOS COBRAM INSTALAÇÃO DE REDE DE ENERGIA

Índios da etnia Kaxarari reivindicam a instalação de uma rede de energia elétrica nas aldeias que fazem parte da reserva, que fica na região de Ponta do Abunã, em Rondônia. Para pressionar as autoridades, eles pretendem protestar e ameaçam derrubar as torres do linhão que levam energia para o Acre.Os indígenas também prometeram fechar trechos da BR-364, próximo ao Distrito de Extrema, em Rondônia. O superintendente da PRF-AC, Cezar Henrique, disse que sentou com os órgãos responsáveis para discutir medidas de segurança para evitar o transtorno. *(A. Nascimento, G1,19/07/2017)*

KARIPUNA DE RONDÔNIA

DESMATAMENTO EM ÁREAS PROTEGIDAS ESCALA VIOLÊNCIA CONTRA INDÍGENAS

Visitamos o território indígena Karipuna em Rondônia na região chamada de "arco de desmatamento" - onde a fronteira agrícola avança sobre a floresta. Desde 2015, os indígenas afirmam que suas terras são cada vez mais alvo de madeireiros e grileiros.Procuradores federais começaram a trabalhar em um processo envolvendo a terra de Karipuna, depois que Adriano apresentou uma queixa de que ele e sua família estavam recebendo ameaças de morte. *(Greenpeace, 01/12/2017)*

Cacique do povo Ikolen Gavião de Rondônia, Catarino Sebirop.

POVO KARIPUNA VIVE IMINÊNCIA DE GENOCÍDIO

O procurador do Ministério Público Daniel Azevedo Lobo, que desde o início deste ano passou a acompanhar a difícil situação da etnia, considera a situação dos Karipuna como de extrema vulnerabilidade. Além do medo de serem atacados e mortos dentro da TI pelos invasores, os indígenas também enfrentam grandes dificuldades para a sua subsistência. A coleta da castanha, importante fonte de renda para os Karipuna, foi interrompida pelo temor de ameaças feitas pelos invasores. O medo impede que eles transitem livremente pelas suas terras. Eles também encontram dificuldades para escoar a produção agrícola, porque a estrada de acesso está em precárias condições e fica intransitável durante o período das chuvas, situação que se agrava com o trânsito das dezenas dos pesados caminhões carregados de toras de madeiras nobres que deixam sulcos profundos no frágil leito de terra da via. *(A. Aranda, Cimi, 27/09/2017)*

MADEIREIROS SÃO SUSPEITOS DE INCÊNDIO A POSTO DA FUNAI NA TERRA DOS KARIPUNA

Um Posto de Vigilância da Fundação Nacional do Índio (Funai) localizado na Terra Indígena Karipuna, distante a 280 quilômetros de Porto Velho, em Rondônia, foi incendiado por invasores, segundo denúncias de lideranças Karipuna. Os indígenas constataram o ataque criminoso na última sexta-feira (09), quando passaram em frente ao posto, que fica a cerca de 10 quilômetros da aldeia Panorama (a única do território). O ataque pode ter acontecido antes dessa data. Os principais suspeitos são madeireiros. A Funai pediu uma investigação do caso à Polícia Federal de Porto Velho e ao Ministério Público Federal. *(A. Aranda e E. Faris, Amazônia Real, 16/02/2018)*

A LUTA DOS CARIPUNAS PARA MANTER SUAS TERRAS NA AMAZÔNIA

A negligência do Estado com os caripunas preocupa o Ministério Público Federal. "Acho que se pode falar em uma pretensão de genocídio do povo caripuna, com o objetivo de invadir a TI, tirar os índios e ocupar a área", avaliou o procurador Daniel Lôbo. "E os madeireiros e grileiros têm armas e, muitas vezes, são violentos. Então, pode haver genocídio, morte." Com cerca de 30 pessoas vivendo na aldeia, as possibilidades de defesa são muito reduzidas. O cacique André representa uma exceção no grupo, composto sobretudo de crianças e idosos. As características demográficas do povo contam a história da comunidade, que escapou por um triz do extermínio nos anos 70. Naquela altura, os caripunas eram um povo isolado composto de 100 a 200 pessoas. Eles viviam de forma nômade e se dividiam em três grupos. *(Revista Época, 02/05/2019)*

MEGAOPERAÇÃO CONTRA GRILAGEM E ROUBO DE MADEIRA NA TI KARIPUNA

Atendendo às denúncias do povo indígena Karipuna, a Polícia Federal (PF), o Ministério Público Federal e o Exército - organizados na Força Tarefa Amazônia - realizam desde a manhã desta segunda-feira (17/6), a Operação SOS Karipuna. Com o objetivo de desarticular organizações criminosas instaladas na região da terra indígena, especialmente no distrito de União Bandeirantes, município de Porto Velho (RO), a ação contou com um efetivo de mais 500 militares, policiais e servidores públicos. *(Cimi, 18/06/2019)*

SURUI PAITER

PANDEMIA JÁ CHEGOU A METADE DAS ALDEIAS DOS PAITER-SURUÍS

O povo indígena paiter-suruí denuncia a omissão do governo federal frente ao avanço da pandemia de Covid-19 na TI 7 de Setembro, em Rondônia, onde vivem cerca de 1.800 indígenas. Nesta quinta (13) os doentes confirmados na TI chegaram a 50, mas há dezenas de casos suspeitos. Oficialmente, há casos confirmados em cinco aldeias: PIN Paiter e Joaquim (que têm os maiores números de infectados), Gapgir, Amaral e Lapetanha. Mas, de acordo com a liderança indígena Celso Lamitxab Suruí, da aldeia Lapetanha, há casos suspeitos em pelo menos metade das 28 aldeias da TI Sete de Setembro. *(M. Prestes, FSP, 15/08/2020)*

ATIVISTA INDÍGENA TXAI SURUÍ RELATA AMEAÇAS APÓS A COP

Após chamar a atenção do mundo com sua fala na Conferência do Clima (COP 26), na Escócia, a ativista indígena Txai Suruí quer dar continuidade aos esforços de preservação e conscientização ambiental no Brasil. Ela relata ter sofrido ameaças e intimidações após ganhar notoriedade, mas destaca que trabalha para "reconstruir aquilo que foi destruído".

"Eu sou, sim, esperançosa. Nossa luta é sobre esperança. Porque tem gente que acredita numa floresta em pé, viva. E que isso não significa que a gente seja contrário ao desenvolvimento, nem contra a qualidade de vida. Muito pelo contrário, porque dentro da floresta há muita qualidade de vida". "Precisamos tomar outro caminho com mudanças corajosas e globais. Não é 2030 ou 2050, é agora", disse a ativista na oportunidade. "Os povos indígenas estão na linha de frente da emergência climática, por isso devemos estar no centro das decisões que acontecem aqui. Nós temos ideias para adiar o fim do mundo. Vamos frear as emissões de promessas mentirosas e irresponsáveis; vamos acabar com a poluição das palavras vazias, e vamos lutar por um futuro e um presente habitáveis", afirmou Txai. *(P. Pereira, Oesp, 06/01/2022)*

© KARWAI TANG/UK GOVERNMENT, 2021

Txai Suruí discursa na cerimônia de abertura da COP26, em Glasgow, Escócia.

URU-EU-WAU-WAU

CANSADOS DE ESPERAR, URU-EU-WAU-WAU DECIDEM INVESTIGAR GRILAGEM DE TERRA

Os Uru-Eu-Wau-Wau decidiram investigar a grilagem de terra no território indígena sozinhos, depois de esperar por quatro meses por uma ação da Polícia Federal, da Funai e do MPF para expulsar os cerca de 5.000 invasores da reserva indígena, que fica no sul de Rondônia. Na terça-feira (14), um grupo de sete guerreiros partiu da aldeia Alto Jamari com destino ao loteamento clandestino aberto na localidade Linha 5, no município de Monte Negro. A invasão à TI Uru-Eu-Wau-Wau se intensificou nos últimos quatro meses, período em que aumentaram os desmatamentos, as atividades de garimpo e de pesca predatória dentro do território dos índios, que se autodenominam Jupaú, os que usam jenipapo. *(E. Farias e F. Pontes, Amazônia Real, 16/02/2017)*

TIS DE RO COM PRESENÇA DE ISOLADOS ESTÃO ENTRE AS MAIS DESMATADAS EM 2021

Em 2021, desmatamentos e invasões afetaram as TI de Rondônia onde vivem povos isolados. A TI Uru-Eu-Wau-Wau está entre as que mais apresentaram alerta, totalizando uma área de 340 hectares de floresta derrubada. Os índices são do boletim anual do Sistema de Alerta de Desmatamento em Terras Indígenas com Registros de Povos Isolados (Sirad), realizado através do ISA. Outro dado apontado no relatório, é o crescimento da destruição na TI Massaco, localizada entre Alta Floresta D'Oeste e São Francisco do Guaporé. Se comparado ao ano anterior, o desmatamento na área cresceu 263%. *(J. Cruz, G1, 27/01/2022)*

DESMATAMENTO NA TI URU-EU-WAU-WAU DOBRA EM JUNHO

Os territórios com presença de povos indígenas isolados no Brasil continuam sob forte ameaça, sobretudo a Terra Indígena Uru-Eu-Wau-Wau, segundo alerta do último Boletim Sirad--Isolados, do Instituto Socioambiental (ISA). O desmatamento na TI, localizada em Rondônia, dobrou em junho. Foram desmatados 57,6 hectares de floresta em apenas 30 dias, um aumento de 111% em relação ao mês de maio. *(G. Costanti, ISA, 30/07/2021)*

S.O.S URU: OPERAÇÃO COMBATE DESMATAMENTO E PESCA ILEGAL NA PRINCIPAL TI DE RONDÔNIA

O cerco voltou a fechar contra desmatadores, grileiros e pescadores ilegais que se aproveitam dos recursos naturais da TI Uru-Eu-Wau-Wau localizada em Rondônia. A Polícia Federal (PF) inutilizou, na terça-feira, 28, um acampamento, veículos e ferramentas empregadas na prática de crimes ambientais. *(Agência Cenarium, 29/06/2022)*

Apiaká
Chiquitano
Enawenê-Nawê
Iranxe-Manoki
Mỹky-Manoki
Kaiabi
Menky Manoki
Munduruku
Nambikwara
Paresí
Rikbaktsa
Umutina
Isolados

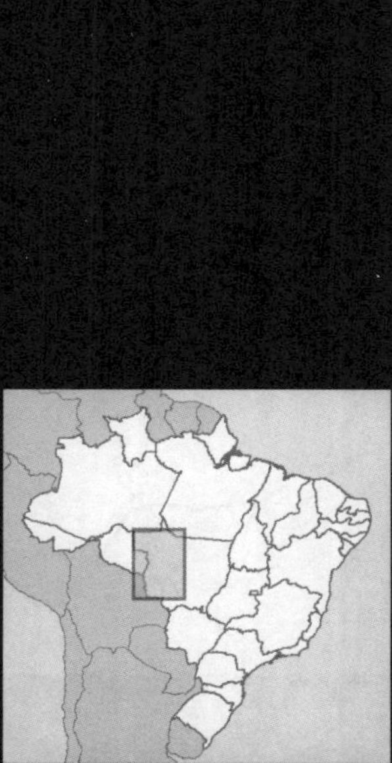

12. Oeste do Mato Grosso

12. OESTE DO MATO GROSSO

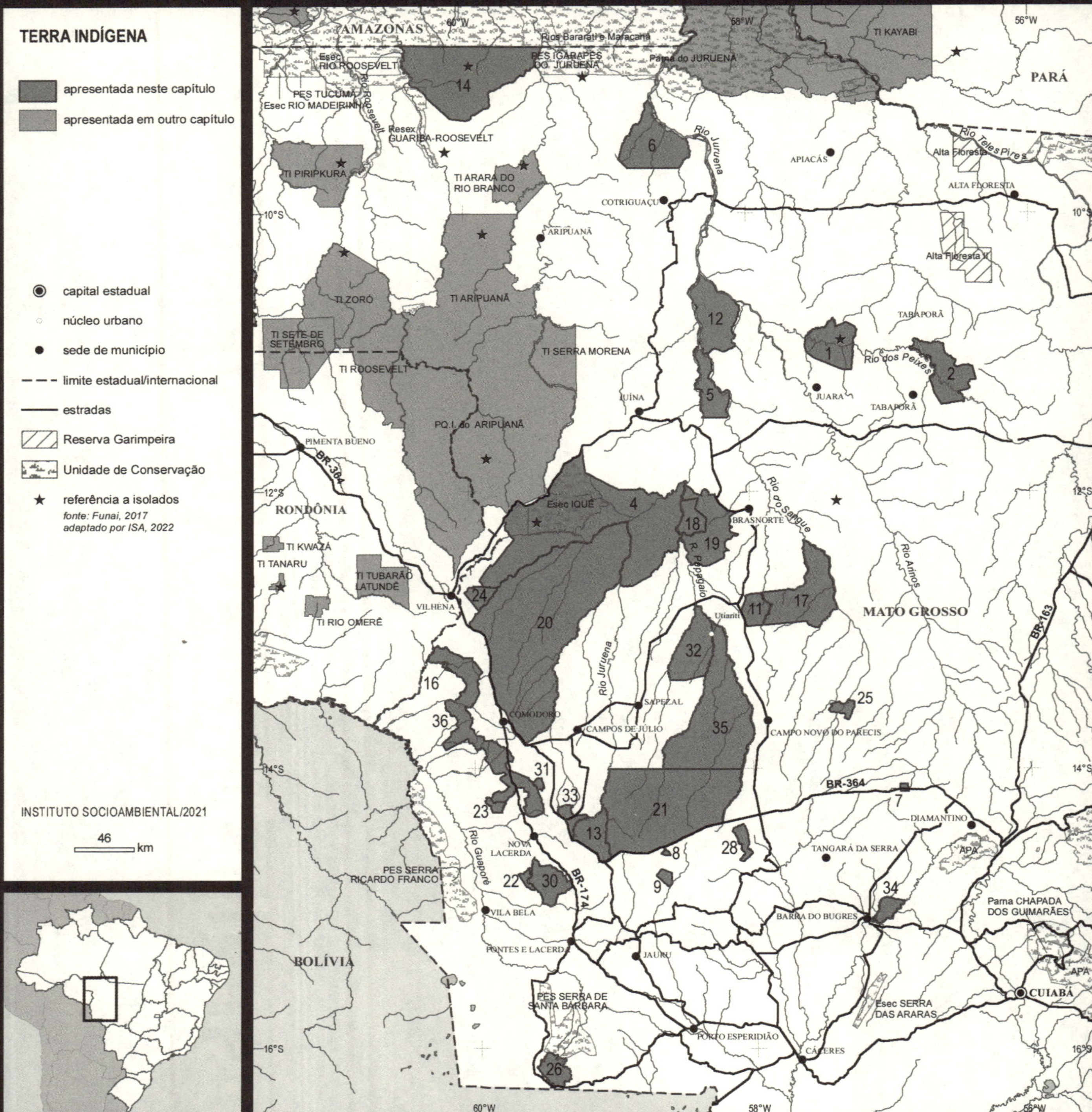

OESTE DO MATO GROSSO
Terras Indígenas
Instituto Socioambiental - 30/11/2022

Nº mapa	Terra Indígena	Povo	População (nº, fonte, ano)	Situação jurídica	Extensão (ha)	Município	UF
1	Apiaká-Kayabi	Apiaká Kawaiwete Munduruku Isolados do Rio dos Peixes	885 - Siasi/Sesai: 2014	Homologada. Decreto - 394 - 24/12/1991, publicado em 26/12/1991. Reg. SPU Certidão n. 19 em 24/11/88.Reg. CRI dno município de Juara e comarca de Porto dos Gaúchos (109.245 ha) Matr. 3428 Liv 2-RG, Fl 1V/2 em 19/08/88.	109.245	Juara	MT
2	Batelão	Kawaiwete	150 - GT/Funai: 2001	Declarada. Portaria - 2.136 - 14/12/2007, publicado em 17/12/2007.	117.050	Juara Nova Canaã do Norte Tabaporã	MT
4	Enawenê Nawê	Enawenê-nawê Isolados do Rio Iquê	737 - Siasi/Sesai: 2014	Homologada. Decreto - s/n - 02/10/1996, publicado em 04/10/1996. Reg. SPU Certidão 094 em 03/07/98.Reg. CRI no municipio de Juína, comarca de Cuiabá (390.706 ha) Matr. 53.945 .Liv.2-IQ, Fl 21/V em 18/11/96. Reg. CRI no municipio de Comodoro, comarca de Pontes e Lacerda (135.378 ha) Matr. 11.188, Liv.2-RG, Fl 01/V em 22/11/96. Reg. CRI no municipio de Campo Novo dos Parecis, comarca de Tangará da Serra (216.003 ha) Matr. 5.135 Liv. 2-RG, Fl 001 em 19/03/98.	742.088	Comodoro Juína Sapezal	MT
5	Erikpatsa	Rikbaktsa	676 - Paca: 2001	Homologada. Decreto - 398 - 24/12/1991, publicado em 26/12/1991. Reg. SPU Certificado s/n em 18/11/87.Reg. CRI no município e comarca de Diamantino (79.935 ha) Matr.17.609 Liv 2-Fl 01 em 22/02/85.	79.935	Brasnorte	MT
6	Escondido	Rikbaktsa	45 - Funai: 2002	Homologada. Decreto - s/n - 08/09/1998, publicado em 09/09/1998. Reg. SPU Certidão n. 63 de 21/07/99.Reg. CRI no município de Cotriguacu, comarca de Cuiabá (168.938 ha) Matr. 56.626 Lv. 2-JZ Fl. 048 em 15/03/99.	168.938	Cotriguaçu	MT
7	Estação Parecis	Paresí	26 - Siasi/Sesai: 2014	Declarada. Portaria - 480 - 19/04/2016, publicado em 20/04/2016.	2.170	Diamantino Nortelândia	MT
8	Estivadinho	Paresí	37 - Siasi/Sesai: 2014	Homologada. Decreto - s/n - 12/08/1993, publicado em 13/08/1993. Reg. SPU Certificado 62 em 19/01/94.Reg. CRI no município e comarca de Tangará da Serra (2.031,9414 ha) Matr. 10.512 Liv. 2-RG Fl 001 em 20/09/93.	2.032	Tangará da Serra	MT
9	Figueiras	Paresí	21 - Siasi/Sesai: 2014	Homologada. Decreto - s/n - 03/07/1995, publicado em 04/07/1995. Reg. SPU Cert. n.005 em 13/03/96.Reg. CRI no município e comarca de Barra do Bugres (9.858 ha) Matr.16.986, Liv. 2 RG, Fl.01 de 13/11/95.	9.858	Barra do Bugres Tangará da Serra	MT
11	Irantxe	Iranxe Manoki	373 - Siasi/Sesai: 2014	Homologada. Decreto - 98.827 - 15/01/1990, publicado em 16/01/1990. Reg. SPU n. 002 em 23/04/90.Reg. CRI no município e comarca de Diamantino, (45.555 ha) Matr.21.561 Liv 2 Fl. 01V/2 em 04/08/87.	45.555	Brasnorte	MT
12	Japuíra	Rikbaktsa	357 - IBGE: 2010	Homologada. Decreto - 386 - 24/12/1991, publicado em 26/12/1991. Reg. SPU Cert n. 030 em 06/06/94.Reg. CRI de São José do Rio Claro, comarca de Diamantino,(152.509 ha) Matr. 25.230 Liv 2-CC Fl. 176 em 12/09/89.	152.509	Juara	MT
13	Juininha	Paresí	70 - IBGE: 2010	Homologada. Decreto - s/n - 04/10/1993, publicado em 05/10/1993. Reg. SPU Certidão n. 27 de 03/05/94.Reg. CRI no municipio e comarca de Pontes e Lacerda, (70.537 ha) Matr. 8.783 , Liv 2-RG, Fl 001 em 27/10/93.	70.537	Conquista D'Oeste	MT
14	Kawahiva do Rio Pardo	Isolados Kawahiva do Rio Pardo		Declarada. Portaria - 21 - 09/02/2022, publicado em 10/02/2022.	411.848	Colniza	MT
16	Lagoa dos Brincos	Nambikwara Nambikwara Negarotê	65 - Funai: 2002	Homologada. Decreto - s/n - 05/01/1996, publicado em 08/01/1996. Reg. SPU Cert.003 de 13/03/96.Reg. CRI no municipio de V.Bela da Santissima Trindade e na comarca de Pontes e Lacerda,(1.845 ha) Matr. 10.833, Liv. 2 RG, Fl. 01 em 18/01/96.	1.845	Comodoro	MT
17	Manoki	Iranxe Manoki	250 - GT/Funai: 2000	Declarada. Portaria - 1.429 - 04/08/2008, publicado em 05/08/2008.	206.445	Brasnorte	MT
18	Menku	Menky Manoki	129 - Bueno, A.C.V.: 2014	Homologada. Decreto - 94.013 - 11/02/1987, publicado em 12/02/1987. Reg. SPU Certif. s/n de 26/08/87.Reg. CRI no município e comarca de Diamantino,(47.094 ha) Matr. 21.183, Liv. 2, Fl.1 em 22/04/87.	47.094	Brasnorte	MT
19	Menkü (reestudo)	Menky Manoki	104 - GT Funai: 2012	Identificada. Outros - 399 - 07/11/2022, publicado em 09/11/2022.	146.398	Brasnorte	MT
20	Nambiquara	Nambikwara Nambikwara Halotesu Nambikwara Kithaulu Nambikwara Sawentesu Nambikwara Wakalitesu	476 - IBGE: 2010	Homologada. Decreto - 98.814 - 10/01/1990, publicado em 11/01/1990. Reg. SPU cert. s/n de 28/10/87.Reg. CRI no município de Vila Bela da Santissima Trindade, comarca de Pontes e Lacerda, Matr. 1.517 Liv. 02 -RG, Fl. 01/03 em 10.04.87.	1.011.960	Comodoro	MT
21	Pareci	Paresí	919 - IBGE: 2010	Homologada. Decreto - 287 - 29/10/1991, publicado em 30/10/1991. Reg. SPU Certif. s/n de 18/05/87.Reg. CRI Matr. 5.014 Liv. 2, Fl. 1V/4V/5 em 20/02/87.	563.586	Tangará da Serra	MT
22	Paukalirajausu	Nambikwara	117 - Siasi/Sesai: 2014	Identificada. Despacho - 49 - 27/09/2010, publicado em 28/09/2010.	8.400	Nova Lacerda Vila Bela da Santíssima Trindade	MT
23	Pequizal	Nambikwara Nambikwara Erihitaunsu Nambikwara Alantesu	45 - Funai: 2002	Homologada. Decreto - s/n - 05/01/1996, publicado em 08/01/1996. Reg. SPU Cert. 004 em 13/03/96.Reg. CRI no municipio de Vila Bela da Santissima Trindade, comarca Pontes e Lacerda (9.886 ha) Matr.10.834 Liv. 2 RG, Fl.01 em 18/01/96.	9.886	Nova Lacerda	MT
24	Pirineus de Souza	Nambikwara Nambikwara Sabanê Nambikwara Ilaklore Nambikwara Idalamare Nambikwara Mamaindê Nambikwara Manduka Nambikwara Tawandê	278 - IBGE: 2010	Homologada. Decreto - 89.579 - 24/04/1984, publicado em 25/04/1984. Reg. SPU Certidão s/n. de 16/05/85.Reg. CRI no município de Vila Bela da Santíssima Trindade, comarca de Cáceres (28.212 ha) Matr. 16.525, Liv. 2-L-3, Fl. 280 em 06/08/84.	28.212	Comodoro	MT
25	Ponte de Pedra	Paresí	427 - Siasi/Sesai: 2014	Declarada. Portaria - 3.078 - 27/09/2010, publicado em 28/09/2010.	17.000	Campo Novo do Parecis Diamantino Nova Maringá	MT
26	Portal do Encantado	Chiquitano	1.046 - IBGE: 2010	Declarada. Portaria - 2.219 - 30/12/2010, publicado em 31/12/2010.	43.057	Pontes e Lacerda Porto Esperidião Vila Bela da Santíssima Trindade	MT

Nº mapa	Terra Indígena	Povo	População (nº, fonte, ano)	Situação jurídica	Extensão (ha)	Município	UF
28	Rio Formoso	Paresí	166 - IBGE: 2010	Homologada. Decreto - 391 - 24/12/1991, publicado em 26/12/1991. Reg. SPU Certidão n. 025 em 12/12/88.Reg. CRI no município e comarca de Tangará da Serra (19.749 ha) Matr. 5.970 Liv. 2-RG Fl. 1V/2 em 03/10/88.	19.749	Tangará da Serra	MT
30	Sararé	Nambikwara Nambikwara Katitawlu Nambikwara Qualitsu Nambikwara Kalunhwasu Nambikwara Uaihlatisu Nambikwara Sayulikisu	188 - IBGE: 2010	Homologada. Decreto - 91.209 - 29/04/1985, publicado em 30/04/1985. Reg. SPU Certidão s/n. em 26/08/87.Reg. CRI no município de Pontes e Lacerda comarca de Mirassol d´Oeste (67.419 ha) Matr. 4.220 Liv. 2 Fl. 1 em 19/08/85.	67.420	Conquista D'Oeste Nova Lacerda Vila Bela da Santíssima Trindade	MT
31	Taihantesu	Nambikwara Nambikwara Wasusu	77 - Paca: 2001	Homologada. Decreto - s/n - 23/05/1996, publicado em 24/05/1996. Reg. SPU Cert. n. 70 de 30/10/97.Reg. CRI no município de Comodoro, comarca de Pontes e Lacerda (5.362 ha) Matr. 11.300 Liv. 2-RG Fl. 01 em 13/02/97.	5.372	Nova Lacerda	MT
32	Tirecatinga	Nambikwara Nambikwara Halotesu Nambikwara Sawentesu Nambikwara Wakalitesu	174 - IBGE: 2010	Homologada. Decreto - 291 - 29/10/1991, publicado em 30/10/1991. Reg. SPU-MT Certidão s/n de 22/10/87.Reg. CRI no município e comarca de Diamantino, (130.575 ha) Matr. 17.608, Liv.2, Fl. 01V em 22/02/85.	130.575	Sapezal	MT
33	Uirapuru	Paresí	28 - Siasi/Sesai: 2014	Declarada. Portaria - 497 - 20/03/2009, publicado em 23/03/2009.	21.680	Campos de Júlio Nova Lacerda	MT
34	Umutina	Iranxe Manoki Nambikwara Paresí Umutina	489 - Siasi/Sesai: 2013	Homologada. Decreto - 98.144 - 14/09/1989, publicado em . Reg. SPU Certif. n. 002 em 30/01/95.Reg. CRI no município e comarca de Barra dos Bugres,(28.120 ha) Matr. 15.916 Liv. 2-RG Fl. 001 em 26/02/92. Reg. CRI no município de Rosário do Oeste/MT, Matr. 4.021, Liv. 3D, Fl. 270 em 22/04/60.	28.120	Barra do Bugres	MT
35	Utiariti	Paresí	406 - IBGE: 2010	Homologada. Decreto - 261 - 29/10/1991, publicado em 30/10/1991. Reg. SPU Certidão s/n de 22/10/87.Reg. CRI no município e comarca de Diamantino (412.304 ha) Matr. 17.607 Liv. 2, Fl. 01/02 em 22/02/85.	412.304	Campo Novo do Parecis Sapezal	MT
36	Vale do Guaporé	Nambikwara Nambikwara Waikisu Nambikwara Negarotê Nambikwara Erihitaunsu Nambikwara Alakatesu Nambikwara Mamaindê Nambikwara Hahaintesu Nambikwara Wasusu Nambikwara Alantesu Nambikwara Hoskokosu	482 - IBGE: 2010	Homologada. Decreto - 91.210 - 29/04/1985, publicado em 30/04/1985. Reg. SPU Certif. s/n de 27/10/87Reg. CRI no município de Vila Bela da Santíssima Trindade, comarca Pontes e Lacerda (242.593 ha) Matr. 2.568 Liv. 02 Fl. 1/3V/4 em 07/06/88.	242.593	Comodoro Nova Lacerda	MT

MANOKI/MỸKY

Territórios São Devastados Enquanto Demarcações Continuam Paralisadas[1]

André Lopes | Antropólogo, CEstA/USP e LISA/USP

POVOS MANOKI E MỸKY CONTINUAM ESPERANDO PELOS PROCESSOS DE DEMARCAÇÃO E HOMOLOGAÇÃO DE SEUS TERRITÓRIOS ENQUANTO DENUNCIAM A SUA INVASÃO E DESTRUIÇÃO. ATAQUES CONTRA SEUS DIREITOS SÃO INTENSIFICADOS NOS ÂMBITOS FEDERAL, ESTADUAL E MUNICIPAL, MAS JUVENTUDE REAGE LOCALMENTE COM REATIVAÇÃO DE JOGOS INDÍGENAS E NOVAS NARRATIVAS FÍLMICAS

Os Mỹky, juntamente com os Manoki, compunham, até o começo do século XX, uma constelação de aldeias em uma região contínua no interflúvio dos rios do Sangue e Papagaio, formadores do Rio Tapajós. Com a entrada das frentes de expansão seringalistas já na primeira década do século XX, esses grupos sofreram um processo dramático de declínio populacional, com afastamento e fissura nas redes de relações entre esses dois contingentes populacionais. Enquanto os Manoki ficaram restritos mais ao sul, em uma região de Cerrado, e se refugiaram em uma missão jesuíta entre os anos 1950 e 1960, os Mỹky se abrigaram nas matas ao norte, onde em 1971 foram reencontrados por um grupo de homens manoki e padres jesuítas. Hoje em dia, na maioria das circunstâncias, esses grupos falantes de um idioma de tronco linguístico isolado consideram-se como povos distintos, classificação circunstancial e flexível, já que são notáveis as diversas características em comum. Ao mesmo tempo, existem especificidades que essas populações não compartilham entre si, como seu histórico recente, pequenas variações em repertórios musicais, histórias de origem e a ausência do fonema "L" entre os falantes Mỹky.

© LALO DE ALMEIDA/FOLHAPRESS, 2021

Jovem pinta o rosto do cacique Manoel Kanunxi, 71, antes de uma apresentação cultural do povo manoki na aldeia Cravari, Terra Indígena Irantxe. Brasnorte/MT.

Nos últimos cinco anos, as populações manoki e mỹky enfrentaram uma série de invasões de terra em seus territórios ancestrais, localizados no município de Brasnorte, no Noroeste de Mato Grosso. Ambos os povos têm processos de demarcação de terra em curso, para corrigir demarcações equivocadas no passado, que não tiveram sequer pareceres antropológicos em sua definição. Após a realização de estudos adequados por GTs da Funai nos anos 2000, os Manoki tiveram seu território declarado em 2008 e demarcado em 2010, com cerca de 252 mil hectares, enquanto os Mỹky tiveram a sua terra identificada em 2012, com aproximadamente 146 mil hectares.

No entanto, os dois processos estão paralisados já há mais de uma década. Diversos proprietários rurais da região e suas associações, como a Associação dos Produtores Rurais de Brasnorte (Aprub), entraram na justiça com ações contra ambos os processos em curso, o que suspendeu a continuação dos procedimentos de demarcação a serem realizados pela Funai. Com o acúmulo proposital de ações judiciais, até o momento não foram realizadas a demarcação e a homologação da terra no caso dos Mỹky e, finalmente, a homologação para os Manoki – próximos passos necessários para regularizar aquelas TIs, além de sua desintrusão.

Em maio de 2022, o ministro Edson Fachin, do Supremo Tribunal Federal (STF), negou uma liminar na qual o próprio município de Brasnorte/MT pedia a suspensão da demarcação da TI Menkü, por exemplo. Já em novembro de 2022, o ataque à demarcação veio do próprio ministro da Justiça, Anderson Torres, que, em vez de declarar a área, publicou uma decisão (nº 399/2022) desaprovando a identificação da TI Menkü e devolvendo o processo à Funai. O principal argumento usado para justificar a medida foi a vedação à ampliação de TIs, uma das condicionantes do STF ao julgamento da TI Raposa/Serra do Sol, em Roraima, (PET 3388) que, contudo, segundo interpretação da própria corte, não seria aplicável a outras TIs.

Nas eleições de 2020, representantes do Poder Legislativo municipal, que a princípio não têm qualquer relação jurídica com os processos de demarcação de terra, assumiram para si a bandeira anti-indígena e ganharam votos prometendo que fariam de tudo para evitar a regularização das TIs no município. Esse tipo de campanha levada a cabo por alguns políticos locais, como o vereador e fazendeiro Norberto Júnior – cuja família inclusive possui propriedade na área declarada dos Mỹky –, baseia-se em desinformações, mentiras e falas agressivas, contrárias ao direito dos indígenas. Usam-se de argumentos absurdos para colocar parte da população regional contra os indígenas: dizem que não são os Manoki e os Mỹky que querem a terra; que eles irão tomar as terras do município futuramente; que o município será inviabilizado economicamente.

Ao mesmo tempo, ocultar-se sistematicamente na região o fato de que essas TIs, mesmo quando ainda não totalmente regularizadas, trazem muitos recursos ao município, por exemplo, por meio da Lei do ICMS Ecológico, e prestam serviços ambientais a toda população – inclusive ao agronegócio local, ajudando a regular o clima e o regime de chuvas na região, já bem afetados pelo desmatamento e degradação ambiental. Ou seja, aqueles que cuidam melhor daquelas terras, são acusados e discriminados como se fossem um entrave ao desenvolvimento local.

As eleições de 2018 foram um divisor de águas no aumento de casos de invasões às TIs na região. A partir de janeiro de 2019, com a mudança de gestão no Governo Federal, as comunidades sentiram, por um lado, uma intensificação dessas ações criminosas em seus territórios e, por outro, um enfraquecimento dos órgãos públicos responsáveis por sua defesa, tanto do ponto de vista financeiro, como do apoio político aos seus direitos. No caso dos Manoki, as ações criminosas foram sentidas sobretudo em seu território ainda não homologado, entre os rios do Sangue e Treze de Maio. Se, em anos passados, eram comuns as expedições para fiscalizar as atividades de madeireiros e posseiros dentro do perímetro demarcado pela Funai em 2010, a partir de 2019 os recursos e o apoio do órgão indigenista para monitorar a área com cerca de 206 mil hectares praticamente cessaram. Nessa época, as atividades madeireiras se tornaram tão corriqueiras e normalizadas, que os criminosos construíram uma ponte para ligar caminhos clandestinos dentro da TI demarcada às estradas que escoam a madeira ilegal para a cidade de Nova Maringá/MT, a rota de fuga preferida dos criminosos para evitar a fiscalização na região.

Em março de 2019, Manoel Kanunxi, a liderança Manoki mais atuante nas últimas duas décadas, pediu para um grupo de indígenas queimarem a ponte. Em decorrência do acontecido, um homem que se identificou como "produtor rural" da região, chamado "Agnaldo", gravou um vídeo com a ponte em chamas, que circulou amplamente pelas redes sociais. Apesar de toda retórica falaciosa, o vídeo causou um grande mal-estar na região, que já é notavelmente anti-indígena. Em Brasnorte/MT os ânimos ficaram exaltados, a Prefeitura chegou a se comprometer com a reconstrução da ponte com recursos públicos e madeira cedida por "produtores" locais. Mesmo com a denúncia de que a ponte servia a criminosos que roubavam madeira da TI, feita pelo chefe da unidade técnica do Ibama em Juína/MT, Evandro Carlos Selva, alguns setores não estavam satisfeitos.

Logo em seguida, a região recebeu a visita de dois agentes da inteligência do Exército, enviados pessoalmente pelo presidente Jair Bolsonaro – que havia assistido ao vídeo da ponte em chamas. Segundo fontes que preferem não se identificar, os agentes chegaram a visitar outras TIs da região, aparentemente investigando os próprios indígenas, e não os supostos produtores rurais, madeireiros ou grileiros que atuam na região. Desapareceram sem deixar rastros nem relatórios, pelo menos oficiais.

Ao final de 2019, em consequência das invasões em áreas indígenas de todo o país, o ISA registrava o maior desmatamento em TIs dos últimos 11 anos, sendo que o território manoki já estava entre as dez TIs mais desmatadas da Amazônia. E, até os dias de hoje, mesmo sem o devido apoio das instituições públicas, as lideranças manoki seguem resistindo e organizando expedições naquele território.

EXPEDIÇÕES PARA FISCALIZAÇÃO E MONITORAMENTO

O chefe manoki Manoel Kanunxi vem conduzindo com diplomacia e obstinação todo o processo de retomada territorial, acompanhando os grupos de estudo, as contestações, as fiscalizações e demais reuniões que têm a terra como tema. Mesmo com a saúde abatida ultimamente, Kanunxi não perde as expedições naquele território, que se dividem basicamente em dois tipos. Nas fiscalizações da terra, que geralmente duram um ou dois dias, só os homens mais preparados para lidar com possíveis conflitos percorrem grande parte do perímetro de suas divisas. Em outras viagens, sobretudo no sul do território, a duração se estende por até cinco dias, com a participação de várias famílias e alunos das escolas indígenas. Em ambas as situações, Manoel conduz seu povo com alegria a lugares de seus ancestrais.

Quando a escola acompanha e organiza as expedições com as lideranças manoki, o cotidiano nas aldeias é posto em suspensão pela ida em massa aos acampamentos e a convivência intensa entre diferentes gerações que neles acontecem. Esses momentos, em que os alunos estão afastados de sinais de internet, televisão e telefonia, potencializam diferentes formas de aprendizado de diversas práticas e saberes ancestrais. Professores como Marta Tipuici, uma das principais lideranças do povo, refletem sobre a centralidade dessa experiência de aprendizagem: "Lá a gente ainda tem essa riqueza de caça, de pesca, de tudo, né? Dessa vez, o vovô Luiz foi com a gente e falou que não queria mais vir embora. É uma história nossa e que a gente ainda conseguiu ouvir das próprias pessoas que moraram lá. [...] Nada melhor do que essas idas pra trazer o conhecimento e o sentimento de pertencimento ao território, para os jovens lutarem junto de todo mundo".

Nas expedições de fiscalização, o clima é mais hostil, mas o chefe Manoel sempre menciona o apoio espiritual que os Manoki têm daqueles que já se foram. "A gente anda junto dos nossos 'vizinhos', com os espíritos dos nossos antepassados", enfatiza. Antes das viagens ao território em litígio, os Manoki preparam um oferecimento de alimentos aos *Jetá*, seres que habitam a "casa dos espíritos", presente na aldeia Cravari e também na aldeia Japuíra, do povo Mỹky. Os *Jetá*, também chamados de "vizinhos" ou "espíritos", são constituídos por multiplicidades de seres extra-humanos, que se manifestam para todos musicalmente, mas são interditados visualmente para as mulheres e homens não iniciados. Quando os homens oferecem alimento para os Jetá, os mortos vêm comer junto dos vivos e, a partir dessa relação diplomática de comensalidade, os finados trazem a garantia de proteção e bem-estar para toda a comunidade. Essa deve continuar sempre mantendo suas relações com esses seres num nível amigável, para que sejam sempre parceiros sociais terapêuticos e não se tornem agentes patogênicos em potencial. Por isso, antes de ir para as expedições na terra não demarcada, uma das preocupações centrais dos Manoki é garantirem a proteção de seus espíritos durante esses dias.

Os Mỹky também realizam oferecimentos para obterem a proteção de seus *Jetá* quando fiscalizam os limites de seu território. Um dos casos mais tensos de invasão de terra na região aconteceu em 2020, na atual TI Menkü, quando alguns posseiros foram encontrados abrindo uma área para uma futura propriedade dentro dos limites da área. Outra ação ilegal que vem se prologando no território mỹky ao longo dos anos é a extração e venda de madeira de lei, que, por vezes, conta com a participação de alguns membros da comunidade, como consequência da demanda local por renda.[2] A ausência de uma fiscalização mais efetiva, acaba incentivando a proliferação dessa prática, que inclusive pode ter conexões com grandes facções criminosas. Além das atividades madeireiras, as áreas de circulação desses povos naquela região estão sob a constante ameaça também das atividades de monocultura, pecuária, mineração e obras de infraestrutura. As constantes queimadas no entorno, a poluição do solo, do ar e dos rios pelo uso de agrotóxicos e, sobretudo, o desmatamento provocam mudanças que afetam diretamente os modos de existência desses povos.

AS MUDANÇAS NA LEGISLAÇÃO E SEUS EFEITOS LOCAIS

A dificuldade em acabar com diversas situações ilícitas como as mencionadas, também se deve a mudanças, como a Intrução Normativa (IN) nº 9 de 2020, quando a Funai passou a reconhecer somente as TIs homologadas no Sistema de Gestão Fundiária (Sigef). Depois dessa recente liberação para a regularização de terras invadidas em áreas indígenas, inúmeras fazendas já foram certificadas pelo Sigef dentro dos territórios manoki e mỹky. Somando-se aos ataques em âmbito federal, o próprio governo do Estado de Mato Grosso propôs o Projeto de Lei Complementar (PLC) 17/2020, que potencializa a ofensiva e, de modo inconstitucional, regulariza o Cadastro Ambiental Rural (CAR) de quase 500 mil hectares de latifúndios mato-grossenses que se sobrepõem às TIs no Estado.

Essa legitimação da ilegalidade está se refletindo de forma cada vez mais notável, inclusive na reação dos infratores surpreendidos pelos indígenas dentro de suas terras. "Hoje em dia, a gente encontra as pessoas e elas acham que estão fazendo a coisa certa, eles se sentem mais seguros, não têm mais medo da fiscalização, se sentem mais fortes. Dizem que o presidente está do lado deles e estão certos que não vão sofrer consequências", afirma Tapura, filho do chefe Kanunxi.

ESTRATÉGIAS MANOKI E MỸKY DE RESISTÊNCIA À PANDEMIA

Hoje os Manoki somam mais de 400 pessoas distribuídas em dez aldeias, enquanto os Mỹky são cerca de 150 concentrados em uma única comunidade, mas esses números chegaram, durante o século XX, a cerca de meia centena para os primeiros e uma dezena para os segundos. Uma das principais causas para esses processos intensos de depopulação foram as chegadas de doenças trazidas pelos colonizadores. Durante a pandemia ficou claro, em ambos os casos, que o enfrentamento de crises epidêmicas não é uma novidade, mas um evento cíclico no histórico colonial dessas populações. Sempre estiveram vulneráveis e, ao mesmo tempo, mantiveram-se resilientes aos fatores patogênicos desde a chegada dos não indígenas à região. O surgimento das novas variantes do coronavírus reativou, portanto, as memórias de outras epidemias que acometeram os manoki e mỹky, os quais atualizaram velhas estratégias locais para se esquivarem da recente enfermidade.

As barreiras instaladas nas principais entradas das TIs, de modo a limitar a circulação de pessoas entre as cidades e as aldeias; o reforço das roças de toco familiares para a geração local de alimentos; a realização de rituais de oferecimento de comida aos espíritos *Jetá* o recurso aos "remédios do mato" como modos de prevenção e tratamento da doença foram as principais estratégias utilizadas pelos Manoki e Mỹky para resistirem à pandemia. Infelizmente, entre os Manoki, dois anciãos faleceram[3] com o diagnóstico de covid-19 e, entre os Mỹky, suspeita-se que o agravamento da saúde de um ancião, que faleceu em 2021, possa ser atribuído à doença. Esses falecimentos foram sentidos por toda população com ainda mais intensidade porque a escassez de pessoas mais velhas – que na maioria dos casos também são importantes especialistas rituais – é tida como uma questão importante para ambos os povos, sobretudo para os Manoki – e que hoje conta com apenas quatro falantes de sua língua indígena, detentores de saberes e práticas em boa parte desconhecidos pelas novas gerações.[4]

Com o risco iminente de perderem os últimos falantes de sua língua, os jovens manoki têm realizado algumas atividades de registro audiovisual para apoiar o ensino escolar da língua indígena e sensibilizar as novas gerações para a importância de seu aprendizado e uso. Os jovens manoki e mỹky realizaram uma série de documentários que narram diferentes formas indígenas de resistência durante o período da pandemia e podem ser assistidos na internet.[5]

A REATIVAÇÃO DE RITUAIS E A CRIAÇÃO DE UM COLETIVO DE CINEMA

Desde que saíram da missão católica, entre as décadas de 1950 e 1960, os Manoki permaneceram muito tempo sem praticar seus grandes rituais de produção de roças comunitárias com os espíritos *Jetá* e seus eventuais oferecimentos de alimentos também se tornaram escassos. O ano de 2009 marcou a retomada na iniciação dos jovens manoki na aldeia Cravari, pois antes esses eram levados aos Mỹky, onde tais celebrações são mais frequentes. Em 2014 e 2018, foram realizadas novas iniciações dos meninos pelos Manoki, mas em 2022, a realização de um novo ritual foi abortada antes de ser iniciada, com a preocupação dos especialistas rituais mỹky não estarem disponíveis para participar do evento na aldeia manoki.

O jogo de bola de cabeça, chamado de *ajãlí* (em língua manoki, e *ajãí* em mỹky), é uma outra prática que vem sendo reativada e requer a participação dos dois povos.[6] Esses encontros para efetivação dos jogos costumam durar de dois a cinco dias e podem reunir um contingente considerável de ambas as populações em períodos de seca. Entre 2016 e 2018, jovens manoki e mỹky assumiram a liderança da organização de festas e retomaram a produção de grandes jogos de bola de cabeça, que aconteceram em sequência, sobretudo nas aldeias Japuíra e Cravari. Nessas ocasiões privilegiadas por reunir diversos parentes de diferen-

© ANDRÉ LOPES, 2022

Jovens mỹky gravam anciões na roça de toco em um processo de uso do registro audiovisual como um novo suporte de sua memória social, cuja visualização futura visa gerar processos de valorização e reativação cultural.

tes aldeias, muitos jovens mostraram interesse em aprender a manejar câmeras para produzirem fotos e vídeos, não apenas como forma de registro ou divulgação externa, mas como um novo suporte de sua memória social, cuja visualização futura visa gerar processos de valorização e reativação cultural.

Outra atividade nesse período que envolveu intensamente os jovens da comunidade mỹky foi a implantação na aldeia do ensino médio técnico profissionalizante em Agroecologia, em regime modular. Com o apoio da equipe do Cimi, o projeto foi executado em parceria com a Secretaria de Educação (Seduc) de Mato Grosso entre 2016 e 2022, formando 14 jovens para fortalecer as práticas de cultivo agrícola.

Em 2019, após muitos anos de atividades de produção audiovisual nas aldeias, em parceria com um antropólogo parceiro, os jovens mỹky e manoki decidiram criar o Coletivo Ijã Mytyli de Cinema, que reúne realizadores dos dois povos. O grupo já realizou mais de uma dezena de documentários, em sua maioria curtas-metragens dirigidos pelos próprios indígenas, e vem alcançando reconhecimento nacional e internacional, com filmes e diretores premiados. E cada vez mais esses jovens indígenas se apropriam desses recursos para expressarem o seu próprio ponto de vista nas relações interindígenas, interétnicas e interespecíficas.[7] *(julho, 2022)*

NOTAS

[1] Agradeço aos professores manoki e mỹky que leram e aprovaram este texto, além de integrantes da equipe local do Cimi, que deram a sugestão de inclusão do primeiro parágrafo.

[2] Um dos resultados da crescente demanda por renda na comunidade mỹky foi a organização e o aumento da produção de artefactos indígenas para venda, sobretudo as redes de algodão confecionadas pelas mulheres e vendidas no *site*: www.artesmyky.com.br

[3] Valmir Xinuli, neto de Alípio Irantxe, um dos anciãos falecidos durante a pandemia, dirigiu um documentário em que homenageou a trajetória de seu avô. O filme pode ser assistido em: https://www.youtube.com/watch?v=JJ8bGDYdMlQ&t=19s.

[4] Os jovens manoki dirigiram dois curtas-metragens sobre esse tema que podem ser vistos em seu *site* ou canal do YouTube. Um se chama "Os espíritos só entendem o nosso idioma" e o outro "Tecendo nossos caminhos".

[5] O *site* que reúne esses trabalhos é o www.ijamytyli.org. Dentre esses filmes está o "Piny Pyta: a força de nossas medicinas", que traz um registro sobre os usos, significados e agências envolvidos em torno das plantas medicinais e as reflexões indígenas sobre a pandemia: https://www.youtube.com/watch?v=tvxYK4EEUrw.

[6] A interação entre essas populações é fundamental para a efetivação de seus modos de existência e relações de alteridade. Festas, rituais, jogos de bola e visitas a parentes fazem parte das relações entre eles, que, além de compartilharem uma língua comum, compartilham também os mesmos conjuntos rituais, sistemas de parentesco, histórias de origem, dentre outros saberes e práticas.

[7] Ao guardarem imagens de seus finados por meio do suporte mnemônico do vídeo, os Manoki e os Mỹky agenciam potencialmente mais um meio de continuidade nas relações entre vivos e mortos; os quais, a princípio, poderiam ser considerados nos mundos ameríndios como seres ontologicamente distintos.

UHE Castanheira Ameaça a "Beleza" na Bacia do Juruena

Adriana Athila | Antropóloga, colaboradora do ISA

COMO OBRAS DE INFRAESTRUTURA ESTÃO AMEAÇANDO O PATRIMÔNIO ARQUEOLÓGICO, HISTÓRICO E CULTURAL DO POVO RIKBAKTSA E SUA RELAÇÃO IMEMORIAL COM *TUTÃRA ITSIK*, O RIO ARINOS, E SUAS CONCHAS

O *TUTÃRA*, O *TUTÃRA ITSIK* (RIO ARINOS) E O POVO RIKBAKTSA

O manejo imemorial do *tutãra*, concha de um molusco bivalve (*Paxyodon syrmatophorus*), sempre mobilizou homens e mulheres Rikbaktsa, cerca de 1.800 pessoas de língua macro-jê, que hoje vivem em 39 aldeias distribuídas por três TIs estabelecidas em parte de seus territórios de ocupação histórica na Bacia do Rio Juruena, sudoeste da Amazônia brasileira. Atravessando a temporalidade, Paulo Tsikdi descreve a animada rede sociotécnica voltada à captura da *tutãra* no Rio Arinos:

"[Desde] Há muito tempo, não existia motor [de popa]. A gente descia rio abaixo, de canoa, com a mulherada, para buscar *tutãratsa* [conchas], no *Tutãra itsik* [rio Arinos]. Depois, a gente trazia para os nossos lugares de nascimento [aldeias]. Depois, a mulherada furava, furava, furava, para colocar no colar delas. Depois, de primeiro, por isso as *tutãratsa* serviam para o nosso casamento; [da *tutãra* fazemos o colar *tutãra*] para botar a nossa rede para dentro da casa do sogro. É por isso que a gente sempre trazia *tutãratsa*. Depois de um tempo, a mulherada que ficou, se juntava para buscar a *tutãra*, no *Tutãra itsik*. Agora é desse jeito também. Até hoje faz assim. Vem o pessoal lá de cima [aldeias do Alto Juruena e Rio do Sangue], chegam aqui: "Vamos pegar *tutãra*?", eles dizem. "Sim!". Dormem, dormem, dormem [passam-se três dias],

Como as mulheres-peixe: mulheres dançam atadas à braçadeira de buriti de um homem, uma delas vestindo o tutãra, *com seu cobre-nuca de pingentes emplumados e sementes, sobreposto ao frondoso cobre-costas feito de conchas* tutãra, *coletadas no rio Arinos. Final da festa de Geraldino Patamy* (in memorian), *aldeia Pé-de-Mutum, TI Japuíra, Mato Grosso.*

© RINALDO ARRUDA, 2015

Diferentes gerações Rikbaktsa sob o Salto Augusto, no Rio Juruena, local onde aprenderam a tocar suas flautas de bambu com a gente-peixe, e que está ameaçado pela construção de Usina Hidrelétrica (PGTA Rikbaktsa 2020: 266).

e voltam. Então, elas furam, furam, furam [muitas conchas são furadas]. Voltam, com tudo pronto, para os seus lugares [aldeias], para fazer colares. [...] É assim que a gente faz". *(Paulo Tsikdi, aldeia Pé-de-Mutum)*[1]

Entre outros usos, como alisar panelas de barro, a concha é empregada na fabricação de uma sonora e exuberante cortina feita de fileiras de peixes-concha, o "cobre-costas" do *tutãra* ou "colar de casamento" Rikbaktsa. A peça é usada exclusivamente por mulheres e meninas de várias idades e fases da vida – as *rikbakykyry* – em uma diversidade de contextos notáveis, das festas do ciclo ritual anual a manifestações políticas.

O colar *tutãra* é complexo e feito de matérias ecléticas.[2] Sobreposto à fluida cortina, há um cobre-nuca feito de roletes de taquara emplumados e desenhados com pelo de caititu ou pingentes de plumas, sementes e outros materiais, como caramujos *wazibibutsa* do Arinos ou mesmo botões de plástico que forem considerados "belos" ou *tsapyina* pelas mulheres.[3] Como contrapeso e pendendo até a altura dos quadris, o feixe de colares de grossas e brilhantes miçangas artesanais de tucum precisa ter número suficiente de voltas para fazer contrapeso ao "cobre-costas" de peixes-concha, para que fique "bonito" no corpo daquela que o vestirá.

A relação visceral entre a concha, o singular artefato feito a partir dela e o Rio Arinos tem expressão linguística. A concha é a *tutãra*. O colar é o *tsahwatsĩ* (as miçangas de tucum) *tutãratsa* ou simplesmente *tutãra*. A concha também dá nome ao rio, em razão de ser uma de suas mais importantes singularidades para os Rikbaktsa: suas corredeiras e águas, tributárias do Rio Juruena, obrigatoriamente passam por e se confundem com as conchas *tutãra*, sendo chamado de *Tutãra i-tsik* ("concha" 3sg--água), "água dela, água da concha".

Por ser vulnerável mesmo a alterações ambientais delicadas, sendo exigente quanto a suas condições de reprodução, o que inclui peixes-hospedeiros específicos, a *tutãra* figura entre os "grupos de espécies mais ameaçadas da terra".[4] O organismo vem sendo imemorialmente manejado pelos Rikbaktsa, de modo a permitir a continuidade de sua reprodução cuidadosa em dois pontos específicos do Arinos, ambos na altura da aldeia Castanhal, oportunamente fundada tão logo retomaram a TI Japuíra, na década de 1990.

A circulação e o movimento permanente marcam a vida rikbaktsa. E o Arinos tem centralidade nesses trânsitos que envolvem coisas, pessoas, segmentos sociológicos e lugares das TIs Escondido, Japuíra e Erikpatsa.

Dentro de uma aldeia, ou entre elas, tudo se intensifica em momentos mais ou menos marcados do calendário ritual regular anual ou de ritos não previsíveis, como aquele prescrito à morte e à furação das penas de um gavião-real e lamentações funerárias. É quando se dão e se trocam serviços, saberes e recursos e, em paralelo, estabelecem, reforçam ou rearranjam relações entre as diversas parentelas e subgrupos.

Alimentando esse circuito coletivo estão as expedições sazonais sistemáticas da estação seca. O Baixo Rio Juruena – na TI Escondido –, e o Rio Arinos e sua barra – na TI Japuíra – são destino imemorial e obrigatório. Nesse período, diferentes subgrupos se visitavam, buscando de inimigos e crianças para criar. Como acontece ainda hoje, as incursões visavam também o manejo e a aquisição de uma série de recursos, em seus lugares perfeitamente mapeados, por gerações: conchas *tutãra*, madeiras para pilão, sinalizadores e para os grandes discos auriculares masculinos, pontas de flecha, pedras para assar beiju, caças para moquear, filhotes de aves e penas valorizadas, usadas para fazer flechas, cocares e outros artefatos – entre os quais o *Tutãra* –, parte de uma rica coleção de plumária produzida contemporaneamente.[5]

Em meio às andanças sistemáticas pelo Arinos e acossados pelo processo expropriatório para "colonizar" o noroeste do Mato Grosso, bem ali, onde também o manejo artesanal da *tutãra* acontece, foram contatadas as primeiras "turmas" Rikbaktsa pelo padre jesuíta João Dornstauder.[6] A região estava penetrada pelo garimpo, eivada por barracões de seringa, projetos de colonização e vendas de terras por parte do Estado.[7]

O procedimento demarcatório era o de sobrevoo. Intencionalmente ignorando a presença de um conjunto de povos, como os Irántxe e os Kayabi – que ainda hoje lutam pelo reconhecimento de seus territórios–, estavam desobrigados a lhes destinar áreas de reserva[8].

Duramente atingidos por epidemias, os Rikbaktsa sobreviventes – cerca de 25% da população originalmente estimada –, vão sendo gradativamente deslocados de seus territórios históricos. Como aconteceu a outros povos da região, parte de suas crianças é enviada ao internato de Utiariti e o restante da diversa população é concentrado Rio Juruena acima, em uma área reservada mantida sob a gestão religiosa, hoje correspondente à TI Erikpatsa.[9]

Passado pouco mais de meio século, os resilientes Rikbaktsa reconquistam parte de seus territórios originários e retomam sua sociodemografia. Com notável habilidade sociológica, perpetuam e readaptam as relações entre seus grupamentos clânicos, restabelecendo, dentro do possível, sua espacialidade plural, em dezenas de aldeias nas diferentes microrregiões de suas TIs.

O CERTO DESAPARECIMENTO DA *TUTÃRA*

Obras de infraestrutura e mais de uma centena de usinas hidrelétricas (UHEs) e pequenas centrais hidrelétricas (PCHs) vêm sendo construídas e/ou projetadas para a Bacia do Rio Juruena. Com letal efeito sinérgico, as iniciativas atingem a integridade dos serviços ecossistêmicos de seus territórios, usos consuetudinários e a singular existência dos Rikbaktsa dentro deles, todos constitucionalmente resguardados. Os danos se estendem ao conjunto de povos indígenas que historicamente vivem na região.

Para o Rio Arinos, está em andamento a implantação de uma grande central hidrelétrica, a UHE Castanheira. Uma avaliação qualificada das condições socioambientais resultantes do barramento, realizada pela Operação Amazônia Nativa (Opan) em 2019, dá como certo o desaparecimento da *tutãra*. Junto com ela, restarão extintas também suas formas imemoriais de manejo, conquista, tratamento e uso pelos Rikbaktsa.[10]

UMA TECNOLOGIA SOCIAL

As *rikbakkykyry* das dezenas de aldeias e grupos sociais são sempre mestras ou protagonistas dos múltiplos usos rituais do colar *tutãra*. Elas têm festas próprias e participam das festas regulares tocando clarinetes, ornadas com as peças de uma extensa coleção plumária feitas sob a maestria masculina.

Em contraste, o colar *tutãra* é o único artefato feito sob seus cuidados e exclusivamente utilizado pelas mulheres. Ele está primordialmente associado à origem das festas, com suas etiquetas entre anfitriões e convidados das diferentes metades, tarefas respectivas aos diferentes clãs, danças e toques de flautas. Tudo isso, como contam, foi aprendido com as "gentes-peixe" (*piknuktsa tuk*) nas expedições de seca.

Pesquisando os recursos de um grande rio, acamparam próximo ao salto de uma grande cachoeira.[11] À noite, o peixe *tsikbaktsa piknu* experimentava uma flauta. Mais tarde tocaram o *purawy*, a buzina de guerra, os assobios de argila e fizeram a festa deles, com mulheres-peixe dançando com um homem, segurando por um fio de buriti. Acharam "bonito", *tsapyina*, e resolveram fazer também.

Se o colar *tutãra* é indiscutivelmente um atributo e um patrimônio do feminino e de mulheres ao se casarem – mães e tias também podem presentear a noiva com o colar – ele é inseparável do caráter relacional da existência desejável da coletividade. O artefato tanto é produto quanto contribui à produção da estreita fisiologia estabelecida entre os dois macrosegmentos sociológicos ou metades idealmente matrimoniais da organização social rikbaktsa.

Com serviços, como lixar conchas e colares, ou recursos, como penas e novelos de algodão torcido, contribuem ao colar *tutãra* homens e mulheres das metades homônimas daqueles clãs considerados ritualmente centrais: a *makwaraktsa* ou "arara amarela" (*Ara ararauna*) e a *hazobiktsa* ou "arara cabeçuda", uma espécie de arara de cor vermelha (*Ara chloroptera*). Os homens podem auxiliar ajudando na conquista e limpeza das conchas ou fornecendo penas e partes do artefato, como os roletes de taquara decorados com pelos de caititu e os pequenos feixes de penas utilizados nos pingentes.

Feito a muitas mãos, o feixe de colares de tucum, o cobre-nuca e o "cobre-costas" são, em si mesmos, compostos por outras partes. Isto dá ao colar *tutãra* uma tecitura coletiva, feita de negociações entre diversos gêneros e segmentos sociológicos ao longo do tempo. Como acontece também a outras peças de plumária, o fazer do *tutãra* exige tanto habilidades técnicas e artísticas da artesã quanto uma adequada tecnologia social que permita o bom termo e a "beleza" das relações estabelecidas ao longo de sua produção, dentro ou entre diferentes aldeias.

CERCADOS: A UHE CASTANHEIRA E O CONTEXTO REGIONAL

Desde 2010 está projetada a construção de uma hidrelétrica de grande porte, no Rio Arinos, a cerca de 120 km de sua barra, na confluência com o Rio Juruena, território ancestral dos Rikbaktsa[12]*. A UHE Castanheira prevê o barramento do rio e a consequente formação de um lago de cerca de 94,7 km², para gerar não mais do que 98 MW de energia firme.*

Embora com estudos de impacto incompletos e procedimentos insuficientes, notadamente com relação à consulta prévia, livre e informada de povos indígenas e comunidades tradicionais atingidas, o empreendedor apresentou o Estudo de Impacto Ambiental (EIA) e o Relatório de Impacto Ambiental (Rima), bem como requereu a obtenção da Licença Prévia. Os poucos aspectos avaliados pelo empreendedor apontam para alterações definitivas e não renováveis. Sobre tantos outros impactos há silêncio.

O EIA/Rima não traz uma avaliação qualificada das consequências do barramento sobre peixes, regimes hidrológicos e qualidade da água, conforme o próprio Estudo do Componente Indígena (ECI), apresentado pelo financiador, admite.[13] *Tudo se passa como se as barragens não transformassem o balanço, a profundidade e o fluxo das águas que alimentam a bacia, quando não seu bloqueio completo, impactando a vida aquática e humana por centenas de quilômetros acima e abaixo delas.*[14]

São ignorados os efeitos do barramento sobre a segurança alimentar e a água que os indígenas bebem e que, afinal, nutre o ecossistema da microbacia, entre outras possíveis alterações sobre a disponibilidade e possível extinção de espécies de seu meio biótico, como o certo desaparecimento do molusco bivalve que é matéria primordial do colar tutãra.

Os vícios do EIA/Rima são não apenas técnicos, mas também de procedimentos de construção (OPAN, 2019). Sem dialogar com perspectivas constitucionalmente necessárias a uma correta avaliação, ele, como outras peças técnico-jurídicas produzidas e juntadas pelo empreendedor, têm caráter unilateral, ignorando o corpus de conhecimentos Rikbaktsa sobre o tutãra *e seu "ambiente", o* Tutãra itsik *ou Rio Arinos.*

A instalação e o funcionamento da usina precisam ser analisados, ainda, dentro de um contexto maior de inciativas contrárias ao bem viver rikbaktsa. Além da UHE Castanheira, mais de uma centena de empreendimentos hidrelétricos e obras de infraestrutura estão em andamento ou projetados para a Bacia do Rio Juruena, pressionandoseus territórios, que formam uma espécie de cinturão verde, cercado pela expansão da pecuária e agricultura mecanizada e por Projetos de Assentamento (PA), subsidiados pelo governo brasileiro.[15]

Até o momento desenvolvendo atividades sustentáveis como a produção e venda de castanha-do-brasil e de artesanatos, os Rikbaktsa têm resguardado e mantido inexplorados madeiras, minerais e outros commodities *estratégicos da Amazônia em um território com cerca de 50 mil km². Contudo, as atividades ilegais de extração de castanha, garimpo e retirada de madeira por não indígenas rondam permanentemente seus territórios.*

Em um país onde as condições de saúde e nutrição de indígenas em TIs são gritantemente desiguais,[16] *as monoculturas de larga escala – como algodão e soja –, assentamentos agrários e cidades vão se adensando no entorno das TIs Rikbaktsa e ambos permitem um acesso cada vez mais facilitado às TIs, intensificando a prática de atividades ilegais.O desmatamento causa fuga de animais famintos para as roças dos indígenas que, após trabalho intenso, são continuamente destruídas.*

Como descrevem os Rikbaktsa em seu PGTA: "Os impactos nos peixes, nos animais terrestres, na mata e diretamente nas aldeias, se essas hidrelétricas forem construídas, serão uma grande catástrofe, o fim do mundo para nós. Praticamente todas as nossas aldeias, quintais, roças, castanhais, cemitérios, locais sagrados serão inundados. Se todas essas hidrelétricas forem construídas, esses problemas poderão aumentar nas três terras indígenas, atingindo assim a totalidade das nossas aldeias."[17] (junho de 2022)

O FIM DA HISTÓRIA?

O colar *tutãra*, seu uso e processo de produção, na longa duração, com a ampla participação da coletividade, nos termos da circulação de recursos vários, remete a um conjunto significativo de saberes, imemorialmente cultivados e transmitidos em paralelo a uma *cosmopraxis* singular. Ela engloba desde a conquista da concha *tutãra* e outros recursos nas expedições de seca à fabricação multicêntrica e aos usos variados do colar pelas *rikbakykyry*.

O Rio Arinos e a Bacia do Juruena formam um "ambiente" completamente comprometido com os indígenas, na forma pela qual são percebidos e mutuamente constituídos: o Arinos e os Rikbaktsa, como outros povos, ocupantes imemoriais da região.

O "ambiente" da concha *tutãra*, sem linha clara, entrecruza a integridade do Rio Arinos, as dinâmicas ecossistêmicas da Bacia do Juruena, a existência do molusco e os manejos e formas de vida cotidiana e ritual dos Rikbaktsa. Este conjunto emaranhado de pessoas, práticas, saberes e ambiente é simultaneamente patrimônio arqueológico, histórico e cultural.

Os Rikbaktsa continuam a produzir plumária. Aplicam critérios rigorosos de produção, de modo a que, no decorrer desse longo e multicêntrico processo, tanto as peças quanto a coletividade cheguem a seu "belo" resultado, *tsapyina*. O Rio Arinos, através de suas histórias imemoriais, expedições e recursos singulares, alimenta os trânsitos requeridos tanto à produção do colar *tutãra*, quanto à sua existência desejável enquanto povo.

É bem ali, no *Tutãra itsik*, onde a UHE Castanheira propõe fazer um drástico alagamento. Será o fim da *tutãra* e de tudo mais do que acabo de contar um pouco. *(junho, 2022)*

NOTAS

[1] Depoimento registrado em março de 2020; texto traduzido e adaptado por Eriberto Nabita e Adriana Athila.

[2] Para saber mais sobre o *Tutãra*, ver https://www.youtube.com/watch?v=7o18JLBAqJE

[3] Para a "beleza" como um parâmetro sintético ao andamento desejável da vida rikbaktsa, aplicável a coisas, pessoas e relações, ver o artigo A 'caixa de Pandora': representação, diferença e tecnologias nativas de reprodução entre os Rikbaktsa (Macro-Jê) do sudoeste amazônico, de Adriana Athila, publicado em 2019 pela *Revista de Antropologia*.

[4] CALLIL, C. T. Avaliação da vulnerabilidade de *Paxyodon syrmatophorus* (Bivalvia: Hyriidae) no Rio Arinos, MT. Manaus: Opan, 2019. Documento técnico.

[5] ATHILA, A.R. "Colar de casamento Rikbaktsa Tutãra". *In*: LAGROU, E. (org). No caminho da miçanga: um mundo que se faz de contas. Rio de Janeiro: Museu do Índio, 2016. p. 170-173.

[6] DORNSTAUDER, J. Como pacifiquei os Rikbaktsa. *Pesquisas* (História), 17, p. 1-192. 1975.

[7] PACINI, A. Pacificar: relações interétnicas e territorialização dos Rikbaktsa. Dissertação (Mestrado em Antropologia Social) – Universidade Federal do Rio de Janeiro, Rio de Janeiro, 1999.

[8] TOLKSDORF, F. 1997. *Entre seringueiros, índios, agrimensores, colonos e garimpeiros em Mato Grosso*. Diários Póstumos de Fritz Tolksdorf traduzidos por P. von WERDEN. [S.l.]: [s.n.], 1997.

[9] ARRUDA, R. S. V. *Os Rikbaktsa*: mudança e tradição. Tese (Doutorado em Ciências Sociais) – Pontifícia Universidade Católica de São Paulo, São Paulo, 1992.

[10] ATHILA, A. R. *Saber, fazer, existir*: o povo Rikbaktsa, o *Tutãra* (colar de casamento) e o rio *Tutãra itsik* (água de concha ou rio Arinos). Manaus: Opan, 2020. Relatório técnico.

[11] Possivelmente, trata-se do Salto Augusto, local que pode ser atingido pela projetada UHE JRN-234b, como indica o PGTA Rikbaktsa, de 2020.

[12] OPAN – OPERAÇÃO AMAZÔNIA NATIVA. 2019. *Representação junto ao Ministério Público do estado de Mato Grosso*. Assinada pela Rede Juruena Vivo, Fórum Teles Pires, Movimento dos Atingidos e Atingidas por Barragens (MAB), Fórum Matogrossense de Meio Ambiente e Desenvolvimento (Formad), Proteja Amazônia, Operação Amazônia Nativa (Opan), Instituto Centro de Vida (ICV), International Rivers (IRN). Cuiabá: Opan, 18 out. 2019.

[13] ROSA, A. N. *Estudo do Componente Indígena da UHE Castanheira*. Brasília: MRS Estudos Ambientais, 2017. v. 2. Documento Técnico

[14] CALLIL, C. T. *Avaliação da vulnerabilidade de* Paxyodon syrmatophorus (*Bivalvia: Hyriidae) no rio Arinos*, MT. Cuiabá: Opan, 2019. Documento técnico.

[15] ALMEIDA, J. *et al*. Territorialidade e reexistência indígena na fronteira amazônica: o povo Rikbaktsa e a Terra Indígena Escondido, Mato Grosso, Brasil. *Sustentabilidade em Debate*, Brasília, v. 7, n. 2, p. 73-89, 2016.

[16] COIMBRA JUNIOR, C. E. A. *et al*. 2013. The first national survey of indigenous people's health and nutrition in Brazil: rationale, methodology, and overview of results. *BMC Public Health*, v. 13, art. 52, p. 1-19, 2013. Disponível em: http://www.biomedcentral.com/content/pdf/1471-2458-13-52.pdf. Acesso em: 30 jun. 2022.

[17] RIKBAKTSA. *Plano de Gestão Territorial e Ambiental do Povo Rikbaktsa*. Cuiabá: Opan, 2020.

ISOLADOS

Vulnerabilidade e Política de Proteção em Mato Grosso

Elias dos Santos Bigio — Historiador e indigenista, Opan

Leonardo Lenin C. V. Santos — Indigenista, OPI

Ricardo da Costa Carvalho — Indigenista, Opan

EM MATO GROSSO, ONDE EXISTEM 15 REFERÊNCIAS DE POVOS EM ISOLAMENTO VOLUNTÁRIO, A PRECARIEDADE DAS POLÍTICAS INDIGENISTAS AMEAÇA A SOBREVIVÊNCIA DOS GRUPOS – SITUAÇÃO QUE SE AGRAVOU NOS ÚLTIMOS QUATRO ANOS. HOJE APENAS DUAS TIS CONTAM COM ATUAÇÃO PERMANENTE DA FRENTE DE PROTEÇÃO ETNOAMBIENTAL MADEIRINHA-JURUENA; AS OUTRAS 13 SEGUEM DESPROTEGIDAS

Na perspectiva de respeito à autonomia dos povos indígenas, na década de 1980, a Operação Anchieta (Opan) e o Conselho Indigenista Missionário (Cimi) realizaram em Cuiabá/MT dois eventos para tratar sobre a proteção aos índios isolados: a "Reunião para estudar a situação em que se encontram os índios livres", em 1980, e o "Encontro sobre índios isolados e de contato recente--OPAN/CIMI", em 1986, ocasiões em que a autonomia dos povos indígenas isolados e a demarcação de seus territórios foram consideradas ações estratégicas para garantir a sobrevivência física e cultural desses povos.[1]

Um dos desdobramentos foi o "Levantamento provisório sobre grupos indígenas isolados existentes em território brasileiro",[2] realizado em 1988 pela Coordenação de Índios Isolados da Funai, que registrou 87 territórios com presença de isolados, sendo 11 só no Mato Grosso. Atualmente, de acordo com a Coordenação Geral de Índios Isolados e de Recente Contato (CGIIRC) da Funai, são 114 registros desses grupos no Brasil,[3] sendo 15 em Mato Grosso.[4]

Ainda em 1988, com o reconhecimento da existência de povos indígenas isolados em Mato Grosso, a Funai criou a Frente de Contato Madeirinha (FCM),[5] para atuar no território Piripkura, e a Frente de Contato Rio Preto, para atuar na TI Aripuanã e estabelecer contato com os índios isolados que ali vivem. No entanto, a FC Rio Preto foi extinta em menos de dois anos de funcionamento por falta de recursos humanos e materiais, mesmo sabendo-se da existência de grupos de isolados. Em 1989, a equipe da FCM fez contato com os Piripkura.

Apesar da existência de 15 registros de povos isolados em Mato Grosso, reconhecidos oficialmente, atualmente a Frente de Proteção Etnoambiental Madeirinha-Juruena (FPEMJ) opera permanentemente apenas nas TIs Piripkura e Kawahiva do Rio Pardo – já na Apiaká do Pontal e Isolados, atua quando demandada pelos indígenas contatados que ali vivem.

Na TI Kawahiva do Rio Pardo, apesar de todos os empecilhos existentes, a FPEMJ realizou um levantamento primoroso da ocupação tradicional dos Kawahiva, que resultou na identificação da TI Kawahiva do Rio Pardo em 2006, por um grupo de trabalho coordenado pelo antropólogo Gilberto Azanha.

Ademais, a FPEMJ vem desenvolvendo um intenso trabalho de fiscalização do território indígena, o que tem possibilitado a expulsão de madeireiros e o embargo de madeireiras que atuavam no interior do território, a partir de ações do Mistério Público Federal (MPF) em Mato Grosso e do Instituto Brasileiro de Meio Ambiente (Ibama); entretanto, em junho de 2022, constatou-se um desmatamento de 24 hectares no interior dessa TI, segundo levantamento realizado pelo ISA. Também foi possível realizar a extrusão de grileiros e de outros invasores que haviam se instalado naquela TI.

Deve-se registrar que existe uma forte pressão política e judicial para que a TI Kawahiva do Rio Pardo não seja demarcada. Isso acontece desde que foi editada sua primeira portaria de restrição de uso (nº 447/2001). À época, fazendeiros e madeireiros que exploravam o patrimônio indígena questionaram judicialmente a legalidade dessa espécie de portaria, tendo inclusive obtido êxito por um curto período. No entanto, a Funai comprovou a presença indígena e nova portaria de restrição foi emitida.

Em 2006, finalmente, a TI Kawahiva do Rio Pardo foi identificada e determinada a restrição de uso por meio da Portaria nº 170/2007. Fazendeiros, empresas madeireiras e até mesmo a prefeitura de Colniza/MT questionaram judicialmente esses atos, mas não lograram êxito – tanto que, por determinação judicial, a referida portaria deve vigorar até que a TI seja demarcada.

Em função dessas demandas, a Justiça Federal de Mato Grosso (JFMT) determinou a realização de duas perícias antropológicas, posteriormente homologadas judicialmente, que referendaram o relatório de identificação da TI Kawahiva do Rio Pardo e, em 2016, por meio da Portaria nº 481, essa TI foi declarada como de ocupação tradicional indígena pelo ministro da Justiça. Apesar disso e de existir determinação da justiça para que a TI seja demarcada, a Funai ainda não o fez.[6]

Em 2012, o então governador de Mato Grosso visitou a área na companhia do presidente da Assembleia Legislativa do Estado, ocasião em que solicitaram a anulação do relatório de identificação sob a alegação de ali não existirem indígenas. Diante de tantas evidências documentais que tornam irrefutável a ocupação tradicional indígena da TI Kawahiva do Rio Pardo, o pleito – ou, como se poderia dizer hoje, a *fake* – do governador e do deputado não prosperou.

Nesses últimos quatro anos, e apesar da pandemia da covid-19, a pressão sobre o território dos Kawahiva no Rio Pardo não cessou, conforme demonstram os relatórios do Sirad,[7] tendo a FPEMJ que contar com o apoio de agentes da Força Nacional e do Ibama para coibir o ingresso ilegal de madeireiros e grileiros em seu interior. Em termos locais, a pressão é maior na fronteira leste da TI, área que faz limite com a Reserva Extrativista (Resex) Guariba-Roosevelt, em face da intensa exploração madeireira e grilagem de terra nessa reserva, mas em determinados momentos se estendeu ao interior das áreas dos Kawahiva. Considerando a vulnerabilidade do povo indígena isolado que vive nesta TI, a Articulação dos Povos Indígenas do Brasil (Apib), no âmbito de ADPF 709/2020, sugeriu à Funai a instalação de uma barreira sanitária no limite entre as terras dos Kawahiva e a Resex Guariba-Roosevelt, o que até o momento não ocorreu.

Além disso, atualmente essa TI está sob pressão de três outras atividades que podem aumentar a vulnerabilidade do povo indígena que nela habita. A primeira diz respeito à possível pavimentação da rodovia MT-206/BR-174, no trecho de Castanheira a Colniza/MT, no limite sul da área.

Já a segunda se refere ao crescimento expressivo de pedidos de licença para exploração mineral no entorno dessa TI. Segundo levantamento realizado por Ricardo Carvalho em 2020, se comparados os pedidos de licença existentes na Agência Nacional de Mineração (ANM) em 2018, que eram oito processos, e os existentes em 2022, que são 21, verifica-se que houve um crescimento de mais de 150% e que a área de exploração pode atingir aproximadamente 30.000 ha.

A terceira questão é a sobreposição de áreas à TI Kawahiva do Rio Pardo no Cadastro Ambiental Rural (CAR). Quando somados os dados desses processos de cadastramento com os do Sistema Mato-Grossense de Cadastro Ambiental Rural (Simcar), da Secretaria de Meio Ambiente de Mato Grosso (Sema/MT), do Sistema de Cadastro Ambiental Rural (Sicar) e do Serviço Florestal Brasileiro (SFB), constata-se a existência de um total de 144.000 ha relativos a imóveis cadastrados em sobreposição à TI Kawahiva do Rio Pardo, o que corresponde a 35% da área total dessa TI.[8]

Por sua vez, a TI Apiaká do Pontal e Isolados foi identificada em 2011 por um GT coordenado pela antropóloga Giovana Acácia Tempesta, porém ainda não foi demarcada. Nela, a FPEMJ também fez um rico registro de vestígios da ocupação territorial, no entanto, desde o final de 2013, não atua de forma regular ali. As pressões e ameaças a esta TI têm se agravado sobremaneira.

A partir de levantamento realizado por Ricardo Carvalho e Andrea Fanzeres em 2020, constatou-se que, se "somarmos os imóveis rurais cadastrados nas três bases citadas anteriormente, Simcar/MT, o Sicar, do Incra, e Sigef, teremos o assustador número de aproximadamente 353.000 hectares de imóveis rurais sobrepostos à terra indígena Apiaká do Pontal e Isolados, o equivalente a 36% da área indígena".[9]

Outra ameaça à TI Apiaká do Pontal e Isolados e aos indígenas que ali vivem é a proposta de construção de empreendimentos de infraestrutura energética na Bacia do Rio Juruena. Ainda segundo Carvalho, em 2020 existiam 138 empreendimentos hidrelétricos na sub-bacia do Juruena, entre eles propostas de

RESISTÊNCIA E RESILIÊNCIA PIRIPKURA

Em outubro de 2021, Rita Piripkura observa um mapa em imagem de satélite. Há algumas décadas, aquele mesmo mapa estaria preenchido com vários tons de verde, indicando a floresta intacta na região. No entanto, agora aparecem grandes manchas marrons, evidenciando áreas desmatadas. A equipe de indigenistas[11] que mostra o mapa para a indígena vai identificando os cursos de água e falando os nomes dos igarapés na língua de Rita. Ela reconhece os nomes e os desenhos dos igarapés. Identifica sua terra. Uma região chama mais atenção de Rita. De um quadrado de desmatamento recente, avançam linhas em direção a uma serra. Ali, Baita, seu irmão, e Tamandua, seu sobrinho, costumam colher uma espécie de cará que apreciam. Os dois vivem na floresta, são indígenas isolados, como a Funai os denomina. O fim desta linha, que é um carreador de invasor, está a 5 km da serra. "Vão matar eles!", diz a Rita.

Rita, Baita e Tamandua são três remanescentes de um povo Kawahiva, conhecido como Piripkura, que sofreu ao menos dois massacres, conforme narrado pelos próprios indígenas. Não se sabe o paradeiro dos demais indígenas. É possível que ainda se protejam isolados em alguma área da floresta. Apesar de o Estado brasileiro reconhecer a presença deles na região desde 1984, a regularização de sua terra não é efetivada. Somente em 2008, com a publicação da Portaria de Restrição de Uso nº 1.154, foram tomadas medidas para proteger de fato o território piripkura. A referida portaria interditou 242.500 ha entre os municípios de Rondolândia e Colniza, no noroeste de Mato Grosso. A partir de 2008, foram publicadas sete dessas portarias de restrição de uso, com período de vigência variado, sendo a última publicada em 2018, em vigor por três anos, com vencimento em setembro de 2021. A partir de então, sob a orientação do governo Bolsonaro em não reconhecer nenhum centímetro de terra indígena, a Funai vem usando o expediente de publicar portarias com duração de seis meses.[12]

No âmbito da Ação Civil Pública n.º 0005409-02.2013.4.01.3600, que tramita na Vara Única de Juína (MT) desde 2013, a Justiça Federal determinou ao Estado que identifique a TI; então, a Funai publicou portaria do GT para realizar os estudos da TI Piripkura. No entanto, essa portaria teve que ser reeditada, em cumprimento à decisão judicial, uma vez que os componentes do GT eram servidores reconhecidamente ligados aos interesses do agronegócio – e anti-indígenas.[13] Ainda em junho de 2022, a Funai informou, em resposta a um pedido de acesso à informação solicitada pela "Campanha Isolados e Dizimados", que ainda estava em "fase de elaboração do plano de estudos" para efetivação do GT, mesmo após mais de um ano da publicação da primeira portaria de designação do grupo.

Em março de 2022, a Funai manteve a publicação da portaria de restrição de uso por seis meses. A reedição destas portarias por esse curto período potencializa não só a insegurança jurídica e administrativa do território, como incentiva a ação dos invasores e interesses econômicos desfavoráveis ao reconhecimento da TI. O ISA realizou um estudo[14] que constata que nos períodos imediatamente anteriores ao vencimento dessas portarias, há acréscimo considerável nas taxas de desmatamento.

Até meados do ano de 2019, a TI Piripkura manteve uma proteção relativa em relação à extração madeireira para comércio ilegal. No entanto, nesse ano houve uma explosão do desmatamento. Até outubro de 2021, o desmatamento acumulado chegou a 12.426 ha, o que equivale a mais de 7 milhões de árvores derrubadas. Já no período entre 2020 e 2021, o desmatamento alcançou 2.361 ha. Além da subtração ilegal de madeira para abrir áreas de pastagens, procedimento que tipifica o processo de grilagem na Amazônia Legal, observamos também no interior dessa TI o acréscimo de solicitações de registro no Cadastro Ambiental Rural (CAR): existem registros de imóveis irregulares que correspondem a mais de 54% da área da TI.

Além do cenário de desmatamento e grilagem, de 2019 até 2021 a pressão minerária explodiu. O tamanho da área solicitada para prática garimpeira no entorno do território piripkura aumentou em nove vezes, saltando de 5.857 ha para 53.889 ha – um incremento de 820%. Em 2022, mais de 30.000 hectares em novos requerimentos minerários para a extração de ouro foram cadastrados na ANM. Enquanto isso os Piripkura resistem.

Como dito, o Estado reconhece a presença dos Piripkura desde 1984, tendo inclusive instruído o Processo nº 08620.2058-85 de Interdição da TI Piripkura em 1985. Tal processo é testemunho do esbulho do território piripkura, mas também evidencia que esses indígenas não deixaram de ocupar exatamente a mesma região, apesar de toda a violência sofrida em função da invasão de seu território e dos massacres que viveram. Resistiram, através do exímio conhecimento que têm de seu território, criando estratégias de mobilidade que os ocultavam (e ocultam) na floresta e que proporcionaram a eles a resiliência necessária para que pudessem sobreviver da floresta. (julho de 2022)

© BRUNO JORGE / FILME "PIRIPKURA" / ZEZA FILMES, 2017

Pakyî e Tamandua são dois indígenas nômades, do povo Piripkura, que vivem com um facão, um machado cego e uma tocha, sobrevivendo cercados por fazendas e madeireiros numa área protegida no meio da floresta amazônica.

Sobrevôo sobre a Terra Indígena Piripikura, em Juína/MT, que sofre invasão ilegal de grileiros, madeireiros e criadores de gado.

Centrais Geradoras Hidrelétricas (CGHs), de Pequenas Centrais Hidrelétricas (PCHs) e de Usinas Hidrelétricas (UHE). Em levantamento realizado em 2022, constatou-se que foram propostos 167 empreendimentos.

A TI Apiaká do Pontal e Isolados também está sob ameaça de empreendimentos relacionados à exploração mineral em seu interior e no entorno. Segundo levantamento realizado junto à ANM por Ricardo Carvalho,[10] entre 2018 e 2020 ocorreu um acréscimo na ordem de 42% no número de processos visando à atividade minerária na região dessa TI, sendo que um deles destina-se à exploração de área que está parcialmente sobreposta à TI.

Essa situação se torna ainda mais preocupante para os indígenas isolados que vivem na TI Apiaká do Pontal e Isolados com o início da operação de duas balsas para atividades garimpeiras no leito do Rio Juruena, a montante da TI e do Parque Nacional do Juruena.

A situação se agrava em áreas com registro de povos indígenas isolados fora de TIs não identificadas. Em alguns locais, dada a ação antrópica e a omissão da Funai, como nas regiões do Moreru e do Pacutinga, os indígenas, na melhor das hipóteses, tiveram de adotar suas próprias estratégias de proteção, indo buscar refúgio em outros locais, pois, quando ficaram, foram mortos. O aparecimento de indígenas isolados na região noroeste de Mato Grosso é bastante recorrente e é noticiado tanto por indígenas contatados quanto por não indígenas moradores das redondezas.

Apesar da falta de condições adequadas de trabalho das FPEs, observamos que a política de proteção aos índios isolados conseguiu atingir alguns resultados, tendo como consequência a identificação e a demarcação de TIs com presença de grupos indígenas isolados no AC, AM, MA, RO e RR. No entanto, aproximadamente 75% dos registros de povos isolados reconhecidos pela Funai permanecem sem proteção adequada. Essa situação de vulnerabilidade atinge tanto povos isolados que habitam TIs demarcadas como aqueles que vivem em territórios que ainda não estão adequadamente identificados – e, devido à omissão da Funai, estão em situação de maior vulnerabilidade.

No caso de Mato Grosso, essa vulnerabilidade pode ser constatada no fato de apenas duas TIs contarem com atuação permanente da FPEMJ, ficando os outros treze registros expostos a todo tipo de ações contrárias à sua sobrevivência física e cultural.

Essa situação se agravou nos últimos quatro anos com o estímulo à realização de empreendimentos públicos e privados em territórios ocupados por indígenas isolados sem as devidas ações de precaução e sem, efetivamente, que sejam coibidas e punidas as práticas ilegais no interior desses territórios.

Exemplos trágicos da precariedade das ações de proteção aos indígenas isolados são a morte do indigenista Rieli Franciscato em 2020, à época coordenador da FPE Uru-Eu-Wau-Wau, do indigenista Maxciel Pereira dos Santos, em 2019, bem como do indigenista Bruno Pereira e do jornalista Dom Phillips em junho 2022 – esses três últimos, por atuarem na defesa dos direitos indígenas e na proteção da TI Vale do Javari.

Cabe ainda registrar que, ao longo dessa perversa história de ameaças sofridas pelos povos indígenas isolados, grupos organizados e instituições têm realizado um movimento para manter sua autonomia. Nesse contexto é que se verifica uma crescente atuação das organizações indígenas e da sociedade civil em defesa dos direitos dos povos indígenas isolados e de recente contato. *(julho, 2022)*

NOTAS

[1] A demarcação dos territórios dos indígenas isolados é também defendida pelo antropólogo Mário Leonel, no artigo "Índios 'isolados', as maiores vítimas – apesar dos indícios eloquentes arredios continuam sem proteção", publicado em 1987 no livro *Povos Indígenas do Brasil 1985/1986*.

[2] FUNDAÇÃO NACIONAL DO ÍNDIO (FUNAI). *Levantamento Provisório sobre grupos indígenas isolados em território brasileiro* – Abril/1988. Brasília: CII, 1988.

[3] Algumas instituições, como o Cimi, o ISA, a OPI e a Coiab, consideram a existência de 120 registros de povos indígenas isolados.

[4] FUNDAÇÃO NACIONAL DO ÍNDIO (FUNAI). *Tabela de registros de povos indígenas isolados no Brasil* – Atualização 12/2017. Brasília: CGIIRC, 2017

[5] Atualmente é denominada Frente de Proteção Etnoambiental Madeirinha-Juruena (FPEMJ).

[6] BIGIO, E. S. *Povos indígenas isolados em Mato Grosso*: análise das pressões e ameaças sobre as terras indígenas onde há registro da presença de povos indígenas isolados e de recente contato no estado de Mato Grosso. Cuiabá: Opan, 2021.

[7] Sistema de Alerta de Desmatamento em Terras Indígenas com registros de povos isolados, do ISA.

[8] CARVALHO, R. C.; FANZERES, A. *A análise de imóveis rurais cadastrados no Sistema Mato-Grossense de Cadastro Ambiental Rural (Simcar) sobrepostos a terras indígenas em Mato Grosso*. Cuiabá: Opan, 2020. Relatório técnico.

[9] CARVALHO, Ricardo da Costa; FANZERES, Andreia. *A análise de imóveis rurais cadastrados no Sistema Mato-Grossense de Cadastro Ambiental Rural (SIMCAR) sobrepostos a terras indígenas em Mato Grosso*. Relatório. Cuiabá: OPAN, 2020.

[10] CARVALHO, R. C. *A situação de sobreposição entre a Terra Indígena Apiaká do Pontal e Isolados e o Parque Nacional do Juruena*: caminhos para o reconhecimento dos direitos indígenas e conservação da biodiversidade. Cuiabá: Opan, 2021. Relatório Técnico.

[11] Edemar Treuherz, Helson França e Leonardo Lênin Covezzi do Val dos Santos acompanhavam uma equipe da TV Globo para produção de reportagem no âmbito da "Campanha Isolados ou Dizimados".

[12] Importante frisar que tais portarias só são renovadas dada a ACP n.º 0005409-02.2013.4.01.3600 e pela pressão da sociedade civil, muito em parte pela "Campanha Isolados ou Dizimados", articulada pela Coiab, ISA, Opan, OPI e Survival.

[13] Ver a "Nota de Repúdio sobre a portaria da Funai que nomeia servidores ligados ao agronegócio para coordenar o GT de Identificação e Delimitação da Terra Indígena Piripkura, ocupada por grupo indígena isolado, no Mato Grosso", publicada pelo OPI em maio de 2021. Disponível em: https://povosisolados.org/2020/05/05/opi-denuncia-em-meio-a-pandemia-de-covid-19-funai-poe-em-curso-processo-de-desmonte-do-trabalho-com-indios-isolados-no-mato-grosso-mt/

[14] BATISTA, J. P.; OVIEDO, A. *Piripkura*: invasões e incêndios florestais em áreas desmatadas ilegalmente continuam mesmo após fiscalização e renovação da portaria de restrição de uso. São Paulo: ISA, 2022. Nota Técnica.

GERAL

HIDRELÉTRICAS AMEAÇAM O RIO JURUENA

Considerado sagrado pelos povos indígenas, o Rio Juruena é o protagonista de documentário dirigido por Adriano Gambarini, que mostra impacto das hidrelétricas para o rio e para os que vivem dele. Projetos de hidrelétricas e barragens avançam sem alarde sobre suas águas. Atualmente, o Juruena e seus afluentes contabilizam mais de 30 hidrelétricas, e mais uma centena estão previstas para serem erguidas na sub-bacia, uma ameaça ainda maior ao já impactado fluxo hídrico, assim como aos povos que dependem do rio para comida, transporte e para algo imensurável: a preservação do sagrado. *(D. Menegassi, O Eco, 02/05/2021)*

CHIQUITANO

MPF DETERMINA QUE FUNAI E IPHAN REGISTREM SÍTIOS ARQUEOLÓGICOS

As superintendências do Iphan e da Funai em Mato Grosso terão que promover o registro no Cadastro Nacional dos Sítios Arqueológicos (CNSA) dos sítios arqueológicos localizados na Terra Indígena Portal do Encantado, da comunidade Chiquitana. A determinação foi feita pelo Ministério Público Federal. *(Só Notícias, 17/02/2017)*

INDÍGENAS TERÃO ACESSO AO REGISTRO CIVIL EM VILA BELA

Começa na próxima semana o projeto Cidadania Indígena em Mato Grosso. A iniciativa irá oferecer serviços de emissão de documentação básica e orientação jurídica para a população tradicional do Estado. Os índios chiquitanos, do município de Vila Bela da Santíssima Trindade, serão os primeiros assistidos pela ação. *(CenárioMT, 18/05/2017)*

NOS SENTÍAMOS EXPATRIADOS, AGORA SOMOS BRASILEIROS

A execução do projeto Cidadania Indígena em Mato Grosso simbolizou o resgate da dignidade aos povos de fronteira entre Brasil e Bolívia. A ausência dos documentos impediam mais que a identificação dos chiquitanos, não permitia que desfrutassem de direitos e até de sentir-se cidadãos. A ação foi realizada pela Secretaria de Estado de Trabalho e Assistência Social por meio de parceiros. *(Cenário MT, 25/08/2017)*

É O TEMPO MAIS DIFÍCIL PARA O ACESSO A NOSSOS DIREITOS E NOSSAS TERRAS

Saturnina Urupe Chue, indígena do povo Chiquitano, deixou seu território tradicional no extremo oeste do Mato Grosso, Brasil, e desembarcou na 42ª Sessão da Comissão de Direitos Humanos da Nações Unidas. Hoje somos ameaçados abertamente pelo presidente da República [do Brasil]. Saturnina levou às esferas internacionais o discurso de ódio do representante máximo da República do Brasil. Jair Bolsonaro, coloca em risco nossas vidas e a vida do nosso planeta, afirma ao fazer referência aos constantes ataques verbais do presidente contra os povos indígenas. *(G. Cavalli, Cimi, 18/09/2019)*

ORGANIZAÇÕES DENUNCIAM POLICIAIS PELAS MORTES DE INDÍGENAS

Seis organizações protocolaram esta semana uma denúncia no Conselho Estadual de Defesa dos Direitos da Pessoa Humana de Mato Grosso, em que acusam agentes da Polícia Militar de supostos autores da chacina de quatro indígenas do povo Chiquitano. As famílias dos mortos relataram aos representantes das entidades brasileiras que os indígenas tinham sinais de tortura nos corpos. *(M. Camilo, Amazônia Real, 08/09/2020)*

CINTA LARGA

IBAMA DOA MADEIRA APREENDIDA PARA COMUNIDADES INDÍGENAS

Mais de 800 metros cúbicos de madeira foram doados nos últimos dias à comunidades indígenas de Mato Grosso. O material foi apreendido em fiscalizações do Ibama. A Associação do povo indígena Cinta Larga recebeu o equivalente a 26 caminhões carregados de madeira. O material será utilizado para a construção e reforma de casas na região da TI Serra Morena. As toras foram apreendidas na semana passada durante operação de fiscalização do Ibama, que identificou irregularidades em uma madeireira de Juína. *(Radioagência Nacional, 01/06/2017)*

CINTA LARGA SEDIA SEMINÁRIO DE EDUCAÇÃO ESCOLAR INDÍGENA

O seminário tem como finalidade promover um debate, dar esclarecimentos e informações a respeito dos novos encaminhamentos da política de educação escolar indígena, territorialidade no contexto nacional com seus avanços e desafios, construções hidrelétricas e mineração em áreas indígenas, direitos humanos e ICMS Ecológico. *(Top News, 24/11/2017)*

ENAWENÊ-NAWÊ

ÍNDIO MORRE APÓS SER ATINGIDO POR DESCARGA ELÉTRICA

O coordenador regional da Funai, Adegildo José do Nascimento, confirmou, ao *Só Notícias*, que o índio Enawenê-Nawê faleceu após ser atingido por uma descarga elétrica. *(C. Romero, Só Notícias, 27/03/2017)*

BOLSONARO ESTIMULA DISPUTA DE INDÍGENAS EM PROL DO AGRONEGÓCIO

Um encontro em Brasília entre o presidente Jair Bolsonaro (sem partido) e um apoiador indígena provocou atritos entre habitantes da TI Enawenê-Nawê, no noroeste do Mato Grosso, e evidenciou como o governo federal age para estimular divisão interna dos povos originários. Lideranças temem que o encontro sirva como porta de entrada para o agronegócio, modelo rejeitado pela maioria da comunidade. *(Brasil de Fato, 23/07/2021)*

IRANXE MANOKI

INDÍGENAS MANOKI DENUNCIAM INCÊNDIOS CRIMINOSOS

Cercado por inúmeras fazendas que produzem soja e gado, os indígenas que moram em oito aldeias estão enfrentando a mais grave consequência dos incêndios florestais provocados pelas queimadas das lavouras do agronegócio. Os Manoki denunciam que os incêndios devastaram cerca de 2 mil hectares de seu território. A fumaça tem provocado doenças respiratórias, principalmente, nas mulheres, idosos e crianças. *(M. Camilo, Amazônia Real, 06/09/2019)*

MANOKI LUTAM CONTRA O MARCO TEMPORAL

Em Mato Grosso, povo que quase foi dizimado vê sua população crescer e conquista o direito de praticar agricultura mecanizada, mas não abre mão de recuperar seu território tradicional. *(F. de Almeida, FSP, 26/09/2021)*

ISOLADOS

FUNAI PROIBE ACESSO À TI ONDE VIVEM ISOLADOS

O acesso de não índios à TI Piripkura, onde vivem dois indígenas, continua proibido. A Funai publicou uma portaria prorrogando por mais 18 meses o prazo de restrição de entrada, trânsito e permanência de pessoas estranhas na área. *(P. Araújo, G1, 14/02/2017)*

MPF RECOMENDA QUE A FUNAI PROTEJA BASE INDÍGENA

O MPF/MT, através de sua unidade em Juína, instaurou um procedimento a fim de recomendar à Presidência da Funai para que adote providências no sentido de promover a segurança da base do órgão em Colniza , município localizado a 1.077 km ao norte de Cuiabá. A base é responsável pela Frente de Proteção dos índios isolados da Terra Indígena Kawahiva do Rio Pardo. *(24 Horas News, 26/01/2019)*

COMISSÃO VAI DISCUTIR DEMANDAS DO POVO PIRIPKURA

A Comissão de Direitos Humanos e Minorias da Câmara aprovou nesta quarta-feira (5) a realização de uma audiência pública para tratar de demandas do povo Piripkura, do Mato Grosso. *(Frente Parlamentar Indígena, 05/05/2021)*

JUSTIÇA DETERMINA QUE FUNAI ADOTE MEDIDAS DE PROTEÇÃO

A Justiça Federal no MT, atendendo ao pedido do MPF, determinou que a Funai mantenha permanentemente uma equipe de fiscalização na área da TI Piripkura. *(MPF, 12/05/2021)*

GRUPO CRIADO PELA FUNAI É LIGADO A RURALISTAS

O MPF entrou com uma petição na Justiça Federal do MT contra a nomeação de servidores pela Funai para compor o GT que realizará a identificação da TI Piripkura. O órgão pede a substituição por antropólogos de qualificação reconhecida e com experiência com indígenas em isolamento voluntário. O MPF argumenta que os nomeados seriam ligados a ruralistas. *(D. Biasetto, O Globo, 07/07/2021)*

JUSTIÇA MANDA FUNAI TROCAR CHEFE DE DEMARCAÇÃO

A Justiça Federal determinou que a Funai nomeie novo coordenador para o GT de identificação da TI Piripkura, localizada em Mato Grosso. *(Metrópoles, 08/11/2021)*

© LALO DE ALMEIDA/FOLHAPRESS, 2021

Cachoeiras do Rio Cravari na Terra Indígena Irantxe, próximas ao limite com uma fazenda, Brasnorte/MT.

ÁREA COM ISOLADOS VAI A LEILÃO COMO FAZENDA

Alvo de madeireiros e invasores, a TI Piripkura, em Mato Grosso, quase teve 12 mil hectares vendidos em um leilão, sem qualquer interferência da União ou do governo do estado. A área faz parte de uma fazenda que foi usada por uma construtora para quitar dívidas na Justiça. *(D. Biasetto, O Globo, 17/03/2022)*

MỸKY MANOKI

ÍNDIOS LAMENTAM FIM DE BRIGADAS DE INCÊNDIO

O fogo quase destruiu por completo as casas da aldeia Japuíra do povo Mỹky, na TI Menku. Desde o início de agosto, focos de incêndio ameaçam o entorno da área indígena. Governo cortou 38% da verba de programa de prevenção; Mỹky usam latas para apagar fogo. *(J. Arini, FSP, 03/09/2019)*

NAMBIKWARA

ÍNDIOS BLOQUEIAM RODOVIA, COBRAM PEDÁGIO E AMEAÇAM PRF

Cerca de 60 índios Nambikwara bloqueiam o trânsito na BR-364, com cobrança de pedágio dos motoristas que precisam passar pelo trecho do km 1.243 da rodovia. Eles cobram, entre outras coisas, melhorias no atendimento de saúde e nas estradas das aldeias. *(G1, 07/05/2018)*

FESTA COMEMORA PASSAGEM DE JOVENS INDÍGENAS À IDADE ADULTA

Marcada pelo ritual da menina moça e da furação de nariz, a puberdade voltou a ser comemorada pelos Nambikwara Katitaurlu. Durante a 10ª edição da festa Txawxãhaijausu (Nossa Música, na língua Nambikwara), em meio a músicas de flautas, cantos, danças e competições esportivas, as comunidades das aldeias celebraram a passagem de garotas e rapazes para a fase adulta. *(Funai, 26/07/2019)*

IBAMA LIBERA TIS EMBARGADAS POR IRREGULARIDADES AMBIENTAIS

O presidente do Ibama, Eduardo Fortunato Bim, desembargou 22 mil hectares, atacou as multas aplicadas pelo órgão contra indígenas e fazendeiros e atraiu para si todos os processos que envolvem cinco TIs pareci e nambiquara no noroeste de Mato Grosso. Essa área tem sido foco de pressão da bancada ruralista desde o começo do governo Jair Bolsonaro (PSL-RJ). Os ruralistas e associações indígenas querem a regularização do arrendamento, que eles chamam de parcerias, das TIs para não indígenas na região, a fim de produzir soja e milho em larga escala. *(R. Valente, FSP, 30/09/2019)*

ÍNDIOS PRESOS RECEBIAM PAGAMENTOS PARA LIBERAR EXPLORAÇÃO

Os três líderes indígenas da etnia Nambiquara, presos na Operação Ybyrá na reserva Sararé recebiam pagamentos e benefícios para liberar a exploração da reserva, segundo a Polícia Federal. *(I. Garcia, G1, 05/12/2019)*

GARIMPO ILEGAL DESTRUIU EQUIVALENTE A 1,9 MIL CAMPOS DE FUTEBOL

As atividades da Operação Alfeu III já causaram prejuízo estimado em R$ 20 milhões aos criminosos que realizam a extração ilegal de minério na Terra Indígena Sararé. A região que é alvo recorrente da prática criminosa já perdeu 1,5 mil hectares pela prática de garimpo ilegal, o que também equivale a cerca de 1,9 mil campos de futebol. Na região, vivem indígenas do povo Nambikwara. *(M. Esquer, Olhar Direto, 18/10/2021)*

FORNECEDOR DA NESTLÉ USOU CARNE DE GADO CRIADO ILEGALMENTE EM TI

Investigação revela que fazenda fornecedora da Marfrig produziu dentro de terra do povo Myky no norte de Mato Grosso. Frigorífico diz que considera terras indígenas apenas as que já receberam aprovação da Presidência da República. De um lado da cerca, em meio a uma floresta densa, o povo Myky cultiva uma diversidade de alimentos, como a mandioca, o pequi e o cabriteiro. Do outro, apenas descampados de terras que foram tomadas dos indígenas, onde os fazendeiros criam gado. Xinuxi Myky, o ancião da aldeia, relembra que a região inteira era coberta por florestas: Nesse pasto, onde os brancos estão morando, também era nossa aldeia, mas agora eles estão criando gado. O território Menku só foi reconhecido pelo governo brasileiro nos anos 1970. Entretanto, o processo de demarcação não incluiu os estudos técnicos necessários. Por isso a demarcação final da TI Menku permanece sob disputa. Existem estudos que reconhecem a totalidade do território Myky. No entanto, o processo de demarcação está sendo contestado na Justiça e atualmente está congelado. *(F. Zuker, E. Mendonça, A. Wasley, O Joio e o Trigo, 22/09/2022)*

PARESÍ

ÍNDIOS ESTUDAM INGLÊS PARA RECEBER TURISTAS

Para receber turistas e aprender um novo idioma, índios da etnia Pareci estão há três meses estudando inglês na aldeia onde moram. Os indígenas se inscreveram em uma escola de idiomas e têm aulas todos os sábados nas ocas das aldeias. O local é um ponto turístico, o que fez com que os índios procurassem aprender inglês. *(G1, 06/07/2017)*

MORRE CACIQUE JOÃO GARIMPEIRO ARREZOMAE

A terra é meu coração, a água é meu sangue e o ar é meu espírito. Essa frase era conhecida como a ideologia do Cacique Geral João Arrezomae, da TI Paresi. *(Funai, 16/07/2018)*

INDÍGENAS QUEREM AMPLIAR LAVOURA DE SOJA E DESAFIAM FISCALIZAÇÃO

Na TI Utiariti, do povo Paresi, está tudo pronto para a colheita de cerca de 4.000 hectares de milho, que começa em menos de um mês. Os últimos reparos foram feitos em modernas máquinas que em fevereiro já colheram 9.000 hectares de soja. Os índios pretendem fazer a colheita e a comercialização da safra apesar da oposição do MPF e da falta de licenciamento ambiental junto ao Ibama. Confiam no apoio que têm do governo federal. No fim do ano passado, formaram uma cooperativa e encerraram contratos com produtores rurais não brancos, um dos pontos de discórdia com o MPF. *(F. Zanini, FSP, 20/05/2019)*

ACORDO REGULARIZA PRODUÇÃO AGRÍCOLA EM TIS

Índios Paresi devem cultivar 3,5 mil hectares com soja. Povos indígenas também devem investir em lavouras de segunda safra. *(G1, 01/10/2019)*

POVO HALITI-PARESI AVALIA ROTEIROS DE ETNOTURISMO

Vivenciar por alguns dias o modo de vida de uma comunidade indígena e cenários deslumbrantes em uma das regiões com maior diversidade de paisagens do mundo. Esta é a proposta de etnoturismo do povo Haliti-Paresi, que está se preparando para receber viajantes em expedições experimentais que visam estruturar o turismo de base comunitária nas terras indígenas. Os interessados podem realizar a pré-inscrição no *site* do projeto, onde também há informações detalhadas sobre os dois roteiros disponíveis, bem como datas e valores. Cada roteiro prevê a experiência de uma semana nas TIs Utiariti e Rio Formoso, sedes das associações Waymaré e Halitinã. O etnoturismo é uma das diretrizes do Plano de Gestão Territorial e Ambiental Haliti-Paresi, de 2019. *(Coluna de Turismo, 27/06/2022)*

RIKBAKTSA

ÍNDIOS SÃO ATROPELADOS; DOIS MORREM

Três indígenas da etnia Rikbaktsa foram atropelados por um veículo, possivelmente um caminhão ou carreta no início da noite desta terça-feira, dia 13, na Rodovia MT-170, próximo ao posto Paineira. *(Top News, 14/06/2017)*

SEDUC CONFIRMA COMPROMISSO DE CONSTRUIR ESCOLA INDÍGENA

A Seduc firmou um compromisso de construir uma nova unidade escolar no território Japuíra. A escola irá beneficiar alunos indígenas de seis aldeias da região. *(24 Horas News, 15/11/2017)*

BIBLIOÓCA

O povo indígena inaugurou, em dezembro de 2020, a Biblioteca Comunitária Indígena – Biblioóca Nelson Mutzie, no distrito de Fontanillas, município de Juína, estado do Mato Grosso. O nome da Biblioóca é em homenagem à liderança Erikbaktsá, que coordenava toda a implementação do projeto, mas foi vítima da covid-19 pouco antes da inauguração. *(UOL, 10/03/2021)*

Ikpeng
Kalapalo
Kamaiurá
Kawaiwete (Kaiabi)
Kĩsêdjê (Suyá)
Kuikuro
Matipu
Mehinako
Nahukuá
Naruvotu
Tapayuna
Trumai
Waujá
Yawalapiti
Yudja (Juruna)

13. Parque Indígena do Xingu

13. PARQUE INDÍGENA DO XINGU

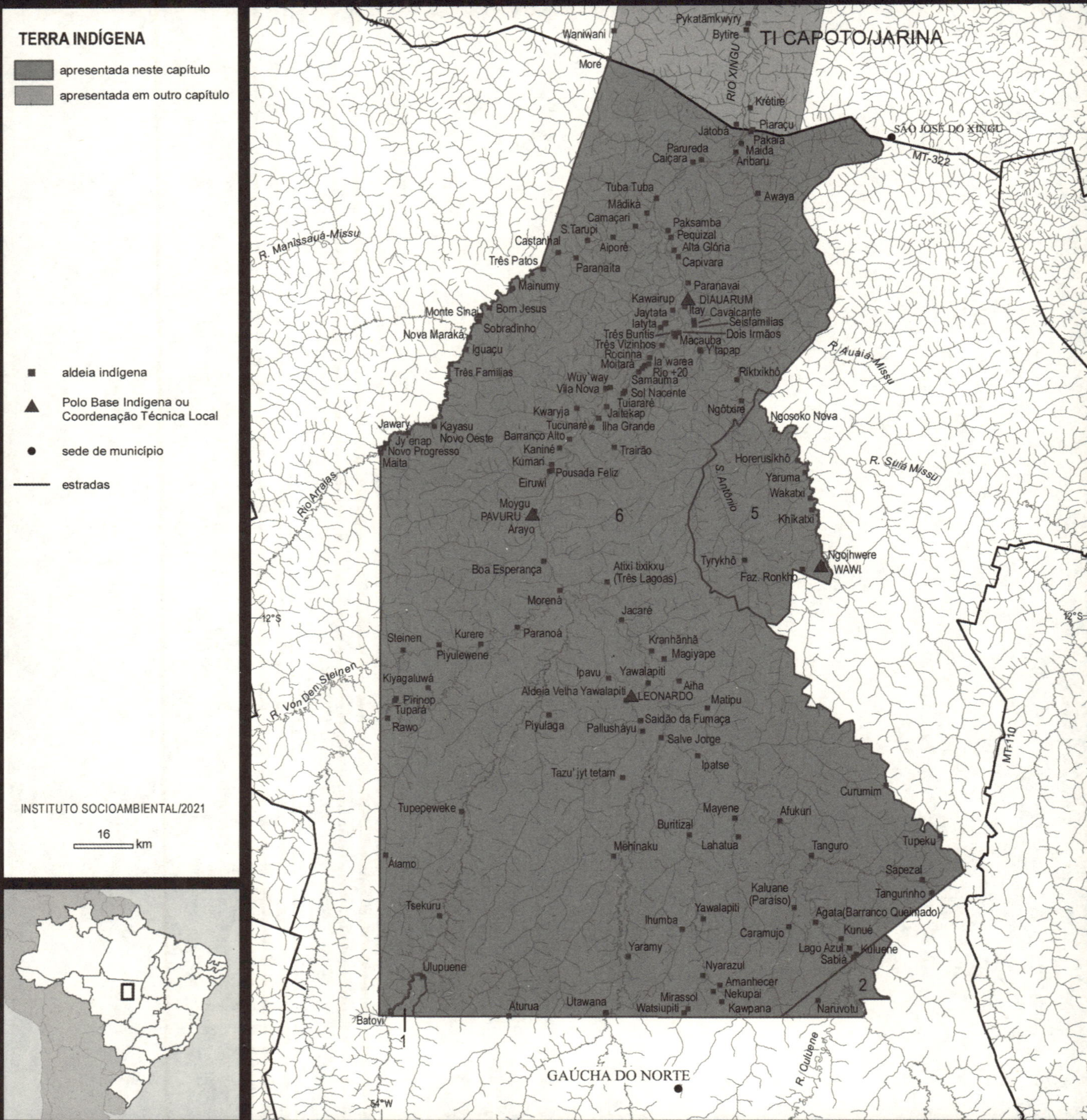

PARQUE INDÍGENA DO XINGU
Terras Indígenas
Instituto Socioambiental - 30/11/2022

Nº mapa	Terra Indígena	Povo	População (nº, fonte, ano)	Situação jurídica	Extensão (ha)	Município	UF
1	Batovi	Wauja	20 - Siasi/Sesai: 2013	Homologada. Decreto - s/n - 07/09/1998, publicado em 09/09/1998. Reg. SPU Certidão n. 20 de 22/03/99.Reg. CRI do município de Paranatinga, comarca de Chapada dos Guimarães (5.158 ha) Matr.5.356 Lv. 2-AK Fl 122 em 07/10/98.	5.159	Gaúcha do Norte Paranatinga	MT
2	Pequizal do Naruvôtu	Naruvotu	69 - GT/Funai: 2003	Homologada. Decreto - s.n - 29/04/2016, publicado em 02/05/2016.	27.978	Canarana Gaúcha do Norte	MT
s/l	Rio Arraias	Kawaiwete		Em Identificação. Portaria - 469 - 26/05/2003, publicado em 09/06/2003.		Marcelândia	MT
s/l	Roro-Walu (Jatobá/Ikpeng)	Ikpeng		Em Identificação. Portaria - 1.140 - 29/09/2005, publicado em 30/09/2005.		Feliz Natal Gaúcha do Norte Nova Ubiratã Paranatinga	MT
5	Wawi	Kisêdjê Tapayuna	457 - Siasi/Sesai: 2013	Homologada. Decreto - s/n - 08/09/1998, publicado em 09/09/1998. Reg. SPU Certidão n. 22 de 22/03/99.Reg. CRI no município de Querência, comarca de Canarana (150.329 ha) Matr. 6.447 Liv. 2-RG Fl. 1/v e 2/v em 09/12/98.	150.328	Querência São Félix do Araguaia	MT
6	Xingu	Aweti Kawaiwete Nahukuá Yudja Kalapalo Kamaiurá Mehinako Matipu Naruvotu Kuikuro Kisêdjê Tapayuna Trumai Ikpeng Wauja Yawalapiti	6.090 - Siasi/Sesai: 2013	Homologada. Decreto - s/n - 25/01/1991, publicado em 26/01/1991. Reg. SPU MT Certif. s/n de 18/05/87.Reg. CRI no município de Juína, Matr.31.351 Liv. 2-DH, Fl. 160V em 05/11/87. Reg. CRI no município de Canarana, Matr. 3.293 Liv.2-B, Fl. 001 em 22/07/87. Reg. CRI no município de Sinop. Matr. 3.864 Liv 2 Fl. 01 em 27/07/87. Reg. CRI no município de São Félix do Aeaguaia, Matr. 7.401, Liv.2 Fl. 001 em 21/09/87. Reg. CRI no município de Luciara, Matr. 7.402 Liv 2 Fl. 001 em 21/09/87. Reg. CRI no município de Paranatinga, Matr. 31.350 Liv.2-DH, Fl. 159V em 05/11/87.	2.642.004	Canarana Feliz Natal Gaúcha do Norte Marcelândia Nova Ubiratã Paranatinga Querência São Félix do Araguaia São José do Xingu	MT

10 ANOS DA REDE XINGU +

Corredor da Resistência

Entrevista à equipe de edição[1]

ANDRÉ VILLAS-BÔAS, SECRETÁRIO-EXECUTIVO DA REDE XINGU+ E SÓCIO-FUNDADOR DO ISA, NARRA A CRIAÇÃO E TRAJETÓRIA DA REDE QUE COMPLETOU DEZ ANOS EM 2021 E É UMA VERDADEIRA ALIANÇA QUE CONECTA POVOS E CONHECIMENTOS EM PROL DA PROTEÇÃO TERRITORIAL DA BACIA DO XINGU. NOS ÚLTIMOS ANOS, A REDE XINGU+ SE MOSTROU COMO UM GRANDE CORREDOR DA RESISTÊNCIA E MANUTENÇÃO DA SOCIOBIODIVERSIDADE DO XINGU

A bacia do Rio Xingu abriga uma enorme diversidade socioambiental, onde se destaca um grande corredor de áreas protegidas conectadas, formado por TIs e UCs que somam 27 milhões de hectares, onde residem 26 povos indígenas e comunidades ribeirinhas. Situado na fronteira de ocupação e desmatamento da Amazônia, esses povos e seus territórios enfrentam inúmeras ameaças em relação à sua integridade cultural e dos seus territórios. Muitas lutas foram travadas por décadas para resistir aos projetos coloniais de desenvolvimento para a Amazônia. Hoje, o Xingu está por um fio, mas a situação poderia ser muito outra. Projetos de desenvolvimento predatório responsáveis pelas maiores taxas de desmatamento da Amazônia, obras de infraestrutura sem planejamento socioambiental, abertura de estradas, grilagem sem controle e exploração de ilegal mineral e madeireira são uma constante ameaça a esses territórios. A Rede Xingu+ é resultado do amadurecimento de uma articulação política que remonta à resistência contra o barramento do Rio Xingu e a este conjunto de ameaças que pesam sobre a região.

A articulação do Xingu+, que completou dez anos em 2021, é uma aliança política entre as principais organizações de povos indígenas, associações de comunidades tradicionais e instituições da sociedade civil atuantes e comprometidas com a sustentabilidade socioambiental da bacia do Xingu. A Rede tem foco na defesa do direito dos povos, na proteção territorial e no apoio à implementação dos seus planos de gestão.

Como foi criada a Rede Xingu+ e quais os desafios enfrentados nesses dez anos?

A Rede Xingu+ é uma articulação entre organizações indígenas, extrativistas e pessoas da sociedade civil que comungam preocupação em relação à sustentabilidade e à integridade do chamado Corredor de Sociobiodiversidade do Xingu. Esse não é ainda um corredor reconhecido formalmente, mas sim uma forte aliança moral que, em função das ameaças e da necessidade de proteção e resistência, acabou conectando todas as comunidades e povos do Xingu. Nesses últimos dez anos, foi fundamental um movimento de articulação, de aproximação entre esses diferentes povos e populações para que eles pudessem se reconhecer e compartilhar as situações similares relacionadas à proteção e fiscalização dos seus territórios, assim como questões relacionadas à gestão territorial.

Desde as mobilizações contra a Usina de Belo Monte, em 2008, foram realizados encontros a cada dois anos dessa articulação para troca de informações e experiências. Em 2019, no penúltimo encontro, foi tomada a decisão de se constituir uma rede em lugar de apenas uma articulação. Ao tomarmos essa decisão conjunta, de que seríamos uma rede de organizações, colocou-se a necessidade de uma estrutura de governança. Então, foi criado um Conselho Político, que tem representação masculina e feminina das principais organizações indígenas, extrativistas e ribeirinhas do Corredor Xingu e uma Secretaria-Executiva, atualmente exercida pelo ISA.

Nesse sentido, o conjunto de organizações integrantes possibilitou que fossem trabalhadas estratégias de incidência política, sobretudo em relação às ameaças que esses territórios já vinham sofrendo e passaram a sofrer mais ainda a partir do governo Bolsonaro. O desmonte da Funai e dos órgãos de fiscalização fez com que a exploração ilegal de madeira e garimpo se expandisse por várias áreas. Nesses anos, explodiu um conjunto de ameaças.

A Ferrogrão, o próprio asfaltamento da BR-163, a Belo Sun, que quer implementar uma mina de ouro na região, e os impactos crônicos de Belo Monte sobre as comunidades mais próximas da usina fazem parte do conjunto de ameaças que afetam a região.

Nesse sentido, nossa ação é feita em conjunto, com todas as organizações que compõem a Rede Xingu+.

Qual a importância da Rede para a proteção da sociobiodiversidade da Bacia do Xingu?

Quando alguma ameaça ocorre em uma determinada região, sobre uma determinada área e que pesa sobre uma única organização, faz uma enorme diferença poder contar com o apoio de uma articulação ampla de organizações para enfrentar as ameaças e cobrar providências junto aos órgãos competentes. Promover um diálogo permanente e constituir uma instância política em que se possa deliberar sobre questões mais estratégicas e transversais dão forma a um trabalho coletivo mais estruturado.

Uma iniciativa importante da Rede que agregou muito à articulação tem a ver com a formação de um grupo de comunicadores indígenas e extrativistas. Ao formar esses comunicadores, que já estão produzindo programas de áudio, acervo de fotos e reportagens, a Rede Xingu+ promove o intercâmbio entre os diferentes povos e a possibilidade de aproximá-los ainda mais, ao retratar os acontecimentos não somente relacionados a ameaças e conflitos, mas também de iniciativas de gestão territorial, expressões e manifestações culturais. Esse é um fator que favorece a aproximação e o relacionamento entre povos diferentes que falam línguas distintas.

Os comunicadores são uma ferramenta política das organizações locais e têm um papel importante nessa aproximação e articulação interna, bem como na esfera política, ao fazer a cobertura dos acontecimentos ou divulgar externamente os casos de ameaças. Para ampliar esta estratégia, foram instalados mais de 50 pontos de internet na Bacia do Xingu, e estamos trabalhando em uma articulação para tentar ampliar essa rede de internet. No momento, é a melhor forma de comunicação transversal na bacia disponível para essas populações, porque o rádio, que é tradicionalmente o sistema de comunicação, é muito regionalizado. Antes não se conseguia falar do sul da Bacia com o norte da Bacia do Xingu; já hoje, com a internet, o alcance se expande.

O Xingu+ também busca desenvolver oficinas, publicações e podcasts informativos para que as lideranças possam formar seu próprio juízo e se posicionar de forma autônoma em relação a alguns temas, como em relação ao mercado de carbono e projetos de Redd+ voltados à valorização das florestas, com perspectivas de financiamento de projetos para as populações que mantêm a floresta de pé. Os povos do Xingu têm sido vítimas de uma abordagem enviesada e oportunistas de empresas que se colocam como corretores do potencial dos créditos de carbono existentes nos seus territórios. Por conta disso, estamos numa reação ofensiva de informar melhor as lideranças para que elas possam enfrentar esse assédio com maior autonomia.

O fortalecimento dos movimentos das mulheres indígenas e ribeirinhas tem tido foco importante nas ações do Xingu+. Estes movimentos são ainda bastante heterogêneos nas diversas sub-regiões do Corredor, mas vêm crescendo e se estruturando rapidamente, já se fazendo presente nas instâncias de representação política de várias associações e do próprio Xingu+. A candidatura a deputada federal de Mayal Kayapó pelo Estado do Pará foi um acontecimento importante neste processo. Apoiar as reuniões, articulações e intercâmbios dos movimentos das mulheres do Xingu tem sido uma prioridade da Rede.

Como essas populações da Bacia do Xingu lidaram com a falta de diálogo e a política anti-indígena do governo Bolsonaro?

Fez parte do perfil do governo Bolsonaro lidar com a questão indígena de forma totalmente marginal, então os espaços de luta foram muito mais na esfera jurídica e legislativa, com intervenções junto ao Ministério Público para cobrar atitudes do Governo Federal. Este é o contexto que todos enfrentaram: a ausência do Governo Federal e a falta de prontidão para defender o interesse dos povos indígenas e para defender as Terras Indígenas, que são da União e estão protegidas pela Constituição. A ausência do Estado como guardião dos direitos das minorias e zelador da integridade das áreas protegidas (TIs e UCs) dificultou de forma generalizada a situação para os povos que vivem nessas terras.

Assim, foi fundamental o movimento articulado, organizado e protagonizado pela Rede Xingu+ para pressionar o governo a fazer aquilo que deveria ser o seu papel. Neste sentido, a parceria do Xingu+, com o componente de Proteção e Defesa Territorial (PDT) do Programa Xingu, do ISA, tem sido fundamental. Conseguimos alcançar uma incidência com qualidade técnica no monitoramento, por meio de levantamentos e de análises qualificadas das situações de ameaças, conflitos e ilícitos na

Bacia, com destaque para o Corredor Xingu. Além disso, na parte de comunicação, ampliamos nossa visibilidade de forma independente da grande imprensa. Isso exigiu um trabalho intenso de *advocacy* e comunicação. A plataforma digital do Xingu+, disponível através do *link* xingumais.org, pode dar uma boa ideia da dimensão deste trabalho.

Por outro lado, por mais paradoxal que possa parecer, esse clima geral de ameaça e insegurança que o governo Bolsonaro instaurou foi um fator que fortaleceu a articulação entre os povos do Xingu. Eles se fortaleceram, mas perceberam a importância do Xingu+ como uma articulação que poderia ajudá-los em vários momentos críticos. Esse clima de ameaça generalizada fortaleceu essa articulação.

Como foi a ação ante a pandemia da covid-19?

Durante a pandemia, elaboramos semanalmente o mapa da evolução da covid-19 dentro da Bacia do Xingu e divulgamos entre os parceiros. Esse processo promovia o aumento da conscientização, inclusive sobre a questão da vacinação. Enfim, as orientações tiveram efeito na Bacia, porque as pessoas puderam acessar informações sobre como se proteger e sobre a importância da imunização, além de fortalecer o combate às *fake news*.

Em 2021, em meio ao avanço do desmatamento e diante de uma ideologia predatória, em que florestas e seus povos tradicionais estavam extremamente ameaçados, o Parque Indígena do Xingu completou 60 anos. Mesmo diante dos retrocessos, houve motivos para comemorar?

O território foi a primeira grande Terra Indígena reconhecida oficialmente pelo Governo Federal, foi uma certa “engenharia social” por parte do Estado. Nos últimos 20 anos, esse território sofreu muitas modificações com a abertura de vários municípios em função do avanço da pecuária nas décadas de 1970 e 1980. Nos anos 1990, ela passou a ser vista como altamente adequada para o plantio de grãos, por ser uma região muito plana com latossolo vermelho. Então, houve um processo intenso de conversão da pecuária para produção de grãos. Atualmente, existe uma área no seu limite oeste que está sob invasão madeireira. O Parque do Xingu, hoje denominado pelos indígenas como Território Indígena do Xingu-TIX, no contexto da região das cabeceiras do Rio Xingu no Mato Grosso, funciona como uma espécie de ralo regional. O Rio Xingu corta o TIX ao meio, e todas as nascentes dos afluentes que deságuam dentro do rio Xingu, ao longo do TIX, têm suas cabeceiras fora dos limites da Terra Indígena. Esta

© LUCAS LANDAU / ISA / 2022

5º encontro da Rede Xingu +, que reuniu representantes dos 25 povos indígenas e comunidades tradicionais da Bacia do Rio Xingu para defender seus direitos e territórios.O encontro aconteceu na aldeia Khikatxi, do povo Kisêdjê, do Território Indígena do Xingu (MT).

situação coloca o TIX numa situação de alta vulnerabilidade em relação ao assoreamento dos rios, ocasionado pelo forte desmatamento do entorno e pela afluência crescente e cumulativa do agrotóxico das lavouras de soja e milho que afluem para os cursos de água.

Além disso, tem a mudança climática, que tem sido muito intensa por conta do desmatamento no entorno do TIX. Os pesquisadores que estudam o clima naquela região afirmam que houve uma variação de dois graus a mais na temperatura e que a região está mais seca e mais quente. No período da seca, o impacto disso tem sido intenso nas roças, sobretudo pelo fato de causar o ressecamento da floresta, aumentando sua vulnerabilidade ao fogo e favorecendo a ocorrência de incêndios florestais devastadores de recursos estratégicos ao modo de vida dos povos.

Ao mesmo tempo, novas lideranças estão surgindo. Já da época do pós-contato, cresceram em um contexto regional adverso, com o TIX crescentemente ameaçado, cercado por fazendas e pelo desmatamento. Essas lideranças já nasceram com o desafio de enfrentar essas novas ameaças e de resistir para assegurar o modo de vida deles.

Essa resistência viva é uma referência importante desses povos e de seus territórios para o futuro do Brasil. O modo de vida deles está intrinsecamente relacionado à manutenção das florestas e da própria biodiversidade. Os serviços socioambientais gerados pelo território têm um papel importante na regulação climática, na produtividade da agricultura que está em seu entorno, na produção de água, na manutenção da biodiversidade e na própria condição da floresta como reguladora das chuvas. Então, esses serviços precisam ser reconhecidos e valorizados pela sociedade.

O que se espera para a Rede Xingu+ nos próximos cinco anos?

Aprofundar as estratégias de gestão territorial integrada do Corredor e da própria bacia hidrográfica do Xingu, de forma a consolidar políticas que sejam capazes de não somente respeitar esses povos, mas também de reconhecer a importância socioambiental desses territórios, sobretudo o modo de vida dessas populações na manutenção da floresta em pé. Para isso, é necessário que as iniciativas de proteção e gestão territorial se tornem políticas efetivas e que haja investimentos proporcionais que fortaleçam esses territórios e valorizem suas populações. *(setembro, 2022)*

NOTA

[1] Entrevista realizada por Tainá Aragão, jornalista do ISA, em 14 de setembro de 2022, via plataforma de videoconferência.

REDE DE SEMENTES

As Mulheres Yarang, Coletoras de Sementes Florestais

Amanda Horta | Antropóloga, professora na UFRJ

Dannyel Sá | ISA

A COLETA DE SEMENTES FLORESTAIS É UMA ATIVIDADE QUE SE ANCORA NA TRADIÇÃO, NOS TEMPOS REMOTOS, NAS RELAÇÕES INDISPENSÁVEIS ENTRE OS IKPENG E AS ESPÉCIES VEGETAIS

A Associação Rede de Sementes do Xingu (ARSX) germinou do alerta dos povos do Território Indígena do Xingu (TIX) ao avanço do desmatamento decorrente da agropecuária industrial e da mercantilização da terra desde meados do século XX no Mato Grosso. Em poucas décadas, o modelo hegemônico de relação entre os humanos e o ambiente foi alterado drasticamente, impondo novas dinâmicas ecológicas, sobretudo a partir da ditadura militar instaurada em 1964. A colonização não indígena, pautada em um modelo excludente de "produção", dizimou povos e o vasto mosaico de paisagens ativamente moldado durante milhares de anos pelas populações nativas em suas relações com sujeitos não humanos (plantas, animais, espíritos, fenômenos meteorológicos, acidentes geográficos, cursos d'água etc.).

Criada em 2007 e institucionalizada como uma associação em 2014, a Rede de Sementes do Xingu é uma rede de trocas e encomendas de sementes de árvores e outras plantas nativas das regiões do Xingu, do Araguaia e de Teles Pires. Operacionalmente, uma de suas atividades mais relevantes é o cruzamento anual da oferta de sementes indicadas pelos produtores (coletores

© ERIK YESCHICAMA LEÃO/ISA, 2022

Coleta de sementes durante a 7ª Assembleia Geral da Associação Rede de Sementes do Xingu (ARSX) e 17º Encontro Geral da ARSX, que contou com a participação de coletores, parceiros e apoiadores, na aldeia Moygu, Território Indígena do Xingu (MT).

indígenas, agricultores familiares e urbanos) com as demandas dos compradores, que plantam as sementes em áreas degradadas de suas propriedades rurais. Seus 24 grupos de coleta se organizam, cada um a seu modo, produzindo sementes que são comercializadas por meio da associação.

No ano de 2019, foi realizado um estudo em parceria com o Movimento das Mulheres Yarang na intenção de trazer à tona e potencializar a maior virtude e desafio da ARSX: a diversidade. O estudo foi posteriormente publicado no livro *Oengman Menen: vê seu caminho – Apontamentos sobre a vida e as mortes das mulheres ikpeng* (2020). Entre os Ikpeng, quem coleta as sementes que serão comercializadas são as mulheres, cujo grupo se autointitula Yarang, nome que designa uma espécie de formigas conhecidas por juntar sementes na floresta. Como veremos, o trabalho das Yarang é muito mais que coletar sementes, reflorestar territórios e gerar renda para suas famílias: produz também alegria, saúde, vínculo com o território e transmissão de conhecimentos.

As espécies vegetais ocupam um lugar importantíssimo na vida social ikpeng. As plantas são fonte de alimento, de remédios, de materiais necessários aos rituais, à construção das casas e tantas outras coisas indispensáveis aos Ikpeng. Entretanto, sua importância não se restringe àquilo que os Ikpeng fazem delas. Para os Ikpeng, o mundo da natureza é extremamente vivo e sentimental, e a relação entre os humanos e os seres da floresta – donos, espíritos, espécies vegetais e animais – inclui ações recíprocas de uns sobre os outros. Qualquer forma de manejo ambiental é, portanto, muito bem refletida e regulada, pois depende da negociação com os espíritos donos dessas espécies.

As mulheres yarang realizam coletas em pequenos grupos, a que chamam de "coletas individuais". "Sozinhas", isto é, em grupos pequenos, as Yarang não andam longe. Andar longe é uma marca da masculinidade – quem anda longe, afirmam as Yarang, são os homens. Quando dizem que vão caçar, os homens saem para a floresta. De fato, eles provavelmente caçarão se houver caça, mas, uma vez que esta é escassa nas proximidades da aldeia, eles podem fazer uma série de outras coisas no mato, não determinadas de antemão. Geralmente, enquanto caçam, os homens procuram por árvores matrizes e contam depois sobre elas para suas esposas e filhas.

Quase todas as coletas individuais têm como origem um "desejo por semente". Quando as Yarang veem mulheres de outros núcleos familiares saindo para coletar ou retornando com os baldes cheios de sementes florestais, elas sentem profundo desejo de coletar também. Então, na manhã seguinte, outras yarang saem para coletar sementes com seus pequenos grupos. Os baldes cheios e a alegria das coletoras bem-sucedidas contagiam aquelas que as observavam ir, voltar ou falar a respeito. A consequência é que toda coleta gera, potencialmente, um número infinito de outras coletas, realizadas por outros grupos pequenos.

Quando os Ikpeng se dirigem às espécies florestais para extrair delas ramos, galhos, cera, seiva ou sementes, eles se preocupam sempre em alegrar os espíritos-donos desses vegetais. Nesse contexto, o "estado de espírito" das pessoas é importantíssimo. Assim, Makawá, liderança feminina da aldeia Moygu, conta que, quando ia à roça brava, sentia dores nas pernas, pois sua braveza desagradava o espírito da mandioca, que se vingava fazendo-a adoecer. O mesmo se passa com relação à coleta. Coletar com alegria é fundamental para sobreviver aos perigos da floresta. Para isso, enquanto coletam sementes, as Yarang cantam, alegrando a si mesmas e aos espíritos da floresta.

Se a caça é o modo masculino de relação dos Ikpeng com a floresta, a coleta é, sem dúvida, o modo feminino dessa mesma interação. A coleta é uma atividade que ultrapassa as atividades da ARSX, pois se ancora na tradição, nos tempos remotos, nas relações indispensáveis entre os Ikpeng e as espécies vegetais. E, mesmo quando elas coletam sementes que serão comercializadas via ARSX, o reflorestamento das terras dos brancos e a renda que cada coletora pode obter através da venda das sementes não sobredeterminam o horizonte de suas ações.

Além das coletas "individuais" realizadas em pequenos grupos, as Yarang também realizam expedições coletivas, quando, juntas, exploram regiões do território que só podem ser alcançadas de barco a motor. Em coletivo, isto é, em grupos que reúnem muitas mulheres de diferentes casas, as Yarang "andam longe", contrariando a ideia de que apenas os homens o fazem. Tudo se passa como se, juntas em grandes grupos, o coletivo fosse mais que a soma de diferentes mulheres e esse excedente as qualificasse para enfrentar os perigos do mato como fazem os homens. Em grupos grandes, as Yarang se tornam um sujeito empoderado, apto a entrar fundo na mata e a encarar os perigos da floresta.

Esses são momentos muito especiais da vida social ikpeng, que entusiasmam profundamente as mulheres. Por demandarem gasolina, são, porém, ocasiões mais raras. As expedições coletivas reúnem mulheres de todas as idades, além de alguns homens responsáveis por caçar, pescar e dirigir os barcos. Se encontram animais perigosos, seus gritos ecoam pela floresta e as mulheres se apressam a subir em árvores. Reúnem também pajés, responsáveis por usar suas habilidades construídas por meio da iniciação e de anos de pajelança para se comunicarem com a floresta. A presença de crianças, mulheres jovens, adultas e idosas propicia a transmissão de um conhecimento – que só é possível, sob a perspectiva indígena, através da prática.

No mato, coletando juntas as sementes, reconhecendo e interagindo com o território, as mulheres Yarang produzem memórias. Ao fim das expedições que participamos com as mulheres Yarang, antes de tomar o barco de volta, elas riam e lembravam dos acontecimentos daquela tarde, o canto dos pássaros com mensagens de espíritos, os bichos do mato, a quantidade enorme de sementes. Diziam que quando nos víssemos no futuro, elas não se lembrariam da expedição, mas que, se voltassem ali, a memória do que vivemos viria à tona. O que ativa a recordação de um momento é o lugar onde ele aconteceu. A memória, para as mulheres ikpeng, tem conotação de vínculo com o território.

As atividades de coleta e beneficiamento de sementes colocam em prática conhecimentos tradicionais sobre o manejo das espécies vegetais que vinham tendo seu espaço reduzido no escopo de conhecimentos necessários à vida das populações indígenas. A educação formal, as novas tecnologias, as inúmeras e constantes reuniões de gestão e formação que se colocam como indispensáveis no mundo atual, tendem, muitas vezes, a apartar os indígenas da vida na aldeia, do parentesco, da complexidade do cosmos que os contorna e atravessa. É comum escutar dos anciões que os jovens não querem aprender com os mais velhos, ao mesmo tempo que os jovens dizem que os mais velhos não lhes querem ensinar. Diante desse impasse, o que é possível fazer?

Não há uma resposta pronta nesse sentido, mas a experiência da ARSX oferece um suspiro em meio ao ataque constante aos modos de vida daqueles que não estabelecem o capital como medida de todas as coisas – os quilombolas, os assentados, os ciganos, os indígenas, os ribeirinhos, os caiçaras e tantas outras populações e agrupamentos. A associação engaja os sujeitos na produção da floresta, que é talvez a forma mais antiga de manejo dos recursos naturais. A paisagem da floresta, hoje sabemos, não corresponde a uma natureza intocada, mas a um produto da ação e da ocupação humana. A Associação Rede de Sementes do Xingu incentiva a aproximação entre os humanos e os não humanos, sejam eles frutos, árvores, animais, espíritos ou o que quer que estas cosmologias ali encontrem.

Diante das ameaças aos modos de vida das plantas e das populações minoritárias da região das cabeceiras do rio Xingu, no âmbito da ARSX, os indígenas do TIX extrapolam a geração de diversidade para além dos limites burocráticos de seus territórios. A iniciativa colabora para os distintos grupos coletores agirem em conjunto, manejando, dia após dia, suas formas de se organizar para produzi vida, diversidade e abundância em seus territórios e além, gerando renda como um importante acesso à dignidade. Entre as Ikpeng, como vimos, o manejo de sementes condiciona a saúde das pessoas, fazendo da coleta uma atividade minuciosa e altamente valorizada. Estudos como este se somam às trocas de experiências promovidas nos espaços da iniciativa e à constante horizontalização dos mecanismos de tomadas de decisão, para encarar, cada vez com mais elementos, o desafio de se abrir para outros mundos e modos distintos de experimentá-los. *(abril, 2022)*

COVID-19

"A Aldeia Inteira Estava com Covid"[1]

Watatakalu Yawalapiti | Coordenadora-geral da Atix-Mulher

LIDERANÇA DO XINGU QUE PERDEU OITO PARENTES RELATA COMO A MÁ GESTÃO DA PANDEMIA FEZ O CORONAVÍRUS SE ESPALHAR PELO TERRITÓRIO INDÍGENA

Liderança das mulheres da Terra Indígena do Xingu, filha mais velha de um importante cacique e sobrinha de outro, Watatakalu Yawalapiti viu sua família ser devastada pela Covid. Oito parentes morreram em decorrência da doença, incluindo a mãe, a pajé Iamoni Mehinako, e o tio, o cacique Aritana Yawalapiti, líder histórico dos povos do Alto Xingu, em Mato Grosso. "Nosso povo ficou órfão", afirma a artista e ativista de 40 anos, coordenadora-geral do departamento de mulheres da Associação Terra Indígena do Xingu (Atix-Mulher).

No relato a seguir,[2] Watatakalu relembra a dor da perda e descreve como a campanha de desinformação e a má gestão da pandemia por parte do governo federal fizeram com que o vírus se espalhasse pelas áreas indígenas. Até março, segundo dados do Distrito Sanitário Especial Indígena do Xingu (Dsei Xingu), foram registrados entre os povos indígenas da região 1.894 casos e 21 mortes por covid, 16 delas no Alto Xingu, onde vive a família de Watatakalu.

***

Minha mãe, a pajé Iamoni Mehinako, era uma liderança feminina do povo Mehinako, uma das dezesseis etnias que habitam o Território Indígena do Xingu (ou Parque Indígena do Xingu, como é mais conhecido), no Norte de Mato Grosso. Criada em 1961, o TIX foi a primeira grande área indígena demarcada pelo governo federal, com 26 mil km^2, onde vivem atualmente mais de 6 mil indígenas. Muito nova, Iamoni se casou com meu pai, o cacique Pirakumã Yawalapiti, e foi viver na aldeia dele.

Minha mãe fez questão de ensinar a mim e a minha irmã, Ana Terra, as tradições dos antepassados. Somos descendentes de quatro etnias: nossa avó era Kamayurá, nossa bisavó era Wauja e nossos avós, pais do nosso pai e da nossa mãe, eram Mehinako e Yawalapiti. Temos familiares espalhados pelas aldeias desses quatro povos. Aprendemos com ela que parente a gente tem que cuidar, receber em casa, não é só dizer: "Aquele ali é meu primo."

Ela se levantava cedo para cozinhar. Nossa comida era tradicional, não era arroz e feijão. Sempre tinha mingau de pequi em casa. "A Iamoni vai fazer tucunaré com castanha de pequi", festejavam. São coisas que, no dia a dia do nosso povo, já não eram tão comuns, então atraíam muita gente. "Vocês devem dividir os alimentos com todos. Na nossa cultura é assim: quando o líder tem algo, deve compartilhar com seu povo", ensinava. Os primos do meu pai, que são caciques do Xingu, viviam em nossa casa. Conheço todos por causa disso.

© MÍDIA NINJA, 2020

Watatakalu Yawalapiti durante encontro com mais de 500 representantes indígenas na aldeia Piaraçu, da TI Capoto Jarina (MT), em 2020; a mobilização resultou no Manifesto do Piaraçu, que denuncia os ataques do governo Bolsonaro contra os direitos indígenas.

À noite, minha mãe contava histórias na língua indígena. "Os brancos têm os documentos deles. Os nossos são a nossa língua e a nossa cultura. Vocês vão aprender português, mas dentro de casa vamos falar na nossa língua", dizia. Aprendi os cantos com ela. "Vai ter um Kuarup [ritual xinguano em homenagem aos mortos] e você vai nos representar." Às vezes, eu ia contra as tradições. Aos 15 anos de idade, não aceitei um casamento arranjado. Meu marido, Ianukulá Kaiabi Suiá, foi escolhido por mim.

Quando foi decretada a pandemia de covid, em março de 2020, eu estava de quarentena porque tinha acabado de voltar da Bélgica, onde recebi um prêmio de um coletivo de mulheres feministas. Minha mãe me ligou e perguntou: "Disseram que a doença chegou ao Brasil, o que eu faço?" "Fique aí. Não vá visitar a Ana porque não sabemos como está a situação lá", respondi. Ana, minha irmã, mora com o marido e os filhos na aldeia Yawalapiti. Minha mãe voltou a morar com os Mehinako após meu pai falecer em 2015.

A covid entrou no território Xingu no final de maio de 2020, na região do Rio Culuene, e o primeiro boletim com casos confirmados saiu em junho. Em julho de 2020, Ana pegou a doença. Ela tinha passado um tempo com minha mãe entre os Mehinako, mas a pressionaram para voltar para a aldeia Yawalapiti e ficar com o marido. Na época, já havia casos de Covid ali, mas a convenceram a retornar mesmo assim: "A gripe não é forte, todo mundo aqui já pegou, pode vir."

Quando voltou, Ana foi infectada pelo coronavírus. Ela foi tratada com cloroquina – medicamento comprovadamente ineficaz para casos de Covid – pelas equipes de saúde indígena no Polo-Base Leonardo Villas Boas, na região do Alto Xingu. "Eu falava nas redes sociais contra a cloroquina e estavam me dando cloroquina sem eu saber", minha irmã contou. O caso foi se agravando e fui entrando em desespero. Ela chegou a ter mais de 80% do pulmão comprometido e sofreu duas paradas cardíacas.

Nossos parentes eram levados para receber tratamento médico na cidade e morriam. Teve um dia que escutei o barulho do avião levando o corpo do meu tio e temia que a minha irmã fosse a próxima. O povo falava: "De hoje, a Ana não passa." Nossos parentes ligavam para minha mãe e diziam: "Você é pajé e tem que vir cuidar da sua filha." Mas não a deixei ir porque ela poderia se infectar.

Meu tio, o cacique Aritana Yawalapiti, morreu por complicações da covid no dia 5 de agosto de 2020. A morte dele foi um choque para todos nós. O Xingu todo parou. Nosso povo ficou órfão. Sabe um cachorrinho largado e sem dono? Eu me senti assim. Quando contei para minha mãe, ela começou a chorar. Naquele momento, as pessoas das aldeias já tinham percebido que não era uma "gripezinha", como havia dito o governo federal, porque vários parentes nossos estavam morrendo por causa da doença.

Em agosto de 2020, houve a suspeita de um caso de covid na aldeia Mehinako. Tiramos então minha mãe, meus irmãos e meus sobrinhos de lá e levamos para a cidade de Canarana/MT, vizinha à Terra Indígena do Xingu, onde moro com meu marido e meus filhos. Depois de um tempo trouxemos também minha irmã, Ana. Ela estava melhor, apesar de ainda usar tubo de oxigênio.

No final de 2020, fomos para a aldeia Ytapap. Queria que minha mãe fosse junto, mas ela preferiu ficar em Canarana. Ela tinha pressão alta e sentia dores nas pernas. "Vou fazer uns exames médicos e depois vou para a aldeia", disse. No entanto, ela pegou uma pneumonia. Melhorou, mas preferiu permanecer na cidade, caso precisasse de um médico. Chamou uma irmã e uma sobrinha para fazerem companhia.

A vacinação no Xingu começou em fevereiro de 2021. Dias antes recebemos a notícia do pessoal do Dsei Xingu (do Ministério da Saúde, responsável pelo atendimento médico da região) de que apenas os indígenas cadastrados como moradores das aldeias seriam vacinados. Mas, assim como eu, muitos parentes têm casa na cidade. Meu marido, Ianu, é presidente da Associação Terra Indígena do Xingu (Atix) e eu sou coordenadora-geral da Atix Mulher. Temos casa em Canarana/MT porque é onde fica a sede da Atix, mas nasci e cresci na aldeia e estou sempre indo e vindo de lá.

Antes do início da vacinação, nós perguntamos várias vezes às equipes de saúde do Dsei: "Vocês precisam de ajuda? Estão com todas as informações para o cadastro indígena? Porque há parentes em trânsito." Elas diziam que estava tudo certo. Quando soube que aqueles que possuem residência na cidade não seriam vacinados naquele momento, fiquei revoltada: "Como assim não vamos ser vacinados?" Ameacei amarrar os funcionários da saúde até que todos os parentes recebessem a vacina. Virou uma confusão tão grande que o secretário especial de Saúde Indígena, Robson Santos da Silva, teve que ir lá checar o que estava acontecendo.

Minha mãe tomou a primeira dose de CoronaVac em fevereiro de 2021 em Canarana. Ela obrigou a técnica de saúde do Dsei Xingu a vaciná-la e só conseguiu tomar a segunda dose após 60 dias - com 30 dias de atraso. Mesmo assim, depois de muita briga. Minha mãe morava na aldeia Mehinako, mas estava passando um tempo em Canarana para se proteger. Ela falava bem português, então cobrava a segunda dose dos responsáveis pela vacina, mas eles ficavam enrolando. Chegou um momento em que pararam de responder às mensagens dela. Meus tios e o agente indígena de saúde da aldeia Mehinako tiveram que intervir. Em meados de abril, ela, enfim, recebeu a segunda dose. Se tivesse tomado um mês antes, a chance de estar viva seria maior.

No final de abril, decidi ir para Canarana ficar com a minha mãe, mas soube então que minha tia e minha prima estavam lá. Quando ela me contou, eu surtei: "Você não pode receber ninguém em casa." Ela falou: "Estou tentando orientá-las a não sair." Na véspera de encontrá-la, liguei e falei: "Amanhã estou aí." Ela respondeu: "Melhor você não vir porque acho que estou gripada, com uma sensação ruim no corpo." Perguntei se ela tinha feito o teste de covid. "Fiz, mas o resultado sai só daqui a dez dias", ela respondeu. Falei para ela ficar em cima do pessoal da Casai (Casa de Saúde Indígena). "O pessoal da Casai não cuida da gente, estou ligando, mas eles não retornam", ela disse.

Cheguei em Canarana no dia 3 de maio. Fiz uma videochamada com a minha mãe. Ela estava tossindo e tentando disfarçar. De noite, pedi para o meu irmão medir a saturação dela. Estava em 92. Aí fiquei bem preocupada. Conversei com o pessoal da Casai e perguntei se ela tinha feito exame de tomografia. Ela não tinha feito. Perguntei por quê, e eles disseram que o Dsei não tem dinheiro para isso.

Minha mãe me contou que ofereceram tratamento com cloroquina, mas ela se recusou a tomar e devolveu. Pedi para fazerem o teste de covid particular e veio o resultado positivo. Até então minha mãe não tinha certeza de que estava com covid. Fiz uma videochamada com ela e falei: "Mãe, você tá com covid. Como está se sentindo?" Aí ela me contou: "Tô muito ruim, nunca senti isso." Pedi para fazerem o exame de tomografia e o pulmão já estava todo comprometido.

Ela teve contato com uma pessoa com sintomas de covid no dia 16 de abril. Àquela altura, tinha se infectado fazia mais de duas semanas. Nesse período, não cuidaram da minha mãe nem deram os remédios certos para ela. Ela piorou e foi levada para um hospital em Querência/MS. Conseguimos uma UTI aérea para levá-la a um hospital em São Paulo. Mas, quando chegou ao aeroporto, ela começou a ficar roxa e teve parada cardíaca. O médico perguntou à minha irmã: "Levamos mesmo assim? Você precisa decidir." Aí a levaram de volta ao hospital em Querência e ela ficou mais uma semana lá.

Eu tinha pegado covid e estava em Canarana. Mas ainda consegui visitá-la no hospital em Querência. Como já estava com sintomas, me deixaram ir. Esses momentos finais foram muito difíceis. Abrimos um grupo de mensagens com os irmãos dela e fomos acompanhando juntos os boletins médicos. Ela não conseguiu sobreviver porque aquele hospital não tinha condições de cuidar dela, era muito precário. Ficou entubada em uma UTI e morreu no dia 25 de maio.

Trouxemos o corpo para nossa casa de Canarana. Quando Ana abriu o caixão, passou mal. Ficou com falta de ar, tontura e começou a vomitar. Foi muito forte ver o corpo da minha mãe cheio de seringas e agulhas. Eu não estava pronta para fazer a preparação do corpo dela, mas não podia deixar ser enterrada daquele jeito. Normalmente quem faz isso são outras pessoas, mas não podíamos pedir isso a ninguém por causa do risco de contaminação. Eu e minha irmã já estávamos com covid.

Demos banho no corpo dela, arrumamos o cabelo e pintamos seu rosto. Colocamos um vestido que ela gostava, fechamos o caixão e o levamos para a aldeia Mehinako. Quando chegamos, o túmulo já estava pronto. Minha mãe foi enterrada como uma liderança tradicional. Na nossa cultura, chorar no enterro é sinal de respeito, mas pedimos para os parentes pararem porque seus pulmões estavam debilitados. A aldeia inteira estava com covid. "A gente não vai se ofender se vocês não chorarem", explicamos.

Desde que a pandemia chegou ao território Xingu, além da minha mãe, perdi dois tios, duas primas, uma tia-avó, um tio-avô e o marido da minha prima por conta da covid. Foram oito pessoas da minha família direta. Durante todo esse tempo, a saúde indígena nos abandonou. Quando se criou a Funai nos anos 1960 e depois a saúde diferenciada no final dos anos 1990, o objetivo era auxiliar os povos indígenas, e não é isso o que está acontecendo.

Tudo o que temos hoje não nos foi dado, fomos nós que conquistamos. Nossos antepassados conseguiram com muita luta. A Funai foi uma conquista da geração do meu avô. O Dsei e a questão da saúde diferenciada são da época dos nossos pais.

É muito fácil a Sesai fazer uma visita rápida e divulgar um vídeo dizendo: "Estamos fazendo esse trabalho." Mas quando nosso parente fala: "Precisamos de remédio de verdade", esse remédio não é a Sesai que dá pra gente. Os EPIs (equipamentos de proteção individual), as máscaras, o álcool em gel e os medicamentos que a gente recebeu na pandemia não vieram da Sesai. O atual governo federal é uma ameaça à vida dos povos indígenas. É essa situação que é preciso mudar. *(março, 2022)*

NOTAS

[1] Reprodução de depoimento publicado originalmente pela Revista Piauí, em março de 2022.

[2] Em depoimento a Bruno Weis e Sília Moan, do Instituto Socioambiental (ISA).

CONHECIMENTOS TRADICIONAIS

O Fogo e as Roças na Produção da Diversidade no TIX

Katia Yukari Ono | ISA
Amanda Horta | Departamento de Antropologia, UFRJ
Adryan Araújo Nascimento | ISA

UM PROCESSO DE INTERAÇÃO COM SEUS TERRITÓRIOS, ONDE PAISAGENS E AMBIENTE MOLDAM A CONSTRUÇÃO E RECONSTRUÇÃO DOS CONHECIMENTOS E DAS PRÁTICAS DE MANEJO INDÍGENAS

O mundo está mudando a passos largos. No Território Indígena do Xingu (TIX), a irregularidade das chuvas, a secura das florestas e dos campos, bem como o aumento da temperatura dos rios são questões pungentes que alarmam os indígenas dos 16 povos que ali habitam. Ainda assim, esses povos não são passivos às transformações do ambiente, do mundo e de suas vidas. Em todas as regiões do TIX, observamos experimentações das práticas de manejo ambiental protagonizadas pelos indígenas, pautadas na íntima relação que travam com o território e com os seres humanos e não humanos que o habitam. Neste texto apresentamos duas experiências de adaptação de técnicas agrícolas que demonstram a maneira criativa como indígenas das diferentes regiões do TIX têm lidado com as profundas mudanças que se impõem em seus territórios.

TUAIT E OS EXPERIMENTOS DOS ESPÍRITOS NO BAIXO XINGU

Um pajé kawaiwete é sempre indagado por seu povo acerca dos acontecimentos que parecem ter explicações incompletas. Desde 2010, muitas perguntas surgiram em torno dos grandes incêndios florestais que passaram a ocorrer no Xingu a partir daquele ano. O pajé Tuiarajup Kaiabi Kawaiwete é também reconhecido por seu povo como um grande agricultor. Foi dele, através de suas visões e diálogos, o esforço de reunir, cuidar e multiplicar em sua aldeia o conjunto de mais de 42 etnovariedades de amendoim recolhidos, cuidados e criados pelo povo Kawaiwete. Parte desse conjunto de variedades foi criada nas roças cultivadas na aldeia Kwuaryja, onde vive Tuiarajup.

© AZUL SERRA/ISA, 2019

Pajé Tuiaraiup Kaiabi (Tuiat) faz ritual de cura, durante filmagens da campanha do ISA #PovosDaFloresta, em Presidente Figueiredo (AM).

Tuiarajup é um tipo de pajé que, quando acessa os mundos sobrenaturais, recebe orientações e explicações para as questões que surgem na dimensão em que estamos. Há cerca de cinco anos, Tuiarajup contou sobre algumas das razões que explicariam os grandes incêndios, mas, segundo ele, esse conhecimento, acessado nas dimensões espirituais, não podia ser revelado na íntegra sem cuidados. Jovens agricultores perguntavam a Tuiat o porquê do descontrole do fogo e das mudanças nas chuvas, nos ventos, nas florações. Perguntavam também como poderiam continuar usando o fogo nas roças e como os cultivares poderiam sobreviver aos novos tempos.

Essas últimas perguntas Tuait pôde responder. Ancorado em suas experiências como pajé, orientou os jovens a experimentarem outros tempos de queimar as roças:

"Esperem as chuvas. Esperem a primeira, até a segunda chuva. Esperem que seque uns dias e, assim, coloquem fogo. Talvez assim ele não irá escapar. Experimentem escolher com mais atenção as ramas de mandioca, reparar mais nos tipos, nas qualidades de cada uma, aquelas que vão crescer e produzir rápido se for preciso atrasar o tempo de queimada [...]. Mas vai ter o tempo que vai chover muito e então temos que procurar, escolher e plantar aquela que fica mais tempo com "farinha" na raiz em tempos de chuva. Vai precisar ter esses tipos de mandiocas diferentes. É bom ter a experiência da sua roça. É bom fazer experiência em outra roça [...]. É assim." *(Tuairajup Kaiabi, aldeia Kwuaruja, 2017)*

Jovens agricultores de outras aldeias passaram a seguir as instruções de Tuiarajup, entusiasmados com o sucesso da estratégia anunciada pelos espíritos de esperar a segunda chuva para queimar e começar os plantios.

AYAKANUKALA E SEUS EXPERIMENTOS NO ALTO XINGU

Ayakanukala é um jovem de uma grande e reconhecida família de linhagem de poder entre os Wauja. São sabedores e "reprodutores" de muitos cantos e capacidades para sustentação dos moldes da vida Wauja, incluindo a capacidade de diálogo com os não indígenas. Com as famílias de mais dois de seus irmãos, Ayakanukala abriu uma nova aldeia, muito distante da aldeia Piyulaga, onde a maior parte dos Wauja estão assentados há muito tempo e vivem já o esgotamento da produtividade de suas terras, principalmente para agricultura. Na aldeia nova, localizada em uma curva do Rio Batovi, a terra é fértil e a floresta abundante.

Ainda assim, nos últimos cinco anos, a nova aldeia, Tupepeweke, tornou-se uma das fontes provedoras de polvilho e de transmissão de conhecimentos para os Wauja de Piyulaga. Vindos de lá, jovens visitam seus parentes em Tupepeweke a fim obter o polvilho que é ali cultivado em grandes quantidades. Nesses contextos, através da prática, os renomados sabedores da aldeia nova transmitem seus conhecimentos para os jovens visitantes ao mesmo tempo que usufruem de sua força trabalho para atividades coletivas.

Em 2021, apesar dos esforços para a contenção do fogo de roçado, ocorreu um grande incêndio na aldeia Tupepeweke. A queimada realizada no início de julho reacendeu quase um mês depois, atrasando o plantio da mandioca, que, entre os alto-xinguanos, é tradicionalmente feito em meio ao período de seca.

O plantio tardio da mandioca afeta a colheita por vir e anuncia a escassez de alimento por um tempo. Ayakanukala Waura, um jovem de linhagem de chefe entre o povo Wauja, mobilizou-se e buscou em sua memória histórias orais, práticas e percepções que lhe possibilitassem a colheita esperada a seu tempo. Ele relembrou e reconstruiu uma técnica usada pelos Wauja num passado muito distante, que ele conhecia apenas pelas histórias contadas pelos mais velhos.

No Alto Xingu, o plantio de mandioca é feito por ramas, obtidas através de cortes nos caules. Formam-se feixes, mais fáceis de transportar em grande volume, que serão picados e depois plantados no mesmo dia ou no dia seguinte. A depender da distância a ser percorrida, as ramas podem ser guardadas por muito tempo, geralmente em locais frescos e sombreados, até que possam ser plantadas. Elas são muito resistentes. É exatamente nesse tempo entre o corte da rama e o plantio que Ayakanukala decidiu "experimentar". Após o corte e a picagem, ele expôs os talos cortados ao sol, para que ficassem bem secos antes de serem plantados.

"Pode plantar bem sequinhos mesmo; aquela parte que foi cortada pode ficar bem sequinha. Diz que assim ela vai dar raiz mais cedo e vai dar tempo para a mandioca ficar pronta logo. Diz que assim que tinha que fazer quando a gente atrasa o plantio." *(Ayakanukala Waura, aldeia Tupepeweke, set. 2021)*

Três meses depois, andando pelas roças, Ayakanukala avaliou que seus experimentos se mostraram eficazes até aquele momento.

NOVO RUMO PARA OS TRABALHOS SOBRE O MANEJO DO FOGO NO TIX

Há 15 anos o Instituto Socioambiental (ISA) realiza ações no TIX para resgate, discussão, desenvolvimento e atualização de práticas e conhecimentos indígenas acerca do manejo de recursos ambientais a fim de potencializar as soluções locais de controle de incêndios em um contexto de agravamento das secas e outras mudanças climáticas. A presença continuada da equipe do ISA nas aldeias, da qual o trabalho dos indigenistas não poderia prescindir, revelou o amplo processo de experimentações indígenas nas práticas de manejo ambiental, associadas às amplas mudanças dos novos tempos, como vimos nos casos de Tuiarajup Kaiabi e Ayakanukala Wauja, que vivem em diferentes regiões do TIX.

Nesse sentido, a equipe vem buscando dialogar mais intensamente com as formas de criatividade dos indígenas em questão, deslocando o eixo de poder dos especialistas brancos para os especialistas indígenas, objetivando o planejamento e a execução de ações de preservação do meio e das culturas que o habitam. Mais do que preservar o que os indígenas conhecem ou resgatar modos de vida associados ao passado, as experimentações indígenas marcam a abertura para o novo e têm como resultado a efetiva produção de diversidade, a partir de seus modos próprios de produção e atualização de conhecimentos.

Ainda que algumas dessas experiências não sejam bem-sucedidas em seus objetivos, são exemplos de que existe um regime de experimentação ativo, criativo, que se combina em estratégias de manejo do fogo e de contenção de incêndios florestais. Desse modo, esses povos se adéquam às mudanças ambientais, interferindo nelas de forma dialógica. *(maio, 2022)*

Como a Energia Renovável Pode Beneficiar o TIX

Vários autores*

PROJETO XINGU SOLAR EXPLORA OPORTUNIDADES PARA UNIVERSALIZAR O ACESSO À ENERGIA ELÉTRICA COM O USO DE FONTES RENOVÁVEIS, REDUZINDO OS CUSTOS E GERANDO MENOR IMPACTO SOCIOAMBIENTAL

A DISTRIBUIÇÃO DO CUSTO DA ENERGIA

O Sistema Interligado Nacional (SIN), um conjunto de instalações e de equipamentos de fornecimento da energia elétrica, atende cerca de 98% da população brasileira. Atualmente, o SIN está presente em todos os estados brasileiros, exceto em Roraima, onde mais de 3 milhões de pessoas são atendidas por sistemas isolados, com predomínio de geradores a *diesel*, responsáveis por 97% da potência instalada nesses sistemas. Em um ano, são emitidas 3 milhões de toneladas de CO^2, volume equivalente à emissão dos automóveis da cidade de São Paulo.[1]

Embora seja obrigação das distribuidoras, as políticas e os programas[2] governamentais visam acelerar a universalização do acesso à eletricidade no meio rural, com investimentos em instalação de sistemas, principalmente em regiões remotas, responsabilizando a distribuidora pela operação e manutenção desses sistemas.

O custo da energia gerada em sistemas isolados e regiões remotas pode ser mais alto do que a média observada no SIN. Isso acontece porque a maioria desses sistemas é atendida por geradores a combustíveis fósseis, acarretando gastos recorrentes com a compra e o transporte de combustível a locais com longas distâncias e de difícil acesso.

A Conta de Consumo de Combustíveis (CCC) foi criada pela Lei nº 8.631, de 4 de março de 1993, alterada pela Lei nº 13.360, de 17 de novembro de 2016, para, entre outros fins, subsidiar o preço da energia para consumidores de sistemas isolados. Assim, a tarifa da respectiva distribuidora é cobrada sem custos adicionais. Por sua vez, os recursos da CCC são provenientes da Conta de Desenvolvimento Energético (CDE), encargo repassado a todos os consumidores de energia, criada pela Lei nº 10.438, 26 de abril de 2002, também alterada pela Lei nº 13.299, 21 de junho de 2016. Os recursos da CDE são destinados a programas como o Luz para Todos (LpT) e a subsídios como a Tarifa Social, que aplica descontos na tarifa de energia para a população de baixa renda, comunidades indígenas e quilombolas.

Em 2019, o orçamento total da CDE foi de R$ 20,2 bilhões, dos quais a maior parcela (31%) corresponde à CCC, enquanto o financiamento do LpT equivale a 5%, e o da Tarifa Social, a 12% do total.

O PROJETO XINGU SOLAR

Além desses tipos de sistemas submetidos à regulação do setor elétrico, existem outros instalados e viabilizados por iniciativa das comunidades, por organizações sem fins lucrativos ou órgãos públicos da área da saúde. O Projeto Xingu Solar, do Instituto Socioambiental (ISA), instalou 70 sistemas fotovoltaicos em 65 comunidades no Território Indígena do Xingu (TIX). Foram promovidos cursos de formação para capacitar a população local acerca da instalação, operação e manutenção dos sistemas fotovoltaicos, que culminou na participação ativa das comunidades.

Iniciativas dessa natureza são importantes, porque a oferta de eletricidade no TIX é restrita e, quando disponível, a energia utilizada provém de sistemas a *diesel* ou a gasolina adquiridos pelos moradores ou fornecidos pela Secretaria Especial de Saúde Indígena (Sesai) do Ministério da Saúde (MS). Porém a geração térmica

© AREWANA JURUNA, 2021

© AREWANA JURUNA, 2021

Energia solar no Xingu.

A avaliação dos resultados do projeto Xingu Solar, realizada pelo Instituto de Energia e Meio Ambiente (Iema),[3] mostrou que a maior oferta de energia elétrica possibilitou expandir a utilização de equipamentos pequenos, tais como celulares e lanternas. Além disso, facilitou atividades como o ensino noturno. Foram reportadas as vantagens do sistema fotovoltaico em relação ao diesel: redução de ruído, de abastecimento de combustível e de emissão de poluentes; e maior facilidade de manutenção por não possuir partes móveis como os geradores a *diesel*.

A sensação de segurança para possíveis atendimentos médicos de urgência foi relatada por 54% das comunidades com energia solar; para o restante, apenas 25% relataram sensação de segurança. O ensino noturno está disponível em 43% das comunidades com energia solar, mas somente em 25% das comunidades sem energia solar, as quais contam com a fonte térmica de energia.

Além da análise qualitativa, cenários de demanda e de oferta de energia elétrica em todo o TIX foram definidos para avaliar os custos envolvidos para investir em energia solar e subsidiar a operação caso o atendimento fosse realizado por meio de políticas públicas do setor elétrico.

fóssil tem problemas relacionados à presença de ruído durante a operação, à emissão de gases de efeito estufa e às dificuldades logísticas e financeiras para a obtenção do combustível. Assim, para buscar soluções às necessidades energéticas da comunidade e diminuir a dependência de combustíveis, o projeto Xingu Solar apresenta um modelo de referência na implementação de fontes renováveis de energia para ampliar o acesso à eletricidade, fortalecendo a formação técnica e a autonomia das comunidades.

Durante o primeiro ciclo do projeto, entre 2018 e 2019, as ações não supriram todas as necessidades energéticas das comunidades. Foram instalados sistemas fotovoltaicos de pequeno porte – a maioria com 280 Wp – e a utilização de geradores a diesel ou a gasolina permaneceu. Apesar de a universalização do acesso à energia elétrica ser dever do poder público, é importante destacar as possibilidades de garantir o atendimento adequado à realidade local com tecnologias sustentáveis e apropriadas à região.

Atualmente, a geração de energia no TIX não é feita por meio dessas políticas ou dos subsídios previstos na regulação. Os painéis solares foram instalados pelo ISA e o MS e a comunidade mantém os geradores a *diesel*. Três cenários de consumo de energia elétrica foram definidos, os quais incluem unidades familiares e valores de consumo mensal para cada tipo de atividade existente no TIX.

Os valores do atendimento utilizando geração de energia solar, a diesel e híbrida foram comparados nos três cenários. Este último considerou o investimento em ambos os sistemas como forma de garantir atendimento pleno mesmo em meses chuvosos. A análise partiu do valor dos equipamentos de acordo com os sistemas existentes no TIX, de referências externas, que apresentam custos médios de equipamentos de geração de eletricidade, o preço atual do combustível e a regulação vigente no setor elétrico.

Os dados mostram que a tecnologia a diesel tem vantagens de custos de aquisição sobre a solar. A opção híbrida tem custos ainda mais altos, por incluir os dois tipos de sistemas. Porém, a comparação econômica deve considerar a despesa operacional ao longo do ciclo de vida dos sistemas.[4] A estimativa do valor para gerar energia para as três opções tecnológicas mostrou que a geração solar apresenta o melhor custo-benefício a longo prazo e que a alternativa híbrida também seria mais vantajosa que a geração a *diesel*, apesar do investimento inicial maior nos dois casos.

Em uma análise dos subsídios, foi comparado o custo real estimado[5] para o atendimento à população do TIX. O uso da energia solar no TIX poderia gerar uma economia de mais de R$ 73 mil por mês em subsídios. Essa estimativa passa a ser ainda mais expressiva considerando que a população do TIX é de somente 7 mil pessoas.

Contudo, a análise apresentada parte de premissas referentes à realidade no TIX. Os parâmetros de custo e de recurso solar devem variar em diferentes localidades. Ainda assim, o potencial econômico evidenciado dessa análise justifica estudos mais aprofundados sobre o uso de fontes renováveis no processo de universalização do acesso à energia elétrica.

CONCLUSÕES

O acesso à energia elétrica pode trazer benefícios às comunidades, garantindo a refrigeração de vacinas, soros antiofídicos e alimentos, o bombeamento e armazenamento de água potável e a ampliação de atividades produtivas, culturais e educacionais em comunidades indígenas e tradicionais. Para garantir que a universalização potencialize todos esses benefícios, é necessário o desenvolvimento de modelos de implementação que incluam as comunidades e que as políticas públicas do setor elétrico se adéquem às realidades locais.

Destaca-se o projeto Xingu Solar para o levantamento de dados e teste de possibilidades de atendimento em regiões remotas. A avaliação constante dos projetos constitui ferramenta importante para o aperfeiçoamento das políticas públicas voltadas para a expansão do atendimento. A articulação com representantes do setor público a partir das experiências obtidas, principalmente do programa Luz para Todos, pode garantir avanços na qualidade do atendimento, na adequação à realidade local e no acompanhamento dos impactos socioculturais.

Este artigo aponta a existência de oportunidade de universalizar o acesso à energia elétrica por meio de fontes renováveis de energia. Esse modelo causaria menor impacto socioambiental e reduziria custos para as comunidades indígenas e tradicionais. Nesse caso, é importante considerar a existência de diferentes soluções para cada localidade e deve-se sempre buscar avaliar alternativas para realizar o atendimento utilizando tecnologias apropriadas à situação sociocultural local. *(novembro, 2022)*

* OS AUTORES

ANDRÉ LUIS FERREIRA, diretor-presidente, Iema

BRUNA BORGES, Iema (apoio técnico)

LÍGIA VASCONCELLOS, Iema

CAMILA CARDOSO

FABIO GALDINO, estagiário, Iema

FELIPE BARCELLOS E SILVA, analista de projetos, Iema

ISIS NÓBILE DINIZ, analista de comunicação, Iema

MARCELO MARTINS, ISA

MUNIR Y. SOARES

PEDRO BARA, Iema

VINICIUS OLIVEIRA, analista de projetos, Iema

VINICIUS DE SOUSA , Iema

NOTAS

[1] IEMA – INSTITUTO DE ENERGIA E MEIO AMBIENTE. *Inventário de emissões atmosféricas do transporte rodoviário de passageiros no Município de São Paulo*. São Paulo: Iema, 2017.

[2] Em 2018, por meio do Decreto nº 9.357, o Programa Luz para Todos foi renovado para o ciclo de 2019 até 2022 visando atender até 2 milhões de habitantes do país que ainda não têm acesso à eletricidade, com prioridade o atendimento a comunidades indígenas, quilombolas e extrativistas.

[3] Os resultados apresentados neste artigo recobrem o período de setembro de 2015 a março de 2019 e são discutidos com mais detalhes nos relatórios publicados pelo Iema: *Avaliação de impacto socioambiental da introdução de sistemas fotovoltaicos no TIX (2019), Aprendizados e desafios da inserção de tecnologia solar fotovoltaica no Território Indígena do Xingu (2019) e Xingu Solar: Como a energia renovável pode beneficiar o Território Indígena do Xingu (2019)*, disponíveis em: www.energiaeambiente.org.br

[4] Foram considerados os desembolsos que incorrem na operação e toda a geração ao longo de uma vida útil de 25 anos dos sistemas. A variação do preço em cada cenário se deve à dissolução dos custos fixos, independentemente do cenário, em montantes diferentes de energia gerada. Dessa forma, cenários com maior disponibilidade de energia tendem a ser mais eficientes do ponto de vista econômico e levam a custos menores de energia.

[5] O custo mensal real em cada cenário pode ser calculado a partir do valor da energia e do consumo mensal. A diferença entre essa quantia e aquela valorada pela tarifa convencional é coberta pelos recursos do programa Luz para Todos, que sustenta o investimento inicial, e pelos recursos da Conta de Consumo de Combustíveis (CCC), que cobre parte dos gastos durante a operação. Além disso, para comunidades indígenas, existe a isenção de pagamento pelo consumo de até 50 kWh/mês devido à Tarifa Social, com descontos sucessivos para o consumo acima desse valor. O subsídio mensal total pode ser calculado pela soma dessas parcelas.

COMUNICAÇÃO

Correspondentes da Floresta: a Rede de Comunicadores do Xingu+

Silia Moan | Comunicadora, ISA

OS OLHOS E OUVIDOS DO XINGU NOS TERRITÓRIOS, NAS RUAS E NOS RIOS

Ampliar a visão e escuta para receber as informações levadas pelos comunicadores da floresta foi uma estratégia pensada pelos membros da Rede Xingu+. A rede é uma aliança de 33 organizações de povos indígenas, associações de comunidades tradicionais e instituições da sociedade civil atuantes na Bacia do Rio Xingu.[1] Idealizada desde 2013, foi durante o 4º Encontro da Rede Xingu+, na Terra Indígena Menkragnoti, em 2019, que povos indígenas e ribeirinhos, que têm o Rio Xingu como elo principal, acordaram acerca da importância de consolidar um grupo de 26 comunicadores, indicados por suas organizações, para que desenvolvessem um duplo papel: i) garantir a chegada de informações confiáveis para as aldeias e para o beiradão, denominação dada pelos ribeirinhos da Terra do Meio para a organização da vida que tem como principal referência a margem dos rios; ii) levar para a sociedade não indígena, hegemônica e que vive em grandes centros urbanos o pensamento dos povos da floresta a respeito dos projetos de lei e obras de infraestrutura que impactam de alguma forma a vida dos seres humanos e mais que humanos, que há milênios protegem os rios, as matas e a vida do Xingu.

Para os comunicadores da floresta não existem fronteiras: do Xingu para Brasília, seus corpos levam seus territórios a diferentes mobilizações, assembleias e audiências, conectando suas vozes em uma só luta: a de utilizar seus olhos como lentes para focar nas imagens necessárias para representar a luta dos xinguanos em diferentes espaços. Os comunicadores da Rede Xingu+ deslocam-se de seus territórios para fazer a cobertura de mobilizações e acampamentos indígenas em grandes centros urbanos com objetivo de levar para os xinguanos informações verdadeiras e confiáveis sobre as decisões tomadas nesses encontros. É em rede que os comunicadores indígenas e ribeirinhos revelam suas agências e os processos de produção de informação de forma inspiradora, especialmente por utilizarem as tecnologias da comunicação para servir aos interesses e à necessidade de suas comunidades, colocando esses comunicadores no lugar de articuladores de pensamento e produtores de sínteses audiovisuais das cosmovisões do Xingu para proteção de seus territórios.

UMA TRAMA EM REDE INSPIRADA NOS MOVIMENTOS DO RIO

É em rede que Kisedje, Kawaiwete, Ikpeng, Waurá, Kalapalo, Yudjá, Panará, Mebêngôkre Kayapó, Mebêngôkre Xikrin, Juruna, Arara, Parakanã, Xipaya e ribeirinhos do Rio Xingu, Riozinho do Anfrísio e Iriri, os 16 diferentes povos que compõem a trama de comunicadores indígenas e ribeirinhos, produzem informação: seja durante as mobilizações em Brasília ou durante as atividades de monitoramento territorial em suas comunidades, os comunicadores que estão registrando presencialmente os encontros enviam os materiais capturados (áudio, foto e vídeo) para que os comunicadores que estão em outras aldeias e beiradão editem, finalizem e distribuam os conteúdos em formato de vídeo e áudio informativo em suas comunidades. Desse modo, um importante elo se estabelece entre os comunicadores que atuam presencialmente e os comunicadores que atuam de forma remota, como afirma o cineasta Kamikia Kisedje: "A gente não está lá presente, mas com todos os materiais que os comunicadores compartilham no grupo de WhatsApp, a gente acompanha o que está acontecendo nas marchas, audiências e reuniões". Os 26 realizadores têm se engajado nos últimos dois anos na produção de materiais informativos para suas comunidades, compartilhando as informações enviadas pelos comunicadores de outros territórios e levando pela radiofonia os episódios em áudio do *podcast* idealizado pelos cineastas indígenas e ribeirinhos, que se chama Vozes da Floresta.

Assim, os realizadores incluem a visão indígena e ribeirinha em produtos midiáticos, "indigenizando" e "ribeirizando" as novas tecnologias, extrapolando os processos e significados de fazer comunicação ao utilizar as mídias a serviço dos interesses dos povos e comunidades que estão organizadas em defesa do Xingu.

A comunicadora e cineasta Kujaesãge Kaibi, do Baixo Xingu do TIX, analisa os processos de construção em rede dos materiais de comunicação elaborados pelos xinguanos e nota, acertadamente, que o grupo foi criado "para fortalecer o trabalho de comunicação no Xingu e compartilhar informações com as aldeias". A realizadora Kawaiwete evidencia que, apesar das distâncias entre aldeias e comunidades do Xingu, "os comunicadores seguem mobilizados e juntos na produção e no envio de informações importantes para a proteção dos territórios", trazendo à tona a importância da reflexão sobre o domínio da produção de informação em rede entre povos que vivem em diferentes pontos do Xingu.

© SILIA MOAN/ISA, 2022

Kamikiá Kisêdjê ensinando o comunicador Kunity Panará a utilizar a filmadora GoPro, aldeia Nasepotiti do Povo Panará.

"CONECTANDO SABERES, DOMINANDO FERRAMENTAS"

Os encontros entre os realizadores indígenas e ribeirinhos são voltados para o fortalecimento da formação técnica para a produção audiovisual e para a manutenção da rede de relações estabelecida entre os comunicadores. É por meio da reflexão sobre os processos de produção midiática (fotografia, vídeo, áudio e produção textual) que as relações entre o coletivo são consolidadas. Além do registro visual, que subsidia denúncias sobre violações territoriais no Xingu, os comunicadores também produzem vídeos para divulgar outros assuntos de interesse das comunidades e refletem permanentemente sobre a presença de tecnologias de comunicação nas aldeias e reservas extrativistas do Xingu.

© CLARA ROMAN/ISA, 2021

Sília Moan, Mitã Xipaya, Yapo Ikpeng, Tauana Kalapalo, khahrãndiji Tapayuna Suya, Kamatxi Ikpeng, Bemok Txucarramãe, bhepkue Kayapó, Betkire Tapayuna Metuktire, Pariko Panará, Kamikia Kisedje, Arewana Juruna e Ngreiran Kayapó durante a cobertura do Acampamento Terra Livre.

É ocupando espaços e circulando informações fundamentais para a proteção de seus territórios que os comunicadores se apropriam das tecnologias de comunicação. Ao apresentar elaborações indígenas e ribeirinhas em formatos audiovisuais e artísticos, o coletivo transcende a função instrumental da comunicação, relacionando-se com os sistemas de gestão de conhecimentos tradicionais de seus povos e funcionando como metaferramentas de expressão do pensamento dos xinguanos. É dessa forma que os cineastas se tornam conscientes do uso que querem fazer dessas tecnologias: por meio da análise coletiva sobre os conhecimentos técnicos audiovisuais adquiridos.

Os comunicadores estão consolidando práticas de comunicação e circulação de conhecimento entre diferentes sociedades. A rede xinguana de comunicação foi estabelecida e é por meio dela que os comunicadores expressam suas cosmovisões. É produzindo relações eficazes que os comunicadores elevam essa rede à sua potência maior de unir o Xingu em torno da luta pela proteção do Corredor de Diversidade Socioambiental do Xingu.

Os programas de rádio, vídeos e materiais gráficos produzidos pelos comunicadores possuem uma criatividade única e têm a dupla função de comunicar, ao mesmo tempo, com os seus e com outros mundos, tornando-se um modo inovador de apropriação, produção e distribuição de informação a partir do uso dessas mídias a favor dos povos da floresta. Reflexo da vivência, do registro e da circulação do conhecimento em formato de mídia, os produtos elaborados no contexto da Rede de Comunicadores do Xingu+ são instrumentos de mediação das relações entre os comunicadores e os vários mundos que os constituem e que embasam essa rede de relações tão diversas. Parte da trajetória dos comunicadores está relacionada ao domínio das ferramentas de comunicação somada à vontade de utilizar essas mídias para a proteção de seus territórios e modos de vida, atuando como seres contínuos à floresta ao considerar seus olhos e ouvidos como parte intrínseca da visão e da audição da floresta, como afirma o comunicador e cineasta Arewana Juruna, do Baixo Xingu, Território Indígena do Xingu, ao dizer que "os comunicadores indígenas e ribeirinhos sempre serão os olhos e ouvidos da floresta". *(agosto, 2022)*

NOTA

[1] Saiba mais em: https://www.xingumais.org.br/

Kamukuwaká: Arqueologia e Território nas Cabeceiras do Xingu

Vários autores*

A GRUTA DE KAMUKUWAKÁ É UM LUGAR SAGRADO PARA TODOS OS WAUJA E PARA OS POVOS DO ALTO XINGU. A ÁREA, TOMBADA COMO PATRIMÔNIO DA UNIÃO DESDE 2010, ENFRENTA ENORMES DESAFIOS PARA SUA PRESERVAÇÃO

A região das cabeceiras dos rios formadores do Rio Xingu é território imemorial dos povos xinguanos e eixo de regeneração de vida na bacia. A área abrange o ecótono Cerrado-Amazônia e o aquífero Ronuro, além das nascentes que abastecem a bacia, ponto de reprodução de espécies piscícolas. Todavia, apesar de sua relevância ecológico-cultural, essa região não foi abrangida pela demarcação do então Parque Nacional do Xingu, em 1961.

A Gruta do Kamukuwaká localiza-se às margens da cachoeira do Salto da Alegria, de nome indígena Kamukuwaká Okunula ("portões do Kamukuwaká"), no alto curso do Kamukuwakewene ("rio dos Kamukuwakás"), mais conhecido por Tamitatoala ou Batovi. Para os Wauja – considerados os "guardiões" desse espaço sagrado homônimo – "Kamukuwaká é história viva". Nas palavras do cacique Atamai Waurá:

"Aqui [em Kamukuwaká], onde nossos avós, nossos antepassados, realizavam cerimônias sagradas. Neste lugar os espíritos da flauta dançavam através da dança de nossos avós. [...] Esta casa de pedra é um lugar sagrado para nossa gente. [...] Meu pai levou a gente lá e mostrou para todos seus filhos antes dele morrer. Meu pai se pôs em pé neste chão e nos contou a história sagrada que brota deste lugar, a história que nossos antigos criaram e transmitiram para nosso povo." *(informação verbal registrada pela antropóloga Emilliene Ireland em 1989)*

Kamukuwaká é o nome de um herói alto-xinguano do tempo sem tempo, antes da criação do dia e da noite e da humanidade. É também o nome do povo e da aldeia que chefiava, onde aconteceu o ritual de furação de orelha (Pohoka), de iniciação das jovens lideranças, ainda hoje praticado pelos alto-xinguanos. Kamukuwaká designa, ainda, a casa de pedra do chefe, sítio arqueológico com gravuras rupestres que prefiguram motivos gráficos utilizados em pinturas corporais, cestarias, cerâmicas e demais artes e tecnologias alto-xinguanas.

Kamukuwaká, tal como o conhecemos hoje, é legado do povo de Kamukuwaká aos povos alto-xinguanos. Aí, além da gruta, localizam-se antigas oficinas de pedra lascada, plantas medicinais e outros recursos exclusivos da região, bem como a aldeia histórica Topapoho (do povo Bakairi) e seus pomares.

A área se encontra tombada como Patrimônio da União desde 2010, juntamente com Sagihengu (local do Kwarup original, no Alto Rio Culuene). Ambos os espaços constituem – por meio de sua localização, ecologia, materialidade arqueológica e história oral – espaços vitais à reprodução física e cultural dos povos alto-xinguanos e ambos são marcos icônicos da luta indígena pela proteção de seus rios.

O tombamento vem se mostrando, todavia, ineficaz. As áreas são usadas como balneários e pontos de pesca predatória. Os peixes, outrora abundantes, agora rareiam. Em setembro de 2018, o principal painel de arte rupestre da Gruta do Kamukuwaká foi violentamente depredado. A tragédia é colocada em palavras pelo historiador Akari Waurá:

"A gruta de Kamukuwaká é um lugar sagrado de grande importância para todos os Wauja e para os povos do Alto Xingu. [...] Esta rocha é o livro da nossa história. É na gruta que ensinamos a história do nosso povo [...] para os mais novos. [...] Este ano, quando fomos visitar a gruta [...], as gravuras tinham sido vandalizadas. Os pedaços das gravuras estavam ali jogados no

Gruta de Kamukuw aká. Para os Wauja – donos tradicionais do Tamitatoala, considerados pelos Xinguanos os "guardiões" deste lugar sagrado – "Kamukuw aká é história viva.

chão. O que podemos fazer em relação a isso? Esta destruição [...] representa uma tentativa de destruir a identidade wauja, a nossa memória, a nossa resistência."

Remontam pelo menos à década de 1980 os registros documentais da luta wauja pela proteção da área. No entanto, os Wauja seguem vendo o rio e as florestas à mercê do avanço desregrado do desmatamento e de propostas desenvolvimentistas sem estratégias de mitigação de impacto.

"Vimos ainda mais lixo, sentimos o rio doente, com pouco peixe, contaminado pelos venenos da monocultura. Ficamos muito tristes e preocupados. Como podemos proteger a gruta? Como podemos proteger o rio e nosso território? [...] Continuamos a lutar. Eu lutarei e sei que os meus filhos continuarão a minha luta. Lutaremos pela proteção de nossa cultura e a nossa cultura é o rio, a terra, a gruta de Kamukuwaká." *(Akari Waurá, 2018)*

Em 2014, os Wauja solicitaram ao Iphan a reabertura do processo de tombamento de Kamukuwaká, com vista a alargar a área abrangida e compreender importantes espaços a montante, como Teme Otopa (Pedra da Anta), Sapalakupoho (Aldeia do Uluri) e Ukupoho (Aldeia do Flechal de Itseixuma), entre outros. Como afirma Atamai: "Este rio é nossa casa, todo este rio". O processo encontra-se reaberto desde 2017. Por demanda do MPF, a revisão dos limites da TI Batovi também está em aberto.

Essa luta vem se materializando, ainda, em projetos comunitários de documentação e valorização cultural. Historiadores e estudantes universitários wauja vêm registrando lugares e narrativas tradicionais que substanciam a ancestralidade da região, mostrando que toda a paisagem fluvial tem origem nas histórias antigas.

ETNOARQUEOLOGIA NO TIX *VERSUS* ARQUEOLOGIA PREVENTIVA

A arqueologia atesta, inequivocamente, a longa duração do povoamento xinguano na região dos formadores. No interior do Território Indígena do Xingu (TIX), as pesquisas etnoarqueológicas de Michael Heckenberger e colegas sobre os Kuikuru recuam a mais de 1.000 anos, indicando a presença de características xinguanas, materializadas em formas de assentamento (aldeias circulares com praça central, interconectadas por rede viária com roças, pomares, áreas de coleta, caça e pesca), produção cerâmica (de que a cerâmica wauja é exemplo vivo), práticas de subsistência (cultivo de mandioca e manejo agroflorestal) etc. Tendo por base metodologias colaborativas e o conhecimento indígena, esses estudos vêm revolucionando a arqueologia amazônica, destacando o papel das práticas indígenas na manutenção da fertilidade dos solos e da diversidade biológica da região.

Em contraste, os trabalhos de arqueologia preventiva, realizados no âmbito do licenciamento ambiental de empreendimentos a montante do TIX, apresentam informações vagas e fragmentadas. Em relatórios técnicos identificam-se, nos altos formadores, 71 sítios arqueológicos que atestam a antiguidade do povoamento indígena na região. Alguns têm relação evidente com os alto-xinguanos, como é o caso de Kamukuwaká e Sagihengu, para além de outros com cerâmicas afins às xinguanas. Também as inúmeras oficinas líticas que aproveitam a rocha exclusiva da região estão na origem dos instrumentos de pedra utilizados pelos povos da bacia desde tempos imemoriais.

Em geral, os processos de arqueologia preventiva desconsideram a consulta e participação das populações indígenas, resultando em trabalhos sem viés consultivo e colaborativo, que resumem as evidências arqueológicas a pontos no mapa e coletas materiais.

KAMUKUWAKÁ: CRONOLOGIA DE LUTA WAUJA

Anos 1980

• *Ameaças ao território wauja, na área da atual Terra Indígena (TI) Batovi:*

• *"No passado, nossas terras não se delimitavam somente aqui; desde o Kamukuwaká, a grande pedra do Rio Batovi. [...] No passado, passeávamos livremente por esse rio sem qualquer perigo, fazendo festa com nossos parentes [...]. Hoje nossa terra está demarcada, mas o pescador, o fazendeiro, o madeireiro e outros tipos de pessoas agridem a Natureza [...], acabando com as matas, acabando com os rios e matando os peixes, nossa fonte de alimentação [...]. Hoje pedimos segurança de nossa terra [...]. Não queremos que o fazendeiro tome conta deste lindo lugar que é uma terra sagrada para nós."* (Mayaya Waurá, 1989)

1998

• *Homologação da TI Batovi*

• *Funai informa ao Iphan sobre Kamukuwaká e a urgência de seu reconhecimento e proteção*

2002

• *Expedição Funai, Iphan, Cecav/Ibama a Kamukuwaká com representantes dos Wauja; na mesa, a proposta de Tombamento e Registro de Patrimônio Imaterial*

2004

• *Indígenas protestam contra a construção da PCH Paranatinga II, no Alto Rio Culuene, reafirmando os territórios xinguanos dos altos cursos dos formadores do Xingu*

2007

• *Xinguanos encaminham ao Iphan documento solicitando o tombamento de Kamukuwaká e Sagihengu*

• *"Estamos muito preocupados com o [...] Kamukuwaká. Há muito tempo nós não vamos mais lá. Precisamos do tombamento da área pra preservar nosso sagrado, pra gente voltar de novo lá, visitar lá, mostrar para as crianças, elas vêm nascendo e não têm conhecimento."* (Kamalá Waurá, 2009

2010

• *Aprovação do tombamento dos "Lugares Sagrados Indígenas Kamukuwaká e Sagihengu"*

2011

• *Início dos estudos arqueológicos na área de impacto da BR-242/MT*

2012

• *Wauja encaminham ao Iphan, à Funai e ao ISA denúncia sobre a degradação de Kamukuwaká, solicitando a revisão da área tombada*

2014

• *Alteração do traçado da BR-242/MT, que se previa passar a pouco metros da Gruta de Kamukuwaká*

• *Os Wauja formalizam pedido de revisão e alargamento da área de tombamento de Kamukuwaká e novo desvio da rodovia*

• *Professores e historiadores de várias aldeias wauja dão início a ações de pesquisa, revitalização, valorização e sensibilização cultural, focando em Kamukuwaká e no Kamukuwakewene*

2015, 2016

• *Homologação e publicação no DOU do tombamento de Kamukuwaká*

• *Wauja enviam ofícios ao Iphan reiterando pedido de revisão de tombamento e salientando a relevância do Rio Kamukuwakewene:*

• *O Alto Batovi constitui espaço ancestral [...] de nosso povo. Pelo rio ruma-se às narrativas históricas que explicam a origem do dia e da noite, do ser humano, dos animais, da criação de utensílios, da medicina, da própria regra matrimonial e conduta social, assim como de importantes rituais, que se estendem a todos os povos do Alto Xingu.*

2017

• *Realizada a 1ª Reunião Geral sobre Projetos Culturais do Povo Wauja, em que se expressa a urgência de proteger Kamukuwaká e o Alto Kamukuwakewene:*

• *"Eu peço para vocês tombarem a Pedra da Anta. Tem de ultrapassar um pouco o limite da Pedra da Anta. Mais para lá eu sei que tem mais história."* (Awaulukuma Waurá)

• *"Não vamos pedir tombamento. Porque nós já fizemos uma vez e não respeitaram. Vamos pedir corredor ecológico-cultural."* (Atapuchá Waurá)

• *Reabertura do processo de tombamento*

2018

• *Xinguanos encaminham carta ao DNIT, MPF e Iphan solicitando a revisão do traçado da BR-242/MT, sugerindo que se aproveitem as estradas existentes*

• *Depredação de gravuras do painel externo da Gruta de Kamukuwaká:*

• *"Nós do povo Wauja não vamos deixar que este lugar seja destruído e acabado, porque nossa história, nossas origens e nossas almas estão aqui. Por isso que discordamos com esses empreendimentos [...] perto deste lugar, que condicionam a sobrevivência dos rios [...]. A luta nossa é proteger e preservar para manter a história viva para futuras gerações."* (Apayupi Waurá, 2018)

2019

• *Propositura da Ação Civil Pública do MPF para a conclusão do processo de revisão dos limites da TI Batovi.*

2021

• *Wauja contestam o primeiro Grupo de Trabalho definido pela Funai para o estudo de revisão da TI Batovi.*

2022

• *Definição de um novo Grupo de Trabalho (GT).*

Além disso, esses trabalhos se desenvolvem de forma separada dos estudos de componente indígena, resultando em informações desarticuladas.

Ao ignorarem o conhecimento indígena sobre o território dos formadores, estes estudos tendem a validar o avanço de obras de alto impacto sem planos de mitigação ecológica e cultural.

Exemplo disso foi a construção irregular da Pequena Central Hidrelétrica (PCH) Paranatinga II, no Alto Rio Culuene, em 2004. O empreendimento evidenciou a questão dos territórios ancestrais alto-xinguanos a montante do TIX, culminando no tombamento de Kamukuwaká e Sagihengu, porém "legitimando" a construção da PCH numa área de incomensurável relevância ecológico-cultural.

Já a BR-242/MT e a Ferrovia de Integração Centro-Oeste (Fico), empreendimentos que cortam os formadores do Xingu, foram realizadas desconsiderando a participação indígena e, só agora, após reivindicações, caminham com processo de informação e consulta.

No caso da BR-242, apesar da ausência de participação indígena nas etapas de identificação e salvamento de sítios arqueológicos, os Wauja participaram em ações com foco na Gruta de Kamukuwaká, como a solicitação do desvio do trajeto inicial da estrada (2011) e trabalhos de educação patrimonial (2014). Nesse contexto se insere o pedido de alargamento da área tombada, bem como a solicitação de um segundo desvio, tomando o rumo de uma estrada de terra já existente, dado que a alternativa proposta cinde a paisagem fluvial entre Kamukuwaká e outros espaços de importância etnohistórica.

QUE CAMINHOS PARA O FUTURO?

Os licenciamentos em curso da BR-242/MT e da Fico alertam para a necessidade de proteger cabeceiras, matas ciliares e espaços etnohistóricos. Em causa estão os direitos dos povos xinguanos à informação, à consulta e à participação em estudos de avaliação de impacto ambiental e nos processos decisórios ligados a grandes propostas desenvolvimentistas na região dos formadores do Xingu.

A reabertura do processo de tombamento de Kamukuwaká oportuniza o esclarecimento, ante os xinguanos, sobre sua real atuação no terreno, bem como sobre outros instrumentos que podem ser ativados para a preservação e fruição ecológica e patrimonial da região – como o registro de patrimônio imaterial, a chancela de paisagem cultural, a declaração de lugar de memória e o instrumento de corredor ecológico.

Os Wauja acreditam na viabilidade de um "corredor ecológico-cultural" no Rio Kamukuwakewene – conectando o TIX com a Terra Indígena (TI) Marechal Rondon. Nenhum instrumento tem, porém, real valor sem a elaboração de planos de gestão para as áreas protegidas que atendam às demandas indígenas e das populações locais.

Os Wauja vêm manifestando o desejo de tornar Kamukuwaká um polo de fruição ecoturística, com o intuito de conscientizar e monitorar o uso do espaço por não indígenas. A fruição ecoturística do alto curso dos rios formadores beneficiaria a todos, promovendo o crescimento sustentável da região e fortalecendo laços de cooperação entre indígenas e populações vizinhas. O caminho passa por uma articulação entre comunidades locais, instituições parceiras e órgãos governamentais, no sentido de se fortalecer o diálogo com os proprietários e a sociedade civil. *(janeiro, 2022)*

* OS AUTORES

MAFALDA RAMOS, arqueóloga, pesquisadora independente

PIRATÁ WAURÁ, professor, cineasta e fotógrafo, aldeia Topepeweke

KAJI WAURÁ, professor e arqueólogo, Associação Indígena Tulukai (AIT), aldeia Piyulaga

AYAKANUKALA WAURÁ, professor e pesquisador, aldeia Topepeweke

AUTAKI WAURÁ, professor e antropólogo, Associação Indígena Ulupuene (AIU), aldeia Ulupuwene

YAKUWIPU WAURÁ, professora, pesquisadora e ativista, Associação Indígena Sapukuyawá Arakuni (Aisa) da aldeia Piyulewene

ARIKUTUA WAURÁ, estudante, pesquisador e ativista, aldeia Álamo

HUKAI WAURÁ, professor, pesquisador e ativista, presidente da AIU, aldeia Ulupuwene

TUKUPE WAURÁ, esquisador e ativista, presidente da Aisa, aldeia Piyulewene

AMUTU WAURÁ, professor e pesquisador, presidente da AIT, aldeia Piyulaga

PATRÍCIA RODRIGUES-NIU, arqueóloga e antropóloga, Universidade de Notre Dame

GABRIELE VIEGA GARCIA, arqueóloga, presidente do Instituto Homem Brasileiro (IHB)

GERAL

PARQUE INDÍGENA DO XINGU COMPLETA 56 ANOS

O Parque Indígena do Xingu completa nesta sexta-feira, 14 de abril, 56 anos de sua fundação e o aniversário da reserva, uma das maiores e mais famosas do gênero no mundo, foi celebrado pelo Google com um Doodle comemorativo. *(El País, 14/04/2017)*

DEGRADAÇÃO DE UM DOS LUGARES SAGRADOS PARA OS POVOS DO XINGU

Durante expedição pelo rio Kuluene, um dos que compõem a Bacia do Xingu, constatou alto nível de degradação arqueológico/cultural e ambiental em um dos lugares sagrados para as nove etnias do Alto Xingu. Devido à redução dos limites originais de ocupação do território, o ponto visitado, chamado de Sagihengu, está localizado fora da área indígena, mesmo assim é considerado, desde 2010, Patrimônio Cultural do Brasil devido à sua simbologia espiritual e religiosa. *(Folha Max, 14/06/2017)*

10 ANOS DA REDE DE SEMENTES DO XINGU

Debaixo de uma mangueira às margens do rio Xingu, a Rede de Sementes do Xingu (RSX) comemorou seus dez anos em um encontro histórico no pólo Diauarum, Território Indígena do Xingu (MT). Cerca de 300 pessoas-indígenas, agricultores familiares e urbanos, produtores rurais e parceiros, trocaram experiências sobre essa iniciativa que hoje se consolidou como a maior rede de sementes nativas do Brasil. *(I. Harari, ISA, 09/08/2017)*

XINGUANOS PROTESTAM CONTRA INDICAÇÃO POLÍTICA NA SAÚDE

Os indígenas do Território Indígena do Xingu (TIX) exigem a revogação imediata da Portaria no 2.058, que exonerou a coordenadora do Distrito Sanitário Especial Indígena, Alessandra Santos Abreu, indicada por eles no ano passado. Para o lugar dela foi nomeada Creusa Lopes Farias. Os indígenas alegam que a nomeação tem cunho político e que ela não é apta para o cargo. *(ISA, 28/08/2017)*

"PROVAMOS QUE É POSSÍVEL GERAR RENDA COM A FLORESTA EM PÉ"

A Associação Terra Indígena do Xingu (Atix) recebeu neste domingo (17/09), em Nova York, o Prêmio Equatorial 2017, do Programa das Nações Unidas para o Desenvolvimento (Pnud), pelo trabalho pioneiro na autocertificação de um produto orgânico: o Mel dos Índios do Xingu, que envolve 100 apicultores de 39 aldeias dos povos Kawaiwete, Yudja, Kisêdjê e Ikpeng, todos eles moradores do Território Indígena do Xingu, no Mato Grosso. *(I. Harari, R. Almeida, ISA, 19/09/2017)*

INDÍGENAS SÃO A FAVOR DA FERROVIA, MAS PEDEM DISTÂNCIA DOS TRILHOS

Durante reunião ampliada para debater a instauração da Ferrovia de Integração do Centro-Oeste (Fico), representantes da Associação Terra Indígena do Xingu - em nome de 16 etnias - negaram ser contrários à implantação do modal, mas ressaltam que a obra precisa considerar as tradições das populações indígenas, bem como o impacto ambiental. *(A. Marques, RD News, 17/01/2018)*

LIDERANÇAS REPUDIAM REPRESENTAÇÃO INDÍGENA NA DELEGAÇÃO DE BOLSONARO

Os principais representantes dos 16 povos indígenas do território indígena do Xingu emitiram carta de repúdio contra a inclusão da indígena Ysani Kalapalo na delegação oficial do Brasil que participará da Assembleia Geral da Organização das Nações Unidas (ONU) no próximo dia 23, em Nova Iorque. A carta é assinada por caciques dos povos xinguanos Aweti, Matipu, Mehinako, Kamaiurá, Kuikuro, Kisedje, Ikpeng, Yudjá, Kawaiweté, Kalapalo, Narovuto, Waurá, Yawalapiti, Trumai, Nafukuá e Tapayuna. Segundo a carta, "o governo brasileiro ofende as lideranças indígenas do Xingu e do Brasil ao dar destaque a uma indígena que vem atuando constantemente em redes sociais com objetivo único de ofender e desmoralizar as lideranças e o movimento indígena do Brasil". *(Muvuca Popular, 21/09/2019)*

INDÍGENAS EXIGEM SER CONSULTADOS SOBRE OBRAS DE INFRAESTRUTURA NO XINGU

Uma delegação de 70 indígenas da bacia do Xingu entrou na Comissão de Direitos Humanos do Senado para a primeira de uma série de reuniões sobre os impactos de obras de infraestrutura sobre seus territórios. A comitiva veio a Brasília para debater com o governo um plano de consulta sobre obras de infraestrutura que impactam as TIs e UCs da bacia do Xingu e exigir que seus direitos sejam garantidos nos processos de planejamento, implementação e ampliação da operação desses empreendimentos. *(ISA, 20/03/2020)*

© RONNY HANSEN/REN, 2017

Ianukula Kaiabi Suia e Yakari Kuikuro recebem o Prêmio Equatorial das Nações Unidas, criado pelo Programa das Nações Unidas pelo Desenvolvimento, o PNUD, para homenagear iniciativas de indígenas e povos tradicionais pelo mundo, que combatem a pobreza e as mudanças climáticas e atuam pelo desenvolvimento sustentável.

© MÍDIA NINJA, 2020

Cerca de 70 indígenas da bacia do Xingu se reúnem na Comissão de Direitos Humanos do Senado.

CORONAVÍRUS CHEGA AO PARQUE DO XINGU E LEVA INDÍGENAS A CANCELAR KUARUP

A Covid-19 chegou ao Parque Indígena do Xingu, em Mato Grosso. Os dois primeiros casos confirmados no território, que abriga 16 povos e cerca de 7 mil indígenas, mobilizaram lideranças, autoridades e especialistas, que querem ampliar medidas de apoio e prevenção. O medo do novo coronavírus já afeta a realização do Kuarup, a grande cerimônia de despedida dos mortos realizada entre junho e julho - são centenas de participantes de diversas etnias. *(M. Silveira, G1,11/06/2020)*

LIDERANÇAS DO XINGU RELATAM PRECONCEITO DE MÉDICOS

Por causa da falta de estrutura física, os povos indígenas do Xingu têm lançado mão de todo tipo de alternativa no enfrentamento à doença. Algumas aldeias recorreram a iniciativas de financiamento coletivo a fim de tratar seus doentes. Por motivo de preconceito do pessoal do hospital, nós estamos pensando em montar o hospital de campanha - afirma Yanama Kuikuro. *(G. Caetano, Jornal Extra, 21/07/2020)*

© KAMIKIÁ KISÊDJÊ, 2018

Focos de incêndio são registrados na Terra Indígena Wawi.

INDÍGENAS SUPERAM *FAKE NEWS* E FALTA DE ESTRUTURA POR VACINAÇÃO NO XINGU

As primeiras informações sobre o novo coronavírus que chegaram ao polo base Pavuru, no Médio Xingu, não eram nada animadoras. Uma doença perigosa, sem nenhuma vacina aprovada pela Agência Nacional de Vigilância Sanitária, com cada vez mais indígenas infectados. Se, no ambiente urbano, a ordem era se isolar em casas e apartamentos, no Xingu, a solução para preservar a vida dos anciãos foi adentrar na mata à espera do imunizante. Regiões com maior presença evangélica têm mais dificuldade ao vacinar contra a covid-19, diz médico. *(P. Stropasolas, D. Giovanaz, Brasil de Fato,10/03/2021)*

SOL ILUMINA AS NOITES E MUDA A VIDA DE 120 ALDEIAS NO XINGU

Em todo o mundo, a energia solar hoje é vista como alternativa limpa e barata na transição energéticas. Na TI do Xingu, porém, além de aliada na preservação do ambiente, ela é vista como uma forma de manter sua cultura ancestral. "De uns dez anos para cá, começamos a participar dos debates sobre mudanças climáticas e descobrimos que a nossa forma de viver contribui muito para o equilíbrio do ambiente e do clima. Para nós, o uso da energia é entendido nesse contexto", afirma Ianukula Kaiabi Suiá, 44, presidente da Atix. Todas as 120 aldeias do Parque Indígena do Xingu contam atualmente com energia solar. Nem todas, porém, possuem sistema de geração fotovoltaica disponível para atender todas as residências. Na tentativa de expandir o acesso nas comunidades, as lideranças do Xingu decidiram testar o Mais Luz para a Amazônia, o projeto do governo federal que busca abastecer áreas isoladas da Amazônia Legal com energia limpa. *(A. Salomão, L. de Almeida, FSP, 03/09/2022)*

INCÊNDIOS AMEAÇAM ALDEIAS E FLORESTA

A fumaça dos incêndios atinge várias aldeias do Parque Indígena do Xingu. O PIX é uma ilha de 2,8 milhões de hectares de florestas rodeada por plantações de soja por todos os lados. Na região do parque vivem 16 povos e cerca de 5,5 mil pessoas. Desde a primeira semana de julho o território está convivendo com focos de incêndio que podem estar fora de controle devido à seca e às altas temperaturas na região. Nesta segunda-feira, 12, havia duas aldeias ameaçadas pela proximidade das chamas e várias comunidades amanheceram sob nuvens de fumaça. Dois helicópteros e mais de 300 homens do Ibama e brigadistas tentavam conter o fogo. "A floresta está queimando no Alto Xingu, na floresta dos Kuikuro e pode ir para as florestas dos Kalapalo e dos Matipu", diz Watatakalo Yawalapiti, coordenadora da Atix - Mulheres. Os indígenas manifestaram apoio ao Ibama para conter o fogo. "Tem duas aldeias onde o fogo pode chegar. Tem que tentar fazer de tudo para que o fogo desvie para outro lado", diz Watatakalo Yawalapiti. "Estamos torcendo para que chova". "Há muita gente tentando apagar, mas está muito perigoso." *(D. Chiaretti, Valor Econômico, 13/09/2022)*

REDE DE SEMENTES GEROU R$ 5,3 MILHÕES PARA PESSOAS NO XINGU

Na aldeia Moygu do povo indígena Ikpeng, localizada na região do Médio Xingu, mais de 200 pessoas se reuniram entre 8 e 10 de setembro para celebrar os 15 anos da maior rede de sementes nativas do Brasil, a Rede de Sementes do Xingu. Com maioria indígena, o encontro contou com a presença de coletores, agricultores, lideranças e representantes de organizações vindos de várias partes do país para compartilhar suas experiências. Até o momento, a organização já coletou sementes de mais de 220 espécies, que se transformaram em cerca de 25 milhões de árvores. Estas jovens florestas ocupam 7,4 mil hectares de áreas anteriormente degradadas. *(J. D. Lima, Ecoa, 27/09/2022)*

INDÍGENAS DENUNCIAM FALTA DE ACESSIBILIDADE E CRIMES ELEITORAIS

Com índices de abstenção acima da média nacional (20,9%), comunidades indígenas de Mato Grosso relataram dificuldades e irregularidades para votar no primeiro turno, conforme apuração do ISA. Entre as dificuldades estão a falta de urnas em terras indígenas, e meio de transporte. Há relatos do atraso de motoristas de ônibus para levar as comunidades aos colégios eleitorais mais próximos.Por conta do número de denúncias, a Apib enviou ofício ao TSE e aos Tribunais Regionais Eleitorais, requerendo oferecimento amplo de transportes e denunciando crimes eleitorais. Além disso, alguns eleitores indígenas chegaram a esperar até três horas nas filas, problema que se repetiu em zonas eleitorais em todo o país. A demora desmobilizou os eleitores e parte deles preferiu ir embora sem votar. Comunidades na Bacia do Xingu, que ficam dentro da zona eleitoral de Querência (MT), por exemplo, não tiveram nenhuma urna instalada em aldeias indígenas. O cartório eleitoral da região ofereceu ônibus para apoiar o deslocamento até a cidade, mas algumas dificuldades foram registradas. *(U. Lalio, Olhar Direto, 26/10/2022)*

POLÍCIA INVESTIGA TENTATIVA DE COMPRA DE VOTOS POR R$ 1,5 MIL EM ALDEIA

A Polícia Civil investiga uma denúncia de tentativa de compra de votos em uma aldeia do Xingu. De acordo com a denúncia, foram oferecidos R$ 1,5 mil para que indígenas apoiassem os candidatos indicados em um santinho. Um vídeo mostra o momento em que o cacique devolve o valor e o homem insiste. A denúncia foi feita pelo cacique, que aparece no vídeo falando com o secretário de Agricultura de Marcelândia, Lincoln Alberti Nadal. Segundo a denúncia, Lincoln esteve na aldeia Tuba-Tuba do Povo Yudjá Juruna antes do primeiro turno e ofereceu o valor em troca de votos nos candidatos indicados por ele. Na 'cola eleitoral', aparecem os nomes de Jair Bolsonaro (PL), candidato à presidência; Mauro Mendes (União Brasil), que foi reeleito governador estadual; Wellington Fagundes (PL), eleito senador; Fábio Garcia (União Brasil), eleito deputado federal e Silvano Amaral (MDB), que ficou como suplente para deputado estadual. *(P. Mathias, G1, 27/10/2022)*

CRISE CLIMÁTICA AMEAÇA O QUARUP, RITUAL ANCESTRAL DOS INDÍGENAS DO XINGU

Devido à crise climática, as florestas estão mais secas e mais inflamáveis: nos últimos 20 anos, 189 mil hectares de floresta preservada no Xingu foram perdidos para o fogo. O desmatamento no entorno do território, provocado pelo cultivo de soja e milho, também tem assoreado rios e incentivado a invasão de porcos do mato nos roçados tradicionais. Rios secos impedem o armazenamento correto do pequi, enquanto a terra ressecada e invadida pelos porcos compromete a colheita da mandioca - dois alimentos essenciais para a realização do Quarup. *(M. F. Ribeiro, Mongabay, 06/12/2022)*

IKPENG

JUSTIÇA FEDERAL DETERMINA QUE DEMARCAÇÃO DE TI DOS IKPENG (MT) DEVE AVANÇAR

A 5ª turma do Tribunal Regional Federal da 1ª Região (TRF-1) acatou, ontem (19/9), um recurso da Funai contra a liminar que paralisou a demarcação da TI Roro Walu, com cerca de 250 mil ha, contígua ao Território Indígena do Xingu. A área é reivindicada pelos Ikpeng, que foram transferidos à força, em 1967, para o que era então conhecido como Parque Indígena do Xingu pelos irmãos Villas-Bôas. Com a decisão de ontem, a Funai pode publicar o relatório de identificação da área e, assim, concluir a primeira etapa do processo de demarcação. O cacique Korotowi Taffarel

Coletoras Yarang vão buscar sementes na Aldeia Arayó. TIX, MT.

Ikpeng, que acompanhou a sessão do TRF-1 em Brasília, contou que os técnicos do grupo de trabalho de identificação da área chegaram a ser ameaçados e que, a expectativa da comunidade, agora, é que a demarcação prossiga normalmente. "O resultado do julgamento é fundamental para a continuidade do trabalho", disse. A demarcação arrasta-se desde 2005. *(O. Braga de Souza, ISA, 20/09/2018)*

MULHERES INDÍGENAS PELA REGENERAÇÃO DAS FLORESTAS

As mulheres Yarang são um dos grupos que formam a Rede de Sementes do Xingu, projeto criado há 14 anos em parceria com o Instituto Socioambiental, uma organização não governamental que defende os direitos dos povos originários, que visa restaurar áreas desmatadas dentro do Parque Indígena do Xingu e nos seus arredores. As mulheres representam 65% da força de trabalho da Rede. Ao longo de sua existência, o projeto já restaurou 6,8 mil hectares de áreas desmatadas e gerou uma renda de R$ 4,4 milhões para as comunidades. *(M. Neves, Vogue Brasil, 10/06/2021)*

INDÍGENAS ADAPTAM TÉCNICAS ANCESTRAIS DE PLANTIO

Com a mudança no clima da Amazônia, assim como no resto do mundo, os indígenas tiveram que adaptar suas técnicas tradicionais. Junto com os Ikpeng das aldeias Moygo e Arayo, ambas no Xingu, foram testadas novas técnicas para evitar os incêndios. Antigamente, os indígenas faziam a queima da roça no horário mais quente do dia. Agora isso não é mais possível. Eles aprenderam que o ideal é colocar o fogo no final do dia e nunca deixá-lo sem supervisão. *(K. Ono, M. Schmidt, Uol, 15/07/2021)*

DIÁRIOS DA PANDEMIA: LINHA DE FRENTE - ALTO XINGU

"– Doutora, você tem que ver Walama hoje, ele não está bem."

Walama Kalapalo, 48 anos, indígena, cacique na aldeia Tanguro, hipertenso. Sofre com doença espiritual que limita sua vida há alguns anos. Desde ontem está cansado, não consegue dormir. Há uma semana atrás, seu teste deu positivo para coronavírus. Chegou a fazer oxigênio por um dia, mas depois sentiu que não fez bem. Estava melhor, mas piorou. Sair da aldeia para o hospital não é uma opção. Ofereço oxigênio, mas "oxigênio está enfeitiçado".

"– Na primeira vez que fez foi muito bom doutora, mas na segunda desmaiei."

Chamo o técnico de enfermagem indígena; conversamos sobre o oxigênio ser nossa única possibilidade de tratamento no momento. Ele conversa com Walama e os pajés na língua deles. Depois de alguns minutos todos concordam em fazer uma tentativa com o oxigênio. Se fizer mal, nós tiramos. Iniciamos o teste e, após 2 horas, a saturação mantém em 71% – Walama se sente mal. Não tem jeito, esse oxigênio está mesmo enfeitiçado. Os pajés começam seu trabalho. Eu fico do lado de fora, ouvindo o ritual. Cerca de 2 horas depois os pajés saem. Eles estão indo buscar o espírito do Walama na floresta. Voltam. A fome tá apertando a equipe, que ainda não almoçou, e já são 16h. Alguns minutos depois, os pajés entram de novo na casa de Walama. Começamos a ouvir o choro conjunto das mulheres, parentes vindo correndo de outras casas. Meu coração falha, será que ele morreu? Peço permissão e entro, com cuidado, na casa. Muitos estão chorando, mas Walama está vivo. Me explicam que os pajés não conseguiram fazer o espírito de Walama tocar seu corpo. Walama anunciou que não passaria dessa noite. Está desmaiado, muitas mulheres tentam ajudar. Ele mantém os sinais vitais estáveis, mas não se comunica. Os pajés retomam o trabalho. Aguardamos, novamente, do lado de fora.

Os AIS (Agentes Indígenas de Saúde) me pedem que durma na aldeia. Estão preocupados com o que pode acontecer. Aceitamos prontamente, mas preciso comer alguma coisa. Eles me trazem aquele beiju quentinho com frango. Chega a esquentar o coração. Descanso alguns minutos enquanto os pajés trabalham. Vamos reavaliar quando for 22:30h. Aproveitamos a hora de descanso prá conversar com Sickan, indígena daquela aldeia. Ele conta muitas histórias de sua trajetória na saúde do Xingu. Na hora combinada, retornamos à casa de Walama.

Vemos à distância os pajés reunidos em roda na floresta. Entramos na casa. Os sinais vitais se mantém como ao longo do dia. Walama ainda não conversa. Os pajés retornam e continuam seu cuidado. Se aproximam de Walama, dançam, entoam cantos. Em algum momento um deles precisa sentar, sente-se fraco. Começa a falar muito na sua língua. Sickan explica: "Os pajés agora acharam o feitiço na floresta". A cobra se aproveitou do corpo enfraquecido do cacique para piorar sua doença. Eles conseguiram trazer o espírito de Walama de volta. Fazemos uma última avaliação. Saturação de oxigênio 71%, FR (Frequência Respiratória) 46irpm. Walama consegue dormir. Os pajés começam a comer. Nós respiramos aliviadas.

Na meia luz da oca, Danila, técnica de enfermagem da equipe, chuta o chocalho do pajé. O barulho é alto, a risada geral. A tensão se desfaz. Segundo os pajés, grandes cuidadores desse longo dia, sem o toque final de Danila a melhora do cacique não seria possível. No dia seguinte, Sickan nos conta que Walama teve uma visão, enquanto estava apagado no dia anterior. Ele viu que é o homem branco que está matando o indígena, não a doença. Não pode deixar que os parentes saiam para a cidade. Não pode intubar ninguém. O cilindro de oxigênio está enfeitiçado, também não pode ser usado.

"– Como podemos fazer então para ajudar no tratamento?"

O AIS Rutina me responde:

"– Doutora, o cilindro não pode ficar fora de casa. Não pode viajar para a aldeia. Ele tem que ficar protegido do feitiço, tem que vir da cidade direto pro Tanguro."

"– Tá certo Rutin. Vou explicar à equipe sobre a proteção dos cilindros."

Hoje, dois dias depois do ocorrido, Walama mantém estabilidade do quadro. Está em uso de antibióticos e antitérmicos. Um cilindro novo chegou da cidade só pra ele. Melhora lentamente, já consegue se alimentar. Os pajés seguem trabalhando diariamente, assim como Danila, que visita Walama duas vezes ao dia. Isso que chamo de trabalho em equipe. (D. Lourenço, médica no DSEI Xingu, Duplo Expresso, 04/08/2020)

KALAPALO

QUEIMADA DESTRÓI VEGETAÇÃO NO PARQUE INDÍGENA DO XINGU

O fogo dizimou aproximadamente 39 mil hectares de vegetação dos biomas Amazônia e Cerrado, no Parque Indígena do Xingu, localizado no centro-norte do estado de Mato Grosso, nas últimas três semanas. A aldeia da etnia Kalapalo, localizada no município de Gaúcha do Norte, por pouco não foi consumida pelas chamas. *(De Olho no Tempo, 29/09/2017)*

COVID-19 PROVOCA PRIMEIRA MORTE NO PARQUE DO XINGU, UM BEBÊ KALAPALO

Um bebê kalapalo de apenas 45 dias é a primeira morte registrada entre os indígenas na TI do Xingu, em Mato Grosso. Há outros dois casos confirmados da doença dentro do parque, segundo o boletim do Ministério da Saúde atualizado na noite de sábado. O bebê é neto do cacique Vanité Kalapalo, da aldeia Sapezal, que também tem sintomas da Covid-19 e está isolado no interior da terra indígena depois de ter sido atendido no hospital de Água Boa (MT). Os pais e o bebê que morreu são da aldeia Tanguro. A criança havia sido transferida de avião ao hospital de Água Boa, onde estava internada após apresentar os sintomas da doença, para uma UTI de Cuiabá (MT). A transferência de Água Boa, que não possui UTI, só ocorreu após uma decisão da Justiça Federal que acolheu um pedido do Ministério Público Federal. *(R. Valente, UOL, 14/06/2020)*

KAMAIURÁ

LULU KAMAYURÁ, A ÍNDIA CRIADA COMO FILHA PELA MINISTRA DAMARES

A aldeia Kamayurá, no centro da reserva indígena ao norte do Mato Grosso, é o berço de Kajutiti Lulu Kamayurá, de 20 anos. Damares a apresenta como sua filha adotiva. A adoção, porém, nunca foi formalizada legalmente. A condição em que a menina, então com 6 anos, foi retirada da aldeia é motivo de polêmica entre os índios. *(N. Portinari e V. Sassine, Época, 31/01/2019)*

PRIMEIRA PAJÉ MULHER KAMAYURÁ NO XINGU

Até onde a memória dos mais velhos alcança, Mapulu é a primeira mulher pajé da sociedade Kamayurá. "É um fenômeno recente o protagonismo feminino dentro do seleto universo mágico-sagrado, antes exclusivo aos homens", atesta Maria Luiza Silveira. A atuação e a representatividade de Mapulu abrem caminhos para novos tempos na atuação das mulheres no território xinguano. A opinião dela é considerada pelos caciques. É a única a fumar com os homens e a ter autorização para entrar na casa das flautas sagradas, local de frequência estritamente masculina. *(C. Beretz, De olho nos ruralistas, 13/03/2019)*

© LUIZ ALVES/MDH, 2018

Mapulu Kamayurá.

MORRE TEPORI KAMAIURÁ, GRANDE MATRIARCA DO XINGU

Uma triste notícia para os povos do alto Xingu. Faleceu Tepori Kamaiurá, Tepori foi uma importante mulher do Alto Xingu. Ela estava com 99 anos. Tepori viveu para prover, educar, aninhar, preparar e conviver com importantes e inigualáveis lideranças do que veio a se constituir como Parque Indígena do Xingu (MT). *(N. Kahn, ISA, 20/02/2020)*

© KAMIKIA KISEDJE/AIK, 2017

Produção de óleo de pequi kisêdjê.

KĨSÊDJÊ

POVO KISÊDJÊ ENTREGA PRODUÇÃO RECORDE DE ÓLEO DE PEQUI

A Terra Indígena Wawi (MT), degradada pela ação de fazendeiros no passado, vem sendo recuperada com o plantio de pequizais; produto é reconhecido pelo Selo Origens Brasil e pelo Slow Food Internacional. Cinco aldeias envolvidas, 315 litros de óleo de pequi do Xingu em 2018. Uma produção recorde, fruto de um trabalho de longo prazo do povo Kisêdjê na Terra Indígena Wawi (MT). *(ISA, 01/02/2019)*

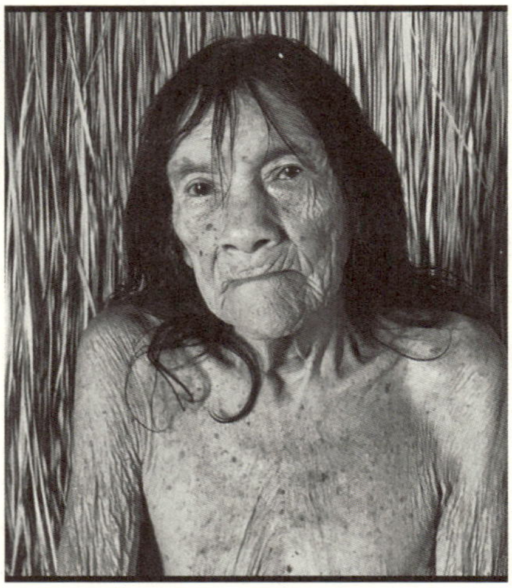

© ADELINO DE LUCENA MENDES, 2019

Tepori Kamaiurá.

INDÍGENAS EXIGEM QUARENTENA DE MESÁRIOS

Com cerca de 200 eleitores, o povo indígena Kisêdjê, ameaça impedir a instalação de urnas de votação nas aldeias da TI Wawi, no próximo domingo, caso a Justiça Eleitoral deixe de seguir os protocolos de proteção à covid-19 com testes e quarentena dos envolvidos nessa operação. O povo Kisêdjê ou Khiset-se vive em território a leste do Parque Nacional do Xingu. Desde o início da pandemia, as quatro aldeias da região cumprem rigoroso isolamento social e protocolo para entrada e saída de pessoas e mercadorias. O objetivo é evitar contaminação entre os 400 indígenas da comunidade. *(R. Carvalho, UOL, 11/11/2020)*

CORRIDA PELA SOJA FAZ DESMATAMENTO SE APROXIMAR DE TERRAS INDÍGENAS

Um grande trecho de floresta tropical foi desmatado e incendiado próximo à divisa da Terra Indígena Wawi, vizinha ao Parque Indígena do Xingu. A queimada foi uma de muitas realizadas para limpar terras para o cultivo de soja, a maioria delas legalizada, à medida que a demanda pela soja faz com que os produtores se embrenham cada vez mais na floresta e até mesmo em reservas indígenas e áreas protegidas. *(A. Inova, Mongabay, 10/08/2021)*

Lavouras próximas à Terra Indígena Wawi e do Parque Indígena do Xingu.

A JORNADA DE UMA ALDEIA AMAZÔNICA PARA ESCAPAR DO AVANÇO DA SOJA

A fronteira agrícola avança proficuamente em Mato Grosso. Em apenas uma década, a área plantada de soja cresceu mais de 50%, em grande parte ocupando pastagens degradadas e empurrando a pecuária mais a norte. Mas além da soja, há 79 territórios indígenas no estado. Incêndios destroem mata nativa ao longo da rodovia BR-242, rota estratégica para o escoamento de produtos agrícolas de áreas como Querência, onde as plantações de soja se expandiram significativamente nas últimas décadas. Às margens da BR-242, há extensas fazendas de soja coladas a florestas nativas. Em outubro, havia fogo em alguns trechos. Na floresta amazônica, os incêndios florestais não ocorrem naturalmente; eles servem ao manejo agropecuário ou ao desmatamento. Nos últimos anos, Querência conseguiu controlar a devastação florestal, mas o problema persiste, como mostram dados do Prodes. *(F. Milhorance, National Geographic Brasil, 11/05/2022)*

KUIKURO

ALTA TECNOLOGIA PRESERVA CULTURA DOS KUIKUROS

Os resultados de uma experiência inédita feita na aldeia dos kuikuros, no Alto Xingu, pela ONG People's Palace Project, da Inglaterra, foram apresentados hoje. A ONG britânica é líder em tecnologia digital de preservação do patrimônio cultural.Na avaliação do diretor da ONG, Paul Heritage, os resultados da residência artística internacional registrada este mês na aldeia Ipatse, no Território Indígena do Xingu, em parceria com a Associação Indígena Kuikuro do Alto Xingu, foram imediatos. "Eles gostaram de fazer essa troca conosco", disse Heritage, que respondeu ao desafio proposto pelos artistas indígenas de levar alta tecnologia para preservar a cultura dos kuikuros. *(Diário de Pernambuco, 23/05/2017)*

ALDEIA DO XINGU FECHA CICLO SEM MORTES PELA DOENÇA

Antes da pandemia chegar, os Kuikuro, fecharam parcerias, contrataram profissionais da saúde e se informaram sobre a Covid-19. Nesta semana, sem nenhuma morte pela doença desde o começo da pandemia, toda a comunidade se vacinou. *(C. Dantas, G1, 17/02/2021)*

NARUVOTU

NEGADA LIMINAR QUE PEDIA SUSPENSÃO DE DEMARCAÇÃO

O ministro Edson Fachin, do Supremo Tribunal Federal (STF), negou liminar no Mandado de Segurança 34206, que pretendia suspender os efeitos do decreto presidencial que homologou a demarcação administrativa da Terra Indígena Pequizal do Naruvôtu. Segundo o município, a área demarcada incide em parte de seu território, que foi comprometido com a demarcação da Terra Indígena Parque Nacional do Xingu, ocasionando prejuízo econômico. Alega que a nova demarcação representa, na verdade, uma ampliação dos limites da Terra Indígena Parque do Xingu. *(STF, 15/09/2017)*

JUSTIÇA DETERMINA SUSPENSÃO DE TURISMO E PROÍBE ENTRADA DE NÃO ÍNDIOS EM TI

A Justiça Federal em Mato Grosso determinou a suspensão de toda e qualquer atividade exploratória das riquezas naturais do solo, dos rios e dos lagos existentes no interior da TI Pequizal de Naruvôtu, especialmente do comércio e/ou turismo nos imóveis em que estão instaladas em uma fazenda e uma pousada no município de Gaúcha do Norte, localizado no Alto Xingu. A decisão, divulgada nesta quarta-feira (27), atende a um pedido do MPF. Também foi determinada a proibição da entrada de não-índios nas comunidades indígenas sem a supervisão e o controle da União, do Ministério Público Federal, da Funai) e/ou da Associação Indígenas Pequizal do Naruvôtu, sob pena de multa diária de R$ 5 mil. *(G1 Mato Grosso, 27/05/2020)*

WAUJA

SEDUC ESTUDA PROJETO DE ESCOLA INDÍGENA SUSTENTÁVEL

A construção de uma escola indígena modelo, com arquitetura sustentável e construída com mão de obra e matéria prima local, foi tema de reunião. O planejamento vai além da estrutura educacional e visa uma área de convivência indígena, preservando sua identidade cultural. Em abril os especialistas da ONU irão até o Xingu, na etnia Waurá, onde será construída a escola modelo, para conhecer a realidade, princípios e valores do seu povo. *(24 Horas News, 27/02/2018)*

ICMBIO, FUNAI E IBAMA INICIAM OPERAÇÃO EM TERRA INDÍGENA

Acionado pela Funai, o ICMBio deu início a um diagnóstico sobre as informações de ataques de onças que vêm ameaçando a segurança dos indígenas do Alto Xingu. O registro de que dois indígenas morreram por ataque do animal promoveu a união do ICMBio, Funai e IBAMA em uma operação que se inicia hoje (4) denominada Ianumaka, nome da onça-pintada para os Waurás, tribo envolvida no conflito. *(ICMBio, 04/07/2018)*

VANDALISMO DESTRÓI GRAVURAS HISTÓRICAS SOBRE MITO INDÍGENA

"É triste. A caverna era como uma escola para nossos filhos, é onde ensinamos a história (do nosso povo), cantamos músicas e fazemos alguns rituais", diz o indígena Pirathá Waurá à BBC News Brasil sobre a depredação sofrida na caverna Kamukuwaká, em Paranatinga (MT), às margens do rio Tamitatoala, no Alto Xingu. O local, sagrado para 11 etnias do Xingu e tombado pelo patrimônio histórico desde 2016, teve parte de suas gravuras apagadas no que a Polícia Militar do Mato Grosso identificou inicialmente como um ato intencional - as figuras estavam gravadas nas rochas da gruta. Segundo a perícia feita pelo Iphan em conjunto com policiais, há indícios de que tenha sido usado algum tipo de ferramenta para apagar as gravuras que, em sua maioria, representavam animais. Segundo a mitologia dos Waurá, a caverna era o lar do guerreiro Kamukuwaká, por isso ela é sagrada. *(L. Mesquita, BBC News Brasil, 28/09/2018)*

CACIQUE AWAULUKUMÁ WAURÁ, PRESENTE

Antiga e ativa liderança do povo Waurá, do Xingu, o cacique faleceu semana passada. Assim como outros povos da região do Xingu, eles enfrentam atualmente o aumento das queimadas em suas terras, impulsionadas pelo desmatamento do entorno e pela crise climática. *(M. Terra, ISA, 21/01/2020)*

©ROGÉRIO ASSIS, 2011

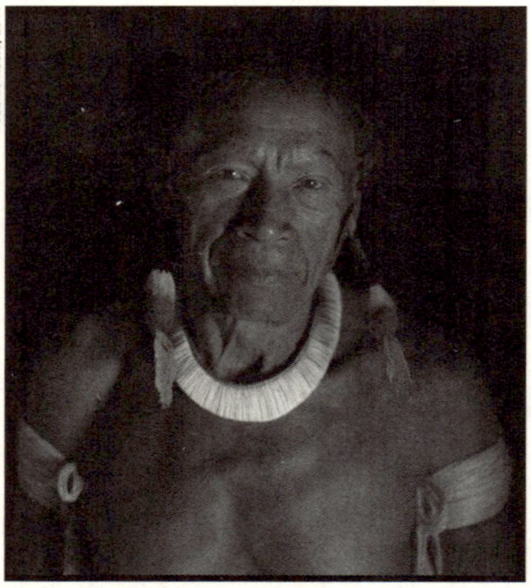

Cacique Awaulukumá.

YAWALAPITI

CACIQUE ARITANA MORRE VÍTIMA DE COVID-19

O cacique Aritana Yawalapiti, 71, uma das maiores lideranças indígenas da região do Alto Xingu, em Mato Grosso, morreu na madrugada desta quarta-feira (5). Liderança do Xingu desde a década de 1980, quando iniciou a luta pela defesa dos direitos dos povos indígenas, Aritana é o quarto indígena da aldeia Yawalapiti a morrer vítima de Covid-19. *(M. Prestes, FSP, 06/08/2020)*

"A ALDEIA INTEIRA ESTAVA COM COVID"

Liderança das mulheres da Terra Indígena do Xingu, filha mais velha de um importante cacique e sobrinha de outro, Watatakalu Yawalapiti viu sua família ser devastada pela Covid. Oito parentes morreram em decorrência da doença, incluindo a mãe, a pajé Iamoni Mehinako, e o tio, o cacique Aritana Yawalapiti, líder histórico dos povos do Alto Xingu, em Mato Grosso. "Nosso povo ficou órfão", afirma a artista e ativista de 40 anos, coordenadora-geral do departamento de mulheres da Associação Terra Indígena do Xingu (ATIX-Mulher). *(W. Yawalapiti, Piauí, 16/03/2022)*

JABIRU PROD, 2013

Yamoni Mehinaku em cena do documentário "Amazonie. Iamony Potière du haut Xingu" a pajé e ceramista faleceu em 25 de maio de 2021 por decorrência de complicações da covid-19. Documentário realizado por: Serge Guiraud.

14. Goiás / Tocantins / Maranhão

Canela
Gavião Pykobjê
Gamela
Guajajara
Guarani Mbyá
Ka'apor
Iny (Karajá)
Karajá do Norte
Krahô
Krahô-Kanela
Krenyê
Krikati
Javaé
Tabajara
Tapirapé
Tapuia
Tembé
Timbira
Xerente
Isolados

14. GOIÁS TOCANTINS MARANHÃO

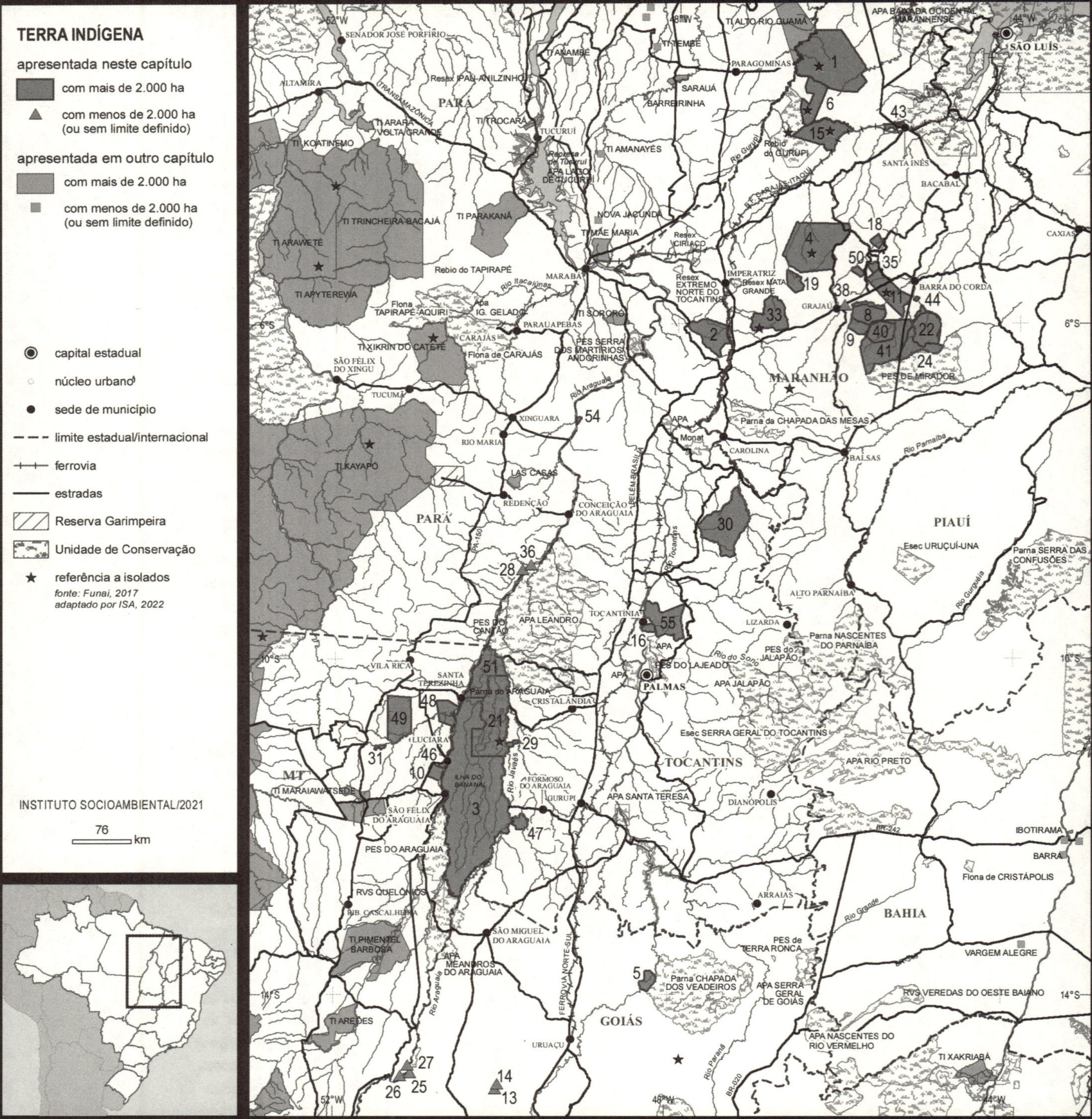

GOIÁS / TOCANTINS / MARANHÃO
Terras Indígenas
Instituto Socioambiental - 30/11/2022

Nº mapa	Terra Indígena	Povo	População (nº, fonte, ano)	Situação jurídica	Extensão (ha)	Município	UF
1	Alto Turiaçu	Awa Guajá Tembé Ka'apor	1.500 - Siasi/Sesai: 2013	Homologada. Decreto - 88.002 - 28/12/1982, publicado em 29/12/1982. Reg SPU Certidão n. 4 de 22/04/83Reg. CRI do município e comarca de Turiaçu (156.650 ha) Mat. 1.708, Liv. 2-H Fl 146 em 11/03/88. Reg. CRI do município e comarca de Carutapera (292.674 ha) Mat. 154, Liv. 2 Fl 001 em 04/03/88. Reg. CRI do município de Godofredo Viana e comarca de Cândido Mendes (20.250 ha) Mat. 161 Liv. 2-A Fl 162 em 07/03/88. Reg. CRI do município e comarca de Cândido Mendes (9.100 ha) Mat. 210 Liv 2-C, Fl 16 em 07/03/88. Reg. CRI do município de Monção e comarca de Penalva (51.850 ha) Mat. 487 Liv. 2-D, Fl 41 em 28/03/83.	530.525	Araguanã Centro do Guilherme Centro Novo do Maranhão Maranhãozinho Nova Olinda do Maranhão Santa Luzia do Paruá Zé Doca Paragominas	MA PA
2	Apinayé	Apinayé	2.342 - Siasi/Sesai: 2014	Homologada. Decreto - s/n - 03/11/1997, publicado em 04/11/1997. Reg. SPU Certidão TO 02 em 27/06/89.Reg. CRI no município e comarca de Tocantinopolis (63.358 ha) Mat. n.957 Liv 2-C, Fl 63 em 07/11/86. Reg. CRI no município e comarca de Itaguatins (28.100 ha) Mat. 390 Liv 2-B-2, Fl 131 em 17/03/98. Reg. CRI no município e comarca de Maurilandia (50.446 ha) Matr. n.14 Liv 2/RG , Fl 14 em 26/11/97.	141.904	Cachoeirinha Maurilândia do Tocantins São Bento do Tocantins Tocantinópolis	TO
3	Araguaia	Avá-Canoeiro Javaé Iny Karajá Tapirapé	3.502 - Funasa/Palmas: 2010	Homologada. Decreto - s/n - 14/04/1998, publicado em 15/04/1998. Reg. SPU Certidão s/n de 31/01/01.Reg. CRI em Formoso do Araguaia Mat.n.4.2875 Liv.2-AA, Fl 141 em 17/06/98.	1.358.500	Formoso do Araguaia Lagoa da Confusão Pium	TO
4	Araribóia	Awa Guajá Guajajara Awá isolados	5.317 - Funasa: 2010	Homologada. Decreto - 98.852 - 22/01/1990, publicado em 23/01/1990. Reg. SPU Certidão s/n de 12/12/96.Reg. CRI do município de Amarante do Maranhão e comarca de Grajaú (413.288 ha) Mat.1476 Liv 2I, Fl 211 em 19.06.90.	413.288	Amarante do Maranhão Arame Bom Jesus das Selvas Buriticupu Grajaú Santa Luzia	MA
5	Avá-Canoeiro	Avá-Canoeiro	9 - Patricia Mendonça Rodrigues: 2019	Declarada. Portaria - 598 - 02/10/1996, publicado em 04/10/1996.	38.000	Colinas do Sul Minaçu	GO
6	Awá	Awa Guajá Isolados de Mão de onça	42 - Funasa: 2010	Homologada. Decreto - s/n - 19/04/2005, publicado em 20/04/2005. Reg.SPU certidão n. 1 em 28/09/2009Reg CRI no municipio Centro Novo do Maranhão, Comarca Maracaçumé (70.473 ha) Matr.206 , Liv. 2-B, FL 112 em 15/08/2005 Reg. CRI no municipio Governador Newton Bello em andamento Reg CRI no municipio S.João do Caru. Comarca de Bom Jardim (18.246 ha) Matr.954, liv.2-E/RG, Fl 07 em 24/08/2005 Reg CRI matr.1.584, Lv2-H Fl.184 Comarca de Zé Doca Reg.CRI matr.1.585, Liv.2-H, Fl. 185 comarca de Zé Doca	116.582	Bom Jardim Centro Novo do Maranhão Governador Newton Bello Nova Olinda do Maranhão São João do Carú Zé Doca	MA
8	Bacurizinho	Guajajara	3.663 - Funai: 2003	Homologada. Decreto - 88.600 - 09/08/1983, publicado em 10/08/1983. Reg. SPU MA Certidão n. 165 Fls 286V/288V em 29/02/84. Reg. CRI no município e comarca de Grajaú (82.432 ha) Mat.3426 Liv 2-Q Fl 07 em 27/01/84.	82.432	Grajaú	MA
9	Bacurizinho (reestudo)	Guajajara		Declarada. Portaria - 1.234 - 30/06/2008, publicado em 01/07/2008.	51.608	Grajaú	MA
10	Cacique Fontoura	Iny Karajá	489 - GT/Funai: 2001	Declarada. Portaria - 1.389 - 14/08/2007, publicado em 15/08/2007.	32.069	Luciara São Félix do Araguaia Lagoa da Confusão	MT TO
11	Cana Brava	Guajajara	4.510 - Funasa: 2010	Homologada. Decreto - 246 - 29/10/1991, publicado em 30/10/1991. Reg. SPU Certidão s/n em 19/12/96.Reg. CRI no município e comarca de Barra do Corda (137.329 ha) Matr. 13.091, Liv 2 AV, Fl 8 em 26/11/91.	137.329	Barra do Corda Grajaú Jenipapo dos Vieiras	MA
s/l	Canoanã	Javaé		Em Identificação. Portaria - 658 - 30/06/2009, publicado em 02/07/2009.		Formoso do Araguaia	TO
13	Carretão I	Tapuia	197 - Siasi/Sesai: 2014	Homologada. Decreto - 98.826 - 15/01/1990, publicado em 16/01/1990. Reg. SPU GO 332 em 01/10/91.Reg. CRI no município e comarca de Goiás (224 ha) Matr. 8.588 Liv 2-AE Fl 289 em 31/03/85. Reg. CRI no município e comarca de Rubiataba (741 ha) Matr. 2.712 , Lv 20Q, Fl 220 em 25/11/90. Reg. CRI no município e comarca de Nova América (700 ha) Matr.739 Lv 2-C Fl.36 em 05/06/90.	1.666	Nova América Rubiataba	GO
14	Carretão II	Tapuia	162 - Funai/Goiás Velho: 2010	Homologada. Decreto - 98.825 - 15/01/1990, publicado em 16/01/1990. Reg. SPU GO-303 em 18.09.90.Reg. CRI no município e comarca de Nova América (77 ha) Matr 738 Liv 2-C Fl 35 em 04.06.90.	77	Nova América	GO
15	Caru	Awa Guajá Guajajara Isolados dos Igarapés Presídio e Juruti	400 - Associação Wirazu: 2018	Homologada. Decreto - 87.843 - 22/11/1982, publicado em . Reg. SPU MA-161 em 22/04/83.Reg. CRI no município de Bom Jardim e comarca de Santa Inês (172.667 ha) Matr. 70 Liv 2-A Fl 73 em 28/03/83.	172.667	Bom Jardim São João do Carú	MA
16	Funil	Xerente	348 - Funasa/Palmas: 2011	Homologada. Decreto - 269 - 29/10/1991, publicado em 30/10/1991. Reg. SPU GO 430 em 04/01/94.Reg. CRI no município e comarca de Tocantínia (15.703 ha) Matr. 1.070, Liv 2 D, Fl 25 em 06/01/92.	15.703	Tocantínia	TO

Nº mapa	Terra Indígena	Povo	População (nº, fonte, ano)	Situação jurídica	Extensão (ha)	Município	UF
s/l	Gamela	Gamela		Em Identificação. Portaria - 1171 - 10/11/2017, publicado em 14/11/2017.		Matinha Penalva Viana	MA
18	Geralda/Toco Preto	Guajajara	969 - Funasa: 2010	Homologada. Decreto - s/n - 16/05/1994, publicado em 17/05/1994. Reg. SPU Cert. s/n em 12/12/96.Reg. CRI no município e comarca de Grajaú (18.506 ha) Matr. 6.350, Livro 2 AH, Fl. 66 em 22/01/96.	18.506	Arame Itaipava do Grajaú	MA
19	Governador	Gavião Pykopjê Guajajara Tabajara	655 - Funai: 2003	Homologada. Decreto - 88.001 - 28/12/1982, publicado em 29/12/1982. Reg. SPU MA-159 de 22/04/83.Reg. CRI do município de Amarante do Maranhão, comarca de Grajaú (41.643 ha) Matr. 376 Liv 2-D Fl 85 em 28/03/83.	41.644	Amarante do Maranhão	MA
21	Inãwébohona	Avá-Canoeiro Javaé Iny Karajá Isolados da Ilha do Bananal	226 - IBGE: 2010	Homologada. Decreto - s.n. - 18/04/2006, publicado em 19/04/2006. Oficio n. 347/DAF ao SPU em 10/04/2007 eg SPU O site da Funai em 8-1-19 diz que essa TI é regularizadaReg CRI no municipio da Lagoa da Confusão, comarca de Cristalândia (249.438 ha) Matr.1.422 , Liv 2-F, Fl 43 em 18/10/2006 Reg CRI no municipio de Pium (em andamento)	377.114	Lagoa da Confusão Pium	TO
22	Kanela	Canela Ramkokamekrá	2.103 - Funasa/Palmas: 2011	Homologada. Decreto - 87.960 - 21/12/1982, publicado em 22/12/1982. Reg. SPU MA-160 em 12/04/83.Reg. CRI no município de Barra do Corda, Matr 7436 Liv 2-AC FL 08 em 23/03/83.	125.212	Barra do Corda Fernando Falcão	MA
24	Kanela/Memortumré	Canela Ramkokamekrá	1.961 - Relatório GT/Funai: 2004	Identificada. Despacho - 549 - 28/08/2012, publicado em 29/08/2012.	100.221	Barra do Corda Fernando Falcão	MAGoiás/ Tocantins/ Maranhão
26	Karajá de Aruanã II	Iny Karajá		Homologada. Decreto - s/n - 08/09/1998, publicado em 09/09/1998. Reg. SPU Certidão n. 21 de 22/03/99.Reg. CRI no município de Cocalinho, comarca de Água Boa (893 ha), Matr.4.171 Lv. 2/RG Fl. 01/V em 20/10/98.	893	Cocalinho	MT
27	Karajá de Aruanã III	Iny Karajá	45 - IBGE: 2010	Homologada. Decreto - s/n - 12/09/2000, publicado em 13/09/2000. Reg. SPU Certidão s/n de 07/08/01.Reg. CRI no município e comarca de Aruanã (705 ha), Matr. 5.592 Lv 2-AD 1.156 em 10/05/01.	705	Aruanã	GO
28	Karajá Santana do Araguaia	Iny Karajá	69 - Funasa/Palmas: 2011	Homologada. Decreto - 397 - 24/12/1991, publicado em 26/12/1991. Reg. SPU PA Certidão n. 1 em 08/03/89.Reg. CRI no municipio e comarca de (1.485 ha) Matr. 826 Liv 2-D Fl. 01 em 10/03/88.	1.485	Santa Maria das Barreiras	PA
29	Krahô-Kanela	Krahô-Kanela	122 - Siasi/Sesai: 2014	Reservada. Decreto - s/n. - 07/12/2006, publicado em 08/12/2006. Reg.CRI n. R-3-1.025 , fls 225, liv.2-D de 19/03/02, do CRI da comarca de Cristalândia /TO. no municipio de Lagoa da Confusão/TO, area de 3.367 ha. Reg.CRI n. R-3-993, folhas 193, Livro 2-D, de 19/03/02, do CRI de Cristalândia/TO área registrada de 4.355 ha, no Município de Lagoa da Confusão/TO.	7.722	Lagoa da Confusão	TO
30	Kraolândia	Krahô	2.992 - Siasi/Sesai: 2014	Homologada. Decreto - 99.062 - 07/03/1990, publicado em 08/03/1990. Reg. SPU Certidão s/n de 02/06/92.Reg. CRI no município de Goiatins,(169.133 ha) Matr. 1.377 Liv 2-F Fl. 269 em 19/03/92. Reg. CRI no município de Itacajá (133.400 ha) , Matr. 2.150 Liv. 2-F Fl. 100 V em 19/03/92.	302.533	Goiatins Itacajá	TO
31	Krenrehé	Krenak Maxakali		Reservada. Outros - 000 - 04/02/2014, publicado em 04/02/2014. Reg. SPU certidão n. 39 de 14/11/2006	6.400	Canabrava do Norte Luciara	MT
s/l	Krenyê	Krenyê	104 - NASCIMENTO, L. A. S./30 RBA: 2016	Em Identificação. Portaria - 205 - 11/03/2014, publicado em 12/03/2014.		Barra do Corda	MA
33	Krikati	Krikatí	1.016 - Siasi/Sesai: 2014	Homologada. Decreto - s/n - 27/10/2004, publicado em 28/10/2004. Reg SPU, no site da Funai de 8-1-19 diz que a TI está regularizadaReg CRI no municipio e comarca de Amarante (28.947 ha) Matr.2.842, Liv 2-0, FL.156 em 17/11/2005. Reg CRI no município Lajeado Novo , comarca de Porto Franco (6.229 ha) Matr.39, liv. 2-A/01, FL 94 (Gleba I) em 29/11/2005. Reg CRI no municipio de Lajeado Novo, comarca Porto Framnco (17.478 ha) Matr.94, Liv 2-A/01, FDI. 95 (Glea II) em 29/11/2005. Reg CRI no municipio e comarca de Montes Altos (85.156 ha) Matr.2.804, Liv.2-P, Fl 40 em 09/12/2005. Reg CRI no mnunicipio de Sitio Novo comarca de Montes Altos (6.966 ha) Matr.1.756, Liv 2-L, Fl 2 em 16/08/2005.	144.775	Amarante do Maranhão Lajeado Novo Montes Altos Ribamar Fiquene Sítio Novo	MA
s/l	Lago Grande (Karajá)	Iny Karajá		Em Identificação. Portaria - 860 - 25/07/2008, publicado em 28/07/2008.		Santa Terezinha	MT
35	Lagoa Comprida	Guajajara	805 - IBGE: 2010	Homologada. Decreto - 313 - 29/10/1991, publicado em 30/10/1991. Reg. SPU Certidão s/n de 19/12/96.Reg. CRI no município e comarca de Barra do Corda,(13.198 ha) matr. 13.092, Liv. 2AV, Fl. 9 em 26/11/92.	13.198	Itaipava do Grajaú Jenipapo dos Vieiras	MA

GOIÁS / TOCANTINS / MARANHÃO

Terras Indígenas (continuação)

Instituto Socioambiental - 30/11/2022

Nº mapa	Terra Indígena	Povo	População (nº, fonte, ano)	Situação jurídica	Extensão (ha)	Município	UF
36	Maranduba	Iny Karajá	80 - Siasi/Sesai: 2014	Homologada. Decreto - s/n - 19/04/2005, publicado em 20/04/2005. eg SPU O site da Funai em 8-1-19 diz que essa TI é regularizadaReg CRI no municipio e comarca de Araguacema (200 ha) Matr. n. 4.594 Liv 2-N Fl 190 dm 07/06/2005 Reg CRI no municipio de Santa Maria das Barreiras na comarca de Conceição do Araguaia (174 ha) Matr. n. 25.471 Liv. 2-CL, Fl - em 26/12/2005	375	Santa Maria das Barreiras Araguacema	PA TO
38	Morro Branco	Guajajara	587 - IBGE: 2010	Homologada. Decreto - 88.610 - 09/08/1983, publicado em 11/08/1983. Reg. SPU Certidão n. 01 em 29/02/84.Reg. CRI no município e comarca de Grajaú,(48 ha) Matr. 3.427 Liv. 2-Q Fl. 08 em 27/01/84.	49	Grajaú	MA
40	Porquinhos	Canela Apanyekrá	677 - Funasa/Palmas: 2011	Homologada. Decreto - 88.599 - 09/08/1983, publicado em 10/08/1983. Reg. SPU Certif. n. 290 de 18/05/84.Reg. REG. no município e comarca de Barra do Corda, (79.520 ha) Matr. 8.081 Liv. 2-AE, Fl. 66 em 10/04/84.	79.520	Barra do Corda Fernando Falcão Grajaú	MA
41	Porquinhos dos Canela-Apãnjekra (reestudo)	Canela Apanyekrá		Declarada. Portaria - 3.508 - 21/10/2009, publicado em 22/10/2009.	221.480	Barra do Corda Fernando Falcão Formosa da Serra Negra Mirador	MA
43	Rio Pindaré	Guajajara	1.789 - Siasi/Sesai: 2014	Homologada. Decreto - 87.846 - 22/11/1982, publicado em 24/11/1982. Reg. SPU Cert. n.05 de 22/04/83.Reg. CRI no municipio de Bom Jardim e comarca de Santa Inês (15.002 ha) Matr. 71 Liv. 2-A Fl. 74 em 28/03/83.	15.002	Bom Jardim Monção	MA
44	Rodeador	Guajajara	126 - Funasa: 2010	Dominial Indígena. Decreto - 88.813 - 04/10/1983, publicado em 06/10/1983. Reg. CRI no municipio e comarca de Barra do Corda (2.319 ha) Matr. 7.994 Liv. 2-AD Fl. 277 em 26/01/84.	2.319	Barra do Corda	MA
45	Santuário Sagrado dos Pajés- `Pajé Santxiê Tapuya´	Kariri-Xokó Tuxá Tapuia		Reservada. Contrato - 72/2014 - 26/09/2014, publicado em 08/10/2014.	32	Brasília	DF
46	São Domingos	Iny Karajá	164 - Funasa/Palmas: 2011	Homologada. Decreto - 383 - 24/12/1991, publicado em 26/12/1991. Reg. SPU Cert. n. 012 de 26/02/98.Reg. CRI no municipio de Luciara e comarca de S.Felix do Araguaia (5.704 ha) Matr. 12.357 Liv. 2-RG Fl 1/2, em 07/11/1997).	5.705	Luciara São Félix do Araguaia	MT
47	Taego Ãwa	Avá-Canoeiro	25 - GT/Funai: 2012	Declarada. Portaria - 566 - 11/05/2016, publicado em 12/05/2016.	28.510	Formoso do Araguaia	TO
48	Tapirapé/Karajá	Iny Karajá Tapirapé	512 - Funasa/Palmas: 2011	Homologada. Decreto - 88.194 - 23/03/1983, publicado em 24/03/1983. Reg. SPU-MT Certidão s/n de 08/07/87.Reg. CRI no município de Santa Terezinha, comarca de São Félix do Araguaia,(66.166 ha) Matr. 3.440 Liv.2 em 16/07/84.	66.166	Luciara Santa Terezinha	MT
50	Urubu Branco	Tapirapé	583 - Siasi/Sesai: 2013	Homologada. Decreto - s/n - 08/09/1998, publicado em 09/09/1998. Reg. SPU Certidão n. 10 de 22/11/99.Reg. CRI no município de Confresa, comarca de São Félix do Araguaia (35.860 ha) Matr. 12.754 Lv. 2-RG Fl. 001 em 2/06/99. Reg. CRI no município de Porto Alegre do Norte, comarca São Félix do Araguaia (82.673 ha) Matr. 12.752 Lv. 2-RG Fl. 001 em 24/06/99. Reg. CRI no município de Santa Terezinha, comarca de São Félix do Araguaia (48.998 ha) Matr. 12.753 Liv. 2-RG Fl. 001 em 24/06/99	. 167.533	Confresa Porto Alegre do Norte Santa Terezinha	MT
51	Urucu-Juruá	Guajajara	835 - IBGE: 2010	Homologada. Decreto - 382 - 24/12/1991, publicado em 26/12/1991. Reg. SPU Cert. s/n de 19/12/96.Reg. CRI no município e comarca de Grajaú, Matr. 5.664 Liv. 2-AD Fl. 126 em 17/02/92.	12.697	Grajaú Itaipava do Grajaú	MA
52	Utaria Wyhyna/Iròdu Iràna	Javaé Iny Karajá	116 - Funasa/Palmas: 2011	Declarada. Portaria - 3574 - 03/11/2010, publicado em 04/11/2010.	177.466	Pium	TO
s/l	Vila Real	Guajajara		Em Identificação. Portaria - 633 - 30/06/2003, publicado em 02/07/2003.		Barra do Corda	MA
s/l	Wahuri	Javaé	207 - Siasi/Sesai: 2014	Em Identificação. Portaria - 658 - 30/06/2009, publicado em 02/07/2009.		Sandolândia	TO
55	Xambioá	Karajá do Norte Guarani Guarani Mbya	363 - Siasi/Sesai: 2013	Homologada. Decreto - s/n - 03/11/1997, publicado em 04/11/1997. Reg. SPU-GO Cert. n. 460 em 05/05/98.Reg. CRI no municipio e comarca de Araguaína (3.326 ha) Matr. 221 Liv. 2/RG em 10/03/98.	3.326	Santa Fé do Araguaia	TO
56	Xerente	Xerente	2.693 - Funasa/Palmas: 2011	Homologada. Decreto - 97.838 - 16/06/1989, publicado em 19/06/1989. Reg. SPU GO-278 em 03/11/1987. Reg SPU GO- 370 em 15/10/1987Reg. CRI no município e comarca de Tocantínia,(167.542 ha) Matr. 601 Liv. 2-A Fl. 154 em 26/09/85.	167.542	Tocantínia	TO

Sobre Escolas, Florestas e Retomadas: os Novos Desafios dos Awa Guajá

Flávia de Freitas Berto Linguista e professora da Seduc/MA na aldeia Awá
Guilherme Ramos Cardoso Antropólogo e indigenista especializado, Funai
Marina Magalhães Linguista, professora da UnB
Uirá Garcia Antropólogo, professor da Unifesp

PARA OS AWA GUAJÁ, OS PROCESSOS DE CONTATO, INICIADOS NA DÉCADA DE 1970, E SUAS RELAÇÕES COM OS *KARAI*, OS NÃO INDÍGENAS, VÊM PASSANDO POR UM PERÍODO DE TRANSFORMAÇÕES SIGNIFICATIVAS. A PANDEMIA DE COVID-19 CONTRIBUIU PARA ACELERAR ALGUMAS MUDANÇAS, MAS AS ALTERAÇÕES EM SUA ORGANIZAÇÃO SOCIAL, EM SUAS CONDIÇÕES DE SUBSISTÊNCIA E NA RELAÇÃO POLÍTICA COM OS NÃO INDÍGENAS JÁ ESTAVAM EM CURSO HÁ MAIS DE UMA DÉCADA

POLÍTICA INDÍGENA

Nos últimos anos uma série de mudanças, como a entrada de volumosos recursos através do Plano Básico Ambiental (PBA) de compensação à duplicação da Estrada de Ferro Carajás; demandas específicas das comunidades por melhor atenção à saúde e políticas de educação; a criação de duas associações indígenas; e a própria mudança no foco e piora das políticas indígenas oficiais, tem gerado novas formas de reivindicação e atuação política entre os Awa Guajá. Apesar de já terem demonstrado interesse nos movimentos da política institucional e dos movimentos indígenas em momentos anteriores, foi nos últimos anos que a mobilização dos Awa ganhou autonomia e força. Tanto a escola quanto as experiências de participação em conselhos e outros fóruns locais catalisaram os debates e os esforços para as comunidades serem ouvidas e vistas.

Essa mobilização traduziu-se na organização autônoma de protestos contra políticas anti-indígenas promovidas pelos governos

© FLÁVIA DE FREITAS BERTO, 2019

Estudantes, professores e moradores das aldeias Awa e Tiracambu participam da greve geral contra cortes os na educação e contra a reforma da previdência do governo; a manifestação, no povoado Boa Vista (MA), contou também com a participação de estudantes e professores não indígenas convidados pelos Awa Guajá.

© FLÁVIA DE FREITAS BERTO, 2021

Escola de educação infantil na aldeia Awá, TI Caru (MA).

Temer e Bolsonaro, bem como pelo Congresso Nacional e mesmo o Judiciário. Esses protestos incluem de manifestações dentro das aldeias, a produção de vídeos e discursos para serem divulgados em redes sociais e até passeatas no entorno das Terras Indígenas (TIs). As lideranças awa guajá têm marcado presença no Acampamento Terra Livre (ATL), além de estarem em encontros e manifestações de organizações indígenas locais e nacionais, algo que não era visto em momentos anteriores de sua história. O interesse pela participação política significou também uma crescente demanda pelo exercício do direito ao voto, além de outras formas de participação.

Por exemplo, a partir de 2018, pessoas de diferentes aldeias vêm se organizando em torno de duas organizações indígenas: Associação Kakỹ (aldeias da TI Alto Turiaçu) e Associação Arari (aldeias das TIs Caru e Awa). As associações têm atuado não apenas denunciando a invasão de seus territórios, mas também apresentando reivindicações diversas. Essa mobilização diz respeito, ainda, ao modo como os Awa têm acesso às políticas públicas, entre elas, o acesso à educação escolar. A escola e, principalmente, a escrita são reivindicadas pelos Awa Guajá como ferramentas necessárias para poderem se relacionar com os *karai* (não indígenas) de maneira autônoma, e mesmo para permitir a salvaguarda e a transmissão de seu patrimônio cultural.

ESCOLA, LÍNGUA E MUDANÇAS

Sabemos que a noção de "educação" é muito mais ampla do que a concepção formal de educação a que os Awa Guajá têm tido acesso por meio da escola, atualmente subordinada à Secretaria de Educação (Seduc) do Maranhão (MA). O tema da escola é tratado pelos Awa com profundo interesse, mesmo sendo algo que gera ruídos, sobretudo consequências negativas advindas de um processo de educação estranho a seus modos de ensinar e distante de seus modos de aprender. As tentativas de atender à antiga demanda dos Awa por escolas indígenas nas aldeias, que os ajudem a compreender ainda mais o mundo dos não indígenas e, ao mesmo tempo, não os atrapalhe em seus processos de transmissão de conhecimento, têm, em geral, sido mal conduzidas. As iniciativas resultam muitas vezes em indisposições e conflitos entre os próprios Awa e destes com agentes não indígenas, por discordâncias em relação à forma e aos conteúdos ministrados.

Por um lado, as experiências com professores indígenas, apesar de ainda embrionárias, têm trazido avanços, com formas compartilhadas de conhecimento, num processo de se "fazer junto" e prestar atenção enquanto se "faz junto", como definem os próprios Awa. Por outro, no entanto, o funcionamento da escola hoje nas aldeias muitas vezes se distancia disso. Com um maior número de professores não indígenas do que de professores indígenas, esse processo tem caminhado no sentido de se converter em mais um instrumento de supervalorização do conhecimento dos "brancos" em detrimento do fortalecimento da cultura e da língua dos Awa, havendo inclusive intervenção missionária na escola de uma das aldeias.

Na TI Alto Turiaçu, a escola formalizada pela Seduc/MA em 2006 teve suas atividades conduzidas por um missionário da Associação Linguística Evangélica Missionária (Alem). Em 2017, além de (agora) dois missionários, a escola passou a contar com uma professora awa guajá contratada pela Secretaria. Já na TI Caru, desde 1999 o Conselho Indigenista Missionário (Cimi) desenvolve processos educativos com o objetivo de formar lideranças indígenas para atuarem como interlocutores entre a aldeia e as pessoas do entorno. Além do Cimi, esses processos tiveram a participação da Fundação Nacional do Índio (Funai), do Ministério Público Federal (MPF), do Ministério da Educação (MEC) e dos Awa Guajá. Entre 2015 e 2016, um grupo de indígenas das aldeias Tiracambu e Awa (da TI Caru), que havia se desvinculado do projeto do Cimi, frequentou escolas não indígenas nos povoados localizados no entorno da TI Caru.

Os principais resultados desses processos foram o Parecer CNE/CEB nº 9/2015, que fornece orientações para a promoção do acesso de povos indígenas de recente contato a processos educacionais, e a promulgação Decreto nº 32.683, de 8 de março de 2017, do Governo do Estado do Maranhão, que reorganizou a rede estadual de ensino do estado e incluiu a Unidade Integrada de Educação Escolar Indígena Pape Japoharipa 'Yruhu e a Unidade Integrada de Educação Escolar Indígena Tiracambu, respectivamente as escolas das aldeias Awa e da aldeia Tiracambu (TI Caru). Apesar da formalização das escolas e da reivindicação das comunidades, o Estado do Maranhão ainda não finalizou a construção dos prédios escolares nas aldeias, que era um desejo das comunidades. Assim, as aulas são ministradas em espaços improvisados. No ano de 2019, a escola da aldeia Awá contava com seis professores (três indígenas e três não indígenas) e 63 alunos, e a escola da aldeia Tiracambu contava com três professores (dois indígenas e um não indígena) e 27 alunos.

Desde a formalização das escolas, as aulas têm ocorrido em períodos alternados a fim de garantir que as pessoas tenham tempo para realizar suas atividades de acordo com seu modo de vida e sua organização social. Entretanto, a educação escolar, bem como outros processos educativos, tem impactado o dia a dia das comunidades, dado que essas atividades são conduzidas por não indígenas e não são elaboradas a partir de um calendário próprio das comunidades e de seus interesses.

Lembramos também que a língua Guajá está muito viva e é usada de forma fluente em todas as comunidades, não apresentando indícios de que esteja enfraquecendo. Contudo, por se tratar de uma população de "recente" contato, sua língua é classificada pela Unesco como de "vitalidade vulnerável". Sem planejamento da educação indígena e sem atenção à formação de professores indígenas, o que se verifica hoje nas aldeias é um modelo em que as formas de conhecimento awa perdem espaço para uma abordagem segmentada do conhecimento, com foco nos conhecimentos dos não indígenas e na língua portuguesa.

A PANDEMIA E A FLORESTA

A pandemia de covid-19 teve efeitos ambíguos para os Awa. Em um primeiro momento, principalmente durante o ano de 2020, a principal estratégia utilizada por eles foi a do isolamento na floresta. Com a restrição do ingresso dos não indígenas nas TIs, os Awa Guajá tiveram a oportunidade de se dedicar à vida comunitária, aos acampamentos na floresta, à caça e à circulação pelo seu território. Liberados da presença constante de não indígenas, de reuniões, projetos e uma agenda sempre repleta de demandas de entidades governamentais e não governamentais, experimentaram um período de autonomia com impactos bastante positivos.

No entanto, esse foi um período de paralisação de vários serviços, inclusive de saúde, já que foi adotada a política de evitar ao máximo procedimentos que não fossem urgentes ou que exigissem deslocamentos para fora das TIs. Mesmo com a diminuição das restrições, os recursos materiais e humanos para atendimento à saúde têm sido cada vez mais precários. Faltam profissionais, insumos e as reivindicações dos Awa Guajá raramente encontram resposta.

Por outro lado, houve a intensificação das ações de fiscalização e proteção territorial coordenadas pela Frente de Proteção Etnoambiental Awa Guajá (FPEAG/Funai). Foram realizadas operações, expedições, construção e recuperação de bases de proteção. Essas ações ocorreram em um contexto de aumento de invasões, incentivadas pela política ambiental do governo federal e pela piora da situação econômica, que impulsiona a população do entorno a buscar recursos nas TIs.

Seguindo a tendência nacional, a estratégia de isolamento foi sendo abandonada ao longo de 2021. Desde o início da pandemia até o momento em que este texto está sendo escrito, todas as aldeias dos Awa Guajá passaram por surtos de covid-19, com dezenas de contaminados. Alguns ainda sofrem com as sequelas da doença. Em julho de 2021, em uma sequência de perdas para o povo, faleceu Karapiru, um símbolo da resistência awa guajá ao genocídio.

Nos últimos anos, parte importante da geração que conduziu os contatos com os não indígenas e fundou as atuais aldeias, hoje formada por idosos, tem morrido. A geração que passa a assumir papéis de liderança, que nasceu logo antes ou mesmo depois dos contatos, sente que uma parcela de seu patrimônio cultural, de sua história e de sua identidade está indo embora com os mais velhos. Os acontecimentos dos últimos anos aceleraram as transformações e a intensidade das relações dos Awa com os não indígenas e suas instituições. Essas mudanças têm sido enfrentadas com coragem e criatividade pelos Awa, mas têm também reduzido as possibilidades e oportunidades da vida comunitária, e gerado perdas de referências importantes para esse povo. Esse é um dos principais desafios que eles têm a enfrentar.

Diante de tudo isso, os Awa dizem hoje viver "no meio" dos *karai* (os não indígenas), como eles mesmos definem.[1] Esse novo momento, de existir em meio aos brancos, tem como resultado o envolvimento em uma rede de entrelaçamentos, com extraordinárias tessituras, que incluem desde os seres da floresta, animais e plantas, a diplomacia cósmica e a política presente na relação dos humanos com os *karawara* (espíritos ancestrais evocados em situações diversas), até as políticas do contato que os Awa vêm efetuando com outros povos indígenas da região e a população do entorno das TIs, além de instituições como a FPEAG/Funai, a Seduc/MA, o Conselho Indigenista Missionário (Cimi), o Centro de Trabalho Indigenista (CTI), o Instituto Sociedade, População e Natureza (ISPN), às quais se somam pesquisadores, jornalistas e uma variedade de outros agentes que procuram constantemente os Awa para conversas, reuniões, entrevistas, declarações, filmagens, programas de TV, oficinas, cursos e outros.

Nos últimos anos, sobretudo depois da pandemia de covid-19, mesmo com a restrição de entrada de pessoas nas TIs, os Awa Guajá têm feito uso também de aplicativos de mensagens para reinvindicações diversas. O WhatsApp é utilizado na comunicação entre os próprios Awa de diferentes aldeias, com interlocutores externos, com povos vizinhos – como os Guajajara e Ka'apor – e com representantes de diversas instituições. Com isso eles vêm conseguindo manter contato constante com interlocutores diversos – o que é desejado pelas pessoas das aldeias nos dias de hoje.

Como parte do movimento dos "Guardiões da Floresta", mas não apenas, os Awa Guajá da TI Caru e Awá também vêm promovendo uma série de "retomadas" de áreas da mata que são importantes na história desse povo. Trata-se de áreas cujo acesso era dificultado por estarem próximas a roças ilegais, áreas de madeireiros ou simplesmente por não possuírem trilhas acessíveis às pessoas mais idosas ou às crianças – pessoas para quem subir ladeiras e se arriscar em áreas de invasão é sempre mais complicado. Um desses lugares é a chamada Serra da Vovó (*Jari rapa*), um local estratégico para os Awa que vivem tanto na TI Caru (aldeias Tiracambu e Awá) quanto na TI Awá (aldeia Juriti), sendo um dos pontos mais altos do conjunto de morros e serras que compõem a TI Caru. Os Awa estão dispendendo tempo e esforço na abertura de ramais que possibilitem a circulação de quadriciclos e motos, com o objetivo de interligar por uma trilha as duas aldeias da TI Caru (Awá e Tiracambu), bem como ambas as aldeias com a Serra da Vovó. Além desses ramais, uma espécie de continuação do caminho para a Serra da Vovó irá interligar as aldeias Awá/Tiracambu à Juriti (na TI Awá), formando um triângulo que vem sendo pensado por eles como um importante "polígono de proteção".

Como sabemos, os Awa Guajá sempre ocuparam as serras, montanhas e contrafortes que compõem a paisagem do oeste do Maranhão. Cadeias de montanhas, como as serras do Tiracambu e da Desordem, serviram de refúgio durante muitos anos para

NOTA DE FALECIMENTO

Karapiru, ou "Carapiru", como acabou mais conhecido, faleceu em Santa Inês, no interior do Maranhão, em 16 de julho de 2021. Sua história de vida é extraordinária.

Pertencente ao povo Awa Guajá, vivia isolado na mata com sua família, quando, nos anos 1970, sofreu uma emboscada de fazendeiros que circulavam na região. Ao ataque, sobreviveram apenas ele e um de seus filhos. O menino foi capturado pelos agressores e o pai fugiu.

Passou dez anos escondido, sempre em movimento, sempre fugindo dos não indígenas. Percorreu sozinho centenas de quilômetros, do Maranhão até o norte da Bahia, onde, em meados dos anos 1980, topou com moradores de uma comunidade rural na cidadezinha de Angical.

Seu aparecimento repercutiu na região, atraiu a atenção da Funai e da imprensa do país inteiro. Ninguém sabia quem ele era, que língua falava ou por que estava ali.

Em uma das inúmeras tentativas de solucionar o mistério, a Funai decidiu levar um intérprete awa guajá para falar com ele. Foi então que o rapaz, ao encontrar com Karapiru, olhou seu rosto e reconheceu as marcas dos tiros em seu corpo – cuja dor ele carregaria pelo resto da vida – e concluiu: "Ele é meu pai".

O intérprete era, de fato, seu filho, que fora abduzido anos antes. A partir desse reencontro, num movimento impensável do acaso, Karapiru pôde restabelecer contato com a família e, enfim, voltar a viver junto de seu povo.

Em sua vida, a violência e a destruição promovidas pelo Estado brasileiro contra os povos indígenas foram uma constante ameaça. Sua fantástica saga de fuga tem uma dimensão que a maioria de nós sequer cogita experienciar.

Apesar de ter ganhado o imaginário nacional na época, chegando a ser contada em filme décadas depois, sua história ecoa incontáveis outras, vividas não só pelos Awa Guajá, mas por todos os povos indígenas no Brasil. São histórias de um processo longo e contínuo de genocídio, em relação ao qual a sociedade, em sua maioria, permanece alheia.

Para todos que tiveram ou terão a oportunidade de conhecer essa história, talvez o processo seja uma das maneiras mais intensas de superar essa invisibilidade em relação ao genocídio, de conferir-lhe

diversas famílias e, ainda hoje, nessas mesmas serras, vivem uma "gente do mato" (*awa ka'apahara*), os chamados "isolados", que são motivo de preocupação e cuidado daqueles que vivem nas aldeias. Por isso, a proteção e manutenção da floresta são sempre lembradas como uma conquista não apenas para os Awa nas aldeias, mas também para os isolados e para toda uma rede de seres humanos e outros-que-humanos (espíritos, animais, plantas) que habitam as florestas. *(agosto, 2022)*

NOTA

[1] Conforme abordado na tese *Ariku karai pyry: o ficar no meio dos brancos para os Awa do Pindaré*, MA, defendida por Guilherme Ramos Cardoso, em 2019, na Unicamp.

Karapiru, do povo Awa Guajá, que vivia isolado e passou dez anos fugindo dos não indígenas.

materialidade, historicidade, de acessar e entender o ponto de vista de suas vítimas.

Karapiru nos ensinava tudo isso, e ensinava com a doçura que lhe é característica: sempre sorrindo, sempre carinhoso com quem convivia com ele, uma doçura indestrutível, mesmo depois de tantas perdas, fugas, tanta violência vivida. A doçura como resistência.

Karapiru viu o genocídio de frente e carregou suas marcas no corpo, porém não resistiu à covid-19. Já havia tomado duas doses da vacina, mas, diante dos altos níveis de circulação do Sars-CoV-2 que o Brasil ainda mantém, a proteção não foi suficiente.

Os Awa Guajá têm, desde o início da pandemia, tentado se manter em seus territórios, restringindo suas saídas apenas para casos de emergência de saúde. Em 2020, houve também um esforço de parceiros e aliados para que fosse possível a manutenção desse isolamento e houvesse um controle de entrada e saída de pessoas das Terras Indígenas.

As estatísticas disponíveis hoje sobre a pandemia e os povos indígenas no Brasil, como as divulgadas pela Articulação dos Povos Indígenas do Brasil (Apib) e pelo Movimento Alerta, mostram que toda proteção e cuidado foram e continuam sendo fundamentais.

A tragédia da pandemia no país, que está atingindo centenas de milhares de famílias, tem um forte viés racial e étnico, com os indígenas tendo proporcionalmente o maior número de casos, de internações e de vítimas fatais.

Em 2021, as vacinas trouxeram a esperança de que a pandemia poderia ser controlada. Mesmo com a disseminação de informações falsas, gerando desconfiança em relação a elas, inclusive entre os povos indígenas, os Awa Guajá aderiram à vacinação de modo generalizado assim que as doses chegaram nas aldeias. Porém, como temos aprendido nos últimos meses, as vacinas protegem a sociedade e não os indivíduos.

As mortes evitáveis (o Movimento Alerta publicou estudo a respeito) continuam acontecendo aos milhares e o vírus continua circulando muito, com o agravamento de um consenso perigoso de que o pior já passou. Nessa pressão crescente pela retomada de eventos e atividades, no momento em que os riscos também aumentam, os povos indígenas enfrentam ainda uma das maiores ameaças a seus direitos das últimas décadas, com a perspectiva de aprovação pelo Congresso Nacional do Projeto de Lei (PL) nº 490 e da adoção de jurisprudência favorável à tese do Marco Temporal pelo Supremo Tribunal Federal (STF).

As mobilizações e os protestos – quase sempre a única ferramenta que esses sujeitos dispõem para se fazerem visíveis e lutar por seus direitos, seus territórios, tal como assegurados na Constituição Federal –, tão necessários nesse momento, têm levado indígenas de todo o país a saírem de suas aldeias, colocando-se conscientemente em risco, em nome da luta.

Isso inclui os Awa Guajá. Eles não querem que essa violência – a que Karapiru e seu povo enfrentaram a vida toda – continue a se perpetuar.

Karapiru foi, e seu povo permanece sendo, testemunha de uma política de invasão e ocupação dos territórios indígenas, com muita violência, doenças e assassinatos. Uma política da morte, para a qual a pandemia é uma ferramenta oportuna, na medida em que contribui para o projeto de aniquilação.

Expressamos aqui nossa indignação, nossa saudade, nossos sentimentos e nossa solidariedade ao povo Awa Guajá nesse momento difícil. (Alexandre Werá, Cristina Amaral, Eliane Cantarino O'Dwyer, Fábio Costa Menezes, Flávia de Freitas Berto, Guilherme Ramos Cardoso, Lirian Monteiro, Louis Carlos Forline, Marina Maria Silva Magalhães, Paula Sobral, Renata Otto, Uirá Felippe Garcia, Vincent Carelli, julho de 2021)

AKROÁ GAMELLA

Racismo, Mentira e Punição na Baixada Maranhense[1]

Ana Mendes | Cientista social e fotógrafa

O ATAQUE DO DIA 30 DE ABRIL DE 2017 NÃO FOI UM ATO ISOLADO NEM FOI ESTANCADO PELOS MECANISMOS DE PROTEÇÃO OFERECIDOS AOS AKROÁ GAMELLA. AO CONTRÁRIO, O ESTADO ESTIMULOU A PERPETUAÇÃO DA MENTIRA, DO RACISMO E DA PUNIÇÃO CONTRA O POVO: UMA TENTATIVA DE GENOCÍDIO

Em 30 de abril de 2017, um ataque sofrido pelos Akroá Gamella na Baixada Maranhense atraiu a atenção da imprensa do mundo inteiro: mais de duas dezenas de indígenas ficaram feridos em uma ação empreendida por fazendeiros, líderes religiosos e políticos. Dois indígenas tiveram as mãos decepadas a golpes de facão.

Havia três anos que os Akroá Gamella tinham se autodeclarado publicamente como indígenas; até então eles eram considerados extintos pelo Estado. A retomada de suas terras, que já somavam uma dezena, estava começando a gerar reações por parte dos pretensos proprietários e grupos políticos anti-indígenas.

A emergência étnica dos Akroá Gamella estava sendo colocada em xeque pela maior parte da imprensa, parte da sociedade envolvente e agentes do Estado. A pergunta "Eles são mesmo índios?" ecoava por trás da veiculação da notícia do dia 30. E os agentes do Estado colaboraram para reforçar a dúvida ao utilizar termos como "supostos indígenas" e "pseudo indígenas" para se referir a eles, e "supostas terras indígenas" para se referir às terras que os Akroá Gamella reivindicavam como suas.

NOVAS RETOMADAS

Diferentemente das retomadas que fizeram no passado, que consistiam no corte das cercas que impunham limitações à livre circulação, os Akroá Gamella passaram a ocupar as sedes das fazendas, assim como outros povos indígenas no Brasil, retirando os não indígenas (pretenso proprietário, caseiros e empregados) das casas principais e, consequentemente, da localidade como um todo. A ocupação da área central da fazenda funciona como um modo de virar o jogo definitivamente em relação à ocupação da terra.

Entre novembro de 2015 e abril de 2017, eles haviam realizado 11 ações de retomada, das quais cinco se ocorreram em áreas cercadas onde não vivia ninguém e seis eram fazendas habitadas. Dessas seis fazendas retomadas, quatro estão nas mãos dos Akroá Gamella e formam a aldeia Cajueiro Piraí. Três foram retomadas praticamente no mesmo mês, entre novembro e dezembro de 2015, e não houve reação dos pretensos proprietários – ao contrário, um deles quis agendar uma conversa com os Akroá Gamella, mas nunca apareceu. Na quarta fazenda, o pretenso proprietário colocou capangas armados durante alguns meses. Entretanto, em agosto de 2016, quando os capangas foram embora, os Akroá Gamella efetivaram a retomada.

As reações violentas só passaram a acontecer a partir de 2017, quando atores do outro lado vão tendo um alinhamento, conforme explica Kum'tum Akroá Gamella. Segundo Kum'tum, "os contra"[2] demoraram para entender o que significava a autodeclaração pública como indígena. Isso porque os moradores de Taquaritiua sempre foram vistos como "índios". O território akroá gamella é composto atualmente por seis aldeias: Taquaritiua, Tabocal, Nova Vila, Centro do Antero, Ribeirão e Cajueiro-Piraí.

Foi então que aconteceu o ataque do dia 30 de abril de 2017 – ou o que os Akroá Gamella chamam de "o massacre". Eram quase cinco horas da tarde quando cerca de 35 homens e mulheres akroá gamella, adultos, idosos e crianças, chegaram à área onde iriam empreender a nova retomada. A fazenda sobreposta ao território tradicional indígena localiza-se no município de Viana/MA. Atualmente, a área é utilizada por fazendeiros para a criação de gado bubalino e peixes para comercialização.

Os Akroá Gamella haviam decidido em reunião alguns dias antes que retomariam a fazenda. Retomada que se justificava, tal como todas as outras, para efetivar a recuperação de fontes de água doce e de acessos ao juçaral que lá existe. Estes mesmos locais também são considerados sagrados, pois são habitados por alguns dos Encantados que os Akroá Gamella cultuam.

© ANA MENDES/IMAGENS HUMANAS, 2017

Indígenas do povo Akroá Gamella após sofrerem um brutal ataque na nova retomada de terra no povoado dos Bahias, Viana (MA); cerca de 200 homens armados deixaram dezenas de indígenas feridos.

Entretanto, de modo diferente das retomadas empreendidas em anos anteriores, essa retomada se deu também como uma reação à mobilização dos contra, que vinham articulando-se há algumas semanas na cidade de Viana e nos povoados do entorno para uma reunião, chamada de Manifestação pela Paz, que tinha a intenção de solucionar o que os contra entendem como um conflito agrário provocado pelos Akroá Gamella. Em um programa de uma rádio local, a rádio Maracu, veiculado no dia 29 de abril de 2017, um pretenso proprietário afirmou: Há um grupo de pessoas que se dizem ser índios. Eles chegam e invadem a casa das pessoas.

O local retomado é denominado pelos Akroá Gamella como Fragato e habita a memória dos Akroá Gamella como uma localidade onde há uma importante fonte de água cristalina, a Lagoa das Flores, e um enorme juçaral. A implementação da fazenda, justaposta ao Fragato, estava (e está) destruindo a lagoa. O juçaral preservado, entretanto, não podia ser acessado pelos Akroá Gamella e, tal qual em outras fazendas da região, as proibições de passagem ou acesso foram impostas pelo fazendeiro há alguns anos.

A ofensiva contra os Akroá Gamella se deu de maneira desproporcional, pois eles estavam em menor número, incluindo crianças e idosos. Tinham bordunas e flechas enquanto os contra portavam facões e armas de fogo. A hipótese sustentada pelos Akroá Gamella é de que as pessoas que participaram da Manifestação pela Paz foram as mesmas que se dirigiram à retomada para atacá-los. Diversos carros chegaram ao portão da fazenda, de onde desceram várias pessoas, que, a pé, forçaram a entrada e, tendo vencido o limite do portão, começaram a agredir fisicamente os indígenas, os quais não tiveram tempo de recuar.

Um primeiro grupo de homens desferiu golpes com facões e paus, um segundo grupo atirava com armas de curto calibre e um terceiro portava armas que a gente nem sabia que existia, conta Jaldo (em reunião ocorrida em 14 de março de 2019). O inquérito policial aberto à época nunca foi concluído.

A MENTIRA

Conforme o relatório Violência contra os povos indígenas no Brasil de 2017, elaborado pelo Conselho Indigenista Missionário (Cimi), 22 Akroá Gamella ficaram feridos no ataque de 30 de abril de 2017. Entre esses, dois tiveram as mãos decepadas a golpes de facão: Aldeli e Zé Canário. Entre os contra, dois homens também ficaram feridos. Em 1º de maio de 2017, um dia depois do ocorrido, o governador do Estado do, Flávio Dino (à época do PCdoB e agora do PSB), publicou no Twitter que O governo do Estado não é responsável por conflitos envolvendo supostas Terras Indígenas.

Já o Ministério da Justiça (MJ), então sob responsabilidade de Osmar Serraglio (à época do MDB, hoje PP), lançou duas notas nesse mesmo dia. A primeira, que ficou no ar por algumas horas, afirmava que o órgão estava averiguando o ocorrido envolvendo pequenos agricultores e supostos indígenas no povoado de Bahias, no Maranhão, mas foi substituída em seguida por outra, que se referia à ocorrência como conflito agrário. Mesmo que a primeira nota tenha sido retirada do ar, justamente para subtrair o termo supostos, em ambos os comunicados, o MJ se esquiva de afirmar que os Akroá Gamella são indígenas.

Esse discurso se alinha ao que dizem os contra a respeito dos Akroá Gamella. Na esteira dessas primeiras declarações oficiais, que colocaram em dúvida a identidade e o território akroá gamella, uma parcela da imprensa, o Governo do Estado[4] e alguns políticos, maranhenses ou não, reproduziram a ideia dizendo a mesma coisa de modos diversos. Como (e por que) o Estado, em menos de 24 horas após o ataque, tinha uma ideia formada a respeito da identidade do povo e da tradicionalidade da terra? Por que há uma diferença de tratamento destinado aos Akroá Gamella de um lado e aos contra de outro?

Os Akroá Gamella possuem documentos e mapas que mencionam uma Carta Régia de Data e Sesmaria do século XVI, e falam sobre a existência daquela população na região. É raro que documentos históricos como esses estejam em posse de povos indígenas. É por isso que a descoberta e a preservação desses documentos, que dão informações – às vezes só pistas –[5] sobre a presença indígena, são fundamentais para romper o silêncio historiográfico[6] que recai principalmente sobre as etnias no Nordeste brasileiro, que, por décadas, foram ignoradas pela etnologia brasileira e consideradas extintas pelo Estado.

No caso dos Akroá Gamella, o conhecimento desses documentos poderia também ter preservado o povo da violência física e simbólica que se acentuou desde a autodeclaração pública em 2014. Os documentos históricos e cartoriais já publicados na pesquisa de Paula Andrade[7] e também mencionados, expostos e protocolados pelos Akroá Gamella nos órgãos de Estado e nas cortes internacionais de direitos humanos, comprovam a permanência tradicional, a posse, a grilagem e o renitente esbulho do território. Mas, apesar da existência desses documentos, o

O ATAQUE[3]

"Eu, mesmo antes, eu vinha sonhando e vendo aquele movimento. E sempre eu falava pra meu parente, pra Antônio, que eu tive um sonho muito forte [...]. Os outros parentes pode não ter certeza, eu sempre tive. Porque eu tenho certeza que hoje, pra nós estar onde nós estamos hoje, onde nós ganhamos reconhecimento além do nosso território, tinha de ser derramado sangue na terra. E esse sangue era o meu. Como aconteceu no dia 30. Isso eu não tenho dúvida de que foi a maior verdade, que depois que o sangue derramou na terra, Deus lavou. Deu uma chuva pra lavar o sangue que foi derramado na terra. Eu não tinha dúvida. O último sonho que eu tive tava com 15 dias antes de acontecer. Eu tive um sonho que nós tinha sido atacado e onde nós estava em um açude, ele feito uma – que nem aqui –, uma parede do lado e do outro, o açude no meio e uma laje em cima. E uma porta grande bem no meio, que quando nós fomos atacados, nós corremos todos pra dentro e lá escureceu, ninguém viu nós. Eu não tinha dúvida não. [...] Eu peguei um tiro nas costas, foi cortado o braço, a perna. Uma cirurgia na boca e na cabeça. Espancamento eu não tive quantia. Essa pessoa que me baleou foi esse senhor Z. C., o outro foi o vaqueiro de um fazendeiro que chamam de M. e mora lá no Santeiro também. [...] Depois que esse Z. C. me baleou, que eu caí, ele com um senhor de N. da Santa Helena 1 [povoado] chegaram e me cortaram e saíram cortando mais alguém. [...] Eles não falavam nada, eles só diziam que esse aqui não tinha jeito: 'Esse aqui ele tá morto.' [...] O Zé Canário, quando ele chegou bem pertinho de mim, ele já estava cortado, a perna e braço. Ele só chegou e se jogou assim, bem pertinho de mim. Eu não sei como ele veio. Eu sei que ele chegou e caiu pertinho de mim [...], perguntando se eu ainda dava conta de correr. Eu disse pra ele que não, que eles tinham cortado meus braços, minha perna, minha cabeça e eu achava que eu tava baleado na boca, que eu não tinha certeza. Pra mim, eu passei a língua nos dentes e pensei que tivesse sido bala. [...] Os dentes quebrados dentro da boca, né, e eu pensava que era bala. Aí eu disse pra ele. E ele disse: 'Ó, então ele [eu] vai correr.' Quando ele falou em correr [...], quando ele foi falando isso, veio aparecendo uma pessoa. Ele disse assim pra mim: 'Te cala, que vem uma pessoa bem aí e vai terminar de matar nós.'. Aí eu também fiquei calado. [...] Aí quando ele saiu, ele foi tentar levantar, ele caiu. Aí tornou a fazer o esforço de levantar e caiu de novo. Aí chegou um indígena chamado de Jibóia e botou ele nas costas e saiu correndo muito. [...] Dessa hora eu pensei que eles iam terminar de me matar mesmo, porque a borduna tava perto e eu pensei que eles pudessem pegar ela e terminar de me matar. Aí, quando eles saíram eu consegui [...], me aproximei mais de 15 metros da onde eu fui atirado e que o capim tava mais alto. Que eles não me olhavam, porque eles estavam procurando quem tinha sido os mortos. E foi que chegaram no local que me atiraram e eu não estava. [...] Os meus braços, esse braço aqui [esquerdo], ele desceu pra cá, arriou pra cá. Este aqui também [direito]. Aí eu tentei sair com os dois cotovelos e o joelho que estava bom. Aí foi que eu saí de lá, porque não tinha outro jeito. Porque se eu fosse tentar me arrastar de bucho ou de costas, podia que pegasse alguma coisa e arrebentasse [os braços]. [...] Pela parte da noite, umas 7 horas apareceu um senhor de Z., que é o Z. M., acompanhado com uns três policial e um rapaz chamado de Jorge, lá do povoado do São Pedro, e aí, eles dizendo que tava morto. Que tinha um morto lá. [...] O Z. falou: 'Esse aqui tá morto'. Aí foi que os policiais falaram. Disseram assim: 'Tu sabe porque tu tá passando isso?. Eu disse: 'Não doutor eu não quero saber o que eu tô passando, eu quero lhe perguntar se você tem como me socorrer.' Ele disse: 'Olha eu vou tentar. Se a viatura entrar aqui eu tenho como te socorrer, mas se o carro não entrar eu não tenho nenhum jeito pra dar.' E aí foi que esse Z. Falou: 'Olha, se eu tivesse te encontrado longe da polícia eu tinha te tocado fogo'." (Aldeli Akroá Gamella)

Estado desqualifica a demanda por demarcação, incita o medo e o perigo, aciona e legitima a mentira e o racismo.

A PUNIÇÃO

Os cortes de facão feitos no corpo de Aldeli e Zé Canário não foram em lugares aleatórios: mãos e joelhos foram escolhidos para efetivar golpes punitivos contra os indígenas. Na Audiência Pública realizada na Seccional Maranhão da OAB, em São Luís, logo após o ataque, o presidente da Comissão de Direitos Humanos da OAB/MA, Rafael Silva, fez referência aos cortes como um método de esquartejamento: "Isso não é uma coincidência. Isso é um método muito bem lembrado pela Sociedade Maranhense de Direitos Humanos. É um método utilizado na baixada para cortar e amputar animais que invadem roças."

Os Akroá Gamella receberam dos "contra" o mesmo tratamento que os animais que atravessam o limite das cercas das fazendas para invadir a roça alheia e devorar as plantações. Nesse sentido, o decepamento cumpre a tarefa de emitir uma mensagem bem específica: "Sua função é manter diante dos olhos da vítima – e das pessoas ao seu redor – o espetáculo mórbido do seccionamento", como afirmou o filósofo Achille Mbembe.[8]

O processo cirúrgico fez com que nenhum deles perdesse a mão, entretanto Zé Canário, dois anos depois, sente dor o tempo todo. Nenhum dos dedos da mão de Zé Canário têm movimento, eles se mantêm enrijecidos o tempo todo, paralisados e frios. Os dois têm ainda outras lesões, ambos caminham mal por conta dos golpes desferidos nos joelhos, e Aldeli carrega uma bala alojada no corpo, além de uma cicatriz na testa pelos golpes que levou, o que lhe causa dores de cabeça constantes. Por isso, dependem do auxílio das companheiras para realizar todos os afazeres. Zé Canário, que era um exímio tocador de tambor, às vezes olha para sua mão e, tendo de conviver com tanta dor, questiona-se por que não apartaram a mão no momento da cirurgia. "O que adiantou ter as mãos?"

Em 30 de março de 2019, três anos depois do massacre de 2017, encontrei em São Luís, uma família inteira de Akroá Gamella refugiada há quase dois meses na capital. Uma menina de 16 anos foi asilada na cidade pelo Programa de Proteção aos Defensores dos Direitos Humanos, Comunicadores e Ambientalistas do Maranhão (PPDDH/MA)[9] depois de ter sido surpreendida, quando voltava da casa, por dois homens encapuzados que lhe apontaram uma arma na cabeça. *(setembro, 2022)*

NOTAS

[1] Editado a partir de artigo originalmente publicado no livro Gamela, *Akroá--Gamella: etnicidade, conflito, resistência e defesa do território*, organizado por Carmen Lúcia Silva Lima e Raimundo Nonato Ferreira do Nascimento e publicado pela EdUEMA em 2022. O texto foi construído com base em minha dissertação de mestrado intitulada *Feito bicho que invade roça: racismo e violência na Baixada Maranhense*, defendida no Programa de Pós-Graduação em Ciências Sociais da Universidade Federal do Maranhão em 2019.

[2] Os "contra" é como os Akroá Gamella se referem àqueles que eles consideram como inimigos políticos, por se posicionarem e agirem de forma contrária à retomada de seus territórios. Essa denominação está documentada desde a década de 1990, quando o território akroá gamella começou a ser vendido a partir de um registro fundiário fraudado. Naquela época, eram reconhecidos como "contra" todos que se colocassem a favor da venda. Atualmente, eles são classificados em grupos, que têm em comum o fato de serem contrários às ações e reivindicações dos Akroá Gamella e, consequentemente, contrários à existência simbólica do povo. Entre os "contra" há políticos, instituições do Estado, empresas, pretensos proprietários de fazendas, veículos de comunicação, líderes religiosos e também alguns vizinhos dos Akroá Gamella.

[3] O ataque é um capítulo da dissertação composto por várias vozes, nas quais os Akroá Gamella contam em primeira pessoa o que mobilizou a Manifestação pela Paz e como o ataque ocorreu. Para este texto, selecionei somente a narrativa de Aldeli Akroá Gamella, um dos indígenas que sofreu a decepação e conta com detalhes e que aconteceu no ataque de 30 de abril de 2017. Os nomes que aparecem somente com as iniciais são dos contra.

[4] No dia 1º de maio de 2017, o Governo do Estado lançou uma nota intitulada *Nota oficial sobre a violência ocorrida em Viana*, que, em seu primeiro tópico, identifica o povo Akroá Gamella como um grupo que reivindica reconhecimento como povo Gamela. A nota na íntegra está disponível em: https://www3.ma.gov.br/agenciadenoticias/?p=175033.

[5] ALARCON, D. F. *O retorno da terra*: as retomadas na aldeia Tupinambá da Serra do Padeiro, sul da Bahia. Dissertação (Mestrado em Ciências Sociais) – Universidade de Brasília, Brasília, 2013.

[6] OLIVEIRA FILHO, J. P. Uma etnologia dos índios misturados? Situação colonial, territorialização e fluxos culturais. *Mana*, v. 4, n. 1, Rio de Janeiro, p. 47-77, 1988.

[7] ANDRADE, M. P. *Terra de índio*: identidade étnica e conflito em terras de uso comum. São Luís: Edufma, 2008. (Coleção Humanidades, v. 3.)

[8] MBEMBE, A. El gobierno privado indirecto. *In*: MBEMBE, A. *Necropolítica*. Seguido de El gobierno privado indirecto. Tradução e edição de Elisabeth Falomir Archambault. Santa Úrsula: Editorial Melusina, 2011. p. 142.

[9] Desde o final de 2017, todo o povo Akroá Gamella está inserido no PPDDH/MA. O programa atendeu ao pedido dos Gamella de proteger coletivamente o povo, por entender que todos os Akroá Gamella autodeclarados publicamente, inclusive crianças e jovens, estão sob ameaça.

E o *Paíz Timbira*?[1]

Maria Elisa Ladeira | Antropóloga e sociolinguista, CTI

AINDA QUE OS POVOS QUE CONFORMAM O *PAÍZ TIMBIRA* SEJAM COTIDIANAMENTE EXPOSTOS A NOVOS DESAFIOS, AGRAVADOS POR UMA POLÍTICA PÚBLICA ARROGANTE, DESENVOLVIMENTISTA E DEPREDATÓRIA, O QUE IMPORTA É QUE ELES TÊM CONSEGUIDO RESPONDER POSITIVAMENTE A ESTES DESAFIOS, MANTENDO SUA AUTONOMIA POLÍTICA E CULTURAL

O *Paíz Timbira* vai bem.[2] Poderia estar melhor? Sempre pode. A Terra Indígena (TI) Krikati poderia já estar desintrusada (extrusada me parece ser o termo correto agora), mas, mesmo depois de 25 anos da demarcação, ainda continua ocupada por fazendeiros responsáveis por um desmatamento crescente, sendo que, somente no período de 2017 a 2021, foram desmatados 1.365 ha dentro daquela TI, de acordo com dados do Centro de Trabalho Indigenista (CTI). Conforme o Relatório Circunstanciado de Identificação e Delimitação (RCID) entregue à Funai em 2008, a TI Governador poderia ter seu território revisto, para correção de erros de uma demarcação realizada na época da ditadura civil-militar. A TI Canela e a TI Porquinhos continuam com seus processos de revisão de limites parados, respectivamente, na Funai e na Justiça. Quanto à TI Apinajé, a Funai já poderia ter acatado, no mínimo, o RCID encaminhado em 2004, que incorpora parte do território não aprovado em 1985 pelo "Grupão".[3]

Por que então o *Paíz Timbira* "vai bem", se ainda tem de lidar com tantas questões e demandas territoriais? "Vai bem" se compararmos com o início dos anos 1970, quando apenas os Krahô tinham uma terra demarcada, concedida nos anos 1940 pelo governo do então Goiás depois do massacre em uma de suas aldeias, ou no final dessa mesma década, quando os Ramkokamekra,[4] Apãniekra e Gavião Pycobjê tiveram áreas demarcadas com uma superfície mínima, de acordo com a ótica do projeto Brasil-Radam e após os massacres sofridos pelos indígenas. Os Krẽjê e Krepumcatejê, por sua vez, nem existiam no horizonte para as políticas públicas. Sem dúvida, os problemas fundiários em relação ao *Paíz Timbira*, como em todas as demais Terras Indígenas do país, nunca sairão do horizonte ou da pauta.

Contudo, o que se pretende ressaltar aqui é que os povos Timbira continuam vivendo em suas aldeias circulares, que tiveram nesses últimos 40 anos um crescimento demográfico espantoso: se, no início da década de 1980, eram representados por cerca de 2.300 indivíduos, em 2022 são cerca de 12.000. Se em 1975 havia um total de dez aldeias nas seis terras timbira no Maranhão (MA) e Tocantins (TO), hoje, devido a estratégias próprias de gestão e ocupação territorial, somam 120 aldeias nas oito TIs demarcadas (dados do CTI).

Os povos Timbira continuam sendo "sociedades de festas", como Melatti e Nimuendajú apontaram, mantendo a circularidade de suas aldeias e a profusão de seus rituais – apesar das rápidas mudanças ocorridas com a chegada da eletricidade e, com ela, da televisão; do consumo de novos produtos e alimentos adquiridos com os recursos da aposentadoria e da bolsa família; da presença de um mundo digital, que permitiria a entrada de novos parâmetros em seus horizontes de vida; e da pressão imensa para uma inserção no "mercado estudantil" com um discurso de "melhorar de vida". Transformaram os celulares em instrumentos de registro, divulgação e circulação de informações entre as diversas aldeias, amparadas nos moldes de uma sociedade profundamente oral. As motos fazem parte do cenário de grande parte das aldeias, mas as corridas de tora são atuais e centrais no universo cultural. Os forrós, que, entre as décadas de 1970-1980, eram animados pelos tocadores do sertão, hoje foram substituídos por jovens tocadores timbira sem que tenham abandonado a animação dos *amjikin*[5] do pátio. E, apesar dos pesares, os povos Timbira continuam mantendo sua língua enquanto um sistema vivo e operante, que consegue deglutir novos conceitos e traduzi-los em um sistema linguístico próprio dos Timbira.[6]

A realização de seus rituais, ligados tanto ao ciclo de vida (a iniciação dos jovens) quanto aos ritos ligados ao ciclo anual,[7] sofreu alguns ajustes, principalmente em função do cronograma escolar. Atualmente, via de regra, os grandes rituais que envolvem a participação de toda a aldeia (e para os quais são chamadas e convidadas outras aldeias) foram concentrados em julho, mês das férias escolares, mas não deixam de ser realizados. Já os rituais menores, os *amxire* – realizados quando da inserção da pessoa na vida social, afastada dela por motivo de doença ou longas ausências –, são de responsabilidade de apenas um grupo doméstico e continuam acontecendo ao longo do ano.

No *Paíz Timbira*, há diversidade e especificidade na atualização dos grandes rituais, principalmente aqueles ligados à iniciação dos jovens. Por exemplo, os Gavião e Krikati realizam sistematicamente o *Ehjcreere*, que os Canela designam como *Pepjê* ou *Icreré*, e que os Krahô não mais realizam. Por outro lado, os Krahô realizam o *Keetwajê*, que os Gavião abandonaram. Mas esses rituais ainda existem como um estoque que pode ser acionado, assim como os cantos. Os Apinajé, cuja vida ritual estava adormecida nos anos 1970-1980, hoje cantam muito e a participação dos jovens e das crianças é total. Por seu turno, os grandes rituais ligados ao fim de luto continuam existindo para todos esses povos e mobilizam a participação de parentes do morto de várias aldeias, alimentando a rede de alianças e comunicação entre elas.

É necessário ressaltar aqui também que, a partir dos anos 1990, os Timbira começaram a se organizar politicamente em associações e, para além das associações locais vinculadas a aldeias específicas, fundaram a Associação Wyty Catë das comunidades Timbira do Maranhão e do Tocantins, que tem sido incansável na defesa dos interesses dos Timbira em suas demandas territoriais e diante do avanço dos grandes empreendimentos no entorno de seus territórios. A Associação Wyty Catë é, inclusive, exemplar de uma política indígena inovadora, contrária ao movimento indígena tradicional, que organiza seu recorte de atuação pelos limites administrativos dos estados. A Wyty Catë, ao contrário, tem como referência os povos Timbira, reforçando sua unidade, independentemente dos estados em que suas Terras Indígenas estão inseridas. Desde 2012 a Associação Wyty Catë faz a gestão do Fundo de Compensação dos impactos da Usina Hidrelétrica de Estreito, no Rio Tocantins, em quatro Terras Indígenas dos Timbira, apoiando ações e pequenos projetos das associações locais, sem, até o momento, nestes 10 anos, ter se utilizado do montante principal, usando apenas o rendimento. A partir de 2017, essa gestão passou a ser de responsabilidade compartilhada entre a Associação Pẽmpxà das aldeias Apinajé.

Ainda que os povos que conformam o *Paíz Timbira* sejam cotidianamente expostos a novos desafios, agravados por uma política pública arrogante, desenvolvimentista e depredatória, o que importa é que eles têm conseguido responder positivamente a estes desafios, mantendo sua autonomia política e cultural.

A cada momento histórico, a relação com o "branco", o *cöpë*, é reconstruída, e a pressão externa para que abandonem seu modo próprio de conceber o mundo e existir nele encontra entre os Timbira uma resistência e um refazer de si próprio moldado em uma referência ancestral. Eles continuam com muita autoestima e com orgulho de serem Krahô, Krikati (Põo Catiji), Apinajé, Gavião-Pycobjê (Pyhcop Catiji), Ramkokamekra (Memortumré) e Apãniekra.

© LUCAS BONOLO/ACERVO CTI, 2012

Vista da aldeia Kyipekrin, do povo Krahô.

DANIELA FONSECA/ACERVO CTI, 2012

Jovens cantadores memortumré-canela.

QUADRO 1 – SÍNTESE DAS TERRAS INDÍGENAS TIMBIRA EM PROCESSO DE REESTUDO DE LIMITES

TI	UF	Municípios	Povo	Pop.	Área (ha)	Situação	Ano da demarcação	Ano da homologação	Observações
Apinayé	TO	Tocantinópolis, São Bento do Tocantins, Maurilândia do Tocantins, Cachoeirinha	Apinayé	2.277	141.904,20	Regularizada	1985	1997	Reivindicação por reestudo de limites
Kraolândia	TO	Goiatins, Itacajá	Krahô	2.992	302.533,39	Regularizada	1944	1990	
Porquinhos	MA	Barra do Corda, Fernando Falcão, Grajaú	Apanjekrá-Canela	1.076	79.520,25	Regularizada	1979	1983	Em processo de reestudo de limites
Kanela	MA	Barra do Corda, Fernando Falcão	Memortumré-Canela	2.500	125.212	Regularizada	1977	1982	Em processo de reestudo de limites
Krikati	MA	Sítio Novo, Montes Altos, Lageado Novo, Amarante do Maranhão, Ribamar Fiquene	Krikati	1.299	144.775,78	Regularizada	1997	2004	Desintrusão dos ocupantes não indígenas suspensa na justiça desde 2017
Governador	MA	Amarante do Maranhão	Gavião Pyhcop Catiji	851	41.643,75	Regularizada	1977	1982	Em processo de reestudo de limites
Geralda Toco Preto	MA	Arama, Itaipava do Grajaú	Krepymcatejê	960	18.581,43	Regularizada	1986	1994	
Krenyê	MA	Tumtum	Krenyê	155	8.000,00	Regularizada		2014	Fazenda Vão do Chapéu é adquirida pela Funai e destinada aos Krenyê como Reserva Indígena
Mãe Maria	PA	Bom Jesus do Tocantins	Gavião Parkatejê	760	62.975,85	Regularizada	1975	1986	

Fonte: Centro de Trabalho Indigenista

QUADRO 2 – SÍNTESE DA SITUAÇÃO FUNDIÁRIA DAS TIS TIMBIRA EM PROCESSO DE DEMARCAÇÃO/REVISÃO DE LIMITES

TI	UF	Etnia	Situação fundiária--administrativa	Processo Administrativo Funai	Pendências processuais (administrativas e judiciais)
Apinajé *revisão de limites	TO	Apinajé	Reivindicada	Processo Funai nº 08620.002297/1995	Os Grupos de Trabalho anteriores, criados para os reestudos da TI, foram suspensos (1995 e 2007) por conflitos fundiários.Recentemente, nos autos da Ação Civil Pública nº 1004819-29.2019.4.01.4301, movida pelo MPF, foi determinado pela Justiça Federal de Araguaína/TO que a Funai conclua o processo demarcatório no prazo de dois anos. Na esfera administrativa, aguarda-se a criação/reativação pela Funai do Grupo Técnico para realizar o reestudo de identificação e delimitação da TI.
Porquinhos Canela--Apanjekrá *revisão de limites	MA	Apanjekrá-Canela	Declarada (Portaria MJ nº 3.508, de 21/10/2009)	Processo Funai nº 08620.001175/2003	Processo administrativo anulado por decisão judicial do STF nos autos do RMS nº 29542. A comunidade Kanela Apanjekrá requereu habilitação no processo e pediu a revogação da decisão que anulou o processo administrativo de demarcação. O processo está em trâmite no STF.
Kanela-Memortumré * revisão de limites	MA	Memortumré--Canela	Delimitada (Despacho Funai nº 549, de 28/08/2012)	Processo Funai nº 28870.002615/1982-16	Processo administrativo em análise na Funai para respostas às diligências solicitadas pelo Ministério da Justiça com vistas à expedição da portaria declaratória. Processo aguardando a portaria declaratória pelo Ministro da Justiça há cerca de oito anos.
Governador * revisão de limites	MA	Gavião Pykobjê	Em estudo (Portaria Funai nº 677, de 11/08/2008)	Processo Funai nº 28870.002616/1982-61	Processo em análise na Funai, aguardando aprovação do RCID da TI pela Presidência da Funai há cerca de oito anos
Krikati	MA	Krikati	Regularizada (homologada pelo Decreto s/n, de 2004, e registrada na SPU)	Processo Funai nº 08620.00258/1990	Desde de 2017 o processo de desintrusão foi paralisado pela Justiça Federal de Imperatriz/MA, nos autos da ACP nº 0005601-78.2017.4.01.3701 e da Ação Ordinária nº 0000001-39.1981.4.01.3701. O processo de conciliação para saída pacífica do restante dos ocupantes não indígenas não avançou no âmbito judicial e esses ocupantes não indígenas seguem localizados no interior da TI Krikati

Fonte: Centro de Trabalho Indigenista

Como antropóloga, sinto-me grata e honrada por ter, enquanto *sadona* (título honorífico que recebi desses povos e que pode ser entendido como "embaixadora"), para além do registro e da observação do fazer antropológico, vivido, participado e acompanhado as mudanças no *Paíz Timbira*. E que venham muitos e muitos *amjikin*! *(julho, 2022)*

NOTAS

[1] *Paíz Timbira* é como Nimuendajú se referiu "aos povos que formavam uma grande unidade étnica e que podiam ser identificados por características comuns, como a língua, o corte com o sulco horizontal no cabelo, as rodelas auriculares, a aldeia circular e as corridas de tora e que ocupavam parte do quadrilátero formado pelos Cerrados do Maranhão, parte do Tocantins e a ponta hiléias amazônica no Pará". Este texto considera apenas a trajetória dos povos Timbira no Maranhão e em Tocantins.

[2] O marco de referência é dado em função de meu envolvimento com esses povos ter se dado ao longo do tempo, desde 1973, com os Canela Ramkokamekra e Canela Apãniekra; 1975, com os Krahô; 1982 com os Apinajé; 1985 com os Krikati; e 1990 com os Gavião Pycobjê, até os dias atuais.

[3] Grupão é o termo pelo qual ficou conhecido o Grupo de Trabalho Interministerial instituído pelo Decreto nº 88.118, de 23 de fevereiro de 1983, no governo de João Figueiredo.

[4] As palavras escritas na "língua" não obedecem a qualquer uniformização; seguem aquela utilizada por cada povo ou pelos antropólogos.

[5] Termo pelo qual são informalmente designados os rituais Timbira e que significa "alegrar-se".

[6] Com exceção dos Krejê e Krepynkatejê, que, por especificidades de suas histórias, não são mais falantes de sua língua originária.

[7] Melatti descreve esse sistema ritual para os Krahô em *Ritos de uma tribo timbira*, de 1978.

TERRAS INDÍGENAS CANELA

A Morosidade da Identificação e a "Indústria" do Desmatamento

Jaime Siqueira Jr. | Antropólogo e coordenador-executivo, CTI
Renan Chaves | Historiador e assessor, CTI

PRÁTICAS INTIMIDATÓRIAS, CONFLITOS FUNDIÁRIOS, OMISSÃO DA FUNAI, INCENTIVOS DESENVOLVIMENTISTAS NO MARANHÃO E A FORÇA DO CAPITAL SULISTA TÊM IMPACTADO FORTEMENTE A ÁREA DE OCUPAÇÃO TRADICIONAL DOS CANELA APÃNJÊKRA E CANELA MEMORTUMRÉ

Passadas mais de duas décadas dos processos de demarcação das TIs Kanela e Porquinhos, e em atendimento às demandas indígenas, a Funai publicou, em 30 de outubro de 2000, a Portaria nº 1.122, instituindo Grupo de Trabalho (GT) para elaboração dos estudos de identificação que contemplavam as referidas TIs. Porém, os estudos não tiveram início imediato entre os Canela Memortumré,[1] pois a memória ainda viva do massacre ocorrido em 1963, novos conflitos com não indígenas da região e a falta de apoio da Funai, geraram entre os Canela Memortumré receios de que a abertura do processo para revisão dos limites da TI pudesse originar novos conflitos e mortes.

Diante desse contexto, o GT da Funai priorizou o processo de identificação e delimitação da TI Porquinhos, dos Canela Apãnjêkra. Mas somente quatro anos depois, em um contexto em que a comunidade indígena já considerava ser de maior segurança, e motivados pelo avanço do processo dos vizinhos Apãnjêkra, os Canela Memortumré voltaram a pleitear a revisão dos limites de sua terra, manifestando-se favoravelmente à continuidade dos estudos de identificação já iniciados, os quais

© PAULO ROBERTO HOMEM DE GÓES/JERIVÁ/CTI, 2022

Vista da aldeia central da Terra Indígena Porquinhos.

foram retomados com a publicação da Portaria nº 1.359, em 1º de novembro de 2004.

Diferentemente do processo anterior, ocorrido no final da década de 1970, o GT percorreu com os Canela a extensão das áreas e considerou não apenas a situação atual de uso da comunidade indígena, mas também seu histórico de habitações e uso, bem como projeções futuras. Já começavam a ser sentidos os impactos de uma nova frente de expansão da soja, embora a configuração fundiária na região ainda não tivesse mudado de forma significativa.

Como resultado, em 30 de agosto de 2012, a Funai aprovou os estudos de identificação e delimitação da TI Kanela Memortumré, com área de 225.699 hectares, se consideradas a soma da TI Kanela (homologada) e as porções territoriais da TI Memortumré contempladas na nova identificação. No entanto, o MJ solicitou uma série de diligências, a portaria declaratória não foi expedida e até hoje o processo segue paralisado.

A conclusão dos estudos da TI Porquinhos propôs a delimitação de uma área de 301.000 ha a ser destinada aos Canela Apãnjêkra, como forma de assegurar sua reprodução física e cultural, sanando, a partir de uma metodologia adequada, os vícios e omissões que incidiram sobre o primeiro processo de delimitação.

Em 2009, a Portaria nº 3.508, de 22 de outubro de 2009, do Ministério da Justiça (MJ) determinou a demarcação da TI Porquinhos dos Canela Apãnjêkra, porém, em fevereiro de 2010, o presidente do Superior Tribunal de Justiça (STJ), ministro Cesar Asfor Rocha, suspendeu liminarmente os efeitos da referida portaria, paralisando os trabalhos de demarcação física da terra, que já estavam em curso. Em 2014 a Segunda Turma do Supremo Tribunal Federal (STF) anulou a Portaria MJ nº 3.508/2009, que declarou a TI Porquinhos como de posse permanente do grupo indígena Canela Apãnjêkra.

Esses processos de identificação já possuem, portanto, mais de 20 anos e não têm perspectiva de retomada em curto prazo. Observa-se, nesse caso, à semelhança de muitos outros no Brasil, que a demora para conclusão dos processos de identificação de TIs tem estimulado grande especulação imobiliária e uma indústria do desmatamento na região, provocando certa corrida pelo aproveitamento predatório dos recursos naturais das áreas em disputa.

As TIs do Estado do Maranhão, e aqui em específico as do cerrado maranhense, vêm testemunhando uma radical transformação das paisagens de seus entornos. O que antes eram áreas de criação de gado extensivo em velhos latifúndios, ou pequenos produtores e suas linhas de roça de toco para subsistência, hoje se tornaram horizontes sem fim de soja e eucalipto. Essas transformações fazem parte de um plano de desenvolvimento para o cerrado, amparado pelo decreto que criou o Matopiba,[2] em 2015, incentivado por todas as esferas de governo.

Com o avanço do agronegócio, o cerrado vem sendo convertido em lavouras produtoras de commodities, e as TIs transformam-se em ilhas descontínuas do que resta do bioma. Com a invenção da Instrução Normativa (IN) nº 9, de 16 de abril de 2020, da Funai, o governo federal permitiu a titulação de propriedades em TIs ainda não homologadas e a comercialização dessas áreas. Como resultado, só no estado do Maranhão foram reconhecidos 145 mil hectares de fazendas localizadas dentro de TIs em processo de identificação e demarcação.

A IN nº 9/2020 foi suspensa pela Justiça Federal do Maranhão em fevereiro de 2022, mas durante o período em que vigorou, considerando apenas as TIs em processo de revisão dos povos Memortumré e Apãnjêkra Canela, foram titulados mais de 100 mil hectares de fazendas, sendo a grande maioria para grandes empresários do agronegócio oriundos de estados do Sul do país, sobretudo do oeste do Paraná. Mais de 40 mil hectares desse total já foram desmatados para a produção de carvão, sendo usada também a malfadada técnica do "correntão" para abertura das áreas. Mais de 15 mil hectares já foram plantados com soja.

Os monocultivos avançam principalmente nos platôs da área, regiões de planalto que concentram a maioria das nascentes dos principais recursos hídricos das TIs Kanela e Porquinhos. Além do impacto às recargas dessas nascentes causado pelo desflorestamento, o uso intensivo de agrotóxicos que o plantio de soja e outras commodities exigem ameaça a qualidade da água usada pelos indígenas e afeta diretamente as bacias hidrográficas dos rios Mearim e Itapecuru.

Todo esse avanço sobre as TIs não homologadas recebe apoio direto do poder público, sobretudo do município de Fernando Falcão, que sempre se posicionou contra a revisão dos territórios Canela. A prefeitura desse município vem realizando reformas de estradas na área em disputa, estimulando a compra das terras e a fixação dos não indígenas no território:

"Então eu tô vendo esse tipo de coisa e também uma coisa que facilita muito as pessoas ricas, como empreendimento grande que é a estrada, aumento de estrada piçarrada tá demais. Eles fazem essa estrada só para facilitar os acessos para outro lugar, para poder aumentar mais população, ou então facilitar para transportar as coisas que a empresa grande faz, como eucalipto,

COBERTURA VEGETAL DAS TIS PORQUINHOS E KANELA (ÁREAS HOMOLOGADAS E REVISÃO DE LIMITES), 2021

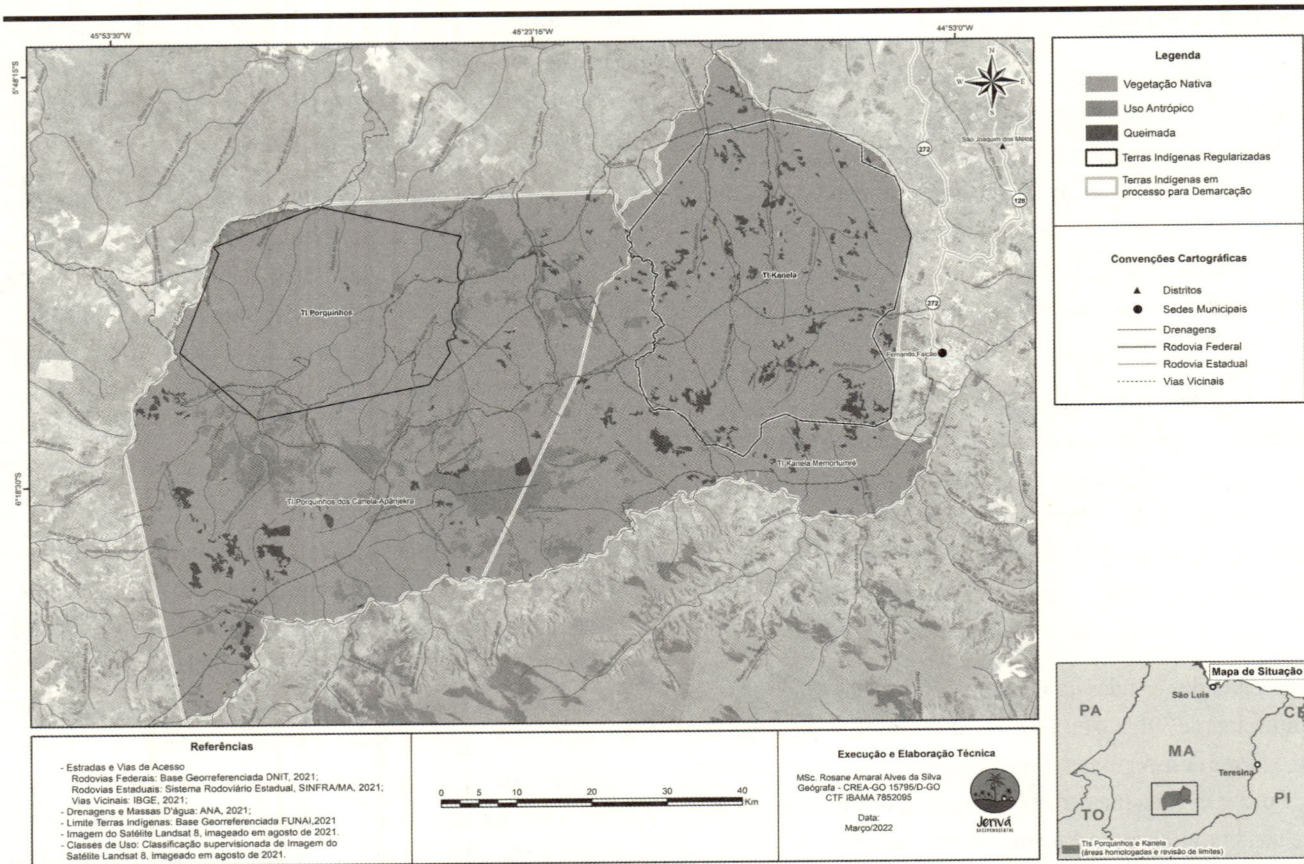

Mapa das TIs Porquinhos e Memortumré, onde é possível identificar a incidência de desmatamento nas áreas de ampliação. Observa-se também registros de focos de calor, inclusive dentro da TI Memortumré, que diferentemente de Porquinhos, não possui a atuação de brigadas indígenas para combate aos incêndios.

soja. Todo esse tipo de coisa tá aumentando e é um problema que estamos enfrentando muito". *(Ricardo Kapereko Canela, professor da aldeia Escalvado, TI Canela, 2021)*

Em uma dessas estradas, que corta de leste a oeste a TI Canela, passando pela aldeia Escalvado, o governo municipal fez seu cascalhamento sem autorização da Funai e, desde então, a via se tornou uma importante ligação de diversos povoados ao centro urbano de Fernando Falcão. Nessa estrada circulam grupos familiares que são desafetos históricos dos Canela e acusados de, no passado, terem realizado massacres em aldeias das duas TIs, além de continuarem a cometer crimes contra os indígenas. Desde o início das reformas da estrada, ocorreram pelo menos cinco mortes entre os Canela, sendo dois atropelamentos – um intencional –, dois assassinatos e um desaparecimento. Todos os casos permanecem impunes.

O governo estadual, por sua vez, vem realizando diversas obras de asfaltamento de estradas que ligam a região à Rodovia Transamazônica e a Balsas/MA, cidade que, desde a década de 1980, após a chegada de produtores gaúchos, transformou-se no principal polo sojeiro do Maranhão, do Piauí e do norte do Tocantins. O conjunto de rodovias estaduais interligadas, batizado pelo Governo do Estado como "Anel da Soja", pretende apresentar a região como uma nova fronteira agrícola a ser explorada, criando condições logísticas que facilitam essa nova colonização do centro-sul do Maranhão.

"Agora o índio tá sendo tratado, não é só o índio, não, é toda coisa que abrange esse território tá sendo abatido sem dó, a natureza chora de dor, mas o branco não tem pena não. Porque que eles bota trator de esteira num campo de quase 20 mil km, 10 mil, 15 mil, pra quê? Será que o dinheiro que já tem no banco não basta pra você viver? Você vai comer dinheiro? Não vai comer dinheiro. Tem que plantar é pra viver. Assim a nossa reserva tem que ser preservada, e não queremos nada de projeto de empresa grande na área, a área aqui é pequena e já foi pedido documento para ampliar a área, que daqui 20 anos já vai ter mais de 10 mil índios e não vai ter lugar pra trabalhar e lugar pra morar aqui, que nossa reserva é pequena, pequena mesmo". *(Satu Canela, Aldeia Escalvado, TI Kanela, 2021)*

Além da degradação ambiental, apontada pelo ancião memortumré Satu Canela, as transformações das paisagens do território são acompanhadas pela intensificação de problemas sociais. O crescimento das invasões em terras homologadas por madeireiros e caçadores vem produzindo conflitos entre indígenas e não indígenas regionais. Os indígenas se organizam para reduzir o roubo de seus recursos por meio de ações de vigilância e monitoramento de seus territórios, buscando qualificar as informações sobre as situações de invasões e desmatamentos, para eventuais encaminhamentos no Ministério Público Federal (MPF) e órgãos competentes.

Os Canela Apãnjêkra e os Canela Memortumré encontram-se, portanto, extremamente pressionados em seus territórios, observando uma mudança muito acelerada e drástica em seu entorno, em função da desestruturação fundiária provocada pela ocupação de grandes empresas do Sul, que expulsam os pequenos produtores rurais que ainda tentavam resistir na região. Essas grandes empresas, além de provocarem grandes desmatamentos em áreas de cerrado estratégicas para a conservação ambiental – inclusive com importantes conexões com o Parque Estadual do Mirador, ao sul das TIs homologadas –, também vêm realizando práticas de intimidação dos indígenas. Não são incomuns as "visitas" de fazendeiros ou de seus jagunços às aldeias dos Canela, quando aqueles percebem movimentações dos próprios indígenas ou de seus parceiros nas áreas pleiteadas pelos Canela, sob "vistas grossas" da Funai.

Práticas intimidatórias, longo histórico de conflitos fundiários, omissão da Funai, incentivos desenvolvimentistas do governo estadual do Maranhão e a força do capital predatório sulista têm caracterizado a região e impactado fortemente a área de ocupação tradicional dos povos Canela. Esperamos que ainda não seja tarde demais para tentar colocar algum freio nesse processo, para garantir as condições adequadas à reprodução física e cultural desses povos. *(julho, 2022)*

NOTAS

[1] Após iniciarem o processo de identificação de suas terras, os Canela Ramkokamekra mudaram sua denominação para Canela Memortumré, em referência a um dos antigos grupos formadores da etnia.

[2] Matopiba é acrônimo criado com as iniciais dos estados do Maranhão, Tocantins, Piauí e Bahia. O termo se refere a áreas localizadas nesses estados onde ocorreu recentemente uma grande expansão da fronteira agrícola, baseada em tecnologias modernas de alta produtividade e com significativos investimentos e financiamentos públicos.

KRIKATI

Retrocessos na Desintrusão da TI Krikati[1]

Aluisio Ladeira Azanha — Cientista social e advogado, CTI

Priscila Pessoa Chianca — Cientista social, CTI

O IMBRÓGLIO JUDICIAL RELATIVO À TI KRIKATI É MARCADO POR UM ABSURDO E INTERMINÁVEL EMARANHADO PROCESSUAL, E A REALIDADE DE VIOLAÇÃO DOS DIREITOS DO POVO KRIKATI, INFLIGIDA PELO PRÓPRIO ESTADO

Após décadas de luta do povo Krikati e mais de 40 anos desde o início de seu processo de reconhecimento oficial pelo Estado brasileiro, a Terra Indígena (TI) Krikati, localizada na região do sul do estado do Maranhão, foi homologada em 2004. Com superfície de 144,775 ha, foi devidamente registrada nos cartórios das comarcas competentes e na Secretaria do Patrimônio da União (SPU).

Com a ultimação dos atos previstos no complexo e moroso procedimento administrativo de demarcação de TIs, esperava-se que a TI Krikati viesse enfim a cumprir com sua finalidade constitucional: destinar-se à posse permanente e ao usufruto exclusivo do povo Krikati, assegurando-lhes uma área suficiente e protegida para sua reprodução física e cultural.

Porém, passados quase 20 anos de sua homologação, a TI Krikati segue ainda com centenas de invasores e ocupantes não indígenas em seu interior, restringindo e inviabilizando a posse plena do povo Krikati sobre a totalidade dos limites de sua área tradicional, já reconhecida oficialmente.

Transformar em realidade no *pji* (território) o reconhecimento posto no papel, com a retirada dos invasores e ocupantes não indígenas, é o novo capítulo, não tão recente, da longa e permanente batalha travada pelos Krikati pela garantia e proteção do seu território tradicional. Se antes, "demarcação" e "homologação" eram as palavras-chave mobilizadas em português pelos Krikati em torno da luta pela terra, na última década, um novo termo foi incorporado à força no vocabulário e no dia a dia dos *krin* (aldeias) para expressar a principal reivindicação atual do povo Krikati: a "desintrusão" de seu território.

Ainda que o neologismo seja de difícil pronúncia para parte significativa dos Krikati, seu sentido, por outro lado, possui para este povo uma clarividência própria daquilo que diz respeito a sua própria sobrevivência física e cultural. Pois, ao fim e ao cabo, os Krikati têm a plena consciência de que a desintrusão de seu território, ou a "limpeza do *pji*", para usar uma expressão mais cara a eles, é condição fundamental e necessária para o futuro de sua existência como povo.

No plano processual, a regularização fundiária propriamente dita da TI Krikati, que corresponde à etapa administrativa de levantamento e caracterização da ocupação não indígena, bem como da avaliação e indenização das benfeitorias derivadas de ocupação de boa-fé, articulada com o reassentamento dos ocupantes que atendam ao perfil da reforma agrária, é levada a cabo pela Funai desde pelo menos o fim da demarcação física da TI, em 1997, ainda que de forma interrupta. Houve avanços e retrocessos ao longo do período. Os principais fatores para descontinuidade dos trabalhos da Funai ao longo desses 25 anos são mais que conhecidos: limitações estruturais (recursos humanos e orçamentários); o contexto político que orienta a política indigenista do órgão federal; e a própria resistência dos invasores e dos ocupantes não indígenas e seus desdobramentos na esfera judicial.

À época do início dos trabalhos de regularização fundiária da TI, a estratégia adotada foi organizá-la a partir de módulos, para

arts. 822 e 825 do Código de Processo Civil.

§ 2.º Quando for o caso, o pedido incluirá a investigação, o exame e o bloqueio de bens, contas bancárias e aplicações financeiras mantidas pelo indiciado no exterior, nos termos da lei e dos tratados internacionais.

Art. 17. A ação principal, que terá o rito ordinário, será proposta pelo Ministério Público ou pela pessoa jurídica interessada, dentro de 30 (trinta) dias da efetivação da medida cautelar.

§ 1.º As ações de que trata este artigo admitem a celebração de acordo de não persecução cível, nos termos desta Lei.

•• § 1.º com redação determinada pela Lei n. 13.964, de 24-12-2019.

§ 2.º A Fazenda Pública, quando for o caso, promoverá as ações necessárias à complementação do ressarcimento do patrimônio público.

§ 3.º No caso de a ação principal ter sido proposta pelo Ministério Público, aplica-se, no que couber, o disposto no § 3.º do art. 6.º da Lei n. 4.717, de 29 de junho de 1965.

•• § 3.º com redação determinada pela Lei n. 9.366, de 16-12-1996.

• *Vide* art. 114 do CPC.

§ 4.º O Ministério Público, se não intervier no processo como parte, atuará, obrigatoriamente, como fiscal da lei, sob pena de nulidade.

• *Vide* arts. 176 e s. do CPC.

§ 5.º A propositura da ação prevenirá a jurisdição do juízo para todas as ações posteriormente intentadas que possuam a mesma causa de pedir ou o mesmo objeto.

•• § 5.º acrescentado pela Medida Provisória n. 2.180-35, de 24-8-2001.

§ 6.º A ação será instruída com documentos ou justificação que contenham indícios suficientes da existência do ato de improbidade ou com razões fundamentadas da impossibilidade de apresentação de qualquer dessas provas, observada a legislação vigente, inclusive as disposições inscritas nos arts. 16 a 18 do Código de Processo Civil.

•• § 6.º acrescentado pela Medida Provisória n. 2.225-45, de 4-9-2001.

•• A referência é feita a dispositivos do CPC de 1973. *Vide* arts. 79 a 81 do CPC de 2015.

§ 7.º Estando a inicial em devida forma, o juiz mandará autuá-la e ordenará a notificação do requerido, para oferecer manifestação por escrito, que poderá ser instruída com documentos e justificações, dentro do prazo de 15 (quinze) dias.

•• § 7.º acrescentado pela Medida Provisória n. 2.225-45, de 4-9-2001.

§ 8.º Recebida a manifestação, o juiz, no prazo de 30 (trinta) dias, em decisão fundamentada, rejeitará a ação, se convencido da inexistência do ato de improbidade, da improcedência da ação ou da inadequação da via eleita.

•• § 8.º acrescentado pela Medida Provisória n. 2.225-45, de 4-9-2001.

§ 9.º Recebida a petição inicial, será o réu citado para apresentar contestação.

•• § 9.º acrescentado pela Medida Provisória n. 2.225-45, de 4-9-2001.

§ 10. Da decisão que receber a petição inicial, caberá agravo de instrumento.

•• § 10 acrescentado pela Medida Provisória n. 2.225-45, de 4-9-2001.

§ 10-A. Havendo a possibilidade de solução consensual, poderão as partes requerer ao juiz a interrupção do prazo para a contestação, por prazo não superior a 90 (noventa) dias.

•• § 10-A acrescentado pela Lei n. 13.964, de 24-12-2019.

§ 11. Em qualquer fase do processo, reconhecida a inadequação da ação de improbidade, o juiz extinguirá o processo sem julgamento do mérito.

•• § 11 acrescentado pela Medida Provisória n. 2.225-45, de 4-9-2001.

§ 12. Aplica-se aos depoimentos ou inquirições realizadas nos processos regidos por esta Lei o disposto no art. 221, *caput* e § 1.º, do Código de Processo Penal.

•• § 12 acrescentado pela Medida Provisória n. 2.225-45, de 4-9-2001.

• O art. 221 do CPP dispõe:

"O Presidente e o Vice-Presidente da República, os senadores e deputados federais, os ministros de Estado, os governadores de Estados e Territórios, os secretários de Estado, os prefeitos do Distrito Federal e dos Municípios, os deputados às Assembleias Legislativas Estaduais, os membros do Poder Judiciário, os ministros e juízes dos Tribunais de Contas da União, dos Estados, do Distrito Federal, bem como os do Tribunal Marítimo serão inquiridos em local, dia e hora previamente ajustados entre eles e o juiz. § 1.º O Presidente e o Vice-Presidente da República, os presidentes do Senado Federal, da Câmara dos Deputados e do STF poderão optar pela prestação de depoimento por escrito, caso em que as perguntas, formuladas pelas partes e deferidas pelo juiz, lhes serão transmitidas por ofício".

§ 13. Para os efeitos deste artigo, também se considera pessoa jurídica interessada o ente tributante que figurar no polo ativo da obrigação tributária de que tratam o § 4.º do art. 3.º e o art. 8.º-A da Lei Complementar n. 116, de 31 de julho de 2003.

•• § 13 acrescentado pela Lei Complementar n. 157, de 29-12-2016.

Art. 17-A. (*Vetado*.)

•• Artigo acrescentado pela Lei n. 13.964, de 24-12-2019.

Art. 18. A sentença que julgar procedente ação civil de reparação de dano ou decretar a perda dos bens havidos ilicitamente determinará o pagamento ou a reversão dos bens, conforme o caso, em favor da pessoa jurídica prejudicada pelo ilícito.

Capítulo VI
DAS DISPOSIÇÕES PENAIS

Art. 19. Constitui crime a representação por ato de improbidade contra agente público ou terceiro beneficiário quando o autor da denúncia o sabe inocente.

Pena: detenção de seis a dez meses e multa.

Parágrafo único. Além da sanção penal, o denunciante está sujeito a indenizar o denunciado pelos danos materiais, morais ou à imagem que houver provocado.

Art. 20. A perda da função pública e a suspensão dos direitos políticos só se efetivam com o trânsito em julgado da sentença condenatória.

Parágrafo único. A autoridade judicial ou administrativa competente poderá determinar o afastamento do agente público do exercício do cargo, emprego ou função, sem prejuízo da remuneração, quando a medida se fizer necessária à instrução processual.

Art. 21. A aplicação das sanções previstas nesta Lei independe:

I – da efetiva ocorrência de dano ao patrimônio público, salvo quanto à pena de ressarcimento;

•• Inciso I com redação determinada pela Lei n. 12.120, de 15-12-2009.

• *Vide* art. 37, § 5.º, da CF.

II – da aprovação ou rejeição das contas pelo órgão de controle interno ou pelo Tribunal ou Conselho de Contas.

Art. 22. Para apurar qualquer ilícito previsto nesta Lei, o Ministério Público, de ofício, a requerimento de autoridade administrativa ou mediante representação formulada de acordo com o disposto no art. 14, poderá requisitar a instauração de inquérito policial ou procedimento administrativo.

CAPÍTULO VII
DA PRESCRIÇÃO

Art. 23. As ações destinadas a levar a efeito as sanções previstas nesta Lei podem ser propostas:

I – até cinco anos após o término do exercício de mandato, de cargo em comissão ou de função de confiança;

•• *Vide* Súmula 634 do STJ.

II – dentro do prazo prescricional previsto em lei específica para faltas disciplinares puníveis com demissão a bem do serviço público, nos casos de exercício de cargo efetivo ou emprego;

•• *Vide* Súmula 634 do STJ.

III – até cinco anos da data da apresentação à administração pública da prestação de contas final pelas entidades referidas no parágrafo único do art. 1.º desta Lei.

•• Inciso III acrescentado pela Lei n. 13.019, de 31-7-2014.

•• Sobre vigência, *vide* 2.ª nota ao art. 10, VIII, desta Lei.

CAPÍTULO VIII
DAS DISPOSIÇÕES FINAIS

Art. 24. Esta Lei entra em vigor na data de sua publicação.

Art. 25. Ficam revogadas as Leis n. 3.164, de 1.º de junho de 1957, e 3.502, de 21 de dezembro de 1958, e demais disposições em contrário.

Rio de Janeiro, 2 de junho de 1992; 171.º da Independência e 104.º da República.

FERNANDO COLLOR

LEI N. 8.437, DE 30 DE JUNHO DE 1992 (*)

Dispõe sobre a concessão de medidas cautelares contra atos do Poder Público e dá outras providências.

O Presidente da República

Faço saber que o Congresso Nacional decreta e eu sanciono a seguinte Lei:

Art. 1.º Não será cabível medida liminar contra atos do Poder Público, no procedimento cautelar ou em quaisquer outras ações de natureza cautelar ou preventiva, toda vez que providência semelhante não puder ser concedida em ações de mandado de segurança, em virtude de vedação legal.

•• *Vide* Lei n. 9.494, de 10-9-1997.

§ 1.º Não será cabível, no juízo de primeiro grau, medida cautelar inominada ou a sua liminar, quando impugnado ato de autoridade sujeita, na via de mandado de segurança, à competência originária de tribunal.

§ 2.º O disposto no parágrafo anterior não se aplica aos processos de ação popular e de ação civil pública.

§ 3.º Não será cabível medida liminar que esgote, no todo ou em parte, o objeto da ação.

§ 4.º Nos casos em que cabível medida liminar, sem prejuízo da comunicação ao dirigente do órgão ou entidade, o respectivo representante judicial dela será imediatamente intimado.

•• § 4.º acrescentado pela Medida Provisória n. 2.180-35, de 24-8-2001.

§ 5.º Não será cabível medida liminar que defira compensação de créditos tributários ou previdenciários.

•• § 5.º acrescentado pela Medida Provisória n. 2.180-35, de 24-8-2001.

Art. 2.º No mandado de segurança coletivo e na ação civil pública, a liminar será concedida, quando cabível, após a audiência do representante judicial da pessoa jurídica de direito público, que deverá se pronunciar no prazo de 72 (setenta e duas) horas.

Art. 3.º O recurso voluntário ou *ex officio*, interposto contra sentença em processo cautelar, proferida contra pessoa jurídica de direito público ou seus agentes, que importe em outorga ou adição de vencimentos ou de reclassificação funcional, terá efeito suspensivo.

•• *Vide* Lei n. 9.494, de 10-9-1997.

Art. 4.º Compete ao presidente do tribunal, ao qual couber o conhecimento do respectivo recurso, suspender, em despacho fundamentado, a execução da liminar nas ações movidas contra o Poder Público ou seus agentes, a requerimento do Ministério Público ou da pessoa jurídica de direito público interessada, em caso de manifesto interesse público ou de flagrante ilegitimidade, e para evitar grave lesão à ordem, à saúde, à segurança e à economia públicas.

•• *Vide* Lei n. 9.494, de 10-9-1997.

§ 1.º Aplica-se o disposto neste artigo à sentença proferida em processo de ação cautelar inominada, no processo de ação popular e na ação civil pública, enquanto não transitada em julgado.

§ 2.º O presidente do tribunal poderá ouvir o autor e o Ministério Público, em 72 (setenta e duas) horas.

•• § 2.º com redação determinada pela Medida Provisória n. 2.180-35, de 24-8-2001.

§ 3.º Do despacho que conceder ou negar a suspensão, caberá agravo, no prazo de 5 (cinco) dias, que será levado a julgamento na sessão seguinte a sua interposição.

•• § 3.º com redação determinada pela Medida Provisória n. 2.180-35, de 24-8-2001.

§ 4.º Se do julgamento do agravo de que trata o § 3.º resultar a manutenção ou o restabelecimento da decisão que se pretende suspender, caberá novo pedido de suspensão ao Presidente do Tribunal competente para conhecer de eventual recurso especial ou extraordinário.

•• § 4.º acrescentado pela Medida Provisória n. 2.180-35, de 24-8-2001.

§ 5.º É cabível também o pedido de suspensão a que se refere o § 4.º, quando negado provimento a agravo de instrumento interposto contra a liminar a que se refere este artigo.

•• § 5.º acrescentado pela Medida Provisória n. 2.180-35, de 24-8-2001.

§ 6.º A interposição do agravo de instrumento contra liminar concedida nas ações movidas contra o Poder Público e seus agentes não prejudica nem condiciona o julgamento do pedido de suspensão a que se refere este artigo.

•• § 6.º acrescentado pela Medida Provisória n. 2.180-35, de 24-8-2001.

§ 7.º O presidente do tribunal poderá conferir ao pedido efeito suspensivo liminar, se constatar, em juízo prévio, a plausibilidade do direito invocado e a urgência na concessão da medida.

•• § 7.º acrescentado pela Medida Provisória n. 2.180-35, de 24-8-2001.

§ 8.º As liminares cujo objeto seja idêntico poderão ser suspensas em uma única decisão, podendo o presidente do tribunal estender os efeitos da suspensão a liminares supervenientes, mediante simples aditamento do pedido original.

•• § 8.º acrescentado pela Medida Provisória n. 2.180-35, de 24-8-2001.

§ 9.º A suspensão deferida pelo Presidente do Tribunal vigorará até o trânsito em julgado da decisão de mérito na ação principal.

•• § 9.º acrescentado pela Medida Provisória n. 2.180-35, de 24-8-2001.

Art. 5.º Esta Lei entra em vigor na data de sua publicação.

Art. 6.º Revogam-se as disposições em contrário.

Brasília, 30 de junho de 1992; 171.º da Independência e 104.º da República.

FERNANDO COLLOR

(*) Publicada no *Diário Oficial da União*, de 1.º-7-1992.

Federal de 1988. Diante desse cenário e da intensa mobilização dos Krikati, das organizações indígenas e do MPF, a Justiça Federal, em recente decisão, acabou por encerrar a infrutífera conciliação, sinalizando que deverá em breve proferir a esperada sentença no processo judicial – oportunidade em que se espera que a Justiça se redima de sua omissão e determine a imediata retomada do processo de desintrusão da TI Krikati, sem condicioná-lo às discussões prévias de indenização para os ocupantes não indígenas, reafirmando o pleno reconhecimento dos direitos territoriais do povo Krikati.

Soma-se ao quadro de retrocesso dos últimos anos a absoluta e deliberada falta de vontade política do Governo Federal pela resolução da questão fundiária – preferindo aproveitar a morosidade e ambiguidade da Justiça para sinalizar para os ocupantes e invasores que a Terra Indígena Krikati é terra de ninguém.

Com a terra invadida, multiplicam-se os problemas e acentuam-se os desafios impostos aos Krikati para a gestão de seu território e para manutenção de seu modo de vida: acirramento dos conflitos e disputas fundiárias; aumento do desmatamento e do defloramento de importantes áreas de uso tradicional no território; restrição de uso e de ocupação de área estratégias para caça, pesca, coleta e roças; agravamento dos impactos socioambientais causados pelos diversos empreendimentos que cercam e cortam o território;[10] intensificação do assédio para arrendamentos; além do aumento do preconceito e da violência na região.

Se tais problemas, longe de serem novos para os Krikati, compõem uma realidade crônica, resultado da colonização, que há séculos os Krikati enfrentam com suas formas próprias de resistência, não há como negar que tais problemas também são sempre atualizados, assim como os argumentos daqueles que atacam seus direitos. Se antes, há 40 anos, o argumento dos particulares era a ausência da comprovação da antiguidade histórica dos Krikati sobre a área, hoje utilizam a inconstitucional tese do marco temporal para legitimar suas pretensões possessórias. Pois não nos enganemos. Para a maioria dos ocupantes e invasores, articulados ao poder político e econômico, nunca esteve no horizonte reconhecer os direitos territoriais dos Krikati e aceitar sair da área "pacificamente", qualquer que seja o acordo proposto. Conciliar na perspectiva de parte desse grupo sempre foi diminuir o território tradicional dos Krikati, de forma contínua, para se apropriarem em definitivo da área. A diferença é que, nos últimos anos, esse plano inconstitucional e colonial foi revitalizado, ganhando sobrevida pela política anti-indígena do governo de Jair Bolsonaro, reforçado pela postura protelatória da Justiça.

© ALUÍSIO LADEIRA AZANHA/ACERVO CTI, 2021

Tereza Herewy Krikati durante ato na Justiça Federal de Imperatriz/MA por ocasião do protocolo do pedido de ingresso do povo Krikati no processo judicial relativo à desintrusão, em novembro de 2021.

Não obstante, longe de assistirem de braços cruzados a dilapidação e as investidas de usurpação de seu território tradicional, os Krikati seguem firmes, como sempre fizeram, desatando os nós que tentam por diversas vias estrangular seu futuro e prensá-los dentro de sua própria terra. Protagonistas de sua história, os Krikati continuam renovando e fortalecendo suas estratégias de luta em diversas frentes, desde a gestão territorial e ambiental até a incidência política na defesa dos seus direitos.

Os Krikati continuam formando novas aldeias em pontos vitais para o domínio e controle do território, como na região do Rio Arraias, principal área onde se concentram os ocupantes não indígenas e os novos invasores. Em 2004, quando da homologação da área, eram duas aldeias, atualmente são onze. Além disso, têm intensificado suas práticas tradicionais como estratégias de proteção do território, associadas ao fortalecimento da segurança alimentar e da saúde, com a realização de pescarias, coletas e roças em pontos considerados mais vulneráveis – além do Arraia, regiões do Batalha, alto Pindaré ou Caboclo Velho e nas proximidades da Serra da Desordem.

Mesmo com dificuldades e riscos, o grupo de guardiões, continua realizando ações de monitoramento dentro do território. Assim também os brigadistas indígenas, juntamente com os agentes ambientais, formados por *mentohw'waji* (jovens), promovem andanças, ações de vigilância e recuperação de áreas degradadas, articulando tecnologia dos *cupë* (não indígenas) com o conhecimento tradicional. Seguem realizando seus *amjekin* (rituais), característica marcante dos povos Timbira, fortalecendo sua organização social, imprescindível para manter viva a luta pelo território e pelo seu mundo.

Os Krikati têm fortalecido suas articulações políticas com as organizações indígenas regionais (Wyty Catë e Coapima) e nacionais (Coiab e Apib), participando ativamente das diversas mobilizações contra os retrocessos dos direitos indígenas, em especial contra a tese do marco temporal, ao tempo que intensificaram suas ações no Judiciário e MPF para retomada do processo de desintrusão de seu território.

Recentemente, por meio de suas organizações representativas – Associação Wyty Catë e Conselho Indígena Pep'Cahyc Krikati –, os Krikati requereram à Justiça o ingresso no processo que discute a desintrusão do território,[11] como forma de garantir uma atuação mais efetiva e autônoma na defesa de seus direitos territoriais.

A despeito da omissão do governo federal, dos equívocos e da letargia da Justiça, das pressões e investidas contra seu território, das diversas perdas de importantes *me heb'cy* (anciões) e lideranças, o povo Krikati continua firmemente mobilizado para tirar do papel seus direitos e garantir a posse plena sobre seu território, exigindo do Estado brasileiro a retomada do processo de desintrusão da TI Krikati:

"Nosso viver é pescar, andar no mato vivo e não desmatado. A gente precisa que tire logo os cupë, que limpe nosso lugar pra nossas crianças, pra gente viver de cabeça fria, viver com alegria. Os nossos anciões que já foram e não viram. Meu pedido é que limpe a área, porque cada vez mais eles tão nos sufocando, prensando nós como se fosse massa de mandioca. Eu tô sem poder respirar, sem poder olhar a mata. Eu quero minha área limpa pro meu povo. Pra gente viver em paz." *(Salete Capir Krikati).*[12] *(novembro, 2022)*

NOTAS

[1] A proposta do presente artigo é refletir sobre os avanços e retrocessos no processo de regularização fundiária da TI Krikati, com enfoque nos últimos cinco anos. Para tanto, buscamos recuperar e atualizar a questão da desintrusão dialogando com outros textos que abordam a mesma problemática publicados em edições anteriores do *Povos Indígenas no Brasil*, em especial os artigos "A não regularização fundiária da terra indígena Krikati: até quando?", de Maria Elisa Ladeira (edição 1996-2000) e "Povo luta pela integridade de sua terra", de Maria Elisa Ladeira e Juliana Noleto (edição 2001-2005).

[2] Resolução Funai nº 219, de 19 de outubro de 2010, publicada no Diário Oficial da União (DOU) em 21 de outubro de 2010.

[3] Os procedimentos de indenização das benfeitorias e de análise e caracterização da natureza das ocupações localizadas em TIs (de boa ou má-fé) são disciplinados atualmente pela Instrução Normativa Funai nº 02, de 3 de fevereiro de 2012, publicado no DOU em 6 de fevereiro de 2012.

[4] Edital de Notificação nº 01/DPT, de 22 de maio de 2014, publicado no DOU em 23 de maio de 2014.

[5] Ação Ordinária nº 0000001-39.1981.4.01.3701, proposta por Abel Pereira Marinho e outros em face da Funai, em trâmite na 1ª Vara Federal da Subseção Judiciária de Imperatriz/MA.

6 Ação Civil Pública n.º 0005601-78.2017.4.01.3701, proposta pela Funai em face de Adeblande da Silva Bandeira e outros, em tramite na 1ª Vara Federal da Subseção Judiciaria de Imperatriz/MA.

[7] Depoimento incluso no vídeo-manifesto pela regularização fundiária da TI Krikati. Disponível em: https://youtu.be/rs1i9E4KNgc.

[8] Cabe registrar que as regiões de uso, ocupação e controle dos Krikati, incluídas aquelas que foram "devolvidas" à posse dos indígenas, por meio da retirada de ocupantes não indígenas, apresentaram, no mesmo período, um significativo processo de recuperação e regeneração ambiental, demonstrando a importância da demarcação para a conservação ambiental do bioma Cerrado.

[9] Ver a notícia "MPF pede à Justiça Federal de Imperatriz (MA) a retomada do processo de desintrusão da Terra Indígena Krikati", publicada em 7 de junho de 2022 no site do MPF: https://bit.ly/3j2Wzed

[10] A TI é cortada pelas linhas de transmissão de energia da Eletronorte e da Cemar (atual Equatorial) e pela rodovia MA-280, além de sofrer impactos da MA-275 e da UHE de Estreito.

[11] O pedido de habilitação como litisconsorte ativo foi formulado nos autos da Ação Civil Pública nº 0005601-78.2017.4.01.3701, em trâmite na 1ª Vara Federal da Subseção Judiciária de Imperatriz/MA.

[12] Depoimento incluso no vídeo-manifesto pela regularização fundiária da TI Krikati. Disponível em: https://youtu.be/rs1i9E4KNgc

GESTÃO TERRITORIAL E AMBIENTAL

Aspectos da Implementação da PNGATI no Maranhão

Jaime Siqueira Jr. Antropólogo e coordenador executivo, CTI

Juliana Noleto Antropóloga e coordenadora do Programa Timbira, CTI

MESMO COM ENGAVETAMENTO DA PNGATI E A EXTINÇÃO DE SEU COMITÊ GESTOR PELO GOVERNO FEDERAL NOS ÚLTIMOS ANOS, NO MARANHÃO O PGTA TIMBIRA SEGUE SENDO UM INSTRUMENTO EFETIVO PARA A GESTÃO DOS TERRITÓRIOS INDÍGENAS

Este artigo traz reflexões sobre a importância das ações locais, regionais e nacionais na implementação da Política Nacional de Gestão Territorial e Ambiental de Terras Indígenas (PNGATI) nos territórios indígenas da região do norte do Tocantins e centro-sul do Maranhão, onde habitam os povos Timbira,[1] bem como sobre os espaços de participação e controle social para a governança da política no estado do Maranhão. Entre essas ações estão a implementação de um Plano de Gestão Territorial e Ambiental (PGTA) e a participação em conselhos e instâncias de controle social. No primeiro caso, esses processos dizem respeito a iniciativas e pactuações internas, intercomunitárias. O segundo caso traz essas interações para o plano do Estado, produzindo desafios diferentes no que diz respeito à mudança e à melhoria das condições de vida dos povos indígenas e seus territórios a partir de processos participativos.

Em 2012, foi finalizado o PGTA Timbira, contemplando boa parte desses territórios, resultado de um longo e contínuo processo de formação de pesquisadores indígenas, realização de diagnósticos socioambientais, assembleias e reuniões comunitárias. No mesmo ano, foi instituída a PNGATI, que passou a reconhecer instrumentos de gestão territorial e ambiental para sua implementação, especialmente os etnomapeamentos e etnozoneamentos.

O PGTA Timbira foi um dos primeiros a ser elaborado no Cerrado, juntamente com uma série de outras iniciativas que aconteciam, especialmente na Amazônia brasileira. Foi elaborado como resultado de um processo, como uma ferramenta viva a ser constantemente questionada, repensada, atualizada e melhorada. O PGTA Timbira é resultado de um conjunto de ações realizadas entre os anos de 2004 e 2012, e a geração de jovens agentes ambientais que participou das primeiras rodadas de formação e mapeamentos é aquela que hoje desempenha papeis de destaque em suas aldeias, lutando pelos direitos de seus povos. O que se percebe ao longo dessa década é que os processos relativos ao PGTA precisam ser continuamente animados e sua implementação implica também na própria atualização do instrumento – o processo é, portanto, dinâmico e contínuo.

E foi assim, na implementação do PGTA Timbira, que buscou-se localmente aliar a defesa dos territórios e de um bem viver dos Timbira a um melhor entendimento a respeito da PNGATI. A

própria existência da PNGATI permitiu, em larga medida, a implementação de uma série de ações do PGTA Timbira, por meio de financiamentos impulsionados pela cooperação internacional e pelo Fundo Amazônia, por exemplo, especialmente entre 2012 e 2020. Iniciativas locais nas TIs foram também impulsionadas pela PNGATI, em que as comunidades buscaram construir planos mais específicos de seus territórios. O PGTA Timbira conseguiu, ao longo de uma década, tornar-se um instrumento eficaz, e as ações multiplicaram-se nas mais diversas áreas.

Do ponto de vista do diálogo com as políticas públicas mais abrangentes, infelizmente, a PNGATI não conseguiu alcançar as expectativas geradas durante a construção da Política. O Comitê Gestor (CG) da PNGATI, instituído em 2013, era responsável pela coordenação e pelo monitoramento da execução da política. Outras instâncias de governança seriam os Comitês Regionais da Funai e o Conselho Nacional de Política Indigenista (CNPI). Houve uma série de reuniões e de resultados importantes no âmbito do Comitê Gestor, como editais publicados, cursos de formação realizados, PGTAs construídos em várias partes do Brasil. Entretanto, em um cenário de menor participação social nas políticas públicas, estas instâncias encontram-se desarticuladas.

Em 2017, foi realizado o Seminário Nacional de avaliação dos cinco anos da PNGATI, naquele momento já sem a participação governamental – o que era sintomático considerando o baixo envolvimento do governo com a execução da política. Os participantes apontaram os desafios e perspectivas para a continuidade da execução e do monitoramento do Plano Integrado de Implementação da PNGATI, lançado em 2016. Mais recentemente, em 2022, foi realizado outro seminário sobre os dez anos da PNGATI, dessa vez para fazer novo balanço de atividades e projeções de futuro. Nesse evento, que operou muito mais como um ato político contra a omissão do governo em relação à implementação da política, houve grande participação das organizações indígenas e indigenistas do país. No seminário de 2022, diversos instrumentos da PNGATI foram apontados como possibilidades reais de gestão dos territórios, entre eles o próprio PGTA Timbira. Foram apresentadas também as dificuldades de implementação desses instrumentos, que envolvem a busca por recursos financeiros, o reconhecimento por parte do Estado e a instabilidade gerada pela não regularização dos territórios indígenas.

CONSELHOS LOCAIS E REGIONAIS: DESAFIOS DE UMA PARTICIPAÇÃO EFETIVA

Obviamente, os movimentos indígenas e indigenistas reagiram à extinção do Comitê Gestor da PNGATI pelo Decreto nº 7.759, de 11 de abril de 2019. Contudo, como o impacto do decreto envolvia o fechamento de uma série de outros colegiados, inclusive o CNPI, essa reação acabou sendo diluída. Ademais, como o Comitê Gestor da PNGATI já vinha desmobilizando-se progressivamente antes mesmo de seu fechamento, as reações da sociedade civil foram tímidas.

Em suas últimas reuniões, o Comitê Gestor já estava sendo transformado num fórum de repasse de informações de ações do próprio governo, por meio de *slides* e apresentações de projetos e programas, reforçando muito mais um caráter de "propaganda" e visibilidade para as ações governamentais do que propriamente o fortalecimento desse espaço colegiado para a discussão, formulação e avaliação de políticas públicas destinadas aos povos indígenas. Ademais, apesar dos representantes indígenas estarem sempre presentes nas reuniões, o mesmo já não ocorria com os representantes de governo, frequentemente ausentes ou participando apenas parcialmente das reuniões.

Em alguns casos, quanto mais atribuições importantes tem um Conselho, mais esvaziado ele é em termos de sua representação governamental. Esse baixo comprometimento também contribui para uma falta de integração e coordenação entre os processos participativos. Para alguns críticos, há uma falta de sincronia entre o discurso governamental da participação social como um método de governo e a experiência concreta dos atuais espaços de participação. A lógica dos governos anteriores do país foi o da governabilidade social e da consulta, não avançando na construção de espaços de participação com atribuições de deliberação nas políticas públicas.

A participação indígena em comissões e programas de governo vinha sendo uma realidade e, nos últimos anos, as organizações indígenas também vinham se relacionando diante do Estado Nacional – seja atuando como agências implementadoras, executando projetos por meio de convênios e acordos de cooperação técnica, seja pela participação em comissões que analisam e direcionam a implementação de ações ou mesmo a política indigenista como um todo. Essa relação, no entanto, parece padecer de sérios problemas tanto em um caso quanto no outro.

O Governo do Estado do Maranhão, na contramão desse processo de desarticulação dos espaços de participação social implementado pelo atual governo federal, vem tomando iniciativas para criação de instâncias de discussão de políticas públicas com os povos indígenas naquele estado. Exemplos disso são: a criação da Comissão Estadual de Articulação de Políticas Públicas para os Povos Indígenas do Maranhão (Coepi), em 2016; a elaboração do Plano Decenal Estadual de Políticas Públicas para Povos Indígenas do Maranhão, em 2018; a instituição por meio de lei do Conselho Estadual de Articulação de Políticas Públicas para os Povos Indígenas do Maranhão (Ceapi), em 2021; e a criação de uma Secretaria Adjunta dos Direitos dos Povos Indígenas do Maranhão, em 2022. Motivadas pela difusão desses espaços de participação, organizações indígenas do Maranhão também se candidataram pela primeira vez, em 2021 e 2022, a vagas no Conselho Estadual de Meio Ambiente do Maranhão (Consema), no Conselho Estadual de Recursos Hídricos do Maranhão (Conerh) e no Comitê de Bacia do Rio Pindaré.

Sem dúvida, a manutenção dessas instâncias e sua ocupação pelas organizações indígenas representa um alento em tempos de supressão de direitos. Entretanto, observa-se uma extrema morosidade do governo estadual do Maranhão em incrementar de fato o funcionamento dessas instâncias. Os representantes do Consema e do Conerh, por exemplo, foram indicados no final de 2021 e até agora não foram empossados; o Ceapi sequer teve concluída a indicação de seus membros.

Entretanto, mesmo antes, durante o funcionamento da Coepi, observou-se baixa participação dos representantes indígenas, em especial durante a pandemia, além de pouca efetividade das discussões e encaminhamentos realizados durante suas reuniões ordinárias. A proteção territorial foi um dos temas prioritários da agenda da Coepi, mas tampouco conseguiu ser implementada pelo governo, seja em função das principais atribuições nessa área serem do governo federal, seja pelo fato de a Secretaria Estadual de Meio Ambiente do Maranhão (Sema) ter ficado aquém na proteção dos recursos naturais do Estado – em parte pela ausência de vontade política de implementar políticas de proteção e segurança para o entorno das TIs no estado.

O fato é que o sentido da participação indígena vem alterando-se. De um cunho eminentemente político e marcado pela busca de autonomia no diálogo com as agências de governo, a participação indígena foi se convertendo numa presença de caráter mais técnico, burocrático e, por vezes, figurativo. A abertura de canais de participação é garantido na Constituição Federal de 1988, mas, mesmo sendo uma característica inovadora – ao complementar a democracia representativa por meio da democracia participativa –, não existe um modelo de ação que contemple a diversidade de territórios e realidades político-culturais.

Questões como heterogeneidade e baixa articulação entre os conselhos e as conferências; falta de autonomia dos representantes da sociedade civil nos conselhos; falta de qualificação; sub e sobrerrepresentação; além da ausência de mecanismos de comunicação, prestação de contas, entre outras, podem contribuir para o mau funcionamento e o esvaziamento dessas instâncias de participação, colocando dúvidas sobre sua efetividade.

A "escuta" é apenas um primeiro passo em uma estratégia de participação social, que deve ter como objetivo o compartilhamento de poder, a partir de uma ideia ampliada de democracia. Para as administrações governamentais, o processo de ouvir já é tão difícil que por vezes se esgota nele mesmo. Há dificuldades de processar, de operacionalizar e levar em consideração o que se ouviu. Este é um ponto central para o aprimoramento dos mecanismos institucionais de participação social anteriormente existentes na esfera federal, num eventual processo de retomada. O objetivo de um governo não deveria ser apenas de consultar e sim de estabelecer um processo de cogestão das políticas públicas. O fato desses objetivos não serem claros acaba criando expectativas antagônicas entre os participantes do processo.

Por fim, e voltando à esfera federal, os efeitos da extinção do Comitê Gestor da PNGATI e dos demais órgãos de governança da política, bem como outras instâncias de participação social, foram bastante graves. Pior ainda foram os efeitos causados com o total engavetamento da PNGATI pelo atual governo federal. Mas continuamos na luta e na esperança para mudar esse atual estado de coisas, a fim retomarmos com celeridade a demarcação de TIs no Brasil; políticas sérias e comprometidas de gestão territorial e ambiental desses territórios; assim como instâncias de governança e participação social mais efetivas e democráticas. Ações locais, como os PGTAs, e regionais como os comitês e conselhos, são possíveis caminhos de mudanças para democratização do poder e para os indígenas buscarem a garantia de posse plena de seus territórios. *(julho, 2022)*

NOTA

[1] Esses desafios são vivenciados por todos os povos indígenas Timbira, sendo estes: Krahô (TI Krahôlandia/TO), Apinayé (TI Apinajé/TO), Krikati (TI Krikati/MA), Gavião Pykobjê (TI Governador/MA), Apanjekrá-Canela (TI Porquinhos/MA), Memortumré-Canela(TI Kanela/MA), Krepykatejêm (TI Geralda do Toco Preto/MA), Krênjê (Reserva Krenyê /MA) e Gavião Parkatejê (TI Mãe Maria/PA). Estas nove terras indígenas somam mais de um milhão de hectares, sendo apenas uma ínfima parte do que um dia foi o "Paíz Timbira" (Nimuendajú, 1936) e, atualmente, consistem em frações descontínuas deste território histórico tradicional.

TOCANTINS

Os Avá-Canoeiro do Araguaia Continuam em Busca de Reparação

Patrícia de Mendonça Rodrigues | Antropóloga

JUDICIALIZAÇÃO DE DEMANDAS HISTÓRICAS POR DIREITOS TERRITORIAIS FOI O CAMINHO POSSÍVEL CONTRA A NEGLIGÊNCIA DA FUNAI EM RELAÇÃO AOS ÃWA

Os Avá-Canoeiro (Ãwa) foram fortemente impactados pelo novo contexto político do país entre 2017 e 2021, caracterizado pelo enfraquecimento da política indigenista e ambiental, e agravado pela eclosão da pandemia de covid 19.

Em 2017 ocorreu a morte de *Iawi*, que sucumbiu a um câncer ósseo. Ele era um dos quatro sobreviventes dos massacres na região dos formadores do Rio Tocantins na época do contato, em 1983, e o único do sexo masculino. Uma denúncia em 2020 levou o Ministério Público Federal (MPF) de Anápolis a investigar a situação do grupo, então com oito pessoas, submetido há décadas a uma tutela opressiva pelo Programa Avá-Canoeiro do Tocantins (Pacto), desenvolvido por uma parceria entre a Funai e Furnas, agravada pela militarização da Funai no âmbito regional desde 2019. Em 2021, o Procurador da República encarregado fez uma recomendação formal à Funai para uma série de providências, com o acompanhamento externo do Tribunal de Contas da União (TCU) e da Controladoria-Geral da União (CGU), no sentido de proporcionar algum benefício e autonomia ao grupo sobre a indenização milionária a que têm direito. Cumprindo ordem judicial em um processo que se arrasta há vários anos, em 2021, a Polícia Federal prendeu sete pessoas e destruiu quatro casas de invasores que promoveram loteamentos na Terra Indígena Avá-Canoeiro, em Goiás (GO), e ameaçavam servidores públicos.

Os Avá-Canoeiro do Médio Rio Araguaia, por sua vez, somam pouco mais de 30 pessoas e ainda vivem na Ilha do Bananal, território de ocupação tradicional dos Javaé e Karajá, como resultado do contato em 1973. Com a declaração da Terra Indígena Taego Ãwa – situada fora da Ilha do Bananal e nos limites do município de Formoso do Araguaia/TO – pelo Ministério da Justiça em 12 de maio de 2016 (Portaria nº 566/2016), mesmo dia do afastamento da presidenta Dilma Rousseff, houve imediata reação de parlamentares ligados ao agronegócio e dos ocupantes da terra. Ainda em 2016, o então senador Ronaldo Caiado (DEM-GO), amparado em

© CARLOS CIPRIANO, 2016

Cena do filme Taego Ãwa (2016), que conta a história do povo Avá-Canoeiro. Direção: Marcela Borela e Henrique Borela

nota do antropólogo Edward Luz, solicitou ao ministro da Justiça a reanálise da portaria, enquanto o deputado federal Carlos Gaguim (PTN-TO) apresentou um projeto para sustar a portaria declaratória. A Eletroenge Agropecuária Ltda., que ocupa grande parte da área, acionou o Superior Tribunal de Justiça (STJ) com o mesmo objetivo, mas nenhum deles teve sucesso.

Em 2017 os Avá-Canoeiro iniciaram um diálogo com o MPF em Gurupi/TO e em 2018 foi ajuizada uma ação civil pública em favor da demarcação da terra, tendo em vista a ausência de qualquer providência do poder público desde 2016. Cerca de seis meses depois, em 22 de outubro de 2018, a Justiça Federal determinou a demarcação da Taego Ãwa no prazo de um ano, com grande repercussão na imprensa e entre a população local. A decisão implicou na realização do levantamento fundiário pela Funai e Instituto Nacional de Colonização e Reforma Agrária (Incra) e em providências quanto ao reassentamento dos moradores não indígenas, cerca de 120 famílias, do Projeto de Assentamento Caracol I e II, que havia sido criado na Terra Indígena por negligência daqueles mesmos dois órgãos públicos na década de 1990. Segundo o próprio MPF, a ação pela demarcação da Taego Ãwa tornou-se uma das mais relevantes do estado do Tocantins e o caso dos Avá-Canoeiro um dos mais urgentes do Brasil indígena.

Novas decisões judiciais foram necessárias em maio de 2019, após uma tensa audiência pública no assentamento: multa diária e uso de força policial em caso de obstrução ao trabalho da Funai; prorrogação do prazo final da demarcação para dezembro de 2020; e realização de perícia antropológica para validar ou não a tradicionalidade da ocupação indígena, atendendo à solicitação dos ocupantes. O grupo Eletroenge, dono da principal fazenda da área, aliou-se aos ocupantes do assentamento e contratou caros advogados de São Paulo e o antropólogo Edward Luz, então desligado da Associação Brasileira de Antropologia. A União, o Incra e os ocupantes contestaram a ação judicial, também sem sucesso, e o Incra regional resistiu em colaborar. Em 2019, Taego Ãwa era uma das duas únicas Terras Indígenas no Brasil na qual a Funai estava realizando levantamento fundiário por ordem judicial.

Devido à atmosfera conflituosa que se instalou na região, incluindo ameaças de morte anônimas que chegaram aos Avá-Canoeiro, o MPF foi acionado novamente e, em julho de 2019, solicitou a inclusão do cacique dos Ãwa no Programa de Proteção aos Defensores dos Direitos Humanos, Comunicadores e Ambientalistas (PPDDH), mas a solicitação foi recusada pelo governo federal.

Até 2019 a Funai realizara apenas 80% do levantamento fundiário e, a partir de 2020, a continuidade do trabalho ficou comprometida por causa da pandemia de covid-19 e dos mecanismos protelatórios por parte do órgão indigenista, cada vez mais desmantelado. Em setembro de 2020, a Justiça Federal pediu informações à Funai sobre o levantamento fundiário e prorrogou o prazo da demarcação para agosto de 2021. Os Avá-Canoeiro e seus apoiadores, em especial o Conselho Indigenista Missionário (Cimi), continuaram em diálogo permanente com o MPF, por meio de reuniões virtuais periódicas, o que levou a um novo pedido e a uma nova decisão judicial, de 15 de abril de 2021, que determinava um prazo para o início e o fim da perícia antropológica e a entrega do relatório fundiário pela Funai, sob pena de multa ao presidente do órgão.

A perícia judicial foi acompanhada pela imprensa local e iniciada em 15 de julho de 2021 por André Demarchi, antropólogo e professor da Universidade Federal do Tocantins (UFT), que realizou pesquisa bibliográfica e de campo junto aos Avá-Canoeiro, reunidos em uma aldeia javaé. Pouco depois foi realizada uma visita à Terra Indígena Taego Ãwa, acompanhada pelos Avá e por representantes dos assentamentos, que realizaram protestos públicos. Os advogados da parte contrária indicaram mais uma vez o antropólogo Edward Luz como assistente de perícia, e o Juiz Federal determinou a escolta da Polícia Federal diante de possíveis distúrbios. O extenso relatório antropológico do perito foi entregue ao juiz no fim de 2021, reconhecendo plenamente a tradicionalidade da ocupação indígena em Taego Ãwa.

O evento da perícia judicial acabou se constituindo num marco histórico para o grupo, que vivia disperso em diferentes aldeias dos Javaé e Karajá. Por escolha própria, e após autorização do cacique local, os Ãwa decidiram que, durante a pesquisa para a perícia, ficariam aglutinados na aldeia Boto Velho, dos Javaé, na Terra Indígena Inãwébohona, onde já vivia uma família Ãwa, pelo fato de ser um local mais tranquilo e afastado dos assentamentos. Ao fim da perícia, em decorrência do acirramento da tensão com os ocupantes do assentamento, o grupo resolveu aguardar a decisão judicial vivendo na região de Boto Velho. Os Javaé autorizaram que eles se instalassem em um local nas margens do Rio Javaés, a cerca de 20 km da aldeia, onde, pela primeira vez desde o contato forçado, em 1973, o grupo passou a viver com relativa autonomia em um lugar exclusivo, à espera do retorno a Taego Ãwa.

Também foi nesse "acampamento Tupi", no segundo semestre de 2021, que teve início o primeiro projeto conduzido pela Associação do Povo Ãwa (Apãwa), em parceria com a Coordenação das Organizações Indígenas da Amazônia Brasileira (Coiab), a Amazon Conservation Team Brasil (ACT-Brasil) e a bióloga Luciana Ferraz, que participou do grupo técnico que identificou a Terra Indígena Taego Ãwa em 2011. Em apoio ao acampamento, foi instalada uma estrutura para funcionamento de um escritório, com internet e placas solares, paralelamente ao desenvolvimento de um viveiro de mudas nativas para o reflorestamento piloto de 10 ha da Mata do Mamão.

O projeto de reflorestamento e salvaguarda dos Ãwa isolados surgiu depois do incêndio devastador que atingiu a Ilha do Bananal em 2019, primeiro ano do governo Jair Bolsonaro. Essa região de Terras Indígenas e do Parque Nacional do Araguaia é ocupada há décadas, todos os anos, por mais de 100.000 bovinos, que usufruem das pastagens naturais arrendadas para criadores de gado. A Terra Indígena Parque do Araguaia registrou 1.256 focos de queimadas, o maior número até então registrado no Brasil em uma única região. Entre janeiro e agosto, foram queimados 276.720 ha do Parque Nacional do Araguaia, o que equivale a metade do parque. O incêndio destruiu ainda 80% da Mata do Mamão, a maior mata da Ilha do Bananal, escolhida como refúgio histórico pelos Avá-Canoeiro que não foram contatados em 1973.

Durante o combate ao incêndio, em 7 de outubro de 2019, uma equipe do Centro Nacional de Prevenção e Combate aos Incêndios Florestais (Prevfogo) do Ibama avistou de um helicóptero oito indígenas em uma clareira, incluindo crianças. Em 29 de novembro de 2019, o MPF em Palmas ajuizou uma ação civil pública contra a União, a Funai e o Instituto Chico Mendes de Conservação da Biodiversidade (ICMBio), requerendo o estabelecimento de área de restrição na Mata do Mamão, a constituição de uma frente de proteção etnoambiental e outras medidas protetivas. A Justiça Federal concedeu decisão favorável em 22 de julho de 2020, mas a Procuradoria Federal da Funai recorreu da decisão e em setembro novo incêndio de grandes proporções se alastrou na Mata do Mamão. Negligenciados historicamente pela Funai, mesmo após aquele avistamento, a vulnerabilidade e o risco de genocídio desse grupo de indígenas isolados em uma região de savanas inundáveis, invadida por criadores de gado cada vez mais próximos e em plena pandemia de covid-19, aumentaram exponencialmente após a destruição da Mata do Mamão.

Ainda no âmbito da judicialização de demandas históricas, os Avá-Canoeiro tiveram duas reuniões com desembargadores do Tribunal Regional Federal da 1ª Região (TRF1), uma em 2019 e outra em 2021, na tentativa de levar a julgamento a ação civil pública ajuizada pelo MPF de Palmas em 2012, que pede uma indenização à União e à Funai por danos morais e materiais ao povo Ãwa.

Em 2020, tiveram início as primeiras conversas com Marcelo Zelic, membro da Comissão de Justiça e Paz de São Paulo que atuou na Comissão Nacional da Verdade, a respeito de um processo de reparação relativo ao caso *Tutxi*. Trata-se de um dos membros do povo Ãwa desaparecidos em circunstâncias desconhecidas logo depois do contato, na época da Ditadura Militar, devido à atuação negligente da Funai. Após diálogo com a Procuradoria Federal dos Direitos do Cidadão, em 2021, o caso foi encaminhado ao MPF em Goiânia, onde está sendo investigado com a participação dos Avá-Canoeiro. *(março, 2022)*

TOCANTINS

Os Javaé e o Impacto do Agronegócio

Patrícia de Mendonça Rodrigues | Antropóloga

O AVANÇO DO AGRONEGÓCIO NO CENTRO-OESTE E A PERMANÊNCIA DOS ARRENDAMENTOS NA ILHA DO BANANAL ACENTUAM IMPACTOS IMENSURÁVEIS AOS JAVAÉ

Exímios pescadores, os Javaé têm como território de ocupação tradicional o vale do Rio Javaés, na porção interna e externa à Ilha do Bananal (TO), tida como a maior área de várzeas contínuas do mundo. Além de abrigar três Terras Indígenas e um Parque Nacional, a extraordinária importância socioambiental desse território é reconhecida pela Convenção de Ramsar, que o classificou como Zona Úmida de Proteção Internacional, e pela Organização das Nações Unidas para a Educação, a Ciência e a Cultura (Unesco), que o considera como Reserva da Biosfera.

Ainda assim, e apesar da constatação mundial do papel central das populações indígenas e a preservação de seus territórios na contenção das mudanças climáticas, a acelerada deterioração das condições ambientais no médio curso do Rio Araguaia é dramática. De 2017 a 2021, a perceptível fragilização das políticas indigenista e ambiental vem impondo novos desafios aos povos indígenas que ali habitam.

Desde a década de 1920, com o estímulo dos órgãos indigenistas, o interior da grande ilha inundável de 2 milhões de hectares foi apropriado por arrendamentos ilegais para criação de gado bovino. A partir dos anos 1970, com o estímulo dos governos locais, o entorno da ilha com mais de 500 mil hectares de várzeas e pastagens naturais e uma das áreas mais piscosas do mundo foi destinado para a agricultura de irrigação em larga escala. O

© CIMI GO/TO, 2019

Aldeia Boto Velho, do povo Javaé, na na TI Inãwébohona, Ilha do Bananal (TO).

arrendamento das Terras Indígenas no interior da ilha era prática usual da Funai nos anos 1970 e depois, a partir dos 1990, passou a ser conduzida pelas próprias comunidades indígenas.

ARRENDAMENTO PERSISTENTE

Em duas ocasiões (1997 e 2008), o Ministério Público Federal (MPF) questionou a legalidade do arrendamento e, por ordem judicial, a Ilha do Bananal foi desocupada. Desde 2009, entretanto, o MPF de Palmas adotou nova orientação, em conflito com o posicionamento de outros órgãos e instâncias públicas, como a 6ª Câmara do próprio MPF, a Funai, o Instituto Chico Mendes de Conservação da Biodiversidade (ICMBio) e a Advocacia-Geral da União (AGU). O MPF mediou a realização de um termo de ajustamento de conduta (TAC) por dez anos entre as associações javaé e os criadores de gado, o que possibilitou a continuidade do arrendamento das Terras Indígenas sob o pretexto de distribuição sustentável de renda e autossuficiência das comunidades.

No atual contexto político de uma Funai militarizada e que volta a defender abertamente a "integração" das comunidades indígenas à sociedade nacional e a abertura de seus territórios à exploração econômica por terceiros, em 4 de junho de 2019, houve uma reunião de cerca de 20 líderes das aldeias javaé e karajá, agendada pela Conselho das Organizações Indígenas do Povo Javaé da Ilha do Bananal (Conjaba), organização dos Javaé que controla a maior parte das áreas arrendadas, com o então presidente da Funai, o general Franklinberg Ribeiro de Freitas (mandato de maio de 2017 a abril de 2018). Contando com a presença da deputada federal Professora Dorinha (DEM-TO) e de representantes dos municípios diretamente interessados, entre eles o prefeito de Sandolândia, discutiu-se a implantação de um projeto de bovinocultura pelas comunidades indígenas em parceria com grandes empresas, como o grupo Korin. Na reunião também estava presente o presidente da Câmara Municipal de Formoso do Araguaia, filho de Javaé e Tuxá, da aldeia Canoanã, eleito pelo PTB e o primeiro vereador indígena a ocupar essa função. Apesar da receptividade do presidente da Funai, o novo projeto não teve o andamento esperado, mas o arrendamento de terras continuou. Entre agosto e setembro de 2020, em plena pandemia de covid-19, a agência agropecuária estadual vacinou 116.647 bovinos na Ilha do Bananal.

A pandemia levou pessoas importantes, líderes históricos e guardiãs da memória oral, como é o caso de Juraci Warasi, fundador da aldeia São João. Conforme noticiado na grande imprensa em julho de 2020, assim que houve um aumento súbito de casos nas aldeias, com 192 casos confirmados na época, a Prefeitura de Formoso do Araguaia montou uma "barreira racial", proibindo a entrada dos Javaé no espaço urbano por 15 dias. A medida de fundo racista causou repúdio na sociedade civil e levou a uma atuação do MPF. A pandemia não impediu, entretanto, a circulação de não indígenas na Ilha do Bananal, explicitando a falta de reciprocidade com que os Javaé descrevem os brancos em suas narrativas históricas.

AUMENTAM OS INCÊNDIOS

O projeto de bovinocultura mencionado acima pode dar a entender que se trata de comunidades indígenas criando bovinos, mas o que ocorre é, na grande maioria dos casos, o arrendamento de terras a terceiros. Devemos lembrar que os Javaé são pescadores tradicionais e não têm a tradição da lida com gado. Contradizendo o argumento apresentado na reunião do dia 4 de junho de 2019, de que o manejo do gado evitaria o fogo, entre janeiro e agosto de 2019, primeiro ano do governo Jair Bolsonaro, a Terra Indígena Parque do Araguaia registrou o maior número de focos de queimadas no Brasil, com 1.256 focos. Foram queimados 276.720 ha do Parque Nacional do Araguaia, na área da TI Inãwébohona, ou seja, cerca de metade de todo o parque. Em setembro de 2020 novo incêndio de grandes proporções ocorreu no Parque Nacional do Araguaia. Em 2020 também repercutiu na mídia a descoberta de extração ilegal de madeira de lei no Parque Nacional do Araguaia para comercialização.

É fato notório que o arrendamento acirrou conflitos internos nas comunidades e estimulou a criação de hierarquias internas antes inexistentes, pois a maioria alega não ser beneficiada pela renda gerada, como aconteceu em outras terras arrendadas, como entre os Kaingang no Sul do país. Atualmente, os Javaé estão distribuídos em 18 aldeias, pelo menos quatro fundadas nos últimos anos, totalizando uma população de cerca de 1.600 pessoas. Há sete novas associações indígenas[1] representando diferentes aldeias, o que, em grande parte, tem relação com a prática de arrendamento sob o controle de cada aldeia. No momento atual, está em discussão a renovação do TAC por mais dez anos, após uma primeira prorrogação pelo MPF local para até o fim de 2021.

A prática de arrendamento se deu paralelamente a um aumento gradual de casamentos interétnicos com não indígenas nas aldeias javaé, o que era raro e até certo ponto evitado pelos Javaé até a década de 1990. Alguns dos principais jovens líderes das associações indígenas são filhos desses casamentos e representam uma nova fase histórica do povo javaé, assim como ocorreu na virada para o novo milênio, com a mudança cada vez maior de pessoas, que se dividiam entre a aldeia e a cidade, com famílias inteiras indo residir nas cidades próximas. Atualmente, a maior parte dos requerimentos do vereador indígena eleito em Formoso do Araguaia nas legislaturas 2017/2020 e 2021/2024 diz respeito a assuntos de interesse dessa nova população urbana.

A apropriação do antigo território javaé fora da Ilha do Bananal por projetos de irrigação de arroz e soja de grandes grupos empresariais, como a Fazenda Dois Rios, com captação direta e sem controle das águas da bacia do Rio Javaés, ocasionou uma catástrofe ambiental sem precedentes nessa notável região de várzeas inundáveis. Em 2016, a Promotoria Regional Ambiental do Araguaia ajuizou uma ação buscando a regularização da captação no Rio Formoso do Araguaia. O Rio Javaés, onde estão localizadas quase todas as aldeias javaé, secou a níveis alarmantes nos últimos anos, diminuindo drasticamente a vazão da água em 2018, 2019 e 2020, o que também provocou a morte de tartarugas e botos, que ficaram encalhados em diversos trechos. Denúncias das populações ribeirinhas, pesquisadores e movimentos sociais levaram a audiências públicas, acordos judiciais e a uma nova ação judicial em 2019; decisões de 2020 suspenderam outorgas de fazendas e de 2021 determinaram a revisão de todas as licenças no Rio Formoso. Mas o problema continua. Segundo a promotoria, a Universidade Federal do Tocantins (UFT) identificou barramentos e cerca de 100 bombas de captação na bacia, cada uma com capacidade para abastecer a capital do estado. Como o Rio Javaés forma a Ilha do Bananal juntamente com o Rio Araguaia, pode-se dizer que a maior ilha fluvial do mundo está deixando de ser uma ilha.

DA TRANSARAGUAIA À TRANSBANANAL

Com o contexto político adverso aos índios e favorável ao agronegócio, a senadora Kátia Abreu (TO) promoveu uma poderosa articulação política para retomar o antigo projeto de uma rodovia de 90 km, planejada para cortar a Ilha do Bananal na TI Parque do Araguaia, interligando o Centro-Oeste e o Norte a grandes corredores multimodais de exportação. Foi realizada uma audiência pública em Gurupi (TO), em 18 de outubro de 2019, com representantes das comunidades Javaé e Karajá e várias autoridades locais, estaduais e federais, como ministros e governadores. A eclosão da pandemia em 2020 adiou momentaneamente o projeto da Transbananal, evitando o ecocídio previsto por ambientalistas em uma região já fortemente impactada pelo agronegócio nas grandes fazendas do Médio Araguaia. A estrada é mais um fator de divisão das comunidades indígenas, tendo sido apresentada pelas autoridades públicas com o argumento de que um possível pedágio geraria renda para as aldeias.

A Coordenação Regional Araguaia Tocantins da Funai passou a ser comandada em 2019 por um capitão reservado do Exército, Osmar Gomes de Lima, ligado ao agronegócio e filiado ao PSL. Em 2021, o coordenador apoiou projetos de pesca esportiva e a "revitalização" por empresários e prefeituras do aterro que corta o Parque Nacional do Araguaia, região da TI Inãwébohona.

O aterro havia sido projetado na década de 1980 para ser a Transaraguaia, mas não foi levado adiante em função da resistência dos Javaé e da sociedade civil. Segundo o coordenador, o aterro "tem o objetivo de melhorar a logística do transporte da safra e do calcário, principal insumo das lavouras vizinhas ao Parque Nacional e às Terras Indígenas". A Funai não deu andamento à principal reivindicação territorial dos Javaé, de ter a TI Javaé/Avá-Canoeiro, fora da Ilha do Bananal, identificada em 2010. *(março, 2022)*

NOTA

[1] Associação Indígena da Aldeia Canoanã (Aciac); Associação Indígena Javaé do Posto Indígena Barreira Branca; Associação Indígena Rytymyra da Aldeia Wari Wari; Instituto Ecológico e Cultura Indígena do Tocantins (Inecit); Associação Indígena Barra do Rio Verde; Associação Indígena da Aldeia Boa Esperança; e Associação Progressista Txuiri (Apat).

GERAL

INDÍGENAS DE CINCO POVOS OCUPAM SEDE DA FUNAI

A sede da Funai em São Luís, capital do Maranhão, amanheceu nesta segunda-feira, 6, ocupada por volta de 100 indígenas dos povos Akroá-Gamella, Krenyê, Gavião, Pychobyh e Tremembé. O protesto tem como objetivo visibilizar o descaso do órgão indigenista com relação à demarcação do território tradicional do povo Gamella, além de demandas fundiárias e sociais envolvendo os Krenyê, Tremembé e Gavião. A ocupação não tem prazo de duração. Lideranças quilombolas estão com os indígenas, em solidariedade. *(Cimi, 06/11/2017)*

© ANDRESSA ZUMPANO, 2017

Indígenas durante ocupação à sede da Funai, em São Luís/MA.

"GUARDIÕES DA AMAZÔNIA" INTERCEPTAM MADEIREIROS ILEGAIS

Na Amazônia maranhense, membros de um povo indígena patrulhando sua floresta para proteger seus parentes isolados de madeireiros ilegais interceptaram uma gangue madeireira bem conhecida, queimaram seu caminhão e os expulsaram da floresta. O grupo, conhecido como Guardiões da Amazônia, está defendendo uma área que, de acordo com um estudo recente, é parte da região mais ameaçada na Amazônia. *(Survival International, 22/05/2018)*

©. LELA BELTRÃO/EL PAÍS, 2019

Olimpio Guajajara, liderança indígena que coordena 123 membros de sua comunidade na proteção de seu território no Maranhão contra invasões.

APÓS 13 ANOS NA JUSTIÇA, INDÍGENAS OBTÉM DEMARCAÇÃO DE TERRAS NO NOROESTE

Após treze anos de embates judiciais, a comunidade indígena do Santuário Sagrado dos Pajés, da etnia Fulni-ô Tapuya, teve a ocupação reconhecida pela Companhia Imobiliária de Brasília (Terracap) e pelo Governo do Distrito Federal. O acordo garante a demarcação de 32,6 hectares para a permanência do santuário. A área fica no Noroeste e já havia sido considerada pela Justiça como um local de ocupação tradicional indígena. "O acordo reconhece a área com terra de uso tradicional. Isso significa o estado de máxima proteção que a Constituição Federal dá para uma terra indígena no Brasil", celebrou o advogado da comunidade indígena, Ariel Foina. Apesar da conquista, os índios decidiram abrir mão de 36% das terras, já que inicialmente lutavam pelo reconhecimento de 50 hectares. *(B. Lima, Correio Braziliense, 29/06/2018)*

EM 10 ANOS, 35 INDÍGENAS FORAM MORTOS NO MARANHÃO

Em 10 anos, 35 casos de assassinatos de indígenas foram registrados no Maranhão. Os dados são do Conselho Indigenista Missionário e somam os casos que ocorreram dentro e fora das terras indígenas. *(R. Cardoso, G1, 12/12/2019)*

ENTENDA OS CONFLITOS NAS TIS DO MARANHÃO

Dois ataques a índios no Maranhão aconteceram no intervalo de um mês e sete dias em terras indígenas diferentes. Os casos mais recentes estão sob investigação sigilosa da Polícia Federal. Três índios morreram em confrontos que envolvem disputa por território e outros motivos que são apurados pelas autoridades. Ninguém foi preso. *(R.Cardoso, J. Ricardo, G1, 11/12/2019)*

APINAYÉ

MPF SE REÚNE COM LIDERANÇAS INDÍGENAS PARA DEBATER ATRASO DE OBRAS

Foi realizada, no auditório da Universidade Federal do Tocantins, Campus de Tocantinópolis, reunião sobre o atraso no início das obras de manutenção das estradas que interligam as aldeias Apinajés. Foram identificados diversos problemas na execução dos acordos firmados anteriormente, como a escassez de maquinário à disposição da Agência Tocantinense de Transportes e Obras para a realização do serviço, além do atraso que ocorreu no fornecimento do combustível por não haver maquinário à disposição para buscá-lo ou recebê-lo nas datas previstas. *(MPF, 09/12/2019)*

TI APINAJÉ AGUARDA POR DEMARCAÇÃO DE ÁREA EXCLUÍDA PELA DITADURA

Há 25 anos indígenas lutam pela demarcação de seu território na integridade. Clima de violência que marcou o processo de demarcação nos anos 1980 volta à região. O processo de demarcação encontra-se judicializado. Em 2019 o MPF-TO ingressou com uma ação civil pública contra a União e a Funai. Em agosto de 2021, o Juiz Federal Victor Curado Silva Pereira determinou a conclusão do processo demarcatório de ampliação da TI Apinajé em até dois anos. A Funai argumenta que os indígenas Apinajé não necessitam da expansão de seu território. Por fim, em junho deste ano, a Funai é condenada a pagar multa pelo descumprimento da decisão judicial. *(F. Zuker, InfoAmazônia, 20/07/2022)*

AVÁ-CANOEIRO

SÍMBOLO DE SOBREVIVÊNCIA DE MASSACRE, IAWÍ AVÁ-CANOEIRO MORRE EM GO

O indígena Iawí Avá-Canoeiro, de 56 anos, morreu no Hospital Araújo Jorge, em Goiânia (GO) na terça-feira (6). Segundo especialistas, ele era considerado símbolo de um massacre que dizimou quase toda sua tribo, Avá-Canoeiro, em disputas de terras com fazendeiros e resistência contra a colonização. Com a morte dele, existem, atualmente, apenas oito índios da etnia, que vivem em uma reserva em Minaçu, no norte de Goiás. *(Portal Amazônia, 08/06/2017)*

INDÍGENAS REAFIRMAM QUE DEMARCAÇÃO DEVE GARANTIR ÁREA INTEGRAL

Em reunião realizada na sede da Procuradoria-Geral da República nessa terça (18), em Brasília, lideranças indígenas da etnia Avá-Canoeiro reafirmaram que o direito à integralidade de sua terra de ocupação tradicional é irrenunciável. A área, que totaliza 28.510 hectares em Tocantins, está prevista em portaria declaratória assinada em 2016, uma das etapas finais do processo de demarcação. Apesar disso, a

© FIONA WATSON/SURVIVAL INTERNATIONAL, 2000

Iawí, um dos últimos membros do povo Avá-Canoeiro, falecido em 2017, TI Avá Canoeiro (GO).

etnia sofre pressões para abrir mão de parte de seu território tradicional. *(MPF, 19/12/2018)*

IMPASSE COLOCA ETNIA AVÁ-CANOEIRO EM RISCO

Povo que vive no Norte do Estado está ameaçado de extinção e tinha miscigenação como alternativa ao desaparecimento. Agora,relações estão no foco de conflito entre índios e Funai. A situação vivida atualmente, que implicou no retorno de indígenas para terras de origem, contrasta com aquela experimentada pelos avá-canoeiros há poucos anos, quando a união entre uma jovem da etnia e um índio tapirapé foi celebrada tanto pela comunidade como por não-índios. O motivo foram os filhos gerados pelo casal, que levaram a esperança de que houvesse a perpetuação do povo, até então considerado sob risco de extinção. *(C. Almeida, O Popular, 03/11/2019)*

POVO ÃWA AVANÇA NA DEMARCAÇÃO DE SUA TERRA

Também chamados de Avá-canoeiro do Araguaia, os 36 sobreviventes do genocídio lutam para voltar ao seu território. Na última semana, o MPF e os Avá-canoeiro fizeram a mais recente manifestação no processo, indicando a negativa diante de uma proposta do Incra de reduzir a TI a 40% da área reconhecida. Eles solicitam que o juiz federal Eduardo Ribeiro dê, finalmente, a sentença sobre o caso. O processo já se arrasta há dez anos. Em 2012, a Funai publicou a portaria de delimitação da TI Taego Ãwa e, em 2016, o Ministério da Justiça publicou a portaria declaratória. Diante da inação do Estado, o MPF entrou, em 2018, com uma Ação Civil Pública pela demarcação, acatada pela justiça. No ano passado, os advogados dos fazendeiros e posseiros questionaram o relatório antropológico e solicitaram uma perícia. O resultado dela, apresentado em novembro de 2021, no entanto, não deixou dúvidas. A conclusão do perito designado pelo juiz, o antropólogo André Demarchi, é de que "a única forma do Estado brasileiro reparar mais de três séculos de violências físicas, psíquicas e simbólicas para com o povo Ãwa é demarcando a TI Tãego Ãwa, cuja tradicionalidade resta comprovada". *(G. Moncau, Brasil de Fato, 24/04/2022)*

AWA GUAJÁ

FOGO VOLTA A DESTRUIR PARTE DA TI ARARIBOIA

O fogo voltou a atingir parte da TI Araribóia, no Maranhão. Localizada em uma área de transição do Cerrado para a Floresta Amazônica, extremamente vulnerável a incêndios, a reserva de 413 mil ha vem registrando focos de incêndios quase diários ao longo dos últimos meses. Segundo a Funai, cerca de 12 mil indígenas das etnias Guajajara e Awá-Guajá vivem na área, muitos em situação de isolamento voluntário. *(A. Rodrigues, Agência Brasil, 26/10/2017)*

CACIQUE DENUNCIA RETIRADA ILEGAL DE MADEIRA

O cacique Antônio Guajajara, da terra indígena Caru, no Maranhão, denunciou a invasão de

Isolado do povo Awá Guajá, na TI Araribóia (MA), em cena do filme Ka'azar Ukize Wà – Os donos da Floresta em Perigo.

madeireiros à terra indígena Awá Guajá, que fica ao lado de onde ele exerce a função de líder da aldeia. *(M. Leitão, G1, 25/01/2019)*

DOCUMENTÁRIO MOSTRA INDÍGENAS ISOLADOS EM RISCO

Documentário lançado recentemente revela cenas de um grupo de indígenas isolados da etnia Awá Guajá, caçadores-coletores descritos pela ONG Survival International como o grupo indígena mais ameaçado do planeta. Os Awá Guajá vivem na floresta amazônica, no Maranhão. *(K. Mendes, Mongabay, 07/10/2019)*

ARARIBÓIA SOFRE COM VIOLÊNCIA, INVASÕES E DESMATAMENTO

Dados do ISA mostram mais de mil km de estradas clandestinas e quase 5.000 alertas de desmatamento na Terra Indígena, onde Paulo Guajajara foi assassinado na última semana. Imagens de satélite indicam um cenário sem precedentes de invasões e roubo de madeira na Terra Indígena Araribóia, território onde o guardião da floresta Paulo Paulino Guajajara foi assassinado brutalmente na última sexta-feira (1/11). *(ISA, 06/11/2019)*

AWÁ CONSTROEM ESTRATÉGIAS PARA GARANTIR O USUFRUTO EXCLUSIVO DE TIS

Cerca de 80 indígenas de recente contato do povo Awá construiram, junto à Frente de Proteção Etnoambiental Awá, estratégias de ocupação e proteção do território indígena. O I Encontro para Construção do Plano de Ocupação da Terra Indígena (TI) Awá ocorreu no município de São João do Caru/MA, entre os dias 20 e 30 de setembro e mobilizou os indígenas habitantes das TI Awá, Caru e Alto Turiaçu. *(Funai, 16/10/2019)*

TRÁFICO DE DROGAS NO MARANHÃO PODE EXPLICAR MORTES DE INDÍGENAS

A onda de violência contra índios no Maranhão levou o governo do estado a prometer reforços nas ações da força-tarefa estadual criada em novembro, após o primeiro ataque, para proteger territórios indígenas. Indicado como porta-voz sobre o tema pelo governador Flávio Dino, o secretário de Direitos Humanos, Francisco Gonçalves, afirma que o tráfico de drogas e o avanço de organizações criminosas nesses territórios são fatores que explicam os recentes ataques - outras possibilidades são a ação de grileiros e exploração ilegal de madeira. *(D. Biasetto, G. Schmitt, O Globo, 15/12/2019)*

DRONES ASSUSTAM INDÍGENAS EM TERRA ALVO DE MADEIREIROS

Os aparelhos, cujos operadores são desconhecidos, têm sobrevoado as aldeias da Caru, com cerca de 400 indígenas, gerando pavor nas crianças e assustando os idosos. Os guajás, também conhecidos como awás guajás ou awás, são uma etnia considerada de recente contato e pelo menos três grupos ainda vivem em isolamento voluntário na mata, um deles na Caru. *(R.Valente, UOL, 14/09/2020)*

COORDENADOR DA FUNAI MANDA ATEAR FOGO EM GALPÃO DOS AWÁ-GUAJÁ

Os indígenas do povo Awá-Guajá denunciaram que o novo coordenador da Frente Etno Ambiental, Elton Henrique Sá de Magalhães, mandou servidores da Funai atearem fogo em um galpão onde os indígenas faziam reuniões, no Maranhão. O ataque teria sido uma retaliação por seu nome ter sido reprovado para o cargo de coordenador pelos indígenas, que o expulsaram com arco e flechas durante uma reunião no dia 13 de julho. Na ocasião, após ouvirem Magalhães, cerca de 50 indígenas o cercaram e deixaram claro que não o reconhecem como coordenador. Segundo os indígenas, no dia 28/07, ele teria entrado na TI Awá sem autorização dos indígenas e teria mandado servidores que trabalham na Base de Proteção Sul derrubarem e atearem fogo no local de reunião. *(A Nova Democracia, 02/08/2022)*

GAMELA

ATAQUE A ALDEIA DEIXA 13 FERIDOS NO MARANHÃO

Uma aldeia indígena localizada em Viana (MA) foi atacada por homens armados com facões e armas de fogo. De acordo com o Cimi, pelo menos 13 índios foram feridos, dois deles tiveram as mãos decepadas e cinco foram baleados. Na região, está localizado o Povoado das Bahias, área da etnia gamela. *(A. Richter, Agência Brasil, 01/05/2017)*

ÍNDIO TEM AS MÃOS DECEPADAS NO MARANHÃO

O indígena Aldelir Ribeiro, 37, teve as mãos decepadas com golpes de facão em um confronto ocorrido no domingo (30) no município de Viana, no Maranhão. De acordo com a CPT, ele também levou dois tiros – um na costela e outro na coluna – e teve os joelhos cortados. Ribeiro pertence à etnia gamela. *(W. Ramalhoso, UOL, 01/05/2017)*

ÁREA DE ATAQUE NO MARANHÃO É DISPUTADA POR ÍNDIOS E FAZENDEIROS

Os índios da etnia Gamela reivindicam a posse de mais 14 mil hectares no interior do Maranhão. O grupo cobra que a Fundação Nacional do Índio (Funai) abra processo para demarcação do território. A área que passa pelos municípios de Viana, Matinha e Penalva atualmente é ocupada por fazendeiros e sitiantes. O conflito entre índios e proprietários de terra ganhou força em 2013. As primeiras ocupações dos índios começaram em 2015. *(G1, 01/05/2017)*

FUNAI ALEGOU FALTA DE RECURSOS PARA NÃO DEMARCAR ÁREA

O governador do Maranhão, Flávio Dino (PCdoB), publicou documentos na internet para demonstrar que, ainda em agosto do ano passado, recorreu formalmente à Funai para que o processo de identificação e demarcação da terra indígena do Território Gamela, em Viana (MA) fosse realizado pelo órgão indigenista, "para evitar o agravamento do conflito em questão". Em 24 de outubro de 2016, segundo outro documento divulgado, chegou a resposta da Funai. No ofício, o órgão afirma que, "desde 2012, essa Fundação não dispõe de mecanismo de contratação de profissionais externos para compor e coordenar Grupos de Trabalho, contando apenas com profissionais que se dispõem a trabalhar na condição de colaboradores eventuais, e que em geral não têm condições de se dedicar exclusivamente aos estudos". *(A. Borges, Oesp, 02/05/2017)*

GOVERNO DO MA SE DISPÕE A PAGAR POR DEMARCAÇÃO

O governador do Maranhão, Flávio Dino, afirmou que se dispõe a pagar pelos estudos de demarcação de terras indígenas em Viana, a 220 quilômetros de São Luís. O local foi palco de um ataque a índios Gamela que deixou mais de dez feridos, segundo entidades de proteção indigenistas. Um dos feridos, Aldeli Ribeiro, 37, levou golpes de facão nas mãos, mas a tentativa de decepá-lo foi frustrada. Ele teve fraturas expostas, além de ter sido atingido por uma bala no tórax, e segue internado. *(FSP, 03/05/2017)*

FORÇA-TAREFA INVESTIGA CONFLITO ENTRE ÍNDIOS E FAZENDEIROS NO MARANHÃO

Uma força-tarefa envolvendo agentes da Polícia Civil, Polícia Federal, Poder Judiciário e Ministério Público Federal iniciou investigação para esclarecer o conflito pela disputa de terras envolvendo índios Gamela e fazendeiros, no povoado Bahias, na cidade de Viana, onde pelo menos dez pessoas, entre indígenas e fazendeiros, ficaram feridas no último domingo (30). A equipe se reuniu nesta terça-feira (2) em Viana para articular as suas ações. O clima segue tenso na cidade, por isso as equipes da Polícia Federal devem permanecer na região por tempo indeterminado. *(G1 Maranhão, 03/05/2017)*

© SARAH SHENKER/SURVIVAL 2019

Paulo Paulino Guajajara, guardião da floresta assassinado em 2019 na TI Araribóia (MA).

"ESSE MASSACRE RECENTE É SÓ UMA FACETA DO ETNOCÍDIO"

Não existe outra resolução que não a do Estado brasileiro restituir o povo gamela do seu direito ao território e do seu direito a ser povo. E, assim, assegurar o futuro do povo gamela como povo indígena. A Funai precisa instituir o grupo de trabalho para o estudo de identificação do território tradicional desse povo. A violência cresce por conta da omissão do Estado em relação ao reconhecimento do direito territorial do povo gamela. O Estado precisa se fazer presente. Ele permitiu ao longo desses séculos todo o espólio desse território, a violência contra esse povo. Esse massacre recente é só uma faceta de um etnocídio que vem assolando o povo gamela, se a gente entende o etnocídio não só como um extermínio físico, mas também como a violência de todas as formas. A começar pela violência de negar a eles essa possibilidade de ser povo e de viver segundo a sua cosmovisão e a sua cosmopolítica. *(T. Bedinelli, El País, 07/05/2017)*

GUAJAJARA

CACIQUE JORGINHO GUAJAJARA É ASSASSINADO NO MARANHÃO

Mais uma liderança indígena é morta no Brasil. O cacique Jorginho Guajajara, da TI Araribóia, na Amazônia maranhense, foi assassinado no último fim de semana. Segundo lideranças Guajajara ouvidas pela reportagem do ISA, seu corpo foi encontrado no domingo (12/8) na entrada do município de Arame (MA), cuja sede faz limite com a TI. Jorge era cacique da aldeia Cocalinho I, do povo Guajajara. *(ISA, 14/08/2018)*

CIMI QUESTIONA INQUÉRITO SOBRE ASSASSINATO DE PAULINO GUAJAJARA

Paulino Guajajara foi assassinado em novembro de 2019 em uma situação que pareceu ser uma emboscada. O Conselho Indigenista Missionário (Cimi) soltou nesta quarta-feira (8) uma nota de repúdio acerca da conclusão da Polícia Federal no inquérito sobre a morte do indígena Paulo Paulino Guajajara, ocorrida no dia 1o de novembro de 2019, no interior da Terra Indígena (TI) Araribóia, no Maranhão. Conforme o relato feito pelo sobrevivente Laércio Sousa Silva, que foi baleado no braço, os indígenas foram vítimas de uma emboscada enquanto caçavam dentro do seu território. *(C. Averbuck, Revista Fórum, 08/01/2020)*

CAÇADOR MATOU ÍNDIO GUARDIÃO DA FLORESTA

O assassinato, com um tiro, do indígena guajajara Paulo Paulino, 26, em 1o de novembro passado, no Maranhão, ocorreu durante um conflito com caçadores de animais silvestres que entraram sem autorização na terra indígena Arariboia, apontou o inquérito aberto pela Polícia Federal. Um dos caçadores, Márcio Gleik Pereira Moreira, 37, também morreu no conflito, com um tiro. A PF discordou da versão inicial dos indígenas de que teria ocorrido uma emboscada de madeireiros, mas reconheceu à Folha que os caçadores não tinham ordem para estar dentro da terra indígena. *(R. Valente, FSP, 10/01/2020)*

GUAJAJARA FAZEM DENÚNCIAS A FRENTE PARLAMENTAR

Deputados federais e representantes de órgãos do Judiciário e de organizações da sociedade civil receberam as denúncias dos indígenas. A aldeia Juçaral, na TI Arariboia, no Maranhão, recebeu a visita de deputados e senadores da Frente Parlamentar Mista em Defesa dos Direitos dos Povos Indígenas. Foram quatro horas de depoimentos denunciando casos de perseguição e violência e a falta de políticas públicas de acesso à saúde, ao transporte e à educação. Nesta área, foi assassinado Paulino Guajajara, em novembro do ano passado. *(Y. Vasques, Brasil de Fato, 15/01/2020)*

APIB PEDE ANULAÇÃO DE INQUÉRITO PELA FUNAI CONTRA SÔNIA GUAJAJARA

A Apib entrou com um pedido na Vara Federal Criminal do Distrito Federal para anular o inquérito instaurado pela Polícia Federal que intimou a líder indígena Sonia Guajajara, coordenadora executiva da Apib, a pedido da Funai, sob a acusação de difamar o governo federal. A Funai afirma que a ativista e a entidade que ela presidem fizeram acusações que difamaram o governo de Jair Bolsonaro por meio da websérie "Maracá", que mostra supostas violações de direitos cometidas contra os povos indígenas no contexto da pandemia de covid-19. *(Poder360, 03/05/2021)*

JÚRI PARA ASSASSINATO DE 'GUARDIÃO DA FLORESTA' É MARCO HISTÓRICO

Pela primeira vez, o assassinato de um líder indígena deve ser julgado por um júri popular federal no Brasil. Paulo Paulino Guajajara, 26 anos, foi morto em uma suposta emboscada de madeireiros ilegais na TI Arariboia em novembro de 2019; dois indiciados serão julgados pelo crime por um júri popular. O júri popular pode abrir um importante precedente legal para julgar os responsáveis pelo assassinato de outras lideranças indígenas e também para outros casos como o recente assassinato do jornalista britânico Dom Phillips e do indigenista Bruno Pereira. *(K. Mendes, Mongabay, 30/06/2022)*

TRÊS INDÍGENAS GUAJAJARA SÃO MORTOS EM MENOS DE DUAS SEMANAS NO MA

Mais um caso de violência contra a etnia Guajajara foi registrado no Maranhão. O indígena Antônio Cafeteiro Silva Guajajara foi morto com seis tiros no domingo (11), na estrada do Povoado Jiboia, no município de Arame, a cerca de 600 km de São Luís. Esse é o terceiro assassinato de indígenas em menos de duas semanas no estado. No dia 3 de setembro, Janildo Oliveira Guajajara, que já foi Guardião da Floresta, foi assassinado com tiros nas costas, em Amarante do Maranhão. Já no município de Arame, Israel Carlos Miranda Guajajara morreu após ser atropelado e a polícia confirmou que se trata de um caso de homicídio. *(G. de Almeida, G1 Maranhão, 13/09/2022)*

POLÍCIA CONFIRMA QUE GUAJAJARA MORTO A TIROS FOI VÍTIMA DE EMBOSCADA

A Polícia Civil confirmou que o indígena Antônio Cafeteiro Silva Guajajara, morto com seis tiros no domingo (11), foi vítima de uma emboscada. O delegado da Polícia Civil de Arame, Tiago Castro, informou ao G1 Maranhão que Antônio Cafeteiro estava saindo de uma festa quando foi atingido pelos disparos, indo a óbito ainda no local do crime. O suspeito de executar o indígena, que ainda não foi identificado, estava em um veículo de cor branca. *(G. de Almeida, G1 Maranhão, 15/09/2022)*

INY KARAJÁ

CRESCE SUICÍDIO ENTRE ÍNDIOS CARAJÁS EM MT

De 2012 a 2016, segundo dados do Ministério da Saúde, foram 35 suicídios entre os carajás, além de dezenas de tentativas -a mais recente, no início de janeiro. A maioria dos casos envolvia jovens do sexo masculino, entre 11 a 25 anos. Os dados de 2017 ainda não foram divulgados, mas é consenso entre líderes e autoridades que a situação se agravou. "Depois de ter diminuído, [a situação] voltou a preocupar em 2017", diz o procurador da República Alvaro Manzano, do MPF do Tocantins. "Estamos muito preocupados. Os jovens são nosso futuro e estão morrendo sem explicação", diz Juanahu Karajá, 37, recém-escolhido cacique de Santa Isabel. *(R. Vargas, FSP, 27/02/2018)*

VACINAÇÃO NAS ALDEIAS DO TO FOI PREJUDICADA POR INFORMAÇÕES FALSAS

A pandemia do coronavírus tem afetado todo o mundo e a situação nas aldeias indígenas do Tocantins não é diferente. Apesar do grupo ter sido o primeiro público-alvo contemplado pelo plano estadual de vacinação, muitos deixaram de receber as doses. A cantora e ativista Narúbia Werreria, da etnia Karajá, da Ilha do Bananal, disse que informações falsas sobre a eficácia da vacina fazem com que muitos indígenas deixem de se vacinar. "São muitas fake news chegando nas aldeias e fazem com que as pessoas tenham medo de se vacinar", disse Narúbia, que é do povo Iny. "Ao invés de ter uma campanha pro-vacina, conscientizando, aqui é o contrário e o governo silencia", contou. *(L. Queiroz, G1 Tocantins,16/08/2021)*

ISOLADOS DA ILHA DO BANANAL

JUSTIÇA RESTRINGE ACESSO À MATA ONDE INDÍGENAS ISOLADOS FORAM AVISTADOS

O juiz federal Ademar Aires Pimenta, da 2ª vara federal de Palmas, determinou a criação de uma área de acesso restrito dentro da Ilha do Bananal, onde indígenas que vivem isolados foram avistados no dia 9 de outubro. Eles foram vistos pela primeira vez a partir de um helicóptero durante os esforços para combater as queimadas na região. A área é conhecida como a 'mata do mamão'. O pedido foi feito pelo Ministério Público Federal. Antropólogos ouvidos pelo MPF afirmam que os indígenas avistados provavelmente são do povo Avá-Canoeiro, também conhecido como "Cara Preta". Desde 1968 há relatos sobre a existência destes indígenas, mas o primeiro avistamento foi apenas agora. *(G1, 13/11/2019)*

KA'APOR

ÍNDIOS DEFENDEM AUTONOMIA TOTAL NO MARANHÃO

Em uma das regiões mais pobres do país, os Ka'apor se dizem cansados de esperar ajuda e decidiram romper com a sociedade dos karaís, como chamam os não indígenas. Há anos eles expulsam madeireiros de dentro de suas terras. Fazem isso com as próprias mãos e muitas vezes com o uso de violência. O desejo pela autonomia começou a nascer na Terra Indígena Alto Turiaçu, no oeste do Maranhão, fronteira com o Pará, devido à insatisfação com o tratamento de diferentes governos. Após operações pontuais da Polícia Federal e do Ibama,dizem, os madeireiros voltavam a entrar em suas terras, roubando centenas de árvores e instalando até pátios para estocar a madeira. *(P. Locatelli, UOL, 09/01/2018)*

INDÍGENAS ASSUMEM AÇÕES CONTRA CRIME ORGANIZADO

Cansados de esperar pela proteção e fiscalização dos órgãos governamentais, os Ka'apor puseram em prática um plano autônomo de ações em defesa de seu território. Entre 2013 e 2016, os indígenas fecharam 14 ramais (estradas improvisadas) usados pelos invasores e 105 caminhões que transportavam madeira ilegal foram queimados. Localizado em uma região invadida pela economia ilegal da madeira, o território dos Ka'apor, coberto por floresta, é cobiçado pelos que buscam madeira de lei. Ipê, maçaranduba e jatobá estavam entre as madeiras retiradas do território. Em 2008, a Funai, o Ibama e a União foram condenados pela Justiça a criar postos de fiscalização para coibir a atividade ilegal, mas os jovens Ka'apor sabiam que o assunto também teria que ser discutido internamente. Os Ka'apor firmaram um Acordo de Convivência com o objetivo de fortalecer sua cultura e proteger seu território da venda de madeira e do consumo de bebidas alcoólicas e drogas. No lugar dos ramais e áreas devastadas, os Ka'apor estabeleceram sete aldeias como áreas de proteção, com o objetivo de inibir os invasores. *(J. Mota, Agência Pública, 27/02/2018)*

KRAHÔ

INDÍGENAS KRAHÔ ESTÃO EM ISOLAMENTO COM CHEIA DO RIO FORMOSO

Cerca de 40 indígenas Krahô, da Aldeia Takaywrá, a 40 km de Lagoa da Confusão, estão em situação de completo isolamento, em razão da cheia do Rio Formoso. Conforme constatação do Núcleo Aplicado das Minorias e Ações Coletivas (Nuamac) Gurupi da Defensoria Pública do Estado do Tocantins (DPE/TO), os indígenas estão em situação de calamidade pública. *(Conexão Tocantins, 27/02/2018)*

ENCHENTE CAUSA DESABAMENTO, ENCOBRE PONTES E DEIXA INDÍGENAS ILHADOS

Mais de 3,4 mil indígenas da etnia Krahô estão ilhados entre Goiatins e Itacajá, na região norte do estado. O problema ocorre desde a última sexta-feira (6) por causa da chuva registrada na região. Ao todo, 23 aldeias foram afetadas. Segundo os indígenas, quem precisa ir para as aldeias não consegue passar e quem está no local não sai. Eles informaram que as aulas estão suspensas porque os professores também não conseguem chegar às aldeias. São cerca de 1000 estudantes, entre crianças jovens e adultos. *(G1, 11/04/2018)*

FILME COM ÍNDIOS KRAHÔ CONQUISTA CRÍTICA NA FRANÇA

O jornal Le Monde traz uma matéria de página inteira sobre o filme Chuva é cantoria na aldeia dos mortos, coprodução luso-brasileira que entra no circuito comercial esta semana. O filme, que chamou atenção na edição passada na mostra Um Certo Olhar do Festival de Cannes, conta a história de Injãc, um adolescente da etnia krahô que resiste ao destino de pajé que o aguarda, como manda a tradição de seu povo. A produção é assinada pelo português João Salaviza e a brasileira Renée Nader Messora, diretores que conseguiram restituir nas telas a noção de tempo e espaço que corresponde à experiência dos índios. *(RFI, 07/05/2019)*

BLOQUEIO FEITO POR INDÍGENAS EM RODOVIAS NO TOCANTINS CHEGA AO TERCEIRO DIA

Os bloqueios nas rodovias BR-010 e TO-239 no norte do estado completaram 40 horas na manhã desta quarta-feira (25). São três pontos interditados por indígenas Krahô desde a tarde de segunda-feira (23). Eles pedem melhorias nas rodovias e nas estradas vicinais que dão acesso à reserva indígena em Itacajá. Os manifestantes afirmam que só vão deixar os pontos de bloqueio quando o Estado demonstrar celeridade nos estudos para pavimentar a BR-010 e quando verem máquinas trabalhando nas vicinais da reserva indígena e TO-239. *(G1, 25/09/2019)*

KRAHÔ-KANELA

CDH DEBATE REGULARIZAÇÃO DE TERRAS INDÍGENAS

A regularização das terras dos índios Krahô-Kanela vai ser discutida pela Comissão de Direitos Humanos e Legislação Participativa (CDH) em audiência pública. Esses índios são remanescentes de uma etnia que em 1810 possuía 4 mil indivíduos e que atualmente possui apenas 220 sobreviventes. O processo de regularização de suas terras tem sofrido entraves na Justiça e, enquanto isso, o grupo indígena tem sido deslocado de um assentamento para outro. *(C. Brescianini, Senado Notícias, 06/07/2018)*

POVOS INDÍGENAS QUEREM CONTROLE NA EXPLORAÇÃO DE ÁGUAS

Os povos indígenas Krahô-Kanela, que vivem na região do município de Lagoa da Confusão, participaram nesta semana uma audiência pública com a comissão dos Direitos Humanos do Senado Federal. O tema principal da audiência foi a retirada indiscriminada de água de forma ilegal dos rios Formoso e Javaé pelos produtores rurais no município de Lagoa da Confusão, como também, o uso de agrotóxicos e a paralisação da demarcação da terra Krahô-Kanela. De acordo com Wagner Katany Krahô-Canela, na audiência os representantes discutiram sobre o território Krahô-Canela com a terra denominada Mata Alagada, que abrange o Rio Javaé, Rio Formoso e Rio Noroti. "O fazendeiro chega e faz o empreendimento e em nenhum momento os indígenas estão sendo consultados sobre isso. Sem contar que no período da seca os rios estão secando e durante as chuvas, de janeiro a maio a área está ficando 90% alagada", lamenta. *(L. Fernanda, Jornal do Tocantins, 11/07/2018)*

TAPIRAPÉ

PROFESSOR TAPIRAPÉ ASSASSINADO REVELA ANO VIOLENTO

Janeiro chega ao fim com dois professores indígenas assassinados - na virada do ano, Marcondes Namblá Xokleng, em Santa Catarina, e cerca de quinze dias depois, Daniel Kabixana Tapirapé. Além destas duas mortes, no dia 21 de janeiro Raimundo Saw Munduruku levou um tiro na perna em Itaituba (PA). Em Rondônia, no dia 30 de janeiro, uma aldeia foi invadida e incendiada. Apesar do costumeiro noticiário envolvendo episódios como estes, Brasil afora, para os Tapirapé se tratou de algo relativamente novo. *(R. Santana, Cimi, 31/01/2018)*

TAPIRAPÉ DEFENDEM TERRITÓRIO POR CONTA PRÓPRIA

Os Tapirapé, nome pelo qual é conhecido o povo indígena Apyãwa, estão cansados de esperar a lei dos brancos. Há 16 anos eles aguardam a Justiça expulsar aqueles que desmatam seu território, a Terra Indígena (TI) Urubu Branco, localizada a cerca de 30 km da cidade mato-grossense de Confresa. Agora, o "povo de bom comportamento" - tradução literal do tupi-guarani Apyãwa - quer resolver com as próprias mãos o crescente desmatamento no território de 168 mil hectares. "A gente acha que tem que esperar a Justiça para não ter nenhum problema, mas os guerreiros querem obrigar as pessoas a saírem", explica. *(J. Dolce, Agência Pública, 21/08/2019)*

INVASÕES E QUEIMADAS DEVASTARAM TI URUBU BRANCO EM 2019

As invasões na TI Urubu Branco, em Mato Grosso, têm se intensificado e preocupado o povo Apyãwa, também conhecido como Tapirapé. As lideranças informaram que as queimadas afetaram praticamente todas as terras da região e a atuação dos órgãos públicos foi insuficiente para conter os incêndios e a devastação. Registros de focos de incêndio e alertas de desmatamento e degradação do Inpe corroboram as denúncias das lideranças. Os dados apontam que em 2019, aproximadamente 17,5% da TI Urubu Branco foi atingida por queimadas. *(T. Miotto, Cimi, 28/02/2020)*

SUPREMO DETERMINA RETIRADA DE NÃO-INDÍGENAS DA TI URUBU BRANCO

Atendendo a pedido do procurador-geral da República, Augusto Aras, o presidente do STF, ministro Dias Toffoli, restabeleceu decisão da Justiça Federal em Mato Grosso que determinou a retirada de não-índios da TI Urubu Branco, no Leste do estado, habitada por índios da etnia Tapirapé. A decisão havia sido suspensa pelo TRF1. Em suspensão de liminar apresentada ao STF em 22 de julho último, o PGR demonstrou preocupação com a crescente tensão na TI. De acordo com Aras, o cumprimento provisório da sentença que determina a retirada dos não-indígenas tem como propósito evitar cenário de violência e mortes na região. *(MPF, 28/07/2020)*

15. Leste do Mato

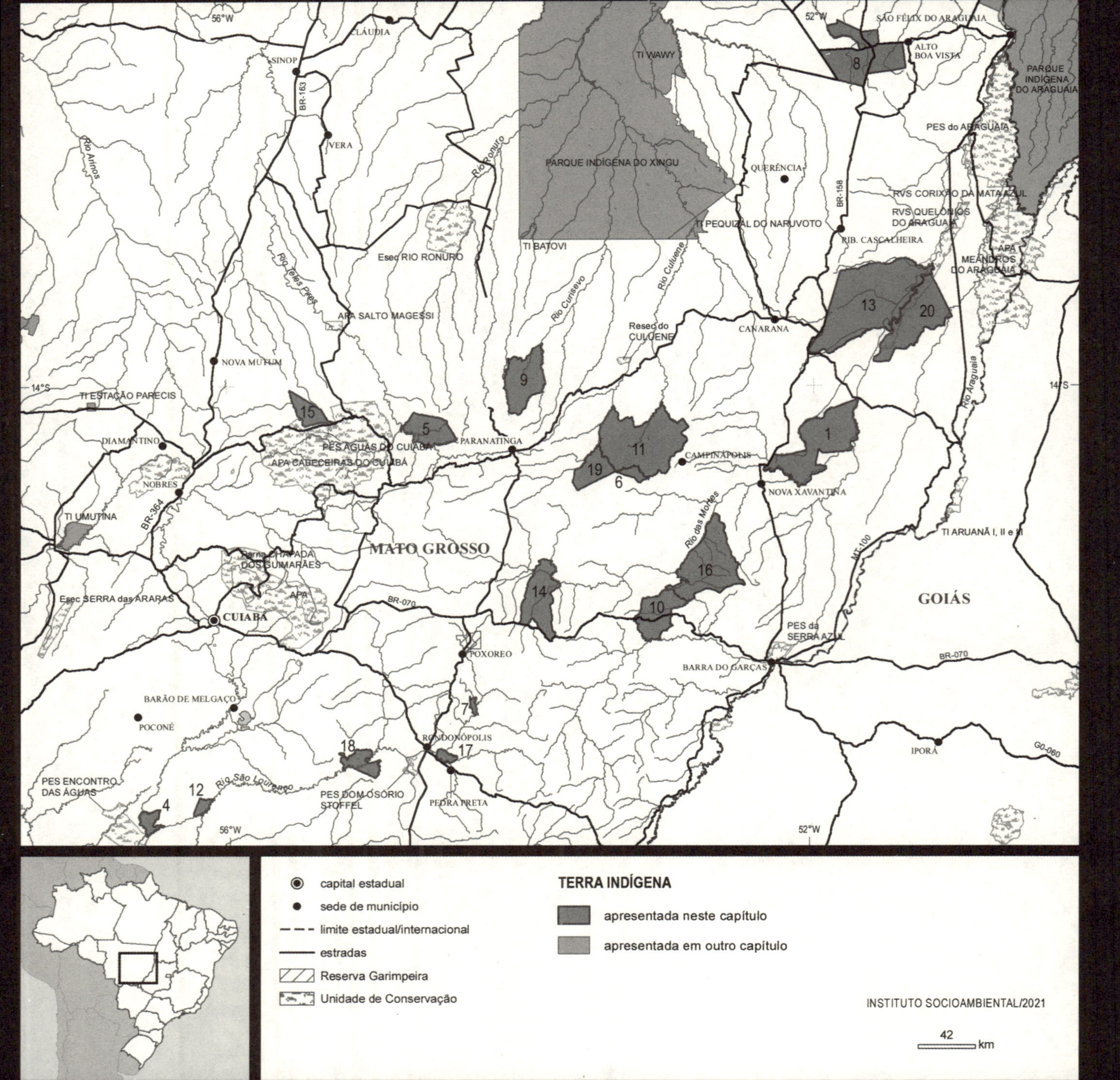

56°W
CLÁUDIA
SINOP
BR-163
VERA
Rio Arinos
Rio Ronuro
TI WAWY
PARQUE INDÍGENA DO XINGU
TI PEQUIZAL DO NARUVOTO
TI BATOVI
Esec RIO RONURO
Rio Teles Pires
APA SALTO MAGESSI
Rio Culisevo
Rio Culuene
Resec do CULUENE
52°W
SÃO FÉLIX DO ARAGUAIA
ALTO BOA VISTA
PARQUE INDÍGENA DO ARAGUAIA
PES do ARAGUAIA
QUERÊNCIA
BR-158
RVS CORIXÃO DA MATA AZUL
RVS QUELÔNIOS DO ARAGUAIA
RIB. CASCALHEIRA
APA MEANDROS DO ARAGUAIA
CANARANA
Rio Araguaia
NOVA MUTUM
14°S
TI ESTAÇÃO PARECIS
DIAMANTINO
NOBRES
PES ÁGUAS DO CUIABÁ
APA CABECEIRAS DO CUIABÁ
PARANATINGA
CAMPINÁPOLIS
NOVA XAVANTINA
TI UMUTINA
BR-364
MATO GROSSO
Parna CHAPADA DOS GUIMARÃES
APA
Esec SERRA das ARARAS
CUIABÁ
BR-070
Rio das Mortes
TI ARUANÃ I, II e III
MT-100
GOIÁS
PES da SERRA AZUL
BARRA DO GARÇAS
POXOREO
BARÃO DE MELGAÇO
POCONÉ
RONDONÓPOLIS
IPORÁ
GO-060
PES ENCONTRO DAS ÁGUAS
Rio São Lourenço
PES DOM OSÓRIO STOFFEL
PEDRA PRETA
1
4
5
6
7
8
9
10
11
12
13
14
15
16
17
18
19
20
capital estadual
sede de município
limite estadual/internacional
estradas
Reserva Garimpeira
Unidade de Conservação
TERRA INDÍGENA
apresentada neste capítulo
apresentada em outro capítulo
INSTITUTO SOCIOAMBIENTAL/2021
42 km

LESTE DO MATO GROSSO
Terras Indígenas
Instituto Socioambiental - 30/11/2022

Nº mapa	Terra Indígena	Povo	População (nº, fonte, ano)	Situação jurídica	Extensão (ha)	Município	UF
1	Areões	Xavante	1.342 - Funai/Barra do Garças: 2010	Homologada. Decreto - s/n - 03/10/1996, publicado em 04/10/1996. Reg SPU Certidão n. 71 em 30/01/97.Reg. CRI no município e comarca de Água Boa (218.515 ha) Matr.3.562, Liv. 2/RG, Fl.001/V em 18/10/96.	218.515	Nova Nazaré	MT
s/l	Areões I	Xavante		Em Identificação. Portaria - 1054 - 10/10/2000, publicado em 18/10/2000.		Nova Nazaré	MT
s/l	Areões II	Xavante		Em Identificação. Portaria - 1054 - 10/10/2000, publicado em 18/10/2000.		Nova Nazaré	MT
4	Baía dos Guató	Guató	202 - Siasi/Sesai: 2014	Homologada. Decreto - 9.356 - 26/04/2018, publicado em 27/04/2018.	19.216	Barão de Melgaço Poconé	MT
5	Bakairi	Bakairi	734 - Siasi/Sesai: 2014	Homologada. Decreto - 293 - 29/10/1991, publicado em 30/10/1991. Reg.SPU Certificado s/n em 18/05/87.Reg. CRI do município de Paranatinga, comarca de Cuiabá (61.405 ha) Matr.29.146, Liv.2-CU, Fl 59V/60 em 08/04/87.	61.405	Paranatinga Planalto da Serra	MT
6	Chão Preto	Xavante	56 - Funai: 2002	Homologada. Decreto - s/n - 30/04/2001, publicado em 02/05/2001. Reg. SPU Certidão n. 4 de 22/05/02.Reg. CRI no município de Campinápolis, comarca de Nova Xavantina (12.740 ha) Matr.12.542 Lv 2 RG Fl.001 em 01/04/02.	12.740	Campinápolis	MT
7	Jarudore	Bororo		Reservada. Decreto - 684 - 31/12/1945, publicado em . Reg. SPU Certidão s.n. em 18/05/87.Reg. CRI no município e comarca de Poxoréu (4.706 ha) Matr. 3.547, Liv. 3-C, Fl. 162V/3 em 20/08/58.	4.706	Poxoréu	MT
8	Marãiwatsédé	Xavante	781 - Siasi/Sesai: 2013	Homologada. Decreto - s/n - 11/12/1998, publicado em 14/12/1998. Reg. SPU Certidão n. 83 de 08/09/99.Reg. CRI no município de Alto Boa Vista, comarca de São Félix do Araguaia (125.354 ha) Matr. 12.670 Lv 2-RG Fl 001v em 04/99 Reg. CRI no município e comarca de São Félix do Araguaia (39.866 ha) Matr. 12.669 Lv 2-RG Fl 001/v em 08/04/99.	165.241	Alto Boa Vista Bom Jesus do Araguaia São Félix do Araguaia	MT
9	Marechal Rondon	Xavante	551 - Funai/Barra do Garças: 2010	Homologada. Decreto - s/n - 03/10/1996, publicado em 04/10/1996. Reg. SPU n.72 em 30/01/97.Reg. CRI no município de Paranatinga, comarca Chapada dos Guimarães (98.500 ha) , Matr. 3.810 Liv. 2-Z, Fl. 193 em 16/12/96.	98.500	Paranatinga	MT
10	Merure	Bororo	657 - IBGE: 2010	Homologada. Decreto - 94014 - 11/02/1987, publicado em 12/02/1987. Reg. SPU Certif. s/n de 06/11/87.Reg. CRI no município e comarca de Barra do Garças (38.561 ha) , Matr. 42.359 Liv Fl 42.359 em 28/03/96. Reg. CRI no município de General Carneiro,comarca de Barra do Garças (43.750 ha) Matr. 42.358 em 28/03/96.	82.301	Barra do Garças General Carneiro	MT
11	Parabubure	Xavante	3.819 - Funai/Barra do Garças: 2010	Homologada. Decreto - 306 - 29/10/1991, publicado em 30/10/1991. Reg. SPU Cert. s/n de 26/08/87.Reg. CRI no municipio e comarca de Nova Xavantina (224.447 ha) Matr. 4791, Liv. 2, Fl.0LV/02 em 11/07/88.	224.447	Campinápolis Nova Xavantina	MT
12	Perigara	Bororo	104 - IBGE: 2010	Homologada. Decreto - 385 - 24/12/1991, publicado em 26/12/1991. Reg. SPU Cert.16 de 02/02/94.Reg. CRI no município de Barão de Melgaço, comarca de Cuiabá (10.740 ha) Matr. 46.357, Liv. 2-RG, Fl. 1 em 17/02/92.	10.740	Barão de Melgaço	MT
13	Pimentel Barbosa	Xavante	1.759 - Funai/Barra do Garças: 2010	Homologada. Decreto - 93.147 - 20/08/1986, publicado em 21/08/1986. Reg. SPU Certificado n. 35 de 17/06/94.Reg. CRI no município de Ribeirão Cascalheira comarca de Canarana (163.593 ha) Matr. 4.134, Liv 2-RG Fl. 01 em 05/05/94. Reg. CRI no município e comarca de Canarana,(165.373 ha) Matr. 4.135, Liv. 2-RG Fl.01 em 05/05/94.	328.966	Água Boa Canarana Nova Nazaré Ribeirão Cascalheira	MT
14	Sangradouro/Volta Grande	Bororo Xavante	882 - IBGE: 2010	Homologada. Decreto - 249 - 29/10/1991, publicado em 30/10/1991. Reg. SPU Cert. n. 024 de 19/09/96.Reg. CRI no município de General Carneiro (37.990 ha), Matr. 40.152 em 31/08/93. Reg. CRI no município de Poxoréu (50.650 ha), Liv. 2AG/RG. Fl. 93 em 21/09/93. Reg. CRI no município de Novo São Joaquim/Barra do Garças (11.640 ha), Matr. 40.151 em 05/01/88.	100.280	General Carneiro Novo São Joaquim Poxoréu	MT
15	Santana	Bakairi	206 - Siasi/Sesai: 2014	Homologada. Decreto - 98.143 - 14/09/1989, publicado em 15/09/1989. Reg. SPU Cert. n. 006 de 26/6/91.Reg. CRI no municipio de Nobres, comarca de Rosário do Oeste (35.4y70 ha) Matr. 11.421 Liv. 2/RG, Fl. 1V/2 em 08/04/91.	35.471	Nobres	MT
16	São Marcos (Xavante)	Xavante	2.848 - Funai/Barra do Garças: 2010	Reservada. Decreto - 76.215 - 05/09/1975, publicado em 08/09/1975. Reg. SPU Certificado n. 31 de 10/06/94.Reg. CRI Matr. 34.112 Liv. 2-RG em 27/04/89.	188.478	Barra do Garças	MT
17	Tadarimana	Bororo	604 - Siasi/Sesai: 2014	Homologada. Decreto - 300 - 29/10/1991, publicado em 30/10/1991. Reg. SPU Cert. s/n de 18/05/87.Reg. CRI no município e comarca de Rondonópolis,(9.785 ha) Matr. 41.509, Liv. 2- RG em 06/12/91.	9.785	Pedra Preta Rondonópolis	MT
18	Tereza Cristina	Bororo	506 - Siasi/Sesai: 2013	Declarada. Portaria - 1.134 - 29/09/2005, publicado em 30/09/2005.	34.149	Santo Antônio do Leverger	MT
19	Ubawawe	Xavante	395 - Siasi/Sesai: 2013	Homologada. Decreto - s/n - 30/08/2000, publicado em 31/08/2000. Reg. SPU Certidão n. 1 de 08/03/01.Reg. CRI no município de Novo São Joaquim, comarca de Barra do Garças (52.234 ha) Matr. 46.114 Lv. 2-RG Fl. 46.114 em 21/09/00.	52.234	Santo Antônio do Leste	MT

Nº mapa	Terra Indígena	Povo	População (nº, fonte, ano)	Situação jurídica	Extensão (ha)	Município	UF
20	Wedezé	Xavante	100 - GT/Funai: 2011	Identificada. Despacho - 676 - 23/12/2011, publicado em 26/12/2011.	145.881	Cocalinho	MT

XAVANTE

"Obra de Feiticeiro Poderoso": Bolsonarismo e o Profetismo

Guilherme Falleiros | Antropólogo

A UTOPIA BOLSONARISTA ENTRE OS XAVANTE CONTRARIA OS MODOS A'UWẼ UPTABI. PARA COLOCAR O PODER DESSES WARADZU TÃO FEROZES A SEU FAVOR, INCLUINDO AÍ O CONTÁGIO PANDÊMICO E OS INCÊNDIOS CRIMINOSOS, SÓ MESMO UM FEITICEIRO TÃO PODEROSO QUANTO POUCO CIOSO DA PRÓPRIA CONDIÇÃO HUMANA

Segundo dados do Instituto Socioambiental, o povo A'uwẽ-Xavante – A'uwẽ, que em sua língua, quer dizer "gente" – contava, em 2020, com uma população de 22.256 pessoas distribuídas em Terras Indígenas (TIs) localizadas em região de cerrado no leste do Estado do Mato Grosso, numa área que atravessa a Serra do Roncador e os vales dos rios das Mortes, Kuluene, Couto de Magalhães, Batovi e Garças. São sete TIs descontínuas, com dez territórios oficiais (Sangradouro/Volta Grande, São Marcos, Parabubure/Ubawawe/Chão Preto, Marechal Rondon, Areões, Pimentel Barbosa e Marãiwatsédé), além da TI Wededzé, na margem leste do Rio das Mortes identificada em 2011 e sujeita a contestação. Os Xavante se organizam através de múltiplos sistemas de metades, que no parentesco se combinam com o modelo do dravidianato amazônico, o que faz deles um povo essencialmente dividido.

Os Xavante ficaram famosos na opinião pública brasileira desde as tentativas de "pacificação" desses "bravos" indígenas feitas pelo Serviço de Proteção ao Índio e, mais ainda, com a eleição de Mário Juruna a deputado federal pelo Rio de Janeiro – e não pelo Mato Grosso, onde vive seu povo –, que abriu caminho para mobilizações por direitos indígenas, como a Comissão Pró-Índio, que ajudou a consolidá-los na Constituição Federal de 1988. Junto à comissão era comum encontrar os Xavante pintados para a guerra, que, sem direito a voto, faziam sua ação direta pacífica dentro Congresso Nacional Constituinte. Mais recentemente, o povo Xavante foi "queimado" publicamente por uma "minoria" que praticou em Brasília atos um tanto diferentes. É sobre isso que trata este texto.

*

Em 2021, depois de duas doses de vacina contra covid-19 e um teste negativo para esta doença pandêmica, estive na aldeia Abelhinha (TI Sangradouro), a convite do cacique Hipãridi e de uma brigada de combate a incêndio florestal, para a mediação antropológica entre os voluntários não indígenas e os Xavante, visando constituir uma brigada indígena com o mesmo fim. O encontro contou com a presença de rapazes habitantes da aldeia e de convidados xavante de outras aldeias e TIs. Diferentemente de outras populações xavante, como a de Marãiwatséde, a Abelhinha não estaria sendo assistida pelo programa PrevFogo do Ibama, que também tem como método a confluência de saberes não indígenas e indígenas na formação de brigadas.

Conforme nos disseram outras lideranças da aldeia, Tseredzaró, da Associação Warã, e o vice-cacique Lucas Öwa'u, a pandemia e as mudanças climáticas mostraram para os Xavante a necessidade de transformar seu manejo do fogo. Ao final, os participantes da oficina expressariam o sucesso desse objetivo: a oficina trouxe uma verdadeira "mudança estrutural", segundo Hipãridi. Vale lembrar que a aldeia Abelhinha foi a primeira dissidente da aldeia de Sangradouro (que dá nome à TI), tendo sido fundada no final de 1995 como uma recusa à intensa proximidade com os não indígenas – característica da aldeia-sede –, incorporando, com isso, o discurso ecologista, em alta nos anos 1990, como mediação de sua relação com aliados não indígenas.

A oficina foi realizada com a Brigada Antifascista Lucas Eduardo Martins dos Santos, que pretendia munir os Xavante de equipa-

©RAISSA AZEREDO / MÍDIA NINJA, 2019

Aldeia São Marcos, Terra Indígena São Marcos, Barra do Garças/MT.

mentos e técnicas que lhes são alheios, bem como aprender um pouco do tradicional manejo controlado do fogo praticado pelos indígenas. A brigada não indígena aprendeu, por exemplo, que as queimas controladas feitas para a caça são sempre realizadas do outro lado do rio em relação à aldeia ou ao acampamento xavante, fazendo-se um círculo de fogo que queima de fora para dentro, encurralando os animais a serem caçados.

A brigada foi formada no ano anterior por militantes antifascistas voluntários que partiram de São Paulo para o Mato Grosso e Mato Grosso do Sul visando combater os efeitos do segundo "Dia do Fogo", quando bolsonaristas repetiram uma prática de incêndios florestais iniciada um ano antes. Desde então, a brigada vinha ampliando sua capacitação técnica como bombeiro civil e florestal para apoiar comunidades desassistidas pelo estado e afetadas por incêndios criminosos e desastres.

O caráter antifascista dessa aliança seria colocado em relevo por uma revelação recíproca, à medida que voluntários e os Xavante conviviam diariamente e compartilhavam suas refeições, servidas na casa do vice-cacique, assim como suas impressões e experiências: ao contrário do efeito agregador da comensalidade xavante, descobrimos que o bolsonarismo havia separado as pessoas, rachado famílias e destruído amizades de modo extremo, não só entre os Xavante, como pensavam estes, tampouco só entre os não indígenas, como imaginávamos! Entre uns e outros havia algo em comum, a desunião, como se a nação indígena e a nação brasileira fossem ambas atravessadas pela mesma política, no sentido dado a ela pelo teólogo fascista Carl Schmitt: a da inimizade. Refletindo sobre a situação, Tseredzaró arriscou uma explicação: "Isso parece obra de feiticeiro muito poderoso..."

*

Ao longo do governo Bolsonaro, apesar de terem entrado para as estatísticas em âmbito nacional como maiores vítimas da pandemia de covid-19, o nome dos Xavante aparece, por via de algumas de suas lideranças, associado à corrente política dominante no mesmo governo. Como teria sido possível uma parceria entre setores xavante e os agentes provocadores dessa necropolítica que os teve como alvo específico?

O governo Bolsonaro inovou ao arrendar ilegalmente terras xavante com a participação de agentes do governo federal e da Fundação Nacional do Índio (Funai), contando com a presença em campo de membros de sua própria família. Com apoio de lideranças da TI Sangradouro, foi criado o "Projeto de Independência Indígena", conhecido como Agro Xavante, transformação neoliberal do projeto desenvolvimentista da ditadura militar de plantio de arroz na forma de arrendamento, com amplo desmatamento, uso de pesticidas e retorno baixíssimo para os Xavante (incluindo arroz estragado), sendo o capital acumulado pelos arrendatários. Através da Presidência da Funai, com apoio de um dos principais caciques da região, também foi realizado o arrendamento para criação de gado na TI Marãiwatséde.

A "nova Funai" bolsonarista, conforme a denúncia dos Indigenistas Associados (INA, associação de servidores da Funai)[1] (2021), foi gerida de forma militar e policialesca. Bolsonaro militarizou a Funai e a saúde indígena num momento em que 1,5% da população xavante tinha sido infectada pela covid-19, doença que vitimou fatalmente 0,2% de sua população total, com uma taxa de letalidade bastante elevada: 14% das pessoas infectadas morreram. Foram diversas as notícias de conflitos entre os Xavante e militares ou policiais que assumiram os cargos da Funai, num processo através do qual os Xavante se tornaram laboratório do negacionismo científico oficial, por meio do uso indevido da cloroquina como antídoto para o coronavírus. Em julho de 2020, a "Operação Xavante" enviou remessas do medicamento produzido pelo exército para a região de Campinápolis – cuja administração regional da Funai atende às TIs Parabubure, Ubawawe e Chão Preto – e a TI São Marcos. Em Marãiwatséde, Sangradouro e partes de São Marcos, os Xavante barraram a operação.

Por vias não institucionais, o bolsonarismo ainda financiaria os Xavante em bloqueios nas estradas do MT, nos quais alguns líderes indígenas apareceram vestidos com a camiseta da CBF (como mostraram vídeos de celular gravados por seus adversários) e em viagens para Brasília, muitas vezes usando também figurantes não indígenas pintados como indígenas xavante.

A última notícia dessa parceria veio com a prisão, no dia 12 de dezembro de 2022, do líder xavante, pastor e ex-candidato bolsonarista a prefeito de Campinápolis (MT), José Acácio Serere, por "ameaça ao Estado Democrático de Direito". Depois de viajar para a capital federal financiado por um agronegociante paulista, pregou contra a diplomação de Lula como presidente. Sua prisão desencadeou atos de vandalismo e incêndios em Brasília, prenúncio da tentativa de golpe de Estado ocorrida no início do ano seguinte... Outras lideranças xavante reagiram rapidamente, afirmando que Serere e outros que o acompanharam a Brasília são "minoria", que o que defendem é "vergonhoso" e que o pastor "não é cacique geral" (Vanderlei Temirite de Marãiwatsédé), mas, sim, um "falso profeta" que "vive na cidade" (Cleninho Xavante de Parabubure). Jurandir Siridiwe, cacique de Etenhiritipá (TI Pimentel Barbosa) diz ficar "triste" pelo "povo Xavante ser queimado" por alguém que achou que "poderia ganhar dinheiro, poderia ser rico", "esse foi o erro dele", "escolheu o caminho errado", do "submundo".

Como documentado por uma série de reportagens do *site O Joio e O Trigo*, de 2021 e 2022, o poder do agronegócio é condição essencial para o atravessamento do bolsonarismo pelos Xavante. Mas não é a única condição, à qual se somam tanto política quanto religião – e talvez até futebol. Todas insuficientes sem os agenciamentos que os próprios Xavante fazem delas.

Mesmo sabendo que seus adversários são objetos da política bolsonarista, da economia do agronegócio e até mesmo do "submundo" do crime, enfim, da história alheia, reconhecem que os Xavante bolsonaristas têm alguma agência. Colocam-se em risco de serem capturados pela ilusão de continuar a ser gente, a'uwẽ, ao se associarem a não indígenas que não admitem outra perspectiva. Porém, se há algum fetiche nessa relação, não se trata somente do feitiço da mercadoria não indígena, mas também de feitiços nativos.

Para uma análise antropológica da estrutura dessa nova conjuntura de uma perspectiva antifascista não indígena, partirei de uma perspectiva xavante contrária ao bolsonarismo, que o vincula à feitiçaria.

*

Feitiçaria e inimizade são temas conexos na história e na etnografia xavante. Sua manifestação pode ser entendida a partir de um primeiro equívoco entre pensamento ameríndio e pensamento fascista sobre inimizade: se, para o fascista Carl Schmitt, a inimizade é a negação da ordem e da soberania nacional, para os Xavante, todavia, a inimizade não é apenas desagregadora, tendo também um caráter afirmativo e ordenador, atravessando seu centro.

Diante da dificuldade em explicar o poder de um chefe indígena, afirmou que ele depende, para os Xavante, da capacidade do líder incluir em sua fala (bem como em sua lista de presentes) as vozes dissidentes, de um lado, e, do outro, da capacidade de sua própria facção fazer guerra às demais. Assim, segundo Maybury-Lewis, a divisão não seria uma ameaça à existência xavante, mas, sim, uma necessidade.

Mais tarde, antropólogos como Aracy Lopes da Silva e seus predecessores, identificariam na divisão constitutiva da humanidade xavante a dupla face do agonismo e da solidariedade. O "Outro", em seus diversos graus, pode ser tanto amigo quanto inimigo. A feitiçaria seria consequência do insuperável desequilíbrio, de modo que a hostilidade fatal encontra um modo indireto de agir. O primeiro exemplo de feitiçaria são as doenças contagiosas: os Xavante sabem que podem contrair doenças através do contato com não indígenas, mas, dependendo da mortalidade, levantam-se suspeitas da ação de feiticeiros de facções opostas.

A feitiçaria seria a contraface de um sistema xamânico mais amplo, cujos conhecimentos têm várias serventias: a cura, principalmente se ligados ao ritual de xamanismo coletivo, que congrega os diferentes poderes; a pacificação, no caso do da madeira *wamari*; mas também a agressão, na forma do *tsimi'ö* (veneno, contágio, feitiço). Se, para os Xavante, sua política interna funciona como as relações internacionais, sua política externa lida com poderes do além, acionando estrangeiros espectrais. A feitiçaria seria um caso particular, quando o poder estrangeiro é acionado por potências nativas minoritárias contra potências nativas majoritárias.

A oposição à feitiçaria está associada às linhagens donas do poder de sonhar e de pacificar. Segundo aprendi principalmente na aldeia Abelhinha, o feiticeiro seria alguém cujo grau de humanidade está distante do comportamento considerado "humano mesmo", *a'uwẽ uptabi*.

*

Narrativas xavante sobre o contato interétnico mostram que conflitos com *waradzu* ou epidemias trazidas por eles acionam no pensamento xavante a desconfiança da ação de feiticeiros, que "induzem os não indígenas a atacarem seus desafetos, fazendo uso de encantamentos que lhes conferem o poder de direcionar a agressividade dos 'brancos' ao alvo desejado".[2] No passado, diante dessas ameaças, os Xavante seccionaram-se e empreenderam vários deslocamentos, fugindo da zona de conflito enquanto procuravam apoio de outros não indígenas, como missões religiosas e governamentais. Mas o que podem fazer agora quando parecem não ter mais para onde correr, há décadas cercados de agronegócio por todos os lados?

Há anos a Associação Warã vem propondo um projeto de Terra Indígena contínua, visando criar corredores entre as atuais TIs xavante, em embate com o agronegócio. É nesse contexto que ocorre a apropriação direta de suas terras pelo bolsonarismo.
Depois do primeiro contato registrado oralmente com os "portugueses" e de sua fuga para o sertão, os períodos críticos da mito-história xavante envolveram dissidência interna, "duas posições opostas em relação ao futuro" e em relação aos não indígenas. Primeiro, na separação dos Xerente, com quem compunham uma só humanidade, mas que preferiram ficar próximos aos aldeamentos militarizados do Império, na margem leste do Rio Tocantins, tendo os Xavante se deslocado daí para seu "primeiro território", entre os rios Tocantins e Araguaia. Segundo, na travessia entre os rios Araguaia e das Mortes, marcada por contatos com não indígenas e cisões, como na narrativa sobre os três chefes[3] que traem seu povo, sendo dois deles mortos pelos Xavante, enquanto um escapa e pede socorro aos Waradzu, que acabam se voltando contra ele e sua facção. Terceiro, depois de estabelecidos por algumas décadas em seu "segundo território" a leste do Mato Grosso, sofreram novas rupturas com a chegada da Marcha para o Oeste de Getúlio Vargas, diante da qual, separadamente, alguns Xavante tratam de "amansar o branco", procurando apoio na cura de doenças, principalmente no contato com missionários cristãos. Assim encontravam nos não indígenas uma forma de combater outros não indígenas.
Naquele que é considerado o último ciclo registrado pela mito-história xavante, segundo Lopes da Silva, os Xavante passam a adotar a vestimenta estrangeira, que muitas vezes vem contaminada por doenças, numa "guerra biológica"[4] da parte dos não indígenas. Guerra que a feitiçaria tenta usar a seu favor. O mesmo se dá em casos de incêndios em aldeias que, segundo os relatos, podem ser acionados por feitiço. A prova disso, para os Xavante, vem da narrativa de ataques incendiários promovidos por waradzu, que pouparam somente a casa do feiticeiro, como contada por aqueles que fugiram de Parabubure para São Marcos e Sangradouro na década de 1950.[5]

Há por volta dos anos 1970 uma nova transição. Antropólogos recentes mostraram como esse período foi marcado pelas iniciativas de relacionamento com o Estado para demarcar suas terras, segundo Luís de Paula, pelas incursões à Funai e à Brasília, de modo a conceber que a Funai é uma obra dos próprios Xavante, segundo Estêvão Fernandes; e mais tarde a adoção do futebol, como mostrou Fernando Vianna, através do qual as roupas diplomáticas tornaram-se camisas de times, além dos shorts esportivos terem adquirido o caráter cerimonial e festivo, eixo de novas relações com os Waradzu e entre os próprios Xavante. Se este foi o quarto ponto de inflexão de sua mito-história, o atual momento crítico parece o início de um quinto movimento.

*

Não há dúvida de que o bolsonarismo também se aproveitou, entre os Xavante, de descontentamentos com os governos do PT: entre os projetos de governos anteriores que seguem em disputa está a proposta, de 2012, da construção da Pequena Central Hidrelétrica Entre Rios, no Rio das Mortes, e a construção da Ferrovia de Integração Centro-Oeste (Fico), que consta da Lei nº 11.772, de 2008. Mesmo depois de manifesta a gravidade dos impactos da ferrovia sobre áreas de importância histórica, atual e cosmológica para os Xavante,[6] indicando a negativa indígena, o plano prossegue, retroalimentando dissensões entre os próprios Xavante.

Quanto à PCH Entre Rios, numa audiência pública sobre o projeto ocorrida em Primavera do Leste no dia 3 de maio de 2022, o cacique Ricardo criticava o fato de os governos do PT terem proposto a construção da hidrelétrica, mas ao mesmo tempo defendia tanto a PCH Entre Rios quanto a "vida na cidade": "Nós somos bolsonaristas".[7] Oposta a esse discurso e em defesa do modo de vida xavante, participou da audiência a Associação Warã, reclamando do caráter pouco democrático da audiência e exigindo a ampliação da consulta para os povos afetados através de protocolos criados pelos Xavante e pelos Bororo da TI Meruri, também impactados.

Um pouco mais nuançada é a posição dos apoiadores da cooperativa "Agro Xavante": desejam "progresso, trabalhar e produzir", segundo o cacique Graciano Pronhopá, "acompanhar o mundo moderno", mas "sem abandonar a cultura milenar do nosso povo Xavante", conforme o vereador xavante de General Carneiro, Bartolomeu Patira. Em conversa pessoal com Fernando Vianna, antropólogo da INA, em 2021, notávamos o apoio em massa de lideranças da TI Sangradouro ao projeto Agro Xavante, em oposição à tendência ecologista de líderes da Associação Warã.

Em conversa com Hiparidi sobre essa disputa, perguntei-lhe por que não chamavam os donos do *wamari* para intervir, e ele me respondeu, "nós somos os donos do *wamari*".

*

A relação entre os Xavante e o bolsonarismo – dadas também as confluências deste com o fascismo histórico, como o apelo monoteísta e o messianismo – revela semelhanças com milenarismos utópicos manifestos por indígenas da América do Sul, conforme o já clássico estudo comparativo feito por Michael Brown:[8] momento de pico de mudanças rápidas em meio a ciclos longos, típico das historicidades indígenas e seus conflitos políticos internos; características estrangeiras ou não indígenas do líder messiânico; propostas de mudança social que exageram tanto no igualitarismo quanto no autoritarismo; abertura ao saber espiritual exótico (especialmente o cristão); e até mesmo a prisão de líderes indígenas quando o Estado passa a ser ameaçado pelo profetismo. Esse messianismo ameríndio difere do messianismo fascista, porque, no primeiro, o desejo de poder é um estado fora de si, enquanto, no segundo, é exercido através do próprio Estado.

Um último ponto do caso xavante destoa dos demais ameríndios de Brown. Profetismos amazônicos visam transformar relações com os "brancos" para obter algum melhoramento para os indígenas, seja expulsando não indígenas ou se afastando deles, seja recusando a exploração do trabalho, seja trocando de posição com eles, cujo extremo de inversão de perspectivas apareceu no profetismo canela, como Manuela Carneiro da Cunha tornou conhecido. Agora, ainda que exista o desejo de transformação em waradzu, seja pela igualdade, como "irmãos", seja pela adoção do mesmo modo de vida, como "civilizados", os bolsonaristas xavante repetem o discurso do então presidente, segundo o qual os indígenas já receberiam recursos demais: "Eu quero unir índio e não índio, para que consigamos viver em harmonia e trabalharmos juntos. Aqui no nosso município, tudo gira em torno do povo indígena", afirmou o pastor Serere.

Por essas e outras, acaba dando sentido à acusação de "falso profeta": a utopia bolsonarista entre os Xavante apresenta-se alijada do único caráter que possibilitaria a manutenção da diferença entre indígenas e não indígenas. Por contrariar os modos *a'uwẽ uptabi*, aliando-se a agentes tão sovinas, de ferocidade militar, sem o amortecimento do conflito pela antiga Funai xavantizada, impede que a dádiva do Estado seja predada pelos Xavante. Sem predar o poder estrangeiro, não indígena, além-do-humano, os humanos tornam-se presas, deixam de ser "humanos mesmo", *a'uwẽ uptabi*. Para colocar o poder desses *waradzu* tão ferozes a seu favor, incluindo aí o contágio pandêmico e os incêndios criminosos, só mesmo um feiticeiro tão poderoso quanto pouco cioso da própria condição humana.

A correlata transformação de não indígenas bolsonaristas em indígenas, enfim, só acontece como farsa, apropriação trapaceira e branqueadora de velhas táticas xavante, como os bloqueios nas estradas do leste do Mato Grosso ou as idas para a Capital Federal, pintados para a guerra – porém, ao contrário dos Xavante, sem qualquer interesse em estabelecer com o "Outro" o reconhecimento necessário para mediar a paz.

NOTAS

[1] Saiba mais no artigo "Retomar e fortalecer a Funai", no capítulo Política Indigenista deste livro.

[2] RAVAGNANI, O. M. *A experiência xavante com o mundo dos brancos*. Tese (Doutorado em Ciências Sociais) – Fundação Escola de Sociologia e Política de São Paulo, São Paulo, 1977.

[3] MATTOS, S. C. Narrativas xavantes sobre o contato interétnico. *Narrativas*, v. 34, n. 2, p. 1-22, maio/ago. 2021.

[4] PAULA, L. R. *Travessias: um estudo sobre a dinâmica sócio-espacial xavante*. Tese (Doutorado em Antropologia Social) – Universidade de São Paulo, São Paulo, 2007.

[5] MATO GROSSO. Secretaria de Estado de Meio Ambiente. Audiência pública, *Processo de Licenciamento Ambiental sob n. 295933/2012*. Cuiabá: Sema, 2022. [vídeo do Youtube]. Disponível em: https://www.youtube.com/watch?v=7gCuUwGox8g. Acesso em: 15 dez. 2022.

[6] AZANHA, G. (coord.). *Estudos etnológicos dos impactos nas TIs Parabubu-Culuene, Areões, Pimentel Barbosa e Marechal Rondon*: componente indígena do processo de licenciamento da EF 354 – Xavante. São Paulo: Associação Xavante Warã; Centro de Trabalho Indigenista, 2013.

[7] MATO GROSSO. *Loc cit*.

[8] BROWN, M. F. Beyond resistance: a comparative study of utopian renewal in Amazonia. *Ethnohistory*, v. 38, n. 4, p. 388-413, 1991.

COVID-19

Território Xavante Tem Alta Taxa de Letalidade[1]

Fábio Zuker | Antropólogo e jornalista

Tatiana Merlino | Jornalista

SOB O SOL DO PLANALTO CENTRAL, COM OS CORPOS PINTADOS DE TINTAS PRETA E VERMELHA – FEITAS DE URUCUM E CARVÃO – E ADORNADOS COM BRINCOS E PULSEIRAS, INDÍGENAS XAVANTE CARREGAM FAIXAS. "POVO XAVANTE NÃO É AGRONEGÓCIO. TERRA LIVRE" E "POVO XAVANTE É CONTRA O PL 490 E MARCO TEMPORAL" SÃO ALGUMAS DAS FRASES ESCRITAS NOS CARTAZES.

Nem a pandemia de covid-19, que impactou os Xavante de maneira devastadora, nem os cerca de 800 quilômetros que separam a Terra Indígena (TI) Marãiwatsédé, um dos dez territórios reconhecidos pela União onde vive o povo Xavante, no Mato Grosso, intimidaram os indígenas a irem protestar em agosto, na capital do país. A cacica Carolina Rewaptu, que vive na Marãiwatsédé, e a liderança xavante Hiparidi Top'tiro, morador da TI Sangradouro, estavam entre os indígenas que participaram do acampamento "Luta Pela Vida", em Brasília, organizado em oposição à tese do marco temporal – que tenta condicionar a demarcação das Terras Indígenas do país ao momento de promulgação da Constituição Federal de 1988.

Eles também foram manifestar oposição ao projeto Agro Xavante, de iniciativa de fazendeiros do Sindicato Rural de Primavera do Leste em parceria com o governo do Mato Grosso e a Fundação Nacional do Índio (Funai). Intitulado de "Independência Indígena", o projeto prevê a exploração agrícola nas Terras Indígenas

© PEDRO BIAVA, 2021

Luta pela vida.

© CLAUDIO TAVARES/ISA, 2017

Carolina Rewaptu, coletora e cacique xavante da aldeia Madzabzé (TI Marãiwatsédé).

e afirma que irá "levar desenvolvimento, segurança alimentar e qualidade de vida" aos Xavante. A escolha pelo uso de urucum e carvão para pintar a pele tem um motivo, relata Hiparidi. "Urucum e carvão eram usados para a guerra. Estamos em guerra com o governo. Essa é a explicação", afirma, referindo-se ao governo de Jair Bolsonaro.

Nas últimas décadas, com o agronegócio cercando as terras xavante, houve uma diminuição das áreas para cultivo, pesca e caça. Hoje, o território corresponde a pequenas ilhas verdes, rodeadas de gado e, em especial, soja. O projeto Agro Xavante representaria uma ameaça a mais à existência desses pequenos pontos verdes. "Com essa entrada do agro no nosso território, piorou de vez. Muita gente fala que é exagero, mas onde tinha refúgio dos animais, está sendo derrubado. E vamos perder os conhecimentos tradicionais milenares das ervas medicinais. Eles vão desaparecer", preocupa-se Hiparidi.

De acordo com a cacica Carolina Rewaptu, com a intensificação dos plantios de soja no entorno das TIs, hoje não há mais recursos naturais para se fazer artesanato, tampouco raízes medicinais para tratamentos de saúde. "Antes, a paisagem era mais fechada. Agora mudou muita coisa. Vimos essas mudanças", explica Carolina, que nasceu em 1960 – década em que a tomada de terras por fazendeiros se intensificou, no âmbito do projeto de colonização incentivado pelo Estado brasileiro e que recebeu amplo apoio da ditadura militar.

O estrangulamento do território afetou também a alimentação tradicional dos Xavante, que foi sendo substituída por produtos industrializados. A vulnerabilidade alimentar e de saúde causadas pela degradação ambiental que acompanha o agronegócio ficou particularmente visível durante a pandemia de covid-19. A população Xavante foi uma das etnias que mais sofreu e perdeu vidas para o vírus.

DESTRUIÇÃO TERRITORIAL E ALTA TAXA DE MORTALIDADE

Um dado acerca da elevada taxa de mortalidade entre os Xavante chamou a atenção de pesquisadores da área da saúde. O Distrito Sanitário Especial Indígena (Dsei) Xavante apresentou uma taxa de 341 mortes/cem mil habitantes, entre a 9ª e a 40ª semana epidemiológica, no intervalo entre 23 de fevereiro e 3 de outubro de 2020.

A título de comparação, nesse mesmo período, a taxa de mortalidade para a população geral brasileira foi de 69,5 mortes/cem mil habitantes. Isso significa que a mortalidade do novo coronavírus (sars-cov-2) na população Xavante foi quase cinco vezes maior do que na população em geral. Essas informações constam em um estudo publicado por pesquisadores do Instituto de Pesquisa Ambiental da Amazônia (Ipam), da Fundação Oswaldo Cruz (Fiocruz), entre outras instituições de pesquisa, que utilizou dados compilados pela Coordenação das Organizações Indígenas da Amazônia Brasileira (Coiab).[2]

O estudo aponta também para uma enorme discrepância entre as mortes registradas pela Secretaria Especial de Saúde Indígena (Sesai), órgão vinculado ao Ministério da Saúde (MS), e os dados compilados pela Coiab, o que indica uma elevada subnotificação nos dados oficiais sobre casos e mortes por covid-19 entre indígenas. Enquanto a Sesai aponta que 330 indígenas morreram no período analisado, para a Coiab foram 670 mortes. Entre os fatores que explicam essa diferença, o estudo ressalta a negação da identidade dos indígenas mortos por covid-19, que, principalmente quando se contaminam e vêm a óbito na cidade, são registrados como pardos.

Mas o estudo vai além de indicar as subnotificações dos dados do MS. Para Paulo Basta, médico sanitarista especializado em epidemiologia e em saúde indígena e um dos responsáveis pelo trabalho, "conseguimos mostrar uma associação direta entre a devastação [de determinados territórios indígenas] e as taxas de incidência nos territórios avaliados".

Para Basta, um dos pontos centrais do estudo é apontar "como ameaças externas podem contribuir para o espalhamento da pandemia nas Terras Indígenas". Por ameaças externas o epidemiologista se refere a atividades madeireiras e garimpeiras ilegais, grilagem de territórios indígenas, mas também aos efeitos de queimadas e do próprio agronegócio.

Para ilustrar seu ponto, Paulo Basta explica como características específicas vivenciadas pelos territórios indígenas em quatro Dseis influenciam a alta mortalidade identificada pelo estudo.

Para o médico, no Dsei Alto Solimões, o fator que explica a alta letalidade é a precária infraestrutura hospitalar, que é dependente da cidade de Manaus. De Tabatinga/AM para a capital do Amazonas, a distância é de 1.100 quilômetros, que levam 1h45 de voo para serem percorridos ou, com valor muito mais acessível para a população, quatro dias de barco. Já nos Dseis Xavante, Cuiabá e Kayapó do Pará, Paulo Basta ressalta que, além da também precária infraestrutura, "uma grande presença de comorbidades, como hipertensão e diabetes, estão associadas ao desfecho negativo da contaminação pela covid-19".

O médico sanitarista explica que essas comorbidades teriam origem num fenômeno que ele considera chave: transição nutricional: "à medida que foi se estabelecendo o contato com a sociedade não indígena, marcado pela destruição do território e diminuição de disponibilidade de recursos naturais e disponibilidade de alimentos tradicionais (pesca, caça, roça ficam mais escassos), os indígenas passam a comer comida industrializada, de baixo valor nutricional, rica em açúcar, sal e gordura", explica.

A transição nutricional a que Paulo Basta se refere está relacionada a transformações culturais, nas formas tradicionais de alimentação, um processo algo inevitável, que acompanha a intensificação do contato com a sociedade não indígena. Só que este contato, histórica e atualmente, está longe de ser pacífico. E, como ressalta, é um processo que vem acompanhado de uma série de destruições, que permitem a transformação da floresta e do Cerrado em locais aptos para gado e soja.

Pela ampla degradação ambiental causada, tanto indígenas que vivem essa situação na pele – e no prato – quanto epidemiologistas especializados em saúde indígena encontram no avanço do agronegócio uma chave de raciocínio para a alta letalidade de indígenas Xavante durante a pandemia de covid-19. O argumento é que a diminuição das áreas de caça e de roçado, bem como o impacto dos agrotóxicos nos rios, que acompanha a intensificação do plantio de monocultivos nos últimos 36 anos, criaram condições ambientais que aumentam a situação de vulnerabilidade dos Xavante.

Com maior insegurança alimentar, alimentação de baixa qualidade e assistência médica precária, doenças circulam mais e têm maior letalidade entre os Xavante. E a covid-19 seguiu esse padrão. Essa é a avaliação de Aline Alves Ferreira, epidemiologista especialista em nutrição, que realizou sua pesquisa de doutorado pela Fiocruz entre os Xavante. "A gente já tem indicadores de saúde e de alimentação que são muito piores quando comparados aos não indígenas no Brasil, e que se acentuaram no cenário da covid-19."

Ferreira coloca menos ênfase na pré-existência de comorbidades e mais na baixa atenção médica, na falta de saneamento e nas condições ambientais criadas pelo agronegócio, que afetam, diretamente, as formas de alimentação. A descrição que ela faz do território Xavante é avassaladora: "Tem aqueles pastos, ali: soja, soja, soja, soja. Aí, de repente, quando começa a Terra Indígena, a vegetação muda completamente."

A epidemiologista explica que, com um ambiente cada vez mais reduzido, com um ecossistema cada vez mais afetado, cresce a busca por alimentos ultraprocessados (o que significa uma piora na qualidade da alimentação). Mas há também uma piora na própria regularidade de acesso ao alimento.

COMIDA DE ONTEM, COMIDA DE HOJE

De sua casa na TI Marãiwatsédé, a cacica Carolina Rewaptu conta que, à época em que era criança, cabia às mulheres a responsabilidade por coletar frutas do Cerrado, como pequi e buritizal. E também raízes, como batata, inhame, batata nativa, abóbora, mandioca.

"Era bom para nós", diz a indígena, em entrevista por telefone, sobre a alimentação dos Xavante. "Esses alimentos de antigamente eram mais saudáveis. Era comida da roça. Era importante para a saúde das crianças, dos jovens, e das mães jovens na gravidez." Carolina conta que eram as mais velhas que ensinavam esses costumes de alimentação, de como cuidar das crianças e preparar os alimentos e os rituais.

Nas últimas décadas, no entanto, o cenário mudou. "Hoje, colocam açúcar, sal e óleo em tudo. A gente não comia esses alimentos com açúcar", explica a cacica da aldeia Madzabdzé. "No meu tempo", as crianças eram muito sadias, com corpo físico estruturado. "Hoje, a gente vê as crianças muito gordas. Com essas mudanças, muitas pessoas estão com diabetes e obesidade com esse alimento que vem da cidade. Há muita preocupação com o povo Xavante".

O impacto do aumento dos projetos de agronegócio no entorno do território dos Xavante afetou até o ritual do casamento, fundamental para a organização social dos indígenas e para a própria formação do que consideram ser uma pessoa Xavante. "Com a diminuição da caça, quase perdemos o ritual do casamento, quando é realizada uma refeição com carne de anta, servida para toda a comunidade. Usávamos a anta porque é a principal carne gorda. E não tinha mais, porque o território estava cercado e devastado", relata a cacica Carolina Rewaptu.

Além disso, os animais "começaram a adoecer, porque comiam soja e milho. A gente sabe que os animais estão comendo essa soja, que dá muita gordura. E a gente come a carne muito engordurada. E tem a contaminação de venenos também". Ela se refere aos agrotóxicos usados nos projetos do agronegócio, que contaminam a água que vai para a Terra Indígena. "Ela é mais poluída na época da chuva, mais perigosa, porque os limites da fazenda estão no nosso entorno", explica a cacica.

Hiparidi Top'tiro, liderança da TI Sangradouro, enfatiza que "desde que o agro se aproximou do nosso território, eles usam veneno e a comida está contaminada. Mesmo o que a gente planta no nosso território está contaminado".

A relação dos Xavante com a alimentação pode ser descrita por dois conceitos, importantes para eles. *Danhiptedezé*: comidas e comportamento que fortalecem; e *danhip'uwazé*: comidas e comportamentos que enfraquecem. "Quando as mulheres fazem uma colheita coletiva de batatas do Cerrado, por exemplo, elas já têm uma ligação com o espírito do alimento. Você extraiu do Cerrado, isso te alimenta e fortalece", relata Hiparidi. Ao se caçar, a carcaça do animal carrega um espírito. "E é um jeito de contribuir para o nosso espírito, das mulheres. Sem caça, não há alimento para gerar mais crianças. Sem caça, não tem mais gravidez", complementa Hiparidi.

Também o peixe e as frutas, como buriti, jatobá, baru, são consideradas comidas que fortalecem. Já a comida que enfraquece é a industrializada, trazida de fora, sem nenhum espírito. "Isso que a gente classifica que enfraquece nossos espíritos."

A maior fragilidade do território Xavante, que o deixa mais vulnerável, continua Hiparidi Top'tiro, é o fato de ser fragmentado. "Se fosse continuado, a situação seria mais tranquila. Não estaria acontecendo o que está acontecendo".

A geógrafa Maria Lúcia Cereda Gomide, professora da Universidade Federal de Rondônia, atribui a fragmentação do território Xavante ao longo processo de demarcação, no qual a disputa com fazendeiros locais, entre as décadas de 1950 e 1970, impediu que fosse estabelecido um território contínuo, a exemplo do que foi realizado no Alto Xingu, também no estado do Mato Grosso.

© OSÉ MEDEIROS/AMAZÔNIA REAL, 2021

Pandemia de Covid-19 – Indígenas Xavante no Mato Grosso passa por dificuldades e recebem doações.

Essa vulnerabilidade da saúde causada pelo agronegócio pode ser vista pelos mapas. Segundo dados compilados pela Coiab, as quatro TIs Xavante mais afetadas pela pandemia são: São Marcos, Sangradouro, Marãiwatsédé e Pimentel Barbosa.

De acordo com o site do Instituto Socioambiental (ISA), 70,45% da TI Marãiwatsédé, onde vive a cacica Carolina Rewaptu, está localizada no município de Alto Boa Vista. Dados obtidos no IBGE Cidades apontam que, na série histórica que compreende o período entre 2004 e 2019, houve no município um intenso aumento na área destinada ao plantio da soja, e o quase desaparecimento de áreas destinadas ao plantio de macaxeira.

Já o MapBiomas indica que, entre 1985 e 2020, no município de Alto Boa vista, a área de floresta, incluindo formação florestal e savanas, caiu de 176.705 hectares em 1985 para 99.404 hectares em 2020 – uma redução de 44%.

Para visualizar melhor e ter uma perspectiva mais ampla do desmatamento na região em que vivem as populações Xavante, selecionamos as quatro TIs Xavante com maior mortalidade pelo novo coronavírus. Em seguida, fizemos um recorte, com os sete municípios nos quais esses territórios estão majoritariamente localizados: Alto Boa Vista, São Félix do Araguaia, Canarana, Ribeirão Cascalheira, Barra do Garças, General Carneiro e Poxoréu – todos no estado do Mato Grosso.

Entre esses sete municípios, havia em 1985, 4.184.575 hectares de floresta. Em 2020, eram 3.012.678 de hectares – ou seja, cerca de 25% a menos em 36 anos.

Em comparação, a área destinada à produção agropecuária passou de 1.050.175 hectares em 1985 para 2.269.552 hectares em 2020 (mais que dobrou no período). Apenas a área destinada à soja saltou de 17.748 hectares em 1985 para 768.898 hectares em 2020. Ou seja, em 36 anos, a soja passou a ocupar uma área 43 vezes maior do que ocupava nesses sete municípios em 1985.

INDICADORES DE SAÚDE SÃO PIORES ENTRE INDÍGENAS

Essa situação, em que indígenas apresentam piores indicadores de saúde quando comparados à totalidade da população brasileira, não é exclusiva dos Xavante. Outras populações indígenas do país vivenciam um quadro similar, principalmente quando se compara a taxa de mortalidade infantil e a taxa de internação por doenças preveníveis.

Para o epidemiologista Paulo Basta, "os indicadores para os indígenas são sempre mais desfavoráveis, comparando com qualquer uma das raças, comparando inclusive com os pretos, que historicamente também são excluídos, marginalizados etc."

Doenças infecciosas e parasitárias, tuberculose, malária e hepatite, por exemplo, são indicadores que o médico identifica como mais elevados entre os indígenas do que nos dados observados na população geral. "Há 521 anos esses povos são tratados como empecilhos, como obstáculo ao desenvolvimento econômico do país e por conta disso são discriminados e são vistos como pessoas marginais à sociedade", afirma Basta.

Esse é um padrão que se repete com a pandemia. Pedro Hallal, epidemiologista e professor da Universidade Federal de Pelotas, levanta dados importantes sobre a alta prevalência da covid-19 entre populações indígenas. Em sua fala, em 24 de junho, na Comissão Parlamentar de Inquérito (CPI) instalada pelo Senado Federal, Hallal apresentou um gráfico, que diz ter sido censurado pelo governo Bolsonaro. O gráfico traz uma visualização do resultado do amplo estudo coordenado por Hallal, que analisa a prevalência de anticorpos de pessoas contaminadas pelo novo coronavírus, separados por raça/etnia. Nas três fases do estudo, indígenas despontam como o grupo com maior percentual de contaminação.

A situação dos Xavante, com seus territórios como ilhas verdes estranguladas pelos monocultivos de soja, é uma imagem clara para entender aquilo que Basta considera como um modelo econômico que trata os indígenas como entraves ao desenvolvimento. Para o epidemiologista, essas fazendas que cercam os territórios não trazem benefícios aos indígenas. "Não colocam escolas, não criam oportunidade de emprego, não criam projetos alternativos de desenvolvimento", pontua ele, que também chama atenção para o risco aos indígenas da exposição ao intenso uso de agrotóxicos nas fazendas que circundam seus territórios.

Na TI Sangradouro, por exemplo, "as plantações de soja chegam muito, muito no limite mesmo. Então, às vezes, de dentro da aldeia se sente o cheiro do veneno. E você vê os aviões passando. É muito invasivo mesmo", relata a geógrafa Maria Lúcia Gomide. "O Rio das Mortes, que é muito importante para os Xavante, é todinho contaminado, porque as nascentes ficam dentro de fazendas."

Mas o passo mais recente dado pelo agronegócio vai além. Um novo projeto de produção agrícola em modelo industrial dentro das Terras Indígenas Xavante.

A SANHA DO AGRO POR TERRITÓRIOS INDÍGENAS

A criação do projeto "Agro Xavante" tem o suporte da Funai, do Governo do Estado do Mato Grosso e do Sindicato Rural de Primavera do Leste. O projeto de monocultivo de arroz envolve uma cooperativa agrícola dentro da TI Sangradouro/Volta Grande. A iniciativa é do agronegócio, que já domina a área ao redor da TI e criou uma divisão entre os moradores no interior de Sangradouro, já que uma parte é defensora da iniciativa.

Um aspecto apontado por Maria Lúcia Gomide é que o projeto Agro Xavante pode aumentar o desmatamento das Terras Indígenas. "Já é uma área cercada por gado e soja. Lá dentro, o pouco de Cerrado que sobrou vai ser desmatado, vai ter veneno."

Além disso, explica, como a TI Sangradouro já está demarcada, o projeto "contraria [a Constituição Federal], porque Terra Indígena não pode ser arrendada. Ela é de usufruto dos indígenas, mas ela é de usufruto comum. Não pode uma parte deles estar arrendando. Então vai contra a legislação".

Para Paulo Basta, ao contrário do que é propalado por defensores do projeto, a chegada do agro a territórios indígenas e a utilização de mão de obra indígena não tendem a melhorar a segurança alimentar desses povos, pelo contrário. Comunidades indígenas sem energia elétrica ou com acesso intermitente à rede elétrica não possuem geladeiras. E a saída para buscar proteína, seja pela caça ou pela pesca, é comumente uma prática masculina. Se os homens são empregados em atividades agropecuárias, Basta receia que "as famílias fiquem desassistidas, sem acesso, praticamente, a proteínas, porque o pai parou de trazer peixe para casa, caça para casa". O mesmo vale para abertura de roças, tarefa usualmente atribuída aos homens.

O receio de parte dos indígenas Xavante e dos epidemiologistas que acompanham o impacto do agronegócio na saúde dos indígenas é que a situação piore com a entrada dos campos de monocultivo de arroz nas Terras Indígenas.

Nesse sentido, lutar pela alimentação tradicional, fortalecer as formas de cultivo tradicional, torna-se não somente um ato de resistência, mas a busca pela cura de doenças que acompanham a colonização: "Queremos cultivar as nossas terras, queremos fazer, voltar com a comida tradicional. Eu faço parte de um grupo em que estamos usando a roça agroflorestal, tradicional, para alimentar os nossos filhos e combater a diabetes e outros tipos de doença que afetam o nosso povo", conclui Hiparidi. *(setembro, 2021)*

NOTAS

[1] Editado a partir de reportagem publicada originalmente no *site O Joio e O Trigo* em parceria com a InfoAmazonia, em setembro de 2021.

[2] FELLOWS, M. *et al*. Under-reporting of covid-19 cases among indigenous peoples in Brazil: a new expression of old inequalities. Front. *Psychiatry*, v. 12, art. 638359, 12 abr. 2021.

GERAL

MT TEM MAIOR NÚMERO DE CASOS DE RACISMO CONTRA ÍNDIOS DO PAÍS

Mato Grosso é o estado que mais se registra casos de racismo e discriminação étnica contra índios no país, segundo relatório divulgado nessa quinta-feira (5) pelo Conselho Indigenista Missionário, entidade ligada à Conferência Nacional dos Bispos do Brasil. De acordo com o relatório, houve um aumento significativo de tipos de violência e violação de direitos dos indígenas no estado, que conta com 52 terras indígenas. O Relatório Violência Contra os Povos Indígenas no Brasil, com dados de 2016, apontou que Mato Grosso teve o maior número de casos de racismo. *(D. Soares, G1, 06/10/2017)*

DEZ CASOS DE EXPLORAÇÃO ILEGAL E INVASÕES SÃO REGISTRADOS EM 2018 EM TIS

Um relatório divulgado na terça-feira (24) pelo Conselho Indigenista Missionário aponta que foram registrados 10 casos de exploração ilegal de recursos naturais e invasões a TIs de Mato Grosso, em 2018. Entre os crimes estão o arrendamento e loteamento de terras indígenas, desmatamento, destruição de patrimônio, contaminação de rios, queimadas, caça e pesca ilegal, contaminação por agrotóxicos e metais pesados, além de outras ações que incluem a abertura de rotas para o tráfico de drogas. Segundo o Conselho, a proibição para explorar as terras indígenas não tem impedido que produtores fechem acordos em aldeias para avançar com o plantio de grãos e a criação de gado sobre essas terras. *(G1, 26/09/2019)*

BAKAIRI

ÍNDIOS FAZEM ENGENHEIRO REFÉM EM ALDEIA

Índios da etnia Bakairi estão mantendo um engenheiro civil refém dentro da aldeia deles, em Paranatinga/MT. O engenheiro foi identificado como Jean Carlos de Ávila. Os índios afirmam que o ato é uma forma de protesto devido a demora na construção da escola. A obra teve início em dezembro de 2014 e, até hoje, não foi finalizada. *(M. Falcão, G1, 23/02/2018)*

JUSTIÇA DETERMINA CONTINUIDADE DE DEMARCAÇÃO

A Justiça Federal em Mato Grosso determinou que a Funai dê continuidade ao processo de identificação e redefinição dos limites da Terra Indígena Bakairi, nos municípios de Paranatinga e Planalto da Serra. O Ministério Público Federal destacou no inquérito a demora do processo demarcatório, levando à redução das terras indígenas e comprometendo a sobrevivência étnica e cultural do Povo. Na decisão, a Justiça Federal ressalta que é evidente o perigo de dano uma vez que os elementos anexados ao processo revelam a limitação da propriedade originariamente assegurada à comunidade indígena. *(Agência Brasil, 07/11/2019)*

LIDERANÇA BAKAIRI CONVIDA GOVERNADOR A CONHECER REALIDADE QUE IGNORA

Liderança indígena de Mato Grosso, Eliane Xunakalo está na 27ª Conferência Mundial do Clima, representando a Federação dos Povos e Organizações Indígenas do Mato Grosso (Fepoimt). Como normalmente, muitos dos governadores que estão na COP27, levam um "Estado-maravilha", mas de outro lado, têm pouca iniciativa de dialogar com as bases, ela convidou o governador Mauro Mendes "para um café", para que ele conheça o "Mato Grosso de verdade"."Mato Grosso tem terras indígenas a serem demarcadas, territórios quilombolas à espera de regularização e ribeirinhos lutando para sobreviver, pela preservação dos rios do Pantanal".

E acredita, Mato Grosso tem tudo para ser um estado sustentável, mas para isso, sugere uma aula com os povos originários e tradicionais. E que então, vão lhes mostrar a realidade. "Não esse estado fake que está aqui. Mato Grosso não tem muita coisa para ensinar ao mundo, pelo contrário, tem que estar com a cadeirinha da escola para aprender com a gente". *(Midia Ninja, 15/11/2022)*

BORORO

ACRIMAT COBRA QUE GOVERNO FEDERAL CUMPRA SUAS RESPONSABILIDADES

A Associação dos Criadores de Mato Grosso (Acrimat) protocolou em diferentes órgãos do governo estadual e federal um ofício solicitando providências com relação ao bloqueio de estradas por indígenas em Mato Grosso. Na região sudeste, por exemplo, desde a última semana a BR-070 vem sendo interditada pelos indígenas das etnias Bororos e Xavantes que cobram pedágio para liberar a passagem.

A solicitação da Acrimat é para que os órgãos responsáveis pela tutela dos povos indígenas brasileiros assumam suas responsabilidades. *(Acrimat, 17/05/2017)*

JUSTIÇA FEDERAL DECRETA PRISÃO DE INDÍGENAS BORORO POR "PEDÁGIOS"

A Justiça Federal acatou o pedido do Ministério Público Federal em Mato Grosso (MPF/MT) e decretou a prisão preventiva de três indígenas da etnia Bororo. Eles haviam sido detidos em flagrante realizando pedágio na Rodovia BR-070, junto a outros seis indígenas, no dia 30 de maio. Deles, estavam dois menores, que foram encaminhados para a Delegacia de Polícia Civil. Os outros quatro receberam liberdade. *(P. V. Fanaia Teixeira, Olhar Jurídico, 08/06/2017)*

MPF/MT INVESTIGA IRREGULARIDADES EM COORDENAÇÃO DA FUNAI

O Ministério Público Federal em Mato Grosso (MPF/MT), por meio da Unidade em Barra do Garças, instaurou inquérito civil com o objetivo de apurar possíveis irregularidades no funcionamento da Coordenação Técnica Local (CTL) da Funai no Município de General Carneiro/MT, responsável pelo atendimento da Terra Indígena (TI) Merure, do povo Bororo. *(MPF 26/01/2017)*

PROCURADOR DA REPÚBLICA VISITA ALDEIA BORORO E DISCUTE PEDÁGIO ILEGAL

O procurador da República em Barra do Garças, Guilherme Fernandes Ferreira Tavares, se reuniu com lideranças do povo Bororo na Terra Indígena Merure, em General Carneiro, para discutir a realização de pedágios irregulares na BR-070.

Na oportunidade, o procurador ouviu uma série de reclamações das lideranças Bororo, que manifestaram insatisfação pela BR-070 cortar a terra indígena. De acordo com os líderes, a licença ambiental que permitiu a construção da rodovia trouxe a maioria dos problemas aos índios, como o alcoolismo e incêndios para a reserva. *(F. Amorim, RD News, 21/06/2017)*

CHIQUITANO

COVID-19: PORTO ESPERIDIÃO TEM MAIS DE 60% DE ÓBITOS DE INDÍGENAS CHIQUITANOS

Publicado emAinda que sem o reconhecimento de seus territórios tradicionais, a cultura e os conhecimentos chiquitanos permanecem enraizados nos municípios nos quais participaram da construção e neste momento está ameaçada pelo alastramento da Covid-19 no estado de Mato Grosso.Este é o caso do Curussé, uma manifestação carnavalesca que por quatro dias realiza cortejos com música, dança e culinária típica.

No dia 15 de julho, o município de Porto Esperidião, em Mato Grosso, totalizava 264 casos confirmados e 12 óbitos por Covid-19. Segundo moradores do local, das 12 mortes, 8 eram de chiquitanos não aldeados e nem todos reivindicam a identidade indígena. A contabilização informal, partilhada por moradores, tem sido feita através dos sobrenomes, explica José Roberto de Oliveira Rodrigues, primeiro vereador e prefeito chiquitano do município. *(Lívia Alcântara/Formad 06/05/2020)*

GUATÓ

DECRETO HOMOLOGA DEMARCAÇÃO DA TI BAÍA DOS GUATÓ

O decreto que homologa a demarcação da terra indígena Baía dos Guató, em Mato Grosso, foi assinado nesta quinta-feira (26) pelo presidente Michel Temer. A área de 20 mil hectares fica no município de Barão do Melgaço e será de posse permanente dos índios Guató. Ainda é preciso registrar a terra em cartório. Esse povo é originário do bioma Pantanal. De acordo com o Instituto Socioambiental, os Guató foram considerados extintos em 1950 pelo então Serviço de Proteção ao Índio. Só em 1976, uma missionária encontrou em Corumbá a artesã Josefina, descendente da etnia, e constatou que existiam Guatós espalhados na periferia da cidade. Temer assinou o decreto na semana em que mais de 100 povos indígenas estão reunidos em Brasília, no 15o Acampamento Terra Livre. O encontro é realizado anualmente. Entre as demandas estão a maior rapidez no processo de demarcação de terras e o acesso a serviços públicos, como saúde. Protestos foram realizados esta semana pelo grupo na Esplanada dos Ministérios. Uma projeção foi realizada na fachada das torres do Congresso Nacional, na noite desta quinta-feira, pedindo "demarcação já". *(Radio Agência Nacional, 27/04/2018)*

ÚNICA DEMARCAÇÃO DE TI FEITA POR TEMER É SUSPENSA PELA JUSTIÇA

A única terra indígena que o presidente Michel Temer aprovou desde que assumiu o governo, há dois anos e meio, teve a sua homologação suspensa pela Justiça. No dia 26 de abril, a demarcação administrativa da terra indígena Baía do Guató, em Mato Grosso, foi homologada por meio de um decreto publicado por Temer, que já entrou para a história como o presidente que menos aprovou demarcações de terras indígenas desde a redemocratização. A justificativa de Alves se baseou no critério do polêmico "marco temporal", que só reconhece o direito indígena de terras onde as comunidades tradicionais estavam presentes no ano de 1988, quando da promulgação da Constituição Federal. Esse critério do marco temporal foi utilizado 13 anos atrás pelo Supremo Tribunal Federal (STF) para aprovar a demarcação específica da terra indígena Raposa Serra do Sol, em Roraima, mas não há consenso jurídico sobre seu efeito "vinculante", ou seja, a adoção desta mesma regra para avaliar todos os processos de demarcação que já estejam em andamento no País, dada a complexidade do tema. *(A. Borges, Estado de São Paulo, 20/12/2018)*

GUATÓ, ÚLTIMO POVO A TER TERRA DEMARCADA PODE SER PRIMEIRO A PERDÊ-LA

Terra Indígena Baía dos Guató foi homologada por Temer em 2018, mas decisão acabou anulada no Judiciário, seguindo regras que defende novo presidente brasileiro.

Os Guató correm grandes riscos de serem as primeiras vítimas desta "revisão". Em 14 de dezembro, o juiz federal Leão Aparecido Alves, do Tribunal Regional Federal da 1ª Região, suspendeu em decisão liminar a demarcação, usando como justificativa o polêmico critério do marco temporal: o magistrado afirmou que não existem provas da ocupação daquele território pelos Guató em 1988, ano da promulgação da Constituição Federal - o fato é que a maioria já havia sido expulsa, e os que ficaram eram funcionários das fazendas. A ação contra os índios foi movida por produtores locais e pecuaristas. *(El País, 10/01/2019)*

AVANÇO DO FOGO NO PANTANAL AMEAÇA INDÍGENAS EM MATO GROSSO

Cerca de 80 famílias do povo guató estão hoje ameaçadas pelo fogo que avança sobre o Pantanal e sobre a Terra Indígena Baía dos Guató, homologada em 2018 e uma das três Terras Indígenas (TIs) atingidas pelos incêndios, que já consumiram mais de 9% da área total do bioma no estado de Mato Grosso. "A floresta, os rios e os animais são sagrados. É dela que tiramos nosso sustento e remédios de muitas enfermidades. Com esse fogo devastando tudo, muitas das coisas não se recuperam mais", conta Alessandra Guató, uma das moradoras do território. *(ICV, 14/09/2020)*

Habitação na Terra Indígena Baía dos Guatós. Ao lado direito é possível ver a placa de demarcação deTerra Indígena.

GUATÓ DO PANTANAL PERDEM 83% DO TERRITÓRIO PARA O FOGO

Largados à própria sorte, os índios guatós já perderam quase todo o seu território para o fogo que devasta o Pantanal. O incêndio sem precedentes exacerbou os problemas do povo mais antigo da região, que sofre com a escassez de água, falta de luz, assistência médica precária e desemprego. *(Folha de São Paulo, 17/09/2020)*

PARESÍ

ACORDO PREVÊ PRODUÇÃO AGRÍCOLA APENAS POR INDÍGENAS

O Ibama suspendeu, no mês passado, o embargo de 22 mil hectares, em cinco áreas indígenas, onde vivem três etnias, em Mato Grosso.Desde de 2004, os índios Paresi, em Campo Novo dos Parecis, a 397 km de Cuiabá, buscam a regularização das atividades agrícolas nas aldeias. Conforme o procurador, os embargos continuam existindo, estão apenas suspensos. *(G1, 10/10/2019)*

SUPREMO DETERMINA RETIRADA DE NÃO-INDÍGENAS DA TI URUBU BRANCO

Atendendo a pedido do procurador-geral da República, Augusto Aras, o presidente do STF, ministro Dias Toffoli, restabeleceu decisão da Justiça Federal em Mato Grosso que determinou a retirada de não-índios da TI Urubu Branco, no Leste do estado, habitada por índios da etnia Tapirapé. A decisão havia sido suspensa pelo Tribunal Regional Federal da 1ª Região (TRF1). Em suspensão de liminar (SL) apresentada ao STF em 22 de julho último, o PGR demonstrou preocupação com a crescente tensão na TI. De acordo com Aras, o cumprimento provisório da sentença que determina a retirada dos não-indígenas tem como propósito evitar cenário de violência e mortes na região. *(MPF, 28/07/2020)*

XAVANTE

INSALUBRIDADE E CARÊNCIA ALIMENTAR DE INDÍGENAS É INVESTIGADA EM MT

O Ministério Público Federal em Mato Grosso (MPF/MT), por meio da unidade em Barra do Garças, instaurou inquérito civil, em 13 de janeiro, para investigar a situação coletiva de insalubridade e carência alimentar vivenciada pelos indígenas da Aldeia Novo Paraíso, etnia Xavante, no município de Campinápolis, localizado a 604,3 km de Cuiabá, região nordeste do estado.

Diante dos fatos levantados durante o procedimento preparatório, o procurador da República em Barra do Garças, Rafael Guimarães Nogueira, decidiu por instaurar o inquérito civil, no qual também requisita à FUNAI e ao Distrito Sanitário Especial Indígena (DSEI), responsáveis pela aldeia, que informem os dados relacionado à estrutura da aldeia, sua caracterização e localidade - como população, terra indígena, número de profissionais da saúde existentes, índices de saúde, políticas de segurança alimentar, acesso dos indígenas aos programas sociais - para que se tenha adequada compreensão da situação. *(24 Horas News, 25/01/2017)*

MPF AJUÍZA AÇÃO POR VIOLAÇÕES COMETIDAS CONTRA XAVANTES DURANTE A DITADURA

A Funai, a União, o Estado de Mato Grosso e 13 herdeiros das terras da fazenda Suiá-Missu respondem a uma ação civil pública movida pelo MPF por violarem os direitos dos povos Xavantes de Marãiwatsédé durante a ditadura. Entre os pedidos do MPF, destaca-se a realização de uma cerimônia na TI Marãiwatsédé com a presença do primeiro escalão do Poder Executivo Federal e Estadual para que seja feito um pedido público de desculpas apelas graves violações de direito perpetradas contra a etnia durante o regime militar. *(MPF, 27/04/2017)*

REDE DE SEMENTES DO XINGU VISITA ALDEIA MARÃIWATSÉDÉ

Coletoras de sementes da Terra Indígena Marãiwatsédé participam de reunião de avaliação anual e planejamento 2017 na aldeia Marãiwatsédé, no município de Bom Jesus do Araguaia (MT), com as diretoras da Associação Rede de Sementes do Xingu. Esta atividade teve como foco avaliar todos os processos vividos pelo grupo na produção de sementes em 2016, ano de intensa produção. Também foram debatidos o potencial do grupo, metodologia e possibilidade de novos pontos de coleta, beneficiamento e qualidade das sementes, entrega da produção e comunicação. As coletoras contaram que têm grande dificuldade em entender os processos da Rede, principalmente as entregas das sementes previamente solicitadas - chamado de "potencial". "As mulheres querem coletar o que acham na mata e não o que está no papel", conta Carolina Xavante. *(Cláudia Araújo, ISA, 11/05/2017)*

COMO UMA IMAGEM REACENDEU UM DEBATE HISTÓRICO SOBRE ÍNDIOS E RELIGIÃO

Uma fotografia compartilhada pelo pastor evangélico Isac Santos, no Facebook, reacendeu

© LUANA FOWLER / OPAN, 2017

Reunião na Aldeia Marãiwatsédé entre coletoras de sementes da TI Marãiwatsédé e as diretoras da Associação Rede de Sementes do Xingu.

uma discussão que perdura por séculos. Na publicação, feita em 22 de agosto, o religioso aparece acompanhado de diversos xavantes no município de Água Boa, em Mato Grosso, e comemora o fato de ter batizado 38 integrantes da aldeia, entre eles o cacique do grupo. Ele argumentou que antes de se converterem à sua religião, os indígenas já haviam adquirido costumes brancos. "Eles eram convertidos ao cristianismo. Ao contrário do que os ignorantes pensam, na aldeia deles possui energia e televisão. Além disso, os indígenas daquela região têm conta no banco, título de eleitor, Bolsa Família, falam português e fazem faculdade. Eles não ficam dançando ao redor do fogo o dia todo", disse. O antropólogo Roque Lara pontuou que o modo como os missionários agem pode ofender a cultura das aldeias. "A Constituição diz que a crença dos indígenas deve ser respeitada. O indígena, individualmente, pode mudar de crença, caso queira. Mas o problema é a maneira como as coisas são feitas. Depende do modo como o missionário está agindo". *(V. Lemos, BBC, 04/09/2017)*

ALDEIAS XAVANTE PARTICIPAM DE OFICINAS DE TECNOLOGIAS SUSTENTÁVEIS PROMOVIDAS

A Coordenação Regional (CR) Xavante, unidade descentralizada da Funai, está promovendo, desde o início de novembro, oficinas de bioconstrução e de círculo de bananeira em terras indígenas Xavante, no estado de Mato Grosso. Participaram da oficina principalmente mulheres das aldeias, que já estavam mobilizadas pela reunião da Associação de Mulheres Xavante Pi'õ A'uwe Uptabi da TI São Marcos, ocorrida nos dias anteriores também com apoio da CR Xavante. Até o fim do ano, está prevista mais uma oficina de implantação de círculos de bananeira na aldeia Santa Clara, na TI Parabubure, Campinápolis/MT. *(Funai, 29/11/2017)*

STF MARCA JULGAMENTO DE AÇÃO SOBRE RESERVA PARABUBURE

O Supremo Tribunal Federal (STF) pautou para o próximo dia 8 de fevereiro o julgamento da Ação Civil Originária (ACO) 304. Os autores da ação, a Agropecuária Serra Negra e o Estado de Mato Grosso, alegam que a origem da propriedade Fazenda Divina Graça, a qual integra a Reserva Indígena Parabubure, situada no Vale do Rio Couto Magalhães, teve início com o título de domínio expedido pelo Estado no ano de 1960. Por essa razão, reivindicam o pagamento de indenização à União Federal e à Fundação Nacional do Índio (FUNAI) correspondente ao valor da gleba de terras, com área de 353,40 hectares. A Funai, na condição de ré, expôs que os limites da Reserva Indígena Parabubure, definidos pelo Decreto 84.337/79, incidem sobre terras de posse tradicional dos índios Xavante. Diante desse quadro, pediu o reconhecimento da nulidade do ato de alienação de terras pelo Estado de Mato Grosso devido ao vício original presente no documento de aquisição, visto que este foi expedido pelo Estado, que não detinha o poder de dispor. *(Cimi, 02/02/2018)*

CONSELHO INDIGENISTA DIZ QUE DEPUTADO ORGANIZA INVASÃO DE FAZENDEIROS A TI

Índios da etnia Xavante que retornaram à Terra Indígena Marãiwatsédé, na região do Xingu, em Mato Grosso, em 2013, podem ser alvos de uma nova invasão de fazendeiros depois de conseguirem a posse definitiva do território, segundo o CIMI. O ataque, de acordo com a instituição, seria organizado pelo deputado federal eleito Nelson Barbudo, do PSL. Ao G1, o deputado negou que tenha a intenção de invadir a terra. *(A. Souza, G1, 11/02/2018)*

AVIÃO AGRÍCOLA É FLAGRADO JOGANDO VENENO EM TERRA INDÍGENA EM MT, DIZ ONG

Imagens divulgadas pela Operação Amazônia Nativa (Opan), ONG de defesa dos povos indígenas, mostram um avião agrícola pulverizando veneno na Terra Indígena Marãiwatsédé, na região noroeste de Mato Grosso. De acordo com a ONG, o flagrante foi feito no dia 16 de março deste ano e chegou ao conhecimento da entidade por meio de denúncia dos próprios índios, que alegam um surto de doenças respiratórias especialmente entre as crianças. A coordenadora do programa de direitos indígenas da Opan, Andréia Fanzeres, afirma que não se respeita a legislação e, durante a pulverização de agrotóxico nas lavouras de propriedades vizinhas à terra indígena, o veneno também é jogado nas áreas do entorno. *(G1, 03/04/2018)*

INDÍGENA DENUNCIA FUNCIONÁRIO DA FUNASA POR SUPOSTO ASSÉDIO SEXUAL

Um indígena xavante denunciou um servidor da Fundação Nacional de Saúde (Funasa), em Barra do Garças (521km de Cuiabá) de ter assediado sexualmente sua esposa, também indígena, de 22 anos. Segundo o denunciante, a esposa e o funcionário teriam tido um caso, e, neste relacionamento, o funcionário oferecia vantagens à mulher, para que ficasse com ele. *(I. Mercuri, Olhar Direto, 30/06/2018)*

'É PREOCUPANTE', DIZ CACIQUE QUE JÁ TEVE QUASE 219 MIL HA ATINGIDOS POR QUEIMADAS

Há mais de uma semana, o cacique Carlos Wa'râiró vê pegar fogo no entorno de sua aldeia, em Nova Nazaré, a 800 km de Cuiabá. Ela fica no território de Areões, de 219 mil hectares e quase todo atingido pelo incêndio, segundo o Instituto Brasileiro de Meio Ambiente e Recursos Renováveis (Ibama)

"A preocupação é muito grande, porque muitos [índios] já estão doentes. Não sabemos quem colocou [o fogo]. É perigoso também porque nossas casas são de palha", afirmou o cacique da aldeia Campo Alegre, onde moram 97 de indígenas. *(P. Araújo, 28/08/2019)*

ÍNDIOS DENUNCIAM INVASÃO E IBAMA FLAGRA ACAMPAMENTO E MULTA PESCADORES EM MT

Índios da Terra Indígena Ubawawe, localizada no município de Santo Antônio do Leste, a 379 km de Cuiabá, denunciaram aos fiscais do Instituto Brasileiro de Meio Ambiente e Recursos Renováveis (Ibama) uma invasão na terra deles.

Uma operação, feita entre quarta-feira (28) e quinta-feira (29), flagrou um acampamento irregular no local e multou pescadores que estavam no Rio Culuene. A Fundação Nacional do Índio (Funai) acompanhou o caso. *(D. Soares, G1, 30/08/2019)*

AGRICULTORES XAVANTE CAPACITAM-SE EM SISTEMAS AGROFLORESTAIS

Agricultores do povo Xavante tiveram a oportunidade de participar do Curso de Implantação, Planejamento e Manejo Agroecológico de Sistemas Agroflorestais, em Mato Grosso, no final de agosto. O curso oferecido pelo Núcleo de Estudo em Agroecologia do Vale do Araguaia, do campus de Barra do Garças do Instituto Federal de Mato Grosso (NEA-VA/IFMT), com assessoria pedagógica do Instituto Flor de Ibez, priorizou atividades práticas para trazer os conceitos, princípios e técnicas ligados aos sistemas agroflorestais inspirados na sucessão natural. *(M. Ribeiro, Funai, 12/09/2019)*

GOVERNO BOLSONARO APOIA RODOVIA QUE PÕE EM RISCO RESERVA DOS XAVANTE

Hoje, seu maior obstáculo é uma rodovia inacabada que corta suas terras, a BR-158. A tensão na reserva vem crescendo e o governo federal não colabora para resolver o impasse. Pelo contrário: o Ministério de Infraestrutura insiste no atual trajeto, o que já acarretou uma série de ameaças aos indígenas.Em 19 de novembro passado, o governo incluiu os 121 km de terra batida da BR-158 que cortam a TI Marãiwatsédé na lista de prioridades para futuras concessões. À BR-158, estão associados problemas como invasões e queimadas criminosas no pouco que resta das matas nativas em Marãiwatsédé. Segundo dados do Prodes, a reserva é hoje a terra indígena mais desmatada da Amazônia Legal, com perda acumulada de 75,7% de sua vegetação. O que restam são "ilhas" com resquícios de uma vegetação ímpar, característica da transição entre os biomas da Amazônia e do Cerrado. *(C. F. Paes, Mongabay, 23/01/2020)*

XAVANTE QUESTIONAM CONSULTA SOBRE HIDRELÉTRICAS

Caciques, lideranças e associações do povo Xavante divulgaram uma nota denunciando o que consideram uma "forma ilegítima" de conduzir o processo de consulta aos indígenas a respeito da construção de três Pequenas Centrais Hidrelétricas (PCHs) no rio das Mortes e no rio Cumbuco, no município de Primavera do Leste, em Mato Grosso. O projeto da empresa Bom Futuro Energia S.A, atualmente sob licenciamento na Secretaria do Meio Ambiente do estado de de Mato Grosso, prevê a construção da PCH Entre Rios no rio das Mortes e das PCHs Cumbuco e Geóloga Lucimar Gomes num de seus afluentes, o rio Cumbuco. A empresa é vinculada ao grupo Bom Futuro, que tem atuação no setor agropecuário e pertence à família do ex-ministro da Agricultura, ex-senador e ex-governador do Mato Grosso Blairo Maggi. *(Cimi, 24/03/2020)*

PRESO, COORDENADOR DA FUNAI ERA CONSIDERADO "MODELO" PELO GOVERNO

Operação prendeu chefe de unidade da Funai e três PMs acusados de arrendamento de áreas protegidas para pecuária. Uma operação deflagrada pela Polícia Federal nesta quinta-feira (17) prendeu três pessoas, entre eles um coordenador regional da Funai, por suspeita de envolvimento em um esquema milionário de arrendamento ilegal de uma terra indígena para pecuaristas no interior do Mato Grosso. Uma liderança indígena também é suspeita de se beneficiar financeiramente. Os quatro fazendeiros que invadiram a área protegida foram identificados por uma investigação do Ministério Público Federal do Mato Grosso (MPF-MT), mas não foram presos. Conforme a PF, o esquema envolvia servidores da Funai, que cobravam quantias milionárias de fazendeiros da região. Em troca, o grupo ganhou acesso à Terra Indígena Marãiwatsédé, do povo Xavante, onde criava gado. *(M. Pantoja, Brasil de Fato, 17/03/2020)*

AGRONEGÓCIO PATROCINA COOPERATIVA AGRÍCOLA EM TERRA DOS XAVANTE

Plantio de arroz, que ocupa parte de território no Mato Grosso já cercado por plantações de soja e criação de gado, divide os próprios indígenas. Lideranças e antropólogos classificam cooperativa de "laboratório de antipolítica indigenista" do Governo. O projeto Independência Indígena, também chamado de Agroxavante, pretende "levar desenvolvimento, segurança alimentar e qualidade de vida" a esses povos originários ao disponibilizar ferramentas e maquinários, além de capacitar indígenas na operação de tratores e colheitadeiras. Tudo é financiado pelos ruralistas, adversários históricos dos grupos indígenas em disputas por terra no interior do país.

A iniciativa, entretanto, gera conflitos dentro da própria comunidade. Luciano Xavante, técnico em gestão da Federação dos Povos Indígenas do Mato Grosso (Fepoimt) diz que entre as nove Terras Indígenas Xavante no Estado, Sangradouro é a única a favor da cooperativa. "O próprio nome do projeto, Agroxavante, é ofensivo! Nós não somos agronegócio, não trabalhamos com isso. Temos um histórico de luta justamente contra o agronegócio para demarcar nossas terras. *(J. Oliveira, El País, 27/05/2021)*

MINISTRO DETERMINA PRISÃO DE ENVOLVIDO EM PROTESTOS ANTIDEMOCRÁTICOS

A pedido da PGR, o ministro Alexandre de Moraes decretou a prisão temporária, por 10 dias, do indígena José Acácio Serere Xavante, em razão de indícios de prática dos crimes de ameaça, perseguição e abolição violenta do Estado Democrático de Direito.

Segundo a Polícia Federal (PF), Serere Xavante teria realizado manifestações de cunho antidemocrático em diversos locais de Brasília (DF), notadamente em frente ao Congresso Nacional, no Aeroporto Internacional de Brasília (onde invadiram a área de embarque), no centro de compras Park Shopping, na Esplanada dos Ministérios (por ocasião da cerimônia de troca da bandeira nacional e em outros momentos) e em frente ao hotel onde estão hospedados o presidente e o vice-presidente da República eleitos. *(STF, 12/12/2022)*

LÍDERES XAVANTE REPUDIAM ATOS ANTIDEMOCRÁTICOS DE TSERERE

Lideranças indígenas da etnia Xavante de duas comunidades de Mato Grosso repudiam a atitude de José Acácio Serere Xavante, conhecido como cacique Tserere, preso na segunda-feira (12), em Brasília, por atos antidemocráticos. Em vídeos compartilhados nas redes sociais, o indígena Cleninho Xavante, que se apresenta como líder jovem da Terra Indígena Parabubure, de Campinápolis (1.064 km de Cuiabá), pede ao ministro do Supremo Tribunal Federal (STF), Alexandre de Moraes, que não considere as manifestações como de parte de seu povo. Outro vídeo que circula é do indígena Vanderlei Temirite, da comunidade de Marãiwatsédé, na região do Araguaia, também se manifestou dizendo que Serere não faz parte da liderança da comunidade e não representa a etnia Xavante. *(M. Thomaz, 14/12/2022)*

Aranã
Guarani Mbyá
Kaxixó
Krenak
Tikmũ'ũn (Maxakali)
Mucurim
Pataxó
Pataxó Hã-Hã-Hãe
Puri
Tupinambá
Tupiniquim
Xakriabá

16. Leste

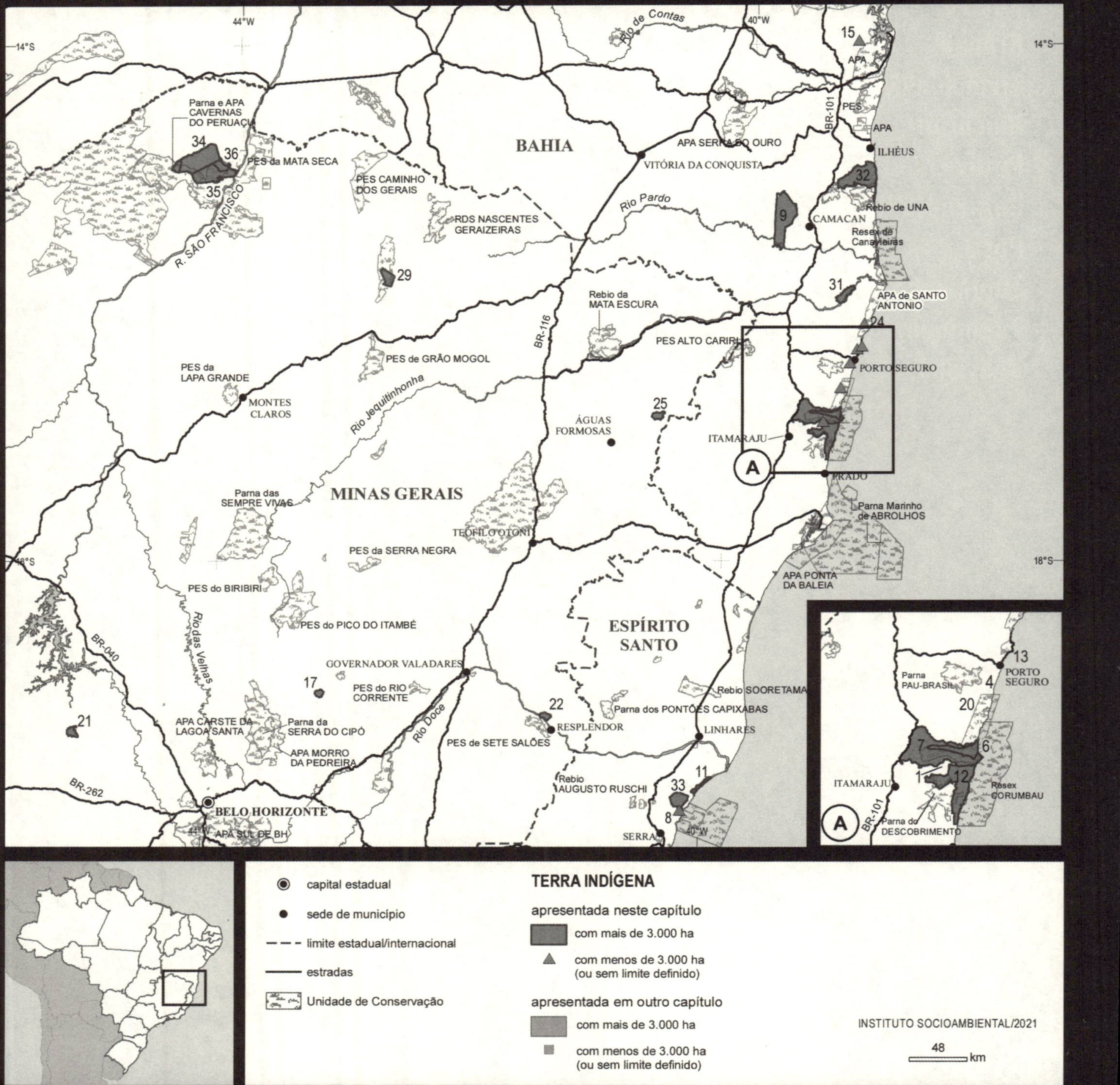

44°W
40°W
14°S
18°S
Rio de Contas
15
APA
PES
APA
BR-101
ILHÉUS
32
Rebio de UNA
CAMACAN
9
Resex de Canavieiras
31
APA de SANTO ANTONIO
24
PORTO SEGURO
ITAMARAJU
A
PRADO
Parna Marinho de ABROLHOS
APA PONTA DA BALEIA
Parna e APA CAVERNAS DO PERUAÇU
34
36
35
PES da MATA SECA
PES CAMINHO DOS GERAIS
RDS NASCENTES GERAIZEIRAS
R. SÃO FRANCISCO
BAHIA
APA SERRA DO OURO
VITÓRIA DA CONQUISTA
Rio Pardo
29
Rebio da MATA ESCURA
PES ALTO CARIRI
BR-116
PES de GRÃO MOGOL
PES da LAPA GRANDE
MONTES CLAROS
Rio Jequitinhonha
25
ÁGUAS FORMOSAS
Parna das SEMPRE VIVAS
MINAS GERAIS
TEÓFILO OTONI
PES da SERRA NEGRA
PES do BIRIBIRI
PES do PICO DO ITAMBÉ
Rio das Velhas
BR-040
ESPÍRITO SANTO
GOVERNADOR VALADARES
17
PES do RIO CORRENTE
Rio Doce
22
RESPLENDOR
Rebio SOORETAMA
Parna dos PONTÕES CAPIXABAS
LINHARES
21
APA CARSTE DA LAGOA SANTA
Parna da SERRA DO CIPÓ
APA MORRO DA PEDREIRA
PES de SETE SALÕES
Rebio AUGUSTO RUSCHI
11
33
8
BR-262
BELO HORIZONTE
APA SUL DE BH
SERRA
13
PORTO SEGURO
Parna PAU-BRASIL
4
20
7
6
1
12
ITAMARAJU
Resex CORUMBAU
BR-101
Parna do DESCOBRIMENTO
capital estadual
sede de município
limite estadual/internacional
estradas
Unidade de Conservação
TERRA INDÍGENA
apresentada neste capítulo
com mais de 3.000 ha
com menos de 3.000 ha (ou sem limite definido)
apresentada em outro capítulo
com mais de 3.000 ha
com menos de 3.000 ha (ou sem limite definido)
INSTITUTO SOCIOAMBIENTAL/2021
48 km

LESTE
Terras Indígenas
Instituto Socioambiental - 30/11/2022

Nº mapa	Terra Indígena	Povo	População (nº, fonte, ano)	Situação jurídica	Extensão (ha)	Município	UF
1	Águas Belas	Pataxó	228 - IBGE: 2010	Homologada. Decreto - s/n - 08/09/1998, publicado em 09/09/1998. Reg. SPU certidão n. 02 em 03/05/2004Reg. CRI na comarca de Prado, Mat.n.13.751, Lv RG, em 11/01/00.	1.189	Prado	BA
s/I	Aldeia Serra do Couro/ Aldeia Serra do Cachimbo	Pataxó Hã-Hã-Hãe		Em Identificação. Portaria - 360 - 16/07/2021, publicado em 20/07/2021.		Ribeirão do Largo	BA
4	Aldeia Velha	Pataxó	883 - Siasi/Sesai: 2013	Declarada. Portaria - 4.221 - 31/12/2010, publicado em 03/01/2011.	2.001	Porto Seguro	BA
s/I	Aranã	Aranã		Em Identificação. Portaria - 1.028 - 12/09/2005, publicado em 13/09/2005.		Araçuaí	MG
6	Barra Velha	Pataxó	2.992 - Funasa: 2010	Homologada. Decreto - 396 - 24/12/1991, publicado em 26/12/1991. Reg. SPU Certidão n. 060 em 27/09/96.Reg. CRI do município e comarca de Porto Seguro (8.627 ha) Mat.14.548 Liv.2-RG em 03/02/92.	8.627	Porto Seguro	BA
7	Barra Velha do Monte Pascoal (reestudo)	Pataxó	4.649 - Funasa: 2010	Identificada. Despacho - 04 - 27/02/2008, publicado em 29/02/2008.	44.121	Itabela Itamaraju Porto Seguro Prado	BA
8	Caieiras Velhas II	Guarani Guarani Mbya Guarani Ñandeva	20 - Kahn, Marina: 2014	Homologada. Decreto - s/n - 19/04/2004, publicado em 20/04/2004. Reg SPU Certidão n. 002 em 29/05/07.Reg CRI no municipio de Aracruz, comarca de Aracruz (57 ha).	57	Aracruz	ES
9	Caramuru / Paraguassu	Pataxó Hã-Hã-Hãe	2.801 - Siasi/Sesai: 2014	Reservada. Decreto - 1916 - 09/08/1926, publicado em 09/08/1926.	54.000	Camacan Itaju do Colônia Pau Brasil	BA
s/I	Cinta Vermelha de Jundiba	Pataxó					
11	Comboios	Tupiniquim	534 - Funasa: 2010	Homologada. Decreto - s/n - 11/12/1998, publicado em 14/12/1998. Reg. SPU Certidão s/n de 01/04/03 (área antiga). Reg.SPUReg. CRI do município e comarca de Aracruz (1.983 ha) Matr AV/3239 Lv 2-JZ Fl 239 H em 17/03/99 (área antiga). O site da Funai em 8/1/19 diz que a TI é regularizada	3.872	Aracruz	ES
12	Comexatiba (Cahy-Pequi)	Pataxó	732 - GT Funai: 2013	Identificada. Despacho - 42 - 22/07/2015, publicado em 27/07/2015.	28.077	Prado	BA
13	Coroa Vermelha	Pataxó	1.546 - Anaí: 1998	Homologada. Decreto - s/n - 09/07/1998, publicado em 10/07/1998. Reg. SPU Certidão n. 54 de 30/06/99.Reg. CRI no município e comarca de Porto Seguro (827 ha) Matr.20.189 Lv 2-RG Fl 001 em 10/06/99. Reg. CRI no município de Santa Cruz de Cabrália, comarca de Porto Seguro (589 ha) Matr. 20.188 Lv 2-RG Fl. 001 em 10/06/99. Reg CRI no municipio de Sanata Cruz de Cabrália, comarca de Porto Seguro (77 ha) Matr.20.287 Liv.2-RG Fl 001 em 10/06/99.	1.493	Porto Seguro Santa Cruz Cabrália	BA
15	Fazenda Bahiana (Nova Vida)	Pataxó Hã-Hã-Hãe	84 - Siasi/Sesai: 2014	Reservada. Decreto - s/n - 11/12/1998, publicado em 14/12/1998. Reg. CRI no município de Camamu (344 ha) Matr. 1.787, Liv. 2-RG Fl.192 em 4/12/87.	304	Camamu	BA
17	Fazenda Guarani	Krenak Pataxó	335 - Siasi/Sesai: 2014	Homologada. Decreto - 270 - 29/10/1991, publicado em 30/10/1991. Reg. SPU Cert. 001 em 12/02/98.Reg. CRI no município de Carmésia, comarca de Ferros (3.165 ha) Matr. 1.169 Lv 2-L Fl 143 em 24/06/97. Reg. CRI no município de Senhora do Porto, comarca de Guanhães (104 ha) Matr. 10.770, Liv. 2/RG, Fl 01 em 14/08/97.	3.270	Carmésia Dores de Guanhães	MG
s/I	Ham Yixux	Maxakali	414 - Siasi/Sesai: 2014	Reservada. Outros - 0 - 25/05/2007, publicado em 25/05/2007. Reg CRI Matr.R-34-5014. liv.2, AJ, FLs 150 em 25/05/2007		Ladainha	MG
20	Imbiriba	Pataxó	395 - IBGE: 2010	Homologada. Decreto - s/n. - 12/03/2007, publicado em 13/03/2007. Reg SPU O site da Funai em 8-1-19 diz que essa TI é regularizadaReg.CRI matr.n.28.591, liv. 2-RG, Fl 01/02v comarca de Porto Seguro	408	Porto Seguro	BA
21	Kaxixó	Kaxixó	227 - Siasi/Sesai: 2014	Identificada. Despacho - 269 - 22/03/2013, publicado em 26/03/2013.	5.411	Martinho Campos Pompéu	MG
22	Krenak	Krenak	343 - Siasi/Sesai: 2014	Homologada. Decreto - s/n - 19/04/2001, publicado em 20/04/2001. Reg. SPU Cert. n. 220-MG em 20/03/40. Reg. SPU Cert. n. 001 em 18/12/2001.Reg. CRI em Resplendor Matr. 11.559, Liv. 3-M, Fl. 130V em 23/05/39. Reg CRI no municipio e comarca de Resplendor (4.039 ha) Matr.n. 10.399m Liv. 2-0, Fl 129 em 28/05/2001.	4.039	Resplendor	MG
s/I	Krenak de Sete Salões	Krenak		Em Identificação. Portaria - 193 - 28/02/2013, publicado em 04/03/2013.		Resplendor	MG
24	Mata Medonha	Pataxó	194 - IBGE: 2010	Homologada. Decreto - s/n - 23/05/1996, publicado em 24/05/1996. Reg. SPU Cert. n.051 de 29/08/97.Reg. CRI no município de Sta. Cruz de Cabrália, comarca de Porto Seguro (549 ha) Mat. 18.365 Liv. 2-RG, FL 01 em 16/02/97.	549	Santa Cruz Cabrália	BA
25	Maxakali	Maxakali	1.555 - Siasi/Sesai: 2014	Homologada. Decreto - s/n - 02/10/1996, publicado em 04/10/1996. Reg. SPU Cert. n.002 de 27/12/96.Reg. CRI no município de Bertópolis, comarca de Águas Formosas (5.305 ha) , Matr. 3.427 Liv.2-K, em 17/10/96.	5.305	Bertópolis Santa Helena de Minas	MG
s/I	Mukurin	Mukurin		Em Identificação. Portaria - 1,239 - 06/12/2017, publicado em 22/12/2017.		Campanário	MG
s/I	Pankararu de Araçuaí	Pankararu	258 - Siasi/Funasa: 2010	Dominial Indígena. , publicado em .		Coronel Murta	MG
s/I	Ponta Grande			Em Identificação. Portaria - 750 - 27/07/2017, publicado em 04/08/2017.		Porto Seguro Santa Cruz Cabrália	BA
29	Riachão/Luiza do Vale	Xakriabá	3 - Funai: 1989	Dominial Indígena. - - 19/02/1979, publicado em . Reg. CRI no município de Rio Pardo de Minas, Matr. 922 Liv. 2A em 19/02/79.	9.709	Rio Pardo de Minas Serranópolis de Minas	MG
31	Tupinambá de Belmonte	Tupinambá	74 - Siasi/Sesai: 2014	Identificada. Despacho - 530 - 22/04/2013, publicado em 23/04/2013.	9.521	Belmonte	BA
32	Tupinambá de Olivença	Tupinambá	4.631 - Siasi/Sesai: 2014	Identificada. Despacho - 24 - 17/04/2009, publicado em 20/04/2009.	47.376	Buerarema Ilhéus Una	BA
33	Tupiniquim	Guarani Guarani Mbya Guarani Ñandeva Tupiniquim	2.464 - Funasa: 2010	Homologada. Decreto - s.n. - 05/11/2010, publicado em 08/11/2010. reg SPU Matr. R-3.239, Lv. 2-RG	14.282	Aracruz	ES

LESTE
Terras Indígenas (continuação)
Instituto Socioambiental - 30/11/2022

Nº mapa	Terra Indígena	Povo	População (nº, fonte, ano)	Situação jurídica	Extensão (ha)	Município	UF
34	Xakriabá	Xakriabá	7.999 - Siasi/Sesai: 2014	Homologada. Decreto - 94.608 - 14/07/1987, publicado em 15/07/1987. Reg. SPU Cert. n. 001 de 21/05/96.Reg. CRI no municipio de Itacarambi, comarca de Januaria (46.414 ha) Matr. 10.043 Liv. 2-BD Fl. 60 em 18/02/88.	46.415	Itacarambi São João das Missões	MG
35	Xakriabá (reestudo)	Xakriabá		Identificada. Despacho - 81 - 19/09/2014, publicado em 07/10/2014.	43.357	Cônego Marinho Itacarambi São João das Missões	MG
36	Xakriabá Rancharia	Xakriabá	871 - Siasi/Sesai: 2014	Homologada. Decreto - s/n - 05/05/2003, publicado em 06/05/2003. Registro SPU certidão n. 2 de 18/02/2005.Reg CRI no municipio de Itacarambi comarca de Januária (113 ha) Matr. 16.173 , Li v.2-CP Fl. 135 em 26/09/2003 Reg CRI no municipio de São João das Missões comarca de Manga (6.684 ha) Matr. 10.939, Liv. 2-RG , FL em 18/05/2004	6.798	São João das Missões	MG

SUL DA BAHIA

Da CPI da Funai ao Governo Bolsonaro: os Tupinambá sob Ataque

Daniela Fernandes Alarcon | Antropóloga, Universidade da Pensilvânia

O PERÍODO DE 2017 A 2021 SE INAUGUROU COM UMA FORTE ARREMETIDA CONTRA OS TUPINAMBÁ, E IMPEDIR A DEMARCAÇÃO DA TI TUPINAMBÁ DE OLIVENÇA CONSOLIDOU-SE COMO UMA PRIORIDADE DOS SEGMENTOS MOBILIZADOS NACIONALMENTE CONTRA OS DIREITOS INDÍGENAS

"Ficou bastante evidente que, em lugares em que não mais existem índios – ou porque nunca existiram ou porque os vínculos com a ancestralidade indígena de há muito se romperam, seja pela mestiçagem, pela perda dos elementos tradicionais, inclusive da língua e das crenças religiosas, pela integração às sociedades regionais e nacional e a seus mercados de trabalho ou por qualquer outra razão –, como por geração espontânea surgem, de uma hora para outra, populações indígenas 'inventadas' por antropólogos." Essas palavras figuram nas conclusões do alentado capítulo sobre a Bahia do relatório final da Comissão Parlamentar de Inquérito destinada a investigar fatos relativos à Fundação Nacional do Índio (Funai) e ao Instituto Nacional de Colonização e Reforma Agrária (Incra) (CPI Funai-Incra 2). Aprovado em 30 de maio de 2017, o documento visava frear a regularização fundiária de territórios indígenas e quilombolas, bem como a implementação de políticas de Reforma Agrária em diferentes regiões do país.

O capítulo sobre a Bahia enfocava principalmente os Tupinambá, tratando de modo mais localizado dos contextos Pataxó e Pataxó Hã Hã Hãi, todos no sul do estado. Entre outros encaminhamentos, o relatório solicitou o indiciamento de Rosivaldo Ferreira da Silva (Cacique Babau) e Maria Valdelice Amaral de Jesus (Cacique Jamopoty), ambos Tupinambá; de funcionários do poder público e membros de entidades civis com atuação junto a esse povo; e de duas antropólogas, Susana de Matos Dores Viegas (Universidade de Lisboa, Portugal) e eu. Como se vê, o período que se estende de 2017 a 2021 se inaugurou com uma forte arremetida contra os Tupinambá – e impedir a demarcação

Rosivaldo Ferreira da Silva, o Cacique Babau, liderança do povo Tupinambá, perseguido por sua atuação para demarcação da TI Tupinambá de Olivença.

da Terra Indígena (TI) Tupinambá de Olivença consolidou-se como uma prioridade dos segmentos mobilizados nacionalmente contra os direitos indígenas. Com a eleição de Jair Bolsonaro, em 2018, o cenário se tornaria ainda mais adverso.

A seguir, reconstituirei brevemente uma sequência de eventos conflitivos que miraram esse povo nos últimos anos, referindo-me ainda a alguns acontecimentos no contexto da pandemia de covid-19. Nesse percurso, apontarei também para as estratégias delineadas pelos indígenas em defesa de seus direitos. Ainda que me refira aos Tupinambá de modo amplo, este panorama se centra principalmente na aldeia Serra do Padeiro, onde mantenho relações de pesquisa mais próximas.

PLANO DE EXTERMÍNIO, *RESORT* E "MARCO TEMPORAL"

Em meados de fevereiro de 2019, pouco mais de um mês após a posse de Bolsonaro, a imprensa noticiou que estaria sendo arquitetado um plano de extermínio contra lideranças tupinambá da aldeia Serra do Padeiro. Ainda no final de janeiro, testemunhas haviam alertado os indígenas quanto à realização de reuniões para planejar emboscadas contra cinco pessoas, inclusive duas jovens, uma delas grávida. Evidências adicionais, apresentadas pelos Tupinambá em denúncias ao poder público, sugeriam o envolvimento de policiais e outros agentes do Estado. Ainda que não seja possível traçar conexões diretas entre esse episódio e a eleição de Bolsonaro, a retórica anti-indígena privilegiada desde a campanha tem contribuído para inflamar a violência na região; sua vitória foi celebrada com entusiasmo por setores mobilizados contra a demarcação da TI Tupinambá de Olivença, processo iniciado em 2004 e não concluído até hoje.

Ainda em 2019, em outubro, ficou comprovada a participação de uma autoridade do alto escalão do Poder Executivo em *lobby* contra a demarcação da TI Tupinambá de Olivença. Conforme revelado pela imprensa, Gilson Machado Neto, presidente do Instituto Brasileiro de Turismo (Embratur), hoje Agência Brasileira de Promoção Internacional do Turismo, atuou para favorecer o grupo hoteleiro português Vila Galé, que tencionava construir um *resort* no território tupinambá. Em ofício remetido em junho daquele ano a Marcelo Augusto Xavier da Silva, presidente da Funai, Machado Neto solicitava o cancelamento do processo demarcatório, com o intuito de viabilizar o empreendimento, planejado para a faixa costeira da TI. Os Tupinambá se organizaram rapidamente para denunciar o ataque. Envolveram aliados como a Associação Brasileira de Antropologia (ABA) e a Associação Portuguesa de Antropologia (APA) – que publicaram uma petição conjunta – e fizeram seu pleito chegar até o Parlamento português. Como resultado da intensa mobilização, em novembro de 2019, representantes da Vila Galé declararam haver desistido do projeto.

Porém, enquanto comemoravam a vitória, os Tupinambá foram surpreendidos pela notícia de que o procedimento de demarcação havia retrocedido. Em 30 de dezembro de 2019, Sergio Moro, então ministro da Justiça, devolveu à Funai 17 processos demarcatórios, incluindo o da TI Tupinambá de Olivença. Desde 2012 o processo relativo a essa TI estava no Ministério da Justiça (MJ), aguardando a assinatura da portaria declaratória pelo ministro. O Relatório Circunstanciado de Identificação e Delimitação (RCID) da TI havia sido publicado em 2009, confirmando a ocupação tradicional de uma área de cerca de 47.376 hectares, que se estende por porções dos municípios de Buerarema, Ilhéus, São José da Vitória e Una (BA) e onde vivem, segundo as estimativas mais recentes, cerca de 5.000 indígenas. A devolução do processo, determinada pelo Ofício nº 2740/2019/SE/MJ – assentado no Parecer Normativo nº 001/2017 da Advocacia-Geral da União (AGU), que busca impor a tese do "marco temporal" – só viria a público em 28 de janeiro de 2020, em uma reportagem na imprensa.

OS TUPINAMBÁ E A PANDEMIA DE COVID-19

Logo após a chegada da pandemia de covid-19, as tensões no território tupinambá se intensificaram novamente. Em 23 de março de 2020, em aliança com camponeses, os Tupinambá da Serra do Padeiro estabeleceram barreiras sanitárias nas duas estradas principais que cruzam a aldeia, a BA-668 e a BA-669, buscando conter o vírus. A covid-19 se espalhou rapidamente no sul e extremo sul da Bahia, regiões que se tornaram um dos epicentros da pandemia no estado. Junto a seus vizinhos, os Tupinambá elaboraram também um protocolo de segurança para a circulação de pessoas em casos de necessidade básica e urgência, bem como para o transporte de cargas. Contudo, o prefeito de Buerarema, insatisfeito com a ação, determinou o envio de forças de segurança para desfazer as barreiras. No dia 30 de março, policiais civis e militares se deslocaram até o posto de controle na BA-668 e, de acordo com relatos, proferiram ameaças e disparos com arma de fogo; em 3 de abril, retornaram ao local. Em ofício de 31 de março, remetido à Secretaria de Infraestrutura do Governo do Estado da Bahia (Seinfra) para solicitar o desbloqueio da rodovia, o prefeito de Buerarema, Vinicius Ibrann Dantas Andrade Oliveira (à época, do Democratas), referiu-se aos

Tupinambá como "supostos 'índios'". As barreiras, porém, não foram desfeitas. Na Serra do Padeiro, não se registraram óbitos em decorrência da covid-19, mas, em outras localidades da TI, ao menos cinco indígenas morreram entre maio e setembro de 2020.

Já em abril de 2021, os Tupinambá da Serra do Padeiro tomaram ciência de que, em 30 de março, o juiz federal Wilton Sobrinho da Silva, da Subseção Judiciária de Itabuna (BA), havia emitido um mandado de reintegração de posse contra a comunidade (Processo nº 0003915-29.2013.4.01.3301 – Ação possessória com pedido de liminar). A decisão, referente a uma área retomada em agosto de 2013, violava decisão do ministro Edson Fachin, do Supremo Tribunal Federal (STF), de 6 de maio de 2020. Na ocasião, o ministro suspendeu todas as reintegrações de posse contra povos indígenas no país até o fim do julgamento do Recurso Extraordinário (RE) de Repercussão Geral nº 1017365 ou enquanto durasse a pandemia, o que acontecesse depois. Em 23 de abril, a reintegração de posse foi suspensa por determinação da ministra Rosa Weber, do STF, que concedeu medida liminar na Reclamação nº 46980, ajuizada pela Defensoria Pública da União (DPU) em favor dos Tupinambá. Assim como nos outros casos, a mobilização dos Tupinambá – buscando assessoria jurídica, denunciando a situação à imprensa e envolvendo aliados diversos, entre outras estratégias, inclusive no plano cosmológico – foi crucial para fazer frente ao ataque. Em um cenário extremamente adverso, as vitórias tupinambá não são triviais.

A VOLTA DO MANTO DE PENAS

Nos últimos anos, a visibilidade dos Tupinambá cresceu no cenário internacional; exemplo disso é a trajetória de Glicéria Jesus da Silva (Glicéria Tupinambá), uma das principais lideranças da aldeia Serra do Padeiro. Em 2019, ela discursou na 40ª Sessão do Conselho de Direitos Humanos das Nações Unidas (ONU) em Genebra (Suíça), denunciando as violações aos direitos dos povos indígenas no Brasil. No mesmo ano, representou a Articulação dos Povos Indígenas do Brasil (Apib) em audiências públicas durante o 172º Período de Sessões da Comissão Interamericana de Direitos Humanos (CIDH) da Organização dos Estados Americanos (OEA), em Kingston (Jamaica). Já durante a 26ª Conferência da ONU sobre Mudanças Climáticas (COP 26), realizada em Glasgow (Escócia), em 2021, seu retrato figurava em *outdoors* ao lado de Sonia Guajajara e Célia Xakriabá, em painel da artista indígena Mavi Morais, que convidava os passantes a conhecer "as verdadeiras lideranças no debate sobre o clima".

Ainda em 2021, Glicéria foi uma das curadoras da exposição "*Kwá yapé turusú yuriri assojaba tupinambá* | Essa é a grande volta do manto tupinambá", na Fundação Nacional de Artes (Funarte). Ali, foram exibidos mantos de penas produzidos por Glicéria no contexto da pandemia, como parte de sua pesquisa sobre as peças elaboradas pelos Tupinambá nos séculos XVI e XVII, cujos remanescentes se encontram todos em museus europeus. Como ela tem enfatizado, sua produção artística é profundamente política e deve ser entendida como mais uma via de luta. Sua experiência é uma mostra da capacidade criativa dos Tupinambá, que, a despeito dos ataques, continuam animando seus projetos coletivos e avançando na recuperação territorial em curso nas últimas duas décadas. *(abril, 2022)*

MINAS GERAIS

A Incansável Saga dos Tikmũ'ũn pelo Direito à Terra

Vários autores*

APÓS DEIXAR A RESERVA ALDEIA VERDE E ENFRENTAR TRÊS DESTERROS EM 2021, A APOSTA DE UMA DAS COMUNIDADES DO POVO MAXAKALI NA ALDEIA-ESCOLA-FLORESTA

O SONHO DA ALDEIA-ESCOLA-FLORESTA

"Nós precisamos ter uma terra para poder falar: 'essa terra é do nosso povo que era antigo, onde ele passou'. Teófilo Otoni era região do meu povo Maxakali. Sempre ouvi as histórias dos velhos e dos tios contando sobre como perdemos o território. Se formos contar, ficaremos até de noite. Nosso povo perdeu tudo e, assim, acabaram as matas, acabaram os peixes. A poluição está comendo os rios, poluindo, as doenças estão chegando e matando os mais velhos. Morreram muitos do nosso povo. Em Água Boa, em Pradinho, visitamos várias sepulturas. E a terra ficou pra trás. Meu *yãmĩy* é forte. Ele precisa de uma terra pra cantar de noite e nós darmos comida todos os dias. E nossas crianças vão aprendendo. Por isso que pensamos: Aldeia-Escola-Floresta. Ali nossas crianças vão aprender desde pequenas a dar comida para nosso ritual. Hoje temos vários sonhos para essa terra. Reflorestar essa terra. Quando eu estiver velha quero ver a Aldeia-Escola-Floresta reflorestada, com as nascentes, com a cara mesmo de Aldeia-Escola-Floresta. Fizemos três mudanças. Não foi fácil. Sofremos bastante. Enterramos quatro pessoas. Agora, aqui, na Aldeia-Escola-Floresta, perdemos a nossa velhinha, uma grande pajé, e mais duas crianças. Mas não ficamos tristes, porque daqui a um tempo o *tatakox* vai trazer de volta. Aquelas crianças que morreram, *tatakox* traz de volta. É assim que sentimos, porque foi *yãmĩy* que ensinou meu povo, para poder sair e não perder nenhum canto, nenhuma memória se perdeu. Os *yãmĩyxop* ensinavam pra gente. Eles falavam: 'Vocês vão fugir hoje'. A gente fugia. 'Vocês vão fugir amanhã'. A gente fugia. O povo Maxakali se escondeu para se livrar da morte e da violência. Mas não perdeu o canto e não perdeu a história". *Sueli Maxakali*

"Essa terra é nossa. *Nũhũ, yãgmũ yõg hãm.* Por que essa terra é nossa? Sem a terra não tem escola diferenciada. Sem a terra não tem saúde diferenciada. Porque nós lutamos para conquistar a terra. Nós realizamos nosso sonho e hoje vamos criar muitos projetos em cima da terra. Da nossa terra. Por que nós chamamos Aldeia-Escola-Floresta? Porque nós, comunidade da Aldeia-Escola-Floresta, queremos terra para *yãmĩyxop*, para crianças, para o futuro. Porque nós nascemos todos junto à floresta, nascemos todos junto à caça. Essa terra é nossa mãe porque ela alimenta a nós todos. Todas as caças, os nossos cantos registram. Alguns bichos que perdemos, o canto registra. E os desenhos também representam os animais. Tem bichos grandes que perdemos, mas registramos o nome. Nosso canto fala seus nomes. Por que eu falo Aldeia-Escola-Floresta? Se eu sair daqui, se eu for para o mato, o meu *yãmĩy* está me acompanhando, eu vou cantando dentro do mato. Se eu brincar no rio, outro *yãmĩy* vai me acompanhar. Eu vou imitar qualquer bicho: peixe, jacaré, andorinha, vou fazer seus cantos. Por isso é que chamamos Aldeia-Escola-Floresta". *Isael Maxakali*

A CHEGADA EM ITAMUNHEQUE E A ALDEIA-ESCOLA-FLORESTA

Na madrugada do dia 28 de setembro de 2021, uma comunidade de quase 400 pessoas do povo Tikmũ'ũn (Maxakali) retomou uma área conhecida como Fazenda Itamunheque, em Teófilo Otoni/MG. Desde o início da pandemia, essa comunidade havia deixado a Aldeia Verde em Ladainha/MG em busca de um território e da realização de um sonho: construir a Aldeia-Escola-Floresta, onde querem, com os ensinamentos e a força de sua espiritualidade – os *yãmĩyxop* –, reencontrar o equilíbrio de suas vidas com as águas, os animais e a floresta.

As 95 famílias que deixaram a Aldeia Verde foram inicialmente para o limite do território daquela reserva, e depois passaram por uma terra que se encontrava a cerca de 4 km da Usina Engenheiro Wenefredo Portela, no mesmo município de Ladainha/MG. A terra havia sido alugada pela prefeitura local, em junho de 2020, por um período de seis meses. Após a derrota política do então prefeito e a descoberta de que a Usina apresentava problemas estruturais, ocasionando riscos de rompimento, os Tikmũ'ũn saíram em busca de outra terra. Dessa vez foram ludibriados por estelionatários: alugaram e se instalaram em uma fazenda no distrito de Concórdia do Mucuri (Ladainha/MG), para, em seguida, descobrir que aqueles que haviam alugado o terreno para eles não eram seus verdadeiros proprietários. A retomada da fazenda de Itamunheque, ocorrida em setembro de 2021, aconteceu após esses três desterros enfrentados durante a crise sanitária, mas tem um histórico de lutas seculares.

O conflito de 2020 replicava estruturalmente os problemas que as famílias tikmũ'ũn enfrentavam em 2004, devido ao extremo confinamento territorial e às condições ambientais degradadas. Naquele momento, eclodiram graves conflitos entre famílias de Água Boa e Pradinho – as duas glebas da Terra Indígena (TI) Maxakali –, que deixaram a terra demarcada para retomar uma das porções de terra vizinhas que ficaram de fora da demarcação. Com uma escalada da violência estimulada pelos fazendeiros locais, a Funai, com apoio da Polícia Federal e depois de uma ordem judicial, deslocou os indígenas para Governador Valadares/MG e, em seguida, Campanário/MG, onde eles viveram por dois anos, até que o governo federal adquirisse uma fazenda em Ladainha, para onde se mudaram em 2007, criando a Aldeia Verde. A fazenda adquirida, contudo, não possuía um curso de água corrente em seu território, dando origem a um novo problema, que se aprofundou ao longo das primeiras décadas do século XXI.

A QUESTÃO TERRITORIAL MAXAKALI

"Eu nasci e cresci e vi muita coisa ruim na nossa terra. E eu pensava que a nossa terra era assim. Mas depois que cresci e pesquisei, entendi que a terra, o Brasil, era dos *tihik* [indígenas]. E aí os portugueses que 'descobriu', tomou a terra e acabou com muita coisa que existe nela. Senão, o Brasil seria verde, verde... Agora, estão desmatando tudo. Por isso que o Brasil tá pobre! Por causa do desmatamento. Porque Tupã deu pra nós as coisas puras: comida, remédio... Mas o governo tomou a terra e fez muita coisa ruim com a gente. Inventando coisa em cima de Deus e dando pra nós. Dando roupa, que o nosso antepassado não gostava, não usava. Não comia comida temperada... E acabou com tudo que tem na nossa terra, e ainda quer acabar com o restinho que tem na nossa aldeia! Por isso estou muito preocupado, porque a gente não quer destruir nossa mãe terra, que cria nós, cria eu, e depois vai criar nossos filhos e nossos netos. Aí eu fico preocupado com o nosso futuro. Porque a gente quer terra não é pra fazer mineração. A gente quer por causa de remédio puro que tem na mata. A gente quer por causa da água pura que está acabando. Porque nós estamos dentro da cerca! Se eu pular cerca, eu não vou voltar, porque os fazendeiros todos estão circulando em volta da cerca. Não deixam a gente caçar, a gente pescar. E hoje o meu filho já está vendo as coisas ruins,

© ISAEL MAXAKALI, 2021

No primeiro dia após a retomada da terra, pajés tikmũ'ũn dançam com os espíritos Kõmãyxop *na Aldeia-Escola-Floresta, em Teófilo Otoni/MG, em setembro de 2021.*

as coisas difíceis que a gente tá passando. E no futuro? Como vai ser? Nossos filhos e nossos netos só vão ver sofrimento? Nós, Maxakali, estamos crescendo e a terra não cresceu. Tem que aumentar a terra pra nós criarmos nossos filhos no futuro".
Marilton Maxakali

"Hoje o governo que entrou é muito ruim para os nossos trabalhos por todas as terras. Aqui dentro de Minas Gerais, o governo fala que não tem Tikmũ'ũn em Minas Gerais, só na Amazônia que tem. Mas por quê? Existe sim! Eles não nos veem. Só aqueles que querem nos ajudar que nos veem. Existem os bons e existem os ruins. Estamos falando aqui, mas eles não nos veem, não nos conhecem e não aprendem nossas coisas. Mas nós existimos! Nossa língua existe! E está viva! Existem os nossos *yãmĩyxop*!"
Lúcio Flávio Maxakali

No início do século XX, toda a área onde hoje estão situadas hoje algumas das principais cidades vizinhas à TI Maxakali era coberta por floresta, último refúgio dos indígenas após mais de quatro séculos de perseguições. Em 1920, alguns anos após a criação do Serviço de Proteção ao Índio (SPI), o governo do estado finalmente "doaria" 2.000 hectares de terra no local para a instalação do primeiro Posto Indígena (PI) do Vale do Mucuri, em Água Boa. O anúncio da doação, porém, motivou um conhecido "amansador de índios" da região, Joaquim Fagundes, a vender as terras dos Tikmuũ'uũn antes da instalação do posto. Sem o conhecimento dos Tikmũ'ũn, Fagundes iniciou a divisão do território entre proprietários "neobrasileiros", dando origem a um corredor de fazendas que dividiria a terra maxakali até a virada do século. Revoltados com a presença dos fazendeiros em suas terras, os Tikmũ'ũn protestaram. Pressionado, Fagundes convenceu a maioria das famílias a se mudarem para uma outra terra, em Água Preta (Itanhém/BA). Apenas as famílias de Mikael Maxakali e do Capitão Franscisco se recusaram a acompanhá-los e permaneceram "segurando" o território, como dizem.

Aqueles que seguiram Joaquim Fagundes para Itanhém sofreram com surtos de malária, sarampo e coqueluche e morreram às dezenas. Dizimados e famintos, os sobreviventes retornaram por conta própria para as margens do Rio Umburanas, ao encontro dos poucos parentes que permaneceram em suas terras. Àquela altura, porém, o território já se encontrava sitiado por fazendeiros regionais.

Quando Curt Nimuendaju visitou os Tikmũ'ũn, em janeiro de 1939, estimou-os em cerca de 120 pessoas, divididos entre as aldeias de Água Boa e "Pé da Pedra" (*Mĩkax Kaka*), no Pradinho, onde se alternavam durante os meses, numa "medida de prevenção contra os intrusos".[1] Segundo o etnólogo, àquela altura, "já dois terços desse paraíso dos índios lavradores e caçadores que estava coberto de mata ininterrupta, estavam transformados em vastas pastagens de capim colônia, na sua maior parte, sem uma única rez, pelos intrusos".[2] O autor revelava a estratégia bem consolidada da parte dos invasores de "espremer os índios, tornando as terras inabitáveis para eles".[3]

Dois anos após o relatório de Nimuendaju, em 1940, o SPI resolve finalmente demarcar o território maxakali e criar o PI Engenheiro Mariano de Oliveira, o primeiro da região do Vale do Mucuri. A demarcação, porém, ignorou completamente os limites reconhecidos pelos Tikmũ'ũn como seu território de ocupação tradicional, excluindo inclusive a parcela de *Mĩkax Kaka* (Debaixo da Pedra), onde parte deles já viviam então.

Com os anos, as tensões entre indígenas, posseiros e fazendeiros se acirraram, ao mesmo tempo em que cresciam as pressões dos indígenas de *Mĩkax Kaka* (atual área do Pradinho) para que suas terras também fossem demarcadas. Em 1956, após a comoção gerada pelo assassinato de Antônio Cascorado, importante liderança tikmũ'ũn, finalmente a porção do Pradinho foi demarcada. Mais uma vez, porém, a área demarcada visou apenas conter os protestos indígenas, ignorando toda a extensão de ocupação tradicional reconhecida pelos próprios Tikmũ'ũn. Além disso, a nova demarcação mantinha intacta a área ocupada por fazendeiros entre as glebas de Água Boa e Pradinho, oficializando a divisão criada décadas antes e dando início a mais um capítulo da luta incansável dos Tikmũ'ũn por seus direitos territoriais.

Em 1993, a TI Maxakali foi demarcada, unificando as duas antigas áreas indígenas de Água Boa e Pradinho. A TI Maxakali foi homologada em 1996, com superfície de 5.305,67 hectares. Apesar da conquista histórica, os limites do território reconhecidos naquele momento novamente ignoraram toda a extensão de terra nos arredores de Água Boa e Pradinho, que também fazem parte do território de ocupação tradicional tikmũ'ũn. Já no início dos anos 2000, vários pedidos de revisão dos limites da terra surgiram, reivindicando parcelas territoriais limítrofes ao território, porém não incluídas na demarcação. O foco quase exclusivo na demanda pela "unificação" dos dois territórios talvez tenha contribuído para fazer perder de vista o reconhecimento de todas as parcelas de terra vizinhas ao território reconhecido em 1996, igualmente invadidas ilegalmente pelos não indígenas ao longo do último século, e que consistem em seu território de ocupação tradicional – jamais demarcado conforme prevê a Constituição de 1988.

A GUERRA DO ESTADO CONTRA OS TIKMŨ'ŨN

Durante as décadas em que permaneceram instalados entre as glebas do Pradinho e de Água Boa, os intrusos se multiplicaram e impediam o trânsito dos Tikmũ'ũn de um lado para o outro – algo fundamental para a manutenção de suas dinâmicas de visitação, casamento e realização dos rituais *yãmĩyxop*. Além disso, os fazendeiros questionaram judicialmente a demarcação de 1956 enquanto reforçavam a violência contra os indígenas no intuito de expulsá-los de suas terras. Acossados pelos fazendeiros, assolados pela fome e sofrendo com novos surtos de doenças, os Tikmũ'ũn se rebelaram e, no dia 19 de abril de 1966, cerca de 350 guerreiros armados de arcos, tacapes e "flechas envenenadas" expulsaram de suas terras os agentes do SPI, então comandados pelo inspetor Antônio de Sousa Leão.[4]

Para reprimir o levante e controlar novamente o território, o governador Israel Pinheiro anunciou a celebração de um convênio entre a Polícia Militar de Minas Gerais (PMMG) e o SPI. É quando entra em cena o nome do Capitão Manoel dos Santos Pinheiro, ou "Capitão Pinheiro" – sobrinho do governador – que assume a direção do órgão indigenista no estado e se dirige para as terras tikmuũ'uũn, deslocando consigo a Companhia Rural da Polícia Militar, da qual era membro.

Com a criação da Funai em 1967, o Capitão Pinheiro, à frente da Ajudância Bahia-Minas (AJBM), converteria a área indígena numa verdadeira colônia agrícola, forçando os Tikmuũ'uũn ao trabalho nas lavouras e confiscando somas do produto final vendido para fora. Foi ali também onde ele primeiro implantou a Guarda Rural Indígena (Grin), treinando um grupo de soldados tikmũ'ũn para atuarem como policiais militares em suas aldeias. A experiência iniciada entre os Tikmuũ'uũn funcionou como um laboratório para a implantação de milícias armadas indígenas, que seria em seguida exportado para as etnias Krahô, Karajá, Gavião e Xerente durante os anos de chumbo da Ditadura Militar no Brasil.

Após denúncias crescentes de violências cometidas sob comando do Capitão Pinheiro, incluindo tortura, assassinatos e esbulho das terras, a Grin foi extinta e o policial afastado da Funai em 1972. Em setembro de 2021, a 14ª Vara Federal de Minas Gerais condenou a União, a Funai e o Governo do Estado por violações do povo indígena Krenak durante a Ditadura Militar. Ainda que, em agosto de 2014, o Ministério Público Federal tenha realizado oitivas em Aldeia Verde, em que depuseram Noemia Maxakali, Sueli Maxakali e Gustavo Maxakali, e também em Água Boa, contando com a colaboração de Antônio José Maxakali, Maria Diva Maxakali, Rondon Maxakali, Tomé Maxakali, Carmindo Maxakali e Kokti Maxakali, os Tikmũ'ũn aguardam a possibilidade de instaurar pedidos coletivos e individuais de anistia e reparação pelas graves violações de direitos humanos que sofreram, a exemplo do caso Krenak. *(julho, 2022)*

* OS AUTORES

ROBERTO ROMERO, antropólogo

ROSÂNGELA DE TUGNY, etnomusicóloga, UFSB

SUELI MAXAKALI, cineasta e liderança tikmũ'ũn

ISAEL MAXAKALI, artista e liderança tikmũ'ũn

MARILTON MAXAKALI, cineasta e professor tikmũ'ũn

LÚCIO FLÁVIO MAXAKALI, professor e pesquisador tikmũ'ũn

NOTAS

[1] NIMUENDAJU, C. Índios Machacarí. *Revista de Antropologia*, São Paulo, v. 6, n. 1, p. 53-61, 1958 [1939].

[2] Ibid., p. 56.

[3] Ibid., p. 60.

[4] Sobre esse episódio, ver: BERBERT, P. *"Para nós nunca acabou a ditadura"*: instantâneos etnográficos sobre a guerra do Estado brasileiro contra os Tikmuũ'uũn_Maxakali. Dissertação (Mestrado em Antropologia Social) – Universidade Federal de Minas Gerais, Belo Horizonte, 2017.

De Volta às Raízes: Sobre Plantas e Povos Indígenas

Vários autores*

"AO VENCEDOR, AS BATATAS!" A EXPRESSÃO MACHADIANA SERVE, LITERALMENTE, PARA DEMONSTRAR A NECESSIDADE DE INVERTER A NARRATIVA QUE APAGA O CONHECIMENTO IMATERIAL DOS POVOS CANOEIRO MAXAKALI, ARANÃ E PANKARARU

Há uma parcela considerável da população do nordeste de Minas Gerais que desconhece a história indígena do Vale do Jequitinhonha. Muitos até se espantam ao saber que o próprio nome do Vale é de origem indígena, assim como o do nosso vizinho "Mucuri". Jequitinhonha se refere aos peixes e à fartura das pescarias. Claro que essa não é mais a realidade do nosso rio, principalmente após a construção das usinas hidrelétricas de Irapé e Itapebi, instaladas no Alto Jequitinhonha. Há gente que também diz não existir indígenas aqui. A estas, temos uma única resposta: "Existimos, resistimos e somos muitos". Alguns de nós têm a história dos seus antepassados contada a partir das margens dos rios Jequitinhonha e Araçuaí. Muitos outros, vindos de outras regiões de Minas e do Brasil, encontraram aqui semelhança com os seus antigos lares e foram acolhidos por nossas matas secas. Juntos, representamos hoje a população indígena do Vale e compartilhamos uma luta comum pelo reconhecimento de nossos direitos. Aqui no Jequitinhonha vivem povos Aranã, Canoeiro Maxakali, Pankararu, Pataxó, Guajajara, e muitos outros. Alguns ainda desconhecidos, invisibilizados, como já fomos um dia.

No Jequitinhonha, o próprio governo criou uma guerra contra os indígenas para exterminar os povos nativos. Muita gente morreu, vários foram escravizados. Os sobreviventes passaram a trabalhar como guias, mateiros, canoeiros, intérpretes, ceramistas, e até mesmo obrigados a servirem como soldados nos quartéis criados. Nossas terras foram parar nas mãos dos coronéis. Os mesmos que comandaram guerras contra nossa gente. Em nossa região, muitos descendem dos povos nativos dos Vales do Mucuri, Rio Doce e Jequitinhonha. Do mesmo modo que grande parte dos grandes latifundiários daqui descende dos coronéis que roubaram nossas terras ancestrais e mataram nossos avós e bisavós. Se tiverem paciência para conversar com as pessoas que vivem nas comunidades do interior, vão encontrar muitos outros indígenas que ainda se lembram de suas histórias, dos costumes antigos e dos nomes dos povos no passado.

De um modo geral, o Estado não reconhece nem respeita nossa identidade indígena. Provavelmente para não ter que relembrar a história e assumir a responsabilidade pelo que fizeram com nossa gente. Reconhecer que há uma grande dívida com os povos dessa região. A Funai e a Sesai, por exemplo, sempre dizem não haver recursos suficientes para nos atender adequadamente aqui no Vale. É estranho como a história muda com o passar dos anos. Antigamente os colonizadores e os coronéis faziam questão de nos chamar de índios, caboclos, índios canoeiros. Para mostrar para nós mesmos e para os outros que éramos diferentes. Para que todos soubessem quem éramos de verdade. Caboclos. Gente da mata. Selvagens. Era assim no tempo dos nossos antepassados. Agora mudou. Hoje as pessoas fazem questão de dizer que não somos indígenas. Que não há índio no Vale do Jequitinhonha. Querem nos convencer agora de que somos iguais. E como iguais, não temos direitos diferentes. Que não temos direito, por exemplo, à nossa terra que nos foi roubada.

A floresta do Vale do Jequitinhonha é a mata seca. Parecida com a caatinga e o cerrado, mas diferente. No passado, quando chegaram os colonizadores, os coronéis, os escravos, muita gente morreu de fome. Aqui ficou conhecido como "vale da fome". Muita gente não tinha o que comer; já outros, não sabiam como encontrar seu próprio alimento. As pessoas não sabiam viver nas matas secas do Jequitinhonha. Nossos avós contam que o que salvou muita gente da morte foi a farinha das batatas do mamãozinho-de-veado e do umbuzeiro, e o mingau da mucunã. Até beiju de jalapa faziam para comer. Caçavam pequenos animais, coletavam frutas e batatas na floresta. As famílias alimentavam suas crianças com carne de mocó, galega e mingau de mucunã. Todos os mais velhos sobreviveram comendo isso. Até gente mais nova comeu isso na seca de 1990. O que muita gente não sabe, é que todas essas plantas, os conhecimentos sobre essas batatas e como consumi-las, vieram dos indígenas. Conhecimento ancestral do nosso povo. Foram nossos antepassados que ensinaram as pessoas a comer essas batatas. Ensinaram a fazer a farinha do mamãozinho e a extrair o veneno da mucunã. Se não fosse o conhecimento indígena de nossos antepassados, muito mais pessoas teriam morrido nas matas secas do Vale do Jequitinhonha.

Decidimos não perder mais nosso tempo explicando sobre nossa identidade indígena para pessoas que não nos respeitam, em especial, as do governo. Vamos nos dedicar agora a falar sobre nosso conhecimento indígena. Escrever e registrar o conhecimento que nossos avós nos deixaram. Para que o conhecimento não seja esquecido pelos mais jovens. Para que o Vale do Jequitinhonha nunca se esqueça de sua história.

"AO VENCEDOR, AS BATATAS!"

A narrativa acima, das lideranças indígenas coautoras deste artigo, traz notícias recentes de um movimento ressurgido no Vale do Jequitinhonha, que tem suas "raízes" na agrobiodiversidade associada ao conhecimento dos povos nativos da região.

Até o início do século XX, o Vale do Jequitinhonha e todo o nordeste de Minas Gerais ainda eram habitados por diversos povos. Os arquivos dessa época fazem menção aos Malali, Naknenuk, Aranaú, Bakuê, Bituruna, Jiporok, Macuné, Pojichá, Ta-Monhec, Bacuani, Makuên, Camanachó, Capoché, Pantime, Maquari, Macuni, Tapuia, entre muitos outros. E são desses povos e de seus coletivos que descendem muitos dos atuais povos indígenas do Vale do Jequitinhonha. É certo que muitos foram completamente exterminados pela frente colonizadora que se instalou nos sertões leste de Minas e do sul da Bahia nos séculos XVIII e XIX. Os que sobreviveram, estabeleceram estratégias diversas, como alianças e rearranjos sociais que culminaram com processos de recomposição identitária.

A vitalidade política observada hoje no movimento indígena do Vale do Jequitinhonha, conforme apontam algumas de suas lideranças, tem seu mote na agrobiodiversidade do semiárido da região, em especial, numa classe de plantas bastante específicas.

© DANIEL CANGUSSU, 2021

Osmar e Deliana com uma batata de Mamãozinho de Veado.

© DANIEL CANGUSSU, 2021

Arnaldo Canoeiro Maxacali e Tita ralando a batata do Mamãozinho de Veado durante o preparo da farinha.

E em que pese a truculência histórica do Estado brasileiro sobre os povos do Jequitinhonha, o conhecimento associado a essas plantas fez parte de todo o processo de luta, resistência e produção identitária. Nesse contexto, as batatas ocupam importante lugar na memória e história indígena regional, não obstante terem se tornado atualmente um importante alicerce nesse processo de emergência sociopolítica do Jequitinhonha. O conhecimento tradicional sobre essas batatas, bem como de suas técnicas de processamento e consumo, não tem relevância apenas no interior do círculo alimentar desses povos, mas serve, ainda, para iluminar a relação que os povos ancestrais estabeleceram com as plantas de seu território, em uma história marcada por grande mobilidade e itinerância territorial.

As origens da ocupação do Vale do Jequitinhonha remontam aos processos de luta pela sobrevivência dos povos originários brasileiros que, embora protagonistas da construção da sociedade regional, tanto nos aspectos sociais, quanto econômicos e culturais, vêm sendo historicamente relegados à condição de uma cidadania desigual e, por isso, sem direitos reconhecidos e/ou respeitados. Com isso, seus conhecimentos tradicionais passam a ser usurpados, silenciados ou, ainda, alvos de preconceitos e estigmas.

Os povos Canoeiro Maxakali, Aranã e Pankararu, apesar de amargarem conjuntamente o preconceito sociocultural sofrido no Jequitinhonha, são detentores de importantes conhecimentos acerca de técnicas de coleta, processamento e manufatura de tubérculos e espécies tuberosas silvestres – "as batatas" que contribuíram e contribuem para sua sobrevivência coletiva, seu fortalecimento cultural e sua soberania alimentar. Considerando as incessantes lutas socio-históricas por eles enfrentadas, o simples fato de terem logrado se manter vivos e culturalmente ativos revela quão "vencedores" são esses povos, que, por meio das memórias de seus ancestrais e do que nos contam suas plantas, encontram-se atualmente empenhados na luta por valorizar, salvaguardar e promover conhecimentos botânicos e culturais indígenas no Vale do Jequitinhonha, nordeste de Minas Gerais. Por tudo isso, a expressão machadiana – "Ao vencedor, as batatas!" – serve aqui, literalmente, para demonstrar a necessidade de inverter a narrativa que apaga o conhecimento imaterial indígena, trazendo à tona a redescoberta do seu verdadeiro valor. *(fevereiro, 2022)*

*** OS AUTORES**

CLEONICE PANKARARU, liderança indígena
OSMAR MIRANDA, liderança indígena aranã caboclo
DELIANA MIRANDA, liderança indígena aranã caboclo
TITA CANOEIRO MAXAKALI, liderança indígena
ARNALDO LOYOLA, raizeiro/curandeiro canoeiro maxakali
IRISLENE ROCHA DOS SANTOS, indigenista, Funai
DANIELLE BRASILEIRO, indigenista, Funai
IZABEL MISSAGIA DE MATTOS, professora, UFRRJ
DANIEL CANGUSSU, indigenista, Funai

TUPINIQUM

Lama da Samarco: Sua Nódoa Persiste

Josiane Francisco Tupinikim | Liderança tupiniquim, membra da CT-IPCT

SUCESSIVAS CONSULTORIAS, ADVOGADOS PODEROSOS, BAIXÍSSIMA TRANSPARÊNCIA E TENTATIVAS DE DESARTICULAÇÃO ENTRE AS LIDERANÇAS TÊM SIDO A FÓRMULA DE SUCESSO DA SAMARCO/VALE EM CONTRAPOSIÇÃO AOS ATINGIDOS PELO DESASTRE DA SAMARCO

O rompimento da barragem ocorreu no dia 5 de novembro de 2015. Quando ouvimos a notícia da lama, sabíamos que ela iria chegar até a foz do Rio Doce. Deu aquela insegurança e medo. O que vai acontecer? A gente se preocupava com o que estava sendo divulgado na mídia. Alguns de nós começamos a monitorar a chegada da lama no mar, mesmo sem saber o que iríamos fazer. A cada dia a mídia falava do trajeto da lama e ninguém pode negar que foi uma tragédia anunciada. Sabíamos que a lama chegaria pelas duas comunidades da Terra Indígena (TI) Comboios, mas que o impacto seria em todas as aldeias, pois transitamos em todo o território. É importante dizer que na TI Comboios uma das aldeias está entre o oceano e o Rio Comboios, que chega bem perto da foz do Rio Doce; e a aldeia Córrego do Ouro fica ao lado do Canal Caboclo Bernardo, que é alimentado pelas águas do Doce. A mídia dizia que a lama estava descendo para o sul, indo ao encontro do Rio Piraquê-Açu que deságua no mar. Todo mundo sabe que, onde tem mangue, a maré sobe o rio, levando água do mar para dentro.

Os rejeitos chegaram na foz do Rio Doce no dia 20 de novembro, e as lideranças das comunidades das três TIs reuniram-se na aldeia Comboios. Uma coisa era certa – precisávamos tratar o problema por igual, com isonomia para todas as aldeias das três TIs tupiniquim e guarani.

Em janeiro de 2016, não tínhamos nenhum sinal de providências pela Samarco. Foi quando bloqueamos a linha férrea que passa dentro da aldeia Córrego do Ouro e depois todas as rodovias que passam no entorno do nosso território. Era uma estratégia para chamar a atenção, afinal, estamos cercados por empreendimentos econômicos poderosos: a Fibria (hoje Suzano); o Estaleiro Jurong; as indústrias químicas e de engenharia que prestam serviços para a Fibria; o terminal Portocel; além de ser passagem do gasoduto da Petrobrás. Nenhum deles precisa pescar e catar no mangue. O eucalipto não se importa se a água tem resíduos desconhecidos e os funcionários das fábricas podiam beber água mineral. Não foi pouca coisa interromper a comunicação terrestre que ali conecta norte, sul e oeste do país. Mas tínhamos fotos comprovando que os peixes do Canal Caboclo Bernardo estavam boiando mortos. Cobramos um estudo de impacto dali e do Rio Piraquê-Açu, que já podia estar se contaminando. Só após essas barreiras é que a Samarco se reuniu com as lideranças, admitindo que a lama podia ter afetado a TI Comboios, mas não as TI Tupinikim e TI Caieiras Velha II.

SAMARCO MANIPULA INFORMAÇÃO PARA DIVIDIR LIDERANÇAS

Foi então que começaram os conflitos políticos internos. Tínhamos consciência da necessidade de nos organizar, unidos para cobrar providências, para saber como monitorar a situação – digo "nós" porque sou de Pau Brasil, que está dentro da TI Tupinikim. Os Guarani, no Espírito Santo, sempre estiveram do nosso lado; as lideranças reunidas na Comissão de Caciques – respeitando a decisão da Aldeia de Comboios – não deixariam de lutar. Então fomos para as mobilizações e interrompemos a estrada de ferro da Vale que passa dentro da aldeia Córrego do Ouro (da TI Comboios). A Coordenação Técnica Local (CTL) da Funai, coordenada naquele tempo pelo Vilson Jaguareté Tupinikim (atualmente vereador), sempre nos acompanhava. Até então, o que existia era o Parecer Pericial nº 115/2016/6ªCCR sobre os impactos do desastre socioambiental causado pelo rompimento da Barragem do Fundão, em Mariana, sobre as comunidades indígenas Tupiniquim e Guarani das TIs Caieiras Velhas II, Comboios e Tupiniquim. O Ministério Público Federal (MPF) também estava do nosso lado, mas não éramos os únicos prejudicados: tinha os quilombolas, os ribeirinhos do Rio Doce; era muita demanda, muita confusão, muita desinformação. Assim como o pessoal de Comboios, nós também queríamos uma sinalização mais clara de como seríamos atendidos pelo auxílio financeiro emergencial (AFE).

Até aí era a Samarco que falava com a gente. Em meados de 2016 criaram a Fundação Renova, uma resposta ao Termo de Transação e Ajustamento de Conduta (TTAC)[1] exigido pelo MPF para as empresas envolvidas no desastre e os governos de Minas Gerais e Espírito Santo, além do Instituto Brasileiro do Meio Ambiente e dos Recursos Naturais Renováveis (Ibama) e do governo federal. A Renova iria cuidar das reparações e da compensação do desastre, mas só começou a conversar com os Tupinikim a partir de novembro de 2016, porque o acordo para o auxílio emergencial, de R$ 724,00 para 915 famílias, já havia sido fechado com a Samarco e valia por cinco meses (junho a outubro de 2016). Era um repasse feito por meio das associações indígenas Tupinikim e Guarani (AITG) e Comboios (AITC). O AFE durou mais ou menos até 2017 com esse nome; em 2018 passou a se chamar auxílio de subsistência emergencial (ASE), que durou até 2021.

INFINITAS CONSULTORIAS

O TTAC tinha instituído um Comitê Interfederativo como instância externa e independente da Renova, formado exclusivamente por representantes do poder público visando "agilizar" programas e projetos financiados como reparação e indenização da Samarco. Com o tempo, nós, da sociedade civil, fomos chamados para compor uma Câmara Técnica para subsidiar o Comitê Interfederativo.

Em novembro de 2016, a Arquidiocese de Vitória e outras entidades organizaram o Fórum Capixaba em Defesa do Rio Doce para cobrar ações da empresa e dos governos municipais e estadual.

Em abril de 2017, a Renova informa que a Polifônicas Socioambiental tinha sido contratada para fazer um Estudo do Componente Indígena (ECI) para a Renova desenvolver um "plano de ação", que, segundo eles, ia garantir a proteção e a recuperação de nossa qualidade de vida, como gostam de dizer. O pessoal da Polifônicas foi bacana, conversava com a gente e garantia que o estudo da qualidade da água dos rios seria feito, e assim fizeram em vários pontos diferentes, abarcando os rios que passam dentro das TIs. Deram uma cópia do ECI para nós. O estudo identificou 45 impactos, sendo 37 ambientais e sete "impactos institucionais e de gestão do desastre", como está identificado.

Em 2017 o MPF contratou a Fundação Getúlio Vargas (FGV) para fazer o "Estudo de Avaliação dos Impactos e Valoração dos Danos Socioeconômicos Causados para as Comunidades Atingidas pelo Rompimento da Barragem de Fundão" e o Instituto Lactec para fazer o "Diagnóstico de Danos: Patrimônio Cultural – Território Indígena Tupiniquim e Guarani".

Em junho de 2018, o MPF e a Renova ajustam o TTAC – que foi chamado de TAC Governança – para aprimorar a participação dos atingidos. Uma coisa é certa: nunca deixamos de reivindicar o monitoramento ambiental das TIs e lutar pelos direitos dos Tupinikim e Guarani.

VOCÊ COME DESSE PEIXE?

Não importa se o impacto foi (e é) direto ou indireto. Só sabemos que de algum jeito a lama da Samarco afetou nossas TIs. Como saber os efeitos da pluma, como chamam o que chegou até nós pelo oceano? Como saber do resto: o canal Caboclo Bernardo, na beira do qual está a aldeia Córrego do Ouro; e os rios Comboios, Piraquê-Açu, Guaxindiba, Saby etc. E os mangues desses rios?

Duas coisas são certas. A primeira é a insegurança alimentar. Somos um povo que vive na beira do mar e de mangues. A pesca é a base da nossa alimentação, principalmente depois que as matas que tinham caça foram substituídas pelo eucalipto. Nossa cultura alimentar e nossa cosmovisão ficam de que jeito? Quem mora longe daqui ou de quem estava na beira do Rio Doce não vê a gravidade do desastre nos pés. Naquela época em que tudo aconteceu as pessoas perguntavam: "Você come peixe?" Só dava para responder que não. Depois de muito tempo sem mariscar, os mais velhos vêm desistindo e, desde 2021, estão levando peixe para casa sabendo que estão condenados. Só não comem mais porque nossas famílias compram frango e carne de gado na cidade. Hoje até eu como peixe, mas com medo.

A segunda coisa é a bioacumulação. Tem pesquisador que diz que vai levar 30 anos para que o ecossistema se restabeleça. Enquanto isso, não sabemos o efeito de nada sobre nossa saúde. Vão aumentar as doenças? Como estará nossa organização social, com tanto leva e traz de negociações que nunca terminam? Já tem desunião, brigas desnecessárias. A Renova quer impor qual é o impacto, sempre quis conduzir o processo e, quando não aceita o diagnóstico das consultorias, contrata outra. Ela acha que a 1ª negociação de indenização bastava (R$ 90 mil por família). Foi a Comissão de Caciques que não desistiu de conversar e lutar para estabelecer termos mais justos para mitigar os prejuízos e indenizar todas as famílias, com isonomia para os Tupiniquim e os Guarani, não importa onde estão as aldeias. A mídia não fala disso. (Barbara Tupinakya Tupinikim, engenheira florestal pela Ufes, presidente da Coopyguá e moradora da aldeia Pau Brasil, junho de 2022)

DINHEIRO NÃO RECUPERA QUALIDADE DA ÁGUA NEM ELIMINA INSEGURANÇA

Continuamos esperando. Se vocês pensam que estava tudo tranquilo, não estava. Os impactos sociais cresciam. Até 2019 ainda não se sabia nada sobre indenização e nós confiávamos que os resultados do ECI e dos estudos da FGV acabariam em uma solução. O assunto surgiu então dentro da Comissão de Caciques – lembrando que Comboios e Córrego do Ouro não participam dessa Comissão. A partir dos impactos identificados no ECI, havia uma proposta de indenização, mas a Renova não aceitou. Ela fez uma contraproposta: uma indenização integral a ser repassada pelo "Sistema Simplificado Novel". É que a Renova trabalhava com dois tipos de indenização: o Programa de Indenização Mediada (PIM) e o Sistema Simplificado de Indenizações (Novel), que, de acordo com eles, era para facilitar. Ou seja, para nós era para complicar, era para adiar, era para enrolar. A Comissão de Caciques não queria saber de PIM, de Novel, queria reparação e compensação conforme os impactos listados nos estudos contratados pela própria Renova (Polifônicas, FGV, Lactec e o ECI).

Enquanto isso, a Fundação enviava funcionários para cá para disseminar notícias positivas, como a de que a indenização seria rapidamente depositada. Resultado: as famílias foram se endividando, o comércio aceitando vender adiantado, pessoas reformando suas casas, comprando carros – já que aqui tudo é feito por estrada – e assim por diante. Alguns até apelaram para agiotas, pedindo adiantamento de dinheiro para devolver com a indenização. Instalou-se a desorganização social, com reflexo em sucessivas destituições de caciques nos últimos cinco anos.

A Comissão de Caciques parecia não ter pressa, mas estava pressionada pela realidade dos endividamentos crescentes de muitas famílias. Era necessário fechar um acordo para a indenização. A Fundação Renova condicionou, para tratar disso, o final imediato da ASE, a elaboração de um Plano Básico Ambiental (PBA), o início de um dos primeiros programas de retomada econômica, e que todos os maiores de 18 anos assinassem o acordo. O que se teve de resultado, então, foi mais impacto e muita confusão. E a Comissão de Caciques, juntamente com a Funai, voltou a brigar para o retorno do auxílio emergencial. *(abril, 2021)*

NOTA

[1] Assinado em 2 de março de 2016, tendo como anexo a Nota Técnica Conjunta de 1º de março de 2016. Interessado: PGU AGO. A seção II - Coordenação da Proposta de Programas Socioeconômico, item 13.c da referida nota estabelece que: "Programa de proteção e melhoria da qualidade de vida dos povos indígenas: atendimento dos povos Krenak, em Minas Gerais, e Tupiniquim e Guarani, no Espírito Santo, construído em conjunto com os indígenas e participação da Funai; para o povo Krenak, manutenção das medidas previstas em acordo emergencial vigente e contratação de consultoria independente para, com orientações da Funai, elaborar estudo dos impactos existentes e, com base nele, elaboração de plano de ação permanente; para os povos Tupiniquim e Guarani, pactuação de medidas emergenciais e adoção do mesmo procedimento observado para os Krenak para plano de ação permanente."

TUPINIQUIM/GUARANI

Dez Anos de Desafios Adoçados com Mel

Tiago Barros dos Santos Tupinikim | Meliponicultor e estudante de Ciências Sociais na Ufes

AFINIDADE COM O MANEJO DE ABELHAS PERMITIU A CRIAÇÃO DA PRIMEIRA COOPERATIVA INDÍGENA NO MUNICÍPIO DE ARACRUZ/ES

Em outubro de 2022, completam-se dez anos desde que a atividade de meliponicultura vem se desenvolvendo no território indígena tupiniquim e guarani, situado no município de Aracruz, litoral nordeste do estado do Espírito Santo. Aqui resgato e registro os principais elementos que envolvem e permeiam essa história.

Para aqueles que porventura se perguntam em que consiste a meliponicultura, recorro à definição do ecólogo Jerônimo Villas-Bôas, coordenador do projeto de meliponicultura nas Terras Indígenas (TIs) de Aracruz: "Meliponicultura é a atividade de criação das abelhas sem ferrão, ou meliponíneos, nativas do Brasil e de outras regiões tropicais e subtropicais da Terra. O conhecimento sobre as abelhas sem ferrão e a meliponicultura nas Américas é ancestral. Com exceção do Chile, em todos os países latinos existem evidências da relação de povos indígenas com produtos das colmeias, principalmente por exploração extrativista, mas também por meio de técnicas rústicas de criação".[1]

A CONSTANTE AMEAÇA DOS EMPREENDIMENTOS ECONÔMICOS

Antes da invasão europeia e da introdução de espécies exóticas, os povos que habitavam o continente americano conservavam uma estreita relação e um vasto conhecimento sobre espécies nativas, entre elas um grupo específico de espécies de abelhas que produzem mel, não possuem ferrão e cujos produtos compunham uma importante fração da economia e segurança alimentar dos povos originários, incluindo os Tupiniquim e os Guarani. Porém, não podemos classificar como "meliponicultura" a relação desses dois povos com as abelhas nativas, uma vez que não existia uma atividade de criação, domesticação e manejo de colônias. A relação se baseava no extrativismo e exploração dos produtos das espécies em seu *habitat* natural durante as incursões indígenas na floresta em busca de alimentos ou matérias-primas para a construção de moradias e confecção de utensílios essenciais para suas atividades de subsistência, além da caça, pesca, mariscagem, entre outras atividades.

Infelizmente, devido às intervenções e transformações a que os povos originários e seus territórios vêm sendo submetidos desde os princípios da invasão, o vínculo das sociedades indígenas com suas cosmologias e conhecimentos foi se enfraquecendo. No caso dos Tupiniquim, chegamos ao ponto de somente poucos anciãos poderem falar de seus conhecimentos sobre as abelhas nativas, as espécies, os nomes e os produtos para usos medicinais e rituais.

Isso nos leva a contextualizar o território que compartilham os Tupiniquim e Guarani atualmente e onde se desenvolve a atividade de meliponicultura. Trata-se de uma área localizada entre o Rio Piraquê-Açu e o "mar de Comboios" (a TI Comboios costeia o Oceano Atlântico) de 18.211 hectares,[2] no município de Aracruz/ES. Esse território, assim como grande parte do Brasil, vem sofrendo com a intervenção ocidental desde os princípios da invasão colonialista, mas teve sua transformação mais significativa acentuada a partir da década de 1960, quando chegam a nossas terras dois empreendimentos que dão início ao processo de extinção de várias aldeias tupiniquim. Primeiro foi a Companhia Ferro e Aço de Vitória (Cofavi), que iniciou o desmatamento do território para a produção de carvão. Logo em seguida chegou a Aracruz Florestal, substituindo a vegetação originária pelo monocultivo de eucalipto para viabilizar a atividade industrial da Aracruz Celulose.

Ao final desse processo, apenas três aldeias resistiram ao assédio desses empreendimentos para abandonarem o território: Caieiras Velha, Pau Brasil e Comboios. Muitas famílias que viviam nas aldeias destruídas tiveram que migrar para as cidades ou vilas próximas ao território. Outras que queriam permanecer no território foram para uma das três que resistiram. Porém, suas vidas jamais seriam as mesmas: a mata já não existia, foi reduzida a pequenos fragmentos, e os rios estavam condenados pelo eucalipto. Logo os Tupiniquim que ali estavam, bem como algumas famílias Guarani que chegaram ao território guiados desde o sul do país pelo sonho da "terra sem males", viram-se cercados por um deserto verde de eucalipto.

A consciência da condição de injustiça a que foram submetidos foi o combustível que motivou os Tupiniquim e os Guarani a iniciarem o processo de retomada do direito de usufruírem novamente de seu território e seus recursos ante a Aracruz Celulose.[3] Uma luta que dura mais de 40 anos, cujo destaque importante foi a homologação do território demarcado em novembro de 2010. Durante esse período as comunidades foram fortalecendo sua organização, articulando-se com outras organizações e instituições que apoiam suas lutas, ocupando novamente o território e reconstruindo aldeias. Atualmente, o território demarcado é ocupado por sete aldeias Tupiniquim e cinco aldeias Guarani.

Em 2012, as lideranças das comunidades e a empresa, já então Fibria Celulose, estabeleceram uma parceria voluntária como parte dos programas de responsabilidade social empresarial que deram origem ao Plano de Sustentabilidade Tupiniquim e Guarani (PSTG). Esse plano surge com o objetivo de desenvolver ações integradas de médio e longo prazo que permitissem às comunidades Tupiniquim e Guarani restaurar as condições ambientais das três TIs necessárias para reestabelecerem as práticas sociais e culturais, recuperarem seu acervo cultural e desenvolverem atividades econômicas sustentáveis.

Entre as várias frentes de atuação do PSTG está a meliponicultura, resposta aos anseios das comunidades, que relataram, durante o diagnóstico que subsidiou a escolha das ações do plano, o consumo de mel de abelhas nativas, em especial da uruçu-amarela (*Melípona mondury*), espécie praticamente extinta do território. A meliponicultura se iniciou, assim, com o objetivo de resgatar espécies e as relações entre os coletores e as abelhas e com a perspectiva de geração de renda pela comercialização dos produtos das abelhas; sem contar o importante serviço ambiental de polinização com reflexo direto na regeneração da vegetação original e dos pomares e roçados familiares.

MULTIPLICAR PARA DOAR

O primeiro desafio foi adquirir colônias de abelhas já manejadas em caixas, pois a extração de colônias da natureza não era opção, considerando os objetivos de preservação ambiental da atividade. Doze indígenas de três aldeias prontificaram-se a aprender o manejo de abelhas nativas e, capacitados pela assessoria técnica do PSTG, tornaram-se os guardiões e multiplicadores das primeiras 24 colônias que inauguraram o projeto. Ano a ano, conforme o plantel de abelhas foi crescendo, novas famílias ingressavam na

COOPYGUÁ – A PRIMEIRA COOPERATIVA DE AGRICULTORES INDÍGENAS DO ESPÍRITO SANTO

O 1º Encontro de Criadores de Abelhas Nativas das Terras Indígenas Tupiniquim e Guarani (2015) foi um marco importante para a meliponicultura tupiniquim e guarani. A partir dele se iniciou uma rotina de encontros que mantêm a coesão de um grupo em torno de uma mesma atividade e culminou na assembleia de constituição da Cooperativa de Agricultores Indígenas Tupiniquim e Guarani de Aracruz/ES, a Coopyguá, no dia 17 de março de 2018. Constituída por 32 meliponicultores, após uma série de encontros de formação sobre cooperativismo, a Coopyguá surgiu como a primeira cooperativa de agricultores do município de Aracruz.

O novo desafio passava a ser empreender, comercializar os produtos e sustentar a Coopyguá. Nesse processo, destaca-se a importante parceria com o Instituto Atá, fundado pelo chef *Alex Atala, que, além de incentivar e usar o mel e o pólen Tupyguá nos pratos oferecidos em seus restaurantes, também revende os produtos no box do instituto no Mercado de Pinheiros, em São Paulo/SP. Outra estratégia importante de comercialização e divulgação dos produtos da meliponicultura é a participação em feiras de gastronomia, nutrição, produtos naturais e da agricultura familiar, bem como de congressos de apicultura e meliponicultura que acontecem no país.*

O ano de 2019 trouxe alguns avanços significativos para a atividade. Na parte de divulgação, entrou no ar o site www.tupygua.com.br, trazendo informações dos produtos, da cooperativa e dos meliponicultores. Houve uma verdadeira revolução no processo de colheita, que até 2018 era feita por sucção e demandava uma logística muito complexa para montar estruturas perto dos meliponários e dividir equipes. Também implicava em risco aos meliponicultores e voluntários, com ataques de abelhas de ferrão – que logo se juntavam no local de trabalho –, e a quantidade de mel que não se podia aproveitar para a comercialização era considerável. Em 2019, a colheita passou a se concentrar no entreposto para onde as melgueiras são levadas e a colheita passou a ser feita por depressão. Esse processo reduziu o desperdício a praticamente zero e eliminou o risco de ataques das abelhas de ferrão. (julho, 2022)

atividade, recebendo em doação caixas manejadas pelos meliponicultores mais experientes. Depois de dez anos, aproximadamente 75 famílias Tupiniquim e Guarani tornaram-se criadoras de abelhas e mais de 1.500 colônias de uruçu-amarela foram multiplicadas, eliminando o risco de extinção e possibilitando a elas empreender com os produtos das abelhas.

Nem todos os que iniciaram a atividade deram continuidade. Alguns não se identificaram com a meliponicultura; outros não tiveram êxito nos trabalhos de multiplicação de colônias e acabaram abandonando a atividade; e outros, ainda, não resistiram ao assédio de meliponicultores não indígenas, que, devido ao grande número de colônias manejadas e a visibilidade que a atividade vinha alcançando, buscavam e ainda buscam os indígenas para comprar suas colônias. A valorização da atividade levou a outro problema que afeta os meliponicultores indígenas ainda hoje: o roubo de colônias, fazendo com que alguns desistissem da atividade.

A produção de mel teve início no ano de 2015, quando foram colhidos 92 kg de mel de 30 colônias dos três primeiros meliponários fundados em 2012. Com uma média de produção de 3 kg por colônia, essa colheita experimental representou a transição para as pretensões de geração de renda da atividade. Em julho de 2015, foi realizado na Aldeia Pau Brasil o 1º Encontro de Criadores de Abelhas Nativas das Terras Indígenas Tupiniquim e Guarani, em que foram divulgados os resultados da colheita, as perspectivas para os próximos anos e os desafios para a comercialização, beneficiamento, precificação e formalização. Foi aí que surgiram as primeiras ideias para a marca Tupyguá e a identidade visual dos produtos, que começaram a ser comercializados a partir da colheita de 2016.

HÁ MALES QUE VÊM PARA O BEM

A pandemia de covid-19 trouxe grandes desafios. As restrições sanitárias e o distanciamento social que o momento exigia impediram a participação integral dos meliponicultores guarani e tupiniquim e de ajudantes voluntários não indígenas no processo de colheita de mel, como era feito nos anos anteriores sempre entre os meses de março e abril. Para que a coleta não fosse interrompida, foi montada uma equipe de seis meliponicultores, que trabalharam intensamente por 20 dias. O envase, no entanto, teve que ser suspenso, e os galões com o mel ficaram no entreposto em temperatura controlada. Com o fechamento de estabelecimentos comerciais, a comercialização foi afetada, pois restaurantes e bares que compravam os produtos Tupyguá tiveram que reduzir os pedidos.

Ao mesmo tempo, tivemos gratas surpresas. A safra de 2021 bateu o recorde de produção, com um total de 720 kg de mel, 61 kg de pólen e 40 kg de cera de uruçu-amarela colhidos de 263 colônias de 28 meliponários. No contexto de restrições sanitárias, em que a presença do suporte técnico junto aos meliponicultores teve que ser reduzida, pudemos nos apropriar da atividade e conseguimos manter as colônias aptas à produção, daí termos alcançado resultado tão significativo. Em agosto de 2021, foi inaugurada a loja virtual da Coopyguá no mesmo site *da Tupyguá, ampliando as possibilidades de comercialização dos produtos. E, para encerrar o ano cheio de desafios superados, no dia 4 de novembro de 2021, o entreposto da cooperativa recebeu o selo de inspeção municipal que regulariza o beneficiamento dos produtos Tupyguá.* (julho, 2022)

DESAFIOS PARA A CONTINUIDADE DO TRABALHO

Os anseios por autonomia e sustentabilidade do grupo, que sempre foi uma meta, vêm sendo ameaçados. Desde o fim do PSTG, e em função da mudança de diretrizes internas da Suzano Papel e Celulose (que comprou a fábrica e as florestas industriais da Fi-

© JERÔNIMO VILLAS-BÔAS, 2019

Deuzilene Pego e Warlei Coutinho, ambos Tupinikim e membros da diretoria da Coopyguá, celebram o envase dos produtos Coopyguá.

bria), a partir de 2019, os indígenas passaram a sofrer constantes cortes e reduções de orçamento para os subsídios que viabilizam as atividades tanto da meliponicultura quanto da cooperativa. Sob a nova direção, a política de responsabilidade social da Suzano prioriza ações e orçamentos voltados para atividades que atendam famílias abaixo da linha da pobreza.

Buscamos, para os próximos anos, viabilizar a construção de uma agroindústria dentro da TI, visto que o espaço que vem sendo utilizado até o momento, subsidiado pelo projeto, encontra-se fora da TI. Também pretendemos conseguir, além da certificação municipal, as inspeções estaduais e federais. A cooperativa segue o objetivo de diversificar e expandir atividades que, além da meliponicultura, já conta com um grupo de cooperados envolvidos na produção e comercialização de artesanato e, recentemente, um grupo de coletores de sementes, que se integrou a ela na última assembleia.

Até agora, a superação dos desafios e os resultados positivos que alcançamos é o que motiva os Tupiniquim e os Guarani a manter o trabalho, buscando aperfeiçoamento a cada ano para apresentar produtos que reflitam nossa identidade indígena. *(julho, 2022)*

NOTAS

[1] VILLAS-BÔAS, J. *Manual tecnológico de aproveitamento integral dos produtos das abelhas nativas sem ferrão*. 2. ed. Brasília: ISPN, 2018. p. 14.

[2] Esta área corresponde às TIs Tupinikim (14.282 ha) Caieiras Velha II (57 ha) e Comboios (3.872 ha).

[3] Em 2009 a Aracruz Celulose foi comprada pela Votorantim Celulose e Papel, que lhe deu o nome de Fibria, a qual, por sua vez, foi comprada pela Suzano Papel e Celulose em 2018.

TUPINIQUIM

Antônio dos Santos Tupiniquim, Seu Antonino

Tiago Barros dos Santos Tupinikim | Meliponicultor e estudante de Ciências Sociais na Ufes

SEU ANTONINO NASCEU EM ABRIL DE 1936 E FALECEU EM ABRIL DE 2022, DEIXANDO UM LEGADO DE LUTA E PERSEVERANÇA NAQUILO QUE ACREDITA SER A VIDA DE UM POVO. INSPIRANDO JOVENS LIDERANÇAS A CONTINUAREM LUTANDO POR SEU TERRITÓRIO E SUA CULTURA, SUA CAMINHADA AINDA NÃO ACABOU

Sr. Antônio, para as solenidades que a formalidade exigia; irmão Antônio, para os fiéis que inspirava desde o púlpito da Igreja evangélica Assembleia de Deus na Aldeia Pau Brasil, da qual foi presbítero e depois pastor; Seu Antonino para os Tupiniquim e Guarani de todo território indígena, que reconheciam sua autoridade enquanto cacique; Tunino para os familiares e amigos que assim o chamam desde que começou a prestar sentido nas palavras, ainda quando era criança na convivência com sua mãe e irmãos, na extinta Aldeia Cantagalo próximo ao Córrego Pirain.

Nascido no dia 4 de abril de 1936, Seu Antonino foi um legítimo Tupiniquim que viveu todo o processo de reafirmação da identidade de seu povo e a transformação do território onde nasceu e viveu e pelo qual lutou para que os Tupiniquim e Guarani pudessem restabelecer as condições necessárias para a manifestação de suas identidades culturais.[1] Reconheceu a importância da mata até para os cultivos, quando plantava mandioca boa, milho bom, feijão bom.

Aprendeu desde criança os costumes ainda preservados pelos Tupiniquim. Aprendeu a caminhar na mata e a reconhecer toda a importância dela para a vida do povo Tupiniquim, desde o necessário para construir as armadilhas nas trilhas das caças, como tatu, veado, paca, tamanduá e outros, até a taquara ideal para confeccionar a arupemba (peneira), utensílio essencial para o cotidiano das famílias tupiniquim. Caminhou muito pelos caminhos da mata que conduziam às casas dos amigos e parentes ou para escola em Pau Brasil, onde estudou até a terceira série e aprendeu a ler. Quando não havia caminho, abria picadão na mata com facão.

Também caminhou pelo litoral do território, desde a Barra do Riacho até Santa Cruz. Ia mariscar, pegar caranguejo, guaiamum, aratu, ouriço, pescava baiacu de fisga, pescava tainha. Venceu a água do mar em um batelão, uma canoa pequena feita pelos

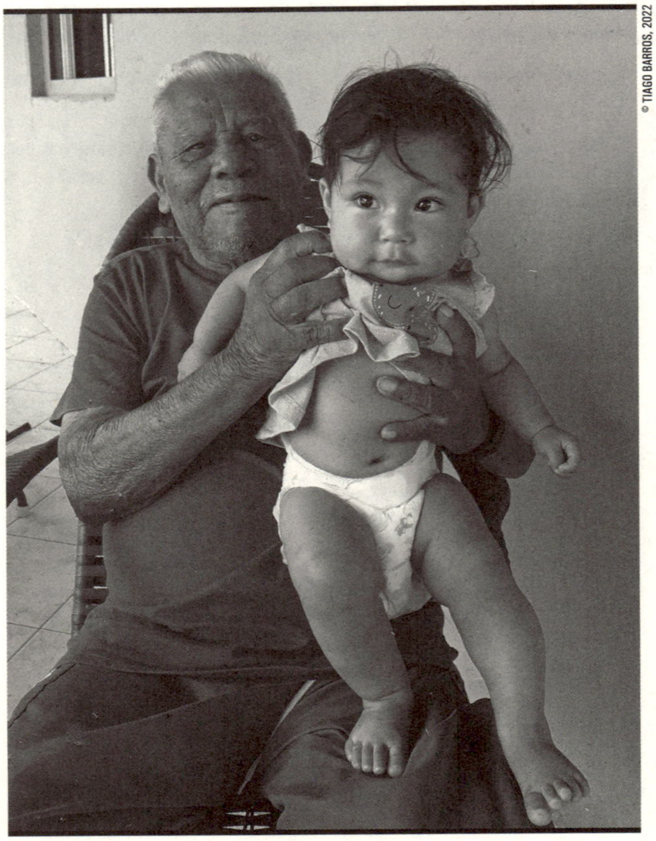

© TIAGO BARROS, 2022

Seu Antonino e a neta Melissa, aldeia Pau Brasil.

canoeiros na mata, limpando a madeira de machado, que depois arrastavam a canoa da mata, usando bois e correntes, até a beira do rio, e daí levavam para o mar. Tudo isso quando o território ainda tinha mata e se tinha liberdade para caminhar.

Viu essa liberdade com que viviam os Tupiniquim ser ameaçada e, aos poucos, perder-se à medida que a mata também ia se acabando por intervenção de empreendimentos que se instalaram no território. Foi obrigado a deixar a Aldeia Cantagalo e se mudar para a Aldeia Pau Brasil. Pois, como o próprio Seu Antonino disse, "pra quem destrói, não faz falta, permanece a mesma coisa". Sem a mata, de onde tirava todo o sustento de sua família, viu-se obrigado a trabalhar para a empresa que devastou seu território. Nela ficou por nove anos.

Foi o terceiro cacique da Aldeia Pau Brasil e conduziu sua comunidade por 15 anos, durante o processo de luta pela retomada do território indígena. Durante todo esse período, conservava a serenidade e o respeito, inspirando lideranças e caciques das outras aldeias, que reconheciam sua autoridade. A paciência e a confiança no êxito de seu propósito eram o que refletiam sua caminhada, desde a limpeza das ruas da aldeia Pau Brasil, com sua pá e carrinho-de-mão, até o entendimento sobre a sobrevivência do povo Tupiniquim nas palavras dos brancos ou dos aliados guarani durante as várias reuniões de que participavam.

A idade avançada e o cansaço de muitas reuniões e viagens obrigaram-no a encerrar sua caminhada enquanto cacique, mas sua autoridade continuou sendo reconhecida, pois sua palavra era apreciada por todos da aldeia. Continuou sua trajetória para o fortalecimento da identidade tupiniquim, desde seu interesse em aprender a língua tupi até dar espaço para as manifestações da cultura indígena na Igreja que conduzia durante suas reuniões.

Seu Antonino faleceu no dia 12 de abril de 2022, deixando um legado de luta e perseverança naquilo que acredita ser a vida de um povo. Inspirando jovens lideranças a continuarem lutando por seu território e sua cultura, sua caminhada ainda não acabou. *(julho, 2022)*

NOTA

[1] Sobre a história de vida de Seu Antonino, ver também o artigo "A palavra deles. História de: Seu Antonino (Antônio dos Santos)", publicado no *site* do Museu da Pessoa. Disponível em: https://acervo.museudapessoa.org/pt/conteudo/historia/a-palavra-deles-197608

GERAL

FOGO SE ALASTRA NA TI DE ARACRUZ HÁ DOIS DIAS

Um incêndio iniciado há cerca de dois dias numa área de turfa localizada entre as aldeias de Caieiras Velha, Boa Esperança e Três Palmeiras, em Aracruz (norte do Estado) continua se alastrando em direção à mata. Lideranças Guarani e Tupiniquim contam que, apesar de vários chamados, o Corpo de Bombeiro afirma não ser possível controlar o fogo, por estar em área de turfa. *(F. Couzemenco, Século Diário, 07/04/2017)*

TIS NO ESPÍRITO SANTO SERÃO RECUPERADAS COM APOIO DA FUNAI

Para reforçar as ações de recuperação em áreas degradadas em terras indígenas do Espírito Santo, a Funai firmou acordo com a Secretaria de Meio Ambiente e Recursos Hídricos do estado (Seama). Com a medida, cerca de 160 mil mudas devem ser plantadas em quase 200 hectares que hoje estão degradados. Também estão previstas atividades de gestão ambiental e a adoção de práticas de uso amigável do solo. *(Portal Brasil, 20/09/2017)*

LICENCIATURA INDÍGENA DA UFMG FORMA MAIS 30 PROFESSORES

Cantos tradicionais das etnias Pataxó e Xakriabá ecoaram na entrada e no auditório da Reitoria, na manhã de hoje, 22, durante a cerimônia de formatura da turma 2013-2017 do curso de licenciatura em Formação Intercultural para Educadores Indígenas (FIEI), da área de Ciências Sociais e Humanidades. Colaram grau 30 estudantes, sendo 10 pataxós e 20 xakriabás. *(UFMG, 22/09/2017)*

TUPINIQUIM

INDÍGENAS MANTÊM RODOVIAS FECHADAS ATÉ ATENDIMENTO DE REIVINDICAÇÕES

A ação truculenta da Polícia Militar no último sábado (4) contra indígenas que passeavam a cavalo próximo à Praia dos Padres, em Aracruz, culminou nesta segunda-feira (06) com o fechamento de uma terceira rodovia e com uma reunião de quatro horas com representantes do MPF, Funai e Centro de Defesa dos Direitos Humanos da Serra. *(Século Diário, 06/02/2017)*

PRIMEIRO PBA INDÍGENA É APROVADO EM ALDEIAS DE ARACRUZ

O primeiro Plano Básico Ambiental (PBA) Indígena do Espírito Santo foi aprovado pela comunidade tupiniquim da TI Comboios, após cinco anos de debates, acompanhados pela Procuradoria da República de Linhares (MPF/ES) e da Sexta Câmara do Ministério Público Federal em Brasília, além da Funai. *(F. Couzemenco, Século Diário, 22/11/2017)*

PATAXÓ

POR QUE OS PATAXÓS ESTÃO OCUPANDO O PARQUE DO DESCOBRIMENTO

Os Pataxó, povo originário da região sul da Bahia, mantêm ocupado desde 11 de março o Parque Nacional do Descobrimento. Uma área de 22,7 mil hectares, cujos biomas e espécies nativas estão ameaçadas por pressão de empresas e descaso de órgãos públicos. A sede do ICMBio, órgão do ministério do Meio Ambiente também está ocupada. *(B. Aieta, Vaidapé, 25/03/2017)*

PATAXÓ DENUNCIAM RETIRADA DE MADEIRA NO PARNA DO DESCOBRIMENTO

Desde o dia 11 de março, os Pataxó ocupam o Parque Nacional do Descobrimento, unidade de conservação sobreposta à TI Comexatibá, no extremo sul da Bahia, município de Prado. Os Pataxó decidiram ocupar o Parque para reivindicar o andamento da demarcação da TI Comexatibá, que aguarda a publicação da Portaria Declaratória pelo Ministério da Justiça desde 2015, e exigir que o ICMBio, responsável pela gestão da unidade, retire a ação de reintegração de posse movida contra suas comunidades. *(T. Miotto, Cimi, 11/04/2017)*

TRF SUSPENDE ORDEM DE RETIRADA DE ÍNDIOS PATAXÓ DE FAZENDA NO SUL DA BAHIA

O Tribunal Regional Federal da 1ª Região (TRF1) suspendeu uma decisão da Subseção Judiciária de Teixeira de Freitas (BA), que tinha acolhido o pedido dos proprietários de uma fazenda do litoral sul da Bahia e determinado a reintegração de posse do imóvel, ocupado por índios pataxó desde setembro de 2015. *(A. Rodrigues, Agência Brasil, 30/11/2017)*

JUSTIÇA DECIDE QUE PATAXÓ DE COMEXATIBÁ PODEM CONTINUAR EM TERRAS NA BAHIA

O TRF1 concedeu antecipação de tutela, na quarta-feira (15), para suspender a reintegração de posse que determinava a retirada dos índios Pataxó da TI Comexatibá, localizada em Prado. O pedido foi feito pelo Ministério Público Federal, considerando que as terras estão em procedimento de demarcação. Para o MPF, a reintegração de posse nessa situação poderia causar forte convulsão social na comunidade e em toda a região. *(MPF, 17/05/2019)*

© ADI SPEZIA/CIMI, 2020

Povo Pataxó, junto com lideranças Pataxó Hã-Hã-Hãe eTupinambá, acompanhou o julgamento do STJ que reconheceu validade da demarcação da TI Barra Velhado Monte Pascoal.

POVO PATAXÓ RETOMA TERRITÓRIOS TRADICIONAIS

Indígenas Pataxó decidiram retomar áreas em dois pontos diferentes: a primeira retomada foi dentro dos limites da demarcação da TI Comexatibá (Cahy-Pequi), no município de Prado, na Bahia. Já a segunda, foi na TI Barra Velha do Monte Pascoal, entre Prado e Porto Seguro (BA). Em nota, os indígenas explicaram que "as famílias Pataxó precisam da terra para sua sobrevivência. Para promover agricultura indígena, práticas religiosas e proteção dos recursos naturais ainda existentes". No dia 22 de junho, cerca de 180 indígenas retomaram uma área reivindicada como de ocupação tradicional em uma parte do território Comexatibá (Caby Pequi) – hoje tomada por empresas multinacionais de produção de celulose. Até o momento, a retomada está pacífica e os indígenas conseguiram chegar a um acordo com uma das empresas que atuam na região. O MPF está acompanhando a situação. De acordo com a advogada Lethicia Reis, da assessoria jurídica do Cimi, a TI Comexatibá é a que tem mais "contestações no Brasil". "Ao todo, são 156 contestações analisadas. Os indígenas não só enfrentam empresas de produção de celulose, mas também empresários do setor hoteleiro. E esse território também está, atualmente, com o processo de demarcação travado". Três dias depois da retomada no território Comexatibá – no dia 25 de junho –, outro grupo Pataxó, formado por cerca de cem indígenas, retomou uma área localizada dentro da TI Barra Velha do Monte Pascoal. No entanto, na noite do dia seguinte, supostos fazendeiros e aliados expulsaram do local, a tiros de arma de fogo, os indígenas. Cerca de 50 carros, com homens encapuzados e, até mesmo portando armas de fogo exclusivas da Polícia Militar, se deslocaram até o local da retomada para retirar – sem ordem judicial – os indígenas da área. Alguns deles se identificaram como policiais e seguranças de fazendeiros. Em vídeos recebidos pelo Cimi, os homens se vangloriam por expulsar os Pataxó da área de retomada. Apesar de não haver feridos, os celulares de algumas lideranças foram levados pelos invasores durante a movimentação. A TI Barra Velha foi demarcada no município baiano na década de 1980 com 8.627 hectares. No entanto, grande parte do território de ocupação tradicional Pataxó ficou de fora desta demarcação. Foi então que os indígenas se mobilizaram para garantir a revisão dos limites da área. Em 2009, a Funai publicou o novo relatório circunstanciado de identificação da área. A demarcação revisada recebeu o nome de TI Barra Velha do Monte Pascoal e corrigiu também os limites do território, que passou a possuir 52.748 hectares, os quais incluem a demarcação anterior. Apesar da vitória dos Pataxó, um grupo de fazendeiros e o Sindicato Rural de Porto Seguro tentaram anular a demarcação na Justiça quatro anos depois, em 2013. Eles ingressaram com seis mandados de segurança no Supremo Tribunal de Justiça (STJ), solicitando que a Corte impedisse a publicação da Portaria Declaratória da área. Mas, em 2019, depois de admitir os indígenas como parte do processo, o STJ derrubou a liminar, por unanimidade, e reconheceu, em decisão de mérito, a legitimidade e a validade da demarcação da TI Barra Velha do Monte Pascoal. Em cinco das seis ações movidas contra a demarcação do território Pataxó, os fazendeiros recorreram ao STF, onde os recursos ainda tramitam. (Tiago Miotto, Cimi, 28/06/2022)

© BENJAMIN MAST/LA MOCHILA PRODUÇÕES/ISA

Homens Pataxó durante manifestação da Aliança em Defesa dos Territórios contra o garimpo.

FAZENDEIROS USAM NORMATIVA PARA CERTIFICAR PROPRIEDADES SOBRE A TI BARRA VELHA

A Terra Indígena (TI) Barra Velha do Monte Pascoal, localizada entre os municípios de Prado e Porto Seguro, no extremo sul da Bahia, foi a que registrou, neste estado, o maior número de propriedades certificadas a particulares desde a publicação da Instrução Normativa (IN) 09/2020 pela Presidência da Funai. Entre a data em que a normativa foi publicada, no dia 22 de abril, e o dia 10 de agosto, 41 propriedades foram certificadas em sobreposição à terra indígena por meio do Sistema de Gestão Fundiária (Sigef) do Incra. Essas parcelas, que somam 9.148 hectares, pertencem a 13 proprietários. E pelo menos oito deles são autores de ações contra a demarcação da Terra Indígena do povo Pataxó – todas elas derrotadas, no ano passado, por decisão da Primeira Seção do Superior Tribunal de Justiça (STJ). Em conjunto, eles são donos de 29 das 41 certificações aprovadas pelo Incra – e de 78% dos 9.148 hectares certificados em sobreposição à Terra Indígena. A soma inclui as parcelas certificadas por uma empresa, a Agropecuária Nedila, cujo proprietário é autor de uma das ações que buscaram anular a demarcação da Terra Indígena. *(T. Miotto, Cimi, 20/08/2020)*

PATAXÓ DA ALDEIA CAHY PEQUI VIVEM SOB ATAQUES E AMEAÇAS

Desde que fazendeiros e hoteleiros passaram a invadir uma área da Aldeia Cahy Pequi, pertencente à TI Comexatibá, em Cumuruxatiba, Bahia (BA), o Povo Pataxó não tem um momento de respiro. Era manhã do dia 20 de outubro quando houve mais uma tentativa de homicídio contra lideranças do povo. Há mais de ano, o território é alvo de loteamento. Com o fundo do Monte Pascoal, a área, que ainda não foi demarcada, é assediada por empreendimentos turísticos, como resorts, hotéis e restaurantes, que se aproveitam da história do lugar e do Parque Nacional do Descobrimento (PND), uma das poucas áreas de Mata Atlântica preservada na região. *(Cimi, 26/10/2021)*

EMPRESA MILIONÁRIA DEIXA POVO PATAXÓ DA TI PONTA GRANDE SEM ÁGUA E LUZ

No último dia 26 de abril, os caciques do território indígena Pataxó Ponta Grande encaminharam para diversos órgãos uma carta de pedido de socorro para a atual situação em que o território se encontra. Na carta, os líderes indígenas declaram estado de emergência nas cinco comunidades que compõe o território de Ponta Grande, onde encontram-se famílias sem acesso à água potável, a energia elétrica e a outras políticas públicas essenciais. Essa situação é decorrente da decisão monocrática do TRF da primeira região, proferida pelo desembargador Carlos Brandão na apelação 0002966- 22.2006.4.01.3310, que determina a paralisação de toda política pública destinada às aldeias que compõem o referido território. Essa decisão do desembargador Carlos Brandão paralisou as obras que permitiria a distribuição de água potável e das obras de prévia a distribuição de energia para os moradores do território. *(Coletivo de Comunicadores Pataxó, Cimi, 29/04/2021)*

ALICE PATAXÓ: JOVEM INDÍGENA É PROTAGONISTA NA LUTA PELOS TERRITÓRIOS

Em maio, foi a vez da Alice Pataxó, jovem liderança da aldeia Craveiro, Terra Indígena Barra Velha, na Bahia, e influenciadora digital, ecoar sua voz na Europa. A incidência, que foi feita ao lado da Tejubi, jovem liderança do povo Uru eu Wau Wau, teve como intenção denunciar e dialogar sobre a situação política e territorial do Brasil, de modo a entender a respeito da participação do continente europeu perante esse cenário de violência contra os povos indígenas, segundo Alice. Alice relata que "a União Europeia está em processo de formar uma lei inspirada na Lei de Due Diligence de Paris, a primeira lei do mundo a comprometer empresas e tornar legal o processo contra elas caso seus produtos violem os direitos ambientais e humanos". Na viagem também foi abordado o caso do grupo Casino, uma rede francesa de supermercados que atua no Brasil, acusado de comercializar produtos ligados ao desmatamento ilegal da Amazônia.Alice Pataxó denunciou também a JBS, a maior produtora de carne do mundo. De acordo com a jovem, a JBS realiza atividades relacionadas às produções dentro de territórios indígenas. Ou seja, ilegalmente. A lei tem a função de abarcar quem compra esses produtos e também quem vende. *(M. Mamédio, Cimi Regional Leste, 13/06/2022)*

© EDGAR KANAYK/WWF BRASIL, 2022

Alice Pataxó.

APÓS RETOMADA DE TERRITÓRIO, INDÍGENAS PATAXÓ TEMEM RETALIAÇÃO

Depois de esperar sete anos pela continuidade do processo demarcatório de suas terras, um grupo de 180 indígenas Pataxó retomou a Fazenda Santa Bárbara, um território que fica na área que deveria ser demarcada como a TI Comexatibá, no sul da Bahia. Uma semana após a entrada no território, os indígenas seguem apreensivos com a possibilidade de retaliação por parte dos fazendeiros da região. "Nesse momento, nós estamos nos sentindo acuados na retomada porque nós sabemos que os pistoleiros e os fazendeiros estão se organizando, se reunindo em alguma fazenda com a proposta de atacar a gente aqui", diz um dos coordenadores do movimento. O temor não é injustificado: em 2000, a ação violenta dos fazendeiros contra uma retomada próxima culminou com a morte de um indígena. *(F. Garcia, Brasil de Fato, 29/06/2022)*

INDÍGENAS RELATAM ATAQUE A TIROS COM MORTE

Indígenas pataxós denunciam que um ataque de pistoleiros terminou com pelo menos uma pessoa morta no território de Barra Velha, em Porto Seguro, na madrugada deste domingo (4/9). Os indígenas têm denunciado desde o fim de junho que estão cercados por fazendeiros sem poder deixar as comunidades. A região é palco de constantes conflitos. *(Correio Braziliense, 04/09/2022)*

PATAXÓ HÃ-HÃ-HÃE

ATO EM MEMÓRIA DOS 20 ANOS DO ASSASSINATO DE GALDINO

Acontecerá no dia 20 de abril de 2017, na Praça do Compromisso, Brasília, DF, o Ato Inter-religioso em memória dos 20 anos do assassinato de Galdino Jesus dos Santos. Liderança do povo Pataxó Hã-Hã-Hãe, presente no sul da Bahia, Galdino foi queimado na madrugada do dia 20 de abril de 1997, quando dormia em uma parada de ônibus da W3 Sul, zona central da capital federal. *(Cimi, 12/04/2017)*

KAXIXÓ

TRF1 DETERMINA QUE FUNAI APRESENTE RELATÓRIO PARA DEMARCAÇÃO DAS TIS KAXIXÓ

O Tribunal Regional Federal da 1ª Região (TRF1) confirmou liminar concedida em primeiro grau que condenou a Funai a cumprir o princípio da razoável duração do processo no caso da demarcação das terras dos indígenas da etnia Kaxixó, no município de Martinho Campos (MG). O procedimento de demarcação está parado há 8 anos. *(MPF, 30/05/2017)*

MPF/MG MANIFESTA-SE PELA DA DEMARCAÇÃO DA TERRA INDÍGENAS KAXIXÓ

O Ministério Público Federal em Minas Gerais (MPF/MG) pediu que a Justiça Federal julgue improcedentes os pedidos formulados pelos municípios de Martinho Campos e Pompéu de anulação do processo administrativo de demarcação da terra indígena Kaxixó. O pedido foi feito em uma ação movida pelos dois municípios contra a Fundação Nacional do Índio (Funai) e a União. Atualmente a demarcação está suspensa por uma decisão liminar do Tribunal Regional Federal da 1ª Região (TRF-1). Nesse caso, como não é o autor da ação, o MPF atua como custos legis (fiscal da lei). *(MPF, 28/07/2017)*

KRENAK

LAMA DA SAMARCO É A PONTA DO ICEBERG NO ETNOCÍDIO DA VALE CONTRA O POVO KRENAK

"Os danos humanos sofridos pelo povo Krenak em decorrência do rompimento da barragem de Fundão são 'apenas' o agravamento de uma ação perdurada no tempo da Vale S/A no território indígena, com total tolerância e, por vezes, participação e incentivo do Estado brasileiro. Trata-se da 'ponta do iceberg' de uma verdadeira tentativa de etnocídio perdurada no tempo". Essa é a "mais óbvia e principal conclusão" do estudo "Direito das populações afetadas pela barragem de Fundão: povo Krenak", segundo afirmam os autores em seu relatório final. *(F. Couzemenco, Século Diário, 19/04/2017)*

DESASTRE DE MARIANA MUDA VIDA DE ÍNDIOS À MARGEM DO RIO DOCE

Índios da etnia krenak que vivem em Minas Gerais estão há quase dois anos sem pescar e sem nadar no rio Doce. Também deixaram de beber de suas águas. O rio foi contaminado pela onda de rejeito de minério de ferro e lama provocada pelo rompimento de uma das barragens da mineradora Samarco , em novembro de 2015. *(M. de Moura e Souza, Valor Econômico, 24/07/2017)*

UNB CONCEDE TÍTULO DE DOUTOR HONORIS CAUSA AO ATIVISTA AILTON KRENAK

A Universidade de Brasília concedeu, nesta quinta-feira (12), o título de Doutor Honoris Causa ao ativista indígena Ailton Krenak. Orador da solenidade, o professor do curso de Antropologia Gersem Baniwa destacou a trajetória política e intelectual do ativista. Ele lembrou o discurso Invocação à terra, proferido por Ailton no plenário da Assembleia Nacional Constituinte, em setembro de 1987. Após receber o diploma, Ailton agradeceu a homenagem: "Esse momento é realmente singular na minha vida, ele carrega de sentido a nossa experiência social, de sermos cidadãos. O Gersem acertou muito quando disse que é um reconhecimento amplo e coletivo. Porque eu acabei me constituindo em um sujeito coletivo". *(L. Poletti, UnB, 13/05/2022)*

TUPINAMBÁ

INDÍGENAS BLOQUEIAM TRECHO DE RODOVIA PELA DEMARCAÇÃO DA TI TUPINAMBÁ DE OLIVENÇA

Indígenas do povo Tupinambá de Olivença bloquearam na madrugada desta segunda-feira, dia 9, trecho da BR-001, entre Ilhéus e Una, extremo sul da Bahia. As lideranças reivindicam a Portaria Declaratória da Terra Indígena Tupinambá de Olivença, cujo processo teve início em 2009 e pronta para ser publicada desde o primeiro mandato de Dilma Rousseff. *(Cimi, 09/04/2018)*

CACIQUE BABAU É O PRIMEIRO INDÍGENA A RECEBER A COMENDA 2 DE JULHO

A trajetória de luta em defesa dos povos indígenas de Rosivaldo Ferreira da Silva, mais conhecido como Cacique Babau, foi homenageado nesta sexta-feira (30), com a entrega da Comenda 2 de Julho, mais alta honraria concedida pela Casa Legislativa baiana, em solenidade proposta pelo deputado Marcelino Galo (PT). Cacique Babau, da TI Tupinambá Serra do Padeiro, em Buerarema, é o primeiro indígena a receber a Comenda em nosso estado. O comendador também coleciona outros títulos em defesa dos povos indígenas. A liderança já recebeu a 29º medalha Chico Mendes de Resistência e está entre os dez defensores de Direitos Humanos do país. *(Combate ao Racismo Ambiental, 02/12/2018)*

PRIMEIRA MORTE DE INDÍGENA POR COVID-19 É REGISTRADA NO SUL DA BAHIA

A primeira morte por Covid-19 de um indígena no sul da Bahia foi confirmada. O homem da aldeia Tupinambá de Olivença, na cidade de Ilhéus, morreu no dia 17 de maio, mas a confirmação de que ele tinha sido infectado pelo novo coronavírus ocorreu no domingo (31). *(G1, 01/06/2020)*

CACIQUE BABAU TUPINAMBÁ RECEBE TÍTULO DE DOUTOR HONORIS CAUSA DA UNEB

O líder indígena Rosivaldo Ferreira da Silva, o cacique Babau Tupinambá, é, desde ontem (30), Doutor Honoris Causa da Uneb. A concessão do título foi aclamada por unanimidade pelos 47 conselheiros presentes à solenidade. O cacique Babau é o quarto indígena brasileiro a receber essa honraria de uma universidade do país. "Recebemos juntos esse título. Ele não é meu, é do nosso povo, da nossa luta, é do Brasil! Esse título vem quebrar o ciclo de violência, discriminação e apagamento da história indígena do país. Isso significa que a academia está olhando para os nossos conhecimentos, para os nossos saberes, e isso vai dar força para outros povos trilharem esse caminho, saberem que vale a pena defender a natureza, a vida, defender o outro", destacou o líder em seus agradecimentos. *(Uneb, 01/07/2021)*

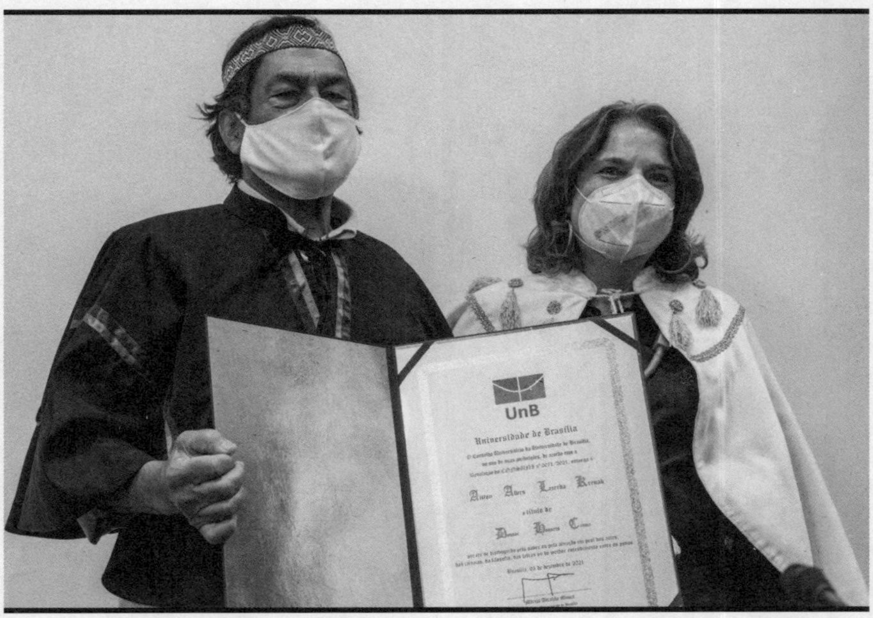

© LUIS GUSTAVO PRADO/SECOM UNB, 2022

Ailton Krenak recebeu o diploma das mãos da reitora Márcia Abrahão.

Atikum
Ayoreo
Chamacoco
Guarani Kaiowá
Guarani Ñandeva
Guató
Kadiwéu
Kamba
Kinikinau
Ofaié
Terena

17. Mato Grosso do Sul

17. MATO GROSSO DO SUL

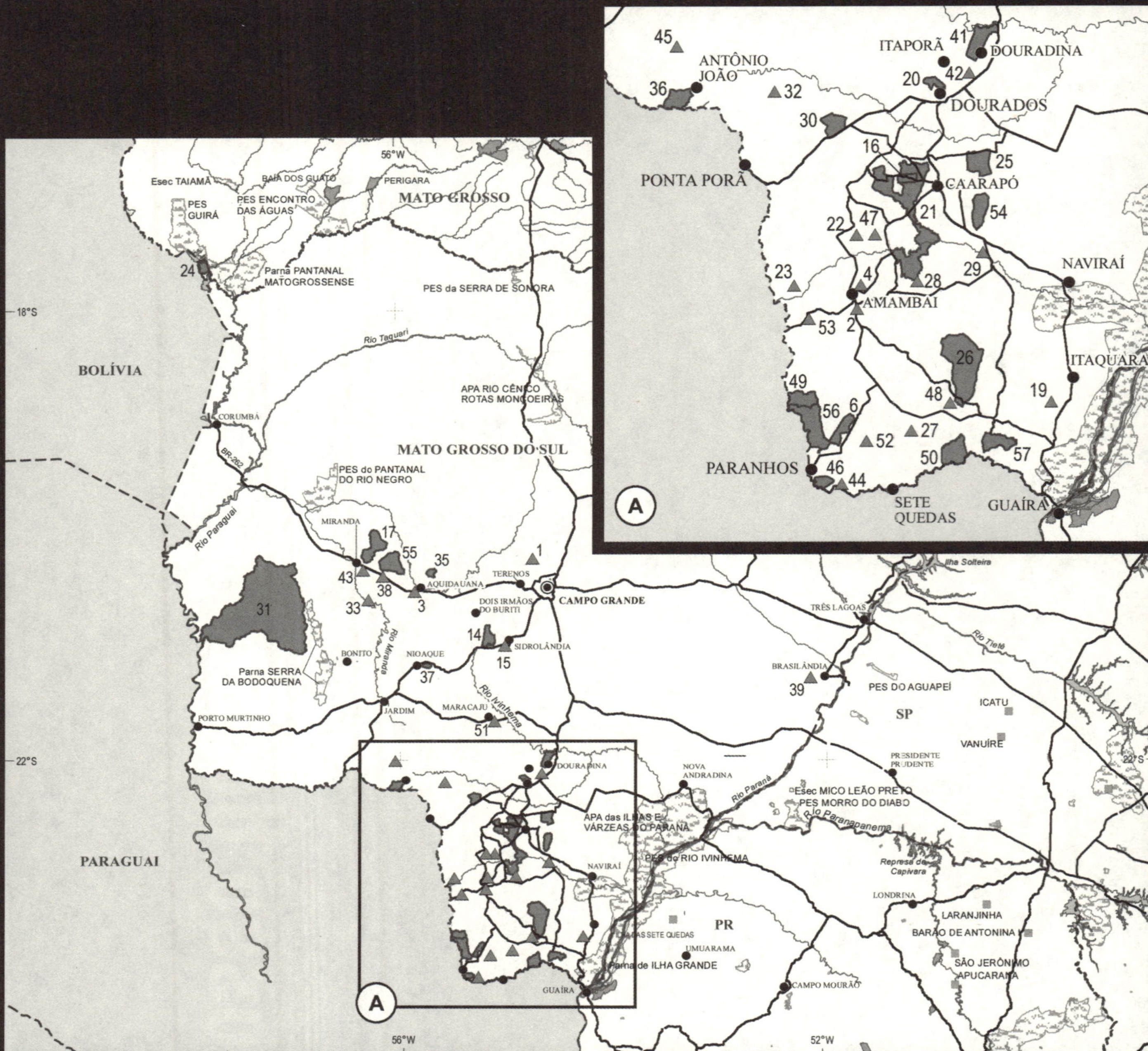

capital estadual

sede de município

limite estadual/internacional

estradas

Unidade de Conservação

TERRA INDÍGENA

apresentada neste capítulo

com mais de 3.000 ha

com menos de 3.000 ha (ou sem limite definido)

apresentada em outro capítulo

com mais de 3.000 ha

com menos de 3.000 ha (ou sem limite definido)

INSTITUTO SOCIOAMBIENTAL/2021

55 km

MATO GROSSO DO SUL
Terras Indígenas
Instituto Socioambiental - 30/11/2022

Nº mapa	Terra Indígena	Povo	População (nº, fonte, ano)	Situação jurídica	Extensão (ha)	Município	UF
s/l	Água Limpa	Terena	2.888 - Siasi/Sesai: 2014	Em Identificação. Portaria - 948 - 08/10/1999, publicado em 27/10/1999.		Campo Grande Rochedo	MS
2	Aldeia Limão Verde	Guarani Guarani Kaiowá	1.801 - Siasi/Sesai: 2014	Reservada. Decreto - 835 - 14/11/1928, publicado em 14/11/1928. Reg. CRI Matr 274 Liv. 3 Fl. 54 em 07/06/65.	660	Amambai	MS
s/l	Aldeinha	Terena	403 - Siasi/Sesai: 2014	Em Identificação. Portaria - 1.688/E - 16/08/1984, publicado em 17/08/1984.		Anastácio	MS
4	Amambai	Guarani Guarani Kaiowá Guarani Ñandeva	8.036 - Siasi/Sesai: 2014	Homologada. Decreto - 277 - 29/10/1991, publicado em 30/10/1991. Reg. SPU Certidão n.03 em 06/01/94.Reg. CRI Matr.1081, Liv.3,Fl 191 em 25/03/66. Título definitivo em 12/80.	2.429	Amambai	MS
s/l	Apyka'i	Guarani Kaiowá		Em Identificação. Portaria - 560 - 29/06/2016, publicado em 30/06/2016.		Dourados	MS
6	Arroio-Korá	Guarani Guarani Kaiowá Guarani Ñandeva	599 - Siasi/Sesai: 2014	Homologada. Decreto - s.n. - 21/12/2009, publicado em 22/12/2009.	7.175	Paranhos	MS
s/l	Bacia Amambaipeguá	Guarani Guarani Kaiowá Guarani Ñandeva		Em Identificação. Portaria - 788 - 10/07/2008, publicado em 14/07/2008.		Amambai Aral Moreira Caarapó Coronel Sapucaia Juti Laguna Carapã	MS
s/l	Bacia Apapegua	Guarani Guarani Kaiowá Guarani Ñandeva		Em Identificação. Portaria - 793 - 10/07/2008, publicado em 14/07/2008.		Antônio João Bela Vista Guia Lopes da Laguna Jardim Ponta Porã	MS
s/l	Bacia Brilhante-Peguá	Guarani Guarani Kaiowá Guarani Ñandeva		Em Identificação. Portaria - 791 - 10/07/2008, publicado em 14/07/2008.		Douradina Dourados Maracaju Rio Brilhante	MS
s/l	Bacia Douradopeguá	Guarani Guarani Kaiowá Guarani Ñandeva		Em Identificação. Portaria - 1.567 - 07/12/2012, publicado em 10/12/2012.		Dourados	MS
s/l	Bacia Dourados-Amambaipeguá	Guarani Guarani Kaiowá Guarani Ñandeva		Em Identificação. Portaria - 789 - 10/07/2008, publicado em 14/07/2008.		Amambai Caarapó Dourados Fátima do Sul Juti Laguna Carapã Naviraí Vicentina	MS
s/l	Bacia Iguatemipeguá	Guarani Guarani Kaiowá Guarani Ñandeva		Em Identificação. Portaria - 790 - 10/07/2008, publicado em 14/07/2008.		Amambai Aral Moreira Coronel Sapucaia Dourados Iguatemi Paranhos Tacuru	MS
s/l	Bacia Nhandeva-Pegua	Guarani Guarani Kaiowá Guarani Ñandeva		Em Identificação. Portaria - 792 - 10/07/2008, publicado em 14/07/2008.		Coronel Sapucaia Dourados Eldorado Iguatemi Japorã Paranhos Sete Quedas Tacuru	MS
14	Buriti	Terena	2.543 - Funai/Campo Grande: 2010	Declarada. Portaria - 3.079 - 27/09/2010, publicado em 28/09/2010.	17.200	Dois Irmãos do Buriti Sidrolândia	MS
15	Buritizinho	Terena	668 - Funai/Campo Grande: 2010	Homologada. Decreto - s/n - 23/05/1996, publicado em 24/05/1996. Reg. SPU Certidão 001 em 20/01/97.Reg. CRI do município e comarca de Sindrolândia (9,7428 centiares) Matric. n.1.800, Liv. 2-RG, Fl.01 em 10/06/96.	10	Sidrolândia	MS
16	Caarapó	Guarani Guarani Kaiowá Guarani Ñandeva	4.930 - Siasi/Sesai: 2014	Homologada. Decreto - 250 - 29/10/1991, publicado em 30/10/1991. Reg. SPU Certidão n.04 em 11/01/94.Reg. CRI Matr. 28.904, Liv.3-AP, Fl. 123 em 08/06/65. Reg. CRI no município e comarca de Caarapó (3.594 ha) Matr. n. 6.594 , Lv. Fl 42 em 17/12/91.	3.594	Caarapó	MS
17	Cachoeirinha	Terena	4.920 - Funai/Campo Grande: 2010	Declarada. Portaria - 791 - 19/04/2007, publicado em 20/04/2007.	36.288	Aquidauana Miranda	MS
19	Cerrito	Guarani Guarani Kaiowá Guarani Ñandeva	586 - Siasi/Sesai: 2014	Homologada. Decreto - s/n - 21/05/1992, publicado em 22/05/1992. Reg. SPU Certidão n. 07 de 13/01/94.Segundo o site da Funai em 89 de jan.19 a TI está regularizada	2.040	Eldorado	MS
20	Dourados	Guarani Guarani Kaiowá Guarani Ñandeva Terena	15.023 - Siasi/Sesai: 2014	Reservada. Decreto - 401 - 03/09/1917, publicado em . Título definitivo de 26/12/65. Reg. CRI Matr. 31.675 LIV 3-AS Fl 61 em 25/02/86. Reg. CRI Dourados Matr.3.539 LIV. 3-AS, Fl 61 em 03/06/71.	3.475	Dourados Itaporã	MS
21	Dourados-Amambaipeguá I	Guarani Guarani Kaiowá	5.800 - GT Funai: 2016	Identificada. Despacho - 59 - 12/05/2016, publicado em 13/05/2016.	55.600	Amambai Caarapó Laguna Carapã	MS

MATO GROSSO DO SUL

Terras Indígenas (continuação)
Instituto Socioambiental - 30/11/2022

Nº mapa	Terra Indígena	Povo	População (nº, fonte, ano)	Situação jurídica	Extensão (ha)	Município	UF
22	Guaimbé	Guarani Guarani Kaiowá	496 - Siasi/Sesai: 2014	Homologada. Decreto - 89.580 - 24/04/1984, publicado em 25/04/1984. Reg. SPU MS-374 de 07/11/84.Reg. CRI no município e comarca de Ponta Porã (716,9316 ha) Matr. 15.813 Liv 02 em 28/05/84.	717	Laguna Carapã	MS
23	Guasuti	Guarani Guarani Kaiowá	670 - Siasi/Sesai: 2014	Homologada. Decreto - s/n - 21/05/1992, publicado em 22/05/1992. Reg. SPU Certidão n. 06 de 12/01/94.Reg CRI no municipio de Aral Moreira O site da Funai em 8-1-19 diz que essa TI esta regularizada	958	Aral Moreira	MS
24	Guató	Guató	198 - Siasi/Sesai: 2014	Homologada. Decreto - s/n - 10/02/2003, publicado em 11/02/2003. Reg. SPU Certidão n. 1 de 12/03/04.Reg CRI no municipio e comarca de Corumbá (9.550 ha) Matr.24.808 Liv. 2-RG, Fl 01 em 12/12/2003. Reg CRI no municipio de comarca de Corumbá (1.434 ha) Matr. 24.809 Liv 2-RG, Fl 01 em 12/12/2003.	10.984	Corumbá	MS
25	Guyraroká	Guarani Guarani Kaiowá	525 - IBGE: 2010	Declarada. Portaria - 3.219 - 07/10/2009, publicado em 08/10/2009.	11.440	Caarapó	MS
26	Iguatemipeguá I	Guarani Guarani Kaiowá Guarani Ñandeva	1.793 - GT Funai: 2008	Identificada. Despacho - 01 - 07/01/2013, publicado em 08/01/2013.	41.571	Iguatemi	MS
27	Jaguapiré	Guarani Guarani Kaiowá	1.093 - Siasi/Sesai: 2014	Homologada. Decreto - s/n - 23/11/1992, publicado em 24/11/1992. Reg SPU, no site da Funai de 8-1-19 diz que a TI está regularizadaReg CRI no municipio de Tacuru e Comarca de Iguatemi (874 ha) Matr.R-2-5.084 Liv 2-RG. Ficha 01/04 em 27/11/2006. Reg.CRI no municipio de Tacaru e Comarca de Iguatemi (1.467 ha) Matr.R-1 5.127, Liv.2-RG, Ficha 01 em 02/07/2007.	2.342	Tacuru	MS
28	Jaguari	Guarani Guarani Kaiowá Guarani Ñandeva	383 - Siasi: 2014	Homologada. Decreto - s/n - 21/05/1992, publicado em 22/05/1992. Reg. SPU Cert. n. 08 em 17/01/94.Reg. CRI de Amambai (404 ha) Mat. 12.571 Liv. 2-RG Fl. 01V em 09/06/92.	405	Amambai	MS
29	Jarara	Guarani Guarani Kaiowá Guarani Ñandeva	303 - Siasi/Sesai: 2014	Homologada. Decreto - s/n - 12/08/1993, publicado em 13/08/1993. Ofício ao SPU n. 363/DAF de 26/11/93.Registgro no CRI de Juti (em andamento) segundo lista de terras registradas da Funai em junho de 2007.	479	Juti	MS
30	Jata Yvary	Guarani Guarani Kaiowá Guarani Ñandeva	480 - GT/Funai: 2004	Declarada. Portaria - 499 - 25/04/2011, publicado em 26/04/2011.	8.800	Ponta Porã	MS
31	Kadiwéu	Kinikinau Kadiwéu Terena	1.697 - Siasi/Sesai: 2014	Homologada. Decreto - 89.578 - 24/04/1984, publicado em 25/04/1984. Reg. SPU-MS Cert. 52 de 06/11/84.Reg. CRI do município e comarca de Porto Murtinho (538.535 ha) , Matr. 1/1154, L.2 Fls 1/2 em 22/05/84.	538.536	Porto Murtinho	MS
s/l	Kokue Y	Guarani Guarani Kaiowá	181 - Siasi/Sesai: 2014	Em Identificação. Portaria - 957 - 24/09/2002, publicado em 26/09/2002.		Antônio João Ponta Porã	MS
33	Lalima	Terena	1.508 - Siasi/Sesai: 2014	Homologada. Decreto - s/n - 23/05/1996, publicado em 24/05/1996. Reg. SPU Cert n.002 de 21/01/97.Reg. CRI no município e comarca de Miranda (3.000 ha) , Matr. 6.849, Liv. 2-R, Fl. 137 em 02/07/96.	3.000	Miranda	MS
s/l	Laranjeira Nhanderu (Brilhantepeguá)	Guarani Kaiowá Guarani Ñandeva		Em Identificação. Portaria - 793 - 09/08/2017, publicado em 15/08/2017.		Rio Brilhante	MS
35	Limão Verde	Terena	1.267 - Siasi/Sesai: 2014	Homologada. Decreto - s/n - 10/02/2003, publicado em 11/02/2003. Reg.SPU certidão n.18 de 13/08/2008Reg CRI no municipio e comarca de Aquidauana (5.377 ha) Matr.13.561, Liv. 2-RG, Ficha 01v/03 em 22/04/2003.	5.377	Aquidauana	MS
36	Ñande Ru Marangatu	Guarani Guarani Kaiowá	1.218 - Siasi/Sesai: 2014	Homologada. Decreto - s/n. - 28/03/2005, publicado em 29/03/2005.	9.317	Antônio João	MS
37	Nioaque	Terena	1.533 - Siasi/Sesai: 2014	Homologada. Decreto - 307 - 29/10/1991, publicado em 30/10/1991. Reg. SPU Cert. n. 09 de 18/01/94.Reg. CRI Matr. no municipio e com arca de Nioaque (3.029 ha) 881, Liv. 2-RG Fl. 001 em 21/11/91.	3.029	Nioaque	MS
38	Nossa Senhora de Fátima	Terena		Reservada. Outros - 0 - 21/06/2001, publicado em 21/06/2001. R-2-7.607, Lv. 2-U, Fl. 93	89	Aquidauana Miranda	MS
39	Ofayé-Xavante	Ofaié	148 - Siasi/Sesai: 2014	Declarada. Portaria - 264 - 28/05/1992, publicado em 29/05/1992.	1.937	Brasilândia	MS
40	Ofayé-Xavante	Ofaié		Reservada. Outros - s.n - 31/12/2016, publicado em 31/12/2016.	484	Brasilândia	MS
41	Panambi - Lagoa Rica	Guarani Guarani Kaiowá	1.016 - Siasi/Sesai: 2014	Identificada. Despacho - 524 - 09/12/2011, publicado em 12/12/2011.	12.196	Douradina Itaporã	MS
42	Panambizinho	Guarani Guarani Kaiowá	414 - Siasi/Sesai: 2014	Homologada. Decreto - s/n - 27/10/2004, publicado em 28/10/2004. Registro SPU certidão n. 12 de 19/04/2005.Reg CRI no municipio e comarca de Dourados (1.272 ha) Matr.75.027 LivRG Fl 01 em 02/02/2005.	1.272	Dourados	MS
43	Pilade Rebuá	Terena	2.104 - Funai/Campo Grande: 2010	Homologada. Decreto - 299 - 29/10/1991, publicado em 30/10/1991. Reg. SPU Cert. n.02 de 28/12/93.Reg. CRI no municipio e comarca de Miranda Matr. 6.139 Liv 2-P Fl. 57/58 em 18/03/92.	208	Miranda	MS
44	Pirajuí	Guarani Guarani Ñandeva	2.443 - Siasi/Sesai: 2014	Homologada. Decreto - 93.067 - 06/08/1986, publicado em 07/08/1986. Reg. SPU MS 001 em 10/03/92.Reg. CRI no município e comarca de Sete Quedas,(2.118 ha) Matr. 683 Liv. 2-RG Fl. 01/02 em 30/09/91.	2.118	Paranhos	MS
45	Pirakuá	Guarani Guarani Kaiowá	537 - Siasi/Sesai: 2014	Homologada. Decreto - - 13/08/1992, publicado em 14/08/1992. Reg. SPU Cert. 01 em 23/12/93.Reg. CRI no município e comarca de Bela Vista,(2.384 ha) Matr. 8.624 Liv. 2-RG Fl. 01V em 22/04/93.	2.384	Bela Vista Ponta Porã	MS
46	Potrero Guaçu	Guarani Guarani Ñandeva	786 - Siasi/Sesai: 2014	Declarada. Portaria - 298 - 13/02/2000, publicado em 17/04/2000.	4.025	Paranhos	MS
47	Rancho Jacaré	Guarani Guarani Kaiowá	444 - Siasi/Sesai: 2014	Homologada. Decreto - 89.422 - 08/03/1984, publicado em . Reg. SPU Cert. n. 058 , Reg. MS-375 em 17/12/84.Reg. CR no municipio e comarca de Ponta Porã (777 ha) Matr. 15.814 Liv. 02 Fl. 1V/2 em 28/05/84.	778	Laguna Carapã	MS

MATO GROSSO DO SUL
Terras Indígenas (continuação)
Instituto Socioambiental - 30/11/2022

Nº mapa	Terra Indígena	Povo	População (nº, fonte, ano)	Situação jurídica	Extensão (ha)	Município	UF
48	Sassoró	Guarani Guarani Kaiowá Guarani Ñandeva	2.422 - Siasi/Sesai: 2014	Reservada. Decreto - 835 - 14/11/1928, publicado em 15/11/1928. Reg. CRI Matr. 271 Liv. 3 Fl. 53 em 07/06/65.	1.923	Tacuru	MS
49	Sete Cerros	Guarani Guarani Kaiowá Guarani Ñandeva	612 - Siasi/Sesai: 2014	Homologada. Decreto - s/n - 01/10/1993, publicado em 04/10/1993. Ofício ao SPU n. 364/DAF em 26/11/93.	8.584	Paranhos	MS
50	Sombrerito	Guarani Guarani Ñandeva	209 - Siasi/Sesai: 2014	Declarada. Portaria - 3.076 - 27/09/2010, publicado em 28/09/2010.	12.608	Sete Quedas	MS
51	Sucuriy	Guarani Guarani Kaiowá	393 - Siasi/Sesai: 2014	Homologada. Decreto - s/n - 14/04/1998, publicado em 15/04/1998. Reg. SPU Certidão n. 36 de 09/12/03.Reg. CRI no município e comarca de Maracaju (535 ha) Matr. 8.254 Lv. 2-RG Fl. 001 em 08/09/98.	535	Maracaju	MS
52	Takuaraty/Yvykuarusu	Guarani Guarani Kaiowá	591 - IBGE: 2010	Homologada. Decreto - s/n - 01/10/1993, publicado em 04/10/1993.	2.609	Paranhos	MS
53	Taquaperi	Guarani Guarani Kaiowá	3.339 - Siasi/Sesai: 2014	Reservada. Decreto - 835 - 14/11/1928, publicado em 15/11/1928. Reg. CRI Matr. 272 Liv. 3 Fl. 53 em 07/06/65.	1.886	Coronel Sapucaia	MS
54	Taquara	Guarani Guarani Kaiowá	294 - Siasi/Sesai: 2014	Declarada. Portaria - 954 - 04/06/2010, publicado em 07/06/2010.	9.700	Juti	MS
55	Taunay/Ipegue	Terena	4.090 - Funai/Campo Grande: 2010	Declarada. Portaria - 497 - 29/04/2016, publicado em 02/05/2016.	33.900	Aquidauana	MS
56	Ypoi-Triunfo	Guarani Guarani Ñandeva	869 - GT Funai: 2009	Identificada. Despacho - 27 - 14/04/2016, publicado em 19/04/2016.	19.756	Paranhos	MS
57	Yvy Katu	Guarani Guarani Ñandeva	4030 - Funasa: 2008	Declarada. Portaria - 1.289 - 30/06/2005, publicado em 04/07/2005.	9.454	Japorã	MS

GUARANI KAIOWÁ / GUARANI ÑANDEVA

"Nós Estamos Vivendo pela Terra"

Vários autores*

DESDE 2016 NENHUMA ÁREA FOI RECONHECIDA AOS GUARANI KAIOWÁ E GUARANI ÑANDEVA. ASSISTIMOS NO PERÍODO À PARALISAÇÃO DOS PROCESSOS DE DEMARCAÇÃO NA REGIÃO E A UMA SÉRIE DE ATAQUES CONTRA AS COMUNIDADES – QUE SEGUIRAM NA LUTA POR RETOMAR SEUS TEKOHA, TERRAS TRADICIONAIS

Entre novembro e dezembro de 2018, uma equipe de pesquisadores, jornalistas e lideranças indígenas percorreu 47[1] das terras tradicionalmente ocupadas pelos Guarani Kaiowá e Guarani Ñandeva na região sul de Mato Grosso do Sul – priorizando retomadas, acampamentos à beira de estradas e áreas que ainda não haviam tido seu processo demarcatório iniciado, em processo de demarcação ou com procedimentos prejudicados pela judicialização.

Tratava-se de uma expedição emergencial, um mutirão de pesquisa organizado com as lideranças da Aty Guasu durante a assembleia que realizaram na TI Arroio Kora, com o objetivo de documentar a presença dessas comunidades. À época da eleição de Bolsonaro, pairava um grande temor pela segurança das comunidades, que já enfrentavam um dos piores contextos de ameaça aos direitos territoriais indígenas e de graves violações aos direitos humanos,[2] especialmente em acampamentos e retomadas.

"O povo Kaiowá Guarani é contra Jair Bolsonaro. Temos a nossa resistência, a nossa luta e o nosso *ñembo'e*, não necessitamos nos esconder atrás de uma arma em busca de poder – lutamos com a garra e a coragem", haviam alertado as lideranças do Conselho da Aty Guasu em uma carta divulgada no período pré-eleitoral, que explicava porque, naquele momento, estavam recorrendo às rezas *ñembo'e*, sua derradeira e mais importante arma, para defender suas terras. Em entrevista, Genito Gomes, do *tekoha* Guaiviry, no município de Aral Moreira/MS, manifestava preocupação: "Nós estamos esperando nossa morte, porque ele falou que vai colocar todos que tem arma para matar o ser humano".

Registradas em áudio, foto e vídeo, as narrativas sobre a situação dos *tekoha*, territórios tradicionais desses povos, foram apresentadas por cerca de 40 entrevistados indígenas, que também participaram do documentário "Tempo de Guavira" (Brasil, 2021, 47'). "Quero que este trabalho seja divulgado e que possa garantir os direitos dos povos indígenas aos seus territórios tradicionais e dos Kaiowá e Guarani do Mato Grosso do Sul", explicava Leila Rocha, liderança que luta há décadas pelo reconhecimento da TI Yvy Katu, declarada em 2005.

Para além de documentar a situação dos *tekoha* visitados, a pesquisa registrou os assédios e violências que algumas comunidades haviam sofrido durante o período eleitoral. Na TI Ñanderu Marangatu, em Antônio João/MS, moradores de uma das aldeias foram intimidados por tiros, desferidos contra uma das placas na estrada que atravessa a terra. "Na campanha do que vai ser o atual presidente, eles amedrontaram sim, deram muitos tiros na BR. A gente não sabe por qual razão, se querem intimidar. E outra conversa sai muito, [é] que assim que o presidente assumir, a gente vai perder tudo", testemunhava à época Inaye Gomes Lopes, liderança de Ñanderu Marangatu, historiadora e vereadora. A cerca de 200 km dali, em uma área retomada às margens da Reserva Indígena de Dourados (MS), outra comunidade também havia sido atacada e, durante a visita, os pesquisadores fotografaram cartuchos de projéteis, guardados pelos moradores.

Infelizmente, nos últimos cinco anos, estes não foram nem os primeiros nem os últimos ataques vivenciados pelos Guarani Kaiowá e Ñandeva. As demarcações na região, que já andavam a passos lentos, foram totalmente paralisadas e as situações de violência continuaram frequentes. "A gente vive derramando sangue, demarcando nossas terras com nosso próprio sangue", resumiu a liderança Inaye ao comentar a omissão do Estado em garantir os direitos territoriais de seu povo.[3] "A gente não quer o Mato Grosso do Sul inteiro pra nós", completou.

TERRA DE PAPEL

A situação atual decorre de um violento processo de desterritorialização vivido ao longo de pouco mais de meio século por essa população – que soma cerca de 65 mil pessoas em Mato Grosso do Sul, segundo dados do Mapa Guarani Continental (2016). Se hoje há 31 TIs reconhecidas aos Guarani Kaiowá e Ñandeva que, somadas, representam uma área de 240.672 hectares, a quantidade de hectares que efetivamente está sob usufruto exclusivo dos Guarani é muito menor: apenas 26% ou 63.001 hectares estão em posse efetiva dos indígenas.[4] O restante é "terra de papel".[5] Dessas 31 terras, oito correspondem às Reservas Indígenas criadas no início do século XX pelo SPI, áreas diminutas que, além de superpopulosas, perderam área ao longo das décadas. Já as TIs reconhecidas após a década de 1980 são hoje 24 e somam um total de 224.745 hectares. Há ainda sete áreas em identificação, que correspondem aos GTs criados pela Funai em virtude de um Compromisso de Ajustamento de Conduta (CAC) firmado em 2007 com o Ministério Público Federal (MPF).

As áreas que os Guarani Kaiowá e Guarani Ñandeva estão impedidos de ocupar plenamente estão hoje dominadas pelas atividades agropastoris mesmo quando há processos de demarcação finalizados ou em curso. Entre as estratégias utilizadas para impedir a ocupação indígena estão a intensa judicialização dos processos demarcatórios e os despejos extrajudiciais – realizados diretamente por proprietários, por empresas de segurança privada e até por forças policiais atuando fora da legalidade. Exemplo disso é que, em 2016, após meses de investigações, a Força-Tarefa Avá-Guarani do MPF chegou à conclusão de que proprietários rurais haviam contratado jagunços para atacar uma das comunidades guarani kaiowá, denunciando 12 pessoas por formação de milícia privada e outros crimes – um *modus operandi* comum a outras situações emblemáticas na região.

A última terra dos Guarani Kaiowá identificada pela Funai foi a TI Dourados Amambaipeguá I, que teve seus estudos publicados em 2016, com uma área de 55.600 hectares de extensão no entorno da RI Caarapó – onde os indígenas viveram confinados por quase 100 anos. Logo após a identificação da área, alguns grupos familiares sentiram-se fortalecidos para levantar os *tekoha* que há tanto lutavam para ver demarcados, retomando seus territórios tradicionais.[6] As ações de recuperação territorial, entretanto, foram imediatamente reprimidas por uma articulação que envolveu o Sindicato Rural de Caarapó (MS), políticos e proprietários locais, levando à prisão de cinco fazendeiros acusados de envolvimento no assassinato de um indígena e agressões a inúmeros outros – no episódio que ficou conhecido como o Massacre de Caarapó. Atualmente, os indígenas ocupam cerca de 900 hectares além dos 3.594 hectares da reserva.

Já a TI Ñanderu Marangatu – que foi homologada em 2005 com 9.317 hectares e parcialmente suspensa por decisão do STF –, conta com aproximadamente 80% de sua área em posse efetiva dos indígenas, mas os processos de retomada e reocupação resultaram em dois indígenas assassinados em diferentes momentos. Atualmente, a comunidade indígena vive um ambiente de ameaça constante e o processo de demarcação segue atacado por inúmeras ações judiciais. Em dezembro de 2019, a Procuradoria Especializada da Funai foi orientada pela presidência do órgão a desistir de defender a comunidade indígena na Suspensão de Liminar n.º 926/MS, que assegurava a presença indígena na área.[7]

Em meados de 2022, um novo capítulo dessa história de violência ocorreu em duas regiões: em retomadas na vizinhança da Reserva Indígena de Amambai, a segunda mais populosa da região, e em uma retomada no município de Naviraí/MS. O ataque de forças policiais à aldeia Guapoy Mirin/Tujury, em Amambai/MS, em uma ação de despejo extrajudicial, levou à morte do jovem guarani kaiowá Vitor Fernandes, causando grande comoção na opinião pública. Parte dos indígenas feridos durante o ataque chegaram a ser hospitalizados sob escolta policial e muitos deixaram de procurar atendimento médico por medo de sofrerem novas violências. Na ocasião, a Apib chegou a pedir providências ao MPF pela "atuação de forças militares do estado de Mato Grosso do Sul em regime de milícia privada" e o MPF em Ponta Porã (MS) realizou uma perícia antropológica, que concluiu terem havido violações de direitos contra os indígenas.

"NÓS ESTAMOS VIVENDO PELA TERRA"

Mesmo em meio a tanta violência, os Guarani Kaiowá e Ñandeva seguem seu incessante movimento de retomada de seus tekoha e de recuperação ambiental através do cultivo de suas roças multidiversas, ainda que em áreas exíguas e devastadas pelos impactos ambientais das monoculturas. Como consequência do abandono dos últimos anos e da falta de planos de gestão territorial, os Guarani Kaiowá e Ñandeva estão cada vez mais suscetíveis ao assédio do arrendamento de suas terras às atividades do agronegócio; prática que tem intensificado conflitos no interior das comunidades.

Um dos exemplos recentes dessas retomadas é o do *tekoha* Laranjeira Ñanderu, cuja comunidade aguardava a publicação dos estudos antropológicos pela Funai numa área de reserva legal em Rio Brilhante/MS. Logo após as eleições, parte da comunidade retomou uma área do território que estava em posse de fazendeiros – onde hoje as famílias conseguem manter seus roçados tradicionais. No entanto, ao realizar a retomada de uma outra porção do território em fevereiro de 2022, a comunidade foi duramente reprimida por forças policiais. Também dedicado aos plantios tradicionais, o centenário ancião Tito Vilhalva, da TI Guyraroká, testemunhou em entrevista: "Nós estamos vivendo pela terra. Plantando mandioca, batata, abóbora, milho. Pouquinho, mas não estamos passando fome. Nunca pedi pro fazendeiro: 'me dá um arroz, um quiabo, manga, melancia'. Não! Nós plantamos um pouquinho pra viver".

GRITO DE RESISTÊNCIA

Em Mato Grosso do Sul, mulheres indígenas guarani kaiowá e guarani ñandeva se organizam para lutar por direitos e reivindicar suas terras. Através da fala forte, asseguram a existência de seu povo e de sua cultura. Para os Guarani Kaiowá e Ñandeva, a falta de território não é apenas sinônimo de um cotidiano saturado e mais difícil. A terra é sagrada e nela se realiza o ñandereko, *a filosofia que rege o modo de ser e viver. Limitado por cercas, esse povo foi, aos poucos, retornando aos lugares de onde foram expulsos. Quando homens e mulheres voltam à terra ancestral, eles recuperam suas redes de parentesco, sabedoria e valores. Isso, porém, não é feito de maneira desordenada; são estratégias de ação política lideradas, principalmente, por mulheres de acordo com o* kuña reko *(o modo de ser das mulheres guarani).*

Por muito tempo, estudiosos da população e da cultura indígena acreditaram que os homens comandavam as aldeias. Mas a certeza hoje é que sem a mulher não há tekoha *(como eles denominam o território, a aldeia onde vivem). Elas são as portadoras da* jeko vya'ha, *a capacidade de gerar alegria, característica fundamental para a convivência em sociedade e para a luta que envolve a retomada das terras. As mulheres são ainda* oñandu kuaa've opa mba'e, *as que se permitem explorar sentimentos com profundidade. Em contato com suas emoções, tornam-se as responsáveis por guardar a história da família e perpetuar laços. Quem é incumbido de nutrir seu círculo, detém conhecimento – e essa é tarefa delas, por exemplo das* jary, *as avós. É ousado e atual pensar a etnografia dos Guarani do ponto de vista das mulheres, uma inversão do estereótipo. Enquanto os homens saem para trabalhar nas lavouras e fazendas próximas, em usinas e frigoríficos, elas cuidam das aldeias e das crianças. Quando vão às cidades para fazer compras, vendas e coleta, como na feira, acompanhadas dos pequenos, nota-se a hostilidade das outras pessoas. A demarcação das terras vira, assim, pauta fundamental dos encontros e das mobilizações femininas organizados pelas indígenas. A reivindicação é também a única maneira de assegurar sua existência. Por isso, unem suas forças e falas em um movimento de resistência. Mato*

OS ENCONTROS

As aty guasu são grandes assembleias realizadas pelos Guarani Kaiowá e Ñandeva. Nesses encontros, as pautas de direitos são discutidas coletivamente. Porém, não se parecem em nada com as assembleias de condomínios ou com as públicas, às quais estamos acostumados. Lá, em sua terra, eles fazem cantos, rezas e danças. A reza é fundamental para que os Guarani possam viver bem em seus tekoha. *Por meio dela, comunicam-se com suas divindades e garantem a alegria e a energia necessária para resistir aos obstáculos. Nessas reuniões, eles conversam, trocam conselhos, com a liberdade de estar entre os seus, já que a presença dos não indígenas é mínima. Há várias modalidades de aty guasu, como o* aty *jovem e o* aty *kuña, só para mulheres. Quando se reúnem, elas fazem, além das rezas, o batismo das crianças e de alimentos, como o milho, tão essencial nessa cultura. No entanto, nenhum aty é mais importante do que o outro. Para os Guarani, a vida só funciona em comunidade. Então, os homens colaboram para a realização dos aty femininos, mas o lugar de fala pertence a elas. Esse eixo de articulação inclui mulheres de várias idades e aldeias. Foi realizado pela primeira vez em 2005, na TI Ñanderu Marangatu, motivado pelo despejo violento de uma aldeia.*

Nesse ambiente seguro, elas discutem sobre o kuña reko, *partilham saberes de rezas, uso de plantas e remédios. Cuidam do corpo e da alma, pois compreendem como combinar a reza com certa medicação para garantir a saúde física e espiritual. As crianças são assunto quando abordam a educação dos pequenos e o desempenho na escola. Também falam das intervenções da Secretaria Especial de Saúde Indígena (Sesai), da judicialização dos processos de terras indígenas e da política nacional. Tudo o que for resolvido nas aty depois é registrado em documentos e encaminhados aos órgãos públicos e instituições que tratam das questões indígenas no Brasil.*

É o momento de se posicionar, de dar a chance umas às outras de ser ouvidas e de ter suas demandas encaminhadas a outras esferas, principalmente à pública. As aty kuña mostram que as Guarani podem falar o que quiserem se acharem apropriado – é a tomada do lugar de fala. É verdade que elas são conhecidas pela língua afiada e pelas palavras desmedidas. Enquanto os homens são considerados mediadores mansos, elas enxergam as situações com clareza, reconhecem com antecedência situações de perigo ou a presença de inimigos. Elas reagem por eles; por isso, os rompantes são comuns. A fala forte chama a atenção. Há potência ali, há capacidade de transformar as relações. E isso respinga no nosso mundo. Qualquer mulher que pare para ouvir uma Guarani se põe a pensar, a refletir. Olhar para elas – e para as indígenas em geral – é abrir-se ao aprendizado. Entende-se que não existe apenas uma maneira, ou a nossa maneira, de ser mulher. Há multiplicidade nas nossas existências. (Lauriene Seraguza, antropóloga, *Revista Cláudia*, dezembro de 2018)

Rezadoras Guarani Kaiowá da Aty Guasu - Grande Assembleia do Povo Guarani Kaiowá, durante o 14º Acampamento Terra Livre.

© LUCAS LANDAU, 2018

Mulheres fazem dança guaxiré em área retomada no tekoha Laranjeira Ñanderu, em Rio Brilhante (MS).

Eles também seguem fortalecendo suas formas próprias de organização, através das assembleias da Aty Guasu, Kuñangue Aty Guasu e Retomada Aty Jovem (RAJ). Mesmo durante os primeiros anos da pandemia de covid-19, as Aty Guasu, que costumavam reunir centenas de lideranças, passaram a acontecer de modo virtual, com reuniões semanais ou quinzenais que buscavam dar conta do encaminhamento das pautas prioritárias das comunidades e da organização de "barreiras sanitárias" – uma das principais estratégias de defesa das aldeias guarani kaiowá e ñandeva contra o avanço do novo coronavírus.

Também ocorreram no período assembleias virtuais da Kuñangue Aty Guasu, movimento das mulheres guarani kaiowá – especialmente engajadas na difusão de denúncias de violência contra a mulher e contra os *ñanderu* e *ñandesy*, rezadores e rezadoras desse povo. Em setembro de 2021, na TI Sete Cerros, as reuniões da Aty Guasu voltaram acontecer de modo presencial e, no mesmo ano, aconteceu pela primeira vez uma Kuñangue Aty Guasu presencial em Brasília, antecedendo a II Marcha das Mulheres Indígenas.

Em um de seus últimos depoimentos antes de falecer em 2020, na TI Yvy Katu, o ancião guarani ñandeva Sabino Dias explica o motivo de tanta luta: "Nós somos índios guarani e kaiowá e nós queremos aquela que era a nossa terra, onde está a caveira do nosso parente. Por isso que nós lutamos!". O que os Guarani Kaiowá e Guarani Ñandeva seguem buscando é embelezar a terra com suas caminhadas e seus cantos-rezas, é viver conforme o *ava reko*, seu modo de existência tradicional; mesmo que isso signifique entrar em guerra, como afirma Leila Lopes: "A guerra nossa, só depois que a gente morrer tudo, que vamos parar". *(dezembro, 2022)*

* OS AUTORES

TATIANE KLEIN, antropóloga, doutoranda no PPGAS/USP e membra da Rais

LAURIENE SERAGUZA, antropóloga, professora na UFGD e membra da Rais

ALINE CRESPE CASTILHO, antropóloga, professora na UFGD e membra da Rais

ELIEL BENITES, geógrafo, professor na UFGD e membro da Rais

ROSA SEBASTIANA COLMAN, demógrafa, professora na UFGD e membra da Rais

LEVI MARQUES PEREIRA, antropólogo, professor da UFGD

NOTAS

[1] Realizada pela Rede de Apoio e Incentivo Socioambiental (Rais), pela Aty Guasu e pelo Conselho Indigenista Missionário (Cimi/MS), com apoio da DKA Austria e da Universidade de Cardiff. Em algumas dessas terras, havia mais de uma localidade sendo ocupada pelos indígenas, de forma que, no total, a pesquisa passou por 65 tekoha.

[2] Ver Relatório da Comissão Nacional da Verdade (CNV), Volume II, 2014.

[3] Durante uma comunicação no I Seminário de Antropologia do Centro-Oeste, na Universidade Federal de Goiás (UFG), em agosto de 2022.

[4] Conferir dados no quadro "Área reconhecida e efetivamente ocupada pelos Kaiowa e Guarani nas Reservas Indígenas e Terras Indígenas demarcadas após 1980", *in* COLMAN, R. S., & MARQUES PEREIRA, L. Os Kaiowá e Guarani no Mato Grosso do Sul e suas Incansáveis Lutas pelos Tekoha frente às Transformações Territoriais, Ambientais e Formas de Mobilidade. *Revista De Estudos E Pesquisas Sobre As Américas*, 14(3), 57–76, 2021, p. 67.

[5] CAVALCANTE, Thiago Leandro Vieira. *Demarcação de terras indígenas kaiowá e guarani em Mato Grosso do Sul*: histórico, desafios e perspectivas, 2014.

[6] Ver mais informações sobre esse processo em BENITES, E.. Tekoha Ñeropu'ã: Aldeia Que Se Levanta/Tekoha Ñeropu'ã: indian village that gets up. *Revista Nera*, (52), 2020, 19–38.

[7] Conforme denunciou a reportagem "Funai desiste de ação que mantém indígenas em Ñande Ru Marangatu; GT sofre interferência e portarias isolam aldeias", do Cimi.

TI GUYRAROKÁ

Mentiras Brancas, Verdades Indígenas: Como o STF Inventou o Marco Temporal

Carolina Santanna | Advogada, OPI e Ipri

UMA SÉRIE DE INTERPRETAÇÕES DESCOLADAS DA CONSTITUIÇÃO CULMINARAM NA ANULAÇÃO DA TI GUYRAROKÁ, FAVORECENDO O INTERESSE DE GRUPOS ECONÔMICOS ORGANIZADOS

Guyra Roka significa, em língua guarani, terreiro de pássaros e denomina, para os Guarani Kaiowá que lá vivem, um espaço territorial específico localizado no interior da Terra Indígena que ficou conhecida por Guyraroká, grafada assim, tudo juntinho. Seu Tito Vilhalva, principal liderança indígena dali, me contou que não é mais possível conhecer o Guyra Roka, porque, agora, esse lugar está dentro de uma fazenda. Olhando ao redor e apontando com o indicador, ele disse o mesmo do local onde seus pais estão enterrados; do Rio Caracu, onde ele mais gostava de pescar; do local onde cresceu e de tantas outras localidades. Fez uma pausa, tragou o mate e completou: "Não tem mesmo como ir. Ali tem pistoleiro, cachorro e agora tem até câmera na porteira".

Seu Tito e seus parentes vivem hoje confinados em um espaço de 44 hectares de um total de 11.401 hectares reconhecidos pela União como Terra Indígena. Guyraroká fica no município de Caarapó, Estado do Mato Grosso do Sul, um dos estados da federação onde os representantes do agronegócio estão mais organizados em torno do objetivo de atacar as garantias territoriais indígenas asseguradas pela Constituição Federal.

Sobre a TI Guyraroká foram identificados pela Funai 26 ocupantes não indígenas, sendo 14 detentores de títulos de propriedade.[1] Destes, aqueles com maiores influência política e poder aquisitivo encontram-se organizados nos movimentos de ruralistas da

© CHRISTIAN BRAGA/FARPA/CIDH, 2018

No centro, seu Tito Vilhalva, liderança da TI Guyraroká (MS) durante visita da Comissão Interamericana de Direitos Humanos (CIDH) a seu território.

região[2] e, juntos, têm empreendido estratégias de toda ordem em busca de seu objetivo. Dentre as estratégias mais utilizadas na região estão a expulsão violenta de populações indígenas das terras que tradicionalmente ocupam, a elaboração de argumentações jurídicas e, até mesmo, a criação de uma pós-graduação específica para a formação de antropólogos dispostos a contestar Relatórios Circunstanciados de Identificação e Delimitação (RCIDs) de Terras Indígenas elaborados pela União. Seu Tito e seus parentes já experimentaram na pele o efeito de todas estas estratégias.

Expulsos da terra na década de 1940, os Guarani Kaiowá em Guyraroká foram levados para a Reserva Indígena (RI) Caarapó (aldeia Tei'ýkue, uma espécie de "bairro" da cidade de Caarapó. A Reserva, diferentemente da Terra Indígena, não é resultado de um estudo investigativo sobre a tradicionalidade da ocupação do local, mas sim de uma desapropriação empreendida pelo poder público federal para este fim. De acordo com o artigo 27 do Estatuto do Índio, "Reserva indígena é uma área destinada a servir de hábitat a grupo indígena, com os meios suficientes à sua subsistência". As Reservas, no entanto, são mais antigas que o Estatuto do Índio. Segundo Aline Crespe[3] as reservas aparecem no sul do Mato Grosso do Sul como consequência da consolidação dos projetos de colonização, ocasionando a perda da terra pelos indígenas, que foram retirados de suas terras tradicionais e levados para estes locais.

Cansados da vida confinada da reserva e dos inúmeros problemas decorrentes desta condição, os Guarani Kaiowá em Guyraroká iniciaram, no ano 2000, um movimento de retomada das terras. No ano de 1998, dois anos antes das retomadas kaiowá em Guyraroká, a 1.400 km de distância dali, o Supremo Tribunal Federal, em Brasília, começava a mudar a sua compreensão a respeito da aplicação do artigo 231 da CF/88. Até 1998, o referido dispositivo legal era aplicado sem "poréns", ou seja, tal qual enunciado na norma e regulamentado pelo Decreto n. 1.775/96. No ano de 1998, contudo, Nelson Jobim foi nomeado ministro do STF e trouxe consigo uma inconformidade que carregava desde seus tempos de constituinte. Jobim faz parte de um grupo de constituintes que não se conformaram com a aprovação do texto constitucional tal qual fora aprovado. Assim, ocupando este importante espaço de poder, o de ministro responsável pela guarda e interpretação do texto constitucional, convenceu seus pares de que o texto constitucional deveria ser interpretado de forma diferente do que vinha sendo desde 1988. Disse ele no Recurso Extraordinário nº 219.983-3/SP:

"É um dado efetivo em que se leva em conta *o conceito objetivo de haver posse*. É preciso deixar claro, também, que a palavra tradicionalmente não é posse imemorial, é a forma de possuir; não é a posse no sentido da comunidade branca, mas, sim, da comunidade indígena. Quer dizer, o conceito de posse é o conceito tradicional indígena, mas há um requisito fático e histórico *da atualidade da posse*, possuída de forma tradicional. (*grifo nosso*) (Brasil, 1998)".

A partir de então os indígenas, para verem garantidos os direitos territoriais sobre as terras que tradicionalmente ocupam, deveriam comprovar a atualidade da posse no momento da demanda pelo território. O ministro Nelson Jobim, ao discorrer sobre a tradicionalidade da ocupação indígena, afirmou que, em qualquer análise que se faça sobre os direitos territoriais indígenas, há que se observar que existe "um dado fático necessário: estarem os índios na posse das terras".

Tal interpretação do STF ainda não fazia eco nas demais instâncias do judiciário, uma vez que não refletia uma demanda advinda do corpo social. Assim, os Guarani Kaiowá em Guyraroká seguiram sua luta pela terra, e em incontáveis viagens a Brasília conseguiram, por fim, a delimitação de seu território pela Funai (Despacho n. 76 de 12.08.2004/Funai) e a declaração pelo Ministro da Justiça (Portaria n. 3.219/2009).

Em 2009, porém, os ministros do STF novamente mudaram sua compreensão a respeito da interpretação do art. 231 da CF/88. Na Petição 3388/RR,[4] o relator ministro Ayres Britto afirmava que não mais teria serventia a comprovação da "posse atual". Ayres Britto valeu-se da técnica de *Interpretação Conforme à Constituição* para chegar à conclusão de que o que os indígenas precisavam comprovar era a posse na data exata da promulgação da Constituição, 5 de outubro de 1988. Um novo elemento era, portanto, trazido à hermenêutica constitucional e ganhou força com o nome de Tese do Marco Temporal.

A nova interpretação do STF veio calhar perfeitamente aos fazendeiros que seguiam disputando as terras e, rapidamente, levaram o novo pedido ao Poder Judiciário. O Mandado de Segurança nº 14.746-DF foi impetrado no Superior Tribunal de Justiça, que assim se manifestou:

"(...) o ilustre Min. Ayres Britto, no voto que envolveu rumorosa questão jurídica, interpretou e conceituou termos ainda não enfrentados pela jurisprudência pátria de forma clara e objetiva. Restou definido que a data da promulgação da Constituição (05/10/1988) constitui o parâmetro que deve ser levado em conta para aferir-se a ocupação de terras pelos indígenas. Deve ser demonstrado que os índios, àquela data, já estavam localizados na área a ser demarcada - MARCO TEMPORAL. Ficou, ainda, definido que a ocupação da terra pelos índios transcende ao que se entende como mera posse da terra, no conceito de direito civil. Deve-se apurar se a área a ser demarcada guarda ligação anímica com a comunidade; se os índios têm a noção de que a discutida região forma um só ser com a comunidade: é a cosmovisão mencionada pelo Min. Britto - MARCO TRADICIONALISTA DA OCUPAÇÃO. No caso dos autos, como bem frisou o parecer ofertado pelo Ministério Público Federal, ficou demonstrado por meio de laudo elaborado pela FUNAI que *a comunidade Kaiowá encontra-se na área a ser demarcada desde os anos de 1750-1760, tendo sido desapossados de suas terras nos anos 40 por pressão de fazendeiros (fl. 25). Aferiu-se, ainda, que a comunidade indígena permaneceu na região trabalhando nas fazendas, cultivando costumes dos seus ancestrais e mantendo laços com a terra. (grifo nosso)*

Veja que o STJ considerou haver comprovação suficiente no documento técnico e político elaborado pela União ("laudo elaborado pela Funai") de que a comunidade guarani kaiowá encontra-se na área a ser demarcada desde os anos de 1750-1760, tendo sido desapossados de suas terras nos anos 1940 por pressão de fazendeiros.

Indignados com a interpretação do STJ, os fazendeiros reclamaram então ao STF e saíram vitoriosos. Cinco anos depois, em 2014, a Segunda Turma do STF proferiu decisão anulando a declaração da TI Guyraroká.

Dos votos ali apresentados, chama atenção o do ministro Gilmar Mendes, que disse ter verificado que o RCID da TI Guyraroká,[5] elaborado pela Funai, indica que a população kaiowá residiu na terra reivindicada até o início da década de 1940, mas que por pressões dos fazendeiros alguns saíram e outras famílias lograram permanecer no local (...) (fl. 30). Segundo Mendes, essa seria a prova de que há mais de 70 anos não existe posse indígena em Guyraroká e, a partir disso, resgatou o entendimento do então ministro. Nelson Jobim destacando, em relação ao reconhecimento de Terras Indígenas, que as terras devem ser ocupadas de modo tradicional e que a posse deve ser atual. Em seguida, combinou esse entendimento de Jobim com o julgamento do caso Raposa Serra do Sol, na Pet. 3.388, que definiu o marco temporal da ocupação para anular a portaria declaratória da TI Guyraroká.

O processo já transitou em julgado, o que, grosso modo, significa dizer que não cabe mais recurso da decisão e que, portanto, a TI Guyraroká não existe mais.

Guyraroká foi anulada no mesmo ano em que também se anularam as portarias declaratórias das TIs Porquinhos, do povo Canela, e Limão Verde, do povo Terena. Essas anulações de Terras Indígenas pelo Poder Judiciário são inéditas na história constitucional brasileira e merecem ser analisadas com atenção e resgate histórico, pois não se referem a fatos isolados, mas, sim, compõem um longo processo de desconstitucionalização das garantias territoriais dos povos indígenas, representando o ápice de uma cadeia de eventos desconstituintes e antidemocráticos que remontam à própria Assembleia Nacional Constituinte. Tal processo de desconstitucionalização dos direitos territoriais indígenas se iniciou antes mesmo de a Constituição ser promulgada e segue sendo perpetrado no âmbito dos três poderes da República.

Apesar de estarem inseridas em uma longa cadeia de fatos desconstituintes que perduram no tempo, os argumentos que as sustentam são flagrantemente inconstitucionais e se retroalimentam de debates já superados – ao menos em votação – na Assembleia Constituinte.

Existe no Brasil uma estrutura bastante robusta e interconectada entre os poderes da República que configura uma barreira à plena efetivação dos direitos territoriais indígenas, independentemente da qualidade dos argumentos por ela levantados. É contra essa estrutura que Seu Tito luta com seu corpo, presente no confinamento de 44 hectares, e com sua voz. Seu Tito nunca foi ouvido no processo judicial que anulou sua terra. Disse o STF que os Guarani Kaiowá podiam ser representados pela Funai, à revelia de qualquer superação do paradigma tutelar. Apesar disso, Seu Tito não desiste. Ouviu de seus advogados que uma tal Ação Rescisória vai permitir que ele seja ouvido no STF. Seu Tito segue num misto de espera e desesperança. Disse certa vez: "Eu já fui muito lá em Brasília. Já contei muito a minha história, mas eles não acreditam. Eles não querem acreditar. É verdade a minha história. Eu conheço cada córrego do Guyra Roka. Já contei muito a minha história. Agora eu cansei". *(agosto, 2022)*

NOTAS

[1] FUNAI. Processo Administrativo 08620.001949/2004-73. Vol. 1. Identificação e delimitação da Terra Indígena Guyraroká. 2004. fls. 332)

[2] Deste movimento é egresso o último secretário de assuntos fundiários do Governo Federal, Nabhan Garcia e duas senadoras da República, Soraya Thronicke e Simone Tebet, candidatas à presidência da República no pleito de 2022.

[3] CRESPE, Aline Castilho. Mobilidade e Temporalidade Kaiowá: Do Tekoha à "reserva", Do Tekoharã ao Tekoha. Tese de doutorado apresentada no Programa de Pós-graduação em História, UFGD, 2015, p. 21.

[4] BRASIL. Supremo Tribunal Federal. Acórdão Petição nº 3.388. Relator Carlos Ayres Britto. 2009.

[5] PEREIRA, L. Relatório Circunstanciado de Identificação e Delimitação da Terra Indígena Guyra Roka, 2004b. in: FUNAI. Processo Administrativo n. 08620.001949/2003-73

VIOLÊNCIA

"Não é Apenas a 'Palavra de Deus', Mas um Jeito de Atingir o Povo Kaiowá e Guarani"

Entrevista à equipe de edição[1]

IZAQUE JOÃO É UM DOS PRINCIPAIS ACADÊMICOS GUARANI KAIOWÁ E HÁ ANOS DESENVOLVE PESQUISAS JUNTO AOS ÑANDERU E ÑANDESY, LIDERANÇAS TRADICIONAIS DOS POVOS GUARANI KAIOWÁ E GUARANI ÑANDEVA, ACOMPANHANDO SITUAÇÕES DE VIOLÊNCIA CONTRA ELES – QUE SE AGRAVARAM NO ÚLTIMO PERÍODO

Doutorando em Antropologia Social pela USP e mestre em História pela UFGD, nesta entrevista Izaque João fala sobre o levantamento que iniciou em 2016, com apoio do Fundo Brasil de Direitos Humanos (FBDH), para sistematizar as diferentes formas de violência sofridas por essas lideranças tradicionais – que vão desde o constrangimento e o isolamento por parte de parentes convertidos ao pentecostalismo até a violências físicas e ataques incendiários às *ogapysy*, casas de rezas.

Essas histórias foram registradas por ele e pelos jornalistas Joana Moncau, Gabriela Moncau e Spensy Pimentel no documentário "Monocultura da Fé" (Brasil, 2018 23'), premiado pelo prêmio Gabriel García Márquez de Jornalismo, e também no relatório do Inventário das Rezas Guarani (Iphan/MS) de 2022 – coordenado pelo professor Eliel Benites, da Universidade Federal da Grande Dourados (UFGD), do qual Izaque fez parte como pesquisador colaborador.

Há muitos anos você tem acompanhado os ñanderu e ñandesy e as violências contra eles. Você avalia que o cenário se agravou no último período?

Pesquisei em 2016 e, de lá pra cá, surgiram muitas situações adversas com o povo Kaiowá e Guarani aqui no Estado de Mato Grosso do Sul. Por ser professor do Curso Normal Médio Ára Vera, eu podia circular em todos os territórios e as aldeias kaiowá e guarani e tive a oportunidade de observar as situações que as lideranças tradicionais vivem. Meu interesse é sempre dialogar com os *ñanderu* e *ñandesy*. Posteriormente, como pesquisador, continuei circulando nos territórios e vi várias situações.

Igrejas de todas as marcas entraram nas Terras Indígenas e começaram a fazer trabalhos, de diferentes formas. Começaram a conversar diretamente com as lideranças, convidando a entrarem mais na política e também se envolverem nas próprias igrejas – com a visão de que seria muito fácil dominar a comunidade assim. Isso tem gerado diversos conflitos internos nas comunidades, que, hoje, acontecem de várias formas.

Em alguns casos, um pouco mais graves, como ocorreu na RI Amambai, em Kurusu Amba, e na TI Arroio Kora. Essa disputa de lideranças faz essas pessoas se engajarem em outra visão, de não serem apenas lideranças, mas também de terem ligações com os pastores das igrejas da cidade. E esses conflitos têm sequência, acabam gerando outros conflitos e violências. Essas coisas estão acontecendo quase em todas as comunidades. As igrejas estão entrando na comunidade e não mais para levar "a palavra de Deus"; estão assumindo como se fossem uma liderança. Qualquer coisa que acontece, querem que as igrejas resolvam.

As igrejas têm outra estratégia que acaba atingindo diretamente o modo de ser kaiowá e guarani: os arrendamentos de terras, que têm tudo a ver com essas organizações. Muitos [dos] que estão à frente do arrendamento de terras também são da igreja, porque eles usam a Bíblia para dizer que não se pode depender muito do governo, e trazer influência de grandes produtores. Não é apenas a "palavra de Deus", mas um jeito de atingir o povo Kaiowá e Guarani e nosso modo de organização.

Outra coisa que também se agravou com esse governo foi uma organização um pouco mais forte das igrejas que estão com Bolsonaro. Eles têm uma rede de comunicação com outros indígenas, como Pareci e Xavante, do que deve ser feito, e isso começa a oprimir as comunidades tradicionais.

Você poderia contar mais sobre essa pesquisa que foi feita para o Fundo Brasil de Direitos Humanos (FBDH), com denúncias sobre os ataques aos rezadores e acusações de feitiçaria?

Quando comecei a fazer essa pesquisa, os grupos das igrejas – especialmente pentecostais – se organizavam muito para desqualificar os trabalhos e os conhecimentos dos *ñanderu* e das *ñandesy*. Essa ideia até hoje persiste, de que os conhecimentos kaiowá e guarani seriam atrasados e precisariam evoluir; e, para evoluir, seria preciso buscá-los na Bíblia, nas igrejas. Mas os ñanderu e ñandesy são muito resistentes.

Aqui na Reserva de Dourados, na época da pesquisa, existiam muitos rezadores que não eram conhecidos, não participavam do Aty Guasu nem iam a nenhuma reunião, mas eram rezadores muito experientes, tinham muitos conhecimentos, e estavam sofrendo essa repressão de seus próprios filhos, filhas, netos; eram levados forçadamente para as igrejas. Naquele período estavam planejando muitas construções de igrejas, que não tinham financiamento lá de fora, então reuniam os grupos e pediam para doarem dinheiro. Acontecia muita exploração. Por exemplo, se tivesse uma pessoa doente, iam para a casa fazer oração e falavam assim: "Você tem pouca vida"; cobravam em média de R$ 500 a R$ 1000. Até hoje acontece.

O pastor indígena se alia muito com o agronegócio e com os políticos e, a partir daí, eles querem influenciar os indígenas – principalmente os mais jovens, que não têm muitos saberes tradicionais. Com isso o jovem muitas vezes vai para a igreja, depois sai, e aí não conhece mais o que ele é. Se ele é Kaiowá, se ele é Guarani; ele está totalmente perdido.

Mas existem também lideranças que são pastores ou fazem parte das igrejas mas têm bom diálogo com os *ñanderu* e *ñandesy*...

Existem lideranças pentecostais que têm muitos conhecimentos [tradicionais], por exemplo, o Seu Silvio Paulo – que foi por muito tempo liderança [na aldeia Te'ýikue], foi chefe de posto, e então começou a dialogar e a orientar seu próprio grupo da igreja. Lá em Amambai também tem uma liderança que participou muito da Aty Guasu, das reuniões, das retomadas, e começou também a dialogar com seu próprio grupo.

Mas o grande problema é que alguns membros que participam dessas igrejas não minimizaram [sua postura]; os conflitos ainda estão lá na ponta, continuam. Aqui na Reserva de Dourados, por exemplo, o Sr. Luciano, que foi uma grande liderança da [aldeia] Bororó, participou, foi um grande articulador da Aty Guasu... mas os membros da igreja ainda têm muito essas ideias. Então eu acho que falta muito diálogo ainda para poder alcançar, para caminhar juntos.

Em 2018, foi lançado o documentário "Monocultura da Fé", do qual você participou. Como você pensa essa questão da visibilidade a essas situações de violência contra os rezadores?

Essa divulgação ajuda muito a evitar que outras queimas [de casas de reza] aconteçam. Visibilizar essas situações que os ñanderu passam também ajuda muito, como no caso do Seu Atanásio [Teixeira, retratado pelo documentário]. Mas temos que tomar muito cuidado. Por exemplo: sobre a queima da casa do Seu Getúlio [Juca] existem três versões, mas não teve uma investigação completa. E assim também aconteceu com a queima de casa de reza lá em Ita'y [Ka'agurusu, TI Panambi/Lagoa Rica]; lá tinha dois grupos que ficavam brigando um com o

O pesquisador Izaque João (à esq.) entrevista o ñanderu Atanásio Teixeira na TI Limão Verde (MS), durante as filmagens do documentário "Monocultura da Fé", que enfoca a intolerância religiosa entre os Guarani Kaiowá.

outro, aconteceu a queima de uma casa de reza e aí falam que foi o tal grupo que queimou...

Cada caso é um caso e, muitas vezes, a imprensa quer falar que foram as igrejas que fizeram isso, como se as queimas de casas de rezas acontecessem por um mesmo motivo.

No passado, a queima de casas de rezas acontecia de diferentes formas, não somente por causa de conflitos. Muitas vezes, a casa tinha que ser queimada mesmo, porque já não prestava mais ou porque tinha acontecido um fato muito negativo naquele local. Mas isso aconteceu até a década de 1950; depois já começaram a acontecer conflitos de disputa de lideranças, como entre 1950 e 1960, quando queimaram a casa de rezas do Seu Paulito, na TI Panambi.

Então, temos que tomar muito cuidado, mas ajuda muito, no meu ponto de vista, divulgar a situação de cada rezador, de cada rezadora. Também não dá para a gente fazer uma divulgação só da parte negativa, quando acontece a queima da casa de rezas ou quando o ñanderu ou ñandesy é acusado de ser feiticeiro. A produção de saberes que norteiam o modo de ser kaiowá e guarani é uma resistência. Eles, os rezadores, procuram viver de outra maneira, buscar o seu modo de ser, fortalecer aquilo que eles são. *(dezembro, 2022)*

NOTA

[1] Entrevista realizada por Tatiane Klein, em 4 de dezembro de 2022, via plataforma de videoconferência.

Crianças Retiradas das Famílias: "o Culpado é o Próprio Governo"[1]

Silvana Jesus do Nascimento | Antropóloga, membra da Rais

EMBORA EXISTA UMA VARIEDADE DE EXPLICAÇÕES PARA A MOTIVAÇÃO DE CADA CASO DE INSTITUCIONALIZAÇÃO DE CRIANÇAS GUARANI KAIOWÁ, A MAIORIA APONTA PARA A INSUFICIÊNCIA DO ESTADO EM OFERECER RESPOSTAS AOS PROBLEMAS SOCIAIS DENUNCIADOS PELOS INDÍGENAS

Ao apresentar a problemática das crianças indígenas guarani kaiowá e ñandeva em situação de acolhimento institucional em Dourados/MS, destacando o drama vivido por algumas mães que tiveram seus filhos levados a esses abrigos, os documentaristas Joana Moncau e Spensy Pimentel acertam ao propor como ponto de partida a indagação: "Negligência, de quem?".

Durante reunião da Kuñangue Aty Guasu – Grande Assembleia das Mulheres Guarani Kaiowá e Guarani Ñandeva – realizada no município de Amambai, em 2018, ao refletir sobre o caso de uma das personagens do documentário, Élida de Oliveira, uma liderança kaiowá presente disse:

"Quem é o culpado de tudo, dessa retirada de crianças guarani? O culpado é o próprio governo, [...], porque nós não temos mais rios, não temos mais bicho, não temos mais caça, não temos mais mel, não tem mais, por isso estamos morando na beira da estrada, embaixo de lona, estamos tomando água suja. Isso é o que vocês têm que entender. Quem é o culpado? É o próprio governo"

Foi em meados dos anos 2000 que ganharam destaque nacional na imprensa as denúncias sobre mortes de crianças indígenas por desnutrição em Mato Grosso do Sul. O estado concentrou, por volta de 2004 e 2005, um alto índice de registros de mortalidade infantil, o que foi objeto de investigação de duas Comissões Parlamentares de Inquérito – uma estadual, em 2005, e outra federal, em 2008 – que deveriam apurar as causas, as consequências e os responsáveis pelas mortes de crianças indígenas por subnutrição. É em meio a essa busca do Estado por oferecer resposta a esse

© FLAVIO FORNER, 2019

Élida de Oliveira inicia a caminhada de duas horas e meia até o Lar Santa Rita, o orfanato no centro de Dourados onde seu filho de cinco anos vive desde o nascimento.

problema que novos agentes e políticas entraram em cena e se depararam com a questão dos acolhimentos de crianças guarani kaiowá e ñandeva.

Foi nesse período que me aproximei das histórias sobre a judicialização envolvendo a guarda das crianças indígenas guarani kaiowá e guarani ñandeva. A retirada, o "abrigamento" (termo utilizado na época) e a adoção (como se diz hoje, compulsória) dessas crianças por outras famílias provocava, e ainda provoca, discussões acaloradas entre os agentes da chamada "rede de proteção". Entretanto, o tema aciona experiências de sofrimento, violência, indignação e luta de longa duração na história dos povos indígenas.

Naquele momento, para muitas famílias indígenas, o recolhimento de um ou mais dos seus filhos em situação de desnutrição dava-se com a hospitalização e posterior internação social para recuperação de peso no Centro de Recuperação Nutricional, conhecido como Centrinho, equipamento anexo ao Hospital da Missão Evangélica Caiuá, da Igreja Presbiteriana, situado ao lado da Reserva Indígena de Dourados – uma das mais populosas Terras Indígenas do país, com quase 20 mil habitantes, hoje, dos grupos Kaiowá, Guarani e Terena. Nos casos em que a família não possui uma rede de cooperação e apoio forte, é quase impossível para as mães guarani kaiowá e ñandeva manterem a dedicação exclusiva de acompanhamento ao filho. O tempo prolongado da internação social, portanto, frequentemente gera o afastamento da criança de sua família e parentela.

A parentela ou família extensa é central para a organização social guarani kaiowá e ñandeva, sendo denominada por eles *te'ýi*. Uma parentela reúne geralmente três gerações interligadas por meio dos "fogos domésticos", que se assemelham às famílias nucleares, mas contam com a grande presença de agregados como crianças adotivas e outros parentes. A criança guarani kaiowá e ñandeva é socializada no fogo doméstico e na parentela. A circulação das crianças entre outras parentelas ocorre à medida que se cresce e seguindo as regras de relações do seu grupo.

A construção do "abandono" das crianças guarani kaiowá e ñandeva ocorria à medida que era inviabilizada a convivência no fogo doméstico e na parentela. Como alternativa, elas poderiam ser colocadas em famílias substitutas indígenas de outra parentela ou grupo étnico, ou serem "abrigadas". A condução das crianças guarani kaiowá e ñandeva a abrigos urbanos concentrou a maior atenção no debate público, por deixar em aberto o destino da criança, que poderia retornar para alguma das comunidades indígenas do entorno, permanecer institucionalizada ou ser encaminhada para a adoção por não indígenas em âmbito nacional ou internacional, conforme a decisão da Justiça.

Em Mato Grosso do Sul, os tensionamentos na "rede de proteção" se iniciaram quando as agências da esfera federal (Fundação Nacional do Índio, Ministério Público Federal e Universidade Federal do Mato Grosso do Sul) passaram a realizar o enfrentamento público das práticas protetivas da criança indígena realizadas pelas esferas estadual e municipais (Vara da Infância e Juventude, Promotoria da Infância e Juventude, Conselho Tutelar, instituições de abrigamento e outras entidades da sociedade civil). Acusados de privilegiarem o afastamento da criança indígena do convívio familiar e comunitário por preconceito étnico e econômico, os agentes das instituições estaduais e municipais reagiram destacando as graves violações de direitos vividas pelos povos indígenas e a contradição com o princípio do melhor interesse da criança.

A polarização do debate público sobre o recolhimento das crianças guarani kaiowá e ñandeva pelo Estado parece nos colocar diante de uma grande novidade. Entretanto, a literatura histórica e antropológica demonstra que essas micropolíticas que envolvem escolarização e internatos de crianças e jovens são fenômenos antigos na história dos povos indígenas. Entre os Guarani Kaiowá e Ñandeva, mesmo levando em conta apenas o último século, há mais de uma geração que foi socializada entre missionários, "fazendeiros" e outros não indígenas.

A situação dos Guarani Kaiowá e Ñandeva sofreu profundas alterações logo após a Guerra da Tríplice Aliança (1864-1870). As diferentes etapas de exploração econômica, começando pela erva-mate, e depois gado, soja e cana-de-açúcar, vêm marcando a história desses indígenas. As iniciativas desenvolvimentistas interferiram na vida dos Guarani Kaiowá e Ñandeva e gradativamente geraram o que é conhecido como "confinamento" das famílias indígenas em reservas.

A característica principal do confinamento guarani kaiowá e ñandeva é a insuficiência de terras para a sobrevivência física e cultural. O Estado brasileiro, ao liberar as terras guarani kaiowá para as frentes de colonização, no século passado, confinou esses povos em oito reservas indígenas espalhadas pelos municípios do sul de Mato Grosso do Sul. A perda da terra veio acompanhada pelas interferências crescentes do Estado no dia a dia da vida na aldeia.

As relações de parentalidade guarani kaiowá e ñandeva foram fragilizadas por epidemias como a febre amarela e a tuberculose, mas também pela mistura arbitrária de parentelas e a emergência de novas figuras de autoridade – frequentemente autoritárias

– que caracterizam os espaços de reservas indígenas. Uma geração de lideranças guarani kaiowá e guarani ñandeva sofreu os impactos da interação social de suas comunidades com colonos, missionários e indigenistas. Orfanato, escola e hospitais foram algumas das entidades assistenciais instaladas arbitrariamente na RI Dourados que limitaram as possibilidades de reprodução do sistema social indígena – *ava reko*.

O trabalho de crianças e adultos nas fazendas da região foi um dos modos de sobrevivência que as famílias indígenas encontraram. A partir de relações de apadrinhamento e compadrio, crianças e jovens indígenas desempenharam tarefas rotineiras no cotidiano das fazendas, o que colaborou na negociação da permanência de grupos guarani kaiowá e ñandeva nos seus territórios tradicionais, em vez de serem levados para as reservas.

O fato de a circulação das crianças indígenas para fora das suas parentelas ser histórica não reduz a complexidade do problema na atualidade. Quando esses casos são analisados não apenas por motivações individuais, mas em uma perspectiva sociológica, é evidenciada a política de assimilação cultural envolvida. No passado, a integração dos índios à sociedade nacional foi imaginada por meio de uma micro e de uma macropolítica de diluição dessas comunidades nas camadas mais vulneráveis da população.

A questão é que, atualmente, a linha política oficial é de reconhecimento das diferenças, o que implica a transformação não somente de instituições e discursos, mas de sensibilidades e afetos. As políticas indigenista, da infância e juventude e da assistência social passam a atuar conforme o novo paradigma. É nesse cenário que emergem os burburinhos com relação aos modos mais adequados para se realizar o cuidado institucional das crianças e jovens guarani kaiowá e ñandeva.

Os militantes e críticos das políticas para as crianças indígenas passaram a apontar que a universalização da infância e juventude não é suficiente para garantir os direitos das crianças indígenas. Chamaram a atenção para os modos distintos de concepção da infância e da família entre os povos tradicionais. Exploravam, a partir de casos concretos, a violência potencial do "choque cultural" na chegada das crianças a instituições que não as recepcionam em sua língua, e que as expõem ao preconceito não apenas com relação aos seus familiares, mas também ao seu grupo étnico.

AVANÇOS TÍMIDOS

Duas décadas após a promulgação do Estatuto da Criança e do Adolescente [ECA], é aprovada a Lei nº 12.010, de 2009, que ficou conhecida como a "Nova Lei da Adoção". Iniciava-se, no Brasil, um período em que a prioridade dos interesses da criança e do adolescente e os direitos reprodutivos dos povos indígenas pareciam andar juntos.

Noções carregadas de estigmas como "família desestruturada", "índios desaldeados" ou "índios integrados" pareciam dar lugar a perspectivas que destacavam as relações familiares e de parentesco e o direito à autoidentificação, que podiam ser acionadas em uma política de proteção integral às crianças e adolescentes. Seguindo as orientações legislativas internacional e nacional, a política de "convivência familiar e comunitária" era incorporada à discussão, compondo o interesse prioritário da criança. Considerava-se que as famílias indígenas, confrontadas por um histórico de violação dos seus direitos, em que foram impossibilitadas de viver plenamente de acordo com os seus costumes e tradições, tinham direito de receber amparo público, quando necessário, para poder criar seus filhos em condições dignas. Os esforços seriam investidos na manutenção das crianças em suas famílias de origem, reservando-se a adoção para situações excepcionais.

Três irmãos kaiowá e um vizinho brincam na retomada Ñu Vera, em Dourados (MS); o irmão mais novo dessas crianças foi tirado da família logo após o nascimento.

Os registros mais atuais de crianças guarani kaiowá e ñandeva em acolhimento institucional apontam para uma visão menos otimista. O Mato Grosso do Sul soma o maior número de casos de judicialização envolvendo as crianças indígenas no Brasil (Funai, 2015). Especificamente as crianças guarani kaiowá e ñandeva são maioria em várias casas de acolhida do sul de Mato Grosso do Sul, conforme relatório produzido pela Funai,[2] em 2017. Há vários anos, agentes e militantes da Rede de Proteção em Dourados vêm chamando a atenção para esse dado no município. Ocorre que os dados sobre a identidade étnica das crianças com medidas de proteção são tratados com indiferença na política pública, o que dificulta a apreensão dessa realidade.

Em 2018, o Conselho Indigenista Missionário (Cimi) denunciou para a ONU a retirada de crianças guarani e kaiowá das aldeias de Mato Grosso do Sul. Destacou a situação de crise humanitária vivida pelas crianças e famílias da Reserva Indígena de Dourados. A questão também vem sendo tema das reuniões realizadas pelos movimentos guarani e kaiowá, que têm convidado os agentes públicos a se manifestarem.

As mulheres têm ocupado um espaço de destaque nessas assembleias, expondo a dor de serem afastadas dos filhos e reivindicando o direito de criá-los de acordo com sua cultura. Elas reclamam que as violências contra os seus corpos e dos seus filhos ocorrem desde antes de nascerem, por meio do desrespeito aos conhecimentos tradicionais sobre gestação e parto, da inviabilização das suas práticas de educação, cuidado e nutrição, dos mecanismos próprios de controle social, assim como da insuficiência do Estado em garantir-lhes proteção. Tudo isso corrobora para a intensificação dos conflitos internos a partir da relação com os não indígenas e suas instituições.

O contexto da pandemia de covid-19 revelou um agravamento das condições socioeconômicas das aldeias, com reflexos diretos sobre as mães e seus filhos – a necessidade de distanciamento social, somada ao sucateamento dos serviços públicos, levou as crianças indígenas a permanecerem institucionalizadas por um período ainda mais prolongado. A insegurança alimentar voltou a se intensificar e os Guarani Kaiowá e Ñandeva a dependerem da solidariedade da sociedade civil, que, através de redes e organizações, realizaram doações de alimentos e viabilizaram algum acesso à água e equipamentos de proteção individual para que pudessem seguir as medidas sanitárias preconizadas pela saúde.

Como concluiu a Rede de Apoio e Incentivo Socioambiental (Rais), em relatório coordenado por mim em 2020, sobre a situação das crianças guarani kaiowá e ñandeva: de um lado percebe-se a persistência da problemática da criança e do jovem indígena e a falta de habilidade do poder público em oferecer respostas efetivas para a nutrição e o cuidado das crianças; de outro lado, a complexificação dos modos de cuidados de crianças pelos Guarani Kaiowá e Ñandeva a partir dos processos históricos de colonização. Não há saídas simples, como se pode imaginar à primeira vista, mas há muito por fazer.

Nos últimos anos, têm sido ampliados os dispositivos jurídicos de reconhecimento da identidade étnica das crianças e jovens dos povos tradicionais. A conceituação normativa de família extensa é uma abertura importante para a diversidade cultural. A possibilidade da atuação de outras instituições e agentes na rede de proteção às crianças e adolescentes – como indigenistas e antropólogos – também possibilita a pluralização das vozes nos processos judiciais. Infelizmente, ainda são recorrentes as denúncias de descumprimento dessas medidas legais que possibilitam o direito à ampla defesa das famílias indígenas. É necessário avançar ainda mais, como no direito à consulta aos povos indígenas, como prevê a Convenção 169 da Organização Internacional do Trabalho, ratificada no Brasil em 2004.

Os indígenas precisam ter participação ativa nos espaços de cuidado e proteção das suas crianças. A construção conjunta de espaços de diálogos e implementação das soluções por eles proposta é condição fundamental para romper com as práticas de racismo institucionalizadas. Incorporar as diversas vozes existentes nas comunidades indígenas é o caminho para a construção de uma ética de cuidado plural para as crianças e jovens indígenas. Mas, para isso, é preciso reconhecer os indígenas como sujeitos de conhecimento e mestres de saberes profundos. É preciso apurar o olhar e o coração para as famílias e as parentelas das crianças guarani kaiowá e ñandeva. *(agosto, 2022)*

NOTAS

[1] Versão atualizada do texto "Crianças indígenas retiradas das famílias: 'o culpado é o próprio governo'", publicado originalmente em novembro de 2020 pelo *Le Monde Diplomatique Brasil*.

[2] FUNAI/BRASIL. *Relatório Mapeamento qualificado de todos os casos de crianças e jovens indígenas em situação de acolhimento institucional e familiar da região de Dourados/MS.* Coordenação Regional da Funai de Dourados/MS. Serviço de Promoção dos Direitos Sociais e de Cidadania – SEDISC. Novembro de 2017. Disponível em: http://www.suas.sedhast.ms.gov.br/wp-content/uploads/2019/09/3.2-RELAT%C3%93RIO-Mapeamento-Qualitativo-dos-casos-de-acolhimento-institucional-de-crian%C3%A7as-e-jovens-ind%C3%ADgenas-CR-Dourados-1.pdf. Acesso em 21/11/2020.

TERENA

Território Insurgente – o Uso da Terra nas Retomadas Terena

Carolina Perini de Almeida | Antropóloga, CTI

Gilberto Azanha | Antropólogo, CTI

RETOMAR É REOCUPAR OS LUGARES ONDE JÁ SE ANDOU, JÁ SE COLETOU, JÁ SE CAÇOU E PESCOU E ONDE ATÉ JÁ SE MORREU. É DAR SEGUIMENTO AO CURSO DA HISTÓRIA A PARTIR DO PONTO EM QUE A AUTONOMIA DO TERENA FOI INTERROMPIDA

Retomada. Essa é a maneira pela qual os Terena se referem às parcelas recuperadas do seu território tradicional reconhecido pelo Estado brasileiro em mais de uma Terra Indígena, mas que foram sendo ilegalmente ocupadas por fazendas. Seguem aqui alguns apontamentos sobre o que acontece quando um povo muda por conta própria o curso da sua história e o de uma população que vivia, em suas palavras, amontoada em pequenas 'reservas', passando, nesses contextos específicos e localizados, a viver a terra para lá da cerca.

As retomadas terena se iniciaram em 2001, ganhando maior intensidade de 2005 a 2013. Na TI Buriti, reconhecida pelo MJ com cerca de 17 mil ha, as fazendas Flórida, São Domingos e Furna da Estrela foram retomadas em 2001; entre 2005 e 2013, os Terena tomaram posse de outras sete fazendas - São Sebastião, Sabiá, Nossa Sra. Aparecida, Cambará, 3R, Querência São José e Lindóia.

Na TI Taunay-Ipegue, atualmente, as áreas retomadas perfazem 90% da área declarada pelo Ministério da Justiça (33.900 ha), ficando de fora apenas a área urbana do distrito de Taunay.

Na TI Cachoeirinha são quatro áreas das antigas fazendas Santa Vitória (retomada em 2005), Charqueada e São João.

"A gente não quer voltar ao passado, mas a gente quer que as coisas voltem a ser o que eram." – *Arildo, aldeia Lagoinha, julho de 2019*

Retomar, é importante frisar, é reocupar os lugares onde já se andou, já se coletou, já se caçou e pescou e onde até já se morreu. É dar seguimento ao curso da história a partir do ponto em que a autonomia de um povo foi interrompida. É tomar de volta uma história do lugar e forjá-lo para o futuro e para as novas gerações. E isso porque quem andava nos lugares retomados eram avós e bisavós da geração que hoje ocupa e usufrui aqueles lugares.

OS ANTECEDENTES E AS CONSEQUÊNCIAS DAS RETOMADAS

Diferentemente de outros povos indígenas, as retomadas dos Terena somente ocorreram após a Funai instalar os chamados GTs (Grupos Técnicos) para a identificação e/ou revisão dos limites das Terras Indígenas Buriti, Cachoeirinha e Taunay-Ipegue. As retomadas terena não induziram ou pressionaram a Funai a tomar a iniciativa em cumprir seu papel institucional de reconhecer áreas de ocupação tradicional indígena – tal como ocorreu em algumas terras guarani kaiowá no mesmo Mato Grosso do Sul, e sobretudo no Nordeste brasileiro.

Mesmo sob uma pressão demográfica que provocava tensões internas graves, os Terena das três antigas reservas mantinham suas matas, suas áreas de pastagens e de coleta, sobretudo de lenha. Sob pena de repressão dos agentes do SPI e de seus sucessores na Funai, continuavam a explorar, enquanto podiam, as áreas vizinhas que lhes tinham sido tomadas pelas fazendas. Vale lembrar que esses dois órgãos, até meados dos anos 1990, implantaram uma verdadeira máquina colonial nas reservas para dimensioná-las como "reserva de mão-de-obra" masculina para os fazendeiros locais, e feminina para as donas de casa de Miranda, Sidrolândia, Aquidauana e Campo Grande. O poder colonial daqueles órgãos foi de certo modo introjetado na consciência da maioria das lideranças terena e, também, experienciado em seus corpos sob a forma de castigos aos rebeldes, cadeia, humilhação física, como revelou o Relatório da Comissão da Verdade em dezembro de 2014.

Foi na reserva de Buriti que essa máquina repressora começou a ser afrontada em função da resistência e coragem de algumas lideranças, como no bloqueio ao avanço de tratores em antigos cemitérios na fazenda Furna da Estrela em 1988. Em 1998, as mesmas lideranças do Buriti conseguiram fazer a Funai acatar que os chefes de postos da instituição fossem escolhidos por eles, o que passou a ocorrer nas demais "áreas". A partir de então, o movimento reivindicatório pela revisão das terras se iniciou com mais força até que, em 1999, a Funai recebe os estudos preliminares de revisão dos limites das TI Buriti, Cachoeirinha e Taunay-Ipegue, propondo uma área com cerca de 16 mil hectares para a TI Buriti. O Resumo do Relatório Circunstanciado de Identificação e Delimitação (RCID) da Terra Indígena de Buriti, por pressão das lideranças, é o primeiro entregue por um antropólogo, e a Funai o aprova em 2001. No mesmo ano, as três fazendas já mencionadas são retomadas. Retornar depois de cinco anos, e ao longo de 15 para essas parcelas retomadas (como é o caso dos autores deste artigo), tornou visível a melhoria geral no padrão de vida dos Terena que as habitam. Muito da elevação das condições de vida se deve à ocupação produtiva das áreas retomadas.

"Melhoria na condição de vida" tem muito a ver com o alívio das tensões internas a que se fez referência. A abertura das cercas, as formas da reocupação, o movimento dos grupos familiares e sua alegria (em meio ao clima sempre tenso da famigerada reintegração de posse), fazem parte dessa transformação. É importante frisar que, entre as lideranças dos grupos familiares nas três TI, não houve qualquer tipo de disputa sobre quem teria direito a esta ou aquela terra retomada: com apoio dos demais, a terra era de quem as retomava. . Por vezes era consenso que os grupos familiares das aldeias vizinhas às "fazendas" por onde andavam ou de onde seus ancestrais foram expulsos à força ou não, deviam retomá-las, com o aval dos outros grupos. E foi assim também em Buriti e Taunay-Ipegue.

O CONSELHO DO POVO TERENA COMO INSTÂNCIA DE CONSOLIDAÇÃO DAS RETOMADAS

O Conselho do Povo Terena nasceu durante a realização da 1ª Assembleia Terena (Hánaiti Ho'únevo Têrenoe) *em 2012 na Aldeia Imbirussú, na Terra Indígena Taunay-Ipegue. O Conselho é a principal representação coletiva do Povo Terena e desde a sua criação tem atuado na defesa dos direitos do povo Terena. A luta pelo território tradicional e as questões que envolvem sustentabilidade e meio ambiente, saúde e educação escolar indígena são os principais temas que estruturam a entidade formada por lideranças, professores, anciãos, rezadores, mulheres e jovens que trabalham junto com os caciques. Uma agenda de encontros integra o calendário da organização. São eles: a Grande Assembleia Terena, a Assembleia de Mulheres e a Assembleia da Juventude. Tais eventos constituem espaços importantes nos quais as comunidades terena discutem os principais desafios existentes frente aos seus direitos. Fruto e consequência das retomadas e uma das suas principais missões, o Conselho reafirma a cada Assembleia Anual a exclusividade dos Terena sobre as áreas nas quais se reinstalaram.*

TERRITÓRIOS RETOMADOS. E AGORA?

CACHOEIRINHA

"No meio das tremendas dificuldades da construção [das linhas telegráficas] de 1900-1906 tive a felicidade de poder acudir sempre aos índios, refreando, ao mesmo tempo, a insolência dos desalmados chefetes que infelicitavam aqueles sertões. Assim consegui, neste período, salvar em Ipegue e Cachoeirinha os últimos pedaços de terra que aos terena e quiniquinaus restavam de seus antigos vastíssimos domínios". – *Marechal Rondon*

© LUCIANA SCANONI, 2019

Produtos da coleta e das roças terena durante uma pequena feira na aldeia Bananal.

Nascente rebrotando na aldeia retomada Mãe-Terra.

dazais, e os barreiros. As palmeiras são recursos valiosos à vida terena, sendo utilizadas para a produção de cestaria, para a construção dos telhados das casas e para alimentação.

Os relatos são de que tanto o buriti quanto a bocaiúva não eram quase mais encontrados na área regularizada da TI Cachoeirinha, mas que com as retomadas foi possível também voltar a reaver o consumo e manejo deles. O mesmo aconteceu com a taquara, utilizada também para a produção de cestos, e do pife (flauta), tocado na dança do *kipâe*.

A cerâmica terena, patrimônio cultural do Estado do Mato Grosso do Sul, é ainda fundamental para as mulheres da TI Cachoeirinha e tem sido igualmente beneficiada pelas retomadas. Apesar de as ceramistas encontrarem argila dentro da área da reserva, elas, que circulam muito pela região, já identificaram nos locais de retomada barreiros considerados excelentes. Outro ponto essencial no processo de produção de cerâmica é a lenha. A lenha do peito de pomba, do angico e da embaúba são as mais utilizadas para esse fim. Com a pressão demográfica, as matas disponíveis onde se encontravam aquelas espécies acabaram dando lugar a novos bairros e locais de moradia.

"Uma dificuldade de fazer cerâmica é porque não tem mais onde pegar lenha. Se a gente conseguir nosso território, seria uma grande conquista, porque tem lenha e tem argila nas áreas de retomada". *Arlene Julio*

Tratando-se do povo Terena, cuja principal atividade é a agricultura, o que mais se destaca nos processos de retomadas é a possibilidade de abertura de novas roças, onde podem cultivar alimentos como quiabo, abobrinha, feijão-verde, mamão, melancia, banana, mandioca e milho. Apesar de os plantios serem primordialmente destinados para a alimentação das famílias, fazem a comercialização interna e externa dos excedentes. As feirantes ou seus familiares residentes na aldeia se deslocam até a casa e as roças dos produtores, compram e transportam os produtos até à cidade ou, quando não há a disponibilidade de um veículo, os produtos são comumente levados pelo ônibus de linha da comunidade para a venda externa.

Mais um aspecto resolvido com as retomadas foi a velha questão do gado *versus* roça na reserva foi resolvida com as retomadas,

A TI Cachoerinha localiza-se no município de Miranda, onde habitam 4.920 pessoas distribuídas em seis aldeias – Argola, Lagoinha, Morrinho, Babaçu, Mãe Terra e Cachoeirinha, a sede. Atualmente, tem uma área declarada de 36.288 ha, (Portaria nº 791 de 17/04/2007, do Ministério da Justiça). O processo de regulamentação fundiária da TI Cachoeirinha tem um alto índice de judicialização (assim como a TI Taunay-Ipegue). A grande maioria é de ações ordinárias que discutem a propriedade e o domínio da terra, ou seja, buscam declará-la como de domínio não indígena e anular a demarcação oficial da Funai/MJ.

As retomadas, em Cachoeirinha, trouxeram consigo a volta de palavras para o cotidiano de algumas famílias terena: Kae keu, uke uné, kati ha kuti, Maraoxapá são nomes de lugares, partes do território, que vão pouco a pouco voltando a ser acessados mais livremente pelas pessoas. Tomar de volta implica a abertura de roças, locais de coleta, de caça, pesca e toda uma série de eventos. Ademais, após mais de 17 anos das primeiras retomadas, a paisagem também se transforma. As famílias que ocupam a terra persistem em recuperar o ambiente degradado para possibilitar que a água, a vegetação nativa e os animais passem a retornar àquele território.

"Posso dizer que nós de Cachoeirinha tivemos um novo momento de 2005 para cá, uma nova vida. Isso [da retomada] proporcionou um modo de vida melhor, porque a partir da terra as famílias colhem o seu alimento. A partir da nossa terra, da nossa produção, é pouco, mas são produções totalmente sem veneno". *Lindomar Ferreira, da TI Cachoeirinha, em 2020.*

A retomada possibilita a expansão dos trilheiros para caminhadas para mais áreas de coleta, como os bacurizais, buritizais, caran-

com o "gado dos Terena" encontrando áreas de pastagens remanescentes das antigas fazendas e localizadas mais distantes das lavouras.

TAUNAY-IPEGUE

A TI Taunay-Ipegue localiza-se no município de Aquidauana e é formada pelo Distrito de Taunay, as sete aldeias (Ipegue, Bananal, Água Branca, Lagoinha, Imbirussú, Morrinho e Colônia Nova), além das 15 antigas fazendas do território declarado pelo MJ. O procedimento demarcatório, contudo, encontra-se suspenso por força de decisão judicial.

Assim como na TI Cachoeirinha, os efeitos das retomadas na paisagem e no modo de vida das pessoas são bastante marcantes. A rebrota de nascentes tem sido observada em diversas áreas retomadas, mas ainda carecem de iniciativas de reflorestamento para recuperação dessas fontes hídricas. Espécies de vegetação nativas como o capim-sapê, por exemplo, utilizado na construção das casas tradicionais, também começaram a reaparecer e serem manejadas.

Na TI Taunay-Ipegue, é na abertura de novas roças que os Terena celebram a potência dos movimentos de retomada. Esses passaram a ser os principais espaços para a lavoura, o que exige o uso de trator para gradear e preparar o solo compactado pela anterior exploração agropecuária dos não indígenas. Como principal atividade econômica da comunidade, famílias plantam alimentos como mandioca, feijão-de-corda, melancia e abóbora. Algumas pastagens remanescentes das antigas fazendas, tal como em Cachoeirinha, estão ocupadas por gado bovino – que serve aos Terena exclusivamente como reserva de valor - vendem em situações de emergência, como algum tratamento de saúde mais complexo de algum parente, ou abatem para ocasiões festivas.

BURITI

Outras viagens foram registradas. Na terra Buriti, registros dão conta que uma "comissão formada pelos Terena Ernesto Filho (cacique), Sebastião Delgado e André Patrocínio viajou até o Rio de Janeiro para reivindicar a demarcação das terras que estavam sendo invadidas. O terena André Patrocínio teria proporcionado os recursos para a viagem com a venda de alguns bezerros. Isto teria acontecido por volta de 1933".

A TI Buriti está localizada nos municípios de Dois Irmãos do Buriti e Sidrolândia. Na área de, aproximadamente, 17.200 ha declarada pelo Ministério da Justiça em 2010 (Portaria 3079/2010), vivem hoje cerca de 2.543 pessoas, distribuídas por 13 aldeias (Buriti, Água Azul, Córrego do Meio, Recanto, Olho d'Água, Oliveira, Barreirinho, Tereré, Nova Tereré, Dez de Maio, Lagoinha, Nova Buriti e Vila André) e quatro áreas de retomada (Pahô Sîni; Terra Vida; Cambará; Dez de Maio). Tal como nas outras TI aqui abordadas, o contexto político local implicou um alto índice de judicialização do processo demarcatório, bem como de ações possessórias. Atualmente o processo de regularização fundiária da TI encontra-se paralisado, aguardando julgamento pelo Supremo Tribunal Federal.

Antes do ano 2000, quando a Funai identificou os atuais limites da TI, os Terena ocupavam 2 mil ha da "reserva Buriti" quase exclusivamente com roçados. Dentre os principais itens cultivados hoje em dia, destacam-se feijão-miúdo (*karioke*), feijão-de-corda, arroz, milho, mandioca, banana-nanica e banana-maçã. Em comparação a Cachoeirinha e Taunay-Ipegue, por exemplo, eram raras as cabeças de gado na TI Buriti. Hoje, a produção agrícola aí é intensa e algumas áreas de pastagens ganharam "gado terena", como disse uma liderança de Buriti já falecida. Pode-se dizer que, atualmente, quase um século depois da constituição da Reserva de Buriti pelo SPI, os Terena estão vivenciando melhores condições de vida com as possibilidades de novas roças, criação de animais e a recuperação do cerrado e suas nascentes. *(julho, 2022)*

TI KADIWÉU

Ponte Clandestina é Agora Marco Divisório dos Kadiwéu

Alain Moreau | Assessor jurídico, Acirk

EM MEIO A DISPUTA JUDICIAL, KADIWÉU CONQUISTAM NOVOS MARCOS PARA IMPEDIR INVASÕES DE FAZENDEIROS NO LIMITE NORTE DE SUA TERRA

No seu livro *A Retirada da Laguna*, o oficial, mais tarde nomeado Visconde de Taunay, descreve com detalhes o grande apoio que o destacamento dos índios Kadiwéu deu às forças imperiais junto às quais lutavam nesse episódio, em 1867. Esta colaboração não impediu que, nas três décadas seguintes, tanto as aldeias kadiwéu como seu território sofressem violentos e sangrentos ataques de fazendeiros lindeiros que cobiçavam suas terras. Foi por isso que, já na República, o presidente do Estado do Mato Grosso, Coronel Antônio Pedro Alves de Barros, decidiu reparar essas atrocidades, reservando para uso dos índios Kadiwéu um território – que já era deles, diga-se de passagem – compreendido entre divisas naturais a leste, a Serra da Bodoquena; a oeste, os Rios Paraguai e Nabileque; o Rio Naitaca, ao norte; e o Rio Aquidabã, ao sul.

Para as necessárias formalidades, no dia 15 de dezembro de 1899, foi cravada uma estaca de aroeira na cabeceira do Rio Naitaca – estaca que ainda lá se encontra e está em processo de tombamento – para delimitar a divisa dos municípios de Porto Murtinho e Corumbá e, ainda, a divisa da TI Kadiwéu com o município de Porto Murtinho. A medição sumária, executada em dois meses, a cavalo, pelo interior do polígono das divisas naturais e sem incluir a medição da Serra da Bodoquena, coberta de mata densa, foi calculada por estimativa. Além disso, está claro no Memorial sobre a obra que foram meses de chuva e de uma cheia anormal do Rio Naitaca. Acreditando andar a uma distância de 300 a 3.000 metros desse rio, Barros Maciel chegou a andar cerca de 20 ou 25 km dele.

Foi precisamente nesse trecho, quando o Naitaca forma uma alça antes de dirigir-se para sudoeste, e longe das principais aldeias kadiwéu, que, na década de 1970, fazendeiros do município de Corumbá começaram a invadir a Terra Indígena Kadiwéu, alegando não terem visto o Rio Naitaca.

E afirmando que estavam se estabelecendo ainda no município de Corumbá, chegaram a construir uma ponte resistente para a passagem de caminhões carregados no principal ponto de acesso, e a partir dela abrir uma estrada consolidada de 23 km, Terra Indígena adentro, para servir à fazendas criadas.

Por outro lado, impediram à força que os Kadiwéu se aproximassem da ponte. Foi então que o presidente da Associação das Comunidades Indígenas da Reserva Kadiwéu (Acirk) Ambrósio da Silva celebrou no dia 1º de março de 2013 com o prefeito de Porto

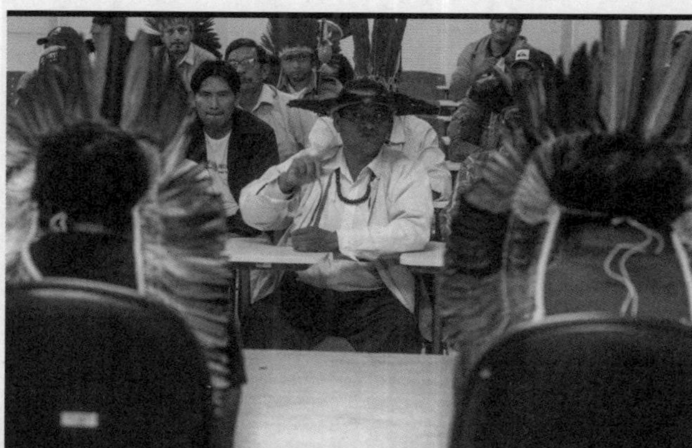

© MÁRIO VILELA / FUNAI, 2017

Lideranças indígenas dos povos Kadiwéu e Terena em reunião com a Funai sobre conflitos em TIs no Mato Grosso do Sul; TI Kadiwéu enfrenta invasões de fazendeiros.

Murtinho, Heitor Miranda dos Santos, um primeiro convênio para oficializar o acesso à ponte pela Estrada Municipal PM-12 (Porto Murtinho nº 12). A proposta foi aprovada por unanimidade pela Câmara Municipal em 17/04/2015.

A Acirk colocou 55 marcos de concreto de 700 quilos ao longo de uma trilha que desembocava na estrada dos fazendeiros até a ponte sobre o Naitaca. Esses marcos foram todos georreferenciados com precisão. Pouco depois, os fazendeiros arrancaram os 23 primeiros marcos com uma retroescavadeira e moveram um processo contra a Prefeitura de Porto Murtinho.

Graças à vitória da Prefeitura nesse processo, foi possível à Acirk celebrar um 2º convênio, já na administração do economista Derlei João Delevatti, e colocar novos marcos, agora de 1.200 quilos cada, e mais dois de 2.600 quilos ao lado da cabeceira da ponte. A inauguração ocorreu no dia 7 de dezembro de 2020.

Passaram a ficar sem fundamento as discussões judiciais a respeito do verdadeiro curso do Naitaca, que é ao mesmo tempo a divisa da Reserva Kadiwéu e a divisa do município de Porto Murtinho com o município de Corumbá. *(março, 2022)*

O TERRITÓRIO KADIWÉU E AS QUEIMADAS

O território que compreende a TI Kadiwéu está localizado em Mato Grosso do Sul (MS), no município de Porto Murtinho, a 60 km da cidade de Bonito e a 425 km da capital Campo Grande. A TI possui 539.000 ha, onde vivem aproximadamente 2 mil indígenas do povo Kadiwéu e também indígenas dos povos Kinikinau, Terena e Chamacoco. Está também localizado junto à bacia do Baixo Rio Paraguai e possui, em sua extensão, a sobreposição de Cerrado e Pantanal[1].

Grande parte desse território tem, hoje, a demarcação consolidada, recebendo o primeiro reconhecimento oficial em 1900. Em 1931 foram ratificados seus limites, mas os problemas fundiários jamais deixaram em paz os descendentes dos Guaikuru, como também são conhecidos os Kadiwéu. São inúmeros os registros de invasão, grilagem e conflitos. Nos atos finais de demarcação, que só ocorreram em 1981, o conflito foi tão intenso que acabou ficando de fora do perímetro derradeiro da TI uma parte do território originário chamado Xatelodo.

Nos anos 1950, os posseiros e grileiros já estavam na casa dos milhares e, nos anos 1980, foram aumentando, sobretudo com incentivo do próprio Serviço de Proteção ao Índio (SPI). Registros mais atuais dão conta de que, em meados dos anos 2000, mais de 100.000 hectares da TI Kadiwéu estavam invadidos. Mesmo depois das retomadas e das lutas de recuperação por parte dos indígenas, pelo menos cerca de 80.000 permanecem nesta situação. Ou seja, a luta contra madeireiros, arrendatários e fazendeiros segue viva e, segundo os Kadiwéu, os invasores têm usado diversas táticas de ocupação, como, por exemplo, a expansão da pecuária com derrubada de mato e, sobretudo, as queimadas.

As queimadas no Pantanal cresceram vertiginosamente. Já foram consumidos 4 milhões de hectares, sendo 2,9 milhões apenas em 2020 e 1,165 milhão apenas no Mato Grosso do Sul. Essa extensão, que representa 21% da área total do bioma (de acordo com os parâmetros do IBGE), é equivalente a 20 vezes o tamanho da cidade de São Paulo[3]. Além de serras, parques e Áreas de Preservação Permanente, os incêndios chegaram também a comunidades ribeirinhas e, de maneira especialmente trágica, às TIs localizadas na região dos municípios de Corumbá, Porto Murtinho, Miranda e Aquidauana. Dentre elas, a mais afetada foi a TI Kadiwéu.

O estrago não é de agora. Em 2019 – ano em que houve um aumento de 88% em focos de incêndio nas Terras Indígenas do Brasil – a TI Kadiwéu foi a segunda mais afetada, com mais de 613 focos. O impacto surreal, constante e ainda crescente foi de mais de 211 mil hectares queimados somente entre março e novembro de 2020, o que corresponde a 39,15% do território.

Gilberto Kadiwéu relata que a comunidade está estarrecida com o quanto já queimou: "São extensões de mato inteiras, plantas, raízes e árvores. Nossa medicina, muita fonte de cultura de nosso povo, vai junto com esta natureza, sem pensar nos bichos, que acho que muitos nem existem mais".

Gilberto ainda relata que a comunidade buscou se organizar para combater os males trazidos pelo fogo: "Todo ano é a mesma coisa. Montamos uma brigada aqui na comunidade, jovens e pessoas que querem ajudar, querem acabar com o incêndio. Conseguimos um certo apoio do Ibama, mas só conseguimos este apoio naqueles meses onde o fogo já está chegando ou já está ardendo, naquele período que não tem muito o que fazer. Estamos sempre perdendo a batalha, para apagar quando ele chega é sempre mais difícil. Nosso clamor é que possamos ter um apoio permanente, que pense em como fazer a contenção antes do fogo começar a chegar, monitorar os limites, pensar, agir, nos meses onde o fogo não vem ainda devastando tudo".

O fogo que vem acompanhando o leito do Rio Paraguai vem deixando na natureza uma cicatriz de queima. Mas é impossível mensurar o tamanho das cicatrizes culturais e territoriais que ficarão para as comunidades indígenas do estado, em especial para os Kadiwéu, se a situação não for urgentemente contida. (Matias Rempel, Dossiê Agro É Fogo, março de 2021)

GERAL

MS TEM MAIOR CONCENTRAÇÃO DE TERRAS PARTICULARES DO PAÍS

Palco de um dos maiores conflitos indígenas do país, Mato Grosso do Sul tem 92% do seu território em terras privadas. É a maior abrangência de propriedades particulares do Brasil. Do total de 4% de áreas protegidas, apenas 2,2% do território do Estado correspondem a terras indígenas. Mato Grosso do Sul tem 36 milhões de hectares. Apenas 823 mil são regularizados pela Funai. *(I. Sanchez, De Olho nos Ruralistas, 11/04/2017)*

MORTALIDADE INFANTIL ENTRE INDÍGENAS APONTA MENOR ÍNDICE HISTÓRICO

O índice de mortalidade infantil de crianças até 1 ano entre as populações indígenas de Mato Grosso do Sul atingiu o menor índice histórico conforme aponta levantamento realizado pela Divisão de Atenção à Saúde Indígena (DIASI) do Distrito Sanitário Especial Indígena (DSEI-MS) do primeiro semestre de 2017, realizado desde o ano de 1999, quando o DSEI passou a ser o modelo central da gestão da saúde indígena. Dados referentes ao primeiro semestre de 2017 apontam índice de mortalidade de 13,63 /mil, o menor índice histórico registrado em Mato Grosso do Sul. Sete polos apresentaram 'zero' óbitos no primeiro ano de vida. *(Agora MS, 05/09/2017)*

PROJETO FAZ CATÁLOGO DE CERÂMICA INDÍGENA PARA REGISTRAR HISTÓRIA DE ETNIAS

Uma importante vertente cultural de nosso Estado é o artesanato, principalmente, o que vem dos povos indígenas. Para registrar essa riqueza cultural e fazer as comunidades ganharem com a produção artesanal o projeto "Artes Indígenas em Mato Grosso do Sul: Mudanças e Inovações Tecnológicas" cria um catálogo de cerâmicas das etnias Kadiwéu, Kinikinau e Terena. O levantamento é feito por um grupo de pesquisa do programa de Pós Graduação em Meio Ambiente e Desenvolvimento Regional, coordenado pelo professor Gilberto Luiz Alves. "É uma vertente ligada à cultura. Existe a necessidade de estudar a cultura regional e a cerâmica indígena é muito rica em nosso Estado", justifica. *(L. Arruda, Campo Grande News, 22/10/2017)*

© ANA MENDES/IMAGENS HUMANAS, 2017

Produção em propriedades da região pode ser vista desde a TI Dourados Amambaipegua, atingida pela contaminação com o uso de agrotóxicos, às vésperas da votação sobre o marco temporal.

POPULAÇÃO INDÍGENA DO MS É A TERCEIRA MAIS CONTAMINADA POR AGROTÓXICOS

A população indígena do Mato Grosso do Sul é a terceira do país mais contaminada por agrotóxicos. De acordo com o estudo, MS tem seis casos de intoxicação para cada 10 mil indígenas. "Levando em consideração outros 50 não notificados, temos 300 casos para cada 10 mil. Isso indica 3% da população indígena intoxicada", explica a cientista em entrevista à reportagem. *(A. Mendes, C. Ávila, Amazônia Real, 26/10/2017)*

EM MS OS POVOS INDÍGENAS TÊM VOZ

Um dos nomes, entre os 6 candidatos ao Senado Federal pelo Mato Grosso do Sul é Anísio Guató, que concorre pelo PSOL. Residente em Corumbá é o representante da etnia Guató a que pertence e se apresenta para fazer eco à voz das aldeias. Além de liderança indígena, Anísio Guató possui um currículo de militância em prol das causas sociais invejável. Homem que tem posições claramente definidas em favor dos indígenas e quilombolas, pela saúde e pelas mulheres, entre outras bandeiras. Outro nome, no rol dos 344 candidatos que disputam as 24 vagas de Deputado Estadual é Marcelo Ofayé que concorre pelo PV. Líder da comunidade a que pertence, tem 33 anos e também é um legítimo representante das lutas dos povos indígenas, ao lado de outros candidatos indígenas. *(R. Santos, Jornal Dia Dia, 19/08/2018)*

MS TEM O 2° MAIOR NÚMERO DE TERRAS COM DEMARCAÇÕES EM RISCO

Mato Grosso do Sul, que abriga a 2ª maior população indígena do Brasil, também contempla o 2o maior número de territórios em processo de demarcação, segundo dados da Funai. Agora, estão ameaçados. Uma das terras declaradas é a dos Terena, Cachoeirinha, em Miranda, a 201 km de Campo Grande. São 36.288 hectares declarados, mas os indígenas, pouco mais de 7 mil, ocupam uma reserva de 2688 hectares. Uma das lideranças locais, Lindomar Terena, afirma que a comunidade já recorreu até a Justiça para a conclusão do processo. *(I. Sanchez, Campo Grande News, 15/01/2019)*

COLHEITA DE MAÇÃ DEVE GERAR EMPREGO PARA 5 MIL ÍNDIOS NESTA SAFRA

Equipes da Fundação do Trabalho de Mato Grosso do Sul, responsável pela intermediação da mão de obra, estão percorrendo as aldeias para o cadastramento dos indígenas interessados em trabalhar na colheita de maçã nas empresas de Santa Catarina e Rio Grande do Sul. Essa ação vem sendo realizado desde 2015, por meio de uma parceria entre Governo do Estado, Ministério Público do Trabalho, Comissão Permanente de Investigação e Fiscalização das Condições de Trabalho e Coletivo dos Trabalhadores Indígenas. Para esta safra, as cinco empresas devem contratar cerca de 5 mil índios guarani-kaiowá e terena do Estado. As regras para a contratação foram discutidas e definidas em audiência com a participação de representantes de todos os envolvidos. *(Funtrab, 29/11/2020)*

MATO GROSSO DO SUL É CAMPEÃO DE CONFLITOS E CONCENTRAÇÃO DE TERRAS

Estado com mais conflitos envolvendo áreas indígenas, o Mato Grosso do Sul é também vice-campeão nacional em concentração de terras. O índice de Gini de concentração fundiária sul-mato-grossense é de 0,84, perdendo só para o da Bahia (0,85) e acima da média brasileira, de 0,73. As áreas privadas ocupam 92% do território estadual, enquanto as Terras Indígenas (TIs) apenas 2,5%, de acordo com análise de dados georreferenciados. O Mato Grosso do Sul concentrou 39% dos 1.367 assassinatos de lideranças indígenas ocorridos no Brasil, entre 2003 e 2019, conforme o Cimi. *(O. Braga de Souza, ISA, 15/09/2021)*

Guarani e Kaiowá manifestam-se em Dourados e exigem do presidente da Funai a demarcação de suas terras.

GUARANI KAIOWÁ/ GUARANI ÑANDEVA

FOME ENTRE OS GUARANI E KAIOWÁ

Sem a terra tradicional, resta a fome para ao menos 40 comunidades Guarani e Kaiowá do Mato Grosso do Sul. Em acampamentos improvisados, às margens de rodovias, estradas de terra ou entre lavouras de cana e soja, nas retomadas - áreas não regularizadas e sob conflito - os indígenas não recebem cestas de alimentos desde novembro. "Criança chora, não aguenta mais. Sofrimento mesmo. Tão fraco mesmo. Quase comendo terra", desabafa Gilmar Guarani e Kaiowá, morador da retomada Kurusu Ambá. Até dezembro de 2014, cerca de 14 mil cestas eram levadas às comunidades por força de um Acordo de Cooperação Técnica do governo federal. Com a não renovação do acordo, desde 2015 o número despencou para no máximo 2 mil. "100% das famílias indígenas do Cone Sul eram atendidas. Não é mais assim", explica Silvio Raimundo da Silva, agente indigenista da Funai de Dourados. Hoje se trata de uma ação emergencial tocada pela Conab. *(R. Santana, Cimi, 18/01/2017)*

GUARANI E KAIOWÁ EXIGEM DEMARCAÇÃO

Em documento produzido ao final da Aty Guasu, a Grande Assembleia Guarani e Kaiowá, os indígenas exigem a demarcação de suas terras tradicionais no Mato Grosso do Sul e a revogação da Portaria 80, publicada pelo Ministério da Justiça em janeiro, que criou uma nova instância para analisar os relatórios de identificação e delimitação de terras indígenas produzidos pela Funai.Os indígenas cobraram do presidente uma resposta, especialmente, sobre as áreas que estão em processo de identificação por Grupos de Trabalho e sobre quatro terras que, com relatórios já publicados, estão com seu processo administrativo emperrado pela negligência do órgão indigenista. *(Cimi, 14/02/2017)*

JOVENS GUARANI-KAIOWÁ PEDEM SOCORRO CONTRA ATAQUES

Um grupo de jovens indígenas Guarani-Kaiowá entregou, nesta quarta-feira, 21 de junho, à Comissão de Direitos Humanos da Câmara, um documento em que pede apoio dos parlamentares no combate às sistemáticas violações de direitos enfrentadas por esse povo no Mato Grosso do Sul. *(Jornal Dia Dia, 22/06/2017)*

CERCADOS, GUARANI NHANDEVA TEMEM ATAQUE DE PISTOLEIROS

Após a retomada de uma fazenda localizada dentro do perímetro da Terra Indígena Ypo'i/Triunfo, no município de Paranhos (MS), fronteira com o Paraguai, indígenas do povo Guarani Nhandeva foram cercados por pistoleiros e, com medo de ataques e mortes, pedem a presença da Polícia Federal. A retomada ocorreu no início desta semana e o grupo está isolado e sem alimentação.
O assassinato dos irmãos Rolindo e Genivaldo Vera segue vivo na memória dos Guarani Nhandeva de Ypo'i/Triunfo. O corpo de Genivaldo foi encontrado nove dias depois do ataque, a trinta quilômetros do local do ataque, e o de seu irmão jamais foi localizado. "Por isso estamos pedindo que a Polícia Federal venha aqui urgente garantir a nossa segurança. Por causa da demora da Polícia Federal que os professores Rolindo e Genivaldo Vera foram assassinados aqui nessa mesma região", afirma outra liderança, ressaltando que eles também esperam a Funai e pedem que a informação "chegue até o presidente" do órgão. *(Cimi, 22/09/2017)*

ALDEIA QUE 'LEVOU BANHO' DE AGROTÓXICOS PODE SER INDENIZADA

No dia 6 de janeiro de 2015, nas imediações da aldeia Guyra Kambi'y, o piloto Laurentino, contratado por Cleto e utilizando um avião da empresa Dimensão, aplicou produtos químicos (agrotóxicos) nas imediações da aldeia. O Laudo Pericial da Polícia Federal constatou que a aplicação ocorreu fora dos parâmetros legais, próximo à área habitada pelos índios da etnia guarani-kaiowá. Após a aplicação da substância na plantação, crianças e adultos da comunidade apresentaram dores de cabeça e garganta, diarréia e febre. *(Midiamax, 05/10/2017)*

© CHRISTIAN BRAGA/FARPA/CIDH, 2018

Moradores da TI Guyraroká, do povo Guarani e Kaiowá, recebem visita da Comissão Interamericana de Direitos Humanos (CIDH) com cartazes sobre a luta pela terra.

TAC FAZ DEZ ANOS, MAS DEMARCAÇÕES NÃO AVANÇAM

Há dez anos era assinado um TAC (Termo de Ajustamento de Conduta) entre o MPF e a Funai para acelerar as demarcações de terras indígenas em Mato Grosso do Sul. Uma década depois, os estudos continuam parados. Conforme o órgão federal, o TAC é utilizado pelo MPF para resolver um problema evitando o recurso à Justiça. "Essa inconcebível lentidão quanto à demarcação das terras indígenas guaranis em Mato Grosso do Sul não representa mera insatisfação das obrigações do TAC, mas, pior, constitui grave e inconcebível violação a direitos fundamentais garantidos expressamente no texto da Carta Política de 1988". *(H. de Freitas, Campo Grande News, 27/11/2017)*

ALDEIA INDÍGENA É 'CARBONIZADA'

Servidores da Funai estão desde a manhã de ontem no tekoha Kurusu Ambá, onde, segundo eles, os indígenas Guarani e Kaiowá sofreram um ataque violento no último domingo, 31 de janeiro. Um acampamento inteiro foi incendiado por pistoleiros, e temem a explosão de um conflito grave no local. "Nós estamos vendo agora. Ainda tem casas sendo queimadas. Todas as casas que estavam na fazenda Bom Retiro foram queimadas", relata o coordenador regional da Funai de Ponta Porã, Elder Ribas. *(Dourados Agora, 03/02/2018)*

GUARANI-KAIOWÁ SOFREM COM INTOLERÂNCIA

A intolerância religiosa e o avanço evangélico pentecostal têm crescido no país, inclusive dentro de comunidades indígenas. Uma das regiões mais afetadas é o Mato Grosso do Sul, onde só nos primeiros meses de 2018, o número de denúncias à Justiça de casos de intolerância religiosa aumentou 800% em comparação a todo o ano de 2017, segundo dados da Secretaria de Justiça e Direitos Humanos e Coordenadoria de Igualdade Racial. *(E. Dulce, Brasil de Fato, 25/05/2018)*

À COMISSÁRIA DA OEA, ÍNDIOS REVELAM MEDO DO GOVERNO BOLSONARO

Lideranças dos Guarani-Kaiowá estão preocupadas com o futuro dos povos indígenas brasileiros a partir de 1o de janeiro de 2019, quando começa o governo do presidente eleito Jair Bolsonaro (PSL). Temem uma escalada na violência contra grupos que lutam pelas demarcações de terras, como acontece em várias regiões de Mato Grosso do Sul. O temor foi relatado na tarde desta quarta-feira (7) à comissária Antonia Urrejola Noguera, integrante da Comissão Interamericana de Direitos Humanos da Organização dos Estados Americanos. "Nesses próximos quatro anos, eu não sei se nós vamos estar em pé. Sabemos que vão nos perseguir, principalmente nós da linha de frente. E nós não vamos correr, vamos continuar na luta, vamos continuar com as retomadas, não vamos recuar nem um passo", afirmou ela. *(H. Freitas, Campo Grande News, 07/11/2018)*

MS TEM 1.351 HECTARES POR POLÍTICO E APENAS 1 HECTARE PARA CADA GUARANI KAIOWÁ

O observatório fez o levantamento a partir das declarações de bens dos políticos eleitos ao TSE nas últimas três eleições (2014, 2016 e 2018) e do número de terras homologadas e registradas pela Funai para o povo Guarani Kaiowá. A média de 1 hectare por indígena não traduz toda a realidade do povo Guarani Kaiowá, confinado em reservas que não oferecem condições para a sobrevivência conforme sua cosmologia e suas tradições, ligadas diretamente à terra e ao ambiente. O Mato Grosso do Sul tem a maior concentração de propriedades privadas rurais do país, representando 92% do seu território. E possui a segunda maior população indígena do Brasil, com 61 mil pessoas, sendo 46 mil Guarani Kaiowá. Entre os Kaiowá, 31 mil dividem-se entre os 46.331 hectares registrados e homologados. O restante está acampado à beira de estradas e ocupações. *(L. Indriunas, De Olho nos Ruralistas, 08/11/2018)*

A LUTA DAS GUARANI E KAIOWÁ NA REGIÃO MAIS PERIGOSA PARA MULHERES INDÍGENAS

Segundo o Ministério da Saúde, Amambai registrou 79 casos de violência doméstica contra mulheres indígenas em 2017, último ano sobre o qual há estatísticas consolidadas - é o número mais alto do Brasil. Dourados, a segunda maior cidade sul-mato-grossense, tem dados ainda mais alarmantes: além de figurar como o segundo município brasileiro com os maiores registros de todos os tipos de violência contra as mulheres indígenas, lidera o ranking do abuso sexual contra elas no país, com 31 casos em 2017. Eles são cerca de metade de todas as ocorrências registradas no estado naquele ano. *(A. Anjos, B. Fonseca, A Pública, 21/10/2019)*

LARANJEIRA NHANDERU TEM CASA DE REZA INCENDIADA E INDÍGENAS VIVEM TERROR

A virada do ano tem sido de terror no tekoha Laranjeira Nhanderu, localizado no município de Rio Brilhante. Na madrugada desta quarta-feira, dia 1o de janeiro, uma Casa de Reza foi incendiada sendo parcialmente destruída. Entre a noite e a madrugada desta quinta-feira (2), homens não identificados atacaram os indígenas a tiros e invadiram algumas casas esvaziadas pela fuga de seus moradores. Fontes policiais chegaram a afirmar que uma briga entre os Guarani Kaiowá serviu de combustível ao incêndio e aos ataques posteriores. Lideranças indígenas de Laranjeira Nhanderu, no entanto, não confirmam as informações. Tampouco que o incêndio tenha tido a participação de indígenas evangélicos neopentecostais. *(Cimi, 02/01/2020)*

EM 17 DIAS, NÚMERO DE INDÍGENAS COM COVID-19 CRESCEU 7.400%

Na Reserva Indígena de Dourados, a maior do país, com 13 mil indígenas, houve um aumento, em 17 dias, de 7.400% no número de contaminados por coronavírus. Dia 13 de maio, foi confirmado o primeiro caso na aldeia. No último sábado, o boletim epidemiológico do governo do Mato Grosso do Sul mostra que já são 74 contaminados. *(I. Carvalho, Brasil de Fato, 01/06/2020)*

CONTAMINAÇÃO DE INDÍGENAS EM DOURADOS PARTIU DE FRIGORÍFICO DA JBS

Em 28 dias, na cidade do Mato Grosso do Sul onde fica a reserva mais populosa do país, contaminados por coronavírus aumentaram 3.500%. Todos os dias, ônibus de vários municípios da Grande Dourados, no Mato Grosso do Sul, desembarcam os mais de 4 mil funcionários da fábrica da JBS Foods Seara em Dourados, a 233 km da capital Campo Grande. Mais de 30 desses trabalhadores vivem na reserva indígena de Dourados, localizada a menos de 5 km do centro da cidade. Foram trabalhadores indígenas da JBS/Seara e seus familiares os primeiros infectados pelo coronavírus no território. *(R. Oliveira, A Pública, 10/06/2020)*

PARECER CARACTERIZA ATAQUES A INDÍGENAS COMO CRIMES CONTRA A HUMANIDADE

Vinte e quatro ataques contra indígenas Guarani Kaiowá foram registrados entre 2000 e 2016 na região Sul de Mato Grosso do Sul. Nove indígenas morreram em decorrência direta dos confrontos e dois desapareceram. Esses números levaram a força-tarefa Avá Guarani, do MPF em MS, a solicitar ao Núcleo de Direitos Humanos da Unisinos, em parceria com a Cardozo Law School, faculdade de direito da Universidade Yeshiva (EUA), a elaboração de parecer analisando a possibilidade de enquadramento legal dos ataques na figura legal de crime contra a humanidade. Entre as características que permitem afirmar que eles se qualificam como crimes contra a humanidade, destacam-se: a motivação (todos visam à expulsão forçada dos índios das fazendas que incidem sobre terras reconhecidas como indígenas e "retomadas" pelas comunidades afetadas); a autoria (os autores intelectuais e, às vezes, diretos dos crimes são os donos das fazendas ocupadas e seus vigilantes com participação, muitas vezes, de políticos locais); o elemento discriminatório (se não é o motivo preponderante dos ataques, é um importante facilitador e encorajador dos ataques, na medida em que os perpetradores percebem suas vítimas - "índios" - como seres humanos inferiores e não merecedores de respeito). *(MPF, 14/07/2020)*

DOS FRIGORÍFICOS ÀS PLANTAÇÕES DE CANA: COMO O AGRONEGÓCIO EXPÔS INDÍGENAS À COVID-19

Foi o agronegócio o principal responsável pela entrada do vírus em diversas aldeias do Mato Grosso do Sul. Na Reserva Indígena de Dourados – onde a primeira morte foi registrada na semana passada –, a doença entrou por meio de uma funcionária indígena de um frigorífico da JBS. Já em Caarapó, os dois primeiros infectados na aldeia Teý'ikue eram trabalhadores da cana-de-açúcar, conforme apurou a Repórter Brasil. E, agora, o padrão começa a se repetir no oeste do Paraná. Os dois primeiros casos de covid-19 na aldeia guarani de Oco'y também eram de trabalhadores indígenas: dois funcionários de uma empresa do setor frigorífico. Em todos estes episódios, procuradores do Ministério Público Federal e do Ministério Público do Trabalho intervieram, seja fiscalizando, seja cobrando medidas de segurança das empresas – e, em alguns casos, pedindo o afastamento dos funcionários indígenas. Grandes grupos, como JBS e Raízen, chegaram a afastar seus trabalhadores indígenas após a confirmação dos primeiros contaminados. O problema, no entanto, é que as companhias demoraram a atuar ou tomaram medidas pouco efetivas, segundo especialistas e lideranças indígenas ouvidos pela Repórter Brasil. Informações obtidas pela reportagem junto a funcionários do frigorífico de Dourados mostram que, no início da pandemia, os ônibus que faziam o transporte dos trabalhadores eram pequenos e seguiam cheios. "Todo mundo sentava junto", afirma um trabalhador indígena, que preferiu não se identificar. Ele também diz que havia muitos funcionários próximos uns dos outros na sala de corte. "Lá divide paleta, pernil e barriga. Duas filas [de trabalhadores] na paleta, duas filas no pernil e duas filas na barriga". "Desde o começo deveriam ter feito testagem massiva dentro da JBS", avalia o médico polo-base de Dourados, Zelik Trajber. O médico da Fundação Oswaldo Cruz, Paulo Basta, concorda: "Assim como existem recomendações especiais para idosos, as populações indígenas também deveriam ser tratadas de maneira diferenciada", afirma, ressaltando que as empresas deveriam ter afastado rapidamente todos os trabalhadores indígenas. (N. Foscaches e T. Klein, Repórter Brasil, 24/06/2020)

INDÍGENAS ENFRENTAM PANDEMIA COM SOLIDARIEDADE E PRODUÇÃO DE ALIMENTOS

O Cimi no Mato Grosso do Sul tem implementando uma série de ações de apoio junto a Aty Guasu, Kuñangue Aty Guasu (Grande Assembleia das Mulheres Guarani e Kaiowá), RAJ (Retomada Aty Jovem). Para além disso, está constituída uma Rede de Solidariedade que tem mobilizando voluntários, universidades, sindicatos, agentes de saúde, organizações populares, pastorais e movimentos sociais com o objetivo de articular ações de combate ao coronavírus nas aldeias. O MPF, a Defensoria Pública Geral da União (DPU), e a Funai também foram acionados para que atuassem junto aos órgãos do Estado. Sem espaço adequado para cumprir o isolamento nem acesso à água potável, alimentos, políticas públicas, EPIs e kits básico para os agentes de saúde atenderem os indígenas, a Rede passou a desenvolver ações para suprir essas necessidades básicas e urgentes. Como a doação de 300 cestas básicas, contemplando cerca de 1.200 famílias Guarani Kaiowá de Dourados, em parceria com movimentos sociais ligados a Via Campesina. *(A. Spezia, Cimi, 14/07/2020)*

INDÍGENAS GUARANI KAIOWÁ RETOMAM TERRITÓRIO

No dia 15 de outubro, cerca de 30 famílias indígenas Guarani Kaiowá retomaram o território tradicional exigindo a demarcação das terras do tekoha Teko-Ava. A ocupação ocorreu na Aldeia Boreviry, localizada no município de Naviraí, no Mato Grosso do Sul (MS). Os Guarani Kaiowá denunciaram em nota emitida no dia 16/10, que após a criação de Área de Proteção Permanente (APP), foram expulsos de suas terras originárias. A área demarcada como APP abrange as margens do córrego MBoreviry, onde viviam os ancestrais Guarani Kaiowá. Atualmente o córrego, assim como a mata ciliar, se encontram completamente poluídos. *(A Nova Democracia, 27/10/2021)*

REZADOR DO POVO KAIOWÁ LANÇA LIVRO DE CANTOS EM DOURADOS

Na próxima segunda-feira (6/6), às 9h, acontece em Dourados o lançamento do livro "Guyra guahu ha mymba ka'aguy ayvu – Cantos dos animais primordiais", do rezador Ava Ñomoandyja Atanásio Teixeira, um dos mais importantes ñanderu ou rezador do povo Kaiowá em atividade. O livro, em edição bilíngue Guarani-Português, apresenta 26 histórias de aves e outros animais da mata, acompanhados pelos cantos guahu que cantam sua história desde o princípio dos tempos. Registrados e traduzidos de forma colaborativa pelo pesquisador Izaque João, esses guahu fazem parte de um conjunto maior de cantos-rezas-danças tradicionais do povo Kaiowá que podemos traduzir como "cantos míticos". *(UEMS, 02/06/2022)*

GOVERNO BOLSONARO LIBEROU FAZENDAS EM TERRAS GUARANI E KAIOWÁ

A Ñanderu Marangatu é uma das 13 TIs em processo de demarcação no MS, onde o governo de Jair Bolsonaro certificou mais de 50 mil hectares de fazendas, mostra levantamento da Agência Pública. O estado assistiu a um novo recrudescimento dos conflitos após as mortes de três Guarani e Kaiowá na retomada de Guapoy, em Amambai, a cerca de 350 quilômetros da capital Campo Grande, entre junho e agosto. *(A. Anjos, B.Fonseca, A Pública, 10/08/2022)*

MPF DENUNCIA INDÍGENAS POR TORTURA E AMEAÇA

O MPF denunciou Vicente Romero e Arnaldo Alves Franco pelos crimes de tortura e ameaça cometidos contra Joana Benites e a filha, uma adolescente de 13 anos. Todos são indígenas moradores da Aldeia Ñande Ru Marangatu/Campestre. O irmão do denunciado Arnaldo encontrava-se doente e narrou ter sonhado que sua patologia decorria de "macumba" realizada por Joana Benites, uma antiga e conhecida rezadora indígena. *(MPF, 25/11/2022)*

AMAMBAI

CONFRONTO ENTRE POLICIAIS E INDÍGENAS DEIXA FERIDOS

O povo indígena Guarani Kaiowá retomou o território de Guapo'y, localizado no Amambai, em Mato Grosso do Sul. A ação gerou um confronto com policiais do Batalhão de Choque da Polícia Militar, na manhã desta sexta-feira (24/06), em uma propriedade rural do município. Ao menos seis indígenas e três policiais ficaram feridos. *(A. Gouveia, Correio Braziliense, 24/06/2022)*

VIOLÊNCIA CONTRA INDÍGENAS É PROBLEMA POUCO DEBATIDO

Estado brasileiro com o segundo maior número de indígenas do Brasil, o Mato Grosso do Sul registrou, desde junho, o assassinato de ao menos três pessoas ligadas à etnia guarani-kaiowá. Todos eram de Amambaí, município onde fica uma das maiores aldeias da região. O tema, entretanto, está longe de pautar a disputa eleitoral pelo governo local. Ao contrário, assuntos como o desenvolvimento do agronegócio e até a inauguração de um aquário ganham mais espaço nos debates e nas agendas políticas. *(R. Truffi, Valor Econômico, 27/09/2022)*

DOURADOS

COM DESPEJOS, INDÍGENAS AFIRMAM QUE RESISTIRÃO

Chega a cinco o número de reintegrações de posse envolvendo três áreas tradicionais Guarani e Kaiowá determinadas pela 2ª Vara da Justiça Federal de Dourados (MS), no final de dezembro. O caso mais urgente, em que a Polícia Federal pode fazer a retirada da comunidade a qualquer momento. Yvu Vera é uma área de quase 20 hectares que integra a Reserva de Dourados e foi invadida por não-indígenas. *(Cimi, 11/01/2017)*

DESNUTRIÇÃO NAS ALDEIAS

Sem alimentos e água potável, algumas comunidades indígenas da Grande Dourados voltam a enfrentar "velhos" e "conhecidos" fantasmas da desnutrição. Segundo os relatos, as cestas básicas, que são distribuídas pela Companhia Nacional de Abastecimento,estariam atrasadas desde novembro e água, só de açude. Nesse território indígena a fome das crianças só passa quando o sono chega. E para matar a sede, restam os açudes, onde se misturam gado e gente. *(O Progresso, 21/01/2017)*

QUEM SÃO OS BRÔ MC'S, PRIMEIRO GRUPO DE RAP INDÍGENA DO BRASIL

Os Brô MC 's ganharam repercussão cantando sobre o cotidiano das aldeias Jaguapirú e Bo-

Da esq. para a dir., Charlie Peixoto, Bruno Veron, Clemerson Batista e Kelvin Mbaretê, do povo Kaiowá e Guarani e integrantes do Brô MC's, o primeiro grupo de rap indígena do Brasil.

roró, localizadas na cidade de Dourados, oeste do Mato Grosso do Sul. Citam, nas letras, a luta pela terra, a questão da identidade indígena, problemas como o consumo de drogas e álcool e os altos índices de suicídio das aldeias. *(B. Montesanti, Nexo, 16/02/2017)*

KAIOWÁ SOFREM QUATRO ATAQUES EM MENOS DE UM MÊS

Nos últimos anos surgiram no entorno da reserva diversas ocupações de pequenas áreas, algumas, inclusive, que restaram fora do delimitado à época e que agora são reivindicados por estas famílias, por meio de confrontos violentos à luz do dia. Os meses de outubro e novembro foram emblemáticos na escalada dessa violência, quando indígenas da aldeia Bororó, ocupantes de uma pequena área sitiante à reserva, denominada pelos indígenas de Avate'e foi atacada por grupos armados, ora em caminhonete ou bloqueios nas estradas, ora se utilizando, inclusive, de tratores modificados que destruíram mais de 20 barracos e efetuando diversos disparos com bala de borracha, de gude e com munição letal, ferindo mulheres e crianças que, por sorte, não resultaram, ainda, em mortes. *(M. Calazans, Cimi, 19/11/2018)*

CASA DE REZA NA ALDEIA JAGUAPIRU É DESTRUÍDA PELO FOGO

A principal casa de reza dos Guarani-Kaiowá na reserva indígena de Dourados, foi destruída por incêndio na madrugada desta segunda-feira (8). O fogo queimou totalmente a estrutura de madeira coberta por capim sapé. Com pelo menos 17 mil moradores, a reserva de Dourados é a mais populosa do país. Moradores da aldeia perceberam as chamas no início da manhã e chamaram o Corpo de Bombeiros. Uma equipe foi ao local, mas não conseguiu evitar a destruição total do espaço, considerado sagrado pelos Guarani-Kaiowá. *(H. Freitas, Campo Grande News, 08/07/2019)*

CAVEIRÃO, TIROS E FERIDOS: O ATAQUE ÀS RETOMADAS GUARANI E KAIOWÁ

Durante 16 horas, cerca de 180 famílias Guarani e Kaiowá das retomadas Nhu Vera, Nhu Vera Aratikuty, Nhu Vera Guasu e Boquerón, limítrofes à Reserva Indígena de Dourados,, foram alvos de seguranças privados de propriedades incidentes sobre o território indígena e do Departamento de Operações de Fronteira. Sete indígenas terminaram feridos atingidos por tiros de bala de borracha e projéteis de arma de fogo. Entre eles, um menino de 12 anos que perdeu três dedos da mão esquerda ao manipular uma granada deixada para trás pela polícia. *(Cimi, 07/01/2020)*

TI CAARAPÓ/TI DOURADOS AMAMBAIPEGUA I

UM ANO DO MASSACRE DE CAARAPÓ, DEMARCAÇÃO FOI ANULADA E FAZENDEIROS SOLTOS

Sem reparação ou o direito à terra para viver, e não apenas ser enterrado, e com os criminosos impunes, o sentimento dos Guarani e Kaiowá um ano depois do Massacre de Caarapó acompanha as denúncias que o povo realiza nos últimos tempos nas Nações Unidas (ONU) e Corte Interamericana de Direitos Humanos (CIDH). "Na verdade a política indigenista do governo para a gente é o genocídio. Violam nossos direitos de todas as maneiras. No Mato Grosso do Sul um saco de soja, um boi valem mais que um indígena, um ser humano", declara Elizeu Guarani e Kaiowá. *(R. Santana, T. Miotto, Cimi, 14/06/2017)*

STF DETERMINA VOLTA À PRISÃO DE FAZENDEIROS ENVOLVIDOS EM ATAQUE A INDÍGENAS

A 1ª Turma do STF manteve a prisão preventiva de cinco fazendeiros acusados de envolvimento em um ataque a indígenas no Mato Grosso do Sul, em junho do ano passado. O ataque à comunidade Tey Kuê, na Fazenda Yvu, localizada em Caarapó deixou um morto e oito feridos. Na decisão desta terça-feira (26), os ministros entenderam que não há ilegalidade nas prisões que justifique a atuação do STF e reverteu liminar que havia sido concedida em outubro de 2016, de forma monocrática pelo ministro Marco Aurélio. Em sustentação oral, o subprocurador-geral da República Humberto Jacques afirmou que o caso envolve "uma perfeita sucessão de invasões sobre um solo onde quem primeiro pisou foram os indígenas". Segundo ele, "essas pessoas sofreram um atentado com espingardas e grande violência por uma milícia organizada por fazendeiros". *(Secretaria de Comunicação Social da PGR, 27/09/2017)*

ORDEM DE DESPEJO CONTRA RETOMADAS PODERÁ REPETIR MASSACRE DE CAARAPÓ

A reintegração de posse emitida pelo 1ª Vara da Justiça Federal de Dourados (MS) há três meses ordena o despejo das comunidades tradicionais Pindoroki, Nhamõe Guavyray e Guapoy Guasu, dos povos Guarani e Kaiowá. A cena que se desenha na região guarda semelhanças da ocorrida em 2016. O Decreto de Morte, como nomeia a carta divulgada pelos indígenas em apoio a retomada, emitido há três meses determina a desocupação da fazenda Santa Maria, município de Caarapó, na terra indígena Dourados Amambai Pegua 1. No interior da TI em questão, estão diversos tekoha retomados pelos Guarani e Kaiowá nas últimas décadas –

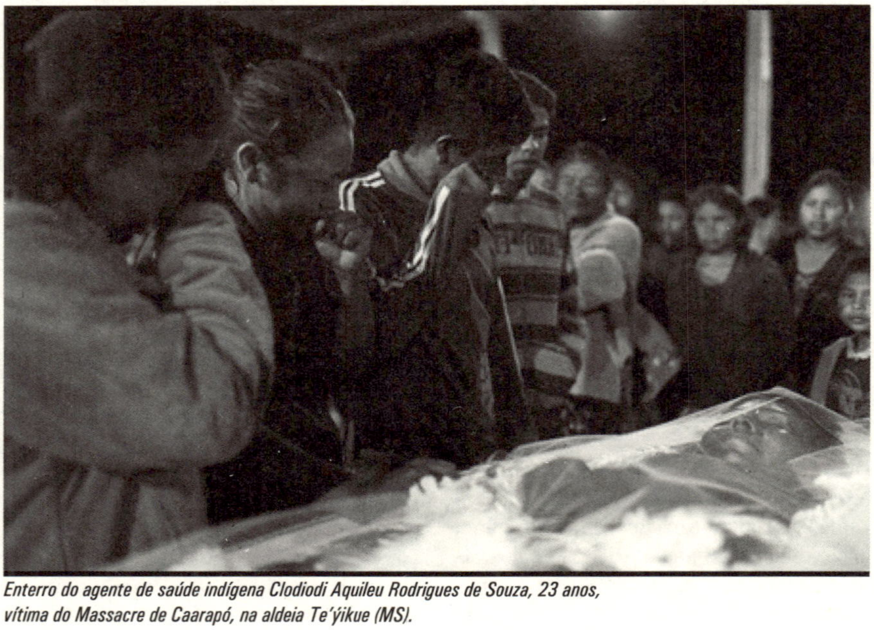

ANA MENDES / IMAGENS HUMANAS, 2017

Enterro do agente de saúde indígena Clodiodi Aquileu Rodrigues de Souza, 23 anos, vítima do Massacre de Caarapó, na aldeia Te'ýikue (MS).

Paí Tavy Terã, Ñandeva, Ñamoy Guavira'y, Jeroky Guasu, Tey'Jusu, Kunumi Vera, Guapo'y, Pindo Roky e Itagua. *(G. Cavalli, Cimi, 29/01/2018)*

POLÍCIA PODE DESPEJAR INDÍGENAS A QUALQUER MOMENTO EM CAARAPÓ

Duas reintegrações de posse contra retomadas guarani e kaiowá na TI Dourados-Amambaipeguá I, em Caarapó, podem ocorrer a qualquer momento a partir desta quarta (28). "Outro massacre está a caminho", afirma Kunumi Apyka'i Rory, porta-voz das comunidades da TI. As reintegrações de posse que podem ocorrer nos próximos dias atingem os tekoha Jeroky Guasu e Guapoy, e delegados da Polícia Federal já entraram em contato dando prazo eles deixarem as áreas. *(T. Miotto, Cimi, 27/03/2018)*

STF SUSPENDE DESPEJO DE ACAMPAMENTOS GUARANI E KAIOWÁ...

O despejo de dois acampamentos Guarani e Kaiowá em Caarapó, previsto para as primeiras horas da manhã desta segunda (9), foi suspenso por uma decisão emergencial do STF. Minutos antes do início da operação, a PF foi informada do seu cancelamento, em função do recurso deferido pela ministra Cármen Lúcia durante a madrugada. A pouco mais de 20 quilômetros das áreas ocupadas, 200 policiais – entre agentes da PF, Polícia Militar e Exército, em cinquenta viaturas e dois helicópteros, além de homens do Corpo de Bombeiros em ambulâncias e um caminhão tático –, estavam a postos, nas bordas da reserva indígena, para retirar as famílias do local. Os Kaiowá e Guarani, por sua vez, também estavam preparados para o enfrentamento com as forças policiais. *(R. Sposati, T. Miotto, T. Klein, Cimi, 09/04/2018)*

... MAS PF NOTIFICA NOVA REINTEGRAÇÃO EM CAARAPÓ

Os Guarani Kaiowá receberam nesta terça-feira (10) uma nova notificação judicial de despejo da Polícia Federal. O alvo agora da ação é o Tekoha Pindo Roky, que fica na TI Dourados Amambaipeguá 1, em Caarapó, no Mato Grosso do Sul. O pedido de reintegração de posse, que pode ser realizada em dez dias pela PF, atende a ação judicial movida pelo fazendeiro Orlandino Carneiro Gonçalves, da fazenda Santa Helena. O fazendeiro é réu confesso do assassinado a tiros de Denilson Barbosa Guarani-Kaiowá, de 15 anos, em 2013. *(I Sanchez, Amazônia Real, 11/04/2018)*

ANCIÃO GUARANI KAIOWÁ SEGUE DETIDO

Ambrósio Alcebíades Guarani Kaiowá, 70 anos, segue detido após o ataque de forças policiais, no último domingo (26) a indígenas do tekoha – lugar onde se é – Guapo'y, em Caarapó ao lado da reserva indígena Tey'i kue, onde vivem mais de cinco mil indígenas. Revoltada com a situação do ancião, que está sem tomar os remédios para tratar da hipertensão e apresenta distúrbios mentais, de acordo com os advogados do indígena, a comunidade decidiu esperar três dias pela soltura de Ambrósio; do contrário, ações de protesto serão organizadas. *(R. Santana e T. Miotto, Cimi, 28/08/2018)*

DEMARCAÇÃO DEVE SER RETOMADA E CONCLUÍDA PELA FUNAI, DETERMINA TRF-3

O TRF-3 restabeleceu o procedimento demarcatório da TI Dourados Amambai Peguá I, do povo Guarani e Kaiowá. Para o desembargador Valdeci Santos, tratou-se de uma "providência prematura" da Justiça Federal de Dourados ao anular a demarcação antes de sua conclusão. O desembargador argumenta que o "o procedimento em questão encontra-se pendente de finalização". *(R. Santana, Cimi, 03/04/2019)*

JUSTIÇA SUSPENDE ANULAÇÃO DA TI

O TRF-3 suspendeu a sentença que anulava parte da demarcação da TI Dourados-Amambaipegua I, do povo Guarani e Kaiowá. A decisão decorre de uma apelação feita pelos próprios indígenas, cuja legitimidade para o pedido foi reconhecida pelo desembargador Valdeci dos Santos. Ele afirma que a discussão sobre a demarcação de terras "tem influência na esfera jurídica dos povos indígenas". Parte da demarcação da TI estava anulada desde 2017. Em fevereiro daquele ano, a Justiça Federal de Dourados acatou um pedido liminar do dono da fazenda Santo Antônio, sobreposta à terra indígena, e declarou nula a parte da demarcação onde fica a propriedade. A liminar, baseada na tese do marco temporal, foi confirmada pela Justiça Federal de Dourados numa sentença de dezembro de 2018. *(T. Miotto, Cimi, 09/07/2020)*

GUATÓ

GOVERNADOR ENTREGA ESCOLA EM ALDEIA INDÍGENA

Os indígenas da Aldeia Uberaba, na região de Porto Índio, no extremo noroeste sul-mato-grossense, teve a visita do governador Reinaldo Azambuja, nesta terça-feira (18). A comitiva do Governo do Estado dirigiu-se a aldeia Uberaba, para inaugurar a reforma da Escola Estadual Indígena João Quirino de Carvalho - Toghopanãa. Segundo Cacique Luiz Carlos Alvarenga, "Para comunidade, essa visita é de grande valor e a comunidade está muito feliz", A aldeia liderada por Luiz está localizada na Ilha Ínsua, região territorial do município de Corumbá e a 36 horas de barco da área urbana da cidade - na divisa de Mato Grosso do Sul com Mato Grosso e fronteira com a Bolívia. 419 índios de 50 famílias vivem no local (Siasi/Sesai, 2014). *(F. Andrade, Capital News, 19/07/2017)*

ESTUDOS DE PESQUISADORES DA UFRJ SÃO FURTADOS NO PANTANAL

Pesquisadores da Universidade Federal do Rio de Janeiro (UFRJ) que estudam a língua dos guatós - povo indígena que habitava a região do Pantanal de Mato Grosso do Sul - tiveram os dois notebooks onde estava armazenada a pesquisa furtados. Eles iriam finalizar os trabalhos em Corumbá nesta semana. "A gente veio para Corumbá para documentar os últimos falantes da língua. Como ela é uma língua indígena muito pouco documentada, a gente veio aqui para fazer gravações de áudio, gravações de imagem e a gente fazia beckup nesses computadores", explicou o pesquisador Gustavo Godoy. Os levantamentos começaram há dois anos. "Nesses computadores têm materiais únicos, que são gravações da língua guató, que vai se acabando. Provavelmente a poucos anos não vai mais ter mais falante. Além das gravações da língua em si, tem materiais da ida da dona Eufrázia para a aldeia Uberaba, que foi um acontecimento inédito, porque ela não voltava lá há mais de cinquenta anos", contou Kristina Balykova. O caso está sendo investigado pela Polícia Civil. *(G1, 26/01/2018)*

KADIWÉU

MPF ACIONA JUSTIÇA PARA REIVINDICAR ESCOLA EM ALDEIA KADIWÉU

O MPF (Ministério Público Federal) entrou com uma ação judicial para garantir com urgência a construção de uma escola na aldeia kadiwéu Campina, comunidade localizada em Porto Murtinho, a 431 quilômetros de Campo Grande. Embora o município tenha recebido R$ 3,9 milhões para investir em educação nos últimos anos, as crianças da tribo têm aulas em uma sala no posto de saúde do local e em uma tenda precária. *(R. Campos Jr, Campo Grande News, 22/03/2017)*

TRF-3 SUSPENDE REINTEGRAÇÃO E ÍNDIOS PERMANECEM EM TERRAS EM BONITO

Por ver elementos de que uma fazenda ocupada por índios, na verdade, faz parte de reserva indígena, a 5ª Turma do Tribunal Regional Federal da 3ª Região confirmou liminar e suspendeu a reintegração de posse da Fazenda Santa Clara, no Município de Bonito, no Mato Grosso do Sul. A decisão garante que a Comunidade Indígena Kadiwéu permaneça no local até o julgamento do mérito da ação possessória de origem. O relator do acórdão no Agravo de Instrumento, desembargador federal Paulo Fontes, afirmou que há nos autos elementos que demonstram que a fazenda se situa dentro dos limites da Reserva Indígena Kadiwéu, já devidamente demarcada e homologada pelo Poder Executivo Federal, por meio do Decreto 89.578, de 24 de abril de 1984. Também há nos autos notícia de que os supostos proprietários da fazenda não residem na área, arrendam o local para pastagem e já infringiram normas ambientais. *(Consultor Jurídico, 13/01/2017)*

FUNAI DIZ QUE KADIWÉU OCUPAM APENAS UMA FAZENDA NO PANTANAL

A Funai afirmou nesta sexta-feira (24) a ocupação dos índios da etnia Kadiwéu acontece apenas em uma das propriedades da região de Nabileque, em Corumbá - a 426 quilômetros de Campo Grande. O grupo acampa na Fazenda Baía da Bugra desde quarta-feira. Na tarde do dia 22 de novembro os índio chegaram à fazenda, usando uma caminhonete do Ibama e montaram acampamento no local. De acordo com o coordenador da Funai, Paulo Rios, os funcionário da propriedade foram orientados a deixarem as casas, mas em nenhum momento houve o uso de violência e toda a ocupação foi pacífica. No local, os índios pedem a demarcação de 145 mil hectares que pertence ao condomínio de fazendas da região, que abrange 12 propriedades. A briga pelo local está na justiça desde 1987 e após 30 anos ainda não há decisão. Desde ontem, dia 23 de novembro, o Funai tenta negociar a saída do grupo do local, mas segundo Rios, os índios estão "irredutíveis". Ao contrário do que informado pelos fazendeiros, Rios afirmou que apenas uma das propriedades, a Baía da Bugres, está ocupada e que não houve "ordem de retirada" dos gados e funcionários das outras 11. *(G. Garnes, Campo Grande News, 24/11/2017)*

ÍNDIOS ENCONTRARAM MARCOS DESTRUÍDOS AO FUNDO DE FAZENDA OCUPADA

Durante a ocupação a Fazenda Baía da Bugra, índios da etnia Kadiwéu encontraram pelo menos 30 marcos, supostamente de demarcação de divisas, arrancados no fundo da propriedade. Em um vídeo enviado ao Campo Grande News, é possível ver as estruturas de concreto quebradas e empilhadas no local. O vídeo é narrado e gravado pelos índios. Nas imagens, é possível marcos de concretos, usados para a definição linhas de divisa, destruídos. No áudios um dos índios explica que encontrou das estruturas no fundo da fazenda ocupada, a Baía da Bugra. "Aqui estão mais de 30 marcos, que foram arrancados possivelmente pelo fazendeiro que se diz o dono dessa terra". Em outro vídeo, os índios pedem a criminalização do responsável pelo dano ao patrimônio público. Para os índios, a destruição do marco foi proposital, com a finalidade de dificultar a demarcação das terras. Desde 1987, os índios pedem a demarcação de 145 mil hectares que pertence ao condomínio de fazendas da região, que abrange 12 propriedades. A reportagem encontrou em contato com o coordenador da Funai, Paulo Rios, que confirmou a situação. *(G. Garnes, Campo Grande News, 28/11/2017)*

TRIBUNAL SUSPENDE LIMINAR E MANTÉM OS KADIWÉU EM ÁREA DEMARCADA

A 1ª Turma do TRF3 decidiu, por maioria, suspender liminar concedida a fazendeiros para retomar a posse da Fazenda Duas Irmãs, em Corumbá (MS), ocupada atualmente por índios Kadiwéu. O colegiado reconheceu que se trata de terra indígena demarcada por decreto em 1984, como foi apontado pelo MPF. A primeira instância havia determinado a reintegração de posse a favor dos fazendeiros. Ao contestar a liminar, o procurador regional da República na 3ª Região Sérgio Fernando das Neves afirmou que, se de um lado estão em jogo os bens patrimoniais dos fazendeiros, "do outro, estão a vida e a dignidade de milhares de indígenas, cuja perda jamais pode ser indenizada, ao contrário do que ocorre em relação ao bem patrimonial". Neves classificou de injusta a decisão da primeira instância por privilegiar os títulos de posse dos fazendeiros em detrimento à tradicionalidade da ocupação da área pelos indígenas. E foram os Kadiwéu, "que tiveram parte de suas terras tradicionais - demarcadas em 1900 e registradas em nome da União desde 1984 - tomada por fazendeiros locais, como é o caso da propriedade", afirmou. *(MPF, 20/08/2018)*

FOGO DESTRÓI METADE DE TI EM MATO GROSSO DO SUL

Após 18 dias de incêndio no território indígena Kadiwéu, no interior do Mato Grosso do Sul, os brigadistas do Ibama esperam finalizar nesta segunda-feira, 30, o trabalho de combate ao fogo. Cinquenta homens do Prevfogo, ligado ao órgão ambiental federal, se revezaram durante 24 horas na região. As chamas consumiram 48% da área protegida. Lá, vivem cerca de dois mil indígenas. O local tem cerca de 540 mil hectares - o que equivale a 540 mil campos de futebol - e o acesso é o principal problema. "Os combates não são difíceis, a vegetação é rasteira. Porém, o mais complicado é o acesso. Por vezes o fogo está em cima do morro, é preciso fazer caminhadas de 10, 12 quilômetros, e é uma encosta com muitas pedras soltas", conta Bruno Águeda Ovelha, supervisor de brigadas. Assim como o Estadão mostrou no sábado, 28, os brigadistas combatem o fogo sem usar água por causa da dificuldade de acesso às regiões mais remotas do Pantanal. "Aqui o soprador de ar foi fundamental para esse tipo de combate de fogo rasteiro. Com ele, conseguimos fazer a extinção do combustível e combater o fogo por abafamento", afirma Ovelha. Movido a combustível, o equipamento ajuda a mudar a direção do fogo. *(E. Sant'Anna e T. Queiroz, Terra, 30/08/2021)*

KINIKINAU

CIMI PROTOCOLA PEDIDO DE INVESTIGAÇÃO DAS CRIANÇAS KINIKINAU ATROPELADAS

A pedido da investigação protocolada pelo Cimi Regional no Mato Grosso do Sul, em conjunto com outras entidades indigenistas, o MPF no Estado, requisitou à Delegacia de Polícia Civil de Miranda a instauração de inquérito policial para apurar a prática de crimes relacionados ao atropelamento de duas crianças indígenas Kinikinau, com sete e nove anos de idade, no último dia 13. O MPF também encaminhou cópia da requisição ao Ministério Público Estadual, para conhecimento e adoção de eventuais providências. O atropelamento aconteceu quando as crianças andavam de bicicleta próximo à estrada que liga Miranda à Cerâmica, em frente à Comunidade Mãe Terra, na Terra Indígena Cachoeirinha. Na ocasião do atropelamento, o motorista, que dirigia uma Camionete branca, fugiu sem prestar qualquer tipo de socorro. Segundo a liderança indígena da comunidade Mãe Terra, há suspeita de que o crime tenha sido cometido por fazendeiro local. *(M. Calazans, Jornal GGN, 27/11/2018)*

SEM VAGA, FUNAI PÕE ÍNDIOS EXPULSOS NA 'FILA' POR TERRA

Motivo de cobrança do MPF desde 2013, o levantamento que pode resultar em demarcação de terra para a etnia kinikinau não está nos planos imediatos da Funai. No dia 10 de julho, a Diretoria de Proteção Territorial da Funai enviou ofício para a procuradoria informando que já tem um expressivo número de GTs (Grupos Técnicos) em curso no ano de 2019. A etnia kinikinau, que chegou a ser declarada extinta em 1976, ganhou o noticiário em 31 de julho deste ano, quando índios foram expulsos da fazenda Água Branca, em Aquidauana. Sem ordem judicial, a ação da PM (Polícia Militar) foi denunciada pelos indígenas como truculenta. A fazenda pertence à Agropecuária Vinepa e é avaliada em R$ 10,7 milhões. *(Campo Grande News, 19/09/2019)*

APÓS RETORNO A TERRITÓRIO, POVO KINIKINAU RENASCE

De 7 a 11 de outubro, na aldeia Mãe Terra, TI Cachoeirinha, em Miranda (MS), o povo Kinikinau realizou a sua sexta Grande Assembleia, com o tema Uti Koinukonoen Gonokopatimo mboke'exa (povo Kinikinau: Lutando por seu território tradicional).

Com o canto de Dona Zeferina, anciã Kinikinau, que dizia "por um lugar para deixar nossas crianças, pela nossa cultura, pela nossa língua materna, pelos nossos ancestrais, seguiremos em luta pelo nosso território tradicional", a 6ª Grande Assembleia do povo Kinikinau foi encerrada. *(L. Farias, Cimi, 15/10/2019)*

FUNAI DEVE RETOMAR DEMARCAÇÃO DE TERRAS OCUPADAS PELOS KINIKINAU

O desembargador federal Hélio Nogueira, da 1ª Turma do TRF3, determinou à Funai a retomada imediata do procedimento demarcatório das terras ocupadas pela Comunidade Indígena Kinikinau, localizada em Miranda/MS. O magistrado estabeleceu prazo de seis meses para elaboração de estudo antropológico de identificação, coordenado por antropólogo de qualificação reconhecida. No caso analisado, o MPF em Mato Grosso do Sul iniciou, em 2013, o acompanhamento da instauração e andamento do processo de identificação e demarcação da terra tradicionalmente ocupada pela Comunidade Indígena Kinikinau. Documentos dos autos revelam que, decorridos cerca de nove anos, nenhuma fase do procedimento foi concluída pela Funai. *(TRF3, 26/09/2022)*

OFAYÉ-XAVANTE

FUNAI TEM SEIS MESES PARA DEMARCAR A TI OFAYÉ-XAVANTE

O MPF em Três Lagoas (MPF/MS) conseguiu liminar que obriga a Funai a retomar o processo demarcatório das terras ocupadas pelos Ofayé-Xavante no município de Brasilândia (MS). A Justiça fixou o prazo de seis meses para a conclusão da demarcação física da área, sob pena de multa diária de R$ 1 mil. O procedimento demarcatório da terra, iniciado em 1987, foi alvo de recursos judiciais, mas desde 2009 não há qualquer impedimento legal ou judicial para a sua conclusão. Na liminar, o juízo reconhece que o atraso na demarcação da área pode prejudicar os indígenas, pois "priva a comunidade das políticas públicas que lhes são endereçadas". *(MPF, 30/01/2017)*

© LÍDIA FARIAS/CIMI REGIONAL MS, 2019

Anciãs kinikinau participam da sexta Grande Assembleia do povo Kinikinau, que reforçou a luta do povo por terra e direitos.

MPF/MS: AGENDADA CONCILIAÇÃO ENTRE COMUNIDADE OFAYÉ-XAVANTE E FAZENDEIROS

A Justiça Federal em Três Lagoas, a pedido do MPF/MS, designou audiência de conciliação entre a comunidade Ofayé-Xavante e proprietários da Fazenda Santana, cuja área avança sobre os limites do território indígena, objeto de ocupação pelos índios na última segunda-feira, 6 de fevereiro. A conciliação foi proposta pelo MPF para evitar conflito entre a comunidade e os fazendeiros, já que os indígenas demonstraram a intenção de permanecer nos limites do território já identificado como tradicional pelo Ministério da Justiça e que será objeto de demarcação física pela Funai. *(MPF, 13/02/2017)*

TRF3 REAFIRMA LEGALIDADE DA PORTARIA DEMARCATÓRIA DA TI OFAYÉ-XAVANTE

O TRF3, por três votos a dois, confirmou decisão judicial que atesta a legalidade da Portaria no 264/1992 do Ministério da Justiça, demarcatória da TI Ofayé-Xavante. O ato normativo foi contestado pela proprietária da Fazenda Esperança, mas o TRF3 reafirmou a regularidade do documento e anulou o título de propriedade da fazendeira. De acordo com o Tribunal, o imóvel de 1.937,6250 hectares configura área tradicional indígena e deve retornar à comunidade para a preservação da diversidade cultural e reprodução física e econômica dos índios. Segundo o voto do relator, desembargador Antonio Cedenho, o histórico da comunidade demonstra o esbulho sofrido pelos Ofayé-Xavante, que, mesmo obrigados a sair de suas terras, mantiveram vínculo com o território tradicional. "Obviamente, a simples perda de contato físico com o meio não prejudica a demarcação. A reivindicação das terras pelo grupo, através de incursões frequentes no lugar, de pedidos à autoridade pública, torna persistente o esbulho e impossibilita a pacificação", afirmou o relator. *(MPF, 17/02/2017)*

COMUNIDADE OFAYÉ-XAVANTE E FAZENDEIRA FIRMAM ACORDO SOBRE TERRA OCUPADA

O MPF em Três Lagoas intermediou acordo entre os indígenas Ofayé-Xavante e a proprietária da Fazenda Santana, em Brasilândia (MS), sobre área ocupada pela comunidade desde fevereiro deste ano. A conciliação, homologada recentemente pela Justiça, assegura a permanência dos índios na terra até o julgamento de ação que contesta a propriedade da área. *(MPF, 26/06/2017)*

ARTESANATO INDÍGENA OFAYÉ PARTICIPA DE EXPOSIÇÃO EM BRASÍLIA (DF)

A participação do artesanato indígena Ofayé no Salão de Artesanato de Brasília (DF) ocorre de 4 a 8 de abril, na ExpoBrasília. A participação no evento faz parte das ações do Plano de Sustentabilidade Indígena Ofayé (PSIO), que busca promover a revitalização cultural da única etnia Ofayé, localizada em Brasilândia (MS), do mundo registrada pela Funai. A coleção que será levada para Brasília é composta de toalhas de mesa, guardanapos, jogos americanos, sacolas, entre outros itens. “É muito importante poder mostrar a cultura Ofayé, em outros estados. O projeto de artesanato promoveu um reencontro dos Ofayé com sua identidade e suas tradições e está cada vez mais consolidado na comunidade”, afirma Flávia Tayama, coordenadora de Sustentabilidade da Fibria. *(Patrulha News, 05/04/2018)*

TERENA

INDÍGENAS NA LUTA CONTRA OS COMBUSTÍVEIS FÓSSEIS

A 10a Grande Assembleia Terena, realizada na aldeia Buriti, Terra Indigena Buriti, Municipio de Dois irmãos do Buriti, Mato Grosso do Sul, discutiu a demarcação das terras indígenas e tudo que afeta os territórios tradicionais.Foram apresentados às lideranças indígenas presentes os riscos da exploração de combustíveis fósseis como carvão, petróleo e gás, principalmente o gás de xisto pelo método do fraturamento hidráulico - ou fracking -, e seus impactos para os territórios, a saúde e a qualidade de vida dos povos indígenas. *(350.org, 22/06/2017)*

PREFEITURA DESAPROPRIA ÁREA PARA REGULARIZAR FAMÍLIAS INDÍGENAS

Depois de oito anos vivendo embaixo de lona, as 65 famílias da Comunidade Indígena Estrela da Manhã, localizada na Rua Era Atômica, no Bairro Noroeste, na região da saída para Três Lagoas, em Campo Grande, veem se concretizar o sonho da casa própria. Na última semana, a prefeitura formalizou a desapropriação de 21 lotes na região que servirá para realocação dos terenas, atualmente amontoados em barracos dentro de poucos metros quadrados. De acordo com o cacique Josué Augusto Nimbu, o acordo é de que 35 famílias permaneçam no atual espaço ocupado e outras 30 sejam realocadas para terrenos próximos. “Como não temos condições de comprar um terreno nem de pagar aluguel, essa foi a solução que encontramos”. *(T. Jara, Correio do Estado, 17/12/2018)*

© GASPARINI KAINGANG, 2019

Eloy Terena com a mãe, Zenir Eloy, após ser aprovado em seu primeiro doutorado, realizado no Museu Nacional/UFRJ.

COM COORDENADOR INDÍGENA NA FUNAI, LIDERANÇAS ACREDITAM EM APROXIMAÇÃO

Os líderes indígenas acreditam em uma reaproximação das comunidades com a Funai com a posse de Henrique Dias, da etnia Terena. Ele tomou posse na manhã desta sexta-feira (15) prometendo atender a população indígena das aldeias e os que vivem nos ambientes urbanos. “Estamos felizes. é um momento novo e histórico em que depois de muito tempo novamente volta um indígena para a coordenadoria da Funai, que veio da base e acreditamos que vai fazer uma administração voltada para as comunidades”, avalia o Cacique Messias da Aldeia Córrego do Meio de Sidrolândia. *(T. Marin, 15/03/2019)*

TERENA VOLTA À ALDEIA COM DIPLOMA DE DOUTOR E DEDICA CONQUISTA À MÃE

O sorriso sincero de dona Zenir Eloy, mãe do advogado Luiz Henrique Eloy Amado, recebendo o diploma de doutor do filho é de emocionar. Luiz, conhecido como Eloy Terena, tem 31 anos e já é figura no Estado por defender as causas que envolvem os impasses nas demarcações de terras indígenas. Ele terminou o doutorado aos 30, do jeitinho que sonhava, mas, segundo ele, nada disso seria possível sem os anos de batalha da mãe para não faltar nada aos seus filhos. Nascido na Aldeia Ipegue, localizada em Aquidauana, Eloy voltou à aldeia nesta semana para entregar pessoalmente o diploma a Zenir. “Ela já sabia que eu era doutor, mas ainda não tinha visto o certificado. Eu estava fazendo pós-doutorado na França e quando cheguei ao Brasil na semana passada soube que o diploma estava pronto e fui buscar”. Doutor pelo Museu Nacional - UFRJ, Eloy chegou ao onde nasceu, se criou e recebeu as primeiras lições para o manejo do mundo, com um pedaço de papel significativo, “conquistado através de um esforço coletivo”, diz. *(T. Torres, Campo Grande News, 16/11/2019)*

VÍTIMA DA COVID-19, CARLOS TERENA MORRE AOS 66 ANOS

O criador e coordenador-geral dos Jogos Mundiais dos Povos Indígenas, Carlos Terena, morreu aos 66 anos. Internado há 17 dias, ele não resistiu às complicações provocadas pela Covid-19. O óbito foi confirmado no sábado (12). Carlos Terena foi sepultado nesta segunda-feira (14), no cemitério Campo da Esperança, na Asa Sul, em Brasília. Natural de Aquidauana, ele pertencia à etnia Terena. Foi também foi criador do Conselho Nacional de Pastores e Líderes Evangélicos Indígenas e era

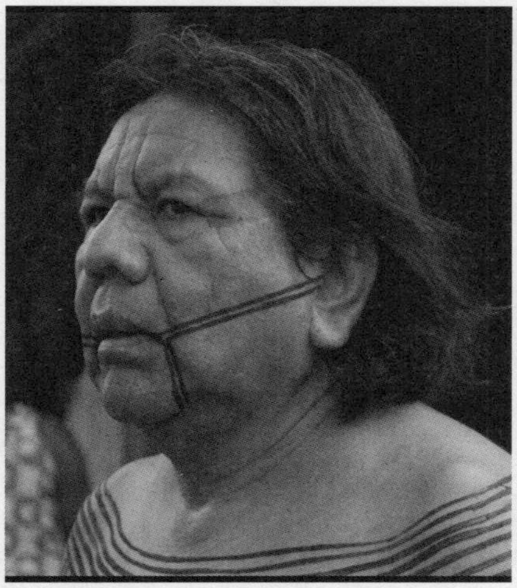

Carlos Terena.

servidor aposentado da Funai. Primeiramente, Terena ficou internado, durante três dias, em um hospital particular de Ceilândia. Depois, foi transferido para o Hospital de Campanha do Autódromo, no Plano Piloto, onde faleceu. Segundo a filha, Maíra Elluke, Carlos Terena já não estava mais com o novo coronavírus quando morreu, em decorrência de complicações do contágio. (G1, *W. Galvão, 14/06/2021)*

TI TAUNAY-IPEGUE

INDÍGENAS TENTAM SE MANTER EM ÁREA ALVO DE REINTEGRAÇÃO

Representantes da Comunidade Indígena Taunay-Ipegue, em Aquidauana, participaram nesta quarta-feira (21) de audiência na 4ª Vara da Justiça Federal em Campo Grande. A audiência busca promover conciliação entre as lideranças indígenas e os proprietários das fazendas Água Branca e Capão das Araras. Os dois processos de reintegração de posse, movidos pelos fazendeiros, correm na Justiça Federal desde 2016. Durante a audiência ficou acordado que os indígenas terão 15 dias para apresentar recurso para decisão de reintegração de posse. Em entrevista à equipe, uma das lideranças Terena garantiu que, apesar do tempo para recorrer, as famílias não farão a desocupação. *(Capital News, F. Brito, 21/02/2018)*

SUSPENSÃO DE REINTEGRAÇÃO DE TERRA NO MS DEVE SER MANTIDA, DEFENDE PGR

A Procuradoria-Geral da República defendeu, nesta quinta-feira (3), a manutenção da decisão liminar que garante a permanência da comunidade indígena Taunay-Ipégue nas Fazendas Água Branca e Capão das Araras, em Aquidauana. Decisão da ministra Carmém Lúciaimpediu a reintegração de posse da área determinada pelo TRF3. Em manifestação enviada ao STF, a procuradora-geral da República, Raquel Dodge, contesta recurso de fazendeiros e atenta para o "efetivo risco de agravamento do conflito fundiário instalado na região, com consequente ameaça à integridade física dos indígenas e demais envolvidos". *(MPF, 03/05/2018)*

PROPRIETÁRIO RURAL RECEBE MULTA POR DESMATAMENTO

Um produtor rural recebeu uma multa no valor de R$ 450 mil após desmatar 90 hectares de uma reserva indigena de Aquidauana, nesta quinta-feira (27). Segundo o Ibama, a área está localizada no Pantanal sul-mato-grossense. O Ibama identificou o desmatamento de 90 ha da área de Cerradão na TI Taunay-Ipégue, durante operação realizada em conjunto com o MPF. Agentes ambientais embargaram a área de especial preservação, que integra o bioma Pantanal. Com cerca de 33,9 mil ha no município de Aquidauana, a TI Taunay-Ipégue foi declarada posse permanente da etnia Terena pela Portaria do Ministério da Justiça. *(G1, 28/09/2018)*

DESPEJO IMINENTE TEM O POTENCIAL DE REEDITAR CONFRONTO

O desembargador Wilson Zahuy, do TRF da 3a Região, atendeu ao pedido de duas parentes da ministra da Agricultura Tereza Cristina, proprietárias da Fazenda Esperança, e despachou uma reintegração de posse contra um grupo Terena que retomou área localizada dentro dos limites da TI Taunay-Ipegue. Uma semana depois da decisão, os Terena podem receber indesejada visita de tropas policiais para cumprir o despejo. A Procuradoria da Funai recorreu, mas acabou derrotada e agora apela à Presidência do TRF-3. A possibilidade dos indígenas saírem da área está fora de cogitação: a comunidade afirma se preparar para defender a terra retomada em 2013. *(R. Santana, Cimi, 09/03/2019)*

SEIS TERENA MORREM DE COVID-19 APÓS INAUGURAÇÃO DE ESTRADA

Em um período de apenas 24 horas, seis indígenas da etnia Terena morreram na TI Taunay/Ipegue, em Aquidauana, no Mato Grosso do Sul. Destes, quatro já foram confirmados como casos de Covid-19. Segundo o Conselho do Povo Terena, outros dois líderes — entre eles o professor Paulo Baltazar — foram transferidos para hospitais de Campo Grande e estão internados com quadro respiratório grave. O evento organizado pelo prefeito de Aquidauana, Odilon Ribeiro (PSDB), causou aglomeração, contrariando as orientações da OMS. Entre os presentes, pelo menos um testou positivo para Covid-19, o presidente da Assembleia. Sete dias depois da inauguração, Paulo Corrêa pediu afastamento da Alems após os exames confirmarem a doença. Ao mesmo tempo, indígenas que estiveram no encontro

Familiares lamentam a morte do professor terena Saulo Antonio, 52 anos, por covid-19 na aldeia Bananal, TI Taunay-Ipegue (MS).

começaram a relatar os primeiros sintomas. "Mais de duzentas lideranças indígenas acompanharam a inauguração", afirma Elvis Terena, membro do Conselho do Povo Terena e morador da TI Cachoeirinha, no município vizinho de Miranda. "Depois disso, mais ou menos cinco a dez dias depois, começaram a ter problemas respiratórios". *(B. S. Bassi, De Olho nos Ruralistas, 24/07/2020)*

TI BURITI

STJ MANTÉM TI BURITI ANULADA POR MARCO TEMPORAL

Na semana passada, dia 5, os Terena realizaram uma manifestação na TI Buriti, protestando contra uma decisão do STJ no processo que anulou a demarcação da área. Na decisão de 27 de fevereiro, o STJ negou à União a admissibilidade de um recurso, e o processo deve agora seguir ao STF. Comemorada nos meios de comunicação do Mato Grosso do Sul pelos ruralistas, a decisão não é definitiva e nem tratou sobre o mérito. "É uma morte para nós. Mostramos que somos do diálogo, de tentar resolver na Justiça, mas infelizmente, eles não estão nos ouvindo, não querem compreender que temos direito à terra tradicional", afirma Eder Alcântara Terena, liderança indígena e vereador em Sidrolândia (MS). Cerca de mil indígenas participaram da manifestação na TI Buriti, que uniu as doze aldeias Terena em defesa da demarcação de sua terra tradicional. "Após essa decisão, se houver alguma medida de reintegração de posse naquela região, as comunidades vão avançar sobre as área ainda não retomadas. A gente está tentando discutir para que isso não aconteça, mas aí cabe muito da atuação do governo e dos tribunais, porque a comunidade está decidida", afirma Eder Terena. *(T. Miotto, Cimi, 13/03/2018)*

CINCO ANOS APÓS MORTE DE ÍNDIO, DELEGADA VIRA RÉ POR IMPROBIDADE

A Justiça Federal tornou ré a delegada Juliana Resende por não ter se declarado impedida de elaborar parecer de sindicância interna da Polícia Federal em que o marido era investigado. A decisão acata pedido do MPF-MS que acusa a delegada de improbidade administrativa. O caso remete à morte de Oziel Gabriel, terena morto pela polícia federal durante confronto em 2013 na fazenda Buriti, Sidrolândia, reivindicada como território tradicional pelos indígenas. O delegado da Polícia Federal Eduardo Jaworski de Lima foi um dos comandantes da operação de 30 de maio de 2013, que tinha como objetivo a reintegração de posse na Fazenda, ocupada pelos indígenas. "Investigação do MPF concluiu que aquela foi uma operação policial fracassada, com graves erros, que resultaram em, pelo menos, uma morte (o indígena terena Oziel Gabriel), 7 vítimas não fatais por arma de fogo (4 policiais, 2 indígenas e um cão militar), 9 policiais feridos por pedras e 19 indígenas feridos por munição de elastômero, totalizando 36 vítimas", aponta o MPF. Eduardo Jaworski se matou em junho de 2016, com um tiro. Para o MPF a polícia federal realizou uma sequência de erros, como enviar tropas militares ao local sem informar a Funai e o Ministério Público e usar força policial desproporcional à conduta dos indígenas. *(I. Sanchez, Campo Grande News, 21/05/2018)*

Atikum
Charrua
Fulni-ô
Guarani Mbya
Guarani Ñandeva
Kaingang
Krenak
Pankararé
Pankararu
Potiguara
Tapeba
Terena
Tuxá
Xetá
Xokleng

18. Sul

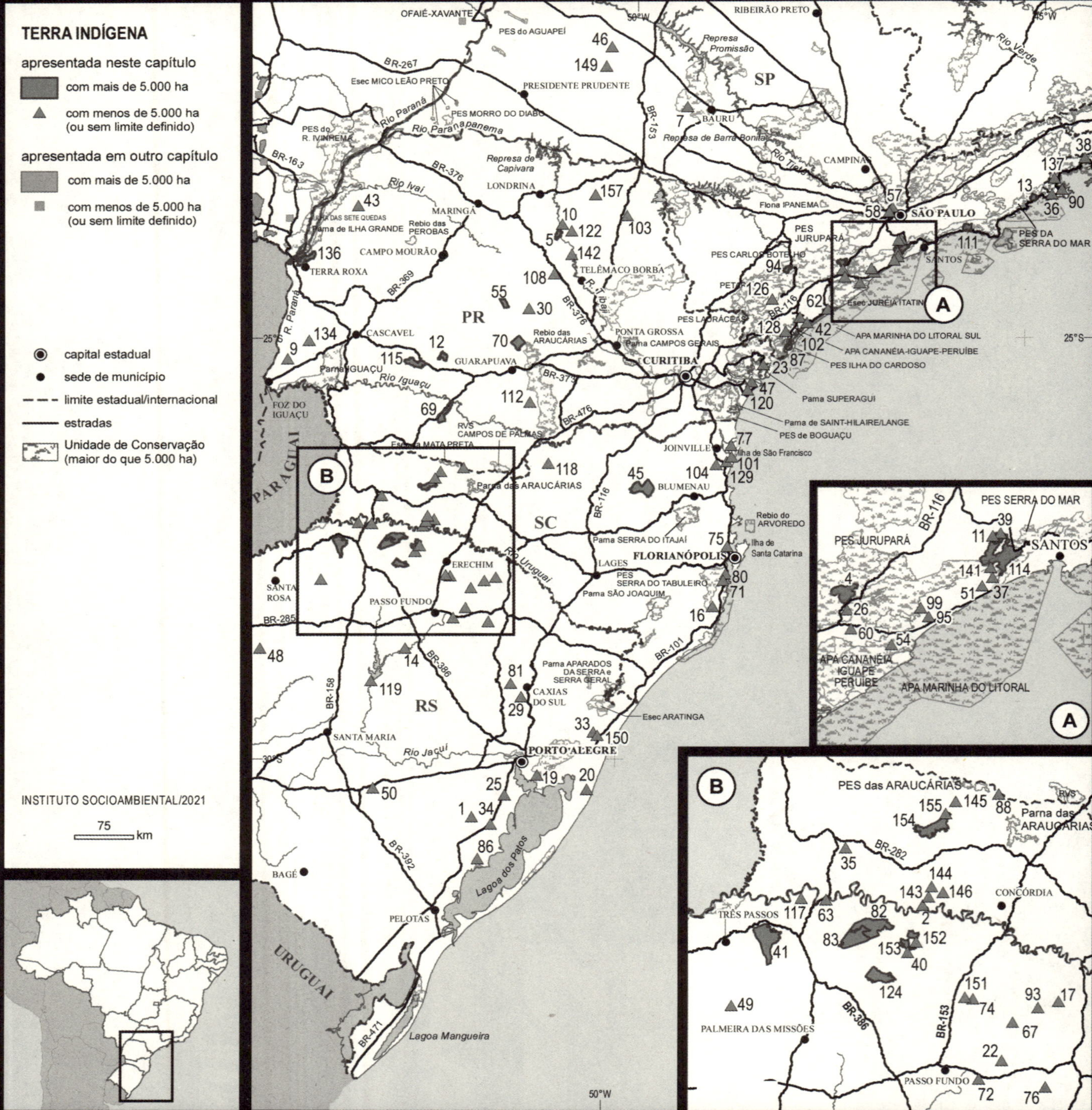

TERRA INDÍGENA
apresentada neste capítulo
com mais de 5.000 ha
com menos de 5.000 ha (ou sem limite definido)
apresentada em outro capítulo
com mais de 5.000 ha
com menos de 5.000 ha (ou sem limite definido)
capital estadual
sede de município
limite estadual/internacional
estradas
Unidade de Conservação (maior do que 5.000 ha)
INSTITUTO SOCIOAMBIENTAL/2021
75 km
SP
PR
SC
RS
PARAGUAI
URUGUAI
SÃO PAULO
CURITIBA
FLORIANÓPOLIS
PORTO ALEGRE
RIBEIRÃO PRETO
PRESIDENTE PRUDENTE
BAURU
CAMPINAS
SANTOS
LONDRINA
MARINGÁ
CAMPO MOURÃO
TERRA ROXA
CASCAVEL
GUARAPUAVA
FOZ DO IGUAÇU
TELÊMACO BORBA
PONTA GROSSA
JOINVILLE
BLUMENAU
LAGES
ERECHIM
PASSO FUNDO
SANTA ROSA
SANTA MARIA
CAXIAS DO SUL
BAGÉ
PELOTAS
Lagoa dos Patos
Lagoa Mangueira
Rio Paraná
Rio Paranapanema
Rio Ivaí
Rio Iguaçu
Rio Uruguai
Rio Jacuí
Rio Tietê
Rio Verde
R. Tibaji
Represa Promissão
Represa de Barra Bonita
Represa de Capivara
BR-267
BR-163
BR-376
BR-369
BR-153
BR-116
BR-373
BR-476
BR-282
BR-285
BR-158
BR-386
BR-101
BR-392
BR-471
OFAIÉ-XAVANTE
PES do AGUAPEÍ
Esec MICO LEÃO PRETO
PES MORRO DO DIABO
PES do R. IVINHEMA
Parna de ILHA GRANDE
Rebio das PEROBAS
Parna IGUAÇU
Rebio das ARAUCÁRIAS
Pama CAMPOS GERAIS
Flona IPANEMA
PES JURUPARÁ
PES CARLOS BOTELHO
PETAR
PES LAGAMAR
Esec JUREIA ITATINS
PES DA SERRA DO MAR
APA MARINHA DO LITORAL SUL
APA CANANÉIA-IGUAPE-PERUÍBE
PES ILHA DO CARDOSO
Pama SUPERAGUI
Parna de SAINT-HILAIRE/LANGE
PES de BOGUAÇU
Ilha de São Francisco
RVS CAMPOS DE PALMAS
Esec MATA PRETA
Parna das ARAUCÁRIAS
Rebio do ARVOREDO
Ilha de Santa Catarina
Parna SERRA DO ITAJAÍ
PES SERRA DO TABULEIRO
Parna SÃO JOAQUIM
Parna APARADOS DA SERRA e SERRA GERAL
Esec ARATINGA
25°S
30°S
50°W
45°W
A
B
PES SERRA DO MAR
PES JURUPARÁ
SANTOS
APA CANANÉIA IGUAPE PERUÍBE
APA MARINHA DO LITORAL
PES das ARAUCÁRIAS
RVS
Parna das ARAUCÁRIAS
CONCÓRDIA
TRÊS PASSOS
PALMEIRA DAS MISSÕES
PASSO FUNDO

SUL
Terras Indígenas
Instituto Socioambiental - 30/11/2022

Nº mapa	Terra Indígena	Povo	População (nº, fonte, ano)	Situação jurídica	Extensão (ha)	Município	UF
1	Água Grande	Guarani Guarani Mbya	53 - Funasa/Passo Fundo: 2010	Reservada. Decreto - 40.482 - 29/11/2000, publicado em 30/11/2000.	165	Camaquã	RS
2	Aldeia Kondá	Kaingang	379 - Funasa: 2010	Reservada. Decreto - s.n. - 29/04/2016, publicado em 02/05/2016.	2.300	Chapecó	SC
s/l	Aldeia Renascer (Ywyty Guasu)	Guarani Guarani Ñandeva		Em Identificação. Portaria - 1.438 - 06/10/2010, publicado em 07/10/2010.		Ubatuba	SP
4	Amba Porã	Guarani Guarani Mbya	67 - GT Funai 2010	Identificada. Despacho - 87 - 19/08/2016, publicado em 24/08/2016.	7.204	Miracatu	SP
5	Apucarana	Kaingang	1.752 - Siasi/Sesai: 2014	Reservada. Escritura Pública - - 28/12/1953, publicado em 28/12/1953. Reg. CRI no município e comarca de Londrina (6.300ha) Matr. n. 8.485, Liv 3-K em 19/09/55.	5.575	Tamarana	PR
s/l	Arandu Mirim (Saco do Mamanguá)	Guarani Guarani Mbya		Em Identificação. Portaria - 184 - 05/03/2008, publicado em 06/02/2008.		Paraty	RJ
7	Araribá	Guarani Guarani Ñandeva Terena	616 - Siasi/Sesai: 2014	Homologada. Decreto - 308 - 29/10/1991, publicado em 30/10/1991. Reg SPU Certidão n.05 em 19/11/2004Reg. CRI no município de Avaí e comarca de Bauru (1.930 ha) Mat. n. 64.634, Liv.2-RG, Fl 001 em 22/08/97.	1.930	Avaí	SP
s/l	Arroio do Conde	Guarani Guarani Mbya		Em Identificação. Portaria - 902 - 17/08/2009, publicado em 18/08/2009.		Eldorado do Sul	RS
9	Avá Guarani/Ocoí	Guarani Guarani Ñandeva	743 - Siasi/Sesai: 2014	Reservada. Escritura Pública - - 30/11/1976, publicado em 30/11/1976. Reg. CRI Matr. 8.689, Liv 02 Fl 01 em 26.07.85.	251	São Miguel do Iguaçu	PR
10	Barão de Antonina I	Guarani Guarani Ñandeva Kaingang	460 - Funai/Chapecó: 2010	Homologada. Decreto - 285 - 29/10/1991, publicado em 30/10/1991. Reg. SPU Certidão n. 32 de 24/06/77 e Certidão s/n em 31/07/98.Reg. CRI no município e comarca de São Jerônimo da Serra (3.750 ha) Mat. 5.661 Liv. 2-RG Fl 01 em 29/07/92.	3.751	São Jerônimo da Serra	PR
11	Barragem	Guarani Guarani Mbya	867 - Funai/Litoral Sudeste 2010	Homologada. Decreto - 24.223 - 14/04/1987, publicado em 15/04/1987. Reg. SPU Certidão 32 de 09/09/98.Reg. CRI no município e comarca de São Paulo (26 ha), Matr 204/607 Liv 2-RG Fl 1/2 em 23.09.87.	26	São Paulo	SP
12	Boa Vista (Sul)	Kaingang	169 - Siasi/Sesai: 2014	Declarada. Portaria - 691 - 04/07/2016, publicado em 06/07/2016.	7.344	Laranjeiras do Sul	PR
13	Boa Vista do Sertão do Promirim	Guarani Guarani Mbya	175 - Siasi/Sesai: 2013	Identificada. Despacho - 529 - 22/04/2013, publicado em 23/04/2013. Reg. SPU Certidão n. 30 de 09/09/98.Reg. CRI no município e comarca de Ubatuba (801 ha) Matr. 2-23078 Lv. 2/RG Fl 01V em 07/11/00.	5.420	Ubatuba	SP
s/l	Borboleta	Kaingang		Em Identificação. Portaria - 782 - 09/08/2002, publicado em 15/08/2002.		Espumoso	RS
16	Cachoeira dos Inácios	Guarani Guarani Mbya	316 - Siasi/Sesai: 2014	Reservada. Escritura Pública, publicado em .	80	Imaruí	SC
17	Cacique Doble	Guarani Guarani Mbya Guarani Ñandeva Kaingang	815 - Funasa 2010	Homologada. Decreto - s/n - 27/03/1991, publicado em 28/03/1991. Reg. SPU Certidão s/n de 29/12/94.Reg. CRI no município e comarca de Cacique Doble (4.426 ha) Matr. 875, Liv 2/RG, Fl 01/02 em 05/06/91.	4.426	Cacique Doble	RS
s/l	Cambirela	Guarani Guarani Mbya		Em Identificação. Portaria - 798 - 25/05/2011, publicado em 26/05/2011.			
19	Cantagalo	Guarani Guarani Mbya	145 - Funasa/Passo Fundo: 2010	Homologada. Decreto - s.n. - 11/10/2007, publicado em 15/10/2007. Reg SPU, no site da Funai de 8-1-19 diz que a TI está regularizadaReg.CRI matr.61.829, liv.2-RG, Fls 01/02 Comarca de Viamão	284	Porto Alegre Viamão	RS
20	Capivari	Guarani Guarani Mbya	60 - Siasi/Sesai: 2014	Homologada. Decreto - s/n - 18/04/2001, publicado em 19/04/2001. Reg. SPU Certidão s/n de 08/01/03.Reg CRI no município de Palmares do Sul , comarca de Palmares do Sul/RS (43 ha) Matr. n. 8.329 Liv.2-RG, Fl 01 em 11/10/2002.	43	Palmares do Sul	RS
s/l	Carazinho	Kaingang	75 - Siasi/Sesai: 2013	Em Identificação. Portaria - 1.161 - 23/08/2010, publicado em 24/08/2010.		Carazinho	RS
22	Carreteiro	Kaingang	197 - Siasi/Sesai: 2014	Homologada. Decreto - s/n - 27/03/1991, publicado em 28/03/1991. Reg. SPU Certidão s/n de 29/12/94.Reg. CRI no município e comarca de Tapejara (602 ha) Matr.8.412, Liv.2/RG, Fl. 01/V em 16/05/91.	602	Água Santa	RS
23	Cerco Grande	Guarani Guarani Mbya	25 - GT Funai: 2015	Identificada. Despacho - 57 - 11/05/2016, publicado em 12/05/2016.	1.390	Guaraqueçaba	PR
s/l	Corveta I e II	Guarani Guarani Mbya		Em Identificação. Portaria - 641 - 19/06/1998, publicado em 25/06/1998.			
25	Coxilha da Cruz	Guarani Guarani Mbya	128 - Funasa/Passo Fundo: 2010	Reservada. Decreto - 40.481 - 29/11/2000, publicado em 30/11/2000.	202	Barra do Ribeiro	RS
26	Djaiko-aty	Guarani Guarani Mbya Guarani Ñandeva	42 - GT Funai:: 2012	Identificada. Despacho - 86 - 19/08/2016, publicado em 24/08/2016.	1.216	Miracatu	SP
29	Estrela	Kaingang	125 - Sesai/Siasi: 2014	Reservada. Portaria - 942 - 21/02/2018, publicado em 26/02/2018.	25	Caxias do Sul Estrela	RS
30	Faxinal	Kaingang	683 - Siasi/Sesai: 2014	Homologada. Decreto - 252 - 29/10/1991, publicado em 30/10/1991. Reg SPU, o site da Funai em 8-1-19 diz que essa TI está regularizada Reg. CRI Matr. EP 172 de 05/09/59. Reg. CRI no município e comarca de Candido de Abreu (2.043 ha) Matr. 4.250, Livro 2, Fl 01 Verso 2 em 09/04/92.	2.043	Cândido de Abreu	PR
s/l	Garuva	Guarani Guarani Mbya	20 - Siasi/Funasa: 2008	Em Identificação. Portaria - 641 - 19/06/1998, publicado em 25/06/1998.		Garuva	SC
33	Guarani Barra do Ouro	Guarani Guarani Mbya	185 - Siasi/Funasa: 2010	Homologada. Decreto - s/n - 18/04/2001, publicado em 19/04/2001. Reg. SPU Certidão s/n de 04/06/02.Reg. CRI no município de Caraã, comarca de Santo Antonio da Patrulha (610 ha) Matr. 17.004 Lv 2-RG Fl 1/V em 19/04/02. Reg. CRI no município de Maquiné, comarca de Osório (1.454 ha) Matr. 98.260 Lv 2-RG Fl 1/2 em 15/04/02. Reg. CRI no município de Riozinho, comarca de Taquara (201 ha) Matr. n.11.917 Lv 2-RG Gl 1 em 23/04/02.	2.266	Caraá Maquiné Riozinho	RS
34	Guarani de Águas Brancas	Guarani Guarani Mbya	39 - Funai/Passo Fundo: 1994	Declarada. Portaria - 104 - 13/02/1996, publicado em 14/02/1996.	230	Arambaré	RS

Nº mapa	Terra Indígena	Povo	População (nº, fonte, ano)	Situação jurídica	Extensão (ha)	Município	UF
35	Guarani de Araça'í	Guarani Guarani Ñandeva	73 - Funasa: 2010	Declarada. Portaria - 790 - 19/04/2007, publicado em 20/04/2007.	2.721	Cunha Porã Saudades	SC
36	Guarani de Araponga	Guarani Guarani Mbya	40 - Funai/Litoral Sudeste: 2010	Homologada. Decreto - s/n - 03/07/1995, publicado em 04/07/1995. Reg. SPU Cert. n.12 em 16/04/96.Reg. CRI no município e comarca de Parati (213 ha) Matr.1.881 Liv.2-A, Fl 2466 em 08/03/96.	213	Paraty	RJ
37	Guarani do Aguapeú	Guarani Guarani Mbya	95 - IBGE: 2010	Homologada. Decreto - s/n - 08/09/1998, publicado em 09/09/1998. Reg SPU Certidão n 06 em 19/11/2004.Reg. CRI no município de Mongaguá, comarca de Itanhaém (4.372 ha) Matr.192.516 Lv 2/RG Fl. 001/V em 13/10/98.	4.372	Mongaguá	SP
38	Guarani do Bracuí	Guarani Guarani Mbya	379 - Siasi/Sesai: 2013	Homologada. Decreto - s/n - 03/07/1995, publicado em 04/07/1995. Reg. SPU Cert. n. 020 em 15/09/97.Reg. CRI no município e comarca de Angra dos Reis (2.127 ha) Matr. n. 13.309 Liv. 2-BE Fl 258 em 14/09/95.	2.127	Angra dos Reis	RJ
39	Guarani do Krukutu	Guarani Guarani Mbya	254 - IBGE: 2010	Homologada. Decreto - 94.222 - 14/04/1987, publicado em 15/04/1987. Reg. SPU Certidão n. 26 de 09/09/98.Reg. CRI no municipio e comarca de S.Paulo (26 ha) Matr. 204608 Liv 2 Fl 01 em 23/09/87.	26	São Paulo	SP
40	Guarani Votouro	Guarani Guarani Ñandeva	43 - Funasa: 2010	Homologada. Decreto - s/n - 11/12/1998, publicado em 14/12/1998. Reg. SPU Certidão s/n de 15/01/01.Reg. CRI no município e comarca de São Valentim (717 ha) Matr.003 Lv 2-RG Fl. 1 em 04/02/99.	717	Benjamin Constant do Sul	RS
41	Guarita	Guarani Guarani Mbya Guarani Ñandeva Kaingang	5.776 - Siasi/Sesai: 2014	Homologada. Decreto - s/n - 04/04/1991, publicado em 05/04/1991. Reg. SPU Cert. s/n em 29/12/94.Reg. CRI no município e comarca de Tenente Portela (23.406 ha) Matr.10.539, Liv.2 RG, Fl.01/V, em 17/05/91.	23.406	Erval Seco Redentora Tenente Portela	RS
42	Guaviraty	Guarani Guarani Mbya	45 - GT Funai: 2012	Identificada. Despacho - 04 - 20/04/2017, publicado em 25/04/2017.	1.248	Cananéia Iguape	SP
43	Herarekã Xetá	Xetá	159 - GT de Identificação: 2013	Identificada. Despacho - 53 - 25/06/2014, publicado em 01/07/2014.	2.686	Ivaté	PR
45	Ibirama-La Klãnõ	Guarani Guarani Mbya Guarani Ñandeva Kaingang Xokleng	2057 - Siasi/Sesai: 2013	Declarada. Portaria - 1.128 - 13/08/2003, publicado em 14/08/2003. Reg. SPU Cert. n. 494 em 03/07/96 (área antiga).Reg. CRI no município e comarca de Ibirama, (14.084 ha) Matr. 14./704 Livr.2-RG, Fl. 1V/2V em 28/02/96 (área antiga).	37.018	Doutor Pedrinho Itaiópolis José Boiteux Vitor Meireles	SC
46	Icatu	Kaingang Terena	148 - Siasi/Sesai: 2014	Homologada. Decreto - 314 - 29/10/1991, publicado em 30/10/1991. Reg SPU O site da Funai em 8-1-19 diz que essa TI é regularizada Reg.CRI matr.41.979, Liv2-F, Fl 001 Comarca de Penápolis	301	Braúna	SP
47	Ilha da Cotinga	Guarani Guarani Mbya	52 - Siasi/Sesai: 2013	Homologada. Decreto - s/n - 16/05/1994, publicado em 17/05/1994. Reg. SPU Cert. n. 10 de 02/08/94.(antigo) Reg SPU Certidão s.n. em 21/01/99.Reg. CRI no município e comarca de Paranaguá. (827 ha) Matr. 48.041/2 Liv 1, Fl 01 em 28/06/94. Reg. CRI no município e comarca de Paranaguá. (873 ha) Matr. 48.042/2 Liv 1, Fl 01 em 28/06/94.	1.701	Paranaguá	PR
48	Inhacapetum	Guarani Guarani Mbya	180 - Funasa/Passo Fundo: 2010	Reservada. Decreto - 40.483 - 29/11/2000, publicado em 30/11/2000.	236	São Miguel das Missões	RS
49	Inhacorá	Kaingang	1.133 - Siasi/Sesai: 2014	Homologada. Decreto - s/n - 27/03/1991, publicado em 28/03/1991. Reg. SPU Cert. s/n em 29/12/94.Reg. CRI no município de Santo Augusto, Matr.13.800, (2,843 ha) Liv.2/RG, Fl.001V/002 em 13/05/91.	2.843	São Valério do Sul	RS
50	Irapuã	Guarani Guarani Mbya	77 - Siasi/Sesai: 2014	Declarada. Portaria - 569 - 11/05/2016, publicado em 12/05/2016.	222	Caçapava do Sul	RS
51	Itaóca	Guarani Guarani Mbya Guarani Ñandeva	90 - Funai/Litoral Sudeste: 2010	Declarada. Portaria - 292 - 13/04/2000, publicado em 17/04/2000.	533	Mongaguá	SP
s/l	Itaporanga	Guarani Guarani Ñandeva		Em Identificação. Portaria - 136 - 06/02/2009, publicado em 09/02/2009.		Guaíra	PR
s/l	Itapuã			Em Identificação. Portaria - 874 - 31/07/2008, publicado em 01/08/2008.		Viamão	RS
54	Itariri (Serra do Itatins)	Guarani Guarani Ñandeva	88 - Siasi/Sesai: 2014	Homologada. Decreto - 94.225 - 14/04/1987, publicado em 15/04/1987. Reg. SPU Certidão n. 31 de 09/09/98.Reg. CRI no municipio de Itariri comarca de Itanhaem (1.212 ha) Matr. 142.028 Liv 2 Fl. 01 em 09.09.87.	1.212	Itariri	SP
55	Ivaí	Kaingang	1.552 - Siasi/Sesai: 2013	Homologada. Decreto - 377 - 24/12/1991, publicado em 26/12/1991. Reg. SPU cert n. 10 em 02/08/94.Reg. CRI no município de Pitanga, comarca de Laranjeiras do Sul (3.652 ha), Matr. 17.489, Liv. 2 RG, Fl. 01, em 07/02/92. Reg. CRI no município de Manoel Ribas, comarca de Ivaiporã (3.654 ha), Matr. 25.752, Fl. 01.	7.306	Manoel Ribas Pitanga	PR
57	Jaraguá	Guarani Guarani Mbya Guarani Ñandeva	586 - GT Relatório Funai: 2013	Homologada. Decreto - 94.221 - 14/04/1987, publicado em 15/04/1987. Reg. SPU Certidão n. 25 de 09/09/98.Reg. CRI Matr 92.210 e 92.211 Liv 2 Fl. 1/2 em 27.11.87.	2	São Paulo	SP
58	Jaraguá (reestudo)	Guarani Guarani Mbya Guarani Ñandeva		Declarada. Portaria - 581 - 29/05/2015, publicado em 01/06/2015.	532	Osasco São Paulo	SP
s/l	Ka´aguy Guaxy/Palmital	Guarani Guarani Mbya	58 - Siasi/Sesai: 2014	Em Identificação. Portaria - 574 - 17/05/2006, publicado em 18/05/2006.		União da Vitória	PR
60	Ka´aguy Mirim	Guarani Guarani Mbya	114 - Siasi/Sesai: 2014	Identificada. Despacho - 88 - 19/08/2016, publicado em 24/08/2016.	1.190	Miracatu Pedro de Toledo	SP
s/l	Ka´aguy Poty	Guarani Guarani Mbya	55 - Siasi/Sesai: 2014	Em Identificação. Portaria - 52 - 21/01/2008, publicado em 19/02/2008.		Estrela Velha	RS
62	Ka´agy Hovy	Guarani Guarani Mbya	90 - GT funai: 2012	Identificada. Despacho - 6 - 20/04/2017, publicado em 25/04/2017.	1.950	Iguape	SP

Nº mapa	Terra Indígena	Povo	População (nº, fonte, ano)	Situação jurídica	Extensão (ha)	Município	UF
63	Kaingang de Iraí	Kaingang	644 - Siasi/Sesai: 2013	Homologada. Decreto - s/n - 04/10/1993, publicado em 05/10/1993. Reg. SPU Cert. s/n de 05/04/94.Reg. CRI no município de Iraí, Matr. 5.594 Liv. 2-RG s/ fl. em 22/03/94.	280	Iraí	RS
s/l	Kaingang de Vitorino	Kaingang		Em Identificação. Portaria - 497 - 24/03/2022, publicado em 28/03/2022.		Vitorino	PR
s/l	Karuguá (Araçá´i)	Guarani Guarani Mbya	68 - Siasi/Sesai: 2014	Em Identificação. Portaria - 615 - 11/06/2008, publicado em 12/06/2008.		Piraquara	PR
s/l	Karugwá e Pyhaú	Guarani Guarani Ñandeva	117 - Siasi/Sesai: 2014	Em Identificação. Portaria - 1.088 - 07/11/2007, publicado em 08/11/2007.		Barão de Antonina	SP
s/l	Lageado do Bugre	Kaingang	112 - Siasi/Sesai: 2014	Em Identificação. Portaria - 1.161 - 23/08/2010, publicado em 24/08/2010.		Lajeado do Bugre	RS
67	Ligeiro	Kaingang	1.453 - Siasi/Sesai: 2014	Homologada. Decreto - s/n - 27/03/1991, publicado em 28/03/1991. Reg. SPU Cert. s/n de 29/12/94.Reg. CRI no município e comarca de Tapejara,(4.565 ha)m Matr. 8.413, Liv. 2/RG, Fl. 01V em 16/05/91.	4.565	Charrua	RS
s/l	Lomba do Pinheiro	Guarani		Em Identificação. Portaria - 1.426 - 14/11/2012, publicado em 19/11/2012.		Capivari do Sul Viamão	RS
69	Mangueirinha	Guarani Guarani Mbya Kaingang	765 - Siasi/Sesai: 2013	Reservada. Outros - - 31/12/1949, publicado em 31/12/1949. Reg. CRI no município de Mangueirinha, comarca de Palma (7.400 ha), Matr. 13.244 Liv 3-0 Fl. 168/169 em 10/02/61.	16.375	Chopinzinho Coronel Vivida Mangueirinha	PR
70	Marrecas	Guarani Guarani Ñandeva Kaingang	665 - Siasi/Sesai: 2014	Dominial Indígena. Decreto - 89.495 - 25/03/1984, publicado em 30/03/1984. Reg. CRI no município de Guarapuava, Matr. 16966, Liv. 02/RG, Fl. 23B em 01/07/85.	16.839	Guarapuava Prudentópolis Turvo	PR
s/l	Massiambu/Palhoça	Guarani Guarani Mbya		Em Identificação. Portaria - s/n - 06/05/1999, publicado em 10/05/1999.		Palhoça	SC
72	Mato Castelhano-FÁg TY KA	Kaingang	304 - Siasi/Sesai: 2014	Identificada. Despacho - 39 - 10/05/2016, publicado em 11/05/2016.	3.567	Mato Castelhano	RS
74	Mato Preto	Guarani Guarani Mbya Guarani Ñandeva	78 - Siasi/Sesai: 2014	Declarada. Portaria - 2.222 - 21/09/2012, publicado em 25/09/2012.	4.230	Erebango Getúlio Vargas	RS
75	Mbiguaçu	Guarani Guarani Mbya Guarani Ñandeva	114 - IBGE: 2010	Homologada. Decreto - s/n - 05/05/2003, publicado em 06/05/2003. Reg. SPU Certidão n. 34 de 11/09/03.Reg CRI no municipio e comarca de Biguaçu (49 ha) Matr. 17.542 Liv .2-CT, Fls 106 em 14/08/2003 Reg CRI no municipio e comarca de Biguaçu (10 ha) Matr. 17.543 Liv.2-CT Fls 107 em 14/08/2003	59	Biguaçu	SC
76	Monte Caseros	Kaingang	568 - Siasi/Sesai: 2013	Homologada. Decreto - s/n - 11/12/1998, publicado em 14/12/1998. Reg. SPU Certidão s/n de 02/07/99.Reg. CRI no município de Ibiraiaras, comarca de Lagoa Vermelha (539,7690 ha) Matr.18.144 Liv. 2-RG em 17/05/99. Reg. CRI no município de Muliterno, comarca de Lagoa Vermelha (572,6415 ha) Matr. 18.145 Liv. 2-RG em 17/05/99.	1.112	Ibiraiaras Muliterno	RS
77	Morro Alto	Guarani Guarani Mbya	159 - Siasi/Sesai: 2014	Declarada. Portaria - 2.813 - 21/08/2009, publicado em 24/08/2009.	893	São Francisco do Sul	SC
s/l	Morro do Coco			Em Identificação. Portaria - 874 - 31/07/2008, publicado em 01/08/2008.		Barra do Ribeiro	RS
s/l	Morro do Osso	Kaingang		Em Identificação. Portaria - 531 - 14/04/2010, publicado em 14/05/2010.		Porto Alegre	RS
80	Morro dos Cavalos	Guarani Guarani Mbya Guarani Ñandeva	119 - IBGE: 2010	Declarada. Portaria - 771 - 18/04/2008, publicado em 22/04/2008.	1.988	Palhoça	SC
81	Morro Santana	Kaingang		Reservada. Portaria - 912 - 20/02/2018, publicado em 22/02/2018.	19	Farroupilha	RS
82	Nonoai	Guarani Guarani Mbya Guarani Ñandeva Kaingang	2.638 - IBGE: 2010	Reservada. Decreto - 13.795 - 10/07/1962, publicado em 10/07/1962.	19.830	Alpestre Gramado dos Loureiros Nonoai Planalto Rio dos Índios	RS
83	Nonoai Rio da Várzea	Kaingang	548 - IBGE: 2010	Homologada. Decreto - s/n - 10/02/2003, publicado em 11/02/2003. Reg. SPU Certidão s/n de 16/09/03.Reg CRI no municpio Gramado dos Loureiros, comarca de Nonoai (2.910 ha) Matr. 10.176, Liv 2-RG, FL 01/01v em 07/07/2003 Reg CRI no municipio de Liberato Salzano, comarca de Constantina (2.988 ha) Matr. 8.760, Liv 2-RG, Ficha 01/01v em 03/07/2003 Reg.CRI no municipio e comarca de Nonoai (8.030 ha) Matr.10.174 Liv. 2-RG Fl 01/01v em 07/07/2003 Reg CRI no municipio e comarca de Planalto (1.254 ha) Matr. 5.084 Liv. 2-RG, Ficha 01 em 02/07/2003 Reg CRI no municipio de Trindade do Sul, comarca de Nonoai (232 ha) Matr. 10.175 Liv. 2-RG, FL 01/01v em 07/07/2003	16.415	Gramado dos Loureiros Liberato Salzano Nonoai Planalto Trindade do Sul	RS
s/l	Novo Xengu	Kaingang	135 - Siasi/Sesai: 2014	Em Identificação. Portaria - 475 - 14/05/2009, publicado em 15/05/2009.		Constantina Novo Xingu	RS
s/l	Ocoy	Guarani Ñandeva		Em Identificação. Portaria - 1.118 - 31/08/2018, publicado em 14/09/2018.		Santa Helena São Miguel do Iguaçu	PR
86	Pacheca	Guarani Guarani Mbya	72 - Funasa/Passo Fundo: 2010	Homologada. Decreto - s/n - 01/08/2000, publicado em 02/08/2000. Reg. SPU Certidão s/n de 15/01/01.Reg. CRI no município e comarca de Camacã (1.852 ha) Matr. 26.393 Lv2-RG Fl. 01/02 em 19/09/00.	1.852	Camaquã	RS
87	Pakurity (Ilha do Cardoso)	Guarani Guarani Mbya	130 - GT-Funai: 2016	Identificada. Portaria - 56 - 11/05/2016, publicado em 12/05/2016.	5.730	Cananéia	SP
88	Palmas	Kaingang	755 - Siasi/Sesai: 2014	Homologada. Decreto - s/n. - 19/04/2007, publicado em 20/04/2007. reg SPU O site da Funai em 8-1-19 diz que essa TI é regularizadaReg ,CRI no municipio e comarca de Abelardo Luz (2.240) Matr.7.357 , Liv. 2-RG , Fls 01 em 20/08/2007 Reg CRI n.12.907, Liv. RG, Ficha 12.907 Comarca de Palmas	3.800	Palmas Abelardo Luz	PR SC

Nº mapa	Terra Indígena	Povo	População (nº, fonte, ano)	Situação jurídica	Extensão (ha)	Município	UF
s/l	Paranapuã (Xixova Japui)	Guarani		Em Identificação. Portaria - 1.128 - 31/10/2017, publicado em 08/11/2017.		São Vicente	SP
90	Parati-Mirim	Guarani	171 - Funai/Litoral Sudeste: 2010	Homologada. Decreto - s/n - 05/01/1996, publicado em 08/01/1996. Reg. SPU Cert. n.11 de 16/04/96Reg. CRI no município de Parati Mirim, Matr. 1.882 Liv. 2-A Fl. 2.467 em 08/03/96.	79	Paraty	RJ
s/l	Passo Grande	Guarani Guarani Mbya		Em Identificação. Portaria - 902 - 17/08/2009, publicado em 18/08/2009.		Barra do Ribeiro	RS
93	Passo Grande do Rio Forquilha	Kaingang	1.008 - Siasi/Sesai: 2014	Declarada. Portaria - 498 - 25/04/2011, publicado em 26/04/2011.	1.916	Cacique Doble Sananduva	RS
94	Peguaoty	Guarani Guarani Mbya	126 - Siasi/Sesai: 2014	Identificada. Despacho - 58 - 11/05/2016, publicado em 12/05/2016.	6.230	Sete Barras	SP
95	Peruíbe	Guarani Guarani Ñandeva	134 - IBGE: 2010	Homologada. Decreto - s/n - 16/05/1994, publicado em 17/05/1994. reg SPU O site da Funai em 8-1-19 diz que essa TI é regularizadaReg. CRI no municipio de Peruibe, comarca de Itanhaém (480 ha) Matr. 176.125 em 22/06/94.	480	Peruíbe	SP
s/l	Petim/Arasaty	Guarani Guarani Mbya		Em Identificação. Portaria - 902 - 17/08/2009, publicado em 18/08/2009.		Guaíba	RS
99	Piaçaguera	Guarani Guarani Ñandeva	350 - Funai/Litoral Sudeste: 2010	Homologada. Decreto - s.n. - 29/04/2016, publicado em 02/05/2016.	2.773	Peruíbe	SP
s/l	Pindó Poty	Guarani		Em Identificação. Portaria - 1.426 - 14/11/2012, publicado em 19/11/2012.		Porto Alegre	RS
101	Pindoty	Guarani Guarani Mbya	70 - GT/Funai: 2003	Declarada. Portaria - 2.564 - 23/08/2010, publicado em 24/08/2010.	3.294	Araquari Balneário Barra do Sul	SC
102	Pindoty/Araçá-Mirim	Guarani Guarani Mbya	84 - GT Funai: 2012	Identificada. Despacho - 384 - 29/12/2016, publicado em 27/01/2017.	1.030	Cananéia Iguape Pariquera-Açu	SP
103	Pinhalzinho	Guarani Guarani Ñandeva	129 - Siasi/Sesai: 2013	Reservada. Portaria - 1.934/E - 27/08/1985, publicado em 27/08/1985. Reg. CRI Matr. 3.655 Liv 02 em 06/03/86.	593	Tomazina	PR
104	Piraí	Guarani Guarani Mbya	155 - Funasa: 2010	Declarada. Portaria - 2.907 - 01/09/2009, publicado em 02/09/2009.	3.017	Araquari	SC
s/l	Ponta da Formiga	Guarani Guarani Mbya		Em Identificação. Portaria - 874 - 31/07/2008, publicado em 01/08/2008.		Barra do Ribeiro	RS
s/l	Pontão			Em Identificação. Portaria - 1.135 - 29/09/2005, publicado em 30/09/2005.		Pontão	RS
107	Por Fi Ga	Kaingang	128 - Siasi/Sesai: 2014	Reservada. Outros - s.n. - 30/10/2014, publicado em 31/10/2014.	8	São Leopoldo	RS
108	Queimadas	Kaingang	610 - Funai/Chapecó: 2010	Homologada. Decreto - s/n - 23/05/1996, publicado em 24/05/1996. Reg. SPU Cert. s/n. de 31/07/98.Reg. CRI no municipio e comarca de Ortigueira,(3.077 ha) Matr. 4.164 Liv.1-RG, Fl. 001 em 19/06/96.	3.077	Ortigueira	PR
s/l	Reta	Guarani Guarani Mbya		Em Identificação. Portaria - 641 - 19/06/1998, publicado em 25/06/1998.			
111	Ribeirão Silveira	Guarani Guarani Mbya Guarani Ñandeva	474 - Siasi/Sesai: 2014	Declarada. Portaria - 1.236 - 30/06/2008, publicado em 01/07/2008.	8.500	Bertioga Salesópolis São Sebastião	SP
112	Rio Areia	Guarani Guarani Mbya	141 - Siasi/Sesai: 2014	Homologada. Decreto - s/n - 14/04/1998, publicado em 15/04/1998. Reg. SPU Cert. n.15 de 01/01/94.Reg. CRI no município de Inácio Martins, comarca de Irati (401 ha) Matr.8.702 Fl. 01/02 em 08/03/93.	1.352	Inácio Martins	PR
s/l	Rio Bonito	Guarani Guarani Mbya		Em Identificação. Portaria - 641 - 19/06/1998, publicado em 25/06/1998.			
114	Rio Branco (do Itanhaém)	Guarani Guarani Mbya	94 - Siasi/Sesai: 2014	Homologada. Decreto - 94.224 - 14/04/1987, publicado em 15/04/1987. Reg. SPU Certidão n. 29 de 08/09/98.Reg. CRI no município de São Vicente (426 ha), Matr. 112.580 e 112581 Liv. 2, Fl. 001 em 29/02/88. Reg. CRI no município de São Paulo, (619 ha), Matr. 204.606 Liv. 2-RG, Fl. 01 em 23/09/87. Reg. CRI no município de Itanhaém (1.809 ha), Matr. 142.027 Liv. 2-RG, Fl. 02 em 08/09/87.	2.856	Itanhaém São Paulo São Vicente	SP
115	Rio das Cobras	Guarani Guarani Mbya Kaingang	3.250 - Siasi/Sesai: 2014	Homologada. Decreto - 290 - 29/10/1991, publicado em 30/10/1991. Reg. SPU Certidão s/n. em 19/02/1999.Reg. CRI no mmunicipio e comarca de Laranjeiras do Sul (18.681 ha) Matr. 11.604, Liv. 212-AU, Fl. 268 em 29/02/84.	18.682	Espigão Alto do Iguaçu Nova Laranjeiras	PR
s/l	Rio do Meio	Guarani Guarani Mbya		Em Identificação. Portaria - 641 - 19/06/1998, publicado em 25/06/1998.			
117	Rio dos Índios	Kaingang	143 - Siasi/Sesai: 2014	Declarada. Portaria - 3.895 - 23/12/2004, publicado em 24/12/2004.	715	Vicente Dutra	RS
118	Rio dos Pardos	Xokleng	22 - Siasi/Sesai: 2014	Homologada. Decreto - s/n - 12/09/2000, publicado em 13/09/2000. Reg. SPU Certidão n. 30 de 01/01/02.Reg. CRI no município e comarca de Porto União (758 ha) Matr. 16.495 Liv - Fl. 16.495 em 19/10/01.	758	Porto União	SC
119	Salto Grande do Jacuí	Guarani Guarani Mbya	423 - Siasi/Sesai: 2014	Homologada. Decreto - s/n - 11/12/1998, publicado em 14/12/1998. Reg. SPU Certidão s/n de 20/11/02.Reg CRI no municipio de Salto do Jacui, comarca de Arroio do Tigre (234 ha) Matr. n. 1.480 Liv 2-RG Fl 01 em 21/01/1999	234	Salto do Jacuí	RS
120	Sambaqui	Guarani Guarani Mbya	31 - GT Funai: 2015	Identificada. Despacho - 29 - 14/04/2016, publicado em 19/04/2016.	2.795	Pontal do Paraná	PR
s/l	Santa Helena	Guarani Ñandeva		Em Identificação. Portaria - 1.118 - 31/08/2018, publicado em 14/09/2018.		Santa Helena São Miguel do Iguaçu	PR
122	São Jerônimo da Serra	Guarani Guarani Ñandeva Kaingang	674 - Funai/Chapecó: 2010	Homologada. Decreto - 286 - 29/10/1991, publicado em 30/10/1991. Reg. SPU Cert. n. s/n, em 31/07/1998Reg. CRI no município e comarca de São Jerônimo da Serra, (1.339 ha) Matr. 5.662 Liv. 2-RG Fl. 01 em 29/07/92.	1.339	São Jerônimo da Serra	PR

Nº mapa	Terra Indígena	Povo	População (nº, fonte, ano)	Situação jurídica	Extensão (ha)	Município	UF
124	Serrinha	Kaingang	1.760 - Siasi/Sesai: 2013	Reservada. Decreto - - 31/12/1911, publicado em 31/12/1911.	11.950	Constantina Engenho Velho Ronda Alta Três Palmeiras	RS
s/l	Taim	Guarani Guarani Mbya		Em Identificação. Portaria - 1.136 - 12/11/1993, publicado em .		Rio Grande	RS
126	Takuari Eldorado	Guarani Guarani Mbya					
128	Tapy'i (Rio Branquinho)	Guarani Guarani Mbya	35 - Relatório Funai: 2016	Identificada. Despacho - 05 - 20/04/2017, publicado em 25/04/2017.	1.154	Cananéia	SP
129	Tarumã	Guarani Guarani Mbya	20 - Funasa: 2010	Declarada. Portaria - 2.747 - 20/09/2009, publicado em 21/08/2009.	2.172	Araquari Balneário Barra do Sul	SC
s/l	Tekoa Gwyra Pepo	Guarani Guarani Mbya Guarani Ñandeva		Em Identificação. Portaria - 312 - 22/03/2019, publicado em 26/03/2019.		Tapiraí	SP
s/l	Tekoa Itaoka (Icapara II)	Guarani Guarani Mbya		Em Identificação. Portaria - 1.564 - 19/10/2010, publicado em 20/10/2010.		Iguape Pariquera-Açu	SP
s/l	Tekoa Jejyty (Toca do Bugio)	Guarani Guarani Mbya		Em Identificação. Portaria - 1.564 - 19/10/2010, publicado em 20/10/2010.		Iguape Pariquera-Açu	SP
s/l	Tekoa Mirim - Praia Grande	Guarani Mbya		Reservada. No dia 31 de agosto de 2022, a Justiça Estadual oficializou a posse da comunidade guarani sobre a área da aldeia Tekoa Mirim.		Praia Grande	SP
133	Tekoa Pyau	Guarani Mbya		Reservada. Outros - s.n. - 03/10/2015, publicado em 03/10/2015.	15		
134	Tekohá Añetete	Guarani Guarani Ñandeva	510 - Siasi/Sesai: 2014	Reservada. Decreto - s/n - 27/07/2000, publicado em 28/07/2000.	1.774	Diamante D'Oeste	PR
s/l	Tekoha Araguaju	Guarani Guarani Ñandeva		Em Identificação. Portaria - 136 - 06/02/2009, publicado em 09/02/2009.		Guaíra	PR
136	Tekohá Guasu Guavira	Guarani Guarani Ñandeva	1.360 - Sesai: 2013	Identificada. Portaria - 418 - 17/03/2020, publicado em 26/03/2020.	24.028	Altônia Guaíra Terra Roxa	PR
137	Tekoha Jevy	Guarani Guarani Mbya Guarani Ñandeva	32 - GT Funai: 2007	Identificada. Despacho - 02 - 20/04/2017, publicado em 24/04/2017.	2.370	Paraty	RJ
s/l	Tekoha Marangatu	Guarani Guarani Ñandeva	186 - Siasi/Sesai: 2013	Em Identificação. Portaria - 136 - 06/02/2009, publicado em 09/02/2009.		Terra Roxa	PR
s/l	Tekohá Porã	Guarani Guarani Ñandeva	31 - Siasi/Sesai: 2014	Em Identificação. Portaria - 1.088 - 07/11/2007, publicado em 08/11/2007.		Itaporanga	SP
141	Tenondé Porã	Guarani Guarani Mbya Guarani Ñandeva	1.175 - Steigerwald: 2015	Declarada. Portaria - 548 - 05/05/2016, publicado em 06/05/2016. Reg. SPU Certidão n. 26 de 09/09/98. (TI Krukutu) Reg. SPU Certidão 32 de 09/09/98.(TI Barragem)Reg. CRI no municipio e comarca de S.Paulo (26 ha) Matr. 204608 Liv 2 Fl 01 em 23/09/87. da TI Krukutu Reg. CRI no município e comarca de São Paulo (26 ha), Matr 204/607 Liv 2-RG Fl 1/2 em 23.09.87. (TI Barragem)	15.969	Mongaguá São Bernardo do Campo São Paulo São Vicente	SP
142	Tibagy/Mococa	Kaingang	155 - Funai/Chapecó: 2010	Homologada. Decreto - s/n - 23/05/1996, publicado em 24/05/1996. Reg. SPU Cert. s/n de 31/07/98.Reg. CRI no município e comarca de Ortigueira,(859 ha) Matr. 4.163 Liv 2-RG Fl. 001 em 19/06/96.	859	Ortigueira	PR
143	Toldo Chimbangue	Kaingang	531 - Funasa: 2010	Homologada. Decreto - 315 - 29/10/1991, publicado em 30/10/1991. Reg. SPU Cert. n. 349 de 30/08/94.Reg. CRI no município e comarca de Xapecó,(988 ha) Matr. 47.667 Liv. 2-RG Fl. s/n em 15/10/93.	988	Chapecó	SC
144	Toldo Chimbangue II	Guarani Guarani Mbya Guarani Ñandeva Kaingang	84 - Funasa: 2010	Homologada. Decreto - s/n. - 21/12/2006, publicado em 22/12/2006. eg SPU O site da Funai em 8-1-19 diz que essa TI é regularizadaReg.CRI matr. n. 85.044 Liv.2-RG, Ficha 01 Comarca de 145	954	Chapecó	SC
145	Toldo Imbu	Kaingang	381 - Siasi/Sesai: 2014	Declarada. Portaria - 793 - 19/04/2007, publicado em 20/04/2007.	1.965	Abelardo Luz	SC
146	Toldo Pinhal	Kaingang	189 - Siasi/Sesai: 2014	Declarada. Portaria - 795 - 19/04/2007, publicado em 20/04/2007.	4.846	Arvoredo Paial Seara	SC
149	Vanuire	Kaingang Krenak	177 - Funai/Litoral Sudeste: 2010	Homologada. Decreto - 289 - 29/10/1991, publicado em 30/10/1991. Reg SPU Certidão n. 04 e 06 em 19/11/2004Reg. CRI no município de Bauru, Matr. 4.104, Liv.3-D, Fl. 199 em 07/06/17. Reg. CRI no município de Tupã (708,9304 ha) Matr. 37.200 Lv. 2-RG Fl. 01 em 05/10/00.	709	Arco-Íris Tupã	SP
150	Varzinha	Guarani Guarani Mbya	64 - IBGE: 2010	Homologada. Decreto - s/n - 10/02/2003, publicado em 11/02/2003. Reg. SPU Certidão s/n de 16/09/03.Reg CRI no municipio de Caraã , comarca Santo Antonio da Patrulha (619 ha) Matr.17.454 Liv 2-RG Fl,01/01v em 03/07/2003 Reg CRI no municipio de Maquiné, comarca de Osório (156 ha) Matr.99.166 Liv. 2-RG , Fl 01/01/v em 03/07/2003 rio (156 ha) Matr.99.166 Liv. 2-RG , Fl 01/01/v em 03/07/2003	776	Caraá Maquiné	RS
151	Ventarra	Kaingang	196 - Funasa: 2010	Homologada. Decreto - s/n - 14/04/1998, publicado em 15/04/1998. eg SPU O site da Funai em 8-1-19 diz que essa TI é regularizadaReg.CRI matr.20.008 Liv.2-RG, Fl.01 e 02 Comarca de Getulio Vargas 772 ha	772	Erebango	RS
152	Votouro	Kaingang	1.055 - Funasa: 2010	Homologada. Decreto - s/n - 30/08/2000, publicado em 31/08/2000. Reg. SPU Certidão s/n de 04/06/02.Reg. CRI no município de Benjamim Constant do Sul (3.341 ha) Matr. 1.340 Lv. 2-RG Fl. 1 em 07/11/00.	3.041	Benjamin Constant do Sul Faxinalzinho	RS

Nº mapa	Terra Indígena	Povo	População (nº, fonte, ano)	Situação jurídica	Extensão (ha)	Município	UF
153	Votouro-Kandóia	Kaingang	176 - Funasa: 2010	Identificada. Despacho - 62 - 07/12/2009, publicado em 08/12/2009.	5.977	Benjamin Constant do Sul Faxinalzinho	RS
154	Xapecó	Guarani Guarani Mbya Kaingang	5338 - Funai/Chapecó: 2010	Homologada. Decreto - 297 - 29/10/1991, publicado em 30/10/1991. reg SPU O site da Funai em 8-1-19 diz que essa TI é regularizadaReg. CRI no município de Abelardo Luz, comarca de Xanxerê , Matr. 7.548 Liv.3-D, Fl. 213 em 16/10/65 e Matr. 11.485 Liv. 3-F, Fl. 189 em 14/06/71.	15.623	Abelardo Luz Entre Rios Ipuaçu	SC
155	Xapecó Glebas A e B	Kaingang	845 - GT/Funai: 2001	Declarada. Portaria - 792 - 19/04/2007, publicado em 20/04/2007.	660	Abelardo Luz Ipuaçu	SC
s/l	Ygua Porã	Guarani		Em Identificação. Portaria - 1.199 - 17/09/2018, publicado em 25/09/2018.		Biguaçu	SC
157	Yvyporã Laranjinha	Guarani Guarani Ñandeva Kaingang	184 - Siasi/Sesai: 2013	Declarada. Portaria - 796 - 19/04/2007, publicado em 20/04/2007.	1.238	Abatiá Cornélio Procópio Ribeirão do Pinhal Santa Amélia	PR
s/l	YwyPorã/Posto Velho	Guarani		Reservada. Portaria - 475 - 25/03/2020, publicado em 16/04/2020.		Abatiá	PR

GUARANI

Movimento das *Kunhangue*

Várias autoras*

EM 2020 E 2021, AS MULHERES GUARANI MBYA E AVA GUARANI NO SUL E SUDESTE DO BRASIL ORGANIZARAM ONZE ENCONTROS E DUAS GRANDES ASSEMBLEIAS – EM UMA MOBILIZAÇÃO SEM PRECEDENTES POR SEUS DIREITOS

"Cada uma que está aqui é uma liderança". Foi com essa frase que Neusa Poty Quadro, membra do Secretariado da Comissão Guarani Yvyrupa (CGY), iniciou uma de suas falas durante a *II Kunhangue Nhemboaty*, a segunda edição da assembleia das mulheres guarani – evento que reuniu mais de 250 mulheres guarani em novembro de 2021, na aldeia Sapukai, na TI Guarani do Bracuí, em Angra dos Reis/RJ.

Esse evento nacional encerrou um processo de dois anos, que contou com onze encontros regionais, em que mais de quinhentas mulheres guarani que vivem nos estados do Rio Grande do Sul, Santa Catarina, Paraná, São Paulo, Rio de Janeiro e Espírito Santo organizaram-se para discutir os problemas que enfrentam em seus territórios, além de apresentar demandas para sua principal organização política – a CGY.

Foi por meio de reuniões e assembleias, chamadas em guarani de *nhemboaty*, que as conversas entre mulheres se fortaleceram nesses últimos anos, ressaltando a importância da participação política das mulheres tanto na liderança de suas comunidades quanto nos diferentes fóruns e espaços de mobilização do movimento indígena.

A primeira dessas reuniões foi um encontro nacional de mulheres guarani, ocorrido em março de 2020, na *tekoa* Jataity, em Santa Catarina, alguns meses após a CGY eleger pela primeira vez uma mulher à coordenação *tenondé* da organização. Como *tenondé*, liderança principal, a recém-eleita Kerexu Yxapyry estabeleceu uma missão: "Só vou se as mulheres vierem junto comigo". E elas foram.

Em cada região de ocupação dos Guarani, as reuniões foram realizadas e conduzidas por lideranças mulheres, chamadas de *kunhangue ruvixa*, que organizaram os encontros de um modo particular. Em algumas regiões, os debates foram marcados por discussões sobre os saberes e práticas tradicionais guarani e o papel das *kunhangue* em sua perpetuação, valorizando a importância das mulheres na defesa dos territórios. Em outras, ganhou relevo a temática da violência contra a mulher e os modos específicos construídos pelas comunidades guarani para enfrentar essas situações e proteger suas mulheres e crianças.

Muitas dessas reuniões acabaram ajudando a fortalecer e até mesmo criar coletivos e fóruns das mulheres guarani nas regiões, por exemplo o Conselho de Mulheres Guarani do Vale do Ribeira (SP), o grupo *Mborayhu Nhemohenhõi*, no oeste do Paraná, e o Coletivo Xondarias Jera Rete, no Paraná. Eliana Gabriel de Castro, que vive na TI Kuaray Raxa (PR) e integra o Jera Rete, testemunha: "O nosso Coletivo é informal; não tem CNPJ. Para poder fazer o encontro, a gente precisa de apoio e, quando a gente consegue fazer, é uma coisa muito bonita. A gente faz essa luta juntos, sem passar por cima das tradições indígenas, porque sabemos que existe direito da mulher indígena, mas também existe a nossa cultura. Eu vi muita mudança com essas organizações das *kunhangue* aqui no centro e litoral do Paraná".

Parte dos encontros era de participação exclusiva de mulheres, contando com homens apenas nas tarefas operativas – como a construção de estruturas para acampamento, banheiros e na cozinha. A decisão das mulheres foi compreendida na maioria das regiões e contou com o apoio de lideranças masculinas: "Devemos respeitar as mulheres", compartilhou o jovem Wera, um dos cozinheiros responsáveis pela alimentação de todas as participantes da segunda assembleia de mulheres guarani.

KUNHANGUE RUVIXA

Não é de hoje que as mulheres guarani ocupam um papel central na política guarani e são inúmeras as histórias de grandes *kunhangue ruvixa*, lideranças mulheres, desse povo – que lutaram e lutam pelo reconhecimento de suas terras. Em São Paulo, as histórias da cacica Kerexu Jandira Augusto Venício, falecida em 2012, orientam até hoje as lutas de seus filhos, netos e bisnetos pela demarcação da TI Jaraguá. Foi Tataxĩ Maria Carvalho a liderança espiritual quem guiou seu grupo de parentes do Pará ao Espírito Santo em uma caminhada na busca pela terra sem males.

Mesmo assim, grande parte das mulheres participantes dos encontros compartilharam dificuldades para serem reconhecidas enquanto lideranças em suas comunidades, como relata Cristiane Kerexu Tatain, da aldeia Jataity: "As mulheres guarani, mesmo quando ocupam cargos de liderança, são invisibilizadas e sofrem perseguições por quererem estar à frente das lutas em seus territórios".

Para além disso, em um levantamento de dados coletivo, constatou-se que, entre as cerca de 250 mulheres participantes do segundo encontro nacional – de diferentes idades e vindas de comunidades distintas –, a maioria relatava já ter sofrido algum tipo de violência. "*Aguyjevete* pra quem não bate, não estupra e não humilha" foi a palavra de ordem que emergiu a partir desses encontros.

Diante desse cenário, as mulheres guarani estabeleceram um conjunto de demandas à Comissão, entre elas, que em sua assembleia geral houvesse no mínimo um terço de participantes mulheres e que a organização realizasse um encontro específico para a discussão das violências de gênero, com participação de homens e mulheres. Como resultado, em março de 2022, 16 mulheres foram eleitas como coordenadoras de diferentes regionais da CGY, além de quatro terem sido indicadas como articuladoras da organização.

Outra inovação trazida pelos encontros foi a participação de jovens comunicadoras guarani na comunicação da CGY: elas se engajaram na cobertura colaborativa dos eventos, produzindo fotografias e textos e, durante a segunda assembleia de mulheres, realizaram um vídeo-documentário em parceria com as cineastas Michele Concianza e Daniela João, do povo Guarani Kaiowá.

Para Nice Takua, da Tekoa Tangará (SP), e Genira Ara Jera, da aldeia Sapukai (RJ), os encontros trouxeram mudanças importantes para as mulheres e meninas guarani: "Nós mulheres somos as peças mais importantes do mundo. Precisamos fortalecer o encontro das mulheres para conscientizar jovens e mulheres de que há direitos nossos", comenta Nice. "Estou muito feliz de ver as meninas jovens sentadas escutando e participando do encontro", complementa Genira.

Já Dona Elsa Chamorro, uma *xejaryi* das mais prestigiosas lideranças da aldeia Ko'enju (RS), ressalta que o movimento das mulheres ajuda a fortalecer o bem viver guarani e a luta pela recuperação de suas terras: "O que a gente quer é que as nossas famílias vivam bem onde moram, seja nas terras demarcadas ou em terras de retomada".

Aqui reunimos[1] depoimentos de algumas das *kunhangue ruvixa* – que são lideranças em suas comunidades e foram responsáveis pela organização dessa série de encontros.

"NOSSO OBJETIVO É CAMINHAR JUNTO"

"Eu entrei na CGY, em 2019, na Assembleia em Morro dos Cavalos – e foi uma surpresa ser eleita para trabalhar com três homens. Sempre fui liderança no Morro dos Cavalos e conheço a Comissão por conta da luta pelo território. Então, conhecer a CGY como liderança de base e depois ser uma coordenadora é bem diferente. Quando fui escolhida, me propus a trabalhar desde que pudesse trazer o envolvimento das mulheres. As mulheres vinham timidamente, começando a participar e, nesses espaços, conseguiam dialogar, falar sobre si, falar sobre a mulher, falar sobre o que está fazendo na sua comunidade, na sua família. E nós temos muitas mulheres que são liderança, cacicas, líderes espirituais, que estão dentro das aldeias, e temos essa nova geração de mulheres, que estão fazendo faculdade. Essa nossa mobilização, nossos encontros, nossas conversas com as mulheres são para dizer, para todas as lideranças homens, que estão nessa luta há muito tempo, que nós estamos aqui, nós permanecemos, nós resistimos. E, se existe povo Guarani, é porque existem mulheres dentro das *tekoa* mantendo isso: criando os filhos, educando os filhos, plantando! Nosso objetivo é caminhar junto: a mulher precisa do homem, o homem precisa da mulher e nós precisamos um do outro, porque, como povo, nós estamos todos inseridos nessas *tekoa*. Tradicionalmente nós somos as gestoras dos territórios: nós que planejamos a nossa terra, o nosso plantio, a sobrevivência e subsistência da comunidade — do modo tradicional. A gente precisa estar todo mundo junto, unido, mas as mulheres precisam ter esse reconhecimento, precisam dessa visibilidade, para que a gente consiga ter esse equilíbrio no *nhandereko*". *Kerexu Yxapyry, tekoa Tataendy Rupa, TI Morro dos Cavalos (SC)*

"SEMPRE ERAM SÓ HOMENS FALANDO"

"Sempre foram os homens da aldeia que tinham o direito e a função de serem os *-uvixa*, os líderes. Na minha época, de bem menina, ainda tinha cacique, vice-cacique, cabo e capitão. As palavras 'cabo' e 'capitão' não eram da minha língua, não eram da nossa cultura guarani e, aí, eu fazia essas ponderações, principalmente pra minha mãe: 'Da onde que vem essa palavra cabo e capitão?' Na minha experiência essas duas pessoas, principalmente, faziam coisas bem ruins. E uma das coisas que eu sempre presenciei muito era uma questão com as mulheres. Quando era criança, tinha constantemente reuniões gerais, *nhemboaty guaxu* como diziam, e sempre, sempre, eram só homens falando. Acredito muito que a participação das mulheres na Comissão Guarani Yvyrupa, a participação das mulheres no trabalho político interno, só vai fortalecer. Não exterminar os homens ou mandar todo mundo pra cadeia, ou coisa do tipo. Vai fortalecer o *nhandereko* de novo, o nosso modo de ser guarani".
Jera Poty Mirim, tekoa Kalipety, TI Tenondé Porã (SP)

"O MUNDO EXISTE ATRAVÉS DAS MULHERES"

"Minha luta começou muito cedo. Quanto é necessário se enraizar, reforçar, pra essa grande árvore, que é a ancestralidade que está aí, do ser mulher? Os encontros foram de muito acolhimento, abraços, muitas lágrimas, mas essas lágrimas que caíram, que caem no chão, vão se transformar nessa árvore grandiosa, que vai florescer muito e vai dar muitos frutos. A gente pensa muito nesse futuro, nessas meninas, que estão crescendo, que vão crescer e que vão estar também nesse caminho. Esses encontros, eu sinto que são muito necessários pra que outras mulheres, *kunhanguera*, possam ver que não são só elas, mas que tem uma rede. Quando teve o encontro nacional lá na aldeia Sapukai, foi um momento de cura coletiva, foi um momento de choro, de dores, mas no final, quando a gente sentava no chão e começava a se abraçar e todo mundo cantando aquele canto, foi sentido essa cura. É muito necessário esse olhar, mas antes é necessário esse fortalecimento do pulmão do movimento das mulheres, no sentido de abrir um leque e ver que a questão das mulheres não é só algo de trazer pra questão de direito de gênero, mas de todo um contexto de que o mundo existe através das mulheres. Se a gente não souber fortalecer essa estrutura das mulheres, vai chegar uma hora que elas não vão aguentar, vão quebrar e cair abaixo. E depois? Como que a gente vai conseguir fazer? Sinto muito orgulho dessas mulheres, que têm essa força gigantesca pra caminhar e trazer outras mulheres pra caminharem juntas".
Juliana Kerexu, tekoa Takuaty, TI Ilha da Cotinga (PR)

"A GENTE FEZ COM QUE MUITAS MULHERES VISSEM QUE NÃO ESTAVAM SOZINHAS"

"A gente está nessa luta, nessa preocupação, há muito tempo. Eu já me preocupei bastante com a questão das mulheres dentro da aldeia, que sofrem caladas. Eu mesma já passei por isso há muito tempo. Eu mesma fui ensinada a obedecer. A minha mãe sempre falava que quando eu casasse, tinha que obedecer e ela já passaria toda a responsabilidade para o meu marido, que aí o dever era eu obedecer e pronto. Hoje entendo assim: a colonização foi chegando – porque a gente tem 522 anos de contato com jurua – e foi gerando isso. A gente acha que é uma tradição, mas não é uma tradição; foi uma coisa imposta pelos colonizadores e foi se criando como se fosse uma cultura, uma tradição, porque foi conforme o não indígena pensava. Os pajés, *xeramõi*, sempre colocam que os homens e as mulheres têm que se respeitarem; isso é o que eles colocam na casa de reza. Hoje vou nessa linha dos *xeramõi kuery*, que falam que agressão, pode ser verbal ou não, machuca e dói na alma. É

Jovens mulheres guarani participam de discussões durante a I Kunhangue Nhemboaty, assembleia das mulheres guarani, da Comissão Guarani Yvyrupa, que reuniu mais de 300 pessoas na aldeia Jataity, TI Pindoty, em Conquista/SC.

algo que adoece. Falando dos encontros, é uma luta constante. Não é um encontro de alguns dias que vai mudar, mas acredito que algumas mulheres que já estavam nesse movimento antes dos encontros, que já faziam parte dessa preocupação, conseguiram entender melhor; tinha outras pessoas também pensando igual a elas, querendo combater esse mal. A gente fez com que muitas mulheres vissem que não estavam sozinhas. Teve muitas mulheres que depois de saírem de lá viram que tinha outras mulheres pra acompanhar nessa luta. Agora os próprios ***avakue*** estão vendo que a gente estava querendo fazer o bem em prol de todo mundo: não só para as ***kunhangue,*** mas para os homens também. A gente precisa aprofundar o que a gente já começou e não parar; eu acredito que se a gente não parar, vai dar certo." *Ivanildes Kerexu, TI Boa Vista (SP)*

"SOMOS CAPAZES DE ESTAR NA FRENTE DO MOVIMENTO E NO MEIO DE QUALQUER ORGANIZAÇÃO"

"Nós, da aldeia Y'hovy, fomos muito corajosas pra trazer a questão do suicídio e também a questão LGBT – sem deixar de falar da violência doméstica. Foi um encontro muito produtivo e o compartilhamento das dores, das dificuldades, do sofrimento, da experiência entre as mulheres foi muito maravilhoso. Tivemos a liberdade de expressar o nosso sentimento, de dividir uma com a outra. Entre nós, sabemos ouvir uma à outra; dar atenção, prestar atenção no que a outra mulher está falando. É importante para nós nos organizarmos enquanto mulheres: é uma forma de mostrar a cara, trazer mais participação, dar mais voz, para que as mulheradas tenham mais espaço, pra que possam estar tomando frente na luta, no movimento do nosso povo. Mostrar que as mulheres, sempre estiveram aí, assegurando todas as coisas dentro de suas comunidades e como a base pra tudo, para a luta. Enquanto os homens saem da aldeia e vão pra cidade, vão viajar, são as mulheres que estão dentro da aldeia, na base, fazendo proteção da aldeia, protegendo as crianças. Nós, mulheres, sempre estivemos nessa luta. Só que muitas vezes isso não é valorizado. Hoje em dia, as coisas só existem quando são ditas. Nós, mulheres, começamos a falar; pedindo espaço, mais valorização e pra estarmos organizadas e unidas para poder socorrer uma de nós, quando estivermos passando por uma violência, por algum tipo de agressão, estarmos prontas pra ajudar, aconselhando o casal ou, se não tiver escolha, para poder recorrer às leis dos brancos. Depois que aconteceu o primeiro encontro nessa região, as coisas melhoraram bastante. Por isso é necessário que esses encontros sigam acontecendo, pra mostrar o nosso valor, pedir o respeito e mostrar a capacidade de estarmos onde quisermos. Somos capazes de estar na frente do movimento e no meio de qualquer organização. A gente não quer ser superior aos homens, mas a gente quer uma igualdade. Porque sem nós os homens não existiriam. Somos mulheres que cuidamos no ventre durante nove meses e depois parimos essas vidas e vamos dando vidas para outras pessoas. A gente cuida, zela para que cresça com saúde; depois que cresce, cuidamos da educação dos nossos filhos e também dos filhos das outras mulheres, porque nós vivemos em uma aldeia, em uma comunidade, onde convivemos umas com as outras. Nós é que carregamos a responsabilidade dos valores ancestrais do nosso povo." *Paulina Takua, tekoa Y'hovy, TI Tekoha Guasu Guavira (PR) (agosto, 2022)*

*AS AUTORAS

KEREXU YXAPYRY, coordenadora da CGY e da Apib e liderança guarani

JERA POTY MIRIM, liderança guarani

JULIANA KEREXU MARIANO, coordenadora da CGY e liderança guarani

IVANILDES KEREXU, articuladora da CGY e liderança guarani

PAULINA TAKUA, liderança guarani

ELIANE GABRIEL DE CASTRO, liderança guarani

LAURIENE SERAGUZA, antropóloga, assessora da CGY e membra da Rais

LIZ MEIRA GOÉS, bióloga, assessora da CGY e doutoranda PPGMade/UFPR

TATIANE KLEIN, antropóloga e jornalista, assessora da CGY e membra da Rais

NOTA

[1] Todas as falas apresentadas neste texto foram registradas com o apoio de Jéssica Maíra Gabriel, do Secretariado da CGY, e das comunicadoras guarani Andrieli da Silva Timóteo, Elida Yry, Gessica Tseremey Wa, Juliana Mindua, Letícia Para Mirim, Sheila Takua Silva, Mirian Mendonça Martins, Nina Vera Rios, Selma Djaxuka, Suellen Ara e Patrícia Ywa. Os depoimentos de Kerexu Yxapyry e Jera Poty Mirim também foram registrados em vídeo e compõem o documentário Movimento das Kunhangue (Brasil, 24', 2022).

Virando a Mesa com um Simples Papel!

Daniel Pierri | Antropólogo, assessor do Comitê Interaldeias

COMO O PRIMEIRO CASO DE ATIVISMO SOCIETÁRIO INDÍGENA NO BRASIL PERMITIU QUE OS GUARANI E TUPI-GUARANI EM SÃO PAULO VENCESSEM BATALHA CONTRA UM DOS MAIORES GRUPOS ECONÔMICOS DO PAÍS E CONQUISTASSEM O PROTAGONISMO DE EXECUTAR DIRETAMENTE SEU PRÓPRIO CI-PBA

A FERROVIA

Era ainda virada para a década de 1930 quando os *jurua* (não indígenas) iniciaram uma empreitada que reputavam ser extremamente audaciosa: com seus engenheiros e dinamites cortaram ao meio a Serra do Mar para fazer descer e subir seus trens, do Planalto Paulista para a Baixada Santista, levando neles todo o tipo de coisas que queriam vender pelo mundo para patrocinar o que entendiam ser o progresso do país.

Foi em 1937 que inauguraram o ramal Marinque-Santos, cujas obras haviam sido iniciadas em 1927, logo após a estatização da antiga *Southern San Paulo Railway*, empresa de capital inglês responsável pela antiga Estrada de Ferro Sorocabana.

Trinta anos antes, contudo, o historiador e pintor Benedito Calixto já havia registrado em seus escritos a intensa presença dos Guarani e Tupi-Guarani na Serra de "Santa Cruz dos Parelheiros", que foi cortada pela ferrovia. Desmatando intensamente a Serra do Mar para construir a referida ferrovia, os *jurua* desconsideraram completamente a ocupação tradicional guarani no local, impactando irreversivelmente o modo de vida desses povos e todo o meio ambiente.

Os Guarani e Tupi-Guarani nas Terras Indígena (TIs) Tenondé Porã, Rio Branco de Itanhaém, Aguapeú, Itaóca e Tekoa Mirim têm intensas memórias dos impactos causados pela ferrovia, que permanecem em seu cotidiano atual e permanecerão no futuro. A instalação inicial da obra alterou trilhas tradicionais, suprimiu espaços de caça e coleta, causou o deslocamento de aldeias, atropelamentos de indígenas, e, após tudo isso, ainda resultou na tentativa, por parte da empresa responsável, de caracterizar os Guarani como invasores da faixa de domínio do trem – uma inversão completa da realidade histórica.

Ainda na década de 1950, o novo ramal Jurubatuba-Evangelista de Souza foi construído, cortando novamente o território indígena e trazendo passageiros do centro da cidade para a região, com novos impactos de adensamento populacional exponencial. Na década de 1990, ao passo que esse novo ramal e uso da ferrovia para passageiros foi desativado, o antigo trecho Mairinque-Santos foi duplicado dentro do território guarani sem qualquer licenciamento ambiental.

Apenas em 2010, foi iniciado no Ibama o procedimento de licenciamento ambiental que tinha como foco a avaliação das obras de duplicação dos trechos entre Embu-Guaçu e Evangelista de Souza e entre Paratinga e Perequê. Dentro desse licenciamento, foi incluída a regularização ambiental da duplicação de todo o trecho entre Itirapina e Cubatão, que corta as TIs e que já tinha sido parcialmente duplicado sem qualquer licenciamento. Assim, 80 anos após o início das obras da ferrovia – que está hoje sob concessão da Rumo Logística S.A., do grupo Cosan – essa foi a primeira vez que os *jurua* se viram obrigados a ouvir os Guarani e Tupi sobre os impactos dessa obra e de suas derivações sobre o território e a vida indígena.

A ORGANIZAÇÃO INDÍGENA ATRAVÉS DO COMITÊ INTERALDEIAS

Iniciado o licenciamento ambiental, as comunidades indígenas dos diferentes territórios impactados pela construção da ferrovia e por suas obras de duplicação perceberam rapidamente a necessidade de se unir e se organizar. Para tanto, criaram uma organização política que lhes permitiria dar voz a suas demandas e seus pontos de vista: o Comitê Interaldeias, organização de base da qual participam lideranças e membros das comunidades das TIs Tenondé Porã, Rio Branco, Aguapeú, Tekoa Mirim e Itaóca, sempre articulados com o movimento mais amplo dos povos Guarani e Tupi, na luta pelo reconhecimento das suas terras tradicionalmente ocupadas, visibilizado pela Comissão Guarani Yvyrupa (CGY) – organização nacional desses povos.

Foi uma longa caminhada até a aprovação pela Funai e pelo Ibama do Componente Indígena do Plano Básico Ambiental (CI-PBA) das obras de duplicação da Malha Paulista, em dezembro de 2017: o documento detalha um conjunto de 101 atividades que devem ser executadas sob custeio do atual empreendedor para compensar e mitigar os impactos da obra, incluindo programas de gestão ambiental e territorial, etnodesenvolvimento, fortalecimento cultural e político, além da promoção de políticas de educação e saúde diferenciadas. O eixo central do documento é o suporte ao

AS TERRAS INDÍGENAS DE SÃO PAULO E A LUTA PELO CINTURÃO VERDE GUARANI

Moradores da aldeia Kalipety plantando avaxi ete*, milho tradicional, TI Tenondé Porã, São Paulo.*

Muitos ainda se impressionam ao saber que comunidades guarani habitam as margens da maior cidade da América Latina. E se, nos últimos anos, temos visto mais pessoas tomarem conhecimento sobre a realidade das TIs Jaraguá e Tenondé Porã, localizadas no município de São Paulo/SP, não deixa de ser realmente impressionante a história de luta dos Guarani que, apesar do avanço da especulação imobiliária e dos grandes projetos de infraestrutura, têm garantido a manutenção de seus territórios tradicionais, de sua cultura e das matas em que habitam.

Graças a essa luta, os Guarani na TI Jaraguá viram seu território tradicional ser reconhecido pelo Ministério da Justiça em 2015, tendo o mesmo se passado com a TI Tenondé Porã no ano seguinte. Ainda que haja muitas lutas a serem travadas até que os Guarani tenham posse plena de suas terras, tal marco foi essencial para que as comunidades voltassem a se dispersar por seu território tradicional, formando novas aldeias e recuperando práticas tradicionais que haviam se enfraquecido no contexto de confinamento ao qual vinham sendo submetidas até então.

Nesse novo contexto, foram retomados e se multiplicaram, nas duas TIs, projetos comunitários de reflorestamento das matas devastadas pelos jurua*; de recuperação das sementes e mudas tradicionais; de investigação e implementação de modelos mais ecológicos de saneamento; captação e distribuição de água limpa. Mesclando conhecimentos tradicionais com técnicas não indígenas, as comunidades têm não apenas preservado, como recuperado a Mata Atlântica ainda existente nas bordas do município de São Paulo, formando um verdadeiro Cinturão Verde Guarani ao redor da cidade.*

Muitas dessas ações vêm sendo realizadas por meio de parcerias, como o Programa Aldeias, iniciativa dos Guarani apoiada pela Secretaria Municipal de Cultura (SMC), existente desde 2014, que vem se expandindo desde então, e tem justamente como intuito o fortalecimento cultural das comunidades que habitam as duas TIs localizadas na capital paulista. Contudo, projetos como esse ainda são demasiadamente frágeis, já que não estando garantidos em lei, podendo ser enfraquecidos ou até mesmo extintos em função da orientação política de cada novo gestor que assume a prefeitura. É por isso que, ainda em 2016, os Guarani elaboraram o seu próprio Projeto de Lei (PL), apresentado ao Legislativo com o apoio de vereadores parceiros, para consolidar de fato uma política pública de apoio à gestão territorial, ambiental e cultural no município. E foi justamente tendo em vista que os serviços ecossistêmicos de recuperação da Mata Atlântica prestados pelas comunidades guarani traziam benefícios não só para os indígenas, mas para todos os habitantes da cidade, que as lideranças resolveram batizar a iniciativa de "PL do Cinturão Verde Guarani".

Os Guarani seguem na luta para que o projeto seja aprovado, tendo realizado grandes campanhas desde 2020 para que tanto os vereadores quanto a Prefeitura se sensibilizassem e garantissem apoio à pauta. Mas convocam também todos os paulistanos a se mobilizarem em favor dessa luta, da qual, sabendo eles ou não, se beneficiam cotidianamente através da água limpa, do ar puro e das espécies nativas cuidadas, revitalizadas e reintroduzidas cotidianamente nas beiras da cidade, graças aos esforços incansáveis das comunidades guarani das TIs Jaraguá e Tenondé Porã. (Marcelo Hotimsky, antropólogo, CTI, junho de 2022)

amplo processo de redispersão territorial para autonomia das comunidades indígenas, estratégia que busca fortalecer o processo de consolidação da demarcação das TIs impactadas pelo empreendimento, já que a instalação das obras e posterior duplicação foi o principal vetor de expulsão dos indígenas de suas áreas de ocupação tradicional, gerando um processo de concentração territorial que afetou profundamente o modo de vida guarani na região.

Foi um longo processo de reflexão das comunidades impactadas e que demandou intensa articulação das lideranças até chegarem na proposta que contemplava a todos. Divergências internas tiveram que ser superadas para evitar que as medidas de compensação e mitigação se tornassem ações ainda mais impactantes às comunidades do que as próprias obras, como seria o caso se tivessem prevalecido ideias trazidas pelos empreendedores e suas empresas de consultoria – sempre tendentes à cooptação de lideranças por meio da injeção de recursos com o único objetivo de aquisição de bens, descolada dos projetos coletivos desses povos, gerando o aumento da desigualdade nas aldeias.

Difícil imaginar, porém, que os maiores desafios ainda estavam por vir. Executar adequadamente ações de mitigação e compensação ambiental nas comunidades guarani e tupi-guarani é ainda mais penoso do que vê-las aprovadas apenas no papel, especialmente no atual sistema de licenciamento ambiental, em que são os empreendedores os responsáveis por escolher e contratar as empresas de consultoria que irão trabalhar diretamente no território indígena.

Em 2018, as comunidades articuladas no Comitê Interaldeias começaram a perceber, com início da execução do CI-PBA por meio de empresa de consultoria contratada pela empresa responsável pela ferrovia, que, mesmo com seus direitos conquistados no papel, nada que afetasse minimamente os interesses econômicos do empreendedor seria executado em seus territórios enquanto elas não tomassem para si a tarefa de planejar e executar diretamente as ações que elas mesmas tinham proposto.

Assim, em meados de 2018, as comunidades se reuniram e formalizaram a regularização do Comitê Interaldeias como associação da sociedade civil, com CNPJ próprio, e anunciaram à empresa Rumo, à Funai e ao MPF que pretendiam, a partir de então, receber diretamente os recursos que deveriam ser destinados a seus projetos, assim como formar uma equipe escolhida pelas comunidades para executar as ações da maneira que achassem mais adequada e eficiente.

ATIVISMO SOCIETÁRIO E PROTAGONISMO INDÍGENA: A VIRADA DO JOGO

Como era de se esperar, a Rumo Logística tentou de tudo para impedir a iniciativa das comunidades. Recebida a proposta, paralisaram integralmente as atividades no território indígena, recusaram-se a se reunir com as comunidades nas aldeias, e contrataram os escritórios de advocacia mais caros do país para impedir a continuidade do CI-PBA, alegando que os indígenas nunca teriam capacidade de executar por organização própria as atividades que estavam previstas no licenciamento.

Sem canais de diálogo com as instâncias decisórias da empresa, e já no contexto da ascensão do governo Bolsonaro – que, dentre os doadores de campanha mais generosos, teve ninguém menos que o acionista majoritário da Rumo –, os Guarani tiveram que buscar inspiração no movimento indígena e ambientalista internacional.

Ouviram pela primeira vez de alguns apoiadores sobre um tipo de papel que poderia ajudá-los a ter o acesso que buscavam

©PEDRO BIAVA, 2019

Lideranças guarani-mbya da TI Tenondé Porã (São Paulo SP), em manifestação na sede da empresa Rumo, em Curitiba PR.

aos tomadores de decisão da empresa. Quem seria o "dono" da Rumo que insistia em não os ouvir? Numa grande assembleia do Comitê Interaldeias, então, iniciou-se o debate: a Rumo era uma empresa de capital aberto, e investidores de várias partes do mundo dividiam o bolo de cerca de 30 milhões de papeis que formavam o volume de ações que a empresa oferecia na Bolsa de Valores. Nunca se havia tentado isso no Brasil, mas a lei era clara: qualquer pessoa que comprasse mesmo que apenas uma ação, à época avaliada em apenas R$17,00, não poderia ser barrada da Assembleia Geral de Acionistas, que ocorreria em abril de 2019. Seu voto pouco valeria diante dos grandes investidores, mas ao menos poderiam passar sua mensagem diretamente àqueles que controlavam os destinos da empresa.

Assim, foram escolhidas pelas comunidades seis lideranças para adquirir cada qual "um fio de cabelo" da Rumo e demarcar o espaço na Assembleia de Acionistas. Um grupo de cerca de 100 indígenas também viajaria para Curitiba, sede da empresa, para entoar suas rezas e cantos no portão da Rumo e transmitir sua força espiritual para as lideranças que sentariam diante dos homens engravatados – que, preocupados com os lucros da empresa, certamente não imaginavam ou se importavam com os impactos que causavam no território indígena.

Representando o futuro das comunidades, uma jovem mulher guarani, grávida, foi a escolhida para ler a *Carta Aberta das Comunidades Indígenas aos Acionistas da Rumo.* O susto foi tão grande, que os acionistas majoritários ali presentes aceitaram a interrupção da Assembleia para leitura do documento,[1] no qual as lideranças falaram sobre os impactos da ferrovia no território indígena, a paralisação das atividades de compensação e mitigação pela Rumo, e informaram sobre a então recente emissão de Recomendação do MPF ao Ibama, que solicitava suspensão da Licença de Instalação do empreendimento, além da aplicação de multa no valor de R$ 10 milhões pelo descumprimento da legislação.

A iniciativa inédita alterou completamente a correlação de forças e os Guarani passaram a negociar com o vice-presidente da empresa e outras pessoas indicadas pelo Conselho de Administração da Rumo, até chegarem a um acordo em maio de 2020, para que o CI-PBA pudesse ser executado, em grande parte, diretamente pela organização indígena Comitê Interaldeias – fazendo prevalecer a proposta inicial das comunidades a despeito dos esforços em sentido contrário da Rumo para travar a proposta.

Desde então, as comunidades guarani e tupi-guarani vêm experimentando dois anos de gestão direta dos recursos de compensação e mitigação ambiental da duplicação da ferrovia, provando que sabem executar as atividades em seu território melhor que ninguém. Seu relatório de atividades e suas contas foram recentemente aprovados pela Funai e por auditoria externa, e agora os Guarani e Tupi-Guarani se preparam para outra batalha: a garantia de continuidade da realização de medidas de compensação e mitigação para os impactos que são permanentes no território. *(junho, 2022)*

NOTA

[1] Vídeo com a leitura da carta disponível em:https://folha.com/v923ehix.

OESTE DO PARANÁ

Os Avá Guarani e as Retomadas pela Terra e pela Vida

Rafael Nakamura | Jornalista, assessor do CTI e mestrando em Antropologia Social (USP)

Júlia Navarra | Advogada, assessora do CTI

OS AVÁ GUARANI NO OESTE DO PARANÁ ESTÃO VIVENDO CONSTANTEMENTE AMEAÇADOS, MAS A DURA VIDA NOS *TEKOHA* TEM SIDO CONTRABALANCEADA, NOS ÚLTIMOS ANOS, COM UMA SÉRIE DE INICIATIVAS PARA RESISTIR NO TERRITÓRIO

Entre os cerca de 85 mil indígenas de povos Guarani em território brasileiro, concentram-se na região Oeste do Paraná cerca de 4 mil do subgrupo Avá Guarani. Essa população distribui-se, atualmente, em 24 *tekoha* (aldeias) ao todo – 14 localizadas em Guaíra e Terra Roxa; cinco em Santa Helena; duas em Itaipulândia; uma em São Miguel do Iguaçu e duas em Diamante D'Oeste.

O território tradicionalmente ocupado pelos Avá Guarani se estende na longa faixa desde o Rio Piquiri, descendo pelo Rio Paraná até o Rio Iguaçu. O que se escuta dos mais velhos, os *chamõi*, é que ao longo do curso do Paraná, um rio muito menor em outros tempos, estavam os *tapyi* (aldeias) formados por diferentes núcleos familiares. O Rio Paraná podia ser facilmente cruzado, com pequenas embarcações improvisadas, para visitar um parente ou mesmo estabelecer moradia por um tempo do outro lado do rio.

No início dos anos 1980, a formação do reservatório da Usina Hidrelétrica (UHE) de Itaipu mudou drasticamente essa forma de ocupação do território avá guarani. Uma área de mais de 770 km^2 no lado brasileiro e 580 km^2 no lado paraguaio foi alagada, deixando parte dos *tapyi* avá guarani embaixo d'água. Da noite para o dia, muitas famílias guarani viram a água subir e tiveram de abandonar os lugares onde sempre viveram.

Se antes os Avá Guarani transitavam pelas duas margens do Rio Paraná, hoje a fronteira alargada entre Brasil e Paraguai se tornou um empecilho. O *guata*, como os Guarani chamam seu caminhar tradicional, tornou-se mais difícil; reclamam que hoje são cobrados documentos ou permissões para cruzar a fronteira. Os *tapyi*, onde estabeleciam moradia por um tempo para depois circular pela mata e morar em outro lugar, deixando a terra ocupada descansar, foram cada vez mais cercados e pressionados pela ocupação não indígena.

Antes da construção da UHE de Itaipu, no início do século XX, as concessões de grandes áreas para a exploração da erva-mate por empresas, em especial a Companhia Matte Laranjeira, foi uma dessas etapas que consideravam o território avá guarani como "terra de ninguém". Os próprios Guarani tiveram que trabalhar duramente nos ervais e guardam memórias traumáticas desse período marcado pela exploração.

Na chamada "Marcha para o Oeste", promovida pelo Estado brasileiro a partir de 1940, o Estado do Paraná passou a estimular a chegada de colonos por meio da titulação de terras a particulares. O cerco que se estabelecia no território avá guarani teve, de um lado, o estímulo do poder público e, de outro, a força bruta na figura dos jagunços, que exploravam o trabalho indígena para depois expulsá-los de suas próprias terras. Com as sucessivas iniciativas colonizadoras, as áreas de ocupação avá guarani são reduzidas drasticamente e os *tapyi* organizados em torno de núcleos familiares desestruturados.

Mas, mesmo reduzidos e com as terras da região loteadas para a chegada massiva de colonos, os Avá Guarani seguiram ocupando as áreas de mata às margens do Paraná. A construção de Itaipu foi então etapa decisiva para consolidar o esbulho que empurrava os Avá Guarani para fora de seu território de ocupação tradicional. A solução foi sobreviver em espaços muito reduzidos, cruzar a fronteira para o Paraguai ou viver nas reservas no interior do Paraná e no Mato Grosso do Sul, para onde muitos foram removidos forçadamente.

A DIFÍCIL RETOMADA

A memória do território tradicional, as histórias dos mais velhos que permaneceram vivas e a busca pelo bem viver, de acordo com seu modo de vida, o *nhandereko*, seguiu mobilizando os Avá Guarani. A partir do final dos anos 1990 e início dos anos 2000, os Avá Guarani retomam diversas áreas na região, juntando-se a algumas aldeias que nunca saíram da região.

Desde então, sob vários aspectos, os Avá Guarani na região oeste do Paraná estão vivendo no limite. Vivem constantemente ameaçados, seja pela hostilidade da sociedade do entorno, pela iminência das reintegrações de posse ou pela total falta de acesso a direitos básicos.

Estabelecidos em áreas cercadas pelas monoculturas de soja, em municípios hostis a sua presença, os Avá Guarani passaram a conviver com a banalização das mortes de membros de suas comunidades e dos seguidos casos de suicídio. A vida parece estar sempre por um fio, algo que traz à memória os piores momentos do desterro vivido ao longo do século XX.

Em 2021, a Secretaria Especial de Saúde Indígena (Sesai) registrou entre os Avá Guarani 16 mortes por suicídio e 24 outras tentativas, a maioria de jovens de até 20 anos. Em 2022, o número de suicídios já subiu para 17 em menos de dois anos, com mais um caso registrado em março. Antes disso, a pesquisa *Guaíra e Terra Roxa – Relatório sobre violações de direitos humanos contra os Avá Guarani do oeste do Paraná*, organizada pela Comissão Guarani Yvyrupa (CGY), identificou 14 casos de suicídios entre julho de 2010 e outubro de 2016. Novamente, as principais vítimas eram os jovens: dez indígenas que tiraram a própria vida tinham menos de 20 anos de idade, os outros 21 e 22 anos.

As mortes violentas também fazem parte da realidade dos Avá Guarani. Em novembro de 2019, Demilson Ovelar Mendes foi vítima de um assassinato a pauladas e pedradas. Seu corpo foi encontrado em uma plantação de soja a alguns quilômetros da aldeia onde vivia. A hostilidade que envolve casos de racismo, discriminação, violência física e tentativas de assassinato contra os Avá Guarani acontece desde que retomaram partes de seu território tradicional na região e passaram a reivindicar o reconhecimento de seus direitos territoriais por meio da demarcação de Terras Indígenas.

Antes da morte de Demilson, em 2018, Donecildo Agueiro havia sido vítima de uma tentativa de assassinato quando saía de uma reunião na sede da Funai no município de Guaíra. O jovem de apenas 21 anos sofreu um atentado a tiros e ficou paraplégico. O atentado ocorreu em um contexto de acirramento dos conflitos em torno de disputas fundiárias, tendo acontecido pouco tempo depois da publicação do relatório de identificação e delimitação da Terra Indígena Tekoha Guasu Guavirá, que atesta a ocupação tradicional do povo Avá Guarani na região.

CONTRA RETOMADA

Toda a aversão aos indígenas no oeste do Paraná é estimulada por entidades e figuras políticas que representam os interesses

Avá Guarani da aldeia Tatury observam lavoura de soja e um grupo de fazendeiros mobilizados contra sua ocupação.

de proprietários rurais na região. Nos últimos anos, a estratégia de alarmar agricultores, insuflando a população contra os indígenas e contra a Funai, aumentou o nível de hostilidade contra os Avá Guarani. Parte da população dos municípios do oeste do Paraná passou a se organizar em grupos de aplicativos de mensagens para impedir qualquer movimentação dos indígenas pelo território.

Carros adesivados com dizeres como "Ou o Brasil acaba com a Funai, ou a Funai acaba com o Brasil", *outdoors* para propaganda contra a demarcação de terras e o uso intensivo das redes sociais para divulgar notícias falsas foram estratégias de comunicação utilizadas para manter tais grupos ativos contra a presença avá guarani na região. Tudo isso se intensificou com o discurso de ódio promovido pelo governo de Jair Bolsonaro, que constantemente se posiciona contra as demarcações de Terras Indígenas.

E todo o barulho gerou efeitos contrários aos poucos avanços na garantia dos direitos territoriais dos Avá Guarani. Após quase dez anos de estudos, somente em 2018, foi finalmente publicado o Relatório de Identificação e Delimitação (RCID) da TI Tekoha Guasu Guavirá, que atesta a ocupação tradicional Avá Guarani na região e indica para a demarcação uma área total de 24.048 hectares, que abrange parte dos municípios de Guaíra, Terra Roxa e Altônia. Prontamente, a Federação da Agricultura do Estado do Paraná (Faep) e a prefeitura do município de Guaíra passaram a questionar a demarcação na Justiça.

Ainda em 2018, o Tribunal Regional Federal da 4ª Região (TRF-4) suspendeu o processo de demarcação em caráter liminar, atendendo a um pedido da Prefeitura do município de Guaíra. Em 2020, uma nova decisão confirma a suspensão de quaisquer atos relacionados à identificação e demarcação de TIs na região do município de Guaíra. A suspensão, no entanto, não significava a total nulidade do processo de demarcação, sendo possível ainda que os interesses das comunidades pudessem ser defendidos por meio de recursos processuais na justiça federal.

A Funai, já sob comando do governo Bolsonaro e com o delegado Marcelo Augusto Xavier no cargo de presidente, abre mão de defender o processo de demarcação e os interesses dos Avá Guarani. De maneira ilegal – e inédita até então na história do órgão indigenista –, em março de 2020, a própria Funai emitiu a Portaria nº 418, que anulou o processo administrativo de demarcação da TI Tekoha Guasu Guavirá.

Mais ao sul, a Funai nomeou um Grupo de Trabalho (GT) para os estudos de identificação e delimitação da TI Tekoha Guasu Ocoy Jacutinga, que abrange as áreas atualmente ocupadas por dez aldeias nos municípios de Santa Helena, Itaipulândia, Diamante D'oeste e São Miguel do Iguaçu. Também no contexto de uma Funai alinhada com o governo Bolsonaro, os estudos seguem paralisados.

O não reconhecimento dos direitos territoriais dos Avá Guarani no oeste do Paraná está associado à negação de uma série de outros direitos básicos. Cercados pelas monoculturas, os Avá Guarani enfrentam muitas dificuldades para plantar, encontrar remédios

A VOZ DOS AVÁ GUARANI NA ACO Nº 3555/STF

Desse contexto conflituoso na região desdobrou-se a Ação Cível Originária (ACO) nº 3555 na mais alta corte judiciária do país. Em 2021, como fruto de mais de uma década de estudos da 6ª Câmara de Coordenação e Revisão do MPF (6CCR), no âmbito do GT focado na apuração dos crimes cometidos pela Ditadura Militar contra os povos indígenas no Brasil, a então procuradora-geral da República, Raquel Dodge, ingressou com uma ação (ACO nº 3300) como forma de garantir um mínimo de reparação histórica às violações de direitos humanos, danos morais e materiais, cometidas contra os Avá Guarani, especialmente em razão do processo de construção e instalação da UHE Itaipu, indiciando a União, a Fundação Nacional do Índio (Funai), o Instituto Nacional de Colonização e Reforma Agrária (Incra), o Estado do Paraná e a Itaipu Binacional.

Com as mudanças de governo e do PGR, o atual procurador Augusto Aras, alguns meses após sua nomeação, arquivou a ação sob a injustificada alegação de falta de provas e necessidade de mais estudos, sentando sobre o processo durante mais de um ano até a sua reproposição, em dezembro de 2022. Aras subtraiu pontos importantes, reduzindo a compreensão dos danos, individualizando as indenizações e retirando o Estado do polo passivo – em suma, comprometendo a própria viabilidade da execução da ação proposta.

Diante dessa ameaça, a CGY, o CTI, o Comitê Interaldeias e demais organizações parceiras na região, decidiram por ingressar formalmente no processo, em 21 de maio de 2022, trazendo, em mais de 200 páginas, o esforço de levar a voz do povo Guarani ao processo. Remoções forçadas, esbulho territorial, ameaças físicas e psicológicas, perseguição a lideranças, incêndio criminoso de casas, confinamento em áreas impróprias, propagação de discursos de ódio e étnico raciais, ausência de consulta às famílias afetadas. Esses foram apenas alguns dos casos descritos no processo, já noticiados inclusive, em espaços de esfera política nacional e internacional, com menção em relatórios das Comissões Nacional e Estadual da Verdade, pela relatoria de Direitos dos Povos Indígenas da ONU, e pela Comissão Interamericana de Direitos Humanos em sua visita ao Brasil.

As violências praticadas no passado contra os Avá Guarani seguem se perpetuando e gerando efeitos diretos até os dias de hoje. Assim, em ação histórica, a criar grandes precedentes para demandas reparatórias aos demais povos indígenas no Brasil, os Avá Guarani são agora autores, pautando e descrevendo diretamente suas demandas e redefinindo a narrativa dominada até então pela Itaipu.

e matéria-prima nas ínfimas porções de mata no entorno das aldeias que possibilitam rituais e práticas do cotidiano.[1]

Mas desde que se estabeleceram em seus *tekoha*, os Avá Guarani passaram a construir uma rede de apoiadores por meio de sua organização política. A CGY, organização autônoma do povo Guarani nos estados do Sul e Sudeste do Brasil, passou a fortalecer sua atuação na região com assessoria jurídica própria e projetos formulados a partir de demandas das aldeias dessa região. Organizações indigenistas, grupos de pesquisa ligados às universidades do estado do Paraná e movimentos sociais, também compõem essa rede com a qual os Avá Guarani formaram alianças políticas fortes para resistir no território.

A dura vida nos *tekoha* tem sido contrabalanceada com uma série de iniciativas dos Avá Guarani para proteger e recuperar as matas no entorno das aldeias, as áreas de roças tradicionais para a alimentação adequada e as casas de reza – que permitem colocar em cena uma cosmopolítica que considera que os rumos da terra e de todos os seres que a habitam, indígenas ou não indígenas, humanos ou não humanos, precisam ser negociados não somente com as instituições da política tradicional, mas, principalmente com os criadores e verdadeiros donos desta terra.[2] *(junho, 2022)*

NOTAS

[1] O histórico de violações de direitos dos Avá Guarani com a construção da UHE Itaipu foi documentado pelo Ministério Público Federal em: ALCÂNTARA, G. K. *et al. Avá-Guarani*: a construção de Itaipu e os direitos territoriais. Brasília: ESMPU, 2019.

[2] Para saber mais sobre a cosmologia e territorialidade avá guarani, ler: LADEIRA, M. I.; FARIA, C. S. Os Avá Guarani em Yvy Mbyte, centro da Terra e os processos de transformação de seu território. In: MAMED, D. O.; CALEIRO, M. M.; BERGOLD, R. C. (org.). *Os Avá-guarani no oeste do Paraná*: (re) existência em Tekoha Guasu Guavi-ra. Coordenação de Carlos Frederico Marés de Souza Filho. Curitiba: Letra da Lei, 2016.

XETÁ

Na Saúde e na Doença, Lutamos!

Dival da Silva | Liderança xetá
Claudemir da Silva | Liderança xetá
Rafael Pacheco | Antropólogo, PPGAS/USP

ENCONTROS PELA VIDA COLETIVA, REPOSICIONAMENTO DE LIDERANÇAS E NOVAS ALIANÇAS MARCAM ORGANIZAÇÃO POLÍTICA XETÁ

Atualmente, os maiores núcleos do povo Xetá estão localizados no Paraná, na Terra Indígena (TI) São Jerônimo e na Aldeia Urbana Kakané Porã, que seguem em crescimento populacional contínuo. Só na TI São Jerônimo, os Xetá somam mais de 30 famílias, além dos que vivem em outras TIs e em centros urbanos no Paraná e Santa Catarina.

São Jerônimo e Kakané Porã são ambas áreas indígenas multiétnicas, envolvendo famílias kaingang, guarani e xetá em redes de parentesco e de articulação política, que incluem instâncias do movimento indígena regional, como o Conselho Indígena do Norte do Paraná. Nessas redes, os Xetá até então detinham autonomia relativa nos sistemas políticos vigentes desses territórios, em que se inseriam como grupo minoritário.

Em São Jerônimo, a liderança xetá em 2022 tornou-se finalmente um "lado" político independente, igual em *status*, direitos e deveres aos "lado" kaingang, pelo qual era englobado, e ao "lado" guarani. Já em Kakané Porã, a liderança xetá vem consolidando sua posição no coletivo de lideranças com maior força política, criando uma esfera de partilha da autoridade política, dinamizando as relações políticas entre as famílias e coletivos de parentes e aliados.

VULNERABILIDADE SOCIAL E DIFICULDADES PARA O SUSTENTO

O contexto de São Jerônimo é marcado pela proximidade com cidades onde os Xetá e os demais povos realizam comércio, serviços, transações bancárias, atendimento médico, estudos, oferecem mão de obra e demais atividades cotidianas. Na ausência de projetos de desenvolvimento comunitário e medidas que oportunizem trabalhos na própria TI, as poucas roças domésticas de feijão, milho, mandioca, frutas, ervas medicinais e hortas em redor das casas tornaram-se insuficientes para sustentar as famílias, ao mesmo tempo que a Funai se omite em distribuir cestas básicas, agravando sua insegurança alimentar e nutricional.

Grande parte dos Xetá serve como mão de obra em lavouras da indústria agrícola alimentícia ou em florestas de pinus e eucalipto da indústria de papel e celulose, remunerados por diárias pelo trabalho como cortadores, pulverizadores (de veneno), coletores, limpadores, operadores de máquinas, serventes e auxiliares de construção civil, ou caseiros de fazendas. No campo, as condições de trabalho são precárias, insalubres e mesmo perigosas, o que expõe a população a riscos à vida e à integridade física. Na TI, os postos de trabalho remunerado são cargos nas áreas de saúde e educação, como cozinheiras, educadores, motoristas, gestores, auxiliares administrativos e serviços gerais no posto de saúde e no colégio estadual indígena, mas a oferta é inferior à demanda da comunidade e a distribuição dos cargos pode apresentar maior ou menor concentração. Parcela considerável da população complementa renda e sustento familiares com auxílios governamentais ou aposentadorias rurais, além da prestação de serviços.

A diminuição de oportunidades de trabalho na própria TI São Jerônimo preocupa chefes de famílias, lideranças comunitárias e jovens que buscam empregos, os quais veem de modo negativo a canalização de sua energia a patrimônios alheios, sem benefícios

© DOUGLAS FROIS/MAE-UFPR, 2019

Familiares e lideranças reunidos no Encontro do Povo Xetá, na TI S. Jerônimo, em 2019. Os Xetá realizam ações como essas desde seu reencontro na década de 1990, para contornar a dispersão e separação forçadas, na ausência de terras demarcadas.

diretos às comunidades. Essa situação tem estimulado a formulação de projetos sustentáveis em ecoturismo e agroecologia, voltados às demandas locais.

Para além disso, no momento, as comunidades indígenas na Bacia do Rio Tibagi, dentre elas a de São Jerônimo, preparam-se para lidar com os novos impactos provocados pela iminente construção de uma segunda barragem da Usina Hidrelétrica (UHE) Mauá (CECS), que impõe novos desafios à garantia dos direitos indígenas na região.

ENCONTRAR E AVANÇAR

Desde a década de 1990, com o reencontro dos parentes sobreviventes de um extermínio ocorrido a partir da década de 1940 em Serra dos Dourados (PR), a principal meta de luta é o reagrupamento do povo em terra demarcada depois de 40 anos de separação.

Os encontros têm sido um mecanismo das famílias xetá para enfrentar a separação e manter vínculos sociais no exílio, sendo também circunstância privilegiada de produção e circulação de memórias e articulação política dos núcleos locais. Eventos assim ocorreram em 1994 e em 1997 (este último com apoio do ISA),[1] passando a ser promovidos pelas próprias lideranças indígenas em parceria com organizações da sociedade civil e de outros povos indígenas, como a Comissão Guarani Yvyrupa (CGY).

Em 2019, o Encontro do Povo Xetá ocorrido na TI São Jerônimo reuniu familiares de diversas localidades em vivências, reuniões, debates e atividades amparadas em temas da memória e no patrimônio cultural. Juntos, partilharam suas condições atuais nos distintos locais de residência e reafirmaram sua determinação pela demarcação de terras e reparação pelo genocídio.

Hoje, os enfrentamentos principais dos Xetá são a vulnerabilidade social, a invisibilidade no cenário político e a negação ao reconhecimento e cumprimento dos direitos humanos, sociais e territoriais, levando as lideranças à constante ampliação de seu arco de alianças.

Nesse sentido, em 2020, Dival da Silva, artesão de colares e animais em miniatura esculpidos em madeira, juntou-se aos artistas Gustavo Caboco, Lucilene Wapichana, Juliana Kerexu, Camila Kanhgág e Ricardo Werá, para lançar a obra coletiva "Andando em bando no Paraná" (série "Onde está a arte indígena no Paraná?") para a exposição *Véxoa – Nós sabemos* (Pinacoteca SP, 2020). Considerada uma extensão da territorialidade xetá, a obra, adquirida pela Pinacoteca para sua coleção permanente, reafirma os museus como lugares políticos de existência e amplia os espaços por onde as histórias xetá circulam.

A DEMARCAÇÃO DA TI HERAREKÃ XETÁ

O processo demarcatório da TI Herarekã Xetá é um dos mais longos ainda em curso e emblemático da morosidade no reconhecimento oficial dos direitos indígenas – radicalizada no governo Bolsonaro.

O relatório da Funai publicado em 2014 – após 15 anos do início dos estudos técnicos – foi o único movimento do processo demarcatório da TI, hoje ameaçada por decisões judiciais no TRF4 em favor de proprietários rurais que pedem sua anulação – alegando a ausência dos Xetá nas terras reivindicadas desde a época dos massacres, expulsões e remoções promovidos pelo próprio Estado, a partir da década de 1950.

Por força da suspensão nacional dos processos judiciais envolvendo demarcações, determinada no âmbito do julgamento de repercussão geral do "marco temporal" pelo STF, a ação que pede a anulação da TI está sobrestada, aguardando decisão da Corte.

Na espera interminável pelo reconhecimento de seus direitos territoriais, os Xetá sempre enfatizam que o conflito desperta medo e traz riscos a suas vidas – dada a hostilidade dos fazendeiros locais, que incitam a população ao ódio por meio de campanhas falaciosas na imprensa regional.

PRINCIPAIS REIVINDICAÇÕES ATUAIS DO POVO XETÁ

- Demarcação da TI Herarekã Xetá;
- Reparação coletiva pelo genocídio ("Extermínio de Serra dos Dourados");
- Implementação de políticas públicas de alimentação e nutrição;
- Fortalecimento da educação escolar indígena, com especial atenção à revitalização da língua xetá;
- Ampliação de postos de trabalho;
- Implementação de projetos sustentáveis em agroecologia e ecoturismo;
- Consolidação de um centro cultural. *(junho, 2022)*

NOTA

[1] Realizado em Curitiba (PR) com apoio do ISA, atendendo à reivindicação dos Xetá, esse encontro resultou na publicação de uma carta, que foi estopim para o movimento de retorno dos Xetá enquanto "povo" no cenário político.

A COVID-19 FOI IMPLACÁVEL

Do "Seo Cirdo", velho guarani e sogro de Claudemir da Silva, sobraram a memória, a casa e os abacaxis que plantou – ele sucumbiu à covid-19. Enquanto o seu neto mais velho solteiro reabita o lugar, ainda paira o risco de novas perdas para a epidemia. O novo coronavírus alcançou os Xetá em todo o período; longos dias de padecimento de doentes e mortes marcaram a experiência da pandemia em São Jerônimo, onde informações disseminadas pela internet também influenciariam a opinião dos moradores quanto à vacina.

Na Região Sul, o agronegócio foi o principal vetor de transmissão do novo coronavírus, mais diretamente nas regiões em que indígenas trabalham em frigoríficos ou lavouras e deslocam-se em ônibus rurais. As primeiras situações críticas foram notificadas na TI Oco'y, no oeste do Paraná, e na TI Xapecó, no oeste de Santa Catarina, onde há massiva mão de obra indígena dos povos Guarani e Kaingang nas empresas da região. As condições de trabalho nessas instalações são precárias, e a postura dos empresários favoreceu o contágio dos funcionários, o que levou alguns a serem condenados na justiça do trabalho.

Pela Funai chegou a ordem de bloquear os acessos à TI São Jerônimo e, em 2020, o trânsito entre a aldeia e a cidade foi fechado com uma barreira sanitária. A provisão das casas foi o ponto mais sensível para a comunidade, que, no auge da pandemia, viu sua segurança alimentar e nutricional ser comprometida.

Na região, a alta mobilidade das comunidades indígenas faz ampliar suas relações de parentesco e reciprocidade, numa vasta rede de TIs e cidades que articula os territórios de referência em que pessoas circulam. Como os grupos em São Jerônimo têm parentesco direto com famílias em múltiplos territórios no norte e centro-sul paranaense, a suspensão do trânsito entre as áreas impactou diretamente essas relações. A renda das famílias reduziu drasticamente, saturando fontes de suprimentos, forçando à organização de uma campanha de arrecadação de doações – que contou com o apoio da Frente Indígena e Indigenista de Prevenção e Combate à Covid-19 entre Terras e Povos Indígenas da Região Sul.

Na maioria dos casos de infecção, realizou-se isolamento domiciliar, prestando-se apoio e cuidados de familiares próximos, especialmente corresidentes, para a realização de tarefas como alimentação, higiene e combate aos sintomas. Profissionais do posto de saúde na TI acompanharam o tratamento dos casos.

Os sintomas mais comuns foram: falta de ar, febre, dor no corpo, dor de cabeça, dor nos ossos da face, dor de garganta, cansaço, sonolência, perda de fôlego, coriza, espirro, perda de olfato e paladar, dor de estômago, dor muscular; "boca ruim" foi relatado como "sentir um gosto amargo". Diversas pessoas, especialmente as mulheres, relatam novos problemas de saúde pós covid-19, como dores musculares nas pernas e nas costas, a sensação de "agulhas" e corpo "pinicando".

O uso de "ervas medicinais" (ou "remédios do mato") foi central na prevenção e combate aos sintomas, sobretudo chás ou garrafadas quentes ou frias, com receitas e dosagens precisas (em geral, três doses diárias – manhã, tarde, noite). Obtidos no mato ou em hortas domésticas, verdadeiras farmácias de quintal, dentre eles destacou-se o chá de folhas de guiné, reconhecidamente eficaz para a terapêutica desta e outras enfermidades respiratórias.

A pandemia, na adversidade, potencializou saberes em saúde, tornando a medicina hospitalar acessório complementar ao conhecimento disseminado em redes familiares de cuidado ativadas para contribuir no cumprimento da quarentena. (junho, 2022)

Do que Sofrem os Kaingang Hoje: Arrendamentos e Racismo

Juracilda Veiga | Coordenadora Geral da Kamuri

NO SUL DO BRASIL, O POVO KAINGANG ENFRENTA O RECRUDESCIMENTO DO RACISMO, A PARALISAÇÃO DAS DEMARCAÇÕES E O AVANÇO DO ARRENDAMENTO EM SUAS TERRAS, COM EXPULSÕES E ASSASSINATOS – UMA TRAGÉDIA DE RESPONSABILIDADE DO ESTADO BRASILEIRO, QUE ANTES INTERFERIU NO MODO DE VIDA KAINGANG E HOJE PROCURA EXIMIR-SE DAS CONSEQUÊNCIAS DE SUAS MÁS PRÁTICAS

Com um crescimento populacional em torno de 2,7% ao ano, o povo Kaingang conta atualmente com uma população estimada em 51.500 pessoas. Essa população distribui-se por mais de 30 Terras Indígenas (TIs) – além de vários acampamentos em terras reivindicadas – e apesar de boa parte delas ser de área diminuta, a maioria constitui-se de solos muito férteis, e as mais amplas delas (como Nonoai, Serrinha, Guarita, Guarapuava e Rio das Cobras) contam com vastas áreas mecanizáveis.

O forte crescimento vegetativo, observado há mais de uma década, sem a possibilidade de expansão das TIs, acrescido das investidas do agronegócio sobre as áreas já demarcadas, tem feito explodir as tensões entre indígenas e, entre esses e não indígenas no Sul do Brasil. As pressões contra as terras demarcadas são impulsionadas pelo valor da soja, do milho e do trigo no mercado nacional e internacional. Nessa região, observam-se dois movimentos desse setor e dos políticos que os representam:

1) Impedir, por todos os meios, novas demarcações de TIs. Várias identificações foram judicializadas e algumas colocadas em suspensão pelo próprio Ministério da Justiça, e assim se mantiveram, gerando aumento de tensão e risco de maior violência no campo.

2) Ocupar as TIs com *commodities*, pelo aliciamento de autoridades indígenas, que passam a atuar como parceiros do capital local, ocupando as melhores áreas dessas terras públicas destinadas ao usufruto exclusivo de toda a comunidade. São os arrendamentos da terra indígena, de forma aberta, ou camuflada sob o rótulo de "parceria". Em algumas áreas, criaram-se "cooperativas indígenas", dominadas por um pequeno número de sócios indígenas, que se apropriam da terra e dos bens sobre elas existentes como se fossem uma propriedade particular e contraem empréstimos com pessoas de fora da Terra Indígena, que são os maiores beneficiados.

A POLÍTICA DO ESTADO MÍNIMO

Desde 1991 (governo Collor), e através dos órgãos internacionais de fomento, tem sido imposta ao Brasil a política do Estado mínimo, que vai retirando do Estado o controle e a responsabilidade sobre a coisa pública. No caso das populações indígenas, retirou-se da Funai a competência sobre as questões de saúde e de educação. Posteriormente, uma reforma administrativa da Funai retirou os funcionários federais das TIs, abrindo caminho para que elas fossem paulatinamente destinadas a "parcerias" de caciques e seus aliados com não indígenas sobre os bens coletivos.

A Funai nunca teve uma competência definida para mediar o retorno da TI para as mãos de suas comunidades, de modo que as terras recuperadas pelos indígenas depois da Constituição de 1988 não tiveram um Plano de Gestão Territorial e Ambiental (PGTA) discutido com eles. No caso do Rio Grande do Sul, terras com cobertura florestal, que foram tomadas dos indígenas na década de 1960, que foram recuperadas na década de 1990, estavam descaracterizadas e reconfiguradas como pequenas

© ALASS DERIVAS/DERIVA JORNALISMO

Mulheres Kaingang na I Marcha das Mulheres Indígenas, em 2019, em Brasília.

fazendas ou sítios, e nesse novo formato foram sendo ocupadas pelas famílias indígenas, prevalecendo aí a lei do mais forte, o que permitiu a concentração de terra nas mãos das famílias circunstancialmente detentoras de poder na comunidade. "Lideranças" indígenas aliadas sempre a interesses de pessoas de fora da aldeia – financiadores de maquinários, insumos e até armas – transformaram as terras indígenas em vilas-dormitório em meio a grandes lavouras de soja, com grande empobrecimento da população em geral. Como resultado, veem-se os Kaingang, principalmente mulheres com filhos pequenos, a perambular pelas cidades vendendo artesanato, mal abrigados em suas periferias. Privados da terra, apenas morando nela, muitos homens e mulheres jovens buscam o sustento da família em empregos nos frigoríficos que proliferaram no interior do Paraná, oeste catarinense e norte riograndense, empreendimentos que, muitas vezes, colocam-se estrategicamente na região próxima de aldeias. Aceitando os trabalhos mais insalubres, em câmaras frias de frigoríficos de aves e suínos, e jornadas pesadas em tarefas repetitivas e de risco, como na desossa de carcaças de frango, em muitos casos também dispensam até cinco ou seis horas do dia apenas no deslocamento, em ônibus fretado, no ir e vir da aldeia à indústria, saindo de madrugada e voltando altas horas da noite.

RECRUDESCIMENTO DO RACISMO

Nesse contexto, pode-se observar um recrudescimento do racismo, nas comunidades de ascendência europeia do sul do Brasil, contra os indígenas, que cada vez mais são obrigados a trabalhar, transitar e mesmo viver fora das suas terras. Em janeiro de 2016, um menino kaingang de dois anos foi decapitado por um homem branco, enquanto mamava, no colo de sua mãe, na rodoviária de Imbituba/SC. A defesa do assassino alegou uso de drogas e insanidade temporária. Em março de 2016, um estudante kaingang de Medicina foi espancado em frente à moradia estudantil, em Porto Alegre, por estudantes de engenharia da Universidade Federal do Rio Grande do Sul (UFRGS) e Pontifícia Universidade Católica do Rio Grande do Sul (PUC-RS), mas a segurança do *campus* da UFRGS não interveio para proteger o indígena. Mortes de jovens mulheres indígenas, que ficam sem solução, podem ser elencadas nesse sentido também.

DEMARCAÇÕES PARALISADAS, TENSÃO E VIOLÊNCIA CRESCENTES

Em 2007 várias TIs do Sul foram reconhecidas em portarias declaratórias do Ministério da Justiça, portarias que foram suspensas em seguida, colocando-as num "limbo jurídico". Outras tantas foram judicializadas e, em alguns casos, declaradas nulas pela Justiça, com base na tese do "marco temporal". A TI Forquilha (RS) é uma dessas, com os indígenas acampados desde 2005, em uma pequena área, aguardando a solução definitiva. Na madrugada de 23 de novembro de 2016, uma operação de guerra acordou a comunidade em seu acampamento no Passo Grande do Rio Forquilha, em Sananduva/RS.[1] Despachados pela Justiça Estadual, mandados de prisão foram cumpridos pela Polícia Federal sob a acusação de que o grupo Kaingang havia incendiado lavouras privadas e teria feito ameaças contra a população local. Para o Ministério Público Federal (MPF) tratou-se de detenção "ilegal em massa, abuso de autoridade, violência, segregação e exposição vexatória". Na leitura da decisão de primeiro grau "não houve menção a nenhum ato específico que pudesse demonstrar a efetiva participação dos pacientes nos eventos criminosos", afirma o ministro-relator do caso, cujo voto foi acompanhado unanimemente pela 6ª Turma do STJ. A Federação da Agricultura do Rio Grande do Sul (Farsul), organização ruralista, participou ativamente, acusando publicamente os Kaingang e alguns agricultores (aqueles que não fazem oposição aos indígenas) por um incêndio que teria destruído as lavouras de dois agricultores. Atendendo ao apelo da Farsul, o vice-prefeito de Sananduva, Leovir Antunes Benedetti, decretou horas depois Estado de Calamidade Pública.[2] Apesar da falta de investigação e de provas, seis lideranças kaingang foram detidas por quatro meses na Penitenciária de Lagoa Vermelha, até obterem um *habeas corpus*.

ARRENDAMENTOS EM TIS: EXPULSÕES E ASSASSINATOS

A ocorrência de arrendamentos em TIs é histórica no Sul do Brasil, e nem mesmo as garantias do art. 231 da Constituição Federal de 1988 conseguiram barrar tais práticas. A ganância de empresários e de políticos regionais continuou promovendo formas de desrespeitar a Constituição para dar aparência legal à ilegalidade dos arrendamentos, como são, por exemplo, os Termos de Ajustamento de Conduta (TACs), conduzidos pela Funai e MPF com caciques arrendadores.

Em outubro de 2021, em mais um episódio de violência decorrente dos arrendamentos, dois Kaingang foram mortos e 324 pessoas expulsas da TI Serrinha (RS), por discordarem do arrendamento, cujos beneficiários eram as autoridades indígenas. Não era, porém, a primeira vez que isso acontecia ali. Exatos 16 anos antes, em outubro de 2005, o então cacique Ming expulsou da Serrinha dezenas de famílias contrárias ao arrendamento, incluindo os principais professores da comunidade. Ming firmou um TAC com a Funai e o MPF que lhe garantiu continuar com os arrendamentos, mas pagou com a vida, em 2017, assassinado com cinco tiros. Um de seus filhos foi o cacique que voltou a expulsar opositores, em outubro de 2021.

Em um debate sobre os arrendamentos, sob o impacto da violência em Serrinha, o kaingang Deoclides de Paula, do Conselho Estadual dos Povos Indígenas do Rio Grande do Sul, destacou que, atrás daquelas mortes estava "o agronegócio mais predatório, aquele representado por fazendeiros e granjeiros que aliciariam lideranças, minando a boa convivência na comunidade kaingang. 'Não indígenas financiam indígenas visando que a terra fique na mão de outras pessoas', acusou Deoclides de Paula. 'Criaram-se cooperativas (de indígenas) que servem de fachada para os plantadores de soja mandarem (na terra indígena)', apontou".[3]

No espírito do governo anti-indígena de Jair Bolsonaro, e ao arrepio da Constituição, em 24 de fevereiro de 2021, a Funai e o Ibama expediram a Instrução Normativa (IN) 01/2021, que autoriza a "parceria" entre indígenas e não indígenas para a exploração econômica dos territórios. A norma foi autorizada sem o consentimento e sem consulta livre, prévia e informada dos povos envolvidos, como prevê a Convenção 169 da Organização Internacional do Trabalho (OIT). Essa medida foi rebatida por lideranças kaingang, como a advogada Lúcia Fernanda Jofêj, de Serrinha, que destacou que a TI é para produzir alimentos para o povo indígena, e não comida para o gado europeu.[4]

CONCLUSÃO

A responsabilidade última dessas tragédias é do Estado brasileiro e, em particular, da política indigenista oficial. Tendo praticado, desde o início da colonização – e, muito especialmente, ao longo de todo o século XX –, interferência na organização e na vida dos povos indígenas, o Estado agora procura eximir-se, quando as consequências de suas más práticas se avolumam, alimentando divisões e desencadeando todo tipo de violência na vida das comunidades. Alegar que são questões internas das comunidades e que "elas se resolvam" é a forma irresponsável com que a política indigenista tem buscado fugir de suas obrigações, ao mesmo tempo que favorece lutas fratricidas entre indígenas.

Cabe ao Estado garantir que o usufruto exclusivo da terra seja efetivamente a garantia da vida e da sobrevivência dos povos indígenas e de suas culturas. A política que faz vista grossa à corrupção de caciques e lideranças indígenas para favorecer o agronegócio é uma política anti-indígena e, no limite, uma política genocida. *(julho, 2022)*

NOTAS

[1] O efetivo mobilizado demonstra intenções que iam além do simples cumprimento de mandados de prisão: mais de 150 policiais, três guarnições dos Bombeiros, Polícia Federal, Brigada Militar, Batalhão de Operações Especiais (BOE), Grupo de Pronta Intervenção (GPI), dezenas de viaturas, helicópteros, matilhas de cães e cavalos.

[2] Conforme publicado na revista Revista *IHU Online*, em 25 de janeiro de 2017.

[3] Ver a reportagem "Líder kaingang adverte que arrendamento ilegal pode causar banho de sangue entre indígena", publicada pelo *Brasil de Fato RS*, em 22 de outubro de 2021.

[4] Ver o vídeo "Empreendimentos econômicos em Terras Indígenas", no canal de Fernanda Kaingang no Youtube.

Os Kaingang e os Desafios da Pandemia

Joziléia Jagso Kaingang | Liderança kaingang e antropóloga, PPGAS/UFSC
Paola Andrade Gibram | Antropóloga, CEstA/USP

SÃO MUITAS AS QUESTÕES QUE INCIDIRAM E INCIDEM NOS EFEITOS E NA DISSEMINAÇÃO DA COVID-19 PELOS TERRITÓRIOS DO POVO KAINGANG

Neste texto abordamos algumas medidas de controle e combate à covid-19 protagonizadas por lideranças e coletivos indígenas do povo Kaingang, buscando levar em conta diferentes contextos regionais, os principais desafios na execução de ações protetivas de saúde e os papéis de instituições estatais e demais instituições parceiras.

O povo Kaingang é um dos mais populosos do país. A maior parte de sua população habita nas 54 Terras Indígenas (TIs) encontradas nos densamente povoados estados de São Paulo, Paraná, Santa Catarina e Rio Grande do Sul. Esses territórios apresentam-se geralmente como ilhas florestais em cenários tomados pelo agronegócio. E, embora bem menores, devido aos processos históricos de confinamento relativos à colonização de terras no Sul do Brasil, suas aldeias (*emã*)[1] permanecem localizadas em regiões imemorialmente ocupadas por esse povo indígena. Regiões de ocupação ancestral, portanto, mas que hoje se apresentam em meio a outros cenários: além de serem rodeadas por pequenas e grandes propriedades rurais, essas TIs encontram-se, em maior ou menor escala, próximas a pequenos ou médios centros urbanos, o que promove intensa convivialidade entre indígenas e não indígenas. Muitos Kaingang vivem também em contextos urbanos, assim como em acampamentos de retomada, o que torna uma caracterização geral dessa população ainda mais desafiadora.

Um dos primeiros pontos a serem destacados para uma aproximação das questões relativas à pandemia diz respeito justamente à alta dependência econômica de grande parte da população kaingang em relação à economia externa aos territórios indígenas. Confinados em pequenos territórios, são poucos os núcleos que conseguem manter uma qualidade de vida razoável com meios passíveis de serem desenvolvidos em suas próprias aldeias. Os plantios não são práticas possíveis de serem realizadas por toda a população. E, quando ocorrem, as roças para consumo próprio – que em sua maioria são de milho e feijão –, geralmente somam-se a outras formas de atividades econômicas. Essas atividades são representadas muitas vezes por trabalhos sazonais de colheita em plantações de monocultivos em fazendas, ou pelo trabalho assalariado em indústrias frigoríficas, ramos que se apresentam como polos econômicos na Região Sul do Brasil.[2]

Esse ponto é de grande relevância para entendermos que, não por acaso, os primeiros casos de infecção por covid-19 entre o povo Kaingang ocorreram com trabalhadores de um frigorífico. Tratava-se de um casal habitante da TI Serrinha/RS que trabalhava no Seara Alimentos da JBS, localizado no oeste de Santa Catarina. O caso, ocorrido em maio de 2020, foi seguido de demissão em massa de 40 trabalhadores indígenas pelo frigorífico, que, em vez de seguir com as medidas protocolares de prevenção e proteção ao coronavírus com seu quadro de funcionários, operou essa medida discriminatória. A partir da manifestação e de ações promovidas por lideranças indígenas, o frigorífico foi autuado pelo Ministério Público do Trabalho (MPT) com aplicação de multa e reintegração dos trabalhadores. Após esses dois casos iniciais, seguiram-se dois casos na aldeia Bananeiras da TI Nonoai/RS e seis casos na TI Xapecó/SC. Nessa última, entre as pessoas infectadas, havia uma profissional de saúde indígena. Felizmente, todos os casos nesse momento inicial foram sanados.[3]

Muitos foram os desafios para amenizar a disseminação da covid-19 nos territórios kaingang. Ainda referente a aspectos de cunho econômico, pode-se citar a venda de artesanato, realizada sobretudo por mulheres, e uma das principais fontes de renda para muitas famílias kaingang. A venda dos artefatos de taquara – cestos, peneiras, balaios e outros – ocorre nas cidades, geralmente em polos urbanos de médio e grande porte. Logo no início da pandemia, foi difícil conter as atividades e o trânsito de grande parte dessas mulheres, devido justamente à importância central dessa atividade para os modos de vida kaingang no *ũri* (tempo de hoje, presente). Com a necessidade de endurecimento das medidas protetivas, no entanto, grande parte dos territórios kaingang passou a controlar a saída e a entrada de pessoas, coibindo o trânsito de pessoas entre as cidades e as aldeias. Essa medida teve, obviamente, sérias consequências para a parcela da população kaingang que encontra na venda de artesanato sua principal atividade econômica. As medidas de isolamento afetaram diretamente essas e outras atividades, como as de colheita e plantio em fazendas, mencionadas anteriormente. Isso acarretou em uma necessidade ainda mais urgente de organização de frentes voltadas à distribuição de alimentos, bem como de cobertores, materiais de limpeza e higiene – suprimentos que grande parte da população kaingang passou a ter grande dificuldade em obter.

Os modos de vida kaingang, principalmente dentro dos territórios tradicionais, incluem também formas de convívio intenso com redes amplas de parentes, que geralmente moram em casas próximas umas das outras. Também é comum que os *kofá* (avós, pessoas mais velhas) durmam ou se alimentem em mesmos ambientes que pessoas mais jovens e crianças. Assim, o isolamento social, medida amplamente adotada entre os não indígenas, ocorreu apenas em relação aos limites territoriais, mas não entre os núcleos familiares em si. Todos esses fatores poderiam intensificar a disseminação do vírus, o que exigiu maiores cuidados em relação às medidas protetivas e às campanhas de vacinação.

AÇÕES DAS REDES E ORGANIZAÇÕES INDÍGENAS

A situação vivida pelo povo Kaingang foi encarada pelas organizações indígenas, instituições governamentais e não governamentais de forma conjunta com aquela vivida pelos outros povos originários da Região Sul, isto é, os povos Guarani, Laklanõ Xokleng, Xetá e Charrua. Neste cenário mais amplo, o movimento indígena da Região Sul organizou, em abril de 2020, a formação da "Frente Indígena e Indigenista de Prevenção e Combate ao novo coronavírus na Região Sul", rede que articulou lideranças indígenas, agentes de saúde, indigenistas e pesquisadores indígenas e não indígenas. Dentre esses agentes, estavam representantes de instituições como Articulação dos Povos Indígenas da Região Sul (Arpinsul), Comissão Guarani Yvyrupa (CGY), Conselho de Missão entre Povos Indígenas (Comin), Conselho Estadual dos Povos Indígenas (Cepin), Funai, além de universidades públicas e particulares (como UFSC, Unochapecó, UFPel e IFRS).

O grupo formado pela Frente atuou de forma a minimizar os impactos da pandemia nos territórios indígenas dos estados do Paraná, Santa Catarina e Rio Grande do Sul, por meio de vaquinhas virtuais e da mobilização de doações de alimentos oriundos da sociedade civil e das instituições de ensino superior, como produtos de higiene e equipamentos de proteção como máscaras, álcool em gel e jalecos. Também foram realizadas campanhas para a doação de cobertores, colchões e agasalhos, a partir de pontos estratégicos de recolhimento e distribuição. Essas ações, no entanto, passaram a ser coibidas já no segundo semestre de 2020, momento em que a Funai proibiu que qualquer tipo de doação chegasse aos territórios indígenas sem que antes passasse pelo controle de seus agentes. Essa medida reduziu drasticamente a chegada das doações aos territórios, aumentando a crise sanitária e alimentícia, sobretudo em locais de difícil acesso terrestre e de pouca assistência estatal no que concerne aos serviços de saúde.

Além do encaminhamento de solicitações de equipamentos de saúde e produtos de higiene aos órgãos públicos e a algumas instituições privadas, a Frente também mobilizou denúncias contra o Estado em relação à ausência de medidas de prevenção efetivas e de mitigação de efeitos da pandemia entre os povos indígenas do Sul. Assim como em outros cenários nacionais, houve um enorme descaso, sobretudo por parte do governo federal, em relação a qualquer medida de proteção e prevenção nos territórios indígenas. Todas as conquistas foram alcançadas com muita articulação e luta por parte do movimento indígena nacional, a exemplo da prioridade vacinal nos territórios indígenas. Em relação às denúncias, a Frente também acompanhou os processos encaminhados ao Ministério Público Federal (MPF) contra as empresas frigoríficas mencionadas anteriormente, o que fomentou que os vínculos empregatícios e os direitos dos trabalhadores indígenas fossem garantidos nesses contextos. Em suma, as ações da Frente Indígena e Indigenista demonstraram o protagonismo das articulações promovidas pelo movimento e pelas organizações indígenas no cenário de enfrentamento à covid-19.

Foram também de fundamental importância e efetividade ações locais promovidas por coletivos indígenas sediados nas aldeias, ou por moradores das aldeias, que se organizaram para que medidas de prevenção à disseminação do vírus e de atenção à saúde fossem garantidas em seus territórios. Este foi o caso, por exemplo, do coletivo de juventude indígena kaingang *Nẽn Ga*, da

TI Apucaraninha/PR, cujos integrantes promoveram iniciativas de grande eficácia para o momento mais crítico da pandemia. Foram por eles realizadas, por exemplo, barreiras sanitárias nas vias de acesso às aldeias dessa TI, o que aumentou o controle da entrada de não indígenas e o uso de máscaras nos limites do território.[4] Medidas de conscientização foram também realizadas, como a produção de vídeos explicativos, em língua vernácula, sobre a gravidade da doença e sobre a importância das medidas de higiene. A essas medidas somaram-se também articulações com instituições parceiras e a realização de vaquinhas, que possibilitaram a aquisição de equipamentos de proteção para profissionais da saúde indígena e de produtos de higiene e alimentos – os quais foram distribuídos pelas famílias, nos períodos de maior escassez. Sabe-se que, com a pandemia, a desestruturação e precarização da Sesai e da Funai foram ainda mais expostas, o que se confirmou com períodos de verdadeiro abandono a muitas comunidades indígenas, não apenas no Sul do país. No momento inicial da pandemia de covid-19, a Sesai via-se justamente ameaçada pela municipalização da saúde indígena – o que se somou a diversas outras medidas de desarticulação dos órgãos indigenistas empreendidas pelo governo federal vigente.

OS DESAFIOS CONTINUAM

Estatísticas divulgadas já no mês de maio de 2020 pela plataforma criada durante a Assembleia Nacional de Resistência Indígena[5] apontaram para um número já avançado e uma ampla disseminação de casos entre os Kaingang. Neste momento, em Santa Catarina, havia casos nas TIs Xapecó, Condá e Toldo Chimbangue. No Rio Grande do Sul, os casos foram encontrados nas TIs Serrinha, Votouro, Nonoai e na retomada no município de Monte Negro. Esses dados da plataforma permitiram a comparação com as informações veiculadas pela Sesai e, como se confirmou mais tarde, houve significativos casos de subnotificação por parte das instituições públicas acerca do estado de desenvolvimento e contágio entre os indígenas.

No segundo semestre de 2020 e ao longo de 2021, tornaram-se inviáveis as medidas de controle de circulação de indígenas pelas cidades – especialmente pelas necessidades econômicas jámencionadas. Os casos entre os Kaingang, assim como entre outros povos indígenas, aumentaram vertiginosamente e diversos óbitos foram notificados. Lideranças como o cacique Lourenço Amantino, da TI Sêgu, e idosos como o sr. Joaquim Rafael, da TI Nonoai, compõem a triste memória de estarem entre os primeiros Kaingang a morrer como vítimas da covid-19. A eles seguiram-se muitas perdas, com destaque para os profissionais da saúde indígena, que lutaram incisivamente contra a disseminação e contra os efeitos da doença nos territórios.

Ao mesmo tempo, fruto da luta persistente do movimento indígena, a vacinação entre os povos indígenas amenizou o quadro pandêmico entre os Kaingang, trazendo certo controle à evolução para casos graves e para casos de óbito. No entanto, a cada nova fase da pandemia, novos desafios foram apresentados. As campanhas de vacinação nos territórios kaingang encontraram vultosa resistência, sobretudo, por parte de pessoas ligadas às igrejas pentecostais, incentivadas por líderes religiosos e políticos.

O povo Kaingang resiste há mais de três séculos em seus territórios, e a luta faz parte de sua existência. O violento processo de colonização, que no passado dizimou e confinou essa população indígena a pequenas parcelas territoriais, hoje se apresenta sob novas formas. Usurpações dos direitos indígenas à saúde são uma das formas de violência colonial contemporânea, que se viram escancaradas pela pandemia. A elas, os Kaingang continuam se colocando contra, vitalmente, com seus parentes indígenas de todas as regiões do Brasil. *(julho, 2022)*

NOTAS

[1] *Ẽmã* são os núcleos populacionais que hoje correspondem às aldeias localizadas em território indígena.

[2] Para uma etnografia das relações de trabalho dos Kaingang em fazendas e em frigoríficos no oeste do Rio Grande do Sul e Santa Catarina ver: MARÉCHAL, C. Ẽg ga ẽg kofá tú (A nossa terra é a nossa história): território, trabalho, xamanismo e história em retomadas kaingang. Tese (Doutorado em Antropologia Social) – Universidade Federal do Rio Grande do Sul, Porto Alegre, 2021.

[3] O histórico de violações de direitos dos Avá Guarani com a construção da UHE Itaipu foi documentado pelo Ministério Público Federal em: ALCÂNTARA, G. K. *et al. Avá-Guarani*: a construção de Itaipu e os direitos territoriais. Brasília: ESMPU, 2019.

[4] Jaciele Nyg Fideles e Paola Andrade Gibram tratam mais especificamente das ações do coletivo Nẽn Ga no período da pandemia e refletem sobre os impactos, tanto da pandemia como das medidas de isolamento, para a vida dos Kaingang no ũri (tempo presente). Ver em: FIDELES, J. N.; GIBRAM, P. A. Modos de vida kaingang no ũri e os desafios perante a pandemia. In: PACHECO, R. *Fica na aldeia, parente*. Povos indígenas e a pandemia de covid-19. São Paulo: Primata, 2020. p. 91-114.

[5] Ver: KAINGANG, J. Povos indígenas e o coronavírus: um olhar kaingang sobre a pandemia. Boletim extraordinário *CAAF|Unifesp de enfrentamento da covid-19* – Mortos e mortes da covid-19: saberes, instituições e regulações, ed. especial, p. 4-6, 2020.

RIO GRANDE DO SUL

CHARRUA

DESCONTENTAMENTO COM DOCUMENTÁRIO NÃO É CAUSA PARA INDENIZAÇÃO, DECIDE TRF4

O Tribunal Regional Federal da 4ª Região (TRF4) manteve, no início de outubro, sentença que negou indenização por danos morais para a Comunidade Indígena Povo Charrua de Porto Alegre (RS) e para sua cacique por descontentamento com documentário que retrata a vida do povo indígena no meio urbano. O entendimento foi de que, ao contrário do argumento usado pela comunidade, o documentário não generaliza a figura do índio. *(Diário Induscom, 15/10/2018)*

CHARRUA SOBREVIVERAM "INVISÍVEIS" POR DÉCADAS

O primeiro desafio foi provar que ainda existiam. Por décadas, a história ensinou que os índios charrua foram traídos e massacrados por colonizadores europeus após anos de perseguição. Mostrar que a trajetória do grupo não acabou ali se tornou a grande luta de Acuab, primeira mulher cacica-geral do povo charrua no Rio Grande do Sul e a principal liderança da aldeia Polidoro, em Porto Alegre. *(F. Wenzel, BBC, 12/11/2018)*

GUARANI

PREFEITURA DESENVOLVE POLÍTICAS DE ATENÇÃO À SAÚDE INDÍGENA

As ações do Programa Municipal de Atenção Integral à Saúde da População Indígena visam o atendimento transversal das demandas relacionadas aos Povos Kaingang e Guarani Mbya, residentes no município. Em conjunto com a Secretaria Especial de Saúde Indígena do Ministério da Saúde, são desenvolvidas atividades de promoção, prevenção e recuperação da saúde, respeitando a cosmovisão e a Medicina Tradicional pertencentes à cultura desses povos. *(Prefeitura Municipal do Rio Grande do Sul, 09/08/2018)*

GUARANI MBYA RETOMAM ÁREA SOBREPOSTA POR FUNDAÇÃO

Cerca de 30 famílias Guarani Mbya retomaram neste final de semana uma área de ocupação tradicional no Balneário de Maquiné (RS). O território está sobreposto pelo Centro de Pesquisas do Litoral Norte da Fundação Estadual de Pesquisa Agropecuária (Fepagro) - um projeto de lei aprovado pela Assembleia Legislativa, em 21 de dezembro de 2016, extinguiu a Fundação em todo o estado. *(R.Santana, CIMI, 31/01/2017)*

BRIGADA MILITAR DESCOBRE DESMATAMENTO EM ÁREA INDÍGENA

O Comando Ambiental da Brigada Militar identificou em um sobrevoo o desmatamento em diversos pontos da área indígena do Guarita, no município de Tenente Portela. Segundo o auto de constatação lavrado pela polícia, todos os locais estavam sendo convertidos para o cultivo agrícola, em especial, a soja. Ainda foram encontradas uma área de mineração, casebres e acampamentos que, segundo informações colhidas pelo Comando Ambiental, não pertencem à população indígena. *(Correio do Povo, 16/11/2017)*

A BATALHA DE QUEM TEM NA BEIRA DA ESTRADA UM MEIO DE VIDA

Entre perímetros urbanos, instalações de empresas e cooperativas agropecuárias e lavouras, a BR-277 também passa por uma terra indígena. Nessa região, está a Terra Indígena Rio das Cobras. De acordo com o site Terras Indígenas do Brasil, mantido pelo Instituto Socioambiental (ISA), é uma área com 19 mil hectares de mata atlântica, declarada em 1984 e homologada em 1991. A população é de 3,25 mil indígenas Guarani, Guarani Mbya e Kaingang, dados de 2014. Mas já foi bem menor. Em 1989, o lugar era ocupado por 1,596 mil habitantes. *(R.Salomão, Globo Rural, 18/04/2018)*

BR-116: INDÍGENAS SÃO MORTAS POR ATROPELAMENTO

Duas irmãs Guarani Mbya - uma menina de 9 anos e uma jovem de 21 - morreram atropeladas às 6h30 desta segunda-feira (5/2), ao tentarem atravessar a BR-116, na altura do Km 318, cerca de 70 km da capital gaúcha, no município de Barra do Ribeiro.

A aldeia Guapoy faz parte de uma reserva localizada a poucos metros da pista, criada como compensação aos impactos provocados pelas obras de duplicação da BR-116, que é uma das maiores do país e muito movimentada na região, por ser canal de escoamento de produtos que passam pelo porto de Rio Grande e pela fronteira com o Uruguai. A vizinha Passo Grande está em processo de demarcação há quase uma década, desde 2009. *(C. Ávila, Cimi, 07/02/2018)*

KAINGANG

POLÍCIA INVESTIGA MORTE DE CACIQUE EM ALDEIA DE RONDA ALTA

A polícia investiga a morte de um cacique de 57 anos em Ronda Alta, no Norte do Rio Grande do Sul, na noite de segunda-feira (20). A vítima, identificada como Antônio José Mig Claudino, foi atingida por cinco tiros quando estava em um bar com outro indígena na aldeia localizada na região do Alto Recreio. *(G1, 21/03/2017)*

KAINGANG DENUNCIAM COMENTÁRIOS RACISTAS NO MPF

Indígenas do povo Kaingang denunciaram ao Ministério Público Federal (MPF), na última segunda-feira (20), agressões e insultos racistas recebidos após manifestação contra a reforma da previdência na semana passada. A mobilização dos Kaingang da Terra Indígena Campo do Meio, no Rio Grande do Sul, foi coberta pela página do Facebook de uma rádio local, que recebeu diversos comentários racistas e preconceituosos. "O que querem estes me dá me dá?" "Tinha que largar uma bomba e mada [matar] tudo"). *(T. Miotto, Cimi, 25/03/2017)*

INDÍGENAS DENUNCIAM IRREGULARIDADES E ASSÉDIO SEXUAL EM SECRETARIA

Lideranças indígenas do Rio Grande do Sul e Santa Catarina apresentaram denúncias contra dirigentes da Secretaria Especial de Saúde Indígena nesses estados, durante a reunião desta terça-feira (4) da Comissão de Direitos Humanos e Legislação Participativa. Dois dirigentes são acusados de usar indevidamente bens e recursos públicos, desmantelar as ações de saúde e de praticar assédio moral e sexual contra indígenas e servidoras públicas, com atuação nos dois estados. *(Senado, 04/07/2017)*

APÓS CONFLITO COM MORTE, FUNAI GARANTE REABERTURA DE ESCOLAS NO NORTE

Em Porto Alegre, Freitas esteve reunido nesta sexta com autoridades locais para tentar solucionar o conflito dos indígenas Kaingang em Charrua. Ele explica que, desde agosto, cerca de 400 moradores da Reserva do Ligeiro passaram a se abrigar em um ginásio da cidade depois de uma disputa interna pela liderança local, seguida de expulsão. Quase 60 casas foram queimadas e, no último domingo, um indígena de 26 anos morreu baleado. O coordenador regional da Funai, Lauriano Artico, permanece, no fim de semana, em Charrua a fim de buscar um acordo que solucione o conflito. *(Rádio Guaíba, 22/09/2017)*

INDÍGENAS RECLAMAM DE FALTA DE DEMARCAÇÃO DE TERRAS NO NORTE

Indígenas de uma reserva no Norte do Rio Grande do Sul estão mobilizados pedindo agilidade na demarcação de terras. Na semana passada, um grupo tentou invadir uma área de fazenda da Brigada Militar em Passo Fundo. *(G1, 20/02/2018)*

MINISTÉRIO PÚBLICO FEDERAL APURA AGRESSÕES A INDÍGENAS

O Ministério Público Federal (MPF) de Passo Fundo tem se dedicado a colher informações sobre uma denúncia de agressão a indígenas por parte da Brigada Militar (BM), durante ação de reintegração de posse, na manhã da quinta-feira passada. A procuradora da República Fernanda Alves de Oliveira busca descobrir se o grupo de cerca de 40 pessoas agredidas era, de fato, composto por índios kaingang e qual o local exato que estava ocupando. A denúncia é de espancamento, uso excessivo de balas de borracha e ferimento de um jovem por munição letal. *(Folha Nobre, 20/02/2018)*

FAMÍLIAS KAINGANG REALIZAM RETOMADA DE TERRA EM PASSO FUNDO

Um grupo de famílias kaingang, reunindo cerca de 60 pessoas, iniciou na manhã de sábado (12) um processo de retomada de uma área localizada entre os municípios de Passo Fundo e Carazinho, no norte do Rio Grande do Sul. As famílias vieram de acampamentos Kaingang instalados na região que vêm sofrendo repetidas ameaças e operações de despejo. No dia 15 de fevereiro deste ano, um grupo de 12 famílias kaingang foi alvo de uma violenta operação de despejo por parte da Brigada Militar, que resultou em vários feridos por balas de borracha e motivou uma nota de repúdio por parte do Conselho Indigenista Missionário (Cimi). *(M. Weissheimer, Sul21, 13/05/2018)*

CACIQUE KAINGANG LAMENTA MUDANÇAS NA FUNAI

Há quase cinco anos, Antônio dos Santos tornou-se cacique da aldeia kaingang Por Fi Gá em São Leopoldo, comunidade de 57 famílias que foram reassentadas para a área há pouco mais de uma década devido a obras da BR-386, que passavam pelo seu território anterior. Localizada no bairro Feitoria, a comunidade de oito hectares é uma das terras no Rio Grande do Sul consideradas reserva indígena pelo governo federal, a partir de demarcação realizada pela Funai. "nossa luta já estava difícil, agora ficou ainda mais". *(D. Fogliatto, Sul 21, 15/01/2019)*

"ELES QUERIAM ACABAR COMIGO", DIZ CACIQUE QUE TEVE CASA DESTRUÍDA

Com a casa destruída por um incêndio criminoso no final da tarde do sábado (19), o cacique Carlinhos Alfaiate, 52 anos, afirma que querem lhe retirar do comando à força. Na ação, 15 homens armados disparam contra a residência, renderam sua esposa mas ele conseguiu fugir. À frente do maior território destinado aos caingangue no Rio Grande do Sul desde fevereiro de 2018. *(GaúchaZH, 21/10/2019)*

CIMI E APIB RELATAM TORTURA E ASSASSINATOS NA TI SERRINHA

Famílias da Terra Indígena Serrinha (norte do Rio Grande do Sul) foram alvo de episódios de extrema violência neste sábado (16) em função de conflitos causados por processos de arrendamento de terras. As denúncias foram confirmadas pela Organização Indígena Instituto Kaingáng (INKA), a Articulação dos Povos Indígenas do Brasil (Apib), a Articulação dos Povos Indígenas do Sul (Arpinsul) e o Conselho Indigenista Missionário Regional Sul. *(N. Lacerda, Brasil de Fato, 17/10/2021)*

SANTA CATARINA

GUARANI

CANOAS SÃO QUEIMADAS E TENSÃO AUMENTA EM PALHOÇA

É cada dia mais tensa a relação entre os moradores da Enseada de Brito, em Palhoça e os índios guaranis da reserva do Morro dos Cavalos. Lideranças indígenas foram até a delegacia de polícia, nesta segunda-feira (7), denunciar atos de vandalismo ocorridos entre a última sexta-feira (4) e a madrugada de sábado (5). Canoas que eram usadas pela aldeia para pescar amanheceram queimadas. Moradores da Enseada de Brito não aceitam a demarcação das terras indígenas e acusam os índios de invasão de propriedade Os guaranis garantem que só áreas de mata foram ocupadas, conforme previsto a partir da demarcação. *(B. Maria, Notícias do Dia, 08/08/2017)*

ATAQUE À ALDEIA: POVO GUARANI DO MORRO DOS CAVALOS PEDE SOCORRO

Habitantes indígenas estão vivendo desde o início de novembro momentos de terror na aldeia Guarani do Morro dos Cavalos, situada em Palhoça, há 30 quilômetros de Florianópolis. A aldeia sofreu um novo ataque a tiros de revólver, depois de ter, no dia 2 de novembro, sofrido a máxima violência quando pessoas ainda não identificadas atacaram a mãe da cacica, Ivete de Souza, uma senhora de 59 anos, torturaram, cortaram todo o corpo a golpes de faca, deceparam uma de suas mãos e só pararam quando avaliaram, por engano que já estava morta, conforme relatam as entidades apoiadoras da luta indígena em carta aberta. *(R. Wandelli, Jornalistas livres, 20/11/2017)*

ACORDO ESTIPULA PRAZO PARA DEMARCAÇÃO DA TI YGUA PORÃ, EM BIGUAÇU

Em audiência realizada na Justiça Federal de Florianópolis, o Ministério Público Federal (MPF) firmou acordo com a Fundação Nacional do Índio (Funai) e a Advocacia Geral da União, em ação que requer a demarcação da TI Ygua Porã, em Biguaçu, em benefício da comunidade indígena Guarani. Pelo acordo, já homologado, a Funai deverá completar os estudos de campo e sua análise para o relatório de identificação até 30 de dezembro deste ano. *(MPF, 17/10/2018)*

TRF4 ANULA DEMARCAÇÕES DE TIS NO NORTE DE SANTA CATARINA

O Tribunal Regional Federal da 4ª Região (TRF4) anulou, na semana passada (30/05), a Portaria nº 2.747/2009 do Ministério da Justiça, que reconhecia e demarcava como terra indígena o aldeamento de Tarumã, localizado na região de Joinville. A 3ª Turma declarou a inexistência da posse tradicional dos índios Guarani Mbyá, que ficou comprovada com perícia antropológica. *(Âmbito Jurídico, 05/06/2017)*

STF RECONHECE PARTICIPAÇÃO DE INDÍGENAS EM PROCESSO DE DEMARCAÇÃO

O Supremo Tribunal Federal autorizou os indígenas da comunidade Guarani Mbya e Nhandeva, do Morro dos Cavalos, a ser parte no processo da Ação Cível Originária 2.323. Com isso, o STF reconhece a legalidade da demarcação da área contestada pelo Estado. Na decisão, o ministro Alexandre de Moraes avaliou que o julgamento afetará diretamente as comunidades. Com isso, os indígenas passam a integrar o processo como litisconsorte - fenômeno processual que ocorre quando uma ação judicial possui mais de uma parte originária. *(NSC Total, 14/02/2019)*

POVO GUARANI FAZ DENÚNCIA À BMW POR IMPACTOS DE FÁBRICA EM SC

Há mais de oito anos, os Guarani que vivem nas TIs Piraí, Pindoty e Tarumã, no litoral norte catarinense, enfrentam a inconveniente presença de uma montadora da BMW na vizinhança de suas aldeias. Mas, neste mês, a paciência das comunidades com a violação de seus direitos pelo grupo empresarial alemão chegou a um limite. Em uma carta enviada pela Comissão Guarani Yvyrupa (CGY) na última sexta-feira (17/12), as lideranças guarani denunciam violações a seus direitos fundamentais, humanos e ambientais e cobram a gigante do setor automobilístico pela execução do plano de compensação e mitigação de impactos da Plant Araquari. *(CGY, 23/12/2021)*

"PARA NÓS, O IMPACTO ESTÁ EM TODO LUGAR"

Esse Brasil, que o povo jurua *chama, era tudo nosso – cada espaço era lugar que a gente vive. A chegada do homem branco, começaram a pegar cada pedaço – pegaram, pegaram, pegaram, pegaram! – e o povo indígena ficou igual na gaiola. Então é assim que tá acontecendo. Vai ter muito rio, casa, remédio, tudo destruído o jurua, homem branco. Aí acaba ficando as aldeias, onde estamos agora. Em volta aqui na minha aldeia é capoeira, não tem mais mata nativa. Foi tirado tudo, a mata, o bichinho, aqui tá acontecendo aqui na região. E tá chegando na frente, em volta da aldeia. Vai afetando cada vez mais, poluição do ar, queimação de lixo, muita coisa chegando em volta da Terra Indígena. Cada vez mais carro. Não é só em Santa Catarina, várias populações indígenas, muita empresa, invasão. A gente tá enfrentando todo dia, não é uma vez só. Antigamente não aceitavam fazer demarcação de terra, porque a gente podia andar por todos os lugares. Mas governante falou: faz demarcação, pra ter limite, pra cidade não avançar, pra não ter prédio dentro da área indígena. Por isso é importante ter o limite, pra não passar o* jurua *e fazer casa dentro da tekoa. Aí* xeramoĩ *pensou: "Tá certo, é pra isso que vai ter o limite, pra ser respeitado o guarani". Mas o governante começou a mentir: ele mesmo que fez a lei, como que tem que ser respeitado, mas o próprio governante começou a mentir. Por isso estamos brigando até hoje, falando da demarcação da terra. É uma coisa séria que está acontecendo em Santa Catarina, Brasil inteiro na verdade. A demarcação de terra já foi feita pelo* Nhanderu, *não por* jurua. *Mas* jurua *começaram falar que, pra valer, tem que ter papel. Fizeram uma carta por isso: porque aqui tem uma aldeia indígena e todo mundo sabia disso. Mas não foi respeitado. Os próprios* jurua kuery *criaram uma regra e não respeitaram. Fizemos uma carta porque essa fábrica foi feita no meio das aldeias, não perto, mas no meio. Para nós, o impacto está em todo lugar. E por esse motivo é que fizemos uma carta: para sermos respeitados consultados. Mesmo uma coisa pequena, uma casa particular. Mesmo assim tem que consultar, para a gente saber que está entrando ao redor da Terra Indígena. Mas não fazem isso: nem colocam nossa terra no mapa. Tinham que fazer uma lei no estado, no município, para reconhecer isso.* Jurua *fica vermelho quando falamos isso: acham que são donos da terra, mas não são donos é nada. Se vem Tupã aqui falar com eles, não vão saber nada, nem se vai chover amanhã.* Xeramoĩ *e* xejaryi *que estão na casa de reza sabem. Por isso que nós fizemos a carta, porque sabemos como que tem que respeitar a natureza. Nossa bandeira é nossa* yvyrupa!*"* (Ronaldo Costa Karaí Tukumbo, liderança guarani da TI Piraí, Santa Catarina, 08/04/2022)

XOKLENG

MANIFESTO EM DEFESA DO POVO LAKLÃNÕ/XOKLENG CONTRA BARRAGEM NORTE

Neste momento de enorme fragilidade para milhares de pessoas do Vale do Itajaí (SC), decorrente das fortes chuvas, e consequentemente pela ameaça real de inundações, voltam a ser visíveis os impasses que envolvem a Barragem Norte e a comunidade indígena Laklãnõ/Xokleng. *(Cimi, 08/06/2017)*

ASSASSINATO DE LIDERANÇA É TRÁGICO INÍCIO PARA 2018

O ano de 2018 tem início com uma notícia brutal. Nas primeiras horas do ano novo, o professor Marcondes Namblá, do povo Xokleng, foi espancado a pauladas no município de Penha, litoral de Santa Catarina. Depois de dois dias internado, Namblá não resistiu aos ferimentos e faleceu. Ele, que era formado pela Universidade Federal de Santa Catarina, vivia na Terra Indígena Ibirama-La Klãnõ, no município de José Boiteux (SC). Namblá deixa esposa e cinco filhos. *(V. Pires, ISA, 05/01/2018)*

COMUNIDADE XOKLENG SOFRE ATENTADO A TIROS NO VALE DO ITAJAÍ

A comunidade Laklãnõ/Xokleng, situada no município de Doutor Pedrinho, no Alto Vale do Itajaí, foi vítima de um atentado a tiros na última quinta-feira (22) por um morador vizinho à TI Ibirama-Laklãnõ. O homem disparou com arma de fogo na direção de mulheres e crianças que estavam na Aldeia Bugio, uma das oito aldeias da etnia Laklãnõ/Xokleng que compõem o território. *(Maruim, 03/04/2018)*

© NE-GATXA PATTÉ

Marcondes Namblá.

REPERCUSSÃO GERAL: POVO XOKLENG MANIFESTA-SE NO STF

Em manifestação escrita ao Supremo Tribunal Federal, o povo Xokleng defende que o direito dos povos indígenas à demarcação de suas terras tradicionais é originário e, por isso, não pode ser limitado por nenhum marco temporal. As alegações dos Xokleng foram incluídas no processo do Recurso Extraordinário) 1.017.365, julgamento de repercussão geral que pode definir o futuro das demarcações de terras indígenas no Brasil. *(T. Miotto, Cimi, 11/10/2019)*

OS XOKLENG LUTAM CONTRA O MARCO TEMPORAL

População já perdeu mais de 20 mil hectares aos quais tinham direito em Santa Catarina;

decisão ficará por conta do STF. Atualmente, a luta dos índios Xokleng pela demarcação do território em que vivem chegou ao Supremo Tribunal Federal. O processo terá força de repercussão geral. Isso significa que vai afetar todas as decisões sobre demarcações de terras indígenas no país. *(TV Cultura, 29/10/2020)*

COMUNIDADE DE SC QUASE DIZIMADA É BASE PARA JULGAMENTO NO STF

No caso do território catarinense, a origem da discussão está em uma ação de reintegração de posse movida pelo Instituto de Meio Ambiente de Santa Catarina contra a comunidade. Em 2009, o governo alegou que cerca de cem indígenas invadiram um espaço da Reserva Biológica Sassafrás, em Itaiópolis, fora dos limites de 14 mil hectares destinados pelo estado aos xoklengs em 1956. *(FSP, 02/09/2021)*

KAINGANG

GRUPO KAINGANG SEGUE PRESO DOIS MESES DEPOIS DE OPERAÇÃO

Seis indígenas Kaingang completaram dois meses de prisão nesta segunda-feira, 23. São 60 dias de uma história com detenção "ilegal em massa, abuso de autoridade, violência, segregação e exposição vexatória", conforme relatório acolhido pelo Ministério Público Federal(MPF) e organizado pela Comissão de Direitos Humanos de Passo Fundo e Conselho Indigenista Missionário (Cimi). *(R. Santana,Cimi, 23/01/2017)*

MENINA INDÍGENA MORRE ATROPELADA EM CHAPECÓ

Uma menina indígena morreu atropelada na tarde desta sexta-feira (3) em Chapecó, no Oeste catarinense. A criança tinha cerca de 10 anos. Ela estava com os pais no Centro da cidade enquanto eles vendiam artesanato. *(G1, 03/02/2017)*

JUSTIÇA LIMITA NÚMERO DE INDÍGENAS QUE RECEBEM AUXÍLIO EM FLORIANÓPOLIS

Uma decisão da Justiça Federal em Santa Catarina limitou o número de indígenas que receberão auxílio da assistência social em Florianópolis. Como mostrou o Jornal do Almoço deste sábado (4), somente os 71 indígenas que já estão abrigados no Terminal do Saco dos Limões devem receber ajuda da União, do estado e do município. *(G1, 04/02/2017)*

PARANÁ

GUARANI

AVA-GUARANI RETOMAM PARTE DE ANTIGO *TEKOHA*

No último dia 26 de janeiro cerca de 10 famílias de Ava-Guarani no Oeste do Paraná, retomaram as terras de um antigo Tekoha. Infelizmente, não puderam retomar a terra em sua totalidade, porque a mesma foi parcialmente alagada pelo represamento do Rio Paraná, quando da Construção da Hidrelétrica Itaipu Binacional. *(Cimi, 14/02/2017)*

AGRONEGÓCIO E POLÍTICOS SÃO AMEAÇAS AOS AVÁ GUARANI NO PR, DIZ RELATÓRIO

Encurralados em 14 aldeias, nenhuma delas até hoje reconhecidas pela União, os Avá Guarani têm sofrido com ameaças de morte, agressões, humilhações e desonra. Relegados a condições desumanas de vida, consequência do descaso governamental e do permanente acosso dos proprietários de terras, metade das aldeias não conta com serviços básicos como

FOTOS INÉDITAS: FUNCIONÁRIOS DE ITAIPU COMEMORAM INCÊNDIO EM CASAS DE INDÍGENAS

Em uma fotografia, dois funcionários da Itaipu Binacional apertam as mãos enquanto uma casa de madeira arde em chamas altas atrás deles. Outra imagem mostra os servidores perto de uma caminhonete com a logomarca da Itaipu na porta. Um deles está escorado no veículo e olha para a câmera, como se estivesse posando. Mais uma vez, uma construção envolta em fumaça aparece ao fundo. Inéditas, as fotos revelam uma faceta praticamente desconhecida da construção da hidrelétrica: funcionários colocavam fogo em ocas de índios guarani que viviam na região de Foz do Iguaçu, no Paraná, para expulsá-los do local. As fotos, com data de julho de 1981, durante a ditadura militar, foram cedidas à Comissão da Verdade do Paraná por um ex-funcionário que se manteve no anonimato. Os servidores que posaram para a câmera pertenciam ao setor jurídico da empresa (chamado informalmente de "setor de desapropriações") e seguiam determinação da própria diretoria do órgão - eles não foram identificados pela fonte que entregou o material à Comissão da Verdade. Segundo o ex-servidor, a empresa primeiro tentava um acordo amigável para a retirada dos índios. Muitos, porém, não concordavam em deixar as terras. O procedimento seguinte era atear fogo nas ocas.O depoimento de um ex-morador do local reforçou as acusações de uso da força bruta para a expulsão dos moradores, com a participação do Instituto Nacional de Colonização e Reforma Agrária (Incra): "Apareceu assim, 'bota fogo na casa' [...] E aí, se não quis sair, aí vinha e tem que botar fogo [...] Não dizia por que tinha que sair, não falou nada não. Era só Incra, não tinha polícia". "O Incra chega aqui, expulsando a gente da terra, eles assustavam a gente, ameaçavam, mandavam embora, botando fogo nas casas, queimando nossa plantação, atiravam nossas coisas na estrada [...] Ameaçavam dar tiro na perna em quem não queria subir no caminhão para o Paraguai", disse outro morador também em depoimento à Comissão da Verdade. As comunidades foram removidas para a inundação do terreno hoje ocupado pela represa de Itaipu, com 1.350 km². Dezenas de famílias de indígenas viviam no local, desde o período das Missões, com ocas espalhadas pelas redondezas de Foz do Iguaçu. A atuação da Itaipu durante a ditadura militar teria o aval do Incra e da Fundação Nacional do Índio, a Funai. Os três órgãos, neste período, eram comandados por militares do alto escalão. "A maioria da diretoria de Itaipu era ligada ao SNI [Serviço Nacional de Informações], o órgão de inteligência do regime", diz o promotor Olympio de Sá Sotto Mayor, coordenador da Comissão da Verdade do Paraná. A Funai, inclusive, dispunha de "certidões negativas" que indicavam a inexistência de índios no local das inundações. (A. Audi, The Intercept, 12/06/2018)

água encanada ou energia elétrica. *(F. Vendrame, De Olho nos Ruralistas, 10/08/2017)*

COMUNIDADE AVÁ-GUARANI PODE SOFRER DESPEJO A PEDIDO DA ITAIPU

O Tribunal Regional Federal da 4ª Região ignorou o direito Constitucional sobre o pertencimento das terras tradicionais aos povos indígenas e assinou, nesta sexta-feira, dia 5 de outubro, a determinação para retirada das famílias Avá-Guarani que retomaram a terra registrada em nome da Binacional; Tekoha Curva Guarani. *(M. Calazans, Cimi, 05/10/2018)*

FUNAI DIVULGA ESTUDO PARA DEMARCAÇÃO DE TIS

O estudo para a demarcação de terras indígenas nos municípios de Altônia, Guaíra e Terra Roxa, foi concluído pela Fundação Nacional do Índio (Funai) e publicado na edição de segunda-feira (15) do Diário Oficial da União. A área total a ser demarcada é de aproximadamente 24 mil hectares nos três municípios para atender cerca de 1.300 índios. *(Ilustrado, 16/10/2018)*

AVÁ-GUARANI É ASSASSINADO NO OESTE DO PARANÁ E VIOLÊNCIA CRESCE

A violência contra o povo Avá-Guarani tem aumentado na região oeste do Paraná, afirmam lideranças indígenas. São agressões, ameaças e um assassinato registrado neste ano. No último dia 8 de março, Virgínio Tupa Rero Jevy Benites Avá-Guarani, de 24 anos, foi assassinado na Vila Ponte Nova, município de Diamante do Oeste. Os indígenas Lairton Vaz, de 18 anos, Felix Benites, de 20 anos, e Everton Ortiz, também de 20 anos, ficaram gravemente feridos. *(Cimi, 16/03/2020)*

PRESIDENTE DA FUNAI ANULA RELATÓRIO QUE IDENTIFICA TI

O Cimi Regional Sul vem a público repudiar e denunciar a atitude do presidente da Fundação Nacional do Índio, o delegado Marcelo Augusto Xavier da Silva, que para atender a interesses de particulares anulou o Relatório de Identificação e Delimitação que reconhecia os direitos territoriais dos Avá-Guarani do Tekoha Guasu Guavirá, municípios de Guaíra e Terra Roxa (PR).

Além de expor os Guarani a mais violência além da que o povo já vem sendo submetido, cometeu crime de prevaricação ao não defender o patrimônio público, uma vez que as terras indígenas são bens da União. A Portaria No. 418, de 17 de março de 2020, que anulou também o processo administrativo, foi publicado neste dia 26 de março no Diário Oficial da União (DOU). *(Cimi, 27/03/2020)*

POVO GUARANI SE VÊ EM UM BECO SEM SAÍDA

"A fome não é brincadeira", diz o cacique ava-guarani Inacio Martins, da aldeia Marangatu, um território onde vivem em miséria crescente mais de 200 famílias indígenas no oeste do Paraná. À espera de uma demarcação de terras que não chega – e que o governo do presidente Jair Bolsonaro (PL) prometeu não dar em nome dos interesses do agronegócio –, a comunidade de Martins está sucumbindo ao desemprego, à fome e à desesperança. A última ajuda alimentar que recebiam do governo como principal fonte de sustento deixou de chegar há três meses."Para onde vamos? Antigamente, quando o branco entrava (..), a gente corria para outro canto, mas agora não, não temos espaço", implora Martins, cuja aldeia fica espremida entre a cidade de Guaíra e a fronteira fluvial com o Paraguai. *(AFP, 25/10/2022)*

COM ROÇAS ORGÂNICAS, POVO AVÁ-GUARANI RESISTE À MONOCULTURA DA SOJA

Na roça de João Cunumi Ramos, de um hectare, vê-se uma colorida produção de milho, alface, mandioca, beterraba, banana entre outras hortaliças, frutíferas e grãos. É ali no quintal do ancião e da esposa Catalina Noceda na TI Tekoha Oco'y-Jakutinga, em São Miguel do Iguaçu, oeste paranaense, que o casal cultiva diversas espécies de plantas alimentícias há pelo menos 40 anos. A farta variedade de alimentos faz parte das cerca de 150 roças tradicionais do povo Avá-Guarani. São mais de 30 variedades de cultivares que fazem um verdadeiro contraste ao cenário de monocultura da soja, do milho e da pecuária limítrofes às tekoha Oco'y, Yva Renda, Tape Jere e Aty Mirim. *(B. D. Ramos, CGY, 01/11/2022)*

SÃO PAULO

GUARANI

INDÍGENAS RECUPERAM ALIMENTOS TRADICIONAIS, EM PARELHEIROS

Na aldeia Kalipety, localizada na Barragem, distrito de Parelheiros, as plantações de batatas estão por todos os lados, cobrem o chão, como se fosse um grande tapete. Ao todo são 20 tipos, entre elas estão a roxa e a branca. De acordo com Jera Guarani, uma das líderes locais, já foram colhidos 70 quilos, utilizados para consumo próprio das famílias.O milho que possui grãos de mais de uma cor na mesma espiga, também faz parte da lista de alimentos tradicionais recuperados na aldeia. *(F. Fernandes, Expresso Zona Sul, 19/05/2017)*

SÃO PAULO ENCURRALA OS GUARANI QUE AINDA RESISTEM NA CIDADE

No dia 21 de agosto, o Ministério da Justiça anulou a criação da reserva do Jaraguá, uma portaria assinada em maio de 2015 pelo então ministro José Eduardo Cardozo (PT) que ampliava a demarcação da terra indígena na região de 1,7 para 532 hectares (de 17.000 para 5.320.000 metros quadrados). "Inicialmente Cardozo falava que não iria demarcar para proteger a comunidade, para evitar que o Governo do Estado entrasse na Justiça. Mas nós falamos que tínhamos direito de lutar pela nossa demarcação. A ampliação da reserva não chegou a ser efetivada e os índios jamais ocuparam os mais de 500 hectares porque, como alertou Cardozo, o Governo do Estado contestou quase que imediatamente na Justiça a criação da reserva, uma vez que ela abarcava as terras do parque estadual. *(F. Betim, El País, 03/07/2017)*

GOVERNO TEMER CONDENA GUARANI POR CRIMES DO ESTADO BRASILEIRO

É injusta, discriminatória, vergonhosa e genocida a iniciativa do governo Temer, por meio do Ministro da Justiça Torquato Jardin, de anular a declaração de tradicionalidade Guarani da Terra Indígena Jaraguá, em São Paulo. Ao anular a portaria 581/15, que reconhece como de posse permanente dos Guarani uma área aproximada de 532 hectares, por meio da Portaria 683/17, publicada neste 21 de agosto, o governo Temer condena mais de 700 Guarani a viverem confinados em 1,7 hectare de terra, espaço flagrantemente insuficiente para os mesmos viverem de acordo com seus usos, costumes, crenças e tradições. *(Cimi, 22/08/2017)*

INDÍGENAS OCUPAM SEDE DA PRESIDÊNCIA NA AVENIDA PAULISTA

Indígenas do povo Guarani ocuparam na manhã desta quarta-feira, 30, o prédio da secretaria da Presidência da República, na Avenida Paulista, região central de São Paulo. Em Brasília, outro grupo acampou em frente ao Ministério da Justiça, em ação conjunta, segundo a assessoria de imprensa da Comissão Guarani Yvyrupa. O ato antecipa um protesto marcado para a tarde em frente ao Museu de Arte de São Paulo (Masp), na mesma avenida. Os manifestantes reivindicam a revogação de uma portaria do Ministério da Justiça que anulou a declaração da TI Jaraguá. A portaria 683 anulou a criação da reserva em São Paulo, criada em 2015, para ampliar para 512 hectares as terras. *(Repórter Diário, 30/08/2017)*

AMEAÇA DE TERMOELÉTRICA NA JURÉIA MOBILIZA COMUNIDADES

Trata-se do projeto Verde Atlântico Energias, da Gastrading Comercializadora de Energia S.S., de construção de um complexo para produção e distribuição de energia em Peruíbe, litoral sul de São Paulo. Os potenciais impactos da construção da usina sobre a zona costeira, Unidades de Conservação federal e Terra Indígena, além do acelerado ritmo do licenciamento ambiental, motivaram o Ministério Público Federal a abrir procedimento para investigar o projeto. *(I. Wiens, ISA, 11/09/2017)*

AMEAÇADOS DE DESPEJO, INDÍGENAS OCUPAM PICO DO JARAGUÁ

Os índios guaranis que protestam desde quarta-feira (13) contra a anulação da demarcação da terra indígena do Parque Jaraguá, em São Paulo, ocuparam a área onde ficam antenas de TV e telefonia celular. Os indígenas cobram a abertura de negociação com o governador Geraldo Alckmin, a quem responsabilizam pela anulação da demarcação da Terra Indígena Guarani, naquela área a noroeste da capital. Os cerca de 100 manifestantes que ocupam o local chegaram a ameaçar desligar os sistemas de transmissões se não forem atendidos. *(Portal Vermelho, 15/09/2017)*

GOVERNO QUER PARCERIA COM INDÍGENAS NA GESTÃO DO PES JARAGUÁ

Em reunião realizada nesta segunda-feira, 18, os secretários estaduais Maurício Brusadin, do Meio Ambiente, e Márcio Elias Rosa, da Justiça, apresentaram a líderes indígenas a proposta de criação de um grupo de trabalho para a regulamentação do uso do Parque Estadual do Jaraguá pela comunidade indígena. Na reunião, Brusadin ressaltou que não haverá concessão do parque. *(Estadão, 18/09/2017)*

ESGOTO NA BILLINGS AMEAÇA ALIMENTAÇÃO DE INDÍGENAS

Indígenas guaranis que vivem à margem da represa Billings, em São Bernardo do Campo, no ABC paulista, estão com a segurança alimentar ameaçada. Dependentes da agricultura e da pesca proveniente do braço de rio da região, em períodos de pouca chuva como o inverno, os impactos da poluição na Billings ficam mais evidentes aos povos originários. *(Rede Brasil Atual, 06/08/2019)*

RURALISTAS TENTAM IMPEDIR DEMARCAÇÃO DE TIS

A convite de aliado político de Renato Bolsonaro, secretário de Assuntos Fundiários do Ministério da Agricultura organizou audiência pública em Miracatu, no Vale do Ribeira, onde o presidente da Funai prometeu reavaliar terras indígenas. Encontro não constou na agenda oficial das autoridades. Com a eleição de Bolsonaro (PSL) - que cresceu em Eldorado, a 100 km de Miracatu -, a expectativa dos produtores locais é a de permanecerem nas terras, já que o presidente da República prometeu diversas vezes não regularizar nenhum território indígena em seu mandato. (D. Junqueira, Repórter Brasil, 12/09/2019)

IMPASSE ENTRE ÍNDIOS E CONSTRUTORA

A autorização para construir um conjunto habitacional do programa Minha Casa Minha Vida aos pés do pico do Jaraguá, na zona norte de São Paulo, criou um impasse entre índios guarani e a construtora Tenda, responsável pelo empreendimento. Duas aldeias estão a menos de 500 metros do terreno, que abriga árvores ameaçadas de extinção e ao menos um local com possível importância arqueológica. *(T. Kruse, Estado de S. Paulo, 09/03/2020)*

DÓRIA MANDA TROPA DE CHOQUE EM ÁREA INDÍGENA NO JARAGUÁ

O governador João Dória (PSDB) mandou a tropa de choque da Polícia Militar para tentar cumprir uma reintegração de posse em área próxima à comunidade guarani Jaraguá, na Zona Norte de São Paulo, na manhã desta terça-feira (10). Os Indígenas da etnia Guarani Mbya ocupam o terreno desde último dia 30 de janeiro contra um empreendimento imobiliário da empreiteira Tenda que pretende construir 11 torres de prédios com 880 apartamentos em área de preservação da Mata Atlântica ao lado de três aldeias - Ytu, Pyau e Yvy Porã. *(P. Teodoro, Revista Fórum, 10/03/2020)*

© PEDRO BIAVA, 2020

Na Ocupação Yary Ty, a Construtora Tenda planeja erguer cinco torres de prédios para cerca de 800 moradores. O projeto está suspenso pela Justiça. O empreendimento, se realizado, ficará ao lado da aldeia Ytu, na frente da aldeia Pyau e no entorno da aldeia Yvy Porã, todas integrantes da Terra Indígena Jaraguá.

COM CORONAVÍRUS, GUARANI VIVEM ISOLAMENTO EM COMUNIDADE

Nas duas terras indígenas próximas à capital paulista, a covid-19 trouxe impactos que vão além dos números: frente às orientações de isolamento social, o modo de vida tradicional guarani vem sendo desafiado Até a última quinta (4), somente dois indígenas foram deslocados para o centro de isolamento e 53 já haviam recebido alta. Desde que a pandemia chegou ao Jaraguá, no fim de abril, foram realizados 353 testes, dos quais 77 foram positivos, 170 negativos e 121 estão pendentes. Por enquanto, somente um entre os quase 600 habitantes do território precisou de internação hospitalar. Ninguém faleceu. *(V. Franco, CTI, 09/06/2020)*

PRODUÇÃO AGRÍCOLA DAS 80 ROÇAS INDÍGENAS NA MAIOR CIDADE DO BRASIL

Um estudo inédito produzido por pesquisadores guarani e técnicos do CTI mapeou a produção agrícola de seis aldeias localizadas no Sul da cidade: Kalipety, Krukutu, Tape Mirĩ, Tekoa Porã, Tenondé Porã e Yrexakã. A pesquisa foi contratada pela Prefeitura de São Paulo, por meio da Secretaria de Desenvolvimento Urbano. Segundo o levantamento, nessas aldeias, já são mais de 80 roças indígenas, dedicadas ao cultivo de 190 variedades agrícolas, e quatro em cada dez agricultores são mulheres. A retomada da agricultura tradicional guarani foi possível graças à recente dispersão territorial e à demarcação da TI Tenondé Porã, reconhecida em portaria declaratória pelo Ministério da Justiça em 2016. *(T. Carrança, BBC Brasil, 28/12/2020)*

MORRE XERAMÕI KARAI POTY

Xeramõi José Fernandes Soares, conhecido como Karai Poty, faleceu nesta sexta-feira (21), aos 80 anos, por complicações em decorrência de uma pneumonia. Importante cacique, rezador e curador do povo Guarani Mbya, foi uma das lideranças que lutou pela demarcação das terras indígenas no estado de São Paulo. *(V. Ramos, Brasil de Fato, 22/05/2021)*

INDÍGENAS DA ZONA SUL RELATAM AMEAÇAS PARA DEIXAR SUAS TERRAS

Indígenas da aldeia Kuaray Oua, na terra Tenondé Porã, em Parelheiros, na Zona Sul de São Paulo, afirmam estar recebendo ameaças desde novembro por não indígenas que dizem ter comprado um terreno na região e tentam coagir a comunidade a deixar a área. Eles relatam que já houve mais de cinco ações a mão armada no local. Em uma delas, uma casa foi destruída. Na tarde de segunda-feira (13), os invasores fizeram disparos para o alto, destruíram telhas e retiraram madeiras de uma moradia. A Comissão Guarani Yvyrupa informou que acionou o Ministério Público Federal e que já está com um processo aberto sobre o caso, logo após o ataque de 13 de dezembro. *(W. Lara, SPTV2, 21/12/2021)*

COMISSÃO GUARANI YVYRUPA REALIZA SUA 9ª ASSEMBLEIA GERAL

Encontro que marcou o fortalecimento das mulheres na organização elegeu coordenações para os próximos três anos. Reunindo cerca de 800 pessoas de comunidades guarani de todos os estados do sul e sudeste do Brasil, e lideranças do Pará e Mato Grosso do Sul, a CGY elegeu 45 lideranças à coordenação, sendo 36 coordenadoras e coordenadores regionais, doze estaduais e quatro tenondé. Uma novidade na estrutura da organização é que a assembleia geral aprovou a criação de um setor de articulação das mulheres, formado por quatro lideranças. *(R. Nakamura, T. Klein, CGY, 22/02/2022)*

JUSTIÇA OFICIALIZA POSSE DE COMUNIDADE INDÍGENA EM PRAIA GRANDE

Em uma decisão publicada no último dia 31 de agosto, a Justiça Estadual oficializou a posse da comunidade guarani sobre a área da aldeia Tekoa Mirim. Lar para mais de 20 famílias do povo Guarani Mbya, a aldeia Tekoa Mirim é reivindicada há mais de dez anos como terra de tradicional ocupação indígena, mas o processo de demarcação vinha sendo adiado repetidamente nos planejamentos anuais da Funai – e nem chegou a ser iniciado. Agora, graças à atuação da CGY, do Comitê Interaldeias e do MPF, a área de 120 hectares foi declarada como de utilidade pública, para fins de desapropriação, para mitigar impactos de um empreendimento. *(CGY, 13/09/2022)*

TUPI-GUARANI

COMUNIDADE TUPI-GUARANI CRIA GAME PARA REAVIVAR LÍNGUA NHANDEVA

Os game estão se transformando numa importante ferramenta estratégica de fortalecimento e valorização da língua Nhandeva na comunidade indígena tupi-guarani da TI Piaçaguera, em Peruíbe, litoral sul de São Paulo. Segundo a liderança indígena Antônia Cunhã Djupiá, "têm muita gente que desaprendeu, outros nunca aprenderam e agora todos podem aprender". Djupiá ressalta que o processo de retomada da língua dá mais vida e movimenta toda a população local, que tem participado ativamente das etapas de criação, construção e operacionalização das Oficinas de Games. *(W. Moraes, Funai, 04/09/2019)*

INDÍGENAS DE PERUÍBE CORREM RISCO DE PERDER TERRAS

Cerca de 600 indígenas que vivem em oito aldeias na cidade de Peruíbe (SP) estão sob a ameaça de perderem suas terras. Os indígenas tupi-guarani estavam prestes a conquistar a homologação de suas terras, quando Leão Benedito de Araújo Novaes, dono de propriedades que circundam e estão sobrepostas às aldeias, entrou com um Mandado de Segurança no STF contra o processo demarcatório. Novaes alega que os entes federativos não participaram do processo de homologação da área, conhecida como TI Piaçaguera, o que tiraria a validade jurídica da demarcação.O caso foi distribuído ao ministro Celso de Mello, do STF, que concedeu Mandado Cautelar. *(L. Sudré, Brasil de Fato, 07/06/2018)*

POVO TUPI-GUARANI CONQUISTA VITÓRIA SOBRE TI PIAÇAGUERA NO STF

Após anos de batalhas judiciais, o povo Tupi-Guarani conquistou uma importante vitória no STF no mês passado. Por unanimidade, a Corte votou pela manutenção da homologação da Terra Indígena (TI) Piaçaguera, no litoral de São Paulo. "Nós ficamos muito felizes com esta justiça que foi feita, mas sabemos que só teremos sossego de verdade quando acabarmos com a tese do marco temporal", sustenta a liderança Catarina Delfina Dos Santos, de nome indígena Nimbopyruá. *(N. Barreto, Cimi, 06/11/2020)*

A lista abaixo apresenta uma relação de 902 organizações indígenas que representa parte importante do associativismo dos povos indígenas no Brasil. Elas figuraram em notícias, ações e projetos durante o período. Longe de uma forma associativa única, a listagem evidencia a multiplicidade de formas adotadas como resposta tanto aos desafios locais – de aldeias, comunidades ou Terras Indígenas – quanto aos mais abrangentes, em âmbito regional ou nacional.
A relação completa de organizações indígenas encontra–se atualizada e disponível nos sites do programa: <https://pib.socioambiental.org> e <https://terrasindigenas.org.br/>.

•Associação Indígena da Aldeia Canoanã (Aciac) •Três Tribos Indígenas de Igarapé Cucura (3TIIC/FOIRN) •Associação Caramuru Indígena da Água Vermelha (ACIAV) •Associação Indígena Tapayuna (AIT) •Associação dos Moradores da Aldeia Acapuri de Cima (AAAC) •Associação dos Agricultores e Família da Comunidade Indígena Ticuna de Betânia (AAFCIB) •Associação dos Agricultores Indígenas Pitaguary (AAIPY) •Associação dos Agentes Indígenas de Saúde do Alto Rio Negro (AAISARN/FOIRN) •Associação dos Agricultores Terena de Taunay (AAIT) •Associação das Artesãs do Médio Içana (AAMI/FOIRN) •Associação Agroextrativista Poyanawa do Barão e Ipiranga (AAPBI) •Associação Agrária do Povo Indígena do Igarapé Lourdes (AAPIIL) •Associação Agrária do Povo Indígena de Rio Branco (AAPIRB) •Associação Arte Poranga Indígena do Rio Negro (AAPIRN/FOIRN) •Associação Agropecuária da Região Central Água Fria (AARCAF) •Associação Beneficente e Cultural dos Índios Tupinambás de Olivença (ABCITO) •Associação Beneficente Mote Kayapó (ABEMOKÁ) •Associação Bebô Xikrin do Bacajá (ABEX) •Associação Dos Bugueiros Indígenas Pataxó da Aldeia de Barra Velha (Abipa) •Associação dos Brigadistas Akwe Xerente de Prevenção e Controle as Queimadas e Combate a Incêndios Florestais (Abix) •Associação dos Baniwa do Rio Içana e Cuiari (ABRIC/FOIRN) •Associação da Comunidade dos Agricultores Indígenas do Caititu (ACAIC) •Associação Cultural e Ambientalista dos Índios Tupinambá (AÇÃO TUPINAMBÁ) •Associação Comunitária da Aldeia Rubiácea (ACAR) •Associação Comunitária dos Artesãos da Reserva Indígena de Araribá (ACARIA) •Associação Comunitária Canela (ACC) •Associação Comunitária Cocalinho (ACC) •Associação do Conselho Escolar da Pamáali (ACEP/FOIRN) •Associação Indígena Itxala Karajá (ACI) •Associação Comunidade Indígena Aturua (ACIA) •Associação Comunitária Indígena Aldeia Kondá (ACIAK) •Associação Comunitária Indígena de Araponga (ACIAR) •Associação das Comunidades Indígenas Bororó (ACIB) •Associação Comunitária Indígena Baré de Nova Esperança (ACIBANE) •Associação Comunitária Indígena de Bracuí (ACIBRA) •Associação das Comunidades Indígenas do Baixo Uaupés (Acibu) •Associação das Comunidades Indígenas e Ribeirinhas (Acir) •Associação das Comunidades Indígenas do Baixo Rio Negro (ACIBRN/FOIRN) •Associação Comunitária Indígena de Corumbauzinho (ACIC) •Associação de Comunidades Indígenas de Coari (ACIC) •Associação das Comunidades Indígenas Escola Ba'ssebó (ACIEB/FOIRN) •Associação Comunidade Indígena de Fontoura (Karajá) (ACIF) •Associação Comunitária Indígena Faxinal (ACIF) •Associação Cultural Indígena Fulni•ô (ACIF) •Associação Comunitária Indígena Francisco Rodelas (ACIFRAN) •Associação da Comunidade Indígena Gavião da Aldeia Riachinho (ACIGAR) •Associação das Comunidades Indígenas Gavião do Maranhão (ACIGM) •Associação Comunitária Indígena Guarani do Litoral Paranaense (ACIGULPA) •Associação de Culturas Indígenas do Humaitá (ACIH) •Associação Comunitária Indígena Imbú (ACII) •Associação Comunitária Indígena Aririk do Povo Krepumkateyê (ACIK) •Associação Comunitária Indígena Kaingang (ACIK) •Associação Comunitária dos Índios Kapinawá de Pernambuco (ACIKA) •Associação das Comunidades Indígenas do Médio Rio Tiquié (ACIMET/FOIRN) •Associação das Comunidades Indígenas do Médio Rio Negro (ACIMRN/FOIRN) •Associação Comunitária Indígena Mura do Rio Urubu (ACIMURU) •Associação Comunitária Indígena Oco'y (ACIOC) •Associação das Comunidades Indígenas Pataxó (ACIP) •Associação Comunitária Indígena Pataxó da Coroa Vermelha (ACIPACOVER) •Associação das Comunidades Indígenas Potyra Kapuamo (ACIPK/FOIRN) •Associação das Comunidades Indígenas e Ribeirinhas (ACIR/FOIRN) •Associação das Comunidades Indígenas do Rio Ayari (ACIRA/FOIRN) •Associação das Comunidades Indígenas do Rio Castanha (ACIRC/FOIRN) •Associação das Comunidades Indígenas do Rio Içana (ACIRI/FOIRN) •Associação das Comunidades Indígenas da Reserva Kadiwéu (ACIRK) •Agentes Ambientais Indígenas do Oiapoque (Agamin) •Associação Indígena da Etnia Tuyuka Moradores de São Gabriel da Cachoeira (Aietum) •Associação das Comunidades Indígenas do Rio Negro (ACIRNE/FOIRN) •Associação da Comunidade Indígena do Rio Preto (ACIRP/FOIRN) •Associação da Comunidade Indígena Rio Pequeno • Truká (ACIRPE) •Associação das Comunidades Indígenas do Rio Umari (ACIRU/FOIRN) •Associação Comunitária Indígena Raul Valério de Oliveira (ACIRVO) •Associação das Comunidades Indígenas do Rio Xié (ACIRX/FOIRN) •Associação da Comunidade Indígena Karajá de Santa Isabel do Morro (ACISIM) •Associação dos Caciques Indígenas de São Paulo de Olivença (ACISPO) •Associação Comunitária Indígena Timbira (ACIT) •Associação das Comunidades dos Índios Tapeba de Caucaia (ACITA) •Associação das Comunidades Indígenas de Taracuá, dos Rios Uaupés e Tiquié (ACITRUT/FOIRN) Associação dos Artesãos e Cultura Indígenas de Umariaçu (ACIU-WARE) •Associação dos Moradores da Comunidade de Vila Independente (ACIVIN) •Associação Comunidade Indígena Waimiri•Atroari (ACIWA) •Associação da Comunidade Indígena Xukuru do Ororubá (ACIXO) •Associação Comunitária Kiriri da Aldeia de Mirandela (ACKAM) •Associação Comunitária Kiriri do Saco dos Morcegos (ACKSM) •Associação Comunitária dos Índios Moradores da Aldeia Dom Bosco (ACOIMA•DB) •Associação Comunitária Indígena Pataxó do Vale do Retirinho e Imbiruçu (ACOIPAVARI) •Associação da Comunidade Juruna do Xingu do Paquiçamba (ACOJUPA) •Associação Comunitária Shanenawá de Morada Nova (ACOSMO) •Associação Comunitária dos Produtores Indígenas do Maruwai (ACPIM) •Associação Cultural dos Povos Indígenas do Médio Solimões e Afluentes (ACPIMSA) •Associação Comunitária da Aldeia Toldo (ACT) •Associação de Desenvolvimento Rural Sustentável Indígena do Mundo Novo (ADERSIM) •Associação das Escolas e Comunidades Indígenas do Povo Yuhupdeh (AECIPY) •Associação dos Educadores Indígenas do Distrito de Iauaretê (AEIDI/FOIRN) •Associação da Escola Indígena Sagrado Coração de Jesus de Taracuá (AEISCJT) •Associação da Escola Indígena Tuyuka Utapinopona (AEITU/FOIRN) •Associação da Escola Indígena Tukano Yupuri (AEITY/FOIRN) •Associação da Escola Indígena Tukano Ye'pa Mahsã (AEITYM/FOIRN) •Associação da Escola Indígena Tukano Yepá Piro Porá (AEITYPP/FOIRN) •Associação de Ecoturismo de Aldeia Velha (AEPAV) •Associação Floresta Protegida (AFP) •Associação dos Agricultores Indígenas Pataxó da Coroa Vermelha (AGIP•COVER) •Associação das Guerreiras Indígenas de Rondônia (AGIR) •Associação do Grupo Indígena Tembé do Alto Rio Guamá (AGITARGMA) •Associação Galiby Marworno (AGM) •Associação Halitinã (AHA) •Associação Habe Tsuptó (AHÃTSU) •Associação Hã Hã Hãe Indígena de Água Vermelha (AHIAV) •Associação Hawyky Iny Mahadu Aldeia JK (Ahima JK) •Associação Hopep dos Índios Trumai (AHIT) •Associação Indígena AHKO IWI (AHKO IWI) •Associação Indígena Água e Terra (AHKOIWI) •Associação Indígena Akwe (AIA) •Associação Indígena da Aldeia Curuá (AIAC) •Associação Indígena Aiha Kalapalo (AIAK) •Associação Indígena Aldeia Logoa do Manezinho (AIALM) •Associação Indígena Abemoká do Povo Kaiapó da Aldeia de Moikarakó (AIAPKAM) •Associação Indígena Apiaká Sawara do Norte do Mato Grosso (AIAS) •Associação Indígena da Aldeia Urerê (AIAU) •Associação Indígena Awo Xo'Hwara (AIAXH) •Associação Indígena Buruti (AIB) •Associação Iny Bededyynana (AIB) •Associação Indígena Baré do Alto Rio Negro • João Garrido Melgueiro (AIBARN/FOIRN) •Associação Indígena na Base Jacaré (AIBJ) •Associação Indígena do Baixo Rio Içana (AIBRI/FOIRN) •Associação Indígena Cajuiri Atravessado (AICA) •Associação Indígena Comunitária Ka' a Te (AICK) •Associação Indígena Comunitária Karapoto Terra Nova (AICKTN) •Associação Indígena Comunitária Kariri•Xokó (AICKX) •Associação Indígena Cocal (AICO) •Associação Indígena Comunitária Pau Ferro Grande dos Índios (AICPFGI) •Associação Indígena de Desenvolvimento Comunitário de Cucuí (AIDCC/FOIRN) •Associação Indígena Doa'Txatô (AIDT) •Associação Indígena da Etnia Xetá (AIEX) •Associação de Desenvolvimento Comunitário e Cultural Indígena Fulni-ô e Xixiacla (AIFX) • Associação Indígena Guarani Mboapy Pindó (AIG BOAPYPINDÓ) • Associação Indígena da Aldeia Morro da Saudade (AIGAMS) • Associação Indígena do Grupo Wpyra Swpira (AIGWS) • Associação dos Índios Irantxe (AII) • Associação Indígena de Imbiriba (AIIM) • Associação do Povo Indígena Jamaitô (AIJ) • Associação Indígena Jamaitô (AIJ) • Associação Indígena Jaepya Aradu Kariwassu Guarany (AIJAKG) • Associação Indígena Juruna Unidos da Volta Grande do Xingu (AIJUVIX) • Associação Indígena Kamayurá (AIK) • Associação Indígena Kisêdjê (AIK) • Associação Indígena Krajé (AIK) • Associação Indígena Krãnhmenhti (AIK) • Associação dos Índios Kariris - Cerealista e Armazenamento (AIK • C&A) • Associação Indígena Kanhru (AIKA) • Associação Indígena Kuruaya Aldeia Irinapane (AIKAI) • Associação dos Índios Kaiapó da Aldeia Potikrô (AIKAP) • Associação dos Povos Indígenas Kaxuyana, Kah'yana e Tunayana (AIKATUK) • Associação Indígena Kulina do Vale do Javari (Aikuvaja) • Associação Indígena Kawaip Kayabi (AIKK) • Associação Indígena Korina Juruna da Aldeia Pakissamba (AIKOJUPA) • Associação Indígena Karo Pajgap (AIKP) • Associação Indígena da Língua e Cultura Tariana do Distrito de Iauaretê (AILCTDI/FOIRN) • Associação dos Índios Moradores de Altamira (AIMA) • Associação Indígena Matipu (AIMA) • Associação Indígena Matis (Aima) • Articulação dos Povos Indígenas na Cidade de Tefé (Ainct) • Associação Indígena Maxakali Água Boa CUNAÃN (AIMABC) • Associação AIMAMN Reserva Indígena Pataxó Hã, Hã, Hãe (AIMAMN) • Associação Indígena Moygu Comunidade Ikpeng (AIMCI) • Associação Indígena Mbya Guarani de Palhoça (AIMG) • Associação Indígena Maxacali Pradinho • RAURAU (AIMPR) • Associação Indígena da Medicina Tradicional de Taracuá (AIMTT) • Associação Indígena Nukini (AIN) • Associação Indígena Nafukuá de Produtividade (AINAP) • Associação Indígena de Balaio (AINBAL/FOIRN) • Associação Indígena Nrõzawi (AINI) • Associação Indígena Nak Nenuk (AINN) • Associação Da'uk (AIP) • Associação Indígena Pahyhy'p (AIP) • Associação Indígena do Povo das Águas (Aipa) • Articulação Indígena do Povo Galibi Marworno (AIPGM) • Associação Indígena do Rio Cubate (AIRC) • Associação Indígena dos Produtores Agroextrativistas da Aldeia Miratu (AIPAAM) • Associação Indígena Pataxó Mata Medonha (AIPAMM) • Associação Indígena dos Produtores Agrícolas do Poço da Pedra (AIPAPP) • Associação Indígena do Povo Aikewara do Sororó (AIPAS) • Associação Indígena do Povo Amanaye do Sarawa (AIPASA) • Associação Indígena do Povo Assurini Trocará (AIPAT) • Associação Indígena Parkatajê Amijip Tár Kaxuwa (AIPATAK) • Associação Indígena do Povo Curuaya (AIPC) • Associação Indígena Entre Serras Pankararu (AIPES) • Associação Indígena Pyjahyry Xipaia (AIPHX) • Associação Indígena do Povo Kujubim (AIPOK) • Associação Indígena Pankararu • Pataxó (AIPPA) • Associação Indígena Reserva Biológica Eco-Turística Pataxó (AIRBEP) • Associação Indígena República Guarani Ambá Vera (AIRGAV) • Associação Indígena Rio Negro Ocaia (AIRO) • Associação Indígena Sakrepra (AIS) • Associação Indígena Sahu-Ape (AISA) • Associação Indígena Sapukuyawa Arakuni (AISA) • Associação Indígena Sateré-Mawé da Aldeia Vila Nova do Rio Andirá (AISMA) • Associação Indígena de Saúde Pública de Iauaretê (AISPI/FOIRN) • Associação Indígena Takruk (AIT) • Associação Indígena Tapawia (kawaiweté) (AIT) • Associação Indígena Tato'a (AIT) • Associação Indígena Tembiguai (AIT) • Associação Indígena Tulukai (AIT) • Associação Indígena Tapewa (AITA) • Associação Indígena Terena da Aldeia Buriti (AITAB) • Associação Indígena Tupinambá do Acuipe de Cima (AITAC) • Associação Indígena Tupiniquim de Comboios (AITC) • Associação Indígena Terena de Cachoeirinha (AITECA) • Associação Indígena Terena de Moreira (AITEMO) • Associação Indígena Terena de Passarinho (AITEPA) • Associacao Indigena Aitex (AITEX) • Associação Infotaba Indígena Fulni-ô (AITF) • Associação Indígena Tupiniquim e Guarani (AITG) • Associação Indígena Te Mempapytárkate Akrãtikateje da Montanha (AITMAM) • Associação Indígena Tsaamriwawe (AITSA) • Associação dos Índios Tupinambá da Serra do Padeiro (AITSP) • Associação Indígena Tembé de Tomé Açu (AITTA) • Associação Indígena Ulupuene (AIU) • Associação Indígena Wai Wai da Amazônia (Aiwa) • Associação Indígena Uatu (AIUA) • Associação Indígena União das Águias de Rio Preto da Eva (AIUARPE) • Associação Indígena Wãipa (AIW) • Associação Indígena Wanaki (AIW) • Associação Indígena Xerente (AIX) • Associação Indígena Xakriabá Aldeias Santa Cruz e São Domingos (AIX Santa Cruz) • Associação Indígena Xakriabá Aldeia Barreiro Preto (AIXABP) • Associação Indígena xavante da Aldeia Sagrada Família (AIXASF) • Associação Indígena Xucuru Kariri (AIXKA) • Associação de Jovens Apicultores Indígenas Xokó (AJAIXOKO) • Organização de Juventude Indígena Kaingang Nen Ga da Terra Indígena Apucaraninha (AJIKAN) • Associação dos Jovens Indígenas Nambiquaras (AJINA) • Associação Jaminawa e Jaminawa Arara da Terra Indigena Jaminawa do Igarapé Preto (AJJAIP) • Associação Katukina do Campinas (AKAC) • Associação Kaxinawá da Aldeia Formoso (AKAF) • Associação Indígena das Mulheres Apiaká, Kayabi e Munduruku (AKAMU) • Associação Indígena Xipaia e Kuruaya da Aldeia Kujubim (AKANEMA) • Associação Kaxinawá/Ashaninka do Rio Breu (AKARIB) • Associação Kaimbé Várzea (AKAVA) • Associação dos Kanamary do Vale do Javari (AKAVAJA) • Associação Kura • Bakairi (AKB) • Associação Kozarene (AKE) • Associação dos Povos Indígenas Kanoé e Kujubim (AKIKUN) • Associação Katukina do Sete Estrelas Rio Gregório (AKSERG) • Associação Kuluene Yanumaka (AKY) • Aliança para a Integração e Desenvolvimento das Comunidades Indígenas de Roraima (ALIDCIRR) • Associação da Comunidade Indígena Pataxó Hã-Hã-Hãe da Aldeia Caramuru (ALPAC) • Associação do Movimento dos Agentes Agroflorestais Indígenas do Acre (AMAAIAC) • Associação de Moradores da Aldeia Cabeceira (AMAC) • Associação das Mulheres de Assunção do Içana (AMAI/FOIRN) • Associação dos Matsés do Alto Jaquirana (AMAJA) • Associação de Moradores e Amigos do Limão Verde (AMALV) • Associação de Mulheres Indígenas Apinajé da Aldeia Mariazinha com aldeias vizinhas com o nome Maria Mary (AMAM) • Associação das Mulheres Indígenas do Alto Rio Negro (AMARN) • Associação Marubo de São Sebastião (AMAS) • Associação Memorial Ambiental Sabino (AMAS) • Associação Marubo de São Salvador (AMASS) • Associação das Mulheres Artesãs Ticuna de Bom Caminho (AMATÜ) • Associação de Mulheres da Comunidade Indígena de Feijoal Üma'tüna (AMCIFU) • Associação Manchineri de Desenvolvimento Sustentável da Aldeia Nova União (AMDES) • Associação de Moradores do Enepu (AMENEPU) • Associação das Mulheres Indígenas de São Domingos (AMI) • Associação de Mulheres Indígenas (AMI) • Associação de Moradores Indígenas de Anastácio (AMIA) • Associação de Mulheres Indígenas da Aldeia Boca da Mata (AMIABM) • Associação das Mulheres Indígenas do Alto Rio Negro (AMIARN) • Associação dos Moradores Indígenas de Atalaia do Norte (AMIATAN) • Associação das Mulheres Indígenas de Balaio (AMIBAL) • Associação das Mulheres Indígenas Baniwa (AMIBI/FOIRN) • Associação das Mulheres Indígenas de Bela Vista (AMIBV/FOIRN) • Articulação das Mulheres Indígenas do Estado do Ceará (AMICE) • Associação das Mulheres Indígenas do Centro-Oeste Paulista (AMICOP) • Associação de Mulheres Indígenas de Dourados (AMID) • Associação das Mulheres Indígenas do Distrito de Iauaretê (AMIDI/FOIRN) • Associação de mulheres indígenas do Gurupi (AMIG) • Associação das Mulheres Indígenas Jenipapo-Kanindé (AMIJK) • Associação das Mulheres Indígenas Kambeba (AMIK) • Associação de Mulheres Indígenas Karapotó (AMIK) • Associação de Moradores Indígenas Kocama de Tabatinga (AMIKCT) • Associação das Mulheres Indígenas de Maracajá (AMIM) • Associação de Mulheres Indígenas em Mutirão (AMIM) • Associação das Mulheres Indígenas do Médio Purus (AMIMP) • Associação das Mulheres Indígenas do Médio Solimões e Afluentes (AMIMSA) • Associação das Mulheres Indígenas da Região do Município de Oriximiná (Amirmo) • Associação das Mulheres Indígenas do Município de Tapauá (AMIMT) • Associação de Mulheres Indígenas da Aldeia Ipegue (AMINAI) • Associação das Mulheres Indígenas Ticuna de Porto Cordeirinho (AMIPC) • Associação de Mulheres Indígenas de Pari Cachoeira (AMIPC) • Associação das Mulheres Indígenas Pitaguary (AMIPY) • Associação das Mulheres Indígenas da Região do Município de Oriximiná (AMIRMO) • Associação das Mulheres Indígenas da Região de Taracuá (AMIRT/FOIRN) • Associação das Mulheres Indígenas Sateré Mawé (Amism) • Associação de Mulheres Indígenas do Distrito de Taracuá, Rio Uaupés e Tiquié (Amitrut) • Articulação de Mulheres Indígenas Wayana e Aparai (Amiwa) • Articulação Nacional das Mulheres Indígenas Guerreiras da Ancestralidade (Anmiga) • Associação dos Produtores e Cultura Indígena Sateré-Mawé (Apcisme) • Articulação dos Povos Indígenas do Brasil (APIB) • Associação das Mulheres Ticuna (AMIT) • Articulação das Mulheres Indígenas Tapeba (AMITA) • Associação de Mulheres Indígenas Ticuna da Comunidade de Paranapara I (AMITCP) • Associação das Mulheres Indígenas Tuxá de Ibotirama (AMITI) • Associação das Mulheres Indígenas Trabalhadoras da

Terra Grande (AMITTG) • Associação Massacará-Kaimbé (AMK) • Associação Indígena de Mulheres Rikbaktsa (AMOURIK) • Associação dos Moradores do Posto Indígena Pinhalzinho (AMPIP) • Associações dos Povos Tupi do Mato Grosso, Amapá, Pará e Maranhão (AMTAPAMA) • Associação dos Moradores da Terra Indígena Apucaraninha (AMTIAP) • Associação das Mulheres Yanomami Kumirayoma (AMY Kumirayoma) • Associação Nunerimane dos Povos Indígenas Apurinã de Rondônia (ANPIAR) • Associação Orã da Comunidade Indígena Xavante (AÖIX) • Associação dos Produtores Agroextrativistas Hunikui do Caucho (APAHC) • Associação das Mulheres Indígenas Kaxinawá Produtoras de Artesanato de Tarauacá e Jordão (APAMINKTAJ) • Associação Pataxó da Aldeia Pé do Monte (APAPEM) • Associação dos Professores Bilingues Kaingang e Guarani (APBKG) • Associação do Povo Indígena Arara • Iterap (APIA) • Associação dos Professores Indígenas do Alto Rio Negro (APIARN/FOIRN) • Associação do Povo Apurinã da Terra Indígena Itixi Mitari (APIATI) • Associação Produtiva Indígena Chiquitano (APIC) • Associação do Povo Indígena Jiahui (APIJ) • Associação do Povo Indígena Juruna do Xingu km 30 (APIJUX) • Associação do Povo Indígena Krikatêjê Amtáti (APIKA) • Associação dos Povos Indígenas do Mapuera (APIM) • Associação dos Povos Indígenas Tabajara e Tapuio-Itamaraty de Nazaré (Apin) • Associação dos Produtores Indígenas Mura de Autazes (APIMA) • Conselho das Aldeias Wajãpi (APINA) • Associação dos Povos Indígenas Nambikwara do Cerrado (APINCE) • Associação do Povo Indígena da Nação Unida Tapirapé (APINUT) • Associação dos Povos Indígenas do Oiapoque (APIO) • Associação dos Produtores Indígenas Pitaguary (APIPY) • Associação dos Povos Indígenas de Roraima (APIRR) • Associação do Povo Indígena Suruí GAMIR (APISG) • Associação dos Povos Indígenas do Sul do Pará (APISUL) • Associação do Povo Indígena Torá (APIT) • Associação do Povo Indígena Tenharim Morõgwitá (APITEM) • Associação dos Povos Indígenas Tiriyó, Kaxuyana e Txikuyana (Apitikatxi) • Associação dos Povos Indígenas Tenharim do Iguarapé Preto (APITIPRE) • Associação dos Povos Indígenas Trombetas-Mapuera (Apitma) • Associação dos Povos Indígenas do Tocantins (APITO) • Associação dos Povos Indígenas da Terra de São Marcos (APITSM) • Associação dos Povos Indígenas do Tumucumaque (APITU) • Associação do Povo Indígena Wai-Wai (Apiw) • Associação dos Povos Indígenas Waiana e Aparay (Apiwa) • Associação dos Povos Indígenas Wajãpi do Triângulo do Amapari (Apiwata) • Associação Ashaninka do Rio Amônia (APIWTXA) • Associação do Povo Indígena Wai Wai Xaary (APIWX) • Articulação dos Povos Indígenas do Amapá e Norte do Pará (Apoianp) • Articulação dos Povos e Organizações Indígenas do Nordeste, Minas Gerais e Espírito Santo (Apoinme) • Associação dos Produtores Indígenas da Aldeia Água Branca (Aproab) • Articulação dos Povos Indígenas da Região Sudeste (Arpinsudeste) • Articulação dos Povos Indígenas da Região Sul (Arpinsul) • Associação do Povo Indígena Zoró Pangyjej (APIZ) • Associação do Povo Karitiana Akot Pytim Adnipa (APK) • Associação de Produtores Kaxinawa da Aldeia Nova Fronteira (APKANF) • Associação de Produção Leiteira e Agrícola da Aldeia Lalima (APLAAI) • Associação de Pais e Mestres da Escola Pólo Municipal 1º Grau Guarani Kaiowá (APM) • Associação de Pais e Mestres Índia Francisca da Silva Macuxi (APM) • Associação de Pais e Mestres Nossa Senhora da Glória (APM) • Associação de Pais e Mestres das Aldeias Nova, Rio Vermelho e Bacuri (APM • NRVB) • Associação de Pais e Mestres de Assunção do Içana (APMAI/FOIRN) • Associação de Pais e Mestres Comunitários (APMC) • Associação de Pais, Mestres e Comunitários da Escola Tariana de Iauaretê (APMET) • Associação de Pais e Mestre Guajajara Arymy (APMGA) • Associação de Pescadores e Moradores Indígenas de Bujigão (APMIB) • Associação de Pais e Mestres Indígenas Guajajara (APMIG) • Associação de Pais e Mestres Indígenas Guajajara do PIN Bacurizinho (APMIGPB) • Associação de Pais e Mestres Indígenas Werekena do Rio Xié (APMIWARX/FOIRN) • Associação de Pais e Mestres Tentenhar Ka'apor (APMK) • Associação Povo e Organização Indígena Tapirapé (APOIT) • Associação de Pais e Professores - Aldeia Palmeirinha (APP) • Associação de Pais e Professores do Povo Indígena Amondawa (APP AMONDAWA) • Associação dos Pequenos Produtores Indígenas Haliti (APPIH) • Associação Indígena dos Pescadores e Produtores Rurais Tuxá (APPITU) • Associação dos Pequenos Produtores Rurais Indígenas Kariri de Barreiras (APPRIKB) • Associação dos Produtores Rurais Indígenas do Distrito de Iauaretê (APRIDI/FOIRN) • Associação dos Produtores Indígenas de Nova Vida (APROINV) • Associação dos Produtores Kaxinawá da Aldeia Paroá (APROKAP) • Associação dos Produtores Rurais da Maloca da Anta (APROMA) • Associação dos Professores Terena de Miranda (APROTEM) • Associação do Povo Shawadawa do Igarapé Humaitá (APSIH) • Associação de Proteção Social Indígena e Recuperação Ecológica (APSIRE) • Associação Indígena do povo Timbira na Terra Indígena Governador (APTTIG) • Associação do Povo Ye'Kuana do Brasil (APYB) • Associação Renascer em Apoio à Cultura Indígena (ARACI) • Associação de Agricultores Rurais da Comunidade Indígena Tikuna de Nova Vila (ARCITNV) • Associação de Resistência Indígena Arara do Maia (ARIAM) • Associação Regional Indígena do Baixo São Marcos (ARIBA) • Associação do Povo Indígena Xipaya da Aldeia Tukamã (ARIKAFÚ) • Associação Regional Indígena do Rio Kinô, Cotingo e Monte Roraima (ARIKON) • Associação dos Rizicultores Indígenas Truká (ARITRUKA) • Associação Recreativa Terena de Aquidauana (ARTA) • Associação dos Artesãos e Manejadores Indígenas Apurinã (ASAMIA) • Associação de Apoio a Saúde e Educação no Vale do Javari (ASASEVAJA) • Associação de Saúde das Comunidades Indígenas do Município de Arame (ASCIA) • Associação Comunitária Indígena dos Pescadores e Pescadoras Kariri Xocó (ASCIPPKX) • Associação Cultural de Realizadores Indígenas (Ascuri) • Associação da Comunidade Umutina (ASCUM) • Associação Sociocultural Yawanawá (ASCY) • Associação de Desenvolvimento Comunitário do Povo Indígena Marubo do Rio Curuçá (ASDEC) • Associação da Escola Khumunu Wuu Kotiria (ASEKK/FOIRN) • Associação Indígena da Ilha da Tapera (ASIINT) • Associação Indígena Sagarana (ASINSAG) • Associação Indígena Pataxó da Aldeia Velha (ASIPAV) • Associação de Saúde Indígena Pyhcopcatiji do Maranhão (ASIPI) • Associação do Povo Indígena Rikbaktsa (ASIRIK) • Associação Indígena Xavante Norõ Tsu'ra (ASIXNOR) • Associação dos Seringueiros Kaxinawá do Rio Jordão (ASKARJ) • Associação da Comunidade Yaminawá do Alto Acre (ASKOYAC) • Associação Pariwawi A'uwe (ASPA) • Associação dos Seringueiros, Agricultores e Artesãos Kaxinawá de Novo Olinda (ASPAKNO) • Associação do Povo Ashaninka do Rio Envira (ASPARE) • Associação dos Produtores e Criadores Kaxinawá da Praia do Carapanã (ASPCKPC) • Associação Pataxó de Ecoturismo (ASPECTUR) • Associação dos Povos Indígenas do Rio Humaitá (ASPIRH) • Associação do Povo Deni do rio Xeruã (ASPODEX) • Associação do Povo Tâkuna do Rio Xeruã (ASPOTAX) • Associação dos Amigos do Baixadão da Aldeia Ipegue (ASSAB) • Associação dos Artesãos Indígenas de São Gabriel da Cachoeira (Assai) • Associação do Povo Indígena Cinta Larga Eterepuya (ASSEP) • Associação Indígena Arara Unidos da Volta Grande do Xingu (ASSINAUXIN) • Associação Indígena Zavidjaj Djiguhr (Assiza) • Associação Terra Indígena Apiaka • Kayabi Aldeia Figueirinha (ATIAK) • Associação dos Trabalhadores Indígenas do Distrito de Iauaretê (ATIDI/FOIRN) • Associação Nova Vida dos Índios Atikum de Rodelas - BA (ATIKUM) • Associação Terra Indígena Xingu (Atix) • Coletivo Ambientalista Indígena de Ação para Natureza, Agroecologia e Sustentabilidade Casa de Cultura Karajá (Caianas) • Associação das Tribos Indígenas do Alto Rio Tiquié (ATRIART/FOIRN) • Aty Guasu (ATY) • Associação da União das Comunidades Indígenas do Rio Tiquié (AUCIRT) • Associação União Sociedade Pajé (AUSP) • Associação Vida Nova na Floresta (AVNF) • Associação Wajãpi Terra Ambiente e Cultura (AWATAC) • Associação Xavante Etenhiritipa (AXE) • Associação Xavante de Pimentel Barbosa (AXPB) • Associação Yawalapiti Awapá (AYA) • Associação Yudjá Mïratü da Volta Grande do Xingu (AYMÏX) • Associação Yamurikumã das Mulheres Xinguanas (AYMXI) • Cooperativa Agroextrativista Ashaninka do Rio Amonea (AYÕPARE) • Associação Ybytyra Porang Tupinambá (AYPT) • Associação Yanomami do Rio Cauaburis e Afluentes (AYRCA) • Coordenadoria das Associações Baniwa e Coripaco (CABC/FOIRN) • Associação de Mulheres Indígenas da Aldeia Nazário - Etnia Kambiwá - Canto Bonito (CABOAMAN) • Cooperativa Agrícola da Comunidade Indígena de Betânia (CACIB) • Coordenadoria das Associações Indígenas do Alto Rio Negro • Xié (CAIARNX/FOIRN) • Coordenadoria das Associações Indígenas do Médio e Baixo Rio Negro (CAIMBRN/FOIRN) • Conselho de Articulação Indígena do Povo Pitaguary (CAINPY) • Associação da Comunidade Aldeia Marajaí do Povo Mayoruna (CAM) • Casa da Medicina Tradicional Xakriabá (CAMETXA) • Cooperativa Agromineral de Pari Cachoeira (CAPC) • Conselho de Articulação do Povo Guarani do Rio Grande do Sul (CAPG) • Consórcio Agropecuário Indígena Tuxá Rodelas (CARITU) • Conselho Comunidade Indígena Kaxixó (CCIK) • Coordenação da

Comissão dos Caciques e Lideranças Indígenas da Terra Indígena Araribóia (CCOCALITIA) • Conselho de Caciques dos Povos Indígenas do Oiapoque (CCPIO) • Centro de Cultura dos Povos Wayana e Aparai (CCPWA) • Conselho Deliberativo da Escola Estadual Indígena Kura Bakairi (CDCE) • Conselho Deliberativo da Comunidade Escolar da Escola Indígena Estadual Tapi'itãwa (CDCE TAPI'ITÃWA) • Conselho Delberativo da Comunidade Escolar Indígena Cinta Larga de Aripuanã (CDCEICL) • Casa do Estudante Autóctone do Rio Negro (CEARN) • Centro de Etnodesenvolvimento Indígena Kaipîta/Contão (CEIKAC) • Centro de Estudos de Revitalização da Cultura Indígena (CERCI/FOIRN) • Cacique Escolar do Rio Içana e Cuiarí (CERIC/FOIRN) • Conselho Geral dos Povos Hixkaryana (CGPH) • Conselho Geral da Tribo Sateré--Mawé (CGTSM) • Conselho Geral da Tribo Tikuna (CGTT) • Comissão Guarani Yvyrupa (CGY) • Associação da Comunidade Bororó de Meruri (CIBAE) • Conselho Indígena Estadual do Paraná (CIEP) • Centro Indígena de Formação e Cultura Raposa Serra do Sol (CIFCRSS) • CIM Conselho Indígena Mura (CIM) • Comissão dos Índios do Japurá (CIJA) • Conselho Indígena Munduruku do Alto Tapajós (CIMAT) • Conselho Indígena Munduruku de Belterra (CIMB) • Centro Indígena de Estudos e Pesquisas (CINEP) • Comunidades Indígenas de Pari-Cachoeira (CIPAC/FOIRN) • Círculo de Pais e Mestres Escola Estadual (Indígena) Apolinário Gimenes (CIPAMESAG) • Conselho dos Índios Pataxó do Alto das Posses (CIPAP) • Conselho Indígena Pep' Cahiyc Krikati (CIPK) • Conselho Indígena de Roraima (CIR) • Conselho Indígena dos rios Tapajós e Arapiuns (CITA) • Conselho Indígena Tremembé de Almofala (CITA) • Conselho Indígena Tupinambá do Baixo Tapajós Amazônia (CITUPI) • Conselho Indígena do Vale do Javari (Civaja) • Conselho Dos Índios Tremembé do Córrego Das Telhas (CITCT) • Coordenação das Organizações e Articulações dos Povos Indígenas do Maranhão (COAPIMA) • Coordenação das Organizações Indígenas da Amazônia Brasileira (Coiab) • Coordenadoria das Organizações Indígenas do Distrito de Iauaretê (Coidi) • Comissão de Juventude Indígena de Pernambuco (Cojipe) • Cooperativa Agrícola e de Alimentos Indígenas (COAPYGUA) • Centro Organizacional da Cultura Tradicional da Etnia Kaiowá de Dourados (COCTEKD) • Centro de Organização das Escolas Pankararu (COEP) • Confederação das Organizações Indígenas do Amazonas (COIAM) • Coordenação de Apoio aos Índios Kokama (COIAMA) • Coordenadoria das Organizações Indígenas do Distrito de Iauaretê (COIDI/FOIRN) • Comitê Intertribal de Mulheres Indígenas em Alagoas (COIMI) • Conselho Indígena da Terra Cobra Grande (COINTECOG) • Conselho Comunitário Indígena Pitaguary de Maracanaú (COIPY) • Conselho Indígena Pitaguary de Monguba (COIPYM) • Coordenadoria das Organizações Indígenas do Rio Tiquié, Baixo Uaupés e Afluentes (COITUA/FOIRN) • Centro de Organizacao do Povo Kawaiwete (COK) • Cooperativa Mista Agroextrativista dos Povos Tradicionais do Médio Rio Negro (COMAGEPT) • Conselho de Mulheres Indígenas Potiguara da Paraiba (COMIP) • Conselho das Organizações Indígenas do Povo Javaé da Ilha do Bananal (CONJABA) • Cooperativa Agropecuária União dos Indígenas (Cooaguin) • Ba • Y Cooperativa Kayapó de Produtos da Floresta (COOBA • Y) • Cooperativa de Habitação Indígena da Região Sul (COOPIRS) • Cooperativa Agroextrativista Yawanawá (COOPYAWA) • Cooperativa de Agricultores Indígenas Tupiniquim e Guarani de Aracruz/ES (COOPYGUA) • Conselho dos Povos Indígenas de Jutaí (Copiju) • Coordenação dos Povos Indígenas de Manaus e Entorno (Copime) • Conselho dos Professores Indígenas do Alto Rio Negro (COPIARN/FOIRN) • Coordenação das Organizações dos Povos Indígenas no Ceará (COPICE) • Conselho do Povo Indígena Ingarikó (COPING) • Conselho dos Professores Indígenas Pitaguary (COPIPY) • Conselho de Professores Indígenas Xucuru de Ororubá (COPIXO) • Centro de Preservação Cultural e Medicina Tradicional dos Umukorimahsã (CPCMTU/FOIRN) • Consórcio dos Produtores Sateré Mawé (CPSM) • Conselho Regional das Tribos Indígenas do Alto Rio Tiquie (CRETIART) • WII (antiga Coitua) Coordenadoria das Organizações Indígenas do rio Tiquié, Uaupés e Afluentes (DIA) • Associação do Povo Indígena Aruá e Makurap (DOATXATÔ) • Escola Indígena Baniwa e Coripaco Pamáali (EIBC/FOIRN) • Associação Indígena Vila Nova (EPAT) • Federação dos Povos Indígenas do Pará (Fepipa) • Federação dos Povos e Organizações Indígenas do Mato Grosso (FEPOIMT) • Federação Indígena das Nações Pataxó e Tupinambá do Extremo Sul da Bahia (FINPAT) • Federação das Organizações e dos Caciques e Comunidades Indígenas da Tribo Ticuna (FOCCITT) • Federação das Organizações e Comunidades Indígenas do Médio Purus (FOCIMP) • Federação das Organizações Indígenas do Rio Negro (FOIRN) • Associação Metareilá do Povo Indígena Suruí (GAMEBEY) • Associação Garah Pãmeh do Povo Kabaney Paiter Suruí do Noroeste de Mato Grosso e Rondônia (GAPOY) • Grupo Indígena Dzubucuá (GID) • Hwenama Associação dos Povos Yanomami de Roraima (HAPYR) • Hutukara Associação Yanomami (HAY) • Associação das Mulheres Indígenas Parkatêjê (HITOTI) • Instituto Babaty Xavante de Iro'Órãpe (IBAXI) • Instituto de Desenvolvimento e Assistência à Saúde e à Sociedade Indígena (IDASSI) • Instituto de Desenvolvimento das Tradições Indígenas (IDETI) • Instituto de Defesa do Meio Ambiente Indígena (IDMAI) • Instituto Etno-Ambiental e Multicultural Aldeia Verde (IEAMAV) • Instituto de Educação e Cultura Indígena (IECUI) • Instituto de Educação de Jovens e Adultos para a Cidadania (IEJAC) • Instituto Kenourukware Kayapó (IKKA) • Iny Mahadu Coordenação (IMC) • Instituto Kaingang (INKA) • Instituto Krehawa (INKRE) • Instituto de Pesquisa Etno Ambiental do Xingu (IPEAX) • Instituto Raoni (IR) • Associação Irarú-Mahadú do Baixo Araguaia (Irarú • Mahadú) • Instituto Teribre (IT) • Associação do Povo Indígena Uru-Eu-Wau-Wau (JUPAU) • Associação Kaapor Ta Hury do Rio Gurupi (KAAPORTARUPI) • Associação do Povo da Floresta Kaban-ey Suruí (KABAN) • Associação Indígena Kàkàrekre de Defesa do Povo Xikrin do Djudjekoe (KAKAREKRE) • Associação Indígena Pikatoti Kamokro-re (KAMOKRO • RE) • Associação Keonpura do Povo Indígena Sakirabiar (KEONPURA) • Associação de Produtores Indígenas (KEREPO) • Associação Comunitária Indígena Krepum'kateyê (KREPUM KATEYÊ) • Organização Indígena do Xingu (KUARUP) • Associação Yanomami do Rio Marauiá e do Rio Preto (KURIKAMA) • Museu Maguta • Centro de Documentação e Pesquisa do Alto Solimões (MAGUTA) • Instituto Indígena Maiwu de Estudos e Pesquisa de Mato Grosso (MAIWU) • Associação Comunidade Indígena Mãkraré (MÃKRARÉ) • Associação das Mulheres Indígenas (MAPANA) • Manxinerune Ptohi Kajpaha Hajene • Organização do Povo Indígena Manchineri (MAPKAHA) • Associação Indígena Mbaiapo Ywyty Guaçu (MBAIAPO) • Movimento Indígena das Mulheres do Alto São Marcos (MIMASM) • Organização dos Agentes de Saúde Sateré-Mawé dos rios Marau e Urupadi (MOMUPE) • Mobilização dos Povos Indígenas do Cerrado (MOPIC) • Movimento Unido dos Povos e Organizações Indígenas da Bahia (Mupoiba) • Manxinerine Ywptowaka (MY) • Namunkurá Associação Xavante (NAX) • Associação dos Índios Apurinã de Rondônia (NUNERIMANÊ) • Organização de Agricultores e Extrativistas Yawanawa do Rio Gregório (OAEYRG) • Organização dos Agricultores Kaxinawá na Terra Indígena Colônia 27 (OAKATI 27) • Organização das Aldeias Marubo do Rio Ituí (OAMI) • Organização Comunitária Agroextrativistas Jaminawa (OCAEJ) • Organização das Comunidades Indígenas Apurinã de Camadení (OCIAC) • Organização das Comunidades Indígenas do Alto Rio Negro (OCIARN/FOIRN) • Organização das Mulheres Indígenas de Roraima (OMIR) • Organização das Comunidades Indígenas de Assunção do Içana (OCIDAI/FOIRN) • Organização da Comunidade Indígena Feijoal (OCIF) • Organização das Comunidades Indígenas Kaxarari (OCIK) • Organização das Comunidades Indígenas Kaixana da Amazônia (OCIKAM) • Organização de Desenvolvimento e Sustentabilidade Econômica para os Povos Indígenas (ODESPI) • Organização da Educação Indígena Xacriabá (OEIX) • Organização Geral dos Caciques das Comunidades Indígenas do Povo Cocama (OGCCIPC) • Organização Geral dos Mayoruna (OGM) • Organização Geral das Mulheres Indígenas Tikuna do Alto Solimões (OGMITAS) • Organização Indígena Aldeia Ktepo Xerente (OIAKX) • Organização Indígena Abhuwawe Xavante (OIAX) • Organização Indígena da Bacia do Içana (OIBI/FOIRN) • Organização Indígena de Bela Vista (OIBV/FOIRN) • Organização Indígena Coripaco do Alto Rio Içana (OICAI/FOIRN) • Organização Indígena do Centro Iauaretê (OICI/FOIRN) • Organização Indígena para o Desenvolvimento Sustentável (OIDS/FOIRN) • Organização Indígena Mura do Município de Novo Aripuanã e Borba (OIMNB) • Organização Indígena Pataxó da Aldeia Muã Mimatxi (OIPAMMI) • Organização Indígena Tronco Velho Pankararu (OITVP) • Organização dos Jovens Indígenas Potiguara do Estado da Paraíba (OJIPPB) • Organização Mbyá Guarani (OMG) • Organização das Mulheres Indígenas Katukina da Aldeia Samaúma (OMIKASA) • Organização das Mulheres Indígenas do Rio Urubu (OMINRU) • Organização das Mulheres Indígenas Xucuru Kariri (OMIXUK) • Organização das Nações Indígenas do Alto Papuri (ONIARP/FOIRN) • Organização das Nações Indígenas do Médio Rio Papuri (ONIMRP/FOIRN) • Organização dos Povos Indígenas Apurinã e Jamamadi (Opiaj) • Organização dos Povos Indígenas Apurinã e Jamamadi de Boca do Acre Amazonas (OPIAJABAM) • Organização dos Povos Indígenas do Alto Madeira (OPIAM) • Organização dos Povos Indígenas Huni Kuin do Alto Rio Purus (OPIHARP) • Organização dos Professores Indígenas Mura (OPIM) • Organização dos Professores Indígenas do Oiapoque (OPIMO) • Organização dos Povos Indígenas do Médio Purus (OPIMP) • Organização dos Povos Indígenas do Acre, Sul do Amazonas e Noroeste de Rondônia (OPIN) • Organização dos Professores Indígenas Potiguara do Estado da Paraíba (OPIP) • Organização do Povo Indígena Parintintin do Amazonas (OPIPAM) • Organização dos Povos Indígenas de Roraima (OPIR) • Organização dos Povos Indígenas do Rio Envira (OPIRE) • Organização dos Povos Indígenas do Rio Juruá (OPIRJ) • Organização dos Povos Indígenas de Rondônia, Noroeste do Mato Grosso e Sul do Amazonas (OPIROMA) • Organização dos Professores Indígenas de Roraima (OPIRR) • Organização dos Professores Indígenas Sateré Mawé dos Rios Andirá e Waikurapá (OPISMA) • Organização dos Povos Indígenas do Rio Tarauacá (OPITAR) • Organização dos Povos Indígenas de Tarauacá e Rio Jordão (OPITARJ) • Organização dos Povos Indígenas Torá, Tenharim, Apurinã, Mura, Parintintin e Pirahã (OPITTAMPP) • Organização dos Povos Indígenas Xavante (OPIX) • Organização dos Professores Indígenas de Mato Grosso (OPRIMT) • Organização dos Professores Indígenas do Ceará (OPRINCE) • Organização Torü Maü Y Meu (OTMM) • Associação Fórum das Organizações do Povo Paiter Suruí de Rondônia (PAITEREY) • Associação Pamaré do Povo Cinta Larga (PAMARÉ) • Associação Pamaur de Proteção aos Povos Indígenas Payter-Yter de Rondônia (PAMAUR) • Organização das Associações Indígenas de Ji-Paraná (PANDEREJ) • Coordenação das Organizações Indígenas do Povo Cinta Larga (PATJAMAAJ) • Associação do Povo Indígena Kanoé (POROROKA) • Programa de Desenvolvimento Sustentável da Nova Esperança (PRONESP) • Associação do Povo Indígena Amondawa (Puruen Amondawa) • Sindicato dos Agricultores Indígenas de Iauaretê (SAI) • Sociedade Indígena Tremembé Córrego João Pereira (SITCJP) • Organização de Mulheres Indígenas do Acre, Sul do Amazonas e Noroeste de Rondônia (SITOAKORE) • Associação Indígena Tato'a (Tato'a) • União das Mulheres Indígenas da Amazônia Brasileira (Umiab) • União dos Povos Indígenas do Médio Solimões e Afluentes (Unipi • MSA) • União Xerente Smizawi (SMIZAWI) • Sociedade de Defesa dos Índios Unidos de Roraima (SODIUR) • Associação Soenama do Povo Paiter Surui (Soenama) • Organização de Mulheres Indígenas (TAKINA) • Associação Indígena Pin Tanajura (TANAJURA) • Associação Texoli (TANER) • Organização dos Tuísas Sateré-Mawé dos rios Marau e Urupadi (TUMUPE) • Sociedade para o Desenvolvimento Comunitário e Qualidade Ambiental (TWM) • União das Comunidades Indígenas do Distrito de Iauaretê (UCIDI/FOIRN) • Conselho Diretor da Comunidade Escolar Xinui Myky (UEX) • Associação Ugorogmo • Associação do Povo Indígena Arara (UGOROGMO) • União das Mulheres Artesãs Indígenas do Médio Rio Negro (UMAI/FOIRN) • União das Mulheres Indígenas do Rio Ayari (UMIRA/FOIRN) • União das Nações Indígenas de Tefé (UNI-TEFÉ) • União das Nações Indígenas Baniwa (UNIB/FOIRN) • União das Nações Indígenas do Baixo Içana (UNIBI/FOIRN) • União das Nações Indígenas do Distrito de Iauaretê (UNIDI/FOIRN) • Conselho Indígena UNIKPBT (UNIKPBT) • União dos Povos Indígenas do Médio Solimões e Afluentes (UNIPI-MSA) • União das Nações Indígenas do Rio Tiquié (UNIRT/FOIRN) • União das Nações Indígenas do Rio Uaupés Acima (UNIRVA/FOIRN) • União dos Povos Indígenas do Vale do Javari (UNIVAJA) • União Indígena Xerente (UNIX) • União dos Povos Indígenas de Coari e Médio Solimões (UPICMS) • União dos Povos Indígenas Sateré Mawé e Munduruku (UPISMM) • Wariró Casa de Produtos Indígenas do Rio Negro (WARIRÓ/FOIRN) • Organização dos Professores Indígenas Sateré-Mawé dos Rios Marau e Urupadi (WOMUPE) • Associação Wyty-Catë das Comunidades Timbira do Maranhão e Tocantins (WYTY-CATË) • Instituto Yukamaniru de Apoio as Mulheres Indígenas Bakairi (YUKAMANIRU) • Abytucu Apoika • Raízes do Povo Karipuna • APP Pamakobav'a • Associação Agrícola Indígena de Linha João Veloso • Associação Aldeia Caracol • Índios Karitianas • Associação Aliança dos Povos do Roncador • Associação Apanjekra • Associação Arari • Associação Área Indígena Bacurizinho • Associação Artístico Cultural Nhandeva • Associação Aulukumã do Alto Xingu • Associação A'uwê Uptabi • Associação Bepranti • Associação Comunitária da Aldeia Bugio • Associação Comunitária da Aldeia Indígena Mayrob • Associação Comunitária Guajajara da Terra Indígena Lagoa Comprida Ascalwa, Aldeia Leite do Município Jenipapo dos Vieiras • Associação Comunitária Indígena Awa Kuza • Associação Comunitária Indígena Bonsucesso Kariri-Xocó • Associação Comunitária Indígena da Aldeia Novo Zutiwa • Associação Comunitária Indígena de Icatu • Associação Comunitária Indígena Guarani • Associação Comunitária Indígena Guarani • Posto Indígena Araribá • Associação Comunitária Indígena Guarani (PR) • Associação Comunitária Indígena Guarani Tjero Mirim Ba'E Kuai • Associação Comunitária Indígena Kiriri Santo André da Marcação • Associação Comunitária Indígena Lagoa Cabeça de Boi • Associação Comunitária Indígena Tumbalalá da Aldeia Salgado • Associação Comunitária Indígena Wôokrô • Associação Comunitária Kiriri Santa Cruz Aldeia Cajazeira • Associação Comunitária Nova Jerusalém • Associação Comunitária Pankararé • Associação Cultural Indígena Kapot Jarina • Associação da Aldeia Waritaxi Regional Indígena Norte da Ilha • Associação da Casa de Cultura e Artesanal das Mulheres Indígenas da Aldeia Zutiua • Associação da Comunidade Bororo da Aldeia Kudorojari Sangradouro • Associação da Comunidade Bororo Piebaga • Togokur • Associação da Comunidade Indígena Pataxó da Aldeia Barra Velha • Associação das Comunidades Indígenas Mbya-guarani de Palhoça SC • Associação das Mulheres da Aldeia Bananal • Associação das Mulheres Indigenas Apinajé Sahtonh da Aldeia São José e Aldeias vizinhas do Município Tocantinópolis • Tocantins • Associação das Mulheres Indígenas da Aldeia Água Branca • Associação das Mulheres Indígenas de Palmas • Paraná • Associação das Mulheres Indígenas Tekoa Narai • Associação das Mulheres Pataxó • Associação das Parteiras Tradicionais Indígenas Potiguara • Associação de Moradores da Aldeia Ynn Moroti Wherá • Associação de Moradores Indígenas do Olho D'Agua • Associação de Mulheres Indígenas Kozej • Associação de Mulheres Indígenas Tingui Botó • Associação de Mulheres Munduruku Wakoborun • Associação de Pais e Mestres • Associação de Pais e Mestres da Escola Estadual Indígena Índio Manoel Barbosa • Associação de Pais e Mestres da Escola Indígena Mbo'eroy Guarani Kaiowá • Associação de Pais e Mestres • Escola Ngeiwano • Comunidade Vila Betânia • Associação de Pais e Mestres Indígena Krikati • Associação de Produtores Rurais e Pescadores Indígenas Tumbalala da Aldeia de Missão Velha de Curaçá • BA • Associação de Saúde das Sociedades Indígenas de Grajaú • Associação de Saúde das Sociedades Indígenas de Jenipapo dos Vieiras • Maranhão • Associação de Saúde e Desenvolvimento dos Povos Indígenas - Katuipej • Associação do Povo Indígena Kaapor do Rio Gurupi • Associação do Povo Indígena Kayapó da Aldeia Kararaô • Associação do Povo Indígena Tembé • Associação do Povo Jaminawá Arara • Associação dos Agentes de Saúde Indígena Sateré-Mawé dos Rios Andira e Uaicurapa • Associação dos Artesãos Indígenas Potiguara do Estado da Paraíba • Associação dos Estudantes de Feijoal • Associação dos Índios da Tribo Tuxá dos Pequenos Agricultores de Rodelas • Associação dos Índios Tupi Guarani Awá Nimbonjeredjú • Associação dos Moradores da Aldeia de Ipege • Associação dos Povos Indígenas do Rio Guaporé • Associação dos Povos Indígenas Karipuna • Associação dos Povos Indígenas Shanenawa da Aldeia Shanekaya • Associação dos Produtores Indígenas Guarani e Kaiowá de Caarapó • Associação dos Produtores Rurais da Tribo Tuxá • Associação dos Produtores Rurais de Argola • Associação dos Seringueiros do Rio Jordão Suruí • Associação Enumaniá (Aweti) • Associação Esporte Clube Canarinho • Associação Etnoambiental Beija • Flor • Associação Gãbgir do Povo Indígena Paiter Suruí • Associação Gapey • Associação Grupo Cultural Indígena Fetxha • Associação Guarani Nhe'e Porã • Associação Guarani Pavê Nhembaéapo • Associação Guarani Tenondé Porã • Associação Hahi de Mulheres Krahô • Associação Hankrägani de Produtores Ofaié • Associação Hotxwa Companhia Ihken • Associação Indígena Agroartes de Produção Agropecuária e Artesanato • Associação Indígena Ahãtsupto Ahãtsu • Associação Indígena Ahira (Mehinako) • Associação Indígena Ahukugi (Afukuri) • Associação Indígena Apinajé Pyka Méx • Associação Indígena Asurini Awaete • Associação Indígena Awkeré • Associação Indígena Borari de Alter do Chão • Associação Indígena Comunidade Kantaruré • Batido • Associação Indígena Comunitária Fowa Pypny-Sô • Associação Indígena Comunitária Wirazu dos Índios Guajajara das Aldeias Maçaranduba, Santa Rita, Canaa, Nova Vida e Caru II • Associação Indígena da Aldeia Wassu Cocal • Associação Indígena Dace • Associação Indígena das Ceramistas Kinikinawa • Associação Indígena das Mulheres Xokó da Comunidade Ilha de São Pedro • Associação Indígena de Produtos Orgânicos Sustentável • Associação Indígena do Povo Kotiria - Aipok • Associação Indígena dos

sociação Indígena Gara Perewepid Paiter Linha 09 • Associação indígena Gavião Kyikateje Amtati • Associação Indígena Guarani Jekupe Ambá • Associação Indígena Guateká • Associação Indígena Himerese • Associação Indígena Inxecatti • Associação Indígena Janderuhã ha Ka'a rehe • Associação Indígena Kariri • Xocó • Associação Indígena Krenak • Associação Indígena Kurupsare • Associação Indígena Kuxware Warhye Gavião • Associação Indígena Mandacaru • Associação Indígena Marãiwatsede • Associação Indígena Moxi • Associação Indígena Myky Waypjatapja Mananukje'y • Associação Indígena Myrená • Associação Indígena Nakrerré • Associação Indígena Nambikwara Mamaindê • Associação Indígena Oyah Thwudia • Associação Indígena Pa'hi Impej • Associação Indígena Pankararu • Associação Indígena Porekrô de Defesa do Povo Xikrin do Cateté • Associação Indígena Praki-ô • Associação Indígena Puxarará do Estado de Mato Grosso do Sul • Associação Indígena Santo André • Associação Indígena Sempre Unida • Associação Indígena Tapyjyn • Associação Indígena Terena de Lalima • Associação Indígena Terena dos Apicultores da Aldeia Água Branca • Associação Indígena Toldo Campinas • Associação Indígena Tuto Pombo • Associação Indígena Umutina Otoparé • Associação Indígena Wari-LyTy • Associação Indígena Waykihu • Associação Indígena Wuyxaximã • Associação Indígena Xacriabá Aldeias Sumaré/Peruaçu • Associação Indígena Xakriabá • Associação Indígena Xakriabá Aldeia Tenda • Associação Indígena Xakriabá Barra do Sumaré • Associação Indígena Xavante da Aldeia Tanguro • Associação Indígena Yukapkataw do Povo Arara • Associação Iprenre de Defesa do Povo Mebengnokré • Associação Jakui • Associação Jupaú • Associação Kaky • Associação Kantaruré da Aldeia Batida • Associação Kolimacê • Associação Korogedo Parukegeweu • Associação Krinduré • Associação Krinhinuré Apinajé • Associação Mãos Unidas • Associação Massaká dos Povos Indígenas Aikanã, Latundê e Kwasá • Associação Mista Cacique Procópio Sarapó • Associação Mista Comunaty • Associação Mulheres Companheiras da Aldeia Lagoa do Mato • Associação Mundo Indígena • Associação Ngonh-Rôrôk-Kre • Associação Norte Mato Grossense Cinta Larga • Associação One Tiholazere • Associação Pahi Impej Apinajé • Associação Paikuara • Associação Pais e Mestres da Aldeia Barata • Associação Panará Iakiô • Associação Pemo • Associação Pemp-Kahoc • Associação Pequizal do Naruvoto • Associação Pyngraiti • Associação Rural Comunitária Manoel Domingos de Farias • Associação Sociocultural Varinawa • Associação Tangurinho • Associação União das Aldeias Apinajé - PEMPXÀ • Associação Unidos Venceremos • Associação Waklitsu • Associação Wamiri do Povo Xavante da Aldeia Sucuri • Associação Watoholy • Associação Waymaré • Associação Wiraju • Associação Wokran Krahô • Associação Xavante Bo u • Associação Xavante Warã • Associação Yarikayu • Associação Yemâriri • Associação Ytaok Terra Indígena Kayabi • Centro das Plantas Medicinais Olawatawa • Centro de Memória • Aldeia São Joaquim • Círculo de Pais e Mestres da Escola Estadual Indígena de Ensino Fundamental Antônio Kasin Mig • Clube de Mães FAG • SI • Comunidade Pinhalzinho • Coletivo de Mulheres Indígenas Suraras do Tapajós • Coletivo Mulheres Indígenas Fortes da Guarita • Comissão dos Professores Indígenas Guarani e Kaiowá do Mato Grosso do Sul • Comunidade Indígena Kaingang da Terra Indígena Mococa • Comunidade Indígena Kaingang da Terra Indígena Queimadas • Comunidade Kanamari do Rio Juruá • Comunidade Kulina do Médio Juruá • Conselho de Administração da Comunidade de Iny • Conselho Escolar da Escola de 1º Grau Caieira Velha • Conselho Escolar da Escola Estadual Indígena do Ensino Fundamental e Médio Pedro Poti • Cooperativa de Habitação, Produção e Serviços da Reserva Indígena Pataxós • Coroa Vermelha • Educadores Indígenas Tupiniquim e Guarani • Federação dos Povos e Organizações Indígenas do Ceará • Federação dos Povos Indígenas Kayapó • Grupo Cultural Goj Ki Pyn • Grupo de Trabalho de Pequenos Lavouristas de Argola • Guerreiras da Floresta / Tenetehar Kuzá Gwer Wá • Instituto Florestal Yabner Suruí • Instituto Kabu • Instituto Munduruku • Instituto Sócio Ecológico Sucuruá • Museu dos Povos Indígenas do Oiapoque • Kuahí • Núcleo de Mulheres Sapú Borari • Organização do Povo Manchineri do Rio Iaco • Organização Indígena Associada do Médio Tiquié • Organização Indígena da Aldeia Guarani Aguapeú • Organização Indígena Fulni-ô • Organização Indígena Portal do Xingu • Organização Oro Wari • Organização Tumune Xe Exaxapa Terenoé • Organização Xakriabá Morro Vermelho de São João das Missões • Tadarimana Tadawuge Etno-Associação • Toré Forte Associação Cultural Indígena Potiguara • União das Aldeias Krahô • Kapey • Warã Instituto Indígena Brasileiro • Yvy Kuraxô • Coração da Terra • Vereniging van Inheemse Dorpshoofden in Suriname

ABA Associação Brasileira de Antropologia **Abex** Associação Bebô Xikrin do Bacajá **Abralin** Associação Brasileira de Linguística **Abrasco** Associação Brasileira de Saúde Coletiva **AC** Acre **Aciac** Associação Indígena da Aldeia Canoanã **Acibra** Associação Comunitária Indígena Bracuí **Acibu** Associação das Comunidades Indígenas do Baixo Uaupés **Acir** Associação das Comunidades Indígenas e Ribeirinhas **Acirk** Associação das Comunidades Indígenas da Reserva Kadiwéu **ACJ** Associação dos Comunitários que Trabalham com Desenvolvimento Sustentável no Município de Jutaí **ACO** Ação Cível Ordinária **ACP** Ação Civil Pública ACT Brasil Amazon Conservation Team Brasil **ACWA** Associação Comunitária Waimiri Atroari **ADA** Área Diretamente Afetada **ADI** Ação Direta de Inconstitucionalidade **ADPF** Arguição de Descumprimento de Preceito Fundamental **AFP** Associação Floresta Protegida **Agamin** Agentes Ambientais Indígenas do Oiapoque **AGU** Advocacia-Geral da União **AHY** Associação Hanaiti Yomomo **AIC** Arte Indígena Contemporânea **AID** Área de Influência Direta **Aietum** Associação Indígena da Etnia Tuyuka Moradores de São Gabriel da Cachoeira **Aikatuk** Associação Indígena Kaxuyana, Tunayana e Kahyana **Aikuvaja** Associação Indígena Kulina do Vale do Javari **Aima** Agente Indígena de Manejo Ambiental **Aima** Associação Indígena Matis **Ainct** Articulação dos Povos Indígenas na Cidade de Tefé **Aipa** Associação Indígena do Povo das Águas **AIPGM** Articulação Indígena do Povo Galibi Marworno **AIRC** Associação Indígena do Rio Cubate **AIS** Agente Indígena de Saúde **Aisa** Associação Indígena Sapukuyawá Arakuni **AIT** Associação Indígena Tulukai **AITC** Associação Indígena Tupiniquim de Comboios **AITG** Associação Indígena Tupiniquim e Guarani **AIU** Associação Indígena Ulupuene **Aiwa** Associação Indígena Wai Wai da Amazônia **Akavaja** Associação Kanamary do Vale do Javari **AL** Alagoas **Alem** Associação Linguística Evangélica Missionária **AM** Amazonas **Amaaiac** Associação do Movimento dos Agentes Agroflorestais Indígenas do Acre **Amaja** Associação Mayoruna do Alto Jaquirana **Amarn** Associação de Mulheres Indígenas do Alto Rio Negro **Amas** Associação Marubo de São Sebastião **Amim** Associação das Mulheres Indígenas em Mutirão **Amimsa** Associação das Mulheres Indígenas do Médio Solimões e Afluentes **Amirmo** Associação das Mulheres Indígenas da Região do Município de Oriximiná **Amism** Associação das Mulheres Indígenas Sateré Mawé **Amitrut** Associação de Mulheres Indígenas do Distrito de Taracuá, Rio Uaupés e Tiquié **Amiwa** Articulação de Mulheres Indígenas Wayana e Aparai **Amyk** Associação das Mulheres Kumirãyõma **Aneel** Agência Nacional de Energia Elétrica **ANM** Agência Nacional de Mineração **Anmiga** Articulação Nacional das Mulheres Indígenas Guerreiras da Ancestralidade **Ansef** Associação Nacional dos Servidores da Funai **Antaq** Agência Nacional de Transportes Aquaviários **ANTT** Agência Nacional de Transporte Terrestre **AP** Amapá **APA** Área de Proteção Ambiental **APA** Associação Portuguesa de Antropologia **Apat** Associação Progressista Txuiri **Apãwa** Associação do Povo Ãwa Apcisme Associação dos Produtores e Cultura Indígena Sateré-Mawé **Apib** Articulação dos Povos Indígenas do Brasil **Apim** Associação dos Povos Indígenas do Mapuera **Apin** Associação dos Povos Indígenas Tabajara e Tapuio-Itamaraty de Nazaré **Apina** Conselho das Aldeias Wajãpi **Apisu** Associação dos Povos Pró-Índio do Sangue de Uruçuí **Apitikatxi** Associação dos Povos Indígenas Tiriyó, Kaxuyana e Txikuyana **Apitma** Associação dos Povos Indígenas Trombetas-Mapuera **APITSM** Associação dos Povos Indígenas da Terra de São Marcos **Apiw** Associação do Povo Indígena Wai-Wai **Apiwa** Associação dos Povos Indígenas Waiana e Aparay **Apiwata** Associação dos Povos Indígenas Wajãpi do Triângulo do Amapari **Apiwtxa** Associação Ashaninka do Rio Amônia **APIWX** Associação do Povo Indígena Wai Wai Xaary **APMPRVBJR** Associação de Pequenos e Médios Produtores Rurais da Vicinal Bom Jardim e Região **Apoianp** Articulação dos Povos Indígenas do Amapá e Norte do Pará **Apoinme** Articulação dos Povos e Organizações Indígenas do Nordeste, Minas Gerais e Espírito Santo **APP** Área de Preservação Permanente **Aproab** Associação dos Produtores Indígenas da Aldeia Água Branca **Aprub** Associação dos Produtores Rurais de Brasnorte **Arpin** Articulação dos Povos Indígenas **Arpinsudeste** Articulação dos Povos Indígenas da Região Sudeste **Arpinsul** Articulação dos Povos Indígenas da Região Sul **ARSX** Associação Rede de Sementes do Xingu **Asamav** Associação de Apoio ao Desenvolvimento Sustentável Social e à Preservação da Cultura Sateré-Mawé do rio Andirá **Ascuri** Associação Cultural de Realizadores Indígenas **Ascy** Associação Sociocultural Yawanawá **Asdec** Associação de Desenvolvimento Comunitário do Alto Rio Curuçá **Aspodex** Associação do Povo Deni do rio Xeruã **Aspotax** Associação do Povo Tâkuna do Rio Xeruã **Asproc** Associação dos Produtores Rurais de Carauari **Assai** Associação dos Artesãos Indígenas de São Gabriel da Cachoeira **Atix** Associação Terra Indígena Xingu **ATL** Acampamento Terra Livre **Awatac** Associação Wajãpi Terra, Ambiente e Cultura **Aymara** Associação Aymara **Ayrca** Associação dos Yanomami do Rio Cauaburis e Afluentes **BA** Bahia **Bape** Base de Proteção Etnoambiental **BBC** British Broadcasting Corporation **BNDES** Banco Nacional de Desenvolvimento Econômico e Social **Cafod** Catholic Agency For Overseas Development (Agência Católica para o Desenvolvimento no Exterior) **Caianas** Coletivo Ambientalista Indígena de Ação para Natureza, Agroecologia e Sustentabilidade Casa de Cultura Karajá **CAIARNX** Coordenadoria das Associações Indígenas do Alto Rio Negro e Xié **CAIMBRN** Coordenadoria das Associações Indígenas do Médio e Baixo Rio Negro **Capes** Coordenação de Aperfeiçoamento de Pessoal de Nível Superior **CAR** Cadastro Ambiental Rural **Casai** Casa de Saúde Indígena **CCBB** Centro Cultural Banco do Brasil **CCC** Conta de Consumo de Combustíveis **CCJ** Comissão de Constituição e Justiça **CCPIO** Conselho dos Caciques dos Povos Indígenas do Oiapoque **CCR** Câmara de Coordenação e Revisão do MPF **CDB** Convenção sobre Diversidade Biológica **CDE** Conta de Desenvolvimento Energético **CDN** Conselho de Defesa Nacional **CE** Ceará Ceapi Conselho Estadual de Articulação de Políticas Públicas para os Povos Indígenas do Maranhão **CEB** Câmara de Educação Básica CEBs Comunidades Eclesiais de Base **Cecav/Ibama** Centro Nacional de Estudo, Proteção e Manejo de Cavernas **Cecs** Consórcio Energético Cruzeiro do Sul **Cepin** Conselho Estadual dos Povos Indígenas **CEstA/USP** Centro de Estudos Ameríndios **CF** Constituição Federal **CGGAM/Funai** Coordenação-Geral de Gestão Ambiental **CGHs** Centrais Geradoras Hidrelétricas **CGID/Funai** Coordenação-Geral de Identificação e Delimitação **CGII/Funai** Coordenação-Geral de Índios Isolados **CGIIRC/Funai** Coordenação-Geral de Índios Isolados e de Recente Contato **CGPH** Conselho Geral dos Povos Hexkaryana **CGTSM** Conselho Geral da Tribo Sateré-Mawé **CGU** Controladoria-Geral da União **CGY** Comissão Guarani Yvyrupa **Chesf** Companhia Hidro Elétrica do São Francisco **CI-PBA** Componente Indígena do Plano Básico Ambiental **CIDH** Comissão Interamericana de Direitos Humanos **CIFCRSS** Centro Indígena de Formação e Cultura Raposa Serra do Sol **CIM** Conselho Indígena Mura **Cimi** Conselho Indigenista Missionário **Cinterr** Conselho Indígena do Território de Roraima **CIR** Conselho Indígena de Roraima **Cita** Conselho Indígena dos rios Tapajós e Arapiuns **Citupi** Conselho Indígena Tupinambá do Baixo Tapajós Amazônia **Civaja** Conselho Indígena do Vale do Javari **CMA** Comando Militar da Amazônia **CNA** Confederação Nacional da Agricultura e Pecuária do Brasil **CNDH** Conselho Nacional de Direitos Humanos **CNE** Conselho Nacional de Educação **CNJ** Conselho Nacional de Justiça **CNPI** Conselho Nacional de Política Indigenista **CNPJ** Cadastro Nacional de Pessoa Jurídica **CNPq** Conselho Nacional de Desenvolvimento Científico e Tecnológico **CNRS** Centre National de la Recherche Scientifique (Centro Nacional de Pesquisa Científica) **CNSA** Cadastro Nacional dos Sítios Arqueológicos **CNV** Comissão Nacional da Verdade **CO_2** Dióxido de Carbono **Coapima** Coordenação das Organizações e Articulações dos Povos Indígenas do Maranhão **Coepi** Comissão Estadual de Articulação de Políticas Públicas para os Povos Indígenas do Maranhão **Coiab** Coordenação das Organizações Indígenas da Amazônia Brasileira **Coidi** Coordenadoria das Organizações Indígenas do Distrito de Iauaretê **Cojipe** Comissão de Juventude Indígena de Pernambuco **Comin** Conselho de Missão entre Povos Indígenas **Conab** Companhia Nacional de Abastecimento **Conaq** Coordenação Nacional de Articulação de Quilombos **Condisi** Conselho Distrital de Saúde Indígena **Condisi-YY** Conselho Distrital de Saúde Indígena Yanomami e Ye'kuana **Conerh** Conselho Estadual de Recursos Hídricos **Conjaba** Conselho das Organizações Indígenas do Povo Javaé da Ilha do Bananal **Consema** Conselho Estadual de Meio Ambiente **Coopyawa** Cooperativa Agroextrativista Yawanawá **Coopyguá** Cooperativa de Agricultores Indígenas Tupiniquim e Guarani de Aracruz **COP** Conferência das Partes **COP25** Conferência do Clima das Nações Unidas em Madri **COP26** Conferência do Clima das Nações Unidas em Glasgow **COP27** Conferência do Clima das Nações Unidas no Egito **Copiju** Conselho dos Povos Indígenas de Jutaí **Copime** Coordenação dos Povos Indígenas de Manaus e Entorno **Covid-19** Corona Virus Disease 2019 **CPF**

Cadastro da Pessoa Física **CPI** Climate Policy Iniciative **CPI** Comissão Parlamentar de Inquérito **CPI** Comissão Pró-Índio **CPI-Acre** Comissão Pró-Índio do Acre **CPRM** Companhia de Pesquisa de Recursos Minerais **CPSM** Consórcio de Produtores Sateré-Mawé **CPT** Comissão Pastoral da Terra **CR/Funai** Coordenação Regional **CRI** Cartório de Registro de Imóveis **CSR/UFMG** Centro de Sensoriamento Remoto **CT-IPCT** Câmara Técnica Indígena e Povos e Comunidades Tradicionais **CTI** Centro de Trabalho Indigenista **CTL/Funai** Coordenação Técnica Local **Dadpi** Declaração Americana sobre os Direitos dos Povos Indígenas **DEM** Democratas **Deter** Sistema de Detecção do Desmatamento em Tempo Real (Inpe) **Devida** Comissão Nacional para o Desenvolvimento e Vida sem Drogas do Peru **DF** Distrito Federal **DIA WII** (antiga Coitua) Coordenadoria das Organizações Indígenas do rio Tiquié, Uaupés e Afluentes **Dnit** Departamento Nacional de Infraestrutura de Transportes **DNPM** Departamento Nacional de Produção Mineral **Dnudpi** Declaração das Nações Unidas sobre os Direitos dos Povos Indígenas **DOU** Diário Oficial da União **DPE** Defensoria Pública do Estado **DPT/Funai** Diretoria de Proteção Territorial **DPU** Defensoria Pública da União **Dsei** Distrito Sanitário Especial Indígena **Dsei-Y** Distrito Sanitário Especial Indígena Yanomami **EB** Exército Brasileiro **ECI** Estudo do Componente Indígena **EDF** Environmental Defense Fund (Fundo de Defesa Ambiental) **EDS** Expedicionários da Saúde **EIA/Rima** Estudo de Impacto Ambiental e Relatório de Impacto Ambiental **Embratur** Instituto Brasileiro de Turismo **EPE** Empresa de Pesquisa Energética **EPI** Equipamento de Proteção Individual **EPL** Empresa de Planejamento e Logística **ERN** Embaixada Real da Noruega **ES** Espírito Santo **Esfi** Estratégia de Saúde da Família Indígena **ETC** Estação de Transbordo de Carga **EUA** Estados Unidos da América **EVU** Equipe de Vigilância da Univaja **Faep** Federação da Agricultura do Estado do Paraná **FAM** Fundo Amazônia **Fapesp** Fundação de Amparo à Pesquisa do Estado de São Paulo **Farsul** Federação da Agricultura do Rio Grande do Sul **FAZ** Fundo de Artesanato Zo'é **FBDH** Fundo Brasil de Direitos Humanos **FC** Frente de Contato **FCM** Frente de Contato Madeirinha **Febrageo** Federação Brasileira de Geólogos **Fenamad** Federación Nativa del Río Madre de Dios y Afluentes **Fepipa** Federação dos Povos Indígenas do Pará **Fepoimt** Federação dos Povos e Organizações Indígenas do Mato Grosso **FGV** Fundação Getúlio Vargas **Fico** Ferrovia de Integração Centro-Oeste **Fiocruz** Fundação Oswaldo Cruz **FIRN** Fundo Indígena do Rio Negro **Flona** Floresta Nacional **Focimp** Federação das Organizações e Comunidades Indígenas do Médio Purus **Foirn** Federação das Organizações Indígenas do Rio Negro **FPA** Frente Parlamentar da Agropecuária **FPE** Frente de Proteção Etnoambiental **FPEAG** Frente de Proteção Etnoambiental Awa Guajá **FPEC** Frente de Proteção Etnoambiental Cuminapanema **FPEMJ** Frente de Proteção Etnoambiental Madeirinha-Juruena **FPEMX** Frente de Proteção Etnoambiental do Médio Xingu **FPEU** Frente de Proteção Etnoambiental Uru-Eu-Wau-Wau **FPEWA** Frente de Proteção Etnoambiental Waimiri Atroari **FPEYY** Frente de Proteção Etnoambiental Yanomami e Ye'kuana **FSP** Folha de S.Paulo **Funai** Fundação Nacional do Índio / Fundação Nacional dos Povos Indígenas (a partir de 2023) **Funarte** Fundação Nacional de Artes **Funasa** Fundação Nacional de Saúde **FVS** Fundação de Vigilância em Saúde **Gati** Projeto Gestão Ambiental e Territorial Indígena **GBS** Giordano-Bruno-Stiftung **GO** Goiás **GPS** Global Positioning System (Sistema de Posicionamento Global) **GPVIT** Grupo de Proteção e Vigilância Territorial **Grin** Guarda Rural Indígena **GSI** Gabinete de Segurança Institucional da Presidência da República **GT** Grupo de Trabalho **GW** Gigawatt **Ha** Hectare **HAY** Hutukara Associação Yanomami **HGR** Hospital Geral de Roraima **HGuSGC** Hospital de Guarnição de São Gabriel da Cachoeira **Hwenama** Associação dos Povos Yanomami de Roraima **Ibama** Instituto Brasileiro do Meio Ambiente e dos Recursos Naturais Renováveis **IBGE** Instituto Brasileiro de Geografia e Estatística **Ibram** Instituto Brasileiro de Mineração **ICMBio** Instituto Chico Mendes de Conservação da Biodiversidade **ICMS** Imposto sobre Circulação de Mercadorias e Serviços **ICV** Instituto Centro de Vida **Idam** Instituto de Desenvolvimento Agropecuário e Florestal Sustentável do Estado do Amazonas **IDSM** Instituto de Desenvolvimento Sustentável Mamirauá **IEB** Instituto Internacional de Educação do Brasil **Iema** Instituto de Energia e Meio Ambiente **Iepé** Instituto de Pesquisa e Formação Indígena **Ifam** Instituto Federal do Amazonas **Ifap** Instituto Federal do Amapá **IFPI** Instituto Federal do Piauí **IFRS** Instituto Federal do Rio Grande do Sul **IGc/USP** Instituto de Geociências **IHB** Instituto Homem Brasileiro **IK** Instituto Kabu **IML** Instituto Médico Legal **IMS** Instituto Moreira Salles **IN** Instrução Normativa **INA** Indigenistas Associados **Incra** Instituto Nacional de Colonização e Reforma Agrária **Inecit** Instituto Ecológico e Cultura Indígena do Tocantins **Inesc** Instituto de Estudos Socioeconômicos **Inpa** Instituto Nacional de Pesquisas da Amazônia **Inpe** Instituto Nacional de Pesquisas Espaciais **Inpi** Instituto Nacional de Propriedade Industrial **Interpi** Instituto de Terras do Piauí **Ipam** Instituto de Pesquisa Ambiental da Amazônia **Ipaam** Instituto de Proteção Ambiental do Amazonas **IPCC** Painel Intergovernamental para Mudanças Climáticas **Iphan** Instituto do Patrimônio Histórico e Artístico Nacional **Ipri** Indigenous Peoples Rights International **IR** Instituto Raoni **ISA** Instituto Socioambiental **ISPN** Instituto Sociedade, População e Natureza **JFMT** Justiça Federal em Mato Grosso **Kg** Quilograma **Km** Quilômetro **Kurikama** Associação Yanomami do Rio Marauiá e do Rio Preto **LAW** Livre Academia do Wará **LGBT** Lésbicas, Gays, Bissexuais e Transgênero **Lisa/USP** Laboratório de Imagem e Som em Antropologia **LpT** Programa Luz para Todos **MA** Maranhão **MAB** Movimento dos Atingidos por Barragens **MAE** Museu de Arqueologia e Etnologia **Mapa** Ministério da Agricultura, Pecuária e Abastecimento **Masp** Museu de Arte de São Paulo **MDB** Movimento Democrático Brasileiro **MEC** Ministério da Educação **MG** Minas Gerais **MJ** Ministério da Justiça **MJSP** Ministério da Justiça e Segurança Pública **MMA** Ministério do Meio Ambiente **MMIA** Movimento Munduruku Ipereğ Ay□ **MMY** Movimento das Mulheres Yarang **MNI** Mobilização Nacional Indígena **MNO** Mídia Nativa On **MNTB** Missão Novas Tribos do Brasil **Momupe** Associação dos Agentes de Saúde dos rios Marau e Urupadi **MP** Medida Provisória **MPE** Ministério Público Estadual **MPEG** Museu Paraense Emílio Goeldi **MPF** Ministério Público Federal **MPT** Ministério Público do Trabalho **MS** Mato Grosso do Sul **MS** Ministério da Saúde **MSF** Médicos Sem Fronteiras **MT** Mato Grosso **MtC** Milhões de Toneladas de Carbono **Mupoiba** Movimento Unido dos Povos e Organizações Indígenas da Bahia **MW** Megawatt **Nadzoeri** (antiga CABC) Organização Baniwa e Koripako **NCI** Natureza e Cultura Internacional **NDI** Núcleo de Direitos Indígenas **NDP** Nationale Democratische Partij (Partido Democrático Nacional) **Nepo/Unicamp** Núcleo de Estudos de População "Elza Berquó" **Nimos** National Instituut voor Milieu en Ontwikkeling in Suriname (Instituto Nacional de Meio Ambiente e Desenvolvimento no Suriname) **NSF** National Science Foundation **OAB** Ordem dos Advogados do Brasil **OADPAM** Organização de Articulação do Desenvolvimento dos Paumari e Apurinã do Marahã **Oami** Organização das Aldeias Marubo do Rio Ituí **OAEYRG** Organização de Agricultores e Extrativistas Yawanawá do Rio Gregório Ocidai Organização das Comunidades Indígenas de Assunção do Içana **OEA** Organização dos Estados Americanos **Oesp** O Estado de S. Paulo **OGM** Organização Geral dos Mayoruna **OIS** Organisatie van Inheemsen in Suriname (Organização dos Povos Indígenas do Suriname) **OIT** Organização Internacional do Trabalho **Omir** Organização das Mulheres Indígenas de Roraima **OMS** Organização Mundial da Saúde **ONG** Organização Não Governamental **ONTL** Observatório Nacional de Transporte e Logística **ONU** Organização das Nações Unidas **Opan** Operação Amazônia Nativa **OPI** Observatório dos Direitos Humanos dos Povos Indígenas Isolados e de Recente Contato **Opia**j Organização dos Povos Indígenas Apurinã e Jamamadi **Opiam** Organização dos Povos Indígenas do Alto Madeira **Opipam** Organização do Povo Indígena Parintintin do Amazonas **Opisma** Organização dos Professores Indígenas Sateré-Mawé dos rios Andirá e Waikurapá **PA** Pará **PA** Projeto de Assentamento **PAC** Programa de Aceleração do Crescimento **Pacto** Programa Avá-Canoeiro do Tocantins **PAD** Projeto de Assentamento Dirigido **PAE** Projeto de Assentamento Agroextrativista **Parfor** Plano Nacional de Formação dos Professores da Educação Básica **Parna** Parque Nacional PB Paraíba **PBA** Plano Básico Ambiental **PCdoB** Partido Comunista do Brasil **PCH** Pequena Central Hidrelétrica **PDL** Projeto de Decreto Legislativo **PDT** Partido Democrático Trabalhista **PE** Pernambuco **PEC** Proposta de Emenda à Constituição **PES** Parque Estadual PET Petição **PF** Polícia Federal **PGR** Procuradoria-Geral da República PGTA Plano de Gestão Territorial e Ambiental **PI** Piauí **PI** Posto Indígena **PIB** Produto Interno Bruto **PIIRC** Povos Indígenas Isolados e de Recente Contato **PIN** Plano de Integração Nacional **PIX** Parque Indígena do Xingu **PL** Partido Liberal **PL**

Projeto de Lei **PLC** Projeto de Lei de Conversão **PM** Polícia Militar **PMDB** Partido do Movimento Democrático Brasileiro **PNGATI** Política Nacional de Gestão Territorial e Ambiental de Terras Indígenas **PNPSA** Política Nacional de Pagamento por Serviços Ambientais **Pnud** Programa das Nações Unidas para o Desenvolvimento **PP** Partido Progressistas **PPA** Plano Plurianual **PPDDH** Programa de Proteção aos Defensores dos Direitos Humanos, Comunicadores e Ambientalistas **PPGAS** Programa de Pós-Graduação em Antropologia Social **PPGMADE/UFPR** Programa de Pós-Graduação em Meio Ambiente e Desenvolvimento **PPG-Mader/UnB** Programa de Pós-Graduação em Meio Ambiente e Desenvolvimento Rural **PR** Paraná **Prevfogo** Centro Nacional de Prevenção e Combate aos Incêndios Florestais **PRF** Polícia Rodoviária Federal **Proálcool** Programa Nacional do Álcool **Prodes** Projeto de Monitoramento do Desmatamento da Floresta Amazônica Brasileira por Satélite (Inpe) **Pros** Partido Republicano da Ordem Social **PSA** Pagamento por Serviços Ambientais **PSB** Partido Socialista Brasileiro **PSC** Partido Social Cristão **PSDB** Partido da Social Democracia Brasileira **PSL** Partido Social Liberal **PSOL** Partido Socialismo e Liberdade **PSTG** Plano de Sustentabilidade Tupiniquim e Guarani **PT** Partido dos Trabalhadores **PTN** Partido Trabalhista Nacional **PUC** Pontifícia Universidade Católica **PV** Posto de Vigilância **PWA** Programa Waimiri Atroari **Rais** Rede de Apoio e Incentivo Socioambiental **RAJ** Retomada Aty Jovem **Rani** Registro Administrativo de Nascimento Indígena **RCA** Rede de Cooperação Amazônica **RCID** Relatório Circunstanciado de Identificação e Delimitação **RDS** Reserva de Desenvolvimento Sustentável **RE** Recurso Extraordinário **Rebio** Reserva Biológica **Rede** Rede Sustentabilidade **Renca** Reserva Nacional do Cobre e Associados **Resex** Reserva Extrativista **RG** Registro Geral **RI** Reserva Indígena **RIT** Rochester Institute of Technology **RJ** Rio de Janeiro **RL** Reserva Legal **RMS** Recurso Ordinário em Mandado de Segurança **RN** Rio Grande do Norte **RO** Rondônia **RR** Roraima **RS** Rio Grande do Sul **RSS** Terra Indígena Raposa Serra do Sol **SAF** Sistema Agroflorestal **Samu** Serviço de Atendimento Móvel de Urgência **SasiSUS** Subsistema de Atenção à Saúde Indígena **SC** Santa Catarina **Sebrae** Serviço Brasileiro de Apoio às Micro e Pequenas Empresas **Secadi/MEC** Secretaria de Educação Continuada, Alfabetização, Diversidade e Inclusão **Secoya** Serviço e Cooperação com o Povo Yanomami **Seduc** Secretaria Estadual de Educação **Seduume** Associação Wanasseduume Ye'kwana **Seinfra** Secretaria de Infraestrutura **Sema** Secretaria Estadual de Meio Ambiente **Serta** Serviço de Tecnologia Alternativa **Sesai** Secretaria Especial de Saúde Indígena **SFB** Serviço Florestal Brasileiro **SGB** Serviço Geológico do Brasil **Siasi** Sistema de Informação da Atenção à Saúde Indígena **Sicar** Sistema de Cadastro Ambiental Rural **Sigef** Sistema de Gestão Fundiária **Simcar** Sistema Mato-Grossense de Cadastro Ambiental Rural **SIN** Sistema Interligado Nacional **Sirad-I** Sistema de Alerta de Desmatamento em Terras Indígenas com Registros de Povos Isolados **Sirad X** Sistema de Indicação por Radar de Desmatamento na Bacia do Xingu **SisGen** Sistema Nacional de Gestão do Patrimônio Genético e do Conhecimento Tradicional Associado **Sitoakore** Organização das Mulheres Indígenas do Acre e Sul do Amazonas e Noroeste de Rondônia **SMC** Secretaria Municipal de Cultura **Sodiurr** Sociedade de Defesa dos Índios Unidos do Norte de Roraima **Somai** Sistema de Observação e Monitoramento da Amazônia Indígena **SP** São Paulo **SPDDH** Sociedade Paraense de Defesa dos Direitos Humanos **SPI** Serviço de Proteção aos Índios **SPU** Secretaria do Patrimônio da União **SRAG** Síndrome Respiratória Aguda Grave **STF** Supremo Tribunal Federal **STJ** Superior Tribunal de Justiça **STR** Sindicato dos Trabalhadores Rurais **SUS** Sistema Único de Saúde **TAC** Termo de Ajustamento de Conduta **Taner Texoli** Associação Ninam do Estado de Roraima **Tato'a** Associação Indígena Tato'a **TCU** Tribunal de Contas da União **TI** Terra Indígena **TISS** Terra Indígena Sete de Setembro **TIUEWW** Terra Indígena Uru-Eu-Wau-Wau **TIX** Território Indígena do Xingu **TIY** Terra Indígena Yanomami **TNC** The Nature Conservancy **TNT** Tecido Não Tecido **TO** Tocantins **TRF** Tribunal Regional Federal **TSE** Tribunal Superior Eleitoral **TTAC** Termo de Transação e Ajustamento de Conduta **Tumupe** Associação dos Tuxauas dos rios Marau, Urupadi, Miriti e Manjuru **Uapi** Unidade de Atenção Primária Indígena **UBS** Unidade Básica de Saúde **UBSI** Unidade Básica de Saúde Indígena **UC** Unidade de Conservação **UDR** União Democrática Ruralista **UEA** Universidade Estadual do Amazonas **UEMS** Universidade Estadual de Mato Grosso do Sul **Uepa** Universidade do Estado do Pará **Uerj** Universidade do Estado do Rio de Janeiro **Uespi** Universidade Estadual do Piauí **UF** Unidade da Federação **Ufam** Universidade Federal do Amazonas **UFC** Universidade Federal do Ceará **UFDPar** Universidade Federal do Delta do Parnaíba **Ufes** Universidade Federal do Espírito Santo **UFF** Universidade Federal Fluminense **UFG** Universidade Federal de Goiás **UFGD** Universidade Federal da Grande Dourados **UFMG** Universidade Federal de Minas Gerais **UFMS** Universidade Federal do Mato Grosso do Sul **UFPA** Universidade Federal do Pará **UFPB** Universidade Federal da Paraíba **UFPE** Universidade Federal de Pernambuco **UFPel** Universidade Federal de Pelotas **UFPI** Universidade Federal do Piauí **UFPR** Universidade Federal do Paraná **UFRGS** Universidade Federal do Rio Grande do Sul **UFRJ** Universidade Federal do Rio de Janeiro **UFRN** Universidade Federal do Rio Grande do Norte **UFRR** Universidade Federal de Roraima **UFRRJ** Universidade Federal Rural do Rio de Janeiro **UFSB** Universidade Federal do Sul da Bahia **UFSC** Universidade Federal de Santa Catarina **UFSCar** Universidade Federal de São Carlos **UFT** Universidade Federal do Tocantins **UFU** Universidade Federal de Uberlândia **UHE** Usina Hidrelétrica **Umesp** Universidade Metodista de São Paulo **Umiab** União das Mulheres Indígenas da Amazônia Brasileira **UnB** Universidade de Brasília **Uneb** Universidade do Estado da Bahia **Unesco** Organização das Nações Unidas para a Educação, a Ciência e a Cultura **UNFCC** Convenção-Quadro das Nações Unidas sobre a Mudança do Clima **UNFPA** Fundo de População das Nações Unidas **Unicamp** Universidade Estadual de Campinas **Unifap** Universidade Federal do Amapá **Unifesp** Universidade Federal de São Paulo **Unipi-MSA** União dos Povos Indígenas do Médio Solimões e Afluentes **Univaja** União dos Povos Indígenas do Vale do Javari **UNIVASF** Universidade Federal do Vale do São Francisco **Unochapecó** Universidade Comunitária da Região de Chapecó **UPA** Unidade de Pronto Atendimento **UPF** Universidade de Passo Fundo **USAID** United States Agency for International Development **USP** Universidade de São Paulo **UT** Austin Universidade do Texas em Austin **UTI** Unidade de Terapia Intensiva **Vids** Vereniging van Inheemse Dorpshoofden in Suriname (Associação dos Líderes das Aldeias Indígenas do Suriname) **VLV** Viva Língua Viva **Warã** Associação Xavante Warã **Wepainug** Associação dos Indígenas Sateré-Mawé da Ilha Michiles e do Baixo Marau **Womupe** Associação dos Professores Sateré-Mawé dos rios Marau e Urupadi **Wp** Watt-pico **WWF** World Wide Fund For Nature **WyTy Cate** Associação Wyty Cate das Comunidades Timbira do Maranhão e Tocantins **ZEE** Zoneamento Ecológico-Econômico.

JORNAIS IMPRESSOS E ONLINE

NORTE
A Crítica, AM – https://www.acritica.com
Amazonas Atual, AM – https://amazonasatual.com.br
Diário da Amazônia, RO – https://www.diariodaamazonia.com.br
Em Tempo, AM - https://emtempo.com.br
Folha BV, RR - https://folhabv.com.br
Folha do Progresso, PA – www.folhadoprogresso.com.br
O Liberal, PA – http://www.oliberal.com.br
Rondoniaovivo, RO – https://www.rondoniaovivo.com
Tudo Rondônia, RO -https://www.tudorondonia.com

CENTRO-OESTE
24 Horas News, MT – http://www.24horasnews.com.br
Campo Grande News, MS – http://www.campograndenews.com.br
Correio Braziliense, DF – http://www.correiobraziliense.com.br
Correio do Estado, MS –http://www.correiodoestado.com.br
Dourados Agora, MS – http://www.douradosagora.com.br
Jornal Dia Dia, MS – https://jornaldiadia.com.br
Midiamax, MS – https://midiamax.uol.com.br
O Popular, GO – http://www.opopular.com.br
O Progresso, MS – https://www.progresso.com.br
Olhar Direto, MT – http://www.olhardireto.com.br
Poder360, DF – https://www.poder360.com.br
Só Notícias, MT – http://www.sonoticias.com.br

NORDESTE
A Tarde, BA – http://www.atarde.com.br
Diário de Pernambuco, PE – http://www.diariodepernambuco.com.br
Folha de Pernabuco, PE – https://www.folhape.com.br
O Povo, CE – http://www.opovo.com.br

SUL
Correio do Povo, RS – http://www.correiodopovo.com.br
Diário Catarinense, SC – https://www.nsctotal.com.br/dc
Diário Induscom, PR – https://www.diarioinduscom.com.br
Ilustrado, PR – https://ilustrado.com.br
Notícias do Dia, SC – https://ndmais.com.br

SUDESTE
A Nova Democracia, RJ – https://anovademocracia.com.br
Brasil de Fato, SP – http://www.brasildefato.com.br
Correio do Brasil, RJ – https://e.correiodobrasil.com.br
Folha de S.Paulo, SP – http://www.folha.com.br
Jornal da USP, SP – https://jornal.usp.br
Jornal Extra, RJ – https://extra.globo.com
Nexo Jornal – SP – https://www.nexojornal.com.br
O Estado de S. Paulo, SP – http://www.estadao.com.br
O Globo, RJ – http://oglobo.globo.com
Repórter Diário, SP – https://www.reporterdiario.com.br
Século Diário, ES – http://www.seculodiario.com.br
Valor Econômico, SP – http://www.valoreconomico.com.br

AGÊNCIAS DE NOTÍCIAS
A Pública, SP - https://apublica.org
AFP, SP - https://www.afp.com/pt/noticias
Agência Brasil (Radiobrás), DF - http://agenciabrasil.ebc.com.br
Agência Cenarium, AM - https://cultura.uol.com.br/cenarium
Agência de Notícias do Acre, AC – https://agencia.ac.gov.br
Amazônia Real, AM - https://amazoniareal.com.br
BBC Brasil, SP - https://www.bbc.com/portuguese
Marco Zero, PE - https://marcozero.org
Mongabay - https://brasil.mongabay.com
Radioagência Nacional, DF - https://agenciabrasil.ebc.com.br/radioagencia-nacional
Repórter Brasil, SP – http://www.reporterbrasil.org.br
Reuters, DF - https://www.reuters.com
Senado NotÍcias, DF - https://www12.senado.leg.br/noticias
Sputnik Brasil, RJ - https://sputniknewsbrasil.com.br/
The Intercept Brasil, RJ - https://theintercept.com/brasil

PORTAIS E SITES
350.org – https://350.org/pt
Acrimat – MT – https://acrimat.org.br/portal/categoria/noticia
Agora MS – MS – https://www.agorams.com.br
Amazonia.org.br (Amigos da Terra) – SP – https://amazonia.org.br
Âmbito Jurídico – SP – https://ambitojuridico.com.br
Believe Earth – SP – https://believe.earth/pt–br
Câmara dos Deputados – DF – https://www.camara.leg.br/noticias/ultimas
Capital News – MS – https://www.capitalnews.com.br
Catraca Livre – SP – https://catracalivre.com.br
CenárioMT – MT – https://www.cenariomt.com.br
CGY – SP – https://www.yvyrupa.org.br
CicloVivo – SP – https://ciclovivo.com.br
Cimi – DF – http://www.cimi.org.br
CNJ – DF – https://www.cnj.jus.br
CNN Brasil – SP – https://www.cnnbrasil.com.br
Coluna de Turismo – BA – https://www.colunadeturismo.com.br
Combate Racismo Ambiental – https://racismoambiental.net.br
Conexão Planeta – SP – https://conexaoplaneta.com.br
Congresso em Foco – DF – https://congressoemfoco.uol.com.br
Consultor Jurídico – SP – http://www.conjur.com.br
CPT – GO – https://www.cptnacional.org.br
CTI – SP – https://trabalhoindigenista.org.br
De Olho no Tempo – DF – http://deolhonotempo.com.br
De Olho nos Ruralistas – SP – https://deolhonosruralistas.com.br
Deutsche Welle – https://www.dw.com/pt–br
DOL, Diário Online – PA – https://dol.com.br
DPU – CE – https://www.defensoria.ce.def.br/noticia
Duplo Expresso – Suíça – https://duploexpresso.com
Ecam – DF – http://ecam.org.br
El País – Espanha – https://elpais.com/america
Elática – SP – https://elastica.abril.com.br
Expresso ZonaSul – SP – https://www.facebook.com/expressozonasul
FanF1 – SE – https://fanf1.com.br
Fase – RJ – https://fase.org.br
Foirn – AM – https://foirn.org.br
Folha Nobre – RO – https://folhanobre.com.br
FolhaMax – MT – https://www.folhamax.com
Formad – MT – https://formad.org.br
Frente Parlamentar Indígena – DF – http://frenteparlamentarindigena.com.br
Funai – DF – http://www.funai.gov.br
Funtrab – MS – https://www.funtrab.ms.gov.br
GaúchaZH – RS – https://gauchazh.clicrbs.com.br
Globo Rural (Globo) – SP – http://revistagloborural.globo.com

Governo do Estado de Rondônia – RO – https://rondonia.ro.gov.br/portal/noticias
Governo do Estado do Piauí – PI – https://www.pi.gov.br/noticias–em–destaque
Greenpeace – SP – https://www.greenpeace.org/brasil/noticias–e–historias
Ibama – DF – http://www.ibama.gov.br
ICMBio – DF – http://www.icmbio.gov.br
ICV – MT – https://www.icv.org.br/noticias
Iepé – SP – https://institutoiepe.org.br
InfoAmazonia – SP – https://infoamazonia.org
ISA (Notícias Socioambientais) – SP – https://www.socioambiental.org/noticias–socioambientais
Jornal GGN – SP – https://jornalggn.com.br
Jornal Nacional (Globo) – RJ – https://g1.globo.com/jornal–nacional
Jornalistas Livres – SP – https://jornalistaslivres.org
MaisPB – PB – https://www.maispb.com.br
Maruim – SC – https://pt–br.facebook.com/midiamaruim
Metrópoles – DF – https://www.metropoles.com
Ministério da Justiça – DF – http://portal.mj.gov.br
MPF – DF – http://www.pgr.mpf.gov.br
Muvuca Popular – MT – https://www.muvucapopular.com.br
NE Notícias – SE – https://www.nenoticias.com.br
News Rondônia – RO – https://www.newsrondonia.com.br
NSC Total – SC – https://www.nsctotal.com.br/home
O Eco – RJ – http://www.oeco.com.br
O Joio e o Trigo – SP – https://ojoioeotrigo.com.br
Olhar Jurídico – MT – https://www.olharjuridico.com.br
OPI – DF – https://povosisolados.org
Pernambuco Notícias – PE – https://pernambuconoticias.com.br
Ponte Jornalismo – SP – https://ponte.org
Portal Amazônia – AM – http://www.portalamazonia.com.br
Portal Brasil – DF – http://www.brasil.gov.br
Portal do Holanda – AM – https://www.portaldoholanda.com.br
Portal G1 (Globo) – RJ – http://g1.globo.com
Portal O Dia – PI – https://portalodia.com
Portal Terra – SP – http://www.terra.com.br
Portal Uneb – BA – https://portal.uneb.br
Portal Vermelho – DF – https://vermelho.org.br
Prefeitura Municipal do Rio Grande – RS – https://www.riogrande.rs.gov.br
Projeto Àwúre –DF – https://www.awure.com.br
Rádio Guaíba – RS – https://guaiba.com.br
RD News – MT – https://www.rdnews.com.br
Rede Brasil Atual – SP – https://www.redebrasilatual.com.br
RFI – https://www.rfi.fr/br
Roraima em Foco – RR – https://roraimaemfoco.com
Select – SP – https://select.art.br
SPTV 2 (Globo) – SP – https://g1.globo.com/sp/sao–paulo/sp2
STF (Supremo Tribunal Federal) – DF – http://www.stf.jus.br
Sul21 – RS – https://sul21.com.br
Sumaúma – PA – https://sumauma.com
Survival International – Inglaterra – https://www.survivalinternational.org
TopNews – MT – https://www.topnews.com.br
TRF3 – MS – https://www.trf3.jus.br
TV Cultura – SP – https://cultura.uol.com.br
UEMS – MS – http://www.uems.br
UFMG – MG – https://ufmg.br/comunicacao/noticias
UnB – DF – https://noticias.unb.br
UOL – SP – http://www.uol.com.br
Vaidapé – SP – http://vaidape.com.br

REVISTAS

Época – SP – http://revistaepoca.globo.com
IstoÉ – SP – https://istoe.com.br
National Geographic Brasil – SP – https://www.nationalgeographicbrasil.com
Piauí – RJ – https://piaui.folha.uol.com.br
Revista Fórum – SP – https://revistaforum.com.br
Veja – SP – https://veja.abril.com.br
Vogue Brasil – SP – https://vogue.globo.com

TEMAS

REGIÕES GEOGRÁFICAS

PAPÉIS
Miolo impresso em papel Offset 75 g/m², Couché Fosco 115 g/m² e Pólen Bold 70 g/m²
Guardas em papel Couché Fosco 170 g/m²
Capa em papel Triplex 350 g/m² empastado em Triplex 250 g/m²

IMPRESSÃO E ACABAMENTO
Maistype
São Paulo/ SP - Abril de 2024

TIRAGEM
700 exemplares

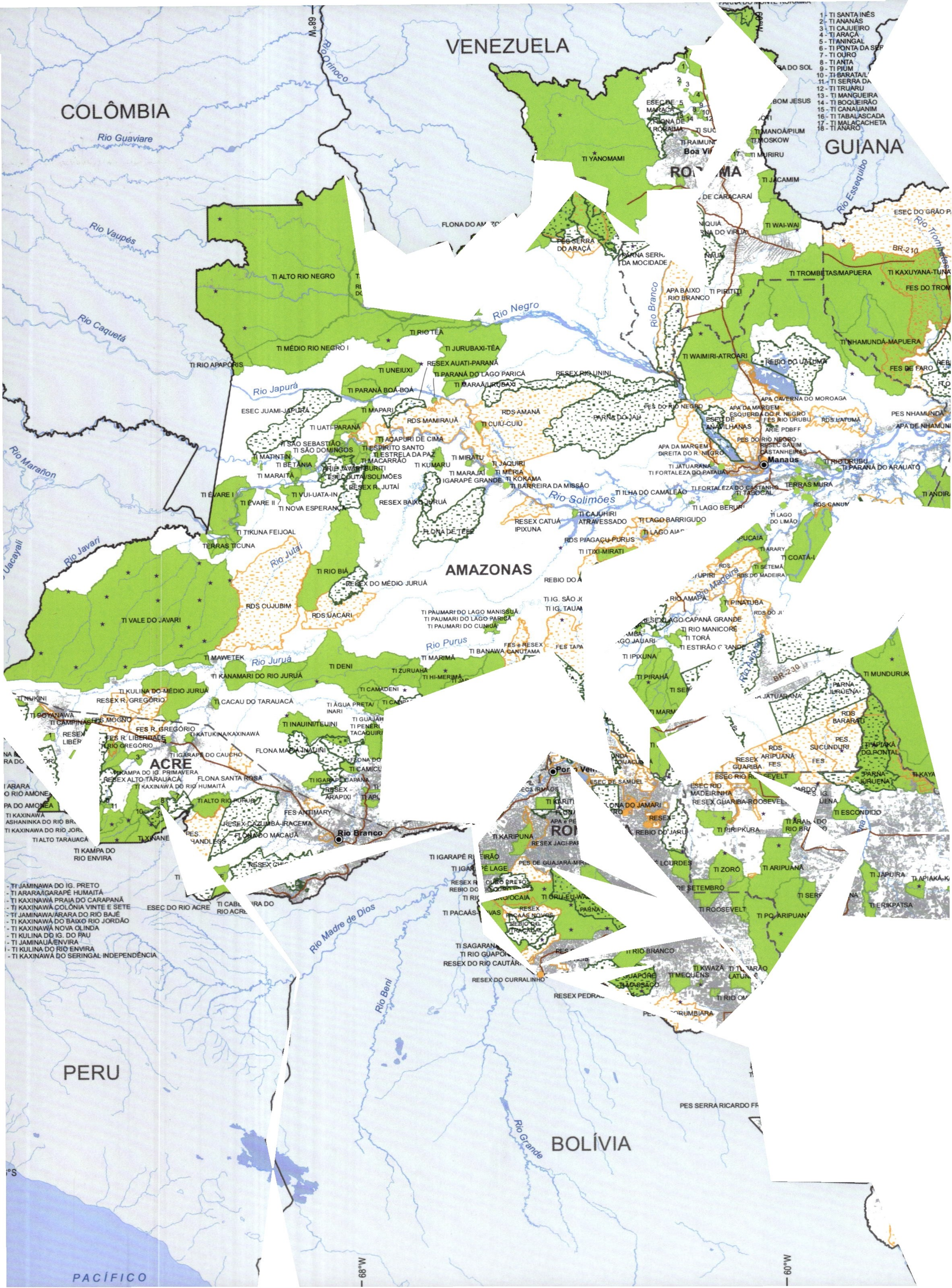

VENEZUELA
COLÔMBIA
GUIANA
PERU
BOLÍVIA
AMAZONAS
ACRE
PACÍFICO
Rio Guaviare
Rio Vaupés
Rio Caquetá
Rio Japurá
Rio Negro
Rio Solimões
Rio Juruá
Rio Purus
Rio Javari
Rio Jutaí
Rio Madeira
Rio Branco
Rio Orinoco
Rio Marañon
Rio Madre de Dios
Rio Beni
Rio Grande
Rio Essequibo
Manaus
Rio Branco
Boa Vista
Porto Velho
TI YANOMAMI
TI ALTO RIO NEGRO
TI MÉDIO RIO NEGRO I
TI VALE DO JAVARI
RDS CUJUBIM
RDS MAMIRAUÁ
RDS AMANÃ
PARNA DO JAÚ
TI TROMBETAS/MAPUERA
TI WAIMIRI-ATROARI
REBIO DO UATUMÃ
TI DENI
TI MAWETEK
TI KANAMARI DO RIO JURUÁ
FLONA DE TEFÉ
RESEX DO MÉDIO JURUÁ
RDS UACARI
TI RIO BIÁ
TI MUNDURUKU
TI ZORÓ
TI ARIPUANÃ
TI ROOSEVELT
PES SERRA RICARDO FRANCO
ESEC DO RIO ACRE
TI KAMPA DO RIO ENVIRA
1 - TI SANTA INÊS
2 - TI ANANÁS
3 - TI CAJUEIRO
4 - TI ARAÇÁ
5 - TI ANINGAL
7 - TI OURO
8 - TI ANTA
9 - TI PIUM
12 - TI TRUARU
13 - TI MANGUEIRA
14 - TI BOQUEIRÃO
15 - TI CANAUANIM
16 - TI TABALASCADA
17 - TI MALACACHETA
18 - TI ANARO
- TI JAMINAWA DO IG. PRETO
- TI ARARA/IGARAPÉ HUMAITÁ
- TI KAXINAWÁ PRAIA DO CARAPANÃ
- TI KAXINAWÁ COLÔNIA VINTE E SETE
- TI JAMINAWA/ARARA DO RIO BAJÉ
- TI KAXINAWÁ DO BAIXO RIO JORDÃO
- TI KAXINAWÁ NOVA OLINDA
- TI KULINA DO IG. DO PAU
- TI JAMINAUÁ/ENVIRA
- TI KULINA DO RIO ENVIRA
- TI KAXINAWÁ DO SERINGAL INDEPENDÊNCIA
BR-230
BR-210
68°W
60°W